Münchener Universitätsschriften

Reihe der Juristischen Fakultät

Herausgegeben
im Auftrag der Juristischen Fakultät
von
Andreas Heldrich, Peter Lerche, Claus Roxin
Band 76

Verwaltungsverantwortung und Verwaltungsverfahren

– Strukturprobleme, Funktionsbedingungen und Entwicklungsperspektiven eines konsensualen Verwaltungsrechts –

von

DR. RAINER PITSCHAS
o. Univ.-Prof. in Speyer

C.H.BECK'SCHE VERLAGSBUCHHANDLUNG
MÜNCHEN 1990

CIP-Titelaufnahme der Deutschen Bibliothek

Pitschas, Rainer:
Verwaltungsverantwortung und Verwaltungsverfahren : Strukturprobleme, Funktionsbedingungen und Entwicklungsperspektiven eines konsensualen Verwaltungsrechts / von Rainer Pitschas. – München : Beck, 1990
(Münchener Universitätsschriften : Reihe der Juristischen Fakultät ; Bd. 76)
ISBN 3 406 33771 6
NE: Universität <München>: Münchener Universitätsschriften / Reihe der Juristischen Fakultät

ISBN 3 406 33771 6

Als Habilitationsschrift auf Empfehlung der Juristischen Fakultät der Ludwig-Maximilians-Universität München gedruckt mit Unterstützung der Deutschen Forschungsgemeinschaft
Satz und Druck: C.H. Beck'sche Buchdruckerei, Nördlingen

Für Daniela

Vorwort

In der Rechts- und Verwaltungswissenschaft bestehen heute kaum noch Zweifel daran, daß unser (Allgemeines) Verwaltungsrecht der umfassenden *Modernisierung* bedarf. Dies gilt ebenso für die weitere Entwicklung und dogmatische Umformung der gegenwärtigen Handlungsformen öffentlicher Verwaltung wie für das Verwaltungsverfahren, die Verwaltungsorganisation und die Abbildung der Interaktion zwischen Verwaltung und Bürger im Verwaltungsrechtsverhältnis.

Allfällige Bemühungen um die rechtsförmige Neustrukturierung dieser Teilbereiche des Allgemeinen Verwaltungsrechts sind unterwegs. Sie sind auch Gegenstand der hier vorgelegten Untersuchung. Deren Überlegungen gründen letztlich auf einem Wandel der Art und Weise, in der sich öffentliche Verwaltung und Bürger kraft ihrer gemeinsamen Verantwortung für das Gemeinwohl zukünftig gegenübertreten müssen. Diesen Wandel empirisch informiert zu analysieren und seine Grundlinien herauszuarbeiten, ist einerseits die Aufgabe *verwaltungswissenschaftlicher* Auseinandersetzung mit ihm. Verbunden hiermit steht andererseits und zugleich der *rechtswissenschaftliche* Ansatz zur Entwicklung eines modernen Verwaltungsrechts nach Maßgabe des Grundgesetzes und entsprechender Erfordernisse dauerhafter Legitimation des Verwaltungshandelns. Der „Dialog" und die Suche nach „Konsens" erweisen sich als die tragenden Elemente eines im Ergebnis gewandelten Begegnungsmusters zwischen öffentlicher Verwaltung und Bürger; das darauf zugeschnittene Verwaltungsrecht ist „konsensuales" Verwaltungsrecht.

Unverzichtbarer Tragpfeiler seiner Geltung und Reichweite bildet das *Verwaltungsverfahren*. Diesem wendet sich die hier vorgelegte Arbeit mit der Intention zu, Strukturprinzipien und Bauformen eines konsensualen Verwaltungsrechts aus dem Verfahrensgedanken heraus und in Verbindung mit darauf bezogenen materiellen Rechtsgehalten zu bestimmen. In Verfolg dieser grundsätzlichen Zwecksetzung entfaltet die Untersuchung eine öffentlich-rechtliche Verfahrenslehre des modernen (Verwaltungs-)Staates, in deren Mittelpunkt das Verwaltungsverfahren steht. Dieses Verfahren weist gegenwärtig zahlreiche tatsächliche und rechtsdogmatische Defizite auf. Hiervon ausgehend sowie von dem Verständnis öffentlichen Verwaltens als ein strukturierter Kommunikationsprozeß, seiner Rolle bei der „Rechtsbildung" sowie im Hinblick auf die Verfahrensanforderungen des sich ausprägenden „technisierten" Rechts- und Sozialstaates lautet die Grundthese der Arbeit, daß sich das Verwaltungsverfahren in seinem Verständnis sowie in seiner Ordnung und Durchführung grundlegend verändern muß.

Die Voraussetzungen dieser „Verfahrensentwicklung" werden in einer Diskussion der Verfahrensidee im Strukturwandel von Staat, Gesellschaft und Recht erarbeitet. Zusammengeführt, entfaltet sich hieraus eine genuine staatliche Verfahrensverantwortung. Das Grundgesetz als Prozeßform und Entwicklungsrahmen aller staatlichen Verfahren leitet ihre rechtliche und verfahrenspraktische Ausdifferenzierung.

Derart von der Verfassung gespeist, prägt die Verfahrensverantwortung der öffentlichen Verwaltung auch die Verfahrensentwicklung. Sie bedingt einen administrativen Verfahrensvorbehalt, statuiert eine spezifische Formenbindung des Verwaltungsverfahrens, reguliert die Verfahrensteilhabe der Bürger und erfordert einen Verständniswandel von Problemorientierung sowie Sachaufklärung im Rahmen der Verfahrensaktivitäten. Dadurch werden zugleich wesentliche Grundlagen eines konsensualen Verwaltungsrechts ausgeformt.

Die vorgelegte Arbeit ist von der juristischen Fakultät der Ludwig-Maximilians-Universität München im Sommersemester 1988 als Habilitationsschrift angenommen worden. In die vorliegende Fassung wurden die seitdem erschienenen Veröffentlichungen aufgenommen und Fortschritte in der Rechtsprechung eingearbeitet. Die Untersuchung befindet sich damit auf dem Stand vom 1. September 1989.

Entstanden ist die Arbeit während der Jahre meiner Tätigkeit als wissenschaftlicher Mitarbeiter bei Prof. Dr. Rupert Scholz. Ihm danke ich von Herzen für den mir schon seit 1972 gewährten Freiraum wissenschaftlicher Arbeit. Ohne das geduldige Verständnis und wohlwollende Gewährenlassen seitens meines verehrten Lehrers hätte ich es vor allem nicht gewagt, meine mehrjährigen praktischen Verwaltungserfahrungen zur Grundlage der Entwicklung einer administrativen Verfahrenslehre zu nehmen.

Sehr herzlichen Dank für den mit engagiertem Interesse erstatteten Zweitbericht schulde ich Herrn Prof. Dr. Peter Lerche. Darüber hinaus gilt mein besonderer Dank meinem Mentor im Sozialrecht, Herrn Prof. Dr. H. F. Zacher, sowie den früheren Kollegen des Instituts für Politik und Öffentliches Recht angesichts der aufmunternden Anteilnahme an meiner fortschreitenden Untersuchung. Der Münchner Fakultät und insbesondere den Herausgebern danke ich für die ehrenvolle Aufnahme der Arbeit in ihre Schriftenreihe; gleichermaßen dankbar bin ich der Deutschen Forschungsgemeinschaft für die Gewährung eines Habilitationsstipendiums sowie eines großzügigen Druckkostenzuschusses. Er hat das Erscheinen der Arbeit in vorliegender Form ermöglicht.

Speyer, im Februar 1990 Rainer Pitschas

Thieme, JZ 91, 767, Schmitt-Glaeser, DÖV 94, 619

Inhaltsübersicht

Erster Teil. Strukturprobleme des Verwaltungsverfahrensrechts

1. Kapitel. Öffentliche Verwaltung und Verwaltungsverfahren 1
A. Öffentliche Verwaltung im sozialen Rechtsstaat 1
B. Verwaltungsstaat und Verwaltungsverfahren 23
C. Der Verwaltungsstaat in der Krise 48
D. „Modernitätskrise" des Verwaltungsverfahrens 57
2. Kapitel: Verfahrensentwicklung als Auftrag 60
A. Verwaltungsverfahren zwischen Krise und Reform 60
B. Paradigmawandel des Verwaltungsverfahrensrechts 90
C. Revision des Verwaltungsverfahrensrechts 97

Zweiter Teil. Die Verfahrensidee im Strukturwandel von Staat, Gesellschaft und Recht

3. Kapitel. Moderner Staat und Verfahrensidee 135
A. Verfahren als Strukturelement des modernen Staates 135
B. Verfahren und staatliches Entscheidungsparadigma 146
4. Kapitel. Verfahrensidee und Verfahrensrationalität 164
A. Verfahrensrationalität als Bezugsproblem der „Prozeduralisierung" 164
B. Formale Verfahrensrationalität staatlicher Entscheidungsprozesse 165
C. Zweck- und Wertrationalität staatlicher Entscheidungsprozesse 169
D. Reflexivität der Entscheidungsverfahren als integrativer Rationalisierungsmodus . 195
5. Kapitel. Legitimation staatlicher Herrschaft durch Rechts- und Zweckkonkretisierung 201
A. Legitimation staatlicher Konkretisierungsentscheidungen als Rationalitätsproblem 201
B. Rationale Herrschaft durch Konsens und Verfahren 212
C. Legitimität staatlicher Entscheidungsverfahren 220
D. Legitimation als komplexes Bedingungsgefüge 229
6. Kapitel. Staatliche Verantwortung für Rechts- und Zweckkonkretisierung 235
A. Legitimation und Verantwortung 235
B. Rechtsbegriff und Deutungsgehalt staatlicher Verantwortung 240
C. Verantwortung und Konkretisierung 253
7. Kapitel. Konkretisierungsprozeß und staatliche Verfahrensverantwortung 287
A. Staatliche Verantwortung als „Verfahrensverantwortung" 287
B. Verfahrensverantwortung zwischen Recht und Politik 292
C. Verfahrensverantwortung als strukturbezogener Gestaltungsauftrag 303
D. Wirkdimensionen des Verfahrens als Maßgabekriterien der Strukturverantwortung 345
E. Verfahrensverantwortung und Verfahrensführung 365
8. Kapitel. Staatliche Verfahrensverantwortung und Kontrolle 390
A. Verfahrensparadigma der Kontrolle 390
B. Kontrolle als Gegenüber staatlicher Verantwortung 394
C. Verfahrensverantwortung für Kontrolle 397

Dritter Teil. Die Verfassung als Prozeßform und Entwicklungsrahmen staatlicher Verfahren

9. Kapitel. Verfahrensidee und Verfassung 401
A. Das Verfahrensparadigma des modernen Staates 401
B. Die Verfassung als staatstheoretische Ordnungsvorstellung 412
C. Verfahrenskonzeptionen des modernen Verfassungsstaates 429
10. Kapitel. Die Verfassung als Verfahrensordnung und Entwicklungsrahmen 441
A. Die Verfassung als prozedurales Strukturkonzept 441
B. Das materiale Verfahrenskonzept der Verfassung 469
C. Die Verfassung als regulatives Verfahrensmodell 527
11. Kapitel. Verfassungsrechtliche Funktionengliederung als organadäquate Verfahrenszuweisung 534
A. Gewaltenteilung als verfassungsrechtliche Funktionenordnung 534
B. Funktionengegliederte Verfahrenszuweisung im Wandel 555
C. Wandel der Funktionengliederung und Verfahrenskrise 563

Vierter Teil. Verfahrensverantwortung der öffentlichen Verwaltung und Verfahrensrechtsentwicklung

12. Kapitel. Verwaltungsverfahren zwischen legislativer und administrativer Verfahrensverantwortung 575
A. Verantwortungszuweisung und Steuerungspotential der Rechts- und Zweckkonkretisierung 575
B. Prozedurale Steuerungsverantwortung der Verwaltung 582
C. Vorbehalt legislativer Verfahrenssteuerung? 598
D. Grenzen legislativer Verfahrenssteuerung: Die Verfahrensverantwortung der Verwaltung als prozeduraler Steuerungsvorbehalt 610
13. Kapitel. Verwaltungsformen als Verantwortungsrahmen 617
A. Formenbindung des Verwaltungsverfahrens 617
B. Formenbindung und Konkretisierungs„prozeß" 640
14. Kapitel. Verfahrensverantwortung und Verfahrensteilhabe 649
A. Prozedurale Systemfunktion des subjektiv-öffentlichen Rechts 649
B. Rechtsverwirklichung durch Verfahrensteilhabe 654
C. Verfahrensteilhabe und Verfahrensrollen 664
D. Verfahrensabschnitte und Verfahrensaktivitäten 679
15. Kapitel. Verfahrensverantwortung für Problemorientierung und Sachaufklärung 687
A. Problemorientierung der Verfahrensaktivitäten 687
B. Rationalisierung der Sachaufklärung 720
C. Sachfeststellung zwischen Ermessen und Beurteilungsspielraum 734
D. Rechtsfolgeneintritt oder Verfahrenseinstellung 735
16. Kapitel. Zusammenfassung und Ergebnisse der Untersuchung 737

Inhaltsverzeichnis

Erster Teil. Strukturprobleme des Verwaltungsverfahrensrechts

1. Kapitel. Öffentliche Verwaltung und Verwaltungsverfahren

A. Öffentliche Verwaltung im sozialen Rechtsstaat ... 1
I. Öffentliche Verwaltung und materielle Verwaltungsfunktion ... 1
1. Materielle Staatsfunktionen und „Verwaltungsverantwortung" ... 1
a) Aufgabenbezug und Abgrenzungsprobleme der Staatsfunktionen ... 1
b) Reichweite der materiellen Verwaltungsfunktion ... 2
c) Materielle Verwaltungsfunktion und Grundgesetz ... 4
aa) „Vollziehende Gewalt" als staatliche Grundfunktion ... 4
bb) „Vollziehende Gewalt" und materielle Verwaltungsfunktion ... 7
d) „Verwaltungsverantwortung" als Kennzeichen materieller Verwaltungsfunktion ... 8
aa) Begriff und Reichweite der Verwaltungsverantwortung ... 9
bb) Verwaltungsverantwortung und Verwaltungsstaat ... 11
2. „Konkretisierung" als Aktionsparameter der Verwaltungsverantwortung ... 12
a) Konkretisierung als Politikformung durch Verwaltung ... 12
b) Politikformung und Strukturtypen der Verwaltung ... 13
c) Konkretisierungsbefugnis als „Eigenverantwortung" ... 14
d) Konkretisierung durch „regulative" Politik ... 15
e) Konkretisierungsspielräume regulativer Politik ... 16
II. Materielle Verwaltungsfunktion im Wandel ... 18
1. Entwicklungstendenzen der öffentlichen Verwaltung ... 18
a) Wachstum öffentlicher Aufgaben ... 18
b) Herausforderungen sozialstaatlicher Verwaltungspolitik ... 20
2. Funktions- und Strukturwandel der öffentlichen Verwaltung ... 20
a) Funktionaler und situativer Verwaltungswandel ... 20
b) Struktureller Wandel ... 21
3. Der Einsatz des Verwaltungsverfahrens ... 22

B. Verwaltungsstaat und Verwaltungsverfahren ... 23
I. Verfahrensbindung der öffentlichen Verwaltung ... 23
1. Verfahren als „Medium" der Konkretisierung ... 23
2. Begriff und Reichweite des Verwaltungsverfahrens ... 24
a) Materiell-funktionaler Verfahrensbegriff ... 24
b) Verfahrensbegriff und föderative Verwaltungsorganisation ... 25
3. Materielle Verwaltungsfunktion und Verwaltungsverfahren ... 27
II. Das Verwaltungsverfahren als Konkretisierungsprozeß ... 28
1. Realvorgang und normatives Modell ... 28
2. Rechts- und Zweckkonkretisierung durch Verfahren ... 29
a) Rechtskonkretisierung als Willensbildung und Informationsverarbeitung ... 30
b) Spielräume der Rechtskonkretisierung ... 32
c) Rechtskonkretisierung als dezisionärer Prozeß ... 34
3. Rechtliche Ordnung des Verwaltungsverfahrens ... 36
a) Verfahrensrationalität als Bezugsproblem der Differenzierung ... 37

b) Öffentliches Verwalten als eigenständiger Verfahrenstypus ... 39
aa) Die Rolle der „Information" ... 41
bb) Die Verflechtung mit der Organisation ... 41
cc) Zuständigkeit und Verwaltungsverfahren ... 42
c) Rechtsbegriff des Verwaltungsverfahrens ... 43
d) Verfahrensarten und Verfahrensauftrag ... 44
aa) Aufgabenbezug ... 44
bb) Rechtsverhältnis als Erfüllungsrahmen ... 45
e) Gesamtauftrag der Verwaltung und Verfahrensfunktionen ... 45
aa) Handlungsziele als Verfahrensziele? ... 45
bb) Funktionale Bezugsproblematik des Verwaltungsverfahrens ... 46
cc) „Offener" Funktionsbezug des Verwaltungsverfahrens ... 47

C. Der Verwaltungsstaat in der Krise ... 48
I. Struktur- und Funktionskrise ... 48
1. Defizitäre Funktionsprämissen ... 48
2. Veränderung der Aufgabenstruktur ... 49
3. „Technisierung" der Verwaltung ... 49
II. Krise des Verwaltungsrechts ... 50
1. Vollzugsdefizite und informelles Verwaltungshandeln ... 50
2. Krise des subjektiven öffentlichen Rechts ... 51
3. Vermittlungsdefizite von Recht und Technik ... 52
4. Bürgerferne des Rechts ... 52
III. Wege aus der Krise ... 53
1. Reformalisierung des Verwaltungshandelns und Abbau der Staatsaufgaben ... 53
2. Die Aufwertung des Verwaltungsverfahrens ... 54

D. „Modernitätskrise" des Verwaltungsverfahrens ... 57

2. Kapitel. Verfahrensentwicklung als Auftrag

A. Verwaltungsverfahren zwischen Krise und Reform ... 60
I. Verfahrenskrise und Verfahrensrechtsdogmatik ... 60
1. Verfahrensrechtsdogmatik vor den Gegenwartsproblemen der Verwaltung ... 60
2. Das rechtsstaatliche Fundament der Dogmatik ... 62
II. Konzeptionelle Defizite der Verfahrensrechtsdogmatik ... 64
1. Perspektivische Enge der Dogmatik ... 65
2. Rechtsstaatliches Verfahrensverständnis im Wandel ... 66
a) Rechtsstaat als „Verwaltungsstaat" ... 67
b) „Krise" des Rechtsstaats ... 69
3. Verfahrensbedarf des Sozialstaates ... 71
a) Sozialstaatliche Verfahrensbindung der Verwaltung ... 71
b) Bürokratische Strukturgebung der Verfahren ... 73
c) Prozedurale Regulierung: Rechtsstaat in Not? ... 74
d) Folgen für Verfahrensvereinheitlichung und -sektoralisierung ... 78
4. „Prozeduralisierung" des Rechts ... 80
a) Prozedurales Rechtsverständnis ... 80
b) Verwaltungsverfahren als „neutraler Prozeß"? ... 81
c) Verwaltungsverfahren als Modell kommunikativer Rechtsbildung und Zweckkonkretisierung ... 82
d) Rechtsbildung durch private Teilhabe ... 85
e) Notwendigkeit neuer Rechts- und Verfahrensformen ... 86

5. Verfahrensdenken und Verwaltungsverantwortung 88
a) „Prozeduralisierung" des Rechts und Verwaltungsverantwortung 88
b) Verwaltungsverantwortung als Verfahrensverantwortung 89

B. Paradigmawandel des Verwaltungsverfahrensrechts 90
I. Verwaltungsverfahren als Rechts- und Sozialverhältnis 90
1. Verwaltungsverfahren als „soziales" Rechtsgefüge 90
2. Kommunikations- und Interaktionsstruktur 91
II. Verwaltungsverfahren und Verfassungsentwicklung 92
1. Verwaltungsverfahrensrecht als konkretisiertes Verfassungsrecht 92
2. Verwaltungskompetenz für neues Verfahrensrecht? 93
3. Verwaltungsverfahren und prozedurales Verfassungsverständnis 95
a) Prozeduraler Garantiegehalt von Verfassungsnormen 95
b) Grundgesetzliche Kommunikationsverfassung 96

C. Revision des Verwaltungsverfahrensrechts 97
I. Fragwürdigkeit des geltenden Verfahrensrechts 97
1. Tragweite des kodifizierten Verfahrensrechts 97
2. Aufgabenorientierung und Verfahrensfunktionen 101
a) Aufgabenorientierung und Sektoralisierung des Verwaltungsverfahrens 101
b) Aufgabenvielfalt und Anwendungsproblematik des Verfahrensrechts 102
c) Funktionen des Verwaltungsverfahrens 103
aa) Das Verwaltungsverfahren als „Entscheidungsprozeß" 105
bb) Die Steuerungsfunktion des Verwaltungsverfahrens 106
cc) Verwaltungsverfahren und Sachrichtigkeit des Verwaltungshandelns 107
dd) Verfahrensfehler und Bestandsschutz des Verwaltungshandelns 109
ee) Verwaltungsverfahren als subjektiver Rechtsschutz 110
ff) Verfahrensfunktionen und Verfahrensrationalität 111
3. Formalisierung des Verfahrensganges 113
a) Legitimationsbedarf sozialstaatlicher Verwaltungspolitik und Verfahrensteilhabe 114
aa) Beteiligungsfolgen administrativer Pluralisierung 115
bb) Umbau der Verfahrensteilhabe und staatliche Funktionenordnung 116
cc) Kontradiktorische Verwaltungsverfahren? 118
b) Strukturierung des administrativen Konkretisierungsprozesses 118
aa) Rollenverteilung im Verwaltungsverfahren 118
bb) Verfahrensrechtsverhältnis als Verantwortungsrahmen 120
cc) Verfahrensverantwortung und „internes" Verwaltungsverfahren 122
c) Verfahrensgrundsätze im Funktionswandel des Verwaltungsverfahrens 123

II. Entwicklungsbedarf und Entwicklungsoffenheit des Verwaltungsverfahrensrechts 124
1. Bezugsrahmen der Verfahrensentwicklung 125
2. Vier Thesen zur Verfahrensentwicklung 126
a) Verwaltungsverantwortung für Rechts- und Zweckkonkretisierung 126
b) Rechts- und Zweckkonkretisierung als „Verfahrensprodukt" 127
c) Verwaltungsverantwortung als „Verfahrensverantwortung" 128
d) Verfahrensverantwortung als Auftrag und Maßstab der Verfahrensrechtsentwicklung 129

III. Verwaltungsverfahrensrecht im Wandel des Staatsverständnisses 129
1. Entwicklung und Gefährdung der Verfahrensidee 129
2. Verfahrensidee und Verwaltungsverfahren 133

Zweiter Teil. Die Verfahrensidee im Strukturwandel von Staat, Gesellschaft und Recht

3. Kapitel. Moderner Staat und Verfahrensidee

A. Verfahren als Strukturelement des modernen Staates ... 135
I. Der Staat als geordnetes Verfahren ... 135
II. Soziale Koordination durch Verfahren ... 137
1. Verfahren als Ordnungsrahmen sozialer Koordination ... 137
2. Verfahren als modus sozialer Koordination ... 139
III. Formentypik und -wahl der Koordinationsverfahren ... 139
1. Verfahrenstypen sozialer Koordination ... 139
2. „Staatliche" und „gesellschaftliche" Koordinationsverfahren ... 140
3. Probleme der Formenwahl ... 141
4. Formenwahl durch staatliche Verfahrensentscheidungen ... 142
IV. Koordinationsverfahren und „Recht" ... 144
1. Staatliche Wirkungseinheit und autoritative Verhaltenskoordination ... 144
2. Autoritative Verhaltenskoordination durch Recht ... 145
3. Autoritative Verhaltenskoordination „in" und „durch" Gemeinschaftsverfahren ... 145

B. Verfahren und staatliches Entscheidungsparadigma ... 146
I. Wandel im Entscheidungsparadigma: Prozeduralisierung der staatlichen Entscheidungsfunktion ... 146
1. Verfahren und Organisationsprinzipien der Gesellschaft ... 148
2. Verfahren im Spannungsfeld von Rechts- und Sozialstrukturen ... 150
3. Evolutionsmechanismus „Verfahren" und funktionale Differenzierung ... 150
4. Wandel im Entscheidungsparadigma ... 154
5. „Prozeduralisierung" der Entscheidungsfunktion ... 155
II. Von der Ergebnis- zur Verfahrensrichtigkeit? ... 158
1. Der prozedurale Grundzug des Rechts ... 158
2. Relative Richtigkeitsgewähr des Verfahrens ... 160

4. Kapitel. Verfahrensidee und Verfahrensrationalität

A. Verfahrensrationalität als Bezugsproblem der „Prozeduralisierung" ... 164
B. Formale Verfahrensrationalität staatlicher Entscheidungsprozesse ... 165
I. Formal-rationale Entscheidungsbindung durch Verfahren der Gesetzgebung, Verwaltung und Justiz ... 165
II. Grenzen unabhängiger staatlicher Willens- und Entscheidungsbildung ... 168
C. Zweck- und Wertrationalität staatlicher Entscheidungsprozesse ... 169
I. Rationalisierungstendenzen des modernen Rechts ... 169
II. Instrumentalisiertes Recht und prozedurale Zweckrationalität ... 171
III. Wandel des Rationalisierungsmodus staatlicher Entscheidungsverfahren ... 173
1. Gesetzgebung als zweckrationales Entscheidungsverfahren ... 174
2. Zweckrationalität des Verwaltungsverfahrens ... 175
3. „Materielles" Prozeßrecht ... 176
IV. Formale versus Zweckrationalität des Verfahrens: Ein Rationalitätskonflikt ... 177
1. Rationalitätskonflikte des Gesetzgebungsverfahrens ... 179
2. Rationalitätskonkurrenzen im Verwaltungs- und Gerichtsverfahren ... 181
V. Präferenzentscheidung durch wertrationale Verfahrensfestlegungen? ... 182
1. Konfliktsteuerung durch „materiale" Rationalitätskriterien ... 182

2. Grenzen der Konfliktsteuerung durch multiple Wertorientierung ... 185
3. Wertorientierung und sozio-emotionale Rationalität ... 186
4. Wertorientierung und Verfahrenseffizienz ... 187
VI. Tatsachenprämissen rationaler Verfahrensgestaltung ... 188
1. Soziale Tiefenstruktur rechtsförmiger Verfahrensordnung ... 188
2. Situativer Verfahrensbezug ... 189
VII. „Gesamtrationalität" und Eigenständigkeit der Entscheidungsverfahren ... 191
1. Verfahrensrationalität als „Gesamtrationalität" ... 191
2. Grundsatz der Strukturadäquanz ... 192
3. „Gesamtrationalität" als konstruktiver Grenzfall ... 193
4. Eigenständigkeit, Flexibilität und Verbindlichkeitsgrad staatlicher Entscheidungsverfahren ... 194

D. Reflexivität der Entscheidungsverfahren als integrativer Rationalitätsmodus ... 195
I. Staatliche Entscheidungsverfahren als selbstreferenzielle Systeme ... 195
II. „Kommunikation" als Prozeßform der Selbstreferenz ... 196
III. Prozedurale Selbstreferenz und Verfahrensrationalität ... 198

5. Kapitel. Legitimation staatlicher Herrschaft durch Rechts- und Zweckkonkretisierung

A. Legitimation staatlicher Konkretisierungsentscheidungen als Rationalitätsproblem ... 201
I. Konkretisierungsentscheidungen als Herrschaftsakte ... 201
II. Begriff und Deutungsgehalt der „Legitimation" ... 202
III. Legitimationsstrukturen ... 205
IV. Legitimation und Rationalität ... 208
1. „Rationale Legitimität" durch formales Recht? ... 209
2. „Materiale Rationalität" als Legitimationsgrundlage? ... 209
3. Verfahrensdenken und „reflexive Rationalität" ... 210

B. Rationale Herrschaft durch Konsens und Verfahren ... 212
I. Legaler Entscheidungsgang und prozedurale Legitimität ... 212
II. Grenzen formal-rationaler Legitimation durch Verfahren ... 212
III. Legitimation durch Verfahrensverstrickung? ... 213
IV. Legitimationszusammenhang von Konsens und Verfahren ... 216
1. Legitimation durch Konsens ... 216
2. Konsens durch Diskurs ... 217
3. Verfahren als Diskursform ... 219

C. Legitimität staatlicher Entscheidungsverfahren ... 220
I. Verfahren als Herrschaftsinstrument ... 220
II. Strukturbedingungen prozeduraler Legitimität ... 221
1. „Verfahrensgerechtigkeit" als Legitimitätsbedingung ... 221
2. Formen politischer Herrschaft und Verfahrensqualität ... 223
3. Realer Wirksamkeitsausweis staatlicher Verfahren ... 225
4. Funktions- und Reaktionsgerechtigkeit staatlicher Verfahren ... 226
5. Sicherung der Diskursform ... 227
III. Legitimation der Verfahren durch prozeduralen Grundkonsens ... 228

D. Legitimation als komplexes Bedingungsgefüge ... 229
I. „Materiale" Rationalität und Ergebniskonsens ... 229
II. Substanzialisierte Verfahren und prozedurale Rationalität ... 230
III. Repräsentative Entscheidungsfindung als „Knotenpunkt" ... 231
IV. Prozedurales Legitimitätskonzept und Integration durch Verfahren ... 233

6. Kapitel. Staatliche Verantwortung für Rechts- und Zweckkonkretisierung

A. Legitimation und Verantwortung . . . 235
I. Herrschaft – Freiheit – Verantwortung . . . 235
II. Staatliche Herrschaft als verantwortete Macht . . . 237
III. Verantwortungsgemeinschaft von Staat und Bürgern . . . 237
IV. Verantwortung als Strukturbaustein des modernen Staates . . . 238

B. Rechtsbegriff und Deutungsgehalt staatlicher Verantwortung . . . 240
I. Verantwortung und Verantwortlichkeit . . . 240
II. Verantwortung für pflichtgemäßes Verhalten . . . 241
III. Verantwortung als Befugnis . . . 243
IV. Verantwortung als regulatives Prinzip . . . 244
1. Verantwortung im Wandel des Rechts . . . 244
2. Verantwortung als Entsprechungsprinzip „reflexiven" Rechts . . . 246
3. Staatliche (Mit-)Verantwortung als Muster für intersubjektive Verständigung: Das Beispiel Kernenergie . . . 249
V. Rechtliche und politische Verantwortung . . . 250
1. Das Forum der Verantwortung . . . 250
2. Funktionsdifferenz . . . 251
VI. Subjekte der Verantwortung . . . 252

C. Verantwortung und Konkretisierung . . . 253
I. Verantwortung für Handeln und Entscheiden . . . 253
1. Funktionslast der Verantwortung . . . 254
2. Verantwortung als gegliederter Entscheidungsprozeß . . . 255
3. Zweckbindung und Realisierungsverantwortung . . . 256
II. „Konkretisierung" als Strukturgesetz der Verantwortung . . . 257
1. Verantwortung und Konkretisierung . . . 257
2. Konkretisierungsverantwortung als Kompetenzproblem . . . 259
3. Eigenverantwortung für Konkretisierung . . . 260
III. Leitlinien der Konkretisierungsverantwortung . . . 262
1. Verantwortung als „Auftrag" . . . 262
a) Materialer Gehalt des Verantwortungsthemas . . . 262
b) Rationalitätsbindung der Konkretisierungsprozesse . . . 263
2. Zweckrichtigkeit des Entscheidens und situative Verantwortung . . . 265
a) Das Gebot sach- und interessengerechter Wirklichkeitsgestaltung . . . 265
aa) Sachlich-instrumentelle Anforderungen des sozialen Ordnungsproblems . . . 265
bb) Informationsversorgung als Gestaltungsvoraussetzung . . . 265
cc) Zweckverwirklichung als problembezogene Interessenzuordnung . . . 266
dd) Interne und externe Interessenkoordination . . . 267
ee) Situativer Entscheidungsbezug . . . 267
b) Strukturelle Leistungsfähigkeit und sanktionierbare Verantwortung . . . 268
aa) Aufgabenzuweisung und funktionsgerechte Organstruktur . . . 268
bb) Rechenschaftspflicht als Junktim der Entscheidungsbefugnis . . . 269
c) Verantwortungsbindung aus Entscheidungsfolgen . . . 269
aa) Proportionalität von Entscheidungswirkung und -verantwortung . . . 270
bb) Einschätzung und Abwägung von Risikoentscheidungen . . . 271
cc) Folgenorientierung und Zukunftsverantwortung . . . 273
d) Zusammenarbeit staatlicher Funktionsträger . . . 274
3. Kooperative Sozialverantwortung und gesellschaftliche Selbstregelung . . . 275
a) Gesellschaftliche Aktivierung als staatlicher Auftrag . . . 275

b) Dezentrale Kontextsteuerung bei pluraler Selbstorganisation 276
c) Gemeinwohlbezug der Kontextsteuerung 278
d) Binnengesellschaftliche Repräsentation und staatlicher Aufgabenvorbehalt . 279
e) Handeln im „Verantwortungskreis" 280
f) Staatliche Kompensation gesellschaftlicher Selbstregelungsdefizite 281
g) Funktionslasten gesellschaftlicher Aktivierung: Interessendiffusion und Pflichtenbindung Privater 281
h) Verfahrensentwicklung als Auftrag 284

7. Kapitel. Konkretisierungsprozeß und staatliche Verfahrensverantwortung

A. Staatliche Verantwortung als „Verfahrensverantwortung" 287
I. Verantwortung als Struktur und Prozeß 287
II. Verfahrensparadigma der Verantwortung 288
1. „Prozeduralisierte" Verantwortung als Verfahrensverantwortung 288
2. Horizonte der Verfahrensverantwortung 289
a) Wirkdimension des Verfahrens 289
b) Verfahren als soziale Systeme 290
c) Verfahren als Aktivitätenpotential 291
3. Verfahrensverantwortung und Verfahrensdenken 291

B. Verfahrensverantwortung zwischen Recht und Politik 292
I. Verfahrensverantwortung kraft materiellen und Verfahrensrechts 292
1. Aufgabe des Verfahrensrechts 293
2. Verfahrensrecht und materielles Recht 293
3. Verfahrensregeln als verbindliches Recht 295
4. Verfahrensverantwortung im Rechtssinne 296
II. Verfahrensverantwortung als Eigenverantwortung 297
III. Verfahrensverantwortung als Kontinuum rechtlicher Bindung und politischer Gestaltung 298
1. Verfahrensrecht als Verantwortungsmaßgabe und Verantwortungsgegenstand . 298
2. Überlagerung von verfahrensrechtlicher Bindung und politischem Gestaltungsauftrag 299
3. Methodenkategoriale Verfahrensverantwortung 300
4. Verfahrenstheoretische Konsequenzen 302
a) Interdisziplinäre Methodik des Verfahrenshandelns 302
b) Rationalisierung der Verfahrensordnung 303

C. Verfahrensverantwortung als strukturbezogener Gestaltungsauftrag 303
I. Prozedurale Struktur- und Funktionsgerechtigkeit als Verantwortungsgegenstand 304
1. Funktions- und reaktionsgerechte Verfahrensordnung 304
a) Faktischer und normativer Verfahrensbegriff 304
b) Verfahrensnormen als Funktionen 306
2. Verfahren als soziales Handlungs- und Wirkgefüge 307
a) Der offene Handlungszusammenhang 307
b) Der soziale Charakter 309
c) Zweck- und Zielorientiertheit 312
aa) Multiple Zielsetzungen 312
bb) Verfahrensordnung als Zielkompromiß 314
cc) Verfahrenszwecke 315
(1) Objektive Verfahrensfunktion 315
(2) Instrumentalfunktion 316

(3) Komplementärfunktionen . . . 317
(4) Legitimations- und Wahrheitszweck . . . 317
(5) Steuerungs- und Integrationsfunktionen . . . 319
dd) Funktionale Spezifikation . . . 320
(1) Differenzierungsbedarf des Entscheidungsdenkens . . . 320
(2) Verfahren als Potential von Handlungs- und Entscheidungsaktivitäten . . . 323
(3) Handlungs- und Entscheidungsaktivitäten als Bezugspunkte rechtlicher Verfahrensordnung . . . 325
d) Der organisatorische Charakter von Verfahren . . . 326
aa) Formalisierung der Verhaltenserwartungen . . . 326
bb) Ausformung des Verfahrensstatus . . . 327
cc) Informale Erwartungsstabilisierung . . . 327
II. Verfahrensordnung als Organisationsproblem . . . 329
1. Prozeßorganisation und Verfahrenszwecke . . . 329
a) Regelungselemente funktionaler Verfahrensordnung . . . 329
b) Der Zeitfaktor . . . 330
c) Handlungs- und Entscheidungsaktivitäten . . . 331
d) Verfahrensgrundsätze . . . 332
2. Verfahrensgliederung und Verfahrensaktivitäten als Instrumentalvariablen . . . 334
3. Bedingungsrahmen der Verfahrensorganisation . . . 335
a) Die Problematik situativer Zielwirkungen . . . 335
b) Dimensionen der Verfahrenssituation . . . 336
aa) Aufgaben- und personenbezogene Situationsdimensionen . . . 336
bb) Personenbezogene Situationsdimensionen . . . 337
cc) Aufgabenbezogene Situationsdimensionen . . . 339
c) „Institutionelle Ambiance" von Verfahren . . . 340
d) Technologie als Verfahrensbedingung . . . 341
4. Das Organisationsproblem . . . 343

D. Wirkdimensionen des Verfahrens als Maßgabekriterien der Strukturverantwortung . . . 345
I. Verfahren als Ordnungsidee . . . 345
II. Verfahren als Formgebung staatlicher Herrschaft . . . 347
III. Verfahren als Prozeß sozialer Verständigung . . . 351
1. Verfahren als soziale Interaktion . . . 351
2. Grundstrukturen sozialer Interaktion . . . 352
3. Einheit von Sach- und Beziehungshandeln . . . 354
4. Beziehungshandeln und Rollenbindung . . . 356
5. Beziehungshandeln im Sozialverhältnis . . . 357
6. Beziehungshandeln und personalisierte Verfahrensverantwortung . . . 359
IV. Verfahren als Strukturierung staatlicher Entscheidungsfindung („Rationalisierungsperspektive") . . . 362

E. Verfahrensverantwortung und Verfahrensführung . . . 365
I. Funktionenspezifische Verrechtlichung operativer und Leitungsprozesse . . . 366
II. Rechtliches Verfahrensprogramm und gegliederte Verfahrensverantwortung . . . 368
1. Teil-Verantwortungen für die rechtliche Ordnung der Verfahrensaktivitäten . . . 369
2. Staatliche Informations- und Kommunikationsverantwortung . . . 371
3. Problemlösungs-, Steuerungs-, Entschließungs-, Vollzugs- und Folgenverantwortung . . . 373
4. Rückbindung der Verfahrensordnung an gesellschaftliche Mit-Verantwortung(en) . . . 374

III. Situative Bedingtheit der Verfahrensordnung 375
1. Grenzen der Verfahrensvereinheitlichung 375
2. Professionalisierte Amtsausübung als funktionales Äquivalent der Verfahrensformalisierung 376
IV. „Neue" Informations- und Kommunikationstechnik als Verfahrensbedingung ... 377
1. Veränderungspotential der Technikentwicklung 378
2. Rationalisierungperspektive des Technikeinsatzes 380
3. Wandel der Machtrelationen 381
4. Technikentwicklung als Schranke sozialer Verständigung 383
V. Verfahrensverantwortung als Verfahrensmanagement 385
1. Personalisierung der Verfahrensverantwortung 385
2. Verfahrensmanagement als Komplement rechtlicher Verfahrensordnung 386
3. Verfahrensmanagement und Führungsverantwortung 387
4. Maßgaben der Führungsverantwortung 388

8. Kapitel. Staatliche Verfahrensverantwortung und Kontrolle

A. Verfahrensparadigma der Kontrolle 390
I. Begriff, Reichweite und Formen staatlicher Kontrolle 391
II. Die prozedurale Kontrollperspektive 392
III. Kontrolle als Prozeß und Strukturelement der Konkretisierung 392

B. Kontrolle als Gegenüber staatlicher Verantwortung 394
I. Keine Verantwortung ohne Kontrolle 394
II. Keine Kontrolle ohne Verantwortung 395
III. Rationalitätsgewinn durch selbstreferenzielle (Verfahrens-)Kontrolle 396

C. Verfahrensverantwortung für Kontrolle 397
I. Prozedurale Kontrollverantwortung 397
II. Diagnosefunktion der Verfahrenskontrolle 398
III. Korrekturfunktion der Verfahrenskontrolle 398
IV. Gestaltungs- und Leitungsfunktion der Verfahrenskontrolle 399

Dritter Teil. Die Verfassung als Prozeßform und Entwicklungsrahmen staatlicher Verfahren

9. Kapitel. Verfahrensidee und Verfassung

A. Das Verfahrensparadigma des modernen Staates 401
I. Verfahrensorientiertes Rechts- und Staatsverständnis 402
II. Verfahrensordnung als „Strukturierung" und „Führung" 402
III. Schlüsselbegriffe der Verfahrensordnung 404
IV. Insbesondere: Das Prinzip der organspezifischen Verfahrensverantwortung 407
V. Verweisungsfunktion der prozeduralen Schlüsselbegriffe auf die Verfassung 408

B. Die Verfassung als staatstheoretische Ordnungsvorstellung 412
I. Verfassungsbegriff und Verfassungsverständnis 412
II. Die normative Funktion von Verfassung 415
1. Ordnungs- und Stabilisierungsfunktion 415
2. Schutzfunktion 416
3. Selbstbestimmungs- und Legitimationsfunktion 417
4. Materiale Ordnungsprinzipien und Vorrang der Verfassung 418
III. Normative Verfassungsfunktion und „Grundkonsens" 420

IV. Verfassung als Integrationsschema und Verantwortungszuweisung 421
1. Verfassung als Integrationsschema 421
2. Verantwortung als Verfassungsprinzip 422
3. Rechtsförmige Verantwortung für rationale Verfassungskonkretisierung 424
4. Konnexität von Verantwortung und Freiheit 425
5. Gelebte Verantwortung als gesellschaftliche Kooperation und politische Teilhabe 428

C. Verfahrenskonzeptionen des modernen Verfassungsstaates 429
I. Zum Diskussionsstand 429
II. Differenzierungsbedarf des Verfahrensdenkens 432
III. Verfahrensidee und Statustheorie 434
IV. Materiale Aspekte der Verfahrensidee 435
V. Verfahren als „Diskurs“: Zur Verschränkung von Moral und Recht 437
VI. Diskursethik versus Strukturdenken 440

10. Kapitel. Die Verfassung als Verfahrensordnung und Entwicklungsrahmen

A. Die Verfassung als prozedurales Strukturkonzept 441
I. Verfassungsfunktionen als Verfahrensfunktionen 441
II. Verfassung als Ordnung der gemeinschaftserheblichen Entscheidungsprozesse ... 442
1. Objektive Koordinations- und Rationalisierungsfunktion 442
2. Gewährleistung aufgabenbezogener Koordinationsverfahren 443
3. Staatliche und gesellschaftliche Koordinationsverfahren 444
4. Der Verfahrensbedarf des „sozialen“ Verfassungsstaates 446
5. Staatliche Koordinationsverfahren für „primäre“ Staatsaufgaben 449
6. Steuerungsfunktion staatlicher Koordinationsverfahren 450
7. Verfahrensentwicklung als Verfassungsauftrag 452
III. Verfassung als prozedurales Schutzkonzept 453
1. „Formale“ Verfahrensbindung 453
2. Ausweitung des prozeduralen Schutzkonzepts 454
3. Reflexivität der normativen Schutzfunktion 454
IV. Verfassung als prozedurales Legitimitätskonzept 458
1. Die demokratische Rechtfertigung des Staates 459
2. Prozeduralisierung der Legitimität 460
3. Legitimation durch Konsens 462
4. Konsens und staatliche Verfahren 463
5. Legitimationsbedarf staatlicher Verfahren 465
a) Prozeduraler Grundkonsens 466
b) Materiale Verfahrensbindung 467

B. Das materiale Verfahrenskonzept der Verfassung 469
I. Verfassung und Strukturbedingungen prozeduraler Legitimität 469
II. Wirkebenen des prozedural Verfassungsgemäßen 473
1. Verfassungsverfahrensrecht 473
2. Strukturelle Verfahrensgarantien 474
a) Rationalitätsstandards der Verfahrensordnung 475
aa) Rechtsstaatlich-grundrechtliche Rationalitätsanforderungen 475
bb) Demokratiegebot als Rationalitätsmaßstab 480
cc) Sozialstaatliche Rationalitätsdirektiven 483
dd) Rationalitätssichernde Teil-Verfassungssysteme 484
ee) Bundesstaatliches Gebot rationaler Koordination 486

b) Legitimitätsausweis der Verfahrensordnung 487
aa) Prozedurale Gerechtigkeitsvorsorge 488
bb) Grundsatz der Gesetzmäßigkeit als Gebot der Verfahrensbindung 489
cc) Gleichberechtigte Mitwirkungskompetenz und Partizipation durch Verfahren 491
c) „Prozeßverantwortung" für rationalitäts- und legitimitätssichernde Verfahrensgehalte 494
aa) Verfahrensaktivitäten als Anknüpfungspunkt 495
bb) Gesellschaftliche Verfahrens-Mitverantwortung 496
cc) Verfahrensverantwortung als „soziale" Voraussetzung der Legalität 497
dd) Verfahrensverantwortung für funktionale Integration 498
3. Verfahrensgrundsätze der Verfassung 499
a) Verantwortliche (Mit-)Gestaltung der Konkretisierung 500
aa) Mitgestaltung durch Anhörung 500
bb) Prozeßverantwortung und Verfahrensöffentlichkeit 503
cc) Konkretisierung als Begründungsprozedur 505
b) Konfliktbewältigung durch Interessenausgleich 507
aa) Abwägung und Rücksichtnahme als Verfahrensparadigmen 507
bb) Interessenausgleich und Problembewältigung 510
cc) Verhältnismäßigkeitsprinzip als Verbindungsglied interaktiver Argumentation und generalisierter Smybolstruktur 512
c) Prinzipien fundamentaler Verfahrensgerechtigkeit 513
aa) Unparteilichkeit und Waffengleichheit 517
bb) Gebot fairer Verfahrensgestaltung 521
cc) Betreuungspflichten im Verfahren und prozedurale Selbstbestimmung ... 525

C. Die Verfassung als regulatives Verfahrensmodell 527
I. Verfahrensfunktionen und Aufgabenbezug 527
II. Verfahrensteilhabe und Verfahrensstatus 528
III. Zweck- und Wertrationalität der Verfahren 529
1. Garantie differenzierter Konkretisierungsprozesse 529
2. Kriterien funktionaler Wirksamkeit 530
3. Das wertrationale Verfahrensprogramm 531
IV. Fundamentalprinzipien des Verfahrensrechts 532
V. Sicherung gerechter und verantwortlicher Konkretisierung 532
VI. Garantenstellung für gesellschaftliche Verfahren 533

11. Kapitel. Verfassungsrechtliche Funktionengliederung als organadäquate Verfahrenszuweisung

A. Gewaltenteilung als verfassungsrechtliche Funktionenordnung 534
I. Verfassung und Gewaltenteilung 534
II. Gewaltenteilung als Funktionengliederung 536
III. Funktionengliederung als Organisationsschema und Rationalitätsmaßstab rechtlicher Regulierung 538
1. Staatliche Funktionenordnung als Organisationsschema 538
2. Staatliche Funktionenordnung als Rationalitätsmaßstab der Gesellschaftssteuerung durch Recht 538
IV. Funktionengliederung als differenzierte Verfahrenszuweisung 539
1. Rationalitätsaspekte der Verfahrensbindung 540
2. Staatliche Funktionengliederung und Verfahrensgruppen 541
a) Das Gesetzgebungsverfahren 541
b) Das Verwaltungsverfahren 543

c) Das Gerichtsverfahren ... 546
d) „Offene" Verfahrenstypik ... 548
3. Gewaltenteilung im Strukturwandel ... 550
V. Funktionsveränderungen der Gewaltenteilung ... 551
1. Wandel des Steuerungsmediums „Recht" ... 551
2. Veränderungen im Verhältnis der Staatsfunktionen ... 553
3. Wandel der Gewaltenteilungsidee und „prozedurale Regulierung" ... 554

B. Funktionengegliederte Verfahrenszuweisung im Wandel ... 555
I. Staatliche Verfahren als dezentrale Konkretisierungssysteme ... 555
1. Invarianz der Organstrukturen ... 556
2. Kompetenzöffnung im Wandel der Staatsfunktionen ... 557
II. Autonomisierung des Verwaltungsvollzugs und Wandel des Verwaltungsverfahrens ... 558
1. Autonomisierung des Verwaltungsvollzugs ... 558
2. Wandel des Verwaltungsverfahrens ... 558
3. Funktionsabgrenzungen zu Gesetzgebung und Rechtsprechung ... 559
III. Funktionengliederung und Verfahrensverantwortung ... 561
1. Verteilung prozeduraler Gestaltungsmacht ... 561
2. Verfahrensverantwortung der Verwaltung als Organisationsmodus der Verwaltungsautonomie ... 562

C. Wandel der Funktionengliederung und Verfahrenskrise ... 563
I. Defizite der Integrationskraft von Recht und Verfahren ... 563
1. Krise der gesellschaftlichen Integrationskraft des Rechts ... 564
2. Auflösung des Verfahrenskonsenses ... 564
a) Übergang zum Leistungs- und Verteilungsstaat ... 565
b) Verlust der Selbstbestimmung ... 566
c) Revidierbarkeit von Entscheidungen ... 567
d) Differierende Intensitäten und Wertkonflikte ... 567
II. Krise des Verwaltungsverfahrens als Rationalitäts- und Legitimitätsdefizit ... 568
1. Komplexe Verwaltungsentscheidungen und Umbau der Legitimation ... 568
2. Individuelle Autonomie und funktionelle Bürokratie ... 569
3. Demokratiedefizite des Verwaltungsverfahrens ... 569
4. Wertkonflikte und Verfahrensrevision ... 570
III. Wege aus der Krise ... 571
1. „Reflexives" Recht und Verfahrensverantwortung ... 571
2. Verfahrensentwicklung als Notwendigkeit ... 572

Vierter Teil. Verfahrensverantwortung der öffentlichen Verwaltung und Verfahrensrechtsentwicklung

12. Kapitel. Verwaltungsverfahren zwischen legislativer und administrativer Verfahrensverantwortung

A. Verantwortungszuweisung und Steuerungspotential der Rechts- und Zweckkonkretisierung ... 575
I. Konkretisierung als „Steuerung" der Handlungs- und Entscheidungsaktivitäten ... 576
II. Das Verfahren als Steuerungsmedium ... 580

B. Prozedurale Steuerungsverantwortung der Verwaltung ... 582
I. Legislative und administrative Verfahrensverantwortung ... 582

II. Prozedurale Steuerungsverantwortung als Bestandteil gegliederter Verfahrensverantwortung ... 585
III. Intensität und Reichweite prozeduraler Steuerungsverantwortung ... 586
1. Steuerungsverantwortung und Verfahrenseffizienz ... 586
2. Steuerungsaktivitäten im Verfahren ... 588
3. „Externe" und „interne" Verfahrenssteuerung ... 590
4. Verfahrenssteuerung durch Verwaltungsvorschriften ... 593

C. Vorbehalt legislativer Verfahrenssteuerung? ... 598
I. „Prozedurale" Wesentlichkeitstheorie ... 598
1. „Grundrechtsgefährdung" im Verwaltungsverfahren ... 598
2. Delegation von Verfahrensrechtssetzung auf die Exekutive? ... 599
3. Parlaments- und Rechtssatzvorbehalt ... 599
II. Rechtsstaatlicher und demokratischer Verfahrensvorbehalt ... 600
1. Auswirkungen auf Verwaltungsvorschriften zum Verfahren ... 602
2. Verfahrensvorschriften und materiales Verfahrenskonzept ... 604
3. Grenzen exekutivischer Organisations- und Geschäftsleitungsgewalt ... 605
4. Variabilität des legislativen Verfahrensvorbehalts ... 607

D. Grenzen legislativer Verfahrenssteuerung: Die Verfahrensverantwortung der Verwaltung als prozeduraler Steuerungsvorbehalt ... 610
I. „Wesentlichkeitstheorie" und administrative Verfahrensverantwortung ... 610
II. Die Verfahrensverantwortung der Verwaltung als prozeduraler Steuerungsvorbehalt ... 612
1. Exekutive Vollzugskompetenz als Intensitätsmaßstab ... 612
2. Vollzugskompetenz und Verfahrensgewalt ... 614
3. Verfahrensgewalt als prozeduraler Funktionsvorbehalt ... 615

13. Kapitel. Verwaltungsformen als Verantwortungsrahmen

A. Formenbindung des Verwaltungsverfahrens ... 617
I. Vollzugspflichtigkeit des Verwaltungsverfahrens ... 618
II. Umdeutung des Vollzugsparadigmas ... 619
III. Verwaltungsbehördliche Organisation des Verfahrens ... 620
1. Behördenbegriff und materielle Verwaltungsfunktion ... 621
2. Überwindung von Innen- und Außenrecht ... 622
IV. Ausschluß gerichtsförmiger und legislatorischer Verfahren ... 627
V. Administrative Handlungsformen als Verfahrensregime? ... 629
VI. Privatrechtsförmiges Verwaltungshandeln ... 634

B. Formenbindung und Konkretisierungs„prozeß" ... 640
I. Strukturbindung der Konkretisierung ... 641
II. „Interne" Willensbildungsprozesse und „externe" Verfahrensoperationen ... 643
III. „Prozeßstrukturen" des Verwaltungssystems ... 645
1. Notwendigkeit der Strukturanalyse und -integration ... 645
2. Strukturintegration und formengegliederte Verfahrensarten ... 646

14. Kapitel. Verfahrensverantwortung und Verfahrensteilhabe

A. Prozedurale Systemfunktion des subjektiv-öffentlichen Rechts ... 649
I. Subjektiv-öffentliches Recht und rechtlicher Verfahrensstatus ... 649
II. Rechtlicher Verfahrensstatus und Konkretisierungsverfahren ... 651
III. Grundmuster des Konkretisierungsverfahrens ... 653

B. Rechtsverwirklichung durch Verfahrensteilhabe . . . 654
I. Verfahrenssachverhalt als Bezugsrahmen . . . 654
II. Erscheinungsformen der Verfahrensteilhabe . . . 656
III. Verfahrensteilhabe und Konkretisierung . . . 657
IV. Verfahrensteilhabe als Informationschance . . . 659
V. Ausweitung der Verfahrensteilhabe . . . 661

C. Verfahrensteilhabe und Verfahrensrollen . . . 664
I. Rollenbindung des Verwaltungsverfahrens . . . 664
II. Rollenverteilung zwischen Verwaltung und Bürger: Parteien- oder Beteiligtenverfahren? . . . 665
III. Behörden als Verfahrenssubjekte . . . 669
IV. Bürger als Verfahrenspartner . . . 672
V. Gleichordnung der Verfahrensrollen und behördliche Verfahrensleitung . . . 674
VI. Das Problem der Beteiligungslasten . . . 677

D. Verfahrensabschnitte und Verfahrensaktivitäten . . . 679
I. Subjektive Rechtsstellung und Verfahrensablauf . . . 679
II. Verfahrensgliederung als Realität und Rechtsnotwendigkeit . . . 684

15. Kapitel. Verfahrensverantwortung für Problemorientierung und Sachaufklärung

A. Problemorientierung der Verfahrensaktivitäten . . . 687
I. Situations- und Problemdefinition . . . 687
II. Konkretisierungsproblem und Sachverhaltsermittlung . . . 688
1. Einleitung des Konkretisierungsverfahrens . . . 690
2. Informationsbeschaffung und Beweiserhebung . . . 697
a) Ermittlungsauftrag der Behörde . . . 697
b) Kooperative Sachaufklärung . . . 700
c) Aufklärungsdefizite und Beweislast . . . 701
d) Beweiserhebung als Wahrscheinlichkeitsurteil . . . 705
e) Gradualisierung der Wahrscheinlichkeit . . . 707
f) Wahrscheinlichkeitsurteil und behördliche Aufklärungsverantwortung . . . 709
3. „Offene" Rechtsnormen und Prognosespielräume . . . 712
4. Inkurs: Konsequenzen für das technische Sicherheitsrecht . . . 718

B. Rationalisierung der Sachaufklärung . . . 720
I. Vorläufige und generalisierende Sachaufklärung . . . 720
1. Sachverhaltsfeststellende Verwaltungsvorschriften . . . 721
2. Grenzen generalisierender Sachaufklärung . . . 723
3. Sachaufklärung und Ermessen . . . 725
II. Feststellung des Sachverhalts und Rechtsnormklärung . . . 727
1. Sachverhaltsfeststellung als Teil der Konkretisierung . . . 728
2. „Privatisierung" der Sachverhaltsfeststellung? . . . 729
3. Reichweite sachverhaltsfeststellender Vereinbarungen . . . 731
C. Sachverhaltsfeststellung zwischen Ermessen und Beurteilungsspielraum . . . 734

D. Rechtsfolgeneintritt oder Verfahrenseinstellung . . . 735

16. Kapitel. Zusammenfassung und Ergebnisse der Untersuchung

Literaturverzeichnis . . . 767

Sachverzeichnis . . . 807

Abkürzungsverzeichnis

a. A.	andere(r) Ansicht
a. a. O.	am angegebenen Ort
abl.	ablehnend
ABl. EG	Amtsblatt der Europäischen Gemeinschaften
Abs.	Absatz
abw.	abweichend
AcP	Archiv für civilistische Praxis
ADV	Automatische Datenverarbeitung
a. E.	am Ende
a. F.	alte(r) Fassung
AfK	Archiv für Kommunalwissenschaften
AG	Aktiengesellschaft; auch „Die Aktiengesellschaft" (Zeitschrift); mit Ortsbezeichnung: Amtsgericht
AktG	Aktiengesetz
allg.	allgemein
Alt.	Alternative
Anm.	Anmerkung
AO	Abgabenordnung
AöR	Archiv für öffentliches Recht
ARSP	Archiv für Rechts- und Sozialphilosophie
Art.	Artikel
ASQ	Administrative Science Quarterly
AtomG	Atomgesetz
atw	atomwirtschaft/atomtechnik
Aufl.	Auflage
AuS	Arbeit und Sozialpolitik
AVG	Allgemeines Verfahrensgesetz
Bad.-Württ.	Baden-Württemberg
Bad.-Württ. GemO	Baden-Württembergische Gemeindeordnung
BAföG	Bundesausbildungs-Förderungsgesetz
BAG	Bundesarbeitsgesetz
BAnz.	Bundesanzeiger
BauGB	Baugesetzbuch
BauR	Zeitschrift für das gesamte öffentliche und zivile Baurecht
BayVBl.	Bayerische Verwaltungsblätter
BayVerfGH	Bayerischer Verfassungsgerichtshof
BB	Der Betriebs-Berater (Zeitschrift)
BBahnG	Bundesbahngesetz
BBauG	Bundesbaugesetz
BBG	Bundesbeamtengesetz
Bd., Bde.	Band, Bände
BDSG	Bundesdatenschutzgesetz
Bearb.	Bearbeiter
Beih.	Beiheft
bes.	besonders
bestr.	bestritten

betr.	betrifft, betreffend
BFH	Bundesfinanzhof
BFHE	Sammlung der Entscheidungen des Bundesfinanzhofs
BFStrG	Bundesfernstraßengesetz
BGB	Bürgerliches Gesetzbuch
BGBl.	Bundesgesetzblatt
BGE	Entscheidungen des schweizerischen Bundesgerichts
BGHSt	Amtliche Sammlung von Entscheidungen des Bundesgerichtshofs in Strafsachen
BGHZ	Amtliche Sammlung von Entscheidungen des Bundesgerichtshofs in Zivilsachen
BHO	Bundeshaushaltsordnung
BImSchG	Bundes-Immissionsschutzgesetz
BK	Bonner Kommentar
BKGG	Bundeskindergeldgesetz
BKK	Die Betriebskrankenkasse
Bl.	Blatt, Blätter
BlStSozArbR	Blätter für Steuerrecht, Sozialversicherung und Arbeitsrecht
BMWi.	Bundesminister(ium) für Wirtschaft
BR	Bundesrat
BR-Drucks.	Bundesrats-Drucksache
BReg.	Bundesregierung
BRRG	Beamtenrechtsrahmengesetz
BSeuchG	Bundes-Seuchengesetz
BSG	Bundessozialgericht
BSHG	Bundessozialhilfegesetz
BStBl.	Bundessteuerblatt
BT	Bundestag
BT-Drucks.	Bundestags-Drucksache
BVerfG	Bundesverfassungsgericht
BVerfGE	Amtliche Sammlung von Entscheidungen des Bundesverfassungsgerichts
BVerfGG	Bundesverfassungsgerichtsgesetz
BVerwG	Bundesverwaltungsgericht
BVerwGE	Amtliche Sammlung von Entscheidungen des Bundesverwaltungsgerichts
BVFG	Bundesvertriebenengesetz
BWaStrG	Bundeswasserstraßengesetz
CuR	Computer und Recht (Zeitschrift)
DB	Der Betrieb
ders.	derselbe
d.h.	das heißt
dies.	dieselbe
DIN	Deutsches Institut für Normung
Diss.	Dissertation
DJT	Deutscher Juristentag
DNotZ	Deutsche Notar-Zeitschrift
DöD	Der öffentliche Dienst
DöH	Der öffentliche Haushalt
DÖV	Die öffentliche Verwaltung
DRiG	Deutsches Richtergesetz
DRiZ	Deutsche Richterzeitung

Drucks.	Drucksache
DStR	Deutsches Steuerrecht
dt.	deutsch/deutsche
DuR	Demokratie und Recht
DV (DVO)	Durchführungsverordnung
DVBl.	Deutsches Verwaltungsblatt
DVerw.	Die Verwaltung
DVP	Die Verwaltungspraxis
DVR	Datenverarbeitung im Recht
ebd.	ebenda
EDV	Elektronische Datenverarbeitung
EFG	Entscheidungen der Finanzgerichte
EG	Europäische Gemeinschaft
EGBGB	Einführungsgesetz zum Bürgerlichen Gesetzbuch
Einf.	Einführung
Einl.	Einleitung
EMRK	Europäische Menschenrechtskonvention
entspr.	entsprechend
EuGRZ	Europäische Grundrechte-Zeitschrift
e. V.	eingetragener Verein
EvStL	Evangelisches Staatslexikon
evtl.	eventuell
EVwVfG	Musterentwurf eines Verwaltungsverfahrensgesetzes
EWGV	EWG-Vertrag
f., ff.	folgend, fortfolgend
FA	Finanzamt
FAZ	Frankfurter Allgemeine Zeitung
FamRZ	Zeitschrift für das gesamte Familienrecht
Festg.	Festgabe
FEVS	Fürsorgerechtliche Entscheidungen der Verwaltungs- und Sozialgerichte
FG	Finanzgericht
FGG	Gesetz über die Angelegenheiten der freiwilligen Gerichtsbarkeit
FGO	Finanzgerichtsordnung
FinArch.	Finanzarchiv
Fn.	Fußnote
FS	Festschrift
GewArch	Gewerbearchiv
GewO	Gewerbeordnung
GG	Grundgesetz
ggf.	gegebenenfalls
GGK	Grundgesetz-Kommentar
GHS	Gesamthochschule
gl. A.	gleicher Ansicht
GmbH	Gesellschaft mit beschränkter Haftung
GmbHG	Gesetz betreffend die GmbH
GMBl.	Gemeinsames Ministerialblatt
GNOFÄ	Grundsätze zur Neuorganisation der Finanzämter und zur Neuordnung des Besteuerungsverfahrens
grdl.	grundlegend
grds.	grundsätzlich

GrS	Großer Senat
GS	Gesetzessammlung
GVBl.	Gesetz- und Verordnungsblatt
GVG	Gerichtsverfassungsgesetz
Halbs.	Halbsatz
Hdb	Handbuch
HdbKWP	Handbuch der kommunalen Wissenschaft und Praxis
HdbStR	Handbuch des Staatsrechts
HdbVerfR	Handbuch des Verfassungsrechts
HdbWissR	Handbuch des Wissenschaftsrechts
Hess.	Hessen
HdSW	Handwörterbuch der Sozialwissenschaften
HGB	Handelsgesetzbuch
HGrG	Haushaltsgrundsätzegesetz
h. L.	herrschende Lehre
h. M.	herrschende Meinung
Hrsg., hrsg.	Herausgeber, herausgegeben
i. d. F.	in der Fassung
i. d. R.	in der Regel
i. d. S.	in dem (diesem) Sinne
i. e. S.	im engeren Sinne
insbes.	insbesondere
i. S.	im Sinne
i. V.	in Verbindung
i. w. S.	im weiteren Sinne
JA	Juristische Arbeitsblätter
Jb.	Jahrbuch
JbRSoz	Jahrbuch für Rechtssoziologie und Rechtstheorie
JfR	Jahresschrift für Rechtspolitologie
Jg.	Jahrgang
JGG	Jugendgerichtsgesetz
Jhdt.	Jahrhundert
JöR	Jahrbuch des öffentlichen Rechts der Gegenwart
JR	Juristische Rundschau
Jura	Juristische Ausbildung
JuS	Juristische Schulung
JZ	Juristenzeitung
KritJ	Kritische Justiz
KritV	Kritische Vierteljahresschrift
KZfSS	Kölner Zeitschrift für Soziologie und Sozialpsychologie
li. Sp.	linke Spalte
LSR	Law and Society Review
lt.	laut
LVwG	Landesverwaltungsgesetz
m. a. W.	mit anderen Worten
MDR	Monatsschrift für Deutsches Recht
m. E.	meines Erachtens
MittHV	Mitteilungen des Hochschulverbandes
m. w. N.	mit weiteren Nachweisen
Nachw.	Nachweise
NDV	Nachrichtendienst des Dt. Vereins für öffentliche und private Fürsorge

n. F.	neue(r) Fassung
N. F.	Neue Folge
NJW	Neue Juristische Wochenschrift
Nr.	Nummer
NStZ	Neue Zeitschrift für Strafrecht
NuR	Natur und Recht
NVwZ	Neue Zeitschrift für Verwaltungsrecht
o. ä.	oder ähnlich(es)
OHG	Offene Handelsgesellschaft
o. J.	ohne Jahresangabe
OLG	Oberlandesgericht
o. O.	ohne Ortsangabe
OVG	Oberverwaltungsgericht
OVGE	Entscheidungen der Oberverwaltungsgerichte
PBefG	Personenbeförderungsgesetz
PostVerwG	Postverwaltungsgesetz
PVS	Politische Vierteljahresschrift
RdA	Recht der Arbeit
Rdnr., Rdnrn.	Randnummer/Randnummern
RDV	Recht und Datenverarbeitung
RechtsVO	Rechtsverordnung
rsp.	respektive
r. Sp.	rechte Spalte
RGBl.	Reichsgesetzblatt
RpflG	Rechtspflegergesetz
Rspr.	Rechtsprechung
RuP	Recht und Politik
RVO	Reichsversicherungsordnung
S.	Seite
SchHLVwG	Landesverwaltungsgesetz Schleswig-Holstein
SchrR	Schriftenreihe
SchwbG	Schwerbeschädigtengesetz
SGB	Sozialgesetzbuch
SGb.	Sozialgerichtsbarkeit (Zeitschrift)
SGG	Sozialgerichtsgesetz
Slg.	Sammlung
SH	Sonderheft
sog.	sogenannt
Sp.	Spalte
SprengG	Sprengstoffgesetz
SRH	Sozialrechtshandbuch
StBP	Die steuerliche Betriebsprüfung (Zeitschrift)
StGB	Strafgesetzbuch
StGH	Staatsgerichtshof
StPO	Strafprozeßordnung
str.	strittig
StuW	Steuer und Wirtschaft
StWG	Gesetz zur Förderung der Stabilität und des Wachstums der Wirtschaft
u. a.	und andere, unter anderem
u. a. m.	und andere(s) mehr
u. ä.	und ähnliche(s)

UPR	Umwelt- und Planungsrecht
v.	von, vom
VBlBW	Bad.-Württ. Verwaltungsblätter
Verhdlg.	Verhandlungen
VersR	Versicherungsrecht, Juristische Rundschau für die Individualversicherung
VerwArch.	Verwaltungsarchiv
Vfg.	Verfügung
VG	Verwaltungsgericht
VGH	Verwaltungsgerichtshof
vgl.	vergleiche
v.H.	vom Hundert
Vorbem.	Vorbemerkungen
VOP	Verwaltungsführung-Organisation-Personal (Zeitschrift)
VR	Verwaltungsrundschau
VSSR	Vierteljahresschrift für Sozialrecht
VVDStRL	Veröffentlichungen der Vereinigung der Deutschen Staatsrechtslehrer
VwGO	Verwaltungsgerichtsordnung
VwPO	Verwaltungsprozeßordnung (im Entwurf)
VwVfG	Verwaltungsverfahrensgesetz
VwZG	Verwaltungszustellungsgesetz
w.	weitere
WissR	Wissenschaftsrecht
WiR	Wirtschaftsrecht
WiVerw	Wirtschaft und Verwaltung
WRV	Weimarer Reichsverfassung
WuW	Wirtschaft und Wettbewerb
zahlr.	zahlreich(en)
z.B.	zum Beispiel
ZBR	Zeitschrift für Beamtenrecht
ZfbF	Schmalenbachs Zeitschrift für betriebswirtschaftliche Forschung
ZfO	Zeitschrift für Führung und Organisation
ZfRSoz	Zeitschrift für Rechtssoziologie
ZfS	Zentralblatt für Sozialversicherung, Sozialhilfe und Versorgung
ZfU	Zeitschrift für Umweltrecht
ZG	Zeitschrift für Gesetzgebung
ZgsStW	Zeitschrift für die gesamte Staatswissenschaft
ZGR	Zeitschrift für Unternehmens- und Gesellschaftsrecht
ZHR	Zeitschrift für das gesamte Handels- und Wirtschaftsrecht
Ziff.	Ziffer
ZParl	Zeitschrift für Parlamentsrecht
ZPO	Zivilprozeßordnung
ZRP	Zeitschrift für Rechtspolitik
ZSR	Zeitschrift für Sozialreform
ZStW	Zeitschrift für die gesamte Strafrechtswissenschaft
z.T.	zum Teil
Ztschr.	Zeitschrift
ZtschrRVgl.	Zeitschrift für Rechtsvergleichung
zul.	zuletzt

ZUM	Zeitschrift für Urheber- und Medienrecht
zust.	zustimmend
z.Z.	zur Zeit
ZZP	Zeitschrift für Zivilprozeßrecht

Ergänzend wird auf Hildebert Kirchner, Abkürzungsverzeichnis der Rechtssprache, 3. Auflage, Berlin 1983, verwiesen. Dort ist auch die jeweilige Fundstelle der in das Verzeichnis aufgenommen Gesetze vermerkt.

Erster Teil. Strukturprobleme des Verwaltungsverfahrensrechts

1. Kapitel. Öffentliche Verwaltung und Verwaltungsverfahren

A. Öffentliche Verwaltung im sozialen Rechtsstaat

I. Öffentliche Verwaltung und materielle Verwaltungsfunktion

1. Materielle Staatsfunktionen und „Verwaltungsverantwortung"

a) Aufgabenbezug und Abgrenzungsprobleme der Staatsfunktionen

Unter der Geltung des Grundgesetzes und veranlaßt durch den von ihm geforderten und legitimierten „Sozialstaat" der Gegenwart ist die öffentliche Verwaltung in eine neue Phase ihres Wirkens für die Gesellschaft getreten. In dem Maße, in dem der Staat auch die *Verantwortung* für die sozio-ökonomischen Verhältnisse übernommen hat, sind Umfang und Qualität der ihm zugewiesenen und von ihm wahrgenommenen Aufgaben angewachsen. Denn die verfassungsrechtliche Sozialentwicklung (Art. 20 Abs. 1, 28 Abs. 1 GG) umfaßt die Garantie, den Schutz und den Auftrag zur Verwirklichung sozialer Sicherheit, einer gerechten Sozialordnung und weitestgehender sozialer Gerechtigkeit.[1]

Im Vollzug seines darauf gestützten Interventionsauftrags und der daraus erfließenden Aktionsvollmacht ist der soziale Rechtsstaat in seinen *Funktionen* nicht von vornherein festgelegt; vielmehr ist er auch insoweit gegenüber der realen Entwicklung der Gesellschaft offen. Soweit für diese die grundsätzliche Freiheit von Bedürfnisentfaltung und Bedarfserwartung gilt,[2] hat der Staat hieran seine Funktionen auszurichten.

Diese Funktionszuweisung schlägt sich in einer dynamischen Interventions- und Regulierungskompetenz des Sozialstaates nieder. Die verfassungsrechtliche Sozialentscheidung überläßt es dabei einerseits und in weitem Ausmaß dem *Gesetzgeber*, durch seinen Kompetenzentscheid über die Reichweite staatlicher Aktivitäten selbst zu disponieren. Der Kanon der Staatsaufgaben bleibt dadurch in die Zukunft hinein offen; die Weichen sind in Richtung auf die Entdeckung und Bewältigung immer

---

[1] BVerfGE 5, 85 (198); 22, 180 (204); 27, 253 (283); 33, 303 (334f.); 72, 175 (198); *Stern*, Staatsrecht I, S. 890f., 910ff.; siehe auch und zusammenfassend *R. Scholz*, Sozialstaat, S. 22ff.

[2] *R. Scholz*, Grenzen staatlicher Aktivität, S. 119; *Pitschas*, Archiv für Wissenschaft und Praxis der sozialen Arbeit 1981, S. 246ff.

neuer Probleme gestellt.[3] Der Sozialstaat ist ein sich selbst und ständig von neuem zu weiterer Expansion, aber auch zur Aufgabenrevision antreibender *Prozeß*.[4]

Dieser Prozeßcharakter führt einerseits zu dem Problem der funktionellen Abgrenzung von staatlichen und gesellschaftlichen Angelegenheiten einschließlich der zu ihrer Erledigung benötigten Verfahren.[5] Die Verfassung erweist sich jedenfalls als überfordert, selbst Umfang und Grenzen der staatlichen Aufgaben präzise festzulegen. Bisher ist hierfür weder eine überzeugende Systematik gefunden worden, noch ist es gelungen, die Aufgaben vollständig zu erfassen.[6] Auch der insoweit vorzufindende Hinweis auf die Grundrechte[7] läßt noch zahlreiche Fragen offen.[8] Der moderne Staat weiß keine allgemeingültige Antwort.[9]

Der Prozeßcharakter des Sozialstaates führt auf der anderen Seite in ein Zuständigkeitsdilemma bei der Wahrnehmung der staatlichen Aufgaben sowie bei ihrer Begründung, Erfüllung und ihrem Abbau. Denn neben dem Gesetzgeber beruft das Grundgesetz auch die öffentliche Verwaltung und die Justiz zu Trägern des sozialstaatlichen Interventionsauftrags.[10] Die hieran anschließende Diskussion über die Abgrenzung der materiellen Staatsfunktionen von Gesetzgebung, Verwaltung und Rechtsprechung, die sich namentlich auf das Verhältnis der beiden letzteren zueinander konzentriert,[11] steht dabei in einem inneren Bezug zur Aufgabendebatte; sie stellt sich in Teilen als ein Ersatz für die Unmöglichkeit der differenzierenden Aufgabenabgrenzung dar, insofern sie nämlich versucht, das prinzipiell offene Aufgabenfeld zumindest gegeneinander abzugrenzen.[12]

b) Reichweite der materiellen Verwaltungsfunktion

In der Folge dieses Bemühens bleibt die übliche Negativabgrenzung für die „Verwaltung" fraglich und umstritten. Die bisherigen Defintionsversuche dessen, was die Verwaltung im materiellen Sinne kennzeichnet, haben ein zufriedenstellendes Ergebnis noch nicht erzielt. Erkennbar sind lediglich „Näherungslösungen".

Dies gilt namentlich für jene Ansätze, die den Begriff der Verwaltung einerseits in den Gesamtzusammenhang der Staatstätigkeit sowie in die dem Grundgesetz immanente traditionelle Gewaltenteilungs-(Funktionen-)lehre[13] einzuordnen suchen (ma-

---

[3] *Eichenberger*, Der Staat 25 (1986), S. 1 ff., 10.
[4] *Zacher*, ZgsStW 134 (1978), S. 16 ff.
[5] Vgl. *Bieback*, EuGRZ 1985, 668 f.; *Bull*, Staatsaufgaben, S. 432 f.
[6] Vgl. *Schuppert*, VerwArch. 71 (1980), S. 309 ff.
[7] *R. Scholz*, Grenzen staatlicher Aktivität, S. 119 ff., 123 ff.; *Stern*, Staatsaufgaben, S. 20 ff.
[8] *Badura*, Staatsrecht, S. 200 f.
[9] *H. Krüger*, Staatslehre, S. 759 f.
[10] *Stern*, Staatsrecht I, S. 916; *Pitschas*, VSSR 5 (1977), S. 165 ff.
[11] Dazu m. w. N. *Papier*, Verwaltungsverantwortung, S. 235 ff.; *Püttner*, Handlungsspielräume, S. 131 ff.
[12] *Ellwein*, HdbVerfR, S. 1129, 1137, 1140 ff.
[13] Dazu der Überblick bei *K. Hesse*, Grundzüge, S. 185 ff.

teriell-negative Deutung),[14] andererseits aber auch für die davon abgesetzten Überlegungen, die Verwaltung im materiellen Sinne *positiv* zu bestimmen.[15] Gleichwohl sind letztere der lediglich negativen Definition der öffentlichen Verwaltung vorzuziehen, denn „mit dem Verzicht auf jegliches positive Merkmal ... (ist) über die Verwaltung gar nichts ausgesagt."[16]

„Öffentliche Verwaltung" wird in diesem (positiven) Sinne etwa verstanden als Konkretisierung der Staatszwecke (H. Peters), als Sozialgestaltung im Rahmen der Gesetze und auf dem Boden des Rechts (E. Forsthoff), als planmäßiger zweckgerichteter Vollzug bereits getroffener politischer Entscheidungen in Einzelmaßnahmen (W. Thieme), ggf. in Form der Herstellung bindender Entscheidungen (N. Luhmann) oder auch nur als Dienstleistung (Th. Ellwein).[17] Eine präzisere Bestimmung des Verwaltungsbegriffs unter Bezugnahme auf die verfassungsrechtliche Funktionenteilung haben vor allem *H. J. Wolff/O. Bachof* zu geben versucht: „Öffentliche Verwaltung im materiellen Sinne", so führen sie aus, „ist ... die mannigfaltige, konditional oder nur zweckbestimmte, also fremdbestimmte, nur teilplanende, selbstbeteiligt ausführende und gestaltende Wahrnehmung der Angelegenheiten von Gemeinwesen und ihrer Mitglieder als solcher durch die dafür bestellten Sachwalter des Gemeinwesens".[18]

Diese Definition ist an der Eigenart der öffentlichen Verwaltung, ihrer nach Tätigkeitsfeldern, Zwecken, Aufgabenstellung, Struktur und Handlungsformen differenzierten Gestalt orientiert, ohne freilich diese Vielgestaltigkeit schon vollends zu erfassen. Der immerhin gegebene Vorteil begrifflicher Präzision wird freilich mit den Nachteilen schwerer Verständlichkeit und auflösender Aussagekraft erkauft.[19]

Die bisherigen Definitionsversuche lassen allesamt erkennen, daß sie an unterschiedlichen, teilweise auch verwaltungswissenschaftlichen Fragestellungen ausgerichtet sind. Sie stellen typische Merkmale der Verwaltung heraus, um dadurch das Wesen der Verwaltung näher zu charakterisieren. Dabei erweist sich, daß in Wahrheit das konkrete Betrachtungsobjekt für die verschiedenen Verwaltungswissenschaften nicht identisch ist; so muß denn auch die jeweils herausgearbeitete Definition je nach Disziplin und Forschungs- bzw. Erkenntnisinteresse verschieden ausfallen – ungeachtet ihres Bezuges auf die Realität der Verwaltung.[20] Vor diesem Hintergrund dürfte eine abschließende begriffliche Erfassung der Verwaltung im materiellen Sinne ausscheiden; mit Recht stellt *E. Forsthoff* denn auch fest, daß sich die Verwaltung nicht definieren, sondern nur beschreiben lasse.[21]

---

[14] Vgl. *Maurer,* Verwaltungsrecht, S. 3; *Wolff-Bachof,* Verwaltungsrecht I, S. 6f.

[15] *Forsthoff,* Verwaltungsrecht I, S. 2ff.; *Püttner,* Verwaltungslehre, S. 26ff.; *Maurer,* Verwaltungsrecht, S. 3f.

[16] *H. Peters,* Lehrbuch der Verwaltung, S. 4.

[17] Vgl. zu dieser Vielfalt *Maurer,* Verwaltungsrecht, S. 3f.

[18] *Wolff-Bachof,* Verwaltungsrecht I, S. 12.

[19] Kritisch auch *Stern,* Staatsrecht II, S. 736; *Maurer,* Verwaltungsrecht, S. 4.

[20] So richtig *Püttner,* Verwaltungslehre, S. 27; vgl. auch *K. König,* Erkenntnisinteressen, S. 63ff., 73ff., 86ff.

[21] Lehrbuch des Verwaltungsrechts, S. 1; siehe auch *Stern,* Staatsrecht II, S. 731ff., 736.

Hinsichtlich der definitorischen Bestimmung dessen, was unter öffentlicher Verwaltung zu verstehen ist, erweist sich dennoch der Übergang zu einem materiell-*funktionalen* Verständnis als nützlich. Mit dem Stichwort „verwalten", also mit der Bestimmung typischer Funktionsmerkmale des Verwaltungshandelns, läßt sich die öffentliche Verwaltung angemessener umschreiben als mit der undeutlichen Eingrenzung auf einen durch „Verwaltungsvorbehalt"[22] gekennzeichneten Kernbereich, oder mit dem Rückbezug auf ihre institutionelle Stellung bzw. bloß formelle Sinngebung. So charakterisiert das Verständnis der Verwaltung als „Sozialgestaltung",[23] als „Rechts- und Zweckkonkretisierung"[24] unter Bindung an das öffentliche Interesse[25] oder als Summe aller mit der Erfüllung der öffentlichen Aufgaben betrauten Staatsorgane[26] das Wesen der öffentlichen Verwaltung zwar keineswegs erschöpfend. Solche Merkmale vermitteln aber konkrete Erkenntnisse von den typischen und legitimen Strukturen verwaltungsmäßiger Kompetenz und administrativer Entscheidung in ihrer Abgrenzung zu Gesetzgebung und Rechtsprechung.[27]

c) Materielle Verwaltungsfunktion und Grundgesetz

aa) „Vollziehende Gewalt" als staatliche Grundfunktion

Wenn somit die Begriffsbestimmung der öffentlichen Verwaltung derart „offen" bleibt, dann findet dieses Ergebnis seine Rechtfertigung in der Verfassung selbst. Ausgangspunkt für diese Erkenntnis ist Art. 20 Abs. 2 GG, der die „vollziehende Gewalt" als eine staatliche Grundfunktion ausweist (vgl. auch Art. 1 Abs. 3, 20 Abs. 3, 83 ff. GG). Zwar wird damit weder ein positivierter formeller noch ein geschlossener materieller Verwaltungsbegriff im Grundgesetz verankert. Und auch im übrigen hält die Verfassung über den *Verwaltungsbegriff* wie über die genaue Position der Zweiten Gewalt ebensowenig eine erschöpfende Auskunft bereit,[28] wie dies die Länderverfassungen tun.[29] Die im Grundgesetz durchgängige Kennzeichnung der öffentlichen Verwaltung als *vollziehende* (bzw. ausführende) Gewalt will jedoch ein bestimmtes Verständnis darüber zum Ausdruck bringen: Verwaltung ist *funktional* aus der verfassungsrechtlichen Gesamtentscheidung über Art und Form der verfaßten politischen Einheit zu begreifen. Sie wird in diesem Sinne als „tätig werdende Verfassung" verstanden.[30]

---

[22] Dazu vor allem *Maurer* und *Schnapp,* VVDStRL. 43 (1985), S. 135 ff., 172 ff.

[23] *Forsthoff,* Verwaltungsrecht I, S. 4.

[24] *R. Scholz,* VVDStRL 34 (1976), S. 145 ff., 163 f.

[25] *W. Schmidt,* Probleme des Verwaltungsrechts, S. 241 ff.; siehe auch *Maurer,* Verwaltungsrecht, S. 5.

[26] *Püttner,* Verwaltungslehre, S. 29.

[27] *Maurer,* Verwaltungsrecht, S. 2, 4; *Stern,* Staatsrecht II, S. 736.

[28] *Lerche,* in: *Maunz/Dürig,* GG, Art. 83 Rdnr. 12.

[29] Vgl. näher *Denninger,* Der Staat 25 (1986), S. 103 ff., 104 ff.; *Schmidt-Aßmann,* FS H. P. Ipsen, S. 333 ff.; *Schnapp,* AÖR 105 (1980) S. 269 f.

[30] *L. v. Stein,* Handbuch der Verwaltungslehre, I. Teil, 3. Auflage, Stuttgart 1888, S. 5; vgl. auch *H. Peters,* Lehrbuch der Verwaltung, S. 9.

Damit ergibt sich die Notwendigkeit, die staatlichen Aktivitäten in ihrer Aufgabenstellung einer der drei in der Verfassung verankerten Staatsfunktionen zuzuordnen. Zwar muß dabei auf absolute Trennschärfe verzichtet werden. Ein *juristisch* relevanter Verwaltungsbegriff kann und darf jedoch an der Konstituierung unterschiedlicher staatlicher Gewalten sowie an der Begründung, Zuordnung und Begrenzung ihrer Kompetenzen durch das Grundgesetz nicht vorbeigehen.[31] Gleiches gilt für den in seinem Gefolge stehenden Begriff des Verwaltungsverfahrens.[32] Art. 20 Abs. 2 Satz 2 GG trägt zu der damit erforderlichen positiven Bestimmung der öffentlichen Verwaltung bei, indem er aufgibt, die Tätigkeit der „vollziehenden Gewalt", zu der Regierung, Verwaltung und militärische Kommandogewalt gehören,[33] von den anderen staatlichen Grundfunktionen *abzugrenzen*[34] und *innerhalb* der „Vollziehung" die administrative Funktion zur Regierungs- bzw. Verteidigungsfunktion grundgesetzkonform in Beziehung zu setzen.[35]

Allerdings ist damit von Verfassungs wegen keine totale Distinktion geboten. Denn „Vollziehung" umfaßt die Wahrnehmung von Aufgaben, die den verschiedensten Sachbereichen angehören und die in der Art der aufgegebenen Bewältigung wesentliche Unterschiede aufweisen. Dies betrifft zum einen die auf je besondere Organe verteilte Vielfalt der Aufgaben und des Wirkens der *vollziehenden Gewalt* und zum anderen die Tatsache, daß auch deren Organe zur Gesetzgebungsinitiative,[36] zur Rechtserzeugung in Form der Verordnungsgebung und des Erlasses von Verwaltungsvorschriften,[37] sowie zur staatsleitenden Planung[38] berufen sind. Sie verlassen damit den Bereich *konkreter Vollzugsmaßnahmen* zur Regelung von Einzelfällen und zur Verwirklichung bestimmter Vorhaben. Umgekehrt enthält auch die *Rechtsetzung* verwaltende Elemente, wie am Beispiel sog. Maßnahmegesetze,[39] aber auch im Falle der self-executing-Normen[40] sichtbar wird. Verwaltend wird schließlich die *Rechtsprechung* tätig, wenn sie ihr Funktionieren in sachlicher und personeller Hinsicht sicherstellt;[41] im übrigen ist sie gleichermaßen wie die Administrative zur *Rechtsanwendung* berufen.

Wenn also die Unterscheidung der drei Grundfunktionen von Gesetzgebung, Vollziehung und Rechtsprechung keinerlei Ausschließlichkeitscharakter annimmt, sondern Raum für funktionale Zuordnung und Verschränkung beläßt, dann darf sie

---

[31] Vgl. *Stettner,* DÖV 1984, 618.

[32] *Schnapp,* VVDStRL 43 (1985), S. 195.

[33] *Stern,* Staatsrecht II, S. 736ff., 851ff.; *K. Hesse,* Grundzüge, S. 209f.

[34] Auch deshalb ist die „Subtraktionsmethode" unzulänglich; vgl. ebenso *Maurer,* Verwaltungsrecht, S. 2, 4.

[35] *K. Hesse,* Grundzüge, S. 203ff.; *Stern,* Staatsrecht II, S. 738.

[36] Vgl. *Stern,* Staatsrecht II, S. 617ff.

[37] Vgl. *Stern,* Staatsrecht II, S. 654ff.; *Ossenbühl,* Verwaltungsvorschriften, S. 250ff., 453ff.

[38] *Stern,* Staatsrecht II, S. 713ff.; *Vitzthum,* Parlament und Planung, 1978, S. 217ff.

[39] Dazu m.w.N. *C.-F. Menger,* BK, Art. 19 Abs. 1 Satz 1 Rdnrn. 51ff.

[40] *Stern,* Staatsrecht II, S. 737.

[41] *Stern,* Staatsrecht II, S. 901f.

auch nur in einem mehr oder weniger *typisierenden Sinne* verstanden werden.[42] Für die öffentliche Verwaltung bedeutet dies zwar noch keinen „Abschied" von dem überkommenen Vollzugsparadigma, wie er heute manchmal annonciert wird.[43] Der Verlust starrer Grenzziehungen ist jedoch angesichts der endlosen Vielfalt unmittelbaren staatlichen Tätigwerdens offenbar. In dieser Situation kann zugleich die Definition der öffentlichen Verwaltung nicht rein materiell bzw. funktional gewonnen werden; sie muß in ihre Reichweite auch das jeweils handelnde *Organ* einbeziehen.[44]

„Vollziehung" bedeutet in diesem Sinne die tätige Verwirklichung der staatlichen Aufgaben[45] durch die Exekutive in der Beachtung rechtlich normierter Aufträge, Leitlinien und Maßstäbe. Nach dem Grundgedanken dieser auf das *Rechtsstaatsprinzip* zurückgehenden Bindung beziehen die Organe der „vollziehenden" Gewalt im Falle ihres Tätigwerdens bestehende Rechtsnormen auf einen tatsächlich gegebenen Sachverhalt, um auf diese Weise ohne eigenes Dazutun die „Absicht" des demokratisch legitimierten Gesetzgebers zu verwirklichen.

Mag auch das damit zugrundegelegte „Subsumtionsmodell" nie in der vorgestellten Reinheit funktioniert haben,[46] so ist doch das Handeln der Exekutive dem Grunde nach als *programmiertes* Staatshandeln gedacht. Das mit weitem Abstand wichtigste Programm ist das „Recht"; die Gesetzesbindung der vollziehenden Gewalt stellt die wichtigste Form der Programmierung dar. Auch dies gilt wiederum nur in einem *typisierenden* Verständnis: Selbstverständlich war und ist die rechtsgebundene Ausführung des Gesetzes, also dessen „Vollzug", eine hervorragende Aufgabe der Exekutive. Dennoch besteht heute kein Zweifel mehr darüber, daß ihr mehr obliegt als nur die unselbständige und wertneutrale Vollziehung von Gesetzen. Diese sind im sozialen Rechtsstaat zunehmend weniger zur Subsumtion bereitstehende Normen für die Anwendung im Einzelfall. Die „soziale Demokratie in den Formen des Rechtsstaates"[47] nimmt vielmehr eine Exekutive zum Leitbild, die ihre verfassungsmäßige Aufgabe leistungsstark und selbständig in politischer *Eigenverantwortung* erfüllt, ohne aus den ihr vom Grundgesetz auferlegten rechtlichen Bindungen entlassen zu sein. Denn die verfassungsgebende Gewalt hat in Art. 20 Abs. 2 und 3 GG auch die Exekutive als verfassungsunmittelbare Institution und Funktion geschaffen, selbst wenn daraus noch keine konkrete Kompetenzverteilung folgt.[48]

---

[42] *K. Hesse,* Grundzüge, S. 188, 203.

[43] Vgl. nur *Ladeur,* Vom Gesetzesvollzug zur strategischen Rechtsfortbildung, in: Leviathan, Jg. 7 (1979), S. 339ff.; *Hammans,* Staatslehre, S. 159ff., 167ff.

[44] *Stern,* Staatsrecht II, S. 736; *Stettner,* DÖV 1984, 618.

[45] Vgl. *H. P. Bull,* Verwaltungsrecht, S. 10f. (Rdnrn. 17ff.).

[46] Siehe einstweilen *Engisch,* Logische Studien zur Gesetzesanwendung, 3. Aufl. 1963, S. 22ff., 86ff.

[47] BVerfGE 5, 85 (198).

[48] BVerfGE 49, 89 (125); 68, 1 (87); *Ossenbühl,* Vorbehalt des Gesetzes, S. 27.

bb) „Vollziehende Gewalt" und materielle Verwaltungsfunktion

Aus dieser Funktionszuweisung darf allerdings nicht sogleich auf die Eigenart der öffentlichen Verwaltung geschlossen werden. Streng genommen läßt sich aus dem Gesagten vorerst nur der grundsätzliche Unterschied der „vollziehenden" Gewalt zur Gesetzgebung und Rechtsprechung bestimmen. Denn Vollziehung umfaßt im Verständnis des Grundgesetzes einen breiten Funktionssektor, in dem die *Verwaltung* nur einen Ausschnitt besetzt hält. Verfassungsaussagen über sie finden ihre Heimstatt zudem nicht nur in Art. 20 Abs. 2 und 3 GG, sondern in vielen anderen Gehalten der Verfassung. Diese greifen zwar zumeist über den Bereich der Verwaltung hinaus; gleichwohl entwickeln sie für diese oft weitreichende Direktiven, wie z.B. viele Grundrechtsnormen[49] oder auch die Staatszielbestimmungen[50] bzw. ungeschriebene Verfassungsgrundsätze wie die „Bundestreue".[51] Hinzu treten die Bestimmungen des VIII. Abschnitts im Grundgesetz, die nicht losgelöst von den materiellrechtlichen Verfassungsvorstellungen über die Verwaltung interpretiert werden dürfen.[52]

Diese Vorschriften erschließen die der Verwaltung unter dem Grundgesetz zugewiesene Stellung mitsamt der ihr eigentümlichen *Organisationsgewalt.* Dabei wirkt die materiellrechtliche Aussage des Art. 20 Abs. 2 GG dergestalt in das Verständnis der Kompetenznormen der Art. 83 ff. GG hinein, daß sie bestimmte Funktionen der Exekutive generell festlegt und der Kompetenzbetätigung vorgibt.[53] Dementsprechend erweist sich eine differenzierte Ausdeutung des verfassungsrechtlichen Verwaltungsdenkens als notwendig. Hierbei trägt speziell Art. 20 Abs. 2 GG für die grundsätzliche Funktionenverteilung sowie für die *Grundlegung* der materiellen Verwaltungsfunktion Sorge. Seiner Maßgabe zufolge hat die *Exekutive* gemeinhin das Recht im Einzelfall zu verwirklichen, während die gesetzgebende Gewalt zu ihrer Wirksamkeit prinzipiell auf die aktualisierende Kraft des Gesetzes verwiesen ist. Daran ändert nichts, daß unter bestimmten Voraussetzungen rechtliche Ordnungen auch im Wege der „Vollziehung" geschaffen und im Wege der Gesetzgebung konkrete Vorhaben unmittelbar gestaltet werden können. Es kommt auf die Funktionszuordnung an.[54]

---

[49] Insbesondere über die Freisetzung von Maßstäben für eine den Grundrechtsschutz effektuierende Organisations- und Verfahrensgestaltung – hierzu zusammenfassend BVerfGE 69, 315 (355 f.); 73, 280 (296) – sowie im Rahmen der sog. „Wesentlichkeitstheorie", vgl. *Faber,* Verwaltungsrecht, S. 40 ff.; siehe ferner *Denninger,* Der Staat 25 (1986), S. 104 ff.

[50] *Dittmann,* Die Bundesverwaltung, 1983, S. 109 ff.

[51] BVerfGE 61, 149 (205), *Faller,* FS Th. Maunz, 1981, S. 53 ff.; *R. Scholz/R. Pitschas,* Gemeindewirtschaft, S. 44 f.

[52] Zurückhaltend demgegenüber aber *Lerche,* in: Maunz/Dürig, Grundgesetz, Art. 83 Rdnr. 2.

[53] Die Bemerkungen des BVerfG zu diesem Thema lassen freilich keine eindeutige Aussage erkennen, vgl. nur *Denninger,* Der Staat 25 (1986), S. 104 ff.; siehe auch *Maurer,* VVDStRL. 43 (1985), S. 154 f.

[54] So mit Recht *K. Hesse,* Grundzüge, S. 188, 203.

Ungleich trennschärfer grenzen sich dagegen Exekutive und Judikative voneinander ab. Den Organen der Rechtsprechung ist die *unmittelbare* Gestaltung von Lebenssachverhalten und *generelle* Rechtsschöpfung prinzipiell verwehrt. Sie können nicht aus eigener Initiative tätig werden, sind freilich auch nicht vollzugsgebunden und weisungsunterworfen.[55] Im übrigen ist die Rechtsprechung nach Art. 19 Abs. 4 GG zur Kontrolle über *Regierung* und *Verwaltung* berufen.[56]

Diese freilich harren noch ihrerseits der differenzierten Einordnung in die Grundtypik der vollziehenden Gewalt. Denn deren Organe üben, wie bereits angedeutet,[57] nicht ausschließlich Verwaltungstätigkeiten aus. Namentlich *Regierungs- und Planungsentscheidungen* sind von ihnen abzuheben.[58] Dem ist im folgenden ebenso nachzugehen wie der Frage der „Verwaltungsverantwortung" als Merkmal der „vollziehenden Gewalt."

d) „Verwaltungsverantwortung" als Kennzeichen materieller Verwaltungsfunktion

„Vollziehung" umfaßt neben anderem sowohl die Funktion der *Regierung* als auch die der *Verwaltung*.[59] Politische Initiativen zu entfalten und das Staatswesen in einem weit gezogenen Rahmen rechtlicher Bindung schöpferisch zu gestalten, ist dabei die Aufgabe der „Regierung". Zu diesem Zweck obliegen ihr die politische Zielsetzung und Führung. Der Bereich der Regierung ist daher der politischen Funktion des Staates zuzurechnen.[60] „Verwaltung" bedeutet demgegenüber, bestimmte Aufgaben mehr fallbezogen zu konkretisieren und sie im Rahmen vorgegebener oder programmierter Ziele nach Maßgabe fachlicher Erfordernisse und spezieller Gemeinwohlgebote wahrzunehmen. Allerdings hebt auch diese Unterscheidung lediglich Differenzierungen einer ansonsten einheitlichen Grundtypik hervor. Denn Regierung und Verwaltung sind, zumal hinsichtlich der Aufgaben von staatlicher Planung, Lenkung, Vorsorge und Verteilung, funktionell aufeinander angewiesen. Auf der Ministerialebene sind sie auch organisatorisch miteinander verknüpft, so daß sich nahtlose Übergänge und gegenseitige Einflüsse ergeben. Eine trennscharfe Distinktion entfällt demnach. Die Tätigkeit der Verwaltung kann sich ebenso auf Angelegenheiten weitreichender und politischer Bedeutung beziehen, wie umgekehrt die Regierung auch gelegentlich in Einzelfragen zu entscheiden hat.

Rechtsnormen und Regierungsentscheidungen im weitesten Sinne prägen mithin einerseits das Verwaltungshandeln auf der Grundlage eines iterativen Prozesses und

---

[55] *Stern*, Staatsrecht II, S. 736f., 754ff., 897, 907ff.; *Henckel*, JZ 1987, 209ff., 214f.; *P. Kirchhof*, Rechtsprechende Gewalt, S. 12ff.

[56] Vgl. *Stern*, Staatsrecht II, S. 762.

[57] Dazu siehe im Text oben in und zu Fn. 42ff.

[58] *Badura*, Planung durch Gesetz, in: FS H. Huber, 1981, S. 15ff., 19ff.; *Mössle*, Regierungsfunktionen, S. 96ff., 103f.

[59] *Badura*, Staatsrecht, S. 398.

[60] BVerfGE 9, 268 (282); 22, 100 (113); *K. Hesse*, Grundzüge, S. 204, 206; *Mössle*, Regierungsfunktionen, S. 101ff.; zweifelnd aber *Frotscher*, Regierung als Rechtsbegriff, 1975, S. 193ff., 228ff., 230f.

Systems der Rückkoppelung vor. Andererseits bestehen zahlreiche *administrative Freiräume*, in denen die Verwaltung das Recht in gewissem Umfang eigenständig konkretisiert, bei fehlender oder „offener" gesetzlicher Determinierung selbständig oder im Rahmen regierungsseitiger Vorgaben entscheidet und im übrigen eigene Initiativen entfaltet.

„Verwaltung" im verfassungsrechtlich vorausgesetzten Sinne darf daher nicht als ein lediglich „verlängerter Arm" der Regierung verstanden werden. Sie behauptet vielmehr ein Grundmaß an Eigenständigkeit gegenüber der Regierung; insoweit ist sie als *originäre Funktion* in die verfassungsrechtliche Funktionenverteilung eingefügt.[61] Kraft dieser Funktionseröffnung hat sie auch an dem politischen Auftrag der Exekutive teil, ohne von ihrer demokratischen Bindung abgekoppelt zu sein.[62] Zu bezweifeln ist deshalb, ob sie bei dieser Sachlage „nur bedingt der demokratischen Ordnung des Grundgesetzes zugeordnet werden" darf, wie *K. Hesse* meint.[63]

aa) Begriff und Reichweite der Verwaltungsverantwortung

Hiervon ausgehend, kennzeichnet der Begriff der „Verwaltungsverantwortung" einerseits die innere Bezogenheit wie Abgrenzung der Verwaltung zur „Regierung"; er umschreibt zugleich und andererseits ihren anteiligen Bereich an den materiellen Staatsfunktionen.[64]

Freilich ist der Rückbezug auf den kategorialen Begriff der Verwaltungsverantwortung schon frühzeitig heftiger Kritik ausgesetzt gewesen.[65] Und in der Tat hat der Verantwortungsbegriff, obschon ihn das staats- und verwaltungsrechtliche Schrifttum vielfach verwendet[66] und auch die Rechtsprechung des Bundesverfassungsgerichts ihn in mannigfachen Zusammenhängen gebraucht,[67] bislang keineswegs die seinem Gehalt entsprechende Reichweite und systematisierende Prägekraft entwickelt.

Dessen ungeachtet stellt „Verantwortung" eine grundlegende und systembildende wie ebenso handlungsleitende Kategorie der Staats- und Verwaltungsrechtswissenschaft darf. Das Grundgesetz verwendet in diesem Sinne die Begriffe „Verantwor-

---

[61] Ebenso *K. Hesse*, Grundzüge, S. 207 (Rdnr. 538); zurückhaltender jedoch *Mössle*, Regierungsfunktionen, S. 104.

[62] Vgl. *K. König*, Verwaltungsreform und Demokratiediskussion, S. 271 ff., 277 ff., 290 f.

[63] Grundzüge, S. 207 mit Anm. 31.

[64] Vgl. *Schmidt-Assmann*, VVDStRL 34 (1976), S. 229.

[65] Siehe z.B. *Schreyer*, Pluralistische Entscheidungsgremien im Bereich sozialer und kultureller Staatsaufgaben, 1982, S. 159 f.

[66] Vgl. u.a. *Eichenberger*, Verantwortlichkeit der Regierung, S. 109 ff.; *Kröger*, Ministerverantwortlichkeit, bes. S. 5 ff.; *Ossenbühl*, AöR 99 (1974), S. 396 ff., 407 ff.; *Pietzcker*, JZ 1985, 209 ff.; *Saladin*, Verantwortung, bes. S. 26 ff.; *Scheuner*, Verantwortung und Kontrolle, S. 379 ff.; *Schmidt-Aßmann*, VVDStRL 34 (1976), S. 227 ff.; *R. Scholz*, VVDStRL 34 (1976), S. 149 f.; *ders./R Pitschas*, Informationelle Selbstbestimmung, bes. S. 130 ff.; *Stettner*, Kompetenzlehre, S. 271 ff.; *K. Vogel*, Verantwortlichkeit, S. 183 ff.; *Wilke*, DÖV 1975, 509 ff.

[67] Siehe z.B. BVerfGE 9, 268 (281), 45, 1 (46); 45, 297 (332, 334); 53, 30 (58, 61); w. Nachw. bei *Stettner*, Kompetenzlehre, S. 260 ff.

tung" und „Verantwortlichkeit" immer wieder.[68] Sie sind dabei regelmäßig mit einer „Kompetenz" und einer „Verhaltenspflicht" verbunden:[69] Wem eine Kompetenz zugewiesen ist, der hat die Pflicht, diese ordnungsgemäß zu erfüllen; dafür trägt er die Verantwortung. Kompetenz und Verantwortung sind insoweit aufeinander bezogen. Die Verantwortung folgt der Kompetenz – ohne sich in dieser zu erschöpfen. Denn auch ohne bzw. bei unklarer Kompetenz kann Verantwortung gegeben sein.[70] Umgekehrt füllt diese die Kompetenz aus.[71]

Im hiesigen Zusammenhang auf „Verwaltungsverantwortung" als Gesamtheit derjenigen Verantwortlichkeiten und Verfahren, Zuständigkeiten und spezifischen Handlungsspielräume zu rekurrieren, die das System „öffentliche Verwaltung" rechtlich und politisch verfassen,[72] erscheint vor allem sinnvoll in einer Zeit, in der es gleichsam zum guten Ton gehört, den Stand der Entwicklung unseres Gemeinwesens als „Krise" des Wohlfahrtsstaates zu diagnostizieren.[73] Und obschon es verfehlt wäre, die Probleme der Politik eines angeblich wohlfahrtsstaatlich denaturierten Sozialstaates allein seiner administrativen Erfüllung anzulasten,[74] rückt dabei nicht von ungefähr die öffentliche Verwaltung als solche in den Mittelpunkt entsprechender Kritik.[75]

Der Begriff der „Verwaltungsverantwortung" steht für ihr sachliches Substrat. Denn im sozialen Rechtsstaat, der freilich von Verfassungs wegen jeglichen Versuchen einen Riegel vorschiebt, staatliches Handeln unter Zuhilfenahme des programmatischen Losungswortes vom „Wohlfahrtsstaat" aus der Verankerung im Sozialstaat abzulösen[76] und damit zugleich der rechtsstaatlichen Grundlegung zu entfremden,[77] verwirklicht sich das materielle Recht erst durch das Handeln der *Exekutive*. Das Gesetz ist Auftrag und Richtlinie für die Verwaltungsbehörden, deren eigenständige Beurteilung und Gestaltung der Gegenwarts- und Zukunftsaufgaben des modernen Staates das Kernstück der gesetzlich zugewiesenen Entscheidungsvollmacht darstellt. Auf ihrer Grundlage wird das Ordnen und Gestalten, Geben und Nehmen, mit denen der soziale Rechtsstaat zur Erfüllung seines Gemeinwohlauftra-

[68] Vgl. die Nachw. bei *Wilke*, DÖV 1975, 510.

[69] Siehe *Saladin*, Verantwortung, S. 30ff.; *Stettner*, Kompetenzlehre, S. 272ff.; *Wilke*, DÖV 1975, 511f.

[70] Ähnlich *Zimmer*, Funktion-Kompetenz-Legitimation, S. 177ff., 181ff.; etwas sibyllinisch *Stettner*, Kompetenzlehre, S. 277f.; zu eng *Ossenbühl*, Grenzen der Mitbestimmung, S. 49.

[71] So auch *Zimmer* (Fn. 70), S. 183ff.

[72] *R. Scholz*, VVDStRL 34 (1976), S. 149.

[73] Dazu siehe u.a. *H. F. Zacher*, Der Wohlfahrtsstaat auf dem Prüfstand: Was kann Politik noch leisten?, in: Cappenberger Gespräche, Bd. 18 (1983), S. 30ff.; *Luhmann*, Wohlfahrtsstaat, S. 7ff.

[74] Ebenso *Luhmann* (Fn. 73), S. 104.

[75] Dazu siehe zusammenfassend die Beiträge unter dem Rubrum „Bürokratie und wohlfahrtsstaatliche Entwicklung" in *J. J. Hesse* (Hrsg.), Politikwissenschaft und Verwaltungswissenschaft, PVS-Sonderheft 13/1982, S. 134ff.

[76] Vgl. auch *Zacher* (Fn. 73), S. 31; *Lehner*, KritV 1988, 251ff.

[77] Zu derartigen „Entrechtlichungstendenzen im Wohlfahrtsstaat" siehe *Vobruba*, in: R. Voigt, Abschied vom Recht, S. 91ff., 101ff.

ges auf die Gesellschaft einwirkt, sie in Anspruch nimmt oder begünstigt, Leistungen umverteilt, Verhalten reguliert oder lenkt, im großen wie im kleinen – makropolitisch oder auch Einzelfall für Einzelfall – durch die öffentliche Verwaltung vollzogen.

Die leistungsfähige Arbeit der Verwaltung in den Bindungen des Rechts ist m. a. W. die spezifische Wirkweise des sozialen Rechtsstaates. Sie ist Instrument und Medium in einem, mit dem der soziale Rechtsstaat seine politischen Handlungsoptionen in zweckgerichtete Maßnahmen und bindende Entscheidungen umzusetzen vermag – nicht ohne dabei auf einen umfangreichen und bürokratisch organisierten Verwaltungsstab angewiesen zu sein.

bb) Verwaltungsverantwortung und Verwaltungsstaat

Der Staat des Grundgesetzes ist deshalb notwendig ein „Verwaltungsstaat".[78] Allerdings hat diese Qualifikation des sozialen Rechtsstaats einen anderen Bezugspunkt als die in der neueren Literatur für den „Verwaltungsstaat" vermerkte begriffliche Einordnung als eine staatliche Organisationsform, die sich dadurch auszeichnen soll, daß ihr zufolge die Gewaltenteilung nicht mehr funktioniere.[79] Solche und ähnliche begrifflichen Distinktionen mögen ergiebig sein, um das „äußere" Verhältnis von Verwaltungsstaat und Rechtsstaat zu beschreiben und für den letzteren unantastbare Reservate der staatlichen Funktionenverteilung zu orten. Sie unterliegen allerdings nur allzu leicht dem Irrtum, es handele sich bei der grundgesetzlich vorgezeichneten Gewaltenteilung statt um ein System der dynamischen Funktionenverteilung und -verschränkung um ein statisches Gefüge, bei dem Verschiebungen im Zusammenhang des Strukturwandels von Staat, Gesellschaft und Recht eine „Usurpation" jeweils anderer staatlicher „Gewalten" bedeuten müßten und somit durchweg dem Verdikt der Verfassungswidrigkeit unterfielen.[80]

„Verwaltungsstaat" im hiesigen Sinne meint demgegenüber und einerseits das „innere" Erscheinungsbild des administrativ handelnden Verfassungsstaates, insofern dieser einer *technischen Rationalität* der staatlichen Aufgabenerfüllung bedarf, wie sie sich in der Bürokratisierung der Verwaltung ausdrückt.[81] Zum anderen verweist die Bezeichnung „Verwaltungsstaat" in der Tat auf die in den Wandel des Zusammenwirkens der einzelnen Staatsgewalten eingebettete und stets von neuem zu vermessende Funktion der Verwaltung für die Gesellschaft, ihre spezifischen

---

[78] *Badura,* DÖV 1968, 450ff.; *Stern,* Staatsrecht II, S. 746; *Tettinger,* Wirtschaftsverwaltungsrecht, S. 310f.; sieher ferner *H. Peters,* Lehrbuch der Verwaltung, S. 7ff., 130f.; *ders.,* FS W. Laforet, 1952, S. 19ff., 21; *H. Huber,* Festgabe für Z. Giacometti, 1953, S. 66f.; *Stern,* JZ 1960, 518ff., 525; *C. H. Ule,* Verwaltungsstaat, S. 127ff., 153ff.; *Teshima,* Gedächtnisschrift H. Peters, 1967, S. 582ff.; vertiefend *H. Krüger,* Staatslehre, S. 80ff., 816f.

[79] So namentlich *Dodenhoff,* VerwArch. 75 (1984), S. 1ff., 2.

[80] So aber anscheinend *Dodenhoff* (Fn. 79), S. 13f.; unergiebig auch *Ule,* VerwArch. 76 (1985), S. 1ff., 6 (mit Verweis auf *dens.,* Verwaltungsstaat, S. 127ff., 153ff.).

[81] Dazu *M. Weber,* Wirtschaft und Gesellschaft, S. 128ff.; *Derlien,* VerwArch. 80 (1989), S. 319ff., 325f.

Handlungsformen sowie auf die Methodik allen Verwaltens.[82] In diesem Sinne kann die Bundesrepublik als ein verfassungsrechtlich ausgewiesener „Verwaltungsstaat" bezeichnet werden, der seine Funktionsgewähr in der Verfassung selbst findet.

2. „Konkretisierung" als Aktionsparameter der Verwaltungsverantwortung

Diese Funktionsgewähr ist untrennbar dem „Recht" verhaftet: Der soziale Rechtsstaat bindet – wie dargelegt – die öffentliche Verwaltung als Teil der vollziehenden Gewalt[83] an „Gesetz und Recht" (Art. 20 Abs. 3 GG). Verwaltungsverantwortung ist deshalb hierauf bezogen; ihre Aktionsform ist die „Konkretisierung" der Rechts- und Verwaltungszwecke.[84]

a) Konkretisierung als Politikformung durch Verwaltung

Der auf diese Weise in der Verwaltungsverantwortung geborgene verwaltungsstaatliche Auftrag zur Rechts- und Zweckkonkretisierung vermittelt der Verwaltung einen breiten Handlungs- und Entscheidungsspielraum. Gerade die Rechtsgebundenheit der Verwaltung begründet eine gewisse Selbständigkeit, Unabhängigkeit und Eigenverantwortlichkeit ihrer handelnden Organe gegenüber der politischen Einflußnahme anderer staatlicher Gewalten. Die feste Rechtsbindung sichert nicht nur vor der Abhängigkeit von wechselnden Interessen und politischen Richtungen, sondern teilt sich auch denjenigen mit, die das Recht anzuwenden haben und damit auch der Verwaltung.[85]

Freilich ist bei alledem das im modernen demokratischen und sozialgestaltenden Rechts- und Verwaltungsstaat gewandelte Verständnis über die Aufgabe der administrativen Rechtsanwendung zu bedenken: Weil und soweit diese zum Bestandteil eines übergreifenden Prozesses der „Rechtsbildung" wird,[86] unterliegt die Verwal-

---

[82] Grundlegend *Badura*, DÖV 1968, 446ff.; *ders.*, Verwaltungsrecht im liberalen und im sozialen Rechtsstaat, 1966; *Brohm*, VVDStRL 30 (1972), S. 245ff., 258ff., 263ff.; *ders.*, DÖV 1987, 265ff.; von einem „stillen Systemwandel der Rechtsordnung im ‚sozialen Verwaltungsstaat'" spricht *Breuer*, DÖV 1987, 169ff., 177ff.

[83] Vgl. oben Fn. 59f.; kritisch zum Begriff der „Vollziehung" allerdings *Stern*, Staatsrecht II, S. 732 m. Anm. 2.

[84] Zum Konkretisierungsauftrag der Verwaltung siehe näher *R. Scholz*, VVDStRL 34 (1976), S. 163; *Schmidt-Eichstaedt*, DVBl. 1985, 645ff.; zuletzt *Gusy*, DVBl. 1987, 497ff., 498; *Wahl*, VBlBW 1988, 387ff., 388.

[85] *K. Hesse*, Grundzüge S. 76 (Rdnr. 196), 206f. (Rdnr. 537); für die Verwaltungspraxis siehe *Lehmann-Grube*, DÖV 1985, 1ff.

[86] In bezug genommen wird damit der rechtstheoretische Befund dezentraler Rechtserzeugung im modernen Staat, soweit er sich auf jene Auffassungen stützt, die zwar die Rechtsanwendung als einen Subsumtionsvorgang ansehen, diesen aber nicht bloß auf die Rechtssätze beziehen, die das Gesetz bereitstellt; vgl. dazu vor allem *Bydlinski*, Methodenlehre, S. 11; *Engisch*, Einführung, S. 182ff.; *Fikentscher*, Methoden IV, S. 274, 279, 321ff., 356ff., 374ff.; *Hassemer*, ARSP 1986, 195ff., 208ff.; *Hassold*, Strukturen, S. 216f.; *Kriele*, Rechtsgewinnung, S. 157ff., 177ff., 212ff.; *F. Müller*, Methodik, S. 125ff., 146ff.; *ders.*, Richterrecht, S. 46ff.,

tung Einflüssen neuer Art. Die Problemstellungen „offener" Rechtsnormen fordern mehr und mehr Interaktionen, die nicht nur entlang des Instanzenweges verlaufen, sondern auch horizontale Informationsbeschaffung und direkten Konsens zu erzielen aufgeben. Dadurch entstehen neue Abhängigkeiten, die das anzuwendende Recht zum Ausdruck partikularer Interessen umformen. Gleichwohl nimmt in diesem Prozeß die *Eigenverantwortlichkeit* der Verwaltung gegenüber den politischen Kräften noch zu. Denn die darin angelegte Verflechtung zwischen Politik und Verwaltung[87] führt nicht nur zur verstärkten politischen Einflußnahme auf den administrativen Gesetzesvollzug, sondern ebenso auch zur intensiven Mitwirkung der Verwaltung an der politischen Meinungsbildung und zur *Politikformung durch Verwaltung*.[88]

Im engen Zusammenhang hiermit steht der in der Diskussion um die sog. „Verrechtlichung"[89] vielfach verkannte Umstand, daß die zunehmende Rechtsbindung des administrativen Handelns nicht unbedingt auch die konkreten Verhaltensanweisungen an die Verwaltungsorgane „verdichtet". Dies zeigt sich nachdrücklich an Beispielen wie der Umsetzung des gesetzlichen Programms des Atomgesetzes in einzelne Anlagegenehmigungen[90] oder auch an der (bloßen) Steuerungs- und Lenkungsfunktion des materiellen Rechts gegenüber der „Technik".[91] In diesen und anderen Lagen beschränkt sich die Verwaltung nicht mehr auf ihre klassische Funktion des „reinen" Gesetzesvollzugs; sie wird ohne *konkrete* gesetzliche Steuerung tätig.[92] Die eigene Initiative bestimmt vielmehr das Maß der Aufgabenwahrnehmung. Der Verwaltung wachsen dabei mehr und mehr planende, steuernde und lenkende Funktionen zu.

b) Politikformung und Strukturtypen der Verwaltung

Die solchermaßen der Verwaltung als „konditional" programmierte Exekutive (sog. gesetzesakzessorische Verwaltung)[93] bzw. im Rahmen von „Zweckprogram-

---

53ff.; *Rhinow,* Rechtsetzung und Methodik, S. 124ff., 195ff., 232ff.; *R. Scholz,* VVDStRL 34 (1976), S. 161f.; *Zippelius,* Methodenlehre, S. 79ff., 90ff.

[87] Vgl. schon *Offe,* Leviathan 1974, S. 336ff., 340; am Beispiel konkreter Handlungsfelder der Verwaltung siehe etwa *Braun,* VerwArch. 76 (1985), S. 24ff., 158ff., 174ff.; *Lehmann-Grube,* DÖV 1985, 6; zusammenfassend *Rehbinder,* FS C. H. Ule, S. 284ff.

[88] *Böhret,* Verwaltungspolitik, S. 28ff., 31ff.; *Rehbinder,* a.a.O. (Fn. 87), S. 285, 288f.

[89] Vgl. hierzu die zusammenfassenden Bemerkungen und die Analyse bei *Heldrich,* FS K. Zweigert, 1981, S. 811ff.; *Teubner,* Verrechtlichung, S. 290ff., dort insbes. die Nachw. zur Diskussion auf S. 294ff.; siehe ferner die Arbeiten in *R. Voigt* (Hrsg.), Recht als Instrument der Politik, 1986.

[90] Siehe nur *Degenhart,* Kernenergie, S. 107ff.; *Pitschas,* Bundesverfassungsgericht als Verfahrensgesetzgeber, S. 414ff.

[91] *R. Scholz,* Technik und Recht, S. 694ff.; *R. Wolf,* Stand der Technik, S. 11ff., 265ff., 356ff.

[92] Vgl. dazu und jeweils die Diskussion zusammenfassend *Brohm,* DÖV 1987, 265ff.; *Grimmer,* JfR 1988, 144ff., 150ff.; *Maurer,* VVDStRL 43 (1985), S. 154ff.

[93] Hierzu *Wolff-Bachof,* Verwaltungsrecht I, S. 13f.

men" (gesetzesfreie Verwaltung)[94] verliehene Eigenständigkeit erweitert sich im Zuge der anhaltenden „Verrechtlichung" noch um eine andere Dimension. Die Herausbildung *konkurrierender Zielwirkungen* führt zu Rechtsanwendungskollisionen,[95] die jeweils der Bereinigung im Einzelvollzug durch die gesetzesausführende Verwaltung bedürfen. Dadurch entsteht für diese ein expandierender „Eigenraum zur Konfliktbewältigung".[96] Unter seiner Nutzung schält die Verwaltung mit ihrem Wirken und Dazutun die eigentliche zweckmäßige Ordnung heraus.

Den vorausgehend skizzierten Strukturtypen der Verwaltung als „vollziehender Gewalt" hat *P. Lerche* ferner und ergänzend die Eigenart jenes wichtigen Verwaltungsbereichs an die Seite gestellt, die im Einrichten behördlicher Organisationen auf der Grundlage eines speziellen Gesetzes besteht.

Er nennt ihn die „gesetzesgebildete" Verwaltung.[97] Soweit hier nicht schon durch Gesetz die Behördenfunktionen im einzelnen vorgezeichnet sind, obliegt es der Verwaltung selbst, in den zugewiesenen Aufgabenbereichen kraft eigener Initiative und nicht nur auf Anordnung unmittelbar tätig zu werden. Einen nachhaltigen Eindruck von der damit verbundenen Eigenständigkeit der Verwaltung vermitteln vor allem die Tätigkeiten des Bundeskartellamtes[98] sowie des Bundesaufsichtsamtes für das Versicherungs- und Bausparwesen.[99]

c) Konkretisierungsbefugnis als „Eigenverantwortung"

In der dargestellten strukturellen Typologie erfährt das „offene" Verwaltungsverständnis des Grundgesetzes eine funktionale Verdichtung. Deren Akzent liegt allerdings nicht so sehr auf der *Rechtsbindung* im Rahmen des Vollzugsauftrags. Dieser unterliegen gem. Art. 20 Abs. 3 GG sowohl die akzessorische wie die gesetzesfreie und die gesetzesgebildete Verwaltung – freilich unterschieden nach dem Maß ihrer Gebundenheit.[100] Die Rechtsbindung wäre im übrigen als Abgrenzungskriterium für den Verwaltungsbegriff zumindest gegenüber der rechtsprechenden Gewalt auch untauglich.[101] Entscheidend ist vielmehr und im Zusammenhang des Art. 20 Abs. 2 GG die *Selbständigkeit*, in der die Verwaltung trotz aller Verknüpfungen und Abhängigkeiten zu den anderen Staatsfunktionen in die verfassungsrechtliche

---

[94] Vgl. *Wolff-Bachof*, a.a.O. (Fn. 93); kritisch zu diesen Distinktionen einer „konditional" und „zweckprogrammierten" Verwaltung aber *Rubel*, Planungsermessen, 1982, S. 8ff., 19ff., 25ff., 31ff.; *W. Schmidt*, AöR 96 (1971), S. 321ff. 331ff.; zu einer differenzierten, freilich kaum verfahrensbezogenen Gesetzestypenlehre siehe *Brohm*, NVwZ 1988, 794ff., 797ff.

[95] Siehe nur *Lerche*, in: Maunz/Dürig, GG, Art. 83 Rdnr. 61.

[96] *Lerche*, a.a.O. (Fn. 95), Rdnr. 61.

[97] *Lerche*, a.a.O. (Fn. 95), Rdnr. 16.

[98] Vgl. §§ 48ff. des Gesetzes gegen Wettbewerbsbeschränkungen (GWB) i.d.F. vom 24. September 1980 (BGBl. I, S. 1761).

[99] Vgl. §§ 2ff. des Gesetzes über die Errichtung eines Bundesaufsichtsamtes für das Versicherungswesen i.d.F. vom 29. März 1983 (BGBl. I, S. 377).

[100] *Erichsen*, Verwaltungshandeln, S. 201ff., 213f.

[101] Vgl. *Stern*, Staatsrecht II, S. 736.

Ordnung eingefügt ist. Durch „Vorbehaltsbereiche" wie z.B. die verfassungsrechtlich oder einfach-gesetzlich zugewiesenen Autonomien von Universitäten, Kirchen, Rundfunkanstalten, Bundesbank, Sozialversicherungsträgern und anderen juristischen Personen des öffentlichen Rechts[102] sowie der „ministerialfreien Räume"[103] wird diese Position noch gestärkt. Die auch hierin erkennbare administrative Eigenständigkeit schließt zwar eine spezifische Weisungsbindung etwa in der Form staatlicher „Aufsicht" nicht grundsätzlich aus.[104] Ihr Kernstück ist jedoch die *Eigenverantwortung* in der rechts-, zweck- bzw. final- oder plangesteuerten Funktionserfüllung.[105] In deren Wahrnehmung fallen der „Administrative"[106] immer neue Freiräume selbstverantwortlicher Bewältigung von Zielkonflikten und schöpferischer Rechts- und Zweckkonkretisierung zu.

d) Konkretisierung durch „regulative" Politik

Das Verständnis der „vollziehenden Gewalt" i.S. des Art. 20 Abs. 2 GG erfährt damit gegenüber Art. 20 Abs. 3 GG eine deutliche Akzentuierung. In funktionaler Sicht enthält der Vollzugsauftrag eine Kompetenzzuweisung an die Verwaltung zu regulativer Politik.[107] „Vollziehen" bedeutet insofern stetige Dynamik; ein *grundgesetzliches Mandat der öffentlichen Verwaltung zur aktiven, in die Zukunft gerichteten Gestaltung ihrer Umwelt* begleitet deshalb die Entwicklung des sozialen Rechtsstaates.[108] Freilich vermag es nicht das gesamte Feld verwaltender Staatstätigkeit definitorisch positiv zu umreißen. Die sie prägende und voraufgehend hervorgehobene „Verwaltungsverantwortung" kennzeichnet indes hinreichend und trotz aller

---

[102] Zu dieser „vertikalen Dimension" des Verwaltungsvorbehalts siehe *Stettner,* DÖV 1984, 618f.

[103] BVerfGE 9, 268 (282), 22, 106 (113); *E. Klein,* Die verfassungsrechtliche Problematik des ministerialfreien Raumes, 1974; *Oebbecke,* Weisungs- und unterrichtungsfreie Räume, S. 47ff., 102ff., 104ff., 169ff.; *Lerche,* in: Maunz/Dürig, GG, Art. 83 Rdnr. 79 m.w. Nachw. in Anm. 270.

[104] Vgl. auch *Stern,* Staatsrecht II, S. 790f.; *Oebbecke,* a.a.O. (Fn. 103), S. 95ff., 102ff., 104ff., 122ff., 139. Aufsichtsbefugnisse i.w. Sinne müssen bzgl. der Verwaltung selbst dort verbleiben, wo bestimmte Verwaltungsagenden (einzel-)weisungsfrei geführt werden.

[105] Zur bes. Betonung der *Verwaltungsverantwortung* an dieser Stelle siehe vor allem *R. Scholz* und *Schmidt-Aßmann,* VVDStRL 34 (1976), S. 145ff., 221ff.; *W. Hoppe,* DVBl. 1975, 684ff.; *Tettinger,* Wirtschaftsverwaltungsrecht, S. 315ff.; *Stettner,* Kompetenzlehre, 254ff.; *Zimmer,* Funktion-Kompetenz-Legitimation, S. 60ff., 82ff., 89ff., 159ff., 162ff.; *Ossenbühl,* VVDStRL 43 (1985), S. 205ff. (Diskussionsbeitrag); w. Nachw. im *6. Kap.* der Untersuchung.

[106] Der Begriff der „Administrative" bringt – historisch überkommen – sowohl die Gebundenheit an einen Verwaltungszweck als auch die funktionelle Vorordnung des Gesetzgebers gegenüber der Verwaltung zum Ausdruck, vgl. *Wolff/Bachof,* Verwaltungsrecht I, S. 8, 75.

[107] Zu Begriff und Deutungsgehalt „regulativer" Politik siehe *J. Hucke,* Regulative Politik. Das Beispiel Umweltschutz, in: R. Voigt, Abschied vom Recht, S. 50ff.

[108] BVerfGE 49, 89 (139f.); *Badura,* Marktwirtschaftliche Freiheit, S. 80f., 87ff.; *R. Scholz,* Paritätische Mitbestimmung, S. 26f.; *Pitschas,* VSSR 5 (1977), S. 165ff., 166.

Kritik an ihrer Aussagekraft[109] die Grundlage wie das Ausmaß der materiellen Verwaltungsfunktion unter dem Grundgesetz. Sie verankert einen „prinzipalen Funktionsvorbehalt",[110] den die Verwaltungsbehörden in eigener Verantwortung wahrzunehmen haben. Er umfaßt unter Verzicht auf festgeschriebene Aufgabenkataloge[111] die Verwirklichung und Konkretisierung der Gemeinwohlzwecke, die administrativ-eigenverantwortliche Umsetzung der Gesetze, Regierungs- und Planungsentscheidungen sowie das eigenständige Aufgreifen ordnungs- und gestaltungsbedürftiger Lagen.[112]

Auf der Grundlage dieses Funktionsvorbehalts konstituiert sich von Verfassungs wegen ein *materieller Verwaltungsbegriff*. Er bezeichnet den komplexen Verbund von Aufgaben, Zuständigkeiten, Organisationen, personellen und sächlichen Mitteln, der institutionell und funktionell zu einer Handlungs- und Entscheidungsgesamtheit verfaßt ist, die im Rahmen der vollziehenden Gewalt als „Verwaltung" rechts- und weisungsunterworfen, aber eigenverantwortlich staatliche Unmittelbarkeit ins Werk setzt. Die administrative Funktionserfüllung erstreckt sich hiernach auf die „Konkretisierung" der aufgegebenen oder selbstgesetzten Ziele und Zwecke sowie auf die Art und Weise der Ziel- und Zweckverwirklichung – mithin auch auf das *Verwaltungsverfahren*. Ein Geflecht sachlicher Organisationshandlungen, rechtsförmiger Verfahrensgrundsätze und materieller Rechtsregeln sowie administrativer Erfahrungssätze und Handlungsmaximen strukturiert die Rechts- und Zweckkonkretisierung in Entstehung, Ablauf und Ergebnisfindung.

e) Konkretisierungsspielräume regulativer Politik

Mit der Bindung an „Gesetz und Recht" gem. Art. 20 Abs. 3 GG[113] wird der eigenständige Vollzugsauftrag der öffentlichen Verwaltung einer spezifischen *Rechts- und Zweckverantwortung* unterstellt. Sie verkörpert die der Verwaltung in Art. 20 Abs. 2 GG erteilte Handlungs- und Entscheidungsermächtigung, zieht aber dennoch der materiellen Verwaltungsfunktion eigengeartete Grenzen. Art. 20 Abs. 3 GG bestimmt durch sie die der Verwaltung zur Verfügung stehenden Entscheidungsspielräume näher.

Die Rechtssatzbindung wird durch die Garantie der gerichtlichen Verwaltungskontrolle in Art. 19 Abs. 4 GG ergänzt. Diese hat festzustellen, ob durch die Verwaltungsentscheidung jemand in seinen Rechten verletzt ist (vgl. § 42 Abs. 2 VwGO). Insoweit wirkt auch die gerichtliche Rechtsanwendungskontrolle als Grenze administrativer Entscheidungsspielräume. In welchem Ausmaß diese der

---

[109] Vgl. oben im Text in und zu Fn. 65.

[110] So die plastische Formulierung von *R. Scholz*, VVDStRL 34 (1976), S. 149.

[111] *Stern*, Staatsrecht II, S. 745 f.

[112] *H. Peters*, Lehrbuch der Verwaltung, S. 6 f.; *Forsthoff*, Verwaltungsrecht I, S. 3 ff.; *Stern*, Staatsrecht II, S. 745.

[113] Die Bedeutung dieser Formel ist freilich nicht ganz klar; vgl. nur *Schnapp*, in: v. Münch, GGK, Art. 20, Rdnr. 36; *W. Schmidt*, Probleme des Verwaltungsrechts, S. 44 m. Anm. 19.

Verwaltung aus verfassungsrechtlichen Gründen verbleiben dürfen, ist Gegenstand intensiver Auseinandersetzungen um die Gestaltungsfreiheit beim Erlaß von Verwaltungsrechtssätzen[114] sowie um das Ermessen und den sog. unbestimmten Rechtsbegriff beim Handeln durch einzelfallbezogene Entscheidungen.[115] Die hiermit verbundenen Probleme sind seit langem ungelöst, wie insbesondere die Rechtsprechung des BVerwG und die fortdauernde Diskussion in der Wissenschaft eindrucksvoll belegen.[116]

Eine klare verfassungsrechtliche Regelung für das zulässige Ausmaß von Entscheidungsfreiräumen der Verwaltung im Einzelfall, wie sie etwa in anderem Zusammenhang Art. 80 Abs. 1 Satz 2 GG bereithält,[117] fehlt im Grundgesetz. Die Frage hiernach kann indes aus dem Verhältnis der „vollziehenden" Gewalt zu Gesetzgebung und Rechtsprechung *teilweise* beantwortet werden: Der eigenständigen und nicht nur auf den strikten Gesetzesvollzug beschränkten öffentlichen Verwaltung gegenüber gewährt der Gesetzgeber selbst durch „offene" Normen jene Freiräume in der Hervorbringung staatlicher Entscheidungen, die ihr nach Maßgabe der eigenständigen Verantwortung frei von gerichtlicher Kontrolle vorbehalten sein sollen. Freilich stellt sich daran anschließend sogleich die Frage, in welchem Ausmaß der Gesetzgeber die staatlichen Entscheidungen selbst programmieren muß. Die Antwort hierauf geben der Gesetzes- und Parlamentsvorbehalt.[118] Sie bestimmen das Ausmaß formellgesetzlicher Regelungsdichte und -bestimmtheit und damit zugleich den Rahmen der administrativen Gestaltungsfreiheit bei dem Erlaß von Verwaltungsrechtssätzen.[119]

Für die Lösung der Problematik einzelfallbezogener Entscheidungsspielräume reicht diese Antwort freilich, wie *W. Schmidt* zu recht hervorhebt,[120] noch nicht aus. Die Fragen nach den Möglichkeiten und Grenzen einer Determinierung des Verwaltungshandelns bzw. -entscheidens durch die Legislative sowie nach der Eigenart administrativer Wirkprozesse sind denn auch bislang und jenseits der sich im Kreise drehenden Diskussion um den sog. unbestimmten Rechtsbegriff weitgehend ohne Echo geblieben. Antworten finden sich jedoch im „Verfahren" als Strukturprinzip des modernen und Verwaltungsstaates.[121] So ist nicht nur die Eigenart der Konkreti-

---

[114] Vgl. *Maurer,* VVDStRL. 43 (1985), S. 161 ff.; *W. Schmidt* (Fn. 113), S. 42 f.

[115] *Bullinger,* Verwaltungsermessen, S. 131 ff.; siehe ferner *Alexy,* JZ 1986, 701 ff.; *Badura,* Gestaltungsfreiheit, S. 184 ff.; *Erichsen,* DVBl. 1985, 22 ff.; *v. Mutius,* Jura 1987, 92 ff.; *Papier,* DÖV 1986, 621 m. w. Nachw. in Anm. 1, sowie *Schuppert,* DVBl. 1988, 1191 ff., 1198 ff.

[116] Vgl. zusammenfassend *Papier,* Verwaltungsverantwortung, S. 236 ff.; *W. Schmidt,* NVwZ 1984, 546 ff.; *Schuppert,* a. a. O. (Fn. 115), 1198 ff.

[117] Dazu *W. Schmidt,* Probleme des Verwaltungsrechts, S. 46; *Papier,* Vorbehalt des Gesetzes, S. 56 f., 62.

[118] *Erichsen,* DVBl. 1985, 26 ff.; *Ossenbühl,* Vorbehalt des Gesetzes, S. 14 f., 17 ff.; *Papier,* a. a. O. (Fn. 117), S. 46 ff.

[119] *Ossenbühl,* a. a. O. (Fn. 118), S. 14 f., 31 f.; *Papier,* a. a. O. (Fn. 117), S. 62.

[120] *W. Schmidt,* Probleme des Verwaltungsrechts, S. 43, 46, 47.

[121] *W. Schmidt,* NVwZ 1984, 546; *R. Wahl,* VVDStRL 41 (1983), S. 159; *Hill,* Das fehlerhafte Verfahren, S. 210; *Hufen,* Verwaltungsverfahren, S. 46 ff. m. w. Nachw. in Anm. 88.

sierungsprozesse in der Verwaltung genuin verfahrensbestimmt; angesichts der Grenzen eines normativen Determinismus im (Verwaltungs-)Recht[122] gewinnt zumal das Verwaltungsverfahren eine entscheidungsprägende und freiraumumgrenzende Bedeutung: Was nicht durch Rechtssatz regelbar oder geregelt ist, wird zur Angelegenheit der persönlichen Ausformung der Verwaltungsrolle,[123] der Verwaltungsorganisation[124] und des *Verwaltungsverfahrens.*[125] Darüber hinaus formt das administrative Verfahren die Freiräume der Verwaltung näher aus; die Frage, in welchem Ausmaß der Gesetzgeber der Verwaltung Freiräume gerichtlich unkontrollierter Entscheidung eröffnen muß, wird insofern zu einer Frage des *verfahrensbezogenen Gefährdungsschutzes.*[126] Die materielle Verwaltungsfunktion zeigt somit eine prozedurale Dimension.

II. Materielle Verwaltungsfunktion im Wandel

1. *Entwicklungstendenzen der öffentlichen Verwaltung*

a) *Wachstum öffentlicher Aufgaben*

In der Wahrnehmung des herausgearbeiteten prinzipalen Funktionsvorbehaltes begegnen inzwischen der öffentlichen Verwaltung immer neue Steuerungsanforderungen.[127] Soweit der Sozialstaat heute auch die Verantwortung für die sozio-öko-

---

[122] Dazu näher *W. Schmidt,* Probleme des Verwaltungsrechts, S. 52f.; *H.-J. Koch,* Unbestimmte Rechtsbegriffe, S. 44ff., 75ff.

[123] *Lenk,* Steuerung des Handelns von Verwaltern, S. 256ff.; *Pitschas,* VerwArch. 72 (1981), S. 4f., 7ff.; *Zacher,* VVDStRL 34 (1976), S. 284f. (Diskussionsbeitrag).

[124] *W. Schmidt,* Probleme des Verwaltungsrechts, S. 245ff., 248; *Schnapp,* AöR 105 (1980), S. 256ff., 269ff.; *ders.,* Rechtstheorie 9 (1978), S. 287ff., 297ff.; *Steinberg,* Abrüstungs- und Rüstungskontrollverwaltung, S. 20ff., 29ff.; *Hufen,* Verwaltungsverfahren, S. 60ff.

[125] *W. Schmidt,* a.a.O. (Fn. 124), S. 53, 86ff., 248, 252; *R. Wahl,* VVDStRL 41 (1983), S. 154f.

[126] Die Regelungsverantwortung des Gesetzgebers in bezug auf das Verwaltungsverfahren reagiert auf „Gefährdungen" statt auf Eingriffe, weil sein Gegenstand das Recht „im Werden" ist. Dementsprechend orientiert sich das Gebot *gesetzlicher* Verfahrensausgestaltung am dynamischen Gefährdungsschutz. Dieser steht einerseits in Distanz zu der Forderung nach „optimalem" Grundrechtsschutz im Verwaltungsverfahren – vgl. zu dieser Diskussion *Pietzcker,* VVDStRL 41 (1983), S. 209f.; *Blümel,* Grundrechtsschutz, S. 30ff.; *Dolde,* NVwZ 1982, 70; *Laubinger,* VerwArch. 73 (1982) S. 74; *Schmidt-Aßmann,* Ordnungsidee, S. 42f.; *Held,* Grundrechtsbezug, S. 179ff.; – und er prägt durch Verweis auf „Gefährdungen" andererseits den Maßstab der „Grundrechtsrelevanz" von Verfahren i.S. der sog. Wesentlichkeitstheorie, vgl. *R. Scholz/Pitschas,* Informationelle Selbstbestimmung, S. 129f.; *Hill,* Das fehlerhafte Verfahren, S. 240 m.Anm. 360. In diesem Sinne „grundrechtsrelevante Verfahren" zählen dann zu den Pflichtaufgaben des Gesetzgebers, vgl. BVerfGE 57, 295 (320, 327); 58, 257 (275); 69, 315 (355f.); 73, 280 (296). Gegen die Vorstellung der „Grundrechtsrelevanz" votiert allerdings *Papier,* Vorbehalt des Gesetzes, S. 54ff., 57ff.; er spricht von „Grundrechtsbetroffenheit" (S. 59) – damit dann doch die herkömmliche Eingriffsvorstellung perpetuierend.

[127] *Ellwein,* DÖV 1984, 748ff., 750.

nomischen Verhältnisse der Gesellschaft übernommen hat, treten vor allem zahllose neue *Aufgaben* an ihn heran.[128] Ihr Wachstum ist nicht nur quantitativ bedingt; es weist zugleich einen stark qualitativen Aspekt auf. Der rasche technische und soziale Wandel läßt nicht nur die traditionellen *Gefahrenabwehraufgaben* einen qualitativen Sprung erfahren. Technische Sicherheit bildet in der „technischen Realisation" *(E. Forsthoff)* insgesamt einen Aufgabenbereich, der immer kompliziertere Anstrengungen zur Risikoabsicherung erfordert. Die „Risikovorsorge" wird zu einem zentralen, vielfältige Aufgaben erzeugenden Auftrag; die große Bedeutung des *Vorsorgeprinzips* im neueren Verwaltungsrecht belegt dies augenfällig.[129]

Andere Entwicklungen bei den öffentlichen Aufgaben treten daneben. So lassen z.B. die vielfältigen und sich überlagernden Gefährdungen der natürlichen Umwelt bereits heute erkennen, daß ihre Abwehr alles raumbezogene Verwaltungshandeln mehr und mehr bestimmen wird.[130] Eine „Umweltverträglichkeitsprüfung" ist unumgänglich;[131] sie ist Bestandteil eines notwendig verfahrensbezogenen koordinierten Zusammenwirkens von Raumordnung und Landesplanung mit der Regional-, Landschafts- und Bauleitplanung u.ä. im Dienst des *Umweltschutzes.*[132] Qualitatives Aufgabenwachstum in großem Ausmaß bewirkt schließlich die sich anbahnende Informatisierung der Gesellschaft. Der *Übergang von der Industrie- zur Informationsgesellschaft* birgt ein Gefährdungspotential in sich, dessen Beherrschung dem Staat erhebliche Anstrengungen abfordert.[133] Formen, Chancen und (positive) Wirkungen der Technik intensivieren die auch ansonsten sich ausbreitenden Verwaltungsbemühungen um eine vorausschauende Planung und Steuerung der gesellschaftlichen Prozesse.[134]

---

[128] *R. Mayntz,* Soziologie der öffentlichen Verwaltung, S. 45ff.; *F. Wagener,* Vom Neubau zur Pflege, S. 26ff.

[129] *Ossenbühl,* NVwZ 1986, 161ff.

[130] Vgl. *Wahl,* Zur Lage der Verwaltung, S. 1212f.

[131] Umfassend dazu *Cupei,* Umweltverträglichkeitsprüfung (UVP), 1986, passim; siehe auch die Richtlinie des Rates der Europäischen Gemeinschaften v. 27. 6. 1985 über die Umweltverträglichkeitsprüfung bei bestimmten öffentlichen und privaten Projekten (ABl. Nr. L 175/4 v. 5. 7. 1985 – UVP-Richtlinie); ferner *J. Hofmann,* Aspekte der juristisch-technischen Diskussion im Umweltrecht, S. 131ff.; rechtsvergleichend *Mezger,* Umweltverträglichkeitsprüfung, Umweltschutz und räumliche Nutzung in den USA, 1989.

[132] Zu diesem Erfordernis *Hartkopf/Bohne,* Umweltpolitik, Bd. 1, 1983, S. 205ff., 207, 212ff., 218f.; insbesondere zu den verfahrensrechtlichen Erfordernissen, auf die auch in der hiesigen Untersuchung immer wieder einzugehen sein wird, vgl. *Bartlsperger,* DVBl. 1987, S. 1ff., 5ff., 7ff., 12ff.

[133] Allgemein hierzu siehe *Grawert,* FS J. Broermann, 1982, S. 457ff.; *Murswiek,* Staatliche Verantwortung, S. 88ff., 225ff.; *R. Wolf,* Stand der Technik, S. 11ff., 257ff., 409ff.; speziell zu den Gefährdungen durch die Informationstechnik siehe *K. Lenk,* Informationstechnik und Gesellschaft, in: Friedrichs/A. Schaff (Hrsg.), Auf Gedeih und Verderb, 1982, S. 306ff.; *P. Otto/Ph. Sonntag,* Informationsgesellschaft, S. 21ff., 28ff., 181ff.; *R. Scholz/Pitschas,* Informationelle Selbstbestimmung, S. 19ff. m.w.Nachw.

[134] *K. Lenk,* DÖV 1985, 85ff., 86ff.; *R. Mayntz,* Soziologie der öffentlichen Verwaltung, S. 122f.; *Seibel,* VerwArch. 74 (1983), S. 325ff.

b) Herausforderungen sozialstaatlicher Verwaltungspolitik

Diese und andere Tendenzen der Aufgabenentwicklung im Verwaltungsstaat unterliegen zwar dem politischen Prozeß, der das Wachstum und die Veränderung der Staatsaufgaben bestimmt. Gleichwohl ist vielfach eine auf Dauer gerichtete, eindeutige Regelung dem Gesetzgeber als der zentralen Regulierungsinstanz unmöglich. In der Folge hiervon erweist sich zum einen die Trennung von Politik und Verwaltung generell als überholt.[135] Zum anderen erscheint das Parlament in seiner Vermittlerrolle zum sozio-kulturellen System gefährdet; es entfernt sich zunehmend von der Gesellschaft.[136]

Sozialstaatliche Verwaltungspolitik wird durch diese Entwicklung in einem ungeahnten Maße herausgefordert. Die öffentliche Verwaltung muß nunmehr im Konflikt der Interessen selbst für deren Ausgleich sorgen und die Rolle des unparteiischen „Maklers" übernehmen.[137] Das aber bedeutet, daß sie selbst für die Abnahme ihrer Maßnahmen sorgen muß. Verwaltungsverantwortung bezieht sich damit simultan auf die funktionale Wirksamkeit der Konkretisierungsaktivitäten wie darauf, über deren Einsatz und Ablauf jeweils entsprechenden Konsens mit dem Bürger herbeizuführen. Zugleich ist die Bindung an die legalen Prämissen des Verwaltungshandelns zu beachten.[138]

2. Funktions- und Strukturwandel der öffentlichen Verwaltung

Die gleichzeitige Bewältigung dieser Anforderungen ist schwierig. Sie ist nur zu leisten, wenn die öffentliche Verwaltung ihre Arbeitsweise rationalisiert und ihre Strukturen den gesollten Funktionsbedingungen anpaßt.

a) Funktionaler und situativer Verwaltungswandel

Die Vielfalt und Komplexität der Verwaltungsaufgaben macht einerseits eine *fachspezifische Ausdifferenzierung* der Verwaltungseinheiten erforderlich. Es kommt zu einer aufgabenbezogenen „Pluralisierung der Staatsperson".[139] In der Folge hiervon entwickelt sich ein Fachbezug statt des Staatsbezugs der öffentlichen Verwaltung; mit ihm entsteht zugleich eine *professionelle Bürokratie*.

Auf der anderen Seite wächst mit der Vielschichtigkeit der Staatsaufgaben der Zwang, in den Staatswillen Zielsetzungen einzubauen, die in ihrer Gegensätzlichkeit

---

135 Ellwein, HdbVerfR, S. 1120f., 1132f.; *Rehbinder*, FS C. H. Ule, S. 285.

136 Vgl. zu diesem Problem der „Bürgernähe" des Parlaments und weiteren Mängeln *Schrekkenberger*, Krise der Gesetzgebung?, S. 21ff.

137 *Ellwein*, HdbVerfR, S. 1131ff.

138 In diesem Sinne schon *Offe*, Leviathan 1974, zusammenfassend dort S. 344 (zum Wesen „sozialstaatlicher Verwaltungspolitik").

139 Vgl. *Burmeister*, Innenrecht der Verwaltung, S. 53 und öfter; *Pitschas*, Wandel des Verwaltungsverfahrens, S. 60f.

schier unvereinbar sind. Zahllose divergierende Interessen und Belange müssen „unter einen Hut" gebracht werden. Dies macht es erforderlich, innerhalb des differenzierten staatlichen Organisationsgefüges durch geeignete Zuordnungs-, Mitwirkungs-, Einvernehmens- und Ausgleichskonstruktionen für die Vereinheitlichung der vielfältigen, sich reibenden oder sogar widersprechenden Zielsetzungen Sorge zu tragen. Es bedarf somit erheblicher binnenrechtlicher, verfahrensbezogener Vorkehrungen, um die Zusammenführung der auseinanderstrebenden öffentlichen Belange zu bewerkstelligen und zu gewährleisten.[140] Darin liegt der Übergang zur *koordinierten Verwaltung*.

b) Struktureller Wandel

Der funktionale und situative Wandel der öffentlichen Verwaltung bedingt eine grundlegende Veränderung des verwaltungsstaatlichen Instrumentarium, wie es sich bereits in der Wirkweise „regulativer" Politik abzeichnet.[141] In ihrem Gefolge werden Rechtsnormen nur sekundär als Instrument verstanden, politische Regelungsziele zu verwirklichen.[142] Die öffentliche Verwaltung versucht, auf klare Verbote und Gebote zu verzichten. Stattdessen reichert die Verwaltung den aufgegebenen Gesetzesvollzug mehr und mehr aus eigener Kompetenz an.[143]

Zu diesem Zweck entfaltet sie zahlreiche mittelbare Entscheidungs- und Steuerungseffekte im Wege des Erlasses von Verwaltungsvorschriften, wie sich sowohl im Sozialversicherungsrecht[144] als etwa auch im Strahlen- und Immissionsschutzrecht[145] zeigt. Der Normenbedarf der Bürokratie ist diesbezüglich unersättlich; er zielt aber dabei auch auf sichere, bindende und „gerichtsfeste" Konkretisierungsvorgaben.

Das Handeln der öffentlichen Verwaltung steht bei alledem unter den Maßgaben der Sparsamkeit und Wirtschaftlichkeit sowie weiterer Handlungsgrundsätze.[146] Den Verwaltungsträgern muß deshalb auch die Möglichkeit eingeräumt sein, eine vereinfachte und kostengünstige Tätigkeit durch *Entlastung von ihren Aufgaben* zu erreichen – sei es, daß sie die Aufgabenfülle erdrückt, sei es, daß spezielles Fachwissen bei einer anderen Verwaltungsbehörde existiert.

Die „gespaltene" Wahrnehmung von Verwaltungsaufgaben muß freilich stets, so will es das Sozialstaatsprinzip als „Prozeßgebot", im wohlverstandenen Interesse

---

[140] *Burmeister,* a.a.O. (Fn. 139), S. 64f.; *Böhret,* Verwaltungspolitik, S. 39f.; *Ellwein,* HdbVerfR, S. 1127, 1130f.

[141] Vgl. *R. Mayntz,* Implementation von regulativer Politik, S. 50ff.; *Siedentopf,* Verwaltungsentscheidungen, S. 279ff.

[142] *R. Voigt,* Grenzen rechtlicher Steuerung, S. 19ff.

[143] *Ellwein,* HdbVerfR, S. 1131.

[144] *Reiter,* SGb. 1987, 89ff. (92f.).

[145] Siehe nur und mit je weiteren Nachw. *Breuer,* Der Staat 20 (1981), S. 393ff., 416, 419ff.; *Ronellenfitsch,* Das atomrechtliche Genehmigungsverfahren, 1983, S. 192ff.; *Kutscheidt,* NVwZ 1983, 581ff. (TA Luft).

[146] Näher hierzu *Achterberg,* Verwaltungsrecht, S. 355ff.

der betroffenen Bürger liegen. Das Leitziel der Bürgernähe öffentlicher Verwaltung setzt deshalb dem Gesichtspunkt einer rationell-kostengünstigen Verwaltungstätigkeit den Maßstab einer „sozialen" Effizienz entgegen: Den rechtlichen *und* tatsächlichen Belangen der Adressaten des nach außen gerichteten Verwaltungshandelns ist zu entsprechen.[147]

3. Der Einsatz des Verwaltungsverfahrens

Die Interventionsinstrumente, die vor dem Hintergrund des skizzierten Funktions- und Strukturwandels der öffentlichen Verwaltung in Wahrnehmung einer genuinen Verwaltungsverantwortung eingesetzt werden, sind vielgestaltig. Typologisch gesehen, gehören dazu sowohl an Private gerichtete Gebote und Verbote als auch positive oder negative Anreize, einfache finanzielle Transfers, Infrastrukturleistungen oder auch die Bereitstellung von technischen und personalen Dienstleistungen.[148] Sie spiegeln allesamt das Bild einer Vielfachsteuerung im Rahmen regulativer Politik wider.[149]

Zu dem dadurch gebildeten Muster staatlicher Intervention gehört auch das *Verwaltungsverfahren* als rechtlich geordnete Abfolge von Handlungen, durch die eine Behörde eine sachlich und zeitlich bestimmte Verwaltungsaufgabe erledigt.[150] Die öffentliche Verwaltung bedient sich zur Erledigung der übertragenen und von ihr wahrgenommenen Aufgaben nämlich nicht nur spezifischer Handlungsformen und einer gesonderten Organisation, sondern auch des Einsatzes dafür geschulten Personals in funktionsgerecht ausgestalteten *Verfahren*. Für das zeitgemäße Verständnis des Verwaltungsstaates erlangt gerade der letztere Aspekt, nämlich der Einbezug von Verfahren (einschließlich ihrer Methodik) der Aufgabenerfüllung in das Verständnis dessen, was „öffentliche Verwaltung" bedeutet, immer mehr Gewicht:[151] Das Verwaltungsverfahren bestimmt in seiner aufgabenorientierten Ausgestaltung, der Art und Weise seiner Handhabung, seiner Zeitstruktur und seiner personalen Ausstattung das Ergebnis des Verwaltungshandelns ganz wesentlich mit. Erst im Zusammenwirken der Konkretisierungsressourcen entsteht das angestrebte „Verwaltungsprodukt"; seine Implementation kann auf die Funktionsweisen und die

---

[147] Vgl. *Wahl*, DVerw. 13 (1980), S. 273 ff., 292 ff., 295 f.

[148] Vgl. z. B. *Hucke*, JbRSoz, Bd. 7, 1980, S. 81 ff.; systematisierend im Zusammenhang der „Grenzen rechtlicher Steuerung" *R. Voigt*, ebd., S. 16 ff., 21 f., 26 f.

[149] *R. Mayntz*, Regulative Politik in der Krise?, in: J. Matthes (Hrsg.), Sozialer Wandel in Westeuropa: Verhdlg. des 19. Dt. Soziologentages Berlin 1979, Frankfurt 1979, S. 55 ff.; *dies.*, Implementation von regulativer Politik, S. 54 ff.

[150] Zum Begriff des „Verwaltungsverfahrens" vgl. *Badura*, Verwaltungsverfahren, S. 384 ff.; *Bettermann*, VVDStRL. 17 (1959), S. 118 ff., 121 ff.; zu der Einordnung in die skizzierte Vielfachsteuerung siehe auch *R. Mayntz*, Implementation von regulativer Politik, S. 55, 57 f.; *Pitschas*, Wandel des Verwaltungsverfahrens, S. 26 f.

[151] *H. P. Bull*, Verwaltungsrecht, S. 157; *Pitschas*, VerwArch. 72 (1981), S. 4 f.; *Schmidt-Aßmann*, Verfahrensgedanke, S. 1 ff.

Wirkungssteuerung des Verfahrens nicht verzichten. Die Regeln darüber, wie die Verwaltung verfahren muß, um zu diesem Ergebnis zu kommen, sind deshalb für den Bürger ebenso bedeutsam wie die Aussagen (des materiellen Rechts) darüber, was der einzelne fordern kann oder leisten muß.

B. Verwaltungsstaat und Verwaltungsverfahren

I. Verfahrensbindung der öffentlichen Verwaltung

1. Verfahren als „Medium" der Konkretisierung

Der Bezug auf „Verfahren" bildet somit ein Strukturmerkmal staatlichen Handelns: Öffentliche Verwaltung ist handelnde Staatsgewalt; ihr Verhalten und ihre Entscheidungen beruhen auf der planvollen, zweckmäßigen und effizienten Ordnung *aller* dazu erforderlichen Schritte. Umgekehrt empfängt auch das Verwaltungsverfahren eine spezifisch administrative Sinngebung und damit *Verwaltungsbindung*. Das Verwaltungsverfahren ist seinem Gegenstand nach immer öffentliche Verwaltung „in Aktion"; es ist deshalb abhängig vom Gesamtauftrag der Verwaltung, der eine Vielzahl von Anforderungen kennt, die nach einer übergreifenden, gegenseitig optimierten Funktions- und Reaktionsgerechtigkeit des Verwaltungsverfahrens verlangen.[152]

Dieser für das handlungs- und entscheidungsorientierte Verständnis der öffentlichen Verwaltung konstitutive gegenseitige Wirkungszusammenhang von Verwaltungsauftrag, Konkretisierung und Verfahren ist stets mitzudenken, wenn vom „Verwaltungsverfahren" die Rede ist.[153] Er steht neben der Rechtsbindung materiell öffentlicher Verwaltung, diese überlagernd, ergänzend oder auch ersetzend: Der Aufgabenvollzug „in" und „durch" Verfahren prägt deshalb jegliches Verwaltungshandeln; das Verwaltungsverfahren wird zu mehr als zum bloßen „Medium" der administrativen Rechts- und Zweckkonkretisierung.[154]

---

[152] Zu diesem Gesamtauftrag siehe speziell *Wahl*, VVDStRL 41 (1983), S. 157; er betrachtet freilich nur zwei „Eckpfeiler" dieses Auftrags („Rechtsschutz" und „Verwaltungseffizienz"), ohne ihn selbst – wie es notwendig gewesen wäre – zu analysieren. Dann hätte er die *eigenständige Funktion* des Verwaltungsverfahrens herausarbeiten können.

[153] Ähnlich *W. Schmidt*, Probleme des Verwaltungsrechts, S. 23ff., 72ff., der allerdings zu sehr *entscheidungszentriert* argumentiert und damit den Konkretisierungs*prozeß* zu einseitig versteht.

[154] Enger dagegen *Wahl*, a.a.O. (Fn. 152), der auf S. 154 vom „Modus der primären Rechtsverwirklichung" spricht; ähnlich *Hufen*, Verwaltungsverfahren, S. 57ff. („Entscheidungsmodus").

2. Begriff und Reichweite des Verwaltungsverfahrens

a) Materiell-funktionaler Verfahrensbegriff

Der Begriff des Verwaltungsverfahrens bestimmt sich von daher nur unter Beachtung seines Zusammenhanges mit dem Verwaltungsbegriff. In der Formulierung, das „Verwaltungsverfahren ist das Verfahren der Verwaltungsbehörden", spiegelt sich dieser Zusammenhang wider. Nicht von ungefähr eröffnete deshalb mit jener unnachahmlich knappen, in ihrem Ausgangspunkt zutreffend auf das Verwaltungsverständnis zurückführenden Aussage schon *K. A. Bettermann* im Jahre 1958 seine Ausführungen über „Das Verwaltungsverfahren" vor der Vereinigung der Deutschen Staatsrechtslehrer.[155] In der von ihm gebrauchten Sinngebung des Verfahrens und in dessen Anbindung an den Begriff der öffentlichen Verwaltung im *formellen* Sinne klingt zugleich die dimensionale Reichweite und Komplexität, aber auch die umfassende Problematik an, vor die sich jedwedes Bemühen um eine *rationale* Ordnung des Ablaufs von Handeln und Entscheiden der öffentlichen Verwaltung gestellt sieht.[156]

Die nähere Bestimmung der Art und Weise, wie in Sonderheit die Verwaltung der *öffentlichen Hand* die einem „Verfahren" innewohnende Methodik und planvolle wie zweckmäßige Ordnung einer Anzahl von Handlungen im Dienste eines bestimmten Ziels[157] prägt, aber auch – umgekehrt – vom Verfahren ihrerseits beeinflußt wird,[158] darf nämlich nicht in der reduktionistischen Verknüpfung mit dem *formellen* Verwaltungsbegriff verharren. Die namentlich von Bettermann gegen eine weiter ausgreifende Verbindung des Verfahrensverständnisses mit einem materiellen oder gar funktionellen Verwaltungsbegriff[159] geäußerten Bedenken, wonach es in diesem Falle zum Einbezug einer Reihe gerichtlicher Verfahren bzw. – bei vorzugsweise materieller Verwaltungsbetrachtung – zum Ausfall der verwaltungseigenen *Normsetzung* aus dem Verwaltungsverfahren käme,[160] überzeugen demgegenüber nicht. Abgesehen davon, daß entgegen seinen Intentionen gerade im geltenden

---

[155] VVDStRL 17 (1959), S. 118; vgl. auch *Melichar*, ebd., S. 196 (Zweitbericht).

[156] Zur Forderung nach einer spezifischen *Rationalität* des Verfahrens in diesem Zusammenhang vgl. grds. *Luhmann*, Verfahren, S. 201 ff. Sie darf nicht mit der Verpflichtung des Verwaltungsverfahrens auf „Effizienz" ineinsgesetzt werden. Diese läßt sich erst klären, wenn die Frage nach jener beantwortet ist. Zu kurz greifen daher die Ausführungen von *Wahl*, VVDStRL 41 (1983), S. 162ff. (vgl. aber S. 164); *Pietzcker*, ebd., S. 196f.; *Thieme*, ebd., S. 237ff. (Diskussionsbeitrag); siehe zu alledem auch die Kritik bei *v. Mutius*, ebd., S. 286 (Diskussionsbeitrag); früher schon *Badura*, DÖV 1968, 454; nicht verständlich allerdings sein jetziger Verweis der Rationalitätsüberlegungen in das Arbeitsfeld einer (vom Verwaltungsrecht gesonderten) Verwaltungswissenschaft, vgl. *Badura*, Verwaltungsverfahren, S. 385 mit Anm. 5; ebenso wohl auch *Thieme*, WissR 22 (1989), S. 1 ff., 16f.

[157] Vgl. *Badura*, Verwaltungsverfahren, S. 384.

[158] Vgl. oben im Text in und zu Fn. 151.

[159] Dazu vgl. oben A.I.1.b); *Hill*, Das fehlerhafte Verfahren, S. 6ff.

[160] *Bettermann*, VVDStRL 17 (1959), S. 118.

Recht zumeist die Verfahren der administrativen Rechtsetzung aus dem Begriff des Verwaltungsverfahrens ausgeschieden werden,[161] erfaßt eine Betrachtung auf solcher Grundlage die dimensionale Eigenart der „öffentlichen Verwaltung“ nicht hinreichend. Zudem wirkt ihre zergliedernde Unterscheidung nach Maßgabe einer formellen, organisatorischen und materiellen Sinngebung künstlich; sie verdeutlicht kaum mehr als Einzelaspekte eines an sich einheitlichen Gesamtphänomens.

Legt man dagegen dieses zugrunde, so bleiben auch die von *Bettermann* in Bezug genommenen Verfahren der Freiwilligen Gerichtsbarkeit trotz ihrer administrativen Elemente genuin *Rechtsprechung*[162] oder sind, wie die Zwangsvollstreckung, jedenfalls in der Zivilrechtspflege dem Recht des *Verfahrens der rechtsprechenden Staatsorgane* zugewiesen.[163] Richtig ist freilich, daß die *Verwaltungsvollstreckung* zum Verwaltungsverfahrensrecht gehört; es ist jedoch kein Grund ersichtlich, der die Zuordnung der Vollstreckung wegen öffentlich-rechtlicher Geldforderungen oder des Verwaltungszwanges zur Herbeiführung einer Handlung, Duldung oder Unterlassung zu Verwaltungsverfahren inhibieren sollte.[164]

b) Verfahrensbegriff und föderative Verwaltungsorganisation

Begriff, Reichweite und Deutungsgehalt des Verwaltungsverfahrens umschließen somit die *Gesamtheit* aller Verwaltungstätigkeiten. Ein derart umfassendes Verständnis des Verwaltungsverfahrens liegt jedenfalls in der Logik der oben dargelegten Verfahrensbindung öffentlichen Verwaltens begründet.[165] Freilich ist nicht zu bestreiten, daß die begriffliche Erfassung der *Verwaltung im materiellen Sinn* selbst fraglich und umstritten ist. Die Mehrdeutigkeit des Verwaltungsbegriffs bietet jedoch kein Hindernis, das Verwaltungsverfahren hierauf zu beziehen, greift man auf sein funktionales Verständnis zurück.

In diesem *materiell-funktionalen* Bezug wird der Verfahrensbegriff mit seinen im einzelnen mehr oder weniger diffusen Konturen durch die allgemeinen organisationsrechtlichen Bestimmungen der Art. 83ff. GG vorausgesetzt und aufgenommen.[166] Denn der VIII. Abschnitt des Grundgesetzes enthält selbst keine grundle-

---

[161] Siehe zum gegenwärtigen Stand der verfahrensrechtlichen Regelungsweite statt aller *Badura,* Verwaltungsverfahren, S. 386; zur Ausweitung des geltenden Verwaltungsverfahrensrechts vgl. das Plädoyer von *Schmidt-Aßmann,* Verfahrensgedanke, S. 22f. Eine Ausnahme macht lediglich das Landesverwaltungsgesetz Schleswig-Holstein i.d.F. v. 14. Mai 1985 (GVOBl. S. 123), indem es auch Verfahren der administrativen Rechtsetzung regelt.

[162] Vgl. *Habscheid,* Freiwillige Gerichtsbarkeit, 7. Aufl. 1983, S. 26ff., 30; *Rosenberg/Schwab,* Zivilprozeßrecht, S. 50ff., 55. Letztere weisen mit Recht darauf hin, es sei „unmöglich, einen durchgreifenden materiellen Unterscheidungsgrund zwischen der streitigen und der freiwiligen Gerichtsbarkeit im geltenden Recht aufzuzeigen“ (S. 55); siehe allerdings demgegenüber *Bettermann,* FS Lent, 1957, S. 17ff.

[163] *Rosenberg/Schwab,* Zivilprozeßrecht, S. 164f.

[164] Ebenso *H. Engelhardt,* VwVG/VwZG, Kommentar, 2. Auflage, München 1988, § 1 Anm. II; *Erichsen,* Verwaltungshandeln, S. 286f.

[165] Vgl. oben zu B.I.1.

[166] In der Tendenz ähnlich *Lerche,* in: Maunz/Dürig, GG, Art. 83 Rdnr. 2; vgl. auch BVerfGE 63, 1 (34).

genden materiellrechtlichen Verfassungssätze für die Verwaltung. Er verhält sich in erster Linie über organisationsrechtliche Fragen, vornehmlich unter dem Aspekt der Zuständigkeitsverteilung zwischen Bund und Ländern. Normiert werden insbesondere der Vollzug der Bundesgesetze und die Einrichtung von Bundesbehörden. Die dem zugrunde liegende und der öffentlichen Verwaltung eigentümliche *Organisationsgewalt* wird dabei ebenso als vorgegeben angesehen, wie sich das Grundgesetz auch im übrigen einer näheren und zugleich umfassenden Regelung der föderativen Verwaltungsorganisation enthält.[167] Auch die aus der Organisationsgewalt erwachsenden Kompetenzen werden in den Art. 83ff. GG nicht durchweg systematisiert, sondern nur vereinzelt benannt.[168] Dies geschieht etwa durch Bezugnahme auf die „Einrichtung der Behörden" und das „Verwaltungsverfahren" in Art. 84 Abs. 1 GG.

Wenn und soweit also das Grundgesetz in Art. 84 Abs. 1 GG festlegt, daß dort, wo die Ländern die Bundesgesetze als eigene Angelegenheit ausführen, sie u.a. auch das „Verwaltungsverfahren" regeln, falls nicht Bundesgesetze mit Zustimmung des Bundesrates etwas anderes bestimmen, dann gebraucht die Verfassung den *Begriff* des Verwaltungsverfahrens an dieser Stelle nicht in einem lediglich formellen, sondern in einem materiell-funktionalen Sinn.[169] Die dadurch bestimmte Reichweite des Verfahrensbegriffs wird allerdings in spezifisch *kompetenzieller Deutung* ergänzt, d.h. gem. Art. 83, 84 Abs. 1 GG in Form der Bindung an das Organ „Verwaltung" und an eine „verwaltungsmäßige Ausführung".[170]

In dieser verfassungseigenen Grundlegung des Verfahrensbegriffs offenbart sich zugleich, daß die Kompetenznormen der Art. 83, 84 Abs. 1 GG ihrerseits auch in die materiellrechtliche Verwaltungsdeutung hineinwirken. Die Regelungen des VIII. Abschnitts des Grundgesetzes sind *strukturprägende Elemente* der materiell aufgeladenen Verfahrensfunktion insofern, als sie mit der Aufgabenstellung „Die Ausführung der Bundesgesetze" (Überschrift des Abschnitts VIII) an das durch Art. 20 Abs. 2 GG instituierte „Vollzugsmodell" der Verwaltung anknüpfen und dadurch den Standort des Begriffs der Gesetzes„ausführung" inmitten „der Unterscheidung von *materiellrechtlichen* Regelungen und *verwaltungsverfahrensrechtlichen* (bzw. sonst organisationsrechtlichen) Regelungen ... bestimmen":[171] Weil und soweit sich aber materiell-rechtliche Regelungen ihrer Eigenart entsprechend oft auch auf das Verwaltungsverfahren auswirken,[172] entstehen regelmäßig Gemengelagen. In ihnen kommt es – entgegen der Ansicht von *J. Rottmann*[173] – sehr wohl auf

---

[167] *Lerche*, a.a.O. (Fn. 166), Rdnrn. 2, 3.

[168] BVerfGE 63, 1 (34); *Kirschenmann*, JuS 1977, 568; vgl. ferner *Schmidt-Aßmann*, FS H. P. Ipsen, S. 336ff., 341ff.

[169] Also in der oben bezeichneten Bedeutung, vgl. B.I.2.a).

[170] Vgl. BVerfGE 11, 6 (15); 14, 197 (219); *Lerche*, in: Maunz/Dürig, GG, Art. 83 Rdnr. 64.

[171] *Lerche*, a.a.O. (Fn. 170), Rdnr. 58.

[172] Vgl. Sondervotum *Rottmann*, BVerfGE 55, 274 (331, 336); *Bettermann*, VVDStRL 17 (1959), S. 120f.; nicht zu halten daher *Stern*, Staatsrecht II, S. 801 m. Anm. 336.

[173] A.a.O. (Fn. 172), S. 336.

die präzise Definition dessen an, was Art. 84 Abs. 1 GG unter dem „Verwaltungsverfahren" verstanden wissen will. Richtig ist allerdings, daß dabei die *verfassungspolitische* Bedeutung des Verfahrensbegriffs für die Einflußnahme des Bundesrats auf den Inhalt der Bundesgesetzgebung zu berücksichtigen ist:[174] Der Begriff des Verwaltungsverfahrens ist deshalb nicht allein und nicht einmal vorwiegend nach Maßgabe *verwaltungsrechtlichen* Dafürhaltens – z. B. des „einfachen" Gesetzgebers – auszuprägen.[175]

3. Materielle Verwaltungsfunktion und Verwaltungsverfahren

Begriff, Reichweite und Deutungsgehalt des Verwaltungsverfahrens bestimmen sich im Gegenteil maßgeblich aus der Bindung an die verfassungsrechtlich verankerte materielle Verwaltungsfunktion. Das Ergebnis dieser verfassungsgeprägten Verfahrensdeutung ist ein *weiter Verfahrensbegriff.* Seine Konturen entwickeln sich aus dem beschriebenen differenzierten Zusammenwirken der materiell-rechtlichen Verfassungssätze über die Verwaltung mit dem Verfassungsrecht der föderativen Verwaltungsorganisation.

Bezugspunkt dieses Zusammenwirkens sind der Verwaltungszweck und seine kompetenzielle Gestaltung in den Bindungen des Rechts unter Beachtung der administrativen Handlungs- und Entscheidungsspielräume, wie sie sich im Rahmen der gesetzesakzessorischen, gesetzesfreien oder gesetzesgebildeten Verwaltung ergeben.[176] Die jeweils normativ gültige Aufgabenstellung formulieren der rechtliche (gesetzliche) wie politische Amts- bzw. Vollzugsauftrag der öffentlichen Verwaltung[177] und ihre spezifische Gemeinwohlkompetenz.[178] Deren konkretisierende Wahrnehmung liegt in der fach- und sanktionsrechtlich unterlegten *Verantwortung*

---

[174] Zur Diskussion um den *Begriff des Verwaltungsverfahrens nach Art. 84 Abs. 1 GG* vgl. insoweit und überhaupt BVerfGE 4, 7 (14); 8, 274 (294); 10, 20 (48 f.); 14, 197 (219 ff.); 26, 338 (399); 37, 363 (390 f.); 55, 274 (320 f.); 75, 108 (152); BVerwGE 8, 93 (94); *Ferger,* Der Begriff des Verwaltungsverfahrens nach Art. 84 Abs. 1 GG; Diss. Tübingen 1962; w. Nachw. bei *Broß,* in: v. Münch, GGK, Bd. 3, Art. 84 Rdnr. 10; zu den Gesetzgebungskompetenzen für das Verwaltungsverfahren siehe die gleichnamige Dissertation von *Neuser,* Göttingen 1974.

[175] Vgl. *Schulze-Fielitz,* DVBl. 1982, 328 ff., 330. Entgegen der Auffassung dieses Autors ist sich aber das BVerfG sehr wohl der föderalistisch-demokratischen Problemstruktur einer Ausdehnung des Verfahrensbegriffs bewußt: BVerfGE 55, 274 (320 f.) und 75, 108 (152, 153) halten dessen Reichweite mit Absicht offen und statuiert ein umfassendes aber flexibles Verfahrensverständnis; dem beipflichtend schon *meine* Darstellung in JA 1981, 511 ff., 513.

[176] Vgl. *R. Scholz,* VVDStRL 34 (1976), S. 151 f.; zur tragenden Bedeutung des „Verwaltungszwecks" siehe im übrigen *Bachof,* VVDStRL 30 (1972), S. 220 f.; *Badura,* Verwaltungsrecht, S. 16 ff., 22 ff.; in Auseinandersetzung damit und weiterführend *Meyer-Hesemann,* Methodenwandel, S. 160 ff.

[177] Vgl. *R. Scholz,* Öffentlicher Dienst, S. 191 ff.; *Isensee,* HdbVerfR, S. 1149 ff., 1150 f., 1152.

[178] Zu ihr vgl. bes. *Häberle,* Öffentliches Interesse, S. 71 ff., 95 ff., 101 ff., 193 ff., 246 ff., 453 ff., 475 ff., 595 ff., 678 ff.; *ders.,* Rechtstheorie 14 (1983), S. 260 ff.; vgl. auch *W. Schmidt,* VVDStRL 33 (1975), S. 196 ff.; *Steiger,* FS H. J. Wolff, 1973, S. 385 ff., 422 f., 423 ff.

der Verwaltungsorgane bzw. Organwalter.[179] Diese kennzeichnet einerseits die typologisch strukturierte Gestaltungsmacht der öffentlichen Verwaltung bei der Zweckverfolgung, unterstreicht andererseits aber auch und zugleich ihre Pflichtenbindung gegenüber den Adressaten des administrativen Tätigwerdens. Die Empirie der Aufgabenerfüllung vermittelt konkrete Erkenntnisse von den typischen und legitimen Strukturen sowie Merkmalen derart verwaltungsmäßiger Kompetenz und verwaltungsförmiger Handlung, Entscheidung, Kontrolle und Sanktion.[180]

Die administrative Rechts- und Zweckverfolgung ist so an der spezifischen *Funktionsweise* der öffentlichen Verwaltung ausgerichtet, wie sie im materiellen Verwaltungsbegriff einbeschlossen und im Begriff der Ausführung in verwaltungsmäßigen Formen gem. Art. 83 GG geborgen ist. Ihr zufolge sind „Verwaltungen" informationsverarbeitende, kommunikativ handelnde, entscheidungsherstellende und wesentlich normativ-strukturierte Sozialsysteme.[181] Deren Strukturdimensionen unterliegen je einer gemeinsamen Verfahrensperspektive;[182] darüber hinaus wird auch ihr Zusammenhang *prozedural* hergestellt. Zu beobachten ist also eine Art *objektiver* Verbund der materiellen Verwaltungsfunktion mit dem Verwaltungsverfahren, dessen Sinngebung letztlich darin besteht, unter Bündelung der dem Verfahren als solchen eigenen Wirkungsbezüge zu einem rechtmäßgen Verwaltungshandeln und -entscheiden zu kommen, das von der Verwaltungsumwelt überdies akzeptiert wird.

II. Das Verwaltungsverfahren als Konkretisierungsprozeß

1. Realvorgang und normatives Modell

Weitgehend Einigkeit besteht heute darin, das Verfahren der öffentlichen Verwaltung als einen Informations- und Entscheidungsprozeß zu betrachten, obwohl m.E. damit nur ein erster Ansatzpunkt für die weitere Analyse gewonnen ist.[183] Dennoch

---

[179] Vgl. dazu schon oben bei A.I.1.d); siehe auch zur (gesteigerten) juristischen Rollenverantwortung sehr früh bereits *Zacher*, VVDStRL 34 (1976), S. 284f. (Diskussionsbeitrag, Stichwort: „Innenstruktur der Verwaltungsverantwortung").

[180] Näher zu diesen Aspekten der „Verantwortung" vgl. das 6. und 7. Kapitel der Untersuchung. Hierin liegt im übrigen das Arbeitsfeld der *Verwaltungslehre*, das freilich in empirisch-analytischer Beziehung, also in bezug auf die *juristische* (nicht: soziologische) Feldarbeit noch recht schwach bestellt ist; vgl. immerhin als Beispiele aufgaben- und strukturgewendeter Forschung *B. Becker*, DVerw. 9 (1976), S. 273ff.; *Bohne*, Der informale Rechtsstaat, S. 42ff., 126ff., 144ff.; 199ff., 241ff.; *Brohm*, JuS 1977, 500ff.; *Hoffmann-Riem*, VVDStRL 40 (1982), S. 187ff.; *Pitschas*, DVerw. 12 (1979), S. 409ff.; *Wahl*, Rechtsfragen der Landesplanung und Landesentwicklung, Bd. 1, 1978, S. 45ff.; *Zacher*, VSSR 4 (1976), S. 1ff.

[181] *Luhmann*, Theorie der Verwaltungswissenschaft, S 64ff.; *Thieme*, Verwaltungslehre, S. 143f.; näher zur Systemvorstellung und m.w.Nachw. die Ausführungen im 7. Kap., C.I.2.

[182] Vgl. *K. König*, System und Umwelt, S. 16, 24ff.

[183] Die (modifizierende) Rezeption entsprechender sozialwissenschaftlicher Entscheidungs-

steht schon damit fest, daß konkrete Verwaltungsentscheidungen im materiellen Recht weder fertig ausgeprägt vorliegen noch vom jeweiligen Entscheidungsträger nur aufgedeckt zu werden brauchen. Neben die Momentaufnahme der verbindlichen Entscheidung tritt vielmehr die Beschäftigung mit dem Zustandekommen des „Verwaltungsprodukts" und mit den auf diesen Prozeß einwirkenden Kräften des Willensbildungs- und Informationsverarbeitungsprozesses.[184]

Mehr Wissen über die Rechtmäßigkeit des Verwaltungshandelns setzt damit eine immer bessere Erkenntnis über Strukturen und Ablauf dieses Entscheidungsprozesses voraus. Gleichwohl können Aussagen darüber, *wie* ein Verwaltungsverfahren *real* abläuft, nicht identisch mit Regeln darüber gesetzt werden, wie es ablaufen *soll.* Zumal das gegenwärtige rechtlich geordnete Verwaltungsverfahren erweist sich als ein künstliches Gebilde,[185] das in seinen normativen Bezugspunkten mit der Verwaltungsrealität oft wenig gemeinsam hat. Schon der Begriff des Verwaltungsverfahrens (§§ 9 VwVfG, 8 SGB X) weicht in häufig kritisierter Auffälligkeit von der Verwaltungswirklichkeit ab.[186]

Obschon diese Diskrepanz von „normativem Modell" und „realem Entscheidungsprozeß" nicht zu vorschnellen Schlüssen auf die rechtliche Beurteilung führen darf, bleibt sie doch bedeutsam für die Frage, ob das rechtlich geordnete Verfahren den rechts-, sozial- und demokratiestaatlichen Postulaten der Problembewältigung und individuellen Rechts- bzw. Interessenwahrung entspricht. Dies setzt Kenntnisse über reale Entscheidungsabläufe und deren Strukturen sowie Wirkungen voraus.

2. *Rechts- und Zweckkonkretisierung durch Verfahren*

Im Zentrum dieser Verfahrensperspektive steht die Rechts- und Zweckkonkretisierung als „Strukturgesetz" der Verwaltungsverantwortung.[187] Sie ist wesentlich *verfahrensmäßig* verfaßt, nämlich als ein spezifischer Konkretisierungs*prozeß* mit sowohl rechtlichem wie außerrechtlichem Zweckbezug. Das Verfahren der konkretisierenden *Rechtsanwendung* spiegelt dabei das *prozedurale Rechtsverständnis* einer verfassungsrechtlich und einfach-gesetzlich angeleiteten Verwaltungsverantwortung wider. Bei dem „Vollzug" des materiellen Rechts handelt es sich nicht um eine gleichsam automatisierbare Subsumtion des fraglichen Lebenssachverhalts unter die

---

theorien im Verwaltungsrecht hat eingeleitet *Brohm,* VVDStRL 30 (1972), S. 285ff., 289ff.; zum heutigen Stand siehe den Bericht bei *Scherer,* Telekommunikationsrecht und Telekommunikationspolitik, 1985, S. 129ff., 141ff.

[184] *Bachof,* VVDStRL 30 (1972), S. 230ff.; *Brohm,* ebd., S. 285ff.; w. Nachw. für den heutigen Stand bei *Hufen,* Verwaltungsverfahren, S. 57ff.

[185] *Hufen,* a.a.O. (Fn. 184), S. 59; *Pietzcker,* VVDStRL 41 (1983), S. 214; *Zacher,* ebd., S. 290 (Diskussionsbeitrag).

[186] Siehe statt aller *Pietzcker,* a.a.O. (Fn. 185), S. 215; *Stern,* Staatsrecht II, S. 801; vgl. aber auch *Hufen,* a.a.O. (Fn. 185), S. 59f.

[187] *R. Scholz,* VVDStRL 34 (1976), S. 170.

(Tatbestands-)Merkmale eines auf ihn bezogenen Rechtssatzes.[188] Es gibt keinen „bedenkenlosen" Vollzug.[189] Wer entscheidet, kann vielmehr zwischen Alternativen wählen – und welche von ihnen zum Zuge kommt, hängt von den zur Verfügung stehenden Informationen und den handelnden Personen ab.

a) Rechtskonkretisierung als Willensbildung und Informationsverarbeitung

Für den Entscheidungsträger sind der anzuwendende Rechtssatz, der Lebenssachverhalt und der situative Umweltbezug der Verwaltung[190] das Arbeitsmaterial, aus dem seine Entscheidung (oder Nicht-Entscheidung[191]) entsteht. Ihnen entstammen die für den Entscheidungsinhalt oder das Verhalten der Organwalter zunächst erforderlichen Informationen. *Verfahrensmäßig* erscheint deshalb die administrative Rechts- (und Zweck-)konkretisierung als ein Prozeß umfassender Problemsuche und -analyse, Informationsverarbeitung sowie Problemlösung.[192]

Die Entscheidung als zielbezogene Wahlhandlung zwischen Alternativen[193] ist allerdings ein komplexes soziales (und organisatorisches) Phänomen, das noch durch eine ganze Reihe weiterer Merkmale gekennzeichnet wird.[194] Zu ihnen gehört vor allem und neben dem Zukunfts- und Ausführungsbezug auch ein geistiger und psychischer Prozeß, der einen entsprechenden *Willensakt* einschließt. Das Verhalten der Informations- und Entscheidungspersonen wirkt auf die Effizienz und Rationalität von Entschlüssen ein.[195] Dies hat für die Frage nach der Rechts- und Zweckkonkretisierung gravierende Konsequenzen. Entscheidungsfindung beispielsweise muß daher genauer als ein Vorgang der „Willensbildung *und* Informationsverarbeitung" bezeichnet werden.[196]

---

[188] Dazu schon oben im Text um und zu Fn. 86 sowie die Nachweise dort; speziell für das Verwaltungsrecht vgl. ferner *J. Martens*, S. 26, 120, 132ff.; *W. Schmidt*, Probleme des Verwaltungsrechts, S. 38.

[189] Ausdruck bei *Luhmann*, Zweckbegriff und Systemrationalität, S. 317.

[190] Zur öffentlichen Verwaltung als ein System-Umwelt-Verhältnis vgl. *K. König*, System und Umwelt, S. 13ff.; *Luhmann*, Verwaltungswissenschaft, S. 73ff.; zur Rolle der „Situation" dabei siehe *Pitschas*, DVerw. 12 (1979), S. 423f., 425ff.

[191] Zur Übertragung der Theorie des „non-decision-making" auf das Verwaltungsrecht vgl. die interessanten Überlegungen bei *W. Schmidt*, Probleme des Verwaltungsrechts, S. 246.

[192] Vgl. *Brohm*, VVDStRL 30 (1972), S. 276f., 279ff., 285ff.; *R. Scholz*, VVDStRL 34 (1976), S. 149f.; *W. Schmidt*, AöR 96 (1971), 327; *R. Steinberg*, Verwaltungsorganisation, S. 191f.; *Thieme*, Entscheidungen, S. 11ff., 35ff., 132ff.

[193] *Luhmann*, Organisation und Entscheidung, S. 337f.; *Reichard*, Betriebswirtschaftslehre, S. 26.

[194] Vgl. *Reichard*, a.a.O. (Fn. 193), S. 26f. m.w.Nachw.

[195] *Crott*, Soziale Interaktion, S. 49ff., 57, 62, 91ff., 106ff.; *Witte*, Informationsverhalten, S. 4ff., 10f., 12f., 122ff.; nach den rechtlichen Auswirkungen fragt ansatzweise *Schnapp*, AöR 105 (1980), S. 252f.; im übrigen widmet er sich aber nur den Aufbauproblemen der Verwaltungsorganisation.

[196] Richtig daher *Brohm*, VVDStRL 30 (1972), S. 286 mit dem (zugleich unverzichtbaren) Hinweis auf das „Machtproblem" und auf die zu beantwortenden Fragen der Legitimation, Kontrolle und Verantwortlichkeit (S. 287 mit Anm. 128).

Bei nur oberflächlicher Betrachtung scheint dieser Vorgang *phasenhaft* gegliedert zu sein. Er ist – wie schon anklang[197] – von zahlreichen Fragen nach seiner Rationalität, Legitimation, Kontrolle und verantwortlichen Beherrschung begleitet. Keinesfalls reicht es im Hinblick hierauf aus, nur den Entscheidungsprozeß als solchen bzw. ihn nur „zweistufig" zu betrachten, ihn also in das Verfahren der Entscheidungsfindung und der Entscheidung als formalisierter Verfahrensabschluß zu unterteilen.[198] Denn zum einen führt die überkommene Entscheidungszentriertheit der Betrachtung in die Irre; große Teile der öffentlichen Verwaltung „entscheiden" jedenfalls nicht, sei es, daß sie privatrechtlich organisiert sind und in den (Vertrags-) Formen des Privatrechts verfahren,[199] sei es, daß sie nur „beraten" oder „helfen".[200] Damit aber ändern sich auch die Bedingungen des Verwaltungshandelns einschließlich der Verfahrensgestaltung und -methodik.

Zum anderen ist die handlungs- und entscheidungstheoretische Struktur der Verwaltungsverantwortung komplexer angelegt, als dies in der Beschränkung auf zwei Entscheidungsphasen oder auf „Phasen" überhaupt zum Ausdruck kommt. Denn Handlungs- und Entscheidungsalternativen können sich auf mehreren, auch zeitlich unterscheidbaren Stufen des Willensbildungs- und Informationsverarbeitungsprozesses ergeben sowie in unterschiedlichen Zusammenhängen darstellen.[201] Allerdings finden sich auch in der Entscheidungstheorie zur Strukturierung des Entscheidungsprozesses anspruchsvolle Modelle mit zahlreichen Phasen entwickelt. So gliedert man z.B. das Verfahren in die Phasen der Problemfeststellung, der Informationsgewinnung, der Entwicklung möglicher Lösungen, der Lösungsbewertung und der Auswahl der Durchführungsschritte.[202] Größere Planungsverfahren zeigen noch weitere Zerlegung.[203]

Weitaus wichtiger freilich wäre es, wenn derartige *Strukturmodelle* nicht in erster Linie eine zeitliche Reihung, sondern vielmehr die *sachlich-genetische Struktur* der Entstehung von Entscheidungen skizzieren würden. Zudem müssen sie regelmäßig davon ausgehen, daß Entscheidungen als auf ihren künftigen Vollzug ausgerichtete Aussagen der Verwaltung stets durch einen unvollkommenen Informationsstand

---

[197] Vgl. oben zu A.

[198] So aber z.B. *R. Scholz*, VVDStRL 34 (1976), S. 149f.; ebenso jüngst *Scherer*, Telekommunikationsrecht, S. 144, der diese Zweiteilung sogar für „verfassungsrechtlich geboten" hält.

[199] Hierzu bes. *Ehlers*, Verwaltung in Privatrechtsform, S. 27ff., 172ff., 194ff.; siehe näher zur Problematik auch die hiesigen Ausführungen im 13. Kapitel der Untersuchung.

[200] *Lenk*, Funktionsverlust des Rechts, S. 89; *Pitschas*, VerwArch. 72 (1981), S. 4.

[201] Vgl. *O. Grün/W. Hamel/E. Witte*, in: E. Witte (Hrsg.), Informationsverhalten, S. 111ff., 122ff.; *Gzuk*, Messung der Effizienz von Entscheidungen, 1975, S. 105f.

[202] Vgl. *Kirsch*, Einführung in die Theorie der Entscheidungsprozesse, Bd. I, 1970, S. 72ff.

[203] Aus der ökonomischen Entscheidungstheorie siehe z.B. *G. Gäfgen*, Entscheidung, S. 100f.; *Pfohl/Braun*, Entscheidungstheorie, S. 105; aus der Politikökonomie siehe *Thöni*, Politökonomische Theorie des Föderalismus, 1986, S. 67ff.; für die Verwaltungswissenschaft vgl. *Thieme*, Entscheidungen, S. 12f., 35ff.; aus der Rechtswissenschaft siehe etwa *F. Wagener*, AfK 1970, 47ff., 51; *Ossenbühl*, Gutachten B zum 50. DJT (1974), S. B 36.

gekennzeichnet sind.[204] In entscheidungstheoretischer Sicht bedeutet dies, daß die Zahl der Entscheidungs- bzw. Handlungsalternativen in einem gewissen Ausmaß immer unvollständig, unbestimmt und/oder unsicher bleibt.

b) Spielräume der Rechtskonkretisierung

In diesem Sinne „defizitäre" Handlungs- bzw. Entscheidungsalternativen können bereits bei der Ermittlung und Einschätzung entscheidungs- oder handlungserheblicher Bestandteile auftreten; schon im Bereich der Sachverhaltsermittlung werden deshalb Weichen für die Rechtsanwendung gestellt.[205] Gleiches gilt für die Auslegung von Merkmalen des zur Rede stehenden Rechtssatzes, bei der in unterschiedlichen Zusammenhängen und in bezug auf verschiedene Rechtsformen (Rechtsetzung, Verwaltungsakt) Entscheidungsspielräume der Verwaltung auftreten. Prototyp eines solchen Spielraums ist für den Einzelfall das „Ermessen", das auf die Entscheidung eines Konfliktes zwischen konkurrierenden Interessen bezogen ist.

Spielräume entstehen aber auch dort, wo im Zusammenhang *unbestimmter Rechtsbegriffe* gesetzliche Tatbestandsmerkmale in der Rechtsanwendung allmählich Konturen erhalten, die sie als konkreter und deshalb handhabbarer erscheinen lassen. Freilich wird der Verwaltung insofern nur dann ein „Beurteilungsspielraum" konzediert, wenn es um personalbezogene Eignungsentscheidungen geht.[206] Außerhalb der dazu entstandenen Fallgruppen ergibt sich jedoch für die Anerkennung eines „Beurteilungsspielraums" noch immer ein uneinheitliches Bild:[207] In einer Zusammenfassung der Voraussetzungen, die von der Rechtsprechung „an eine solche Einschätzungsprärogative der Verwaltung" geknüpft werden, hat zwar das BVerwG unlängst jede „... wertende und vorausschauende Beurteilung von Entwicklungen, die keine eindeutige Lösung zulassen, Übertragung der Beurteilung an sachverständig zusammengesetzte Ausschüsse mit der Folge, daß deren Entscheidung insoweit als ‚letztverbindich' und nur in Grenzen gerichtlich kontrollierbar anzusehen ist" als Bedingung für die Bejahung eines administrativen Beurteilungs-

---

[204] Vgl. zu diesen Aspekten m. w. Nachw. *Reichard,* Betriebswirtschaftslehre, S. 26f., 28f., 33; *Witte,* ZfbF 1968, S. 625ff.

[205] Vgl. *J. Martens,* Praxis, S. 81ff., 101ff.; *F. Müller,* Strukturierende Rechtslehre, S. 254ff.; *W. Schmidt,* Probleme des Verwaltungsrechts, S. 38.

[206] Die Rechtsprechung erkennt bisher *drei Fallgruppen* personenbezogener Eignungsentscheidungen an, nämlich Prüfungsentscheidungen, prüfungsähnliche Entscheidungen besonders im Schulbereich, Beurteilungen von Beamten durch ihre Dienstvorgesetzten; daneben sind der Sonderfall der Entscheidungen wertender Art durch weisungsfreie Ausschüsse und wirtschaftsverwaltungsrechtliche Entscheidungen „planungspolitisch-prognostischer" Art zu erwähnen; vgl. hierzu die Aufzählung in BVerwGE 59, 213 (217) und ferner z. B. BVerwGE 68, 109 (115); siehe zu alledem auch *Maurer,* Verwaltungsrecht, S. 110ff., und *v. Mutius,* Jura 1987, 96, je m. w. Nachw.

[207] *Erichsen,* DVBl. 1985, 24 m. Anm. 36ff.; *Paefgen,* BayVBl. 1986, 513ff., 516ff.; *W. Schmidt,* NVwZ 1984, 547f.

spielraums bezeichnet.[208] Gleichwohl besteht Uneinigkeit darüber, welches die Voraussetzungen für das Vorliegen einer Einschätzungsprärogative sind, und wie zu *begründen* ist, daß die Verwaltung über die Anwendung einiger Rechtsbegriffe letztverbindlich entscheiden darf.[209]

In allen anderen Fällen einer Einschätzung mit Prognosecharakter wird darüberhinaus der Verwaltung von der überwiegenden Meinung jeder eigenverantwortliche Entscheidungsspielraum bestritten; es handele sich vielmehr, so wird betont, um die Auslegung bzw. Anwendung von „Rechtsbegriffen" mit der Konsequenz, daß die Letztentscheidungskompetenz der Verwaltung abzulehnen sei.[210]

Ob die Diskussion um die sog. unbestimmten Rechtsbegriffe bzw. – und weiter gefaßt – um autonome Gestaltungs- bzw. Entscheidungsspielräume der öffentlichen Verwaltung im Verhältnis zu Gesetzgebung und Verwaltung[211] bislang den Kern der Problematik getroffen hat, erscheint eher zweifelhaft. Die Erfindung und Anerkennung des „Beurteilungsspielraums"[212] enthält nämlich einerseits das Eingeständnis, daß die Idee von der nur einen „richtigen" Entscheidung seit jeher eine Wunschvorstellung war; freilich schärfte erst die Auseinandersetzung hierum das Bewußtsein für die bestehende (mehr oder weniger große) Bandbreite an Auslegungsmöglichkeiten.[213] Andererseits zeigt sich im Umgang mit den „unbestimmten" Rechtsbegriffen, daß die Grenze zwischen uneingeschränkter und eingeschränkter verwaltungsgerichtlicher Kontrolle eben nicht entlang einer Linie zwischen „Tatbestand" und „Rechtsfolge" der Ermächtigungsnorm unter Aussonderung gerichtlich nur eingeschränkt nachprüfbarer Verwaltungsentscheidungen aus dem Normtatbestand verläuft. Der „Beurteilungsspielraum" erscheint vielmehr als Behelfskonstruktion, um weiterhin die verwaltungsgerichtliche Kontrollkompetenz in bezug auf die administrative Rechtskonkretisierung prinzipiell allumfassend aufrechterhalten zu können. Strukturelle Kontrollrestriktionen, wie sie vom dezisionären Bereich der Konkretisierung ausgehen, werden dadurch zu Unrecht mißachtet.[214] Dies gilt insbesondere

---

[208] BVerwGE 65, 19 (22f.); vgl. ferner BVerwGE 62, 330 (339ff.); letztlich auch BVerwGE 39, 197 (203f.).

[209] Zusammenfassend zu den einzelnen Gesichtspunkten *Bullinger,* Verwaltungsermessen, S. 144ff.; *Erichsen,* a.a.O. (Fn. 207), 25; *Papier,* DÖV 1986, 621ff.; *Schuppert,* DVBl. 1988, 1198ff.; *Sendler,* FS C. H. Ule, S. 337ff., 339ff.; früher schon *R. Scholz,* VVDStRL 34 (1976), S. 164ff., 167ff.

[210] Vgl. *Papier,* a.a.O. (Fn. 209), 623f.; *Erichsen,* DVBl. 1985, 23ff., 26; w.Nachw. bei *Maurer,* Verwaltungsrecht, S. 108, 116ff.; *W. Schmidt,* Probleme des Verwaltungsrechts, S. 43.

[211] Dazu bes. *Ossenbühl,* DÖV 72, 401ff., 404; *ders.,* DVBl. 1974, 309ff.; siehe ferner *W. Schmidt,* Probleme des Verwaltungsrechts, S. 37ff.; *Sendler,* FS C. H. Ule, S. 347ff.

[212] Den Begriff erfunden hat *Bachof,* JZ 1955, 97ff.; die gedankliche Konstruktion wurde zeitlich parallel, nur unter einem anderen Namen („Vertretbarkeitslehre"), auch von *Ule* entwickelt, vgl. Gedächtnisschrift für W. Jellinek, 1955, S. 309ff.; dazu der Rückblick beider Autoren in VVDStRL 34 (1976), S. 278 und 310.

[213] Vgl. dazu *Erichsen,* Verwaltungshandeln, S. 202f.; ferner *J. Martens,* Grenzen der Rechtsfortbildung, S. 171; *H. Meyer,* NVwZ 1986, 513ff., 521; *Rhinow,* Rechtsetzung und Methodik, S. 20ff.; *H. H. Rupp,* FS O. Bachof, S. 163ff.

[214] So schon *R. Scholz,* VVDStRL 34 (1976), S. 100f., 163 m.w.Nachw.; vgl. ebenso aus

bei jenen Verwaltungsverfahren, denen – wie in den Fällen des Bundesimmissionsschutzgesetzes und des Atomgesetzes – keine *finalen Planungsentscheidungen* mit dem ihnen eigenen „Planungsermessen" aufgegeben sind.[215]

c) Rechtskonkretisierung als dezisionärer Prozeß

Gegenüber dem Votum für die prinzipiell uneingeschränkte Kontrollkompetenz der Verwaltungsgerichtsbarkeit[216] ist freilich zu betonen, daß die Anwendung von Rechtsbegriffen nahezu aller Art[217] sowohl *normtheoretisch* als auch *verfassungskonzeptionell* keinem völligen normativen Determinismus unterliegt. Aus *normtheoretischer* Perspektive gilt, daß – wie die Bedingtheiten der Rechtskonkretisierung gezeigt haben[218] – Rechtssätze ihre Konkretisierung kaum jemals zweifelsfrei selbst steuern können – gleichwie, ob es sich dabei um „unbestimmte" oder „bestimmte" Rechts- bzw. Gesetzesbegriffe handelt. Hierauf machen bereits die herkömmlich unternommenen heuristischen Anstrengungen zur Festlegung der Reichweite juristischer Interpretation und Abgrenzung gegenüber der Analogie und anderen Möglichkeiten der Rechtsgewinnung aufmerksam.[219] Ihnen zufolge weist fast jeder Rechtsbegriff einen festen (keiner weiteren Auslegung zugänglichen) Begriffskern, aber auch einen mehr oder weniger großen diffusen Begriffshof auf, so daß es zu Interpretationskonkurrenzen kommen muß.[220]

Schon die Unschärfe der natürlichen Sprache, der sich alle Rechtsbegriffe bedienen müssen, um Sinngehalte verständlich zu transportieren, bewirkt also, daß sie nicht rein kognitiv und weder intersubjektiv bis zum letzten vermittelbar noch durch jedermann vollständig nachvollziehbar anzuwenden wären. Zudem gibt es von der Steuerungsintention des Gesetzgebers her unterschiedlich eng verdichtete Rechtsbegriffe.[221] Administrative Rechtsanwendung verläuft deshalb in einem Informations- und Willensbildungsprozeß, der von objektiven Unsicherheiten und individuellem Entscheidungsverhalten in Gewißheit darüber geprägt ist, daß er von dem ihm zugrundeliegenden Entscheidungsprogramm (Rechtssatz) nur teilweise determiniert wird. Dies hat normstrukturell zur Folge, daß staatliche Entscheidun-

---

neuerer Zeit *Bullinger,* Verwaltungsermessen, S. 144ff.; *Erichsen,* DVBl. 1985, 26; *Sendler,* FS C. H. Ule, S. 350ff.

[215] Vgl. zu diesem Formentyp *Badura,* Verwaltungsverfahren, S. 443ff.; im Verhältnis zum Immissionsschutz- und Atomrecht speziell *Wahl,* DVBl. 1982, S. 57ff., 60f., 61f.

[216] Zur Auseinandersetzung hiermit siehe jüngst vor allem *Bullinger,* Verwaltungsermessen, S. 138ff.; *Sendler,* FS C. H. Ule, S. 339ff.; vgl. aber auch *Papier,* ebd. S. 235ff., 240ff.; *Maurer,* Verwaltungsrecht, S. 109ff.

[217] Zu den insoweit zu treffenden Ausnahmen zählen vor allem die *empirischen Begriffe,* vgl. dazu *Erichsen,* Verwaltungshandeln, S. 203.

[218] Vgl. oben A.I.2.

[219] *Larenz,* Methodenlehre, S. 298ff., 305ff., 351, 365ff.

[220] *Larenz,* a.a.O. (Fn. 219), S. 331; vgl. bes. zum Verwaltungsrecht *H.J. Koch,* Unbestimmte Rechtsbegriffe, S. 75ff.

[221] Hierzu näher *W. Schmidt,* Probleme des Verwaltungsrechts, S. 61ff.; siehe auch *Erichsen,* DVBl. 1985, 25f.

gen, die in Form der Rechtsetzung beginnen und in der Einzelfallanwendung enden, Kognition *und* Dezision erfordern: In subsumtionsmäßiger *Erkenntnis* wird abstrakt-generelles Recht vollzogen und in sachverhaltsbezogener *Dezision* konkret-individuelles Recht geschöpft.[222]

Jede Verwaltungsentscheidung aktualisiert auf diese Weise den abstrakten Gesetzesentscheid durch individualisierte und konkret-tatbestandliche „Rechtsbildung".[223] Diese ist ihrerseits ein *Verfahrensprodukt.* In und mit Hilfe von Verfahren (und Entscheidungzuständigkeiten) werden über mehrere Stufen hinweg Ergebnisse gefunden, die häufig auf der Ebene der legislativen Rechtsetzung nicht viel mehr als einen bloßen Orientierungspunkt haben, niemals aber auf ihr abschließend determiniert werden. Dieser ablaufende Prozeß ständig konkretisierender Entscheidungen wird deshalb vor allem durch *Verfahrensregeln* gesteuert. Sie strukturieren die informationellen Beziehungen zwischen Verwaltung und Publikum, eröffnen den Zugang für bestimmte Informanten bzw. Interessenten, bestimmen den Ablauf des Informations- und Willensbildungsprozesses nach Inhalten, Zeitstruktur und zu beteiligenden Behördenstellen, damit möglichst viele Informationen erfaßt, Alternativen abgewogen und doch die fälligen Entscheidungen möglichst rasch getroffen werden.[224]

Die in der Verwaltungsorganisation notwendige Arbeitsteilung[225] läßt es darüber hinaus erforderlich werden, die Fülle der Informationsprozesse durch *Kommunikationsbeziehungen* miteinander zu verknüpfen. Im Zuge der Konkretisierung werden Meinungen ausgetauscht, Probleme erkannt und erörtert, Sachkenner hinzugezogen, Aufträge erteilt und Absprachen getroffen. Die entscheidungsbefugte Behörde tritt zugleich mit den entscheidungsbetroffenen Bürgern in Kontakt, regt die Stellung von Anträgen an, räumt Anhörungs- oder auch Mitwirkungsmöglichkeiten ein und dergleichen mehr. Der Konkretisierungsprozeß *sollte* dadurch den Charakter eines Dialogs entfalten. Das ist auch für die Entscheidungsbetroffenen bedeutsam. Sie erhalten die Möglichkeit, in Auseinandersetzung mit der Verwaltung ihre Interessen zu formulieren, zu deren Durchsetzung auf die Verwaltung einzuwirken und Felder gegenseitiger Übereinstimmung oder des Konflikts zu umgrenzen. Der Prozeß der administrativen Rechtskonkretisierung bildet somit einen *sozialen Handlungs- und Interaktionszusammenhang,* der freilich überaus bürokratisiert und durch „verzerrte" Kommunikation gekennzeichnet ist.[226] Rechtsanwendung durch die Verwaltung ist also keineswegs ein einbahnig ablaufender Informations- und Willensbildungsprozeß, wie dies noch vielfach angenommen wird.[227]

---

[222] So die treffende Formel von *R. Scholz,* VVDStRL 34 (1976), S. 161.

[223] Vgl. *Häberle,* BayVBl. 1977, 745ff., 748ff.

[224] *Luhmann,* Verfahren, S. 205f.

[225] *Reichard,* Betriebswirtschaftslehre, S. 144, 162ff.; *Steinberg,* Verwaltungsorganisation, S. 190, 274ff., 279.

[226] *H. Jacoby,* Bürokratisierung, S. 279ff., 347ff.; *Kißler,* Rechtssoziologie, S. 113ff.

[227] Siehe demgegenüber aber auch *Schmidt-Aßmann,* Verfahrensgedanke, S. 9; *Hill,* Das fehlerhafte Verfahren, S. 211f., 297f.

In dieser Ausformung verwirklicht sich das materielle Recht in einem Verfahren konkret-exekutivischer Rechtsetzung. Es beruht in wesentlichen Teilen auf regelgesteuerter Interaktion und Kommunikation. Erst im Verwaltungsverfahren ergibt sich, was rechtens sein soll. Daher kann sein Ziel nicht die allein „richtige" Entscheidung sein. Es gibt nur mehrere brauchbare oder „vertretbare" Lösungen auf einer Bandbreite von Konkretisierungsmöglichkeiten.[228]

Zu fragen steht, ob dies auch für die Anwendung von *Verfahrensrecht* selbst gilt. Verfahrensvorschriften wird attestiert, sie seien „volldeterminiert" und ließen keinen Raum für eine „Sachprägung", d.h. für den Einfluß sozialer, politischer, kultureller oder anderer Elemente in die Normkonkretisierung.[229] Ich zweifle daran. Denn wenn das, was nicht durch Rechtssatz determiniert ist, u.a. Sache des *Konkretisierungsverfahrens* bleibt, dann gilt dies auch für eben jene Regeln, die das Verfahren steuern sollen. Auch sie unterliegen den Grenzen des normativen Determinismus im Verwaltungsrecht. Die Frage nach der Verbindlichkeit von Verfahrensbestimmungen ist deshalb nicht von der Hand zu weisen; die Antwort hierauf entscheidet mit über den Stellenwert des Verwaltungsverfahrens im sozialen Rechtsstaat.[230]

3. *Rechtliche Ordnung des Verwaltungsverfahrens*

Mit diesen Hinweisen ist es freilich nicht getan. Die *prozedurale Eigenart* des administrativen Konkretisierungsverfahrens bedarf generalisierender Verdeutlichung. Auf dem Weg zu ihr mag es im Sinne einer Annäherung an die hiesige Position des differenzierenden Rückbezuges auf eine „rationalisty – by process not by outcome"[231] aufzufassen sein, wenn neuerdings von der Verwaltungsrechtslehre in der (gesetzgeberischen) Festlegung eines *besonderen Verwaltungsverfahrens* die Zuweisung und Legitimation einer administrativen Letztentscheidungskompetenz erblickt wird.[232] Auch aus dieser Sicht gewinnt also das administrative Verfahren der Rechts- und Zweckkonkretisierung eine gesteigerte Bedeutung.

---

[228] Die „richtige" Entscheidung als Ziel des Verwaltungsverfahrens wird allerdings durchweg angestrebt, vgl. nur BVerfGE 42, 64 (73); 46, 325 (333); 53, 30 (76); *Steinberg*, DÖV 1982, 619ff., 620; *Pietzcker*, VVDStRL 41 (1983), S. 222; siehe demgegenüber aber die Nachw. in Fn. 213; *R. Scholz*, VVDStRL 34 (1976), spricht insoweit zu recht von „Richtigkeitskonkurrenzen" (S. 155 m. Anm. 37); w. Nachw. im übrigen bei *Held*, Grundrechtsbezug, S. 34ff.

[229] *Meyer-Hesemann*, Methodenwandel, S. 169 m. w. Nachw.

[230] Die Frage nach der Verbindlichkeit von Verfahrensregeln wird freilich im Verwaltungsrecht kaum je aufgegriffen; anders liegen dagegen die Dinge in der Rechtstheorie: Sieht man Verfahrensnormen als *Entscheidungsregeln* an, so offenbart sich nicht nur ihre besondere Funktion für die Begründung (= Rationalität) von Entscheidungen – dazu vgl. näher das *4. Kapitel* der Untersuchung –, sondern auch ein gewisses Grundmaß an „Offenheit", vgl. *Garrn*, Rationalität, S. 97ff. Zur daraus resultierenden „fallgeprägten" Steuerung des Verwaltungsverfahrens siehe *Hufen*, Verwaltungsverfahren, S. 35f.

[231] Vgl. hierzu *Malone*, ZfU 1982, 305ff.

[232] Vgl. etwa *Badura*, FS O. Bachof, S. 177; *Bullinger*, Verwaltungsermessen, S. 147; *Fröh-*

Der entscheidende Gesichtspunkt liegt freilich nicht in der *gesetzgeberischen* Verfahrensfestlegung. Die rechtliche Fixierung prozeduraler Anforderungen ist nur der äußerliche Ausdruck der an sich bereits maßstabsetzenden Kraft des Verfahrens als solchem. Auch wenn der Gesetzgeber schweigt, bleibt der Verfahrensgedanke für die Funktionsabgrenzung zwischen Verwaltung und Verwaltungsgerichtsbarkeit im Sinne eines je genuin geformten „structural due process" wegweisend.[233] Denn in Abgrenzung zu den anderen Staatsfunktionen und namentlich gegenüber der Verwaltungsgerichtsbarkeit wird die *materielle Verwaltungsfunktion* durch die empirisch wie normativ begründete Vorstellung eines *spezifischen Verfahrens* der Rechts- und Zweckkonkretisierung charakterisiert. Der Grundsatz des genuin konkretisierenden Verfahrens formuliert das Realisierungsprinzip jeglicher Verwaltungsverantwortung.[234]

a) Verfahrensrationalität als Bezugsproblem der Differenzierung

Mit dieser Maßgabe schließt der prozeßhafte Charakter des Verwaltungshandelns nicht nur und notwendig die gesetzgeberische Vorausbestimmung administrativer Zweckinhalte und Handlungsfolgen vielfach aus.[235] Die strukturelle Bedeutung des konkretisierenden Verfahrens zwingt auch und vor allem zur Beschäftigung mit dem *Weg*, auf dem eine Verwaltungsentscheidung zustande kommt, und mit den ihn bestimmenden *Kräften*. Der Einfluß, den Ausgestaltung und Ablauf des Konkretisierungsverfahrens auf den Inhalt des in ihm entstehenden Verwaltungsproduktes nehmen, wird deshalb zum Gegenstand des verwaltungsrechtsdogmatischen Interesses.

Bezugspunkt dieses Interesses, das die Vergewisserung über Begriff und Funktionen des Verwaltungsverfahrens einschließt, ist zum einen die *formelle Ordnung* des Verfahrens der Rechts- und Zweckkonkretisierung. Denn sie determiniert mit der Verteilung der jeweiligen Kompetenzen, der Gestaltung des Zusammenwirkens der einzelnen Verwaltungsorgane und Organteile untereinander sowie im Verhältnis zum Bürger und ferner im Zusammenhang mit den Organisationsformen der Verwaltung sowohl den einzelfallbezogenen Verwaltungsakt als auch andere Verwaltungshandlungen bzw. -entscheidungen. Unsere Kenntnisse darüber, *wie* solche Entscheidungsprämissen *rechtlicher Art* in der konkreten Entscheidungssituation wirken, sind freilich noch überaus gering. Entscheidungspsychologische Probleme vermengen sich hierbei mit erheblichen organisatorischen und kulturellen Voraussetzungen. Das Entscheidungsverhalten der öffentlichen Verwaltung wird deshalb, wie zu vermuten steht, nur in sehr geringem Maße durch rechtliche Prämissen

---

ler, FS C. H. Ule, S. 64; *Erichsen*, DVBl. 1985, 26; *Papier*, FS C. H. Ule, S. 248; *Schuppert*, DVBl. 1989, 1200.

[233] Siehe auch *v. Mutius*, FS C.-F. Menger, S. 575ff., 579ff.; zum Gedanken des „structural due process" vgl. *J. P. Müller*, FS K. Eichenberger, S. 169ff., 173ff.

[234] Anders noch *R. Scholz*, VVDStRL 34 (1976), S. 164, 170.

[235] *R. Scholz*, a. a. O. (Fn. 234), S. 173.

unmittelbar determiniert; jedenfalls dürfte die Steuerung des Verfahrens durch formalisierte Regeln (Recht) wohl erst auf sehr verschlungenen Umwegen wirken.[236]

Das Bild des konkretisierenden Verfahrens verweist zum anderen auf die von der Sollstruktur des Verfahrens der Rechts- und Zweckkonkretisierung abweichenden *tatsächlichen sozialen Vorgänge.* Die formelle, d.h. regelgebundene Verfahrens- und Verhaltensstruktur ist nur einer unter verschiedenen Faktoren, die auf den realen Verfahrensablauf einwirken.[237] Erst der Blick auf das, „was" im Konkretisierungsprozeß tatsächlich geschieht oder unterbleibt, zwischen „wem" dies der Fall ist und „wie" es sich ereignet bzw. gerade nicht ereignet,[238] vermittelt die für die Verwaltungsverantwortung und den Verwaltungsrechtsschutz gleichermaßen notwendigen Erkenntnisse über spezifische verfahrenseigene Handlungsmuster, Gesetzmäßigkeiten und (autonome) Gestaltungsräume bei der Ergebnisfindung.[239]

Funktionale Fragestellungen wie diese machen auf das eigentliche *Bezugsproblem* aufmerksam, zu dessen Lösung sie beitragen sollen.[240] Es liegt in der spezifischen *Rationalität* der Konkretisierung vor dem Hintergrund der Existenz und Konkurrenz unterschiedlicher Rationalitätskriterien. Auf sie bezogen, ist insbesondere die formelle Ordnung des Verfahrens der Rechts- und Zweckkonkretisierung in ihren Grundlagen zu überdenken. Der Überprüfung bedarf die *Verfahrensrationalität* des administrativen Handelns und Entscheidens vor allem deshalb, weil sie gemeinhin als eine solche bloß formaler Natur begriffen und vermeintlich durch die gesetzlich normierten Regeln der administrativen Entscheidungsfindung vollständig vorgeformt und rechtlich erzwungen wird.[241]

In der Tat ist der verwaltungsspezifische Konkretisierungsprozeß in hohem Maße der rechtlich formalisierten Erfüllung einer in die Rechtsordnung eingebetteten Verwaltungsaufgabe verpflichtet. Insofern ist auch die Verfahrensrationalität administrativen Handelns und Entscheidens ein Bestandteil der allgemeinen normativen Rationalitätsbindung aller Verwaltungsaktivitäten, die überdies die strenge und verpflichtende Grundentscheidung zur „Systemrationalität" umfaßt.[242]

Die Verfahrens- und Handlungsrationalität der öffentlichen Verwaltung wird allerdings, wie die Betrachtung der dezisionären Elemente des Verfahrens der Rechts- und Zweckkonkretisierung gezeigt hat,[243] in durchaus unterschiedlichem Maße von rechtlich-normativen Kriterien vorgeformt oder gar erzwungen. Im konkreten

---

[236] *Koch/Rüßmann,* Begründungslehre, S. 6ff., 112ff.; *R. Mayntz,* Durchsetzung und Wirksamkeit des Rechts, S. 13ff.

[237] *Hoffmann-Riem,* VVDStRL 40 (1982), S. 191ff.; *H. Bauer,* VerwArch. 78 (1987), S. 241ff., 246ff.; *Bohne,* VerwArch. 75 (1984), S. 343ff., 347ff.; *Eberle,* DVerw. 17 (1984), S. 439ff.

[238] Vgl. *W. Schmidt,* Probleme des Verwaltungsrechts, S. 245f.

[239] *Hoffmann-Riem,* VVDStRL 40 (1982), S. 198ff., 216ff.; *Eberle,* DVerw. 17 (1984), S. 443ff., 450ff., 456ff.; *Treiber,* JbRSoz, Bd. 11, 1987, S. 322ff.

[240] *Meyer-Hesemann,* Methodenwandel, S. 167.

[241] *B. Becker,* Entscheidungen, S. 281f., 283.

[242] Hierzu siehe näher *B. Becker,* a.a.O. (Fn. 241), S. 280f.

[243] Vgl. oben zu B.II.2.

Handeln und Entscheiden bleibt der verwaltungsspezifische Konkretisierungsprozeß immer auch der *zweckrationalen* Erfüllung einer Verwaltungsaufgabe verpflichtet. Er wird damit zugleich jenen sozialen Gesetzmäßigkeiten bzw. sachimmanenten und fachbezogenen Anforderungen unterworfen, die sich erst auf Zeit und innerhalb konkretisierender bzw. wechselnder Zweck-Mittel- und Folgenrelationen nach Maßgabe der Eigenart des jeweils zu ordnenden Sozialbereichs wie etwa im Feld der Technik, des wissenschaftlichen Forschens, des sozialen Helfens usw. ergeben.[244] Eine nur „formale Verfahrensrationalität" existiert deshalb nicht.[245]

Rechtsvorschriften, die sich als „Handlungsnormen" an die Verwaltung wenden,[246] bestehen auch deshalb nicht aus „zwei Teilen", wie behauptet wurde, nämlich aus einem „rechtlichen Bereich" und einem anderen Teil, der „einer rechtlichen Fixierung entzogen ist".[247] Es handelt sich keineswegs, wie z.B. *R. Scholz* meint, um „zwei miteinander verbundene, logisch aber zu trennende Vorgänge: einmal den Vorgang der realen, d.h. auch außerrechtlichen wirksamen, Erfüllung von Verwaltungszwecken und zum anderen den Vorgang der Setzung konkreten Rechts durch die rechtsanwendende Verwaltung".[248] Ganz im Gegenteil gibt es zwischen dem Verfahren der (formal rationalen) Rechtskonkretisierung und dem der konkreten Zweckverwirklichung weder eine gedankliche noch eine faktische Scheidung. Selbst dort, wo der Verwaltung technische Vorhaben, wirtschaftliche Ziele oder fürsorgerische Interventionen aufgegeben sind, verwirklicht sie diese stets mit den Gestaltungsmitteln und in den Grenzen des rationalitätssichernden Rechts.[249] Die administrative Zweckkonkretisierung vollzieht sich also nicht in einem rechtsfreien Raum; sie wird vielmehr von Verfassungs und Gesetzes wegen in den schon oben bezeichneten „Spielräumen" rechtlich determiniert.[250]

b) Öffentliches Verwalten als eigenständiger Verfahrenstypus

Die Analyse der administrativen Rechts- und Zweckkonkretisierung als „Verfahren" lenkt den Blick auf das, was die öffentliche Verwaltung im *Prozeß*, d.h. in ihrem Tätigwerden ausmacht. Sie wird insoweit nicht von ihrem Produkt her aufgeschlossen, sondern in ihrem prozessualen Ablauf betrachtet. Das Ergebnis dieser Sichtweise zeigt zunächst den Normvollzug in seinem Aufbau als einen interak-

---

[244] Vgl. *Meyer-Hesemann*, Methodenwandel, S. 165ff., 169ff.; *Pankoke*, DVerw. 21 (1988), S. 429ff., 430.

[245] A.A. *B. Becker*, Entscheidungen, S. 283.

[246] Vgl. *Bettermann*, VVDStRL 17 (1959), S. 120f.; *Stüer*, DVBl. 1974, 314ff., 317.

[247] So aber *Stüer*, a.a.O. (Fn. 246), 317.

[248] VVDStRL 34 (1976), S. 164.

[249] Vgl. auch die Diskussionsbeiträge von *Thieme* und *Götz*, VVDStRL 34 (1976), S. 295f., 298; siehe ferner gegen den Dualismus von Verwaltungszweck und Rechtszweck *Pietzcker*, VVDStRL 41 (1983), S. 208; *Stettner*, Kompetenzlehre, S. 220; *Zimmer*, Funktion – Kompetenz – Legitimation, S. 168ff.

[250] Vgl. A.I.2.6.

tionsgetragenen und rollendirigierten Kommunikationsprozeß, der zu einem eigenständigen Steuerungsfaktor der Rechts- und Zweckkonkretisierung wird.

Für den materiellen Verwaltungsbegriff ist deshalb der Einbezug von Verfahren und Methodik der Aufgabenerfüllung unverzichtbar.[251] Im Rückbezug auf die Prozeßform offenbart sich Verwaltung als ein komplexer Verbund struktureller Dimensionen mit eigenständigen Verfahrens- und personalen Verhaltensweisen, der in seiner aufgabenorientierten Ausgestaltung, der Art und Weise seiner Handhabung, seiner Zeitstruktur und seiner personellen Ausstattung den Verlauf und das Ergebnis des Verwaltungshandelns ganz wesentlich mitbestimmt.[252] Auf der Grundlage seiner Bindung an die verfassungsunmittelbare Stellung der Exekutive prägt dieser Verbund einen *genuinen Verfahrenstypus,* der über funktionsspezifische Merkmale verfügt und deshalb von anderen staatlichen Verfahren zu sondern ist.[253]

Mit dieser Maßgabe sieht sich die in jüngerer Zeit aus der angeblich übermäßigen Funktionslast des administrativen Konkretisierungsverfahren abgeleitete „Kompensationsthese“[254] in Frage gestellt. Im Widerspruch zu ihr erscheint nicht so sehr die schwache gesetzliche Programmierung als Ursache und Maß für die beklagten zusätzlichen Anforderungen an die Verfahren der Verwaltung,[255] sondern eher deren voraufgehend herausgearbeitete und zunehmend in das Bewußtsein tretende Bedeutung als der verfassungslegitimierte eigentliche Ort, an dem sich die Verwaltungszwecke rechtsgeleitet Schritt um Schritt konkretisieren. Dies aber hat zur Folge, daß der Gesetzgeber seinerseits zum Verzicht auf materielle Vorgaben mehr oder weniger „genötigt“ wird. Eine Entlastung des administrativen Konkretisierungsprozesses würde von daher die Einrichtung funktional äquivalenter Mechanismen erfordern, dürfte also nicht am materiellen Recht ansetzen, sondern müßte in prozedurale Lösungen einmünden. Dieser Ansatzpunkt stützt den zuletzt von *P. Lerche* vorgetragenen Gedanken, ausgleichsvorbereitende „Vorschaltverfahren“ des Gesetzgebers zur grundrechtsrelevanten Sachverhaltserschließung und Interesseneinbeziehung zu entwickeln, um auf diese Weise namentlich administrative Planungsverfahren entlasten zu können.[256]

Diese und andere strukturbedeutsame Aspekte des Konkretisierungsverfahrens[257] führen tiefer in die *prozedurale Konstellation* allen Verwaltens hinein. Ihr zufolge

---

[251] *Schmidt-Aßmann,* Verfahrensgedanke, S. 1ff.

[252] Zusammenfassend *Hufen,* Verwaltungsverfahren, S. 29ff.

[253] Dazu näher *Hill,* Das fehlerhafte Verfahren, S. 215ff.; *v. Mutius,* FS C.-F. Menger, S. 579ff. m. zahlr. w. Nachw.

[254] Zu den ihr zugrundeliegenden Einzelaspekten siehe etwa *W. Berg,* Sicherung der Selbstverwaltung, S. 1017ff.; *Pietzcker,* VVDStRL 41 (1983), S. 201ff.; *Schenke,* VBlBW 1982, 313ff.

[255] So aber z.B. *Wahl,* VVDStRL 41 (1983), S. 158 m. Anm. 14; *Pietzcker,* ebd., S. 202; diesen Gedanken aufnehmend *Hill,* Das fehlerhafte Verfahren, S. 237, 337; *Hufen,* Verwaltungsverfahren, S. 22.

[256] *Lerche,* Vorbereitung grundrechtlichen Ausgleichs, S. 109ff.

[257] *Hill,* Das fehlerhafte Verfahren, faßt sie auf S. 227ff. als „maßgebliche Determinanten des Verwaltungsverfahrens“ zusammen.

erscheint die materielle Verwaltungsfunktion als ein nach Zeit-, Sach- und Sozialdimensionen differenzierter Ablaufzusammenhang von Erleben und Handeln, der die Spanne vom Beginn bis zum Abschluß einer je zweckbezogenen Verwaltungstätigkeit umfaßt, und in dem sich die Ziele und Zwecke der öffentlichen Verwaltung umweltbezogen, in einzelnen „Verfahren“ stufenweise und arbeitsteilig sowie nach Regeln strukturiert, geordnet konkretisieren. *Kommunikation* zwischen den Verwaltungseinheiten und mit dem Bürger trägt den jeweiligen Konkretisierungsprozeß und führt zu einer Willensbildung, die Handeln und Entscheiden lenkt. Auf diese Weise bildet das Verfahren das „Erzeugungsmittel“ des Verwaltungsprodukts.[258]

Offen steht indes noch, welches die spezifischen Merkmale dieses Verfahrens sind. Auch verbindliche Aussagen über seine Rationalität lassen sich erst in Kenntnis hiervon treffen. Die bloße Kennzeichnung als ein „auf Rollenebene integriertes Interaktionssystem“, oftmals wie ein Fanal präsentiert,[259] führt jedenfalls noch nicht weiter. Denn alle Prozesse sind Kommunikationsprozesse; sie beruhen auf rollendirigierter Informationsverarbeitung und Interaktion – das administrative Konkretisierungsverfahren ebenso wie der verwaltungsgerichtliche oder Gesetzgebungsprozeß. Ihre Formtypik ist einheitlich durch Kommunikation gekennzeichnet.[260]

aa) Die Rolle der „Information“

Ist es auch deshalb so wichtig, in die juristische Betrachtungsweise eine empirische Ebene einzuziehen und damit ein spezifisches Verständnis des Verwaltungsverfahrens zu gewinnen, das sich nicht auf den normativen Ablauf beschränkt, sondern beide Ebenen sinnvoll miteinander in Bezug setzt, so gilt das einerseits in besonderem Maße für die Sicht des Verfahrens als „Informationsverarbeitung“ und die damit involvierte Rolle der „Information“ für öffentliches Verwalten.

Die rechtliche Betrachtung des Verwaltungsverfahrens öffnet sich dadurch dem Wandel von der Industrie- zur Informationsgesellschaft, zu dem heute der Weg unserer Entwicklung führt. „Informationen“ und der Umgang mit ihnen durch den Aufbau ganzer Informationssysteme verändern dabei auch die Arbeitsvorgänge in der öffentlichen Verwaltung: Die Entwicklungslinien der Informationstechnik sind es vor allem, die das Verwaltungsverfahren umgestalten und prägen.[261]

bb) Die Verflechtung mit der Organisation

Der Blick auf die spezifischen Typusmerkmale des Verwaltungsverfahrens macht zudem und andererseits auf die elementare Bedeutung der Organisation für den

---

[258] Das Verwaltungsverfahren ist also weder nur „Entscheidungsprämisse“, wie *W. Schmidt* meint (Probleme des Verwaltungsrechts, S. 86f.), noch bloßer „Modus der primären Rechtsverwirklichung“, wie dies *Wahl*, VVDStRL 41 (1983), S. 153f., unter Zustimmung von *Hufen*, Verwaltungsverfahren, S. 20, postuliert.

[259] Vgl. nur *J. Martens*, Praxis, S. 41 und öfter.

[260] *Luhmann*, Soziale Systeme, S. 610ff.

[261] *Grimmer*, Verwaltungsverfahren, S. 305ff.; *K. Lenk*, Bürokommunikation, S. 294ff.; *R. Scholz-Pitschas*, AöR 110 (1985), S. 512ff., 518ff.; *Pitschas*, DÖV 1987, 622ff.; *W. Schmidt*, Probleme des Verwaltungsrechts, S. 257.

Ablauf der Informationsverarbeitung und damit des Verwaltungsverfahrens schlechthin aufmerksam. Organisations- und Verfahrensstrukturen stehen ja keineswegs isoliert nebeneinander; sie wirken vielmehr ineinander und dergestalt vereint auf das Verfahrensergebnis ein. Man kann von einer „Strukturintegration" sprechen.[262]

In der Folge hiervon kann die Verwaltungsorganisation nicht länger als exekutives „Hausgut" behandelt werden. Vielmehr schlägt ihre innere Struktur auf die prozeduralen Außenbeziehungen der Verwaltung zum Bürger durch. So wird die verwaltungsinterne Funktionsverteilung verfahrensrechtlich beachtlich.[263] Die traditionelle Verwaltungsrechtslehre mag sich freilich zu diesem Schritt noch nicht bekennen. Das geltende Verfahrensrecht erfaßt deshalb im Ansatz nur denjenigen Teil des Konkretisierungsprozesses, der „von außen" auf die Verwaltung einwirkt oder durch den die Verwaltung „nach außen" wirkt.[264]

Die „richtige" Organisationsstruktur kann m.a.W. Verfahrensgerechtigkeit ermöglichen. Deutlich wird dies am Zusammenhang von Verwaltungsorganisation, *Zuständigkeit* und Verfahren.

cc) Zuständigkeit und Verwaltungsverfahren

Die Vielzahl der Subjekte innerhalb der Verwaltungsorganisation, denen die Gesetze die verschiedensten Aufgaben und Befugnisse zuweisen und denen sie mit Rücksicht auf die Art und Bedeutung ihrer Aufgaben eine je bestimmte Struktur geben, bedingt – soll die Organisation arbeitsteilig rational sein – die genaue Abgrenzung von (Teil-)Aufgaben, Befugnissen und Verbindlichkeiten gegeneinander. Diese Abgrenzung wird mit dem Begriff der *Zuständigkeit* erfaßt.[265] Sie bedeutet im organisatorischen Sinne die Zuordnung von Aufgaben zu einer Organisation und die für sie handelnden Organe. Im einzelnen wird sie durch Verfassung oder sonstige Rechtsnorm auferlegt oder aber freiwillig übernommen. Der Zuständigkeitsbegriff ist zugleich ein konstitutives Merkmal des Amts – wie des Organ- und Behördenbegriffs. Zu unterscheiden sind des näheren die sachliche und örtliche Zuständigkeit, ferner die Verbands-, Organ- und Ressortkompetenz.[266]

Indem die Erfüllung einer Verwaltungsaufgabe in jedem Stadium je einem bestimmten Handlungssubjekt zugewiesen ist, wird diesem Subjekt eine eindeutige Verantwortung zugeteilt. Das System der behördlichen Alleinzuständigkeit ist als

---

262 In der Organisationslehre ist anerkannt, daß die Organisation der *Aufbaustruktur* (der öffentlichen Verwaltung) und die Organisation der *Arbeitsabläufe* (= das Verwaltungsverfahren) nur verschiedene Aspekte einer einheitlichen Ordnung der Aufgabenerfüllung darstellen, vgl. *Arp*, Aufbauorganisation, in: Handbuch der Verwaltung, Heft 3.2., 1978, S. 2; im hiesigen Sinne auch *K. König*, System und Umwelt, S. 33f.

263 *Hufen*, Verwaltungsverfahren, S. 61f.; *Schnapp*, AöR 105 (1980), S. 250ff.

264 Vgl. *Schmidt-Aßmann*, Verfahrensgedanke, S. 20ff.

265 *Wolff-Bachof*, Verwaltungsrecht II, S. 14; *Achterberg*, JA 1980, 701ff., 703.

266 *Achterberg*, a.a.O. (Fn. 265), 703; *Mayer/Kopp*, Verwaltungsrecht, S. 205ff.

Bedingung der Verwaltungsverantwortung anzusehen und auch als solche verfassungsrechtlich fundiert.[267]

Diese verfassungsgewollte *Verantwortungsbindung* läßt nicht nur eine verwaltungsmäßige Entäußerung von Kompetenzen prinzipiell als verfassungswidrig erscheinen. Sie ist auch der zentrale Verbindungsmechanismus von „Zuständigkeit" und „Verfahren". Der Grundsatz eigenverantwortlicher Aufgabenwahrnehmung ergreift nach dem Prinzip der Strukturintegration die Verwaltung als Arbeitsvorgang: Die Konkretisierung von Verwaltungszwecken funktioniert vor allem verfahrensmäßig; Verwaltungsverantwortung umschließt einen komplexen Verbund struktureller und technologischer Dimensionen mit personalen Verfahrens- und Verhaltensweisen.[268]

Zuständigkeit ist mithin (auch) ein *Verfahrensthema.* Zu Recht trifft deshalb das Verwaltungsverfahrensrecht einige wichtige allgemeine Regelungen zur örtlichen Zuständigkeit (§§ 3 VwVfG, 2 SGB X). Und richtigerweise sind Zuständigkeitsmängel auch Rechtsfehler im Verfahren, auf die sich der einzelne berufen kann. Sie führen zur Aufhebbarkeit, ggf. sogar zur Nichtigkeit der Verwaltungsentscheidung (vgl. § 44 Abs. 2 Ziffer 3 VwVfG, § 113 VwGO).[269] Ferner dringt die Fehlerlehre bei der instanziellen Unzuständigkeit unter dem Stichwort „Verlust einer Instanz" auch in den „Innenbereich" der Verwaltung vor.[270]

c) Rechtsbegriff des Verwaltungsverfahrens

Die rechtsförmige Bezugnahme auf die Erhebung und Verarbeitung von Informationen sowie auf Organisation und Zuständigkeit macht es erforderlich, vom Verwaltungsverfahren als Realbegriff den *Rechtsbegriff* des Verfahrens zu unterscheiden. Er bezeichnet jede *rechtlich* geordnete Abfolge von Handlungen, durch die eine Behörde eine sachlich und zeitlich bestimmte Verwaltungsaufgabe erledigt.[271]

Soweit demnach Verwaltungsverfahren durch Rechtsvorschriften geregelt werden, lassen sie sich nach den Verwaltungshandlungen, die sie hervorbringen, unterscheiden. Im weitesten Sinne fallen hierunter die „internen" wie „externen" Verfahren der öffentlichen Verwaltung. Im engeren Sinne zielt das rechtliche Begriffsverständnis des Verwaltungsverfahrens auf alle diejenigen Verfahren, die auf verwaltungs*externe* Maßnahmen hinwirken, und zwar durch privatrechtliche oder durch verwaltungsrechtliche Willenserklärungen, insbesondere durch Rechtsetzungen,

---

[267] Vgl. *Burmeister,* Innenrecht der Verwaltung, S. 58; problematisch ist daher auch eine Geschäftsführung ohne Auftrag unter Behörden: anders freilich BVerwG, DVBl. 1989, 42.

[268] Vgl. bereits oben A.I.1. und *R. Mayntz,* Soziologie der öffentlichen Verwaltung, S. 67; *Pitschas,* VerwArch. 72 (1981), S. 4.

[269] Siehe auch *Hufen,* Verwaltungsverfahren, S. 61.

[270] Vgl. *Hufen,* VVDStRL 43 (1985), S. 252 (Diskussionsbeitrag); *Kopp,* VwVfG, § 3 Rdnrn. 53, 57.

[271] Vgl. *Badura,* Verwaltungsverfahren, S. 384; *Hill,* Das fehlerhafte Verfahren, S. 6ff.; *Schmidt-Aßmann,* HdbStR III, 1988, S. 627ff. (Rdnr. 8).

Verwaltungsakte und verwaltungsrechtliche Verträge. Hiervon ist wiederum und seit dem Inkrafttreten des Verwaltungsverfahrensgesetzes des Bundes und der Verwaltungsverfahrensgesetze der Länder ein noch engerer, gesetzlich definierter Begriff des Verwaltungsverfahrens zu trennen (§§ 9 VwVfG, 8 SGB X).

Die solcherart vom Gesetzgeber vorgenommene Eingrenzung dürfte allerdings und jedenfalls dort verfassungswidrig sein, wo Verwaltungstathandlungen, die nicht Rechtsentscheidungen sind, Grundrechtsrelevanz besitzen und das Verfahren im weitesten Sinne selbst zu Grundrechtsgefährdungen führt.[272] In diesem Fall gebietet nämlich der Gesetzesvorbehalt, daß der parlamentarische Gesetzgeber eine Erweiterung seiner begrifflichen Definition des Verwaltungsverfahrens vornimmt und sie auch auf Verwaltungstathandlungen, möglicherweise sogar auf die Vor-Entscheidungen der öffentlichen Verwaltung im (internen) Verwaltungs-Vorausverfahren erstreckt. Die Entscheidungsfixierung des Verfahrensbegriffs anstelle eines Verfahrensverständnisses im funktionalen Sinne darf hierfür kein Hindernis darstellen.

d) Verfahrensarten und Verfahrensauftrag

aa) Aufgabenbezug

Mit dem Problem der Rechtsbegrifflichkeit des Verwaltungsverfahrens ist die Frage der rechtlichen Konstruktion *spezifischer Verfahrensarten* eng verbunden. Herkömmlicherweise werden sie nach den Handlungsformen des Verwaltens gegliedert. Die Unterteilung nach Verwaltungshandlungen wird zur Grundlage einer Systematik auch der Verwaltungsverfahren gewählt.[273] Diese Unterscheidung bleibt allerdings vordergründig; sie weist kaum mehr als einen bloß systematischen Ertrag aus. Maßgeblich bleibt deshalb der verfassungsgewährleistete Gestaltungsspielraum bei der Entwicklung der Verfahrensarten: Die funktionsgerechte rechtliche Ausgestaltung von Verwaltungsverfahren hängt vor allem von den *Aufgaben* ab, die ein bestimmter Verfahrenstyp erfüllen soll.

Hierbei sind allerdings verschiedene Gesichtspunkte zu berücksichtigen. Insbesondere die Unterscheidung nach Einzel-, Massen- und Großverfahren hat bei alledem eine gewisse Bedeutung gewonnen.[274] Im übrigen lassen sich weitere Verwaltungsverfahren im engeren Sinne hervorheben. Zu ihnen zählt das Widerspruchsverfahren, das die besondere funktionale Beziehung zwischen Verwaltungsprozeß und Verwaltungsverfahren unterstreicht.[275]

---

[272] Verfassungsrechtliche Bedenken auch bei *Pietzcker*, VVDStRL 41 (1983), S. 215 („Gleichheitsgründe"), 230, 268; *v. Mutius*, ebd., S. 287f. (Diskussionsbeitrag), siehe ferner *Hill*, Das fehlerhafte Verfahren, S. 6ff.; *Robbers*, DÖV 1987, 272ff., 275 m. Anm. 35.

[273] *Wolff-Bachof*, Verwaltungsrecht III, § 156 Rdnrn. 2ff.; *Schmidt-Aßmann*, Jura 1979, 505ff., 510f.

[274] *Blümel*, FS W. Weber, S. 539ff.; *Henle*, BayVBl. 1981, 1ff.; *Hill*, Das fehlerhafte Verfahren, S. 296f.; *Kopp*, DVBl. 1980, 320ff.; *Pietzcker*, VVDStRL 41 (1983), S. 215ff.; *Schmel*, Massenverfahren, S. 60ff.; *Ule/Laubinger*, Verwaltungsverfahrensrecht, S. 313ff.

[275] *Bettermann*, VVDStRL 17 (1959), S. 154ff.; *Hufen*, Verwaltungsverfahren, S. 266f.; *v. Mutius*, FS C.-F. Menger, S. 591f. m.w. Nachw.

bb) Rechtsverhältnis als Erfüllungsrahmen

Verwaltungsverfahren stehen in diesem Sinne zuvorderst *im Dienste* der Rechtmäßigkeit des Verwaltungshandelns. Sie gelangen in den materiell-rechtlichen Aufgabenbezügen zum Einsatz. Ihr spezifischer Auftrag gilt dabei der Abwicklung des einzelnen Rechtsverhältnisses.[276] Das Verwaltungsverfahren bringt sich in diesem als das beschriebene „Medium" und Kreationspotential der Rechtsanwendung zur Wirkung. Denn der „beste" Wille des materiellen Rechts muß folgenlos bleiben, wenn das Verfahren seiner Erfüllung den Intentionen des Gesetzgebers nicht gerecht wird. Insofern *kompensiert* es Unklarheiten und Verbiegungen des materiellen Regelungszwecks im Rahmen des Verwaltungs- und Verfahrensrechtsverhältnisses. Und es nimmt dessen dynamische Entwicklung im Verlauf der Zeit auf, der ein Gesetzgeber stets hinterherhinkt.

e) Gesamtauftrag der Verwaltung und Verfahrensfunktionen

aa) Handlungsziele als Verfahrensziele?

Bezugspunkt einer solchen Funktionsbestimmung bleibt der *Gesamtauftrag der öffentlichen Verwaltung*. Von ihm leiten sich zahlreiche Verfahrensziele ab.[277] Hervorzuheben ist dabei einerseits der Auftrag der Verwaltung zur Rechtmäßigkeit ihres Handelns. Der darauf bezogene Grundsatz der Gesetzmäßigkeit bietet die verfassungsrechtliche Grundlage und Richtlinie der Verwaltungstätigkeit. Darin erschöpft sich freilich der Handlungsauftrag der Verwaltung nicht; sie unterliegt andererseits einer *Vielzahl* weiterer und je verschiedener Anforderungen. Aus diesen ergibt sich eine ebenso große Zielvielfalt, in deren Verfolg die Verwaltung zugleich auf das *Ergebnis* samt Folgen ihres Handelns schauen muß. Rechts- und Zweckkonkretisierung durch Verfahren befindet sich deshalb im Richtsteig zwischen Ziel, Ergebnis und Folgen.[278]

Das wirft die Frage auf, wie sich diese Ziele und namentlich die verschiedenen rechtlichen Handlungsziele öffentlichen Verwaltens wie z.B. Rechtmäßigkeit, Wirtschaftlichkeit etc.[279] zueinander verhalten.[280] Darin einzubeziehen ist auch das Handlungsziel der „Bürgernähe" öffentlicher Verwaltung. Irrtümlicherweise wird sie häufig als ein „Nebenziel" (*K. Lenk)* oder als ein isoliertes Handlungsziel neben

---

[276] *J. Martens*, Praxis, S. 24ff., 41ff.; *W. Schmidt*, Probleme des Verwaltungsrechts, S. 17f., 251f.; *Schmitt Glaeser*, Position der Bürger, S. 83, 84ff.; *P. Krause*, VVDStRL 45 (1987), S. 227ff., 239ff.; gerade bei diesem Autor bleibt allerdings der Verfahrensgedanke merkwürdig blaß.

[277] Weitergehend *Wahl*, VVDStRL 41 (1983), S. 157, der Deckungsgleichheit postuliert.

[278] *Mattern*, Verwaltungshandeln, S. 11ff.

[279] Zu ihrer Gesamtheit vgl. *Achterberg*, Verwaltungsrecht, S. 355ff.

[280] *Wahl*, VVDStRL 41 (1983), S. 157, spricht z.B. von einem „Optimierungsproblem des magischen Vierecks: Rechtmäßigkeit, Wirtschaftlichkeit, Zweckmäßigkeit und Bürgernähe" und hält Zielkonflikte unter diesen Anforderungen für gegeben; kritisch *v. Mutius*, ebd., S. 285ff., 286 (Diskussionsbeitrag).

anderen angesehen.[281] Bürgernähe der Verwaltung bedeutet jedoch weitaus mehr, nämlich einen „sozialstaatlich-demokratischen“ *Zielkomplex*. Sie überlagert die anderen Zielsetzungen und wirkt auf deren konkrete Umformung in der Verwaltungspraxis insgesamt *mediatisierend* ein.

Es liegt auf der Hand, daß es bei dieser Zielvielfalt zu Konflikten zwischen den untereinander konkurrierenden Zielsetzungen kommen muß. Die Kunst der öffentlichen Verwaltung liegt darin, diese Konflikte auszutarieren. Es handelt sich in der Tat, wie *R. Wahl* richtig hervorhebt, um ein „Optimierungsproblem“.[282] Der von anderer Seite erhobene Vorwurf, die öffentliche Verwaltung kapriziere sich dabei vor allem auf die Rechtmäßigkeit ihres Handelns und vernachlässige andere, ökonomische Ziele des Verwaltens,[283] trifft deshalb nicht zu. Rechtmäßigkeit ist kein K.O.-Maßstab; die Zweckmäßigkeit und Wirtschaftlichkeit des Verwaltungshandelns sowie alle weiteren Handlungsziele stehen vielmehr in einer Einheit mit ihr. Öffentliches Handeln, das rechtswidrig ist, kann z.B. nicht zweckmäßig sein – und umgekehrt.

Warum dies so ist, ergibt sich aus den *Handlungsgrundsätzen* der öffentlichen Verwaltung, die der Zielerfüllung dienen. Es sind dies die Grundsätze der Rechtmäßigkeit, Zweckmäßigkeit, Wirtschaftlichkeit, Einsichtigkeit und Gemeinwohlverpflichtung des Verwaltungshandelns.[284] Insbesondere der Grundsatz der Gemeinwohlbezüglichkeit der Verwaltung tritt dabei für die einheitliche Zielverwirklichung und ein effizientes Ergebnis in den Vordergrund.[285] Entgegen anderer Ansicht reicht er aber weiter. Er bezieht sich zwar auf den Verwirklichungsgrad des komplexen Verwaltungsauftrags, doch überschreitet der Gemeinwohlbezug den konkreten Handlungsauftrag. Die Gemeinwohlbindung der Verwaltung, die sich aus der prozessualen Rechts- und Sozialstaatlichkeit speist, umschreibt vielmehr und zugleich ihre verfassungsmäßige Stellung.[286]

bb) Funktionale Bezugsproblematik des Verwaltungsverfahrens

Die Frage ist allerdings, ob diese Handlungsziele bzw. -grundsätze auch als *Verfahrensziele* auszuweisen sind. Eine derartige Synonymität entspricht jedenfalls der Auffassung der herrschenden Verfahrensrechtslehre: Hiernach sollen die Funktio-

---

[281] Vgl. *K. Lenk*, DÖV 1985, 85ff., 89; auch *Wahl*, a.a.O. (Fn. 280), S. 157, macht nicht deutlich, in welchem Verhältnis die „Bürgernähe“ zu den anderen Verfahrensaufträgen steht.

[282] A.a.O. (Fn. 280), S. 157.

[283] *F. Wagener*, VVDStRL 41 (1983), S. 272ff. (Diskussionsbeitrag).

[284] Vgl. *Achterberg*, Verwaltungsrecht, S. 355ff.; „Verantwortlichkeit“ gehört aber – und entgegen der Annahme von *Achterberg*, a.a.O., S. 363ff. – nicht zu den Grundsätzen des Verwaltungshandeln, sondern liegt diesen noch voraus: Sie selbst müssen *verantwortlich* wahrgenommen werden.

[285] Vgl. *Achterberg*, Verwaltungsrecht, S. 366 (Rdnrn. 52, 53); siehe auch z.B. § 49 II Nr. 5 VwVfG, demzufolge ein Verwaltungsakt widerrufen werden kann, um schwere Nachteile für das Gemeinwohl zu verhüten oder zu beseitigen.

[286] In diesem Sinne auch VGH Mannheim, DVBl. 1985, 170; *Achterberg*, a.a.O. (Fn. 285), S. 366 m. Rdnr. 51; *Mayer/Kopp*, Verwaltungsrecht, S. 307f.

nen des eigenständigen Verfahrenstyps „Verwaltungsverfahren" auf die Funktionen der Verwaltung bezogen und deshalb vom Gesamtauftrag der Verwaltung abzuleiten sein.[287]

Ich habe Zweifel, ob diese grundsätzliche Aussage nicht zu kurz greift. Denn ihr zufolge gerät die eigentliche prozedurale Grundkonstellation aus dem Blick, wonach nämlich die Offenheit des Handelns und Entscheidens am Anfang des Verwaltungsverfahrens steht und dieses selbst eine Konkretisierung des Verwaltungshandelns in der Zeit bildet. Der Sachverhalt einer möglichen Entscheidung ist deshalb erst im „Werden" und erst darin von der handelnden Verwaltung zu erfassen. Diesen Prozeß zu steuern, ist Aufgabe des Verfahrens im sozialen Rechtsstaat. Das aber erfordert einen *situativen* Bezug des Verwaltungsverfahrens, bei dem es auch darauf ankommt, wie die Betroffenen über das zur Entscheidung anstehende Problem denken. Zudem ist nicht einzusehen, warum Verfahrensziele im „sozialen" Rechtsstaat nicht auch vom Bürger aus gesehen bzw. nominiert werden können. Insofern geht es um mehr als nur um die Verwirklichung materiellen Rechts; es geht – wie noch näher darzulegen sein wird[288] – um die Ordnung eines Diskurses zwischen an sich ungleichen Partnern über das anzuwendende Recht und dessen gemeinsame Herausbildung.

Von besonderer Bedeutung ist dabei die *Verhaltensdimension* unter diesen Partnern. Rechtsanwendung durch öffentliche Verwaltung hat stets einen personalen Bezug. Es kommt daher auch auf die „soziale Kompetenz" im Verfahren an und darauf, wie sie eingesetzt wird.[289]

cc) „Offener" Funktionsbezug des Verwaltungsverfahrens

Das Verwaltungsverfahren muß also *zusätzlichen Verfahrenszielen* folgen. Sie herauszufiltern, bedarf es eines spezifisch verfahrensbezogenen Denkens. Es bildet die Grundlage *eigenständiger* Zielbestimmung des Verwaltungsverfahrens. Im Ergebnis ist eine Vielfalt der Verfahrensziele öffentlicher Verwaltung zu bejahen, die über eine bloß rechtsstaatliche Perspektive hinausweist und der ein „offener" Funktionsbezug des Verwaltungsverfahrens im Funktions- und Strukturwandel der öffentlichen Verwaltung entspricht. Je nach der zukünftigen Entwicklung der Verwaltung und ihres Verhältnisses zur Verwaltungsumwelt können sich – ohne vorherigen Rückgriff auf den Verfahrensgesetzgeber – weitere Funktionen des Verwaltungsverfahrens ausprägen. Diese Erkenntnis spielt vor allem eine Rolle im Hinblick auf den Bedeutungswandel, den das Verwaltungsverfahren gegenwärtig durchlebt.

---

[287] *Wahl*, VVDStRL 41 (1983), S. 157.

[288] Vgl. hierzu die Ausführungen im 2. Kapitel, A.II.4; B.I.2.; C.II.

[289] Vgl. schon die Hinweise bei *Zacher*, Chancen und Grenzen des Sozialstaats, S. 72f.; *ders.*, VVDStRL 34 (1976), S. 284 (Diskussionsbeitrag); siehe auch *Jaeger/Pitschas*, Funktionale Verwaltungsreform, S. 224f.; dagegen lehnt es *Schmidt-Aßmann*, DVBl. 1989, 533ff., 539, ab, Verwaltungsrecht als Verhaltensrecht zu interpretieren.

C. Der Verwaltungsstaat in der Krise

I. Struktur- und Funktionskrise

1. Defizitäre Funktionsprämissen

Der offene Funktionsbezug des Verwaltungsverfahrens erweist sich für den Verwaltungsstaat als existenzwichtig. Denn dieser ist selbst in eine tiefgehende Struktur- und Funktionskrise geraten. Nach langen Jahren wohlfahrtssichernder sozialstaatlicher und grundrechtspolitischer Intervention[290] umreißen steigende Staatsverschuldung, wachsende Arbeitslosigkeit oder auch die sich immer mehr öffnende „Schere" zwischen weiterhin anwachsenden Staatsaufgaben und knapper werdenden Ressourcen – und das ohne die Zuwächse, die man bislang unbekümmert verteilen konnte[291] – das heute noch nicht voll absehbare Ausmaß einer Entwicklung zu sozialer Desintegration.[292]

Der „Verwaltungsstaat" vermag vorerst dieser Situation mit seinem stetig zunehmenden, vermehrt zentralisierten und bürgerfernen Apparat von Behörden (und Gerichten), die selbst Recht schaffen, es exekutieren, seine Befolgung überwachen und Verstöße sanktionieren, dennoch aber unter Regelungsüberlastung leiden, der ein Ausweichen in die brauchbare Illegalität folgt,[293] nichts entgegenzusetzen. Im Gegenteil: Die institutionelle und funktionelle Bürokratisierung der öffentlichen Verwaltung führt dazu, daß die Erfolgskriterien des Handelns im politischen System und insbesondere auch die der Verwaltung nur noch mit Bezug auf die internen Maßstäbe von Verwaltung und Politik definiert werden. *N. Luhmann* spricht deshalb zu recht von einer „Tendenz zur Selbstbefriedigung" der Verwaltung, der es an einer genügenden Kapazität zur Wahrnehmung externer Handlungsfolgen fehle.[294]

---

[290] Dazu statt aller und jeweils m.w.Nachw. *R. Scholz,* Sozialstaat, S. 7ff.; *Stern,* Staatsrecht I, S. 893ff.; *Zacher,* FS H. Meinold, S. 123ff.

[291] Vgl. *Isensee,* FS J. Broermann, 1982, S. 365ff.; *Katz,* VerwArch. 74 (1983), S. 133ff.; *Pitschas,* DVerw. 15 (1982), S. 473ff.; *K. Vogel,* Sozialstaat als Steuerstaat, S. 134ff., 137.

[292] Dazu grundsätzlich *Habermas,* Theorie des kommunikativen Handelns 2, S. 531ff.; siehe ferner *Pitschas,* Soziale Sicherung, S. 151f., 154f.

[293] *R. Mayntz/J. Feick,* DVerw. 15 (1982), S. 281ff.; *F. Wagener,* VVDStRL 37 (1979), S. 215ff., 244ff.; siehe jüngst auch *M. Rehbinder,* FS C. H. Ule, S. 294.

[294] *Luhmann,* Wohlfahrtsstaat, S. 94ff., 101.

2. *Veränderung der Aufgabenstruktur*

Die sich hierin abzeichnende und auf weitere Ursachenkomplexe[295] gründende Krise des Verwaltungsstaates zwingt dazu, die Interventionsfähigkeit staatlicher Politik und öffentlicher Verwaltung gegenüber der Gesellschaft zu überprüfen. Konkrete Ansatzpunkte hierfür bietet einmal die *Aufgabenstruktur* des öffentlichen Verwaltens im „Verteilungsstaat". Ihm ist die Pflicht zu einer allseitig umfassenden und doch konkreten Interessenberücksichtigung durch die *Zunahme subjektiver öffentlicher Rechte* gegenüber der verteilenden Verwaltung aufgebürdet.[296] Die Folge ist eine immense Ausweitung vieler Verwaltungsverfahren samt damit einhergehender Parzellierung größerer Entscheidungszusammenhänge.

Im Zuge dieser Entwicklung weitet sich zum anderen nicht nur das zweipolige zu einem *mehrpoligen Rechtsverhältnis* aus;[297] auch die der Verwaltung abgeforderten Entscheidungen und Maßnahmen werden komplexer. Ihre Wirkungsintensität variiert ebenso, wie sich ihre Tiefenwirkung in das Gefüge der Verwaltungsorganisation ausweitet.[298] Die in ihnen jeweils enthaltene Regelung ist regelmäßig aus nur grobmaschig vorgeformten, finalen Handlungsprogrammen hergeleitet. Sie ist das Ergebnis zahlreicher Abwägungsvorgänge im Rahmen des gesetzlichen Finalprogramms, weniger der „Vollzug" eines Konditionalprogramms.[299]

3. *„Technisierung" der Verwaltung*

Die Einflüsse des technologischen Wandels auf die öffentliche Verwaltung sind gleichermaßen krisenverursachend wie komplex. Zum einen haben die Verwaltungsbehörden große Mühe, sich der immer umfangreicher werdenden Ordnungs- und Gestaltungsaufgabe einer von Jahr zu Jahr stärker technisierten und zugleich technik-abhängigen Umwelt anzunehmen.[300] Zum anderen haben Aufgaben, Verfahren sowie Eigengesetzlichkeiten von Technik und Technisierung selbst und seit langem einen in seinen Wirkungen ambivalenten Einzug in die öffentliche Verwal-

---

[295] Vgl. etwa *R. Mayntz*, Soziologie der öffentlichen Verwaltung, S. 125 ff.; *C. Reichard/H. König*, Zur Effizienz der öffentlichen Verwaltung, in: *J. J. Hesse* (Hrsg.), Politikwissenschaft und Verwaltungswissenschaft, 1982, S. 205 ff., 209.

[296] Vgl. *Schmidt-Aßmann*, Ordnungsidee, S. 22 f.; *ders.*, VVDStRL 34 (1976), S. 247; *Wahl*, JuS 1984, 577 ff.

[297] *Schmidt-Aßmann*, a.a.O. (Fn. 296), S. 23; *ders.*, VVDStRL 34 (1976), S. 234 ff.; *Sendler*, Entwicklung des Verwaltungsrechts, S. 30 f.

[298] *Hufen*, Verwaltungsverfahren, S. 60 ff., *Schmidt-Aßmann*, Verfahrensgedanke, S. 21 f.

[299] *Sendler*, Entwicklung des Verwaltungsrechts, S. 31; *Wahl*, JuS 1984, 585.

[300] Dazu m. w. Nachw. *J. Hofmann*, Aspekte der juristisch-technischen Diskussion im Umweltrecht, S. 127 ff.; *Lukes*, Technik und Recht, S. 44 ff.; *R. Wolf*, Stand der Technik, S. 1 ff., 257 ff.; *ders.*, Soziale Welt 1988, S. 164 ff.

tung gehalten.[301] Dabei liegen vor allem in dem Einsatz neuer Informations- und Kommunikationstechniken zahlreiche Probleme für die Interventionsfähigkeit des Verwaltungsstaates: Nicht nur besteht die Tendenz zu vermehrter Zentralisierung, Arbeitsteilung und Spezialisierung, was die Gefahr mit sich bringt, daß Verwaltungshandeln zunehmend typisiert und anonymisiert wird.[302] Krisenfördernd wirken auch die der Verwaltungstechnik unzweifelhaft eigenen Bürokratisierungseffekte.[303]

II. Krise des Verwaltungsrechts

Ob und inwieweit sich die Struktur- und Funktionskrise der öffentlichen Verwaltung noch verschärft, wird davon abhängen, in welchem Ausmaß es gelingt, die Aufgabenstruktur leistender und verteilender, planender und lenkender Verwaltung und das ihr zugeordnete komplexe Verwaltungshandeln und -entscheiden *verwaltungsrechtlich* richtig einzuordnen, diesem klarere Linien zu ziehen und dem Ganzen mehr Durchsichtigkeit und vor allem Akzeptanz zu geben.[304] Der gegenwärtige Entwicklungsstand des Verwaltungsrechts gibt demgegenüber allerdings zu Zweifeln Anlaß.

1. Vollzugsdefizite und informelles Verwaltungshandeln

Die stetig zunehmende Menge des Rechts, seine zunehmende Kompliziertheit und Technizität erzeugen mehr und mehr Ausfälle in der Anwendung und Durchsetzung zahlreicher Normen. Die strikte Gesetzesanwendung ist nicht eben selten einem rechtlich ungeregelten „informellen Verwaltungshandeln" gewichen.[305] Das gilt etwa für die faktische Duldung von Verhaltensweisen oder Zuständen, gegen die eigentlich eingeschritten werden müßte,[306] für rechtlich unverbindliche Absprachen in der Form von „Arrangements" anstelle von verbindlichen Rechtsentscheidungen

---

[301] *v. Alemann/Schatz,* Mensch und Technik, S. 273ff.; *R. Scholz,* Technisierung der Verwaltung, S. 55ff.; *Seibel,* VerwArch. 74 (1983), S. 325ff.; *Pitschas,* DÖV 1987, 622ff.

[302] So prononciert z.B. *Grimmer,* DÖV 1982, 257ff., 260; siehe zusammenfassend *v. Alemann/Schatz,* a.a.O. (Fn. 301), S. 281ff., 298ff.

[303] Dazu m.w.Nachw. *R. Scholz/Pitschas,* AöR 110 (1985), S. 497ff., 500ff.

[304] Vgl. *Sendler,* Entwicklung des Verwaltungsrechts, S. 34; *Hill,* JZ 1988, 377ff.

[305] Vgl. die Bestandsaufnahmen der sozialwissenschaftlichen Implementationsforschung bei *R. Mayntz* (Hrsg.), Implementation politischer Programme, Bd. I und II; *H. Wollmann* (Hrsg.), Politik im Dickicht der Bürokratie, 1980; zum Gegenstandsbereich der Implementationsforschung eingehend *R. Mayntz,* a.a.O., Bd. I, S. 237ff.; aus rechtswissenschaftlicher Perspektive siehe grdl. *Hoffmann-Riem,* VVDStRL 40 (1982), S. 187ff., 191ff.; *Bohne,* Der informale Rechtsstaat, S. 42ff.; *H. Bauer,* VerwArch. 78 (1987), S. 241ff., 256ff.

[306] *Randelzhofer/Wilke,* Die Duldung als Form flexiblen Verwaltungshandelns, 1981; *Platz,* BayVBl. 1983, 622ff.

durch Verwaltungsakt oder öffentlich-rechtlichen Vertrag[307] sowie für sog. Vorverhandlungen, die den rechtlich normierten Verwaltungsverfahren vorgelagert werden und diese regelmäßig faktisch präjudizieren.[308]

Mag diesem Handeln auch ein großes Maß an Flexibilität und praktischer Vernunft innewohnen, das für die Bewältigung komplexer Verwaltungsprobleme unverzichtbar ist,[309] so nährt es doch den Vorwurf, daß die Verwaltung wirtschaftlich oder sozial einflußreiche Bürger (Unternehmer) gegenüber sozialschwächeren Bürgern bevorzugt behandelt. Gerade dieser Verdacht trägt zusammen mit der Vorschriftenflut und der Undurchsichtigkeit der Konkretisierungsprozesse zu dem verbreiteten Gefühl von Ohnmacht und Hilflosigkeit gegenüber dem Verwaltungsapparat bei.[310]

2. *Krise des subjektiven öffentlichen Rechts*

Die Handlungsmaßstäbe der Verwaltung in Normen des objektiven Rechts sind zwar in erheblichem Ausmaß um eine subjektiv-rechtliche Seite ergänzt worden. Gleichwohl vermag das subjektive Recht seine Systemfunktion im Rechtsstaat, nämlich abgegrenzte Freiheitsbereiche gegenüber dem Zugriff hoheitlicher Macht auszuprägen,[311] immer weniger zu erfüllen. Die Zunahme subjektiver öffentlicher Rechte geht vielmehr mit ihrer wachsenden Auflösung in zahllosen Abwägungsvorgängen einher. Hierzu trägt vor allem jene gesetzliche Programmierung bei, die immer stärker öffentliche und private Interessen einebnet.[312]

Die damit der Verwaltung überantwortete Möglichkeit, ihre Position in einem (kooperativen!) Beziehungsgeflecht jeweils neu zu definieren, wirft überdies Probleme im Verhältnis der staatlichen Funktionen zueinander auf. Die Gewaltenteilungsfrage wird zum verwaltungsrechtlichen Problem.[313]

---

[307] *Eberle,* DVerw. 17 (1984), S. 439ff.

[308] Vgl. *Bohne,* VerwArch. 75 (1984), S. 343ff., 347ff.; zur rechtlichen Beurteilung vgl. etwa *Jarass,* Kommentar zum BImSchG, 1983, § 10 Rdnr. 74.

[309] So vor allem *Eberle,* a.a.O. (Fn. 307), S. 442, 449f., 454ff., 463f.; vgl. auch *H. Bauer,* a.a.O. (Fn. 305), S. 250ff.

[310] *Bohne,* Informalität, Gleichheit und Bürokratie, JbRSoz, Bd. 9, 1983, S. 202ff., 205ff.; *R. Scholz/Pitschas,* AöR 110 (1985), S. 517f.; vgl. ferner *H. Bauer,* a.a.O. (Fn. 305), S. 254ff.; *Treiber,* RuP 1986, 20ff.

[311] Zu dieser „Systemfunktion" siehe *Lorenz,* Rechtsweggarantie, S. 51ff.; *H. Bauer,* Lehre vom subjektiven öffentlichen Recht, S. 129ff.; *R. Scholz,* VVDStRL 34 (1976), S. 198ff.

[312] *H. Bauer,* a.a.O. (Fn. 311), S. 128ff., 161ff.; *Schmitt Glaeser,* Position der Bürger, S. 53ff., 57ff.; *W. Schmidt,* Probleme des Verwaltungsrechts, S. 241ff.; *R. Scholz,* a.a.O. (Fn. 311), S. 203ff.

[313] Vgl. *Brohm,* DÖV 1987, 265ff., 270; *Schmidt-Aßmann,* FS C.-F. Menger, S. 114ff., 116f.

3. Vermittlungsdefizite von Recht und Technik

Schwerwiegende Probleme der Regelungskraft des Rechts wirft ferner der Einbruch der Technik in zahlreiche Lebensbereiche auf. Auch wenn man sich nicht der These von der Unvereinbarkeit beider anschließt,[314] bleibt es weitgehend zweifelhaft, wie das materielle Verwaltungsrecht die Diskrepanz zwischen der Organisation hochspezialisierten Sachverstandes und der Regelung der Konkretisierungszuständigkeiten in den Griff bekommen soll.[315]

Noch andere Forderungen und Fragen richtet der Einzug der Technik in die Verwaltung an das Recht. Die besonders in der Massenverwaltung unumgängliche Nutzung der Möglichkeiten elektronischer Datenverarbeitung[316] birgt Gefahren für die Freiheitssphäre des Bürgers in sich, deren Bekämpfung eine umfassende *Datenschutzgesetzgebung* erfordert. Wenn wir allerdings mit derselben Perfektion und Unermüdlichkeit, mit der wir die Informationsvorsorge betreiben (müssen), die rechtsstaatlichen Gegenmaßnahmen des Datenschutzes ausbauen, dann könnte es sein, „daß es uns am Ende so ginge wie einem Schneepflug, der schließlich stecken bleibt in den Schneemassen, die er selber aufgehäuft hat".[317]

Andere Probleme kündigen sich an. Es besteht die Gefahr, daß es letztlich zu einer „automationsgerechten" Rechtsetzung und einer „automationsfreundlichen" bzw. „automationsbezogenen" Rechtsprechung kommt.[318] Wie oft müssen z.B. gerade Richter der ersten Instanz in der Sozialgerichtsbarkeit eine auf zwei oder drei Sätze beschränkte Klagebegründung hinnehmen, weil eben der maschinell erstellte Rentenbescheid gar nicht mehr Ansatzpunkte bietet.[319]

4. Bürgerferne des Rechts

Nicht von ungefähr liegt darin zugleich eine Mahnung an Gesetzgeber und Verwaltung, bezogen auf das Verwaltungsrecht mehr als bisher zu seiner Verstehbarkeit und Anwendungsfähigkeit in Verfahren, Organisation und Maßstäben beizutragen. Der Bürger muß das ihn betreffende Recht auch selbst erschließen und nachvollzie-

---

314 Dazu bes. *R. Wolf,* Stand der Technik, S. 265ff.; siehe demgegenüber aber *Lukes,* Technik und Recht, passim.

315 Vgl. aber *Sendler,* Entwicklung des Verwaltungsrechts, S. 33f.; am Beispiel des Atomrechts siehe m.w. Nachw. *C. Schmidt,* Zwischen traditioneller Gefahrenabwehr und dynamischem Grundrechtsschutz – beherrscht das Recht die Technik?, in: *H. Dreier/J. Hofmann* (Hrsg.), Parlamentarische Souveränität und technische Entwicklung, Berlin 1986, S. 189ff.

316 Dazu die Beiträge in dem Sammelband von *K. Grimmer* (Hrsg.), Informationstechnik in öffentlichen Verwaltungen, 1986; vgl. ferner die Nachw. bei *R. Scholz/Pitschas,* Informationelle Selbstbestimmung, S. 18f.

317 *Michaelis,* Die Deutschen und ihr Rechtsstaat, 1980, S. 45.

318 So die Sorge von *Heußner,* SGb. 1976, 245.

319 Vgl. *Grimmer,* Sozialer Fortschritt 1985, 80ff., 82; *Reiter,* SGb. 1987, 89ff., 93.

hen können. Mündigkeit in der Demokratie setzt Klarheit und Einsehbarkeit der verpflichtenden und zuteilenden Rechtsanordnung voraus.

Das aber ist um so weniger dort der Fall, wo die Maßstäbe des öffentlichen Rechts, wie z. B. die Erforderlichkeit und Verhältnismäßigkeit im Feld von Leistung und Verteilung, Planung und Lenkung unscharf werden, weil sie nunmehr gegensätzliche Bezugspunkte bekommen.[320] Und die zunehmende öffentlich-rechtliche Überformung der Privatrechtsordnung muß die Wirksamkeit eben jener privatrechtlichen Ausgleichsmechanismen schwächen, derer der entwickelte Sozialstaat dringender als je zuvor bedarf.[321]

III. Wege aus der Krise

1. *Reformalisierung des Verwaltungshandelns und Abbau der Staatsaufgaben*

Die Entwicklung umfassender Gegenstrategien, um den Verwaltungsstaat aus der Krise herauszuführen, ist noch kaum in Gang gesetzt. Zu ihnen könnte einerseits die *Reformalisierung* des Verwaltungshandelns zählen.[322] Doch erscheint zweifelhaft, ob die positiven Wirkungen der Rechtsform dadurch gestärkt würden.[323]

Zum eher schon gefestigten Bestand an Wegweisungen aus der Krise – wiewohl nicht eben zielstrebig in der Praxis verwirklicht – gehört andererseits die Diskussion über die Entstehung von *Verwaltungsaufgaben*, die durch sie induzierten Folgeprobleme sowie über Möglichkeiten des Aufgabenabbaus. Umfang und Intensität der Aufgabenerfüllung durch öffentliche Verwaltung werden zunehmend in Frage gestellt.[324] Daneben sind unter dem Druck der Finanznot des Staates in den letzten Jahren immer wieder Verstöße unternommen worden, Verwaltungsaufgaben zu „privatisieren".[325] Dabei wird meist an die Randbereiche staatlicher und kommunaler Tätigkeit gedacht, aber auch Einrichtungen des Bildungswesens werden zur Entlassung aus der Trägerschaft öffentlicher Verwaltung vorgeschlagen.[326]

---

[320] *Lerche*, Vorbereitung grundrechtlichen Ausgleichs, S. 109 m. Anm. 31, S. 120f.

[321] Zu diesem Bedarf siehe vor allem und zu recht *Schmitt Glaeser*, Position der Bürger, S. 87ff.

[322] *D. Grimm*, Reformalisierung des Rechtsstaats als Demokratiepostulat?, JuS 1980, 704ff.

[323] *Schmidt-Aßmann*, Ordnungsidee, S. 35; vgl. dazu beispielhaft den Versuch von *Robbers*, DÖV 1987, 272ff., 274ff., das „schlichte Verwaltungshandeln" auszuformen.

[324] Vgl. *Dieckmann*, Aufgabenkritik in einer Großstadtverwaltung unter besonderer Berücksichtigung Hamburgs, Berlin 1977; *Püttner*, Verwaltungslehre, S. 43ff.; am Beispiel der Übertragung von Aufgaben der Gefahrenabwehr auf Private siehe ergänzend *C.-D. Bracher*, Gefahrenabwehr durch Private, 1987, S. 59ff., 113ff., 115ff., 163ff.; am Beispiel der Endlagerung radioaktiver Abfälle vgl. *Rengeling*, Erfüllung staatlicher Aufgaben durch Private, 1986.

[325] Vgl. z. B. *Bull*, Verwaltungsrecht, S. 19f.; *Däubler*, Privatisierung als Rechtsproblem, 1980; *v. Heimburg*, Verwaltungsaufgaben und Private, 1982; *K. König*, VerwArch. 79 (1988), S. 241ff.; *Krebs*, ZRP 1983, 270ff.; *Wais*, DÖV 1982, 181ff.

[326] So z. B. von *Stützel*, Marktpreis und Menschenwürde, 1981, S. 128ff.; zur rechtlichen

Die moderne Verwaltung wird allerdings durch die Beschreibung ihrer Aufgaben (und ihres personellen und institutionellen Umfangs) nicht annähernd vollständig charakterisiert. Im Rückgriff auf die öffentlichen Aufgaben wird zudem der Funktionswandel der Verwaltung primär immer noch quantitativ bestimmt. Deshalb und weil überdies nicht der Zusammenhang zwischen der internen Struktur der Verwaltung und ihrer Verbindung mit dem gesamtgesellschaftlichen Rahmen thematisiert wird, reicht der analytische Zugriff auf die öffentlichen Aufgaben für den Weg aus der Krise des Verwaltungsstaates allein kaum aus.[327]

2. *Die Aufwertung des Verwaltungsverfahrens*

Vor diesem Hintergrund der verwaltungsstaatlichen Entwicklung und dem Versuch ihrer zukunftsgeleiteten Revision verwundert es nicht, daß andere Aspekte der öffentlichen Verwaltung in kritischer bzw. reformerischer Absicht aufgegriffen werden. Eine wesentliche Rolle spielen dabei die Fragestellungen zu den Entscheidungsprozessen in der Verwaltung und gegenüber dem Bürger sowie zu den Methoden, die der Staat zur Bewältigung gesellschaftlicher Aufgaben anwendet. Zur Diskussion im Zusammenhang mit der Krise des Verwaltungsstaates steht deshalb nicht nur seine Rolle zur aktiven Sozialgestaltung, sondern auch Muster und Methodik der staatlichen Intervention.[328]

Nicht von ungefähr gehört deshalb das Verwaltungsverfahren zu den gegenwärtig am meisten diskutierten Themen des öffentlichen Rechts.[329] Dem korrespondiert ein *Bedeutungsgewinn des Verwaltungsverfahrens,* der sich derzeit insbesondere in den Problemen atomrechtlicher Anlagegenehmigungen sowie anderer sog. Großanlagen widerspiegelt.[330]

Daneben steht die *verfassungsrechtliche Aufwertung* des Verfahrensrechts. Die Verfassungsbezüge des Verwaltungsverfahrens finden sich zwar seit längerem her-

---

Seite der Entlassung beispielsweise von Hochschulen aus dem öffentlich-rechtlichen Bereich siehe *Thieme,* Deutsches Hochschulrecht, 2. Aufl. 1986, S. 6f., 98ff.

[327] So wohl in der Tendenz auch *Ellwein/Hesse,* Regierungssystem, S. 46ff., 64ff.; siehe ferner die kritisch-analytische Einordnung von Aufgaben-Untersuchungen und die aufgabentheoretischen Überlegungen bei *Schuppert,* VerwArch. 71 (1980), S. 305ff.

[328] Vgl. *Ellwein,* HdbVerfR, S. 1131ff.; *R. Voigt,* Grenzen rechtlicher Steuerung, S. 19ff., 24ff.

[329] Vgl. jeweils die Nachw. bei *Wahl* und *Pietzcker,* VVDStRL 41 (1983), S. 151ff., 193ff.; *Hill,* Das fehlerhafte Verfahren, passim; *Hufen,* Verwaltungsverfahren, passim; *Pitschas,* Wandel des Verwaltungsverfahrens, S. 27 m. Anm. 19; zuletzt *Kopp,* DVerw. 20 (1987), S. 1ff.

[330] Dazu vor allem *Ronellenfitsch,* Das atomrechtliche Genehmigungsverfahren, S. 288ff., 349ff.; siehe ferner *Burmeister,* Verfahrensstrukturierungsgebote, S. 153ff.; *J. Ipsen,* AöR 107 (1982), S. 259ff., 273ff.; *Henseler,* DVBl. 1982, 320ff.; *K. Löffler,* Parlamentsvorbehalt im Kernenergierecht, 1985, S. 139ff., 142ff.; *Pitschas,* Bundesverfassungsgericht als Verfahrensgesetzgeber, S. 413ff.; *Roßnagel,* KritV 1986, 343ff.; *Wilting,* Atomrechtliches Genehmigungsverfahren, S. 72ff., 140ff.

ausgearbeitet;[331] doch ist die Diskussion hierum durch die Entscheidung des BVerfG im Fall „Mühlheim-Kärlich"[332] erneut und heftig in Gang gekommen.[333]

Zu alledem tritt das Bemühen des Gesetzgebers hinzu, durch bereichsspezifische Verfahrensnormen den immer häufigeren legislativen Verzicht auf materielle Detailregelungen zu kompensieren, also gleichsam „im Verfahren" die erstrebte Sachregelung entstehen zu lassen. Das im Jahre 1982 in kraft getretene Asylverfahrensgesetz[334] verdeutlicht beispielhaft diesen *kompensatorischen Funktionszuwachs des Verwaltungsverfahrens.* So bestehen seine kompensatorischen Leistungen u.a. in der Legitimationsfunktion des Verfahrens für das Handeln der Verwaltung, aber auch – da schwache gesetzliche Programmierung und geringere Kontrolldichte seitens der Verwaltungsgerichtsbarkeit Hand in Hand gehen[335] – in einer Vorverlagerung des Rechtsschutzes.[336] Andere Funktionen treten hinzu.[337]

Die hauptsächlich durch diese Entwicklungslinien gekennzeichnete und nahezu ausufernde gegenwärtige Diskussion über das Verwaltungsverfahren wird schließ-

---

[331] Namentlich von *Kopp,* Verfassungsrecht und Verwaltungsverfahrensrecht; siehe ferner aus den Anfängen der Diskussion *K. Hesse,* EuGRZ 1978, S. 426ff., 434ff.; *D. Lorenz,* NJW 1977, 865ff. m.w.Nachw.

[332] BVerfGE 53, 30 (59ff.).

[333] Vgl. insbes. *Burmeister,* Verfahrensstrukturierungsgebote, passim; *Goerlich,* Grundrechte als Verfahrensgarantien; *Hill,* Das fehlerhafte Verfahren, S. 199ff., 227ff., 233ff.; *Pietzcker,* VVDStRL 41 (1983), S. 207ff.; *Wahl,* ebd., S. 166ff.; siehe ferner und jeweils m.w.Nachw. *Alexy,* Theorie der Grundrechte, S. 428ff.; *Bethge,* NJW 1982, 1ff.; *Blümel,* Grundrechtsschutz durch Verfahrensgestaltung, S. 23ff.; *Denninger,* Der Staat 25 (1986), S. 103ff.; *Dolde,* NVwZ 1982, 65ff.; *Grimm,* NVwZ 1985, 86ff.; *Häberle,* Verfassungsprinzipien „im" Verwaltungsverfahrensgesetz, S. 47ff.; *Laubinger,* VerwArch. 73 (1982), S. 60ff. (S. 67ff. zur Rechtsprechung des BVerfG); *Lorenz,* NJW 1977, 865ff.; *Lübbe-Wolff,* FS W. v. Simson, S. 137ff.; *v. Mutius,* NVwZ 1982, 2150ff.; *Ossenbühl,* FS K. Eichenberger, S. 183ff.; *Redeker,* NJW 1980, 1593ff.; *Schmidt-Aßmann,* Ordnungsidee, S. 37ff.; *ders.,* NVwZ 1983, 1ff.; *ders.,* EuGRZ 1988, 577ff.; *ders.,* HdbStR III, 1988, S. 623ff.; *Schnapp,* FS Scupin, S. 899ff.; *Ule,* VerwArch. 76 (1985), S. 136ff.; *Wahl,* VBlBW 1988, 387ff. – Nachw. der Rechtsprechung des BVerfG bes. bei *Held,* Grundrechtsbezug, S. 64ff.; ergänzend dazu siehe BVerfGE 56, 216 (236); 63, (131/143); 65, 1 (44, 49); 65, 76 (94); 69, 315 (355f.); 73, 280 (296).

[334] Vom 16. Juli 1982 (BGBl. I S. 946) i.d.F. des Änderungsgesetzes vom 6. Januar 1987 (BGBl. I S. 89).

[335] Dazu grundsätzlich *Schmidt-Aßmann,* VVDStRL 34 (1976), S. 251ff., 253, 254ff.; *ders.,* FS C.-F. Menger, S. 115, 116, 122; siehe auch *Kopp,* WiVerw 1983, 1ff.; *Beckmann,* DÖV 1986, S. 505ff.

[336] BVerfGE 53, 30 (60); 61, 82 (119); *Häberle,* VVDStRL 30 (1972), S. 43ff., 86, 90 und 125ff.; *Schwarze,* Zusammenhang von Verwaltungsverfahrensrecht und verwaltungsgerichtlichem Rechtsschutz, S. 17ff., 44ff., 58ff.; zur Diskussion siehe ferner u.a. *Badura,* JZ 1984, 14ff.; *Bettermann,* VVDStRL 17 (1959), S. 164ff., 172ff.; *D. Lorenz,* Rechtsschutz, S. 178ff.; *Schmidt-Aßmann,* VVDStRL 34 (1976), S. 234ff., 264ff.; *Ule,* VerwArch. 62 (1971), S. 114ff., 122ff.; *ders.,* Verwaltungsprozeßrecht, S. 118; *Wahl,* VVDStRL 41 (1983), S. 159, 160ff. (mit der These der „Rechtswahrung"); sowie die Beiträge von *Degenhart,* DVBl. 1982, 872ff.; *v. Mutius,* NJW 1982, 2151ff.; *Ossenbühl,* NVwZ 1982, 465ff.; *Schenke,* VBlBW 1982, 313ff.; *Steinberg,* DÖV 1982, 619ff.

[337] Vgl. zu ihnen einstweilen *Held,* Grundrechtsbezug, S. 29ff.; *v. Mutius,* FS C.-F. Menger, S. 588f.; näher hierzu unten im 7. Kapitel, C.I.2.

lich durch die Anstrengungen der Verwaltungsgerichte gespeist, das Verfahrensrecht gesetzesintentional und verfassungskonform auszulegen bzw. zu konkretisieren. Die Rechtsprechung lenkt dabei den Blick auf zahlreiche Unklarheiten und Problemlagen des geltenden *Verfahrensrechts,* die der wissenschaftlichen Auseinandersetzung reichlich Nahrung geben. Im Streit steht etwa die drittschützende Wirkung von Verfahrensvorschriften, die noch immer nicht abschließend geklärt ist;[338] es fragt sich, ob Vorschriften für das behördliche Verfahren nur dann nachbarschützende Wirkung entfalten sollen, wenn der einer Rechtsnorm zugrundeliegende Schutzzweck gerade in der Wahrung von z.B. Anhörungs- oder Mitwirkungsrechten selbst besteht.[339] Problematisch ist aber auch, daß die Ablehnung einer Akteneinsicht zu denjenigen Verfahrenshandlungen einer Behörde zählen soll, die ein Beteiligter isoliert nicht anfechten darf.[340] Ebenso unklar ist, wer denn überhaupt alles Beteiligter bei Auswirkungen der Verwaltungsentscheidung auf rechtlich geschützte Interessen Dritter bzw. in förmlichen Erlaubnisverfahren ist.[341] Und ferner: Welche objektiven Voraussetzungen hat die Verwaltung bei der Vergabe von Aufträgen zu beachten?[342] Wie lange darf ein Genehmigungsverfahren dauern und welchen Beweisanforderungen unterliegt es?[343]

Die veränderten Aufgabenstrukturen und namentlich die Verteilungsfunktion öffentlicher Verwaltung einerseits, die (vermeintliche) Kompensation offenbarer Unzulänglichkeiten in der Steuerung der Verwaltung durch Normsetzung und durch nachträgliche gerichtliche Kontrolle andererseits sowie die dem Verwaltungsstaat eigentümliche und im folgenden noch näher darzustellende prozeßhafte Herstellung konkreter Rechtsentscheidungen führen insgesamt zu einer *Aufwertung des Verwaltungsverfahrens.* Es wird im Rahmen seiner Funktion zum herausragenden

---

[338] Vgl. BVerfGE 53, 30 (36); BVerwGE 41, 58 (64f.); 62, 243 (246ff.); BVerwG, DÖV 1982, 860ff.; DÖV 1983, 678ff.; NJW 1984, 2174ff.; HessVGH, DÖV 1987, 497; aus der Literatur siehe z.B. *H. Bauer,* AöR 113 (1988), S. 582ff., 604ff.; *Degenhart,* DVBl. 1981, 201ff.; *Goerlich,* NVwZ 1982, 607ff., 608; *Pietzcker,* FS O. Bachof, S. 131ff.; *Schlichter,* NVwZ 1983, 641ff., 647ff.; *Schmidt-Aßmann,* FS C.-F. Menger, S. 122; zur rechtlichen Betroffenheit Dritter im Verwaltungsverfahren der Sozialleistungsträger vgl. *Platzer,* ZfSH/SGB 1984, 491ff.

[339] Vgl. BVerwGE 41, 58 (64f.); BayVGH, DVBl. 1979, 673ff.; *Kopp,* VwGO, § 42 Rdnrn. 57ff.

[340] Dazu BVerwG, NJW 1982, 120; DVBl. 1984, 53ff.; OVG Münster, NJW 1981, 70; BayVGH, BayVBl. 1978, 444ff.; *Eichberger,* Die Einschränkung des Rechtsschutzes gegen behördliche Verfahrenshandlungen, 1986, S. 51f., 55ff., 122ff., 137 m. Anm. 84, 144ff., 157ff., 159 m. Anm. 184; *Ule/Laubinger,* Verwaltungsverfahrensrecht, S. 130, 131.

[341] Vgl. *Kopp,* Beteiligtenbegriff, S. 159ff., 164f.; *ders.,* Festgabe BVerwG, S. 387ff., 392ff.; *Steinberg,* DÖV 1982, 625f.; *Weides,* Verwaltungsverfahren und Widerspruchsverfahren, S. 76ff., 79f.

[342] Vgl. BayVerfGH, NVwZ 1983, 150ff.; aus der Literatur siehe vor allem *Pietzcker,* Rechtsbindungen der Vergabe öffentlicher Aufträge, AöR 107 (1982), S. 61ff.

[343] *Gusy,* JA 1981, 80ff., 84; *Hill,* NVwZ 1985, 449ff., 453ff.; *Kopp,* VwVfG, § 10 Rdnrn. 3, 9f.; für Untersagungsverfahren im Gewerberecht als Kehrseite der Genehmigungsverfahren vgl. etwa *Barbey,* WiVerw 1982, 82ff.

„Medium" exekutivischer Zweck- und Rechtskonkretisierung bzw. -setzung. Diese Position ist zugleich dynamisch angelegt; das Verfahren der öffentlichen Verwaltung unterliegt – den Bedingungen genuiner Verwaltungsverantwortung entsprechend – einem stetigen Wandel.

D. „Modernitätskrise" des Verwaltungsverfahrens

Der Zusammenhang zwischen der Krise des Verwaltungsstaates und der Aufwertung des Verwaltungsverfahrens ist nach alledem unübersehbar. Dennoch muß der skizzierte verstärkte Übergang zu Verfahrensüberlegungen sein Ziel verfehlen. Denn das ihm zugrundeliegende Therapiekonzept setzt prinzipiell falsch an. Es konstatiert zwar eine fehlende Verfahrenseffizienz, die es durch geeignete Verfahrensgestaltung auszugleichen gelte.[344] Dementsprechend wird nahegelegt, die vermeintlich ausufernden *Verfahren der Bürgerbeteiligung* einzuengen.[345] Gleichermaßen werden die Probleme *mehrstufiger Verwaltungsverfahren* in der Erwartung diskutiert, „technizistische" Änderungen einer überbordenden Teilgenehmigungspraxis könnten zu Erleichterungen führen.[346]

Hier wie auch sonst werden aber in der gegenwärtigen Diskussion um das Verwaltungsverfahren nur die bisherigen Entwicklungslinien des Verfahrensgedankens einfach (stillschweigend) fortgeschrieben. Das Verwaltungsverfahren und sein Recht werden noch immer als „Vollzug" des materiellen Rechts gedeutet. Die veränderten Rahmenbedingungen des Verwaltungsstaates werden dagegen kaum zur Kenntnis genommen, obwohl sie einen grundlegenden Wechsel der Entwicklungsperspektive des Verfahrens unausweichlich werden lassen.

Die aktuelle Diskussion um den kompensatorischen Funktionszuwachs des Verwaltungsverfahrens[347] unterstreicht die hiesige Einschätzung eines verfehlten Entwicklungskonzepts. Denn sie stellt die in seinem Funktionszuwachs begründete Be- und Überlastung des Verfahrens als Engpaßproblem der öffentlichen Verwaltung in einer Weise in den Vordergrund, als ob eine Ausweichmöglichkeit gegeben wäre. Dementsprechend wird auf die Gefahr aufmerksam gemacht, daß die Abkehr von *materiellen* Gestaltungsprinzipien im Verwaltungsstaat dem Gesetzgeber seinerseits

---

[344] Vgl. hierzu den Musterentwurf eines VwVfG (EVwVfG 1963), 1964, S. 76; *Kopp,* Verfassungsrecht und Verwaltungsverfahrensrecht, S. 20; *Mayer/Kopp,* Verwaltungsrecht, S. 354f.; *Schmidt-Aßmann,* Ordnungsidee, S. 23; *Wahl/Pietzcker,* VVDStRL 41 (1983), S. 162ff. und 194ff.

[345] Vgl. etwa *Sendler,* Entwicklung des Verwaltungsrechts, S. 31f.

[346] Siehe wiederum *Sendler,* a.a.O. (Fn. 345), S. 32f.; grundlegend zu „gestuften" Verwaltungsverfahren siehe BVerfGE 74, 264 (282); *Blümel,* DVBl. 1975, 695ff., 702; *Brohm,* VVDStRL. 30 (1972), S. 291; *Hill,* Das fehlerhafte Verfahren, S. 285ff.; *Selmer/Schulze-Osterloh,* JuS 1981, 393ff.; *Schmidt-Aßmann,* Festgabe BVerwG, S. 569ff.; spezielle für das Atomrecht vgl. BVerwGE 72, 300 (306ff.); *Rengeling,* DVBl. 1986, 265ff., 270f.

[347] Vgl. oben Fn. 334ff.; siehe zusammenfassend *Pietzcker,* VVDStRL 41 (1983), S. 201ff.

die Übertragung politischer Entscheidungen auf das Verfahren erleichtern würde.[348] Zum anderen werden Besorgnisse artikuliert, denen zufolge eine Abwertung des Gerichtsschutzes zu befürchten sei. Vor allem wird der Sorge Ausdruck gegeben, die Aufwertung des Verwaltungsverfahrens führe zu einer Rollenveränderung im Verhältnis von Bürger und Verwaltung.[349]

Wenn in diesem Zusammenhang die Tendenz beschrieben wird, den Rechten der Verfahrensbeteiligten Mitwirkungslasten zur Seite zu stellen,[350] dann belegt dies gewiß mögliche Gefährdungen im Verhältnis der Verwaltung zum Bürger, macht aber noch nicht hinreichend deutlich, daß damit das Problem *bürokratischer Herrschaft* des Verwaltungsstaates über die Gesellschaft nur auf das Verwaltungsverfahren verschoben wird. Es droht im Zuge dieser und weiterer Entwicklungen zu einem „bürokratischen Herrschaftsverfahren“ mit einer spezifischen Strukturgebung zu entarten.[351] Die Folgen dieser Entwicklung, z.B. der verstärkte Übergang zu *materiellen Präklusionen,*[352] stimmen bedenklich. Freilich kann auch nicht – im anderen Extrem – im Verfahren selbst die erstrebte materielle Regelung ganz und gar gegeben bzw. gefunden werden. Dies würde wiederum die originäre Verwaltungsverantwortung überspannen.[353]

Das Argument der Be- und Überlastung des Verwaltungsverfahrens droht somit eher an der Krise des Verwaltungsstaates vorbeizuführen. Zwei prinzipielle Gesichtspunkte sind es stattdessen, die einerseits die Defizite des Verwaltungsverfahrens als Problem seiner „Modernität“ markieren und andererseits den geeigneten Weg seiner Reform aufzeigen.

So ist zunächst davon auszugehen, daß der Bedeutungsgewinn des Verfahrens eine folgerichtige Entwicklung darstellt, die dem strukturellen, funktionalen und situativen Wandel der öffentlichen Verwaltung entspricht und diese in jenen einbettet. Damit aber ist die Richtung vorgegeben, in der das Verwaltungsverfahren umgeformt werden muß. Dementsprechend sieht sich die öffentliche Verwaltung Verfah-

---

[348] Vgl. *Pietzcker,* a.a.O. (Fn. 347), S. 203f.

[349] Siehe wiederum *Pietzcker,* a.a.O. (Fn. 347), S. 204f., der so argumentiert, als ob es eine „Alleinverantwortung“ der Verwaltung (S. 204) gäbe bzw. die Rollenzuweisung derart statisch sei, wie er (S. 205) es behauptet. Zur Gegenposition vgl. *meine* Ausführungen im 6. Kap., C.III.3.

[350] Hierzu vgl. nur *Berg,* Entscheidung bei ungewissem Sachverhalt, S. 248ff., 281ff.; *Grupp,* VerwArch. 80 (1989), S. 44ff., 50ff., 53ff., 60ff.; *Schmitt Glaeser,* Position der Bürger, S. 78ff., 93f.

[351] Vgl. die grds. Kritik bei *Schmitt Glaeser,* FS Boorberg Verlag, S. 25ff.; siehe ferner *J. Martens,* KritV 1986, 104ff., 111ff.; *R. Scholz/Pitschas,* AöR 110 (1985), S. 490ff., 494ff., 515ff.

[352] Zur differenzierten Typik der Präklusion im Verwaltungsverfahren und im Verwaltungsprozeß siehe BVerfGE 61, 82 (109ff.); BVerwGE 60, 297ff.; BVerwG, DÖV 1984, 467; *Degenhart,* FS C.-F. Menger, S. 621ff.; *Steinberg,* DÖV 1982, S. 623f.; *Streinz,* VerwArch. 79 (1988), S. 272ff.; *A. Weber,* DÖV 1980, S. 397ff.

[353] So zu recht *Hufen,* Verwaltungsverfahren, S. 33f., 35f.; vgl. kritisch auch *Isensee,* VVDStRL 41 (1983), S. 243 (Diskussionsbeitrag).

rensanforderungen gegenüber, die nun nicht mehr nur Maßgaben wie Rechtmäßigkeit, Wirtschaftlichkeit bzw. Effizienz oder Sachrichtigkeit umfassen,[354] sondern das Verwaltungsverfahren muß nunmehr auch die Bürgernähe der öffentlichen Verwaltung sichern,[355] zur Befriedung bzw. Konsenserzeugung in komplexen Verwaltungsaufgaben führen,[356] aber auch legitimierende Funktionen übernehmen.[357]

Dies alles ist freilich nicht unumstritten: *N. Luhmann* z.B. will die Verwaltung und damit auch die Verwaltungsverfahren gerade nicht mit der Sorge um Legitimität, politische Unterstützung oder Kooperationswilligkeit der Adressaten von Verwaltungsentscheidungen belastet wissen.[358] Andere wiederum sehen in der Berufung auf die Verwaltungseffizienz als Verfahrensziel ein viel zu abstraktes Prinzip, um ihm die Bestimmung des Verfahrens zu überantworten.[359] Fraglich ist auch, ob bzw. in welchem Ausmaß die Verwaltung ihre Verfahren als Institute zur Entlastung der Verwaltungsgerichtsbarkeit ansehen kann und muß.[360]

In jedem dieser Anforderungssegmente führen unterschiedliche Auffassungen zu divergierenden Verfahrensgestaltungen. Die Wahl des *funktionalen Bezugsproblems* hat ihre *praktischen* Konsequenzen in der Ausgestaltung des Verwaltungsverfahrens;[361] sie zeigt ihre *systempolitische* Dimension in der Problemdefinition der Krise des Verwaltungsstaates als Verfahrenskrise. Und so oder so finden sich die bisherigen Regeln darüber, wie die Verwaltung zu verfahren hat, um zu Konkretisierungsergebnissen zu gelangen, die von ihrer Umwelt akzeptiert werden, in Frage gestellt. Die Notwendigkeit, die Interventionsfähigkeit staatlicher Politik und öffentlicher Verwaltung gegenüber der Gesellschaft durch und in Verfahren zu überdenken, gilt daher vor allem für die Art und Weise, in der die öffentliche Verwaltung handlungs- und entscheidungsorientiert in die gesellschaftliche Umwelt interventiert. Die Krise des Verwaltungsstaates ist nicht zuletzt auch eine Krise der vorherrschenden Verfahren und Methoden, die der Staat zur Bewältigung seiner Aufgabenfülle anwendet.

---

[354] Vgl. zu ihnen *Achterberg,* Verwaltungsrecht, S. 355ff.

[355] Dazu u.a. *Pitschas,* VSSR 5 (1977), S. 172ff.; *Wahl,* VVDStRL 41 (1983), S. 157; zweifelnd z.B. *Greifeld,* VerwArch. 72 (1981), S. 107ff., 122ff.

[356] *Blankenburg/Treiber,* Interpretationsherrschaft über die Grundrechte, S. 30; *Steinberg,* DÖV 1982, 621f.; *Schmidt-Aßmann,* FS C.-F. Menger, S. 113, 122.

[357] Dazu die Hinweise bei *Mutius,* FS C.-F. Menger, S. 589; *Schmidt-Aßmann,* a.a.O. (Fn. 356), S. 122, einerseits und *Held,* Grundrechtsbezug, S. 61ff., andererseits.

[358] *Luhmann,* Verfahren, S. 203ff.

[359] So z.B. *Schmidt-Aßmann,* Jura 1979, S. 505ff., 508f.; vgl. auch *Wahl,* VVDStRL 41 (1983), S. 162f.; *v. Mutius,* ebd., S. 286 (Diskussionsbeitrag).

[360] Vgl. zu dieser Frage schon *Bettermann,* VVDStRL 17 (1959), S. 173ff.; *Brohm,* NJW 1984, 8ff.; *ders.,* DÖV 1987, 269ff.; *v. Mutius,* FS C.-F. Menger, S. 575ff.; *Papier,* FS Ule, S. 235ff.; *Schmidt-Aßmann,* NVwZ 1983, 1ff., 4ff.; *ders.,* FS C.-F. Menger, S. 111ff., 120ff.

[361] So mit Recht *Luhmann,* Verfahren, S. 216 mit Anm. 25.

2. Kapitel. Verfahrensentwicklung als Auftrag

A. Verwaltungsverfahren zwischen Krise und Reform

I. Verfahrenskrise und Verfahrensrechtsdogmatik

1. Verfahrensrechtsdogmatik vor den Gegenwartsproblemen der Verwaltung

Der Versuch, das Verwaltungsverfahren aus dieser „Krise der Modernität" herauszuführen, ist mit dem geltenden Verfahrensrecht des Bundes[1] und der Länder[2] kaum gelungen. Die Bestandsaufnahme der Rechtswirklichkeit, die sich auf der Grundlage der Verwaltungsverfahrensgesetze in der Praxis der Verwaltung und in der Rechtsprechung entwickelt hat, aber auch der Probleme, die noch nicht befriedigend gelöst sind, ergibt nicht nur eine Vielzahl neuer Einzelfragen.[3] Bedeutsamer noch ist, daß sich das Verwaltungsverfahrensrecht im Strukturwandel von Verwaltung, Gesellschaft und Recht eben doch nicht als das „Grundgesetz der Verwaltung" herausstellt, als das man es bei seinem Inkraftreten gefeiert hat.[4]

Verantwortlich für diese Situation, daß nämlich die Verwaltungsverfahrensgesetze ihrer Aufgabe bisher nur zum Teil gerecht werden (können), ist der Mangel an einer gewachsenen und ausgefeilten Rechtsdogmatik für das Verwaltungsverfahren einerseits, die zögerliche Bereitschaft von Rechtsprechung und Lehre andererseits, Anwendung wie Auslegung des Verfahrensrechts in einen Zusammenhang mit der Krise des modernen Verwaltungsstaates zu stellen und in deren Ursachen eine Aufforderung zum Umbau des Verfahrensgebäudes zu erkennen.[5] So macht sich denn

---

[1] Verwaltungsverfahrensgesetz des Bundes (VwVfG) vom 25. Mai 1976 (BGBl. I 1253); zum Sozialverwaltungs- und Steuerverwaltungsverfahrensrecht vgl. unten, Fn. 209.

[2] Nachweis der Fundstellen bei *Obermayer*, VwVfG, Einleitung Rdnrn. 60ff.; siehe auch die Synopse der Verwaltungsverfahrensgesetze der Länder bei *H.-J. v. Oertzen*, Verwaltungsverfahrensgesetz, Textausgabe, 1977, S. 79ff. Die Landesgesetze weichen nur in einigen wenigen Details ohne grundsätzliche Bedeutung vom Bundesgesetz ab; das rechtfertigt den „unitarischen Sprachgebrauch" von einem „VwVfG", vgl. *Mußgnug*, Das allgemeine Verwaltungsrecht, S. 203f. m. Anm. 2.

[3] Zu ihnen siehe z.B. *Hill*, Das fehlerhafte Verfahren, S. 4; *H. Meyer*, VR 1986, 513ff.; *Schenke*, DÖV 1986, 305ff.

[4] So z.B. *Häberle*, Verfassungsprinzipien, S. 49 (allerdings einschränkend: „in vielem ..."); vgl. auch *Bonk*, DVBl. 1986, 486.

[5] Ein Ansatz findet sich immerhin bei *Hill*, Das fehlerhafte Verfahren, S. 189ff., 191f.; seine Hinweise münden indes nicht in eine Reformperspektive ein und bleiben selbst sehr zurückhaltend; vgl. ferner auch *Hufen*, Verwaltungsverfahren, S. 391ff.; *ders.*, VVDStRL 47 (1989), S. 155ff., 162ff.

in der gegenwärtig noch immer und mit Blick auf die Zukunft immer stärker defizitären Ausgestaltung und Handhabung des Verwaltungsverfahrensrechts auch und vor allem das mehr als hundertjährige, an vielfältigen Rückschlägen reiche Bemühen um eine vornehmlich *rechtsstaatliche* Kodifikation des Verwaltungsverfahrens bemerkbar, die schon ihrerseits nur mühsam den Anschluß an die formenbestimmte Dogmatik des allgemeinen Verwaltungsrechts gefunden hatte. Denn das Verwaltungsverfahren als rechtlich geordnete Abfolge von Handlungen, unter deren Zuhilfenahme eine Behörde eine sachlich und zeitlich bestimmte Verwaltungsaufgabe erledigt,[6] hat im Zuge der seit einigen Jahren stattfindenden, ausgreifenden dogmatischen Anpassung des Verwaltungsrechts an die Entwicklung der Verwaltungsrealität bis zuletzt auf eine angemessene Berücksichtigung warten müssen.

Zwar bildet das Verwaltungsverfahrensrecht seit jeher einen integralen Bestandteil des Verwaltungsrechts, das seinerseits die Gesamtheit der geschriebenen und ungeschriebenen Rechtssätze umfaßt, die in spezifischer Weise für die Verwaltungstätigkeit, die Verwaltungsorganisation und das Verwaltungsverfahren gelten.[7] Materielles Verwaltungsrecht, seine Einkleidung in administrative Handlungsformen bzw. Rechtsformen des Verwaltungshandelns, die Maßstäbe des Verwaltungshandelns sowie Organisation und Verfahren der öffentlichen Verwaltung sind deshalb auch keine voneinander abtrennbaren Teilbereiche des Verwaltungsrechts. Sie stehen vielmehr in einem inneren Zusammenhang, wie ihn die Figur des Verwaltungsrechtsverhältnisses – freilich rechtlich noch kaum hinreichend ausgeformt – in den Beziehungen der Verwaltungsbehörden zum Bürger auszudrücken sucht.[8]

Gleichwohl blieb das allgemeine Verwaltungsrecht kraft Tradition in seinem Kern vorwiegend eine Rechtsformenlehre. Im Mittelpunkt der rechtsdogmatischen Auseinandersetzungen standen die Verwaltungsentscheidungen als Ergebnis und die Handlungsform, in der sich dieses Ergebnis präsentierte; namentlich dominierten die Erörterungen um den Verwaltungsakt als die maßgebliche Verwaltungsentscheidung in der Art einer „Momentaufnahme" sowie die Fragen seiner inhaltlichen Übereinstimmung mit dem materiellen Recht und des gegen ihn eröffneten Rechtsschutzes.[9] Später und weitergehend findet sich in der Folge realwissenschaftlicher Kritik auch das „formlose" Verwaltungshandeln in Überlegungen zur tatsächlichen und rechtlichen Bedeutung der Rechtsformen des Verwaltungshandelns einbezogen.[10]

---

[6] Zu diesem Verfahrensbegriff siehe nochmals *Badura*, Verwaltungsverfahren, S. 384; vgl. ferner *Goerlich*, Grundrechte als Verfahrensgarantien, S. 47.

[7] *Maurer*, Verwaltungsrecht, S. 10.

[8] Vgl. *Schmidt-Aßmann*, Ordnungsidee, S. 26 m. Anm. 40; siehe auch *P. Krause*, VVDStRL 45 (1987), S. 227ff., der allerdings dann zu Unrecht das Verfahren und sein Recht in einen *Gegensatz* zum Verwaltungsrechtsverhältnis stellt (S. 239ff.); anders dagegen *Öhlinger*, ebd., S. 182ff., 190f.

[9] Grundlegend die Kritik von *Bachof*, VVDStRL 30 (1972), S. 231.

[10] So relativ früh von *Quaritsch*, Über formelle und informelle Regeln der Entscheidung, FS C.H. Ule, 1977, S. 135ff.; zuletzt bei *Robbers*, DÖV 1987, 272ff. m. zahlr. w. Nachw.; *Bulling*, DÖV 1989, 277ff.

Bestrebungen zur Reformalisierung des sich dem Rechtlichen entziehenden Verwaltungshandelns durch ein das Vorfeld der Verwaltungsentscheidung besetzendes „bargaining“ zwischen Verwaltung und Privaten – z. B. durch Aushandeln im Genehmigungsverfahren,[11] in Subventionsfällen,[12] bei der öffentlichen Auftragsvergabe[13] oder auch durch Ausgründen eigentlicher Verwaltungsbehörden in privatrechtsförmige Unternehmen[14] – bilden deshalb auch heute einen Schwerpunkt der verwaltungsrechtlichen Diskussion.[15] Im Verlauf derart ergebnis- bzw. formenbezogener Problemsicht ist von der verwaltungsrechtlichen Dogmatik nicht nur, worauf u. a. *O. Bachof* nachdrücklich hingewiesen hat, das gesamte Behörden- und Organisationsrecht vernachlässigt worden.[16] Auch das „Verwaltungsverfahren“ als Inbegriff der Verfahren vor den Verwaltungsbehörden[17] litt in seiner rechtsdogmatischen Entfaltung unter dieser einseitig akzentuierten, ungleichgewichtigen Entwicklung des modernen Verwaltungsrechts.

2. *Das rechtsstaatliche Fundament der Dogmatik*

Es unterstreicht allerdings die so viele Jahre weithin latent gebliebene Bedeutung der Idee des Verwaltungsverfahrens, daß es trotz aller Restriktionen zu keiner Zeit an verfahrensrechtlich-gesetzgeberischen Entwicklungsschritten mangelte; auch die Auseinandersetzung in Rechtsprechung und Literatur um das im Zusammenhang des jeweiligen Verwaltungshandelns angemessene bzw. erforderliche und rechtmäßige „Verfahren“ blieb stets virulent. Sie war ebenso wie die Auseinandersetzung um die Maßstäbe administrativen Tätigwerdens immer *auch* Teil der rechtswissenschaftlichen und rechtspraktischen Befassung mit dem öffentlichen Verwalten.

Der Bogen solcher Bemühungen um die Entwicklung und Kodifizierung des Verwaltungsverfahrens reicht aus dem 17. Jahrhundert weit in die Gegenwart hin-

---

[11] Vgl. dazu statt aller *Bohne,* Der informale Rechtsstaat, S. 49ff., 69ff., 77ff.

[12] *H. Bauer,* VerwArch. 78 (1987), S. 248f.; *Hoffmann-Riem,* VVDStRL 40 (1982), S. 192, 197, 198, 227f.; *G. Kirchhoff,* Subventionen als Instrument der Lenkung und Koordinierung, 1973, S. 69f.; *Schwerdtfeger,* NVwZ 1984, 486.

[13] *Barnikel,* WiVerw. 1984, 90ff., 95ff.; *N. Herig,* Die Auftragsvergabe der öffentlichen Hand als Mittel zur Durchsetzung rechtlicher und technischer Vertragsbedingungen im Bereich der Bauverwaltung, Diss. München 1984; *Pietzcker,* AöR 107 (1982), S. 61ff., 80ff., 82.

[14] Vgl. *Püttner,* Die öffentlichen Unternehmen, 2. Aufl. 1984, S. 34; *Schuppert,* Erfüllung öffentlicher Aufgaben, S. 125ff., 259ff., 282ff., 289ff.

[15] Vgl. *H. Bauer,* VerwArch. 78 (1987), S. 256ff.; *J. Becker,* DÖV 1985, 1003ff., 1005ff., 1008ff.; *Bohne,* Der informale Rechtsstaat, S. 127ff.; *ders.,* VerwArch. 75 (1984), S. 343ff., 365ff., 370ff.; *Eberle,* DVerw. 17 (1984), S. 444, 448f.; *Hill,* NJW 1986, 2602ff., 2610; *ders.* (Hrsg.), Verwaltungshandeln, passim; *Hoffmann-Riem,* VVDStRL 40 (1982), S. 215ff.; *Isensee,* Die typisierende Verwaltung, S. 191; *Jarass,* Wirtschaftsverwaltungsrecht und Wirtschaftsverfassungsrecht, 2. Aufl. 1984, S. 164.

[16] *Bachof,* VVDStRL 30 (1972), S. 233.

[17] Vgl. *Bettermann,* VVDStRL 17 (1959), S. 118 – freilich dort rein formal verstanden!

ein.[18] Er findet seinen vorläufigen Kulminationspunkt in dem Inkrafttreten der Verwaltungsverfahrensgesetze des Bundes und der Länder im Jahre 1977. Mit ihnen hat das Verwaltungsverfahrensrecht eine breite dogmatische Grundlage erhalten; *E. Schmidt-Aßmann* spricht insoweit zutreffend von dem dadurch „vollzogenen Einbau des verfahrensbezogenen Denkens in das Gefüge verwaltungsrechtlicher Dogmen".[19]

Das Fundament dieser mit Blick auf das allgemeine und besondere Verwaltungsrecht vorangetriebenen gesetzgeberischen und kategorialen Entwicklung der Verfahrensidee ist das *Rechtsstaatsprinzip:* Verfolgt man die vieljährigen Auseinandersetzungen um die Gestaltung des Verwaltungsverfahrensrechts, so findet sich bis in die jüngste Zeit hinein stets die rechtsstaatliche Anbindung des Verfahrensdenkens betont.[20] Wie das Verwaltungsprozeßrecht, soll dem rechtsstaatlichen Verständnis entsprechend auch das Verwaltungsverfahrensrecht einschließlich des Verwaltungszustellungs- und Verwaltungsvollstreckungsrechts dem Rechtsschutz des Bürgers dienen, d.h. der Wahrung und Durchsetzung seiner Rechte gegenüber den Behörden.[21] Das Verfahrensrecht soll darüber hinaus den Bürger befähigen, von seinen subjektiv-öffentlichen Rechten gegenüber dem Staat auf eine richtige, zeitgemäße Weise Gebrauch zu machen. Von daher erscheint das Verwaltungsverfahrensrecht nicht nur als ein System technisch-formaler Vorschriften und Grundsätze, sondern ebenso als ein wesentlicher Bestandteil des modernen Rechtsstaates. Zugleich aber verkörpert das rechtlich geordnete Verwaltungsverfahren auch ein bedeutsames Element funktioneller Ordnung der Verwaltung; es ist ein wichtiges Mittel zu ihrer Rationalisierung und Steigerung der Leistungsfähigkeit des Staates.[22]

Freilich ist die Funktion des Verwaltungsverfahrens nicht nur eine rechtsstaatliche. Das Verwaltungsverfahrensrecht soll auch bürgergerecht sein und die partnerschaftliche Zusammenarbeit zwischen Behörde und Bürger ermöglichen.[23] Hierin

---

[18] Vgl. *Frenzel,* Der Staat 18 (1979), S. 592ff.; siehe ferner zur Entstehungsgeschichte des Verwaltungsverfahrensrechts *Herrnritt,* Das Verwaltungsverfahren, 1932; *Merkl,* Allgemeines Verwaltungsrecht, 1927, § 15; *Ule,* Kodifizierung, S. 1164ff.

[19] In: Verfahrensgedanke, S. 4f.

[20] *Häberle,* Verfassungsprinzipien, S. 58f., 63f., 70f. und öfter; *Kopp,* Verfassungsrecht und Verwaltungsverfahrensrecht, S. 20, 54ff.; *Ule,* VerwArch. 76 (1985), S. 136ff.; dieser konstatiert allerdings eine Zurückhaltung der deutschen Verwaltungsrechtswissenschaft hinsichtlich der Bedeutung des Verwaltungsverfahrensrechts für den Rechtsstaatsgedanken (S. 140); nunmehr zusammenfassend *Hill,* Das fehlerhafte Verfahren, S. 201ff., 229ff., 334f.; vgl. im übrigen die Reg.-begründung zum VwVfG, BT-Drucks. 7/910, S. 28ff.

[21] Vgl. die Begründung zum VwVfG, a.a.O. (Fn. 20), S. 65 (Einzelfallbegründung zu §§ 41, 42: „Verfahrens- und Formvorschriften ... haben mithin gegenüber dem materiellen Recht nur eine dienende Funktion"). Aus der Literatur siehe statt aller *Wahl,* VVDStRL 41 (1983), S. 160ff., 169f.

[22] *Hill,* Das fehlerhafte Verfahren, S. 201, 211, 214; *v. Mutius,* NJW 1982, 2150ff., 2151.

[23] Vgl. *v.d. Groeben,* 43. DJT 1960, Bd. II (Sitzungsberichte), Teil D, S. D 15; *Häberle,* Verfassungsprinzipien, S. 57; *Mayer/Kopp,* Verwaltungsrecht, S. 352ff.; *Pitschas,* VSSR 5 (1977), S. 172ff.; *Schmitt Glaeser,* Position der Bürger, S. 77ff.; *Wahl,* VVDStRL 41 (1983), S. 157.

liegen wesentliche *sozialstaatliche* Anforderungen an die Verwaltung. Indes will es mit Blick auf die für nachkodifikatorische Zeiten übliche und auch notwendige judikative und literarische Feinbehandlung der Verwaltungsverfahrensgesetze nicht so scheinen, als ob der Gesetzgeber so recht das Tor zu ihrer sozialstaatlichen Entfaltung aufgestoßen hätte.[24] Dies erscheint um so bedauerlicher, als die veränderten Aufgabenstrukturen und namentlich die Verteilungsfunktion öffentlicher Leistungsverwaltung einerseits, die Kompensation offenbarer Unzulänglichkeiten in der Steuerung der Verwaltung durch Normsetzung und durch nachträgliche gerichtliche Kontrolle andererseits sowie die dem Verwaltungsstaat eigentümliche und in der Untersuchung noch näher darzustellende prozeßhafte Herstellung konkreter Rechtsentscheidungen nach der Entwicklung sozialstaatlicher Verfahrensstandards geradezu verlangen.

II. Konzeptionelle Defizite der Verfahrensrechtsdogmatik

Die rechtsstaatlichen Aspekte des Verwaltungsverfahrens sind in den letzten Jahren vor allem im Hinblick auf die Bedeutung des Verwaltungsverfahrensrechts für die Wahrung und Verwirklichung der Grundrechte diskutiert worden.[25] Auch im übrigen entspricht es dem Bedeutungszuwachs des Verfahrensgedankens, wenn bereits heute vielfältige Überlegungen zur Weiterentwicklung der Verwaltungsverfahrensgesetze – u.a. im Hinblick auf die Anpassung von Sonder-Verwaltungsverfahrensrecht an die allgemeinen Regelungen[26] bis hin zu einer *Vereinheitlichung* des Verwaltungsverfahrensrechts[27] – angestellt werden. Fragen der materiellen Präklusion in gestuften Verwaltungsverfahren,[28] des Änderungsbedarfs der Verwaltungsverfahrensgesetze schlechthin[29] und schließlich einer Schrittmacherrolle des Bundes

---

[24] Vgl. schon die Skepsis bei *Schmitt Glaeser,* in: FS Boorberg Verlag, S. 1ff., 26ff.; *Wahl,* DVerw. 13 (1980), S. 273ff., 290ff., 295.

[25] Dazu die Nachw. oben, 1. Kap., Fn. 333; siehe ferner *Schmidt-Aßmann,* HdbStR III, 1988, S. 634ff.

[26] Vgl. *Bonk,* DVBl. 1986, 485ff., 490ff.; *Stelkens,* NVwZ 1986, 541ff.; siehe auch das Erste Gesetz zur Bereinigung des Verwaltungsverfahrensrechts vom 18. 2. 1986 (BGBl. I S. 265); vgl. ferner das Erste Rechtsbereinigungsgesetz vom 24. 4. 1986 (BGBl. I S. 560) und das Zweite Rechtsbereinigungsgesetz vom 16. 12. 1986 (BGBl. I S. 2441). Die Flut der Sondervorschriften, die von den Vorschriften des VwVfG abweichen, wird durch diese Rechtsetzung aber kaum aufgehalten, vgl. nur den Entwurf eines Dritten Rechtsbereinigungsgesetzes, BT-Drucks. 11/4310.

[27] *Bonk,* a.a.O. (Fn. 26), 489f.; *Kopp,* DVerw. 20 (1987), S. 6f.; *Pitschas,* Wandel des Verwaltungsverfahrens, S. 54f.; siehe ferner die Beiträge in *Blümel,* Vereinheitlichung, S. 19ff., 67ff., 79ff.

[28] Dazu bereits die Nachw. oben, 1. Kap., Fn. 352; siehe ergänzend BVerwGE 72, 300 (305f.); *Streinz,* VerwArch. 79 (1988), S. 272ff., 292ff.

[29] Vgl. *Bonk,* DVBl. 1986, 493ff.

in bezug auf die umfassende Vereinheitlichung und Standardisierung des Verwaltungsverfahrens[30] treten in diesem Zusammenhang besonders hervor.

Im Zuge dieser Entwicklung scheint das Verwaltungsverfahrensrecht nunmehr einen angemessenen Platz in der öffentlich-rechtlichen Dogmatik gefunden zu haben. Mehr noch: wie *E. Schmidt-Aßmann* betont, ist das verfahrensbezogene Denken heute vor allem in Bereichen, in denen es um Verwaltungsentscheidungen geht, „vertraut und eingearbeitet".[31] Die verfahrensbezogene Betrachtung sieht sich damit sowie nach allgemeiner Auffassung in die Dogmatik des Verwaltungsrechts bruchlos eingefügt.

1. *Perspektivische Enge der Dogmatik*

Über die dadurch vermeintlich erreichte Vervollkommnung der instrumentellen Funktionstüchtigkeit des Verwaltungsverfahrens wird freilich kaum hinausgedacht. Denn die wissenschaftliche Auseinandersetzung mit dem Verwaltungsverfahren steht vornehmlich unter dem Thema der Abklärung seines Rechtsschutzauftrags mit den Anforderungen der Verwaltungseffizienz. Der Gesamtauftrag des Verwaltungsverfahrens, wie ihn unlängst *R. Wahl* vorsichtig skizziert hat,[32] wird damit allerdings nur ausschnittweise ins Auge gefaßt. Das Verwaltungsverfahren findet sich vielmehr in seinen Funktionen weitgehend auf die Wahrung und Durchsetzung der Rechte des Bürgers gegenüber den Behörden einerseits sowie auf Elemente seiner instrumentellen Leistungsfähigkeit andererseits im Sinne einer Durchsetzung von Verwaltungszielen bzw. -aufträgen reduziert.

Eine solche verengte Betrachtungsweise reicht indes nicht länger aus, das Verwaltungsverfahren in die Bedingtheiten des ausklingenden 20. Jahrhunderts hineinzustellen und den spezifischen Problemlagen gerecht zu werden, die durch den wissenschaftlich-technisch forcierten Industrialisierungs- und Bürokratisierungsprozeß einerseits sowie durch die Notwendigkeiten darauf antwortender sozialer Realisation andererseits in den nächsten Jahren hervorgerufen werden.[33] Darüber hinaus verfehlt die Zuweisung einer rein instrumentalen Rolle an das Verfahren die – bislang allerdings nur unzulänglich verbreitete – Grundeinsicht, das neben einer veränderten Verwaltungsumwelt und Verwaltungsrealität auch Weg und Verfahren, Kompetenz und Person das Verwaltungshandeln und die Verwaltungsentscheidung bestim-

---

[30] *Schaefer*, Vereinheitlichung des Verwaltungsverfahrensrechts des Bundes, in: *Blümel*, Vereinheitlichung, S. 67ff., 73.

[31] In: Verfahrensgedanke, S. 3f; skeptischer allerdings in bezug auf die Verwaltungspraxis *Schaefer*, a.a.O. (Fn. 30), S. 76f.

[32] VVDStRL 41 (1983), S. 157.

[33] Vgl. auch den Hinweis auf Veränderungsbedürfnisse des Verwaltungsverfahrensrechts im Hinblick auf „Registerwesen, EDV-Einsatz und Datenschutz" bei *Schmidt-Aßmann*, Verfahrensgedanke, S. 5; ähnlich *Wahl*, Zur Lage der Verwaltung, S. 1213, mit Bezug auf die Verwaltungstechnisierung; zu den von der Verwaltung zu verarbeitenden sozialen Folgeproblemen vgl. *Pitschas*, DÖV 1987, 622ff.

men – es somit weder eine einzig richtige Entscheidung der Verwaltung gibt, weil die Gestaltung und Durchführung von Verfahren zugleich über Sachfragen mitentscheidet (Rechtmäßigkeit bedeutet nicht schon „Richtigkeit"),[34] noch die *objektiv* richtige Entscheidung das Ziel des Verwaltungsverfahrens und seiner rechtlichen Ordnung sein kann.[35]

Nur insofern, als ein ordnungsgemäßes Verfahren i.S. eines due process als unabdingbare Voraussetzung einer gerechten und sachlich vertretbaren Entscheidung betrachtet werden muß, hat deshalb das Verwaltungsverfahren eine *dienende* Funktion für das materielle Recht.[36] Daneben aber – und sich hierzu komplementär verhaltend – verfügt das Verfahren über erheblichen Eigenwert. In ihm und durch seine Vermittlung verwirklicht sich erst die Subjektstellung des Bürgers. Im Ergebnis kann deshalb nicht die richtige, sondern nur die rechtlich vertretbare, zugleich aber wirksame und auch akzeptierte Verwaltungsentscheidung das Ergebnis eines Verwaltungsverfahrens sein.

Vor diesem Hintergrund muß die Verfahrensidee bzw. das Verfahren als verwaltungsrechtliche Kategorie derzeit noch immer auf die Durchzeichnung größerer Bedeutungs- und Entwicklungslinien verzichten. Dies ist um so mehr zu beklagen, als z.B. gerade die sozialstaatliche Verwaltungspolitik und -tätigkeit für die Zukunft der spezifischen Verbindung mit dem Verfahrensdenken aus zahlreichen Gründen kaum entraten wird können.[37] Nicht nur von Verfassungs wegen, sondern auch unter den Bedingungen einer sich wandelnden Verwaltungsumwelt stellt sich die Frage nach dem stärkeren Einbezug von Verfahren in die materielle Verwaltungsfunktion.[38]

2. Rechtsstaatliches Verfahrensverständnis im Wandel

Verfolgt man diesen Weg näher, so bleiben in der Literatur die Konsequenzen merkwürdig farblos, die aus dem unstreitigen Bedeutungsgewinn des Verwaltungsverfahrens gemeinhin gezogen werden. Während einerseits hervorgehoben wird, das Verwaltungsverfahren könne die Schwächen der materiell-rechtlichen Handlungsprogramme nur begrenzt (aber immerhin teilweise) ausgleichen,[39] finden sich von

---

[34] Vgl. *Hill*, Das fehlerhafte Verfahren, S. 202, 210; *Hufen*, Verwaltungsverfahren, S. 392; *H.H. Rupp*, FS O. Bachof, 1984, S. 164f.; *Schenke*, DÖV 1986, 306.

[35] *Schnapp*, Rechtstheorie 9 (1978), S. 275ff., 297f.

[36] Vom „funktionalen Eigenwert" des Verfahrens als solchem spricht *D. Lorenz*, NJW 1977, 865ff., 867; differenzierend auch *Hufen*, Verwaltungsverfahren, S. 393f; siehe ferner *Pitschas*, Wandel des Verwaltungsverfahrens, S. 37f., 53f.; *Schmidt-Aßmann*, HdbStR III, 1988, S. 647f. (Rdnr. 34), 650.

[37] Dazu näher unten sub II.3.

[38] So auch *Häberle*, BayVBl. 1977, 745ff., 746 m. Anm. 13.

[39] „Kompensationsthese"; vgl. hierzu schon die Nachw. oben, 1. Kap., Fn. 329ff., 335ff., 347f.

anderer Seite gerade die Probleme einer derartigen „Verfahrensaufwertung" betont.[40]

Nun zeitigt zwar die Umpolung vom materiellen Recht hin zum Verfahrensrecht in der Tat bedeutsame Auswirkungen. Es fragt sich jedoch, ob nicht die Diskussion darüber, welches *Ausmaß* die Hinwendung zu einem verfahrensmäßigen Denkansatz im Verwaltungsrecht annehmen sollte, unter völlig falschem Vorzeichen geführt wird und deshalb ergebnislos bleiben muß. Denn eine Wahlsituation besteht nicht; soweit die „Kompensationsthese" hierauf abhebt, muß sie sich von vornherein als inoperabel und unfruchtbar erweisen. Wie sich im weiteren Verlauf der Untersuchung noch herausstellen wird, ist die relative Unbestimmtheit von Normen des Gesetzes oder einer Verordnung angesichts der Komplexität unzähliger Regelungssachverhalte geradezu notwendig, damit auf der Ebene des Verwaltungshandelns die Individualisierung, Reflexivität und Zeitgerechtigkeit der Konkretisierung möglich wird.[41]

a) Rechtsstaat als „Verwaltungsstaat"

Ebenso dürfte eine gleichsam lineare Konzeption für die Vereinheitlichung des Verwaltungsverfahrensrechts scheitern, die lediglich von einer Fortschreibung der bisherigen Verfahrensstruktur ausgeht und dies insbesondere für das Planfeststellungsverfahren praktiziert.[42] Die grundgesetzlich vorgezeichnete und sich im Aufgabenwandel der Verwaltung widerspiegelnde Metamorphose des bürgerlichen Rechtsstaates zum daseinssichernden, technisierten sozialen Rechtsstaat, der in seiner Funktionsweise notwendig „Verwaltungsstaat" ist.[43] läßt nicht nur keinen Raum für eine Abwendung von der dargestellten Verfahrensaufwertung. Sie drängt ebenso nach einem umfassender ansetzenden, mehrdimensionalen Verfahrensverständnis, dem sich das Verwaltungsverfahren allein als flexibler Struktur-, Entwicklungs- und Ordnungsrahmen für die vielfältigen Begegnungsvorgänge zwischen Staat und Individuen erschließen kann.[44] Diesen Anforderungen genügen (bloße) Problemanalysen zur Aufwertung des Verwaltungsverfahrens nicht – geschweige denn, daß sie ein hinreichendes Fundament für eine Verfahrensvereinheitlichung auf der Grundlage überzeugender künftiger Verfahrensrechtsdogmatik abgeben könnten.

---

[40] So bes. von *Pietzcker*, VVDStRL 41 (1983), S. 203ff.

[41] *J.P. Müller*, FS K. Eichenberger, S. 169ff., 179f.; *Rhinow*, Rechtsetzung und Methodik, S. 247.

[42] Diese Befürchtung nähren jedenfalls die Ausführungen von *Bonk*, DVBl. 1986, 493ff., und zwar nicht nur verfahrensimmanent in bezug auf die in Aussicht genommenen „neuen" Vorschriften – z.B. wird im Bereich der informationellen Selbstbestimmung die Problematik des „Dateibegriffs" übergangen; die Schutzfähigkeit des BDSG wird nicht problematisiert –, sondern es fehlt auch an einer *Gesamtperspektive!* Ähnliche Kritik enthalten auch die Andeutungen bei *Kopp*, DVerw. 20 (1987), S. 5, 28; unbefriedigend dagegen wiederum *Schaefer*, in: *Blümel*, Vereinheitlichung, S. 67ff.; *Fickert*, ebd., S. 145ff.

[43] Vgl. hierzu die Nachw. oben, 1. Kap., Fn. 78ff.

[44] Näher noch dazu die Ausführungen im 2. Teil der Untersuchung: „Die Verfahrensidee im Strukturwandel von Staat, Gesellschaft und Recht".

In welchem Ausmaß die verwaltungsstaatliche Verengung des Verfahrens demgegenüber zu rechtsstaatlich unbefriedigenden Regelungen des Verwaltungsverfahrensrechts geführt hat, zeigt sich beispielsweise am verwendeten *Beteiligungsbegriff*. § 13 VwVfG stellt weder sicher, daß *alle* möglicherweise in ihren Rechten betroffenen Dritten von der Behörde auch tatsächlich zum Verfahren beigezogen werden,[45] noch wird Beteiligung überhaupt durch bloße materielle Betroffenheit begründet.[46] Eine generelle Pflicht zur formellen Beteiligung eines materiell Betroffenen sieht sich (zu Unrecht) verneint.

Unbefriedigend, weil viel zu eng, ist auch die *Anhörung* der Beteiligten geregelt worden.[47] Unklar ist vor allem, wie § 28 VwVfG darin zu verstehen ist, daß die Behörde den Beteiligten Gelegenheit geben muß, „sich zu den für die Entscheidung erheblichen Tatsachen zu äußern."[48] Einem im Sinne der Verfassung richtig verstandenen rechtsstaatlichen Verwaltungsverfahren wird jedenfalls nur ein Anhörungsrecht gerecht, das nach Gegenstand und Umfang dasjenige verbürgt, was Art. 103 Abs. 1 GG für das gerichtliche Verfahren als „Recht auf Gehör" garantiert.[49] Sowohl nach § 28 VwVfG als nach § 24 SGB X ist es deshalb geboten, das rechtliche Gehör im Verwaltungsverfahren zumindest dann zu gewähren, wenn in die Rechte

---

[45] Vgl. bes. *Kopp*, Beteiligungsbegriff, S. 164f., 167, 172; *ders.*, FS BVerwG, S. 389, 392ff., 395ff., 397f.

[46] § 13 Abs. 2 VwVfG verpflichtet nämlich die Behörden nur dazu, Dritte, „für die der Ausgang des Verfahrens rechtsgestaltende Wirkung hat", zum Verfahren hinzuziehen, wenn sie dies *beantragen;* kritisch hierzu auch *Kopp*, VwVfG, § 13 Rdnr. 31; einschränkend aber *Meyer/Borgs*, VwVfG, § 13 Rdnr. 10; *Stelkens/Bonk/Leonhardt*, VwVfG, § 13 Rdnr. 20; für das sozialrechtliche Verwaltungsverfahren (§ 12 Abs. 2 SGB X) siehe ebenso BSGE 15, 282 (287); 31, 23 (28); großzügiger jüngst BSG, SGb. 1984, 112ff.; vgl. aber auch *P. Kirchhof*, FS BSG II, S. 537ff., 573.

[47] Vgl. §§ 28 Abs. 1 VwVfG, 24 Abs. 1 SGB X, 91 Abs. 1 AO; zu ihrer defizitären Reichweite siehe die Kritik von *Badura*, Verwaltungsverfahren, S. 401; *Kopp*, Verfassungsrecht und Verwaltungsverfahren, S. 30ff., 32f.; *ders.*, VwVfG, § 28 Rdnr. 1; *Mandelartz*, DVBl. 1983, 112ff.; *T. Horn*, DÖV 1987, 20ff.; *Ule/Becker*, Verwaltungsverfahren im Rechtsstaat, S. 37ff., 40f.; zu den Problemen der rechtswidrig unterbliebenen Anhörung siehe ferner *Schilling*, VerwArch. 78 (1987), S. 45ff.; 64ff.; Nachw. und Würdigung insbes. der Rechtsprechung bei *Laubinger*, VerwArch. 75 (1984), S. 55ff.

[48] Vgl. dazu näher *Badura*, a.a.O. (Fn. 47), S. 401; *Ehlers*, DVerw. 17 (1984), S. 295ff., 302; *Kopp*, VwVfG, § 28 Rdnrn. 14ff., 16ff.; *Laubinger*, VerwArch. 76 (1984), S. 69ff. m.w.Nachw.

[49] Damit ist nicht gesagt, daß der Grundsatz des rechtlichen Gehörs im Verwaltungsverfahren *unmittelbar* aus Art. 103 Abs. 1 GG folgt; so aber *Kopp*, Verfassungsrecht und Verwaltungsverfahrensrecht, S. 30ff., 75f.; *Feuchthofen*, DVBl. 1984, 170ff.; maßgeblich ist jedoch vor allem das Rechtsstaatsprinzip, vgl. *Krasney*, NVwZ 1986, 337ff. m.w.Nachw. in Anm. 2ff.; *Schmidt-Aßmann*, in: Maunz/Dürig, GG, Art. 103 Abs. 1 Rdnrn. 2f., 62ff.; nach Ansicht von *Lerche*, ZZP 78 (1965), S. 25ff., 27, ist das rechtliche Gehör im Verwaltungsverfahren speziell ein Erfordernis des effektiven Rechtsschutzes nach Art. 19 Abs. 4 GG, ihm jedenfalls in der Ablehnung des Art. 103 Abs. 1 GG zustimmend *Mauder*, Anspruch auf rechtliches Gehör, S. 22; vgl. schließlich auch *Kunig*, in: v. Münch, GGK, Bd. 3, Art. 103 Rdnr. 5; *Bettermann*, FS C.-F. Menger, S. 709ff., 717f.

eines Beteiligten eingegriffen werden soll.[50] In ihrer Reichweite zielt eine solche Anhörung auf *Verfahrensmitwirkung*, umfaßt also auch das sog. Rechtsgespräch.[51]

Gleichermaßen befremdlich, weil ersichtlich ohne Rückbindung in ein dimensionales Verfahrensverständnis, erscheinen die von der *Verpflichtung zur Begründung* von Verwaltungsakten gem. §§ 39 Abs. 1 S. 2, Abs. 2 VwVfG, 35 Abs. 1 S. 2, Abs. 2 SGB X der Verwaltung eingeräumten Erleichterungen und Ausnahmen.[52] Im Verfahrensverständnis des Grundgesetzes kommt auch und gerade der Begründung eine tragende und deshalb eher auszuweitende Bedeutung zu.[53]

b) „Krise" des Rechtsstaats

Wenn darüber hinaus die Verwaltungsverfahrensgesetze noch andere Regelungen aufweisen, die nicht dem prozedural Verfassungsgemäßen in jeder Hinsicht entsprechen, weil sie den Interessen einer „funktionierenden" Verwaltung stärkeres Gewicht beimessen als dem Rechtsschutz-, Rechtswahrungs- und Selbstdarstellungsanspruch des Bürgers,[54] so mögen darin auch gewisse Abnutzungserscheinungen der Rechtsstaatsidee erkennbar werden. Auch in diesem Sinne verdient der Entwicklungsstand *rechtsstaatlicher Verfahrensstandards* heftige Kritik. Nicht von ungefähr sind es in diesem Zusammenhang vor allem technische Projekte und in ihrer Mitte die Kernenergie als Paradigma moderner Großtechnik, die das Rechtsstaatsprinzip neuartigen Belastungsproben aussetzen.[55]

Zentrale Strukturmerkmale dieses Verfassungsgrundsatzes wie die Freiheitssicherung durch Grundrechte, das Prinzip der Gesetzmäßigkeit der Verwaltung, die Gewährleistung umfassenden Rechtsschutzes oder eben auch die rechtsstaatlichen Vorgaben und Steuerungsbedingungen eines geordneten Verwaltungsverfahrens[56] sehen sich dabei in Zweifel gezogen.[57] So wirft u. a. die im Verwaltungsvollzug unter

---

[50] Zur Streitfrage, ob vor Erlaß eines Verwaltungsaktes, der eine *Leistung* ganz oder teilweise ablehnt, der Betroffene anzuhören ist, siehe abl. BVerwGE 66, 184 (186f.); BSG, SozR 1300 § 34 Nr. 8; OVG Münster, DÖV 1983, 986; Nachw. zum Schrifttum, das überwiegend den gegenteiligen Standpunkt vertritt, bei *Laubinger*, VerwArch. 75 (1984), S. 64f. m. Anm. 24f.; *Krasney*, NVwZ 1986, 338; *Weides*, JA 1984, 648ff., 651f.

[51] A. A. die h. M., die davon ausgeht, daß die Behörde nach §§ 28 Abs. 1 VwVfG, 24 Abs. 1 SGB X *nicht* zum Rechtsgespräch verpflichtet ist, vgl. nur *Kopp*, VwVfG, § 28 Rdnr. 20; *Stelkens/Bonk/Leonhardt*, VwVfG, § 28 Rdnr. 13; *Ule/Laubinger*, Verwaltungsverfahrensrecht, S. 174; *Achterberg*, Verwaltungsrecht, S. 523. Wie aber sollte sonst konkretes Recht gebildet werden, wenn nicht im Gespräch?

[52] Vgl. *Dolzer*, DÖV 1985, 9ff., 11, 12; *H.-J. Koch*, DVBl. 1983, 1125ff., 1132; *Kopp*, DVerw. 20 (1987), 18.

[53] Siehe dazu näher die Ausführungen unten im 3. Teil der Untersuchung über „Die Verfassung als Prozeßform und Entscheidungsrahmen staatlicher Verfahren", 10. Kap., B. II.3.a); vgl. auch *Dolzer*, DÖV 1985, 20.

[54] So zutr. *Kopp*, DVerw. 20 (1987), S. 5.

[55] Vgl. statt vieler *Saladin*, Kernenergie und Verfassungsstaat, in:: A. Roßnagel (Hrsg.), Recht und Technik, S. 35ff., 43f.

[56] Zu ihnen zusammenfassend *Stern*, Staatsrecht I, S. 781ff., 824f.

[57] Vgl. *Baumann*, JZ 1982, 749ff., 752f.; *H. Hofmann*, Rechtsfragen, S. 94ff., 237ff., *Löff-*

Abweichung vom einzelfallbezogenen Grundmuster des Verwaltungsverfahrens rechtlich zulässige und in der Verwaltungspraxis übliche abschnittweise Stufung des Verfahrensganges sowohl in den Verfahren der immissionsschutzrechtlichen als auch der atomrechtlichen Anlagengenehmigung[58] die Frage auf, ob in der Folge hiervon bestimmte Einwendungen der Verfahrensbeteiligten schon dadurch abgeschnitten sein sollten, daß sie nicht rechtzeitig erhoben worden sind.[59] Die Verfassungsmäßigkeit derart materieller Präklusionsvorschriften ist jedenfalls und entgegen herrschender Ansicht[60] auch durch die Verfassungsrechtsprechung[61] noch nicht hinreichend geklärt worden. Einwendungslast und Einwendungsausschluß bedürfen insoweit über das Anlagengenehmigungsrecht hinaus vor allem unter dem Aspekt der prozeduralen „Waffengleichheit" weiterer rechtsstaatlicher Durchdringung.[62]

Ähnlichen Erfordernissen einer intensiven rechtsstaatlichen Auseinandersetzung namentlich im Zusammenstoß von Recht und Technik unterliegen auch das verwaltungsgerichtliche Verfahren und die „Technisierung des Rechts" durch Verweisungen des Gesetzgebers auf „allgemein anerkannte Regeln der Technik", den „Stand der Technik" bzw. auf den „Stand von Wissenschaft und Technik".[63] Während die den Verwaltungsgerichten dadurch im Verrechtlichungsprozeß eröffnete – wenngleich nicht unbestrittene – justizielle Konkretisierungskompetenz die prozeßspezifische Kapazität zur Konfliktregelung zu übersteigen scheint,[64] stellt sich gesetzgebungspolitisch die Frage, ob nicht die „offene" normative Konkretisierung (sicherheits-)technischer Genehmigungsvoraussetzungen mehr als bisher verwaltungsverfahrensrechtliche Kompensationen erfordert.[65]

---

ler, Parlamentsvorbehalt im Kernenergierecht, 1985, S. 139ff.; *Wilting,* Atomrechtliches Genehmigungsverfahren, S. 104ff., 111ff., 115ff., 117ff.

[58] Vgl. zu dieser Verfahrensstufung *Breuer,* Umweltschutzrecht, in: v. Münch, Bes. VerwR, S. 601ff., 674; *Ronellenfitsch,* Das atomrechtliche Genehmigungsverfahren, S. 297, 390ff.; *Rengeling,* DVBl. 1986, 265ff., 270f.; *Selmer,* Vorbescheid und Teilgenehmigung im Immissionsschutzrecht, 1979.

[59] BVerfGE 61, 82 (109ff.); BVerwGE 60, 297 (303f., 305ff.); *Badura,* JZ 1984, 14ff., 15.

[60] Zu dieser vgl. *Schmidt-Aßmann,* in: Maunz/Dürig, GG, Art. 19 Abs. 4 Rdnrn. 258ff. m.w. Nachw.; ferner *Ronellenfitsch,* JuS 1983, 594ff., 596ff.

[61] BVerfGE 61, 82 (109ff.), siehe ferner BVerwGE 60, 297 (307ff.); Hess VGH, GewArch 1986, 36ff.

[62] Erste Ansätze hierzu bei BVerwG, DÖV 1984, 407f.; siehe ferner *Streinz,* VerwArch. 79 (1988), S. 297f.; *Wilting,* Atomrechtliches Genehmigungsverfahren, S. 125ff.

[63] Dazu im einzelnen die Nachw. bei *R. Scholz,* Technik und Recht, S. 691ff., 697f., 703ff., 706ff.; vgl. ferner *Brugger,* VerwArch. 78 (1987), S. 1ff., 2 m. Anm. 2.

[64] Vgl. BVerwGE 72, 300 (316ff.); *U.K. Preuß,* KritV 1989, 3ff., 8ff.; *Sendler,* FS C.H. Ule, S. 352ff.; *R. Wolf,* Stand der Technik, S. 356ff.

[65] So z.B. *Degenhart,* DVBl. 1983, 926ff., 934; *Denninger,* KritJ 1989, 147ff., 155f.; *Papier,* FS C.H. Ule, S. 248; *K.-H. Weber,* Regelungs- und Kontrolldichte im Atomrecht, 1984, S. 218; *R. Wolf,* Stand der Technik, S. 426ff.; skeptisch allerdings *Winter/Schäfer,* NVwZ 1985, 703ff., 708.

Diese und andere[66] verfahrensbezogene „Lücken des Rechtsstaats" lassen sich keineswegs nur der besonders „politischen" Problemstruktur des Technikrechts zuschreiben.[67] Zumindest das „Soziale" gleicht in seiner Dynamik und Unergründlichkeit als ein vielschichtiger, komplexer und mit zahllosen Phänomenen des menschlichen Handelns verzahnter Ausschnitt der Lebenswelt dem „Wesen" der Technik.[68] Sozialrecht ist daher von einer dem Technikrecht vergleichbaren Problemstruktur.

Es sind vornehmlich die Problemgesamtheiten dieser beiden Politikfelder, aber auch – in abgeschwächter Form – die Problempotentiale vieler weiterer staatlicher agenda, die zunehmend darauf aufmerksam machen, daß Entwicklung, Wandel und Dynamik der Verrechtlichung gewisse Schwellenwerte überschreiten können, jenseits derer die *Rationalität* des (sozialen) Rechtsstaates in seiner Ordnung und Steuerung nur noch bedingt durch materiellrechtliche Kriterien vorgeformt bzw. erzwungen werden kann. Gleichartige Überlegungen gelten für seine politische *Legitimation*.

Für die Frage nach den Funktionsbedingungen des Verwaltungsverfahrens folgt hieraus die grundlegende Erkenntnis, daß Verfahrensordnung und Verfahrenslegitimation nur dann über gesicherte Rechtsstaats- und Demokratiebezüge verfügen, wenn sie in eine wechselseitige Bedingtheit zur Aufgabenwahrnehmung und Steuerungsintention des realen Sozialstaates mitsamt seinen Rationalitäts- und Legitimationsbedingungen gestellt werden.[69] Gesetzgeberische Aufgabenselektion und Zielvorgabe, entsprechende legislative und administrative Zwecksetzungen des Staatshandelns, verwaltungsseitige Aufgabenwahrnehmung und ihre Kontrolle in gerichtlichen Verfahren sind also ebenso Ergebnis zureichender (rechtlicher) Verfahrensordnung wie sich diese als inadäquat erweisen und deshalb versagen muß, wenn ihr die Adaption an die *sozialen* Vorgegebenheiten verwehrt bleibt bzw. mißlingt.

3. Verfahrensbedarf des Sozialstaates

a) Sozialstaatliche Verfahrensbindung der Verwaltung

Anlaß darauf hinzuweisen besteht um so mehr, als gerade der Verwaltungsstaat in eine Funktionskrise geraten zu sein scheint und im strukturellen Wandel steht. Diese Situation fordert dazu auf, die Interventionsfähigkeit staatlicher Politik und öffentlicher Verwaltung gegenüber der Gesellschaft zu überdenken; eine wesentliche Rolle spielen dabei die Fragestellungen zu den Konkretisierungsprozessen in der

---

[66] Vgl. etwa *Derlien*, VerwArch. 75 (1984), S. 256ff., 259ff.; *Hoffmann-Riem*, VVDStRL 40 (1982), S. 211f., 215, 216, 221f., 224ff.

[67] So aber z.B. *Roßnagel*, Auf der Suche nach einem zeitgemäßen Verhältnis von Recht und Technik, in: ders., Recht und Technik, S. 13ff., 14, 25f.

[68] Vgl. nur *H.F. Zacher*, FS G. Wannagat, 1981, S. 715ff., 726ff., 733f.

[69] Dazu grds. *Eichenberger*, Der Staat der Gegenwart, 1980, S. 114ff., 120.

Verwaltung und gegenüber dem Bürger sowie zu den Methoden, die der Staat zur Bewältigung der von ihm wahrgenommenen Aufgaben anwendet. Zur Diskussion im Zusammenhang mit der Krise des Verwaltungsstaates steht deshalb nicht nur seine Rolle zur aktiven Sozialgestaltung, sondern auch Muster und Methodik der sozialstaatlichen Intervention müssen neu überdacht werden.[70] Hierzu gehört auch das Verwaltungsverfahren.

Vor diesem Hintergrund muten nicht nur Vorschläge einer Reform des Verfahrensrechts als verfehlt an, die – wie vornehmlich im Hinblick auf komplexe Entscheidungen – jene für Großvorhaben einschlägigen Regeln des Verwaltungsverfahrensrechts in ihrer Eigenkomplexität noch steigern wollen.[71] Es scheint auch sehr berechtigt, wenn zum geltenden Verfahrensrecht die Frage aufgeworfen wird, wo sich dort der „Sozialstaat" wiederfinde.[72] Denn das Verfahrensrecht bilde, so heißt es, ein auf Verwaltungsakt und Vertrag, also auf überkommene Entscheidungsmuster reduziertes Verfahrensrecht, das die Vielzahl anderer, mittlerweile fest im Gebrauch stehender verwaltungsrechtlicher Handlungsformen negiere und dem die sozialstaatlich aufgegebene Funktions- und Reaktionsbedürftigkeit des Verwaltungsverfahrens auf gesellschaftliche Umwelterfordernisse widerstrebe.[73] In dieser Situation verwundert es nicht, wenn jüngste Bestandsaufnahmen zu Anspruch und Wirklichkeit der Verfahrensgesetze den „Sozialstaat" überhaupt nicht mehr in ihre Betrachtungen einbeziehen.[74]

In den damit markierten verfassungsrechtlichen Problemzusammenhang einer „materialen" Bindung des Verwaltungsverfahrens an die „soziale" Staatlichkeit gehört ferner die Debatte um die grundgesetzliche „Aufladung" von Verfahrensmaximen[75] sowie um die Ableitung von individuellen Verfahrenspositionen aus Grundrechten.[76] Vor allem stellt sich die Frage der stärkeren Einbeziehung von Verfahrensgrundsätzen in die materielle Verwaltungsfunktion, also nach einem genuin administrativen *due process*.[77] Die dabei auftretenden Zweifel, ob die verfassungs-

---

[70] *Derlien,* VerwArch. 75 (1984), S. 256ff.; *Klages,* Steuerung des Wohlfahrtsstaates, S. 23ff., 35, 44ff.; *Steinberg,* Der Staat 15 (1976), S. 185ff.; *R. Voigt,* Grenzen rechtlicher Steuerung, S. 22f., 24ff.

[71] Siehe hierzu z.B. *Schmitt Glaeser,* Position der Bürger, S. 38; *Wahl,* VVDStRL 41 (1983), S. 180 m. Anm. 89; wie hier dagegen (lapidar) *Weyreuther,* DÖV 1985, 38.

[72] *Schmitt Glaeser,* FS Boorberg Verlag, S. 26; defizitär insoweit leider auch *Schmidt-Aßmann,* HdbStR III, 1988, S. 623ff.

[73] *Schmitt Glaeser,* a.a.O. (Fn. 72), S. 29, 31ff.; deshalb zutr. die Reformerwägungen bei *Bonk,* DVBl. 1986, 493f.

[74] So z.B. die von *Kopp,* DVerw. 20 (1987), S. 1ff.; *Schmidt-Aßmann,* a.a.O. (Fn. 72).

[75] Siehe dazu statt aller *Ule/Laubinger,* Verwaltungsverfahrensrecht, S. 4ff.; *Schilling,* VerwArch. 78 (1978), S. 47f.; es gibt daher kein Verfahren in der Verwaltung, das nicht zumindest formell grundrechtsrelevant wäre, vgl. auch unten, 3. Teil, 10. Kap., B. und C.

[76] Vgl. z.B. BVerfGE 52, 380 (389f.); 53, 30 (65f.); 73, 280 (296); siehe ferner die Nachw. oben im 1. Kap., Fn. 333, sowie *Hill,* HdbStR VI, 1989, S. 1305ff.

[77] Dazu vor allem *Häberle,* Öffentliches Interesse als juristisches Problem, 1970, S. 505, 627, 657f., 662, 727; *J. P. Müller,* FS K. Eichenberger, S. 173f., 174ff., 180f.

rechtliche Beurteilung von Verfahrensregelungen auf ein „Optimierungsziel" festgelegt werden darf, lassen sich nicht ohne Vergewisserung darüber ausräumen, welchen Verfahrensvorstellungen das Grundgesetz als Typus einer modernen Verfassung überhaupt folgt.[78]

b) Bürokratische Strukturgebung der Verfahren

Schon diese wenigen Bemerkungen lassen die unbewältigte *verfahrensrechtliche* Einbettung des Sozialstaates deutlich werden. Noch über diesen Horizont wesentlich hinaus führt die Betrachtung der spezifisch bürokratischen Strukturgebung des Verwaltungsverfahrens, begreift man sie auch und gleichzeitig als ein Teil des der Entwicklung vom Sozialstaat zum Wohlfahrtsstaat deckungsgleichen Aktionsmusters öffentlicher Verwaltung in der Implementation regulativer Politik.[79] In dem Ausmaß dieser Deckungsgleichheit (und auch Interdependenz) von materiellen Vorgaben und formaler Verfahrenstypik spiegelt sich die Krise des Verwaltungsstaates als Krise seines Verwaltungsverfahrens und dessen rechtlicher Ordnung wider.

Nur bedingt ist deshalb der Feststellung von *R. Steinberg* zuzustimmen,[80] die bürokratische Verwaltung gewinne ihre besondere Leistungsfähigkeit dadurch, daß ihr Handeln nach festen Regeln erfolge und damit den Charakter der Routine erlange. Die negativen Faktoren einer solchen Funktionszuschreibung an die öffentliche Verwaltung sind offenbar: Einerseits führt die implizierte Entwicklung der öffentlichen Verwaltung zu einem selbstreferenziellen System, d.h. die öffentliche Verwaltung richtet sich im Gehäuse ihres Verfahrens mehr und mehr nach Maßgabe ihrer selbstbezogenen Funktionsnotwendigkeiten ein. Die Folge ist eine Definition von Verfahrenserfordernissen im Sinne höchst selektiver Umweltwahrnehmung ohne genügende Beachtung kontraproduktiver externer Handlungsfolgen.[81] Im Zusammenhang hiermit bestimmen im binnenadministrativen Handlungsfeld zunehmend personale Verhaltensweisen bzw. individuell-fachliche Kompetenzen der Mitarbeiter einseitig den Modus des Verwaltungshandelns bzw. die (ihrerseits konkretexekutivische) Anwendung der Verfahrensnormen gegenüber den Verwaltungsumwelten auf breiter Front.[82]

---

[78] Näher dazu die Ausführungen im 3. Teil der Untersuchung über „Die Verfassung als Prozeßform und Entwicklungsrahmen staatlicher Verfahren".

[79] Vgl. *G. Leis,* Die Bürokratisierungsdebatte: Der Stand der Auseinandersetzung, in: J.J. Hesse (Hrsg.), Politikwissenschaft und Verwaltungswissenschaft, PVS-SH 13/1982, S. 168ff., 172ff.; *Scholz/Pitschas,* AöR 110 (1985), S. 505f.; *Seibel,* Regierbarkeit und Verwaltungswissenschaft, S. 243ff., 264ff., 270ff.

[80] DÖV 1982, 622 m. Anm. 46.

[81] So mit Recht *Luhmann,* Wohlfahrtsstaat, S. 100f. m.w.N.

[82] *Treutner,* Zur strategischen Nutzung rechtlicher Regeln in der Verwaltung, in: R. Voigt, Recht als Instrument der Politik, Opladen, 1986, S. 234ff., 237, 240ff.; *Knoepfel,* Öffentliches Recht und Vollzugsforschung, S. 41ff., 53ff., 57ff.; *R. Mayntz,* Implementation von regulativer Politik, S. 65ff.; *Pankoke,* DVerw. 21 (1988), S. 429ff.

Andererseits und in enger Verknüpfung hiermit stellt sich als weitere Folge der Abbau kooperativer Entscheidungsfindung, offener Kommunikation und interaktioneller Führung heraus.[83] Deshalb müssen in der Krise des Verwaltungsstaates nicht allein verstärkt gesellschaftliche Selbstregulierung und vermehrt kooperative Sozialverantwortung, sondern auch der Übergang zu einer kommunikativ-funktionsspezifischen Strukturgebung des gegenwärtigen Verwaltungsverfahrens die Reformziele bilden.[84] Merkwürdig genug versäumt es demgegenüber die bisherige Diskussion trotz aller Intensität, die Beschäftigung mit dem Verwaltungsverfahren in den zuvor erörterten Zusammenhang mit den Krisenerscheinungen des Verwaltungsstaates zu stellen. Der Grund hierfür mag darin liegen, daß dann Gefahr besteht, das gegenwärtige Modell des Verwaltungsverfahrens in toto aufgeben zu müssen.

c) Prozedurale Regulierung: Rechtsstaat in Not?

Derartige Befürchtungen scheinen nicht eben abwegig, berücksichtigt man, in welchem Ausmaß die öffentliche Verwaltung entsprechend den Funktionsimperativen des Sozialstaates dazu übergegangen ist, auf die Gesellschaft zielorientiert durch „regulative" Politik zur Veränderung technischer, kultureller und sozio-ökonomischer Strukturen und Prozesse einzuwirken.[85] Adressaten dieser „aktiven" Politik sind allerdings nicht mehr nur die einzelnen Bürger, sondern auch gesellschaftliche Gruppierungen, Verbände und Organisationen („Neo-Korporativismus"). Mit der dadurch auftretenden Verflechtung des Staates zur Industriegesellschaft[86] und mit der Suche nach Mustern einer gemeinsamen Verantwortung wandeln sich zugleich die handlungsleitenden Orientierungen des politischen Systems, das seine Zielset-

---

[83] Vgl. *Kißler,* Rechtssoziologie, S. 113ff., 177; *Treutner,* a.a.O. (Fn. 82), S. 245ff., 249ff. Verfahrensnormen werden dadurch *instrumentalisiert.* Sie enthalten letztlich keine allgemeingültigen bzw. eindeutigen Regeln mehr, verlieren aber auch nicht einfach an Bedeutung; sie entwickeln sich vielmehr zu disponiblen Ressourcen für die Absicherung der eigenständigen Verwaltungspolitik – und das auch im Wege *formellen* Verfahrenshandelns. Das „Informalitätsparadigma" greift insoweit zu kurz; es folgt dem rechtswissenschaftlichen Lehrbuchmodell des konsequenten Rechtsvollzugs.

[84] Unbefriedigend dazu beispielsweise *Hill,* Das fehlerhafte Verfahren, S. 211f., der zwar das Verwaltungsverfahren als einen Kommunikationsprozeß einordnet, daraus aber keine essentiellen Folgerungen zieht; ähnlich, wenngleich durchaus sachbezogener im Ansatz, *Hufen,* Verwaltungsverfahren, S. 157; kritisch (aber ohne Belege) zur Praxis der Kommunikation zwischen Behörde und Bürger – und viel zu knapp – auch *Kopp,* DVerw. 20 (1987), S. 3; zutr. dagegen *Burmeister,* Verfahrensstrukturierungsgebote, S. 157ff.

[85] „Regulative Politik" meint dabei Verhaltenssteuerung mit Hilfe unpersönlich formulierter Vorschriften, die sich an bestimmte Adressaten richten und für den Fall ihrer Nichtbefolgung mit einer Sanktionsdrohung belegt sind; zu Begriffsverständnis und Instrumentarium vgl. *R. Mayntz,* Regulative Politik in der Krise?, S. 55ff.; am Beispiel des Umweltschutzes konkretisierend *Hucke,* Regulative Politik, in: R. Voigt, Abschied vom Recht?, S. 50ff.

[86] Vgl. *Ritter,* AöR 104 (1979), S. 389ff.; *Schuppert,* Der Staat 28 (1989), S. 91ff., 96ff.

zungen vor allem durch „Zweckprogramme“ zu verwirklichen sucht.[87] Der Gesetzgeber zieht sich dabei zunehmend auf „aspirative“ Programmformeln zurück;[88] es entsteht eine eigene Programmfunktion der öffentlichen Verwaltung.[89]

In der Folge dieser Entwicklung orientiert sich schon seit längerem der konkret-administrative Funktionsprozeß bei der Rechts- und Zweckverwirklichung um: Die Handlungseinheiten der Verwaltung sind, um überhaupt Recht und Gesetz einigermaßen anwenden zu können, auf Informationen aus den Handlungsfeldern, auf intensive Kenntnis von deren Problemen, auf die Mitarbeit der Adressaten des Handelns sowie auf den Konsens mit diesen über zu treffende Maßnahmen bzw. Entscheidungen angewiesen.

Erforderlich ist m.a.W. eine breite *Kooperation* zwischen der Verwaltung und ihrer Umwelt.[90] Mit ihr verbindet sich zwangsläufig ein großer Bereich „informalen Verwaltungshandelns“, das in seinen Ablauf weitgehend paralegalen Regeln gehorcht.[91] Die verbindliche Auslegung und Ausformung von rechtlichen Handlungsprogrammen wird dadurch „bargaining“-Prozessen mit gesellschaftlichen Gruppen und Organisationen in nahezu sämtlichen Politikfeldern überantwortet.[92] Im Zuge dieser Emanzipation sozialstaatlicher Verwaltungspolitik von den Instruktionen *legaler* Handlungsanweisungen bzw. -aufträge stellt sich das Problem, die Steuerungsinstrumente darauf einzurichten. Gleichermaßen muß die interne Struktur der Verwaltung diesen Funktionserfordernissen angepaßt werden. Die Organisations- und Personalressourcen sowie die Rechtsetzungs-, Entscheidungs- und Kontrollverfahren der öffentlichen Hand werden deshalb zum Gegenstand von Rationalisierungsbemühungen. Zu ihnen zählt auch die „prozedurale Regulierung“.

Ihr werden diejenigen Ansätze staatlicher Einwirkung auf die Gesellschaft zugerechnet, die weder das Ergebnis von Handlungen Privater sanktionieren noch die

---

87 *Luhmann*, Zweckbegriff und Systemrationalität, S. 101ff. und öfter; *ders.*, Rechtssystem und Rechtsdogmatik, S. 45f.; *R. Voigt*, Regulatives Recht, S. 19ff., 21ff.

88 Ausdruck und Erläuterung bei *Blankenburg/Krautkrämer*, Ein Verwaltungsprogramm als Kaskade von Rechtsvorschriften: Das Arbeitsförderungsgesetz, in R. Mayntz (Hrsg.), Implementation politischer Programme, S. 138ff., 139f.

89 Vgl. die Nachw. bei *Hegenbarth*, Von der legislatorischen Programmierung zur Selbststeuerung der Verwaltung, in: Jb. für Rechtssoziologie und Rechtstheorie, Bd. 7, 1980, S. 130ff.; *Schnabel*, Politik ohne Politiker, in:H. Wollmann, Politik im Dickicht der Bürokratie, S. 49ff.; aufgenommen für die Rechtswissenschaft von *Brohm*, DÖV 1987, 265ff., 266f., 270f.; *ders.*, NVwZ 1988, 794ff.

90 Auf diesen Bedarf hatte – als Kennzeichen einer spezifisch *sozialstaatlichen* Verwaltungspolitik – schon *Offe*, Leviathan 1974, S. 333ff., hingewiesen; vgl. auch *Böhret*, Verwaltungspolitik, S. 31ff., 42ff.

91 Dazu die Nachw. oben, 1. Kap., Fn. 305ff.

92 Zusammenfassend aus sozialwissenschaftlicher und rechtsempirischer Perspektive *Treiber*, Kriminalsoziologische Biographie 1983, S. 28ff.; *G. Winter*, Bartering Rationality in Regulation, in: Law and Society Review 19 (1985), S. 219ff.; zu den dadurch aufgeworfenen rechtlichen Problemen vgl. allgemein *Bulling*, DÖV 1989, 272ff., sowie z.B. für das Wirtschaftsrecht *H. Bauer*, VerwArch. 78 (1987), S. 246ff., 254ff., 256ff.; für das Technikrecht siehe etwa *R. Wolf*, Stand der Technik, S. 153ff., 205ff.; für das Sozialrecht vgl. nur *Igl*, NDV 1987, 130ff.; *Leibfried*, KritJ 1976, 377ff., 391f.

Produktion von Gütern und Dienstleistungen von Staats wegen organisieren, sondern am *modus* von Entscheidungen ansetzen und damit ihr Methodenrepertoire erweitern. Der Staat schafft hierdurch „extern" wie „intern" Verhandlungssysteme und institutionalisiert für diese Verfahrensregeln, deren Befolgung zu einem Interessenausgleich zwischen den Verhandlungsbeteiligten führen soll.[93]

Die dergestalt konzipierte prozedurale Regulierung (Steuerung) hat sich in den vergangenen Jahren in der Bundesrepublik zum festen Bestandteil regulativer Politik entwickelt, wie sich an ihrer vielseitigen Verwendung im Recht der Technik,[94] im Sozialrecht[95] oder auch im Wirtschaftsrecht zeigt.[96] Angesichts erheblicher Defizienzen anderer Steuerungsmethoden[97] scheint sie mehr und mehr bevorzugt zu werden.[98] Einen beträchtlichen Anteil an dieser Entwicklung hat die Implementationsforschung zu den sozialstaatlich inspirierten Interventionsprogrammen. Ihre Ergebnisse, die einen markanten Funktionswandel von Gesetzgebung und Verwaltung unter dem Grundgesetz andeuten,[99] lassen aber auch deutlich Programmfehler und bürokratische Ineffizienz der prozeduralen Steuerung erkennen.[100] Sie zu vermeiden, erfordert eine verstärkt „situativ" oder „kontextuell" orientierte Programmsetzung und -verwirklichung und damit weitere Überlegungen zur Rolle der *Verwaltungsverantwortung* im modernen Sozial- und Verwaltungsstaat.[101]

Hand in Hand damit müssen Reflexionen zum *Umbau des Verwaltungsverfahrens* gehen. Es könnte sein, daß die Verfahrens(-rechtliche)steuerung des Sozialstaates auf diese Weise auch und zugleich ein funktionales Äquivalent zum vielfältigen Verzicht des Gesetzgebers auf die Abwägung bzw. Klärung von Zielkonflikten im Stadium der Programmentwicklung und -erstellung bilden könnte. Allerdings würde sich in diesem Fall, in dem das Verfahren endgültig die Bürde der auf das

---

[93] Näher zu diesem Typus regulativer Politik siehe *F. X. Kaufmann/B. Rosewitz*, Typisierung und Klassifikation politischer Maßnahmen, in: R. Mayntz, Implementation politischer Programme II, S. 25ff., 32ff., 37ff., 41; *R. Voigt*, Regulatives Recht, S. 25; am Beispiel des Bildungsrechts vgl. auch *Pitschas*, Berufsfreiheit, S. 164ff.

[94] Vgl. *Pitschas*, Jb. für Rechtssoziologie und Rechtstheorie, Bd. 11, 1987, S. 414ff.; siehe ferner *Marburger*, Atomrechtliche Schadensvorsorge, 2. Aufl., 1985, S. 132ff.

[95] *H. Wilke*, Entzauberung des Staates, S. 128ff.

[96] Z.B. im Kartellrecht, vgl. *Rinck/Schwark*, Wirtschaftsrecht, 6. Aufl. 1986, S. 178; vgl. ferner *Hoffmann-Riem*, WiVerw. 1983, 120ff., 128; *Windbichler*, Informelles Verfahren bei der Fusionskontrolle, 1981.

[97] *R. Voigt*, Grenzen rechtlicher Steuerung, S. 16f.; *Görlitz*, Mediales Recht, S. 13ff.

[98] *R. Voigt*, a.a.O. (Fn. 97), S. 17f.; vgl. auch *Treutner*, Planende Verwaltung, S. 19, 101.

[99] Vgl. *Bruder*, DVerw. 16 (1983), S. 200ff.; *Treiber*, RuP 1986, 21ff.; *J. Becker*, DÖV 1985, 1003ff., bezeichnet das informelle Verwaltungshandeln als eine „Herausforderung an Verwaltung und Verwaltungsrecht" im Untertitel seines Aufsatzes; zu den hier angesprochenen Aspekten siehe ferner *R. Scholz/Pitschas*, Informationelle Selbstbestimmung, S. 51ff.

[100] *Derlien*, VerwArch. 75 (1984), S. 261ff.

[101] Zu den im Text genannten Anforderungen vgl. am konkreten Beispiel *Treutner*, Planende Verwaltung, S. 99ff., 138ff.; allgemein siehe *Pankoke*, DVerw. 21 (1988), S. 429ff.; *Pankoke/Nokielski*, Verwaltungssoziologie, S. 64ff.; für den Bereich der Gesetzgebung vgl. z.B. *Schulze-Fielitz*, Gesetzgebungsprozeß, S. 107ff.

materielle Recht bezogenen Konkretisierungsproblematik aufgeladen erhielte, die grundsätzliche Aufgabenstellung der prozeduralen Regulierung einschließlich des Verwaltungsverfahrensrechts ändern.

Die hierdurch für den Rechtsstaat entstehenden „Kosten" sind hoch. Er droht durch die Entsubstanzialisierung des Rechts in Not zu geraten. Ob und inwieweit nämlich diese Entwicklung der Verfahrensidee noch vereinbar ist mit der vom Grundgesetz gewollten strengen Bindung an das Gesetz, das demokratische Legitimation vermitteln und der Verwaltung ein rechtsstaatliches Mandat zum Handeln erteilen soll, erscheint fraglich. Unter der Geltung des Gleichheitssatzes gilt es ferner zu bedenken, daß auch im Verwaltungsverfahren die gesellschaftlichen Aktionsfähigkeiten und -potentiale unterschiedlich verteilt sind; die Implementation des Rechts bzw. der friedenstiftende Erfolg ergänzender Rechtsschöpfung durch die Verwaltung in Verfahren hängt von der Organisationsfähigkeit betroffener Interessen aus den jeweiligen Politikarenen ab.[102] Weitere aus rechtsstaatlicher Sicht feststellbare Restriktionen der Steuerung und Konsensherstellung durch Verfahren hat zutreffend *W. Hoffmann-Riem* hervorgehoben.[103]

Die rechtsstaatliche Sicherung des Verfahrenshandelns, wie sie namentlich über den Weg einer „Reformalisierung" derjenigen Verfahrensusancen empfohlen wird, die sich „im Schatten des Rechts" bewegen,[104] läßt sich allerdings nicht ohne weiteres bewerkstelligen. Denn Verfahren können – wie noch näherhin zu zeigen sein wird[105] – nicht beliebig organisiert werden. Sie haben stets um die eigene Legitimation zu ringen, die ihnen versagt bleibt, wenn im Ablauf der Rechts- und Zweckkonkretisierung die Bedingungen ihrer Wirksamkeit verfehlt werden. Ihr Geltungsanspruch muß somit einer kontinuierlichen Infragestellung standhalten – oder weichen! Übereilte oder Punkt für Punkt dem Handeln deckungsgleiche Formalisierung droht darüber hinaus die instrumentale Eigenart und Kraft des positiven (Verfahrens-)Rechts zu überdehnen. Das „offene" Zweckprogramm des Verwaltungsverfahrens durch eine rechtsstaatliche „Feinstruktur" seiner Ordnung gleichsam überholen zu wollen und damit der Verfahrensrationalität auf der Vollzugsebene eine abweichende („formale") Programmrationalität gegenüberzustellen, führt zu Steuerungsbrüchen und Konsensdefiziten. Ihr mögliches Ausmaß erweist sich nicht nur am Beispiel der Dynamik technischer Innovation, also im Recht der Technik und an der dort u.a. im Atomrecht vorfindlichen „dualen Verfahrensstruktur", die im Widerstreit mit der rechtlichen Organisation des spezifischen Genehmigungs- und Aufsichtsverfahrens nach dem Muster der polizeilichen Gefahrenabwehr steht.[106] Ein ebenso einprägsames Beispiel für den funktionsbestimmten – und sich demgemäß im Streit um verfahrensrechtliche Positionen niederschlagenden – Kon-

---

[102] *Bohne,* Informalität, S. 205ff.
[103] *Hoffmann-Riem,* VVDStRL 40 (1982), S. 203ff., vgl. auch *Treiber,* RuP 1986, 23f.
[104] Vgl. *Schmidt-Aßmann,* Ordnungsidee, S. 29ff.; *ders.,* DVBl. 1989, 540f.
[105] Siehe den 2. Teil der Untersuchung, 4. Kap., C.II. und III.; 5. Kap., C.II.
[106] Zu diesem Muster vgl. *Wahl,* DVBl. 1982, 60f.

flikt zwischen sozialstaatlich intendierter prozeduraler Regulierung und den rechtsstaatlichen Anforderungen an ihre Ordnung und Verlaufsbindung liefert ferner das weniger im Rampenlicht allgemeiner Lebensängste stehende Kartellverfahrensrecht.[107]

Zahlreiche der dort existierenden Anwendungsprobleme[108] finden ihren tieferen Grund in der voraufgehend skizzierten Problemstruktur: So weist z. B. und einerseits *R. Scholz* mit Recht darauf hin, daß die im Wettbewerbsrecht bei der Verwirklichung der partiell-offenen Ermächtigungstatbestände eintretenden Rechtsunsicherheiten oder tatsächlichen Ungewißheiten vor allem im Rahmen des verwaltungsrechtlichen Vollzugsverfahrens „und seiner aktuellen Maßstabskonkretisierung" ausgeglichen werden müßten.[109] An anderer Stelle hebt er zudem – und ebenso zutreffend – die „Komplexität und entwicklungsmäßige Offenheit des gesamten Wettbewerbsprozesses" hervor; er verweist darauf, daß der Staat dementsprechend „Maßstäbe und Aufsichtsinstrumentarium ... *elastisch* organisieren" muß, um selbst „gleichsam prozeßhaft wirksame Wettbewerbskontrolle zu ermöglichen."[110]

In und durch Verfahren agierendes Aufsichtspersonal soll also den Weg zu einer ordnungspolitisch und d. h. programmergänzend wirksamen Verfahrenskontrolle bahnen. Die daraus im Kontrast zum Rechtsstaat notwendigerweise auf der Mikro-Ebene der Kartellaufsicht resultierenden verfahrensrechtlichen Probleme hat *O. Lieberknecht* mit aller Deutlichkeit am Beispiel von Auskunft und Akteneinsicht und namentlich für Fusionskontroll- und Mißbrauchverfahren beleuchtet.[111]

d) Folgen für Verfahrensvereinheitlichung und -sektoralisierung

Schlägt auf diese Weise die Problematik des „sozialen" Rechts- und Verwaltungsstaates auf seine „Verfahren" durch, so ist jenseits aller bislang in der Literatur mehr oder weniger abstrakt bleibenden Feststellungen zum Bedeutungsgewinn des Verwaltungsverfahrens aufgegeben, die gewandelte Aufgabenstruktur des Verwaltens und die damit einhergehende *Aufwertung der Verwaltungsverantwortung* in ihrer Faktizität zum Ausgangspunkt der verfahrensrechtlichen Betrachtung zu wählen.

Die Konsequenzen hieraus sind vielfältig. Sie eröffnen zahlreiche neue Perspektiven für eine Revision des Verfahrensrechts, namentlich im Hinblick auf den Ablauf

---

[107] Vgl. hierzu u. a. *Lieberknecht,* Probleme des Verfahrensrechts in Kartellsachen, in: Schwerpunkte des Kartellrechts 1977/78, 1978, S. 65 ff.; *Riechmann,* Zur Frage der Anwendung allgemeiner Grundsätze des Verwaltungsverfahrensrechts in Kartellverfahren, WuW 1980, 241 ff.

[108] Zu ihnen siehe näher *Lieberknecht,* a.a.O. (Fn. 107), S. 67 ff.; vgl. auch KG, BB 1985, 288 f. m. Anm. *Wallenberg.*

[109] In: Entflechtung und Verfassung, 1981, S. 234.

[110] A.a.O. (Fn. 109), S. 231 – Unterstreichung vom Verf.

[111] A.a.O. (Fn. 107), S. 68 ff., 70 ff.; siehe für das Sozialrecht am Beispiel der Kostendämpfung im Gesundheitswesen auch *Pitschas,* NJW 1986, 2861 ff., 2866.

des Verwaltungsverfahrens unter Einbezug näherer Beleuchtung der Verfahrensarten sowie von Verfahrensgegenstand, Verfahrensrechtsverhältnis, Verfahrensgrundsätzen, Verfahrensvoraussetzungen und Verfahrenshandlungen. Im Mittelpunkt steht dabei vor allem das *Planfeststellungsverfahren*, weil es in seinen Massendimensionen für die Verwaltungspraxis eine immer größere Bedeutung gewinnt – möglicherweise sogar seine Übernahme in das Sozialverwaltungsverfahrensrecht anzustreben ist.[112] Überhaupt spielt bei alledem die Überlegung eine Rolle, wie das allgemeine und das Sozialverwaltungsverfahren verfahrensrechtlich zusammengeführt werden könnten.[113]

Diese und weitere Aspekte einer Entwicklung des Verwaltungsverfahrensrechts müssen erst noch ausgelotet werden, ehe der Zeitpunkt zu einer *Vereinheitlichung* des Verwaltungsverfahrensrechts im Sinne der bislang geführten Diskussion heranrücken dürfte.[114] Freilich ist nicht zu bestreiten, daß schon heute die Zersplitterung und Unübersichtlichkeit des anzuwendenden Rechts unerträglich ist.[115] Die derzeit in Arbeit befindliche gesetzgeberische „Bereinigung" des Verfahrensrechts vermag hieran nur wenig zu ändern.[116] Sowohl die eigenständige Ausformung eines Sozial- und Steuerverwaltungsverfahrens neben dem allgemeinen Verwaltungsverfahren durch den Gesetzgeber, aber auch mannigfaches Sonder-Verwaltungsverfahrensrecht trägt zu einer den Bürger unendlich verwirrenden Vielfalt bestehender Verfahrensregelungen bei. Dies alles führt dazu, daß kaum jemand die existierenden Ver-

---

[112] *P. Krause*, NJW 1981, 81ff., meint allerdings apodiktisch, das im VwVfG geregelte Planfeststellungsverfahren käme im Sozialrecht nicht in Betracht (S. 83). Nun ist aber überhaupt nicht einzusehen, warum z.B. Krankenhausbedarfsplanungen oder Bettenbedarfspläne nicht ebenso wie die Herstellung einer Fernstraße oder die Errichtung von Einrichtungen des Post- und Fernmeldewesens in einem inhaltlichen Verfahren erfaßt werden und eine auf die Berücksichtigung *aller* Interessen ausgerichtete Regelung erfahren könnten. Das Verwaltungsverfahren des SGB X böte hierfür den richtigen Rahmen.

[113] Vgl. *Ule*, VSSR 8 (1980), S. 293ff., 200; zu recht weist *Ule*, darauf hin, daß die Entscheidung des Verwaltungsverfahrensgesetzes, das Sozialrecht durch § 2 Abs. 2 Nr. 4 aus seinem Anwendungsbereich herauszunehmen, der gegenwärtigen Rechtslage nach nicht wirklich begründet ist (S. 297f.); vgl. auch *H. Meyer*, ZRP 1979, 105ff., 108f.; *Dittus*, Vereinheitlichung, S. 90; *Grupp*, VerwArch. 80 (1989), S. 46ff.; siehe aber demgegenüber die Begründung des Regierungsentwurfs, BT-Drucks. 8/2034, S. 45, 60. Zur Notwendigkeit eines spezifisch sozialrechtlichen Verwaltungsverfahrens im übrigen, die das derzeit kodifizierte Sozial-Verwaltungsverfahrensrecht weithin verfehlt, siehe *Pitschas*, JuS 1983, 434ff., 438ff.; *Zacher*, Sozialgesetzbuch, Bd. I, Teil A, S. 35ff.; sie spricht zwar nicht unbedingt gegen eine Verfahrensvereinheitlichung, läßt aber doch auf unterschiedliche *Regelungsschichten* i.S. von *Wahl*, Vereinheitlichung oder bereichsspezifisches Verfahrensrecht?, S. 40, verweisen.

[114] Zu dieser Diskussion vgl. *Wahl*, a.a.O. (Fn. 113), S. 26ff.; in Anspruch genommen wird danach durch den hiesigen Text das Argument der „Innovationschance" (siehe *Wahl*, S. 28); wie hier wohl auch *Dittus*, Diskussionsbeitrag, in: Blümel, Vereinheitlichung, S. 223. Enttäuschend demgegenüber der Bericht von *Bonk*, DVBl. 1986, 489f., 492f.

[115] Vgl. *Kopp*, DVerw. 20 (1987), S. 5ff.; allgemein *R. Wassermann*, Vorsorge für Gerechtigkeit, 1985, S. 96ff., 121ff., 272ff.

[116] Zum Ersten Gesetz zur Bereinigung des Verwaltungsverfahrensrechts (dazu siehe oben, Fn. 26) stellt *Stelkens*, NVwZ 1986, 541, lapidar fest: „Sprengstoff ist sein Inhalt nicht."

fahrensregeln überblicken kann bzw. weiß, wie die Verwaltung mit Sicherheit verfahren wird. Rechtsvereinheitlichung und -vereinfachung sind deshalb unzweifelhaft wichtige Gebote der notwendigen Revision des Verwaltungsverfahrensrechts.[117]

Vor einer allzu schnellen Verfahrensvereinheitlichung ist jedoch zu warnen: Ebenso wie die Vereinheitlichung der verwaltungsprozessualen Verfahrensordnungen[118] gehört die zusammenfassende Neuordnung des Verwaltungsverfahrensrechts zu den verwaltungspolitisch, sozial- und rechtsstaatlich grundlegenden Entscheidungen dieses Jahrhunderts. Zwar werden weder die verständliche Scheu der Verwaltungspraxis vor der erneuerten Verfahrensrechts-Revision noch der unreflektierte Verweis auf die Qualität des Bestehenden diesen Schritt hindern können.[119] Allerdings sollte dann doch eine Grundsatzgesetzgebung von derart fundamentaler Bedeutung wie ein weithin einheitlich verbindliches Verwaltungsverfahrensrecht heute mehr denn je als ein stetiger, d.h. in die Zeit gerichteter, immer wieder neu aufgegeben und damit „offener" *Entwicklungsprozeß* begriffen werden.[120] Er bedarf vor allem noch weiterer Vergewisserung über die Interdependenzen von Form, Verfahren und Handlungsmaßstäben der Verwaltung mit dem Verfahrensdenken sowie der Überlegungen über die Ziel- und Funktionsgerechtigkeit der Ausgestaltung des Verfahrens.

4. „Prozeduralisierung" des Rechts

a) Prozedurales Rechtsverständnis

Um dem über Verfahren zu erfüllenden Regulierungsauftrag nachkommen zu können, bedarf die sozialstaatliche Verwaltungspolitik einer geeigneten rechtlichen Anleitung. Der *Verfahrensform* der Steuerung muß die *Rechtsform* entsprechen. Es

---

[117] Vgl. *Kruis,* VerwArch. 75 (1984), S. 38ff.; *Waffenschmidt,* VOP 1984, 4ff.

[118] Dazu der Entwurf einer als einheitliches Prozeßgesetz für die Verwaltungs-, Sozial- und Finanzgerichtsbarkeit konzipierten Verwaltungsordnung (VwPO), nunmehr vorgelegt als BT-Drucks. 10/3437; seine Entwicklungsgeschichte nachzeichnend *Kraft,* ZRP 1985, 97ff. Zu Nutzen und Nachteil der mit ihm angestrebten Vereinheitlichung des Prozeßrechts siehe u.a. die Stellungnahmen von *Kopp,* Welchen Anforderungen soll eine einheitliche Verwaltungsprozeßordnung genügen?, in: Verhdlg. des 54. DJT (1982), Bd. I, Gutachten B, S. 315ff.; vgl. ferner *Sendler,* DVBl. 1982, 812ff.; *Vollkommer,* FS K. Obermayer, 1986, S. 143ff., 149f., 151f.; aus der Sicht der Finanzgerichtsbarkeit vgl. z.B. *Kraft,* a.a.O., 98f.; für die Sozialgerichtsbarkeit etwa *Pickel,* SGb. 1987, 47ff.; w. Nachw. bei *Badura,* JA 1984, 93f. Noch viel zu wenig wird in dieser Reformdiskussion die funktionale Rückwirkung auf das Verwaltungsverfahren bedacht, das jedenfalls einer kompensatorischen „Prozessualisierung" widerstrebt; vgl. *Badura,* a.a.O., 84; *Kopp,* a.a.O., S. B 78. Und zu Unrecht meint *Leonhardt,* in: Stelkens/Bonk/Leonhardt, VwVfG, Einleitung Rdnr. 52, die Vereinheitlichung des Verwaltungsverfahrensrechts bedürfe voraufgehend der Integration des Prozeßrechts; umgekehrt wird erst ein Schuh daraus!

[119] Zutreffend *Dittus,* Vereinheitlichung, S. 91f.

[120] So zu Recht eine der Tendenzen in den Diskussionsbeiträgen von *Busch, Dittus, Kastner, Josephi* u.a. zur Vereinheitlichung des Verwaltungsrechts, in: *W. Blümel,* Vereinheitlichung, S. 201ff., 210ff.

scheint so, als ob der soziale Rechts- und Verwaltungsstaat damit begonnen hat, diesem Bedarf Rechnung zu tragen: Staatliches Recht wird „prozeduralisiert“; Recht ist jenseits seiner Entstehung im Gesetzgebungsverfahren ein funktionenteiliges „Verfahrensprodukt.“[121]

b) Verwaltungsverfahren als „neutraler Prozeß“?

In diesem Zusammenhang gewinnt das bisher kaum durchdachte *prozedurale Rechtsverständnis* einer verfassungsrechtlich und einfach-gesetzlich angeleiteten Verwaltungsverantwortung eine hervorragende Bedeutung. So stellt sich beispielsweise und abgesehen von der bereits erwähnten konzeptionellen Enge und utilitaristischen Zielsetzung derzeit formulierter Vereinheitlichungsbestrebungen die grundsätzliche Frage, ob das in ihnen zum Ausdruck kommende unbegrenzte Vertrauen auf eine (zunehmende) funktionale „Verrechtlichung“ des Verwaltungsverfahrens durch eine auf den verwaltungsgerichtlichen Prozeß zugeschnittene Formalisierung der Verfahrensabläufe überhaupt den geeigneten Ansatz bietet, den Anforderungen der Verwaltungsumwelten nach einem Wandel der Verfahrensweisen öffentlicher Verwaltung zu entsprechen. Denn während der Richter das von der Behörde einer Lösung zugeführte Problem eher statisch-repressiv beurteilt, muß diese die Problemlösung dynamisch-aktiv gestalten.[122] Das erfordert Strukturunterschiede der jeweiligen Verfahrensorganisation.[123]

Soweit auch *J. P. Pietzcker* in seinem Referat zum Thema „Verwaltungsverfahren zwischen Verwaltungseffizienz und Rechtsschutzauftrag“ auf der Tagung der Vereinigung der Deutschen Staatsrechtslehrer im Jahre 1983[124] derartigen Fragen der Verfahrensformalisierung durch Rechtsförmigkeit des Verfahrens breiten Raum gewidmet hat, schöpfen seine Ausführungen die Thematik noch nicht aus. In ihnen wird das grundsätzliche Problem nicht vertieft, inwieweit nämlich die Verfahren der öffentlichen Verwaltung der mit dem derzeit geltenden Verfahrensrechts vorgenommenen „Justizialisierung“ überhaupt widerstreben.[125] Das auf Verwaltungsakt und Vertrag zugeschnittene Verwaltungsverfahrensrecht weist der das Verfahren *ab-*

[121] Dazu bereits oben im 1. Kap., B.II.; siehe im hiesigen Sinne auch *Kriele*, Rechtsgewinnung, S. 333; *Rhinow*, Rechtsetzung und Methodik, S. 232ff., 244; früher schon in diese Richtung *Bettermann*, VVDStRL 17 (1959), S. 139, 243.

[122] Zu diesen und anderen typischen Funktionsdivergenzen von Gerichts- und Verwaltungsverfahren vgl. einstweilen *P. Kirchhof*, Rechtsprechende Gewalt, S. 21f., 23, 25; *v. Mutius*, FS C.-F. Menger, S. 579ff.; *Schmidt-Aßmann*, ebd., S. 112f.

[123] Richtig daher die Einführung dieses Aspekts in die Vereinheitlichungsdiskussion bei *Wahl*, Vereinheitlichung oder bereichsspezifisches Verwaltungsverfahrensrecht?, S. 41f.; ihm zustimmend *Schmidt-Aßmann*, HdbStR III, 1988, S. 630 m. Anm. 25.

[124] *Pietzcker*, VVDStRL 41 (1983), S. 210ff.

[125] Dazu *Badura*, Verwaltungsverfahren, S. 378f.; *ders.*, JA 1984, 87; *Bettermann*, VVDStRL 17 (1959), S. 168ff., 244f.; *D. Lorenz*, Rechtsweggarantie, S. 178ff.; insbes. zu den Maßgaben der *Entscheidungssituation* vgl. *v. Mutius*, FS C.-F. Menger, S. 581ff.; *Schmidt-Aßmann*, FS C.-F. Menger, S. 117f.

schließenden Verwaltungsentscheidung eine dem Verfahrensgedanken zuwiderlaufende Bedeutung zu. Als Momentaufnahme spiegelt sie nicht Verlauf und Inhalt des Verfahrens umfassend wider. Wird sie gleichwohl, wie das im geltenden Verfahrensrecht der Fall ist, zum Ansatzpunkt von Verfahrensregeln gewählt, kommt es zwangsläufig zu einer Fixierung des Verfahrens auf mehr *prozeßrechtlich* als funktionell belangvolle Institute und Denkweisen.[126]

Diese verfehlte „Prozessualisierung" des Verwaltungsverfahrens, die der Sache nach die Verwaltungsbehörde hinsichtlich ihrer Verfahrensposition eher in die Nähe des (neutralen) Richters rückt, weil sie unparteiisch das Gemeinwohl im Auge haben soll,[127] führt tiefer noch auf das Problem einer *institutionellen Neutralisierung* der öffentlichen Verwaltung zurück. Denn weder ist die Behörde mit dem „Richter" vergleichbar,[128] noch ist die vermeintliche „Neutralität" der Verwaltung ohne weiteres zu bejahen.[129] Schließlich bleibt die Frage zu stellen, in welchem Ausmaß aus der Vielzahl administrativer Handlungsverfahren im Interesse der Handlungsfähigkeit öffentlicher Verwaltung eine Anzahl herausgegriffen und überhaupt rechtlich formalisiert werden dürfen.

c) *Verwaltungsverfahren als Modell kommunikativer Rechtsbildung und Zweckkonkretisierung*

Die diesen einzelnen Problembereichen vorgelagerte Grundfrage allerdings, nämlich die nach einem prozeduralen Rechtsverständnis auch im Verwaltungsverfahrensrecht, findet sich nicht thematisiert.[130] Dies verwundert um so mehr, geben doch die andernorts gemachten negativen Erfahrungen mit der bloßen Vermehrung geschriebenen Rechts allen Anlaß, an der durchgehenden Wirksamkeit von Rechts-

---

[126] Deutlich erweist sich diese Fixierung am Beispiel des § 44a VwGO, vgl. nur *v. Mutius*, a.a.O. (Fn. 125), S. 596ff., 598; *W. Schmidt*, JuS 1982, 745ff., 747; ohne Einfluß bleibt dabei, daß in der Tat der Verwaltungsakt seinerseits aus einem Verfahren hervorgeht, also nicht nur punktuell zu begreifen ist (*H. Meyer*, VVDStRL 45, 1987, S. 272 – Diskussionsbeitrag; vgl. auch *Borgs*, in Meyer/Borgs, VwVfG, § 9 Rdnr. 8). Denn die Handlungsform bleibt trotzdem ergiebiger Ansatzpunkt der Formalisierung, wodurch das verfahrensbezogene Denken in ein Korsett gepreßt wird; vgl. auch *Bettermann*, a.a.O. (Fn. 125), S. 122; *Schmitt Glaeser*, FS Boorberg Verlag, S. 32f.

[127] Zur spezifischen Gemeinwohlbindung der Verwaltung vgl. bes. *Häberle*, Öffentliches Interesse, S. 71ff., 95ff., 101ff., 193ff., 246ff., 453ff., 457ff., 595ff., 678ff.; auch *W. Schmidt*, VVDStRL 33 (1975), S. 196ff.

[128] *J. Martens*, Praxis S. 36f.; *v. Mutius*, FS C.-F. Menger, S. 579f.; *Wahl*, VVDStRL 41 (1983), S. 157 m. Anm. 10.

[129] Vgl. *Goerlich*, Grundrechte als Verfahrensgarantien, S. 351; dessen daran anknüpfende Überlegungen zur „Verfahrensgestaltung einer gerichtsähnlichen Grundstruktur" (S. 353) dürften allerdings den „Rechtsvollzug" durch die öffentliche Verwaltung endgültig lähmen.

[130] Es bleibt allgemein bei der nicht weiter vertieften These, das Verwaltungsverfahren sei „der Modus der primären Verwirklichung des Verwaltungsrechts", vgl. zu ihrer Begründung *Wahl*, Vereinheitlichung oder bereichsspezifisches Verwaltungsverfahrensrecht?, S. 41, und -akzentuierend, aber ohne Klärung – S. 60; davor schon *ders.*, VVDStRL 41 (1983), S. 153f.

normen zu zweifeln: Positives Recht ist keine beliebig vermehrbare Steuerungsressource mit Befolgungs- und Wirkungsgarantie. Nicht nur Vollzugsdefizite einerseits und Befolgungsdefizite andererseits stehen hierfür als (bekannte) Beispiele.[131] Die Analyse sozialstaatlich-verteilender Politik zeigt ferner, daß jedenfalls die leistungsstaatliche Rechtsanwendung durch die Verwaltung mit zunehmender „Dichte" des Rechts immer stärker bürgerfern wird: Statt zur Kommunikation über die administrative Rechtsanwendung kommt es zur Entfremdung des Publikums.[132] Und je mehr der Kommunikationsprozeß rechtlich strukturiert wird, um so mehr kann der Bürger als Empfänger von Informationen kaum anders als mit Protest reagieren – dies zumal dann, wenn sich über seine Ohnmachtserfahrungen ein Gefühl des Ausgeliefertseins gegenüber den Entscheidungen der Verwaltung einstellt oder verfestigt.[133] Es kommt, so lautet die These, mit zunehmender Normendichte zu abnehmender Gegenkommunikation; Verrechtlichung hindert die soziale Interaktion zwischen Verwaltung und Publikum.[134]

Im Hinblick hierauf bleibt nachzufragen, ob nicht das Verwaltungsverfahrensrecht im sozialen Rechtsstaat auf diese Entwicklung zu reagieren hätte und die Rechtsanwendung durch die Verwaltung *kommunikativ* gestaltet müßte. Jede Verrechtlichung des Verwaltungsverfahrens hätte dann immer auch und zugleich die Bedingungen zu beachten, unter denen sich die Rechtsanwendung durch die öffentliche Verwaltung als ein *Prozeß sozialer Verständigung* darstellt. Nur dann handelt es sich bei der behördlichen Arbeit um „öffentliche" und „soziale" Administration.

Die Brisanz dieser Problemsicht wird um so deutlicher, als sich unter Rückgriff auf die rhetorische Rechtstheorie belegen läßt, daß im materiellen Recht heute weniger denn je die konkreten Entscheidungen fertig ausgeprägt bereit liegen und vom jeweiligen Entscheidungsträger nur aufgedeckt zu werden brauchen.[135] „Rechtsanwendung" ist vielmehr selbst als ein Verfahren zu begreifen, dessen wesentliche Tragpfeiler auf Kommunikation und Interaktion gründen.[136] Von hier aus rückt erneut der Weg, an dessen Ende die Verwaltungsentscheidung steht, in das Blick-

---

131 Vgl. die Nachw. zum „informalen" Verwaltungshandeln oben, Fn. 91ff.; aus verwaltungsrechtlicher Perspektive kritisch resumierend *Brohm,* Gesetzvollzug als Handlungsobjekt?, in: W. Heinz (Hrsg.) Rechtstatsachenforschung heute, 1986, S. 103ff.; *Maurer,* Rechtstatsachenforschung im Bereich des Verwaltungsrechts, ebd., S. 125ff., 130f.;

132 *Bosetzky,* Über das Ausmaß von Entfremdung in der öffentlichen Verwaltung, DÖV 1973, 302ff.; *Reidegeld,* Vollzugsdefizite sozialer Leistungen: Verrechtlichung und Bürokratisierung als Grenzen der Sozialpolitik, in: R. Voigt, Verrechtlichung, S. 275ff., 279f., 281f.

133 Vgl. *Kißler,* Rechtssoziologie, S. 117.

134 *Grunow/Hegner,* Sozialpsychologische Konsequenzen der Verrechtlichung: Alltagskontakte mit der Verwaltung, in: R. Voigt, Verrechtlichung, S. 261ff., 269ff.

135 Dazu die Nachw. oben, 1. Kap., Fn. 86ff.

136 Vgl. ebenso *Hassemer,* ARSP 1986, 195ff., 211f.; *U. Neumann,* Juristische Argumentationslehre, S. 54ff., 70ff.; für die Spiegelung auf das Verwaltungsverfahren siehe z.B. *J. Martens,* Praxis, S. 124, 131ff., der mit Recht daraus eine *Erörterungspflicht* der Behörde im Rahmen des Verfahrensrechtsverhältnisses ableitet (S. 134, Rdnr. 203); bedenklich demgegenüber die Position von Schmidt-Aßmann, DVBl. 1989, 539.

feld; eine steuerungs- und entscheidungstheoretische Betrachtung wird unumgänglich. Das Verwaltungsverfahren wird in den Dienst der Erzeugung vertretbarer Entscheidungen (nicht der Explanation *einer* richtigen Entscheidung) gestellt.

Vor diesem Hintergrund wird vor allem bedeutsam, „was" eigentlich in rechtlich geordneten Verwaltungsverfahren geschieht und wie weit die rechtlichen Regeln des Verfahrens das Verhalten und Konkretisierungsdenken der Verwaltungsmitarbeiter nach Maßgabe materiell-rechtlicher Normen überhaupt beeinflussen. Zu fragen ist m.a.W. nach dem (komplexen) Bedingungs- und Wirkungszusammenhang zwischen Verfahrensrechtsnormen und sozialen Reaktionsformen im Verhältnis der Verwaltung zum Bürger einerseits sowie innerhalb der Verwaltung zwischen dieser und den Verwaltungsangehörigen andererseits.

Das Verwaltungsverfahren wird insoweit als ein *Netzwerk* zwischen politisch-administrativem System, dessen Personal und Organisation, den Angehörigen und Interessen der jeweiligen Verwaltungsumwelt, externen Sachverständigenorganisationen und (technischen bzw. sozialen) Normerzeugern angesehen werden müssen. In diesem Netzwerk existieren vielfältige Verflechtungszusammenhänge auf personeller, organisatorisch-institutioneller und Programmebene.[137] Jedem Beteiligten ist damit die Chance eröffnet, gerade auf denjenigen Aspekt des Verwaltungshandelns zuzugreifen, zu dem ein besonders evidenter Zusammenhang mit den eigenen Interessen besteht. In diesem „Spiel" der Akteure haben freilich unterschiedliche Kommunikationspartner unterschiedliche Kommunikationschancen.[138] So kommt es, daß im Feld des technischen Sicherheitsrechts und des Immissionsschutzes, aber auch in ganz anderen Bereichen wie z.B. denen der Bildungspolitik[139] die Mithilfe unverzichtbarer Partner aus der Verwaltungsumwelt u.U. erst im Austausch gegen Zugeständnisse des Staates erlangt werden kann („bargaining").[140]

Deutlich wird an alledem die Verflechtung von Recht und Regelungsmaterie (Technik, Soziales, Bildung etc.) „in" und „durch" Verfahren. In einem derartigen Konzept der *Prozeduralisierung von Recht* erhalten selbstredend auch die normativen Verfahrensregelungen einen geänderten Rang. Sie zeigen sich als eine spezifische

---

[137] *Böhret*, Verwaltungspolitik, S. 38ff.; *K. König*, System und Umwelt, S. 16ff.

[138] Die Rechts- und Zweckkonkretisierung durch öffentliche Verwaltung mit Hilfe des „Spielbegriffs", wie er von *Crozier/Friedberg* (Macht und Organisation, 1979) in die hiesige Organisations- und Entscheidungstheorie eingeführt wurde (für die USA vgl. *E. Bardach*, The Implementation Game: What Happens After a Bill becomes a Law?, Cambridge u.a., 1977, S. 36ff.), zu durchdringen, ist zwar nicht unproblematisch; er ermöglicht aber, die im Text angesprochene „Vernetzung" zu analysieren und zum Nutzen des Entwurfs zukünftiger „Spiel-(Verfahrens-)regeln" zu erklären, wie prozedural gesteuerte Verhandlungssysteme sowohl die Implementation von Recht erleichtern als auch dessen Mobilisierung vermeiden helfen. Zu diesem Ansatz siehe auch *Knoepfel*, Vollzugsforschung, S. 37ff., 42f.; *Wender*, Entscheidungsspiele, S. 43ff.

[139] *Pitschas*, Berufsfreiheit, S. 165 m.w. Nachw.

[140] Zur Spiegelung dieser Problematik am Beispiel des Schulbereichs auf das Verwaltungsverfahren siehe z.B. *Dittmann*, Verwaltungsverfahrensgesetz und Schule, S. 64ff., 66ff., 68ff.

Ausprägung von „soft law".[141] Die in bezug dazu gesetzten Ergebnisse der steuerungstheoretischen Implementationsforschung[142] zeigen, daß auch bei dem Gebrauch von (Verfahrens-)Recht davon auszugehen ist, daß mit zunehmender Formalisierung der Verfahrensbeziehungen zwischen Verwaltung und Bürger erstere entweder aus diesem „Korsett" auszubrechen sucht, wenn sich mit Hilfe informalen Handelns Konflikte vermeiden bzw. beilegen lassen, oder die formalisierte Strukturgebung nutzt, um ihre Vorstellungen rigoros durchzudrücken. In jedem dieser Fälle erweisen sich Verfahrensrechtsnormen als Selbstzweck, jenseits deren Wortlaut die intendierten Zielsetzungen des Gesetzgebers entweder „verschoben" oder „vergessen" werden.

d) Rechtsbildung durch private Teilhabe

Im Kontext des prozeduralen Rechtsverständnisses ist darüber hinaus eine weitere Entwicklung in ihrer Bedeutung für das Verfahrensrecht ins Auge zu fassen. Sie ergibt sich aus dem Wandel des materiellen Rechts als Steuerungsmedium der Gesellschaft zu einem „regulativen Recht", das dem festzustellenden Tatbestand Rechnung trägt, wonach komplexe soziale bzw. „sozietale" Konflikte den Rechtsmechanismus zunehmend überlasten. Der Staat entgegnet auf diese Entwicklung mit der Ausprägung von Prozeßformen der Interaktion staatlicher und relativ autonomer gesellschaftlicher Akteure.[143] Es liegt auf der Hand, daß dieser tiefgreifende Funktionswechsel des Staates („Neo-Korporativismus") auch auf das Recht als Steuerungsmedium und die Rechtsform als zentrale Handlungsform des Staates zurückwirkt. An die Stelle strikter Normsetzung und traditioneller Programmtypen des positivierten Rechts, nämlich des Konditionalprogramms und des Zweckprogramms, treten dezentrale, weitgehend offene, wenn auch rechtlich formalisierte *Verfahren.* In ihnen werden unter Einbeziehung der Betroffenen – so z. B. des Wissenschaftsrates, der Konzertierten Aktion im Gesundheitswesen oder bei der Entwicklung technischer Normen – weitreichende Entscheidungen gefällt, die zwar staatlich sanktioniert werden, aber von allen Beteiligten *gemeinsam verantwortet* sind.[144] Dabei kommt es entscheidend darauf an, daß die Betroffenen an einem „diskursiven Willensbildungsprozeß" (Habermas) beteiligt werden. Damit erst kann nämlich die gesellschaftliche Akzeptanz, der Konsens der Betroffenen über die

---

[141] Näher dazu *Ermacora,* FS W. Geiger, S. 145ff.; *Pitschas,* Das Bundesverfassungsgericht als Verfahrensgesetzgeber?, S. 423ff., 425; *Rehbinder,* FS C. H. Ule, S. 294.

[142] Vgl. oben, Fn. 15, 82, 92; zum folgenden auch *Brohm,* Gesetzesvollzug als Handelsobjekt?, a.a.O. (Fn. 131), S. 103ff.

[143] Vgl. zu diesem Phänomen *Röhl,* Rechtssoziologie, S. 560, 561f.; *H. Willke,* Entzauberung des Staates, S. 49ff., 112ff., 128ff.

[144] Vgl. *H. Willke,* Entzauberung des Staates, S. 117ff., 125f.; das Verhältnis von Staat und Wirtschaft ist insoweit durch „Kooperation" gekennzeichnet. Dazu schon früher *H. Krüger,* Von der Notwendigkeit einer freien und auf lange Sicht angelegten Zusammenarbeit zwischen Staat und Wirtschaft, 1966; *Mertens-Kirchner-Schanze,* Wirtschaftsrecht, 1978, S. 68f.; vgl. auch die Nachw. oben in Fn. 85ff.

staatlichen Regulierungen, der zunehmend zur Wirksamkeitsvoraussetzung für staatliche Steuerungseingriffe geworden ist, erreicht werden.

Eben diese Entwicklung hat auch Konsequenzen für die *Stellung des Verwaltungsverfahrens* und seine rechtliche Ordnung im Zusammenhang der Prozeduralisierung des Rechts: In der Form von Teilhaberechten Privater an dem Verfahrensgeschehen sind sie bereits früher – obschon ohne die hiesige Perspektive – in der Literatur diskutiert worden.[145] Auch die Rechtsprechung hat mittlerweise auf diese Entwicklung reagiert; so versucht das BVerfG – wie die Analyse der Implementation von Verfahrensrecht durch das Gericht am Beispiel des atomrechtlichen Genehmigungsverfahrens ergibt[146] – den Kreis der Akteure („Spieler") im (atomrechtlichen) Verwaltungsverfahren neu zusammenzustellen.[147] Weil sich die Adressaten seiner Rechtsprechung hierauf zumindest teilweise einlassen (müssen) – die „alten" Formen der Konfliktabsorption durch informale Verfahren zwischen den einzelnen „Spielern" und dem Staat sind nämlich mehr oder weniger funktionsuntüchtig geworden – gelingt es dem BVerfG in dem ihm gesetzten Rahmen und im Wechselbezug mit Fachgerichtsbarkeit, Legislative und Verwaltung, einen ersten Schritt auf dem neuen Weg sozial-kooperativen Krisenmanagements in der regulativen Kernenergiepolitik zu gehen. Eine vergleichbare verfahrensbezogene Wirkung entwickelt die Entscheidung des BVerfG zum Volkszählungsgesetz aus dem Jahre 1983, die auf dem Gebiet der Informationstechnologie ein *verfahrensbezogenes* Recht auf informationelle Selbstbestimmung begründet hat.[148]

e) *Notwendigkeit neuer Rechts- und Verfahrensformen*

Gleichwohl scheinen diese und andere Versuche zur Stärkung des individualrechtlich begriffenen Verfahrensrechtsschutzes noch unzureichend, wie die Analyse der Implementation von Verwaltungsverfahrensrecht im Recht der Technik und im Sozialrecht zu belegen vermag.[149] Die Ersetzung der normativ-inhaltlichen Steuerung in Form regulativer Politik durch Verfahrenssteuerung verlangt vielmehr und weitergehend nach sinnvollen, subjektiv und objektiv wirksamen Verfahrenskontrollen („due process"). Dementsprechend besteht die Notwendigkeit, entsprechende Verfahrens-Kriterien zu entwickeln.

Die Rechtsprechung des BVerfG mit der Konstruktion eines Grundrechtsschutzes durch Verfahren ist demgegenüber so eindeutig am Individualrechtsschutz

---

[145] Nachw. bei *Hoffmann-Riem,* VVDStRL 40 (1982), S. 187ff., 212; *Schenke,* VblBW 1982, 313ff., 319; *Wahl,* VVDStRL 41 (1983), S. 159, 167; früher schon z.B. *W. Schmidt,* VVDStRL 33 (1975), S. 200ff., 207ff.

[146] Dazu näher *Pitschas,* Das Bundesverfassungsgericht als Verfahrensgesetzgeber?, S. 321ff.

[147] Vgl. auch *Gerhardt/Jacob,* DÖV 1986, 258ff., 265ff.

[148] BVerfGE 65, 1 (55ff.); *R. Scholz/Pitschas,* Informationelle Selbstbestimmung, S. 51ff.

[149] Für den Bereich der Technik vgl. *Roßnagel,* KritV 1986, 343ff., 356ff., 360f.; *R. Wolf,* Stand der Technik, S. 205ff.; für den Bereich des Sozialrechts siehe u.a. *Simons,* Verfahren und verfahrensäquivalente Rechtsformen, S. 77ff., 94f.

orientiert, daß sie hierzu wenig beitragen kann. Eher schon könnte einen entsprechenden Beitrag die prozedural verstandene „Wesentlichkeitstheorie“ des Gerichts leisten.[150] Mehr noch aber müssen sich einzelne Techniken der Prozeduralisierung – jenseits einer Entlassung der Entscheidungsinhalte aus dem Recht – aus einer „Bewertung“ des Zusammenspiels staatlicher Rechtsnormen mit der Technik (technische Regeln und Normzwecke) sowie unter Rückgriff auf den Gegenseitigkeitsbezug des Sozialen zum Recht („Personalisierung“ des Sozialrechts, Sozialarbeit) näher entfalten.[151]

Das derart skizzierte prozedurale Rechtsverständnis des Verwaltungsverfahrensrechts führt de lege ferenda zu einem *Verfahrensmodell*, das mit den derzeit gesetzlich verankerten Institutionen schlecht vereinbar ist. So hat der Gesetzgeber gerade Verfahrenskontrollen zunehmend eingeschränkt (vgl. §§ 214–216 BauGB; 46 VwVfG).[152] Demgegenüber führt das Konzept der Prozeduralisierung zu der Notwendigkeit, das geltende Verwaltungsverfahrensrecht in einer Weise umzubilden, die sich programmatisch gegen die These von der Statik der Rechtsordnung wendet und die stattdessen für die Zukunft mehr denn je der Ergänzung durch „reflexives Recht“ bedarf.[153] Mit ihm wird eine Richtung angegeben, die Verfahrensrecht als Bestandteil eines durch das Recht gesteuerten politischen Prozesses der Programmentwicklung und Programmimplementation insgesamt ansieht, wobei das Steuerungsmedium „Recht“ nicht mehr so sehr in der Form normativ-inhaltlicher Politik, sondern in der Form der ständigen Verbesserung der normativen Entscheidungs*regeln* gehandhabt wird.

---

[150] Nämlich in ihrem demokratiestaatlichen und rechtsstaatlich-kompensatorischen Ansatz; vgl. auch *Ossenbühl*, Vorbehalt des Gesetzes, S. 20, 21; *R. Wolf*, Stand der Technik, S. 431 ff.

[151] *R. Wolf*, Stand der Technik, S. 431 ff.; zuvor schon *Degenhart*, DVBl. 1983, 926 ff., 933, 934; für das Sozialrecht siehe z. B. *Zacher*, Verrechtlichung im Bereich des Sozialrechts, S. 39 ff., 63 f.

[152] Vgl. dazu statt aller *Hill*, Das fehlerhafte Verfahren, S. 100 ff., 154 ff.; *H. Meyer*, NVwZ 1986, 515, 519 ff.; *Schenke*, DÖV 1986, 306 ff.

[153] Vgl. zu diesem (neuen) Typus von Recht vor allem *Teubner*, ARSP 68 (1982), S. 13 ff.; *ders.*, JbRSoz. Bd 13 (1988), S. 45 ff., 59 f. Mit der „Prozeduralisierung“ des Rechts ist dieser Rechtstypus unauflöslich verbunden – freilich nicht schon gleichzusetzen, wie *Baudenbacher* (ZRP 1986, 303 m. Anm. 26) fälschlich meint. Denn „Prozeduralisierung“ bedeutet, daß die Entfaltung der materiellen Handlungsanweisung einer Rechtsnorm in das Verwaltungsverfahren verlegt wird, während sich der gerichtliche Rechtsschutz in gleichem Maß von der Ergebniskontrolle auf die Verfahrensprüfung verlagert. Das „reflexive“ Recht muß dagegen diesen Vorgang erst einmal ermöglichen. Es strukturiert die dabei ablaufenden Prozesse vor und bezweckt – mehr noch – die Umstellung auf solche prozedurale Steuerung. Dies geschieht in der Weise, daß der interne Konkretisierungsprozeß auch gegenläufige *private* Interessen abstimmen, Entscheidungslegitimation aufbauen und die „ausgehandelte“ Perspektive implementieren muß. Diesen Effekt einer „dezentralen Kontextsteuerung“ auszulösen, sind Verfahrensnormen vor allen anderen geeignet.

5. *Verfahrensdenken und Verwaltungsverantwortung*

a) „Prozeduralisierung" des Rechts und Verwaltungsverantwortung

„Prozeduralisierung" umschreibt nach alledem und kategorial den als Bündelung unterschiedlicher Funktionen des staatlichen Steuerungsmediums „Recht" notwendig werdenden Übergang zu einer „rationality – by process not by outcome".[154] Sie umfaßt diesen „Prozeß" in toto, ist also nicht – allzu vereinfachend – mit dem Verwaltungsverfahren als solchem gleichzusetzen. Das prozedurale Rechtsverständnis entfaltet vielmehr dimensional unterschiedliche Konsequenzen; es reflektiert, wo im dezentralisierten System staatlicher Funktionsverteilung die politischen Leitentscheidungen fallen, durch wen bzw. in welchen Formen die Programmentwicklung stattfindet *und* welche Verfahren und Beteiligungen speziell *administrative* Implementationsprozesse zu beachten haben bzw. welche Abwägungsvorgänge den zahlreichen Einzelentscheidungen vorausgehen müssen.[155] Verwaltungsverfahren und Verwaltungsverfahrensrecht ist vor allem der Bezug zur letzteren Dimension eines prozeduralen Rechtsverständnisses immanent.[156]

Aus diesem Verknüpfungszusammenhang folgt neben den schon oben angesprochenen Konsequenzen für das Verwaltungsverfahren des weiteren die Forderung nach einer entsprechenden Ausgestaltung der Regeln für Verfahrensabläufe. Kriterien hierfür speisen sich aus der korrektiven Kraft mehr als bloß formalrationaler Entscheidungsbindungen. Diese müssen allerdings im Rahmen einer demokratischen und sozial- wie rechtsstaatlichen Verfahrensstheorie erst noch erarbeitet werden. Namentlich die Position der Bürger als Beteiligte im Konkretisierungsverfahren und im Handlungszusammenhang der modernen vorsorgenden, umverteilenden und entwicklungsplanenden Verwaltung bedarf hierbei der Ausgestaltung. Die dazu unlängst von *W. Schmitt Glaeser* angestellten Überlegungen bilden einen bilanzierenden Zwischenschritt, können freilich nicht das Thema erschöpfen.[157] Ihnen fehlt die hinreichende Operationalisierung der Verwaltung als ein „öffentlicher Prozeß" und gegliederte Verfahrensvielfalt. Das dieser zugrundeliegende *Anforderungsprofil kommunikativer Verwaltung* zu formulieren – und in Bezug zu einem veränderten Qualifikationsprofil des Rechtsstaates zu setzen – ist eine weitere Aufgabe der Verfahrensentwicklung im Strukturwandel von Staat, Gesellschaft und Recht.

Dabei bleibt freilich zu berücksichtigen, daß es – wie sich insbesondere im Recht der Technik und der sozialen Sicherheit zeigt – Verwaltungsaufgaben gibt, deren

---

[154] Vgl. zu dessen Notwendigkeit im Zuge regulativer Politik einleuchtend *Majone,* ZfU 1982, 305ff., 307, 321ff.

[155] Zu eng daher in seinem Ansatz *Brohm,* DÖV 1987, 265ff., 270, 271; *ders.*, NVwZ 1988, 797ff.

[156] Vgl. auch *Knoepfel,* Öffentliches Recht und Vollzugsforschung, S. 41f., 43f., 53ff., 57ff.

[157] *Schmitt Glaeser,* Position der Bürger, S. 35ff., 47, 53ff., 77ff., 94f.

Erfüllung nicht allein durch „Recht" steuerbar ist. Das Recht muß sich hier auf den besonderen Auftrag des dezentralen, weitgehend offenen, institutionellen und prozeduralen Inswerksetzens der Verwaltungsziele bzw. Aufträge oder auch auf ihre Ergänzung jenseits vorgegebener materiell-rechtlicher Normen besinnen. Zudem ist daran zu erinnern, daß auch „Recht" – wie dargestellt – Wirkungs- und Befolgungsgrenzen erkennen läßt. Nicht nur, aber auch von daher ist der Verwaltung eine originäre *Eigenverantwortung* in der Verwirklichung staatlicher Aufgaben zugewiesen, die in Ergänzung bzw. Weiterführung der gesetzgeberischen Aufträge mehr und mehr auch aktive und selbständige Sozialgestaltung durch Programmentwicklung und -durchführung, Datensetzung, Bedarfserfassung, Steuerung und Lenkung umfaßt.[158]

Verwaltungsverantwortung heißt insofern nicht nur Rechtskonkretisierung bzw. Rechtsfindung. Sie bedeutet im Verwaltungsstaat auch und wesentlich – wie namentlich *R. Scholz* herausgearbeitet hat[159] – politische, ökonomische, soziale, technologische und kulturelle Verantwortung, die sich gegenständlich als Multidisziplinarität der Verwaltungszwecke darstellt. Verwaltung ist damit auch und zugleich eigenverantwortliche Verwirklichung außerrechtlicher Zwecksetzungen.

b) Verwaltungsverantwortung als Verfahrensverantwortung

Die administrative Konkretisierung von Verwaltungszwecken bedarf vor diesem Hintergrund nicht nur einer methodenmäßigen Verwaltungsvielfalt, sondern sie funktioniert vor allem verfahrensmäßig. Die empirisch wie normativ begründete Vorstellung einer derartigen *verfahrensmäßig* ins Werk zu setzenden Zweckkonkretisierung charakterisiert jede Verwaltungsverantwortung. Gerade das Bild solcher konkretisierenden Verfahren führt zu einer kategorialen Verdeutlichung des Begriffs und Deutungsgehalts der Verwaltungsverantwortung: Der Vorgang der realwirksamen Zweckerfüllung einerseits und der Vorgang der Setzung konkreten Rechts durch die Verwaltung andererseits fließen prozeßhaft ineinander; sie bilden eine innere Einheit und sind daher entgegen der Ansicht von *R. Scholz* voneinander nicht zu trennen.[160]

Für das Verständnis von *Verwaltungsverantwortung* wird damit der Rückbezug auf zweckorientierte Verfahren und interdisziplinäre Methodik ausschlaggebend. Sie wird als ein komplexer Verbund struktureller und technologischer Dimensionen mit personalen Verhaltens- und Verfahrensweisen konstituiert, wobei häufig erst die einstellungsabhängige und wertbestimmte soziale Interaktion unter den Verwaltungsangehörigen und zwischen diesen und dem Verwaltungspublikum die begehrte Verwaltungsentscheidung bzw. -leistung und damit die angestrebte Aufgabenerfüllung ermöglicht.[161]

---

[158] Dazu Text und Nachw. im 1. Kap., A.I.1.d), 2.

[159] VVDStRL 34 (1976), S. 152.

[160] Vgl. a.a.O. (Fn. 159), S. 164.

[161] *P. Heinrich*, Verwaltungshandeln als soziale Interaktion, DVP 1978, S. 25ff.; *R.-R. Grauhan*, Grenzen des Fortschritts?, 1975, S. 90f.; näher noch dazu unten 7. Kap., D.III.

Aus dieser Perspektive geht staatliche Verwaltungsverantwortung in eine *administrative Verfahrensverantwortung* über. Diese entwickelt sich als *Prozeßform*, deren konstitutive Struktur intersubjektiver Kommunikation unter Gleichen sich in entsprechend gestalteten Verhandlungs- und Verfahrenssystemen ausdrückt.[162] Und in dem Maße, in dem der öffentlichen Verwaltung – wie mit dem Wachstum der Informationstechnologie – neue bzw. erweiterte Verantwortungen zuwachsen – so z.B. eine spezifisch staatliche Informationsverantwortung,[163] – bilden sich entsprechend funktionale Dimensionen auf der Ebene des Verwaltungsverfahrens heraus. Administrative Verfahrensverantwortung ist deshalb und m.a.W. der prozedurale Kern verfassungsrechtlich zulässiger und gewollter Eigenständigkeit öffentlichen Verwaltungshandelns. Sie reagiert auf die Feststellung und das Bewußtsein des Wertes von Verfahren, denen zufolge die Ausgestaltung des Weges der Rechts- und Zweckkonkretisierung ein entscheidendes Moment öffentlicher Verwaltungsverantwortung ist.

B. Paradigmawandel des Verwaltungsverfahrensrechts

I. Verwaltungsverfahren als Rechts- und Sozialverhältnis

Diese Verfahrensverantwortung zu entfalten, heißt einen *Paradigmawandel* des Verwaltungsverfahrens und seiner rechtlichen Ordnung anzustreben. Es geht um die Überwindung des herrschenden Denk- und Konstruktionsmusters im Verwaltungsverfahrensrecht mit seiner prinzipiellen Abtrennung des Sozial- vom Rechtsverhältnis, die sich in seinen Schlüsselbegriffen der materiellen „Richtigkeit" einer Verwaltungsentscheidung sowie des „Dienens" von Verfahrensschritten niederschlägt.

1. Verwaltungsverfahren als „soziales" Rechtsgefüge

Verwaltungsverfahren erschöpfen sich also nicht darin, nur einen Verwirklichungs*modus* des Verwaltungs*rechts* darzustellen.[164] Sie sind vielmehr sowohl Verwirklichungs- als *auch* Entstehungsmodus von Recht wie zugleich und ebenso des überlagernden, interdependenten Sozialverhältnisses. Beide, das Rechts- und Sozialverhältnis, sind voneinander nicht abtrennbar: Das Verwaltungsverfahren beschreibt den Weg, den das rechtsförmige Verwaltungshandeln geht und den die

---

[162] Dazu unten, 3. Teil, 10. Kap., B. und C.

[163] Vgl. *R. Scholz/Pitschas,* Informationelle Selbstbestimmung, S. 103ff., 125ff., 130ff., krit. *Denninger,* KritV 1986, 291ff., 295ff., 306.

[164] Vgl. auch die Mahnung von *Hufen,* Verwaltungsverfahren, S. 23.

Verfahrenssubjekte durch ihre am Verfahrensgegenstand ausgerichteten individualen Verfahrenshandlungen beschreiten.

Die dadurch skizzierten Elemente des insgesamt rechtlich geordneten Vorganges zum Gewinnen und Durchsetzen einer Verwaltungsentscheidung bzw. eines Verwaltungshandelns stehen nicht isoliert nebeneinander; sich wechselseitig kontrollierend und in ihrer Macht begrenzend, verschränken sich nämlich die Verhaltensweisen der verschiedenen Verfahrensteilnehmer. Deren Aktion wird durch das Gegeneinander- und Zusammenwirken zur *Interaktion*. Diese macht die Struktur des Verwaltungsverfahrens aus. Geordnet durch das Verwaltungsverfahrensrecht, führt sie hin zum Ergebnis.

Das Verwaltungsverfahren entfaltet sich demgemäß als ein *soziales* Rechtsgefüge. Es ist nicht länger bloß formalisierte Struktur, sondern dieses Struktur hat ihre eigene Logik; das Verwaltungsverfahren kann selbst gewogen und für zu leicht befunden, kann bewertet und als wertvoll oder wertlos eingestuft werden.[165] Deshalb sind Beratung und Kommunikation, Abwägung und Vermittlung, Ausgleich und Zuteilung, Rechtswahrung und Rechtsverlust, aber auch Planung und Lenkung typische Verfahrensthemen. Ihr prozeduraler Bezug weist das Verwaltungsverfahren als eine Produktivkraft des öffentlichen Verwaltungshandelns im Sinne einer medialen Steuerungstechnik aus.

2. *Kommunikations- und Interaktionsstruktur*

Das alles erscheint in seiner Einordnung und Bewertung freilich nur verständlich vor dem Hintergrund jener konzeptionellen Betrachtungen zur Verfahrensidee, die – ausgehend von Verfassungstheorie und Verfassungsrecht sowie unter gleichzeitiger Abwendung von statisch – punktuellen oder dezisionistischen Betrachtungsweisen – den Staat (und die Verwaltung) als ein geordnetes Verfahren (H. Krüger), die Bedeutung von (Organisation und) Verfahren für die Entfaltung grundrechtlicher Gewährleistungen unter den realen Verwirklichungsbedingungen des modernen Staates im Sinne eines „status activus processualis“ (Häberle), aber auch die Entfaltung der Persönlichkeit als prozedural strukturiert (D. Suhr) und die ihr gegenüber ausgeübte staatliche Gewalt durch Verfahren legitimiert (N. Luhmann) sehen.[166]

Das Verwaltungsverfahren, das noch auf seine Einbettung in diese konzeptionellen Vorstellungen wartet, kann vor deren Hintergrund jedenfalls nicht mehr als bloßes „Ordnungsmodell“, wie dies *E. Schmidt-Aßmann* meint,[167] angesehen werden. Verfahren ist vielmehr das Gehäuse eines freiheitlichen Kommunikationsprozesses, der Bestand mit Wandel, Dauerndes mit Vergänglichem verbindet. In dieser

---

[165] Allgemein zu diesem Gedanken siehe *Suhr*, Entfaltung, S. 152.

[166] Die damit angesprochenen Konzepte von Verfahren breitet *Stettner*, Kompetenzlehre, S. 171 ff., aus; weitere Nachweise zu diesen Positionen im einzelnen siehe im 3. Kap. der Untersuchung.

[167] Verfahrensgedanke, S. 6 ff.

Funktion bilden Verfahren als solche eine Struktur im Fluß der Dinge; sie sind „Struktur im Werden" (H. Heller). Namentlich die Konfliktbewältigung unter Verfahrensbeteiligten und Problembetroffenen wird auf diese Weise jenseits bloßer Ordnung strukturiert, zusammengehalten und auch einem Ergebnis zugeführt. Verfahren ermöglicht diese Begegnung auf allen Ebenen; es führt dabei über die Vielfalt der Einzelinteressen zur Einheit der angestrebten und aufgegebenen Gemeinwohlentscheidung.

Freilich wird diese – wiewohl nicht durchweg erreicht – erst durch den *Streit* herbeigeführt, also durch die Auseinandersetzung, an deren Ende *soziale Integration* nicht gewiß ist, aber möglich wird. Nur im Verfahren kann ein verträglicher modus vivendi gefunden werden. Das Verwaltungsverfahren stiftet deshalb Ordnung wie Struktur, es ist Bewältigungsmuster für Konflikte, legitimiert administratives Handeln und führt über Kompromiß und Konsens zur Legitimation. Für eine zukunftsgerichtete Verfahrensordnung ist deshalb hochwichtig zu wissen, *wie* dies geschieht.

II. Verwaltungsverfahren und Verfassungsentwicklung

1. *Verwaltungsverfahrensrecht als konkretisiertes Verfassungsrecht*

„Verfahren" bedeutet nach alledem nicht bloß formelle Ordnung einer Abfolge von Handlungen und Ereignissen; der Verfahrensbegriff wird inhaltlich erfüllt. Entscheidende Direktiven hierzu enthält das *Grundgesetz:* Verwaltungsrecht und also auch Verwaltungsverfahrensrecht sind konkretisiertes Verfassungsrecht.[168] Das Verwaltungsverfahrensrecht hat sich an der Verfassung zu orientieren.[169]

Dies alles ist heute unzweifelhaft; die Normalität der Geltung der Grundrechte im Verwaltungsverfahren wird nicht mehr bestritten. Das Grundgesetz enthält prinzipielle Direktiven für die rechtliche Ordnung des Verwaltungsverfahrens und die spezifische Organisationsform der materiellen Rechtspositionen (Rechtsstaatsprinzip, Demokratieprinzip, Sozialstaatsgrundsatz, Menschenwürde-Verbürgung).[170] Als gesicherte Erkenntnis gilt ferner, daß auch die *Grundrechte* eine verfahrens- und organisationsrechtliche Dimension haben, in der ein bedeutsamer Teil ihrer Ver-

---

[168] Vgl. *F. Werner,* DVBl. 1959, 527ff.; zu dem Zusammenhang des Verwaltungsverfahrensrechts mit dem Verfassungsrecht frühzeitig auch *Ule/Becker,* Verwaltungsverfahren, S. 4; die Verfassungsbezüge des Verwaltungsverfahrens sind in letzter Zeit vor allem herausgearbeitet worden von *Häberle,* Verfassungsprinzipien; *Held,* Grundrechtsbezug; *Hill,* Das fehlerhafte Verfahren, S. 199ff., 227ff.; *Kopp,* Verfassungsrecht und Verwaltungsverfahrensrecht; *Schmidt-Aßmann,* HdbStR III, 1988, S. 632ff.; siehe auch die Nachw. oben, Fn. 20.

[169] Zu recht spricht *Hill,* a.a.O. (Fn. 168), S. 227ff., insoweit von „maßgeblichen Determinanten des Verwaltungsverfahrens".

[170] *Wahl,* VVDStRL 41 (1983), S. 166ff.; *Pietzcker,* ebd., S. 207ff.; siehe ferner *Hill,* Das fehlerhafte Verfahren, S. 200, 206.

wirklichung geleistet wird.[171] Diese Dimension, die als „status activus processualis" verfassungsdogmatisch zusammengefaßt werden kann,[172] muß im Zuschnitt auf den jeweiligen grundrechtlichen und sachlichen Problembereich entfaltet werden. Sie läßt sich sowohl abwehrrechtlich als auch objektivrechtlich oder mit funktionaldemokratischer Maßgabe formulieren.[173] So verlangen z.B. die *Freiheitsrechte* in ihrem „personalen" Bezug nach einer Verfahrensgestaltung, die den unwiderruflichen Rechtsentzug in solchen Verfahren ausschließt, in denen es um „verwaltete" Grundrechte wie z.B. Art. 16 Abs. 2 GG geht.[174]

Eine Sonderstellung kommt in der verfassungsrechtlichen Konkretisierung des Verwaltungsverfahrensrechts wegen des Ausbaus der verteilenden Verwaltung den *Gleichheitsrechten* für die Ordnung administrativer Verteilungsverfahren zu. Insofern bedarf es freilich noch der vertieften Entfaltung des Zusammenhanges mit den Freiheitsrechten.[175] Wegen des antizipierten Rechtsschutzauftrags des Verwaltungsverfahrens läßt sich darüber hinaus ein besonderer Einwirkungsbereich zwischen den Verwaltungsverfahren und Art. 19 IV GG ausmachen; das Nebeneinander von administrativen und gerichtlichen Verfahren unterliegt einer Betrachtung aus dem Blickwinkel ihres gesamten Wirkungsgefüges.[176]

2. *Verwaltungskompetenz für neues Verfahrensrecht?*

Das Bezugsgeflecht gerade der zuletzt genannten Rechtsschutzaufträge, aber auch von Verwaltungsverfahren und verfassungsgebotenem Verfahrensrecht ist hochgradig komplex. Es kann im Einzelfall zu einer schlichten Kumulation der Schutzansprüche des einzelnen oder auch zu einer „Grundrechtsoptimierung" im administrativen Verfahren bei Bestehen gerichtlicher Kontrollrestriktionen führen.[177] Dabei ist allerdings zu beachten, daß die Verfassungsbezogenheit des Verfahrensrechts nicht schon bedeutet, daß jedwede Ausgestaltung des Verwaltungsverfahrens als verfassungskräftig vorgegeben bzw. verfassungsfest garantiert anzusehen ist. Jenseits eines in der Tat geschützten Verfahrenskerns heißt Verfahrensgestaltung vor allem gesetz-

[171] Dazu bereits die Nachw. oben, 1. Kap., Fn. 333.

[172] *P. Häberle,* VVDStRL 30 (1972), S. 81; dazu zuletzt *Alexy,* Theorie der Grundrechte, S. 428, 436ff.

[173] Vgl. *K. Hesse,* EuGRZ 1978, S. 427ff., 434ff.; *Wahl,* VVDStRL 41 (1983), S. 167.

[174] *Hill,* Das fehlerhafte Verfahren, S. 207f.; *Ossenbühl,* FS K. Eichenberger, S. 185f.; *Pietzcker,* VVDStRL 41 (1983), S. 209f.; *H. P. Schneider,* ebd., S. 284 (Diskussionsbeitrag); vgl. auch BVerfGE 60, 253 (295).

[175] Vgl. am Beispiel aktueller Probleme des Gewerberechts *Pitschas,* BayVBl. 1982, 641ff., 645f.; *Roth,* WiVerw. 1985, 46ff., 48f., 51ff., 56f.; allgemein siehe *Kopp,* Verfassungsrecht und Verwaltungsverfahrensrecht, S. 166ff.; *Ossenbühl,* NVwZ 1982, 467.

[176] Siehe nur BVerfGE 61, 82 (110); *Schmidt-Aßmann,* NVwZ 1983, 1ff., 4f.; *ders.,* in: Maunz/Dürig, GG, Art. 19 Abs. 4 Rdnrn. 24ff.

[177] Vgl. *Blümel,* Grundrechtsschutz durch Verfahrensgestaltung, in: *ders.* (Hrsg.), Frühzeitige Bürgerbeteiligung, S. 23ff., 30ff.; siehe auch *Wahl,* VVDStRL 41 (1983), S. 159; *v. Mutius,* ebd., S. 285f. (Diskussionsbeitrag).

geberische Verfahrensbestimmung.[178] Daneben tritt jedoch das auf die originäre Verwaltungsverantwortung (Verfahrensverantwortung) gestützte procedere: Zu der schöpferischen Konkretisierung von Verwaltungszwecken gehören auch breite Bereich des administrativen Verfahrenshandelns als Selbstbestand der Verwaltung bzw. als Bereich eines von Verfassungs wegen überlassenen „Hausguts".[179] Allerdings wird mehr und mehr fraglich, ob diese traditionelle Begründung der Verwaltungskompetenz für neues Verfahrensrecht im Zeichen einer Entwicklung noch Bestand finden kann, die außenwirksame Konkretisierung in einen „wesentlichen" Zusammenhang zu der diffizilen inneradministrativen Verfahrensgestaltung rückt und dadurch die kompetenzgründende Unterscheidung von Außenrecht und Innenrecht relativiert.[180]

Die sich für einen (ausschließlichen) Regelungsprimat des Verfahrensgesetzgebers auf das Argument stützende Auffassung, die Verwaltung habe das Gesetz, nicht die Verfassung zu vollziehen, geht insoweit fehl.[181] Der Verwaltungsvorbehalt enthält auch einen *Verfahrensvorbehalt.* Dort, wo z.B. erst die administrative Verfahrensverantwortung eine statussichernde Wirkung für den einzelnen Verfahrensteilnehmer entfaltet (z.B. in Sozialleistungsverfahren, aber auch in Kriegsdienstverweigerungs- und Asylverfahren), ist *auch* die Verwaltung zu einer verfahrensprägenden Grundrechtsoptimierung aufgerufen.[182]

Wieweit ansonsten dem Gesetzgeber gegenüber der administrativen Verfahrensverantwortung speziell im Lichte der im modernen Staat veränderten realen und normativen Verfassungsbedingungen ein Regelungsprimat bezüglich der Ordnung des Verwaltungsverfahrens von Verfassungs wegen zugewiesen ist, erscheint klärungsbedürftig. Soweit er aber zum Zuge kommt, hat der Gesetzgeber zwischen den einzelnen Ansprüchen an ein funktionsgerechtes Verfahren abzuwägen. Er kann dabei Steuerungsschwächen der Verfahrensordnung durch Einschaltung gesellschaftlicher Steuerungskapazität (z.B. pluralistisch-strukturierter Verwaltungsgremien)[183] oder dadurch ausgleichen, daß er in anderer Weise der kommunikativ-interagierenden Verfahrensverantwortung der öffentlichen Verwaltung gerecht wird.[184] In Ausnahmefällen mag es bereichsspezifisch auch zu einer entsprechenden Regelungsbindung des Verfahrensgesetzgebers durch vorbehaltsfreie und deshalb

---

[178] BVerfGE 60, 253 (295); *Pietzcker,* VVDStRL 41 (1983), S. 209f.; *Schmidt-Aßmann,* Ordnungsidee, S. 40ff.

[179] *Ossenbühl,* Vorbehalt des Gesetzes, S. 31; *Schnapp,* VVDStRL 43 (1985), S. 195.

[180] Vgl. auch die vorsichtig tastenden Überlegungen von *Lerche,* in: Maunz/Dürig, GG, Art. 83 Rdnr. 60.

[181] Vgl. den in diese Richtung zielenden Diskussionsbeitrag von *Badura,* in: VVDStRL 41 (1983), S. 234.

[182] Vgl. auch BVerfGE 40, 237 (250).

[183] Vgl. dazu *Goerlich,* Grundrechte als Verfahrensgarantien, S. 348f., 367f.; *Schreyer,* Pluralistische Entscheidungsgremien, insbes. S. 88ff., 108ff., 135ff., 149f.

[184] Z.B. durch stringente Regelung der Bildung, Zusammensetzung und Verfahren jener Fachgremien, vgl. *Badura,* FS O. Bachof, S. 176f.; *Burmeister,* Verfahrensstrukturierungsgebote, S. 154f.; *Papier,* FS C. H. Ule, S. 248.

die staatliche Grundrechtsprägung abwehrende Grundrechte kommen (z. B. im Bereich der Kunstförderung)[185] bzw. aufgrund gewährleistungsspezifischer Maßgaben, wie etwa durch das Verfassungsgebot pluraler Medienorganisation.[186]

3. Verwaltungsverfahren und prozedurales Verfassungsverständnis

a) Prozeduraler Garantiegehalt von Verfassungsnormen

Die Verfassung und insbesondere die Grundrechte strahlen deshalb nicht nur auf organisatorische und verfahrensmäßige Gestaltungen aus, sind also im wesentlichen (nur) materielle Rechte, die lediglich prozessual eingefordert werden können. Im Vordergrund steht vielmehr ein *prozedurales Verständnis,* demzufolge Grundrechte überhaupt erst in staatlichen Verfahren zur Entfaltung zu bringen sind.[187]

Von hier aus schiebt sich der *prozedurale Garantiegehalt* von Verfassungsnormen in den Vordergrund. Der Wandel der Verwaltungsfunktionen (Gestaltung, Leistung, Intensivierung, Planung und Lenkung) wird von (Organisation und) Verfahren komplementär (und kompensatorisch) begleitet. Sie erbringen u.a. den Ausgleich von Grundrechtskollisionen zwischen Privaten bzw. zwischen diesen und der Verwaltung (kollisionslösende Grundrechtsverfahren), sind aber auch innerhalb des Staates einsetzbar, wie z. B. als ausgleichvorbereitende Vorschaltverfahren des Gesetzgebers.[188]

Als „positive Kompetenznormen" entwickeln somit Verfassung und Grundrechte ein Programm für die adäquate verfahrensmäßige Ausgestaltung einschlägiger Grundrechtsbereiche. Dieses Gebotensein einer bestimmten Gestaltung im Verfahrensrecht hat zuletzt das BVerfG in seinem Urteil zum Volkszählungsgesetz 1983 für den Sachbereich der Informationstechnologie deutlich hervorgehoben.[189] Ähnliche Antworten sind aufgrund der Entwicklungen in weiteren Bereichen der Politikfelder „Technik" und „Soziales" zu geben.[190]

Solche Antworten treffen allerdings auf die Bedenken, die beispielhaft *R. Wahl* gegen die Ableitung konkreter Instrumentierungen aus der objektivrechtlichen Dimension von Grundrechten erhoben hat. Gleichwohl läßt sich an den Bezugspro-

---

[185] Vgl. *J. Hoffmann,* Die Kunstfreiheitsgarantie des Grundgesetzes und die Organisation einer Mediengewerkschaft, 1981, S. 264ff., 266, 273, 283ff.; *Hufen,* Die Freiheit der Kunst in staatlichen Institutionen, 1982, S. 378ff.

[186] Hierzu siehe BVerfGE 57, 295 (320ff.); *Schmitt Glaeser,* AöR 112 (1987), S. 215ff., 242ff., 244ff., 248ff., 254f.

[187] *Goerlich,* Grundrechte als Verfahrensgarantien, S. 21, 46ff., 53f.; zu den Folgerungen in bezug auf die „Verfahrensstrukturen des Verwaltungsrechts" siehe S. 343ff., 358ff.; siehe auch Sondervotum *Böhmer,* BVerfGE 49, 220 (235).

[188] *Lerche,* Vorbereitung grundrechtlichen Ausgleichs, S. 109ff.

[189] BVerfGE 65, 1 (49, 58ff.).

[190] Für den Bereich der „Technik" vgl. *Denninger,* KritJ 1989, 155f.; *Lukes,* Technik und Recht, S. 45ff., 49f.; *Roßnagel,* Großtechnik und Bürgerfreiheit, S. 364ff., 368f.; für den Bereich des „Sozialen" siehe *Zacher,* Wohlfahrtsstaat auf dem Prüfstand, S. 37f., 53ff.

blemen von „Verwaltungsverfahren und technischem Fortschritt" einerseits sowie „Verwaltungsverfahren und sozialer Realisation" andererseits die Notwendigkeit belegen, inhaltlich „offene" Regelungen letztlich auch durch eine prozedurale Strukturbildung jenseits strikt rechtsstaatlich-abwehrender Verfahrensregelungen ergänzen zu müssen.[191]

b) Grundgesetzliche Kommunikationsverfassung

Entsprechend eigenständige Ansprüche auf ein verfassungsadäquates Verwaltungsverfahren beruhen auch nicht nur auf einer rechtsstaatlich-demokratischen Interpretation der Grundrechtsnormen.[192] Andere Verfahrensdirektiven der Verfassung sind stets zu berücksichtigen. So wird z.B. das Fundament für den Garantiegehalt einer verfahrensrechtlichen Verwirklichung der Verfassung gleichermaßen durch die *grundgesetzliche Kommunikationsverfassung* gebildet. Das Verwaltungsverfahren erweist sich in seinen Gestaltungsmaximen einbezogen in den verfassungsrechtlichen Ordnungszusammenhang der Informations-, Kommunikations- und Entscheidungsfreiheit der Bürger. Verfahrensregeln antworten deshalb auch und maßgebend auf kommunikationsrechtliche Grundrechtsgewährleistungen, deren verfassungsrechtliche Garantie bzw. legislatorische Umsetzung nicht bloß von Art. 2 I/1 I GG getragen wird.[193] Dementsprechend muß auch die Entfaltung der Persönlichkeit im Verwaltungsverfahren prozedural strukturiert sein; Verwaltungshandeln und -entscheiden beruht in der Folge dieser Entwicklung auf „Kontakt", „Dialog" und – vor allem – auf sozialer Interaktion. Diese Maßgaben tragen dazu bei, das verfahrensmäßige Vertretbarkeitsurteil zu bilden. Sie sind demgemäß verfahrensbezogen zu entwickeln.[194]

---

[191] Vgl. zu den diskutierten verschiedenen Ableitungszusammenhängen u.a. Sondervotum von *Simon* und *Heußner*, BVerfGE 53, 69 (77ff.); *Goerlich*, Grundrechte als Verfahrensgarantien, S. 51ff.; *Redeker*, NJW 1980, 1593ff.; *Saladin*, Kernenergie und Verfassungsstaat, S. 44; *Schmitt Glaeser*, Position der Bürger, S. 45ff., 53ff., 77ff., 93f.; sieher ferner aus rechtsstaatlich-kompensatorischer Perspektive *R. Scholz*, VVDStRL 34 (1976), S. 206 m.Anm. 241, 211f.; aus der Sicht der grundrechtlichen Kollisionslösung *Lerche*, Vorbereitung grundrechtlichen Ausgleichs, S. 104f.; demgegenüber vgl. jedoch *Wahl*, VVDStRL 41 (1983), S. 167; zu eng auch *Pietzcker*, ebd. S. 220.

[192] So aber z.B. *Pietzcker*, VVDStRL 41 (1983), S. 220; *Schmidt-Aßmann*, HdbStR III, 1988, S. 634ff., 640ff.; „dünn" auch die Bezugnahme von *Hill*, Das fehlerhafte Verfahren, S. 206f., auf das Demokratie-, Sozialstaats- und Gleichheitsgebot; ausgiebiger dagegen S. 233ff.

[193] Vgl. *R. Scholz/Pitschas*, Informationelle Selbstbestimmung, S. 93ff., 97ff.; zu den Gefahren und Grenzen dieser Perspektive siehe aber *Hufen*, ZUM 1986, 194ff., 196.

[194] Unzureichend demgegenüber und insoweit die aus jüngster Zeit stammenden Verfahrensüberlegungen von *Hill*, Das fehlerhafte Verfahren, S. 211f.; *Kopp*, DVerw. 20 (1987), S. 3; im Ansatz dagegen wie hier *Schmidt-Aßmann*, a.a.O. (Fn. 192), S. 625 (Rdnr. 4 – sehr knapp); *Suhr*, Entfaltung, S. 80ff., 151ff.

C. Revision des Verwaltungsverfahrensrechts

Der maßgebliche Ansatz einer behutsamen Fortentwicklung des Verwaltungsverfahrensrechts schält sich damit heraus: Die Perspektiven einer Verfahrensreform ergeben sich als verfassungsgetragener Auftrag zur *Verfahrensentwicklung* auf der Basis der Grundrechte, des Sozialstaatsprinzips sowie der sonstigen Verfassungsdirektiven aus einer konsequenten Vertiefung des Verfahrensgedankens einerseits und dem Einbezug des Wandels der Verwaltungsfunktionen (Änderung des System/Umwelt-Verhältnisses, veränderte Aufgabenstrukturen, Wandel der Ressourcen) andererseits. Leitbild hierfür ist das Verwaltungsverfahren als Modell kommunikativer Rechtsbildung und Zweckkonkretisierung.

I. Fragwürdigkeit des geltenden Verfahrensrechts

Die „neuen" Verwaltungsverfahrensgesetze tragen diesem Leitbild nur in begrenztem Maße Rechnung.[195] Dies gilt sowohl für die Beachtung der Interdependenzen von Formen, Verfahren und Handlungsmaßstäben der Verwaltung als auch für die rechtliche Formalisierung des Verfahrensganges, die Entwicklung verschiedener Verfahrensarten, für die Beteiligungsrechte und -lasten im Verwaltungsverfahren sowie für die Verfahrens- und Ergebnisrichtigkeit einschließlich der Verfahrensfehlerlehre.[196]

1. Tragweite des kodifizierten Verfahrensrechts

Das am 1. Januar 1977 in kraft getretene Verwaltungsverfahrensgesetz des Bundes (VwVfG) und die ihm weitgehend wortgleichen Regelungen der Bundesländer betonen zwar den Verfahrensgedanken einerseits im Rahmen der systematischen Ausformung der besonders wichtigen Handlungsformen des Verwaltungsaktes bzw. des öffentlich-rechtlichen Vertrages. So hebt § 9 VwVfG als eine der Funktionen des Verwaltungsverfahrens die „Vorbereitung ... eines Verwaltungsaktes" hervor. Allerdings und andererseits knüpft dabei der Verfahrensgesetzgeber an die überkommenen Handlungsformen des Verwaltens an; er macht die Unterteilung nach *ergeb-*

[195] Siehe auch die diesbezüglichen (sehr verstreuten) Einwände bei *Häberle*, Verfassungsprinzipien, S. 61f., 64f., 69, 71, 74ff. und öfter; *Hufen*, Verwaltungsverfahren, S. 157ff., 168ff., 173ff., 178ff.

[196] Vgl. auch die kritische Würdigung des geltenden Verwaltungsverfahrensrechts bei *Kopp*, DVerw. 20 (1987), S. 5ff.

nisbezogenen Verwaltungshandlungen zur Grundlage einer Systematik auch des Verwaltungsverfahrens.[197]

Dem liegt die an sich richtige Erkenntnis zugrunde, daß unter rechtsstaatlichen Aspekten die Formen, Verfahren und Maßstäbe des Verwaltungshandelns nicht voneinander zu isolieren sind.[198] Dieser Zusammenhang zeigt sich insbesondere bei den Rechtsformen zu- und verteilender Verwaltung, namentlich im Planfeststellungsrecht. Hier ergibt sich, daß die abverlangten komplexen Verwaltungsentscheidungen z.B. nicht ohne die distanzierende und rechtsschutzsichernde Stufung des Verwaltungsverfahrens auskommen.[199] Die auftretenden Sachprobleme sind aber auch nicht ohne den Verwaltungsakt als einer Bestandskraft und Vertrauensschutz sichernden Handlungsform zu bewältigen.[200]

Was allerdings zu bemängeln bleibt, ist die Fixierung von Verfahrensrechten auf ein formalisiertes Gebilde „Verwaltungsverfahren" (§§ 9 VwVfG, 8 SGB X), das der Reichweite und Vielfalt prozeduraler Regulierung in bezug auf die zur Verfügung stehenden Handlungsformen einerseits und auf die notwendige Formlosigkeit der Verfahrenssteuerung andererseits nicht genügend Rechnung trägt.[201] Verwaltungstätigkeiten wie z.B. interne Verwaltungsvorgänge, „informales" Verwaltungshandeln oder auch Verfahren, die privatrechtliche Verträge vorbereiten, seien daher, so heißt es, im Grundsatz nicht als „Verwaltungsverfahren" anzusehen.[202]

Darin liegt eine erhebliche Begrenzung der Tragweite des kodifizierten Verwaltungsverfahrensrechts, die bereits vielfältige Kritik erfahren hat.[203] Sie widerspricht namentlich unter grundrechtlich-sozialstaatlichen Gesichtspunkten einer durchgängigen Verfahrenskooperation und damit jenem Anforderungsprofil „kommunikativer Verwaltung", wie es voraufgehend entfaltet wurde.[204] Auf dem Hintergrund der solchermaßen perspektivisch geöffneten Revisionsanstrengungen ist deshalb das

---

[197] *Wolff/Bachof,* Verwaltungsrecht III, S. 321f., Rdnrn. 2ff.

[198] *W. Schmidt,* Probleme des Verwaltungsrecht, S. 17f., 23f., 72ff.; siehe auch *Achterberg,* JA 1982, 240.

[199] *Hill,* Das fehlerhafte Verfahren, S. 289f.; *Scheuing,* VVDStRL 40 (1982), S. 173ff., 176, eher skeptisch S. 179.

[200] *Schmidt-Aßmann,* Ordnungsidee, S. 34.

[201] So zu Recht kritisch bereits *Hoffmann-Riem,* VVDStRL 40 (1982), S. 217, 220ff.; siehe auch *Pietzcker,* VVDStRL 41 (1983), S. 215 (zurückhaltender).

[202] Zu den insoweit erforderlichen Differenzierungen zwischen einzelnen Formen des Verwaltungshandelns und Verfahrensweisen siehe etwa *Finkelnburg/Lässig,* VwVfG, § 9 Rdnrn. 3ff., 17ff. m.w.Nachw. Auf die Stellung eines *Antrags* kommt es aber entgegen der Auffassung dieser Autoren nicht an; entscheidend ist allein der Eintritt in ein „Verfahrensverhältnis": Soll ein Verwaltungsakt oder ein öffentlich-rechtlicher Vertrag am Ende dessen Abwicklung stehen, ist § 9 VwVfG (§ 8 SGB X) erfüllt; andernfalls kommt eine analoge Anwendung der §§ 9ff. VwVfG (8ff. SGB X) in Betracht, vgl. *Kopp,* VwVfG, § 9 Rdnr. 2. Dafür verantwortlich zeichnet die prinzipielle Verfahrensabhängigkeit *allen* Verwaltens – und in *allen* diesen Verfahren müssen Rechtspositionen des einzelnen gebildet bzw. gewahrt werden.

[203] Vgl. die Nachw. bei *Hill,* Das fehlerhafte Verfahren, S. 7f.; *Kopp,* DVerw. 20 (1987), S. 10, 11; *Schmidt-Aßmann,* HdbStR III, 1988, S. 628f.

[204] Vgl. dazu oben im Text bei A.II.5.; B.I.2.

Verfahrensrecht fortzuschreiben: Die Ausdehnung auf die Handlungsformen des schlicht-hoheitlichen und privat-rechtlichen Verwaltungshandelns erscheint ebenso geboten wie der Einbezug des sogenannten informalen Verwaltungshandelns.[205]

Das Verwaltungsverfahren wird damit auch zum Handlungsrahmen für die sozialstaatlichen Steuerungsformen der Beratung, Vorverhandlung, Verhaltensabsprache u.a.m. Inwieweit dabei zugleich eine Reformalisierung des diesbezüglichen Verwaltungshandelns anzustreben ist, bleibt zwar noch zu klären.[206] Jedenfalls aber geht auch das BVerfG von einem *weiten* begrifflichen Verständnis des „Verwaltungsverfahrens" aus. In seiner Rechtsprechung zum Ausbildungsplatzförderungsgesetz rechnet es zu den Verfahrensvorschriften i.S. des Art. 84 GG alle „gesetzlichen Bestimmungen, die die Tätigkeit der Verwaltungsbehörden im Blick auf die Art und Weise der Ausführung des Gesetzes einschließlich ihrer Handlungsformen, die Form der behördlichen Willensbildung, die Art der Prüfung und Vorbereitung der Entscheidung, deren Zustandekommen und Durchsetzung sowie verwaltungsinterne Mitwirkungs- und Kontrollvorgänge in ihrem Ablauf regeln".[207]

Im übrigen stellen die Verfahrensgesetze des Bundes und der Länder *Teilkodifikationen mit einer prinzipiellen Anwendungsproblematik* dar: Sie gelten überhaupt nur für die öffentlich-rechtliche Verwaltungstätigkeit,[208] finden ferner nicht oder nur begrenzt auf diejenigen Materien öffentlich-rechtlicher Verwaltungstätigkeit Anwendung, die gem. § 2 VwVfG ausdrücklich ausgenommen oder nur beschränkter Geltung unterstellt sind[209] und erfassen zudem innerhalb des solchermaßen umgrenzten Bereichs nur die Verfahren zum Erlaß zweier qualifizierter Verwaltungsentscheidungen, nämlich des Verwaltungsaktes und des verwaltungsrechtlichen Vertrages.[210]

---

[205] Vgl. in bezug auf das privatrechtliche Verwaltungshandeln speziell (und mit Recht) *Achterberg*, Verwaltungsrecht, S. 222ff.; differenzierend für das schlicht-hoheitliche Handeln und die informellen Absprachen – analoge Anwendungen des VwVfG insgesamt oder teilweise bejahend – siehe *Robbers*, DÖV 1987, 275 m. Anm. 35, 277ff.; *Schmidt-Aßmann*. DVBl. 1989, 540f. Zu Unrecht lehnt aber *Robbers* die Analogiefähigkeit sog. aufgabengeprägter Handlungen ab (S. 280): Auch hier befinden sich bereits Rechte „im Werden" (vgl. oben, Fn. 202)!

[206] Vgl. *Hoffmann-Riem*, VVDStRL 40 (1982), S. 226f., 229ff. einerseits, *Pietzcker*, VVDStRL 41 (1983), S. 215 andererseits; siehe ferner *H. Bauer*, VerwArch. 78 (1987), S. 256ff.; *Schmidt-Aßmann*, a.a.O. (Fn. 205), 541; speziell zu Fragen der Beratung *Hufen*, Verwaltungsverfahren, S. 168ff.

[207] BVerfGE 55, 274 (320f.); siehe auch BVerfGE 37, 363 (385, 390).

[208] Vgl. §§ 1 Abs. 1 VwVfG, 1 Abs. 1 SGB X.

[209] Die wichtigsten Bereiche, die herausgenommen wurden, sind die Verfahren in Abgabensachen nach Maßgabe des § 2 Abs. 2 Nr. 1 VwVfG sowie die in § 2 Abs. 2 Nr. 4 VwVfG aufgeführten Materien der Sozialverwaltung. Diese beiden bedeutsamen Gebiete der Massenverwaltung sind eigenständigen Verfahrensregelungen unterworfen, nämlich in der Abgabenordnung (AO) vom 16. März 1976 (BGBl. I S. 613) sowie im Sozialgesetzbuch (SGB) – Verwaltungsverfahren (Zehntes Buch = X) vom 18. August 1980 (BGBl. I S. 1469) mit ergänzenden Verfahrensregeln im Sozialgesetzbuch (SGB) – Allgemeiner Teil (Erstes Buch = I) vom 11. Dezember 1975 (BGBl. I S. 3015); zu alledem vgl. auch die Übersicht bei *Ule/Laubinger*, Verwaltungsverfahrensrecht, S. 35ff.; zum Länderrecht S. 42ff.

[210] Vgl. §§ 9 VwVfG, 8 SGB X.

Der Anwendungsbereich dieser Teilkodifikationen wird schließlich durch einen fachgesetzlichen Vorbehalt – den Vorrang spezieller Verfahrensregelungen in einschlägigen Fachgesetzen – sowie durch den Geltungsvorrang landesgesetzlicher Verwaltungsverfahrensgesetze weiter eingeengt.[211] Nicht von ungefähr ist deshalb die Rede von einer „Verlustliste der Rechtseinheit", die sich im Rahmen der Defizitanalyse des geltenden Verfahrensrechts aufstellen läßt.[212]

Überlagert wird diese Kritik von der generellen Auseinandersetzung um den grundsätzlichen Wert oder Unwert einer *Kodifikation* des allgemeinen Verwaltungsverfahrensrechts. Bemängelt wird einerseits, daß es keine umfassende Regelung aller Verwaltungsverfahren gebe und somit keine Gesamtkodifikation existiere.[213] Andererseits stehen den mit der vorgelegten Teilkodifikation verbundenen Hoffnung auf einen Gewinn an Rechtssicherheit[214] tiefgehende Befürchtungen gegenüber, die Möglichkeiten der Nichtförmlichkeit und Flexibilität des Verwaltungshandelns nunmehr eingebüßt zu haben.[215] Gleichermaßen verbreitet ist die Skepsis, ob die materiell-rechtlichen Grundsätze des Verwaltungshandelns nach Art und Ausmaß hinreichend genug in die gesetzliche Regelung des allgemeinen Verwaltungsverfahrens einbezogen worden sind.[216] Zu fragen ist schließlich, ob nicht überhaupt der methodisch-konzeptionelle Ansatz der Verfahrensrechtsgesetzgebung eine viel zu breite „Verlustliste der Rechtseinheit" hinterlassen hat.[217]

Die erhebliche Begrenzung der Tragweite des kodifizierten allgemeinen Verwaltungsverfahrensrechts ist allerdings der Preis dafür gewesen, daß überhaupt eine überschaubare und nicht fortlaufend abzuändernde Verfahrensgesetzgebung zustande kommen konnte.[218] Das entwicklungsbedingte Verfahrensrecht ist insofern heute mehr denn je als stetiger, d.h. „in die Zeit gerichteter", stets neu anzusetzender und offener *Entwicklungsprozeß* aufgegeben. Zur Bewältigung dieser Aufgabe bedarf es eines langen Atems; das Verwaltungsverfahrensrecht in seiner jetzigen Gestalt sollte deshalb nur als ein erster, wenngleich auch grundlegender Schritt zu dem Endziel des vollends das Verfahrensgeschehen zusammenführenden und verfahrensrechtlich harmonisierenden einheitlichen Gefüges von Abgabenordnung, Sozialgesetzbuch und allgemeinem Verwaltungsverfahrensrecht angesehen werden.[219]

---

[211] Vgl. § 1 Abs. 1 letzter Halbsatz VwVfG einerseits, § 1 Abs. 3 VwVfG andererseits; für das Sozialverwaltungsverfahren siehe ferner die Einschränkungen in § 1 Abs. 1 SGB X. Kritik hierzu etwa bei *v. Mutius*, FS C.-F. Menger, S. 580 m.w.Nachw.

[212] Vgl. *Badura*, JA 1981, 34 unter Anknüpfung an den Musterentwurf eines VwVfG (EVwVfG 1963), 1964, Allgemeine Begründung, S. 67.

[213] Vgl. z.B. *Maurer*, JuS 1976, 485ff., 495f.

[214] *Badura*, a.a.O. (Fn. 212), 33; *Häberle*, Verfassungsprinzipien, S. 82f.

[215] *Schmitt Glaeser*, FS Boorberg Verlag, S. 33.

[216] *Badura*, a.a.O. (Fn. 212), S. 33f. m.w.Nachw.

[217] Vgl. *Badura*, a.a.O. (Fn. 212), S. 34; ähnlich jüngst auch *Kopp*, DVerw. 20 (1987), S. 10ff.

[218] *Badura*, a.a.O. (Fn. 212), S. 34; siehe zu diesem Thema auch *Bonk*, DVBl. 1986, 487, 490; vgl. ferner die Bemerkung von *R. Schaefer*, Vereinheitlichung des Verwaltungsverfahrensrechts des Bundes, S. 69ff.

[219] Demgegenüber erscheint die „Selbstbescheidung" in den Perspektiven einer Fortent-

Freilich sind dabei auch die praktischen Bedürfnisse der Verwaltung zu berücksichtigen. Die Vielgestaltigkeit der Verwaltungszwecke und der administrativ zu bewältigenden Entscheidungssituationen lassen die Einführung eines einheitlich für die gesamte Verwaltungstätigkeit geltenden Verfahrensrechts nur mühsam verwirklichen, schließen sie in Teilbereichen wohl auch völlig aus. Gleichwohl gibt es einen Mindestbestand an Grundsätzen für ein ordnungsgemäßes Verfahren (due process), die – wie späterhin noch darzulegen sein wird[220] – übergreifend in allen Verfahren vor den Verwaltungsbehörden zu beachten sind und deshalb einer vereinheitlichenden Regelung zugänglich gemacht werden können.

Darüber hinaus gibt es in allen Feldern der öffentlichen Verwaltung Besonderheiten, die ebenfalls harmonisierender Gestaltung bedürfen. Zu denken ist insoweit an das privatrechtliche Handeln der öffentlichen Verwaltung, an die abgeleitete Rechtsetzung durch Verordnungen und Satzungen, an interne Verwaltungsvorgänge oder auch an Planungsverfahren und förmliche Verwaltungsverfahren.[221] Insofern scheint denn doch das Prinzip durchbrechbar, ein allgemeines Verwaltungsverfahrensgesetz nur mit subsidiärer Geltung auszustatten.[222]

2. *Aufgabenorientierung und Verfahrensfunktionen*

a) *Aufgabenorientierung und Sektoralisierung des Verwaltungsverfahrens*

Das Verwaltungsverfahrensrecht verweigert sich allerdings einer *beliebigen* rechtlichen Ausgestaltung. Jedwede Festlegung hängt zunächst von den *Aufgaben* ab, die ein bestimmter Verfahrenstyp erfüllen soll. So muß z. B. das Widerspruchsverfahren in seiner Funktion als Rechtmäßigkeits- und Zweckkontrolle anders organisiert werden als Verfahren der Stadtentwicklung bzw. Sozialplanung nach dem Baugesetzbuch.[223]

---

wicklung des Verwaltungsverfahrensrechts bei *Bonk,* DVBl. 1986, 493 ff., doch sehr befremdlich!

[220] Vgl. hierzu den 3. Teil der Untersuchung, 10. Kap., B. und C.

[221] Immerhin vermag zumindest das Landesverwaltungsgesetz Schleswig-Holstein (LVwG) i. d. F. vom 19. März 1979 (GVOBl. Schl.-H. S. 182) in den §§ 53–71 eine einheitliche und übersichtliche Regelung auch des Verwaltungshandelns durch Verordnung und Satzung bzw. Bewilligungsrichtlinien zu präsentieren; gleichermaßen finden sich dort auch die weiteren Handlungsformen der Verwaltung normiert.

[222] Trotz allen Bedarfs nach Spezialisierung und Differenzierung des Verwaltungsverfahrensrechts – dazu *Wahl,* Vereinheitlichung oder bereichsspezifisches Verfahrensrecht?, bes. S. 42 ff. – bleibt von dessen Generalisierung und seiner harmonischen Vereinheitlichung nicht abzulassen; dieses Anliegen scheint allerdings in der gegenwärtigen Diskussion nicht mit vollem Engagement vertreten zu werden. Aus salvatorischen Gründen beruft man sich nur zu gerne (vgl. *Bonk,* DVBl. 1986, 492 r. Sp.; *Wahl,* a. a. O., S. 58) auf *Bettermann,* VVDStRL 17 (1959), S. 143; krit. dazu auch *Trzaskalik,* VVDStRL 41 (1983), S. 250 (Diskussionsbeitrag).

[223] Speziell zum Widerspruchsverfahren siehe insoweit *Hufen,* Verwaltungsverfahren, S. 350 ff., *v. Mutius,* Widerspruchsverfahren, S. 30 ff., 112 ff., 127 ff., 131 ff.

Das geltende Verfahrensrecht hat dieser Anforderung Rechnung getragen. Es unterscheidet z. B. zwischen förmlichen und nicht-förmlichen Verwaltungsverfahren und damit nach der Art der Durchführung.[224] Eine andere Unterscheidung hebt auf die Zahl der Verfahrensbeteiligten ab, um auf diesem Wege den Einzelverfahren sog. Massenverfahren gegenüberzustellen.[225] Daneben finden Planungsverfahren, sofern sie rechtskonstruktiv in Einzelakte (Planfeststellungsbeschlüsse, Anlagengenehmigungen) einmünden, Beachtung in Sondervorschriften der Verwaltungsverfahrensgesetze.[226] Vergleichbare Regelungen finden sich in den immissionsschutz- und atomrechtlichen Verfahrensregelungen.[227] Weitere Unterscheidungen sind möglich.[228]

Alle diese Systematisierungsansätze verdeutlichen, in wie vielen Erscheinungsformen Verwaltungsverfahren in der Praxis vorkommen können und von welch unterschiedlichen Sachstrukturen ihre gesetzliche Ausgestaltung geleitet werden mag. Das Verwaltungsverfahren steht schon von daher niemals generell „zwischen Verwaltungseffizienz und Rechtsschutzauftrag" – ganz abgesehen davon, daß „Effizienz" für sich kein aussagekräftiges Leitziel des Verwaltungsverfahrens abgibt.[229]

b) Aufgabenvielfalt und Anwendungsproblematik des Verfahrensrechts

Bei der Vielfalt der in und durch Verfahren zu erfüllenden Aufgaben verwundert es nicht, daß die gesetzlichen Bestimmungen über das Verwaltungsverfahren auf mehrere Kodifikationsgesetze verteilt sind. Der Gesetzgeber hat vor allem für die

[224] Vgl. §§ 63–71 VwVfG; Beispiele der gesetzlichen Anordnung eines förmlichen Verwaltungsverfahrens gem. § 63 Abs. 1 VwVfG bei *Stelkens/Bonk/Leonhardt*, VwVfG, § 63 Rdnrn. 9ff.; krit. zum förmlichen Verwaltungsverfahren etwa *Feneberg*, DVBl. 1965, 177ff., 178, 180; *Luhmann*, Verfahren, S. 211ff., 217; *Rietdorf*, DVBl. 1964, 287ff., 298; *Spanner*, ebd. 845ff., 846.

[225] Vgl. *Schmel*, Massenverfahren, S. 52ff., 59; zum Begriff des Massenverfahrens ferner *Achterberg*, Verwaltungsrecht, S. 546ff. (§ 22 Rdnrn. 150ff.); *Maurer*, Verwaltungsrecht, S. 387f.; im VwVfG wird freilich das Massenverfahren nicht als besondere Verfahrensart ausgewiesen, siehe *Ule/Laubinger*, Verwaltungsverfahrensrecht, S. 158ff., 315. Zu Kritik an der gegenwärtigen Sichtweise der „Massenverfahren" vgl. z. B. *Pitschas*, Wandel des Verwaltungsverfahrens, S. 41f.; zur Rspr. des BVerwG vgl. die Darstellung von *Kühling*, DVBl. 1989, 221ff.

[226] § 72ff. VwVfG; zu Begriff und Wesen des Planfeststellungsverfahrens siehe statt aller *Ronellenfitsch*, Einführung in das Planungsrecht, 1986, S. 109ff.; *Ule/Laubinger*, Verwaltungsverfahrensrecht, S. 242ff.; zur Rspr. des BVerwG vgl. die Darstellung von *Kühling*, DVBl. 1989, 221ff.

[227] Vgl. die vorgeschriebene *Planfeststellung* für die Errichtung und den Betrieb von Anlagen des Bundes zur Sicherstellung und Endlagerung radioaktiver Abfälle nach §§ 9a Abs. 3, 9b AtomG; für genehmigungsbedürftige Anlagen nach §§ 4ff. BImSchG ist ein Genehmigungsverfahren vorgesehen, das dem Planfeststellungsverfahren angenähert ist, siehe *Stelkens/Bonk/Leonhardt*, VwVfG, § 72 Rdnr. 16.

[228] Vgl. *Pietzcker*, VVDStRL 41 (1983), S. 210 mit Anm. 59.

[229] *Badura*, DÖV 1968, 454; *v. Mutius*, VVDStRL 41 (1983), S. 286 (Diskussionsbeitrag); *R. Scholz*, VVDStRL 34 (1976), S. 182 mit Anm. 143; *Schmidt-Aßmann*, Jura 1979, 508f.; aus sozialwissenschaftlicher Sicht siehe nur *Derlien*, VerwArch. 80 (1989), S. 319ff., 324ff.

Verfahren in Abgabensachen mit der Abgabenordnung[230] sowie für die Materien der Sozialverwaltung mit dem I. und X. Buch des Sozialgesetzbuches[231] zwei weitere, den Bedürfnissen dieser beiden wichtigen Gebiete der Massenverwaltung angemessene eigenständige Verfahrensregelungen geschaffen.[232]

Dabei war jedoch in erster Linie die Neuordnung des sozialrechtlichen Verwaltungsverfahrens von Anfang an umstritten. Schon im Gesetzgebungsverfahren wurden der Verzicht auf Rechtseinheit im Verhältnis zur Regelung des allgemeinen Verwaltungsverfahrens des Bundes sowie die Abkehr vom vertrauten speziellen Verfahrensrecht für weite Bereiche der Sozialleistungsverwaltung bemängelt.[233] Dennoch entspricht wohl das SGB – X in einigen Punkten, wie z. B. in der Ermittlung des maßgeblichen Sachverhalts durch die zuständige Behörde oder auch in Anlage und Umfang der Beratung des Verwaltungspublikums, mehr als das allgemeine Verwaltungsverfahrensrecht der realen Funktions- und Reaktionsgerechtigkeit des Verwaltungsverfahrens.[234] Die spezifische Strukturgebung der sozialrechtlichen Verfahrensvorschriften gehorcht freilich ebenso wie das allgemeine Verwaltungsverfahrensrecht und auch das Verfahrensrecht der Steuerverwaltung viel zu sehr den Maßgaben funktioneller Bürokratisierung.[235]

c) Funktionen des Verwaltungsverfahrens

Im Mittelpunkt der Auseinandersetzungen um das Verwaltungsverfahrensrecht stehen ferner die Funktionen des Verwaltungsverfahrens, wie sie sich aus dem Gesamtauftrag der öffentlichen Verwaltung unter dem Grundgesetz herleiten.[236] Ihre Konkretisierung wirft erhebliche Probleme auf. Zum einen geht es darum, das Verwaltungsverfahren in seinem Zusammenhang mit dem allgemeinen Verwal-

---

[230] Vgl. Nachw. hierzu oben, Fn. 209.

[231] Dazu siehe wiederum oben, Fn. 209.

[232] Vgl. zur Abgabenordnung die Darstellung des „Steuerverfahrensrechts" bei *Tipke*, Steuerrecht, S. 585 ff.; zum Überblick über das Verfahrensrecht der Sozialverwaltung siehe *Bley*, Sozialrecht, 6. Aufl., 1986, S. 90 ff., sowie m. w. Nachw. *Pitschas*, JuS 1983, 434 ff.

[233] Vgl. Entwurf eines Sozialgesetzbuches – Verwaltungsverfahren (SGB X), BT-Drucks. 8/2034, S. 45; siehe auch die Nachw. bei *Ule*, VSSR Bd. 8 (1980), S. 284 f.

[234] Das berücksichtigt vielleicht nicht genügend die scharfe Kritik von *H. Meyer*, ZRP 1979, 105 ff.; übersehen auch von *Grupp*, VerwArch. 80 (1989), S. 46 f.

[235] Vgl. speziell für den Bereich der Sozialverwaltung *Hegner*, Sozialarbeit als Verwaltungshandeln, S. 53 ff., 74 ff.; für die Steuerverwaltung siehe *Grunow/Hegner/F. X. Kaufmann*, VerwArch. 66 (1975), S. 1 ff., 25 ff.; allgemein zu dem Phänomen einer „funktionellen" Bürokratisierung siehe schon *Pitschas*, Entbürokratisierung durch Beratung, S. 225 f., sowie die Nachw. unten in Fn. 241.

[236] Zu den vielfältigen und auch gegenläufigen (konflikthaften) Funktionen des Verwaltungsverfahrensrechts siehe vor allem – obschon nicht immer unter Beachtung der Eigenfunktionalität des Verwaltungsverfahrens – *Held*, Grundrechtsbezug, S. 29 ff., 34 ff., 41 ff., 55 ff., 61 ff.; *Hill*, Das fehlerhafte Verfahren, S. 199 ff.; *v. Mutius*, FS C.-F. Menger, S. 588 ff.; *Wahl*, VVDStRL 41 (1983), S. 157 ff. mit jeweils w. Nachw.; vgl. ferner die Nachw. im 1. Kap., B. II. 3. e).

tungsrecht als gegliederten und durchschaubaren *Konkretisierungsprozeß* sichtbar zu machen und zu untersuchen. Zu fragen steht also nach einer Art *objektiven Funktion* des Verfahrens, die darin besteht, durch seine rationalisierende Wirkung „richtige" Ergebnisse zu erhalten, ohne daß sogleich grundrechtliche Verfahrensgarantien und Rechtsschutzprobleme die Untersuchung überlagern.[237]

Die objektive Funktion des Verwaltungsverfahrens ist freilich komplex angelegt. Die Einsicht in das Verwaltungsverfahren als ein „Prozeß" der Konkretisierung von Handeln und Entscheiden der öffentlichen Verwaltung verbindet sich mit der Zuschreibung einer *Steuerungsfunktion* an das Verfahren, kraft derer dieses seinen erörterten Funktionszuwachs[238] entfaltet. Daneben aber dient der Verfahrensgedanke auch dem *subjetiven Rechtsschutz*. Dies hat das BVerfG gerade in jüngerer Zeit wiederholt betont.[239] Es liegt auf der Hand, daß daraus zusätzliche Probleme für die Durchsetzbarkeit von Verfahrenspositionen oder für die Verfahrensfehlerlehre folgen.[240] Insgesamt gehört damit der *Verfahrensgedanke* zu den unverzichtbaren Tragpfeilern einer perspektivischen Entwicklung des Verwaltungsverfahrens und des Verwaltungsverfahrensrechts.

Die Rolle des Verfahrens ist daneben – wie oben dargelegt – vielfältigen *Verfassungsbezügen* unterworfen. Vor allem die Grundrechte enthalten die Garantie einer Verfahrensgestaltung, die ihre Verwirklichung zu sichern vermag. Aber auch für die Entfaltung der Grundentscheidungen für den sozialen Rechtsstaat und für die bundesstaatliche Demokratie übernimmt das Verwaltungsverfahren eine viel zu wenig dogmatisch entfaltete besondere Verantwortung.

Überlegungen zur funktionalen Ausgestaltung der Verwaltungsverfahren hängen ferner, worauf zuvor hingewiesen wurde, von den *Aufgaben* ab, die ein bestimmter Verfahrenstyp erfüllen soll, sowie von dessen *Strukturgebung*, die derzeit dem bürokratischen Gehäuse des Rechts- und Verwaltungsstaates entspringt. Wiewohl sich diese spezifische (bürokratische) Strukturgebung in den neueren Regelungen der Verwaltungsverfahrensgesetze rechtsdogmatisch kaum aufgegriffen findet,[241] bestimmt sie doch in ihrer formal-organisatorischen, verfahrenstypischen und kommunikativen Dimensionierung das Verwaltungshandeln (funktionelle Bürokratisierung).

---

[237] Vgl. *Schmidt-Aßmann*, NVwZ 1983, 4. – „Richtigkeit" meint hierbei freilich – wie schon dargelegt – nicht mehr als „Vertretbarkeit" bzw. „Maßgeblichkeit"; anders freilich die h.M., wie sie *Held*, a.a.O. (Fn. 236), darlegt und selbst verficht (S. 34ff., 35).

[238] Dazu siehe schon die Ausführungen oben im 1. Kap., C.III.2.,D.

[239] Vgl. nur BVerfGE 53, 30 (59f.); 61, 82 (110, 114), 65, 1 (46); siehe auch die Nachw. bei *Held*, Grundrechtsbezug, S. 41ff.

[240] Grdl. *Schmidt-Aßmann*, Ordnungsidee, S. 54ff., 55ff.

[241] Hierzu auch die grds. Kritik bei *Schmitt Glaeser*, FS Boorberg Verlag, S. 26ff., 42ff.; siehe ferner die kritischen Hinweise aus der Praxis von *Dehe*, DÖV 1980, 76ff., 78, 83; *Grunow*, Bürgernähe der Verwaltung als Qualitätsmaßstab und Zielbezug alltäglichen Verwaltungshandelns, in: *J. J. Hesse* (Hrsg.), Politikwissenschaft und Verwaltungswissenschaft, 1982, S. 237ff.; *J. Martens*, Praxis, S. 35 (Rdnr. 47), der mit Recht den möglichen Beitrag des Verwaltungsverfahrensrechts zur (teilweisen) Bewältigung des Bürokratieproblems betont.

aa) Das Verwaltungsverfahren als „Entscheidungsprozeß“

In der Diskussion um den Auftrag der öffentlichen Verwaltung zur „Herstellung bindender Entscheidungen“[242] ist die Problematik einerseits und regelmäßig auf die verbindliche Entscheidung am Ende aller Konkretisierungsschritte verkürzt worden. Im Vordergrund verwaltungsrechtlicher Überlegungen stand stets die *Verwaltungsentscheidung* als Ergebnis, befanden sich der Verwaltungsakt als „Momentaufnahme“ und die Fragen seiner inhaltlichen Übereinstimmung mit dem materiellen Recht.[243] Erst in neuerer Zeit kommt die Problematik des Entscheidens selbst in den Blick; Verwaltungshandeln bzw. -entscheiden tritt als „Vorgang“ neben die Entscheidung „als Produkt dieses Vorgangs“.[244]

Freilich und andererseits wird dabei viel zu sehr auf „Entscheiden“ als solches abgestellt, obwohl sich zahlreiche Tätigkeiten der Verwaltung nicht darauf beschränken.[245] Was also nottut, ist die Einbeziehung *aller* Vorgänge der Rechts- und Zweckkonkretisierung in die Analyse des Verwaltungsverfahrens. Neben die Momentaufnahme des Verwaltungsakts tritt dann die Beschäftigung mit dem Zustandekommen des Verwaltungsergebnisses und mit den auf diesen Prozeß einwirkenden Kräften. Damit wird der Einfluß, den die Ausgestaltung des Verwaltungsverfahrens auf den Inhalt des in ihm ablaufenden Konkretisierungshandelns hat, zum Gegenstand von Auseinandersetzungen gemacht.

Betrachtet man somit den *Weg* der Konkretisierung ebenso wie das Konkretisierungsprodukt selbst, dann wird zugleich die Bedeutung „organisationsinterner“ Verfahren offenbar: Ihre verfahrensmäßig geregelte innere Ordnung determiniert mit der Verteilung der internen Kompetenzen, der Gestaltung des Zusammenwirkens einzelner Verwaltungsorgane und Organteile sowie im Zusammenhang mit den Organisationsformen der Verwaltung sowohl den einzelfallbezogenen Verwaltungsakt als auch andere Verwaltungshandlungen bzw. -entscheidungen.[246]

Auf dem Hintergrund dieser Überlegungen rückt die Problematik der „Herstellung“ staatlichen Handelns und Entscheidens in Organisation und Verfahren der Verwaltung gleichberechtigt neben die Lehre von den administrativen Handlungs- bzw. Entscheidungs*formen* (Rechtsnormen). Daneben lenkt die Auseinandersetzung mit dem Verwaltungsverfahren als Konkretisierungsprozeß das Augenmerk

---

[242] So der Auftrag der öffentlichen Verwaltung aus der Sicht *Luhmanns*, Theorie der Verwaltungswissenschaft, S. 64ff.; krit. dazu bereits *Pitschas*, VerwArch. 72 (1981), S. 4; dem folgend *K. Lenk*, Jb. für Rechtssoziologie und Rechtstheorie, Bd. 9, 1983, S. 89. Gleichwohl beherrscht das Entscheidungsparadigma auch die verwaltungsrechtliche Lehre und Rechtsprechung unverändert.

[243] Dazu die grundsätzliche Kritik bei *Bachof*, VVDStRL 30 (1972), S. 230ff., bes. S. 231.

[244] Siehe statt aller *W. Schmidt*, Probleme des Verwaltungsrechts, S. 23f.

[245] Vgl. *Achterberg*, Verwaltungsrecht, S. 500ff.; *Bull*, Verwaltungsrecht, S. 177ff., 182, 245f.; systematisierend *Robbers*, DÖV 1987, 274ff.

[246] *Hufen*, Verwaltungsverfahren, S. 29ff.; *R. Scholz*, VVDStRL 34 (1976), S. 153 m. Anm. 26, 159 m. Anm. 62, 170f.; *W. Schmidt*, Probleme des Verwaltungsrechts, S. 23f., 27f.

auf die Steuerungsfunktion des Verfahrens in der öffentlichen Verwaltung gegenüber den gesellschaftlichen Teil-Umwelten.

bb) Die Steuerungsfunktion des Verwaltungsverfahrens

Der im Verlauf der bisherigen Ausführungen skizzierte Verfahrensgedanke umschreibt das prozedurale Rechtsverständnis einer verfassungsrechtlich und einfachgesetzlich angeleiteten Verwaltungsverantwortung. Konkretes (Verwaltungs-)Handeln und Entscheiden liegt weder im materiellen Recht fertig ausgeprägt vor, noch braucht es vom jeweiligen Entscheidungsträger nur aufgedeckt zu werden. Rechtsanwendung bzw. Rechtsverwirklichung bedeutet vielmehr einen Konkretisierungsprozeß, in dem durch sachverhaltsbezogene Dezision stets von neuem konkret-individuelles Recht geschöpft wird.

Dieser Prozeß ständiger Konkretisierung wird durch Verfahrensregeln in weiten Teilen *gesteuert.* Sie strukturieren die informationellen Beziehungen zwischen Verwaltung und Publikum, eröffnen den Zugang für bestimmte Informanten bzw. Interessenten, bestimmen den Ablauf nach Inhalten, Zeitstruktur und zu beteiligenden Behördenstellen, damit möglichst viele Informationen erfaßt, Alternativen abgewogen und doch die fälligen Entschlüsse möglichst rasch getroffen werden.[247] Im *Verwaltungsstaat* verwirklicht sich also das materielle Recht in einem Verfahren konkret-exekutivischer Rechtsbildung.[248] Dort ergibt sich erst, was rechtens sein soll. Daher kann das Ziel des Verwaltungsverfahrensrechts nicht die „richtige" Entscheidung sein.[249] Es gibt nur mehrere brauchbare oder – besser – mehrere „vertretbare" Lösungen.[250]

Handeln und Entscheiden in Verfahren bedeutet freilich nicht nur Rechtskonkretisierung. Sie umfaßt im Verwaltungsstaat auch und wesentlich politische, ökonomische, soziale, technologische und kulturelle Verfahrensverantwortung, die sich gegenständlich als Multidisziplinarität der Verwaltungszwecke darstellt.[251] Das Verfahrenshandeln der öffentlichen Verwaltung dient damit auch und zugleich eigenverantwortlicher Verwirklichung außerrechtlicher Zwecke. Diese Konkretisierung von Verwaltungszwecken bedarf nicht nur einer methodenmäßigen Verwaltungsvielfalt, sondern funktioniert vor allem verfahrensmäßig. Die empirisch wie norma-

---

[247] So schon *Luhmann,* Verfahren, S. 205f.

[248] Die Verwendung des Begriffs der „Rechtsbildung" schließt an *Fikentscher* an, Methoden des Rechts, Bd. IV, S. 274, 279, 321ff., 356ff., 374ff. Der Verweis auf „Rechtsbildung" bringt besser als der Begriff der „Rechtsetzung" – dazu in bezug auf das Verwaltungshandeln bes. *R. Scholz,* VVDStRL 34, 1976, S. 154ff., 163ff. –, den Umstand zum Ausdruck, daß im Vorgang der administrativen Rechts- und Zweckkonkretisierung zusätzliche Sachnormen und Verfahrensregeln (materielle und prozedurale „Fallnormen") neben den positivierten Vorschriften kontextuell bereitgestellt bzw. von den Beteiligten erarbeitet werden müssen.

[249] Vgl. hierzu schon oben im Text in und zu Fn. 237; siehe auch *Schnapp,* Rechtstheorie 9 (1978), S. 298.

[250] Und damit „Richtigkeitskonkurrenzen", vgl. *R. Scholz,* VVDStRL 34 (1976), S. 155 m. Anm. 37.

[251] *R. Scholz,* VVDStRL 34 (1976), S. 152.

tiv begründete Vorstellung einer derartigen *verfahrensmäßig* funktionierenden Zweckkonkretisierung bildet gemeinsam mit dem Verfahren als konkret-exekutivischer Rechtsbildung das Fundament einer eigenständigen Steuerungsfunktion des Verwaltungsverfahrens: *Ob* überhaupt eine Verwaltungsmaßnahme ergeht, kann davon abhängen, aus welchem Anlaß von wem in welcher Form ein auf sie abzielendes Verfahren in Gang zu setzen ist. Ihr *Inhalt* kann von den Einwirkungsmöglichkeiten der Konkretisierungsbetroffenen auf das Verfahren abhängen. Die *Wirkung* schließlich bemißt sich danach, inwieweit alle rechtlichen und metajuristischen Aspekte des Konkretisierungsgegenstandes (zugleich bestandssicher) geregelt worden sind.[252]

Das Verwaltungsverfahren gehört dadurch ebenso wie das materielle Verwaltungsrecht und das Verwaltungsorganisationsrecht zu den Gestaltungsfaktoren administrativen Handelns und Entscheidens. Es teilt diese Grundfunktion mit dem allgemeinen Verwaltungsrecht, indem es dessen Wandel in der Ordnungsidee vom mikro-administrativen Ansatz zu einem Recht der vorgängigen (und nachträglichen) Entscheidungssteuerung unter gleichzeitiger Entfaltung makro-administrativer Breitenwirkung mitvollzieht.[253] Im verwaltungsrechtsdogmatischen Gesamtzusammenhang von Handlungsformen der Verwaltung, Verwaltungsorganisation und Verwaltungsverfahren[254] entfaltet dabei das letztere seinen selbständigen, originären Part.

Hierauf aufbauend beruht die Steuerungsfunktion des Verwaltungsverfahrens denn auch nicht auf der angeblichen Unzulänglichkeit administrativer Anleitung durch legislative Normsetzung oder auf einer als unzureichend empfundenen verwaltungsgerichtlichen Kontrolle.[255] Zwar liegt darin unstreitig der schon beschriebene tiefreichende Funktionszuwachs des Verwaltungsverfahrens mitbegründet. Prinzipiell aber entspringt die Steuerungsfunktion des Verfahrens für das Verwaltungshandeln zwei anderen Quellen, nämlich ihrer Ableitung aus der genuinen Verwaltungsverfahrensverantwortung einerseits und der Qualität des Verwaltungsverfahrens als ein dem Wegfall materieller Substanz des anzuwendenden Rechts funktional-äquivalentes Prozeßelement administrativer Konkretisierung.

cc) Verwaltungsverfahren und Sachrichtigkeit des Verwaltungshandelns

In welcher Weise die Konkretisierungsergebnisse zustandekommen, in welchen Phasen der Konkretisierungsprozeß verläuft und wer auf ihn Einfluß nimmt, hat zudem Bedeutung für die Sachrichtigkeit des Verwaltungshandelns: Verfahrens-

---

[252] Vgl. *W. Schmidt*, Probleme des Verwaltungsrechts, S. 86f.

[253] Dazu grundsätzlich auch *Schmidt-Aßmann*, Ordnungsidee, S. 10ff., 14. Es ist daher falsch, das Verwaltungsverfahren allein auf den *Gesetzesvollzug* zu beziehen; entscheidende Bedeutung erlangt seine *Steuerungs- und Gestaltungsfunktion* in der Herausbildung (Norminterpretation und -konkretisierung) des anzuwendenden abstrakten Rechts.

[254] Sehr eindringlich verweist auf diesen Zusammenhang auch *W. Schmidt*, Probleme des Verwaltungsrechts, S. 23f., 72ff.; siehe ferner *Schnapp*, AöR 105 (1980), S. 250ff., 256ff.

[255] Dazu schon oben, 1. Kap., A. II., C. III., D.

recht steht insoweit im Dienste materiell „richtigen" (vertretbaren) Handelns und Entscheidens. Die gedankliche Zergliederung der Konkretisierung macht die auf diesen Prozeß einwirkenden Kräfte sichtbar und läßt deren rechtmäßige bzw. rechtswidrige sowie deren verhältnismäßige oder auch unverhältnismäßige Einwirkung auf das Verfahren erkennbar werden. Dies ermöglicht ein Urteil über die inhaltliche „Richtigkeit" des Konkretisierungsergebnisses.[256]

Damit gewinnt die *Ordnung* des Verfahrens weiteres Gewicht. Einerseits und im Anschluß an die Sicht des Verwaltungsverfahrens als Verfahren konkretexekutivischer Rechtsbildung und metajuristischer Zweckverwirklichung bedarf die Konkretisierungssituation regelhafter Strukturierung. Das Verfahren steht als Gestaltungs- und Abwägungsvorgang vor der Aufgabe, die Ausgewogenheit der Konkretisierungsteilhabe von individuell Betroffenen und in der Heranziehung materieller Gesichtspunkte zu sichern. Die Rahmenbedingungen der Konkretisierungssituation sind dabei ebenso zu berücksichtigen wie Rechtsschutzbedürfnisse und der Handlungs- und Entscheidungsbedarf der Verwaltungsumwelten. Daneben und andererseits tritt die Frage nach der Öffnung verwaltungsinterner Verfahrensabläufe für eine pluralistische Öffentlichkeit in den Vordergrund.[257] In „Verfahren" zu denken, ist darüber hinaus Ausdruck eines kooperativen Verwaltungsstils.[258]

Im Zuge einer derartigen Verfahrensentwicklung überwindet das Verfahren seine bislang *dienende* Funktion. Diese entsprang dem traditionellen Verständnis der administrativen Gesetzesbindung, deren Verwirklichung herkömmlich auf eine gesetzlich determinierte und meßbare Richtigkeit des Konkretisierungsergebnisses abzielte, die heute nicht mehr besteht. Die in Art. 20 Abs. 3 GG verankerte Rechtsbindung öffentlicher Verwaltung schließt indes eine Gleichstellung des Verfahrensrechts mit dem materiellen Recht nicht aus; Rechtsbindung könnte deshalb auch Bindung der Verwaltung an Verfahrensvorschriften in der Verwirklichung des rechtlichen Auftrags durch konkretexekutivische Rechtsetzung und metajuristische Zweckverfolgung bedeuten. Hierin läge auch eine Lösung für das Problem, daß die Verwaltung im Verwaltungsverfahren zunehmend in die Rolle einer ergänzenden Gesetzgebung einrückt.[259]

---

[256] *Schmitt Glaeser,* FS Boorberg Verlag, S. 36ff.; *Schmidt-Aßmann,* Ordnungsidee, S. 52 („Verfahren als heuristisches Prinzip").

[257] „Partizipation" durch Verfahren; vgl. *Goerlich,* Grundrechte als Verfahrensgarantien, S. 57ff., 343ff., 348ff.; *W. Schmidt,* NVwZ 1984, 546; *Held,* Grundrechtsbezug, S. 62; *Schmidt-Aßmann,* HdbStR III, 1988, S. 642f.; *Schmitt Glaeser,* Position der Bürger, S. 45ff. mit zahlr. Nachw. zur „alten" und „neuen" Partizipationsdiskussion; *Schreyer,* Pluralistische Entscheidungsgremien, bes. S. 16f., 50f., 75ff., 80f., 108ff., 132ff.; *Schuppert,* Einflußnahme, S. 279ff. Antworten auf die Frage nach der „Öffnung" des Verwaltungsverfahrens zu finden, dürfte in Zukunft zu den wichtigsten Aufgaben des Umbaus öffentlicher Verwaltung zählen, wie zu recht *R. Mayntz,* Soziologie der öffentlichen Verwaltung, S. 246ff., hervorhebt (dort zugleich Nachw. der sozialwissenschaftlichen Auseinandersetzung).

[258] *Schmidt-Aßmann,* Verfahrensgedanke, S. 8f.; siehe früher schon *Pitschas,* Situative Verwaltungsführung, S. 274ff.

[259] Denn Art. 20 Abs. 3 GG spricht von der Bindung an Gesetz „und Recht"; hierzu zählt

dd) Verfahrensfehler und Bestandsschutz des Verwaltungshandelns

Soweit das Verwaltungsverfahren dieserart Bedeutung für die Maßgeblichkeit einer Verwaltungsentscheidung gewinnt, steht nicht nur das Verhältnis zwischen Verfahrensrichtigkeit und Ergebnisrichtigkeit zur Diskussion. Zugleich stellt sich die Frage nach der Auswirkung einer Verfahrensfehlerhaftigkeit auf die materielle Rechtmäßigkeit des Konkretisierungsergebnisses.[260] Hier besteht, worauf *E. Schmidt-Aßmann* zutreffend hingewiesen hat,[261] die Tendenz zu einer weitgehenden Unbeachtlichkeit von Verfahrensfehlern. Allerdings fehlt es bislang an einer dazu legitimierenden bzw. hierfür ausgeformten, differenzierenden *Verfahrensfehlerlehre.*[262]

Für die Zukunft ist ihre Entwicklung unabdingbar. Sie muß an der eigenständigen Verfahrensverantwortung der öffentlichen Verwaltung anknüpfen und diese sanktionieren. Die im Prozeßrecht bevorzugte Relativierung der Bedeutung von Verfahrensfehlern[263] kann insoweit und auch wegen der zum Teil andersartigen Funktionen des Verwaltungsverfahrens – der Verwaltungsprozeß hat gegenüber der kontrollierten Verwaltung keine edukatorische Funktion[264] – nicht einfach auf das Verwaltungsverfahrensrecht übertragen werden. Und auch die gestufte Unbeachtlichkeit von Verfahrensfehlern, die für Bebauungspläne oder auch Flächennutzungspläne angeordnet ist,[265] erscheint einer schlichten Analogie nicht zugänglich. Denn es handelt sich um spezifische Verfahrens- bzw. Formvorschriften.[266] Zudem ist bei grundsätzlicher Betrachtung zu berücksichtigen, daß der Mangel an wirksamen Sanktionen gegen die Verletzung von Form- und Verfahrensvorschriften eine nachlässige Handhabung vieler Verfahrensvorschriften durch die Verwaltung zur Folge hat.[267]

---

auch Verfahrensrecht! Eine ausschließlich oder überwiegend *materiell-rechtliche* Bindung wird nicht vorausgesetzt.

[260] Hierzu siehe vor allem *Hill,* Das fehlerhafte Verfahren, S. 332ff., 393ff., 409ff., 422ff.; *Hufen,* Verwaltungsverfahren, S. 331ff., bes. 389ff.; *H. Meyer,* NVwZ 1986, 514f., 516f.; *Schenke,* DÖV 1986, 306ff.; aus der früheren Literatur und mit zahlr. Nachw. zur Rechtsprechung vgl. nur *Dolde,* NVwZ 1982, 65ff., 67ff.; *Grimm,* NVwZ 1985, 865ff.; *Goerlich,* DÖV 1982, 631ff.; *Hufen,* NJW 1982, 2160ff.; *Pietzcker,* VVDStRL 41 (1983), S. 221ff.; *Steinberg,* DÖV 1982, 628f.

[261] Ordnungsidee, S. 56; *ders.,* HdbStR III, 1988, S. 646ff.; vgl. auch *Hufen,* Verwaltungsverfahren, S. 389ff.; *H. H. Rupp,* FS O. Bachof, S. 151ff.

[262] Erste Grundlagen hierfür allerdings bei *Hill,* a.a.O. (Fn. 260), *Hufen,* a.a.O. (Fn. 260).

[263] Hierzu *Hill,* Das fehlerhafte Verfahren, S. 34ff.

[264] *Badura,* JA 1981, 38; *Schwarze,* Funktionaler Zusammenhang, S. 50ff., 58ff.

[265] Vgl. *Hill,* Das fehlerhafte Verfahren, S. 154ff. – bezogen auf das BBauG; das BauGB (in der Bekanntmachung vom 8. Dezember 1986, BGBl. I S. 2253) hat die Vorschriften über die Wirksamkeitsvoraussetzungen von Flächennutzungsplänen, Bebauungsplänen und sonstigen städtebaulichen Satzungen (bisher §§ 155a–155c BBauG) in den §§ 214–216 neu gefaßt. Dabei wurden die „Unbeachtlichkeits- und Heilungsklauseln“ in einigen Beziehungen erweitert; ausführlich dazu *Bielenberg/Krautzberger/Söfker,* BauGB, Leitfaden, 1987, Rdnr. 77–88.

[266] Hierzu u.a. *Battis,* DÖV 1981, 433ff., 437ff.; *Breuer,* NVwZ 1982, 273ff.; *Schenke,* DÖV 1986, 305ff.; *Wolfrum,* DÖV 1981, 610ff.

[267] Siehe z.B. *Bull,* Verwaltungsrecht, S. 214 (Rdnr. 700); *H. Meyer,* NVwZ 1986, 522 m. Anm. 66; *Stelkens,* NVwZ 1982, 83 m. Anm. 29.

Abgesehen von alledem, ergibt sich letztlich die Gleichstellung des Verfahrensrechts mit dem materiellen Recht hinsichtlich einer fehlerhaften Anwendung aus der zwingenden Unterworfenheit der öffentlichen Verwaltung unter „Gesetz und Recht". Darüber hinaus entspricht die Einhaltung derjenigen Verfahrensregeln, die aus einer grundrechtlichen Schutzpflicht des Staates – z. B. auf der Grundlage des Art. 2 Abs. 2 GG[268] – ableitbar sind, grundrechtlichen Verfassungsgeboten und verfassungsrechtlich begründeten Ansprüchen der Beteiligten. Im Zeichen derart gesteigerter Verfahrensbedeutung im Verwaltungsstaat und der in seiner Krise dem Verwaltungsverfahren zukommenden funktionalen Äquivalenz muß davon ausgegangen werden, daß die Ordnungsmäßigkeit des Verfahrens den Bestand der Sachentscheidung determiniert.[269]

ee) Verwaltungsverfahren als subjektiver Rechtsschutz

Die Rechtsbindung der Verwaltung an Verfahrensvorschriften durchzusetzen, ist schließlich auch eine Frage der *Rechtsschutzfunktion* des Verwaltungsverfahrens. Denn es besteht nicht nur in seiner objektiven Funktion als gegliederter und durchschaubarer Entscheidungsprozeß der öffentlichen Verwaltung, sondern der Verfahrensgedanke dient auch und zugleich dem subjektiven Rechtsschutz des Verwaltungskunden. Die insofern häufig gepflegte Arbeitsteilung nach dem Grundsatz, dem Verwaltungsverfahren obliege die „bloß" rationelle und effektive Herbeiführung materiell richtiger „Entscheidungen" unter geordneter Beteiligung der durch das Verwaltungshandeln Betroffenen an ihrer Vorbereitung auf der Grundlage eines verfahrensrechtlichen Rechtsverhältnisses – selbstverständlich bei Wahrung rechtsstaatlicher Anforderungen im Vollzug der Gesetze –, wogegen allein den Verwaltungsgerichten ein Rechtsschutzauftrag zuzuordnen sei, geht jedenfalls fehl. Sie verkennt das besondere Anliegen konkret-exekutivischer Rechtsverwirklichung, nämlich die Rechte *aller* Teilnehmer am Verwaltungsverfahren einschließlich der öffentlichen Verwaltung zu verwirklichen.[270]

Zutreffend betont *R. Wahl* in diesem Zusammenhang auch den Auftrag der öffentlichen Verwaltung zur „Rechtswahrung" als einem spezifischen Schutzmechanismus des Verwaltungsverfahrens in Unterscheidung zum „Gerichtsschutz".[271] Mißver-

---

[268] BVerfGE 53, 30 (57); *Hill*, Das fehlerhafte Verfahren, S. 235 f.

[269] In diesem Sinne auch *Bull*, Verwaltungsrecht, S. 214 (Rdnr. 700); *Hufen*, Verwaltungsverfahren, S. 391 ff.; demgemäß zu recht für eine restriktive Anwendung des § 46 VwVfG *H. Meyer*, NVwZ 1986, 521 f.; *Meyer/Borgs*, VwVfG, Rdnr. 4; *H. H. Rupp*, FS O. Bachof, S. 163 ff.; *Wiesner*, in: Schroeder-Printzen, SGB X, § 42 Anm. 1; vgl. auch die Lösung des Problems in § 42 Satz 2 SGB X. Zu wenig Raum gibt wohl *Hill*, Das fehlerhafte Verfahren, S. 347, der Gestaltungs- und Steuerungsfunktion des Verwaltungsverfahrens; noch sehr viel mehr einschränkend aber *Dolde*, NVwZ 1982, 67 ff.; *Schmidt-Aßmann*, Ordnungsidee, S. 54 f., 55 ff.; etwas offener allerdings *ders.*, HdbStR III, 1988, S. 650; w. Nachw. zur Diskussion bei *Kopp*, VwVfG, § 46 Rdnr. 3; *Seibert*, FS W. Zeidler, S. 469 ff.

[270] Zu ihm deutlich *R. Scholz*, VVDStRL 34 (1976), S. 163 ff., wenngleich sich selbst wieder einschränkend zu den oben im Text nachfolgend genannten Konsequenzen (S. 198 ff.).

[271] VVDStRL 41 (1983), S. 160 ff.

ständlich bleibt freilich seine den Rechtswahrungsauftrag der Verwaltung ergänzende Formulierung, jener bestehe darin, die Konkretisierung der anstehenden Sachprobleme „unter Beteiligung" mindestens der potentiellen Betroffenen vorzunehmen.[272]

Der formelle Begriff der „Beteiligung" erscheint – wie schon dargelegt – für sich kaum geeignet, die gegenseitige Verflochtenheit der primären Prozesse in der Verwirklichung des Verwaltungsrechts zwischen Verwaltung und Publikum hinreichend zu beschreiben. Gleichwohl vermag im Ergebnis der Rechtswahrungsauftrag zur Absicherung der Rechts- *und* Interessensphäre des Einzelnen beizutragen. Insofern und entgegen der Auffassung von *J. Pietzcker*[273] schützt die öffentliche Verwaltung im jeweiligen Verfahren ebenso subjektiv-öffentliche Rechte wie nicht schon rechtsförmig geschützte Bedürfnisse des Individuums im Rahmen eines umfassenden Rechtskonkretisierungsauftrags. Davon streng zu trennen ist allerdings die zusätzliche (kompensatorische) Funktion des vorverlagerten Rechtsschutzes.

Aus dieser prinzipiellen Einordnung des Verwaltungsverfahrens als subjektiver Rechtsschutz und Prozeß der Rechtsbildung i. w. S. folgen freilich zusätzliche Probleme, z. B. Fragen der isolierten gerichtlichen Durchsetzbarkeit von Verfahrenspositionen.[274] Diese korrelieren ihrerseits und wiederum mit unzuträglichen Entwicklungen des Verfahrensfehlerrechts.[275] So legt § 44a VwGO fest, daß Rechtsbehelfe gegen behördliche Verfahrenshandlungen grundsätzlich nicht isoliert, sondern nur gleichzeitig mit den gegen die abschließende Sachentscheidung zulässigen Rechtsbehelfen geltend gemacht werden dürfen. Wenn und soweit ergänzend hierzu die Rechtsprechung auch im übrigen die Berufung auf Verfahrenspositionen aus Gründen der Verfahrensökonomie deutlich restriktiv behandelt, so werden demgegenüber aus den dargestellten Funktionsveränderungen und Rechtsschutzerwägungen des Verwaltungsverfahrens empfindliche Positionswechsel notwendig.[276]

ff) Verfahrensfunktionen und Verfahrensrationalität

Geht man wie hier davon aus, daß Organisationsformen und Verfahrensregeln für den Entscheidungsprozeß der Verwaltung mehr als je zuvor relevant werden und

---

[272] *Wahl*, a. a. O. (Fn. 271), S. 162.

[273] VVDStRL 41 (1983), S. 208.

[274] Vgl. BVerwGE 60, 243 (246f.); *Battis*, Partizipation, S. 213ff.; *Hill*, Das fehlerhafte Verfahren, S. 43ff., 51f., 52ff., 391; *H. Meyer*, NVwZ 1986, 522; *v. Mutius*, FS C.-F. Menger, S. 596ff., 597 m. Anm. 136; *Ule/Laubinger*, Verwaltungsverfahrensrecht, S. 130f.; *Wahl*, VVDStRL 41 (1983), S. 181.

[275] Vgl. *Hill*, a. a. O. (Fn. 274), S. 45f., 391; *Schenke*, DÖV 1986, 309, 320; *W. Schmidt*, JuS 1982, 747; *Schmidt-Aßmann*, Verfahrensgedanke, S. 33.

[276] Vgl. *Hill.*, a. a. O. (Fn. 274), S. 46; *H. Meyer*, NVwZ 1986, 522; *v. Mutius*, FS C.-F. Menger, S. 597f. Im Prinzip müssen jedenfalls Verfahrensfehler Konsequenzen nach sich ziehen, wobei in Zukunft vor allem sog. Verwertungsverbote im Zusammenhang und als Folge fehlschlagender Verfahrensaktivitäten zu erwägen sind. Ferner sollten Verfahrenfehler bereits im Rahmen jener Aktivitäten, denen sie zuzurechnen sind, einer gerichtlichen Überprüfung zugeführt werden können – auch ohne daß es zu einem förmlichen Konkretisierungsabschluß gekommen ist. Alle anderen Erwägungen verdunkeln nur den funktionalen Eigenwert des Verwaltungsverfahrens.

daß ferner die im Konkretisierungsprozeß der öffentlichen Verwaltung erreichbare *Rationalität* von der Wahl dieser (und anderer) Prämissen abhängt, so gehört dazu auch – wie sich nunmehr zeigt – die geeignete Auswahl der funktionalen Regelungskriterien des Verfahrens. Wer das Verwaltungsverfahren beispielsweise primär unter dem Aspekt einer subjektiven Rechtsschutzfunktion sieht, muß wegen der Gleichheit dieser Funktion mit dem Auftrag des verwaltungsgerichtlichen Verfahrens ein Verhältnis wechselseitiger Entlastung von Verwaltungsverfahren und verwaltungsgerichtlichem Prozeß anstreben.[277] Diese Entlastung kann aber nur durch eine gewisse Ähnlichkeit der Verfahren herbeigeführt werden.[278] Wer dagegen der Devise folgt, die öffentliche Verwaltung und damit auch das Verwaltungsverfahren sei von legitimierenden Funktionen weitgehend zu entlasten „und die Verwaltungsarbeit funktional spezifisch auf die Ausarbeitung konsistenter Entscheidungen und Reduktion möglichst hoher Komplexität zu konzentrieren",[279] kann das Verwaltungsverfahren gehörig „abspecken".

Die praktischen Konsequenzen solcher Orientierung rechtlicher Verfahrensausgestaltung an funktionalen Kriterien sind damit nicht erschöpft. Auch andere Ansätze sind denkbar, so z.B. die Vorstellung einer wechselseitigen Ergänzung der Verfahrensfunktionen.[280] In keinem Fall ist freilich eine konfliktfreie Verwirklichung unterschiedlicher Anforderungen an das Verwaltungsverfahren möglich. Das muß aber auch gar nicht der Fall sein. Nicht nur gibt es auch „produktive" Konflikte, durch deren Abarbeitung das Verwaltungsverfahren nur gewinnen kann.[281] Die Rationalität der Ausgestaltung des Verwaltungsverfahrens folgt zudem und ganz wesentlich der *Maßgabe funktionsspezifischer Orientierung*. Das bedeutet die Entwicklung bestimmter Arten von Entscheidungsprozessen, in denen auf eine funktional differenzierte Kooperation bei der Konkretisierung abzustellen ist. Hiervon abgehende Unterscheidungen von Verfahrensarten, wie etwa die Einstufung von Verfahren als „Massenverfahren", erscheinen demgegenüber wenig hilfreich. Denn auch diese Verfahren unterliegen den kommunikativen Bedingungen konkret-exekutivischer Rechtsbildung als spezifischem Wirkungsmechanismus administrativer Verfahrensverantwortung.[282]

---

[277] Siehe etwa BVerfGE 53, 30 (60); 61, 82 (110, 115); *Bettermann*, VVDStRL 17 (1959), S. 168f.; *Brohm*, NJW 1984, S. 8ff.; *Luhmann*, Verfahren, S. 216; *Schmidt-Aßmann*, NVwZ 1983, 4ff.; krit. *Ule/Laubinger*, Verwaltungsverfahrensrecht, S. 17f. Dabei geht es einmal um die Frage der Förmlichkeit (vgl. bei *Bettermann*, a.a.O.), zum anderen um das Problem der Verfahrensteilhabe, siehe *Wahl*, VVDStRL 41 (1983), S. 159.

[278] *Luhmann*, Verfahren, S. 216 m.Anm. 25; krit. hierzu *Ule*, VerwArch. 62 (1971), S. 114ff., 122ff.

[279] *Luhmann*, Verfahren, S. 216.

[280] So etwa bei *Wahl*, VVDStRL 41 (1983), S. 157ff., 164f.

[281] Zum Problem der Zielkonflikte siehe grds. *Wahl*, a.a.O. (Fn. 280), S. 157ff.; vgl. ferner *v. Mutius*, FS C.-F. Menger, S. 590; zur Vorstellung der „Produktivität" von Konflikten im Handlungsfeld der öffentlichen Verwaltung siehe *Bosetzky/Heinrich*, Mensch und Organisation, S. 176ff., 180.

[282] Andernfalls droht jene „sehr starke Entleerung des Modells des individuellen und kommunikativen Verfahrens", die *Wahl*, a.a.O. (Fn. 280), S. 178, zu recht rügt.

Eine andere Frage ist es freilich, welchen Ordnungsüberlegungen und -kriterien im einzelnen die Verfahrensregulierung folgen soll, wenn das Verwaltungsverfahren ebenso der Wahrung rechtsstaatlicher Anforderungen beim „Vollzug" der Gesetze dient, wie es die rationelle und effektive Herbeiführung materiell akzeptabler (rechtmäßiger) „Entscheidungen" der Verwaltung und die geordnete Beteiligung der durch das Verwaltungshandeln Betroffenen an der Rechts- und Zweckkonkretisierung sicherstellen will. Was jedoch heißt diese Zielsetzung konkret und zumal in der Entscheidungssituation komplexer Verwaltungsaufgaben? Hier ist eben noch immer offen, in welchem Ausmaß der Verfahrensgedanke einzusetzen ist angesichts der Bestimmtheitsverluste gesetzlicher Tatbestände, der festgestellten Funktionsvielfalt bzw. Funktionsgegenläufigkeit des Verwaltungsverfahrens sowie im Hinblick auf den Konflikt zwischen Rechtsbildungs- und Effizienzgesichtspunkten. Dies gilt vor allem deshalb, weil es in Zukunft primär darum gehen dürfte, in Fortentwicklung des Verfahrensdenkens die *sozialen* Funktionen des Verfahrens („Bürgernähe") und die *Legitimation* des Verwaltungshandelns näher zu entfalten.

3. Formalisierung des Verfahrensganges

Einen Ansatzpunkt hierfür – allerdings auch nicht mehr – bildet das verfahrensbezogene Denken des geltenden Verfahrensrechts, wie es allgemein der Begründung und Ausgestaltung der Verfahrensteilhabe, der Unterscheidung einzelner Verfahrensstadien (Einleitung des Verfahrens, Vorbereitung der Entscheidung, Verfahrensergebnis) sowie der Regelung der Entscheidung selbst zugrundeliegt.[283]

Darüber hinaus sieht sich das Verwaltungsverfahren als „Realvorgang" durch ein Geflecht von Rechten und Pflichten entfaltet.[284] Der Verfahrensgesetzgeber betont dadurch die Bedeutung des *Verfahrensrechtsverhältnisses.*[285]

Gleichwohl bleiben auf dem Hintergrund der mit den hiesigen Ausführungen zunächst perspektivisch geöffneten Revisionsnotwendigkeiten einige entscheidende Fragen offen. So bedarf es einerseits im Funktionswandel von öffentlicher Verwaltung und Verwaltungsverfahren der weiteren Auseinandersetzung mit der Grundfrage, *wer* am Verfahren teilnehmen soll. Die allfälligen Problemstellungen hierzu sind oben bereits angedeutet worden.[286] Auf der anderen Seite stellt sich die Frage,

---

[283] Zu diesem durchweg bejahten „Grundmuster" des Verwaltungsverfahrens siehe *Badura,* Verwaltungsverfahren, S. 387f.; *Schmidt-Aßmann,* Jura 1979, 516ff.

[284] *J. Martens,* Praxis, S. 32ff.

[285] Ebenso *J. Martens,* a.a.O. (Fn. 284), S. 41ff., 44ff., 71, 125ff.; in der Literatur bleibt das Verfahrensrechtsverhältnis merkwürdig blaß, obwohl es doch – und ganz entgegen *P. Krause,* VVDStRL 45 (1987), S. 221 – „die Übertragung der verfahrensrechtlichen Multidimensionalität auf das materielle Rechtsverhältnis" gewährleistet. Wie das im einzelnen geschieht, bedarf allerdings noch näherer Klärung, vgl. *W. Schmidt,* Probleme des Verwaltungsrechts, S. 17f., 252; siehe auch (sehr skeptisch) *Löwer,* NVwZ 1986, 793ff., 794, 795; auf der hiesigen Linie dagegen *Schnapp,* DÖV 1986, 816, 817.

[286] Vgl. oben im Text um und zu Fn. 157, 183, 194, 257f. 272f.

ob die seit einiger Zeit im Gegensatz zur überkommenen Verfahrensrechtsdogmatik bevorzugte Betrachtung des Weges, auf dem die Verwaltung zu ihrem Konkretisierungsergebnis gelangt („Entscheidungsfindung"), mit ihrer Orientierung an einzelnen *Phasen* dieser Strecke richtig ansetzt und ob diese Konzentration auf einzelne „Verfahrensabschnitte" deren Beitrag zum Konkretisierungsergebnis hinreichend ausschöpft. Hieran sind Zweifel geboten.[287] Schließlich bedarf auch die Frage der weiteren Vertiefung, *wie* das Verfahren durchzuführen ist, welchen Grundsätzen es also unterliegen soll. Denn nicht nur wird zunehmend erkannt, daß der administrative Konkretisierungsprozeß auch in Einzelheiten verfassungsrechtlich begründet und deshalb sowohl vor restriktiven Einschnitten relativ gut geschützt als auch weithin in seinem Ablauf verfassungsdirigiert ist.[288] Namentlich die materialen Leitprinzipien des Grundgesetzes entfalten hierbei fixe Verfahrensmaßgaben.[289] Daneben und ebenso sehr zwingt die Prozeduralisierung des Rechts dazu, auf die konkretisierungsprägende Kraft von Verfahrensgrundsätzen zurückzugreifen.[290]

a) Legitimationsbedarf sozialstaatlicher Verwaltungspolitik und Verfahrensteilhabe

Die durch das Verwaltungsverfahrensrecht zugemessenen Rechte und Pflichten stehen in einem konkreten verfahrensrechtlichen Rechtsverhältnis grundsätzlich nur den „Beteiligten" zu. Der Zugang zum Verfahren als Beteiligter ist dabei abhängig von einer individuellen Rechtsstellung. Demgemäß bereitet z.B. die Betroffenenbeteiligung an Massenverfahren, so etwa in Planfeststellungsverfahren, erhebliche Schwierigkeiten. Denn einerseits droht das individualrechtlich schützende Instrument der Betroffenheit in den ganz anders strukturierten Bereich demokratisch-repräsentativer Entscheidungs*legitimation* verpflanzt zu werden.[291] Andererseits wird aber immer offenbarer, daß in den insoweit regelmäßig gegebenen Fällen schwacher gesetzlicher Programmierung die öffentliche Verwaltung zusätzlicher Legitimation bedarf.[292]

Die zur Lösung dieses Dilemmas unlängst vorgeschlagene Entzerrung von Legitimationsfunktionen zum einen und von Rechtsetzungs- und Rechtsschutzfunktio-

---

[287] Dazu näheres im 2. Teil der Untersuchung, 7. Kap., C. II. 1. c), 2.

[288] Siehe z.B. *Goerlich,* DÖV 1982, 633 ff.; *Hill,* Das fehlerhafte Verfahren, S. 227 ff.; *ders.,* DVBl. 1989, 321 ff., 325; *Hufen,* NJW 1982, 2163; *v. Mutius,* NJW 1982, 2150 ff.

[289] Zu Unrecht konzentriert sich die bisherige Diskussion über den Reaktionszusammenhang von Verfassung und Verfahren sehr einseitig auf den Einfluß der Grundrechte; daß die materialen Leitgrundsätze, Staatsziel- und Strukturprinzipien des Grundgesetzes eher in ihrer Gesamtheit das Verwaltungsverfahren formen, klingt aber an bei *Häberle,* Verfassungsprinzipien, S. 52 ff., und wird im 3. Teil der hiesigen Untersuchung verdeutlicht.

[290] Das übersehen die krit. Diskussionsbemerkungen zur Verfassungsimprägnierung des Verwaltungsverfahrens bei *Badura, Battis, Ossenbühl* u.a., VVDStRL 41 (1983), S. 232 ff., 235 f., 237.

[291] *Blümel,* FS W. Weber, S. 539 ff., 540 ff.; *Schmidt-Aßmann,* Ordnungsidee, S. 47 ff.

[292] *Battis,* Partizipation, S. 193 ff.; *Hendler,* Die bürgerschaftliche Mitwirkung an der städtebaulichen Planung, 1977, S. 30 ff.; *Schuppert,* Einflußnahme, S. 288 ff., 293 f.; *Wahl,* VVDStRL 41 (1983), S. 182 ff.

nen zum anderen gemäß einem Modell, das z.B. die Standortfragen einer Verwaltungsplanung mit der Öffentlichkeitsbeteiligung und die Planfeststellung bzw. die Errichtungsgenehmigung für großtechnische Anlagen mit der Betroffenenbeteiligung verbindet,[293] überzeugt indes nicht. Wie noch dazulegen sein wird, sind Rationalität des Verfahrens, Legitimation und gesellschaftliche Mit-Verantwortung für den jeweiligen Konkretisierungsgegenstand nicht zu trennen.[294] Nicht die Entzerrung von Funktionen führt somit aus dem legitimatorischen Dilemma, sondern nur ihre Integration und das Bemühen um ein neues Verständnis von *Betroffenen- und Öffentlichkeitsbeteiligung.*[295]

aa) Beteiligungsfolgen administrativer Pluralisierung

Sein Ansatzpunkt könnte der noch zu begründende *Entwicklungsauftrag zu konsensbildenden Verfahrensstrukturen* sein, der in Gestalt „administrativer Pluralisierung" die Verstärkung des metajuristischen Sachverstandes der öffentlichen Verwaltung durch Vertreter der Verwaltungsumwelten mit einer zusätzlichen gesellschaftlichen Legitimation der Aufgabenerfüllung verbindet.[296] Eröffnet wird damit eine andere, weitere Sicht des administrativen Konkretisierungsprozesses bzw. des Verfahrensgedankens. Das Verwaltungsverfahren zieht eine rationalisierende Wirkung nicht nur aus seinem Verständnis als „Prozeß" und damit nicht allein aus einer ablauf/zeitförmigen Betrachtung, sondern ebenso aus dem Rückbezug des Verfahrensgedankens auf ihn prägende *inhaltliche* Merkmale. Das „Verfahren" bildet dadurch die Klammer, die öffentliche Verwaltung in ihrer dimensionalen Auffächerung in „Programme", „Organisation" und „Personal" zusammenbindet. Ein organisationsbezogenes Beispiel hierfür enthalten die Regelungen der §§ 88–93 VwVfG über die Tätigkeit von *Ausschüssen* in der öffentlichen Verwaltung.[297]

„Administrative Pluralisierung" kennzeichnet vor diesem begrifflichen und kategorialen Hintergrund die ebenso *interne* wie auch *externe* Ausformung der Verwaltungs-Verfahrensverantwortung: *Verwaltungsintern* stellt sie sich als Problem pluraler Spezialisierung des Verwaltungshandelns auf der Grundlage professionellen Sachverstandes im öffentlichen Dienst dar.[298] *Verwaltungsextern* bedeutet admini-

---

[293] *Wahl,* a.a.O. (Fn. 292), S. 183, 184.

[294] Dazu die Ausführungen und Nachw. im 2. Teil der Untersuchung, 4.–7. Kapitel.

[295] Ebenso im Ansatz *Hufen,* Verwaltungsverfahren, S. 127ff.; *Ladeur,* ARSP 74 (1988), S. 218ff., 234ff., 238; *Schmitt Glaeser,* Position der Bürger, S. 46f., 93ff.; aus verwaltungssoziologischer Sicht vgl. *R. Mayntz,* Soziologie der öffentlichen Verwaltung, S. 246ff.; zur älteren Diskussion siehe die Beiträge von *R. Walter/Schmitt Glaeser,* VVDStRL 31 (1973), S. 147ff., 179ff.; *W. Schmidt/Bartlsperger,* VVDStRL 33 (1975), S. 181ff., 221ff. m.w.Nachw.

[296] Dazu näher unten, 2. Teil, 5. Kap., B. IV.; 6. Kap., C. III.

[297] Allgemein zur rechts- und staatspolitischen Bedeutung der Ausschüsse (und der in ihnen ehrenamtlich mitwirkenden Bürger) vgl. *D. Haas,* VerwArch. 49 (1958), S. 14ff.; zu ihrer verwaltungsverfahrensrechtlichen Erfassung siehe statt aller *Ule/Laubinger,* Verwaltungsverfahrensrecht, S. 114ff.; die AO 1977 und das SGB X enthalten keine vergleichbaren Vorschriften.

[298] *Burmeister,* Innenrecht der Verwaltung, S. 63ff.; *F. Wagener,* Selbstentwicklung der Verwaltung, in: C. Böhret/H. Siedentopf (Hrsg.), Verwaltung und Verwaltungspolitik, 1983, S. 71ff., 75f.

strative Pluralisierung die Öffnung des Entscheidungsprozesses der öffentlichen Verwaltung – ggf. durch ein „Verwaltungsreferendum" – für eine pluralistische Öffentlichkeit.[299] Deren Einwirkung mag sich insofern sowohl auf die Programmentwicklung auf der Ebene der öffentlichen Verwaltung im Rahmen polyzentrischer Rechtsbildung als auch auf die Instituierung pluralistischer Entscheidungsgremien erstrecken.[300]

In ihren verfahrensrechtlichen Folgen und Funktionen stellt freilich administrative Pluralisierung auch und zugleich die herkömmliche Form der *Verfahrenseinleitung* und des *Zugangs* zum Verwaltungsverfahren in Frage. Eine Beteiligung an ihm aus dem Blickwinkel der Verwaltung, wie er sich in § 13 VwVfG als grundsätzliche „Individualrechtsbeteiligung" niederschlägt, erscheint jedenfalls prinzipiell dysfunktional.[301] Ob sich ferner als verfahrensrechtliche Folge und Funktion der externen Pluralisierung ein Anspruch auf *individuale und korporative Verfahrensteilhabe* entwickelt, bleibt zu prüfen. Wegen der insofern zu befürchtenden selektiven Aufmerksamkeit für einzelne Problemlagen ergäbe sich allerdings gleichzeitig für den Binnenbereich der öffentlichen Verwaltung die verstärkte Notwendigkeit des Überganges zur internen Koordination des gestreuten Einsatzes verwaltungsseitigen Sachverstandes.[302]

bb) Umbau der Verfahrensteilhabe und staatliche Funktionenordnung

Verfahrensentwicklung erfordert dieserhalb, die Festlegung des Kreises der gegenwärtig Verfahrensbeteiligten sowie die Festlegung von Rechten der am Verfahren beteiligten Verwaltungsträger und Privaten einschließlich der Rechtsstellung von Zeugen und Sachverständigen zu überprüfen, die Rechtsstellung von Mitgliedern des entscheidenden oder die Entscheidung vorbereitenden Gremiums fortzuentwickeln und damit die *Koordination* der unterschiedlichen am Verfahren beteiligten Verwaltungsträger bzw. gesellschaftlichen Kreise zu verbessern. In diesem Sinne umzugestaltende Verfahrensteilhabe gerät allerdings einerseits und zwangsläufig in ein Spannungsverhältnis mit der Legislative. Diese Situation ist unausweichlich. Denn weil und soweit öffentliche Verwaltung an der staatlichen Integra-

---

[299] *Schreyer,* Pluralistische Entscheidungsgremien, S. 108ff.: „Pluralistische Verwaltungsgremien im Verfassungssystem"; siehe ferner *Schmitt Glaeser,* Position der Bürger, S. 35ff., 45ff.

[300] Vgl. für den Programmbezug am Beispiel der Kontrolle großtechnischer Anlagen durch Verwaltungsreferenda u.a. *Roßnagel,* ZParl. 1986, 587ff., 589ff., 605ff.; für die institutionelle Perspektive am Beispiel der Entwicklung „mittlerunterstützter Kooperation" siehe *Passavant,* DÖV 1987, S. 516ff.; zu den Grenzen einer solchen „Partizipation durch Verfahren" vgl. *Badura,* Verwaltungsverfahren, S. 391f.

[301] Ziel und Funktion der Verfahrensbeteiligung ist jedenfalls mehr als die bloße Verteidigung von Individualinteressen bzw. die bloße Behördeninformation; das arbeitet zu recht *Schmitt Glaeser,* Position der Bürger, S. 48ff., 51f., 53ff., 57ff., heraus; vgl. früher bereits *Schuppert,* Einflußnahme, S. 280ff., 295ff., 298ff., 305f.; anschaulich stellt jüngst *Passavant,* a.a.O. (Fn. 300), S. 522, die *Defizite* der herkömmlichen Beteiligungsformen zusammen.

[302] Siehe nur *Burmeister,* Innenrecht der Verwaltung, S. 67ff., 70f.

tion durch eine gesetzesergänzende Rechtserzeugung beteiligt ist, stellt sich unabweisbar auch und zugleich die Frage nach der Gestaltung rechtsbildender und legitimationssichernder Verfahrensstrukturen der Verwaltung.[303]

Auf der anderen Seite ruft die Konkurrenz mit der insoweit gleichermaßen gegebenen Rechts-(fort-)bildung durch Rechtsprechung[304] Spannungslagen hervor.[305] Dies ist namentlich bei der Ausfüllung der durch die Verwendung von Generalklauseln im technischen Anlagen- und Sicherheitsrecht bedingten Regelungslücken der Fall.[306] Jenseits allgemeiner Postulate zum *Vorrang* der Verwaltung bei der Gesetzeskonkretisierung vor der Verwaltungsgerichtsbarkeit[307] bleibt aber stets das Problem der Rechtswahrung zu lösen. Das Verwaltungsverfahren kann hierzu einen Beitrag leisten, der bislang zumeist noch immer unterschätzt wird.[308]

Zwar mag dem von einer Anlagengenehmigung betroffenen Bürger (Nachbarn) mit der Verfahrensbeteiligung kein zureichender Ersatz für ein Defizit an gerichtlicher Kontrolldichte geboten werden, doch sollte dies nicht eine entsprechende informatorische und legitimatorische Verbesserung des Verwaltungsverfahrens und der Genehmigungspraxis durch „administrative Pluralisierung“ hindern. Dann aber erscheint die Beschränkung der *gerichtlichen* Nachprüfung z.B. atomrechtlicher Genehmigungen auf die ordnungsgemäße Einhaltung des Verfahrens durchaus billigenswert.[309] Die totale Absage an alle Tendenzen, die darauf abzielen, staatliche Entscheidungskompetenzen bei der Bestimmung etwa des „Standes von Wissenschaft und Technik“ auf Expertengremien zu übertragen,[310] überzeugt demgegenüber nicht. Sie wird der umfassenden, verfassungsrechtlich sowohl für das Recht der

---

303 Dazu am konkreten Beispiel der Großtechnik *Roßnagel,* ZParl. 1986, 588f., 589ff.; dieser Aspekt fehlt bei der ansonsten vortrefflichen Analyse von *Brohm,* DÖV 1987, 270/271.

304 Vgl. hierzu allgemein u.a. *W. Blomeyer,* FS K. Obermayer, 1986, S. 15ff.; *T. Dieterich,* RdA 1986, 2ff.; *Henckel,* JZ 1987, 209ff.; *P. Kirchhof,* Rechtsprechende Gewalt, S. 11ff.; *Kruse,* BB 1985, 1077ff.; *Leisner,* DVBl. 1986, 705ff.; *M. Peter,* RdA 1985, 337ff.; *Prütting,* FS der Rechtswissenschaftlichen Fakultät zur 600-Jahr-Feier der Universität zu Köln, 1988, S. 305ff.; *D. Reuter,* RdA 1985, 321ff.; *T. Raiser,* ZRP 1985, 111ff.; *U. H. Schneider,* JZ 1987, 696ff., 701f.

305 Siehe etwa *Brohm,* DÖV 1987, 270f.; *Papier,* FS C. H. Ule, S. 236ff.

306 Vgl. bes. *R. Scholz,* Technik und Recht, S. 706ff m.w.Nachw.

307 *Brohm,* a.a.O. (Fn. 305), 270f.; *ders.,* NJW 1984, 8ff., 12; *ders.,* DVBl. 1986, 321ff., 330; *ders.,* NVwZ 1988, 794ff., 798f.; *D. Grimm,* Aufgabenverteilung zwischen Justiz und Verwaltung bei der Genehmigung kerntechnischer Anlagen, in: v. Buiren/Ballerstedt/Grimm, Richterliches Handeln und technisches Risiko, 1982, S. 25ff., 47f.; w. Nachw. bei *Schuppert,* DVBl. 1988, 1197ff.; vorsichtiger aber *Beckmann,* DÖV 1986, 505ff.; *Erichsen,* DVBl. 1985, 26; *Papier,* DÖV 1986, 623f.

308 Vgl. immerhin *Badura,* FS O. Bachof, S. 177; *Erichsen,* a.a.O. (Fn. 307), S. 26 m. Anm. 72; eher skeptisch *Papier,* Rechtskontrolle, S. 92ff., allerdings auch S. 97f.; zu oberflächlich *R. Wolf,* Stand der Technik, S. 426ff.

309 Vgl. demgegenüber aber *Winter/Schäfer,* NVwZ 1985, 708; siehe jedoch in der Tendenz wie hier zuerst VG Schleswig, NJW 1980, 1296ff., 1298.

310 So z.B. durch *Rittstieg,* Die Konkretisierung technischer Standards im Anlagenrecht, 1982, S. 230ff., 235.

Technik als auch für das Recht der sozialen Sicherheit legitimierten *Verfahrensverantwortung* der öffentlichen Verwaltung nicht gerecht.

cc) Kontradiktorische Verwaltungsverfahren?

Die Frage bleibt, ob nicht die solcherart im Zusammenhang mit dem Strukturwandel des Rechts stehende und durch Verfahren ermöglichte Öffnung in der Außensteuerung öffentlicher Verwaltung, d.h. die Öffnung verwaltungsinterner Entscheidungsabläufe für eine pluralistische Öffentlichkeit, zu einer veränderten Sicht der behördlichen Verfahrensposition zwingt. Wenn nämlich die Verwaltung aufgrund und in einem Verfahren organisierten Zusammenwirkens dem einzelnen gegenübertritt, könnte sich auch ihre grundsätzlich „neutrale" Stellung ändern. Sie wird möglicherweise *Partei.* Dies aber würde die Entwicklung kontradiktorischer Verfahrensstrukturen bedingen, oder – wie *H. Goerlich* formuliert[311] – die Einführung „gerichtsähnlicher Verfahren unter neutraler Verhandlungsführung".[312]

b) Strukturierung des administrativen Konkretisierungsprozesses

Die Zunahme eigengesteuerter, komplexer Verwaltungsentscheidungen und von Verteilungsentscheidungen durch die Exekutive allgemein verlangt jedenfalls nach neuen Überlegungen zur Ausgestaltung des Entscheidungsverfahrens (Stufung des Verfahrensganges, Beteiligung, Präklusionswirkung). Ebenso bedarf es geeigneter Verfahrensstrukturen für den Ausgleich involvierter Interessen und Rechtspositionen auf allen Verfahrensstufen. Das Verwaltungsverfahren muß dabei und wegen seiner ihm regelmäßig vorgegebenen finalen Programmierung für die *Abnahme* der Verwaltungsentscheidung vermehrt selbst sorgen. Das verweist auf das zusätzliche Erfordernis konsensbildender Verfahrensstrukturen. Hierzu gehören u.a. die weitere Ausgestaltung der Phase der Problemaufbereitung als ein mündlicher, öffentlicher, kooperativer und (mehr oder weniger) gestufter Prozeß, die institutionelle Neutralisierung der öffentlichen Verwaltung im Verfahren, eine Änderung der Informationssammlung und -verarbeitung im Rahmen der Konkretisierung sowie Überlegungen zur Anpassung der Verfahrensgrundsätze und Verfahrensarten an den Wandel der Verwaltungsfunktionen.

aa) Rollenverteilung im Verwaltungsverfahren

Unbefriedigend erscheint gegenüber diesen perspektivisch geöffneten Revisionsanstrengungen die gegenwärtige Rollenverteilung im Verwaltungsverfahren. Weil

[311] Grundrechte als Verfahrensgarantien, S. 351.

[312] Der Verweis auf eine „gerichtsähnliche" Stellung geht freilich zu weit! Entscheidend ist jedenfalls der Gedanke, in das Verfahren der Konfliktlösung neutralisierende Element der Vermittlung, Beratung und Verhaltensbeobachtung einzubauen, die Kooperation durchgängig ermöglichen bzw. sichern und die evtl. Eigeninteressen der Verwaltung auffangen, vgl. *Burmeister,* Verfahrensstrukturierungsgebote, S. 134f., 154f.; siehe dazu auch die amerikanischen Konzepte und Erfahrungen bei *R. Fisher/W. Ury,* Getting to Yes – Negotiating Agreement Without Giving, 1981; *J. Folberg/A. Taylor,* Mediation: A Comprehensive Guide to Resolving Conflicts Without Ligigation, 1984.

und soweit es ein auf Rollenebene integriertes Interaktionssystem darstellt,[313] werden diejenigen Informationen, aus denen die Entscheidung der Verwaltung gewonnen werden soll, durch Interaktion beschafft und verarbeitet. Deshalb gehören zur rechtlichen Ordnung des Verfahrens auch die Normierung von Handlungspflichten und -rechten sowie die Statuierung von Maßstäben für die Beurteilung von Informationen über Tatsachen. Sie umfassen die Sachaufklärung durch Verfahren und legen die Pflichten der Beteiligten bei der Sachaufklärung fest.

Herkömmlicherweise beherrscht dabei der *Untersuchungsgrundsatz* die Sachaufklärung; er bildet die prinzipielle Aussage des Verwaltungsverfahrensrechts zur Sachverhaltsermittlung.[314] Die auf ihm beruhende Rollenverteilung in den Verfahrensaktivitäten der Sachaufklärung erweist sich allerdings partiell als dysfunktional zu den Aufgaben des Verwaltungsverfahrens. Eine weitgehend unreflektierte Verwendung des Begriffs „Untersuchungsgrundsatz" bewirkt Unsicherheit über die Reichweite von Auskunfts- und Beweispflichten der Beteiligten. Dies kommt u.a. daher, daß der Untersuchungsgrundsatz als eine feste begriffliche Größe genommen wird, aus der wie selbstverständlich alle weiteren Folgerungen abgeleitet werden.[315] Darunter leidet bislang die sachgemäße Ordnung des Verfahrens; es fehlt an einer systematischen Präzisierung der sich ergebenden Handlungspflichten aller Beteiligten.

Strukturändernde Überlegungen müssen sich demgegenüber auf die Reichweite gegenseitiger Informationspflichten der Verfahrenssubjekte beziehen, das Problem der Beweis- und Beweisbeschaffungspflichten aufgreifen sowie an darauf bezogenen Pflichtverletzungen ansetzen.[316] Zur Entwicklung konsensbildender Verfahrensstrukturen gehört jedenfalls nicht nur eine Informationspflicht der Verwaltung, sondern auch eine entsprechende Verpflichtung aller Verfahrensbeteiligten. Entsprechende allgemeine Vorschriften über Auskunfts- und Beweispflichten, wie sie im Steuerrecht schon seit der Reichsabgabenordnung vorhanden sind,[317] sucht man indes im VwVfG vergeblich – sieht man einmal von der in § 26 Abs. 2 VwVfG als eine Ausnahme enthaltenen Pflichtenstellung ab.[318]

Im Verwaltungsverfahren, das aus einem Geflecht aufeinander bezogener Handlungen von Bürgern mit Verwaltungsangehörigen und dieser untereinander besteht,

---

[313] *Luhmann,* Verfahren, S. 38ff., 124.

[314] Vgl. §§ 24 VwVfG, 20 SGB X; siehe dazu grdl. *Berg,* DVerw. 9 (1976), S. 161ff.; *v. Pestalozza,* Der Untersuchungsgrundsatz, in: FS Boorberg Verlag, S. 185ff.; *Ule/Laubinger,* Verwaltungsverfahrensrecht, S. 164ff.

[315] Siehe nur *v. Pestalozza,* Untersuchungsgrundsatz, S. 185.

[316] So im Ansatz richtig *J. Martens,* Praxis, S. 81 (Rdnr. 120).

[317] Vgl. § 171 AO a.F.; siehe nunmehr § 90 AO und dazu den Überblick bei *Tipke,* Steuerrecht, S. 604ff., 613ff.

[318] Die Verfasser des Musterentwurfs zum VwVfG hatten zunächst erwogen, die Beteiligten zur Mitwirkung zu verpflichten (*Ule/Becker,* Verwaltungsverfahren im Rechtsstaat, S. 34), diese Idee aber später als zu weitgehend fallengelassen; mit Recht krit. zur gegenwärtigen Regelung unter Hinweis auf §§ 90 Abs. 1 AO, 60ff. SGB I; *J. Martens,* Praxis, S. 83f.; *Grupp,* VerwArch. 80 (1989), S. 50ff.

verbleibt ferner auch die *Rolle der Amtswalter* nur am Rande des Regelungshorizontes geltenden Verfahrensrechts.[319] Die Handhabung des Verfahrens wie auch die Anwendung des materiellen Verfahrensrechts sind in diesem faktischen Zusammenspiel mit normativer Wirkung immer auch – wie schon oben dargelegt – persönlichkeitsstrukturiert, abhängig vom Rollenverständnis des Entscheiders, seinen Einstellungen und Wertpräferenzen. Angesichts dieser und anderer noch darzustellender Grenzen eines normativen Determinismus im Verwaltungsrecht steht zu überlegen, ob das Verfahrensrecht nicht auch insoweit nähere Regelungen bereithalten sollte.[320]

Allerdings ist vor einer allzu intensiven *Verrechtlichung* des Verwaltungsverfahrens zu warnen. Wie schon dargelegt, ergeben sich Grenzen der Verfahrensformalisierung daraus, daß die Herausbildung neuer informaler Handlungsbeziehungen ihre unvermeidliche Folge ist. Andererseits erhöht gerade erst die rechtsförmige Regelung von Rechten und Pflichten der Verfahrensbeteiligten nicht nur die Partizipationschancen ansonsten benachteiligter Interessengruppen, sondern die Rechtsform ist auch Garant eines gleichmäßigen Verwaltungsverfahrens.[321] Formfreiheit und Formalisierung ergänzen sich mithin jeweils; sie stehen in einem ständigen Austauschverhältnis. Formalisierungsbestrebungen des Verfahrensrechts sollten sich deshalb nach hiesigem Dafürhalten auf die Regelung von Verfahrensstrukturen beschränken, daneben aber informelles Verfahrenshandeln als Notwendigkeit einer funktionierenden öffentlichen Verwaltung akzeptieren.[322]

bb) Verfahrensrechtsverhältnis als Verantwortungsrahmen

Den rechtlichen Rahmen für das Verfahrenshandeln bildet in jedem Fall das *Verfahrensrechtsverhältnis* als das auf die Verfahrensbeziehungen gewendete Seitenstück des Verwaltungsrechtsverhältnisses.[323] Es erfaßt das Verwaltungsverfahren als einen Ablaufprozeß und bildet das in ihm zwischen Bürger und Verwaltung bestehende umfassende soziale Beziehungsgefüge sowohl in seinen Rechten und Pflichten als auch in seinen „vorrechtlichen" Beziehungslinien ab. Das Verfahrensrechtsverhältnis ist somit der strukturelle Gesamtentwurf zur rechtlichen Bewältigung der

---

[319] Jedenfalls in einer Interpretation der §§ 20, 21 VwVfG, 16 und 17 SGB X, die jede institutionell-funktionale „Befangenheit" aus deren Geltungsbereich herausnehmen will, wie z.B. die von *Kopp*, VwVfG, § 20 Rdnr. 22; zur „weiten" Auslegung dieser Vorschriften siehe dagegen BVerwGE 69, 256 (263ff.); *Scheuing*, NVwZ 1982, 487ff., 490; das BVerwG hebt zu Recht auf das „bewußte individuelle Verhalten von Menschen" ab (S. 268).

[320] So z.B. ein Ablehnungsrecht des Bürgers, vgl. auch *Scheuing*, a.a.O. (Fn. 319), 492; früher schon dafür *Dagtoglou*, Festg. für E. Forsthoff, 1967, S. 65ff., 83f.; vgl. ferner HessVGH, JZ 1971, 257 m. Anm. Dagtoglou, S. 259; *Besche*, DÖV 1972, 636ff., 637; ablehnend aber BVerwG, DöD 1974, 279.

[321] Vgl. auch *Schmidt-Aßmann*, Ordnungsidee, S. 31; zum Problem *Hufen*, VVDStRL 47 (1989), S. 161f.

[322] Ebenso *Eberle*, DVerw. 17 (1984), S. 463f.; z. Teil anders *Hoffmann-Riem*, VVDStRL 40 (1982), S. 220ff., 229ff., vgl. aber auch S. 226f.; *Schmidt-Aßmann*, DVBl. 1989, 541.

[323] Vgl. *Häberle*, Verwaltungsrechtsverhältnis, S. 62, 65f., 72ff.; zur Problematik dieser Zuordnung schon die Nachw. oben, Fn. 285, sowie *Hill*, Das fehlerhafte Verfahren, S. 275f.

in besonderer Weise verdichteten komplexen Kommunikation und Interaktion im administrativen Konkretisierungsprozeß.[324]

Die Rechtsfigur des Verfahrensrechtsverhältnisses übernimmt demgemäß eine mediale Funktion: Sie ermöglicht den Gegenseitigkeitsbezug von Rechts- und Sozialverhältnis – also eine „bürgernahe" Verwaltung – und damit, neben der faktischen Aufgabenerfüllung, eine wirklichkeitsorientierte Grundrechtssicherung und -verwirklichung. Die Nutzanwendung hieraus für die Abwicklung konkreter Verwaltungsverfahren steht freilich noch aus; *W. Schmidt* betont mit Recht, es sei noch nicht hinreichend geklärt, wie sich verwaltungsrechtstheoretisch und -dogmatisch – vor allem bei „mehrseitigen" Verwaltungsverfahren – das Verwaltungsrechtsverhältnis zum Verfahrensrechtsverhältnis verhalten würde.[325]

Der Ansatzpunkt für eine entsprechende Klärung liegt in der Eignung des Verfahrensrechtsverhältnisses, die noch zu entwickelnden Strukturdirektiven der *Verfahrensverantwortung* im sozialen Rechts- und Verwaltungsstaat auf der Mikro-Ebene des Verwaltungsrechts aufzunehmen, in Verhaltensmaßgaben für das Verfahren umzusetzen und dadurch Fall für Fall einzulösen. Es entfaltet sich damit als Bezugsrahmen und Vermittlungsinstanz der auf Verantwortung gegründeten gegenseitigen Rechte und Pflichten aller Verfahrensbeteiligten einschließlich der öffentlichen Verwaltung.[326]

Als Gehäuse der Verfahrensverantwortung umschließt das Verfahrensrechtsverhältnis dabei auch eine entsprechende Mit-Verantwortung der nichtbehördlichen Verfahrensteilnehmer und materiell Problembetroffenen („Mitwirkungslast").[327] Verwaltungsverfahren können insoweit auch durch *Beteiligungslasten* strukturiert werden, und zwar auch jenseits der schon erwähnten Lasten zur Ergänzung der behördlichen Sachverhaltsermittlung: Sie dürfen z.B. ebenso als Lasten zur eigenen Rechtsverfolgung ausgebildet werden, wie etwa im Bereich der Anfechtungslast durch die Verwirkungspräklusion innerhalb eines gestuften Verfahrens.[328]

Die Gesamtheit der Probleme zur Informationssammlung und -verarbeitung im Rahmen der Konkretisierung und vor allem im Zusammenhang gestufter Konkretisierungsvorgänge wird dadurch freilich nicht erfaßt.[329] Weil aber Verwaltungsverfahren Kontakte und Gesprächsmöglichkeiten zwischen den Beteiligten und der Verwaltung schaffen sollen, setzen sie jedenfalls eine hinreichend verzahnte rechtliche Strukturierung entsprechender Verfahrenspositionen, namentlich in bezug auf Beteiligungs*rechte* voraus. Verwaltungsverfahren sind insoweit als Brücke zwischen

---

324 Ähnlich *J. Martens*, Praxis, S. 44ff.

325 Probleme des Verwaltungsrechts, S. 252.

326 In dieser Richtung siehe auch *Häberle*, Verwaltungsverhältnis, S. 64, 68, 82ff.; *Hill*, Das fehlerhafte Verfahren, S. 277ff.; *Schmitt Glaeser*, Position der Bürger, S. 83, 84ff.

327 *Grupp*, VerwArch. 80 (1989), S. 65ff.; *Häberle*, a.a.O. (Fn. 326), S. 82; *J. Martens*, Praxis, S. 49 (Rdnr. 76).

328 Vgl. *Badura*, Verwaltungsverfahren, S. 426; *Schmidt-Aßmann*, in: Maunz/Dürig, GG, Art. 19 Abs. 4 Rdnr. 258.

329 *Badura*, Verwaltungsverfahren, S. 426f.

der staatlichen Verwaltung und den individuellen (Grund-)Rechtsträgern zu entwickeln;[330] sie haben darüber hinaus in besonderem Maße vorgezogenen – „antezipatorischen" – Beteiligungsformen Raum zu bieten.[331]

Damit ist zugleich die weitere – und wohl noch wichtigere – Bedeutung angesprochen, die das Verfahrensrechtsverhältnis als konstitutiver Ausgangspunkt der Betrachtung des Gesamtzusammenhanges von Verfahren und materiellem Recht einnimmt. Sie zeigt sich u.a. an Überlegungen zur Verbindlichkeit, Bestandskraft und Bindungswirkung von *Verwaltungsakten,* die nunmehr *verfahrensrechtlich* begründet werden können und müssen.[332]

cc) Verfahrensverantwortung und „internes" Verwaltungsverfahren

Nachdenken über die Strukturen des Verwaltungsverfahrens im modernen Staat fordert schließlich auch die Beachtung der *inneradministrativen Tiefenwirkung von Verwaltungsentscheidungen.*[333] Diese kommen häufig genug erst im Zusammenwirken verschiedener Behörden zustande oder strahlen ihrerseits auf Entscheidungen anderer Verwaltungsstellen aus. Die Folge sind häufig binnenadministrative Kompetenzkonflikte.[334]

Der Rechtsbildungsauftrag des Verwaltungsverfahrens entfaltet daher auch Konsequenzen für den administrativen Innenbereich und zwar im Sinne der Forderung nach einer verstärkten Verfahrenskoordination, wie sie z.B. das Sozialgesetzbuch anordnet.[335]

Die Anforderungen an die Entwicklung rechtsförmiger Strukturen von organisationsinternen Verwaltungsverfahren reichen indes weiter. Die entsprechende Ausweitung von Verfahrensbegriff und Verfahrensreichweite hängt damit zusammen, daß staatliche Verfahrensverantwortung immer auch einen binnenrechtlich organisierten und strukturierten *Verantwortungsrahmen* voraussetzt. Er liegt darin begründet, daß Personen und Organisationseinheiten *innerhalb* des differenzierten administrativen Wirkungsgefüges nicht nach beliebigem Dafürhalten zusammenarbeiten, um gemeinsam mit dem Bürger ein „Verwaltungsprodukt" herzustellen, sondern nach Maßgabe des jeweiligen Amtsauftrags. Damit verbundene Entscheidungskompetenzen begründen als Befugnisse zu rechtsverbindlicher Wirklichkeitsgestaltung auch die rechtliche Verantwortung der Funktionsträger für die (sozialen) Folgen ihrer Konkretisierungsbeiträge in der „Außenwelt".

---

[330] Die „Verfahrensstufung" in ihrer gegenwärtig praktizierten Form behindert dagegen infolge ihrer Komplexität und Unübersichtlichkeit diesen Brückenschlag eher.

[331] Zu diesem Zusammenhang mit dem Funktionswandel der Verwaltung siehe auch *Badura,* Verwaltungsverfahren, S. 392; *Schuppert,* Einflußnahme, S. 295ff.

[332] Vgl. nur *Fiedler,* AöR 105 (1980), S. 79ff., 84ff., 97.

[333] *Hufen,* Verwaltungsverfahren, S. 60ff.; *Schmidt-Aßmann,* Ordnungsidee, S. 24.

[334] *Burmeister,* Innenrecht der Verwaltung, S. 63ff.; *Gaentzsch,* NJW 1986, 2787ff.; *Jarass,* Konkurrenz, Konzentration und Bindungswirkung von Genehmigungen, 1984, insbes. S. 19ff.

[335] Vgl. §§ 86, 87–101 SGB X.

Zu überlegen steht daher, ob nicht auch diese Mitwirkung, also das „organisationsinterne" Verfahren, durch formalisierte Verfahrensregeln strukturiert werden sollte bzw. müßte.[336] Die Regelung der persönlichen Verfahrensverantwortung von Mitarbeitern der öffentlichen Verwaltung darf im Funktions- und Strukturwandel nicht allein den „Geschäftsordnungen" überlassen bleiben, denen keinerlei Bindungswirkung zukommt. Das Problem gewinnt um so mehr an Bedeutung, als die Verwaltung die erst anschließend „nach außen" tretenden Konkretisierungsbeiträge bereits innerhalb ihrer Organisation *steuert.* Verfahrenshandlungen sind m.a.W. zumindest Entstehungs- und Geltungsprämissen der Verwaltungsentscheidung bzw. des Verwaltungshandelns.[337] Ob eine Verwaltungsmaßnahme in einer hierarchisch aufgebauten Behördenorganisation mit strukturierter verfahrensrechtlicher Stellung der Mitarbeiter zustande kommt oder in einer Matrix-Organisation mit fließenden Verfahrenswegen, hat handfeste Auswirkungen auf die Informationsaufnahme, Kommunikation und Entscheidungsfindung im Verwaltungsverfahren.

Das Verfahren in der „black box" des Verwaltungssystems bedarf daher – ergänzend zum bestehenden minimalen Regelungszustand (vgl. z.B. §§ 29 Abs. 1 S. 2, 81–93 VwVfG) – weiterer normativer Strukturmaßgaben. Hierzu gehören u.a. die Verrechtlichung von Koordination und Kooperation sowie die Verfahrenssicherung methodenmäßiger Verwaltungsvielfalt.[338]

c) *Verfahrensgrundsätze im Funktionswandel des Verwaltungsverfahrens*

Auch die in den Verfahrensgesetzen enthaltenen *Verfahrensmaximen* sind Ausdruck eines spezifischen Verfahrensdenkens. Sie umreißen Verhaltenspflichten der Verfahrenssubjekte, durch die der Gang des Verfahrens gefördert werden soll. Im eigentlichen Sinne spinnen deshalb die Verfahrensgrundsätze, bildlich gesprochen, das „Netz" des Verfahrensrechtsverhältnisses aus.

Beispielhaft für diese verfahrensfunktionale Orientierung der Verhaltensmaximen steht das Recht auf Akteneinsicht (§ 29 VwVfG). Als Konnexgarantie zum Anhörungsrecht[339] soll es dem Bürger die Möglichkeit einräumen, sich umfassend über den Bearbeitungsgang und -stand seines Verfahrens zu unterrichten. § 29 VwVfG

---

[336] Vgl. auch *Bryde,* VVDStRL 46 (1988), S. 198ff.; *Schmidt-Aßmann,* Verfahrensgedanke, S. 20f.

[337] Eher mißverständlich dagegen die auf *W. Schmidt,* Probleme des Verwaltungsrechts, S. 86f., zurückgehende Einordnung des Verwaltungsverfahrens als „Entscheidungsprämisse": Verfahren wirken sowohl strukturell als auch konkret-fallbezogen; in ihnen erst „bildet" sich das zweckorientierte Recht Einzelfall für Einzelfall – und nicht nur durch *Entscheidungen!*

[338] Siehe auch *Schmidt-Aßmann,* Verfahrensgedanke, S. 20f.: „Es muß darum gehen, den Dualismus von ‚außen' nach ‚innen' in einer Abfolge von Teilrechtsordnungen zu relativieren und das Zwischenfeld auszufüllen". Das 3. Kap. des SGB X mit seinen Regelungen über die Zusammenarbeit der Leistungsträger scheint mir hierfür einen ersten brauchbaren Entwurf darzustellen.

[339] *Meyer/Borgs,* VwVfG, § 29 Rdnr. 5; *Scherer,* Verwaltung und Öffentlichkeit, S. 17ff., 21.

dient auf diese Weise gleichzeitig einer öffentlichen Kontrolle der Verwaltung darüber, welche Phasen der Konkretisierungsprozeß durchläuft und welche Kräfte auf diesen Prozeß einwirken.[340]

Die Frage ist allerdings, ob nicht die schon derzeit kritisierte Wirkkraft der Verfahrensgrundsätze[341] im Funktions- und Strukturwandel des Verwaltungsverfahrens bisher kaum wahrgenommenen weiteren Anforderungen unterliegt. Denn wenn es darum geht, die normative Ordnung des Verfahrens angesichts veränderter rechtlicher und wirklichkeitsgebundener Verfahrensbedingungen zu überdenken und unter den geänderten Verhältnissen zur Wirksamkeit zu bringen, dann unterliegen auch die Verfahrensmaximen selbst einem Verständniswandel. Dieser nimmt seinen Ausgang in der reduzierten Steuerungskraft der Gesetze einerseits[342] und in der Prozeduralisierung des Rechts, wie sie oben näher nachgezeichnet wurde,[343] andererseits. Der dieser Entwicklung ersprießende Steuerungsverzicht des materiellen Rechts beruft das Verwaltungsverfahren zum eigentlichen Träger einer zweckbezogenen Rechtserzeugung, bei der sich die Anforderungen an die Informationsverarbeitung und Willensbildung der Verwaltung ebenso ändern wie ihre Legitimationsbedingungen. So werden z.B. schon im Vorgang der Sachverhaltsermittlung entscheidende Weichen für die Rechtsanwendung gestellt; diesbezügliche Verhaltenspflichten der Verfahrenssubjekte bekommen dadurch einen anderen Zuschnitt als bisher. Sie müssen vor allem kommunikationsbezogen ausgestaltet werden.

II. Entwicklungsbedarf und Entwicklungsoffenheit des Verwaltungsverfahrensrechts

Die notwendige Umgestaltung der Informationsphasen, -tätigkeiten und -pflichten im Verwaltungsverfahren stellt freilich nur einen *Ausschnitt* aus der Gesamtproblematik einer tief einschneidenden Veränderung des Verfahrensganges dar. Sie geht mit zahlreichen Fragen nach der Art und Weise einher, wie der Verfahrensablauf zukünftig gestaltet werden sollte. Zusammen mit der unübersichtlichen Vielfalt des geltenden Verwaltungsverfahrensrechts und seiner dargelegten Anwendungsproblematik drängen sie nach einer Fortentwicklung der Verfahrensgesetze.

Ein derartiger Verfahrenswandel ist freilich behutsam zu betreiben. Die öffentliche Verwaltung verträgt wiederholte Änderungen ihrer Verfahrensdirektiven in kürzeren Zeiträumen nur schlecht. Allzu leicht tendiert die Verwaltungspraxis dazu,

---

[340] *Häberle,* Verfassungsprinzipien, S. 72; *Schwan,* Amtsgeheimnis oder Aktenöffentlichkeit?, 1984, S. 90ff.; zu eng *Schmidt-Aßmann,* HdbStR III, 1988, S. 639 (Rdnr. 20).

[341] Vgl. statt aller *Kopp,* DVerw. 20 (1987), S. 12ff., 15ff., 18ff.

[342] Dazu schon oben im Text um und zu Fn. 238, 247ff., 255; siehe ferner 1. Kap., A. II., C. III., D.

[343] 2. Kap., A. II. 4.

trotz Änderung des Normenbestandes an den gewohnten Regeln festzuhalten.[344] Auch ist das derzeitige Verfahrensrecht seit seinem Inkrafttreten noch nicht überall „eingeschliffen", wie die ausufernde Rechtsprechung hierzu zeigt.[345] Verfahrensreformen in häufiger Folge und ohne Maß drohen daher die Durchsetzung des materiellen Rechts zu gefährden und den ohnehin gegebenen Trend zur „brauchbaren Illegalität" auch verfahrensseitig zu fördern.[346]

Diese und andere Gefahren dürfen indes nicht dazu führen, als notwendig erkannte Entwicklungsschritte in der künftigen Gestaltung des Verfahrensrechts zu unterlassen. Das Verwaltungsverfahren als Bestandteil regulativer Verwaltungsverantwortung ist *entwicklungsoffen* zu halten. Nur so kann es der originären Aufgabenverantwortung der öffentlichen Verwaltung im Verwaltungsstaat gerecht werden. Es entspricht gerade der Dynamik dieser verfassungsrechtlich getragenen Verwaltungsverantwortung,[347] auch die Regeln darüber, wie die Verwaltung verfahren muß, um zu einem „richtigen" Ergebnis zu kommen, ständig auf ihre Funktionsgerechtigkeit bzw. Sachdienlichkeit sowie Transparenz und Klarheit zu überprüfen.

1. *Bezugsrahmen der Verfahrensentwicklung*

Die voraufgehend ausgebreiteten Überlegungen zum Änderungsbedarf des Verwaltungsverfahrensrechts vermögen freilich kaum mehr als nur sehr vorläufig über die Richtung zu orientieren, in der die Verfahrensentwicklung verlaufen sollte. Das Ping-Pong der Argumente zum Für und Wider der Berücksichtigung dieser und jener Verfahrensfunktionen oder zur Strukturgerechtigkeit der Verfahrensorganisation nimmt ebenso wie die Auseinandersetzung um die Grundfragen der Verfahrensteilhabe, der Aufgliederung der Verfahrensabschnitte und der Ausgestaltung der Verfahrensgrundsätze nur allzu leicht den Charakter des Beliebigen an. Der Verfahrensrevision muß es deshalb auch weniger um technizistische – obschon immer sachgeleitete – Einzelkorrekturen der Verfahrensrechtsdogmatik gehen. Diese sind allenfalls das Ergebnis einer notwendig vorangehenden und tiefenscharfen Auseinandersetzung um den „Verstehensgrund" der Verfahrensdefizite und -entwicklung,

---

[344] *F. Wagener,* VDDStRL 37 (1979), S. 215ff., 242ff.; zum „Behutsamkeitsgebot" auch *Dittus,* in: W. Blümel (Hrsg.), Vereinheitlichung, S. 210 (Diskussionsbeitrag); *Busch,* ebd., S. 213f.

[345] Vgl. auch *R. Schaefer,* Vereinheitlichung des Verwaltungsverfahrensrechts des Bundes, S. 76f.; zur Rechtsprechung siehe die Berichte und Kritik von *J. Martens,* NVwZ 1982, 13ff., 480ff.; NVwZ 1983, 130ff., 717ff.; NVwZ 1984, 556ff.; NVwZ 1985, 158ff.; NVwZ 1986, 533ff.; NVwZ 1987, 464ff.; NVwZ 1988, 684ff.; NVwZ 1989, 112ff.; zu recht verweist aber *Mußgnug,* Das allgemeine Verwaltungsrecht, S. 217ff., auf die generelle Offenheit des Verwaltungsverfahrensrechts für das Richterrecht.

[346] Zu der weiteren Variante einer „pragmatischen Illegalität" vgl. *Hufen,* NJW 1982, 2162; *F. Wagener,* a.a.O. (Fn. 344), S. 243, 245; siehe ferner *Rehbinder,* FS C. H. Ule, S. 294.

[347] Zu ihr siehe etwa *Häberle,* Verwaltungsverhältnis, S. 63f., 67f., 81.

also mit den grundlegenden Funktionsbedingungen des Verwaltungsverfahrens im Strukturwandel von Staat, Gesellschaft und Recht.

Zu fragen steht somit nach dem Wandel der *Fundamente*, auf denen das Verwaltungsverfahren ruht und die seine Entwicklung tragen bzw. erzwingen. Bezugspunkte einer Verfahrensrevision sind deshalb nicht schon innerhalb des gegebenen, reichlich konstruktiv anmutenden Systems technisch-formaler Vorschriften und Grundsätze zu finden. Die Anforderungen des modernen Staates an die Gestaltung des Verwaltungsverfahrensrechts erschließen sich vielmehr nur im Blick auf die außerhalb der Verfahrensordnung und dieser vorgelagerten *Rationalitätserfordernisse des Verwaltungsstaates* einerseits, wie sie in ihrer krisenhaften Veränderung bereits im 1. Kapitel der Untersuchung angedeutet worden sind,[348] und in der Bezugnahme auf die veränderten normativen *Verfassungsbedingungen* andererseits.[349] Gerade der klassische Rechtsstaat vermag die Konstruktion des Verwaltungsverfahrensrechts nicht länger hinreichend zu steuern. In dem von der Verfassung geforderten und legitimierten (demokratischen) Sozialstaat der Gegenwart übernimmt das politische Gemeinwesen heute auch die Verantwortung für die sozio-ökonomischen Verhältnisse der Gesellschaft. Es hat seine Verfahren hierauf einzurichten.

In der Folge dessen steigt nicht nur der Regulierungsbedarf erheblich; auch die Art und Weise der Regulierung verändert – wie dargestellt – ihren Charakter. Diesem Wandel der Verhältnisse entsprechend ist auch die Verfassungs- und Verfahrensrechtsdogmatik zu verändern. Denn eine Rechtsdogmatik, die an der Rechtswirklichkeit vorbeigeht, vermag die verfassungsrechtlichen Garantien, wie etwa die sozialstaatlichen und demokratischen Anforderungen an das Verwaltungsverfahren, nicht zur Entfaltung zu führen.[350]

Dieser die „Verfassungsentwicklung" bestimmende Zusammenhang zwischen „Normprogramm" und „Sachstruktur"[351] verweist auf die soziale Wirklichkeit und die realen Wirkungsbedingungen der Rechtsdogmatik zurück. Soll also das Verwaltungsverfahrensrecht in den jeweiligen gesellschaftlichen Konfliktsituationen seinem Sinn nach zur Wirksamkeit gebracht werden, ist es somit in die Veränderung seiner realen und normativen (Verfassungs-)Bedingungen einzupassen.

2. *Vier Thesen zur Verfahrensentwicklung*

a) *Verwaltungsverantwortung für Rechts- und Zweckkonkretisierung*

Entsprechende Bemühungen finden ihren Ausgangspunkt in dem Wandel der staatlichen Verantwortung für die gesellschaftlichen Verhältnisse. Ihn kennzeichnet einerseits und grundlegend der schon beschriebene Übergang zum modernen Ver-

---

348 1. Kap., Abschnitte C. und D.

349 Vgl. oben A. II. 2. und 3., B. II.

350 So zutreffend für die Rechtsdogmatik schlechthin *Brohm*, DÖV 1987, 268; für das Verwaltungsverfahren siehe *Schmidt-Aßmann*, FS C.-F. Menger, S. 197f., 122.

351 Dazu siehe vor allem *F. Müller*, Methodik, S. 104ff., 116ff.

waltungsstaat mit der für diesen charakteristischen *eigenverantwortlichen Sozialgestaltung*.[352]

In diesem Übergang entgleitet die öffentliche Verwaltung der umfassenden rechtlichen Determinierung durch den Gesetzgeber. Von dem herkömmlichen „Vollzugsmodell" ist daher Abschied zu nehmen. An die Stelle dessen rückt der eigene und selbstverantwortete Beitrag zur Rechtserzeugung im modernen Staat; die öffentliche Verwaltung übernimmt ihren Part im Zusammenspiel einer Vielzahl von Entscheidungszentren im politischen Gemeinwesen der Moderne. Das Ergebnis ist ein polyzentrisches („pluralisiertes") System der Rechtsbildung.

In der Folge dieser Entwicklung ist einerseits das Verhältnis der Staatsfunktionen zueinander einschließlich der funktionalen Zuordnung ihrer Verfahren neu zu bestimmen. Auf der anderen Seite und vor allem bricht sich die Erkenntnis Bahn, daß eine Determinierung verwaltungsförmigen Handelns und Entscheidens weitgehend nur durch realen und dogmatischen Konsens über juristische *Argumentation* vermittelt werden kann.

b) Rechts- und Zweckkonkretisierung als „Verfahrensprodukt"

Administrative Eigenverantwortung bedeutet somit, daß die Inhalte der Konkretisierung *verfahrensmäßig* zu erarbeiten sind. Sowohl die als „Prinzipien" zu bezeichnenden Zielvorgaben der Verfassung als auch die gesetzlichen Final- und Konditionalprogramme lassen sich infolge ihrer – unterschiedlich zu beurteilenden – Reduktion der Steuerungskraft nur im Wege einer mehr oder weniger undogmatischen, nämlich fall- und situationsbezogenen „Abwägung" konkretisieren. Rechts- und Zweckkonkretisierung durch öffentliche Verwaltung manifestiert sich m. a. W. im Verwaltungsverfahren als „Prozeß" und als sich selbst verfertigendes Produkt.

Da es an verdichteten materiell-rechtlichen Maßgaben hierfür zumeist fehlt, findet die Konkretisierung ihren Halt auf der einen Seite in der *regulativen Idee praktischer Vernunft*. Öffentliche Verwaltung vermag aufgrund ihrer sich auflösenden sachrechtlichen Gebundenheit und der nur begrenzten politischen Abhängigkeit als eine mit relativer Autonomie versehende Steuerungsinstanz gesellschaftlicher Selbstregulierung praktisch überall den Direktiven einer Zweckrationalität zu entsprechen. Den von ihr für wichtig gehaltenen „metajuristischen" Gesichtspunkten kommt dadurch unmittelbare Konkretisierungs- bzw. Entscheidungsrelevanz zu.

Rechtlichen Bindungen unterliegt die Verwaltung in dieser Situation vor allem in der Form der *Verfahrensregeln*. Auch sie sind freilich nicht durchweg konsistent. Prozeduralisiertes Recht ist zudem von der funktionalen Wirksamkeit des Verwaltungsverfahrens abhängig. Ein wesentlicher Teil seiner Regeln ist daher für die in Betracht kommende Verwirklichung von Zielen, Zwecken und Werten nicht geeignet, die Konkretisierungsergebnisse strikt zu determinieren. Der Rückbezug auf

[352] Vgl. 1. Kap., A. II.

zweckrationales Verwaltungshandeln birgt stattdessen die Orientierung an einer entsprechenden *Verfahrensrationalität* in sich.

c) Verwaltungsverantwortung als „Verfahrensverantwortung"

Sie zu entfalten, ist Aufgabe der Verwaltungsverantwortung. Diese wandelt sich zu einer spezifischen *Verfahrensverantwortung* der öffentlichen Verwaltung: Die rechtsgeleitete Konkretisierung von Verwaltungszwecken („Aufgabenverantwortung") bedarf nicht nur der methodenmäßigen Verwaltungsvielfalt, sondern funktioniert in erster Linie *verfahrensmäßig*. Die empirisch wie normativ begründete Vorstellung einer derartigen, verfahrensmäßig funktionierenden Zweckkonkretisierung charakterisiert jede Verwaltungsverantwortung.

Für das Verständnis von „Verwaltungsverantwortung" ausschlaggebend wird damit der Rückbezug zu aufgabenorientierten Verfahren und interdisziplinärer Methodik. Verwaltungsverantwortung wird dadurch als ein komplexer Verbund struktureller und technologischer Dimensionen mit personalen Verhaltens- und Verfahrensweisen konstituiert. Hierbei ermöglicht erst die einstellungsabhängige und wertbestimmte soziale Interaktion unter den Verwaltungsangehörigen und zwischen diesen und dem Verwaltungspublikum die begehrte Verwaltungsentscheidung bzw. -leistung und damit die „richtige" Aufgabenerfüllung.

Gegenstand dieser Verfahrensverantwortung der öffentlichen Verwaltung sind die Gestaltung und Führung des Verwaltungsverfahrens unter den Bedingungen einer dem modernen Staat abverlangten Verfahrensrationalität. Diese betrifft einerseits die *Operationalität* der Verfahrensordnung; sie bezieht sich andererseits auf den *Konsens* über die der Konkretisierung zugrundeliegenden „Spielregeln". Administrative Verfahrensverantwortung sieht sich dieserhalb unauflöslich mit der Frage nach den veränderten *Legitimationsbedingungen* der Verwaltung verknüpft. Das vorherrschende Legitimationskonzept der „Legalität" bedarf insoweit verfahrensmäßiger Anreicherung.

Es liegt auf der Hand, daß angesichts dieser Verknüpfungen nicht von einem vorgegebenen Begriff und Deutungsgehalt administrativer Verfahrensverantwortung ausgegangen werden kann. Diese gedeiht erst zu einer grundlegenden und systembildenden rechtlichen Kategorie in ihrer wechselseitigen Bezugnahme auf die Rationalitäts- und Legitimationsbedingungen staatlichen Handelns und Entscheidens im Zusammenhang eines modernen Verständnisses der staatlichen Gewaltenteilung.

In diesem Zusammenhang begegnet die Verfahrensverantwortung der öffentlichen Verwaltung eigenbegründeten Verantwortungen der anderen Staatsfunktionen für Verfahren. Die Abgrenzung je spezifischer Verantwortungszonen wird damit vor allem zum Problem des Verhältnisses von Legislative und Exekutive. Dessen Lösung liegt darin, daß die Verwaltung – entsprechend ihrer Beteiligung an der gesellschaftlichen Gesamtsteuerung durch Recht – einen weitreichenden Vorbehalt für eine eigenverantwortliche Verfahrensordnung reklamieren darf. Im Rahmen dieser „Verfahrensautonomie“ sind es die Funktionen der Verfassung, die durch das in ihnen angelegte regulative Verfahrensmodell den Verantwortungsrahmen bilden, an dem sich die Verfahrensverantwortung der Verwaltung jenseits ihrer verfahrensrechtlich-gesetzlichen Bindung orientieren, aber auch messen lassen muß.

d) Verfahrensverantwortung als Auftrag und Maßstab der Verfahrensrechtsentwicklung

Im Zuge dieser Verfassungsbindung entfalten sich die Zielfunktionen eines revidierten, *modernen* Verwaltungsverfahrensrechts. Sie umfassen sowohl die Wahrung individueller Freiheitspositionen im und durch das Verwaltungsverfahren im Wege der Formung staatlicher Herrschaft als auch den Einsatz des Verfahrens zur Rationalisierung der Aufgabenerfüllung. Zugleich bilden sie den maßgeblichen Bezugsrahmen für die Rekonstruktion des Verwaltungsverfahrens als ein rechtlich verankerter Prozeß sozialer Verständigung, in dem Verfahrensregeln auch die Befriedigung von individualen Bedürfnissen der Verwaltungsmitarbeiter erleichtern und – darauf bezogen – die soziale Effizienz des Verfahrens unter Berücksichtigung seiner Wirkungen auf den Bürger steigern sollen.

Staatliche Verfahrensverantwortung formuliert den entsprechenden *Auftrag* hierzu, wie er von Gesetzgebung und Verwaltung wahrzunehmen ist. Sie bildet zugleich den *Maßstab* einer daran orientierten Verfahrensrechtsentwicklung. Diese rückt in ihren Mittelpunkt den argumentativen Meinungskonflikt, bei dem das Ergebnis der rechts- und zweckkonkretisierenden Auseinandersetzung auf einem wahrhaftig, ernst und frei geführten Diskurs beruht.

Dieser konzeptionelle Ansatz eines „konsensualen Verwaltungsrechts“ leitet die von Gesetzgeber und Verwaltung in Gesamthand zu entwickelnde Antwort auf die Frage nach der strukturell-funktionalen Ausgestaltung des Verwaltungsverfahrens. Er prägt überdies die Verfahrensordnung in bezug auf die Regelung der Verfahrensteilhabe, die rechtsförmige Entfaltung des Verfahrens nach Aktivitätspotentialen statt nach Verfahrensabschnitten sowie im Hinblick auf die den Verfahrensgang regulierenden Verfahrensgrundsätze.

III. Verwaltungsverfahrensrecht im Wandel des Staatsverständnisses

1. Entwicklung und Gefährdung der Verfahrensidee

In den skizzierten Entwicklungslinien erweisen sich Verwaltungsverfahren und administrative Verfahrensverantwortung in eine ausgreifende Renaissance des verfahrensbezogenen Denkens in allen Zweigen der Rechtswissenschaft eingebettet. Sie stehen in einer bemerkenswerten Parallelität zu solchen Verfahrensthemen wie z. B.

der Reform des Gesetzgebungsverfahrens[353] oder der Fortentwicklung der gerichtlichen Prozeßordnungen.[354] Damit scheint sich eine vieljährige Entwicklung des sozialen Rechts- und Verwaltungsstaates ihrem Ende zuzuneigen, in der das Prozeß-, Verfahrens- und Organisationsrecht nicht nur von der Staats- und Verwaltungslehre vernachlässigt worden ist.[355] Dementsprechend tut sich auch die Erkenntnis immer weniger schwer, daß die Gestaltung von Verfahren zugleich über Sachfragen mitentscheidet, also materielles Recht und Verfahren interdependent sind.

Die Gründe für die wachsende Bereitschaft, Weg und Verfahren näher zu betrachten, auf denen „Recht" entsteht bzw. sich verwirklicht und damit für die breite Entfaltung des Verfahrensgedankens sind vielfältig. Sie beruhen auf je sach- und fachspezifischen Anliegen,[356] erschöpfen sich darin aber nicht. Vor allem erweist sich der häufig vorgetragene Gesichtspunkt, im Wege von Verfahrensreformen den stetig zunehmenden Aufwand an Zeit, Kosten und Mühe für die Sachbehandlung seitens der Parlamente, Gerichte und Behörden selbst wie für Beteiligte und Dritte – etwa Zeugen und Sachverständige – zu verringern,[357] letztlich nur als vordergründig. Denn hinter diesen und anderen Argumenten zugunsten von Verfahrensänderungen muß die grundsätzliche und ggf. den Verfahrensaufwand auch *erhöhende* Besinnung darauf stehen, daß die Begegnungsvorgänge zwischen Staat und Individuum oder gesellschaftlichen Gruppen wie jene unter Privaten nirgendwo so sehr ihren Angelpunkt als gerade in „Verfahren" finden, die den Strukturen verständigungsorientierten Handelns angemessen sind: „diskursive Willensbildungsprozesse und konsensorientierte Verhandlungs- und Entscheidungsverfahren."[358]

Nun ist freilich auch heute nicht zu leugnen, daß verfahrensrechtliche Diskussionen im öffentlichen Recht noch immer weithin in den Raum eines streng rechtsdogmatischen verfahrens- und prozeßrechtlichen Denkens unter Spezialisten verwiesen sind. Dadurch ist zumal der sozialstaatliche Bezug verkümmert.[359] Vorrang nimmt die Beschreibung und Vermittlung professioneller Dogmatik ein.[360]

---

[353] Dazu einstweilen der Überblick bei *Schulze-Fielitz*, Gesetzgebungsprozeß, S. 77ff., 105ff.; *ders.*, Theorie und Praxis, S. 177ff., 246ff., 255ff.

[354] Vgl. z.B. *Vollkommer*, FS K. Obermayer, S. 143ff.

[355] Für diese vgl. *H. H. Rupp*, FS O. Bachof, S. 163f.; *Schnapp*, Rechtstheorie 9 (1978), S. 275ff.; im übrigen siehe die Nachw. unten in Fn. 361.

[356] Vgl. hierzu als Beleg und beispielhaft die Diskussion um die einheitliche Neuregelung des Prozeßrechts für die Verwaltungs-, Finanz- und Sozialgerichtsbarkeit und insbes. die hierbei postulierten Zielsetzungen; Nachw. dazu oben, Fn. 118.

[357] So soll z.B. der Entwurf einer Verwaltungsprozeßordnung (EVwPO), a.a.O. (Fn. 118), „insbesondere dazu beitragen können, das Verfahren zu vereinfachen und zu beschleunigen" (Begründung, S. 61).

[358] So zutreffend *Habermas*, Theorie des kommunikativen Handelns 2, S. 544.

[359] Vgl. auch die Kritik von *J. P. Müller*, Soziale Grundrechte in der Verfassung?, 2. Auflage, 1981, S. 4, 23ff., 261ff., 277ff.; siehe ferner die Nachw. oben zu A. II. 3.

[360] Kennzeichnend für das Verwaltungsverfahren z.B. *Hill*, Das fehlerhafte Verfahren, S. 193ff., 227ff.: Sozialstaatliche und sozialwissenschaftliche Überlegungen (S. 206, 210–214) fristen in seiner Darstellung ein Randdasein; weitaus stärker dagegen „realanalytisch" ausgerichtet *Hufen*, Verwaltungsverfahren, bes. S. 19ff., 29ff., 57ff., 389ff.

Auch in den übrigen rechtswissenschaftlichen Fachdisziplinen ist die Abwertung des Prozeßrechts und speziell des Zivilprozeßrechts heftig beklagt worden.[361] Noch weniger findet sich allerdings in der Staatslehre die besonders von *H. Krüger* hervorgehobene Betrachtung des Staates als eines „geordneten Verfahrens" fortgeführt. Die Vorstellung einer fast substanzhaft gedachten materiell-rechtlich verkörperten Einheit des Staatswillens beherrscht das Feld.[362] Lediglich in der vereinzelt geführten Auseinandersetzung mit der von *N. Luhmann* sozialwissenschaftlich verallgemeinerten Legitimationsfunktion rechtsförmiger Verfahren,[363] derzufolge sich komplexe Konfliktsituationen auf (scheinbar) objektive Entscheidungen reduzieren lassen, erlangt die Frage nach der Rolle von Verfahren bei der Herstellung einer verbindlichen Sozialordnung einigen Widerhall.[364]

Gerade aber der in dieser Diskussion als Gegenposition zur ausschließlichen Verfahrenslegitimation hervorgehobene Bedarf nach inhaltlichem Konsens,[365] d.h. die Notwendigkeit der Suche nach einem „Ergebnis (der Rechtsanwendung), das vor dem Gewissen – und speziell in Gerechtigkeitsfragen vor dem Rechtsgefühl – möglichst vieler bestehen kann",[366] läßt die eigentliche Ursache der langjährig zurückhaltenden Verfahrensdiskussion erkennen: Staats- und Rechtsdenken plädieren dafür, das Handeln des politischen Gemeinwesens auf „richtige" Entscheidungen zu gründen. Es ist diese Grundposition der einzig richtigen Entscheidung, die daran hindert, sich mit der oben skizzierten Verfahrenproblematik des sozialen Rechts- und Verwaltungsstaates zu befassen.

In den letzten Jahren hat allerdings auch hierzu ein vorsichtiges Umdenken eingesetzt.[367] In Verfolg der darüber hinaus feststellbaren und durchaus unterschiedlichen, teilweise erheblich divergierenden Diskussionslinien zur Verfahrensproblematik auf den Ebenen von moderner Staatlichkeit, Verfassung und Gesetzgebung, Verwaltung und Rechtsprechung zeigt sich ein vielfach gegliedertes Bild einer allgemeinen Verfahrensaufwertung im Strukturwandel des Rechts.[368] Die Verfahrensidee beginnt, sich als ein Strukturprinzip dieses Wandels zu offenbaren.

---

[361] Vgl. z.B. für das Zivilprozeßrecht *Gilles,* JuS 1981, 402ff., 403f.; *E. Schmidt,* DuR 1984, 24ff.; für den Strafprozeß siehe einstweilen *Lenckner,* JuS 1983, 340ff., 341f.

[362] Vgl. *Scheuner,* Politische Koordination in der Demokratie, in: *ders.,* Staatstheorie und Staatsrecht, Gesammelte Schriften, 1978, S. 271; näher hierzu die Ausführungen im 3. Kap. der Untersuchung.

[363] Vor allem postuliert in seiner Arbeit über „Legitimation durch Verfahren", 3. Aufl., 1978.

[364] So insbes. bei *Zippelius,* Staatslehre, S. 41f., 114ff.; *ders.,* FS K. Larenz, 1973, S. 293ff.; vgl. ferner auch *Esser,* Vorverständnis, S. 202ff.

[365] Ihn hebt bes. hervor *Zippelius,* Staatslehre, S. 115f.; siehe auch *ders.,* Rechtsphilosophie, S. 81.

[366] *Zippelius,* Legitimation, S. 90; zur Rolle des „Rechtsgefühls" für die Legitimität der Rechtsordnung siehe *Kriele,* Rechtsgefühl, S. 31ff.

[367] Vgl. die voraufgegangenen Ausführungen des 2. Kap. zu B. und C. I.

[368] Sie beschränkt sich auch keineswegs auf das öffentliche Recht, wie etwa die Ausführungen von *Wassermann,* Richterliche Gewalt, S. 127ff., 184ff., belegen; vgl. ferner die Nachw. oben in Fn. 361.

Diese Entwicklung wirft nicht nur zahlreiche verfahrensrechtliche Probleme auf. Und sich mit ihnen näherhin zu befassen, erscheint schon deshalb reizvoll genug, weil sie nur allzu oft sehr facettenreich die Gefährdungen menschlicher Freiheit im „technisierten" Rechts- und Sozialstaat durch die bloße „Vorspiegelung kommunikativer Beziehungen in den bürokratisch ausgetrockneten, zwanghaft humanisierten Bereichen eines pseudopolitischen Verkehrs" abbilden.[369] Doch liegt darin nur ein Teil der verfassungsrechtlichen Dramatik begründet, die sich im weitläufigen Verfahrensthema verbirgt. Sie findet ihren weiteren Nährboden in der Veränderung der realen Verfahrensbedingungen, die ihrerseits das Ergebnis eines langwierigen und den klassischen Begriff des Sozialstaates[370] auflösenden Überganges in die Phase des spätindustriellen Wohlfahrtsstaates[371] darstellt.

Im Zusammenhang mit der Eigendynamik dieses Überganges droht nunmehr – und noch kaum bemerkt – die der Verfahrensaufwertung gegenläufige *Gefährdung der Verfahrensidee*. Das Verfahrensdenken muß sich zunächst in dem fundamentalen Wandel seiner gesellschaftlichen Bedingungen behaupten. Der voranschreitende wissenschaftlich-technische Fortschritt einerseits und die „soziale Realisation" andererseits, die entgegen der Annahme von *E. Forsthoff* keineswegs als „abgeschlossen" angesehen werden kann,[372] kennzeichnen als Strukturelemente des sozialen Wandels eine Situation, die in ihren Auswirkungen durch ausgleichende Verfahren der Konfliktregulierung – sofern diese überhaupt akzeptiert werden[373] – aufgefangen werden muß. Entsprechend ausgestaltete diskursive Willensbildungsprozesse und konsensorientierte Verhandlungs- und Entscheidungsverfahren bieten aus noch dazulegenden Gründen eine reale Chance, die als gesamtgesellschaftliches Problem vorgegebene Knappheit der Ressourcen durch verfahrensgesteuerte Beteiligung ebenso zu bewältigen wie die Probleme der Überkomplexität von Risiken.

Diese prinzipielle Sinngebung des allgemein wachsenden Rückbezuges auf Verfahrensvorstellungen greift zumal dort Platz, wo der Einsatz des Mediums „Recht" im dynamischen Begegnungsfeld von Demokratie, Rechts- und Sozialstaat immer stärker zur Verrechtlichung auch informell geregelter Sphären der Lebenswelt führt. Dadurch kommt es nicht nur zu Konflikten über die „Grammatik von Lebensformen".[374] Verstärkt zeigt sich zudem die Notwendigkeit, den Ausgleich komplexer Interessenkonstellationen in zahlreichen Lebensbereichen der hoheitlichen Hand zu überantworten.

---

[369] *Habermas,* Theorie des kommunikativen Handelns 2, S. 567.

[370] Hierzu siehe statt aller und m. w. Nachw. *R. Scholz,* Sozialstaat, S. 22ff.

[371] Vgl. dazu *Klages,* Steuerung des Wohlfahrtsstaates, S. 44ff.

[372] So aber noch *Forsthoff,* Der Staat der Industriegesellschaft, 1971, S. 30ff., 33.

[373] In diesem (einschränkenden) Sinne muß die Forderung von *Hoffmann-Riem,* VVDStRL 40 (1982), S. 215, interpretiert werden, „alternative Verfahrenskonzepte" zu nutzen, „die in der Austragung von Konflikten ein unabdingbares Element der Interessenzuordnung sehen und eine aktivintegrative Konfliktbewältigung empfehlen". Ein Gegensatz zur „Legitimation durch Verfahren" wird dadurch im übrigen nicht – wie aber wohl *Hoffmann-Riem* meint – aufgebaut; ganz im Gegenteil wird sie erst auf diesem Weg möglich, vgl. 5. Kap., B. und C.

[374] *Habermas,* Theorie des kommunikativen Handelns 2, S. 576f.

Nicht von ungefähr haben deshalb Verfahren der staatlichen Entscheidungsfindung auf allen Ebenen der Rechtsetzung und Rechtsanwendung sowie der Programmbildung und des -vollzugs[375] in einem Ausmaß wie nie zuvor eine zentrale Bedeutung für die Ausübung politischer Herrschaft sowie für die Bestimmung des Gemeinwohls und die soziale Integration erlangt. Das Grundanliegen der Verfahrensidee zielt dabei auf die *Koordination der Gesellschaftsmitglieder in Freiheit.* Durch das Zusammenspiel mehrerer im Ablauf der Zeit wollen (staatliche) Verfahren regelmäßig dazu beitragen, gemeinsam mit dem Bürger individuelle Freiheit vom und durch den Staat zu verwirklichen und kooperative Verantwortung zu betätigen.[376]

Allerdings „verfährt" nicht nur der Staat im gerichtlichen und behördlichen Umgang mit dem Bürger, sondern auch die Bürger gehen miteinander in „Verfahren" um, wenn und soweit sie in Verkehr mit anderen Menschen treten. Es handelt sich dann um „gesellschaftliche" Verfahren der Freiheitsverwirklichung.[377]

2. *Verfahrensidee und Verwaltungsverfahren*

Das *Verwaltungsverfahren* ist in diesen spezifischen Zusammenhang von Freiheit und Prozeß eingebettet. Begriff, Reichweite und Deutungsgehalt lassen sich folglich nur unter Rückbindung an die Verfahrensidee erschließen. Ausdruck hierfür ist vor allem der seit langem konstatierte funktionale Zusammenhang mit den übrigen staatlichen Entscheidungsverfahren.[378] Er verlangt heute um so mehr Beachtung, als – wie einführend schon hervorgehoben – eine kontinuierliche Verschiebung des Machtgefüges zugunsten der Exekutive zu beobachten ist und sich dadurch sowohl die Frage nach den Reaktionsnotwendigkeiten des Gesetzgebers als auch nach der zukünftigen Reichweite der richterlichen Kontrollverfahren stellt. Ob dabei die Last der rechtlichen Kontrolle der Verwaltungstätigkeit auch weiterhin vornehmlich auf den Schultern der Verwaltungsrechtsprechung ruhen sollte, ist allerdings überhaupt zweifelhaft.[379]

---

[375] Zum „Programmbegriff" im Recht vgl. *Rubel,* Planungsermessen, S. 8ff., 10ff., 19ff., 28f., 60ff. m.w.Nachw.

[376] *Schmidt-Aßmann,* Verfahrensgedanke, S. 8f.

[377] Vgl. *v. Arnim,* Staatslehre, S. 194, 200f.; *ders.,* JZ 1989, 157ff., 160ff.; *Suhr,* EuGRZ 1984, S. 529ff., 541.

[378] Vgl. für den Verbund von Verwaltungs- und Gerichtsverfahren zuletzt u.a. *Schmidt-Aßmann,* FS C.-F. Menger, S. 112ff., 114ff.; *v. Mutius,* ebd. S 590ff.; auf die Beziehung von Verwaltungs- und Gesetzgebungsverfahren, die allerdings noch kaum herausgearbeitet ist, verweist *Lerche,* Vorbereitung grundrechtlichen Ausgleichs, S. 123ff.

[379] Vgl. dazu bereits oben im Text um und zu Fn. 64ff., 154ff., 237ff.; 255, 277ff., 307, 309. Mit Recht verweist im übrigen *J. Ipsen,* Jura 1987, 123ff., 130, darauf, daß eine etwaige Überdehnung des Rechtsschutzes durch die Verwaltungsgerichte seine *Ursache* vor allem in der Krise des Verwaltungshandelns findet. Hier ist also auch in den Reformbemühungen um den Verwaltungsprozeß zuvörderst anzusetzen – und zwar am *Verwaltungsverfahren.*

In der Entwicklung der Verfahrensidee ergibt sich damit einerseits das grundsätzliche Problem der künftigen funktionalen Zuordnung staatlicher Entscheidungsverfahren („Verfahrensinterdependenz") und darauf gerichteter Regelungskompetenzen im Strukturwandel des modernen Staates. Zum anderen ist die Aufgabe gestellt, eine funktionierende, Recht und Gesetz beachtende Verwaltung nicht nur durch die Tätigkeit von Gerichtsbarkeit und Parlament, sondern schon „in" und „durch" Verwaltungsverfahren unter Rückgriff auf die Strukturdimension und Wirkungsbezüge der Verfahrensidee zu gewährleisten.

Die Rolle des Verwaltungsverfahrens und der Bedeutungsgewinn, der ihm in den letzten Jahren zuteil geworden ist und auf den noch näher einzugehen sein wird,[380] kann auf dem Hintergrund dieser Problemzusammenhänge nur dann hinreichend erfaßt, analysiert und für Überlegungen zur Verfahrensentwicklung im Strukturwandel von Staat, Gesellschaft und Recht fruchtbar gemacht werden, wenn das behördliche Verfahrensrecht nicht mehr wie bisher aus seiner einschlägigen Verknüpfung mit einem *prozeduralen Staatsverständnis* herausgelöst wird. Im folgenden geht es deshalb zunächst darum, das Verfahrensparadigma des sozialen Rechtsstaates als eines Typus des modernen Verfassungsstaates herauszuarbeiten, um hieran anschließend die funktionale Zuordnung und die Wechselbeziehungen zwischen den herausgestellten staatlichen Gemeinschaftsprozessen jeweils mit Blick auf das Verwaltungsverfahren zu untersuchen.

---

[380] Vgl. unten, 2. Teil, 3. Kap., B.

Zweiter Teil. Die Verfahrensidee im Strukturwandel von Staat, Gesellschaft und Recht

3. Kapitel. Moderner Staat und Verfahrensidee

A. Verfahren als Strukturelement des modernen Staates

I. Der Staat als geordnetes Verfahren

Verfahrensdenken in diesem umfassenden Sinne ist keine Eigentümlichkeit des grundgesetzlichen Verständnisses handelnder Staatsgewalt und der auch verfahrenswirksamen Aufteilung bzw. Ausstattung ihrer Funktionen durch die Rechtsprechungsgarantie des Art. 19 Abs. 4, die Gewaltenteilung des Art. 20 Abs. 2 und 3 GG sowie durch die im Abschnitt über die Rechtsprechung (Art. 92ff. GG) normierten Aussagen über Wesen, Organisation und Arbeitsweise der richterlichen Gewalt. Die strukturbildende und -tragende Berufung auf Verfahren im Zusammenleben der Rechtsgemeinschaft hat vielmehr ihren *geschichtlichen Horizont:*

Der Rückblick auf den Konstitutionsprozeß des *modernen* Staates, der mit der Ablösung des politischen Denkens von theologischen, ethischen und insbesondere naturrechtlichen Bindungen sowie mit der Entwicklung einer homogenen Staatsgewalt einsetzt,[1] erweist, daß es ganz wesentlich *Verfahren* sind, durch die in den je verschiedenen staatlichen Entwicklungszeiträumen individuelle Handlungen zu einem sozialen Wirkungszusammenhang *koordiniert* werden und mit deren Hilfe der Versuch unternommen wird, politische Herrschaft auf die Zustimmung der ihr Unterworfenen, also auf den *Konsens* der Bürger zu gründen. Erst in Prozeduren baut sich ein tragendes Gefüge sinnorientierten Verhaltens nach Maßgabe gemeinsamer intersubjektiver Lebensvorstellungen auf. Sie sind es deshalb, die immer wieder jenes Maß an Orientierungsgewißheit schaffen helfen, dessen eine Gesellschaft bedarf, um überhaupt funktionsfähig zu bleiben.[2]

---

[1] Zum Wesen des „modernen Staates" siehe *E.-W. Böckenförde,* Entstehung des Staates, S. 42ff., 54f., 57ff.; *H. Krüger,* Staatslehre, S. 1–134; *Skalweit,* Der „moderne Staat" – Ein historischer Begriff und seine Problematik, 1975. Den Übergang zu dieser Gestalt politischer Organisation der Gesellschaft von den Verfassungsvorstellungen des Mittelalters setzt man für Europa heute allgemein mit dem 17. Jahrhdt. an, vgl. *Menger,* Deutsche Verfassungsgeschichte der Neuzeit, 2. Aufl., 1979, S. 42f. Der moderne (Interventions-)Staat, wie wir ihn heute verstehen, vollendet sich in einer Entwicklung, die von jener Zeit an ihren Ausgangspunkt nimmt und im gegenwärtigen Verfassungsdenken und Verfassungsrecht wurzelt; für einzelne Perioden dieser Entwicklung siehe *Wyduckel,* Ius publicum, 1984, S. 211ff., 257ff., 289ff.

[2] *Zippelius,* Staatslehre, S. 41f., 47f.

Das Verfahrensdenken gewinnt von hier aus eine weitere zentrale Bedeutung für den modernen Staat.[3] Dessen Eigenschaften und Funktionsweisen sind ebensowenig ohne Rückgriff auf den verfahrensmäßigen Ansatz zu verstehen wie seine Zwecksetzungen und Aufgabenstellungen unter Ausblendung prozeduraler Rationalität kritisch beurteilt werden können. Im Zentrum des Nachdenkens über den modernen Staat muß daher die Ordnung und angemessene Ausgestaltung der gemeinschaftserheblichen Willensbildungs- und Entscheidungsprozesse stehen.

Freilich ist ein entsprechendes Verständnis des Staates derzeit noch kaum über erste Ansätze hinausgelangt. Mißverständliche Reflexionen der Staatslehre über „Verfahren der Willensbildung"[4] und eher bruchstückhafte öffentlich-rechtliche Überlegungen zum „Verfahren als staats- und verwaltungsrechtliche Kategorie"[5] unterstreichen den Befund, daß eine umfassende rechtliche Theorie des Verfahrens fehlt.[6] So drängt der Verfahrensgedanke nach seiner weiteren juristischen Entfaltung.

Entsprechende Überlegungen können an den zuerst von *H. Krüger*[7] entwickelten Gedanken anknüpfen, den Staat als ein „geordnetes Verfahren" zu umschreiben. Die darin angelegte prozedurale Staatsdeutung steht allerdings in einer gewissen Nähe zu dem schon früher von *H. Heller* vorgestellten Begriff des Staates als ein „Prozeß" bewußten, planmäßigen und organisierten Zusammenwirkens der Bürger.[8]

Von diesem Ausgangspunkt her setzt die Gestaltung des gesellschaftlichen Lebens eine gewisse vorausschauende Planung und ein bewußtes, auf die Einheit der Aktion

---

[3] Siehe *v. Arnim*, Staatslehre, S. 196; vgl. auch den Überblick bei *Stettner*, Kompetenzlehre, S. 170ff.

[4] So bei *v. Arnim*, a.a.O. (Fn. 3), S. 192ff.; weder wird dort der Begriff des „Verfahrens" geklärt (vgl. S. 193 m. Anm. 141), noch geht es überhaupt nur um „Willensbildung". Der Staat ist ferner und ebenso Aktions- und Wirkungspotential wie Einheit der Herrschaft.

[5] Dazu der gleichnamige Band von *P. Lerche, W. Schmitt Glaeser* und *E. Schmidt-Aßmann*, Heidelberg 1984.

[6] Zu dem gleichen Urteil gelangt auch *Stettner*, Kompetenzlehre, S. 170f.; dagegen gibt es selbstverständlich eine breite Diskussion um Grundlagen und Grundbegriffe staatlicher Verfahren, so etwa um diejenigen von Prozeß und Prozeßrecht. Hierzu jüngst *Schaper*, Theorie und Soziologie des gerichtlichen Verfahrens, bes. S. 63ff., 90ff.; vermerkt werden soll, daß in der Politikwissenschaft *H. Willke*, Entzauberung des Staates, 1983, vor einiger Zeit den Versuch unternommen hat, Überlegungen zu einer „sozietalen Steuerungstheorie" mit prozessualen Elementen anzureichern.

[7] Staatslehre, S. 197ff., 199.

[8] Staatslehre, S. 259ff., 282f. Die Nähe der Staatsdeutung von *Heller* zum heutigen Verfahrensgedanken ergibt sich vor allem aus dem organisationalen Verständnis des Staates als ein soziales Gebilde und einer rechtlichen Institution; beides sind Momente einer Einheit, in der das Soziale normativ geformt und das Normative sozial fundiert ist; vgl. hierzu *Schluchter*, Entscheidung für den sozialen Rechtsstaat, 2. Aufl., 1983, S. 250ff., 276ff.; differenzierender noch *I. Maus*, Gedächtnisschrift für H. Heller, 1984, S. 113ff., 128f. 130ff.; siehe ferner die Nachw. im Besprechungsaufsatz von *J. J. Hesse/A. Benz*, Staatliche Institutionspolitik im internationalen Vergleich, in: Jahrbuch zur Staats- und Verwaltungswissenschaft, Bd. 2 (1988), S. 69ff., 72ff.

gerichtetes Handeln voraus. Dies widerspruchsfrei und auf Dauer verläßlich zu gewährleisten, ist die eigentliche Funktion des Staates. Er erscheint sonach als „die wirkliche Einheit eines Handlungsgefüges, dessen Existenz als menschliches Zusammenwirken durch das bewußt auf die wirksame Einheitsbildung gerichtete Handeln von besonderen ‚Organen' ermöglicht wird".[9] Der Staat ist deshalb nichts anderes als eine (rechtlich) organisierte Wirkungseinheit.[10]

Das Bild einer politischen „Wirkungseinheit" bliebe allerdings höchst unvollständig, wenn der Staat nicht zugleich als *funktionelle Einheit* und *verfahrensmäßige Zuordnung* des Handelns und Wirkens aller in ihm tätigen Faktoren und Kräfte begriffen werden würde. Erst der Blick auf diese prozedurale Wirkform offenbart nämlich die spezifische Art und Weise, in der sich alles menschliche Zusammenleben in Raum und Zeit organisiert. Die verfahrensmäßige Ordnung ist von daher Bestandteil des Staates schlechthin; dessen Struktur und Prozeß sind untrennbar. Der Staat existiert als geordnetes Verfahren.[11]

II. Soziale Koordination durch Verfahren

In dieser noch recht globalen Ortung eines prozeduralen Staatsverständnisses sieht sich zunächst die Auffassung des modernen Staates als einer organisierten Wirkungseinheit ergänzt und vervollkommnet. Die Staatslehre widmet freilich diesem Stellenwert des Verfahrens kaum hinlänglich Aufmerksamkeit.[12] Doch trägt gerade das Verfahren als Strukturidee der Einsicht Rechnung, daß Staat und staatliche Gewalt in der Wirklichkeit geschichtlich-konkreten Lebens nicht als etwas Vorfindliches, schon an sich Geordnetes vorausgesetzt werden dürfen. Das prozedurale Staatsverständnis knüpft des näheren an diese Ordnungsvorstellungen an, reicht allerdings noch darüber hinaus, wie sich bei weiterer Differenzierung zeigt.

1. *Verfahren als Ordnungsrahmen sozialer Koordination*

Zum einen sind es die verschiedenen Faktoren und Kräfte, die als „Staat" miteinander existieren und die in einer Ordnung ständigen Zusammenwirkens miteinander verbunden werden müssen.[13] Denn die staatliche Einheit als Voraussetzung staatli-

---

[9] *Heller,* Staatslehre, S. 261.

[10] *Heller,* a. a. O. (Fn. 9), S. 274f.

[11] *H. Krüger,* Staatslehre, S. 198; siehe auch *Scheuner,* Verantwortung und Kontrolle, S. 380.

[12] Siehe immerhin die Beiträge von *v. Arnim,* Staatslehre, S. 192ff.; *Kriele,* Staatslehre, S. 38f., 106ff., 123ff.; *H. Krüger,* Staatslehre, S. 197ff.; zur „Verfassungstheorie" als Theorie von „Verfahren und praktischen Alternativen" vgl. auch *Häberle,* in: Verfassung als öffentlicher Prozeß, S. 114ff.; in diesem Zusammenhang zur kommunikativen Verwirklichung von Grundrechten durch Verfahren siehe bes. *Suhr,* Entfaltung, insbes. S. 80ff., 151ff.; ihm voraufgehend – aber aus soziologischer Perspektive – *Luhmann,* Legitimation durch Verfahren, mit einer soziologisch fundierten Vorstellung über die Leistung von „Verfahren".

[13] Vgl. auch *H. Krüger,* Staatslehre, S. 198.

cher Gewalt ist nicht als „organische" oder fingierte ursprünglich vorhanden, sondern muß erst durch *Konstituierung*, also durch Zusammenführung bzw. „Kanalisierung" der in der Wirklichkeit menschlichen Lebens bestehenden Vielheit an Interessen, Bestrebungen und Verhaltensweisen zu einheitlichem Handeln und Wirken verschmolzen werden. Das Handeln der einzelnen bedarf der sozialen *Koordination.*[14]

Die Existenz von „Verfahren" ist hierfür eine notwendige Bedingung. Sie erst sorgen dafür, daß sich überhaupt eine gesellschaftliche Interaktion zu entfalten vermag und es zu einem Abgleich unterschiedlicher, womöglich kollidierender Interessen kommt.[15] Einheitsbildung in diesem integrativen Sinne, also *Integration durch Interaktion,* gelingt freilich auch dann nur, wenn in diesem *Prozeß* der einzelne geschützt und nicht erdrosselt wird – wenn also in der Fülle der Konflikte, Divergenzen und Friktionen im modernen Staat die Mäßigung der jeweiligen Kräfte und Faktoren durch „kanalisierende" Zuordnung als Beteiligte eines geordneten Verfahrens bewirkt wird.[16] Das hierfür unabdingbare Ordnungselement im Staat darf gleichwohl nicht hypostasiert werden. Denn gerade die Austragung von Konflikten ist ein unverzichtbarer Bestandteil der Interessenzuordnung. Unbeschadet dessen hat sie freilich stets i. S. einer aktiv-integrativen Konfliktbewältigung zu verlaufen.[17]

Der Staat konstituiert sich auf diese Art und Weise durch homogene Verhaltensordnung als eine Einheit *funktioneller Art;* menschliches Zusammenleben wird „durch Verfahren" in feste Bahnen gezwungen und dadurch zu regelmäßiger und ergiebiger Wirkung gebracht. Dabei versteht es sich von selbst, daß Verfahren auch im Hinblick auf ihre Ordnungsfunktion keinen statischen Charakter annehmen dürfen. Das mit ihnen instituierte Prozeßgefüge muß, will es in die Zeit hinein funktionsfähig bleiben, Bestand mit Wandel, Dauerndes mit Vergänglichem verbinden, also eine lebendige Ordnung verkörpern. „Verfahren" ist deshalb ebenso als feste Struktur wie als *Ordnung im Werden* zu begreifen.[18]

---

[14] Das *Verwaltungsverfahren* hat daran insofern seinen Anteil, als es auf der Ebene konkreter Rechtsbildung ein Ordnungsmodell der Interessenklärung und -zuordnung darstellt und damit die staatliche Wirkungseinheit befördert bzw. auf diese Aufgabe geradezu angelegt sein muß, vgl. *Schmidt-Aßmann,* Verfahrensgedanke, S. 7f.

[15] *H. Krüger,* Staatslehre, S. 198. Eben dies läßt sich nun nicht mehr „rechtstechnisch-konstruktiv" über die Kategorien von Schranke, Eingriff und Abwehr erfassen (so aber *Schlink,* EuGRZ 1984, 457ff., 465f.), sondern nur über ein Denken in Begegnungsvorgängen, -formeln und -regeln sowie Rationalitäten und Verantwortlichkeiten, kurz: über *objektives* Grundrechts- und Verfassungsdenken! Das schließt zwar die Mikroperspektive des einzelfall- bzw. personenbezogenen Abwehrhandelns nicht aus, unterfängt sie aber und vervollständigt sie. Ob auch *Lübbe-Wolff,* Eingriffsabwehrrechte, S. 69ff., diese Dimension mit ihrer Abkehr vom traditionellen Eingriffsbegriff zu erfassen vermag bzw. dies will, bleibt bei ihr undeutlich.

[16] Die Verfahrensvorstellung darf aber deshalb nicht in einem „Interaktionismus" aufgelöst werden; dieser Gefahr entgeht nicht immer *Suhr,* z.B. S. 81 m. Anm. 10, 84ff.

[17] Das ist der zutreffende Kern der im übrigen interpretativ etwas überzogenen Kritik an der Verfahrenssicht von *H. Krüger* bei *Stettner,* Kompetenzlehre, S. 172.

[18] Vgl. auch *Heller,* Staatslehre, S. 66; auch Verwaltungsverfahren können als staatliche Einrichtungen diesem „Gesetz" von Dauer und Wandlung nicht entkommen.

2. *Verfahren als modus sozialer Koordination*

In der prozeduralen Konstitution menschlichen Zusammenlebens als *soziale* Existenz erschöpft sich die verfahrensorientierte Sinngebung des Staates nicht. Hinzu tritt die *Gestaltung der Interaktion zwischen den Bürgern durch Verfahren.* Wie nämlich die ständig neu zu gewinnende politische Einheit erreicht werden soll, also das Ergebnis dieses Vorganges ermittelt wird, bestimmt sich nicht schon dadurch, daß die Handelnden in ihrer Auseinandersetzung auf ein geordnetes Verfahren beschränkt werden. Auch für die Art und Weise, in der das Verhalten zahlreicher Individuen im gemeinsamen Zusammenleben auf den vorgezeichneten Bahnen koordiniert wird, ist ein *modus* festzulegen. Er bestimmt und begrenzt Handlungs- bzw. Entscheidungskompetenzen,[19] regelt Formen und Verfahren der Zusammenarbeit und legt fest, wie Konflikte in den Prozeß politischer Einheits- und Willensbildung eingehen, hier ausgetragen und durch ihn befriedet werden.[20]

III. Formentypik und -wahl der Koordinationsverfahren

Die Verfahrensidee steht auf diese Weise im Dienst der aktiven, das menschliche Zusammenleben in der Gesellschaft und diese selbst nicht nur lenkenden, sondern bei Bedarf auch korrigierenden Funktion, die dem *Staat* mit der Vorstellung einer organisierten Wirkungseinheit zugewiesen ist. Diese „Wirkungseinheit" wird jedoch erst durch das bewußt auf die politische Einheitsbildung gerichtete Handeln des Staates als einer *kollektiven* Instanz ermöglicht.[21]

1. *Verfahrenstypen sozialer Koordination*

Für die dem Staat insoweit gestellte Aufgabe, die Handlungen zahlreicher Individuen im gemeinsamen Zusammenleben zu koordinieren, stehen verschiedene *Verfahrenstypen* – wie z.B. Wahlen oder Abstimmungen, Verhandlungen, Befehle oder Tauschverfahren – und damit eine in der Kombination ausgreifende Vielfalt von Ordnungen[22] auf zahlreichen Einsatzebenen zur Verfügung. Welche dieser Gemeinschaftsverfahren welchen Handlungsfeldern des Staates bzw. der Gesellschaft zuge-

---

[19] Vgl. *Stettner,* Kompetenzlehre, S. 182ff.

[20] Siehe etwa *Herzog,* Staatslehre, S. 338ff.; *K. Hesse,* Grundzüge, S. 5f. (Rdnr. 6).

[21] Dementsprechend steht der Bürger sowohl in einem „status individualis" wie in einem „status collectivus"; näher zu letzterem *R. Scholz,* Koalitionsfreiheit, S. 133ff., 135ff., 267f., 323ff., 360ff., 370ff. Zu Problemgeschichte und Grundlagen der Theorie kollektiven Handelns vgl. m. w. Nachw. auch *Herder-Dorneich,* Sozialstaat, S. 15ff., 23ff.

[22] Vgl. hierzu näher *Herder-Dorneich,* Substitution und Kombination von Ordnungen, in: W. Dettling (Hrsg.), Die Zähmung des Leviathan, 1980, S. 107ff., 110f.

ordnet werden, ist bei „obersten" Verfahrensnormen Sache des allgemeinen Konsenses über die Grundlagen der politischen Herrschaft und der sozialen Koordination durch Verfahren. Seiner bedarf es, um verschiedenen Lebens- und Handlungsbereichen die entsprechenden Koordinationsverfahren zuzuweisen. So sind z.B. „Wahlen" Verfahren zur faktischen Konsensfindung, aber es ist Aufgabe des gesellschaftlichen (Grund-)Konsenses festzulegen, unter welchen Umständen Wahlen abzuhalten sind. Er umfaßt zugleich die Zuweisung anderer Koordinationsmechanismen zu bestimmten Gütern und Lebensbereichen, d.h. er legt fest, was durch „Anweisung" geregelt, was über Tauschverfahren („Markt") koordiniert und worüber verhandelt werden soll – oder läßt diese Entscheidung bewußt offen.[23]

2. *„Staatliche" und „gesellschaftliche" Koordinationsverfahren*

In Verfolg der Unterscheidung einzelner Verfahrenstypen zeigt sich, daß näherhin zwischen „staatlichen" und „gesellschaftlichen" Verfahren zu trennen ist.[24] Zu den *staatlichen* Koordinationsverfahren, denen eine besondere, strukturtragende Bedeutung für das Gemeinwesen innewohnt, gehören der Gesetzgebungsprozeß, das gerichtliche Verfahren, das verwaltungsbehördliche Verfahren als Informations- und Willensbildungsprozeß sowie das Verfahren der politischen Wahl.[25] Kennzeichnend für die *gesellschaftlichen* Verfahren sind demgegenüber die wettbewerbliche Marktwirtschaft[26] und der Prozeß der kollektiven Willensbildung zur Wahrung und Förderung der Arbeits- und Wirtschaftsbedingungen durch Gewerkschaften sowie Arbeitgeber.[27]

Die kategoriale Unterscheidung zwischen staatlichen und gesellschaftlichen Gemeinschaftsverfahren geht indes nicht notwendig mit der Zuordnung von Anweisungsverfahren zum staatlichen Sektor und von marktwirtschaftlichen oder Ver-

---

[23] Vgl. *Herzog*, Staatslehre, S. 122ff., 131ff.; ein bekanntes Beispiel für die „Offenheit" bildet die Frage nach der „Wirtschaftsverfassung" unter dem Grundgesetz; zu dem Streit darum vgl. m. w. Nachw. BVerfGE 4, 7ff.; 50, 292ff.; *Papier*, in: Maunz/Dürig, GG, Art. 14 Rdnrn. 30ff.

[24] So mit Recht *v. Arnim*, Staatslehre, S. 192ff., 194, 197ff.

[25] Vgl. *Luhmann*, Verfahren, S. 13ff., 203ff.; dieser übersieht dabei keineswegs, wie *v. Arnim*, a.a.O. (Fn. 24) meint (S. 194), die gesellschaftlichen Verfahren – er behandelt nur nicht deren Legitimationsdimension. Den Verfahrenstyp der „politischen Wahl" läßt im übrigen *Wahl*, VVDStRL 41 (1983), S. 157 m. Anm. 10, außer acht (und auch die „Politisierung" der Verwaltung, wiewohl deren Verfahren auch mit dem der politischen Willensbildung in einem funktionalen Zusammenhang steht).

[26] Vgl. *F. Böhm*, Freiheit und Ordnung in der Marktwirtschaft, hrsg. von *E.-J. Mestmäcker*, 1980, S. 53ff., 85ff., 174f.; *Kantzenbach*, Die Funktionsfähigkeit des Wettbewerbs, 2. Aufl., 1967, S. 32ff.

[27] *Isensee*, Die verfassungsrechtliche Verankerung der Tarifautonomie, in: Die Zukunft der sozialen Partnerschaft. Veröffentl. der W.-Raymond-Stiftung, Bd. 24, 1986, S. 159ff., 161, 177ff.; *Löwisch*, RdA 1985, 209ff., 213f.; *Richardi*, DB 1985, 1921ff., 1024ff.; *Rüfner*, RdA 1985, 193ff., 199; *Stebut*, Der Arbeitskampf als Prozeß, in: FS M. L. Hilger/H. Stumpf, 1983, S. 657ff.

handlungsverfahren zum privaten Bereich einher. Nur in den Fällen, in denen eine klare soziokulturelle oder verfassungsverankerte „Systementscheidung" vorliegt, kommt es zu einer solchen strikten Abgrenzung.

3. Probleme der Formenwahl

Andernfalls erweist sich die Grenzziehung zwischen verschiedenen Anwendungssituationen in vielen Fällen und auf allen Ebenen als problematisch: Stehen nämlich mit Märkten, Gruppenverhandlungen und anderen Mechanismen mehrere Verfahrenssysteme nebeneinander, die sich alle durch freiheitliche Verhaltensordnung und Entscheidungsfindung auszeichnen, so gibt es für die Zuordnung bestimmter Koordinationsverfahren an ausdifferenzierte Lebensbereiche keine eindeutige Demarkationslinie. Daß etwa Gesetzesvorhaben ein formelles oder informelles Begutachtungsverfahren bei interessierten resp. betroffenen Personengruppen, die ihre Belange durch bargaining-Prozesse zu wahren wissen, durchlaufen müssen,[28] schließt nicht von vornherein die Zuwahl Dritter – natürlich jenseits des allgemeinen, in der Regel verfassungsförmig konstitutierten demokratischen Willensbildungprozesses – in sog. „ausgleichsvorbereitende(n) Vorschaltverfahren" des Gesetzgebers aus.[29]

Und Ämtervergaben müssen nicht unbedingt auf einem hierarchischen Erneuerungssystem beruhen; auch das System des „Ämterkaufs" ließe sich als soziale Entscheidungsregel propagieren.[30]

Gerade dieses Beispiel fordert dazu auf, stets die *Kosten* solcher oder anderer Entscheidungsproduktion zu berücksichtigen, hier also die Tatsache, daß es der Instituierung *kontrollierender Verfahren* bedarf. Auch von deren Funktion hängt das Verhältnis des Einzelnen zu Staat und Gesellschaft ab. Dies wird im modernen Staat besonders deutlich dort, wo etwa – wie bei Abgeordnetendiäten und Parteienfinanzierung – Parlamente und Parteien in eigener Sache entscheiden.[31]

Eine *objektive* Begründung für die Präferenzentscheidung zwischen Wahlen, Tauschprozessen oder anderen Gemeinschaftsverfahren gibt es letztlich nicht. Bestimmte Verfahren sind in einem Falle erlaubt und im anderen ausgeschlossen, weil

---

[28] Dazu vgl. vor allem *Achterberg*, Parlamentsrecht, S. 108ff., 349ff., 350, 688 u. öfter; *v. Arnim*, Gemeinwohl, S. 130ff., 136ff., 141ff.

[29] Zu deren Institutionalisierung siehe die Überlegungen von *Lerche*, Vorbereitung grundrechtlichen Ausgleichs, S. 109ff.; über einige andere Möglichkeiten der „Optimierung" des Gesetzgebungsprozesses unterrichtet *Böhret*, Gesetzgebung, S. 75ff.; *Schulze-Fielitz*, Gesetzgebungsprozeß, S. 105ff.; *ders.*, Theorie und Praxis, S. 454ff., 480ff., 507ff.

[30] Siehe z.B. *Streissler*, Wirtschaftspolitische Blätter 23 (1976), S. 47ff., 55; eine andere (allerdings zu verneinende) Frage ist, ob diese Regel unter der Geltung des Grundgesetzes rechtlichen Bestand fände; manche faktischen Erscheidungen wie z.B. die parteipolitische Ämterpatronage schaffen freilich vergleichbare soziale Wirkungen; siehe dazu nur *Berg*, Politisierung der Verwaltung, S. 152ff.

[31] Grdl. *Krebs*, Kontrolle, S. 38ff., 120ff., 134ff., 155ff., 169; vgl. im Hinblick auf die Parteien vor allem *v. Arnim*, Steuerung durch Recht, S. 55, 58, 68ff.; *ders.*, DÖV 1982, 917ff., 921ff.; *ders.*, DÖV 1985, 593ff.

dies eine kollektive Grundentscheidung so vorgegeben hat. Ob dies allerdings bedeutet, daß Koordinationsverfahren beliebiger Demarkation unterfallen, mag dennoch zweifelhaft sein. Immerhin soll nach verbreiteter Ansicht die Austauschbarkeit von Verfahrensmechanismen ihre Grenze an den Auffassungen und Werthaltungen finden, wie sie die historisch geformte Wirklichkeit ausprägen würde; die Zuordnung der Verfahren müsse, so wird argumentiert, mit dem Ensemble der gesellschaftlichen Verhältnisse verträglich sein.[32]

In der Tat gibt es auch im modernen Staat kulturelle Werte, Traditionen und Orientierungen, die Teil eines allgemeinen Konsens über jene „Spielregeln" darstellen, nach denen Konflikte ausgetragen und Güter verteilt werden. So ist z.B. die Allokation von Wählerstimmen über marktförmige Verfahren verpönt und Gratifikationen, die im „privaten" Wirtschaftsleben gang und gäbe sind, bringen den „öffentlichen" Sektor geradewegs in Korruptionsverdacht:[33] Dort, wo hierarchische Prinzipien oder Wahlmechanismen ihr abendländisches Regiment führen, gelten eben Tauschgeschäfte als anstößig.

Mag somit aus soziokulturellen Gründen keineswegs gleichgültig sein, welche Entscheidungen über welche Koordinationsmechanismen abgewickelt werden, so fehlen doch objektiv-strukturelle Kriterien für die Zuordnung bestimmter Verfahrensformen zu bestimmten Lebens- und Handlungsbereichen in der Gesellschaft. Sie festzuschreiben, wäre auch kaum wünschenswert. Das Offenhalten der Zukunft sollte jede Starrheit im Hinblick auf die Zuordnung von Gemeinschaftsverfahren ausschließen. Was durch Anweisung geregelt, über Marktprozesse gesteuert und worüber verhandelt wird, darf der Veränderung unterliegen. In vielen Bereichen, die derzeit aus dem marktwirtschaftlichen Verfahren ausgegrenzt sind, könnten denn auch – wie die Diskussion um die „Privatisierung" von Staatsaufgaben belegt[34] – Tausch- und Preissysteme zur Anwendung gelangen.[35]

4. *Formenwahl durch staatliche Verfahrensentscheidungen*

Die prozedurale Zusammenführung der in der Realität menschlichen Lebens bestehenden Vielheit an Interessen, Bestrebungen und Verhaltensweisen ist ein *ständiger Prozeß;* Verfahrensgestaltung kann sich deshalb nur behaupten, wenn es sich um eine lebendige, wandelbare und sich wandelnde Ordnung handelt. Sie muß sich, um ihre Kraft zur Formgebung einheitsstiftenden staatlichen Wirkens und zu dessen

---

[32] Vgl. *Offe,* Politische Legitimation, S. 151; derartige „kulturelle" Bindungen bestimmen denn auch die Fortentwicklung der Verwaltungsverfahren: Sie initiieren z.B. in einer Welt des „mündigen" Bürgers einen grdl. Wandel der Beteiligungsformen, aber auch Schranken; zu letzteren siehe z.B. *Schmitt Glaeser,* Position der Bürger, S. 95f.

[33] Siehe nur den „Fall Barzel"; vgl. auch *Prisching,* Soziale Koordinationsprinzipien, S. 304.

[34] Vgl. *K. König,* VerwArch. 79 (1988), S. 241ff., 244ff.; *G. Hesse,* Staatsaufgaben; siehe ferner die Nachw. oben, 1. Kap., C. III. 1.

[35] So etwa im Bildungswesen, vgl. nur *van Lith,* Der Markt als Ordnungsprinzip des Bildungsbereichs, 1985, bes. S. 96ff.

andauernder Bindung zu bewahren, immer wieder von neuem dem Test ihrer eigenen Rationalität und damit Stabilität aussetzen sowie ihn laufend bestehen.[36] Nur dann findet der moderne Staat die Kraft seiner Existenz in geordneten Verfahren.

Soziale Koordination durch Verfahren eröffnet deshalb der staatlichen Verfahrensentscheidung weiten Raum. Dies gilt selbst dort, wo oberste Verfahrensaussagen – wie sie in der Regel in Verfassungen niedergelegt sind – prinzipiell festschreiben, was etwa durch Anweisungen geregelt, über Marktprozesse gesteuert und worüber verhandelt wird. Die Frage, nach welchem Verfahren im Alltag entschieden werden soll, ist dadurch weder vollständig präjudiziert noch entzieht die Vorgegebenheit des durch den (Verfassungs-)Konsens konstituierten Koordinationsverfahrens (oder auch des alltäglichen Entscheidungsprozesses) diese der Reversibilität. Denn der *Verbindlichkeitsgrad von Verfahrensentscheidungen* kann zwar sehr hoch, niemals aber absolut sein.[37]

Dies bedeutet, daß die Zuordnung von Koordinationsverfahren und Handlungsfeldern bzw. die Institutionialisierung anderer Entscheidungsprozesse nicht automatisch festgeschrieben ist. So können für neu entstehende Politikfelder und neue entscheidungsbedürftige Materien Entscheidungen über *neue* Entscheidungs*verfahren* notwendig werden oder auch Bedarfe für die Abwandlung hergebrachter Prozeduren entstehen.[38] Solche Verfahrenssetzungen lassen dann häufig, wie z. B. *H. Kitschelt* am Beispiel der Kernenergiepolitik aufgezeigt hat,[39] politische „Arenen" entstehen, die auf die Bearbeitung bestimmter Sachmaterien und -konflikte spezialisiert sind. Die hierzu vorgesehenen Verfahrensregelungen legen insoweit fest, wer an der dort fälligen Produktion von Entscheidungen in welcher Weise teilnehmen soll.[40]

Prozedurale Verbindlichkeitsprobleme im dynamischen Prozeß der staatlichen Einheitsbildung werden ferner und sowohl bei sachbezogenen Innovations- und alltäglichen Routineverfahren als auch bei den politisch-fundamentalen Verfahrensregeln kollektiven Entscheidens durch die Frage nach ihrer Anerkennung aufgewor-

---

[36] Ebenso *Offe*, Politische Legitimation, S. 151 f.; der tiefere Grund hierfür liegt in der prinzipiellen Abhängigkeit staatlicher Verfahren von dem Strukturwandel der Gesellschaft, vgl. dazu die Bemerkungen unten im 4.–6. Kap. der Untersuchung.

[37] *Verwaltungsverfahren* können deshalb – etwa in Form spezifischer Genehmigungsverfahren – immer nur begrenzt Kontinuität für sich beanspruchen; Regeln über das Wiederaufgreifen des Verfahrens (z. B. §§ 51 VwVfG, 45 Abs. 3, 48 Abs. 2 SGB X) sind deshalb die notwendige Folge. Auf Verfassungsebene stellt sich zugleich das Problem, Verfahren der Verfassungsänderung „absolut" festzuschreiben (Art. 79 Abs. 3 GG). Dazu allgem. *Häberle*, FS Haug, S. 86 ff., 94 ff. m. zahlr. Nachw. in Anm. 1; vgl. ferner zu dem dadurch hervorgerufenen Konflikt zwischen demokratischem Verfassungsstaat und Souveränitätsdemokratie *Kriele*, Staatslehre, S. 232 f.

[38] Vgl. *Offe*, Politische Legitimation, S. 150.

[39] In: Kernenergiepolitik. Arena eines gesellschaftlichen Konflikts, 1980, S. 12 ff., 26, 258 ff.

[40] In diesem Sinne enthält das *Verwaltungsverfahrensrecht* rechtlich festgelegte und ermöglicht das Verwaltungsverfahren zugleich faktische („informale"?) Verfahrensweisen bzw. Formen behördlichen Handelns, die „Spielpositionen" und spezifische „Verantwortungen" zuweisen; vgl. insoweit auch *Eberle*, DVerw. 17 (1984), S. 443 ff., 450 ff., 456 ff.; *Knoepfel*, Vollzugsforschung, S. 41 f., 43 f., 57, 59.

fen. Ansatzpunkt dieser Fragestellung ist der jedem Verfahren eigentümliche Doppelstatus, wonach es einerseits für Sachentscheidungen als *fraglos gültig* hinzunehmen ist, andererseits aber nur in dem Maße als gültig vorausgesetzt werden kann, in dem sein Geltungsanspruch einer kontinuierlichen Infragestellung standhält.[41]

Für die Akteure, die an einem Entscheidungsverfahren beteiligt sind, erübrigt es sich freilich regelmäßig, die einer oder allen Entscheidungen in der Sache vorgelagerte Entscheidung über das Entscheidungs*verfahren* zu problematisieren oder gar selbst zu treffen. Denn die Verfahrensentscheidung ist zumeist festgelegt, sei es von Verfassungs wegen, in Gesetzen, Geschäftsordnungen oder sonstwie, und somit der unmittelbaren Disposition der Akteure entzogen. Das Verfahren ist m.a.W. dem jeweiligen Entscheidungsprozeß in der Regel schon vorgegeben; es gründet dann ebenso wie die materielle Koordination der Interessen weithin und im Rahmen des ggf. vorhandenen Grundkonsenses auf einer autoritativen Entscheidung des Staates.[42]

IV. Koordinationsverfahren und „Recht"

1. Staatliche Wirkungseinheit und autoritative Verhaltenskoordination

Die von ihm vorgenommene Zuordnung (oder auch Nicht-Zuordnung)[43] bestimmter Koordinationsmechanismen an ausdifferenzierte Handlungsbereiche fügt sich in die dem modernen Staat vertraute Aufgabe ein, die Gesellschaftsordnung nach vernünftigen Einsichten zu gestalten. Soziale Koordination durch Verfahren steht daher im Dienst der umfassenden und aktiven, das menschliche Zusammenleben in der Gesellschaft und diese selbst nicht nur lenkenden, sondern bei Bedarf auch korrigierenden Funktion, die dem *Staat* mit der Vorstellung einer organisierten Wirkungseinheit zugewiesen ist.[44] Diese „Wirkungseinheit" wird erst durch das bewußt auf die politische Einheitsbildung gerichtete Handeln einer kollektiven Instanz ermöglicht.

Der skizzierte funktionelle, inhaltliche und prozeßhafte Zusammenhang zwischen einzelnen Individuen bedarf allerdings, um mehr zu sein als lediglich willkür-

---

[41] *Offe*, Politische Legitimation, S. 151f.

[42] Das schließt allerdings und einerseits die Inkonsistenz verfahrensrechtlicher Regeln nicht aus, wie sie bereits die Ausführungen oben 2. Kap., A. II. 4. mit Anm. 141, dargelegt haben; zu beachten ist überdies und andererseits die Existenz eines spezifischen Verfahrensermessens, vgl. *Hill*, NVwZ 1985, 449ff.; *ders.*, DVBl. 1989, 325ff. Und schließlich vermag natürlich die Frage nach dem Geltungsanspruch immer noch aufgeworfen zu werden, wenn die Verfahrensspielräume ausgeschöpft sind.

[43] Staatliche Einheitsbildung berührt sich an dieser Stelle mit dem Problem der Entscheidung oder eben Nicht-Entscheidung über Koordinationsmechanismen, vgl. *Prisching*, Soziale Koordinationsprinzipien, S. 303ff.

[44] Zu dieser Funktion vgl. wiederum *Herzog*, Staatslehre, S. 122ff., 131ff.

Pitschas, DÖV 89, 785

lich oder zufällig abgestimmter „Ablauf tatsächlichen, oder als möglich konstruierten sozialen Handelns Einzelner",[45] der *autoritativen* Verhaltenskoordination. Zwar spielt auch die Sinnorientiertheit des einzelmenschlichen Verhaltens als Koordinierungsschema eine gewichtige Rolle. Doch reichen Sinngehalte – also bloß psychische Tatbestände – nicht aus, das Handeln verschiedener Menschen zu einem sozialen Geschehen zu koordinieren; sie stellen für sich allein intersubjektive Zusammenhänge als Grundlage eines mehr oder minder stabilen Verhaltensgefüges nur unvollkommen her. Darüber hinaus vermag sich die Gesellschaft in der Auseinandersetzung ihrer Kräfte und Faktoren weder im Zustand der Agglomeration von Individuen noch im pluralistischen Zustand voraussetzungslos selbst zu regulieren.[46]

Den modernen Staat trifft von daher und insbesondere nach dem Wegfall allgemein akzeptierter, weltanschaulich vorgegebener Verhaltensorientierungen die Aufgabe, die Koordinationsmuster des menschlichen Zusammenlebens so zu entwerfen bzw. auszuwählen, wie es die je historischen Bedürfnisse und Einsichten erfordern, um sie dann durch *autoritative Entscheidung* für alle verbindlich zu setzen. Der Staat gewährleistet dadurch eine effektive und homogene Verhaltenskoordination im Sinne eines widerspruchsfrei und verläßlich geordneten Zusammenlebens von Menschen in Frieden und Sicherheit sowie eine (prinzipiell) gerechte Ordnung.[47]

2. *Autoritative Verhaltenskoordination durch Recht*

Um diese Aufgabe erfolgreich erfüllen zu können, bedarf er allerdings solcher Normen, hinter denen die Chance organisierter Durchsetzung steht, also das, was man „garantiertes Recht" (*R. Zippelius*) genannt hat. Seine Entscheidungen werden nicht nur durch die eigene Funktionsfähigkeit, sondern vor allem durch die staatliche Rechtsordnung determiniert, also durch jenes spezifische Regelungssystem, das die staatliche „Wirkungseinheit" herzustellen bestimmt ist.[48] Zu ihm gehören vor allem die primären Verhaltensgebote, die den Rechtsgenossen ein bestimmtes Tun oder Unterlassen vorschreiben.

3. *Autoritative Verhaltenskoordination „in" und „durch" Gemeinschaftsverfahren*

Soweit die Verhaltenskoordination durch Verfahren auf autoritative staatliche Entscheidung gegründet wird, erwächst auch sie in „positivem" Recht, unter dessen Gebrauch den verschiedenen Lebens- und Handlungsbereichen in der Gesellschaft

[45] Dazu *M. Weber,* Wirtschaft und Gesellschaft, S. 6f.

[46] *Herzog,* Staatslehre, S. 54ff., 133ff.; *Scharpf,* PVS 30 (1989), S. 10ff.

[47] *Pernthaler,* Staatslehre, S. 87ff.; *R. Scholz,* NJW 1983, 705ff.; *C. Starck,* Vom Grund des Grundgesetzes, S. 46ff.

[48] *Petev,* FS H. U. Scupin, 1983, S. 391ff., 401ff.; *Zippelius,* Gesellschaft und Recht, S. 86ff., 94ff.

die jeweils „angemessenen" Koordinationsverfahren zugeordnet und diese ausgestaltet werden. Darin erschöpft sich allerdings die rechtsförmige Gestaltung sozialer Koordination durch Verfahren keineswegs. Zwar gehört es zu ihren hervorstechenden Eigenarten, daß sie sich im Vollzug eines positiven Rechts konstitutiert; umgekehrt wird aber auch das Recht selbst prozedural erzeugt: Das Verhalten der zu einem Staat vereinten Rechtsgenossen wird dadurch koordiniert, daß es sich nach Rechtsnormen richtet, die in bestimmten staatlichen (aber auch gesellschaftlichen)[49] *Verfahren* wirksam zustande gekommen sind.

Effektive und homogene Verhaltenskoordination setzt zudem voraus, daß die das Verhalten steuernden Rechtsnormen auch eine sichere Chance haben, gegen Nichtbefolgung oder Widerstände durchgesetzt zu werden. Hierzu bedarf es rechtlich organisierter Veranlassung bzw. Erzwingung in staatlichen, d.h. administrativen und gerichtlichen Vollzugs-, Erkenntnis- und Vollstreckungsverfahren. Gewißheit darüber, was gilt und welches die primären Verhaltensgebote sind, läßt sich also letztlich auf staatliche (Kompetenzen und) *Verfahren* zurückführen.[50]

B. Verfahren und staatliches Entscheidungsparadigma

I. Wandel im Entscheidungsparadigma: Prozeduralisierung der staatlichen Entscheidungsfunktion

„Verfahren" fallen damit eine Schlüsselrolle bei der Aufgabe des Staates zu, als permanente Organisation und Herrschaftsträger bestimmte Entscheidungen, – die der Gesellschaft zu überlassen ihm aus einer Reihe von Gründen unerträglich erscheint – deshalb an sich zu ziehen und in Gesetzesform, in Form von Regierungs- oder Verwaltungsakten sowie durch schlichtes Staatshandeln selbst zu treffen und durchzuführen. Diese Notwendigkeit, „in" und „durch" *Verfahren* zu entscheiden, prägt den modernen Staat: Seine Entscheidungen ergehen einerseits ausnahmslos in dazu vorgesehenen staatlichen Verfahren auf der Grundlage bestimmter Kompetenzen.[51] Prozedurale Vorkehrungen halten insofern das staatliche System handlungsfähig; in ihm werden in aufeinander abgestimmten Entscheidungsprozessen Alternativen verbindlich ausgewählt. Staatliche und gesellschaftliche Gemeinschaftsverfahren dienen andererseits als unentbehrliche Schemata für die Austragung von Konflikten, indem sie die vorhandenen Interessen und Einflüssen kanalisieren und *entscheidungshalber* koordinieren – ggf. unter Verfahrensbeteiligung gesellschaftli-

---

[49] Vgl. unter der Geltung des Grundgesetzes insbes. die Rechtsetzungsbefugnis arbeitsrechtlicher Koalitionen und dazu BVerfGE 44, 322 (340f.); 64, 208 (214f.).

[50] Vgl. auch *Zippelius*, Staatslehre, S. 47f., 306f.

[51] Zu dem Zusammenhang von Verfahren und Kompetenzen siehe vor allem *Stettner*, Kompetenzlehre, S. 182ff.

cher Mächte.[52] Sie werden damit zugleich zum Strukturprinzip staatlichen Handelns und Entscheidens.[53]

Die damit festzustellende strukturtragende Bedeutung des Verfahrens für die staatliche Entscheidungsfunktion wird allerdings weithin vernachlässigt. Im Vordergrund mannigfacher Überlegungen zum Entscheidungsparadigma staatlicher Willensbildung steht stattdessen die Auseinandersetzung mit den Determinanten staatlichen Entscheidens und mit der Gefahr seiner Überwältigung durch technokratischen Sachzwang und wissenschaftliches Kalkül.[54] Nur ganz allmählich rückt auch das *Prozeßelement* der Staatswillensbildung mit seinem Eigenwert in die Betrachtung ein.[55] Verantwortlich hierfür zeichnet die Erkenntnis, daß die staatliche Willensbildung, d.h. die Willensbildung der staatlichen Amtswalter in bezug auf die Ausübung der ihnen übertragenen Ämter,[56] ebenso sehr durch den Begriff der Entscheidung wie durch das Bewußtsein ihrer prozeßhaften Erzeugung gekennzeichnet wird.

Für die Ableitung der hieraus erwachsenden Konsequenzen mag es fruchtbar sein, zwei zentrale Begriffe heranzuziehen, die zwar eigentlich den Beziehungszusam-

---

[52] Vgl. dazu *v. Arnim*, Gemeinwohl, S. 48ff., 130ff., 136ff., 148ff., 175ff., 183ff.; *Schuppert*, Erfüllung öffentlicher Aufgaben, S. 259ff., 282ff., 365ff., 373ff.; für das Verwaltungsverfahren siehe bes. *Schmidt-Aßmann*, Verfahrensgedanke, S. 21.

[53] Staatliche Verfahren sind also mehr als nur „Entscheidungsprämissen", wie dies gemeinhin angenommen wird; sie haben vielmehr eine *Schlüsselstellung* in der sozialen Koordination inne; ebenso *v. Arnim*, Staatslehre, S. 195, 196.

[54] Beispielhaft dafür *Herzog*, Staatslehre, S. 338ff., 344ff., 348f.

[55] Deutlich erkennbar beispielsweise in bezug auf das Gesetzgebungsverfahren, siehe etwa *Hill*, Gesetzgebungslehre, S. 62ff., 82ff.; *ders.*, Jura 1986, 57ff., 60ff., 291ff., *Karpen*, ZG 1986, 5ff., 20ff.; *Lerche*, Vorbereitung grundrechtlichen Ausgleichs, S. 107f., 109ff.; *Lüdemann*, Gesetzgebung als Entscheidungsprozeß, S. 10ff., 32ff.; *Merten*, Optimale Methodik, S. 87ff., 94ff.; *R. Scholz/Pitschas*, Informationelle Selbstbestimmung, S. 51ff., 125ff.; *Schulze-Fielitz*, Gesetzgebungsprozeß, S. 93ff., 105ff.; *ders.*, Theorie und Praxis, S. 255ff.; für die Wahrnehmung der Rechtsprechungsfunktion siehe zusammenfassend m. w. Nachw. *Wassermann*, Richterliche Gewalt, S. 127ff., 155ff., 184ff.; zum Verwaltungsverfahren vgl. schon oben, 1. Kap., B. I. und II.; 2. Kap., A. II. 4., B. I., C. I. Dabei ist es vor allem und jeweils das „innere Verfahren", das in das Blickfeld gerät und in seinen Wirkungen auch die Staats- und Verfassungstheorie beschäftigt, vgl. nur *v. Arnim*, Staatslehre, S. 497ff.; *Kriele*, Staatslehre, S. 38ff.; *Pernthaler*, Staatslehre, S. 32 („Der Staat als Prozeß"); *Zippelius*, Staatslehre, S. 113f., 115f. Die Vorstellung von einer grundrechtsspezifischen Garantie eines „due process" (vgl. *Häberle*, VVDStRL 30, 1972, S. 86ff.) kann hieran ebenso zwanglos anschließen, wie die interaktional-prozedurale Entfaltung der Grundrechte auf einer zwischenmenschlichen Ebene (für das Verwaltungsverfahren: *Pitschas*, Wandel des Verwaltungsverfahrens, S. 58ff.; allgemein *Suhr*, Entfaltung, S. 14f., 81ff., 151f.; *ders.*, Bewußtseinsverfassung, S. 354ff.) oder die verfahrensmäßige Umsetzung der Grundrechte als Prinzipienargumente und Argumente der Zielsetzung, vgl. dazu *Alexy*, Grundrechte, S. 71ff., 428ff. Hinter all' dem schält sich in Umrissen das Wesen einer „sozialen", mehr noch anthropologischen, weil die wandelbaren Bedürfnisse des Menschen in den Vordergrund rückenden prozeduralen Staats- und Verfassungslehre heraus, deren Ergebnisse auch die Entwicklung des Verwaltungsverfahrens vorantreiben; Bausteine dazu nunmehr auch bei *Hufen*, VVDStRL 47 (1989), S. 155ff.

[56] *Herzog*, Staatslehre, S. 340.

menhang zwischen Gesellschaft und Recht betreffen, die sich aber auch – und gerade eben deshalb – auf die Bedeutung des Verfahrens erstrecken lassen: den Begriff des „Organisationsprinzips der Gesellschaft" (J. Habermas) und den der „sozialadäquaten Komplexität des Rechts" (N. Luhmann). In beiden Begriffen geht es vor allem um die als autonom verstandene Rechtsentwicklung und ihren Bezug zu den Sozialstrukturen. Jeweils wird ein spezifischer Zusammenhang von Recht und Gesellschaft systematisch ausgearbeitet.[57] Ergänzend dazu lautet *meine These*, daß in diesen Zusammenhang, auf dessen nähere Darlegung hier verzichtet werden muß,[58] Verfahren organisch eingebettet sind; mehr noch: sie tragen ihn in doppelter Hinsicht.

1. Verfahren und Organisationsprinzipien der Gesellschaft

Auf der einen Seite erweisen sie sich auf die „Entwicklungsdynamik" bezogen, die aus dem Zusammenspiel der Evolutionsmechanismen in der Gesellschaft entsteht. Diese Dynamik ist ihrerseits der autonomen „Entwicklungslogik" normativer Strukturen (Moral- und Rechtsbewußtsein) verbunden, die nach der Auffassung von *J. Habermas* ein rational nachkonstruierbares Muster evolutionärer Entwicklungsschritte der Gesellschaft hervorbringen soll. Aus dem Zusammenwirken der „Entwicklungslogik" normativer Strukturen und der „Entwicklungsdynamik" gesellschaftlicher Basisstrukturen resultieren bestimmte „Organisationsprinzipien" der Gesellschaft. Deren Entwicklungsprozeß ist durch strukturierte Hierarchie, Irreversibilität und evolutionäre Gerichtheit gekennzeichnet.[59]

Die für diesen Entwicklungsprozeß der Organisationsprinzipien maßgebliche und letztlich den kulturellen Überlieferungen und dem Institutionenwandel innewohnende *Entwicklungslogik* sagt allerdings nach Ansicht von *Habermas* nichts über die ihr gehorchenden „Entwicklungsmechanismen" aus; sie beschreibe nur, so meint er, den Variationsspielraum, „innerhalb dessen kulturelle Werte, Moralvorstellungen, Normen usw. auf einem gegebenen Organisationsniveau der Gesellschaft verändert werden und verschiedene historische Ausprägungen finden kön-

[57] Vgl. einerseits *Habermas,* Einleitung: Historischer Materialismus und die Entwicklung normativer Strukturen, in: Rekonstruktion, S. 9ff., 26ff.; *ders.,* Theorie des kommunikativen Handelns 2, S. 229ff., 230, 246ff.; andererseits siehe *Luhmann,* Rechtssoziologie, S. 132ff., *ders.,* Evolution des Rechts, S. 18ff. Daraus folgt: Ebenso wie sich in der (abgeleiteten) Perspektive *des Verwaltungsvollzugs durch Verwaltungsverfahren* schon Kompetenzprobleme in Methodenfragen umgemünzt haben, erhellt nunmehr in der Perspektive eines prozeduralen Staatsverständnisses der untrennbare Zusammenhang der Entwicklung des Verwaltungsverfahrens mit der sozialstrukturellen bzw. -kulturellen Entwicklung und mit dem Wandel des (staatlichen) Rechts einschließlich seiner Funktionen. Verwaltungsrecht und die normative Ordnung des Verwaltungsverfahrens *müssen* hierauf funktional reagieren.

[58] Vgl. stattdessen die ausführliche Diskussion bei *Teubner,* ARSP 68 (1982), S. 32ff.; w. Nachw. bei *Röhl,* Rechtssoziologie, S. 530ff., 537ff., 558ff.

[59] *Habermas,* Theorie des kommunikativen Handelns 2, S. 232, 246ff.

nen".[60] Dieser Wandel normativer Strukturen bleibe in seiner Entwicklungsdynamik abhängig von den evolutionären Herausforderungen ungelöster, ökonomisch bedingter Systemprobleme und von Lernprozessen, die darauf antworten.

Immerhin räumt *Habermas* ein, daß die sich herausbildenden Organisationsprinzipien – und damit das Recht als Teil ihrer institutionellen Verkörperung – das Lernniveau einer gegebenen Gesellschaft definieren würden.[61] Sie sind demnach jeweils das Produkt von Lernprozessen: Schaffen gesellschaftliche Entwicklungen in der Sozialsphäre Probleme, die die Kontrollkapazität eines gegebenen Organisationsprinzips übersteigen, dann setzen innerhalb der kulturell-normativen Sphäre neue Lernprozesse ein, die zu kulturellen Innovationen führen und ein neuartiges Organisationsprinzip herausbilden.

Derartige Lernprozesse konstituieren und vollziehen sich vor allem in und durch Verfahren. Gerade diese bilden für gesellschaftliches Lernen nicht nur einen Ordnungsrahmen oder modus,[62] sondern sie sind recht eigentlich der Ort, an dem diese Lernprozesse ablaufen und sie bilden einen Teil davon. Denn die Präferenzentscheidung für dieses oder jenes Verfahren beruht – wie schon oben dargelegt wurde[63] – wesentlich auf sozio-kulturellen Voraussetzungen. Verfahrenswahl und -gestaltung unterliegen in der Folge hiervon eben jener Entwicklungslogik, die das systematisch nachkonstruierbare Muster der Entwicklung normativer Strukturen ausmacht. Sie befördern damit die entsprechenden Lernprozesse, gehören aber auch und zugleich selbst dazu.[64] In ihnen vollzieht sich jeweils pars toto der Wandel des in Frage stehenden Organisationsprinzips.

Verfahren zählen deshalb zu den von *Habermas* nicht näher ausgeführten Entwicklungs- bzw. Evolutionsmechanismen. Dennoch scheint auch er von einer solchen organischen Integration der staatlichen (und gesellschaftlichen) Entscheidungsprozesse in das jeweilige Organisationsprinzip der Gesellschaft auszugehen, wenn er in der Auseinandersetzung um das Projekt der Moderne nach „diskursive(n) Willensbildungsprozesse(n) und konsensorientierte(n) Verhandlungs- und Entscheidungsverfahren" ruft, die als Verfahren der Konfliktregulierung „den Strukturen verständigungsorientierten Handelns angemessen" sein soll.[65]

---

[60] *Habermas,* Einleitung, a.a.O. (Fn. 57), S. 12.

[61] *Habermas,* Rekonstruktion, S. 92ff., 129ff., 200ff., 260ff.; *ders.*, Theorie der Gesellschaft oder Sozialtechnologie, S. 270ff.

[62] Deutlich zeigt sich hier die Beschränkung einer vorwiegend „modalen" Betrachtungsweise von (Verwaltungs-)Verfahren; dazu vgl. bereits oben, 2. Kap., B. 1. 1. m. Anm. 164.

[63] A. III. 3. m. Anm. 32ff.

[64] Siehe *Luhmann,* Verfahren, S. 44ff., 50; ganz in diesem Sinne muß das *Verwaltungsverfahren* nicht nur als Lernprozeß angesehen, sondern auch normativ offengehalten werden.

[65] *Habermas,* Theorie des kommunikativen Handelns 2, S. 535ff., 544.

2. *Verfahren im Spannungsfeld von Rechts- und Sozialstrukturen*

Was den Begriff des Organisationsprinzips (bzw. Integrationsmechanismus) für unsere Zwecke auf der anderen Seite so ergiebig macht, ist sein Bezug auf das Verhältnis von *Rechtsstrukturen und Sozialstrukturen*. Soweit nämlich grundlegende Rechtsstrukturen als die institutionelle Verkörperung gesellschaftlicher Organisationsprinzipien erscheinen,[66] haben Verfahren als solche daran in zweierlei Weise Anteil: Sie erklären sich zum einen in Entstehung und Wirkweise stets aus dem Zusammenspiel normativer mit den lebensweltlichen Strukturen.[67] Zum anderen gewinnen sie, weil die Ko-Variation von rechtlichen und gesellschaftlichen Strukturen zu der grundlegenden Einsicht führt, „daß in der sozialen Evolution höhere Integrationsniveaus nicht etabliert werden können, bevor sich nicht Rechtsinstitutionen herausgebildet haben, in denen ein moralisches Bewußtsein der konventionellen bzw. der postkonventionellen Stufe verkörpert ist",[68] infolge ihrer Zugehörigkeit zu diesen „Rechtsinstitutionen" einen legitimatorischen und operativen Eigenwert. Verfahrensverhältnisse sind deshalb immer zugleich Rechts- *und* Sozialverhältnisse.

3. *Evolutionsmechanismus „Verfahren" und funktionale Differenzierung*

Auf welche Weise gesellschaftliche Organisationsprinzipien zu den ihnen adäquaten Rechtsstrukturen finden, bedarf freilich noch einiger klärender Hinweise. Ausgangspunkt hierfür ist die oben skizzierte Verknüpfung der Koordination „in" und „durch" Verfahren[69] mit dem *Recht* als einer Gesellschaftsstruktur, die „Grenzen und Selektionsweisen des Gesellschaftssystems definiert."[70] In dieser Kombination fügen Verfahren das Verhalten der zu einem Staat vereinten Rechtsgenossen dergestalt zusammen, daß es sich unter ihrer Vermittlung und in dem von ihnen gesetzten *Rahmen* nach Normen richtet. So wird das Verhalten in diesen Verfahren durch Normen reguliert, die ihrerseits in Verfahren erzeugt werden und eine sichere Chance haben, wiederum und in organisierten Vollzugsverfahren durchgesetzt zu werden. Erst mit Hilfe von Verfahren können also Rechtsnormen abstrahiert werden; umgekehrt steuern diese die Erzeugung, Anwendung und Durchsetzung des Rechts „in" und „durch" Verfahren.

---

[66] Vgl. *Habermas,* Überlegungen zum evolutionären Stellenwert des modernen Rechts, in: Rekonstruktion, S. 260ff., 266.

[67] *Habermas,* Theorie des kommunikativen Handelns 2, S. 535ff.; vgl. auch *Luhmann,* Rechtssoziologie, S. 142.

[68] *Habermas,* a.a.O. (Fn. 67), S. 261.

[69] Vgl. oben A. II.

[70] *Luhmann,* Rechtssoziologie, S. 134; zu der Spiegelung der systemtheoretischen Konzeption dieses Autors auf das Recht vgl. (aber eher verunklarend) *Smid,* JuS 1986, 513ff.

Verbindliche Verhaltensorientierungen der Gemeinschaft sehen sich solchermaßen auf Prozeduren gegründet. Diese sind vor dem Hintergrund des gegenwärtig institutionalisierten gesellschaftlichen Organisationsprinzips der „funktionalen Differenzierung“[71] auf Zeit eingerichtete, funktional spezifizierte und relativ autonome Interaktionssysteme, „die für die Selektion von Rechtsentscheidungen veranstaltet werden.“[72] Aus diesem Zweck der Konkretisierung von Rechts- und Gesetzesbegriffen entwickelt sich in der Form des Verfahrens eine eigene Verhaltensordnung, die sich „mit Hilfe besonderer Situationen, besonderer Formeln und Symbole, besonderer Plätze, besonderer Rollen und schließlich sogar besonderer Normen vom täglichen Leben absondert und verselbständigt.“[73] Das Verfahren ist somit ein auf Rollenebene integriertes Interaktionssystem.

In dieser ausdifferenzierten Form „übersetzen“ Verfahren die gesellschaftlichen Organisationsprinzipien in Rechtsstrukturen und diese in ihre alltägliche Bedeutung. Recht entsteht in Verfahren und wird mit ihrer Hilfe durchgesetzt. Es bringt Verfahren „in Form“ und gewährleistet die Orientierung staatlicher Entscheidungen hieran. *Recht ist somit die äußere Verfassung von Verfahren, wie diese das Medium seiner Entwicklung und Geltung sind.*

Einen statischen Zustand kann es dieser ihrer evolutionären Funktion wegen in der dynamischen Entwicklungslogik normativer Strukturen nicht geben. Verfahren müssen objektiv eine dem Zustand der funktionalen Differenzierung adäquate Beschaffenheit entwickeln.[74] Denn ebenso wie das Recht an verschiedene Entwicklungsstadien gesellschaftlicher Differenzierung in der Weise angepaßt wird, daß das jeweils dominante Organisationsprinzip der Gesellschaft (Segmentierung, Stabilisierung, funktionale Differenzierung)[75] typische Konfigurationen im Rechtssystem schafft, wandeln sich die interdependenten institutionellen Strukturen der Selektion. Zu ihnen gehören aber auch und vor allem Verfahren.[76]

Über Verfahren muß man daher in *Entwicklungen* denken. Sie folgen den Entwicklungsstufen des Rechts. So verkörpert z.B. „archaisches Recht“ das Organisationsprinzip segmentierter Gesellschaften. Es weist in seinen zahlreichen Varianten von heiligem Recht sehr konkrete und rigide Normen auf, verfügt aber nur über ritualistische Formen eines *Rechtsverfahrens.*[77] Anders dagegen das „repressive

[71] *Luhmann,* a.a.O. (Fn. 70), S. 129, 132ff., 139f., 141ff., 144f.; siehe auch *ders.,* Grundrechte als Institution, S. 18ff.

[72] *Luhmann,* Rechtssoziologie, S. 141.

[73] *Luhmann,* a.a.O. (Fn. 72), S. 141f.

[74] *Luhmann,* a.a.O. (Fn. 72), S. 142.

[75] *Luhmann,* a.a.O. (Fn. 72), S. 139.

[76] *Luhmann,* a.a.O. (Fn. 72), S. 139, 141f.; allgemeiner noch *ders.,* Soziale Systeme, S. 72ff. Hier begegnen sich dann auch *Luhmann* und *Habermas:* Verfahren sind ebenso „Strukturen der Selektion“ wie Bestandteil der evolutionssteuernden „Organisationsprinzipien“.

[77] *Luhmann,* Rechtssoziologie, S. 145ff., 158f., 161f., 164f.; immerhin ist nicht zu verkennen, daß dennoch „Verfahren“ eine Alternative zur normativen Struktur schlechthin darstellen könnten, vgl. die Nachw. bei *Röhl,* Rechtssoziologie, S. 444f., 511f.; siehe auch *K. v. Benda-Beckmann,* JbRSoz 11 (1987), S. 23ff., 32ff., 35.

Recht" in stratifizierten Gesellschaften: In adäquater Komplexität zu ihrer Organisation werden z.B. *Gerichtsverfahren* institutionalisiert, die dem näheren Konfliktpotential derartiger Sozialkörper gerecht werden können.[78] Funktionale Differenzierung bzw. ökonomische Entwicklungsprobleme verursachen sodann einen weiteren Entwicklungsschub, diesmal vom „repressiven" zum „autonomen" Recht. Dieser Entwicklungstypus verfügt jenseits der in ihm vollzogenen Trennung von Recht und Politik, seiner strikten Regionalorientierung, Allgemeingeltung und Präzision, juristischen Professionalisierung und Verknüpfung mit Argumentation und Entscheidung nunmehr auch über die Dimension der *Verfahrensgerechtigkeit*.[79] Im übrigen wird in ihm das Selektionsproblem mit der Institutionalisierung von hochentwickelten Rechtsverfahren bewältigt, wobei rechtsanwendende von gesetzgebenden Verfahren getrennt werden.

Überlegungen zur Fortschreibung dieser Entwicklung in die Zukunft sind unterwegs, soweit es um „Entwicklungsmodelle des Rechts" geht.[80] Zurückhaltender ist

---

[78] *Luhmann*, a.a.O. (Fn. 77), S. 166ff., 171; zum „repressiven Recht" als ein Stadium der Rechtsrevolution siehe *P. Nonet/P. Selznick*, Law and Society in Transition: Toward Responsive Law, New York 1978, S. 29ff.

[79] Vgl. *Nonet/Selznick*, a.a.O. (Fn. 78), S. 53ff.; es verwundert von daher nicht, wenn sich „Verfahrensgerechtigkeit" auch im Völkerrecht als eine immer wiederkehrende Frage gestellt, aber auch als Beleg einer entsprechenden allgemeinen Gerechtigkeitsvorstellung hervorgehoben sieht, vgl. dazu m. w. Nachw. *Vitzthum*, FS H.-J. Schlochauer, S. 739ff., 744ff.

[80] Vgl. dazu aus dem deutschen Rechtsraum u.a. *Eder*, Soziale Welt 29 (1978), S. 247ff.; *Grawert*, Der Staat 22 (1983), S. 63ff.; *Joerges*, KritJ 1989, 184ff.; *Krawietz*, Rechtstheorie 16 (1985), S. 233ff., 257ff., 267ff.; *Ladeur*, ARSP 69 (1983), S. 463ff.; *ders.*, Rechtstheorie 16 (1985), S. 383ff.; *ders.*, ARSP 74 (1988), S. 218ff.; *Tonner*, KritJ 1985, 107ff.; *Tugendhat*, ARSP, Beiheft Nr. 14/1980; *H. Willke*, Entzauberung des Staates, S. 49ff.; *Winter/Unger*, KritJ 1984, 394ff.; *R. Wolf*, Leviathan 1987, 357ff.; *Zielcke*, Rechtstheorie 11 (1980), S. 85ff. – Dabei die aktuelle Rechtsentwicklung auf einen neuen Begriff zu bringen, nämlich auf den des „reflexiven Rechts", hat vor allem *Teubner* unternommen, siehe *Teubner*, ARSP 68 (1982), S. 11ff., 22ff., 39ff., 47ff.; *ders.*, LSR 17 (1983), S. 249ff.; *ders.*, Verrechtlichung, S. 289ff., 313ff., 334ff; *ders.* (Hrsg.), Autopoietic Law, Berlin 1988; vgl. auch *Teubner/H. Willke*, ZfRSoz 5 (1984), S. 4ff.; *H. Willke*, JbRSoz 8 (1982), S. 200ff.; hierbei ist die Nähe des Entwurfs von *Teubner* und *Wilke* vor allem zu *Ladeur* nicht zu verkennen. – Das Konzept des reflexiven Rechts hat eine intensive Diskussion hervorgerufen, aus der neben *Ladeur* und *Winter/Unger* noch bes. zu nennen sind: *Blankenburg*, LSR 19 (1984), S. 273ff.; *Luhmann*, ZfRSoz 6 (1985), S. 1ff.; *I. Maus*, KritJ 1986, 390ff.; *R. Münch*, ZfRSoz 6 (1985), S. 19ff.; *Nahamowitz*, ebd., S. 29ff.; *Nocke*, KritJ 1986, 363ff., 375ff.; *R. Voigt*, Regulatives Recht, S. 26ff., 33ff., 39ff.; *ders.*, Grenzen rechtlicher Steuerung, S. 26f.; *H. Willke*, KritV 1988, 214ff., 220. Seinen besonderen Nutzwert soll das Konzept des reflexiven Rechts einerseits daraus gewinnen, daß es mit einer Theorie selbstreferentieller bzw. autopoietischer Systeme verbunden wird, vgl. nur *Ladeur*, Rechtstheorie 16 (1985), S. 393ff., 397ff.; *Luhmann*, zul. in: Beobachtung des Rechts, S. 44ff.; *Smid*, Rechtstheorie 16 (1985), S. 429ff., 442ff.; *Teubner*, LSR 18 (1984), S. 291ff.; *ders.*, JbRSoz 13 (1988), S. 45ff., 59f. – Skeptisch aber hierzu aus systemsoziologischer Perspektive *Bühl*, KZfSS 39 (1987), S. 225ff.; zur Kritik aus rechtswissenschaftlicher Sicht – teilweise sehr tiefgründig-amüsant – *Nocke*, a.a.O.; auch *Denninger*, KritJ 1984, 314; ferner und wie hier distanziert-aufmerksam *N. Reich*, FS R. Wassermann, S. 151ff.; *Röhl*, Rechtssoziologie, S. 563. Auf der anderen Seite ist mit dem Konzept des

dagegen das Bemühen um das verfahrensmäßige Element, den „Rechtsgang“. Schon heute verlangt indes die innere Entwicklungsdynamik der Rechtsstrukturen, die aus den gegenwärtigen und zukünftig absehbaren Herausforderungen wohlfahrtsstaatlicher Funktionsprobleme resultiert, nach einer Fortentwicklung der institutionellen und besonders der Verfahrensmechanismen. Wenn nämlich – wie mit einiger Plausibilität behauptet wird[81] – normative Koordination und Integration in einer Gesellschaft, deren Entwicklungsstand sich vor allem durch innere Widersprüche, durch desintegrierende oder sogar disruptive Konflikte zwischen unterschiedlichen Rationalitäten hochspezialisierter Teil-Systeme auszeichnet,[82] nur noch auf dem Wege über „reflexives“ Recht möglich sein sollten, dann enthalten die formalen (bzw. institutionellen) Bedingungen der Einheitsbildung den Schlüssel zum Wandel bzw. zur „Modernisierung“ des Organsationsprinzips der Gesellschaft. Die Prozeduren und organisationalen Voraussetzungen eines zukünftigen Zusammenwirkens ent-

---

reflexiven Rechts untrennbar der *Verfahrensaspekt* verbunden. Denn seine bes. Qualität besteht auch und in erster Linie darin, „Verfahren“ bereitzustellen, in denen die staatlichen Entscheidungen erarbeitet werden können und müssen, vgl. etwa *Teubner*, ARSP 68 (1982), S. 22f., 25ff., 38, 45, 47ff.; siehe auch *Baudenbacher*, ZRP 1986, 301ff.; *Eder*, ZfRSoz 7 (1986), S. 1ff.; *Wiethölter*, Materialization and Proceduralization, S. 221ff. – Obwohl noch nicht klar ist, *inwieweit* damit die Begriffe „reflexives Recht“ und „Prozeduralisierung“ dasselbe Phänomen einer *Entsubstanzialisierung des Rechts* im modernen Staat bezeichnen, schließt sich jedenfalls mit der Verfahrensperspektive der Kreis im Nachdenken über den Wandel des staatlichen Entscheidungsparadigmas: Der Rückbezug auf Rechts- und Zweckkonkretisierung *durch Verfahren* führt zum einen Rechtstheorie und Methodenlehre des Rechts zu einer neuen Anstrengung zusammen – vgl. *Hassemer*, ARSP 72 (1986), S. 195ff., 211f. – und er erinnert zum anderen an frühe Versuche der Staatslehre, über den Verfahrensgedanken die Kooperation des Interventionsstaates mit der Gesellschaft zu beschreiben, siehe dazu *H. Krüger*, Staatslehre, S. 612ff., 615; *Scheuner*, DÖV 1952, 610ff. Freilich ist auch derzeit noch sehr unklar, wie der Rückgriff auf Verfahren bzw. Verfahrenssteuerung rechtlich-konstruktiv im öffentlichen Sektor jenseits des Entscheidungsparadigmas zu operationalisieren wäre; einige Andeutungen hierzu bei *R. Voigt*, Grenzen rechtlicher Steuerung, S. 27f. m. w. Nachw.; siehe jedoch auch die Skepsis bei *Winter/Unger*, a.a.O., S. 405f., und die Verschwommenheit bei *Denninger*, KritJ 1989, 155f.; *R. Wolf*, Stand der Technik, S. 440.

[81] So z.B. von *Teubner*, ARSP 68 (1982), S. 17, 39ff.; *ders.*, Verrechtlichung, S. 313ff., 320, 325.

[82] Wobei das Fundamentalproblem normativer (sozialer) Integration in der Gesellschaft mit einer puren „reflexiven Institutionalisierung“ durch Entformalisierung der Rechtsstruktur (Unbestimmtheit der Gesetze etc.) noch keineswegs gelöst ist (zu Recht krit. *Derleder*, KritJ 1986, 264 m. Anm. 2). Denn das zentrale Ziel des modernen Rechts muß es vor allem sein, dort – wo inhaltliche Lösungen unangemessen sind – die strukturellen Voraussetzungen für sich genuin selbstregulierende Prozesse zu schaffen, vgl. *U. K. Preuß*, KritJ 1988, 361ff., 370f. Der *Verfassungsstaat* kann diese gleichwohl nicht aus seiner Obhut entlassen; es bedarf daher und vielmehr der *strukturellen* Sicherung des reflexiven Prinzips im Rahmen von Verfahren durch Rekurs auf (verbindliche) prozedurale Regeln nach Maßgabe kompensatorischer Rationalität und verfassungsgeleiteter Verantwortung, siehe dazu die Ausführungen unten im 4.–8. Kapitel sowie die Nachw. bei *Pitschas*, Innovation durch Implementation: Staatswissenschaftliche Analyse von Verfassungsgerichtsentscheidungen und folgenorientierte Verwaltungsrechtsdogmatik, in: T. Raiser/R. Voigt (Hrsg.), Durchsetzung und Wirkung von Rechtsentscheidungen, 1990.

halten selbst konkretisierungsleitende Maßstäbe; sie bilden *Ort und Raum* für Reflexionsleistungen innerhalb sozialer Systeme.

4. *Wandel im Entscheidungsparadigma*

Hierauf wird weiter unten zurückzukommen sein.[83] Jedenfalls erweist sich die so geartete rechtspezifische Koordination (und Integration) „in" und „durch" Verfahren als ein Strukturbaustein des modernen Staates. Dieser gestaltet das menschliche Zusammenleben zugleich verfahrensmäßig *und* inhaltlich-normativ. Der moderne Staat ist deshalb zuvörderst eine rechtlich organisierte *und prozeduralisierte* Wirkungseinheit.[84]

Diese Bedeutung des Verfahrensgedankens für die Konstitution und Funktionsweise des modernen Staates rückt die Frage nach dem Wandel des ihm unterlegten Entscheidungsparadigmas, also von Verständnis und Interpretation der Staatswillensbildung (und des politischen Kräftespiels) in ein neues Licht. Wurde diesbezüglich das essentiale moderner Staatlichkeit bislang in der Verpflichtung und Fähigkeit zum „Entscheiden" und zur Durchsetzung der getroffenen Entscheidungen gesehen – Entscheidung als Notwendigkeit des modernen Staates[85] –, so tritt nunmehr stärker die Tatsache in das Blickfeld, wie sehr die staatliche Willensbildung mit ihren „Verfahren" verknüpft ist. So wie die Entscheidung selbst, muß deshalb auch der mit Eigenwert ausgestattete Entscheidungs*vorgang* beachtet werden.

Für die Wahrnehmung der staatlichen Entscheidungsfunktion eröffnet sich von daher eine spezifische Verfahrensperspektive. Ihr kommt es auf den Ablauf und den Gehalt der Begegnungsvorgänge in den staatlichen Koordinationsverfahren an, die in ihrer Struktur ein Ausweis der Entwicklungslogik und -dynamik des jeweiligen gesellschaftlichen Organisationsprinzips sind. Darin eingebunden, „verfährt" man miteinander im Rahmen und nach Maßgabe des Rechts, aber auch und stets außerhalb dessen Reichweite. Denn jedes Verfahren ist zugleich ein Prozeß *sozialer* Verständigung, dem die Ungewißheit darüber innewohnt, wie die Begegnung mit anderen Menschen ausgehen wird. Diese Ungewißheit stellt einen Teil des Verfahrens dar – gleichwie, ob es um Rechtsetzung, Rechtsanwendung oder -durchsetzung geht. Freilich sieht sie sich am Ende des Verfahrens behoben. Mit ihm wird ein gewisses Entscheidungspotential bereitgestellt. Es wird durch das Verfahren an sich eröffnet, Entscheidungen können demzufolge erwartet werden; und auch das Unterlassen von Entscheidungen, ihre Vertagung, wird zur Entscheidung, die gleichermaßen verantwortet werden muß.[86]

---

[83] Vgl. 4. Kap., C. VII.; 5. Kap., C. und D.; 10. Kap.; 11. Kap.

[84] Das „Prozeßelement" als solches hatte bereits *Heller* im Blick; freilich warnte er (zu Recht) vor dessen Überbeanspruchung, siehe *ders.*, Staatslehre, S. 282, obschon er die Bedeutung wiederum zu gering einschätzte.

[85] Siehe nur *Herzog*, Staatlehre, S. 338ff., 348; *Kriele*, Staatslehre, S. 19.

[86] So schon, wenn auch in einem anderen Sinne, *Luhmann*, Rechtssoziologie, S. 142.

Damit aber verändert sich der *Deutungsgehalt* staatlichen Entscheidens. Zwar werden Entscheidungskompetenz und -funktion des Staates als solche nicht aufgehoben. Doch zielt die Verfahrensperspektive darauf ab, die Entscheidungsorientierung des Staates *wirklichkeitsgerechter* zu erfassen, um sie im Zusammenhang des individualen Freiheitsschutzes vor dem Staat und durch ihn rechtsdogmatisch treffender entfalten zu können. Denn es zeigt sich deutlich und entgegen unserem geläufigen Verständnis, daß Verfahren durchaus mehr sind als bloß technisches Instrument oder optimierte Methodik zur werterfüllten Aufgabenbewältigung.[87] Erforderlich wird mithin ein weitaus tiefgreifender Verständniswandel, nämlich von der Veränderung des staatlichen Entscheidungsparadigmas zu einer *Deutungsgesamtheit von Entscheidung und Verfahren.*

Darin liegt kein nur theoretischer Schritt. Denn wenn sich auch der Paradigmawandel (nicht aber: Wechsel!) zunächst in der Welt der Begriffe abspielt, vollzieht er sich doch nicht ohne empirisch-soziologisches Fundament.[88] Und er bleibt auch nicht ohne Folgen. Denn begriffliche Rekonstruktionen werden selbst zum Teil der Wirklichkeit; sie prägen deren Vor-Verständnis und beeinflussen Denken wie Handeln in der Rechtspraxis.[89]

5. *„Prozeduralisierung" der Entscheidungsfunktion*

Der Rückbezug auf Verfahren in der Analyse der staatlichen Einheitsbildung und der hierauf gerichteten Entscheidungsfunktion des Staates macht augenscheinlich, daß dem *Weg* ein erhebliches Gewicht zukommt, auf dem die staatlichen Entscheidungen hergestellt werden: Die Ungewißheit und Offenheit der Fragen politischer Existenz einer Gesellschaft[90] führen deshalb nicht von ungefähr zu einer Vielfalt *prozeduraler* Formen der Erkenntnisfindung, Sinndeutung und politischen wie sonstigen Willensbildung bzw. -betätigung.

---

[87] Zur Reduktion des (Gesetzgebungs-)Verfahrens auf eine „optimale Methodik" siehe insbes. *Schwerdtfeger,* Methodik der Gesetzgebung, S. 173ff.; aber auch *Merten,* Optimale Methodik, S. 87ff., 94ff., erfaßt in seiner Antithese das oben im Text beschriebene *essentiale* nicht.

[88] Zum *Paradigma* als ein von der wissenschaftlichen Fachwelt als Grundlage der weiteren Arbeiten anerkanntes Erklärungsmodell bzw. als einer forschungsleitenden Theorie vgl. vor allem *T. Kuhn,* Die Struktur wissenschaftlicher Revolutionen, hier zitiert nach der Taschenbuchausgabe, 2. Aufl., 1976; vgl. ferner *ders.,* Neue Überlegungen zum Begriff des Paradigmas, in: *ders.,* Die Entstehung des Neuen, 1978, S. 389ff.

[89] Dadurch sind sie geeignet, eingelebte Wertorientierungen in Frage zu stellen. So kann man zwar den Bezug evolutionärer Rechtsmodelle auf den Paradigmabegriff glossieren, wie das *Nocke,* KritJ 1986, 373ff., amüsant vorführt – aber damit läßt sich die *empirisch* und *begrifflich* veranlaßte Frage nach der Sichtweise dessen, was bislang primär in anderer Art und Weise als Gegenstand und Aufgabe wissenschaftlicher Durchdringung gilt, nicht aus der Welt schaffen; und die Krise der Integrationskraft des Rechts wie seine Dezentralisierung und sein Formwandel sind jedenfalls Realität, also keine pure „Erfindung" neuerungssüchtiger Theoriekonzepte.

[90] Zu deren Wirkkraft auf die konkrete Paradigmaentwicklung für die Position von Verwaltung und Recht siehe vor allem *Böhret,* Verwaltungspolitik, S. 28ff.

Im einzelnen strukturieren bereits heute unzählige Verfahrensregeln den Ablauf von Entscheidungsprozessen nach Inhalten, Zeithorizont und Beteiligten. Hierbei kann schon die Frage, *ob* überhaupt eine Entscheidung zustandekommt, davon abhängen, von wem aus welchem Anlaß in welcher Form und mit welchem Ziel ein auf die Vor-, Zwischen- oder End-Entscheidung gerichtetes Verfahren in Gang gesetzt, vielleicht aber auch verhindert wird. Der jeweils herauszufindende *Entscheidungsinhalt* wird dabei von den Einwirkungsmöglichkeiten der Entscheidungsbeteiligten wie -betroffenen (mit-)bestimmt. Die *Entscheidungswirkung* hängt schließlich davon ab, inwieweit alle wesentlichen Aspekte des Entscheidungsgegenstandes nicht nur erfaßt und (bestandssicher) verarbeitet worden sind, sondern auch auf Übereinstimmung mit den Erwartungen der Entscheidungsbetroffenen rechnen dürfen („Akzeptanz").[91]

Die komplexen inhaltlichen Bezüge des Verfahrens legen es überdies nahe, auch danach zu fragen, wie die Vorgänge näherhin beschaffen sind, in denen staatliche Entscheidungen endgültige Gestalt annehmen. Die bloße Beschreibung ihres formalen Ablaufs bzw. des ihnen zugrundeliegenden formalrationalen Grundmusters erklärt nämlich die meisten Entscheidungsprozesse in Politik, Bürokratie und Justiz nur unzureichend, wenn und soweit dabei der Einfluß informeller Handlungs- und Verhaltensweisen nicht thematisiert wird. Häufig genug erhellt erst daraus, warum ein konkretes Gesetzesvorhaben seinen Weg so, wie geschehen, genommen und diesen oder jenen spezifischen Regelungsgehalt gefunden hat,[92] warum eine Verwaltungsentscheidung nicht ergangen ist[93] und weshalb Gerichtsentscheidungen einen sozialen Konflikt nicht ausräumen, sondern vielmehr ihrerseits Ausgangsbedingungen für einen neuen politischen Prozeß in einer umgruppierten Arena formulieren.[94] Zahlreiche Implementationsaspekte politischer Programme und die dabei feststellbaren nichtrationalen Elemente und Verhaltenspräferenzen vervollkommnen also die Verfahrensprägung staatlicher Entscheidungen.

Angesichts dieser *Schlüsselstellung*, die der verfahrensmäßigen Dimension gemeinschaftserheblicher Koordination und Integration zukommt, steht neben der Ergebnisorientierung staatlichen Entscheidens gleichberechtigt seine Prozeßorientierung. Der moderne Staat ist eben nicht auf Inhalte fixiert. Diese Erkenntnis versucht der Begriff der „Prozduralisierung" auszudrücken. Er kennzeichnet zum einen und zunächst den Umstand, daß jede staatliche (und gesellschaftliche) Ent-

---

[91] Für das *Verwaltungsverfahren* äußert sich diese einerseits in dem Verzicht, Rechtsmittel gegen die konkrete Verwaltungsentscheidung zu ergreifen; sie zeigt sich andererseits in dem Ausmaß politischer bzw. alltäglicher Ablehnung des jeweiligen Konkretisierungsergebnisses durch den Bürger; allgemein zum diesbezüglichen Deutungsgehalt von „Akzeptanz" vgl. *Hill*, DÖV 1988, 666ff.; *Röken*, DÖV 1989, 54ff.

[92] Vgl. nur *Karpen*, ZG 1986, S. 23f.; *Schulze-Fielitz*, Der informale Verfassungsstaat, S. 11ff., 21ff., 46ff., 69ff.

[93] Vgl. statt vieler *Bohne*, Der informale Rechtsstaat, S. 164ff., 171f., 176ff., 189ff.; *Wender*, Entscheidungsspiele, S. 185ff., 192ff., 203ff.

[94] Dies ist eines der Ergebnisse aus der Sicht der „Implementation" von Gerichtsentscheidungen, hierzu näher *Blankenburg/Gawron/Rogowski/Voigt*, DÖV 1986, 274ff.

scheidung durch Verfahren ergeht. Der Deutungsgehalt des Begriffs reicht jedoch weiter: Er umfaßt auch und andererseits die Formenvielfalt des Gegenseitigkeitsverhältnisses von Entscheidung und Verfahren sowie die rechtliche Einkleidung bzw. Formgebung dieses Wechselbezuges – oder eben den Verzicht hierauf.[95]

Im Grunde ist die „Prozeduralisierung" der staatlichen Entscheidungsfunktion seit langem vertraut. Besonders anschaulich läßt sich das an der Ausbildung des gerichtlichen Verfahrensrechts[96] und an der Geschichte des Gesetzgebungsverfahrens zeigen.[97] Auch im Bereich der Exekutive spielen seit langem Fragen des einzuhaltenden Entscheidungsverfahrens eine wesentliche Rolle, wie Beispiele aus dem Enteignungs-, Vollstreckungs- oder Beschwerde(Rekurs-)Wesen belegen.[98] Die darin angelegte Überzeugung von der Wirkung des Verfahrensmoments und das Bewußtsein von der eigenständigen Rolle des Verfahrens bei der Entscheidungsproduktion gründen auf den gleichermaßen tradierten *Eigenwerten* des Verfahrensgedankens. Sie liegen in der Überschaubarkeit und Einsichtigkeit einer Entscheidungsfindung, die den Einbezug divergierender, in der Sache gegensätzlicher Positionen ermöglicht, Entscheidungen ausreifen läßt, die Entscheidungsvorbereitung zu einem fruchtbaren Dialog führen kann und dadurch in der Lage ist, integrierend zu wirken.

Die systematische Verfeinerung des auf diese Verfahrensleistungen gerichteten *verfahrensbezogenen Denkens*, also eines Denkens, das sich dem Problem stellt, in welchen Phasen oder wie sonst ein Entscheidungsprozeß verläuft, welche Qualität er aufweist und wer auf ihn Einfluß nimmt, ist freilich in der Rechtswissenschaft allzu lange Zeit zurückgedrängt worden. Es hat erst in den letzten Jahren einen (frappanten) Aufschwung genommen,[99] trifft allerdings noch immer und derzeit verstärkt auf retardierende Strömungen.[100] Verantwortlich hierfür zeichnet ein Poli-

---

[95] Er zielt insoweit in der Tat auf „Rekonstitutionalisierbarkeit von ‚Freiheit', also auf erneuerten Gewinn von Maßstäben, von Foren, von Verfahren für die Recht-Fertigungen" (*Wiethölter*, KritJ 1986, 21 ff., 32); vgl. im übrigen die Nachw. oben in Text und Anmerkungen des 2. Kap., A. II. 1.

[96] Siehe *Grunsky*, Grundlagen, S. 1 ff.; *Henckel*, Prozeßrecht, S. 5 ff.

[97] *Ebel*, Geschichte der Gesetzgebung in Deutschland, um Nachträge erweiterter Neudruck der 2. Aufl., 1958, 1988; *Grawert*, Gesetzgebung im Wirkungszusammenhang konstitutioneller Regierungen, in: Der Staat, Beiheft 7 (1984), S. 113 ff., 121 f., 125, 148 ff.; *Heyen*, Historische und philosophische Grundfragen der Gesetzgebungslehre, in: Schreckenberger, Gesetzgebungslehre, S. 11 ff., 12, 14.

[98] Nachw. hierzu bei *Schmidt-Aßmann*, Jura 1979, 505 m. Anm. 3–5; vgl. auch *Frenzel*, Der Staat 18 (1979), S. 592 ff.

[99] Dazu siehe näher die Darstellung der „vorhandene(n) und absehbare(n) Entwicklungen" bei *Schmidt-Aßmann*, Verfahrensgedanke, S. 3 ff. – Freilich verläuft die Darstellung nur in Richtung auf einen utilitaristischen Ansatz, der ohne rechts- und staatstheoretische Perspektive bleibt.

[100] Vgl. etwa für das *Verwaltungsverfahren* die Einschränkung der Beteiligungsrechte in §§ 3 Abs. 1 und 3, 214–216 BauGB; zu optimistisch insoweit wohl doch *Grimm*, NVwZ 1985, 867; für das *Verwaltungsprozeßrecht* siehe ferner die krit. Bemerkungen von *J. Ipsen*, JA 1987, 128, 129 f.; auch das Strafprozeßrecht – um ein weiteres Beispiel zu geben – kann sich diesen

tikbegriff, der auch heute noch vorwiegend allen auf Inhalte fixiert ist. Dementsprechend verbreitet ist das Credo von der Existenz der nur *einen* rechtlich zutreffenden Entscheidung. Das ist auf der gedanklichen Grundlage, auf der sich der moderne Staat entwickelt hat, auch ganz verständlich. Denn weil und soweit ihm das materielle Recht als Imperativ seiner Willensbildung gilt, kann sein Handeln gar nicht anders als auf einer aus ihm definitiv ableitbaren Entscheidung beruhen. Und ebenso muß der Schwerpunkt der justizförmigen Kontrolle politisch-administrativen Handelns in materiell-rechtlichen Richtigkeitserwägungen liegen, die sich primär auf das *Ergebnis* der jeweiligen Entscheidung beziehen.[101] Die im öffentlichen Recht herrschende Lehre von den unbestimmten Gesetzes- und Rechtsbegriffen[102] ist der deutlichste Ausdruck hierfür: Nicht der Entscheidungsvorgang ist von rechtlichem Interesse, sondern das, was herauskommt, die Entscheidung.[103]

II. Von der Ergebnis- zur Verfahrensrichtigkeit?

Diese und andere gedankliche Grundlagen des modernen Staates sind inzwischen im Wandel begriffen. Immer deutlicher zeichnet sich die allmählich zurückgehende ausschließliche Koordination der Gesellschaft durch materielles Recht ab. Die Grenzen des Rechts werden sichtbar.[104]

1. Der prozedurale Grundzug des Rechts

Im Verlauf dieser noch sehr jungen Entwicklung lassen sich erste Anzeichen einer Rückbesinnung auf die Prozeßdimension staatlichen Entscheidens erkennen. Das (normative) Verfahrensmodell und die in ihm geborgene prozedurale Steuerung der Gesellschaft gewinnen (wieder) an Gewicht. Nicht von ungefähr konzentriert sich

---

Strömungen nicht ganz entziehen, siehe dazu zul. *Wassermann*, ZRP 1987, 168ff., 171f., sowie z.B. *P.-A. Albrecht*, Spezialprävention angesichts neuer Tätergruppen, ZStW 97 (1985), S. 831ff., 851ff., 862f., 967ff.

[101] Vgl. dazu schon früher, obschon vor einem anderen Hintergrund als hier, *F. W. Scharpf*, Die politischen Kosten des Rechtsstaats, passim.

[102] Siehe die Nachw. oben, 1. Kap., B. II. 2b).

[103] So geht zwar auch der Gesetzgeber des *Verwaltungsverfahrensrechts* an sich von der materiell-rechtlichen Auswirkung aller Verfahrensfehler aus, vgl. auch *H. Meyer*, NVwZ 1986, 516f.; aber die Vorschriften der §§ 46 VwVfG, 42 SGB X, 127 AO belegen denn doch eine Relativierung der Verfahrensrechte zugunsten des Bestandes in der Sache „richtiger" Entscheidung, vgl. hierzu auch das Akzept von *Schmidt-Aßmann*, Ordnungsidee, S. 54f., 56 m.w. Nachw.; *ders.*, HdbStR III, 1988, S. 649f.

[104] Vgl. auch *R. Voigt*, Grenzen rechtlicher Steuerung, S. 24ff., 28ff.; *H. Willke*, Entzauberung des Staates, S. 49ff.; *Trute*, Leistungsfähigkeit des Rechts, S. 1ff.

eine erneuerte Gesetzgebungslehre[105] auf das Gesetzgebungs*verfahren*,[106] spricht man von den Grundrechten als Verfahrensgarantien,[107] wird das verfahrensrechtliche Denken im Verwaltungsrecht propagiert[108] und zeichnen sich Ansätze einer prozeßorientierten Rechtmäßigkeitskontrolle ab.[109]

Bekannt – und schon älteren Datums – sind darüber hinaus die Überlegungen im Planungsrecht, wo zwischen dem Planen als Vorgang und dem Plan als Produkt dieses Vorganges unterschieden wird.[110] Verschiedene Gesetze, die komplexe Planungen regeln und auf deren Grundlage Planungsmaßnahmen verbreitet zu Betroffenheiten führen, erlegen zudem der Verwaltung ein Bündel von Informationspflichten zugunsten der Betroffenen auf. Diesen werden fernerhin Beteiligungsrechte eingeräumt, die sie instandsetzen sollen, ihren Standpunkt schon im Vorbereitungsstadium der Planungsentscheidung zu vertreten.[111] Rechtswahrung und Rechtsschutz werden auf diese Weise in das Verwaltungsverfahren vorgezogen, während sich die gerichtliche Kontrolle in gleichem Maße von der Ergebnisorientierung auf die Verfahrensprüfung verlagern muß. Das Recht nimmt so einen stark prozeduralen Grundzug an.[112]

Dessen eigentliche Bedeutung blieb lange Zeit verborgen. Erst *R. Wiethölter* hat darin eine „grundsätzlichere Umorientierung(en) des Rechtsbegriffes" sehen wollen.[113] Er meinte, daß „in jüngster Zeit Rechtsprogramme ... immer mehr umgestellt werden auf ‚Prozeduralisierungen', genauer: sie zielen nicht auf soziale Gewährleistungen (als ‚Freiheits-Recht'), nicht auf Gewährungen (als ‚politische Verwaltung'), sondern auf Bedingungen der Möglichkeit (und dann Organisation, Verfahren, Personal für Verwirklichungen) solcher Gewährleistungen und Gewährun-

---

[105] Zu ihr zusammenfassend und mit zahlr. Nachw. *H. Hill*, Jura 1986, 57ff.; siehe ferner die Beiträge in *I. Tammelo/E. Mock* (Hrsg.), Rechtstheorie und Gesetzgebung, FS F. Weimar, 1986; viel Skepsis allerdings bei *H. H. Rupp*, Politische Anforderungen, S. 45ff.

[106] Vgl. z.B. *Goerlich*, JR 1977, 89ff.; *Hill*, Jura 1986, 286ff., 291ff.; *Lerche*, Vorbereitung grundrechtlichen Ausgleichs, S. 109ff.; *Scholz/Pitschas*, Informationelle Selbstbestimmung, S. 53; *Schulze-Fielitz*, Gesetzgebungsprozeß, S. 105ff.; *ders.*, Theorie und Praxis, passim.

[107] Hierzu siehe bereits die Nachw. oben, 1. Kap., Fn. 333; allerdings fehlt teilweise noch der Rückbezug auf den Formwandel des Rechts; das beklagen auch *Gerhardt/Jacob*, DÖV 1986, 258ff., 265ff., 272 m. Anm. 125.

[108] Vor allem von *Schmidt-Aßmann*, programmatisch zuletzt insbes. in: Verfahrensgedanke, passim (allerdings mit der oben, Fn. 99, genannten Einschränkung); *ders.*, DVBl. 1989, 536f., 537f.

[109] Siehe u.a. die Klärung der Funktion des sog. vorläufigen positiven Gesamturteils und seine Abgrenzung zum Vorbescheid im Wyhl-Urteil des BVerwG sowie dessen Bezugnahme auf das VG Schleswig, BVerwGE 72, 300 (316f.); vgl. auch *Sellner*, NVwZ 1986, 616f.; *Rengeling*, DVBl. 1986, 265ff.

[110] BVerwGE 34, 301 (309); 45, 309 (312ff.); 47, 144 (146); 48, 56 (63f.); *Ronellenfitsch*, Planungsrecht, S. 8ff.

[111] Im einzelnen dazu die Nachw. bei *Schmitt Glaeser*, Position der Bürger, S. 53, 54, 60.

[112] Vgl. zu den Zwangsläufigkeiten dieser Entwicklung sehr früh schon *R. Scholz*, VVDStRL 34 (1976), S. 203ff.; siehe nunmehr mit Bezug zum *Verwaltungsverfahren* speziell *Grimm*, NVwZ 1985, 867.

[113] Entwicklung des Rechtsbegriffs, S. 38ff., 42ff.

gen (als ‚reflexive', lernende Sozialsysteme)."[114] Und in der Tat fügt der Umstand, daß sich „Recht" mehr als je zuvor auf die Meta-Ebene der Regulierung von Prozessen bzw. auf die Verteilung und Neudefinition von Steuerungsrechten sowie Entscheidungskompetenzen zurückzieht[115] und damit zunehmend „in" und „durch" Verfahren selbst erst herausgebildet wird, dem Begriff der Prozeduralisierung eine weitere Dimension seiner Reichweite hinzu: Anstelle inhaltlich bestimmter Vorgaben bevorzugt die prozedurale Orientierung des Rechts *reflexive Mechanismen*, die das angestrebte Ergebnis nur über die Installation prozeduraler Entscheidungsprämissen determinieren.

Darin wird ganz ohne Zweifel eine Akzentverschiebung der Prozeßorientierung des modernen Staates i.S. einer neuen Entwicklungsstufe deutlich. Sie unterliegt jedoch keiner prinzipiellen Veränderung. Von einem veränderten Rechtsbegriff oder auch von einem „alternativen" Konzept politischer Steuerung und rechtlicher Kontrolle kann nicht die Rede sein. Der moderne Staat ist und bleibt unter der Geltung des Grundgesetzes ein normativ verfaßter Verfahrensstaat; die Effektivierung seines Prozeßmoments und des damit organisch verbundenen Rechts steht in der Kontinuität seiner verfassungsgeleiteten Entwicklung.[116] Ergebnisbezogenes und verfahrensbezogenes Denken, inhaltliche Fixierung und „Prozeduralisierung" der staatlichen Entscheidungsfunktion sind deshalb keine sich ausschließenden Gegensätze, sondern zwei sich ergänzende Strukturlinien des modernen Staates, die sich je nach Erfordernis gegenseitig verschieben können. Zu warnen ist deshalb auch vor einer Hypostasierung des Prozeßdenkens. „Prozedurales" Recht und eine prozeßorientierte Rechtmäßigkeitskontrolle können der inhaltlichen Aussage bzw. Maßstabsbindung durch die primär zuständigen politisch-administrativen Instanzen nicht entraten.[117]

2. *Relative Richtigkeitsgewähr des Verfahrens*

Freilich erscheint das Wirkungspotential der Prozeduralisierung für die gesellschaftliche Koordination und Integration durch Recht derzeit noch kaum ausgeschöpft. Der seit einiger Zeit betriebene und voraufgehend skizzierte rechtstheoretische Aufwand um Entwicklungsmodelle des Rechts täuscht nicht darüber hinweg, daß die *prozedurale Steuerung* im modernen Staat durch die Instituierung normati-

[114] *Wiethölter*, a.a.O. (Fn. 113), S. 42f.; aufgenommen dieser Gedanke erneut in: KritV 1986, 32f.

[115] Siehe dazu die Analyse oben, 2. Kap., A. II.

[116] Vgl. dazu noch die Ausführungen unten, 3. Teil, 9. und 10. Kapitel.

[117] Siehe auch *N. Reich*, FS R. Wassermann, S. 151ff.; richtig betont deshalb *Schmidt-Aßmann*, Ordnungsidee, S. 54, die Notwendigkeit, das Verhältnis zwischen „Verfahrensrichtigkeit" und „Ergebnisrichtigkeit" ausgeglichen zu halten. Das setzt für die letztere auch fürderhin ein gewisses Maß an *inhaltlichen* Vorgaben des Rechts voraus – wenn man so will, ein Grundmaß an „Materialisierung". Um dieses Maß zu gewinnen, sind freilich „Verfahren" (als Konstruktionsformen) unabdingbar.

ver Verfahrensmodelle weithin erst einmal entfaltet und maßstabsetzende normative Verfahrensstrukturen erst noch ausgeprägt werden müssen.

Existenz und Form, Ablauf und Gehalt der Prozesse im Zusammenhang staatlichen Handelns und Entscheidens interessieren dagegen aus herkömmlicher Sicht zumeist nur in ihrer postulierten akzessorischen Qualität. Ihre eigentliche Bedeutung bleibt höchst verborgen. Wo das Verfahren dennoch, wie z.B. in den Prozeßrechtslehren, zum Gegenstand näherer Auseinandersetzung gewählt wird, findet sich weitgehend seine „Selbständigkeit" geleugnet[118] und seine bloß „dienende Aufgabe" betont.[119] Diese soll vor allem darin bestehen, das subjektive materielle Recht durchzusetzen und in diesem Sinne „richtige" Entscheidungen herzustellen.[120] Dementsprechend wird z.B. für das Verwaltungsverfahren behauptet, es stehe unter der Direktive des „Richtigen".[121]

Nach verbreiteter Ansicht liegt also der Sinn geregelter Verfahren in der Herstellung richtiger Entscheidungen.[122] Hierzu mag zwar das mitunter eingeflochtene Eingeständnis, die Durchsetzung des subjektiven materiellen Rechts sei als Aufgabe des Prozesses in Frage gestellt, „wenn es tatsächlich unmöglich wäre, genau subsumierbare Gesetze zu schaffen", seltsam kontrastieren.[123] Jedoch unterstreicht der auf diese Weise herausgestellte innere Zusammenhang zwischen der Rechtmäßigkeit von Entscheidungen und der Art und Weise ihres Zustandekommens recht plastisch die Bedeutung angemessener *prozeduraler* Regelungen. Sie verdienen offenbar um so mehr Beachtung, je weniger das materielle Recht selbst inhaltlich bestimmt ist. Und das wiederum ist zunehmend der Fall.

Im Zuge dieser Entwicklung gewinnt der *Eigenwert* staatlicher Entscheidungsverfahren an Bedeutung. Er nimmt in dem Maße zu, in dem Legalität als Medium der Koordination und Integration seinen imperativen Charakter verliert und die Erkenntnis wächst, daß Weg und Verfahren, Kompetenz und Person das Ergebnis der staatlichen Willens- und Einheitsbildung mitbestimmen und deshalb auch die sog. „streng gebundenen" Entscheidungen hiervon abhängen. Solange Menschen das Recht schaffen, anwenden, interpretieren und in Einzelfallgerechtigkeit umsetzen, ist mithin das Dogma von der „einzig richtigen" Entscheidung zurückzuweisen.

---

118 Siehe z.B. für das Prozeßrecht *Grunsky*, Grundlagen, S. 7; für den Verwaltungsprozeß auch *Renck*, JuS 1966, 273ff., 275.

119 *Blomeyer*, AcP 159 (1960), S. 385ff., 405; anders aber z.B. *Rosenberg/Schwab*, Zivilprozeßrecht, S. 4f.

120 *Stein-Jonas-Schumann*, ZPO, 20. Aufl., Einl., Rdnr. 27ff.

121 Vgl. hierzu die Nachw. oben, 2. Kap., Fn. 237, 249, 256 und öfter. Das Recht kennt jedoch keine „richtigen", sondern nur *rechtmäßige* Entscheidungen.

122 Dies vertreten selbst diejenigen, die dem Prozeßelement des Staatlichen eine verhältnismäßig große Bedeutung zumessen, wie z.B. *v. Arnim*, vgl. *ders.*, Staatslehre, S. 193. Damit aber werden Verfahren überfordert. Was sie aber bieten, ist die Gewähr, daß die Konkretisierung „immerhin ‚richtig' zustande gekommen (ist), von der ‚Legitimation durch Verfahren' getragen ist und die unter Menschen noch verläßlichste Richtigkeitserwartung besitzt" (*H. H. Rupp*, FS O. Bachof, S. 165).

123 *Grunsky*, Grundlagen, S. 15.

Es liegt deshalb nahe, stattdessen verstärkt auf die *Richtigkeitsgarantie von Verfahren* zu setzen. Denn wenn Verfahren so sehr die inhaltliche Entscheidung determinieren, dann begründen sie zumindest eine Präsumtion für ihre inhaltliche Richtigkeit, wenn und soweit alle Verfahrensvoraussetzungen erfüllt sind. Und in der Tat bildet das ordnungsgemäß abgewickelte Verfahren *eine* konstituierende Voraussetzung dafür, daß die rechtsförmige Entscheidung immerhin „richtig" zustande gekommen ist und dem Ziel eines an Wahrheit und Gerechtigkeit orientierten Ergebnisses unterworfen wurde.[124]

Auf dieser Grundlage verfügen „in" und „durch" Verfahren hergestellte staatliche Entscheidungen über eine *partielle* Richtigkeitsgewähr. Sie können allerdings keine absolute Richtigkeit garantieren. Denn zum einen vermag ein auf Rollenebene ausdifferenziertes Interaktionssystem wie das Verfahren keine einzig richtige, alle überzeugende Lösung eines Entscheidungsproblems zu gewährleisten, weil dem die Notwendigkeit des *Entscheidens* entgegensteht: Ein System, das die Entscheidbarkeit aller aufgeworfenen Probleme garantieren muß, kann nicht zugleich wegen der allgemeinen Irrtumsanfälligkeit menschlichen Dafürhaltens die Richtigkeit der Entscheidung garantieren. Unter dem Entscheidungszwang stiften deshalb auch Prozeduren keine Gewißheit für materielle Gerechtigkeit. Und selbst zusätzliche Vorkehrungen, die der moderne Staat in den Entscheidungsgang einfügt – wie z. B. legislative Vermittlungsinstanzen, individuelle Verfahrensgrundrechte oder ein ausgebauter Rechtsschutz durch unabhängige Gerichte –, können nicht ausschließen, daß gegenüber dem einzelnen oder Gruppen, unter Umständen sogar für die Mehrheit der Bürger mit Blick auf die Zukunft unterträgliche bzw. „falsche" Entscheidungen getroffen werden.[125]

Auf der anderen Seite ist daran zu erinnern, daß materielles Recht und Verfahren eine *mediale Einheit* bilden.[126] Das Verfahren ist als Entscheidungsmodus nicht „frei" und nicht ausschließlich durch sich selbst gesetzte Ziele gesteuert, sondern es bleibt in Form und Ablauf am materiellen (und formellen) Recht ausgerichtet bzw. an den für dessen Erzeugung geschaffenen Grund-Regeln. Rechtlich geordnete Entscheidungsverfahren laufen immer auch zugleich auf *inhaltliche* Fragen einer interessengerechten Konfliktregelung hinaus. Materielle Entscheidungen und das Verfahren, in dem sie zustandekommen und durchgesetzt werden, stehen deshalb in einem unlösbaren wechselseitigen Konnex. Dieser Zusammenhang von materieller Rechtsgrundlage und Verfahrensgestaltung hat zur Folge, daß Verfahren nicht allein die Chance zur Verfahrensteilhabe bieten und nicht nur das (gerechte) Ergebnis

---

[124] Vgl. dazu oben, Fn. 122; für das *Verwaltungsverfahren* siehe auch *Hufen*, ebd., S. 34f.; *Grimm*, NVwZ 1985, S. 872, r. Sp., spricht dagegen von „Vermutung" (– wenn er aber zuvor darlegt, daß die Regelungen der §§ 44a VwGO, 45 und 46 VwVfG keinen Bedenken begegnen, S. 871, 1. Sp., so scheint das doch leicht widersprüchlich).

[125] Dies z. B. mit Blick auf den gesellschaftlichen Brennpunkt der „Kernenergiedebatte", vgl. nur *Dreier*, ZParl 1986, S. 94ff., 109ff.; *H. Hofmann*, ZRP 1986, S. 87ff.

[126] Vgl. dazu mit Bezug auf das Verwaltungsverfahrensrecht *Fiedler*, AöR 105 (1980), S. 79ff., 84ff.

staatlichen Entscheidens mitbestimmen; ebenso und umgekehrt werden Struktur, Umfang und Ablauf des Entscheidungsprozesses samt seiner notwendigen „Informationsdichte" durch die jeweils anzuwendenden und auszulegenden unbestimmten Gesetzes- bzw. Rechtsbegriffe gesteuert. Es gibt deshalb weder restlose Ungebundenheit des Verfahrens noch läßt sich ein „einzig richtiges" Verfahren postulieren. Als Entscheidungsmodus steht es vielmehr in der Konkurrenz vielfältiger Verfahrensanlässe, anzuwendender Rechtsnormen und zahlloser Folgeüberlegungen.

In Anbetracht dessen kann es auch keine ausschließliche Verfahrensrichtigkeit geben. Sie stellt vielmehr eine relative Größe dar, abhängig vom materiellen Recht und den je nach Verfahrensgegenstand spezifisch situativen, organisatorischen und personellen Rahmenbedingungen seiner prozeduralen Umsetzung. Doch ebensowenig, wie ein bloßes Verfahren ausreicht, um im Einzelfall oder allgemein akzeptierte Entscheidungen herzustellen, kann ihre inhaltliche Richtigkeit der Verfahrensbindung entraten. Die *relative Richtigkeitsgewähr durch Verfahren* tritt deshalb stets neben die (variable) *Ergebnisverantwortung* des modernen Staates, die seine Gründung auf „Recht" unverbrüchlich impliziert.[127] Damit wird Verfahrensrichtigkeit zur wesentlichen Bedingung der Entscheidungsrichtigkeit.

---

[127] A. A. – aber falsch – *Teubner*, ARSP 68 (1982), S. 50: Im Verfassungsstaat bleibt das Konzept des „reflexiven" Rechts nicht auf die Installation selbstregulatorischer Mechanismen beschränkt; es ist der „gerechten" Lösung gesellschaftlicher Konflikte verpflichtet!

4. Kapitel. Verfahrensidee und Verfahrensrationalität

A. Verfahrensrationalität als Bezugsproblem der „Prozeduralisierung“

Der skizzierte Beitrag des Verfahrens zur Richtigkeit staatlicher Entscheidungen wirft allerdings ein Form-Inhalt-Problem auf. Je weniger die Entscheidungsprozesse inhaltlich determiniert sind, desto wichtiger wird die Frage nach den *Strukturen*, in denen diese Prozesse ablaufen. Da Verfahren mehr als nur eine „Entscheidungsprämisse“ sind, nämlich der Ort, an dem die staatlichen Entscheidungen entstehen, kommt es darauf an, *wie* ihre Gestalt beschaffen ist, ob die Strukturen variierbar bzw. relativierbar sind und ob sie in ihrer Konsistenz den materiell-rechtlichen Verhaltensgeboten entsprechen.

Strukturierungen prägen also das Verfahrensergebnis und beeinflussen maßgeblich seine prozedurale Richtigkeitsgewähr. Sie müssen daher im Hinblick auf die materiell-rechtlichen Verfahrensvorgaben und gegenüber den situativen wie sonstigen Rahmenbedingungen der Erreichbarkeit dieser Vorgaben „funktional“ sein, d.h. die Garantie dafür bieten, daß unter den gegebenen Voraussetzungen ein „vertretbares“ Ergebnis erzielt werden kann. Die Prozeduralisierung der staatlichen Entscheidungsfunktion zu erkennen, heißt somit auch und zugleich, sich der Frage nach der *Rationalität der Verfahrensstrukturen* („Verfahrensadäquanz“) bewußt zu werden und zu versuchen, sie vor dem Hintergrund der Entwicklungsdynamik und -logik des modernen Staates zu beantworten.

Funktionale Fragestellungen wie diese lenken die Aufmerksamkeit auf das eigentliche Bezugsproblem, zu dessen Lösung sie beitragen wollen, nämlich auf das Gegenseitigkeitsverhältnis von Entscheidung und Verfahren. Im Verfahrenswege soll sich autoritative Verhaltenskoordination durch Recht erfüllen.[1] Dem Verfahren wird damit eine spezifische Aufgabe übertragen. Sie mit möglichst optimaler Effektivität und Effizienz wahrzunehmen, ist sein Auftrag. Darin liegt der *Leistungsaspekt* staatlicher Entscheidungsprozesse. Hinzu tritt die Steuerung und soziale Kontrolle einer Vielzahl von Menschen „in“ und „durch“ Verfahren, also der *Herrschaftsaspekt*.

Die einleitende Frage nach der Rationalität der Verfahrensstrukturen betrifft beide Aspekte. Gleichwohl steht hier zunächst der Leistungsaspekt im Vordergrund. Entsprechende Strukturüberlegungen zum Verfahren, die dabei ausschließlich auf seine „dienende“ Funktion abzielten, würden freilich den komplexen Gegenseitigkeitsbezug von Entscheidung und Verfahren verfehlen. Denn der „Prozeß“ der Entscheidungsherstellung entfaltet – wie schon angedeutet – eine durchaus eigen-

---

[1] Vgl. oben, 3. Kap., A.IV.2.

ständige Bedeutung. Ihr genügt auch seine diesbezügliche Kennzeichnung als Informationsverarbeitung, Willensbildung und -betätigung noch nicht. Sie beschreibt lediglich den Realvorgang, macht aber nicht seine eigenen Prämissen zum Thema. Gerade aber diese prägen das ausschlaggebende Kriterium der größten Wirkungschance einer Verfahrensstrukturierung.

B. Formale Verfahrensrationalität staatlicher Entscheidungsprozesse

I. Formal-rationale Entscheidungsbindung durch Verfahren der Gesetzgebung, Verwaltung und Justiz

Ob eine bloß formal-rationale Entscheidungsbindung hierfür hinreichend Gewähr bietet, wie dies die gegenwärtige Verfahrenstheorie annimmt,[2] erscheint fraglich. Diese Annahme gehört allerdings zu der „Eisernen Ration" des rechtsförmig gesteuerten modernen Staates. Der normalen, also begrifflich-abstrakten Orientierung seines Handelns am Recht entspricht ein verfahrensmäßiges Element, nämlich die durch die Beachtung strikter Regeln gewährleistete „zunehmend rationale Technik des Rechtsganges".[3] Die Subsumtion unter Normen als das maßgebliche Grundmuster rationalen Staatshandelns wird durch rechtsförmige Entscheidungsbindung „in" Verfahren vervollständigt: Ohne Verfahrensrecht, also ohne die normative Festlegung, wie und von wem das materielle Recht erzeugt bzw. durchgesetzt werden kann, bliebe dieses letztlich wirkungslos.[4]

Die Entscheidungsbindung des Staates „in" und „durch" rechtlich geordnete Verfahren findet damit (zunächst) ihre Verankerung in einem *Rationalitätstypus unverfälschter Normdurchsetzung*. Die Einhaltung des vorgeschriebenen rechtlichen Verfahrens dient nicht nur der Wahrung der Kompetenzen beteiligter Organe und der Rechte sonstiger Beteiligter, sondern auch der möglichst sorgfältigen Entscheidungsfindung. Ebenso wie im materiellen Bereich das „Formalrecht" die Vernunft

---

[2] Siehe z.B. *B. Becker*, Entscheidungen, S. 281, 283; *Hill*, Jura 1986, 291 m. Anm. 97; *Jauernig*, JuS 1971, 329ff., 333f.; *Meyer-Hesemann*, Methodenwandel, S. 169 m. Anm. 80.

[3] *M. Weber*, Rechtssoziologie, S. 331.

[4] Hierzu vgl. im Hinblick auf das *gerichtliche* Verfahren *Gaul*, AcP 168 (1968), S. 27ff.; *Gilles*, JuS 1981, 403f.; *Sendler*, Prozeßrecht und materielles Recht in dem Entwurf einer Verwaltungsprozeßordnung, in: Die Vereinheitlichung der Verwaltungsgerichtsgesetze zu einer Verwaltungsprozeßordnung, 1978, S. 147ff.; Wannagat, SGb. 1979, 177; im Hinblick auf das Gesetzgebungsverfahren siehe z.B. *Schulze-Fielitz*, NVwZ 1983, 709f., 711f.; für das Verwaltungsrecht vgl. etwa *Fiedler*, AöR 105 (1980), S. 79ff., 83, 85ff.; *Schnapp*, Rechtstheorie, Beiheft 5 (1984), S. 381ff., 391ff. Materielles und formelles Recht sind deshalb letztlich – so sehr man auch meint, sie voneinander sondern zu müssen (vgl. etwa *Henckel*, Prozeßrecht, S. 7ff.; 21, 25; *Schaper*, Theorie und Soziologie des gerichtlichen Verfahrens, S. 73ff., 79ff., 91ff.; *Rosenberg/Schwab*, Zivilprozeßrecht, S. 4f.; für das Verwaltungsverfahren siehe nur *Bettermann*, VVDStRL 17, 1959, S. 120ff.) – untrennbar miteinander verbunden!

des staatlichen Handelns und Entscheidens prägt, legen normative Verfahrensregeln die Kriterien fest, an welchen jeder einzelne Verfahrensschritt des Entscheidungsträgers zur Setzung bzw. Verwirklichung von materiellem Recht zu orientieren ist und gemessen wird. Entsprechend angeleitetes Verfahrenshandeln kann als (formal) rational bezeichnet werden.[5]

Der hohe Stellenwert derartiger Verfahrensgestaltung und -abwicklung nach generalisierten Rationalitätskriterien erklärt sich aus ihrer spezifischen Leistung für die je verschiedenen Zwecke staatlicher Entscheidungsprozesse. So ist Zweck des *Gesetzgebungsverfahrens* nicht nur ganz allgemein die Konkretisierung der Staatsziele, die Verwirklichung des Gemeinwohls und der Schutz, die Ausgestaltung sowie der Ausgleich der individuellen Freiheitsoptionen, sondern – da dies konkret durch den beabsichtigten Norminhalt geschehen soll –, auch das Zustandekommen einer optimalen materiellen gesetzlichen Regelung.[6]

Hierfür sind Verfahrensformalisierungen wie z.B. die Geltungsanordnung des Mehrheitsprinzips als der grundsätzlichen Entscheidungsregel und formalisierte Verfahrensabläufe[7] unverzichtbar. In ihnen werden die Normentwürfe nach festgelegten Regeln der Diskussion und Beratung zugeführt, um die notwendigen Informationsgrundlagen für die gesetzgeberische Entscheidung zu schaffen oder zu erweitern. Ebenso tragen Verfahrensanordnungen über die Öffentlichkeit, die (pluralistische) Offenheit sowie die zeitliche Entzerrung und Mindestdauer des Verfahrens zu seiner Rationalität bei. Gleiches gilt für die i.d.R. vorgesehene arbeitsteilige Befassung mehrerer unterschiedlicher Organe und Gremien sowie für den Wechsel von öffentlichen und nichtöffentlichen Beratungsabschnitten.[8] Zugleich wollen diese und zahlreiche andere formale Entscheidungsbindungen der Legislative die Legitimation des jeweils beschlußfassenden Gremiums, dessen Entscheidungsfreiheit, die Transparenz der Entscheidungsfindung und des Entscheidungsinhalts, die Chancengleichheit der Mitwirkung aller von der Entscheidung Betroffenen sowie die Prüfung der Notwendigkeit eines Gesetzes sichern.[9]

Formalisiert sind im modernen Staat auch die Verfahren der *administrativen Entscheidungsfindung*. Sie sind herkömmlicherweise durch Strukturen geprägt, die sich aus einer tiefreichenden Methodengeschichte der europäischen Rechtskultur ent-

---

[5] *B. Becker*, Entscheidungen, S. 281, 283; allgemeiner *M. Weber*, Rechtssoziologie, S. 125; *ders.*, Wirtschaft und Gesellschaft, S. 565, 822.

[6] *Hill*, Jura 1986, 293; vgl. auch BayVGH, BayVBl. 1985, 87f., 88.

[7] Wie z.B. die Art. 76ff. GG für das Verfahren der Bundesgesetzgebung; vgl. *H. Schneider*, Gesetzgebung, S. 12 (Rdnr. 17), 71ff.; einen guten Überblick über den Verfahrensablauf von der Entstehung eines Gesetzentwurfs bis zur Ausfertigung und Verkündung des Gesetzes gibt ferner *Handschuh*, Gesetzgebung. Programm und Verfahren, 2. Aufl., 1985, S. 39–106.

[8] Vgl. allgemein hierzu *Leisner*, DÖV 1969, 405ff., 411; siehe ferner (am Beispiel des Gesetzgebungsverfahrens) *H. Steiger*, Organisatorische Grundlagen des parlamentarischen Regierungssystems, 1973, S. 87; *Zimmer*, Funktion-Kompetenz-Legitimation, S. 261; für die Rechtsprechung vgl. z.B. *Schünemann*, Grundbedingungen, S. 461ff., 468ff.; *Petev*, Spezifische Rationalität, S. 565ff., 568ff.

[9] *Mengel*, ZRP 1984, 153ff., 159ff.; in dieser Richtung ferner BVerfGE 74, 264 (293f., 297).

wickelt haben. Dies gilt sowohl für die Identifikation der Probleme und die Ermittlung der Sachverhalte wie für die Suche nach den einschlägigen Normen, die Auswahl der relevanten Daten und die verfahrensmäßige Rechts- und Zweckkonkretisierung.[10] Formell ist dieser Entscheidungsprozeß in ein *Verwaltungsverfahren* eingebettet, das von bestimmten rechtlichen Grundsätzen geprägt ist und den Verfahrensgang in Abschnitte gliedert. Er mündet in eine förmliche und klarstellende Verwaltungsentscheidung ein, die eine Überprüfung durch übergeordnete Behörden und letztlich durch die Verwaltungsgerichtsbarkeit eröffnet.[11]

Ergänzt wird diese Art der (formalen) Rationalisierung des administrativen Verfahrens durch ihre spezifisch bürokratische Durchdringung: Formale Rationalität als die Möglichkeit, den Gang und die Wirkungen des Verwaltungshandelns zu berechnen, und Bürokratie als die komplementäre Organisationsform sozialen Handelns in der öffentlichen Verwaltung greifen Hand in Hand.[12] Das derart bürokratisch rationalisierte Verwaltungsverfahren hat neben dem Leistungsaspekt auch eine stabilisierende Funktion. Es dient nach allgemeiner Ansicht der Herstellung von Kontinuität des Entscheidens sowie der Legitimationssicherung.[13]

Formal-rationaler Entscheidungsbindung „in“ und „durch“ Verfahren unterliegen schließlich auch die Urteile, Beschlüsse und sonstigen Entscheidungsakte der *Gerichte*. Die den modernen Staat und seine Rechtsentwicklung nicht zuletzt kennzeichnende Ausdifferenzierung von *Gerichtsverfahren*[14] wird durch die Entstehung und Verfeinerung von Prozeßrecht begleitet. Die Verfahrensformen und -regeln, die es für die Austragung von Konflikten bereitstellt, prägen den „Rechtsgang“. Rechtsschutz wird nach Maßgabe der Prozeßordnungen gewährleistet, die über die von ihnen programmierten oder regulierten Handlungen der Verfahrensbeteiligten – die sog. Prozeßhandlungen – den Verfahrensablauf voraussehbar und in einer gewissen Weise „mechanistisch“ steuern. Die Absicht, auf diesem Wege eine formal-rationale Entscheidungsbindung der Prozeßgerichte zu erreichen, spiegelt sich treffend in der überlieferten Feststellung wider, der zufolge das Zivilprozeßrecht politikfern und bloß technisches Recht sei, in dem nüchterne Zweckmäßigkeitsüberlegungen dominieren würden und Wertvorstellungen nichts zu suchen hätten.[15]

---

[10] *K. König*, System und Umwelt, S. 24.

[11] Denn nach herkömmlicher Ansicht bedingt juristische Kontrollfähigkeit „den Entscheid als meßbaren Verfahrensabschluß“, so statt aller *R. Scholz*, VVDStRL 34 (1976), S. 150 m. Anm. 14; daß dies die öffentliche Verwaltung fälschlich auf ein *Entscheidungsparadigma* festlegt, ist schon oben vermerkt worden (1. Kap., B.II.2.a) m. Fn. 198ff.) und wird unten, 7. Kap., C.I.2., noch näher zu erläutern sein.

[12] So schon *M. Weber*, Wirtschaft und Gesellschaft, S. 565.

[13] Vgl. statt aller *B. Becker*, Entscheidungen, S. 281.

[14] Nachw. hierzu bei *Wyduckel*, Die Herkunft der Rechtsprechung aus der Iurisdictio, in: N. Achterberg (Hrsg.), Rechtsprechungslehre, 1986, S. 247ff., 255ff., 263ff.

[15] So die berühmte Textstelle bei *F. Stein*, Grundriß des Zivilprozeßrechts und des Konkursrechts, 2. Aufl., 1921 (bearb. von *J. Juncker*), Vorwort (S. XIV); auf die herkömmlich „mechanistische“ Verständnisweise des Prozeßrechts verweist auch *J. J. Hagen*, Prozeßlehre, S. 11.

II. Grenzen unabhängiger staatlicher Willens- und Entscheidungsbildung

Immer mehr häufen sich freilich die Umstände, die *jenseits* der dargestellten verfahrensrationalen Bindungen die staatlichen Entscheidungen (auch) determinieren. Sie erfließen namentlich dem technischen Fortschritt und dessen Auswirkungen auf den gesamten Bereich der Gesellschaft[16] und stören das Bild einer weitgehend auf formale Handlungs- und Verfahrensrationalität gegründeten staatlichen Entscheidungsfunktion. Verstärkt sieht sich deshalb die Frage gestellt, ob staatliche Entscheidungen auch in dem Sinne rational sind, daß sie in der Sache und in ihrem Zustandekommen noch den *funktionalen* Erfordernissen und Bedürfnissen der entwickelten „technisierten" Industriegesellschaft entsprechen.[17]

Bereits die Staatslehre selbst hat zu dieser Problematik auf das überkommene Mißverhältnis zwischen Struktur und Funktion des staatlichen Entscheidungshandelns und -verfahrens hingewiesen. Betont wird, daß Stufenfolge und Inhalt der Rechtsordnung des Staates nicht die einzigen Determinanten staatlicher Willensbildung und -betätigung seien.[18] Und in der Tat verlangt die Anerkennung von „Entscheidung" als Notwendigkeit des modernen Staates nach einer Auseinandersetzung mit den ihm gezogenen *Grenzen unabhängiger Willensbildung und Entscheidungstätigkeit*. Sie offenbaren sich seit langem und heute mehr als je zuvor in der Einflußnahme von Gruppen, Verbänden und individuellen Trägern gesellschaftlicher Macht auf die staatlichen Entscheidungsprozesse.[19] Die Konfrontation auf diesem Feld ist allerdings schon weitgehend einer „kooperativen" Verflechtung[20] gewichen oder sogar durch Formen eines „private government" abgelöst.[21]

Solche und andere, hier nicht näher zu erörternde und letztlich auf die Frage nach dem Verhältnis von Staat und Gesellschaft zurückführende Vorgänge[22] haben indes

---

[16] *Lukes*, Technik und Recht, S. 40ff.; *v. Alemann/Schatz*, Mensch und Technik, S. 21ff.

[17] Vgl. für viele *Offe*, Politische Legitimation, S. 154ff., 178f.; *Pernthaler*, Staatslehre, S. 139ff., 142ff.; *Roßnagel*, KritV 1986, 343ff.

[18] *Herzog*, Staatslehre, S. 344ff.

[19] Dazu mit zahlr. w. Nachw. *Ellwein/Hesse*, Regierungssystem, S. 158ff., 161 („Neokorporatismus"), 162ff.

[20] *E. H. Ritter*, AöR 104 (1979), S. 389ff.; *ders.*, in: Jb. zur Staats- und Verwaltungswissenschaft, Bd. 1 (1987), S. 321ff.; *Schuppert*, Der Staat 28 (1989), S. 97ff.; vgl. für einzelne Beispiele zu den „Rechtsformen der Verflechtung von Staat und Wirtschaft" die Beiträge in dem gleichnamigen Sammelband, hrsg. von *V. Gessner* und *G. Winter*, JbRSoz Bd. 8 (1982).

[21] Hierzu siehe am konkreten Beispiel der tarifpartnerschaftlichen Selbstregelung *V. Ronge*, Rechtsetzung durch Tarifpartner? Zur Koexistenz von staatlichem und nichtstaatlichem Recht, in: *R. Voigt*, Abschied vom Recht, S. 278ff.; für den Umweltschutz vgl. *R. Wolf*, Stand der Technik, S. 11ff., 14f.

[22] Dazu *E.-W. Böckenförde*, Die Bedeutung der Unterscheidung von Staat und Gesellschaft im demokratischen Sozialstaat der Gegenwart, in: *ders.*, Staat, Gesellschaft, Freiheit, 1976, S. 185ff.; *K. Hesse*, Bemerkungen zur heutigen Problematik und Tragweite der Unterscheidung von Staat und Gesellschaft, in: *ders.*, Ausgewählte Schriften, 1984, S. 28ff.

gravierende Auswirkungen auf das Verständnis und die Geltung der „Spielregeln“, die der staatlichen Entscheidungsfindung zugrundeliegen. Sie schlagen dabei nicht nur auf den legislativen oder exekutiven Sektor wie z. B. in der staatlichen Regulierung des Gesundheitswesens durch.[23] So kommen auch und gerade in den Prozeßordnungen der *Gerichtsverfahren* die justizpolitischen Forderungen einer Gesellschaft an ihren Staat oft unmittelbarer als andernorts – und weitaus früher als im materiellen Recht – zum Ausdruck.[24]

Am Beispiel des gerichtlichen Verfahrens zeigt sich ferner und stellvertretend für das Verfahrensrecht schlechthin, daß die Prozeßordnungen das keineswegs nur konditional programmierte Verhalten der Verfahrensbeteiligten lediglich in punktuellen Ausschnitten erfassen. Sie werden von einem informellen Programm richterlicher oder anwaltlicher Strategien überlagert.[25] Es kommt zu einem Zusammenspiel formaler (rechtlicher) und informaler Regeln,[26] das von Bedeutung für die Gestaltung der Prozeßstrukturen ist. Denn da die Regeln der Prozeßordnungen das Verhalten der Verfahrenssubjekte nicht vollständig determinieren, sondern ihm nur einen Rahmen setzen, finden die Verhaltensmuster und Verfahrensstile sowohl der Richter als auch aller anderen an der Interaktion vor Gericht Beteiligten mannigfach Gelegenheit, den Gang des Verfahrens zu beeinflussen.[27]

C. Zweck- und Wertrationalität staatlicher Entscheidungsprozesse

I. Rationalisierungstendenzen des modernen Rechts

Noch ausschlaggebender für Veränderungen im Rationalitätstypus staatlicher Entscheidungsprozesse ist freilich der Funktionswandel des Rechts selbst, den der moderne Staat unter dem Einfluß gesellschaftlicher Entwicklungen erlebt und vollzieht. In ihm sind die funktionalen Bedürfnisse nach einem Übergang zu einem anderen, prozeduralen Rationalitätsmodus eingebettet.

Die Charakteristika dieses Wandels sind bekannt, wenngleich im einzelnen kei-

---

[23] Vgl. für das Gesundheitswesen m. w. Nachw. *Pitschas*, NJW 1986, 2861 ff., 2865 ff.

[24] Darauf verweist mit Recht *Wassermann*, Richterliche Gewalt, S. 188, im Anschluß an *Wieacker*, Privatrechtsgeschichte der Neuzeit, 1952, S. 276.

[25] Vgl. *Gilles*, Reform des Prozeßrechts, S. 132 f.

[26] *Gilles*, a. a. O. (Fn. 25), S. 128 ff., 131 ff., 135 ff.

[27] Hierzu zusammenfassend jüngst *Wassermann*, Richterliche Gewalt, S. 127 ff., 155 ff., 184 ff.; für den Zivilprozeß vgl. auch *Hartwig/Hesse*, Die Entscheidung im Zivilprozeß, S. 37 ff., 55 ff., 163 ff.; für den Strafprozeß siehe beispielhaft *H. H. Kühne*, Strafverfahrensrecht als Kommunikationsproblem, S. 34 ff., 108 ff., 191 ff.; für den Verwaltungsprozeß vgl. z. B. *F. Schütze*, Strategische Interaktion im Verwaltungsgericht – eine soziolinguistische Analyse zum Kommunikationsverlauf im Verfahren zur Anerkennung als Wehrdienstverweigerer, in: Interaktion vor Gericht, 1978, S. 19 ff.

nesfalls unumstritten.[28] Zu ihnen zählt die Überlagerung der vorherrschenden Regelorientierung i.S. präzise definierter Rechtsnormen durch legislative Zweckprogramme mit der Folge einer anhaltenden „Öffnung" des Rechts durch vielfältige Generalklauseln und unbestimmte Rechtsbegriffe.[29] Zugleich tendiert das Recht mehr und mehr dazu, Garantien für Freiheitssphären autonomen privaten Handelns dadurch umzuwerten, daß es soziales Verhalten direkt und ergebnisbezogen steuert. Dementsprechend entwickelt der moderne Staat dogmatische Figuren und vor allem *Verfahrensmodi*, die für seine politischen Interventionen die adäquaten („rationalen") Rechtsformen liefern.[30] Recht wird dadurch für die Ordnungs-, Gestaltungs-, Leistungs- und Lenkungszwecke eines Staates instrumentalisierbar, der als „Wohlfahrtsstaat" die Verantwortung für die gesellschaftliche Entwicklung übernommen hat, und zwar sowohl in der Definition von Zielen als auch in der Auswahl normativer Mittel, in der Bereitstellung ganzer Verhaltensprogramme und sogar für den Vollzugsgrad der Normen.[31] Recht ist damit das wichtigste Steuerungsmedium des modernen (Wohlfahrts-)Staates geworden.[32]

Hierin liegt eine bewußte und kontinuierliche Entwicklung. Dies gilt insbesondere für den *Wandel im Verhältnis von Recht und Verfahren*, die gemeinsam in einen wechselseitigen Zusammenhang medialer Steuerung eingebunden sind. Sie in Ausschließlichkeit einander gegenüberzustellen, ist deshalb falsch.[33] Beide stehen vielmehr in einem komplexen Gegenseitigkeitsverhältnis zueinander. In ihm verändert sich die Rolle des Rechts als Institution der Verfahrenskoordination wegen der medialen Wirkung des Verfahrens für seine Entstehung und Anwendung notwendig dann, wenn das Verfahren als solches und anders als früher zum Bezugspunkt der staatlichen Entscheidungsfunktion gewählt wird: Die „Offenheit" des Rechts mit Spielräumen für seine prozedurale Herausbildung im Rahmen staatlicher Willensbildung und -betätigung ist dann zu gleicher Zeit *Voraussetzung wie Folge* einer

---

[28] Siehe zusammenfassend *Röhl*, Rechtssoziologie, S. 525ff., 530ff., 537ff., 558ff.; *Teubner*, Verrechtlichung, S. 290ff.; vgl. ferner die Nachw. oben, 2. Kap., Fn. 153; 3. Kap., Fn. 77ff.; speziell zum modus der „prozeduralen Rationalität" jüngst auch *Eder*, ZfRSoz 7 (1986), S. 1ff.; *Ladeur*, ARSP 74 (1988), S. 234ff.

[29] Vgl. statt aller *H.-J. Koch*, Unbestimmte Rechtsbegriffe, S. 14ff.; *Papier*, DÖV 1986, S. 621ff.; *Teubner*, Generalklauseln als sozionormative Modelle, in: Generalklauseln als Gegenstand der Sozialwissenschaften, 1978, S. 13ff.; siehe ferner die Nachw. oben, 1. Kap., Fn. 115ff. Auch die Gerichte sind übrigens an der Erstellung und Gestaltung solcher „Zweckprogramme" beteiligt, vgl. z.B. *E. Schmidt*, Normzweck und Zweckprogramm, in: FS J. Esser, 1975, S. 139ff.; w. Nachw. in dem Sammelband von Th. Raiser/R. Voigt (Hrsg.), Durchsetzung und Wirkung von Rechtsentscheidungen, 1990.

[30] *Görlitz/Voigt*, Rechtspolitologie, S. 188ff.; *H. Willke*, Der Staat am Verhandlungstisch, S. 298ff., 306ff.

[31] Vgl. *Krebs*, Kontrolle, S. 134ff., 165ff.; *Mößle*, Regierungsfunktionen, S. 199, 20ff.; *Scholz/Pitschas*, Informationelle Selbstbestimmung, S. 54ff., 129f.

[32] Siehe nur *Luhmann*, Wohlfahrtsstaat, S. 94ff.

[33] Vgl. aber *Habermas*, Theorie des kommunikativen Handeln 2, S. 594; auf die Suche nach „Medialem Recht" hat sich unterdessen *Görlitz*, JfR 1987, S. 273ff., begeben; vgl. ferner *ders.*, Mediales Recht, S. 13ff.

derartigen Akzentuierung der Verfahrensdimension. Sie demgegenüber als ein *Defizit* der staatlichen Entwicklung zu beklagen,[34] verfehlt diese differenzierte Sinngebung.

II. Instrumentalisiertes Recht und prozedurale Zweckrationalität

Im Übergang zu einer „materiellen" Rationalität des Rechts ändern sich einerseits die *handlungsrationalen* Bindungen des Staates. Während nunmehr die Gesetzgebung dem Ziel der Steuerung des gesellschaftlichen Prozesses und der ökonomischen Entwicklung angemessen sein muß, also eine Umkehrung ihrer Handlungsrichtung im Vergleich zur überkommenen Aufgabenstellung erforderlich wird,[35] bedarf die exekutivische Entscheidungsproduktion einschließlich jener von Sachgütern und Dienstleistungen höchster Anpassungsfähigkeit und Flexibilität in dem Vollzug der gesetzten Zwecke unter Einschränkung der gerichtlichen Nachprüfbarkeit. Das Richtmaß ist nicht mehr nur legale Zweckkonkretisierung durch Rechtsanwendung, sondern zugleich funktionale Wirksamkeit und politischer Konsens.[36]

So oder so gewinnen in diesem Wandel der staatlichen Steuerungsdimension Verfahren einen eigenen Stellenwert. Als Instrumente einer *prozeduralen Steuerung* eingesetzt, ergänzen sie das Maßnahmenbündel der indirekten Staatsintervention. „Prozedurale Steuerung" verzichtet darauf, am Entscheidungsresultat anzusetzen; sie entlastet dadurch den Staat von einer unmittelbaren Entscheidungsverpflichtung und immunisiert ihn gegen die Obstruktionswirkung privater Entscheidungsvorbehalte.[37] Stattdessen werden für die Austragung von Konflikten zwischen unterschiedlichen Interessen adäquate Verfahrensregeln und Verhandlungssysteme rechtlich institutionalisiert.

Beispiele hierfür finden sich sowohl auf der Ebene der Zielformulierung[38] als auch auf der Vollzugsebene.[39] Im letzteren Fall dient der Aufbau entsprechender Verfah-

---

[34] Siehe hierzu die Nachw. oben, 1. Kap., Fn. 347ff.; so zählt denn auch die Verwendung von Generalklauseln zu den rechtsstaatlich zulässigen Methoden „offener" Regulierung der Gesellschaft, vgl. nur BVerfGE 37, 132 (142), 48, 210 (221f.); 63, 266 (287); 64, 261, (279); *Benda*, HdbVerfR 1983, S. 491; *P. Kirchhof*, JZ 1989, 453ff., 463f.

[35] Dazu treffend, obschon analytisch nicht genügend durchgearbeitet, *Mößle*, Regierungsfunktionen S. 193ff., 199f.

[36] Die Verwaltungsrechtsprechung beginnt, hieraus ihre Konsequenzen zu ziehen, vgl. BVerwGE 72, 300 (316f.); aus der Literatur siehe an dieser Stelle nur *Brohm*, JfR 1987, S. 31ff.; *ders.*, NVwZ 1988, 794ff.; *Papier*, FS C. H. Ule, S. 235ff.; zu den Konsequenzen im Verwaltungsverfahrensrecht vgl. z.B. *H. Meyer*, NVwZ 1986, 518.

[37] Vgl. *Offe*, Berufsbildungsreform, 1975, S. 264ff., 268ff.; *Herder-Dorneich*, Kostenexplosion im Gesundheitswesen, in: B. Külp/H. D. Haas (Hrsg.) Soziale Probleme der modernen Industriegesellschaft, 2. Hbbd., 1977, S. 577ff., 590ff.

[38] Vgl. *H. Willke*, Der Staat am Verhandlungstisch, S. 308.

[39] Z.B. im Umweltschutzrecht bei der Regelung der Voraussetzungen des Genehmigungsverfahrens gem. § 10 BImSchG; w. Nachw. bei *Lau/Treutner/Voß/Watzlawczik*, Innovative Verwaltungsarbeit, 1986; *R. Voigt*, JfR 1987, S. 48ff., 55ff.

rensstrukturen einer Interessenabstimmung zwischen je eigenen Belangen, Kompetenzen bzw. Wahrnehmungszuständigkeiten oder subjektiven Rechten der unterschiedlichen beteiligten Behörden einerseits, der Antragsteller andererseits und zwischen diesen und den betroffenen Bürgern.

Derartige prozedurale Steuerungsmodi erweisen sich für den modernen Staat angesichts zunehmender funktionaler Differenzierung der Gesellschaft und des daraus resultierenden Verlustes an Steuerungskraft der rechtlichen Inhalte als unverzichtbar.[40] Die eingesetzten Verfahrensweisen folgen dabei mehr oder weniger eigenen (normativen) Gütekriterien und empirischen Argumenten; die Auswahl unter den denkbaren und möglichen Verfahrensalternativen sowie die Verfahrensorganisation im einzelnen muß eine gewisse *Qualität* des Entscheidens verbürgen: An Entscheidungen oder Ergebnissen aus Verfahren interessiert nicht nur, daß und auf der Grundlage welcher Prozeduren sie getroffen bzw. gefunden worden sind. Mindestens ebenso sehr steht ihre *operative Plausibilität* in bezug auf die Lösung der Sachproblematik im Blickfeld des Interesses.

Die Fähigkeit des Staates, „Verfahren" beliebig für seine Zielgebungen und Aufgabenstellungen einzusetzen und auszugestalten, wird damit eingeschränkt. Zweckhafte Verfahrensrationalität tritt vielmehr an die Seite der Ergebnisrationalität, freilich nicht an ihre Stelle![41] Zugleich zeigt sich, daß Verfahrensrationalität nicht mehr nur durch formalisierte (verfassungs-)rechtliche Kriterien vorgeformt bzw. erreicht werden kann. Die jeweiligen differenzierten Funktionsanforderungen, die an ein konkretes Verfahren oder an einen bestimmten Verfahrenstypus gestellt werden, fordern ihre Berücksichtigung bis hin zur einzelfallbezogenen Konkretisierung von Verfahrensregeln.

Soweit dabei die *Strukturierung* von Verfahren in Frage steht, gehen von dem jeweiligen Organisationsprinzip, nach dem sich das Zusammenwirken staatlicher „Gewalten" arbeitsteilig vollzieht, prinzipielle Rationalitätsmaßgaben aus.[42] Die politische Gliederung der staatlichen Aufgabenerledigung enthält divergente Funktionsimperative für das jeweils zuzuordnende Verfahrenssystem; Verfahren der politischen Wahl[43] unterliegen deshalb anderen Bedingungen ihrer Wirksamkeit als parlamentarische Gesetzgebungsverfahren, Verwaltungsverfahren oder der gerichtliche Prozeß. Auch wenn der Bezug auf Wahrheit oder eine von den Machthabern unabhängige („wahre") Gerechtigkeit bzw. Richtigkeit des Entscheidens ihr ge-

---

[40] *R. Mayntz,* Implementation von regulativer Politik, S. 53, 54ff., 57f., 68f.; *dies.,* Politische Steuerung und gesellschaftliche Steuerungsprobleme, S. 99f., 103; für das Beispiel des Umweltrechts vgl. auch *Hoffmann-Riem,* WiVerw. 1983, 120ff., 128ff.

[41] Vgl. oben, 3. Kap., B.; die Einhaltung der Verfahrensvorschriften durch die öffentliche Verwaltung vermag deshalb für sich allein nicht die materielle Rechtmäßigkeit des Verwaltungshandelns zu garantieren; umgekehrt aber schlägt jeder Verfahrensfehler notwendig mehr oder weniger auf das sachliche Ergebnis durch.

[42] *Hesse,* Grundzüge, S. 187 (Rdnr. 482); *Krebs,* Kontrolle, S. 41ff.

[43] Zur Analyse der grundrechtlichen Garantie des Wahlrechts durch Art. 38 GG und seiner Ausformung durch das Wahlrecht als „Verfahren" vgl. *Luhmann,* Verfahren, S. 13f., 155ff.

meinsames Ziel sein mag,[44] handelt es sich doch um sehr verschiedenartige Verfahrenstypen. Dementsprechend existieren unterschiedliche Rationalitätsanforderungen. Verfahren müssen nach Maßgabe ihrer Aufgabenstellung durch je unterschiedliche Elemente der Gliederung, Stufung, Problemermittlung, Verständigung, Abstimmung oder auch Bündelung strukturiert werden, um eine zweckspezifische und problemadäquate Entscheidung bzw. Qualität des gewollten Verfahrensergebnisses zu erlangen.

III. Wandel des Rationalisierungsmodus staatlicher Entscheidungsverfahren

Auf die konkretisierende Anwendung von Verfahrensregeln bezogen, ergibt sich zugleich ein grundlegender Wandel im Rationalisierungsmodus der staatlichen Entscheidungsprozesse. Zwar bleiben staatliche Willensbildung und -betätigung materiellrechtlich und prozessual nach wie vor an generalisierende Tatbestandsmerkmale gebunden. Die staatlichen Entscheidungsverfahren sind deshalb wie eh und je einer formalen Verfahrensrationalität unterworfen. Aber *daneben* tritt die Entscheidungsbindung des Staates „durch" konkretes zweckrationales Verfahrenshandeln. Hinter jedem Verfahrensschritt steht somit die Subsumtion unter Normen *und* die Abwägung von Zwecken und Mitteln.

Diese prinzipielle Doppelspurigkeit der gegenstandsbezogenen Rationalisierung staatlicher Entscheidungsprozesse hat allerdings Tradition. Schon bisher läßt auch die formale Rationalisierung des Verfahrenshandelns die Frage nach seinen materiellen Rationalitätskriterien nicht einfach beiseite. So ist z. B. die Verhältnismäßigkeit des Mitteleinsatzes nicht nur im Verwaltungsverfahren seit langem ein gewichtiges Problem.[45] Und auch der klassische Straf- und Zivilprozeß sind bemüht gewesen, das gerichtliche Verfahren durch ein der jeweils konkreten Situation angemessenes Prozeßhandeln aus dem Bereich verdeckter Macht und Willkür durch Vorgehen nach den Buchstaben des Gesetzes herauszurücken.

Der moderne Staat kann sich jedoch damit nicht begnügen. Er muß auch das *tatsächliche* Dasein seiner Verfahren insgesamt in den Blick nehmen, um die von ihm intendierten Ereignisverläufe wirksam steuern zu können. Zweckrationalem Verfahrensdenken kommt deshalb mehr und mehr Gewicht zu.

---

[44] Streitig; vgl. für das Prozeßrecht beispielsweise *Grunsky*, Grundlagen, S. 4; *Kleinknecht/Meyer*, StPO, 38. Aufl., 1987, Einl. Rdnr. 10; selbstverständlich kann das Problem des prozessualen Wahrheitsbegriffs damit nur angesprochen, nicht aber vertieft werden; insoweit siehe näher *Rödig*, Theorie des gerichtlichen Erkenntnisverfahrens, S. 151 ff.

[45] So insbes. im Polizeirecht, siehe *Drews/Wacke/Vogel/Martens*, Gefahrenabwehr, 9. Aufl. 1986, S. 389 ff., 420 ff. und öfter; für das Verwaltungsverfahren siehe etwa *Schnapp*, FS H. U. Scupin, S. 899 ff. m. w. Nachw.; *Pitschas*, NJW 1984, 889 ff., 895 f.

[46] Vgl. *K. Peters*, Strafprozeß, 3. Aufl., 1981, S. 93; *Wassermann*, Richterliche Gewalt, S. 189.

1. Gesetzgebung als zweckrationales Entscheidungsverfahren

So wird im modernen Staat bereits die *Gesetzgebung* selbst verstärkt mit materiellen Rationalitätsanforderungen konfrontiert. Dabei geht es nicht allein um eine gleichsam „technizistische" Effizienzsteigerung der Gesetzgebungsarbeit durch Verbesserung ihrer *Methodik.* Jenseits der hierfür kennzeichnenden Versuche mit Gesetzestests,[47] datenverarbeitungsgerechten Gesetzestexten[48] und Wirkungskontrollen der legislativen Akte[49] verlangt die Verabschiedung zunehmend final programmierter Gesetze durch das Parlament vor allem die Hereinnahme zahlreicher Zweckmomente in das Verfahren ihres Zustandekommens. Neben die Bindung von Ablauf und Umfang der Beteiligung einzelner Gesetzgebungsorgane an normative Regeln („äußeres" Verfahren) tritt mehr und mehr die Aufgabe des Gesetzgebers, im öffentlichen Willenbildungsprozeß unter Berücksichtigung unterschiedlicher Interessen und Auffassungen einen für die Gesamtheit der Bürger zumutbaren Kompromiß zu suchen.[50] Das setzt eine *folgenorientierte* Bildung und Bewertung von Entscheidungsalternativen voraus, für die in Subsystemen des Verfahrens das einschlägige Material in Betracht kommender Sachpositionen erschlossen und die tatsächlichen Betroffenheiten abgrenzend erfaßt werden müssen.

Derartige Anforderungen an das „innere" Verfahren der Gesetzgebung[51] unterwerfen die Art und Weise der Entscheidungsfindung sachorientierten Rationalitätskriterien, weil gerade hieraus der spätere Inhalt der gesetzgeberischen Gemeinwohlentscheidung erwächst. Gesetzgebung wird deshalb auch und zu recht als ein Verfahren verstanden, das in Anlehnung an entscheidungstheoretische Überlegungen in der *Qualität* der Entscheidungsbindung ein unverzichtbares prozedurales Charakteristikum aufweisen muß.[52]

---

[47] Vgl. *Böhret/Hugger*, Bessere Gesetze durch Test der Entwürfe?, ZParl 1979, 245ff.; *Hugger*, Gesetze – Ihre Vorbereitung, Abfassung und Prüfung, 1983, S. 170ff., 323ff.

[48] Vgl. *Eberle*, Gesetzgebung und ADV, S. 121ff.; *T. Öhlinger* (Hrsg.), Gesetzgebung und Computer, 1984; *Reisinger*, Zur Konzeption eines „Legistik-Informations- und Planungs-Systems", in: FS R. Weimar, 1986, S. 217ff.

[49] *K. König*, Zur Evaluation der Gesetzgebung, in: G.-M. Hellstern/H. Wollmann (Hrsg.), Experimentelle Politik-Reformstrohfeuer oder Lernstrategie, 1983, S. 122ff.; *ders.*, JbRSoz Bd. 13 (1988), S. 171ff.; *Zeh*, Wille und Wirkung der Gesetze, 1984, insbes. S. 182ff., 293ff., 449ff.

[50] BVerfGE 41, 29 (50); *Mößle*, Regierungsfunktionen, S. 201; *Schulze-Fielitz*, NVwZ 1983, 711f.; *ders.*, Theorie und Praxis, S. 404ff.

[51] Zur Unterscheidung von „äußerem" und „innerem" Verfahren der Gesetzgebung siehe *Hill*, Jura 1986, 291, 293 m. Anm. 117; *Kindermann*, Ministerielle Richtlinien der Gesetzestechnik, 1979, S. 7 m. Anm. 2; *Mengel*, ZRP 1984, 159ff.; nach hiesigem Verständnis umfaßt der Begriff des „inneren" Gesetzgebungsverfahrens alle methodischen und materiellen Aspekte diesseits der vom Verfassungsrecht normierten „formalen" Gesetzgebungsstationen und -schritte.

[52] *Hill*, a.a.O. (Fn. 51), 291; *K. König*, Gesetzesvorhaben, S. 122, 123ff., 140f.; *Krebs*, Kontrolle, S. 161f.; *Lerche*, Vorbereitung grundrechtlichen Ausgleichs, S. 113ff., 121f.; *Merten*,

2. *Zweckrationalität des Verwaltungsverfahrens*

Auch das *administrative* Verfahrenshandeln des modernen Staates kann sich auf die Maßgaben einer bloß formalen Rationalität nicht beschränken. Denn die Frage nach dem Zweck im Recht ist in der Natur der öffentlichen Verwaltung als handelnder Staatsgewalt von vornherein angelegt. Generalklauseln und unbestimmte Rechtsbegriffe zwingen immer wieder zu finalen Betrachtungen. Bedeutende Ermessensspielräume führen zur expliziten Abwägung von Zwecken und Mitteln. Dies alles nimmt prozeßhaften Charakter an; Verwaltungshandeln bedeutet *verfahrensmäßige* Rechts- und Zweckkonkretisierung durch Alternativenwahl. Dementsprechend haben sich für den administrativen Entscheidungsprozeß auch bislang stets verfahrensrationale Bindungen jenseits einer bloßen Regelorientierung ergeben.[53]

Im evolutionären Wandel des Rechts verschärft sich die Notwendigkeit hierzu prinzipiell. Dem Verwaltungsverfahren ist nunmehr aufgegeben, vielfältige Beziehungen zwischen Behörden, gesellschaftlichen Interessengruppen, Vertragspartnern, Konkurrenten, Nachbarn etc. und deren (Re-)Aktionen zu vernetzen. Hierzu bedarf es entsprechender Vorgaben, die aber das materielle Recht ebensowenig in der Lage ist bereitzustellen wie ein ausschließlich bürokratisch gesteuerter Aufgabenvollzug. Stattdessen muß die Verwaltung unter den Gesichtspunkten konkreter Aufgabenerledigung und projektierter Resultate ihre Handlungsvoraussetzungen weitgehend selbst und „unbürokratisch" bestimmen. Prämissen des Verwaltungshandelns sind folglich nicht mehr nur enger oder weiter gefaßte und zu befolgende Regeln, sondern ebenso sehr die nach Maßgabe der Eignung für bestimmte Aufgaben reflektierten *Ressourcen.* Sie werden im Rahmen des Konkretisierungsvorganges zum Tragen gebracht.[54]

Demgemäß wird auch die Auswahl des im Einzelfall geeigneten Verfahrens zum Problem der *Verwaltung.* Die einzelnen Verfahrensschritte sehen sich auf die zweck-rationale Erfüllung der jeweiligen Verwaltungsaufgabe verpflichtet und damit in Gestalt und Ablauf jenen sachimmanenten und fachbezogenen Elementen sowie sozialen Gegebenheiten unterworfen, die sich erst auf Zeit und innerhalb konkretisierender bzw. wechselnder Zweck-Mittel- und Folgerelationen herausbilden. Maßgeblich sind darüber hinaus die Eigenarten des jeweils zu ordnenden Sach-

---

Optimale Methodik, S. 83ff.; *Rausch-Gast,* Selbstbindung, S. 33f., 137ff.; *Scholz/Pitschas,* Informationelle Selbstbestimmung, S. 53; *Schulze-Fielitz,* NVwZ 1983, 711ff.; *ders.,* Theorie und Praxis, S. 178f., 255ff.; *Schwerdtfeger,* FS H. P. Ipsen, S. 173ff.

[53] *B. Becker,* Entscheidungen, S. 283; *R. Girtler,* Polizei-Alltag, Strategien, Ziele und Strukturen polizeilichen Handelns, 1980, S. 40ff.; *R. Mayntz,* Implementation von regulativer Politik, S. 62f. m. w. Nachw.; verfahrensrechtsdogmatisch kommt damit auch die Problematik der „Verwaltungseffizienz" ins Spiel, vgl. *Degenhart,* DVBl. 1982, 872ff., 881.

[54] *K. König,* System und Umwelt, S. 24ff.; *R. Mayntz,* Implementation von regulativer Politik, S. 65ff.; *Offe,* Leviathan 1974, 336, 344.

bereichs, wie sie sich etwa im Feld der Technik,[55] der Lehre und Forschung[56] oder des sozialen Helfens[57] ergeben.

3. *„Materielles" Prozeßrecht*

Einem Bedeutungs- und Funktionswandel in dem voraufgehend skizzierten Sinne unterliegt schließlich auch das Prozeßrecht, das den gerichtlichen Verfahrensgang steuern soll. In den einzelnen Prozeßordnungen verankert[58] und in vieljähriger forensischer Praxis bewährt, wird es zwar aus herkömmlicher Sicht noch immer vorwiegend als ein lediglich „formelles" Verfahrens- und Ordnungsrecht betrachtet und dem „materiellen" Recht als dem (vermeintlich) eigentlichen und alleinigen Gerechtigkeitsmaßstab richterlichen Entscheidungshandelns gegenüber gestellt. Doch ist es kein bloßes „Rechtsdurchsetzungsrecht".[59] Denn bei der Rechtsverfolgung im gerichtlichen Verfahren geht es in Wahrheit eben nicht nur um die Beachtung der Form, sondern auch um die Inhaltsbestimmung des materiellen Rechts. In keinem Rechtsgebiet existiert ein geschlossenes System positiv-rechtlicher Normen bzw. ein „Justizsyllogismus", der sicherstellen könnte, daß in jedem Einzelfall nur *eine* Entscheidung objektiv richtig wäre. Der moderne Gesetzgeber beschränkt sich zudem in seinen materiellen Regeln auf immer enger begrenzte Regelungsgegenstände, die mit immer „offeneren" Begriffen erfaßt werden. Dem Richter fällt von daher mehr und mehr die Aufgabe zu, durch eigene und im Wechselspiel mit dem Prozeßrecht entwickelte Detailregelungen das Gesetz zu konkretisieren und dadurch selbst Recht zu bilden.[60]

Weil somit weder die Bindungskraft der Gesetze noch die Methoden der Rechtsfindung ein zwingendes Verfahren der Rechtsgewinnung gewährleisten und dessen Ergebnisse weder frei von subjektiven Einflüssen noch eindeutig als richtig oder falsch einzuordnen sind, kommt es entscheidend auf den *Vorgang der Urteilsfindung* an. Wird aber der richterliche Entscheidungsprozeß tatsächlich auf keiner

---

[55] *Lukes,* Technik und Recht, S. 43f., 46, 48, 49f.; *R. Wolf,* KritJ 1984, 239ff.

[56] Siehe etwa *W. Becker/Giebeler,* WissR 1975, 105ff.; *Finkenstaedt,* MittHV 1970, 264ff.; *U. Hammer,* WissR 1985, 41ff.; *K. A. Ludwig,* WissR 1982, 138ff.; *Rauschning,* HdbWissR I, S. 768ff.

[57] *Zacher,* Chancen und Grenzen des Sozialstaats, S. 72ff.; *ders.,* Verrechtlichung im Bereich des Sozialrechts, S. 36f., 39ff., 60ff.; *Pankoke,* DVerw 21 (1988), S. 429ff.; *Pitschas,* NDV 1976, 236ff.

[58] Aber auch beeinflußt durch das jeweilige materielle Recht, vgl. *Grunsky,* Grundlagen, S. 6f.; für eine „materiellrechtsfreundliche" Auslegung des Prozeßgesetzes plädiert *E. Schumann,* FS K. Larenz, S. 571ff.

[59] In diesem Sinne aber z.B. *J. Baumann,* Grundbegriffe und Grundprinzipien des Zivilprozeßrechts, 2. Aufl., 1979, S. 24, 29, 32; *ders.,* Einführung in die Rechtswissenschaft, 6. Aufl., 1980, S. 462, 464; zur Gegenposition siehe *Rosenberg/Schwab,* Zivilprozeßrecht, S. 4f. m.w.Nachw.

[60] Hierzu grdl. *P. Kirchhof,* Rechtsprechende Gewalt, S. 11ff.; siehe zuletzt u.a. auch *Dieterich,* RdA 1986, 1ff., 3f.; *Henckel,* JZ 1987, 209ff., 213f.

seiner Stufen erschöpfend vom Recht unmittelbar gesteuert und verlangt das moderne Recht geradezu dezisionistische Entscheidungen des Richters nach Maßgabe finaler gesetzlicher Bestimmungen, dann verändern auch die Verfahrensregeln ihre überkommene Bedeutung. Prozeßrecht wandelt sich zu einem „materialisierten Rechtsgewinnungsrecht".[61] Nicht von ungefähr kontrastieren deshalb plötzlich hochformalisierte und bisher in der Rechtsprechungspraxis sehr zurückhaltend angewandte Befangenheitsregeln mit der Ausdehnung der Richtermacht.[62] Und nicht ohne Grund wird zunehmend streitiger, in welchem Ausmaß das Gericht im Zivilprozeß verpflichtet sein soll, die Parteien gem. § 139 ZPO[63] durch entsprechende Hinweise zum vollständigen Vorbringen aller erheblichen Tatsachen und Beweisanträge zu veranlassen.[64] Das gerichtliche Verfahren erlebt m.a.W. im Wandel von Gesellschaft und Recht eine grundlegende Umwertung zu einem inhaltefixierenden *Herstellungsprozeß* konkreter Konfliktlösungen. Dasselbe gilt für alle anderen Verfahrenstypen des modernen Staates.

IV. Formale versus Zweckrationalität des Verfahrens: Ein Rationalitätskonflikt

Obschon also staatlichen Entscheidungsprozessen unter dem Bezugspunkt der Durchsetzung abstrakter (Verfahrens-)Regeln ein Grundmaß an (formaler) Rationalität nicht abgesprochen werden kann, erfordert die Entwicklung des modernen Staates in seinen Verfahren den forcierten Übergang zu einem anderen, zweckorientierten Rationalitätstypus.

Verfahrensrationalität ist zweckbezogen, d.h. etwa im Blick auf die *Verwaltungszwecke* zu denken. Dadurch wird allerdings die Konkurrenz divergierender prozeduraler Rationalitätskriterien unausweichlich. Gleichwohl kommt ein Rückzug auf den Rationalitätstypus unverfälschter Normdurchsetzung nirgendwo in Betracht, wie der Blick auf die Entwicklungsdynamik der gesellschaftlichen Strukturen verdeutlicht hat.[65]

---

[61] *Gilles,* JuS 1981, 402ff., 404; *ders.,* FS H. Schiedermair, 1976, S. 182ff.; *M. Wolf,* Gerichtsverfassungsrecht, 1978, S. 16ff., 178ff.; vgl. auch *J. J. Hagen,* Prozeßlehre, S. 72ff.

[62] *Dieterich,* a.a.O. (Fn. 60), S. 5.

[63] Zivilprozeßordnung (ZPO) i.d.F. vom 12. September 1950 (BGBl. I S. 533) mit zahlr. Änderungen.

[64] Vgl. einerseits BGH, NJW 1984, 310 und andererseits *Deubner,* MDR 1984, 485; *E. Schneider,* NJW 1986, 971; *Baumbach/Hartmann,* ZPO, 43. Aufl., 1985, § 139 Anm. 2.

[65] Siehe dazu oben, 3. Kap., B.I.; die öffentliche Verwaltung wird damit – wie auch die anderen Verfahrensträger – zur *Anpassung* ihres Verfahrenshandelns an die relative Autonomie ihrer Steuerung gezwungen, um aus dem Dilemma von Regeltreue und „Bürgernähe" bzw. anderen Rationalitätsmaßgaben hinauszufinden. Hierfür ist ihre „Verfahrensverantwortung" zu berufen, dazu vgl. 6. und 7. Kap.; keinen Ausweg scheint mir dagegen der nebulöse Begriff der „kulturellen Rahmensteuerung" zu bieten, wie ihn *R. Voigt,* JfR 1987, 63, lanciert; daß freilich die „Verwaltungskultur" die Entwicklung einer spezifischen Verfahrensrationalität zentral beeinflußt, verkenne ich nicht.

Vor diesem Hintergrund ist die (relative) Richtigkeitsgewähr der staatlichen Entscheidungsprozesse[66] nurmehr zu begründen, wenn und soweit auch diejenigen prozeduralen Bestimmungsfaktoren aufgedeckt und analysiert werden, die außerhalb der formal-legalen Verfahrensbindungen bestehen. Hierzu kontrastiert freilich merkwürdig die derzeit verbreitete Auffassung, wonach angesichts der (vermeintlichen) Steuerungsdefizite des materiellen Rechts gerade das „Verfahren" einen gleichsam konservierenden Gegenpol logisch-deduktiver Ablaufordnung des Entscheidungsganges nach festen Regeln garantieren und somit *kompensierend* wirken könne.[67] Dem ist jedoch grundsätzlich zu widersprechen. Denn das Verfahren unterliegt – wie gezeigt – nicht nur subsumierbaren Regeln für seinen Ablauf. Als anzuwendendes Verfahrensrecht, d.h. als programmatische Formulierung des gesollten Verhaltens von Beteiligten an der materiellen Rechts(Programm-)Entwicklung bzw. Umsetzung oder Kontrolle eines fixierten Programms, ist dieses Regelwerk in seiner Geltungskraft eben jenen Faktoren ausgesetzt, wie sie für den Erfolg oder das Scheitern der Durchsetzung materieller Programmbausteine (= Tatbestandsmerkmale) maßgeblich sind.[68]

Derartiger Rechtsvollzug „in" Verfahren hat also zur Folge, daß jede Verfahrensordnung von den ihr eigenen Anwendungsmöglichkeiten mitgeprägt wird. Verfahren ist deshalb Entscheidungsvorgang, -ort und -bedingung in einem. Es erweist sich als ein partiell *ungewisser* Bestandteil der staatlichen Entscheidungsfunktion.

In diesem Eigenleben des Verfahrens, seiner Autonomie in zeitlicher, sachlicher und sozialer Hinsicht zufolge,[69] können auch die *Verfahrensregeln* nicht durchweg und nicht einmal grundsätzlich als konstant vorausgesetzt werden – sei es, daß sie bei der Konkretisierung noch näher zu kennzeichnenden Wertungs- und Tatsachenprämissen unterliegen, sei es, daß sie selbst im Laufe des Verfahrens zur Überprüfung durch die Gerichte gestellt werden.[70] Verfahrensrecht entwickelt sich dieserhalb tendenziell zu einer Art „soft law".[71]

Sollen gleichwohl die staatlichen Entscheidungsverfahren nicht nur nach Maßgabe konkreter Sachanforderungen, sondern (vorrangig) nach rechtlich-generalisierten („formellen") Handlungsanweisungen ablaufen, dann kommt es zwangsläufig zu *Rationalitätskonflikten*. Die staatliche Entscheidungsfindung „in" und „durch" Verfahren, die nach normativ-formalen Regeln verläuft, kollidiert mit den die Entscheidungsvorgänge prägenden „informellen" Faktoren.

---

[66] Dazu schon oben, 3. Kap., B.II.

[67] Vgl. 1. Kap., Fn. 334ff., 347.

[68] *Knoepfel*, Vollzugsforschung, S. 41f., 43f., 57f.; *R. Mayntz/C. Lex*, Voraussetzungen und Aspekte administrativer Praktikabilität staatlicher Handlungsprogramme, Köln 1982, S. 95ff., 106ff.

[69] Siehe dazu *Luhmann*, Verfahren, S. 40f.; *Wahl*, VVDStRL 41 (1983), S. 163.

[70] Vgl. dazu *Treiber*, Implementationsansatz, S. 332f., 334.

[71] Speziell für diesen Kontext siehe *Pitschas*, Bundesverfassungsgericht als Verfahrensgesetzgeber?, S. 424f.; vgl. im übrigen die Nachw. oben, 2. Kap., Fn. 83, 141f.

1. Rationalitätskonflikte des Gesetzgebungsverfahrens

Derartige Kollisionen treten in allen staatlichen Koordinationsverfahren auf. So stellt gerade der inhaltliche Gestaltungsspielraum des *Gesetzgebers* gewichtige Anforderungen nicht nur an das äußere, sondern auch an das „innere" Verfahren der Rechtsetzung.[72] Dies zeigt sich besonders deutlich bei den sog. Prognoseentscheidungen des Gesetzgebers, deren inhaltliche Richtigkeit aus der exante-Sicht kaum nachprüfbar ist. Der Gesetzgeber ist deshalb zu besonderer Sorgfalt verpflichtet, wenn er die künftigen Wirkungen seiner Entscheidung abzuschätzen versucht.[73] Dazu gehört, daß er das *Gebot gerechter Abwägung* auch als Anforderung an den *Vorgang* des Abwägens beachtet. Der Abwägungsvorgang muß von „zutreffenden sowie annähernd vollständigen tatsächlichen Annahmen getragen werden."[74]

---

[72] Vgl. hierzu und ergänzend zu den Bemerkungen oben im Text um und zu Fn. 48ff. – teilweise allerdings noch ziemlich tastend – BVerfGE 36, 47 (64); 50, 290 (334f.); 57, 139 (160); 65, 1 (55f.); BVerfG, DÖV 1989, 633; aus der Literatur siehe ferner und bes. *Achterberg,* DÖV 1982, 976ff., 978; *Baden,* Gesetzgebung und Gesetzesanwendung, S. 9ff., 137ff., 229ff.; *Bender,* ZRP 1976, 132ff.; *Büllesbach,* Rechtswissenschaft und Sozialwissenschaft, S. 362, 363, 376ff.; *Dehe,* DÖV 1980, 76ff., 81; *Dolzer,* DÖV 1985, 9ff., 18f.; *Goerlich,* JR 1977, 89ff., 92; *Hill,* Gesetzgebungslehre, S. 62ff.; *ders.,* Jura 1986, 291f.; *Henseler,* ZG 1986, 76ff., 84, 85; *Karpen,* ZG 1986, 5ff., 22, 25ff.; *Kloepfer,* VVDStRL 40 (1982), S. 63ff., 89f.; *K. König,* System und Umwelt, S. 27; *Krebs,* Kontrolle, S. 134ff., 140ff., 145; *Lachmayer,* DÖV 1978, 33ff., 35f., 36f.; *Lerche,* Vorbereitung grundrechtlichen Ausgleichs, S. 111f., 113ff.; *ders.,* FS H. P. Ipsen, S. 437ff., 438, 444, 446f.; *Lücke,* Begründungszwang, S. 34ff., *Mengel,* ZRP 1984, 159ff.; *Merten,* Optimale Methodik, S. 81ff.; *Noll,* Gesetzgebungslehre, S. 53, 94; *Th. Öhlinger* (Hrsg.), Methodik der Gesetzgebung, 1982; *Ossenbühl,* VVDStRL 39 (1981), S. 189 (Diskussionsbeitrag); *Rausch-Gast,* Selbstbindung, S. 143ff., 147ff., 173; *Roser,* ZParl 1984, 534ff.; *H. H. Rupp,* Politische Anforderungen, S. 48f., 51; *H. Schäfer/O. Triffterer* (Hrsg.), Rationalisierung der Gesetzgebung, 1984; *R. Scholz/Pitschas,* Informationelle Selbstbestimmung, S. 51ff.; *Schulze-Fielitz,* NVwZ 1983, 711ff.; *ders.,* Gesetzgebungsprozeß, S. 107ff., 120ff.; *ders.,* Theorie und Praxis, S. 454ff.; *Schwerdtfeger,* FS H. P. Ipsen, S. 173ff., 178ff., 182ff.; *Starck,* Gesetzesbegriff, S. 230ff.; *Wyduckel,* DVBl. 1982, 1175ff., 1176, 1179; *Weinberger,* Theorie der Gesetzgebung, S. 173ff.; *G. Winkler,* Gesetzgebung S. 100ff., 112ff., 130ff.; *Zacher,* 55. DJT (1984), Bd. II, Sitzungsberichte, Teil N, S. 172ff., 175f. (Diskussionsbeitrag). Für die Einschränkung entsprechender *Verfassungspflichten* plädieren aber und z. B. *Kloepfer,* a. a. O., S. 89; *Merten,* a. a. O., S. 87ff., 94ff.; *Rolinski,* Gedächtnisschrift für P. Noll, 1984, S. 101ff., 102ff.; *Schlaich,* VVDStRL 39 (1981), S. 99ff., 109; *Stern,* Staatsrecht II, S. 645; während sie *Gusy,* ZRP 1985, 291ff., 292ff., 296ff., wohl sogar für unvereinbar mit dem Grundgesetz hält (S. 298); *H. Schneider,* Gesetzgebung behandelt schließlich nur das „äußere" Gesetzgebungsverfahren (S. 71ff.).

[73] BVerfGE 36, 47 (58ff.); 49, 89 (130); 50, 290 (332f., 335); 56, 54 (78f.); 57, 139 (159); 65, 1 (55); zum Gesichtspunkt einer entsprechenden „Darlegungslast" BVerfG, DÖV 1989, 633ff., 634f.; *Badura,* FS K. Eichenberger, 1982, S. 481ff., 488; *Benda,* Sozialrechtliche Eigentumspositionen, S. 135ff.; *Breuer,* Der Staat 17 (1977), S. 21ff., 41f.; *Ossenbühl,* Festgabe BVerfG I, 1976, S. 458ff., 505ff.; *Papier,* in: Maunz/Dürig, GG, Art. 14 Rdnr. 257; *H. P. Schneider,* NJW 1980, 2103ff., 2105ff.; *Steinberg,* Der Staat 26 (1987), S. 161ff., 165ff.; *Wienholtz,* DÖV 1985, 136ff., 143f.

[74] Vgl. die Rspr. des BVerfG, a. a. O. (Fn. 73); *Papier,* a. a. O. (Fn. 73), Rdnr. 257.

Diese und weitere Anforderungen inhaltlicher Sorgfalt und Intensität der parlamentarischen Befassung und Entscheidung verlangen insbesondere nach genügend langen Zeiträumen zwischen einzelnen Gesetzgebungsetappen, in Parlamentsausschüssen und an vergleichbaren Stellen für die Beurteilbarkeit rechtlich wie tatsächlich umstrittener, komplexer Gesetzesvorhaben. Die dem „äußeren" Gesetzgebungsverfahren insofern von Rechts- oder Geschäftsordnungs wegen häufig gesetzten Fristen[75] ändern hieran nichts. Eine Gesetzgebung „im Handstreich" widerspräche den an eine möglichst rationale legislative Entscheidungsfindung zu stellenden Anforderungen. Zumindest muß die Gelegenheit einer sachlich-inhaltlichen Diskussion und Auseinandersetzung mit dem konkreten Gesetz im Plenum und in den Fachausschüssen einschließlich angemessener Zeit zur Vorbereitung hierauf bestehen.[76]

Die zweckrationale Gestaltung des Gesetzgebungsverfahrens zählt auch ansonsten zu den Grundproblemen des parlamentarischen Funktionswandels. Verwiesen ist damit auf prinzipielle Veränderungen des Rationalisierungsmodus im Verfahren der staatlichen Gesetzgebung. Sie beruhen vor allem darauf, daß sich sein Ablauf angesichts der Parteien als den maßgeblichen Faktoren der politischen Willensbildung schwerpunktmäßig in den Bereich von Partei- und Fraktionsgremien hinein verlagert hat, also den öffentlichen Bereich des Parlaments mehr und mehr verläßt. Der moderne Parlamentarismus entfaltet sich ferner und wesentlich außerhalb der Plenarsitzungen. Daraus folgt einerseits, daß weder die Plenardebatte noch die parlamentarische Entscheidung als solche das Zentrum einer rationalen Diskussion um die künftigen Gesetzesinhalte bilden. Darunter leidet aber notwendig auch die Rationalität der sie gestaltenden Verfahren, die einer neuen Sinngebung bedürfen.[77]

Auf der anderen Seite erzeugt gerade diese Entwicklung den Bedarf nach informalen („materiellen") Verfahrensregeln. Sie ergänzen – und dies gilt weit über das Gesetzgebungsverfahren hinaus – als *Verfahrensrecht im Werden* die formal-prozeduralen Vorschriften des Staatsorganisationsrechts für die Entscheidungsfindung.[78] Freilich kann darin auch eine Entwertung der bestehenden expliziten Verfahrensformen liegen.

---

[75] Dazu siehe *Hill*, Gesetzgebungslehre, S. 82ff.; zu ihrer verfassungsrechtlichen Problematisierung vgl. etwa *Schulze-Fielitz*, Gesetzgebungsprozeß, S. 108f.; *G. Ziller*, FS H. Schellknecht, 1984, S. 135ff., 138ff.

[76] Die Sorgfalt der Entscheidungsfindung fordert m. a. W. ihren Preis in Gestalt hinreichender legislatorischer Beratungszeit und -intensität, vgl. auch VG Gelsenkirchen, NJW 1985, 79ff., 80; *Benda*, Sozialrechtliche Eigentumspositionen, S. 135f.; *Hill*, Jura 1986, 295.

[77] So auch *Mengel*, ZRP 1984, 157; vgl. ferner *Schulze-Fielitz*, Theorie und Praxis, S. 480ff., 507ff., 511ff.

[78] *Dietlein*, ZRP 1987, 277ff.; *Schulze-Fielitz*, Der informale Verfassungsstaat, S. 162.

2. Rationalitätskonkurrenzen im Verwaltungs- und Gerichtsverfahren

Rationalitätskonflikten ist gleichermaßen der *administrative Entscheidungsprozeß* ausgesetzt. Bindet der moderne Staat seine Verwaltungsentscheidungen einerseits an rechtlich formalisierte Verfahren der Entscheidungsfindung und öffnet er diese andererseits dem Einfluß ökonomischer, technischer, sozialer oder sonstiger Rationalitätsüberlegungen, so führt dies zu einem Spannungsverhältnis zwischen formaler Verfahrensrationalität und funktionaler Verfahrenseffizienz.[79] Denn die administrativen Aufgabenstellungen des modernen Staates zeichnen sich besonders dadurch aus, daß sie zeitlich, sachlich und sozial situationsangemessen aufgegriffen werden müssen und sich damit verallgemeinernden Zuständigkeitsregeln und Anweisungsverhältnissen weitgehend entziehen.

Die öffentliche Verwaltung wird dennoch nicht aus ihrer Bindung an formale Verhaltensregeln bzw. legale Prämissen entlassen. Formale – und d.h. zugleich immer auch bürokratische – Rationalität droht unter diesen Bedingungen des entwickelten modernen (Wohlfahrts-)Staates mit zweckrationalem („politischem") Verfahrenshandeln zu konfligieren.[80]

Ein vergleichbares Spannungsverhältnis kennzeichnet schließlich den *gerichtlichen Prozeß*. Die ihn tragenden Rechtsregeln kollidieren mit vielfältigen Bemühungen um die Verwirklichung der Zwecke gerichtlicher Verfahren,[81] den Realbedingungen der richterlichen Entscheidungsherstellung,[82] ihrer „Darstellung" in der Entscheidungsbegründung[83] und anderen Einflüssen.[84] Aber nicht nur das Pro-

---

[79] *Achterberg,* FS K.-H. Mattern, S. 184; *R. Scholz/Pitschas,* AöR 110 (1985), S. 503ff.; *Wahl,* VVDStRL 41 (1983), S. 163.

[80] *Böhret,* Verwaltungspolitik, S. 33ff., 42ff.; *Pankoke,* DVerw. 21 (1988), S. 434ff., 440ff.; *Offe,* Leviathan 1974, S. 333ff., 342ff.; *Schuppert,* Erfüllung öffentlicher Aufgaben, S. 376ff., 381ff.

[81] Vgl. z.B. für den Zivilprozeß *Gaul,* AcP 168 (1968), S. 27ff.; *Grunsky,* Grundlagen, S. 1ff.; *Henckel,* Prozeßrecht, S. 48ff.; *Schaper,* Theorie und Soziologie des gerichtlichen Verfahrens, S. 104ff.; für das arbeitsgerichtliche Verfahren vgl. etwa *Haug/Pfarr/Struck,* Möglichkeiten der Beschleunigung des arbeitsgerichtlichen Verfahrens, 1985, S. 16ff.; für das sozialgerichtliche Verfahren siehe nur *Heinze,* SGb. 1984, 390ff.; für den Strafprozeß siehe z.B. *Roxin,* Strafverfahrensrecht, S. 2ff., 4. Allgemeiner noch und insbes. für den Verfassungsgerichtsprozeß vgl. schließlich *Hagen,* Verfahrenslehre, S. 38ff., 54ff.

[82] Dazu m. zahlr. Nachw. *Gilles,* Reform des Prozeßrechts, S. 127ff.; *Wassermann,* Richterliche Gewalt, S. 127ff., 155ff., 184ff.

[83] Zur Unterscheidung der „Darstellung" (Rechtfertigung) von der „Herstellung" einer (juristischen) Entscheidung siehe am Beispiel des öffentlichen Rechts *Hoffmann-Riem,* Sozialwissenschaftlich orientierte Rechtsanwendung, in: ders. (Hrsg.), Sozialwissenschaften im Öffentlichen Recht, 1981, S. 3ff., 8f., 14; für das gerichtliche Erkenntnisverfahren vgl. *Rödig,* Theorie des gerichtlichen Erkenntnisverfahrens, S. 153.

[84] Hierzu zusammenfassend *Wassermann,* a.a.O. (Fn. 82), S. 184ff., sowie die Beiträge in dem von *Th. Raiser* und *R. Voigt* hrsg. Sammelband "Durchsetzung und Wirkung von Rechtsentscheidungen", 1990.

zeßrecht verändert in der Folge hiervon seine Funktion und Bedeutung. Auch die *Methodik* als Bestandteil des Verfahrens der richterlichen Entscheidungsfindung wandelt sich. Die Entscheidungsmacht des Richters, die ihm kraft seiner prozeßrechtlichen Befugnisse gegeben ist, gerät mit den distributiven Gerechtigkeitsvorstellungen des modernen Staates in Konflikt, wonach die Prozeßbeteiligten ihr Recht auf der Ebene der Gleichrangigkeit und „Waffengleichheit" gemeinsam finden sollen.[85]

V. Präferenzentscheidung durch wertrationale Verfahrensfestlegungen?

1. *Konfliktsteuerung durch „materiale" Rationalitätskriterien*

Die damit in die staatlichen Entscheidungsverfahren hineinverlagerte Konkurrenz von Rationalitätskriterien ist unvermeidlich. Formale und Zweckrationalität des Verfahrens stehen in einem notwendigen *Ergänzungszusammenhang*. Im Prozeß der Zweckkonkretisierung sind die staatlichen Entscheidungsträger überhaupt nur dann handlungsfähig, wenn sie klar erkennen können, wann und welche Kompetenzen bzw. Wahrnehmungszuständigkeiten und Verfahrensrechte der am Verfahren Beteiligten ihnen ablaufdivergierende und grenzziehende prozedurale Entscheidungsbindungen auferlegen.[86] Der in Gang gesetzte staatliche Entscheidungsprozeß muß deshalb vernünftigerweise nach Inhalten, Zeitdimension, zu beteiligenden Organen, Stellen oder Personen regelhaft so strukturiert sein, daß im Wege einer sorgfältigen und methodisch einwandfreien „inneren" Willensbildung und Entscheidungsherstellung möglichst viele Informationen erfaßt, ein Höchstmaß an Alternativen abgewogen, die Entscheidungen aber dennoch zügig und sachgerecht getroffen werden können.

Formale Verfahrensrationalität ist also kein Selbstzweck. Sie verlangt und bietet ein Mindestmaß an Formalisierung und Rechtssicherheit, Rigidität des Ablaufs und Verläßlichkeit, Voraussehbarkeit sowie Berechenbarkeit staatlichen Handelns und Entscheidens.[87]

Eine *ausschließlich* formal begründete Verfahrensrationalität wäre allerdings in höchstem Maße *irrational.* Denn die den staatlichen Entscheidungsprozessen abzuverlangende Rationalität ist – wie alle Vernunft – ein Produkt des „sozialen" Lebens. Die demgegenüber lediglich auf Regeln bezogene und deshalb solipsistisch-autarke Vernünftigkeitsvorstellung müßte folglich die Abhängigkeit der Entscheidungsver-

---

[85] *Wassermann,* a.a.O. (Fn. 82), S. 195; für den Strafprozeß vgl. z.B. *Schünemann,* Grundbedingungen, S. 473; zu entsprechenden Verfahrensmaßgaben des Grundgesetzes siehe auch unten, 10. Kap., B. und C.

[86] So zu recht am Beispiel des Verwaltungsverfahrens *Pietzcker,* VVDStRL 41 (1983), S. 214f.

[87] *Schmidt-Aßmann,* Ordnungsidee, S. 29ff.

fahren von ihrer Umwelt verfehlen.[88] Um dies zu vermeiden, bleibt z. B. der verwaltungsspezifische Konkretisierungs*prozeß* im Rahmen seiner Regelbindung auch und zugleich der *wirksamen* Erfüllung der jeweiligen Verwaltungsaufgabe verpflichtet und damit jenen sachimmanenten und fachlichen Erfordernissen ausgesetzt, die sich nach Maßgabe der bezogenen lebensweltlichen Sachstrukturen stellen. Zwischen dem Verfahren der Rechtskonkretisierung und dem der konkreten Zweckverwirklichung gibt es darüber hinaus weder eine gedankliche noch eine faktische Scheidung.[89] Selbst dort, wo der öffentlichen Verwaltung technische Vorhaben, wirtschaftliche Projekte oder fürsorgerische Interventionen zu verwirklichen aufgegeben sind, erfüllt sie diese stets mit den Gestaltungsmitteln und in den Grenzen eines rechtsförmig gesteuerten Verfahrens und differenziert rationaler Bindungen.[90]

Die aus dieser Zweckbindung staatlicher Entscheidungsprozesse erwachsende Rationalitätskonkurrenz muß generell entschieden werden oder aufgrund einer allgemeinen Präferenzordnung konkret entscheidbar sein. Als Möglichkeit kommt hierfür, also für die Auflösung des Konflikts zwischen Norm-Konformität und Zweckmäßigkeit eines Verfahrens, der Rückgriff auf die überlegale Ebene konkreter Ordnungsvorstellungen in Betracht. Der moderne Staat ist auch einer „offenen" Gesellschaft gegenüber nicht völlig von ethisch-rechtlichen Erwägungen und Argumenten zu lösen. Sie übernehmen die Aufgabe, den Gesellschaftsmitgliedern mehr oder weniger objektiv Entscheidungsmöglichkeiten vor Augen zu stellen und entsprechende Entschlüsse vorzubereiten. Jedenfalls ist die Grundhaltung der Suche nach einer konkreten Gerechtigkeit unerläßliche Voraussetzung für die Entwicklung zur „Einstellung der Vernünftigkeit".[91] Ganz in diesem Sinne enthält das im Grundgesetz verankerte Rechtsstaatsprinzip (Art. 20, 28 GG) eine generelle *verfassungsrechtliche Präferenzformel* für die Auflösung von Rationalitätskonflikten in staatlichen Entscheidungsverfahren. Ihr kommt ein oberster „Eigenwert", d. h. wertrationale Bedeutung i. S. von *M. Weber* zu.[92]

Material-rationale Erwägungen können somit instruktive Orientierungspunkte im Dilemma der Gewichtung der verschiedenen Rationalitätsbindungen staatlicher Verfahren bilden. Sie legen die obersten Kriterien fest, an welchen das Verfahrenshandeln bzw. die Verfahrensstandards der staatlichen Entscheidungen zu orientieren sind und an denen sie gemessen werden.

Dies gilt gleichermaßen für das Verwaltungs- wie für das *Gesetzgebungsverfahren,* für das aus Stellung und Funktion der gesetzgebenden Organe sowie aus den

---

[88] Vgl. *C. Schefold,* Konzeption der offenen Gesellschaft, S. 76 ff., 77.

[89] So aber z. B. *R. Scholz,* VVDStRL 34 (1976), S. 164 und durchgehend.

[90] In dieser Richtung auch *Zimmer,* Funktion – Kompetenz – Legitimation, S. 158 ff., 168 m. Anm. 107; vgl. ferner *Eder,* ZfRSoz 7 (1986), S. 1 ff.; *Stettner,* Kompetenzlehre, S. 273 f.

[91] Siehe *v. Arnim,* Staatslehre, S. 201 f., 205; *Rüthers,* FS W. Zeidler, Bd. 1, 1987, S. 19 ff., 29; *C. Schefold,* Konzeption der offenen Gesellschaft, S. 81, 82; *Zacher,* FS W. Maihofer, 1989, S. 682 ff.

[92] *B. Becker,* Entscheidungen, S. 283; *Karpen,* JuS 1987, 593 ff., 594, 599; *Kriele,* Staatslehre, S. 36 f.; erstaunlich demgegenüber *Haverkate,* Gewißheitsverluste, S. 228, mit seiner Absage an eine „materiale Rationalität".

Grundwerten und Zielbestimmungen des modernen Staates materiale Grundvoraussetzungen und allgemeine Verfahrensprinzipien hergeleitet werden müssen.[93] Zutreffend wird es deshalb als ein „materiales" Entscheidungsverfahren begriffen.[94]

In Entsprechung hierzu unterliegt auch das *Verwaltungsverfahren* einer wachsenden Inbezugnahme wertrationaler Gesichtspunkte in konkreten Fragestellungen und Problemlösungen.[95] Die Rechtmäßigkeit des Verfahrenshandelns ist deshalb entgegen anderer Auffassung kein „K. O.-Maßstab". Denn über sie kann ohne Einbezug anderer Rationalitätsaspekte keine endgültige Aussage getroffen werden.[96] Ebenso ist der *gerichtliche Prozeß* unter die Bedingung materialer Rationalität gestellt: So orientiert sich beispielsweise der Prozeßablauf im Strafverfahren in seinem normativen Gefüge an den materialen Richtpunkten der Wahrheit und Gerechtigkeit bei der Durchsetzung des materiellen Rechts.[97] Gleiches gilt für die verwaltungsgerichtlichen Verfahren aufgrund des dort herrschenden Untersuchungsgrundsatzes.[98] Und selbst der Zivilprozeß ist an das Prozeßziel einer (formellen?) Wahrheit gebunden.[99] Freilich kann diese nie das *verbürgte* Resultat seiner Durchführung sein;[100] überhaupt vermag eine Prozeßordnung in der Praxis ihrer Anwendung nicht mehr als die bloße Wahrheitsannäherung zu bewirken.[101]

Im übrigen ist die Aufgabe des Prozesses durchaus differenziert je nach den verschiedenen Prozeßarten zu bestimmen.[102] Auch deshalb erscheint es sinnvoll, für vertiefende Betrachtungen zur materialen Rationalität staatlicher Koordinationsverfahren grundsätzlich zwischen solchen der Rechtsetzung und solchen der Rechtsanwendung zu trennen und diese wiederum von denen ihrer Kontrolle zu unterscheiden. So strebt z. B. das Gesetzgebungsverfahren keineswegs nach letzten Wahrheiten. Es hebt vielmehr und ganz allgemein – freilich stets unter Bindung an das grundlegende Gerechtigkeitspostulat[103] – auf die Konkretisierung der Staatszwecke,

---

[93] *Achterberg*, Parlamentsrecht, S. 560ff.; *Mengel*, ZRP 1984, 155.

[94] *Lüdemann*, Gesetzgebung als Entscheidungsprozeß, S. 13f.; *Schulze-Fielitz*, NVwZ 1983, 711ff.

[95] Vgl. etwa *Häberle*, Wesensgehaltgarantie, S. 373ff.; *Siedentopf*, Verwaltungsentscheidungen, S. 294f.; *Wahl*, VVDStRL 41 (1983), S. 157 („Bürgernähe").

[96] Das verkennt z. B. *F. Wagener*, VVDStRL 41 (1983), S. 272 (Diskussionsbeitrag).

[97] Vgl. *Rieß*, FS K. Schäfer, S. 155ff., 170ff.

[98] Vgl. nur BVerfGE 49, 252 (257); BVerwG, NVwZ 1982, 40f.; einschränkend freilich BVerwG, BayVBl. 1986, 406f.; siehe ferner *Kopp*, VwGO, § 86 Rdnr. 1, 14, 18; *Ule*, Verwaltungsprozeßrecht, S. 134f.

[99] Str.; vgl. *Grunsky*, Grundlagen, S. 4; *Jauernig*, JuS 1971, 330; *Rödig*, Theorie des gerichtlichen Erkenntnisverfahrens, S. 152f.; *Rosenberg*, Beweislast, 5. Aufl., 1965, S. 66; *Schumann*, FS E. Bötticher, 1969, S. 305ff.

[100] So für den Prozeß ganz allgemein *Engisch*, Wahrheit und Richtigkeit, S. 286ff., 290ff.; *Rödig*, a.a.O. (Fn. 99), S. 154ff., 254.

[101] So richtig *Heinze*, SGb. 1984, 392f.; *Rödig*, a.a.O. (Fn. 99), S. 154.

[102] *Grunsky*, Grundlagen, S. 1ff., 7ff.; *Schaper*, Theorie und Soziologie des gerichtlichen Verfahrens, S. 104ff., 107ff., 132ff., 160ff.

[103] BVerfGE 54, 53 (67f.); *H. Schneider*, Gesetzgebung, S. 33ff., 34, 38.

die Verwirklichung des Gemeinwohls und den Schutz, die Ausgestaltung sowie den Ausgleich bestimmter normativer Grundpositionen ab.

2. Grenzen der Konfliktsteuerung durch multiple Wertorientierung

Formale und Zweckrationalität der Verfahrensschritte sind also material-rationalen Erwägungen verpflichtet. Einschränkungen der Formalität werden dadurch möglich. Sie beruhen auf material-rationalen Gründen, die sich gegen das Gesetz durchsetzen. So wird etwa für den Strafprozeß das Eingreifen eines Verfahrenshindernisses von Grundgesetz wegen in Fällen überlanger Verfahrensdauer und von Tatprovokation durch sog. Lockspitzel als möglich erachtet.[104] Die Berufung auf überlegale Ordnungsvorstellungen kann mithin dazu beitragen, die in staatlichen Entscheidungsverfahren auftretenden Rationalitätskonkurrenzen aufzulösen. „Wertfestlegungen" haben deshalb eben nicht nur, wie *C. Offe* meint,[105] eine „prohibitive Nutzanwendung."

Ob sie allerdings Rationalitätskonflikte stets bzw. restlos zu bereinigen vermögen, ist zweifelhaft. Der moderne Staat gibt keine Garantie dafür, daß er sich auf *abgegrenzte* materiale Aussagen beschränken will und nicht stattdessen ein „wertvolles" Programm postuliert, das generell festlegt, was die Lebenden tun dürfen und was nicht.[106] Jedenfalls sind *Wertkonflikte* nicht auszuschließen. Diese aber schlagen auf die staatlichen Entscheidungsverfahren durch. Sie erweisen sich spätestens dann als unvermeidlich, wenn oberste Zielsetzungen in Subziele aufgegliedert werden, um sie als Rationalitätsmaßstab anzuwenden. Solchermaßen in gängige Münze geschlagen, müssen Wertfestlegungen austariert, ggf. sogar saldiert werden.[107] Aufwendige Verfahren der abwägenden Kollisionslösung sind die Folge.[108]

Der moderne Staat verfügt somit im Zweifel über keine singuläre Präferenzformel, die ohne weiteres allfällige Rationalitätskonflikte aufzulösen vermag. Regelmäßig existiert stattdessen ein ganzer *Set* von Wertfestlegungen bzw. obersten Systemzielen, der in dieser Gesamtheit auch die Verfahrensrationalität staatlicher Entschei-

---

[104] BVerfG, NJW 1986, 1427ff., 1429; vgl. auch BGH, NStZ 1982, 291ff.; NStZ 1985, 131ff. m. Anm. *Meyer; Rieß,* JR 1985, 45ff.

[105] *Offe,* Leviathan 1974, 340.

[106] Siehe demgegenüber das Beharren von *E.-W. Böckenförde,* Entstehung des Staates, S. 59ff., auf der Emanzipation der weltlichen Ordnung von „Werten" (S. 60); in der hiesigen Richtung *Burmeister,* Gedächtnisschrift W. K. Geck, 1989, S. 97ff., 110ff.; immerhin ist aber die grundgesetzliche Schrankensystematik auch als ein Indiz für differenzierte Wertigkeiten zu betrachten, vgl. *Häberle,* Wesensgehaltgarantie, S. 329 m. Anm. 37 und zahlr. Nachw. zur „Abwägungs"- und Wertediskussion; siehe ferner *Schlink,* EuGRZ 1984, 463f.; *Starck,* Wertbegründung, S. 40ff.

[107] *Lerche,* Vorbereitung grundrechtlichen Ausgleichs, S. 109ff., 119ff.; siehe auch *Sieckmann,* System richterlicher Bindungen, S. 57f.

[108] Konkrete Beispiele hierzu bei BVerwG, NVwZ 1987, 578ff., 581f., 586f.; *Gern,* DÖV 1986, 462ff.; *Pitschas,* NJW 1984, 889ff.

dungen prägt.[109] Er dient als Leitlinie, an der die Entscheidungsträger ihre Willensbildung und -betätigung ausrichten müssen.[110]

3. *Wertorientierung und sozio-emotionale Rationalität*

Selten genug wird allerdings die dimensionale Reichweite dieser multiplen Wertorientierung erkannt. Man betrachtet sie zumeist nur im Hinblick auf den Beitrag, den sie für die zweckhafte Rationalisierung der staatlichen Entscheidungsprozesse und damit letztendlich zugunsten von Koordination und Integration leistet (= instrumentaler Aspekt). In Vergessenheit gerät dadurch, daß derartigen Wertorientierungen immer auch eine *soziale Dimension* zu eigen ist: Sie befriedigen auch und zugleich die Bedürfnisse derjenigen, die das Verfahren als einen Arbeitsprozeß betreiben und in Gang halten, also etwa die des Abgeordneten, der im Gesetzgebungsverfahren aus eigennützigen Vorstellungen spezielle Interessen verfolgt; die des Richters, der seine Persönlichkeit bzw. seine Einstellungen und Erwartungen in die Gerichtsverhandlung einbringt, oder die der Verwaltungsmitarbeiter, die nach individueller Arbeitszufriedenheit streben.[111]

Um diesen Bedürfnissen nach Selbstdarstellung im weitesten Sinne gerecht zu werden, müssen staatliche Entscheidungsprozesse über eine entsprechende „sozio-emotionale" Rationalität verfügen.[112] Sie bildet eine eigenständige Komponente rationaler Verfahrensgestaltung und -abwicklung, die nicht als bloßes agens zur Erreichung instrumentaler Rationalität aufgefaßt werden darf. In ihr liegt vielmehr der auf die „personale" bzw. „kommunikative" Grundlegung der Vernunft[113] zurückge-

---

[109] In bezug auf das Verwaltungsverfahren deshalb noch zu eng die Sicht von *B. Becker*, Entscheidungen, S. 238; der Wertbezug fällt völlig aus dem Thema bei *Wahl* und *Pietzcker*, VVDStRL 41 (1983), S. 151 ff. (stattdessen funktional aufgelöst S. 157ff.) und S. 193 ff., wo von „Abwertung" die Rede ist (S. 201 ff., 206 f.), aber die „Werte" nicht offen diskutiert werden. – Eine solche Diskussion kann im übrigen auch das „Gefühl" nicht außen vor lassen; denn Werterkenntnis meint auch „Wertfühlen", vgl. *Kriele*, Rechtsgefühl, S. 23 f.; s. ferner *Bihler*, Rechtsgefühl, System und Wertung, 1979; *H.A. Hesse*, JZ 1982, 272ff., 274f.; *Hubmann*, AcP 153 (1954), S. 297ff., 323; und beides ist – wie sich zeigen wird – dem recht verstandenen „rationalen" Diskurs immanent; unklar in diesem Punkt aber *Buchwald*, Begründung, S. 89 ff.

[110] Dazu siehe im einzelnen die Überlegungen im dritten Teil der Untersuchung, 9.–11. Kapitel.

[111] *Bosetzky/Heinrich*, Mensch und Organisation, S. 55 ff., 66 f., 156 ff.; *Freese*, Organisation, S. 452 f.; *Wassermann*, Richterliche Gewalt, S. 148 ff.; *H.L. Freund*, Abgeordnetenverhalten: Ausübung des Mandats und persönliche Interessen, 1986; anknüpfend hieran ist darauf hinzuweisen, daß nicht von ungefähr auch die Disziplinierung des „befangenen" Abgeordneten zum Problem wird, vgl. dazu jetzt *Peine*, JZ 1985, 914 ff., 915.

[112] Vgl. *Hill/Fehlbaum/Ulrich*, Organisationslehre 1, S. 91, 160 f., 166 ff.; einbeschlossen hierin sind auch die Gefühle der Menschen, die an staatlichen Entscheidungsprozessen beteiligt oder von diesen betroffen sind, insbesondere das „Rechtsgefühl".

[113] Zu den verschiedenen Arten von Rationalität grundlegend und zugleich in Auseinandersetzung mit der interpersonalen Theorie der Vernunft von *K. R. Popper* m. w. Nachw. *Habermas*, Theorie des kommunikativen Handelns 1, S. 25 ff., 114 ff., 128 ff.; vgl. im hiesigen Zusam-

hende entscheidende Gegenpol zu allen Tendenzen, staatliche Entscheidungsverfahren als lediglich zweckrationale, auf instrumentale statt (auch) auf soziale Effizienz ausgerichtete Vorgänge zu betrachten, deren Funktionsträger nicht mehr sind als auf ihre bloße Funktionserfüllung reduzierte Bestandteile der Ablaufmaschinerie.[114] Je mehr dies der Fall ist, um so sicherer entwickelt ein Verfahren Züge der Irrationalität. Nur die „Gleichberechtigung" sozialer mit den instrumentalen Aspekten vermittelt den Zugang zur Auflösung allfälliger Rationalitätskonflikte i.S. einer anzustrebenden „Gesamtrationalität" der staatlichen Entscheidungsprozesse.[115]

4. Wertorientierung und Verfahrenseffizienz

Steht somit die prozedurale Rationalisierung der staatlichen Entscheidungsfunktion – differenziert nach den einzelnen Verfahrenstypen der sozialen Koordination[116] – unter der Perspektive einer umfassenden Wertorientierung, dann erweisen sich jene Verfahrensüberlegungen als unzureichend, die unter einem verkürzten Wertehorizont bzw. ohne Rücksicht auf die sozio-emotionale Rationalität als einer eigenständigen Dimension der materialen Rationalisierung von Verfahren versuchen, den Verwirklichungsgrad *einzelner* Verfahrensziele im Verhältnis zum Verfahrensaufwand („Effizienz")[117] zu diskutieren. Kritisch sind auch jene und zumeist daran anschließenden Bemühungen zu würdigen, auf der Grundlage solchermaßen reduzierter Effizienzdiskussion tiefreichende Empfehlungen zu Verfahrensreformen abzugeben.[118]

---

menhang auch *Christensen,* Gesetzesbindung, S. 104ff., 110ff.; *Kaulbach,* FS H.-U. Scupin, 1983, S. 335ff.; *Petev,* Spezifische Rationalität, S. 566 m. Anm. 5; *C. Schefold,* Konzeption der offenen Gesellschaft, S. 76ff.; zur Aufgliederung des Rationalitätsbegriffs auch *Schlößer,* Rationalität und Planung, S. 36ff., 43ff.; auf das Dilemma verschiedener Typen von Rationalität und die Problematik der Verschiebung von Rationalitätsstrukturen in der historischen Perspektive weist hin *M. W. Fischer,* FS O. Weinberger, 1984, S. 503ff.; gegen die These, daß allein „Diskussionsrationalität" im Fall der Praxis „objektiv richtiges Werten und Sollen" definiere, vgl. *O. Weinberger,* Institutionenanalyse, S. 256ff.

[114] Dagegen auch *Bosetzky,* Systemimmanente Grenzen einer planvollen Verwaltungsführung, in: A. Remer (Hrsg.), Verwaltungsführung, 1982, S. 219ff., 220f., 221ff., 226f.; *Pitschas,* DÖV 1987, 625, 627, 628f.

[115] *Hill/Fehlbaum/Ulrich,* Organisationslehre 1, S. 160f.; in der derzeit jedenfalls im öffentlichen Recht herrschenden Verfahrensbetrachtung kommt der „Mensch" als solcher freilich nur selten vor; siehe allerdings *Suhr,* Entfaltung, S. 71ff., 80ff., 151ff.; zur Hervorhebung der Bedeutung des Rechtsgefühls auch *M. Rehbinder,* JZ 1982, 1ff.

[116] Zu diesen siehe oben, 3. Kap., A. III. 1.

[117] Zu dieser Definition von „Effizienz" siehe statt aller *Boerger,* Die Effizienz öffentlicher Verwaltung in der Bundesrepublik Deutschland, 1978, S. 18ff., 23; *Eichhorn/Siedentopf,* Effizienzeffekte der Verwaltungsreform, 1976, S. 21ff.; *v. Mutius,* NJW 1982, 2151; krit. wie hier auch *Derlien,* VerwArch. 80 (1989), S. 324ff.

[118] Dies vor allem gegen *Wahl,* VVDStRL 41 (1983), S. 159ff., 162ff., und *Pietzcker,* ebd., S. 196f. (vgl. aber immerhin S. 209f.); auch *Hill,* Das fehlerhafte Verfahren, S. 209 und 347, bleibt hier doch sehr vordergründig – wie übrigens alle weiteren von ihm ebd. zitierten Autoren!

Wünschenswerte Verfahrensneuerungen dürfen aber weder nur daran gemessen werden, inwieweit sie zu einem zügigen Verfahren beitragen, dieses straffen, beschleunigen oder vor Mißbräuchen bewahren,[119] noch daran, ob sie vor allem Kosten-Nutzen-Perspektiven standhalten. Denn der moderne Staat hält durchweg und für jeden einzelnen seiner Verfahrenstypen eben nicht nur ein einzelnes, sondern stets ein ganzes Zielgeflecht bereit, und er verfügt über eine multiple Wertorientierung. Diese Gesamtheit ist zugunsten einer integrierten Verwirklichung vorab zu identifizieren und in konsistente Subziele bzw. Wertaussagen zu überführen, ehe isolierte Effizienzaussagen getroffen und dadurch Rationalitätsurteile voreilig gefällt werden.[120]

VI. Tatsachenprämissen rationaler Verfahrensgestaltung

1. Soziale Tiefenstruktur rechtsförmiger Verfahrensordnung

Noch aus einem anderen Grund können Wertfestlegungen als Rationalisierungsmodus die Friktionen kriteriendivergierender Verfahrensrationalität nicht aufheben. Der Rückzug auf wertrationale Präferenzmaßstäbe erfaßt nicht jene „Realfaktoren", die als Tatsachenprämissen die Realität des Verfahrens mitbestimmen und die oftmals weniger seine objektive Umwelt widerspiegeln als aus dem (subjektiven) Bild erfließen, das sich der Entscheidungsträger von der Situation macht, in der er handelt.

Auch hieran hat sich die (rechtsförmige) Verfahrensstrukturierung zu orientieren. Das Recht ist in menschliche Verhaltensweisen eingebettet, abhängig vom jeweiligen gesellschaftlichen Umfeld: „law and the social context in which it operates must be inspected together."[121] Rationalitätsaussagen zu den staatlichen Entscheidungsprozessen dürfen diese soziale Tiefenstuktur des (Verfahrens-)Rechts nicht ignorieren; maßgebliche Strukturelemente des Verfahrens sind deshalb durch seinen gesellschaftlichen Bezug geprägt.

Zu den Erfolgsvoraussetzungen autoritativer Verhaltenskoordination „in" und „durch" staatliche Gemeinschaftsverfahren gehören deshalb auch solche (sozialen) Mechanismen, die als dem jeweiligen Entscheidungsprozeß vorgegebene Daten aus seinem Zusammenhang weder hinweggedacht werden können noch selbst ange-

[119] Deshalb erscheint mir auch die zuletzt von *J. Ipsen,* Jura 1987, 128, 129f., geübte Kritik an entsprechenden Tendenzen der Reform des Verwaltungsprozeßrechts im Wege der Einführung einer „Verwaltungsprozeßordnung" gerechtfertigt.

[120] Siehe aus übergreifender Perspektive *Derlien,* a.a.O. (Fn. 117), S. 324ff., 327ff.; *Hillmann,* Aspekte der Bürokratiediskussion, VerwArch. 77 (1986), S. 1ff.; *J. Israel,* Entfremdung, S. 173ff., 179f., 207ff.; *Wersig,* Kommunikative Revolution, S. 81ff., 86ff., 88f.

[121] *S.F. Moore,* Law and Social Change: The Semi-Autonomous Social Field as an appropriate subject of study, in: LSR 1973, S. 719ff.; natürlich läßt sich hierzu auch das Konzept der „Lebenswelt", das *Habermas,* Theorie des kommunikativen Handelns 2, S. 182ff., entfaltet, in Bezug setzen.

strebt werden. Sie bilden ein „semi-autonomous social field", das von eigenen Bedingungen und Regeln sowie entsprechenden Machtressourcen zu ihrer Durchsetzung gekennzeichnet ist.[122]

Für das *Gesetzgebungsverfahren* hat vornehmlich *H. Schulze-Fielitz* auf derartige rechtlich ungeregelte Verfahrensbedingungen aufmerksam gemacht.[123] Seinen Feststellungen zufolge lassen sich speziell für den Bundestag eine Fülle interfraktioneller Absprachen und „informaler" Traditionen ermitteln, die als Ausdruck gemeinsamer Gestaltungsbedürfnisse oder -notwendigkeiten die parlamentarische Kooperation realiter prägen.[124]

Vergleichbares gilt für das *Verwaltungsverfahren.* In ihm werden der Anwendung seiner formalen Regeln weithin informelle Verfahrensschritte vorgeschaltet, beigegeben oder angefügt, weil oftmals nur über diese „Prozeß"-Form die Integration der wichtigsten Entscheidungsadressaten in die Durchsetzung (= Implementation) des materiellen Rechts möglich scheint und sich häufig allein dadurch verwaltungsgerichtliche Auseinandersetzungen vermeiden lassen.[125] Die Entscheidungsverfahren der öffentlichen Verwaltung werden infolge dieser und anderer Bezugnahmen auf wesentliche Tatsachenprämissen als ein komplexer Verbund struktureller und technologischer Dimension mit personalen Verhaltens- und Verfahrensweisen konstituiert, wobei häufig erst das Faktum einer einstellungsabhängigen und wertbestimmten sozialen Interaktion unter den Verwaltungsangehörigen und zwischen diesen und ihrem Klientel die geforderte Verwaltungsleistung und damit die „richtige" Aufgabenerfüllung ermöglicht.

Nicht anders liegen die Dinge in bezug auf den *gerichtlichen Prozeß:* Die richterliche Rechtsfindung ist ebenso von gesellschaftlichen Determinanten wie von persönlichen und institutionellen Bestimmungsgründen geprägt. Sie vereinigen sich zu einem informellen Programm der Rechtsprechung.

2. Situativer Verfahrensbezug

Die Antwort auf die Frage nach der Rationalität des Verfahrenshandelns ist damit (auch) von der jeweiligen „Verfahrenssituation" abhängig gestellt. Unter „Situation"sind dabei im Sinne eines offenen, unspezifischen Begriffs alle Randbedingun-

---

[122] Vgl. *Treiber,* Implementationsansatz, S. 323f., unter Berufung auf *S.F. Moore,* a.a.O. (Fn. 121), S. 720, 723.

[123] Der informale Verfassungsstaat, S. 53ff.

[124] *Schulze-Fielitz,* a.a.O. (Fn. 123), S. 54f.; einen Spezialfall stellt insoweit auch die Tätigkeit des Vermittlungsausschusses dar, siehe nur *M. Dietlein,* Der Vermittlungsausschuß des Deutschen Bundestages und des Bundesrates, 1983, S. 15ff.; *ders.,* ZRP 1985, 322ff.; *Hasselweiler,* Der Vermittlungsausschuß, 1981, S. 44ff.; *H. H. Klein,* AöR 107 (1983), S. 329ff., 363.

[125] Siehe z.B. *Bauer,* VerwArch. 78 (1987), S. 252; *Brohm,* Gesetzesvollzug als Handlungsobjekt?, in: W. Heinz (Hrsg.), Rechtstatsachenforschung heute, 1986, S. 103ff., 108; *Eberle,* DVerw. 17 (1984), S. 442; siehe ferner die Beiträge in dem von *Hill* herausgegebenen Sammelband „Verwaltungshandeln durch Verträge und Absprachen", 1989.

gen, Einflußgrößen, Determinanten usw. zu verstehen, die den Zusammenhang zwischen den Verfahrensstrukturen und den von ihr angestrebten Wirkungen beeinflussen.[126]

Dieser *situative* Bezug des Verfahrens kann näherhin und in zunächst noch sehr grober Differenzierung den Eigenschaften der mit dem Verfahrenshandeln zu erfüllenden *Sachaufgaben* einerseits sowie den Eigenschaften der *Verfahrensbeteiligten* andererseits zugeschrieben werden, die ihr Verhalten bei der Aufgabenerfüllung prägen. So hindert z.B. die aufgabenbezogene Verfahrensbedingung der „Komplexität" eines sozialen, ökonomischen oder technischen Lebenssachverhalts die öffentliche Verwaltung daran, die daraus erfließenden Probleme in einem Zugriff zu lösen. Für die Bewältigung sog. komplexer Verwaltungsaufgaben[127] bedarf es deshalb – neben einer angemessenen Verwaltungsorganisation – *gestufter* Verwaltungsverfahren mit Sequenzen einander folgender Teilentscheidungen von unterschiedlicher Abstraktion, unterschiedlicher Rationalität und unterschiedlichen Entscheidungsträgern.[128]

Ähnlich *aufgabenbezogene* Verfahrensbedingungen formulieren für die öffentliche Verwaltung die spezifischen „Produktionsverhältnisse" von Dienstleistungen, wie sie etwa der Inanspruchnahme des Bildungswesens[129] oder des Systems der sozialen Sicherung zugrundeliegen.[130] Ihr Erfolg hängt weitgehend von der Bereitschaft der Auszubildenden bzw. Klienten ab, sich auf Leistungskooperation und „produktive" Interaktion überhaupt einzulassen. Die Prozeduralisierung der staatlichen Entscheidungsfunktion steht solchermaßen in einer direkten Abhängigkeit von Konsensprozessen.[131] Ein weiteres Beispiel für den situativen Bezug des Verfahrens,

---

[126] Vgl. *J. V. Baldridge/R. A. Burnham,* Organizational Innovation: Individual, Organizational, and Environmental Impacts, in: ASQ 20 (1975), S. 165ff., 172ff., insbes. S. 172f.; *Kieser/Kubicek,* Organisationstheorien II, 1978, S. 106, 108; *Treutner/Wolff,* Rechtsstaat und situative Verwaltung, 1978.

[127] Zu ihrem Verständnis vgl. insbes. *Schmidt-Aßmann,* VVDStRL 34 (1976), S. 224; *ders.,* DVBl. 1989, 540f.; siehe ferner *Erbguth/Schoeneberg,* WiVerw. 1985, 102ff., 111f.; *Hoppe,* FS BVerwG, 1978, S. 295ff., 297ff.

[128] Komplexe Verwaltungsentscheidungen bedürfen m. a. W., so lautet die allgemeine These, „komplexer" Verwaltungsverfahren, vgl. *Hill,* Das fehlerhafte Verfahren, S. 285ff., 287ff.; *Steinberg,* DÖV 1982, 622ff., 623. Freilich ist hier erneut die bestehende *Grenze der Komplexität* hervorzuheben: Ebenso, wie vor allem Planungsverfahren nicht zu „einfach" angelegt sein dürfen (*Wahl,* DVBl. 1982, 61f.), müssen sie auch für den Bürger überschaubar und rechtlich nachvollziehbar bleiben! In bezug auf den Bedingungsrahmen der „Verwaltungsorganisation" siehe die ebenfalls differenzierenden Bemerkungen von *K. König,* Der Staat 28 (1989), S. 49ff.

[129] Siehe z.B. *Dittmann,* Verwaltungsverfahrensgesetz und Schule, S. 64ff., 66, 67f., 68ff.; *Schwab,* Schulgesetzgebung – Schutz gegen eine übermächtige Administration im Bildungsbereich?, in: JbRSoz Bd. 7 (1980), S. 207ff., 209ff., 212ff.

[130] *Simons,* Verfahren und verfahrensäquivalente Rechtsformen, S. 30ff., 35f., 60ff., 64ff., 115ff., 130ff., 351ff., 583ff.

[131] *Offe,* Leviathan, S. 340ff., 344; *Schuppert,* Erfüllung öffentlicher Aufgaben, S. 365ff., 373ff.

nun freilich *personenbezogen,* ist die Professionalität des Richters in der Prozeßführung. Sie bestimmt als relevante Eigenschaft eines Verfahrenswalters seine Urteilsbildung mit.[132]

VII. „Gesamtrationalität" und Eigenständigkeit der Entscheidungsverfahren

1. *Verfahrensrationalität als „Gesamtrationalität"*

Die Ausgangsfrage nach der Rationalität staatlicher Entscheidungsverfahren bzw. nach ihren rationalen „Prozeßstrukturen" ist, so ergibt sich als *Fazit,* nicht allein durch den bloßen Verweis auf die formale Regelbindung der Entscheidungsfindung zu beantworten. Weil und soweit die Auswahl geeigneter Handlungsprämissen zum Problem der staatlichen Entscheidungsträger wird, muß auch die *funktionale Wirksamkeit* der jeweiligen Entscheidungsprozesse beachtet werden. Zugleich erweitert sich der Horizont der Rationalitätskriterien: Verfahren „dienen" nicht mehr nur der Steuerung der Gesellschaft durch Recht; sie werden selbst *anstelle* des materiellen Rechts als Steuerungsinstrument sozialer Koordination eingesetzt. Verfahrensrationalität erlangt dadurch eine steuerungstheoretische Perspektive, die auf die jeweiligen Verfahrensarenen und Verfahrensakteure ausgerichtet ist.[133] Hieraus resultieren weitere, im einzelnen unterschiedliche Rationalitätsanforderungen an die staatlichen Entscheidungsprozesse. Vor allem müssen die verfahrensmäßigen Regelungen auf die tatsächlichen politischen Kräfte und ihr Wirken zugeschnitten sein. Nur dann weisen sie die erforderliche operative Plausibilität auf und nur dann können sie die Aktionsparameter der Akteure wesentlich mitbestimmen.

Der somit induzierte Übergang zu zweckrationalen Verfahren ruft allerdings Konflikte mit dem Rationalisierungstypus strikter Normdurchsetzung hervor. Der Auflösung dieser Konflikte, zu denen gerade im modernen Leistungsstaat solche aufgrund verbreiteter Zweckoffenheit, Zweckmehrheiten oder sogar Zweckunbestimmtheiten hinzutreten, dient der mögliche Rekurs auf materiale Rationalitätskriterien. Er verspricht jedoch nur begrenzten Erfolg. Zwar macht der Einbezug wertrationalen Denkens in die Gestaltung der staatlichen Entscheidungsprozesse unterschiedliche Auffassungen über soziale Werte und Zielvorstellungen erst so recht diskutierbar. Angesichts der erwartbaren Konkurrenz von Präferenzformeln und der Notwendigkeit von Zielbildungsprozessen kommt es aber zugleich zu Wert-

---

132 *Wassermann,* Richterliche Gewalt, S. 191f.; *Landfried,* Bundesverfassungsgericht und Gesetzgeber, 1984, S. 36ff.; zu anderen aufgabenbezogenen Verfahrensbedingungen siehe etwa *Krützmann,* DRiZ 1985, 201ff., 205ff.

133 *F.-X. Kaufmann/B. Rosewitz,* Typisierung und Klassifikation politischer Maßnahmen, in: R. Mayntz (Hrsg.) Implementation politischer Programme II, 1983, S. 25ff., 32ff.; *Pitschas,* Berufsfreiheit, S. 164ff., 212ff., 562ff.

konflikten. Im übrigen nimmt auch die Summe der herrschenden Verfahrensbedingungen, also der situative Verfahrensbezug, wesentlichen Einfluß auf das Verfahrensergebnis.

Staatliche Entscheidungsprozesse müssen sich deshalb im modernen Staat an je verschiedenen Rationalitätsanforderungen *gleichzeitig* orientieren. Das Verfahrenshandeln hat sich von daher simultan mit seinen Rechtsgrundlagen und mit seinen Funktionen, aber auch mit seiner Wertbindung und den ihm vorgegebenen situativen Bedingungen auseinderzusetzen. Im Begriff der „Gesamtrationalität" findet dieser Rationalitätstypus des Verfahrens seinen Ausdruck. Er determiniert die interne *Strukturbildung* im Verfahrenssystem.[134]

2. *Grundsatz der Strukturadäquanz*

Rationale Aufgabenerfüllung „in" und „durch" staatliche Entscheidungsprozesse erfordert mithin eine *strukturadäquate* Verfahrensordnung (Grundsatz der Strukturadäquanz). Dementsprechend verbietet sich die Institutionalisierung eines einheitlichen Verfahrenstyps.

---

[134] Erfaßt wird damit auch und zugleich die dem „Verwaltungssystem" kraft seiner Eigenverantwortung mögliche und – wie dargelegt – über Verfahren gesteuerte Selbstprogrammierung und Selbstkonditionierung des Entscheidungsverhaltens. Diese ist also nicht etwa voraussetzungslos, wie dies in manchen rechtstheoretischen Vorstellungen zum Übergang des Rechtssystems in dezentrale Teilsysteme partieller Selbststeuerung anklingt (vgl. etwa *Krawietz*, Rechtstheorie 16 (1985), S. 264ff., 267ff.). Auch diese („prozeduralisierte") Entwicklung bleibt durchweg – und zukünftig in besonderem Maße im Rahmen des verfassungsstaatlich organisierten Gesamt-Rechtssystems – auf übergreifende „Rationalität" bezogen und ihr verpflichtet. Zur Verdeutlichung dieser (verfassungsrechtlich initiierten) Rolle der „Rationalität" im Recht fehlt es freilich noch an tieferschürfenden Überlegungen; vgl. aber die Hinweise in BVerfGE 34, 269 (287); siehe ferner u.a. *v. Arnim*, Staatslehre, S. 232ff.; *B. Becker*, Entscheidung, S. 281f.; *Bund*, Juristische Logik, S. 152, 178; *Christensen*, Gesetzesbindung, S. 115ff.; *Degenhart*, Kernenergierecht, S. 198 m. Anm. 35; *Ehlers*, DVerw. 17 (1984), S. 295ff., 302 m. Anm. 33; *Esser*, Gesetzesrationalität, S. 19, 20ff., 24ff.; *Goerlich*, JR 1977, 89ff.; *Hill*, Das fehlerhafte Verfahren, S. 201, 211, 289, 312; *ders.*, Jura 1986, 291, 292; *Joerges*, KritJ 1989, 190ff.; *K. König*, System und Umwelt, S. 17; *ders.*, FS C.-H. Ule, S. 122; *Kopp*, Verfassungsrecht und Verwaltungsverfahrensrecht, S. 3f.; *Krebs*, Kontrolle, S. 161f.; *Kriele*, Rechtsgewinnung, S. 334; *Lerche*, FS H.P. Ipsen, S. 437ff., 438; *Magiera*, Parlament und Staatsleitung, S. 226ff.; *H. Meyer*, NVwZ 1986, 522; *Ossenbühl*, Festgabe BVerfG I, S. 502, 513f.; *Podlech*, Rationalität und Konsens, in: G. Jacobs (Hrsg.), Rechtsirrtum und Konsens, 1976, S. 27; *Schmidt-Aßmann*, Festgabe BVerwG, S. 569; *Schwerdtfeger*, FS H.P. Ipsen, S. 177f.; *Sieckmann*, System richterlicher Bindungen, S. 39ff.; *Steinberg*, Verwaltungsorganisation, S. 191ff.; *Schwarze*, Funktionaler Zusammenhang, S. 48; *Suhr*, DÖV 1975, 767ff., 769; *Thieme*, Entscheidungen, S. 23ff.; *Zimmer*, Funktion – Kompetenz – Legitimation, S. 266ff.; *Zippelius*, Gesellschaft und Recht, S. 63ff., 132ff. – Aus rechtstheoretischer Perspektive vgl. etwa *Garrn*, Rationalität, bes. S. 67ff., 97ff.; *Kaulbach*, FS H.U. Scupin, S. 333ff.; *Mettenheim*, Recht und Rationalität, bes. S. 46ff., 62ff., 74ff.; *U. Neumann*, Juristische Argumentationslehre, S. 8, 11, 66f., 78ff., 96, 104; *Weinberger*, Institutionenanalyse, S. 246ff.; *Zielcke*, Rechtstheorie 11 (1980), S. 85ff.

Die notwendige Verfahrensdifferenzierung läßt sich freilich nicht schon durch den lediglich eindimensionalen Rekurs auf einzelne Arten von Entscheidungssituationen bewerkstelligen, wie dies *N. Luhmann* mit Blick auf das Verwaltungsverfahren vorgeschlagen hat.[135] Solche Konzepte scheitern bereits an der mangelnden Dimensionalität des verwendeten Rationalitätsbegriffs; nicht alles ist schon deshalb rational, weil es „Komplexität" reduziert.[136] Und schon gar nicht gibt es „das" Verwaltungsverfahren! Staatliche Entscheidungsprozesse bedürfen vielmehr einer Strukturbildung, die in der dargestellten gesamtheitlichen Rationalitätsperspektive von den unterschiedlichen Gütekriterien der Koordinationsmechanismen(-verfahren) ausgeht und die Möglichkeiten einer situativen Selbstprogrammierung und Selbstkonditionierung des Entscheidungsverhaltens im Verfahren einbezieht.[137]

So verlangen unter dem Gesichtspunkt der Rationalität („Qualität") interessenbestimmte Verfahren wie die wettbewerbliche Marktwirtschaft für ihr Funktionieren einen rechtlichen Rahmen, der die Kompromißbereitschaft der Akteure bei der Befriedigung ihrer jeweils eigenen Interessen fördert und den *sozialen Ausgleich* so weit als möglich zum Verfahrensziel erhebt.[138] Demgegenüber bedürfen wert- und erkenntnisorientierte Verfahren wie etwa das der parlamentarischen Willensbildung prozeduraler Vorkehrungen, die uneigennütziges Handeln stimulieren, also Sachlichkeit, Unparteilichkeit sowie Verantwortungsbewußtsein sichern.[139] Und schließlich ist der Umstand, daß man wählt bzw. abstimmt, aber nicht befiehlt oder bis zur völligen Übereinstimmung verhandelt, eine Verfahrensentscheidung, die unter dem Blickwinkel der „Gesamtrationalität" ihrerseits begründet werden muß und kann.[140]

3. *„Gesamtrationalität" als konstruktiver Grenzfall*

Dadurch eine „Gesamtrationalität" des Verfahrens zu erreichen, stellt allerdings den im wesentlichen konstruktiven Grenzfall dar. Die vollkommen rationale Verfahrensgestaltung und -abwicklung wäre nur dann möglich, wenn alle denkbaren Alternativen anhand konsistenter Wertprämissen sowie umfassender und der Wirklichkeit entsprechender Zweck- und Tatsachenprämissen beachtet werden würden. Das aber ist praktisch ausgeschlossen.[141] Verfahrensrationalität läßt sich deshalb zwar am Maßstab einer „Gesamtrationalität" spiegeln, jedoch im Angesicht der

---

[135] Zweckbegriff und Systemrationalität, S. 101 ff., 242 f., 317 f.; *ders.*, Verfahren, S. 207 ff.

[136] Vgl. demgegenüber aber die Nachw. in Fn. 128.

[137] In diesem Sinne auch *v. Arnim*, Staatslehre, S. 201 ff.

[138] Vgl. *v. Arnim*, a. a. O. (Fn. 137), S. 203 ff., 205.

[139] So zutr. *v. Arnim*, a. a. O. (Fn. 137), S. 203 f.; hinzu tritt die „materiale Ethik der sozialen Verantwortung" (*Limbach*, JuS 1985, 10 m. Anm. 6).

[140] *Offe*, Politische Legitimation, S. 152.

[141] *Thieme*, Entscheidungen, S. 24, 25; allgemein zu den Grundlinien der Theorie einer in diesem Sinne praktischen Rationalität vgl. *Watkins*, Freiheit und Entscheidung, 1978, S. 29 ff., 88 ff.

Wirklichkeit nur mit einem Konzept der „beschränkten Rationalität“ in die Praxis umsetzen.[142]

Hierin liegt kein wesentlicher Mangel staatlicher Entscheidungsprozesse begründet. Sie sind allerdings auch nicht schon dann als rational zu bezeichnen, wenn sie gestatten, „viele Möglichkeiten ... in begrenzter Zeit zu erfassen und gegeneinander abzuwägen“;[143] ebensowenig verspricht die Komplexität eines Verfahrens *an sich* bereits ein Höchstmaß an Rationalität.[144] Vielmehr dürfen Entscheidungsprozesse trotz aller Komplexität der in ihnen und durch sie zu erfüllenden Aufgaben eine gewisse Eigenkomplexität nicht überschreiten; sie dürfen um ihrer Wirksamkeit willen nicht zu kompliziert sein.

4. *Eigenständigkeit, Flexibilität und Verbindlichkeitsgrad staatlicher Entscheidungsverfahren*

Zwischen Verfahrensablauf und angestrebtem Verfahrensergebnis besteht nach alledem ein komplexer Gegenseitigkeitsbezug. Er wird mit der inzwischen gängigen Kennzeichnung des Prozeßelements als „Entscheidungsprämisse“ nur unzureichend erfaßt.[145] Treffender scheint es mir dagegen, von der (relativen) *Eigenständigkeit* staatlicher Entscheidungsprozesse zu sprechen, wie sie in der Betonung ihrer „Gesamtrationalität“ zum Ausdruck kommt. Darin liegt keineswegs die Ablösung des Verfahrenshandelns von seinem materiell-rechtlichen Bezug, wie sie etwa die Zivilprozeßlehre in ihrer Kritik an den Verselbständigungstendenzen des gerichtlichen Verfahrens befürchtet.[146] Deutlich werden in dieser Akzentuierung allerdings die Eigenwerte und Eigengesetzlichkeiten der Prozeduralisierung des staatlichen Entscheidens, die das Verfahrensergebnis prägen.[147]

Diese graduelle Eigenständigkeit staatlicher Entscheidungsprozesse ist nicht allein die Folge, sondern auch eine grundlegende Voraussetzung für die Erfüllung der voraufgehend skizzierten Rationalitätsmaßgaben. Nur sie ermöglicht es, den Verfahren jenes Grundmaß an *Flexibilität* der Reaktionen mitzugeben, das die dargestellten Verfahrensanforderungen zu erfüllen verspricht. Denn ihnen gegenüber muß sich jegliche Verfahrensordnung, um ihre Kraft zur erfolgreichen Formgebung

---

[142] Zu diesem Konzept der „beschränkten Rationalität“ vgl. *H.A. Simon*, Entscheidungsverhalten, S. 30, 78ff., 116ff.; *Hill/Fehlbaum/Ulrich*, Organisationslehre 1, S. 65f. m.w.Nachw.

[143] So aber *Luhmann*, Verfahren, S. 204.

[144] Hierzu siehe bereits die Ausführungen oben im Text um und zu Fn. 136; differenzierend im vergleichbaren Blick auf die „Verwaltungsorganisation“ auch *K. König*, Der Staat 28 (1989), S. 49ff.

[145] Vgl. demgegenüber *W. Schmidt*, Probleme des Verwaltungsrechts, S. 86f. (Rdnr. 134); *Steinberg*, DÖV 1982, 620; *Wahl*, VVDStRL 41 (1983), S. 159.

[146] So etwa *Blomeyer*, AcP 159 (1960), S. 385ff., 405; *Heinze*, SGb. 1984, 393.

[147] Zur Diskussion um diese Eigenwerte und Eigengesetzlichkeiten der staatlichen Verfahren vgl. neben den oben im Text zu C. III. gegebenen Beispielen die Nachweise aus der Literatur bei *Wahl*, VVDStRL 41 (1983), S. 163 m. Anm. 33.

staatlichen Wirkens zu bewahren, immer wieder von neuem dem Test ihrer eigenen Rationalität und damit auch dem ihrer Stabilität aussetzen sowie ihn laufend bestehen.

Dies hat zugleich Konsequenzen für den *Verbindlichkeitsgrad* der Verfahrenswahl. Er kann zwar sehr hoch, niemals aber absolut sein. Die Zuordnung von Koordinationsverfahren und Handlungsfeldern bzw. die Institutionalisierung anderer Entscheidungsprozesse ist nicht automatisch festgeschrieben. So können für neu entstehende Politikfelder und neue entscheidungsbedürftige Materien Entscheidungen über *neue Entscheidungsverfahren* notwendig werden oder auch Bedarfe für die *Abwandlung hergebrachter Prozeduren* entstehen.[148]

D. Reflexivität der Entscheidungsverfahren als integrativer Rationalisierungsmodus

I. Staatliche Entscheidungsverfahren als selbstreferenzielle Systeme

Eigenständigkeit und Flexibilität von Verfahren sind nun freilich Kategorien, die jene auf ihre „Umwelt" beziehen und in diesem Zusammenhang Fragen der „äußeren" Anpassung behandeln. Staatliche Entscheidungsprozesse verfügen jedoch im Hinblick auf die an sie gestellten Rationalitätsanforderungen auch über eine „innere" Beweglichkeit. Sie beziehen sich mit allen ihren Operationen politisch-rechtlichen Entscheidens stets nicht bloß auf die Verfahrensumwelt, sondern ebenso auf sich selbst, weil sie nur aufgrund dieses Selbstkontaktes und nach Maßgabe der Interaktionen mit Teilen (Funktionsträgern) ihrer eigenen Ordnung überhaupt auf die jeweilige Umwelt zu reagieren vermögen.[149] Und nur auf diese Weise können sich Verfahren simultan in Struktur und Ablauf auf die oben skizzierten externen Funktionsanforderungen, Wertorientierungen und situativen Bedingtheiten einstellen sowie deren Inkonsistenz und Wandelbarkeit berücksichtigen.

Prozedurale Verbindlichkeitsprobleme, die sowohl bei sachbezogenen Innovations- und alltäglichen Routineverfahren als auch bei den politisch-fundamentalen Verfahrensregeln kollektiven Entscheidens durch die Frage nach ihrer Anerkennung aufgeworfen werden,[150] können solcherart gelöst werden. Zwar behält auch dabei ein jedes Verfahren den ihm eigentümlichen Doppelstatus bei, wonach es einerseits für Sachentscheidungen als *fraglos gültig* hinzunehmen ist, andererseits aber nur in dem Maße als gültig vorausgesetzt werden kann, in dem sein Geltungsanspruch einer kontinuierlichen Fragestellung unter Rationalitätsaspekten standhält. Doch läßt sich das dafür erforderliche Reaktionspotential durch stete Bezugnahme der

---

[148] Dazu siehe bereits oben, 3. Kap., A. III. 4., um und zu Fn. 38ff.
[149] *Krawietz*, Rechtstheorie 16 (1985), S. 266.
[150] Vgl. oben, 3. Kap., A. III. 4., Fn. 37ff., 41.

Verfahren im Rahmen ihrer Eigenständigkeit und Flexibilität auf die eigenen, schon etablierten Strukturen im Wege einer fortlaufenden *Selbstprogrammierung* und *Selbstkonditionierung* freisetzen bzw. erhalten.

Die Prozeduralisierung der staatlichen Entscheidungsfunktion verweist in dieser Konzeption zum einen auf die Theorie selbstreferenzieller (autopoietischer) sozialer Handlungssysteme, wie sie auch „Verfahren" für sich darstellen.[151]

Sie knüpft zum anderen an die „reflexive" Orientierung und Rationalität des modernen Rechts an, wie sie oben näher ausgeführt[152] und in den letzten Jahren mit der Empfehlung diskutiert worden ist, das Recht möge sich aus der vollen Verantwortung für konkrete Ergebnisse zugunsten einer abstrakteren Steuerung zurückziehen, die lediglich auf der „Meta-Ebene der Regulierung von Prozessen, von Organisationsstrukturen ... und Neudefinition von Steuerungsrechten und von Entscheidungskompetenzen" stattfinde.[153]

Das Plädoyer für eine solche „Prozeduralisierung" des Rechts überzieht nicht nur in der Sache; denn jedes Recht hat seinen Inhalt und trägt die entsprechende Verantwortung. Ohne Antwort bleibt vor allem die entscheidende Frage, wie nämlich diese „Verfahrenssteuerung" selbst *strukturell* zu ordnen wäre, also das jeweilige Verfahren gestaltet sein soll. Meine *These* hierzu ist unter Rückgriff auf die Theorie selbstreferenzieller Systeme die, daß auch insoweit „reflexive" Strukturen, mithin die selbstreferenzielle und rationale Verfahrensorganisation den Schlüssel zum Problem bilden.

II. „Kommunikation" als Prozeßform der Selbstreferenz

Nähere Überlegungen hierzu führen tiefer in die *prozedurale Konstellation* des staatlichen Entscheidens hinein. Ihr zufolge erscheint die staatliche Entscheidungsfunktion als ein nach Zeit-, Sach- und Sozialdimensionen differenzierter Ablauf-

[151] Vgl. dazu sowie zugleich zur Theorie „autopoietischer Systeme" überhaupt *F. Benseler/P.M. Heigl/W.K. Köck* (Hrsg.), Autopoiesis, Communication and Society. The Theory of Autopoietic Systems in the Social Sciences, 1980; *R. W. M. Dias*, Autopoiesis and the Judicial Process, in: Rechtstheorie 11 (1980), S. 257ff., 270f., 272; *P.M. Heigl*, Sozialwissenschaft als Theorie selbstreferenzieller Systeme, 1982; *ders.*, Rechtstheorie 13 (1982), S. 45ff.; *Krawietz*, Recht als Regelsystem, S. 110f., 119f., 139f., 186; *Luhmann*, Rechtstheorie 10 (1979), S. 159ff., 165ff.; *ders.*, Soziale Welt 36 (1985), S. 402ff.; *ders.*, Beobachtung des Rechts, S. 11ff., 44ff.; *Teubner*, JbRSoz 13 (1988), S. 45ff.; zur Kritik an diesem Theorieparadigma vgl. aus soziologischer Sicht bes. *Bühl*, KZfSS 39 (1987), S. 225ff. (die Kritik dieses Autors zielt insbes. auf die Behauptung eines Paradigmawechsels, S. 233f., 238f.); krit. auch – aus rechtswissenschaftlicher Perspektive – *Nocke*, KritJ 1987, 369ff.

[152] Vgl. 3. Kap., Fn 80 und 82; siehe ferner oben im Text um und zu Fn. 113 und 134 sowie speziell zur Verbindung des Rationalitätstypus der „reflexiven Rationalität" zum Verfahrensgedanken noch *Teubner*, ARSP 68 (1982), S. 25ff.; *Ladeur*, ARSP 74 (1988), S. 235, 237f.

[153] *Teubner*, a.a.O. (Fn. 152), S. 26; in scharfem Kontrast dazu z.B. *Papier*, FS C.H. Ule, S. 239f., der von der „Preisgabe traditioneller, auf Rationalität ausgerichteter logischer Prozeduren und Modi der Gesetzesanwendung" spricht – allerdings ohne Bezugnahme auf die rechtstheoretische Diskussion.

und Sinnzusammenhang von Erleben und Handeln, der die Spanne vom Beginn bis zum Abschluß einer je zweckbezogenen Entscheidungstätigkeit umfaßt. In ihm konkretisieren sich die Ziele und Zwecke der Entscheidungsträger durch Informationsaufnahme und -verarbeitung stufenweise und arbeitsteilig sowie nach Regeln strukturiert in einzelnen Prozeßschritten. *Kommunikation* zwichen den Verfahrenssubjekten trägt diesen Zusammenhang und führt zu einer Willensbildung, die Handeln und Entscheiden lenkt.[154]

Offen steht indes, welches die spezifischen Merkmale dieses Prozesses sind. Auch verbindliche Aussagen über seine Rationalität lassen sich erst in Kenntnis hiervon treffen. Die bloße Kennzeichnung als ein „auf Rollenebene integriertes Interaktionssystem", oftmals wie ein Fanal präsentiert,[155] führt jedenfalls noch nicht weiter. Denn alle staatlichen Entscheidungsverfahren sind Kommunikationsprozesse; sie beruhen auf rollendirigierter Informationsverarbeitung und Interaktion – das administrative Konkretisierungsverfahren ebenso wie der verwaltungsgerichtliche oder der Gesetzgebungsprozeß. Ihre Formtypik ist einheitlich durch Kommunikation gekennzeichnet.

Dagegen bietet die *funktionale Spezifikation* dieser Verfahren einen Ansatzpunkt für ihre Unterscheidung. Sie erzeugt eine charakteristische *Prozeßtypik*. Im Rahmen dieser Prozeßtypik bildet die *Reflexivität* der Verfahren das entscheidende Differenzierungskriterium. Sie bezeichnet die regulierbare Fähigkeit von Kommunikation, sich in ihrem Prozessieren in der Zeit-, Sach- und Sozialdimension stets auch auf sich selbst beziehen zu können. Sie soll deshalb auch als prozedurale Selbstreferenz verstanden werden.[156] Reflexivität ist in diesem Sinne mehr oder minder allen Kom-

---

[154] An diesem Punkt treffen die Elemente einer allgemeinen und speziell von *Luhmann*, befruchteten Verfahrenssoziologie mit dem vor allem von *Habermas* entwickelten kommunikationstheoretischen Ansatz einer Diskurstheorie zusammen, die – entgegen der Ansicht von *Rotter* (Rechtstheorie 10, 1979, S. 292; tendenziell auch *Weinberger*, Institutionenanalyse, S. 256ff.) – für die „Rechtsforschung" über das Verwaltungsverfahren wie auch für die juristische Argumentationstheorie (hierzu: *Alexy*, Theorie der juristischen Argumentation, S. 31ff., 43ff., 134ff.) insbes. aus sozialstaatlicher Perspektive grundlegend ist, vgl. einerseits *Habermas*, Theorie des kommunikativen Handelns 1, S. 369ff., 370, 376ff., 385ff.; *ders.*, Bd. 2, S. 544ff., 580ff., 583ff., sowie die Nachw. bei *Alexy*, a.a.O., S. 134 m. Anm. 299; siehe andererseits *Luhmann*, Soziale Systeme, S. 102ff., 122ff., 566ff., 593ff., 610ff. Mit der Option für „Kommunikation" unter „Verknüpfung der Paradigmen Lebenswelt und System auf eine nicht nur rhetorische Weise" (*Habermas*, a.a.O., Bd. 1, S. 8) ist der Anschluß an die Kommunikationstheorie von *Watzlawick u.a.*, 1985, ermöglicht: Wichtigste Aspekte und Strukturmerkmale personaler, beziehungsgesteuerter Interaktion können zugunsten einer allgemeinen Verfahrenstheorie mit dem gesellschaftstheoretischen Kommunikationsansatz verbunden werden (*Haferkamp*, KZfSS 36 [1984], S. 783ff.).

[155] Vgl. nur *J. Martens*, Praxis, S. 41 (Rdnr. 58); in der Sache ist dieser Ansatz gleichwohl zutreffend, denn „Verfahren" und „Interaktionshandeln" gehören zusammen: jeder Prozeß unschließt (auch) spezifische *Verhaltensaspekte*, vgl. ebenso *Rödig*, Theorie des gerichtlichen Erkenntnisverfahrens, S. 21 m. Anm. 11.

[156] Näher dazu *Luhmann*, Soziale Systeme, S. 611: Kennzeichnung für selbstreferenzielle Verfahren sei das „Wiedereintreten der Einheit des Komplexen in die Komplexität", das „mit den Mitteln des Prozesses artikuliert wird". Der *unbedingte* Rückgriff auf die abstrakte „Kom-

munikationsprozessen immanent; sie bildet gleichsam eine Konstitutionsbedingung, indem sie Momente der Selbstbeobachtung in die Prozesse einbaut, um „die Einheit des Prozesses im Prozeß zur Geltung zu bringen."[157]

III. Prozedurale Selbstreferenz und Verfahrensrationalität

Reflexivität steht somit für Kommunikation über Kommunikation. An die Stelle deren rigiden Ablaufs tritt dabei die Frage, warum sie so und nicht anders verläuft. Hierher können flüchtige Bezugnahmen auf den gerade stattfindenden Kommunikationsprozeß gehören („Wenn ich Sie richtig verstanden habe, meinen Sie ..."),[158] aber auch umfangreichere Einschübe, die zu einem eigenen Zwischenprozeß ausgebaut werden, also zu einem Prozeß, der in den Prozeß interveniert.[159] Noch weiter reicht die Institutionalisierung von Reflexivität, wenn mit ihrer Hilfe Kommunikation als fixierter Ablauf aufgebrochen wird, um dem Prozeß ein gewisses Maß an Autonomie in bezug auf die verfolgten Ziele und Zwecke sowie im Hinblick auf seine Wert- und Tatsachenprämissen zu geben.

Aus dieser Sicht verkörpert Reflexivität eine allgemeine Bedingung der Steigerung von Rationalität des Prozeßhandelns: Die „Anwendung des Prozesses auf sich selbst"[160] liefert die notwendigen Bezugspunkte für die kritische Steuerung und Selbstkontrolle einer erfolgreich sach- und sozialbezogenen Kommunikation („Reflexive Rationalität").[161]

Wieviel Kommunikation über Kommunikation ein Verfahren erfordert und wieviel Belastung es durch sie gestattet, ist allerdings nicht generell zu sagen. Existenz

plexität" ist nach hiesigem Dafürhalten allerdings problematisch, weil die Komplexheit von Verfahren in sich a limine begrenzt ist.

[157] *Luhmann*, a.a.O. (Fn. 156), S. 612.

[158] Beispiel bei *Luhmann*, a.a.O. (Fn. 156), S. 611.

[159] *Luhmann*, a.a.O. (Fn. 156), S. 611.

[160] *Luhmann*, a.a.O. (Fn. 156), S. 612.

[161] Zur reflexiven Rationalität vgl. näher *Teubner*, ARSP 68 (1982), S. 25ff. „Reflexives" (Verfahrens-)Recht scheint in diesem Kontext *drei Eigenschaften* zu entfalten: Es grenzt die Prozesse der prozeduralen Selbstbeobachtung als Subprozesse von dem Gesamt-Verfahren ab, ermöglicht also in diesem eine eigene System/Umwelt-Differenz, mit deren Hilfe die Selbstreferenz des Verfahrens informativ und kommunikativ durchzuführen ist (das ist z.B. der Fall bei dem verwaltungseigenen Widerspruchsverfahren); es bezeichnet – zweitens – die selbstbezüglichen normativen Mechanismen, derer sich die Verfahrensordnung dabei bedient („Kontrolle der Recht- und Zweckmäßigkeit" des Verwaltungsvorganges); es gibt – drittens – die materiellen (und materialen) Gesichtspunkte vor, die den reflexiven Subprozeß leiten (das Widerspruchsverfahren ist ein „Verwaltungs"-Verfahren, das an den Handlungsmaßstäben der Verwaltung orientiert ist und den *Verfahrensgrundsätzen* des dafür geschaffenen speziellen ‚Verfahrensrechts' unterliegt). Auf diese Weise wird die Einheit und Operationalität sowie Funktionsgerechtigkeit des Verwaltungsverfahrens in der eigenen Differenz reflektiert. Der Titel der (reflexiven) Rationalität wird allerdings erst vollends verdient, wenn dadurch endgültig *operative Bedeutung* i.S. der im Text postulierten Gesamt-Rationalität erreicht wird (z.B. die Aufhebung des Verwaltungsaktes).

und Ausmaß von Reflexivverhältnissen, die Steuerungs- und Kontrolleistungen durch sich selbst ermöglichen, sind durch die jeweilige Prozeßtypik bedingt. Sie sind dadurch zugleich spezialisiert, weil sie nicht Kommunikation als solche, sondern eine besondere Form davon regeln. Dementsprechend schälen sich für den je abgrenzbaren eigenen Bereich funktional spezifizierter Kommunikation typische Handlungsschemata bzw. Handlungs- und Operationsregeln heraus, mit denen das Reflexivwerden der Kommunikation in diesem Sektor institutionalisiert und ausgeformt wird.

So kommuniziert man etwa im *Strafprozeß* darüber, warum etwas nicht gesagt worden ist und nimmt dies zum Anlaß eines Streites um die Neuauflage des Prozesses („Aufklärungsrüge", § 244 II i.v.m. § 337 II StPO). Dagegen ist für den *Verwaltungsprozeß* entschieden, über nicht stattgefundende Kommunikation im Verwaltungsverfahren (vorerst) nicht zu entscheiden (§ 44a VwGO), wobei es sich in diesem Zusammenhang fragt, ob die Regelung nicht doch weniger sinnvoll ist, als gemeinhin angenommen wird.[162] Im übrigen stellt nicht nur die Rechtsanwendung mit dem Bedürfnis nach Berücksichtigung ihrer Folgewirkungen vor die Notwendigkeit generalisierter Reflexivität. Auch der Gesetzgeber sieht sich derartigen Anforderungen ausgesetzt.[163]

In ihrem *Ausmaß* orientiert sich die Institutionalisierung der Reflexivverhältnisse an den vielfältigen Rationalitätskriterien, denen der jeweilige Entscheidungsprozeß unterliegt. Maßgeblich ist vor allem, wie er diese einander zuzuordnen, also in eine systemische Eigenkomplexität des Verfahrens umzusetzen vermag, die dessen Wirkkraft „nach außen" nicht überfordert. Prozedurale Selbstreferenz erfordert mithin ein *verfahrensspezifisches intersubjektives Kommunikationsmuster* der Abwägung von Aufwand und Ertrag, von Zwecken und Mitteln, aber auch der Auseinandersetzung über Ziele und Wertprämissen staatlichen Entscheidungshandelns sowie der Berücksichtigung situativer Faktoren.

Ein solches Kommunikationsmuster ermöglicht es, sich mit einem Verfahrensgegenstand in einer gegebenen Verfahrenssituation ohne „Entpersönlichung" der Kommunikation reflektiert zu befassen. Es vermittelt dem Verfahren die Fähigkeit, auch solche Aktivitäten zuzulassen bzw. zu entwickeln, die sich – wie z.B. häufig im Sozialrecht als einer rechtlichen Ordnung solidarischer Kooperation[164] – durch ein geradezu auffälliges Mißverhältnis zwischen Aufwand und Ertrag aus dem All-

---

[162] Vgl. hierzu bereits die Bemerkungen oben, 2. Kap., Fn. 275f.

[163] Dies vor allem in Gestalt einer Erweiterung seiner *Verantwortungsbereiche*, z.B. durch Beteiligung am „vorparlamentarischen" Verfahren (dazu etwa m.w.Nachw. *Schulze-Fielitz*, Gesetzgebungsprozeß, S. 114ff.) oder im Wege parlamentarischer Gesetzesevaluation (vgl. *Hellstern/Wollmann*, ZParl 1980, 554ff.); siehe grds. auch *Krebs*, Kontrolle, S. 159ff., 164ff., 166f.; *Scholz/Pitschas*, Informationelle Selbstbestimmung, S. 52ff. Auch das gesetzgeberische „Nachbesserungsverfahren" gehört in diesen Zusammenhang, vgl. jüngst *Steinberg*, Der Staat 26 (1987), S. 161ff., 165ff. („Prozeß gestufter Anforderungen").

[164] Vgl. hierzu jüngst *Simons*, Verfahren und verfahrensäquivalente Rechtsformen, bes. S. 69ff., 583ff., 599ff.; *Zacher*, FS W. Maihofer, 1989, S. 673ff.; siehe auch *Pitschas*, Wandel des Verwaltungsverfahrens, S. 56f.

tagsrahmen herauszuheben scheinen und sich (nicht so selten) einer zweckrationalen Begründung unversöhnlich sperrig entziehen. Voraussetzung hierfür ist allerdings, daß der jeweilige Kommunikationspartner inhaltlich-rational auch verstehen lernen kann, was er mit seinem Verhalten bewirkt. So muß er als „Gesetzgeber" diejenigen verstehen, deren Belange er zum Gesetzgebungsanlaß nimmt; er muß als „Verwaltung" den Gesetzgeber verstehen, der rechtsförmige Verhaltensanweisungen gibt, zugleich aber auch diejenigen, deren „Fälle" dadurch gelöst werden sollen. Und er muß als Richter im intellektuellen wie emotionalen Vorgang der Erkenntnis und Konkretisierung des anzuwendenden (streitigen) Rechts die Probleme und Erwartungen der Verfahrensbeteiligten verstehen.[165]

Nur so und nicht anders vermögen staatliche Entscheidungsprozesse inhaltliche Richtigkeit reflexiv anzustreben, nämlich i.S. einer „diskursiven" Gesamtrationalität. Sie müssen als „diskursive Willensbildungsprozesse und konsensorientierte Verhandlungs- und Entscheidungsverfahren" ausgestaltet sein.[166] Erst dann erscheint auch eine erfolgreiche Auseinandersetzung in der Sache, d.h. Konfliktregulierung möglich.[167]

Damit ist der Ausgangspunkt der eingangs aufgeworfenen Frage nach der Rationalität der Strukturen, in denen die staatlichen Entscheidungsprozesse ablaufen, wieder erreicht. Die Antwort hierauf fällt nunmehr leicht: Strukturierungen, die das Verfahrensergebnis prägen und das Maß seiner Richtigkeitsgewähr bestimmen, können nur dann als *rational* akzeptiert werden, wenn sie dem Maßstab der „Gesamtrationalität" entsprechen und Kommunikation über Kommunikation, also „Lernen" im Verfahren ermöglichen. Die hierzu erforderliche *Reflexivität der Verfahrensbindung* ist als Meta-Struktur für die Verfahrensrationalität der Entscheidungsprozesse des modernen Staates unentbehrlich.

---

[165] Vgl. auch *H.A. Hesse,* JZ 1982, 272ff., 276ff.; in dieser Rationalitätsperspektive des Verwaltungsverfahrens erweist sich die Berücksichtigung handlungs- und interaktionstheoretischer Ansätze für die Fortentwicklung des Verwaltungverfahrensrechts als unverzichtbar.

[166] Zum („Programm"-)Begriff der „diskursiven Rationalität" vgl. unter Berücksichtigung der Anmerkungen in Fn. 154 *Habermas,* Theorie des kommunikativen Handelns 1, S. 110, 114ff. (mit Bezugnahme auf *Wellmer,* Praktische Philosophie und Theorie der Gesellschaft, 1979); die darin angelegte Vorstellung von der Wertigkeit der Kommunikationsprozesse für Verfahren hat zwar die Rechtswissenschaft im Prinzip schon seit längerem beschäftigt, vgl. etwa für das Verhältnis von „Gesetzgebung und Gesetzesanwendung" *E. Baden,* 1977, S. 21ff., 137ff.; für den Zivilprozeß z.B. *Pawlowski,* ZZP 80 (1967), S. 345ff.; allgemein auch *Ryffel,* Rechtssoziologie, S. 268ff. („Kommunikation des Rechts"). Aber das Prozeßgeschehen am Maßstab des idealen Diskurses zu messen, also juristische Argumentationen „in allen ihren institutionellen Ausprägungen als Sonderfall des praktischen Diskurses" zu betrachten (*Habermas,* a.a.O., Bd. 1, S. 62 m. Anm. 63), stellt eine neue Aufgabe: Wie ist ein solcher juristischer Diskurs (im Verwaltungsverfahren) zu organisieren? Für den Strafprozeß vgl. z.B. *A. Kaufmann,* JZ 1985, 1065ff., 1067f.; die Aufgabe ist um so schwieriger zu lösen, als die Theorie der juristischen Argumentation auf der Basis der Theorie des praktischen Diskurses selbst in heftigem Streit steht, vgl. *U. Neumann,* Argumentationslehre, S. 70ff., 78ff., 84ff., 92ff., auch S. 104f.; siehe ferner *Gröschner,* JZ 1985, 170ff.; *Weinberger,* Institutionenanalyse, S. 256ff.

[167] Vgl. in der Transformation auf das Verwaltungsverfahren *Hoffmann-Riem,* VVDStRL 40 (1982), S. 217.

5. Kapitel. Legitimation staatlicher Herrschaft durch Rechts- und Zweckkonkretisierung

A. Legitimation staatlicher Konkretisierungsentscheidungen als Rationalitätsproblem

I. Konkretisierungsentscheidungen als Herrschaftsakte

Die Rationalität staatlicher Entscheidungsprozesse ist zugleich der Schlüssel zur Legitimationsproblematik des modernen Staates. Diese erfließt aus seiner grundsätzlichen Aufgabenstellung, als prozedural organisierte Macht- und Wirkungseinheit das Zusammenleben der Menschen zu gestalten. Hierin liegt die Ausübung *politischer Herrschaft:* Der Staat muß einerseits die komplexen Anforderungen unterschiedlicher „Lebenswelten"[1] in politische Handlungsoptionen umsetzen und dabei eine gerechte Gemeinschaftsordnung bereitstellen, in der die einzelnen zur persönlichen Entfaltung gelangen können. Ihm obliegt es andererseits, diese Optionen in bindende Entscheidungen und in konformes Verhalten der Rechtsgenossen auszumünzen, also in zweckgerichtete Maßnahmen konkreter Herrschaft zu überführen. Die im Verlaufe der hierzu erforderlichen Entscheidungsprozesse ergehenden Konkretisierungsakte sind deshalb Emanationen staatlicher Macht und Herrschaft.

Die „in" und „durch" Verfahren hergestellten, auf Recht gegründeten Entscheidungen bedürfen allerdings der Gewißheit, daß sie auch befolgt werden und die ihnen zugrundeliegenden Rechtsnormen eine sichere Chance haben, gegen Nichtbefolgung oder Widerstände durchgesetzt zu werden. Denn die Verbindlichkeit seiner Entscheidungen ist eine unerläßliche Funktionsbedingung des modernen Staates.[2]

Sie zu garantieren, bedarf es nicht nur rechtlich organisierter Erzwingung bzw. Veranlassung in administrativen und gerichtlichen Vollzugs-, Erkenntnis- und Vollstreckungsverfahren.[3] Der Staat muß auch über die Befehls- und Zwangsgewalt verfügen, dafür zu sorgen, daß die Regeln des jeweiligen Verfahrens und die daraus als Ergebnis folgenden Regeln (Gesetze, Entscheidungen) eingehalten werden. Die Inhaber staatlicher Befugnisse sind deshalb mit den geeigneten Machtmitteln aus-

---

[1] Bezug genommen wird damit auf Begriff und Konzept der „Lebenswelt" als Korrelat zu sozialen Verständigungsprozessen, wie von *Habermas,* Theorie des kommunikativen Handelns 1, S. 107ff., Bd. 2, S. 171ff., 182ff., entwickelt.

[2] Vgl. *Kriele,* Staatslehre, S. 19; *Matz,* Legitimation, S. 336ff., 339f.; *D. Merten,* Konstruktionsprinzipien, S. 327.

[3] Hierin liegt der Ur-Grund des positiven Prozeßrechts und zugleich der Ausgangspunkt für die Frage, ob von daher auch das Verwaltungsverfahren der „prozessualen" Betrachtung zuzuführen ist, vgl. *F. Becker,* Verwaltungsverfahren, S. 4ff., 12f., 16ff.

zustatten, um das vorgeschriebene Verhalten erzwingen zu können – äußerstenfalls auch durch den Einsatz physischer Gewalt.

Diese „Staatsgewalt",[4] zu einem System rechtlicher Regelungs- und Durchsetzungsbefugnisse ausgeformt, sichert die Verhaltenskoordination und zugleich die Verläßlichkeit wie den Fortbestand der staatlichen Ordnung.[5] Sie ist ein integraler Bestandteil der staatlichen Entscheidungsfunktion und ihrer Prozeduralisierung, so daß keine Verfahrensregel zureichend verstanden werden kann, ohne das staatliche Monopol physischer Gewaltsamkeit bei ihrer Interpretation hinreichend zu berücksichtigen.[6]

Die Verbindlichkeit staatlicher Verfahrensentscheidungen beruht somit auf der dem modernen Staat eigenen Befehls- und Zwangsgewalt. In ihr vereinigt sich die Berechtigung des Staates, zugunsten ordnungs- und wohlfahrtsstiftender *Leistungen* von Herrschaft einseitig verpflichtende Anordnungen treffen zu dürfen, mit der kraft Souveränität gegebenen Verfügbarkeit über Macht- und Zwangsmittel zu deren Durchsetzung. Zugleich prägt das staatliche Gewaltmonopol die dafür geschaffenen Verfahren sowohl unter dem Aspekt transformierter Gewalt als auch unter dem der *Abwehr* von Bürokratie und dem Mißbrauch ihrer Macht.[7]

Staatliche Entscheidungen haben freilich nur dann Aussicht auf Bestand, wenn die ihnen Unterworfenen sie als „richtige" bzw. billigenswerte Herrschaftsakte *akzeptieren.* So hängt etwa der Erfolg des Verwaltungsverfahrens in erheblichem Umfang davon ab, daß der beteiligte Bürger die behördliche Entscheidung annimmt, also von der Möglichkeit keinen Gebrauch macht, die Entscheidung durch den staatlichen Rechtsbehelf anzugreifen.[8] Die materiell-rechtliche Folge ist dann die Bindung der Verfahrensbeteiligten an die festgestellte Rechtslage, wodurch sich die ggf. anschließende tatsächliche Erfüllung der Verwaltungsaufgabe auf eine rechtlich gesicherte Grundlage zu stützen vermag.

II. Begriff und Deutungsgehalt der „Legitimation"

Ob und aus welchen Motiven staatliche Herrschaft akzeptiert wird, hängt vor allem von ihrer *Legitimation* ab. Dabei ist zunächst zwischen einem empirisch-soziologischen Legitimationsbegriff einerseits[9] und einem rechtlich-normativen Be-

---

[4] Zu ihr und ihrer Abgrenzung gegenüber „Herrschaft" vgl. *D. Merten,* Konstruktionsprinzipien, S. 324ff.

[5] *Zippelius,* Staatslehre, S. 52ff.

[6] Diese Verstehensdimension fehlt in der gegenwärtigen Verfahrensdiskussion häufig; vgl. jedoch *Roxin,* Strafverfahrensrecht, S. 9f., 12; *Zacher,* Freiheitliche Demokratie, S. 59f.

[7] Näher noch zu diesen Verfahrensdimensionen vgl. im folgenden zu A. III., Fn. 29ff.; viel zu einseitig deshalb *Diamond/Narr,* Bürokratisierung als Schicksal? Epilog, in: *dies./R. Homann,* Bürokratie als Schicksal?, S. 216ff., 231f.

[8] Vgl. *J. Martens,* Praxis, S. 123 (Rdnr. 189); für das gerichtliche Verfahren siehe nur *Benda,* DÖV 1983, 305ff.

[9] *Habermas,* Legitimationsprobleme, S. 39ff., 46, 58; *Graf Kielmansegg,* Legitimität als

griff andererseits[10] zu unterscheiden: Während dieser auf die Frage zu antworten sucht, worin die staatliche und rechtliche Ordnung eine zureichende Begründung finden könne, will jener einen Aspekt des *tatsächlichen* Funktionierens des sozialen Geschehens erfassen, also klären, ob und aus welchen Motiven eine staatliche Ordnung und ihre Verfahrensentscheidungen von der Rechtsgemeinschaft faktisch gebilligt werden.

Noch anders versteht *N. Luhmann* den Legitimationsbegriff, nämlich als „generalisierte Bereitschaft, inhaltlich noch unbestimmte Entscheidungen innerhalb bestimmter Toleranzgrenzen hinzunehmen".[11] Seine begrifflichen Optionen stellen die Tauglichkeit des Rückgriffs auf die Überzeugung von der Richtigkeit (Wahrheit, Gerechtigkeit) des Inhalts der Verfahrensentscheidungen in Abrede,[12] aber auch die Möglichkeit, in hochkomplexen Gesellschaften „mit rasch fluktuierenden Reglements" faktischen, aktuell bewußten Konsens über relevante Entscheidungsinhalte empirisch feststellen zu können.[13] Statt dessen verbindet *Luhmann* den von ihm gebrauchten Begriff der Legitimität, auf den der Begriff der „Legitimation" zurückverweist,[14] mit Überlegungen der Lerntheorie; er versucht, die aufgegebene inhaltsabhängige Sicherheit der Zustimmung seitens der von staatlichen Handlungsabsichten betroffenen oder zu ihrer Realisierung eingeschalteten Personen durch Differenzierung und Wiederverknüpfung einer Mehrheit von *Verfahren* zurückzugewinnen. Der normativ-rechtlichen Sinngebung des Begriffs der Legitimation wird damit eine systemtheoretische und sozialpsychologische Deutung entgegen-

---

analytische Kategorie, PVS 11 (1971), S. 367ff.; *M. Weber,* Wirtschaft und Gesellschaft, S. 16ff., 122ff.

[10] Dazu siehe *H. Hofmann,* Legitimität und Rechtsgeltung, S. 11, 21f.; *Quaritsch,* EvStL., Sp. 1990f.; *Th. Würtenberger,* Legitimität, S. 16; *Zippelius,* Rechtsphilosophie, S. 78ff., 82ff.; zusammenfassend *Th. Würtenberger,* Art. „Legitimität, Legalität", in: O. Brunner/W. Konze/R. Kosellek (Hrsg.), Geschichtliche Grundbegriffe, Bd. 3, 1982 S. 677ff. m. w. Nachw.

[11] *Luhmann,* Verfahren, S. 28; weitergehend noch S. 31ff., 36f.

[12] *Luhmann,* a. a. O. (Fn. 11), S. 19f., der allerdings nicht hinreichend die in der Rechtswissenschaft geführte Diskussion um „Wahrheit" und „Richtigkeit" aufnimmt (vgl. nur *Engisch,* Wahrheit und Richtigkeit, S. 286ff.; *Rödig,* Theorie des gerichtlichen Erkenntnisverfahrens, S. 151ff.; *Zippelius,* FS H.-J. Bruns, S. 2ff.; zusammenfassend *Larenz,* Methodenlehre, S. 149, 225f., 230f.;), sondern beide Kategorien gleichsetzt bzw. untereinander austauscht (a. a. O., S. 20); unklar insoweit auch jüngst *ders.,* Die Richtigkeit soziologischer Theologie, in: Merkur 41 (1987), S. 37ff. (Wie manch andere, so dokumentieren auch diese Äußerungen von *Luhmann* in bezug auf „Wahrheit" und „Richtigkeit" immer deutlicher das Zwiegespräch mit *Habermas,* hier z. B. mit dessen Position in „Theorie der Gesellschaft oder Sozialtechnologie", S. 221, 239.)

[13] *Luhmann,* a. a. O. (Fn. 11), S. 2 (Vorwort zur Neuauflage); *ders.,* Die Richtigkeit soziologischer Theorie, a. a. O. (Fn. 12), S. 48, 49.

[14] Die Begriffe „Legitimität" und „Legitimation" werden weithin synonym gebraucht – dies aber zu Unrecht; denn während „Legitimität" eine spezifische Qualität politischer Herrschaft ausdrückt (vgl. *Quaritsch,* EvStL, Sp. 1990f.), bedeutet „Legitimation" den *Prozeß,* der zu ihr führt. M. a. W.: „Legitimation" ist das Verfahren der Rechtfertigung staatlicher Herrschaft (der „Weg"), „Legitimität" sein Resultat.

gesetzt,[15] die freilich ihrerseits auch nicht ohne Berufung auf einen „Grundkonsens“ auskommt.[16]

Entgegen dem ersten Anschein stehen alle drei Begriffe nicht beziehungslos nebeneinander. Das normativ-rechtliche Begriffsverständnis kann des Rückgriffs auf die Faktizität nicht entraten; Rechtswissenschaft kommt als Wirklichkeitswissenschaft nicht ohne empirische Bezüge aus. Soll das Recht die ihm zugedachte instrumentale Funktion ausfüllen,[17] dann ist die darauf gegründete Staatsgewalt für ihre Maßnahmen in beträchtlichem Ausmaß auf die reale Zustimmung der Herrschaftsunterworfenen angewiesen. Der herrschaftsbegründende Gehorsam muß wenigstens von einem Teil der Bürger freiwillig erbracht werden.

Dennoch darf aus rechtswissenschaftlicher Sicht nicht schlechthin als legitim anerkannt werden, was rein faktisch *gilt.* Legitimation hat stets einen normativen Sinnbezug. Staatliche Entscheidungen werden auch tatsächlich von den Herrschaftsunterworfenen immer wieder an Werten, Moral, Gerechtigkeitsvorstellungen etc. gemessen.[18] In bezug hierauf müssen also Entscheidungen und andere Verfahrensergebnisse *gerechtfertigt* werden. Die staatlichen Funktionsträger haben zu *begründen,* warum die gewählte Alternative den anderen vorzuziehen ist.[19]

Für die Legitimation staatlicher Verfahrensentscheidungen kommt es mithin nicht nur auf die Frage an, ob die staatliche und rechtliche Ordnung von der Rechtsgemeinschaft faktisch akzeptiert wird. Denn auch illegitime Herrschaft kann Zustimmung finden.[20] Um dies zu vermeiden, muß sich der Legitimationsbegriff auch auf substanzielle Zielwerte erstrecken. Der moderne Staat hat deshalb eine *wertrationale* Legitimationsgrundlage. Die Staatsgewalt ist legitim, wenn sie in den Augen der Bürger im großen und ganzen durch material-rationale Erwägungen begründet werden kann.[21]

---

[15] Vgl. auch *Larenz,* Methodenlehre, S. 191f., der zutr. darauf hinweist, daß *Luhmann* zu diesem Zweck den soziologischen mit dem normativen Legitimationsbegriff zusammenführt („vertauscht“). Hier liegt im übrigen die „Anschlußstelle“ für kommunikationspsychologische Deutungen des Verfahrensgeschehens, wie *Rotter* zu recht hervorhebt (Rechtstheorie 10, 1979, S. 291ff., 293f.)

[16] Vgl. *Luhmann,* Verfahren, S. 29ff.

[17] Dazu siehe die Ausführungen oben, 4. Kap., C.I.-IV.

[18] Das betont mit Recht *Menzel,* Legitimation staatlicher Herrschaft, S. 28ff., 33, 34f., vgl. auch *Kielmansegg,* a.a.O. (Fn. 9), S. 395; *Scharpf,* Demokratietheorie, S. 24 (in Ablehnung der „technologischen Rationalität“ eines effizienzzentrierten sozialstaatlichen Leistungssystems).

[19] *Zippelius,* Rechtsphilosophie, S. 77ff.; dahinter steht der den modernen (Verfassungs-) Staat prägende Zusammenhang von Gerechtigkeit, Rechtfertigung, Vernunft und Begründung. Zu dessen Ableitung und Kritik siehe die über Argumente und Meinungsstand aus je verschiedener Perspektive orientierenden sowie zugleich kritischen Darlegungen von *Gusy,* Legitimität, S. 100ff., 109ff.; *Larenz,* Methodenlehre, S. 117ff., 133ff., 140ff., 166ff.; *U. Neumann,* Argumentationslehre, S. 70ff., 96ff.; *ders.* auch – S. 9f. – zur Verbindung von Legitimation und Argumentation.

[20] Vgl. richtig *Habermas,* Legitimationsprobleme, S. 57.

[21] *Kriele,* Staatslehre, S. 37; „im großen und ganzen“ bedeutet freilich, daß Herrschaft damit ihre Berechtigung von der Anerkennung durch die *Gesamtheit* der Herrschaftsunterworfenen abstrahiert; das Mehrheitsurteil wird im demokratischen Staat in das Legitimitätsverständnis „hineingedacht“.

Freilich muß es für den einzelnen nicht unbedingt rational sein, wegen kollektiver Vorteile im Hinblick auf generell anerkannte bzw. postulierte Werte eigene Interessen zurückzustecken oder gar faktische Nachteile in Kauf zu nehmen.[22] Der normativ-substantielle Legitimationsbegriff läßt sich nur teilweise mit einer Theorie rationaler Argumentation verbinden. Staatliche Verfahrensentscheidungen bedürfen deshalb auch der *Überzeugung* ihrer Adressaten, daß mit ihnen Gerechtigkeit *und* jedenfalls keine unerträglichen Folgen angestrebt werden, wenn schon nicht ein persönlicher Vorteil „herausspringt". Dies zu bewirken, muß der rechtliche Begriff der Legitimation jene faktischen Prozesse umschließen, die das erstaunliche Phänomen einer durchgängigen Hinnahme staatlicher Entscheidungen herbeiführen und garantieren.

Wenn also *N. Luhmann* den Legitimationsbegriff dahingehend umformuliert, daß „Gesetze, Urteile usw. ... als Entscheidungen legitim (sind), wenn und soweit anerkannt wird, daß sie verbindlich gelten und dem eigenen Verhalten zugrunde gelegt werden müssen",[23] dann liegt dies auch im rechtswissenschaftlichen Erkenntnisinteresse. Denn die Anerkennung von normativen Prinzipien des Entscheidens kann noch nicht die Frage nach den sozialen Bedingungen, nach dem wirklichen Geschehen beantworten, das als „Verfahren" abläuft und das vor dem Hintergrund seiner realen Gesetzmäßigkeiten und Bedingungen die Reaktion des (Verfahrens-)Rechts erheischt. *Luhmann* leistet deshalb und entgegen anderer Ansicht durch die Entfaltung seines Legitimationsverständnisses sehr wohl einen bedeutsamen Beitrag zur rechtswissenschaftlichen Theoriebildung über staatliche Entscheidungsverfahren im modernen Staat.[24]

Aus normativ-rechtlicher Perspektive erweisen sich somit die einzelnen Legitimationsbegriffe als miteinander unauflöslich verflochten. Sie sind zu einer *gegliederten Begriffseinheit* zusammengefügt. Staatliche Entscheidungen rechtfertigen sich damit durch den Rückbezug auf diskutable Gründe und auf tatsächlichen Konsens, die in Verfahren abgehandelt und angestrebt werden müssen.

III. Legitimationsstrukturen

Die „richtige" Verhaltens- und Entscheidungswahl durch den Staat beruht sonach *nicht* auf ihrer bloßen Durchsetzungschance, also weder auf der hinter ihr stehenden Macht bzw. Gewaltdrohung, noch auf der dadurch bewirkten Einsicht, daß Wider-

---

[22] Diese Erkenntnis geht zurück auf *M. Olson,* Die Logik des kollektiven Handelns. Kollektivgüter und die Theorie der Gruppen, 1968.

[23] In: Verfahren, S. 32.

[24] A. A. demgegenüber und dezidiert *Stettner,* Kompetenzlehre, S. 178f. m.w.Nachw.; siehe allerdings auch die implizite Teil-Zustimmung zu den Thesen Luhmanns bei *Kriele,* Staatslehre, S. 37; insgesamt führt jedenfalls kein Weg daran vorbei, den ethischen (normativen) und soziologischen (empirischen) Legitimationsbegriff zusammenzuführen (dazu oben im nachfolgenden Text): die Aufspaltung der Begriffe überdeckt die Zusammenhänge – wie sie z.B.

stand gegen sie aussichtslos ist. Zwang ist, für sich genommen, kein (rationaler) Legitimationsgrund.[25]

In der Geschichte des modernen Staates hat es deshalb für die Rechtfertigung seiner Herrschaft nicht an Versuchen gefehlt, das staatliche Handeln und Entscheiden aus anderen Prämissen abzuleiten. Auf die Frage nach der gebotenen Verhaltens- und Entscheidungswahl hat man dementsprechend viele Antworten gegeben.[26] Neuzeitliche Auffassungen gründen dabei die Legitimation politischer Herrschaft in erster Linie darauf, daß diese bestimmte Grundziele wie vor allem Frieden und Ordnung, aber auch und verbunden damit Freiheit und sozialen Ausgleich verwirkliche.[27] Die Legitimität des modernen Staates entsteht somit nach verbreiteter Ansicht, alles in allem genommen, „aus geglückter politischer Leistung, bei der das rechte Maß an Freiheit und Gleichheit, an autonomem Entfaltungsspielraum und staatlicher Für- und Vorsorge gefunden wird."[28]

An diesem Umstand wird bereits deutlich, daß es nicht eine oder nur einige wenige Legitimitätsquellen gibt, die staatliche Herrschaft zu legitimieren vermögen. Der moderne Staat speist die Anerkennung seiner Herrschaft vielmehr aus einer Pluralität qualitativ unterschiedlicher Legitimationsansätze. Sie lassen sich *strukturell* in die Legitimation durch Wert- und Gemeinwohlverwirklichung einerseits und in einzelne Typen formaler Legitimation andererseits differenzieren.[29]

Im Hinblick auf die Wert- und Gemeinwohlverwirklichung gewinnt der Staat die erstrebte Legitimität einerseits durch ordnungs- und wohlfahrtsstiftende *Leistungen.* Neben der Friedens- und Ordnungssicherung gehört dazu eine umfassende Wertverwirklichung, die sich sowohl auf den Schutz des menschlichen Lebens, von Menschenwürde und Gleichheit, aber auch auf den Schutz ethischer Grundwerte und die Bewahrung der Solidarität unter den Bürgern erstreckt.[30] In diesen Zusam-

---

Zippelius, Staatslehre, S. 113f., mit Recht betont – eher; abzulehnen daher z.B. *Menzel,* Legitimation staatlicher Herrschaft, S. 21 m. Anm. 31.

[25] *Karpen,* JuS 1987, 594; *Zippelius,* Rechtsphilosophie, S. 80; siehe in diesem Zusammenhang zur Rolle des „Gewissens" auch *Ryffel,* FS C.H. Ule, 1987, S. 321ff., 329.

[26] Vgl. die Nachweise bei *Stern,* Staatsrecht I, S. 592ff., 604ff., 737ff.; *Würtenberger,* Legitimität, S. 148ff., 192ff.; *Zippelius,* Rechtsphilosophie, S. 78.

[27] Vgl. *Isensee,* FS K. Eichenberger, S. 23ff., 28ff.; *R. Scholz,* NJW 1983, 705f.; *Starck,* Vom Grund des Grundgesetzes, S. 11ff., 13ff., 18ff., 39ff.; *Würtenberger,* Festgabe Gesellschaft für Rechtspolitik, S. 546, 547f., 548f. (ebd. zur Akzeptanz infolge zweckrationaler Gesetzgebung nach Inhalt und Verfahren); *ders.,* JuS 1986, 344ff., 348f.; *Zippelius,* Staatslehre, S. 119ff., 122ff.

[28] *Würtenberger,* JuS 1986, 347 m. Anm. 35.

[29] Zur „Pluralität qualitativ unterschiedlicher, heterogen wirkender und variabel substituierbarer Legitimationsquellen" siehe *Heidorn,* Legitimität und Regierbarkeit, 1982, S. 10, 262ff.; im Sinne des hiesigen Textes vgl. auch *Würtenberger,* a.a.O. (Fn. 28), S. 348, 349.

[30] *Dux,* Strukturwandel der Legitimation, 1976, S. 337ff., 355; *J. Hoffmann,* ARSP 75 (1989), S. 34ff.; *Isensee,* NJW 1977, 545ff.; *Karpen,* JuS 1987, 594f.; *Matz,* Zur Legitimität der westlichen Demokratie, in: P. Graf Kielmansegg/U. Matz (Hrsg.), Zur Rechtfertigung politischer Herrschaft, 1978, S. 27ff., 33ff., 34f.; *Scheuner,* in: N. Achterberg/W. Krawietz (Hrsg.), Legitimation des modernen Staates, ARSP, Beih. 15, 1981, S. 8.

menhang gehört aber auch und ferner die Garantie freier individueller Entfaltung und Zukunftsgestaltung, die ein wesentliches Merkmal legitimer staatlicher Herrschaft bildet (= Freiheit *von* Herrschaft). Ergänzend hierzu treten die vielfältigen Aspekte der politischen Kultur einer Gesellschaft, also jene kulturellen Werte, Traditionen und Orientierungen, die schon für sich einen (begrenzten) Kanon politischer Maximen entwickeln, unter deren Beachtung staatliche Herrschaft anerkennungswürdig erscheint.[31]

Um so mehr allerdings dieser „gewachsene" bzw. weltanschaulich begründbare Orientierungsrahmen verloren geht, aus dem allseits verbindliche Werte bzw. „letzte Gründe" der Legitimation politischer Herrschaft hergeleitet werden können, desto stärker treten andererseits die formalen Bedingungen der Rechtfertigung mit ihrer eigenständig legitimierenden Kraft in den Vordergrund. Legitimation muß dann nach gewissen „Spielregeln", insbesondere mit bestimmten Rollenverteilungen, nach bestimmten Grundsätzen und in Beachtung bestimmter Mindestpositionen des einzelnen durch Kommunikation *in Verfahren* erarbeitet werden.[32]

Diese prozeduralen Vorkehrungen stehen freilich nicht für sich. Sie sollen die größtmögliche Annäherung an ein Verfahrensergebnis bewirken, das für möglichst viele Rechtsgenossen seinem Inhalt nach konsensfähig ist. Denn in sozial- und individualpsychologischer Perspektive wird staatliche Herrschaft (auch) durch *Konsens* legitimiert, den der moderne Staat durch Wahlen, Mehrheitsentscheidungen, zeitgebundene Verteilung von Ämtern, Partizipation an politischen und Verwaltungsentscheidungen oder durch eine freie Entfaltung der öffentlichen Meinung prozedural zu bilden versucht.[33] Herrschaft wird somit in spezifischer Weise auf die Zustimmung der Herrschaftsunterworfenen gegründet. „Die Frage des Konsens", so bemerkt *U. Scheuner* mit Recht hierzu, „leitet ... hin zu grundlegenden Tatbeständen des staatlichen Zusammenlebens, zu den Kräften, aus denen sich die staatliche Einheit aufbaut und konstituiert, zu den institutionellen Ordnungen, die diesen Vorgang der Darstellung und Vertretung des ganzen, der Entscheidung und ihrer Durchsetzung tragen."[34]

Der Rückbezug staatlicher Herrschaft auf Konsens vermittelt einerseits *Teilhabe* an ihr. Er entspricht damit dem unverzichtbaren Bedarf des modernen Staates nach

---

[31] Vgl. *Offe*, Politische Legitimation, S. 170; demgemäß ist für den modernen Staat ein freiheitliches Kulturverfassungsrecht unabdingbar, so zu recht *Häberle*, Kulturverfassungsrecht im Bundesstaat, 1980, S. 11ff.; nach BVerfGE 35, 79 (114f.) hat deshalb das als „Kulturstaat" begriffene Gemeinwesen (auch) „die Pflege der freien Wissenschaft und ihre Vermittlung ... zu ermöglichen und zu fördern".

[32] Vgl. *Dux*, a.a.O. (Fn. 30), S. 337ff.; *Gusy*, Legitimität, S. 153ff.; *Habermas*, Legitimationsprobleme, S. 43; *Luhmann*, Verfahren, S. 30f.; *Zippelius*, Legitimation, S. 90ff.; zuletzt *Mock*, ARSP, Beih. Nr. 27, 1986, S. 51ff., 55f.

[33] Einzelheiten hierzu in den Beiträgen des Sammelbandes von *H. Hattenhauer/W. Kaltefleiter* (Hrsg.), Mehrheitsprinzip, Konsens und Verfassung, 1986; *Isensee*, NJW 1977, 545ff.; *Karpen*, JuS 1987, 594f.; *Oberreuter*, Konflikt und Konsens im politischen System der Bundesrepublik, in: A. Randelzhofer/W. Süß (Hrsg.), Konsens und Konflikt, 1986, S. 214ff.; *Scheuner*, Konsens, S. 33ff., bes. 55ff.; *Vorländer*, Verfassung und Konsens, 1981, S. 29ff.

[34] In: Konsens, S. 35.

einer demokratischen Ordnung.[35] Die Teilhabe an Herrschaft muß indes und andererseits zu einer Balance mit der Freiheit von Herrschaft und mit dem Genuß der ordnungs- und wohlfahrtsstiftenden Zwecke (= Leistungen) von Herrschaft gebracht werden.[36]

Legitimation durch konsensbildende Verfahren zählt insoweit zu ihren Voraussetzungen, daß die politischen Entscheidungen revisibel bleiben,[37] ein Grundkonsens über die Eignung der Verfahren bzw. Verfahrensregeln besteht (Legitimation *der* Verfahren)[38] und wenigstens die begrenzte Rationalität der Entscheidungen gewährleistet ist.[39] Hierauf wird näher noch zurückzukommen sein.

IV. Legitimation und Rationalität

Staatliche Herrschaft erlangt jedenfalls nur dann Legitimität, wenn sie auch vor dem Forum der Vernunft anerkennungswürdig erscheint. Die ausschließliche Ausrichtung an Werten verbürgt nämlich ebensowenig die nötige Distanz gegenüber selbstsüchtiger Interessenverfolgung wie die bloße Zustimmung vieler als Mehrheit zu einem Ergebnis.

Konsensfähigkeit ist deshalb *rational* abzuklären.[40] Staatliche Entscheidungen legitimieren sich weithin durch den Sachverstand ihrer Entscheidungsträger. Der für vernünftig gehaltenen Entscheidung fällt es nicht nur leicht zu folgen und sie für rechtmäßig zu halten; die an den konstituierenden Formen politischer Ordnung der modernen Industriegesellschaft zu orientierende Rationalität ist vielmehr eine notwendige, wenngleich nicht hinreichende Voraussetzung aller staatlichen Herrschaft. So läßt sich z.B. die Akzeptanz eines *Gesetzes* auf Grund der Rationalität seiner Regelungen erwarten, wenn die vom Gesetzgeber verfolgten politischen Ziele durch die gesetzlich vorgesehenen Maßnahmen in zweckmäßiger Weise erreicht werden können.[41] Und der von der *Verwaltung* erlassene Bescheid wird um so eher akzeptiert, je mehr Sachverstand er erkennen läßt.

---

[35] Dazu *Herzog*, Staatslehre, S. 211 ff.

[36] Vgl. *Heun*, Mehrheitsprinzip, S. 32 ff., 34 f., unter Rückbezug auf *Graf Kielmansegg*, Volkssouveränität, 1977, S. 250 ff., 264.

[37] Grdl. zur Problematik *U. Scheuner*, Das Mehrheitsprinzip in der Demokratie, 1973, insbes. S. 35 ff.; vgl. ferner z.B. *Gusy*, Legitimität, S. 148; *R. Münch*, Legitimität und politische Macht, 1976, S. 105 ff.; zuletzt auch *H. Lenz*, KritV 1987, 1 ff.

[38] Vgl. *Häberle*, in: Verfassung als öffentlicher Prozeß, S. 166 m. Anm. 46; *Stettner*, Kompetenzlehre, S. 180; *Zippelius*, FS K. Larenz, 1973, S. 300; dies übersieht z.B. *Gusy*, Legitimität, S. 120 ff.: seine Folgerung, rationale Diskurse können niemals die Vernünftigkeit des demokratischen Verfassungsstaates dartun (S. 122), ist deshalb unhaltbar.

[39] *Kriele*, Recht und praktische Vernunft, S. 11 ff., 30 ff.; *ders.*, Legitimitätsprobleme, S. 47 ff.; *Würtenberger*, Festgabe Gesellschaft für Rechtspolitik, S. 548 f.; *Zippelius*, Legitimation, S. 90 ff.

[40] *Zippelius*, a.a.O. (Fn. 39), S. 90.

[41] *Würtenberger*, a.a.O. (Fn. 39), S. 544 f.; zur Rolle des Gesetzgebungsverfahrens hierbei siehe *Wielinger*, ARSP, Beih. Nr. 27, 1986, S. 127 ff.; für seine Abwicklung bzw. Gestaltung ist

1. *„Rationale Legitimität" durch formales Recht?*

Zu den Mechanismen und Gründen der prinzipiellen Bereitschaft, Herrschaft anzuerkennen, hat deshalb schon *M. Weber* ihre „rationale Legitimität" gerechnet, d.h. „die Fügsamkeit gegenüber formal korrekt und in der üblichen Form zustandegekommenen Satzungen."[42] Formale Rationalität soll also (rationale) Legitimität in dem Maße erzeugen, in dem professionalisierte Rechtsstäbe sich an universalistischen Normstrukturen orientieren, konkreter formuliert: in dem Maße, in dem im Konkretisierungsprozeß „ausschließlich eindeutige generelle Tatbestandsmerkmale materiell-rechtlich und prozessual beachtet werden."[43]

Die These, daß der moderne Staat eine *rationale Legitimitätsgrundlage* hat, ist grundsätzlich richtig und gilt auch heute wie für die Zukunft. Freilich trifft dies nur zu, wenn man eingedenk der voraufgegangenen Erörterungen zum Problem der Verfahrensrationalität[44] den von *Weber* gebrauchten Rationalitätsbegriff erweitert. Die bloße Bezugnahme auf die Legalität gesetzter Ordnungen kann für sich allein die Legitimität der Legalität juristisch nicht mehr vermitteln. Ebenso wenig läßt sich allerdings Legitimität gegen Legalität ausspielen.[45] Die Legitimation politischer Herrschaft beruht vielmehr auf einem komplexen Bedingungsgefüge, das sowohl des Rückbezuges auf formale wie auf materiale Komponenten bedarf.

2. *„Materiale Rationalität" als Legitimationsgrundlage?*

Vor allem die Rationalisierungstendenzen des modernen Rechts und dessen Einbettung in „materiale" Rationalitätskriterien[46] erweisen, daß der enge Rationalitätsbegriff *Webers* fragwürdig ist. „Rationalität" in seinem Sinne, die Bindung der Herrschaft an Recht und Gesetz, vermag für sich genommen nicht mehr als nur eine allgemeine Handlungsmaxime zu bezeichnen. Denn Recht ist instrumentalisierbar geworden und seine Anwendung beruht auf unterschiedlichen Wert- und Tatsachenprämissen.[47] Im konkreten Einzelfall können deshalb weder der Entscheidende

---

erforderlich eine „Proportionalität zwischen Erzeugungsverfahren und Wichtigkeit der Regelung", vgl. *Starck*, Gesetzesbegriff, S. 259.

[42] In: Wirtschaft und Gesellschaft, S. 19f., 122ff.

[43] *M. Weber*, Rechtssoziologie, S. 125; vgl. auch zu diesem Bild einer „Systemperfektion" die Bemerkungen von *Esser*, Gesetzesrationalität, S. 19; zum „Ideal der rationalen Rechtsfindung" siehe ferner *H.A. Hesse*, JZ 1982, 275f.

[44] Vgl. oben, 4. Kap., C. III.; siehe hierzu und zum folgenden auch und erneut *Eder*, ZfRSoz 7 (1986), S. 1ff., 5ff., 22ff.

[45] BVerfGE 62, 1 (43): „Nach dem Grundgesetz bedeutet verfassungsmäßige Legalität zugleich demokratische Legitimität", vgl. auch *K. Hesse*, Grundzüge, S. 77 (Rdnr. 197); zur antithetischen Aufspaltung von Legalität und Legitimität siehe dagegen *C. Schmitt*, Das Problem der Legalität, in: ders., Verfassungsrechtliche Aufsätze, S. 448ff.

[46] Vgl. oben, 4. Kap., C. V. 1.

[47] Vgl. oben, 4. Kap., C.V. und VI.

noch der Entscheidungsbetroffene eine Garantie für die „Richtigkeit" des Entschiedenen bieten; sie müssen unter Umständen sogar „Richtigkeitskonkurrenzen" hinnehmen.[48]

Die Konkretisierung des Rechts fragt dabei nach Zwecken, nach politischen Maximen und ethischen Imperativen. Das aber zwingt dazu, den Rationalitätsbegriff Max Webers durch ein Verständnis von Rationalität zu ersetzen, das sich zunächst auf die *Rechtfertigung* staatlichen Handelns und Entscheidens durch Zweck-Mittel-Relationen und multiple Wertorientierung und damit auf einen Zusammenhang diskutabler Gründe bezieht.[49]

Das Konzept der „materialen Rationalität" als Legitimitätsgrundlage des modernen Staates, wie es vor allem *M. Kriele* vertritt,[50] ist deshalb im Ansatz richtig. Es reicht über die legitimierende Kraft der formalen Rationalität weit hinaus, jedoch ohne diese ihrer gewichtigen Funktion zu entkleiden. Die Form darf als „Feindin der Willkür"[51] nicht unterschätzt werden; gerade das instrumentalisierte („reflexive") Recht findet in ihr bis zu einem gewissen Grad sein Widerlager.[52] Eben deshalb ist Formalität aber auch kein Selbstzweck; sie dient im modernen Recht vielfältigen Gründen und trägt deshalb jeweils (aber auch nur) soweit, wie die Gründe tragen: „Nicht Legalität, sondern Begründbarkeit, Rechtfertigungsfähigkeit ist das Wesentliche der rationalen Legitimität."[53]

3. *Verfahrensdenken und „reflexive Rationalität"*

Allerdings ist damit der Beziehungszusammenhang von Legitimation und Rationalität noch nicht ausgeschöpft. Denn was rechtens ist, stellt sich erst „in" und „durch" *Verfahren* heraus. Ohne die rationalisierende Kraft des Verfahrens zu berücksichtigen, kann deshalb Staatsgewalt nicht legitimiert werden. *Kriele* selbst hat deshalb den Verfahrensgedanken mit dem Denken des angelsächsischen Rechtskreises über die „rule of Law" verknüpft und daraus gefolgert, Recht verwirkliche sich dialektisch nach prozessualen Regeln aus den Erkenntnissen über die Unzulänglichkeit des schon bestehenden Rechts. Der Wechsel von „challenge and answer", von „trial and error" sei die treibende Kraft im Rechtsleben, nicht aber die Reduktion

---

[48] So mit Recht *R. Scholz*, VVDStRL 34 (1976), S. 155 m. Anm. 37.

[49] Siehe dazu oben, 4. Kap., C. VII.; D.

[50] Vgl. z.B. Staatslehre, S. 34ff.; siehe ferner *Starck*, Wertbegründung, S. 40ff.; für *Kriele* heißt freilich „materiale" Rationalität (auch) Zweckeffizienz staatlichen Handelns und Entscheidens und nicht nur Wertbezug.

[51] Siehe *v. Jhering*, Geist des römischen Rechts, 2. Teil, 1875, S. 471 (das Zitat lautet präzis: Die Form ist „die geschworene Feindin der schrankenlosen Willkür und die Zwillingsschwester der Freiheit").

[52] Siehe nur *v. Simson*, Der Staat 21 (1982), S. 97ff., 109; *P. Kirchhof*, FS W. Geiger zum 80. Geburtstag, 1989, S. 82ff.

[53] *Kriele*, Staatslehre, S. 36. Die Kritik hieran von *Gusy*, Legitimität, S. 117ff., überzeugt nicht; sie bleibt zudem oberflächlich.

aus vorgegebenen „Objektivationen."[54] Dementsprechend sei die parlamentarische Demokratie, so meint *Kriele*, geschichtlich und theoretisch aus der Übertragung des Gedankens des gerichtlichen Prozesses auf den politischen Prozeß der Gesetzgebung zu begreifen. Wie es zur gerichtlichen Rechtsfortbildung durch den „unendlichen Prozeß von Diskussion und Dezision" eines Klägers bedürfe, so gäben die im Volk gemachten Erfahrungen über die Entscheidungsbedürftigkeit einer Sachlage den Anstoß zur parlamentarischen Befassung. Daß es dabei zu vernünftigen und gerechten Ergebnissen komme, ist nach *Krieles* Ansicht wiederum deren prozeßhaftem Zustandekommen zuzuschreiben. Denn im politischen wie im gerichtlichen Prozeß erhöht das Verfahren die Chance der Vernunft; es steigere die Chancen für die Rationalität der staatlichen Entscheidung.[55]

Es trifft in der Tat zu, daß im Verfahren das (wahre) Argument einen Überschuß an Überzeugungsfähigkeit gegenüber der elitären Anmaßung gewinnt. Voraussetzung hierfür ist freilich eine unverzerrte *Kommunikation* unter den Verfahrensbeteiligten, also zwischen Parlament und Wähler, Angeklagtem und Richter, Verwaltung und Bürger, bei der sich die Beteiligten jeweils als *Partner* in dem Bemühen um die gerechte Entscheidung verstehen. Erforderlich wird dabei die Konsenssuche im Verfahren und die Auswahl geeigneter Verfahrensstrukturen. Gemeinsam mit der unabdingbaren Selbstreferenz des modernen Rechts[56] führen diese Notwendigkeiten dazu, daß sich ein entwickelter Rationalitätstypus herausbildet, der über den Begriff der materialen Rationalität hinausreicht.

Er zielt auf „reflexive Rationalität", deren Anliegen nicht allein „Begründbarkeit" ist, sondern auch und zugleich eine dezentralisierte Integration der Gesellschaft.

Im Hinblick hierauf kann es nicht bei der Deklaration bzw. Deklamation von Gründen bleiben. Auf die *Erzeugung* und *Verwirklichung* „dezentralisierten" Rechts kommt es an! Und diese sind ebenso verfahrensgebunden. Sie unterliegen der „Gesamtrationalität" und Eigenständigkeit staatlicher Entscheidungsverfahren, in deren Verlauf sich Gerechtigkeit als variabel je nach der Situation erweist. Diesen situativen Bezug stellt das Verfahren her. Es bietet den Beteiligten die Möglichkeit, einander nach Maßgabe der jeweiligen Verfahrensregeln im Wege diskursiven Lernens von der Adäquanz der Verfahrensentscheidung zu überzeugen und zu ihrer Hinnahme zu bewegen.

---

[54] *Kriele*, VVDStRL 29 (1971), S. 46ff., 51f.

[55] *Kriele*, Staatlehre, S. 38f., 188f.

[56] Vgl. oben, 4. Kap., C. I.; D. I.

B. Rationale Herrschaft durch Konsens und Verfahren

I. Legaler Entscheidungsgang und prozedurale Legitimität

Daß unter den Voraussetzungen ständig steigender Komplexität der Gesellschaft und der Auflösung weltanschaulicher Orientierungsgewißheit nicht nur die Legalität „gesatzter" Ordnungen, sondern ebenso die geregelten *Verfahren* ein unentbehrliches Fundament des Zusammenlebens in einer staatlichen Gemeinschaft bilden, blieb schon *M. Weber* nicht verschlossen. Er stützte deshalb die Annahme der Legitimität politischer Herrschaft auch auf die „zunehmend rationale Technik des Rechtsganges",[57] d.h. auf die verfahrensmäßig rationalisierte Orientierung des Rechts.

Legitimität wird somit nach der Ansicht von *Weber* zwar aus der Legalität staatlicher Herrschaft abgeleitet, doch inmitten dieser auch und vor allem daraus, daß eine bestimmte Funktion der Staatsgewalt in verfahrensrechtlich geordneter Weise wirksam erlangt und ausgeübt wird.[58] Auf die „Richtigkeit" bzw. „Wahrheit" oder auch „Gerechtigkeit" des Inhalts staatlicher Entscheidungen kommt es aus dieser Perspektive folglich nicht an, sondern allein darauf, daß sie in einem funktionell zugeordneten und rechtlich formalisierten Entscheidungsgang gewonnen und *deshalb* generell anerkannt werden. (Prozedurale Legitimität.)[59]

Ein Blick auf die Verwaltungsrealität scheint diese These zu bestätigen. So zählt für den Bürger nicht nur das Verfahrensergebnis, sondern auch die Art und Weise der ihm erkennbaren Vorarbeit innerhalb der Verwaltung. Seine Bereitschaft, eine Verwaltungsentscheidung hinzunehmen, hängt auch davon ab, in welchem Maße er davon überzeugt ist, daß die zur Problemlösung geschaffenen Verfahrensstrukturen problemadäquat sind.[60] Gleiches gilt für alle weiteren staatlichen Koordinationsverfahren.

II. Grenzen formal-rationaler Legitimation durch Verfahren

Schon *C. Schmitt* hatte allerdings hervorgehoben, daß „eine voraussetzungslose Gleichsetzung des Rechts mit dem Ergebnis irgendeines formalen Verfahrens" unhaltbar sei, weil sie eine „blinde Unterwerfung unter die reine, das heißt von jeder

[57] *M. Weber*, Rechtssoziologie, S. 331.

[58] Vgl. auch *Zippelius*, Legitimation, S. 90.

[59] *Haverkate*, Gewißheitsverluste, S. 215ff.; *Gusy*, Legitimität, S. 121; *Würtenberger*, Festgabe Gesellschaft für Rechtspolitik, S. 544f.; *T. Blanke*, FS R. Schmid, S. 395ff., 412ff., sieht diese Zuweisung der Legitimitätsproblematik an den *Prozeß* der Rechtskonkretisierung zu Recht als einen „nicht zu unterschätzenden verfassungsgeschichtlichen Fortschritt" an (S. 418).

[60] Siehe z.B. die Erhebungsergebnisse von *Feick/Mayntz*, DVerw. 15 (1982), S. 409ff.

inhaltlichen Beziehung zu Recht und Gerechtigkeit losgelöste Dezision der mit der Gesetzgebung betrauten Stellen" bedeute.[61] Und in der Tat vermag der von *M. Weber* selbst so bezeichnete Typus bürokratisch-rationaler Herrschaft für sich allein Legitimität ebenso wenig dauerhaft zu vermitteln, wie dies das bürokratische Verfahren kann. Denn die formale Bindung an Gesetz und Recht ist heute – wie bereits dargelegt[62] – nur noch eine der Koordinaten für Rationalität. Die Rationalisierungstendenzen des modernen Rechts, die häufig auch in eine Verbindung mit dem „Verfall der Legalität" gestellt werden,[63] haben zur Folge, daß die formalisierte Verfahrensbindung staatlichen Entscheidens weder für die Entscheidungsträger noch für die Entscheidungsbetroffenen Gewißheit (nicht: „Richtigkeit") darüber stiftet, ob das maßgebliche Entscheidungshandeln zu einem materiell gerechten Verfahrensergebnis findet. Es gibt eben kein geschlossenes Legalitätssystem.[64]

III. Legitimation durch Verfahrensverstrickung?

Legitimation staatlicher Herrschaft ist also weder durch die Bindung an die (vermeintliche) materielle „Richtigkeit" von Verfahrensentscheidungen noch als bloße, voraussetzungslose Rechtfertigung durch Verfahrensrecht zu erwarten. Damit stellt sich die Frage nach den Bedingungen, unter denen staatliche Entscheidungsverfahren die ihnen zugeschriebenen Legitimationsleistungen zu erbringen vermögen.

N. Luhmann hat diese Frage zum Anlaß genommen nachzuforschen, wie denn faktisch die Legitimationsleistung des Verfahrens zustande komme. Den sozialen Mechanismus, der die Entscheidungshinnahme unabhängig von der sachlichen Überzeugungskraft des Verfahrensergebnisses und dessen Bezugnahme auf das Verfahrens*recht* garantiert, sieht er in der Institutionalisierung des Verfahrens als eines sozialen Handlungssystems besonderer Art und in der diesem eigenen Interaktionsform.

Hiervon ausgehend, vermutet *Luhmann* zum einen eine „heimliche" Kraft des Verfahrens darin, „daß man durch Verstrickung in eine Rollenspiel die Persönlichkeit einfangen, umbilden und zur Hinnahme von Entscheidungen motivieren kön-

---

[61] *C. Schmitt*, Verfassungsrechtliche Aufsätze, S. 263ff., 278; vgl. auch BVerfGE 54, 53 (67f.): „Geltungsanordnungen, sollen sie als Recht gelten, (erlangen) diese Qualität nicht lediglich dadurch ..., daß sie von der staatlichen Macht im jeweils vorgesehenen Verfahren gesetzt sind, sondern daß sie darüber hinaus inhaltlich nicht fundamentalen Prinzipien der Idee der Gerechtigkeit widersprechen."

[62] Vgl. oben, 4. Kap., B. I., C.

[63] Siehe z.B. *Wassermann*, Zuschauerdemokratie, S. 58ff., 70ff.; *ders.*, Ist der Rechtsstaat noch zu retten?, 1985, S. 11ff.

[64] Vgl. *K. Hesse*, Grundzüge, S. 14f. (Rdnr. 35); siehe ferner *Brohm*, JZ 1985, 501ff., 502f.; *F. Müller*, Strukturierende Rechtslehre, S. 40ff., 47ff., 68ff., 77ff.; *ders.*, Richterrecht, S. 41ff., 46ff., 53ff.; *P. Kirchhof*, Die Bestimmtheit und Offenheit der Rechtssprache, bes. S. 25ff.; *Röhl*, Rechtssoziologie, S. 525ff., 550ff., 558ff.

ne."[65] Sollten die Verfahrensbeteiligten dennoch ihre Erwartungen nicht umstrukturieren, d.h. nicht „lernen", so habe sie die Beteiligung am Verfahren jedenfalls zu einer Spezifikation ihrer Streitpunkte auf Probleme gebracht, für die allgemeiner politischer Protest nicht mehr zu mobilisieren sei.[66] Die „symbolisch-zeremonielle Arbeit am Recht" erleichtere dabei das Lernen.[67]

Wie an diesen zitierten Bemerkungen deutlich wird, scheint es auch *Luhmann* schwer zu fallen, die Legitimationsleistung des Verfahrens restlos zu erklären. Zwar zeigt er überzeugend und schlüssig, daß und wie die einzelnen staatlichen Entscheidungsverfahren zur Legitimität der Staatsgewalt beitragen. Besonders wertvoll ist dabei die Entfaltung des Verfahrens als ein *soziales System.* Denn ein Verfahren läuft niemals nur nach festen Regeln starr und schematisch ab. In der Realität kommt es vielmehr immer auch auf das faktische Zusammenspiel der Verfahrenssubjekte an, die durch ihre Entscheidungen den Fortgang wie die Richtung des Verfahrens bestimmen und es so als ein Geflecht aufeinander bezogener Aktionen konstituieren. Jedoch ist die Kritik nicht von der Hand zu weisen, daß unklar bleibt, „*warum* die Verfahren legitimieren, und zwar aus sich heraus, ohne materiale Rechtfertigung."[68]

Ihr verweigert sich *Luhmann* unter Hinweis auf die allfällige Notwendigkeit des Entscheidens.[69] Er schneidet deshalb die Diskussion über Verfahrensziele wie z.B. materiale Wahrheit, Gerechtigkeit oder Rechtsschutz ab. Normativität wird in Faktizität aufgelöst; als rational gilt jede Reduktion von Komplexität.[70]

Dieser Ansatz weist nicht nur entscheidungstheoretische und rechtsphilosophische Schwächen auf;[71] er überzeugt auch aus empirisch informierter Perspektive

---

[65] In: Verfahren, S. 87.

[66] A.a.O. (Fn. 65), S. 115ff., 116: Es handele sich nämlich, so schreibt *Luhmann*, dann nicht mehr „um einen empörenden Übergriff in Rechte und Freiheiten des Bürgers, einen Gewaltakt der Bürokratie, gegen den die Gemeinschaft sich zur Wehr setzen müßte; sondern nur noch um eine schwierige Zweifelsfrage", die individuell zu bewältigen sei.

[67] *Luhmann*, a.a.O. (Fn. 65), S. 36; man ist (fast) geneigt, *Offe* beizupflichten, der diese Analyse als „selbstzerstörerisch" für die Demokratie bezeichnet (in: Politische Legitimation, S. 177f.); doch trifft die *Luhmann*'sche Analyse eben nicht den Kern der Sache der Verfahrensentwicklung und -bedeutung, vgl. auch *Zimmer*, Funktion-Kompetenz-Legitimation, S. 259 m. Anm. 42.

[68] *Kriele*, Staatslehre, S. 38; den Anschluß an diese Kritik scheint *Luhmann* allerdings dadurch zu finden, daß er einräumt, es sei eben doch „das Zusammenspiel generalisierter Symbolstrukturen und interaktiver Argumentation ... sozial notwendig" (Verfahren, Vorwort, S. 5): Hiermit nimmt er freilich nicht nur seine ursprüngliche Verfahrenskonstruktion ein Stück weit zurück (!); er akzeptiert zugleich die Bedeutung des argumentativen Diskurses und rekurriert schließlich auf die (zunächst nur mokant angedeutete: S. 20) jenseits der System-Soziologie kommunikationspsychologisch nachgewiesene Einheit von Inhalts- und Beziehungsaspekt der Kommunikation (dementsprechend jetzt prozessual ausgebaut von *Luhmann*, Soziale Systeme, z.B. S. 610ff.); zu dieser Einheit vgl. speziell *Watzlawick/Beavin/Jackson*, Menschliche Kommunikation, S. 53ff. M.a.W.: Die früheren Verfahrensthesen von *Luhmann* sind heute mit einiger Skepsis und Distanz zu lesen!

[69] In: Verfahren, S. 21.

[70] A.a.O. (Fn. 69), S. 21ff.

[71] Zur Kritik aus rechtswissenschaftlicher Sicht siehe statt aller *Eckhold-Schmidt*, Legitima-

keinesfalls. Denn die bloße Machtentfaltung in Verfahren, um andere zur Abnahme einer getroffenen Entscheidung zu bewegen, hat noch stets ihre „Dürftigkeit" am Beispiel des Verhaltens jener Rechtsunterworfenen offenbart, die sich in ihrer Sehnsucht nach Freiheit und Gerechtigkeit gegenüber zugewiesenem Rollenverhalten und auferlegten Interaktionslasten behauptet haben.[72] Die „klassische Konzeption" des Verfahrens wird deshalb vorschnell verabschiedet.[73]

Die stattdessen von *Luhmann* als Ergebnis seiner „Realanalyse" vorgetragene Behauptung, die Interaktionsform des Verfahrens habe nicht nur die Funktion, brauchbare Entscheidungsgesichtspunkte herauszufiltern, sondern sie diene „auch ganz unmittelbar der Konfliktdämpfung, der Schwächung und Zermürbung der Beteiligten, der Umformung und Neutralisierung ihrer Motive im Laufe einer Geschichte, in der Darstellungen und Engagements in Darstellungen sich unter Eliminierung von Alternativen ändern",[74] *erklärt* denn auch nicht alles, was im Verfahren geschieht – von einer normativen Rechtfertigung ganz zu schweigen. Jedenfalls bleibt die soziale Realität des Anspruchs der Bürger bestehen, „in" und „durch" Verfahren staatliche Entscheidungen abzuwehren, zu programmieren, sie kontrollieren zu lassen oder an ihnen sonstwie mitzuwirken. Wo immer politische Entscheidungen verfahrensförmig zustande kommen bzw. der einzelne Rechtsunterworfene in ein Verfahren einbezogen ist, wird deshalb der Entscheidungsträger auch realiter nicht umhin können, eine „Legitimation durch Begründung" anzustreben.[75] Für die Praxis der Vollzugs- und Kontrollverfahren ist darüber hinaus als empirischer Tatbestand zur Kenntnis zu nehmen, daß sich Schritt für Schritt vielfältige Mechanismen kooperativer Verfahrensgestaltung entwickelt haben.[76] Das Verfahren *ist* weithin ein Prozeß *sozialer Verständigung* und nicht der raffinierten „Verstrikkung" mit dem Ziel der „Selbstlegitimation" staatlicher Herrschaft.[77]

Es hieße deshalb auch den Rechtsgang als ein *obrigkeitliches* Informations- und Entscheidungsmodell des modernen Staates mißzuverstehen, wenn man den im Verfahren ablaufenden Lernprozeß als ausschließliche Angelegenheit der ihm unter-

---

tion durch Begründung, 1974; *Esser,* Vorverständnis, S. 201 ff.; *ders.*, Tübinger FS, 1977, S. 113 ff., 120 ff.; *Häberle,* in: Verfassung als öffentlicher Prozeß, S. 133 m. Anm. 60, 166 m. Anm. 46; *H. J. Koch,* Rechtstheorie 4 (1973), S. 183 ff.; *Kriele,* Staatslehre, S. 39; *Larenz,* Methodenlehre, S. 191 f.; *Maihofer,* Rechtstheorie als Basisdisziplin der Jurisprudenz, JbRSoz 2 (1972), S. 72.; *Rottleutner,* Rechtswissenschaft als Sozialwissenschaft, 1973, S. 141 ff.; *Stettner,* Kompetenzlehre, S. 177 ff.; *Zippelius,* Staatslehre, S. 41 f., 114 ff., 301 f.; *ders.*, Rechtsphilosophie, S. 79 ff.; *ders.*, Legitimation, S. 84 ff., 87 f.; *ders.*, FS K. Larenz, 1973, S. 293 ff.

[72] Vgl. *Würtenberger,* JuS 1986, 348 f.

[73] Siehe hierzu bei *Luhmann,* Verfahren, S. 18 ff., 26.

[74] A. a. O. (Fn. 73), Vorwort, S. 4.

[75] So richtig *Häberle,* in: Verfassung als öffentlicher Prozeß, S. 133 m. Anm. 60, der sie als Einheit sieht mit der Legitimation durch Verfahren.

[76] Zu ihnen zählt auch – bezogen auf die öffentliche Verwaltung – das „informelle Verwaltungshandeln"; dazu die Nachw. oben, 1. Kap., Fn. 305 ff.

[77] Insbes. für das Verwaltungsverfahren vgl. auch *K. König,* System und Umwelt, S. 33 ff.; *ders.*, Verwaltungsreform und Demokratiediskussion, S. 288 ff., 291 ff.

worfenen Beteiligten auffassen würde. „Interaktion" bedeutet vielmehr Konsensherstellung über Relevanzen; in Verfahren lernen nicht nur Politiker von Wählern und Abgeordnete von Kollegen, sondern auch die Verwaltung vom Bürger und die Richter von den Prozeßbeteiligten.[78]

Zu den sozialen Bedingungen der Institutionalisierung von Legitimität und Lernfähigkeit in sozialen Systemen wie dem des Verfahrens gehören deshalb auch und neben generalisierten Kommunikationsmedien die persönliche Motivation und Verantwortung für die Änderung der Prämissen, nach denen der einzelne Argumente aufnimmt, „Gründe" verarbeitet, Handlungen auswählt, Entscheidungen trifft und sich dadurch selbst darstellt.

Auch *Luhmann* muß deshalb einräumen, daß es auf überzeugungskräftige Argumente ankommt und diese eben *nicht* „faktisch folgenlos sind, belanglos sind, gleichsam nur als interaktionelles Zeremoniell um des Dabeiseins willen aufgeführt werden. Sie haben Folgen im Einzelfall und zuweilen auch mittels einer Aggregation von Einzelfällen.[79] Gewollt und als notwendig erkannt wird mithin *beides*, die konkretisierende und individualbezogene Berufung auf Gründe wie die von der sachlichen Richtigkeit der Argumente unabhängige abstrakt-generelle Sicherung der Entscheidungshinnahme durch motivfreies, von den Eigenarten individueller Persönlichkeiten freigestelltes Akzeptieren.

Die Legitimation staatlicher Verfahrensentscheidungen beruht sonach auf dem „Zusammenspiel generalisierter Symbolstrukturen und interaktiver Argumentation."[80] Herrschaft läßt sich nicht allein durch die rationale *Form* ihrer Übung rechtfertigen, sondern erwächst gleichermaßen aus den öffentlichen Willenbildungsprozessen wie aus der individuellen Zustimmung des Bürgers. *Luhmann* liegt deshalb im Ergebnis keineswegs so entfernt von den Positionen der juristischen Staats- und Prozeßlehre, wie dies immer wieder behauptet wird.[81]

IV. Legitimationszusammenhang von Konsens und Verfahren

1. Legitimation durch Konsens

Die Legitimität politischer Herrschaft stützt sich somit nicht nur auf prozedurale, sondern auch auf inhaltliche Komponenten. Verfahrensstrukturen spielen zwar eine wichtige Rolle bei der Herstellung einer verbindlichen Sozialordnung; in ihnen

---

[78] Vgl. allgemein *Esser*, Vorverständnis, S. 211; speziell für das Verwaltungsverfahren siehe *J. Martens*, KritV 1986, S. 104ff., 120ff.

[79] In: Verfahren, Vorwort, S. 5; vgl. hierzu auch die Bemerkungen oben in Fn. 68.

[80] A. a. O. (Fn. 79), S. 5.

[81] So z. B. von *Stettner*, Kompetenzlehre, S. 179f.; überzogen freilich *Simons*, Verfahren und verfahrensäquivalente Rechtsformen, S. 66 m. Anm. 51, der meint, *Luhmann* analysiere das Verfahren „gerade als diskursiven Prozeß, in welchem sich die materielle Rechtsgarantie als solche zu bewähren hat"(!)

werden Konflikte verarbeitet und die in der Gemeinschaft vorhandenen Interessen und Einflüsse koordiniert sowie kanalisiert. Doch stiften Verfahren weder Gewißheit darüber, ob die maßgebliche Entscheidung ein materiell gerechtes Ergebnis darstellt, noch können sie garantieren, daß die unter Beachtung ihrer Regeln korrekt zustande gekommenen Verfahrensergebnisse dem *Inhalt* nach für die Betroffenen akzeptabel sind oder durch den Verweis auf die Erarbeitung in den dafür vorgesehenen Verfahren auch nur plausibel gemacht werden können. Darüber hinaus besteht die Gefahr, daß für einzelne oder Gruppen ganz und gar unerträgliche Entscheidungen getroffen werden.[82]

So oder so kann jedenfalls prozedurale Legitimität nicht ohne weiteres die Anerkennung oder gar die Fügsamkeit der Herrschaftsunterworfenen gegenüber den in einem rechtlich geordneten Verfahren formal korrekt erlassenen Entscheidungen gewährleisten. Rechtliche Entscheidungsverfahren müssen vielmehr die inhaltlichen Fragen einer billigenswerten Konfliktregelung in sich aufnehmen: Staatliche Herrschaft hat nur dann Aussicht auf Bestand, wenn sie auch *inhaltlich* bejaht wird. Sie muß zumindest von der gemeinsamen Überzeugung eines Großteils der Mitglieder einer Gesellschaft und darunter insbesondere von jenen, die über die Allokation von Status, Autorität, subjektiven Rechten, Wohlstand und Einkommen sowie anderer wichtiger und knapper Werte zu befinden haben, in bezug darauf getragen werden, welche Entscheidungen zur Lösung von Konflikten gefällt werden sollten.[83]

2. *Konsens durch Diskurs*

Die Frage der Legitimation wird aus dieser Sicht zum *Konsensproblem.* Rechtliche Entscheidungsverfahren laufen weitgehend auf „inhaltliche Fragen einer billigen Konfliktregelung hinaus."[84] Antworten hierauf bedürfen allerdings eines erheblichen argumentativen Aufwands. Denn der angestrebte Konsens muß Fall für Fall erst noch vermittelt werden, was die rationale Offenlegung von Interessen und Ideen in den gesellschaftlichen Konflikten voraussetzt. Dabei müssen der Rollenkontext und die Interaktionsweise im jeweiligen Entscheidungsprozeß auf die gesellschaftliche Umwelt des Rechtssystems eingestellt, also „situativ" bezogen sein.[85]

---

[82] Dies gilt insbesondere für zukunftswirksame und in ihrer Tragweite neue Qualitäten erreichende Mehrheitsentscheidungen im Zusammenhang mit der modernen Großtechnik, vgl. z.B. *Guggenberger/Offe,* Politik aus der Basis – Herausforderungen der parlamentarischen Mehrheitsdemokratie, in: dies. (Hrsg.), An den Grenzen der Mehrheitsdemokratie, 1984, S. 8ff., 14f.; *Fijalkowski,* Neuer Konsens durch plebiszitäre Öffnung?, in: A. Randelzhofer/ W. Süß (Hrsg.), Konsens und Konflikt, 1986, S. 236ff., 240, 242ff.

[83] Vgl. *Zippelius,* Legitimation, S. 94; *ders.,* Rechtsphilosophie, S. 81; *ders.,* FS K. Larenz, 1973, S. 294ff.

[84] *Zippelius,* Rechtsphilosophie, S. 81; *ders.,* Legitimation, S. 87; vgl. auch *v. Arnim,* Gemeinwohl, S. 183ff., 193f.; *Kriele,* Staatslehre, S. 36, 37; *Würtenberger,* Festgabe Gesellschaft für Rechtspolitik, S. 547f., 578f.

[85] Vgl. oben, 4. Kap., C. VI.

Für die Abklärung der Konsensfähigkeit von Entscheidungsinhalten sind die Rationalitätserfordernisse der Rechtsetzung und des Rechtsvollzugs maßgebend. Pure Dezision bliebe erfolglos. Keine Staatsgewalt könnte mit Konsens rechnen, die gesetzgebende Akte bzw. Rechts- und Zweckkonkretisierung auf bloße Willkür oder auch nur auf eine ideologisch gebundene Wertperspektive gründen wollte, von einseitiger Interessenberücksichtigung ganz zu schweigen. Politische Herrschaft muß vor allem jenes Maß an intersubjektiver Einigkeit anstreben, das in bezug auf Zweckrationalität und materiale Gerechtigkeit reflexiv erreichbar ist.[86]

Bereits in den *Gesetzgebungsverfahren* erlangt deshalb die Suche nach konsensfähigen Problemlösungen eine prinzipielle Bedeutung. Kollidierende Interessen müssen und werden auch mehr oder weniger tatsächlich am Maßstab eines übergreifenden, in rechts- und sozialethischen Vorstellungen verankerten Gemeinwohls ausgeglichen.[87] Auf Fragen der inhaltlichen Billigkeit und materialen Gerechtigkeit führt ebenso die *richterliche Entscheidung* zurück. Selbst dort, wo das anzuwendende Recht Wertungsprobleme stellt, darf der Richter nicht zur willkürlichen Dezision übergehen.[88] Gleiches gilt für die *öffentliche Verwaltung*. Auch sie muß die Wahrnehmung ihrer Aufgaben am Gemeinwohl orientieren, weil sie nur so auf die generelle Anerkennung und individuelle Hinnahme ihrer Entscheidungen rechnen kann. Staatliche Entscheidungsverfahren sind deshalb allesamt und stets *Gemeinwohlverfahren*.[89]

Die in ihnen geborgenen *inhaltlichen* Notwendigkeiten lassen sich freilich nicht durch den Rückgriff auf bloße Verfahrensweisen bzw. durch Verfahrensstrukturen allein bewältigen. Diese geben keine vernünftigen Kriterien an die Hand, nach denen Probleme abgesteckt, Prioritäten festgelegt und Abwägungen für die Beteiligten einsichtig vollzogen werden könnten. Ob ein Sachkriterium vorliegt und welches ggf. durchgreift, also „richtig" ist, läßt sich nicht formal ausweisen. Hierüber entscheiden erst der Sachbezug und vor allem diskursive Auseinandersetzungen zwischen den einander begegnenden Interessen und Anschauungen. Das „wahre" Recht läßt sich allein durch die Diskussion finden.[90]

Dieser Grundsatz beansprucht Geltung nicht nur für den Gesetzgeber, sondern auch für gerichtliche und Verwaltungsverfahren. Zwar haben die beiden letzteren in erster Linie jene Interessenabwägungen nachzuvollziehen, die bereits der Gesetzge-

---

[86] *Würtenberger,* Festgabe Gesellschaft für Rechtspolitik, S. 544ff.; *Zippelius,* FS K. Larenz, 1973, S. 300.

[87] BVerfGE 36, 47 (60); 39, 210 (230); *Magiera,* Parlament und Staatsleitung, S. 119ff., 122ff., 177ff.; *Mößle,* Regierungsfunktionen, S. 193ff., 200ff.; *Schwerdtfeger,* FS H. P. Ipsen, S. 175f.; *Schulze-Fielitz,* Theorie und Praxis, S. 404ff.; *ders.,* JbRSoz 13 (1988), S. 290ff.; *Zimmer,* Funktion – Kompetenz – Legitimation, S. 249ff., 256ff.; zur Ethik des sozialen Rechtsstaats als Leitmaßstab siehe dabei *J. Hoffmann,* ARSP 75 (1989), S. 39.

[88] *P. Kirchhof,* Rechtsprechende Gewalt, S. 12, 16ff., 22ff., 31ff.; *F. Müller,* Richterrecht, S. 31ff., 88ff., 95.

[89] *Häberle,* Öffentliches Interesse, S. 251ff.; *v. Arnim,* Gemeinwohl, S. 48ff.

[90] *F. Werner,* Recht und Gerechtigkeit in unserer Zeit, 1971, S. 436; dies gilt dann folgerichtig auch für das *Verwaltungsverfahren,* so mit Recht *J. Martens,* Praxis, S. 132.

ber in seinen für die konkrete Entscheidung maßgebenden Normierungen zum Ausdruck gebracht hat. Gleichwohl muß auch hier – ja vor allem hier – im Wege vernünftiger Verständigung mit dem Bürger die Einsicht in das Notwendige, und d.h. die *Überzeugung* von der Funktions- und Reaktionsgerechtigkeit des Verfahrensergebnisses angestrebt werden. Voraussetzung hierfür sind eine entsprechende Kommunikation und Kooperation zwischen den Verfahrensteilnehmern. Der Geltungsanspruch der jeweiligen Verfahrensentscheidung muß *diskursiv* begründet werden: Legitimation durch Begründung ist Legitimation durch Diskurs.[91]

3. Verfahren als Diskursform

Legitimation durch Diskurs läßt sich aus dem jeweiligen Verfahrenszusammenhang nicht herauslösen. Denn nur dieser ermöglicht und fördert die Zuordnung der Interessen durch Abwägung und nur er vermag das Forum für den jeweiligen Gemeinwohlbezug abzugeben. Verfahren sind eben diejenige *Diskursform,* in der die von der Sache her gebotenen Begründungserfordernisse und -möglichkeiten unter Beachtung situativer Gegebenheiten eingelöst werden können.

Legitimation durch (diskursive) Begründung deckt sich daher idealiter mit der Legitimation durch Verfahren – allerdings weitergehend als nur in dem Sinne, daß es gerade durch den Einbezug des Bürgers in Verfahren um so zuverlässiger gelingen könnte, ihn aus den Entscheidungen herauszuhalten, indem er diese motivlos akzeptiert.[92] Ausschlaggebend ist vielmehr die Art und Weise, *wie* der einzelne in das Verfahren involviert ist: Weil die Diskursform den Weg zur staatlichen Entscheidung als einen Prozeß der gemeinsamen, kommunikativen und kooperativen Konsensfindung gestaltet, d.h. die *qualitativ-inhaltliche* Einflußnahme der Beteiligten auf die staatliche Willensbildung und Entscheidungsproduktion eröffnet, kann das Verfahrensergebnis mit seiner Akzeptanz rechnen, obwohl es im Einzelfall für unzureichend gehalten werden mag.

Verantwortlich hierfür zeichnen zwar *auch* individual- und sozialpsychologische Elemente;[93] der springende Punkt liegt indes in der *diskursiven Begründung* von

---

[91] Vgl. zur *diskursiven Legitimität* auch *St. Hammer,* ARSP, Beih. Nr. 27, 1986, S. 37ff. Rechtsbezogene „Begründung" als ihr Essentiale enthält im Sinne von Verstehen zugleich immer auch emotionale bzw. intuitive Momente (ebenso *A. Kaufmann,* Theorie der Gerechtigkeit, 1984, S. 10, 35ff.), so daß es vor allem auf das Zusammenwirken mehrerer Erkenntnissubjekte in einer „Argumentationsgemeinschaft" ankommt, eben auf den „Diskurs" (dazu siehe vor allem *Habermas,* Theorie des kommunikativen Handelns 1, S. 25ff., bes. S. 44ff.). Dementsprechend ist z.B. das *Verwaltungsverfahren* als ein Gefüge kommunikativer Rechtsbildung und diskursiver Zweckkonkretisierung aufzufassen.

[92] So aber *Luhmann,* Verfahren, S. 28.

[93] Denn alles inhaltsbezogene Handeln, so darf in Erinnerung gerufen werden, ist zugleich Beziehungshandeln (vgl. oben, Fn. 68). Auch von daher läßt sich ein juristischer Legitimationsbegriff kaum trennscharf von der faktischen Bereitschaft des Bürgers abgrenzen, eine Entscheidung hinzunehmen oder nicht (wie oben dargelegt, vgl. im Text um und zu Fn. 9ff.); schief daher insoweit die Kritik bei *Larenz,* Methodenlehre, S. 192.

Geltungsansprüchen. Hierauf bezogen, bieten Verfahren die Chance, alle zu einem gegebenen Problem relevanten Gesichtspunkte und Gefühle zur Geltung zu bringen und in ihnen gemeinsam unter den Verfahrensbeteiligten auszudiskutieren, welche sachlichen, personellen und zeitlichen Prioritäten zu setzen sind. Mehr an Gelegenheit, sich und seine Interessen einzubringen, kann der einzelne nicht gut erwarten.

In der Gemeinschaft aller Freien versöhnt also nicht so sehr die „Verstrickung" in das Verfahrensgeschehen, sondern vor allem die umfassende Rationalitätsgewähr des Verfahrens die Erwartungen des autonomen Individualismus mit dem Geltungsanspruch eines autoritär-kollektiven Legalismus. Oder anders ausgedrückt: Weil Formen, Verfahren und Kompetenzen zufolge ihrer „Gesamtrationalität" abstrakt Anerkennung verdienen und konkret den rationalen Diskurs ermöglichen, wird die staatliche Entscheidung selbst dann noch individuell akzeptabel, wenn sie lediglich formal rechtmäßig ist, inhaltlich aber (subjektiv) ungerecht erscheinen sollte.

C. Legitimität staatlicher Entscheidungsverfahren

Die Legitimität staatlicher Entscheidungsverfahren erlangt deshalb für die Legitimation der Staatsgewalt außerordentliche Bedeutung. Sie zu erhalten, dient gewiß auch, worauf *M. Kriele* hinweist,[94] die auf Dauer gestellte Institutionalisierung von Verfahren. Diese erhöht die Chance, daß die Entscheidungen der Staatsgewalt „auch in der Vergangenheit gerechtfertigt waren und in der Zukunft gerechtfertigt sein werden" und sie zeichnet mitverantwortlich dafür, daß hieraus „Vertrauen in die Vernünftigkeit und Gerechtigkeit der getroffenen und noch zu treffenden Entscheidungen" resultiert.[95] Gleichwohl reicht dies nicht hin, Verfahren selbst zu legitimieren, obschon sie dieser Legitimation bedürften.

I. Verfahren als Herrschaftsinstrument

Die Berufung auf die legitimierende Kraft von Verfahren darf nämlich nicht vergessen machen, daß diese selbst Herrschaftsinstrumente darstellen. Das ist nicht nur dort der Fall, wo mit ihrer Hilfe die Integration der Rechtsgenossen in die Gemeinschaft erreicht oder sogar erzwungen werden soll. Schlichtweg jedes Verfahren hat schon deshalb Herrschaftscharakter, weil es zu einer Verhaltenssteuerung durch die in ihm ablaufenden „Arbeitsprozesse" kommt. Das Tätigwerden der jeweiligen Funktionsträger wird durch den Datenfluß und die Regelung der Beziehungsverhältnisse wie Arbeitsabläufe bestimmt.[96]

---

[94] Staatslehre, S. 39.

[95] *Kriele,* a. a. O. (Fn. 94), S. 39.

[96] So für den Arbeitsprozeß in der öffentlichen Verwaltung nachdrücklich *Bosetzky/Heinrich,* Mensch und Organisation, S. 147f.

Es gibt sonach in rechtlich überformten Lebenswelten weder einen herrschaftsfreien Diskurs noch existieren herrschaftsfreie Verfahren.[97] Von daher vermögen Prozeduren die „in" ihnen und „durch" sie gefundenen Entscheidungen auch nur dadurch zu rechtfertigen, daß sie selbst den Anforderungen genügen, die an ein im weitesten Sinne „gerechtes" Verfahren zu stellen sind.

II. Strukturbedingungen prozeduraler Legitimität

Den Maßstab hierfür setzen jene Rationalitätserfordernisse, denen die staatlichen Entscheidungsverfahren mit Blick auf den Steuerungs- und Geltungsanspruch des modernen Rechts unterliegen.[98] Auf ihrer Grundlage bildet zunächst „Verfahrensgerechtigkeit" eine Legitimitätsbedingung staatlicher Herrschaft.

1. „Verfahrensgerechtigkeit" als Legitimitätsbedingung

Zu ihr zählen in erster Linie die Regeln eines *fairen Verfahrens,* das allen Beteiligten eine Chance einräumt, ihre Sachdarstellung und ihren (Rechts-)Standpunkt vorzutragen.[99] Diese Regeln gelten umfassend. Auch der Willensbildungsprozeß des

---

[97] Vgl. für das Paradebeispiel des Strafprozesses m. zahlr. w. Nachw. *A. Kaufmann,* JZ 1985, 1067f.; *Schild,* Der Strafrichter in der Hauptverhandlung, 1983, S. 103ff.; für das Verwaltungsverfahren siehe etwa und mit Beispielen einer „verzerrten Kommunikation" *Kißler,* Rechtssoziologie, S. 113ff., 118ff.

[98] Vgl. oben 4. Kap., B.-D.; siehe ferner und grds. *Fleiner-Gerster,* Aufgabenverteilung, S. 35ff.

[99] Hier und im folgenden geht es (noch) nicht um die ausdifferenzierten Gewährleistungen eines „fairen" Verfahrens in rechtsdogmatischer Perspektive, vgl. dazu zuletzt aus der Rspr. BVerfGE 70, 324 (363); BVerwG, NVwZ 1987, 578ff., 581f. m.w. Nachw. sowie unten, 10. Kap., B. II. 3. c) mit bb). Im Vordergrund steht an dieser Stelle vielmehr die Einordnung des normativen Gebotes des fairen Verfahrens als prozeßleitende Direktive in den *Gerechtigkeitszusammenhang* staatlicher Verfahren aus rechtsphilosophischer und rechtstheoretischer Sicht. Gefragt ist nach *Begriff* und *Maßstab* für diejenigen Anforderungen, die wir an ein „gerechtes" Verfahren jenseits positivierter Verfahrensgrundsätze und im Sinnbezug auf den Rechtsgedanken selbst, also im Hinblick auf das „Prinzip Recht", auf die Idee der Gerechtigkeit bzw. auf die „Sache Recht" *(Hruschka)* stellen; vgl. dazu – und zugleich mit Bezug auf den Gedanken eines „fairen" Verfahrens, wie er oben im Text aufgenommen und entfaltet wird – *Dworkin,* Bürgerrechte, S. 225ff., 228ff. (mit der wichtigen Unterscheidung zwischen „Begriff" und „Konzeption" der Fairneß, S. 228ff.); *Habermas,* KritJ 1987, 12f.; *Hassemer,* ARSP 72 (1986), 209f.; *Larenz,* Richtiges Recht, S. 37ff., 164ff.; *Rawls,* Theorie der Gerechtigkeit, S. 105ff., 130ff., 133ff., 378ff.; *ders.,* Gerechtigkeit als Fairneß, in: O. Höffe (Hrsg.), John Rawls: Gerechtigkeit als Fairneß, Freiburg–München 1977, S. 34ff., 57ff., 60ff.; *Zippelius,* Legitimation, S. 91, 93; *ders.,* Rechtsphilosophie, S. 91f., 116ff. – Zur Berührung der Aussagen über „Verfahrensgerechtigkeit" mit der Methodendiskussion siehe statt aller *Larenz,* Methodenlehre, S. 166ff., 194f.; die Verbindung speziell mit der Argumentationstheorie – vermittelt durch deren Zugang zu dem Problem der Gerechtigkeit über prozedurale Kriterien der Rechtferti-

Parlaments wird hierdurch gekennzeichnet. Es ist daher nicht nur Sache des demokratischen Prinzips, sondern ebenso vorgelagerter Verfahrensgerechtigkeit, der Minderheit zu ermöglichen, ihren Standpunkt in Verfahren und Willensbildung des Parlaments einzubringen.[100]

Verfahren müssen ferner die prinzipiell schutzwürdigen Rechtspositionen der Bürger beachten und so angelegt sein, daß es nicht an der gleichberechtigten Mitwirkungskompetenz aller Entscheidungsbetroffenen mangelt. Die Handhabung der Verfahren muß zudem einen Ausgleich zwischen den je verschiedenen rechtlichen Gewährleistungen bewirken. Voraussetzung hierfür ist aber u.a., daß Verfahrensschritte an bestimmte, aller Rechtsordnung vorgegebene prozedurale Grundwerte und -freiheiten gebunden werden. Zu diesen gehören nicht nur für alle *gleichmäßig* geltende Verfahrensbedingungen, sondern auch der *Grundsatz des rechtlichen Gehörs,* des „audiatur et altera pars." Er ist seinerseits Bestandteil der Notwendigkeit eines allseits *fairen* Kommunikationsprozesses, der die Interessen *aller* der vom Verfahren erfaßten Rechtspositionen einbezieht, also z.B. auch die Rechtsstellung des durch eine Untersuchung im Verfahren parlamentarischer Untersuchungsausschüsse direkt zwar Nichtbetroffenen, aber sonstwie involvierten Handlungsträgers beeinflußt: Auch diesem ist Gelegenheit zu geben, Anregungen zur Beweiserhebung und zu bestimmten Fragestellungen an Beschuldigte, Zeugen und Auskunftspersonen zu geben sowie selbst Stellung zu beziehen.[101]

Zu alledem tritt der *Grundsatz der Öffentlichkeit* parlamentarischer, gerichtlicher und anderer staatlicher Entscheidungsverfahren hinzu. Er räumt einem jeden die Möglichkeit ein, sich davon zu überzeugen, daß alles mit rechten Dingen zugeht.[102]

---

gung staatlichen Handelns und Entscheidens – weist *U. Neumann,* Argumentationslehre, S. 13, 70ff., 78ff., 92ff., 95, 96, 118, nach; dieser Verbindung wird im folgenden Raum gegeben.

[100] Grdl. BVerfGE 49, 70 (86f.); BayVerfGH, NVwZ 1986, 822ff., 827; w. Nachw. zur Rspr. bei *M. Schröder,* ZParl 1986, 367ff.; vgl. aus der Literatur *Achterberg,* Parlamentsrecht, S. 593ff.; *Hilf,* NVwZ 1987, 537ff., 539 m. Anm. 34; *Mengel,* ZRP 1984, 167, 159, 160; siehe ferner *Müller-Boysen,* Die Rechtsstellung des Betroffenen vor dem parlamentarischen Untersuchungsausschuß, 1980, S. 50ff.

[101] Vgl. BVerfG, NJW 1987, 770; VG Hamburg, NJW 1987, 1568ff.; OVG Hamburg, NVwZ 1987, 610ff., 611 (bedenklich S. 611f.); OVG Münster, NVwZ 1987, 606ff., 607 (bedenklich in der konkreten Versagung des rechtlichen Gehörs); OVG Münster, ebd., 608ff., 610 r. Sp.; w. Nachw. zur Rechtsprechung bei *Hilf,* a.a.O. (Fn. 100), 539ff.; aus der Literatur vgl. weiterhin (auch zum Anspruch auf rechtliches Gehör) *Arloth,* NJW 1987, 808ff., 810ff.; *Gollwitzer,* BayVBl. 1982, 422ff.; *Linck,* ZRP 1987, 11ff.; *Müller-Boysen,* a.a.O. (Fn. 100), S. 54ff.; *Schneider,* in: AK-GG II, 1984, Art. 44 Rdnr. 15; *Versteyl,* in: v. Münch, GGK, Art. 44, Rdnrn. 16, 17, 18ff.; w. Nachw. in den Referaten von *Bickel* und *H.-P. Schneider* zum Thema „Empfiehlt sich eine gesetzliche Neuordnung der Rechte und Pflichten parlamentarischer Untersuchungsausschüsse?", Verhdlg. des 57. DJT, 1988, Bd. II (Sitzungsberichte), Teil M, S. 7ff., 54ff. Zur Verbindung speziell des Anspruchs auf rechtliches Gehör mit der „Verfahrensgerechtigkeit" siehe allgemein *Larenz,* Richtiges Recht, S. 169ff.; *Zippelius,* Rechtsphilosophie, S. 91f.

[102] Mehr noch: Der Zusammenhang von Öffentlichkeit, Herrschaftsrationalisierung und Verfahren stabilisiert die Gerechtigkeitsvorstellung in der Gesellschaft, vgl. *Rawls,* Theorie der

Die Verfahren des modernen Staates haben m.a.W. an jenem rechts- und sozialethischen Minimum teil, das die inhaltlichen Kriterien der Legitimität politischer Herrschaft speist. Noch weiter greifen dessen konkrete Strukturmaßnahmen für staatliche Entscheidungsverfahren dort aus, wo diese einer geordneten Konfliktregelung dienen oder zu einer Bestrafung führen sollen. Hier statuiert das Prinzip der Verfahrensfairness weitergehend die „Waffengleichheit" aller Beteiligten und für die Rechtsprechung die Unparteilichkeit der Richter. Deshalb ist z.B. ein Strafurteil nicht schon gerecht, wenn und soweit das ihm zugrundeliegende und regelhaft geordnete Verfahren der Sachverhalts- und Schuldfeststellung eingehalten wurde. Das Urteil muß darüber hinaus in einem „fairen" Verfahren ergangen[103] sowie in grundsätzlich öffentlicher und unparteiisch geführter Verhandlung zustande gekommen sein.[104] Andernfalls würde der Strafprozeß nur die Parodie eines gerichtlichen Verfahrens darstellen.

2. *Formen politischer Herrschaft und Verfahrensqualität*

Die unterschiedliche Reichweite solcher und weiterer materialer Verfahrensbindungen[105] erklärt sich aus der grundsätzlichen Orientierung der Rationalität staatlicher Entscheidungsverfahren an den je unterschiedlichen Formen politischer Herrschaft in der modernen Industriegesellschaft.[106] Verfahren sind insoweit und einerseits auf den Schutz des einzelnen vor der Obrigkeit bezogen. Sie richten sich in ihren vielfältigen Erscheinungsformen in Recht und Staat, bei der parlamentarischen Arbeit wie vor Behörden und Gerichten *gegen* die Verwalter der Macht. In ihnen verfestigt sich deshalb die Idee einer diesen entgegengesetzten Perspektive von Gerechtigkeit zu jener „klassischen Konzeption", wie sie *N. Luhmann* in unnachahmlicher Kürze skizziert hat.[107]

Gerechtigkeit, S. 203ff., auch S. 153 m. Anm. 5, 155f., 494; der Grundsatz der Öffentlichkeit ist daher unerläßliche Voraussetzung für ein „gerechtes" Verfahren, siehe allgemein etwa *Zippelius*, Rechtsphilosophie, S. 92, 143; am Beispiel des Verwaltungsverfahrens vgl. *D. Lorenz*, Rechtsweggarantie, S. 179; *Pietzcker*, VVDStRL 41 (1983), S. 211 m. Anm. 65; für das Gesetzgebungsverfahren – und dabei den Bezug zum Legitimationsaspekt hervorhebend – siehe ferner *Mengel*, ZRP 1984, 153ff., 155ff., 156f.; *Oberreuter*, Parlamentarismus, S. 55ff., 69ff.; *Zimmer*, Funktion – Kompetenz – Legitimation, S. 262f.; für das gerichtliche Verfahren vgl. *Scherer*, Gerichtsöffentlichkeit als Medienöffentlichkeit, 1979, bes. S. 105ff.

[103] BVerfGE 38, 105 (112ff.), 70, 297 (308); BGHSt 24, 125 (131); BGH, NStZ 1985, 517ff.; *Hill*, HdbStR VI, 1989, S. 1305ff., 1321ff.; *Pfeiffer*, Grundzüge, S. 121 (Rdnr. 28); *Roxin*, Strafverfahrensrecht, S. 12, 59f., 80, 143f., 288f.

[104] *Pfeiffer*, Grundzüge, S. 9f. (Rdnrn. 21, 22), 10f., (Rdnr. 24); *Roxin*, Strafverfahrensrecht, S. 86f., 290ff.; BVerfGE 18, 241 (255); 21, 139 (146); vgl. auch *Zipf*, 54. DJT (1982), Bd. I, Gutachten, S. C 1ff., C 27ff., C 29ff.; allgemein siehe ferner *Larenz*, Richtiges Recht, S. 164ff.

[105] Zusammenfassend zu ihnen vgl. *Zippelius*, Legitimation, S. 91ff.

[106] Vgl. dazu oben im Text um und zu Fn. 29ff.

[107] In: Verfahren, S. 18ff.

Die diesen Verfahren somit aufgegebene *Formung von Herrschaft* unterscheidet sich in ihren prozeduralen Vorkehrungen – nämlich solchen, die Herrschaft und ihren Mißbrauch abzuwehren, auszuschließen bzw. zu kontrollieren –, von jenen, mit denen Verfahren zur *Teilhabe* des Bürgers an der Ausübung staatlicher Herrschaft durch politische Wahl und Abstimmung ausgerüstet sein müssen. Hier gilt vor allem das *Mehrheitsprinzip* als diejenige prozedurale Entscheidungsregel, welcher die Ablauforganisation der Willensbildung zufällt.[108]

Wieder anderen Mechanismen folgt unter Rationalitätsgesichtspunkten die „Leistung" von Herrschaft, also jener Verfahrenstypus, dessen sich die ordnungs- und wohlfahrtsstiftende „Regierung" des Gemeinwesens bedient. Und erst diese Zuordung von Verfahren zu der jeweiligen Form politischer Herrschaft läßt erkennen, welche besonderen Strukturen dem Entscheidungsgang abverlangt werden müssen, damit der Sinnbezug der staatlichen Verfahrensentscheidung auf eine akzeptable Problemlösung entsprechend den je unterschiedlichen Vorstellungen einer Freiheit von Herrschaft, der politischen Selbstbestimmung oder Teilhabe an Leistungen evident wird.

Die Legitimität staatlicher Entscheidungsverfahren macht sonach eine *differenzierte Verfahrensqualität* erforderlich, deren Merkmale sich aus prinzipiell auseinanderfallenden, wenngleich häufig miteinander verflochtenen Bezugsproblemen speisen. Das bedeutet allerdings nicht, daß übergreifend sachbezogene Rationalitäts- und damit Legitimitätsbedingungen, wie z.B. der Vollzug staatlichen Handelns nach zweckorientierten Verfahrensregeln, Begründungspflichten oder Regeln über Analyse und Abwägung von Entscheidungsfolgen entfallen dürften.[109] Im Gegenteil handelt es sich dabei um ein unverzichtbares strukturelles Arrangement ineinander-

---

[108] *Heun*, Mehrheitsprinzip, S. 79ff., 93ff. – dort zugleich zur Verknüpfung mit dem Gleichheitsaspekt –; siehe ferner *Grimmer*, Demokratie und Grundrechte, S. 194ff.

[109] Hinzuweisen bleibt an dieser Stelle – und ergänzend zu den Nachw. in Fn. 99 – darauf, daß die Ausführungen im Text weitgehend an die von *H. L. A. Hart* vertretene strukturelle Aufgliederung von Rechtsordnungen in sog. primäre und sekundäre Regeln, d.h. in „Verpflichtungsregeln" und „Entscheidungsregeln" anknüpfen, von denen die letzteren nicht nur diejenigen Institutionen bestimmen, welche die Verpflichtungsregeln auszulegen und anzuwenden haben, sondern auch das dabei zu verfolgende „Verfahren" definieren, vgl. *Hart*, Begriff des Rechts, S. 131ff. Der springende Punkt liegt nur darin, daß die Entscheidungs-(Verfahrens-)regeln ihre *Funktion* im Rechtsgefüge zu wechseln vermögen: je nach Adressat weisen sie divergente Wirkbereiche auf (vgl. dazu *Hart*, a.a.O., S. 122; *Schnapp*, AöR 105, 1980, S. 254); sie können also auch *inhaltliche* Kraft entfalten. Daraus aber erhellt die Notwendigkeit und Bedeutung der eigenständigen Betrachtung übergreifender Rationalitäts- und Legitimitätsbedingungen dieser Verfahrensregeln für staatliches Handeln und Entscheiden. Dies gilt um so mehr, als nach *Hart* die Autorität des Rechts und seiner Regeln nicht von der physischen Gewalt ihrer Urheber abhängt, sondern davon, daß sie entweder akzeptiert werden oder deshalb gültig sind, weil sie nach Maßgabe der sekundären Regeln (= Verfahrensregeln) erzeugt worden sind, die allerdings auch ihrerseits *akzeptiert* sein müssen (zustimmend insoweit *Dworkin*, Bürgerrechte, S. 50ff.). Es besteht also aller Grund, der Frage der grundlegenden Rationalitäts- und Legitimitätsvoraussetzungen staatlicher Verfahren – unabhängig von ihrer „Herrschaftssemantik" – nachzugehen.

fließender institutioneller, prozeduraler und argumentationsstützender Anforderungen moderner Staatlichkeit.

3. Realer Wirksamkeitsausweis staatlicher Verfahren

Auch das „gerechteste" Verfahren garantiert aber noch längst kein gerechtes Ergebnis oder jedenfalls ein solches, das überwiegend die Anerkennung der Rechtsgemeinschaft fände. „Verfahrensgerechtigkeit" und „Sachbezug" von Verfahren sind eigene Werte, die nichts daran ändern, daß der prinzipiell und potentiell allzuständige moderne (Leistungs-)Staat ebenso daran gemessen wird, ob die eingesetzten Verfahren funktional tatsächlich wirksam, also qualitativ imstande sind, die staatlich wahrgenommenen Sachaufgaben zu bewältigen.

Versagen die Verfahren in der deklarierten oder auch nur zugemuteten Aufgabenerfüllung und erleidet der Staat dadurch nach verbreiteter Ansicht Fehlschläge in seiner Leistungsfähigkeit, dann brechen mit Gewißheit Legitimitätszweifel auf. Deshalb müssen beispielsweise auch im *numerus-clausus-Verfahren* bei der Zulassung von Studienbewerbern zum Hochschulstudium die Rationalitätsgebote eigenverantwortlichen Handelns der öffentlichen Verwaltung und der Wissenschaftsfreiheit berücksichtigt werden. Art. 12 Abs. 1 GG fordert geradezu in Verbindung mit Art. 3 Abs. 1, 5 Abs. 3 GG und dem Sozialstaatsprinzip (Art. 20, 28 GG), die ihm entfließenden und an die Recht setzenden Funktionsträger des Kapazitätsrechts adressierten Verhaltensanforderungen zugleich als *rationalitäts- und legitimationsbezogene* Beachtenspflichten und Rechtfertigungslasten aufzufassen und dementsprechend in der Berufsfreiheitsgarantie keine Ermächtigung zur Produktion potentieller Akademikerarbeitslosigkeit zu verorten.[110] Richtigerweise ist daher das BVerwG dazu übergegangen, dem politisch verantwortlichen Verordnungsgeber für das Kapazitätsrecht ausreichend Handlungsspielraum im Sinne maßvoller Abwägungen zuzugestehen.[111]

Nicht von ungefähr wird auch die *Entbürokratisierung der öffentlichen Verwaltung* – um ein anderes aktuelles Beispiel zu nennen – vor dem Hintergrund ihres Zusammenhanges mit der Formung und Leistung von Herrschaft ganz wesentlich als ein Problem des Wandels der Vereinfachung und der Beschleunigung von Verwaltungsverfahren verstanden. Verbunden mit dessen umfassender Technologisierung, sollen dadurch die immer notwendiger werdenden Konsensbeschaffungsbemühungen nachgeordneter Verwaltungsinstanzen gefördert und etwaige Wahlmöglichkeiten zwischen Anhörungs-, Mitwirkungs- oder Aushandelungsprozessen mit den Betroffenen und Dritten eröffnet werden.[112]

---

[110] *Starck*, Festgabe BVerfG II, 1976, S. 480ff., 524; *Pitschas*, Berufsfreiheit, S. 99ff., 103, 131ff.

[111] BVerwGE 70, 318 (330ff.); BVerwG, NVwZ 1987, 682ff.; 687f.; krit. aber demgegenüber z.B. *Henseler*, ZG 1986, 76ff., 82, 84f.

[112] Vgl. *Schönfelder*, DVBl. 1981, 117ff.; *Volz*, VOP 1982, 9ff., 70ff.; *Waffenschmidt*, VOP

Staatliche Entscheidungsverfahren brauchen sonach den eigenen und je spezifischen *Wirksamkeitsausweis* als eine der Voraussetzungen dafür, daß die Rechtsgemeinschaft bzw. der einzelne das Verfahrenshandeln und sein Ergebnis akzeptieren. Der Entscheidungsgang unterliegt einem funktionalen Wirksamkeitstest, von dessen Ergebnis der erreichbare Sachkonsens (mit)abhängt.

4. Funktions- und Reaktionsgerechtigkeit staatlicher Verfahren

Hieraus folgen zwei weitere wesentliche Strukturbedingungen prozeduraler Legitimität. Zum einen wird die Grundentscheidung darüber bedeutsam, was in welchen Verfahren entschieden werden soll – und zwar nicht im Hinblick auf die Form politischer Herrschaft, sondern in bezug auf die Qualität der Aufgabenerfüllung. Unter diesem Vorzeichen kommt es vor allem darauf an, daß staatliche Entscheidungen „von den Organen getroffen werden, die dafür nach ihrer Organisation, Zusammensetzung, Funktion und Verfahrensweise über die besten Voraussetzungen verfügen."[113] Hiervon, also von der *prozeduralen Funktionsgerechtigkeit* hängt auch die Verfahrenslegitimität ab. So sind z.B. parlamentarische und exekutivische Entscheidungen nicht so sehr durch die Verschiedenheit ihrer Funktions- bzw. Kompetenzträger, sondern durch funktionelle Differenzierungen in bezug auf ihre demokratische Legitimation gekennzeichet: Das parlamentarische Votum hat eine größere Legitimationswirkung und Integrationskraft als die Entscheidung der Exekutive.[114]

Die Verfahren der staatlichen Entscheidungsfindung bedürfen andererseits und in einer gewissen Spannungslage zu der Notwendigkeit ihrer dauerhaften Institutionalisierung[115] eines Mindestmaßes an *Reaktionsfähigkeit* auf den Wandel der Ziele staatlichen Handelns und seiner situativen Bedingungen. Weil und soweit auch die Rationalität der *Verfahren* gemeinschaftsbezogener Verhaltenskoordination zu einer Legitimitätsgrundlage des modernen Staates geworden ist,[116] muß stets die *operative Plausibilität* von Verfahren in bezug auf die Lösung der Sachproblematik durch Revisibilität und Reflexivität der Verfahrensstrukturen gewahrt bleiben. Nur dann vermögen die staatlichen Entscheidungen auch in der Art und Weise ihrer Vorbereitung zu überzeugen. So hat sich etwa das Gesetzgebungsverfahren im Zeichen einer zunehmend „offenen" Gesetzesstruktur[117] durch Überprüfung der ver-

---

1984, 4ff.; siehe ferner *R. Scholz/Pitschas,* AöR 110 (1985), S. 489ff., 490ff., 503ff., 512ff.; *Ladeur,* JfR 1988, 267ff.

[113] BVerfGE 68, 1 (86); *Ossenbühl,* Vorbehalt des Gesetzes, S. 27; *Zimmer,* Funktion – Kompetenz – Legitimation, S. 162ff., 174, 177ff., 181ff.

[124] *Henseler,* ZG 1986, 85, 86; *Ossenbühl,* a.a.O. (Fn. 113), S. 17 m. Anm. 30.

[115] Vgl. zu dieser Rationalitätsbedingung nochmals *Kriele,* Staatslehre, S. 38f.

[116] Vgl. oben A. IV.; B. I.

[117] Zu den Gründen hierfür systematisierend, nämlich das „Gesetz" als prinzipielle „Leitungs- und Planungsentscheidung" entfaltend, vgl. bes. *Mößle,* Regierungsfunktionen, S. 193ff., 204ff., 216ff., 226ff.

fahrenseigenen Gütekriterien immer wieder von neuem der Adäquanz von Gesetzesinhalt und Gesetzgebungsprozeß zu vergewissern. Andernfalls sind Legitimitätskrisen nicht auszuschließen.[118]

5. Sicherung der Diskursform

Verfahrenslegitimität setzt schließlich die *Diskussionschance* im Entscheidungsgang voraus. Prozedurale Grundregeln wie das Prinzip des rechtlichen Gehörs oder die Verpflichtung zur Entscheidungsbegründung auf der einen Seite und die Bindung der Verfahren an revlexive Rationalität andererseits wollen dem einzelnen *auch* die Möglichkeit geben, sich soweit wie nur irgend möglich in eine argumentative Auseinandersetzung über Ziel, Weg und Ergebnis der staatlichen Entscheidung begeben zu können. Die Chance zur persönlichen Stellungnahme, zum Verstehen, aber auch zum Verändern der Verfahrensinhalte konstituiert zugleich eine Situation prinzipieller Kooperation. Vor diesem Hintergrund verläuft die Kommunikation im Verfahren nicht mehr einseitig von den Staatsorganen zum Bürger, sondern auch umgekehrt. Sie gewinnt den Charakter eines *Dialogs.*[119]

Verfahren bedürfen deshalb entsprechender Strukturgebung. Die verfahrensmäßigen Abläufe sollen nicht nur als Diskurs *gedacht* werden; sie müssen hierfür auch *geeignet* sein. Sie haben sich demgemäß den Formen der Kooperation zu öffnen – freilich ohne dabei die Austragung von Konflikten aus dem Auge zu verlieren. In dieser liegt ein unverzichtbares Element der Interessenzuordnung. Gerade Kooperation und Dialog ermöglichen jedoch eine aktiv-integrative Konfliktbewältigung, die zu einem situativ gerechten *und* wirkungsvollen Verfahrensergebnis führen kann.[120]

---

[118] Vgl. *Dreier,* ZParl 1986, 94ff., 107; *Stern,* Staatsaufgaben, S. 22f.; *Zimmer,* Funktion – Kompetenz – Legitimation, S. 258ff.; am Beispiel des Volkszählungsgesetzes siehe ferner *Schwickert,* Der Staat 25 (1986), S. 530ff.

[119] Grdl. BVerfGE 69, 315 (355f.) für das Verwaltungsverfahren im Bezug zum Demonstrationsrecht. Dies läßt sich auch aus rechtswissenschaftlicher Perspektive als zunehmende Forderung an *alle* staatlichen Verfahren feststellen; vgl. für das Gesetzgebungsverfahren z.B. *Schulze-Fielitz,* Gesetzgebungsprozeß, S. 107ff. m.w. Nachw.; für die gerichtlichen Verfahren siehe statt aller *Wassermann,* Richterliche Gewalt, S. 190ff., 195ff.; für das Verwaltungsverfahren vgl. ferner *Oberndorfer,* FS L. Fröhler, 1980, S. 183ff.; *Siedentopf,* Verwaltungsentscheidungen, S. 288ff., 289, 291, 293ff., 294f.; zu einer dialoghaften Konkretisierung auch des Verwaltungsverfahrens*rechts* ermutigend *J. Martens,* Praxis, S. 123ff., 131ff., 135ff.; strikt dagegen offenbar *Schmidt-Aßmann,* DVBl. 1989, 539.

[120] Vgl. BVerfGE 69, 315 (356); siehe hierzu ferner auch die entsprechende Bewertung informeller Verhaltensweisen im Verwaltungsverfahren bei *Eberle,* DVerw. 17 (1984), S. 442 m. Anm. 19, 446ff., 448 m. Anm. 39, 456ff.; *Kopp,* BayVBl. 1980, 97ff., 101; aus argumentationstheoretischer Perspektive vgl. im hiesigen Sinne *Garrn,* Rationalität, S. 67ff., 97ff., 98; *v. Mettenheim,* Recht und Rationalität, S. 96ff., 104ff. Zutreffend hebt deshalb auch *St. Hammer* die spezifische Bedeutung der „diskursive(n) Legitimität" hervor, vgl. ARSP, Beih. Nr. 27, 1986, S. 37ff., 42ff.

Kommunikation und Kooperation bilden auf diese Weise einen *Gegenpol* zur staatlichen Herrschaft, der in Verfahren zum Tragen kommt. Unter dem Gesichtspunkt der Verfahrenslegitimität stellen sie einen notwendigen Bestandteil aller staatlichen Entscheidungsverfahren dar. Dies verkennen Vorschläge, die einer „Differenzierung der Verfahren in Entscheidungs- und Kooperationsverfahren" das Wort reden.[121] Ohne die Berücksichtigung kommunikativer Rationalität, d.h. mit einem verkürzten Rationalitätsbegriff ist jedoch die Legitimität staatlicher Entscheidungsverfahren nicht zu gewinnen. Sie vor allem strukturiert das herrschaftlich verformte Verhältnis zwischen Staat und Bürger.

III. Legitimation der Verfahren durch prozeduralen Grundkonsens

Sind die erörterten Strukturbedigungen prozeduraler Legitimität nicht gegeben oder fällt nur eine von ihnen aus, können Verfahrenskrisen auftreten. Ein aktuelles Beispiel hierfür sind die in den letzten Jahren verstärkt geäußerten Zweifel an der legitimen Verbindlichkeit von *Mehrheitsentscheidungen*.[122] Sie setzen vor allem an der Verwendung neuer Techniken der Rüstung und Energiegewinnung an. Für viele Bürger werden mit Entscheidungen dieser Dimension, dieser Folgehaftigkeit und Eingriffsschwere die Bereich überschritten, in denen die Mehrheitsregel ihre Funktion erfüllen und die im Entscheidungsverfahren überstimmte Minderheit binden kann.

Die ganz unbestreitbaren Vorzüge, die das Mehrheitsprinzip genießt,[123] werden dadurch in Frage gestellt. Begründet wird dies damit, daß im Hinblick auf den Technikeinsatz nicht nur formelle Entscheidungskompetenz und Entscheidungsbetroffenheit wegen der Verlängerung der Entscheidungen in eine ferne Zukunft und über die eigenen territorialen Grenzen hinaus immer weiter auseinanderklaffen.[124] Insoweit wird die gleichberechtigte Mitwirkungskompetenz aller Entscheidungsbetroffenen, nämlich die der zukünftigen Generationen und ausländischer Bürger, möglicherweise außer Acht gelassen. Auch die prinzipielle Revisibilität mehrheitlich

---

[121] *Simons*, Verfahren und verfahrensäquivalente Rechtsformen, S. 54ff., 65ff.

[122] Vgl. vor allem die von *B. Guggenberger* und *C. Offe* herausgegebene Aufsatzsammlung: „An den Grenzen der Mehrheitsdemokratie", 1984; siehe ferner *Kielmansegg*, Freiheit, S. 99ff.; *U. K. Preuß*, Politische Verantwortung, S. 102ff., 272ff., 279ff., 284ff.; w. Nachw. zur Diskussion bei *Dreier*, ZParl 1986, 109ff.; zuletzt *H. Lenz*, KritV 1987, 1ff.; allgemein noch betont *R. Schmidt*, JZ 1983, 725ff., 729ff., das schwindende Vertrauen in die von der Verfassung vorgesehenen Verfahren.

[123] Zu ihnen statt aller *Heun*, Mehrheitsprinzip, S. 79ff., 261ff.; auch *Offe*, Politische Legitimation, S. 153f., 158ff., hebt in seiner Argumentation diese Vorzüge ans Licht, läßt allerdings die Nachteile überaus stark hervortreten, so daß sein abschließendes Plädoyer für inkrementale „Verbesserungen" überrascht.

[124] Vgl. auch *H. Hofmann*, Rechtsfragen, S. 278f., 280ff.; *U. K. Preuß*, Politische Verantwortung, S. 281ff., 284ff.

getroffener Entscheidungen, die für deren Akzeptanz durch die Minderheit von wesentlicher Bedeutung ist, droht verloren zu gehen.[125]

Der damit zutage tretende Umstand, daß die Akzeptanz der Ergebnisse mehrheitlich getroffener Entscheidungen in dem Maße abnimmt, in dem die Mehrheitsregel umstrittene und weittragende Sachfragen bewältigen helfen soll, läßt offenbar werden, daß schließlich auch die Verfahrensweisen selbst – ebenso wie die Inhalte – einen *prozeduralen Grundkonsens* benötigen. Die Legitimation der Verfahren setzt voraus, daß ihre Strukturen und ihre Handhabung auf gewissen Voraussetzungen beruhen und darin auch akzeptiert werden müssen.

Eine beliebige Fixierung von Verfahrensregeln stößt dadurch auf Grenzen. Die Ablehnung seitens der ihnen Unterworfenen wäre auf Dauer nicht zu verkraften. Das bedeutet nicht, daß informelles Verfahrenshandeln ausgeschlossen sein muß bzw. schon als solches den Unwert bestimmter Verfahrensregelungen anzeigt. Ganz im Gegenteil setzt jede Verfahrensordnung informell-kooperative Verfahrensabläufe denk- und sachnotwendig voraus.[126] Gleichwohl müssen dort, wo es zu einer Formalisierung von Verfahren kommt, die Strukturbedingungen prozeduraler Legitimität beachtet werden. Und nur in ihrer Folge darf jener verfahrensgewendete Grundkonsens erwartet werden, der seinerseits zur Rechtfertigung staatlicher Verfahrensentscheidungen unerläßlich ist.

D. Legitimation als komplexes Bedingungsgefüge

I. „Materiale" Rationalität und Ergebniskonsens

Die Legitimation staatlicher Verfahrensentscheidungen erweist sich nach alledem als ein unerhört voraussetzungsvoller Prozeß. Herrschaft ist im modernen Staat nicht allein durch ihre formalisierte Bindung an Recht und Gesetz zu rechtfertigen. Das Legitimationsproblem ist weder auf das Prinzip der Allgemeinheit des Gesetzes reduzierbar, noch garantieren normierte Verfahren für sich bereits die Hinnahme der in ihnen zustande gekommenen Ergebnisse. Die rechtlichen Entscheidungsverfahren laufen vielmehr in erheblichem Ausmaß auf die Fragen einer inhaltlichen Legitimation hinaus. Diese setzt ihrerseits die Existenz diskutabler Gründe für ein bestimmtes Verfahrensergebnis und der zu ihm führenden Entscheidungen und damit deren Zweck- und Wertrationalität voraus. Die „materiale Rationalität", so sagt daher *M. Kriele* zu recht, „ist der Motor, der seit Beginn der Neuzeit die Weltgeschichte treibt; sie ist das schlagende Herz des modernen Staates."[127]

---

[125] Vgl. dazu *Henseler*, AöR 108 (1983), S. 489ff. und passim.

[126] Dies betont für das Verwaltungsverfahren zu recht auch *Schmidt-Aßmann*, Ordnungsidee, S. 32; siehe nunmehr aber auch *ders.*, DVBl. 1989, 541, mit einem Plädoyer für die Formalisierung alles „Informalen".

[127] *Kriele*, Staatslehre, S. 37; „materiale Rationalität" im hiesigen Verständnis reicht freilich über Kriele's Sinngebung des Begriffs hinaus, vgl. oben, 4. Kap., C. VII.

Die Begründbarkeit von Verfahrensentscheidungen ist allerdings nur *ein* Legitimitätsaspekt unter mehreren. Denn die Gründe, die für ein Verfahrensergebnis sprechen, müssen erst noch akzeptiert werden – und das ist auch für vernünftige Entscheidungen nicht selbstverständlich. Für deren Bestand sind vielmehr *Konsens* wie *Überzeugung* erforderlich: Die in den staatlichen Verfahren zu treffenden Entscheidungen haben sich stets daran zu orientieren, ob sie ihrem Inhalt nach – im Großen wie im Kleinen – *Zustimmung* finden können.

II. Substanzialisierte Verfahren und prozedurale Rationalität

Das aber ist nicht ohne Verfahren zu erreichen. Diese nehmen die inhaltlichen Fragen einer billigenswerten Konfliktregelung in sich auf und suchen sie in zahllosen Abwägungs- und Überzeugungsvorgängen zu lösen. Dieser Umstand hat dazu geführt, sie von vornherein und ausschließlich in den *Dienst* einer solchen Aufgabe gestellt zu sehen, also „Verfahren" eine bloß dienende (akzessorische) Funktion zuzuweisen. So hält sie z.B. *R. Zippelius* für „prozessuale Bedingungen, unter denen sich am ehesten eine inhaltlich konsensfähige und in diesem Sinne gerechte Entscheidung erwarten läßt."[128] Indessen verkennt diese Sicht des Zusammenhangs von Verfahren und materieller Entscheidung die legitimierende weil produktive Selbständigkeit von Verfahren. Vermöge ihrer strukturellen Bedeutung und Eigenrationalität[129] sind sie imstande, solche Entscheidungs- und Handlungsalternativen *selbst* zu generieren, die andernfalls nicht bestünden.

Verfahren beschränken sich deshalb niemals auf die bloße Akzessorietät zu einer Sachaufgabe. Als „Entdeckungsverfahren"[130] weisen sie gleichsam schöpferischen Charakter für die staatliche Entscheidungsfindung auf. Weil sie aber dennoch unter den vielfältigen Bedingungen ihres Ablaufs den Zielen bzw. Aufgaben des staatlichen Handelns verpflichtet bleiben, d.h. auf inhaltliche Fragen der Rechtsbildung, des Rechtsvollzugs und der Rechtskontrolle konzentriert sind, besteht zwischen Inhalten und Verfahren ein breites *Kontinuum* enger Wechselbezüglichkeit, das an seinem einen Ende das Verhältnis von Inhalten und Verfahren als deren Instrument und am anderen Ende als Ergänzung und sogar Ersetzung der Inhalte kennzeichnet.

---

[128] *Zippelius*, Staatslehre, S. 116; entgegen seiner Ansicht lassen also Verfahren die Frage nach dem zutreffenden Entscheidungsinhalt bzw. Maßnahmengehalt gerade *nicht* offen, sondern determinieren oder „erzeugen" ihn sogar (dazu sogleich noch im Text oben); undeutlich spricht auch *v. Arnim*, Staatslehre, S. 192f., 195 und öfter, von dem „inneren Zusammenhang zwischen der inhaltlichen Richtigkeit von Entscheidungen und dem Prozeß ihres Zustandekommens".

[129] Vgl. oben 4. Kap., C. und D.

[130] Bewußt wird hier die Parallele zum „Wettbewerb als Entdeckungsverfahren" gezogen; denn auch dieser ist als ein (gesellschaftliches) Verfahren anzusehen, vgl. den Nachw. oben, 3. Kap., Fn. 26; seine zahllose Verhaltensalternativen generierende Kraft hat paradigmatischen Charakter.

Im Kontinuum können diese Aspekte einander mehr oder weniger dominieren, sich mehr oder weniger überschneiden: Dort, wo es um die Wirklichkeit gegebener Sachvorstellungen nach klar definierten inhaltlichen Kriterien unter Ergebniskonsens geht, dient das Verfahren als eher technisches Mittel der Umsetzung in Sachentscheidungen. Fehlt es dagegen an materialer Maßstabsbildung bzw. an sachlichen Entscheidungskriterien oder steht von vornherein fest, daß Konsens über Inhalte nicht zu erzielen ist, übernimmt das Verfahren materielle Funktionen. Es erzeugt im Werden begriffene Substanz und „prozeduralen" Konsens, der an die Stelle inhaltlich ausgewiesenen Einverständnisses tritt.

Die Folge ist eine mehr oder weniger starke „Substanzialisierung" staatlicher Entscheidungsverfahren. Welche Ausmaße sie anzunehmen vermag, zeigt sich beispielshaft am Asylverfahren in der Bundesrepublik Deutschland,[131] aber auch und vor allem im Verhältnis von Recht und Technik.[132] In dieser Feststellung sieht sich zugleich die hier eingangs formulierte These bestätigt, wonach die Rationalität der staatlichen Entscheidungsprozesse den Schlüssel zur Legitimationsproblematik darstellt.[133] Freilich gilt dies nur unter der Geltung jenes erweiterten Rationalitätsbegriffs, der die Eigenständigkeit des Entscheidungsganges und damit die Probleme der „Verfahrensgerechtigkeit", des funktionalen Wirksamkeitsausweises von Verfahren sowie deren kommunikative Rationalität in seine Reichweite einbezieht. Dementsprechend verschafft dem Herrschaftsakt der staatlichen Entscheidung das Zustandekommen „in" und „durch" Verfahren eine eigene Legitimation, wenn und soweit die oben dargestellten Anforderungen an die Verfahrensordnung verwirklicht sind.[134]

III. Repräsentative Entscheidungsfindung als „Knotenpunkt"

Zu diesen prozeduralen Qualitätskriterien und maßstabsgebenden Regularien für die Entwicklung von Verfahrensentscheidungen gehört auch das Schema der *repräsentativen Entscheidungsfindung*, das der Einsicht in die Unmöglichkeit entspringt,

---

[131] Siehe auch den Hinweis von *Isensee,* in: VVDStRL 41 (1983), S. 242, 243 (Diskussionsbeitrag); diese Linie behalten die Asylrechtsnovelle von 1984 (Gesetz vom 11. 7. 1984, BGBl. I S. 874) und das Gesetz zur Änderung asylverfahrensrechtlicher, arbeitserlaubnisrechtlicher und ausländerrechtlicher Vorschriften v. 6. 1. 1987 (BGBl. I S. 89) bei.

[132] *Kypke,* Technische Normung, S. 177ff., 183ff., 209ff.; *R. Wolf,* Stand der Technik, S. 409ff., 426ff.; *U. K. Preuß,* KritJ 1988, 370f.; am Beispiel des Atomrechts siehe auch *Pitschas,* Bundesverfassungsgericht als Verfahrensgesetzgeber, S. 413ff., 418ff.; *ders.,* DÖV 1989, 785; zu Unrecht mißt dagegen *H. Wagner,* ZRP 1985, 192ff., dem (Verwaltungs-)Verfahren nur eine „Verstärkerfunktion" zu.

[133] Siehe oben im Text um und zu Fn. 1ff.; vgl. ferner *Krebs,* Kontrolle, S. 137.

[134] Vgl. oben im Text um und zu Fn. 82ff., 98ff., 122ff., (B. IV. 1.–3.; C. II. und III.); ergänzend zur eingeschränkten Legitimationskraft „formaler Organisations- und Verfahrensregeln" im Zusammenhang mit dem Mehrheitsprinzip siehe ferner *Grimmer,* Demokratie und Grundrechte, S. 212ff., 214.

in Wahlen und Abstimmungen einen absoluten Konsens erzielen zu können. Eine funktionsfähige Gemeinschaftsordnung bedingt somit diesbezügliche Modifikationen der Konsensfindung, nämlich etwa solche, anstelle des einstimmigen Willens den Willen der Mehrheit als verbindlich anzuerkennen. Weil aber die Feststellung der Mehrheitsmeinung auf zahlreiche Schwierigkeiten trifft,[135] muß die größtmögliche Rationalität derjenigen Entscheidungen, die auf der Grundlage des Mehrheitsprinzips ergehen, anders gesichert werden. Einen Beitrag hierzu leistet das Repräsentativsystem. Namentlich die mit ihm verbundene Ausdifferenzierung funktionenteiliger Entscheidungsinstanzen (Repräsentativorgane) sorgt nach herkömmlicher Auffassung für Distanz gegenüber einseitigem Interessenengagement und verhindert Machtmißbrauch.[136]

Im Gedanken der (demokratischen) Repräsentation greifen Legitimation durch Konsens und Legitimation durch (selbstlegitimierte) Verfahren wie in einem „Knotenpunkt" ineinander. Einerseits gewährleistet das *Mehrheitsprinzip*, daß sich die Herrschaftsunterworfenen in der Mehrzahl nur ihrem eigenen Willen beugen.[137] Die erforderliche Vernünftigkeit verbindlicher Entscheidungen und damit politische Handlungsfähigkeit hilft dabei der Übergang zum *Repräsentativsystem* sichern; es ist eine wesentliche Bedingung dafür, daß staatliches Handeln in rationaler und kontrollierbarer Weise abläuft. Eben dies geschieht andererseits in einem System aufeinander abgestimmter *Konkretisierungsverfahren*, in denen die berufenen Funktionsträger unter Rückbindung an die öffentliche Meinung rationale Handlungsalternativen generieren und verbindlich auswählen. Zu diesem Zweck bedarf es nicht nur der rechtsförmigen Festlegung, in welchen Verfahren die Verhaltensrichtlinien und autoritativen Koordinationsentscheidungen erzeugt bzw. vollzogen werden. Erforderlich werden auch Verfahren des (sozialen) Interessenausgleichs und der Kollisionslösung, weil der moderne Staat sich mehr und mehr dazu gezwungen sieht, die individuelle Freiheit nicht als vorgefunden und unantastbar anzusehen bzw. auszugrenzen, sondern die sich in ihr spiegelnden privaten Interessen mit denen Dritter und öffentlichen Interessen ab- und auszugleichen.[138]

---

[135] Gut zusammengestellt bei *Offe*, Politische Legitimation, S. 158ff.

[136] Vgl. bes. *Leibholz*, Art. „Repräsentation", in: EvStL, Bd. II, Sp. 2986ff., 2992; *Mock*, ARSP, Beih. Nr. 27, 1986, S. 54; *Zippelius*, Staatslehre, S. 178ff.; deutlich skeptischer schon z.B. *Ellwein/Hesse*, Regierungssystem, S. 234ff.; insgesamt zur Problematik der repräsentativen Demokratie *P. Graf Kielmansegg*, Überlegungen, S. 9ff.; *ders.*, Freiheit, S. 43ff., 177ff.

[137] Vgl. *Heun*, Mehrheitsprinzip, S. 96f.

[138] Dies gilt auch und bes. für das Verwaltungsverfahren, vgl. hierzu die Nachw. oben, 2. Kap., A.II.3. und 4.; prinzipiell erfaßt werden aber *alle* staatlichen Verfahren, siehe die Ausführungen im 4. Kap., C.I.–III.

IV. Prozedurales Legitimitätskonzept und Integration durch Verfahren

Die Legitimation staatlicher Herrschaft erwächst somit, wie sich nach alledem festhalten läßt, ebenso aus dem Konsens des überwiegenden Teils der Gemeinschaft wie aus den öffentlichen Willensbildungsprozessen. Staatliche Entscheidungen kommen daher nicht völlig ohne *materielle* Maßstäbe und definierte Sachkriterien aus. Für die andernfalls auftretenden Legitimitätszweifel steht bespielhaft das der öffentlichen Verwaltung übertragene atomrechtliche Genehmigungsverfahren.[139]

Nicht ausgeschlossen ist allerdings, daß Verfahrensregelungen partiell an die Stelle des Sachrechts treten und dadurch gleichsam eine *Legitimationsreserve* bilden können. Sie vermögen den Sachgehalt staatlicher Verhaltensmaßgaben jedenfalls in Teilen zu substituieren.[140] Denn Verfahren verfügen grundsätzlich über eine gewisse Eigenständigkeit, die gerade im Verwaltungsrecht zur gegenseitigen Abhängigkeit und Verflochtenheit der materiellen mit den Verfahrensregeln führt.[141] Die partielle Kongruenz von Verfahrensgehalt und Sachregelung beruht hierauf.

In keinem Falle aber kommt es zu einer Entscheidungslegitimation *ohne* Verfahren. Denn sie wird erst in ihm nach Maßgabe der Verfahrensqualität geschöpft – oder eben verfehlt. In diesem Sinne läßt sich von dem *prozeduralen Legitimitätskonzept* des modernen Staates sprechen, nämlich von einer Legitimation durch Verfahren, die auf einem sehr viel weiteren Verständnis als üblicherweise beruht, weil sie nicht das bloß technisch-formale Produkt irgendeiner Legalität oder gar nur eine Verfahrensverstrickung darstellt, sondern das voraussetzungsvolle und diese Voraussetzungen auch erfüllende Ergebnis umfassend rationaler Entscheidungsbildung ist. Die Verfahrensentscheidung ist zwar nicht schon von ihrem Inhalt und ihren Auswirkungen unabhängig; doch sind es eben stets *Verfahren*, in denen die Sachprobleme erfaßt, für deren Lösung Konsens angestrebt, Diskurspositionen zugewiesen, Konflikte bearbeitet, Überzeugungen gebildet und in Entscheidungen umgesetzt werden. Rechtsförmig „organisierte" Regelungs-, Entscheidungs- und Kontrollverfahren verkörpern damit jenen Ort, an dem staatliche Wirkungseinheit durch zahllose Einzelakte menschlicher Sinnherstellung und -vermittlung mit der Folge und Gewähr für gerechtfertigte Gesetze, vertretbare Verwaltungsentscheidungen und akzeptable Urteile entsteht. Der in diesem Sinn geprägte Typus proze-

---

[139] Vgl. statt aller *Löffler,* Parlamentsvorbehalt im Kernenergierecht, S. 133ff., 145ff.; *Roßnagel,* KritV 1986, 343ff.

[140] Deutlich wiederum das Beispiel des Atomrechts, vgl. *Pitschas,* Bundesverfassungsgericht als Verfahrensgesetzgeber, S. 418ff.; eben darauf beruht denn auch der bereits skizzierte Ausbau der „prozeduralen Steuerung" durch Recht, vgl. dazu oben, 4. Kap., C.III.

[141] Vgl. nur BVerwG, NJW 1985, 2774; siehe auch *Hill,* Das fehlerhafte Verfahren, S. 199f.; *Pitschas,* NJW 1986, 2866.

duraler Legitimität ist die dem modernen Staat eigentümliche Form der Rechtfertigung seiner Herrschaftsakte.[142]

Ihr Bezugspunkt und Prüfstein ist letztlich die *Integration* des Staates.[143] Verfehlt das Verfahrenshandeln seinen Anteil daran, dann büßt es die prinzipielle Fähigkeit ein, Voraussetzung wie Ergebnis sinnhaft sozialen Handelns zu sein. Seine legitimierende Kraft verfällt. Prozedurale Legitimität muß sich deshalb in der Dialektik von Sinngehalten und ihrer Aktualisierung konstituieren. Sie speist sich also nicht allein aus dem „due process of law", sondern reicht darüber hinaus. Indem sie Elemente einer auf Ethik und Solidarität beruhenden Rechtsgemeinschaft unter den heutigen (und zukünftigen) sozialen Bedingungen des modernen Staates aufnimmt, können nur solche staatlichen Entscheidungen als legitim bezeichnet werden, die eine kooperative Konfliktbewältigung unter stetiger Orientierung an dem gebotenen Maß partikulärer Wirksamkeit und gesellschaftlichen Ausgleichs anstreben.

Von ausschlaggebendem Gewicht hierfür sind *Verfahrenswahl und -gestaltung*. Die Debatte um das „richtige" Verfahren muß deshalb sowohl unter den Aspekten der sachbezogenen Konsensfindung und prozeduralen Wirksamkeit als auch unter Berücksichtigung von Kriterien der Verhältnismäßigkeit, Gerechtigkeit und Fairneß der Verfahrensordnung geführt werden. Und sie hat den Umstand einzubeziehen, daß die auf den Möglichkeiten der Verfahrensbeteiligten bzw. -betroffenen zur Selbstdarstellung aufbauende Kommunikation einen die Integration sichernden *Gegenpol* zur staatlichen Herrschaft bildet, der im Verfahren vor allem durch den Einbau kommunikationssichernder und reflexiver Strukturen zum Tragen gebracht werden muß. Integration durch Legitimation ist das Ergebnis.

---

[142] In manchem hiermit übereinstimmend *U. K. Preuß*, Politische Verantwortung, S. 15f., 18, 63, 64f., 76, 112ff., 216ff., 292f.; doch lehnt dieser Autor eine *Wertbindung* der Verfahren (zu Unrecht) ab, vgl. z.B. S. 17, 23f. und öfter; er folgt damit einem verkürzten Rationalitätsbegriff. Den Verfahrensgedanken betont auch *Zippelius*, Staatslehre, S. 41f., 52f., 113f., 114ff., 307f., (vgl. auch *ders.*, Rechtsphilosophie, S. 79ff.); stets steht bei ihm aber die *dienende* Funktion des Verfahrens im Vordergrund, vgl. Staatslehre, S. 116; Rechtsphilosophie, S. 81. Verkannt wird dabei die überaus *eigenständige, mediale Kraft des Verfahrens.* Der hiesigen Auffassung am nächsten steht in der rechtswissenschaftlichen Literatur *v. Arnim*, Staatslehre, S. 192ff., der freilich hinter dem für ihn alles beherrschenden Gedanken des Gemeinwohls die differenzierten Rationalitäts- und Legitimationsleistungen staatlicher Verfahren verkümmern läßt; siehe ferner *Schmidt-Aßmann*, HdbStR III, S. 647f., 650.

[143] Denn dieser muß sich als rechtlich organisierte Macht- und Wirkungseinheit ständig erneuern, d.h. seine Einheit immer wieder mühsam Schritt für Schritt herstellen; in diesem Sinne zählt die Integration des einzelnen in den Staat als „Lebensprozeß" zu den herausragenden Aufgaben auch der rechtlichen Verfahrensordnung; grunds. zum Gedanken der „Integration" siehe *Smend*, Staatsrechtliche Abhandlungen, 2. Aufl., 1968, S. 119ff., 475ff., 482ff.; *Herzog*, Staatslehre, S. 80ff.; *ders.*, Der Integrationsgedanke und die obersten Staatsorgane, 1986.

6. Kapitel. Staatliche Verantwortung für Rechts- und Zweckkonkretisierung

A. *Legitimation und Verantwortung*

Staatliches Entscheiden bedarf der Legitimation. Diese ist ohne Verantwortung nicht denkbar. Rational läßt sich Herrschaft, läßt sich auch und gerade der Staat nur legitimieren, wenn er seine Tätigkeit im Dienst bestimmter Zwecke und Aufgaben verantwortlich wahrnimmt. In allen staatlichen Bereichen, in denen Entscheidungen getroffen werden – sei dies ihr eigentliches Anliegen wie bei der Gesetzgebung und den Gerichten, sei es ein Mittel zum Zweck wie bei der öffentlichen Verwaltung[1] – stößt man deshalb auf das Problem der Verantwortung.[2]

I. Herrschaft – Freiheit – Verantwortung

Der tiefere Grund hierfür liegt in der inneren Bindung der Legitimität von Herrschaft und Macht an individuelle und gesellschaftliche Freiheit, die durch Verantwortung vermittelt wird. Politische Herrschaft rechtfertigt sich erst – und muß dies auch, je mehr sie zur Chance der Durchsetzung gegenüber anderen Menschen, zur „Macht" im Sinne von *M. Weber* wird[3] – durch ihren freiheitbezogenen Gebrauch. Denn keine Macht der Welt, unabhängig von ihrer Art und Herleitung, hat „Selbstwert". Ihre Ausübung bedarf der *Legitimation* als eines durch Verfahrensregeln gesteuerten Prozesses, in dem Freiheit und Nicht-Identität von Individuen und sozialen Gruppen einerseits mit staatlicher Herrschaft andererseits im Namen sozialer Gerechtigkeit und Gleichheit versöhnt werden. *Legitimität* als Resultat dieses Prozesses beantwortet dann die Frage, ob und unter welchen Umständen die Ausübung von Macht und Herrschaft den Gesellschaftsmitgliedern die Verpflichtung zum Gehorsam gegenüber staatlichen Entscheidungen abverlangen kann.

---

[1] Vgl. *Luhmann*, Funktionen und Folgen, S. 172.

[2] Dazu bereits die Nachw. oben, 1. Kap., Fn. 66ff., 179f.; zur Verortung der „Verantwortung" in einer (handlungs- und) entscheidungstheoretischen Konzeption wie der hiesigen siehe z.B. *Stettner*, Kompetenzlehre, S. 269ff.; *Zimmer*, Funktion – Kompetenz – Legitimation, S. 76ff., 89ff., 158ff., 162ff. Zu den Wesensmerkmalen und Grundfunktionen von „Verantwortung" siehe in rechtswissenschaftlicher Perspektive allgemein *Burmeister*, Verfahrensstrukturierungsgebote, S. 126f.; *Wilke*, DÖV 1975, 509ff. (dort auch Nachw. zur Verwendung des Begriffs in der Gesetzes- und Verwaltungssprache); zur *philosophischen* Diskussion um die Frage der „Verantwortung" siehe nur *H. Jonas*, Prinzip Verantwortung, passim; *Ströker*, Mitverantwortung, bes. S. 6 m. zahlr. Nachw. in Anm. 1.

[3] Siehe z.B. Wirtschaft und Gesellschaft, S. 28.

Die Antwort hierauf kennzeichnet nicht nur eine bestimmte Qualität politischer Herrschaft. Sichtbar werden auch deren Grenzen. Sie liegen dort, wo die Möglichkeit der *Identifikation* der Beherrschten mit den Herrschenden durch begründeten und verfahrensweise erzielten Konsens über Normen und Entscheidungen erschöpft sind.[4] Voraussetzung dieser Identifikation aber ist die Freiheit zur politischen Selbstverpflichtung und damit die Existenz individueller und gesellschaftlicher Entscheidungsautonomie: Es muß die Chance geben, die Zwecke und Formen politischer Herrschaft (in der Öffentlichkeit) zur Diskussion zu stellen und ggf. zu verwerfen.[5]

Diese *Freiheit zum aktuellen Willensentscheid* lebt aus der konkreten Autonomie der einzelnen und aus der Vielfalt ihrer Anschauungen. Sie geben in ihrer Gesamtheit einem überkommenen gesellschaftsverfassenden Grundsatz des modernen westlichen (Rechts-)Staates Ausdruck, dem „Prinzip Freiheit."[6] Dessen Reichweite schließt die individuelle *Verantwortung* für den eigenen menschlichen status[7] ebenso ein, wie die Pflicht des Staates, im Umgang mit Macht und Recht, Herrschaft und Gesetz, Pflichten und Rechten die Freiheit seiner Bürger zu wahren.

Staatliche Verantwortung umfaßt in diesem Sinne als *Fundament* der Freiheit sowohl die Garantie als auch den Schutz und die Entfaltung der individuellen und gesellschaftlichen Autonomieentscheide. Sie respektiert die konkrete Ausübung der Freiheit, deren Inanspruchnahme durch den Bürger ebenso, wie sie selbsttätig Vorsorge gegen freiheitswidrige Übermacht, gegen Machtmißbrauch und innergesellschaftliche Freiheitsgefährdung trifft. Und sie aktualisiert sich überall dort als Verantwortung der Freiheitsvor- und -fürsorge, wo die Freiheiten einzelner Individuen, einzelner Gruppen, einzelner Minderheiten oder sonstwie Schwächerer bedroht sein sollten.[8]

---

[4] Hierzu unter dem Signum der „Paradoxien der gesellschaftlichen Rationalisierung" zusammenfassend *Habermas*, Diskurs der Moderne, S. 412ff.; zu diesem Verständnis von Verantwortung als einer (auch) „kommunikativen Herausforderung" siehe ferner *Pankoke*, DVerw. 21 (1988), S. 431, 451f.

[5] So auch *Saladin*, Verantwortung, S. 67ff., 82ff.

[6] Hierzu siehe näher *Zippelius*, Staatslehre, S. 330ff.

[7] Zu der damit berufenen Verbindung von Freiheits- und Statusdenken vgl. grundlegend *G. Jellinek*, Allgemeine Staatslehre, 3. Aufl., 1914 (Neudruck, 1960), S. 418ff.; *ders.*, System der subjektiven öffentlichen Rechte, 2. Aufl., 1905, S. 81ff, 94ff.; freilich unterscheidet sich der nunmehr durch die im *Grundgesetz* gewährleisteten Grundrechte begründete und ausdifferenzierte verfassungsrechtliche Status des einzelnen prinzipiell von der Statuszuschreibung in der Lehre *G. Jellineks*, vgl. dazu bes. *K. Hesse*, Grundzüge, S. 114 (Rdnr. 281); siehe ferner im Sinne dieser Entwicklung bzw. Abgrenzung und am Beispiel des Art. 12 Abs. 1 GG *meine* Ausführungen, in: Berufsfreiheit, S. 477ff.

[8] In diesem Sinne siehe auch – obschon reichlich allgemein und etwas „abgehoben" – *Saladin*, Verantwortung, S. 204f.

II. Staatliche Herrschaft als verantwortete Macht

Vermittelst dieser Reichweite bezieht sich staatliche Verantwortung auf die Rationalitäts- und Legitimitätsbedingungen politischer Herrschaft.[9] Diese sind ihr zur „verantwortlichen" Verwirklichung aufgegeben, d.h. zur *Pflicht* gemacht. Staatliche Wirklichkeitsgestaltung kann somit nur dann auf legitimatorische Billigung rechnen, wenn und soweit sie auf adäquater Verantwortung des Staates für seine materielle Aufgabenerfüllung und für die „Fairneß" sowie Funktions- und Reaktionsgerechtigkeit seiner Verfahren gründet. Die Bereitschaft, Herrschaft zu akzeptieren, ist anders, d.h. ohne die Erkenntnis, daß die Herrschenden mit ihrer Macht verantwortlich umgehen, auf Dauer nicht zu erreichen.[10]

Entscheidungslegitimation ohne Verantwortung gibt es also nicht. Staatliche Herrschaft ist in der ihr eigentümlichen Befugnis, das verbindlich geregelte Verhalten in der Gemeinschaft durch den Einsatz spezifischer Machtmittel und äußerstenfalls durch die Anwendung physischer Gewalt erzwingen zu dürfen, nur legitim, d.h. in ihrem Sein und Wirken ausschließlich gerechtfertigt als *verantwortete Macht.* Zwischen staatlicher Funktion, ihrer Legitimation und Verantwortung besteht ein unauflösliches Junktim.[11]

III. Verantwortungsgemeinschaft von Staat und Bürgern

Alle staatliche Existenz begegnet von daher seit ihrem Beginn der ständig verfeinerten Forderung, sämtliche Aktivitäten als ein kontrolliertes Geschehen zu begreifen, das unter Absage an inhaltliche Beliebigkeit auf der Grundlage ausgewogener Funktionenverteilung und funktionsgerechter Organstrukturen gesicherten Spielregeln unterworfen ist und bei dem für adäquate Verantwortlichkeiten gesorgt wird. Hierfür hat vor allem der moderne Staat einzustehen – oder er wird untergehen.[12]

Die Bewahrung der Freiheit ist allerdings keine bloß staatliche Veranstaltung. Individuelle und gesellschaftliche Freiheit können im modernen Staat, der soziale

---

[9] Ebenso *Mock,* ARSP, Beih. Nr. 27 (1986), S. 51ff., 54; *ders.,* Anmerkungen, S. 137ff., 141, 144.

[10] So zutreffend *Ermacora,* Staatslehre II, S. 824.

[11] Vgl. *Zimmer,* Funktion – Kompetenz – Legitimation, S. 83, 158, 187f.; ebenso *Stettner,* Kompetenzlehre, S. 256, 266, 273, 276ff.

[12] Zu recht nimmt deshalb der Verantwortungsgedanke im Verfassungsentwurf der Schweizerischen Expertenkommission für die Vorbereitung einer Totalrevision der Bundesverfassung (abgedruckt in AÖR 104, 1979, S. 475ff.) eine zentrale Position ein, vgl. *Stettner,* a.a.O. (Fn. 11), S. 257ff., 277ff.; ganz anders dagegen *R. Wolf,* Leviathan 1987, S. 357ff., 384, der im Begriff der Verantwortung eine „altväterliche Kategorie personaler Zurechnung" erblickt, die „gerade für die Probleme der Risikogesellschaft unhandlich" werde.

Integration über die normative Identität der Gesellschaft zu erreichen sucht,[13] nicht anarchische Bindungslosigkeit bedeuten. Individuelles Belieben, die personale Selbstverwirklichung, ist ohne den Mitbürger nicht denkbar; beides ist nur durch seine Mitwirkung möglich.[14] Das „Prinzip Freiheit" setzt daher unabdingbar Gemeinverträglichkeit, gegenseitige Verständigung und die Bereitschaft zu Kompromissen voraus. Die Gleichheit und Freiheit aller bedingt die Einsicht, daß die Freiheit eines jeden ihre Grenze in der Freiheit des anderen bzw. der Gemeinschaft findet: Personale Freiheit ist solidarische, eigenverantwortliche Freiheit.

Diese *in Freiheit verantwortliche Selbstbestimmung und Selbstverwirklichung* der Bürger tritt neben die staatliche Veranwortung, ergänzt und überlagert sie. Die Gestaltung des Zusammenlebens aller unterliegt deshalb einem *kooperativen Mandat* an Staat und Gesellschaft, das die kontinuierliche Suche nach Verständigung zwischen den Zonen des Öffentlichen und des Privaten in Gegenwart und Zukunft aufgibt.[15] Dementsprechend hat der moderne Staat den Verbund staatlicher Freiheitsverantwortung mit gesellschaftlicher Selbstregulierung, die *Verantwortungsgemeinschaft* mit den Bürgern zur Legitimitätsbedingung. Umgekehrt befreit staatliches Eintreten nicht von der individuellen Pflicht zum Handeln und zum Entschluß, also von der eigenen Verantwortung.

IV. Verantwortung als Strukturbaustein des modernen Staates

Über die Rationalität staatlicher Herrschaft und ihre Legitimation zu befinden, sie in einzelnen Funktionsbereichen des modernen Staates wie z.B. in der öffentlichen Verwaltung und ihren Verfahren widerzuspiegeln, heißt also immer auch, *Verantwortung* zu bedenken. Stets ist nach ihrem Bestand, ihrer Verteilung, Reichweite und Wahrnehmung zu fragen.[16] Dies gilt sowohl dort, wo der Staat dem einzelnen

---

[13] Vgl. hierzu schon oben, 5. Kap., D.IV.; das wesentliche Instrument hierfür bietet die personale Funktionsweise des „subjektiven Rechts", vgl. zu dessen „Systemfunktion" auch *D. Lorenz*, Rechtsweggarantie, S. 51ff.; zum subjektivrechtlichen „Rechtsdenken zur Organisation einer pluralistischen Privatgesellschaft" vgl. *Fezer*, Teilhabe und Verantwortung, 1986.

[14] *Böhr*, Liberalismus und Minimalismus, S. 20ff., 30ff.; vgl. auch die grundsätzliche These von *Suhr*, Bewußtseinsverfassung, S. 354ff.; *ders.*, Entfaltung, S. 78ff.; aus philosophischer Sicht dazu *Ströker*, Mitverantwortung, bes. S. 14ff., 22ff., 27ff.

[15] Hierzu vgl. schon *H. Krüger*, Staatslehre, S. 612ff., mit der frühzeitigen und beispielhaften Forderung nach der Zusammenarbeit von Staat und Wirtschaft; den „kooperativen" Staat im Sinne des Textes entfaltet *E.-H. Ritter*, AöR 104 (1979), S. 389ff.; siehe auch *ders.*, Staatliche Steuerung, S. 321ff.; die Frage nach der Verantwortungsaufteilung zwischen handelndem Bürger und mitwirkendem Staat vertieft für die Verwaltungsebene am Beispiel staatlicher Genehmigungen, Aufsicht und duldender Mitwirkung *Pietzcker*, JZ 1985, 209ff., 210ff.; er verdeutlicht dabei die doppelte Problematik der Unklarheit von Verantwortung und der Gefährdung des Zusammenhangs von Freiheit und Verantwortung.

[16] Zu diesem Ansatz siehe am Beispiel der „Verwaltungsverantwortung" bes. *Schmidt-Aßmann*, VVDStRL 34 (1976), S. 221ff., 227ff., 232f.

gegenüber seine Macht durch Freiheitseingriffe entfaltet oder Herrschaft „leistet", als auch dort, wo der Staat seinen Herrschaftsanspruch im Sinne kooperativer Verantwortung erst erkämpfen muß, wie es namentlich gegenüber der „technischen Realisation"[17] und jenen sozio-ökonomischen Prozessen der Fall ist, die ihrerseits in Macht begründet und auf Machtvermehrung gerichtet sind.[18]

Die Probleme staatlicher Herrschaft durch autoritatives Entscheiden, der Verabsolutierung und Pervertierung von Macht, ihrer Eingrenzung und Teilhabe, aber auch ihrer Sicherung gegenüber intermediären Gewalten aller Art finden deshalb erst im Zusammenhang mit der staatlichen Verantwortung ihren zutreffenden Ausdruck und Lösungsansatz. Die Art und Weise ihrer Wahrnehmung bestimmt letztlich über Legitimation und Grenzen staatlicher Herrschaft. Dadurch aber wird sie zum tragenden Baustein in der Entscheidungsstruktur des modernen Staates.

In dieser Funktion steht Verantwortung ihrerseits in einer spannungsvollen *Dialektik zur Freiheit:* Stets ist diese der Angelpunkt staatlichen Wirkens. Die Übernahme einer grenzenlosen Verantwortung durch den Staat muß deshalb an ihr scheitern. Das „Prinzip Freiheit" limitiert das „Prinzip Verantwortung", wie umgekehrt dieses das Fundament jeglicher Freiheit ist.[19]

Ob im Zuge der Entwicklung des modernen Staates diese innere Wechselbezüglichkeit fürderhin trägt, erscheint allerdings zunehmend fraglich. Während einerseits die „Kolonialisierung der Lebenswelt", wie sie *J. Habermas* so dramatisch beschrieben hat, den freiheitsgefährdenden Charakter (sozial-)staatlich unbegrenzt wachsender Verantwortung aufdeckt,[20] ist es andererseits die Lebenswelt selbst, die eine Selbstregulierung in eigener Verantwortung gefährdet: Namentlich der *technische Fortschritt* droht die eigenverantwortliche Verfügung über unsere Lebenssituation auszuschalten. Unsere Vorstellungen von eigener Entscheidung und eigenem Leben, die bislang auf der Chance des ungebrochenen, persönlichen Zugriffs auf Realität beruhen, werden mehr und mehr technischen Entwicklungen und ihren Folgen ausgeliefert. Wir leben, fühlen, hören und sehen wie bisher, doch verschließt sich uns die Wirklichkeit: Durch den Einsatz der Kernkraft bedingte Radioaktivität nehmen wir als solche nicht wahr, den geklonten Menschen erkennen wir nicht, und die automatische Datenverarbeitung fügt fremde Informationen zu einer neuen, uns unbekannten Realität zusammen.[21]

Wo aber die Normalität unserer Wahrnehmung versagt, was man nicht ändern kann, was die eigene Lebensführung auf den Kopf stellt, von dem will man am Ende

[17] Ausdruck und involvierte Fragestellung von *Forsthoff,* Der Staat der Industriegesellschaft, 1971, S. 30ff., 34.

[18] Hierzu siehe etwa *Mestmäcker,* Der verwaltete Wettbewerb, 1984, S. 22ff., 23f., 231ff., 250ff. *Zacher,* Verrechtlichung im Bereich des Sozialrechts, S. 16f., 45f., 62ff., 68ff., 70ff.

[19] Vgl. *Saladin,* Verantwortung, S. 14f.

[20] *Habermas,* Theorie des kommunikativen Handelns 2, S. 522ff.

[21] Das aber ist bereits eine neue Dimension zu dem von *Habermas,* a.a.O. (Fn. 20) unter dem Stichwort „Kolonialisierung der Lebenswelt" herausgearbeiteten Dilemma der sozialstaatlichen „Verrechtlichung", nämlich die sich jenseits davon andeutende „Verfügbarkeit" des Menschen durch *Entpersönlichung.*

auch nichts mehr wissen. Die Grundlage eigenverantworteter Freiheit geht verloren. Staatliche Verantwortung ist deshalb nicht zuletzt gehalten, die bewußte Subjekthaftigkeit des Bürgers zu gewährleisten.

B. Rechtsbegriff und Deutungsgehalt staatlicher Verantwortung

Derart unverzichtbare und weitreichende staatliche Verantwortung für Handeln und Entscheiden ist nicht auf sich selbst gestellt. Der moderne Staat hat sich zwar weder vor Gott oder vor der Kirche noch im Angesicht anderer weltanschaulicher Gewißheiten zu rechtfertigen.[22] Doch muß er seine Absichten und die Folgen seines Tuns vor dem *Recht* verantworten. Dadurch wird „Verantwortung" auch zu einem für die Rechtsordnung wesentlichen Schlüsselbegriff.

Sein bislang entfalteter rechtsdogmatischer Gehalt entspricht freilich dieser weittragenden Bedeutung nur unvollkommen. Die Rechtssprache verwendet den Begriff der Verantwortung ohne normative Stringenz. Er wird lediglich – dies aber zu Unrecht – als ein „heuristischer Begriff" charakterisiert, der vor allem im Hinblick auf die Zuordnung unterschiedlicher Staatsgewalten jeweils spezifische „Befugnisse, Bindungen und Entlastungen" verdeutliche.[23]

I. Verantwortung und Verantwortlichkeit

Begrifflich in Bezug genommen wird hiermit eine gegliedete „Organverantwortung" des modernen Staates. Sie umgreift zweckhaft das Setzen und Erfüllen bestimmter Inhalte durch ein differenziertes Ausgleichssystem staatlicher Machtausübung, in dem sich Rechtssätze, Sachgesetzlichkeiten und Institutionen mit ihrem Selbstverständnis begegnen. Staatliche Verantwortung wird hierin mit dem Ziel konkret und praktisch, Freiheit zu garantieren, zu schützen und zu entfalten.

Der heuristische Verantwortungsbegriff lenkt auf diesem Hintergrund das Verständnis dessen, was Verantwortung ausmacht, in erster Linie auf die Staatsaufgaben, ihre Voraussetzungen und Verfahren, sowie darauf, wie sie ermittelt, festgelegt und erfüllt werden können. Dies aber eröffnet die Möglichkeit zu einer inhaltlich-normativen Begriffsverdichtung. Hierauf bezogene *rechtliche* Verantwortung meint zunächst und in einem durchaus noch sehr formalen Sinne rechtswidriges Verhal-

---

[22] So richtig *Murswiek*, Risiken der Technik, S. 35, 40.

[23] *Schmidt-Aßmann*, VVDStRL 34 (1976), S. 228f.; ähnlich *Wilke*, DÖV 1975, 514; vgl. auch *Tettinger*, Wirtschaftsverwaltungsrecht, S. 315ff., 316 m.w.Nachw.; als „unspezifisch" kritisiert den Verantwortungsbegriff *Schreyer*, Pluralistische Entscheidungsgremien, S. 159; dem Wortsinn mit seinen zahlreichen Varianten sucht im übrigen *Hauschildt*, „Verantwortung", in: E. Grochla (Hrsg.), Handwörterbuch der Organisation, 1969, Sp. 1693, nachzuspüren; vgl. ferner die Kategorialisierungen bei *Ryffel*, Eigenverantwortlichkeit, S. 456ff.

ten: Derjenige, der sich zu verantworten hat, muß zu dem Vorhalt Stellung nehmen, das Recht verletzt zu haben. Verantwortung läßt sich aus dieser Perspektive auch als ein Rede-und-Antwort-Stehen im Hinblick auf den Vorwurf rechtswidrigen Handelns und Entscheidens bei Aufgabensetzung und -erfüllung bezeichnen.[24] Wer diesen Vorwurf ausräumen kann, sich also rechtmäßig verhalten hat, muß dafür weder rechtlich einstehen noch haften. Er ist eben nicht „verantwortlich" zu machen.

Der Begriff der „Verantwortung" läßt damit erste rechtliche Konturen erkennen. Er umschließt Organverantwortung einerseits und personale Einstandspflicht der Staatsbediensteten andererseits. Letztere ist als individualisierte Rechenschaftspflicht für Fehler zu begreifen, d.h. als *Verantwortlichkeit:*[25] „Der Begriff der Verantwortlichkeit dient dem juristischen Denken als Bezugspunkt für die Formulierung der Bedingungen, unter denen bei Normverstößen Folgerungen gegen den Verstoßenden gezogen werden können." Ganz in diesem Sinne kennzeichnet das Bundesarbeitsgericht als „Verantwortung" die Verpflichtung des Angestellten im öffentlichen Dienst, in seinem Dienstbereich für sachgerechte und ordnungsgemäße Erledigung der anfallenden Aufgaben Sorge tragen zu müssen.[26]

II. Verantwortung für pflichtgemäßes Verhalten

Verantwortlichkeit in diesem personalen Verständnis setzt die Existenz davon abgehobener *Verantwortung* als Pflicht staatlicher Organe bzw. Funktionseinheiten zu fehlerfreiem Handeln nach Maßgabe rechtlicher Vorschriften bei der Aufgabenwahrnehmung voraus. Diese begründet jene. Sie verbindet die Entscheidungsfunktion des Staates mit Norm *und Sanktion.*[27]

In dieser staatsrechtlichen Bedeutung sieht sich Verantwortung von jener Verantwortlichkeit getrennt, die bei den „untergeordneten Staatsorganen" anzusiedeln ist, also „in den Bereich des Dienst- und Disziplinarrechts" fällt.[28] Gleichwohl stehen beide begrifflichen Dimensionen in der Einheit eines durchgehenden, weitgespannten *Prinzips der Verantwortung* aller Machtausübenden. Es hält sämtliche Ebenen der staatlichen Entscheidungstätigkeit besetzt und entfaltet sich in einem „System"

---

[24] *Murswiek,* Risiken der Technik, S. 40f.; vgl. auch *Kröger,* Ministerverantwortlichkeit, S. 17ff., 18, 22ff.

[25] Vgl. *Luhmann,* Funktionen und Folgen, S. 172, 179; siehe auch *Stettner,* Kompetenzlehre, S. 264 m. Anm. 572; zur Verbindung der „Verantwortlichkeit" mit dem Amtsbegriff siehe *Pirson,* Das öffentliche Amt, S. 46f., 59; *Burmeister,* Gedächtnisschrift W. K. Geck, 1989, S. 97ff., 114.

[26] BAG, RdA 1986, 270 (Nr. 142); siehe ferner BVerwG, NVwZ 1986, 119.

[27] Vgl. *Stettner,* Kompetenzlehre, S. 276.

[28] In diesem Sinne vgl. auch *Ermacora,* Staatslehre II, S. 825, 833.

disziplinärer Verantwortlichkeit, staatsrechtlicher Verantwortung und individualer Gewissensverantwortlichkeit.[29]

In diesem „System" offenbaren sich zwei kennzeichnende strukturelle Merkmale der rechtlichen Verantwortung, nämlich die *Zurechnung* des eigenen Verhaltens und der Folgen dieses Verhaltens sowie dessen Vorwerfbarkeit, also die *Pflichtwidrigkeit*. Wer sich in bezug hierauf unverantwortlich verhält, der haftet: Er ist für den anfallenden Schaden verantwortlich.[30]

Staatsorgane, die in dem dargelegten Sinne gegliederte (staatsrechtliche) Verantwortung tragen, müssen somit dafür einstehen, daß sie die geeigneten Vorkehrungen zur zweckbezogenen Aufgabenerfüllung treffen. Legitime Machtausübung hat – wie gezeigt – Verantwortung zur Bedingung. Staatliches Handeln und Entscheiden muß deshalb den rechtlichen Verhaltensanforderungen entsprechen, denen es ausgesetzt ist. Seine rechtlichen Bezugskoordinaten sind Pflichtgemäßheit und Zurechenbarkeit. Welches Maß an Sorgfalt dabei zu beachten ist, schreiben die jeweiligen Verhaltensnormen bzw. – wie etwa in der öffentlichen Verwaltung – besondere Handlungsgrundsätze vor.[31] Sie begründen Verantwortung und Verantwortlichkeit; diese kann deshalb selbst *kein* Handlungsgrundsatz sein, wie *N. Achterberg* fälschlich meint.[32]

Zurechenbar ist aber nicht nur das Verhalten selbst; zugerechnet werden auch seine *Folgen*. Denn von Rechts wegen ist nicht nur die Frage von Bedeutung, *wie* eine Entscheidung als (formeller) Abschluß der Entscheidungsfindung zustandekommt; rechtlich von Belang sind auch die realen *Auswirkungen* der Entscheidung und des Entscheidungsprozesses. Die handlungs- und entscheidungstheoretische Analyse, die hier der Einbettung des Verfahrens in die materiellen Funktionen des modernen Staates zugrundegelegt wird,[33] rückt gerade diesen bedeutsamen Gesichtspunkt, nämlich die *sozialgestaltende* Perspektive des Entscheidungsganges, den Wirkcharakter der Entscheidung näher ins Licht.[34]

Ob staatliches Entscheiden verantwortbar ist – mag es sich im Einzelfall um die Gewährung von Sozialhilfe oder um die Option für oder gegen Kernenergie handeln[35] – hängt also nicht nur davon ab, ob ein bestimmtes Verhalten selbst ge- oder

---

[29] *Ermacora,* a.a.O. (Fn. 28), S. 825; zu dem Einbezug der Gewissensverantwortlichkeit vgl. auch *Ryffel,* FS C. H. Ule, S. 330ff.

[30] Siehe auch *Murswiek,* Risiken der Technik, S. 42f.; einschränkend dagegen *Achterberg,* FS K.-H. Mattern, S. 187.

[31] Vgl. hierzu die Nachw. oben, 1. Kap., Fn. 284ff.

[32] Siehe *Achterberg,* Verwaltungsrecht, S. 363ff.

[33] Vgl. dazu schon oben, 3. Kap., B.I.; siehe ferner oben im Text um und zu Fn. 2 und 4.

[34] Ihn betont besonders *Zimmer,* Funktion – Kompetenz – Legitimation, S. 89ff., 172, 174, 188, 191ff.

[35] Jeweils handelt es sich um den unerläßlichen Einbezug von „Entscheidungsfolgen"; vgl. z.B. für die Kernenergie bes. deutlich *H. Hofmann,* ZRP 1986, S. 87ff., 88f.; krit. dagegen *Sendler,* FS H. Simon, S. 113ff.; für die Sozialhilfe siehe etwa *Bäumerich,* Die Praxis der Sozialhilfe – Quantitative und qualitative Dimensionen des Gesetzesvollzugs, AuS 1989, 60ff., 100ff.

verboten ist. Festzustellen ist auch, ob die Verpflichtung bestand oder besteht, sich so zu verhalten, daß die mißbilligten *Folgen* nicht eintreten. Eine solche Verpflichtung begründet die Verantwortung des Staates für die Folgen seines Verhaltens in dem Sinne, daß er für diese Folgen einzustehen hat.

Verantwortung kennzeichnet mithin – so gesehen – eine spezifische Ergebnis- und Folgenzurechnung aufgrund gegebener Verhaltenspflichten. Sie ist rechtlich *Ergebnis- und Folgenverantwortung* nach Maßgabe einer „ex-post-facto Rechnung für das Getane".[36]

III. Verantwortung als Befugnis

Verantwortung besteht indes nicht nur für das eigene Verhalten und seine Folgen, sondern auch für Menschen oder Gegenstände, für die man zu sorgen verpflichtet ist. So bildet die Pflege und Erziehung der Kinder die den Eltern zuvörderst obliegende Pflicht.[37] Und die Polizeibehörden stehen in der „Verantwortung", für die öffentliche Ordnung zu sorgen.[38]

Handlungspflichten dieser Art haben eine bestimmte Struktur. Sie sind durch einen Auftrag, von ihrem Ziel her bestimmt, nicht aber hinsichtlich der Durchführung, der Wahl der Mittel determiniert. Sie schreiben also nicht konkret vor, was zu tun ist. Wie man sich zu verhalten hat, ergibt sich erst aus der jeweiligen *Situation:* Geboten ist, was zur Zielerreichung bzw. Zweckverwirklichung angesichts der gegebenen Lage erforderlich wird.

Verantwortung entfaltet aus dieser Perspektive unter Berücksichtigung des Verwirklichungsaspekts die *Befugnis*, das zu tun, was im Zeichen „praktischer Vernunft" die jeweilige Situation verlangt. Nicht so sehr Weisungen, Befehle oder inhaltlich bestimmte Gebote sind zu beachten, sondern zur pflichtmäßigen „Ermessens"prüfung aufgegeben ist, was zur Zielerreichung bzw. Aufgabenverwirklichung getan werden muß.[39] „Verantwortung" in diesem Sinne ist somit eine besondere Form der Rechtspflicht, zweckverhaftet und substanziell angereichert.

---

[36] *H. Jonas*, Das Prinzip Verantwortung, S. 174; dieser argumentiert freilich aus der Perspektive einer neuzeitlichen Verantwortungsethik, der gegenüber sich aber das „Recht" nicht verschließen darf und kann.

[37] Vgl. für das geltende (Verfassungs-)Recht Art. 6 Abs. 2 Satz 1 GG; im Sinne der Verantwortungsethik hierzu *H. Jonas*, a. a. O. (Fn. 36), S. 178, 184 ff.

[38] Siehe statt aller *Götz*, Allgemeines Polizei- und Ordnungsrecht, 9. Aufl., 1988, S. 97 ff., 98 ff.

[39] Zu dieser Verbindung mit dem Ermessensbegriff vgl. *Stettner*, Kompetenzlehre, S. 276. Der Prüfung und Erkenntnis des Aufgegebenen folgt im Rahmen der Verantwortung notwendig ein „Auswahl"-Ermessen bzgl. der zu ergreifenden Maßnahmen; in dessen Betätigung erfüllt sich die jeweilige Organverantwortung und für sie muß deshalb stets hinreichend Raum bleiben – was bedeutet, daß der Ermessensbegriff den Betätigungsspielraum staatlicher Verantwortung nur teilweise umschreibt: Letzterer rangiert vielmehr dogmatisch noch vor der Qualifikation „Ermessen"; die Qualifikation des „Verantwortungsspielraums" ist von *primärer* Bedeutung, vgl. auch BVerfGE 62, 1 (57).

IV. Verantwortung als regulatives Prinzip

1. Verantwortung im Wandel des Rechts

Die voraufgehend konstatierte, den modernen Staat in seinem Verhältnis zur Gesellschaft heute mehr denn je kennzeichnende Ausprägung der Verantwortung ist das Produkt der schon früher skizzierten Evolution des Rechts: Aus der Perspektive seiner *Formalisierung* verknüpft die als „Verantwortung" begriffene Ergebnis- und Folgenzurechnung des staatlichen Verhaltens die pflichtgemäße Rechts- und Zweckkonkretisierung mit den ihr eigenen Legitimationsbedürfnissen. Rechtliche Verantwortung ist der unabdingbare Widerpart jeder formal-rechtlichen Steuerung der Gesellschaft.

Weil und soweit diese Steuerung das Recht zunehmend instrumentalisiert hat („regulatives Recht"),[40] muß sich auch der Charakter der staatlichen Verantwortung wandeln. Sie steht zwar nach wie vor für die („formale") Rechtmäßigkeit des staatlichen Entscheidungshandelns, doch sieht sich die von ihr umgriffene Pflichtenstellung zu gleicher Zeit mehr und mehr vom Gegenstand her, vom anvisierten Ziel der Staatsinterventionen bestimmt, immer weniger dagegen durch rechtliche Bindungen hinsichtlich der Art und Weise ihrer Durchführung bzw. der Handlungsformen. Die anwachsende generalklauselhafte Weite des Rechts ist Abbild wie Motor dieser Entwicklung.

Verantwortung begründet parallel zu diesem Entwicklungsstand des Rechts eine besondere Form der Rechtpflicht, wie sie oben dargelegt wurde. Sie enthält zwar die Verpflichtung, von der Möglichkeit zum Einwirken auf die Zweckverwirklichung Gebrauch zu machen; doch läßt sie weitgehend inhaltlich offen, in welchem Sinne eingewirkt werden soll. Das ist mehr oder weniger politischem Dafürhalten anheimgestellt.[41] So gibt die (Verfassungs-)Verantwortung des *Gesetzgebers* diesem Raum, wie er gesellschaftliche Bedarfe nach politischen Interessen- und Wertabwägungen konkretisieren will.[42] Und die aus derart politisch instrumentalisiertem Gesetzesrecht resultierenden *administrativen* Handlungspflichten schreiben denn auch nur geringfügig vor, was konkret zu tun ist. Das soll vor allem „Verhandlungssache" der Verwaltung sein.[43]

---

[40] Dazu die Nachw. oben, 4. Kap., C.I. und II.

[41] Darin liegt eine (gewollte) Folge des unaufhaltsamen Aufstiegs des Zweckgedankens im Recht und eines politik-orientierten Rechtsdenkens; vgl. hierzu etwa *Steindorff,* Politik des Gesetzes als Auslegungsmaßstab im Wirtschaftsrecht, in: FS K. Larenz, 1973, S. 217ff.

[42] Zum Handlungsspielraum des Gesetzgebers siehe u.a. mit je unterschiedlichen Beschränkungen BVerfGE 18, 315 (331), 37, 342 (353f.); 44, 263 (289f.); 60, 16 (42f.), 61, 43 (63); 62, 256 (274); BVerfG, DÖV 1989, 633; siehe auch *K. Hesse,* Grundzüge, S. 170f., mit dem Hinweis auf die Gestaltungsverantwortung des Gesetzgebers (Rdnr. 439).

[43] Vgl. nur *Eberle,* DVerw. 17 (1984), S. 454f.

In den hierzu seit längerem geführten Diskussionen über die „Implementation" des Rechts[44] offenbaren sich zahlreiche Probleme seines Einsatzes als Mittel der Sozialgestaltung.[45] Die unterdessen begonnene Suche nach Auswegen hieraus verlangt auch der staatlichen Verantwortung einen weiteren Wandel ihres Charakters ab. Sie könnte als *funktionales Äquivalent* für die diagnostizierte Schwäche des instrumentalisierten Rechts berufen sein, die angesteuerten Regulierungsziele tatsächlich zu erreichen.[46] Die Tiefenschärfe dieses Wandels ist freilich vorerst noch mangelhaft. Aber so, wie die Phasen der Evolution des Rechts ineinander verfließen und der notwendige Entwicklungsschritt zum „reflexiven" Recht dieses nur langsam in ein verfahrensgesteuertes „Relationierungsprogramm"[47] verändert, entfaltet sich auch die neue Dimension der staatlichen Verantwortung noch kaum erkennbar.

Ihre Umrisse werden sichtbarer, rekapituliert man die Entwicklungsmerkmale des modernen Rechts und vergegenwärtigt man sich, welche dysfunktionalen Folgeprobleme seine Rationalisierungstendenzen mittlerweile aufwerfen: Das positive, hochformalisierte und professionalisierte Recht wird, wenn es zu Zwecken sozialstaatlicher Steuerung instrumentalisiert ist, spezifischen Anforderungen der Politik einerseits, der regulierten Lebensbereiche andererseits ausgesetzt. Die Konsequenz hieraus sind Geltungswidersprüche, ein „regulatorisches Trilemma", wie es *G. Teubner* beschrieben hat: „Jeder regulatorische Eingriff", so führt er aus, der sich nicht in den Bahnen und in den Grenzen der jeweiligen Selbststeuerung und Selbsterhaltung bewege, „ist entweder irrelevant oder hat desintegrierende Wirkungen für den gesellschaftlichen Lebensbereich oder aber desintegrierende Wirkungen auf das regulatorische Recht selbst zur Folge."[48]

Staatliche Verantwortung steht damit vor dem Problem der „strukturellen Kopplung" von Politik, Recht und Lebenswelt.[49] Soweit es zur Bewältigung dieses Pro-

---

[44] Siehe dazu und speziell mit Blick auf die Implementation durch den „Verwaltungsvollzug" des (Gesetzes-)Rechts schon die Nachw. oben, 1. Kap., C.II.1.; 2. Kap., A.II.3c); unter dem Aspekt der „Rationalisierung" siehe für die Tätigkeit der Staatsorgane ergänzend ganz allgemein schon oben, 4. Kap., C.I.–III.

[45] Zu den dysfunktionalen Folgeproblemen der „Verrechtlichung" als Sammelbezeichnung für diese Entwicklung vgl. zusammenfassend *Teubner,* Verrechtlichung, S. 313ff.

[46] Die Notwendigkeit solcher „funktionalen Äquivalente" jenseits der Rechtsform für die Verhinderung sozialer Macht- und Informationsasymmetrien bei autonomen selbstregulatorischen Prozessen betont z.B. auch und am Beispiel des Verbraucherrechts *Joerges,* Verbraucherschutz als Rechtsproblem, 1981, S. 132ff., 133.

[47] So die Formel für rechtliche Strukturvorgaben gesellschaftlicher Selbstregulierung und die Kanalisierung dabei auftretender Inter-System-Konflikte bei *H. Willke,* Entzauberung des Staates, S. 62f.

[48] *Teubner,* Verrechtlichung, S. 316, 325.

[49] Vgl. *U.K. Preuß,* KritJ 1988, 366, 369ff.; *R. Voigt,* Grenzen rechtlicher Steuerung, S. 18f., 19ff. m.w.Nachw.; dem Verwaltungsrecht und der „Verwaltungsverantwortung" sind freilich diese Aufgabe nicht fremd: instrumentelle Kriterien, die derart die Verantwortung der Verwaltung für die „strukturelle Kopplung" berufen, finden sich bereits und beispielsweise in früheren Vorstellungen der „Marktkonformität", „Sachgerechtigkeit" und ähnlichen vom Gesetzgeber benutzten Begriffsbildern, welche die Normativität und Faktizität von Lebenswelten

blems gilt, Bedingungen der Kompatibilität politischer Instrumentierung des Rechts mit seinen funktionalen Relevanzkriterien und den Eigenanforderungen der Ordnung des jeweiligen gesellschaftlichen Bereichs (Wirtschaft, Technik, Soziales etc.) zu definieren, spielt die Grundkategorie der „Verantwortung" eine bedeutsame Rolle. Denn sie vermag als generalisierender Kontaktbegriff die Kompatibilitätserfordernisse zusammenzuführen.[50]

Zu diesen zählt nicht nur die partielle Rücknahme des Regulierungsanspruchs staatlichen Rechts, die daraus folgt, daß die politische Instrumentierung des Rechts selbst Quelle der Steuerungsprobleme und keineswegs nur Mittel der gesellschaftsbezogenen Probleminterventionen ist.[51] Erforderlich ist zudem, den Verformungen einer reglementierten, zergliederten, kontrollierten und betreuten Lebenswelt durch (Rück-)Gewähr kalkulierter Autonomie zugunsten der gesellschaftlichen Akteure zu begegnen. In die damit zu installierende Selbststeuerung der Funktionssysteme – wie sie z. B. im Sozialrecht mit der „Konzertierten Aktion" des Gesundheitswesens versucht wird[52] – müssen aber auch Impulse aus der Lebenswelt einfließen. Die eingangs dieses Kapitels dargestellte Verantwortungsgemeinschaft von Staat und Bürgern will berufen und in Muster intersubjektiver Verständigung umgesetzt sein.

2. *Verantwortung als Entsprechungsprinzip „reflexiven" Rechts*

Die gegenwärtige Diskussion um diese und andere Kompatibilitätsbedingungen bietet „Prozeduralisierung" als Sammelbegriff für Strategien an, die auf eine indirekte, verständigungsorientierte Steuerung durch Recht hinauslaufen.[53] Richtig ist daran der Ansatz, das Recht von der unmittelbaren Regulierung der Sozialbereiche zu entlasten, um sowohl der unbestreitbaren Notwendigkeit seiner politischen Instrumentierung als auch der Notwendigkeit der strukturellen Kopplung mit selbstregulatorischen Lebensbereichen Rechnung tragen zu können. Zuwenig berücksichtigt wird allerdings, daß Steuerungs- und solche spezifischen Verständigungsleistungen, wie sie gerade Verfahren zu erbringen vermögen, Ressourcen darstellen, die nicht in beliebigen Umfang füreinander substituiert werden können.[54]

---

konkret vermittelnde Formalkategorien des Kontakts und des „Auftrags", Verantwortung zu betätigen, darstellen; vgl. dazu und m. w. Nachw. im einzelnen *R. Scholz,* VVDStRL 34 (1976), S. 181 f., der allerdings noch auf dem Diskussionszusammenhang mit der *rechtlichen Kontrolle* der Verwaltungsverantwortung verharrt und nicht das Koppelungsproblem beleuchtet.

[50] In bezug genommen wird dabei vor allem Verantwortung als „Auftrag" und „Befugnis", vgl. oben im Text um und zu Fn. 37ff.

[51] Siehe in diesem Kontext bes. auch *Habermas,* Diskurs der Moderne, S. 421; vgl. im übrigen wiederum *Teubner,* Verrechtlichung, S. 313 ff. m. w. Nachw.

[52] Dazu im vorliegenden Zusammenhang auch *H. Willke,* Der Staat am Verhandlungstisch, S. 313 m. w. Nachw.; am Beispiel der Sozial- und Jugendhilfe siehe ferner *Pitschas,* DVerw. 15 (1982), S. 473 ff., 489 ff., 494 ff. m. w. Nachw.

[53] Siehe dazu die Nachw. oben, 2. Kap., A.II.4. mit Fn. 149 ff.; 3. Kap., B.I.3.–5. mit Fn. 69 ff.; B.II.1. mit Fn. 105 ff.

[54] Vgl. schon oben, 5. Kap., D.IV.; siehe ferner *R. Mayntz,* Politische Steuerung und gesellschaftliche Steuerungsprobleme, S. 98 ff., 100.

Der Modus der staatlichen Einflußnahme bedarf deshalb, soll er als indirekte (Verfahrens-)Steuerung der Zukunft bestimmt werden, eines ergänzenden, reflexiven Potentials, eines Vermögens zur Selbstreflexion, das die Empfindlichkeit der Umwelt für Reaktionen auf ihre eigenen Aktivitäten im Wege privater „Eigenverantwortung" steigert und diese zugleich mit den staatlichen Steuerungsvorstellungen verbindet. Ein solches Potential bietet die *(Verfahrens-)Verantwortung* des modernen Staates. Sie ist das „Entsprechungsprinzip", das die je verschiedenartigen Rationalitäten gesellschaftlicher Teilsysteme untereinander und im Verhältnis zur staatlichen Regulierung zur Deckung bringt.[55]

Verantwortung wird hierdurch *materiell* aufgeladen.[56] Dies freilich nicht in dem Sinne, daß sie bereits in sich selbst ein materielles Substrat trägt, aus dem unvermittelt folgen würde, *wie* zu handeln ist. Stattdessen nimmt Verantwortung Bezug auf die dem Medium Recht vorgelagerten gesellschaftlichen und kommunikativ strukturierten Handlungswelten und deren Eigenrationalität. Im Hinblick hierauf fungieren sowohl die (konkrete) Verantwortung in der Gesellschaft als auch die des Staates als ein Mechanismus, der in den Sphären der Lebenswelt *vor* aller Verrechtlichung existierende Normen und Handlungskontexte aufgreift und koordiniert. So besteht im jeweiligen Bereich gesellschaftlicher Herrschaft „personale" Verantwortung wie etwa die der Eltern für ihre Kinder,[57] aber auch und auf staatlicher Ebene eine Sachverantwortung, wie z.B. für die Genehmigung, den Betrieb und den Abbruch von Kernkraftwerken.

Nicht eine diffuse „Natur der Sache" vermittelt also diese (rechtliche) Verantwortung. Es ist die soziale Autonomie einerseits, die der Freiheitsbetätigung aller Bürger, ihrem status und ihrer Gemeinschaft mitgegebene *Pflichtenstellung*, und der freiheitssichernde *Schutzauftrag des Staates* andererseits, aus denen sich jeweils konkrete Verantwortung für einzelne Handlungs- bzw. Sachbereiche oder Personen speist.

Indem staatliche Verantwortung solchermaßen die Eigenrationalität gesellschaftlicher Teilsysteme aufnimmt, kann sie ihre rechtlichen Maßgaben mit deren Anforderungen an Konfliktregulierung in den Bahnen und Grenzen der jeweils bestehenden dezentralisierten Selbststeuerung und Selbsterhaltung zusammenführen. Im Zuge dieses Vorgehens werden allerdings die Ziele staatlichen Entscheidungshandelns erst noch konstituiert, wie sich beispielhaft auf der Ebene der Rechtsanwendung an der Konkretisierung des Fachplanungsrechts erweist. Hier vermag die Verwaltung

---

55 Angeknüpft wird damit auch sowie unter gleichzeitiger Erweiterung ihres Deutungsgehalts an die oben, 1. Kap., A.I.1., entfaltete Reichweite der „Verwaltungsverantwortung" als Kennzeichen der materiellen Verwaltungsfunktion.

56 Siehe aber die Absage hieran bei *Murswiek,* Risiken der Technik, S. 35ff., der rechtliche Verantwortung als „materielles Prinzip" ablehnt.

57 Vgl. auch die Bezugnahme auf „Wesen und Zweck des Lebensverhältnisses" bei *Ule,* VVDStRL 15 (1957), S. 133ff., 145, 146, für die Begründung des „besonderen Gewaltverhältnisses" im öffentlichen Recht: deutlich entfaltet sich Verantwortung als Korrelat zu (privater) Macht bzw. Herrschaftsübung (siehe auch oben im Text bei A.II.).

Pitschas, JZ 93, 857

selbst individuelle Schutzpositionen aufzubauen oder zu beseitigen. Die Verantwortung der Verwaltung entfaltet sich von daher als Gebot der individual-rechtlichen Folgenberücksichtigung und repräsentativen Interessenartikulation.[58]

Staatliche Verantwortung gibt dadurch und einerseits *selbst* zu erkennen, in welchem Sinne auf das jeweilige Geschehen einzuwirken bzw. hierüber zu entscheiden ist. Sie wandert in den Bereich der „Determinierung des Zu-Tuenden" hinein,[59] indem sie für etwas herausgefordert wird, das im Wirkbereich staatlicher Macht liegt, auf sie angewiesen oder von ihr bedroht ist, das aber nicht nach dem einfachen Kausalschema reguliert werden kann. Die Macht wird stattdessen in die Pflicht genommen, widersprüchliche Anforderungen der gesellschaftlichen Umwelten in das eigene Entscheidungskalkül aufzunehmen, und zwar in der Weise, daß interne Entscheidungsprozesse zugleich Impulsen aus der Lebenswelt über Kooperation und Dialog, „Hearings" oder gesetzgeberische Ausgleichsverfahren,[60] Ausschüsse[61] oder die Mitwirkung von Laienrichtern[62] geöffnet werden.

Auf der anderen Seite leitet staatliche Verantwortung die Autonomie und Selektivität selbstregulierender Sozialbereiche über „zum Ganzen", zum Vorgang des Werdens staatlicher Einheit, geplant und organisiert von einer staatlichen Institutionenkette, die in der Arbeit an diesem Ziel, nicht aber in der vereinzelnden Behauptung von Machtpositionen ihre Bestimmung findet.[63] „Verantwortung" steht damit kategorial für die „strukturelle Kopplung" des Rechts mit regulativer Politik und den Selbstbestimmungstendenzen verschiedener gesellschaftlicher Lebensbereiche, wobei sie durchaus differierende Pflichtmomente akzentuiert: als „Gesamtverantwortung" des politischen Systems für gesellschaftliche Prozesse, die insbesondere Fehlentwicklungen ausgleicht oder kompensiert; als funktionen- bzw. organspezifische Verantwortung, die im Zusammenwirken staatlicher mit privaten Akteuren[64] durch Einbau partieller Selbstregulierung bzw. aktive Steuerung selbstregulatorischer Prozesse die soziale Integration auch zukünftig gewährleistet;[65] und als gesell-

---

[58] „Verwaltungsverantwortung" bezieht damit auch und schon diesseits gesetzgeberischer Festlegung spezifisch subjektiver Verfahrensrechte den Gedanken der Repräsentantenstellung eines Beteiligten bzw. einer abgrenzbaren Gruppe von Beteiligten im Hinblick auf andere ein, wie ihn *R. Scholz* in die Diskussion um die „Öffnung" des subjektiven Rechts eingeführt hat, vgl. VVDStRL 34 (1976), S. 198ff., 203ff., 205 m. Anm. 240.

[59] So unter ethischem Aspekt *Jonas,* Das Prinzip Verantwortung, S. 174ff.

[60] *Lerche,* Vorbereitung grundrechtlichen Ausgleichs, S. 109ff.

[61] Siehe z.B. *Schreyer,* Pluralistische Entscheidungsgremien, S. 13ff., 82ff.; *Burmeister,* Verfahrensstrukturierungsgebote, S. 134, 154f.

[62] Vgl. dazu die grundsätzlichen Überlegungen bei *Wassermann,* Richterliche Gewalt, S. 99ff., 112ff., 118ff.; siehe allerdings auch die Bemerkungen von *H. H. Kühne,* ZRP 1985, 237f.

[63] *Stettner,* Kompetenzlehre, S. 278.

[64] Im Sinne der schon beschriebenen „Verantwortungsgemeinschaft", siehe dazu oben im Text um und zu Fn. 15; speziell in bezug auf die „Verwaltungsverantwortung" vgl. auch *Schmitt Glaeser,* Position der Bürger, S. 66ff., 72, 74ff., 77ff., 87ff.

[65] Dazu nochmals die Nachw. bei *Teubner,* Verrechtlichung, S. 334ff., 337.

schaftliche Selbstverantwortung, die den interventionistischen Staat in seinem selbstzerstörerischen Wirken „sozial" bändigt.[66]

3. Staatliche (Mit-)Verantwortung als Muster für intersubjektive Verständigung: Das Beispiel Kernenergie

Beispielhaft für die Konsequenzen einer derart materiell aufgeladenen staatlichen Verantwortung steht die in das Zentrum der Diskussion um die Kernenergiepolitik getretene Frage nach der „Sicherheitsphilosophie" privater Kernenergienutzung.[67] Wer sie vor dem Hintergrund der aufgefächerten Dimensionen von „Verantwortung" *allein* unter Bezug auf geltendes (Atom-)Recht für verantwortbar hält,[68] schöpft die gegebene staatliche „Mitveranwortung" für die von ihr ausgehenden Gefährdungen nicht aus.

Diese Verantwortung für die Sache selbst („Nutzung der Kernkraft") verlangt nicht nur, sich so zu verhalten, daß bestimmte unerwünschte Folgen nicht eintreten. In der Konsequenz hieraus kommt es zwar auch – und insoweit noch parallel zum Schutzzweck des Atomrechts – zur Definiton der Risikovorsorge jenseits des erkannten Gefahrenbereichs unter „laufende(r) Anpassung der für die Risikobeurteilung maßgeblichen Umstände an den jeweils neuesten Erkenntnisstand."[69] Soweit jedoch die Nutzung der Kernkraft in diesem Zusammenhang unter dem Gesichtspunkt der Verantwortung für „etwas" vor die Frage gestellt wird, ob alle Möglichkeiten des Eintritts von Schadensereignissen „praktisch ausgeschlossen" sind,[70] ist hierfür neben der rechtlich vorgezeichneten sachrationalen Argumentation aus dem Atomgesetz und diese ergänzend ein Grundmaß an gesellschaftlicher *Wertung* erforderlich, d.h. eine erst der Verantwortung für die strukturelle Kopplung von Politik und gesellschaftlichen Interessen entfließende „Sicherheitsphilosophie".[71]

---

[66] Vgl. bereits *Pitschas,* Soziale Sicherung, 151ff. m.w.Nachw.; siehe auch die Überlegungen zur „Dezentralisierung" staatlichen Handelns in dem Sammelband von Heinze (Hrsg.), Neue Subsidiarität, 1986.

[67] *Roßnagel,* JZ 1986, S.716ff., 717ff.; vgl. auch *Meyer-Abich,* Technische und soziale Sicherheit, S. 20ff., 27f., 30.

[68] So z.B. die BReg. in ihren Stellungnahmen zur Atomenergienutzung nach dem Reaktorunfall in Tschernobyl im Jahre 1986, vgl. etwa Energiebericht der BReg., Bt-Drucks. 10/6073, S. 3f.; siehe zu diesem Problem auch *Roßnagel,* a.a.O. (Fn. 67), 718, unter Hinweis auf den notwendigen Übergang zu einer probabilistischen „Sicherheitsphilosophie", sowie schon früher den Bericht der Enquête-Kommission „Zukünftige Kernenergie-Politik", BT-Drucks. 8/3441 v. 26. Juni 1980; die Nachw. zeigen, daß in der Legitimationssuche für die fortgesetzte Nutzung der Kernenergie „nach Tschernobyl" das Kriterium der „Verantwortung" einen zentralen Stellenwert einnimmt; vgl. dazu auch *H. Hofmann,* ZRP 1986, 87.

[69] BVerfGE 49, 89 (136).

[70] BVerfGE 49, 89 (143); 53, 30 (59).

[71] Vgl. auch *Ronellenfitsch,* Das atomrechtliche Genehmigungsverfahren, 1983, S. 212, 218, 224 m. Anm. 85, 383f.; *Scharnhoop,* DVBl. 1975, 157ff., 160.

Deren notwendige Umgrenzung führt auf die rechtserhebliche, weil die Genehmigungspraxis beeinflussende,[72] dem geltenden Atomrecht aber selbst vorgelagerte staatliche Pflicht zurück zu bedenken, ob jedes beliebig große Schadenspotential im Rahmen eines Genehmigungsverfahrens zu akzeptieren ist, wenn das Gesamtrisiko notwendigerweise nur unvollständig erkennbar wird. Will man private Kernenergienutzung nicht von vornherein ohne Ausnahme untersagen, muß sich staatliche Verantwortung auch dieser Pflicht stellen und die wechselseitige Beeinflussung der beteiligten Öffentlichkeiten nach dem Muster intersubjektiver Verständigung organisieren.[73]

V. Rechtliche und politische Verantwortung

Staatsrechtliche Verantwortung orientiert sich nicht nur an rechtlichen Kriterien, sondern auch am politischen Erfolg. Demgemäß erscheint sie in sowohl rechtlicher als auch staatspolitischer Ausprägung. Das Unterscheidungskriterium dieser beiden Formen ist einerseits das *Forum,* dem gegenüber die Verantwortung besteht, andererseits die *Funktion,* in der sie eingesetzt wird.

1. Das Forum der Verantwortung

Rechtliche Verantwortung, sei sie Ergebnis- oder Folgeverantwortung für pflichtgemäßes Verhalten, sei sie personen- oder gegenstandsbezogen, ist gegeben, wenn derjenige, der sich verantworten soll, zu dem Vorwurf Stellung beziehen muß, Recht verletzt zu haben.[74] Dies setzt in der sozialen Wirklichkeit bestimmte Instanzen voraus, die den Vorhalt unverantwortlichen Verhaltens verbindlich zu klären haben. Sie werden der Sache nach als *Gericht* tätig; daher handelt es sich auch um rechtliche Verantwortung, wenn das Parlament oder Teile von ihm in einem gerichtsähnlichen Verfahren über Pflichtverletzungen zu entscheiden haben.[75]

Von einer rechtlichen Verantwortung kann man deshalb auch sprechen, wenn das verantwortliche Subjekt gegenüber einer in diesem Sinne gerichtlichen Instanz rechenschaftspflichtig ist. Diese darf weder identisch mit demjenigen sein, der den

---

[72] Vgl. z.B. *Fischerhof,* Atomgesetz, 1978, § 17 Rdnr. 9; *H. Hofmann,* ZRP 1986, 89; *de Witt,* Die Genehmigung von Atomanlagen, in: Roßnagel (Hrsg.), Recht und Technik, S. 157ff.

[73] Vgl. *Böhret,* Technikfolgen und Verantwortung, S. 6ff.; *Gerhardt/Jacob,* DÖV 1986, 258ff., 270ff.; *Meyer-Abich,* ZRP 1985, 40ff., 41f., 44; *Pitschas,* DÖV 1989, 785; *Roßnagel,* KritV 1986, 343ff.; ablehnend *H. Wagner,* ZRP 1985, 192ff., 195, 196f.; Defizite der bisherigen Verfahrenssteuerung im Kernenergierecht sind jedenfalls unbestreitbar, vgl. *Pitschas,* JbRSoz 11 (1987), S. 413ff.

[74] Dazu oben im Text, B.I. und II.

[75] *Ermacora,* Staatslehre II, S. 833.

Vorwurf der Verantwortungslosigkeit bzw. Pflichtverletzung erhebt, noch trägt sie selbst die geltend gemachte Verantwortung.

Die *politische* Verantwortung ist demgegenüber durch den Umstand gekennzeichnet, daß sie an ein politisches Forum adressiert ist, sei es das Volk, Teile davon, oder das Parlament. In den demokratisch verfaßten modernen Staaten sind es in der Regel die Repräsentanten des Volkes, die Parlamente bzw. andere repräsentative Gremien, denen gegenüber Rechenschaft abzulegen und vor denen Rede und Antwort zu stehen ist. Nur vereinzelt werden diese Instanzen übersprungen und wird das Volk unmittelbar aufgerufen, über eine Verantwortlichkeitsfrage selbst zu entscheiden.[76]

2. *Funktionsdifferenz*

Rechtliche und staatspolitische Verantwortung lassen sich zwar nicht in einen antagonistischen Gegensatz zueinander bringen; denn politische Verantwortung ist zugleich rechtlich bestimmt.[77] Gleichwohl sind beide *inhaltlich* zu unterscheiden. Der politischen Verantwortung wird der politische Fehler, der rechtlichen Verantwortung die Rechtsverletzung unterworfen. Damit ist klargestellt, daß es für die politische Führung des Staates neben ihrer rechtlichen Verantwortung eine eigengeartete Abhängigkeit gibt, die ihrerseits keinen rechtlichen Entscheidungsmaßstäben unterliegt.[78]

Politische Verantwortung ist in diesem Sinne der Beurteilung durch ihre Adressaten, das Volk oder andere repräsentative Gremien, und deren fortgesetztem *Vertrauen* unterworfen. Sie erweist sich dadurch als formale Verantwortung und Einstehenmüssen ohne verbindlichen Maßstab.[79] In dieser Deutung offenbart sich zugleich ihre *funktionale Differenz* zur rechtlichen Verantwortung: Während diese die (zurechenbare) Bindung an rechtlich auferlegte bzw. zielbezogene oder zielbildende Sorgfalt erfaßt und für den Verstoß dagegen nach rechtlichen Maßstäben haften läßt, besteht das Wesen der politischen Verantwortung darin, daß die politischen Funktionsträger ihr Amt verlieren, wenn sie nicht mehr über das *Vertrauen* der parlamentarischen Mehrheit verfügen.[80]

Auch die Verletzung geltenden Rechts kann einen derartigen Verlust bewirken; eine Entlastungsfunktion des Rechts für die politische Verantwortung gibt es nicht.[81] Denn das „Vertrauen" des Volkes oder seiner Repräsentanten bezieht sich

---

[76] Vgl. *Ermacora*, a.a.O. (Fn. 75), S. 838; siehe auch *Mock*, ARSP, Beih. 27 (1986), S. 54; zu den Unterschieden von politischer und rechtlicher Sanktion siehe im übrigen *Eichenberger*, FS H. Huber, S. 109ff., 114ff.

[77] So zutreffend auch *Stettner*, Kompetenzlehre, S. 274.

[78] Vgl. auch *Murswiek*, Risiken der Technik, S. 56; richtig daher die Abgrenzung der Regelungsmacht für Organisation und Verfahren bei der exekutiv-internen Willens- und Entscheidungsbildung unter dem GG bei *Maurer*, VVDStRL 43 (1985), S. 164.

[79] Ebenso *Murswiek*, Risiken der Technik, S. 55.

[80] Vgl. *Ermacora*, Staatslehre II, S. 836, 837.

[81] A.A. *Murswiek*, a.a.O. (Fn. 79), S. 57.

auf *alle* staatlichen Handlungen und Entscheidungen. Es wird gewährt oder versagt – je nach Dafürhalten, aber ohne Limitierung. Gerade darin bestätigt sich die zielorientierte Struktur auch dieser (politischen) Verantwortungsform.

VI. Subjekte der Verantwortung

Wer aber sind die Träger der staatlichen Verantwortung, ihre *Subjekte?* Die Antwort ergibt sich aus dem kategorialen Verweis auf politische Macht und Herrschaft: Diejenigen *Menschen* müssen sich verantworten, denen die Ausübung staatlicher Macht anvertraut ist. Sie sind für die Übereinstimmung ihres Handelns, das in der Möglichkeit der Geschehenseinwirkung durch Auswahl von Verhaltensalternativen wurzelt, mit den politischen Grundentscheidungen bzw. mit Gesetz und Recht in Verantwortung genommen.

Die Verbindung zu den entscheidenden Personen ermöglicht nicht nur die Vorstellung, daß der Staat eine *personalisierte* Macht- und Wirkungseinheit darstellt, also in allem, was er tut, nichts abstraktes ist, sondern jeweils ein (einheitlicher) politischer Wille durchgesetzt wird.[82] Deutlich wird ebenso, daß Verantwortung selbst im wesentlichen durch ein *personales Element* geprägt wird. Zwar können auch juristische Personen Träger von Verantwortung sein; selbst diese wird aber durch natürliche Personen vermittelt, nämlich durch jene, deren Wollen und Handeln als einzelne oder als Menschengruppe unmittelbar der juristischen Person als deren Wollen und Handeln rechtlich zugerechnet wird. Im Zusammenhang mit den übertragenen Befugnissen und wahrgenommenen Aufgaben bilden sie das „Organ", durch welches die juristische Person handelt und das als Zurechnungssubjekt der Verantwortung dient.[83]

Dies gilt grundsätzlich auch für den Staat als Subjekt von Verantwortung.[84] Ihn unterscheidet allerdings von anderen Trägern rechtlicher Verantwortung der Umstand, daß er das Recht, welches die Kriterien und Maßstäbe für die Verantwortung liefert, *selbst* setzt. Der „Staat" als solcher kann deshalb nur insofern einem anderen gegenüber rechtlich verantwortlich sein, als ihm in seiner Rechtsetzung und der damit verbundenen Verfügungsmacht über den Verantwortungsrahmen durch ele-

---

[82] Das hebt mit Recht *Ermacora,* Staatslehre II, S. 824, hervor; er befindet sich freilich mit dieser Sichtweise bislang allein auf weiter Flur, was die Auseinandersetzung in Staatslehre, Staats- und Verwaltungsrecht mit einem *personal* bezogenen Verantwortungsparadigma angeht, vgl. auch die beredte Klage von *Trappe,* FS H. Schelsky, S. 697ff. Zu anderen Versuchen, die Staatslehre um eine anthropologische bzw. personalisierende Dimension zu ergänzen, vgl. etwa *W. Henke,* Recht und Staat, passim; *Leisner,* Die Führer, 1983; *Schwinge,* Der Staatsmann, 1983; siehe ferner *Obermayer,* BayVBl. 1984, 641ff.

[83] *Wolff/Bachof,* Verwaltungsrecht II, S. 47.

[84] Zur völkerrechtlichen Verantwortung in Abgrenzung zur innerstaatlichen Verantwortung siehe *Verdross/Simma,* Universelles Völkerrecht, 3. Aufl., 1984, S. 845ff. (§§ 1262ff.), 855ff. (§§ 1270ff.).

mentare Gerechtigkeitsvorstellungen Bindungen auferlegt und Schranken gezogen sind. Das dahinter aufschimmernde Grund-Problem einforderbarer Verpflichtung auf ein vorausliegendes „Recht“[85] variiert sich in der hiesigen Perspektive als Frage nach der Verantwortung gegenüber dem „pouvoir constituant“.[86]

Hiervon jedoch abgesehen, kann die Frage nach dem Subjekt der staatlichen Verantwortung nicht den „Staat“ als solchen ins Auge fassen. Sie zielt vielmehr auf seine verselbständigten Funktionseinheiten, d.h. auf die einzelnen Staatsorgane bzw. -funktionen, die durch das innerstaatliche Recht in unterschiedlicher Weise befugt, gebunden oder entlastet werden. Ihnen ist eine je spezifische, rechtliche und politische Verantwortung für das eigene Verhalten in einer gegebenen Situation zur zweckbewußten Aufgabenerfüllung auferlegt.[87]

C. Verantwortung und Konkretisierung

I. Verantwortung für Handeln und Entscheiden

Verantwortung im Rechtssinne umschließt, wie dargelegt, formale und materielle Elemente. Sie zeigt an, *wofür* staatliche Organe einstehen müssen und *wem gegenüber* sie sich zu rechtfertigen haben. Dadurch sichert Verantwortung gleichsam den Gliederschluß der rechtlich verankerten Legitimationskette, die im modernen demokratischen Staat die Herrschenden mit den Beherrschten verbindet.[88] Rechtlich verantwortet werden kann daher nur das, was pflichtgemäß, was rechtmäßig ist; unverantwortlich ist das pflichtwidrige (rechtswidrige) staatliche Handeln und Entscheiden. Für die materielle Verantwortung im Rechtssinne kommt es auf die Rechtmäßigkeit des dieser zugrundeliegenden Verhaltens an.[89]

Sich verantworten, Rechenschaft ablegen, Rede und Antwort stehen für ihr Verhalten müssen Staatsorgane aber auch und gerade dort, wo sie rechtlich nicht gebun-

[85] Die Frage nach der „rechtlichen“ Verantwortung wird dadurch aber keinesfalls „rechtlos“ gestellt: auch der Grund des Rechts gehört zum Recht, wie *W. Henke* zutreffend bemerkt hat (Der Staat, Bd. 7, 1968, S. 165ff., 171; vgl. auch *ders.*, a.a.O. [Fn. 82], 5. Kap.); zu den insoweit speziell für die Verfahrensverantwortung des modernen Verfassungsstaates geltenden Rechts*grundlagen* siehe näher unten, 9. und 10. Kap. der Untersuchung.

[86] *Böckenförde,* Verfassunggebende Gewalt des Volkes, S. 27ff.; zu eng dagegen *Murswiek,* Risiken der Technik, S. 57.

[87] Zu dem damit involvierten Funktionsbegriff und -verständnis siehe *Zimmer,* Funktion – Kompetenz – Legitimation, S. 184ff.; staatliche „Verantwortung“ wird dadurch zu einem Schlüsselbegriff des Gewaltenteilungsschemas der modernen Verfassung: sie beschreibt als Reaktionsbegriff die Beziehungen unter den Staatsgewalten und die Position der einzelnen Gewaltenträger; näher dazu vgl. die Ausführungen im 9. Kap. sowie BVerfGE 62, 1 (51).

[88] Zu Begriff und Deutungsgehalt der „Legitimationskette“ siehe u.a. *Herzog,* in: Maunz-Dürig, GG, Art. 20, Rdnrn. 46ff., 48, 50ff.; *Scheuner,* VVDStRL 16 (1958), 122ff., 124 – Diskussionsbeitrag; vgl. auch *Oebbecke,* Weisungs- und unterrichtsfreie Räume, S. 67ff., 83ff.

[89] So auch *Murswiek,* Risiken der Technik, S. 26, 41ff.

den sind. So ist der pflichtgemäße Gebrauch von Ermessen ebenso rechtfertigungsbedürftig wie die Ausfüllung sonstiger Gestaltungsspielräume.

„Verantwortung" bezieht damit die Legitimation staatlichen Handelns und Entscheidens sowohl auf das *Recht*, nämlich auf diejenigen Verhaltensnormen, die auf allen Ebenen das tatsächliche Verhalten der Normadressaten steuern, als auch auf den Raum, der für rechtlich ungebundene Verhaltensschritte offen steht und innerhalb dessen die jeweiligs zuständigen Organe *politisch* dafür einzustehen haben, in welchem Umfang sie die Freiheit des einzelnen im Zusammenwirken mit ihm schützen bzw. fördern und mit welchen Risiken (= Eingriffen/Gefährdungen)[90] sie ihn belasten. Die Frage nach der Verantwortung lenkt damit den Blick auf die funktionale Reichweite des Verantwortungsbegriffs, nämlich auf seine legitimatorische Instrumentalisierung im Dienste der Staatsaufgaben bzw. Staatszwecke.

1. Funktionslast der Verantwortung

Ganz zu recht, allerdings viel zu pauschal wird insoweit die Aufgabe „des Institutes der Verantwortlichkeit" darin gesehen, die „Orientierung der Staatstätigkeit an den von den zuständigen Organen getroffenen politischen Grundentscheidungen zu gewährleisten".[91] Andernorts wird „Verantwortung" als Auftrag „zur Gestaltung der sozialen Ordnung" berufen,[92] als „Einstandspflicht" für eine gemeinwohlbezogene Steuerung des Staates.[93]

Bei alledem zeigt sich nicht nur das im Begriff der Verantwortung angelegte Spannungsverhältnis von Aufgabe und Erfüllung, Eigenständigkeit und (Rechts-)-Bindung, Befugnis und Einstandspflicht. Offenbar wird auch, daß in diesem Spannungsfeld die Verantwortung eine spezifische *Funktionslast* trägt, um die Legitimität des staatlichen Handelns und Entscheidens zu bewirken: Wem eine Verantwortung im Staat zugewiesen ist, hat im Sinne der an diesen gerichteten Rationalitätsanforderungen[94] das Recht und die Pflicht, die geeigneten Vorkehrungen zur Erfüllung der Staatsaufgaben zu treffen.[95]

---

[90] Auf die bekannte „Eingriffsproblematik" kann hier nicht näher eingegangen werden, vgl. dazu etwa BVerfGE 40, 237 (249); 49, 89 (126f.); *Fiedler*, JZ 1979, 184; *Pitschas*, Berufsfreiheit, S. 61 m. w. Nachw.; nach der hiesigen Auffassung bedeutet „Verantwortung" – ganz entsprechend ihrer prozeduralen Konstellation (Dazu näher 7. Kap., A.) – gleichsam eine *Gefährdungshaftung* des Staates für die Rechtmäßigkeit seines Handelns bzw. eine Haftung für „Grundrechtsgefährdung"; siehe in diesem Sinne und vertiefend bereits *R. Scholz/Pitschas*, Informationelle Selbstbestimmung, S. 26f., 83.

[91] *Ermacora*, Staatslehre II. S. 824.

[92] *Schmitt Glaeser*, VVDStRL 31 (1973), S. 250.

[93] *Schmidt-Aßmann*, VVDStRL 34 (1976), S. 227f. m. w. Nachw. in Anm. 17, 18.

[94] Hierzu vgl. oben 4. Kap., C. und D.; 5. Kap., B. und C.

[95] Im Sinne dieses zweck- und aufgabenbezogenen Verantwortungsbegriffs formuliert Art. 48 Abs. 2 des Verfassungsentwurfs der Expertenkommission für die Vorbereitung einer Totalrevision der Bundesverfassung, Bern 1977 (Nachw. dazu oben, Fn. 12): „Wer eine Ver-

Dies gilt allerdings nicht für jedes Staatsorgan in demselben Maße. Denn Verantwortung befindet sich in einem unabdingbaren Konnex mit der Funktion selbst, nach deren Eigenart ihr jeweiliger Träger konstituiert und organisiert ist.[96] Dieser steht den ihm übertragenen Aufgaben am nächsten, ist mit der notwendigen Fachkenntnis auf ihre Erledigung spezialisiert und verfügt über die entsprechende – legitimitätssichernde[97] – Erfahrung. Dementsprechend sind die einzelnen Staatsorgane bzw. -funktionen unterschiedlichen Rechtfertigungspflichten unterworfen.

2. *Verantwortung als gegliederter Entscheidungsprozeß*

Ob bei alledem die (rechtlichen) Verpflichtungen der *Verwaltung* „in ungleich stärkerem Maße ausgeprägt (sind) als diejenigen des Gesetzgebers", wie dies *D. Murswiek* behauptet,[98] mag hier dahinstehen; ich bezweifle es.[99] Mit Blick auf Verfassung und Recht des modernen Staates bleibt jedenfalls die *Struktur* der Verantwortung als einer durch Verhaltensnormen oder durch einen Gegenstand – und dann vom Ziel her bestimmten bzw. dieses Ziel erst noch formulierenden, nicht aber hinsichtlich der Durchführung, der Wahl der Mittel – determinierten *Handlungspflicht* der Staatsorgane immer dieselbe: Ihre Wahrnehmung ist durchweg prozeßgebunden. Sie erscheint stets als ein umfassender, vom Handlungspotential her gegliederter und zu gliedernder Vorgang der Entscheidungsfindung mit einer Schluß-Entscheidung als formalisiertem Verfahrensabschluß.[100]

---

antwortung trägt, hat das Recht und die Pflicht, die geeigneten Vorkehrungen zur Erfüllung der Staatsaufgaben zu treffen."

[96] *Schmitt Glaeser*, VVDStRL 31 (1973), S. 244; *Zimmer*, Funktion – Kompetenz – Legitimation, S. 158ff., 171f., 174, 179ff., 182f., 186; vgl. ferner die Bemerkungen oben, Fn. 87.

[97] Vgl. hierzu näher oben, 5. Kap., C.II.4. mit Fn. 115; siehe auch *Kriele*, Staatslehre, S. 39.

[98] In: Risiken der Technik, S. 57.

[99] Zwar befindet sich die rechts- und demokratiestaatliche Durchformung des „inneren Gesetzgebungsverfahrens", was das gebotene Maß an Verfahrensgerechtigkeit und Formenadäquanz gesetzgeberischen Handelns und Entscheidens anbetrifft, erst an ihrem Anfang; daß aber der Gesetzgeber mehr und mehr entsprechenden Verpflichtungen ausgesetzt ist, die ihrerseits seiner spezifischen Gestaltungs- und Verfahrensverantwortung erfließen, kann nach den Darlegungen im 4. und 5. Kap. der Untersuchung (vgl. 4. Kap., C., und 5. Kap., B. und C.) nicht zweifelhaft sein. Zumal die technische Entwicklung treibt diesen Prozeß der Konturenschärfung gesetzgeberischer Verantwortung in einer Weise voran (vgl. *R. Scholz/Pitschas*, Informationelle Selbstbestimmung, S. 51ff.), daß er mit der Verwaltungsverantwortung kollidieren wird, siehe schließlich auch die Nachw. oben, 1. Kap., Fn. 126.

[100] Vgl. zu diesem entscheidungsprozessualen Verständnis des Handelns der Staatsorgane auch *Krebs*, Kontrolle, S. 27ff.; *Oebbecke*, Weisungs- und unterrichtsfreie Räume, S. 81f.; *Scherer*, Telekommunikationsrecht, S. 129ff., 141ff.; *Steinberg*, Verwaltungsorganisation, S. 192ff.; *Zimmer*, Funktion – Kompetenz – Legitimation, S. 76ff., 82ff., 89ff.; die hiesigen Ausführungen oben im Text weichen allerdings in einem entscheidenden Punkt von der angegebenen Bezugsliteratur ab: den Verlaufsprozeß staatlichen Handelns und Entscheidens gliedern weniger seine einzelnen „Phasen", wie dort regelmäßig angenommen wird, sondern vor allem die feststellbaren *Aktivitätenpotentiale*, vgl. näher hierzu noch unten, 7. Kap., C.I. 2.

Auf diese handlungs- und entscheidungstheoretisch fundierte Sicht gilt es durchzustoßen, soll der Rekurs auf die Funktion der Verantwortung einerseits und das „Verhalten“ der Staatsorgane andererseits nicht nur abstrakt bleiben.

3. Zweckbindung und Realisierungsverantwortung

Verantwortung ist demnach ein *Prozeßbegriff*, der Rechtfertigung für staatliches Entscheiden und das von diesem im Zusammenhang des jeweiligen Entscheidungsprozesses gesteuerte Handeln der Staatsorgane ebenso prozeduraler wie sachbezogener Betrachtung unterwirft. In materieller Hinsicht folgt dabei Veranwortung dem konkret aufgegebenen Handlungszweck und seiner kompetenziellen Gestaltung im Ablauf der Zeit. So gründet die spezifische Zweckverantwortung des Gesetzgebers auf seiner Verpflichtung gegenüber dem verfassungsdirigierten Maßstab der Gerechtigkeit und der Rechtsidee. In deren Verfolg wird das Gesetz als Leitungs- und Planungsentscheidung eingesetzt.[101] Die spezifische „Gemeinwohlverantwortung“ der *Verwaltung*[102] basiert dagegen auf ihrem gesetzlichen und politischen Amtsauftrag. Beide formulieren den normativ gültigen Verwaltungszweck, wobei dem Element politischer Verwaltungsverantwortung – wie oben näher ausgeführt[103] – zunehmend mehr Bedeutung anfällt. Darauf wird später nochmals einzugehen sein.[104] Die *Rechtsprechung* schließlich folgt dem System der Prozeßzwecke, wenn und soweit sie menschliches Verhalten in einem auf ein Rechtspflegeziel ausgerichteten Verfahren von und vor den Rechtspflegeorganen beurteilt.[105]

Aus dieser substanziellen und zweckverpflichteten Perspektive, in der sich Verantwortung betätigende Entscheidungen staatlicher Funktionsträger als sequenzhafte, mehr oder weniger komplexe Prozesse darstellen, vermag der konkrete Gegenstand staatlicher Verantwortung präzise in das Auge gefaßt und ihr materieller Gehalt methodenkategorial entfaltet zu werden. Zugleich wird im entscheidungstheoretischen Kontext deutlich, daß staatliche Verantwortung stets auch die *Verwirklichung* des Entscheidens im Handeln umfaßt. Denn die Aufgabenerfüllung setzt nicht nur zweckbewußtes Entscheiden voraus. Es muß ebenso dafür gesorgt werden, daß die Entscheidungen durchgeführt, d.h. in die soziale Wirklichkeit umgesetzt werden: Mit dieser Absicht wird entschieden und zu ihr tritt korrelativ

---

[101] *Mößle*, Regierungsfunktionen, S. 192ff.

[102] Zu ihr vgl. bes. *Häberle*, Öffentliches Interesse, S. 71ff., 95ff., 101ff., 193ff., 246ff., 453ff., 475ff., 595ff., 678ff.; *ders.*, Rechtstheorie 14 (1983), S. 260f., 273; *ders.*, Kommentierte Verfassungsrechtsprechung, 1979, S. 239ff. und 309 m. Nachw. zur Rechtsprechung des BVerfG; vgl. ferner u.a. *W. Schmidt*, VVDStRL 33 (1975), S. 196ff.; *R. Scholz*, VVDStRL 34 (1976), S. 151.

[103] Vgl. oben zu B.V.; siehe auch die Nachw. im 1. Kap., A.I.a. d) mit aa).

[104] Siehe unten, 11. Kap., B.

[105] Vgl. *Baur*, Zivilprozeßrecht, 4. Aufl., 1982, § 1 III; *Rosenberg/Schwab*, Zivilprozeßrecht, § 1 I.

die Verantwortung dafür hinzu, daß der durch die Entscheidung entstandene Verwirklichungsauftrag ausgeführt wird.[106]

Verantwortung für Handeln und Entscheiden ist deshalb vor dem Hintergrund ihrer Prozeßbindung stets auf zweckhafte Wirklichkeitsgestaltung ausgerichtet. Sie bedeutet somit immer auch *Realisierungsverantwortung*. Kein Staatsorgan darf deshalb zur Zweckverwirklichung berufen sein, das für den Mißerfolg der Realisierung nicht in angemessener Weise verantwortlich gemacht werden kann. Umgekehrt läßt sich von einer entsprechenden *Folgenverantwortung* eines jeden Staatsorgans sprechen.[107]

II. „Konkretisierung" als Strukturgesetz der Verantwortung

Substanzielle und zweckverpflichtete Aufgabenbewältigung durch den Staat nach Maßgabe bestimmter Pflichtenstellungen strebt konkrete Entscheidungen an, die es zu realisieren gilt. Für den Gewinn dogmatischer Einsichten in diesen Prozeß mag die Entwicklung aufgabenbezogener Typologien der Verantwortung nützlich sein, die je nach Funktionsträger die Vielfalt der Zwecke und Bedingungen aufnehmen, denen dieser zu folgen hat, und die sein Verhalten in die Verantwortungszusammenhänge und -bezüge der staatlichen Funktionenverteilung rücken.[108]

Wo es dagegen – wie hier – um die Einbettung von Verfahren in die materiellen Staatsfunktionen geht, tritt zunächst das *prozedurale* Verständnis der Verantwortung in den Vordergrund. Ihm zufolge entfalten sich die Handlungspflichten und -befugnisse der jeweiligen Funktionsträger im Wege der *Rechts- und Zweckkonkretisierung*.[109]

1. Verantwortung und Konkretisierung

Aufgabe aller Staatsorgane ist im weiteren Sinne die Wirklichkeitsgestaltung im Hinblick auf die aus einem sozialen Ordnungsbedürfnis heraus entstandenen realen Sachprobleme der Lebenswelt. Deren Bewältigung erfordert ein arbeitsteiliges tat-

---

[106] So bes. deutlich *Zimmer*, Funktion – Kompetenz – Legitimation, S. 82ff., 89f. und öfter.

[107] Ebenso *Zimmer*, a.a.O. (Fn. 106), S. 160ff., 171; vgl. auch *R. Scholz/Pitschas*, Informationelle Selbstbestimmung, S. 54f. m.w.Nachw.; *Pitschas*, Staatswissenschaftliche Analyse, passim.

[108] Siehe etwa für die „Verwaltungsverantwortung" bes. *Schmidt-Aßmann*, VVDStRL 34 (1976), S. 231ff.

[109] Grdl. *Engisch*, Die Idee der Konkretisierung in Recht und Rechtswissenschaft unserer Zeit, 1953, bes. S. 181ff.; vgl. ferner zum Konkretisierungsauftrag der Staatsorgane im Sinne eines Handlungsablaufs, der auf die Umsetzung rechtlich gebundener Zwecke in die soziale Wirklichkeit zielt und dabei von der Verfassung seinen Ausgangspunkt nimmt („Verfassungsprozeß"), *Krebs*, Kontrolle, S. 27ff. Zum „Konkretisierungsauftrag zwischen Vollziehung und

sächliches Einwirken im Rahmen eines gesamtstaatlich-komplexen Entscheidungs- und Verantwortungsprozesses.

Innerhalb dieses Gesamtrahmens trägt jedes Staatsorgan eigenstrukturierte Entscheidungs-Verantwortung. Überschneidungen mit dem Verantwortungsbereich anderer Organe sind indes möglich und können gewollt sein. So fällt etwa dem *Gesetzgeber* grundsätzlich auch die Verantwortung dafür zu, daß sich in seinen Normen die Verfassungsdirektiven und in der sozialen Realität die mit den Gesetzen intendierten Wirkungen tatsächlich realisieren.[110] Dementsprechend muß die Legislative auch über die Mittel verfügen, ihren gesetzlichen Anweisungen entsprechende Wirksamkeit zu verleihen, d. h. ihrer Verantwortung für die Verwirklichung gerecht zu werden.

In diesen Prozessen fortlaufender Wirklichkeitskonstruktion und Situationsdefinition, wie sie der Legislative, Exekutive und der (kontrollierenden) Judikative übertragen sind, liegt jeweils ein Stück „Konkretisierung", nämlich normgeleitete folgenreiche Entscheidung über die Gestaltung individueller oder kollektiver Lebensverhältnisse. Jede Normsetzung enthält normgebundene Wirklichkeitsgestaltung, jede normgebundene Gestaltung verkörpert zumindest teilweise wirklichkeitsbezogene Normsetzung.[111]

Recht und Zweck sind darin untrennbar verschmolzen. Der legislative Entscheidungsprozeß ist auf umfassende Zweckverwirklichung angelegt; gleiches gilt für die Exekutive. Die Rechtsnorm ist ein Mittel, mit dem die Staatszwecke verwirklicht werden, wer immer diese Norm auch handhabt.[112]

Konkretisierung in diesem weiteren Sinne umfaßt nicht nur die Entscheidungsbefugnisse der Staatsorgane oder -funktionen zur rechtsverbindlichen Wirklichkeitsgestaltung. Sie ist zugleich Ausdruck der Art und Weise, *wie* deren kooperative Verantwortung für die Gestaltung von Recht *und* Wirklichkeit strukturell verfaßt ist. Materiell folgt sie dabei den Staatsaufgaben und ihrer kompetenziellen Wahrnehmung. Konkretisierung bildet darüber hinaus die typische Verfahrensform, in der die staatlichen Funktionsträger das tun, was zur Erfüllung der jeweiligen Aufgabe angesichts der gegebenen Lage jeweils erforderlich ist. Rechts- und Zweckkonkretisierung ist von daher das *Strukturgesetz* aller staatlichen Verantwortung.[113]

Verantwortung erweist sich damit als ein Relationsbegriff, der an ihr Verständnis als regulatives Prinzip anknüpft: Ihr Pflichtmoment aktualisiert und reguliert sich

---

Rechtsprechung" siehe zuletzt und m. w. Nachw. *Gusy*, DVBl. 1987, 498ff.; zum Konkretisierungsauftrag der Verwaltung beim Vollzug öffentlichrechtlicher Normen vgl. auch *Schmidt-Eichstaedt*, DVBl. 1985, 645ff.; *Wahl*, VBlBW 1988, 388.

110 Vgl. z.B. BVerfGE 65, 1 (58ff.); *R. Scholz/Pitschas*, Informationelle Selbstbestimmung, S. 54ff.; früher schon *Zimmer*, Funktion – Kompetenz – Legitimation, S. 92f., 182f., 190.

111 Siehe nur *F. Müller*, Strukturierende Rechtslehre, z.B. S. 168ff., 184ff., 230ff., 250ff., 263ff.; *ders.*, Richterrecht, S. 41ff., 44f.; vgl. ferner die Nachw. oben, 1. Kap., Fn. 86; 2. Kap., Fn. 248.

112 Vgl. auch *Zimmer*, Funktion – Kompetenz – Legitimation, S. 162ff., 168 m. Anm. 197, 169.

113 Siehe auch *R. Scholz*, VVDStRL 34 (1976), S. 170.

nach Maßgabe des Konkretisierungsbedarfs in der jeweiligen und stets anders als zuvor strukturierten Entscheidungssituation. Was zu tun ist, um die sich stellende Aufgabe zu erfüllen, hängt von den – im einzelnen oft nicht vorhersehbaren – Situationen ab, mit denen staatliche Funktionsträger im Hinblick auf den Gegenstand ihrer Verantwortung konfrontiert werden. In bezug hierauf ist diesen zumindest die pflichtmäßige „Ermessen"prüfung aufgegeben, ob der Zustand des Gemeinwesens bzw. die gemeinwohlorientierte Sach-(Aufgaben-)Verantwortung ein bestimmtes Verhalten erfordern.[114]

Unabdingbar ist dabei die kooperative Abstimmung der materiellen Rechtsprogramme mit den unterschiedlichen Anforderungen der gesellschaftlichen Teilsysteme. Auch hierfür ist das geeignete Instrument die „Konkretisierung" – sei es, daß der Gesetzgeber Tarifverhandlungssysteme institutionalisiert und Verfahrensnormen für Verhandlungssysteme entwirft, also auf diese Weise gesellschaftlichen Gruppen im Auftrag der Verfassung „unfertige Verantwortung" einräumt,[115] sei es, daß die Verwaltung „in the shadow of the law" durch Verhandeln administriert.[116]

2. *Konkretisierungsverantwortung als Kompetenzproblem*

Eine solche *Konkretisierungsverantwortung* kann sich staatlicherseits immer nur auf bestimmte Verantwortungsräume beziehen. Im Prozeß konkretisierender Wirklichkeitsgestaltung treffen jeweils relative und begrenzte Kompetenzen zusammen, denen unterschiedlich strukturierte Verantwortung, Verantwortlichkeit und Legitimation zugrundeliegen. Dementsprechend ist die jeweilige Handlungspflicht begrenzt, die jeweilige Verantwortung parzelliert.

Autoritative Verhaltenskoordination durch Recht ist damit zwar eine gemeinsame Angelegenheit von Gesetzgebung, Verwaltung und Justiz – jedoch mit je unterschiedlichen Verantwortungsbereichen und -gehalten ausgestattet. Als Folge hiervon ergeben sich für die Tätigkeit der einzelnen Staatsorgane immanente Grenzen, so z.B. für die Rechtsprechungsfunktion und die Exekutive in ihrem Verhältnis zueinander. Verfügt diese über einen „prinzipalen Funktionsvorbehalt",[117] so muß sich der Rechtsschutz durch jene im Hinblick hierauf *verantwortungsgerecht* entfalten.[118]

---

[114] Ebenso *Stettner*, Kompetenzlehre, S. 276; vor diesem Hintergrund erweist sich die von *Brohm* zuletzt mehrfach versuchte Ausdifferenzierung unterschiedlicher Gesetzestypen (z.B. NVwZ 1988, 797ff.) als ergänzungsbedürftig.

[115] Hierzu mit Blick auf die Tarifpartner vor allem *Lerche*, Verfassungsrechtliche Zentralfragen des Arbeitskampfes, 1968, S. 32; zur Sozialverantwortung der Koalition siehe ferner *Badura*, Das Recht der Koalitionen, in: G. Müller (Hrsg.), Das Arbeitsrecht der Gegenwart, Bd. 15 (1978), S. 17ff., 23.

[116] Vgl. *Treiber*, Implementationsansatz, S. 329.

[117] Ausdruck nach *R. Scholz*, VVDStRL 34 (1976), S. 149.

[118] Vgl. zusammenfassend *Bullinger*, Verwaltungsermessen, S. 144ff.; *Papier*, FS C. H. Ule, S. 240ff., 251f., 252ff.; siehe insbes. auch *P. Kirchhof*, NJW 1986, 2275ff., 2279 m. Anm. 22; *Schuppert*, DVBl. 1988, 1199; *Sendler*, ebd. S. 339ff., 347ff., 355/356.

Dahinter steht das grundlegende Problem einer *funktionsadäquaten* Verteilung von Verantwortung im rationalitätsbewußten modernen Staat.[119] Dieser darf aufgabenbezogene Zuständigkeiten nicht aufgrund bloßer Beliebigkeit zuweisen. Staatliche Entscheidungen können nur dann Aussicht auf einen möglichst hohen Grad an „Richtigkeit" bieten, wenn sie von denjenigen Organen getroffen werden, die dafür nach ihrer Organisation, Zusammensetzung, Funktion und Verfahrensweise über die besten Voraussetzungen verfügen.[120] Dies erst begründet die erforderliche Entscheidungslegitimation und gibt der Verantwortung ihren Sinn. Daher folgt aus dem Umstand, daß – wie z.B. im Atomrecht – der Gesetzgeber durch die Setzung „offenen" Rechts die Konkretisierung in jeder Hinsicht gleichsam an die Exekutive „delegiert" hat, nicht schon automatisch deren Entscheidungsverantwortung. Es müssen vielmehr entsprechende Funktionsvoraussetzungen hinzutreten.[121]

Verantwortung ist damit (auch) ein *Kompetenzthema:* Konkretisierung als Inbegriff der aufgabenbezogenen und zweckverpflichteten Entfaltung des von ihr umschlossenen Pflichtenmoments und Handlungs- bzw. Entscheidungsauftrags bedarf der kompetenziellen Befugnis. Ist diese nicht explizit ausgewiesen, bestimmt sich die Konkretisierungszuständigkeit nach faktischem Können und rechtlichem Dürfen, nach der Aufgabe als Entscheidungsgegenstand, nach dem, der (Mit-)Verantwortung trägt, dem er verantwortlich ist und von dem er zur Verantwortung gezogen werden kann. Verantwortung ist insoweit „Komplement aller kompetentiellen Gewalt".[122] Umgekehrt erschließt sich die Einstandspflicht für mangelhafte Aufgabenerfüllung, erschließen sich die der Verantwortung zugrundeliegenden Bindungen und Entlastungen jedenfalls im kompetenzgebundenen Staat nur mit Blick auf das ihm eigenen Zuständigkeitsschema.[123]

3. *Eigenverantwortung für Konkretisierung*

Entscheidung und Legitimation, Verantwortung und Kompetenz stehen damit in einem unauflöslichen inneren Zusammenhang. Er determiniert und strukturiert die Wirkbefugnisse eines jeden staatlichen Funktionsträgers; aus ihm speist sich wesentlich die Frage nach der konkreten Verteilung funktionsadäquater Verantwortung.

---

[119] Hierzu siehe schon früher *Zimmer,* Funktion – Kompetenz – Legitimation, S. 158ff., 162ff., 177ff., 183ff.

[120] BVerfGE 68, 1 (86); zum Gebot „funktionsgerechter" Organisation siehe auch *Ossenbühl,* Vorbehalt des Gesetzes, S. 27; *Stern,* Staatsrecht I, § 20 IV 3b; *Zimmer,* a.a.O. (Fn. 119), S. 195f.

[121] Anders freilich *M. Beckmann,* DÖV 1986, 505ff., 507ff.

[122] *Stettner,* Kompetenzlehre, S. 276; enger *Schnapp,* VVDStRL 43 (1985), S. 191 mit dem Hinweis, Verantwortung begründe keinerlei Kompetenz, sondern folge ihr lediglich nach.

[123] *Stettner,* a.a.O. (Fn. 122), S. 264ff.; bloßes „Verantworten-können" reicht also nicht aus; anders wohl *Murswiek,* Risiken der Technik, S. 45 m. Anm. 59.

Der zentrale Aspekt dieses Zusammenhanges ist die Kompetenz,[124] sein wesensbestimmtes Kernstück die „Eigenverantwortung".[125] Sie weist dem Träger der Verantwortung einen Verantwortungsbereich zu, innerhalb dessen dieser befugt und verpflichtet ist, seine Aufgaben frei von Weisungen zu erfüllen.[126]

Weisungsunabhängigkeit, also die nicht heteronom determinierte Bewältigung einer Aufgabe, ist freilich charakteristisch für jede Verantwortung. So kann derjenige, der bei seiner Entscheidung in vollem Umfang an die Vorentscheidung eines anderen gebunden ist, jedenfalls selbst „Verantwortung" nicht mehr tragen.[127] Verantwortung im hiesigen, folgen- bzw. zielorientierten Sinne[128] kennt jedoch eine solche Bindung nicht: Der staatliche Funktionsträger, dem sie auferlegt wird, ist lediglich an die vorgegebenen Aufgaben oder Ziele gebunden, im Hinblick auf welche er sich zu verantworten hat, sowie an diejenigen Normen, die der Auswahl der Mittel Wege weisen. Rechtlich zu verantworten hat er sich somit nur dafür, daß die gestellte Aufgabe erfüllt, das Ziel erreicht wird und die gewählte Handlungsform der konkreten Handlungskompetenz konveniert. Für alles andere entfällt die rechtliche Einstandspflicht. Mit welchen (erlaubten) Mitteln und auf welchem Wege der „Erfolg" erreicht wird, ist die „eigene" Sache des Verantwortlichen.[129]

Der rechtliche Ausdruck hierfür ist die *Eigenverantwortung* des staatlichen Funktionsträgers. Sie vereint dessen Entscheidungsfreiheit mit seiner Pflichtenbindung. Ihr unterfällt auch die Möglichkeit, innerhalb des zugewiesenen Verantwortungsbereichs eigenständig weitere Aufgaben aufzuspüren, Ziele zu setzen und mit anderen zu kooperieren.[130] Eigenverantwortung hat somit die Funktion, aus den Pflichten und Verantwortlichkeiten eines Organs und seiner Organwalter einen Bereich auszugrenzen, für den vor anderen Instanzen keinerlei rechtliche Verantwortung besteht. Eigenverantwortung bedeutet mithin *rechtlich* Verantwortungsfreiheit.

Freilich wird dadurch nicht jede Verantwortlichkeit ausgeschlossen. Insbesondere bleibt die politische Verantwortung unangetastet. Und die rechtliche Verantwortungsfreiheit reicht in keinem Falle über den rechtlich zugewiesenen Bereich der Eigenverantwortung hinaus. In deren Wahrnehmung tragen staatliche Funktionsträger stets das Risiko, daß die eigenen Bemühungen um die Sache am rechtlich vorgegebenen Ziel vorbeiführen bzw. es fehlerhaft konstituieren sowie dafür, daß

---

[124] Vgl. bereits *Zimmer,* Funktion – Kompetenz – Legitimation, S. 160; nunmehr ausführlich *Stettner,* a. a. O. (Fn. 122), S. 254 ff.

[125] *R. Scholz,* VVDStRL 34 (1976), S. 149.

[126] BayVGH n. F. 4, 30 (47).

[127] So zutr. bereits *J. Schwarze,* DVBl. 1974, 893 ff., 899 (allerdings unter alleiniger Berufung auf das demokratische Prinzip); gleichermaßen zu beachten ist aber auch der Grundsatz der Rechtsstaatlichkeit.

[128] Vgl. oben B.II.

[129] Vgl. *Murswiek,* Risiken der Technik, S. 51; *Stettner,* Kompetenzlehre, S. 273 m. w. Nachw.

[130] Siehe auch *Saladin,* Verantwortung, S. 77; zu dem Verhältnis dieses Betätigungsspielraums zum „Ermessen" siehe oben, Fn. 39.

sonstige Rechtspflichten verletzt, etwa rechtlich mißbilligte Nebenwirkungen erzeugt werden.

Ist das aber nicht der Fall, so zeichnet der Träger der Verantwortung rechtlich nicht verantwortlich, soweit seine Eigenverantwortung reicht. Diese impliziert auch die *Kompetenz,* innerhalb des zugewiesenen Verantwortungsbereichs für die Erledigung der Aufgaben unter dem Aspekt der Zielerreichung eigene Maßstäbe zu setzen.[131]

III. Leitlinien der Konkretisierungsverantwortung

Jede Verantwortung braucht *Leitlinien.* Die Rechts- und Zweckkonkretisierung bezieht sie aus den Rationalitätsanforderungen des modernen Staates.[132] Seine Funktionsfähigkeit ist wegen ihrer Verknüpfung mit der Legitimität staatlicher Entscheidungen auf generalisierte Verantwortungskriterien geradezu angewiesen. Dementsprechend stellt sich die Frage, *wie* der Staat seine Verantwortung näherhin wahrnehmen soll und wie diese auf die Verantwortung seiner Bürger zu beziehen ist.

1. Verantwortung als „Auftrag"

a) Materialer Gehalt des Verantwortungsthemas

Die Antwort hierauf verweist zunächst auf den im Verantwortungsthema beschlossenen Gehalt an materialer Aussage. Sie knüpft daran an, daß die den Institutionen und Organen repräsentativ verfaßter Staatlichkeit anvertraute Hoheitsmacht nicht etwa willkürlicher Beliebigkeit unterliegt. Ihr Einsatz durch den Staat wird vielmehr an die gleichzeitige Bezugnahme auf die freiheitsdirigierten Staatszwecke und den Gemeinwohlauftrag gebunden, in deren Zeichen ihm seine außergewöhnlichen Machtmittel zur Verfügung stehen.[133] Diese Bindung impliziert zugleich die Prüfung des jeweils zuständigen Staatsorgans bzw. Funktionsträgers, ob und in welchem Ausmaß der von ihm beobachtete Zustand des Gemeinwesens es erfordert, von den kompetenziell zugeteilten Machtmitteln, Befugnissen und Ressourcen in Ansehung der Eigenrationalität gesellschaftlicher Lebensbereiche bestimmungsgemäßen Gebrauch zu machen.

Für den *Gesetzgeber* besteht deshalb zumindest die Pflicht, sich zu vergewissern, ob und welche Gesetzgebungsaufträge vorliegen[134] und wie diese in Abstimmung

---

[131] Vgl. für die öffentliche Verwaltung insbes. *R. Scholz,* VVDStRL 34 (1976), S. 170, 174f.; siehe ferner *Zimmer,* Funktion – Kompetenz – Legitimation, S. 158ff.

[132] Zu diesen siehe oben, 4. Kap., C. und D.

[133] Vgl. auch *Stettner,* Kompetenzlehre, S. 268.

[134] Zu diesen siehe näher *Lerche,* AöR 90 (1965), S. 341ff.; vgl. ferner *Stettner,* a.a.O. (Fn. 133), S. 276f.

mit den gesellschaftlichen Interessen erfüllt werden können. Auch die *Verwaltungsbehörden* sowie die Organe der *Justiz* tragen jenseits ausdrücklich eingeräumter Konkretisierungsspielräume die Verpflichtung, für die bestmögliche Bewältigung der übertragenen Aufgabe, für den zweckmäßigen Einsatz der zur Verfügung stehenden Mittel im Rahmen und nach Maßgabe des Rechts, für sinngemäße Ausfüllung der nicht umschriebenen und dennoch gegebenen Freiräume einzutreten. Das ist eine der Konsequenzen des im modernen Staat funktions- und arbeitsteilig verfaßten Prozesses abstrakter *und* konkreter Rechtsbildung.[135]

Kurzum: Verantwortung ist als Auftrag, als eine Pflicht der Macht zu deuten, die ihr entsprießenden Funktionsimperative zugunsten von Freiheit und Gemeinwohl aufzugreifen und ihre Konkretisierung an der realen politischen und sozio-ökonomischen Entwicklung zu orientieren. Dementsprechend leitet sich aus der kompetenziellen Einwirkungsmöglichkeit auf ein soziales Ordnungsproblem nicht nur die Verpflichtung ab, von der Möglichkeit zum Einwirken Gebrauch zu machen, sondern „Verantwortung" gibt zugleich die Richtung an, in welchem Sinne eingewirkt werden soll.[136]

b) Rationalitätsbindung der Konkretisierungsprozesse

Verantwortung als „Auftrag" kennzeichnet freilich insoweit und zunächst nicht mehr als nur einen äußeren *Rahmen* für das staatliche Entscheidungshandeln. Denn die Tätigkeiten und Wirkäußerungen der Organe von Legislative, Exekutive und Judikative als den Grundtypen der Art der Aufgabenerfüllung differieren strukturell. Einheitliche Leitlinien der staatlichen Verantwortung zu entwickeln, stößt deshalb auf erhebliche Schwierigkeiten. Jeder der benannten Funktionsbereiche verfügt über eine eigene organisatorische Grundordnung und eine instrumentelle sowie personelle Ausstattung; jedem von ihnen ist im modernen Staat üblicherweise ein nach Legitimation und Verantwortung, Entscheidung und Kompetenz, Sanktion und Kontrolle unterschiedlich strukturierter Funktionsauftrag zugewiesen. Demgemäß entfaltet sich im jeweiligen Funktionszusammenhang auf der Grundlage spezifischer Eigenverantwortung auch eine je originäre Maßstabskompetenz.

Allen Funktionsträgern gemeinsam ist dagegen die *Art und Weise* der Entscheidungs*findung* und die ihr immanente Berücksichtigung von Wirklichkeits*folgen*. Dieses entscheidungsprozessuale Fundament der Gemeinsamkeit ist das Abbild jener vorausliegenden Organisations- und Wirkungs*einheit*, die der moderne Staat darstellt und die ihm die rechtliche und funktionelle Koordination seiner *Entscheidungen* abverlangt.[137] Der moderne Staat beruht in seiner Funktionsfähigkeit darauf, daß seine einzelnen Funtktionsgruppen nicht in sich ruhende, voneinander

---

[135] Siehe auch *R. Scholz*, VVDStRL 34 (1976), S. 162f.

[136] A.A. *Murswiek*, Risiken der Technik, S. 34ff.

[137] Vgl. *Zippelius*, Staatslehre, S. 55ff., 59f.; zur Einheit der *Verwaltung* als Rechtsproblem siehe auch und z.B. die Referate von *Bryde* und *Haverkate*, VVDStRL 46 (1988), S. 181ff., 217ff., sowie u.a. *Oebbecke*, DVBl. 1987, 866ff.; w. Nachw. im 11. Kap., B.

hermetisch abgetrennte Gefügeblöcke darstellen, sondern sich gegenseitig steuernde Wirkgefüge bilden, die über Prozeduren und Entscheidungen ineinandergreifen.[138]

Die dementsprechend mögliche, aus der Sicht der Staatslehre sogar unabdingbare handlungs- und entscheidungstheoretische Durchdringung staatlicher Verantwortung(en) vermittelt den Ansatzpunkt für die Entwicklung von einheitlichen und prinzipalen Verhaltensmaßstäben jener funktionellen und normativen Koordination nach innen und nach außen, die den Staat ausmacht, ohne daß zugleich der Sinn der Funktionenteilung verloren geht: Überall erweist sich der *Konkretisierungsprozeß* als ein gleichermaßen und eben darin vergleichbar strukturierter Vorgang, in dem sich zeitabhängig und mit Blick auf das angestrebte Ziel einzelne Aktivitäten, Phasen und Elemente nach Maßgabe zweckhafter und *sozio-emotionaler Rationalität* wechselseitig bedingen und beeinflussen, normative, kognitive sowie volitive Aspekte miteinander vermengen bzw. als funktionale Äquivalente einander ersetzen.[139]

Aus der Perspektive einer derart konkretisierungsbezogenen Vergleichbarkeit staatlicher Teil-Verantwortungen und Verantwortlichkeiten lassen sich gemeinsame materielle und wertgebundene Leitlinien ihrer Wahrnehmung entwickeln. Sie erfließen aus dem *Rationalitätskonzept* staatlichen Entscheidens, wie es oben als kategorialer Rahmen entfaltet worden ist.[140] Die verantwortliche Rechts- und Zweckkonkretisierung eines jeden Funktionsträgers bestimmt sich hiernach im Richtsteig von Ziel, Ergebnis und Konkretisierungsfolgen, mithin im Sinne der dargestellten Gesamt-Rationalität.[141] Hieraus resultiert, daß nur dasjenige staatliche Handeln und Entscheiden verantwortbar ist, das im Rahmen des jeweils geltenden (Verfassungs-)Rechts bestimmte Zwecke oder Ziele mit Hilfe eines effizienten *und* effektiven Mitteleinsatzes unter den gegebenen Bedingungen annähernd erreicht. Bloß instrumentalrationales Denken und sein Rückbezug auf formalisiertes Recht reichen freilich hierfür – wie gezeigt – nicht aus.[142] Staatlicher Verantwortung geht es ebenso sehr um „Machbarkeit" wie um „Begründbarkeit"; wo diese fehlt, hilft auch jene nicht weiter. Staatliches Handeln und Entscheiden erweisen sich dann als verantwortungslos.

---

[138] Vgl. näher zu diesem modernen Verständnis der Gewaltenteilung *Brohm*, DÖV 1987, 265ff.; *K. Hesse*, Grundzüge, S. 185ff., 188f. (Rdnrn. 487f.), 190f. (Rdnrn. 493f.), 192f. (Rdnr. 498); *ders.*, FS H. Huber, 1981, S. 261ff., 265f.; *Jarass*, Politik und Bürokratie als Elemente der Gewaltenteilung, S. 6, 10f., 99; *Krebs*, Kontrolle, S. 49f.; *Stern*, Staatsrecht I, § 20 IV 3.

[139] Siehe z.B. für den Gesetzgeber im hiesigen Sinne *Schulze-Fielitz*, NVwZ 1983, 709ff.; für die öffentliche Verwaltung vgl. *Wallerath*, DÖV 1986, 533ff., 536ff.; *Pitschas*, VerwArch. 72 (1981), S. 1f., 4ff.; für das gerichtliche Verfahren vgl. am Beispiel des Strafprozesses *E. Schlüchter*, Strafverfahren, S. 1f., 318f.; das Ergebnis ist ein „rationalisierend" wirkender, auf *einheitliches* Zusammenwirken angelegter staatlicher Aufbau, vgl. *K. Hesse*, Grundzüge, S. 192 (Rdnr. 498).

[140] 4. Kap., C. und D.; vgl. auch 5. Kap., A. und B.

[141] Vgl. dazu oben, 4. Kap., C. VII.

[142] Siehe oben, 4. Kap., C.VII.1.; vgl. auch *Kriele*, Staatslehre, S. 37.

Das *Rationalitätsgebot* bildet somit den prinzipalen Verhaltensmaßstab der Rechts- und Zweckkonkretisierung und zugleich eine kompetenzielle Aufgabe im System der gewaltengegliederten Staatszwecke. Es formuliert damit auch ein gleichermaßen materielles wie materiales Rechtsgebot im Rahmen staatlicher Verantwortung, nämlich den Auftrag zur möglichst zweckrichtigen, situativen (sachnahen) und interessengerechten („reflexiven") Konkretisierung der vorgeordneten Zwecksetzungen. Die hierfür entwickelten Direktiven steuern die Verantwortung für die Sache, um die es geht; sie bilden zugleich Voraussetzungen einer gelungenen sozialen Integration.

2. *Zweckrichtigkeit des Entscheidens und situative Verantwortung*

Im Mittelpunkt der Leitlinien staatlicher Verantwortung für Entscheiden steht die *Zweckrichtigkeit* des Entscheidungshandelns. Rechtliche und politische Verantwortung bezieht sich auf die kompetenzielle Gestaltung des Zwecks, den es im Rahmen und nach Maßgabe des Rechts zu verwirklichen gilt.

a) Das Gebot sach- und interessengerechter Wirklichkeitsgestaltung

aa) Sachlich-instrumentelle Anforderungen des sozialen Ordnungsproblems

Zweckverwirklichung bedarf des *Sachverstandes*. Ohne seinen Einsatz können staatliche Funktionsträger ihre Entscheidungen nicht verantworten. Rationale Wirklichkeitsgestaltung setzt die institutionalisierte Fähigkeit voraus, die sachlich-instrumentellen Anforderungen des jeweiligen sozialen Ordnungsproblems aufzugreifen, aufzuklären und durch einen komplexen Verbund struktureller und technologischer Dimensionen mit personalen Verhaltens- und Verfahrensweisen abzuarbeiten. *Expertise* ist eine Funktionsbedingung dieses Verbundes und damit wesentliches Strukturelement des Legitimations- und normativ angeleiteten Verantwortungszusammenhanges, in den der jeweilige Entscheidungsträger hineingestellt ist.[143] Die Erschließung, Fortentwicklung und Popularisierung des Expertenwissens gehört deshalb zu den unverzichtbaren Voraussetzungen einer verantwortlichen Rechts- und Zweckkonkretisierung.

bb) Informationsversorgung als Gestaltungsvoraussetzung

Sachverständige Zweckverwirklichung hängt vor allem von der *Güte* der Informationsversorgung ab. Rechtsetzung,- bildung und -kontrolle sind aktivitätsgesteuerte sequenzielle Informationsgewinnungs- und verarbeitungsprozesse mit intendierten Wirkungen auf die Realität. Art und Ausmaß der *Informationen* bestimmen daher ihre Qualität; diese sind der Baustein aller staatlichen Entscheidungen.

---

[143] Dazu etwa *K. König*, System und Umwelt, S. 27; *Ossenbühl*, Verwaltungsvorschriften, S. 187ff., 195ff.; *Pirson*, Das öffentliche Amt, S. 60ff.; *Schmidt-Eichstaedt*, AöR 98 (1973), S. 173ff., 179; *Zimmer*, Funktion – Kompetenz – Legitimation, S. 171ff., 183f.

Die staatlichen Funktionsträger trifft deshalb eine prinzipielle Verantwortung für die Verfügbarkeit entsprechend differenzierter Daten. Alle Staatsfunktionen bedürfen der intensiven Datenerhebung und -verarbeitung. Das Verlangen nach staatlichem Freiheitsschutz ist ebenso wie das allgemeine Bedürfnis nach staatlicher Leistung in der Vielfalt der Staatsaufgaben unabdingbar mit der staatlichen Informationsbeschaffung, -vorsorge und -hergabe verknüpft. Dementsprechend besteht eine *staatliche Informationsverantwortung*.[144]

cc) Zweckverwirklichung als problembezogene Interessenzuordnung

Informationsgesteuerte Zweckverwirklichung ist ohne problembezogene *Interessenzuordnung* nicht denkbar. Das zweckbestimmte Handeln und Entscheiden der Staatsorgane ist prinzipiell interessengeleitet. So bezeichnen die aufgegebenen und jeweils verfolgten Zwecke bestimmte ausgewählte Wirkungen, nämlich diejenigen aus einem Gesamtkomplex möglicher Wirkungen und Folgewirkungen, die das Konkretisierungshandeln *rechtfertigen* sollen.[145] Ihre im „Zweck" bereits vorausgehend gebündelte Auswahl beruht auf einem Abgleich mit den Werten etwaiger anderer (Neben-)Wirkungen und damit auf einer interessengeleiteten Prämissenaufbereitung als Vorgabe für die Zweckverwirklichung. In deren Verlauf können sich jedoch *Interessenkonflikte* ergeben.

Die maximale Konkretisierung der Zwecke fordert deshalb im Stadium der Entscheidungsvorbereitung, daß *alle* auf das jeweilige Gestaltungs-, Leistungs- oder Ordnungsproblem bezogenen Interessen in Informationen umgesetzt (artikuliert) und diese verarbeitet werden. Hierbei dürfen nicht nur die organisierten Interessen zum Zuge kommen. Die Nichtorganisation von Interessen berührt sich insofern mit dem Problem der Nicht-Entscheidung, des sog. „non-decision-making".[146] Um ihm zu entgehen, sind die staatlichen Funktionsträger gehalten, auf die Repräsentation auch solcher Interessen hinzuarbeiten, die schwach organisiert sind bzw. deren mangelnde Organisationsfähigkeit in den Betroffenen selbst liegt oder in der noch fehlenden Aktualität des Interesses und der Interessenkonflikte.[147]

Letztlich gründet diese spezifische „Repräsentationspflicht" im Auftrag der Verantwortung sowie in ihrem Bezug zur Repräsentation schlechthin.[148]

---

[144] Hierzu siehe grds. *R. Scholz/Pitschas*, Informationelle Selbstbestimmung, S. 103ff., 125ff., 130ff.; abl. *Denninger*, KritV 1986, 291ff., 295ff., 306 (dort allerdings mit der Verstrikkung in die eigene Feststellung auf S. 313, daß sich „der ‚juristische' und der ‚politische' Gehalt verfassungsrechtlicher Textaussagen oft so säuberlich gar nicht trennen" lassen: *Denninger* kritisiert m.a.W. die Methode, die er selbst anwendet!).

[145] Freilich merkt *Teubner*, Verrechtlichung, S. 328, zu recht an, daß (heute) weder Rechts- noch Sozialwissenschaften in der Lage sind, aureichend komplexe Wirklichkeitsmodelle zu entwickeln, um die intendierte Zweckverwirklichung im Implementationsfeld detailgenau steuern und kontrollieren zu können.

[146] Vgl. für das Verwaltungsrecht *W. Schmidt*, Probleme des Verwaltungsrechts, S. 246 mit Anm. 20, 21.

[147] So mit Recht *W. Schmidt*, a.a.O. (Fn. 146), S. 245f.

[148] Dazu auch *Saladin*, Verantwortung, S. 49ff., 172ff.

dd) Interne und externe Interessenkoordination

Zur Rationalisierung staatlicher Entscheidungsprozesse trägt jeder bei, der Informationen liefert. Das gilt für den Binnenbereich des Staates, für die Gesetzgebungsarbeit, das Verwalten und das Richten ebenso wie für gesellschaftliches Handeln und dessen Beziehung zu staatlichen Funktionsträgern, d.h. für den Außenbereich. Zu recht lenkt deshalb *P. Lerche* den Blick auf die bislang defizitäre Verantwortung des Gesetzgebers, im Wege der Materialerschließung und Interessenfeststellung alle für ein späteres Gesetz bedeutsamen kollidierenden Positionen auszuloten und die tatsächlichen Betroffenheiten abzugrenzen.[149]

Die Bezugnahme auf allfällige Interessen und deren Vielfalt darf freilich nicht zu einem Procedere partikularer Besonderheiten mit einer am Ende mehr oder weniger mißglückten bloßen Summierung privater und/oder öffentlicher Interessen führen.[150] Sach- und problemgerechte Wirklichkeitsgestaltung setzt vielmehr wegen des Gemeinwohlbezugs jeder Zweckverwirklichung eine umfassende *Interessenkoordination* voraus. Diese bedingt eine spezifische *Koordinationsverantwortung* der staatlichen Funktionsträger. Im Wandel des Rechts vermag sie sich freilich immer weniger an abgrenzbaren Adressatenkreisen zu orientieren sowie individualisierbaren Rechtsgüterschutz zu gewährleisten.

ee) Situativer Entscheidungsbezug

Stattdessen bestimmt mehr und mehr die spezifische *Entscheidungssituation,* in der sich der jeweilige Funktionsträger bei der Zweckverwirklichung befindet, sein konkretes Vorgehen. Diese „Situation" umschließt das Vorhandensein oder Nichtvorhandensein von Sachkunde und Sachnähe sowie die im Hinblick auf den Entscheidungsgegenstand verfügbare Informationsmenge einschließlich der aggregierten Interessen samt ihrer Koordination. Sie gibt ferner den Entscheidungszwängen Ausdruck, unter denen zu entscheiden ist, und sie umgreift den bestehenden Zeitrahmen.[151]

Zu den Faktoren, die den *situativen* Zusammenhang zwischen den Entscheidungen staatlicher Organe und ihrem Zustandekommen beeinflussen, zählt schließlich die Überschaubarkeit der Entscheidungsfolgen, ihre *Prognostizierbarkeit.* Die Ver-

---

149 In: Vorbereitung grundrechtlichen Ausgleichs, S. 109ff.; siehe auch die aus je unterschiedlicher Perspektive zu dieser Verantwortung des „Gesetzgebers" ergangenen Bemerkungen von *K. König,* FS C. H. Ule, 1987, S. 136, 141; *Roser,* ZParl 1984, 534ff.; *Steinberg,* Der Staat 26 (1987), S. 165f.; *Schulze-Fielitz,* Gesetzgebungsprozeß, S. 105ff.; *ders.,* Theorie und Praxis, S. 480ff.

150 Wie dies *Schmitt Glaeser* in bezug auf das Verwaltungsverfahren befürchtet, vgl. *ders.,* Position der Bürger, S. 62.

151 Dazu m. w. Nachw. *Zimmer,* Funktion – Kompetenz – Legitimation, S. 240 m. Anm. 11; speziell für das Verwaltungsverfahren vgl. z. B. *Pietzcker,* VVDStRL 41 (1983), S. 183f.; *Pitschas,* DVerw. 12 (1979), S. 424ff.; zum Faktor „Zeit" und seiner Rolle im Verwaltungs- und Verfassungsgefüge allgemein siehe *Dürig,* Tübinger Festschrift, 1977, S. 21ff.; mißverständlich erscheint vor diesem Hintergrund der von *Brohm,* NVwZ 1988, 794ff., gewählte Begriff der „situativen Gesetzesanpassung"; siehe auch den Text oben um und zu Fn. 153.

änderbarkeit der Situation des Entscheidens durch innere oder äußere Bedingungen wie z.B. durch den Wandel der Umwelt, der Interessen der Beteiligten oder die Entwicklung des Standes von Wissenschaft und Technik schlägt auf die Zweckverwirklichung durch.[152]

Wird damit insgesamt die Entscheidungssituation zu einer objektiv-strukurellen Bedingung sach- und interessengerechter Wirklichkeitsgestaltung, dann ist auch staatliche Verantwortung „situativ" geprägt. Sie entfaltet sich sowohl in Form von Initiative, Informationssuche und Prognose als auch in („regulativer") Selbstprogrammierung, Abwicklung und Folgenberücksichtigung – ganz nach der *strukturellen Leistungsfähigkeit* des jeweiligen Entscheidungsträger.[153]

b) Strukturelle Leistungsfähigkeit und sanktionierbare Verantwortung

Diese Leistungsfähigkeit bestimmt das Ausmaß, in dem staatliche Organe zur situativen, sach- und interessengerechten Rechts- und Zweckkonkretisierung befähigt sind. Dementsprechend hängen auch die Rationalität staatlichen Entscheidens, seine Legitimation und Verantwortbarkeit von dem Leistungsvermögen der staatlichen Funktionsträger im Sinne kompetenzgerechter Umsetzung der Verantwortungsdirektiven ab.

aa) Aufgabenzuweisung und funktionsgerechte Organstruktur

Als Konsequenz hieraus folgt das *Verbot*, einem staatlichen Funktionsträger beliebige Aufgaben zuzuweisen. Die rechtliche Befugnis zu ihrer durchführenden Verwirklichung darf nicht eingeräumt werden, wenn sie nicht sachgerecht und sachnah bewältigt werden können. So darf etwa der Gesetzgeber nicht beliebig Verwaltungsaufgaben auf *Gerichte* übertragen, weil sich deren Tätigkeit als intellektueller Vorgang der Erkenntnis und Feststellung des streitigen Rechts durch den Richter funktionell vom *Verwaltungshandeln* unterscheidet, das seinerseits volitive Elemente politischer („metajuristischer") Dezision enthält. Eine gleichwohl vorgenommene Aufgabenübertragung würde die strukturell eigengeartete Leistungsfähigkeit richterlichen Handelns überfordern und überdies die richterliche Unabhängigkeit bedrohen.[154]

Der Gesichtspunkt der *strukturellen Leistungsfähigkeit* hilft zugleich, die in der konkreten rechtlichen Ordnung der Verteilung und des Ausgleichs staatlicher Macht häufiger auftretende Frage nach der Deutung des Normsinns im kompetenziellen Entscheidungsmuster zu beantworten. Wer Verantwortung tragen soll, bestimmt sich nämlich (auch) nach dem Befund über die Funktionsgerechtigkeit der

[152] Siehe am Beispiel des Verwaltungsverfahrens bes. *Hill*, Das fehlerhafte Verfahren, S. 252.

[153] Vgl. mit Blick auf die „Verwaltungsverantwortung" *Schmidt-Aßmann*, VVDStRL 34 (1976), S. 238.

[154] Siehe etwa *Forsthoff*, FS R. Isay, 1956, S. 95ff., 120ff.; *P. Kirchhof*, Rechtsprechende Gewalt, S. 21f., 23f., 31ff.; *Schmidt-Aßmann*, FS C.-F. Menger, S. 117ff.; *St. Smid*, Rechtsprechung, S. 254, 255f.

Organstruktur. Unklare bzw. nicht explizit zugewiesene Entscheidungs- und Kontrollkompetenzen klären sich also und Legitimation wie Verantwortbarkeit staatlicher Entscheidungen sind zu bejahen, wenn das betreffende Organ innerhalb seiner faktischen Leistungsgrenzen entscheidet, die Entscheidungsgrenzen beherrscht und für sie auch verantwortlich gemacht werden kann.[155] Dementsprechend bestimmt sich die gerichtliche Kontrolldichte.[156]

bb) Rechenschaftspflicht als Junktim der Entscheidungsbefugnis

Wo Verantwortung und Verantwortlichkeit erkennbar fehlen, muß die Entscheidungsbefugnis a limine verneint werden. Sie steht nur demjenigen Organ zu, das für Ergebnis und Folgen seines Handelns in adäquater Weise zur Rechenschaft gezogen werden kann.[157]

Zwischen Entscheidungsbefugnis und Rechenschaftspflicht besteht demgemäß ein *Junktim.* Ihm entsprießt nicht nur das zuvor erwähnte Verbot, einem staatlichen Funktionsträger durch Gesetz Befugnisse einzuräumen, der seiner Struktur nach zu einer sachnahen und sachgerechten Aufgabenerledigung nicht imstande wäre. Dagegen verstieße auch eine arbeitsteilige Aufgabenerfüllung unter Staatsorganen, bei der z.B. der Gesetzgeber – von der Aufgabe her gesehen – eine Angelegenheit der Exekutive übernähme, ohne über diese verantwortlich zu entscheiden, während jene insoweit ohne eigene Verantwortung handelte und die Entscheidung vor den Gerichten nicht zu vertreten bräuchte.[158]

Aus der Perspektive rational begründeter Verantwortung leitet sich mithin die *Direktive* ab, daß niemand über Befugnisse zur Wirklichkeitsgestaltung verfügen sollte, der für ihren Mißerfolg nicht einzustehen hat. Zu den Leitlinien staatlicher Verantwortung gehört deshalb nicht allein die Orientierung am Sachverstand, sondern auch die Sanktionsmöglichkeit; Entscheidungslegitimation ohne *sanktionierbare* Verantwortung darf der moderne Staat nicht dulden.[159]

c) Verantwortungsbindung aus Entscheidungsfolgen

Rechts- und Zweckkonkretisierung, ob durch Legislative, Exekutive oder Judikative, ist stets mit Entscheidungen über die Gestaltung sozialer Wirklichkeit verbunden, die *Folgen* zeitigen. „Verantwortung" ist deshalb immer auch und zugleich Entscheidungsfolgen-Verantwortung.[160] Auch sie muß sachnah, interessen- und

---

155 BVerfGE 68, 1 (86); *Ossenbühl,* DÖV 1980, 548f.; *ders.,* Vorbehalt des Gesetzes, S. 27; *Zimmer,* Funktion – Kompetenz – Legitimation, S. 183; diesen Punkt übersieht dagegen *Oebbecke,* Weisungs- und unterrichtungsfreie Räume, S. 129f.

156 So wohl auch *Sendler,* FS C. H. Ule, S. 355, 356, in Abgrenzung von Verwaltungs- und verwaltungsgerichtlicher Verantwortung.

157 Vgl. oben, B. II.; siehe auch *Zimmer,* a.a.O. (Fn. 155), S. 179, 187.

158 BVerfGE 45, 297 (332, 334).

159 BVerfGE 9, 268 (281, 282); *Krebs,* Kontrolle, S. 41ff., 44; *Ossenbühl,* Mitbestimmung, S. 47f., 49f.

160 Vgl. schon oben, C. I. 3.; dies verkennt z.B. *Th. Simons,* Verfahren und verfahrensad-

sachgerecht ausgeübt werden. Wirkbefugnisse dürfen daher den unterschiedlich strukturierten Entscheidungsträgern nur nach Maßgabe ihrer faktischen und rechtlichen Fähigkeit zur *Folgenantezipation und -bewältigung* zugewiesen werden. Für die Realisierung einer jeden Entscheidung gilt der Grundsatz der sanktionierbaren Folgenverantwortung.[161]

aa) Proportionalität von Entscheidungswirkung und -verantwortung

Die Hinwendung zu den realen Auswirkungen des Entscheidens rückt darüber hinaus die Frage nach der Abgrenzung der Befugnisbereiche involvierter Entscheidungsträger in das Blickfeld. Vor dem Hintergrund der staatlichen Kompetenzordnung hat jeder von ihnen bei der Wahrnehmung seiner Befugnisse zu vermeiden, daß die zu erwartenden Folgen die Kompetenz und Verantwortung anderer Entscheidungsträger beeinträchtigen. Zwischen Entscheidungswirkungen und Entscheidungsverantwortung muß in diesem Sinne eine *Proportionalität* gegeben sein.

Diese Verpflichtungen staatlicher Funktionsträger auf einen Gleichklang zwischen Verantwortung und Reichweite bzw. Qualität der Entscheidungswirkungen löst z.B. das Problem der *Grenzen richterlicher Rechtsfortbildung* im modernen Staat.[162] Immanente Schranken der rechtsprechenden Gewalt lassen sich nämlich im hiesigen Kontext dort erkennen, wo richterliche Entscheidungen die Verantwortung des Gesetzgebers zu verwischen drohen. Eine im Parlament nicht erreichbare oder von diesem hinausgeschobene gesetzliche Regelung darf deshalb nicht durch die Judikative in Kraft gesetzt werden.[163] Andernfalls würde die rechtsprechende Gewalt die Verantwortung für eine Entwicklung usurpieren, die nach Maßgabe der Kompetenzordnung und funktionell des gesetzgeberischen Anstoßes bedürfte, für die nunmehr aber – einmal in Gang gesetzt – die Legislative weder Verantwortung tragen noch berechtigterweise zur Verantwortung gezogen werden kann.

Auch der Gedanke der „Notzuständigkeit" durchbricht diese Verantwortungsbindung aus Entscheidungsfolgen nicht. Die Verantwortung der Richter für die Folgen des Richterrechts gebietet ihnen daher Zurückhaltung bei der Rechtsprechung, wenn und soweit rechtspolitische Aspekte betroffen sind, die den Gesetzgeber bis dahin nicht veranlaßt haben, von sich aus tätig zu werden.[164]

äquate Rechtsformen, in seinen Distinktionen zu „Entscheidungs- und Kooperationsverfahren" völlig.

[161] So mit Blick auf den Gesetzgeber z.B. BVerfGE 65, 1 (58ff.).

[162] Zu der Problematik der richterlichen Rechtsfortbildung vgl. bereits die Nachw. im 2. Kap., Fn. 304ff.; siehe im Zusammenhang des Textes ferner *P. Kirchhof,* NJW 1986, 2275ff.; *Mayer-Maly,* JZ 1986, 557ff., 560f., 562.

[163] *Bachof,* Tübinger Festschrift, 1977, S. 177ff., 178ff.; *J. Ipsen,* Richterrecht und Verfassung, 1975, S. 232; *Leisner,* DVBl. 1986, 705ff., 708, 710f.; das im Text gesagte gilt auch für die Entscheidungstätigkeit des BVerfG im Verhältnis zu Legislative und Exekutive, vgl. *Pitschas,* Staatswissenschaftliche Analyse, II. und IV.

[164] *Mayer-Maly,* a.a.O. (Fn. 162), 561; *Rüthers,* FS E. Wolf, 1985, S. 565ff., 577ff.

bb) Einschätzung und Abwägung von Risikoentscheidungen

Welche Folgen eine Entscheidung nach sich ziehen kann, ergibt sich aus einer *prognostischen* Beurteilung der zukünftigen Entwicklung des Entscheidungsgegenstandes. Diese mag unter Gewißheitsbedingungen risikolos sein; sie stellt sich jedoch dann, wenn die Entscheidungsergebnisse nur nach der objektiven oder gar subjektiven *Wahrscheinlichkeit* ihres Eintretens kalkuliert werden können, in hohem Maße als risikoreich dar.[165]

Die Situation der Entscheidung unter Ungewißheit wirft spezifische Verantwortungsprobleme auf. Es ist nämlich nicht damit getan, das Für und Wider der zur Wahl stehenden Entscheidungsalternativen abzuwägen, wenn die Umstände, aus denen sich das Entscheiden herleiten soll, ungewiß bzw. in unterschiedlichem Maße wahrscheinlich sind. Vielmehr stellt sich dann das Problem, wie Ungewißheit, Risiko und Wahrscheinlichkeitsannahmen in einer Entscheidung zu verarbeiten sind.[166]

Seiner Verantwortung für die Auflösung dieser Problematik kann sich der Staat nicht entziehen. Er *muß* entscheiden, und zwar unter der Direktive der Zweckrichtigkeit und Situationsbedingtheit. Aber auch Wahrscheinlichkeitsentscheidungen dürfen nicht willkürlich sein! Sie müssen sich deshalb auf Kriterien gründen, deren Sachgerechtigkeit überprüfbar ist.[167] Hierfür kommt es auf „wahrscheinlichkeitsgewichtete Abwägungen" an. Sie leiten die Verantwortung für die Verteilung der unvermeidlichen Fehlerrisiken i. S. eines „rationalen" Risikoverhaltens.[168]

Die Frage, in welchem Ausmaß Risiken in Kauf genommen werden sollen, steht somit in einem untrennbaren Zusammenhang mit der Verantwortung für Sachgerechtigkeit, mit den involvierten Interessen, dem Wahrscheinlichkeitsgrad ihrer Verwirklichung oder Beeinträchtigung und entsprechenden Wahrscheinlichkeitseinschätzungen.[169] Sie ist darüber hinaus *sozial* bestimmt. Die Antwort wird zudem durch die gesellschaftlichen Werte und Vorstellungen des jeweils erreichten *kulturellen Standes* beeinflußt. Wahrscheinlichkeitsüberlegungen dürfen deshalb nicht allein als eine Sache von Technikern, Statistikern oder anderen Experten angesehen werden, deren Risikoberechnungen durchaus lege artis vorgenommen sein mögen.

Da Risikowahrnehmung und somit auch Wahrscheinlichkeitsurteile vielmehr *kulturell* und *sozial* determiniert sind, gibt es auch keine bloß rechnerische Rationalität der Risikoermittlung und -eingrenzung. Die Frage nach der Wahrscheinlichkeit von Risikoeinschätzung bzw. -verwirklichung fordert stets eine Wertung, wie sie beispielsweise in die Konkretisierung des Atomgesetzes durch die Verwaltung einzu-

---

165 Vgl. *Ladeur,* DÖV 1986, 452f.; *Nell,* Wahrscheinlichkeitsurteile, S. 32ff., 35ff. 47ff.

166 Vgl. *Nell,* a.a.O. (Fn. 165), S. 74ff., 116ff., 127ff.

167 Zum Maßstab der „Sachgerechtigkeit" siehe grds. *Kunze,* in: F. Morstein Marx (Hrsg.), Verwaltung, 1965, S. 229ff.

168 *Nell,* Wahrscheinlichkeitsurteile, S. 245, 246.

169 In diesem Sinne auch *Kriele,* Recht und praktische Vernuft, S. 70, 110, 119, 125, 142; *Roth-Stielow,* EuGRZ 1980, 386ff., 389, 390f.

fließen hat und für die ein Wandel der gesellschaftlichen Anschauungen bedeutungsvoll ist.[170]

Dementsprechend greift Verantwortung als Auftrag weit aus: So erlegt z. B. der für das Recht der Technik propagierte Rückgriff auf die „praktische Vernunft" bei der Risikobestimmung[171] allen damit befaßten Funktionsträgern die Pflicht zur *Gewichtung* auf, ob und wie die derzeit nicht erkannten, aber auch die (noch) nicht erkennbaren Gefahrenmöglichkeiten, die jenseits der Schwelle praktischer Vernunft liegen, sub specie einer auch am Maßstab der *Sozialverträglichkeit* zu messenden „Wahrscheinlichkeit" zu beurteilen sind. Darin liegt das eigentliche Problem des technischen Fortschritts.[172] Der bloße Hinweis auf Sicherheit hilft ebenso wenig weiter wie die Feststellung, eine Technik, die nicht versagen darf, könne nicht verantwortet werden.

„Verantwortung" für einen Gegenstand, für eine komplexe Sache wie z. B. die Technik, unterliegt ferner und gerade aus dieser Perspektive der ungewissen Folgewirkungen staatlichen Entscheidens weiteren und höchst praktischen Maßgaben in bezug auf die *Entscheidungsfindung*. Sind nämlich die hierfür erforderlichen sachgerechten Gesichtspunkte nur begrenzt zweck-rational darzustellen, weil sich die verfügbaren Informationen als unzureichend erweisen, so kann es gleichwohl höchst sinnvoll oder gar zwingend sein, sofort zu entscheiden und den Entscheidungstermin wegen der andernfalls drohenden „Irrtumskosten" nicht etwa hinauszuschieben. Denn es müssen auch die ohne Entscheidung sich vollziehenden Veränderungen in Rechnung gestellt und Optionen in der Zukunft unter den Aspekten der Flexibilität und Reversibilität staatlichen Entscheidens[173] offengehalten werden.[174]

Verantwortung wird damit von einer Frage der *Darstellbarkeit* rationaler Begründung zu einem Problem (begrenzt) rationaler *Herstellbarkeit* von Entscheidungen. Die Chance, bessere, verläßlichere Informationen in der Zukunft zu erhalten und deshalb vorerst nicht zu entscheiden, muß gegen die Möglichkeit von Zwischenentscheidungen zum Zwecke des Zeit- und Erkenntnisgewinns abgewogen werden.

Dies setzt für das politische Entscheidungssystem und die Rechtsanwendung nicht allein die *Begründung* der Risikoeinschätzung voraus und auch nicht nur die

---

170 Vgl. *Meyer-Abich*, Technische und soziale Sicherheit, S. 24ff.; *Zöpel*, Fragen des Staates an die Zukunftsforschung, in: J. J. Hesse/C. Zöpel (Hrsg.), Zukunft und staatliche Verantwortung, S. 13ff., 38ff.

171 Vgl. BVerfGE 49, 89 (143).

172 Siehe zu dieser methodischen Anforderung auch *Nell*, Wahrscheinlichkeitsurteile, S. 201ff., 204f.; zu Recht betont deshalb *Murswiek*, Risiken der Technik, S. 219ff., die abwägungsgesteuerte allgemeine Rechtfertigung(sbedürftigkeit) technischer Risiken für den Schutzanspruch des einzelnen. „Technikfolgenabschätzung" wird insofern zur unverzichtbaren Hilfe bei der Verantwortungsübernahme, vgl. *Böhret*, Technikfolgen und Verantwortung, S. 10f.; zu den gesellschaftspolitischen und institutionellen Aspekten der Technologiefolgenabschätzung siehe allgemein die Beiträge von *J. H. Gibbens*, *C. Böhret* u. a. in: Umweltbundesamt (Hrsg.), Technologien auf dem Prüfstand, 1983, S. 11ff., 29ff.

173 Dazu oben B. III. und IV., C.III.2.

174 So richtig *Nell*, Wahrscheinlichkeitsurteile, S. 205ff.

Vermittlung von Einsichtsfähigkeit für Betroffene wie für Dritte. „Abwägung" als *Paradigma* der Verantwortung verlangt ebenso und vor allem, sich ausführlich mit jenen zweck- und wertbezogenen Auffassungen in der Gesellschaft auseinanderzusetzen, die Risikoverwirklichung substantiiert behaupten. Dafür, daß dies geschieht, hat der entscheidungsbefaßte Funktionsträger einzustehen.

cc) Folgenorientierung und Zukunftsverantwortung

Folgenorientierte Verantwortung bezieht die Zukunft in das Entscheidungskalkül ein. Sie ist *Zukunftsverantwortung*, weil sie die Erhaltung von Entscheidungsoptionen zu ihrem Gegenstand machen muß. Dabei handelt es sich nicht etwa nur um Probleme einer „politischen" Verantwortung oder gar um Fragen allein sozialethischer Güterabwägung. Entscheiden und Handeln unter Ungewißheit produziert vielmehr neue Dimensionen möglicher *Gefahren*, aus denen sich – entsprechend dem Pflichtenmoment aller Verantwortung – schon für die *Gegenwart* weitere Rechtspflichten ergeben bzw. sich die bestehenden Anforderungen an die Rechtfertigung aktueller Risikoentscheidungen erhöhen.

Zukunftsverantwortung ist deshalb auch nicht bloß eine Frage der zeitlichen Reichweite bestimmter, ggf. rechtlich verankerter Schutzgarantien, wie das wohl *H. Hofmann* unter der Geltung des Grundgesetzes annimmt.[175] Verantwortung für die Folgen von staatlichen Genehmigungen im technischen Sicherheitsrecht wie für die Folgen staatlicher Entscheidungen schlechthin rufen vielmehr schon aus sich heraus zukunftsbezogene Einstandspflichten hervor – gleichsam als ein im Verantwortungsthema beschlossener Gehalt an materialer Aussage.[176]

Soweit also eine Rechtsordnung überhaupt staatliche Verantwortung statuiert, besteht auch eine – rechtliche und politische – Verantwortung aller Staatsorgane für zweck- und wertrationale *Zukunftsvorsorge*. Sie ergreift Nutzen-Kosten-Relationen im weitesten Sinne.[177] Freiheit als Kern staatlicher Verantwortung gebietet allerdings, der privaten bzw. gesellschaftlichen Initiative hinreichend Entfaltungsräume zu belassen.[178] Doch dürfen etwa notwendige rechtliche Vorkehrungen gegen Langzeitrisiken nicht durch entsprechende Förderzwecke staatlicher Entscheidungen überspielt werden.

---

[175] ZRP 1986, 88; vgl. auch *Murswiek*, Risiken der Technik, S. 212ff., der zu Recht darauf verweist, der Grundrechtsschutz künftiger Generationen unterliege denselben Grundsätzen wie der gegenüber der Belastung gegenwärtiger Menschen (S. 215). Die *Begründung* fehlt allerdings, warum z.B. Art. 2 Abs. 2 GG schon heute für später lebende Bürger gelten sollte; hier „rächt" sich die Absage an die materiale Dimension der Verantwortung (S. 39ff.).

[176] Siehe auch *Stettner*, Kompetenzlehre, S. 276f.

[177] Vgl. *H. Hoffmann*, ZRP 1986, 90; *Ossenbühl*, NVwZ 1986, 168ff.; *Saladin*, Verantwortung, S. 77, 92ff. „Zukunft und staatliche Verantwortung" untersuchen auch die Beiträge in dem gleichnamigen, von *J. J. Hesse/C. Zöpel* hrsg. Band, 1987, in ausgewählten Politikfeldern; Vorschläge, wie eine solche Zukunftsvorsorge durch Folgenkalkül organisiert werden sollte, macht *Böhret*, VerwArch. 80 (1989), S. 13ff.

[178] Vgl. oben, A.III.

d) Zusammenarbeit staatlicher Funktionsträger

In diesem Sinne umfassende aktive Wirklichkeitsgestaltung setzt schließlich auf die *Zusammenarbeit* aller staatlichen Organe bzw. Funktionsträger. Der moderne Staat erteilt eigensüchtiger Kompetenzreiterei eine klare Absage. Da Zusammenarbeit neben der Machtbildung und der Integration eine konstitutive Form politischer Ordnung der Industrie- und Dienstleistungsgesellschaft darstellt,[179] bleibt kein Raum für ein Kompetenzverständnis, das jede Befugnis einzeln, von anderen abgeschichtet, zur Ausübung zuweist und „von dieser Warte aus den Bedeutungsgehalt der Kompetenz mit ihrer Grenze identifiziert."[180]

Die Kompetenzgrenzen staatlichen Entscheidens werden deshalb von dem Gedanken des verantwortlichen Zusammenwirkens der Staatsorgane überlagert und supplementär erweitert.[181] Verantwortung leitet in diesem Sinne stets über zum Ganzen, zum Vorgang des Werdens staatlicher Einheit. Denn diese bildet das maßgebliche und – wie noch zu zeigen sein wird – auch verfassungskräftig abgesicherte Grundprogramm der Unterscheidung institutionell gesonderter, funktional aber aufeinander bezogener Organisationsbereiche des *einen* politischen Gemeinwesens. Ihm zufolge ist „Zusammenarbeit" innerhalb der Staatsorganisation die Leitlinie allen staatlichen Entscheidens.[182]

Als „Programm" läßt Zusammenarbeit viele modi ihrer Verwirklichung zu. Staatliche Verantwortung entfaltet sich in bezug auf sie gerade darin, ein Spektrum von Zielen, funktionsgerechten Strukturen und Verfahren zu entwickeln, die den jeweils verschiedenen Sachgegebenheiten der Rechts- und Zweckkonkretisierung situativ Rechnung zu tragen vermögen.[183] Diesem Spektrum vorgelagert sind die einheitli-

---

[179] Vgl. *Hättich*, Demokratie als Herrschaftsordnung, 1967, S. 89f.

[180] *Stettner,* Kompetenzlehre, S. 278.

[181] K. Hesse, FS H. Huber, S. 265f.; vgl. ferner *Zimmer,* Funktion – Kompetenz – Legitimation, S. 158ff., 177ff.; krit. aber z.B. *Brohm,* DÖV 1987, 269; *ders.,* NVwZ 1988, 797.

[182] Vgl. *Bryde,* VVDStRL 46 (1988), S. 198ff., der von einer „differenzierten Handlungs-, Informations- und Entscheidungseinheit im Verfahren" spricht; siehe ferner *J. J. Hesse,* Aufgaben, S. 68ff., 81, 83; *Stettner,* Kompetenzlehre, S. 277f.; *Wegener,* Staat und Verbände, S. 224ff.; undeutlich *Oebbecke,* DVBl. 1987, 866ff., 869ff. *Staatliche Einheit* erweist sich damit dem *Prinzip der Gewaltenteilung* untrennbar verbunden: Diese kann niemals absolut gelten; sie ist stets nur ein *Instrument,* „mit dem Mittel des Rechts einen Verfassungsprozeß zu organisieren, in dem sich die politische Einheit des Gemeinwesens vollziehen und die staatlichen Funktionen die ihnen obliegenden Aufgaben sachangemessen erfüllen können" (*Krebs,* Kontrolle, S. 49). Speziell eine „Lehre von der Gewaltenteilung in der Verwaltung", wie sie *Schlink,* Amtshilfe, S. 11ff., insbes. 26ff., vertritt, darf diese vorgegebene Perspektive nicht aus den Augen verlieren; in diese Richtung argumentiert auch *Mögele,* BayVBl. 1987, 545ff., 547ff.

[183] In Bezug genommen wird also nicht etwa nur das „gleichsinnige Zusammenwirken aller Staatsbehörden" als *Einheit der Verwaltung (Wolff/Bachof,* Verwaltungsrecht II, § 77 I a 1; IV); im Visier des Programms „Zusammenarbeit" steht vielmehr die *Einheit der Staatsgewalt,* die sehr viel weitergehend auch Rechtsprechung und Legislative umfaßt, vgl. *Gubelt,* in: v. Münch, GGK, Bd. 2, Art. 35 Rdnr. 3. Zur Unterscheidung von Einheit der Verwaltung und

chen, weil grundlegenden Arbeitsprinzipien der Zusammenarbeit, die „Koordination“ und „Kooperation“ in den staatlichen Handlungszügen. Während dabei *Koordination* als Arbeitsprinzip die Aufteilung der Entscheidungskonkretisierung mit der Maßgabe meint, die einzelnen Arbeitsvorgänge aufeinander abzustimmen und die Wechselwirkungen zwischen Einzelzielen und Maßnahmen in einem offenen Willensbildungsprozeß zu maximieren oder aber negative Folgen auszuschließen, bezeichnet (staatliche) *Kooperation* die Zusammenfassung aller von einer Entscheidung gestaltungsbetroffenen Funktionsträger zu einer Wirkungseinheit mit dem Ziel, die differenzierten Entscheidungs- und sonstigen Funktionen in einem optimalen Wirkungszusammenhang aufeinander zuzuordnen.[184]

In dem dadurch instrumentalisierbaren *Gebot der verantwortungsbewußten Zusammenarbeit* finden sich die bereits oben entwickelten Vorstellungen über die Proportionalität von Entscheidungswirkung und Verantwortung[185] bekräftigt. Denn überall dort, wo eine „Hauptverantwortlichkeit“ des zuständigen Funktionsträgers normiert ist, trifft seinen Antipoden die Mit-Verantwortung für Koordination und Kooperation und damit auch die Pflicht, sich in der eigenen Funktionswahrnehmung zurückzuhalten und nicht die fremde Verantwortung zu usurpieren.

3. *Kooperative Sozialverantwortung und gesellschaftliche Selbstregelung*

a) *Gesellschaftliche Aktivierung als staatlicher Auftrag*

„Zusammenarbeit“ ist nicht auf den staatlichen Binnenbereich, auf das Zusammenwirken der staatlichen Funktionsträger untereinander beschränkt. Sie greift vielmehr und ganz im Sinne der den modernen Staat prägenden „Verantwortungsgemeinschaft“ zwischen ihm und seinen Bürgern auf das Verhältnis zur Gesellschaft über.[186] Denn Staat und Gesellschaft „stellen sich heute nicht mehr als autarke Ordnungen dar, sondern als eine dialektische Einheit. In dieser dialektischen Zuordnung, die Diversität und Identität umschließt, bildet der Staat die Antithese zur Gesellschaft und die umgreifende, einheitsstiftende Synthese.“[187] Der moderne Staat ist *kooperativer* Staat.[188]

Einheit der Staatsgewalt siehe näher *R. Scholz/Pitschas,* Informationelle Selbstbestimmung, S. 114 m. Anm. 390; das alles meint freilich stets *keine monolithische Einheit* verwaltungsförmiger Steuerung, siehe auch die Nachw. bei *Schuppert,* Der Staat 28 (1989), S. 96f.

[184] Zu diesen begrifflichen Distinktionen vgl. *Burmeister,* Innenrecht der Verwaltung, S. 60; *Wegener,* Staat und Verbände, S. 228f.

[185] Siehe dazu oben unter B.II., C.III.2.c) mit aa).

[186] Vgl. oben, A.III.

[187] *Isensee,* Der Dualismus von Staat und Gesellschaft, in: E.-W. Böckenförde (Hrsg.), Staat und Gesellschaft, 1976, S. 317ff., 323.

[188] *E. H. Ritter,* AöR 104 (1979), S. 389ff.; w. Nachw. bei *Schuppert,* a.a.O. (Fn. 183), S. 97ff.; *Hill,* VVDStRL 47 (1989), S. 192ff.; vgl. auch die einzelnen Beiträge in dem Sammelband von U. v. Alemann (Hrsg.), Neokorporatismus, 1981; Nachw. zur neokorporatistischen

Staatliche Verantwortung darf deshalb nicht im Sinne eines Monopols der Sorge um eine Angelegenheit bzw. Entwicklung mißverstanden werden. Sie ist vielmehr *kooperative Sozialverantwortung*, die von der Existenz eines „autonomen Sektors" der Gesellschaft auszugehen hat, also von Öffentlichkeiten resp. Lebensbereichen, die nicht vom politischen System zu Zwecken der Legitimationsbeschaffung erzeugt oder ausgehalten werden.[189]

Diesen gegenüber, die über eigene Funktionsmodi, Rationalitätskriterien und Organisationsmuster verfügen, müssen Politik und Recht die Beschränkung ihrer Reichweite in Rechnung stellen.[190] Statt soziales Verhalten direkt aber ohne Aussicht auf nachhaltige Konfliktlösungen zu normieren, muß sich das (moderne) Recht auf Strukturvorgaben für gesellschaftliche Selbstregulierung, auf die Festlegung von Organisation und Verfahren sowie auf die (Um-)Verteilung von Steuerungsbefugnissen innerhalb der Gesellschaft beschränken. Für die Steuerung selbstregulatorischer Prozesse in diesem Sinne bieten etwa das Wettbewerbsrecht oder auch das Sozialrecht reichhaltiges Anschauungsmaterial.[191]

Auf den dadurch hervorgerufenen Funktionswandel der Verantwortung des Staates ist bereits oben hingewiesen worden.[192] Aus der Perspektive der Kooperation zwischen Staat und Gesellschaft weitet sich ihr Auftrag nunmehr zu der Verpflichtung aus, *Strategien der gesellschaftlichen Aktivierung* zu entwerfen. Deren Kern besteht in der Sicherung von Dezentralität, im Vorbehalt selbstaktiver Felder zugunsten der bürgerlichen Freiheit unter Stärkung gesellschaftlicher Eigenverantwortung. Gemeinsamer Ansatzpunkt aller dieser Strategien ist die Verbesserung der Kommunikation zwischen Bürgern, politischen Entscheidungsträgern und bürokratischem Apparat.

b) Dezentrale Kontextsteuerung bei pluraler Selbstorganisation

Politik und Recht leisten hierfür wichtige strukturelle Vorbedingungen, müssen indes beachten, daß normative Integration in einer Gesellschaft um so schwieriger wird, je mehr sich diese durch innere Widersprüche, durch desintegrierende und

---

Form politischer Steuerung bei *R. Mayntz*, Politische Steuerung und gesellschaftliche Steuerungsprobleme, S. 104.

[189] Zu der dabei bezogenen Autonomievorstellung siehe näher *Habermas*, Diskurs der Moderne, S. 422; *Matzner*, Der Wohlfahrtsstaat von morgen, 1982, S. 164ff.; aus verfassungsrechtlicher Perspektive kann eine solche Vorstellung freilich niemals ein „laisser faire, laisser aller" bedeuten –, denn auch die nicht rechtlich überformte „Lebenswelt" ist im Verfassungsstaat in den Bedingungsrahmen der „Sozialautonomie" eingefügt, vgl. *Lehner*, KritV 1988, 251ff., 260ff.; *Pitschas*, Berufsfreiheit, S. 69ff., 99ff.

[190] Dazu siehe schon oben, 2. Kap., A.II.5.; 3. Kap., B.I.3.; 4. Kap., D.I.; 5. Kap., A.IV.; vgl. im hiesigen Zusammenhang auch *Böhr*, Liberalismus und Minimalismus, S. 133ff.

[191] Vgl. einerseits u.a. *Hopt*, Wettbewerbsbeschränkungen und Verrechtlichung, S. 272ff., 281ff.; siehe andererseits z.B. *R. Heinze*, Neue Subsidiarität, S. 13ff.; *Blessing*, Zukunft des Sozialstaats, S. 195ff., 269ff.; *Pitschas*, Kommunale Sozialpolitik, in: B. v. Maydell/F. Ruland (Hrsg.), Sozialrechtshandbuch, 1988, S. 1011ff., 1031ff. m. w. Nachw.

[192] Vgl. zu B.IV.2.; siehe auch *U. K. Preuß*, Politische Verantwortung, S. 84, 85.

bisweilen disruptive Konflikte zwischen den Eigenrationalitäten hochspezialisierter Subsysteme auszeichnet.[193]

Kooperative Sozialverantwortung heißt deshalb Rücknahme der unmittelbaren Regulierung von Sozialbereichen zugunsten einer aktiven Steuerung selbstregulativer Prozesse. „Konsenssuche" und „Verhandlungen" beschreiben den damit bevorzugten Stil einer dezentralen „Kontextsteuerung",[194] die gesellschaftliche Autonomien eine „äußere Verfassung" gibt,[195] durch strukturelle Vorgaben auf „semiautonomous social fields" einwirkt[196] und interne Konflikte durch „Relationierungsprogramme"[197] zu kanalisieren sucht. Staatliche (Kontext-)Steuerung verzichtet dabei weitgehend auf den hierarchischen Steuerungsmodus. Sie nimmt „Solidarität" oder – besser – „Solidarverantwortung" als eigenständigen Steuerungstypus in Bezug.[198] Diesen kennzeichnet, daß er die gesellschaftlichen Handlungen ohne Rücksichtnahme auf die spezifischen Eigeninteressen der beteiligten Akteure koordiniert.

Die hierin gelegene „Entstaatlichung" bedeutet aber weder Privatisierung oder Marktversorgung noch Verzicht der staatlichen Funktionsträger auf sozialstaatlich motivierte Zielsetzungen. Ihre Leitlinie ist auch nicht das Subsidiaritätsprinzip,[199] sondern der Grundsatz pluraler Selbstorganisation, der eigene originäre Zuständigkeiten des Staates nicht ausschließt. Dieser spielt auch in „sozialen Netzen" bzw. „solidarischen Verhandlungssystemen" eine wichtige Rolle. Denn so, wie sich der Staat entlasten muß, indem er einzelnen für eigenverantwortliche Entscheidungen Raum gibt und private oder intermediäre Organisationen mit kollektiven Funktionen betraut, so muß er auch Private entlasten, indem er gesellschaftliche Ungleichgewichte beseitigt, bei neuartigen Lebensrisiken einspringt oder infrastrukturelle Vorleistungen übernimmt.[200]

---

[193] Siehe dazu näher schon oben, B.IV.1.

[194] Zu deren Begriff, Deutungsgehalt und Reichweite siehe *Teubner/Willke*, Dezentrale Kontextsteuerung im Recht intermediärer Verbände, in: R. Voigt (Hrsg.), Verrechtlichung, 1980, S. 46ff.; *Willke*, KritV 1988, 214ff.

[195] *Habermas*, Theorie des kommunikativen Handelns 2, S. 544, 546.

[196] Dazu *S. F. Moore*, LSR 7 (1973, S. 719ff.

[197] Ausdruck nach *H. Willke*, Entzauberung des Staates, S. 62f.

[198] Zu deren auch rechtlichem Deutungsgehalt siehe *H. Braun* u.a., Selbstverantwortung in der Solidargemeinschaft. Das Recht der sozialen Sicherung und der Verantwortungswille des Bürgers, 1981; *Faude*, Selbstverantwortung und Solidarverantwortung, S. 477ff., 489ff.; *Pitschas*, SGb. 1986, 303ff., 305f.; *ders.*, Kommunale Sozialpolitik, a.a.O. (Fn. 191), S. 1032; vgl. ferner *R. Heinze*, Neue Subsidiarität, S. 29; *Hufen*, VVDStRL 47 (1989), S. 155ff.; *F. X. Kaufmann*, Steuerungsprobleme, S. 52ff., 55ff.

[199] Anders dagegen unter Verweis auf seine „subsidiäre Sozialstaatskonzeption" *Spieker*, Legitimitätsprobleme, S. 270ff., 280ff., 281, 284; *Böhr*, Liberalismus und Minimalismus, S. 150ff.

[200] Vgl. auch *G. Schmid*, Regulierung im Wohlfahrtsstaat. Das Beispiel Behindertenpolitik, in: R. Voigt (Hrsg.), Recht als Instrument der Politik, 1986, S. 158ff.; siehe ferner *R. Scholz*, Pluralismus unter dem sozialen Rechtsstaat, in: Jb. der Berliner Wiss. Gesellschaft 1979, S. 53ff., 66.

Wegen der somit und noch aus anderen Gründen nur begrenzten Verwertbarkeit des auf Solidarverantwortung gestützten Steuerungsmodus[201] bleibt der Staat stets aufgefordert bzw. versucht, in die gesellschaftlichen Handlungszusammenhänge mit hierarchisch-rechtlichen Mitteln zu intervenieren. Das aber führt zu permanenten Spannungsverhältnissen einerseits und zu wechselseitigen Prozessen der Einflußnahme zwischen den Partnern der jeweiligen strukturellen Koppelung anderseits.[202]

c) Gemeinwohlbezug der Kontextsteuerung

Plurale Selbstorganisation hat zur Folge, daß der Staat nicht mehr die einzige Institution ist, die autoritativ verbindliche Entscheidungen fällt. Er sieht sich vielmehr auf *bestimmte* Entscheidungsprobleme kollektiver Organisation spezialisiert.[203]

Im Hinblick hierauf bedeutet *staatliche* Verantwortung, die Lösung von Konflikten geschmeidig nach Maßgabe der jeweiligen Bedarfe („situativ") in die gesellschaftlichen Teilsysteme zurückzugeben und selbstverantwortliche Problemorientierung wie -bewältigung im *dortigen* Rahmen zu stärken. Verantwortung in diesem Sinne gibt zugleich der staatlichen Verpflichtung Ausdruck, angesichts der bestehenden Austauschverhältnisse die je eigenen-staatlichen-Entscheidungen der Kooperation mit dem anderen, dem Partner, zu öffnen. Verantwortung für Handeln und Entscheiden heißt somit auch *Verantwortung für allseitig kooperatives Verhalten.*[204]

In diesem Sinne kooperative Verantwortung instrumentiert den Reflexionsbedarf staatlicher Politik und Rechtsetzung. Die vermeintliche Schwäche regulativen Rechts erweist sich dadurch als seine Stärke, nämlich als Fähigkeit, durch verantwortungsbewußte „Entstaatlichung" politische Zielvorstellungen der organisierten Wirkeinheit „Staat" mit den Eigenlogiken gesellschaftlicher Teilbereiche reflexiv zu verbinden. Für einen „Abschied vom Recht" gibt es deshalb keinen Grund.[205]

Ebensowenig gibt es einen Abschied vom Staat und dessen Gemeinwohlauftrag. Denn Dezentralisierung, die Verantwortung *in* der Gesellschaft zugunsten der Freiheit lebendig werden läßt, weitet nicht nur die „Steuerungskapazität" des politischen Systems aus. Sie verbessert vor allem die Möglichkeitsbedingungen individueller Lebensentfaltung und sie entlastet zugleich durch Verringerung der „Instanzen", die an einer Aufgabe mitwirken, den ohnehin durch „Politikverflechtung" arg

---

201 Dazu näher *F. X. Kaufmann,* Steuerungsprobleme, S. 59f.

202 *R. Heinze,* Neue Subsidiarität, S. 16; *F. Hegner,* Zukunftswege, S. 330ff., 335f.

203 Vgl. oben, 3. Kap., A.IV.

204 Vgl. auch *Th. Simons,* Verfahren und verfahrensäquivalente Rechtsformen, S. 591ff., 599ff.; zu einigen Beispielen kooperativer Sozialverantwortung siehe *Pitschas,* DVerw. 15 (1982), S. 473ff., 489ff.; *ders.,* ZRP 1987, 283ff., 289; nunmehr auch *Hufen,* VVDStRL 47 (1989), S. 155ff., 165.

205 Vgl. dazu die Fragestellung und die Beiträge von *R. Hegenbarth* und *W. Seibel,* in: R. Voigt (Hrsg.), Abschied vom Recht?, 1983, S. 67ff. und 134ff.

strapazierten staatlichen Koordinierungsaufwand. Gesellschaftliche Aktivierung dient mithin ebenso dem Gemeinwohl[206] wie sie den Staat stärkt, indem sie die Ressourcen und Leistungspotentiale Privater nutzt.[207]

d) Binnengesellschaftliche Repräsentation und staatlicher Aufgabenvorbehalt

Die Notwendigkeit der Kooperation zwischen Staat und Gesellschaft hebt die Bedeutung einer von der Gesellschaft unterschiedenen Staatsgewalt dennoch nicht auf. Diese muß in der Lage bleiben, die individuellen Bedürfnisse und die organisierten Interessen zu koordinieren, zu integrieren und um des Gemeinwohls willen auch entgegen andersläufigen Vorstellungen in der Gesellschaft zu begrenzen.

Dies gilt zunächst in bezug auf die vom Staat gehandhabte dezentrale Kontextsteuerung *interner* gesellschaftlicher Prozesse. So ist z.B. im Hinblick auf den Schutz des einzelnen die Anwendung *gentechnologischer Forschungsergebnisse* in der pluralistischen Gesellschaft regelmäßig gesamtgesellschaftlichen Kontrollen zu unterwerfen. Dazu zählen Publikationspflichten u. a. m. Eine lediglich berufsständische Selbstkontrolle, etwa aus Mitgliedern interessierter Forschungsteams, reicht wegen der möglichen Interessenbindung nicht aus.[208] Kooperative Sozialverantwortung beruft den Verbund von Verantwortung und Repräsentation auch und gerade in pluralistischen Systemen mit binnengesellschaftlicher Wirkung.

Darüber hinaus verbleiben dem Staat Aufgaben, die er *selbst* zu erledigen hat und von denen er sich nicht entlasten darf. So ist z.B. der technische Fortschritt zwar grundsätzlich in gemeinsamer Verantwortung von Staat und Gesellschaft zu steuern.[209] Doch muß der *Gesetzgeber*, soweit es um die staatliche Entscheidung über die Zulassung von Großanlagen, von gefährlichen Maschinen, Mitteln und Stoffen geht, deren Existenz und Anwendung eine Vielzahl von Bürgern mit empfindlichen bzw. lebensbedrohenden Risiken belegen, durch eine die Voraussetzungen für den Einsatz der Technik und seine Folgen kalkulierende Entscheidung selbst die (verfassungs-)rechtliche und politische Verantwortung übernehmen. Denn wo dem einzelnen persönliche Beeinträchtigungen drohen, muß er in eigener Person, zumindest aber durch seine Repräsentanten imstande sein, darüber befinden zu können. Welche technischen Risiken hinzunehmen sind, dürfen deshalb weder partikuläre gesellschaftliche Kräfte – und seien es auch Experten – noch Verwaltung oder Justiz aus eigenem Dafürhalten festlegen.[210] Der moderne Staat lebt letztlich vor allem davon

---

[206] Ebenso *Spieker*, Legitimitätsprobleme, S. 280.

[207] Vgl. auch *R. Heinze*, Neue Subsidiarität, S. 16f.

[208] Siehe auch *D. Giesen*, Berl. Tagesspiegel v. 7. 9. 1986, S. 50; skeptisch ferner auch *Lerche*, Verfassungsrechtliche Aspekte der Gentechnologie, in: R. Lukes/R. Scholz (Hrsg.), Rechtsfragen der Gentechnologie, 1986, S. 88ff., 98f.

[209] Grdl. *Grawert*, FS J. Broermann, S. 457ff., 469ff., 482f.

[210] So mit Recht *Grimmer*, JfR 1988, 150f.; *Erichsen*, DVBl. 1985, 28f.; zurückhaltender *Ossenbühl*, Vorbehalt des Gesetzes, S. 20, 21f.; siehe aber auch BVerfGE 64, 208 (214). Die im Text erhobene Forderung zielt dann auch auf eine entsprechende Verfahrensgestaltung („Verfahrensvorbehalt"), vgl. näher dazu unten, 12. Kap. der Untersuchung.

und legitimiert sich auch daraus, daß seine Bürger nicht schrankenlos der „normsetzenden Gewalt" gesellschaftlicher Gruppen ausgeliefert sind.[211]

e) Handeln im „Verantwortungskreis"

Kooperative Sozialverantwortung bedarf somit einer *Struktur zweckgerichteten Zusammenwirkens,* die nicht nur im Wege der Koppelung von Politik, Recht und gesellschaftlichen Teilsystemen die *Staatsführung* an das Volk zurückbindet, sondern auch und zugleich Konflikte *innerhalb* der Lebenswelten lösen hilft. Hierfür haben Staat und Private gleichermaßen einzustehen.

Auch gesellschaftliche Machtträger können sich einer solchen Verantwortung nicht entziehen. Denn nur dann, wenn sie sich eine Vorstellung davon verschaffen, wie sich die Verwirklichung ihrer Pläne auf andere private Interessen auswirkt, vermögen sie überhaupt abzuwägen, ob sie ihre Belange vor sich selbst und jenen gegenüber vertreten können. Gesellschaftliche Verantwortung hat insofern – wie jede Verantwortung – stets ein, mehrere oder viele Gegenüber; sie erfüllt sich im „Verantwortungskreis".[212]

Dieser setzt allerdings, um zu funktionieren, die Bereitschaft der Bürger, aber auch die privater Unternehmen bzw. Organisationen und intermediärer Einrichtungen voraus, die eigene Verantwortlichkeit in den sozialen Beziehungen anzuerkennen und soziale Integration als Ziel eigenverantwortlicher Lebensgestaltung auch tatsächlich anzustreben.[213]

Diese Bereitschaft ist conditio sine qua non des *Gemeinwohls.* Sie zu aktivieren oder bei Ausbleiben zu erzwingen, liegt im Gemeinwohlauftrag des Staates begründet. Als problematisch erweist sich freilich dessen Verwirklichung vor allem in bezug auf den Umgang mit privaten Großorganisationen und intermediären Gewalten. Diese verfügen über hinreichende Machtpotentiale, um staatlicher Regulierung und richterlicher Kontrolle Grenzen zu ziehen.[214]

Staatliche Kontextsteuerung muß deshalb auch strukturelle Bedingungen der *Funktionsfähigkeit* gesellschaftlicher „Verantwortungskreise" schaffen. Aus der kooperativen Sozialverantwortung folgt daher die Verpflichtung des *Gesetzgebers,* „reflexive" Kooperationsmechanismen zu institutionalisieren, denen zufolge *interne Entscheidungsprozesse* privater Machtträger fremde Interessen einzubeziehen haben, also etwa Wirtschaftsunternehmen auch nichtwirtschaftliche Anliegen der Arbeitnehmer, Verbraucher oder anderer Öffentlichkeiten berücksichtigen müssen.[215]

---

[211] Vgl. schon oben A. IV.; siehe ferner *Erichsen,* DVBl. 1985, 29.

[212] Zu dieser Figur vgl. auch *Suhr,* JuS 1968, 351 ff., 353.

[213] Vgl. auch *Spieker,* Legitimitätsprobleme, S. 282, der allerdings in diesem Zusammenhang mit seinen Darlegungen merkwürdig diffus bleibt.

[214] Vgl. zusammenfassend *Hopt,* Wettbewerbsbeschränkungen und Verrechtlichung, S. 238 ff., 242 f., 251 ff.

[215] Weiterführend und mit Nachw. hierzu im einzelnen *Teubner,* Verrechtlichung, S. 341 ff.; zur „soziale(n) Verantwortung der Unternehmen" vgl. auch *R. Käppler,* in: R. Scholz (Hrsg.), Wandlungen in Technik und Wirtschaft als Herausforderung des Rechts, 1985, S. 268 ff.

f) Staatliche Kompensation gesellschaftlicher Selbstregelungsdefizite

Soziale Macht- und Informationsasymmetrien können nämlich zu ähnlichen Rationalitätsdefiziten führen wie die Insuffizienzen des rechtlichen Staatsinterventionismus. Staatliche Politik muß deshalb (weiterhin) dort eingreifen, wo eine Sozialgefährdung droht.[216] Die Umstellbarkeit des Rechts von Fremdsteuerung auf Steuerung von Selbststeuerung ist insofern beschränkt.[217] Verantwortung unterliegt auch aus gesellschaftlicher Perspektive einem kooperativen Mandat; sie ist in diesem Sinne stets nur *unfertige* Verantwortung.[218]

Dadurch berufene staatliche Einwirkung verfährt komplementär zur gesellschaftlichen Selbstregelung. Sinnbild dessen ist das an den Staat adressierte *Kompensationsgebot:* Hierdurch in die Pflicht genommen, muß staatliche Politik auf allen Ebenen für den Fall, daß gesellschaftliche Selbststeuerung in der Befriedigung sozialer, ökonomischer und vieler anderer Bedarfe versagt, über bloße Kontextsteuerung hinaus *inhaltlich* auf die selbstaktiven Felder Einfluß nehmen und je nach dem Umfang der konkreten Bedarfe entstehende Benachteiligungen ausgleichen.

Wie in diesem Sinne der *Gesetzgeber* „autonome" soziale Prozesse im gesellschaftlichen Teilsystem „Wirtschaft" prozedural bzw. mit Organisationsmitteln aus Gründen der Kompensation von Marktmacht vorstrukturieren kann, belegt etwa das Verbraucherrecht durch die Einrichtung von Verbraucherzentralen und öffentlichen Verbrauchervertretungen.[219] Ähnliches vermag die *öffentliche Verwaltung* durch den Einsatz des Instrumentes der „Beratung".[220] Und auch die (Zivil-)*Rechtsprechung* kann durch kompensierende Hilfen, wie z.B. durch Belehrungen und Hinweise, im Prozeß gegebene soziale Benachteiligungen wettmachen und gesellschaftliche Koordination herbeiführen.[221]

g) Funktionslasten gesellschaftlicher Aktivierung: Interessendiffusion und Pflichtenbindung Privater

Verantwortungsteilung, Zuweisung von Teil-Aufgaben an verschiedene „Instanzen" und Einbau gesellschaftlicher Eigenrationalitäten in staatliche Entscheidungsmuster verändern die *Qualität* des privaten Handelns. Gesellschaftliches Handeln vertritt mehr und mehr, obschon weitgehend latent, auch öffentliche Interessen bzw. ist diesen bei streckenweiser oder gar nahtloser inhaltlicher Kongruenz dienlich. Staatliche Entscheidungen beruhen ihrerseits nicht mehr nur auf der Gegen-

---

216 Vgl. *Saladin,* Verantwortung, S. 166f.; *Pitschas,* DVerw. 15 (1982), 490.

217 Siehe ähnlich *Teubner,* Verrechtlichung, S. 344.

218 Vgl. oben, Fn. 115.

219 Dazu siehe näher *Joerges,* Verbraucherschutz als Rechtsproblem, 1981, S. 133.

220 Vgl. bereits und grdl. *Pitschas,* JbRSoz 9 (1983), S. 225ff.; nunmehr aus einer anderen Perspektive auch *Brohm,* Sachverständige Beratung, S. 207ff., 220f.

221 Siehe z.B. im Hinblick auf die Artikulation von Verbraucherinteressen *Joerges,* AG 1983, 57ff., 65; allgemeiner noch *Wassermann,* Richterliche Gewalt, S. 200ff.

überstellung von hoheitlichem Eingriff und abwehrendem Bürger, sondern in ihnen verschränken sich öffentliche mit privaten Interessenbezügen.[222] So liegt es beispielsweise im Sinne staatlicher Sozialintervention, private Hilfepotentiale einzelner Personen, Familien, Nachbarschaften, Gruppen, Vereine und Verbände in der kommunalen Sozialpolitik zu nutzen, um das institutionelle Leistungshandeln und das förmliche Sozialrecht zu entlasten. Öffentliche Interessen erweisen sich insoweit als deckungsgleich mit privaten Anliegen.[223]

Im Wandel von Politik, Recht und Verantwortung verschiebt sich m.a.W. die Grenze zwischen Privatheit und Öffentlichkeit. Sie ist nicht mehr identisch mit der Grenze zwischen Gesellschaft und Staat. Zumal dort, wo gesellschaftliches Handeln soziale Macht- und Informationsasymmetrien hervorruft, wo Menschen über Menschen verfügen, jedenfalls aber mit diesen in einer Interessenauseinandersetzung verbunden sind, wo Ungleichheiten, Nöte oder Verteilungsprobleme herrschen oder wo die Interessenentscheidung einzelner allgemeine Ordnungsanliegen repräsentiert, sind *öffentliche Sphären* betroffen.[224] Dementsprechend ist den in ihnen tätigen privaten Akteuren eine „öffentliche Verantwortung" auferlegt. Sie schulden für ihr Handeln spezifische Rechenschaft: Unverantwortlichkeit und Freiheit zur Willkür sind dem Bereich des Öffentlichen fremd.[225] Staatliche Politik drängt deshalb dazu, die in der öffentlichen Sphäre gelagerten Betätigungsvoraussetzungen und -grenzen zu normieren. Pflichtmitgliedschaftlich organisierte Selbstverwaltung ist ein Aspekt dessen.[226]

Zweifelhaft ist allerdings, wie weit sich der Bereich des Öffentlichen erstreckt und welche verantwortungsbezogenen, also pflichtenhaltigen Konsequenzen aus der Konzeption des „nicht-staatlich Öffentlichen" zu ziehen sind.[227] Den *Amts-Gedanken* fruchtbar zu machen, wie dies *P. Saladin* vorschlägt,[228] birgt die Gefahr in sich, Freiheit in Amtsbefugnisse zu überführen und (Privat-)Autonomie durch Weisung zu ersetzen.

Der richtige Ansatzpunkt scheint mir demgegenüber die *Solidarbindung* aller Bürger zu sein. Sie vermag sich zu besonderen *Funktionslasten*[229] im Sinne einer

---

[222] *R. Scholz*, VVDStRL 34 (1976), S. 198ff., 203, 207; *Schmitt Glaeser*, Position der Bürger, S. 57ff.

[223] Vgl. *Zacher*, Verrechtlichung im Bereich des Sozialrechts, S. 68f.; siehe ferner *Pitschas*, DVerw. 15 (1982), S. 489; *ders.*, ZRP 1987, 283ff.; *ders.*, Kommunale Sozialpolitik, in: B. v. Maydell/F. Ruland (Hrsg.), Sozialrechtshandbuch, 1988, S. 1029ff. – Gesellschaftlich organisierte Selbsthilfe im Sozialsektor ist deshalb keine ausschließliche Privatveranstaltung.

[224] Dies verweist auf die Konzeption des „nicht-staatlichen Öffentlichen", wie sie z.B. von *Rinken*, Das Öffentliche als verfassungstheoretisches Problem, 1971, allgemein entwickelt und für den Bereich wirtschaftlicher Großunternehmen von *H. Krüger*, Staatslehre, S. 612ff., 614, vorgetragen worden ist.

[225] So mit Recht schon *K. Hesse*, VVDStRL 17 (1959), S. 11ff., 42.

[226] Vgl. dazu *Hendler*, Selbstverwaltung, z.B. S. 334ff., 337; *ders.*, DÖV 1986, 675ff., 677.

[227] Vgl. *K. Hesse*, a.a.O. (Fn. 225), S. 42.

[228] Verantwortung, S. 170f.

[229] Zu diesen vgl. schon oben im Text bei C.I.1.

(öffentlichen) Verantwortlichkeit für die Rücksichtnahme auf die Interessen Dritter bzw. der Allgemeinheit zu verdichten. Das ist der Fall, wenn sich – wie das in den zuvor erwähnten gesellschaftlichen Bezugssituationen zu bejahen ist – privates Wirken nicht nur an die Allgemeinheit wendet, an die „in der Demokratie letzte, nicht organisierte Instanz der Öffentlichkeit",[230] sondern eine rechtlich aufgegebene oder aus spezifischen Solidarverhältnissen ersprießende Verantwortung wahrnimmt „und um dieser Verantwortung willen geschieht, und daß bestimmte Personen oder Institutionen für dieses Wirken verantwortend einzustehen haben."[231]

Die Stellung der *Parteien* kann hiernach eine öffentliche sein, wenn sie – wie unter dem Grundgesetz – eine verfassungsmäßig aufgegebene Verantwortung für das Ganze wahrzunehmen haben und diese bei den Wahlen realisiert werden kann.[232] Auch Großunternehmen, Tarifpartner, Wirtschaftsverbände, Kirchen, Träger der freien Wohlfahrtspflege oder privatrechtliche Sozialeinrichtungen gehören infolge ihres Machtpotentials zur Sphäre des Öffentlichen.[233] Selbst die Tätigkeit schlichter Bürger kann ihr zuzurechnen sein, wie sich am Beispiel der im Baugesetzbuch vorgesehenen Sanierungs- und Entwicklungsgemeinschaften zeigt.[234] Deren Bestimmung zielt auf die Einigung auf einen am Gemeinwohl orientierten *Gesamtzustand.* Darin aber liegt das aufgegebene Wesen moderner Staatlichkeit.

Für das „reflexive" Recht sind folglich Strategien wichtig, die darauf angelegt sind, die „öffentliche" Verantwortung Privater in transparente Rechts-, Handlungs- und Verfahrensformen zu fassen und ihren *Pflichtenstatus* zu konkretisieren. Hierfür kommen vor allem *prozedurale* Regeln in Betracht. Diese können in einer klugen Kombination von staatlicher Einflußnahme, intelligenter Selbstbeschränkung und ausgreifender Reflexivität die (Selbst-)Steuerungsmechanismen des Staates und der gesellschaftlichen Lebensbereiche in bezug auf deren Eigenlogiken gleichermaßen sensibilisieren wie zähmen.[235]

---

[230] *R. Smend,* Zum Problem des Öffentlichen und der Öffentlichkeit, in: Gedächtnisschrift für W. Jellinek, 1955, S. 13ff., 16.

[231] *K. Hesse,* VVDStRL 17 (1959), S. 42; am Beispiel der „Verfassungstreue" öffentlicher Arbeitnehmer und ihren Auswirkungen auf die Solidarbindung im Arbeitsförderungsrecht vgl. auch *Pitschas,* SGb. 1986, 305f. – Mit alledem wird zugleich eine gewisse „Inpflichtnahme" der Bürger verbunden, doch ist diese ein Komplement der postulierten Anerkennung von Funktionslasten im Sinne einer öffentlichen Verantwortlichkeit; vgl. allgemein zur Problematik solcher Grund-Pflichten *V. Götz* und *H. Hofmann,* VVDStRL 41 (1983), S. 7ff., 42ff.; *Badura,* DVBl. 1982, 861ff.; *Bethge,* NJW 1982, 2145ff.; *E. Klein,* NJW 1989, 1633ff.; *Isensee,* DÖV 1982, 609ff.; *Stober,* NVwZ 1982, 473ff.

[232] Vgl. *K. Hesse,* a.a.O. (Fn. 231), S. 42.

[233] Siehe z.B. *H. Krüger,* Staatslehre, S. 614; *K. Schlaich,* Der Öffentlichkeitsauftrag der Kirchen, in: Hdb. des Staatskirchenrechts der Bundesrepublik Deutschland, 1975, Bd. 2, S. 231ff., 238.

[234] Vgl. §§ 137f. BauGB; siehe auch *Schmitt Glaeser,* Position der Bürger, S. 90; vgl. ferner die Nachw. oben in Fn. 231.

[235] Vgl. auch *Teubner,* Verrechtlichung, S. 337f.; speziell für das Verwaltungsverfahrensrecht siehe ferner *Schmitt Glaeser,* a.a.O. (Fn. 234), S. 87ff.

h) Verfahrensentwicklung als Auftrag

Überhaupt erweist sich, wie schon oben näher ausgeführt,[236] die „Prozeduralisierung" aktiver staatlicher Steuerung als ein Funktionselement des modernen Staates. Dementsprechend zeichnet dieser dafür verantwortlich, *Verfahren* zu schaffen, die den voraufgehend entwickelten Leitmaximen kooperativen und kompensatorischen Zusammenwirkens von Staat und Gesellschaft gerecht werden. Die Tauglichkeit derart funktionaler Verfahrensweisen hängt aber nicht so sehr von einer unbestimmten Gemeinwohlbindung ab, wie *M. Spieker* meint,[237] sondern von den Direktiven zweckrichtigen und situativen Entscheidens unter Berücksichtigung selbstaktiver Felder der Gesellschaft.

Legislative und Exekutive stehen demgemäß vor dem *Auftrag*, die Verfahrensweisen ihres Handelns und Entscheidens immer wieder von neuem den gesellschaftlichen Bedingungen und ihrem Wechsel anzupassen. Namentlich die Verwaltung hat insoweit einen großen Bedarf an dezentral-regulativer Gestaltung.[238] Aber auch die Justiz unterliegt entsprechenden Anforderungen, wie das allmähliche Vordringen von Schieds- und Schlichtungsverfahren belegt.[239]

Obschon also dem Verfahrensgedanken eine zentrale Rolle bei der Suche nach Verständigung zwischen den Zonen des Öffentlichen und Privaten übertragen ist, läßt es doch die Komplexität der sozialen, ökonomischen, kulturellen und anderen Lebensbereiche einerseits und die funktionsspezifische Gliederung des modernen Staates andererseits nicht zu, gesellschaftliche Probleme in einem einzigen prozeduralen Zugriff, gleichsam in einem Meta-Verfahren zu lösen. Der moderne Staat bedarf vielmehr der Sequenzen einander zugeordneter Teil-Entscheidungen von unterschiedlicher Abstraktion, unterschiedlicher Rationalität, unterschiedlichen Entscheidungsträgern usw.

Die *Prozeßstrukturen* dieses Staatstypus unterliegen damit insgesamt hochkomplexen Funktionsanforderungen. Aussagen über sie bedingen demzufolge einen gewissen methodischen Standard. Ihn verfehlen allzu vereinfachende Hinweise zur Verfahrenskonstruktion wie z.B. jene auf die umfänglichen Möglichkeiten eines „direkt-demokratischen Engagements". Dies gilt insbesondere dann, wenn sie in

---

[236] Vgl. 2. Kap., A.II.4.; 3. Kap., B.I.; 4. Kap., C. und D.; 5. Kap., C. und D.

[237] Legitimitätsprobleme, S. 281.

[238] Siehe dazu schon oben, 2. Kap., C.II.; am Beispiel des Sozialrechts siehe z.B. auch *Becher*, Recht und sozialpolitische Selbststeuerung, S. 279ff.; die *Grenzen* einer hieran anschließenden institutionellen Reform beleuchtet *F. W. Scharpf*, Jb. Staats- und Verwaltungswissenschaft, Bd. 1/1987, S. 111ff.

[239] Vgl. etwa *Blankenburg/Verwoerd*, DRiZ 1987, 169ff.; *v. Hofmann*, Privatrechtliche Schlichtung in der Bundesrepublik Deutschland, in: R. Gilles (Hrsg.), Effektivität des Rechtsschutzes und verfassungsmäßige Ordnung, 1983, S. 217ff.; *Kotzorek*, ZRP 1986, 282ff.; *M. Neumann*, ebd., S. 286ff.; *Röhl*, Rechtssoziologie, S. 512ff.; siehe ferner Presse- und Informationsamt der BReg. (Hrsg.), „Schlichten ist besser als Richten", Reihe: Ratschläge und Hinweise/Bürger-Service, 2. Aufl., 1984, S. 40f.; zur Dogmatik des Schiedsverfahrensrechts vgl. auch das gleichnamige Handbuch von *G. Henn*, 1986.

den jeweiligen Verfassungskontext gestellt werden: Von der Kategorie der Verantwortung her ergibt sich gerade dann kein *zwangloser* Weg zu einer Partizipation durch Verfahren, wie ihn *P. Saladin* vor sich liegen sieht.[240] Gefordert sind vielmehr Überlegungen zu einer jeweils konkreten, funktionsgerechten und ziel- wie zweckadäquaten Verfahrensordnung.

Vielfältige Versuche hierzu sind unterwegs.[241] Ihr Gegenstand ist nicht nur die (direkte) Mit-Entscheidung der Bürger über die administrative Bewältigung von

---

[240] Verantwortung, S. 183f.

[241] Dabei geht es im Kern darum, entsprechend den im bisherigen Verlauf der Untersuchung herausgearbeiteten prozeduralen Rationalitäts-, Legitimations- und Verantwortungsmaßgaben spezifische *Verfahrensalternativen* zu entwickeln, die auf Kommunikation, Kooperation und Konsens aufbauen. Für die *Verwaltungsbehörden* bedeutet dies, in Gesprächen und Diskussionen mit Bürgern, Betroffenen, Unternehmen, Verbänden oder anderen gesellschaftlichen Gruppierungen ihre Maßnahmen zu entwerfen, vorzubereiten, zu entwickeln, zu erläutern, zu koordinieren und durchzuführen; das BVerfG (E 45, 297ff., 335; 69, 315ff., 355f.) hat diese Notwendigkeit der Kommunikation und Kooperation zwischen Verwaltung und Bürger als „dem grundgesetzlichen Verständnis der Stellung des Bürgers im Staat" entsprechend besonders hervorgehoben und die jüngere verwaltungsverfahrensrechtliche Literatur hat hierzu, nämlich zur Entwicklung alternativer Verfahrensformen einige richtungsweisende Vorschläge unterbreitet, vgl. etwa – und stets mit Blick auf mögliche Formen kooperativer Konfliktlösung vor allem bei der Planung und Abwicklung komplexer Verwaltungsprojekte – *Hill,* VVDStRL 47 (1989), 193ff.; *Hoffmann-Riem,* VVDStRL 40 (1982), S. 215, 217ff., 230f.; *I. Maus,* KritJ 1986, 403; *Meyer-Abich,* ZRP 1984, 40ff.; *Pestalozza,* NJW 1982, 1571ff., 1573; *Pitschas,* Wandel des Verwaltungsverfahrens, S. 23ff., 58f.; *Roßnagel,* KritV 1986, 343ff.; *ders.,* ZParl 1986, 587ff.; *Steinberg,* DÖV 1982, 625f.; *ders.,* ZRP 1982, 113ff., 117f.; *Schmidt-Aßmann,* Verfahrensgedanke, S. 8f., 26ff., 32ff.; *Schmitt Glaeser,* Position der Bürger, S. 84ff., 87ff.; *Schuppert,* Erfüllung öffentlicher Aufgaben, S. 365ff., 373ff.; *ders.,* Der Staat 28 (1989), S. 97ff., 103; *Siedentopf,* Verwaltungsentscheidungen, S. 292f.; auf amerikanische Erfahrungen einer „mittlerunterstützte(n) Kooperation in komplexen Verwaltungsprojekten" verweisen in diesem Zusammenhang *J. J. Hesse,* Aufgaben, S. 81 m. Anm. 15; *Passavant,* DÖV 1987, 516ff. Das Verwaltungsverfahren auf diese Weise als einen Vorgang kommunikativer Rechtsbildung und produktiver Konfliktbewältigung bei der Zweckkonkretisierung zu begreifen, knüpft zwar in mancher Hinsicht an die frühere Partizipationsdiskussion an (vgl. dazu zusammenfassend *R. Walter* und *W. Schmitt Glaeser,* VVDStRL 31, 1973, S. 147ff., 179ff.; *W. Schmidt* und *R. Bartlsperger,* VVDStRL 33, 1975, S. 183ff., 221ff.); ein solches Verständnis erschöpft sich darin jedoch ebensowenig wie in der Nähe zum sog. informalen Verwaltungshandeln (dazu die Nachw. oben, 2. Kap., A.I. mit Fn. 11ff.); im Kern geht es vielmehr um den Gedanken eines grundrechtlich-rechtsstaatlich *und* sozialstaatlich gebotenen *Ausgleichs* von Interessen im Verwaltungsverfahren, d.h. durch eine besondere Organisationsform der Politikentwicklung (dazu einerseits u.a. *H. Bethge,* Grundrechtskollisionen, S. 137ff., andererseits *R. Mayntz,* Politische Steuerung und gesellschaftliche Steuerungsprobleme, S. 89ff., 100ff., 104ff.) sowie um die *verantwortliche* Verdichtung des Verwaltungsverhältnisses als eines öffentlich-rechtlichen Verfahrensverhältnisses im Zeichen qualitativer Veränderungen des Rechts. – Hiervon ausgehend, muß sich das Augenmerk zugleich auf das *Gesetzgebungsverfahren* richten, in dem es zukünftig immer stärker darum gehen wird, jene grundrechtlich relevanten Positionen zu umgrenzen, die der *Gesetzgeber* selbst verantwortlich und mit Blick auf die Vollzugsbedingungen bzw. -folgen zu regeln hat, sowie darum, jene Verfahrensabläufe für die Erschließung und Erfassung dieser Positionen ins Werk zu setzen, derer es unter Rationalitäts- und Legitimationsaspekten bedarf, um einen zureichenden Interessenausgleich durch die spätere Gesetz-

Sachproblemen,[242] sondern auch der Um-Bau des Gesetzgebungsverfahrens[243] sowie die Orientierung der Rechtsprechungsstrukturen an den Maßgaben von Kommunikation, Kooperation und Kompensation.[244]

Diese Strategie der drei großen „K", wie sie genannt wird,[245] bildet zwar den gemeinsamen Grundnenner der Verantwortungsgemeinschaft zwischen Staat und Bürger. Als ihre operative Dimension stellt sich die „Bürgernähe" der gesetzgeberischen, administrativen und richterlichen Verfahren dar.[246] Doch wird in den Bemühungen, sie zu verwirklichen, jeder staatliche Funktionsträger mit je spezifischen Rationalisierungsansprüchen und Verantwortungen konfrontiert.

---

gebung vorzubereiten und zu ermöglichen; vgl. dazu *Lerche*, Vorbereitung grundrechtlichen Ausgleichs, S. 109ff., 111ff., 114, 116f.; *Mengel*, ZRP 1984, 156, 157; *Roser*, ZParl 1984, 534, 536ff.; *Schulze-Fielitz*, Gesetzgebungsprozeß, S. 108f., 109ff.; *ders.*, Theorie und Praxis, S. 507ff. – Auch der *Richter* kann sich im Rahmen dieser Entwicklung schließlich immer weniger der Forderung entziehen, über den jeweils anhängigen „Rechtsstreit" hinaus mit den Verfahrensbeteiligten eine umfassende, auch zukünftigen Konflikten vorbeugende Lösung zu erarbeiten. Dem ist einerseits durch eine Optimierung der Entscheidungsgrundlagen im Wege der Zusammenführung von Fach- und „sozialen" Elementen, also von Spezialisten- *und* Laienverstand Rechnung zu tragen, so z.B. mit Recht *J. Baumann*, ZRP 1985, 311 für die Strafgerichtsbarkeit; allgemein zur Bürgerbeteiligung an der richterlichen Tätigkeit vgl. auch *Wassermann*, Richterliche Gewalt, S. 99ff. m.w.Nachw. Der andere Weg zu einer „effektiveren" richterlichen Streitbeilegung führt über den Ausbau der Schiedsgerichtsbarkeit, vgl. dazu bereits die Nachw. oben, Fn. 239.

[242] In bezug auf das Verwaltungshandeln siehe insoweit und ergänzend zu den Nachw. in Fn. 241 auch *K. König*, System und Umwelt, S. 33: „Staatliche Daseinsvorsorge schließt es nicht aus, die Mitverantwortung der Bürger zu stärken"; *Saladin*, Verantwortung, S. 180ff.

[243] Vgl. die Nachw. a.a.O. (Fn. 241).

[244] Dazu siehe die Nachw. bei *Gilles*, Reform des Prozeßrechts, S. 136ff.

[245] *Wassermann*, Richterliche Gewalt, S. 198.

[246] Zur „Bürgernähe" der Verwaltung siehe *Hegner*, DVerw. 12 (1979), S. 187ff., 311ff.; als Auftrag zur situationsgerechten Flexibilität des Verwaltungshandelns bei *Hill*, DÖV 1987, 885ff.; *F.-X. Kaufmann*, (Hrsg.) Bürgernahe Sozialpolitik, 1979: *Pitschas*, VSSR 5 (1977), S. 141ff., 172ff. – jeweils m.w.Nachw.; zur „Bürgernähe" der Gerichtsverfahren vgl. statt aller *Wassermann*, Richterliche Gewalt, S. 112ff.; auf das Problem der „Bürgernähe" staatlicher Gesetzgebung verweisen u.a. *Baden*, Gesetzgebung und Gesetzesanwendung, S. 61ff.; *Karpen*, ZG 1986, 30.

7. Kapitel. Konkretisierungsprozeß und staatliche Verfahrensverantwortung

A. Staatliche Verantwortung als „Verfahrensverantwortung"

I. Verantwortung als Struktur und Prozeß

In den dargestellten Leitlinien offenbart sich die *Struktur* der materiellen Verantwortung für staatliches Entscheiden. Das Gebot der situativen Zweckrichtigkeit und die Grundsätze der Kommunikation, Koordination, Kooperation und Kompensation dirigieren im Rahmen und nach Maßgabe des (Verfassungs-)Rechts die aktive Gestaltung von staatlicher und gesellschaftlicher Ordnung.

In Verfolg dieser Grundsätze bzw. Gebote erfüllt sich staatliche Verantwortung *verfahrensmäßig,* nämlich im gegliederten Entscheidungsprozeß der Rechts- und Zweckkonkretisierung.[1] Ihr Gegenstand ist das Verfahren in Struktur und Ablauf. Verantwortung darf deshalb nicht statisch-punktuell begriffen werden. Eine solche Deutung würde weder der Verfahrensdimension des modernen Staates noch der ihr erfließenden Erkenntnis gerecht werden, wonach im Wandel des Rechts dieses selbst und die Rationalität staatlichen Entscheidens vor allem verfahrenserzeugt werden.[2]

Staatliche Verantwortung ist demgemäß *verfahrensbezogen* zu denken. Sie begleitet den jeweiligen Entscheidungsprozeß mit seinen Wirkaspekten und erscheint von daher auch selbst als ein Ablauf umfassender Auseinandersetzung mit dem Bestand an Zielen, Instrumenten und Bedingungen, die jedes Verfahren charakterisieren. Zu diesem Bestand zählen die normativen und faktischen Regeln, Einflüsse und Aufträge, denen der Konkretisierungsprozeß unterliegt, aber auch das jeweilige Verhältnis zu anderen Staatsfunktionen sowie die spezifischen Merkmale von Verfahren, ihr dynamischer Charakter, die Bedeutung des Zeitfaktors und die angestrebten Wirklichkeitsfolgen.

Hierfür Verantwortung zu übernehmen und auszuüben, bedeutet keinen einmaligen Willensakt, keine Art „innerer Ruck, den der einzelne nach vorausgegangener Überlegung sich selbst gibt" (N. Luhmann). Staatliche Verfahrensverantwortung heißt vielmehr rechtlich gesteuerte und gegliederte, aus menschlichem Verhalten bestehende und auf ein Verfahrensergebnis wie seine Folgen konzentrierte, in zahllosen Einzelschritten zu betätigende Sorgfalts- bzw. Handlungspflicht, die entspre-

---

[1] Zu dessen Analyse vgl. näher schon oben, 6. Kap., C. I. und II.

[2] Dazu siehe oben, 4. Kap., C.; speziell für das Verwaltungsverfahren vgl. auch *Hill,* Das fehlerhafte Verfahren, S. 202.

chend ihren materiellen Leitlinien auf die Gestaltung und den Ablauf der staatlichen Entscheidungsfindung bezogen, mit dieser deckungsgleich, aber nicht mit ihr in eins zu setzen ist.[3]

II. Verfahrensparadigma der Verantwortung

Dieser *Prozeß* von Entstehung und verantwortlicher Gestaltung, von im Werden begriffener Substanz und pflichtgemäßer Einwirkung darauf, verläuft in der einheitlichen Form der „Konkretisierung“: Jedes Verfahren soll soziale Wirkungen hervorbringen;[4] es soll die Wirklichkeit verändern. Das aber heißt von der Verantwortung geleitetes Eingehen auf das Konkrete.[5]

1. „Prozeduralisierte“ Verantwortung als Verfahrensverantwortung

Die empirisch wie normativ begründete Vorstellung einer derart *verfahrensmäßig* funktionierenden Rechts- und Zweckkonkretisierung kennzeichnet die Verantwortung aller Staatsorgane. Dies gilt gleichermaßen für den Gesetzgeber wie für Verwaltung und Justiz. Deren funktional spezifizierten Entscheidungsprozessen liegt ein gemeinsamer Verfahrensbegriff zugrunde, der einer prinzipiell einheitlichen Prozeß- und Verantwortungsstruktur in der skizzierten Form Raum gibt.[6]

Für das Verständnis von „Verantwortung“ wird damit der Rückbezug zu zweck- bzw. aufgabenorientierten Verfahren und interdisziplinärer Methodik ausschlaggebend. Verantwortung muß „prozeduralisiert“, d.h. als Punkt-für-Punkt-Korrelat zum verbindlichen staatlichen Entscheidungsgeschehen gedacht werden. Den staatlichen Funktionsträgern ist deshalb aufgegeben, die voraufgehend entwickelten Leitlinien materiellen Entscheidens im Richtsteig von Ziel bzw. Zweck und Ergebnis unter Entwicklung einer optimalen Methodik[7] verfahrensmäßig zu realisieren.

---

[3] Zu pauschal daher noch *R. Scholz*, VVDStRL 34 (1976), S. 149f.; mehr im hiesigen Sinne dagegen *Hill*, a.a.O. (Fn. 2), S. 189; vgl. auch *Zimmer*, Funktion – Kompetenz – Legitimation, S. 90 m. Anm. 76, der von einer „allgemeine(n) Prozeß- und Verantwortungsstruktur“ spricht.

[4] Näher dazu schon oben, 6. Kap., C.I.3. m.w.Nachw.

[5] Den gedanklichen Hintergrund hierfür formuliert treffend *Whitehead*, Prozeß und Realität, S. 388, 389, in seinen Überlegungen dazu, daß „alle Dinge fließen“ und „Konkretisierung“ der Name jener Art des Fließens ist, „das der Beschaffenheit des besonderen Seienden innewohnt.“

[6] Vgl. auch *Zimmer*, Funktion – Kompetenz – Legitimation, S. 76ff., 82ff., 90 m. Anm. 76.

[7] So etwa *Schwerdtfeger*, FS H. P. Ipsen, S. 173ff., mit der Kennzeichnung einer „optimalen“ Methodik der Gesetzgebung als Verfassungspflicht; mit Recht jedoch zurückhaltend gegenüber derartigen maximalisierenden Postulaten *Eichenberger*, VVDStRL 40 (1982), S. 7ff., 35 – ohne freilich die Notwendigkeit einer methodischen Verfahrensweise als solcher in Frage zu stellen: „Man wird ... die Qualitätssicherung weiterhin und vornehmlich der Verantwortung der kooperierenden Gewalten, nämlich Parlament und Exekutive, anheimgeben müssen.“ Ablehnend *Merten*, Optimale Methodik, S. 92f., 97.

Sie trifft die Verpflichtung, den Ablauf der Konkretisierung nach Maßgabe des Gebotes sach- und interessengerechter Wirklichkeitsgestaltung unter Beachtung des situativen Entscheidungsbezugs zu organisieren,[8] die strukturelle Leistungsfähigkeit des Konkretisierungsprozesses durch eine funktionsgerechte Verfahrensstruktur sicherzustellen,[9] die Folgenberücksichtigung im Verfahren zu gewährleisten[10] und dieses auf dezentrale Kontextsteuerung bei pluraler Selbstorganisation einzurichten.[11]

Die (innere) Ablauforganisation der Entscheidungsprozesse staatlicher Funktionsträger ist damit aus der Perspektive der Verfahrensverantwortung keineswegs so „frei“, wie dies etwa für das Verwaltungsverfahren behauptet worden ist.[12] Alles staatlich verbindliche Entscheiden und Wirken ist letztlich Ausdruck einer zur *verantwortlichen* Wahrnehmung anvertrauten Befugnis.[13] Auch wenn diese Verantwortung näherhin nicht rechtlich fixiert sein sollte, liegen doch Verfahrensorganisation und -ordnung nicht im freien Belieben. Der dann berufene prinzipielle Zweckmäßigkeitsentscheid der je eigenverantwortlichen Staatsorgane bzw. Funktionsträger bleibt der Idee und den Maßgaben des Verfahrens als Rationalisierungsmodus staatlicher Entscheidungen[14] und als Garant der Legitimität bzw. inhaltlichen Vertretbarkeit des Entscheidungsergebnisses[15] sowie seiner Wirklichkeitsfolgen[16] verpflichtet.

Staatliche Verantwortung konstituiert sich demgemäß prozedural als ein komplexer Verbund struktureller und situativer Prozeßdimensionen mit personalen Verhaltens- und Verfahrensweisen. Dadurch als spezifische „Verfahrensverantwortung“ ausgewiesen, ist ihr die Umsetzung der materiellen Verantwortungsdirektiven im Wege struktureller Gestaltung des Ablaufs der Rechts- und Zweckkonkretisierung sowie durch deren Handhabung in der Zeit aufgetragen.

2. *Horizonte der Verfahrensverantwortung*

a) *Wirkdimensionen des Verfahrens*

Die bloße Berücksichtigung des Prozeß- und Verlaufscharakters von Entscheidungen und dazu korrelierender Verantwortung sagt freilich über die Mechanismen und Charakteristika der Einwirkung auf den Ablauf der Konkretisierung noch nichts aus. Der prozessuale Ansatz des Staatsdenkens wird vielmehr und einerseits

[8] Dazu siehe bereits oben, 6. Kap., C. III. 2. a).
[9] Vgl. wiederum die hierfür entwickelten Maßgaben oben, 6. Kap., C. III. 2. b).
[10] Siehe 6. Kap., C. III. 2. c).
[11] Siehe 6. Kap., C. III. 3. b).
[12] So z. B. von *R. Scholz*, VVDStRL 34 (1976), S. 150.
[13] Vgl. *Stettner*, Kompetenzlehre, S. 268.
[14] Dazu siehe oben, 4. Kap., C. und D.
[15] Vgl. oben, 5. Kap., C. I.–III.
[16] Siehe namentlich 5. Kap., C. II. 3.

erst dann fruchtbar, wenn die prozeduralen Verantwortungsbezüge hinsichtlich der Entscheidungswirkungen in den Blick genommen und der Beitrag des Verfahrenshandelns in bezug hierauf geklärt wird. Denn alle staatlichen Verfahren sind auf ein Wirkergebnis gerichtet. Die Verfahrensverantwortung schließt deshalb auch die mit dem staatlichen Entscheiden intendierten *Wirkungen* ein: Es muß dafür gesorgt werden, daß die jeweilige Entscheidung in die Wirklichkeit umgesetzt wird, daß sie also die sozialen Wirkungen hervorbringt, die mit ihr bewirkt werden sollten.[17] Umgekehrt muß das Verfahren in seinen *Wirkdimensionen* so gestaltet werden, daß es die angestrebten Ergebnisse zu vermitteln in der Lage ist.

b) Verfahren als soziale Systeme

Die Analyse der Wirkdimensionen staatlicher Verfahren gestattet es, die Verfahrensverantwortung auch auf die Situation des Entscheidenden und den strukturellen Kontext des Verfahrenshandelns zu erstrecken. Jedes staatliche Verfahren erweist sich insofern als ein *soziales System*, als ein Geflecht aufeinander bezogener Handlungen, die in ihrem rechtlich geordneten und faktischen Zusammenspiel Fortgang und Richtung des Verfahrens nach Maßgabe der Verfahrensziele sowie unter Einfluß der Verfahrensbedingungen bestimmen.[18] Die verfahrensverantwortliche Strukturierung dieses Systems kann von daher als Gestaltungsproblem in bezug auf die Verfahrensziele und -zwecke mittels des Einsatzes geeigneter Verfahrensinstrumente unter Berücksichtigung nicht beeinflußbarer Bedingungen charakterisiert werden.[19]

Die Prozeßstrukturen staatlichen Entscheidens lassen sich von diesem gemeinsamen Ansatzpunkt her sowohl als operative Prozesse (Arbeitsabläufe) wie auch als Leitungsprozesse der Planung und Kontrolle von Zielen und Maßnahmen, der Menschenführung und des Organisierens übereinstimmend erfassen, analysieren und vergleichen. Sie beziehen sich entweder auf die Transformation von physischen Objekten und oder auf den Austausch und die Verarbeitung von Informationen. Die dazu erforderliche Gliederung der Aktivitäten und Abläufe wird allerdings mit dem herkömmlichen Modell der staatlichen Entscheidungsfindung als Phasenfolge[20] nur unvollkommen erfaßt. Zugleich verhüllt die nahezu ausschließliche Zentrierung auf das Entscheidungsmoment der Konkretisierung den Blick auf weitere Struktur-

---

[17] Dazu vor allem *Zimmer*, Funktion – Kompetenz – Legitimation, S. 89 m. Anm. 74, 90ff.

[18] Grundlegend hierzu *Luhmann*, Verfahren, S. 38ff.; vgl. mit Blick auf das Verwaltungsverfahren ferner *Hill*, Das fehlerhafte Verfahren, S. 194f.

[19] Bezug genommen wird mit diesem Ansatz auf die Aussagen von *W. Hill/R. Fehlbaum/P. Ulrich*, Organisationslehre 1, zu den Zielen, Instrumenten und Bedingungen der Organisation sozialer Systeme, hier bes. auf S. 17ff., 29.

[20] Vgl. in bezug auf staatliche Verfahren mit je weiteren Nachw. u.a. *Hill*, Das fehlerhafte Verfahren, S. 211, 301; *Leisner*, DÖV 1969, 411; *Scherer*, Telekommunikationsrecht, S. 142ff.; *Schmidt-Aßmann*, HdbStR III (1988), S. 643f.; *Schmitt Glaeser* Position der Bürger, S. 39; *R. Scholz*, VVDStRL 34 (1976), S. 149f.; *Zimmer*, Funktion – Kompetenz – Legitimation, S. 89 m. Anm. 74.

merkmale dieses Prozesses, auf die sich die Verfahrensverantwortung ebenfalls bezieht. Deren Eigenheiten können jedoch nur dann bestimmt werden, wenn *sämtliche* Strukturmerkmale des Verfahrens geklärt werden.

c) Verfahren als Aktivitätenpotential

Richtig ist allerdings, daß die Finalität, die Zweckgerichtetheit der Prozeß- bzw. Konkretisierungsakte regelmäßig nach *Realisierungsentscheidungen* verlangt. Doch sind diese nicht der archimedische Punkt einer auf Wirklichkeitsfolgen und Prozeßaktivitäten gerichteten Verfahrensperspektive der Konkretisierung. Denn in deren Verlauf werden nicht nur Entscheidungen getroffen. Es wird geredet, verhandelt, beraten, über Folgen nachgedacht, gewichtet, gewertet und diskutiert. M. a. W. wird im Konkretisierungsprozeß unter Verfolg der verantwortungsdirigierenden Leitlinien ein ganzes Bündel an *Aktivitäten* entfaltet.

Diese sehen sich bislang nur unzureichend in der rechtlichen Verfahrensdiskussion erfaßt. Das prozedurale Legitimitätskonzept des modernen Staates[21] sowie seine existenzielle Abhängigkeit von der Verfahrensrationalität[22] machen es aber unabweisbar, den Blick sowohl auf die Art und den Gang des Zustandekommens von staatlichen Entscheidungen zu lenken als auch jene weiteren Verfahrensaktivitäten in das Auge zu fassen, die sich auf diesem Weg außerhalb des „Entscheidens“ entfalten, mit ihm aber unlösbar verknüpft sind.

3. Verfahrensverantwortung und Verfahrensdenken

Die Analyse der staatlichen Verfahrensverantwortung verlangt somit ein spezifisches *Verfahrensdenken,* das sich intensiv mit der Frage beschäftigt, in welcher Weise die staatlichen Entscheidungen zustandekommen, wie dieser (Entscheidungs-)Prozeß verläuft und wer auf ihn Einfluß nimmt.[23]

Der Übergang zu dem darin angelegten *Verfahrensparadigma* der staatlichen Verantwortung wird um so dringlicher, je mehr die Rationalität staatlicher Entscheidungen zu einem Verfahrensproblem wird[24] und dementsprechend die Anforderungen an die Verfahrensverantwortung der einzelnen Staatsorgane ständig steigen. Hiervon künden nicht allein die Bemühungen um eine Rationalisierung des Gesetzgebungsverfahrens,[25] sondern auch und mehr noch die Versuche zur übergreifenden Verknüpfung des Verfahrensgedankens mit einer allgemeinen Regelungstheorie – ein Schritt, welcher dem längst erkannten Normcharakter der Hoheitsakte aller

---

[21] Hierzu siehe näher die Darlegungen oben, 5. Kap., C. II.

[22] Vgl. die Ausführungen im 4. Kap., C. II.

[23] Dazu siehe auch *Hill,* Das fehlerhafte Verfahren, S. 194; *Pitschas,* Wandel des Verwaltungsverfahrens, S. 34f.; *Schmitt Glaeser,* Position der Bürger, S. 39; *Schmidt-Aßmann,* Ordnungsidee, S. 35ff., 43ff.

[24] Wie dies schon oben herausgearbeitet wurde, vgl. 4. Kap., C.

[25] Vgl. dazu die Nachw. oben, 4. Kap., Fn. 47ff.; siehe ferner auch *Karpen,* ZG 1986, 20ff.

Rechtserzeugungsstufen und ihrer prozeduralen Gewinnung theoretisch entspricht.[26]

Im Zuge dieser Bestrebungen hat die Rechtsprechung aus dem Grundgesetz Pflichten für ein „optimales Gesetzgebungsverfahren" abgeleitet.[27] Die darin geborgenen Rationalitätserfordernisse lassen sich freilich nicht auf den Gesetzgebungsprozeß beschränken. *Alle* staatlichen Verfahren unterliegen mehr und mehr derartigen (funktionsspezifischen) Qualitätsansprüchen. Die Verfahrensverantwortung erfährt in der darin zu beobachtenden Um-Gewichtung der maßgeblichen Entscheidungsfaktoren von der Darstellungs- zur Herstellungsebene staatlicher Entscheidungen einen erheblichen *Bedeutungswandel:* Das Verfahren ist nicht mehr nur vorgegebene Entscheidungsprämisse;[28] es setzt *selbst* Prämissen und wird zum Steuerungsinstrument des Inhalts der Rechtsetzung und Rechtsanwendung.

B. Verfahrensverantwortung zwischen Recht und Politik

Wer in diesem Sinne als staatlicher Funktionsträger verfahrensverantwortlich zeichnet, hat das Recht und die Pflicht, die geeigneten Vorkehrungen für die Funktionsfähigkeit der in seine Obhut gegebenen Entscheidungsprozesse zu treffen. Der kategoriale Verantwortungsbegriff lenkt dabei den Blick sowohl auf das Verfahren als einen Gegenstand, für den die Verfahrensverantwortung *rechtlich* begründet ist, als auch auf die „politische" Verantwortung für die Gestaltung und Handhabung von Verfahren.[29]

I. Verfahrensverantwortung kraft materiellen und Verfahrensrechts

Auch in bezug auf Verfahren kann *rechtlich* nur das verantwortet werden, was pflichtgemäß, was rechtmäßig ist. Nicht zu verantworten ist hingegen das, was pflichtwidrig (rechtswidrig) geschieht. Für die Verfahrensverantwortung im Rechtssinne kommt es daher auf die *Rechtmäßigkeit der Verfahrensordnung* als Gesamtheit von Verfahrensgestaltung und Verfahrensverhalten an. Sie ist anhand der verschiedenen Kriterien formeller und materieller Rechtmäßigkeit wie Kompetenz, Beachtung von Grundrechten und von einfachgesetzlichen Regelungen zu beurteilen.[30]

---

[26] Vgl. *Karpen*, a.a.O. (Fn. 24), 16.

[27] Vgl. z.B. BVerfGE 36, 47 (60ff., 63ff.); 39, 210 (226, 228); 57, 139 (160).

[28] So aber z.B. für das Verwaltungsverfahren *W. Schmidt,* Probleme des Verwaltungsrechts, S. 86f.; *Wahl,* VVDStRL 41 (1983), S. 159 m. Anm. 16.

[29] Zu dieser siehe schon oben, 6. Kap., B. V. 1., 2.

[30] Vgl. auch *Murswiek,* Risiken der Technik, S. 26; *Hill,* Das fehlerhafte Verfahren, S. 227ff.; in bezug auf die kommunale Selbstverwaltung siehe etwa *Wallerath,* DÖV 1986, 533ff.

1. Aufgabe des Verfahrensrechts

Die dem Verfahren eigentümliche Aufgabe, Probleme zu analysieren, Informationen zu sammeln und aufzubereiten, Interessen zuzuordnen, Situationen zu deuten, Folgewirkungen ins Auge gefaßter Entscheidungen einzuschätzen und anderes mehr pflichtgemäß zu erledigen, bedarf zu ihrer Wahrnehmung je eigener Maßstäbe und Regeln, die je eigene Verfahrensrechte und -pflichten ausprägen. Der moderne, auf Recht gegründete Staat muß demgemäß *rechtliche Verfahrensordnungen* bereitstellen, mit deren Hilfe die materiellen Rechtssätze wirksam werden können. Diese aber lassen nicht schon aus sich heraus erkennen, welche Instanz in welchem Verfahren letztverbindlich ihren „richtigen" Inhalt bzw. die „Tatsache des Regelbruchs" maßgeblich festzustellen hat.[31]

Materielles (Gesetzes-)Recht bedarf m.a.W. zu seiner Entstehung ebenso einer Verfahrensordnung wie es zu seiner Wirksamkeit stets noch die rechtliche Ordnung des Vollzugs benötigt – gleichwie, ob es sich um seinen symbolischen Gebrauch,[32] um strikte Durchsetzung im Sinne von erzwungenem Verhalten[33] oder um die Verwirklichung subjektiver öffentlicher oder privater Berechtigungen[34] handelt. Das auf diese Weise „sekundäre" Verfahrensrecht stellt eine solche Ordnung zur Verfügung: „Während die primären Regeln damit beschäftigt sind, festzustellen, was Rechtssubjekte tun dürfen und was nicht, beschäftigen sich die sekundären Regeln mit den primären. Sie bestimmen, auf welche Weise man sich der primären Regeln schlüssig vergewissern kann, wie sie eingeführt und wieder abgeschafft werden, wie man sie verändert und wie man die Tatsache ihrer Verletzung schlüssig bestimmt."[35]

2. Verfahrensrecht und materielles Recht

Diese Aufgabenzuweisung an Verfahrensregeln hat zur Folge, daß sich die rechtlich begründete Verfahrensverantwortung nicht ausschließlich nach Kriterien formeller Rechtmäßigkeit bestimmt. Im Gegenteil prägt das materielle Recht die Verfahrensordnung mit. Es wird dadurch für die konkrete Gestaltung und Handhabung von Verfahren leitend.[36]

---

[31] Ähnlich *Schnapp*, Rechtstheorie 9 (1978), S. 290f., 298, im Anschluß an *Hart*, Begriff des Rechts, S. 132ff.

[32] Zum „symbolic use of law" vgl. die Nachw. bei *Kindermann*, JbRSoz 13 (1988), S. 222ff.; *Röhl*, Rechtssoziologie, S. 249, im legitimationsbezogenen Sinne S. 410f.

[33] Auf diesen Aspekt beschränkt sich z.B. *Zippelius*, Staatslehre, S. 47f.

[34] Vgl. hierzu mit Bezug auf das Verwaltungsverfahren *Schnapp*, FS H. U. Scupin, S. 903.

[35] *Hart*, Begriff des Rechts, S. 135.

[36] Zu diesem prozessualen Verständnis des Rechts grundlegend z.B. *Rodingen*, Pragmatik der juristischen Argumentation, 1977, S. 137; vgl. allgemein zum Prozeßdenken außerhalb der

Ein Vorrang des materiellen Rechts vor den Verfahrensregeln besteht indes nicht. Vielmehr ist von einer gegenseitigen Abhängigkeit und Verflochtenheit auszugehen. Das materielle Recht ist nämlich keineswegs festumgrenzt und von vornherein schon endgültig vorhanden, sondern durchweg verfahrensabhängig.[37] Es bedarf eben der Konkretisierung, in deren Verlauf die Verfahrensnormen das Handeln und Entscheiden der Staatsorgane – die „Rechtsgewinnung" i.w. Sinne – in geordnete Bahnen lenken.

Verfahren und materielles Recht stehen somit zueinander in einem Verhältnis der gegenseitigen Ergänzung, gerichtet auf eine sich wechselseitig vervollkommende und auf die Herbeiführung sozialer Koordination durch Sachentscheidung abzielende Rechtsentstehung.[38] Die materielle Rechtsaussage gibt vor, was anzustreben ist und setzt hierfür Leitlinien; die jeweilige Verfahrensordnung gibt dagegen zu erkennen, auf welche Art und Weise und in welcher Form („wie") der Rechtszweck konkret zu verwirklichen ist. Die erstere, so könnte man sagen, weist das *Ziel,* die letztere bezieht sich auf den *Weg* zur Entscheidung.[39]

Freilich stimmt dieses Bild von Weg und Ziel heute nur noch bedingt. Denn die meisten materiellen Rechtsaussagen ermangeln der Eignung zu direkter Subsumtion. Es müssen konkretere Regeln gewonnen werden, als das materielle (Verfassungs-)Recht sie gemeinhin zur Verfügung stellt, um zu maßgeblichen Sach- bzw. Zielaussagen zu gelangen.[40] Dann aber verlagert sich auch die Zielfeststellung in die *Ebene des Verfahrens:* Sie wird zur „scenischen" Ableitung.[41] Verfahren formen selbst das Ziel, zu dem sie zugleich den Weg darstellen.

Da gleichwohl das materielle Recht zu den Maßstäben intersubjektiv nachprüfbarer Rechtskonkretisierung beiträgt, ist die staatliche Verfahrensordnung ebenso hiervon wie prozedural geprägt. Die Abgrenzung zwischen materiell-rechtlichen Regeln und Verfahrensregeln kann allerdings schwierig sein.[42] Entsprechende Unterscheidungsversuche nach der Art der Rechtsqualität schlagen fehl. Vor allem die in bezug auf das Gerichtsverfahren propagierte Einordnung von Verfahrensbestimmungen als bloße Handlungsformen für den Richter und die Prozeßbeteiligten überzeugt nicht.[43] Denn Verfahrensnormen wenden sich auch an den rechtsuchen-

---

Rechts- und Verwaltungswissenschaft bzw. zur „im Werden begriffenen Substanz" die Ausführungen von *Whitehead,* Prozeß und Realität, S. 385ff.

[37] Vgl. z.B. ebenso *D. Lorenz,* FS BSG II, S. 911ff., 912.

[38] Dazu allgemein *Fikentscher,* ZtschrRVgl. 1985, S. 164f., 190; für das Verwaltungsverfahren vgl. z.B. *Hill,* Das fehlerhafte Verfahren, S. 202f.

[39] So der Versuch von *Bettermann,* VVDStRL 17 (1959) S. 121, im Anschluß an *Merkl,* Allg. Verwaltungsrecht, 1927, S. 213; siehe ferner *Hill,* a.a.O. (Fn. 38), S. 224 m. Anm. 260, 226.

[40] Gleichwohl hält z.B. *Hill,* a.a.O. (Fn. 38), S. 224f., die „Weg-Ziel-Formel" für brauchbar; siehe aber demgegenüber schon *Bettermann,* VVDStRL 17 (1959), S. 121; *Lässig,* in: Finkelnburg/Lässig, VwVfG, Vorbemerkung zu § 9 Rdnr. 9 (freilich mit einer von der hiesigen Position abw. Begründung).

[41] Ausdruck nach *Hassemer,* ARSP 72 (1986), S. 211f.

[42] Zusammenfassend dazu m.w.Nachw. *Hill,* Das fehlerhafte Verfahren, S. 222ff.

[43] Ablehnend mit Blick auf das Verwaltungsverfahren auch *Bettermann,* VVDStRL 17 (1959), S. 120; *Held,* Grundrechtsbezug, S. 26 m.w.Nachw.

den Bürger; sie sind schlechthin *Verhaltensnormen* und nicht nur Aussichten und Möglichkeiten, Chancen und Lasten.[44] Demgemäß legt das Verfahrensrecht die Art und Weise des Zustandekommens staatlicher Entscheidungen nach Maßgabe inhaltlicher Zwecksetzungen als *verbindliches Recht* fest.[45]

3. Verfahrensregeln als verbindliches Recht

Verfahrensregeln sind also nicht bloße „Spielregeln", Ordnungsgrundsätze oder Handlungsmaßstäbe. Sie stellen ebenso wie materielle Normen „gebietende Rechtsnormen" dar, die Legitimation durch Legalität sichern helfen. Zwar können neben diesen rechtlichen Vorschriften oder statt ihrer weitere Regeln über das tatsächliche Verfahren bestehen und faktische Ablaufgrundsätze postulieren.[46] Auch mag der Verstoß gegen sie zur „bloßen" Regel- oder Maßstabswidrigkeit führen, obschon weiterreichende Folgen nicht auszuschließen sind.[47] Die Zuwiderhandlung gegen rechtliche (gesetzliche) Verfahrensvorschriften führt dagegen grundsätzlich immer zur *Rechtswidrigkeit* der staatlichen Entscheidung. Denn es werden geltende Rechtssätze im Widerspruch zur normativen Vorordnung angewendet.[48]

Im einzelnen ist dazu auf unterschiedliche Rechtswidrigkeitsannahmen in unserer einheitlichen Rechtsordnung zu verweisen.[49] Im Zivil- und Strafrecht ist vor allem umstritten, ob die Relation eines *Verhaltens* zur Rechtsordnung (Handlungsunrecht) oder der mangelnde Einklang eines *Erfolgs* mit der Rechtsordnung (Erfolgsunrecht) oder gar beides in unterschiedlich abgestuftem Zusammenhang den maßgeblichen Ansatzpunkt für die Feststellung der Rechtswidrigkeit bzw. einer darauf gestützten Sanktion darstellt.[50] Näherer Ausführungen hierzu bedarf es jedoch nicht. Denn fest steht, daß es sich sowohl bei den Vorschriften der gerichtlichen Prozeßordnungen als auch der Verwaltungsverfahrensgesetze und überall dort, wo

---

[44] Vgl. umfassend und m. zahlr. Nachw. zur Diskussion hierum im gerichtlichen Verfahrensrecht *Schaper,* Theorie und Soziologie des gerichtlichen Verfahrens, S. 73ff., 79ff., 91ff.; speziell für das Verwaltungsverfahrensrecht siehe (noch heute aktuell) *Bettermann,* a.a.O. (Fn. 43), S. 120 a.E.; vgl. auch *Hill,* Das fehlerhafte Verfahren, S. 276f. (gegenläufig allerdings S. 396 m. Anm. 29).

[45] Vgl. insbes. *H. H. Rupp,* FS O. Bachof, S. 165; siehe ferner *Schmidt-Aßmann,* DÖV 1981, 237ff., 240; anders z.B. *Groschupf,* DVBl. 1962, 627ff., 630.

[46] Vgl. auch *Hagen,* Prozeßlehre, S. 19; *Hill,* a.a.O., (Fn. 44), S. 395.

[47] Das führt dann hinüber in den Problemkreis von „Innen- und Außenrecht"; dazu hier einstweilen nur der Verweis auf die Problemskizze bei *Schmidt-Aßmann,* Verfahrensgedanke, S. 20ff.

[48] BVerwGE 13, 28 (31); 31, 222 (223); *Hill,* Das fehlerhafte Verfahren, S. 395.

[49] Vgl. *P. Kirchhof,* Unterschiedliche Rechtswidrigkeiten in einer einheitlichen Rechtsordnung, 1978, passim.

[50] Siehe dazu u.a. *Deutsch,* Haftungsrecht, 1. Bd., Allgem. Lehren, 1976, S. 195ff., 202f.; *Münzberg,* Verhalten und Erfolg als Grundlagen der Rechtswidrigkeit und Haftung, 1966, S. 53ff., 61ff.; *Jakobs,* Strafrecht, AT, 1983, S. 137ff.; *Maurach/Zipf,* Strafrecht, AT, Teilbd. 1, 6. Aufl., 1983, S. 204ff.

rechtlich bindende Verfahrensregeln existieren, um *Verhaltensnormen* handelt, nicht nur um „Zulässigkeitsvoraussetzungen“ zur Beeinflussung der materiellen Entscheidung.[51] Der Verstoß hiergegen stellt sich, weil (auch) dieses Recht das jeweilige Staatsorgan verpflichtet, in bestimmter Weise zu verfahren, zugleich als *Pflichtwidrigkeit* dar.

4. Verfahrensverantwortung im Rechtssinne

Diese Pflichtwidrigkeit zu vermeiden, sich also pflichtgemäß nach Maßgabe des Ineinanderwirkens von materiellem Recht und Verfahrensregeln zu verhalten, gehört zum Kern der Verfahrensverantwortung. Wer den Vorwurf rechts- (pflicht-)widrigen Verfahrenshandelns bzw. entsprechend fehlsamer Verfahrensgestaltung ausräumen kann, der hat sich „verantwortlich“ verhalten.[52]

„Verantwortung“ heißt allerdings, wie schon oben betont,[53] nicht nur Pflichtgemäßheit des Verhaltens. Daneben tritt die Verantwortung als Befugnis und Auftrag, die geeigneten Vorkehrungen für die Funktions-, Reaktions- und Strukturgerechtigkeit des Verfahrens zu treffen.[54] In diesem Sinne besteht auch eine aus den Rationalitäts- und Legitimationsanforderungen des modernen Staates gespeiste Verantwortung der staatlichen Funktionsträger für die Gestaltung und Handhabung staatlicher Entscheidungsverfahren. Sie verkörpert eine besondere Art von Pflicht, die aufgibt *selbst* zu erkennen, was zur Verwirklichung der materiellen und Verfahrensziele in der gegebenen Situation jeweils erforderlich ist.[55]

Für die Erfüllung dieser Pflicht gilt es, Rede und Antwort zu stehen, sich also für die Verfahrensgestaltung und das Verhalten im gegliederten Entscheidungsprozeß der Rechts- und Zweckkonkretisierung ebenso zu rechtfertigen wie für die zurechenbaren Folgen dieses Verhaltens. Maßstab hierfür ist wiederum und zum einen das geltende (Verfahrens-)Recht, das Gesetzgeber, Verwaltung und Justiz gleichermaßen bindet: Jener ist bei der Setzung von Rechtsnormen dem Verfassungs-(verfahrens-)Recht unterworfen; diese zeichnen als dezentralisierte staatliche Handlungssysteme für die detaillierende Rechtsgewinnung durch Konkretisierung und deren Kontrolle im und durch Verfahren verantwortlich.[56]

---

[51] Vgl. zur Problematik näherhin, obschon teilw. abweichend, auch *Henckel*, Prozeßrecht, S. 233ff., 289ff.; anders als hier – nämlich die Prozeßnormen für den Richter nur als Urteilsmaßstab und nicht als „Verhaltensnormen“ kennzeichnend – *Konzen*, Rechtsverhältnisse zwischen Prozeßparteien, 1976, S. 114; speziell für das Verwaltungsverfahren siehe im hiesigen Sinne *J. Martens*, Praxis, S. 50 (Rdnr. 69).

[52] Vgl. zu dieser Maßgabe des Verantwortungsbegriffs schon oben, 6. Kap. B.II.

[53] A.a.O. (Fn. 52), B.III.

[54] Vgl. 6. Kap., B.III.; C.III.1. und 2.b).

[55] Vgl. 6. Kap., B.III.; siehe auch in diesem Kapitel A.I. (Verantwortung als „Prozeß“).

[56] Zu der hierfür als Grundlage dienenden Vorstellung von der „Dezentralisierung“ des Rechts vgl. bereits oben, 3. Kap., B.I.3. mit Nachw. in Fn. 74ff.; siehe ferner im vorliegenden Kontext auch und bes. *Brohm*, DÖV 1987, 268f.; *Krawietz*, Rechtstheorie 16 (1985), S. 257ff., 267ff., 268f.

Verfahrensverantwortung im Rechtssinne besteht zum anderen dafür, daß Verfahren überhaupt geschaffen werden, sowie dafür, daß ihre Strukturen jeweils geeignet sind, die Leitlinien der materiellen Konkretisierungsverantwortung umzusetzen.

II. Verfahrensverantwortung als Eigenverantwortung

Sich verantworten, Rechenschaft ablegen, Rede und Antwort für die Verfahrensordnung stehen – das müssen aber staatliche Funktionsträger auch und gerade dort, wo sie rechtlich nicht gebunden sind. Rechtfertigungsbedürftig ist im rationalitätsbewußten und legitimitätsbedürftigen modernen Staat, der demokratisch verfaßt ist, auch das rechtmäßige Verhalten der staatlichen Organe im Rahmen ihrer Befugnisse zur *eigenverantwortlichen* Gestaltung und Handhabung von Verfahren, also auch der pflichtgemäße Gebrauch konkretisierungsbedürftiger rechtlicher Verfahrensanordnungen, auch die Ausfüllung von Gestaltungsspielräumen.[57]

Insbesondere bleibt die „politische Verantwortung" aller Staatsorgane bestehen.[58] Sie hervorzuheben besteht Anlaß, weil die Frage nach der Verfahrensverantwortung den Blick nicht allein auf die begründeten Rechte und Pflichten in bezug auf die Verfahrensgestaltung und das Verhalten in Verfahren einschließlich der daraus resultierenden Folgen lenkt. Die Antwort entdeckt zugleich jenen Raum, der in den Verlaufsprozessen der Konkretisierung für zahlreiche, sogleich noch näher zu umreißende und rechtlich kaum gebundene Verfahrensaktivitäten offen steht, und innerhalb dessen die jeweils zuständigen Funktionsträger fachlich-politisch und fachlich-methodisch dafür einzustehen haben, wie sie das Verfahren gestalten und mit welchen Folgen sie es führen.

Dieser Raum wird durch Bezeichnungen wie dem „Verfahrensermessen" für die Verwaltung,[59] der „richterlichen Auslegung" im Gerichtsprozeß[60] oder dem „Gestaltungsspielraum" des Gesetzgebers[61] nur unzureichend erhellt. Immerhin verdeutlicht aber die Wahl dieser Begriffe, in welchem erheblichen Ausmaß staatliche Konkretisierungsverfahren rechtlich unstrukturierte bzw. ungebundene und ggf. zu verrechtlichende Freiräume dezentraler Rechtsbildung eröffnen. Sie vermögen allein im Begriff der *Verfahrensverantwortung* kategorial zureichend erfaßt zu werden.

---

[57] Dazu vgl. bereits die Grundlegung oben, 6. Kap., C. II. 3.; siehe ferner *Murswiek*, Risiken der Technik, S. 26.

[58] Siehe dazu oben, 6. Kap., B. V.

[59] Hierzu vgl. grundlegend *Hill*, NVwZ 1985, 449ff.

[60] Vgl. hierzu neben den Nachw. im 2. Kap., Fn. 304ff., und im 6. Kap., Fn. 162ff., auch und ferner *Bydlinski*, Methodenlehre, S. 179f., 395ff., 501ff., 506ff., 518ff.; *Fikentscher*, Methoden IV, S. 313ff.; *Kriele*, DRiZ 1984, 226ff.

[61] Zu dieser (allerdings etwas verunglückten) begrifflichen Kategorie vgl. statt aller *Hill*, Gesetzgebungslehre, S. 62ff.; das BVerfG spricht näherhin von „Einschätzungs- und Beurteilungsspielraum", vgl. BVerfG, DÖV 1989, 633ff., 634f.

III. Verfahrensverantwortung als Kontinuum rechtlicher Bindung und politischer Gestaltung

Vor diesem Hintergrund ist jegliche Verantwortungsbetätigung immer auch als politische Gestaltungsaufgabe im Rahmen des materiellen und Verfahrensrechts zu verstehen. Denn wo politische bzw. metajuristische Verantwortung einsetzt und wo sie endet, ist nur selten in jener definitorischen Schärfe festzustellen, die dem Begriff der „Eigenverantwortung" in seiner Bezugnahme auf die Freiheit von *rechtlicher* Bindung innewohnt und mit der er gegenüber der Verantwortung im Rechtssinne abgegrenzt wird. Diese und die politische Verantwortung gehen vielmehr ineinander über. Selbst dort, wo beispielsweise nach dem materiellen Verwaltungsrecht sog. gebundene Verwaltungsentscheidungen ergehen sollen, eröffnet die zweckorientierte und situative Konkretisierung der abstrakt-generellen Vorgaben anhand eines zu präzisierenden Sachverhalts immer noch Spielräume der Gestaltung.[62] Die Unterscheidung von bestimmten und unbestimmten Rechts- bzw. Gesetzesbegriffen ist allenfalls als quantitative Differenzierung möglich. Stets kommt es nur zu mehr oder weniger „stimmigen" Annäherungen an das vom Gesetzgeber Vorgestellte.[63]

1. Verfahrensrecht als Verantwortungsmaßgabe und Verantwortungsgegenstand

Nichts anderes gilt für das *Verfahrensrecht,* d.h. für die programmgesteuerte Anleitung des inhaltlich „gesollten" Verhaltens der an der Rechts- und Zweckkonkretisierung Beteiligten durch Rechtssatz – sei es im Gesetzgebungsverfahren, bei der administrativen Umsetzung eines fixierten materiellen Programms durch konkretes Verwaltungshandeln oder auch im gerichtlichen Prozeß. Die Anwendung der jeweiligen Verfahrensrechtsnormen wird durchweg von verfahrensgeprägten Erkenntnisvorgängen gesteuert, so daß nur selten ein eindeutiger, von Dritten strikt reproduzierbarer Rechtsgewinnungs- bzw. Rechtsbildungsprozeß zustandekommt.

Jede Verfahrensordnung wird sonach von den eigenen Konkretisierungschancen mitgeprägt. Verfahrensrecht ist deshalb Verantwortungsmaßgabe und (reflektierter) Verantwortungsgegenstand zugleich. Seine Normen können einerseits nicht verstanden werden ohne wahrnehmungs- und entscheidungsleitende Prinzipien, die auf sie einwirken und angeben, was als bedeutsam oder bedeutungslos für die prozedurale Normkonkretisierung zu gelten und wie diese zu verlaufen habe. Umgekehrt stehen die Normen außerhalb des konkreten Auslegungsvorganges nicht schon als fertiger Maßstab zur Verfügung; die Verfahrensregel ist vielmehr erst im Prozeß der

---

[62] Vgl. dazu schon oben, 6. Kap., B. III. mit Fn. 39; C. II. 3.; siehe ferner *Alexy,* JZ 1986, 701 ff., 715.

[63] Vgl. auch *Erichsen,* DVBl. 1985, 22; weitere Nachw. dazu im einzelnen siehe im 6. Kap., Fn. 118.

Auslegung dynamisch zu entwickeln. Enthält z. B. eine Vorschrift des Verwaltungsverfahrensrechts zwar eine verbindliche, aber keine tatbestandsbegrifflich bestimmte Anordnung, ist sie vielmehr verständnisoffen angelegt und räumt sie dadurch der Verwaltung einen Gestaltungsspielraum für das Verfahren ein, so bilden behördliche Maßnahmen innerhalb dieses Spielraums auf der einen Seite das fallweise konkrete Verfahrensrecht aus, das zur Anwendung kommt. Sie stellen andererseits eine vertretbare Selektion und Strukturierung von Informationen und damit keine fehlerhafte Rechtsanwendung dar, so daß infolgedessen auch keine Rechts- und Pflichtwidrigkeit eintreten kann.[64]

In der Folge hiervon bilden Verfahren als solche eine partiell ungewisse Prämisse des staatlichen Entscheidungshandelns. Sie entfalten in rechtlicher Hinsicht eine gewisse Autonomie, ein Eigenleben in zeitlicher, sachlicher und sozialer Dimension,[65] das für den Erfolg der sozialen Koordination, die Erfüllung der Rationalitätsverpflichtung und die politische Legitimation des modernen Staates unentbehrlich ist. In diesem Eigenleben können die Verfahrensrechtsnormen nicht immer und nicht einmal grundsätzlich als konstant vorausgesetzt werden – sei es, daß sie in der Konkretisierung spezifischen Wertungsvorgängen unterliegen, sei es, daß die Normen selbst im Laufe von Kontrollverfahren zur rechtlichen Überprüfung am Maßstab höherrangigen bzw. Verfassungsrechts gestellt werden.

2. *Überlagerung von verfahrensrechtlicher Bindung und politischem Gestaltungsauftrag*

Verfahrensrechtsnormen für den Gesetzgebungsprozeß, den administrativen Rechtsvollzug und das gerichtliche Verfahren sind deshalb in erster Linie als Richtlinie und Rahmen staatlicher Entscheidungstätigkeit anzusehen („soft law"). Ihr Weisungsgehalt kann variieren und mithin auch die Kennzeichnung der Parlaments-, Verwaltungs- bzw. richterlichen Verantwortung für Struktur und Ablauf von Verfahren als entweder normativ begründete Sorge/Rechtfertigung oder als politischer Gestaltungsauftrag. Beide Dimensionen überlagern sich einmal mehr, einmal weniger – je nach Fassung und Maßgabewirkung des einschlägigen Rechts- bzw. Gesetzesbegriffs.

Dementsprechend lassen sich die staatlichen Verfahrensaktivitäten auf einem *Kontinuum* der Verfahrensverantwortung anordnen, das an seinem einen Ende rechtlich soweit als möglich eindeutige Anweisungen zur Verfahrensordnung trägt und am anderen Ende weitestgehende (politische) Eigenverantwortung betrifft. Im Kontinuum können beide Aspekte mehr oder weniger dominieren, sich mehr oder weniger überschneiden. Die wachsende Notwendigkeit spezifischer Verfahrensrationalität und die zunehmende Inanspruchnahme staatlicher Verantwortung als ein

---

[64] Vgl. auch *Hill*, Das fehlerhafte Verfahren, S. 395.
[65] Dazu grundlegend *Luhmann*, Verfahren, S. 40f.

regulatives Prinzip[66] führen dabei zu Verschiebungen in Richtung steigender Eigenverantwortung.

3. Methodenkategoriale Verfahrensverantwortung

Das hat indes keine Beliebigkeit stattlicher Verfahrensorganisation und -ordnung zur Folge. Diese unterliegen einerseits rechtlich wie auch faktisch („metajuristisch") den Strukturbedingungen prozeduraler Legitimität[67] und den Anforderungen der Verfahrensrationalität.[68] Eine als rational charakterisierte staatliche Entscheidungstätigkeit muß sich zum anderen und in eben diesem Zusammenhang auch der Frage stellen, welcher *Methodik* sie verpflichtet ist. In der Antwort hierauf zeigt sich, daß dem Kontinuum normativer Pflichtenstellung und politischer Gestaltungsaufgabe ein *Wandel der Methodik* entspricht, von der die Gestaltung und Handhabung der Konkretisierungsprozesse im modernen Staat funktional geleitet wird. Zwar ist diesbezüglich in der Bundesrepublik Deutschland, entsprechend ihrer rechtsstaatlichen Tradition, der Rationalisierung des öffentlichen Handelns durch die Subsumtion unter *Normen* von Rechts wegen der Vorrang gegeben. Namentlich der administrative Entscheidungsprozeß und die richterliche Kontrolle der Rechtsanwendung sind durch Strukturen geprägt, die sich aus einer tiefreichenden Methodengeschichte der europäischen Rechtswissenschaft entwickelt haben. Doch ist es stets zugleich als Aufgabe der Rechtsdogmatik angesehen worden, „den Normenbestand des geltenden Rechtes in seinen verschiedenen Dimensionen verstehen zu lehren, und zwar im Blick auf seine geschichtlichen, ideologischen, gesellschaftlichen und politischen Bestimmungsfaktoren sowie auf seine Wirkungen im Rechtsleben, ... und die Fortentwicklung dieses Normenbestandes im Wandel der gesellschaftlichen Verhältnisse und der Wertvorstellungen durch Beobachtung, Klärung und Anregung zu erleichtern.'"[69]

Selbst wenn sich demgegenüber in der Vergangenheit hier und da eine spezifisch „juristische" Methode im Sinne einer positivistischen Grundhaltung zeitweilig durchgesetzt haben mag,[70] so hat sie heute jedenfalls einer Methodenvielfalt durch Einbeziehung außerrechtlicher Bestimmungsfaktoren in die Rechts- und Zweckkonkretisierung weichen müssen. Zutreffend erkennt die moderne juristische Methodenlehre an, daß etwa die Entscheidung eines Rechtsfalles regelmäßig nicht mit einer bloßen Subsumtion unter das Gesetz zu erklären ist,[71] für die Lösung stattdes-

---

[66] Siehe zu dieser Wirkdimension näher oben, 6. Kap., B. IV. 1. und 2.

[67] Dazu vgl. oben, 5. Kap., C. II.

[68] Siehe näher dazu schon oben, 4. Kap., C. VII.

[69] Zitat von *L. Raiser*, wiedergegeben bei *Bachof*, VVDStRL 30 (1972), S. 217.

[70] Vgl. die Bemerkungen hierzu bei *Bachof*, a. a. O. (Fn. 69), S. 215; siehe auch *R. Scholz*, VVDStRL 34 (1976), S. 152.

[71] Dazu statt aller *Bydlinski*, Methodenlehre, S. 377 und öfter; *Esser*, Vorverständnis, S. 40 ff., 53 ff., 65 ff.; *Fikentscher*, Methoden IV, S. 207 ff.; *Engisch*, Konkretisierung, z. B. S. 188 ff.; *ders.*, Einführung, S. 43 ff., 50, 53 ff., 210 ff.; *Larenz*, Methodenlehre, S. 106 f., 133 ff.

sen *zusätzliche* Normen gewonnen[72] bzw. gebildet[73] werden müssen, die in das dazu erforderliche Konkretionsverfahren der Anwendung des Gesetzes einzufügen sind.[74] Sie trägt damit der Tatsache Rechnung, daß die Rationalisierung der staatlichen Entscheidungstätigkeit als Verwaltungsvollzug oder Rechtsprechung weder die Abwägung von Zwecken und Mitteln noch elementare Gerechtigkeitsvorstellungen beiseite lassen kann.[75] Vergleichbares gilt für das Gesetzgebungsverfahren, das mit stärkeren Rationalisierungsansprüchen konfrontiert wird[76] und deshalb die Fortentwicklung seiner Prozeßstrukturen „metajuristischen" Erkenntnissen öffnen muß.[77]

Im Bezugsfeld eines solchen „offenen" Handlungsverständnisses, das sozialwissenschaftliche Erkenntnisse zum Bestandteil juristischer Normsetzungs-, Auslegungs- und Entscheidungsverfahren macht,[78] bedeutet Verfahrensverantwortung den integrierenden Rückgriff auf fachlich-methodische Rationalisierungsmaßgaben, auf Kategorien von Kosten und Nutzen, von Konsens und Dialog.[79] Ausdruck hierfür ist z.B. der Einbezug ökonomischer Kalküle in rechtliche Verfahrensüberlegungen: Erwägungen der Prozeßökonomie bestimmen weithin Verfahrensgestaltung und -ablauf.[80] Darüber hinaus sind Verfahren stets auch Orte sozialer Begegnung; in ihnen regieren die Grundsätze, Methoden und Muster sozialer Konfliktlösung.[81] Staatlicher Verfahrensverantwortung ist demzufolge ebenso *methodenkategorial* geprägt, wie sie politische (=fachliche) Elemente mit rechtlichen mischt.

---

[72] Zur „Rechtsgewinnung" vgl. z.B. m.w.Nachw. *Kriele,* Theorie der Rechtsgewinnung; *Bydlinski,* Methodenlehre, S. 11; früher schon *Heck,* Das Problem der Rechtsgewinnung, 1912, S. 7; *Engisch,* Einführung, S. 182ff., spricht dagegen von „Rechtsfindung". Die Ausdrücke werden aber von den Autoren im wesentlichen – mit kleineren Nuancierungen – gleichsinnig eingesetzt.

[73] Rechtsdogmatik als „Rechtsbildung" zu betreiben, ist vor allem ein Anliegen der von *Fikentscher,* Methoden IV, S. 274, 279, 321ff., 356ff., 374ff., entwickelten sog. Fallnormtheorie.

[74] Vgl. etwa *Bydlinski,* Methodenlehre, S. 11, unter Bezugnahme auf *Engisch,* Konkretisierung, S. 120ff.; *Fikentscher,* Methoden IV, S. 201ff.; *F. Müller,* Juristische Methodik, S. 19ff.

[75] Vgl. schon oben, 5. Kap., C.II.1.; siehe ferner *Kriele,* Gesetzestreue und Gerechtigkeit in der richterlichen Rechtsfindung, FS zur 600-Jahr-Feier der Universität zu Köln, 1988, S. 707ff., 711ff., 719ff.; *K. König,* System und Umwelt, S. 24f.; *Würtenberger,* Legitimität und Gesetz, S. 547f.

[76] Vgl. dazu die Nachw. oben, 5. Kap., Fn. 47ff., 72ff., 93f., 111, 123f. und öfter.

[77] Dies gilt auch für die Behandlung von Gesetzgebungsvorhaben im Verfahren der Ministerialverwaltung, wie *K. König* eindrucksvoll darlegt (in: FS C. H. Ule, S. 121ff., 122, 128, 130ff., 136, 141: Das „Politische" werde sich durchsetzen).

[78] Vgl. z.B. für das Verwaltungsrecht *Bachof,* VVDStRL 30 (1972), S. 217.

[79] So wie es die Strukturbedingungen rationaler Herrschaft durch Konsens und Verfahren im modernen Staat erfordern, vgl. 5. Kap., B.I.–IV.

[80] Vgl. z.B. für den gerichtlichen (Zivil-)Prozeß BGH 45, 289ff.; 49, 217ff.; 54, 206ff.; *Hagen,* Prozeßlehre, S. 58ff.; *v. Mettenheim,* Der Grundsatz der Prozeßökonomie, 1970; *Schumann,* FS K. Larenz, 1973, S. 271ff.; speziell in bezug auf das Verwaltungsverfahren siehe nur *Wahl,* VVDStRL 41 (1983), S. 163.

[81] Sie sollten es zumindest, vgl. dazu am Beispiel des Verwaltungsverfahrens *Hoffmann-Riem,* VVDStRL 40 (1982), S. 215, 227; *K. König,* Öffentliche Verwaltung als soziales System,

4. Verfahrenstheoretische Konsequenzen

Für die Verfahrenslehre des modernen Staates ergeben sich aus diesem Befund mehrere Konsequenzen.

a) Interdisziplinäre Methodik des Verfahrenshandelns

Zunächst erweist sich, daß in bezug auf das Entscheiden und Handeln der Staatsorgane alle (Verfahrens-)Verantwortung multidisziplinär verfaßt ist. Sie umgreift ebenso „methodenmäßige Verwaltungsvielfalt" (R. Scholz), wie sie eine interdisziplinäre Ausrichtung der gerichtlichen Arbeit und des Gesetzgebungsprozesses nach Maßgabe fachlicher, ökonomischer, sozialer oder auch technologischer Kriterien verlangt.[82]

Insoweit läßt sich kein Gegensatz zwischen juristischer und „metajuristischer" Methodik bilden. Dem Kontinuum von rechtlicher Bindung der Verfahrensverantwortung und ihrer politischen Gestaltungsaufgabe entspricht vielmehr die Verpflichtung der Staatsorgane zur *methodenkategorialen Gestaltung und Handhabung der Konkretisierungsprozesse*, wie sie etwa ansatzweise im sozialrechtlichen Verwaltungsverfahren im Wege der Vermittlung des Akteninhalts an Beteiligte durch einen Arzt (§ 25 II SGB X) versucht wird.

Angesichts der methodenkategorial angelegten Verfahrensverantwortung *aller* Staatsorgane läßt sich ferner – wiewohl dies versucht wird[83] – in methodischen Gesichtspunkten kein gewichtiges Kriterium für die *Abgrenzung verwaltungsmäßiger und richterlicher Verantwortungsbereiche* voneinander finden. Weder kann noch darf sich der Richter im Zuge ausgreifender „Materialisierung" des Sachrechts im und durch Verfahren[84] legitimerweise „auf die ihm ausbildungs- und funktionsmäßig vermittelten (‚juristischen') Gedankenoperationen beschränken."[85] Im Gegenteil: auch richterliche Verantwortung ist interdisziplinär verfaßt. Freilich gibt es Unterschiede in der Reichweite; entscheidend bleibt die strukturelle Leistungsfähigkeit eines staatlichen Funktionsträgers zur Einschaltung „metajuristischen" Sachverstandes und die damit verbundene Kompetenz zur Maßstabsbildung.[86]

S. 7f., 13, 16ff., 21ff.; für das gerichtliche Verfahren siehe u.a. am Beispiel des Strafprozesses *H. H. Kühne*, Strafverfahrensrecht als Kommunikationsproblem, S. 74ff., 108ff.

[82] Vgl. *Schulze-Fielitz*, Theorie und Praxis, z.B. S. 490ff.; auch richterliche Verantwortung ist deshalb notwendig interdisziplinär verfaßt, dazu auch sogleich oben im Text; anders aber *R. Scholz*, VVDStRL 34 (1976), S. 153.

[83] Vgl. *R. Scholz*, a.a.O. (Fn. 82), S. 153 mit Anm. 28.

[84] Dazu etwa *Derleder*, KritJ 1986, 263ff.; *Joerges*, KritJ 1989, 186ff.; in der hiesigen Untersuchung wird dem der Begriff „Substanzialisierung" durch Verfahren an die Seite gestellt, siehe oben, 5. Kap., Fn. 109, 131, 140f.

[85] So aber *R. Scholz*, a.a.O. (Fn. 82), unter Bezugnahme auf *Diederichsen*, ZRP 1974, 53ff., 55.

[86] Vgl. dazu schon oben, 6. Kap., C. III. 2. b) mit aa); siehe ferner auch *Sendler*, NJW 1986, 2907ff.; *ders.*, FS C. H. Ule, S. 355, 356.

b) Rationalisierung der Verfahrensordnung

Mischen sich auf die dargestellte Weise Elemente rechtlicher und politischer („metajuristischer") Verfahrensverantwortung und erweist sich diese insgesamt als methodenkategorial angelegt, dann erscheint jegliche Verfahrensordnung als problematisch, die ihr juristisches Entscheidungsprogramm auf begriffsjuristische Subsumtion der Sachrechtsnormen hin orientieren wollte. Denn Verfahrensregeln dienen eben nicht (nur) der Verwirklichung des materiellen Rechts. Zwar kann zweckrichtige, situative und interessengerechte („reflexive") Rechtskonkretisierung die materiell-rechtliche Substanzvorgabe nicht entbehren; aber das der Konkretisierung immanente rechtliche „Verstehen" von Lebenssachverhalten ist gleichermaßen auf fachlich-methodische, technologische und andere Elemente angewiesen. Es ist Sache der staatlichen Prozeßverantwortung, sie strukturell und operational in Verfahren zu integrieren.

C. Verfahrensverantwortung als strukturbezogener Gestaltungsauftrag

Den prinzipalen Verfahrensmaßstab hierfür bildet das Rationalitätsgebot des modernen Staates.[87] Dementsprechend ist die (Gesamt-)Rationalität des staatlichen Handelns und Entscheidens in *Prozeßstrukturen* einzubinden, die der Rechts- und Zweckkonkretisierung als ein dialogisches, konsensuales und insgesamt prozedurales Phänomen hinreichend Raum geben, die also die Subsumtion unter materiellrechtliche Normen mit einem erhöhten Intelligenzgrad ausstatten.[88]

Staatliche Verfahrensverantwortung mündet aus dieser Perspektive in eine fortgesetzte Rationalisierung der Verfahrensordnung(en) ein. Sie muß ständig bemüht sein, „Konkretisierung" als einen Prozeß der funktionalen Koppelung von Lebenswelt und Recht,[89] also der Annäherung von Subjekt und Objekt, von Sollen und Sein, von Norm und Sachverhalt offen zu konzipieren. Hierfür und für die Verwirklichung des darin einbezogenen Sach – Rechts müssen allerdings den Leitlinien der materiellen Verantwortung einige wahrnehmungs- und verstehensleitende *prozedurale Wirkprinzipien* an die Seite gestellt werden. Denn ohne ein Wissen davon,

---

[87] In Form seiner Verpflichtung auf eine spezifische „Gesamtrationalität"; dazu vgl. näher oben, 4. Kap., C. VII.

[88] So z. B. für die „Prozeßstrukturen" des Verwaltungssystems auch *K. König,* System und Umwelt, S. 25; dort bleibt freilich der vom Autor verwandte Begriff der „Subsumtion" ebenso unklar, wie die Merkmale des von ihm geforderten Strukturwandels leider sehr unscharf nur angedeutet werden.

[89] In Bezug genommen wird damit die „Reflexivität" der Verfahrensverantwortung; zu dieser Dimensionierung siehe den Ansatz oben, 6. Kap., B. IV. 1. und 2. mit den dazugehörigen Nachw.

was den Prozeß des rechtlichen Verstehens in seiner dynamischen Entwicklung leitet, lassen sich Selektion und Strukturierung von Informationen im Sinne materieller Verantwortung nicht denken. Hinzu treten die *situativen Faktoren*, die das Verfahrenshandeln determinieren. Zu benennen sind schließlich die *Aktivitäten*, in denen die Wirkprinzipien bzw. -dimensionen des Verfahrens operativ zum Tragen kommen.

I. Prozedurale Struktur- und Funktionsgerechtigkeit als Verantwortungsgegenstand

1. Funktions- und reaktionsgerechte Verfahrensordnung

Der Blick richtet sich damit auf die konzeptionellen Anforderungen, denen der moderne Staat als zu verantwortende Macht[90] und kraft seiner prozeduralen Rationalitätsbindung[91] in bezug auf die Verfahrensordnung unterliegt. Die materielle Verantwortung für die Zweckrichtigkeit und Situationsgemäßheit des Entscheidens bzw. Handelns einerseits sowie der Auftrag zur gesellschaftlichen Aktivierung andererseits[92] bedingen dabei eine entsprechende *Funktions- und Reaktionsgerechtigkeit* staatlicher Verfahren mit je unterschiedlicher Normierungsdichte der Verfahrensregeln und variabler Intensität staatlichen Verfahrenshandelns. Die hierauf bezogene Rationalisierung der Verfahrensordnung ist eine unabdingbare Voraussetzung der organschaftlichen Leistungsfähigkeit.[93]

a) Faktischer und normativer Verfahrensbegriff

Rechtliche Verfahrensordnung hat diese Leistungsfähigkeit sicherzustellen. Sie muß hierzu auf das Verfahren im *faktischen Sinn*[94] zurückgehen, wie es sich in der gesellschaftlichen Wirklichkeit als eine prozeßhafte, dynamische Abfolge von Handlungen in der Zeit[95] darstellt, die allesamt durch ein gemeinsames Ziel miteinander verbunden sind.

Dem faktischen Verfahren verleihen das objektive Recht, insbesondere die Regelungen des Verfahrensrechts, aber auch die Verfahrensbestimmungen in materiellen Normen einschließlich der zu verwirklichenden materiellen Bestimmungen seine

---

[90] Vgl. 6. Kap., A. II.

[91] Siehe die Nachw. oben, 4. Kap., C. I. und II.; 6. Kap., C. III. 1. b).

[92] Vgl. 6. Kap., C. III. 2. und 3.

[93] Dazu die Nachw. im 6. Kap., C. III. 2. b).

[94] Zu dessen Verständnis als faktischem „Verwaltungsvorgang" und Verhältnis zum rechtlich geordneten „Verwaltungsverfahren" siehe oben, 1. Kap., B. III. 3. a); vgl. auch *Hill*, Das fehlerhafte Verfahren, S. 194f.; *Hufen*, Verwaltungsverfahren, S. 57ff.

[95] Vgl. dazu – am Beispiel des Verwaltungsverfahrens – *Schmitt Glaeser*, FS Boorberg Verlag, S. 37f.; *Pietzcker*, VVDStRL 41 (1983), S. 198.

rechtliche Ordnung.[96] Aus dem empirischen Prozeß wird dadurch ein rechtsförmiges Verfahren, das bestimmte Verhaltenserwartungen und Handlungsmuster für die Verfahrensbeteiligten vorgibt. Die rechtliche Ordnung der Handlungsmöglichkeiten bezeichnet dabei einen mehr oder weniger verbindlichen Handlungsrahmen, der die Verfahrensteilnehmer zu einem planvollen und im Hinblick auf Verfahrenszwecke und -ziele finalen Vorgehen anhält.[97]

Ohne eine gewisse „Nähe" zu den Ergebnissen der entscheidungs- und handlungstheoretischen Auseinandersetzung mit dem Phänomen des Verfahrens läßt sich allerdings diese rechtliche Ordnung der Handlungsmöglichkeiten nicht erreichen. Normative Verfahrensregelungen müssen, um ihrer Wirkungen nur einigermaßen gewiß sein zu können, auf die Realität und d.h. auf die ontologische Struktur von Verfahren Rücksicht nehmen. Diese abzubilden, fällt jedoch der auf Abstraktion statt auf Einzelfallregelungen gepolten Rechtsetzung schwer. Und die Rechtswissenschaft verfügt auch nicht über das erforderliche Rüstzeug, um entsprechende Erkenntnisse zu gewinnen. Es bedarf vielmehr der gradualisierten Anlehnung an die in der sozial- und wirtschaftswissenschaftlichen Entscheidungstheorie zur Strukturierung von Entscheidungsprozessen erhobenen Daten und entwickelten Modellvorstellungen.[98] Andernfalls droht der empirische Prozeß durch die rechtliche Normierung verschüttet und die angestrebte Rationalität des modernen Staates in der Verfahrensordnung verfehlt zu werden.

Der reale Verfahrensablauf bzw. sein empirisch-analytisches Verständnis und rechtliche Regeln darüber, wie die Verfahrensbeteiligten sich verhalten sollen, sind also aufeinander zu beziehen.[99] Freilich gilt dies nicht in dem Sinne, daß die rechtliche Ordnung des Verfahrens den realen Prozessen der wechselseitigen Information und Beeinflussung der Beteiligten, der Zielformulierung und Zielkorrektur, der informellen Gewährung und Verteilung von Handlungschancen unbedingt entsprechen müßte. Die behauptete Wirklichkeit faktischer Verfahren bleibt auch nur In-

---

[96] Zur Bedeutung des daraus resultierenden „normativen Modells" vgl. auch *Hufen,* Verwaltungsverfahren, S. 57ff.; siehe ferner *Badura,* Verwaltungsverfahren, S. 384f., 386f. – dort allerdings mit einer zu engen Bezugnahme allein auf „rechtsstaatliche Grundsätze" für die Verfahrensordnung und mit einem unzutreffenden Verweis der „Rationalität des sich im Verwaltungsverfahren ausdrückenden administrativen Entscheidungsprozesses" in das Arbeitsfeld ausschließlich der Verwaltungswissenschaft, vgl. S. 385 m. Anm. 5.

[97] Zu dieser Steuerungsfunktion staatlicher Verfahrensordnung siehe auch *Hagen,* Verfahrenslehre, S. 14ff.; insbesondere für das Verwaltungsverfahren vgl. daneben *W. Schmidt,* Probleme des Verwaltungsrechts, S. 72ff., 86ff.; *Burmeister,* Verfahrensstrukturierungsgebote, S. 135ff.; *Pitschas,* Wandel des Verwaltungsverfahrens, S. 35ff.

[98] Vgl. hierzu *Hagen,* Prozeßlehre, S. 20, 26, 34, 75; auf die dabei auftretenden Schwierigkeiten verweist zu recht *Hufen,* Verwaltungsverfahren, S. 58 m. Anm. 4.

[99] Vgl. auch *Hufen,* a.a.O. (Fn. 98), S. 60, der dafür plädiert, in die juristische Betrachtungsweise „eine empirische Ebene einzuziehen und damit ein Verständnis des Verwaltungsverfahrens zu gewinnen, das sich nicht auf den normativen Ablauf beschränkt, sondern beide Ebenen sinnvoll miteinander in Bezug setzt"; für den Prozeß versucht dies *Schaper,* Theorie und Soziologie des gerichtlichen Verfahrens, S. 194ff., mit dem Rückgriff auf einen systemtheoretisch fundierten Ansatz.

formation aus zweiter Hand, von Traditionen, Theorien und Vor-Verständnissen geprägt.[100] Entscheidend ist deshalb die Funktionalität der normativen Verfahrensordnung, nicht ihre modellhafte Identität.

b) Verfahrensnormen als Funktionen

Rechtliche Verfahrensgestaltung ist somit stets nur ein künstliches Gebilde. Es reagiert zwar in seinen normativen Anfangs- und Endpunkten sowie in seiner Struktur auf das reale Gefüge und den faktischen Ablauf von staatlichem Handeln und Entscheiden. Zugleich will es jedoch dieses im Sinne spezifischer Verfahrensziele und -zwecke selbst beeinflussen.

Verfahrensnormen unterliegen insofern einer nicht unbestrittenen, letztlich aber doch notwendigen funktionalen Betrachtungsweise.[101] Diese zeitigt beträchtliche Konsequenzen für die Verfahrensordnung. Wer beispielsweise das Verwaltungsverfahren primär unter dem Aspekt einer subjektiven Rechtsschutzfunktion sieht, muß wegen der Gleichheit dieser Funktion mit dem Auftrag des verwaltungsgerichtlichen Verfahrens ein Verhältnis wechselseitiger Entlastung von Verfahren der Verwaltung und verwaltungsgerichtlichem Prozeß anstreben.[102] Diese Entlastung kann aber nur durch eine gewisse Ähnlichkeit der Verfahren bewirkt werden.[103] Wer dagegen der nach hiesiger Auffassung abzulehnenden Devise folgt, die öffentliche Verwaltung und damit auch das Verwaltungsverfahren seien von legitimierenden Funktionen weitgehend zu entlasten „und die Verwaltungsarbeit funktional spezifisch auf die Ausarbeitung konsistenter Entscheidungen und Reduktion möglichst hoher Komplexität zu konzentrieren"[104] – ein Konzept, das freilich schon längst an den Existenzbedingungen rational-politischer Verwaltung gescheitert ist –,[105] der kann das Verwaltungsverfahren gehörig „abspecken".

---

[100] Vgl. dazu aus ökonomisch-betriebswirtschaftlicher Perspektive *Reichard*, Betriebswirtschaftslehre, S. 25ff., 27, 28f.; aus juristischer Perspektive *Thieme*, Entscheidungen, S. 20ff., 21f., 25, 30f.

[101] Zu der dabei nicht zu vernachlässigenden Diskussion um die funktionale Betrachtungsweise im Recht vgl. m. w. Nachw. *Lecheler*, NJW 1979, 2273ff.; zuvor schon mit Blick speziell auf „Prozeßnormen" *Hagen*, Prozeßlehre, S. 27f.

[102] Dazu siehe *Luhmann*, Verfahren, S. 216; *Schmidt-Aßmann*, NVwZ 1983, S. 4ff.

[103] *Luhmann*, a.a.O. (Anm. 102), S. 216 m. Anm. 25; krit. freilich z. B. *Ule*, VerwArch. 62 (1971), S. 122ff.

[104] *Luhmann*, a.a.O. (Anm. 102), S. 216; die Verteidigung der Luhmann'schen Thesen durch *Röhl*, Rechtssoziologie, S. 409ff., 418ff., ist insoweit problematisch: *Luhmann* verläßt nämlich hier die empirisch-soziologische Ebene und argumentiert normativ-wertend (vgl. aber auch *Röhl*, a.a.O., S. 418 m. Anm. 10); im übrigen ist *Luhmanns* Buch zum Verfahren alles andere als eine „bloße Beschreibung seines Funktionierens", wie *Röhl* (S. 418) meint.

[105] Vgl. dazu oben, 1. Kap., C. I. und II.; *Luhmann* selbst hat diesen Horizont selbst schon längst mit seiner Theorie selbstreferenzieller und autopoietischer Systeme verlassen (dazu die Nachw. oben, 3. Kap., Fn. 80), ohne allerdings dadurch den höchst voraussetzungsvollen Prozeß sozialen Handelns mit seinen Individuen real abzubilden; zu dieser Kritik auch *R. Mayntz*, Politische Steuerung und gesellschaftliche Steuerungsprobleme, S. 101f.

Die praktischen Konsequenzen der Orientierung rechtlicher Verfahrensausgestaltung an funktionalen Kriterien sind damit keineswegs erschöpft.[106] Maßgeblich für eine rationale Verfahrensordnung ist jeweils die *funktionsspezifische* Orientierung, die den Gegensatz von Verfahrenshandeln, (rechtlicher) Situation und Beziehung[107] aufhebt. Verfahrensnormen sind deshalb Verhaltensregeln, die das prozedurale Vorgehen durch die normative Kraft der Verfahrensordnung sowohl determinieren als ihm auch Raum zur Entfaltung geben. Hierzu folgen sie Erkenntnissen über den „realen" Entscheidungsprozeß der Konkretisierung und dessen Struktur, bringen diesen aber in eine ziel- und zweckorientierte Form. Beide Ebenen müssen sinnvoll miteinander in Bezug gesetzt werden.[108]

2. Verfahren als soziales Handlungs- und Wirkgefüge

Weil und soweit die Rationalisierung der staatlichen Entscheidungsverfahren ihre funktionsspezifische Orientierung bedeutet, tritt somit eine *verfahrensfunktionale Betrachtung* in den Vordergrund. Ihr Bezugspunkt ist das Verständnis des Verfahrens als ein organisiertes System sozialen Handelns,[109] als ein geordnetes Handlungs- und Wirkgefüge, das Informationen verarbeitet, um Wirkungen zu erzeugen, und in dem das Zusammenspiel der Verfahrenssubjekte den Fortgang und die Richtung des Verfahrens bestimmt.[110] Dabei kommt es weniger auf dessen Einzelelemente, auf die Betrachtung der Aufgaben und Ziele des Verfahrens bzw. der an ihm beteiligten Menschen und der eingesetzten Instrumente an, als auf die Analyse der funktionalen Beziehungen, die zwischen diesen Elementen bestehen und das Verfahren prägen. Es kann als Ganzes nicht durch die bloße Summierung der Kenntnisse über seine Elemente erfaßt werden.[111]

a) Der offene Handlungszusammenhang

Verfahren können in ihrer Wirkung nach innen und nach außen besser erklärt und beschrieben werden, wenn man sie als *Systeme* betrachtet. Der systemtheoretische Ansatz macht es möglich, sie als ein Geflecht aufeinander bezogener Aktivitäten der Verfahrenssubjekte und der von ihnen in Gang gesetzten Arbeitsprozesse zu begreifen, als einen teilweise durch sich selbst gesteuerten Handlungszusammenhang.

---

[106] Siehe ganz allgemein zur Vielfalt der Verfahrensfunktionen *Hagen,* Prozeßlehre, S. 28f., 29.

[107] Vgl. *Luhmann,* Verfahren, S. 38.

[108] Dazu die Bemerkungen oben im Text um und zu Fn. 94ff.

[109] Grdl. zu diesem Verständnis *Luhmann,* Verfahren, S. 38ff.

[110] *Luhmann,* a.a.O. (Fn. 109), S. 40.

[111] Das aber versucht z.B. *Hill,* Das fehlerhafte Verfahren, S. 189ff., indem er seinem Entwurf eines Systems der Folgen von Verfahrensfehlern im Verwaltungsrecht einen Abschnitt über „Phänomenologie und Dogmatik der Verfahren in der öffentlichen Verwaltung" voranstellt.

Dieser Handlungszusammenhang ist prinzipiell *offen:* Für Verfahren ist die Ungewißheit ihres Ausgangs und seiner Folgen ebenso kennzeichnend wie die Wählbarkeit von Verfahrensalternativen. Sie können deshalb nicht als festgelegte Folge bestimmter Handlungen angesehen werden: Nicht die vorgeprägte Form treibt sie voran, sondern die Aktionen und Entscheidungen der Beteiligten oder Dritter. Verfahren sind somit keine Rituale, obschon sie zu ihrer Stabilisierung auch davon Elemente enthalten (müssen), wie z. B. die Befragung zur Person im Straf- oder der Sachverhaltsvortrag des Berichterstatters im Verwaltungsprozeß zeigen. Doch können Verfahren dem Rationalitätsanspruch des modernen Staates nur dann gerecht werden, wenn ihre Gestaltung insgesamt die erforderliche Offenheit bewahrt.[112]

Der Offenheit des Verfahrenssystems korrespondiert nicht nur die ihm innewohnende *Dynamik* der Arbeits- und Leitungsprozesse.[113] Sie prägt auch das Verhältnis von Verfahren zur *Komplexität* gesellschaftlicher Lebenswelten, d. h. zu dem Reichtum an Beziehungen, die sich in einem Verfahren vornehmlich zwischen den daran Beteiligten und mit Dritten bzw. der Verfahrensumwelt in bezug auf den Verfahrensgegenstand ergeben. Diese Komplexität drückt sich vor allem in der Intensität der Kommunikationsbeziehungen und im Ausmaß der Verfahrensgliederung bzw. -stufung aus. Je offener dabei das Verfahrenssystem gegenüber den Einflüssen der Umwelt angelegt ist, um so stärker entwickelt sich die Dynamik der Arbeitsabläufe und Leitungsprozesse und um so enger gestaltet sich die Beziehung zwischen der Komplexität der Verfahrensumwelt und der Eigenkomplexität von Verfahren.[114]

Dieser Zusammenhang hat zu der These geführt, die Eigenkomplexität, die ein Verfahrenssystem benötige, habe sich an der Komplexität der Entscheidungsaufgabe zu orientieren. Deren eigene Zunahme müsse die erstere anwachsen lassen.[115] Dem ist jedoch nur bedingt zuzustimmen. Die Verfahrenskomplexität ist zwar ein essentieller Bezugspunkt des organisatorischen Charakters von Verfahren. Doch darf die Sachkomplexität in der formalen Gliederung aller Aktivitäten und Abläufe der Rechts- und Zweckkonkretisierung nur *begrenzt* abgebildet werden. Der Konkretisierungsprozeß muß für alle Beteiligten überschaubar, erlebbar und handhabbar bleiben, also Verhaltensmöglichkeiten offenlassen. Verfahrensbeteiligte dürfen von der Entwicklung nicht überrollt werden. Vor allem moderne Großverfahren, wie sie im Bereich der öffentlichen Verwaltung unter vielfacher Stufung[116] in endlos scheinenden Zeiträumen[117] ablaufen, übersteigen die Möglichkeiten der verfahrensbetei-

---

[112] So zu recht *Luhmann,* Verfahren, S. 40.

[113] Vgl. *W. Hill/R. Fehlbaum/P. Ulrich,* Organisationslehre 1, S. 23; siehe ferner *H. Hill,* a. a. O. (Fn. 111), S. 194f.

[114] *W. Hill* u. a., a. a. O. (Fn. 113), S. 22f.; zum Thema der „Komplexität" in bezug auf die Verwaltungsorganisation siehe jüngst *K. König,* Der Staat 28 (1989), S. 49ff.

[115] *Luhmann,* Verfahren, S. 52; *Steinberg,* DÖV 1982, 622; *Wahl,* VVDStRL 41 (1983), S. 180.

[116] Siehe dazu statt aller *Wahl,* a. a. O. (Fn. 115), S. 182.

[117] Vgl. z. B. die Angaben bei *Ronellenfitsch,* Das atomrechtliche Genehmigungsverfahren, S. 126f. m. w. Nachw.

ligten Bürger, ihre Thematik und ihre Grenzen bewußt nachzuvollziehen und darauf einzuwirken. Auch betroffene Dritte, die einen Vorbescheid oder eine Teilgenehmigung anfechten, sehen sich hier oftmals mit einem Phantom konfrontiert: Während sie in zweiter oder dritter Instanz noch um ihr Recht kämpfen, wird die streitige Anlage schon längst in anderer Weise aufgrund weiterer Teilgenehmigungen mit abweichendem Regelungsgehalt gebaut.[118] Diese Vorbehalte gegen das vermeintliche Gesetz der steigenden Verfahrenskomplexität nehmen um so mehr zu, je stärker Verfahren verrechtlicht und schon deshalb ihre Struktur immer undurchschaubarer wird.

b) Der soziale Charakter

Individuelle Verfahrensgestaltung und personale Funktionsweise des Verfahrens müssen jedoch möglich bleiben. Denn im Unterschied zu technischen und biologischen Systemen bildet in organisierten Handlungsgefügen wie denen der staatlichen Verfahren der *Mensch* das wesentliche und zentrale Element. Sein Verhalten bzw. Annahmen hierüber prägen Gestaltung und Ablauf der Konkretisierungsprozesse. Rationale Verfahrensordnung muß daher auch das prozedurale Verhalten der von ihr betroffenen Menschen in bezug auf andere Individuen und Gruppen einbeziehen. Unter dem Aspekt ihres Zusammenwirkens ist das Verfahren ein *soziales* System.

Im „Zusammenwirken" übernehmen die Verfahrensbeteiligten bestimmte *Rollen*, die auf (rechtlich) formalisierten Verhaltenserwartungen beruhen.[119] Sie werden im Gesamtgefüge des Verfahrens konkurrierend, häufig sogar kontradiktorisch gegeneinandergesetzt. Die Ausbildung eigentümlicher Verfahrensrollen, wie z.B. die der „Partei" im Zivilprozeß oder die des „Angeklagten" im Strafverfahren, bewirkt eine grundsätzliche Rollentrennung zwischen dem Verfahren und seiner Umwelt, d.h. „eine Ausdifferenzierung des Verfahrens aus der Gesellschaft auf der Ebene der Rollen."[120]

In der Wahrnehmung solcher spezifischen Verfahrensrollen verhalten sich die Verfahrensteilnehmer zueinander. Sie müssen die ihnen jeweils zugewiesene Rolle ausfüllen, wodurch zugleich die eigene Persönlichkeit mit ihrer Selbstdarstellung in das Verfahren hineingezogen und dort gebunden wird. Häufig wird dadurch die Betätigung in einer Verfahrensrolle von den eigentlichen Rollenanforderungen abweichen bzw. durch die Erfordernisse anderer Rollen außerhalb des Verfahrenssystems beeinflußt werden. Zwischen diesen „privaten" Rollen und dem Verfahrens-

---

[118] Vgl. *Kutscheidt*, Behandlung technischer Sachverhalte, S. 91; siehe auch *Gaentzsch*, NJW 1986, 2787ff., 2729; *Schmidt-Aßmann*, Festgabe BVerwG, S. 569ff., 572, 584 – oder aber das gesamte Problem wird hexenmeistergleich in das Ausland verlagert („Wackersdorf").

[119] Vgl. *Luhmann*, Verfahren, S. 47ff.; zur Definition der „sozialen Rolle" siehe *Dahrendorf*, Homo Sociologicus, 3. Aufl., 1961, S. 22.

[120] *Luhmann*, a.a.O. (Fn. 119), S. 48, 49.

handeln bestehen zahlreiche faktische Verklammerungen.[121] Damit sie nur nach Maßgabe der jeweiligen Verfahrensordnung wirksam werden können, bedarf es besonderer Vorkehrungen wie z. B. prozessualer Befangenheitsvorschriften.[122]

Für die Verfahrensverantwortung des modernen Staates bedeutet die Ausbildung von Verfahrensrollen *rollenbezogene* Bindung und Gestaltung des Verfahrenshandelns. Die Rationalisierung der Verfahrensordnung muß an den Verhaltenserwartungen im Prozeß ansetzen. In bezug auf die jeweilige Verantwortlichkeit des Rolleninhabers ist zudem der Entlastungsaspekt des Rollenhandelns zu beachten: Die Entwicklung selbständiger Verfahrensrollen schirmt weitgehend gegen haftungsrechtliche oder politische Folgenverantwortung ab.

Dennoch zwängt das Rollenkonzept Verfahrenshandeln in kein Prokrustesbett. Verfahrensrollen bleiben ausfüllungsfähig und -bedürftig. Hierfür setzen zwar Verfahrensrecht und normative soziale Verhaltenserwartungen einen Rahmen. Sie institutieren in ihrer Gesamtheit die „Spielregeln" der *Interaktion*, von deren Beachtung es abhängt, ob die Beteiligten unterstützend oder sanktionierend aufeinander reagieren und in welche Richtung dadurch die Geschicke des Verfahrens (der Konkretisierung) gelenkt werden. Die Verfahrensteilnehmer werden jedoch nicht nur als „Werkzeuge" zur Verwirklichung der vorgegebenen Verfahrensziele und -zwecke tätig. Sie sind auch nicht nur als „Problemlöser" eingesetzt, insofern ihr individuales Verhalten auf die Bewältigung von Sachproblemen gerichtet ist. Problemlösungen – und damit auch Entscheidungen (Gesetzesbeschlüsse, Urteile, Verwaltungsakte) – sind zwar das Resultat mehr oder weniger rationaler Denkprozesse.[123] Das Verhalten der an einem Verfahren beteiligten Menschen wird aber auch und zugleich von ihren *individuellen Bedürfnissen* geprägt. Zwischen den sich hieraus ableitenden Verhaltenszielen und den rechtlich aufgegebenen Verfahrenszielen bzw. -zwecken herrscht nicht notwendig Übereinstimmung.[124]

---

[121] Vgl. *Bosetzky/Heinrich*, Mensch und Organisation, S. 179f.; *W. Hill/R. Fehlbaum/P. Ulrich*, Organisationslehre 1, S. 145 m. Anm. 16; dies deutet darauf hin, daß eine signifikante Beziehung zwischen der (relativen) Autonomie von Verfahren und einer (relativen) Autonomie von Interaktionen besteht, die ihrerseits aus einer gewissen Unabhängigkeit der Handlungszusammenhänge gegenüber dem einzelnen Akteur folgt, vgl. dazu *Haferkamp*, KZfSS Jg. 36 (1984), S. 783ff., 784. Die These *Luhmanns*, Verfahren, S. 48, von der totalen „Ausdifferenzierung des Verfahrens aus der Gesellschaft auf der Ebene der Rollen" ist somit zu überdenken. Dies gilt auch dann, wenn man – anders als hier – soziales Handeln stets und unmittelbar rollengebunden sieht; denn auch dann besteht die Chance des „role making" (vgl. *Wiswede*, Rollentheorie, 1977, S. 162) und gilt die Theorie der Rollenakkumulation (vgl. *Sieber*, American Soziological Review 39, 1974, S. 567ff.).

[122] Darauf weist für das Verwaltungsverfahren in aller Deutlichkeit z. B. BVerwG, NVwZ 1987, 578ff. („Verkehrsflughafen München II") hin (S. 581).

[123] Vgl. oben, 4. Kap., A.; siehe auch *Thieme*, Entscheidungen, S. 23ff., 35.

[124] Vgl. auch *K. König*, Öffentliche Verwaltung als soziales System, S. 12ff., 15, 21f.; dahinter stehen vor allem Erkenntnisse der Motivationstheorie über die „letzten" Beweggründe des menschlichen Verhaltens; grdl. dazu insbes. *Maslow*, Motivation, S. 76ff., 80ff., 95ff.; heute herrschen allerdings komplexere Theorien der Arbeitsmotivation vor, in denen vor allem die Bedeutung des Arbeitsergebnisses für den Arbeitenden und seine Erfolgserwartungen in ihrer

Näherhin ist hierzu zwischen den Angehörigen der staatlichen Funktionsträger einerseits und den übrigen Verfahrensteilnehmern zu unterscheiden. Erstere wirken hauptberuflich oder ehrenamtlich an vielen Verfahren mit; ihrer Motivation soll daher vor allem „instrumentale" Bedeutung zukommen: sie erbrächten, so heißt es, Leistungen als Beiträge zur Erreichung der Ziele und Erfüllung der Zwecke des Verfahrens. Gleichwohl erscheint es verfehlt anzunehmen, daß sie nur – etwa durch angemessene Vergütung – „unspezifisch motiviert werden müssen."[125] Das Gegenteil ist wohl eher der Fall. Denn auch die Einstellungen dieser Mitarbeiter beeinflussen ihre Bedürfnisse, die zu befriedigen sie als wichtig oder als zulässig erachten. Und ähnlich prägen ihre Kenntnisse und Fähigkeiten die Einstellungen, aufgrund derer wiederum verschiedene Verhaltensanreize beurteilt werden.[126] Hierauf bedarf es deshalb besonderer Einflußnahme durch instrumentale und sozio-emotionale *Führung*.[127]

Alle anderen Verfahrensbeteiligten müssen, so formuliert etwa *N. Luhmann*, „durch das einzelne Verfahrenssystem selbst zu sachgerechter Mitwirkung bewegt werden."[128] Besonders die Ungewißheit des Verfahrensausgangs vermittle Anreize, mit eigenen Beiträgen den Fortgang des Verfahrens zu stimulieren.[129] In der Tat kann Ungewißheit motivieren. Als Beweggrund für Verfahrensverhalten scheint mir aber wichtiger die Chance zu sein, *aktiv* den Verfahrensgang in Gleichordnung mit anderen Beteiligten beeinflussen zu können. Denn alle Verfahrensteilnehmer wollen eigene Ziele (Bedürfnisse) zumindest *auch* verwirklichen, wozu ebenfalls gehören mag, die Zielerreichung der anderen zu verhindern. In einem solchen Wollen liegt das dominierende Handlungsmotiv.

Die genannten Verhaltensaspekte sind im sozialen Handlungs- und Wirkgefüge „Verfahren" gleich wichtig und gleichzeitig in strukturelle Überlegungen einzubeziehen.[130] Erwartungsstabilisierung durch formalisierte Verhaltenserwartungen muß sich auch an der Befriedigung von Bedürfnissen der Verfahrensbeteiligten und an der Notwendigkeit unverzerrter Kommunikationsbeziehungen zwischen ihnen orientieren, will sie rational sein. Die Verfahrensverantwortung des modernen Staates kann deshalb nicht ausschließlich an den Rollenkontext gebunden werden. Sie ist gleichermaßen *personalisiert* zu denken, was sich in der Art und Weise der Handhabung staatlicher Verfahren ausdrückt. So trägt nicht nur der Gesetzgeber als solcher eine (Verfahrens-)Verantwortung; auch jedem einzelnen Abgeordneten im Parla-

---

speziellen Verknüpfung eine Rolle spielen, vgl. *Neuberger*, Theorien der Arbeitszufriedenheit, 1974, passim; *C. Scholz*, Personalmanagement, S. 335ff., 340ff., 350ff.

125 So *Luhmann*, Verfahren, S. 51.

126 Vgl. *Bosetzky/Heinrich*, Mensch und Organisation, S. 85ff. – (Verfahrens-)Verantwortung darf deshalb nicht nur auf die zugewiesene „Rolle" bezogen werden; sie offenbart vielmehr eine personale Komponente, siehe näher noch im Text unten, um und zu Fn. 131ff.

127 *W. Hill/R. Fehlbaum/P. Ulrich*, Organisationslehre 1, S. 104ff., 106.

128 *Luhmann*, Verfahren, S. 51.

129 A.a.O. (Fn. 128), S. 51.

130 Vgl. hierzu auch die allgemein formulierte organisationstheoretische Einsicht bei *W. Hill/R. Fehlbaum/P. Ulrich*, Organisationslehre 1, S. 26.

ment fällt sie zu.[131] Ebenso korrespondiert dem bedeutsamen Stellenwert, den das richterliche Ermessen bei der Urteilsbindung einnimmt, eine persönliche Verantwortung des Richters.[132] Die *personale Funktionsweise der Verfahrensverantwortung* ist mithin das notwendige Korrelat der Spezifikation eines verhaltensgeprägten Verfahrensverständnisses.[133]

c) Zweck- und Zielorientiertheit

Verfahren sind allerdings kein Selbstzweck. Sie müssen vielmehr strukturell so organisiert werden, daß sie das Handeln der Beteiligten zwar nicht von vornherein festlegen, es aber in eine *funktionale Perspektive* bringen. Diese beruht auf der Zweck- und Zielorientiertheit von Verfahren. Das Zusammenwirken von Menschen ist in ihnen dadurch gekennzeichnet, daß es Informationen verarbeiten und abgeben sowie ein „Produkt" hervorbringen, nämlich zur Konkretisierung der materiellen Rechtszwecke als Verfahrensabschluß führen soll. Diese Leistung – sie bildet die Grundvoraussetzung für die Existenz von Verfahren – ist der „primäre" Zweck des Verfahrenssystems.[134]

Zu seiner Erfüllung wirken die Verfahrensteilnehmer nicht willkürlich zusammen. Sie orientieren sich stattdessen an *Zielen*, d.h. an künftig gesollten, angestrebten und möglichst genau beschriebenen Zuständen nach Abschluß der Rechts- und Zweckkonkretisierung. Erst durch die Orientierung der Zusammenarbeit der Verfahrensteilnehmer an derartigen Verfahrenszielen wird die Erfüllung von Verfahrenszwecken möglich.

aa) Multiple Zielsetzungen

Für die Verfahren des modernen Staates sind *multiple Zielsetzungen* charakteristisch. In seiner Rechtsordnung, die staatliche Wirkungseinheit und autoritative Verhaltenskoordination „in" und „durch" rechtserzeugte und rechtlich gesteuerte Gemeinschaftsverfahren herstellt,[135] „dienen" Verfahren zunächst und einerseits der Schaffung bzw. Konkretisierung des materiellen Rechts. In und wegen dieser durch seine Funktion und normative Struktur bedingten Erzeugungs-, Konkretisierungs- und Individualisierungsbedürftigkeit ist es selbst verfahrensabhängig. Insofern hat

---

[131] Diese (personale) Verantwortung wird beispielsweise in den Überlegungen zu einer Haftung aus Amtspflichtverletzung bei „legislativem Unrecht" dort berufen, wo durch sog. Maßnahme- oder Einzelfallgesetze die Belange bestimmter einzelner unmittelbar berührt werden; vgl. zu diesem Problemkreis BGHZ 56, 40 (46); *Bender*, Staatshaftungsrecht, 2. Aufl., 1974, Rdnr. 652ff.; *Dagtoglou*, Ersatzpflicht des Staates bei legislativem Unrecht, 1963, bes. S. 39; *Schenke*, DVBl. 1975, 121ff., 125f.; *Wolff Bachof*, Verwaltungsrecht I, § 64 Ib 5 (S. 562f.).

[132] *Wassermann*, Richterliche Gewalt, S. 153f.

[133] Staatsrechtliche Verantwortung, sanktionierte Verantwortlichkeit der Organwalter und ihre personale Verantwortung bilden damit auch in bezug auf staatliche Verfahrensordnung und -führung das System einer Verantwortlichkeit i.w.S.; vgl. dazu oben, 6. Kap., B.I.

[134] Vgl. statt aller *Hagen*, Verfahrenslehre, S. 14ff.

[135] Siehe dazu oben, 3. Kap., A.III.; vgl. ferner *Behrens*, Die ökonomischen Grundlagen des Rechts, S. 110ff., 198ff., 277ff.

materielles Recht einen ihm wesenseigenen Verfahrensbezug, wie es umgekehrt Verfahren final determiniert. Verfahrensgestaltung und -ablauf müssen sich demzufolge an den materiellen Zielen der Wahrheit, Gerechtigkeit und Durchsetzung der materiellen Rechtsidee orientieren.[136]

Die dem Verfahrenshandeln der staatlichen Funktionsträger solchermaßen vorgegebenen Ziele sind freilich so allgemein formuliert, daß aus ihnen Aktivitäten erst in einem komplizierten Prozeß abgeleitet werden müssen, der sich seinerseits auf längere Strecken mit dem eigentlichen Konkretisierungsverfahren deckt.[137] Eine Verfeinerung der materiellen Ziele liegt deshalb in der verfassungsgeleiteten Entwicklung bzw. Bestimmung von staatlichen *Aufgaben*, die im Gesetzgebungswege, im Verwaltungsvollzug oder von Gerichts wegen zu erledigen sind.

Freilich bleibt auch diese Verdeutlichung häufig noch so allgemein, daß Handlungen zur Zielerreichung bzw. Aufgabenerfüllung umfangreicher analytischer *Zielbildungsprozesse* bedürfen. Auf die Entwicklung von Zielsystemen kann indessen nicht verzichtet werden, weil nur eindeutig formulierte und aufeinander abgestimmte Ziele einen ergebnisorientierten Einsatz der den staatlichen Funktionsträgern zur Verfügung stehenden Ressourcen gewährleisten und der Tendenz entgegenwirken, Aufgaben als Selbstzwecke zu begreifen.[138]

Staatliche Verfahren sind allerdings mehr als bloße Instrumente zur Aufgabenbewältigung. Die „Prozeduralisierung“ der staatlichen Entscheidungsfunktion hat zur Eigenständigkeit des Verfahrensrechts[139] sowie zur Verselbständigung prozessualer Begrifflichkeit, Wertung und Zielsetzung geführt. Materielles Recht und Verfahrensrecht sind darum nicht ein im aktionenrechtlichen Sinne miteinander verschmolzenes Konglomerat. Die Einrichtung von Verfahren und die Verfahrensordnung müssen vielmehr eigenen prozeduralen Rationalitätserfordernissen entsprechen.[140] Deshalb sind Verfahrensgerechtigkeit, sozialer Ausgleich der Interessen, Konsens und Interaktion sowie die Akzeptanz des Verfahrensergebnisses nicht etwa nur eine „staatsbürgerliche Übung“, wie *H. Hill* meint,[141] sondern eigenständige Verfahrensziele.[142]

Mit Recht sieht daher *P. Rieß* für das Strafverfahrensrecht den Prozeßablauf als normatives Gefüge an den materiellen Zielen der Wahrheit, Gerechtigkeit und

---

[136] Ablehnend demgegenüber jedoch *Luhmann*, Verfahren, S. 20ff., 22: man müsse radikaler fragen, „ob der Gewinn von Wahrheit überhaupt die tragende Funktion rechtlich geregelter Verfahren ist.“ Zu der prozeßrechtlichen Diskussion hierüber und zum eigenen Standpunkt vgl. die Nachw. oben, 3. Kap., Fn. 97ff.; krit. aber auch *Hagen*, Verfahrenslehre, S. 16; *Grunsky*, Grundlagen, S. 4.

[137] Siehe dazu schon oben im Text um und zu Fn. 37ff.

[138] Zu recht stellt hierzu *Hagen*, Verfahrenslehre, S. 24 m. Anm. 101, fest, daß „eine zu allgemeine Aussage wertlos“ wäre; vgl. auch *ders.*, S. 45f.

[139] Dazu zusammenfassend oben, 3. Kap., B. I.

[140] Vgl. 4. Kap., C. III.–VII.

[141] In: Das fehlerhafte Verfahren, S. 213.

[142] Vgl. dazu oben 4. Kap., C. VII.; 5. Kap., B. IV.; C. II. und III.; D. II.

Durchsetzung des Sachrechts orientiert.[143] Zugleich weist er aber richtig darauf hin, daß die praxisbezogene *Eigenrationalität* des Strafprozesses im Rahmen der Zielbildung des Verfahrensrechts ebenso zum Zuge kommen muß.[144] Ganz anders und stellvertretend für die herrschende Ansicht verhält sich demgegenüber die von *M. Heinze* für das sozialgerichtliche Verfahren eingenommene Position. Dieser verweist für die Frage nach der Bedeutung des Prozeßrechts im Hinblick auf das materielle Sozialrecht auf die ausschließlich „dienende" Funktion des ersteren.[145]

Diese Ansicht, die der allgemeinen Auffassung über das Verhältnis von Verfahren zum Sachrecht in der Bundesrepublik Deutschland Ausdruck gibt,[146] verdient prinzipielle Kritik. Indem sie Verfahren über alle Maßen instrumentalisiert und ihren Regelungen einen rein „technischen" Wert beimißt,[147] läßt sie den originären Beitrag, die eigenständige und essentielle Rolle der Verfahrensgestaltung und -führung für Zustandekommen und Rationalität der Sachentscheidung außer acht.[148] Eine problematische Folge dieser verfehlten eindimensionalen Betrachtungsweise von Verfahren ist z.B. die Ablehnung eines „Mehr an eigener Verantwortung und Mitgestaltung der Parteien" für das sozialgerichtliche Verfahren als verfassungs- und systemwidrig.[149] Der darin liegende Widerspruch zu den hier entwickelten materiellen Leitlinien der Verfahrensverantwortung ist offenbar.

bb) Verfahrensordnung als Zielkompromiß

Zu verzeichnen ist somit ein *Zielpluralismus* staatlicher Verfahren. Er erschöpft sich aber nicht schon in der Existenz je gesonderter Instrumental- und Prozeßziele. Verfahrensbeteiligte suchen daneben auch eigene Zielsetzungen zu verwirklichen. Denn weder die auf seiten der staatlichen Funktionsträger verfahrensverantwortlichen Organwalter noch die weiteren Verfahrensteilnehmer sind bloße „Werkzeuge" zur Zielerreichung und Zweckerfüllung. Sie verfolgen im Verfahren ebenso die bereits hervorgehobenen eigenen Bedürfnisse als persönliche Zielsetzungen. Diese suchen die Beteiligten durch Kontakte mit anderen Individuen zu verwirklichen bzw. zu befriedigen. Ein Teil der Konkretisierungsprozesse wird deshalb unmittelbar auch um dieser Ziele und Bedürfnisse willen vollzogen.[150]

Die Grundeinstellung des zur Entscheidung Berufenen prägt insoweit, wie sich u.a. an der Behandlung technischer Sachverhalte in verwaltungsgerichtlichen Ver-

---

[143] FS K. Schäfer, S. 155ff., 170.

[144] *Rieß,* a.a.O. (Fn. 143), S. 175ff.

[145] *M. Heinze,* SGb. 1984, 390ff., 393f.

[146] Vgl. etwa für den Zivilprozeß *Rosenberg/Schwab,* Zivilprozeßrecht, § 1 III (S. 3) m.w.Nachw.; krit. dagegen *Gilles,* FS Schiedermair, S. 192; für das Verwaltungsverfahrensrecht siehe bes. – und wie hier – *Hill,* Das fehlerhafte Verfahren, S. 201f.

[147] Vgl. z.B. *Mühl,* Gedächtnisschrift Bruns, 1980, S. 145ff., 146; siehe auch die Nachw. bei *Gilles,* JuS 1981, 404.

[148] Krit. auch *Hill,* a.a.O. (Fn. 146), S. 201–203.

[149] *M. Heinze,* SGb. 1984, 395f.

[150] Siehe dazu näher *W. Hill/R. Fehlbaum/P. Ulrich,* Organisationslehre 1, S. 75f.

fahren belegen läßt,[151] die Konkretisierung. Kollegialgremien („Teams") zwecks interdisziplinärer Sachverstandsumsetzung und eine pluralistische Personalauswahl auf seiten der staatlichen Funktionsträger gehören deshalb zu den unverzichtbaren Bestandteilen der institutionellen bzw. aufbauorganisatorischen Unterlegung staatlicher Verfahrensordnung.[152]

Verschiedenartige Ziele bestimmen sonach das Zusammenwirken der Verfahrensteilnehmer. Sie müssen erst in eine konsistente Ordnung gebracht werden, ehe aus ihnen Handlungsalternativen abgeleitet und anhand der Ziele eindeutig bewertet werden können.

Bei alledem auftretende *Zieldivergenzen* werden im Rahmen der Zielbildungsprozesse durch ein „bargaining" der Verfahrensbeteiligten zum Ausgleich gebracht. Das Resultat solcher *Zielkompromisse* gründet auf zahllosen Interaktionen zwischen verschiedenen Personen oder Personengruppen, die entweder formell als Verfahrensbeteiligte agieren oder von außen auf das Verfahren Einfluß nehmen (Interessenverbände, potentielle Antragsteller, Presseorgane u.a.m.). Heraus kommt ein „Set" operationalisierter Verfahrensziele, der durchaus nicht nur, wie dies in bezug auf Implementationsaspekte des Verwaltungsverfahrens angenommen wurde, „in the shadow of the law" entstanden ist, sondern eine direkte Folge von Absprachen über die gegenwärtige oder zukünftige Reichweite des Verfahrens*rechts* als solchem darstellt.[153]

Da diese operationalisierten Verfahrensziele der Abstimmung untereinander bedürfen, wird in dem Ergebnis die Absolutheit der „offiziellen" (materiellen) Zielsetzungen des Verfahrens aufgehoben. Auch dies gehört zur Verfahrensrationalität des modernen Staates. Einen Beleg hierfür bietet die Rechtsprechung des BGH zur Relativierung des Wahrheitsziels im Strafprozeß.[154]

cc) Verfahrenszwecke

An den Verfahrenszielen orientieren sich die *Verfahrenszwecke*, also die Beiträge, die ein Verfahren im Vollzug seiner Arbeitsabläufe für die Zielerreichung erbringen soll.

(1) Objektive Verfahrensfunktion

Allen Verfahren gemeinsam ist insofern eine *objektive Funktion*, die zum einen darin besteht, durch seine rationalisierende Wirkung „richtige" Entscheidungen bzw. Wirkungen hervorzubringen, ohne daß sogleich (grund-)rechtliche Verfah-

---

[151] Vgl. *J. Schmidt*, Behandlung technischer Sachverhalte, S. 78.

[152] Für das Verwaltungssystem vgl. insoweit *Held*, Grundrechtsbezug, S. 40; *E. Schreyer*, Pluralistische Entscheidungsgremien, S. 100ff., 108ff.; für das verwaltungsgerichtliche Verfahren siehe auch und z.B. *Kopp*, Verhdlg. des 54. DJT, 1982, Bd. I (Gutachten), Teil B, S. B 51ff., 52, 59ff.

[153] Siehe z.B. *Eberle*, DVerw. 17 (1984), S. 443ff.; *Hoffmann-Riem*, VVDStRL 40 (1982), S. 192f., 200f., auch S. 220ff. („Voraus-Selbstbindungen").

[154] Vgl. BGHSt. 14, 358 (365); BGH, NStZ 1984, 464; *Roxin*, Strafverfahrensrecht, § 24 II (S. 131).

rensgarantien bzw. Rechtsschutzprobleme ins Spiel kommen. Hinzu treten andererseits die durch die bloße Existenz von Verfahrenssystemen verbriefte Koordinationschance sowie die Gewähr eines Minimums an Rechtssicherheit im Sinne der Berechenbarkeit und Gleichmäßigkeit staatlichen Handelns. Denn Verfahrensfestlegungen verhindern willkürliches Verhalten der Verfahrenssubjekte; sie halten den Verfahrensweg überschaubar, das Risiko von Verfahrens- oder Sachinitiativen kalkulierbar und das Ergebnis absehbar.[155]

(2) Instrumentalfunktion

Der damit angesprochene Grundzug des Formalen wohnt allen rechtlich geordneten Verfahren inne; er macht die Qualität von Recht (mit) aus. Welchen formellen Anforderungen die einzelnen staatlichen Verfahren darüber hinaus unterliegen bzw. welche weiteren Leistungen sie näherhin erbringen sollen, hängt sodann von ihrer *institutionellen Zweckbestimmung* ab: Die jeweilige Verfahrensordnung muß die Erfüllung der den staatlichen Funktionsträgern zugeteilten Aufgaben in funktionsspezifischer Weise zumindest ermöglichen.

Verwiesen ist damit auf den *institutionellen Verfahrenszweck*, auf den die strukturelle Leistungsfähigkeit eines Verfahrens bezogen sein muß. Er wird unter dem Grundgesetz in je unterschiedlicher Ausformung durch das parlamentarische Gesetzgebungsverfahren, den Zivil-, Straf- und Verwaltungsprozeß, das Verwaltungsverfahren sowie durch den verfassungsgerichtlichen Prozeß verkörpert, also durch den Bezug von Verfahren auf die Verwirklichung der Staatsaufgaben im Rahmen der jeweiligen funktionell-rechtlichen Zuordnung an die Staatsorgane seitens der Verfassung.[156]

Der institutionelle Verfahrenszweck umschreibt die *dienende Funktion* von Verfahren und Verfahrensrecht gegenüber den Sachzwecken und dem Geltungsanspruch materieller Rechtsnormen.[157] Sie wirkt sich einerseits im Schutz subjektiver Rechte einzelner,[158] andererseits in der Bewahrung des objektiven Rechts[159] und ferner in der Sicherung des Rechtsfriedens durch die Wiederherstellung der gestörten Rechtsordnung aus.[160] Schließlich dient das Verfahren – worauf bereits oben hingewiesen wurde[161] – der Verhaltenskoordination in Rechtsgewißheit und Rechtssicherheit.

[155] *Hagen*, Prozeßlehre, S. 30.

[156] *Hagen*, a.a.O. (Fn. 155), S. 95, 102ff. (dort freilich auf S. 104 – zu Unrecht – gegen die Anbindung an die Staatsfunktionen); für das Verfahren der öffentlichen Verwaltung siehe in diesem Sinne zuletzt BVerfGE 75, 108 (152).

[157] *Hagen*, Prozeßlehre, S. 126f.

[158] Für das Verwaltungsverfahren vgl. m.w.Nachw. *Held*, Grundrechtsbezug, S. 27, 41ff.; stellvertretend für das Prozeßrecht siehe *Rosenberg/Schwab*, Zivilprozeßrecht, § 1 III. 1. (S. 3); *Thomas/Putzo*, ZPO, Einl. Anm. VI. 2.

[159] *Henckel*, Prozeßrecht, S. 57; *Rosenberg-Schwab*, a.a.O. (Fn. 158), § 1 III. 2. (S. 3); für das Verwaltungsverfahren siehe *Held*, Grundrechtsbezug, S. 49ff.; *Pietzcker*, VVDStRL 41 (1983), S. 208.

[160] BGHZ 46, 300 (302); BGH LM Nr. 3 zu § 518 ZPO; krit. aber *Grunsky*, Grundlagen, S. 3f.

[161] Vgl. den Text oben um und zu Fn. 155; siehe ferner *Stein-Jonas-Schumann*, ZPO, 20. Aufl., 1979, Einleitung Rdnr. 18 m.w.Nachw.

(3) Komplementärfunktionen

Die dienende Funktion von Verfahren wird durch eigenständige prozedurale Zwecksetzungen zwar nicht aufgehoben, aber doch *komplementär* ergänzt. Die Zweckorientierung staatlicher Verfahren weitet sich damit nicht nur aus, sie wird vielmehr im Kern verändert. Die Verpflichtung des modernen Staates auf Verfahrensgerechtigkeit, Sicherung der Diskursform und Ausgleich sozialer Interessengegensätze im Verfahrenswege[162] verlangt entsprechende Beiträge der Verfahrensordnung nach Maßgabe prozeduraler Rationalitätserfordernisse. Solche Beiträge erschöpfen sich nicht schon in der *Informations- und Kommunikationsfunktion* von Verfahren.[163] Diese müssen auch und namentlich Funktionen der *kooperativen* Wahrheits- und Gerechtigkeitssuche von divergierenden Standpunkten aus sowie Funktionen des Darstellens und Austragens von *Konflikten* übernehmen und zwar unter Projektion der ggf. schon in Rechtsform gegossenen abstrakten Konfliktentscheidung auf den Einzelfall. Sie entfalten dadurch entscheidende materiell-rechtliche Kraft.[164]

(4) Legitimations- und Wahrheitszweck

Staatliche Verfahren haben darüber hinaus einen *Legitimationszweck*. Er folgt als Konsequenz aus der Entwicklung des Rationalisierungsmodus staatlichen Handelns und Entscheidens in Richtung auf eine spezifische Verfahrensrationalität.[165] Im Zuge dieser Entwicklung, die Kommunikation, Kooperation, Diskurs und Konsens zu unverzichtbaren Rationalitätsvoraussetzungen erhebt, müssen Verfahren Teile jener Legitimation vermitteln, die einstmals schon durch die Formalisierung des Rechts für gesichert angesehen wurde. Nur so ist die Akzeptanz der Verfahrensergebnisse gewährleistet.[166] Freilich schließt dieser Verfahrenszweck nicht – wie behauptet worden ist – die weiteren und zuvor genannten Verfahrensfunktionen aus: Sie alle sind potentiell neben – und miteinander wirksam.[167]

Sowohl der Legitimations- als auch der Wahrheitszweck werden allerdings von der herrschenden Ansicht als eigenständige Verfahrenszwecke inhibiert. So wird nach verbreiteter Auffassung zwar auch die *Wahrheitsfeststellung* als eine der wesentlichsten Aufgaben des Richters angesehen. Sie dürfe jedoch nicht, so lautet der Tenor, als eigenständiger Prozeßzweck betrachtet werden, weil sie „zwar ein er-

---

[162] Dazu siehe oben, 4. Kap., C. III.–VII.; 5. Kap., C. II. und III.

[163] Wie dies *Hagen*, Prozeßlehre, S. 137f., noch meint; ebenso aber beispielsweise auch *Held*, Grundrechtsbezug, S. 61ff.

[164] Von einer dadurch eintretenden „neuen Qualität" der Verwirklichung der Rechtsposition des Bürgers *im Verwaltungsverfahren* spricht *J. Martens*, Krit V 1986, 129; krit. allerdings *Schmidt-Aßmann*, DVBl. 1989, 539; zu den Folgen im *Zivil-und Zivilprozeßrecht* vgl. etwa *Derleder*, KritJ 1986, 268ff., 271ff., 276ff.; zur Konfliktlösung als Prozeßzweck siehe *M. Wolf*, Gerichtsverfassungsrecht, S. 37ff.

[165] Siehe oben, 4. Kap., C. I.–III.; 5. Kap., B. und C.

[166] Dazu die Ausführungen im 5. Kap., B. I.–IV.

[167] A. a. dagegen *Luhmann*, Verfahren, S. 23, 26; speziell im Hinblick auf das Verwaltungsverfahren vgl. S. 211.

wünschtes, aber nicht verbürgtes Resultat des Prozesses bleibt."[168] Mit anderen Worten: Weil der Angeklagte lügt, soll die Wahrheit nicht festgestellt werden!

Das Streben nach Verfahrensgerechtigkeit kann sich damit nicht zufrieden geben. Zumindest gilt dort, wo nicht aufgrund der Untersuchungsmaxime die „materielle Wahrheit" herausgefunden werden soll, der formelle Wahrheitsbegriff, d.h. die Verpflichtung auf Wahrhaftigkeit.[169] Das Argument, daß keine Verfahrensordnung die Wahrheitsfindung zu garantieren vermag, findet darin hinreichend Berücksichtigung. Von der Pflicht, den Weg zur Wahrheit einzuschlagen, kann es jedoch nicht entbinden. Nicht die Garantie der Wahrheit als solche ist das Verfahrensziel, sondern die *Wahrheitssuche als Prozeß*. Denn auch Wahrheit bzw. Gerechtigkeit ist kein vorfindliches Ergebnis, sondern stets nur Bemühen.[170]

Jede Verfahrensordnung muß daher am Prinzip der Gerechtigkeit und Wahrheit zumindest orientiert sein. Dies gilt auch für den so oft als Gegenbeispiel angeführten *Zivilprozeß*. Nicht von ungefähr unterliegt er dem gem. § 139 Abs. 1 ZPO an den Richter adressierten Gebot, die Parteien durch entsprechende Hinweise zum vollständigen Vorbringen aller erheblichen Tatsachen und zu entsprechenden Beweisanträgen zu veranlassen – mit der Sicherung durch § 296 ZPO.[171] Auch der Umstand, daß die Zivilprozeßordnung weithin die Erhebung des Beweises von Amts wegen zuläßt,[172] spricht eine deutliche Sprache. Jedenfalls ist es auch im Zivilprozeß den Parteien nicht gestattet, durch realitätswidrige Behauptungen die Erkenntnis und Durchsetzung subjektiver Rechte, deren Konkretisierung verfahrensabhängig ist, zu unterlaufen.[173]

Vor diesem Hintergrund begegnet die zunehmende Tendenz, Verfahren vor allem zu beschleunigen,[174] erheblicher Skepsis. Denn zwischen eiliger Prozeßförderung und Wahrheitssuche besteht ein empfindliches Spannungsverhältnis. Überzieht man

---

[168] Vgl. z.B. für den Prozeß *M. Heinze*, SGb. 1984, 393; für diese im Text beleuchtete und herrschende – dennoch falsche – Ansicht über den „Wahrheitszweck" als gerade nicht eigenständigen Prozeßzweck siehe einerseits und ferner *Grunsky*, Grundlagen, S. 4; *Jauernig*, JuS 1971, 330; zu den Einschränkungen des Wahrheitszwecks im Strafrecht vgl. auch oben, Fn. 154; auf der anderen Seite vgl. *Gilles*, FS G. Schiedermair, S. 183ff.; *E. Schmidt*, DuR 1984, S. 24ff.

[169] Vgl. *Meyer-Ladewig*, SGG, Rdnr. 4, 12 vor § 60; *Obzen*, Die Wahrheitspflicht der Parteien im Zivilprozeß, ZZP 98, S. 403ff.; *Thomas/Putzo*, ZPO, § 138 Anm. I 1.b.); *Rosenberg/Schwab*, Zivilprozeßrecht, § 65 VIII. (S. 392f.: „subjektive Wahrhaftigkeit").

[170] *Bydlinski*, Methodenlehre, S. 315, 335ff.; *H. Henkel*, Rechtsphilosophie, 2. Aufl., 1977, § 32; *A. Kaufmann*, Theorie der Gerechtigkeit, 1984, S. 10, 35ff.; *Zacher*, FS W. Maihofer, S. 682ff.

[171] *Zöller-Stephan*, ZPO, 14. Aufl., 1984, § 296 Rdnr. 3; *E. Schneider*, NJW 1986, 971; vgl. aber auch BGH, NJW 1984, 310 m. abl. Anm. *Deubner*.

[172] § 273 Abs. 2 ZPO; dazu *Thomas/Putzo*, ZPO, § 273 Anm. 1; zur Verbindung mit der Verhandlungsmaxime siehe auch *E. Schmidt*, DuR 1984, 26.

[173] Vgl. statt aller *Rosenberg/Schwab*, Zivilprozeßrecht, § 65 (S. 292f.); *Schellhammer*, Zivilprozeß, Rdnr. 1130.

[174] Dazu am Beispiel der ZPO kritisch u.a. *H. Pieper*, FS R. Wassermann, S. 773ff.; am Beispiel der (geplanten) VwPO siehe *Kopp*, Gutachten, S. B 31ff., 92ff., 99ff.

es, besteht die Gefahr einer materiell unvertretbaren Entscheidung infolge unzureichender Sachaufklärung.[175] Zugleich sieht sich dadurch der *Legitimationszweck* des Verfahrens in Frage gestellt. Denn jeder Diskurs braucht seine Zeit!

„Legitimation durch Verfahren" wird allerdings noch immer weithin zurückgewiesen[176] – dies aber zu Unrecht. Der moderne Staat bedarf ihrer, wie dargelegt, mehr und mehr. Die gegenteiligen Argumente der Verfahrensrechtswissenschaft ändern hieran nichts: So verkennt die gegen den Legitimationszweck ins Feld geführte Begründung, „die Einhaltung des Prozeßrechts (könne) selbst nicht Prozeßzweck" sein,[177] völlig das Wesen der Legitimation, die Verfahrensnormen an sich, d.h. die *Legalität* gesetzter Ordnung nur bedingt für maßgeblich hält. Erst mit der „Frag-Würdigkeit" rational-legaler Verhaltensanweisungen beginnt die legitimatorische Reichweite von Verfahren interessant zu werden und erst von da an erschließt sich ihr Vermögen, aber auch die Notwendigkeit – wie sie selbst im Rahmen des Gesetzgebungsprozesses seit neuestem bejaht wird –,[178] zusätzliche Rechtfertigung staatlichen Handelns und Entscheidens zur Verfügung zu stellen.

(5) Steuerungs- und Integrationsfunktion

Zu den eigenständigen Verfahrenszwecken zählt schließlich auch die *Steuerungs- und Integrationsfunktion* von Verfahren. Bereits ihre formale Instituierung ist integraler Bestandteil einer staatlich-politischen Steuerung auf Makro-Ebene, die am Modus der Ergebnisfindung ansetzt und sich im Regelungstypus des „Prozeßgesetzes" vollendet.[179] Sie präjudiziert die in und durch Verfahren angestrebten Ergebnisse bzw. Wirkungen, indem vorab das Spektrum jener Interessen formuliert wird, die sodann am Zustandekommen des Verfahrensergebnisses mitwirken sollen.

Von dieser „externen" Steuerungskraft der Verfahren ist ihre „interne" Steuerungsleistung abzugrenzen. Verfahrensregeln und Verfahrenshandeln steuern insoweit, als sie die informationellen Beziehungen zwischen den Verfahrenssubjekten strukturieren, den Verfahrenszugang für bestimmte Informanten bzw. Interessenten eröffnen und den Ablauf der Konkretisierungsprozesse nach Inhalten, Zeitstruktur und zu beteiligenden Dritten bestimmen, damit möglichst viele Informationen erfaßt, Alternativen abgewogen und doch die fälligen Verfahrensschritte möglichst rasch unternommen werden. Ob es überhaupt zu einem Konkretisierungsergebnis kommt, kann sich somit daraus ergeben, aus welchem Anlaß von wem in welcher Form ein Verfahren in Gang gesetzt wird. Der Konkretisierungsinhalt wiederum

---

[175] So mit Recht z.B. *H. Pieper*, a.a.O. (Fn. 174), S. 773.

[176] Siehe im vorliegenden Kontext u.a. *Stein/Jonas/Schumann*, ZPO, 20. Aufl., 1979, Einleitung Rdnr. 23; vgl. auch die Nachw. zum Text oben, 5. Kap., B.

[177] *M. Heinze*, SGb. 1984, 393 m. Anm. 30.

[178] Vgl. oben, 4. Kap., C.III.1. mit zahlr. Nachw.

[179] Zu der dabei berufenen „offenen" und erst kompetenziell zu aktualisierenden Struktur von gesetzlichen Prozeßnormen vgl. bereits *Scheuner*, FS H. Schäfer, 1975, S. 109ff., 116f.; siehe ferner *Häberle*, FS G. Küchenhoff, 2. Hbbd., 1972, S. 453ff., 465f. („Organisations- und Verfahrensgesetz"); *Pitschas*, Berufsfreiheit, S. 164ff.

kann von den Einwirkungsmöglichkeiten der Beteiligten auf das Verfahren abhängen. Die Wirkung des Verfahrens bemißt sich schließlich danach, inwieweit alle rechtlichen und „metajuristischen" Aspekte des Verfahrensgegenstandes (bestandssicher) erfaßt worden sind.[180]

Derart wirksame prozedurale Steuerung dient zugleich dem *Integrationszweck* von Verfahren, wie er sich aus deren Zielsetzung ableitet, staatliche Wirkungseinheit herzustellen.[181] Verfahren leisten hierzu einen eigenständigen Beitrag.[182] Sein Erfolg hängt u.a. von der individuellen Akzeptanz staatlichen Handelns und Entscheidens durch die jeweiligen Adressaten ab. Die Integrationskraft prozedural vermittelter staatlicher Politik beruht weder nur auf normativen Postulaten noch stellt „Integration" das bloße Produkt instrumentaler Technik staatlicher Sozialgestaltung dar, wie dies *C. Offe* annimmt.[183] Im Gegenteil sehen sich alle staatlichen Aktivitäten in ein Spannungsfeld werthafter Orientierungen, faktischer Durchführung und individualer Vermittlung gestellt. Ausschlaggebend für den Erfolg der staatlichen Integration ist somit die Art und Weise der Politikimplementation.

Hierauf gerichtetes und sie gestaltendes Verfahrenshandeln beruht wesentlich auf Kontakt und Dialog zwischen Menschen, auf Kommunikation und Kooperation. Es besteht aus Agieren in Strategien und Handlungssequenzen („Operationen"), Verstehen und Entscheiden. Integration durch Verfahren bedingt deshalb *soziale Interaktion*. Dementsprechend muß der moderne Staat Strukturen interaktionsfähiger Verfahren schaffen. Rollenkontext und Interaktionsweise sind dabei auf die gesellschaftliche Umwelt des jeweiligen Verfahrenssystems einzustellen.

dd) Funktionale Spezifikation

Das Zusammenwirken der Verfahrensbeteiligten bestimmt in dieser Ziel- und Zweckorientiertheit den Konkretisierungsprozeß. In dessen Beurteilung als Informations- und Entscheidungsvorgang besteht heute weitgehend Einigkeit. Verfahren, so wird betont, haben die funktionale Perspektive, eine einmalige verbindliche Entscheidung zu erarbeiten.[184]

(1) Differenzierungsbedarf des Entscheidungsdenkens

In der Tat sollen staatliche Verfahren (auch) verbindliche Entscheidungen durch Informationsgewinn und -verarbeitung herstellen. Denn sie tragen die staatliche Entscheidungsfunktion. Gleichwohl erscheint es verfehlt, „Entscheiden" allein zum archimedischen Punkt der Verfahrensidee im modernen Staat zu wählen.

Der Konkretisierungsprozeß umfaßt jedenfalls nicht nur Entscheidungsverfahren.

---

[180] Vgl. mit Blick auf das Verwaltungsverfahren auch *Luhmann*, Verfahren, S. 205f.; *W. Schmidt*, Probleme des Verwaltungsrechts, S. 86f.

[181] Siehe oben, 3. Kap., A.II.1.

[182] Dazu näher die Ausführungen oben, 5. Kap., D.IV.

[183] Berufsbildungsreform, 1976, S. 31ff.

[184] Vgl. allgemein *Luhmann*, Verfahren, S. 4; am Beispiel „Strafprozeß" und der Notwendigkeit, die Hauptverhandlung zu reformieren, siehe etwa *A. Kaufmann*, JZ 1985, 1065ff., 1068ff.

Zu seinen weiteren wesentlichen Merkmalen gehören – wie schon festgestellt[185] – Argumentation und Beratung, aber auch tatsächliche Leistungen der staatlichen Funktionsträger und Infrastrukturmaßnahmen. Freilich sind Realhandlungen und andere Leistungsprozesse von „Entscheidungen", die in ihrem Zusammenhang getroffen werden, nicht völlig abzulösen. Sie stehen in der Kongruenz von Handlung und Entscheidung in dem Sinne, daß jede Handlung eine Entscheidung erfordert und umgekehrt jede Entscheidung ihre Durchführungshandlung. Erbringt z. B. die öffentliche Verwaltung Dienstleistungen, so wird darüber zuvor ordnungsgemäß entschieden; und sind die Voraussetzungen nicht erfüllt, dann wird eben nicht gehandelt. Selbst unmittelbares staatliches Tätigwerden wie z. B. die Produktion von Infrastruktureinrichtungen, der Abschluß sog. Beschaffungsgeschäfte oder gar Beratungshandeln beruht stets auf vorangegangenen Entschlüssen („Entscheidungen").

Gleichwohl bleiben Handlungen von ihren Entscheidungen gedanklich zu trennen, und zwar nicht nur deshalb, weil – wie es gerade in der pluralen öffentlichen Verwaltung häufiger der Fall ist – Entscheidungskomplexe ausdifferenziert werden, denen ein Punkt-für-Punkt-Korrelat im Handeln fehlt.[186] Entscheidungen haben gegenüber Handlungen vor allem einen anderen Bezugspunkt ihrer Identifikation. Im Unterschied zu diesen, die als gegeben hingenommen oder in ihrem typischen Ablauf erwartet werden,[187] finden Entscheidungen ihre Identität nicht im *Ablauf* eines bestimmten Geschehens, sondern in der *Wahl* zwischen mehreren Möglichkeiten (Alternativen), „die sich an der gewählten Alternative nur dokumentiert (aber nicht in der gewählten Alternative besteht)".[188] *Nach* der Entscheidung liegen die gewählte Alternative und das Handeln fest.

„Entscheidungen" stellen damit keine singulären Akte in einem Verfahren dar. Sie müssen vielmehr zerlegt werden in die Entscheidung als *Prozeß* und in die Entscheidung als *Ergebnis* einer „Wahl".[189] Prozessual betrachtet, steht Entscheiden in einer Abfolge einzelner Aktivitäten, die bestimmte Kulminationspunkte des Verhaltens als „Entscheidung" markieren. Solche Entscheidungspunkte dokumentieren Zwischen- und Teilergebnisse, die aus dem immateriellen Bereich des Entscheidens heraustreten und über manipulierbare Mittelvariationen die Verfahrensziele anstreben. Alles übrige und insbesondere die Motivations- und Beziehungsaspekte im Verfahren wirken im Verborgenen. Entscheidungen sind deshalb „nur aufgesetzte Lichter, die den unaufhörlich ablaufenden Prozeß der Verhaltensbestimmung nur teilweise beleuchten, die blenden und ablenken, die vieles im Dunklen lassen und es

[185] Vgl. oben im Text um und zu Fn. 20ff.; siehe im übrigen bereits die Nachw. oben, 1. Kap., Fn. 193ff.; 6. Kap., Fn. 100.

[186] Vgl. *Luhmann*, Organisation und Entscheidung, S. 337.

[187] *Luhmann*, a.a.O. (Fn. 186), S. 337; vgl. auch *Habermas*, Vorstudien, S. 571ff., 573 („Mechanismen der Handlungskoordinierung").

[188] *Luhmann*, a.a.O. (Fn. 186), S. 337.

[189] Siehe dazu näher *R. Gzuk*, Messung der Effizienz von Entscheidungen, 1975, S. 22ff.; *E. Witte*, Entscheidungsprozesse, in: E. Grochla (Hrsg.), Handwörterbuch der Organisation, 1969, S. 498.

gerade durch die Blendung dem Einblick entziehen." Niemals kann daher „der gesamte konkrete Verhaltensfluß des täglichen Lebens mit all seinen vielfältigen Sinnbezügen, seinen aufflackernden Motiven und seinen ständig wechselnden Irritierungen auf Entscheidungen zurückgeführt werden".[190]

Entscheidungen sind mithin in soziales „Handeln" eingebettet. Sie kommen inmitten einer offenen Abfolge zahlloser *Operationen* zustande, die in konkreten Handlungen mitvollzogen werden und die jeweils die kleinste Einheit einer Aktivität bilden.[191] In ihrer Häufung verkörpern sie die „Infrastruktur von Handlungen".[192]

Handeln und Entscheiden stehen auf diese Weise in einem inneren Zusammenhang. Er wird über den Begriff der „Operation" vermittelt: Operationen befähigen uns zu Handlungen und manche unter ihnen lassen sich zugleich als jene „Kulminationspunkte des Verhaltens als Entscheidung" ausmachen, von denen *N. Luhmann* spricht.[193] Gesetzgebung, öffentliche Verwaltung und Rechtsprechung sind demzufolge jeweils als ein Handlungs- und Entscheidungsprozeß zur Verwirklichung bestimmter Zwecke zu begreifen, in dessen Verlauf zahlreiche gebündelte Operationen zu Aktivitäten führen, die nicht nur Entscheidungen zum Gegenstand haben, aber in sich jeweils Entscheidungen mitführen.

Phasenmodelle der Entscheidungstheorie, die Entscheidungen nur als eine Phase unter anderen ausweisen bzw. lediglich als „Alternativenauswahl" kennzeichnen,[194] verfehlen demnach die Verfahrensrealität. Die Übernahme einer Phasengliederung in die rechtliche Verfahrensordnung kann zwar hilfreich sein, um die Arbeits- und Leitungsprozesse in ihrem Ablaufcharakter zu erfassen; sie stößt indessen nicht zum eigentlichen Gehalt der Entscheidungsprozesse vor.[195] Ihn kennzeichnet vielmehr die Dekomposition von Problemen in einem Prozeß über Zeit durch Zerlegung in Aktivitäten, in Operationen und Sub-Entscheidungen. „Konkretisierung" bildet hierfür den begrifflichen Rahmen.

(Staatliche) Verfahren kennen damit und einerseits als empirische Prozesse eine ganze *Entscheidungsskala*. Der Konkretisierungsvorgang enthält zahlreiche Zwischen- und Teilergebnisse. Dadurch verlagert sich der Wirkbereich des Entscheidens auf den *gesamten* Vorgang der Kommunikation zwischen staatlichen Organen und Bürgern. Dessen einzelne Stationen bestehen jeweils auch aus „Entschlüssen."

Jedem Entschluß folgt andererseits der Entschlußvollzug und der Blick auf seine Wirkungen. Denn Verfahren als solche sind auf Wirklichkeitskonstruktionen oder

---

[190] *Luhmann*, Organisation und Entscheidung, S. 339.

[191] Vgl. hierzu und für die hiesigen Überlegungen maßgeblich *Habermas*, Vorstudien, S. 273ff., 296ff.

[192] *Habermas*, a.a.O. (Fn. 191), S. 275.

[193] Organisation und Entscheidung, S. 339.

[194] Vgl. statt aller *Reichard*, Betriebswirtschaftslehre, S. 28ff. m.w.Nachw.; siehe auch *W. Kilian*, Juristische Entscheidung und elektronische Datenverarbeitung, 1974, S. 151.

[195] Bedenken begegnen insoweit auch und z.B. die entscheidungsprozessualen Überlegungen für das Verwaltungsverfahren von *Schmidt-Aßmann*, Jura 1979, 516; *ders.*, HdbSt III, 1989, S. 643f.; *Schmitt Glaeser*, Position der Bürger, S. 39.

Situationsdefinitionen durch Rechtsetzungs- und Rechtsanwendungsorgane gerichtet und damit auf Verwirklichung bzw. Wirklichkeitsfolgen. Dementsprechend ist mit der jeweils getroffenen Entscheidung als *einem* denkbaren formalen und formalisierten Zwischenstand der Konkretisierung die Aufgabe des zur Entscheidung Berufenen noch nicht beendet. Jede Entscheidung muß immer auch in die Wirklichkeit umgesetzt, also derart auf sie bezogen werden, daß sie diejenigen sozialen Wirkungen hervorruft, die mit ihr bewirkt werden sollten. Entscheiden heißt demgemäß Rechts- und Wirklichkeitsgestaltung; in sein prozessuales Verständnis ist der Entschlußvollzug samt der ihm eigenen Wirkungen bei entsprechender Realisierungsverantwortung des Entscheidungsträgers einzubeziehen.[196]

Verfahren sind damit, so läßt sich einstweilen resümieren, soziale Systeme, deren spezifische Funktion sich erst in den faktischen (und normativen) *Wirkungen* ihrer Aktivitäten und Abläufe erfüllt.[197] Daraus folgt zum einen, daß die Wiederaufnahme von Verfahren prinzipiell möglich sein muß, wenn die erwarteten Wirklichkeitskonstruktionen fehlschlagen. Zum anderen sind Entscheidungen in diese Aktivitäten und Abläufe gleichsam eingewoben, müssen aber nicht unbedingt das Verfahrensergebnis bilden. So können etwa Verwaltungsverfahren nur die Beratung, Begleitung, Förderung, Befähigung oder Ermutigung des Bürgers zum Gegenstand haben – mit der absurden Folge, daß sie nach gegenwärtiger Rechtslage kein Verfahren im Rechtssinne darstellen –,[198] können gerichtliche Verfahren im Vergleich enden und Gesetzgebungsprozesse im Sande verlaufen: Immer sind in sie Entscheidungen inkorporiert, aber sie sind eben nicht nur entscheidungsbezogen. In diesem Sinne kann *N. Luhmann* mit Recht hervorheben, daß Verfahren zwar „mit Entscheidungsprozessen synchronisiert, aber nicht identisch sind."[199]

(2) Verfahren als Potential von Handlungs- und Entscheidungsaktivitäten

Im Gegenteil lassen sich als „Entscheidungs-Verfahren" mehrere ineinander verschachtelte und *parallele Subprozesse* auf der Grundlage verschiedener Gruppen von Aktivitäten wie informieren und kommunizieren, orientieren (= Meinungsbildung),

---

[196] Wie schon früher dargelegt (vgl. oben, C.I.1.), kommt es darauf an, unter Berücksichtigung auch psychologischer sowie soziologischer Erkenntnisse realitätsnahe und für die rechtliche Verfahrensordnung praktikable Entscheidungsmodelle zu entwerfen. Dabei sind sozialwissenschaftliche Befunde zur Motivation, zur Partizipation, zum Wahlverhalten, zu Entscheidungskonflikten oder auch zum Realisierungsverhalten zu beachten; näher zu diesen Erfordernissen vgl. insgesamt *Hoefert,* Entscheidungshandeln – wo es noch möglich ist, zfo 1985, 123ff.; aus spezifisch juristischer Perspektive siehe auch *Zimmer,* Funktion – Kompetenz – Legitimation, S. 82ff., 89f., 172 m. Anm. 116 a.E., 191 m. Anm. 11, 256ff., 266ff., 341ff.

[197] Ohne daß aber – wie z.B. *Brohm,* VVDStRL 30, 1972, S. 286f.; bzw. *Zimmer,* a.a.O., Fn. 196, meinen – das Handeln der Staatsorgane seinen Abschluß stets im „Entscheid" finden müßte oder der Entscheidungsprozeß auf die „Wirkung" allein zu konzentrieren wäre; hinzu treten stets und ebenso *Sozialität* und *Interaktion.*

[198] Vgl. §§ 9 VwVfG, 8 SGB X.

[199] *Luhmann,* Verfahren, S. 3; vgl. *ders.,* S. 174; dazu siehe z.B. auch *Schaper,* Theorie und Soziologie des gerichtlichen Verfahrens, S. 205f.

steuern und vollziehen erkennen, zu denen je *entschließende Tätigkeiten* hinzutreten.[200] Diese markieren Knotenpunkte des Gesamtvorganges; jeder Entschluß beendet einen Teil-Prozeß der Konkretisierung und leitet weiterführende (Handlungs- und Entscheidungs-)Schritte ein. Aus der Zahl der entschließenden Tätigkeiten kann dabei auf die Komplexität des zu lösenden Gesamtproblems geschlossen werden.

Das lineare Phasen-Schema erweist sich damit endgültig als Strukturmodell für die Verfahrensrechtsdogmatik unbrauchbar. Rechts- und Zweckkonkretisierungen bestehen vielmehr aus spiralförmig verlaufenden, iterativen Prozessen, in denen Kommunikationshandlungen, weitere Aktivitäten und Informationsverarbeitung insgesamt auch Entscheidungsvorgänge zum Inhalt haben. Der Ablauf dieser Teil-Prozesse ist problemorientiert; er gründet auf der Wahrnehmung des Konkretisierungsthemas als ein soziales Geschehen, für das es Lösungshypothesen zu entwikkeln gilt, die subjektiver bzw. intersubjektiver Bewertung im Vergleich zu Lösungsvariationen unterliegen.[201]

Eines der wichtigsten Prozeßelemente ist damit die zielgerichtete Ausprägung von Konkretisierungsalternativen und die Alternativenauswahl. Hier liegt zugleich die „Einbruchstelle" sowohl für Folgenbewertungen als auch für Innovationen. Denn die Bewertung der Alternativen und ihre Ersetzung durch Abweichungen werden – unter anderem – durch Folgenberücksichtigung gesteuert.[202]

In diesem Sinne ablaufende Konkretisierung offenbart eine Reihe charakteristischer Merkmale in der Handhabung des zu lösenden Problems. Statt auf „Phasen" beruht hiernach das Informations- und Kommunikationsverhalten der staatlichen Funktionsträger auf dem Umgang mit einem *differenzierten Handlungs- und Entscheidungspotential.* Es umgreift die Struktur des jeweiligen Problems, also die Problemdefinition bzw. -dimensionierung,[203] die Entscheidungsakte bei der Bewältigung der Problemsituation, aber auch die Aktivitäten im Verlauf dieses Prozesses einschließlich der Vollzugsoperationen.[204] Information und Kommunikation im Rahmen des Konkretisierungsverfahrens gestalten sich dementsprechend immer auch als Output von Teil-Entschlüssen, bis sie letztendlich in einen wirkungsgesteuerten Hauptentschluß mit Entschlußvollzug einmünden.

Zum maßgeblichen Handlungs- und Entscheidungspotential zählen ferner die durch den *rechtlichen Bürgerstatus* ausgeprägten Strukturmerkmale und Elemente

---

[200] Vgl. bes. deutlich *Grün/Hamel/Witte,* Struktur von Informations- und Entscheidungs-Prozessen, S. 110ff., 122ff., 136ff.; *Thöni,* Politökonomische Theorie, S. 68, 69.

[201] Ähnlich auch *Schneider/Schroth,* Sichtweisen juristischer Normanwendung, S. 422f.

[202] Siehe dazu näher *Schneider/Schroth,* a.a.O. (Fn. 201), S. 443; w. Nachw. zur Diskussion hierzu bei *Koch/Rüßmann,* Juristische Begründungslehre, S. 227ff., 230, 233.

[203] Vgl. dazu und zum folgenden allgemein *Grün/Hamel/Witte,* Struktur von Informations- und Entscheidungs-Prozessen, S. 136ff., 142f.; übertragen auf rechtsförmige Konkretisierungsverfahren und am Beispiel des Strafprozesses siehe etwa *H. H. Kühne,* Strafverfahrensrecht als Kommunikationsproblem, S. 50ff.

[204] Vgl. auch *Habermas,* Vorstudien, S. 273ff. 275, 296; siehe ferner *Schneider/Schroth,* Sichtweisen juristischer Normanwendung, S. 449ff.

des Verfahrenshandelns.[205] Hinzu treten die Arbeits- und Kommunikationssituation, die signifikanten Merkmale der Organisation und andere Einflußgrößen des Verfahrens, die in ihrer *strukturellen* Wirkung noch späterhin dargestellt werden.[206] Sie belegen, daß „Zielkompromisse", Kommunikation, Erfahrung, Einstellungen, Intuition, aber auch informelles Entscheidungshandeln eigenständigen Anteil am Konkretisierungsergebnis haben und die staatliche Entscheidungsfunktion als Prozeß mit prägen.

(3) Handlungs- und Entscheidungsaktivitäten als Bezugspunkte rechtlicher Verfahrensordnung

Rechtliche Verfahrensordnung muß auf dieses differenzierte Handlungs- und Entscheidungspotential Bezug nehmen. Das normative Bedürfnis hierzu folgt aus den schon oben nachgezeichneten Veränderungen im Entscheidungsparadigma des modernen Staates. Zwar bleibt „Entscheiden" sein Wesenselement, doch wird die staatliche Entscheidungsfunktion prozeduralisiert.[207] Dadurch rückt der Verfahrensgang als solcher in den Vordergrund des rechtlichen Interesses und der Bemühungen um eine Rationalisierung. Zugleich werden die sozialen Beziehungen unter den Verfahrensbeteiligten bedeutsam. Verfahren sind Interaktionssysteme, in denen sich Verfahrenshandeln auch als ein Prozeß der sozialen Verständigung entfaltet. Sie sperren sich deshalb dagegen, allein im Hinblick auf den Zweck fortentwickelt zu werden, „bessere" weil zügigere Entscheidungen zu erlangen. Rollenkontext und Interaktionsweise sind bei dem Versuch, Verfahren funktions- und reaktionsgerecht zu gestalten, zu berücksichtigen. Bloße Beschleunigungsrezepturen verfehlen diesen Zusammenhang.[208]

Im Ansatz verfehlt erscheinen auch Bemühungen, Verfahren ausschließlich auf einen diskursiven Interessenausgleich zu beziehen, sie also allein in der Perspektive einer „Ordnung des rechtlichen Diskurses" regeln zu wollen. „Entscheidungsverfahren" sind von „Kooperationsverfahren" nicht zu trennen.[209] Erfordernis und Gestaltung der Kooperation bilden – wie bereits dargelegt – das Problem eines jeden Verfahrens, gleichviel ob es sich um die Begegnung von Bund und Ländern im Gesetzgebungsprozeß, um die eines Angeklagten mit dem Gericht im Strafverfahren oder um die Auseinandersetzung von Bürger und Verwaltung über die Erteilung einer Baugenehmigung handelt. Es gibt keine separaten Entscheidungs- und Kooperationsverfahren; kooperative Rechts- und Zweckkonkretisierung ist im Gegenteil der Auftrag eines *jeden* staatlichen Funktionsträgers. Sie zu verwirklichen, liegt in seiner Verfahrensverantwortung.[210]

---

205 Zum Statusgedanken siehe schon oben, 6. Kap., im Text um und zu Fn. 7 (A.I.); näher dazu auch sogleich sub Buchst. d) mit bb).

206 Vgl. dazu im folgenden sub C.II.

207 Siehe dazu die Ausführungen im 3. Kap., B.I.5. mit w. Nachw.

208 Zu den aus diesen folgenden Spannungslagen für das Verwaltungsverfahren siehe statt aller *Wahl,* VVDStRL 41 (1983), S. 163 m. Anm. 33.

209 So aber *Th. Simons,* Verfahren und verfahrensäquivalente Rechtsformen, S. 60ff., 115ff., 141 und durchgängig.

210 Vgl. oben, 6. Kap., C.III. 2.d) und 3.

d) Der organisatorische Charakter von Verfahren

Obschon Verfahrenssysteme das Handeln der Beteiligten nicht festlegen, bringen sie es somit doch infolge ihrer Orientierung an bestimmten Zielen und Zwecken in eine funktionale Perspektive. Jede Aktivität, jede Selbstdarstellung und jede Interaktion trägt Informationen, die Verhaltensmöglichkeiten neu eröffnen, verdichten oder ausscheiden und die dazu beitragen, die handelnden Personen und ihre Beziehungen zueinander näher zu definieren.[211]

Schritt für Schritt wird auf diese Weise eine Konstellation von Fakten und Sinnbeziehungen aufgebaut, die Ungewißheiten absorbiert, das noch Offene im Licht der bisherigen Verfahrensgeschichte interpretiert und weiter einengt.[212] In dem Maße, in dem sich das Verfahren entwickelt, ziehen sich so die Handlungsmöglichkeiten der Beteiligten zusammen. Weil aber die Matrix möglicher Ereignisse in jedem Verfahren anders aussehen kann, kommt es zu einer unermeßlichen Variationsbreite der Verfahrenskonstellationen. Sie spiegelt den ungeheuren Reichtum an möglichen Sach- und Verhaltensbeziehungen innerhalb eines Verfahrens sowie zwischen diesem und seiner Umwelt wider.

aa) Formalisierung der Verhaltenserwartungen

Verantwortliche Verfahrensordnung muß deshalb um die *Reduktion von Komplexität* besorgt sein.[213] Sie wird im wesentlichen – unter Beachtung der oben genannten Einschränkungen[214] – durch eine Generalisierung von Verhaltenserwartungen erreicht. Eine mögliche Form der dadurch erzielten Erwartungsstabilisierung neben anderen (gruppendynamische Verhaltensregelung, traditionales Verhalten u. a. m.) ist die „Verrechtlichung": Das Verfahren im Rechtssinne muß in einem bewußten, aktiven Gestaltungsprozeß zur Verwirklichung der aufgegebenen Ziele und Erfüllung der Sach- und Verfahrenszwecke *strukturiert* werden. Die damit dem funktionalen Beziehungsgeflecht im empirischen Prozeß auferlegte Ordnung steuert die Selektion der Verhaltensalternativen im Verhältnis zur Komplexität der Ereignisse; sie verwandelt die unbestimmte Vielzahl der Konkretisierungsmöglichkeiten in eine begrenzte, greifbare Problematik und ermöglicht deren Bewältigung im Richtsteig von Ziel und Ergebnis staatlichen Handelns und Entscheidens.

Staatliche Verfahren bestehen somit nicht aus spontan gewachsenen, also gleichsam als „natürlich" empfundenen Verhaltensweisen. Vielmehr wird in einer bewußten, durch Verfahrensverantwortung getragenen Verfahrensorganisation nach Maßgabe der Verantwortungsleitlinien eine Anzahl von Handlungen planvoll, zielorientiert und zweckmäßig rechtlich geordnet. Struktur und Prozeß sind aufeinander

---

[211] Grdl. dazu *Watzlawick/Beavin/Jackson,* Menschliche Kommunikation, S. 50ff.; siehe auch *Vowe,* Information und Kommunikation, S. 134ff.

[212] Die Darstellung im Text folgt insoweit *Luhmann,* Verfahren, S. 44, 45.

[213] So vor allem *Luhmann,* a. a. O. (Fn. 212), S. 41f.

[214] Vgl. dazu im Text oben um und zu Fn. 115ff.

bezogen: „Prozesse *sind* Systeme und *haben* eine Struktur; anders könnten sie nicht Prozeß sein, und anders könnten auch Systeme und Strukturen nicht sein."[215]

bb) Ausformung des Verfahrensstatus

Das *Verfahren im Rechtssinn* gestaltet die Rechte und Pflichten der Verfahrensbeteiligten bzw. stellt sie fest und enthält als institutionellen Verfahrenszweck den Bezug zu der jeweiligen staatlichen Aufgabe im Rahmen ihrer kompetentiellen Zuordnung.[216] Die normative Verfahrensstruktur bezieht sich insoweit auf die statische Seite der prozessualen Rollen der Verfahrensteilnehmer, d.h. auf ihren *Verfahrensstatus.*[217] Dieser wird rechtlich ausgeformt. Er ist der Inbegriff der verfahrensmäßigen Befugnisse, über die ein Beteiligter im Zusammenhang seiner Rolle verfügt und die sich auf die Einleitung, den Ablauf und die Beendigung eines Verfahrens, auf die Beschaffung des Tatsachenstoffes sowie aller weiteren erforderlichen Informationen und schließlich auf den Umgang mit dem Verfahrensgegenstand erstrecken.

Die Rechtsnormen, die diesen Verfahrensstatus fixieren, bilden freilich nicht schon das Verfahren selbst. Sie bedürfen der Implementation, in deren Verlauf sie zwar bestimmte Verhaltensmöglichkeiten und Verfahrensalternativen von vornherein ausschließen, andere aber als möglich erscheinen lassen oder gar zwingend vorschreiben. Insgesamt regiert die Situation und verschiebt sich das, was erforderlich zu sein scheint, laufend – und nicht einmal mehr Verfahrensnormen können hierbei als konstant vorausgesetzt werden.[218]

cc) Informale Erwartungsstabilisierung

Das Strukturmuster des rechtsnormativen Verfahrens gibt von daher (nur) einen mehr oder weniger verbindlichen *Rahmen* für das Handeln und Entscheiden der staatlichen Funktionsträger vor. Vollständig formalisierte Verfahrenssysteme sind nicht denkbar.[219] So existieren neben den rechtlichen Verfahrensregeln normative soziale Verhaltenserwartungen, also Spielregeln der Interaktion, „von deren Beachtung es abhängt, ob die Beteiligten unterstützend oder sanktionierend aufeinander reagieren und in welche Richtung die Geschichte des Verfahrens dadurch gelenkt wird."[220] Ferner bleibt Raum für eine informale Verfahrenssteuerung, also für „Bargaining"-Prozesse, in denen Kooperation bzw. Konsens getauscht oder Vetomacht „abgekauft" wird. Mißlingen derartige Aushandelungsprozesse, dann können sich die staatlichen Funktionsträger immer noch auf die Position der „legalen" Autorität

---

[215] *Luhmann,* Verfahren, S. 41; vgl. auch *ders.,* Soziale Systeme, S. 70ff., 73.

[216] Vgl. dazu schon oben im Text um und zu Fn. 156ff.

[217] Zur Bedeutung des (rechtlich ausgeformten) Status der Verfahrensteilnehmer, mit dem sich die Verfahrensstruktur vornehmlich befaßt, vgl. auch *Hagen,* Prozeßlehre, S. 126ff.

[218] Vgl. schon oben, 4. Kap., B.IV. mit Fn. 71; wichtig werden also die spezifischen Faktoren, die eine „Situation" bestimmen, vgl. *Zitscher,* Normen und Feldtheorie, S. 10f. und durchgehend; a.A. allerdings *Luhmann,* Verfahren, S. 46.

[219] Siehe nur *W. Hill/R. Fehlbaum/P. Ulrich,* Organisationslehre 1, S. 26.

[220] *Luhmann,* Verfahren, S. 46.

zurückziehen: Statt Selbstbeschränkungsabkommen kommt ein Gesetz zustande,[221] dem „Kronzeugen" wird der in Aussicht gestellte Strafnachlaß verwehrt[222] und die Verwaltung intensiviert den Vollzug des Rechts.[223]

Zur Verfahrensverantwortung staatlicher Organe gehört es deshalb, stets von neuem zu prüfen, ob sich das aufgegebene und das tatsächliche Verfahrensverhalten decken (= Implementationsverantwortung). Rechtliche Strukturbildung kann aber dabei, so zeigt sich, die Vielzahl möglicher Verhaltensweisen im Verfahren nur bedingt und auch dann nur mit Aussicht auf Erfolg reduzieren, wenn sie „reflexiv" erfolgt und der funktionalen Koppelung von gesellschaftlichen Bedürfnissen und staatlicher Entscheidungs- und Handlungszuständigkeit im Verfahren über informale Erwartungsstabilisierung Raum gibt.[224] Das Maß dessen ist freilich begrenzt; der Stringenz des Formalen kann die Verfahrensverantwortung des modernen Staats in ihrer Verpflichtung auf die Strukturbedingungen prozeduraler Legitimität nicht entbehren.[225]

Dennoch hat sich die These zumindest partiell als falsch erwiesen, die unbestimmte Komplexität aller Verhaltensalternativen lasse sich durch normative Strukturbildung so weit verringern, „daß es möglich wird, ohne umständliche Vorverhandlungen über Sinn und Zweck einer Zusammenkunft einzelne Verfahren als Systeme in Gang zu bringen, ihre Thematik und Grenzen zu definieren und den Beteiligten bewußt zu machen."[226] Sehr häufig haben jedenfalls förmliche Verwaltungsverfahren nur noch eine ratifizierende Funktion.[227]

---

[221] Zu Funktion und Reichweite von Selbstbeschränkungsabkommen im Wettbewerbsrecht vgl. nur *Emmerich*, Kartellrecht, 5. Aufl., 1988, S. 69f.; *Oldiges*, WiR 1973, 1ff.; *v. Zezschwitz*, JA 1978, 497ff.

[222] Zu Figur und Funktion des Kronzeugen im Strafprozeß siehe *Kühne*, Strafprozeßlehre, 2. Aufl., 1982, Rdnr. 464; *Rüping*, Das Strafverfahren, 2. Aufl., 1983, S. 52; *Jung*, Straffreiheit für den Kronzeugen?, 1974; vgl. ferner und im hiesigen Kontext auch *ders.*, ZRP 1986, 38ff., 41.

[223] Vgl. etwa *Treiber*, RuP 1986, 26ff.

[224] Vgl. oben, 5. Kap., D.I. und II.; siehe ferner *Treiber*, Regulative Politik in der Krise? Anmerkungen zu einem aktuellen Thema oder Reflexive Rationalität im Schatten des gesetzten Rechts, in: Kriminalsoziologische Bibliographie 1983, S. 28ff.

[225] So in bezug auf das Verwaltungsverfahren mit Recht auch *Schmidt-Aßmann*, Ordnungsidee, S. 29ff.; *ders.*, DVBl. 1989, 540f.

[226] *Luhmann*, Verfahren, S. 42.

[227] Siehe mit Blick auf das Verwaltungsverfahren bes. *Hill*, DVBl. 1989, 325, 326; *Hoffmann-Riem*, VVDStRL 40 (1982), S. 203ff., 209f., 211f., 214f.; *Knoepfel*, Vollzugsforschung, S. 42; *Hucke/Ullmann*, Konfliktregelung zwischen Industriebetrieb und Vollzugsbehörde bei der Durchsetzung regulativer Politik, in: R. Mayntz (Hrsg.), Implementation politischer Programme I, 1980, S. 105ff., 120f.

II. Verfahrensordnung als Organisationsproblem

Das Verfahren zu strukturieren bedeutet, die prozeduralen Aufgaben auf die verschiedenen Verfahrenssubjekte zu verteilen. Wie aber soll diese Aufgabenverteilung aussehen?

Von Regelungen des Verfahrens wird gemeinhin erwartet, daß sie irrelevante Informationen ausscheiden, über die Zulassung von Personen und die Einführung von Themen befinden sowie dasjenige definieren, was die Konkretisierung stört und was zur Vermeidung dessen getan werden kann.[228] Angesichts der Vielgestaltigkeit der prozeduralen Einflußfaktoren ist freilich die Umsetzung dieser Vorstellungen in Grundelemente verfahrensrechtlicher Vorschriften äußerst schwierig. Die Prozeßorganisation erweist sich als ein komplexes, mehrdimensionales Gestaltungsproblem.[229]

1. Prozeßorganisation und Verfahrenszwecke

Die für dessen Lösung heranzuziehenden Variablen lassen sich in drei Kategorien zusammenfassen. Zunächst beurteilt sich die Wahl zwischen alternativen Verfahrensgestaltungen an ihrem jeweiligen Beitrag zur Zielerreichung. Entsprechende Überlegungen hängen insbesondere von den *Aufgaben* ab, die ein bestimmter Verfahrenstyp erfüllen soll, somit letztlich vom institutionellen Verfahrenszweck. Das Ergebnis ist eine Vielfalt von Systematisierungsmöglichkeiten. Sie verdeutlicht, in wie vielen Erscheinungsformen Verfahren in der Staatspraxis vorkommen und von welch unterschiedlichen Sachstrukturen bei ihrem rechtlichen Zuschnitt ausgegangen werden muß, soll dieser funktions- und reaktionsgerecht ausfallen. Notwendigkeiten einer (organinternen) *Verfahrenssektoralisierung* treten damit in Konflikt zu einer aus Gründen der Transparenz aller Verfahrensabläufe für Beteiligte und Bürger sowie aus Gründen der Zweckrationalität (= Verfahrenseffizienz) unverzichtbaren *Verfahrensvereinheitlichung.*[230]

a) Regelungselemente funktionaler Verfahrensordnung

Unabhängig aber davon gibt die Ziel- und Zweckorientierung von Verfahren unter Bezugnahme auf die schon oben postulierte Sichtweise von Verfahrensnormen

---

[228] Vgl. *Luhmann,* Verfahren, S. 45.

[229] *Gaitanides,* Prozeßorganisation, 1983, passim.

[230] Vgl. für das Verwaltungsverfahren *Grupp,* VerwArch. 80 (1989), S. 44ff.; *Meyer/Borgs,* VwVfG, § 1 Rdnr. 17; *Steinberg,* DÖV 1982, 623. Dagegen plädiert *Wahl,* VVDStRL 41 (1983), S. 173ff., sehr stark (und etwas einseitig) für *bereichsspezifische Verfahrensregelungen;* sinnvoller erscheint es mir, einen Set von strukturierten Verfahrenstypen zu schaffen, auf die dann Spezialgesetze verweisen sollten, vgl. auch *Pietzcker,* VVDStRL 41 (1983), S. 210 m. Anm. 59; zur Diskussion siehe im übrigen die Nachw. oben, 2. Kap., Fn. 113, 118ff., 344f.

als Funktionen[231] dem Verfahrensrecht auf, zu einer Reihe von Grundfragen Stellung zu nehmen: Verfahrensregelungen haben zunächst festzulegen, *wer* an einem Verfahren teilnehmen soll. Dabei ist nicht allein der institutionelle Verfahrenszweck zu berücksichtigen. Vielmehr und ebenso sind auch die Implikationen der zu konkretisierenden Sach- und Rechtszwecke sowie die weiteren Verfahrenszwecke zu beachten.[232]

Verfahrensrecht muß sodann klären, *was* in welchem Umfang zum Thema des Verfahrens werden soll bzw. werden darf. Hierüber ist zwischen den Verfahrensbeteiligten zu kommunizieren. Um etwa im Zivilprozeß einen Streitfall entscheiden zu können, braucht das Gericht Informationen in tatsächlicher und rechtlicher Hinsicht. Wird ein Termin anberaumt, so müssen die Parteien davon verständigt werden. Ebenso verhält es sich mit sämtlichen Anordnungen und Entscheidungen des Gerichts, deren Geltung gegenüber den Parteien rechtzeitige Unterrichtung voraussetzt. Im einzelnen sind diese und zahllose weitere informative bzw. kommunikative Erfordernisse des Verfahrens aufgabenbezogen sowie unter Berücksichtigung der dabei auftretenden Verständigungsprobleme auf der Sach- und Beziehungsebene zu regeln.[233]

Die Ordnung der informierenden und kommunizierenden Tätigkeiten wirkt zugleich darauf ein, *wie* der Konkretisierungsprozeß abläuft, *wie* also das Verfahrensthema ermittelt und abgearbeitet wird. Freilich bedarf es dazu noch anderer Verfahrensschritte. Denn da sich das Verfahrensverhalten als ein Potential unterschiedlicher Aktivitäten darstellt, müssen Verfahrensregeln an jede der dazugehörigen Tätigkeitsgruppen anknüpfen. Zu erfassen und zueinander nach Maßgabe des Grundsatzes der funktionalen Verfahrenseinheit in Beziehung zu setzen sind also auch die problemorientierten Verfahrensoperationen, die Steuerungshandlungen im Verfahren sowie die entschließenden und vollziehenden Verfahrensaktivitäten. Eine wesentliche Rolle spielen hierbei der Zeitfaktor der Konkretisierung, ihr Ablaufcharakter und namentlich die Verfahrensgrundsätze, die festlegen, wie sich die Teilnehmer im Verfahren zu verhalten haben.

b) Der Zeitfaktor

Jedes Verfahren wird durch Fristen und Termine bestimmt. Seiner Wirkung wegen ist es in einem überschaubaren Zeitraum abzuschließen. Dazu drängen überdies die finanziellen Verfahrensaufwendungen (Prozeßkosten), die durch eine überlange Verfahrensdauer verursacht werden. Erforderlich sind somit prozedurale Maßnahmen zu ihrer Begrenzung, von denen in erster Linie jene zur *Verfahrenskonzentration* hervorgehoben werden sollen. Gemeint ist damit eine Verdichtung der Verfah-

---

[231] Vgl. oben C.I.1.b).

[232] Ebenso *Hagen*, Prozeßlehre, S. 94ff., 102ff., 119ff., 126ff.; *ders.*, Verfahrenslehre, S. 49f., 54ff.

[233] Zur Kommunikationsdimension vgl. dabei u. a. *Hagen*, Prozeßlehre, S. 137; zum „sozialen" Charakter des Verfahrens siehe schon oben bei C.I.2.b).

rensaktivitäten, die ihre Aufgliederung bzw. Stufung i.S. einer Unterteilung in einzelne sich überschneidende Verfahrenskreise erlaubt.[234] Vorbereitenden Verfahrensakten kann dabei eine Hilfsfunktion gegenüber solchen im „Hauptverfahren" zukommen.

Die Wirksamkeit von Fristen und Terminen setzt voraus, daß sie auch eingehalten werden. Die zeitliche Determination von Verfahrenshandlungen bedarf deshalb eines prozeduralen Sanktionsmechanismus, wie er im Instrument der *Präklusion* zur Verfügung steht.[235] Der Grundsatz der zeitlichen Bindung muß allerdings flexibel gestaltet werden. Die Steuerung des Verfahrensablaufs durch eine bedingungslose Zeitbindung darf nicht die Erfüllung der Verfahrenszwecke gefährden. So müssen z.B. Sachverhalte zureichend ermittelbar bleiben. Auch dürfen weder die Ausgleichsfunktion des Verfahrens hinsichtlich der konfligierenden Interessen noch seine Kompensations- und Integrationsfunktion beeinträchtigt werden. Ebenso müssen die Ausschlußfolgen überschaubar und begrenzt sein. Zutreffend bringt *N. Luhmann* diese Anforderungen unter die Formel der Programmierung des Zeitfaktors auf „Zeitknappheiten und Zielelastizitäten im System."[236]

c) Handlungs- und Entscheidungsaktivitäten

In der Zeitdimension betrachtet, erweisen sich Verfahren als ein Ablaufprozeß, dessen Gegenstand die konkrete zeitlich-räumliche Aufgabenerfüllung durch menschliche und/oder maschinelle Tätigkeit ist.[237] Im einzelnen kommt es dabei zu Überschneidungen von „materiellen", „informationellen" und „personenbezogenen" Arbeitsabläufen.[238]

Wechselt man die Perspektive, so zeigt sich allerdings, daß diese Abläufe nicht aus einer festen linearen Abfolge typischer Verfahrensabschnitte bestehen, sondern einen sich teilweise wiederholenden und phasenweise überlagernden (iterativen) Vorgang darstellen. Es wäre deshalb verfehlt, der rechtlichen Verfahrensordnung ein lineares Phasen-Schema zugrundezulegen. Aus verhaltenstheoretischer Sicht bildet das Verfahrenshandeln vielmehr ein in sich differenziertes Handlungs- und Entscheidungspotential.[239] Es umgreift die Strukturierung des jeweiligen Problems, also

---

[234] Allgemein hierzu siehe *Hagen*, Prozeßlehre, S. 136; am Beispiel des parlamentarischen Verfahrens vgl. etwa *Achterberg*, Parlamentsrecht, S. 612.

[235] Hierzu siehe grundsätzlich in bezug auf verwaltungsförmige Rechtsanwendung und verwaltungsgerichtliche Kontrolle aus der Sicht des Art. 19 Abs. 4 GG *Schmidt-Aßmann*, in: Maunz/Dürig, GG, Art. 19 Abs. 4 Rdnrn. 258ff. m.w.Nachw.; siehe ferner z.B. *Hj. Otto*, Die Präklusion. Ein Beitrag zum Prozeßrecht, 1970, bes. S. 51ff. zur Sanktionseignung bzw. -wirkung der Präklusion im (zivil-)gerichtlichen Verfahren.

[236] *Luhmann*, Zweckbegriff und Systemrationalität, S. 303ff., 309.

[237] So für das (Verwaltungs-)Verfahren z.B. *Sadler*, Ablauforganisation, in: Handbuch der Verwaltung, Heft 3.3., 1976, S. 2f.

[238] *Sadler*, a.a.O. (Fn. 237), S. 6ff.

[239] Vgl. auch die hiesigen Ausführungen zu diesem Punkt oben im Text um und zu Fn. 185ff., 200ff.

die Problemdefinition und -dimensionierung,[240] die Entscheidungsakte bei der Problemstrukturierung sowie zahlreiche weitere Aktivitäten im Verlauf der Verfahrensgeschichte einschließlich der Vollzugsoperationen.

Alle diese Tätigkeiten können im Unterschied zu „materiellen" Abläufen wie etwa bei der Güterproduktion nicht beliebig geteilt und zusammengestückt werden. Denn sie überlagern sich; und ihre (Teil-)Ergebnisse sind nur im Zusammenhang der aufgebauten Konstellationen von Fakten und Sinnbeziehungen verständlich zu machen.[241] Die demgegenüber in allen rechtlichen Verfahrensordnungen vorfindliche lineare Gliederung der Verfahren in eigenständige Abschnitte mutet von daher als ein problematischer Kunstgriff an, der eigentlich Zusammengehöriges zu trennen droht.[242] Eigenständige, regelungs- bzw. verständnisleitende Bedeutung darf eine solche Phasierung deshalb nur bedingt erlangen.[243]

d) Verfahrensgrundsätze

Die rechtliche Ordnung staatlicher Verfahren muß schließlich festlegen, nach welchen Grundsätzen sich die Verfahrensbeteiligten zu verhalten haben. Derartige Verfahrensmaximen umreißen ihrerseits objektive Verhaltenspflichten der Verfahrenssubjekte, durch deren Befolgung der Gang des Verfahrens gefördert werden soll.[244] Manche von ihnen sind zugleich und andererseits subjektivrechtlich überwölbt; sie werden dadurch zu Rechten der Beteiligten bzw. zu Befugnissen der staatlichen Funktionsträger.

In ihrer Gesamtheit bilden die Verfahrensgrundsätze (Prozeßmaximen) den *prozessualen status* der Verfahrensteilnehmer aus. Dabei wird für die gerichtlichen und behördlichen Verfahren der Einfluß auf die Beschaffung der Tatsachengrundlagen durch die Gegensatzpaare Verhandlungs- und Untersuchungsgrundsatz, die rechtliche Verfahrensherrschaft durch die Dispositions- und Offizialmaxime sowie die Einleitung, Durchführung und Beendigung des Verfahrens durch den Gegensatz von Partei- und Prozeßbetrieb gekennzeichnet.[245]

---

[240] *Grün/Hamel/Witte,* Struktur von Informations- und Entscheidungs-Prozessen, S. 142f.; vgl. ferner *Thieme,* Entscheidungen, S. 36ff., mit Blick auf das Verwaltungshandeln.

[241] *Luhmann,* Lob der Routine, in: ders., Politische Planung, 3. Aufl., 1983, S. 113ff., 116.

[242] So erscheint z.B. aus dieser Perspektive die weithin angestrebte bzw. diskutierte Zweiteilung der Hauptverhandlung im Strafprozeß – dazu vgl. u.a. *Roxin,* Die Reform der Hauptverhandlung im deutschen Strafprozeß, in: H. Lüttger (Hrsg.), Probleme der Strafprozeßreform, 1975, S. 52ff., bes. S. 59ff.; *Schild,* Der Strafrichter in der Hauptverhandlung, 1983, S. 96ff. – doch als merkwürdig ambivalent; zu anderen Problemen des Interlokutmodells vgl. Alternativ-Entwurf: Novelle zur Strafprozeßordnung – Reform der Hauptverhandlung, 1985.

[243] Vgl. auch die entsprechenden Überlegungen von *J. Schneider/U. Schroth,* Sichtweisen juristischer Normanwendung, S. 447, 450ff., 452f.

[244] Siehe dazu näher *Hagen,* Prozeßlehre, S. 84ff.

[245] Vgl. allgemein *Hagen,* Prozeßlehre, S. 87f., 127; in bezug auf die einzelnen Verfahrenszweige siehe z.B. *Rosenberg/Schwab,* Zivilprozeßrecht, S. 450ff.; *Damrau,* Die Entwicklung einzelner Prozeßmaximen seit der Reichszivilprozeßordnung von 1877, 1975; *Lüke,* Grundsätze des Verwaltungsprozesses, JuS 1961, 41ff.; *Roxin,* Strafverfahrensrecht, S. 58ff.; für das

In vergleichbarer Weise wird auch das Verfahren der parlamentarischen Verhandlung durch Verfahrensmaximen beherrscht. Zu ihnen gehört in erster Linie das *Öffentlichkeitsprinzip.* Jeder Staatsbürger hat ein Recht darauf, über das Handeln seiner Repräsentanten unterrichtet zu werden; nur dadurch ist er imstande, Positionen und Gegenpositionen zu erkennen und zwischen ihnen abzuwägen.[246] Weitere Maximen der parlamentarischen Verhandlung sind die *Unmittelbarkeit* der Beratungen, ihre *Mündlichkeit,* das *Mehrheitsprinzip* für die Entscheidungen sowie der diesbezüglich gegebene *Minderheitenschutz.*[247] Das herrschende Verständnis dieser Grundsätze läßt in mehrfacher Hinsicht ihre Nähe zu den Prinzipien der behördlichen und gerichtlichen Verfahren offenbar werden.[248]

Die Funktion aller Verfahrensgrundsätze ist größtenteils lediglich beschreibender Natur. Ihnen wohnt eine typische Unschärfe inne. Für die rechtliche Verfahrensordnung können sie deshalb nicht viel mehr als eine bloße Orientierung bieten bzw. nur Akzente setzen.[249] Verfahrensmaximen bedürfen daher stets einer Präzisierung im Sinne der von ihnen verkörperten Grundaussagen zur Verfahrensgestaltung und zum Verfahrensmanagement. Denn darin gerade besteht ihre wesentliche Wirkkraft, daß sie auf die Grundvoraussetzungen staatlicher Verfahrensorganisation rekurrieren: Sie stellen einerseits *Transformatoren* dar, mit deren Hilfe prozedurale Rationalitätserfordernisse und Legitimationsbedingungen – ausgeformt als rechtspolitische und verfassungsrechtliche Grundsatzentscheidungen – in Verfahrensgestaltung bzw. -führung übersetzt werden.[250] So bezieht z. B. der Grundsatz der Prozeßökonomie, der Verfahrenskonzentration und Verfahrensbeschleunigung als unselbständige Prinzipien mitumfaßt, seinen Gehalt aus dem allgemeinen Rationalitäts-(Wirtschaftlichkeits-)postulat des modernen Staates.[251] In gleicher Weise lassen sich die anderen Verfahrensmaximen auf außerprozessuale Maßgaben zurückführen; sie umschreiben in *verfahrenstechnischer* Ausprägung die der staatlichen Verfahrensverantwortung ersprießenden Regelungsnotwendigkeiten.

Verfahrensgrundsätze bilden darüber hinausgehend und andererseits *Maßstäbe* aus, an denen sich die Funktions- und Reaktionsgerechtigkeit der auf Verfassung,

---

Verwaltungsverfahren vgl. z. B. *Ule/Laubinger,* Verwaltungsverfahrensrecht, S. 164 ff., 167 ff., 169 ff., 173 ff., 184 ff.

[246] *Achterberg,* Parlamentsrecht, S. 560 ff.

[247] Vgl. *Achterberg,* a. a. O. (Fn. 246), S. 574 ff., 576 ff., 583 ff., 591 ff.

[248] Das nimmt nicht wunder, liegt doch die gemeinsame Wurzel aller staatlichen Verfahren in ihrer Emanation aus der „rule of law"; vgl. dazu bes. *Kriele,* Staatslehre, S. 109 ff., 123 ff., 232 f.

[249] So mit Recht schon *Hagen,* Prozeßlehre, S. 87.

[250] Vgl. *Grunsky,* Grundlagen, S. 12 f.

[251] Das meint freilich nicht den „kurzen Prozeß"; es muß davor gewarnt werden, die Prozeßbeschleunigung als einen absoluten Wert zu verstehen, vgl. auch *P. Arens,* Zivilprozeßrecht, 2. Aufl., 1982, Rdnr. 189 (S. 126); zu der dadurch involvierten Problematik der Verfahrensbeschleunigung unter dem Grundgesetz vgl. statt aller *Kloepfer,* JZ 1979, 209 ff.; *Schumann,* Bundesverfassungsgericht, S. 25 ff., 27 f. Die *ökonomischen* Grundlagen des Rechts behandelt ziemlich umfassend die gleichnamige Schrift von *P. Behrens,* 1968, der allerdings konkrete Verfahrensmaximen nicht untersucht.

Gesetz oder Geschäftsordnung beruhenden Verfahrensregelungen messen läßt. Auch insoweit gilt freilich, daß diese Maßstäbe noch viel zu grob sind, um die Verfahrensordnung anleiten zu können. Sie müssen entweder zum Zwecke der Präzisierung detailliert oder selbst in umfassendere Ordnungsmaßgaben eingebettet werden.[252]

2. *Verfahrensgliederung und Verfahrensaktivitäten als Instrumentalvariablen*

Von den angegebenen Verfahrenszielen und -zwecken sind die *Mittel* bzw. *Instrumente* zu unterscheiden, die zur Zielerreichung und Zweckerfüllung eingesetzt werden können. Sie müssen einerseits geeignet sein, den Wirkauftrag des Verfahrens in Teilschritte zu zerlegen und diese den verschiedenen Verfahrensteilnehmern zuzuordnen (= Verfahrensdifferenzierung). Andererseits müssen die Teilschritte aufeinander abgestimmt und zur Gesamtleistung des Verfahrens zusammengefaßt werden (= Verfahrenskoordination). In diesem Rahmen müssen die Verfahrensinstrumente möglichst autonom verändert werden können, um bestimmte Verfahrensziele und -zwecke zu erreichen. Sie sollen darüber hinaus prognostizierbare Wirkungen haben, d.h. die Auswirkungen der unter Verwendung des eingesetzten Mittels eingeleiteten Veränderungen auf die Ziele des Verfahrens sollten zumindest meßbar sein.[253]

Unter Berücksichtigung dieser Kriterien gehört herkömmlicherweise die Gliederung von Verfahren in Phasen zu den instrumentellen Möglichkeiten der Verfahrensgestaltung.[254] Doch ist bereits oben hervorgehoben worden, daß die *Phasengliederung* keine eigenständige Bedeutung erlangen darf. Sie ist für sich als Instrument nicht geeignet, die Erreichung der Verfahrensziele und die Verwirklichung der Verfahrenszwecke zu gewährleisten.[255] Zwar hat die Organisations- und Entscheidungstheorie zur Strukturierung von Entscheidungsprozessen eine Vielfalt anspruchsvoller Phasenmodelle mit zahlreichen Gliederungsvorschlägen entwickelt.[256] Doch interessiert sich das Verfahrensrecht für solche Modellvorstellungen nur insoweit, als die ihnen zugrundeliegenden tatsächlichen Prozeßkonfigurationen je für sich auch (unterschiedlicher) rechtlicher Sicherung bedürfen.

---

[252] Siehe auch *Hagen*, Prozeßlehre, S. 87.

[253] Vgl. *W. Hill/R. Fehlbaum/P. Ulrich*, Organisationslehre 1, S. 172.

[254] *W. Hill* et al., a.a.O. (Fn. 253), S. 183; vgl. aus juristischer Perspektive auch *Ossenbühl*, Verhdlg. des 50. DJT, Bd. I (Gutachten), Teil B, München 1974, S. B 35f. m.w.Nachw.; siehe ferner oben im Text um und zu Fn. 239ff.

[255] Vgl. dazu schon oben im Text um und zu Fn. 239ff., 243.

[256] Siehe aus der ökonomischen Entscheidungstheorie z.B. *Gäfgen*, Entscheidung, S. 100f.; *Kirsch*, Entscheidungsprozesse, Bd. I, S. 72ff.; aus der politikwissenschaftlichen Entscheidungstheorie vgl. *H. Behrens*, Entscheidungsprozesse, S. 46f. m.w.Nachw.; für die Verwaltungswissenschaft siehe *Thieme*, Entscheidungen, S. 12f., 36ff.; für die Rechtswissenschaft vgl. nochmals *Ossenbühl*, a.a.O. (Fn. 254), S. B. 36 m.w.Nachw.

Bei näherer Betrachtung dessen zeigt sich aber, daß tatsächlich und rechtlich vor allem die Gliederung nach einzelnen *Verfahrensaktivitäten* als Mittel der Verfahrensordnung einzusetzen ist. Diese Tätigkeiten sind es, die als Instrumente der Verfahrensorganisation durch prozedurale Normierung im Rechtssinne handhabbar gemacht, also nach Rechten und Pflichten, Verantwortung, Zurechnung und Legitimation verortet werden müssen: Kommt es zu Beginn eines Verfahrens primär darauf an, daß sich der jeweilige staatliche Funktionsträger umfassend *informiert,* ohne sich sogleich auf eine bestimmte *Problemlösung* festzulegen, so wird es in späteren Zeitpunkten der Konkretisierung wichtig, daß die *unverzerrte Kommunikation/Interaktion* unter den Verfahrensbeteiligten sichergestellt ist, der Verfahrensablauf demgemäß einverständlich *gesteuert* und auch den jeweiligen Entscheidungen unter Einbeziehung ihrer Vollzugswirkungen ein präziser Ausdruck verliehen wird. Das erfordert rechtliche Sicherungen. Für deren spezifizierte Ausformung kann die bloße Bildung von Verfahrensabschnitten als solche nur eine Hilfsfunktion darstellen.

3. Bedingungsrahmen der Verfahrensorganisation

a) Die Problematik situativer Zielwirkungen

Die rechtliche Verfahrensordnung unterliegt drittens und schließlich schrankensetzenden Einflußfaktoren. Diese engen die Möglichkeiten (eigen-)verantwortlicher Verfahrensgestaltung und -handhabung ein, indem sie die Wirkungszusammenhänge zwischen den Verfahrenszielen bzw. -zwecken und den Verfahrensinstrumenten beeinflussen. Sie legen dadurch (mit) fest, welche Mittel in welchem Ausmaß zur rechtlichen Verfahrensregelung eingesetzt werden können oder müssen.

Aussagen zur prozeduralen Ziel-Mittel-Problematik sind daher ohne Bezug auf eine bestimmte Verfahrenssituation wertlos („situative Relativierung“). Unter „Situation“ sind dabei im Sinne eines offenen unspezifischen Begriffs alle Randbedingungen, Einflußgrößen, Determinanten usw. zu verstehen, die den Zusammenhang zwischen den Verfahrensstrukturen und der Verfahrensführung einerseits mit der von ihnen angestrebten Zielwirkung und Zweckverwirklichung andererseits beeinflussen.[257] Wann immer also eine Größe festgestellt wird, deren unterschiedliche Ausprägungen mit divergierenden Wirkungen von Verfahrensordnung verbunden sind, handelt es sich um eine relevante Dimension der Verfahrenssituation.

---

[257] Zum „situativen“ Ansatz der Organisationsanalyse, in der auch die Verfahrensgestaltung einbeschlossen ist, vgl. u.a. *Mayntz/Roghmann/Ziegler,* Organisation – Militär, 2. Aufl., 1977, S. 84ff.; *Kieser/Kubicek,* Organisation: Einführung in den situativen Ansatz, 1976; zur Rolle der „Situation“ bei der Rechts- und Zweckkonkretisierung vgl. auch *Schneider/Schroth,* Sichtweisen juristischer Normanwendung, S. 450f., 452f., 457; *Pitschas,* DVerw. 12 (1979), S. 424ff.; siehe ferner *Trappe,* Sozialstruktur und Rechtsprechung, S. 381ff., der zur Struktur von Situation(en) auf *Zitscher,* Normen und Feldtheorie, verweist (S. 387ff.).

Derartige Situationsdimensionen geben der Verfahrensorganisation feste *Daten* vor. Denn sie können im Rahmen des prozeduralen Gestaltungsprozesses weder manipuliert noch selbst angestrebt werden. Freilich schließt dies nicht eine Veränderung des Bedingungsrahmens der rechtlichen Verfahrensordnung aus. Soll dies der Fall sein, bedarf es aber ergänzender Änderungsstrategien und -aktivitäten jenseits der unmittelbaren Wahrnehmung von Verfahrensverantwortung, also z.B. solcher der materiellen Rechtsetzung oder auch der Einwirkung auf die Einstellungen der Verfahrensbeteiligten.[258]

b) Dimensionen der Verfahrenssituation

Die Summe der herrschenden Bedingungen (Dimensionen) macht die *Verfahrenssituation* aus. Die systematisierende Beschreibung dieses Bedingungsrahmens rationaler Verfahrensorganisation ist allerdings schwierig. Denn jedes staatliche Verfahren unterliegt einer Vielzahl maßgeblicher Einflußgrößen, von den Problemen ihrer Operationalisierung ganz zu schweigen. Da der moderne Staat in erster Linie rechtlich verfaßt ist, bilden vor allem die sein Wirken leitenden *verfassungsrechtlichen Direktiven* zentrale rechtsnormative Prämissen der Verfahrensordnung aus. Soweit sie durch „einfaches" Recht näher ausgestaltet bzw. konkretisiert werden, zählt auch dieses zu den Determinanten der Verfahrenssituation.[259]

aa) Aufgaben- und personenbezogene Situationsdimensionen

Die Einhaltung rechtlicher Vorschriften ist also eine wesentliche Bedingung der staatlichen Verfahrensgestaltung und -führung. Sie ist diesbezüglich sowohl *aufgaben- wie personenbezogen* angelegt. Die Situationsdimensionen des Verfahrens lassen sich nämlich und einerseits nach ihrem Bezug auf die Eigenheiten der durch die staatlichen Funktionsträger zu erfüllenden „Aufgaben" und andererseits nach den „persönlichen Eigenschaften" der an der Aufgabenerfüllung mitwirkenden Verfahrensteilnehmer gliedern. Denn auch ihr Verhalten prägt – wie bereits dargelegt – die staatlichen Verfahrensweisen.[260] Rechtliche Regeln kennzeichnen vor diesem Hin-

---

[258] Von hier aus begründet sich beispielsweise für die öffentliche Verwaltung das Bemühen, ihr Verhältnis zum Bürger als dem maßgeblichen Bezugspunkt des Verwaltens in der Demokratie durch *Fort- und Weiterbildung* auch im *Verhaltenssektor* zu entwickeln und auf diesem Wege allmählich einen Einstellungswandel auf seiten des Personals zu bewirken, vgl. hierzu m.w.Nachw. *Jaeger/Pitschas,* Fortbildungsvermittelte Organisationsentwicklung, S. 200ff., 205ff., 212ff., 218ff. m.w.Nachw.

[259] Die Einhaltung gesetzlicher Vorschriften kann sowohl als Ziel wie auch als Bedingung aufgefaßt werden, vgl. *W. Hill/R. Fehlbaum/P. Ulrich,* Organisationslehre 1, S. 141 m. Anm. 1; mit Blick hierauf erweist sich der für das Verwaltungsverfahren von *H. Hill,* Das fehlerhafte Verfahren, S. 227ff., 253ff., gewählte Ansatz, die „maßgebliche(n) Determinanten des Verwaltungsverfahrens" herauszuschälen, als problematisch: Vermengt werden nicht nur „Vorbedingungen" (S. 227) und „Ziele" (S. 253) der Verfahrensordnung; methodisch fehlt auch der vom Verfasser zuvor (S. 220ff.) zur Sprache gebrachte Einfluß des materiellen Rechts auf das Verwaltungsverfahren in der Diskussion der „Verfahrensdeterminanten".

[260] Vgl. oben im Text um und zu Fn. 119ff. (C.I.2.b).

tergrund ebenso die zu erledigenden Aufgaben wie sie das Verhalten der Verfahrensbeteiligten beeinflussen und – über den Weg der Interpretation von Rechtsbegriffen – gegenüber dem Bürger die Beziehungsebene strukturieren. Andere zugleich personen- und aufgabenbezogene Dimensionen der Verfahrenssituation sind die „institutionelle Ambiance" des Verfahrens[261] sowie die instrumentalen Verfahrensbedingungen, also die verfügbaren rechtlichen Handlungs- und Entscheidungstypen bzw. Verfahrensarten.[262]

bb) Personenbezogene Situationsdimensionen

Zu den ausschließlich *personenbezogenen* Dimensionen der Verfahrenssituation sind demgegenüber und einerseits vor allem die *Berufsdifferenzierung* und die *Professionalisierung* der amtlichen Verfahrenswalter bzw. der Verfahrensteilnehmer insgesamt zu zählen. Denn mit der beruflichen Ausbildung und der Zunahme an Expertise sind nicht nur spezialisierte Kenntnisse und Fähigkeiten, sondern auch spezifische Einstellungen und Erwartungen verbunden. So wird z.B. das gerichtliche Verfahren nicht nur von der „rechtlichen Ausstattung" der Richterrolle,[263] sondern ebenso sehr von den persönlichen und gesellschaftlichen Bestimmungsgründen ihrer Wahrnehmung beeinflußt.[264] Gleiches gilt etwa für das Verfahren der parlamentarischen Verhandlung, das vor allem in der Ausschußarbeit von personalen Beziehungsfaktoren bzw. Einstellungen geprägt wird.[265]

Verfahren sind andererseits in einen spezifischen *sozio-kulturellen Hintergrund* eingebettet.[266] Bezogen auf das Verhalten der Verfahrensteilnehmer, beeinflußt er über deren Wertprämissen die Ziel- und Zweckverwirklichung in und durch Verfahren sowie über die eingesetzte Technologie die Transformation von Verfahrensinputs zu -outputs. Das „social setting" der Verfahren begrenzt den Spielraum, innerhalb dessen durch prozedurale Maßnahmen Verhaltenserwartungen formalisiert werden können.[267] Sind auf diese Weise die Dispositionseigenschaften von Handlungsträgern für die rechtliche Verfahrensordnung ein *Datum*, so prägt bereits

---

261 Dazu u.a. *Hagen*, Prozeßlehre, S. 89f., 139ff.; speziell mit Blick auf das Verwaltungsverfahren siehe auch *Th. Simons*, Verfahren und verfahrensäquivalente Rechtsformen, S. 130ff., 202ff., 249ff., 300ff., 529ff., 599ff. m.w.Nachw.; *Steinberg*, Verwaltungsorganisation, S. 197ff.

262 Vgl. *Hagen*, a.a.O. (Fn. 261), S. 89f., 139f.; für das Verwaltungsverfahren siehe ferner *Hill*, Das fehlerhafte Verfahren, S. 244ff., 247ff., 292ff.

263 Zu dieser vgl. bes. *Wassermann*, Richterliche Gewalt, S. 59ff.

264 *Wassermann*, a.a.O. (Fn. 263), S. 127ff.

265 Vgl. *Jekewitz*, Der Staat 25 (1986), S. 399ff., 419, 422f.; für die Tätigkeit des Vermittlungsausschusses gem. Art. 77 Abs. 2 GG siehe *Dietlein*, Der Vermittlungsausschuß des Deutschen Bundestages und des Bundesrates, 1983, S. 7f., 9; am Beispiel der Untersuchungsausschüsse gem. Art. 44 GG vgl. ferner *Kipke*, Die Untersuchungsausschüsse des Deutschen Bundestages, 1985, S. 53f., 97ff., 183f.

266 Vgl. oben, 3. Kap., A.III.3.; siehe auch *Schmitt Glaeser*, Position der Bürger, S. 95f.; *Zippelius*, Die Bedeutung kulturspezifischer Leitideen, S. 12ff.

267 Ähnlich mit Bezug auf den Wandel von Recht auch *R. Voigt*, Grenzen rechtlicher Steuerung, S. 28ff.

die formalisierte Auswahl der Verfahrensteilnehmer den Stil der interpersonellen Verfahrensbeziehungen und die Art und Weise der Konfliktbewältigung. Selbstdifferenzierungen und mangelnde Kooperationsbereitschaft können beispielsweise die Folge sein, wenn man diese Erkenntnis außer acht läßt. So ist nicht von ungefähr mit dem Einzug der Partei der GRÜNEN in den Bundestag der Minderheitenschutz in parlamentarischen Verfahren prekär geworden.[268] Die Bereitschaft der Mehrheit zur Selbstbeschränkung ist im Licht nunmehr stärker konfligierender Verhaltenscodizes auffallend zurückgegangen.

Ebenso bedeutsam für adäquate Verfahrensregelungen ist die in der Professionalisierung von Experten anzutreffende „kosmopolitische" Tendenz ihrer Orientierungen. Sie gehört zu dem mit der Expertise von Verfahrensteilnehmern verbundenen Bestand von Einstellungen und Erwartungen.[269] Diese werfen zum einen zahlreiche Legitimations- und Steuerungsprobleme auf, wie sie u. a. im Hinblick auf die Stellung des Sachverständigen im gerichtlichen Verfahren diskutiert werden.[270] Sie fördern aber auch und andererseits die Bereitschaft zur selbstkritischen Verfahrenskommunikation, zur „Selbstregulierung". Zutreffend merken hierzu *M. Gerhardt* und *P. Jacob* am Beispiel des administrativen atomrechtlichen Genehmigungsverfahrens an, daß erst die verfahrensbezogene Mobilisierung von Sachverstand auf seiten *aller* Verfahrensbeteiligten und -interessierten die Öffentlichkeitsbeteiligung an Einzelverfahren sinnvoll werden läßt.[271]

Für das Verwaltungsverfahren als solches schließt die Überlegung an, ob nicht von dieser Erkenntnis her der Sammelverweis des Sachverstandes unter die Beweismittel in §§ 26 VwVfG, 21 SGB X aufzuheben und durch Ausformung eines eigenständigen Regelungsbereichs der „Problemorientierung" zu ersetzen wäre.[272] Schon vorab sollte es jedenfalls möglich sein, auch sog. Privatgutachten als einen Sachverständigenbeweis i. S. des Verwaltungsverfahrensrechts anzuerkennen.[273] Der moderne Staat muß als ein „Rechtsstaat" den Verfahrensbeteiligten die Möglichkeit einräumen, sich im Verfahren mit eigenen und selbstverantworteten tatsächlichen und rechtlichen Argumenten zu behaupten.[274]

---

[268] Vgl. dazu die richterlichen Bemerkungen in dem Urteil des Zweiten Senats des BVerfG vom 14. 1. 1986 in den Verfahren über die Anträge des Mitglieds des Dt. Bundestages *H. Kleinert* und der Fraktion DIE GRÜNEN auf Feststellung der Verletzung von Rechten der Ast. aus dem Grundgesetz, BVerfGE 70, 324 (346, 363, 365), sowie den (kritischen) Rechtsprechungsbericht von *M. Schröder*, ZParl 1986, 367ff.

[269] *W. Hill/R. Fehlbaum/P. Ulrich*, Organisationslehre 1, S. 358f. m. w. Nachw.

[270] Siehe hierzu einstweilen und m. zahlr. Nachw. *A. Kaufmann*, JZ 1985, 1065ff.; jüngst auch *Sendler*, NJW 1986, 2907ff., 2908ff.

[271] DÖV 1986, 258ff., 271 m. Anm. 122.

[272] Anlaß hierzu sollte auch die aus berufenem Mund getroffene Feststellung geben, derzufolge sich beispielsweise das VwVfG mit „knappen und unverbindlichen Aussagen zum Sachverständigenproblem begnügt", vgl. *Skouris*, AöR 107 (1982), S. 215ff., 218; näher hierzu und zu den Thesen im obigen Text vgl. die Ausführungen unten im 4. Teil der Untersuchung, 15. Kap., A.II.2., B.II.

[273] Zu der damit angesprochenen Problematik vgl. auch *Kopp*, VwVfG, § 26 Rdnr. 24.

[274] Vgl. BVerfGE 60, 305 (310).

cc) Aufgabenbezogene Situationsdimensionen

Staatliche Verfahren sind bei alledem als Teilsysteme in einen größeren strukturellen Rahmen eingebettet, nämlich in die staatliche Funktionenordnung. Mit dieser „inneren" Umwelt der Verfahren bestehen zahlreiche Austauschbeziehungen. Für die Verfahrenssituation erweisen sich dementsprechend die Entwicklung und der Wandel in den Gesetzgebungs-, Verwaltungs- und Rechtsprechungs*aufgaben* als maßgeblich.[275] Es kommt zu aufgabenbezogenen Dimensionen der Verfahrenssituation.

Betrachtet man diese näher, so zeigt sich, daß mit der zunehmenden Heterogenität und Dynamik gesellschaftlicher Lebenswelten vor allem die Ungewißheiten in der Art und Weise der staatlichen Aufgabenerfüllung notwendig ansteigen. Das Bedürfnis nach Verfahrensflexibilität wächst hierdurch, weil das Routinisierungspotential des Aufgabenvollzugs tendenziell abnimmt: So ist nicht nur der Gesetzgeber immer häufiger zur Ausblendung bestimmter Regelungskonflikte durch Verabschiedung „offener" Rechtsnormen genötigt; der Zwang zur richterlichen Rechtsfortbildung nimmt ebenso zu wie die öffentliche Verwaltung ihre Handlungs- und Entscheidungsprämissen immer stärker selbst bestimmen muß. Die Folge ist ein Wandel der vertrauten Ablaufstrukturen staatlicher Funktionenwahrnehmung. Denn da die Möglichkeiten nunmehr beschränkt sind, Reaktionen auf staatliches Handeln vorauszusagen, werden mit den einzelnen gesellschaftlichen Lebenswelten kooperative bzw. symbiotische Beziehungen erforderlich. Es verwundert daher nicht, daß Hearings durch die Legislative,[276] vertragliche Abmachungen zwischen Verwaltung und Bürgern[277] sowie richterliche Implementationsstrategien[278] das Bild der Begegnung von Staat und Bürger bestimmen. Verlangt sind nämlich situationsspezifische Handlungs- und Entscheidungsformen, interdisziplinäre Sachverstandsumsetzung und angemessene Verfahrensordnung.[279] Vor allem diese erfüllt durch die von ihr vermittelte funktionale Koppelung des Rechts mit den jeweiligen gesellschaftlichen Bereichen das Gebot situativen Entscheidungsbezugs und kooperativer Sozialverantwortung.[280]

Besonderen Anforderungen sind im Zuge dieser Entwicklung die *Informations- und Kommunikationsaktivitäten* im Verfahren ausgesetzt. Vor allem im Bereich der Dienstleistungen und damit auch in den Tätigkeitsfeldern von Gesetzgebung, Verwaltung und Justiz wächst unabsehbar die Notwendigkeit, in der einen oder anderen Weise externe Informationen zu verarbeiten. Der hierzu erforderliche Kommu-

---

[275] Hierzu und zum folgenden siehe auch die Nachw. oben, 4. Kap., C.I.–III.

[276] Dazu grdl. *Appoldt,* Die öffentlichen Anhörungen („Hearings") des Deutschen Bundestages, 1971, bes. S. 43ff., 87ff.; vgl. ferner *Mengel,* DÖV 1983, 226ff. m.w.Nachw.

[277] Zu den Erscheinungsformen solcher „Arrangements" siehe m.w.Nachw. *Bulling,* DÖV 1989, 277ff.; *Eberle,* DVerw. 17 (1984), S. 439ff.

[278] Dazu vgl. die Beiträge in dem von *E. Blankenburg/R. Voigt* hrsg. Sammelband: „Implementation von Gerichtsentscheidungen", 1987.

[279] Siehe dazu auch oben, 4. Kap., C. und D.

[280] Zu dessen Grundlegung vgl. die Ausführungen oben, 6. Kap., C.III.2. und 3.

nikationsaufwand, aber auch die mit dem Wandel der staatlichen Entscheidungsfunktion verbundenen speziellen Anforderungen an eine formalisierte Kommunikation erzwingen zahlreiche Prozesse des Austausches von Leistungen der einzelnen Aufgabenträger mit anderen Verfahrensbeteiligten (Transaktionen), die als Folge von Kommunikationen zudem einer eigenständigen „Interpunktion" unterliegen.[281] Die hierbei entstehenden Transaktionskosten und Verhaltenszwänge werden noch verstärkt (oder aber gemindert) durch die aufbauorganisatorischen und technologischen Rahmenbedingungen der Verfahrensgestaltung.[282]

c) *„Institutionelle Ambiance" von Verfahren*

Die gegebene *Aufbauorganisation* der staatlichen Funktionsträger determiniert als aufgaben- und zugleich personenbezogene Verfahrensbedingung ebenso das Verhalten der in ihrem Rahmen tätig werdenden Verfahrensbeteiligten wie sie die Aufgabenerfüllung prägt. Organisatorische Bedingungen in diesem Sinne sind etwa die prozeßtypischen Verfahrensvoraussetzungen wie z.B. die Zuständigkeit der inländischen Gerichtsbarkeit oder die Rechtswegzulässigkeit und innerhalb des gerichtlichen Verfahrens die funktionelle Kompetenz, also u.a. die Instanzenzuständigkeit.[283] Staatliche Verfahren werden auf diese Weise als je integrierender Bestandteil der zugehörigen Gesamtsituation bzw. -funktion von Gesetzgebung, Verwaltung oder Gerichtsbarkeit erfaßt. Sie bilden mit den ihnen zugeordneten staatlichen Institutionen eine *Funktionseinheit.*[284]

Der institutionell-organisatorische Rahmen stellt somit für die Praxis der darin ablaufenden Konkretisierung und Leistungsbewirkung keine neutrale Größe dar. Er strahlt im Gegenteil erheblich auf diese Vorgänge aus. So bestimmt beispielsweise in der öffentlichen Sozialhilfeverwaltung die „institutionelle Ambiance" in ihren Auswirkungen auf den Verfahrensablauf die Anspruchsrealisierung durch den Klienten und die klientenbezogene Hilfe in beträchtlichem Ausmaß.[285] In ihrem Kern beruhen diese Wirkungen auf dem *bürokratischen Formelement* jeder Organisation, das auch im Gesetzgebungsvorgang[286] und im justiziellen Prozeß[287] eine bedeutsame

---

[281] Vgl. dazu *Otto/Sonntag*, Informationsgesellschaft, S. 198; *Watzlawick/Beavin/Jackson*, Menschliche Kommunikation, S. 57ff.

[282] *Otto/Sonntag*, a.a.O. (Fn. 281), S. 199; *Watzlawick* et al., a.a.O. (Fn. 281), S. 58f.

[283] Zu dem Problem, ob es sich hierbei um Fragen des Organisations- oder des Verfahrensrechts handelt, vgl. mit Blick auf das Verwaltungsverfahren und den gerichtlichen Prozeß bereits *Bettermann*, VVDStRL 17 (1959), S. 130ff. – Ich halte diese Differenzierung für überholt: „Wie" entschieden wird, ist auch eine Frage dessen, „wer" auf welchem „Weg" entscheidet! Deshalb möchte ich die Zuständigkeitsnormen zum Verwaltungsverfahrensrecht rechnen, vgl. auch *Hufen*, Verwaltungsverfahren, S. 60ff.

[284] Ebenso *Hagen*, Prozeßlehre, S. 139; zu dem darin angelegten Bezug zur „Gewaltenteilung" vgl. näher noch unten im 3. Teil der Untersuchung, 11. Kap., A.IV.

[285] *Schulte/Trenk-Hinterberger*, Sozialhilferecht, 2. Aufl., 1986, S. 359ff.; *Wenzel/Leibfried*, Armut und Sozialhilferecht, 1986, S. 57ff., 60ff., 330ff.

[286] Vgl. *Achterberg*, Parlamentsrecht, S. 119ff.; *Kretschmer*, Gesetzesberatung, in: W. Schreckenberger (Hrsg.), Gesetzgebungslehre, S. 169.

[287] *Krawietz*, Korrelation, S. 517ff., 519, 537ff., 546, 548.

Rolle spielt. Es hat eine spezifische Strukturgebung der Verfahren in Gestalt ihrer funktionellen Bürokratisierung zur Folge.[288]

Die institutionell-organisatorischen Bedingungen der Verfahrenssitutation determinieren darüber hinaus die *Wahrnehmung der Verfahrensrollen.* Betroffen sind hierbei insbesondere die Chancen der Verfahrensteilnehmer, sich auf Informationen einzulassen, welche die Verfahrenskomplexität steigern, und hierauf mit adäquaten problemlösenden Verhaltensweisen zu reagieren. Funktionelle Bürokratisierung durch Formalisierung der Informationsbahnen und Festlegung einseitiger Interpunktionsweisen bei der Kommunikation drohen diese Offenheit der Reaktion zu verschütten.

Der Weg in die *Informationsgesellschaft* erfordert indessen gegenteilige Verfahrensweisen. Auf der Ebene der Organisation staatlicher Funktionen nimmt die Menge der zu verarbeitenden Informationen zu und es drängt sich eine eher rollenstatt -aufgabenbezogenen Tätigkeitsbeschreibung staatlicher Organe auf.[289] Dem entspricht die zunehmende Bedeutung motivierender und orientierender anstelle kontrollierender Informationen.[290] Folgerichtig verlangt das Informationsgeschehen nach einer *Entgrenzung* der Informationswege und Reaktionsmöglichkeiten.

Der moderne Staat kann diesen Bedeutungszuwachs und -wandel von Information und Kommunikation nur unter Zuhilfenahme entsprechender Techniken verkraften. Gerade im Verbund mit der Organisationsfrage erweist sich damit auch die *Technologie* als eine einflußreiche Dimension der Verfahrenssituation.

d) Technologie als Verfahrensbedingung

Die *Technologie* und in ihrem Zusammenhang vor allem die neuen Informations- und Kommunikationstechnologien[291] weisen zugleich mehrfach das Verfahren determinierende Charakteristika auf. Diese offenbaren sich einerseits in den Substitutionsleistungen der technischen Entwicklung gegenüber hermeneutisch Konkretisierungs- und Konsensprozessen, aber auch und andererseits in der Einflußnahme auf die Verfahrenssteuerung sowie in der Ausprägung je spezifischer Deutungsmuster und Orientierungen, die dem Handeln verschiedener Akteure zugrundeliegen (Rationalitätsmuster).[292]

---

[288] Gleichwohl vermag das Verfahrensrecht einen Beitrag zur teilweisen Bewältigung des Bürokratieproblems zu leisten, wie *J. Martens,* Praxis, S. 34f. (Rdnr. 46) am Beispiel des Verwaltungsverfahrens zu recht hervorhebt; vgl. auch *R. Scholz/Pitschas,* AöR 110 (1985), S. 496, 500ff., 515ff.

[289] Für die Rechtsprechung siehe z.B. *H. Fiedler,* Informationstechnische Unterstüzung, S. 316f.

[290] *Otto/Sonntag,* Informationsgesellschaft, S. 195f.

[291] Zu ihrer begrifflichen Abgrenzung und Systematisierung vgl. *A. Hermanns,* Neue Kommunikationstechniken und ihre betriebswirtschaftliche Bedeutung, in: ders. (Hrsg.), Neue Kommunikationstechniken, 1986, S. 1ff.; *J. Scherer,* Telekommunikationsrecht, S. 31ff.

[292] Siehe allgemein auch *Großfeld,* JZ 1984, 696ff. – Unter „Rationalitätsmustern“ werden hier die verschiedenen Deutungsmöglichkeiten und Orientierungen verstanden, die dem Han-

Diese unterschiedlichen Auswirkungen auf das Verfahren sind ein Resultat der eingesetzten technischen Apparaturen, also insbesondere der modernen Informations- und Kommunikationstechniken. Ihnen kommt eine Schlüsselrolle für die Rationalisierung der staatlichen Entscheidungsfuntkion zu: Für eine Vielzahl von Einsatzbereichen in Gesetzgebung, Verwaltung und Justiz steht eine zunehmende Vielfalt elektronischer Geräte zur Verfügung, die allesamt dazu beitragen können, die in den einzelnen Handlungsfeldern ablaufenden *Kommunikationsprozesse* effektiver zu gestalten.[293]

Mit dem Einsatz der neuen Informations- und Kommunikationstechnologien verändern sich aber auch und entsprechend ihren spezifischen Charakteristika die *Verfahrensstrukturen* in den staatlichen Institutionen einschließlich der durch Verfahren geknüpften Beziehungsgefüge unter den Verfahrensteilnehmern. Bei allen staatlichen Funktionsträgern werden wissenschaftliche Dienste informatisiert, Funktionsabläufe zwischen Arbeitsplätzen vernetzt, elektronische Archive eingerichtet, Entscheidungsfunktionen automatisiert, Personalinformationssysteme aufgebaut.[294] In derart geballtem Einsatz kanalisiert und strukturiert die integrierte Technik den Ablauf der Kommunikations- und Verarbeitungsprozesse ähnlich stark wie dies schon bisher durch die Organisation der automatisierten Datenverarbeitung der Fall war.[295]

Für die rechtliche Verfahrensordnung ergibt sich daraus auf der einen Seite das Problem, wie im Gefolge der Technikanwendung staatliche Verfahren zu gleicher Zeit instrumental-rational gestaltet und auf die sozio-emotionalen Bedürfnisse der Verfahrensteilnehmer ausgerichtet werden können. Denn die Informationsbahnen staatlichen Handelns und Entscheidens verlangen danach, die erhobenen Daten zu vernetzen, in vorhandene Datenbestände zu integrieren und diese Prozeßschritte verstärkt zu formalisieren. Sie verweisen damit eher auf den zweckrationalen Charakter der Informations- und Kommunikationsaktivitäten.[296] Für den Aufbau unge-

---

deln verschiedener Akteure zugrunde liegen; dabei sind – vgl. die Ausführungen im 4. Kapitel – mit *Habermas* und anderen zweckrationale Handlungsmuster oder eine „instrumentelle Rationalität" von einem verständigungsorientierten Handeln und einer „kommunikativen" sowie „sozio-emotionalen" Rationalität zu unterscheiden; bezogen auf die Technologie als Verfahrensbedingung vgl. i.d.Sinne auch *R. Mahr/H. Friedel-Howe,* Kommunikationstechnik, S. 95ff.

[293] *Otto/Sonntag,* Informationsgesellschaft, S. 181ff., 192ff.; *Reinermann,* Informationsmanagement, S. 10ff., 35ff.

[294] Vgl. mit je w.Nachw. z.B. *Eberle,* Gesetzgebung und ADV, S. 123ff., 126ff.; *H. Fiedler,* Datenverarbeitung in der Justiz – Ansätze zu einer systematischen Behandlung, in: H. Seegers/F. Haft (Hrsg.), Rechtsinformatik in den achtziger Jahren, München 1984, S. 141ff.; *Muser,* Richter und EDV: Hilfe oder Belastung?, BayVBl. 1988, 326ff.; *Seibel,* VerwArch. 74 (1983), S. 325ff.

[295] Vgl. den Forschungsbericht von *Reese/Seibel,* VerwArch. 78 (1987), S. 381ff., 394ff., 400ff.; früher schon *Ostermann,* DVerw. 13 (1980), S. 297ff., 306ff.; nunmehr auch *ders.,* DVerw. 21 (1988), S. 291ff.

[296] Die „neue" Informationstechnik stellt allerdings auch insoweit einen „qualitative(n) Sprung" der Rationalisierung dar, vgl. *Seibel,* a.a.O. (Fn. 294), S. 339f.

störter Interaktionsbeziehungen innerhalb der staatlichen Institutionen sowie zwischen diesen und dem Bürger läßt dagegen die Technologie wenig Raum. So schafft bereits das Tonbandprotokoll des Richters, das im Verlauf der mündlichen Verhandlung erstellt wird, eine neue Distanz zum rechtsschutzsuchenden Bürger. Staatliche Verfahrensordnung steht m.a.W. vor der Frage der *sozialen* Beherrschbarkeit einer informations-technologisch gestützten Kommunikation.[297]

Auf der anderen Seite beeinflußt der Einsatz moderner Informations- und Kommunikationstechnik die *problemorientierenden* Aktivitäten staatlicher Verfahren, indem er eine zweite, beherrschbare („künstliche") Realität schafft. Dies geschieht, indem Wirklichkeit unter formal festgelegten Gesichtspunkten in kleinste Einheiten, eben in Daten, gerastert und informationell abgebildet wird. Führt man die dadurch ihren ganzheitlichen Zusammenhängen entrissenen Daten wieder zusammen, so ergeben sich neue Informationen, die in der ursprünglichen Dateneingabe nicht vorhanden waren. Die insofern instrumentell gewonnenen Einsichten besitzen freilich eine andere Qualität als die aus direkter Problemorientierung und intuitivem Einfühlen in eine Sachlage hervorgegangenen Erkenntnisse.[298]

Die problematisierten Folgewirkungen des Einsatzes neuzeitlicher Informations- und Kommunikationstechniken erfordern vor allem die Entwicklung kontraproduktiver Steuerungsaktivitäten in staatlichen Verfahren. Die rechtliche Verfahrensordnung muß insoweit – beispielsweise durch sog. Verwertungsverbote – dafür Sorge tragen, daß die Art und Weise der Technikanwendung und der Informationskonzentration den skizzierten Technikfolgen entgegenwirken.[299]

4. Das Organisationsproblem

Die rechtliche Ordnung staatlicher Verfahren unterliegt damit einer vielgliedrigen Gesamtheit von Einflußgrößen. Das Ausmaß ihrer Beachtung gibt darüber Auskunft, wie rational die jeweiligen Prozeßstrukturen i.S. der postulierten „Gesamtrationalittät" sind.[300] Dagegen läßt sich keine einheitliche prozedurale „Grundnorm" erkennen, die staatliche Verfahren einem übergreifenden Konstruktionsprinzip unterwerfen würde, aus dem sich sämtliche einschlägigen Verfahrensalternativen ableiten ließen.

---

[297] Vgl. statt aller *Picot/Reichwald,* Der informationstechnische Einfluß, S. 90f.; *Reese u.a.,* Die Entwicklung der Informationsgesellschaft aus der Sicht der Bundesrepublik Deutschland, in: Informationsgesellschaft oder Überwachungsstaat, Symposium der Hess. Landesregierung, 1984, S. 13ff., 219ff., 225ff.

[298] Vgl. näher dazu *R. Scholz/Pitschas,* AöR 110 (1985), S. 523; siehe auch für die Auswirkungen auf die Rechtsanwendung *Großfeld,* JZ 1984, 696, 697.

[299] Dies gilt namentlich für die Art und Weise des künftigen Technikeinsatzes und der Informationskonzentration; vgl. z.B. für die öffentliche Verwaltung *v. Alemann/Schatz,* Mensch und Technik, S. 303ff.; *Pitschas,* DÖV 1987, 629ff., 632f.; für das Gerichtsverfahren siehe *Fiedler,* Rechtspflegerblatt 1979, 47ff.; *Nack,* Richter am Computer S. 210ff.; in bezug auf den Gesetzgebungsprozeß vgl. etwa *Magiera,* Parlament und Staatsleitung, S. 307ff., 311ff.

[300] Vgl. 4. Kap., C.VIII.

Staatliche Verfahren rechtlich zu formalisieren, erweist sich von daher als eine hochkomplexe Aufgabe. Zu ihrer Bewältigung ist es weder damit getan, auf soziologische Einsichten zur „Legitimation durch Verfahren" zu verweisen,[301] noch die Hoffnung auf „alternative Verfahrenskonzepte" zu lenken, „die in der Austragung von Konflikten ein unabdingbares Element der Interessenzuordnung sehen und eine aktiv-integrative Konfliktbewältigung empfehlen."[302] Jeweils handelt es sich um nicht mehr als (notwendige) Bausteine einer gesamtheitlichen Verfahrensorganisation, bei der es darum geht, in bezug auf vorgegebene Ziele und Zwecke sowie unter Berücksichtigung bestimmter Verfahrensbedingungen durch Anknüpfung an die einzelnen Gruppen der Verfahrensaktivitäten aufgabenspezifische *Prozeßstrukturen* zu entwickeln. Diese Aufgabe ist nur durch eine Zusammenschau aller dieser Determinanten des Verfahrens und damit nicht ohne größere Schwierigkeiten zu bewältigen: Nicht nur müssen die einzelnen Variablen der Verfahrensordnung näher definiert und zueinander in Beziehung gesetzt werden; rationale Verfahrensorganisation setzt überdies voraus, durch Flexibilität der zu schaffenden Verfahrensstrukturen ihrer dispositionellen Bedingtheit Rechnung zu tragen. Die handlungsbezogene Präzisierung der Situation muß möglich bleiben. Verfahrensregelungen dürfen deshalb im modernen Staat nicht zu eng geknüpft werden.

Welche Strukturalternativen vor diesem Hintergrund der Verfahrensorganisation zugrunde zu legen sind, bestimmt sich vor allem nach den Leitlinien der materiellen Konkretisierungsverantwortung.[303] Deren Maßgaben tragen zur Operationalisierung der Verfahrensziele und -zwecke entscheidend bei. Gleichwohl können Verfahrensalternativen auch anhand dieser Zielinhalte noch nicht eindeutig bewertet werden. Da die Zielerreichung und Zweckverwirklichung von zahlreichen endogenen und exogenen Faktoren abhängen, läßt sich nicht genau festlegen, welchen positiven oder negativen Beitrag die jeweilige Verfahrensalternative liefert.

Es bedarf somit weiterer Merkmale, anhand derer der spezifische Beitrag einer bestimmten Verfahrensgestaltung und -führung bzw. die Wirkung entsprechender Maßnahmen beurteilt werden können. Erst sie ermöglichen eine *Wahl* zwischen den verschiedenen in Frage kommenden Verfahrenslösungen.

Damit stellt sich allerdings ein *Bewertungsproblem.* Es müssen meßbare Kriterien gefunden werden, mit deren Hilfe die Alternativenwahl beurteilt werden kann. Diese Kriterien ersprießen dem prinzipiellen Beziehungs- und Maßgabenzusammenhang von Koordination und Kooperation, Rationalität, Legitimation und Ver-

---

[301] Siehe auch die insoweit kritischen Bemerkungen bei *Hoffmann-Riem,* VVDStRL 40 (1982), S. 215 m. Anm. 69; vgl. ferner die umfassende Auseinandersetzung bei *Schaper,* Theorie und Soziologie des gerichtlichen Verfahrens, S. 220ff., 246ff., 249ff.; die „sprachlich unnötig schwer verständlichen Ausführungen *Luhmanns*" rügt ferner *Zöllner,* Recht und Politik, in: Tradition und Fortschritt im Recht, Tübinger FS, 1977, S. 131 m. Anm. 1.

[302] So aber für das Verwaltungsverfahren *Hoffmann-Riem,* a.a.O. (Fn. 301), S. 215 m. Anm. 71, der freilich später noch (z.B. S. 216ff.) seine Ausführungen an dieser Stelle vertieft.

[303] Zu diesen vgl. oben, 6. Kap., C.III.

antwortung, in den sich die Verfahrensidee jenseits ihrer instrumentell-operationalen Umsetzung auf strategischer Ebene ausdifferenziert und dimensional entfaltet.

D. Wirkdimensionen des Verfahrens als Maßgabekriterien der Strukturverantwortung

Staatliche Verfahren lassen aus dieser Perspektive je verschiedene *Wirkdimensionen* erkennen, die sich mit der Verfahrensidee als solcher[304] verknüpfen. In ihrer Bedeutung für die materielle Rechtstellung des Bürgers und seinen status[305] stellen sie *analytische Grundkategorien der Verfahrenswahl* dar. Sie vermitteln dadurch in ihrer Gesamtheit das Bezugssystem für die Strukturierung und Führung der Konkretisierungsprozesse und bestimmen damit den vielschichtigen Vorgang der Verfahrensordnung.

Der konkrete Gehalt einzelner dieser prozeduralen Wirkdimensionen orientiert sich an den Anforderungen des Zusammenwirkens von Staat und Bürger im modernen Staat sowie an den Rationalitäts-, Legitimations- und Verantwortungsbedingungen seiner Tätigkeit. Er prägt, ausgehend von den Konkretisierungszwecken und -zielen, die jeweiligen Verfahrensaktivitäten unter Berücksichtigung der gegebenen Restriktionen (Bedingungen).

I. Verfahren als Ordnungsidee

Verfahren als Ordnungsrahmen und modus sozialer Koordination[306] ermöglichen nicht nur die *Existenz* des modernen Staates, indem sie das Wirken der gesellschaftlichen Faktoren und Kräfte zu einer organisierten Wirkungseinheit verschmelzen. In dem Rückgriff auf Verfahren finden auch und zugleich die vielfältigen Begegnungsvorgänge zwischen Staat und einzelnem Bürger oder gesellschaftlichen Gruppen den notwendigen (rechtlich) strukturierten *Koordinations- und Kooperationsmechanismus.* Dieser formt und gliedert in seiner Elastizität, Geschmeidigkeit und Offenheit den sachlichen Gehalt wie die zeitliche Dauer solcher Begegnungen, ihre wechselseitige Rückbindung, aber auch deren jeweilige Gestalt und Elemente. Er unterwirft sie festen Regeln in Entstehung, Verlauf und Abschluß, um sie da-

---

[304] Zu ihrem Gehalt vgl. oben, 3. Kap., A.; vgl. ferner zur Verfahrensidee als solcher und mit zahlr. Nachw. *Schmidt-Aßmann,* Verfahrensgedanke, S. 6ff.; *J. Goldschmidt,* Der Prozeß als Rechtslage, 1925, S. 147ff.; *Laufs,* Über die Form im Rechtsgang, in: FS E. Wahl, 1973, S. 3ff.

[305] Vgl. dazu oben im Text um und zu Fn. 216ff.; siehe ferner die Ausführungen im 6. Kap., A.I. mit Fn. 7.

[306] Siehe dazu 3. Kap., A.II.2.

durch zugleich berechenbar, jederzeit beeinflußbar und insgesamt steuerbar zu gestalten.[307]

Die in einer Gemeinschaft vorhandenen Handlungsvorstellungen, Interessendivergenzen und sozialen Konflikte werden auf diese Weise spezifiziert und kanalisiert: Verfahren ermöglichen als ordnende Kraft in Gesetzgebung, Verwaltung und Justiz den Diskurs und zureichenden Ausgleich konfligierender Standpunkte und damit eine aktiv-integrative Konfliktbewältigung. Sie koordinieren das diesbezügliche Verhalten der Konfliktparteien, übernehmen die Zuordnung und Abwägung der involvierten Interessen, halten dabei aber die Konsenschancen variabel.[308]

Staatlicher Verfahrensverantwortung muß es angesichts dieser kollisionslösenden Wirkung von Verfahren angelegen sein, der rechtlichen Verfahrensordnung spezifische Koordinations- und Kooperationsinstrumente für das entsprechende Zusammenwirken der staatlichen Funktionsträger untereinander[309] und mit dem Bürger[310] unter Berücksichtigung der materiell einschlägigen Verantwortungs-Leitlinien[311] beizugeben. Derartige prozedurale Instrumente betreffen das „Wie" des koordinierenden und kooperierenden Verfahrenshandelns als ein Bestandteil der *Steuerungsaktivitäten* im Konkretisierungsprozeß. So dürfen etwa in seinem Verlauf auftretende Widersprüche nicht verdeckt abgepuffert oder unschädlich gemacht werden.[312] Die Argumentation der Verfahrensteilnehmer hat vielmehr und zunächst auf Übereinstimmung in der Anerkennung von Meinungsverschiedenheiten, Gegensätzen und Spannungen zu zielen, um von hier aus die Äußerungen inhaltlich folgenreich werden zu lassen. Überall muß die Anstrengung des Unterscheidens, das Abwägen von Gegensätzen bei entschlossenem Willen zum Zusammenführen unterstützt werden.

Ob und in welchem Ausmaß staatliche Verfahren als Koordinations- und Kooperationsmechanismen strukturell und tatsächlich in dieser Weise entfaltet werden, ist ein wesentliches Maßgabekriterium für die Bewertung, inwieweit die Prozeßstrukturen staatlicher Organe *funktions- und reaktionsgerecht* sind. Zu recht wird deshalb auch die Frage aufgeworfen, ob sich beispielsweise das *Gesetzgebungsverfahren* im Strukturwandel von Staat, Gesellschaft und Recht, der mehr und mehr in eine Welt gesteigerter Interessenkollisionen und Ausgleichsbedürfnisse hineinführt, noch auf den demokratischen Willensbildungsprozeß unter Mitwirkung der politischen Parteien beschränken darf, der herkömmlicherweise in das allgemeine Gesetz

---

[307] *Schmidt-Aßmann,* Verfahrensgedanke, S. 7f.; zu den Konsequenzen für die verwaltungsrechtliche Dogmatik vgl. bereits *Brohm,* VVDStRL 30 (1972), S. 289ff.; *Scheuing,* VVDStRL 40 (1982), S. 173ff.

[308] *Lüderssen,* FS Coing, Bd. I. S. 548ff., 559ff.; *Zippelius,* FS K. Larenz, 1973, S. 299, 303.

[309] Siehe oben, 6. Kap., C.III.2.d).

[310] Siehe oben, 6. Kap., C.III.3.

[311] Zu diesen vgl. im 6. Kap., C.III.1. und 2.; einzelne solcher Instrumente diskutieren für das Verwaltungsverfahren beispielsweise *Hoffmann-Riem,* VVDStRL 40 (1982), S. 217ff., 226f., 229ff.; *Scheuing,* ebd., S. 164ff.

[312] Vgl. auch *Hoffmann-Riem,* a.a.O. (Fn. 311), S. 214f.

als Werk des Parlaments einmündet. Selbst wenn man in Rechnung stellt, daß gerade der *parteienstaatlichen* Demokratie die interessengeleitete Vorformung des politischen Willens anvertraut ist,[313] wird man nicht umhin können festzustellen, daß zumal die sozialstaatlich verpflichtete Gesetzgebung für die hinlängliche Erschließung des Materials involvierter Ausgleichspositionen sowie zur abgrenzenden Ermittlung realer Betroffenheiten ergänzender „Subsysteme von Verfahren" bedarf.[314] Ähnlich steht es mit der Organisation des Normvollzugs und seiner Kontrolle in gerichtlichen oder sonstigen Verfahren. Auch hier bedarf es neben anderer Sicherungen[315] tiefergehender *Verfahrensteilhabe* der Betroffenen, um die Existenz von Kollisionen erkennbar zu machen und diese abzugleichen. Flankierend hierzu sind Verfahrensregeln der Rücksichtnahme auf Gegenpositionen, Verhaltens-(Kooperations-)Pflichten und Abwägungsgebote erforderlich.[316]

II. Verfahren als Formgebung staatlicher Herrschaft

Indem Verfahren Koordination und Kooperation in Staat und Gesellschaft ermöglichen und fördern, sind sie auf die Einsehbarkeit in die Notwendigkeit staatlichen Entscheidens bzw. Nicht-Entscheidens gerichtet. Sie tragen von daher zur Vermittlung und Durchsetzung staatlicher Politik bei. Dies geschieht auf spezifische Weise:

Unter dem Aspekt der *Abwehr* von Herrschaft domestizieren Verfahren einerseits die staatliche Machtentfaltung und stellen sie in den Dienst des Gemeinwohls bei der staatlichen Aufgabenerfüllung. Schon seit Entstehen der modernen Staatlichkeit sind Verfahren von daher absichtsvoll *gegen* die Verwalter der Macht gerichtet. So wird im parlamentarischen Prozeß staatliche Herrschaft programmiert und ihre finanzielle Ausstattung bewilligt. Gleichermaßen finden die Verfahren der öffentlichen Verwaltung ihr Bezugsproblem in der Verhinderung staatlichen Machtmißbrauchs. Gerichtsverfahren schließlich kontrollieren die Entscheidungen von Gesetzgeber und Bürokratie, werden dabei aber selbst unter die Herrschaft des Rechts gestellt, um willkürliche Dezision auszuschließen.

---

[313] *Badura*, Staatsrecht, S. 179 (Rdnr. 13); vgl. auch *ders.*, Parteienstaatliche Demokratie, S. 17ff.

[314] So mit Recht *Lerche*, Vorbereitungen grundrechtlichen Ausgleichs, S. 109ff., 110.

[315] Wie z.B. der Institutionalisierung eines „Ombudsmans", siehe dazu m. w. Nachw. *Achterberg*, Rechtsprechung als Staatsfunktion, S. 21 m. Anm. 46; *Puchta*, Funktion und Rolle des Ombudsmans in den parlamentarischen Demokratien, in: U. Kempf/H. Uppendahl (Hrsg.), Ein deutscher Ombudsman?, 1986, S. 119ff.; vgl. ferner *Ermacora*, Ombudsman und Gerichtsbarkeit des öffentlichen Rechts, FS H. Jahrreiß zum 80. Geb., 1974, S. 35ff.

[316] Vgl. für das Verwaltungsverfahren ebenso *Hoffmann-Riem*, VVDStRL 40 (1982), S. 217ff.; *Scheuing*, ebd. S. 182; für den gerichtlichen Prozeß siehe m. w. Nachw. *Wassermann*, Richterliche Gewalt, S. 195ff.; auf die damit angedeuteten rechtsdogmatischen Konsequenzen wird unten im 3. Teil der Untersuchung zurückzukommen sein, vgl. 10. Kap., B.II.

In allen diesen Verfahren geht es um einen individual-schützenden Effekt, nämlich um die Sicherung individueller Freiheit und die Bildung legitimer Macht. Nur unter diesen Voraussetzungen ist die Befolgung staatlicher Entscheidungen zu erwarten. Denn konsentierte Herrschaft setzt personale Freiheitsentfaltung voraus. Ihre Legitimität wird dabei – wie dargelegt – in weiten Teilen prozedural vermittelt.[317] Um dies auch in bezug auf den einzelnen sicherzustellen, werden Verfahrensregelungen mit der Figur des subjektiv-öffentlichen Rechts verbunden: Sie sind als *Schutzrechte* ausgestattet, um die Gefahren illegitimer Machtentfaltung und übermäßiger Freiheitseinschränkung zu bändigen.

Der Legitimationsgrund staatlicher Herrschaft liegt allerdings nicht nur – worauf schon oben hingewiesen wurde[318] – in der verfahrensmäßigen *Form*, in der die gesetzgeberischen, behördlichen oder gerichtlichen Entscheidungen getroffen werden. Die Orientierung an *konsensfähigen Lösungen* von Gerechtigkeitsproblemen tritt hinzu. Dementsprechend gilt es auch, in den einschlägigen Verfahren der Rechtserzeugung, -anwendung und -kontrolle der inhaltlichen Ausrichtung adäquate Vorkehrungen – wie z. B. die Chancengleichheit in der Verwirklichung materieller Rechtsgebote für alle am Verfahren Beteiligten – zu schaffen.[319] Also darf z. B. nicht der Rechtsschutz für diejenigen verkürzt sein, die über keine finanziellen Mittel verfügen, um sich rechtssachverständig beraten und vertreten zu lassen.[320]

Indem Verfahren auf diese Weise prinzipiell schutzwürdige Rechtspositionen verankern und als Medium der Zielerreichung und Zweckverwirklichung prozessuale Bedingungen setzen, unter denen sich am ehesten eine inhaltlich konsensfähige und in diesem Sinne gerechte Entscheidung bzw. Handlungsweise erwarten läßt, formen sie zugleich die staatliche Herrschaftsübung. So bedürfen inhaltlich billigenswerte Problemlösungen der diskursiven Abklärung; sie setzen damit eine vernünftige *Argumentation* voraus. Begründungspflichten zwingen dazu, für den eigenen Standpunkt zu werben und die anderen Verfahrensbeteiligten von der Gerechtigkeit („Richtigkeit") des angestrebten Verfahrensergebnisses zu *überzeugen.* Auch der Grundsatz des rechtlichen Gehörs stellt nicht nur Information sicher, sondern ebenso, daß die vorgetragenen Argumente *zur Kenntnis genommen* und in *Erwägung* gezogen werden.[321] Verfahren treffen dadurch Verständnisvorsorge; sie „öffnen" das Geschehen der materiellen Interaktion und inhaltlichen Optionen.

Das alles ist im einzelnen nicht nur Verdienst der Existenz von Verfahren an sich. Eine wesentliche Rolle für die herrschaftsvermittelnde Wirkung von Verfahren spielt auch der *kulturelle Entwicklungsprozeß* einer Gesellschaft in bezug auf die ihr eigenen Einstellungen gegenüber der staatlichen Herrschaftsübung.[322] Vor dem

---

[317] Siehe dazu oben, 5. Kap., B.I.–IV.

[318] Vgl. 5. Kap., B.IV.

[319] Vgl. ebenso *Zippelius,* Legitimation, S. 90ff.

[320] So zutr. *Wannagat,* FS M. L. Hilger/H. Stumpf, 1983, S. 687ff., 690.

[321] Vgl. BVerfGE 11, 218 (220); 14, 320 (323); 18, 380 (383); 22, 267 (273); 36, 92 (97); 60, 1 (5); 69, 126 (139).

[322] Dazu siehe näher – ausgehend vom Begriff der „politischen Kultur" und diesen in Anleh-

Hintergrund, daß Gedanken und Handlungen ähnliche Strukturen aufweisen, zieht die zunehmende kognitiv wache und handlungsbereite Orientierung solcher Bürger, die zum Konflikt selbstbewußt genug und bereit sind, eine entsprechende Verfahrensgestaltung und mit ihr eine spezifische Formgebung von Herrschaft nach sich: Diese wird nicht mehr in ausschließlich punktuellen Kontakten und in der Gestalt von (kurzen) Befehlen akzeptiert, sondern sie muß sich in länger andauernden Begegnungen, in Gesprächen und Erklärungen, in gegenseitiger Abstimmung und Vermittlung von Einsehbarkeit ausweisen.[323]

Diese Art und Weise der Entscheidungsfindung und Herbeiführung von Verfahrenswirkungen beruht letztlich mehr auf dem Gedanken, an Herrschaft *teilhaben* als sie nur abwehren bzw. eingrenzen zu wollen. Die Verpflichtung des modernen Staates auf Kooperation und Kompensation[324] sowie seine tatsächliche Angewiesenheit hierauf stimulieren diesen Gedanken ebenso sehr wie der Umstand, daß sich staatliche Verfahren nicht auf hoheitliches Eingriffshandeln beschränken. Sie stehen vielmehr im Kontext der breiten staatlichen Aufgabengesamtheit von Gefahrenabwehr, Abgabenerhebung, Leistung und Lenkung.[325] In der Konsequenz hieraus muß etwa die Ausgestaltung des *Gesetzgebungsverfahrens* dem Wandel des Gesetzes vom Ausdruck bürgerlicher Freiheit zum leistungs- und lenkungsstaatlichen Instrument politischer Zielsetzungen, zum Medium sozialgestaltender Intervention und zum Mittel planmäßiger Steuerung wirtschafts-, sozial- und gesellschaftlicher Prozesse[326] Rechnung tragen.[327] Gleichermaßen haben *gerichtliche Verfahren* dafür Sorge zu tragen, daß die ganze Macht des Staates und nicht nur sein „Eingriffshandeln“ von dem Gedanken der rechtsförmigen Teilhabe an Herrschaft getragen werden.[328] Worum es dabei im einzelnen geht, zeigen beispielsweise die im Rahmen der Bemühungen um eine Reform der Hauptverhandlung im Strafprozeß vorgeschlagenen Verbesserungen in der Kommunikationsstruktur.[329]

In besonderer Weise aber macht der Blick auf die Entwicklung des modernen Staates zum Leistungs- und Lenkungsstaat auf die damit verknüpften strukturellen

---

nung an anglo-amerikanische Vorstellungen entfaltend – *W. Jann*, Verwaltungskultur, S. 10ff.; vgl. auch *Zippelius*, Die Bedeutung kulturspezifischer Leitideen, S. 12ff.; *Häberle*, Verfassungslehre als Kulturwissenschaft, 1982, S. 20.

[323] Zur Empirie dieser Feststellung vgl. in bezug auf das Handeln der öffentlichen Verwaltung bes. *R. Mayntz/J. Feick*, DVerw. 15 (1982), S. 281ff., 409ff., 428ff.

[324] Dazu siehe bereits die Ausführungen und Nachw. oben, 6. Kap., C.III.2.d), 3b) und f).

[325] Vgl. auch *Badura*, Verwaltungsrecht, S. 22ff.

[326] Zu diesem Wandel, ihn systematisierend und analysierend, vgl. bes. *Mößle*, Regierungsfunktionen, S. 195ff., 204ff.

[327] Zu den darin involvierten Konsequenzen vgl. jüngst zusammenfassend *Schulze-Fielitz*, Gesetzgebungsprozeß, S. 105ff. m. zahlr. Nachw.

[328] *Wassermann*, Richterliche Gewalt, S. 32: Der Verf. plädiert für eine – in dieser Undifferenziertheit nicht ganz unproblematische – Zuweisung der Rolle eines Garanten oder Hüters des sozialen Rechtsstaates an die rechtsprechende Gewalt.

[329] Vgl. hierzu *Kühne*, Strafverfahrensrecht als Kommunikationsproblem, S. 175, 188ff.; *Schild*, Der Strafrichter in der Hauptverhandlung, 1983, S. 103ff.

Eigentümlichkeiten der Formgebung staatlicher Herrschaft im *Verwaltungsverfahren* aufmerksam. Denn im Gemeinwesen der leistenden und lenkenden Daseinsvorsorge realisiert sich Herrschaft, auch unter den Bedingungen parlamentarischer Demokratie, vor allem über Verwaltungshandeln. Individuelle Lebenschancen und die sozialen Prozesse schlechthin stehen in wachsender Abhängigkeit und Prägung durch die regulierenden Eingriffe der planenden Steuerung sowie der Leistungen des Verwaltungssystems.[330] In dieser Position kann die öffentliche Verwaltung ihre Vorhaben nicht mehr ohne weiteres über autoritativen Zwang nach der Devise durchsetzen, daß „dem Gesetz, weil es Gesetz ist, Gehorsam geleistet werden muß."[331] Unklar ist ja bereits häufig genug, was das Gesetz konkret anordnet. Entscheidend ist somit vielmehr die Abstimmung des Handelns mit dem Bürger. Verwaltungspolitik ist, wie noch näher dazulegen sein wird, strukturell auf maximalen Konsens angewiesen. Dies gilt auch für das Handeln der Polizei- und Ordnungsbehörden.[332]

Die Krise des Gesetzes, in der Verwaltungshandeln sich zunehmend selbst programmiert, tut ein übriges für den *Formenwandel* der Begegnung des einzelnen mit den staatlichen Herrschaftsträgern. Ihn kennzeichnet vor dem Hintergrund des Kooperations- und Konsensprinzips vor allem der Abschied des Bürgers von einer Objektrolle. Der einzelne ist kein „Untertan" mehr; seine Begegnung mit dem Staat fällt aus der Perspektive obrigkeitlicher Kontinuität, der Sicht „von unten nach oben" heraus. Verfahren müssen damit ihre einseitige Fixierung auf den antiherrschaftlichen bzw. anti-bürokratischen Aspekt aufgeben. Er bleibt zwar bedeutsam, doch überlagern ihn die inhaltlichen und prozeduralen Notwendigkeiten gemeinsamer, integrativer Konfliktbewältigung unter verantwortlicher Mitwirkung *aller* Verfahrensteilnehmer.

Für die Formgebung staatlicher Herrschaft durch Verfahren schlummern hierin gewichtige Verfahrenspostulate, die im Begriff sind aufzuwachen. Sie konzentrieren sich auf den Leitgesichtspunkt einer gesellschaftlichen Selbstregulierung,[333] zielen auf erweiterte Verfahrensteilhabe bei Re-Formulierung der maßgeblichen Kommunikationsregeln[334] und berufen die auf Kooperation gründende Verantwortung der Verfahrensteilnehmer für Verfahrensgang und -erfolg.[335]

---

[330] Zusammenfassend dazu etwa *Badura,* Marktwirtschaftliche Freiheit, S. 87ff.; *Haverkate,* Rechtsfragen des Leistungsstaats, S. 5ff.; 101ff., 145ff., 206ff.

[331] Das Zitat stammt von *H. Krüger,* Staatslehre, S. 839.

[332] Vgl. namentlich BVerfGE 69, 315 (355ff.).

[333] Zur Notwendigkeit entsprechender Mechanismen vgl. auch *Erichsen,* DVBl. 1983, 289ff., 296f.; *R. Mayntz,* Politische Steuerung und gesellschaftliche Steuerungsprobleme, S. 100ff.; *Pitschas,* DVerw. 15 (1982), S. 489ff.; *Schuppert,* AöR 114 (1989), S. 141ff.; *Teubner,* Verrechtlichung, S. 329ff., 334ff.; *Zacher,* Das soziale Staatsziel, S. 1045ff.; vgl. ferner oben, 6. Kap., C.III.3.

[334] Vgl. für den Strafprozeß z.B. *Calliess,* Theorie der Strafe im demokratischen und sozialen Rechtsstaat, 1974, S. 98ff.; für den Zivilprozeß etwa *Wassermann,* Der soziale Zivilprozeß, 1978, S. 155ff.; für das Verwaltungsverfahren vgl. nur BVerfGE 45, 297 (335).

[335] Siehe *Wassermann,* Richterliche Gewalt, S. 195ff.; *Schmitt Glaeser,* Position der Bürger, S. 49, 53ff., 62, 88, 93.

III. Verfahren als Prozeß sozialer Verständigung

Die voraufgehend skizzierte Formgebung staatlicher Herrschaft im modernen (demokratischen) Staat erweist sich einerseits sowohl als Voraussetzung wie als Folge legitimen Entscheidens.[336] Sie ist zugleich und andererseits ein wesentliches Beurteilungskriterium rationaler Verfahrensorganisation bzw. -ordnung.

Zu beachten ist allerdings, daß sich die Rationalität staatlicher Verfahren nicht auf ihren mehr oder weniger erfolgreichen Beitrag zu einem bloß instrumental-zweckhaften Normvollzug oder zur entsprechend ausgerichteten Normsetzung reduzieren läßt. Darauf ist bereits hingewiesen worden.[337] Dem öffentlichen Handeln und Entscheiden geht es in jeder Gestalt *auch* um die ökonomischen Kategorien von Kosten und Nutzen und nicht nur um Gesetz und Rechtsfolgen.[338] Darüber hinaus ist es stets und zugleich Beziehungshandeln, das die Begegnung der Menschen im Verlauf staatlicher Verfahren prägt und die Bedingungen sozio-emotionaler Rationalität setzt.[339] Im Blick auf die Handlungssituation, in der sich im modernen Staat die Persönlichkeit entfaltet, gilt es mithin, jenseits *öffentlich-rechtlicher* Wirkungschancen von Verfahrenshandeln die sog. „informellen", außerjuristischen Faktoren wie insbesondere die psychologischen, ideologischen oder ökonomischen Steuerungsmomente zu berücksichtigen, die in unterschiedlicher Intensität und in wechselseitigem Zusammenspiel das Handeln und Entscheiden während der Konkretisierungsprozesse in Gesetzgebung, Verwaltung und Justiz nachhaltig beeinflussen.

1. Verfahren als soziale Interaktion

Der „Stoff" aus dem sich dieses Zusammenspiel aufbaut, ist die *Information.* Staatliche Funktionsträger wirken untereinander und mit dem Bürger durch den Empfang, die Speicherung, die Weiterleitung, die Verarbeitung und den Austausch von Informationen zusammen. Diese Vorgänge, die im Begriff der Kommunikation zusammengefaßt werden,[340] machen das Verfahrenshandeln als einen *Prozeß sozia-*

---

[336] Vgl. hierzu die Grundlegung oben, 5. Kap., B.IV.; C.I.–III.; D.I. und II.

[337] Siehe 4. Kap., C.I.–III. und VII.

[338] Vgl. *P. Behrens,* Die ökonomischen Grundlagen des Rechts, S. 104ff., 106ff.; bes. für das Verwaltungsverfahren siehe auch *K. König,* System und Umwelt, S. 25.

[339] Vgl. dazu auch oben im Text zu Fn. 119ff., 211ff., 260; siehe ferner die Grundlegung im 4. Kap., VI.1. und VII.1.

[340] Vgl. *Crott,* Soziale Interaktion, S. 14f.; *Wersig,* Kommunikative Revolution, S. 18ff. – Innerhalb der Kommunikationsforschung läßt sich bei alledem eine „informationstheoretische" Richtung (vgl. z.B. *C. Cherry,* Kommunikationsforschung – eine neue Wissenschaft, 2. Aufl., 1967; *Seiffert,* Information über die Information, 3. Aufl., 1971) festzustellen, der jene Richtung gegenübersteht, die den „sozialen Handlungsaspekt" betont (*Watzlawick/Beavin/Jackson,* Menschliche Kommunikation, a.a.O.); m.E. ist beides wohl kaum sinnvoll zu trennen, vgl. aber auch *Rotter,* Rechtstheorie 10 (1979), S. 291ff., 302ff.

ler Verständigung analysierbar, in dem Inhalte und Bedeutungen transportiert werden. Kommunikation beruht dabei nicht nur auf der Verwendung des Instruments der Sprache. Das pragmatische Kommunikationsmodell sieht ebenso alles Verhalten als Kommunikation an, wie umgekehrt jede Kommunikation das Verhalten beeinflußt. Man kann deshalb „*nicht* nicht kommunizieren."[341]

Verfahren als Prozeß sozialer Verständigung umschließt sonach auch das aufeinanderbezogene *Verhalten* der Teilnehmer an staatlichen Verfahren. Der ihm zugeordnete wechselseitige Ablauf von Mitteilungen (Informationen) zwischen zwei oder mehreren Personen wird als *Interaktion* bezeichnet.[342] Jeder Konkretisierungsprozeß erweist sich dadurch als ein Gefüge sozialer Interaktionen, innerhalb dessen das subjektive Element im menschlichen Handeln eine wichtige Schaltstelle der Konkretisierung bildet.

Die Einflußnahme der sozialen Interaktion auf das Rechtsleben ist erheblich. Das Handeln der Institutionen ist nirgendwo von dem Bemühen der in ihnen tätigen Menschen, von deren persönlichen Interessen, Wünschen und Ängsten, von Selbstdarstellung und Selbstwertgefühl und vielem anderen mehr zu trennen. Nicht nur auf der Ebene der Gesetzgebung jeder Art, sondern auch auf der Ebene von Verwaltung und Rechtsprechung gestalten und pflegen Menschen als „Persönlichkeiten" das Recht.[343]

Diesem Phänomen näher nachzugehen, erweist sich für die rechtliche Verfahrensordnung als unabdingbar. Denn nur dann, wenn man weiß, daß und in welchem Ausmaß die soziale Kompetenz des einzelnen, der „persönliche Faktor", die Konkretisierung prägt und das Verfahren gestaltet, kann man über die Funktions- und Reaktionsgerechtigkeit der Verfahrensformalisierung befinden.

2. Grundstrukturen sozialer Interaktion

Der soziale Verständigungsprozeß „Verfahren" ereignet sich auf mehreren *Ebenen,* die einander in die Hand spielen, die aber auch im Widerstreit miteinander liegen können. Auf der *Sachebene* tritt das Thema, mit dem sich die im Verfahren Interagierenden beschäftigen, der tatsächliche Inhalt ihrer Arbeit zur Rechtserzeugung, -anwendung oder -kontrolle in den Vordergrund. Diese Konzentration auf einen bestimmten Inhalt bedient sich bestimmter *Instrumente* der gegenseitigen Einflußnahme, insbesondere aber der sprachlichen Kommunikation. Mit ihr werden Interaktionen aufgenommen und aufrecht erhalten. Dabei übt die Art und Weise der

---

[341] So die berühmte Feststellung von *Watzlawick/Beavin/Jackson,* Menschliche Kommunikation, S. 22f., 50ff., 53.

[342] *Watzlawick* et al., a.a.O. (Fn. 341), S. 51; zur Diffusität des Begriffs vgl. aber auch *Crott,* Soziale Interaktion, S. 13ff.

[343] Hierzu bes. eindringlich *Engisch,* Einführung, S. 135ff.; siehe auch und am Beispiel des Gerichtsverfahrens *F. Schütze,* Strategische Interaktion im Verwaltungsgericht, bes. S. 26, 27, 34ff.; allgemeiner noch vgl. *Lüderssen,* FS H. Coing, Bd. I, S. 559ff.; *Weimar,* Psychologische Strukturen, S. 193ff., 203ff.

Durchführung der Kommunikation entscheidenden Einfluß auf die Effektivität der Rechtsbildung bzw. Rechtsanwendung.

Von dieser *instrumentellen Ebene* ist vor allem die Rede, wenn sich die Aufmerksamkeit gegenüber Verfahren nicht auf ihren Gegenstand (Sachebene), sondern auf die Methodik richtet. Diese letztere spielt insbesondere deshalb eine bedeutsame Rolle, weil der Kommunikationsprozeß durch juristische Strukturen geprägt wird, die sich aus einer tiefreichenden Methodengeschichte im Umgang mit Normen und Rechtsfolgen entwickelt haben und deren jüngste Ableger die Gesetzgebungs- und Rechtsprechungslehre sind.[344] Diese Art der Rationalisierung, die auf intersubjektiver Nachvollziehbarkeit beruht und dabei – wie dargelegt – unter den Rationalitäts- und Legitimationsbedingungen des modernen Staates vor allem *durch Verfahren* Herrschaft zu formen vermag, geht zwar von der Rechtsnorm als solcher aus. Sie läßt jedoch die Abwägung von Zwecken und Mitteln nicht einfach beiseite. Die Frage nach dem Zweck im Recht ist dem Gesetz ebenso vertraut wie der Verwaltung und Rechtsprechung. Doch ist es bisher nicht gelungen, sie in eine Prozeßstruktur einzubinden, die der Abwägung von Zwecken und Mitteln, von Kosten und Nutzen in gleichem Maße Raum gibt.[345]

Für den Erfolg sozialer Interaktion reicht es indessen nicht, sich mit einem Thema sachbezogen auseinderzusetzen und sich über die Methodik des Verfahrens zu einigen. Die Arbeit auf der Inhaltsebene spielt sich nicht in einem unpersönlichen, lediglich durch formale Kompetenzen, Aufgabenzuweisungen und Rechtsetzungs- bzw. Anwendungsregeln strukturierten Raum ab. Sie ist vielmehr in ein oft gänzlich verdecktes Geflecht zwischenmenschlicher Beziehungen eingebettet. Der Prozeß sozialer Verständigung hat daher nicht nur mit Verstand zu tun, sondern auch mit Gefühlen, mit „Kopf, Bauch und Routine" zugleich.[346] Die sachbezogene Interaktion kann nicht von den sozial-emotionalen Beziehungen der interagierenden Partner losgelöst werden. Jede Kommunikation hat damit eine *Inhalts-* und eine *Beziehungsebene,* wobei die letztere die erstere bestimmt. Sie ist der Ton, der die Musik macht.[347]

Ob es also im Verfahren zu einem fairen, flexiblen oder ausschließlich auf das Bewahren der eigenen Position bedachten Austausch von Argumenten kommt, ob sich Verfahrensteilnehmer rigide verhalten oder sich einfühlsam an die Stelle der

---

[344] Zur „Rechtsprechungslehre" vgl. namentlich *Achterberg,* Rechtsprechung als Staatsfunktion, S. 3ff.; zur „Gesetzgebungslehre" vgl. statt aller den Bericht von *Karpen,* ZG 1986, 5ff., mit einem breiten Überblick zu ihrem gegenwärtigen Stand in der Bundesrepublik Deutschland, sowie den Literaturüberblick bei *Baden,* in: W. Schreckenberger (Hrsg.), Gesetzgebungslehre, 1986, S. 187ff.

[345] Dies führt lediglich in die Grundfrage hinein, wie die „ökonomische Analyse des Rechts" – siehe dazu zuletzt *P. Behrens,* Die ökonomischen Grundlagen des Rechts, z. B. S. 6ff., sowie (kritisch) m. w. Nachw. *Fezer,* JZ 1986, 817ff. – für die Gestaltung der Prozeßstrukturen nutzbar zu machen ist; für das Verwaltungsverfahren vgl. insoweit auch *K. König,* System und Umwelt, S. 25, 27.

[346] Zu dieser „Formel" siehe *H. A. Hesse,* JZ 1982, 273.

[347] Vgl. *Watzlawick/Beavin/Jackson,* Menschliche Kommunikation, S. 53ff.

jeweils anderen versetzen, ob es zu sachlichen Lösungen oder nur zu Scheingefechten kommt, wie also schließlich „Recht" gesetzt oder gebildet wird, das alles hängt ganz wesentlich davon ab, welche Interaktionsstile, Einstellungen, Befürchtungen, Ansprüche, Hemmungen u.a.m. jeder einzelne Verfahrensbeteiligte in die Arbeit der Konkretisierung mit einbringt. Das Beziehungsgefüge in Verfahren ist deshalb immer auf die Einzelpersönlichkeit zurückzuführen, also auf die *Personenebene*, ohne daß diese mit dem Beziehungshandeln automatisch zusammenfiele. Denn zwischenmenschliche Beziehungen unterliegen als Interaktionsbasis zwischen zwei oder mehr Menschen eigenen sozialen Gesetzen und eben nicht nur personenspezifisch oder persönlichkeitspsychologisch zu erklärenden Abläufen.[348]

3. Einheit von Sach- und Beziehungshandeln

Die einzelnen Ebenen der sozialen Interaktion stehen nicht unverbunden nebeneinander. Sie vereinen sich im Verfahren zu einer Einheit des Denkens, Fühlens und Erlebens, Handelns und Entscheidens. Ihr gemeinsamer Bezugspunkt ist der Ziel- und Zweckbezug der Konkretisierung. Er führt die durch Informationen und deren Verarbeitung (Kommunikation) sinnhaft gesteuerten Verhaltensabläufe, die der Erfüllung eines Handlungsplanes dienen, also deren Erfolgsorientierung, mit dem Sichverhalten der Akteure bzw. deren Verständigungsorientierung zusammen, integriert also den Sinn- und Verhaltensaspekt.[349]

Dementsprechend geht es in Verfahren zwar immer um aufgabengesteuerte Zielerreichung und Zweckverwirklichung, doch ist dabei stets die Zustimmung anderer Akteure für die Zweckausfüllung und die Mittelwahl sowie die Identifizierung existenzsichernder oder -zerstörender Sachverhalte zu Lasten der Handelnden existenziell wichtig. Zwecke und Mittel, Auswahl und Verwirklichung bedürfen deshalb des *Einverständnisses* der Akteure, daß bestimmte Ziele erstrebenswert und bestimmte Mittel zur Zielverwirklichung geeignet sind. Sie werden deshalb auch nicht von einem Einzelakteur, sondern regelmäßig mit anderen Akteuren in der *Interaktion* gesetzt. Die „gemeinsamen Ansichten" der Verfahrensbeteiligten sind es dann, die zur sinnhaften Deutung einer Situation führen. Keine Zielerreichung und Zweckerfüllung ist ohne diesen Bezug auf intersubjektive Sinnzusammenhänge möglich; neben Intentionalität tritt stets Reflexität im sozialen Handeln.[350]

---

[348] Mit der Analyseeinheit „soziales Handeln" rücken also Merkmale der Interaktion in den Mittelpunkt, die nicht mit Merkmalen der Akteure identisch zu sein brauchen, wiewohl es einen großen Sektor der Überschneidung gibt; vgl. dazu auch *Haferkamp*, KZfSS 36. Jg. (1984), S. 784; *Bergius*, Sozialpsychologie, S. 72ff., 91ff.

[349] Nur die Offenlegung und Untersuchung des dabei regelmäßig verborgen bleibenden Beziehungsaspekts macht erst seine Funktion als Bestimmungsgröße des Rechtsbewußtseins und der Rechtsbildung deutlich: Da das aktuell-konkret geltende Recht jeweils neu „gewonnen" werden muß, zeichnet letztlich die in diesem Konkretisierungsvorgang ablaufende *soziale Interaktion* dafür verantwortlich, ob sich die Sinngebung der bezogenen Rechtsnorm erfüllt, die staatliche Entscheidung als „rational" und gültig akzeptiert wird.

[350] Vgl. auch *Haferkamp*, KZfSS 36. Jg. (1984), S. 787ff.

Die Erlebniswelt der Verfahrensakteure, der *Beziehungsaspekt*, wird auf diese Weise in den Rahmen des Verfahrenshandelns eingefügt und im Begriff der Interaktion sachbezogen eingefangen. Der Versuch hierzu kann allerdings auch mißlingen, wie sich häufig am Kommunikationsprozeß der öffentlichen Verwaltung zeigt,[351] bzw. von vornherein auf Grenzen stoßen. Das ist vor allem im Strafprozeß der Fall.[352] Nicht immer bilden also die Handelnden eine gemeinsame Situationsdeutung aus. Manchmal kommt es auch zur Abstoßung von Anfang an. Das ist zur Kenntnis zu nehmen. Dissens und Konflikt sind ebenso wie Konsens und Kooperation soziale Grundtatbestände.[353] Es gibt keine prinzipielle Harmonie der Interaktion für eine Pluralität von Akteuren. Die „Ordnung" in Interaktionen ist von daher nicht das einzige Problem für die Verfahrensbeteiligten. Ihnen geht es ebenso darum, sich mit den unterschiedlichen Möglichkeiten auseinanderzusetzen, den eigenen Einfluß im Verfahren zu sichern, und entsprechende Einflußmittel oder Machtpotentiale in eine Interaktion einzubringen.

Jegliche Rechts- und Zweckkonkretisierung wird deshalb individuell und situativ verhaltensgesteuert. „Recht" erscheint dadurch ebenso als eine kommunikative Größe[354] wie umgekehrt ein jedes Verfahren nach der Eigenart des seines Amtes Waltenden sowie nach kollektiven Steuerungs- und Situationserwartungen geführt wird.[355] Die gewohnte Trennung zwischen dem „sachlichen Interesse" an der Konkretisierung und dem „persönlichen Interesse" daran und an den anderen Verfahrensbeteiligten entspricht somit nicht den Tatsachen. Verfahrensteilnehmer handeln nicht nur als Träger von Funktionen, sondern als ganzheitliche Personen.

Alle Verfahrensergebnisse sind deshalb von emotionalen bzw. intuitiven wie von „scenischen" Elementen bestimmt. Auch von daher kann es keine an sich bestehende „Richtigkeit" der Konkretisierung geben. Ihre subjektiven, nichtrationalen Momente müssen vielmehr durch Intersubjektivierung versachlicht werden.[356] Das geschieht durch das Zusammenwirken der Verfahrensteilnehmer in einer Argumentationsgemeinschaft, im scenischen Diskurs. Er ist auch dort unentbehrlich, wo es

---

[351] Siehe dazu m. w. Nachw. *Kißler*, Rechtssoziologie, S. 117.

[352] Vgl. *A. Kaufmann*, JZ 1985, 1067f.; *Schild*, Der Strafrichter in der Hauptverhandlung, 1983, S. 103ff.

[353] *Bergius*, Sozialpsychologie, S. 78, 193ff.; *Tyrell*, KZfSS Jg. 28 (1976), S. 255ff.

[354] Vgl. *K. König*, Erkenntnisinteressen, S. 201, 203, 213, 228. Rechtsbildung bzw. Rechts- und Zweckkonkretisierung ist deshalb ein *Kommunikationsprozeß;* für dessen argumentationstheoretische Deutung (vgl. *Alexy*, Theorie der juristischen Argumentation, 1978; zusammenfassend *U. Neumann*, Argumentationslehre, S. 12f., 70ff., 78ff., 84ff., 92ff.; siehe auch *Habermas*, Theorie des kommunikativen Handelns 1, S. 62ff.) gilt dasselbe, was *Haferkamp* (KZfSS, 36. Jg., 1984, S. 781ff.) in handlungstheoretischer Kritik an der Theorie des kommunikativen Handelns bemängelt hat: Ihr fehlen und sind deshalb einzubringen – wie dies hier am Beispiel staatlicher *Verfahren* und in deren Funktionsbestimmung für die Rechtsbildung versucht wird – auch Aspekte und Strukturmerkmale von Sozialität und Interaktion, die jenseits des Erlebnishorizontes der Akteure liegen.

[355] Vgl. auch *Engisch*, Einführung, S. 136.

[356] Zur Problematik siehe auch *A. Kaufmann*, Theorie der Gerechtigkeit, 1984, S. 10, 35ff.

nicht um eine „gemeinsame Sache" geht, sondern um die Bewältigung von Konflikten. Auch ihnen dient die Entzerrung von Kommunikation durch einen dialogischen Verfahrensstil und die situative Berücksichtigung kommunikationsgeeigneter Verfahrensformen.[357]

Verfehlt erscheint es deshalb, solchermaßen aktiv-integrative Konfliktbewältigung in einen Gegensatz zur „Legitimation durch Verfahren" zu rücken.[358] Denn konfligierende subjektive Deutungen, Einstellungen etc. im Verfahren abarbeiten zu müssen, zwingt dazu, Emotionen und psychische Dispositionen als wesentliche – obschon häufig genug verleugnete – Bestandteile *rationalen* Handelns anzuerkennen. Und nur dann, wenn dies auch geschieht, können die regelmäßig hintangestellten, verheimlichten und „gefangenen" Gefühle, die in hohem Maße über Erfolg oder Mißerfolg zwischenmenschlicher Kommunikation entscheiden, gemeinschaftlich freigesetzt und auf ihre soziale Verträglichkeit hin überprüft werden. Das aber ist ein Weg, herrschaftsbetonte Verhältnisse abzubauen und zur Gestaltung zufriedenstellender Beziehungen im Verfahrenshandeln zu gelangen. Hierin liegt eine bedeutsame *Legitimationsreserve* des modernen Staates.[359]

Vorurteile auf der Beziehungsebene können freilich die Konfliktbewältigung erschweren oder im Extremfall sogar unmöglich machen. Neue Kommunikationsformen lassen sich dann nicht finden. Ebenso ist es aufgrund äußerer Bedingungen oft ausgeschlossen, Konflikte auf der Beziehungsebene auszutragen. Sie werden dann häufig als Pseudo-Sach-Konflikte in ein Verfahren eingeführt.

4. *Beziehungshandeln und Rollenbindung*

Besondere Probleme im Beziehungshandeln, die ihren Ursprung letztlich auf der Ebene der Persönlichkeitssysteme finden, wirft die auf *professionelle Rollenwahrnehmung* gegründete Interaktion in Verfahren auf. Das ist zwar weniger oder kaum bei parlamentarischen Verfahren der Fall, bei denen sich in den berufsmäßig tätigen Abgeordneten „Experten" begegnen, die in einer autonom gesetzten Handlungsstruktur einem allgemeinen Problemlösungstypus folgen und denselben Standards verpflichtet sind. Professionalität verzerrt dagegen erheblich die Handlungssituation, in der sich Rechtsanwendung und -kontrolle gegenüber dem verfahrensbeteiligten Bürger befinden.[360]

---

[357] Dazu siehe speziell für das Verwaltungsverfahren die Überlegungen bei *Kißler*, Rechtssoziologie, S. 118ff. m.w.Nachw.; eindrucksvoll für die Reformbedürfnisse der parlamentarischen Verfahrensweisen auch *Hamm-Brücher*, Der Politiker und sein Gewissen, 1983, S. 72ff., 77, 80f.

[358] Wie dies z.B. *Hofmann-Riem*, VVDStRL 40 (1982), S. 217, oder auch *Stettner*, Kompetenzlehre, S. 177ff., bevorzugen; ähnlich differenzierend wie hier siehe dagegen für den Strafprozeß auch *Kühne*, Strafverfahrensrecht als Kommunikationsproblem, S. 19f. m. Anm. 19, 20.

[359] In dieser Richtung ist wohl auch *St. Hammer*, Diskursive Legitimität, S. 44, zu verstehen.

[360] Siehe hierzu beispielhaft *Zacher*, Verrechtlichung im Bereich des Sozialrechts, S. 41.

So wird in *Gerichtsverfahren* vor dem Hintergrund einer Vielzahl dezisionistischer Elemente[361] der subjektive Faktor der richterlichen Entscheidung noch verstärkt durch das professionalisierte „know how", das die Rechtsfindung bestimmt.[362] Ebenso belegen Analysen der Interaktionsstruktur im *Verhältnis von Verwaltung und Bürger,* in welchem Ausmaß die unterschiedlichen Professionalisierungsgrade öffentlich Bediensteter das Verhalten auf der Handlungsebene bestimmen.[363]

Freilich offenbart sich gerade hier in besonderer Intensität das unübersehbare Spannungsfeld zwischen Rollenzuweisung im Berufshandeln einerseits und der maßgeblichen Verhaltenspräferenz andererseits. Bürger und Verwalter bzw. Richter sind zwar alle Rollenträger im Verfahren und insofern, wie *N. Luhmann* mit Anspruch auf Allgemeingültigkeit postuliert,[364] einem Prozeß der Rollenrationalisierung ausgesetzt. Er soll Unpersönlichkeit abverlangen und diese moralisch wie rechtlich („Gleichbehandlung") sanktionieren. Die Beziehungen der Verfahrensbeteiligten zueinander sind jedoch auch gegenteiligen diffusen Elementen unterworfen, die auf konkrete, unverwechselbare Personen mit einzigartiger Bildungs- und Individuierungsgeschichte zurückverweisen. Nicht nur die Berufsrolle, sondern auch die Persönlichkeit des Organwalters, seine Empfindungen und Wünsche, Vorlieben und Abneigungen, seine Probleme und Hoffnungen bestimmen die Problemlösung und alle weiteren Verfahrensaktivitäten. Hier kollabiert das Rollenkonzept; Rolle und Beziehung treten in Konflikt.[365]

5. *Beziehungshandeln im Sozialverhältnis*

Verfahren erweisen sich nach alledem als die spezifische Eintrittsstelle für die vielfältigen Beziehungsaspekte in Rechtsetzung, -anwendung und -kontrolle. Verwiesen wird damit nicht etwa nur auf isolierte Verhaltensmöglichkeiten oder auf bloße Kommunikationsprobleme verbaler und/oder non-verbaler, formalisierter oder formularisierter, technisierter bzw. mediatisierter Begegnung zwischen Menschen. Die Beziehungsebene konstituiert vielmehr und darüber hinaus eine wesentliche *Struktur* der Verfahrensaktivitäten. Sie werden am vergangenen, gegenwärtigen oder zukünftig erwarteten *Verhalten* anderer, mit denen man verkehrt, ausgerichtet. Menschliche Beziehungen sind dadurch ein eigenständiger Steuerungsfaktor. Kommunikation und Interaktion, Problemorientierung, Entschließung und

---

361 Vgl. dazu *Schneider/Schroth,* Sichtweisen juristischer Normanwendung, S. 424ff.

362 *Wassermann,* Richterliche Gewalt, S. 131ff., 139ff., 148ff. m.w.Nachw.

363 *K. Lenk,* Steuerung des Handelns von Verwaltern, S. 261; *R. Mayntz,* Soziologie der öffentlichen Verwaltung, S. 118ff., 229ff.

364 Soziologie des politischen Systems, in: Soziologische Aufklärung, 1970, S. 154ff., 156.

365 Dazu mit empirischen Belegen am Beispiel der Sozialarbeit im Rahmen öffentlicher Verwaltung *R. Sahle,* Gabe, Almosen, Hilfe, 1987, S. 40ff., 146ff., 156ff.; *dies.,* Neue Praxis 1985, 151ff., 153.

Vollzug bewegen sich in einem sozialen Feld, in dem die jeweiligen Verfahrensaktivitäten durch ein *Netzwerk* der Verständigungen verknüpft sind.[366]

Dieses Netzwerk ist zwar nicht „der wahrhaft Entscheidende", wie *N. Luhmann* mit Bezug auf das Verwaltungsverfahren postuliert.[367] Doch macht die dadurch charakterisierte praktische Reichweite der Selbststeuerungspotentiale staatlicher Organwalter in den Konkretisierungsprozessen von Gesetzgebung, öffentlicher Verwaltung und Justiz deutlich, daß die durch formalisierte Verfahrensordnung rechtsnormbegründeten Rechte- und Pflichtenkonstellationen immer nur einen *Ausschnitt* des Handelns und damit nur einen Teil der bestehenden Relationen zwischen zwei oder mehreren Verfahrenssubjekten erfassen. Erst das Denken über Verfahren als Strukturgefüge, die der Ebenenvielfalt des individuellen Handelns Gestalt geben und dadurch den regelmäßig nur normativ-rechtlich aufgebauten Handlungszusammenhang übergreifen, also erst ein Denken in „Sozialverhältnissen" vermag den Sinn und die Qualität der Verfahrensdimension des modernen Staates recht eigentlich zu erschließen.

Die Verortung des komplexen Verbundes der Sachprägung des Organhandelns mit seiner Ausformung auf der Ebene der Persönlichkeitssysteme im *Sozialverhältnis* hebt nicht nur die handlungstheoretische Integration des Sinn- und Verhaltensaspekts hervor. In bezug genommen wird damit zugleich ein rechtsdogmatisch-kategorialer Rahmen für die Zuordnung individuellen Handelns zur Rollenbindung durch fixierte Steuerungs- und Situationserwartungen, die als Bezugsglieder zwischen Personen und Beziehungen einerseits und institutionell disponierten Rollen- und Systemstrukturen andererseits fungieren. Einbezogen werden dadurch zugleich die tatsächlichen Strukturen der Lebenswelt, deren rechtliche Überformung im Verfahren verantwortungsbezogen konkretisiert wird.[368] Das *Sozialverhältnis* bündelt diese Gesamtheit der Relationen in der konkreten Ausformung des Kommunikations- und Interaktionsprozesses zwischen Organwaltern bzw. zwischen diesen und dem Bürger. Es prägt vor und steuert insoweit, was in dem sozialen Raum zwischen den Personen, in dem ihnen gemäßen Geflecht von Beziehungen und Sachverhalten sowie den Institutionen geschieht.

In der Konsequenz hieraus läßt sich der Verfahrenserfolg nicht schon durch den bloßen Bezug auf Rechtsnormen erreichen. Die subjektiven Zufriedenheiten der Verfahrensteilnehmer, z.B. die des jeweiligen Bürgers mit der jeweiligen Behörde

---

366 Vgl. hierzu bes. *M. Schenk*, Soziale Netzwerke, Einführung, S. VIII: „Die sozialen Relationen, in die Individuen eingebettet sind, werden ... als Netzwerke betrachtet: Individuen oder abstrakte soziale Einheiten, wie z.B. Rollen, Positionen, Organisationen – stehen in direktem Kontakt mit anderen, wenngleich auch nicht mit allen möglichen ..."

367 Verfahren, S. 212.

368 Auf diese Weise verschmilzt z.B. die individuelle Ausformung der Verwaltungsrolle mit den objektiv-materiellen Leitlinien der Konkretisierungsverantwortung und der funktionalen Spezifikation des (jeweiligen) Verfahrens nach Maßgabe der Situation zu einer *personalen Definitionskompetenz* bei der Rechts- und Zweckkonkretisierung; vgl. dazu noch im nachfolgenden Text, bes. zu Fn. 371.

und deren Personal tragen ebenso zu ihm bei. Die Rechtsnormbestimmung bzw. -anwendung konstituiert sich erst im Sozialverhältnis[369] Entscheidend bleibt zwar nach außen, ob die Baugenehmigung erteilt wurde, der angefochtene Einkommensteuerbescheid aufgehoben oder die Rechtsnorm auch geeignet ist, das ins Auge gefaßte Regelungsziel zu erreichen. Der situative Interaktionserfolg ist jedoch dafür ebenso maßgeblich. Mag also das *entscheidende* Erfolgskriterium ein *objektives*, nämlich die Verwirklichung des Konkretisierungsinteresses sein, so hängt doch der Grad der realen Durchsetzung materieller Zwecke weitgehend, wenn nicht sogar vor allem von der sozialen Verständigung über die Reichweite von Normsetzung bzw. -anwendung ab.

Das schließt nicht nur die strukturelle Chance individueller Einflußnahme und Herrschaft in bezug auf die Konstitution von Sachverhalten ein, die als auslösende Informationen für die Konkretisierungsaktivitäten fungieren. Als ebenso verhaltensgesteuert und -abhängig erweisen sich auch die übrigen Problemlösungs-, Koordinations-, Kooperations-, Entschließungs- und Vollzugstätigkeiten im Verfahren. Hieraus ergeben sich gleichsam „inter-situative" Handlungs- bzw. Interpretationsspielräume, die sowohl der Kontingenzbewältigung als auch der Komplexitätssteigerung dienen.[370] Sie gewähren den Akteuren zumindest eine *funktionale Autonomie* in der Sachbehandlung. Diese äußert sich in einer personalen „Maßstabsbildungskompetenz" bzw. im Bereich der Normanwendung in der Existenz einer weitreichenden individuellen Definitionsmacht.[371] Diese kann bis hin zum Abschluß von „Arbeitsbündnissen" zwischen staatlichem Funktionsträger und Bürger reichen.[372]

6. *Beziehungshandeln und personalisierte Verfahrensverantwortung*

Der angedeuteten Reichweite sozialer Verständigung sind freilich Grenzlinien gezogen. Staatliche Organe definieren bzw. beschränken die gegebenen individuellen Handlungsmöglichkeiten durch ein komplexes Netz von Zielen, Handlungspro-

---

[369] Vgl. zu diesem Zusammenhang auch *Meyer-Hesemann*, Methodenwandel, S. 168, 169 unter Bezugnahme auf *Achterberg*, Rechtstheorie 9 (1978), S. 395, 409f.; siehe für die Rechtsprechung auch *Trappe*, Sozialstruktur und Rechtsprechung, in: N. Achterberg (Hrsg.), Rechtsprechungslehre, 1986, S. 381ff., bes. 387ff.

[370] Dazu allgemein *Türk*, Handlungsräume und Handlungsspielräume rechtsvollziehender Organisation, in: JbRSoz Bd. 7 (1980), S. 153ff., 161.

[371] Ein treffendes Beispiel hierfür aus der öffentlichen Verwaltung findet sich bei *D. Giese*, Zur Kompatibilität von Gesetz und Sozialarbeit, in: H.-U. Otto/S. Schneider (Hrsg.), Gesellschaftliche Perspektiven der Sozialarbeit, Bd. 1, 1973, S. 45ff.

[372] Vgl. hierzu auf der Gesetzgebungsebene – am Beispiel des Technikrechts und dessen Ergänzung durch „private Normgebung" – *R. Wolf*, Stand der Technik, S. 13ff., 99ff., 114ff., 153ff. einerseits; siehe andererseits und auf der administrativen Vollzugsebene am Beispiel von „Arrangements" in behördlichen Genehmigungsverfahren *Eberle*, DVerw. 17 (1984), S. 440; siehe ferner und allgemein *Doppler/Voigt*, Gruppendynamik und der institutionelle Faktor, S. 341.

grammen, Macht- und Entscheidungsstrukturen, Rollenvorgaben, festgelegten Kommunikationsmustern und Verfahren einerseits sowie durch Mechanismen der Bindung von Personal an diese Steuerungsstrategien andererseits. Schon von daher läßt sich der Verfahrenserfolg nicht etwa an bloß subjektiven Zufriedenheiten messen. Gleichwohl bleibt ein diffuser Bereich individualer, verhaltensgesteuerter *Verfahrensmacht* erhalten. Die Beschreibung formaler Verfahrensabläufe oder instrumentell-rationaler Grundmuster der Konkretisierung vermag ihre Existenz und Wirkweise nur unzureichend zu erklären. Der Einfluß „informeller" Handlungs- und Verhaltensweisen bleibt dabei ebenso im dunklen wie etwa die Auswirkungen „machiavellistischer" Gelüste. Fest steht jedenfalls, daß es in allen Institutionen zwar stets ein über formelle Regeln gesteuertes Verhalten gibt, zugleich aber auch ein Verhalten existiert, das über Beziehungen gesteuert wird.[373]

Zu einem diesbezüglich genaueren Verständnis mag deshalb eher die Analyse des Konkretsierungsprozesses als eines „Spiels" beitragen. Ungeachtet der auch diesem Ansatz innewohnenden Beschränkung seiner Erklärungskraft[374] verdeutlicht er doch die Fülle der Möglichkeiten („Spielzüge"), über die Verfahrensteilnehmer verfügen, um ihre Interessen durchzusetzen bzw. die Intentionen und (rechtlichen) Handlungsaufträge zu verzögern oder gar zu hintertreiben. So schreibt *E. Bardach* zu Recht:

„The idea of ‚games', therefore, will serve principally as a master metaphor that directs attention and stimulates insights. It directs us to look at the players, what they regard as the stakes, their strategies and tactics, their resources for playing, the rules of the play (which stipulate the boundaries beyond which lie fraud or illegitimacy), the nature of the communications (or lack of them) among the players, and the degree of uncertainty surrounding the possible outcomes. The game metaphor also directs our attention to who is not willing to play and for what reasons, and to who insists on changes in some of the games's parameters as a condition for playing."[375]

Allen Verfahrensteilnehmern und den weiteren, nicht an einem konkreten Verfahren beteiligten Adressaten von Maßnahmen staatlicher Funktionsträger kommen, wie sich im Verlauf einer solchen spieltheoretischen Betrachtung zeigt, zahlreiche und ansonsten eher verdeckt bleibende eigenständige Einflußmöglichkeiten auf die Konkretisierung zu. Für deren Wahrnehmung wird allerdings auch und zugleich die Verfahrensverantwortung (nicht: Verfahrensverantwortlichkeit)[376] eines jeden dieser Beteiligten am „Spiel" berufen. Denn Freiheit ohne Verantwortung kann der rationalitätssichernde und legitimationsbedürftige moderne Staat nicht akzeptieren.

---

[373] Vgl. dazu die Nachw. oben im Text, C.I.2.b); für die öffentliche Verwaltung siehe bes. *Bosetzky/Heinrich,* Mensch und Organisation, S. 176ff., 181ff.; *Pankoke,* DVerw. 21 (1988), S. 429ff.

[374] Vgl. dazu die Bemerkungen oben, 2. Kap., A.II.4.c) mit Fn. 138.

[375] *E. Bardach,* The Implementation Game: What Happens After a Bill becomes a Law, 1977, S. 56.

[376] Zu dieser Unterscheidung siehe schon oben, 6. Kap., B.II.

So ist es also nicht allein eine spezifische Verfahrensmacht, die aus der sozialen Verständigung über die Reichweite von Normsetzung und -anwendung folgt. Die Einbindung des Verfahrenshandelns in eine Wechselseitigkeit von Aktion und Re-Aktion, in ein „Sozialverhältnis" entfaltet gleichermaßen verantwortungskonkretisierende Effekte: Der bedeutsamen Rolle, die das Verhalten zueinander bei der Rechtsetzung, -anwendung und -kontrolle spielt, korrespondiert die *Personalisierung* der Verfahrensverantwortung in diesem Verhältnis und darauf bezogen.

Die verhaltensgesteuerte Verständigung über die Reichweite von Normsetzung und Normanwendung im rollendirigierten Zusammenhang des Sozialverhältnisses erfordert insoweit und einerseits Selbstkontrolle und individuelle Gegensteuerung. Alle Verwalter des Rechts in Staat und Gesellschaft trifft hierfür eine ganz besondere Verantwortung. So muß z.B. der Richter die Personenbedingtkeit seines Urteils zum Anlaß nehmen, sich in Unabhängigkeit und Unvoreingenommenheit, vor allem aber in gebotener Zurückhaltung die Schlüsselstellung der Beziehungsebene für sein Urteil bewußt zu machen[377] und zumindest das Ergebnis seiner Überlegungen am Rechtsgefühl zu überprüfen.[378]

Solchermaßen personalisierte Verfahrensverantwortung ist auch *rechtlich* verankert. Die Stringenz des Formalen setzt der Befriedigung persönlicher und zwischenmenschlicher Bedürfnisse dort Grenzen, wo sie in eine Art „Beziehungsunterwelt" führt und kollusives Zusammenwirken gedeihen läßt. Geboten ist daher die volle Anerkennung der verhaltensgesteuerten Konkretisierungsoperationen als rechtserheblich. Nicht von ungefähr erlebt deshalb im Hinblick auf die inzwischen eingetretenen Umweltschäden am deutschen Wald der Versuch eine Neuauflage, legislatives Unrecht durch Regelungsunterlassen auf personale Verantwortungsdefizite untätiger Abgeordneter im Bundestag zurückzuführen und hieraus Amtshaftungsansprüche abzuleiten.[379]

Noch detaillierter hat das BVerwG die rechtliche Grundlage personalisierter Verfahrensverantwortung entfaltet, indem es für das Prüfungsverfahrensrecht im Bereich der akademischen Ausbildung festgestellt hat, das *Fairneßgebot* verpflichte den Prüfer, darauf Bedacht zu nehmen, daß das Prüfungsverfahren – im Rahmen der gegebenen Prüfungsvorschriften – auch hinsichtlich des Stils der Prüfung und der Umgangsformen der Beteiligten einen einwandfreien Verlauf nehme. In die der Prüfung vorbehaltene Leistungsbeurteilung dürfen somit zwar die Überzeugungen, Einsichten und Wertvorstellungen des Prüfers mit einfließen; zu vermeiden ist jedoch, daß der Prüfling „durch ein unangemessenes Verhalten ... einer psychischen

---

[377] Vgl. *Hartwig/Hesse*, Entscheidung im Zivilprozeß, S. 37ff.; *Weimar*, Psychologische Strukturen, S. 182ff., 193ff., 293ff.

[378] Siehe *Gröschner*, JZ 1987, 903ff., 906f.; *Kriele*, FS der Rechtswissenschaftlichen Fakultät zur 600-Jahr-Feier der Universität zu Köln, 1988, S. 707ff., 711ff.; *M. Lutter*, 56. DJT, Bd. II (Sitzungsberichte), Teil I, 1986, S. 13; *Sattelmacher/Sirp*, Gutachten und Urteil, 29. Aufl., 1983, S. 157; siehe ferner die Referate und Diskussionsberichte in: E. Lampe (Hrsg.), Das sogenannte Rechtsgefühl, JbRSoz Bd. 10 (1985).

[379] Vgl. dazu die Nachw. bei *Murswiek*, NVwZ 1986, 611ff.

Belastung ausgesetzt wird, die das Bild seiner Leistungsfähigkeit verfälscht und dadurch seine Chancen mindert."[380] Personalisierte Verfahrensverantwortung gibt damit allen Organwaltern im Staat verbindlich auf, für emotionale Distanz Sorge zu tragen.

IV. Verfahren als Strukturierung staatlicher Entscheidungsfindung („Rationalisierungsperspektive")

In der Betrachtung staatlicher Verfahren als Kooperations- und Koordinationsmechanismus, als Formgebung staatlicher Herrschaft sowie als Prozeß sozialer Verständigung schälen sich einige wesentliche Kriterien ihrer Struktur- und Funktionsgerechtigkeit heraus. Sie gründen jeweils für sich auf der Bedeutung von Verfahren als Strukturelement des modernen Staates,[381] auf der Begründung rationaler Herrschaft durch Konsens *und* Verfahren,[382] aber auch auf dem Beitrag sozio-emotionaler Rationalität zur Gesamtrationalität staatlichen Handelns und Entscheidens.[383]

In ihrer Wirkung sind diese Strukturkriterien der Verfahrensordnung wechselseitig aufeinander bezogen. Die Berücksichtigung der dem modernen Staat eigentümlichen Kommunikations-, Koordinations- und Kooperationsnotwendigkeiten erfordert „bewegliche" Herrschaftsverhältnisse, während umgekehrt erst diese die spezifischen Leistungen des Koordinations- und Kooperationsmechanismus „Verfahren" ermöglichen. Zur anderen Seite hin werden das Verhalten in den ihnen zugrundeliegenden Arbeitsbeziehungen und damit auch der Verfahrensgang selbst über zwischenmenschliche Beziehungen gesteuert, die ihrerseits wiederum von den formellen Herrschaftsverhältnissen und Koordinations- bzw. Kooperationsregeln beeinflußt werden. Prozesse der Machtausübung überlagern sich sonach mit solchen der Kommunikation und sozialen Interaktion.

Im Zusammenwirken der dargestellten Strukturaspekte erfahren einerseits die Ordnungsvorstellungen über staatliche Verfahren ihre grundsätzliche Orientierung. Erkennbar wird aber auch und andererseits, daß Verfahren eine bestimmte *operative Dimension* aufweisen müssen, damit die übrigen Wirkkriterien zur Geltung kommen können.[384] Diese operative Qualität wiederum wird ihrerseits durch die verfahrenseigene Fähigkeit beeinflußt, Handlungs- und Entscheidungsabläufe problemorientiert zu strukturieren.

Zu untersuchen steht also eine spezifisch operative Wirkweise von Verfahren, die deutlich macht, daß und warum der Verfahrensgedanke nicht nur ein „Strukturele-

---

380 BVerwG, BayVBl. 1985, 501 (502) m. w. Nachw. aus der Rechtsprechung.

381 Dazu siehe die Grundlegung oben, 3. Kap., A.

382 Vgl. hierzu oben, 5. Kap., B. IV.

383 Siehe die Ausführungen dazu im 4. Kap., C. VII.

384 Vgl. auch *Offe*, Politische Legitimation, S. 151.

ment" des modernen Staates darstellt, sondern seinerseits strukturbildend auf die staatliche Entscheidungsfindung einwirkt.

Die Merkmale einer derartigen *operativen Struktur* orientieren sich an den Bedarfsanmeldungen der übrigen Wirkdimensionen des Verfahrens. So kann der Kooperations- und Koordinationsmechanismus „Verfahren" in sachlicher Hinsicht nur funktionieren, wenn der Verfahrensablauf entsprechend strukturiert ist und gehandhabt wird. Dabei muß vor allem die kollisionslösende Wirkung von Verfahren zum Tragen gebracht werden. Teilnehmer daran erwarten ein gerechtes, *ausgeglichenes Ergebnis* – gleichwie, ob eine ordnende, lenkende, leistende oder verteilende Staatstätigkeit in Frage steht.[385] Dies gilt insbesondere dann, wenn aufgrund der Gewißheitsverluste juristischen Denkens und Handelns[386] Verfahren die zweckmäßige Sicherung eines angemessenen Interessenausgleichs übernehmen sollen: Sie machen die Existenz von Kollisionen erkennbar und gleichen die ihnen vorausliegenden Grundpositionen miteinander ab.[387]

Dieser Abgleich erfordert nicht nur auf der Ebene der Gesetzgebung ein gewisses Maß an Verfahrensstrukturierung durch adäquate Materialerschließung und faire Positionsabgrenzung. Gleichermaßen bedarf es stufenweiser Programmentfaltung und Interessendiskussion in den Verfahren der Rechtsanwendung und -kontrolle. Die oft erdrückende Komplexität und Technizität staatlicher Gesetzgebungs-, Verwaltungs- und auch Gerichtsentscheidungen muß gegliedert, abgeschichtet und insgesamt gemäßigt werden. Zugleich wird ein hohes Reaktionspotential von Verfahren unabdingbar, wo technologische, soziale und politische Veränderungen sowie steigende Informationsdichte und rechtliche Entwicklung die staatlichen Institutionen zu flexibler Anpassung an diesen Wandel zwingen.[388] Entsprechende Reflexivi-

---

[385] Dazu, daß „Gerechtigkeit" inhaltlich nicht ein für allemal, sondern nur von Fall zu Fall, und nicht monologisch, sondern nur dialogisch bestimmt werden kann, vgl. auch *Gröschner*, JZ 1987, 907; dabei eröffnet der den hiesigen Ausführungen zugrunde gelegte interaktions- und argumentationstheoretische Zugang zu dem Problem der Gerechtigkeit die Möglichkeit, statt auf ausschließlich substanzielle auf sozialstrukturelle und prozedurale Kriterien der Rechtfertigung zurückzugreifen: als gerecht läßt sich dann etwa eine Norm bezeichnen, die (auch) den durch die Regeln eines vernünftigen Diskurses bestimmten Kriterien genügt (vgl. *Alexy*, Theorie der juristischen Argumentation, S. 36f.) bzw. sich am „Sozialverhältnis" orientiert; zu eng demgegenüber *Zacher*, FS W. Maihofer, S. 686f., 688f.

[386] Dazu *Haverkate*, Gewißheitsverluste, passim.

[387] Zur Kollisionslösung durch Verfahrensdirektiven siehe grds. *Fohmann*, Konkurrenzen und Kollisionen im Verfassungsrecht, 1979, S. 15ff., 100ff., 242ff.; *Häberle*, VVDStRL 30 (1972), S. 80ff., 86ff.; *K. Hesse*, HdbVerfR, S. 101f. m. Nachw. aus der Rspr. des BVerfG; *Schmidt-Aßmann*, Verfahrensgedanke, S. 11; am konkreten Beispiel sog. mittelbarer Wehrdienstverweigerung siehe auch *Pitschas*, NJW 1984, 889ff., 893, 895f.; skeptisch aber *Herzog*, VVDStRL 30 (1972), S. 146ff. (Disk.-beitrag); *Bethge*, Grundrechtskollisionen, S. 362ff. m. w. Nachw. zur Diskussion.

[388] Vgl. dazu auch oben, 5. Kap., A. IV. 3. („reflexive Rationalität" staatlicher Verfahren); einbezogen wird damit auch und zugleich der Zusammenhang von Verfahrenswandel und „Modernisierung" staatlicher Institutionen, vgl. dazu *J. J. Hesse/A. Benz*, Staatliche Institutionspolitik im internationalen Vergleich, in: Jahrbuch zur Staats- und Verwaltungswissenschaft, Bd. 2, 1988, S. 69ff.

tät des Verfahrensrechts bzw. -handelns ist eine der Konsequenzen hieraus. So verlangt z.B. die im Gefolge dieses Wandels feststellbare zunehmende institutionelle, hierarchische und funktionelle Arbeitsteilung zwischen den staatlichen Organen ein besonderes Maß an koordinierenden (Steuerungs-)Aktivitäten.

Verfahren erweisen sich hierdurch letztendlich als ein *Medium* gesellschaftlicher Entwicklung und darauf reagierender staatlicher Ordnung, das bis zu einem gewissen Grad situative Komplexität durch *Binnendifferenzierung* nach Maßgabe der Sachaufgaben abzubilden und aufzulösen vermag. Die in der Formgebung staatlicher Herrschaft im modernen Staat sich offenbarende relative Insuffizienz bürokratischer Führungsstile und formaler Entscheidungstechniken trägt ihren Teil dazu bei. Allfällige Tendenzen zur Diskussion anstelle des Befehls und die Notwendigkeit von Vereinbarungen statt Anweisungen induzieren Modelle des *Aushandelns.* In der Folge hiervon werden Zwecke und Ziele über längere Handlungsketten, z.B. durch Zwischenschaltung von Hearings in parlamentarischen Verfahren oder horizontale Umweltorientierung der Verwaltung („Partizipation") konkretisiert.

Demgemäß differenzieren sich die Verfahrensoperationen breiter aus; es geht nunmehr um den Einbezug aller geplanten und ungeplanten Einflüsse auf die bewegliche Abwicklung der Herrschaftsverhältnisse. So müssen beispielsweise die prozeduralen Aktivitäten staatlicher Funktionsträger mehr und mehr um die Kategorie des „Beratungshandelns" ergänzt werden.[389] Und auch die Operationen-Struktur der Informationsversorgung muß im Hinblick auf den Kreis der Beteiligten, den Zeitpunkt der Beteiligung, ihre Form und die Art und Weise überdacht werden. Denn Verfahren können durch eine entsprechende Festlegung des Zeitpunktes, der Beteiligungsform, durch die Auswahl der zu Beteiligenden und der erforderlichen Informationen die Einflußchancen der problembefaßten Akteure steuern.[390] Ob die Verfahrensordnung hierbei eine Verhinderungsstrategie oder eine Strategie der Öffnung verfolgt, hängt weitgehend von den erhofften, gebotenen oder auch befürchteten Wirkungen ab.[391]

---

[389] Vgl. dazu mit Bezug auf die *Gesetzgebung* z.B. *Brohm,* Sachverständige Beratung, S. 207ff.; *W. Bruder,* Sozialwissenschaften und Politikberatung, 1980, S. 32ff., 61ff.; siehe am Beispiel der Technologiefolgenabschätzung auch *Böhret,* Gesellschaftspolitische und institutionelle Aspekte der Technologiefolgenabschätzung, in: Umweltbundesamt (Hrsg.), Technologien auf dem Prüfstand, 1983, S. 29ff., 38ff., 51ff. Mit Blick auf den *Verwaltungsvollzug* siehe etwa *Hufen,* NJW 1982, 2163; *Laubinger,* Die Verwaltung als Helfer des Bürgers, S. 439ff., 440f., 444ff.; *Pitschas,* JbRSoz Bd. 9 (1983), S. 225ff. In bezug auf *gerichtliche Verfahren* ist jedoch dieser Gedanke noch kaum akzeptiert: So soll z.B. die „prozessuale Fürsorgepflicht des Richters" nach der (problematischen) Auffassung des BVerfG unter Berufung auf die mit der richterlichen Tätigkeit untrennbar verknüpfte Distanz und Neutralität keine Rechtsberatung im Prozeß ermöglichen, siehe BVerfGE 52, 131 (161); vgl. auch *Schellhammer,* Zivilprozeß, S. 225 m. Anm. 197 (Rdnr. 476).

[390] Dazu siehe schon oben im Text um und zu Fn. 231ff., 234ff.

[391] Vgl. hierzu für die Ausgestaltung parlamentarischer Verfahren exemplarisch BVerfGE 70, 324 (363, 365); in bezug auf die Gestaltung des Verwaltungsverfahrens vgl. *R. Mayntz,* Soziologie der öffentlichen Verwaltung, S. 249; für den Verwaltungsprozeß siehe am Beispiel der Präklusion u.a. BVerfGE 61, 82 (114f.).

Als Prozeß sozialer Verständigung fixiert das Verhalten zugleich die für die einzelnen Operationen maßgeblichen Steuerungs- und Situationserwartungen. Aber auch dies geschieht nicht in Form einer gleichsam ungebrochenen Entwicklungslinie der Verfahrensgeschichte. Denn jede Verfahrensoperation einzelner Beteiligter einschließlich ihrer Verfahrensentscheidungen als Knotenpunkte in Konkretisierungsprozessen wird als Faktum zur individualen oder kollektiven Verfahrensprämisse der anderen Beteiligten. Sie strukturiert so die gemeinsame Situation sowie den Verfahrensgang.[392]

Im Ergebnis sieht sich damit der Prozeß der Rechts- und Zweckkonkretisierung durch zahlreiche Elemente der Problemermittlung, Verständigung und Abstimmung, Gliederung und Stufung, Differenzierung und Bündelung in bezug auf die Verfahrensaktivitäten gekennzeichnet. Diese Elemente sind die Bausteine, mit denen die staatlichen Funktionsträger ihre Entscheidungen und sonstigen „Leistungen" prozedural herstellen. Sie geben diesen ein faktisches Gerüst im Kontext verantwortlich ausgeübter rationaler Herrschaft. In welchem Ausmaß von den Bausteinen bei der rechtlichen Gestaltung der Verfahrensaktivitäten Gebrauch gemacht wird, hängt zum einen von der jeweiligen Komplexität der Sachaufgabe und der Situation ab, in der sie erfüllt werden soll,[393] zum anderen aber von der Fähigkeit der Akteure, diese Komplexität sachverständig *und* verhaltensmäßig zu verkraften. Denn Situationen höherer sozialer Komplexität können nur begrenzt durch eine entsprechend höhere Komplexität des sozialen Verhaltens bewältigt werden.[394]

E. Verfahrensverantwortung und Verfahrensführung

Die Formgebung staatlicher Herrschaft, das Maß an Kommunikation, Koordination und Kooperation in und durch Verfahren sowie ihre Strukturierung unter Berücksichtigung der Prozesse sozialer Verständigung prägen jene meßbaren Kriterien aus, die eine *Wahl* zwischen den verschiedenen Gestaltungsmöglichkeiten bei der rechtsförmigen Verfahrensordnung ermöglichen. Diese selbst ist Ausfluß der staatlichen Verfahrensverantwortung, die sich auf die Gestaltung der Prozeßstrukturen richtet, also auf die Gliederung der Aktivitäten und Abläufe, welche innerhalb der Gebildestruktur des jeweiligen Staatsorgans stattfinden. Ihr grundsätzlicher Bezugspunkt ist die in den *Verfahrensfunktionen*[395] abgebildete Ziel- und Zweckorien-

---

[392] So mit Recht *Luhmann*, Verfahren, S. 40, 46f.

[393] Vgl. auch *Schmidt-Aßmann*, Ordnungsidee, S. 24f.

[394] Siehe auch *Luhmann*, Verfahren, S. 52, der sich dann aber selbst widerspricht, wenn er eine Spirale der Komplexitätssteigerung bis hin zur unbestimmten Komplexität in Gang setzt. Die Konsequenz von *Wahl*, VVDStRL 41 (1983), S. 180, mehr Eigenkomplexität der Verwaltungsverfahren zu fordern, erscheint mir vor diesem Hintergrund keineswegs zwingend; siehe aber auch *Schmidt-Aßmann*, HdbStR III, 1988, S. 644 m. Anm. 123.

[395] Zu ihnen siehe oben, C.I.2.c) mit cc).

tiertheit des Verfahrens unter Berücksichtigung der gegebenen Verfahrensbedingungen[396] und nach Maßgabe der materiellen Leitlinien staatlicher Organverantwortung.[397]

I. Funktionenspezifische Verrechtlichung operativer und Leitungsprozesse

Im Vordergrund der alternativenreichen Verfahrensgestaltung steht somit die geeignete Auswahl funktionaler Regelungsmerkmale. Wer beispielsweise das *Verwaltungsverfahren* in Optimierung der Wendung gegen die Verwalter staatlicher Macht primär unter dem Aspekt einer subjektiven Rechtsschutzfunktion sieht, muß wegen der Übereinstimmung dieser Funktion mit dem Auftrag des verwaltungsgerichtlichen Verfahrens ein Verhältnis wechselseitiger Entlastung von Verwaltungsverfahren und verwaltungsgerichtlichem Prozeß anstreben.[398] Diese Entlastung bedingt eine gewisse Ähnlichkeit beider Verfahren.[399] Wer dagegen der Devise folgt, die öffentliche Verwaltung und damit auch das Verwaltungsverfahren sei von legitimierenden Funktionen weitgehend zu entlasten „und die Verwaltungsarbeit funktional spezifisch auf die Ausarbeitung konsistenter Entscheidungen und Reduktion möglichst hoher Komplexität zu konzentrieren",[400] kann das Verwaltungsverfahren gehörig „abspecken". Darunter leidet dann allerdings auch die Reaktionsgerechtigkeit des Verwaltungshandelns. Die Legitimationsfunktion des Verwaltungsverfahrens ist heute jedoch wichtiger als je zuvor.

Die praktischen Konsequenzen der Orientierung rechtlicher Verfahrensgestaltung an funktionalen Kriterien sind damit nicht erschöpft. Auch andere Ansätze sind denkbar, so z.B. die wechselseitige Ergänzung von Verfahrensfunktionen.[401] In keinem Fall sind freilich die unterschiedlichen Anforderungen an ein Verfahren *konfliktfrei* zu verwirklichen. Das ist aber auch nicht unbedingt notwendig. Nicht nur gibt es „produktive" Konflikte, durch deren Abarbeitung ein Verfahren an Effektivität gewinnen kann.[402] Kraft der *funktionellen Binnendifferenzierung* errei-

[396] Vgl. hierzu oben, C.II.3.

[397] Wie sie im 6. Kap., C.III.2., näher ausgeführt worden sind.

[398] Vgl. dazu BVerfGE 61, 82 (115f.); *Brohm*, NJW 1984, 12; *Held*, Grundrechtsbezug, S. 41ff. m.w.Nachw.; siehe auch *Luhmann*, Verfahren, S. 216.

[399] *Luhmann*, a.a.O. (Fn. 298), S. 216 m.Anm. 15; krit. demgegenüber schon *Ule*, VerwArch. 62 (1971), S. 114ff., 122ff.; zur Problematik siehe auch *Wahl*, VVDStRL. 41 (1983), S. 159ff.; *J. Schwarze*, Funktionaler Zusammenhang, S. 48f.

[400] *Luhmann*, a.a.O. (Fn. 398), S. 216.

[401] Näher hierzu *Wahl*, VVDStRL 41 (1983), S. 157ff., 164f.; unklar dagegen *Hill*, Das fehlerhafte Verfahren, S. 214.

[402] Zur Vorstellung der „Produktivität" von Konflikten im Handlungsfeld der öffentlichen Verwaltung siehe z.B. *Bosetzky/Heinrich*, Mensch und Organisation, S. 196ff., 198f.; auch der Konflikt zwischen Verwaltungsbehörden bzw. zwischen Amtswaltern und ihren Umwelten/Bürgern kann sich in diesem Sinne als förderlich für den Konkretisierungsprozeß erweisen.

chen staatliche Verfahren erst jene innere Komplexität, die der Dynamik der gesellschaftlichen Lebenswelten und den operativen Anforderungen entspricht, die an den modernen Staat aus Gründen der Legitimität, Rationalität und Verantwortung gerichtet sind.

Die Entwicklung funktionsspezifischer Prozeßstrukturen hat deshalb nicht allein die Eigenart der jeweils zu erfüllenden Staatsaufgabe zu beachten. Vordringlicher noch stellt sich die Frage, welche funktionalen Ordnungselemente überhaupt auszuwählen sind und wie sie einander rechtlich zugeordnet werden können. Übergreifende Aussagen hierzu lassen sich zwar nur bedingt treffen; stets bedarf es der Rückführung auf den jeweiligen staatlichen Verfahrensträger und die von ihm zu konkretisierenden Staatszwecke. Doch gilt es auch und ebenso den aus der rationalitäts- und legitimitätssichernden Verfahrensverantwortung resultierenden generellen Anforderungen in bezug auf die Gestaltung und Führung der Konkretisierungsprozesse zu genügen.

Festzuhalten ist dabei allerdings die jedem staatlichen Verfahren drohende *Funktionsüberlastung* und *Funktionsdiffusität.* Denn seine theoretische Zergliederung in Aktivitäten, Phasen, Institute und Ebenen, die Formalisierung der Verhaltenserwartungen sowie die Ausformung des rechtlichen Verfahrensstatus bleiben doch immer an den Realvorgang zurückgebunden, also an das Interaktionsgefüge aus wichtigen und unwichtigen Vorgängen, aus Haupt- und Neben-, Vorbereitungs- und Vollzugshandlungen. Dieses Realgeschehen ist zu vielgestaltig, als daß es funktional eineindeutig geordnet werden könnte. Einzelne Vorgänge und Positionen werden überdies durch die unterschiedlichen Rollen der Beteiligten vorgeprägt, die sich innerhalb des Verfahrens ändern oder ganz wechseln können, so daß bestimmte Verfahrensabläufe in ihrem Wert durch andere Vorgänge kompensierbar werden. Bei Verfahrensregelungen geht es deshalb durchweg um eine *Gesamtsaldierung* erreichter und verfehlter Funktionseffekte.[403]

Überhaupt stellt sich die Frage, wie und in welchem Ausmaß die funktionsspezifische Orientierung der Konkretisierungsprozesse normativ festzuschreiben ist. Verfahrenskodifikation bedeutet ja nicht – worauf schon oben hingewiesen wurde[404] – die *vollständige* Abbildung des faktischen Verfahrensganges, sondern die Regelung herausgehobener, besonders gefährdeter Punkte durch unterschiedliche rechtliche Sicherungsinstrumente. Im übrigen aber muß genügend Raum für die Verfahrensabwicklung bleiben, d.h. für deren Zweckmäßigkeit und Reagibilität. Verfahren dürfen nicht zur Immobilität verurteilt werden. Andernfalls drohen die Beteiligten auszubrechen und sich paralegale Handlungsräume zu schaffen. Die Formalisierung staatlicher Verfahren hat also keine völlige Durchsetzung der Verfahrensrealität anzustreben, sondern immer nur die Strukturierung von Aktivitätsschwerpunkten. Informelles Verfahrenshandeln bleibt daneben unumgänglich, ja sogar notwen-

---

[403] Vgl. auch *Schmidt-Aßmann*, Verfahrensgedanke, S. 17; zu einseitig den Aspekt der „Überlastung“ betonend dagegen *Hill*, Das fehlerhafte Verfahren, S. 214.

[404] Vgl. bei C.I.1.a).

dig.[405] Selbst die Zivilprozeßordnung beläßt daher als feinstmaschige Durchnormierung eines staatlichen Verfahrens diesen „Spielraum".

Selbstverständlich bleibt davon die Aufgabe der Prozeßrechtsdogmatik unberührt, formfreiem Verfahrenshandeln nachzugehen, seine positiven und negativen Auswirkungen zu gewichten und ggf. seine weitere Formalisierung vorzubereiten. Dabei ist allerdings ebenso zwischen bloßen Ordnungsvorschriften und wichtigen Normen zu unterscheiden,[406] wie eine frühzeitige Verrechtlichung zu vermeiden ist. Gerade mit Verfahrensabläufen müssen immer erst Erfahrungen gesammelt werden.[407] Und nicht alles läßt sich in rechtliche Gestalt bringen; vieles ist und bleibt eine Frage der Einstellung, des Umganges miteinander (für den man allerdings auch sinnvolle Regeln entwickeln kann), des Stils und damit der *Verfahrenskultur.* Sie steht in einem Ergänzungsverhältnis zum Verfahrensrecht.

Auch darauf muß also die Verrechtlichung von Verfahren hinreichend Rücksicht nehmen. Dies gilt insbesondere für die „Sprache", in die Verfahrensrecht gekleidet wird. Die Maßgabe der Verfahrensverantwortung, Konkretisierung auch als einen Prozeß sozialer Verständigung zu ordnen, läßt jedenfalls den Gebrauch solcher Rechtsbegriffe problematisch erscheinen, die im Alltagsverständnis der an einem Verfahren Beteiligten und vor allem bei Rechtsanwendungsvorgängen nahezu automatisch zu Störungen auf der Beziehungsebene führen müssen.[408]

Hiervon ausgehend, gibt staatliche Verfahrensverantwortung auf, den voraussetzungs- und folgenreichen faktischen Konkretisierungsvorgang in einen „procedural due process of law" zu überführen. Dabei geht es in Konsequenz dessen, daß Verfahrenshandeln sowohl über formelle Regeln als auch über Beziehungen – also „informell" – gesteuert wird, einerseits um die Wahrnehmung der Verfahrensverantwortung in bezug auf die *Strukturen* der Rechts- und Zweckkonkretisierung, andererseits um den konkreten Arbeitsablauf, um die *Verfahrensführung.* Beides ist freilich nur idealtypisch zu trennen.

II. Rechtliches Verfahrensprogramm und gegliederte Verfahrensverantwortung

Gegenstand des *führungsbezogenen* rechtlichen Ordnungsauftrags der Verfahrensverantwortung[409] sind in Ansehung des voraufgehend erörterten organisatorischen Charakters von Verfahren[410] die operativen Prozesse der Aufgabenerledigung

---

[405] Siehe statt aller *Eberle,* DVerw. 17 (1984), S. 441f.; *Schmidt-Aßmann,* Ordnungsidee, S. 29ff., 32; *Schulze-Fielitz,* Der informale Verfassungsstaat, S. 100ff.

[406] Siehe etwa *Schmidt-Aßmann,* Verfahrensgedanke, S. 16.

[407] So auch *Schmitt Glaeser,* Position der Bürger, S. 95.

[408] Vgl. z.B. *Söffner,* Ursachen von Kommunikationsstörungen vor Gericht, in: Wassermann/Petersen (Hrsg.), Recht und Sprache, 1983, S. 73ff.

[409] Siehe hierzu näher oben, 6. Kap., C.III.1.

[410] Vgl. dazu im Text oben bei C.I.2.d).

und die Leitungsprozesse, zu denen die Planung und Kontrolle von Zielen und Maßnahmen, die Menschenführung im Verfahren sowie das Organisieren zählen.

1. Teil-Verantwortungen für die rechtliche Ordnung der Verfahrensaktivitäten

Den Anknüpfungspunkt für die diesbezügliche rechtliche Strukturgebung bildet die von den operativen und Leitungsprozessen umschlossene Gesamtheit an informierenden und kommunikativen, orientierenden, steuernden, entschließenden und vollziehenden Tätigkeiten.[411] So können sachgerechte Entscheidungen nur getroffen werden, wenn die benötigten *Informationen* vorliegen und dem ziel- bzw. zweckbezogenen Austausch, also der *Kommunikation* zugeführt werden. Dies allerdings erfordert eine rechtliche Option für die umfassende *Problemorientierung.*[412] Die davon erfaßten Prozeßschritte sind immer mehr durch arbeitsteilige Erledigung der insgesamt zur Erfüllung einer Aufgabe notwendigen Tätigkeiten unter Einschaltung mehrerer hierfür spezialisierter Funktionsträger gekennzeichnet (funktionale Differenzierung). Deshalb wird zugleich eine planmäßige Regelung der Arbeitsausführung durch die Verfahrensorganisation sowie eine rechtsförmige *Steuerung* (Koordinierung, Kooperation, Führung und Kontrolle) der einzelnen Teilvollzüge erforderlich.

Zu formalisieren sind ferner die *entschließenden Tätigkeiten,* die je für sich Knotenpunkte der jeweils ablaufenden Teil-Prozesse einer Problemlösung markieren. Sie leiten weiterführende Verfahrensschritte ein, die in regelgesteuerte *Ausführungs-Aktivitäten* einmünden.[413]

Die rechtliche Strukturgebung setzt im Rahmen dieser Anknüpfung jede Verfahrenstätigkeit *funktional* ein. Dadurch „dienen“ alle Aktivitäten einerseits als Mittel der in materiell-rechtlichen Maßgaben und in Leitlinien staatlicher Verantwortung vorgezeichneten Zielerreichung und Zweckverwirklichung, wirken aber auch und andererseits in ihrer eigenständigen Sinngebung und Reflexivität. Staatliche Verfahrensordnung wird damit zu einem *rechtlichen Verfahrensprogramm.* Es legt unter Verflechtung der einzelnen Tätigkeits-Gruppen fest, wer nach welchen Kriterien an einem Verfahren teilnehmen soll, wie die Teilprozesse ablaufen und nach welchen Grundsätzen sich die Teilnehmer im Verfahren zu verhalten haben.[414] Zugleich wird damit der rechtliche *Verfahrensstatus* des einzelnen ausgeformt.[415]

Die solchermaßen strukturprägende rechtsförmige Programmierung hängt einerseits von den erörterten Merkmalen der Verfahrenssituation ab. Sie entfaltet sich andererseits aktivitätsbezogen nach Maßgabe der *Wirkdimensionen* des Verfahrens. So ist Verfahrensrecht immer auch Informations- und Kommunikationsordnung,

---

[411] Siehe hierzu die Grundlegung oben, C.I.2.c) mit dd) und (2); vgl. ferner bei C.II.2.
[412] *Staehle,* Management, S. 320ff.; *Thieme,* Entscheidungen, S. 36ff.
[413] *Grün/Hamel/Witte,* Struktur von Informations- und Entscheidungsprozessen, S. 143.
[414] Siehe dazu bereits Text und Nachw. oben bei C.II.1.a).
[415] Zu diesem vgl. bereits oben, C.I.2.d) mit bb).

Ordnung des Problemlösungsverhaltens, der Steuerungsbeziehungen, des Entschließens und Vollziehens. *Wie* diese Ordnung(en) i.S. eines struktur- und funktionsgerechten Verfahrensgefüges zu gestalten ist/sind, folgt aus den dargestellten legitimations-, rationalitäts- und verantwortungsdirigierten Wirkdimensionen staatlicher Verfahren.[416]

Ihnen zufolge ist jeder Konkretisierungsprozeß in herrschaftsdämpfender Formgebung so weitgehend wie nur möglich als Kooperations- und Koordinationsmechanismus im Zeichen einer aktiv-integrativen Konfliktbewältigung sowie als Prozeß sozialer Verständigung zu gestalten. Das hat zur Folge, daß Verfahrensrecht – wie etwa *H.H. Kühne* am Beispiel einer kommunikationsbezogenen Analyse der Strafprozeßordnung dargetan hat[417] – Verhaltensanweisungen enthält, Kommunikationssituationen bereitstellt, sie durch das rechtlich vorgesehene Ausmaß verfahrensmäßiger Information und Kommunikation strukturiert und dadurch einen (rollendirigierten) *Interaktionszusammenhang* begründet.[418] In ihn sind auch alle weiteren Verfahrensaktivitäten, also sowohl die Problemorientierung wie die Verfahrenssteuerung, die Entschließungen wie die Vollzugsoperationen eingebettet.

Die regulative Funktion des Verfahrensrechts wird dadurch auf die Herstellung von Kompatibilitäten und „Anschlußmöglichkeiten" verschiedener Interessenzusammenhänge bzw. Sozialverhältnisse gepolt – eingedenk des schon beschriebenen Umstandes, daß die überkommene Methode der Subsumtion von Sachverhalten unter eine Norm im Wege des Syllogismus den Geltungsbedingungen des Rechts im modernen Staat längst nicht mehr genügt.[419] Die stattdessen geforderte normative „Reflexivität" zu verwirklichen, setzt allerdings voraus, die staatliche Verfahrensverantwortung nicht als monolithischen Regelungsauftrag, sondern als *gegliederte* Gestaltungspflicht und -befugnis zu begreifen. Sie verkörpert in diesem Verständnis das reflexive Selbststeuerungspotential des Verfahrensgedankens.[420] Zu seiner Entfaltung differenziert sich staatliche Verfahrensverantwortung entsprechend den Aktivitäten des Konkretisierungsprozesses in *Teil-Verantwortungen* aus.

---

[416] Sie sind des näheren aufgefächert oben bei D.I.–IV. Das im Text ausgeführte bildet somit auch die Substanz jenes vom BVerfG entwickelten Begriffs des „Verwaltungsverfahrens"; es kennzeichnet also die „Art und Weise der Ausführung des Gesetzes einschließlich ihrer Handlungsformen, die Form der behördlichen Willensbildung, die Art der Prüfung und Vorbereitung der Entscheidung, deren Zustandekommen und Durchsetzung sowie verwaltungsinterne Mitwirkungs- und Kontrollvorgänge in ihrem Ablauf" (zul. BVerfGE 75, 108, 152 – Künstlersozialversicherung).

[417] Strafverfahrensrecht als Kommunikationsproblem, S. 21ff.

[418] Dies gilt auch für das Verwaltungsverfahren, siehe etwa *Bönsch*, DVP 1984, 31ff., 33; *Grunow/Hegner*, Sozialpsychologische Konsequenzen, S. 261ff.; *P. Heinrich*, DVP 1978, 25ff.

[419] Vgl. oben, 1. Kap., A.I.2.a) mit Anm. 86; 2. Kap., C.2.c) mit bb) und Anm. 248.

[420] Dazu die Grundlegung oben, 3. Kap., B.I.5.; 4. Kap., D.I.–III.; 6. Kap., B.IV.2.; das „Verfahrensermessen" der Verwaltung, wie es z.B. *Hill*, NVwZ 1985, 449ff., entfaltet, ist ein Ausdruck dessen – ohne freilich das gegebene Potential der Reflexivität zu erschöpfen, vgl. 6. Kap., Fn. 39.

2. *Staatliche Informations- und Kommunikationsverantwortung*

Mit Recht haben wir es uns deshalb angewöhnt, von einer „richterlichen Kommunikationsverantwortung" zu sprechen. Sie hält den Richter bzw. das Gericht dazu an, zur Verwirklichung der Verfahrensziele die rechtlich bereitgestellten Kommunikationssituationen in dialoghafter und kooperativer Weise auszugestalten.[421] Darin liegt freilich nicht ihr einziger Auftrag. Als spezielle *Informationsverantwortung* richtet sie sich darauf, im Laufe des Verfahrens die für die Erfüllung der Rechtsprechungsaufgabe erforderlichen Daten auch zu beschaffen und die informationellen Abläufe entsprechend handhaben zu können, also beispielsweise die Verfahrensbeteiligten zur Hergabe von Daten verpflichten zu dürfen. Sie vermag schließlich jene Selbstbeschränkung des Gerichts bei der Überprüfung von Sachverständigengutachten im Prozeß zu rechtfertigen, wie sie bereits *F. Werner* der Auffassung vom Sachverständigen als eines bloßen Richtergehilfen entgegengesetzt hat.[422]

Eine gleichliegende Verantwortung für die Gestaltung der Informations- und Kommunikationsaktivitäten treffen Gesetzgeber und öffentliche Verwaltung in bezug auf „ihre" Verfahren.[423] Anzuknüpfen ist dabei an die allen Funktionsträgern im staatlichen Funktionswandel mehr und mehr unverzichtbare Aufgabe der *Informationsversorgung*. Diese ist Inbegriff und dominierende Instanz aller Vorgänge staatlicher wie gesellschaftlicher Informationsbeschaffung und -nutzung. Für ihre effektive und effiziente Gewährleistung hat der moderne Staat um seiner Existenz willen einzustehen.[424] Und eben wegen dieser Verknüpfung mit den Rationalitäts- und Legitimationserfordernissen staatlicher Bestandssicherung liegt in der Feststellung einer spezifischen *Informationsverantwortung* der Staatsorgane auch keine „Banalität" oder triviale Einsicht, wie dies *E. Denninger* notieren zu müssen glaubt.[425] Ihre Anerkennung ist vielmehr Folge und Ausdruck einer Entwicklung, in deren Verlauf sich staatliches Handeln wie Entscheiden unausweichlich auf eine „Informationsgesellschaft" bezogen sieht.[426]

Über den Rohstoff „Information" sind die Informations- und Kommunikationsverantwortung(en) staatlicher Organe überdies mit einer je spezifischen *Kommunikations- und Interaktionsverantwortung* verbunden. Denn Art, Form und Umfang der Informationsübermittlung sind von den jeweiligen Kommunikationspartnern

---

[421] Vgl. *Kühne*, Strafverfahrensrecht als Kommunikationsproblem, S. 64ff.; *Wassermann*, Richterliche Gewalt, z.B. S. 136, 152f., 190ff.

[422] *F. Werner*, Recht und Gericht in unserer Zeit, 1971, S. 316; diesen Gedanken aufnehmend und vertiefend jüngst *Sendler*, NJW 1986, 2907ff., 2908ff.

[423] Vgl. *R. Scholz/Pitschas*, Informationelle Selbstbestimmung, S. 132ff. m.w.Nachw.

[424] *H. Fiedler*, Entwicklung der Informationstechnik, S. 43ff., 49f.; *R. Scholz/Pitschas*, a.a.O. (Fn. 423), S. 104ff., 105f.

[425] KritV 1986, 291ff., 295; vgl. auch die Kritik von *Denninger*, KritJ 1985, 215ff.

[426] Zu deren Verständnis und Deutungsgehalt siehe bes. *Otto/Sonntag*, Informationsgesellschaft, S. 7ff., 16ff. m.w.Nachw.

abhängig und zudem allgemein unterschiedlich. Kommunikation darf deshalb nicht als bloße Übertragung von Nachrichten oder Informationen aufgefaßt werden. Sie ist vielmehr stets und zugleich soziale Interaktion, also eine *Synthese* aus Information, Mitteilung, Verstehen und (Nicht-)Verständigung.[427]

Darauf, daß diese Synthese zustandekommt, hat der jeweilige staatliche Funktionsträger in seiner Strukturgebung für die Verfahrensordnung hinzuwirken. Das rechtliche Verfahrensprogramm muß demzufolge auch die Gestaltung von Rechts- *und* Sozialbeziehungen umfassen, zumindest aber letztere bei der Ordnung von Verfahren bedenken. Die strukturelle Integration kognitiv-motivationaler, emotionaler und sozialer Komponenten in formalisierten staatlichen Verfahren ist durch die Verfahrensverantwortung aufgegeben.[428] Der Gesetzgeber des Verfahrensrechts für die Sozialverwaltung hat somit den richtigen Weg eingeschlagen, wenn er in § 25 Abs. 2 SGB X vorsieht, in den Akten enthaltene Angaben über gesundheitliche Verhältnisse bei Akteneinsicht der Verfahrensbeteiligten durch einen Arzt vermitteln zu lassen.

Daß es bei alledem nur selten zu einer unverzerrten Kommunikation und zu einem „herrschaftsfreien Diskurs" kommen mag, wie jüngst *A. Kaufmann* noch einmal am einleuchtenden Beispiel des Strafprozesses hervorgehoben hat,[429] schadet nicht. Es scheint in der Tat einiges dafür zu sprechen, daß der vernünftige Konsens einen „Grenzfall extremer Unwahrscheinlichkeit" darstellt – jedenfalls wenn man ihn ausschließlich in der Sprache und mit Hilfe stark abstrahierender Denkschemata der Systemtheorie herzustellen sucht.[430] Was aber spricht dagegen, zumindest die Strukturen der Kommunikation in staatlichen Verfahren in diesem Sinne zu verbessern? Alles andere bedeutet demgegenüber doch nur, Wahrheit und Erkenntnis, Gerechtigkeit und Sozialität unerträglich zu relativieren.

Der Weg bleibt somit das Ziel. Staatliche Informationsverantwortung, die ihm folgt, muß in der Formalisierung der Verfahrensrollen und -abläufe ausgreifende Möglichkeitsräume der *Verständigung* eröffnen. Verfahrensrecht hat somit Optionen für variierende Kommunikationen und Interaktionen bereitzustellen.[431] Denn wie anders, wenn nicht gerade in Verfahren, lassen sich „Spielräume" für Menschlichkeit vorhalten und nutzen? Freilich weitet sich damit erneut das Funktionsspek-

---

[427] *Luhmann,* Soziale Systeme, S. 191ff., 193ff., 196f.; *Wersig,* Kommunikative Revolution, S. 18ff., 24ff., 38ff., 42ff., 47ff.

[428] *Wassermann,* Richterliche Gewalt, S. 154, knüpft hieran die Forderung nach einer „modernen Rechtsfindungslehre" an, die dazu verhelfen soll, die Gefahr richterlicher Willkür zu beseitigen; umgekehrt kann *Bettermann,* FS H. Huber, S. 47, mit Recht feststellen, die Rechtmäßigkeit von Ermessensakten im Verwaltungsverfahren hänge „auch von den Motiven des Akteurs ab".

[429] JZ 1985, 1067f.; vgl. für das Verwaltungsverfahren auch *Pankoke/Nokielski,* Verwaltungssoziologie, S. 68.

[430] Das Zitat im Text stammt von *Luhmann,* Die Richtigkeit soziologischer Theorie, in: Merkur, 41 Jg. (1987), Heft 1, S. 36ff., 49.

[431] Aufgenommen wird damit das Postulat der Reflexivität von Verfahren als ein integrationssichernder Rationalisierungsmodus, vgl. oben, 4. Kap., D.I.–III.

trum staatlicher Verfahren aus: Sie erweisen sich im Rahmen ihrer funktionenspezifischen Orientierung als ein Instrument zum Ausgleich des Zielkonflikts „Institution-Mitglieder" und insofern als Mittel einer ziel- und zweckgerichteten *Personal- bzw. Mitarbeiterführung*. Auch von daher wird es im Zusammenhang rechtsförmiger Verfahrensprogrammierung wichtig, solche Prozeßschritte in den Blick zu nehmen, die nach herkömmlichem Verständnis im staatlichen Innenbereich und deshalb rechtsexemt ablaufen.[432]

3. Problemlösungs-, Steuerungs-, Entschließungs-, Vollzugs- und Folgenverantwortung

Die kommunikativ-interagierende Verfahrensverantwortung determiniert sowohl die problemorientierenden Tätigkeiten in staatlichen Verfahren als auch die Steuerungsbeziehungen sowie alle weiteren Verfahrensaktivitäten. Denn die Tätigkeits-Gruppe „informieren, kommunizieren" erfaßt nicht nur jenen Ausschnitt der Informations-Operationen, die nichts anderes als *nur* Informationstätigkeiten sind. Darüber hinaus werden Operationen aus den anderen Gruppen „orientieren", „steuern" und „vollziehen" einbezogen, soweit sie *auch* Informations- und Beziehungsaktivitäten umfassen.

Umgekehrt lassen sich jenseits dieser übergreifenden Perspektive des Informations-, Kommunikations- und Interaktionsverhaltens in Konkretisierungsprozessen weitere Verfahrensaktivitäten ausmachen, für die eine je spezifische Verfahrensverantwortung existiert. Sie bezieht sich als *Verantwortung für den Problemlösungsprozeß* auf die strukturoptimale Gestaltung und Abwicklung sämtlicher Aktivitäten, die vom Entstehen eines Problems bis zu dessen Lösung durchgeführt werden.[433] Die daneben tretende *Steuerungsverantwortung* erstreckt sich entsprechend auf die in den Prozeßschritten der Koordination bzw. Kooperation, Führung und Kontrolle einbeschlossenen Vorgänge und Beziehungen.[434] Staatliche *Entschließungsverantwortung* wiederum umfaßt die multioperativen, -temporalen sowie -personalen Aspekte der Willensbildung und -durchsetzung unter Einbezug der Zuständigkeitsverantwortung und der Verantwortung für die Erreichung der Ziele samt abschließender Entscheidung zur Aufgabenerfüllung. *Vollzugs- und Folgenverantwortung* schließlich steht für die Verpflichtung und (kompetenzgestützte) Befugnis der Staatsorgane, die problemspezifischen Ausführungs-Aktivitäten, die sowohl problemlösenden als auch implementierenden Charakter haben,[435] unter Einbezug der

---

[432] Grundsätzlich zur Trennung der Rechtskreise von Innen- und Außenwelt siehe *H.H. Rupp*, Grundfragen, S. 19ff., 92ff.

[433] Vgl. dazu *Staehle*, Management, S. 327ff., 335f.

[434] Siehe nur *Grün/Hamel/Witte*, Struktur von Informations- und Entscheidungsprozessen, S. 143.

[435] Denn es ist keineswegs selbstverständlich, daß der Vollzug der Konkretisierungsentscheidungen das Ausgangsproblem in der Weise löst, wie es sich der Entscheider vorstellte, als

Wirkaspekte (Folgen) des Konkretisierungshandelns zu formalisieren und dabei für die möglichst weitgehende Übereinstimmung von Normintention und Normverwirklichung zu sorgen.[436]

4. Rückbindung der Verfahrensordnung an gesellschaftliche Mit-Verantwortung(en)

Selbstverständlich können und werden sich diese Teil-Verantwortungen für den Konkretisierungsprozeß ebenso überlagern bzw. bündeln, wie dies die Verfahrensaktivitäten selbst tun. Gleichwohl ist es wichtig, die Existenz einer *gegliederten* Verfahrensverantwortung als solcher und ihrer Einzeldimensionen an das Tageslicht zu heben. Denn der Verweis hierauf präzisiert nicht nur das reflexive Selbststeuerungspotential, das dem Verfahrensgedanken innewohnt.[437] Er offenbart auch und vor allem die Vielfalt der Verbindungslinien zur Rationalität und Legitimität staatlichen Handelns und Entscheidens, in denen sämtliche Aktivitäten eines jeden Konkretisierungsprozesses stehen.

Dementsprechend ist es beispielsweise mit Blick auf das *Verwaltungsverfahren* dem einfachen Gesetzgeber keineswegs freigestellt, Entscheidungsprozesse beliebig nach Gesichtspunkten der Zweckmäßigkeit, Effizienz und Ökonomie auszugestalten, mehrere Entscheidungsträger zusammenzubinden, zur Kooperation und Koordination zu verpflichten und dergleichen mehr. Der Zusammenhang von Rationalität, Legitimation und Verantwortung determiniert vielmehr seine Gestaltungsbefugnis; er ist auf die Beachtung der diesem Verbund entsprießenden Grundsätze verpflichtet.[438]

Staatliche Verfahren sind demgemäß im Bewußtsein der gegliederten Verfahrensverantwortung zu strukturieren. Dadurch wird es vor allem möglich, den Kreis jener genauer zu bestimmen, die als Betroffene eines Sachproblems am Verfahren der Rechts- und Zweckkonkretisierung teilhaben sollen. Darüber hinaus erschließt sich unter Beachtung der Eigenarten staatlicher Funktionen und Aufgaben die Notwendigkeit, über Koordination und Kooperation von der Alleinverantwortung einzelner Funktionsträger zur gemeinsamen Bewältigung gegebener Handlungs- und Entscheidungssituationen und damit zur *verantwortlichen Mitwirkung* aller Betroffenen bzw. Beteiligten am Abklärungsverfahren der Konkretisierung zu kommen.[439]

---

er seine Entscheidung formulierte und traf, vgl. *Thieme,* Entscheidungen, S. 105ff.: manches entfällt, anderes kommt hinzu! Die „Struktur" des Problems ist dabei nur eines der entscheidenden Kriterien für die Handhabung der Verfahrensverantwortung; zu eng daher *Schneider/Schroth,* Sichtweisen juristischer Normanwendung, S. 451f.

[436] Zu dieser Aufgabe der Vollzugs- und Folgenverantwortung siehe auch bereits oben, 6. Kap., C.I.3. m. Anm. 107.

[437] Vgl. auch im Text oben um und zu Fn. 420.

[438] Siehe auch *Zimmer,* Funktion – Kompetenz – Legitimation, S. 266ff., 270ff., 273ff., 277f., 280f.; vgl. ferner *Luhmann,* Verfahren, S. 203: „Die im Entscheidungsprozeß erreichbare Rationalität (hängt) von der Wahl der ... Verfahrensform ab."

[439] Vgl. z.B. ebenso *K. König,* System und Umwelt, S. 33; *Schmidt-Aßmann,* Verfahrensge-

Auch darin schlummern, wie noch zu zeigen sein wird, zahlreiche Verfahrenspostulate. Sie können von der Ausprägung je funktionsspezifischer Verfahrenslasten und -obliegenheiten bis hin zu Formen *partizipativer Mitverantwortung* an Gesetzgebung, Verwaltung und Justiz reichen.[440] Die Erinnerung an „Verantwortung" fordert jedenfalls dazu auf, den Bogen möglicher Rückbindung *staatlicher* Verfahren an gesellschaftliche Anforderungen und Erwartungen durch Recht mehr als bisher auszuschreiten; die systemischen Variationsmöglichkeiten des modernen Staates, der repräsentativen Demokratie und ihrer Entscheidungsverfahren sind noch lange nicht am Ende. Veranlassung für entsprechende Bemühungen gibt nicht nur die prinzipielle Leitlinie kooperativer Sozialverantwortung und gesellschaftlicher Selbstregelung;[441] nachdrücklich fordern auch die desorientierenden Wirkungen gegenwärtiger Gesetzgebung und Gesetzessprache,[442] die ausgreifenden Vollzugsdefizite öffentlicher Verwaltung[443] sowie die fehlende „Bürgernähe" der Rechtsprechung[444] zu einer verantwortungsbewußten Verfahrensentwicklung auf. Zugleich rückt der Verweis auf die insoweit nicht erfüllte (gegliederte) Verfahrensverantwortung die Gestaltung der Prozeßstrukturen in den ihr eigenen organischen Zusammenhang mit den *Verfahrensbedingungen*.

III. Situative Bedingtheit der Verfahrensordnung

1. Grenzen der Verfahrensvereinheitlichung

Die führungsbezogene Strukturgebung staatlicher Verfahren unterliegt somit einer komplexen, in sich mehrfach differenzierten Voraussetzungsvielfalt. In ihrem Mittelpunkt stehen neben dem materiellen (Verfassungs-)Recht, das nicht nur Ziel,

---

danke, S. 28f. („gestufte Betroffenenrepräsentanz"); *ders.*, HdbStR III, 1988, S. 642f.; *Schmitt Glaeser*, Position der Bürger, S. 62, 88, 93; *Wassermann*, Richterliche Gewalt, S. 199f., 201f.

[440] Für das Verwaltungsverfahren siehe zul. bes. *Schmitt Glaeser*, Position der Bürger, S. 94f. und öfter; vgl. ferner die Nachw. oben, 6. Kap., Fn. 241: ebd. auch Hinweise auf Möglichkeiten einer Betroffenenmitwirkung am Gesetzgebungsverfahren. Demgegenüber zieht die Unabhängigkeit des Richters eine spezifische Verantwortungskonzentration (nicht aber: Verantwortungs*freiheit*, wie fälschlich *Achterberg*, Rechtsprechung als Staatsfunktion, S. 22, hervorhebt) nach sich, was die „Partizipation" durch Verfahren erschwert, die Mitverantwortung der Prozeßbeteiligten für den Konkretisierungsprozeß (Argumentationslasten z.B.) aber keineswegs völlig ausschließt, vgl. auch *Wassermann*, Richterliche Gewalt, S. 199, 200 m. Anm. 46.

[441] Vgl. dazu oben, 6. Kap., C.III.3.

[442] Siehe nur *H. Schneider*, Gesetzgebung, S. 223ff., 227ff.; *F. Schönherr*, Verbesserung der Gesetzestechnik und -sprache. Versuch eines Lehrstücks, in: H. Kindermann (Hrsg.), Studien zu einer Theorie der Gesetzgebung, 1982, S. 219ff.; w. Nachw. bei *Karpen*, ZG 1986, 31.

[443] Dazu zusammenfassend noch einmal *Brohm*, Gesetzesvollzug als Handelsobjekt?, S. 107ff.; *Bulling*, DÖV 1989, 277ff.; *Hoffmann-Riem*, VVDStRL 40 (1982), S. 192 m. Anm. 7.

[444] Siehe *Wassermann*, Richterliche Gewalt, S. 112ff., 116f.

sondern auch (normative) Bedingung der Verfahrensgestaltung ist,[445] die kompetenziellen, organisatorischen und technologischen Gestaltungsrestriktionen. Sie bestimmen gemeinsam mit einer Vielzahl weiterer situativer Faktoren das *Ausmaß*, in dem das Regelungsgefüge eines staatlichen Verfahrens frei gestaltet bzw. funktionsspezifisch strukturiert werden kann. Ergänzende Leitlinien für die Strukturgebung staatlicher Verfahren setzt schließlich die Rechtsprechung durch Auslegung bzw. Fortbildung materiell -und/oder verfahrensrechtlicher Normen. Hierzu zählt auch der Versuch des Bundesverfassungsgerichts, prozedurale *gesetzgeberische* Versäumnisse bei der Interessenfeststellung und Erschließung kollidierender Positionen bzw. der diesen zugrundeliegenden Sachgesichtspunkte im Wege der Eigenprüfung auszugleichen.[446]

Die Frage nach der „richtigen" Verfahrensstruktur ist damit, wie zuvor schon angedeutet wurde, nicht durch eine bloße Zweckmäßigkeitsentscheidung zu beantworten. Staatliche Verfahrensgestaltung unterliegt vielmehr auch dem Auftrag, entsprechende Regelungsvorstellungen *situativ zu präzisieren*. Denn die rechtlichen Verfahrensgebote stehen in direkter Abhängigkeit zu ihren normativen und faktischen Voraussetzungen. So ist z.B. schon oben hervorgehoben worden, daß die Aufbauorganisation, innerhalb derer ein Verfahren abläuft, zu seinen wichtigsten Gestaltungsprämissen rechnet.[447] Gleiches gilt für die sachliche, personelle und finanzielle Ausstattung der Verfahrensträger. Sie prägt die verfügbaren Informations-, Kommunikations-, Steuerungs- und anderen Kapazitäten im Konkretisierungsprozeß.[448] Allfällige Bestrebungen zur *Verfahrensvereinheitlichung*[449] finden in dieser situativen Bedingtheit der Verfahrensordnung ihre Grenze.

2. Professionalisierte Amtsausübung als funktionales Äquivalent der Verfahrensformalisierung

Die Vielzahl der gegebenen Verfahrensrestriktionen in sich und mit den Verfahrenszielen wie -zwecken zu harmonisieren, führt die Verfahrensordnung in eine Spannungslage zwischen funktionsspezifischer Orientierung und situativer Bedingt-

---

445 Vgl. *Hill,* Das fehlerhafte Verfahren, S. 227; *H. Schneider,* Gesetzgebung, S. 10ff., 19ff., 33ff.; *Schulze-Fielitz,* Gesetzgebungsprozeß, S. 72ff., 118ff., 120ff.; *ders.,* Theorie und Praxis, S. 541ff.; *E. Schumann,* Bundesverfassungsgericht, S. 9ff., 17ff., 78ff.

446 Vgl. z.B. BVerfGE 36, 321 (330), 39, 210 (226); 59, 290 (332f.); 57, 139 (160); 65, 1 (55).

447 Siehe dazu die Ausführungen und Nachweise bei C.II.3.c); diese Funktion der Organisation als spezifische *Prämisse* des Verfahrens, dem „Ort" der Konkretisierung, wird vielfach übersehen, wenn Organisation und Verfahren als „Entscheidungsprämissen" gleichgestellt werden.

448 Siehe auch *Hill,* Das fehlerhafte Verfahren, S. 245f.; *W. Schmidt,* Probleme des Verwaltungsrechts, S. 75ff.; *Zimmer,* Funktion – Kompetenz – Legitimation, S. 178ff., 183ff.

449 Für das Verwaltungsverfahren siehe die Nachw. oben, 2. Kap., Fn. 113, 118ff., 344f.; für das gerichtliche Verfahren vgl. ebd., Fn. 118, 356f., sowie bereits *Bettermann,* ZZP 70 (1957), S. 161ff.

heit. Rechtsförmige Verfahrensorganisation stellt sich deshalb regelmäßig als eine schwierige *Konfliktentscheidung* dar.

Auf welche Bewertungsprobleme dabei die Wahrnehmung der Verfahrensverantwortung trifft, zeigt sich am Beispiel der Integration professionellen Sachverstands und pluraler Spezialisierung in das staatliche Verfahrenshandeln. Denn mit diesen tritt neben die rechtlich durchdrungenen Kommunikations- und Steuerungsaktivitäten und diese überlagernd eine *personal* verankerte Interaktions- und Steuerungskompetenz. Beide Steuerungswege können je nach der vorliegenden Problemsituation als wechselseitig austauschbar angesehen werden. Staatliche Verfahrensverantwortung vermag deshalb in gewissem Rahmen die rechtsförmige Steuerung legislativer, administrativer und justizieller Entscheidungsprozesse durch professionelle Amtsausübung zu ersetzen.[450] Damit werden allerdings auch und zugleich gravierende Legitimations- und Kontrollprobleme aufgeworfen.[451]

Dafür, wie diese und andere Entscheidungen zur rechtlichen Verfahrensorganisation getroffen werden sollten, gibt es weder Patentrezepte noch haben solche Entscheidungen auf Dauer Bestand. Denn Verfahren weisen nicht nur selbst einen dynamischen Charakter auf.[452] Sie stehen überdies, wie dargelegt, in einer dynamischen Perspektive der staatlichen und gesellschaftlichen Situation. In ihr muß vor allem die Relation zwischen Gegenwart und Zukunft betont werden. Wahrgenommene Verfahrensverantwortung bedeutet deshalb ständige *Verfahrensentwicklung*.

IV. „Neue" Informations- und Kommunikationstechnik als Verfahrensbedingung

Zu den Bedingungen rechtsförmiger Verfahrensorganisation, die staatliche Verfahren einem dauerhaften Veränderungsdruck unterwerfen, zählt heute in erster Linie die *Automation der Informationsfunktion.* Die Entwicklung einer „neuen" Informations- und Kommunikationstechnik (IuK-Technik)[453] löst die statische Verfahrensgestaltung, bei der die Verhältnisse zum Betrachtungszeitraum dominieren, durch die Notwendigkeit einer *dynamischen Verfahrensentwicklung* ab. Der Auftrag hierzu prägt die Verfahrensverantwortung auf allen staatlichen Ebenen.

---

[450] Die Gewährleistung rechtlich „richtiger" Entscheidungen wird auf diese Weise mehr und mehr (auch) zu einer Frage der Auswahl der „richtigen" Leute; vgl. in diesem Sinne auch *Schuppert,* Erfüllung öffentlicher Aufgaben, S. 316ff., 317.

[451] Es stellt sich die Frage, *wer* kontrolliert *wie* und *in welchem Ausmaß* die professionalisierten Amtswalter. Aus *rechtlicher* Sicht einige Andeutungen hierzu in bezug auf das Verwaltungshandeln bei *R. Scholz,* VVDStRL 34 (1975), S. 146ff., 153; *Ossenbühl,* DÖV 1977, 801ff., 810ff.

[452] Zur Unterscheidung zwischen dem dynamischen Charakter des „Verfahrens" und dem eher statischen der „Organisation" vgl. auch *Bettermann,* VVDStRL 17 (1959), S. 130ff., 139; *Finkelnburg/Lässig,* VwVfG, vor § 9 Rdnr. 16 m.w.Nachw.

[453] Nachw. hierzu in Fn. 291.

Ausschlaggebend für diese Sonderstellung der IuK-Technik im Rahmen der Technologie als Verfahrensbedingung ist ihr spezifischer Bezug zum *Recht* als der maßgeblichen Strukturdimension allen staatlichen Handelns und Entscheidens. Während sich beispielsweise bei der Kerntechnik, der Raumfahrttechnik, der Bio- oder Gentechnik eine spezifische Technikkompetenz – auch als Domäne von Sachverständigen – von der juristischen Kompetenz und dem qualitativen Primat des Staates leicht abgrenzen und trennen läßt, es somit zu einer Dichotomie von Recht bzw. Staat und Technik kommt,[454] sind die Zusammenhänge zwischen IuK-Technik und Recht enger. Die Funktionsweise der auf sie gegründeten Datenverarbeitung beeinflußt die Prozesse geistiger Arbeit überhaupt (und allerorten). Sie betrifft die Gestaltung der menschlichen Kommunikation essentiell und sie reguliert selbsttätig die Abläufe in menschlichen Organisationen – klassische Bereiche rechtlicher Regelungen und juristischer Fachkompetenz.[455]

1. Veränderungspotential der Technikentwicklung

Schon daran wird erkennbar, welche Bedeutung der technische und methodische Stand der Datenverarbeitung (auch) im öffentlichen Sektor erlangt. Dies gilt um so mehr, vergegenwärtigt man sich die funktionellen und konstitutiven Wirkungsmerkmale des Einsatzes der vorausschreitenden IuK-Technik in Staat und Gesellschaft.[456] Mikroelektronisch fundierte Technologie macht es nämlich möglich, bislang unerläßliche sachliche, räumliche, zeitliche und personelle Verbindungen in „Mensch-Mensch-Systemen" und „Mensch-Maschine-Systemen" zu entkoppeln. Mit ihrem Einsatz ist deshalb regelmäßig eine Neu- oder Umorganisation der Ablaufstrukturen verknüpft. Dabei werden die bislang zwischen Personen ablaufenden Kommunikations- und Kooperationsprozesse durch lediglich technisch gesteuerte oder vermittelte Vorgänge ohne oder mit stark eingeschränktem personellen Dialog ersetzt. Auch läßt das Vordringen der Mikroelektronik in wichtige Handlungs- und Entscheidungsbereiche an die Stelle unmittelbarer Erfahrungen aus der „Lebenswelt" solche treten, die lediglich über Symbole vermittelt, also nur noch indirekt erworben sind.[457]

In dem dadurch bereitgestellten Veränderungspotential für die Verfahrensorganisation offenbart sich einerseits die dem Umgang mit technikgestützten Informatio-

---

[454] Hierzu vgl. etwa *W. Berg*, JZ 1985, 401ff., 403f.; *Pitschas*, DÖV 1989, 788ff.; prononciert auch *R. Wolf*, Stand der Technik, S. 11ff., 26f., 265ff.; *Grawert*, FS J. Broermann, S. 457ff., 477ff.

[455] Zu dieser spezifischen Fähigkeit der Informationstechnik vgl. *H. Fiedler*, Entwicklung der Informationstechnik, S. 43ff.; *Grimmer*, Verwaltungsautomation, bes. S. 19ff., 21ff.

[456] Vgl. dazu z.B. *Otto/Sonntag*, Informationsgesellschaft, S. 21ff., 49ff., 110ff.; *Reinermann*, VOP 1989, 126ff.; *Wersig*, Kommunikative Revolution, S. 169ff., 207ff.; siehe auch *Vöge*, Kommunikationstechniken der nächsten Jahre, in: U. Lohmar/P. Lichtenberg, Gutenbergs Erben, S. 91ff., 95ff.

[457] Zur Gefahr dieses „Realitätsverlustes" vgl. nochmals *Wersig*, a.a.O. (Fn. 456), S. 198ff., 199f.

nen innewohnende Logik einer *Integration* mit anderen Daten und der *Koordination* von Handeln und Entscheiden. Ihr gemeinsamer Nenner ist die *Rationalisierung* der Aufgabenerfüllung und – darauf bezogen – die Leistungseffizienz der Organwalter. Die moderne Technik gibt auf, die den staatlichen Funktionsträgern zugewiesenen Aufgaben, deren Organisationsstruktur einschließlich der Verfahrensgestaltung sowie die involvierten Mitarbeiterbelange stets von neuem zu durchdenken.[458]

Bei der Anwendung der IuK-Technik geht es daneben und ganz wesentlich um die Wahrung, Schwächung oder Stärkung bestimmter Interessen sowie um den Aufbau oder den Erhalt von *Macht*. Denn immer mehr technik-gestützte Informationssysteme erweitern die Kommunikations-, Steuerungs- und Kontrollkapazitäten in bezug auf Personen, Sachen und Strukturen. Sie stellen dadurch auf allen staatlichen Ebenen die bisherige Machtverteilung zwischen Institutionen, Gruppen und Amtsträgern zu Lasten einer Machtkonzentration in Frage.[459]

Beeinflußt wird überdies der *Prozeß sozialer Verständigung* in und durch Verfahren. Denn auf diesen bezogen, werden sich mit den Machtrelationen auch die zwischenmenschlichen Beziehungen im staatlichen Binnenraum sowie im Umgang mit dem Bürger ändern. Persönlich-mündliche Kommunikation wandelt sich zu unpersönlich-schriftlichem Verkehr – mit der Gefahr, daß der Individualbezug staatlicher Aktivitäten abnimmt. Zu recht weist etwa *R. Herr* darauf hin, daß es für den Rechtsuchenden im gerichtlichen Verfahren von großem Nachteil sein könne, wenn – in der Absicht der Verfahrensbeschleunigung – „im Zweifel" ein standardisierter Text verwendet werden würde oder die Aufarbeitung eines Sachverhaltes der Datenverarbeitung überlassen bliebe.[460]

Nicht allein die typischen Funktionen des Einsatzes der IuK-Technik wie z.B. Erhebung, Speicherung und Veränderung von Informationen (Zusammenführung, Verknüpfung, Aggregierung, Ordnung) und die Durchführung logischer Operationen dürfen somit im Mittelpunkt von Überlegungen zur Gestaltung staatlicher Verfahren unter den Einwirkungen der „technischen Realisation" stehen. Die ihr ersprießenden Anforderungen an einen „Umbau" staatlicher Verfahren müssen auch und eher noch die Probleme der Koordination und Integration öffentlichen Handelns und Entscheidens, der Machtverteilung bei Informationsbereitstellung und -verarbeitung sowie der Bewahrung sozialer Kommunikation und Interaktion bewältigen.[461]

---

[458] Siehe hierzu generell *v. Alemann/Schatz,* Mensch und Technik, S. 508ff., 534ff.; speziell für die öffentliche Verwaltung vgl. *Giehl,* BayVBl. 1989, 321ff.; *R. Kuhlen,* Informationserarbeitung in Organisationen, in: ders. (Hrsg.), Koordination von Informationen, S. 1ff., 9ff., 13ff.; *Pitschas,* DÖV 1987, 623f. m.w.Nachw.

[459] Vgl. *Kevenhörster,* Chancen und Risiken der neuen Technologien für das politische System, in: H. H. Hartwich (Hrsg.). Politik und die Macht der Technik, S. 120ff.

[460] FS H. Kirchner, 1985, S. 137ff.; vgl. aber auch *Nack,* Richter am Computer, S. 210ff., bei dem eine solche „Bürger-Perspektive" völlig fehlt!

[461] Vgl. dazu speziell in bezug auf die Tätigkeit der öffentlichen Verwaltung auch *v. Alemann/Schatz,* Mensch und Technik, S. 508ff.; was dabei die Probleme der Koordination im

2. *Rationalisierungsperspektive des Technikeinsatzes*

Dem technischen Anwendungsvermögen mag zwar derzeit noch eine erstaunliche Unfähigkeit des Hard- und Softwareangebots kontrastieren, die Realitäten staatlichen Handelns zu erfassen und zu strukturieren.[462] Doch darf dies nicht den Blick dafür verstellen, daß die Informationstechnik schon heute in sehr verschiedenen Ausprägungen die Arbeitsprozesse der staatlichen Funktionsträger unterstützt, begleitet und dirigiert. Unter dem Aspekt einer sowohl leistungseffizienten als auch menschengerechten Gestaltung der Aufgaben- und Ablaufstrukturen werden die technischen Möglichkeiten zu einer Verbesserung der Informationsversorgung, der Erreichbarkeit, der Erstellung und Weiterverarbeitung von Informationen genutzt sowie entsprechende Defizite behoben.[463]

Für den Bereich der *öffentlichen Verwaltung* stehen dabei so verschiedene Anwendungsbeispiele wie das integrierte Verfahren der Steuerfestsetzung und -erhebung[464] oder die Zusammenfassung kontaktintensiver Dienste der Kommunalverwaltung in einem sog. Bürgeramt[465] vor Augen. Hier wie anderswo wird jeweils durch weitgehende informationstechnische Unterstützung die gesamte Ablauforganisation neu gestaltet – und zwar bis hin in einzelne Abläufe des Geschäftsganges. Aufgabenvollzüge werden so zusammengefaßt, Verfahren beschleunigt und die

---

einzelnen anbelangt (vgl. *R. Kuhlen,* a. a. O., Fn. 458), so werden die „neuen" Informations- und Kommunikationstechniken als „Generatoren" staatlicher Einheit nicht hinreichend gewürdigt von *Bryde* und *Haverkate,* VVDStRL 46 (1988), S. 198ff. bzw. S. 239ff., 246ff.; vgl. demgegenüber *Reese/Seibel,* VerwArch. 78 (1987), S. 402ff.; *R. Scholz/Pitschas,* AöR 110 (1985), S. 500ff., 520ff., 526.

[462] Vgl. zu den insoweit beobachtbaren einzelnen „Generationen" der Informations- und Kommunikationstechnologie *F. Krückeberg,* Welche hauptsächlichen technischen Wandlungen und arbeitsorganisatorischen Probleme, bezogen auf die Informationsverarbeitung, sind für die Bürotätigkeit in der öffentlichen Verwaltung bis 1990 zu erwarten?, in: ders./H. P. Oltmanns/F. Ronneburger (Hrsg.), Bürotätigkeit, S. 109ff.; *Reinermann,* VOP 1989, 126ff.

[463] Siehe dazu für die Arbeit der Verwaltung die Berichte in dem Sammelband von *H. Reinermann* et al. (Hrsg.), Öffentliche Verwaltung und Informationstechnik; für die Rechtsprechung vgl. *H. Fiedler,* Informationstechnische Unterstützung, S. 311ff.; in bezug auf die Gesetzgebungsarbeit siehe z. B. *Eberle,* Gesetzgebung und ADV, S. 121ff.; *Th. Öhlinger* (Hrsg.), Gesetzgebung und Computer, 1984; vgl. schließlich *K. Lenk,* Informationstechnik und Gesellschaft, in: G. Friedrichs/A. Schaff (Hrsg.), Auf Gedeih und Verderb, 1982, S. 306ff.

[464] Vgl. *Altfelder,* Integrierte Datenverarbeitung im Besteuerungsverfahren, 1985; *Jungesblut,* Akteure im Entwicklungs- und Einführungsprozeß: Das integrierte Besteuerungsverfahren in Hessen, in: K. Grimmer (Hrsg.), Informationstechnik, S. 26ff., 70ff., 93ff., 108ff., 115ff.

[465] *L. Beyer,* Wandel der Strategien und Kortinuität der Folgeprobleme: Automation im Einwohnerwesen, in: K. Grimmer, Informationstechnik, S. 122ff., 183ff.; *Dunker,* Modellskizze: Einsatz der Informationstechnik in einem kommunalen Bürgeramt, in: H. Reinermann u. a. (Hrsg.), Organisation informationstechnik-gestützter öffentlicher Verwaltungen, 1981, S. 502ff.; *ders./A. Noltemeier,* Organisationsmodelle für ein Bürgeramt und deren Realisierung in der Stadt Unna, 1985.

Kommunikationsbeziehungen verändert. In engem Zusammenhang hiermit muß überdies die Möglichkeit gesehen werden, Rechtsinformationen unmittelbar am Arbeitsplatz abrufbar bereitzustellen. Über diesen direkten Zugang zum gültigen Normenwerk lassen sich vor allem die Nachteile der Aufgabenzentralisation kompensieren.[466]

Die umfassende *Verfügbarkeit* von Informationen ist bei alledem ein vordringlicher Aspekt. Sie gibt auch der *Gesetzgebung* die Chance, ihr Rationalitätsmuster zu rekonstruieren. Denn eine als rational charakterisierte Legislative muß sich sowohl in bezug auf ihre Informations- und Kommunikationsaktivitäten als auch im Hinblick auf die Problemorientierung und Steuerung des Gesetzgebungsverfahrens die Frage vorlegen lassen, welche Methode sie anwendet. Die bisherigen Antworten reichen von technik-gestützten Versuchen des Gesetzestests[467] über die Ermöglichung des Gesetzesvollzugs durch die automatische Datenverarbeitung[468] bis hin zur Wirkungskontrolle von Gesetzen durch automatisierte Sammlung und Integration von Informationen.[469]

3. Wandel der Machtrelationen

Mit den Mitteln der IuK-Technik könnte somit unser Rechtsetzungs- und -anwendungssystem entscheidend verbessert werden. Großsysteme vom Typ „JURIS" sind hierfür nur *ein* Beispiel.[470] Und doch bildet die Chance, die Informationsversorgung und -auswertung durch eine „Technisierung" der Entscheidungsverfahren zu rationalisieren, nur einen Ausschnitt aus der Wirkungsvielfalt der Technologie als Verfahrensbedingung. Die Zusammenhänge reichen tiefer: Der durch den Techniketeinsatz induzierte Wandel in den Kommunikationsbeziehungen sowie die ihm immanente Koordination und Integration der Informationen verändern auch die Art und Qualität der Diskussion in den Konkretisierungsprozessen von „oben" nach „unten" sowie in der Horizontalen.

Noch sind freilich die faktischen Entwicklungsmöglichkeiten der IuK-Technik nur begrenzt einschätzbar. Ob und wie z.B. *Expertensysteme* das Verwaltungsver-

---

466 Vgl. etwa die Beispiele für die Rechtsprechung bei *Nack*, Richter am Computer, S. 205ff.; siehe ferner *D. Bullinger*, Klein und dezentral?, in: R. Kuhlen (Hrsg.), Koordination von Informationen, S. 120ff.

467 Dazu vgl. nur *Hugger*, Gesetze – Ihre Vorbereitung, Abfassung und Prüfung, 1983, S. 325ff., 329ff. m.w.Nachw.

468 Siehe die zusammenfassende Übersicht bei *Grimmer*, Verwaltungsautomation, S. 21ff.; vgl. ferner *Leclaire/Zagrosek*, Automation in der Gemeinde, 1986, S. 16ff., 19ff., 30ff.

469 Vgl. z.B. *H. Wollmann*, Gesetzgebung als experimentelle Politik-Möglichkeiten, Varianten und Grenzen erfahrungswissenschaftlich fundierter Gesetzgebungsarbeit, in: W. Schrekkenberger (Hrsg.), Gesetzgebungslehre, S. 72ff., 84f., 85ff., 87f.

470 Vgl. hierzu sowie zu Fortsetzung und Ausbau des juristischen Informationssystems – JURIS – die Ausführungen der BReg., BT-Drucks. 10/1647, S. 2f.; siehe ferner *H. Schneider*, Gesetzgebung, Rdnr. 697ff., 705.

fahren modellieren oder richterliches Handeln unterstützen oder gar ersetzen können,[471] ist noch offen. Ebensowenig läßt sich absehen, ob in Fortsetzung der gewandelten Formgebung staatlicher Herrschaft vertikale und horizontale Distanzen tatsächlich zusammenschmelzen werden. Dafür spricht zwar einiges.[472] Doch bedeutet versammeltes Wissen stets *Macht* und es fällt immer schwer, sie mit anderen zu teilen! Deshalb stellt sich zumindest das Problem des Informations(un)gleichgewichts innerhalb und zwischen verschiedenen Staatsorganen und Behörden. Der Zugriff auf die bessere bzw. vollständigere Datenbasis ist von unschätzbarem Wert in der politischen und/oder fachlichen Auseinandersetzung. Er bestimmt letztlich die Gewaltenbalance im modernen Staat.[473]

Dabei und auch sonst die gerechte und funktionsangemessene bzw. rechtlich zugewiesene Informationschance zu gewährleisten, ist die Aufgabe vor allem *prozeduraler Verteilungskonzepte.*[474] So sind z.B. für die Informationsbedürfnisse der Parlamente Verfahrensregeln vorzusehen, nach denen die Abgeordneten Zugang zu bestimmten Informationen erhalten können.[475] Zwar lassen sich auch eigene Parlamentsinformationssysteme entwickeln, doch entfällt dadurch nicht das Interesse an Regierungsinformationen. In ähnlicher Weise bedarf die öffentliche Verwaltung geeigneter Verfahrensregeln jenseits der überkommenen Amtshilfekonzeption, um den durch die IuK-Technik eröffneten bzw. erleichterten Zugang zu den bereits vorhandenen oder verstreut anfallenden generellen und fallbezogenen Informationen zu nutzen.[476]

---

[471] Vgl. für die öffentliche Verwaltung u.a. *Traunmüller,* Die fünfte Generation der Informationstechnik – Was die öffentliche Verwaltung zu erwarten hat, in: H. Reinermann u.a. (Hrsg.), Öffentliche Verwaltung und Informationstechnik, S. 100ff.; für das gerichtliche Verfahren siehe z.B. *R. Bender,* Expertensysteme im Zivilverfahren – Problemfindung im Dialogsystem, in: U. Erdmann u.a. (Hrsg.), Computergesteuerte Juristische Expertensysteme, S. 185ff.; wichtig ferner die Beiträge in H. Fiedler/R. Traunmüller (Hrsg.), Formalisierung im Recht und Ansätze juristischer Expertensysteme, 1986.

[472] Vgl. *Reese/Seibel,* VerwArch. 78 (1987), S. 398ff.

[473] Siehe mit jeweils w. Nachw. *Frohn,* Gesetzesbegriff und Gewaltenteilung, S. 148ff.; *W. Schmidt,* Probleme des Verwaltungsrechts, S. 254, 257; *Simitis,* NJW 1971, 673ff.; allgemeiner noch in bezug auf die technologische Herausforderung an das parlamentarische Regierungssystem siehe *v. Alemann,* Demokratie und Technik, in: H.-H. Hartwich (Hrsg.), Politik und die Macht der Technik, S. 110ff., 112ff.

[474] Dazu generell *Massing,* RuP 1986, 153ff.; *R. Scholz/Pitschas,* Informationelle Selbstbestimmung, S. 51ff., 79f.

[475] Vgl. *Jarass,* DVR 3 (1974), S. 368ff.; *Leister,* ZRP 1989, 212ff.; *Lutterbeck,* Parlament und Information – eine informationstheoretische verfassungsrechtliche Untersuchung, 1977; *Reisinger,* Zur Konzeption eines „Legistik-Informations- und Planungs-Systems", in: FS R. Weimar, 1986, S. 217ff.; siehe ferner den 14. Tätigkeitsbericht des Hessischen Datenschutzbeauftragten, vorgelegt zum 31. 12. 1985, S. 180ff.; *Ullner,* Parlamentarisches Informationssystem, in: U. Lohmar/P. Lichtenberg (Hrsg.), Gutenbergs Erben, S. 33ff.

[476] Zu dem damit angeschnittenen Thema der koordinierenden und integrierenden Verknüpfungen und Verbindungen in der Anwendung von Informations- und Kommunikationstechniken zu Aufgaben in jeweils anderen Bereichen und ADV-Verfahren siehe u.a. *Brinckmann,* Steuerungs- und Informationsprobleme als Bestimmungsfaktoren des IuK-Technikein-

Hier wie dort gilt es aber auch, die Gefahr zu erkennen, daß sich Abhängigkeiten einstellen oder Herrschaftsgefälle wie etwa im Verhältnis der Verwaltung zum Bürger vergrößern können. Denn das Informationspotential ist diesem kaum je bekannt, nicht verfügbar und nur schlecht kontrollierbar. Zumindest muß er deshalb Einfluß darauf nehmen können, wer welche Daten aus welchem Grund über ihn sammelt und verwendet.

Darauf bezogener *Datenschutz* ist vor allem verfahrensseitig zu verankern. Der abwägende Ausgleich zwischen Geheimhaltungs- und Offenbarungsinteressen bedarf einer *prozeduralen* Strategie des „kalkulierten Nichtwissens".[477] Ihr unterfallen auch gerichtliche Verfahren, wie sich am Beispiel des (unzureichenden) Datenschutzes im Strafverfahrensrecht zeigt.[478] Erwägungen über die Automation der Rechtsfindung im Prozeß[479] dürfen diese Dimension ebensowenig aus den Augen verlieren, wie sich die Tätigkeit parlamentarischer Untersuchungsausschüsse der Auseinandersetzung um den verfahrensmäßigen Schutz der geschäftlichen Privatsphäre und der Berufs- bzw. Betriebsgeheimnisse entziehen darf.[480]

4. Technikentwicklung als Schranke sozialer Verständigung

Das progressive Gestaltungspotential der IuK-Technik ist somit nicht risikolos zu nutzen. Zu rechnen ist mit hochgradig dysfunktionalen Wirkweisen in bezug auf die Rationalisierung staatlicher Konkretisierungsprozesse und die Verteilung von Macht und Herrschaft.[481]

---

satzes, in: K. Grimmer (Hrsg.), Informationstechnik, S. 366ff., 367, 369; daß insoweit die auf die Besonderheit des Datenschutzes und die dementsprechende Rücknahme „offener" Amtshilfekonzeptionen verengte rechtliche Diskussion (hierzu beispielhaft *Riegel,* VOP 1989, 156ff.; *Schlink,* Amtshilfe, S. 169ff., 204ff., 261ff., 300ff.) die Möglichkeiten der erhöhten Verfügbarkeit von Informationen im Verhältnis von Staat, Gesellschaft und Individuum zu eilig verringert hat, deutet *K. Lenk,* Informationsmanagement, S. 238f., mit Recht an; vgl. ebenso und prononcierter noch *R. Scholz/Pitschas,* AöR 110 (1985), S. 508, 526ff.

[477] *Simitis,* Datenschutz – Notwendigkeit und Voraussetzungen einer gesetzlichen Regelung, DVR 2 (1973), S. 138ff.

[478] *R. Sieg,* Rechtliche Aspekte des Datenschutzes im Strafverfahrensrecht, in: M. Vollkommer (Hrsg.), Datenverarbeitung und Persönlichkeitsschutz, 1986, S. 265ff., 286ff.

[479] Wie sie u.a. von *H. Fiedler,* Informationstechnische Unterstützung, S. 311ff.; *R. Herr,* FS H. Kirchner, 1985, S. 137ff.; *Nack,* Richter am Computer, S. 193ff., 211ff.; *Zierl,* CuR 1986, 244ff., angestellt werden.

[480] Vgl. dazu BVerfGE 67, 100 (143f.); *Zeidler,* FAZ v. 21. 2. 1987, S. 11.

[481] Vgl. z.B. *W. Anders,* Kommunikationstechnik und Organisation, 1983, S. 100f.; *Grimmer,* Sozialer Fortschritt 1985, S. 80ff.; *Marr/Friedel-Howe,* Kommunikationstechnik, S. 96ff.; *Pflaumer,* Welche auf die Mitarbeiter bezogenen Akzeptanzprobleme sind bei der Bürotätigkeit in der öffentlichen Verwaltung infolge des technischen Wandels in den 80er Jahren zu erwarten?, in: F. Krückeberg u.a. (Hrsg.), Bürotätigkeit, S. 159ff.; *Pitschas,* DÖV 1987, 627f.; siehe ferner die Beiträge von *Ronge* und *Greven,* in: H.-H. Hartwich (Hrsg.), Politik und die Macht der Technik, S. 84ff., 102ff., sowie *v. Alemann,* Demokratie und Technik, ebd., S. 110ff.

Der Einsatz der IuK-Technik wirft darüber hinaus gravierende Probleme für das Verfahren als einen *Prozeß sozialer Verständigung* auf. So sieht sich unter den Bedingungen einer voranschreitenden Technik bereits der Verfahrensgedanke an sich gefährdet. Denn der aus Verfahren normalerweise resultierende Gewinn an Rationalität infolge strukturierter Entscheidungsfindung und kooperativer Konkretisierung droht dadurch verlorenzugehen, daß die elektronische Informationsverarbeitung praktisch zeitlos und ohne nennenswerte *soziale Kontakte* abläuft.[482] Damit aber werden „unscharfe" bzw. nicht-routinisierte Problemlösungs- und Wertungsalternativen alsbald abgeschnitten und mit ihnen Entwicklungsmöglichkeiten, die in dem bisher vertrauten zeitaufwendigen Ablauf der Konkretisierungsschritte den ursprünglichen Ausgangspunkt immer wieder modifizierten. Zugleich droht die Überzeugungswirkung der Auseinandersetzung und die darauf aufbauende Legitimationswirkung staatlicher Verfahren abzusinken.[483]

Beeinträchtigt wird auf diese Weise nicht nur die Entscheidungsqualität bzw. *Leistungseffizienz* des Verfahrenshandelns. Die erwartbare Zunahme unpersönlicher Kommunikation gefährdet auch und ebenso die *soziale Effizienz* staatlicher Verfahren. Informationsverluste durch Wegfall von Hintergrund- und Randinformationen sowie Motivationsverluste durch soziale Isolierung und soziale Desintegration der Organwalter kündigen sich an.[484] Auf der davon vor allem betroffenen Ebene der Rechtsanwendung wirken die eintretenden Defizite mittelbar auf das Verhältnis von Verwaltung und Justiz zum Bürger zurück.[485]

---

[482] Siehe z.B. *Anders*, a.a.O. (Fn. 481), S. 95; *Marr/Friedel-Howe*, Kommunikationstechnik, S. 97, 98ff.

[483] Siehe für das Verwaltungsverfahren auch *W. Schmidt*, Probleme des Verwaltungsrecht, S. 257; gleiches gilt z.B. für den „Wert" von Ausschußberatungen des Parlaments, wenn Gesetzgebungsvorhaben ohne Diskussion „durchgepeitscht" werden – zukünftig unter Berufung auf vermeintlich eindeutige Datenlagen und -sätze!

[484] Siehe hierzu *Picot/Reichwald*, Der informationstechnische Einfluß, S. 90f.; *F. Wagner*, VOP 1986, 18ff., 60ff., 61f.

[485] Für das Verwaltungshandeln vgl. z.B. *Grimmer*, Verwaltungsautomation, S. 12ff.; *K. Lenk*, Implikationen, S. 140ff., 143ff.; *R. Scholz/Pitschas*, AöR 110 (1985), S. 503ff., 512ff. m.w.Nachw. – Für das Handeln der Justiz findet sich dagegen diese Problemperspektive kaum, vgl. auch oben im Text um und zu Fn. 479; siehe immerhin die Ausführungen bei *M. Wolf*, Gerichtsverfassungsrecht, S. 239ff., zur Bedeutung des Verhältnisses Bürger und Gerichte. Die Einbeziehung der Frage, unter welchen sozialen Bedingungen und für welche gesellschaftlichen Zwecke die Prozesse der technischen Realisation wirken, ist aber – wie dargelegt – wegen der Auswirkungen auf die Rechtsbildung aller Stufen unverzichtbar; siehe hierzu auch *E. Buchholz*, in: Mollnau, Rechtsbildungstheorie, S. 87.

V. Verfahrensverantwortung als Verfahrensmanagement

Insgesamt ist sonach mit einem breiten Wirkungsspektrum moderner IuK-Technik in bezug auf die Gestaltung staatlicher Entscheidungsverfahren zu rechnen. Dabei können sich höchst dysfunktionale Wirkweisen staatlicher Techniknutzung ergeben, so daß die Verfahrensentwicklung hiergegen Vorsorge treffen muß.

1. Personalisierung der Verfahrensverantwortung

In erster Linie gilt es, der „Verdunstung" von Verantwortung entgegenzuwirken, d.h. ihrer Verlagerung weg von menschlichen Entscheidungsträgern und hin zu einer „entfesselten" Technik, bei deren Anwendung es immer schwerer fällt, die Verantwortlichen zu identifizieren.[486] Ein probates Gegenmittel besteht darin, für klare Verantwortungsregeln zu sorgen und die Verfahrensverantwortung zu *personalisieren,* also dorthin zu verlängern, wo die Verantwortungsbeziehung konkret und persönlich wird, nämlich zu dem einzelnen Organwalter.

Personalisierung der Verfahrensverantwortung beschränkt sich freilich nicht auf den Umgang mit der *Technologie* als Verfahrensbedingung. Der moderne Staat findet seine Sinnerfüllung weitergehend auch und vor allem in der Verbindung seines Handelns und Entscheidens zu den darin involvierten Personen.[487] Deshalb sind diejenigen, die mit der Konkretisierung der politischen Entscheidungen und rechtlichen Maßgaben auf den verschiedenen Ebenen der Staatstätigkeit betraut sind, persönlich für die Übereinstimmung ihres Verhaltens mit Politik, Recht und Gesetz jenen gegenüber verantwortlich, die Autorität und Souveränität im Staat repräsentieren.[488]

Personalisierte Verfahrensverantwortung steht damit auf der einen Seite in Ergänzung zum rechtlichen Gestaltungsauftrag der Staatsorgane. Sie folgt in Bestand und Maßgabe dem Amtsgedanken sowie der bereits existenten Verfahrensformalisierung. Sie geht dort in persönliche „Verantwortlichkeit" über, wo dem einzelnen spezifische Verfahrenspflichten auferlegt sind und ihm Rechenschaft für Verfahrensverhalten abgefordert wird.[489]

Jenseits dessen und andererseits reagiert personalisierte Verfahrensverantwortung auf die *Grenzen,* die der Verrechtlichung des Verfahrensgeschehens gezogen sind und die gerade auch im Hinblick auf die Technologie als Verfahrensbedingung

---

[486] Vgl. hierzu bes. *Schnepel,* Gesellschaftliche Ordnung durch Computerisierung, 1984, S. 114ff., 142.

[487] Siehe auch oben, 6. Kap., B.IV.; vgl. ferner *Ermacora,* Staatslehre II, S. 824; *Pankoke,* DVerw. 21 (1988), S. 431, 438ff., 451f.; *K. Vogel,* Verantwortlichkeit, S. 183ff.

[488] *Ermacora,* a.a.O. (Fn. 487), S. 824.

[489] Vgl. oben, 6. Kap., B.I.

erkennbar werden. Denn weder ist für die rechtliche Verfahrensordnung technikbezogenes Gestaltungs*wissen* hinreichend verfügbar noch lassen sich *alle* Risiken der künftigen technischen Entwicklung prozedural steuern.

Staatliche (personalisierte) Verfahrensverantwortung reicht diesbezüglich über ihren strukturbezogenen Ordnungsauftrag hinaus. Sie erschöpft sich nicht in der rechtsförmigen Verfahrensstrukturierung. Da sie auch in Form politischer und/oder rechtlich ausgewiesener Eigenverantwortung besteht,[490] geht es ihr in Überlagerung bzw. Ergänzung der formalisierenden Strukturgebung ebenso um die *Handhabung* von Verfahren durch die Organwalter. Rechtsförmige Verfahrensstruktur und tatsächliche Verfahrensverhalten stehen in einer Art funktionalen Balance.

2. *Verfahrensmanagement als Komplement rechtlicher Verfahrensordnung*

Die Bemühungen um eine funktionsgerechte Verfahrensstruktur und funktionsadäquate „Führung" des Verfahrens, also im wesentlichen um das Verhalten während der Arbeitsabläufe, müssen somit integriert werden. Verfahren sind im Blick auf ihre Wirkdimensionen so zu „managen", daß möglichst viele der als wichtig erachteten Positiveffekte, wie z.B. Verfahrensgerechtigkeit oder auch Ergebnisoffenheit, sowohl in der Rationalitäts- als auch in der Legitimations- und Beziehungsdimension herbeigeführt werden.

Der Begriff des *Verfahrensmanagements* kennzeichnet diesen Teil der gesamtheitlichen Verfahrensordnung. Er meint die Umsetzung der in rechtliche Soll-Konzepte ausgemünzten staatlichen Verfahrensverantwortung durch personale Gestaltung und Führung der Konkretisierungsprozesse. Denn *wie* ein Verfahren abläuft, ist eben nicht nur Angelegenheit der Subsumtion des Handelns darin unter rechtliche Regeln, sondern auch eine Frage des persönlichen Einsatzes und der Initiative des einzelnen Amtswalters.

Dabei geht es auch aus dieser Perspektive stets um Problemorientierung, Information und Kommunikation, Steuerung, Entschließen, Vollziehen und Kontrollieren mit je darauf gerichteter Teil-Verantwortung. So sind z.B. die richterliche Kommunikationsverantwortung oder die Vollzugsverantwortung der Verwaltungs nicht nur Seitenstücke entsprechender Organkompetenz,[491] sondern ebenso und zugleich konstitutive Merkmale einer entsprechenden *Führungsverantwortung* für Verfahren. Sie gibt auf der einen Seite dem persönlichen Verständnis des jeweils handelnden Organwalters von Verantwortungsbewußtsein für den Konkretisierungsprozeß Raum und ist auf der anderen Seite der charakteristische Ausdruck einer umfassenden Einflußnahme auf dessen Verhalten durch das Führungspersonal.[492]

---

[490] Siehe näher hierzu schon oben, 6. Kap., B.V.

[491] Zu dieser Verbindung von Verantwortung und Kompetenz vgl. vor allem *Stettner,* Kompetenzlehre, S. 254ff., 269f., 272f., 275ff.

[492] *Mattern,* Verwaltungshandeln, S. 37ff.; *A. Remer,* Instrumente und instrumentelles Dilemma der Verwaltungsführung, in: ders. (Hrsg.), Verwaltungsführung, 1982, S. 31ff., 32,

3. Verfahrensmanagement und Führungsverantwortung

Eine besondere Rolle spielt die damit an das Licht gehobene *Führungsaufgabe* im Rahmen der Verfahrenssteuerung deshalb, weil sie zumal bei „offenen" Normen die Steuerung durch Recht als funktionales Komplement ergänzt. Für die öffentliche Verwaltung ist dieser Rückbezug auf Führung als „zielbezogene, interpersonelle Verhaltensbeeinflussung mit Hilfe von Kommunikationsprozessen"[493] durchaus vertraut, wiewohl auch hier der Bezug zur Gestaltung („Führung") von Ablaufprozessen immer noch selten genug erkannt wird.[494] Die Bewältigung der Fachaufgabe durch Delegation, Mandat, Auftrag, Organleihe oder Fragen der Motivation und Kontrolle stehen zumeist im Vordergrund, nicht aber die prozedurale Seite.[495]

Ungewöhnlicher scheint es dagegen, gerichtliche oder parlamentarische Verfahren mit Führungsaspekten in Beziehung zu setzen. *Führung als (Verfahrens-)Funktion* ist jedoch eine Rolle, deren Beachtung überall und immer dann naheliegt, wenn man staatliche Entscheidungsverfahren aus der Perspektive der Ausübung von Herrschaft und der sozialen Einflußnahme analysiert. Neben den förmlichen Verfahrensregeln, die – wie z.B. im Gerichtsverfassungsrecht für die gerichtlichen Verfahren[496] – die Beeinflussung der Richter als Organisationsmitglieder durch andere im Hinblick auf bestimmte Ziele regulieren, sind es denn stets auch Prozesse der zielbezogenen interpersonellen Verhaltensbeeinflussung, die jeglichen Arbeitsablauf prägen. Dies wird nicht zuletzt an den Einwirkungen deutlich, denen der Gang eines konkreten Gesetzgebungsverfahrens im Deutschen Bundestag durch die Fraktionsführungen der darin vertretenen politischen Parteien unterliegt.[497]

Es liegt auf der Hand, daß sich die in solcher Einflußnahme gebündelten Aktivitäten nicht ausschließlich nach instrumentell-rationalen Maßstäben begründen lassen. Das muß auch nicht der Fall sein. Denn für die Verfahrensentwicklung geht es nicht

---

38f.; zu einseitig im Verständnis dieser Form der Verantwortung als Instrument einer hierarchischen Staats- bzw. Verwaltungsführung („Leitungsverantwortung") bleibt dagegen *Stettner*, a.a.O. (491), S. 273.

[493] *Baumgarten*, Führungsstile und Führungstechniken, 1977, S. 9; vgl. ferner zu Begriff und Deutungsgehalt von „Führung" *Bosetzky*, Systemimmanente Grenzen einer planvollen Verwaltungsführung, in: A. Remer (Hrsg.), Verwaltungsführung, 1982, S. 219, 224; *Staehle*, Management, S. 534ff.; zur Neuorientierung des Führungsbegriffs allgemein auch *Siedentopf*, Jahrbuch zur Staats- und Verwaltungswissenschaft, Bd. 2, 1988, S. 149ff.

[494] Krit. auch *Bosetzky*, a.a.O. (Fn. 493), S. 224ff.; siehe ferner allgemein zu dem im Text angemerkten Defizit *Wiemann*, Anforderungen an das Management im Umfeld der Informations- und Kommunikationstechniken, in: A. Hermanns (Hrsg.), Neue Kommunikationstechniken, 1986, S. 104ff., 108.

[495] Das moniert auch *Laux*, AfK 1983, 209ff., 211.

[496] Vgl. näherhin *M. Wolf*, Gerichtsverfassungsrecht, S. 162ff., 185ff., 189ff., 203ff., 219ff.

[497] Siehe dazu *Achterberg*, Parlamentsrecht, S. 274ff., 285, 287; *F. Schäfer*, Der Bundestag, 4. Aufl., 1982, S. 138ff., 147ff., 150ff.; *Schütt-Wetschky*, Grundtypen parlamentarischer Demokratie, 1984, S. 165ff., 180ff., 221ff.; *Wollmann*, Fraktion, in: Röhring/Sontheimer (Hrsg.), Handbuch des deutschen Parlamentarismus, 1970, S. 139ff., 143f.

allein darum, die einzelnen Konkretisierungsschritte lediglich unter dem Gesichtspunkt prozeduraler Rechte und Pflichten, also im Sinne „formaler Rationalität" zu beurteilen. Unter dieser Bindung könnte beispielsweise die Fraktionsführung einer im Deutschen Bundestag vertretenen Partei die für erforderlich gehaltenen politischen Initiativen oder Reaktionen niemals mit Hoffnung auf durchschlagenden Erfolg in das demokratische Verfahren zum Erlaß parlamentarischer Entscheide einführen. Worum es statt dessen (auch) geht, ist der Einbezug vielfältiger interner und externer (Rechts- und) Sozialbeziehungen in den Zusammenhang der gegebenen Verfahrensordnung im Sinne reflexiv verstandener Verfahrensrationalität.[498]

4. *Maßgaben der Führungsverantwortung*

Darauf bezogenes Verfahrensmanagement verlangt von den verfahrensverantwortlichen Personen ein hohes Maß an situativem Anpassungs- und Einfühlungsvermögen. Es gilt, unter Einsatz moderner (technischer) Hilfsmittel, in Kooperationsbereitschaft gegenüber anderen Verfahrensteilnehmern und mit dem Mut zum kalkulierten Risiko das den jeweiligen Erfordernissen entsprechende Maß an Initiative bzw. Reaktion zu finden, bei anderen zu akzeptieren und insgesamt zu realisieren.

Darin liegt nicht etwa nur eine Besonderheit der auf die Konkretisierungsprozesse einwirkenden Technologie oder anderer *Verfahrensbedingungen.* Im Verfahrensmanagement kommt vielmehr ganz allgemein die breite personalisierte Verantwortung für die *operative* Handhabung der Arbeitsprozesse, also der Informations- und sonstigen Verfahrensaktivitäten staatlicher Funktionsträger zum Ausdruck. Sie gibt auf, Ablaufprobleme herauszufinden, zu analysieren und in geeigneter Weise informal zu beheben. Da entsprechende Veränderungen vor allem bei den betroffenen Organwaltern, aber auch bei den sonstwie an einem Verfahren aktuell oder potentiell Beteiligten erfahrungsgemäß Probleme aufbauen, die sich in Angst, fehlender Akzeptanz vor Reformen oder gar als deren direkte Ablehnung äußern können, bedarf es zusätzlich der *Moderation* der Konkretisierungsprozesse durch das Führungspersonal. Jedenfalls kann die Sach- bzw. Fachaufgabe im Wege der Konkretisierung nur dann erfolgreich erfüllt werden, wenn das Bemühen hierum von einer *situativen Verfahrensführung* begleitet wird.

Diese Aufgabe ist, wie schon angedeutet, den jeweiligen staatlichen bzw. politischen Führungsorganen und Führungskräften zugewiesen. Sie haben es über das Verfahrensmanagement in der Hand zu verhindern, daß sich der Konkretisierungsprozeß irrational entfaltet, daß sich Organwalter von dem Bereich der legitimen Machtausübung entfernen oder daß sich die Kommunikationsbeziehungen verzerren. Das Instrument, das diesbezügliche Verhaltensbeeinflussungen abstützt, ist die

---

[498] Zu deren Verständnis und Reichweite siehe schon oben, 4. Kap., D.I.-III.; 5. Kap., A.IV.3.; für das Gesetzgebungsverfahren am Beispiel des „Fraktionszwangs" aufschlußreich *Schütt-Wetschky*, a.a.O. (Fn. 497).

(persönliche) *Verantwortlichkeit* aller Organwalter. Sie überlagert deren auch gegebene personale Verfahrensverantwortung.[499]

Zur Rationalität und Legitimität staatlicher Entscheidungsprozesse tragen allerdings nicht nur die staatlichen Organwalter, sondern darüber hinaus auch jeder einzelne Verfahrensteilnehmer bei. Die Einflußnahme auf das Verfahrensgeschehen und die daran Beteiligten sowie die Berufung in Verantwortung hierfür sind strukturelle Elemente der Position *aller* Verfahrensbeteiligten. Hieraus resultieren prozedurale Lasten und Pflichten; die „Last" der Mitwirkung und Mitverantwortung an der Problemorientierung, an Sachverhaltsermittlung, Kommunikation und Interaktion, Steuerung und Vollzug der einzelnen Konkretisierungsschritte sowie an der Erzeugung ihrer Akzeptanz muß gemeinsam getragen werden.[500]

Letztlich ersprießt daraus – wie auch in bezug auf alles weitere Verhalten in Verfahren – eine Einstandspflicht der staatlichen Funktionsträger für *kooperative Verfahrensführung*. Diese erstreckt sich ebenso auf die „Gesamtrationalität" und Konzentration eines Verfahrens wie auf dessen Effektivität; ihr Ziel ist die konsensbildende, staatliche Herrschaft formende, soziale Verständigung anstrebende und effizienzsichernde Verfahrenswirkung. Freilich müssen auch hier wiederum die Organverantwortung für eine funktionsgerechte Verfahrensstruktur bzw. Verfahrensentwicklung und die Führungsverantwortung integriert werden: Der moderne Staat hat bereits bei der Strukturgebung seiner Verfahren entsprechende Verantwortungsrollen für ein variables Maß eigener Entscheidungsmacht und komplementärer gesellschaftlich-respräsentativer Entscheidungszuständigkeit bereitzustellen.

---

[499] Siehe oben, 6. Kap., B.I.; vgl. auch *Ermacora,* Staatslehre II, S. 824f.; *K. Vogel,* Verantwortlichkeit, S. 183ff.

[500] Mit Recht spricht auch *Schmidt-Aßmann,* in: Maunz/Dürig, GG, Art. 19 Abs. 4 Rdnr. 8, im Hinblick auf die grundrechtliche Rechtschutzgarantie der Verfassung von einem „Korrespondenzverhältnis von rechtlicher Freiheit *und* Verantwortung", dem er eine „Prozeßverantwortung" des einzelnen entnimmt, die sich „in den Instituten der Anfechtungslast ... und der Präklusionsregeln ... zeigt" und die in das Verwaltungsverfahren „vorwirken" könne.

8. Kapitel. Staatliche Verfahrensverantwortung und Kontrolle

Funktional verstandene Verfahrensverantwortung bezieht sich als strukturwirksamer Gestaltungsauftrag und Verfahrensmanagement auf das Aktivitätenpotential des Konkretisierungsvorganges. Unter dem Einfluß des dynamischen Bedingungsrahmens der Verfahrensorganisation geht es ihr darum, ein *Aktivitätenprogramm* zu entwickeln, das im Hinblick auf die bestehenden Verfahrensdefizite des modernen Staates die Verfahrensführung und -strukturen verbessert und dadurch die Verfahrensrationalität steigert.

A. Verfahrensparadigma der Kontrolle

Einen besonderen Rang nehmen in diesem Vorhaben die *Steuerungstätigkeiten* im Konkretisierungsverfahren ein. Die Tätigkeits-Gruppe „steuern" bezeichnet dabei das formale Gestalten des Gesamtprozesses oder einzelner Prozeßschritte.[1] Sie umfaßt sowohl die Planung der Arbeitsabläufe als auch die Koordination, Führung und Kontrolle der operativen Prozesse. Ihre herausragende Bedeutung gewinnen diese Steuerungsaktivitäten, die jeweils für sich wiederum Teil-Verfahren im Rahmen eines gesamtheitlichen „Leitungsprozesses" der Konkretisierung darstellen, aus dem hohen Maß an institutioneller, hierarchischer und funktionaler Arbeitsteilung, die den modernen Staat kennzeichnet. Sie erfordert in erster Linie eine Rationalisierung durch erfolgreiche Koordination und Führung der Arbeitsabläufe.[2]

Koordination einschließlich Kooperation und Führung bedürfen zu diesem Zweck nicht nur der Bereitstellung von Informationen, die in Art, Umfang und Gehalt ein rechtlich einwandfreies situationsgerechtes, flexibles und schnelles Erkennen und Handeln ermöglichen. Sie setzen ebenso eine Ergebnis-, Maßnahmen- und Kostenplanung voraus. Auch müssen Fehlentwicklungen erkannt, Initiativen zur Einleitung von Gegenmaßnahmen ergriffen und die Wirtschaftlichkeit sowie der Erfolg von Handeln und Entscheiden überwacht werden. Kurzum: Staatliche Verfahrenssteuerung bedingt um ihrer Rationalitätschance willen die *Kontrolle* der Arbeitsabläufe in einem umfassenden Sinn.

---

[1] Vgl. *Eichhorn/Friedrich*, Verwaltungsökonomie I, S. 37ff., 40; *Grün/Hamel/Witte*, Struktur von Informations- und Entscheidungs-Prozessen, S. 143.

[2] Vgl. dazu die Maßgaben der materiellen Leitlinien staatlicher Konkretisierungsverantwortung im 6. Kap., C.III.2.d) und im 7. Kap., E.IV.

I. Begriff, Reichweite und Formen staatlicher Kontrolle

In diesem *Verständnis* reicht Kontrolle weit über die bloße Durchführung eines Soll-Ist Vergleiches mit der Feststellung des Kontrollergebnisses hinaus.[3] Wie auf einer Skala ansteigend, vermag sie sich zur Beeinflussung des Kontrollobjekts im Sinne der Kontrollmaßstäbe geschmeidig zu wandeln, bis schließlich das Element der Lenkung oder Leitung und sogar der Gestaltung entsprechend des „controlling" den Kontrollbegriff beherrscht.[4]

Nicht nur dieser Bezug der Kontrolle zur sachgemäßen Zuordnung und Wahrnehmung der staatlichen Funktionen hebt sie unter den übrigen Steuerungsmöglichkeiten hervor.[5] Noch viel mehr zeichnet sie ihr grundlegender Zusammenhang mit den an die Staatsgewalt adressierten Anforderungen der Rationalität, Legitimation und verantwortlichen Herrschaft aus. Ohne *Kontrolle* wäre den Institutionen und Organen des modernen Staates eine weitreichende Hoheitsmacht zu willkürlicher Beliebigkeit eingeräumt. Gerade deshalb ist sie mit Fug und Recht als Schlüsselbegriff des staatlichen Funktionssystems angesehen worden.[6]

Die im Anschluß hieran dem Begriff und Deutungsgehalt entlehnten *Formen* der Kontrolle des Staatshandelns ergänzen sich weithin, bilden allerdings kein lückenloses Kontrollsystem.[7] Gleichwohl vermitteln sie den Eindruck eines gesicherten Fundaments rechtlicher wie politischer Bändigung staatlicher Macht. Nur zu leicht gerät allerdings dadurch der Umstand aus dem Blick, daß die veränderten Existenzbedingungen des modernen Staates auch andere, neue Formen der Kontrolle erfordern.[8] Das wird vor allem deutlich, sobald man sich nicht mehr nur auf die Betrachtung von Institutionen, materiell-rechtlichen Geboten und formalen Verfahrensregeln der Kontrolle beschränkt, sondern ihre Funktionen und tatsächlichen Leistungen näher ins Auge faßt.

---

[3] Zu diesem überkommenen Verständnis der staatlichen Kontrollfunktion siehe etwa *G. Brunner*, Kontrolle in Deutschland, 1972, S. 74, 75; *Schulze-Fielitz*, Gesetzgebungsprozeß, S. 95f.; *Thieme*, Entscheidungen, S. 116ff., 117.

[4] Vgl. auch *Krebs*, Kontrolle, S. 4ff., der allerdings auf Begriff und Gehalt des „controlling" nicht eingeht; siehe hierzu m.w.Nachw. *Drexl*, DB 1986, 2091ff.

[5] *Krebs*, a.a.O. (Fn. 4), S. 48ff.

[6] Siehe bes. *Loewenstein*, Verfassungslehre, S. 9, 31ff., 127ff., 296ff.; vgl. ferner *Meyn*, Kontrolle als Verfassungsprinzip, S. 144ff.; *Stettner*, Kompetenzlehre, S. 268f., 270f.

[7] Vgl. *Krebs*, Kontrolle, S. 51.

[8] Siehe auch *Kevenhörster*, Kontrolle der Aufgabenerfüllung, S. 444 (in bezug auf den Funktionswandel der kommunalen Verwaltung); am Beispiel parlamentarischer Kontrolle vgl. ferner *Busch*, Parlamentarische Kontrolle, S. 37ff. (Zuordnung der Ausschuß- und Fraktionsarbeit zur Kontrolle); *Oberreuter*, Parlamentarismus, S. 67f. m.w.Nachw.

II. Die prozedurale Kontrollperspektive

Von hier aus stößt die Frage nach einem *Verfahrensparadigma der Kontrolle* auf Interesse. Denn mit der Prozeduralisierung der staatlichen Entscheidungsfunktion[9] hängt die Wirksamkeit augenscheinlich festgefügter Ergebnisprüfung parlamentarischer, gerichtlicher oder Verwaltungsverfahren nunmehr maßgeblich davon ab, daß die jeweiligen Entscheidungs- und Konkretisierungsprozesse zahlreiche differenzierende Aktivitäten als Strukturelemente aufweisen, die sich unter Kontrollaspekten voneinander abweichend bewerten lassen.

So müssen beispielsweise Informationsvorgänge beurteilt, unterschiedliche Einstellungen berücksichtigt oder Konflikte sowie Steuerungsprobleme in Rechnung gestellt werden, die bei der herkömmlich institutionenbezogenen und auf das Konkretisierungs*ergebnis* fixierten Sichtweise von Kontrolle allzu leicht unbedacht bleiben.[10]

Eine solche *prozedurale Kontrollperspektive* einigermaßen bestandssicher zu entfalten, hat freilich seine Schwierigkeiten. Hierzu bedarf es zunächst einiger vergewissender Hinweise auf die strukturelle, verantwortungskomplementäre und rationalisierende Funktion der Kontrolle, ehe ihr Verfahrensaspekt näher ausgeleuchtet werden kann.

III. Kontrolle als Prozeß und Strukturelement der Konkretisierung

Strukturell betrachtet, ist Kontrolle notwendiger Teil eines jeden Konkretisierungsprozesses, auf diesen bezogen und daher selbst *Prozeß*.[11] Ihre Verortung als Abschluß eines Viertaktes von Planung – Entscheidung – Realisation – Kontrolle[12] geht somit fehl. Diese Einordnung schneidet den funktionalen Bezug zum Gesamtprozeß der Rechts- und Zweckkonkretisierung ab und übersieht, daß Kontrolle

---

[9] Dazu vgl. die Grundlegung oben, 3. Kap., B.I.5.

[10] Siehe auch und am Beispiel der öffentlichen Verwaltung u. a. *Derlien*, Zur systemtheoretischen Fassung des Kontrollproblems in der öffentlichen Verwaltung, in: H. Hauptmann/K. E. Schenk (Hrsg.), Anwendungen der Systemtheorie und Kybernetik in Wirtschaft und Verwaltung, 1980, S. 195ff.; *Sauer/Blasius*, DÖV 1986, 554ff., 559ff.; das BVerfG verdeutlicht in seinem Beschluß vom 13. 5. 1986 (BVerfGE 72, 175, 187ff.), daß auch die einzelnen Aktivitäten des Gesetzgebungsverfahrens der verfassungsgerichtlichen Kontrolle unterliegen (S. 191f.).

[11] Vgl. *Brunner*, Kontrolle in Deutschland, S. 74; *Krebs*, Kontrolle, S. 14ff., 17, 27ff.; *Schuppert*, Die verfassungsgerichtliche Kontrolle der Auswärtigen Gewalt, 1973, S. 140ff.; *R. Scholz*, VVDStRL 34 (1976), S. 161f., 163ff.

[12] Hierzu siehe z.B. Schwab, DöH 14 (1973), S. 199ff., 200; vgl. demgegenüber aber auch die Vorstellung eines „Dreitakts" bei *Eichhorn/Friedrich*, Verwaltungsökonomie I, S. 181ff., 182f.: Planung-Realisation-Kontrolle.

jeden Konkretisierungsvorgang mit allen seinen Aktivitäten in allen Phasen begleitet. Denn sie beeinflußt die einzelnen Verfahrenstätigkeiten hinsichtlich ihrer Initiative sowie in ihrem Ausmaß und verbindet alle miteinander durch Messen und Bewerten sämtlicher Verfahrensoperationen, also nicht nur derjenigen des „Entscheidens".[13]

Kontrolle ist demnach ein *Strukturelement* der Konkretisierung. Diese erfordert so viele Kontrolloperationen wie sie Aktivitäten umfaßt. „Kontrolle" läßt sich mithin definieren als der auf die (Mit-)Bestimmung von Verfahrensschritten gerichtete Vergleich eines Soll-Wertes mit einem Ist-Wert der jeweiligen Konkretisierungsoperation.[14] In diesem Verständnis von Kontrolle ist angelegt, sie nicht bloß als „nachgängig" einzuordnen, sondern sie weitergehend als einen dynamischen Prozeß der vorgängigen, begleitenden oder nachträglichen Einwirkung eines Staatsorgans auf andere Organe oder Institutionen aufzufassen. Dabei kann es sich sowohl um Selbst- wie um Fremdkontrolle handeln.[15]

Handlungs- und Entscheidungsprozesse des Parlaments, von Regierung und Verwaltung oder von Gerichten und anderen staatlichen Funktionsträgern (z.B. Rechnungshöfen, Beauftragten) lassen sich deshalb trotz ihrer unterschiedlichen Aufbaustrukturen, Aufgaben und Verfahrensweisen gleichermaßen unter dem Gesichtspunkt der Kontrolle analysieren. Die Formen, die Kontrolle dabei anzunehmen vermag, sind vielfältig. Ihr unterfallen allerdings nicht die Erscheinungsweisen der „sozialen Kontrolle" als der „Gesamtheit aller sozialen Prozesse und Strukturen, ... die abweichendes Verhalten der Mitglieder einer Gesellschaft oder einer ihrer Teilbereiche verhindern oder einschränken."[16] Statt dessen fragt Kontrolle sowohl nach der formalen (rechtlichen) Bindung als auch nach dem materiellen (politischen) Gehalt *staatlichen* Handelns und Entscheidens. Sie macht dadurch dieses institutionell wie personal zurechenbar, revidierbar und gestaltbar.

Kontrolle zielt dementsprechend ebenso auf die Rechtmäßigkeit und Wirtschaftlichkeit staatlicher Maßnahmen wie auf deren (auch) politische Richtung und tatsächliche Wirkung. Denn die maßgeblichen Problemstellungen, mit denen sich der moderne Staat konfrontiert sieht, fordern mehr und mehr ein Verhalten seiner Funktionsträger, das nicht nur entlang des Instanzenweges verläuft, sondern vor allem eine horizontale Umweltorientierung verlangt.[17] Zielen somit staatliche Pro-

---

[13] Zu eng daher auch *Krebs*, Kontrolle, S. 33f., der zwar zu recht Kontrollen als „notwendige Strukturelemente staatlicher Entscheidungsprozesse" kennzeichnet (S. 34), seine Betrachtungen aber zu Unrecht auf „Entscheidungen" zentriert.

[14] Bezug genommen wird damit auf die Entfaltung der Verfahrensaktivitäten durch „Operationen", wie sie oben, 7. Kap., C.I.2.c) mit dd) und (1) zu Fn. 189ff., näher beschrieben worden ist; enger dagegen *Krebs*, Kontrolle, S. 34 m. Anm. 215.

[15] Vgl. bes. *Krebs*, a.a.O. (Fn. 14), S. 48f., 50.

[16] *G. Hartfiel*, Wörterbuch der Soziologie, 1976, S. 363.

[17] Zu diesem Wandel der „Rationalität" staatlicher Konkretisierungsprozesse vgl. schon oben, 4. Kap., C.I.–III.; siehe auch *R. Mayntz*, Soziologie der öffentlichen Verwaltung, S. 211ff., 233ff.

grammentwicklung und -vollzug auf eine *aktive Steuerung* der gesellschaftlichen Einzelbereiche, dann gewinnt die Prüfung der Wirksamkeit hoheitlicher und anderer Aktivitäten im Wege der Richtungs- und Erfolgskontrolle an Gewicht.[18]

B. Kontrolle als Gegenüber staatlicher Verantwortung

I. Keine Verantwortung ohne Kontrolle

Nicht von ungefähr erinnert diese Doppelgleisigkeit der Kontrollansätze an die Existenz einer rechtlich wie politisch ausdifferenzierten *Konkretisierungsverantwortung* des Staates.[19] Kontrolle und Verantwortung sind in der Tat unlösbar aufeinander bezogen. Die in dieser geborgene Einstands- und Rechtfertigungspflicht der staatlichen Funktionsträger wird durch jene realisiert.[20] Handlungsauftrag, Rechenschaftspflichtigkeit und Sanktionsbindung können allein mit Hilfe der Kontrolle verwirklicht werden. Nur wenn die korrekte und sachgemäße Pflichtenerfüllung auch unabhängig von der Darstellung des Handelnden überprüft werden kann und eine Sanktionsmöglichkeit existiert, um gegen Pflichtenverletzungen vorgehen zu können, hat Verantwortung ihren Sinn und kann man „zur Verantwortung gezogen" werden. Es gibt folglich *keine Verantwortung ohne Kontrolle.*[21]

Allerdings begründet nicht allein die Notwendigkeit der Sanktion jene „innere Relation" von Verantwortung und Kontrolle, von der *U. Scheuner* spricht.[22] Auch Verantwortung als Befugnis[23] bedarf des Soll-Ist Vergleichs, der Klärung und (Be-) Wertung dessen, was gestaltet werden soll. Sie ebenfalls ist ohne Kontrolle nicht denkbar. Diese meint dann freilich weniger die bloße Feststellung eines Kontrollergebnisses als die daran anknüpfenden Korrekturen staatlichen Handelns und Entscheidens. Kontrolle versteht sich insofern als Prüfung des Verhaltens *und* als Kenn-

---

[18] Vgl. auch *Kevenhörster,* Kontrolle der Aufgabenerfüllung, S. 442f.; *Thieme,* Entscheidungen, S. 128ff. („Evaluation"). Dies gilt auch für den Gesetzgeber, der im modernen Staat mehr und mehr „Regierungsfunktionen" übernimmt und deshalb für seine Leitungs- und Planungsentscheidungen auch eines Kontrollinstrumentariums in Form von Berichtspflichten etc. bedarf, vgl. z.B. *Häberle,* AöR 102 (1977), S. 27ff., 57ff.; skeptisch gegenüber Erfolg und Qualität einer solchen „nachträglichen" Kontrolle aber *Krebs,* Kontrolle, S. 166, 167; anders wiederum und befürwortend zur Evaluation von Gesetzen *K. König,* Evaluation, S. 96ff., 99ff.; *Zeh,* in: Bundesakademie für öffentliche Verwaltung (Hrsg.), Praxis der Gesetzgebung, 1984, S. 297ff. Den Wandlungsbedarf der (verwaltungs-) gerichtlichen Kontrolle betont ferner *Hill,* DÖV 1987, 895 m.w.Nachw.

[19] Siehe dazu oben, 6. Kap., B.V.

[20] Vgl. zu diesem Zusammenhang m.w.Nachw. *Krebs,* Kontrolle, S. 43ff.; *Meyn,* Kontrolle als Verfassungsprinzip, S. 163ff.; *Scheuner,* Verantwortung und Kontrolle, S. 349ff.

[21] Kontrolle ist damit das „Komplement" jeglicher staatlichen Verantwortung, vgl. *Stettner,* Kompetenzlehre, S. 268f.

[22] In: FS G. Müller, S. 380.

[23] Dazu siehe die Grundlegung oben, 6. Kap., B.III.

zeichnung bestimmter Wirkungen in Gestalt der Einflußnahme auf das Kontrollobjekt oder gar im Sinne einer Determinierung des Kontrollierten.

In der Konsequenz all dessen darf der moderne Staat, will er nicht die Grundlagen seiner Existenz in Frage stellen, grundsätzlich keine kontrollfreien Räume dulden. Damit verbunden ist das *Prinzip der Kontrollpflicht,* d.h. der Pflicht, die Einhaltung des abgesteckten Verantwortungsrahmens so zu überprüfen, daß Abweichungen vom Handlungssoll möglichst ausgeschlossen werden.[24]

II. Keine Kontrolle ohne Verantwortung

Voraussetzung hierfür ist allerdings ein *Miteinander* von Kontrollobjekt und -subjekt. Denn die auf Kontrolle gepolte Verantwortung stellt zwar den Verantwortungsbelasteten in ein Abhängigkeitsverhältnis, das seine uneingeschränkte Machtausübung verhindert.[25] Doch kann umgekehrt Verantwortung nur derjenige tragen, der in seinem Verhalten gerade *nicht* in vollem Umfang an das Dafürhalten eines anderen gebunden ist.[26] Es gibt deshalb auch keine Kontrolle ohne Verantwortung. Dem Konkretisierungsverantwortlichen muß eine *funktionsadäquate Handlungs- und Entscheidungsmacht* verbleiben.

Kontrolle heißt von daher *Zusammenwirken.*[27] Und eben hierin liegt eine ihrer Grundfunktionen, nämlich (politische) Macht durch regelmäßige Beeinflussung zwischen den Beteiligten eines Kontrollverhältnisses zu mäßigen und zu begrenzen. „Das Element der Kontrolle dient der Erhaltung der Freiheit und Begrenzung der Macht."[28] Hierauf gründet sich ihre *Schutzfunktion.*

Zugleich erweisen sich Verantwortung und Kontrolle dadurch – und jenseits ihrer inneren Verbindung – gleichsam eingebettet in einen übergreifenden Gesamtzusammenhang von staatlicher Machtentfaltung, ihrer Legitimation durch rationale und verantwortliche Funktionsausübung sowie deren Begrenzung durch Kontrolle. Dieser Zusammenhang darf niemals aufgebrochen werden; ihn immer wieder herzustellen, ist Aufgabe aller staatlichen Verfahren. Denn weder kann staatliche Wirklichkeitsgestaltung dort auf legitimatorische Billigung rechnen, wo nicht für adäquate Verantwortung gesorgt ist, noch gibt es Rationalität und Legitimation ohne Kontrolle.[29]

---

[24] Vgl. *Püttner,* Verantwortlichkeit und Kontrollpflicht, S. 438ff.

[25] Vgl. auch *Krebs,* Kontrolle, S. 44.

[26] Dazu siehe die Nachw. oben, 6. Kap., C.II.3. mit Fn. 127.

[27] Näher hierzu *Meyn,* Kontrolle als Verfassungsprinzip, S. 173ff., 207ff.; *Scheuner,* Kontrolle der Staatsmacht, S. 27ff., 31; *Stadler,* Parlamentarische Kontrolle, S. 44ff. m.w. Nachw.

[28] *Scheuner,* Kontrolle der Staatsmacht, S. 15.

[29] Vgl. *Krebs,* Kontrolle, S. 34ff., 36, der die Funktion der Kontrolle als die „der Rationalisierung des Entscheidungsprozesses und der Entscheidung" beschreibt; *Meyn,* Kontrolle als Verfassungsprinzip, S. 66ff., 117, 140, 144ff.

III. Rationalitätsgewinn durch selbstreferenzielle (Verfahrens-) Kontrolle

Vor diesem Hintergrund muß ein Verständnis von Kontrolle allzu eng anmuten, das dieser ausschließlich eine machthemmende Funktion zuweist. Denn Kontrolle reagiert als (Teil-)Prozeß und Aktivitätenbündel im Rahmen der Konkretisierung auf alle weiteren Komponenten, in die sich der Konkretisierungsprozeß zergliedert. Sie sucht die einzelnen Verfahrenstätigkeiten darauf zu durchleuchten sowie zu bewerten, ob die Konkretisierungsmaßstäbe im Einzelfall maßstabsgerecht entwikkelt oder maßstabsgetreu eingehalten worden sind bzw. werden. Angestrebt wird damit, die inhaltliche Vertretbarkeit staatlichen Handelns und Entscheidens zu steigern.[30]

Der tiefere Grund für dieses Anliegen der Kontrolle findet sich in dem Umstand, daß die Legitimität staatlicher Maßnahmen ebenso deren Rationalität voraussetzt,[31] wie diese selbst die Grundlage verantwortbarer Herrschaft bildet.[32] Darauf bezogene Kontrolle *muß* sich also stets *auch* als Hilfe zur Erziehung sachangemessener, „rationaler" Entscheidungen verstehen. Sie leistet in diesem Sinne ebenso ihren Beitrag zur Rationalisierung der Staatstätigkeiten wie die Verfahrenssteuerung insgesamt.

Die damit formulierte These von der *Rationalisierungsfunktion der Kontrolle* hat bereits *W. Krebs* im Ansatz, wenn auch etwas anders als hier, eindrucksvoll entfaltet und einer diesbezüglichen Analyse von parlamentarischen, gerichtlichen und Rechnungshof-Kontrollen zugrundegelegt.[33] Seine Ausführungen verdeutlichen zugleich, daß die Eigenart der Kontrolle ihre funktionale Abhängigkeit von den Entscheidungen bzw. Inhalten reflektieren muß, auf deren Steuerung sie ausgerichtet ist.[34] Bezugspunkte der Rationalisierungsfunktion staatlicher Kontrolle sind deshalb die jeweiligen Konretisierungs-(teil-)*ergebnisse* bzw. die unterschiedlichen *Inhalte* der (Teil-) Entscheidungen im Konkretisierungsprozeß.[35] Ebenso und namentlich im Wege der Rechtmäßigkeitskontrolle wird geprüft, ob die Formen und prozeduralen Regeln eines Handlungs- und Entscheidungsablaufes eingehalten sind bzw. wurden.

---

[30] Zu dieser *Prozeßorientierung* der Kontrolle siehe jüngst auch *Hill*, DÖV 1987, 895 m. Anm. 141; in bezug auf die verwaltungsgerichtliche Kontrolle des Handelns und Entscheidens der öffentlichen Verwaltung spricht dabei *R. Scholz*, VVDStRL 34 (1976), S. 175, von einer „Kontrolle der konkreten Maßstabsbildung" und einer „maßstabsimmanenten Kontrolle der konkreten Verwaltungsentscheidung" bei gegebener Maßstabssetzungskompetenz der öffentlichen Verwaltung.

[31] Vgl. oben, 5. Kap., A.IV.

[32] Siehe dazu im 6. Kap., A.II.

[33] In: Kontrolle, z.B. S. 13, 36f., 49f., 134ff., 137 und öfter.

[34] *Krebs*, Kontrolle, z.B. S. 136.

[35] Siehe dafür beipielhaft am Muster der Finanzkontrolle *Sauer/Blasius*, DÖV 1986, 560.

Die alledem richtigerweise zugrundeliegende Prozeßsicht der Kontrolle bedarf indessen und angesichts des Bedeutungsgewinns der Verfahrensrationalität im modernen Staat angemessener Vertiefung in Richtung auf *prozedurale Selbstreferenz*.[36] Die inhaltsbezogenen und die eine gegebene Formenbindung überprüfenden Kontrollansätze der Rechtmäßigkeits-, Wirtschaftlichkeits- oder Richtungskontrolle vermögen nämlich wegen der allfälligen Verfahrensrestriktionen nur bedingt sicherzustellen, daß die mit dem staatlichen Handeln und Entscheiden angestrebten Ergebnisse (Ziele) auch tatsächlich erreicht werden. Darüber hinaus lassen sich die Kontrollmaßstäbe häufig erst *während* der Konkretisierung, also im Verfahren ausformulieren. Die Rationalisierungsfunktion der Kontrolle ist daher verfahrensgeprägt bzw. verfahrensabhängig gestellt.[37]

Ist dem aber so, dann darf Kontrolle nicht nur über Sachergebnisse urteilen bzw. auf die Einhaltung der Verfahrensregeln auf dem Weg zum Konkretisierungsergebnis achten. Sie muß sich vielmehr auch und gleichermaßen mit Bestand und Einfluß der Verfahrensaktivitäten auf die Inhalte bzw. Ergebnisse der Rechts- und Zweckkonkretisierung sowie auf ihre eigene (Verfahrens-) Existenz auseinandersetzen. Die Sicherung der Verfahrensrationalität des modernen Staates bedarf m. a. W. der institutionalisierten *Verfahrenskontrolle* und entsprechend ausgestalteter *Kontrollverfahren.*

C. Verfahrensverantwortung für Kontrolle

I. Prozedurale Kontrollverantwortung

Dieser Befund setzt Kontrolle in eine direkte Beziehung zur staatlichen *Verfahrenverantwortung*. Weil und soweit diese unter dem Aspekt verfahrensrationaler Legitimation politischer Herrschaft aufgibt, für eine funktionale Verfahrensordnung zu sorgen, erstreckt sich die zu organisierende Rationalisierungsfunktion der Kontrolle (auch) darauf, die prozessualen Bedingungen zu reflektieren und die institutionellen Engpässe, Hindernisse sowie Anreizstrukturen zu identifizieren, unter denen sich ein Konkretisierungsverfahren entwickelt bzw. denen es ausgesetzt ist.[38]

---

[36] Zu dieser vgl. schon oben, 4. Kap., D.III.; 7. Kap., D.IV. mit Fn. 388ff.

[37] Ganz entsprechend zu den Rationalisierungstendenzen des modernen Rechts, vgl. oben, 4. Kap., C.I.–III.

[38] Hierin offenbart sich das spezifische Steuerungspotential der Kontrolle (vgl. dazu oben, Fn. 1f.), wobei über deren im hiesigen Argumentationszusammenhang bevorzugte Koppelung an die Prozeß- und Akteursperspektive (vgl. dazu oben, 7. Kap., D.III.) ihr handlungs- und organisationsbezogener Ansatz präzisiert wird; ohne theoretische Perspektive dagegen *Thieme*, Entscheidungen, S. 117f. Aus der oben im Text entfalteten Sicht bezieht sich „Kontrolle" damit auch auf jene informalen Verwaltungspraktiken und Informationsdefizite, die häufiger dazu führen, daß Rechtswahrung und Rechtsschutz Dritter schon im Vorfeld formeller Ver-

Staatliche Verfahrensverantwortung bedeutet deshalb *prozedurale Kontrollverantwortung*, die sich auf die Institutionalisierung, Organisation und Entwicklung der Kontrollprozeduren bezieht und in diesem Zusammenhang die funktionale Reichweite von Kontrolle *erweitert*. Ihr zufolge ist die staatliche Verfahrensordnung durch geeignete Kontrollverfahren zu ergänzen. Diese müssen sowohl die interne als auch die externe Rationalisierung der Prozeßstrukturen und der Verfahrensführung ermöglichen.

II. Diagnosefunktion der Verfahrenskontrolle

In ihrer Reichweite knüpft die solcherart prozedural gewendete und in den Gestaltungsauftrag staatlicher Verfahrensverantwortung eingefügte Rationalisierungsfunktion der Kontrolle an die einzelnen Wirkdimensionen des Verfahrens an. Ihr geht es damit um mehr als nur um eine „Proportionalität zwischen Entscheidungsstruktur und Wirkungsstruktur."[39]

Dementsprechend konzipierte *staatliche Verfahrenskontrolle* entfaltet auf einer ersten Stufe eine „Diagnosefunktion": Die an Verfahrensgang und -führung ansetzende Selbst- oder Fremdkontrolle bildet eine hervorragende Informationsquelle für die Diagnose der operativen Qualität staatlichen Handelns und Entscheidens. Kontrollgegenstand und damit Objekt der Verhältnisbestimmung zwischen einem Soll-Wert und einem Ist-Wert bildet insofern nicht das Produkt der Staatstätigkeit, sondern der *Verfahrensablauf* selbst, der in Gesetz, Verwaltungsakt oder Urteil bzw. deren Vollzug einmündet. Aus der Qualität dieser Konkretisierungsergebnisse lassen sich durchaus Rückschlüsse auf die Funktions- und Reaktionsgerechtigkeit der Arbeitsvorgänge sowie auf ihre typischen Risiken bzw. Fehler ziehen.[40]

III. Korrekturfunktion der Verfahrenskontrolle

Verfahrenskontrolle vermag sodann auf einer zweiten Stufe – entsprechend dem im Kontrollverständnis angelegten Übergang vom Vergleich zur Einflußnahme – den *Anstoß* zu einer Verfahrensänderung bzw. -entwicklung zu geben. Die Feststel-

---

waltungsverfahren geschwächt werden: Ihnen gegenüber können Verwaltungs- und Gerichtskontrollen verfassungsrechtlich begründete Schutzpflichten der Verwaltung im Verfahren einschließlich der hieraus folgenden Ausdehnung von Verfahrensgrundsätzen effektuieren (näher dazu noch unten, 10. Kap., A.III.).

[39] Vgl. *Zimmer*, Funktion-Kompetenz-Legitimation, S. 90f., 256ff., 259, 260.

[40] Siehe auch *K. Lenk*, Das verwaltungsinterne Widerspruchsverfahren, S. 250; zu den *Funktionen* des Widerspruchsverfahrens als ein Verwaltungsverfahren, das regelmäßig die (auch) gegebene „Kontrollfunktion" nur auf das einzelne Verfahrensergebnis der Ausgangsbehörde bezieht, aber kaum strukturell – wie hier intendiert – ansetzt, vgl. in diesem Zusammenhang ferner *Hufen*, Verwaltungsverfahren, S. 267f. m.w.Nachw. – Die „Diagnosefunktion" des BVerfG in bezug auf das Gesetzgebungsverfahren diskutiert z.B. *Benda*, Sozialrechtliche Eigentumspositionen, S. 135ff.

lung von Verfahrensdefiziten im Soll-Ist Vergleich kann zu der Anregung führen, die Verfahrensaktivitäten umzugestalten.[41]

Was Verfahrenskontrolle in diesem Sinne zu leisten imstande ist, zeigt sich eindrucksvoll am Beispiel datenverarbeitungs-gestützter Rationalisierung der Verwaltungsarbeit in der gesetzlichen Rentenversicherung. Die dort im Wege der prozeduralen Eigen- und Fremdkontrolle ermittelten *kommunikativen Defizite* des „technisierten" Erstbescheidverfahrens legen nicht nur eine partizipative Verfahrensgestaltung durch Stärkung der persönlichen Verwaltungskontakt nahe. Sie lassen ebenso dafür plädieren, das verwaltungsseitige Widerspruchsverfahren kommunikationsfreundlicher auszugestalten, um die unter dem Einfluß der Informationsverarbeitungstechnik entstandene und außergewöhnliche hohe Fehlerquote der standardisierten Entscheidungen in der Rentenversicherung zu senken.[42]

IV. Gestaltungs- und Leitungsfunktion der Verfahrenskontrolle

Kraft dieser „Anstoßfunktion" zwingt Verfahrenskontrolle dazu, Verfahrensmängel zur Kenntnis zu nehmen und in Reaktion hierauf die rechtlichen und tatsächlichen Anforderungen an Gestaltung und Handhabung des Konkretisierungsprozesses zu präzisieren. Begleitende Kontrolle beschränkt sich dabei keineswegs auf die Form des Zusammenwirkens von Kontrollsubjekt und Kontrolliertem. Analog zu ihrem sich skalenartig erweiternden Verständnis geht sie über einen bloßen Anstoß zu Verfahrensänderungen hinaus. Aus prozeduraler Sicht liegt eine wesentliche Aufgabe der im Zuge der Konkretisierung „mitlaufenden" Kontrolle darin, die feststellbaren Unzulänglichkeiten der Verfahrensorganisation und des Verfahrensmanagements auf deren *Ursachen* hin zu analysieren, nach der Vertretbarkeit von Verfahrens*risiken* – etwa des Einsatzes von IuK-Technik – zu fragen, *Prioritäten* für ihre Behebung zu setzen und *Kriterien* für die Verbesserung der Verfahrensqualität zu entwickeln.

Verfahrenskontrolle übernimmt dadurch eine „Gestaltungsfunktion." Diese vereinigt sich unter dem Blickwinkel der „Führung" mit dem Verfahrensmanagement zur *Leitung* des Konkretisierungsprozesses.[43]

---

[41] Deshalb erweisen sich z. B. sog. Vorabzustimmungen im atomrechtlichen Genehmigungsverfahren – vgl. dazu *Burianek*, NJW 1987, 2727ff. – als rechtlich nicht bindend; sie würden andernfalls den Konnex von Legitimation, Verantwortung und Kontrolle infolge mangelnder Korrekturmöglichkeiten innerhalb der Verwaltung auflösen. Auf der gleichen Linie liegt die dem Gesetzgeber obliegende „Nachbesserungspflicht"; siehe dazu *Steinberg*, Der Staat 26 (1987), S. 161ff., der ebenfalls die Kontrollorientierung unterstreicht.

[42] Siehe *Grimmer*, Sozialer Fortschritt 1985, S. 80ff.; *U. Horn*, Bedingungen und Funktionen des Rechtsschutzes gegenüber standardisierten Entscheidungen in der Rentenversicherung (Arbeitspapiere der Forschungsgruppe Verwaltungsautomation an der GHS Kassel, Nr. 32), 1983, S. 149ff., 156ff.; ähnlich ließe sich auch eine strukturwirksame „Anstoßfunktion" der Beschwerde im gerichtlichen Verfahren denken.

[43] Vgl. auch *Pankoke*, DVerw. 21 (1988), S. 429ff.; zu den dabei auftretenden Berührungs-

Staatliche Verfahrensverantwortung muß freilich sicherstellen, daß Inhalts- und Verfahrenskontrolle reflexiv bleiben und nicht „totalitär" werden. Gegen eine solche Hypertrophie von Eigen- oder Fremdkontrolle fruchtet freilich der Hinweis, daß „eine totale Kontrolle ... nur *modelltheoretisch* vorstellbar ist", nichts.[44] Jedenfalls läßt sich das Potential staatlicher Kontrollen nicht beliebig steigern, ohne daß nicht die Frage nach der Kontrolle der Kontrolleure aufzuwerfen wäre.[45] Auch Verfahrenskontrolle steht vor diesem Problem. Zu seiner Bewältigung sind die Kontrollverfahren mit Mechanismen der Selbstbeschränkung auszustatten.[46]

---

punkten mit der von den sozialistischen Gesellschaften entwickelten und in einer eigentümlichen Nähe zur Rechtstheorie befindlichen „Leitungswissenschaft" vgl. *H. Willke*, Leitungswissenschaft in der DDR, 1979, S. 18ff., 25ff.

[44] *Krebs*, Kontrolle, S. 36f., 37.

[45] Dazu siehe am Beispiel der Institution des „Datenschutzbeauftragten" *R. Scholz/Pitschas*, Informationelle Selbstbestimmung, S. 45f., 148f.; *Vogelsang*, VerwArch. 78 (1987), S. 81ff., 83ff.

[46] Näher dazu vgl. *Thieme*, Entscheidungen, S. 119, 120.

Dritter Teil. Die Verfassung als Prozeßform und Entwicklungsrahmen staatlicher Verfahren

9. Kapitel. Verfahrensidee und Verfassung

A. Das Verfahrensparadigma des modernen Staates

Die Strukturveränderungen von Staat, Gesellschaft und Recht bedingen, wie die voraufgegangenen Erörterungen zeigen, einen Paradigmawandel der Entscheidungs- und Ordnungsfunktion des politischen Gemeinwesens. Bezogen auf die ihm übertragene autoritative Verhaltenskoordination seiner Bürger tritt der Verfahrensgedanke nunmehr aus dem Halbdunkel bisheriger Existenz heraus. Zwar hat moderne Staatlichkeit von ihrem Beginn an keineswegs die Aufgabe versäumt, Entscheidungsprozesse einzurichten, befugte Entscheidungsträger und ihr Verhältnis zueinander festzulegen sowie für die Durchsetzung staatlicher Entscheidungen zu sorgen. Dazu gehörte auch der Entwurf abstrakter Entscheidungsgrundsätze, um das staatliche Handeln vorausschauend zu determinieren.[1] Die Wirkung des Verfahrensgedankens im modernen Staat hat daher durchaus ihren *geschichtlichen Horizont,* wie sich besonders anschaulich an der Geschichte des Gesetzgebungsverfahrens[2] sowie an der Entwicklung des *gerichtlichen* Verfahrensrechts[3] verdeutlichen läßt. Gleichermaßen kann der (rechtsstaatliche) Verfahrensgedanke in der *Verwaltung* auf eine lange Tradition zurückblicken, wofür Beispiele aus dem Enteignungsrecht[4] bzw. aus dem Vollstreckungs-[5] oder Beschwerde-(Rekurs-)Wesen[6] stehen.

---

[1] *Pernthaler,* Staatslehre, S. 161.

[2] Vgl. z. B. *Ebel,* Geschichte der Gesetzgebung in Deutschland, um Nachträge erweiterter Neudruck der 2. Auflage 1958; siehe auch *Hedemann,* Wesen und Wandel der Gesetzgebungstechnik, FS zum 70. Geburtstag von W. Schmidt-Rimpler, 1957, S. 23 ff.

[3] Siehe etwa die Übersicht über die geschichtliche Entwicklung des Zivilprozeßrechts bis zu den Reichsjustizgesetzen und darüber hinaus bei *Rosenberg/Schwab,* Zivilprozeßrecht, S. 17 ff.; für den Verwaltungsprozeß vgl. z. B. *Rüfner,* Verwaltungsrechtsschutz in Preußen im 18. und in der ersten Hälfte des 19. Jahrhunderts, FS C.-F. Menger, 1985, S. 3 ff.; für den Strafprozeß vgl. den Überblick bei *Roxin,* Strafverfahrensrecht, S. 376 ff., 386 ff.

[4] Dazu vgl. *Frenzel,* Der Staat 18 (1979), S. 592 ff. m. w. Nachw.

[5] *Forsthoff,* Verwaltungsrecht I, S. 289 ff., 291, 297.

[6] Vgl. *Rüfner,* Verwaltungsrechtsschutz in Preußen 1749 bis 1842, 1962; *ders.,* DÖV 1963, 719 ff.; *Stump,* Preußische Verwaltungsgerichtsbarkeit 1875–1914, 1980, S. 120 ff.

I. Verfahrensorientiertes Rechts- und Staatsverständnis

Gleichwohl lag in alledem kein Übergang zu einem *verfahrensorientierten Rechts- und Staatsverständnis,* wie es die Gegenwart prägt und für die Zukunft sein wird. Die auch heute noch längst nicht überwundene Vorstellung über die Rolle der staatlichen Verfahren verharrte nämlich darin, deren „dienende Funktion“ einseitig herauszustellen[7] und „materielle Richtigkeit“ als einzig verbindlichen Maßstab staatlichen Handelns zu kreieren.[8] Dieser Anspruch an das staatliche Vorgehen ist indes – das haben die Ausführungen im zweiten Teil der Untersuchung dargelegt – aus mancherlei Gründen nicht länger aufrechtzuerhalten. Im Strukturwandel von Staat, Gesellschaft und Recht werden vielmehr jene kommunikativen Formen der Konkretisierung als rational prämiert, die *Verfahren* des Parlaments, der Verwaltung und der Gerichte, also die „Herstellung“ von Entscheidungen zu ihrem Ausgangspunkt machen.

II. Verfahrensordnung als „Strukturierung“ und „Führung“

Im Zuge dieser Entwicklung erweisen sich die Strukturierung und Führung von Verfahren als die beiden prägenden Gestaltungselemente der staatlichen Entscheidungs- und Ordnungsfunktion. Dementsprechend werden die bislang weitgehend als irrelevant betrachteten binnenorganisatorischen Prozesse der gesetzgeberischen Willensbildung und Informationsverarbeitung, der Konkretisierung gesetzlicher Tatbestände durch Verwaltungen und Gerichte, aber auch die für Rechtsetzung, -ausdeutung und -bildung maßgeblichen Qualifikationen des Entscheidungspersonals wie z.B. Sachkunde, Identifikation mit den materiellen und Verfahrenszielen, Loyalität bzw. von diesem in das Verfahren eingeführte persönliche Ziele und Bedürfnisse unmittelbar rechtlich bedeutsam. Die *internen Strukturen* der Verfahren von Rechtsetzung, -durchsetzung und -kontrolle determinieren dadurch ebenso wie die Art und Weise der Verfahrensführung die Kriterien der „Richtigkeit“ (Gerechtigkeit) staatlicher Konkretisierungsentscheidungen.

Gewißheit über sie wird deshalb immer weniger durch eine kognitiv nachvollziehbare Subsumtion eines Sachverhalts unter einen Verfassungsbegriff oder einen gesetzlichen Tatbestand erzielt – mag er auch präzise normiert sein. Ausschlagge-

---

[7] Vgl. für das Prozeßrecht statt aller *Grunsky,* Grundlagen, S. 7, 15; speziell für das Verwaltungsverfahren siehe *Badura,* Verwaltungsverfahren, S. 384; *Gaentzsch,* DVBl. 1985, 29ff., 34; *Hill,* Das fehlerhafte Verfahren, S. 201, 221.

[8] Siehe auch *Goerlich,* Grundrechte als Verfahrensgarantien, S. 343ff.; *Held,* Grundrechtsbezug, S. 34ff.; *Schmidt-Aßmann,* Öffentlich-rechtlicher Grundeigentumsschutz, S. 134 m. Anm. 142.

bend ist vielmehr die Einhaltung bestimmter, material „aufgeladener" Verfahrensregeln – dies ergibt dann den Typus „prozeduraler Gerechtigkeit" – *und* die Übereinstimmung mit einem Ensemble allgemein akzeptierter (verfassungsverankerter) Werte. Diese entfalten als „elementare Verfassungsgrundsätze"[9] in allen Bereichen des Rechts, für Organwalter des Staates ebenso wie für das politische, geschäftliche oder familiäre Verhalten der Bürger normative Wirksamkeit.[10]

Zahlreiche herkömmliche Vorstellungen über den Einfluß von Verfahren auf die Sachentscheidung müssen damit im modernen Staat als erledigt angesehen werden. Dies gilt vor allem für die Auffassung, Verfahren würden sich in dem Dienst an der Sachaufgabe verzehren und keine eigenständige Funktion entfalten.[11] Das Gegenteil ist der Fall. Verfahren übernehmen eine *Komplementärfunktion* für die Rechtsfindung und -durchsetzung; sie verfügen über einen rationalitäts- und legitimitätssichernden Eigenwert.[12]

Um diesen näherhin zu bestimmen, reicht es freilich nicht aus, Verfahren lediglich als „Strukturprämissen" für staatliche Entscheidungen zu kennzeichnen.[13] Denn sie sind ihrerseits wiederum determiniert durch die strukturierte Formalisierung und informale Handhabung der in ihnen verköprerten operativen und Leitungsprozesse.[14] Sie sind darüber hinaus auch nicht bloß „Prämisse" anderweitig fallender Entscheidungen, sondern recht eigentlich der Ort, an dem sich staatliches Handeln gestaltet, und das Medium, durch dessen Einsatz sich dieses Handeln formt.

Demzufolge gilt es, nach den Einzelheiten der Strukturierung von Verfahren und ihrer sozialen Führung bzw. Orientierung zu fragen, also zu durchleuchten, was den Konkretisierungsprozeß in seinem „Inneren" prägt. Hierzu trägt die in Literatur und Rechtsprechung formelgleich wiederholte Klassifikation staatlicher Verfahren als phasenspezifisch gegliederte Entscheidungsvorgänge wenig bei. Aufschluß über das, was *im* Verfahren geschieht, gibt vielmehr erst und nur der Blick auf die einzelnen Verfahrenshandlungen, d.h. auf die Verfahrensaktivitäten selbst. Diese sind deshalb auch die Bezugskategorien jeder rechtlichen Verfahrensordnung.[15] Ihre Dogmatik ist deshalb aktivitätenbezogen dem Verfahrensgedanken zu öffnen.[16]

---

[9] BVerfGE 1, 14 (33); 2, 1 (13, 73); 5, 85 (141).

[10] *Denninger,* FS R. Wassermann, S. 282.

[11] Vgl. oben zu Fn. 7; siehe auch die Kritik bei *H. H. Rupp,* FS O. Bachof, S. 163ff.; *Schmidt-Aßmann,* in: Maunz-Dürig, GG, Art. 19 Abs. 4 Rdnrn. 25, 158; *ders.,* HdbStR III, 1988, S. 647f., 650.

[12] Siehe dazu bereits die Grundlegung oben, 4. Kap., C.I.–III.; D.I.–III.; vgl. auch *Denninger,* KritV 1986, 308f.; *D. Lorenz,* NJW 1977, 867 m. Anm. 32; *H. H. Rupp,* a.a.O. (Fn. 11), S. 164f.; *Suhr,* Entfaltung, S. 151ff.; *Stettner,* Kompetenzlehre, S. 172f.

[13] So für das Verwaltungsverfahren bes. *W. Schmidt,* Probleme des Verwaltungsrechts, S. 72ff., 86ff.

[14] Vgl. dazu schon oben, 7. Kap., E.II. und V.

[15] Siehe näher die Grundlegung im 7. Kap., A.II.2.c) und C.I.2.d) mit (3); C.II.2.

[16] Dazu vgl. im einzelnen die nachfolgenden Ausführungen sowie des weiteren unten, 13.–15. Kap. der Untersuchung.

III. Schlüsselbegriffe der Verfahrensordnung

Die prinzipalen Ordnungsmaßstäbe verfahrensförmiger Rechts- und Zweckkonkretisierung formulieren unter dem Verfahrensparadigma des modernen Staates das *prozedurale Rationalitätsgebot,* das *Legitimations-* sowie das *Kontrollerfordernis.* Sie bündeln sich im Prinzip der *Verfahrensverantwortung.*[17]

Die Verwirklichung des Sachrechts kann zwar als zweckrichtige, situative und interessengerechte („reflexive") Konkretisierung keinesfalls der Substanzvorgabe entbehren. Sie unterliegt aber daneben verfahrenseigenen Zwecken und Zielen sowie fachlich-methodischen, technologischen und sozialen Bedingungen. Deren funktionsspezifische und strukturgerechte Berücksichtigung bei der Verfahrensordnung liegt in der kompetenziell gegliederten und kontrollierten *Verfahrensverantwortung* der Staatsorgane.[18] Diese wiederum ist auf die Wirkdimensionen staatlicher Verfahrenssetzung und -handhabung bezogen, zu denen sowohl die Rationalisierung der Rechts- und Zweckkonkretisierung im Sinne staatlicher „Leistungseffizienz" als auch die Entwicklung des Staatshandelns als ein Prozeß sozialer Verständigung gehören, in dem es auch auf die Befriedigung der Bedürfnisse von Organwaltern und insofern auf „soziale Effizienz" ankommt.[19] Hinzu tritt die Entfaltung der Machtpotentiale bzw. -relationen bei der Ausübung staatlicher Herrschaft, die angesichts der „Prozeduralisierung" allen Rechts zunehmend nach einer Legitimation durch Verfahren verlangt.[20]

Rationalität und Legitimation, Verantwortung und Kontrolle bilden damit und in ihrer eigentümlichen Verknüpfung mit der Kompetenzverteilung im modernen Staat die Grundkategorien für die Ordnung der staatlichen Entscheidungsprozesse. Sie erweisen sich als Schlüsselbegriffe eines staatsrechtlichen Denkens, das in Überwindung einer allzu substanzhaft modellierten Staatsgewalt den Staat nicht als eine vorgegebene Willenseinheit versteht, sondern diese Einheit „als das Ergebnis eines in steter lebendiger Bewegung befindlichen Prozesses der Auseinandersetzung der Meinungen und Kräfte und der Zusammenführung" betrachtet, der sich in bestimmten, rechtlich geordneten institutionellen Formen und Verfahren vollzieht.[21] Der moderne Staat ist kraft dessen als *Verfahrensgesamtheit* zu begreifen.

---

[17] Vgl. oben, 7. Kap., A.I. und II. Das „Prinzip" der Verfahrensverantwortung ist demnach ein *Optimierungsgebot* im Hinblick auf die rechtlichen Möglichkeiten, das Verfahren i.S. der dargestellten Rationalitäts-, Legitimitäts- und Kontrollerfordernisse zu ordnen bzw. zu führen. Insofern gehört es als „prozedurales Prinzip" zu der für das grundrechtliche Entscheiden relevanten Prinzipienebene i.S. von *Alexy,* Grundrechte, S. 71ff., 104ff., 117ff., ohne freilich zu den Grundrechtsnormen zu zählen.

[18] Vgl. wiederum die Grundlegung im 7. Kap., C.I. und II., E.I. und II.; 8. Kap., B.I.–III.

[19] Dazu siehe näher oben, 4. Kap., C.V.3. und 4.; 7. Kap., D.III.

[20] Vgl. grundlegend die Ausführungen im 5. Kap., A.IV. und B.IV.

[21] *U. Scheuner,* Verantwortung und Kontrolle, S. 380.

In dieser realen Verfaßtheit ist der „staatliche Lebensprozeß" (U. Scheuner) in das allgemeine Grundmuster der Staatsorganisation eingebettet.[22] Dessen funktionelle Ausdeutung nach den Erfordernissen staatlicher Lagen und gesellschaftlicher Bedürfnisse wird durch die Bezugnahme auf die Schlüsselbegriffe der Rationalität, Legitimation, Verantwortung und Kontrolle besorgt. Dies gilt auch für die Fortentwicklung der staatlichen Entscheidungsprozesse, für die sie sich als Veränderungsmaßgaben der Verfahrensorganisation, als hochkomplexe Leitbegriffe der bedingungsgerechten Verfahrensformalisierung, der Fortschreibung des individuellen Verfahrensstatus und der kommunikationsorientierten Verfahrensführung erweisen. Ihr gemeinsames Merkmal liegt dabei in der Fähigkeit, das Selbststeuerungspotential des Verfahrensgedankens im Zuge der Entwicklung des modernen Staates zu berufen,[23] seine gewandelten Voraussetzungen und Bindungen zu entfalten sowie jene generalisierten Anforderungen an die Gestaltung und Führung staatlicher Verfahren zu umschreiben, wie sie im zweiten Teil der Untersuchung dargestellt worden sind.[24]

Freilich fungieren dabei weder die Kategorie der Rationalität noch die anderen kategorialen Leitbegriffe im Sinne einer die Verfahrensstruktur und -führung unmittelbar dirigierenden Ordnungsmaßgabe. Sie wirken lediglich *mittelbar*, indem sie zunächst eine prinzipielle Argumentationsebene für das staats- und verwaltungsrechtlich bedeutsame Phänomen des „Verfahrens" erschließen. Der Bezugnahme auf Rationalität und Legitimation, Verantwortung und Kontrolle kommt somit nicht die Eigenschaft zu, sogleich präzise Verfahrensregeln vorzugeben bzw. zu begründen. Sie soll vielmehr auf die Gesamtheit der verfügbaren und zu erschließenden Optionen für mögliche Varianten der staatlichen Verfahrensordnung hinweisen, um damit im derzeitigen Übergang zu einer vermehrten Selbststeuerung des evolutionären gesellschaftlichen Prozesses den notwendigen Spielraum für die Einführung neuer wertender und konfliktlösender Gesichtspunkte in die Verfahrensdiskussion zu schaffen. Die dadurch erweiterten Möglichkeitsräume für die gesellschaftliche Kommunikation hat allerdings nicht allein der Gesetzgeber zu realisieren, wie dies unter der Geltung des Grundgesetzes das Konzept des BVerfG zur „Grundrechtssicherung durch Organisation und Verfahren"[25] nahezulegen scheint.[26]

---

[22] Siehe näher *Pernthaler*, Staatslehre, S. 161f.

[23] Dazu siehe schon oben im Text des 7. Kap. um und zu Fn. 437, 438 und im Text des 8. Kap. um und zu Fn. 29.

[24] Vgl. oben, 7. Kap., E.I.

[25] Siehe hierzu bereits die Nachw. oben, 1. Kap., Fn. 126, 333; ebd. auch ein Überblick über die Rspr. des BVerfG; zusammenfassend vgl. *Badura*, Staatsrecht, S. 77ff.; *Bethge*, NJW 1982, 1ff.; *Burmeister*, Verfahrensstrukturierungsgebote, S. 136ff.; *Held*, Grundrechtsbezug, S. 64ff., der allerdings auf S. 95 den Mangel einer „geschlossenen Konzeption" feststellt; *K. Hesse*, Grundzüge, S. 144; *Schmidt-Aßmann*, HdbStR III, 1988, S. 635ff.

[26] Vgl. aber demgegenüber die Betonung der Bedeutung des Implementationsgeflechts der bundesverfassungsgerichtlichen Rechtsprechung bei *I. Ebsen*, Bundesverfassungsgericht, S. 255, 221ff., 255ff., 321ff.; *Pitschas*, Bundesverfassungsgericht als Verfahrensgesetzgeber, S. 423ff.

Mit gutem Grund läßt sich also von einer „Erschließungsfunktion" der genannten kategorialen Leitbegriffe sprechen, die in ihrer Eigenart und Wirkungsweise einen zugleich *relationalen* wie *formalen* Charakter aufweisen. Denn indem sie auf einen ganzen Komplex von einzelnen Strukturelementen staatlicher Verfahren verweisen, bauen sie eine wertende Beziehung zwischen diesen auf und stellen deren Berücksichtigung im einzelnen unter das Gebot der Abwägung. Der Schlüsselbegriff selbst stellt dann gleichsam den Kurzausdruck für diese Wirkungsweise dar: So ist es beispielsweise nicht verwunderlich, wenn etwa das BVerfG den Verantwortungsgedanken in dieser seiner relationalen Eigenart dazu benutzt, der öffentlichen Verwaltung zu Abgrenzung zu den anderen Staatsfunktionen und jenseits von Kompetenzüberlegungen *originäre Wirkbereiche* zuzuteilen.[27] Zu recht fragt das Gericht, wo eine Entscheidung besser aufgehoben sei und versucht auf diese Weise, den Relationsbegriff der „Verantwortung" mit Kompetenzfragen zu verbinden. Die Kritik hieran,[28] die darauf bestehen möchte, daß Verantwortung keinerlei Kompetenz begründe, sondern ihr lediglich nachfolge,[29] übersieht womöglich, daß gerade der Rückbezug auf den Schlüsselbegriff der „Verantwortung" dazu verhilft, die Diskussion über ungeregelte bzw. unklare Kompetenzlagen auf einer neuen Ebene noch einmal und richtungsweisend zu eröffnen und mit einem vernünftigen Ergebnis zu beenden.

Weder der Verantwortungsbegriff noch der Rückbezug auf die Kategorien der Rationalität, Legitimation oder Kontrolle bieten aber aus sich heraus einen unmittelbaren anwendbaren *inhaltlichen* Maßstab für Verfahrensstrukturierung und -führung. Entsprechend ihrem hohen Komplexitäts- und Abstraktionsgrad bezeichnen diese Begriffe eher Optionen bzw. Notwendigkeiten zur Berücksichtigung bestimmter Strukturen, als daß sie klare Regelungsvorgaben oder -grundsätze für die Verfahrensordnung vermitteln. Sie gleichen darin den von *E. Denninger* hervorgehobenen „verfassungsrechtlichen Schlüsselbegriffen" der „Wesentlichkeit", des „schonendsten Ausgleichs", des „dynamischen Grundrechtsschutzes" u. a. m.[30] Während aber diese auf der *operativen Ebene* die Funktion der Verweisung auf eine verfassungsrechtlich geschützte Struktur erhalten, kennzeichnen jene in gleichsam *strategischer Dimension* den Zusammenhang von Ziel-, Instrumental- und Situationsvariablen bei der Verfahrens- bzw. Staatsorganisation („Rationalität", „Legitimation") mit allgemeinen Sollformen von Wirkungszusammenhängen („Verantwortung", „Kontrolle"). Das schließt allerdings nicht aus, daß beide Ebenen ineinander verfließen können, also etwa der operative Begriff der Wesentlichkeit" seinerseits Operationalität aus der Rückbindung an Rationalitäts-Überlegungen wie z.B.

---

[27] Vgl. z.B. BVerfGE 45, 297 (332, 334); 49, 89 (129f.); 67, 100 (139); 68, 1 (87).

[28] Z.B. von *Schnapp,* VVDStRL 43 (1985), S. 191.

[29] Siehe z.B. *Lecheler,* Die Personalgewalt öffentlicher Dienstherren, 1977, S. 193; *Pestalozza,* JuS 1975, 366ff., 371; *Ossenbühl,* Mitbestimmung, S. 49; *Schnapp,* a.a.O. (Fn. 28), S. 191; andeutungsweise aber schon anders *Stettner,* Kompetenzlehre, S. 263.

[30] *Denninger,* FS R. Wassermann, S. 279ff., 288ff., 290; vgl. ferner *Schuppert,* AöR 144 (1989), S. 127f.

jenen bezieht, wonach staatliche Entscheidungen „von den Organen getroffen werden (sollen), die dafür nach ihrer Organisation, Zusammensetzung, Funktion und Verfahrensweise über die besten Voraussetzungen verfügen."[31]

IV. Insbesondere: Das Prinzip der organspezifischen Verfahrensverantwortung

Gleichwohl läßt sich eine Entscheidung im Einzelfall eben doch nicht kurzerhand aus dem sog. Schlüsselbegriff herleiten, sondern nur unter Einbeziehung einer ganzen Reihe weiterer normativer Vorgaben entwickeln.[32] Insofern mag es gerechtfertigt sein, von „formalen" Begriffen zu sprechen, wie dies zumal in bezug auf den Rationalitätsbegriff regelmäßig der Fall ist.[33] Was indes bleibt, ist die Eignung derart kategorialer Leitbegriffe, kraft ihrer relationalen Struktur die gegenwärtigen Verfahrensprobleme einer arbeitsteiligen, zahllose Schritte der Koordination und Kooperation, Kommunikation und Kompensation erfordernden staatlichen Aufgabenbewältigung angemessen zu beschreiben und sie entsprechender rechtlicher Verfahrensorganisation zugänglich zu machen.

Besonders eindrucksvoll zeigt sich diese Fähigkeit im Begriff der „Verfahrensverantwortung". Diese umschließt als allgemeine Sollform der in und durch staatliche Verfahren vermittelten Wirkungszusammenhänge die prozeduralen Dimensionen der Rationalität, Legitimation und Kontrolle. In der Folge dieser Rückbindung und Soll-Stellung eröffnet das *Prinzip der organspezifischen Verfahrensverantwortung* den Weg für die Einführung zahlreicher neuer Sachargumente in die Diskussion um die Fortentwicklung staatlicher Verfahren. Denn seine Ausdeutung befähigt nicht nur dazu, die staatliche Entscheidungs- und Ordnungsfunktion aus verfahrensbezogener Sicht mit ihrer *inneren* Organisation zu verbinden, also zu durchleuchten, was „Konkretisierung" verfahrensmäßig bedeutet und an Formalisierung erfordert. Auch die Bezogenheit staatlicher Entscheidungsmacht auf die jeweilige Verfahrensverantwortung und aufgespalten nach Verfahrensaktivitäten wird offenbar. Wer also für ein Verfahren als Organ bzw. Organwalter verantwortlich zeichnet, hat zu entscheiden und dementsprechend die sachbedingte Problemorientierung, Koordination usw. des Verfahrens strukturell bzw. führungsseitig zu gestalten, aber auch für entsprechende Versäumnisse einzustehen.

Die Entfaltung der Verantwortungskategorie belegt ferner, daß Verfahren ebenso Ausdruck einer spezifischen Funktionsstruktur der Staatsorgane sind, wie sie umge-

---

[31] BVerfGE 68, 1 (86); vgl. auch *Ossenbühl,* Vorbehalt des Gesetzes, S. 27; siehe dazu ferner oben, 6. Kap., C.III.2.b) mit aa).

[32] Ebenso in einem ganz anderen Zusammenhang *Denninger,* FS R. Wassermann, S. 293; siehe auch die Hinweise bei *Burmeister,* Verfahrensstrukturierungsgebote, S. 135ff.; *U. Neumann,* Argumentationslehre, S. 92ff.

[33] *Hill/Fehlbaum/Ulrich,* Organisationslehre 1, S. 160f.

kehrt funktionsspezifisch und strukturgerecht organisiert werden müssen. Eine entsprechende Verfahrensordnung trägt jedoch der gegebenen Verantwortung nur dann vollauf Rechnung, wenn sie dabei zwischen Rationalisierungsperspektive, Machtbezug und sozialer Verständigung eine *Einheit* herstellt. Sie muß zu diesem Zweck jedes staatliche Verfahren auf der einen Seite derart auf seine sozialen Voraussetzungen einstellen, daß es den Zielkonflikt „Institution-Mitglieder" ausgleicht,[34] auf der anderen Seite aber auch für den Außenbezug des Verfahrens darauf achten, daß sowohl die binnenorganisatorischen Strukturen mehr als bisher dem Arkanbereich von Geschäfts- und Dienstordnungen entzogen als auch Forderungen nach Verfahrenseffizienz nicht hypostasiert werden.[35]

Die Orientierung der Verfahrensdiskussion am Verantwortungsprinzip verdeutlicht schließlich, daß die Rolle der Führungsverantwortung *im* Verfahren als funktionales Komplement zur Steuerung durch Recht[36] erhöhter Berücksichtigung bedarf. Sie zielt als Mit-Verantwortung aller Verfahrensbeteiligten auf das „personale Substrat" des Verantwortungsgedankens, das durch bloße Rechtmäßigkeitsanforderungen nur schlecht zu erreichen ist.[37]

V. Verweisungsfunktion der prozeduralen Schlüsselbegriffe auf die Verfassung

Das aufgegebene Grundmaß an prozeduraler Rationalität und Legitimität, Verantwortung und Kontrolle unter den Bedingungen des Strukturwandels in formalisierte Verfahrensstrukturen umzusetzen, dabei den Verfahrensstatus der Bürger auszuformen und verbindliche Grundsätze der Verfahrensführung zu entwickeln, obliegt im einzelnen der staatlichen Verfahrensorganisation. Als Vorlage hierfür dient im modernen Staat die „Verfassung". Sie legt als oberste rechtliche Organisationsnorm[38] das jeweils verbindliche Modell des Regierungs- und Verwaltungssystems, aber auch des gerichtlichen Rechtsschutzes fest und ermächtigt zu weiteren inhaltlichen- und verfahrensrechtlichen Konkretisierungen durch Gesetz und Verwaltungsmaßnahmen.

Die Verfahrensidee ist also mit ihrer den Staat prägenden Kraft in der ihn verfassenden „Grundordnung" prinzipiell geborgen. Wie bzw. nach welchen Kriterien staatliche Verfahren geformt werden sollten, welche Funktionen ihnen zukommen und wer für ihre Organisation sowie für den ordnungsgemäßen Ablauf einsteht bzw. diese Verantwortung kontrolliert, wirft Fragen auf, die ihren normativen Be-

---

[34] Siehe dazu m.w.Nachw. oben, 7. Kap., E.II.2.

[35] Vgl. *Bettermann*, VVDStRL 17 (1959), S. 132; *Burmeister*, a.a.O. (Fn. 32), S. 155f.; *Hufen*, Verwaltungsverfahren, S. 67, 68ff., 394f.; *Schmidt-Aßmann*, Verfahrensgedanke, S. 20ff.

[36] Dazu vgl. näher oben, 7. Kap., E.V.2.

[37] Andeutungsweise vgl. schon *Zacher*, VVDStRL 34 (1976), S. 284ff., 285.

[38] *Stern*, Staatsrecht I, S. 95f.

zugspunkt in den Grundprinzipien, Grundrechten, institutionellen Formen und expliziten Verfahrensmaßgaben der jeweiligen Verfassung des politischen Gemeinwesens finden. Sie fixiert insbesondere jene grundlegenden Verfahrensregeln, nach denen in der Gesellschaft Konflikte ausgetragen und Güter verteilt werden sollen.[39]

Die Rationalität staatlicher Entscheidungen, ihre Legitimation und Kontrolle, aber auch die Verteilung und Ausgestaltung der Verfahrensverantwortung werden damit unmittelbar durch die jeweilige Staatsverfassung präformiert. Diese selbst enthält bestimmte Rationalitäts-, Legitimations-, Kontroll- und Verantwortungsmuster, die der autoritativen Verhaltenskoordination in und durch Verfahren entsprechende Fixpunkte setzen. Die prozeduralen Schlüsselbegriffe sind deshalb auch nicht losgelöst von der verfassungsrechtlichen Grundordnung zu verstehen und anzuwenden. Sie sind also nicht in dem Sinne „neutral", daß sie auf beliebige Ziele und Zwecke der staatlichen Entscheidungs- und Ordnungsfunktion bezogen werden könnten. Der Erfüllungsgrad der „Gesamtrationalität" gemeinschaftserheblicher Koordinationsverfahren, der staatlichen Verfahrensverantwortung usw. bemißt sich vielmehr (auch) aus den prozeduralen Maßgaben der Verfassung, aus ihren Geboten und Zielen.

Hierin offenbart sich denn auch eine weitere („externe") Relationalität der prozeduralen Schlüsselbegriffe von Rationalität und Legitimation, Verantwortung und Kontrolle: Sie verweisen einerseits auf von der Verfassung vorgegebene Deutungs- bzw. Organisationsmuster der Verfahren als institutionalisierte Verständigungs- und Kontrollprozesse und figurieren gerade dadurch als *verfassungsrechtliche* Schlüsselbegriffe. Andererseits und zugleich setzen sie zu diesen Mustern elementare *gesellschaftliche* Funktionsbedingungen des jeweils betrachteten Verfahrenstypus in Beziehung. Denn keine Verfassung ist imstande, den Grundkonsens über die Regeln und Verfahren der sozialen Koordination durchgängig und entwicklungsunabhängig auszuzeichnen.

Regelmäßig streitig bleiben deshalb nicht nur die Grenzziehungen zwischen verschiedenen Koordinationsverfahren.[40] Auch die materialen Gehalte einer Verfassung sind in ihrer Verfahrenswirkung niemals abschließend zu umreißen. Der Verfassungsgeber darf zudem das Ordnungsschema der Verfassungsverfahren und des Verfassungsrechts nicht zu dicht weben. Andernfalls lassen sich die im Gemeinwohlprozeß allfällig aufbrechenden Konflikte, Divergenzen und Friktionen nur allzu leicht entweder als existenzgefährdende Störung der kanalisierten Abläufe und damit als negative bzw. auszumerzende Erscheinung werten[41] oder als „bloß formale" Spielregeln diskreditieren.[42] Stattdessen müssen Konkretisierbarkeit, Aus- und

---

[39] Vgl. dazu die Ausführungen im 3. Kap., A.III. und IV.

[40] Siehe dazu bereits die Nachw. oben, 3. Kap., A.III.3. und 4.

[41] *Luhmann,* Verfahren, S. 155ff., 176f., 196 in bezug auf die Institution der Wahl und das Mehrheitsprinzip.

[42] Vgl. z.B. *Agnoli,* Auf dem Wege zur unmittelbaren Demokratie?, in: A. Randelzhofer/ W. Süß (Hrsg.), Konsens und Konflikt, 1986, S. 299ff., 301f., 303.

Umbau der grundlegend fixierten Verfahrensvorstellungen möglich bleiben, damit ihr Nutzen und ihre Bindungswirkung in die Zeit hinein prolongiert werden können.

Zugleich und überhaupt ist an dieser Stelle davor zu warnen, den Verfahrensgedanken in seinem Verfassungsbezug *absolut* setzen zu wollen. Denn Verfahren sind – wie gezeigt – vielschichtige Gebilde, und nur ein kleinerer Teil ihrer rechtlich formalisierten Ordnung ist in jenem engeren Sinne verfassungsaufgehoben bzw. „verfassungsgeboten", so daß ihre Befolgung *durchweg* unverzichtbare Voraussetzung für die Rechtsbeständigkeit des jeweiligen Gesetzgebungs- bzw. staatlichen Eingriffs- oder Rechtsprechungsaktes wäre.[43] Staatliche Verfahrensverantwortung findet eben in der Verfassung für die Verfahrensordnung nur elementare Leitlinien und Maßstäbe vor.[44] Und sie widerstreitet auch und zumal einer aktionenrechtlichen Deutung ihrer materialen Gehalte. Verfahrensrecht stellt stattdessen selbständiges und „offenes" *Komplementärrecht* zu dem verfassungsrechtlichen Sachprogramm dar.[45]

Nach alledem erschiene es verfehlt, die prozeduralen Schlüsselbegriffe der Rationalität und Legitimation, Verantwortung und Kontrolle ausschließlich in ihrer heuristischen Funktion für die Strukturierung und Führung der staatlichen Konkretisierungsprozesse zu sehen, also darin, daß sie lediglich den Gehalt bzw. die Begründung derjenigen Entscheidungen erhöhen, die aus diesen hervorgehen. Sie tragen vielmehr auch und zugleich die Funktion einer *Verweisung* auf das prozedurale Strukturkonzept der Verfassung und deren Verfahrensdirektiven – dies allerdings in dem umfassenden Sinne, daß die Verfassung als „Resonanzraum" für ein Verfahrensdenken berufen wird, das unter Einbezug lebensweltlicher Funktionsanforderungen hoheitliche Macht bändigt, Teilhabe an staatlicher Herrschaft vermittelt und leistungsstaatliche Effektivität bzw. Effizienz sowohl unter dem Gesichtspunkt der funktionellen Zusammenordnung arbeitsteiliger Staatsgewalt als auch unter dem der individuellen Freiheitswahrung und sozialen Verständigung ermöglicht.

Auf der Verfassungsebene selbst kann schließlich die Verweisungsfunktion der prozeduralen Schlüsselbegriffe jene einseitigen Bezugnahmen auf Staatszielbestimmungen wie z.B. *den* Rechtsstaat oder *den* Sozialstaat vermeiden helfen, die gerade bei den gerichtlichen und Verwaltungsverfahren noch immer häufig anzutreffen

---

[43] Vgl. BVerfGE 56, 216 (242); *Grimm*, NVwZ 1985, 869; ebenso im Hinblick auf das Verwaltungsverfahren auch *Schmidt-Aßmann*, Ordnungsidee, S. 39f.; *ders.*, HdbStR III, 1988, S. 636f.

[44] Siehe etwa BVerfGE 39, 44 (46f.); 46, 160 (164f.); 56, 54 (80f.); 57, 250 (276); 295 (361); 60, 253 (295ff.); 70, 297 (308f.).

[45] In dieser Richtung auch *Held*, Grundrechtsbezug, S. 150f.; *Hill*, Das fehlerhafte Verfahren, S. 228f., 236f. m.w.Nachw.; ganz allgemein – und dies mit Recht wie auch im Sinne des hiesigen Konzepts (vgl. oben, 3. Kap., B.II.; D.I. und II.) – verlangt deshalb *Denninger*, eine „vorsichtige Rematerialisierung" der Rechtsstrukturen in Zukunft, „die mit der Differenzierung der Rechtsfindung in Verfahrensschritten zu verbinden" sei (in: Konsens und Konflikt, S. 200ff., 213).

sind.[46] Gefördert wird stattdessen eine für die Verfahrensorganisation unabdingbare Verbindung des leistenden, lenkenden und umverteilenden Staatshandelns der Daseinsvor- und -fürsorge mit dem herrschaftsbegrenzenden und auf das Prinzip der Legalität verpflichteten demokratischen Rechtsstaat in einem an den Verfahrensbedürfnissen der gesellschaftlichen Lebenswelt orientierten „Verfahrensgebäude".

Hierfür gilt es allerdings, sich des Zusammenhanges der Verfahrensidee mit jener „Grundnorm" zu vergewissern, die als *Verfassung* dem modernen Staat die erforderliche Herrschafts- und Freiheitsordnung gibt. Der Bogen dieses Zusammenhanges spannt sich außerordentlich weit. Er reicht von der Verfassung als einer staatstheoretischen Ordnungsvorstellung, die prinzipiell auf Verfahren ausgreift und ohne diese nicht zu denken ist, über die verfassungsverankerte Strukturbedeutung von Verfahren für die funktionelle Einheit des Staates bis hin zu den spezifischen Ordnungsleistungen der Verfahrensweisen für die Reichweite bzw. Durchschlagskraft materieller Verfassungselemente. Hinzu tritt die verfassungsgesicherte Funktion von Verfahren, die „Vertretbarkeit" der zu treffenden staatlichen Entscheidungen so gut als möglich zu sichern und den Betroffenen die Gewißheit zu geben, nicht bloß wehrloses Objekt staatlicher Gewalt, sondern gleichgeordneter Mitwirkender („Partner") in Willensbildung und Entscheidungsaktivitäten zu sein.[47]

---

[46] Für das Verwaltungsverfahren vgl. etwa *Badura*, Verwaltungsverfahren, S. 376, 378, 386; *Kopp*, Verfassungsrecht und Verwaltungsverfahrensrecht, 1971, passim; *ders.*, DVerw. 20 (1987), S. 1ff., 3ff.; zu den (nur mühsam) voranschreitenden Bestrebungen um einen „sozialen" Zivilprozeß vgl. u. a. *E. Schmidt*, DuR 1984, 24ff.; früher schon *Wassermann*, Der soziale Zivilprozeß, 1978, bes. S. 97ff.

[47] Mit dieser perspektivischen Sicht des Zusammenhanges der Verfassung mit der Verfahrensidee wird auch die Enge des seit einiger Zeit durch Rechtsprechung und Literatur festgeschriebenen Wirkungsfeldes einer „Grundrechtsverwirklichung und -sicherung durch Organisation und Verfahren" gesprengt. Deren konzeptioneller Aufriß (vgl. paradigmatisch *K. Hesse*, EuGRZ 1978, 427ff., 434ff.) bleibt bisher vor allem dem Gedanken einer allgemein grundrechtlich orientierten verfahrensrechtlichen Entfaltung des Grundrechtsschutzes mit Blick auf die soziale Wirksamkeit der Grundrechte bei individueller Betroffenheit („effektiver Grundrechtsschutz") verhaftet. Doch wird dabei nicht recht beachtet, daß sich auch diese Wirklichkeit selbst – und mit ihr jedwedes Recht – *prozeßhaft* unter Hereinnahme der Öffentlichkeit fügt. Dasjenige nämlich, was materiell als individuelle Rechtsposition „gesichert" werden soll, *entsteht* erst unter bestimmten „Herstellungs"-Bedingungen in der Umwelt des einzelnen und im Austausch mit ihr in den staatlichen Verfahren – mit allen Konsequenzen für Verfahrensgestaltung bzw. -führung, wie sie bereits im 1. und 2. Teil der Untersuchung dargestellt worden sind und wie sie – auch bezogen auf die Grundrechtsverwirklichung und -sicherung über Verfahren – zugleich aus der prinzipiellen Erweiterung der Verfassung zu einem gesamtheitlichen Verfahrenskonzept noch folgen, vgl. dazu unten 10. und 11. Kapitel.

B. Die Verfassung als staatstheoretische Ordnungsvorstellung

I. Verfassungsbegriff und Verfassungsverständnis

In diesem Sinne bewußte und planhafte „prozedurale" Ordnung des Staatswesens wirft vorab die Frage nach Begriff, Inhalt und Funktion der Verfassung im modernen Verständnis auf. Zwar war auch der frühere „Staat" nicht verfassungslos, doch fehlte es in bezug auf ihn an der Vorstellung, „daß von einem Zentrum aus der einheitliche Staat seine grundlegende Gestaltung und seine grundsätzliche Abgrenzung gegen das Individuum" mittels einer *rechtlichen* Ordnung empfangen sollte.[48]

Der Weg zu einer solchen Konstitution, also zu Rechten, die Staatsmacht eingrenzen und individuelle Freiheitsräume ausgrenzen, war allerdings lang und wechselvoll.[49] Er nahm seinen Aufbruch unter Abkehr von der überkommenen Vertragsvorstellung und fand sein Ziel in der Hervorbringung eines neuen Verfassungsbegriffs, nämlich in der geschriebenen, an Prinzipien orientierten *Rechtsverfassung*. Wenn die in ihm definierte Verfassung mit dem Staat das Schicksal teilt, daß auch ihr Begriff noch immer nicht einheitlich ist,[50] so dürfte doch die Verfassungsentwicklung in der Form des gewaltenteiligen, demokratischen, grundrechtsgeschützten modernen Rechtsstaates derzeit ein vorläufiges Endstadium erreicht haben. Der darin zum Ausdruck kommende *moderne Verfassungsstaat* kann dabei eine spezifische Qualität nicht verleugnen: Sein Fundament bildet das Prinzip „Freiheit" im Gegensatz zum Grundtypus des totalitären Staates.

Natürlich kennt die Wirklichkeit der Staaten vielfältige Abstufungen und Mischformen. Und jeder Versuch, einen einheitlichen Verfassungsbegriff zu bilden und ein „gemeinverfassungsstaatliches" Verständnis zu erreichen, muß berücksichtigen, daß die Verfassungsidee universell ist.[51] Verfassungsbegriff und Verfassungsverständnis können sich daher und einerseits ohne weiteres am Ideal parlamentarisch-rechtsstaatlicher, grundrechtsverbürgender Demokratie orientieren. Andererseits werden sie gleichwohl von der je konkreten Situation und den regional-historischen Entwicklungen in der Staatenwelt geprägt – ganz zu schweigen davon, daß heute z.B. die Menschenrechte als klassisches Element des verfassungsstaatlichen Typus mindestens verbal ein universaler Legitimitätsausweis sind.

---

[48] *G. Jellinek,* Allgemeine Staatslehre, 3. Aufl., 1914, hier zit. nach dem 7. Neudruck, 1960, S. 521.

[49] Vgl. dazu den Überblick bei *Stern,* Staatsrecht I, S. 61ff., mit zahlr. Belegen.

[50] *Badura,* EvStL II, Sp. 37 41ff.; *Herzog,* Staatslehre, S. 308ff.; *Kägi,* Verfassung, bes. S. 39ff.; *Schmidt-Aßmann,* Der Verfassungsbegriff in der deutschen Staatslehre der Aufklärung und des Historismus, 1967.

[51] Vgl. *Stern,* Staatsrecht I, S. 74.

Aus dieser Perspektive ist eine Verfassung mehr als nur „ein durch seine rechtliche Wirkung und die Bedeutung der geregelten Gegenstände im Verhältnis zur übrigen Rechtsordnung ausgezeichnetes Gesetz, das in der Verfassungsurkunde niedergelegt ist."[52] In dieser Allgemeinheit wird Verfassung einseitig als Grundordnung staatlicher Herrschaft ohne jeden Inhaltsbezug umschrieben und damit mißverstanden. Denn jedenfalls der Verfassungsbegriff der europäisch-amerikanischen Staatenwelt verweist auf zusätzliche materiale Anforderungen. Jenen zufolge verdient nicht jede beliebige rechtliche Ordnung der staatlichen Verhältnisse die Bezeichnung „Verfassung". Diese ist vielmehr Ausdruck eines spezifischen Staatsethos, „das den einzelnen nicht nur in seinem staatsfreien Dasein, sondern auch in seiner politischen Existenz als Mitverantwortlichen und Mitentscheidenden ernst nimmt und ihn nicht als bloßes Objekt der Politik betrachtet."[53]

Die Verfassung verkörpert in diesem Sinne die *freiheitliche politische Grundordnung* eines Staates. Sie ist zugleich untrennbar mit dem *Recht* verbunden. Denn die Bindung an das Recht ist unerläßlich für eine Ordnung, die unter dem Anspruch der Ideen von der Würde, Freiheit und Gleichheit der Menschen sowie der sozialen Gerechtigkeit steht.[54]

Den Verfassungsstaat prägt somit die Veränderung aller Staatsgewalt zur *rechtlichen* Grundordnung des Staates.[55] Diese führt als „Verfassung" den Staat in allen seinen Äußerungen auf das Recht zurück, das sich zum einen aus der Anerkennung und dem Auftrag der Bürger, zum anderen aus ihrer Teilnahme an den Verfahren der staatlichen Willensbildung ableitet. Eckpfeiler dieses auf Recht und Freiheit bezogenen verfassungsstaatlichen Verständnisses sind die aus der Menschenrechtsidee entwickelten Grundrechte.

Die Substanz staatlicher Verfassungen umfaßt damit typushaft („gemeinverfassungsstaatlich") und insonderheit die Menschenwürde und Menschenrechte,[56] das Demokratieprinzip, den sozialen Rechtsstaat, aber auch die Gewaltenteilung. Denn für ein materiales Verfassungsverständnis ist der Grundsatz der Gewaltenteilung selbstverständlicher Bestandteil eines unantastbaren „Wesensgehalts".[57] Umgekehrt darf sich eine Verfassung nicht nur hierauf und damit auf die Staatsorganisation als solche beschränken. Sie muß vielmehr auch und zugleich die grundlegende Stellung des einzelnen im Staat, vor allem seine subjektiven Rechte gegenüber der Staatsgewalt ausprägen.

Politische Herrschafts- und individuelle Freiheitsordnung bilden solchermaßen für die Verfassung einen untrennbaren Zusammenhang. Sie sind unzertrennliche

---

[52] So aber *Badura,* EvStL II, Sp. 3737.

[53] *Kägi,* Verfassung, S. 49.

[54] BVerfGE 60, 259 (268).

[55] *Badura,* EvStL II, Sp. 3737f.; *Friesenhahn,* FS J. Broermann, 1982, S. 517ff.; *Stern,* Einführung, in: C. Starck/K. Stern (Hrsg.), Landesverfassungsgerichtsbarkeit, Teilbd. I, 1983, S. 1ff., 5ff.

[56] Vgl. *Pernthaler,* Staatslehre, S. 349f.; *Starck,* Vorrang der Verfassung, S. 22f.

[57] *Häberle,* FS H. Haug, S. 100 m. Anm. 72.

Gehalte. Der organisationsbezogene Verfassungsgedanke wird dadurch mit materialen Elementen zur modernen Verfassungsidee verschmolzen.[58] Es wäre deshalb verfehlt, die Verfassung lediglich als ein Organisationsstatut und Instrument zur Regelung des politischen Prozesses anzusehen. Sie ist vielmehr oberste Normenordnung, die alle Entscheidungen der politischen Gewalten auch material dirigiert und limitiert. Freilich ist deren Zustandekommen nicht von organisatorischen Maßgaben abzulösen. Eine Verfassung sieht deshalb Organe des Staates vor, denen sie je abgegrenzte Aufgabenbereiche zuweist, und sie legt entsprechende Wirkstrukturen fest.[59] Doch empfangen diese organisatorischen Festlegungen umgekehrt stets materiale Impulse. Die Verfassung ist deshalb ein *dimensionales Ordnungsmodell,* in dem die (grund-)rechtsgesicherte Freiheit des Individuums mit den Prinzipien der Staatsorganisation eine unauflösliche *Einheit* bildet. Hier liegt letztlich die Berechtigung dafür, unter der Geltung des Grundgesetzes kompetenziellen Regelungen materielle Gestaltungskraft zuzumessen[60] oder auch Grundrechte als Organisations- und Verfahrensvorschriften zu betrachten.[61]

Selbstverständlich lassen sich Verfassungen über diesen begriffstypischen Minimalgehalt hinaus um zahlreiche Aussagen *anreichern,* um deren Gegenstand so dem Zugriff des einfachen Gesetzgebers zu entziehen. Der Typus des demokratischen Verfassungsstaates „kennt eine größere Variationsbreite, als manche Verfechter eines positivrechtlichen Status quo wahrhaben wollen."[62] So wird der dargelegte Kernbestand regelmäßig durch die Verankerung bestimmter Staatsaufgaben und gesellschaftspolitischer Optionen (z.B. „Sozialisierung") in der Verfassung vervollständigt. Auch diese Ergänzungen haben dann an der Wechselbezüglichkeit von Gehalten und Organisation teil. Beispielsweise machen es deshalb Aufgabenfestlegungen wie z.B. der Umweltschutz erforderlich, entsprechende *Verfahren* zugleich mitzudenken („Umweltverträglichkeitsprüfung").[63]

---

[58] Siehe *Stern,* FS K. Eichenberger, 1982, S. 202ff.

[59] So schon *A. Kreuzer,* Der Staat 7 (1968), S. 183ff., 184f.; w. Nachw. bei *Stern,* Grundideen europäisch-amerikanischer Verfassungsstaatlichkeit, 1984, S. 12ff., 14ff.

[60] Vgl. dazu umfassend und m.w.Nachw. *Stettner,* Kompetenzlehre, S. 327ff.

[61] Siehe auch *Denninger,* GG-AK, Bd. 1, vor Art. 1 Rdnr. 18; *Stern,* Staatsrecht III/1, S. 207, 953ff.

[62] So mit Recht *Häberle,* FS H. Haug, S. 104; vgl. auch *Schenke,* AöR 103 (1978), S. 566ff.

[63] *Bartlsperger,* DVBl. 1987, 2; zu recht wird deshalb die Umweltverträglichkeitsprüfung definiert als ein die Verfahrensvorgaben der Richtlinie des Rates der Europäischen Gemeinschaften vom 27. 6. 1985 verwirklichendes, rechtssatzmäßig zu ordnendes *Verwaltungsverfahren* zur Erfassung und Bewertung der unmittelbaren und mittelbaren Auswirkungen eines Vorhabens auf die wesentlichen Umweltfaktoren mit dem Zweck, die Entscheidung über die Zulassung des Vorhabens vorzubereiten, vgl. *Cupei,* Umweltverträglichkeitsprüfung (UVP), 1986, S. 108; siehe ferner *Steinberg,* DVBl. 1988, 995ff., 996.

II. Die normative Funktion von Verfassung

Einer Verfassung kann und darf es somit nicht allein darum gehen, den Staat so zu organisieren, daß er handlungs- und leistungsfähig ist, und auch nicht nur darum, das Verhältnis zu seinen Bürgern lediglich irgendwie zu *ordnen*, also bloßes Organisations- (und Verfahrens-)statut zu sein. Sinnbezug, inhaltliche Maßgabe und Funktion der Verfassung reichen weit darüberhinaus. Dies verdeutlicht der Blick auf die Funktionen und Ziele, die von der Verfassung des modernen Staates erfüllt werden müssen.[64]

1. Ordnungs- und Stabilisierungsfunktion

Grundsätzliche Übereinstimmung besteht hierzu darüber, daß die Verfassung einerseits den rechtlichen Rahmen und die Grundordnung für den politischen Meinungs- und Willensbildungsprozeß darstellt. Sie dient in dieser *Ordnungsfunktion* nicht nur der Erzeugung und dem Transport staatlicher Macht. Die Verfassung prägt dadurch zugleich die staatliche und gesellschaftliche Wirkungseinheit in der Weise, daß alle an sie gebunden werden und sie für alle Konfliktfälle gilt. Staatliche Macht ist deshalb nur dann legitimiert, wenn sie sich auf die Verfassung stützen kann. Diese ist der „archimedische Punkt" des Legalitätssystems im politischen Gemeinwesen.[65]

Allerdings ist dieses Fundament selbst nicht unverrückbar. Zwar setzt die Verfassung einen für die Dauer bestimmten Rahmen; sie vermag dadurch einen Faktor der politischen Stabilität zu bilden (Stabilisierungsfunktion).[66] Indessen stehen auch Verfassungen in der Zeit; sie sind damit den in deren Verlauf wirkenden Kräften und Ideen ausgesetzt. Um einer „Versteinerung" zu entgehen, bedürfen deshalb Verfassungen stets eines sinnvollen Ausgleichs im Verhältnis von Stabilität und Dynamik. Dies geschieht im Wege der „Verfassungsentwicklung".[67] Die Stabilisierungsfunktion einer Verfassung darf deshalb nicht überdehnt werden. Dies gilt in erster Linie dort, wo ihr programmatischer bzw. Plan-Charakter im Zuge historischer Kontinuitätsbildung in Rede steht.[68]

---

[64] *Denninger*, KritV 1986, 306ff.; *Ehmke*, Wirtschaft und Verfassung, 1961, S. 111ff.; *Stern*, Staatsrecht I, S. 82ff.

[65] Die Darstellung im Text folgt hier vor allem *Kägi*, Verfassung, S. 42; vgl. aber auch *Badura*, Staatsrecht, S. 9.

[66] Siehe auch *Bryde*, Verfassungsentwicklung, S. 18.

[67] Vgl. namentlich *Bryde*, a.a.O. (Fn. 66), bes. S. 17ff., 19 m. Anm. 18.

[68] Siehe dazu die Grundthese bei *Bryde*, a.a.O. (Fn. 66), S. 20, 221ff.; vgl. ferner *Denninger*, KritV 1986, 309.

2. *Schutzfunktion*

In der Auseinandersetzung mit dem absoluten Staat war es von Anfang an das Ziel der Verfassung, um der Freiheit des einzelnen willen Staatsmacht rechtlich einzugrenzen, kontrollierbar zu machen und den Staat zum Rechtsstaat zu formen. Die Bändigung politischer Macht und die Kontrolle der Prozesse ihrer Bildung und Ausübung sind deshalb eine herausragende Funktion der rechtsstaatlichen Verfassung: „Nur in rechtlicher Beschränkung und verbunden mit rechtlicher Verantwortlichkeit ihrer Träger ist die Macht im Rechtsstaat legitimiert.“[69]

Dabei geht es vor allem um die Tätigkeit des Staates als Organisationsgesamtheit und um die seiner Organe, durch die und von denen Macht ausgeübt wird. Für die freiheitsschützende Funktion der Verfassung gewinnt dadurch besonders das Prinzip der *Trennung und Hemmung der Gewalten* Bedeutung.[70] Indem die Verfassung die materiellen Staatsfunktionen arbeitsteilig gliedert und ein entsprechend differenziertes System von Kompetenzen festlegt, teilt sie zugleich Macht zu und begrenzt diese.[71] Der darin liegende Freiheitsschutz nimmt mit der den Kernbestand einer Verfassung über die vertraute Trinität der großen Hauptfunktionen Legislative, Exekutive und Justiz hinaus anreichernden Ausgestaltung von Organen und Entscheidungseinheiten als Kollegien,[72] der Begründung weisungsfreier Institutionen und Kontrollinstanzen[73] oder auch der Gliederung des Staatswesens in Bund und Länder zu. Er verfeinert sich zugleich.

Es liegt deshalb nahe, auch in der Innengliederung von Verfassungsfunktionen, Organgruppen und Organen eine machthemmende Funktion zu erblicken.[74] Die ausschließliche Betrachtung der Funktionenordnung unter dem Gesichtspunkt der

---

[69] *Badura*, FS U. Scheuner, S. 22f.; *Häfelin*, Verfassungsgebung, in: Probleme der Rechtsetzung, Referate zum Schweizerischen Juristentag, 1974, Schweizerischer Juristenverein, Bd. 108, S. 82; vgl. auch oben, 6. Kap., A. II.

[70] Vgl. *J. Becker*, Gewaltenteilung im Gruppenstaat, S. 43ff., 70ff.; *K. Hesse*, Grundzüge, S. 185ff., 187f., 191f.; *Kägi*, FS H. Huber, 1961, S. 164ff.; *Magiera*, Parlament und Staatsleitung, S. 83ff., 87; *H. Peters*, Gewaltenteilung in moderner Sicht, 1954, S. 10ff., 23ff.; *Starck*, Vorrang der Verfassung, S. 27ff., 35ff.; *Stern*, Staatsrecht I, S. 93; *ders.*, Staatsrecht II, S. 511ff., 516ff., 527ff., 539ff.

[71] Siehe statt aller *K. Hesse*, Grundzüge, S. 188ff.; *Schlink*, Amtshilfe, S. 15ff., 23ff.; *Stern*, Staatsrecht II, S. 539ff.; *Stettner*, Kompetenzlehre, S. 281ff., 303ff., 307ff.

[72] Zu diesem Zusammenhang vgl. z.B. *Schreyer*, Pluralistische Entscheidungsgremien, S. 110ff.; *Zimmer*, Funktion-Kompetenz-Legitimation, S. 240ff. (am Beispiel der Legislative S. 250ff.).

[73] Zu der auf den hiesigen Kontext bezogenen Diskussion, die freilich eher umgekehrt die Nichtvereinbarkeit weisungsfreier Institutionen mit dem Gewaltenteilungsprinzip behauptet (so z.B. *E. Klein*, Die verfassungsrechtliche Problematik des ministerialfreien Raumes, 1974, S. 212) vgl. vor allem *Oebbecke*, Weisungs- und unterrichtsfreie Räume, S. 128ff.

[74] So sehr früh bereits *Leisner*, Festgabe Th. Maunz, S. 267ff.; neuerdings vor allem *Schlink*, Amtshilfe, S. 11ff., 78ff.; siehe auch *W. Berg*, NJW 1985, 2294ff., 2299; *Stern*, Staatsrecht II, S. 541.

Machthemmung erscheint allerdings zu einseitig. Staatliche Gewaltenteilung begrenzt und balanciert nicht nur die realen Machtpotenzen, sondern sie steht ebenso unter dem Zeichen sachgemäßer Bestimmung und *Zuordnung* der staatlichen Funktionen bzw. der Organe, denen die Wahrnehmung dieser Funktionen anvertraut ist.[75] Sie ist deshalb ebenso sehr Ausdruck des Unterfangens einer auf Wirkungseinheit zielenden staatlichen Grundordnung, mit dem Mittel des Rechts einen Verfassungsprozeß arbeitsteilig und spezialisiert zu organisieren, in dem sich die politische Einheit des Gemeinwesens dennoch herausbilden und die staatlichen Funktionen die ihnen obliegenden Aufgaben zugunsten dieser Einheit erfüllen können.[76]

3. Selbstbestimmungs- und Legitimationsfunktion

Im material begründeten Verfassungsstaat hat die Verfassung darüber hinausgehend die Aufgabe, Freiheit und Selbstbestimmung sowie den Rechtsschutz des Bürgers zu sichern. Verfolgt man aus diesem Blickwinkel die Entwicklungsgeschichte der modernen Verfassungsidee, so ist auch heute noch *C. Schmitt* zu folgen, der feststellt: Die Verfassung ist in erster Linie „nicht Macht und Glanz des Staates," sondern „liberté, Schutz des Bürgers vor dem Mißbrauch staatlicher Gewalt."[77]

Diese Verkörperung der Freiheit ist zunächst und vor allem im Prinzip des *materialen Rechtsstaates* einschließlich der von ihm gewährleisteten Grundrechte zu finden. Die Garantie unverzichtbarer Menschen- und entsprechender Freiheitsrechte einerseits sowie die Verpflichtung staatlicher Macht gegenüber dem Wohl des einzelnen und der Gemeinschaft aller Bürger, aber auch ihre entsprechende Beschränkung und Kontrolle andererseits prägen maßgeblich das Bild der materialen Verfassung.

Der materiale Sinngehalt des verfassungsgeborgenen Freiheitsbegriffs reicht freilich über ein solches „Freisein vom Staat" noch hinaus. Die Verfassung will nicht nur Freiheit *vom* Staat gewährleisten, sondern auch Freiheit *zum* Staat entfalten, d.h. Teilhabe des Bürgers an der Entstehung, Ausübung und Begrenzung von Staatsgewalt und ihre Legitimation durch den Bürger. Denn Freiheit bedeutet personale wie gemeinschaftliche Selbstverwirklichung. Der Bürger *selbst* entscheidet über Thema, Inhalt, Zielrichtung und Handhabung der ihm verfassungsmäßig garantierten Freiheit. Diese ist Chance und prinzipiell individuales Belieben. Sie erfüllt sich erst durch den Bürger als Subjekt seiner freiheitlichen Entfaltung für sich und im Umgang mit anderen.[78]

---

[75] *Krebs,* Kontrolle, S. 49; *K. Hesse,* Grundzüge, S. 187 (Rdnr. 482); zu eng dagegen *Denninger,* KritV 1986, S. 308.

[76] *Krebs,* Kontrolle, S. 49; *Magiera,* Parlament und Staatsleitung, S. 87f.; *Ossenbühl,* DÖV 1980, 549; *R. Scholz/Pitschas,* Informationelle Selbstbestimmung, S. 113ff., 114 m. Anm. 390; *Stern,* Staatsrecht II, S. 530.

[77] Verfassungslehre, S. 126.

[78] Vgl. schon oben, 6. Kap., A. I.–III.; in diesem Sinne wohl ebenso *Eichenberger,* in: Der Staat der Gegenwart, 1980, S. 177; den Verantwortungsaspekt dabei betont auch *Brugger,* JZ 1987, 633ff., 638.

Die Verfassung sichert daher auch die wesentlichen politischen Teilhaberechte. Und erst im Zusammenwirken mit der Idee der Demokratie kann die Idee der Freiheit dem modernen Verfassungsstaat sein Gepräge geben. Denn über die Freiheitsrechte bildet und artikuliert der Bürger seine (politische) Meinung, sein Freiheitsbedürfnis; über sie entwickelt sich das pluralistische Spektrum der Willens- und Meinungsbildung im politischen Gemeinwesen und in ihrer Wahrnehmung wird schließlich staatliche Herrschaft strukturiert und legitimiert. Materialer Verfassungsstaat und demokratische Freiheit sind sonach untrennbar miteinander verbunden.[79]

Die Inanspruchnahme der Freiheit darf allerdings nicht die Entfaltungschancen anderer Individuen oder Gruppen, gesellschaftlicher Minderheiten oder sonstiger Schwächerer bedrohen. Freiheit zu gewährleisten, heißt vielmehr Vorsorge gegen freiheitswidrige Übermacht, gegen Machtmißbrauch und innergesellschaftliches Freiheitsdiktat zu treffen. Denn erst als gleichberechtigtes und solidarisches Miteinander erhält Freiheit ihren Sinn: Sie ist nicht nur Ausgrenzung staatlicher Eingriffe zugunsten eigener Betätigung, um diese ohne andere ausüben zu können, sondern eine vom Staat durch Eingriffe oder sonstiges Verhalten nicht gestörte, allenfalls eingerichtete und getragene Entfaltung der Menschen *im Verkehr mit anderen.* Freiheit erwächst substanziell erst aus diesem Umgang miteinander bzw. aus dem Verzicht eben hierauf. Sie ist deshalb immer und notwendig *kommunikativ* angelegt und gewinnt ihre Gestalt erst im freien, offenen interaktiven Kommunkationsprozeß.[80]

Personale Freiheit und Selbstbestimmung bedeuten deshalb stets Eigendarstellung dessen, was man selbst will, aber auch Einsicht darin, daß diese Selbstdarstellung in die Gemeinschaft aller eingebettet ist und soziale Widerspiegelung bedeutet. Freiheit ist in diesem Sinne stets solidarische und soziale Freiheit. Explizit oder zwischen den Zielen verborgen erweitert sich deshalb in jeder modernen Verfassung der freiheitlich-rechtsstaatliche und demokratische Kernbestand der materialen Elemente um eine *soziale Dimension.*[81]

4. Materiale Ordnungsprinzipien und Vorrang der Verfassung

Keine diesem Kernbestand verpflichtete Verfassung kann indessen ohne materiale Ordnungsprinzipien und einen gewissen materialen, in ihr festgehaltenen und institutionell gewährleisteten „Grundkonsens" auskommen. Ansatzpunkt für ein solches materiales Verfassungsverständnis sind vorwiegend die Grundrechte und ihre

---

[79] *Hesse,* Grundzüge, S. 119 (Rdnrn. 294); *Kägi,* Verfassung, S. 48; *Schuppert,* EuGRZ 1985, 525ff., 527, 531f.; *Stern,* Staatsrecht I, S. 95, 97.

[80] Vgl. auch *Suhr,* Bewußtseinsverfassung, S. 354ff.; *ders.,* Entfaltung, S. 80ff., 108ff., 116ff., 131ff.; *ders.,* EuGRZ 1984, 529ff., 534f.; *R. Scholz/Pitschas,* Informationelle Selbstbestimmung, S. 93ff.

[81] Vgl. im Ergebnis auch *Pernthaler,* Staatslehre, S. 386ff.; *Zippelius,* Staatslehre, S. 334f.

Deutung im Sinne einer Wertordnung, die das von der Verfassung konstituierte Staatsleben zu erfüllen hat.[82] Hinzu treten gemeinhin Strukturprinzipien, die als „verfassungsgestaltende Grundentscheidungen"[83] bzw. „tragende Konstitutionsprinzipien"[84] den Wertbezug der Verfassungsordnung ergänzen.

Die materialen Leitgrundsätze (Grundrechte), Staatsziel- und Strukturprinzipien der Verfassung gestalten auf diese Weise nicht nur die grundlegende Rechtsstellung des Bürgers zum Staat. Sie machen die Verfassung zugleich zur normativen Grundlage der staatlichen Rechtsordnung, indem sie einesteils die Rechtserzeugung ordnet und formell „Recht und Gesetz" entstehen läßt, andererseits Inhalte dafür vorzeichnet.

Aus der Idee des Verfassungsstaates entspringt damit das Prinzip vom *Vorrang des Verfassungsrechts.*[85] Die der Verfassung zugewiesenen Funktionen, die ihr aufgegebene Verfestigung und Stabilisierung der sozialen Koordination erfüllen sich nur dann, wenn die Verfassung als höchste Stufe des Rechtsnormsystems an der Spitze der Rechtspyramide steht. Mit ihr nicht in Einklang stehende Rechtssätze müssen deshalb unwirksam und nichtig, mindestens aber vernichtbar sein.[86] Zugleich muß einfaches Gesetzesrecht ohne Ausnahme ihrer Verbindlichkeit, Maßgeblichkeit und Durchsetzbarkeit unterliegen – wozu auch gehört, eine darüber judizierende Verfassungsgerichtsbarkeit in das Minimalprogramm der Verfassung aufzunehmen.[87]

Gleichwohl kann die Verfassung nicht auf alle Fragen antworten, die sich im politischen Gemeinwesen stellen. Das Konzept vom Vorrang der Verfassung ist nicht notwendig mit einem engen Positivismus verbunden. Verfassungsrecht ist im Gegenteil hochgradig konkretisierungsbedürftig. Die wie auch immer verstandene „Offenheit" der Verfassungsnormen[88] ist unerläßlich für die Gestaltung der gesell-

---

[82] Vgl. nur BVerfGE 5, 85 (204ff.); 7, 198 (205f.); 21, 362 (372); 27, 1 (6); 33, 303 (330); 35, 79 (114); 39, 1 (41f.); 49, 89 (141f.); *Bleckmann*, Allgemeine Grundrechtslehren, 1979, S. 199ff.; *Dürig*, in: Maunz/Dürig, GG, Art. 1 Abs. 1 GG Rdnrn. 5ff., 13; *Isensee*, NJW 1977, 546ff., 548ff.; *Roellecke*, Festgabe BVerfG II, 1976, S. 37ff.; *Starck*, Wertbegründung, S. 40 ff.; krit. z.B. *K. Hesse*, Grundzüge, S. 120f. (Rdnr. 299), unter Bezugnahme auf *Goerlich*, Wertordnung und Grundgesetz, 1973.

[83] *H.J. Wolff*, Gedächtnisschrift W. Jellinek, 1955, S. 33ff.; *Achterberg*, Der Staat 8 (1969), S. 159ff., 162ff.

[84] BVerfGE 6, 32 (36); zu weiteren begrifflichen Einordnungen vgl. die Nachw. bei *Stern*, Staatsrecht I, S. 97.

[85] Vgl. dazu bes. *Starck*, Vorrang der Verfassung s. 11ff., 15ff.; *Wahl*, Der Staat 20 (1981), S. 485ff.; *ders.*, NVwZ 1984, 401ff.

[86] Dazu ausführlich *Ch. Böckenförde*, Die sog. Nichtigkeit verfassungswidriger Gesetze, 1966, S. 27ff.; *J. Ipsen*, Rechtsfolgen der Verfassungswidrigkeit von Norm und Einzelakt, 1980, S. 67ff., 145ff.; *Ch. Moench*, Verfassungswidrige Gesetze und Normenkontrolle, 1977, S. 118f., 142ff.

[87] *Starck*, Vorrang der Verfassung, S. 24ff.; *Wahl*, Der Staat 20 (1981), S. 486 m. Anm. 4.

[88] Zu den verschiedenen Bedeutungen des Begriffs in der verfassungstheoretischen Diskussion siehe *Bryde*, Verfassungsentwicklung, S. 80 m. Anm. 1; *Schenke*, AöR 103 (1978), S. 566ff., *Wahl*, a.a.O. (Fn. 87), S. 507.

schaftlichen Wirklichkeit durch die Staatsorgane. Deren Handeln ist daher unbeschadet des Umstandes, daß die Verfassung es als Rahmenordnung initiiert, dirigiert und limitiert, keineswegs bloßer Verfassungsvollzug.[89] Im übrigen verlangt der Vorrang der Verfassung selbst nach rechtsmaßstäblicher Differenzierung und Distanz zwischen den Normebenen. Denn Verfassungsaussagen enthalten nicht nur häufig bloße politische Impulse; oftmals läßt sich auch der „juristische" und der „politische" Gehalt verfassungsrechtlicher Textaussagen so säuberlich gar nicht trennen.[90]

III. Normative Verfassungsfunktion und „Grundkonsens"

Kraft dieser Ziele und Funktionen gewinnt die Verfassung ihren Rang als Gravitationszentrum des staatlichen Lebensprozesses und Bezugspunkt der Legitimation staatlicher Herrschaft. Doch ist die Verfassung selbst keine rechtlich garantierte Ordnung.[91] Wirklichkeit und Erfolg des Verfassungsstaates beruhen auch nicht primär auf seiner *rechtlichen* Normierung und seinen Institutionen. Soziale Koordination bedarf vor allem anderen der Anerkennung und Rechtfertigung. Die Legitimitätsfrage ist also nicht abzuschütteln.[92] Alle neuzeitlichen Versuche, einer politischen Ordnung dauerhafte Geltung zu verschaffen, laufen deshalb stets darauf hinaus, die Herrschaft des Staates in irgendeiner Weise auf die Zustimmung der Herrschaftsunterworfenen, auf den Konsens der Bürger zu gründen. „Die Frage des Konsenses", so bemerkt denn auch *U. Scheuner* mit Recht, „leitet hin ... zu grundlegenden Tatbeständen des staatlichen Zusammenlebens, zu den Kräften, aus denen sich die staatliche Einheit aufbaut und konstituiert, zu den institutionellen Ordnungen, die diesen Vorgang der Darstellung und Vertretung des Ganzen, der Entscheidung und ihrer Durchsetzung tragen."[93] Dieer „Grundkonsens", der sich in einer wie auch immer gearteten Verfassung niederschlägt, ist das entscheidende Fundament für jede Gemeinschaft und jedes politische System.[94] Er umfaßt sowohl die prinzipielle Entscheidung zur Konstituierung einer Gesellschaft[95] als auch die Über-

---

[89] *Denninger,* KritV 1986, 291 ff., 306 ff.; *Stern,* Staatsrecht I, S. 84 f.; *Wahl,* a. a. O. (Fn. 87), S. 487, 502 ff.; *ders.,* NVwZ 1984, 407, 408 f.

[90] Wie hier zuletzt auch *Denninger,* a.a.O. (Fn. 89), S. 313; mit seiner Kritik an einer Auslegung der Verfassung durch fälschlich so bezeichnete (ihm nicht genehme?) „kryptopolitische juristische Argumentation" (S. 306) sollte er dann freilich selbst aus Gründen der Überzeugungskraft zurückhaltender sein!

[91] *Badura,* Staatsrecht, S. 8; *ders.,* FS U. Scheuner, S. 21; *Wahl,* Der Staat 20 (1981), S. 515 f.

[92] So mit Recht *Wahl,* a. a. O. (Fn. 91), S. 516; siehe ferner oben, 5. Kap., B.I.–IV.; D.I.–IV.

[93] *U. Scheuner,* Konsens, S. 35; zum Verfahrensbezug vgl. ebd., S. 61 ff.

[94] Vgl. *Badura,* FS U. Scheuner, S. 35; *Oberreuter,* Konflikt und Konsens, S. 233 ff.; *Saladin,* AöR 104 (1979), S. 346 ff., 388; *U. Scheuner,* Konsens, S. 33 ff., 61 f.; *Schuppert,* Funktionell-rechtliche Grenzen der Verfassungsinterpretation, 1980, S. 29 ff.

[95] *Badura,* Staatsrecht, S. 7; *ders.,* Art. „Verfassung", in: Lexikon des Rechts, 1984, S. 2 f., unter Rückgriff auf den Vertragsgedanken; *Pernthaler,* Staatslehre, S. 65 ff.

einkunft in der Gesellschaft darüber, welche zentralen materialen Inhalte und Verfahrensrechte diesem sozialen Fundament zuzurechnen sein sollen.

Im Struktur- und Wertewandel von Staat, Gesellschaft und Recht kann freilich auch diese Übereinkunft nicht unbegrenzt halten. Zwischen der normativen Steuerung des politischen Prozesses durch die Verfassung und der Rückwirkung gesellschaftlicher Anschauungen und Kräfte auf ihre Ordnungskraft besteht ein ständiger Wechselprozeß. Diesem entsprechend, müssen auch Verfassungen notwendig veränderbar sein. Zwar ist es das Ziel jeder Verfassungsgebung, eine grundsätzlich auf Dauer angelegte Ordnung zu schaffen;[96] gleichwohl besteht für diese ein permanenter Revisionsbedarf. Dauer und Festigkeit der Verfassung sind deshalb mit einem spezifischen *Prozeßdenken* zu verbinden, das mit der Bezeichnung als „Verfassungsentwicklung" auf den Begriff gebracht wird.[97]

Wo dann freilich die Grenzen einer noch zulässigen Veränderung und eines nicht mehr zulässigen „Umbaus" der Verfassung im Rahmen eines vorgegebenen Normtextes, -sinnes und -zweckes liegen, ist keine Frage, die verbindlich für alle Verfassungstypen und für alle politischen Lagen zu beantworten ist. Die textliche Erneuerung der Verfassung wird jedenfalls hinausgeschoben und eine behutsame Fortschreibung ihrer Sinn- und Zweckgebung erleichtert, wenn sie sich auf die großen Linien der politischen Ordnung beschränkt. Das macht die Verfassung ausfüllungsfähig und verleiht ihr die notwendige *situative* „Anpassungs"kraft. Dadurch wird es erträglich und möglich, im Struktur- und Wertewandel wenigstens die Grundzüge eines bestimmten politischen Ordnungsschemas über eine längere Zeitspanne beizubehalten.[98]

IV. Verfassung als Integrationsschema und Verantwortungszuweisung

1. *Verfassung als Integrationsschema*

Die Beschränkung auf die großen Linien der politischen Ordnung läßt allerdings die Verfassung nicht nur ausfüllungsfähig, sondern ebenso *ausfüllungsbedürftig* werden. Die von ihr bezweckte Wirkungseinheit des Gemeinwesens müssen die

---

[96] Vgl. schon die Nachw. oben in Fn. 66; siehe ferner – unter Hinweis auf die Kosten der Konsensbildung – *R. Eschenburg*, Der ökonomische Ansatz zu einer Theorie der Verfassung, 1977, S. 46ff., 54ff., 82ff.; w. Nachw. bei *Stern*, Staatsrecht, S. 87.

[97] Dazu namentlich *Bryde*, a.a.O., z.B. S. 23ff.; siehe auch *v. Arnim*, Staatslehre, S. 192ff.; *Pernthaler*, Staatslehre, S. 403. Einem solchen „Prozeßdenken" darf allerdings nicht die „feste Verfahrensordnung" ermangeln; sie mahnt berechtigt *Henke*, Der Staat 20 (1981), S. 587ff., 590ff., 592, an – vielleicht aber doch etwas deren Konsistenz überschätzend?

[98] Vgl. Stern Staatsrecht I, S. 89f.; zu dem damit angeschlagenen Thema „Verfassung und Zeit" siehe bes. *Dürig*, Zeit und Rechtsgleichheit, in: Tradition und Fortschritt im Recht, Tübinger FS, 1977, S. 21ff.; *Häberle*, Verfassung als öffentlicher Prozeß, S. 61, 64ff.; *Schenke*, AöR 103 (1978), S. 566ff.

Staatsorgane erst noch durch konkretisierende Gestaltung der gesellschaftlichen Wirklichkeit Zug um Zug herstellen.

In diesem Vorgang wirkt die Verfassung grundsätzlich *einheitsstiftend.* Der in ihr geborgene Grundkonsens leitet das staatliche Handeln; seine wiederkehrende Inbezugnahme sichert das Überleben der Verfassungsordnung.[99] *R. Smend* hat diese wichtige Funktion der Verfassung mit „Integration" gekennzeichnet.[100]

Entgegen seinem Dafürhalten beschränkt sich allerdings das Verständnis als Integrationsmechanismus keineswegs auf bloß geistige Lebensvorgänge. „Integration" ist vielmehr ein *soziales* Ereignis, eine dialektische Synthese lebenswirklicher Gegensätze zwischen Individuum und Kollektiv bzw. zwischen sozialen Kräften, die von grundlegenden organisatorischen und prozeduralen Normen, Rechtsgarantien, Staatszweckbestimmungen und insbesondere -abgrenzungen bestimmt wird. Diese wirken als aktuelles Integrationsschema, als „Verfassung im materiellen Sinn." Sie rücken als effektive Regulierung des staatlichen Lebensprozesses den eigentlich zentralen Gegenstand der demokratischen Verfassung, die *verantwortungsdirigierte* politische Willensbildung und -durchsetzung im Rahmen der staatlichen Organisationsstruktur, in den Mittelpunkt neuzeitlicher sozialer Integration.[101]

2. *Verantwortung als Verfassungsprinzip*

In diesem Sinne die Verfassung als ein die politischen und gesellschaftlichen Kräfte zusammenführendes Instrument zu verstehen, bedeutet freilich nicht den Übergang staatlichen Handelns zum bloßen Verfassungsvollzug. Ganz im Gegenteil wird vor allem von dem einfachen Gesetzgeber „die eigenständige politische Tat unter der Verfassung" erwartet.[102] Ist dem aber so, dann erschöpft sich die Verfassung des modernen Staates nicht in den ihr herkömmlicherweise zugeschriebenen Zielen und Funktionen. Sie ist mehr als nur der „Inbegriff von in der Regel in einer Verfassungsurkunde niedergelegten Rechtssätzen höchsten Ranges, die die Ordnung des Staates hinsichtlich der grundlegenden Organisation, Form und Struktur regeln sowie das grundlegende Verhältnis zu seinen Bürgern und bestimmte, aus Gründen erschwerter Abänderbarkeit in diese übernommene Gegenstände festlegen."[103]

Hinzu tritt die geschriebene oder ungeschriebene Zuweisung prinzipaler Verantwortung und Verantwortlichkeit für den Bestand und die Entwicklung des politischen Gemeinwesens – angefangen bei dem einzelnen Bürger, sich fortsetzend über den demokratischen Souverän, der den Staat als Repräsentation in eigener Verant-

---

[99] Vgl. *Oberreuter,* Konflikt und Konsens, S. 222; *Zippelius,* Legitimation, S. 93f.

[100] So etwa im Art. „Integrationslehre", in: HSW Bd. 5, 1956, S. 299ff.; *ders.,* EvStL I, Sp. 1354ff.

[101] Vgl. dazu schon oben, 5. Kap., D.IV.; siehe auch *Pitschas,* Soziale Sicherung, S. 151f., 154f. („soziale Integration").

[102] *D. Grimm,* AöR 97 (1972), S. 498ff., 501ff., 504.

[103] Dies die Definition des Verfassungsbegriffs von *Stern,* Staatsrecht I, S. 78.

wortung aus sich heraussetzt,[104] bis hin zur Gesetzgebungs-, Exekutiv- und Rechtsprechungsgewalt. Ohne diese Gründung auf Verantwortung ist weder staatliche Herrschaft zu rechtfertigen noch Freiheit zu bewahren;[105] ohne sie kann letztlich auch soziale Integration nicht gelingen.

Für das Handeln und Entscheiden des modernen Staates sieht deshalb die Verfassung nicht nur Organe des Staates vor, denen sie je abgegrenzte Aufgabenbereiche zuteilt. Vielmehr ordnet sie mit den Aufgaben zugleich die *Verantwortung* für deren Wahrnehmung zu. Dementsprechend verfügt der moderne Verfassungsstaat über eine Vielzahl differenzierter und konkurrierender Verantwortungen bzw. Verantwortlichkeiten, die in einem „multipolaren Wirkfeld" angesiedelt sind.[106]

Verantwortung als Verfassungsprinzip[107] prägt somit und zunächst den staatlichen Lebensprozeß. Ihre Begründung und Zuweisung ist eingebettet in den allgemeinen rechtlichen und politischen Funktionszusammenhang der Verfassung des modernen Staates. Folglich sichert Verantwortung nicht nur die Legalität, Effizienz und Planmäßigkeit staatlichen Handelns. Sie soll auch und zugleich dafür stehen, daß die Vorgaben des Staates die politische Herrschaft mit den sozialen Normen und den Sinnbedingungen des individuellen Daseins verbinden. Darin liegt ein wesentliches Element der Legitimität der Verfassung.[108]

Die Begründung hierfür ergibt sich einerseits aus ihrer sozialen Dimension.[109] Sie folgt andererseits aus dem werkzeughaften Charakter des modernen Staates. Dieser ist sich nie Selbstzweck, sondern er *dient* der Gesellschaft zur Herstellung und Sicherung elementarer Existenzbedingungen des Menschen.[110]

---

[104] *H. Krüger*, Staatslehre, S. 232 („Der Staat als Repräsentation").

[105] Vgl. schon oben, 6. Kap., A.I. und II.; siehe auch *Zacher*, Freiheitliche Demokratie, S. 79f.

[106] *Leisner*, DÖV 1969, 405ff., 411.

[107] Vgl. dazu die Bemerkung in Fn. 17. – Anders noch will *Saladin*, Verantwortung, S. 14, 40ff., diesen Schlüsselbegriff einordnen, nämlich als „tragendes Strukturprinzip des Rechtsstaates" (S. 14), das zwar als „gemeinsames Element konstituierender Prinzipien des modernen Rechtsstaats" (S. 40ff.) wirken und die Fortbildung dieser Prinzipien leiten soll (S. 161ff.), in dieser Meta-Funktion bei dem Verfasser aber seltsam unbestimmt bleibt. Es wird nämlich in seinen Wirkungen auf das die Beziehungen von Staat und Bürgern strukturierende Verwaltungsrecht und Verfahrensrecht nicht konkret thematisiert. Dieses Defizit ist mit dem Ansatz von *Saladin* nicht zu überwinden: der spezifische Bedeutungsgehalt von „Verantwortung" bleibt notwendig abstrakt, wenn man diese (nur) als ein „Staatsprinzip", nicht aber auch und zugleich als einen konkretisierungsbedürftigen (prozeduralen) Verweisungsbegriff der jeweiligen Staatsverfassung versteht, der an ihrem Vorrang teilhat. Nur dann läßt sich auch der von *Stettner*, DÖV 1987, 789, beschworenen Gefahr entgehen, es kämen die in ihrer Garantiewirkung rechtsstaatlich so bedeutsamen Grenzen grundrechtlicher Freiheitsverbürgungen … gegenüber einem ungeschriebenen Verfassungsprinzip „Verantwortung" ins Verschwimmen, der Grundrechtskatalog verliere seine „Magna-Charta"-Funktion, die für die rechtsstaatliche Freiheitsgewähr so bedeutsame „Asymmetrie" von Rechten und Pflichten gerate ins Wanken.

[108] Vgl. schon oben, 5. Kap., A.IV.3.; D.I.–IV.; 6. Kap., B.IV.; siehe ferner *Badura*, Staatsrecht, S. 7.

[109] Dazu die Nachw. oben, Fn. 81.

[110] *Pernthaler*, Staatslehre, S. 92ff.

3. *Rechtsförmige Verantwortung für rationale Verfassungskonkretisierung*

Der verantwortliche Einsatz dieses „Werkzeugs" nimmt die Rationalitätsbindung des modernen Staates in Bezug. Das Handeln seiner Organe genügt der ihnen auferlegten Verantwortung nur, wenn es sich als *rational* erweist.

Die Kriterien hierfür setzt die Verfassung selbst. Sie konstituiert in ihnen ihre eigene materiale und organisationale Vernunft, ohne die sie nicht rechtliche Grundordnung des Gemeinwesens sein kann. Dazu gehören nicht nur, worauf etwa *J. Isensee* besonders hinweist, das staatliche Gewaltmonopol, die innere Sicherheit oder auch die Funktionsfähigkeit der staatlichen Institutionen.[111] Diese kategorialen Merkmale sind mehr Voraussetzung denn Thema der Verfassung. Ihre eigentliche Rationalitätsdirektive besteht vor allem in der Verpflichtung des Staatshandelns auf bestimmte materiale Grundaussagen sowie in der Bindung aller staatlichen Aktivitäten an ein vorgegebenes Organisationsstatut und an institutionalisierte Verständigungsprozesse. Denn die Staatsaufgaben werden – ihren Eigentümlichkeiten entsprechend – dem zu ihrer Bewältigung nach der Vorstellung des Verfassungsgebers am besten geeigneten Organ überantwortet, also im Sinne einer spezifischen Leistungsfähigkeit unter Berücksichtigung der organisatorischen, personellen und Verfahrensstrukturen zugeteilt. Staatliches Handeln und Entscheiden, das dieser Verknüpfung von Verantwortung und material wie prozedural dirigierter sachgerechter Aufgabenwahrnehmung zuwiderläuft, verfehlt deshalb die spezifischen Rationalitätsgehalte und -gebote einer Verfassung.[112]

Im Hinblick auf die dem Verfassungsstaat eigentümliche Bindung der Prozesse gesellschaftlicher Koordination und politischer Einheitsbildung an „Gesetz und Recht" erfüllt sich dieses *Rationalitätsniveau* der Verfassung über die „rule of law" und den „due process of law", also über die Herrschaft des Rechts. Die staatlichen Gemeinschaftsbeziehungen konstituieren sich im Vollzug einer spezifischen Normenordnung, nämlich des „garantierten Rechts" (R. Zippelius), das in vorgegebenen Verfahren des Zustandekommens und der Durchsetzung die verfassungsseitigen Maßgaben der formalen, Zweck-, Wert- und sozioemotionalen Rationalität verwirklicht.[113]

Rechtsförmige Verantwortung für rationale Aufgabenbewältigung erstreckt sich mithin als Verfassungsprinzip auf den gesamten Prozeß der Verwirklichung der Staatszwecke. In diesem als „Verfassungsprozeß" gekennzeichneten Handlungsablauf[114] werden die Ziele und Funktionen der Verfassung des modernen Staates durch ein arbeitsteilig gegliedertes Gefüge staatlicher Institutionen, die sich auch gegensei-

---

[111] In: Die Verfassung als Vaterland, S. 30.

[112] Vgl. auch *Zimmer*, Funktion-Kompetenz-Legitimation, S. 233ff., 234 m. Anm. 2; 242f. m. Anm. 16.

[113] Siehe dazu die kategoriale Grundlegung oben, 4. Kap., B. und C.

[114] *Erichsen*, VerwArch. 70 (1979), S. 249ff., 255; *Krebs*, Kontrolle, S. 27f.

tig in ihrem geordneten Funktionieren kontrollieren, unter Verwendung des Mediums „Recht" konkretisiert. Auf diese Weise bildet die Rechtsordnung ein „vermaschtes", polyzentrisch organisiertes Regelungs- und Kontrollsystem,[115] in dem Ordnung und Stabilität, Machtbegrenzung, Freiheit und Selbstbestimmung, Teilhabe und Integration rechtlich hergestellt und gesichert, sanktioniert und fortentwikkelt, kurz: *rechtlich verantwortet* werden.

Den einzelnen Staatsorganen, vor allem aber dem demokratischen Gesetzgeber obliegt es hierbei, die Ziel- und Funktionsgesamtheit der Verfassung im einzelnen dort auszugestalten, wo ihnen die Verfassung solche Verantwortung zuweist (also insbesondere im Rahmen der Gesetzesvorbehalte), und für eine insgesamt, d.h. für alle Bürger nach Maßgabe des Gleichheitssatzes gleichartig wirkungsvolle und sozial verträgliche Staatsorganisation sowie Freiheitsordnung zu sorgen. Derart zugewiesene Verantwortung entbindet zugleich ein hohes Maß an freiheitspolitischer Gestaltungsbefugnis, ein Maß an Verantwortung, das ein entsprechendes *Handlungs- und Entscheidungsmandat* in sich birgt, dem kein Staatsorgan ausweichen darf.

Im Gegenlicht läßt in der rechts- und sozialstaatlichen Demokratie Verantwortung als Pflicht, Befugnis und regulatives Prinzip des Verfassungsprozesses[116] gleichermaßen die *Grenzen* des Organhandelns offenbar werden. Denn dieses ist in Zuständigkeiten eingebettet und Verfassungsaufträgen, -direktiven und Leitgrundsätzen unterworfen, deren Nichtbeachtung bzw. Überschreitung zu Sanktionen führt. Hierbei sind vielerlei Erscheinungsformen sichtbar. Die in ihnen verkörperte Verantwortlichkeit kann mehr demokratisch-politisch sein, wie z.B. die des Abgeordneten; sie kann mehr normativ-rechtsstaatlich sein, wie die des Richters oder des Verwaltungsbeamten. Unter dem Grundgesetz reicht sie von der Nicht-Wiederwahl der Volksvertreter über das Disziplinarverfahren gegen Richter bis zur Schadensersatzpflicht des nachlässigen Beamten,[117] ohne daß hiermit das Spektrum der Saktionen bereits vollauf abgeschritten wäre.[118]

4. *Konnexität von Verantwortung und Freiheit*

Die im Recht gebundene und dieses konkretisierende, aber auch die davon freigesetzte politische Verantwortung der staatlichen Funktionsträger bezieht sich im modernen Verfassungsstaat stets auf *Freiheit.*[119] Zu ihrem Schutz und zu ihrer sozia-

---

[115] Vgl. auch *Brohm*, JfR 1987, S. 31ff. 38, 39ff.; *ders.*, NVwZ 1988, 797; *Krawietz*, Rechtstheorie 16 (1985), S. 257ff., 267ff.

[116] Siehe dazu die Grundlegung oben, 6. Kap., B.II.–IV.

[117] Vgl. Art. 34 Satz 2 GG, § 46 BRRG; in bezug auf die Disziplinarunterworfenheit der Richter vgl. Art. 98 Abs. 1 GG i. Verb. mit §§ 26, 63f. DRiG.

[118] Hinzuweisen wäre z.B. auch auf das Spektrum (negativer) Sanktionen, über die Vorgesetzte in öffentlich-rechtlichen Dienstverhältnissen verfügen, um das „abweichende Verhalten" einzelner Mitarbeiter zu korrigieren und diese „wieder auf Vordermann zu bringen", vgl. dazu *Bosetzky/Heinrich,* Mensch und Organisation, S. 212ff.

[119] Vgl. oben, 6. Kap., A.I.

len Erfüllung sind die Staatsorgane auf vielfältige Weise verpflichtet. Ihnen erwächst insbesondere aus der verfassungsmäßigen Gewährleistung von Grund- bzw. Menschenrechten eine weitgespannte *Schutzpflicht* für Bestand und Entfaltung der darin geborgenen Werte und Güter.[120]

Soll diese Übernahme erweiterter Verantwortung für die soziale Wirksamkeit von Recht und reale Freiheitsverwirklichung nicht dazu führen, daß Freiheitsverbürgung in Freiheitsentzug umschlägt,[121] darf Freiheit nicht künstlich durch die staatliche Rechtsordnung hergestellt und bewahrt werden. Ihre aktuelle Verwirklichung bzw. Inanspruchnahme muß in der Hand des Bürgers selbst liegen. Freiheit ist weder Geschenk noch Pflicht; sie ist eine Chance und damit ein Moment der *Selbstverantwortung*.

In dieser Beziehung hat deshalb *K. Eichenberger* ganz zu recht Verfassungen gedeutet als „Chance, daß Freiheit sich einstellt."[122] Deren Entstehung und Bindung auf den aktuellen Willensentscheid, auf die konkrete Autonomie des einzelnen zu beziehen, ist vor allem ein Anliegen der in der modernen Verfassung garantieren Menschen- und Grundrechte. Diese sind ein Aufruf zu entsprechender staatlicher Selbstbeschränkung, dezentraler Problemlösung und individualer Verantwortlichkeit.[123] Ihr Adressat ist somit der *verantwortliche* Bürger; sie wollen die Freiheit schützen, damit verantwortliche Lebensgestaltung möglich wird. Denn Freiheit kann ihres verantwortungsbewußten Gebrauchs nicht entbehren, ebenso wie Macht nur als verantwortete Macht legitim ist.[124]

Trotz dieser dialektischen Zuordnung von Freiheit und Verantwortung geht den-

---

[120] Ebenso unter Bezugnahme auf den Zusammenhang von Verantwortung und Freiheit vor allem *Klein*, NJW 1989, 1636; *Murswiek*, Risiken der Technik, zusammenfassend S. 276ff., 280ff.; *Saladin*, Verantwortung, S. 123f., 124, 210f.; *Stern*, Staatsrecht III/1, S. 728ff., 931ff.; *Suhr*, Entfaltung, S. 151f., 159f.; *Zacher*, Freiheitliche Demokratie, S. 122f. – Für das Grundgesetz vertritt das BVerfG seit seiner Entscheidung zur Fristenlösung die Auffassung, daß die Grundrechte den einzelnen nicht nur als subjektive Abwehrrechte schützen, sondern aus ihrem objektiven Gehalt auch die *Pflicht* der staatlichen Organe folge, sich schützend und fördernd vor die grundrechtlich verbürgten Rechtsgüter zu stellen und diese insbesondere vor rechtswidrigen Eingriffen von seiten Dritter zu bewahren, vgl. BVerfGE 39, 1 (42) – Fristenlösung; seitdem siehe u.a. BVerfGE 46, 160 (164); 49, 89 (141); 53, 30 (57); 56, 54 (73); 57, 250 (285f.); andeutungsweise auch BVerfGE 69, 316 (355); aus der Literatur vgl. zum Thema der „Schutzpflicht" ergänzend *Badura*, FS K. Eichenberger, S. 482, 484ff., 489ff.; *Burmeister*, Verfahrensstrukturierungsgebote, S. 140f.; *Isensee*, Grundrecht auf Sicherheit, S. 51ff.; *Jarass*, AöR 110 (1985), S. 363ff., 378ff.; nochmals *Murswiek*, Risiken der Technik, S. 216ff.; *ders.*, WiVerw. 1986, 179ff.; *R. Schmidt*, ZRP 1987, 345ff., 348f.; *Schmidt-Aßmann*, AöR 106 (1981), S. 205ff., 215ff.; *ders.*, HdbStR III, 1988, S. 637f (RdNr. 17); *R. Scholz/Pitschas*, Informationelle Selbstbestimmung, S. 110ff.

[121] Vgl. auch *Stettner*, DÖV 1987, 789; zutr. spricht das BVerfG deshalb auch nur von einer „Mitverantwortung" der staatlichen Organe, vgl. BVerfGE 56, 54 (179) unter Hinweis auf BVerfGE 53, 30 (58); krit. aber *Rauschning*, DVBl. 1980, 831ff., 832.

[122] In: Der Staat der Gegenwart, 1980, S. 177.

[123] Vgl. statt aller *Papier*, VVDStRL 35 (1977), S. 55ff., 74ff., 80, 81ff., 83; *R. Scholz*, Grenzen staatlicher Aktivität, S. 123ff., 127ff.; *Stern*, Staatsaufgaben, S. 20ff.

[124] Siehe dazu die Grundlegung oben, 6. Kap., A.II.

noch die erstere der staatlichen *Kompensation* keinesfalls völlig verlustig. Individuell bzw. gesellschaftlich zu verantwortende Freiheit entläßt den Staat nicht aus der ihm seinerseits obliegenden Verantwortung. Gerade an den Grundrechten wird diese *Kooperationsverpflichtung* deutlich: Die Verfassung setzt mit ihnen Funktionsgarantien eines freiheitlichen Statusschutzes, der sowohl die grundrechtsvermittelte Sicherung realer Freiheit durch den Staat beruft als auch die individuelle Selbstbestimmung der freiheitlichen Entfaltung garantiert, aber eben auch die soziale Pflichtigkeit der Freiheitsbetätigung umfaßt.[125]

Diese Selbst-Verpflichtung des einzelnen knüpft an jene Eigentümlichkeit der modernen Verfassung an, dem Bürger zwar ein Maximum an freiheitlicher Selbstverwirklichung zu eröffnen, diese aber nicht nur individualistisch zu denken. Die individuale Freiheitsverwirklichung wird vielmehr als ein *sozialer Prozeß* geschützt, in dem sich jede Grundrechtsinanspruchnahme stets und notwendig im Zusammenwirken mit anderen vollzieht: *Freiheit beruht auf Interaktion.*[126] Der einzelne muß deshalb in seiner Freiheitsbetätigung die Freiheit seiner Mitbürger achten, zumindest aber ist er dafür verantwortlich, sie nicht zu beeinträchtigen. Sozialitätspflichtige Freiheit fordert Verantwortung heraus.

Seinen zugespitzten Ausdruck findet dieser Gedanke der „gesellschaftlichen Verantwortung" in der Existenz gewisser *Grundpflichten.* Auch sie sind Bestandteil der modernen Verfassung, selbst wenn das (deutsche) Verfassungsdenken der Gegenwart sie nur mühsam akzeptiert.[127] Doch kann die rechtliche Grundordnung eines Staates nicht darauf verzichten, auch Grundpflichten seiner Bürger zu statuieren, wenn sie das politische Gemeinwesen zu autoritativer Verhaltenskoordination befähigen will.[128]

Zwischen Grundpflichten und den Grundrechten in der modernen Verfassung besteht allerdings keine direkte Entsprechung, sondern nur eine *strukturelle Symmetrie.* Denn weil jene auch Verantwortung zuweisen, trifft den Bürger zwar die grundsätzliche Verpflichtung, im Rahmen der Grundrechtsinanspruchnahme die Belange des Gemeinwesens (Gemeinwohls) zu berücksichtigen. So zeichnet er in seinem Grundrechtsgebrauch auch dafür mit-verantwortlich, daß spätere Generationen eine lebenswerte Umwelt vorfinden.[129] Die Kategorie der Grundpflichten ist

---

[125] Hierzu vgl. aus der Perspektive des Status-Schutzes näher und m. w. Nachw. *Pitschas,* Berufsfreiheit, S. 487ff., 499f.

[126] Vgl. am Beispiel der Berufsfreiheit *Hoffmann-Riem,* FS H. P. Ipsen, 1977, S. 385ff., 390ff.; allgemein *Suhr,* EuGRZ 1984, 534 m. w. Nachw.

[127] Siehe dazu die Reflexionen von *V. Götz* und *H. Hofmann,* VVDStRL 41 (1983), S. 7ff., 42ff.; vgl. ferner *Isensee,* DÖV 1982, 609ff., 618.

[128] *H. Hofmann,* a. a. O. (Fn. 127), S. 74f.; *Isensee,* a. a. O. (Fn. 127), 615f.; *Merten,* Deutsche Verwaltungsgeschichte, Bd. V, 1987, S. 53ff., 68f.; siehe auch *Saladin,* Verantwortung, S. 213; anders freilich *Götz,* a. a. O. (Fn. 127), S. 17: „Den verfassungsrechtlichen Zusammenhang der Erhaltung und Stärkung der Eigenverantwortung wird man ... in anderer Weise als in der Gestalt von Grundpflichten sehen müssen."

[129] Vgl. *Badura,* DVBl. 1982, 861ff., 862; von einer „Asymmetrie" von Freiheitsrechten und Rechtspflichten spricht allerdings *Isensee,* a. a. O. (Fn. 127), S. 614f.

so notwendig bezogen auf die Grundrechte. Aber dieser Bezug geht nur dort unmittelbar auf, wo die Verfassung selbst ein Grundrecht explizit mit einer spezifisch gemeinschaftsbezogenen Grundpflicht verbindet – und dadurch das Prinzip der Verantwortung konkretisiert –, oder wo sich das Pflichtenmoment als Funktionserfordernis einer spezifischen Sachstruktur im Recht ausweist. Andernfalls hat der Bürger im Rechtsstaat ihn betreffende Rechtspflichten gegenüber anderen bzw. der Gemeinschaft nur wahrzunehmen, wenn und soweit in den dazu vorgesehenen Verfahren ergangene Rechtssätze eine solche Verpflichtung aussprechen.

5. *Gelebte Verantwortung als gesellschaftliche Kooperation und politische Teilhabe*

Derart berufene Selbst-Verantwortung und Selbst-Verpflichtung des einzelnen konstituieren das politische Gemeinwesen als *horizontale Kooperation* der Bürger. Diese gestalten mit ihren Wünschen, Hoffnungen und Erwartungen, mit ihrer ganzen Subjektivität ihren Staat zum Nutzen aller.

Voraussetzung hierfür sind allerdings das Bewußtsein und die Übernahme politischer Verantwortung. Damit diese praktisch wirksam wird, bedarf es der *Teilhabe* des Bürgers an der Staatsgewalt und ihrer Legitimation durch diesen als Subjekt der Politik. Die moderne Verfassung sichert zu diesem Zweck die wesentlichen politischen Teilhaberechte, wie etwa das Wahlrecht oder das Recht auf Zugang zu den staatlichen Ämtern. Und sie trifft vor allem die grundlegende Entscheidung, ob und ggf. welche Elemente unmittelbarer Demokratie den staatlichen Lebensprozeß bestimmen sollen oder ob und in welchem Ausmaß das Prinzip der *Repräsentation* als eine Methode zur Gewährleistung verantwortlichen Verhaltens zum Zuge kommt.[130]

Der Rückgriff auf das demokratische (parlamentarische) Repräsentativsystem erhöht die Handlungsfähigkeit des Staates als Institution; er sichert die Rationalität und Kontrollierbarkeit staatlicher Akte.[131] Allerdings ergibt sich das Problem, die Repräsentanten an die Vorstellungen und Bedürfnisse der Staatsbürger zurückzukoppeln und diesen ein möglichst hohes Maß an politischer Teilhabe einzuräumen. Die bloße Rückbindung an die Basis eines vorausgesetzten bzw. vermuteten (breitestmöglichen) Konsenses reicht dafür nicht aus. Erforderlich sind *Verfahren,* in denen sich dieser Konsens offenbart oder herstellt und mit deren Hilfe die in einer Gemeinschaft vorhandenen Interessen und Einflüsse kanalisiert und koordiniert werden können.

---

[130] *C. J. Friedrich,* Der Verfassungsstaat der Neuzeit, 1953, S. 298; *H. Krüger,* Staatslehre, S. 232ff., 240ff., 242f.; *C. Schmitt,* Verfassungslehre, S. 204ff., 206ff., 216ff.

[131] *Isensee,* Demokratie, S. 50f.; *Zippelius,* Staatslehre, S. 173f.

C. Verfahrenskonzeptionen des modernen Verfassungsstaates

I. Zum Diskussionsstand

Nicht von ungefähr kommt daher der Versuch, den demokratischen Verfassungsstaat als ein „Verfahrensmodell" zu verstehen, das keinerlei Wertbezug enthalte.[132] Die Verfassung erzeuge nur, so wird behauptet, gewisse Entwicklungs- und Handlungsmöglichkeiten der Gesellschaft, die ohne sie nicht bestünden, und sie ziehe durch die Normierung äußerer sozialer Abläufe – und zwar überwiegend durch Organisations- bzw. Verfahrensvorschriften – die Grenzen dessen, was erlaubt sei. Der gesellschaftliche Zusammenhang werde überdies durch institutionalisierte Willensbildungs- und Verständigungsprozesse gestiftet. Alles in allem verkörpere deshalb, so heißt es, der demokratische Verfassungsstaat ein pures Verfahrenskonzept, dem zufolge die Legitimität der Staatsgewalt allein „durch Verfahren" begründet werde.[133]

Dieses Verständnis der Verfassung scheint auf den ersten Blick dem in der hiesigen Untersuchung erhobenen Befund vom Paradigmawandel des modernen Staates angemessen zu sein. Weil nämlich die legale Legitimation des staatlichen Handelns als verlorengegangen angesehen wird, soll der Typus „prozeduraler Legitimität" die „rationalste(!)" Form der uns zur Verfügung stehenden Rechtfertigungen von Herrschaft darstellen.[134] Der Schein trügt jedoch: Weder läßt sich die moderne Verfassung auf ein ausschließlich prozedurales Legitimitätskonzept reduzieren – davon wird später zu handeln sein –, noch trägt der verwendete Rationalitätsbegriff. Denn er sondert zu Unrecht „materiale" Rationalitätskriterien aus.[135] Verfassungsverfahren einerseits und die von der Verfassung intendierten und dirigierten staatlichen Verständigungsprozesse andererseits werden dadurch ihres Eigen*wertes* entkleidet, der ja gerade ein besonderes Kennzeichen des Verfahrensparadigmas darstellt. Sie geraten stattdessen zur bloßen Verfahrens-Hülse, in der jedwedes Problem nach

---

[132] *U. K. Preuß,* Politische Verantwortung, S. 17ff.; siehe aber auch *ders.,* Merkur, 41. Jg. (1987), S. 1ff., 5, 11, wo der Autor von „Substanz" bzw. von einem „Arsenal von Wertungsgesichtspunkten" spricht.

[133] *U. K. Preuß,* a.a.O. (Fn. 132), S. 15ff., 64ff., 112ff. und öfter; ihm folgend z.B. *Rühl,* Grundrecht auf Gewissensfreiheit, S. 222ff.

[134] *U. K. Preuß,* a.a.O. (Fn. 132), S. 113; vgl. auch *ders.,* KritJ 1988, 370f.; zust. *Rühl,* a.a.O. (Fn. 133), S. 280.

[135] Zu deren Bedeutung siehe oben, 4. Kap., C.V.; zur Verfassung als *Wertordnung* vgl. ferner die Nachw. in Fn. 82. Eine Einschränkung ist allerdings zu beachten: Die Entwicklung materialer Wertvorstellungen über das im Grundgesetz niedergelegte Maß *hinaus* birgt die Gefahr in sich, dessen Integrationskraft zu verringern und den Grundkonsens (vgl. 5 Kap., B. IV., D.I.–IV.) ins Wanken zu bringen. *Verfassungsrechtliche* Wertrationalität duldet dagegen keine Abstriche!

Geschmack und Willkür der Verfahrensverantwortlichen „abgearbeitet" werden könnte. Das aber widerspricht dem hier zuvor dargelegten Zusammenhang von verfassungsrechtlichem Organisations- bzw. Verfahrensstatut und materialen Verfassungsinhalten.

Nicht zu leugnen ist allerdings die der Verfassung immanente Wirkung der Verfahrensidee. Dies gilt insbesondere mit Blick auf die Bindung des modernen Verfassungsstaates an das *Recht*. Während die Verfassung die Grundordnung des freiheitlichen politischen Prozesses darstellt, bildet jenes das Medium seiner Regulierung. Beide sind aufeinander bezogen; das Recht – und insbesondere die Menschenrechte – zu sichern, ist seit je der Grund für den Kampf um die Verfassung.

„Regulatives Recht"[136] ist freilich nicht statisch, sondern nimmt eine evolutionäre Entwicklung.[137] Es entsteht und verwirklicht sich dialektisch nach prozessualen Regeln aus den Erkenntnissen über die Unzulänglichkeit des schon bestehenden Rechts. Dessen eingedenk, hat namentlich *M. Kriele* den Verfahrensgedanken mit der Tradition des angelsächsischen Verfassungsstaates verknüpft, die er in der Form der „rule of law" als Ausdruck einer im Volk wurzelnden und sich organisch fortentwickelnden Rechtskultur verankert sieht.[138] Dieser ist die Verfahrensvorstellung des sich prozessual realisierenden Rechts von Anfang an vertraut.

Ihr zufolge ist vor allem die *Gerichtsbarkeit* als öffentliche Streitentscheidung, Friedenssicherung und Rechtsverwirklichung untrennbar mit der Entwicklung des (gewaltenteiligen) Verfassungsstaates verknüpft. Sie verbindet durch ihr Wirken die rechtliche Ordnung des Staatswesens mit der politischen Macht und sie verbürgt, daß die „Herrschaft des Rechts", die Rechtsbindung der Politik kein hohles Pathos ist. Dementsprechend kennzeichnet den Gang des abendländischen Rechtsdenkens, daß es in erster Linie die Gestalt und Funktion des *Richters* waren, die das Recht aus einer regulativen Idee in die Wirklichkeit des rechtlichen (gerichtsförmigen) *Prozesses* umformten. Auf dieser Denkvoraussetzung und auf diesem Leitbild gründet der im Recht gebundene Verfassungsstaat.[139]

Es hat von daher viel für sich, auch die parlamentarische Demokratie geschichtlich und theoretisch aus der Übertragung des Gedankens des gerichtlichen Prozesses auf den politischen Prozeß zu begreifen.[140] Zwar existiert in diesem keine neutrale Instanz; das unterscheidet ihn prinzipiell vom gerichtlichen Verfahren. Doch geht es hier wie dort um den unauflöslichen Prozeß von Diskussion und Dezision. In ihm erhöhen *Verfahren* die Rationalität staatlichen Handelns und Entscheidens.[141] Ihnen kommt dadurch Eigenwert zu; die Verfassung konzipiert sie als „materiale" Verfahren.

---

[136] Begriff nach *R. Voigt*, Regulatives Recht, S. 21ff., 23, 24ff.

[137] Dazu siehe die Darstellung oben, 3. Kap., B.I.1.

[138] VVDStRL 29 (1971), S. 46ff., 49ff., 50.

[139] Vgl. *Pernthaler*, Staatslehre, S. 274ff., 349f.

[140] So namentlich *Kriele*, a.a.O. (Fn. 138), S. 50.

[141] Vgl. im hiesigen Kontext bes. *Kriele*, Staatslehre, S. 38f.; siehe ferner schon oben, 4. Kap., C.I.–III.; 5. Kap., A.IV.3. und B.I.–IV.

Diesem Eigenwert des Verfahrens, seiner Komplementärfunktion für Sinngebung und Verständnis der Verfassung kommt näher noch die Verfahrenskonzeption, die *P. Häberle* seiner Verfassungstheorie zugrundelegt. Diese ist seiner Auffassung nach Theorie von „Verfahren und praktischen Alternativen", die zeitgerechte Interpretation und Revision des Verfassungsrechts ermöglichen soll.[142] Unter „Verfahren" sei deshalb, so meint Häberle, auch mehr als die formelle Ordnung einer Abfolge von Handlungen und Ereignissen zu verstehen. In ihnen erst verwirkliche sich nämlich die Verfassung mit ihren Gehalten: „Verfahren sind es, die die Verfassung auf den Weg bringen."[143]

Es liegt auf der Linie dieser Überlegungen, daß die Verfassung nicht mehr nur als Grundordnung eines freiheitlichen politischen Prozesses betrachtet, sondern selbst prozedural gesehen wird. Sie ist dann „law in public action", gedacht als „öffentlicher Prozeß", an dem die „offene Gesellschaft der Verfassungsinterpreten" teil hat.[144]

Während somit einerseits und mit Nachdruck der *Verfahrenscharakter* betont wird, entfaltet Häberle zugleich und andererseits die Bedeutung des Verfahrensgedankens für die reale Verwirklichung der verfassungsrechtlich gewährleisteten Grundrechte sowie umgekehrt deren Ausstrahlung auf die organisatorische und verfahrensmäßige Gestaltung des staatlichen Handelns.[145] Die dabei hervortretende *verfahrensmäßige Grundrechtsdimension,* die in einen Zusammenhang mit dem grundrechtlichen Teilhabestatus gerückt wird, soll als grundrechtsspezifische Garantie eines „due process" zu verstehen sein. Häberle bezeichnet die dadurch bewirkte verfassungsrechtliche Stellung des einzelnen als „status activus processualis."[146]

Der Verfahrensbegriff wird damit im Sinne einer Tendenz in Richtung auf die Verfassungsgewähr partizipatorischer Entscheidungsverfahren ausgedeutet und gleichzeitig inhaltlich „aufgeladen." Sein Deutungsgehalt umschließt die qualitativ-inhaltliche Einflußnahme der Verfahrensbeteiligten auf das Entscheidungsergebnis nach Maßgabe der Verfassung und in deren Konkretisierung. Verfahrensrecht sei deshalb, so meint Häberle, stets auch „Kommunikationsrecht".[147]

In diesen Kommunikationsbezügen des Verfahrens begegnen sich Häberle und

---

[142] *Häberle,* Verfassung als öffentlicher Prozeß, S. 114.

[143] *Häberle,* a.a.O. (Fn. 142), S. 64.

[144] *Häberle,* a.a.O. (Fn. 142), S. 59ff., 65, 121ff., 155ff.; zur Kritik etwa *Herzog,* VVDStRL 30 (1972), S. 146ff. (Diskussionsbeitrag); *Isensee,* Die Verfassung als Vaterland, S. 27f.

[145] VVDStRL 30 (1972), S. 43ff., bes. 51f., 86ff.

[146] VVDStRL 30 (1972), S. 86ff.; siehe auch *ders.,* in: Verfassung als öffentlicher Prozeß, S. 677ff., sowie in: Wesensgehaltsgarantie, S. 373ff.; vgl. dazu u.a. *Burmeister,* Verfahrensstrukturierungsgebote, S. 136f.; *Goerlich,* DVBl. 1978, 362ff.; *Held,* Grundrechtsbezug, S. 144ff.; *D. Lorenz,* AöR 105 (1980), S. 628, 643 m. Anm. 124; *Redeker,* Festgabe BVerwG, S. 519f.; *ders.,* NJW 1980, 1593ff.; *Schenke,* DÖV 1989, 365ff., 372; gegen eine umfängliche Verwendung dieses Topos siehe aber *H. H. Rupp,* AöR 101 (1976), S. 184ff.; *Starck,* JuS 1981, 242f.

[147] Verfassung als öffentlicher Prozeß, S. 115.

D. Suhr. Dieser überträgt in seiner Verfahrenskonzeption den Verfahrensaspekt in die kommunikative Verwirklichung von Grundrechten auf der zwischenmenschlichen Ebene. Die von Verfassungs wegen gewährleistete freie Entfaltung der Persönlichkeit sieht Suhr prozedural strukturiert; die Grundrechtsausübung sei – so meint er – ein freiheitlicher Kommunkationsprozeß in der Horizontalen zwischen den Bürgern.[148] Diese „Entfaltung der Menschen durch die Menschen" enthalte jedoch „weder Determination noch Beliebigkeit",[149] sondern sie werde durch die Verfahrensqualität der Grundrechte beeinflußt.[150] Dementsprechend müßten Verfahren gewissen Wertungsmaßstäben genügen; ihre Struktur und Logik könnten selbst gewogen – und für zu leicht befunden werden.[151]

In der Nachbarschaft von Häberle siedelt auch *H. Goerlich* mit seinen Vorstellungen über „Grundrechte als Verfahrensgarantien".[152] Er versucht, den Verfahrensgedanken als ein umfassendes Grundrechtskonzept fruchtbar zu machen. Zu diesem Zweck versteht er „materielle und formelle Grundrechte als Verfahrensgewähr des politischen und des rechtsförmigen wie auch des sozialen Prozesses einer Gesellschaft".[153] Jedes einzelne Grundrecht besitzt, so belegt Goerlich, eine Geltungskomponente als Verfahrensgarantie. Er unterliegt dabei freilich einer Hypertrophie des verfahrensbezogenen Grundrechtsdenkens, wenn er resümierend feststellt, daß „sowohl die Gewaltenteilung als rechtsbestimmte Funktionentrennung wie das Rechtsprinzip der Demokratie als auch Rechtsstaat und Repräsentation sowie das Verhältnis zwischen Staat und Gesellschaft ... in den einzelnen Grundrechten als Verfahrensgarantien gestaltet" sein sollen.[154]

II. Differenzierungsbedarf des Verfahrensdenkens

Dahinter steht jene aus der amerikanischen Diskussion um die Reichweite des Verfahrensgedankens überkommene Auffassung, die Idee des Verfahrens zu nutzen, indem die Verwirklichung der inhaltlichen Letztwerte von Freiheit, Gleichheit und Gerechtigkeit grundsätzlich dem politischen Prozeß überantwortet wird.[155] Folgerichtig geht auch Goerlich davon aus, daß „die funktionell-rechtliche Wirkung der Grundrechte als Verfahrensgarantien vor allem erlaubt, der Gesetzgebung zur Ausübung ihrer Aufgabe und zur selbständigen Auswahl unter alternativen Optionen in

---

[148] Entfaltung, bes. S. 14f. m. Anm. 8, 81f. m. Anm. 9, 84ff., 151f.; vgl. auch *dens.*, Bewußtseinsverfassung, S. 354ff.; Der Staat 9 (1970), S. 67ff., 86f., 89.

[149] *Suhr,* Entfaltung, S. 79.

[150] *Suhr,* a.a.O. (Fn. 149), S. 82.

[151] *Suhr,* a.a.O. (Fn. 149), S. 152.

[152] So der Titel seiner veröffentlichten Habilitationsschrift, 1981.

[153] *Goerlich,* Grundrechte als Verfahrensgarantien, S. 203.

[154] *Goerlich,* a.a.O. (Fn. 153), S. 389; krit. z.B. auch *Held,* Grundrechtsbezug, S. 147ff., 150f.

[155] Vgl. *Brugger,* Grundrechte und Verfassungsgerichtsbarkeit; *ders.*, ZRP 1987, 52ff., 59.

eigener Verantwortung Raum zu lassen." Demokratische Gesetzgebung, so postuliert Goerlich, sei „dasjenige grundlegende Verfahren des Grundgesetzes, dessen Wahrnehmung die erforderlichen Verfahrensstrukturen der Grundrechte hervorzubringen hat."[156]

Weder die Zentrierung des Verfahrensgedankens auf die Grundrechte noch das Plädoyer für ein derartig weitreichendes Gewährenlassen des Gesetzgebers ist freilich auf ungeteilte Gegenliebe gestoßen. So hat etwa *F. Ossenbühl* davor gewarnt, in eine „allgemeine grundrechtlich orientierte Verfahrenseuphorie..." zu verfallen, „die unübersehbare Konsequenzen haben könnte und dann wie manche andere Modewelle in der Jurisprudenz wiederum zu unnötigen Frustrationen führt."[157] Und *H. Bethge* tritt der „vordergründigen Plastizität" entgegen, die dem „Argumentationstopos ‚Grundrechtsverwirklichung und Grundrechtssicherung durch Organisation und Verfahren'" innewohne;[158] er kritisiert die darin liegende „Passepartout-Formel."[159]

Keiner der beiden Autoren verwirft freilich die Interpretation von Grundrechtsbestimmungen (auch) im Lichte des Verfahrensgedankens. Aber beide fordern angemessene Differenzierungen – und sie stehen damit nicht alleine.[160] Denn auch die voraufgehend skizzierten Verfahrenskonzeptionen des modernen Verfassungsstaates fordern zu einer differenzierten Betrachtungsweise auf. So macht die Verbindung der Verfahrensidee mit der Rechtsprechung (M. Kriele) nicht nur deutlich, daß und in welchem Ausmaß der Richter das materielle Recht erst im Verfahren kennenlernt und sich darin die Wechselwirkung zwischen materiellem und Verfahrensrecht zeigt. Das Verfahren offenbart insoweit eine rechtsgestaltende Wirkung. Sichtbar wird auch und zugleich, wie die für (Gesetzgebung und) Rechtsprechung institutionalisierten Verfahren dazu beitragen können, eine unparteiliche, neutrale und „gerechte" Urteils- und Willensbildung zu garantieren. Sie verschaffen auf diesem Wege einer materialen Verfahrensrationalität gleichermaßen Eingang in Recht und Politik. Darin zeigt sich in der Tat eine legitimierende Kraft, die in der Rationalität rechtlicher Verfahren ihren Platz hat (U. K. Preuß); die aber eben auch wert- bzw. moralbezogen ist *und* Sachrationalität durch legale Herrschaft komplementär ergänzt, allenfalls kompensiert, niemals aber funktionales Äquivalent für konsentierte und in diesem Sinne legitime Entscheidungen sein kann.

---

[156] *Goerlich*, Grundrechte als Verfahrensgarantien, S. 390.

[157] DÖV 1981, 1ff., 6, mit grundlegenden Differenzierungen zum Grundrechtsschutz durch Verfahrensteilhabe; vgl. auch *ders.*, FS K.Eichenberger, S. 183ff.

[158] NJW 1982, 1ff., 2.

[159] A.a.O. (Fn. 158), S. 2.

[160] Vgl. etwa *Badura*, Staatsrecht, S. 77ff.; *Burmeister*, Verfahrensstrukturierungsgebote, S. 142f.; *Laubinger*, VerwArch. 73 (1982), S. 73ff., 80ff.; *Lübbe-Wolff*, FS W. v. Simson, S. 137ff., 140; *H. H. Rupp*, FS O. Bachof, S. 159ff., 161f.; *Pietzcker*, VVDStRL 41 (1983), S. 219f.; *Held*, Grundrechtsbezug, S. 143ff., 161ff., 175ff.; *Hill*, Das fehlerhafte Verfahren, S. 229ff., 233ff., 243f.; *Hufen*, NJW 1982, 2162ff.; *Schmidt-Aßmann*, in: Maunz/Dürig, GG, Art. 19 Abs. 4 Rdnrn. 18ff., 21ff., 23; *ders.*, HdbStR III, 1988, S. 636ff.; *Schnapp*, FS H. U. Scupin, S. 901f., 902ff.; *Stern*, Staatsrecht III/1, S. 959ff.; *Wahl*, VVDStRL 41 (1983), S. 166ff.

III. Verfahrensidee und Statustheorie

Zweifelhaft erscheint allerdings die im Rahmen dieser Differenzierungen namentlich von *P. Häberle* vertretene „reduktionistische" Projektion der Verfahrensidee auf die Statustheorie. Seine auch von anderen befürwortete Einstufung der Verfahrensrechte als Rechte des aktiven Status[161] beschränkt sich zu Unrecht hierauf. Denn nicht alles, was in den Verfahrensbereich gehört, ist dem „status activus processualis" allein zuzuordnen. Dies gilt insbesondere dann, wenn man dem klassischen Verfahrensgedanken folgt. Zwar sind die staatlichen Formen und Verfahren der „Willensbildung" (auch) daran orientiert, aus der gesellschaftlichen Pluralität vorhandener Meinungen, Überzeugungen und politischer Auffassungen eine an Mehrheitsentscheid und Konsens ausgerichtete, effektive und homogene Verhaltenskoordination herbeizuführen. Eine auf die Idee der Bürgerfreiheit verfassungskräftig verpflichtete Staats- und Rechtsordnung muß hierzu den einzelnen als aktiven Teilhaber an der staatlichen Willensbildung anerkennen. Diese Teilhabe verschafft ihm den durch einen Kommunikationsprozeß zu bewerkstelligenden Einfluß auf das staatliche Handeln und Entscheiden. Entsprechende rechtliche Kompetenzen, die als solche diese Teilnahme an der staatlichen Willensbildung zum Gegenstand haben, sind dann ohne Zweifel dem aktiven Status zuzuordnen.

Die Verfahrenspositionen des Bürgers folgen aber auch und zugleich dem freiheitswaltenden Schutzzweck des Verfahrens. Dieser führt zurück auf die *Idee des Rechtsstaates* mit der ihr eigenen Verbürgung eines formell geordneten Entscheidungsganges, der sich in Wendung gegen die Verwalter staatlicher Macht an Zuständigkeiten, Fristen und Beteiligungsformen orientieren und den schon früher dargestellten Strukturbedingungen einer materialen Rationalität und Verfahrensgerechtigkeit genügen muß.[162] Verbindet man diese Struktur des Verfahrens mit der rechtlichen Situation des einzelnen, dann liegt eine Zuordnung zum *negativen Status* nahe („status negativus processualis").

Freilich lassen sich im modernen Staat der Daseinsvor- und -fürsorge die Verfahren auf allen staatlichen Ebenen nicht mehr nur als „Umzäunung" öffentlichen Handelns begreifen, also als ausschließlich gegen staatliche Herrschaft gerichtete Initiative[163] bzw. als Abgrenzungen des Staates gegenüber dem individuell-gesellschaftlichen Bereich durch Gewähr eines positiven Status.[164] Die verwaltete Welt

---

[161] Vgl. die Nachw. oben, Fn. 146.

[162] Siehe dazu die Ausführungen im 5. Kap., C.II.; vgl. ferner die Nachw. im 3. Kap., Fn. 79; 7. Kap., Fn. 321.

[163] Dazu vgl. nochmals die Grundlegung im 7. Kap. zu den „Wirkdimensionen des Verfahrens", D.II.–IV.

[164] Vgl. *Alexy*, Grundrechte, S. 437f.: „Somit gilt, daß zwar einiges, aber nicht alles, was Gegenstand der Rechte auf Organisation und Verfahren ist, zum aktiven Status gehört."

zeichnet sich vielmehr durch eine quantitative Vielfalt rechtlicher Möglichkeiten aus, vom Staat – und vice versa vom Bürger – ein bestimmtes Handeln zu verlangen. Die Inanspruchnahme dieser Rechte geht in erster Linie nicht auf Ausgrenzung staatlicher und individuell-gesellschaftlicher Sphären, sondern auf Teilhabe an Leistungen. Damit sind es die vom Publikum artikulierten Interessen, die zu unmittelbaren Prämissen staatlichen Handelns werden und die über Verteilungsverfahren u.a.m. prozedurale Einwirkungschancen bedingen („status positivus proceduralis“).

Verfahren als Kommunkationsprozeß und Verfahrensrecht als Kommunikationsrecht, wie es *P. Häberle* bezeichnet,[165] verbindet also alle drei Dimensionen der freiheitlichen Entfaltung unter der Verfassung – den Schutz, die Teilhabe und das demokratische Element. Die Verfassung als Kommunikationsordnung begründet dementsprechend die Einflußnahme der Verfahrensbeteiligten als einen *allgemeinen Verfahrensstatus* und fächert diesen auf. Welche Verfahrenspositionen dabei die Verfassung im einzelnen entfaltet, vermag allerdings die Statustheorie selbst nicht zu sagen. Hierzu bedarf es vielmehr des Rückbezugs auf die Funktionen und Ziele der modernen Verfassung, wie sie oben dargestellt worden sind.

IV. Materiale Aspekte der Verfahrensidee

In bezug genommen werden damit nicht allein die Grundrechte. Und es ist noch keineswegs ausgemacht, daß nur diese „durch Verfahren auch *die Grundprinzipien* der Verfassung ... prägen.“[166] Die Frage stellt sich vielmehr umfassender, nämlich dahingehend, wie die Verfassung als solche insgesamt – und nicht nur in den Grundrechten – die Verfahrensidee verankert. Zahlreiche Hinweise hierauf enthalten die zuvor dargestellten Verfahrenskonzeptionen des modernen Verfassungsstaates. Sie verdeutlichen, daß jedenfalls die Verfahrensidee zum „Wesensgehalt“ des Typus verfassungsstaatlicher Verfassungen gehört, und daß von ihr juristische Entscheidungsverfahren institutionalisiert, initiiert und dirigiert werden, die nichts weniger als kommunikative Bedingungen rationaler Verhaltenskoordination und legitimer Herrschaft in kooperativer Verantwortung darstellen.

Voraussetzung hierfür ist allerdings, daß in diesen Verfahren Argumentationslasten verteilt und Begründungserfordernisse nach Maßgabe materialer Kriterien verankert werden.[167] Ob und in welchem Ausmaß dies der Fall ist, und um zu erfahren, welche Verfahrensfunktionen die Verfassung freisetzt, muß aber noch die *Vorfrage* geklärt werden, wie sich im Bereich des Verfahrens der materiale Aspekt zu dessen instrumentellem Charakter verhält, also zur Prozedur als solcher.

---

[165] Verfassung als öffentlicher Prozeß, S. 115.

[166] So aber *Goerlich*, Grundrechte als Verfahrensgarantien, S. 389; zu einseitig auch *Burmeister*, Verfahrensstrukturierungsgebote, passim.

[167] Vgl. dazu oben, 4. Kap., D.II.; 5. Kap., B.IV. 2. und 3.

Für einen Ausschnitt der modernen Verfassung, nämlich für die Grundrechte, hat unlängst *R. Alexy* diese Vorfrage im Rahmen seiner „Theorie der Grundrechte" aufgegriffen und zu beantworten versucht.[168] Seine Überlegungen führen jedoch nur am Rande in die Verschränkung von Instrumentalität und Wertbezug staatlicher Verfahren hinein. Zwar räumt Alexy ein, daß grundrechtsgemäße Verfahren „die *Wahrscheinlichkeit* eines grundrechtsgemäßen Ergebnisses erhöhen."[169] Warum das aber der Fall ist, bleibt im Dunkeln seines Verweises auf die Idee einer prozeduralen Theorie der juristischen Argumentation verborgen.[170] Stattdessen gibt Alexy dem Gedanken Raum, daß Prozeduren niemals allein „richtige" Entscheidungen erzeugen könnten. Denn es gäbe davon unabhängige Maßstäbe für die Richtigkeit. „Die Prozedur" sei jedoch, so fährt er fort, „ein Mittel, ihnen in möglichst hohem Maße gerecht zu werden sowie von den Maßstäben freigelassene Spielräume zu füllen."[171]

Auf die Beurteilung des Verhältnisses zwischen rechtsförmigen Verfahren und Grundrechten bezogen, hat dieser an sich akzeptable Standpunkt zur Folge, „daß grundrechtliche Anforderungen an die Prozedur grundrechtliche Anforderungen an das Ergebnis nicht ersetzen können."[172] Alexy spricht insoweit davon, daß „der prozedurale und der *materiale* Aspekt ..., was den Zusammenhang von Grundrechten und rechtsförmigen Verfahren anbelangt, in einem dualen Modell zu vereinigen (sind), das den Primat des materialen Aspekts wahrt."[173] Verwirrend ist an dieser These vor allem der Sprachgebrauch. Alexy meint nämlich mit dem Begriff „material" nicht etwa den Wertbezug von Verfahren, sondern das „materiell"-rechtlich zu beurteilende Sachergebnis. Deshalb kann auch „die Erhöhung bloß der *Wahrschein-*

---

[168] A. a. O., S. 444ff.

[169] Grundrechte, S. 446.

[170] A. a. O. (Fn. 169), S. 445 m. Anm. 177; verwiesen wird insoweit auf die Arbeit des Autors über „Die Idee einer prozeduralen Theorie der juristischen Argumentation", in: Rechtstheorie, Beiheft 2 (1981), 178ff. – Nicht offenbart wird allerdings, *wie sehr* gerade diese Position von *Alexy* in Zweifel steht, weil erstens fraglich ist, ob die juristische Argumentation überhaupt als (Sonder-)Fall des praktischen Diskurses entfaltet werden kann (dazu die Nachw. bei U. Neumann, Argumentationslehre, S. 86ff.), und zweitens zu beachten ist, daß Rationalität eben nicht nur ein Problem der *Diskursform,* sondern in erster Linie des *Gehalts* bzw. der *Begründung* speziell der Verfahrensaktivitäten bildet, vgl. *Tugendhat,* Zur Entwicklung von moralischen Begründungsstrukturen im modernen Recht, in: ARSP, Beiheft 14 (1980), S. 1ff., 7f., 11f.; hier offenbart sich dann der Fehler, die Grundrechte als „in einigen entscheidenden Hinsichten nicht prozedural" zu verstehen (*Alexy,* a. a. O., S. 445).

[171] A. a. O. (Fn. 169), S. 445.

[172] A. a. O. (Fn. 169), S. 445 – aber auch hier fehlt die konkrete Begründung; gegen das „Richtigkeitsdogma" siehe im übrigen schon früher *Pitschas,* Wandel des Verwaltungsverfahrens, S. 35, 37f. m. w. Nachw.

[173] A. a. O. (Fn. 169), S. 446 (Unterstreichung vom Verf.); zu widersprechen ist hier aber angesichts der Wechselwirkung von materiellem und Verfahrensrecht und der konstitutiven Bedeutung der „Prozedur" – im Verfahren entfaltet sich Recht nicht nur, das Verfahren hat weitgehend eine rechtsbildende Wirkung unter Herstellung eigener Wirklichkeiten (vgl. 3. Kap., B.I.5; 4. Kap., C.I.–III.) – vor allem der „Primat"-These. Ob diese eine Reaktion auf die an den Gedanken *Alexy's* in der Schrift „Theorie der juristischen Argumentation" geübte Kritik ist, mag hier dahinstehen.

lichkeit eines grundrechtsgemäßen Ergebnisses niemals ein Grund sein ..., auf die gerichtliche Überprüfung der materiellen Vereinbarkeit der Ergebnisse mit Grundrechtsnormen zu verzichten."[174]

Immerhin: Auch Alexy hält dafür, daß die „Wahrscheinlichkeit" jedenfalls erhöht wird. Das aber heißt nichts anderes, als daß die Grundrechte selbst kommunikative Bedingungen staatlicher Verfahren bilden und von ihnen spezifische Rationalitätsdirektiven für die Gestaltung und Führung der Konkretisierungsprozesse in Gesetzgebung, Verwaltung und Justiz ausgehen. Wie könnte es auch anders sein, ist doch die Verfassung in ihrer Gesamtheit nicht lediglich Organisationsstatut und Instrument zur Regelung des politischen Prozesses, sondern vielmehr die oberste Normenordnung, die für die Entscheidungen der staatlichen Gewalten auch prinzipielle inhaltliche Vorgaben enthält. Die Verfassung ist daher sowohl *prozessual*, nämlich als „instrument of government" zu lesen, dessen Aufgabe es ist, einen funktionierenden politischen Prozeß einzurichten, als auch im Sinne einer *materialen Wertordnung* – und dies in einem wechselseitigen Rückbezug. Der prozedurale und der materiale Aspekt bilden auch insofern ein duales Modell: Rationalität ist einerseits ein Problem des Gehalts bzw. der Begründung staatlicher Entscheidungen, andererseits aber auch – und zunehmend – ein Problem der material bestimmten Verfahrens- bzw. Diskurs*form*.[175]

V. Verfahren als „Diskurs": Zur Verschränkung von Moral und Recht

Die Frage nach dem Verhältnis zwischen dem materialen und dem prozeduralen Aspekt verweist damit in einer weiteren Perspektive auf den Prozeß als Diskurs und auf die Probleme einer prozeduralen Theorie der juristischen Argumentation.[176] In der Auseinandersetzung hiermit eröffnet sich die Möglichkeit, statt auf inhaltliche auf prozedurale Kriterien der Rechtfertigung staatlich-autoritativer Verhaltenskoordination zurückzugreifen; als „gerecht" läßt sich dann etwa ein Urteil, eine Norm oder eine Verwaltungsentscheidung bezeichnen, die den durch die Regeln eines vernünftigen Diskurses bestimmten Kriterien genügt.[177]

Ob allerdings prozedurale Regeln tatsächlich eine Diskriminierung zwischen gerechten und ungerechten Normen bzw. anderen Konkretisierungsergebnissen zu

---

[174] A.a.O. (Fn. 169), S. 446.

[175] Vgl. BVerfGE 54, 53 (67f.) und wohl auch *Alexy* selbst, Theorie der juristischen Argumentation, S. 31ff., 36ff., 43ff., 221ff., 234ff., 259ff., 273ff. – Dazu, daß *Alexy* in „Grundrechte", a.a.O., den Verfahrensgedanken dann in materialer Hinsicht wieder zurückdrängt, siehe oben in Fn. 170; vgl. auch die Kritik von *Scholderer,* KritJ 1987, 115ff., 119.

[176] Siehe schon oben, Fn. 170; vgl. ferner *Krawietz,* FS H.U. Scupin, S. 347ff., 363ff., 384ff.; *U. Neumann,* Argumentationslehre, S. 92ff.; *Weinberger,* Institutionenanalyse, S. 256ff., 259ff.

[177] Vgl. *Neumann,* a.a.O. (Fn. 176), S. 13 m.w.Nachw.

leisten vermögen, ist freilich stark umstritten.[178] Hierauf kann an dieser Stelle nicht näher eingegangen werden.[179] Stellvertretend soll aber, weil die kontroverse Diskussion im rechtstheoretischen Schrifttum vor allem auf der Basis der Theorie des praktischen Diskurses von *J. Habermas* gründet, dessen Position für „juristische Argumentation in allen ihren *institutionellen* Ausprägungen als Sonderfall des praktischen Diskurses“[180] skizziert werden.[181]

Der Ausgangspunkt der prozeduralen Überlegungen von Habermas ist die auch in der hiesigen Untersuchung vertretene Annahme, daß „unter den Bedingungen sozialstaatlicher Politik ... auch der sorgfältigste demokratische Gesetzgeber Justiz und Verwaltung nicht mehr allein durch die semantische Form des Gesetzes binden (kann); ohne regulatorisches Recht kommt er nicht aus.“[182] Legitimierende Kraft spricht Habermas stattdessen *Verfahren* zu, „die Begründungsformen und den Weg zu ihrer argumentativen Einlösung institutionalisieren.“[183] Unverzichtbar erscheint ihm dabei ein „rationaler Kern rechtlicher Verfahren“, der sich freilich erst herausschäle, „wenn man analysiert, wie sich über die Idee der Unparteilichkeit sowohl der Normbegründung wie der Anwendung von verbindlichen Regelungen ein konstruktiver Zusammenhang zwischen geltendem Recht, Gesetzgebungsverfahren und Verfahren der Rechtsanwendung herstellt. Diese Idee der Unparteilichkeit bildet den Kern der praktischen Vernunft.“[184]

Habermas entlehnt sie dem *moralischen Gehalt* der formalen Qualitäten des Rechts. Er entfaltet ihn unter Rückgriff auf die Ergebnisse der prozeduralistischen Gerechtigkeitstheorien, zu denen u.a. gehört, daß die Fairneß von Entscheidungen durch die Prozedur ihres Zustandekommens gewährleistet wird und alle von einer Argumentationspraxis möglicherweise Betroffenen als Freie und Gleiche an einer kooperativen Wahrheitssuche teilnehmen können, bei der allein der Zwang des besseren Argumentes zum Zuge kommen darf.[185] Die „Verschränkung“ der Moral mit dem Recht komme dadurch zustande, daß in rechtsstaatlichen Ordnungen „Mittel des positiven Rechts in Anspruch genommen werden, um Argumentationslasten zu verteilen und Begründungswege zu institutionalisieren, die zu moralischen Argumentationen hin geöffnet sind.“[186]

---

[178] Nachw. zu diesem Streit bei *Neumann*, a.a.O. (Fn. 176), S. 92ff.

[179] Vgl. demgegenüber die Ausführungen oben, 5. Kap., C.II.1.

[180] *Habermas*, Theorie des kommunikativen Handelns 1, S. 63.

[181] Und zwar am Maßstab der These des Beitrags in KritJ 1987, 1ff.

[182] KritJ 1987, 12.

[183] A.a.O. (Fn. 182), S. 12.

[184] KritJ 1987, S. 12.

[185] Vgl. *Rawls*, Theorie der Gerechtigkeit, S. 81ff., 105ff., 130ff.; 378ff.; *Habermas*, Diskursethik – Notizen zu einem Begründungsprogramm, in: *ders.*, Moralbewußtsein und kommunikatives Handeln, 1983, S. 53ff., 97f.

[186] *Habermas*, KritJ 1986, 15; zu anderen Ansätzen der Begründung moralischer Normen (z.B. *Hare*) vgl. *Studer*, FS O. Weinberger, 1984, S. 323ff.; allgemein zum Problem der Anwendung von Normen in der Entwicklung des Moralbewußtseins siehe *K. Günther*, Der Sinn für Angemessenheit, 1988, S. 101ff.

Habermas sieht diesen im moralisch-praktischen Sinne rationalen Kern rechtlicher Verfahren auch für den Gesetzgebungsprozeß gewährleistet. Selbst im parlamentarischen Betrieb und nicht nur bei der Rechtsanwendung wandere die Moral „ins positive Recht ein, ohne darin aufzugehen." So würden z.B. die Mehrheitsregeln, die parlamentarischen Verfahrensnormen, der Wahlmodus usw. stets der Prüfung unterliegen, wie weit sie in parlamentarischen Entscheidungsprozessen die *gleichmäßige* Berücksichtigung aller jeweils berührten Interessen und aller jeweils relevanten Sachaspekte sicherstellen könnten.[187]

Mit dieser Position formuliert Habermas die Verbindlichkeit einer Diskursmoral, die zum einen durch Kontrolle seitens der Betroffenen die Unparteilichkeit des Konkretisierungsverfahrens sichert und zum anderen garantiert, daß im dezisionistischen Bereich nicht ohne *Anhörung* der Betroffenen entschieden wird.[188] Unklar bleibt jedoch, woher die Verbindlichkeit dieser Moral für die Rechtsform rührt. Der Verweis auf die „Mittel des positiven Rechts" erläutert dazu nichts, auch nicht der auf das dem Recht innewohnende „staatliche Sanktionspotential."[189] Vielmehr bedarf es hierfür der Verbindung argumentationstheoretischer Ansätze mit der Lehre von den Rechtsquellen. Denn wenn sich die Rechts- und Zweckkonkretisierung als rational und dann die verfahrensmäßig erzielten Resultate als „gültig" erweisen sollen, so will jedes Argument, das für ein solches Resultat vorgebracht wird, auf die Rechtsordnung bezogen sein. Davon losgelöste Argumentation muß eine Verfassung inhibieren, die selbst als „Grundnorm" und materiale Wertordnung die Verschränkung von Moral und Recht bewerkstelligt. Sie vor allem ist das „Mittel des positiven Rechts", das in seinen konsentierten Grundwerten den argumentationstheoretisch angesetzten Zugriff dirigiert und dadurch der (ethischen) Verfahrensrationalität gleichermaßen in Politik und Recht Eingang verschafft.

---

[187] A.a.O. (Fn. 186), S. 16; noch sträuben sich freilich Teile der Rechtsprechung zu den Befugnissen von Untersuchungsausschüssen des Bundestages, diese Maxime vollauf durchzusetzen, vgl. z.B. OVG Münster, NVwZ 1987, 608ff., 610; NVwZ 1987, 606ff., 607, 608; OVG Hamburg, NVwZ 1987, 610ff., 611; OLG Köln, NStZ 1986, 88ff.; vgl. dazu auch und krit. *Arloth,* NJW 1987, 808ff., 810ff., 811f.; siehe ferner *Hilf,* NVwZ 1987, 537ff.; *Linck,* ZRP 1987, 11ff., 14ff.

[188] Freilich hatte sich *Habermas* früher noch gegen die Indienstnahme des realen Diskurses zur Gewährleistung von Verfahrensteilhabe gesträubt, vgl. a.a.O. (Fn. 185), S. 78ff.

[189] Dazu *Habermas,* KritJ 1987, 14; vgl. immerhin *dens.* mit einem Verweis auf die „Verfassung" in: Ziviler Ungehorsam-Testfall für den demokratischen Rechtsstaat, in: J. Habermas (Hrsg.), Die Neue Unübersichtlichkeit, 1985, S. 79ff., 85f.: Die „Verfassung" stütze sich auf „anerkennungswürdige Prinzipien" – wie aber macht sie das, so bleibt zu fragen, wenn doch der Rückgriff auf eine materiale Wertordnung in demselben Atemzug verpönt sein soll (S. 86); deutlicher als *Habermas* dagegen *Höffe,* Politische Gerechtigkeit, Grundlegung einer kritischen Philosophie von Recht und Staat, 1987, der die Entwicklung zum *Verfassungstaat* als (notwendige) Strategie politischer Gerechtigkeit bezeichnet (S. 445ff.).

VI. Diskursethik versus Strukturdenken

Das ist nun freilich ganz das Gegenteil zu der soziologisch fundierten Verfahrenskonzeption von *N. Luhmann,* der dem Bezug auf „Moral", also von Verfahren auf Wahrheit, Gerechtigkeit und „Richtigkeit" seine bekannte Vorstellung von einer „Legitimation durch Verfahren" entgegensetzt.[190] Der Sinn rechtlich geregelter Verfahren sei, so meint er, in der Legitimation von Macht zu sehen. Die verfahrensmäßig erzeugte Reduktion von Komplexität werde ohne Anwendung von Zwang intersubjektiv durch strukturierte Lernprozesse übertragbar gemacht.

Diese Position hat vielfältige Kritik auf sich gezogen,[191] die allerdings oftmals nicht frei von Mißverständnissen war. Denn Luhmann analysiert lediglich Strukturen des Verfahrens, wie sie als solche existieren, nicht aber „Gründe" für richtiges Entscheiden[192] oder gar die in den konkreten Verfahren der Gesetzgebung, Justiz, Verwaltung und politischen Wahl ablaufenden Entscheidungsprozesse.[193] Sein Fazit, daß Verfahren nur dann funktional in bezug auf die Anforderungen der Gesellschaft an die Rechtsordnung sein könnten, wenn *auch* der Rollenkontext und die Interaktionsweise auf die gesellschaftliche Umwelt des Rechtssystems eingestellt seien,[194] begegnet sich im übrigen sehr eng mit der rechtswissenschaftlichen Auffassung von *D. Suhr* über die Bedeutung von Verfahren bei der „Verwirklichung des Menschen durch den Menschen".[195]

Die entscheidende Differenz zu dessen Konzeption wie zur verfassungsbezogenen prozeduralen Theorie der juristischen Argumentation allgemein liegt jedoch in der Behauptung Luhmanns, daß Verfahren nicht mehr als „institutionelle Stützen" seien, „die Überzeugungsdefizite überbrücken".[196] Das aber leisten staatliche Verfahren nur dann, so lautet die normativ-präskriptive wie empirisch-analytische Gegenthese, wenn sie *rationale* Argumentation zulassen, also eine unparteiliche Urteils- und Willensbildung garantieren und nicht wertfrei instrumentalisiert werden. Staatliche Verfahren müssen m. a. W. in ihren Strukturen den Anforderungen genügen, die wir an ein „gerechtes" Verfahren stellen.[197]

---

[190] Vgl. die Auseinandersetzung damit oben, 5. Kap., A.II.; B.III.

[191] Siehe die Hinweise hierauf im 5. Kap., A.II. und B.III.; vgl. ferner die Nachweise bei *Stettner,* Kompetenzlehre, S. 177ff.

[192] Vgl. das Vorwort zur 3. Auflage von „Verfahren", 1978, S. 4 m. Anm. 10; wie hier auch *Röhl,* Rechtssoziologie, S. 409ff., 418ff.

[193] Siehe dazu etwa *Esser,* Vorverständnis, S. 211, in bezug auf das Gerichtsverfahren.

[194] *Luhmann,* Verfahren, S. 4 (Vorwort).

[195] Bewußtseinsverfassung, S. 354ff.; EuGRZ 1984, 534.

[196] A. a. O. (Fn. 194), S. 5.

[197] Hierzu siehe bereits oben, 5. Kap., C.II.; der *verfassungsrechtlichen* Lokalisierung dieser Strukturanforderungen dienen die folgenden Ausführungen im 10. Kap. der Untersuchung; speziell zur Verbindung von „Moral" und Verfassungsrecht siehe im übrigen *Blanke,* FS R. Schmid, 1985, S. 401f.

10. Kapitel. Die Verfassung als Verfahrensordnung und Entwicklungsrahmen

A. Die Verfassung als prozedurales Strukturkonzept

Die moderne Verfassung gibt diesen Anforderungen vielfältigen und konkreten Ausdruck. Die in ihr geborgene Verfahrensidee hält nicht nur dazu an, staatliches Handeln und Entscheiden in einen prozeduralen Kontext zu setzen und daraus Konsequenzen für die autoritative Verhaltenskoordination zu ziehen. Sie verankert auch und zugleich in vielerlei Gestalt die Garantie eines „procedural due process", der mit den Maßstäben einer genuinen Verfahrensrationalität und prozeduralen Legitimität[1] korrespondiert. Dementsprechend müssen Struktur und Logik eines staatlichen Verfahrens (auch) vor der Verfassung gewogen – und können vor ihrem Angesicht für zu leicht befunden werden. Das ist insbesondere dann der Fall, wenn die „Verfahrensgerechtigkeit" verfehlt wird.[2]

Die voraufgehend dargestellten Verfahrenskonzeptionen verarbeiten zwar je für sich nur Teilstücke von dieser Erkenntnis des modernen Verfassungsstaates als einer prozeduralen Wirkeinheit. Insgesamt aber bieten sie ein Bild reich ersprießender Verfahrensdiskussion, in dessen Perspektive auch die Sinngebung rechtlich geregelter Verfahren als Legitimation staatlicher Herrschaft erkennbar wird. Deutlich wird ferner, daß dadurch weder eine Legitimation durch Begründung[3] noch eine Legitimation der Verfahren selbst am Maßstab der Verfassung sowie an dem ihrer je eigenen operativen Plausibilität[4] zu ersetzen ist.

I. Verfassungsfunktionen als Verfahrensfunktionen

Wie aber stellt sich die moderene Verfassung ihre verfahrensmäßige *Konkretisierung* vor? Welche Verfahrensfunktionen setzt sie frei? Das breit ausgemalte Bild ihrer Verfahrensbezüge läßt hierzu zwar manche Einzelheiten erkennen, wie z.B. das Verhältnis der Grundrechte zum Verfahrensgedanken. Doch bleibt dieses – wie gezeigt – ebenso unscharf wie sich die Konturen allgemein bislang kaum deutlich abzeichnen.

---

[1] Vgl. 4. Kap., C.VII.; 5. Kap., C.II. und D.IV.

[2] Dazu siehe die Grundlegung oben, 5. Kap., C.II.1.; vgl. ferner *Larenz,* Methodenlehre, S. 192.

[3] Hierzu vgl. auch *Häberle,* Verfassung als öffentlicher Prozeß, S. 133 mit Anm. 60.

[4] Vgl. dazu schon oben, 4. Kap., C.II. und III.; 5. Kap., C.II.3. und 4.

Für die damit aufgeworfene Frage nach der konkreten Gestalt der Verbindung von moderner Verfassung und Verfahrensidee bedarf es des Rückbezugs auf die oben umrissenen Verfassungsfunktionen und -ziele. Sie weisen nicht nur inhaltliche Aspekte auf, sondern auch Verfahrensbezüge. Die Verfahrensidee ist in die Verfassungsfunktionen gleichsam „eingebettet"; diese können und müssen sich in und durch Verfahren zu Tragen bringen. Die Verfassungsfunktionen erweisen sich solchermaßen als *Verfahrensfunktionen.* Verfassung ist die „Form der Formen".[5]

Umgekehrt sind die Funktionen der Verfahren des modernen Staates[6] in der verfassungsgebenden Rechtsordnung auf die Funktionen der Verfassung bezogen und deshalb von deren Sinn, Inhalt und Funktionenvielfalt abzuleiten. Aus diesem Zusammenspiel und der darin angelegten Vielzahl von Anforderungen an die Qualität von „Strukturierung" bzw. „Führung" staatlicher Verfahren resultiert die Notwendigkeit, ein *integrales Verfahrenskonzept* des sozialen und demokratischen Verfassungsstaates zu entwickeln, das über Teil-Sichten hinausweist und Verfahren als ein „Medium" für die Kommunikation von Freiheit und Verantwortung ausweist.

II. Verfassung als Ordnung der gemeinschaftserheblichen Entscheidungsprozesse

1. *Objektive Koordinations- und Rationalisierungsfunktion*

In seiner *objektiven Funktion* knüpft dieses Verfahrenskonzept an die prinzipielle Aufgabe der Verfassung an, die Organisation der Staatsgewalt in ihrem Grundschema zu normieren. Zu diesem Zweck müssen die staatlichen Regelungsfunktionen gegeneinander abgegrenzt und aufeinander abgestimmt werden. Demgemäß kreiert die Verfassung nicht nur Organe, sondern sie legt auch die *Verfahren* ihrer Bildung fest, weist ihnen Zuständigkeiten zu, z.B. die Gesetze zu beschließen, und ordnet das Verfahren, in dem die staatlichen Funktionen auszuüben sind.

Das Wirken der Staatsorgane wird dadurch *funktionell* koordiniert. Es findet darüber hinaus in der funktional spezifischen Verfahrensvorstellung der Verfassung ein Ordnungsmodell für die Begegnungsvorgänge der Staatsorgane untereinander und mit dem Bürger, das ihre zeitliche Dauer fixiert, die gegenseitigen Beziehungen und Einflußnahmen gliedert, durchsichtig gestaltet und rechtlich handhabbaren Konsequenzen unterwirft. Das Ergebnis ist ein Grundmaß an prozedural *rationalisierender Wirkung* der Verfassung, das benötigt wird, um „gültige" staatliche Entscheidungen zu erhalten.

Inhaltliche Richtigkeit ist dadurch freilich nicht erreichbar. Der Sinn geregelter Verfahren liegt denn auch nach der Verfassung nicht unbedingt in der Herstellung

---

[5] *C. Schmitt,* Verfassungslehre, S. 5.
[6] Zu diesen siehe die Darstellung oben, 7. Kap., C.I.2. mit c) und cc).

„richtiger" Entscheidungen.[7] Vielmehr geht das Bestreben der Verfassung dahin, die nur eingeschränkt mögliche inhaltliche Voraus-Bestimmung des („richtigen") Ergebnisses durch prozedurale Prinzipien und Regeln komplementär zu ergänzen. Diese sind so ausgelegt bzw. in Konkretisierung der Verfassung von den Staatsorganen so zu gestalten, daß sie die Wahrscheinlichkeit für sach- und (verfassungs-) rechtgemäße Entscheidungen bzw. Konkretisierungsergebnisse im Sinne ihrer „Gesamtrationalität" möglichst hoch halten. Denn eine materiale Richtigkeitsgewähr gibt es nicht.[8]

Die Verfassung setzt somit auf Verfahren. Beispielshaft hierfür stehen die *gerichtlichen* Verfahren, die entsprechend ihrem verfassungsmäßigen Auftrag zur Erreichung eines möglichst hohen Grades an inhaltlicher „Richtigkeit" (Wahrheit, Gerechtigkeit) minutiös ausgestaltet sind.

2. Gewährleistung aufgabenbezogener Koordinationsverfahren

Die der Verfahrensidee solchermaßen innewohnende und von der modernen Verfassung prinzipiell genutzte objektiv-strukturelle Leistungsfähigkeit steht im Dienst der Verwirklichung jener *Aufgaben,* die den Staatsorganen im Rahmen der jeweiligen Funktionenverteilung zur Erledigung zugewiesen sind. Die Verfassung enthält insofern nicht nur eine institutionelle Garantie der „Kernaufgaben" moderner Staatlichkeit, sondern auch die Gewährleistung sachgerechter und aufgabenadäquater Verfahren im Zusammenhang eines arbeitsteilig gegliederten Gefüges staatlicher Institutionen (= Grundsatz der aufgabenbezogenen Verfahrensadäquanz).

Zu der klassichen Staatsaufgabe, *Recht und Ordnung* sicherzustellen, gehören deshalb nicht nur primäre Verhaltensgebote, die den Bürgern ein bestimmtes Tun oder Unterlassen vorschreiben. Sie umschließt von Verfassungs wegen auch entsprechende („sekundäre") Regelungsverfahren und Regelungsbefugnisse, die festlegen, wer – allgemeine oder individuelle – Verhaltenspflichten begründen darf und welches Verfahren hierzu einzuhalten ist. Ebenso bedarf es rechtlich geordneter Verfahren zur Durchsetzung der geschaffenen Rechtspflichten, insbesondere gerichtlicher Erkenntnis- und Vollstreckungsverfahren. Die ordnungsgemäße Durchführung dieser Verfahren steht ihrerseits wieder unter normierten Kontrollen.[9]

Zu den verfassungsgewährleisteten Primäraufgaben zählt ferner die staatliche Verpflichtung, den *demokratischen Willensbildungsprozeß* zu institutionaliseren. Die Bestellung der politischen Organe muß durch bestimmte, wie immer vermittelte *Wahlverfahren* ermöglicht werden. Welche Verfahren darüber hinaus für die Herstellung einer funktionsfähigen Wirtschafts- und Sozialordnung, für die Gewährlei-

---

[7] Vgl. auch *Alexy,* Grundrechte, S. 445; *H. H. Rupp,* FS O. Bachof, S. 163ff.; siehe aber demgegenüber *v. Arnim,* Staatslehre, S. 193; *Steinberg,* DÖV 1982, 620.

[8] Siehe auch BVerfGE 68, 1 (86: „... möglichst richtig ...").

[9] *Zippelius,* Staatslehre, S. 47, 48; näher dazu siehe im übrigen die Ausführungen oben im 8. Kapitel.

stung der kulturellen Entwicklung, den Schutz der Umwelt oder den völkerrechtlichen Verkehr mit anderen Staaten – um nur die typologischen Grundaufgaben des Staates zu nennen[10] – eingerichtet und in Dienst genommen werden, ist gleichfalls Sache der Verfassung. Sie setzt auf der Grundlage des (Grund-)Konsenses über die Spielregeln der Konsensfindung[11] fest, welchen Lebens- und Handlungsbereichen welcher Typus von Koordinationsverfahren – wie etwa Wahlen, Verhandlungen, Befehle oder Tauschverfahren[12] – zugrundezulegen ist.[13]

Die zur Bewältigung der „geborenen" Staatsaufgaben eingesetzten *staatlichen* Gemeinschaftsverfahren sind dabei keineswegs auf hierarchische Prinzipien (Befehl, Weisung) fixiert. So ist z.B. der parlamentarische Gesetzgebungsprozeß ein ebenso formelles wie informelles Begutachtungsverfahren, dessen Gegenstand bei bestimmten Personengruppen einem „bargaining" unterliegt.[14] Allerdings ist es unter der Verfassungsidee des sozialen Rechtsstaats freiheitlicher Demokratie nicht gleichgültig, welche Entscheidungen über welche Koordinationsmechanismen abgewickelt werden. Selbst wenn die Verfassung schweigen sollte, ließe sich unter ihrem Dach doch weder ein System des Ämterkaufs noch marktförmiger Verfahrensweisen praktizieren noch die politische Wahl dem Preismechanismus unterstellen.[15]

Im übrigen ist auch das Gesetzgebungsverfahren, wie schon angedeutet, keineswegs ohne einen „im moralisch-praktischen Sinne" rationalen Verfahrenskern.[16] Der Erwerb politischer Macht muß daher auch als Verhandlungsverfahren ein Mindestmaß an Fairneß und diskursiver Willensbildung zulassen. Diese Erkenntnis wurzelt nicht zuletzt darin, daß die parlamentarische Demokratie „geschichtlich und theoretisch zu begreifen (ist) aus der Übertragung des Gedankens des gerichtlichen Prozesses auf den politischen Prozeß der Gesetzgebung."[17]

3. Staatliche und gesellschaftliche Koordinationsverfahren

Das Verfahren der politischen Wahl, gerichtliches und Gesetzgebungsverfahren sowie das behördliche Verfahren bezeichnen vor diesem Hintergrund die Gesamtheit der *staatlichen* Konkretisierungsverfahren, die den Funktionen und Zielen der

---

[10] Zu ihnen vgl. etwa *Pernthaler*, Staatslehre, S. 95.

[11] Siehe hierzu oben, 9. Kap., B.III.; vgl. auch *Prisching*, Soziale Koordinationsprinzipien, S. 302f.

[12] Zu dieser Typologie vgl. die Nachw. oben, 3. Kap., A.III.1.; siehe auch *Prisching*, a.a.O. (Fn. 11), S. 303 m. Anm. 10.

[13] Vgl. auch 3. Kap., A.III.4.

[14] Zu diesem letzteren Aspekt siehe bes. *H. Schneider*, Gesetzgebung, S. 73, 76; *Schulze-Fielitz*, Der informale Verfassungsstaat, S. 53ff.

[15] Vgl. auch die Überlegungen bei *Prisching*, Soziale Koordinationsprinzipien, S. 304, 305.

[16] Dazu siehe bereits die Ausführungen oben, 9. Kap., um und zu Fn. 186f.; undeutlich dagegen *Zeh*, Parlamentarisches Verfahren, S. 425ff.

[17] *Kriele*, Staatslehre, S. 106.

modernen Verfassung zur Wirksamkeit verhelfen.[18] In ihr geborgen und von ihren Gehalten beeinflußt sind aber auch die zu den gesamtgesellschaftlichen Koordinationsmechanismen zählenden *gesellschaftlichen Verfahren.*[19] Zu ihnen gehören unter der Geltung des Grundgesetzes insbesondere die wettbewerbliche Marktwirtschaft, deren Ergebnisse sich in Verträgen niederschlagen, sowie der Prozeß der kollektiven Lohnbestimmung durch Gewerkschaften und Arbeitgeber.[20] Die Ausstrahlungswirkung der Grundrechte und Staatszielbestimmungen auf sie ist anerkannt,[21] teilweise sogar in den Verfassungen geregelt.

Die Verfassung grenzt vor allem *selbst* ab, welche Gemeinschaftsverfahren in staatliche Verantwortung gegeben sind und welche in gesellschaftlicher Obhut stehen sollen. Häufig fehlt es freilich an konkreten bzw. expliziten Aussagen hierzu. Denn selbstverständlich sind nicht alle Organisations- und Verfahrensfragen in der Verfassung ausdrücklich gergegelt. Speziell das *Verfahrensrecht der obersten Staatsorgane* ist in den heutigen Verfassungen nur in isolierten Einzelpunkten normiert. Derart aus dem Bereich des formellen Verfassungsrechts herausgenommen, sieht es sich zumeist in die Geschäftsordnung verlagert.[22] Im übrigen wird in Detailfragen auf den Gesetzgeber verwiesen.

Gleichwohl gibt die moderene Verfassung, indem sie Grundaufgaben des Staates festlegt, zugleich und grundsätzlich deren Erledigung in *staatlichen* Koordinationsverfahren auf. Mag sich auch trefflich darüber diskutieren lassen, für welche Handlungsfelder hierarchische Prinzipien durch demokratische Verfahrensweisen (Wahlen) abgelöst werden sollten,[23] so ist doch jedenfalls die maßgebliche Teilhabe des Bürgers an der politischen Willensbildung, also die demokratische Ausgestaltung der Staatsgewalt an staatliche Verfahrensformen zu binden und nicht etwa unter dem Stichwort „Mitverantwortung“ der Regie gesellschaftlicher Gemeinschaftsverfahren zu überstellen.[24]

---

[18] Streng genommen sind damit insgesamt *vier* eigengeartete staatliche Verfahrenstypen zu unterscheiden; vgl. demgegenüber aber *Wahl,* VVDStRL 41 (1983), S. 157 mit Anm. 10, der von *drei* Verfahrenstypen ausgeht.

[19] Zu diesen vgl. die Ausführungen oben im 3. Kap., A.III.2.

[20] Siehe auch *v. Arnim,* Staatslehre, S. 194.

[21] Vgl. statt aller *Canaris,* AcP 184 (1984), S. 201 ff., 210 ff., 225 ff.; *R. Scholz,* in: Maunz/Dürig, GG, Art. 9 Abs. 3 Rdnrn. 239 ff., 243 ff., 255 ff., 268, 278 ff., 356 ff.

[22] Vgl. allgemein auch *Böckenförde,* FS H. U. Scupin, 1983, S. 317 ff., 318; speziell zu den Maßgaben des Grundgesetzes für das *parlamentarische* Verfahren unter Aufzählung der in ihm enthaltenen unmittelbaren Verfahrensvorschriften für den Bundestag siehe z. B. *Zeh,* Parlamentarisches Verfahren, S. 426 ff., 427 f.

[23] Ein Beispiel hierfür bietet die Diskussion um die „Partizipation an Verwaltungsentscheidungen“, vgl. nur die Belege hierzu bei *R. Walter/W. Schmitt Glaeser,* VVDStRL 31 (1973), S. 147 ff., 179 ff., bes. S. 209 ff., 214 ff.

[24] Bedenklich daher *Schmitt Glaeser,* Position der Bürger, S. 87 ff., der das Verwaltungsverfahren weitgehend „zivilrechtlichen Ausgleichsmechanismen“ öffnen will, ohne dabei die gerade insoweit defizitären Handlungschancen vieler Bürger zu berücksichtigen; auch die Hoffnung, dadurch das „Konfliktpotential des Einwendungsverfahrens“ entlasten zu können, dürfte trügerisch sein (S. 91).

Gleiches gilt für die grundlegende Aufgabe des Staates, Sicherheit nach innen (und außen) zu gewährleisten. So sind z.B. die Grundregeln des heutigen Straf- und Strafprozeßrechts, des Gerichtsverfassungs- und des Polizeirechts zugleich Verfassungsrecht (Art. 102, 103, Art. 101, 104 GG) und ihre Anwendung impliziert eine genuin staatliche Verfahrensordnung. Deren Kernsätze „nulla poena sine lege", „ne bis in idem", „gesetzlicher Richter", „rechtliches Gehör" bzw. das Gebot, Freiheitsentziehung nur durch den Richter vorzunehmen, sind Bestandteile der rechtsstaatlichen Verfassung.

Auch die in Wahrnehmung des Auftrags, Sicherheit zu gewährleisten, getroffene Vorsorge gegen Gefahren aus der gesellschaftlichen Anwendung von Atom- oder Gentechnik muß an *staatliche* Verfahren gebunden werden. Die im Gegensatz hierzu unter dem Grundgesetz gehandhabte Praxis, die Steuerung der Gefahrenabwehr und Risikovorsorge im Atomrecht inhaltlich auf substaatliche Expertengremien zu verlagern und prozedural durch eine *duale Verfahrensstruktur* zu unterlegen, die wesentliche Steuerungsschritte spezifischen gesellschaftlichen Verfahrensabläufen zuweist,[25] ist verfassungsexemt.

4. Der Verfahrensbedarf des „sozialen" Verfassungsstaates

Die moderne Verfassung ist freilich längst dazu übergegangen, jenseits der Kernaufgaben ausführliche Aufgabenkataloge in sich aufzunehmen. Die Zunahme der Staatsaufgaben in der Gegenwart ist ferner ein Produkt des neuzeitlichen Leistungs- und Sozialstaates, der zur umfassenden „Aufgabenerledigungsinstanz" für nahezu alle gesellschaftlichen Probleme geworden ist.[26] Legitimiert wird diese Entwicklung durch das sozialstaatliche Prinzip, das heute zum Grundmuster der modernen Verfassungen in den westlichen Demokratien rechnet.[27] Es erweitert den staatlichen Aufgabenkreis uferlos; dadurch wird es zur Grundlage und zum Maßstab aller „sozialen Realisation."[28]

Der daraus hervorgehende *situative Verfahrensbedarf* des sozial verpflichteten Staatswesen ist immens. Denn die Funktionen dieses Staatstyps sind nicht von vornherein festgelegt. Dem Kompetenzentscheid des *Gesetzgebers* ist es primär überlassen, die Reichweite staatlicher Aktivitäten zu bestimmen. Der Kanon der Staatsaufgaben im sozialen Rechtsstaat wird damit von Verfassungs wegen in die Zukunft offengehalten. Die Weichen sind in Richtung auf Entdeckung immer neuer Probleme gestellt.[29]

---

[25] Näher dazu *Degenhart*, Kernenergierecht, S. 191ff.; siehe ferner *Rengeling*, FS C.H. Ule, 1987, S. 297ff.; *Pitschas*, Bundesverfassungsgericht als Verfahrensgesetzgeber, S. 418ff.

[26] Siehe statt aller *Bull*, Staatsaufgaben, S. 163ff., 403ff.; *Stern*, Staatsaufgaben, S. 14.

[27] *Zacher*, Das soziale Staatsziel, S. 1055f.

[28] Ausdruck nach *Forsthoff*, Der Staat der Industriegesellschaft, 2. Aufl., 1971, S. 31 und öfter.

[29] *Degenhart*, Rechtsstaat-Sozialstaat, S. 540ff.; *R. Scholz*, FS K. Sieg, 1976, S. 507ff., 511;

Offene Staatsaufgaben, ihr stetiger Wandel und die Dynamik ihres Wachstums lassen einen diesen Merkmalen eigenen *verfahrensmäßigen Wirkungsbezug* erkennen. Der soziale Verfassungsstaat bedarf genügend ausdifferenzierter Verfahren und Durchsetzungsmechanismen, mit deren Hilfe die staatlichen Aufgaben entdeckt oder verworfen,[30] als Resultat eines zureichenden Ausgleichs der involvierten Interessen im Gesetzgebungsverfahren formuliert[31] und angemessen in Verwaltungsverfahren vollzogen werden können.[32]

Das Zusammenspiel von Bedürfnisstrukturen, Verteilungsmechanismen und Ressourcenbewirtschaftung im Zeichen der Sozialstaatlichkeit als Verfassungsprinzip verlangt darüber hinaus – wie etwa an Subventionsentscheidungen,[33] Anlagengenehmigungen[34] oder Sozialhilfebewilligungen[35] deutlich wird –, die täglich erneute Öffnung des politischen Prozesses speziell in den Verwaltungsverfahren des modernen Staates. Dies gilt sowohl für die Abwägung rechtlich geschützter mit nur erst politisch artikulierten Interessen wie auch für den Ausgleich bereits als solcher erklärter aber noch latent öffentlicher Interessen.[36] Der Rückbezug auf Verfahren muß überdies die damit verbundene Einbuße an Stabilität im Bereich materieller Regelungen kompensieren.[37]

Der bereits erörterte Funktionswandel des staatlichen Rechts, seine Instrumentalisierung durch „Offenheit" erzwingen geradezu derartige Veränderungen im Rationalitätstypus staatlichen Handelns und Entscheidens. In ihrem Verlauf sind es nunmehr vor allem Verfahren als solche, die unter den Anforderungen operativer Plausibilität und funktioneller Wirksamkeit als prozedurale Steuerungmodi den Verlust der Steuerungskraft rechtlicher Inhalte ausgleichen sollen.[38] Mit dem Einbezug der Sozialstaatlichkeit als einem ihrer materialen Leitprinzipien erteilt die moderne Verfassung diesem Wandel des Rationalisierungsmodus staatlicher Aktivitäten ihr *Akzept.*

Der Verfahrensbedarf des „sozialen" Verfassungsstaates unterliegt in diesem Zusammenhang und mit Blick auf seinen erweiterten Aufgabenkreis ferner der Er-

---

ders., Sozialstaat zwischen Wachstums- und Rezessionsgesellschaft, 1981, S. 22ff.; *Zacher*, Das soziale Staatsziel, S. 1060, 1085f.

[30] Zu dem dahinter aufscheinenden Bild des „sozialen" Verfassungsstaates als ein permanenter „Prozeß" siehe vor allem *Zacher*, ZgsStW 134 (1978), S. 16ff.

[31] Zu dieser Aufgabe des Gesetzgebungsverfahrens siehe schon oben, 4. Kap., C.III.1.

[32] Zur Rolle des Verwaltungsverfahrens und seinem Veränderungsbedarf im „Sozialstaat" vgl. bereits oben, 2. Kap., A.I.3. m. zahlr. Nachw.; siehe ergänzend *J. P. Müller*, Soziale Grundrechte, S. 4, 23ff., 261ff.; *Schenke*, DÖV 1989, 365ff., 372.

[33] *Friauf*, Ordnungsrahmen für das Recht der Subventionen, in: Verhdlg. des 55. DJT, Bd. II (Sitzungsberichte), Teil M, München 1984, S. M 8ff., M 25ff.; *Schwerdtfeger*, NVwZ 1984, 486ff.

[34] Vgl. etwa *Roßnagel*, KritV 1986, 343ff.; *R. Wolf*, Stand der Technik, S. 205ff.

[35] *Wenzel/Leibfried*, Armut und Sozialhilferecht, 1986, S. 49ff., 57ff., 60ff., 330ff.

[36] *W. Schmidt*, Probleme des Verwaltungsrechts, S. 241ff.

[37] *Degenhart*, FS H. U. Scupin, S. 545f.; siehe allerdings zur ausgreifenden Problematik des „Kompensationsgedankens" auch oben, 1. Kap., C.III.2. und D.

[38] Siehe hierzu die Grundlegung oben, 4. Kap., C.I.–III.

kenntnis, daß jede Verfahrensordnung von ihren eigenen Anwendungschancen mitgeprägt ist.[39] Deshalb und infolge der staatlichen Verantwortung für Einrichtung und Funktionieren von Verfahren kooperativ-gesellschaftlicher Selbstregelung[40] kommt es im modernen Verfassungsstaat zu einer weitgehenden *Diffusion* staatlicher Gemeinschaftsprozesse durch die Einflußnahme von Gruppen, Verbänden und individuellen Trägern gesellschaftlicher Macht. Das Ergebnis ist eine von der Verfassung gewollte und ihrer Steuerungswirkung zuzurechnende *kooperative Verfahrensverflechtung*.[41] Dabei ist vor allem die Institutionalisierung solcher Verfahren hervorzuheben, in denen der Staat und relativ autonome gesellschaftliche Akteure *gemeinsam* versuchen, zu Sachentscheidungen zu gelangen. Beispielhaft für solche *intermediären Prozeßformen* stehen sozietale Verhandlungssysteme wie der Wissenschaftsrat oder die „Konzertierte Aktion" im Wirtschaftssektor.[42]

Diese letztlich auf die Frage nach dem Verhältnis von Staat und Gesellschaft zurückführenden Vorgänge[43] korrelieren zum einen mit den hier schon früher festgestellten Änderungen der Rechtsstruktur: Die Institutionalisierung „gemischter" Verfahren differenziert in vertikaler Richtung neue Regelungsebenen und Gestaltungsräume wie z.B. den der gesellschaftlichen Konfliktschlichtung durch Schiedsverfahren aus.[44] Zum anderen erfordert diese Entwicklung – worauf ebenso bereits hingewiesen wurde[45] – eine veränderte Deutung der „Spielregeln", die den Bestand der staatlichen Koordinationsverfahren bilden. Orientierten sich diese bislang in ihrem Verständnis an der isoliert kompetenzbetätigenden Funktion des Verfahrenshandelns, so ist diese (zu enge) Sichtweise nunmehr von Verfassungs wegen mit der kooperativen Sozialverantwortung der staatlichen Funktionsträger in Beziehung zu setzen. Dies gilt z.B. auch für die minutiös geregelten gerichtlichen Verfahren, wie etwa für weite Teile des Zivilprozeßrechts, die bislang teils als „Spielregeln", teils als

---

[39] Dazu vgl. die Ausführungen im 4. Kap., C.VII.2.–4.; D.I und II.

[40] Vgl. 6. Kap., C.III.3.; 7. Kap., A.II. und E.II.4.

[41] Dies gilt namentlich für die partielle Identifikation von Staat und Wirtschaft als Folge der sozialstaatlichen Gewährleistungs- und Integrationsanforderungen an den modernen Staat, vgl. auch *H. Willke*, Entzauberung des Staates, S. 119ff., 128ff. Damit verbunden ist freilich die große Sorge, daß die demokratisch konstituierte und vermittelte *Einheit* der Staatsgewalt zugunsten eines politischen Neokorporatismus aufgegeben werden könnte, siehe dazu *Böckenförde*, Demokratie als Verfassungsprinzip, S. 906, 944f. m.w.Nachw.

[42] Zum Wissenschaftsrat vgl. näher *W. Thieme*, Deutsches Hochschulrecht, 1986, S. 157f.; *U. Unger*, HbdWissR, Bd. 2, 1982, S. 1300ff., 1308f.; zur Konzertierten Aktion siehe *A. Möller*, Kommentar zum StWG, 1969, § 3; *K. Stern/P. Münch/K.-H. Hansmeyer*, StWG, Kommentar, 2. Aufl., 1972, § 3 Anm. IV.; *U. v. Alemann/R. Heinze*, in: U. v. Alemann (Hrsg.), Neokorporatismus, 1981, S. 43ff., 55f.

[43] Vgl. *Böckenförde*, Der Staat 15 (1976), S. 457ff.; *Herzog*, Staatslehre, S. 131ff.

[44] Siehe dazu am Beispiel des Wirtschaftsrechts *F. Kübler*, Verrechtlichung von Unternehmensstrukturen, in: ders. (Hrsg.), Verrechtlichung, S. 200, 207ff.; zu eng erscheint daher jene Perspektive, die der außergerichtlichen Beilegung von Streitigkeiten vor allem aus Gründen der *Entlastung* der ordentlichen Gerichtsbarkeit Bedeutung beimißt, so z.B. bei *M. Neumann*, ZRP 1986, 286ff.

[45] Siehe oben, 5. Kap., D.IV.; 6. Kap., C.III.3. mit h).

„Vollstreckungshilfe" des Staates gegenüber einer sich selbst regulierenden Gesellschaft zu verstehen waren. Ein kompetenziell anderes („sozialstaatliches") Verständnis von der prozeduralen Funktion des Staates gegenüber der Gesellschaft muß dagegen zwangsläufig die Rolle von Verfahren – und damit auch den Auftrag des Zivilprozesses – anders deuten.[46]

5. *Staatliche Koordinationsverfahren für „primäre" Staatsaufgaben*

Eine klare Grenzziehung zwischen staatlichen und gesellschaftlichen Gemeinschaftsprozessen scheint nach alledem nur noch schwieriger, als bereits erörtert, zu sein.[47] Besonders deutlich zeigt sich dies an der Entwicklung „dualer Verfahrensstrukturen", die als Folge des gesellschaftlichen Regulierungsprimats im Feld der Technik die staatlichen Verfahrensanteile schon bedenklich determinieren.[48] Immerhin ließe sich ja darauf verweisen, daß die aus dem sozialstaatlichen Auftrag ersprießende Aufgabenerfüllung hoheitlicher Funktionsträger nicht unbedingt auf *staatliche* Verfahren beschränkt bleiben muß.

Will man hier einen klaren Trennstrich ziehen, so läßt sich aber doch wohl sagen, daß entsprechend der von der modernen Verfassung getroffenen Unterscheidung zwischen den *essentiellen,* dem Staat vorbehaltenen („primären") Aufgaben, und den möglichen, vielleicht sogar üblichen, jedenfalls aber *situationsbedingten* („sekundären") Aufgaben, bei denen nicht von vornherein die Unentbehrlichkeit der Erledigung durch den Staat feststeht, nur die ersteren im staatlichen Bereich und damit unter dessen prozeduralem Dach bewältigt werden müssen. Die „sekundären" Staatsaufgaben dürfen demgegenüber durch „Entstaatlichung" bzw. „Privatisierung" in die nicht-verfassungsrechtlichen Rechtsbereiche auswandern und demgemäß in gesellschaftlichen Verfahren erfüllt werden.

Allerdings bleibt nicht nur die Aufgabenabgrenzung als solche und demzufolge das Maß der daran angebundenen Staatsentlastung undeutlich.[49] Auch die Grenzziehung zwischen staatlichen und gesellschaftlichen Gemeinschaftsverfahren entbehrt nicht der Zweifel.[50] Und es kann durchaus streitig sein, ob nicht – wie im Falle der Betriebsjustiz[51] oder bei Formen der Beilegung gesellschaftlicher Konflikte durch

---

[46] Vgl. am Beispiel des Zwangsvollstreckungsrechts *W. Gerhardt,* ZZP 95 (1982), S. 467ff., 486ff., 489f., 491; am Beispiel der Verhandlungsmaxime *E. Schmidt,* DuR 1984, 24ff., 32ff., 36ff.

[47] Siehe dazu oben, 3. Kap., A.III.3.

[48] Vgl. näher noch zu dieser Determiniation *Pitschas,* Bundesverfassungsgericht als Verfahrensgesetzgeber, S. 414ff.

[49] Siehe auch und z.B. *Stern,* Staatsaufgaben, S. 11; vgl. ferner (krit.) *Bull,* Verwaltungsrecht, S. 19, 20.

[50] *Prisching,* Soziale Koordinationsprinzipien, S. 303ff.

[51] Zur „Betriebsjustiz" in Verbindung mit dem im Text erörterten Gedanken vgl. vor allem *W. Zöllner,* ZZP 83 (1970), S. 365ff., 379ff., 385ff., 389ff.; *E. Schumann,* EvStL, Bd. I, 3. Aufl., 1987, Sp. 242ff., 244, 245.

Schlichtung[52] – von staatlichen Verfahren wegen ihres überschießenden Funktionsgehaltes eine Sperrwirkung selbst für private Regelungen ausgehen sollte.

6. Steuerungsfunktion staatlicher Koordinationsverfahren

Die in der Verfassung geborgene Vereinbarung darüber, welche Entscheidungen bzw. Konkretisierungsvorgänge über welche Koordinationsverfahren erarbeitet und abgewickelt werden sollen, fixiert die grundlegenden „Spielregeln", nach denen in der Gesellschaft allfällig Konflikte ausgetragen und Aufgaben erfüllt werden. Damit hat die Zuordnung der Koordinationsmechanismen teil an dem verfassungsstaatlichen Bemühen, die reale Handlungs- und Wirkungseinheit vieler Menschen als Staatsbürger zu *strukturieren.*

Die Verfassung beschränkt sich jedoch hierauf nicht. Sie ist keine lediglich an „formaler" Rationalität orientierte statische Grundordnung, die auf Beharren ausgerichtet ist. Indem sie den Zugang zu der im Staat konzentrierten politischen Entscheidungsgewalt mit den Möglichkeiten und Grenzen zweck- und wertrationaler Zukunftsgestaltung verknüpft, wirkt sie zugleich als *regulierende* Kraft. Die Verfassung ist in diesem Sinne zu recht als „Sozialgestaltungsplan " bezeichnet worden.[53] Ihre inhaltliche Beschränkung um der politischen Gestaltungsfreiheit der Gesetzgebung willen unterstreicht diese Steuerungsfunktion nur noch; es sind die politischen und materialen Grundgedanken der Verfassung, die der Entwicklung des Gemeinwesens die inhaltliche Richtung weisen.

Im Zeichen der davon ausgehenden und auf die spezifischen Rationalitätsmaßgaben des modernen Staates reagierenden Steuerungsintentionen stehen auch die verfassungsverankerten Koordinationsverfahren. Erforderlich ist deshalb nicht nur eine Gestaltung, Auslegung und Anwendung des Verfahrensrechts, die im Einklang mit den materialen Leitgrundsätzen, Staatsziel- und Strukturprinzipien der Verfassung steht. Schon die Verfassung *selbst* konzipiert die Zuordnung der Koordinationsverfahren und die Verfahrensausstattung der obersten Staatsorgane im Sinne der von ihr beabsichtigten *Entwicklungssteuerung* des politischen Gemeinwesens. So wird zwar normalerweise das *Gesetzgebungsverfahren,* um ein Beispiel zu nennen, in seinen eigentlichen Verfahrensabläufen im Kreis der Staatsorgane präzise normiert.[54] Dennoch beläßt es angesichts der Bedeutung zweckhafter Verfahrensrationalität in seiner Gesamtheit der umfassenden Vorbereitung der Rechtsetzung durch Hearings, Konsultativabstimmungen oder Vorschaltverfahren bewußt ebenso Raum wie der Kontrolle von Wirksamkeit und Durchsetzung des fertigen Gesetzes.[55] Und

---

[52] Vgl. *Rosenberg/Schwab,* Zivilprozeßrecht, S. 1174ff., 1177ff., 1198ff.

[53] *Achterberg,* FS H. U. Scupin, 1983, S. 293ff., 305ff.; krit. freilich *Starck,* Vorrang der Verfassung, S. 37 m. Anm. 106.

[54] *H. Schneider,* Gesetzgebung, S. 71ff.; *Zeh,* Parlamentarisches Verfahren, S. 426ff., 430ff., 432ff.

[55] *Scheuner,* FS H. Huber, 1981, S. 127ff., 135ff., 142; *Schulze-Fielitz,* Gesetzgebungsprozeß, S. 105ff. m.w. Nachw.

nicht von ungefähr begnügt sich das Grundgesetz damit, die Verfahrenswege und -weisen der *öffentlichen Verwaltung* nur höchst unvollkommen zu regeln. Es fördert dadurch die Flexibilität und notwendige Entwicklungsdynamik des Verwaltungshandelns im Sinne der Rationalitätsveränderungen staatlicher Entscheidungsprozesse, ohne freilich auf inhaltliche Richtungsweisungen rechtlich zu verzichten („Offenes Verfahrensprogramm").

In die Sozialgestaltung und Zukunftssteuerung der Gesellschaft durch Verfassung fügt sich somit ihre Zuordnung der Gemeinschaftsverfahren organisch ein. Auch die Lenkungs-, Verteilungs- und Zuteilungssysteme des Sozialstaates sowie die Vorsorgepflichten des „technisierten" Rechtsstaates werden dadurch (verfassungs-)rechtlich steuerbar. Die diesen Bereichen eigene und auch notwendige normative Offenheit des materiellen Rechts sieht sich mit prozeduralen Festlegungen, Grundsätzen und Richtpunkten zu dem Zweck einer staatlich-politischen Steuerung auf Makro-Ebene verknüpft.[56]

Der Vollzugs- bzw. Konkretisierungsbedarf der „offenen" Verfassung darf dementsprechend auch nur im Zusammenhang ihrer Verfahrensaussagen beurteilt werden. Denn es ist möglich und ggf. verfassungsgewollt, daß an die Stelle materiellrechtlicher Konkretisierung durch gesetzgeberische Regelungen die Normierung von Verfahrenspositionen treten kann, die kooperativer Sozialverantwortung und gesellschaftlicher Selbstregelung eher Raum zu geben vermögen als inhaltliche Rechtssätze.[57] Diese Form der „Verfassungskonkretisierung durch Verfahren" darf allerdings nicht völlig substanzlos bleiben.[58] Die moderne Verfassung verlangt ihren Funktionen und Zielen zufolge dem Gesetzgeber ein Mindestmaß an Normierungsdichte ab, das die „wesentlichen" inhaltlichen Richtpunkte und Orientierungen zum Ausdruck bringt.[59]

---

[56] Vgl. dazu die detaillierten Bemerkungen bei *Rausch-Gast*, Selbstbindung, S. 137ff., 145ff.; zur „Offenheit des Grundgesetzes" siehe ergänzend die Ausführungen von *Gusy*, JöR n.F. 33 (1984), S. 105ff.

[57] So z.B. im Hinblick auf die weitreichende und oftmals ausschlaggebende Beurteilungskompetenz von Sachverständigen auf technischem oder medizinisch-biologischem Gebiet, vgl. *Brohm*, Sachverständige Beratung des Staates, S. 224ff., *H. Hill*, Zur Verweisung auf Richtlinien im Kassenarztrecht, NJW 1982, 2104ff.; siehe ferner *Pitschas*, NJW 1986, 2866; *H. Willke*, Der Staat am Verhandlungstisch, S. 298ff.

[58] Vgl. am Beispiel der Veröffentlichung von Arzneimittel-Übersichten mit der Angabe von Qualitätssicherungskennzeichen durch die sog. Transparenzkommission für den Arzneimittelmarkt samt vorgeschaltetem Auskunftsverfahren BVerwGE 71, 183 (196ff.); siehe auch *Borchert*, NJW 1985, 2741ff.; *Pitschas*, NJW 1986, 2866; an dieser Problematik geht indes vorbei *H.* Sodan, DÖV 1987, 858ff., 865f.; siehe auch *ders.*, Kollegiale Funktionsträger, S. 371ff.

[59] Die bislang stets nur rechts- und demokratiestaatlich begründete sog. „Wesentlichkeitstheorie" – dazu m.w.Nachw. *Kloepfer*, Wesentlichkeitstheorie, S. 187ff.; *Ossenbühl*, Vorbehalt des Gesetzes, S. 24ff.; *Papier*, Vorbehalt des Gesetzes, S. 36ff. m.w.Nachw. in Anm. 1 – gibt also auch einen spezifisch *sozialstaatlichen* Ansatz zu erkennen, der sich in einen steuerungstheoretischen und prozeduralen Aspekt gliedern läßt.

7. Verfahrensentwicklung als Verfassungsauftrag

Um der Steuerungswirkung staatlicher Verfahren und ihrer angemessenen Einbettung in die rechtliche Verfahrensordnung nachspüren zu können, darf man nicht nur auf die Konkretisierungsergebnisse schauen, also auf die politische Wahlentscheidung, das Gesetz, den Verwaltungsakt oder das Urteil. Diese sind – wie im zweiten Teil der Untersuchung dargelegt – jeweils nur Teil eines mehr oder weniger intensiven *Prozesses* der staatlichen Willensbildung. Von seiner reflexiven Ausgestaltung und der Art und Weise, *wie* dieser Prozeß geführt wird, hängen Ergebnis und Rationalität der staatlichen Entscheidung grundlegend ab. Dies gilt im übrigen auch für die gesellschaftlichen Verfahren.[60]

Der Verfassung ist dabei eben wegen der Veränderungen im Rationalitätstypus der Entscheidungsprozesse im modernen Staat auch die „Innensicht" der Gemeinschaftsverfahren nicht gleichgültig. Die Schlüsselrolle des verfahrensmäßigen Ansatzes für die Verwirklichung der Verfassungsziele und -funktionen umfaßt deshalb gleichermaßen die Binnenordnung der staatlichen Koordinationsmechanismen. Darauf wird später unter dem Gesichtspunkt der verfassungsrechtlichen Funktionengliederung als Verfahrenszuweisung und -verflechtung noch zurückzukommen sein.[61] Insgesamt mündet jedenfalls die Ordnungs- und Steuerungsfunktion der Verfassungs- bzw. Organverfahren in eine von Verfassungs wegen aufgegebene rationalitätssichernde *Verfahrensverantwortung* der Staatsorgane ein. Diesen ist auferlegt, Struktur und Führung der Willensbildungsverfahren, in denen die Konkretisierung abläuft und die staatlichen Entscheidungen zustandekommen, auf ihre operative Plausibilität sowie zweckhafte und materiale Verfahrensrationalität *neben* der Ergebnisrationalität zu überprüfen und im Falle von Defiziten über mögliche Verbesserungen der verfahrensmäßigen Regelungen nachzudenken. Erforderlich wird hierzu ebenso sehr die Einzel- wie die Systemkontrolle.[62]

Dem Strukturwandel von Staat, Gesellschaft und Recht angemessene *Verfahrensentwicklung* erweist sich sonach als Verfassungsauftrag. Da die Verfassung keine geschlossene (Verfahrens-) Ordnung darstellt, verfügen die Staatsorgane bei seiner Wahrnehmung über einen erheblichen Spielraum zur eigenverantwortlichen Verfahrensgestaltung und -revision. Dies gilt einerseits für das Verfahrensrecht der obersten politischen Organe. Weist die Verfassung hierzu keine näheren Regelungen aus, so geht sie davon aus, daß jedes Staats- bzw. Verfassungsorgan zunächst selbst über die Gestaltungsbefugnis für seinen internen Bereich verfügt. *E.-W. Böckenförde* spricht insoweit von der „Befugnis zur Schaffung, Veränderung, Zusammenordnung, Bestimmung der Aufgaben und (evtl.) inneren Gliederung und Geschäftsrege-

---

[60] So mit Recht *v. Arnim,* Staatslehre, S. 194.

[61] Vgl. die Ausführungen unten, 11. Kap., A.IV.

[62] A.A. aber *v. Arnim,* Staatslehre, S. 196, der zudem die „Führung" der Verfahren außer Acht läßt.

lung von Funktionsträgern, die als Handlungseinheiten einer in ihnen zur Erscheinung und Wirksamkeit kommenden Ganzheit tätig werden."[63] Für das Verfahrensrecht der obersten Staatsorgane führt dies zur Konkretisierung durch Geschäftsordnungsrecht;[64] doch kann speziell das Verfahrensrecht des Parlaments auch durch *gesetzliche* Regelungen festgelegt bzw. weiterentwickelt werden.[65]

Eigenverantwortliche Verfahrensordnung und -entwicklung ist andererseits auch den übrigen staatlichen Funktionsträgern, die den Organen der politischen Staatsführung nachgeordnet sind, aufgegeben. Zwar kann auch die Verfassung selbst für deren Verfahren punktuelle bzw. tiefergehende Regelungen vorsehen. Wo dies aber nicht der Fall sein sollte, ist zunächst der *Gesetzgeber* zur Verfahrensgestaltung und -entwicklung nach Maßgabe der verfassungsgeborgenen Wertsetzungen und politischen Grundgedanken berufen. In der rechtsstaatlichen Demokratie fällt es allerdings nach der Leitlinie der Verfassung nicht ausschließlich in die Verantwortung des Gesetzgebers, die Verfahrensorganisation zu bestimmen. Denn die rechtsstaatliche Demokratie ist im Verhältnis der Staatsorgane zueinander vor allem eine *gewaltenteilende* Demokratie, in der Kernbereiche organspezifischer Eigenverantwortung zur Sicherung zweck- und wertrationalen Verfahrenshandelns vorausgesetzt sind. Dementsprechend weist die Verfassung auch den Verwaltungsbehörden und Gerichten eine je eigenständige Verfahrensverantwortung in bezug auf Verfahrensordnung und -entwicklung zu.

III. Verfassung als prozedurales Schutzkonzept

1. „Formale" Verfahrensbindung

Die moderne Verfassung will um der Freiheit des einzelnen willen staatliche Macht begrenzen und kontrollieren. Ihr Ziel ist es, den Staat zum „Rechtsstaat" zu formen. Diesem Ziel dient nicht nur die Verteilung der staatlichen Funktionen zwischen Parlament und Exekutive auf der einen Seite und der Gerichtsbarkeit auf der anderen Seite. Der materielle Rechtsstaat grenzt zudem gegenüber staatlichem Handeln subjektive, vornehmlich in den Grund- bzw. Menschenrechten verbürgte Individualpositionen aus und stellt ihrer Verwirklichung dienende, sie sichernde

---

[63] *Böckenförde,* Organisationsgewalt, S. 29; zur Geschäftsordnungsautonomie aller Verfassungsorgane siehe auch *H. Steiger,* Organisatorische Grundlagen, S. 42f.

[64] Ebenso *Böckenförde,* FS H. U. Scupin, S. 318; auf einem prozessualen Minimum verfassungsoriginärer Regelungen beharrt indes zu recht *Häberle,* AöR 112 (1987), S. 54ff., 58, 86ff. – jedenfalls für die „verfassungsgebende Gewalt".

[65] Str., vgl. wie hier BVerfGE 70, 324 (360f.) mit abw. Meinung von *Mahrenholz* und *Böckenförde* (S. 366ff., 380ff.); *M. Schröder,* Jura 1987, 469ff., 472f.; zur Problematik siehe unter dem Aspekt einer „Wahlfreiheit" auf Seiten des Parlaments ferner *Bücker,* ZParl 17 (1986), S. 324ff., 326ff., 332f.; *Kretschmer,* ZParl 17 (1986), S. 334ff., 337ff., sowie sehr kritisch zur Entscheidung des BVerfG *Scherer,* AöR 112 (1987), S. 189ff., 203ff.

Verfahren zur Verfügung. Die Ausübung der Macht wird damit an rechtliche Formen geknüpft; sie wird „formal" rationalisiert.

2. *Ausweitung des prozeduralen Schutzkonzepts*

Die Schutzfunktion der modernen Verfassung erschöpft sich jedoch in diesen Vorkehrungen nicht. Sie macht vielmehr die Bändigung staatlicher Macht und die Kontrolle der Verhütung ihres Mißbrauchs auch im Hinblick darauf zum Bezugsproblem aller staatlichen (und gesellschaftlichen) Gemeinschaftsverfahren, daß kein geschlossenes Legalsystem existiert. Der Schutz und die Sicherung individueller Freiheit sind dadurch eine Aufgabe der *Verfahrensorganisation.* So, wie die Mäßigung und Kontrolle staatlicher Macht der „organadäquaten Funktionenverteilung" anheimgegeben ist,[66] wird die komplementäre Verfahrensbindung der staatlichen Funktionen als politisches Programm des modernen rationalitätssichernden Staates ausgewiesen.[67]

Das staatliche Handeln sieht sich in Verfeinerung dieses Grundgedankens nicht nur in rechtlich geordnete Verfahren zur Konkretisierung des materiellen Rechts eingebunden, die seine Berechenbarkeit, Voraussehbarkeit und Kontrollierbarkeit sichern und vor Willkür schützen. Alle staatlichen Verfahren sind von daher zwar stets (auch) *gegen* die Verwalter staatlicher Macht gerichtet. Sie binden das jeweilige Staatshandeln extern wie intern, indem sie die staatliche Herrschaft domestizieren und kanalisieren, subjektive Rechte verwirklichen und schützen.[68] Aber das prozedurale Schutzkonzept der Verfassung reicht darüber weit hinaus. Es reagiert auf die Bedürfnisse des modernen Staates nach Entfaltung seines Auftrags und Wahrnehmung seiner Aufgaben jenseits einer bloßen Regelbindung unter Maßgabe zweckrationaler („metajuristischer") Erwägungen in und durch Verfahren.

3. *Reflexivität der normativen Schutzfunktion*

Dies gilt nicht nur, wie man im Anschluß an die voraufgegangenen Überlegungen zum Wandel des Prozeßrechts meinen könnte, für die *richterliche Kontrolle* der sog. vollziehenden Gewalt.[69] Betroffen sind ebenso die „rechtsstaatlichen" Vorstellungen über die *verwaltungsbehördlichen Verfahren.* Diese begegnen zwar traditionsgemäß[70] der „Bürokratie" wegen deren politischer Abhängigkeit, aber auch wegen ihres Einflußreichtums auf die politische Willensbildung mit Mißtrauen. Im Interes-

---

[66] Begriff nach *Zippelius,* Staatslehre, S. 305.
[67] *H. Krüger,* Staatslehre, S. 197ff.; *Zippelius,* a.a.O. (Fn. 66), S. 307.
[68] Siehe auch *v. Arnim,* Staatslehre, S. 193.
[68] Vgl. nochmals im 4. Kap., C.III.3., sowie oben im Text um und zu Fn. 46.
[70] *F. Becker,* Verwaltungsverfahren, S. 36f.; *Ule,* VerwArch. 76 (1985), S. 1ff., 136ff.

se der „Verwalteten“ bindet deshalb der Verfahrensgedanke von Verfassungs wegen die Verwaltung an formale Erfordernisse wie z.B. an Zuständigkeiten, Fristen und Beteiligungsformen, um die verbürgten Individualpositionen zu wahren und um die Rechts- und Zweckkonkretisierung überschaubar zu machen.

Wenn dann allerdings in neuerer Zeit das Bestreben hinzu tritt, die Betroffenen am Konkretisierungsprozeß partizipieren zu lassen („Partizipation durch Verfahren“), um sich umfassendere Informationen und eine breitere Legitimationsgrundlage zu verschaffen,[71] so offenbart dies ein spezifisch neues rechtsstaatliches Phänomen: Der Strukturwandel des Rechts bedingt eine (prozedurale) Reformulierung des Rechtsstaatsprinzips, um „Lücken des Rechtsstaats“ zu vermeiden.

Der skizzierte Vorgang bildet somit in bezug auf die Verwaltung weniger eine Form basis-demokratischer Entscheidungsteilhabe, sondern viel eher und recht eigentlich eine Form rechtsstaatlich-kompensatorischer Rechtswahrung. Denn das moderne Recht läßt schon in *materiell-rechtlicher* Hinsicht aus den gesetzlichen Tatbeständen immer seltener abgrenzbare Adressatenkreise, geschweige denn feststehende Inhalte individualisierbaren Rechtsgüterschutzes entnehmen.[72] In *verfahrensrechtlicher* Sicht wird diese Erscheinung durch mehrstufige Planungs- oder Genehmigungsverfahren verstärkt, soweit diese sich nur um stufenweise Zweckrationalität, nicht aber auch um gestuften Rechtsschutz bzw. um ein Stufensystem der Betroffenheit und gar viel weniger noch um sozio-emotionale Rationalität bzw. um Dezentralisierung der Entscheidungsvorgänge oder gar Reflexivität bemühen.[73] In *tatsächlicher* Hinsicht stellen sich schließlich die Probleme der realen Abgrenzung materiell-rechtlich relevanter Betroffenheit, der Bereitschaft zu kooperativer Verbindung öffentlicher mit privaten Belangen und der Repräsentation öffentlicher Interessen, die mit Privatinteressen übereinstimmen.[74]

Das prozedurale Schutzkonzept der modernen Verfassung ermöglicht angesichts dieser Rationalitätsprobleme die *Aktivierung des Verfahrensgedankens:* Auf der einen Seite kann die subjektiv-rechtliche Schutzwirkung des materiellen Rechts gesamt-rational auf der Ebene der Rechtsanwendung (Konkretisierung) bzw. ihrer gerichtlichen Durchsetzung (Kontrolle) konstituiert werden. Auf der anderen Seite ist der Bürger zwecks eigener Interessenartikulation verstärkt und in geeigneter Art und Weise am Verfahren zu beteiligen. Und die Probleme tatsächlicher „Betroffenheit“ sind schließlich ebenso verfahrensmäßig unter Aktualisierung der Verknüpfung von Freiheit und Verantwortung auf dem Weg „mandatarischer“

---

[71] Dazu vgl. bes. mit Blick auf das Verwaltungsverfahren bereits die Nachw. im 2. Kap., Fn. 45ff., 85ff., 157, 291ff.; siehe ergänzend auch *Schuppert,* DÖV 1987, 757ff., 759.

[72] Vgl. schon die Kritik bei *R. Scholz,* VVDStRL 34 (1976), S. 201; wie hier auch *Teubner,* Verrechtlichung, S. 291f. und durchgehend; für das Verwaltungsverfahren siehe z.B. *Schmitt Glaeser,* Position der Bürger, S. 53ff., 57ff.

[73] Siehe ähnlich *Wahl,* VVDStRL 41 (1983), S. 180ff.; unter dem Aspekt der „Verantwortung“ vgl. ferner *Saladin,* a.a.O., S. 191f.

[74] *Saladin,* a.a.O. (Fn. 73), S. 166, 168f.; *R. Scholz,* a.a.O. (Fn. 72), S. 206f.; *Schmitt Glaeser,* a.a.O. (Fn. 72), S. 59f.

Grundrechtsausübung, also gleichsam in Sachwalterschaft für andere zu bereinigen.[75]

Auch die *parlamentarischen Verfahren* stehen in diesem ausgedehnten Schutzzusammenhang. Sie programmieren nicht nur die Verwaltung und stecken deren finanzielle Spielräume ab. In ihnen werden zugleich Macht- und Entscheidungspositionen im Hinblick auf die konkretisierende Gestaltung und Ordnung des Zusammenlebens festgelegt und zugewiesen. Die Willensbildung und Entscheidungsfindung in diesen Verfahren muß deshalb nicht nur dem überkommenen rechtsstaatlichen Grundsatz der Mäßigung, des schonenden Ausgleichs divergierender Belange und widerstreitender Interessen genügen. Das prozedurale Schutzkonzept der Verfassung konfrontiert darüberhinaus die Gesetzgebung mit eben jenen materiellen Rationalitätserfordernissen, die der moderne Staat an Methodik und Qualität ihres Ablaufs und ihrer Ergebnisse stellt.[76]

In dieser Sinngebung gewährleistet das parlamentarische Verfahren ein Grundmaß an Öffentlichkeit der Auseinandersetzung und rationaler Entscheidungssuche und damit auch die Möglichkeit eines Ausgleichs kontroverser Standpunkte. Unter dem Grundgesetz ist diese rechtsstaatliche Funktion des Gesetzgebungsverfahrens nicht zuletzt in weltanschaulich umstrittenen und eigentumspolitisch höchst kontroversen Fragen deutlich geworden.[77]

Ein zusätzlicher rechtsstaatlicher Eigenwert kommt dem Gesetzgebungsverfahren unter parlamentarisch-demokratiestaatlichen Aspekten zu. Bei der Umformung des politisch Gewollten in Rechtssätze durch das Parlament legt das Verfahren ein Mindestmaß an Distanz zwischen politische Forderung, Entscheidung hierüber und verbindliche staatliche Geltungsordnung. Auch insoweit dient das Verfahren dem grundlegenden rechtsstaatlichen Erfordernis einer reflexiven „Rücknahme" staatlicher Machtentfaltung.[78]

Gesetzgebung im Rechtsstaat hat damit unverzichtbare formale, zweckhafte und wertrationale Verfahrensdimensionen. Sie fußt diesen zufolge auf Begrenzung und damit Mäßigung staatlicher Hoheitsgewalt im Verfahren, auf spezifischen Rationalitätskriterien und auf verfahrensmäßiger Distanz zwischen politischer Initiative zur Gesetzgebung, Mehrheitsentscheidung und verbindlichem Rechtssatz.[79] Gerade Aus- und Umbau des Geestzgebungsverfahrens können deshalb auch dazu beitra-

---

[75] Vgl. *Saladin,* a.a.O. (Fn. 73), S. 206; anders noch – nämlich unter Einbezug des Gedankens der „Repräsentation" – *R. Scholz,* a.a.O. (Fn. 72), S. 203f.; *Schmidt-Aßmann,* Verfahrensgedanke, S. 34.

[76] Vgl. nur BVerfGE 39, 210 (226); 57, 139 (160); 65, 1 (55); 70, 324 (355, 356ff., 365); ausführlicher nunmehr *Schulze-Fielitz,* Theorie und Praxis, S. 459ff.

[77] Siehe z.B. BVerfGE 40, 237 (248f.) und zuletzt die „Boxberg"-Entscheidung des BVerfG, E 74, 264 (286, 293, 296f.); vgl. ferner und mit zahlr. Nachweisen *Degenhart,* DÖV 1981, 477ff., 479f.; zum Kriterium des „Kontroversen" siehe bes. *Lerche,* Bayerisches Schulrecht und Gesetzesvorbehalt, 1981, S. 19ff.

[78] *Degenhart,* a.a.O. (Fn. 77), S. 479; *Kloepfer,* VVDStRL 40 (1982), S. 65ff., 89f.

[79] Teilaspekte hierzu auch bei *Eichenberger,* VVDStRL 40 (1982), S. 7ff., 33ff.; *H. Schneider,* FS G. Müller, S. 423, 433f.

gen, das Problem der neuerdings in Frage gestellten Reichweite verbindlicher Mehrheitsentscheidungen zu entschärfen.[80]

Parallel zu diesen Verfahrensfunktionen offenbaren die *Verfahren der politischen Wahl* eine rechtsstaatliche Dimension. Nicht nur erteilen sie in ihren Ergebnissen die Antwort auf Verfehlungen verfahrensmäßiger Distanz. Sie unterwerfen zugleich die Verwaltung einer mehr oder weniger weitreichenden Kontrolle von „außen".[81]

In allen diesen Verfahren entfaltet sich die Idee einer machthemmenden, Herrschaft begrenzenden und rationalitätssichernden Prozeduralisierung der staatlichen Funktionen. Sie findet ihre Fortsetzung in der Beteiligung unterschiedlicher Verfassungsorgane in unterschiedlichen Verfahrensstufen bei der Bildung des gesetzgeberischen bzw. gesamtstaatlichen Willens.[82] Die solcherart gegen die Machtautonomie des moderenen Staates gewendete Verfahrensperspektive hat dagegen nichts, wie verschiedentlich behauptet wird,[83] mit dem Gewinn oder der Legitimation vorgegebener letzter Wahrheiten bzw. „richtiger" Ergebnisse zu tun. Weil es keine absolute Richtigkeitsgewähr gibt, besteht ihr Sinn gerade darin, Staat und einzelnen, Individuum und Gesellschaft „in processu" parlamentarischer, gerichtlicher, behördlicher und sonstiger Verfassungskonkretisierung, also im Wege staatlicher Gemeinschaftsverfahren zu verbinden und auch faktische Interessen, Einstellungen und Wertpräferenzen nach Maßgabe der eigenen Selbstbestimmung sowie Sozialverantwortung in den Rechtsbildungsprozeß einzubringen. „Richtig" oder „falsch" sind für diesen an variierenden Erfüllungsgraden von Rationalität zu orientierenden Vorgang unbrauchbare Etikettierungen.

In dieser Sinngebung reagiert das offene Verfahrensprogramm der modernen Verfassung auf die spezifischen Anforderungen des neuzeitlichen Staates an den Rationalisierungsmodus seines Handelns und Entscheidens. Die verfassungsnormative Schutzfunktion fordert und ermöglicht *prozedurale Selbstreferenz* als Ausdruck eines integralen Rationalitätskonzeptes, das diskursive Willensbildungsprozesse sowie konsensorientierte Verhandlungs- und Entscheidungsstrukturen verankert.[84] Zugleich verwirklicht sich im modernen durchorganisierten und auf Recht gegründeten Verfassungsstaat auf diese Weise die Freiheit und Würde des Menschen unter Konstituierung, Begrenzung und Stabilisierung staatlicher Macht in der Formgebung durch zweck- und wertrationale „Verfahren". Die Sach- und Kontrollstrukturen der Rechts- und Zweckkonkretisierung durch die staatlichen Funktionsträger durchdringen und bedingen sich dabei gegenseitig in ihrer *Verfahrensformation.*[85]

Dies gilt auch für einen „sozialen" Verfassungsstaat" mit seinen Planungs-, Lenkungs-, Leistungs- und Verteilungsfunktionen. Er ist zwar in besonderem Maße auf

---

[80] Siehe z.B. *Oberreuter,* Konflikt und Konsens, S. 231ff.; *Offe,* Politische Legitimation, S. 178, 179ff.

[81] Nicht dagegen „von oben", wie *Luhmann,* Verfahren, S. 19, meint.

[82] Näher hierzu *Degenhart,* DÖV 1981, 479.

[83] *Luhmann,* Verfahren, S. 19f.; *v. Arnim,* Staatslehre, S. 193; w. Nachw. oben, Fn. 7.

[84] Vgl. oben, 4. Kap., C.III. und D.; 5. Kap., D.I. und II.

[85] Dazu siehe näher noch unten, 11. Kap., A.III. und IV.

inhaltlich „offene“ Verfahren angewiesen, in denen staatliches Handeln projektiert, Durchführungsmaßnahmen ergriffen, Enscheidungen abgewogen und umgesetzt sowie für jedermann versteh- und akzeptierbar gemacht werden müssen.

Die von diesem „Verfahrensstaat“ ausgehenden Aktivitäten entläßt jedoch das prozedurale Schutzkonzept der modernen Verfassung nicht aus seiner immer auch „formalen“ Verfahrensbindung: die ihm eigentümlichen Verfahren sind einerseits an den besonderen Zwecken und Problemen der von ihnen erfaßten Sachbereiche orientiert, zugleich aber und andererseits von dem verfassungsgeregelten rechtlichen Grundverhältnis Staat-Bürger und Staat-Gesellschaft mitbetroffen und geprägt. Namentlich der in der Verfassung verankerte *materiale Rechtsstaat* grenzt auch gegenüber diesem staatlichen Handeln immer noch subjektive, vornehmlich in Grundrechten konkretisierte Individualpositionen aus und stellt ihrer Verwirklichung dienende, sichernde Verfahren zur Verfügung. Damit werden die Verfahren der sozialen Realisiation von Verfassungs wegen in vorgegebene rechtsstaatliche Strukturen staatlichen Handelns und Entscheidens eingebunden.

IV. Verfassung als prozedurales Legitimitätskonzept

Die Bändigung der Macht und die Kontrolle des Machtprozesses sind nicht nur Funktion der rechtsstaatlichen Verfassung an sich, sondern *Ziel* zugleich um der Freiheit des einzelnen willen. Die Verfassung erfüllt sich darin, Freiheit und Selbstbestimmung des Individuums zu gewähren und zu sichern. Dies geschieht durch Einräumen *politischer Teilhabe* und in *rechtlicher* Form. Dem Verfassungsstaat eigentümlich ist die Bindung an „Gesetz und Recht“; ihn prägt die Veränderung der Staatsgewalt zur rechtlichen Grundordnung des Staates.[86] Diese führt als „Verfassung“ den Staat in allen seinen Äußerungen auf das *Recht* zurück, das sich einerseits aus Auftrag und Anerkennung durch die Bürger, andererseits aus ihrer Teilnahme an den Verfahren der staatlichen Willensbildung herleitet.[87]

In der Entfaltung dieser gleichermaßen materiellen wie verfahrensmäßigen Dimension von Rechtsstaatlichkeit, Freiheitlichkeit und politischer Teilhabe wurzelt die Rechtfertigung staatlicher Macht: „Nur in rechtlicher Beschränkung und verbunden mit rechtlicher Verantwortlichkeit ihrer Träger ist die Macht im Rechtsstaat legitimiert“.[88]

Herrschafts-, Freiheits- und Rechtsordnung sind deshalb in der modernen Verfassung keine Gegensätze, sondern sie bilden einen untrennbaren Zusammenhang. Die *Legitimitätsfrage* stellt sich gleichwohl in der Wirklichkeit des Verfassungsstaates

---

[86] *Isensee,* HdbStR I, S. 640f., 645f.; *Stern,* Einführung, in: C. Starck/K. Stern (Hrsg.), Landesverfassungsgerichtsbarkeit, Teilbd. I, 1983, S. 6.

[87] *Badura,* Art. „Verfassung“, in: Ergänzbares Lexikon des Rechts, 11. Lieferung, 1985, S. 2f.

[88] Zitiert nach *Stern,* Staatsrecht I, S. 93 m. Anm. 168.

stets von neuem. Denn der Staat muß einerseits die komplexen Anforderungen unterschiedlicher „Lebenswelten"[89] in politische Handlungsoptionen umsetzen und dabei eine gerechte Gemeinschaftsordnung bereitstellen, in der die einzelnen zur persönlichen Entfaltung gelangen. Ihm obliegt es, diese Optionen in bindende Entscheidungen und in konformes Verhalten der Rechtsgenossen auszumünzen, also in zweckgerichtete Maßnahmen konkreter Herrschaft. Deren Verbindlichkeit ist nämlich eine unerläßliche Funktionsbedingung des Staates.[90] Sie beruht auf der ihm eigenen Herrschaftsgewalt, in der sich die Berechtigung, einseitig verbindliche Anordnungen zu treffen, mit der kraft Souveränität gegebenen Verfügbarkeit über Macht- und Zwangsmittel zu deren Durchsetzung vereinigt.[91]

Ob und aus welchen Motiven konkrete Herrschaft akzeptiert wird, hängt vor allem von ihrer Legitimität ab. Diese bedeutet die Kredit gewordene Überzeugung der Bürger von der auf Sach- und Rechtsdienlichkeit gestützten Berechtigung zur Herrschaft.[92] Der moderne Verfassungsstaat sucht ihre Bedingungen durch die Verfassungs- und Gesetzmäßigkeit allen staatlichen Handelns und dessen Rückführung auf das Prinzip der Volkssouveränität zu sichern.[93]

1. *Die demokratische Rechtfertigung des Staates*

Die demokratische Rechtfertigung des Staates zählt hiernach zu den maßgeblichen Legitimationsansätzen. Das Bemühen, Freiheit und Ordnung zugleich zu verwirklichen und die Staats- und Rechtsordnung auf die Zustimmung all derer zu gründen, die unter ihr leben, hat zum *Legitimationsprinzip der Volkssouveränität* geführt:[94] Im modernen Rechts- und Verfassungsstaat westeuropäischer und angelsächsischer Tradition ist das Volk der Träger der Staatsgewalt und ihr zugleich unterworfen. Das Ergebnis ist die demokratische Rechtfertigung des Staates; die Selbstbestimmung des Einzelnen ergänzt sich darin als politischer Grundsatz mit dessen ethischer Autonomie[95] – freilich unter den Bedingungen einer praktisch unentbehrlichen Repräsentation und unvermeidlicher Mehrheitsentscheidungen.

---

[89] Zum Konzept der „Lebenswelten" vgl. *Habermas*, Theorie des kommunikativen Handelns 1, S. 72ff., 107ff., 376f.; siehe ferner Bd. 2, S. 171ff., 182ff., 229ff.

[90] *Isensee*, Staat und Verfassung, S. 618ff.; *Kriele*, Staatslehre, S. 19; *Zippelius*, Staatslehre, S. 48, 128f.

[91] *Herzog*, Art. „Macht", in: EvStL, 3. Auflage, Bd. I, 1987, Sp. 2057ff., 2060f.; *Matz*, Legitimation, S. 338ff.; *Merten*, Konstruktionsprinzipien, S. 327f.

[92] *Fijalkowski*, Art. „Herrschaft", EvStL, 2. Auflage, 1975, Sp. 966; *Herzog*, Staatslehre, S. 197ff.

[93] *Badura*, Staatsrecht, S. 9; *Isensee*, Staat und Verfassung, S. 627, 640f.; obschon zu problematisch in der folgenden Akzentuierung der Souveränität als Gebot der „Rechtsdurchsetzung" vgl. ferner auch im hiesigen Sinne Randelzhofer, HdbStR I, 1987, S. 691ff.; 705 (Rdnr. 37).

[94] *Badura*, a.a.O. (Fn. 93), S. 9; *Böckenförde*, Demokratie als Verfassungsprinzip, S. 888ff.; *Herzog*, Staatslehre, S. 197ff., 201ff.; *Zippelius*, Staatslehre, S. 122ff., 127ff.

[95] Näher hierzu *Schambeck*, Ethik und Staat, 1986, S. 55ff., 120ff.; *Zippelius*, Staatslehre, S. 111ff., 115f.

Denn der moderne Staat, von dem hier die Rede ist, kann in seinen zentralen Aufgabenbereichen nur eine mittelbare, repräsentative Demokratie sein.

Demgemäß hängt die Legitimität staatlichen Handels davon ab, daß die Mehrzahl der Bürger dazu bereit ist, die staatlichen Entscheidungen „im großen und ganzen" fortwährend zu akzeptieren und sich mit ihnen zu identifizieren.[96] Das *Mehrheitsprinzip* bietet dabei als Verfahrensregel die größte Chance, daß in der Gemeinschaft diejenigen Auffassungen zur Geltung kommen, die ihre Grundlage im Gewissen und Rechtsgefühl möglichst vieler haben.[97] Es organisiert die „Teilhabe" an Herrschaft in Freiheit und Selbstbestimmung.

Die Gewähr dafür, daß die aus der staatlichen Herrschaft ersprießende staatliche Verhaltenskoordination auch tatsächlich akzeptiert wird, liegt zu einem Gutteil in der Allgemeinheit der Rechtsnormen, auf die sich das staatliche Handeln stützt, und in den in sie einfließenden materialen Gehalten des Verfassungsstaates. Indem alle (qua Repräsentation) über das allgemeine Gesetz nach den Grundsätzen materialer Staatsgestaltung und Freiheitsbewahrung befinden, werden normative Gerechtigkeit und Geltungskraft grundsätzlich gewährleistet. Die Legitimation staatlicher Herrschaft ist deshalb ohne verfassungsmäßige Legalität nicht denkbar; in der repräsentativen Demokratie bedeutet diese zugleich demokratische Legitimation.[98]

2. *Prozeduralisierung der Legitimität*

Freilich kann in einer Gesellschaft, in der die Rationalisierungstendenzen des modernen Rechts zu einem Verlust seiner „formalen" Rationalität führen,[99] die Legitimation staatlicher Herrschaft nicht ausschließlich auf materielle Regeln gegründet werden. Die förmlich-legal organisierte politische Macht reicht für sich nicht hin, legitime Herrschaft zu sichern. Die Überzeugung von der Sach- und Rechtsdienlichkeit staatlicher Machtentfaltung wird weniger *inhaltlich* vermittelt, sondern vor allem *prozedural:* Rechtliche Ordnung und Bewertung sind im modernen Staat eher Vorgang als Ergebnis.[100] Ohne die rationalisierende Kraft des Verfahrens kann Legitimität nicht erreicht werden.

Die legal organisierte und somit legitime staatliche Herrschaft ist von daher (auch) das Resultat der Aktivitäten eines im geregelten Verfahrensgang abgelaufenen Konkretisierungsprozesses und damit eine Erscheinungsform dessen, was man *Verfah-*

---

[96] *Herzog,* Staatslehre, S. 207, 208ff., 220; vgl. auch *Zippelius,* a.a.O. (Fn. 95), S. 115f., 127ff., 129.

[97] *Böckenförde,* Demokratie als Verfassungsprinzip, S. 921ff.; *Zippelius,* a.a.O. (Fn. 95), S. 114ff.

[98] BVerfGE 62, 1, (43); *Badura,* Staatsrecht, S. 9; *Böckenförde,* Demokratie als Verfassungsprinzip, S. 942f., 945f.

[99] Vgl. dazu die Grundlegung in den Ausführungen oben, 4. Kap., C.I und II.; 5. Kap., A.IV.

[100] Siehe auch oben 3. Kap., B.I.5.; vgl. ferner *Langer,* Rechtstheorie 17 (1986), S. 220ff., 230f.

rens- oder prozedurale Gerechtigkeit nennt: Unabhängig von ihrem Inhalt und ihren Auswirkungen erscheint uns eine staatliche Entscheidung als akzeptabel, wenn und sofern sie in einem vorausbestimmten Verfahren unter Einhaltung seiner Regeln zustandegekommen ist.[101]

Die moderne Verfassung macht dieses legitimitätssichernde „Verfahrensmodell" zum Gegenstand ihrer Gewährleistung. Sie verfaßt die Organisation politischer Einheit und die Verwirklichung ihrer Zwecke als eine Gesamtheit institutionalisierter Verständigungsprozesse und formaler Prozeduren der demokratischen Willensbildung, Gesetzgebung, Verwaltung und Justiz.

Der Grund für diesen Ansatz der Verfassung liegt in der Ungewißheit über die „richtige" Lösung von Fragen der sozialen Ordnung. Was in der freiheitlichen Demokratie stattdessen zählt, ist der Wettbewerb ungezählter Überzeugungen, der in einem offenen politischen Prozeß, in dem jedermann das gleiche Recht zur Teilhabe an politischen Entscheidungen hat, zu einer *rechtlich* verbürgten Mehrheitsentscheidung führt – ohne daß diese Entscheidung „richtig" ist[102] oder die Vermutung der „Richtigkeit" in sich trägt.[103] Sie ist allerdings – und das kraft materieller und verfahrensmäßiger Legalität – gültig in dem Sinne, daß sie für die Rechtsunterworfenen *maßgeblich* ist.[104]

Die *legale Verfahrensordnung* nimmt damit im modernen Verfassungsstaat und für seinen Herrschaftsbezug zur Gesellschaft eine Schlüsselstellung ein: Erst rechtlich geordnete Verfahren tragen die Maßgeblichkeit staatlicher Entscheidungen und die Anerkennung ihrer Sach- und Rechtsdienlichkeit. Die Akteure, die an einem solchen geregelten Verfahren beteiligt sind, werden der Notwendigkeit enthoben, die einer oder allen Entscheidungen in der Sache vorgelagerte Entscheidung über das Entscheidungs*verfahren* zu problematisieren oder gar selbst zu treffen. Die Verfahrensentscheidung ist festgelegt und somit dem individuellen Belieben oder gar willkürlichen Verfahrenssetzungen entzogen.[105]

Kraft ihrer rechtlichen Ordnung tragen damit die gemeinschaftserheblichen Koordinationsverfahren dazu bei, die *Legitimität* staatlicher Herrschaft zu stiften. Rechtsförmig „organisierte" Regelungs-, Entscheidungs- und Kontrollverfahren bilden jenen Ort, an dem staatliche Wirkungseinheit durch zahllose Einzelakte wie Formen menschlicher Sinnherstellung und -vermittlung mit der Folge und Gewähr für gerechtfertigte Gesetze und Entscheidungen hergestellt wird. Der dadurch ent-

---

[101] *U. K. Preuß,* Politische Verantwortung, S. 18f., 62f., 112ff., 116f., 172ff., 216ff., 225ff., 292f.; *Rawls,* Theorie der Gerechtigkeit, S. 105ff., 106f.

[102] Wie aber *v. Arnim,* Staatslehre, S. 193, postuliert.

[103] So aber z. B. *U. K. Preuß,* a. a. O. (Fn. 101), S. 291; zu der Frage der sich stattdessen ergebenden „Richtigkeitskonkurrenzen" vgl. bereits *R. Scholz,* VVDStRL 34 (1976), S. 155 m. Anm. 37.

[104] Ebenso *Schnapp,* Rechtstheorie 9 (1978), S. 275ff., 298.

[105] Dies allerdings nur in dem Maße, in dem sich Verfahrensrecht seine Konsistenz trotz seines Charakters als „soft law" bewahren kann, vgl. dazu oben, 4. Kap., C.IV. mit Nachw. in Fn. 71.

stehende Typus „prozeduraler Legitimität" ist die dem Verfassungsstaat eigentümliche (aber nicht ausschließliche) Form der zur Verfügung stehenden Rechtfertigung von Herrschaft.[106]

Auch die Anerkennung und Rechtfertigung der Verfassung selbst als einer legal nicht fundierbaren rechtlichen Ordnung[107] beruht letztlich auf diesem Verfahrensmodell. Die wesentliche *Verfahrensregel* für eine legitime Verfassungsgebung ist, daß die Verfassung entweder von einer demokratisch gewählten Vertretungskörperschaft kreiert oder aber als Entwurf durch eine Volksabstimmung angenommen werden muß.[108] Der Gedanke einer Legitimation durch Verfahren hat deshalb in diesem Sinne sehr wohl einen Erklärungswert für die Verfassungsgebung.[109]

3. Legitimation durch Konsens

Verfahren *allein* können jedoch Legitimität nicht dauerhaft vermitteln. Prozeduren stiften letztendlich weder Gewißheit (nicht: „Richtigkeit")[110] darüber, ob die maßgebliche Konkretisierung ein materiell gerechtes Ergebnis ist, noch können sie garantieren, daß verfahrensmäßig korrekt zustandegekommene Entscheidungen ihrem Inhalt nach von den Betroffenen auch abgenommen werden. Denkbar ist ferner, daß für einzelne oder Gruppen unerträgliche staatliche Entscheidungen getroffen werden.[111]

Staatliche Herrschaft hat deshalb nur Aussicht auf Bestand, wenn sie auch *inhaltlich* bejaht wird.[112] So akzeptieren die Gewaltunterworfenen beispielsweise die Verfahrensregel des Mehrheitsprinzips nicht etwa nur deshalb, weil sie schlechthin auf die Gerechtigkeit oder funktionale Wirksamkeit der demokratischen Verfahren vertrauen, sondern weil die Verfahren im Verfassungstaat in unverbrüchliche Grund-

---

[106] *Habermas,* Rekonstruktion, S. 277ff.; *U. K. Preuß,* Politische Verantwortung, S. 113, 216, 292ff. – Die herrschende *staatsrechtliche* Legitimationsdiskussion vernachlässigt dagegen diesen tragenden Aspekt sehr, vgl. z.B. *Böckenförde,* Demokratie als Verfassungsprinzip, S. 912, 913, der die Verfahrensdimension gleichsam nur „dienend" einführt; noch stärker in dieser Hinsicht den Verfahrensgedanken als Eigenwert zurücknehmend *Badura,* HdbStR I, 1987, S. 953ff., 969f.

[107] *Isensee,* Staat und Verfassung, S. 644 (Rdnr. 136); *Wahl,* Der Staat 20 (1981), S. 515 m. Anm. 97.

[108] Vgl. *Badura,* Art. „Verfassung", in: Ergänzbares Lexikon des Rechts, 11. Lieferung, 1985, S. 4.

[109] A.A. etwa *Badura,* Staatsrecht, S. 9.

[110] Vgl. oben im Text um und zu Fn. 102ff.; siehe auch *Zippelius,* Staatslehre, S. 115f.

[111] Siehe zu diesem Problem des „Unabstimmbaren" statt aller *Guggenberger,* An den Grenzen von Verfassung und Mehrheitsentscheidung oder: Die neue Macht der Minderheit, in: H. Oberreuter (Hrsg.), An den Grenzen der parlamentarischen Demokratie, 1986, S. 45ff., 56ff., 58ff.; w. Nachw. bei *H. Dreier,* ZParl 17 (1986), S. 94ff., 109ff.; *Kielmansegg,* Freiheit, S.97ff., 188ff.

[112] Dazu die Grundlegung oben, 2. Teil, 5. Kap., B.IV und D.

sätze materialer Staatsgestaltung und Freiheitsbewahrung eingefügt sind.[113] Nach dem Willen der modernen Verfassung verfügt daher Legitimität auch über eine inhaltliche Komponente: Die in den staatlichen Verfahren zu treffenden Entscheidungen haben sich auch daran zu orientieren, ob sie eine Qualität aufweisen, die für die Betroffenen akzeptabel ist, jedenfalls aber ihrem Inhalt nach einen *Konsens* des überwiegenden Teils der Rechtsgemeinschaft finden läßt.[114]

4. Konsens und staatliche Verfahren

Die moderne Verfassung ist sich der darin liegenden Beschränkung für die Reichweite ihres prozeduralen Legitimitätskonzepts sehr bewußt. Ihrem Bekenntnis zu materialen Ordnungsprinzipien folgend, rückt sie im allgemeinen stärker die sachlichen Gemeinsamkeiten als legitimitätsschaffende Grundlage in den Vordergrund. Daran ist richtig, daß andernfalls ihre Stabilisierungsfunktion[115] in Gefahr zu geraten drohte.

Dennoch dürfen aus der Sicht eines wirkungseinheitlichen Bauplanes der Verfassung die Prozeduren einerseits und das Konsensprinzip andererseits nicht so unvermittelt gegenübergestellt werden, als ob „Verfahren“ nur ein formales Element dieses Ineinandergreifens darstellen und selbst ganz unabhängig von materialen Eigenwerten bzw. -bindungen zu betrachten, also für die Konsensfindung belanglos wären bzw. nur eine dienende (akzessorische) Funktion aufweisen. So hält sie z.B. *R. Zippelius* für „prozessuale Bedingungen, unter denen sich am ehesten eine inhaltlich konsensfähige und in diesem Sinne gerechte Entscheidung erwarten läßt.“[116]

Dieser Sicht des Zusammenhanges von Verfahren und materieller Entscheidung bzw. Konkretisierung erteilt die Verfassung eine Absage. Vielmehr erhöht sie, indem sie auf die produktive Eigenständigkeit des Prozeßgedankens zurückgreift, gleichzeitig die eigene Leit- und Steuerungskraft. Verfahren erzeugen nämlich in ihrer Existenz und Ordnung *selbstgenerierte* Handlungs- und Entwicklungsalternativen, die ohne sie nicht entstünden.[117] Sie beschränken sich deshalb niemals auf die bloße Akzessiorität zur Sachentscheidung. Als „Entdeckungsverfahren“[118] ent-

---

[113] So zutr. *Badura,* Staatsrecht, S. 9, der allerdings dann doch dem Verfahrensgedanken insgesamt zu wenig Aufmerksamkeit widmet.

[114] Ebenso und stellvertretend für die herrschende Staatslehre z.B. *Zippelius,* Staatslehre, S. 115f.

[115] Zu dieser vgl. schon oben im Text bei A.II.1.; *Stern,* Staatsrecht I, S. 86.

[116] Staatslehre, S. 116.

[117] Vgl. dazu die Grundlegung oben, 5. Kap., B.IV. Verfahren lassen also die Frage nach dem „zutreffenden“ Entscheidungsinhalt bei weitem nicht so offen, wie das allseits postuliert wird; die alte Verfahrensweisheit der Verwaltungspraxis – „wer schreibt, der bleibt“ – bestätigt dies trefflich.

[118] Vgl. zu der damit in bezug genommenen Funktion von Verfahren, noch offene Komplexität in sich aufzunehmen, auch *Luhmann,* Verfahren, S. 47, 51; entgegen seiner Ansicht (S. 46) wird dadurch jedoch sehr wohl auch die *Zukunft* zum Orientierungsmaßstab staatlichen Handelns in und durch Verfahren.

falten sie stattdessen gleichsam schöpferischen Charakter für staatliches Handeln und Entscheiden. In ihrer Dimension als Strukturelement und Medium staatlicher Einheitsbildung und gesellschaftlicher Koordination bestätigt sich diese Wirkung.[119] Die Folge ist eine komplementäre Zuordnung von Sachinhalten und Verfahrensabläufen in der Aufgabe, Entscheidungen herzustellen und Herrschaft zu rechtfertigen.

Vor allem aber folgen Verfahrenswahl und -ausgestaltung *selbst* im Erzielen von inhaltlichem Konsens eigenen (normativen) Gütekriterien und empirischen Argumenten und sie müssen selbst um ihre Anerkennung ringen. Denn auch Verfahren sind Herrschaftsinstrumente. Solange z.B. in den Verfahren der politischen Willensbildung die Legitimität der Mehrheitsentscheidung einschließlich der daraus folgenden Gehorsamkeitsverpflichtung für die Minderheit (auch) aus dem Verfahren der Entscheidungsbildung und der gleichen Teilnahmechance aller folgt, solange beruht die Fügsamkeit der Staatsbürger gegenüber Mehrheitsentscheidungen auf der Billigung eben auch dieser Verfahrensregeln. Staatliche Herrschaft bedarf somit der „doppelten“ Legitimation, nämlich ihrer Inhalte *und* Verfahren. Die Verfassung gibt daher auf, die Wahrscheinlichkeit zu maximieren, daß Verfahren als bindende Prämisse für künftiges Handeln und Entscheiden des Staates auch allseits akzeptiert werden.[120]

In der Folge dessen verliert der Staat nicht nur die Fähigkeit, Verfahren *beliebig* für seine Ziele und Aufgaben einzusetzen und zu formen. Die Auswahl unter mehreren denkbaren und möglichen Verfahrensalternativen sowie die Verfahrensorganisation im einzelnen setzen vielmehr eine gewisse *Qualität* der Konkretisierung frei und sie müssen sich dafür auch verbürgen. Andernfalls unterliegen sie – wie die Ergebnisse – der Ablehnung. Auch dies gehört zum (Verfahrens-) Konsens.

Weiterführend geht es also darum, die Konsensfrage in bezug auf die staatlichen Verfahren selbst aufzuwerfen. Das Konsensprinzip umfaßt immer und zugleich prozedurale und inhaltliche Aspekte: Prozeß und Struktur, Weg und Ziel sind voneinander nicht zu trennen. Eines ist ohne das andere nicht zu denken, das Ergebnis nicht ohne den Weg und umgekehrt. Legitimation durch Prozeduren *und* eine Legitimation durch Konsens gibt es also nicht! Was dagegen besteht, ist die zwar „doppelte“, aber insgesamt *einheitliche* Legitimation für Inhalte und Verfahren durch Konsens; und diese ist für sich ein „Verfahren“ zur Findung akzeptabler Konkretisierungsergebnisse.

Auch Verfahren benötigen deshalb „Konsens“ und dieser entsteht erst *in* Verfahren – oder er wird *dort* verfehlt. Schon die Verfahrensfestlegung, daß man „wählt“ und nicht zu einem der sonstigen Koordinationsverfahren greift, also z.B. weder befiehlt noch bis zur völligen Übereinstimmung verhandelt, ist somit konsensbedürftig. Sie muß und kann auch begründet werden – nicht allein im Stadium der

---

[119] Vgl. dazu oben, 6. Kap., C.III.2.d) und 3.; 7. Kap., D.I. und II.

[120] In dieser Richtung siehe auch *Offe*, Politische Legitimation, S. 152; *U. K. Preuß*, Politische Verantwortung, S. 294f.

Verfassungsgebung, sondern ebenso und stets von neuem im Rahmen der Veränderbarkeit einer bestehenden Verfassung.[121]

5. Legitimationsbedarf staatlicher Verfahren

Staatliche Verfahren sind mithin in den von Verfassungs wegen zu stillenden Legitimationsbedarf der politischen Herrschaft eingebunden. Er läßt sich nicht schon mit dem Hinweis auf ihre operative Plausibilität befriedigen. Denn Verfahren mit ausschließlich dieser Qualität müßten, um selbst legitim zu sein, ihrerseits wiederum durch „Verfahren" legitimiert werden. Dies aber würde einen infiniten Verfahrenszusammenhang eröffnen. Deshalb verweisen die Legitimationsverfahren stets zugleich über sich hinaus auf den materialen Gehalt des Verfassungssstaates. Staatliche Verfahren beziehen sonach ihre Legitimität aus der Übereinstimmung mit den in der Verfassung geborgenen materialen Leitprinzipien der Staatsgestaltung und Freiheitsbewahrung einerseits, die jene schon genannten Strukturbedingungen der Verfahrenslegitimität im modernen Staat[122] in sich aufnehmen, und aus einem prozeduralen Grundkonsens andererseits.[123]

Diesen Zusammenhang prozeduralisierter Legitimität im Verfassungsstaat mit der normativen Kraft der Verfassung und dem Konsensprinzip mag auch *R. Zippelius* im Auge haben, wenn er von einer „‚Abklärung' der Konsensfähigkeit durch Verfahren und Institutionen" spricht.[124] Seine Ausführungen hierzu lassen indes erkennen, daß die von ihm zu diesem Zweck berufenen „prozeduralen Vorkehrungen" der *Regelgleichheit* bzw. der Verankerung von *Abwägungs- und Begründungspflichten* u.a.m.[125] nur dazu dienen sollen, einen *inhaltsbezogenen* Konsens herbeizuführen. Sie verkürzen die Legitimitätsfrage staatlicher Verhaltenskoordination auf die Behauptung ihrer materiellen „Richtigkeit" durch repräsentative Entscheidungsfindung.[126] Weder die Frage nach dem Typus prozeduraler Gerechtigkeit noch die nach dem prozeduralen Konsens wird gestellt.

Legitimation durch Konsens *und* Verfahren bedarf indes mehr als nur der bloßen Mechanik repräsentativer Entscheidungsfindung und der formalen Verankerung von Verfahrensregeln. Auch die Verfahrensentscheidungen, welche die Verfassung selbst trifft, wie z.B. die über den politischen Machterwerb und die Machtverwen-

---

121 Entscheidend für die Entwicklung jeder Verfassung ist damit neben einem Grundmaß an Flexibilität ihrer sog. „Ewigkeitsklauseln", wie z.B. Art. 79 Abs. 3 GG eine darstellt, die in ihnen enthaltene Chance, auch die Verbindlichkeit von fundamentalen Verfahrensregeln kollektiven Entscheidens im Wege der Verfassungsrevision in Frage stellen zu dürfen; vgl. dazu *Bryde,* Verfassungsentwicklung, S. 224ff., 235ff.; 356ff.; *Häberle,* AöR 112 (1987), S. 54ff., 58, 77ff., 78, 86ff.; *Offe,* Politische Legitimation, S. 151.

122 Siehe dazu oben, 5. Kap., C.II.

123 Vgl. oben im Text um und zu Fn. 120; siehe ferner die Ausführungen im 5. Kap., C.III.

124 Legitimation, S. 90ff.

125 A.a.O. (Fn. 124), S. 90ff., 93f.; vgl. auch *Zippelius,* Staatslehre, S. 114.

126 *Zippelius,* Legitimation, S. 93.

dung, müssen von den Bürgern als gerecht und geeignet und daher als *legitimitätsverbürgend* anerkannt werden. Dazu gehören auch Verfahrensstrukturen, die sicherstellen, daß alle über die gleiche Chance verfügen, ihrer Vorstellung von der „richtigen" Konkretisierung zur Geltung zu verhelfen und daß nicht bestimmte Interessen und Meinungen privilegiert, andere aber davon vornherein ausgeblendet werden.

a) Prozeduraler Grundkonsens

Wie also legitimiert die moderne Verfassung die staatlichen Verfahren? Das ist die entscheidende Frage. Für die Antwort hierauf tritt zunächst das prinzipielle Erfordernis eines „prozeduralen Grundkonsenses" in den Vordergrund. Er enthält die Übereinkunft über die grundlegenden formalen bzw. prozeduralen Maßnahmen der Verfassungsorgane und der ihnen nachgeordneten staatlichen Funktionsträger. Seine Existenz begleitet das Entstehen von Verfassungen ebenso, wie er die „arbeitende" Verfassung in Geltung hält – unabhängig davon, ob die Verfassung als prozeßhaft ergehende „Entscheidung" einer verfassungsgebenden Gewalt oder als „Vertrag" der am Prozeß der Verfassungsgebung Beteiligten verstanden wird.[127] Denn entstehende wie lebende Verfassungen gleichen in jedem Fall eher „Vorgängen" als statischen „Setzungen". In der ständigen *Erneuerung* des Konsens liegt deshalb der „letzte" Geltungsgrund einer Verfassung, die hierzu sowohl auf angemessene Verfahrensentwicklung wie auf einen revolvierenden (Grund-)Konsens über die Regeln der Konsensfindung angewiesen ist.[128]

Ob sich auch dieser *prozedurale Konsens* erneuert, hängt von den Verfahrensstrukturen ab, davon ferner, wie die staatlichen Verfahren geführt werden und von ihren Kontext- bzw. Anwendungsbedingungen.[129] Mit diesen hat sich jüngst vor allem *C. Offe* am Beispiel des Mehrheitsprinzips als Verfahrensregel auseinandergesetzt. Indem er die der Mehrheitsregel innewohnenden Fiktionen und Aporien aufzählt und illustriert, findet er zu dem Schluß, „daß die Legitimationsfunktion des Mehrheitsprinzips in modernen kapitalistischen Demokratien durchaus problematisch und bestreitbar" sei.[130]

Nun mag zwar, wie verschiedentlich behauptet worden ist, für die „Jurisprudenz" der sozialwissenschaftliche Legitimationsbegriff als solcher – und damit hierauf fußende Überlegungen – nicht genügen.[131] Die Frage jedoch, unter welchen Bedingungen und mit welchen Gründen im parlamentarischen Repräsentativsystem die Fügsamkeit der Minderheit gegenüber der Entscheidung der Mehrheit erwartet werden kann, zielt auch darauf ab, ob das *Recht* und insbesondere die Verfassung als

---

[127] Siehe näher dazu *Badura,* Staatsrecht, S. 7; *C. Schmitt,* Verfassungslehre, S. 20ff., 61ff.

[128] Ähnlich *Prisching,* Soziale Koordinationsprinzipien, S. 302f.

[129] Vgl. 7. Kap., C.II.3.

[130] *Offe,* Politische Legitimation, S. 154.

[131] Siehe z.B. nur *Zippelius,* Legitimation, S. 84f.; vgl. dagegen aber schon oben, 5. Kap., A.II. m.w.Nachw.

normative Grundordnung unter den faktisch möglichen Koordinationsverfahren zutreffend ausgewählt und diese rational gestaltet haben. Insofern können auch politologisch-sozialwissenschaftliche Analysen dazu Anlaß geben, *von Rechts wegen* nachzufragen, ob in der gegebenen staatlichen Verfahrensordnung die Regeln der prozeduralen Rechts- und Zweckkonkretisierung von den Rechtsunterworfenen als billigenswert akzeptiert werden.[132]

In bezug hierauf ist an der fundierten Analyse von *C. Offe* aus verfassungsrechtlicher Sicht die Erkenntnis wesentlich, daß die Verfahrensregeln der repräsentativen Entscheidungsfindung überhaupt nur Bestand haben können, wenn sie kontinuierlich den Test ihrer realen Anerkennung bestehen.[133] Darin wird zugleich die *überragende Bedeutung des prozeduralen Konsenses für die Sachentscheidung* offenbar: Diese vermag ihre Rechtfertigung nur und erst dann zu behaupten, „wenn die Frage, *ob* dies in konkreten Entscheidungslagen unterstellt werden darf, zuvor selbst der mehrheitlichen Prüfung durch den Bürger unterzogen worden ist.“[134]

b) Materiale Verfahrensbindung

Was *C. Offe* also unternimmt, ist im Zusammenhang mit der demokratischen Rechtfertigung des Staates der verfahrensbezogene Versuch, den prozeduralen (Grund-)Konsens durch geeignete institutionelle Modifikation bzw. Ergänzungen des Mehrheitsprinzips selbst wie seiner gesellschaftlichen Anwendungsbedingungen (wieder-)herzustellen. Konkret kann dies entweder dadurch geschehen, daß die Gegenstände, Modalitäten und Grenzen der Anwendung der Mehrheitsregel *selbst* zur mehrheitlichen Disposition gestellt werden. Oder der Anwendungsbereich des Mehrheitsprinzips wird durch förderale Entscheidungsverfahren, Dezentralisation, verfahrensmäßige Befestigung des Minderheitenschutzes bzw. durch Maßnahmen zur Sicherung der Autonomie und Entscheidungskompetenzen der Wähler und Abgeordneten *eingeschränkt.*[135]

Dabei ist im Rahmen der hiesigen Untersuchung vor allem der Vorschlag von Interesse, daß auch „kurzgeschlossene“ Legitimations- und Konfliktregelungsmechanismen im Verhältnis zwischen betroffenen Bürgern und den *Ordnungs- wie Leistungsverwaltungen* dazu beitragen sollen, den prozeduralen Konsens zu sichern. Weil und soweit sich nämlich die Politik des modernen Wohlfahrts- und Interventionsstaates typischerweise auf immer kleinere Gruppen oder soziale Kategorien erstrecke, während es gleichzeitig eine immer größere Mehrheit von schwach

---

[132] Zu den dahinter verborgenen methodologischen und erkenntnistheoretischen Überlegungen vgl. auch die Ausführungen von *Böckenförde,* FS H. U. Scupin, S. 317ff., 327ff.; *Grawert,* Der Staat 26 (1987), S. 432ff., 443ff.; *D. Grimm,* Grundrechte und soziale Wirklichkeit – zum Problem eines interdisziplinären Grundrechtsverständnisses, in: W. Hassemer/ W. Hoffmann-Riem/J. Limbach (Hrsg.), Grundrechte und soziale Wirklichkeit, 1982, S. 39ff., 42.ff.

[133] *Offe,* Politische Legitimation, S. 151.

[134] *Offe,* a. a. O. (Fn. 133), S. 181.

[135] *Offe,* a. a. O. (Fn. 133), S. 178f.

oder überhaupt nicht Interessierten bzw. Informierten gäbe, steige – so argumentiert Offe – die Bereitschaft von „Minderheiten“, der formellen Mehrheit unter Berufung auf die besondere Dringlichkeit und Intensität ihre Präferenzen den Gehorsam aufzukündigen.[136]

Im *Verwaltungsverfahren,* so scheint Offe in Fortführung von ihm schon früher angestellter Überlegungen anzunehmen,[137] könne dieses „Intensitätsgefälle“ am besten ausgeglichen werden. Folgerichtig plädiert er dafür, die administrativen Dispositionsspielräume bei der Implementation politischer Programme[138] zu erweitern und legislative Detailregelungen weiter auszudünnen. Ebenso sollten „verwaltungsnahe“ Formen der Bürgerbeteiligung generell erprobt werden; auch wären Formen der Selbsthilfe, Selbstverwaltung und Klientenautonomie zu verstärken.[139]

Das Mehrheitsprinzip wird auf diese Weise mit dem Verwaltungsverfahren kombiniert, damit es – wie sich *C. Offe* ausdrückt – „mit seinen zuvor diskutierten problematischen Effekten eingeschränkt werden kann.“[140] Verfahrensregeln sind es m.a.W., deren Modifikation empfohlen wird, um die Anerkennung des Mehrheitsprinzips als ein Entscheidungsverfahren zu sichern. Deutlich wird aber auch und zugleich, daß dem Änderungsvorschlag ganz bestimmte *inhaltliche* Vorstellungen darüber zugrundeliegen, wie die „richtige“ Verfahrensform auszusehen hätte.

Diese Vorstellungen decken sich – allgemeiner gewendet – in gewisser Weise mit den Annahmen der prozeduralistischen Gerechtigkeitstheorie, speziell mit dem dort unterbreiteten Vorschlag, einen im moralisch-praktischen Sinne rationalen Kern rechtlicher Verfahren dadurch herauszuschälen, daß die moralische Argumentation selbst als das angemessene Verfahren rationaler Willensbildung begriffen wird.[141] In diesem Sinne erfordern staatliche Koordinationsverfahren schlechthin bestimmte Funktionsbedingungen und generalisierte „Spielregeln“, um von einem prozeduralen Konsens getragen zu werden. Sie dürfen beispielsweise *strukturell* nicht darauf festgelegt werden, nur solche Entscheidungen hervorzubringen, die in der Gestalt von Alternativen bereits in die Prämissen des einzelnen Verfahrens selbst – mehr oder weniger verschwiegen – eingelassen worden sind. Dies gilt sowohl für die Verwaltungsverfahren in der Form des Planfeststellungsverfahrens mit Öffentlichkeitsbeteiligung, dessen „Geburtsfehler“ darin liegt, von vornherein (und in Absprache mit ausgesuchten Interessenten) ein als nicht abänderbar ins Auge gefaßtes Planziel erreichen zu wollen,[142] als auch für die Verfahren der politischen Willensbildung.[143] Auch diese dürfen in ihrem Vorfeld nicht nur bestimmte Konkretisie-

---

[136] A.a.O. (Fn. 133), S. 166ff.; vgl. auch *R. Schmidt,* JZ 1983, 725ff., 729ff.

[137] Leviathan 2 (1974), S. 333ff.

[138] Zu diesen vgl. die Nachw. oben, 1. Kap., B.II.2.; 2. Kap., A.II.4. mit c); 6. Kap., B.IV.

[139] Siehe hierzu bereits die Nachw. oben, 6. Kap., C.III.3. mit h) und Fn. 241.

[140] Politische Legitimation, S. 179.

[141] Dazu die Nachw. oben, 9. Kap., C.V. mit Fn. 162ff., 180ff.

[142] Zur Kritik hieran siehe schon früher *Hoffmann-Riem,* VVDStRL 40 (1982), S. 192f., 211f., 221, 231f.

[143] Zu der Nähe mancher Verwaltungsverfahren hierzu und dabei insbesondere zu den

rungsalternativen zulassen, andere aber gleichsam wegfiltern. Denn dadurch würde sich die Chance der Minderheit, zur Mehrheit zu werden, nur noch auf diejenigen Meinungen und Interessen beziehen, die den Filter erfolgreich passiert haben.[144] Im Prinzip müssen alle möglicherweise Betroffenen als Freie und Gleiche an einer kooperativen Urteils- und Willensbildung teilnehmen können, bei der einzig und allein der Zwang des besseren Arguments durchschlagen darf.

Selbstverständlich unterliegt nicht jedes staatliche Koordinationsverfahren genau denselben Funktionsbedingungen. Für das Mehrheitsprinzip als Wahl- bzw. Abstimmungsverfahren gelten insofern weithin andere Funktionsgrenzen als etwa für Anweisungs-(Verwaltungs-)verfahren. Gleichwohl läßt sich – wie z.B. das Verbot der Präjudizierung des Verfahrensergebnisses zeigt – ein gemeinsames *strukturelles Minimum* an Verfahrensbindung für alle staatlichen Gemeinschaftsverfahren feststellen. Vor allem die *Idee der Unparteilichkeit* sowohl der Normbegründung wie der Anwendung von verbindlichen Regelungen scheint dabei den rationalen Kern dieser Mindestgewähr auszumachen. Sie steckt nicht nur in der voraufgehend abgelehnten Art und Weise, das Verfahrenshandeln zu determinieren, sondern auch in dem der prozeduralen Theorie der juristischen Argumentation entlehnten Gebot, den Konsensbildungsprozeß als Bestandteil der Rechts- und Zweckkonkretisierung bis an sein Ende für Auseinandersetzung und Kritik offenzuhalten. Dadurch lassen sich im Verlauf eines Verfahrens Tatsachen und Argumente zu Tage fördern, die entweder verdeckt waren oder absichtlich zurückgehalten worden sind. Der Idee der Unparteilichkeit zuzurechnen ist schließlich der strukturell unabdingbare Grundsatz, jedweden Verfahrensablauf nach generalisierten Regeln zu organisieren, so daß vor allem der *Grundsatz der Gleichbehandlung* im Verfahren zur Geltung kommt.

B. Das materiale Verfahrenskonzept der Verfassung

I. Verfassung und Strukturbedingungen prozeduraler Legitimität

In den erwähnten materialen Verfahrensbindungen spiegeln sich die Strukturbedingungen prozeduraler Legitimität im modernen Staat wider.[145] Die neuzeitliche Verfassung nimmt dieses komplexe Bedingungsgefüge in ihr Verfahrenskonzept auf, weil und soweit es sich im Verlauf seiner alltagswirklichen Erprobung für die Herstellung einer realen Handlungs- und Wirkungseinheit der Gesellschaft durch (prozeduralen) Konsens als maßgeblich erwiesen hat.

„massenverfahrensauslösenden Grundentscheidungen der Verwaltung" siehe bes. *Lerche*, Vorbereitung grundrechtlichen Ausgleichs, S. 126f. („gesetzesnahe Akte").

[144] *U. K. Preuß*, Politische Verantwortung, S. 114, 292.

[145] Zu ihnen siehe oben, 5. Kap., C.II.

Vor dem Hintergrund dieser Erfahrung unterwirft die moderne Verfassung alle staatlichen Verfahren der Gesamtheit ihrer Grundsätze für die materiale Staatsgestaltung und Freiheitsbewahrung. Die Suche nach dem Gemeinwohl wird solcherart mit der Entwicklung von Verfahrensweisen (und Institutionen) verbunden, durch deren Wirken nicht nur das notwendige Recht gewonnen und auf den Einzelfall angewendet werden kann, sondern ebenso materiale, institutionelle und prozedurale Elemente zu einer Ordnung zusammengefügt werden, die gleichermaßen dem einzelnen wie dem Gemeinwesen dient.

Im Sinne dieses „gemischten" Ordnungs- und Konfliktlösungsmodells erteilt die moderne Verfassung ihre Antwort auf die drängenden Fragen nach den Rationalitätsstandards und den Legitimationsvoraussetzungen autoritativer Verhaltenskoordination. Nicht das geschlossene System des „richtigen" Inhalts ist somit der Weg, den die Grundwerte und -freiheiten der Verfassung verlangen. „Vielmehr ist es die richtige Differenzierung des Systems der Normen, Institutionen und Verfahrensweisen und im Gefüge dieser Differenzierung der nicht absolute, aber doch wirkmächtige Anspruch dessen, was man über die Menschenwürde sicher zu wissen meint und was daraus für Gestalt und Auftrag des Gemeinwesens folgert."[146] Dabei handelt es sich aber gerade nicht um glatt funktionierende „Mechanismen" eines gehaltlosen Abschnurrens von Prozessen der Auseinandersetzung, Klärung und Vergewisserung bei Konflikten, sondern um zweck- und wertrationale Prozeduren der Kommunikation und Interaktion.

Die materialen Leitgrundsätze, Staatsziel- und Strukturprinzipien der Verfassung gestalten in bezug hierauf nicht nur die grundlegende Rechts-(subjekt-)stellung des Bürgers zum Staat, sondern sie machen mit ihrem Programm die Verfassung zugleich zur Grundlage und Leitlinie der verfahrensmäßigen Begegnung bzw. Koordination. Staatliche Verfahren, genauer: die Art und Weise der Konkretisierung gewinnen dadurch selbst unmittelbaren Grundwertbezug. Dementsprechend kleidet die moderene Verfassung sie als Prozeßform und -ordnung in „Recht". Auf diese Weise unterliegt die Dialektik zwischen abstrakter normativer Ordnung und konkret administrativer oder richterlicher Entscheidung ebenso den Direktiven des prozedural Verfassungsgemäßen, wie dieses in Sicherung der Diskursform[147] Verfahrensweisen verlangt, die nicht nur die staatliche Autorität entfalten, sondern die auch ihrem Gegenüber – dem jeweils Betroffenen – die maximale Chance einräumen, sich in den Konkretisierungsprozeß einzubringen bzw. sich „geltend zu machen."[148]

Im Vordergrund der materialen Verfahrensaussage stehen die grundrechtlichen Zentralkategorien der Menschenwürde, der Freiheit und der Gleichheit sowie die Staatsziel- und Strukturbegriffe des Rechts- und Sozialstaats sowie der Demokratie.

---

[146] *Zacher*, Elemente der Rechtsstaatlichkeit, S. 424.

[147] Dazu siehe nochmals oben, 5. Kap., B.IV.3.

[148] Vgl. BVerfGE 69, 315 (356, 357).

Unter den Staatszielbestimmungen ragt der *prozessuale Rechtsstaat* hervor.[149] Er darf freilich nicht von seiner sozialstaatlichen Richtungsweisung abgelöst werden.[150] Weil dies gleichwohl immer wieder der Fall ist, erweisen sich Verfahrensbedarf und Verfahrensanleitung im „sozialen" Rechtsstaat bislang nur höchst anfänglich erfüllt.[151]

Es wäre allerdings ein Irrtum anzunehmen, allein Rechts- und Sozialstaatlichkeit würden die in der Verfassung geborgene und von ihr beseelte Verfahrensidee des modernen Staates ausprägen. Hinzu treten vielmehr – wie sich bereits in den oben vorgestellten Verfahrenskonzepten angekündigt hat[152] – die Verfahrensmaßgaben des *demokratisch* verfaßten Staates. Häufig übersehen werden daneben diejenigen prozeduralen Maximen, die in einem *Bundesstaat* aus der Kompetenzverteilung zwischen Bund und Ländern für einzelne Verfahrenstypen erfließen.[153] Zwar zählt die Bundesstaatlichkeit als solche nicht unbedingt zur „eisernen Ration" der modernen Verfassungsstaatlichkeit. Aber dort, wo sie ein strukturbildendes Element der staatlichen Grundordnung darstellt, darf ihre Verfahrensbedeutung nicht an den Rand gedrängt werden. Nicht von ungefähr findet gerade die administrative „Verfahrensgewalt" des Grundgesetzes, wie sich gezeigt hat, ihren Mittelpunkt in der *bundesstaatlichen* Aussage zur verfassungsrechtlichen Stellung der Exekutive.[154] Gleichermaßen bedeutsam sind die Verfahrensperspektiven, die bei einem Verfassungsstaat mit förderativer Ordnung durch Integration in supranationale Gemeinschaften eröffnet werden.[155]

---

[149] Zum Rechtsstaat als „Verfahren" siehe vor allem in st. Rspr. BVerfGE 5, 85 (139f.); 70, 291 (308); aus der Literatur vgl. *Laubinger,* VerwArch. 73 (1982), S. 83f.; *D. Lorenz,* NJW 1977, 867; *H. H. Rupp,* FS O. Bachof, S. 164f.; *Schenke,* DÖV 1987, 169ff., 179; *Schmidt-Aßmann,* in: Maunz/Dürig GG, Art. 19 Abs. 4 Rdnrn. 18ff., 22; *ders.,* Der Rechtsstaaat, S. 1024ff.; *ders.,* HdbStR III, 1989, S. 634ff.; *Stern,* Staatsrecht I, S. 783; *Zacher,* Freiheitliche Demokratie, S. 59f., *ders.,* Elemente der Rechtsstaatlichkeit, S. 421ff.

[150] Zu dem unauflöslichen Verbund von Rechts- und Sozialstaat als „ganzheitliches System" siehe bes. *Müller-Volbehr,* JZ 1984, 6ff., 8ff.

[151] Siehe auch die grds. Kritik von *J. P. Müller,* Soziale Grundrechte, S. 23f., 261ff.; weniger ausgeprägt hierzu die Hinweise von *Zacher,* Das soziale Staatsziel, S. 1068 m. Anm. 199, 1086 m. Anm. 292, 1090, 1105 m. Anm. 414; für das Verwaltungsverfahren vgl. im übrigen schon die Nachw. oben, 2. Kap., A.II.3.

[152] Vgl. oben, 9. Kap., A.I., C.II.

[153] Vgl. z.B. im Hinblick auf Art. 92 GG die in den Grundsatz des effektiven Rechtsschutzes eingebettete Frage nach der Anzahl *gerichtlicher* Instanzen; ein anderes Beispiel bietet der Hinweis auf die *Pflicht zu bundesfreundlichem Verhalten* in BVerfGE 12, 205 (255), wo „das Procedere und (den) Stil der Verhandlungen, die zwischen den Ländern im Verfassungsleben erforderlich werden", hervorgehoben wird.

[154] Siehe vor allem Art. 83ff. GG und dazu die Ausführungen bzw. Nachweise oben, 1. Kap., um und zu Fn. 165ff.

[155] Vgl. z.B. BVerwGE 75, 285 (286ff.); BVerwG, BayVBl. 1987, 87; *Grabitz,* NJW 1989, 1776ff.; *G. Ress* (Hrsg.), Grenzüberschreitende Verfahrensbeteiligung im Umweltrecht der Mitgliedstaaten der Europäischen Gemeinschaften, 1985; *J. Schwarze,* NJW 1986, 1067ff., 1068f., 1071f.; EuGZR 1986, 293ff., 296.

Die Ordnung der gemeinschaftserheblichen Konkretisierungsprozesse nach Maßgabe dieser materialen Vorgaben sicherzustellen, steht im Zentrum des Verfahrenskonzeptes der modernen Verfassung. *Wie* entschieden werden und *wer* entscheiden soll, unterliegt den Direktiven freiheitlicher Selbstbestimmung, der Gleichheit und Gerechtigkeit sowie dem Bekenntnis zur Menschenwürde. Um sie zu verwirklichen, müssen die staatlichen Funktionsträger entsprechende verfahrensmäßige Vorkehrungen treffen. Zuvörderst die Grundrechte setzen ihre *Wirkungssicherung* voraus, also die effektive Umsetzung der in ihnen umschriebenen Schutzgüter. Verfahren erweisen sich hierbei als das Mittel der Wahl, ein grundrechtsgemäßes Ergebnis herbeizuführen und damit Grundrechte auch im Hinblick auf die soziale Wirklichkeit wirksam zu sichern. Die vielfältigen Vorstellungen einer Grundrechtsverwirklichung durch (Organisation) und Verfahren unter dem Grundgesetz[156] finden in diesem Grundgedanken ihre Heimstatt.

Freilich dürfen die Grundrechte in ihrem prozeduralen Gehalt nicht überfordert werden. Sie erlauben weder, die staatlichen Verfahrensordnungen in ein aktionenrechtliches Verfahrensgeflecht aufzulösen[157], noch sind alle Verfahrensvorschriften einer staatlichen Rechtsordnung in jenem engeren Sinne „grundrechtsgeboten", daß ihre Einhaltung unverzichtbare Voraussetzung für die Rechtsbeständigkeit der jeweiligen staatlichen Entscheidung wäre.[158] Zu Recht weist deshalb *E. Schmidt-Assmann* darauf hin, daß grundrechtlicher Verfahrensschutz nicht in einem Maximum verfahrenstechnischen Aufwandes, sondern in einem angemessenen Ausgleich der verfahrensrechtlichen Handlungsmöglichkeiten bestehen müsse, der auch auf eine Einschränkung solcher Möglichkeiten hinauslaufen könne. Und in der Tat lassen sich aus den Grundrechten als zwingend nur elementare, rechtsstaatlich unverzichtbare Verfahrensanforderungen ableiten.[159]

Die sonach in erster Linie dem *Gesetzgeber* obliegende Aufgabe, Verfahrenssysteme zu entwickeln, um grundrechtsadäquate Ergebnisse zu erzeugen, darf allerdings nicht nur aus der Perspektive betrachtet werden, das Grundrecht des einzelnen bliebe sonst wirkungslos. Verfassungsdirigierte Verfahrensordnung dient nicht weniger dem Zweck, Grundrechtskollisionen bzw. widerstreitende Verfassungspositionen *zum Ausgleich* zu bringen.

Verfassungsrelevante Verfahrenssysteme ermöglichen es dabei, im Ausübungsbereich eines Grundrechtes Einschnitte vorzunehmen und dieses verfahrensmäßig in Form zu bringen, um seine Existenz mit gegenläufigen verfassungsrechtlichen

---

[156] Vgl. die Nachw. oben, 1. Kap., Fn. 332f.; 9. Kap., Fn. 25, 47, 160.

[157] BVerfGE 60, 253 (297); vgl. auch *Held*, Grundrechtsbezug, S. 150f.; *Schmidt-Aßmann*, in: Maunz/Dürig, GG, Art. 19 Abs. 4 Rdnr. 23.

[158] BVerfGE 56, 216 (242); *Grimm*, NVwZ 1985, 869; *Schmidt-Aßmann*, Öffentlich-rechtlicher Grundeigentumsschutz, S. 134.

[159] Vgl. *Burmeister*, Verfahrensstrukturierungsgebote, S. 136ff.; *Schmidt-Aßmann*, Ordnungsidee, S. 40ff.; *ders.*, in: Maunz/Dürig, GG, Art. 19 Abs. 4 Rdnrn. 21, 22; *ders.*, HdbStR III, 1988, S. 636f.; *v. Mangoldt/Klein/Starck*, GG, Art. 1 Abs. 3 Rdnrn. 130ff., 132.

Postulaten abzugleichen.[160] Infolge dadurch eintretender Grundrechtseinbußen erscheint es rechtsstaatlich geboten, den Grundrechtsträger an dem zu formulierenden Prozeß der Abwägung durch Verfahrensgestaltung rechtzeitig zu beteiligen.[161]

Darüber hinaus ist zu beachten, daß die Grundrechte – ebenso wie das Rechtsstaatsprinzip – als *Elemente* einer materialen Grundordnung in Wechselbeziehung zu den weiteren materialen Leitgrundsätzen, Staatsgrundsätzen, Staatsziel- und Strukturprinzipien der modernen Verfassung stehen. Dementsprechend hat ihre Interpretation auf diesen Gesamt-Auftrag zweck- und wertrationaler Zielprogrammierung der Staatstätigkeit stets Rücksicht zu nehmen. So gibt es nicht nur eine prozessuale Rechtsstaatlichkeit, sondern auch eine prozessuale Sozialstaatlichkeit („formelles Sozialstaatsprinzip").[162] Gleichermaßen stellt sich die Frage, ob nicht staatliche Verfahren als Freiheitsbedingung und Formung von Herrschaft einen demokratischen Stellenwert erlangen. Denn es sind eben nicht mehr allein die vom Parlament beschlossenen („offenen") Entscheidungsprogramme, die zu Prämissen des administrativen Handelns werden, sondern auch die vom Publikum artikulierten Interessen.[163]

II. Wirkebenen des prozedural Verfassungsgemäßen

1. Verfassungsverfahrensrecht

Versucht man, die der Verfassung als einer materialen Grundordnung erfließenden Verfahrensdirektiven zu systematisieren, so lassen sich im wesentlichen *drei verschiedene Wirkebenen* des prozedural Verfassungsgemäßen herausfiltern.

Aussagen über staatliche Verfahren sind *zum einen* explizit in den Vorschriften des Verfahrensrechts der obersten Staatsorgane enthalten. Sie legen fest, wie diese bestellt werden, wie sie verfahren in der Bewältigung ihrer Aufgaben und wie sie dabei zusammenwirken. Die Verfassung übernimmt insoweit selbst die Funktion einer Verfahrensordnung.

Mit Recht weist allerdings *E. W. Böckenförde* auf den Umstand hin, daß dieses Verfahrensrecht in den heutigen Verfassungen, anders als in zahlreichen Verfassungen des 19. Jahrhunderts, über isolierte Einzelpunkte hinaus kaum noch geregelt und somit aus dem Bereich des formellen Verfassungsrechts weitgehend herausgenommen ist. Stattdessen sieht es sich in die Geschäftsordnungen der obersten Staats-

---

160 *Lerche*, Vorbereitung grundrechtlichen Ausgleichs, S. 104.

161 Vgl. speziell für das Verwaltungsverfahren auch *Eberle*, DVerw. 17 (1984), S. 456ff.; *Hufen*, NJW 1982, 2163; *Hoffmann-Riem*, VVDStRL 40 (1982), S. 211f.

162 Vgl. *J. P. Müller*, Soziale Grundrechte, S. 261ff.; *Pitschas*, VSSR 5 (1977), S. 165ff.

163 Dazu siehe auch *K. König*, Verwaltungsreform und Demokratiediskussion, S. 291; zu eng dagegen *Böckenförde*, Demokratie als Verfassungsprinzip, S. 949 (Rdnrn. 98, 100).

organe verlagert bzw. einfachgesetzlich geregelt.[164] Freilich sind diese neben der geschriebenen Verfassung existierenden Regeln des Verfassungslebens der Verfassung im materiellen Sinn zuzurechnen. Besondere Verfahrensanforderungen finden sich dagegen häufiger in bezug auf die *Änderung* einer Verfassung; sog. „Ewigkeitsklauseln" sind hin und wieder bemüht, das Verfahren der Verfassungsänderung „absolut" festzuschreiben.[165]

Im Verfassungsrahmen werden darüber hinaus Verfahrensweisen für die Tätigkeiten nachgeordneter Staatsorgane festgelegt. So spricht etwa Art. 97 Abs. 1 der italienischen Verfassung in bezug auf die Verwaltung davon, daß „die Behörden ... gemäß gesetzlichen Vorschriften so organisiert (werden), daß der ordnungsgemäße Geschäftsgang und die Unparteilichkeit der Verwaltung gewährleistet sind."[166] Das Grundgesetz verzichtet dagegen auf eine solche allgemeine Verfahrensmaßgabe. Dafür sieht es als Typus einer verfassungsstaatlichen Verfassung besondere Verfahrensmaximen für die Abwehr von Verletzungen verfassungsmäßiger Rechte vor allem in Beziehung auf das Straf- und Verfahrensrecht vor.[167]

2. *Strukturelle Verfahrensgarantien*

In einer staatlichen Verfassung kann somit das prozedural Verfassungsgemäße mehr oder weniger explizit formuliert sein, wobei die nähere Verfahrensgestaltung sodann den einzelnen Staatsorganen überantwortet wird. Wegen der möglichen „Offenheit" dieser Festlegung kommt einem *zweiten Wirkungskreis* des wert- und erkenntnisorientierten Verfahrensgehalts der modernen Verfassung erhebliche Bedeutung zu, nämlich dem von ihr gewährleisteten „procedural due process of law" als einer Art *strukturellen Verfahrensgarantie.*

Deren Bezugsgesamtheit bilden die dargestellten verfahrenstheoretischen Schlüsselbegriffe der Rationalität, Legitimation, Verantwortung und Kontrolle.[168] Sie erweisen sich im Verfahrenskonzept der modernen Verfassung als der gemeinsame Boden, auf dem zahlreiche geläufige, aber auch verschwiegene Anforderungen an die staatlichen Verfahren der politischen Wahl, Gesetzgebung, Verwaltung und Justiz erwachsen. Diese Anforderungen können – wie noch darzustellen sein wird –

---

[164] Vgl. *Böckenförde,* FS H. U. Scupin, S. 318 m. Anm. 4.

[165] Siehe dazu näher *Häberle,* FS H. Haug, S. 90ff.

[166] Zitiert nach *Denninger,* Der Staat 25 (1986), S. 109.

[167] Vgl. zu diesen „Prozeßgrundrechten" bes. *Hill,* HdbStR VI, 1989, S. 1305ff.; *Stern,* FS C. H. Ule, S. 359ff.; siehe ferner *Böckenförde,* FS H. U. Scupin, S. 320, unter Hinweise auf die Verfahrensgrundsätze „nulla poena sine lege", „ne bis in idem" u. a. m.; zu diesen wiederum siehe näher und m. w. Nachw. BVerfGE 73, 108 (115f.); *G. Pfeiffer,* Grundzüge, Rdnrn. 23ff., 170; *Niemöller/Schuppert,* AöR 107 (1982), S. 397ff., 401ff., 406ff., 472ff. In seiner Kommentierung zu Art. 19 Abs. 4 GG (in: Maunz/Dürig, GG, Rdnrn. 18ff.) bringt *Schmidt-Aßmann* die „Prozeßgrundrechte" in ein *Verhältnis der Komplementarität* zu Art. 19 Abs. 4 GG und den materiellen Grundrechten.

[168] Vgl. die Grundlegung hierzu oben, 9. Kap., A.III. und IV.

im Zuge ihrer verfassungsrechtlichen Konkretisierung in einzelne punktuelle Mindestpositionen und Grundsätze des Verfahrensschutzes einmünden. Sie bilden aber auch und zugleich einen *prozeduralen Strukturzusammenhang* aus, der in der Verfassung geborgen ist und dessen Sinn bzw. Deutung sich aus der Verbindung der Schlüsselbegriffe staatlicher Verfahrensordnung mit den materialen Gehalten der Verfassung erschließt.

a) Rationalitätsstandards der Verfahrensordnung

Zu den insoweit maßgeblichen Strukturdirektiven zählt zunächst die im *Gleichheitssatz in Verbindung mit dem Rechtsstaatsgebot* wurzelnde Pflicht aller Staatsorgane, ihr Verhalten an bestimmten Rationalitätsstandards auszurichten. Welche Anforderungen dabei die Verfassung an die Rationalität im einzelnen stellt, steht zwar seit längerer Zeit im Mittelpunkt einer zu materiellen Fragen der Gesetzgebung kontrovers geführten wissenschaftlichen Diskussion.[169] Weniger erörtert werden dagegen die Maßstäbe der Verfahrensrationalität.[170] Die prozedurale Rationalitätsdirektive der modernen Verfassung zählt zu den eher verschwiegenen Verfahrenspostulaten.

aa) Rechtsstaatlich – grundrechtliche Rationalitätsanforderungen

Ihre Bedeutung wird unter dem Grundgesetz vor allem der Frage nach der „Richtigkeit" staatlichen Entscheidens unterstellt und in bezug hierauf nach Maßgabe des *Rechtsstaatsprinzips* verfahrensbezogen entfaltet. So dient z.B. der Rationalitätsgedanke als Anknüpfungspunkt für zahlreiche geläufige Anforderungen an ein *rechtsstaatliches Gesetzgebungsverfahren* wie etwa denen nach einer (Mindest-)Bestimmtheit mit Berechenbarkeit, d.h. Kalkulierbarkeit und Kontrollierbarkeit seines Vollzugs. Aber auch die Erfordernisse der Zwecktauglichkeit eines Gesetzes (Geeignetheit), seiner Erforderlichkeit und Verhältnismäßigkeit sowie der Systemgerechtheit[171] lassen sich ohne Bezug auf ein Mindestmaß an Rationalität des Gesetzgebungsverfahrens nicht begreifen.[172] Fälschlich wird demgegenüber an der Auffassung festgehalten, daß Mängel der konsistenten Argumentation im Gesetzgebungsverfahren keineswegs als Miß- oder Fehlgebrauch gesetzgeberischer Freiheit zur Ungültigkeit der Norm führen.[173] In dieser Allgemeinheit wird die Ansicht nicht zu halten sein.

---

[169] Siehe z.B. *Eichenberger,* VVDStRL 40 (1982), S. 7ff., 28ff., 35; *Henseler,* ZG 1986, 76ff., 85; *Kloepfer,* VVDStRL 40 (1982), S. 88ff., *Lerche,* FS H. P. Ipsen, S. 437ff.; *Schulze-Fielitz,* Theorie und Praxis, S. 454ff.

[170] Vgl. aber *Schulze-Fielitz,* a.a.O. (Fn. 169), S. 459ff., 480ff.; *Lerche,* a.a.O. (Fn. 169), S. 442, 444; w. Nachw. auch oben, 4. Kap., C.III.1.

[171] *Battis,* Systemgerechtigkeit, FS H. P. Ipsen, 1977, S. 11ff.; *Degenhart,* Systemgerechtigkeit und Selbstbindung des Gesetzgebers als Verfassungspostulat, 1976; *Peine,* Systemgerechtigkeit. Selbstbindung des Gesetzgebers als Maßstab für die Normenkontrolle?, 1984.

[172] *Goerlich,* JR 1977, 89ff.; *Lerche,* FS H.P. Ipsen, S. 438; *Schäffer,* Rationalisierung, S. 199ff.; *R. Scholz/Pitschas,* Informationelle Selbstbestimmung, S. 55ff.

[173] So z.B. von *Henseler,* ZG 1986, S. 85.

In eher verstärktem Maße gilt die Rationalitätsdirektive für die *Gerichts- und Verwaltungsverfahren* des modernen Verfassungsstaates. Auch dort, wo die Verfassung keine näheren Aussagen zu diesem Thema trifft, unterliegen diese Verfahren ihrem (rechtsstaatlichen) Rationalitätsgebot. Es offenbart sich vornehmlich unter dem Gesichtspunkt der dem rechtsstaatlichen Prinzip innewohnenden Forderung nach *Normeffektivität*, die in die Gebote einer Verfahrenseffizienz und -effektivität ausmündet.[174] Soweit es um die richterliche Kontrolle von staatlichen Konkretisierungsakten geht, gewinnt daneben die *Begründungspflicht* der handelnden Instanzen eine maßgebliche Bedeutung. Denn eine solche, aus dem Rechtsstaatsprinzip resultierende Verpflichtung kann nicht nur gewährleisten, daß die entscheidende Instanz nicht willkürlich handelt, sondern daß sie auch bei komplexen Konkretisierungsvorgängen Sachgerechtigkeit und Objektivität walten läßt. Nur die rationale Offenlegung und Begründung vermag z.B. dem Entscheidenden bzw. Handelndem selbst unbewußt bleibende Positionen und Interessen klarzumachen. Und nur die disziplinierende Kraft der nachträglich möglichen Korrektur durch Kontrolle motiviert zur größten Anstrengung in Richtung auf eine ausgewogene Konkretisierung.[175] Von daher haben auch und beispielsweise die Gerichte nach Abschluß des Verwaltungsverfahrens und aufgrund erhobener Klage alle Verwaltungsakte auf ihre Plausibilität und innere Folgerichtigkeit zu überprüfen. Die nicht, fehlerhaft und irrational begründeten Ermessensakte sind dabei als rechtswidrig zu qualifizieren.[176]

Zu den unabdingbaren rechtsstaatlichen Anforderungen an rationale Verfahren der autoritativen Verhaltenskoordination zählen ferner die Verfahrenskautelen einer genauen Ermittlung und Diagnose des für die Konkretisierung maßgeblichen Sachverhaltes und der involvierten Interessen,[177] die Grundsätze prozessualer Stoffsammlung, Beweiserhebung und Beweiswürdigung sowie die Folgerichtigkeit und Vollständigkeit der abzuwägenden Belange. Rationalität der Verfassungskonkretisierung ist im modernen Staat ohne eine solche Abwägung nicht mehr denkbar.[178] Allem voraus gelagert ist aber das „audiatur et altera pars" – das *rechtliche Gehör*. Es ist für den, der einer Entscheidung ausgesetzt wird, ein Element seiner grundrechtlich begründeten Subjektstellung. Ohne die Möglichkeit der Anhörung würde der einzelne zum Objekt des Verfahrens herabgewürdigt.[179]

---

[174] Siehe zu dieser auch *Hill*, Das fehlerhafte Verfahren, S. 209, 347; *Leisner*, Effizienz als Rechtsprinzip, 1971; *Häberle*, AöR 98 (1973), S. 625ff.; *Isensee*, Die typisierende Verwaltung, 1976, S. 155ff., 160ff.; *D. Lorenz*, AöR 105 (1980), S. 631ff.; zum „Verwaltungsverfahren zwischen Effizienz und Rechtsschutzauftrag" vgl. bes. *Wahl*, VVDStRL 41 (1983), S. 151ff.; *Pietzcker*, ebd., S. 193ff.

[175] *Hufen*, Verwaltungsverfahren, S. 207ff.; 208f.; *Lücke*, Begründungszwang und Verfassung, S. 37ff.

[176] So richtig auch *H.-J. Koch*, DVBl. 1983, 1125ff., 1128, 1129.

[177] *Pestalozza*, Festgabe BVerfG I, 1976, S. 519ff., 541ff., 542; für das Verwaltungsverfahren zusammenfassend auch *Hufen*, a.a.O. (Fn. 175), S. 102ff., 105.

[178] BVerfGE 70, 297 (308); vgl. schon früher *Ossenbühl*, Festgabe BVerfG I, 1976, S. 458ff., 496ff., 506ff., bes. 513f.

[179] BVerfGE 7, 53 (57); 275 (279); 9, 89 (95); 34, 1 (7); 39, 156 (168); 46, 262 (210); 55, 1

Schon aus diesen Bemerkungen wird deutlich, daß der Rationalitätsaspekt einerseits durchaus einem Kern des Rechtsstaatsprinzips als *Einzelnorm* entsprießt.[180] Diese darf aber andererseits nicht ohne Bezug zu den Grundrechten ausgedeutet werden. Denn die Grundrechte sind ja gerade wesentliche Bestandteile des materiellen Rechtsstaates.

Grundrechtssicherung durch Verfahren hat denn auch erheblichen Anteil an den sich herausbildenden Strukturgarantien staatlicher Verfahren.[181] Dies gilt zum einen und im Zusammenwirken mit den übrigen rechtsstaatlichen Gehalten in bezug auf ihren Charakter als subjektive Rechte. Sie garantieren dadurch nicht nur prinzipiell die Macht des einzelnen, die Bindungen und Schutzverpflichtungen der öffentlichen Gewalt für sich in Anspruch zu nehmen und durchzusetzen sowie die entsprechende Befugnis des Bürgers, gegen den Staat zu klagen, eine Entscheidung auch gegen ihn verlangen und – gegebenenfalls – erreichen zu können. Die Grundrechte *strukturieren* auch und andererseits – vor allem im Verbund mit dem Verhältnismäßigkeitsprinzip[182] – die Wahrung und Durchsetzung der Rechte des Bürgers gegenüber den Behörden und im gerichtlichen Verfahren.

So wird etwa die prozessuale Stellung eines Verfahrensbeteiligten, z.B. die des Angeklagten im Strafverfahren, durch materielle Grundrechte beeinflußt. Sie erfordert von daher eine Auslegung und Anwendung von Verfahrensrecht, die im Ein-

---

(5f.); 63, 332 (337). Die Gewährleistung rechtlichen Gehörs (vor Gericht) durch Art. 103 Abs. 1 GG ist ihrerseits richterrechtlich zu einem *Kanon prozessualer Leitprinzipien* ausgeformt worden, vgl. *Rüping*, NVwZ 1985, 304ff., 306 (308f.: zur Reichweite als allgemeiner Rechtsgrundsatz im Verwaltungsverfahren); siehe hierzu auch die Nachw. oben, 2. Kap., Fn. 49); *Hill*, HdbStR VI, 1989, S. 1309, 1320ff.; *Schmidt-Aßmann*, DÖV 1987, 1029ff., 1033f., 1035.; *ders.*, in: Maunz/Dürig, GG, Art. 103 Abs. 1 Rdnrn. 62 ff., 102 ff.

[180] Vgl. demgegenüber aber *Kunig*, Das Rechtsstaatsprinzip, der sich gegen das „Dogma eines allgemeinen Rechtsstaatsprinzips" wendet (S. 37) und deshalb auch staatliche Verfahren nicht an einem generalklauselartigen Rechtsstaatsprinzip allgemein, sondern vor allem an einzelnen Bestimmungen des Grundgesetzes und insbes. an den Grundrechten messen möchte, a.a.O., S. 362ff., 460f.; zur entgegengesetzten hiesigen Auffassung siehe auch den Text oben, 2. Kap., um und in Fn. 289.

[181] Vgl. die Nachw. bei *Kunig*, a.a.O. (Fn. 180), S. 374ff., sowie oben 1. Kap., Fn. 332f.; 9. Kap., Fn. 25, 47, 146ff., 160; dabei geht es im Text nicht so sehr um solche (sonstigen) Verfahrenseinwirkungen der Grundrechte, die sich aus deren umfassender Geltungskraft zu ihrer Durchsetzung in Form einer Art verfahrensrechtlichen Schutzgürtels (P. Lerche), also hinsichtlich der *Art und Weise* der Grundrechtsverwirklichkung ergeben („transitorische Verfahrenswirkung"), sondern um die verfahrensrechtliche Entfaltung des „status processualis" bzw. des „procedural due process of law" i.S. einer *intransitiven (= inhaltlichen) Verfahrenswirkung* der prozeduralen Grundrechtsentfaltung; vgl. zu dieser differenzierenden Sicht auch *D. Lorenz*, AöR 105 (1980), S. 643; *Stern*, FS Ule, S. 360ff.; *Schmidt-Aßmann*, in: Maunz/Dürig, GG, Art. 19 Abs. 4 Rdnrn. 18ff., 21, 23 a.E.; siehe schließlich auch den Hinweis oben, 9. Kap., Fn. 47, auf das Bedürfnis nach einem auch diese Dimension aufnehmenden verfassungsrechtlichen Verfahrenskonzept und einer verfassungsunmittelbaren Prozeßlehre mit allgemeinen Rechtsschutzstandards. Ihr ist ferner und ergänzend die Verfahrensnutzung zur Auflösung von Grundrechtskollisionen einzufügen.

[182] Zu diesem Zusammenhang siehe grds. *Wendt*, AöR 104 (1979), S. 414ff.; *Dechsling*, Verhältnismäßigkeitsgebot, S. 85ff.

klang mit diesen Grundrechten stehen.[183] Ebenso dient die Anhörung der Beteiligten im Verwaltungsverfahren und im Verwaltungsgerichtsverfahren nicht nur der Feststellung des Sachverhalts, sondern auch der Durchsetzung der jeweiligen subjektiven Rechte. Denn nur bei einer individuellen Beteiligung ist eine sachlichgerechte Abwägung aller Interessen im Lichte der subjektiven Wertverständnisse der Grundrechtsträger gewährleistet. Demgemäß wird der Verfahrensgehalt der Grundrechte auch allgemein zumeist unter dem Aspekt erörtert, daß es eines wirksamen Procederes bedarf, um sie durchzusetzen.[184]

Für die prozedurale Reichweite der Grundrechte ist dabei allerdings nach der *Verfahrensform staatlicher Herrschaft* zu unterscheiden.[185] Sie ist zwar jeweils am Freiheitsprinzip orientiert, doch steht die ausgeprägte Verfahrensstruktur in Abhängigkeit davon, ob es sich um Verfahren zur Abwehr und Formung staatlicher Herrschaft oder um solche zur Gewährleistung bzw. Vermittlung der Teilhabe daran oder gar um Verfahren als Freiheitsbedingung des Leistungs-, Lenkungs- und Verteilungsstaates handelt.[186]

Häufig genug ist allerdings im modernen Staat die notwendige Trennschärfe nicht gewährleistet, weil sich das Recht schlechthin als „offen" erweist und selten nur die Leistung eine reine Begünstigung darstellt und nicht auch Eingriffswirkung zeigt.[187] Gleichwohl sind in diesem Punkt Differenzierungen angebracht. Bereits die rechtsstaatliche Strukturdimension der Grundrechte kann sich insofern wandeln, wie sich mit Blick auf die Verfahrensanforderungen zeigt, die leistungs- und verteilungsstaatlichen Grundrechtsfunktionen entsprießen. Denn bei der Bewältigung verteilungspolitischer Probleme geht es nicht so sehr um ein angemessenes Verfahren zur Grundrechts*durchsetzung*, sondern eher um die Auflösung von Grundrechts*kollisionen*. In allen diesbezüglichen staatlichen Verfahren müssen Interessen ausgegli-

---

[183] Vgl. etwa BVerfGE 57, 250 (275); 60, 253 (297); 70, 297 (308, 309); *Hill*, HdbStR VI, 1989, S. 1314f.; damit allerdings stellt sich zugleich das Problem einer spezifischen Verfahrenswirkung des Verfassungsrechts gegenüber der Bedeutung des „einfachen" Prozeßrechts und der Kompetenz der Fachgerichte, vgl. dazu auch BVerfGE 73, 322 (327), sowie aus der Literatur u.a. *Bettermann*, Die verfassungskonforme Auslegung: Grenzen und Gefahren, 1986, z.B. S. 22ff., 33f., 51ff.; *Gerhardt*, ZZP 95 (1982), S. 467ff., 473f., 474ff.; *D. Lorenz*, AöR 105 (1980), S. 644; *Ossenbühl*, FS H. P. Ipsen, S. 129ff., 136ff.; *E. Schumann*, Bundesverfassungsgericht, passim; w. Nachw. bei *Schenke*, Verfassungsgerichtsbarkeit und Fachgerichtsbarkeit, 1987, S. 30ff.; *Schmidt-Aßmann*, DÖV 1987, 1029 m. Anm. 1.

[184] Siehe z.B. BVerfGE 35, 348 (361); 37, 132 (141, 148); 49, 244 (247); 49, 252 (257); 61, 82 (113); vgl. dazu auch *Ossenbühl*, FS K. Eichenberger, S. 190ff. Die dadurch entstehende Konkurrenz mit Art. 19 Abs. 4 GG („effektiver Rechtsschutz") erörtert eingehend *Schmidt-Aßmann*, in: Maunz/Dürig, GG, Art. 19 Abs. 4 Rdnrn. 21, 23.

[185] Vgl. dazu bereits oben, 5. Kap., C.II.2.

[186] So betonen z.B. *Goerlich*, Grundrechte als Verfahrensgarantien, S. 54, und *Kunig*, Das Rechtsstaatsprinzip, S. 374, die Abwehrfunktion von (Verwaltungs-)Verfahren; *Lerche*, Vorbereitung grundrechtlichen Ausgleichs, S. 104f., hebt dagegen zu recht auch auf die Teilhabefunktion ab; vgl. ferner *Ossenbühl*, DÖV 1981, 1ff., 5; *Schmidt-Aßmann*, HdbStR III, 1988, S. 640ff.; *C. Starck*, Freiheitsidee, S. 12f.

[187] Vgl. nur BVerfGE 40, 237 (249).

chen und Konflikte geschlichtet werden, die jeweils auf Grundrechtspositionen zurückgehen.[188]

Für die Betroffenen resultiert daraus ein grundrechtlich vermittelter *Anspruch auf Verfahrensteilhabe,* um ihnen vor der hoheitlichen Formierung ihrer verfassungsgewährleisteten Positionen angemessen Gehör zu verschaffen und die Gelegenheit zu geben, zu einem zumutbaren *Kompromiß* in der Sache zu finden. Eine Fülle ins einzelne gehender Verfahrensanforderungen flankieren diese strukturbezogenen Verfahrensvorstellungen.[189]

Das Grundsätzliche hierzu zu sagen und die Konflikte bzw. den Grundrechtsausgleich zu typisieren, ist bei alledem vorrangig die Aufgabe des *Gesetzgebers.* Welchen rationalitätssichernden Verfahrensdirektiven der Grundrechte er dabei unterliegt und in welchem Ausmaß für den gesetzgeberischen Grundrechtsausgleich durch Verfahren ergänzende Verfahrenspostulate einer „Wendung hin zum Tatsächlichen, zum Erfassenden, Erprobenden, Prognostizierenden, Korrigierenden" erforderlich werden, hat jüngst *P. Lerche* dargestellt.[190] Die von ihm zur Diskussion gestellte Gewichtsverlagerung des „inneren" Gesetzgebungsverfahrens auf rechtsstaatliche Verfahrensforderungen der Materialerschließung, Klärung und Aufklärung zwecks Vorbereitung ausgleichender Gesetzesentscheidungen kann freilich aus der Perspektive der verfassungsverankerten Verfahrensrationalität des modernen Staates nicht auf das Gesetzgebungsverfahren beschränkt bleiben. Auch in der konkretisierenden Verdichtung der Kollisionsproblematik im Einzelfall entstehen typische *(verwaltungsmäßige)* Ausgleichslagen, die – parallel zur „Öffentlichkeit" des Rechts insgesamt – eigenständige Verwaltungsräume zur Konfliktlösung schaffen. Sie rufen einen entsprechenden Bedarf nach Kriterien des prozedural Verfassungsgemäßen hervor.

Geht es dabei um Verfahrensabläufe wie z.B. um übergreifende Standortvorsorgeplanungen[191] oder allgemein um Fragen auf der politisch-planerischen Entscheidungsebene,[192] dann liegen derartige Maßnahmen in der Sphäre der Staatsleitung

---

[188] BVerfG, NJW 1987, 2661f.; *Bethge,* Grundrechtskollisionen, S. 15ff., 133ff., 214ff., 366ff.; *K. Hesse,* HdbVerfR, S. 101f.; *Lerche,* Vorbereitung grundrechtlichen Ausgleichs, S. 104ff.; *Pitschas,* NJW 1984, 893, 895f.

[189] Vgl. die Nachw. aus der Rspr. des BVerfG bei *K. Hesse,* EuGRZ 1978, 436; siehe auch *C. Starck,* Freiheitsidee, S. 12f. (Rdnr. 20); *ders.,* in: v. Mangoldt/Klein/Starck, GG, Art. 1 Rdnrn. 130ff., 133; am Beispiel der Berufsfreiheit *Pitschas,* Berufsfreiheit und Berufslenkung, S. 562ff., 564ff., 569ff.; am Beispiel der Gesetzgebung *Schulze-Fielitz,* Theorie und Praxis, S. 404ff.

[190] Vorbereitung grundrechtlichen Ausgleichs, S. 109ff.

[191] Zu deren Verfahrensproblematik vgl. statt aller *Blümel,* in: Rechtsprobleme des Genehmigungsverfahrens für Atomanlagen, 3. Dt. Atomrechtssymposium, 1975, S. 33ff.; *Wahl,* VVDStRL 41 (1983), S. 182f.

[192] Zur Abgrenzung der politisch-planerischen Entscheidungsebene von der administrativen Entscheidungsebene siehe am Beispiel des Kernenergierechts bes. *Degenhart,* Kernenergierecht, S. 117ff., zur Standortentscheidung S. 123ff., zu Partizipationserfordernissen bei Standortplanungen S. 204ff.

und damit im Bereich der Regierungsfunktionen des Parlaments.[193] Ihre inhaltliche Natur rückt in die Nähe „grundlegender Formungen“ der gesellschaftlichen Lebenswelten (P. Lerche), wie sie Aufgabe des Parlamentes sind. Für die adäquate Ausgestaltung dieser Verwaltungsverfahren müssen deshalb vergleichbare Maßstäbe wie für das „innere“ Gesetzgebungsverfahren gelten: Die „politischen“ Grundentscheidungen der Verwaltung sind gesetzesnahe Akte, die deshalb jenen (rechtsstaatlichen) Verfahrenspostulaten begegnen, die den Gesetzgeber selbst treffen.

Aus der skizzierten Strukturdivergenz behördlicher Verfahren lassen sich allerdings nur in einem geringen Ausmaß unterschiedliche Verfahrensanforderungen destillieren. Das prozedurale Schutzkonzept der modernen Verfassung aktiviert den Verfahrensgedanken aus rechtsstaatlich-grundrechtlicher Sicht *schlechthin* für die verwaltungsmäßige Konkretisierung im Einzelfall.[194] Die darin involvierten Betroffenenpositionen verlangen für ihren Ausgleich, für ihre Einbindung in Verwaltungsrechtsverhältnisse mit spezifisch verwaltungsmäßigen Konsequenzen wie z. B. Mitwirkungslasten und sonstigen rechtlich konturierten Verantwortlichkeiten gleichfalls ein gewisses Grundmaß an Verfahrensgerechtigkeit und Formenadäquanz.

Eine besondere Rolle spielt hierbei der *Gleichheitssatz*. Das rechtsstaatlich-gleichheitsrechtlich fundierte Gebot rationaler Konkretisierung erfordert einerseits gleichmäßig geltende Verfahrensbedingungen. Die Verfahrensordnung muß andererseits eine gleichberechtigte Mitwirkungskompetenz gewährleisten. Die Chance aller Verfahrensbeteiligten zum Sachvortrag sowie ein Grundmaß an „Waffengleichheit“ im Verfahren sind dafür notwendige rechtliche Voraussetzungen.[195]

bb) Demokratiegebot als Rationalitätsmaßstab

Doch hat es damit nicht sein Bewenden. Die Rationalitätsvorstellung der Verfassung überwindet den engeren Bereich ihrer rechtsstaatlich und grundrechtlichen Herleitung. Der Rationalitätsaspekt erwächst auf dem gemeinsamen Boden der unverbrüchlichen Grundsätze materieller Staatsgestaltung und Freiheitsbewahrung. Zu ihnen gehört auch die Teilhabe des Bürgers an der Staatsgewalt und ihre Legitimation durch den Bürger.[196] Deren Voraussetzung ist materielle und reflexive Rationalität.[197] Die Idee der Demokratie ist deshalb nicht nur rechtsstaatlich verankert; sie ist zugleich Rationalitätsdirektive der modernen Verfassung.

---

[193] Vgl. auch *Lerche,* Vorbereitung grundrechtlichen Ausgleichs, S. 124, 125.

[194] Siehe dazu auch die Ausführungen oben im Text um und zu Fn. 74; zu eng dagegen *Lerche,* a.a.O. (Fn. 193), S. 123f.

[195] Zu dieser Notwendigkeit siehe die Grundlegung oben, 5. Kap., C.II.; 9. Kap., C.IV.; zu Nachw. im einzelnen vgl. unten, B.II.2.b) mit cc), 3.c) mit aa).

[196] Siehe dazu schon oben, 9. Kap., B.II.3., IV.5.; vgl. ferner *W. Schmidt,* VVDStRL 33 (1975), S. 213f.; *Schuppert,* EuGRZ 1985, 528ff., 531f.; *Stern,* Staatsrecht I, S. 95; zu eng beispielsweise *Ossenbühl,* DÖV 1981, 6, trotz der an sich zutreffenden Unterscheidung von öffentlichem und staatlichem Willensbildungsprozeß.

[197] Vgl. dazu schon oben, 4. Kap., C.V. und D.III.; teilw. anders im Hinblick auf die Werteargumentation aber *Böckenförde,* Demokratie als Verfassungsprinzip, S. 913 (Rdnr. 38) m. w. Nachw.

Zu ihren Maßgaben zählt einerseits die *Öffentlichkeit von Verfahren aller Art.* Jedermann erhält durch sie die Möglichkeit, sich davon zu überzeugen, daß alles mit rechten Dingen zugegangen ist. Vor allem aber trägt sie dazu bei, daß die relevanten Tatsachen und Argumente (im Diskurs) zutage treten und hierüber der Meinungsbildungsprozeß ablaufen kann.[198]

Die Idee der Demokratie zielt zugleich und andererseits auf die Befähigung des Bürgers zur *Mitwirkung* an der staatlichen Rechts- und Zweckkonkretisierung. Das demokratische Beispiel schlechthin ist hierfür das allgemeine und gleiche Stimmrecht in den Verfahren der politischen Willensbildung.

Ob und inwieweit darüber hinaus das demokratiestaatliche Rationalitätsprinzip die (unmittelbare) Teilhabe der Bürger an der staatlichen Funktionswahrnehmung erfordert, hängt von der konkreten Ausgestaltung der jeweiligen Verfassung ab. Soweit in ihr eine parlamentarische Parteiendemokratie verankert wird, sind die unmittelbaren Mitwirkungschancen der Bürger dadurch begrenzt, daß der politische Willensbildungsprozeß über die Parteien und die gewählten Volksvertreter läuft. Dennoch kommen auch im parlamentarischen Prozeß rationale Elemente zur Geltung, und zwar nicht zuletzt dadurch, daß die Repräsentanten an öffentliche Kontrolle und Kritik zurückgebunden sind. Vor allem aber ist der Umstand ausschlaggebend, daß erst im Repräsentationssystem sich gegenseitig ergänzende und kontrollierende Entscheidungsinstanzen – nach Maßgabe rechtsstaatlicher Gewaltenteilung – in institutionalisierter Weise ausdifferenziert werden: Hierin liegt eine wesentliche Bedingung dafür, daß staatliches Handeln und Entscheiden überhaupt in rationaler Form und Weise abläuft.[199]

Welches genaue Maß an „Rationalitätsgewinn“ die parlamentarische Arbeit erwarten läßt, ist schwer abzuschätzen. Das rechtsstaatlich-gleichheitsrechtlich, grundrechtlich und demokratiestaatlich fundierte Gebot rationalen Entscheidens konkurriert nämlich mit dem legitimen Interesse des Normgebers an einer intuitivgestaltenden politischen Konkretisierung der Verfassung. Mag auch diesem Interesse nach dem Willen der Verfassung Berechtigung zukommen, so entstehen doch zwei Pole, zwischen denen ein Ausgleich gefunden werden muß. Normgeber ist hierbei nicht gleich Normgeber; das nach eingehender Beratung im Parlament in einem anspruchsvollen Verfahren beschlossene Gesetz hat einen höheren Legitimations- und Rechtswert als z.B. eine Verordnung.[200] Den Rechtsetzungsakten der Exekutive ist deshalb ein Mehr an Rationalität gegenüber denen der Legislative abzuverlangen.[201]

---

[198] BVerfGE 70, 324 (355); *Böckenförde,* a.a.O. (Fn. 197), S. 911f., 932; *Kunig,* Das Rechtsstaatsprinzip, S. 366; *Zippelius,* Legitimation, S. 91, 93; *ders.,* Rechtsphilosophie, S. 92, 143.

[199] *Zippelius,* Staatslehre, S. 173f.; vgl. ferner *Badura,* Parlamentarische Demokratie, S. 969f. (Rdnrn. 28, 29), 974 (Rdnr. 39); *Isensee,* Demokratie, S. 50f.

[200] BVerfGE 7, 282 (303); *Ossenbühl,* Vorbehalt des Gesetzes, S. 17.

[201] Das gehört zu den auf die Legitimation durch und von Verfahren gestützten „Bedingungen rationaler Rechtsetzung“, die z.B. auch das BVerwG in seiner Rechtsprechung zum Kapazitätsrecht im Hochschulwesen beruft, vgl. BVerwGE 70, 318 (335ff., 338); siehe ferner

Freilich ist auch deren Spielraum zu begrenzen, wie vor allem neuere Entwicklungen der parteienstaatlichen Demokratie deutlich machen. Die modernen Massenparteien sind zwar imstande, größere Bevölkerungsgruppen politisch zu integrieren, kaum aber dazu, mit neuen Ideen auf gesellschaftliche Entwicklungsbedarfe zu reagieren. Diese Gefahr für das politische System der Demokratie in der Industriegesellschaft, die sich zur kreativen Dienstleistungsgesellschaft wandelt, verschärft sich zudem durch das Problem der Personalauswahl. Jedenfalls ist der Optimismus, daß wir im Repräsentativsystem mit einiger Sicherheit die Besten werden ausfindig machen können, um ihnen die Staatsgeschäfte anzuvertrauen, nach und nach verflogen.[202] Der mehrfach institutionell gebrochene politische Willensbildungsprozeß in der parlamentarischen Parteiendemokratie wird mehr und mehr von einer auf unmittelbare aktive politische Mitwirkung bedachten Bürgerschaft als unzureichend und ergänzungsbedürftig empfunden.[203]

Sie befindet sich dabei in Übereinstimmung mit der von dem demokratischen Rationalitätsaspekt ausgehenden Forderung, das Repräsentativsystem zumindest so zu gestalten, daß es allen Bürgern ein möglichst hohes Maß an *Partizipation* einräumt und die wirksame Rückkopplung des repräsentativen Handelns an ihre Bedürfnisse und Vorstellungen – und auch an die von Minderheiten – gewährleistet.[204]

Für die Erledigung der Staatsaufgaben und insbesondere für die öffentliche Verwaltung hat diese intensivierte Partizipation, sei es in der Form institutionalisierter Beteiligung oder in der Form von Bürgerinitiativen, eine Reihe möglicher positiver Funktionen. Sie reichen von der Information der Verwaltung über die Wünsche und Reaktionen der von einer geplanten Verwaltungsmaßnahme Betroffenen bis hin zur Konsensbildung für ihre spätere Durchführung.[205] Im modernen Staat, der die Staatsgeschäfte nur im Zusammenspiel einer Mehrzahl von Entscheidungszentren zu steuern vermag und dessen Recht inkonsistent geworden ist, muß deshalb auch die öffentliche Verwaltung Funktionen der Legitimation, der Konsensbeschaffung

---

und ebenso wie hier *Börger,* Genehmigungs- und Planungsentscheidungen, S. 31; *Henseler,* ZG 1986, 86.

[202] Vgl. zum „Ausbleiben oder Zerfall demokratischer Repräsentation" auch *Böckenförde,* Demokratische Willensbildung, S. 43ff.

[203] Siehe z.B. *Guggenberger,* Krise der repräsentativen Demokratie?, in: ders./U. Kempf (Hrsg.), Bürgerinitiativen und repräsentatives System, S. 23ff., 27ff.; *ders.,* ebd., S. 172ff. – Zeugnis für diese Entwicklung legt auch die in den letzten Jahren wieder stärker aufflammende Diskussion um „Kooperation" mit dem und „Partizipation" am öffentlichen Verwalten ab, die vor allem aus dem Problem resultiert, Verwaltungsentscheidungen über umwelt- und lebensbedrohende Großvorhaben nicht mehr durchweg über eine *generalisierte* Zustimmungsbereitschaft der Bürger rechtfertigen zu können; zu der staatsrechtlichen Grundlegung solcher bürgerschaftlichen Mitwirkung vgl. zusammenfassend *Schmitt Glaeser,* Mitwirkung an der Willensbildung, S. 51ff., 59ff., 66f.; vgl. ferner die Nachw. oben, 6. Kap., Fn. 241ff.

[204] Vgl. *Zippelius,* Staatslehre, S. 170, 178ff., 200f.; siehe auch *Offe,* Politische Legitimation, S. 178ff.; Grenzziehungen durch rechtsstaatliche Gewährleistungen notiert *Böckenförde,* Demokratie als Verfassungsprinzip, S. 945f.

[205] *R. Mayntz,* Soziologie der öffentlichen Verwaltung, S. 247; *Schuppert,* Einflußnahme, S. 283f., 285; allgemeiner noch *ders.,* EuGRZ 1985, 525ff., 531f.

und Integration durch Enttäuschungsbewältigung übernehmen. Gerade darin, in dieser „funktionellen Politisierung", liegt ihre (demokratische) Rationalitätsdirektive.[206]

cc) Sozialstaatliche Rationalitätsdirektiven

Diese wiederum verbindet sich mit den *sozialstaatlichen Rationalitätsdirektiven* für das prozedural Verfassungsgemäße. Denn die Sozialstaatlichkeit der modernen Verfassung gibt zunächst und einerseits die Richtung an, *wie* die Teilhabe an den staatlichen Verfahren zu organisieren ist. Entsprechende Bestrebungen zielen dabei auf Kooperation, Kommunikation und Kompensation „in" und „durch" Verfahren. Der „soziale" Staat verankert somit die Grundsätze der gesellschaftlichen Selbstregelung und kooperativen Sozialverantwortung[207] nicht nur als materiale Gestaltungsprinzipien des materiellen Rechts, sondern ebenso als Strukturmaßgaben staatlicher und insbesondere gerichtlicher wie behördlicher Verfahren.[208]

Darin einbeschlossen ist der Wandel des Leitbildes staatlicher Prozeduren von autoritären Verfahrensweisen mit richterlicher Dominanz oder ausschließlich behördlicher Verfahrensherrschaft zu einer Kooperation der Verfahrensbeteiligten. Diese ist freilich ohne unverzerrte Kommunikation nicht denkbar. Die deshalb in der sozialstaatlich-demokratischen Rationalitätsperspektive angelegene Verbesserung der Bedingungen und Techniken der Kommunikation erfordert in den Verfahren der Rechts- und Zweckkonkretisierung die Hinwendung zu einem menschlichen, auf Kooperation, Dialog und Partizipation zielenden *Verfahrensstil*. Nur er entspricht einer Gesellschaft mündiger Bürger.[209]

Die sozialstaatliche Komponente des verfassungsrechtlichen Rationalitätsgebotes greift tiefer noch in ihrem Ansatz an der Diskrepanz zwischen rechtlicher Gleichheit und sozialem Ausgleich.[210] Sie verlangt nicht nur, jene Benachteiligungen in staatlichen Verfahren der Rechtsanwendung und -kontrolle abzubauen, denen vor

---

[206] A.A. aus verfahrenstheoretischer Perspektive *Luhmann*, Verfahren, S. 211; ablehnend unter staatsrechtlichen Aspekten auch *Badura*, Parlamentarische Demokratie, S. 972 (Rdnr. 33); Offener dagegen *Lerche*, Vorbereitung grundrechtlichen Ausgleichs, S. 124ff., der zwar vor allem auf Verfahrenspostulate gegenüber dem Gesetzgeber setzt, diese aber auch auf die „Grundentscheidungen der Verwaltung" bezogen wissen will (S. 127); in der Nähe des hiesigen Standpunktes siehe schließlich auch *Schmitt Glaeser*, Position der Bürger, S. 84ff., 94f.

[207] Zu deren Entfaltung vgl. näher oben, 6. Kap., C.III.3.

[208] Zu diesen und weiteren *sozialstaatlichen* Anforderungen an Verfahren siehe BVerfGE 42, 64 (77); 45, 297 (335); 46, 325 (334f.); 49, 220 (226); speziell zur Notwendigkeit kooperativer Verfahrensweisen vgl. auch BSGE 50, 16 (18); aus der Literatur siehe *Bryde*, VVDStRL 46 (1988), S. 181ff., 198ff.; *Götz*, VVDStRL 41 (1983), S. 7ff., 16f.; *J. P. Müller*, Soziale Grundrechte, S. 266ff., 273ff.; *Müller-Volbehr*, JZ 1984, 7, 12f.; *Saladin*, Verantwortung, S. 183ff., 189ff.; *Simons*, Verfahren und verfahrensäquivalente Rechtsformen, S. 60ff., 94ff., 130ff., 351ff., 382ff., 583ff., 599ff.; *Zacher*, Das soziale Staatsziel, S. 1096ff., 1101 (Rdnr. 94).

[209] Vgl. BVerfGE 45, 297 (335); 69, 315 (355, 357); *Hill*, DÖV 1987, 888, 892, 894, 895; *Wassermann*, Richterliche Gewalt, S. 198ff., 199.

[210] Grdl. dazu *Zacher*, Soziale Gleichheit, AöR 93 (1968), S. 341ff.; *ders.*, DÖV 1970, 3ff.; *ders.*, Das soziale Staatsziel, S. 1065ff. m.w. Nachw.

allem sprachlich und rechtlich wenig gewandte sowie finanziell schlecht gestellte Bürger unterliegen. *Kompensierende* Hilfen im Verfahren wie z. B. Belehrungen und Hinweise im Prozeß oder Beratung im Verwaltungsverfahren zählen deshalb zu den Rationalitätsstandards „sozialer" Staatlichkeit.[211]

Ihr Entwicklungsgesetz prägt aber auch und zugleich in der Form der „sozialen" Demokratie sowie in Verbindung mit den instiutionellen Verfahrensgarantien der Grundrechte die *kommunikativen* Prozesse des Handelns und Entscheidens. Denn sozialstaatliche Gewährleistungen gehen in erster Linie nicht auf Ausgrenzung staatlicher und individuell-gesellschaftlicher Sphären, sondern auf Teilhabe und entsprechende Berechtigungen. Über die Inanspruchnahme dieser Rechte lassen sich soziale Bedürfnisse – komplementär zu rechtsstaatlichen Kompensationsansprüchen[212] – in einer Weise anmelden, die Teilhabe und Teilnahme an den staatlichen Konkretisierungsprozessen und insbesondere an administrativen Verhältnissen bedeutet.

dd) Rationalitätssichernde Teil-Verfassungssysteme

Sozialstaatliche Rationalität bleibt bei alledem aber stets in einem rechtsstaatlichen Gehäuse gebunden. Das prozedural Verfassungsgemäße läßt sich weder in dieser Beziehung noch ansonsten in eine Vielfalt isolierter materialer Grundsätze und Staatsziel- bzw. -formbestimmungen zerlegen. Es folgt vielmehr der einheitlichen Wertordnung der Verfassung.[213] In ihr konstituieren sich vor allem durch den Verbund mit spezifischen Grundrechtsdimensionen und mit weiteren einzelnen Strukturprinzipien je einzelne Teil-Verfassungskomplexe, die nicht nur Kürzel für eine Vielzahl sachlich zusammengehöriger Einzelbestimmungen darstellen, sondern besonders geschützte Gehalte eines funktional verselbständigten Ordnungsbereichs der Verfassungsordnung verdeutlichen.[214]

Dies gilt auch und insbesondere für die Anforderungen an die *Kommunikation* in staatlichen Verfahren. In bezug hierauf verankert die moderne Verfassung ein material-kommunikatives Freiheitsverständnis, das sich aus dem Gedanken eines funk-

---

[211] So mit Recht *Simons,* Verfahren und verfahrensäquivalente Rechtsformen, S. 382ff.; vgl. auch *Eberle,* DVerw. 17 (1984) S. 446ff.; *Hufen,* NJW 1982, 2163; *Laubinger,* Die Verwaltung als Helfer des Bürgers, S. 450f., 456; *Pitschas,* Entbürokratisierung durch Beratung?, S. 227, 232f., 235ff.; siehe ferner die Beiträge zum Thema „Verfahrensrechte in der sozialen Rechtsordnung", in: D. Posser/R. Wassermann (Hrsg.), Von der bürgerlichen zur sozialen Rechtsordnung, 1981, S. 229ff.

[212] Zu diesen siehe am Beispiel des Verwaltungsverfahrens schon oben im Text um und zu Fn. 70ff.; vgl. ferner *Redeker,* NJW 1980, 1593; *Schlink,* EuGRZ 1984, 464f.

[213] Vgl. etwa BVerfGE 6, 32 (40); 7, 198 (205); 30, 173 (195); 61, 18 (25); 62, 323 (329). – Zum Streit darum siehe u. a. *Alexy,* Grundrechte, S. 134ff., 143ff., 154ff.; *Denninger,* JZ 1975, 545ff.; *Goerlich,* Wertordnung und Grundgesetz, 1973, S. 29ff.; *Jarass,* AöR 110 (1985), S. 363ff., 364 m. Anm. 4; *Schlink,* EuGRZ 1984, 462ff.; *Starck,* Wertbegründung, S. 40ff. m. je w. Nachw.

[214] Vgl. näher dazu und m. w. Nachw. *Pitschas,* Berufsfreiheit, S. 500 m. Anm. 35; krit. zur Herausbildung solcher Sub-Verfassungen indes *Denninger,* KritV 1986, 293f.; *Wahl,* Der Staat 20 (1981), S. 485ff., 508ff.

tional offenen und sozialstaatlich inspirierten Grundrechtsschutzes speist und in der prozeduralen Schutzkonzeption einer spezifischen verfassungsrechtlichen Teil-Ordnung, der „Kommunikationsverfassung" geborgen ist.[215] Das Sozialstaatsgebot formuliert in diesem verfahrensmäßig aufgebauten und gestuften Schutzzusammenhang[216] kraft seiner Bezugnahme auf die vielfältigen Bedarfe und Formen realer Freiheit und Gleichheit jene Anforderungen, die von der Kommunikationsverfassung als Rationalitätsstandards rechtlich überformt und an Verfahren als ein Prozeß *sozialer* Verständigung adressiert werden.[217]

Dieser Prozeß ist – wie gezeigt – nicht nur Teil der Begegnung von Staat und Gesellschaft, sondern er spielt sich auch im staatlichen Binnenbereich der Verfahren ab.[218] Die Anforderungen, die von Verfassungs wegen an die Rationalität dieser „inneren" Verfahrensvorgänge zu stellen sind, ersprießen gleichermaßen dem Rechtsstaatsgebot in Verbindung mit dem Gleichheitsgebot wie dem Sozialstaatsprinzip. Denn wenn im modernen Staat die Steuerungskapazität des materiellen Rechts abnimmt und sich die Vertretbarkeit staatlicher Konkretisierung daraus herleitet, daß ihre Maßgeblichkeit sowohl in der Einhaltung bestimmter Verfahren als auch in der Übereinstimmung mit bestimmten Werten begründet liegt (Typus der „prozeduralen Gerechtigkeit"), mithin die internen Strukturen der Verwaltung, Justiz oder des Parlaments die Kriterien der Recht- und Verfassungsmäßigkeit staatlichen Handelns und Entscheidens determinieren, dann bedarf es hierfür auch bestimmter binnengerichteter Rationalitätsdirektiven für das prozedural Verfassungsgemäße. Sie finden mit Bezug auf die im Konkretisierungsprozeß herkömmlich nicht thematisierten Qualifikationen der Organwalter wie z.B. Identifikation mit dem Konkretisierungsziel bzw. der Klientel, dessen und den eigenen Werthaltungen und Einstellungen[219] ihren Boden im Verfassungspostulat „sozialer" Staatlichkeit. Es reformuliert auf diese Weise die *sozialen* Voraussetzungen der rechtsstaatlichen Prinzipien der Gesetzmäßigkeit öffentlicher Verwaltung, Rechtsbindung der Justiz und Verfassungsmäßigkeit der Gesetze.

---

[215] Grdl. zu ihrer Deutung und Reichweite *R. Scholz,* Die Koalitionsfreiheit als Verfassungsproblem, 1971, S. 101, 286ff., 291ff., 294; daran anschließend z.B. *Suhr,* Entfaltung, S. 80ff., 84ff., der freilich mit seinem „interaktionistischen Konzept" (S. 99) schon die durch die ausschließliche Bezugnahme auf die Art. 5 Abs. 1, 8 Abs. 1 und 9 GG geprägte Enge des ursprünglichen Verfassungskonzepts zu sprengen sucht; darin verharrend aber jüngst auch *Schmitt Glaeser,* Das Grundrecht auf Informationsfreiheit, Jura 1987, 567ff., 568; *ders.,* HdbStR VI, S. 89 (Rdnr. 85); zu der stattdessen gebotenen Ausweitung des begrifflichen und funktionalen Verständnisses der „Kommunikationsverfassung" siehe näherhin *R. Scholz/Pitschas,* Informationelle Selbstbestimmung, S. 89ff., 93ff., 97ff.

[216] *R. Scholz/Pitschas,* a.a.O. (Fn. 215), S. 79.

[217] Vgl. oben im Text unter A.II.; siehe ferner 4. Kap., D.II.; 7. Kap., D.III.; etwas diffus demgegenüber *Zacher,* Das soziale Staatsziel, S. 1100f.: Die Forderung nach „prozeduralen Verbesserungen" der sozialen Demokratie (Rdnr. 94) klingt gut – doch was ist ihr Inhalt?

[218] Vgl. 4. Kap., C.V.; 7. Kap., D.III. und E.V.

[219] Vgl. dazu die Grundlegung im 4. Kap., C.V.3. („sozio-emotionale" Rationalität).

ee) Bundesstaatliches Gebot rationaler Koordination

In dem Konzert der die normative Grundordnung des modernen Staates prägenden materialen Leitgrundsätze umfaßt die Substanz verfassungsstaatlicher Verfassungen nicht unbedingt auch solche Elemente wie die der „Bundesstaatlichkeit" in der Bundesrepublik Deutschland.[220] Dort aber, wo die Existenz dieser Staatsformbestimmung zur konkreten historischen Individualität der jeweiligen Verfassung gehört, verankert auch sie spezifische Rationalitätsmaßgaben für das Verhalten aller Staatsorgane.

Unter der Geltung des Grundgesetzes sind hierfür als Generalnenner Grundsätze wie die der „Bundestreue" und – noch sehr viel allgemeiner – der „Verfassungsorgantreue" entwickelt worden.[221] Beide Maßstäbe enthalten Auslegungsregeln für materielle Kompetenznormen, generieren aber auch ungeschriebene, am föderalistischen Prinzip orientierte, gleichwohl darüber hinausreichende Verhaltenspflichten bzw. -rechte in einer insgesamt kooperativen Verfassungsstaatlichkeit.[222] Sie beziehen sich auf das Verhältnis der jeweils miteinander verbundenen Verfassungsorgane bzw. staatlichen Funktionsträger.

Für deren rationale Zuordnung unter dem Stichwort der „Koordination" folgt hieraus das *Prinzip der verfahrensmäßigen Organinterdependenz*. Es besagt, daß immer dann, wenn sich im Rahmen der jeweiligen Kompetenzausübungen funktionelle Konkurrenzen, Überschneidungen oder wechselseitige Blockaden ergeben, es zu ihrer Vermeidung bzw. Überwindung vor allem der instanziellen Koordination durch Verfahrens- (und Organisations-)weisen der gegenseitigen Rücksichtnahme, Zusammenarbeit und (internen) Kompetenzbegrenzung bedarf. Der zentrale Rationalitätsmaßstab jener Organinterdependenz liegt in dem Bestreben, die jeweilige organschaftliche Funktionsfähigkeit zu sichern bzw. wiederherzustellen und in der damit verbundenen materiellen sowie konkurrenzgerechten Kompetenzsicherung.[223] Da dies nicht (allein) auf materiellem bzw. definitiv-kompetenzrechtlichem

---

[220] *Häberle,* FS H. Haug, S. 98; allgemein zur Bedeutung gliedstaatlichen Verfassungsrechts – und zur Homogenisierung in der „Bundesstaatlichkeit" – siehe jüngst *Grawert,* NJW 1987, 2329ff., 2334ff.; *Schmidt-Aßmann,* Thesen zum föderativen System der Bundesrepublik Deutschland, Jura 1987, 449ff., 450.

[221] Zum Grundsatz der „Bundestreue" vgl. u.a. BVerfGE 1, 299 (315f.); 8, 122 (138); 12, 205 (254f.); *Stern,* Staatsrecht I, S. 699ff.; zur „Verfassungsorgantreue" siehe namentlich *Schenke,* Verfassungsorgantreue, 1977, bes. S. 41ff., 44ff., 50ff.

[222] Vgl. hierzu *Häberle,* FS H. Haug, S. 95; *Kimminich,* HdbStR, Bd. I, 1987, S. 1113ff., 1145f.; *Kisker,* Kooperation im Bundesstaat, 1971, S. 183ff., 185, 213ff., 215, 232, 276ff.; *Lerche,* in: Maunz/Dürig, GG, Art. 83 Rdnrn. 90ff., 93ff., 99, 108ff., 123; *Schuppert,* Der Staat 28 (1989), S. 97ff.

[223] Vgl. zu einer solchen Pflicht zur Rücksichtnahme auf die Interessen der anderen Verfassungsorgane BVerfGE 29, 221 (233); 45, 1 (39); 72, 175 (192); *Bryde,* VVDStRL 46 (1988), S. 201, 207f.; sie läßt sich als eigenständiges Element eines verfassungsunmittelbar verankerten *Grundsatzes der institutionellen Rücksichtnahme und Verfahrensinterdependenz* ausmachen, der verschiedene und sowohl auf Organ- als auch auf Personalhandeln bezogene Dimensionen aufweist; vgl. hierzu aus je unterschiedlicher Perspektive *H. P. Bull,* Staatsaufgaben, S. 175,

Wege geschehen kann, müssen für den Konkretisierungsprozeß Verfahrensinstrumentarien entwickelt werden, um das erwähnte kompetenzielle Zusammenspiel und damit die funktionsgerechte Aufgabenerfüllung durch die Staatsorgane zu gewährleisten. Die Frage bleibt allerdings, wie sich das bundesstaatlich fundierte Gebot rationaler Koordination[224] zu den Maßgaben einer „Gewaltenteilung innerhalb der Gewalten"[225] verhält. Darauf wird noch zurückzukommen sein.[226]

b) Legitimitätsausweis der Verfahrensordnung

Wie intensiv und überzeugend die handelnden Staatsorgane ihre verbindlichen Anordnungen begründen müssen, welches Maß an irrationalen Konkretisierungselementen kontrollierende staatliche Verfahrensverantwortung noch tolerieren darf und welche Konsequenzen sich aus unvernünftigen gedanklichen Operationen des Entscheidungsträgers für die Gültigkeit einer Anordnung ergeben – das alles sind im Spannungsverhältnis von verfassungsoriginärer Aufgabenzuweisung und Rationalität staatlichen Handelns bzw. Entscheidens gewichtige Fragen, die nicht ohne Rücksicht auf Funktion und Legitimation des jeweils Konkretisierungsverantwortlichen zu beantworten sind. Für die im folgenden zunächst zu erörternde Frage nach der *Legitimation* gehen die hiesigen Ausführungen zum prozeduralen Legitimitätskonzept der modernen Verfassung von der These aus,[227] daß die Komplexität und Variabilität der gesellschaftlichen Lebenswelten und die strukturelle Offenheit des Rechts den einzelnen staatlichen Funktionsträger dazu zwingen, Legitimation selbst zu erarbeiten, und zwar durch Verfahren, in denen der erforderliche inhaltliche Konsens erst noch gebildet wird.

Damit stellt sich allerdings sogleich die Frage nach der Rechtfertigung von Strukturen und Verfahrensweisen der staatlichen Konkretisierung. Der moderne Staat setzt hierfür spezifische Strukturbedingungen,[228] auf die das prozedurale Legitimitätskonzept der neuzeitlichen Verfassung des 20. Jahrhunderts mit dem verfassungsrechtlichen Schlüsselbegriff der „Legitimität" reagiert. Dieser wiederum erfährt seine *verfahrensmäßige* Sinngebung aus dem Rechtsstaatsprinzip als Grundentscheidung der Verfassung, aus dem Verbund mit den Grundrechten sowie aus dem „magischen Dreieck" der Grundwerte des Demokratieprinzips, des Sozialstaatsgebotes und des Gleichheitssatzes.[229]

187; *Dworkin,* Bürgerrechte, S. 18f.; *Hill,* Das fehlerhafte Verfahren, S. 312, 337f.; *Hoffmann-Riem,* VVDStRL 40 (1982), S. 227; *Schmidt-Aßmann,* NVwZ 1983, 4; *ders.,* FS C.-F. Menger, S. 115.

[224] Siehe dazu bes. *Bryde,* a.a.O. (Fn. 223); *Lerche,* a.a.O. (Fn. 222), Rdnrn. 90, 99, 108ff.

[225] Ausdruck nach *Leisner,* Festgabe für Th. Maunz, S. 267; vgl. thematisch auch *Schlink,* Amtshilfe, S. 11ff., 26f.; *Stern,* Staatsrecht II, S. 541.

[226] Vgl. dazu die Ausführungen unten, 11. Kap., sub A.V.

[227] Siehe oben im Text zu A.IV.

[228] Zu diesen siehe oben, 5. Kap., C.II. und III., D.I. und II.

[229] *Alexy,* Grundrechte, S. 16; *Zeidler,* Grundrechte und Grundentscheidungen der Verfassung im Widerstreit, in: Verhdlg. des 53. DJT, Bd. II (Sitzungsberichte), Teil H/I, München 1980, S. 15ff., 19.

aa) Prozedurale Gerechtigkeitsvorsorge

Ziel und Maßgabe *prozessualer Rechtsstaatlichkeit* bedeuten zunächst im allgemeinsten Sinn die Verpflichtung des Staates, Unrecht durch Verfahrensgestaltung und -fortführung zu verhindern. Näherhin resultiert daraus und durch den weitgehenden Verlust auf Rechte zum effektiven Selbstschutz für den einzelnen die staatliche Pflicht, sich fördernd und schützend vor den Grundrechtsbürger zu stellen und diesen vor Unrecht aller Art zu bewahren.[230] Der damit gegebenen objektiven staatlichen Verpflichtung kommt ebenso grundrechtliche Qualität zu. Denn die staatlichen Schutzpflichten lassen sich auch aus den in den Grundrechten verkörperten Grund- und Grundwertentscheidungen ableiten.[231] Sie bilden das Seitenstück jener Grundrechtssicht, derzufolge die Freiheitsgrundrechte nicht zuletzt objektiv-rechtliche Wertentscheidungen der Verfassungsordnung darstellen.[232]

Der Rechtsstaatsbegriff hat damit nicht nur die Wirkung, die Staatsgewalt zugunsten der Bürger zu beschränken. Er legitimiert zugleich deren Entfaltung im Sinne einer „prozeduralen" Gerechtigkeitsvorsorge. Als verfassungsrechtliche Konkretisierung und Positivierung der Verpflichtung des Staates auf die Idee der Gerechtigkeit[233] enthält der Rechtsstaatsgedanke diesbezüglich nicht allein die Befugnis, sondern geradezu den bindenden Auftrag, gegen Unrecht sichernde funktionstüchtige und „faire" Verfahren mit für alle gleichmäßig geltenden Verfahrensbedingungen zu gewährleisten.[234] Diese „Verfahrensgerechtigkeit" ist der Maßstab des prozedural Verfassungsgemäßen. Gefordert sind ihr zufolge prozedurale Vorkehrungen, die der größtmöglichen Annäherung an ein Ergebnis dienen, das für den einzelnen bzw. für möglichst viele seinem Inhalt nach konsensfähig ist.

Verfahrensstrukturell greift damit das Rechtsstaatsprinzip in Verbindung mit den grundrechtlichen Garantien der Würde, der Freiheit und der Gleichheit – auch letztere hat einen „gemeinverfassungsstaatlichen" Inhalt – diejenigen Bedingungen auf, unter denen Verfahren im modernen Staat die ihnen zugeschriebenen Legitima-

---

[230] Dazu bereits die Nachw. aus Rspr. und Literatur oben, 9. Kap., Fn. 120; den spezifisch *prozeduralen* Aspekt dieser (grundrechtlichen) *Schutzpflicht* betonen bes. BVerfGE 69, 315 (355f., 357); 70, 297 (308); 72, 122 (134); aus der Literatur vgl. ferner *Alexy*, a.a.O. (Fn. 229), S. 414f.; *Beyerlin*, DÖV 1987, 2715; *Burmeister*, Verfahrensstrukturierungsgebote, S. 138; *Grimm*, NVwZ 1985, 869; *Henke*, Der Staat 20 (1981) S. 580ff.; *Hill*, Das fehlerhafte Verfahren, S. 334; *Held*, Grundrechtsbezug, S. 112ff., 115ff., 181f. („Minimalstandard eines Rechtsschutzinstrumentariums"); *E. Klein*, NJW 1989, 1633ff.; *R. Scholz/Pitschas*, Informationelle Selbstbestimmung, S. 110ff., 129f.

[231] BVerfG, NJW 1983, 2931; *Alexy*, a.a.O. (Fn. 229), S. 411ff., 420ff.; *R. Scholz/Pitschas*, a.a.O. (Fn. 230), S. 111.

[232] Siehe hierzu die Nachw. aus der Rspr. des BVerfG bei *Jarass*, AöR 110 (1985), S. 364ff.; vgl. ferner *Bleckmann*, Staatsrecht II, S. 253ff., 259ff.; *K. Hesse*, HdbVerfR, S. 93ff.; *C. Starck*, JuS 1981, 238f.

[233] Vgl. BVerfGE 33, 367 (383); 38, 105 (115f.); 41, 246 (250); 45, 272 (294); 46, 214 (222f.); 49, 148 (164); 63, 215 (223); 65, 196 (215); 74, 129 (152).

[234] BVerfGE 33, 367 (383); 49, 24 (54, 57); 69, 126 (139f.); 70, 297 (308); 73, 322 (327).

tionsleistungen erbringen können.[235] Sie erfüllen diese Aufgabe also nicht nur deshalb, weil in ihnen Argumentationslasten beliebig verteilt und Begründungswege nach Dafürhalten der Funktionsträger institutionalisiert sind.[236] Und es reicht auch nicht die moraltheoretische bzw. verfahrenspragmatische Forderung, über die Idee der Unparteilichkeit sowohl der Normbegründung als auch der Anwendung von verbindlichen Regelungen einen konstruktiven Zusammenhang zwischen geltendem Recht, Gesetzgebungsverfahren und Verfahren herzustellen. Daß Konsens über Relevanzen erzeugt, Akzeptanz erreicht und (soziale) Verständigung praktiziert wird, ist vielmehr von der Verfassung aufgegeben und von ihr dirigiert. Erst die Verankerung dieser Merkmale *in der Verfassung*, die Einfügung der Verfahren „in unverbrüchliche Grundsätze materieller Staatsgestaltung und Freiheitsbewahrung"[237] schafft Verfahrenslegitimität.

Gerechtigkeit muß freilich auch erkennbar werden. Prozeßgestaltung und Verfahrensführung sind ebenfalls ein rechtsstaatliches Anliegen. Jedes Verwaltungsverfahren wird beispielsweise notwendig dysfunktional und verfehlt sowohl seine Rechtsschutz- und Rechtswahrungsaufgabe als auch seine sonstigen Zwecke,[238] wenn der Bürger mit seinen Anliegen nicht gehört oder (scheinbar) nicht ernst genommen wird. Es genügt eben nicht, daß Gerechtigkeit aufgegeben ist; man muß auch deutlich und zweifelsfrei erkennen können, daß sie geschieht. Dazu gehört, daß der Bürger in Rechtsanwendungsverfahren auf klare Kompetenzzuweisungen trifft, die Kompetenz- und Verfahrensvorschriften aufeinander abstimmen und hierdurch divergierende Entscheidungen vermeiden. Zugleich muß er in Konkretisierungsakten auf die etwaige Notwendigkeit und Möglichkeit eigenen Verfahrenshandelns hingewiesen werden bzw. diese erkennen können (= Gebot der Kompetenz- und Verfahrensklarheit).[239]

bb) Grundsatz der Gesetzmäßigkeit als Gebot der Verfahrensbindung

Das Rechtsstaatsprinzip verlangt sonach im Hinblick auf die Verfahrensstrukturen und für das „Verfahrensmanagement" der Gemeinschaftsprozesse, daß der Staat seine getroffenen und noch zu treffenden Maßnahmen unter dem Gesichtspunkt der Gerechtigkeit rechtfertigt. Das Verfahren, das zum Erlaß der Anordnungen führt, muß „gerecht" sein. Einen absoluten Maßstab dafür gibt es allerdings nicht.

Die nach Entstehung und Funktion einer Verfassung bewußt ideologiehaltigen, als „Prinzipien" zu bezeichnenden materialen Leitgrundsätze und Zielvorgaben der

---

[235] Zu diesen „Strukturbedingungen" siehe oben, 5. Kap., C.II. und III.

[236] Vgl. auch *Lücke*, Begründungszwang und Verfassung, S. 37ff., 105f., 106ff., 115ff.

[237] *Badura*, Staatsrecht, S. 9.

[238] Vgl. hierzu die Darstellung der Zweck- und Zielorientiertheit staatlicher Verfahren oben, 7. Kap., C.I.2. mit c); speziell zu den Funktionen des Verwaltungsverfahrens siehe *Held*, Grundrechtsbezug, S. 29ff. m.w. Nachw.; *v. Mutius*, FS C.-F. Menger, S. 587ff.

[239] Siehe hierzu auch *Breuer*, DÖV 1987, 169ff., 179; *Hufen*, Verwaltungsverfahren, S. 64ff., 65; am Beispiel der Rechtsschutzprobleme bei Steuerfahndungsmaßnahmen siehe auch *Klos*, JuS 1987, 703ff., 705.

Verfassung[240] lassen sich insofern letztlich nur im Wege einer sach- und situationsbezogenen „Abwägung" konkretisieren. Denn weder besteht der Rechtsstaat einseitig in einer Maximierung der Schutzpositionen des einzelnen, noch darf die Verfassung insgesamt als antistaatliche Veranstaltung zum Schutze der Bürger vor ihrem eigenen Staat mißverstanden werden. Daher dürfen zwar niemals die Regeln eines fairen Verfahrens und die prinzipiell schutzwürdigen Rechtspositionen der Bürger – so vor allem die Menschenwürde, bestimmte Grundfreiheiten und die Grundsätze der Gleichbehandlung im Verfahren – mißachtet werden. Doch stehen auch bei der Verfahrensordnung das Individualinteresse mit dem Gemeinschaftsinteresse in einem Spannungsverhältnis. Für dessen Auflösung ist das Verbot des Übermaßes fruchtbar zu machen.[241]

Die dabei mögliche und notwendige grundrechtliche *Argumentation* ist nur in ihren Grundzügen rational determiniert. Es verbleibt eine beträchtliche (materielle) Rationalitätslücke, die der Prozeß der grundrechtlichen Argumentation, der grundrechtliche Diskurs füllen muß.[242] Er orientiert sich an der regulativen Idee praktischer Vernunft, um den für wichtig gehaltenen Gesichtspunkten[243] ihre Entscheidungsrelevanz zu geben. Da dies in und durch Verfahren geschieht, hilft dabei die Verpflichtung auf generalisierende Sachregeln nur bedingt weiter. Abgesehen davon, daß nicht alles, was verallgemeinerungsfähig ist, allein schon aus diesem Grund auch gerecht sein muß,[244] ist die Rechtsbindung im modernen Staat vor allem als Bindung an Verfahrensregeln und als eine Verpflichtung zu begreifen, in den staatlichen Verfahren nach Auftrag und Leitlinie des Gesetzes bzw. der Verfassung zu arbeiten. Der Grundsatz der Gesetzmäßigkeit bedarf insoweit der rechtsstaatlichen Reformulierung als „Verfahrensbindung."[245]

Staatliche Funktionsträger müssen deshalb jeweils die Legitimation ihres Handelns und Entscheidens selbst in Teilen erarbeiten. Im Zuge dieser *kommunikativen Selbstregulierung*, in der sich auch die Verfahrensregeln als teilweise inkonsistent erweisen,[246] liegt deshalb der archimedische Punkt für die Konstruktion der zweck-

---

[240] Vgl. *Alexy*, Grundrechte, S. 71ff., 75f.; *Ebsen*, Bundesverfassungsgericht, S. 48ff., bes. 57ff.

[241] *Hufen*, Verwaltungsverfahren, S. 66ff.; *Pitschas*, NJW 1984, 895; *Schnapp*, FS H. U. Scupin, S. 899ff.; *Zacher*, Elemente der Rechtsstaatlichkeit, S. 422.

[242] Vgl. auch *Alexy*, Grundrechte, S. 520f.; *Ebsen*, Bundesverfassungsgericht, S. 32ff., 77ff., 252ff.

[243] Vgl. *Alexy*, Grundrechte, S. 493ff., 498ff.

[244] *Zippelius*, Das Wesen des Rechts, 4. Aufl., 1978, Kap. 18c.

[245] In ein solches Konzept über die „Gesetzmäßigkeit der Verwaltung" fügt sich beispielsweise der Versuch von *Ebsen* (Bundesverfassungsgericht, S. 255ff., 275ff.) nahtlos ein, die strukturellen Einflüsse und die Konfliktmuster im Entscheidungsprozeß des BVerfG als bestimmende Merkmale für die Funktion des Gerichts im Rahmen seiner „Verfahrensbindung" herauszuarbeiten.

[246] Nämlich als eine Art von „soft law", vgl. dazu schon oben, 2. Kap., Fn. 141; 3. Kap., Fn. 42; siehe zu dessen Deutung und Reichweite ferner *Baudenbacher*, ZRP 1986, 301ff.; *Bothe*, FS H.-J. Schlochauer, 1981, S. 761ff.; *Ehricke*, NJW 1989, 1906ff.; *Ermacora*, FS W. Geiger, S. 145ff.; *Wälde*, JbRSoz 8 (1982), S. 372ff., 380.

haften und materialen Verfahrensbindung bei relativer Autonomie des jeweiligen staatlichen Organs in den Funktionen der Verfassung, die zugleich Zielfunktionen staatlicher Verfahren darstellen. Dazu zählen vor allem die Wahrung individueller Freiheitspositionen, Offenhaltung des demokratischen Prozesses, Integration gesellschaftlicher Partikularinteressen („sozialer Kompromiß") sowie die Wahrung der Legitimität der auf Mehrheitsentscheidungen gründenden Legalität. Rechtsstaatliche Grundbedingung hierfür ist der wahrhaftig, ernsthaft und frei geführte Diskurs – zumindest das ehrliche Ringen hierum.

cc) Gleichberechtigte Mitwirkungskompetenz und Partizipation durch Verfahren

Der Autoritätsanspruch der positiven Rechtsordnung in ihrer formal-legalen Gestalt muß also stets von neuem erkämpft werden. Zwar fallen der modernen Verfassung zufolge Legalität und Legitimität zusammen. Aber Legitimität wird im Strukturwandel von Staat, Gesellschaft und Recht nur noch begrenzt inhaltlich vermittelt. Weithin prozedural hergestellt, ist sie als „Vorgang" zu begreifen, der ein gerechtes Verfahren voraussetzt. In diesem müssen die Betroffenen an den Grundlagen staatlichen Handelns und Entscheidens direkt oder wenigstens indirekt über Parteien und Parlamente *mitwirken* können. Der dadurch zustandekommende demokratische Prozeß kann allerdings nur dann als „gerecht" bezeichnet werden, wenn freie Meinungsbildung herrscht und die an der jeweiligen Auseinandersetzung Beteiligten fair und auf der Grundlage der Waffengleichheit miteinander „verfahren".

Das demokratische Prinzip steuert somit die Legitimation durch Verfahren.[247] Auseinandersetzung und Kritik werden vor allem durch das von ihm ausgehende *Offenhalten des Meinungsbildungsprozesses* befördert. Neben dessen heuristische Funktion in der Offenbarung relevanter Tatsachen und Argumente tritt die gleichberechtigte Mitwirkungskompetenz aller als unverzichtbare Prämisse der Art und Weise der Konsensbildung.[248] Auf der einen Seite sind dadurch der legitimen Mehrheitsentscheidung Grenzen gezogen: Menschenwürde, Gewissens- und Meinungsfreiheit stehen für die Mehrheit nicht zur Disposition.[249] Auf der anderen Seite ist – wie bereits angedeutet – fundierte Meinungsbildung ohne *Öffentlichkeit von Verfahren* aller Art nicht zu erreichen. Eine rechtsstaatliche Demokratie erfordert deshalb auch öffentlich diskutierte Gesetze, die von der Mehrheit der Abgeordneten nach eingehender fachlicher und politischer Beratung verabschiedet werden.[250]

Die dabei zu berücksichtigenden Gesichtspunkte sind in der pluralistischen Demokratie außerordentlich vielfältig. Jeder kann prinzipiell seine persönlichen Inter-

---

[247] Zu seiner Stellung als „Organisationsprinzip für die Innehabung und Ausübung der Staatsgewalt" (Rdnr. 9) siehe – unter Betonung des Verfahrensaspekts – auch *Böckenförde*, Demokratie als Verfassungsprinzip, S. 893 ff., 912, 913 f.; vgl. ferner *W. Schmidt*, VVDStRL 33 (1975), S. 213 ff.

[248] *Offe*, Politische Legitimation, S. 175; *Zippelius*, Legitimation, S. 91.

[249] *Böckenförde*, a. a. O. (Fn. 247), S. 941 f. (Rdnr. 83).

[250] BVerfGE 70, 324 (355, 363); daraus folgt: sog. „Eilgesetze" unterliegen dem Verdikt der Verfassungswidrigkeit, wenn sie diese Anforderungen nicht erfüllen.

essen zur Geltung bringen. Das Ergebnis ist ein Allgemeinwille, dem man sich zu unterziehen hat. Um ihn herauszubilden und für den notwendigen Ausgleich der Interessen mag eine moderne Verfassung auch plebiszitäre Formen und Verfahren finden; einen Vorsprung an Rationalität hat jedoch im modernen Staat die repräsentative Entscheidungsfindung allemal.[251] Auch sie beruht freilich darauf, daß die Repräsentanten an die Konsensbereitschaft der Bürger gebunden bleiben. Jene müssen Entscheidungen anstreben, die geeignet sind, diese zu überzeugen, die also zumindest akzeptabel sind. Hierzu bedarf es – wie dargelegt – des Ineinandergreifens einer Legitimation durch Konsens mit einer Legitimation durch Verfahren *und* der Legitimität dieser Verfahren *selbst*. Sie ist ohne die grundrechtlich und sozialstaatlich aufgegebene Rückbindung der staatlichen Funktionsträger an die Interessen von Minderheiten bzw. des einzelnen nicht zu erreichen.

Ist dieser *partizipatorische Aspekt* im öffentlichen Recht des Sozialstaates erkannt,[252] dann kann es dem demokratischen Staatsverständnis nicht gleichgültig sein, ob z.B. – wie im Kernenergierecht[253] – über das Bestehen, den Inhalt und die Grenzen subjektiver öffentlicher Rechte Dritter de facto in gesellschaftlichen Gremien oder Verfahren entschieden wird oder in staatlichen Gemeinschaftsprozessen. Ersterenfalls ist unter dem „Legitimationsdruck" des demokratischen Prinzips der Gesetzgeber gehalten, die Bildung, Zusammensetzung und *Verfahren* jener Fachgremien *selbst* zu regeln.[254]

Ebensowenig kann dahinstehen, ob rechtlich durchformte Verwaltungsaufgaben in der Ministerialinstanz oder durch Einheiten der Vollzugsverwaltung im Sinne einer „bürgernahen" Erledigung der Verwaltungsgeschäfte wahrgenommen werden. Nicht außeracht bleiben kann ferner, auf welche Weise sich das Verwaltungsverfahren den politisch-demokratischen Einflußchancen des Publikums öffnet. Weil und soweit die aus der Gesellschaft artikulierten Interessen zu Prämissen des administrativen Handelns und diese ihrerseits verfahrensmäßig aufbereitet und verarbeitet werden, gewinnt der „procedural due process" einen demokratischen Stellenwert.

Dabei sollte allerdings die *Öffentlichkeitsbeteiligung* Privater an der Konkretisierung von der *Betroffenenbeteiligung* unterschieden werden. Diese beruht darauf, daß derjenige am Erlaß einer Verwaltungsentscheidung durch Anhörung und Mitwirkung im Rahmen der Sachverhaltsfeststellung zu beteiligen ist, in dessen Rechte durch direkten Akt eingegriffen werden soll. Die Möglichkeiten der *Öffentlichkeits-*

---

[251] *Badura*, Parlamentarische Demokratie, S. 969 (Rdnr. 28), 970 (Rdnr. 29), 978 (Rdnr. 44); *Zippelius*, Staatslehre, S. 173, 174; das berücksichtigt wohl zu wenig *W. Schmidt*, VVDStRL 33 (1975), S. 213, obwohl er gerade mit der Kategorie der „Rationalität" argumentiert.

[252] Vgl. *Schmitt Glaeser*, VVDStRL 31 (1973), S. 252ff., 253 („Minimalpartizipation"), 257.

[253] Siehe zum folgenden die u.a. von *Marburger* nachgezeichneten Regelungskomplexe unterhalb der Ebene der Rechtsverordnungen, in: Atomrechtliche Schadensvorsorge, S. 132ff., 222ff.; vgl. ferner *Burmeister*, Verfahrensstrukturierungsgebote, S. 153 ff.; *Löffler*, Parlamentsvorbehalt im Kernenergierecht, S. 139ff.; *Pitschas*, Bundesverfassungsgericht als Verfahrensgesetzgeber, S. 416ff., 422, 427.

[254] Ebenso – wenngleich mit anderer Begründung – *Papier*, FS C.-H. Ule, S. 248 m.w. Nachw.; siehe auch *Badura*, FS O. Bachof, S. 177.

beteiligung zielen dagegen auf die direkte politische Einflußnahme. Sie lassen sich aus dem Gedanken ableiten, das demokratische Element der Entscheidungsfindung zu stärken, indem in die vorhandenen Legitimationszüge des demokratisch-parlamentarischen Verwaltungssystems und der Selbstverwaltung zusätzliche Einflußmöglichkeiten der Öffentlichkeit eingeflochten werden.

Der Gesetzgeber hat unter dem Grundgesetz diesen Gedanken sowohl für die Beteiligung von Bürgern an der Verwaltung als auch für die Beteiligung von Verbänden und anderer gesellschaftlicher Formationen aufgegriffen. So finden sich z.B. Beteiligungsmöglichkeiten des Bürgers bei der Bauleitplanung, im Umweltschutzrecht sowie etwa im Bereich des Gemeinderechts durch Formen der Bürgeranhörung und des Bürgerbegehrens.[255] Ähnlich vielgestaltig sind die Möglichkeiten der Öffentlichkeitsbeteiligung für die gesellschaftlichen Gruppierungen. Hier ist z.B. die Beteiligung der Berufsverbände an der beamtenrechtlichen Gesetzgebung gemäß § 94 BBG zu nennen.[256]

Öffentlichkeitsbeteiligung einerseits und *Betroffenenbeteiligung* andererseits beruhen somit auf unterschiedlichen Legitimationsgründen. Während es für die Öffentlichkeitsbeteiligung darum geht, zusätzliche Legitimationsgrundlagen zu dem schon bestehenden Fundament demokratischer Entscheidungsbildung und -bindung zu schaffen, beruht die Betroffenenbeteiligung auf den Freiheitsgrundrechten, dem Rechtsstaatsprinzip und den Rechtsschutzgarantien der Verfassung. Während sich demgemäß die Grenzen der Betroffenenbeteiligung aus der Reichweite der verfassungsrechtlichen Individualgewährleistungen bestimmen, findet die Öffentlichkeitsbeteiligung ihre Schranke in der Repräsentativverfassung. Die demokratische und liberale Freiheit können nur bestehen, wenn die Freiheit aller in *gleicher* Weise gewahrt wird und nicht angeblich vorrangige, tatsächlich aber schein-demokratische weil gleichheitswidrige Entscheidungs- oder Partizipationsrechte zugunsten sogenannter „Betroffener" eingeräumt werden.

Der Verfassungsstaat muß also auch im Strukturwandel von Gesellschaft und Recht die Balance zwischen den Maßgaben des sozialstaatlich aktivierten, dabei aber gleichheitsgebundenen Demokratieprinzips einerseits und des freiheitsverpflichteten, doch zugleich sozialen Rechtsstaates andererseits wahren. Die sozialstaatliche Partizipation durch Verfahren darf deshalb im repräsentativen Schema – soweit von Verfassungs wegen vorgegeben – nicht zu Verfahrensbedingungen führen, die jene Legitimationskette unterbrechen, in deren Verfolg das Konkretisierungshandeln

---

[255] Speziell hierzu siehe *Thaysen,* Repräsentation und Partizipation an der kommunalen Willensbildung. Ein Beitrag zur Bestandssicherung der Bürgerbeteiligung am Beispiel der Niedersächsischen Gemeindeordnung, in: Oberreuter (Hrsg.), An den Grenzen der parlamentarischen Demokratie, 1986, S. 247ff.; w. Nachw. zu den Regelungen der im Text erwähnten Rechtsbereiche bei *Schmitt Glaeser,* Position der Bürger, S. 45, 53, 54.

[256] Zu der Funktion dieser Vorschrift siehe statt aller *Battis,* Bundesbeamtengesetz, Kommentar, 1980, § 94 Anm. 1; vgl. im übrigen auch *W. Schmidt,* VVDStRL 33 (1975), S. 183ff., 186ff.

staatlicher Organe bzw. Organwalter an den Willen des repräsentativ-demokratischen Gesetzgebers zurückgebunden wird.[257]

Ebenso klar dürfte allerdings sein, daß jene Grenze, an der die Formierung partizipatorischer Verfahrensstrukturen in einen grundsätzlichen Strukturwiderspruch zu dem herkömmlichen Modell der „Verwaltung" als Ausführung durch „Vollzug" geriete, hinausgeschoben werden muß. Die Bedingungen demokratischer Legitimation stehen weder real ein für allemal fest noch verschließt sich die moderne Verfassung als entwicklungsoffene Ordnung ihrem Wandel.[258] Soweit sie die Option für repräsentatives Entscheiden wählt, enthält sie deshalb ein *Optimierungsgebot* individuell – bzw. gruppenförmig-gesellschaftlicher Teilhabe: Die abstrakten Prozesse der Legitimationsbeschaffung durch Wahlen und Gesetzgebung sind im „technisierten" Rechtsstaat der Moderne viel zu abstrakt und sie entsprechen viel zu wenig dem Gebot gesellschaftlicher Kooperation, um auch in der Hitze der Tagesstreitigkeiten die erforderliche Akzeptanz der Rechts- und Zweckkonkretisierung zu sichern. Deshalb ist es ein sozialstaatlich-demokratisch initiiertes, von dem rechtsstaatlichen Kompensationsgedanken der Verfassung flankiertes Erfordernis, die *Partizipation durch Verfahren* als Antwort auf die lebensweltliche Entwicklung zu intensivieren.

Das bedeutet beispielsweise für die öffentliche Verwaltung den Auftrag, sich auf Prozesse der Interessenabwägung und Konfliktregelung einzulassen, die nach herkömmlicher Auffassung zu den Aufgaben politischer Institutionen zählen. Hierfür sind geeignete Verfahrensformen zu entwickeln, in denen durch rationale Kommunikation Herrschaft strukturiert und der rechtliche Inhalt der Konkretisierung durch Mitwirkung zustande gebracht wird. Die *Prozeßform* vermittelt dabei die rechtsstaatlichen Bindungen.[259]

c) *„Prozeßverantwortung" für rationalitäts- und legitimitätssichernde Verfahrensgehalte*

Ziel dieser Bindungen ist es, die Menschenwürde, Freiheit und Gerechtigkeit der Konkretisierungsprozesse zu sichern. Verfahrensweisen des sozialen und demokra-

---

[257] VerfGH Nordrhein-Westfalen, DVBl. 1986, 1196ff.; *Badura,* Parlamentarische Demokratie, S. 978 (Rdnr. 44); *Böckenförde,* Demokratie als Verfassungsprinzip, S. 944 (Rdnr. 90), 945f. (Rdnr. 92), bei dem freilich die sozialstaatliche Verfahrensperspektive fehlt (S. 949f.); siehe demgegenüber – obschon zu Unrecht der „Partizipation" jegliche Legitimationsfunktion absprechend – *Schmitt Glaeser,* VVDStRL 31 (1972), S. 220, 252ff., 257, 258; mehr noch im hiesigen Sinne schließlich *W. Schmidt,* VVDStRL 33 (1975), S. 214f., mit seinem Plädoyer für ein „Verständnis demokratischer Legitimation als eines ständigen Kommunikationsprozesses demokratischer Teilhabe" –, das allerdings unter den im Text beschriebenen (und nur undeutlich von *W. Schmidt* formulierten) *Grenzbedingungen* steht.

[258] Vgl. oben, 9. Kap., B.II.1. mit Fn. 66f.; B.III. mit Fn. 97.

[259] Ganz entsprechend der Vorstellung, den Grundsatz der Gesetzmäßigkeit als „Verfahrensbindung" zu formulieren, vgl. oben im Text um und zu Fn. 245; siehe ferner *Badura,* FS O. Bachof, S. 176f.; *Erichsen,* DVBl. 1985, 26 m. Anm. 71f.

tischen Rechtsstaats sind insofern eben nicht *nur* gemeinwohlorientiert. Sie haben auch die Interessen der Verfahrensbeteiligten aufzunehmen.[260]

aa) Verfahrensaktivitäten als Anknüpfungspunkt

Für die zweck- und wertorientierten staatlichen Verfahren ist es mithin von zentraler Bedeutung, daß verfahrensmäßige Vorkehrungen getroffen werden, welche Sachlichkeit und Wertbewußtsein, Unabhängigkeit und Unparteilichkeit der Konkretisierungsteilnehmer soweit wie möglich gewährleisten. Zugleich muß für das erforderliche Wissens- und Wertungspotential gesorgt werden. Entsprechende Ordnungsschritte knüpfen an die im zweiten Teil der Untersuchung herausgearbeiteten Verfahrensaktivitäten an.[261] So prägt z.B. die Verfassung Grundsätze *prozessualer Stoffsammlung*, der *Mitwirkung an der Problemorientierung und -lösung* oder auch der *Beweiswürdigung* aus. Bezogen auf Information und Kommunikation verlangt sie nach Regeln über Rechenschaftslegung durch *Aufklärung;* denn ohne die Transparenz von Herrschaft und ohne die Rechenschaftspflicht der gewählten „Obrigkeit“ gibt es keine Verantwortlichkeit der Regierenden und ohne diese keine Demokratie.

Von hier aus kommt „Verantwortung“ als ein zentrales Strukturprinzip für die Verfahren des demokratischen und sozialen Rechtsstaats zum Tragen. Die Verfassung erlegt den Staatsorganen gemeinsam und je für sich die Verantwortung für die Konkretisierungsgerechtigkeit in der Form einer *Verfahrensverantwortung*[262] gegenüber dem Volk als Souverän und den von diesem in einem Repräsentativsystem gewählten Vertretern auf. Solchermaßen als „Prozeßverantwortung“ ausgeformt, stellt sie nicht nur die *Verpflichtung* dar, für eine staatliche – und qua Garantenstellung auch für eine gesellschaftliche – Verfahrensordnung Sorge zu tragen, die den voraufgehend entfalteten Verfahrensmaßgaben der Verfassung als einem dimensionalen Strukturkonzept entspricht. Verfahrensverantwortung als Verfassungsprinzip räumt ebenso die *Befugnis* organspezifischer Verfahrensstrukturierung und -führung ein.[263] Sie formuliert darüber hinaus den Auftrag der Verfassung zur materialen Verfahrensbindung als ein „regulatives Prinzip“, d.h. der materiale Gehalt des Verantwortungsthemas[264] wird auf die dargestellte Rationalisierungsperspektive staatlicher Verfahren (= rechtsstaatliche Normeffektivität), auf ihren Charakter als Ordnung und Formgebung staatlicher Herrschaft, auf ihren partizipativen Entfaltungsbedarf und auf ihre Eigenart als ein Prozeß sozialer Verständigung bezogen.

Das formalisierte Handlungs- und Wirkgefüge des „Verfahrens“ muß damit, so fordert es die Verfassung, in seiner funktionalen Ordnung die in diesen Teil-The-

---

[260] Erst daraus formulieren sich dann die gültigen Allgemeinbelange, vgl. *Schmitt Glaeser*, Position der Bürger, S. 55ff., 59f., 61ff. m.w. Nachw.

[261] Vgl. oben 7. Kap., C.I.2.c) mit dd) und (2).

[262] Zu deren Deutungsgehalt und Reichweite siehe oben, 7. Kap., A.I. und II.; 9. Kap., A.IV. und B.IV.

[263] Vgl. die Ausführungen oben, 9. Kap., A.IV. und B.IV. 3.–5. m.w. Nachw.

[264] Siehe dazu die Grundlegung im 6. Kap., B.IV. und C.III.1.; 9. Kap., C.IV.

men geborgenen rationalitäts- und legitimitätssichernden Gehalte hinreichend zur Geltung bringen. Das bedeutet eine verfassungsgeleitete Optimierungsaufgabe nach Maßgabe der hier ausgewiesenen Rationalitäts- und Legitimitätskriterien unter Reaktion auf die Strukturerfordernisse der Verfahrensorganisation[265] sowie auf die Verfahrensbedarfe und -defizite des modernen Staates.[266]

Nicht jede Konkretisierungsinstanz hat freilich Verantwortung für das *gesamte* Verfahrensgeschehen. Wenn und soweit das verfassungsrechtliche Rationalitätsprinzip eine Rollendifferenzierung verlangt,[267] erstreckt sich Verfahrensverantwortung zunächst auf den Rollenkontext einschließlich ihrer Kontrollorientierung. Als Verfassungsprinzip beeinflußt sie allerdings auch das Rationalitätsverständnis. Denn sie dirigiert umgekehrt die Rollenzuweisung und -wahrnehmung: Ein Verfahren kann nur gerecht sein, wenn *alle* Rollen gespielt werden und wenn diese Rollen rechtlich wie sozial in angemessener Distanz zu denjenigen Interessenkonflikten *ausdifferenziert* sind, über die es zu entscheiden gilt.

bb) Gesellschaftliche Verfahrens-Mitverantwortung

Rollendistanz, aber auch Rollenzuweisung und -differenzierung unterliegen somit nicht der Beliebigkeit. Verfassungsverantwortliche Verfahrensorganisation findet ihre Entwicklung in den Grundrechten und Strukturprinzipien der normativen Grundordnung des Staates vorgezeichnet.

Das daran orientierte Ordnungsbemühen um Verfahrensstrukturierung und -führung muß deshalb nach der Maßgabe sozialer Staatlichkeit auch die Gesellschaft einbeziehen, indem sie dieser gruppenförmige bzw. individuelle *Verfahrens-Mitverantwortung* abverlangt.[268] Dadurch werden entsprechende Beteiligungsrollen mit

---

[265] Vgl. dazu oben, 7. Kap., C.II.

[266] Siehe dazu in bezug auf das Verwaltungsverfahren oben, 1. Kap., C. und D.; 2. Kap., A.II. und C.II.

[267] Dazu die Bemerkungen oben, 7. Kap., A.II.2.b) und D.III.4.

[268] Die oben, 6. Kap., C.III.3., und 9. Kap., B.IV.5., dargelegten Grundsätze münden also in ein spezifisches, rechtlich überformtes Korrespondenzverhältnis von Freiheit *und* Verantwortung sowohl für die Gestaltung als auch für die Führung der staatlichen Verfahren – und auch des Verwaltungsverfahrens – ein; vgl. im Ergebnis ebenso *Dürig*, in: Maunz/Dürig, GG, Art. 103 Abs. 1 Rdnr. 6 (Erstkommentierung); *Schmidt-Aßmann*, ebd., Art. 19 Abs. 4 Rdnr. 8; *Schmitt Glaeser*, Position der Bürger, S. 66ff., 75f., 77ff., 80ff. – Dem entspricht aus der Richtung der pluralistischen Privatrechtsgesellschaft die Veränderung von Struktur und Funktion des subjektiven Rechts unter Erneuerung seiner personalen Wirkweise als „Freiheitsverbürgung", vgl. dazu namentlich *Fezer*, Teilhabe und Verantwortung, bes. S. 270ff., 335ff., 350ff., 362ff., 493f.: Das subjektive Privatrecht ist ihm zufolge als *verantwortete Teilhabe* an einer komplementären Strukturierung von Lebensbereichen zu verstehen (S. 365f.). Hieraus folgt m.E. die Aufgabe der Verwaltung, in „ihren" Verfahren nicht nur privatrechtlichen Strukturprinzipien, Regelungsmechanismen und Ausgleichsordnungen Raum zu geben (vgl. die Beispiele bei *Schmitt Glaeser*, a.a.O., S. 88ff.), sondern auch die Verpflichtung, in ihren Verfahren das *Personale* und *Individuelle* schlechthin aufzunehmen (so auch *Schmidt-Aßmann*, in: Maunz/Dürig, GG, Art. 19 Abs. 4 Rdnrn. 8, 117) und es in seiner eigenverantwortlichen Betätigung zu erhalten. Die daraus erwachsenden Maßgaben für sog. „Massenverfahren" liegen ebenso auf der Hand, wie diese verantwortete Teilhabe („Mitverantwortung") eben

Verfahrensrechten und -pflichten aktualisiert.[269] In bezug auf Rechtsanwendung und -kontrolle bedeutet dies ferner eine mitlaufende „Rechtsbildungsverantwortung" des Bürgers.[270] Bei der Rechtsetzung ersprießen hieraus – auch unter Berücksichtigung berechtigter Bedenken[271] – zwar keine Verkürzungen späterer Rechtsschutzmöglichkeiten, aber wohl doch Grenzen der Verpflichtung zur Ausschöpfung gegebener Erkenntnisquellen im gesellschaftlichen Raum.[272]

cc) Verfahrensverantwortung als „soziale" Voraussetzung der Legalität

Solchermaßen von Verfassungs wegen aufgegebene kooperative und koordinierende Verfahrensverantwortung schlägt sich freilich weniger in immer wieder neuen und grundlegenden Konzeptionen der Verfahrensentwicklung oder in strukturellen Verfahrensreformen nieder. Sie findet ihren Weg eher und regelmäßig in der alltäglichen Einflußnahme auf die Verfahrensabläufe in Gesetzgebung, Justiz und Verwaltung. Dabei sind auch und vor allem die Verhaltensmuster der Verantwortlichkeiten und Rechenschaftspflichten staatlicher Organwalter, z. B. der Verwaltungsangehörigen oder Richter in die Betrachtung einzubeziehen.

Zu diesem Zweck baut etwa das Grundgesetz auf der Gewissenhaftigkeit, Unbefangenheit und Unparteilichkeit des Richters auf.[273] Er soll „eigenverantwortlich" ein sach- und gegenwartsgerechtes Urteil fällen. Diese Leistung wird durch das anzuwendende Recht, aber auch von seiner Persönlichkeit im Rahmen der Effektivitätsspielräume der Verfahrensordnung, von seinem Willen und seiner Fähigkeit zur sozialen Interaktion und vielen weiteren personalen (und situativen) Faktoren geprägt. Richterliche Verfahrensverantwortung besteht darin, diese Anforderungen „auf den Punkt" zu bringen;[274] die Verfahrensverantwortung von Gesetzgeber und Justiz erstreckt sich darauf, hierzu geeignete („reflexive") Verfahrensstrukturen zu

---

wegen des Ausgleichsbedarfs unter einem prinzipiellen „Gebot der Rücksichtnahme" untereinander steht; vgl. für das Handeln der Sozialverwaltung ebenso *Mrozynski,* SGb. 1987, 411; a. A. *Schmitt Glaeser,* a. a. O., S. 78.

269 Aber es ist eben auch die Chance eingeräumt, rollenübergreifend („autonom") sich in seiner Persönlichkeit selbst darzustellen – oder eben dies zu verhindern und sein „Geheimnis" zu bewahren!

270 Vgl. auch (obschon enger noch wegen des Bezugs auf Art. 19 IV GG) *Schmidt-Aßmann,* a. a. O. (Fn. 268), Rdnr. 8 m. Anm. 18; *Schmitt Glaeser,* a. a. O. (Fn. 218), S. 53ff., 66ff.

271 Siehe zu ihnen beispielsweise *Lerche,* Vorbereitung grundrechtlichen Ausgleichs, S. 112.

272 BVerfGE 57, 139 (160); BVerwG, NVwZ 1987, 404f.; *Bryde,* VVDStRL 46 (1988), S. 202f.

273 Vgl. Art. 92 GG; siehe dazu statt aller *P. Kirchhof,* Rechtsprechende Gewalt, S. 14 m. w. Nachw.

274 Vgl. oben, 7. Kap., E.V.2.–4.; siehe jüngst auch aus rechtsstaatlicher Perspektive BVerfG, DÖV 1987, 1060f.; unhaltbar demgegenüber *Schmidt-Aßmann,* DÖV 1987, 1037: Das verfahrensgestaltende Ermessen läßt entgegen seiner Ansicht die situative Mißbrauchsprüfung gerade auch im Hinblick auf die (richterliche) Verfahrensleitung ohne „nochmals reduzierte Prüfungsgenauigkeit" wegen des materiellen und materialen Eigenwertes von Verfahren zu (!); vgl. ebenso auch *Dürig,* in: Maunz/Dürig, GG, Art. 103 Abs. 1 Rdnr. 70 (Erstkommentierung).

schaffen, also einen „structural due process" vorzugeben, in dem z.B. die kommunikativen Bedingungen „stimmen".[275]

Verfahrensverantwortung umschließt mithin als Verfassungsbegriff auch die *sozialen Voraussetzungen* der Legalität und Legitimität. Sie zielt darüber hinaus in dieser Perspektive als „soziale" Verantwortung auf die internen Organprozesse, in die sich der Vorgang der zweck- und wertrationalen Konkretisierung unter dem Legitimitätstypus prozeduraler Gerechtigkeit[276] hineinverlagert. Verantwortlichkeit und Rechenschaftspflicht schlagen so z.B. bis zu den Verwaltungsmitgliedern durch, die in ihrem Verfahrensverhalten nicht nur rollenhaft gebunden sind, sondern darin auch Eigeninteressen zum Ausdruck bringen (wollen). Hier werden dann Fragen des Führungsstils und Betriebsklimas sowie der Binnenpartizipation für das Verfahren bedeutsam.[277]

dd) Verfahrensverantwortung für funktionelle Integration

Vor diesem Hintergrund sieht sich die These von *D. Suhr* über die sozialpsychologischen Grundlagen der allgemeinen Staats- und Verfassungslehre bestätigt. Namentlich Interpretation und Repräsentation sind als staatstheoretische und staatspolitische Struktur- und Verfahrensprinzipien in einen sozialpsychologischen Kontext gestellt.[278] Dies gilt im übrigen für Verfahren – wie gezeigt – schlechthin. Gleichwohl darf dieses Moment nicht überbetont oder gar isoliert gesehen werden. Entscheidend bleibt stets die Wechselwirkung mit der *Rechtsidee* des modernen Verfassungsstaates. Erst in dem verfassungsaufgegebenen Zusammenstimmen der Verfahrensaspekte von Macht und Recht, Persönlichkeit und Vernunft, Moral und Politik, Verstand und Gefühl wird verantwortlich repräsentiert und kann Integration gelingen.

Das Medium hierfür sind Verfahren, die ihre Orientierungspunkte in der Verfassung als Verfahrensordnung und prozeduralem Strukturkonzept finden. Sie fügen sich dadurch in die Vorstellung von der Verfassung als einem grundlegenden *Integrationsschema* der staatlichen Gemeinschaft ein. Verfahren aller Art dienen hiernach der Integration der Bürger, gesellschaftlichen Gruppen und Interessenverbände in den Staat. Sie sind auf deren prozeßhafte Verwirklichung bezogen und konstituieren diese als einen dauerhaften Vorgang. Ohne den laufenden „Prozeß" der Integration des Individuums und der sozialen Kräfte könnte kein Staat wirklich sein; „der Staat ist nur, weil, und sofern er sich *dauernd* integriert."[279]

Darauf bezogene Verfahrensverantwortung hat dafür Sorge zu tragen, daß die verschiedenen Interessengegensätze in *alternativ aufbereiteter Form* ausgetragen

---

[275] So mit Recht am Beispiel des Strafprozesses *A. Kaufmann*, JZ 1985, 1069 r. Sp., m.w. Nachw.

[276] Vgl. dazu die Grundlegung oben, 9. Kap., C.I., sowie die Ausführungen in diesem Kap., A.IV.

[277] Ebenso *K. König*, Verwaltungsreform und Demokratiediskussion, S. 291ff.

[278] *D. Suhr*, Der Staat 20 (1981), S. 517ff.

[279] *Smend*, Verfassung und Verfassungsrecht, S. 138.

werden können. Hierzu sind der einheitsstiftenden Leistung staatlichen Wirkens, das sich im demokratischen Verfassungsstaat auf eine Mehrheit zu stützen hat, notwendig Verfahren vorzuschalten, in denen Wahrheitsfindung in offener Diskussion, Kompromisse und dadurch Integration zur „Mehrheit" möglich sind.[280] An die Verfahrensgestaltung und -führung gerichtete Forderungen nach Gesprächsbereitschaft und -chance, nach der Möglichkeit wechselnder Mehrheiten und dem (prozeduralen) Schutz von Minderheiten unter den Schranken der Mehrheitsherrschaft[281] sind weitere Voraussetzungen einer solchen *funktionellen Integration.*

3. Verfahrensgrundsätze der Verfassung

Die strukturellen Verfahrensgarantien der modernen Verfassung übergreifen alle staatlichen Verfahren. Sie setzen im Rückbezug auf die prozeduralen Grundwerte und -freiheiten einzelne Regeln für die Verfahrensordnung auf der Folie struktureller Gerechtigkeit frei.[282] Allerdings lassen sich diese Vorgaben der Verfassung weithin nur im Wege einer undogmatischen, nämlich fall- und situationsbezogenen „Abwägung" konkretisieren. Das gilt für die Konfliktinhalte nicht weniger als für die Anwendung des Verfahrensrechts selbst.

Im *doppelten Sinne* erweist sich dadurch jede Konkretisierung als verfahrensbezogen: Rechtliche Konkretisierungsprozesse nehmen einerseits die inhaltlichen Fragen einer billigenswerten Konfliktregelung in sich auf und lösen sie in zahllosen Abwägungsvorgängen; die auf diese Vorgänge bezogenen Verfahrensregeln unterliegen aber auch und andererseits eigenen Präferenzüberlegungen nach Maßgabe einer rationalen juristischen Argumentation.

Diese ist durch das prozedurale Strukturkonzept der Verfassung immerhin teilweise determiniert. Es bietet ein (verfassungsrechtliches) Bezugssystem für die Konstruktion staatlicher Verfahrensordnungen,[283] das freilich für sich genommen noch viel zu weit ist. Der Umfang der erforderlichen Verfahrensstrukturierung und -füh-

---

280 *Meyn,* Kontrolle als Verfassungsprinzip, S. 131; *Pernthaler,* Staatslehre, S. 207.

281 Siehe dazu schon oben, 5. Kap., C.II.; vgl. auch die Ausführungen in diesem Kap., A.IV. 3.–5.; siehe ferner *Pernthaler,* a. a. O. (Fn. 280), S. 207.

282 Dabei geht es durchaus nicht nur, wie schon erwähnt (Fn. 167) – und noch darzulegen sein wird – um die „geschriebenen" Prozeßgrundrechte der Art. 101–104 GG in ihrer Bedeutung als „flankierende Garantien" (*Schmidt-Aßmann,* in: Maunz/Dürig, GG, Art. 19 Abs. 4 Rdnr. 16) der Rechtsschutzgewährleistung – vgl. hierzu jüngst auch *Stern,* FS C. H. Ule, S. 359 ff. –, sondern ebenso um die „ungeschriebenen" Verfahrensmaximen des Grundgesetzes; erst zusammen genommen formen sie das Gebäude einer „strukturellen Verfahrensgerechtigkeit" unter dem Grundgesetz, vgl. auch *Burmeister,* Verfahrensstrukturierungsgebote, S. 135 ff. Zu der in vieler Hinsicht parallelen Konzeption eines „structural due process" in der amerikanischen Verfassung vgl. grdl. *L. H. Tribe,* American Constitutional Law, Mineola-New York 1978, S. 1137 ff.; *J. P. Müller,* FS K. Eichenberger, S. 171 ff., 173 f.; siehe aber auch *Jarass,* DÖV 1985, 377 ff., 383; zur „Gerechtigkeit als Rechtsprinzip" vgl. ferner die gleichnamige Arbeit von *G. Robbers,* 1980.

283 A. A. aber *Hagen,* Prozeßlehre, S. 82 f., 84 ff.

rung läßt sich hieraus nicht hinreichend präzise bestimmen. Erforderlich sind sonach Verfahrensinstrumente, mit deren Hilfe die Grundsatzentscheidungen über das prozedural Verfassungsgemäße in die Verfahrensbereiche der Staatsorgane handlungsorientiert übersetzt werden können. Die daraus resultierenden Gruppierungen von Verfahrensfragen lassen sich unter sog. Prozeßgrundsätzen bzw. Verfahrensmaximen vereinigen.

Diese wiederum sind verfassungsoriginärer Natur. Ihre Bedeutung erschöpft sich deshalb nicht – wie fälschlich *J. J. Hagen* meint[284] – in der verfahrensmäßigen Durchführung „rechtspolitischer" Grundsatzentscheidungen. Richtig ist allerdings, daß in ihrer Anwendung kein einfach-gesetzlicher oder sonstwie vermittelter Verfassungsvollzug nach Art eines Subsumtionsmechanismus vor sich geht.

Die einzelnen Verfahrensgrundsätze, die der modernen Verfassung entsprießen, unterscheiden sich nicht nur hinsichtlich ihrer Aussagekraft und Bestimmtheit, sondern auch in ihrem verfassungsrechtlichen Geltungsgrund. Bezogen auf die Verfassung als ein prozedurales Schutzkonzept steht dabei zunächst der rechtsstaatlich-grundrechtliche Aspekt, die prozessuale Rechtsstaatlichkeit, im Vordergrund. Diese darf jedoch nicht aus ihrem Verfassungskontext mit den weiteren Rationalitätsstandards und Legitimitätsausweisen der Verfahrensordnung herausgebrochen bzw. von den entsprechenden Gehalten der „Prozeßverantwortung" gesondert werden. Das prozedural verfaßte und zu entwickelnde Gemeinwesen darf deshalb auch nicht allein auf prozedurale „Rechtsstaatlichkeit" verwiesen werden.[285]

a) Verantwortliche (Mit-)Gestaltung der Konkretisierung

aa) Mitgestaltung durch Anhörung

Dies gilt beispielsweise für den *Anspruch auf rechtliches Gehör.* Er gehört zwar zu den ältesten Grundsätzen des verfahrensseitig gewendeten Rechtsstaates. Seine Bedeutung umschließt indes sowohl die Funktion eines subjektiven Grundrechts als auch die einer objektiven Verfahrensnorm, die speziell den Kommunikationsbezug der modernen Verfassung und dessen prozedurale Verankerung hervorhebt.[286] Das

---

[284] Prozeßlehre, S. 94.

[285] So aber z.B. *Burmeister,* a.a.O. (Fn. 282), S. 136ff., 149ff., 155ff., 157ff.; *Zacher,* Elemente der Rechtsstaatlichkeit, S. 421f., woraus sich dann auch dessen undeutliche Verweise auf eine prozessuale Sozialstaatlichkeit (Nachw. oben, Fn. 217) erklären.

[286] Zum Verständnis des Art. 103 Abs. 1 GG als „echtem" Grundrecht vgl. BVerfGE 1, 332 (347); 418 (429); 7, 275 (278); 19, 93 (99); 74, 220 (225); aus der Literatur siehe etwa *A. Arndt,* NJW 1959, 6ff., 7; *K. Hesse,* HdbVerfR, S. 83; *Wassermann,* AK-GG, Art. 103 Rdnr. 8; *Dürig,* in: Maunz/Dürig, GG, Art. 103 Abs. 1 Rdnr. 7 (Erstkommentierung); wie dieser auch *Schmidt-Aßmann,* ebd., Zweitbearb., Rdnr. 4; „nur" als grundrechtsgleiches Recht wird die Garantie des rechtlichen Gehörs betrachtet von *Maunz/Zippelius,* Staatsrecht, S. 155; *Stern,* FS C. H. Ule, S. 363, 366, 371 m.w. Nachw.; zur Funktion als einer „objektiven Verfahrensnorm" siehe etwa BVerfGE 6, 12 (14); 9, 89 (96); 55, 1 (6); *Dürig,* a.a.O., Rdnr. 7; *Wassermann,* a.a.O., Rdnr. 8. – Die Verbindung zum *Kommunikationsverständnis* der modernen Verfassung findet sich demgegenüber wegen der vornehmlich *rechtsstaatlichen* Bezogenheit des Art. 103 Abs. 1 GG kaum thematisiert, vgl. zu einer solchen Betrachtungsweise mit Bezug

Prinzip des rechtlichen Gehörs sorgt deshalb dafür, daß der potentiell bedeutsamste Informationsträger, der von einem Gesetzgebungsvorhaben, einer Verwaltungs- oder Gerichtsentscheidung betroffene *Bürger,* als Informant und Kommunikationspartner hinzugezogen wird. Man kann daher allgemein als ein *allen* staatlichen Verfahren vorausgelagertes Recht die gehörspezifische Befugnis der Beteiligten bzw. Parteien bezeichnen, Einfluß auf den Konkretisierungsvorgang zu nehmen.[287]

Von hier aus erscheint es als bedenklich, das Prinzip des rechtlichen Gehörs auf die „Maßgabe" des einschlägigen Prozeßrechts zu beschränken.[288] Zwar muß die Verfahrensmaxime in die einzelnen Systeme des Verfahrensrechts und in die Struktur der einzelnen Verfahrensarten normativ eingepaßt werden.[289] Gleichwohl darf die Sinngebung des rechtlichen Gehörs nicht verfälscht oder mißachtet werden. Die kommunikative, jeweils regelhaft erfaßte soziale Binnensituation des Verfahrens hat

---

auf das Strafverfahren immerhin *H. H. Kühne,* Strafverfahrensrecht als Kommunikationsproblem, S. 69ff.; siehe ferner auch *Wassermann,* a.a.O., Rdnr. 7: „dialogischer Prozeß"; nicht von ungefähr ist deshalb die Frage, ob Art. 103 Abs. 1 GG das „Rechtsgespräch" garantiere, so apodiktisch verneint worden, vgl. BVerfGE 31, 364 (370); 54, 100 (117); *A. Arndt,* NJW 1959, 1297ff., 1300f.; *Dürig,* a.a.O., Rdnr. 38; *Schmidt-Aßmann,* a.a.O., Rdnr. 78; *Kopp,* AöR 106 (1981), S. 622ff., 624; *Laubinger,* VerwArch. 75 (1984), 55ff., 70ff. m. Anm. 47; *H.-W. Laumen,* Das Rechtsgespräch im Zivilprozeß, 1984, S. 257ff. – Auf die Analyse der weiteren Prozeßgrundrechte (Art. 101 Abs. 1 Satz 2 GG, Art. 102 und Art. 104 GG) kann im folgenden verzichtet werden, weil diese für das Verwaltungsverfahren auch mittelbar keine Wirkung entfalten; anderes gilt hingegen für die Gewährleistung des rechtlichen Gehörs, die auch im *Verwaltungsverfahren* gilt – gleichwie, ob man sie aus Art. 103 Abs. 1 GG analog ableiten oder sie, wie hier, als ein im Rechtsstaatsprinzip (Art. 20 Abs. 3 GG) wurzelndes, ungeschriebenes *Verfahrensprinzip* ansehen will, das in Art. 103 Abs. 1 GG positiviert worden ist; vgl. dazu (teilw. abweichend) *Badura,* Verwaltungsverfahren, S. 359; *Dürig,* in: Maunz/Dürig, GG, Art. 103 Abs. 1 Rdnrn. 92ff. (Erstkommentierung); *Feuchthofen,* DVBl. 1984, 170ff., 173f.; *Hufen,* Verwaltungsverfahren, S. 137; *Kopp,* Verfassungsrecht und Verwaltungsverfahrensrecht, S. 75f.; *Krasney,* NVwZ 1986, 337ff.; *Lerche,* ZZP 78 (1965), S. 25ff.; *Mauder,* Anspruch auf rechtliches Gehör, S. 21f.; *Schmidt-Aßmann,* in: Maunz/Dürig, GG, Art. 103 Abs. 1 (Zweitbearb.), Rdnrn. 62ff.; *Weides,* JA 1984, 648ff. m. Anm. 7; *Schilling,* VerwArch 78 (1987), S. 56ff.; *Wimmer,* DVBl. 1985, 773ff.

[287] Die übliche Darstellung des sachlichen Geltungsumfanges der Garantie des rechtlichen Gehörs in *drei Verwirklichungsstufen* – vgl. BVerfGE 64, 135 (144); 69, 145 (148f.); *Schmidt-Aßmann,* a.a.O. (Fn. 286), Rdnrn. 69ff.; *Kunig,* in: v. Münch, GGK, Bd. 3, Art. 103 Rdnrn. 8ff.; *Leipold,* in: Stein/Jonas, Kommentar zur ZPO, 20. Aufl., Bd. 1, 1984, vor § 128 Rdnrn. 30ff.; *Rüping,* BK, Art. 103 Abs. 1 (Zweitbearb. 1980), Rdnrn. 23ff. – erscheint deshalb ergänzungsbedürftig im Sinne einer „Dialoggarantie" als der vierten Stufe (!); vgl. in dieser Richtung auch *Mandelartz,* DVBl. 1983, 113.

[288] So jüngst m.w. Nachw. und prononciert *Schmidt-Aßmann,* DÖV 1987, 1029ff., bes. S. 1034ff.; dieser spricht von einer „Basisgewährleistung" durch Art. 103 Abs. 1 GG und von einer „gestuften Zuordnung des einfachen Verfahrensrechts" (S. 1035), so daß einbezüglich der mitlaufenden Argumentation der Eindruck entsteht, die Reichweite der Grundrechtsgarantie bestimme sich nach Maßgabe des „einfachen" Verfahrensrechts; dagegen bereits *L. Schäfer,* BayVBl. 1978, 454ff., 456 m. Anm. 17; vgl. auch *Schilling,* VerwArch. 78 (1987), S. 57 m. Anm. 67; *Wimmer,* DVBl. 1985, 773ff., der zu recht auf aktuelle Defizite in der Gewährung rechtlichen Gehörs hinweist (S. 775ff.), bes. zum Verwaltungsverfahren S. 776ff.

[289] Vgl. schon BVerfGE 9, 89 (95); 18, 399 (405); *Dürig,* a.a.O. (Fn. 286), Rdnr. 44.

stets zu gewährleisten, daß dem Verfahrensbeteiligten für jedes von anderer Seite kommende Argument das Recht eingeräumt ist, aus der Passivität des Rezipienten in die Rolle des aktiv Kommunizierenden überzuwechseln.

Die Begegnungssituation in staatlichen Verfahren wird dadurch von Verfassungs wegen als Diskurs vorstrukturiert. Das Prinzip des rechtlichen Gehörs ist daher auch dem *parlamentarischen Entscheidungsverfahren* nicht fremd, speziell was seinen „inneren" Gang und dessen Überantwortung an das Ermessen der Gesetzgebungsorgane und ihrer Ausschlüsse anbelangt.[290] Zutreffend hat ferner das BVerfG für das *Verwaltungsverfahren* festgestellt, „die Notwendigkeit des Gesprächs zwischen Verwaltung und Bürger entspricht dem grundgesetzlichen Verständnis der Stellung des Bürgers im Staat."[291]

Es scheint so, als solle mit solchen Hinweisen doch noch die Ende der fünfziger Jahre von *A. Arndt* geäußerte Auffassung durchdringen, das (richterliche) Rechtsgehör dürfe sich nicht darauf zurückziehen, Äußerungen der Verfahrensbeteiligten bloß tatsächlicher Art nur entgegenzunehmen oder anzuhören.[292]

In der Tat reicht das Prinzip des rechtlichen Gehörs als Kommunikationsgarantie und Argumentationsregel weiter: Es umschließt auch die verantwortliche *Mitwirkung* an der Rechts- und Zweckkonkretisierung. Denn die Verfassung trägt dem Rationalitätswandel des Rechts und dem Ausgleichbedarf der Grundrechte dadurch Rechnung, daß sie ihre strukturellen Verfahrensgarantien an den Rationalitäts- und Legitimitätserfordernissen des modernen Staates orientiert; sie erweitert in Entsprechung hierzu auch den Anwendungsbereich der dem materialen Verfahrenskonzept erfließenden Verfahrensmaximen.

Das Einräumen von „Gehör" bedeutet deshalb Bezugnahme auf die Verfahrenslage und Umdeutung der Verfahrenssituation dahingehend, daß Verfahrensbeteiligte in tatsächlicher und rechtlicher Hinsicht als ein Subjekt des Verfahrens auf die Rechts- und Zweckkonkretisierung Einfluß nehmen können. Dahinter ruht zugleich ein *legitimatorischer* Aspekt. Denn Herrschaft wird heute primär nicht in punktuellen Kontakten und in den Formen des kurzen Befehls oder der knappen Anweisung akzeptiert, sondern in länger andauernden Begegnungen, Gesprächen und Erklärungen, die Einsicht in das Notwendige vermitteln. *Mitgestaltung durch Anhörung* bezeichnet deshalb die zeitgenössische Tragweite des Anspruchs auf rechtliches Gehör.[293]

---

[290] Siehe hierzu *Lerche,* Vorbereitung grundrechtlichen Ausgleichs, S. 115; *Lücke,* Begründungszwang und Verfassung, S. 78f.

[291] BVerfGE 45, 297 (335); vgl. auch *Wassermann,* AK-GG, Art. 103 Rdnr. 7 a.E., einschränkend aber *ders.,* Rdnr. 21 a.E.; zur diesbezüglichen Diskussion siehe ferner unter Hinweis auf die grenzziehenden Erfordernisse einer „juridischen Rationalität" *Ehlers,* DVerw. 17 (1984), S. 302ff.; *Lücke,* a.a.O. (Fn. 290), S. 80ff.

[292] NJW 1959, 1297ff., 1299.

[293] Nur in geringem Ausmaß finden sich heute hier und da Auffassungen vertreten, die in ihrem funktionalen Verständnis von Inhalt und Reichweite des Anhörungsrechts im Verwaltungsverfahren (§§ 28 VwVfG, 24 SGB X) der hiesigen Ansicht zumindest nahekommen, vgl. etwa *Hill,* 10 Jahre Verwaltungsverfahrensgesetz, S. 44f.; *Hufen,* Verwaltungsverfahren,

bb) Prozeßverantwortung und Verfahrensöffentlichkeit

Ein solches Verständnis verfassungsaufgebener „Anhörung" muß fehlschlagen, wenn man diese allein am „Informationsbedarf" eines staatlichen Funktionsträgers mißt und deshalb die Frage, wie weitgehend die informativen Beziehungen zwischen ihm und seiner Umwelt ausgebaut oder zurückgeschnitten werden sollen, dessen eigenem Kalkül überantwortet. Die den Staatsorganen gleichermaßen zugewiesene Legitimation und Konsensbeschaffung brauchen vielmehr eine umfassende „soziale" Kommunikation und sie brauchen auch Klarheit über das, worüber zu kommunizieren ist. So müssen die Anordnungen einer öffentlichen Verwaltung, die befolgt werden sollen, denen hinreichend bekannt sein, die sie angehen.[294] Gesetze müssen also verkündet, Einzelentscheidungen den Betroffenen bekanntgemacht werden. Die Frage der Rechts- bzw. Bestandskraft bedarf ebenso der Regelung. Der einzelne und die Allgemeinheit müssen sich m. a. W. umfassend über Art und Ausmaß von Beweggründen des staatlichen Handelns und Entscheidens informieren können.

Im Verwaltungsverfahren führt schon diese Einsicht, daß nämlich eine wirksame Ausübung des Rechts auf Gehör bis zu einem gewissen Grade die Kenntnis der in dem Verfahren anfallenden Behördenakten bedingt, zu dem *Grundsatz der (beschränkten) Aktenöffentlichkeit.*[295] Die dadurch ermöglichte Akteneinsicht verwirklicht auch und zugleich das demokratiestaatliche Element öffentlicher Verwaltungskontrolle. Verwaltung und Öffentlichkeit stehen insofern in einem den Mißbrauch staatlicher Macht abwehrenden Verfahrenszusammenhang.

„Öffentlichkeit" in diesem Sinne gibt den Konkretisierungsprozessen der Verwaltung eine andere Maßgabe, als sie die auf bloß individuelle Rechtswahrung bezogene

---

S. 141 f., 146, 147; *J. Martens,* NVwZ 1984, 556 ff., 557. Aus der hiesigen Ansicht folgt weiter eine *absolute* Wirkung des Anhörungsrechts im Rahmen des § 44 a VwGO; so auch *Hill,* Das fehlerhafte Verfahren, S. 375; *Meyer/Borgs,* VwVfG, § 28 Rdnr. 17.

[294] Vgl. auch *Schuppert,* Einflußnahme, S. 283 f.; besonders problematisch erscheint diese Forderung im Hinblick auf die Publizität bzw. Bekanntgabe von Verwaltungsvorschriften, siehe dazu BVerwGE 61, 15 (19); 40 (44); BVerwG, NJW 1984, 2590; *Gusy,* DVBl. 1979, 720 ff.; *H. J. Jellinek,* NJW 1981, 2235 ff.; *Krebs,* VerwArch. 70 (1979), S. 259 ff., 271 f.; *Lübbe-Wolff,* DÖV 1980, 594 ff.; *Scheuing,* VVDStRL 40 (1982), S. 159 f.

[295] Vgl. §§ 29, 72 Abs. 1 VwVfG; 25 SGB X; siehe i. S. des Textes u. a. BVerfGE 18, 399 (405); *Badura,* Verwaltungsverfahren, S. 402, 403; *Hufen,* Verwaltungsverfahren, S. 173 f. (S. 174 bei Anm. 364 zum Zusammenhang mit dem Anhörungsrecht); krit. zum Prinzip der „begrenzten Aktenöffentlichkeit" aber bereits *Kopp,* Verfassungsrecht und Verwaltungsverfahren, S. 83 ff., 156 f.; *Pieroth,* JuS 1981, 625 ff., 629; *Scherer,* Verwaltung und Öffentlichkeit, S. 21 – Auf das Verwaltungsverfahren *vorwirkend,* statuiert daneben Art. 19 Abs. 4 GG eine „Aktenführungspflicht", vgl. *Schmidt-Aßmann,* in: Maunz/Dürig, Art. 19 Abs. 4 Rdnr. 255 (zugl. ebd., Rdnr. 56, ablehnend gegenüber der Ableitung eines allgemeinen Akteneinsichtsrechts für alle Verwaltungsverfahren aus Art. 19 Abs. 4 GG – hier aber zeigt sich m. E. die ergänzende Schutzfunktion der Rechtsschutzstandards aus den Prozeßgrundrechten bzw. aus dem Rechtsstaatsprinzip; auch dazu *Schmidt-Aßmann,* a. a. O., Rdnr. 19; vgl. auch *ders.,* a. a. O., Art. 103 Abs. 1 Rdnr. 74); gegen den Bestand eines verfassungsrechtlichen Anspruchs auf Akteneinsicht aber auch *v. Mutius,* DVBl. 1978, 668 ff., 670 m. w. Nachw.

Erledigung der behördlichen Tagesgeschäfte oder Planungsmaßnahmen bislang aufweist: Die Verwaltung erbringt ihre Leistungen bei der Rechts- und Zweckkonkretisierung in funktionaler Erweiterung subjektiver Rechte auf der Basis eines Abgleichs mit öffentlichen Interessen. Die Divergenz von öffentlichen und privatem Interesse weicht deren partieller (latenter) *Konvergenz*.[296] In der Folge hiervon wird die „Öffentlichkeit" ebenso wie der einzelne zum Erzeuger wie Konsumenten des Verwaltungshandelns. Der Grundsatz der Öffentlichkeit des Verwaltungsverfahrens zielt damit tendenziell auf die Pflicht zur entsprechenden Information der Bürger schlechthin, z.B. durch Veröffentlichung von Verfahrensschritten, Arbeitsplänen, Entscheidungsgrundsätzen oder auch Aktenordnungen und Aktenverzeichnissen in einzelnen Sachbereichen.[297]

Damit ist der Anschluß an den staatsrechtlichen Grundbegriff des Öffentlichen gefunden, der vor allem Publizität der politischen Willensbildung des Volkes meint.[298] Sie beruht auf der Erwartung, daß die Öffentlichkeit dieses Willensbildungsprozesses den Mißbrauch der Macht verhindert. Zahlreiche Institutionen des Staatsrechts der Bundesrepublik wie z.B. die Öffentlichkeit der Bundestagsverhandlungen oder die Verkündung der Gesetze sind daraus abgeleitet.[299] Der darin angelegte Grundgedanke gilt jedoch allgemein: er meint die Öffnung aller Konkretisierungsprozesse zugunsten von Transparenz, Bedarfsgerechtigkeit und Konsens.

Freilich ist diese Öffnung der verfassungsstaatlichen Verfahren nicht ganz unproblematisch. Das grundrechtlich verankerte Prinzip der informationellen Selbstbestimmung formuliert Datenschutzgebote, die nach Geheimhaltung der Behördeninformationen auch vor Dritten verlangen.[300] Die rechtsstaatliche Rückbindung des

---

[296] Vgl. dazu bes. *R. Scholz*, VVDStRL 34 (1976), S. 200 m. Anm. 226; siehe ferner *W. Schmidt*, Probleme des Verwaltungsrechts, S. 241f.; *Schmitt Glaeser*, Position der Bürger, S. 59f., 61f.

[297] Die „beschränkte" Aktenöffentlichkeit, wie sie im VwfG verankert ist, kehrt sich sonach um in eine *allgemeine* Aktenöffentlichkeit, die zwar keineswegs schrankenlos ist, aber doch in die Regel einmündet, daß Verwaltung „öffentlich" sein soll (= *begrenzbare* Aktenöffentlichkeit), vgl. *Scherer*, Verwaltung und Öffentlichkeit, S. 47ff.; siehe auch *Faber*, Verwaltungsrecht, S. 403f.; *Hufen*, Verwaltungsverfahren, S. 174; *Schwan*, Amtsgeheimnis oder Aktenöffentlichkeit?, 1984, S. 90ff., 98ff., 100ff., 238ff. Einen Schritt in die hier skizzierte Richtung hat die Bundestagsfraktion der „Grünen" unlängst mit ihrem „Entwurf eines Gesetzes über das Einsichtsrecht in Umweltakten" unternommen, vgl. BT-Drucks. 11/1152, Begründung, S. 10f., 12ff.

[298] Vgl. auch *Stein*, Staatsrecht, S. 77ff., 78f., 98ff.; zu den staatstheoretischen Aspekten einer Aktenöffentlichkeit im Verwaltungsverfahren siehe speziell *M. Schröder*, DVerw. 4 (1971), S. 301ff.

[299] Siehe statt aller *Kloepfer*, HdbStR, Bd. II, 1987, S. 171ff., 177ff., 193ff., 197ff., 198ff.

[300] Vgl. BVerfGE 65, 1 (68, 69); 67, 100 (142ff.); BVerfG, RDV 1986, 80f.; BVerwGE 50, 263 (264, 265); 71, 183 (198); BayVGH, BayVBl. 1987, 82ff., 83f.; VG Braunschweig, RDV 1986, 212ff., 214; aus der strafgerichtlichen Rspr. siehe z.B. LG Regensburg, NJW 1985, 816f.; aus der Literatur vgl. u.a. *Badura*, Verwaltungsverfahren, S. 403; *Breuer*, NVwZ 1986, 171ff., 177; *Knemeyer*, NJW 1984, 2241ff.; *P. Krause/R. Steinbach*, DÖV 1985, 549ff.; *Pietzcker*, VVDStRL 41 (1983), S. 200; *Schmidt-Aßmann*, a.a.O. (Fn. 295), Rdnr. 74; *R. Scholz/Pitschas*, Informationelle Selbstbestimmung, S. 93ff.; *M. Schröder*, UPR 1985,

Grundsatzes der Öffentlichkeit von Verfahren gibt demgemäß den Verfahrensbeteiligten einen Anspruch darauf, daß ihre persönlichen, beruflichen und betrieblichen *Geheimnisse* prinzipiell gewahrt bleiben. Da andernfalls auch die Informiertheit staatlicher Organe wegen eventueller Datenverweigerung abzunehmen droht, was deren Arbeitsfähigkeit und Leistungswirksamkeit beeinträchtigen müßte, verhindert überdies das rechtsstaatliche Prinzip der Normeffektivität die beliebige Anwendung des Öffentlichkeitsgrundsatzes.[301]

cc) Konkretisierung als Begründungsprozedur

Die *Öffentlichkeit* von staatlichen Verfahren aller Art steht damit zugleich im Dienst der Verantwortlichkeit für die Gestaltung und Führung der Konkretisierungsprozesse.[302] Gleiches gilt für die *Begründung* staatlicher Konkretisierungsakte und die darauf bezogenen Begründungsvorgänge bzw. -pflichten, die im modernen Verfassungsstaat – wie dargelegt – sowohl den Gesetzgeber als auch Behörden und Gerichte treffen.[303] Sie lassen sich zusammenfassen im *Grundsatz der Konkretisierungsbegründung:* Prozessuale Rechtsstaatlichkeit einerseits und die übrigen Rationalitätsstandards der Verfahrensordnung andererseits formulieren eine Verfassungspflicht zur Begründung staatlichen Handelns und Entscheidens, und zwar auch für gesetzgeberische Entscheidungen.[304]

Dabei steht die Frage, ob und inwieweit ein Begründungszwang besteht, in engem Zusammenhang mit dem Recht auf Gehör und der Gewährleistung wirksamen Rechtsschutzes. Denn ohne Begründung fehlt es der Mitgestaltung durch Anhörung einerseits an der Chance, auf die Sache selbst einzugehen, die Gewichtung privater und öffentlicher Belange nachzuvollziehen sowie das Konkretisierungsergebnis auf seine Rationalität und Objektivität zu prüfen.[305] Zum anderen hat der Bürger, in dessen Rechte eingegriffen wird, von Rechtsstaats wegen einen Anspruch darauf, die Gründe dafür zu erfahren; denn nur dann kann er seine Rechte sachgemäß verteidigen.[306] So wird etwa im Verwaltungsverfahren die Behörde durch die Begründung eines Bescheids dazu

394 ff.; unklar allerdings *Bryde*, VVDStRL 46 (1988), S. 206; im Hinblick auf die Finanzverwaltung siehe z. B. *Eilers*, DB 1986, 19 f.; zur formellen Publizität öffentlicher Register siehe *Schimpf*, DÖV 1985, 264 ff.; zur Akteneinsicht Dritter in von Strafverfolgungsbehörden sichergestellte Unterlagen vgl. *Hilger*, DStZ 1984, 541 f.; rechtsvergleichend zum Verwaltungsverfahren in Österreich siehe schließlich *R. Novak*, FS K. Obermayer, S. 129 ff., 132.

301 Zu diesem letzteren Aspekt siehe auch *Pietzcker*, a. a. O. (Fn. 300), S. 200 f.

302 Vgl. hierzu oben im Text zu B.II.2.c); siehe ferner die Grundlegung im 7. Kap., C.I.

303 Siehe besonders auch *Dolzer*, DÖV 1985, 9 ff.; *Lücke*, Begründungszwang und Verfassung, S. 22 ff., 37 ff., 100, 106 ff.

304 Ebenso im Ergebnis *Lücke*, a. a. O. (Fn. 303), S. 33 ff., 107 ff., 118, 123 m. w. Nachw.

305 Anders dagegen *Lücke*, a. a. O. (Fn. 303), S. 81, 82; wie hier aber schon *A. Arndt*, NJW 1959, 6 ff., 7; *ders.*, NJW 1966, 2174 f.; *Kopp*, Verfassungsrecht und Verwaltungsverfahrensrecht, S. 190 f.; *ders.*, AöR 106 (1981), S. 626 f. unter Hinweis auf BVerfGE 47, 182 (189); 54, 43 (46); *Kunig*, in: v. Münch, GGK, Bd. 3, Art. 103 Rdnr. 10; *Schmidt-Aßmann*, in: Maunz-Dürig, GG, Art. 19 Abs. 4 Rdnr. 253; *ders.*, Art. 103 Abs. 1 Rdnr. 99.

306 BVerfGE 6, 32 (44 f.); 40, 272 (286); 49, 24 (66 f.); BVerwGE 22, 215 (217); 38, 191 (194); 61, 176 (210); BSGE 11, 116; 17, 83; 27, 38; zu den einzelnen Funktionen der Begründungspflicht siehe näher *Dolzer*, DÖV 1985, 10 f.

veranlaßt, die tatsächlichen und rechtlichen Voraussetzungen des Verwaltungsaktes sorgfältig zu prüfen; der Betroffene seinerseits wird in die Lage versetzt, Inhalt und Tragweite des Vewaltungsaktes zu erkennen und die von der Behörde ihrer Entscheidung zugrunde gelegten Erwägungen bzw. Feststellungen auf ihre Stichhaltigkeit zu untersuchen, um ggf. gerichtlichen Rechtsschutz in Anspruch nehmen zu können.

Die Begründung erweist sich damit als ein Verbindungsglied zur anschließenden (verwaltungs-)gerichtlichen Kontrolle: „Begründung legt die Linien der Argumentation fest, die die Verwaltung in einem etwaigen Gerichtsverfahren vertreten wird, und gibt dem Betroffenen so eine Grundlage für seine Entscheidung der Frage, ob er anfechten will oder nicht.“[307] Dennoch ist es falsch, daraus den Schluß zu ziehen, die Überzeugungskraft der Begründung sei allenfalls ein „Zweitziel“ und sie könne nicht darauf spezialisiert werden, Konsens zu erreichen.[308]

Das Gegenteil ist vielmehr der Fall.

Da kein staatliches Verfahren und somit auch nicht das Verwaltungsverfahren von legitimierenden Funktionen entlastet werden kann, müssen auch und vor allem die Begründungen der Verwaltungsarbeit eine entsprechende Aufgabe übernehmen.

Dabei geht es im modernen Staat weniger darum, durch *abschließende* Begründung noch persönlich zu überzeugen, für den Standpunkt der Verwaltung zu werben und z.B. Kompensation anzubieten, wie *N. Luhmann* meint.[309] Die verfassungskräftige Pflicht zur Begründung ist eher als Aufforderung an die staatlichen Funktionsträger zu lesen, den Verlauf einer argumentativen Konfliktbewältigung zu begleiten und nicht nur ihren Schlußpunkt zu setzen. Der daran ggf. anschließende Rechtsschutz ist deshalb auch nur *ein* denkbarer Pol im Zusammenhang einer Konkretisierung. In deren Kontinuum ist auch der andere Pol zu sehen, die gemeinsame „Suche“ nach Gründen für ein vernünftiges Ergebnis, d.h. eine relative, im Rahmen des von der Verfassungs- und Rechtsordnung eröffneten Konkretisierungsspielraums zu ermittelnde *sachliche Stimmigkeit.*

Um diese zu erreichen, gehen alle Verfahrensaktivitäten von der Problemorientierung aus und versuchen, in unzähligen Operationen das Ergebnis im konkreten Fall unter Beachtung des Gebotes sach- und interessengerechter Wirklichkeitsgestaltung[310] und der Verantwortungsbindung an Entscheidungsfolgen[311] in fortlaufender Begründung und Anzweiflung herzustellen. Die Begründung wird damit selbst zum diskursiven Prozeß; sie spiegelt den allmählichen Einbau der abschließenden Konkretisierungsentscheidung in die Lebenssituation der Verfahrensbeteiligten wider – oder den diesbezüglichen Mißerfolg. Insofern ist sie nur in einem Teil Vehikel für Rechtsschutz und Rechtswahrung. Zum anderen Teil und vor allem ist sie Konsenssuche auf dem Weg zur Legitimation der Rechtsfolgen.[312]

---

[307] *Luhmann,* Verfahren, S. 215.

[308] So aber *Luhmann,* a.a.O (Fn. 307), S. 214f.

[309] A.a.O. (Fn. 307), S. 214.

[310] Vgl. dazu oben, 6. Kap., C.III.2.c).

[311] A.a.O. (6. Kap.), C.III.2.c).

[312] Anders aber z.B. *Lücke,* Begründungszwang und Verfassung, S. 94ff.; auch er bejaht

Wer diese ambivalente Funktion der Begründung verkennt, sieht nur das Gegenüber von Instanzen, die abschließend entscheiden, zu demjenigen, über den entschieden wird. Der demokratische Verfassungsstaat hat aber diesem Untertanenbild abgeschworen. Die Funktion der Begründung liegt vielmehr zu einem wesentlichen Teil darin, im Verlauf der Rechts- und Zweckkonkretisierung die juristische Argumentation in Gang zu setzen bzw. zu halten. Sie ist eine *Diskursregel*, die garantiert, daß im dezisionistischen Bereich nicht ohne den Versuch zur rationalen juristischen Verständigung entschieden wird.

Dieser Gedanke setzt nicht nur das im geltenden Verwaltungsverfahrensrecht der Bundesrepublik an sich zulässige „Nachschieben“ neuer Begründungen (§§ 45 Abs. 2 VwVfG, 41 Abs. 2 SGB X) in ein fragwürdiges Licht, sondern auch und vor allem das Ergänzen bzw. Ändern der von der Verwaltungsbehörde gegebenen Begründung *im Prozeß*.[313] Ebensowenig scheint die Auffassung haltbar, daß eine dem Bebauungsplan beigefügte Begründung „nur der besseren Verständlichkeit des Planes dient.“[314] Umgekehrt bestätigt sich das Verständnis der Begründungspflicht als Diskursregel in der Funktion sog. Arrangements im Verwaltungsverfahren, die bei komplexen Konkretisierungssituationen Ungewißheiten abbauen und die Erwartungs- und Verhaltenssicherheit der Beteiligten erhöhen können.[315]

b) Konfliktbewältigung durch Interessenausgleich

aa) Abwägung und Rücksichtnahme als Verfahrensparadigmen

Überhaupt verweist die Begründungspflicht auf den engen Zusammenhang mit den Ausgleichserfordernissen divergierender Interessen in einer staatlichen Situation wie der gegenwärtigen, in der wichtige Grundrechtsbereiche nicht mehr wie selbstverständlich absolut geschützt sind.[316] Besteht demgemäß die Notwendigkeit ausgleichsbezogener Abwägung, dann kann sich deren Vollständigkeit, Fehleinschät-

---

zwar die Pflicht, „staatliche Entscheidungen gegenüber dem Volk zu rechtfertigen, d.h. zu begründen“ (S. 99), verneint aber einen „Begründungszwang ..., der die Funktion haben soll, die konkret betroffenen Personen von einer Entscheidung zu überzeugen“ (ebd.); in die hiesige Richtung zielt dagegen der Hinweis von *Dolzer*, DÖV 1985, 20 m. Anm. 46.

[313] Für die Zulässigkeit der Ergänzung und Berichtigung der Begründung *im* Verwaltungsprozeß aber OVG Lüneburg, DVBl. 1980, 885; BSGE 57, 1ff. (anders freilich BSGE 57, 278); *Badura*, Verwaltungsverfahren, S. 419; dem hat allerdings das BVerwG eine Grenze gezogen, vgl. DVBl. 1982, 303ff., 305; siehe mit Blick auf die Anordnung sofortiger Vollziehbarkeit gem. § 80 Abs. 3 VwGO auch OVG Koblenz, NVwZ 1985, 919f. Im übrigen darf die Behörde nach der Rechtsprechung die fehlende Begründung nur nachholen durch „Nachschieben von Gründen“, die im Entscheidungszeitpunkt bereits vorlagen, sofern dadurch der Verwaltungsakt inhaltlich nicht geändert und der Betroffene nicht in der Wahrung seiner Rechte beeinträchtigt wird, vgl. BVerwGE 1, 12 (13f.); 311 (313); 10, 37 (44); 11, 170 (171); BayVGHE 13, 105 (108). – Wie der hiesige Text zeigt, ist diese Rechtsprechung insgesamt abzulehnen.

[314] BVerwGE 74, 47 (50).

[315] *Eberle*, DVerw. 17 (1984), S. 439, 441 m. Anm. 15.

[316] Vgl. oben im Text um und zu Fn. 188.

zung oder Disproportionalität im wesentlichen nur aus den Begründungen hierzu entnehmen lassen.[317]

Umgekehrt setzt Begründung auch Begründbares voraus. Rationalität ist auch ein Problem des Gehalts staatlicher Konkretisierung, der durch Einhalten bestimmter Prozeduren gesteigert wird. Hierzu zählt die *Abwägungspflicht* als rechtsstaatliches Erfordernis, aus dem zugleich der Grundsatz erfließt, daß keine Abwägung ohne adäquates Verfahren denkbar ist. Zu unterscheiden ist demzufolge zwischen dem Abwägungs*vorgang* als Teil einer Begründungsprozedur i.w.S. und dem Abwägungs*ergebnis*.[318]

Das Abwägungsgebot und näherhin das in ihm einbeschlossene Erfordernis eines Abwägungsverfahrens, das gewichtige private und öffentliche Belange nicht außer Acht läßt und in dem die verschiedenen Belange in ihrem Verhältnis zueinander nicht in einer Weise gewichtet werden dürfen, durch die das objektive Gewicht eines dieser Belange völlig verfehlt wird,[319] ist nicht nur ein dem Wesen rechtsstaatlicher *Planung* innewohnender Grundsatz.[320] Der Ausgleichsgedanke des demokratischen und (sozialen) Rechtsstaates weist vielmehr die Abwägungspflicht als ein prägendes Merkmal staatlicher Verfahren schlechthin aus. Jedes materielle Gesetz beispielsweise ist ein hochinterdependentes Regelwerk der Interessenzuordnung. Wiewohl hier gemeinhin Konkretheit und Wechselbezüglichkeit fehlen, gibt es stets ein breites Feld widersprüchlicher Interessen, das nach Abwägung bzw. Präferenzentscheidungen verlangt. Auch sie bindet der Rechtsstaat nicht zuletzt über grundrechtlich gesteuerte *Abwägungsvorgänge*, wie sich z.B. unter dem Grundgesetz an den berufspolitischen Regelwerken des parlamentarischen Gesetzgebers zeigt.[321]

---

[317] BVerwGE 74, 47 (50) m.w.Nachw.; *Erbguth*, DVBl. 1986, 1230ff., 1232f.; *Heinze*, NVwZ 1986, 87ff., 88f., 90f.; *H.J. Koch*, DVBl. 1983, 1127, 1129, 1130; *Lerche*, Vorbereitung grundrechtlichen Ausgleichs, S. 114, 121f.; Schwerdtfeger, FS H. P. Ipsen, S. 182, 185, 188.

[318] So für das Planungsrecht BVerwGE 41, 67 (71f.); 45, 309 (315) – st.Rspr.; w.Nachw. bei *Ronellenfitsch*, Planungsrecht, S. 8ff.; *Kühling*, DVBl. 1989, 221ff.; *Ibler*, Die Schranken planerischer Gestaltungsfreiheit im Planfeststellungsrecht, 1988, S. 26ff., 212ff. Freilich beschränkt sich das Abwägungsgebot hierauf nicht; Güterabwägung ist ebenso eine *Methode* zur Rechtsbildung (vgl. *Gern*, DÖV 1986, 462ff.), wie sie in einer sozialrechtsstaatlichen „Welt umfassenden Ausgleichs" (P. Lerche) und unter den Bedingungen des Rechts- und Strukturwandels der Gesellschaft zum *Gebot* und *Kriterium* des prozedural Verfassungsgemäßen wird, vgl. auch *Gassner*, DVBl. 1984, 703ff.; *Hubmann*, FS K. Obermayer, 1986,S. 43ff.; *Ladeur*, „Abwägung" – ein neues Rechtsparadigma?, ARSP 69 (1983), S. 463ff.; *ders.*, „Abwägung" – Ein neues Paradigma des Verwaltungsrechts. Von der Einheit der Rechtsordnung zum Rechtspluralismus, 1984, passim.

[319] Dazu siehe grds. BVerwGE 45, 309 (315).

[320] Vgl. die Nachw. oben, Fn. 318; für das *Planungsrecht* siehe insbes. BVerwGE 34, 301 (307); 48, 56 (63); 55, 220 (227); 59, 253 (256); *Badura*, FS zum 25-jährigen Bestehen des BayVerfGH, 1972, S. 157ff., 179ff.; *Faber*, Verwaltungsrecht, S. 352ff., 355f.; *Ronellenfitsch*, Planungsrecht, S. 8; *Weyreuther*, UPR 1981, 33ff., 34ff.

[321] Grdl. BVerfGE 7, 377 (405); w.Nachw. bei *Pitschas*, Berufsfreiheit, S. 56ff., 273ff.; krit. insoweit z.B. *Lerche*, Vorbereitung grundrechtlichen Ausgleichs, S. 118ff.; dazu, daß die Abwägung bei alledem nicht zur bloßen Ratifikation von außerhalb des jeweiligen formellen Verfahrens getroffenen Vor-Entscheidungen mutieren darf, vgl. *Scheuing*, VVDStRL 40

Abwägung als Verfahrensgebot zählt deshalb im modernen Verfassungsstaat zu dem Regelbestand des prozedural Verfassungsgemäßen. Sie umschließt dabei das *Gebot der Rücksichtnahme* als eine Verfahrenspflicht und nicht nur als einen materiellen Grundsatz, der anordnet, bei der Planung im Rechtsstaat die bereits vorhandene konkrete Situation zu berücksichtigen, wodurch ggf. gesteigerte Duldungs- und Rücksichtnahmepflichten entstehen.[322] Denn auch das Gebot der Rücksichtnahme läßt sich in Anbetracht der jeder „sozialen" Staatlichkeit eigenen Spannungslage zwischen eigenpersönlicher, selbstbestimmter Lebensgestaltung und der Gemeinschaftsbezogenheit und Gemeinschaftsgebundenheit der Person weder auf den Bereich staatlicher (Bauleit-) Planung beschränken, noch ausschließlich materiell verstehen. Dort, wo das Recht im Zuge seiner Konkretsisierung öffentliche und

---

(1982), S. 179, 181; die dem Abwägungsgebot ersprießenden Rationalitätsanforderungen verlangen deshalb u.a. für das Verwaltungsverfahren eine umfassende Interessenerhebung und -gewichtung, die auch *informale Vorverhandlungen* einbezieht.

[322] Zum „Gebot der Rücksichtnahme" als (bau-)planungsrechtlichem Grundsatz und als entsprechender Teilaussage zum Grundsatz der gerechten Abwägung vgl. grdl. *Weyreuther*, BauR 1975, 1ff.; siehe ferner *Breuer*, DVBl. 1982, 1065ff.; *Schenke*, NuR 1983, 81ff.; *Schlichter*, NVwZ 1983, 641ff.; aus der Rechtsprechung vgl. insbes. BVerwGE 52, 122 (127); 55, 369 (386), 67, 344 (337); 68, 58 (60f.); BVerwG, NJW 1983, 2460f.; NJW 1984, 250f.; NVwZ 1985, 37ff.; NVwZ 1986, 469f.; NVwZ 1987, 409f.; OVG Münster, NVwZ 1983, 685f.; BayVGH, BayVBl. 1985, 53ff.; 1986, 23f.; w. Nachw. bei *Jäde*, BayVBl. 1985, 578f.; *Geiger*, JA 1986, 76ff.; *Hillermeier*, BayVBl. 1985, 449ff., 456f. – Die Rechtsprechung betont dabei, daß der Anwendungsbereich des Rücksichtnahmegebots nicht das Baurecht schlechthin umfasse (BVerwG, NVwZ 1987, 409, 410) und schon garnicht einen allgemeinen Rechts- bzw. Verfassungsgrundsatz darstelle, vgl. BVerwG, NVwZ 1983, 151f.; siehe allerdings demgegenüber BVerwG, DVBl. 1987, 1265ff.; 1267 (Rücksichtnahmegebot im Wasserrecht!); zu einem (weiteren) Versuch, aus dem baurechtlichen Rücksichtnahmegebot ein allgemeines öffentlichrechtliches Prinzip zu entwickeln, vgl. auch OVG Hamburg, NVwZ 1982, 198f. In dieser Richtung ist ferner die Rechtsprechung des BGH zu dem Verhältnis von Amtshaftung und Rücksichtnahmegebot zu werten, vgl. BGH, NJW 1983, 1795f.; NJW 1984, 2516ff.; eine *internationale* Sicht vertritt darüber hinaus und mit Blick auf die Grenzen der Steuerhoheit *W. Ritter*, Das Prinzip „Rücksicht", BB 1984, 1109ff. – Zur Kritik an der Rechtsprechung allgemein siehe *Breuer*, a.a.O.; *Peine*, DÖV 1984, 963ff.; *Redeker*, DVBl 1984, 870ff., 872. – Entgegen dieser Kritik ist aber am Rücksichtnahmegebot festzuhalten; es erweist sich – wie der Text zu begründen sucht – als Ausdruck eines allgemeinen *Verfassungsprinzips der Rücksichtnahme*, das weitere Dimensionen in Gestalt eines „institutionellen Rücksichtnahmegebots" (vgl. dazu im einzelnen und bes. mit Blick auf das Verwaltungsverfahren *H. P. Bull*, Staatsaufgaben, S. 175, 187; *Hill*, Das fehlerhafte Verfahren, S. 312, 337f.; *Hoffmann-Riem*, VVDStRL 40, 1982, S. 201; *Schmidt-Aßmann*, FS C.-F. Menger, S. 115; *ders.*, in: Maunz/Dürig, GG, Art. 19 Abs. 4 Rdnrn. 26, 248; *Wahl*, JuS 1984, 584 m. Anm. 66; siehe ferner in bezug auf das Verhalten von Verfassungsorganen untereinander BVerfGE 72, 175, 192, und oben im Text um und zu Fn. 223) sowie in der Form „interessenausgleichender Rücksichtnahmepflichten" bei mehrpolig auszugestaltenden Verwaltungsrechtsverhältnissen aus dem Gedanken der Kooperation heraus entwickelt (*Hoffmann-Riem*, VVDStRL 40, 1982, S. 227; *Mrozynski*, SGb. 1987, 411; *Suhr*, VVDStRL 40, 1982, S. 315 – Diskussionsbeitrag –; *Murswiek*, Staatliche Verantwortung, S. 326ff.; *Schmitt Glaeser*, Position der Bürger, S. 78, der allerdings zu Unrecht die innere Verbindung mit dem baurechtlichen Gebot der Rücksichtnahme leugnet); vgl. zu alledem jüngst auch *Bryde*, VVDStRL 46, 1988, S. 190, 201, 207.

private Interessen amalgamiert, und wo es die soziale Interaktion zur Leitlinie freiheitlicher Entfaltung macht, gibt es keine Freiräume privaten Beliebens ohne inhaltliche und verfahrensmäßige Rücksichtnahme auf die Erfordernisse gemeinsamen Zusammenlebens.

Für das Gebot der Rücksichtnahme gilt insofern, daß es als eine das materielle Recht übergreifende – freilich an dessen Einzelnormen „anzuseilende" – *allgemeine Verhaltensmaxime* für staatliche Verfahren zu verstehen ist, die letztlich im Verhältnismäßigkeitsprinzip wurzelt. Rücksichtnahme in diesem Sinne zielt stets auf den allseits schonenden Ausgleich, d.h. sie verlangt Sozialverträglichkeit und Toleranz in der konkreten Begegnung wie im abstrakten Ausgleichsvorgang.

Die Verfahrensordnung erfährt hieraus das Gebot, für die ebenso ausgleichende wie Einseitigkeit vermeidende Flexibilisierung von Verfahrensregeln zu sorgen. Diffuse Billigkeitsvorschriften sind zwar dabei zu vermeiden. Doch läßt sich die Funktionstüchtigkeit staatlicher Organe nur durch übergreifende Kollisionsregeln sichern. Wie Interessen in ein Verfahren einzuführen sind, Präklusionsfristen gehandhabt werden, Interaktionen ablaufen sollen und Verhandlungen zu führen sind, läßt sich durch den verfahrensrechtlichen *Grundsatz der Rücksichtnahme* in den Griff nehmen. So vermag beispielsweise, wie der Nichtraucherschutz in Kommunalparlamenten zeigt, das Gebot der Rücksichtnahme auch den Gesamtbestand der „internen" Parlamentsregeln zu ergänzen, die für das Funktionieren eines solchen Vertretungsorgans unverzichtbar sind.[323]

bb) Interessenausgleich und Problembewältigung

In diesem Sinne gehandhabte *Konfliktbewältigung* durch einen Interessenausgleich, der prozedural gesteuert ist, kann rechtswahrend und zugleich legitimierend wirken. Sie muß freilich zu diesen Zwecken auf prozedurale Regeln zurückgreifen bzw. solche schaffen. Die Rationalität staatlicher Konkretisierung ist eben auch eine Frage der Verfahrens-(Diskurs-)*form*, in der die aufgeworfenen Probleme abgearbeitet werden.[324]

Von hier aus markieren zunächst die Grundsätze prozessualer Stoffsammlung, Beweiserhebung und Beweiswürdigung ergänzende und allgemein geltende Verfahrensmaximen.[325] Konfliktausgleich setzt Problemerkenntnis voraus. Die verfassungsverankerten Rationalitätsaspekte staatlicher Verfahren[326] reichen indes weiter. Der in der Konkretisierung von Rechts wegen aufgegebene Interessenausgleich ist auch gegen erkennbare *Störungen* abzusichern. Für das staatliche Planungsrecht ist dieser Grundsatz mit dem Gebot der Konflikt- (oder Problem-)bewältigung akzep-

---

[323] Vgl. z.B. OVG Münster, NVwZ 1983, 485; *Achterberg*, Grundzüge des Parlamentsrechts, 1971, S. 78.

[324] Siehe dazu schon oben, 5. Kap., B.IV.3. und C.II.5.; vgl. ferner *v. Arnim*, DVBl. 1987, 1241ff., 1247ff.; anders freilich auf der Basis der Theorie des allgemeinen praktischen Diskurses – aber falsch – *Tugendhat*, ARSP, Beiheft n.F. Nr. 14 (1980), S. 5ff.

[325] *Zacher*, Elemente der Rechtsstaatlichkeit, S. 421.

[326] Zu ihnen siehe in ihrer rechtlichen Maßgabe oben im Text, B.II.2. mit a).

tiert. Es verlangt von jedem Plan, daß er die ihm zuzurechnenden Konflikte bewältigt und dadurch die betroffenen Belange untereinander zum Ausgleich bringt.[327]

Dieser *Gedanke der Problembewältigung*, der in das Verfahrenskonzept des modernen Staates mit umfassender Problemorientierung und entsprechenden Verfahrensstrukturen eingebettet ist, formuliert sowohl aus der Sicht des grundrechtlichen Ausgleichsgebotes als auch unter dem Aspekt der Rechtsetzungs-, anwendungs- und -schutzeffektivität sowie unter dem Vorbehalt des Möglichen im sozialen Leistungsstaat einen allgemeinen verfassungsstaatlichen Verfahrensgrundsatz. Ihm zufolge hat jeder staatlichen Entscheidung eine Analyse der vorhandenen, der durch die Rechts- und Zweckkonkretisierung hervorgerufenen und der künftig zu erwartenden Konflikte vorauszugehen. Denn staatliches Handeln und Entscheiden soll die Wirkkraft des Rechts entfalten, durch seine Anwendung Konflikte bereinigen und schließlich zur Integration führen, nicht aber neue Probleme erst hervorrufen.

Auch mit der prozeduralen Gerechtigkeits*vorsorge* wäre ein solches Ergebnis unvereinbar. Dem staatlichen Handeln zurechenbare Konflikte sind vorbeugend und vorausschauend im Verfahren aufzugreifen und nicht erst dann, wenn das Verfahren beendet ist.[328] Völlig zurecht muß deshalb der behördliche Sozialhilfeträger im Rahmen eines an ihn adressierten Hilfeantrags sämtliche involvierten Bedarfsaspekte zusammenführen.[329] Und der Gesetzgeber ist gehalten, prozedurale Maßstäbe für die Erschließung aller in Betracht kommenden Erkenntnisquellen und die Interessenfeststellung auszuformen. Gerichtliche Verfahren unterliegen schließlich diesem Gebot rechts- und sozialstaatlicher Problemdurchformung auch dort, wo – wie im Zivilprozeß – Verhandlungsmaxime und Dispositionsgrundsatz herrschen. Denn keine Partei hat einen Anspruch darauf, daß ihr Gegner unwissend ist und vom Gericht in seiner Unwissenheit erhalten wird.[330]

Gerade die Rechtsanwendungsverfahren machen dabei deutlich, wie stark die umfassende Problembewältigung mit dem von der Verfassung zugrundegelegten *Interaktionsmuster* staatlicher Konkretisierung verknüpft ist. Nur eine *kooperative* Verfahrensführung ermöglicht es nämlich, das Problemfeld vollständig auszuleuchten. Sie erst bietet Gelegenheit, neue Informationen und weitere Einschätzungen in das Verfahren bzw. den Prozeß einzubringen. Und nur bei ihr ist der verfahrensverantwortliche Organwalter, wie z.B. der Richter, offen genug für Alternativen, für neue Problemstellungen und Problemlösungen. Umgekehrt muß das Verfahrensklima darunter leiden, wenn die Konflikte nur oberflächlich und teilweise aufgegriffen

---

[327] BVerwGE 47, 144 (153ff.); 56, 110 (116); 57, 297 (300, 301f.); BVerwG, DVBl. 1987, 1273ff., 1275; *M. Pfeifer*, DÖV 1989, 574ff.; *Sendler*, WiVerw. 1985, 211ff.; *Weyreuther*, BauR 1975, 1ff., 5f.; *ders.*, DÖV 1983, 575ff., 576; vgl. ferner *W. Hoppe*, in: *W. Ernst/ders.*, Das öffentliche Raumplanungsrecht, 2. Aufl., 1981, Rdnrn. 302ff.

[328] Zu diesem Aspekt der „Vorsorge" vgl. bes. BayVGH, BayVBl. 1983, 51.

[329] „Gesamtfallprinzip", vgl. BVerwGE 22, 319 (320f.); *Schulte/Trenk-Hinterberger*, Sozialhilfe, 2. Aufl., 1986, S. 360f.

[330] *Wassermann*, Richterliche Gewalt, S. 176f.

werden. Aufklärungsrügen wie im Strafprozeß können die Folge sein.[331] Inhalts- und Beziehungsaspekte sind eben auch im Rechtshandeln nicht zu trennen. Rechtskonstruktionen werden sowohl an guten Gründen wie an unerträglichen Beziehungen geprüft.

cc) Verhältnismäßigkeitsprinzip als Verbindungsglied interaktiver Argumentation und generalisierter Symbolstruktur

Der Problembewältigung geht es letztlich um Vor-Arbeiten für die Ausbalancierung von Individual- und Allgemeinbelangen, um die Erschließung des Ausgleichsmaterials. Sind die Konflikte herauspräpariert und die Probleme erst einmal aufbereitet, müssen unter Einbeziehung der Ausgleichsbetroffenen in den Prozeß der Konkretisierung die geeigneten Verfahrensstrukturen für möglichst vernünftige Lösungen ins Auge gefaßt werden. Zu diesem Zweck haben sich interaktive Argumentation und generalisierte Symbolstrukturen des Verfahrens („Verfahrensregeln") zu ergänzen.

Den Kontrollmaßstab hierfür bildet das *Verhältnismäßigkeitsprinzip*. Neben seine inhaltliche Maßgabe des schonendsten Ausgleichs konkurrierender grundgesetzlich geschützter Positionen[332] tritt der vornehmlich an den Gesetzgeber gerichtete Auftrag, durch Verfahrensordnung das in seinen Augen Optimale an Konfliktlösung anzustreben. *F. Schnapp* spricht diesbezüglich von der Funktion des Verhältnismäßigkeitsgebotes als „Impulsgeber".[333] Dementsprechend obliegt es den Rechtsetzungsorganen im demokratischen Verfassungsstaat, durch Fixierung von Verhaltensregeln in Kollisionsfällen zweckmäßige Sicherungen eines angemessenen Interessenausgleichs bei der Rechtsetzung selbst wie bei der Rechtsanwendung und -kontrolle bereitzustellen.[334] Beispiele sind insoweit und einerseits gesetzgeberische Verfahren der Sachverhaltsermittlung und Interesseneinbeziehung,[335] andererseits und im Verwaltungsverfahren die Präzisierung von Beteiligungsrechten und Mitwirkungslasten bzw. von Amtshilfe und Geheimhaltung.[336]

Das Verhältnismäßigkeitsprinzip entwickelt hierfür und auch sonst ein ganzes Gespinst mehr oder weniger durchgehender und rechtsstaatlich dirigierender Verfahrensanforderungen; es erweist sich dadurch als ein allgemeiner Verfahrensgrundsatz. Dieser beschränkt sich allerdings nicht darauf, eine Verfahrensgestaltung zu fordern, in der öffentliche Interessen mit privaten Belangen gleichsam strukturell in ein ausgewogenes Verhältnis gebracht werden. Das Verhältnismäßigkeitsgebot konkretisiert sich unter Abwägung der Gewichtigkeit von Individual- und Allgemeininteressen nicht nur auf einfach-gesetzlicher Ebene. Es entfaltet seine Wirkung viel-

[331] Vgl. BGH, NStZ 1985, 183.

[332] Dazu grdl. *Lerche,* Übermaß, S. 152f.; vgl. ferner die Nachw. oben in Fn. 188.

[333] FS H. U. Scupin, S. 921.

[334] *Fikentscher,* Methoden des Rechts, Bd. IV (1977), S. 618, meint sogar, dies entspräche einer historischen Wurzel des modernen Staates als einer „Grundrechtsverbürgungsanstalt zugunsten aller Bürger untereinander".

[335] Vgl. *Schwerdtfeger,* FS H. P. Ipsen, S. 178ff., 182ff.

[336] *Schnapp,* FS H. U. Scupin, S. 913ff., 919ff. m.w.Nachw.

mehr „doppelt", nämlich auch im Hinblick auf die Verfahrensführung durch Auslegung und Prägung der Verfahrensvorschriften im konkreten Situationsbezug – dies allerdings je nach „Dichte" der gesetzgeberischen Regelungen in mehr oder weniger ausgreifender Weise. So werfen z. B. Mitwirkungspflichten der Beteiligten im Verwaltungsverfahren als grundrechtsrelevante Beanspruchung ihrerseits die Frage nach Angemessenheit, Geeignetheit und Zumutbarkeit auf.[337] Darüber hinaus ist der Verhältnismäßigkeitsgrundsatz jener vom Recht zur Verfügung gestellte Mechanismus, der im Verfahren dessen Wirkungsmerkmale der Formung von Herrschaft, Leistungseffizienz und sozialen Verständigung in Rechtswerte umsetzt. Das Verbot des Übermaßes setzt so eine Regel zugunsten des einzelnen. Der Staat als der Mächtigere soll Zurückhaltung und Kooperation üben.

c) Prinzipien fundamentaler Verfahrensgerechtigkeit

Das Verhältnismäßigkeitsprinzip gerät durch diese Mehrfachwirkung als Verfahrensgrundsatz in eine merkwürdig ambivalente Position. Während es einerseits auch in seinem Verfahrensbezug den staatlichen Umgang mit individuellen Sachverhaltsprofilen am Maßstab der punktuell geringst-notwendigen Verfahrenslast orientiert und darin seinen Sinn erfüllt, muß es bei dem Niederschlag in strukturellen Verfahrensvorstellungen, also bei der Formung allgemeiner Verfahrensgehalte beträchtliche Konturenverluste in Kauf nehmen. Die Gestaltung durchgehender Verfahrenslinien läßt die Angemessenheitsvorstellung zur umspannenden und zugleich nivellierenden Formel multieren.[338] Das Ergebnis, die Entwicklung bestimmter generalisierter Verfahrensanforderungen und deren Einbettung in „formale" Strukturen, ändert hieran nur bedingt etwas. Denn auch Formen stehen den Rechtsfiguren des Abwägens, der Unverhältnismäßigkeit offen. Dies gilt zumal für das Verfahrensrecht, das entgegen landläufiger Auffassung durchaus inkonstistent ist.

Immerhin führt aber die Betonung der Verfahrensanforderungen und ihres Zusammenhanges untereinander zu einer Reihe von Kriterien des prozedural Verfassungsgemäßen, die den Bestimmtheitsverlust (grund-)rechtlicher Inhalte und Schranken teilweise auszubalancieren vermögen. Im übrigen ergibt sich die Notwendigkeit, die vielfältigen Aspekte und Akzente von Gestaltung, Ausgleich, Abwägung und Angemessenheit dort auf ein *Grundmaß an Verfahrensgerechtigkeit* zurückzuführen, wo die Reichweite der konkreten Verfahrenspostulate endet. Nicht von ungefähr ist denn auch versucht worden, die Geltung des Verhältnismäßigkeitsprinzips aus der Gerechtigkeitsidee herzuleiten.[339]

---

[337] Siehe hierzu am Beispiel der §§ 60ff. SGB-AT u. a. *Burdenski*, in: *Burdenski/v. Maydell/Schellhorn*, SGB-AT, 2. Aufl., 1981, § 66 Rdnr. 3; *Rüfner*, VSSR 5 (1977), S. 347ff.; Nachw. zur Rechtsprechung des BSG im einzelnen bei *P. Kirchhof*, FS BSG II, S. 537ff., 560f.; siehe auch BVerwG, BayVBl. 1985, 472f. (Ausbildungsförderungsrecht), sowie allgemein *Grupp*, VerwArch. 80 (1989), S. 57f., 63.

[338] So im Blick auf das Gesetzgebungsverfahren mit Recht *Lerche*, Vorbereitung grundrechtlichen Ausgleichs, S. 119, 120f.

[339] Vgl. *Grabitz*, AöR 98 (1973), S. 568ff., 584f.; ähnlich *Wendt*, AöR 104 (1979), S. 414ff.,

M. a. W. stellt sich die Frage nach einem verfassungskräftigen *Mindeststandard der Verfahrensgerechtigkeit.* Die normative Grundordnung des modernen Staates sucht ihn durch ihren weitgehenden Anschluß an moralische Begründungsargumente[340] und an die Legitimitätsbedingungen des modernen Staates[341] zu gewinnen. Sie gewährleistet letztlich die Rationalität der Begründung staatlicher Entscheidungen unter Rückgriff auf universelle Prämissen wie z. B. die Forderung des Prinzips der formalen Gerechtigkeit. Auf diese Weise verbinden sich praktische Vernunft, Verfahrensrecht und „prozeduralisierte" Moral miteinander und kontrollieren sich gegenseitig.

Das Ergebnis dieser Verbindung sind verfassungsrechtlich verbindliche *Prinzipien fundamentaler Verfahrensgerechtigkeit.* Werden sie bei der Verfahrensordnung nicht beachtet, kann von einem verfassungsgemäßen Verfahren nicht mehr gesprochen werden. Im einzelnen erfließen diese Verfahrensprinzipien rechtsstaatlichen und grundrechtlichen Ableitungen im Sinne eines „Gebots einer rechtsstaatlichen Verfahrensgestaltung."[342] Aber auch der Sozialstaatsgedanke beeinflußt diese Vorstellungen von einem Mindestmaß an Verfahrensgerechtigkeit grundlegend, indem er die rechtsstaatliche Perspektive komplettiert. So erweisen sich die Idee der Unparteilichkeit, Fairneß und Waffengleichheit sowie die prozedurale Fürsorgepflicht als verfassungsrechtliche „Auffangprinzipien für Probleme prozeduraler Gerechtigkeit".[343]

Schwierig ist es freilich um die durchgängige *Operationalität* dieser Prinzipien bestellt. Anders als die strukturellen Verfahrensgarantien, die als „Verfassungsdirektiven" fruchten,[344] entfalten sie zwar unmittelbare Wirksamkeit als Mindeststandards allgemeiner Verfahrensgerechtigkeit und Forderungen für die Gestaltung des gesamten Prozeßrechts und des Verwaltungsverfahrensrechts.[345] Richtig ist jedoch,

---

416; skeptisch demgegenüber schon *Lerche,* Übermaß, S. 32; ablehnend *Schnapp,* FS H. U. Scupin, S. 905f.

[340] Siehe *Habermas,* KritJ 1987, 12ff.; *Kriele,* Die demokratische Weltrevolution, 1987, S. 93ff., 101ff.; w. Nachw. bei *U. Neumann,* Argumentationslehre, S. 92ff., 96ff.

[341] Vgl. dazu oben, 5. Kap., B.IV. und C.II.

[342] BVerfGE 52, 203 (207); vgl. auch BVerfGE 57, 117 (120); 62, 216 (222); *Burmeister,* Verfahrensstrukturierungsgebote, S. 136ff.; *Grimm,* NVwZ 1985, 867ff., 869f. In dessen Mitte steht Art. 19 Abs. 4 GG als „besonderer Rechtsschutzstandard" (*Schmidt-Aßmann,* in: Maunz/Dürig, GG Art. 19 Abs. 4 Rdnrn. 18, 20), vgl. auch *Lerche,* ZZP 78 (1965), S. 16; jenseits seiner Umhüllung (vgl. oben, Fn. 181) durch die „Prozeßgrundrechte" – als allgemeinem Rechtsschutzstandard –, dem „prozeduralen" Grundrechtsschutz und den hiesigen „Prozeßprinzipien" läßt sich Art. 6 EMRK ergänzend heranziehen, vgl. *Peukert,* EuGRZ 1980, 247ff.

[343] Ausdruck nach *D. Suhr,* NJW 1979, 146; vgl. ferner die Nachw. bei *Hill,* HdbStR VI, 1989, S. 1320ff.; *Tettinger,* Fairneß und Waffengleichheit, S. 51ff.; *Stern,* FS C. H. Ule, S. 362, 373f.

[344] Zu Begriff und Deutungsgehalt der „Verfassungsdirektive" siehe grdl. *Lerche,* AöR 90 (1965), S. 341ff.; vgl. auch BremStGH, DVBl. 1982, 499.

[345] Sie wirken dabei in verschiedenen „Schichten" auf die Ordnung und Führung staatlicher Verfahren ein: Sie geben der grundsätzlichen Verfahrensverantwortung weitere Konturen, beziehen sich auf die Aktivitätenpotentiale des Verfahrens einschließlich der informellen Pro-

daß sie eher die Zielrichtung von Verfahrensgestaltung und -führung angeben als daß sie operationalisierte Maßstäbe bieten.[346] Gleichwohl können die grundlegenden Verhaltensmaximen als elementare Mindestanforderungen in bestimmten Verfahrenssituationen und im Hinblick auf die einzelnen Aktivitätenpotentiale staatlicher Verfahren – wie z.B. bei der Sachverhaltsaufklärung,[347] bei der Beweiserhebung und -würdigung,[348] bei der Norminterpretation,[349] bei der Folgenberücksichtigung oder bei sonstigen rechtlich relevanten Erwägungen – verfahrensrechtliche Verstöße gegen das prozedural Verfassungsgemäße anzeigen: So sind unter dem Grundgesetz Urteile ausländischer staatlicher Gerichte dann nicht zu akzeptieren, wenn sie aufgrund eines Verfahrens ergingen, das von den Grundprinzipien deutschen Verfahrensrechts in einem solchen Maße abweicht, daß nach der deutschen Rechtsordnung das Urteil nicht als in einem geordneten, rechtsstaatlichen Verfahren zustande gekommen angesehen werden kann.[350]

Die elementaren Mindeststandards der Verfahrensgerechtigkeit sind zunächst objektive Gebote der Verfassung. Legt diese aber – wie das Grundgesetz mit Art. 19 Abs. 4 GG – auf „effektiven" Rechtsschutz Wert, dann verbinden sich mit der objektiven Geltungsrichtung korrespondierende *subjektive Ansprüche* des jeweils begünstigten Verfahrensbeteiligten.[351] Sie stehen im Strafprozeß dem Angeklagten, im Zivilprozeß den Parteien, im Verwaltungsprozeß den Privaten und im Verwaltungsverfahren allen beteiligten Bürgern zu. Ihr Gegenüber ist der Staat als Träger der mit dem konkreten Verfahren befaßten Gerichte und Behörden.[352] Mit dieser Subjektivierung will die Verfassung einen Interpretationswandel geltender verfahrensrechtlicher Bestimmungen erreichen, die Anlehnung an andere Verfahrensordnungen bzw. -regeln ebenso ermöglichen wie die rechtsschöpfende Fortbildung unzureichender Verfahrensnormen und schließlich der (verfassungsgerichtlichen) Korrektur einfach-gesetzlicher Verfahrensmaßgaben Raum geben.

---

blemabschichtung durch Vorabsprachen (wie z.B. im Verwaltungsverfahren oder Strafprozeß) und umfassen die Handhabung des Gesamtverfahrens samt seiner Vorstadien; zurückhaltend dagegen *Lerche,* ZZP 78 (1965), S. 13ff., 19ff., 25ff., 31; ablehnend *Tettinger,* Fairneß und Waffengleichheit, S. 51; für den Zivilprozeß siehe auch *Stürner,* Richterliche Aufklärung, S. 35; für den Strafprozeß vgl. *Hill,* a.a.O. (Fn. 343), S. 1320f.

[346] Vgl. *Tettinger,* a.a.O. (Fn. 345), S. 51.

[347] Siehe etwa BVerfGE 57, 250 (275f.); 58, 208 (222, 230); 70, 297 (308); BVerfG, NJW 1987, 2662f.; BVerwGE 75, 214 (230); OLG Schleswig, NJW 1986, 31, 46.

[348] Vgl. z.B. BVerfGE 52, 131 (145); 57, 250 (280, 283); 74, 358 (371); BGHSt 29, 109 (112); BGH, NJW 1983, 1005f.; BVerwGE 66, 39 (43f.); *Kriele,* a.a.O. (Fn. 340), S. 108.

[349] Siehe z.B. BVerfGE 47, 182 (190f.); 49, 252 (256ff.); 73, 322 (327); *Kriele,* a.a.O. (Fn. 340), S. 103f.; *Roxin,* Strafverfahrensrecht, S. 58; *E. Schneider,* MDR 1979, 617ff., 622f.; *Tettinger,* Fairneß und Waffengleichheit, S. 55ff., mit je w. Nachw.

[350] Vgl. BVerfG, NJW 1984, 967; NJW 1986, 1427ff., 1429; BGH, NStZ 1982, 291; NStZ 1985, 517; BGHZ 48, 327 (331); siehe auch *Hill,* a.a.O. (Fn. 343), S. 1313 (Rdnr. 16); *Kornblum,* NJW 1987, 1105ff., 1106.

[351] Vgl. BVerfGE 57, 250 (274f.); 64, 135 (145); *Heyde,* HdbVerfR, S. 1226; *Vollkommer,* Gedächtnisschrift R. Bruns, S. 195ff., 196.

[352] *Vollkommer,* a.a.O. (Fn. 351), S. 214.

Die prozedurale *Regelungs- und Führungsverantwortung* der Staatsorgane darf durch solche unmittelbaren „Verfassungsanleihen" aber nicht überspielt werden.[353] Deshalb ist einerseits erhebliche Zurückhaltung geboten, aus einzelnen materialen Leitgrundsätzen, aus Strukturprinzipien oder Subsystemen der Verfassung ohne weiteres besondere, von den allgemeinen Verfahrensordnungen abweichende Regelungen für ihre Durchsetzung herzuleiten.[354] Im „Verfahrensstaat" kann andererseits die prozedurale Richtungsweisung der Verfassung nicht auf eine laisser faire, laisser aller der staatlichen Funktionsträger zurückgeschnitten werden. Wer nur von „modischen Zeitströmungen" spricht, wenn er davor warnt, allzu viele Verfahrenselemente in konkreter Form „verfassungsfest" zu machen, der verkennt diese tieferreichenden Zusammenhänge.[355] Dies gilt um so mehr, als im modernen Verfassungsstaat gerade die immer häufigere Kollision eines Rechtsgutes mit anderen verfassungskräftig geschützten Rechtsgütern letztlich nur durch kollisionslösende Ausgleichsverfahren und durch Entwicklung verfassungsgeleiteter konkreter Verfahrensschritte zu bewältigen ist.[356]

Ist dem aber so, dann sind zumindest Verletzungen der Prinzipien fundamentaler Verfahrensgerechtigkeit zu korrigieren. Da diese das Verhalten des die Prozeßleitung oder Verfahrensführung innehabenden Richters bzw. Amtswalters steuern wollen, enthalten sie zunächst einmal Leitlinien für den *Gesetzgeber,* der Verhaltenspflichten rechtlich verbindlich zu gestalten und ihre Einhaltung dadurch zu sichern in erster Linie aufgerufen ist. So hat z.B. das BVerfG mehrfach die gesetzgeberische Verantwortung für eine „faire" Ausgestaltung der Verfahrensordnungen hervorgehoben[357] und damit den Gesetzgeber mit der Verwirklichung der prozeduralen Gerechtigkeitsprinzipien als vorrangig betraut angesehen.

Für deren reale Geltung nimmt die Verfassung freilich *alle* Staatsorgane in Anspruch. Deshalb birgt z.B. auch die *Verfahrensverantwortung der öffentlichen Verwaltung* den Auftrag in sich, strukturell sowie im konkreten Einzelfall einen Konkretisierungsprozeß zu sichern, der den Mindestanforderungen der Verfahrensgerechtigkeit ebenso entspricht wie den Verfahrensgrundsätzen der Verfassung. Die entscheidende Frage ist sodann, wie die jeweilige Verfassungsordnung die jeweiligen Verantwortungsbereiche einander zuordnet. Das allgemeine Gewaltenteilungsprinzip, das der modernen Verfassung zugrundeliegt,[358] und das die staatlichen Funktionen gliedert bzw. einander zuordnet, enthält insoweit zwar organadäquate Verfahrenszuweisungen. Die spezifische Reichweite der jeweiligen Verfahrensverantwor-

---

[353] Vgl. zu dieser Grenze einer „globalen" Verfahrengerechtigkeit auch die Ausführungen oben, 9. Kap., B.II.4. mit Fn. 89 (Stichwort: „Verfassungsvollzug").

[354] In der Tendenz zutr. daher BVerfGE 60, 253 (296); *Schmidt-Aßmann,* NVwZ 1983, 3ff.

[355] So aber *Stürner,* Richterliche Aufklärung, S. 35; siehe auch *ders.,* NJW 1979, 2334ff., 2336; vgl. ferner *E. Schumann,* Bundesverfassungsgericht, S. 31ff.

[356] Dazu siehe oben im Text um und zu Fn. 188.

[357] Vgl. BVerfGE 57, 250 (276); 60, 253 (268); 64, 135 (145); 70, 297 (309).

[358] Dazu siehe bereits oben im Text zu B.I.; vgl. näher noch unten, 1. Kap., A.I.–IV.

tung festzulegen, bleibt indes der konkreten Verfahrensordnung vorbehalten.[359] Hier können dann durchaus *Verantwortungskonkurrenzen* auftreten.[360] So geht es u.a. in Ansehung des sozialstaatlich imprägnierten Gebotes der Waffengleichheit als Fundamentalprinzip des grundgesetzlich verwirklichten Rechtsstaates im Verwaltungsprozeß nicht an, Prozeßvorschriften in einem streng egalitären Sinne zulasten einer Partei zu interpretieren, wenn der Gesetzgeber anderen Ordnungsvorstellungen Raum gegeben hat.[361]

Die Aufgabe der Sicherung eines den Prinzipien fundamentaler Verfahrensgerechtigkeit entsprechenden staatlichen Verfahrens stellt sich von daher durchgängig sowohl für den Gesetzgeber als auch für Justiz und Verwaltung. Und sie betrifft ebenso Abgeordnete wie Richter und Verwaltungsangehörige. Bei erkannten allgemeinen Regelungsdefiziten, aber auch bei Unzuträglichkeiten im Einzelfall haben deshalb sowohl die staatlichen Organe als auch die jeweiligen Sachwalter in personaler Verantwortlichkeit dafür Sorge zu tragen, daß der verfassungsgewollte, gerecht geführte Konkretisierungsprozeß *Realität* wird.

aa) Unparteilichkeit und Waffengleichheit

In diesem Konkretisierungsprozeß bildet die Idee *der Unparteilichkeit* nicht nur den Kern der praktischen Vernunft, sondern auch und zugleich die juristische Konsequenz des Gerechtigkeitsprinzips der materialen Verfassungsordnung. Die Berücksichtigung dieses Prinzips ist eine unverzichtbare Bedingung rationaler und damit verfassungsgemäßer juristischer Argumentation.[362] Aus ihr folgt die Unparteilichkeit von Verfahrensgestaltung und -führung. Dies bedeutet einerseits die Existenz gleichmäßig geltender Verfahrensbedingungen,[363] andererseits die gleichmäßige Berücksichtigung aller jeweils berührten Interessen und aller jeweils relevanten Aspekte des befaßten Gegenstandes unter Vermeidung jeglicher Prozeßwillkür.

In erster Linie ist hiernach der Gesetzgeber verpflichtet, für gleiche Verfahrensfragen gleiche Verfahrenslösungen zu schaffen („Rechtsverfahrensgleichheit“).[364] Die hierum zu führenden parlamentarischen Auseinandersetzungen wie der parlamentarische Betrieb schlechthin müssen insofern der lediglich machtgesteuerten Konkurrenz widerstreitender Interessen zugunsten einer sachlich-angemessenen,

---

[359] Demgemäß spricht das BVerfG auch davon, daß aus dem Rechtsstaatsprinzip abgeleitete konkrete Folgerungen für die „faire“ Verfahrensgestaltung „sich tunlichst im Rahmen der vom Gesetzgeber gewählten Grundstruktur des Verfahrens zu halten“ haben, vgl. BVerfGE 57, 250 (276); 70, 297 (309).

[360] Vgl. näher am Beispiel der grundrechtlich gestützten Verfahrensanforderungen zum Schutz der informationellen Selbstbestimmung *R. Scholz/Pitschas*, Informationelle Selbstbestimmung, S. 56, 129, 130ff., 133.

[361] Siehe BVerwGE 60, 297 (311f.).

[362] BVerfGE 33, 367 (383); 70, 297 (308); *Kriele*, a.a.O. (Fn. 340), S. 101fff.; *MacCormick*, Legal Reasoning and Legal Theory, 1978, S. 73ff.

[363] Vgl. dazu oben im Text bei B.II.2.b) mit cc).

[364] Dies in Erweiterung zu *Dürig*, in: Maunz/Dürig, GG, Art. 3 Abs. 1 Rdnr. 42; siehe auch *Hagen*, Prozeßlehre, S. 90.

ausgleichenden Willensbildung abschwören. Inhaltsbezogene Postulate des Systemgerechten[365] oder der Chancengleichheit[366] entwickeln dabei diesseits der Willkürgrenze entsprechende Kriterien des prozedural Verfassungsgemäßen. Dazu zählen z.B. die typisierende Ausgestaltung der Informationserschließung, die Chance zum Sachvortrag für alle Verfahrensbeteiligten oder die gleichberechtigte Mitwirkungskompetenz.[367]

Neben der prozeduralen Rechtsetzungsgleichheit steht die Rechtsanwendungsgleichheit („Rechtsschutzgleichheit"). Soweit die moderne Verfassung eine solche Gleichheit bei der Anwendung des Gesetzes ausdrücklich fordert, setzt sie voraus, daß dessen Verbindlichkeit und Vollziehbarkeit allein diese Gleichheit noch nicht zu garantieren vermag. Öffentliche Verwaltung und Rechtsprechung müssen daher in jedem Fall der konkretisierenden Rechtsanwendung den Regelungsgegenstand sachgerecht erfassen, ihn nach den Vorgaben des Gesetzes rechtlich bewerten und sodann folgerichtig in die Entwicklung des Rechts einbinden. Im Normenvollzug „ist die Gleichheit der Rechtsanwendung die Seele der Gerechtigkeit."[368]

Dieser Gleichheit ersprießt in prozessualer Wendung das *Gebot überparteilicher Rechtspflege.*[369] Ihm wohnt zunächst die Vorstellung der „Neutralität" inne. So ist der richterlichen Tätigkeit wesentlich, daß sie von einem nichtbeteiligten Dritten ausgeübt wird, weil „diese Vorstellung mit den Begriffen von ‚Richtern' und ‚Gericht' untrennbar verknüpft" ist.[370] Hinzu tritt die Gleichbehandlung der Parteien. Das Gericht darf nicht aus sachfremden Erwägungen die Belange einer Partei einseitig fördern.[371] Ebensowenig gestattet das Gebot überparteilicher Rechtspflege ein Richten in eigener Sache.[372]

---

[365] Dazu vgl. die Nachw. oben in Fn. 171; siehe ferner *P. Kirchhof,* NJW 1987, 2354ff., 2356.

[366] Siehe hierzu beispielhaft BVerfGE 33, 303 (338, 341) mit der Forderung nach einem formalisierten, gerichtlich kontrollierbaren Verwaltungsverfahren zur Ausschöpfung gleicher Chancen im Zugang zum Universitätsstudium; vgl. ferner zur Chancengleichheit *Heyde,* HdbVerfR, S. 1227; für das Verwaltungsverfahren siehe etwa *P. Kirchhof,* FS W. Geiger zum 80. Geburtstag, 1989, S. 82ff., 99; unter dem Aspekt der „Waffengleichheit" *Eberle,* DVerw. 17 (1984), S. 461ff., 462 m.w.Nachw.; für den Strafprozeß siehe *Schünemann,* Grundbedingungen, S. 473.

[367] Vgl. auch *Fleiner-Gerster,* Aufgabenverteilung, S. 36.

[368] BVerfGE 54, 277 (296).

[369] Näher hierzu *Bettermann,* EvStL II, Sp. 2773ff., 2783f.; *Dürig,* in: Maunz/Dürig, GG, Art. 3 Abs. 1 Rdnrn. 48ff.; *Kornblum,* NJW 1987, 1105ff.

[370] BVerfGE 21, 139 (145f.); 27, 312 (322); vgl. auch *Stern,* Staatsrecht II, S. 897, 907, 909 m.w.Nachw.

[371] BGH, NJW 1986, 3027ff.; 3028; *Bötticher,* Gleichbehandlung und Waffengleichheit, 1979, S: 9ff.; *Dürig,* a.a.O. (Fn. 369), Rdnrn. 392ff.; *Kornblum,* a.a.O. (Fn. 369), S. 1107. Im „prozessualen Willkürverbot" hat das BVerfG dem Gebot der Gleichbehandlung der Parteien am sichtbarsten Ausdruck gegeben, vgl. nur BVerfGE 42, 64 (72) – st.Rspr., z.B. BVerfGE 70, 93 (97); 71, 202 (204); krit. zu dieser Rspr. u.a. *Dörr,* Faires Verfahren, S. 124ff.; *Kirchberg,* NJW 1987, 1988ff.

[372] BVerfGE 3, 377 (381); 14, 56 (69); *Kunig,* Das Rechtsstaatsprinzip, S. 380 m.Anm. 390.

In dem Verbot des Übergewichts einer Verfahrenspartei begegnet sich der Grundsatz einer überparteilichen Rechtspflege mit der *verfahrensrechtlichen Waffengleichheit* als einer verfassungskräftigen Anforderung. Als Ausprägung der Rechtsstaatlichkeit und des allgemeinen Gleichheitssatzes[373] sichert sie in den unterschiedlichsten Sachmaterien und Verfahrensarten den Verfahrensbeteiligten eine gleichwertige Position.[374] Letztlich beruht die so gefaßte Gleichheit der Bürger vor dem Richter auf dem Verständnis staatlicher Verfahren als verfassungsgeschützten Kommunikationsprozessen, in denen die Verpflichtung zum *Dialog*[375] als Charakteristikum verantwortlicher Verfahrensführung und -gestaltung eine „Waffengleichheit" geradezu voraussetzt.[376]

Das *Gebot der Waffengleichheit* entfaltet von daher unter dem Grundgesetz besondere Wirkungen sowohl im Zivilprozß[377] als auch im Strafverfahren[378] und im Verwaltungsprozeßrecht.[379] Es schlägt sich ebenso in der Ausgestaltung der Prozeßmaximen nieder, wie es die Art und Weise der Ermittlung des konkretisierungserheblichen Sachverhalts leitet und in den Voraussetzungen und Wirkungen von Prozeßhandlungen zum Tragen kommt.[380] Als Leitlinie dirigiert es maßgeblich auch das Verwaltungsverfahren[381] – hierin dem Gebot der Unparteilichkeit vergleichbar, das die Behörden zu einer neutralen, sachlichen Haltung verpflichtet.[382]

---

[373] BVerfGE 35, 263 (279); 52, 131 (144); 54, 117 (124f.); 55, 72 (94); *Dürig*, a.a.O. (Fn. 369), Rdnrn. 50, 392; *Hill*, HdbStR VI, 1989, S. 1327 (Rdnr. 44); *Tettinger*, Fairneß und Waffengleichheit, S. 19; gegen die Ableitung aus Art. 3 Abs. 1 GG aber z.B. *Dörr*, Faires Verfahren, S. 128f.; auf die Verankerung des Grundsatzes der Waffengleichheit in den weiteren Staatszielbestimmungen des GG verweist *Wassermann*, Richterliche Gewalt, S. 195ff., 198ff.

[374] *Goerlich*, Grundrechte als Verfahrensgarantien, S. 325f.; *Scholler*, Die Interpretation des Gleichheitssatzes als Willkürverbot oder als Gebot der Chancengleichheit, 1969, S. 30ff.; *Stürner*, Richterliche Aufklärung, S. 37.

[375] Siehe dazu oben im Text um und zu Fn. 215ff.

[376] Vgl. auch *Dürig*, in: Maunz/Dürig, GG, Art. 3 Abs. 1 Rdnr. 384a.

[377] Siehe BVerfGE 54, 117 (124f.); 55, 72 (94); 69, 126 (140); w. Nachw. zu Rspr. und Literatur bei *E. Schumann*, Bundesverfassungsgericht, S. 22f. m. Anm. 83.

[378] BVerfGE 38, 105 (111); 63, 45 (61); *Dürig*, a.a.O. (Fn. 376), Rdnr. 50; *Hill*, a.a.O. (Fn. 373), S. 1326ff.; *Pfeiffer*, Grundzüge, S. 13 (Rdnr. 29), 29f. (Rdnr. 75) m.w.Nachw.

[379] BVerfGE 35, 263 (276, 279); 52, 131 (144), *Dürig*, a.a.O. (Fn. 376), Rdnr. 50; *Kopp*, VwGO, § 1 Rdnr. 12; *Lichtenberg*, Der Grundsatz der Waffengleichheit auf dem Gebiet des Verwaltungsprozeßrechts, 1974; *Tettinger*, Fairneß und Waffengleichheit, S. 18, 45f.; *Tschira/Schmitt Glaeser*, Verwaltungsprozeßrecht, S. 288.

[380] Siehe *v. Mutius*, NJW 1982, 2153 m.w.Nachw. in Anm. 49.

[381] Vgl. etwa BVerwGE 50, 171 (174f.); 60, 254 (260); 297 (312); 61, 100 (101); OVG Münster, NVwZ 1983, 355; *Goerlich*, Grundrechte als Verfahrensgarantien, S. 325f., 351; *Kopp*, Verfassungsrecht und Verwaltungsverfahrensrecht, S. 137f.; *Tettinger*, Fairneß und Waffengleichheit, S. 49ff.; krit. aber *Eberle*, DVerw. 17 (1984), S. 462 m. Anm. 88.

[382] Vgl. BVerwGE 43, 42 (44); 69, 256 (266); *Kopp*, VwVfG, § 20 Rdnr. 2; *J. P. Müller*, FS K. Eichberger, S. 178f.; insofern gibt die Behauptung des BVerwG (DVBl. 1987, 1159), es besteht kein allgemeines (subjektives) Verfahrensrecht, einen mit der Sache befaßten Amtsträger einer Behörde wegen Besorgnis der Befangenheit abzulehnen, zu erheblichen Bedenken Anlaß.

Soweit dabei des näheren ein Zusammenhang mit der Herstellung von Verfahrensöffentlichkeit durch Gestattung von Akteneinsicht für Verfahrensbeteiligte notiert[383] oder gar in der Forderung nach „publizistischer Waffengleichheit" ein Argument für behördliche Öffentlichkeitsarbeit vermerkt wird,[384] weist der Gedanke der Waffengleichheit auf die entsprechenden Fundamentalprinzipien der Mitgestaltung durch Anhörung und Öffentlichkeitsverantwortung zurück. In der Tat dient bereits das Gebot rechtlichen Gehörs als spezielle Gewährleistung der Befugnis, im Rahmen der Gleichwertigkeit von Verfahrenspositionen alles für die Konkretisierung Maßgebliche vortragen zu dürfen.[385] Das Postulat der Waffengleichheit wird hierdurch aber keineswegs vollständig ausgefüllt, wie sich beispielsweise am *Problem der Beratung* im Verwaltungsverfahren zeigt. Die Möglichkeit, sich im Rahmen gleichberechtigter Mitwirkung eines sach- und rechtskundigen Beraters aus der Verwaltung selbst versichern zu können, verstärkt die Waffengleichheit zwischen Behörden und Bürger.[386]

In diesem Sinne verlangt das Gebot der Waffengleichheit zumindest ein Stück weit die *Kompensation* der strukturellen Informationsunterschiede und nicht nur die eher formale Garantie gleicher Mitwirkungsrechte der Teilnehmer an konkreten gerichtlichen und behördlichen Verfahren.[387] „Waffengleichheit" offenbart insoweit eine ihrer Wurzeln in der *sozialstaatlichen* Verfahrensrationalität.[388]

Freilich ist nicht zu leugnen, daß sich hierbei Spannungslagen zu den ebenso in der Waffengleichheit geborgenen (rechtsstaatlichen) Geboten der Distanz und Neutralität ergeben. Dem Ansinnen, Parteilichkeit zu vermeiden, entspringt jedoch nicht das *Verbot*, dem „unbedarften" Bürger zu helfen. Alle Gerechtigkeit hat eine soziale Dimension. Mag diese auch eher unter dem Terminus einer *prozeduralen Fürsorgepflicht* zum Ausdruck kommen und dementsprechend „abzuschichten"

---

383 Siehe *Kopp*, a.a.O. (Fn. 382), § 29 Rdnr. 2.

384 *Kloepfer*, Information als Intervention in der Wettbewerbsaufsicht, 1973, S. 14; vgl. auch OVG Münster, NJW 1983, 2402ff., 2403.

385 Vgl. *Schmidt-Aßmann*, in: Maunz/Dürig, GG, Art. 103 Abs. 1 Rdnr. 86; *Tettinger*, Fairneß und Waffengleichheit, S. 19f.; weitergehend bezeichnet *Dürig*, in: Maunz/Dürig, GG, Art. 3 Abs. 1 Rdnr. 392, das Grundrecht auf rechtliches Gehör als „Hauptanwendungsfall" des Gebots der Waffengleichheit.

386 Verfehlt deshalb die a limine *gleichgewichtige* Gegenüberstellung von (Beratungs- bzw.) Betreuungspflicht der Verwaltungsbehörde gem. § 25 VwVfG und Mitwirkungspflicht des Bürgers im Verwaltungsverfahren in VGH Kassel, NVwZ 1985, 915. – Selbstverständlich wird mit diesem Hinweis das Problem der „Beratung als Verwaltungshandeln" in seinen Facetten bei weitem nicht ausgeschöpft; so kann sie selbst auch einen „Eingriff" darstellen (vgl. *Ossenbühl*, Umweltpflege durch behördliche Warnungen und Empfehlungen, 1986, S. 28) bzw. dem Bürger zur Abwehr von Schädigungen durch private Dritte dienen (z.B. durch behördliche Umweltberatung, vgl. *Lübbe-Wolff*, NJW 1987, 2705ff.).

387 A.A. freilich mit Blick auf den Zivilprozeß *Stürner*, Richterliche Aufklärung, S. 37; vgl. auch *ders.*, FS F. Baur, S. 647ff., 650f.; der im Text dargelegten Auffassung entspricht dagegen eher das im österreichischen Verwaltungsverfahrensrecht (§ 13a AVG) verankerte Institut der „Rechtsbelehrung", krit. dazu freilich *R. Novak*, FS K. Obermayer, S. 129ff.

388 Zurückhaltend demgegenüber aber *Tettinger*, Fairneß und Waffengleichheit, S. 21.

sein,[389] so läßt sich doch das *soziale* Element rechtsstaatlicher Waffengleichheit nicht völlig ausmerzen. Der Gleichheitssatz fordert daher in Verbindung mit dem Sozialstaatsprinzip sowohl für den Prozeß als auch für das behördliche Verfahren, die Gleichstellung der Parteien bzw. Verfahrensbeteiligten auch unter dem sozialstaatlich relevanten Aspekt eines etwaigen Schutzbedürfnisses einerseits, gewisser Mitwirkungspflichten andererseits zu beurteilen.

bb) Gebot fairer Verfahrensgestaltung

Die unparteiische Rechtsanwendung, die korrekte Erfüllung der verfahrensmäßigen Obliegenheiten gegenüber den Teilnehmern am Konkretisierungsprozeß, mehr noch aber die Verpflichtung zur objektiven Verfahrensführung unter Einbeschluß sozialer Aspekte verschachteln die Waffengleichheit mit rechtsstaatlichen Fairneß-Elementen. Diese wurzeln ihrerseits in dem Gedanken, daß die in einem Staatswesen maßgeblichen Gerechtigkeitsvorstellungen eine „faire" Ausgangsposition zur Voraussetzung haben müssen.[390]

Die *rechtsstaatliche* Verfassung nimmt diesen Gedanken auf; sie verankert das Recht auf ein faires Verfahren entsprechend dem von ihr gewollten materialen Rechtsstaat als „Prozeß". Richtigerweise betont deshalb das BVerfG, es sei „von entscheidender Bedeutung für das ‚Einverstandensein' des Bürgers mit dem Staat, für die Chance zur Identifikation, ohne die eine Demokratie nicht dauerhaft beste-

---

[389] So *Tettlinger,* a.a.O. (Fn. 388), S. 15; zur prozeduralen Fürsorgepflicht selbst siehe näher noch unten bei B.II.3. c) mit cc) und Fn. 410f.

[390] Vgl. *J. Rawls,* der ganz grundsätzlich „Gerechtigkeit" als *Fairneß* in dem Sinne begreift, daß die in einem Staatswesen maßgeblichen Gerechtigkeitsvorstellungen ihrerseits in einer „ursprüngliche(n) Situation der Gleichheit" wurzeln (vgl. Theorie der Gerechtigkeit, S. 19ff., 28) und die Grundsätze der Gerechtigkeit „in einer fairen Ausgangssituation festgelegt werden" (S. 29). Mit einiger Berechtigung kann deshalb auch *Habermas* davon sprechen, die Idee der Unparteilichkeit bilde den Kern der praktischen Vernunft (zuletzt in: KritJ 1987, 12); und im praktischen Rechtsleben darf das BVerfG vor diesem Hintergrund die Grundsätze der Fairneß und Waffengleichheit miteinander so verbinden, wie es das tut; siehe die Nachw. hierzu oben in den Fn. 373ff. – Damit erlangt unter dem GG und in Ergänzung von Art. 19 Abs. 4 GG einerseits, der Prozeßgrundrechte und Art. 97 GG andererseits sowie schließlich der Grundrechtsverwirklichung und -sicherung durch Verfahren das fundamentale allgemeine Verfahrensprinzip der „Fairneß" einen eigenen Stellenwert; vgl. dazu u.a. *Badura,* Staatsrecht, S. 467f.; *Baring,* DRiZ 1966, 366ff., 367; *Benda,* HdbVerfR, S. 495; *Burmeister,* Verfahrensstrukturierungsgebote, S. 139; *Dörr,* Faires Verfahren, bes. S. 94ff., 106ff., 131ff., 141ff.; *K. Hesse,* EuGRZ 1978, 435; *Heyde,* HdbVerfR, S. 1225ff.; *Hill,* HdbStR VI, 1989, S. 1321ff.; *Kunig,* Das Rechtsstaatsprinzip, S. 379; *Saladin,* in: Festgabe der schweizerischen Rechtsfakultäten zur Hundertjahrfeier des Bundesgerichts, 1975, S. 41ff., *K.-H. Schwab/P. Gottwald,* Verfassung und Zivilprozeß, in: W.-J. Habscheid (Hrsg.), Effektiver Rechtsschutz und verfassungsmäßige Ordnung, 1983, S. 11ff., 67ff.; *Schmidt-Aßmann,* in: Maunz/Dürig, GG, Art. 19 Abs. 4 Rdnr. 20; *E. Schumann,* Bundesverfassungsgericht, S. 31ff.; *Stern,* Staatsrecht I, § 20 IV 5d; *ders.,* FS C.H. Ule, S. 373f.; *Tettinger,* Fairneß und Waffengleichheit, bes. S. 2ff.; *M. Wolf,* Gerichtsverfassungsrecht, S. 279ff.; sehr skeptisch *Forsthoff,* FS A. Gehlen, 1974, S. 41ff., 43f.

hen kann, daß der Bürger im Falle des Konflikts mit der Staatsgewalt ‚seinen' Richter findet und von ihm *in fairer Weise* zur Sache gehört wird."[391]

Das Gebot fairer Verfahrensgestaltung und eines Mindestmaßes an fairer Verfahrensführung[392] ist einerseits Bestandteil bzw. Ausprägung des Rechtsstaatsprinzips.[393] Es weist aber ebenso spezifisch *grundrechtliche Bezüge* auf. Freiheit als Verfassungsprinzip verbürgt, vor unfairen gerichtlichen oder behördlichen Verfahren verschont zu bleiben. Für das Grundgesetz sieht das BVerfG insoweit ein (ungeschriebenes) „Prozeßgrundrecht" gegeben.[394] Dessen Existenz schließt freilich nicht aus, daß sich aus speziellen grundrechtlichen Freiheitsgewährleistungen zusätzliche verfahrensrechtliche Maßgaben ableiten lassen, die mit Blick auf den Schutzzweck der jeweiligen Freiheitsverbürgung über die rechtsstaatlich unverzichtbaren allgemeinen Fairneß-Gebote noch hinauszugehen vermögen.[395]

Aufgrund ihrer Reichweite wird letztlich auch der Gesetzgeber an Maßstäbe der Fairneß im Rahmen des grundrechtlichen Ausgleichsgedanken gebunden, zumindest im Hinblick auf eine vorzunehmende faire Positionsabgrenzung.[396] Darüber

---

[391] BVerfGE 40, 237 (251) – Unterstreichung vom Verf.; die Nähe zur „due process"-Klausel in der amerikanischen Verfassung ist unübersehbar, vgl. dazu *Dörr,* Faires Verfahren, S. 5ff.

[392] Nach der hiesigen Konzeption ist diese Untergliederung des Fairneßgrundsatzes in „faires Verfahren" und „faire Verfahrensführung" unverzichtbar, vgl. oben 7. Kap., E. V.; anders dagegen *Tettinger,* Fairneß und Waffengleichheit, S. 4 m. Anm. 18a, siehe auch S. 52 m. Anm. 240; wie hier anscheinend BVerfGE 64, 135 (146); 70, 297 (323).

[393] Vgl. neben den Nachw. in Fn. 357 etwa BVerfGE 26, 66 (71f.); 38, 105 (111ff.); 39, 156 (163); 40, 95 (99); 220 (225); 237 (251); 41, 323 (326f.); 45, 202 (210); 46, 325 (334f.); 47, 182 (190); 49, 220 (225); 51, 150 (156); 52, 131 (145); 203 (207); 380 (390); 57, 250 (274ff.); 59, 128 (164); 63, 380 (390); 64, 135 (145ff.); 69, 126 (139); 381 (385f.); 70, 297 (308); 74, 358 (371). Dabei verweist aber das BVerfG stets auf notwendige Geltungseinschränkungen infolge der Weite und Unbestimmtheit des Rechtsstaatsprinzips, vgl. z.B. BVerfGE 57, 250 (276); BVerfG, NJW 1985, 1767; diese Beschränkung freilich seinerseits wiederum überzeichnend dann *Kunig,* Das Rechtsstaatsprinzip, S. 379f.

[394] BVerfGE 57, 250 (275); 70, 297 (308), *Suhr,* NJW 1979, 146; *Vollkommer,* Gedächtnisschrift R. Bruns, S. 196; abzulehnen ist deshalb die Ansicht von *M. Wolf,* Gerichtsverfassungsrecht, S. 281, das Fairneß-Gebot stelle lediglich ein „objektives Prinzip" dar! – Im übrigen hat das BVerfG bei der Entwicklung des Fairneß-Gedankens regelmäßig auf die „Verbindung mit dem allgemeinen Freiheitsrecht (Art. 2 Abs. 1 GG)" – gleichsam als einem Entfaltungselement des Persönlichkeitsbildes, das man selbst von sich entwirft und das sich andere von einem machen – abgestellt, vgl. z.B. BVerfGE 39, 238 (243); 41, 246 (249); 57, 250 (274f.); überhaupt lassen nahezu alle (auch die oben in Fn. 393 zitierten verfassungsgerichtlichen Entscheidungen) die Verwurzelung des Fairneß-Gebots sowohl im Rechtsstaatsprinzip als auch in den Grundrechten erkennen, siehe dazu auch die – in der Literaturauswertung freilich unvollkommenen – Nachw. (samt Kritik) bei *Dörr,* Faires Verfahren, S. 141ff.

[395] Vgl. dazu *Benda,* HdbVerfR, S. 495; *Tettinger,* Fairneß und Waffengleichheit, S. 14.

[396] Vgl. *Lerche,* Vorbereitung grundrechtlichen Ausgleichs, S. 116 (gedanklich wohl schon angelegt in *ders.,* ZZP 78, 1965, S. 15f.); siehe in bezug auf das parlamentarische Verfahren in Untersuchungsausschüssen auch BayVerfGH, NVwZ 1986, 822ff., 827; VG Hamburg, NJW 1987, 1568ff.; *Hilf,* NVwZ 1987, 539f. (unter Bezugnahme auf das Demokratieprinzip!); *H. P. Schneider,* Verhdlg. des 57. DJT, 1988, Bd. II, Teil M, S. 68, 83f.

hinaus sind die gesetzgebenden Organe auch in den „inneren" Abläufen ihrer Verfahren dem Fairneß-Prinzip unterworfen, woraus etwa die parlamentarische Opposition in bezug auf ausreichende Fristen für die Behandlung von Gesetzgebungsinitiativen Nutzen ziehen mag.

Welche Reichweite dem Gebot der Fairneß im einzelnen zukommt, läßt sich prinzipiell nur auf der Basis der jeweiligen Grundstruktur des Verfahrens feststellen, das in Frage steht.[397] So hängen z. B. die Anforderungen an die Fairneß im Strafverfahren von dem Typus und der Struktur des Strafprozesses ab, für den sich der Gesetzgeber entschieden hat.[398] Als unverzichtbare Erfordernisse fairer Verfahrensordnung i. S. fundamentaler Verfahrensgerechtigkeit müssen aber jedenfalls die Verbote gelten, den Bürger zum Objekt eines staatlichen Verfahrens herabzuwürdigen,[399] rechtswidrig erlangte Beweismittel zu verwerten,[400] ohne Anhörung oder Begründung zu entscheiden,[401] befangene Organwalter amtieren zu lassen[402] oder Funktionsträger mit der Konkretisierung zu beauftragen, die aufgrund ihrer Verantwortung, Funktion und Verfahrensstrukturen nicht zumindest eine *Chance* für ein vernünftiges Konkretisierungsergebnis bieten.[403]

Diese Leitlinien gelten auch für das *Verwaltungsverfahren*. Es unterliegt der „Garantie eines Mindeststandards an ordentlicher und fairer Gestaltung des verwaltungsmäßigen Procedere."[404] Mehr noch: Es kann kein vernünftiger Zweifel daran bestehen, daß in breitem Ausmaß bei der Verknüpfung mit den Verfahrensaktivitä-

---

[397] BVerfGE 57, 250 (276); 70, 297 (309).

[398] BVerfGE 57, 250 (275 f.); BVerwG, DÖV 1987, 249 ff., 250; das schließt die Prüfung nicht aus, ob Veränderungen anzustreben sind, vgl. z B. im Hinblick auf das Problem der „öffentlichen Vorverurteilung" vermeintlicher Straftäter BT-Drucks. 10/4808, S. 8, 10 f. (im Anschluß an das Gutachten von *A. Eser/J. Meyer,* Hrsg., Öffentliche Vorverurteilung und faires Strafverfahren, 1986, bes. S. 323 ff., 344 f.).

[399] BVerfGE 57, 250 (275); 64, 135 (145); 70, 297 (323); vgl. auch BVerfGE 74, 358 (373).

[400] BVerfGE 57, 250 (280, 290); ebenso BGHSt 29, 109 (112); vgl. auch BVerwGE 66, 39 (43); *Dörr,* Faires Verfahren, S. 122; *Hill,* HdbStR VI, 1989, S. 1323 (Rdnr. 36); *Saladin,* a. a. O. (Fn. 390), S. 44 ff.

[401] Dies verweist auf das Verhältnis des rechtsstaatlichen Fairneß-Gebots zum Anspruch auf rechtliches Gehör; insofern wird in der Literatur über die Grenzen des speziellen Verfahrensgrundrechts hinaus eine *kumulative* Prüfung angeraten, vgl. *Vollkommer,* Gedächtnisschrift R. Bruns, S. 213, 217; auch das BVerfG verfährt teilweise in diesem Sinne, vgl. BVerfGE 41, 246 (249); 52, 203 (206 f.); 54, 100 (116 f.); 64, 135 (145); von einer „Idealkonkurrenz" beider Direktiven spricht *Tettinger,* Fairneß und Waffengleichheit, S. 12. – Umfaßt Art. 103 Abs. 1 GG auch einen Begründungszwang (str., vgl. dazu oben im Text um und zu Fn. 310 ff.; *Lücke,* Begründungszwang und Verfassung, S. 80 ff. m. w. Nachw.), dann kann das Fairneß-Gebot als parallel wirkender Kontrollmaßstab nicht dahinter zurückbleiben; das kommt zumindest in seinem Element zum Ausdruck, den Bürger vor einer bloßen Objektstellung im Verfahren dadurch zu schützen, daß auf dessen Gang und Ergebnis eine Einflußnahme möglich sein muß, vgl. auch BVerfGE 64, 135, (145 ff, 149, 154); *Lücke,* a. a. O., S. 75 m. Anm. 115.

[402] BVerwGE 75, 214 (230 f.) unter Verweis auf BVerfGE 52, 380 (390); vgl. auch *Saladin,* a. a. O. (Fn. 390), S. 44 ff.

[403] *J. P. Müller,* FS K. Eichenberger, S. 179.

[404] BVerfGE 43, 154 (166); vgl. ferner BVerfGE 69, 1 (43 f.).

ten die vom Grundgesetz aufgenommene Idee eines fairen Verwaltungsverfahrens das Verwaltungsverfahrensrecht bestimmt und zugleich einen verfassungskräftigen Maßstab für die Konkretisierung einzelner gesetzlicher Verfahrensregeln darstellt.[405]

Wenn dabei die Judikatur der Verwaltungsgerichte ihr besonderes Augenmerk auf das Prüfungswesen richtet und dem Prüfling zur Abwehr von Mißbräuchen der Prüfungsgewalt einen „Anspruch auf eine faire Behandlung im Prüfungsverlauf" zugesteht,[406] dann liegt darin auch ein *sozialstaatliches Element*. Denn beurteilt wird auch der Ablauf der Begegnung zwischen Prüfling und Prüfer, die Frage, ob das Beziehungsverhalten des letzeren auf das Prüfungsverfahren und -ergebnis durchgeschlagen hat. Reagiert etwa ein Prüfer auf Fehlleistungen in einem Prüfungsgespräch mit einer von Sarkasmus und Unsachlichkeit geprägten Kritik, so verletzt er das Gebot der Fairneß.[407]

Das Fairneß-Prinzip ist also nicht etwa nur rechtsstaatlich begründet, sondern zugleich dem Gedanken einer sozialen Staatlichkeit verbunden.[408] Dabei wirkt der Gleichheitssatz als das zentrale *Medium* zur formellen Integration des Sozialstaatsgebotes. In der Dimension *sozialstaatlicher* Verfahrensförderung – der auch die Verschränkung mit dem Grundsatz der Waffengleichheit zuzuschreiben ist[409] – entwickelt das Fairneß-Prinzip vor allem prozessuale bzw. verfahrensbezogene Betreuungspflichten.[410] Ferner gebietet es unter Rückbindung an den wechselseitig media-

---

[405] Dazu siehe aus der Judikatur der Verwaltungsrechtsprechung vor allem BVerwGE 55, 355 (369); 70, 143 (151); 75, 214 (230f.); BVerwG, DVBl. 1982, 1195ff., 1196; DBVl. 1987, 1159f. (abzulehnen); aus der Literatur vgl. *Benda*, HdbVerfR, S. 496; *Blümel*, Grundrechtsschutz, S. 34, 91; *Burmeister*, Verfahrensstrukturierungsgebote, S. 139, 143; *Ehlers*, DBVl. 1983, 426; *Dolzer*, DÖV 1985, 13; *Häberle*, Verfassungsprinzipien, S. 60, 62, 64; *Hill*, Das fehlerhafte Verfahren, S. 229; *Hufen*, Verwaltungsverfahren, S. 159; *Kopp*, VwVfG, Vorbem. § 1 Rdnr. 4 a.E.; *Meyer-Borgs*, VwVfG, Vor § 9 Rdnr. 1, 2; *Saladin*, Das Verwaltungsverfahrensrecht des Bundes, 1979, S. 16, 40, 112; *Stelkens/Bonk/Leonhardt*, VwVfG, § 2 Rdnr. 34, § 45 Rdnr. 21; *Suhr*, DÖV 1975, 770f.; *ders.*, NJW 1979, 146; *Tettinger*, Fairneß und Waffengleichheit, S. 47ff.; *Weides*, JA 1984, 648.

[406] BVerwGE 55, 355 (360f.); siehe auch BVerwGE 65, 323 (326); 70, 143 (151); BayVGH, NJW 1982, 2685f., 2686.

[407] BVerwGE 55, 355 (360f.); 70, 143, (151: Das Gebot der Fairneß steuere als „Gebot der Sachlichkeit" auch „das Verhalten des Prüfers bei der Bewertung der Prüfungsleistung"); zu den Anforderungen an den Prüfungsstil auch BVerwG, NVwZ 1987, 977f., 978; vgl. zusammenfassend zur Rspr. des BVerfG *Niebler*, BayVBl. 1987, 162ff., 164ff.; zur Frage nach dem richtigen Maß des (Verfahrens-) Rechtsschutzes siehe ferner *Seebass*, NVwZ 1985, 521ff., 523ff.

[408] Str., vgl. hier auch *Niemöller/Schuppert*, AöR 107 (1982), S. 404; *Stürner*, FS F. Baur, S. 649; siehe ferner *Roxin*, Strafverfahrensrecht, S. 57.

[409] Zu dieser Verbindung mit dem Gleichheitssatz vgl. etwa *Dörr*, Faires Verfahren, S. 118ff., 122, 128ff., sowie die Nachw. oben in Fn. 373.

[410] Siehe dazu schon oben im Text um und zu Fn. 389; vgl. ferner und für das Strafverfahren *Hegmann*, Fürsorgepflicht gegenüber dem Beschuldigten im Ermittlungsverfahren, Diss. Bochum 1980; *Heubel*, Der „fair trial" – ein Grundsatz des Strafverfahrens?, 1981; *Heyde*, HdbVerfR, S. 1225; *Zipf*, Verhdlg. des 54. DJT, Bd. I (Gutachten), Teil C, 1982, S. C 29ff.

tisierenden *Verbund von Sozialstaatlichkeit und liberal-staatlicher Rechtsgleichheit* durchaus, Überlegungen über die unterschiedlichen Möglichkeiten oder Fähigkeiten von Parteien anzustellen, ob und wie sie im Prozeß handeln können.[411]

cc) Betreuungspflichten im Verfahren und prozedurale Selbstbestimmung

Wendet man sich demgegenüber näher der *sozialstaatlich* wirksamen Gleichheit zu, dann rückt vor allem das im Ablauf von Verfahren der Rechtsanwendung sichtbar werdende Schutzbedürfnis einzelner Verfahrensteilnehmer in den Vordergrund. Es bleibt zwar auf gewisse Weise mit dem Gebot der Fairneß verknüpft,[412] doch gewinnt es im modernen Verfassungsstaat eigene Konturen im Rahmen spezieller *Betreuungspflichten,* die das Verfassungsziel der Verfahrensgerechtigkeit in sozialer Hinsicht ausfüllen.

Unter der Geltung des Grundgesetzes entwickelt sich ihre eigenständige Bedeutung in erster Linie durch Bezugnahme auf einfach-gesetzliche Vorschriften bzw. auf deren aus einer Zusammenschau nach Maßgabe der sozialstaatlichen Dynamik abgeleiteten Gesamtaussage. So trägt z.B. das BSG dem Schutzbedürfnis des Bürgers im Prozeß bei der Problemorientierung und Sachverhaltsaufklärung dort Rechnung, wo es im Falle der behördlichen Unterlassung gebotener Tatsachenfeststellungen zwar eine Umkehrung der Beweislast ablehnt,[413] den behördlichen Fehlleistungen aber Bedeutung für die richterliche Beweiswürdigung beilegt.[414]

Überhaupt ist der gerichtliche Prozeß ein zentrales Anwendungsfeld der Betreuungspflicht. Das gilt nicht nur für den Strafprozeß, wie etwas mißverständlich *P. Tettinger* meint.[415] Auch für das verwaltungsgerichtliche Verfahren ist die Existenz einer „Rechtsschutzfürsorge" anzuerkennen.[416] Denn der „soziale" Rechtsstaat hat ganz allgemein die Pflicht, „alle seine Bürger sozial und gerecht zu betreuen"[417] – im Prozeß, aber auch im Verwaltungsverfahren: Sie ist speziell *behördliche*

---

m.w.Nachw. – Der Ausdruck der „Fürsorge" scheint mir zwar in den Teil-Verfahrensordnungen jenseits des Strafprozesses wegen seiner gedanklichen Anlehnung an eine gewisse Gewaltunterworfenheit des Bürgers nicht sehr empfehlenswert zu sein; doch kennzeichnet er auch hier – vermöge seiner inneren Bindung an die staatliche Verfahrensverantwortung für Fairneß – einen allgemeingültigen verfahrensrechtlichen Mindeststandard der *Betreuung* des Bürgers im *Verfahren,* vgl. etwa für das Verwaltungsverfahren BVerfGE 60, 253 (271, 294); siehe aber auch *Stürner,* Richterliche Aufklärung, S. 40, 41; zur sozialstaatlichen „Anbindung" vgl. auch (abweisend) *Tettinger,* Fairneß und Waffengleichheit, S. 17.

[411] So vor allem in bezug auf die finanzielle Abhängigkeit des Rechtsschutzes, vgl. dazu BVerfGE 63, 380 (393f.); weitergehend *Wassermann,* Der soziale Zivilprozß, 1978, bes. S. 84ff. m.w.Nachw.

[412] Beispielsweise „Rechtsschutzfürsorge", vgl. BVerfGE 60, 253 (294); siehe auch BVerfGE 56, 185 (186f.); 63, 380 (391, 392).

[413] BSGE 24, 25 (27f.).

[414] BSGE 7, 8 (15f.); SGb. 1986, 299ff. m. Anm. *Pitschas;* vgl. auch *W. Bogs,* SGb. 1981, 199ff.; *J. Martens,* Praxis, S. 108ff.

[415] Fairneß und Waffengleichheit, S. 16.

[416] BVerfGE 60, 253 (271, 294).

[417] Siehe bes. BSGE 7, 8 (15f.); 14, 59 (62); vgl. auch BVerfGE 52, 380 (390); BVerwG, DVBl. 1981, 190ff., 191f.; *Hufen,* NJW 1982, 2163; *Kopp,* Verfassungsrecht und Verwaltungs-

Fürsorgepflicht, weil die öffentliche Verwaltung im „sozialen" Staat die von Verfassungs wegen beauftragte staatliche Apparatur darstellt, der Hilfebedürftigkeit des Bürgers entgegenzukommen.

Eine spezifische Ausformung findet diese *behördliche* Betreuungspflicht vor allem im Zusammenhang mit den an die öffentliche Verwaltung adressierten Beratungs- und Auskunftsersuchen.[418] Sie zielt diesbezüglich auf die Erweiterung der Kommunikations- und Handlungskompetenz des Bürgers und auf die Transparenz des Verwaltungshandelns. Damit wird der enge Zusammenhang zwischen Betreuungspflicht und Verfahrensöffentlichkeit, Publizität der Rechtsanwendung und Beteiligung des Rechtspublikums erkennbar. Hierin löst sich die Betreuungspflicht von ihrer Verbindung mit dem Fairneß-Gebot vollständig, um im Demokratieprinzip der Verfassung eine weitere Wurzel zu finden.

Derart ausgreifende verfahrensmäßige „Fürsorge" steht allerdings in Gefahr, weniger zu helfen und mehr zu bevormunden.[419] Die Scheidelinie zwischen beidem bildet die von der Verfassung gezogene Grenze für eine allgemeine, aus der sozialstaatlichen Verfahrens- bzw. Prozeßverantwortung erfließende Schutzpflicht. Sie wird von der am Verfassungsprinzip der Freiheit orientierten *prozeduralen Selbstbestimmung* markiert. Diese bedeutet komplementäre Vervollständigung des materialen Freiheitsschutzes: Der Kommunikations- und Argumentations*vorgang* tritt als Teilinhalt zu den von der Verfassung funktionsrechtlich geschützten Grundinhalten der Freiheitsgarantien und Strukturprinzipien hinzu. Dementsprechend bleibt dem einzelnen in den Verfahren der Rechtsanwendung, aber auch in parlamentarischen Untersuchungsverfahren und selbst in den Prozessen einer gesetzgeberischen Materialerschließung für den Ausgleich grundrechtlich geschützter Positionen die Selbstbestimmung über die Teilnahme am Kommunikationsprozeß und an anderen prozeßhaft ablaufenden Verfahrensaktivitäten garantiert.[420] Die prozedurale Konstitution eines Rechts auf „informationelle" Selbstbestimmung durch das BVerfG[421] ist eine der Folgen hieraus.

---

verfahrensrecht, S. 40f., 87f., 121; *Laubinger,* Die Verwaltung als Helfer des Bürgers, S. 450f., 456f.

418 Vgl. §§ 25 VwVfG, 13–15 SGB-AT und hierzu speziell aus der Rechtsprechung des BSG u.a. BSGE 3, 112 (114); 7, 8 (15f.); 14, 59 (62); 21, 129 (131f.); 32, 60 (64f.); 42, 224 (229); 44, 188 (191); 50, 16 (18); siehe zum allgemeinen Verwaltungsverfahren ferner die Nachw. oben in Fn. 417 sowie *Hufen,* Verwaltungsverfahren, S. 159, 168ff.; *Eberle,* DVerw. 17 (1984), S. 446ff.; *Krieger,* Das Recht des Bürgers auf behördliche Auskunft, 1972, bes. S. 145ff. zu der durch die Sozialstaatlichkeit gebotenen Pflicht zu staatlicher Hilfeleistung; zum Sozialverwaltungsverfahren vgl. überdies *Terwey,* Die rechtliche Betreuung des Bürgers nach dem Sozialgesetzbuch, 1980; *v. Einem,* Die Sozialversicherung 1982, 1ff.; *W. Meyer,* SGb. 1985, 57ff.; *Th. Kunze,* Aufklärung, Beratung und Auskunft im Sozialrecht – Eine Untersuchung insbesondere zu §§ 13, 14 und 15 SGB-AT, 1978; *Pitschas,* Entbürokratisierung durch Beratung, S. 228ff., 234ff.

419 Die §§ 25 VwVfG, 13–15 SGB-AT sind auch insofern als *Schutzvorschriften* zugunsten des Verfahrensbeteiligten zu sehen: Entscheidend bleibt der Maßstab der „Erforderlichkeit" von Betreuung einschl. Beratung!

420 Vgl. auch *R. Scholz/Pitschas,* Informationelle Selbstbestimmung, S. 72ff., 77f., 79f.

421 BVerfGE 65, 1ff.

C. Die Verfassung als regulatives Verfahrensmodell

Die Idee der Unparteilichkeit, die Gewährleistung von Fairneß und Waffengleichheit sowie die prozedurale Betreuung unter Beachtung verfahrensbezogener Selbstbestimmung formieren gemeinsam mit den geschriebenen Prozeßgrundrechten, dem „formellen Hauptgrundrecht" des Art. 19 Abs. 4 GG sowie der Grundrechtssicherung durch Verfahren den Prozeß der Rechts- und Zweckkonkretisierung im Verfassungsstaat. Sie sind Voraussetzungen einer rationalen und legitimitätssichernden Urteils- und Willensbildung in und durch Verfahren, die zu funktioneller Integration führen soll.

Funktionelle Integration durch verfassungsstrukturierte Verfahrensordnung bedeutet mithin den Versuch, gesellschaftliches Leben unter der Verfassung als eine verfahrensgesteuerte dialektische Synthese alltagswirklicher Grundsätze zwischen Individuum und Kollektiv bzw. zwischen den sozialen Kräften jenseits einer Beschränkung auf bloß geistige Lebensvorgänge zu erarbeiten.[422] Sie offenbart zugleich im übergreifenden Zusammenhang der materialen Bindung staatlicher Verfahren das Anliegen der normativen Grundordnung, ihren inhaltlichen Direktiven zweck- und wertrationale Verfahrensmaßstäbe an die Seite zu stellen. Dadurch werden sowohl Minimalgarantien in bezug auf das Verfahrenshandeln der staatlichen Funktionsträger entfaltet als auch im Strukturwandel von Staat, Gesellschaft und Recht – der gebotenen Situations- und Entwicklungsoffenheit materieller Vorgaben vorausschauend Rechnung tragend – ein diesem Wandel adäquater Ordnungsrahmen und ein entsprechend funktionales Steuerungsinstrumentarium zur Verfügung gestellt. Die erörterten materialen Verfahrensbindungen fügen sich dementsprechend und im Verbund mit den anderen Verfahrensfunktionen der normativen Grundordnung zu einem *materialen Verfahrenskonzept* der modernen Verfassung zusammen. Es prägt ein Grundmuster aus, dem staatliche Verfahren in bezug auf ihre Strukturen und Handhabung unterliegen und das diese mit den Verfahrensfunktionen verbindet. Für die Frage, welche funktionalen Regelungs- und Führungskriterien für die Verfahrensordnung als geeignet auszuwählen sind, trifft damit die Verfassung eine Strukturaussage; sie schafft ein *regulatives Verfahrensmodell.*

I. Verfahrensfunktionen und Aufgabenbezug

Diesem regulativen Verfahrensmodell der Verfassung liegt die Vorstellung einer wechselseitigen Ergänzung der Verfahrensfunktionen in den Konkretisierungsprozessen zugrunde. Alle Gemeinschaftsverfahren haben somit auch an der Erarbei-

---

[422] Vgl. dazu bereits oben, 5. Kap., D.IV.; zu eng argumentiert demgegenüber *Habermas,* Theorie des kommunikativen Handelns 2, S. 521 ff., der zu sehr dem Paradigma einer „Kolonisierung" von Lebenswelten verhaftet bleibt.

tung der (prozeduralen) Legitimität des staatlichen Handelns und Entscheidens Anteil.[423]

Falsch ist deshalb beispielsweise die Devise, wonach die öffentliche Verwaltung und damit auch das Verwaltungsverfahren von legitimierenden Funktionen weitgehend zu entlasten sei, um „die Verwaltungsarbeit funktional spezifisch auf die Ausarbeitung konsistenter Entscheidungen und Reduktion möglichst hoher Komplexität zu konzentrieren."[424] Im übrigen ist die *konfliktfreie* Verwirklichung unterschiedlicher Anforderungen an das Verwaltungsverfahren im modernen Staat weder eine Maßgabe des prozeduralen Strukturkonzepts der Verfassung noch bietet die Verwaltungspraxis überhaupt Gelegenheit hierzu.

In der Orientierung an funktionalen Kriterien folgt die rechtliche Verfahrensgestaltung dem *Rationalitätsgebot* der Verfassung. Insoweit stellt diese differenzierte Maßstäbe zur Verfügung, die aus den Grundrechten, den Strukturprinzipien des Rechts- und Sozialstaats, dem Demokratiegebot (und dem Bundesstaatsprinzip) sowie aus den verfassungsrechtlichen Kompetenz- und Verfahrensregeln erwachsen. Das Ergebnis sind zweck- und wertrationale Aspekte der Verfahrensbindung, bezogen auf die wahrgenommenen Staatsaufgaben und die Verfahrensaktivitäten im Prozeß der Rechts- und Zweckkonkretisierung.

II. Verfahrensteilhabe und Verfahrensstatus

Die Funktionsvielfalt staatlicher Verfahren soll den materiellen Status des Bürgers entfalten.[425] Dieser wiederum findet sein Spiegelbild im *Verfahrensstatus* des einzelnen, der auch die Entfaltung der Verfahrensfunktionen dirigiert. Dementsprechend steht im Zentrum des regulativen Verfahrensmodells der Verfassung der Mensch als Person im Verfahren. *Wie* entschieden werden und *wer* entscheiden soll, beantwortet die Verfassungsgarantie der freiheitlichen Selbstbestimmung dahingehend, daß der betroffene Bürger *selbst* an dem Konkretisierungsprozeß mitwirkt. Das gilt für die Verfahren der politischen Wahl und der Gesetzgebung ebenso wie für die konkretisierende Rechtsanwendung und ihre Kontrolle. In den letzteren muß dem betroffenen Bürger verfahrensmäßig Selbstbestimmung durch Gewähr persönlicher Entfaltungsfreiheit und Selbstdarstellung ermöglicht werden.[426] Der *Grundwert*

---

[423] Siehe dazu auch oben, 7. Kap., C.I.2.c) mit cc) und (4); 10. Kap., A.IV.; vgl. ferner *v. Arnim,* Gemeinwohl, S. 183ff.; *ders.,* DVBl. 1987, 1241ff., 1242ff., 1249; *v. Mutius,* FS C.-F. Menger, S. 589 m. Anm. 88.

[424] *Luhmann,* Verfahren, S. 216; ebenso – und häufig im Anschluß an diesen – die weitaus überwiegende Literaturauffassung; vgl. z.B. für das Verwaltungsverfahren und statt aller *Held,* Grundrechtsbezug, S. 61f.

[425] Vgl. hierzu oben, 7. Kap., C.I.2.d) mit bb); 9. Kap., C.III.; 10. Kap., A.III.3.

[426] Zu eng demgegenüber noch *Böckenförde,* Demokratie als Verfassungsprinzip, S. 905f., 909ff. (Rdnrn. 38, 40), 921ff., trotz der richtigen Erkenntnis von der begrenzten Steuerbarkeit der gesellschaftlichen Teilsysteme durch politische Entscheidungen (S. 935f.); vgl. ferner *Schmitt Glaeser,* Mitwirkung an der Willensbildung, S. 66f. (bes. Rdnr. 35).

Selbstbestimmung zielt dabei im Zusammenwirken mit dem kategorialen Maßstabsystem des prozeduralen Strukturkonzepts auf den Schutz der persönlichen Subjektstellung, der persönlichen Sphäre und auf die Anerkennung eines Anspruchs auf staatliches Handeln zum Schutz von Menschenwürde, Freiheit und Gleichheit. Dementsprechend müssen Verfahren den an ihnen Beteiligten bzw. demjenigen, der einer staatlichen Entscheidung ausgesetzt ist, ein Mindestmaß an *Subjektstellung* geben. Der Mensch darf nicht zum Objekt des Verfahrens werden.

Auf der Ebene der Verfassungskonkretisierung folgt daraus, daß über persönlichkeitsberührende und sonstige individuelle Interessen in der Regel in einem Verfahren mit ausgestalteten *rechtlichen Verfahrenspositionen* entschieden werden muß. Dabei handelt es sich nicht nur um grundrechtlich geforderte Konkretisierungen des rechtlichen Gehörs im Verwaltungs- und Gerichtsverfahren, denen für das Gesetzgebungsverfahren eine Parallele im Erfordernis von „hearings" bzw. der „Vorklärung" von Interessenlagen erwächst. Es geht ferner nicht nur um prozedurale Konkretisierungen materieller Grundrechtsgewährleistungen. Jenseits dieser Schutzaspekte ist die Befähigung zur *Mitwirkung* an der Konkretisierung das Ziel aller Verfahrensweisen, die Sicherung der Kooperation mit der Chance zur Selbstdarstellung, die Koordination staatlicher wie privater Interessen sowie die Kompensation materieller Nicht-Regelung.[427]

Insgesamt findet sich diese Subjektivierung der prozeduralen Ziele einer Verfassung im *Verfahrensstatus* geborgen. Er ist der Inbegriff der verfahrensgestaltenden Befugnisse der Verfahrensteilnehmer,[428] die aus den erörterten rechtlichen Verfahrenspositionen erfließen und sowohl subjektiv-öffentliche Verfahrensrechte als auch Verfahrenspflichten umfassen.

III. Zweck- und Wertrationalität der Verfahren

1. Garantie differenzierter Konkretisierungsprozesse

Verfahrensrechte und Verfahrenspflichten folgen zunächst der Maßgabe der jeweiligen einfach-gesetzlichen Verfahrensordnung. Diese prägt ihren Regelbestand nach zweckrationalen Maßstäben aus, also vor allem in aufgabenspezifischer Orientierung. Hierin einbeschlossen liegt die Entwicklung bestimmter Arten von Konkretisierungsprozessen, in denen – entsprechend den Verfahrensaktivitäten – auf funktional differenzierte Information und Kommunikation, Problemorientierung, Steuerung, Entscheidung und Vollzug abgestellt wird. Die Verfassung und näherhin der von ihr ausgehende Grundrechtsschutz lösen sich damit von einer Reduktion

---

[427] Das ist die Konsequenz aus dem Verständnis der Verfassung als einem prozeduralen Legitimitätskonzept (siehe oben im Text, A.IV.) und den in das materiale Verfahrenskonzept einfließenden sozialstaatlichen Rationalitätsdirektiven (vgl. dazu bei B.II.2.a) mit cc)).

[428] Vgl. auch oben, 7. Kap., C.I.2.d) mit bb).

auf bloße Verfahrensgarantien bei staatlichen Interventionen; das prozedurale Strukturkonzept garantiert vielmehr *differenzierte Konkretisierungsprozesse.* In ihnen ergänzt und kompensiert die *sachgerechte* Auseinandersetzung zwischen Staatsorganen bzw. die sachorientierte Begegnung dieser mit ihrer gesellschaftlichen Umwelt in und durch Verfahren die weithin unvermeidliche Unbestimmtheit des materiellen Rechts.[429]

2. Kriterien funktionaler Wirksamkeit

Rationale Konkretisierung setzt deshalb nach der Verfassung die *funktionale Wirksamkeit* staatlicher Verfahren sowie ihre Funktions- und Strukturgerechtigkeit voraus.[430] Welches Organ dabei aufgrund seiner Verantwortung, Funktion und Verfahrenszuweisung die größte Chance hierfür bietet, legt die Verfassung selbst und prinzipiell in ihrer Funktionengliederung fest, die als solche ein kunstvolles Gefüge darstellt.[431] Welcher Funktionsträger darüber hinaus im konkreten Fall kompetent, welches Verfahren sachgerecht und operational ist und welche Entscheidungskriterien im einzelnen zu berücksichtigen sind, kann aber stets nur mit Blick auf die Rationalitätsmaßgaben der verfassungsrechtlichen Strukturprinzipien und die materiellen Grundrechtspositionen der jeweiligen Verfassung beantwortet werden, um deren Konkretisierung es geht.

Die dabei mögliche und notwendige Argumentation ist eine beträchtliche Strecke weit auf zweckrationale Weise determiniert. Die regulative Idee praktischer Vernunft findet bei dem Versuch, den für wichtig gehaltenen Gesichtspunkten Entscheidungsrelevanz zu geben, Korsettstangen in der Aufgliederung der Verfahrensaktivitäten.[432]

Für eine *rationale Gesetzgebung* müssen z. B. sachgerechte und vernünftige Erwägungen des Gemeinwohls die legislatorischen Maßnahmen im Rahmen der *Problemorientierung* begründen können. Dies erfordert eine hinreichende Informationsbasis, -beschaffung und -aufbereitung für das Gesetzgebungsverfahren. Es hat dabei die rechtsstaatlichen Verfahrensanforderungen der Materialerstellung, Klärung und Aufklärung zwecks Vorbereitung ausgleichender Gesetzgebungsentscheidungen zu berücksichtigen. Rationale Gesetzgebung braucht diese Kommunikation und den Dialog mit dem Bürger.[433] Mangelnde Sachaufklärung und unzureichende

---

429 Siehe auch *v. Arnim,* DVBl. 1987, 1242ff., 1247ff.; *J. P. Müller,* FS K. Eichenberger, S. 172.

430 Vgl. oben, 4. Kap., C.VII.2.–4.; 5. Kap., C.II.3. und 4.; 7. Kap., C.I.2.c) mit cc) und (2); 9. Kap., A.IV.; 10. Kap., A.II.2.; B.II.2.c).

431 Dazu siehe auch die Ausführungen oben, 6. Kap., C.III.2.

432 Vgl. dazu oben, 7. Kap., C.I.2.c) mit dd) und (2); zum nachfolgenden Beispiel des Gesetzgebungsverfahrens siehe in dieser Hinsicht auch *Achterberg,* Parlamentsrecht, S. 349ff.; *Goerlich,* JR 1977, 89ff.; *Stern,* Staatsrecht II, S. 613ff.

433 Vgl. auch *Schulze-Fielitz,* Gesetzgebungsprozeß, S. 107ff.; *ders.,* Theorie und Praxis, S. 507ff.

Informationsverarbeitung führen dagegen zu Fehlerhaftigkeit des Gesetzgebungsvorgangs.

Die grundsätzliche *Beurteilungs- und Entschließungsfreiheit* des Gesetzgebers ist allerdings zu respektieren.[434] Im modernen Verfassungsstaat kommt ihm zur Steuerung der Gesellschaft eine Prärogative bei der Auswahl der Regelungszwecke und -mittel zu.[435] Andererseits ist es die Aufgabe jeglicher rationalen Verfassungskonkretisierung, Alternativen erschöpfend zu ermitteln und prüfend zu vergleichen, um Maßstäbe der Entscheidungsfindung und ihrer prozeßorientierten *Kontrolle* zu gewinnen. Im Rahmen dieser Verlaufs-, Ergebnis- und Wirkungskontrolle sind schließlich auch Steuerungserfolg und Fernwirkung einer Gesetzgebung jenseits primärer Zielgruppen und Adressaten zu beurteilen. Die legislative Folgenverantwortung statuiert nicht nur eine Prüfungs- und Nachbesserungspflicht des Gesetzgebers,[436] sondern richtet sich ebenso auf den *Vollzug* des gesetzgeberischen Regelwerks.[437] Bei alledem bleibt schließlich der Bedingungsrahmen der Verfahrensorganisation zu berücksichtigen.[438]

3. *Das wertrationale Verfahrensprogramm*

Nicht zu leugnen ist die verbleibende beträchtliche Lücke einer zweckgerichteten Rationalität. Sie füllt der Prozeß der auf die materialen Leitgrundsätze der Verfassung bezogenen Argumentation, also der grundrechtliche und sozialstaatliche, am Prinzip Freiheit orientierte und demokratisch-rechtsstaatlich fundierte *Diskurs.*[439] Die Verfassung unterwirft ihn – komplementär zu den voraufgehend in groben Umrissen am Beispiel des Gesetzgebungsverfahrens skizzierten Erfordernissen einer zweckrationalen Verfahrensgestaltung – jenem *wertrationalen Minimalprogramm,* das auch die inhaltlichen Kriterien der Legitimität speist und insbesondere fundamentale Verfahrensmaximen als dritte Wirkungsschicht des prozedural Verfassungsgemäßen umschließt.[440] Deshalb ist z.B. ein Strafurteil oder ein Bebauungsplan nicht nur gerecht, wenn und soweit das ihnen zugrundeliegende Verfahren der Sachverhalts- bzw. Schuldfeststellung eingehalten worden ist; die Entscheidung

---

[434] BVerfGE 30, 292 (317); 37, 1 (20); 38, 61 (87).

[435] *Badura,* Staatsrecht, S. 364; *Mößle,* Regierungsfunktionen, S. 200ff., 204ff.

[436] Siehe z.B. BVerfGE 25, 1 (12f.); 49, 89 (130, 132); 50, 290 (332f.); 55, 274 (308, 317); 56, 54, (78f.); *Badura,* FS K. Eichenberger, S. 481ff.; *Steinberg,* Der Staat 26 (1987), S. 161ff.; *Stettner,* DVBl. 1982, 1123ff.

[437] *Krebs,* Kontrolle, S. 134ff., 137, 155ff., 161f., 163, 165ff.; *R. Scholz/Pitschas,* Informationelle Selbstbestimmung, S. 53ff.

[438] Siehe dazu oben, 7. Kap., C.II.3.; E.III. und IV.

[439] Zu eng demgegenüber *Alexy,* Grundrechte, S. 493ff., zusammenfassend S. 520f., mit der Beschränkung auf den „Prozeß der grundrechtlichen Argumentation".

[440] Zu diesen (drei) Wirkungsschichten siehe nochmals den Text oben um und zu Fn. 164ff.; zu den fundamentalen Verfahrensmaximen bzw. Prozeßprinzipien siehe bei B.II.3. mit Fn. 282ff.

muß darüber hinaus in einem „fairen" Verfahren ergangen sein[441] und einer Reihe weiterer Fundamentalprinzipien staatlicher Gemeinschaftsprozesse genügen.[442]

IV. Fundamentalprinzipien des Verfahrensrechts

Die Prozeduren des Verfassungsstaates kennen damit sehr wohl und entgegen anderer Ansicht verfahrensimmanente Restriktionen. Die materialen Leitgrundsätze, Staatsziel- und Strukturprinzipien der Verfassung erzeugen Verfahrensbedingungen, die letztlich auf der „Menschenwürde" als Prämisse aller Verfassungsgebung und Verfassungsgeltung gründen. Sie prägen strukturelle Verfahrensgarantien und prozedurale Grundwerte und -freiheiten aus, die in einer werthaft zu verstehenden Verfahrensgerechtigkeit als dem prozeduralen Mindeststandard jeder Verfassung ihren Bezugspunkt finden.[443]

V. Sicherung gerechter und verantwortlicher Konkretisierung

Die Verfahren der Rechts- und Zweckkonkretisierung überführen unter der Einwirkung dieses Mindeststandards die inhaltlichen Fragen einer billigenswerten Konfliktregelung in einen argumentativen Meinungskonflikt, bei dem der diskursive Sinn des Konkretisierungsprozesses von vornherein unter den Bedingungen der sozialen Verständigung dominiert. Diese *Einheit* von Entscheidunges-, Handlungs- und Verhaltensperspektive herzustellen, obliegt der *staatlichen Verfahrensverantwortung*. Sie empfängt hierzu Auftrag und Befugnis aus der Verfassung. In deren Wahrnehmung faßt der Verantwortungsbegriff kraft seiner materiellen Sinngebung und als Schlüsselbegriff des prozeduralen Strukturkonzepts zugleich die Antworten auf die Frage nach der normativen Funktion einer zeitgerechten Verfassung zusammen. Er fängt dabei – wie *E. Denninger* in anderem Zusammenhang mit Recht hervorhebt[444] – die Diskussion um einen „illegitimen Verfassungsdirigismus gegenüber dem Gesetzgeber" ein, indem er darauf aufmerksam macht, daß bei der Funktionenverteilung den Staatsorganen je eigene Verantwortungsbereiche für die Verfahrensordnung verbleiben.[445]

---

[441] Vgl. näher erneut oben im Text um und zu Fn. 390ff.

[442] A.A. demgegenüber *U.K. Preuß,* Politische Verantwortung, S. 116.

[443] Der Anspruch auf ein „gerechtes" Verfahren wird damit zum verfassungsrechtlichen Gegenüber und Verwirklichungsgehalt des Schlüsselbegriffs der Verfahrensverantwortung (vgl. dazu oben, 9. Kap., A.III. und IV.); er unterfängt subjektivrechtlich die Probleme prozeduraler Gerechtigkeit als Ausdruck bzw. unmittelbar vollziehbarer Verfassungssatz ganz allgemeiner Verfahrensgerechtigkeit, von der bereits *Lerche,* ZZP 78 (1965), S. 13ff., 14, 15, sprach.

[444] KritV 1986, 303.

[445] Zu der damit aufgeworfenen verfassungsrechtlichen Problematik spezifischer „Verfahrensvorbehalte" – im Sinne des Gesetzesvorbehalts einerseits (vgl. dazu schon *Häberle,*

Die Verantwortlichkeit des Konkretisierungshandelns und -verhaltens zu sichern, bildet deshalb ein strukturprägendes Merkmal des Verfahrenskonzeptes der modernen Verfassung. Einbeschlossen hierin sind die Fragen der *Verfahrensführung*. Wer z. B. im Rechtsstaat im Verlauf eines Verwaltungsverfahrens diskriminierend behandelt wird, muß sich dem ohne Nachteile für sein Begehren entziehen können. Ein Anspruch des Bürgers auf Ablehnung einer ihm unzumutbaren Amtsperson ist deshalb zu bejahen.[446] Und vor Gericht muß vor allem die unterliegende Partei spüren, daß ihre Argumente zur Kenntnis genommen, bei der Entscheidung erwogen werden und darüber ein Gespräch möglich ist.[447]

VI. Garantenstellung für gesellschaftliche Verfahren

Das regulative Verfahrensmodell der Verfassung statuiert – ganz ebenso, wie die verfassungsrechtliche Wertordnung auf die materielle Konfliktregelung im gesellschaftlichen Bereich ausstrahlt – schließlich auch eine *Verfahrensverantwortung für gesellschaftliche Verfahren.* Besonders dort, wo die Verfassung einzelne Bereiche gesellschaftsautonomen Regelungs- und Entscheidungsprozessen überläßt – wie z. B. unter dem Grundgesetz durch die Garantie der Tarifautonomie[448] –, kommt dem Staat eine *Garantenstellung* zu, die ihn verpflichtet, den gesellschaftlichen Auseinandersetzungsprozeß so auszugestalten, daß er fair abläuft und zu einem tragbaren Konsens führen kann. Denn auch bei gesellschaftlichen Regelungen darf das Gemeinwohl nicht völlig auf der Strecke bleiben.[449] Kraft der verfassungsrechtlich auferlegten Schutzpflicht obliegt es dem Staat insbesondere, darüber zu wachen, daß nicht Grundrechtspositionen zum Gegenstand eines rein gesellschaftlichen Aushandelns werden.

VVDStRL 30, 1972, S. 87) und eines organeigenen Regelungsvorbehalts andererseits (siehe insoweit z. B. BVerfGE 60, 253, 295) – vgl. schon den Text oben, 7. Kap., um und zu Fn. 438, 444 ff., 450, 489 f.; 10. Kap., um und zu Fn. 65 ff., 190, 358, 361; siehe näher noch die Ausführungen unten, 12. Kap., C. und D.

[446] Siehe auch VGH Kassel, DÖV 1970, 645.

[447] Vgl. zu dieser Problematik oben im Text bei Fn. 291 f.

[448] Hierzu siehe oben, 10. Kap., A.II.3.

[449] So mit Recht *v. Arnim*, Gemeinwohl, S. 48 ff.; vgl. ferner *Pitschas*, ZHR 143 (1979), S. 433 ff., 444 ff., 446.

11. Kapitel. Verfassungsrechtliche Funktionengliederung als organadäquate Verfahrenszuweisung

Prozedurale Verfassungsstaatlichkeit, wie sie voraufgehend beschrieben worden ist, braucht eine entsprechende institutionelle Ordnung. Das gerichtliche Verfahren benötigt z.B. das richterliche Monopol, um zu strafen oder Streitigkeiten zwischen Privaten zu entscheiden bzw. ungerechtfertigte Übergriffe der Verwaltung in den Freiheitsbereich des Bürgers zu kontrollieren. Voraussetzung hierfür ist wiederum das allgemeine Gesetz. Im Ergebnis entwickeln deshalb prozedurale Vorkehrungen wichtige Elemente einer staatlichen Gewaltenteilung. Diese spielt für ein materiales Verfassungsverständnis eine Sonderrolle; ihm ist der Grundsatz der Gewaltenteilung selbstverständlicher Bestandteil des unantastbaren „Wesensgehalts“.[1]

A. Gewaltenteilung als verfassungsrechtliche Funktionenordnung

I. Verfassung und Gewaltenteilung

Der Auftrag der Verfassung und näherhin auch des Grundgesetzes an die rechtsprechende Gewalt ist Teil der darin angelegten Ordnung zur Einrichtung und zum Ausgleich staatlicher Macht. Hierauf bezogen, bedeutet Gewaltenteilung wechselseitige Kontrolle in wechselseitiger Verantwortung. Darin liegt ihre wesentliche *rationale* Dimension. Macht soll sich gegenüber anderer Macht verantworten.[2]

Vor dem Hintergrund dieser Forderung wechselseitiger Verantwortung und Kontrolle ist der modernen Verfassung die Aufteilung der staatlichen Kompetenzen und Funktionen auf verschiedene staatliche Träger eigentümlich. Die rechtliche Grundordnung des Staates besteht in der gewaltenteiligen Staatsorganisation; die Verfassung begrenzt die Formen oder Bedingungen der Ausübung der staatlichen Macht und sie schließt alle Macht aus, die außerhalb dieser Bedingungen oder Formen ausgeübt wird. Der moderne Verfassungsstaat setzt hierzu in seiner verfahrensorganisierten Funktion als rechtlich-konstruktive Wirkungseinheit vor allem ein Normengefüge voraus, dessen Elemente sich widerspruchsfrei zu einer handlungsfähigen Gemeinschaftsordnung zusammenfügen. Zu diesem Zweck müssen die staatli-

---

[1] Vgl. *Ehmke,* Grenzen der Verfassungsänderung, 1953, S. 98ff., 136f.; *Häberle,* FS H. Haug, S. 100.

[2] BVerfGE 3, 225 (247); 9, 267 (279); 34, 52 (59); *H. Krüger,* Staatslehre, S. 864ff.; *Saladin,* Verantwortung, S. 168; *Schmidt-Aßmann,* Der Rechtsstaat, S. 1010ff. (Rdnrn. 49, 50); *Stern,* Staatsrecht II, S. 527ff., 536.

chen Regelungsfunktionen gegeneinander abgegrenzt und aufeinander abgestimmt werden. Zudem sind die Inhaber staatlicher Befugnisse mit den geeigneten Machtmitteln auszustatten, um die gehorsame Normenbefolgung zu gewährleisten – äußerstenfalls auch durch den Einsatz physischer Gewalt. Diese „Staatsgewalt", zu einem System rechtlicher Regelungs- und Sanktionsbefugnisse ausgeformt, sichert die Funktionsfähigkeit der Rechtsordnung als allgemeines *Koordinationsschema.* Sie hat zugleich das Monopol physischer Gewaltsamkeit gegen jedwede nichtstaatliche Gewalttätigkeit zu behaupten. Staatliche Gewaltenteilung erweist sich von daher als eine umfassende Ordnungsidee für die Gestaltung des Staates und als ein allgemeines Prinzip für die Verfassung staatlicher und „gesellschaftlicher" Macht.[3]

Staatliche Gewalt stellt sich allerdings in ihrer Wirkung ambivalent dar. Weil und soweit das Staatswesen über Macht verfügt und zur Normerfüllung zwingen kann, vermag es sowohl dem Gemeinwohl der Bürger zu dienen als auch in Knechtschaft und Sklaverei zu führen. Damit aber das Gemeinwesen als „Rechtsstaat" dem Gemeinwohl verpflichtet bleibt, muß staatliches Handeln als ein kontrolliertes Geschehen ablaufen, in dem die staatlichen Rollen und Kompetenzen auf je verschiedene Organe ausgewogen verteilt sind. Im *Zusammenwirken* der kooperierenden Staatsorgane führt dieser Ablauf zu einer freiheitssichernden wie gemeinwohldienlichen Machtbegrenzung.

Dementsprechend begründet und begrenzt die dem Volk als Souverän zukommende Verfassunggebung die Staatsgewalt, organisiert sie, verleiht Kompetenzen und bestimmt die *Verfahren,* in denen die Staatsgewalt ausgeübt wird. Die durch die Verfassunggebung eingerichtete Staatsgewalt ist zugleich an die gesetzte Verfassung gebunden; davon macht die Gesetzgebung als Zweig der Staatsgewalt keine Ausnahme: Auch sie steht unterhalb der Verfassung.

Die dergestalt eingerichtete Gewaltenteilung verlangt den Vorrang desjenigen Rechts, das die einzelnen Materien oder Funktionen der Staatsgewalt verteilt. Sie sichert dadurch ihrerseits den *Vorrang der Verfassung.* Die Kontrolle der Staatsgewalt durch Gewaltenteilung bzw. jene „checks and balances", die auf die Sicherung des Vorrangs der Verfassung zielen, ist also wesentlicher Gegenstand der modernen normativen Grundordnung.[5]

Die innere Verbindung zwischen Verfassung und Gewaltenteilung birgt vielfältige Möglichkeiten praktischer Ausgestaltung in sich. So funktioniert z. B. ein Präsidialsystem anders als ein parlamentarisches Regierungssystem. Und der Vorrang der

---

[3] *D. Merten,* Konstruktionsprinzipien, S. 324ff.; *R. Scholz,* NJW 1983, 705ff.; *Zippelius,* FS K. Eichenberger, S. 147ff.; zur Ideengeschichte des Instituts der Gewaltenteilung im europäischen Rahmen vgl. im übrigen *J. Becker,* Gewaltenteilung im Gruppenstaat, S. 23ff.; *H. Fenske,* Art. „Gewaltenteilung", in: O. Brunner/W. Conze/R. Koselleck (Hrsg.), Geschichtliche Grundbegriffe, Bd. 3, 1984, S. 923ff.

[4] *Krebs,* Kontrolle, S. 41ff., 49f.; *Meyn,* Kontrolle als Verfassungsprinzip, S. 207ff., 216ff., 368f.

[5] Vgl. *C. Starck,* Vorrang der Verfassung, S. 27f.; siehe auch die Nachw. oben, 9. Kap., B.II.4.

Verfassung wird in dem Moment besonders problematisch, wenn es an unabhängigen Gerichten fehlt, die nach der Gewaltenteilungslehre dazu berufen sind, den Gesetzen Respekt zu verschaffen. Offenbar gibt es also unterschiedliche Grade der Effektivität bzw. des *Rationalitätsniveaus* staatlicher Gewaltenteilung.

Kommt es aus der Perspektive des modernen Verfassungsstaates vor allem darauf an, daß die Gewaltenteilung möglichst wirkkräftig funktioniert,[6] dann darf sie freilich nicht auf den Kontrollzweck allein beschränkt werden. Zwar erscheinen unkontrollierte Entscheidungen als blanke Machtansprüche, währenddessen sich die kontrollierte Entscheidung als das Ergebnis eines rationalen Erkenntnisprozesses darstellt. Doch hat vor allem *K. Hesse* zu Recht davor gewarnt, in der Gewaltenteilung nichts anderes „als ein Mittel der Mäßigung einer ursprünglich vorhandenen, einheitlichen Staatsgewalt" zu sehen, „die durch Aufteilung, Trennung und ein System von Hemmungen und Kontrollen zugunsten der Freiheit des einzelnen beschränkt werden müsse"![7] Denn, so fährt er fort, staatliche Gewalt und politische Einheit würden *positiv* eine Ordnung menschlichen Zusammenwirkens voraussetzen, die die einzelnen Gewalten konstituiert, ihre Kompetenzen bestimmt und begrenzt sowie ihre Zusammenarbeit regelt. Worum es also geht, ist die Organisation eines Verfassungsprozesses mit den Mitteln des Rechts, in dem sich die politische Einheit des Gemeinwesens herausbildet und die staatlichen Organe hierauf gerichtete Funktionen sachangemessen erfüllen können. Unter diesem Aspekt erweist sich ein Verständnis der Gewaltenteilung als problematisch, das der Interpretation der Verfassung als einer gedanklichen Einheit zuwider den Grundsatz der Gewaltenteilung zu einem „Prinzip der Binnendifferenzierung des Verwaltungssystems" allzu kompromißlos umformt.[8]

II. Gewaltenteilung als Funktionengliederung

Im Grundsatz der Gewaltenteilung findet der moderne Verfassungsstaat sowohl das politische Prinzip einer machthemmenden Gewaltengliederung, -beschränkung und -kontrolle als auch das angemessene organisatorische Schema zur notwendigen Gliederung der staatlichen Regelungsfunktionen, der Gewährleistung ihres widerspruchsfreien Ineinandergreifens und der Homogenisierung des Regelungssystems in seinem Gesamtbereich.[9] Erforderlich wird somit eine Ordnung, die für die staatli-

---

[6] *C. Starck*, a.a.O. (Fn. 5), S. 28; *Stern*, Staatsrecht II, S. 530f.; *Zimmer*, Funktion-Kompetenz-Legitimation, S. 76ff., 89ff., 177ff., 191ff.

[7] Grundzüge, S. 187 (Rdnr. 482).

[8] So z.B. *Schlink*, Amtshilfe, S. 13 und passim; vgl. auch *Czybulka*, Legitimation, S. 118ff., 157ff.; zur Auseinandersetzung hiermit sowie zur allgemeinen Diskussion um diese Problematik vgl. *Bryde* und *Haverkate*, VVDStRL 46 (1988), S. 181ff., 217ff.; *Stettner*, JöR n.F. 35 (1986), S. 77f.

[9] Zu diesem *strukturellen* Aspekt vgl. etwa *Meyn*, a.a.O. (Fn. 4), S. 216ff.; *Zippelius*, Staatslehre, S. 47f., 61f., 304f., 306f.

chen Funktionen der Gesetzgebung, Verwaltung und Rechtsprechung eigene Organe konstituiert, Kompetenzen bestimmt und begrenzt, das Wirken und die Zusammenarbeit der Staatsgewalten rechtlich und funktional koordiniert und auf diese Weise arbeitsteilig zusammenführt. Demgemäß besteht die verfassungsrechtliche Gewaltenteilung aus einer ausgreifenden Funktionenordnung „durch Verteilung von Zuständigkeiten, kurz: eine(r) sinnvolle(n) Kompetenzzuordnung".[10]

Der Grundsatz der Gewaltenteilung ist deshalb auch und zugleich als *Prinzip der Funktionengliederung* zu lesen.[11] Dessen Sinn liegt nicht unbedingt darin, daß die Funktionen der Staatsgewalt scharf getrennt werden, sondern daß die Organe der Legislative, Exekutive und Justiz in einem kunstvollen Gefüge von Entscheidungs- bzw. Konkretisierungskompetenzen bei der Wahrnehmung staatlicher Funktionen zusammenwirken. Führt man sich insofern das Kompetenzgefüge des *Grundgesetzes* vor Augen, so läßt sich das „auf den ersten Blick verwirrende Netz von Verbindungen, Mitwirkungs-, Mitsprache-, Widerspruchs- und Kontrollbefugnissen" vor allem im Lichte einer funktionalen Zuordnung unter Rückbezug auf die verfassungsrechtlichen Schlüsselbegriffe der „Verantwortung" und „Kontrolle" entfalten.[12]

Gerade wenn man aber im Zusammenhang der machthemmenden Funktionenordnung die besondere Bedeutung des Aufeinanderbezogenseins von „Verantwortung" und „Kontrolle" betont, muß die Perspektive ihrer Beurteilung und Bewertung über die Dreiteilung der Funktionen hinaus auf das unter Einschluß des Bürgers entstehende *vierpolige Funktionengefüge* erweitert werden. Durch ihre Bezugnahme auf den Verantwortungstopos wird nämlich auch und zugleich das sozialstaatlich-demokratische Paradigma der *kooperativen Sozialverantwortung* und gesellschaftlichen Selbstregelung berufen.[13] Von hier aus muß das Prinzip der Funktionengliederung breiter verstanden und so neu fruchtbar gemacht werden: Es bedeutet Verantwortungsteilung zwischen Staat und Gesellschaft und Zuweisung verschiedener Teilaufgaben an die Bereiche von „Staat", „Öffentlichkeit" und „Privatheit". Der Grundsatz der Gewaltenteilung entwächst auf diese Art und Weise seinem rechtsstaatlichen Gehäuse; er leitet im modernen Verfassungsstaat dazu an, den Bürger bzw. gesellschaftliche Einheiten mit hinreichender Autonomie und Verantwortung nach Maßgabe ihrer Fähigkeiten und dem Vermögen, diese Verantwortung zu betätigen, zu beteiligen.[14]

---

[10] *Stern,* Staatsrecht II, S. 530; vgl. auch *Achterberg,* Funktionenlehre, S. 176: „Kompetenzverteilungsschema"; *Stettner,* Kompetenzlehre, S. 305f.

[11] Siehe namentlich *Achterberg,* a.a.O. (Fn. 10), S. 109ff., 112f.; *ders.,* Allgemeines Verwaltungsrecht, S. 139ff. mit zahlr. Nachw.

[12] Zu diesen und ihrer rechtlichen Aufgabe vgl. oben, 9. Kap., A.III. und IV.; zum Text siehe ferner *Scheuner,* Verantwortung und Kontrolle, S. 381, 395f.; das Zitat stammt von *K. Hesse,* Grundzüge, S. 190 (Rdnr. 493).

[13] Und in (staats- sowie verfassungs-)rechtliche Gehalte transponiert, vgl. auch oben, 6. Kap., C.III.3.

[14] Hier liegt einer der verfassungsrechtlichen Ansatzpunkte dafür, die *soziale Koordination* (vgl. 3. Kap., A.II.) als das Zusammenspiel einer Vielzahl von Entscheidungszentren und als

III. Funktionengliederung als Organisationsschema und Rationalitätsmaßstab rechtlicher Regulierung

1. *Staatliche Funktionenordnung als Organisationsschema*

Die sachgemäße Bestimmung und arbeitsteilige Zuordnung der staatlichen Funktionen und Organe, die sich durch ein dichtes Netz von Verbindungen, Mitwirkungs-, Mitsprache-, Widerspruchs- und Kontrollbefugnissen jedenfalls unter dem Grundgesetz miteinander verknüpft sehen, bezeichnet das *organisatorische Schema*, das aus dem Prinzip der Funktionengliederung folgt[15] und das in seiner Wirkung auf die gewaltengegliederte Aufgabenerledigung nach einer funktionsadäquaten Organstruktur zum Vorteil zweckdienlicher Spezialisierung verlangt.[16] Denn *Parlamente* bedürfen anderer Ausgestaltung als *Gerichte;*[17] deren Organisation folgt wiederum anderen Maßgaben als die Einrichtung von *Verwaltungsbehörden.*

Das politische Prinzip einer Gewaltenbeschränkung wird somit in ein *Organisationsmodell* übersetzt: Der moderne Verfassungsstaat verknüpft die funktionelle Unterscheidung der Gewalten mit einer organisatorischen. Für die Funktionen der Gesetzgebung, der Verwaltung und der Rechtsprechung sind eigene Organe zu schaffen. Jedes dieser Organe muß sich grundsätzlich auf diejenige Funktion beschränken, die ihm zugeordnet ist.[18]

2. *Staatliche Funktionenordnung als Rationalitätsmaßstab der Gesellschaftssteuerung durch Recht*

Mit der funktionellen Unterscheidung und deren Übersetzung in ein Organisationsmodell entwickelt die moderne Verfassung zugleich eine spezifische Rationalitätsdirektive für das staatliche Handeln. Sie legt fest, welche Anforderungen an die Rationalität gesetzgeberischen Entscheidens, richterlichen Urteilens oder administrativer Konkretisierung zu stellen sind. Hierfür liefert die Verfassung nicht nur materiell-rechtliche Maßstäbe, in bezug auf deren Beschaffenheit das Verhältnis zwischen Parlament, Verwaltung und Justiz praktisch bestimmt wird. Gleicherma-

---

offenes System der Rechtsbildung unter Einbeziehung der gesellschaftlichen „Lebenswelten" zu begreifen, in dem Kooperation zum Strukturprinzip wird; vgl. auch *Brohm,* DÖV 1987, 265ff.; *ders.,* NVwZ 1988, 797; *Pitschas,* Wandel des Verwaltungsverfahrens, S. 59ff. („Pluralisierung des Rechts"); *J. J. Hesse,* Aufgaben, S. 68ff., 75ff., 76, 78f.

[15] Vgl. *K. Hesse,* Grundzüge, S. 188ff., 192.

[16] Siehe auch *v. Arnim,* DVBl. 1987, 1247ff., 1249; *Ossenbühl,* DÖV 1980, 548f.; *Zimmer,* Funktion-Kompetenz-Legitimation, S. 177ff., 183ff., 192f.; *Zippelius,* Staatslehre, S. 305f.

[17] Vgl. aber zur gemeinsamen Wurzel die These von *Kriele,* VVDStRL 29 (1971), S. 50.

[18] *Zimmer,* a.a.O. (Fn. 16), S. 177ff., 190, 192f.; *Zippelius,* Staatslehre, S. 304; vgl. ferner schon oben, 6. Kap., C.III.2.b) mit aa) und w. Nachw.

ßen bestimmen die Aufgliederung und Begrenzung der Konkretisierungskompetenzen und ihre Bindung in Verfahrensregeln, *wie* Rechtsetzung und Rechtsanwendung als ein kontrolliertes Geschehen abzulaufen haben: Die Regelungsbefugnisse sind so verteilt, daß eine funktionelle und organisatorische Gewaltenbalance entsteht. Hinzutreten selbstverständlich die Rationalitätsanforderungen des Rechtsstaats und der Grundrechtsgarantien sowie der anderen materialen Leitsätze und Strukturprinzipien der Verfassung.[19]

Die Verfassung ist zugleich der Grundstein einer staatlichen Organisationsstruktur, die Recht in *Verfahren* erzeugt. Sie dirigiert den arbeitsteilig verfaßten Prozeß der Rechtserzeugung.[20] Die Verfahrensrationalität des modernen Staates[21] erfährt hieraus ihre Order: Die im regulativen Verfahrensmodell der Verfassung geborgene Garantie differenzierter Konkretisierungsverfahren verweist auch und zugleich auf die verfassungsstaatliche Funktionenordnung zurück. Demgemäß prägt die verfassungsrechtliche Funktionenordnung ebenso wie der Rechtsstaat oder die Grundrechte bzw. die weiteren materialen Leitgrundsätze der Verfassung grundsätzliche Geltungskriterien für den Bereich von Gesetzgebung, -auslegung und Rechtsfortbildung.[22] Deshalb dürfen auch die Regeln der juristischen Interpretation nicht losgelöst von der Funktionenverteilung gehandhabt werden; andernfalls fällt deren Wirkung in sich zusammen.[23]

IV. Funktionengliederung als differenzierte Verfahrenszuweisung

Wenn also, wie voraufgehend dargelegt, Funktion und Organstruktur sachlich aneinander gebunden sind, so bedeutet dies nicht nur ein prinzipielles Verbot der Wahrnehmung oder Zuweisung von Funktionen, die der Struktur des Organs und der ihm übertragenen Grundfunktion nicht entsprechen.[24] Auch die Wirkbefugnisse der staatlichen Funktionsträger sind ausgehend von ihren Organstrukturen zu erfassen. Diese sind auch nach dem Grundgesetz jedenfalls in ihren Grundzügen entweder verfassungsgrundsätzlich oder verfassungsgesetzlich festgelegt. Für die *Staatsaufgaben* hat dies zur Folge, daß die jeweiligen Aufgabenzuweisungen sach-, d.h. strukturgerecht vorzunehmen sind, soweit das Grundgesetz nicht bereits eindeutige Regelungen getroffen hat.[25] Jede Gewalt nimmt demgemäß diejenigen Staatsaufga-

---

[19] Vgl. oben, 10. Kap., B.II.2.a).

[20] Siehe zu diesen selbst m.w.Nachw. oben, 1. Kap., Fn. 86ff.; 2. Kap., Fn. 248ff.

[21] Vgl. 4. Kap., C. und D.

[22] Siehe auch *Rüßmann*, BB 1987, 844.

[23] *C. Starck*, Vorrang der Verfassung, S. 39.

[24] *K. Hesse,* Grundzüge, S. 189 (Rdnr. 489); *Stettner,* Kompetenzlehre, S. 263; *Zimmer,* Funktion-Kompetenz-Legitimation, S. 233ff.; vgl. auch BVerfGE 45, 297 (331f., 334).

[25] Vgl. dazu schon die Ausführungen oben, 6. Kap., C.III.2.b) mit aa); siehe ferner BVerfGE 68, 1 (89); *Ossenbühl,* Vorbehalt des Gesetzes, S. 27; *Schmidt-Aßmann,* Der Rechtsstaat, S. 1012 (Rdnr. 50).

ben wahr, für die sie von der Natur der Sache und vom gegebenen Instrumentarium her geeignet ist.

1. Rationalitätsaspekte der Verfahrensbindung

Die Unterscheidung der staatlichen Funktionen und der den staatlichen Gewalten zugewiesenen Aufgaben beruht somit nicht auf einer „Wesensverschiedenheit" der Tätigkeiten, sondern auf unterschiedlichen strukturellen, d.h. organisatorischen, personellen *und verfahrensmäßigen* Strukturelementen. Die zweckbestimmte Aufgabenzuordnung an einzelne Funktionsträger und die sachgerechte Arbeitsteilung in und zwischen verschiedenen Staatsorganen hat m.a.W. einen wesentlichen *prozeduralen* Aspekt. Der Gewaltenteilengrundsatz entfaltet sich in seiner Wirkung auch als ein staatliches *Verfahrensprinzip.*

Von ihm gehen für das Zusammenwirken der staatlichen Funktionen prinzipielle Rationalitätsmaßgaben aus.[26] Festzustellen sind divergente Funktionsimperative für das jeweils zuzuordnende Verfahrenssystem. Verfahren der politischen Wahl unterliegen hiernach anderen Bedingungen ihrer Wirksamkeit als parlamentarische bzw. Gesetzgebungsverfahren, Verwaltungsverfahren oder der gerichtliche Prozeß. Zwar gibt es übergreifende Wirkungsdimensionen staatlicher Verfahren insoweit, als ein einheitliches Bezugsproblem aller Gemeinschaftsprozesse in der Macht des Staates und der Gefahren ihres Mißbrauchs liegt.[27] Darauf bezogen entfaltet im modernen, durchorganisierten Staat der verfassungsrechtliche Gewaltenteilungsgrundsatz die Freiheit und Würde des Menschen unter Konstituierung, Begrenzung und Stabilisierung staatlicher Macht in der Formgebung durch „Verfahren": Die Sach- und Kontrollstrukturen der Gewaltenbalance durchdringen und bedingen sich gegenseitig in ihrer *Verfahrensformation.*

Die rationalisierende Kraft der prozeduralen Gewaltengliederung für das staatliche Handeln und Entscheiden richtet gleichwohl an die einzelnen Verfahren unterschiedliche Rationalitätsanforderungen. Verfahren und Methoden der Entscheidungsfindung sind hiernach auf die Aufgaben der jeweiligen Staatsorgane zuzuschneiden *(Grundsatz der funktionalen Verfahrensadäquanz).* Den verbindlichen Maßstab für die entsprechende Verfahrensgliederung und -strukturierung bilden die Kriterien der Struktur- und Funktionsgerechtigkeit;[28] sie sind Ausdruck der Beziehungen zwischen Staatsfunktionen und Organhandeln. Dementsprechend komplex finden sich in den Verfahren des modernen Staates von Verfassungs wegen die Modalitäten der Entscheidungsfindung und die Organisation der Konkretisierungsprozesse ausgestaltet. Zutreffend sieht deshalb z.B. *H. Steiger* das Gestaltungsziel

---

[26] Siehe auch die (sozialwissenschaftlichen) Betrachtungen von *J.J. Hesse,* Aufgaben, S. 71ff., 73, 78f.

[27] Vgl. dazu oben, 7. Kap., A.II.2.a); C.I.2.c) mit cc) und (1); D.II.

[28] BVerfGE 68, 1 (86); siehe näher zu diesen Kriterien schon oben, 5. Kap., C.II.4.; 6. Kap., C.III.2.b) mit aa); 7. Kap., C.I.

des Grundgesetzes „in der organisatorischen Ordnung der Verfahren, um die Entscheidungs- und Wirktätigkeit der staatlichen Organe" zu regeln.[29]

2. Staatliche Funktionengliederung und Verfahrensgruppen

Vor diesem verfassungsrechtlichen Hintergrund erschließt sich die Struktur staatlicher Verfahren nicht schon durch einen unvermittelten Rekurs auf die Normierungen des positiven einfach-gesetzlichen Verfahrensrechts. Sie sind vielmehr eine Folge der von der Verfassung eingerichteten Gewaltentrennung und -zuordnung. Diese legt auch die Funktionen der staatlichen Verfahren grundsätzlich fest. Sie werden durch die Differenzierung von politischer Willensbildung, Gesetzgebung, Verwaltung und Rechtsprechung strukturiert. Näherhin lassen sich dabei als je eigenständige „staatliche" *Verfahrenstypen* das parlamentarische Gesetzgebungsverfahren, das Verwaltungsverfahren und der gerichtliche Prozeß unterscheiden.[30] Sie finden sich in ihrer Gestalt als reale Ordnung und als modus sozialer Koordination[31] sowie als deren rechtliche Strukturierung im „arbeitenden Staat"[32] sowohl in der Gesetzgebung als auch in Verwaltung und Rechtsprechung eingesetzt, um dort nach Maßgabe des Wirkauftrags der Staatsfunktionen zu verbindlichen Entscheidungen zu gelangen oder auch Handlungen zu vollziehen, die einen zureichenden Ausgleich der involvierten Interessen ermöglichen.[33] Zu diesem Zweck werden die jeweiligen Verfahren von sach- und funktionsspezifischen, teilweise vergleichbaren, überwiegend aber divergierenden Anforderungen an die verfahrensleitenden Positionen und Willensakte der in ihnen tätigen Personen bzw. Organwalter, an die Rationalität und Legitimität der prozeduralen Abläufe sowie an die Ergebnisfindung und -akzeptanz geprägt.[34]

a) Das Gesetzgebungsverfahren

Als *parlamentarische Normsetzungsverfahren* umfassen dabei die staatlichen Entscheidungs- bzw. Konkretisierungsprozesse den Gesamtvorgang der Normsetzung,

---

[29] Organisatorische Grundlagen, S. 23.

[30] Siehe auch *Achterberg,* FS K.-H. Mattern, S. 170; *Wahl* VVDStRL 41 (1983), S. 157 m. Anm. 10; als vierter eigenständiger Verfahrenstypus wäre hier ferner das Verfahren der politischen Wahl zu nennen – vgl. *Luhmann,* Verfahren, S. 13 –, doch ist dieses erst später im Legitimationskontext zu behandeln (siehe unten im Text um und zu Fn. 77f.).

[31] Vgl. oben, 3. Kap., A.II.

[32] Zu Begriff und Deutungsgehalt des „arbeitenden Staates" vgl. die programmatische Kapitelüberschrift in: *L. v. Stein,* Handbuch der Verwaltungslehre und des Verwaltungsrechts, Bd. I, 3. Aufl., 1887, S. 22ff.; daran ebenfalls anknüpfend *J. J. Hesse,* Aufgaben, S. 75ff.; *Pankoke,* Soziale Politik als Problem öffentlicher Verwaltung, in: R. Schnur (Hrsg.), Staat und Gesellschaft, 1978, S. 405ff.

[33] Also nicht nur, um zu materiellen „Entscheidungen" als *dem* Ziel eines Verfahrens zu gelangen!

[34] Vgl. auch *Wahl,* VVDStRL 41 (1983), S. 157; darin finden nunmehr die obigen Ausführungen zum „Verfahren als soziales Handlungs- und Wirkgefüge" (siehe 7. Kap., C.I.2.) ihre *strukturfunktionale Spezifikation.*

beginnend mit der Ausarbeitung eines Normentwurfs bis hin zum Inkrafttreten der Norm. Deutlich unterscheiden sich in ihm die Ordnung eines „äußeren“ Verfahrens,[35] also dessen einzelne Stationen, die – wie etwa auf Bundesebene die Erarbeitung einer Regierungsvorlage in einem Ministerium, der Regierungsbeschluß, die Vorlage an das Parlament, die verschiedenen Lesungen im Bundestag, die Beteiligung des Bundesrates oder auch das Vermittlungsverfahren, Abschluß, Ausfertigung und Verkündung durch den Bundespräsidenten – im Grundgesetz[36] und in den Geschäftsordnungen[37] rechtlich geregelt sind, von der weithin nicht genormten „Methodik“ der Gesetzgebung: dem – wenn man so will – „inneren“ Verfahren der Normsetzung.[38]

In ihrer Zielsetzung sind die parlamentarischen Konkretisierungs-(Gesetzgebungs-)verfahren an der Aufgabe des Staates orientiert, die persönliche Freiheit und Selbständigkeit des Menschen zu schützen sowie das Wohlergehen des einzelnen und der Gemeinschaft durch die Verwirklichung des Gemeinwohls zu fördern. Nicht die Suche nach „der Wahrheit der Entscheidungsgrundlagen und der Richtigkeit des Entscheidens in offenen, noch nicht programmierten Situationen“ ist also, wie *N. Luhmann*, meint,[39] der „offizielle, rechtfertigende Sinn des parlamentarischen Verfahrens“. Es ist vielmehr der Gemeinwohlauftrag des Gesetzgebers, der in seiner Bindung an das materiale Verfahrenskonzept der Verfassung[40] die parlamentarische Prozedur, ihre Organisation und Funktion bestimmt: Parlament und Abgeordnete haben (im Rahmen der erwähnten Maßgaben bzw. der jeweiligen Verfassung insgesamt) über das „Gemeinwohl“, d.h. über den Ausgleich pluraler öffentlicher und privater Interessen zu befinden. Dazu gehören auch – um bei den von *Luhmann* als Bezugskategorien verwendeten symbolisch generalisierten Kommunikationsmedien zu bleiben[41] – Entscheidungen über die Verteilung von Macht und Geld in der Gesellschaft oder die gleichermaßen grundrechtsdirigierte Regelung von Fragen, die Liebe, Ehre oder Glauben betreffen. Auf diese Gemeinwohlaufgabe hin sind auch die Vorkehrungen zum Schutz des „Gesetzgebers“ getroffen, wie sie in den Verboten einer Weisungsgebundenheit der Abgeordneten, des Fraktionszwanges, des Tausches konkreter Vorteile gegen parlamentarisches Entscheiden oder auch von Rollenverflechtungen rechtlich und geschäftsordnungshalber verankert sind.[42]

---

[35] Vgl. dazu *Hill*, Gesetzgebungslehre, S. 62f., 82ff.

[36] Siehe vor allem die Art. 76–78 und 82 GG für das *ordentliche* Gesetzgebungsverfahren; zum *außerordentlichen* vgl. Art. 81 GG und dazu u.a. *Stern*, FS F. Schäfer, 1980, S. 129ff.

[37] Vgl. etwa im Hinblick auf die Bundesgesetzgebung die Geschäftsordnung des Deutschen Bundestages i.d.F. der Bekanntmachung vom 2. 7. 1980, BGBl. I S. 1237.

[38] Zu diesem siehe *Schwerdtfeger*, FS H. P. Ipsen, S. 173ff.; krit. zum Begriff aber *Karpen*, AöR 108 (1983), S. 450ff., 455.

[39] Verfahren, S. 15.

[40] Zu dessen Entfaltung siehe oben, 10. Kap., B.I. und II.

[41] A.a.O. (Fn. 39), S. 15.

[42] Vgl. Art. 38 Abs. 1 Satz 2 GG, §§ 2ff., 44a des Gesetzes über die Rechtsverhältnisse der

Derartige Vorkehrungen dienen deshalb nicht unbedingt, wie *N. Luhmann* behauptet,[43] der „Richtigkeit" des Entscheidens, sondern dem *Ausgleich* vielfältig grundrechtsgeschützter und anderswie wesentlicher Interessen unter Annäherung an soziale Gerechtigkeit in einem ständigen Umlaufverfahren mit partikularer Erfüllung von Teilerwartungen.[44] Die hierauf bezogenen parlamentarischen Entscheidungen mögen im Urteil vieler Betroffener bzw. der Opposition falsch oder richtig sein – doch spielt das nur sehr bedingt eine Rolle; der moderne Staat und speziell die pluralistische Demokratie leben davon, daß auf der Gesetzgebungsebene die Gemeinwohlfrage jenseits aller Fragen nach „richtig" oder „falsch" unter Beachtung bestimmter Grundwerte[45] *offen* ist.[46] Erst die Auseinandersetzung konkurrierender Kräfte und Interessen erzeugt das Gemeinwohl, und zwar in und durch Verfahren. Zutreffend formuliert *P. Häberle*, „es kommt darauf an, *wer* das Gemeinwohl *auf welchen Wegen* (prozessual) *kompetent* (letztinstanzlich) bestimmt."[47]

Bei der Festsetzung dieses Ausgleichs in Recht kommt dem Parlament die *Leitfunktion* zu. Alle wesentlichen politischen Entscheidungen sollen hier gefällt und in die Steuerungsform des Gesetzes gegossen werden.[48] Auf dieser funktionell rechtlichen Zuordnung beruht im übrigen auch die vom Bundesverfassungsgericht entwikkelte sog. Wesentlichkeitstheorie, wonach die politisch wichtigen Fragen durch ein Parlamentsgesetz zu entscheiden sind, das die Grundlagen für das Handeln der Verwaltung und für die Kontrolle der Verwaltungsgerichtsbarkeit bildet.[49]

b) Das Verwaltungsverfahren

Im Gemeinwohlauftrag einschließlich der darin enthaltenen Frontstellung gegen die Machtautonomie des politischen Systems im neuzeitlichen Staat treffen sich Gesetzgebungs- und Verwaltungsverfahren. Denn auch die Verwaltungsleistung

---

Mitglieder des deutschen Bundestags (Abgeordnetengesetz) i.d.F. des siebten ÄndG vom 16. 1. 1987, BGBl. I S. 143; siehe auch *Häberle*, Rechtstheorie 14 (1983), S. 262.

[43] Verfahren, S. 15; in dem gleichen Sinne jüngst auch *v. Arnim*, DVBl. 1987, 1243, 1244, 1248f.

[44] Dies in Anlehnung an das von *Zacher* gebrauchte Bild von der Dynamik staatlicher Sozialpolitik, in: Wirtschaft und Wissenschaft 1978, 17ff., 23f.; besser als der Verweis auf „Richtigkeit" ist daher der auf „Optimierung" bei *v. Arnim*, a.a.O. (Fn. 43), 1244 m. Anm. 35.

[45] Vgl. oben, 4. Kap., C.V.; 5. Kap., D.I.; 9. Kap., B.II.4.; C.IV.; 10. Kap., B.II.; siehe auch *v. Arnim*, Staatslehre, S. 201f.

[46] *Häberle*, Öffentliches Interesse, S. 222ff., 226ff.; *ders.*, Rechtstheorie 14 (1983), S. 262.

[47] *Häberle*, Rechtstheorie 14 (1983), S. 271.

[48] Siehe statt aller *Mößle*, Regierungsfunktionen, S. 132ff., 193ff. m.w.Nachw.; zu plakativ scheint mir demgegenüber die Reduktion von Gesetzgebung zur bloßen Ratifikationsmaschinerie, vgl. die Nachw. bei *Schuppert*, Der Staat 28 (1989), S. 102.

[49] Dazu grundsätzlich BVerfGE 40, 237 (249); 48, 210 (221); siehe ferner aus letzter Zeit u.a. BVerfGE 51, 268 (290); 57, 295 (326); 58, 257 (268f.); BVerwGE 72, 265 (266f.); aus der Literatur vgl. *v. Arnim*, DVBl. 1987, 1241ff.; *Eberle*, DÖV 1984, 485ff.; *Erichsen*, FS zum 125jährigen Bestehen der juristischen Gesellschaft zu Berlin, 1984, S. 113ff.; *Jarass*, NVwZ 1984, 473ff.; *Kisker*, NJW 1977, 1313ff.; *Kloepfer*, JZ 1984, 685ff., 689ff.; *ders.*, Wesentlichkeitstheorie, S. 187ff.; *Mößle*, Regierungsfunktionen, S. 138ff.; *Ossenbühl*, Vorbehalt des Ge-

unterliegt der Bindung an das staatliche Gemeinwohl (Gemeinwohlauftrag der öffentlichen Verwaltung).[50] Zwar bleibt dessen Konkretisierung angesichts der im sozialen Staat inhaltlich und politisch offenen Aufgabenvielfalt und -struktur gleichfalls weitgehend offen; aber gerade dieser Umstand erfordert funktionsadäquate administrative Verfahren, in denen die Verwaltungsaufgaben mit dem Ergebnis rechtlich und politisch verbindlicher Gemeinwohlkonkretisierung jeweils gültig bestimmt sowie wirksam erfüllt werden.

Trotz dieser strukturellen Gemeinsamkeit läßt sich der verwaltungsbehördliche Konkretisierungsprozeß in seiner planvollen und zweckmäßigen Ordnung nach Maßgabe der Verwaltungsziele und Verfahrensfunktionen *kategorial* vom Gesetzgebungsverfahren abgrenzen: Das administrative Verfahren zielt prinzipiell auf die Einzelentscheidung bzw. auf einzelfallorientiertes Verwaltungshandeln. Sein Produkt ist regelmäßig ein Verwaltungsakt, ein öffentlich-rechtlicher Vertrag, ein Realakt oder eine verwaltungsmäßige Dienstleistung.[51]

Dabei verfügt die öffentliche Verwaltung im Unterschied zum Gesetzgeber, aber auch zur Verwaltungsgerichtsbarkeit (nur) über eine mittelbare personelle demokratische *Legitimation*. Über das Weisungsrecht der vorgeordneten Instanzen mit dem jeweils zuständigen Minister als Regierungsmitglied sowie über dessen parlamentarische Verantwortlichkeit gegenüber der Volksvertretung sind die staatlichen Verwaltungen politisch (und rechtlich) rückgebunden. Dadurch vermag in einem parlamentarischen Regierungssystem die Parlamentsmehrheit ihre politische Leitfunktion bei der rechtlichen Steuerung durchgängig zur Geltung zu bringen. In ähnlicher Weise besteht die „demokratische Legitimation“ der kommunalen Vertretungsorgane.[52]

Diese Rückbindung der Verwaltung an die demokratischen Vertretungsorgane begründet ihre prinzipielle Befugnis, im Rahmen der gesetzlichen Leitentscheidungen des Parlaments eigenständig politische Entscheidungen zu treffen und die gesetzlichen Regelungen zu konkretisieren.[53] Dies gilt auch dort, wo sich in der Verwaltungssphäre Felder eines weiten Gestaltungsraumes ergeben, der jenseits der Einzelfallentscheidung liegt. Hierfür stehen die typischen Beispiele der großräumigen Planung und der damit und mit ähnlichen Erscheinungen verbundenen Massenverfahren. Das Verwaltungshandeln nähert sich in der diesbezüglichen Konkretisie-

---

setzes, S. 17ff., 24ff.; *Papier*, Vorbehalt des Gesetzes, S. 36ff.; *Rottmann*, EuGRZ 1985, 277ff., 292ff.; *Stern*, Staatsrecht I, S. 808ff.; *ders.*, Staatsrecht III/1, S. 1349, 1356; *R. Scholz/Pitschas*, Informationelle Selbstbestimmung, S. 74, 128f.; *Staupe*, Parlamentsvorbehalt, S. 103ff.; *Umbach*, FS H. J. Faller, 1984, S. 111ff.

[50] Zu ihm vgl. bes. *Häberle*, Öffentliches Interesse, S. 71ff., 95ff., 101ff., 193ff., 246ff., 453ff., 475ff., 595ff., 678ff.; *W. Schmidt*, VVDStRL 33 (1975), S. 196ff.; *H. Steiger*, FS H. J. Wolff, 1973, S. 385ff.

[51] Vgl. oben, 1. Kap., A.I.

[52] Siehe nur BVerfGE 33, 125 (257f.); *Schmidt-Jortzig*, Kommunalrecht, 1982, S. 39ff., 61ff.; *Czybulka*, Legitimation, S. 201ff., 209ff., 243ff.

[53] So schon *Scheuner*, DÖV 1969, 585ff., 591f.

rung der Eigenart der gesetzgeberischen Entscheidung an. Selbst wenn auch dann noch für die Ausgestaltung eines adäquaten Verfahren andere Maßstäbe gelten müssen als für den normalen sozialgestaltenden Verwaltungsakt, treten jedenfalls funktionsgerechte Verwaltungsverfahren als eine weitere Handlungsressource der öffentlichen Verwaltung neben den Einsatz geschulten Personals und die Nutzung einer aufgabengerechten Organisation.

Zwar ist auch diese Ressource nicht unbegrenzt vermehrbar. Sie ist keine „Wunderwaffe“, wie dies vor einiger Zeit *F. Wagener* allen Ernstes behauptet hat;[54] doch ist sie jedenfalls unabdingbar. Denn erst im Zusammenwirken der genannten Ressourcen entsteht – wie dargelegt – unter Abstimmung mit der Verwaltungsumwelt das angestrebte Ergebnis.

Für den Entscheidungs- und Handlungstypus „Verwaltungsverfahren“ erweist es sich vor allem mit Blick hierauf als notwendig, die seit einiger Zeit zum Gesetzgebungsverfahren eingeführte Unterscheidung nach dem „inneren“ und „äußeren“ Prozeß der Entscheidungsfindung aufzunehmen.[55] Sie stellt den unverzichtbaren Anschluß zum allgemeineren Gedanken einer zweck- und aufgabenorientierten Systembildung her[56] – hier bezogen auf das allgemeine Verwaltungsrecht, das ebenfalls zwischen einem „inneren“ und einem „äußeren“ System zu differenzieren sucht.[57] Dem folgend – sowie eingedenk der Tatsache, daß mit „Verwaltungsrecht“ die Gesamtheit der geschriebenen und ungeschriebenen Rechtssätze bezeichnet wird, die in spezifischer Weise sowohl für das Verwaltungshandeln als auch für die Verwaltungsorganisation *und das Verwaltungsverfahren* gelten[58] – umfaßt das „äußere“ administrative Verfahren im Rahmen der ihm regelhaft vorgegebenen rechtlichen Ordnung die Abfolge der einzelnen Verfahrensaktivitäten von der Problemorientierung bis hin zum Konkretisierungsergebnis und seiner Umsetzung als Schlußpunkt des verwaltungsbehördlichen Handelns und Entscheidens.[59]

Demgegenüber bezieht sich das „innere“ Verwaltungsverfahren auf die Führung und Methodik des behördlichen Vorgehens. Zur letzteren gehört nicht nur, wie wohl *P. Badura* annimmt,[60] das innerhalb „der Bürokratie gebildete Arsenal technischen Sachverstandes, das die Exekutive erst instandsetzt, die von ihr zu ordnenden Lebensvorgänge zu beherrschen.“ Das „innere“ Verfahren als Methodik der Aufgabenerfüllung wird vielmehr durch einen komplexen Verbund rechts- und zweck-

---

[54] Vgl. seinen Beitrag „Änderung von Verwaltungsstrukturen – Über Verfahren und Zuständigkeiten“, in: C. Böhret/H. Siedentopf (Hrsg.), Verwaltung und Verwaltungspolitik, 1983, S. 253ff., 254.

[55] Ebenso *v. Arnim,* Staatslehre, S. 199f.; zu den Gründen hierfür vgl. die Ausführungen im 4. Kap., C.V.3.

[56] Dazu siehe oben, 7. Kap., C.I.2.

[57] Vgl. *Bachof,* VVDStRL 30 (1972), S. 223ff., 225f., 228f.; *Meyer-Hesemann,* Methodenwandel, S. 159ff., 167ff.

[58] *Maurer,* Verwaltungsrecht, S. 21.

[59] Vgl. zu diesem Spannbogen der Verfahrensaktivitäten die Grundlagen oben, 7. Kap., A.II.2.c); C.I.2.c) mit dd) und (2); II.1.c).

[60] DÖV 1968, 454.

konkretisierender mit strukturellen und technologischen Dimensionen sowie personalen Verhaltens- und Verfahrensweisen konstituiert.[61] Der Multidisziplinarität der Verwaltungszwecke und den insoweit unterschiedlichen Reaktionsansprüchen an das Verwaltungs- und Verfassungsrecht entspricht ein *methodendimensionales* Verwaltungsverfahren.[62]

Im Regelungszusammenhang des Verwaltungsverfahrensrechts offenbart sich diese methodenmäßige Verwaltungsvielfalt als immanente Verantwortungsmaßgabe, weil sie die Beziehungen zwischen Verwaltungsbehörde und Bürger maßgeblich strukturiert. Von daher bedarf es notwendig der Entfaltung des „inneren" Verfahrens, das für den Verwaltungsangehörigen derzeit ebensowenig wie für den Richter rechtlich niedergelegt ist.[63]

c) Das Gerichtsverfahren

Neben dem parlamentarischen Verfahren und dem Verwaltungsverfahren stellt das *Gerichtsverfahren* einen eigengearteten weiteren Verfahrenstyp im demokratischen Verfassungsstaat dar. Seine Existenz dient der im modernen gewaltenteiligen Staat der rechtsprechenden Gewalt vorbehaltenen Aufgabe, in konkreten und umstrittenen bzw. zweifelhaften Rechtsverhältnissen eine (letzt-)verbindliche Entscheidung zu gewinnen und zu vollstrecken bzw. Streit zu schlichten. Zweck des gerichtlichen Verfahrens ist mithin die Durchsetzung des materiellen Rechts unter Versöhnung von Gerechtigkeit, Rechtssicherheit und Rechtsfrieden mit der Menschenwürde.[64] Soweit das materielle Recht dabei subjektive Rechte gewährleistet, dient der Prozeß auch deren Verwirklichung.[65]

Diese Grundgedanken prägen das gesamte (deutsche) Gerichtsverfahren, das im übrigen weitgehend in einzelne Gerichtszweige mit jeweils eigenen Verfahrensordnungen aufgespalten ist. So bildet z.B. der Zivilprozeß ein vom Staat zur Verfügung gestelltes und durchgeführtes *Verfahren,* in dem dieser durch neutrale und unabhängige Organe den Streit der Parteien entscheidet oder schlichtet und ggf. durch Einsatz seiner Machtmittel dafür sorgt, daß die richterlichen Erkenntnisse auch verwirklicht werden.[66] Zweck des (Zivil-)Prozesses ist damit vor allem der Schutz

---

[61] Angedeutet bei *R. Scholz,* VVDStRL 34 (1976), S. 151ff.; deutlicher *R. Mayntz,* Soziologie der öffentlichen Verwaltung, S. 67.

[62] Vgl. auch *R. Scholz,* a.a.O. (Fn. 61), S. 152f.

[63] Dieser „Innenbereich" ist stattdessen durch eine Vielfalt von Verwaltungsvorschriften, Richtlinien, Geschäftsordnungen etc. strukturiert, die das *interne* Verwaltungsverfahren ordnen; zur daraus erfließenden Problematik vgl. einstweilen *Ellwein,* Verwaltungsvorschriften, S. 16ff.; *Schmidt-Aßmann,* Verfahrensgedanke, S. 20ff.; näher noch siehe unten, 12. Kap., B.III.3.; 13. Kap., A.III.2.

[64] Zu Inhalt und Aufgaben der Rechtsprechung unter dem Grundgesetz vgl. zusammenfassend und mit je w. Nachw. *Achterberg,* in: BK, Art. 92 (Zweitbearb.), Rdnr. 74ff.; *W. Meyer,* in: v. Münch, GGK, Bd. 3, Art. 92 Rdnr. 8, *Stern,* Staatsrecht II, S. 893ff.; siehe ferner *M. Wolf,* Gerichtsverfassungsrecht, S. 9ff., 11ff.

[65] Vgl. *Grunsky,* Grundlagen, S. 3, 6f.

[66] *Grunsky,* Grundlagen, S. 2; *Rosenberg-Schwab,* Zivilprozeßrecht, S. 2f.

subjektiver Rechte. Doch treten andere Prozeßzwecke daneben, wie z.B. die Aufrechterhaltung des Rechtsfriedens.[67]

Im übrigen steht es dem Gesetzgeber frei, den Zweck des einzelnen Verfahrens zu bestimmen. So ist zwar der Zweck des *Verwaltungsprozesses,* soweit es um Leistungs-, Anfechtungs- und Verpflichtungs- sowie um Feststellungsklagen geht, mit dem Zweck des Zivilprozesses identisch. Das verwaltungsgerichtliche Verfahren soll es dem Bürger ermöglichen, seine durch die Innehabung subjektiv-öffentlicher Rechte begründete Rechtsstellung gegenüber dem Staat zu verteidigen.[68] Doch schon das verwaltungsgerichtliche Normenkontrollverfahren nimmt in seiner Funktionsbestimmung, vorwiegend das objektive Recht zu verwirklichen,[69] eine Sonderstellung ein.[70] Ganz erheblich anders ausgerichtet als die übrigen Verfahren hat der Gesetzgeber unter dem Grundgesetz schließlich den *Strafprozeß:* Dieser erstrebt in erster Linie die Durchsetzung des materiellen Strafrechts im Zeichen der Wahrheitsfindung.[71]

Auch der gerichtliche Prozeß bedarf der Unterscheidung nach Ergebnis (Urteil, Beschluß, Vergleich) und nach Ablauf als einem schrittweisen Verfahren der Entscheidungsfindung mit einem umfangreichen Aktivitätenpotential. Dieses Verfahren verfügt sowohl über „äußere" Merkmale wie etwa die Erhebung der Klage (bzw. Anklage), den Austausch von Schriftsätzen oder die Erhebung von Beweisen u.a.m. – jeweils formalisiert durch „Recht" in den einschlägigen Prozeßordnungen bzw. Verfahrensgesetzen – als auch über ein „inneres" System, daß eine immanente Ordnung des Gerichtsverfahrens instituiert.[72] Sie entsteht aus dem Verhalten der Prozeßbeteiligten, in deren Gegeneinander – und Zusammenwirken sich die wahre *Struktur* des gerichtlichen Verfahrens als „Interaktion" herausbildet. Nach außen hin durch das Prozeßrecht geordnet, führt sie zum justizförmigen Gerichtsverfahren.[73]

Für dessen Durchführung verfügt die Gerichtsbarkeit über keine unmittelbare und in ihrer „Interessen-Repräsentanz" veränderbare demokratische Legitimation. Entsprechend sind ihre Verfahren auch nicht auf die Abklärung der Interessen im großen und grundlegenden gerichtet. Sie haben sich daher der politischen und rechtlichen Leitfunktion des Parlaments ein- und unterzuordnen. Das rechtsstaatliche Prinzip, wonach die Regel und nicht der Mensch herrschen soll, setzt eine *rechtliche*

---

[67] Str.; zur Diskussion vgl. m.w.Nachw. *Rosenberg-Schwab,* a.a.O. (Fn. 66), S. 3.

[68] *Grunsky,* Grundlagen, S. 8; *Ule,* Verwaltungsprozeßrecht, S. 4ff.

[69] Str., vgl. *Kopp,* VwGO, § 47 Rdnr. 3 m.w.Nachw.

[70] *Ule,* Verwaltungsprozeßrecht, S. 160ff.; *K. Vogel,* Der gerichtliche Rechtsschutz des Einzelnen, S. 140ff.

[71] Vgl. BVerfGE 57, 250 (275) und aus der Literatur statt aller *Roxin,* Strafverfahrensrecht, S. 76ff.

[72] Siehe zu dieser Unterscheidung ferner *v. Arnim,* Staatslehre, S. 198.

[73] So vorbildlich für den Strafprozeß *E. Schlüchter,* Strafverfahren, S. 1f. und durchgehend, z.B. S. 321ff., 337ff., 364ff.; ergänzungsbedürftig insoweit die frühere Fragestellung von *Bettermann,* ZZP 70 (1957), S. 192ff.

Bindung des Richters an den Maßstab des Gesetzes voraus. Das Grundgesetz bindet daher die Rechtsprechung an Gesetz und Recht, unterscheidet sie allerdings auch von der „vollziehenden Gewalt“ (Art. 20 Abs. 2 und 3 GG). Hierin kommt zum Ausdruck, daß Rechtsprechen nicht nur die Anwendung des vom Gesetzgeber gesetzten Rechts bedeutet, sondern auch Ausprägung und Verdeutlichung einer konkretisierungsbedürftigen Regel in einem mitwirkungsbedürftigen Verfahren. Die Verfassung sieht also in der Rechtsprechung eine Staatsgewalt mit dem Auftrag zur Ausübung dieser Gewalt nach „Gesetz und Recht“, und nicht etwa ein Anwendungs- und Vollstreckungsorgan der Gesetzgebung, das seine Aufgabe und Legitimation allein aus der Verwirklichung des Gesetzes im Wortsinne empfangen würde – oder, wie *P. Kirchhof* formuliert: „Rechtsbindung verbietet ein Rechtsprechen gegen das Recht, begründet aber keinen Gesetzesvorbehalt für jeden Richterspruch“.[74]

Gesetzgeber und Rechtsprechung verhalten sich demgemäß zueinander nicht wie Befehl und Ausführung, sondern wie Grundsatz und Konkretisierung. Hierin gleichen sich (vordergründig) Rechtsprechung und Verwaltung. Denn ebenso, wie der Richterspruch das konkrete, individuelle und gegenwartsnahe im Verhältnis zur allgemeingültigen, grundsätzlichen und dauerhaften Regelung des Gesetzes entscheiden soll, hat die öffentliche Verwaltung gesetzliche Regelungen zu konkretisieren und dadurch zu „vollziehen“. Vor diesem Hintergrund scheinen sich die Funktionsgrenzen der öffentlichen Verwaltung einmal gegenüber dem Gesetzgeber und zum anderen gegenüber der Verwaltungsgerichtsbarkeit relativ einfach bestimmen zu lassen: Nach Maßgabe des rechtsstaatlichen „Vollzugsmodells“ der öffentlichen Verwaltung setzt der Gesetzgeber die Programme, nach denen die Verwaltung zu verfahren hat. Die Verwaltungsgerichtsbarkeit vor allem kontrolliert ihrerseits, ob die Verwaltung die ihr zugewiesenen Aufgaben rechtmäßig erfüllt. Die „Kontrolldichte“ bestimmt sich dabei aber nicht nur nach Anordnung des „Programmgebers“.[75]

d) „Offene“ Verfahrenstypik

Die skizzierten „staatlichen“ Verfahrenstypen sind klassische Beispiele für die Wirkung des Gewaltenteilungsgrundsatzes als Verfahrensprinzip des modernen Staates. Sie verkörpern allerdings keine in sich geschlossene Typik der gemeinschaftserheblichen Prozesse der Willensbildung, wie verschiedentlich behauptet worden ist.[76] Schon die empirisch – analytisch festzustellende Formenvielfalt prozeduraler Koordination[77] belegt, daß zumindest auch *die Verfahren politischer Wahl*

---

[74] Rechtsprechende Gewalt, S. 12; vgl. auch *ders.*, NJW 1986, 2276.

[75] Siehe auch *P. Kirchhof*, NJW 1986, 2279 m.w.Nachw.; anders wohl *Schmidt-Aßmann*, FS C.-F. Menger, S. 115 m. Anm. 26.

[76] So z.B. von *Achterberg*, FS K.-H. Mattern, S. 170 m. Anm. 2; *v. Arnim*, Staatslehre, S. 192ff.; *Wahl*, VVDStRL 41 (1983), S. 157 m. Anm. 10.

[77] Vgl. dazu oben, 3. Kap., A.III.

zu den Verfahren gezählt werden müssen, denen im modernen Staat mit demokratischer Verfassungsordnung eine besondere strukturtragende Bedeutung zukommt. Mit Recht hat daher *N. Luhmann* auch die politischen Wahlverfahren in die Betrachtung derjenigen Verfahrensarten einbezogen, die ihm geeignet erschienen, die Grundlagen der klassischen Konzeption des Verfahrens in seinem Verständnis zu verdeutlichen.[78]

Freilich klingt auch bei ihm nur im Hintergrund an, daß selbst bei Einbezug des eigengearteten vierten Verfahrenstypus der politischen Wahl in das Verfahrensmuster des gewaltenteiligen Staates dessen Verfahrenstypik noch immer „offen" für die Ausprägung weiterer Verfahrensarten bleibt. Ihre Entwicklung kündigt sich denn auch im Strukturwandel von Staat, Gesellschaft und Recht bereits an. Die anlaufende Diskussion über den Ausbau staatlicher Schlichtungsverfahren bzw. über rechtsstaatliche Verfahrensanforderungen der Materialerstellung, Klärung und Aufklärung zur Vorbereitung ausgleichender Gesetzesentscheidungen zeigt erste Ansätze zur Auffächerung der dergestellten Verfahrenstypik; sie macht zugleich deutlich, daß jedwede typologisch-statische Präskription staatlicher Entscheidungsprozesse die zukünftigen Entwicklungslinien der Verfahrensidee realtypisch ebenso verfehlen müßte wie die Rechtsdogmatik der Verfassungsentwicklung.[79]

Zu verweisen ist in diesem Zusammenhang ferner auf jene neueren Überlegungen, denen zufolge in der parlamentarischen Demokratie das Mehrheitsprinzip als fundamentale Verfahrensregel kollektiven Entscheidens für die Bereiche des „Nicht-Abstimmbaren" als problematisch anzusehen und deshalb in Zukunft nach alternativen Entscheidungsregeln bei der politischen Willensbildung zu suchen sei.[80] In noch anderer Richtung wird erkennbar, daß die Veränderung der staatlichen Position im Verhältnis zur Gesellschaft gleichzeitig neue *Prozeßformen* gesamtgesellschaftlicher Koordination und Steuerung herausbildet. Ob freilich die in diesem Zusammenhang von *H. Willke* propagierte (gedankliche) Figur der „sozietalen Verhandlungssysteme" bereits den Kern der sich abzeichnenden Entwicklung trifft,[81] sei hier einstweilen dahingestellt. Jedenfalls versucht seine Deutung am Beispiel der „Konzertierten Aktion" im Gesundheitswesen und des Wissenschaftsrates,[82] eine kategoriale Ant-

[78] Verfahren, S. 13, 18ff.; zur Bedeutung der Wahl im demokratischen Verfassungsstaat und zu der Auswahl bzw. Gestaltung des Wahlverfahrens unter der Verfassung siehe z. B. *H. Meyer,* HdbStR, Bd. II, 1987, S. 249ff., 250ff., 255 (Rdnr. 17); 263ff.

[79] Zu dem damit vor allem in bezug genommenen Aspekt des Wägens und Wertens verschiedener Anliegen und Rechtspositionen in einer „Welt gesteigerter Ausgleichsbedürfnisse" im Rahmen und durch Verfahren vgl. bes. *Lerche,* Vorbereitung grundrechtlichen Ausgleichs, S. 102, 103.

[80] Vgl. hierzu nochmals und einerseits *Offe*, Politische Legitimation, S. 150ff.; *U. K. Preuß*, Politische Verantwortung, bes. S. 64ff., 97ff., 102ff.; siehe andererseits *Böckenförde,* Demokratie als Verfassungsprinzip, S. 921ff., 924 (Rdnr. 55, 56).

[81] Siehe dessen Schrift über die „Entzauberung des Staates", insbes. S. 117ff.

[82] *H. Willke,* Der Staat am Verhandlungstisch, S. 306ff., 309ff., 311ff.; freilich handelt es sich bei diesen Formen „sozietaler" Steuerung niemals um solche „jenseits des Rechts", wie der Autor behauptet (S. 313); kritisch zu diesem Ansatz auch *Ronge,* KZfSS 36. Jg. (1984), S. 626ff.

wort zur Verlagerung wichtiger staatlicher Steuerungsfunktionen auf gesellschaftliche Gremien unter Bezugnahme auf (rechtlich geregelte) Verfahren zu geben.[83]

3. *Gewaltenteilung im Strukturwandel*

Diese Antwort verweist auf die *Dynamik der Verfahrensidee* im modernen Staat. Ihr gegenüber geht die auf typenstrenge Einordnung und säuberliche Abschichtung von „gesellschaftlichen" oder gar „wirtschaftlichen" Entscheidungsprozessen bedachte Erfassung „staatlicher" Gemeinschaftsverfahren fehl. Der Gewaltenteilungsgrundsatz entfaltet vielmehr in seiner prozeduralen Formgebung keinen auf Dauer festgeschriebenen, unveränderlichen Ausschließlichkeitsanspruch der Institutierung und Gliederung staatlicher Gemeinschaftsprozesse nach Maßgabe der drei Grundfunktionen von Gesetzgebung, Verwaltung und Rechtspflege. Er beläßt Raum für die Ausdifferenzierung und Ausgestaltung weiterer Verfahren, wenn und soweit der Staat ihrer zu seiner Handlungsfähigkeit bedarf.

Dies gilt auch und vor allem für die Ausformung der prozeduralen Vorgänge *zwischen* den staatlichen Funktionen, die ebenso sehr der Begrenzung staatlicher Herrschaft wie ihrer Rationalisierung dienen. Das Verhältnis rechtlicher *Koordination,* in dem die einzelnen Staatsgewalten zueinander stehen, gewinnt seine effektive Gestalt erst durch rechtlich oder geschäftsordnungsmäßig verankerte Verfahren. Neben Kompetenzbestimmungen sind es deshalb Verfahrensregelungen, die in ihrem verfassungskräftigen Grundbezug und Wirkungsgehalt sowohl die funktionelle Gewaltengliederung homogenisieren[84] als auch – unter dem Grundgesetz etwa nach der Maßgabe des Art. 35 Abs. 1 GG[85] – die rechtliche Einheit der Staatsgewalt prozedural (wieder-)herstellen.[86]

Diese Dynamik der Verfahrensidee und die Schwierigkeiten der funktionellen Koordination staatlicher Organe sind Symptome einer Anstrengung hochkomplexer Gemeinschaften, wie sie eine moderne Industriegesellschaft darstellt, die vom

---

[83] Zu der hiesigen Position siehe oben, 6. Kap., C.III.3.; 7. Kap., E.II.4.; 9. Kap., B.II.3.; IV.5.; 10. Kap., A.II.3.–7.; B.II.2.c) mit bb); C.VI.

[84] Dies gilt sowohl funktionenübergreifend wie funktionenintern, siehe auch *K. Hesse,* Grundzüge, S. 192 (Rdnr. 498). Gleichwohl bleiben noch die Schranken einer „Gewaltenteilung innerhalb der Gewalten" (*Leisner,* Festgabe Th. Maunz, 1971, S. 267) bestehen, vgl. dazu *Bryde,* VVDStRL 46 (1988), S. 186ff., 198ff.; *Krebs,* Kontrolle, S. 48ff.; *Haverkate,* VVDStRL 46 (1988), S. 221ff., 241ff.; *Schlink,* Amtshilfe, S. 11ff., 78ff., 145ff.; *R. Scholz/Pitschas,* Informationelle Selbstbestimmung, S. 113ff.; *Stern,* Staatsrecht II, S. 541; *Schmidt-Aßmann,* FS C.-F. Menger, S. 119f. („Justizinterne Funktionsdifferenzierungen"); *Stettner,* JöR n.F. 25 (1986), S. 77 („Verbot der Entdifferenzierung").

[85] Zu eng in dessen Interpretation allerdings *Schlink,* a.a.O. (Fn. 84), S. 34ff., 62ff., 145ff.; vgl. demgegenüber *R. Scholz/Pitschas,* a.a.O. (Fn. 84), S. 116ff.; siehe aber auch *Bryde,* a.a.O. (Fn. 84), S. 190, 192, 200f., 203ff.; *Haverkate,* ebd., S. 241ff.

[86] Vgl. mit Blick auf die öffentliche Verwaltung bes. *Bryde,* a.a.O. (Fn. 84), S. 198ff.; *R. Scholz/Pitschas,* a.a.O. (Fn. 84), S. 112ff., 116ff., 121ff.; siehe allgemeiner noch *Zacher,* Elemente der Rechtsstaatlichkeit, S. 421f.

Prinzip sozialer Staatlichkeit aufgegebene Sozialgestaltung wirkungsvoll zu steuern. Eine solche Steuerung findet ihre Grundlage jedenfalls nicht länger in einer undifferenzierten *einheitsstaatlichen* Demokratiekonzeption mit einheitlichen Rechtserzeugungsformen und Legitimationsquellen.[87] Die staatlichen Konkretisierungsprozesse unterliegen vielmehr einem grundlegenden Wandel in ihrem Rationalisierungsmodus: Empirisch-analytisch ist das Zusammenspiel einer Vielzahl von Entscheidungszentren im modernen Verfassungsstaat festzustellen, die in vertikaler und horizontaler Beziehung die staatlichen Aufgaben „arbeitsteilig" bewältigen.[88]

V. Funktionsveränderungen der Gewaltenteilung

In diesem Wandel kommt es nicht nur zu Strukturveränderungen der Funktionsträger. Auch ihr Verhältnis zueinander wandelt sich notwendig. Der Ausgangspunkt hierfür liegt in den Rationalisierungsbemühungen des modernen Rechts, die zu einer reduzierten Steuerungskraft des parlamentarischen Gesetzes und zu komplementären Steuerungsanforderungen an die Verwaltung und Rechtsprechung führen.

1. Wandel des Steuerungsmediums „Recht"

In dem von der modernen Verfassung geforderten und legitimierten „Sozialstaat" der Gegenwart ist nicht nur der Regelungsbedarf der gesellschaftlichen Abläufe beträchtlich gestiegen; auch die Regelungsmaterien sind im raschen technischen und sozialen Wandel wesentlich komplizierter geworden. Die Komplexität der gesellschaftlichen Verhältnisse und ihrer soziale Dynamik haben in Verbund mit anderen Faktoren auf Dauer gerichtete, eindeutige Regelungen von zentraler Stelle aus mehr und mehr unmöglich werden lassen. Die stattdessen erforderliche flexible Instrumentalität des Rechts zeigt sich vor allem im Bereich der Planung des Staates: Diese läßt sich weitgehend nicht präzise und konditional in Gesetzen vorprogrammieren. Die Folge sind „Finalprogramme", deren Determination durch den Gesetzgeber relativ gering ist. Aber auch sog. konditionale Programme im Bereich der herkömmlichen Ordnungsfunktion des Staates lassen sich heute vielfach nicht mehr präzise formulieren. Die durch den raschen wissenschaftlichen, technischen und sozialen Wandel initiierten Anpassungsbedarfe vermag der Gesetzgeber kaum noch zu bewältigen. Darum greift er in zunehmendem Maße zu dem Mittel der „unbestimmten

---

[87] Siehe wie hier auch *v. Arnim*, DVBl. 1987, 1247f. m. Anm. 60f.; *Brohm*, DÖV 1987, 268f.; vgl. auch *J.J. Hesse*, Aufgaben, S. 75ff., 78f.

[88] Vgl. dazu die Grundlegung im 3. Kap., B. I.; 4. Kap., C. III.–VII.; D. I.; 6. Kap., B.IV.; 9. Kap., A.IV.; 10. Kap., C.III.1.; siehe ferner die Nachw. oben, Fn. 87; fragwürdig demgegenüber *Stettner*, JöR n.F. 35 (1986), S. 60ff.

Gesetzesbegriffe" sowie der „Generalklauseln", um starre Festlegungen zu vermeiden und flexibel steuern zu können.[89]

Vor allem in den modernen Rechtsbereichen des Subventions-, Umwelt- und Sozialrechts, aber ebenso im technischen Sicherheitsrecht bilden die Gesetzgebungsprogramme offene Kompetenznormen, die ihren Adressaten in Verwaltung und Rechtsprechung sowie in der Gesellschaft eigene rechtliche Steuerung („Programmierung") ermöglichen, gleichzeitig aber immer noch Regulative gegenüber einer unerwünschten Entwicklung darstellen. Das Recht wird dadurch zunehmend „reflexiv"; indem es Optionen für mögliche Kommunikationen und Interaktion bereitstellt, ermöglicht es die rechtlich zugelassene *Selbststeuerung gesellschaftlicher Teilbereiche.*[90]

Die klassisch-rechtsstaatliche Vorstellung einer gesetzesausführenden Verwaltung sowie einer diese nach Maßgabe der gesetzlichen Programmierung kontrollierenden Justiz ist demgegenüber zum Scheitern verurteilt. Für seine Aufgabenerfüllung benötigt der Staat vielmehr gestaltende Instrumentarien, für die das Bild des bloßen „Vollzugs" gesetzlich festgelegter Vorgaben völlig unzureichend ist.[91]

Diese Entwicklung ist nicht umzukehren. Der Gesetzgeber ist weder zeitlich noch sachlich flexibel genug, in den genannten sowie in weiteren Rechtsmaterien die erforderlichen Detailregelungen und Konkretisierungen zur Verfügung zu stellen sowie die konkreten Kollisionsregeln für die gegeneinander abzuwägenden Interessen festzulegen. Gleichwohl ist darin kein Abschied von dem verfassungsstaatlich und insbesondere vom Grundgesetz in Art. 20 Abs. 3 GG vorgesehenen „Vollzugsmodell" zu orten. Erforderlich wird allerdings ein *Umbau der Legitimation,* wenn die rechtsstaatliche Rechtfertigung öffentlichen Handelns und Entscheidens nicht länger dadurch gewährleistet werden kann, daß der Vollzug von Gesetzesbeschlüssen durch Regierung und Bürokratie materiell-rechtlich präzise determiniert ist.

Angesichts der dargelegten begrenzten Steuerungsfähigkeit des Gesetzgebers muß auf die ergänzende Steuerung durch die Verwaltung und die Rechtsprechung zurückgegriffen werden. Dies wiederum bedingt eine Veränderung der Vorstellung über die Entstehung von Recht sowie über die Möglichkeiten der gesetzlichen Bindung, der im gewaltenteiligen Rechtsstaat die einzelnen staatlichen Funktionsträger nach wie vor von Verfassungs wegen unterliegen müssen.

---

[89] Dazu neuerdings und mit zahlr. Nachw. *W. Braun,* VerwArch. 76 (1985), S. 24ff., 30ff., 158ff.; *Franssen,* FS W. Zeidler, 1987, S. 429ff.; *H.H. Rupp,* ebd., S. 455ff.; vgl. ferner die Belege oben, 1. Kap., Fn. 209ff.

[90] Vgl. dazu auch oben, 3. Kap., B.I.; 6. Kap., B.IV.; siehe im hiesigen Kontext bes. auch *Böckenförde,* Demokratie als Verfassungsprinzip, S. 935f., der zwar den „politischen" Bedarf nach Eigensteuerung sieht, daraus aber keine rechtlichen Konsequenzen zieht; vgl. demgegenüber (kontrapunktisch) *Krawietz,* Rechtstheorie 16 (1985), S. 257ff., 264ff., 267ff., 272ff.; *U. K. Preuß,* 1988, S. 370, 372ff.; am Beispiel wirtschaftsrechtlicher Steuerung auch *Nahamowitz,* KritJ 1987, 411ff.

[91] Siehe zu dieser hier durchweg vertretenen Ansicht bejahend auch *Brohm,* DÖV 1987, 266f., 268f., 270; *Prisching,* Soziale Koordinationsprinzipien, S. 310; vgl. ferner *Th. Blanke,* KritJ 1986, 412f.

2. Veränderungen im Verhältnis der Staatsfunktionen

Unter den voraufgehend genannten Bedingungen ist auch das Verhältnis der drei „Staatsgewalten" zueinander neu zu bestimmen. Die Emanzipation der zwecksetzenden Verwaltung aus den Fesseln der inhaltlichen Bindung durch den Gesetzgeber – die nur partiell mit einem Wandel vom Konditional- zum Zweckprogramm einhergeht[92] – bedingt einerseits einen entsprechenden Funktionswandel der (Verwaltungs-)Gerichtsbarkeit, die ihrerseits die Maßstäbe der Verwaltungskontrolle jeweils situativ unter Zuhilfenahme des regulativen Verfahrensmodells der Verfassung erst selbst entwickeln muß.[93] Auf der anderen Seite verändert sich aber auch und in dem Maße, wie sich die zunehmende Komplexität gesellschaftlicher Steuerungsnotwendigkeiten als Selbststeuerung gesellschaftlicher Teilsysteme darstellt, die Funktion des Gesetzgebers. Er muß zum einen seine Regelungsinteressen auf die Herstellung von Kompatibilitäten und „Anschlußmöglichkeiten" verschiedener Interessenzusammenhänge und Sozialbereiche zurücknehmen,[94] zum anderen aber auch und ebenso sicherstellen, daß jedenfalls seine regulative Leitfunktion auch in der Umsetzung des Rechts durch Selbststeuerung beachtet wird.

Diese Leistungsanforderungen an das Zusammenspiel der staatlichen Funktionen und die Rechtserzeugung überschreiten die Grenzen der herkömmlichen Gewaltenteilungskonzeption. Erforderlich werden eine dynamische Rechtserzeugung und ein dynamischer (Grund-)Rechtsschutz in funktioneller „Arbeitsteilung": Die staatlichen Funktionen haben in durchaus unterschiedlicher struktureller, d.h. organisatorischer und verfahrensrechtlicher Ausgestaltung zur Erarbeitung der Legitimität staatlichen Handelns und Entscheidens zusammenzuwirken. Erst aus diesem Zusammenspiel ergibt sich die Steuerungskapazität des politischen Gemeinwesens insgesamt mit der erforderlichen Aktions- und Reaktionsfähigkeit.[95]

Dabei hat jeder Funktionsträger die Aufgabe des anderen zu respektieren, seinen Beitrag darauf abzustimmen und den aufgegebenen Erfolg zu gewährleisten. Dies umschließt einerseits die Öffnung der Vorstellung einer einheitlichen Rechtserzeugung zu einem „polyzentrischen" System der Rechtsschöpfung durch die verschie-

---

[92] Vgl. auch *Th. Blanke,* a.a.O. (Fn. 91), 412f.; diese Erkenntnis führt zurück auf die bekannte grundsätzliche Kritik an der Unterscheidung von Konditional- und Finalprogrammen, die hier geteilt wird; vgl. dazu zusammenfassend *Rubel,* Planungsermessen, S. 6f., 19ff., 26, 27ff., 31f., 34, 60ff.

[93] Siehe etwa *Brohm,* NJW 1984, 8ff., 10f., 12, 14 r. Sp.; *ders.,* DVBl. 1986, 321ff., 330; zurückhaltender *Schmidt-Aßmann,* FS C.-F. Menger, S. 120ff. m.w.Nachw.; vgl. ferner *Püttner* und *Kopp,* in: V. Götz/H.H. Klein/C. Starck (Hrsg.), Die öffentliche Verwaltung zwischen Gesetzgebung und richterlicher Kontrolle, 1985, S. 131ff. und S. 146ff.

[94] Und sein Regelungsinstrumentarium entsprechend anpassen, vgl. dazu näher schon oben, 4. Kap., C.III.1., sowie *Mößle,* Regierungsfunktionen, S. 200ff., 209ff., 216ff.

[95] Siehe auch *Brohm,* DÖV 1987, 269; *ders.,* JfR 1987, S. 31ff., 38, 39f.; *ders.,* NVwZ 1988, 797; vgl. ferner den (etwas statischen) Versuch der „Zuordnung" der Gewalten bei *Schmidt-Aßmann,* FS C.-F. Menger, S. 114ff.

denen staatlichen Organe.[96] Ihnen ist nach den je bestehenden strukturellen Unterschieden die rechtliche Steuerung der Gesellschaft anvertraut. Dadurch werden sie im modernen Staat zu je eigenständigen Legitimationsquellen. Auf der anderen Seite hat die herkömmliche Funktionsgliederung nicht nur die für die Herrschaftsausübung gleichsam negative Funktion der Machtbegrenzung und Machtbalance zu gewährleisten, sondern durch spezifische Verfahren die Zuweisung bestimmter Aufgaben funktional wirksam zu bewältigen. Zugleich erfordert das Zusammenspiel einer Vielzahl von Entscheidungszentren eine *prozedurale Regulierung,* die sowohl eine Art „innere Funktionengliederung" garantiert[97] als auch dafür sorgt, daß aus den geteilten Gewalten wieder eine funktionelle Einheit entsteht, ohne daß der Sinn der Funktionengliederung verloren geht.[98]

3. Wandel der Gewaltenteilungsidee und „prozedurale Regulierung"

Die Aufgabe, das Verhältnis der Staatsfunktionen zueinander unter den Bedingungen des modernen Staates neu zu bestimmen, wirft zum einen und zunächst die Frage nach der *Gesetzmäßigkeit* von Verwaltung und Rechtsprechung auf. Läßt sich das Zusammenspiel der staatlichen Funktionsträger rechtlich nur noch dezentral steuern und verliert hierfür der inhaltliche Rechtssatz seine maßgebliche Qualität, dann ist auf die *Verfahrensbindung* zurückzugreifen.[99] Sie vermag die – unabweisbar gegebene – Distanz zwischen der Steuerungskraft des Gesetzes und der gesetzesergänzenden Rechtserzeugung durch Verwaltung und Rechtsprechung zu überbrükken. Die Leitfunktion des Parlaments bei der rechtlichen Steuerung ist deshalb vor allem durch Einflußnahme auf Zusammensetzung und Verfahren der staatlichen Funktionsträger, über Erfordernisse begleitenden parlamentarischen Konsenses sowie über ein grundsätzliches Maß an Vollzugszuständigkeit des Gesetzgebers zu gewährleisten. In ähnlicher Weise verlagern sich in einem polyzentrischen System

---

[96] Begriff nach *Brohm,* DÖV 1987, 265, 268; siehe auch *v. Arnim,* DVBl. 1987, 1247 m. Anm. 59; früher schon *Pitschas,* Wandel des Verwaltungsverfahrens, S. 35, 60f. („Pluralisierung des Rechts"); in der Sache vgl. auch die hiesige Grundlegung oben, 3. Kap., B.I.; 6. Kap., B.IV.

[97] Vgl. *J.J. Hesse,* Aufgaben, S. 79; *Krebs,* Kontrolle, S. 48, 49 m.w.Nachw.

[98] Siehe z.B. *Zacher,* Elemente der Rechtsstaatlichkeit, S. 423; die Verfahrenssteuerung im staatlichen Raum und die gegenüber der Gesellschaft wird damit zu einem *systemerhaltenden Funktionsmechanismus,* der einerseits die zunehmende Gesellschaftsdifferenzierung trägt, andererseits aber Systemintegration durch gleichzeitige, kompensierende und korrigierende *partielle Entdifferenzierung* ermöglicht; vgl. dazu am Beispiel der „informationellen Selbstbestimmung" im Ansatz auch *R. Scholz/Pitschas,* a.a.O., S. 105ff., 112ff., 114f., 116ff., 119ff., 121ff.; anders dagegen („Verbot der Entdifferenzierung") *Stettner,* JöR n.F. 35 (1986), S. 77.

[99] Vgl. zu dieser schon oben, 10. Kap., B.II.2.b) mit bb): „Grundsatz der Gesetzmäßigkeit als Gebot der Verfahrensbindung". Der mit der staatlichen Funktionenteilung beabsichtigte Macht- und Herrschaftsverlust führt dann nicht zu einem Verantwortungsverlust, wie ihn *D. Merten,* Parlamentarischer Immobilismus, in: Das parlamentarische Regierungssystem der Bundesrepublik Deutschland auf dem Prüfstand, 1984, S. 11ff., 22, befürchtet.

der Rechtserzeugung, wie es den Wandel der Gewaltenteilungsidee markiert, die Rechtsschutzanforderungen auf das Verfahren. Als Ersatz für eine nicht vollständig durchzuführende materiell-rechtliche Gerichtskontrolle erstreckt sich die Überprüfung der Rechts- und Zweckkonkretisierung auf das Verfahren der Entscheidungsfindung.[100]

Im Wandel der Gewaltenteilungsidee geht es jedoch nicht nur darum, die verfassungsgeforderte Gesetzmäßigkeit von Verwaltung und Rechtsprechung weiterhin sicherzustellen. Denn geändert haben sich auch die Legitimationsbedingungen von Gesetzgebung, Verwaltung und Gerichtsbarkeit.[101] Für die einzelnen Staatsfunktionen ergibt sich die Notwendigkeit, neben ihrer jeweiligen institutionellen und funktional-demokratischen Legitimation, wie sie durch die Verfassung vermittelt wird, zusätzliche *spezifische Legitimationsquellen* zu erschließen. Dies zeigt sich in besonderer Weise an Verwaltungsentscheidungen. Zwar sind sie auf doppelte Weise demokratisch legitimiert. Denn sie werden inhaltlich nach Gesetzen getroffen, die von demokratisch gewählten Volksvertretungen beschlossen worden sind, und organisatorisch in letzter Instanz von Verwaltungsspitzen verantwortet, die ihrerseits von demokratisch gewählten Abgeordneten berufen und von diesen kontrolliert werden. Dennoch gelingt es trotz dieser doppelten Legitimationskette nicht immer, Verwaltungsentscheidungen gegenüber der Bevölkerung zu rechtfertigen. Dies zeigt sich vor allem bei der Genehmigung technischer Großvorhaben. Hier sinkt die „generalisierte Zustimmungsbereitschaft" (J. Habermas) erheblich. Im zweiten Teil der Untersuchung ist denn auch herausgearbeitet worden, daß sich der moderne Staat mit einer formalen Verfahrensrationalität nicht zufrieden geben kann. Er muß darauf bedacht sein, die von ihm intendierten Ereignisverläufe wirksam steuern zu können.[102] Die entscheidende Frage ist deshalb, wie diese *Verfahrenssteuerung* selbst strukturell zu ordnen ist.

B. Funktionengegliederte Verfahrenszuweisung im Wandel

I. Staatliche Verfahren als dezentrale Konkretisierungssysteme

Wenn und soweit Gewaltenteilung als verfassungsrechtliche Funktionenordnung durch den Strukturwandel von Staat, Gesellschaft und Recht einen derartigen Verständniswandel erfährt, wird auch die Funktionengliederung als differenzierte Ver-

---

[100] Andeutungsweise in dieser Richtung auch *Brohm,* DVBl. 1986, 331; am Beispiel des technischen Sicherheitsrechts siehe ferner *Degenhart,* DVBl. 1983, 926ff., 934; *Papier,* FS C. H. Ule, S. 248; *Pitschas,* DÖV 1989, 790ff.; *R. Wolf,* Stand der Technik, S. 426ff., 431ff.

[101] Vgl. dazu oben, 5. Kap., A.IV.; B.I.–IV.

[102] Dazu die Grundlegung im 4. Kap., C.I.-III.; vgl. dabei zum partizipatorischen Aspekt bes. für die öffentliche Verwaltung auch *Battis,* Partizipation im Städtebaurecht, 1976, S. 193ff.; *Hendler,* Die bürgerschaftliche Mitwirkung an der städtebaulichen Planung, 1977, S. 30ff.; *Pieroth,* DÖV 1977, 659ff.; *Schmidt-Aßmann,* HdbStR III, 1988, S. 642f.

fahrenszuweisung hiervon betroffen. Notwendig ändern sich im System einer gesetzesergänzenden Rechtserzeugung nicht nur die jeweils zulässigen sachlichen Beiträge zur Gesamtsteuerung der Gesellschaft, sondern auch die *Verfahren,* die diese Steuerung vermitteln. Dementsprechend stellt sich die Frage nach dem Instrument, das im Verlaufe dieses Wandels den grundlegenden Zusammenhang von Rationalität, Legitimation, Kompetenz und Kontrolle zu wahren vermag. Es ist dies die *Verfahrensverantwortung* der staatlichen Funktionsträger.

1. Invarianz der Organstrukturen

Der Ausgangspunkt der Funktionengliederung als differenzierte Verfahrenszuweisung bleibt freilich unverändert: Die moderne Verfassung und auch das Grundgesetz legen die Organstrukturen jedenfalls in ihren Grundzügen unverrückbar fest; sie sind damit nicht fungibel. Dies gilt vor allem für die grundlegenden Verantwortungs-, Sanktions- und Kontrollstrukturen, in die vor allem die drei „Staatsgewalten" eingebunden sind. Aus diesen prinzipiellen strukturellen Unterschieden der drei Staatsfunktionen ist deshalb zuvörderst zu ermitteln, welche rechtliche Steuerungsaufgabe der einen oder der anderen Gewalt zuzuordnen ist.[103] Denn sind die Strukturen vorgegeben, so können nicht Funktionen diese Strukturen schaffen; vielmehr müssen die Funktionen sich nach den normativen Strukturvorgaben richten.

Vor diesem Hintergrund lassen sich Rechtsprechung und Verwaltung dann nicht mehr nur durch die organisatorische Zuweisung von Aufgaben an die Gerichte oder an Verwaltungsbehörden unterscheiden. Vielmehr ist die Unterscheidung beider Gewalten in den verschiedenartigen „Zweckrichtungen" (Funktionen) ihrer Verfahren zu sehen. Dementsprechend sind bei der gesetzesergänzenden bzw. – freien Umsetzung politischer Programme die unterschiedlichen Funktionen verschiedener Verfahren stets mitzudenken. So haben z.B. Verfahren vor staatlichen Gerichten keinen beliebigen Inhalt; sie lassen sich nicht beliebig einsetzen.[104] Legislatorische Entscheidungen dürfen deshalb den Gerichten beispielsweise keine Aufgaben zuweisen, die zu erfüllen sie aufgrund der Struktur ihrer Verfahren nicht in der Lage sind. Im Ergebnis verbindet damit die Verfassung die der Gewaltenteilung „positiv" gestellte Aufgabe, durch spezielle Organisation und Verfahren bestimmte Sachaufgaben optimal zu bewältigen, mit der Bedeutung der unterschiedlichen organisatorischen, personellen und verfahrensmäßigen Strukturelemente. Hiernach richtet sich denn auch die funktionell-rechtliche Zuordnung der Rechtserzeugung im modernen Staat.[105]

---

[103] Siehe auch *Schmidt-Aßmann,* FS C.-F. Menger, S. 111ff., 117ff.; *ders.,* Der Rechtsstaat, S. 1013 (Rdnr. 51).

[104] Vgl. nochmals *Schmidt-Aßmann,* Der Rechtsstaat, S. 1013ff.; siehe auch *Achterberg,* in: BK, Art. 92 (Zweitbearb.), Rdnrn. 113ff., 134ff.; *P. Kirchhof,* Rechtsprechende Gewalt, S. 16ff., 28ff., 29f.

[105] Näher hierzu siehe etwa *Brohm,* DÖV 1987, 269ff.; *P. Kirchhof,* Rechtsprechende Ge-

2. Kompetenzöffnung im Wandel der Staatsfunktionen

Die normativen Strukturanordnungen bilden auch im Wandel der Staatsfunktionen und des Verhältnisses zwischen ihnen den maßgeblichen Bezugspunkt für die verfassungsrechtliche Beurteilung. Sie erlangen um so mehr Bedeutung, als gerade die Kompetenzabgrenzungen im Verhältnis von Gesetzgebung und Exekutive im modernen Staat aufgrund des Bedeutungsverlustes der Parlamentsgesetze für die Prozesse gesellschaftlicher Steuerung zunehmend als offen erscheinen. Das von der Verfassung gewollte Zusammenspiel der Staatsfunktionen kann in diesem Zusammenhang sogar dahinführen, worauf *K. Hesse* mit Recht hinweist, daß eine Verpflichtung der einzelnen Gewalt besteht, dort „ergänzend und stützend tätig zu werden, wo ein anderes Organ zur vollen Erfüllung seiner Aufgabe nicht bereit oder in er Lage ist, während es selbst kraft seiner andersartigen Struktur tätig werden kann".[106] Das bedeutet nicht das Zugeständnis, staatliche Funktionsträger dürften die Kompetenzen anderer in einer besonderen, überdies nur vage präzisierten Situation an sich ziehen. Die absolute Respektierung der Kompetenzordnung, wie sie die Verfassung gebietet, endet jedoch dort, wo ihre Maßgaben unklar bzw. offen sind.

In diesem Fall kommt eine Teilung der Konkretisierungs- bzw. Entscheidungsmacht nach Maßgabe der jeweiligen strukturellen, d.h. organisatorischen und verfahrensrechtlichen Ausgestaltungen in Betracht. In bezug hierauf ist freilich die Grundfrage, was in welchen Verfahren nunmehr entschieden werden soll, nicht allein durch den Bezug auf die normativen Strukturanordnungen zu beantworten. Sie sind vielmehr noch auf die Eigenart der zu erfüllenden Aufgabe zu beziehen. Im Hinblick auf diese müssen Struktur, Zusammensetzung und Besetzung der Organe sowie vor allem ihr Verfahren *funktionsgerecht* sein.[107] Unter diesem Vorzeichen kommt es vor allem auf die *Qualität der Aufgabenerfüllung*, also auf einen Aspekt der Rationalität insbesondere staatlicher Verfahren an.[108] Prozedurale Funktionsgerechtigkeit und operative Plausibilität des Verfahrens sichern somit im Wandel der Staatsfunktionen das Zusammenspiel einer Vielzahl rechtlicher Entscheidungszentren und dadurch sowohl die Rationalität als auch die Legitimation des staatlichen Handelns und Entscheidens.[109]

---

walt, S. 16ff.; *Sendler*, FS C.H. Ule, S. 352ff., 356f.; *Zimmer*, Funktion-Kompetenz-Legitimation, S. 237ff., 249ff., 266ff., 288ff.

[106] *K. Hesse*, FS H. Huber, S. 265f.

[107] Vgl. näher dazu bereits oben, 4. Kap., C.III.; 5. Kap., C.II.4.; 7. Kap., C.I.1.; zu eng daher *Zimmer*, a.a.O. (Fn. 105), S. 237 m. Anm. 3.

[108] Siehe bes. die Feststellungen im 4. Kap., C.III.

[109] In diesem Sinne, nämlich die jeweilige „Gewaltenverantwortung" schlechthin (dazu siehe oben, 6. Kap., A.IV.; B.I.–IV.) berufend, ist wohl auch BVerfGE 68, 1 (86f.) zu verstehen; vgl. auch *Schmidt-Aßmann*, Der Rechtsstaat, S. 1012.

II. Autonomisierung des Verwaltungsvollzugs und Wandel des Verwaltungsverfahrens

1. Autonomisierung des Verwaltungsvollzugs

In die Frage, was in welchen Verfahren entschieden werden soll, ist auch die *öffentliche Verwaltung* einbezogen, und zwar in doppelter Weise. Auf der einen Seite gilt auch hier, daß staatliche Entscheidungen „von den Organen getroffen werden, die dafür nach ihrer Organisation, Zusammensetzung, Funktion und Verfahrensweise über die besten Voraussetzungen verfügen."[110] Auf der anderen Seite ist auch der Verwaltung aufgegeben, durch entsprechende Strukturgebung ihrer Verfahren die Qualität der Aufgabenerfüllung sicherzustellen. Das erfordert auch und gerade die „Autonomisierung" des Verwaltungsvollzugs. Verantwortlich hierfür ist die schon mehrfach berufene und von Verfassungs wegen zugelassene Selbststeuerung einzelner staatlicher Teilsysteme in den Formen des Rechts. Auch und vor allem die Verwaltung hat hieran – wie dargestellt – Anteil; sie bezieht die Normen, die sie implementieren soll, weitgehend nicht durch den Gesetzgeber, sondern produziert sie vornehmlich im Wege der Verordnungsgebung und über Verwaltungsvorschriften selbst. Das Ergebnis ist eine weitgehende Eigensteuerung. Die dadurch gewonnene und schon oben angedeutete *Autonomie* ist vor allem durch die Verpflichtung der modernen Verfassung auf eine „soziale" Staatlichkeit veranlaßt.[111]

Wenn die Verfassung einer derartigen Freisetzung der öffentlichen Verwaltung aus den materiell-rechtlichen Bindungen des Gesetzgebers Raum gibt, so bedeutet dies in keinem Falle Freiheit zur Willkür. Die Verwaltung bleibt durch den Gesetzeszweck und durch (verfahrens-)gesetzliche Schranken, vor allem aber durch das regulative Verfahrensmodell der Verfassung zahlreichen rechtlichen Bindungen unterworfen. Mit Recht weist *W. Brohm* darauf hin, daß es sich insofern weniger um rechtsfreie Entscheidungsfelder als um graduell unterschiedliche rechtliche Verdichtungen handelt.[112]

2. Wandel des Verwaltungsverfahrens

Der Wandel der gesetzlichen Anleitung öffentlicher Verwaltung induziert zugleich Veränderungen in der Rolle des Verwaltungsverfahrens. In dem Maße, in dem die Gesetze das Ergebnis der Verwaltungstätigkeit offenlassen und die Verwaltung

---

110 BVerfGE 68, 1 (86).
111 Siehe hierzu oben, 9. Kap., B.II.3.
112 DÖV 1987, 270 r. Sp.

sich selbst steuert, nimmt auch die selbständige, ergebnisrelevante Bedeutung des Verwaltungsverfahrens zu. Es ordnet nicht mehr lediglich den „internen" Behördenprozeß, wie dies angesichts eines festgelegten Entscheidungsvollzugs weitgehend (nicht völlig) bislang der Fall war. Vielmehr schlägt es auf das Außenverhältnis durch. Von daher läßt sich das Verwaltungsverfahren nicht mehr als unselbständiger Vollzug gesetzgeberischer Vorentscheidungen ohne eigenen Regelungsgehalt begreifen. Es trägt vielmehr selbständig zum Entscheidungsinhalt bei.[113]

Dies gilt in besonderem Maße bei jenen Verwaltungsentscheidungen, die sich – wie oben dargestellt[114] – wegen ihrer Eigenart der Gesetzgebung annähern. Vor allem hier fehlt es den Betroffenen sowohl an dem Einblick in das Zustandekommen der Verwaltungsentscheidungen als auch an den Mitwirkungsmöglichkeiten. Dementsprechend fordert das regulative Verfahrensmodell der Verfassung erweiterte Mitwirkungsmöglichkeiten. Das Defizit an Beteiligung und individueller Rechtzuweisung durch den Gesetzgeber läßt sich nur durch eine Ausgestaltung des Verwaltungsverfahrens ausgleichen, die den Betroffenen die Möglichkeit eröffnet, ihre Interessen wirksam zur Geltung zu bringen.[115]

3. Funktionsabgrenzungen zu Gesetzgebung und Rechtsprechung

Das Recht, das im Verfassungsstaat individuelle Freiräume abgrenzen und materielle Handlungsanweisungen geben soll, nimmt so einen stark prozeduralen Grundzug an.[116] Dieser Grundzug ist aber in Folge der Veränderung der Staatsfunktionen auch bei Gesetzgebung und Rechtsprechung festzustellen. Auch deren Verfahren gewinnen im Wandel der staatlichen Steuerungsdimension einen eigenen Stellenwert. Es liegt auf der Hand, daß es dadurch zu *prozeduralen Anwendungskonflikten* zwischen den staatlichen Funktionsträgern sowie zu Defiziten in der Funktionsabgrenzung kommen muß. Nicht von ungefähr hat deshalb in den vergangenen Jahren in der Bundesrepublik das Spannungsfeld zwischen der Aufgabenerledigung der öffentlichen Verwaltung einerseits und der verwaltungsrichtlichen

---

[113] Damit schließt sich der Kreis zu der hiesigen Darstellung des Verwaltungsverfahrens als ein spezifischer Konkretisierungsprozeß im 1. Kap. der Untersuchung, B.II.; es klären sich ferner die Voraussetzungen des angefragten Paradigmawechsels (2. Kap., B.) sowie der erörterten Perspektiven einer solchen Revision (2. Kap., C.).

[114] Vgl. hierzu den Text im 10. Kap. um und zu Fn. 190ff.

[115] Einige Überlegungen hierzu bei *Wahl*, VVDStRL 41 (1983), S. 182f.; an ihnen stört allerdings sowohl die Berufung auf (Schluß-)Entscheidungen, vgl. S. 183 – siehe dazu die hiesigen Ausführungen zur Konkretisierung als Begründungsprozedur, 10. Kap., B.II.3.a) mit cc) –, als auch das Plädoyer für eine noch intensivere Stufung komplexer Verfahren, das nach hiesiger Auffassung – vgl. z.B. oben, 7. Kap., D.IV. mit Fn. 388, 393f. – verfehlt ist. Richtig erscheint aber jedenfalls der (beispielhaft zu nehmende) Hinweis auf die Notwendigkeit der „funktionsspezifischen Differenzierung" der Verfahrensteilhabe (S. 183); allein den Blick auf das „Gesetzgebungsverfahren" richtet dagegen *Czybulka*, Legitimation, S. 272.

[116] Dazu siehe auch die Grundlegung im 3. Kap., B.I.; 4. Kap., C. und D.

Kontrollkompetenz andererseits im Vordergrund der Diskussion gestanden.[117] Dabei wird der angewachsene Kontrollumfang der Verwaltungsgerichtsbarkeit infolge einer Ausdehnung der subjektiven Rechte und der Zunahme der Kontrolldichte gerügt. Der Vorwurf einer „Usurpation" spezifischer Verwaltungsfunktionen gründet vor allem darauf, daß die gerichtliche Kontrolle exekutivischer Maßnahmen ihre streng gesetzesakzessorische Bindung verlassen habe.

Empirisch ist eine solche Machtverschiebung von der zweiten zur dritten Gewalt bisher nur unzureichend belegt. Subjektive Erfahrungen und Eindrücke des jeweiligen Betrachters stehen noch im Vordergrund. Erst in den letzten Jahren hat eine bereichsspezifische Verwaltungswissenschaft durch empirische Untersuchungen am Beispiel des Scheiterns zahlreicher Bebauungspläne vor den Schranken der Verwaltungsgerichtsbarkeit den erhobenen Vorwurf anfänglich bestätigt.[118] Die Vorschläge und Möglichkeiten *gesetzgeberischer* Korrekturen dieser Situation sind freilich begrenzt. Immerhin werden Versuche unternommen, beispielsweise die Verwaltungsgerichtsordnung ausdrücklich auf eine Vertretbarkeitskontrolle festzulegen.[119] Hiergegen erheben sich jedoch Einwände methodischer Natur.[120] Eher zu greifen scheinen deshalb die Möglichkeiten der materiellen Gesetzgebung, die Fachgesetze in gewissem Grade unter kompetentiellen Aspekten zu modifizieren, also über das Bestehen, den Inhalt und die Grenzen subjektiver öffentlicher Rechte Dritter eindeutige Aussagen zu treffen. Es ist nämlich vorrangig Sache der materiellen Gesetzgebung, den Schutzzweck einer bestimmten Normierung zu bestimmen und über die Einräumung einer individualisierten Rechtsmacht Dritter, ihren Inhalt und Umfang zu entscheiden.[121]

Damit wird allerdings das Spannungsproblem auf die *Beziehung zwischen Verwaltung und Gesetzgeber* verlagert. Zur Diskussion stehen die Funktionsgrenzen der öffentlichen Verwaltung gegenüber der Legislative. Mit dem Verweis auf die dem Parlament zukommende „Leitfunktion" bei der rechtlichen Steuerung ist es nicht getan. Konkurrenzen mit der öffentlichen Verwaltung sind im modernen Verfassungsstaat vor allem im Hinblick auf die Gestaltung der Konkretisierungsverfahren zu befürchten. Wenn und soweit einerseits die Bindungswirkung der Verfah-

---

[117] Vgl. dazu u.a. *Brohm,* DVBl. 1986, 321ff.; *Kopp,* Kontrolldichte gerichtlichen Rechtsschutzes, S. 146ff.; *Papier,* FS C.H. Ule, S. 235ff.; *Püttner,* Handlungsspielräume, S. 131ff.; *Schmidt-Aßmann,* FS C.-F. Menger, S. 111ff.; *Sendler,* FS C.H. Ule, S. 337ff.; siehe ferner *Franssen,* FS W. Zeidler, 1987, S. 429ff.; *H.H. Rupp,* ebd., S. 455ff.

[118] Siehe die Hinweise bei *Papier,* a.a.O. (Fn. 117), S. 238; vgl. ferner *R. Schäfer,* JbRSoz Bd. 11 (1987), S. 281ff., 284ff.; *Scharmer,* ebd., S. 308ff., 314ff., 318f. („Grenzen legislativer Macht gegenüber dem BVerwG").

[119] Vgl. etwa *Schmidt-Eichstaedt,* DVBl. 1985, 645ff., 649f.; *Schuppert,* DVBl. 1988, 1198ff.

[120] Zutr. im Ansatz, obschon zweifelhaft in den Distinktionen zur Anwendung unbestimmter Rechtsbegriffe („Konkretisierung"), u.a. *Papier,* a.a.O. (Fn. 117), S. 241ff.; siehe auch *Hill,* DVBl. 1989, 325.

[121] Vgl. hierzu auch die Nachw. oben, Fn. 75; eine gewisse Skepsis bleibt jedoch: es gibt letztlich keine wirklich haltbare Unterscheidung von bestimmten und unbestimmten Rechts- bzw. Gesetzesbegriffen; siehe auch *Erichsen,* DVBl. 1985, 22 m. Anm. 11.

rensgesetzgebung berufen wird und andererseits der Umbau der Legitimität auch einen Funktionswandel des Gesetzgebungsverfahrens im Hinblick auf gesetzgeberische Ausgleichsverfahren erforderlich macht, stellt sich erneut die Frage nach der *Kompetenzabgrenzung* zwischen Parlament und Exekutive. Diese muß auf die besondere funktionelle Eigenart und Leistung des Verwaltungsverfahrens ebenso Rücksicht nehmen wie auf die legislative Folgenverantwortung im Gemeinwohlverfahren der Gesetzgebung.[122]

III. Funktionengliederung und Verfahrensverantwortung

1. *Verteilung prozeduraler Gestaltungsmacht*

Der Verweis auf die gesetzgeberischen Möglichkeiten der Verfahrensbindung öffentlicher Verwaltung, der auf den Einsatz eines legislativen *Verfahrensvorbehalts* unter Rückgriff auf Wesentlichkeitsvorstellungen hinausläuft,[123] vermag freilich für sich nicht schon die hohen Anforderungen zu erfüllen, die angesichts des Bedarfs nach wechselseitiger Abstimmung zwischen autonom gewordener Organfunktion einerseits und selbstbestimmt handelnden Bürgern andererseits beständig zunehmen. Hierzu bedarf es vielmehr einer eigenständigen Gestaltungsmacht staatlicher Funktionsträger bzw. der Verfassungsorgane, die im Rahmen des regulativen Verfahrensmodells der Verfassung die jeweiligen Verfahrensordnungen für Ergänzungen, Erweiterungen und Reformulierungen zu öffnen vermag. Demgemäß steht im Kontext polyzentrischer Rechtssetzung und eines Wandels der Legitimationsanforderungen der öffentlichen Verwaltung nicht nur zu, im Rahmen der Leitentscheidungen des Gesetzgebers eigenständig politische Entscheidungen zu treffen und gesetzliche Regelungen zu konkretisieren. Er weist ihr auch eine entsprechende Gestaltungsbefugnis des Verwaltungsverfahrens zu.[124]

Dies gilt jedenfalls dort, wo – wie das beim Grundgesetz der Fall ist – eine ausdrückliche Regelung über die Zuordnung der Verfahrensgewalt an die Verfassungsorgane insgesamt oder jedenfalls teilweise fehlt. Gilt hier schon die Vermutung, daß die Verfassung den Grundsatz voraussetzt, jedes Verfassungsorgan besitze zunächst die Organisations- und Verfahrensgewalt für seinen internen Bereich selbst,[125] dann bedeutet dies umsomehr die Anerkennung der Befugnis zur eigen-

---

[122] Näher dazu *R. Scholz/Pitschas,* Informationelle Selbstbestimmung, S. 54ff., 128f.

[123] Vgl. dazu schon oben, 10. Kap., im Text um und zu Fn. 445; siehe auch die Nachw. bei *R. Scholz/Pitschas,* a.a.O. (Fn. 122), S. 54ff., 128f., 130, 132, 133; früher bereits der Hinweis bei *Suhr,* NJW 1979, 146; siehe ferner und m.w. Nachw. zur Frage nach der Reichweite der Wesentlichkeitsvorstellung auch *Stettner,* JöR n.F. 35 (1986), S. 74ff., 80f.

[124] Siehe in diesem Kontext auch BVerfGE 40, 237 (250, 251); 60, 253 (295, 296); *Ossenbühl,* Vorbehalt des Gesetzes, S. 31f.

[125] Vgl. *Böckenförde,* Organisationsgewalt, S. 29; *H. Steiger,* Organisatorische Grundlagen, S. 42f.

ständigen Verfahrensordnung im voraufgehend nachgezeichneten Wandel der Staatsfunktionen – freilich unter Beachtung der prozeduralen Reformulierung des Gesetzmäßigkeitsprinzips.[126]

2. *Verfahrensverantwortung der Verwaltung als Organisationsmodus der Verwaltungsautonomie*

Die Verfassung kennzeichnet diesen Sachverhalt mit dem Schlüsselbegriff der „Verfahrensverantwortung".[127] Sowohl das Rechtsstaatsprinzip[128] als auch das Demokratiegebot[129] verankern in ihr den Grundsatz der Einheit von Entscheidungsmacht und Verantwortung. Demgemäß kommt der öffentlichen Verwaltung eine entsprechende Verfahrensverantwortung für die Strukturierung und Führung der Verwaltungsverfahren zu. Sie umfaßt einen Kernbereich exekutiver Eigenverantwortung,[130] der nicht nur von Verfassungs wegen „den regierungsinternen Willensentscheidungsprozeß gegen Einwirkungen von außen, insbesondere gegen Einwirkungen von Seiten des Parlaments" absichert.[131] Wie weit der dadurch eröffnete Vorbehaltsbereich für die Verwaltung auszudehnen ist, ergibt sich aus dem jeweils zur Anwendung kommenden konkreten Verfassungstypus. Die von ihm ausgehenden Rationalitätserwägungen für die Tätigkeit der Staatsorgane dienen als Grundlage einer entsprechenden Verantwortungszuweisung.

Auf das *Grundgesetz* bezogen bedeutet dies das Gebot parlamentarischer Zurückhaltung auf der Grundlage der verfassungsrechtlichen Funktionenverteilung. Das Grundgesetz kennt insoweit keinen allumfassenden Parlamentsvorbehalt. Die Demokratie, die von ihm verfaßt wird, ist im Verhältnis der Staatsorgane zueinander vor allem eine *gewaltenteilende Demokratie*. In ihr verfügen auch die Organe der vollziehenden Gewalt über personelle demokratische Legitimation, die über eine Kette individueller, auf die Aktiv-Bürgerschaft zurückführende Berufungs- oder Abberufungsakte (insbesondere Art. 38, 63, 64 und 67 GG) vermittelt wird.[132]

---

[126] Siehe dazu oben im Text um und zu Fn. 99f.

[127] Dazu die Grundlegung oben im 9. Kap., A.III. und IV.; die „Verfahrensverantwortung" ist folglich der verfassungsseitig vorgesehene Modus, sowohl gesellschaftlicher Differenzierung Raum zu geben als auch eine partielle Entdifferenzierung zu ermöglichen (vgl. oben, Fn. 98); den Nutzen des Verantwortungsbegriffs streitet zu Unrecht ab *Czybulka*, Legitimation, S. 313ff.

[128] Vgl. im hiesigen Zusammenhang auch *Stettner*, Kompetenzlehre, S. 261.

[129] Siehe *Ossenbühl*, Mitbestimmung, S. 46ff.; *Zimmer*, Funktion-Kompetenz-Legitimation, S. 171.

[130] Dazu grdl. oben, 6. Kap., C.II.3.; vgl. ferner BVerfGE 67, 100 (139); *Burmeister*, Verfahrensstrukturierungsgebote, S. 126f.; *Busse*, DÖV 1989, 45ff.; *R. Scholz*, AöR 105 (1980), 596ff., 598.

[131] *Maurer*, VVDStRL 43 (1985), S. 163f. m.w.Nachw.; siehe ferner *Stettner*, JöR n.F. 35 (1986), S. 80f.

[132] Vgl. BVerfGE 49, 89 (125f.); 68, 1 (87); *Böckenförde*, Demokratie als Verfassungsprinzip, S. 896 (Rdnr. 15).

Für die Frage nach der Kompetenzverteilung für die Verfahrensordnung gewinnen sonach funktionelle Maßstäbe an Bedeutung. Der Verwaltung muß insoweit vorbehalten bleiben, durch eigene Verfahrensgestaltung auf wechselnde äußere Lagen zügig und sachgerecht reagieren zu können, um so ihren eigenen Anteil an der Rechtsetzung bestmöglich zu erfüllen. Es bleibt die Frage, wo die Grenzen dieser „neuen" Verfahrensautonomie verlaufen.[133]

C. Wandel der Funktionengliederung und Verfahrenskrise

I. Defizite der Integrationskraft von Recht und Verfahren

Der Wandel in der Idee der Gewaltenteilung wird von einer Krise der gesellschaftlichen Integrationskraft des Rechts und der rechtsetzenden wie – anwendenden Verfahren begleitet. So nehmen etwa die Auseinandersetzungen um das vom Grundgesetz institutionalisierte System der politischen und rechtlichen Willensbildungs- und Entscheidungsprozesse zu. Rechtsstaatliche Verfahrenskonzeptionen scheinen für sich allein nicht auszureichen, die unterschiedlichen Teilhabebedürfnisse an der Implementation von Verteilungs-, Planungs- und Lenkungsmaßnahmen zu erfüllen.[134]

Gefordert, ansatzweise praktiziert und diskutiert werden Ergänzungen des parlamentarischen Gesetzgebungsmonopols durch plebiszitäre Initiativ-, Kontroll- oder Vetorechte,[135] die Ausweitung der Bürgerbeteiligung an Verwaltungsentscheidungen,[136] die striktere Bindung von Abgeordneten an Parteibeschlüsse[137] oder auch die Erweiterung der parlamentarischen Kontrollrechte der Opposition.[138] Die gegenwärtigen Verfahrensstrukturen haben überdies Mühe, den durch die technische und soziale Realisation neu hervorgerufenen Verfahrensanforderungen hinreichend

---

[133] Siehe dazu die Ausführungen im anschließenden 12. Kap. der Untersuchung, B. und C.

[134] Vgl. für das Verwaltungsverfahren bereits die Hinweise oben, 1. Kap., C.; 2. Kap., C.; siehe auch *Roßnagel,* KritV 1986, 343 ff.; zur Wendung gegen das System der Mehrheitsentscheidung die Nachw. oben, Fn. 80.

[135] Dazu der Überblick bei *Schulze-Fielitz,* Gesetzgebungsprozeß, S. 107 ff.

[136] Siehe für die Vergangenheit die Ausführungen und Nachw. bei *R. Walter* und *Schmitt Glaeser,* VVDStRL 31 (1973), S. 147 ff., 179 ff.; *W. Schmidt* und *Bartlsperger,* VVDStRL 33 (1975), S. 183 ff., 221 ff.; zur aktuellen Problemsituation vgl. *Pestalozza,* Popularvorbehalt, passim; *Czybulka,* Legitimation, S. 305 ff.; *Schuppert,* DÖV 1987, 757 ff., 759; ferner die Nachw. oben, 6. Kap., Fn. 241 f., 246.

[137] Zur diesbezüglichen Problematik siehe etwa *Achterberg,* Parlamentsrecht, S. 216 ff., 220 ff.; *Degenhart,* Staatsrecht I, S. 147; Stern Staatsrecht I, S. 1069 ff., 1071 ff., 1073 f.

[138] Sie wird namentlich im Zusammenhang der Diskussion um die Bedeutung von Untersuchungsausschüssen für die parlamentarische Kontrolle der Exekutive gefordert, vgl. nur *Damkowski,* in: ders. (Hrsg.), Der parlamentarische Untersuchungsausschuß, 1987, S. 75 ff., 88, 89, 90 f., 98 ff., 100, 105, 145.

Rechnung zu tragen.[139] Gleiches gilt für die Gerichte, die angesichts der zunehmenden inhaltlichen Ungewißheit des materiellen Rechts vor einer neuen Dimension ihrer Entscheidungsverantwortung stehen.

1. Krise der gesellschaftlichen Integrationskraft des Rechts

Verantwortlich für diese Entwicklung ist – betrachtet man sie nunmehr auf einer höheren Ebene als im ersten und zweiten Kapitel der Untersuchung – auf der einen Seite der Abbau gesetzlich-parlamentarischer Steuerungsmöglichkeiten und der mit ihm einhergehende Verlust an generell-abstrakter Regelungskapazität. Die bei alledem zunehmende Verrechtlichung der Gesellschaft steht hierzu nicht in Widerspruch. Der darin angelegte Aufbau eines Netzes von subjektiven Rechten wird nicht nur in seiner Gesamtheit als Einschnürung und Verlust an Spontanietät empfunden;[140] er ist darüberhinaus nicht in der Lage, die Polarisierung zwischen den Einstellungen und Überzeugungen, Handlungen und Bindungen des Bürgers mit den Steuerungsansprüchen des Gesetzgebers aufzuheben.[141]

Auf der anderen Seite führt das Defizit an Verständigungsmöglichkeiten über die Maßstäbe öffentlichen Handelns dazu, daß der Gesetzgeber seine Steuerungsintentionen in Generalklauseln und unbestimmte Rechtsbegriffe auflöst. Dadurch aber geht die Koordinationskraft des modernen Rechtssystems weitgehend verloren, ohne daß sie hinreichend durch das oben skizzierte und in die Idee der Gewaltenteilung aufgenommene polyzentrische System der Rechtserzeugung ersetzt werden könnte. Das Medium „Recht"[142] steht damit vor dem Dilemma, konsistente Steuerungsleistungen erbringen zu müssen, obwohl es mehr und mehr auf konsensuelle Einigungsprozesse umgestellt wird und die rechtsstaatlich gezähmten Elemente seiner Gewaltsamkeit verliert. In dem Maße vor allem, in dem Verwaltung und Gerichtsbarkeit an der notwendigen staatlichen Integration durch eine gesetzesergänzende Rechtserzeugung beteiligt werden, droht die Gesamtleistung der gesellschaftlichen Steuerung zu sinken.

2. Auflösung des Verfahrenskonsenses

Dieses Ergebnis mag zunächst verwundern, weil – wie im zweiten Teil der Untersuchung dargestellt – das moderne Recht seine Integrationsleistung und Koordina-

---

[139] Vgl. die Nachw. oben, 4. Kap., C.III.; speziell in bezug auf das Verwaltungsverfahren siehe auch *K. Lenk*, CuR 1986, 294ff.; *Reinermann*, Informationsmanagement, S. 9ff., 38ff.; w. Nachw. bei *Eberle*, DVerw. 20 (1987), S. 459ff.; *Pitschas*, DÖV 1987, 622ff., 632.

[140] Vgl. *Schmidt-Aßmann*, Ordnungsidee, S. 19; siehe auch *R. Mayntz*, in: D. Strempel (Hrsg.), Mehr Recht durch weniger Gesetze?, 1987, S. 24ff., 27.

[141] Siehe *Th. Blanke*, KritJ 1986, 407f.; vgl. auch *Habermas*, Theorie des kommunikativen Handelns 2, S. 530ff., 531, 534, 538f.

[142] Zu dessen medialem Charakter vgl. bes. *Luhmann*, Wohlfahrtsstaat, S. 94ff.; *ders.*, Einführende Bemerkungen zu einer Theorie symbolisch generalisierter Kommunikationsmedien, in: *ders.*, Soziologische Aufklärung, Bd. 2, 1975, S. 170ff.

tionsfunktion gerade dadurch erbringt, daß es als Organisationsmedium einer gesellschaftlichen Selbststeuerung dient. Und in der Tat bilden die Ausdifferenzierung des Rechts, die Freisetzung der je spezifischen Selbststeuerungsmechanismen sowie der Verzicht auf direkte staatliche Intervention diejenige evolutionäre Form, in der sich komplexe Gesellschaften entfalten und stabilisieren. Die auf diesem Wege durch Dezentralisierung angestrebte Erhöhung der Integrationskraft des Rechts funktioniert allerdings nur über den Umweg einer entsprechenden Verfahrenssteuerung und Verfahrensverantwortung.[143] In dem Maße nun, in dem *Verfahren* in ihrer Aufgabe versagen, die Spannung zwischen der Integrations- und Dezentralisierungsfunktion des modernen Rechts aufzulösen, erweist sich das Konzept der gesellschaftlichen Selbststeuerung durch „reflexives" Recht als ein Fehlschlag.

Die Entwicklung des modernen Staates scheint auf diese Situation hinzusteuern. Die jeweilige Zuweisung von rechtlichen Koordinationsmechanismen an gesellschaftliche Handlungsbereiche wird jedenfalls immer weniger akzeptiert. Jener Grundkonsens, der darin besteht, daß die korrekte Einhaltung bestimmter Verfahren auch Ergebnisse zeitigt, die von denen hingenommen werden müssen, die das Resultat mißbilligen, scheint sich aufzulösen. In manchen Fällen können ehemals akkordierte Verfahrensweisen durch die politischen und administrativen Instanzen aus Gründen einer funktional wirksamen Steuerung nicht mehr eingehalten werden; der Ausweg führt dann in sog. informale Verfahrensweisen. In manchen Fällen unterwerfen sich aber auch die Bürger nicht mehr den Resultaten ordnungsgemäß abgewickelter Prozeduren.

Insgesamt läßt sich jedenfalls eine unterschiedliche Bereitschaft und Fähigkeit feststellen, sich nach Maßgabe guter Gründe und besserer Argumente auf Verfahren diskursiver Öffentlichkeit und Diskussion wie demokratischer Entscheidung einzulassen. Die Ursachen hierfür sind vielfältig.

a) Übergang zum Leistungs- und Verteilungsstaat

Im Übergang zum modernen Leistungs-, Lenkungs- und Verteilungsstaat wird das bisherige rechtsstaatliche Instrumentarium unzureichend; die Leistungsanforderungen an das Recht überschreiten die Grenzen dessen, was die herkömmlichen Verfahren zu leisten vermögen. Es treten Rationalitätskonflikte auf.[144] Die Höhe dieses „Konfliktniveaus" wird durch die anhaltende Zunahme der Anforderungen an die wechselseitige Abstimmung autonom gewordener Systemfunktionen mit selbstbestimmt handelnden Subjekten geprägt. Die daraus resultierende Überforderung der Integrationskraft des Rechts und der Legitimationsreichweite von Verfahren konnte freilich solange als unproblematisch gelten, wie sich staatliches Handeln und Entscheiden nicht normativ unter Gerechtigkeitsaspekten zu rechtfertigen brauchte, sondern schlicht auf seine Effektivität und Leistungsfähigkeit verweisen

[143] Vgl. die Darlegung oben, 4. Kap., C.III.; D.I.–III.; 5. Kap., B.IV.; 7. Kap., A.II.; 9. Kap., A.III. und IV.

[144] Siehe dazu schon oben, 4. Kap., C.IV., V. 2. und 3.

durfte. Doch führten auch hier ökonomisch-soziale Verteilungsprobleme zu anwachsenden Verteilungskämpfen zwischen Privatpersonen, die nicht mit den Mitteln der Privatrechtsordnung, sondern über staatliche Vermittlung ausgefochten werden mußten.[145]

Das eigentliche Grundproblem wird hierdurch jedoch nicht gelöst, nämlich in den erforderlichen Verfahren auch eine inhaltliche *Einigung* über die „beste" Gesellschaft zu finden. Die insoweit notwendigen Optionen für mögliche Kommunikationen und Interaktionen fehlen jedoch einstweilen in einem polyzentrischen System der Rechtserzeugung. Es ist mit anderen Worten als Steuerungscode ebenso überfordert wie es als Kommunikationsmedium unterfordert ist. Diesem Mangel durch *geeignete Verfahren* abzuhelfen, läßt sich für einen Staat der Daseinvorsorge nicht einfach erreichen – zumal der moderne Leistungsstaat in einer pluralistischen Gesellschaft dem Dissens in weit höherem Maße ausgeliefert ist als im liberalen Ordnungsstaat.

b) Verlust der Selbstbestimmung

Dieser jedenfalls war durch eine klare Grenzziehung zwischen den individuellen Freiheitsräumen, in denen die Ausgestaltung des Lebens jedem einzelnen überlassen war, und dem originär politischen Bereich gekennzeichnet, in dem die Verfügungen, die alle Mitglieder des Gemeinwesens betrafen, durch Mehrheitsentscheidungen legitimiert werden mußten. Der im Zeichen sozialer Staatlichkeit verfassungkräftig verankerte Interventionsstaat aber verklammert diese getrennten Sphären.[146] Er „verrechtlicht" weithin auch jene Bereiche, in denen sich herkömmlicherweise Individualität für sich oder kollektiv entfaltete. So gehen individuell und politisch gesteuerte Lebenswelten mehr und mehr ineinander über. Hiergegen jedoch leistet der Bürger zunehmend Widerstand. Er ist nicht willens, freiheitsgewährende Bastionen der Eigengestaltung von Lebensbereichen kampflos aufzugeben; dementsprechend werden Entscheidungen, die aufgrund von Mehrheitsverfahren ergangen sind, gerade in jenen Problembereichen zurückgewiesen, wo legitime Ansprüche auf „private Unversehrtheit" geltend gemacht werden.[147]

Die daran ablesbare Zuspitzung des „Prinzips Subjektivität" hat ihren einstweiligen Höhepunkt in der Datenschutzdiskussion der letzten Jahre gefunden. Im Zuge der Kollision zwischen den statistischen Planungserfordernissen des sozialen Staats und den Befürchtungen der Herrschaftsunterworfenen über einen Mißbrauch ihrer Daten durch öffentlichen Informationsverbund ergibt sich die absurde Situation, daß nur die Ineffizienz staatlicher Verfahren, bei der aufgrund strikt durchgeführter

---

[145] Näher hierzu vgl. *Schmidt-Aßmann*, Ordnungsidee, S. 22f.

[146] Vgl. dazu *Böckenförde*, Die Bedeutung der Unterscheidung von Staat und Gesellschaft im demokratischen Sozialstaat und Gegenwart, in: Festgabe W. Hefermehl, 1972, S. 11ff.; *ders.*, Demokratie als Verfassungsprinzip, S. 944f.; *Herzog*, Staatslehre, S. 141ff., 147ff., 152ff.

[147] *Guggenberger*, An den Grenzen der Mehrheitsdemokratie, S. 184ff., 190, 191.

staatsinterner Funktionengliederung die eine Behörde nicht weiß, was die andere tut, die Freiheitsräume des Bürgers sichern können soll. Diese Ineffizienz kommt freilich dem modernen Staat teuer zu stehen. Und auch die Ansprüche auf staatliche Steuerung und die Forderung nach politischen Interventionen verschärfen dieses Dilemma nur noch.[148]

c) Revidierbarkeit von Entscheidungen

Stehen insoweit die Prämissen für die Legitimation durch das eine oder andere Verfahren in Frage, so gilt dies auch für die Revidierbarkeit ihrer Ergebnisse. Die Akzeptierung der über Mehrheitsverfahren legitimierten Entscheidungen durch die Minderheiten hängt nämlich davon ab, daß die Maßnahmen „jedenfalls im Prinzip revidierbar, reversibel oder hinsichtlich ihrer potentiellen negativen Konsequenzen korrigierbar sind."[149] In bezug hierauf zeigt sich aber, daß gerade für die längerfristige *Planung* keine ausreichenden verfahrensmäßigen Legitimationen vorhanden sind. Überdies bietet der Verweis auf die Majorität dann keine hinreichende Begründung für politische Entscheidungen, wenn lebenswichtige inhaltliche Divergenzen bestehen.[150] Angesichts dessen kann auch die Idee des Ausgleichs, des Kompromisses, von dem die Demokratie lebt und der die Konsensfindung in und durch Verfahren mit-gestaltet,[151] nicht durchweg greifen.

d) Differierende Intensitäten und Wertkonflikte

Die Verstärkung staatlicher Interventionen nach Tiefe und Breite führt freilich auch dazu, daß die Maßnahmen differenzierter werden und mehr und mehr nur spezielle Bevölkerungsteile berühren. Verlassen aber die staatlichen Aktivitäten den Bereich der globalen Steuerung oder der Sicherung unstrittiger Rahmenbedingungen des Gemeinwohls, so sind stärkere Interessenkonflikte zu gewärtigen. In der neueren Diskussion über kollektive Entscheidungsprozesse hat ein damit verbundenes Problem, nämlich jenes der unterschiedlichen Intensität individueller Interessen, große Beachtung gefunden.[152] Mehrheitsentscheidungen sind nämlich nur dann unproblematisch, wenn die *Intensität* der Präferenzen von Mehrheiten und Minderheiten nicht wesentlich unterschiedlich sind. Zunehmend aber geraten gerade die Aktivitäten des Interventionsstaates in gesellschaftlich so relevante Bereiche, daß diese Voraussetzung nicht mehr ohne weiteres gewährleistet ist. Staatliche Verfahren stehen hier vor einem unlösbaren Problem: Es ist unklar, in welchem Maße Minderheitsinteressen Berücksichtigung finden sollen. Diesen Zustand fördert die Zunahme der Eingriffshäufigkeit und -tiefe der staatlichen Interventionen im modernen

---

[148] Richtig daher *Haverkate,* VVDStRL 46 (1988), S. 199ff.; verfehlt dagegen der gedankliche Ansatz bei *Schuppert,* DÖV 1987, 767 l. Sp.

[149] *Offe,* Politische Legitimation, S. 164.

[150] Vgl. *Dreier,* ZParl 17 (1986), S. 113ff.

[151] Siehe dazu oben, 5. Kap., B.IV.; D.I. und II.; 10. Kap., C.III. und V.

[152] *Offe,* Politische Legitimation, S. 166ff.

Staat. Je spezieller diese sind, umso eher sind auch bestimmte Minderheiten in positiver oder negativer Weise betroffen; die Differenzierung der Präferenzen nimmt dementsprechend zu.

Dem Aufgabenwachstum des Staates und dem Prozeß der Expansion seiner Tätigkeiten ist jedoch nicht zu entrinnen. Mehr Aktivitäten aber führen in mehr Konflikte; Leistungen und Eingriffe des Staates beruhen auf Auswahl, Bewertung und Parteinahme. Die Ausführungen im zweiten Teil der Untersuchung zur Verfahrensrationalität haben gezeigt, daß der Staat in bezug hierauf bestimmte Wertungen bevorzugen und andere verletzen muß. Seine „wertrationalen" Interventionen haben wiederum Auswirkungen auf die Werthaltungen von Individuen und sozialen Gruppen.[153] Steigende Wertkonflikte mindern indes die Wertschätzung der existierenden Spielregeln; wo es um die Bedrohung existentiell scheinender Werte geht, nimmt die Neigung zu, die „bloß formalen" Verfahrensweisen zu suspendieren.

II. Krise des Verwaltungsverfahrens als Rationalitäts- und Legitimitätsdefizit

Die voraufgehend knapp skizzierten Aspekte jener fatalen Situation, die dadurch entsteht, daß sich der Grundkonsens über Verfahren da und dort aufzulösen beginnt, lassen sich speziell auf das *Verwaltungsverfahren* spiegeln. Dessen Aufwertung und die Diskussion um seine Fortentwicklung[154] unterliegen dadurch einer weiteren, neuen Perspektive.

1. Komplexe Verwaltungsentscheidungen und Umbau der Legitimation

Dies gilt zunächst in bezug auf Verwaltungsverfahren als eine der Ressourcen des modernen Leistungs-, Lenkungs- und Verteilungsstaates. Seine regelmäßige Äußerungsform ist die komplexe Verwaltungsentscheidung.[155] Als Typusbegriff bringt sie u.a. die Notwendigkeit umfangreicher Abwägung innerhalb eines gesetzlichen Finalprogramms zum Ausdruck, beruht also regelmäßig auf nur grobmaschig vorgeformten gesetzlichen Grundlagen. Damit aber erscheint sie als Prototyp jener staatlichen Tätigkeiten, die einen materiell gerechten Rechtzustand herstellen wollen, bei denen aber die inhaltliche Einigung in und durch Verfahren immer schwieri-

---

[153] Vgl. *Böckenförde,* Demokratie als Verfassungsprinzip, S. 937ff., 940 (Rdnr. 80).

[154] Siehe dazu die Nachw. oben, 1. Kap., C. und D.; 2. Kap., C.II.; vgl. auch und ergänzend *Burmeister,* Verfahrensstrukturierungsgebote, S. 124ff.; *Hill,* Zehn Jahre Verwaltungsverfahrensgesetz, passim; *ders.,* DVBl. 1989, 324; *Klappstein,* DVBl. 1987, 1203ff.

[155] *Erbguth/Schoeneberg,* WiVerw. 1985, 102ff., 111f.; *Hoppe,* Festgabe BVerwG, S. 297ff.; *Schmidt-Aßmann,* VVDStRL 34 (1976), S. 223ff.; *ders.,* HdbStR III, 1988, S. 644 (Rdnr. 28); *Steinberg,* DÖV 1982, 619.

ger wird.[156] Aufgegeben ist deshalb die Suche nach Verfahrensformen, die der Aufgabenstruktur verteilender bzw. lenkender Verwaltung und den ihr zugeordneten komplexen Verwaltungskonkretionen im System des Verwaltungsrechts funktional zu entsprechen und ihnen Halt zu geben vermögen.

2. *Individuelle Autonomie und funktionelle Bürokratie*

In der Spiegelung der allgemeinen Verfahrenskonflikte auf das Verwaltungsverfahren offenbart sich auch für dieses die *Konfliktstruktur*, die sich aus der Kollision des Interventionsstaates mit einer zunehmend anspruchsvoller und differenzierter werdenden Subjektivität der Individuen ergibt. Hierbei käme es darauf an – weil die Anforderungen an die wechselseitige Abstimmung von autonom gewordenen staatlichen Teil-Systemen und selbstbestimmt handelnden Subjekten beständig zunehmen –, immer wieder neue Möglichkeitsräume für gesellschaftliche Kommunikationen zu eröffnen. Gerade aber in bezug auf das Verwaltungsverfahren ist dies nicht der Fall. Hier lassen sich weite Bereiche verzeichnen, in denen die Kommunikation zwischen Behörde und Bürger verbessert werden muß. Zur Überbrückung dieser Kluft und damit zugleich zu einer Aktualisierung der moralischen, in die Verfassung eingelassenen (prozeduralen) Grundlagen des Rechtssystems hat das geltende Verwaltungsverfahrensrecht bislang kaum wesentliches beigetragen.[157]

3. *Demokratiedefizite des Verwaltungsverfahrens*

Das Problem, daß gerade für längerfristige Planungen keine ausreichende verfahrensmäßige Legitimation zu beschaffen ist, zeigt sich vor allem in den mit der Genehmigung technischer Großvorhaben verbundenen Akzeptanz- und Akzeptabilitätsfragen.[158] Ungeachtet der rechtlichen Ableitung des Verwaltungshandelns aus den Legitimationsgrundlagen der Verfassung sinkt die „generalisierte Zustimmungsbereitschaft" für die Genehmigung technischer Großanlagen. Dies verweist auf den Gedanken, das demokratische Element der Rechts- und Zweckkonkretisierung durch öffentliche Verwaltung zu stärken, in dem in die vorhandenen Legitimationszüge des demokratisch-parlamentarischen Verwaltungssystems und der Selbstverwaltung zusätzliche Einflußmöglichkeiten der Öffentlichkeit eingeflochten werden. Der Gesetzgeber hat unter dem Grundgesetz diesen Gedanken an etlichen Stellen aufgenommen und entsprechende Möglichkeiten einer *Öffentlichkeitsbeteili-*

[156] Vgl. auch *Steinberg*, a.a.O. (Fn. 155), 619ff.

[157] Siehe auch die Kritik bei *Kißler*, Rechtssoziologie, S. 113ff., 118ff.; *Kopp*, DVerw. 20 (1987), S. 3; *Ladeur*, ARSP 74 (1988), 234ff.; *Steinberg*, a.a.O. (Fn. 155), S. 625f.; vgl. ferner die Nachw. oben, 2. Kap., A.II.3.

[158] Hierzu statt aller *Roßnagel*, KritV 1986, 343ff.

gung vorgesehen.[159] Der Bedarf nach solchen Repräsentationsergänzungen wächst in dem Maße, in dem die Verwaltung an der staatlichen Integration durch eigene Rechtserzeugung beteiligt ist. Werden dagegen die Repräsentationserwartungen der einzelnen oder auch der Bürger insgesamt durch das Handeln der Repräsentanten enttäuscht, so entsteht notwendigerweise die Frage nach dem Sinn bzw. der Legitimität der administrativen Willensbildungs- und Konkretisierungsverfahren.[160]

Mag man deshalb auch vor übertriebenen Erwartungen an die Legitimationsleistung des Verwaltungsverfahrens warnen,[161] so scheint jedenfalls der Umstand, daß viele Bürger den Gehorsam gegenüber staatlichen Entscheidungen aufkündigen, ein Indiz dafür zu sein, daß die Konkretisierungsverfahren der Sache und den betroffenen Interessen nicht angemessen sind. Der sich insoweit herausbildenden Legitimationskrise des Verwaltungsverfahrens läßt sich jedoch entgegenwirken, wenn man den Mitwirkungsanspruch der Bürger, wie ihn auch das regulative Verfahrensmodell der Verfassung vorsieht, ernst nimmt und fragt, welche institutionellen Modifikationen des Verfahrens einen Wandel herbeiführen können. Jedenfalls stehen auch in der repräsentativen Demokratie die Bedingungen demokratischer Legitimation nicht ein für allemal fest. Die eigentümliche Bindungskraft auch grundlegender Verfahrensentscheidungen erweist sich umgekehrt gerade darin, daß ihr Geltungsanspruch einer *kontinuierlichen Fragestellung* standhält.[162]

4. Wertkonflikte und Verfahrensrevision

Die Öffnung des Verwaltungsverfahrens für Ergänzungen, Erweiterungen und Reformulierungen seiner Grundprinzipien wird von dem selbstbewußter gewordener Bürger vor allem gegenüber den Folgewirkungen der Autonomisierung des Verwaltungsvollzugs gefordert. Denn das ordnungsgemäß ablaufende bürokratische Verfahren bringt nicht jenes legitimierende Gewicht auf die Waage des individuellen Bewußtseins, welches die Besorgnis über vermeintliche Fehlentscheidungen, die das Überleben der Menschheit bedrohen, kompensieren könnte. Dies gilt vor allem dann, wenn im Zuge der Freisetzung öffentlicher Verwaltung die Legitimität dessen, was rechtmäßigerweise der Fall ist, zunehmend weniger auf die Rationalität öffentlich-politischer Diskurse und die Verfahren demokratischer Willensbildung und Entscheidungsbindung zurückgeführt wird. Nichts anderes hat aber unter dem Grundgesetz das vom Bundesverfassungsgericht seit einiger Zeit entwickelte Kon-

---

[159] Vgl. z.B. § 3 BauGB, § 10 BImSchG, §§ 20ff. b.-w. GemO; w. Nachw. bei *Schmitt Glaeser,* Position der Bürger, S. 53, 54; zu anderen Arten der Beteiligung, insbes. zu Verbandsbeteiligungen, vgl. *W. Schmidt* und *Bartlsperger,* VVDStRL 33 (1975), S. 183ff., 221ff.; *v. Beyme,* Interessengruppen in der Demokratie, 1980, 134ff.

[160] Vgl. auch *Böckenförde,* Demokratische Willensbildung, S. 44ff., 45f. (Rdnr. 29).

[161] Ähnlich *Schmidt-Aßmann,* Ordnungsidee, S. 47 m. Anm. 82; dessen Berufung auf *Luhmann,* Verfahren, S. 203ff., überzeugt allerdings kaum angesichts der von diesem Autor bevorzugten, aber überholten Scheidung von „Politik" und „Verwaltung".

[162] *Offe,* Politische Legitimation, S. 151; vgl. auch *Pestalozza,* Popularvorbehalt, S. 6, 7ff.

zept einer „Grundrechtssicherung durch Organisation und Verfahren" zum Gegenstand. Denn es eröffnet Möglichkeitsräume für gesellschaftliche Kommunikation, die vom Gesetzgeber einerseits und von der öffentlichen Verwaltung andererseits – etwa in Form des Kooperationsgebotes für Demonstrationen[163] – zu realisieren sind.[164]

III. Wege aus der Krise

1. „Reflexives" Recht und Verfahrensverantwortung

Gegenüber der skizzierten Gefahr einer Auflösung des Verfahrenskonsenses und den Rationalitäts- bzw. Legitimationsdefiziten des Verwaltungsverfahrens ist daran zu erinnern, daß staatliches Recht nicht nur in einem polyzentrischen System erzeugt wird, sondern zugleich auch als Medium dafür dient, die darin abgebildete Autonomie zu organisieren. Es ist eben nicht nur die Freisetzung der je spezifischen Selbststeuerungsmechanismen, über die sich komplexe Gesellschaften evolutionär entfalten und stabilisieren. Das moderne Recht muß vielmehr und zugleich in den Stand versetzt werden, diese Verselbständigung in Prozessen funktional ausdifferenzierter systemischer Selbststeuerung durch Integration aufzufangen. Eben diesen Mechanismus muß das *Gesetz* als Richtlinie, Auftrag und Verfahrensbindung institutieren.[165]

Die Spannung zwischen der Integrations- und *Autonomiefunktion* des modernen Rechts ist gleichwohl nicht zu leugnen. Denn sowohl unter normativen als auch unter Effektivitätsaspekten richtet der Bürger spezifische Anforderungen an die Funktionsweise, die innere Struktur und die Resultate staatlicher wie gesellschaftlicher Teil-Systeme. Erforderlich wird also die „Koppelung" der Selbststeuerung des evolutionären gesellschaftlichen Prozesses mit den Funktionsimperativen des zentralgesetzten Rechts.[166] Die hierbei erforderlich werdende wechselseitige Abstimmung sieht das anspruchsvolle Konzept einer materialen Verfassung des modernen Staates in dem Schlüsselbegriff der „Verantwortung" aufgehoben. Namentlich *Verfahren* sind geeignet, die notwendige und entdifferenzierende Bindung in Koordination und Kooperation herbeizuführen. Dementsprechend bleibt es auch in einem

---

[163] BVerfGE 69, 315 (355, 357); ablehnend gegenüber dem Kooperationsgedanken aber *Czybulka*, Legitimation, S. 309ff., 312f.

[164] Eher zurückhaltend aber *Broß*, Jura 1986, 189ff.; *Frowein*, NJW 1985, 2376; *Götz*, DVBl. 1985, 1347ff.; *Gusy*, JuS 1986, 608ff.; *Schenke*, JZ 1986, 27ff.

[165] Vgl. *Rhinow*, Rechtsetzung und Methodik, S. 244ff., 260ff.; 264ff., 267f.; *Stern*, in: D. Strempel (Hrsg.), Mehr Recht durch weniger Gesetze?, 1987, S. 15ff., 21f.; siehe ferner *J. P. Müller*, FS K. Eichenberger, S. 179f.

[166] Das freilich ist eine andere Art der „Koppelung", als sie *R. Voigt* mit seinem diffusen Hinweis auf eine „kulturelle Rahmensteuerung" (?) in der Diskussion zu verankern sucht (in: Grenzen rechtlicher Steuerung, S. 28ff.).

Pitschas, DÖV 89, 765 (!)

polyzentrischen System der Rechtserzeugung bei dem Prinzip demokratischer Willensbildung und Entscheidungsfindung nach Maßgabe des regulativen Verfahrensmodells der Verfassung. Freilich kann die gegebene Spannung zwischen (autonomer werdenden) staatlichen Funktionen und selbstbestimmt handelnden Subjekten nur dann aufgelöst werden, wenn sich die staatlichen Konkretisierungsprozesse und namentlich das Verwaltungsverfahren – ohne Preisgabe des Verfahrenskonzepts der demokratischen Verfassung – für Ergänzungen, Erweiterungen und Reformulierungen der Rationalitäts- und Legitimitätsperspektiven öffnen. Einbeschlossen darin ist zugleich die gesellschaftliche Mit-Verantwortung für das erfolgreiche Zusammenspiel einer Vielzahl von Entscheidungszentren im modernen Staat.[167]

2. *Verfahrensentwicklung als Notwendigkeit*

Für die Richtung dieser Öffnung setzen die oben skizzierten Rationalitäts- und Legitimitätsdefizite entscheidende Wegmarken. Folgt man ihnen, so geht es vor allem um eine Auseinandersetzung mit den materialen, in die Verfassung eingelassenen Grundlagen bzw. Grundprinzipien des Rechtssystems in bezug auf die künftige Verfahrensgestaltung. Unter ihrem Dach und ihrem Einfluß muß das Rechtssystem auf die durch die Entwicklung zur gesellschaftlichen Selbststeuerung aufgeworfenen Fragen neue Antworten finden.

Wie die Antworten aussehen werden, bestimmt sich vor allem aus den Prämissen für die Legitimation staatlichen Handelns und Entscheidens *durch Prozeduren:* Diese müssen in ihrer Weiterentwicklung die Repräsentationsdefizite bürokratischer Konkretisierung aufgreifen, den Verlust der Selbstbestimmung durch funktionelle Bürokratisierung ausgleichen, das Problem der Revidierbarkeit von Konkretisierungsergebnissen angehen und schließlich einer werthaften Verfahrensrationalität, die Verfahrensgerechtigkeit garantiert, gleichermaßen in Recht und Politik Eingang verschaffen.

Speziell mit Bezug auf das *Verwaltungsverfahren* gilt insoweit auch heute noch die Forderung von *U. Scheuner,* „die Probleme der persönlichen Selbständigkeit, des Rechtsschutzes und des geordneten Verfahrens ... für die industrielle Gesellschaft, für die großstädtischen Zusammenballungen, für den in technisch-sozialer Hinsicht abhängig gewordenen Menschen zu entwickeln".[168] Die Verfahren der Vollzugsverwaltung bedürfen im Blick hierauf erheblicher Anpassungen, um die Impulse aus den Rationalitäts- und Legitimationsanforderungen an das Verwaltungsverfahren aufnehmen und die daraus unter Umständen resultierenden Konflikte verarbeiten zu können.

Mögliche Formen institutioneller Regelungen müssen sich dabei einerseits mit der Frage nach dem *Kreis der Beteiligten* auseinandersetzen. Hierbei stellt sich zum

[167] Vgl. dazu oben, 6. Kap., C.III.3.g); 7. Kap., E.II.4.; zu eng daher *Böckenförde,* Demokratie als Verfassungsprinzip, S. 905f. (Rdnrn. 29, 30), 944f. (Rdnr. 90).

[168] DÖV 1969, 586.

einen die Frage, ob eine gewisse Repräsentanz der Betroffenen erreicht wird oder ob ihre Beteiligung selektiv bleibt („Teilhabe durch Verfahren"). Aufgegeben und zu lösen ist zum anderen das Problem der „privaten" Unversehrtheit von Lebenssphären. In bezug hierauf könnte ein Mehr an Selbstbestimmung durch ein Mehr an Mit-Verantwortung bewirkt werden.[169] Der einzelne erwartet nicht nur Leistungen von der öffentlichen Verwaltung, sondern ist auch bereit, Verantwortung für das Funktionieren ihrer Prozesse zu übernehmen oder sich gar an deren Gestaltung zu beteiligen. Gleichermaßen macht dies ein tiefes *Vertrauen* in die Institution „Verfahren" deutlich.

Verwaltungsverfahren müssen ferner zur *Revidierbarkeit der Konkretisierungsergebnisse* stärker als bisher beitragen. Denn wenn diese als Prämisse für die Legitimität der Verfahrensordnung anzusehen sind, kann es nicht bei dem Verweis auf die Bestandskraft der Konkretisierungsergebnisse bleiben. Verfahrensgarantie und Bestandskraft sind deshalb auch nicht unbedingt zwei Seiten einer Medaille, wie *H.F. Zacher* hervorhebt.[170] Sie können auch in Gegensatz zueinander treten: Indem der Staat die Verantwortung für die Gültigkeit seiner Entscheidungen trägt, hat er sowohl die Aspekte der Rechtssicherheit als auch der Verfahrensgerechtigkeit einschließlich des Schutzes des Rechtsfriedens zu berücksichtigen. Er trägt deshalb an der Last, die Konkretisierungsergebnisse hinreichend revisibel halten zu müssen. Das aber erfordert „reflexive" Verfahrensvorschriften.[171]

Der Ausbau von dezentral wirksamen Verfahren des Zeit- und Rationalitätsgewinns muß schließlich das Zusammenspiel der entstehenden Vielzahl von Entscheidungszentren im Auge behalten. Jeder Verfahrensentwicklung im modernen Staat ist deshalb aufgegeben, staatliche Integration durch *funktionelle Koordination* in und durch Verfahren zu verstärken. Damit rückt die aktuelle Problematik der Herausbildung eines spezifischen Verwaltungsinnenrechts ins Licht, das im Zeichen des

---

[169] So für das Verwaltungsverfahren tendenziell auch *Schmitt Glaeser*, Position der Bürger, S. 87ff., 94ff.

[170] Elemente der Rechtsstaatlichkeit, S. 422.

[171] Vgl. oben 4. Kap., D.I.-III.; 6. Kap., B.IV.2.; 10. Kap., A.III.3.; aus diesem Zusammenhang erhellt u.a. die besondere Bedeutung der Vorschriften über das Wiederaufgreifen des Verwaltungsverfahrens in 51 VwVfG sowie über die Rücknahme und den Widerruf von Verwaltungsakten (§§ 48ff. VwVfG, 44ff. SGB X); vgl. dazu etwa *Badura*, Verwaltungsverfahren, S. 436ff.; *Erichsen*, Verwaltungshandeln, S. 277ff.; *Geuder*, Wiederaufgreifen des Verwaltungsverfahrens und neue Sachentscheidung, Diss. Würzburg 1983; *Gosch*, Die Wiederaufnahme unanfechtbar abgeschlossener Verwaltungsverfahren – Zur Dogmatik und Kritik des § 51 VwVfG, Diss. Bielefeld 1981; *Selmer*, JuS 1987, 363ff.; *Ule/Laubinger*, Verwaltungsverfahrensrecht, S. 412ff., 436f., 450ff., 463ff., 471ff.; *Wilke*, Festschrift zum 125-jährigen Bestehen der Juristischen Gesellschaft zu Berlin, 1984, S. 847ff., 859 („Änderungskompetenz"). – Nachzudenken ist m.a.W. über die Reichweite der Bestandskraft von Verwaltungsakten; die Maßgeblichkeit der Konkretisierungsaktivitäten („Verwaltungsentscheidungen") muß stärker auf den *verfahrensrechtlichen* Tatbestand der Unanfechtbarkeit ausgerichtet werden. Auch deshalb ist es beispielsweise richtig, das Wiederaufgreifen unanfechtbar abgeschlossener Verwaltungsverfahren prinzipiell dem pflichtgemäßen Ermessen der Behörde zu überantworten, vgl. dazu *Selmer*, a.a.O., S. 365 m. Anm. 38ff. und w. Nachw.

sich verschärfenden Widerstreits zwischen divergierenden Gemeinwohlbelangen und einer funktionenteiligen gesetzesergänzenden Rechtserzeugung auf die Gewährleistung von Kooperation unter den Verwaltungsträgern und Koordination der Verwaltungszwecke abzielt.[172]

---

[172] *Burmeister,* Innenrecht der Verwaltung, S. 55ff., 67ff.; das Problem wird aber nur teilw. erörtert bei *Bryde,* VVDStRL 46 (1988), S. 191f., 193, 198ff.; *Haverkate,* ebd., S. 219f., 241ff.; *Obermayer,* NJW 1987, 2642ff., 2645; *Schmidt-Aßmann,* Verfahrensgedanke, S. 20ff.

Vierter Teil. Verfahrensverantwortung der öffentlichen Verwaltung und Verfahrensrechtsentwicklung

12. Kapitel. Verwaltungsverfahren zwischen legislativer und administrativer Verfahrensverantwortung

A. Verantwortungszuweisung und Steuerungspotential der Rechts- und Zweckkonkretisierung

Verfahrensentwicklung durch gesetzgeberische Revision des Verwaltungsverfahrensrechts und durch dessen Konkretisierung in der Verwaltungspraxis sowie durch die Rechtsprechung hat den dargelegten Maßgaben der Verfassung zu folgen. Sie ist in den von dieser aufgenommenen Wandel der Verfahrensidee im modernen Staat eingebettet. Staatliche Verfahrensverantwortung orientiert sich an seinen realen und normativen Bedingungen und versucht, in Entsprechung zu diesen das Verwaltungsverfahrensrecht umzuformen. Sowohl der Gesetzgeber als auch die Verwaltung haben hieran kraft ihrer je funktionsspezifischen Verantwortungszuweisung im Grundgesetz Anteil.[1]

Damit stellt sich das Problem der Verantwortungszuordnung, nämlich die Frage, an wen Auftrag und Befugnis zur rechtlichen Gestaltung des Verwaltungsverfahrens ergehen. Die Antwort fällt – wie schon die bislang im Verlauf der Untersuchung hin und wieder erforderlichen Ausblicke auf dieses Thema deutlich gemacht haben[2] – differenziert aus: Es besteht eine *Verfahrensverantwortung in Gesamthand.* Beide Staatsfunktionen, Gesetzesgeber wie Verwaltung, sind auf Grund ihrer im Strukturwandel von Staat, Gesellschaft und Recht bestehenden Rechtsetzungskompetenzen zur Verfahrensordnung befugt.[3]

Freilich fällt diese Antwort noch zu pauschal aus. Zu klären bleibt, wie die Anteile im einzelnen verteilt sind. Was dabei die *Verwaltung* anbelangt, so wirkt sie auf das Verwaltungsverfahren einerseits qua „Vollzug" der Verfahrensgesetze im Rahmen ihrer Verfahrensführung ein.[4] Sie vermag das Verfahren aber auch und andererseits

---

[1] Vgl. dazu oben, 9. Kap., A.IV.

[2] Siehe die Hinweise im 6. Kap., um und zu Fn. 90 bzw. 210; 7. Kap., um und zu Fn. 438, 444ff., 450, 489f.; 10. Kap., um und zu Fn. 65ff., 190f., 358, 361, 445; 11. Kap., um und zu Fn. 99ff., 123ff., 127ff.

[3] Vgl. dazu die Ausführungen im 11. Kap., B.III.1. und 2. Dieser Befugnis entspricht auch eine Verpflichtung zur Verfahrensordnung, wie noch darzulegen sein wird; die Verfahrensverantwortung in Gesamthand paart sich mit einer gleichsinnigen Ordnungskompetenz auch der Legislative („Verfahrensfunktionen des Parlaments").

[4] Siehe oben, 7. Kap., C.I.; E.V.

selbst durch Rechts – und Verwaltungsvorschriften nach Maßgabe der exekutivischen Rechtssetzungsgewalt zu gestalten.[5] Im Mittelpunkt stehen dabei die Handlungs- und Entscheidungsaktivitäten der Konkretisierung. Unter ihnen stellt namentlich die „Steuerung" dasjenige Potential an Verfahrensaktivitäten, das als Bezugspunkt der Verantwortungszuordnung dient. Denn sowohl der Gesetzgeber als auch die Verwaltung setzen das Verfahren als Steuerungsmedium ihrer „regulativen Politik" ein.[6] Die entscheidende Frage ist deshalb die, *wer* die rechtlich verbindlichen *Steuerungsprämissen* setzen darf.

I. Konkretisierung als „Steuerung" der Handlungs- und Entscheidungsaktivitäten

Nach unserem herkömmlichen Verständnis setzt der Eintritt der Rechtsfolge die Zuordnung des festgestellten Sachverhalts zum *Tatbestand* der für einschlägig gehaltenen Norm voraus. Dieser wiederum besteht aus dem Normgehalt, den der Rechtsanwender unter Verarbeitung der deskriptiven und präskriptiven Normprämissen aufbereiten muß. Aus ihm kann sodann die konkrete Rechtsfolge (Sollensanordnung) abgeleitet werden. Sie stellt sich aufgrund einer Subsumtion der Sachverhaltsmerkmale unter den Tatbestand dar. Die verfassungsrechtliche Bindung an Gesetz und Recht (Art. 20 Abs. 3 GG) soll hierfür wegen ihrer Anforderungen an die Rationalität, Transparenz und Überprüfbarkeit des Rechtsvollzugs die Form des klassischen syllogistischen Schlusses nahelegen.[7]

Die rechtliche Würdigung des festgestellten Sachverhalts ist freilich ein voraussetzungsvoller Vorgang, der das faktische Entscheidungs- bzw. Konkretisierungsverhalten der Rechtsanwender keineswegs ausschließlich deduktiven Schlußverfahren unterstellt. So haben vor allem die Ausführungen im zweiten und dritten Teil der Untersuchung[8] erhellt, wie sehr sich bereits in der Wechselbezüglichkeit von Sachverhalt und Norm materiell-rechtliche Elemente der letzteren „durch" Verfahren formen und daß erst die (vorläufig) vollzogene Rechtsanwendung im Einzelfall die Tatsachenfeststellung ermöglicht. Der zur Konkretisierung berufene Rechtsanwender nimmt das reale Geschehen nur insoweit wahr, als es ihm rechtserheblich scheint, und er darf sich in diesem Segment mit einer rechtsnormativ vorab einregu-

---

[5] Vgl. 9. Kap., A.II.; 10. Kap., A.II.7.; 11. Kap., B.III.

[6] Der 4. Teil der Untersuchung nimmt damit die bisherigen Ausführungen zur Steuerungsfunktion von Verfahren wieder auf und konzentriert sie auf das Verwaltungsverfahren, vgl. näherhin bereits oben im 2. Kap., um und zu Fn. 238, 246, 247ff., 253; 4. Kap., Fn. 275f.; 7. Kap., Fn. 455; 10. Kap., A.II.6.

[7] Dazu siehe *Larenz*, Methodenlehre, S. 260ff.

[8] Vgl. 3. Kap., B.II.; 4. Kap., C.I.-III.; 5. Kap., D.II.; 7. Kap., C.I.2. c) mit dd); D.III.5.; E.II.3.; E.III.; 10. Kap., B.II. 2. c); C.III.

lierten, nämlich am jeweils herausgearbeiteten Überzeugungsmaßstab relativierten „Wahrheit" begnügen.[9]

Auch in der Beziehung zwischen Norm und Entscheidung bestehen vergleichbare Wechselbezüglichkeiten. Der syllogistische Schluß vermittelt daher keine objektiv eindeutige Rechtsanwendung im Einzelfall. Die ihm verbundene herkömmliche juristische Methodik und die traditionellen Argumentationsfiguren der Dogmatik steuern das Konkretisierungsverhalten immer weniger. Kaum noch bestritten wird, daß die juristischen Interpretationsmethoden im Zuge der *Darstellung* einer Entscheidung in verschiedener Weise eingesetzt werden können.[10] Zudem weisen zahlreiche Rechtsnormen schon aus sprachtheoretischen Gründen nur einen begrenzt bindungsfähigen Inhalt auf.[11] Weitere Konkretisierungsspielräume ergeben sich dort, wo das Gesetz der Exekutive Ermessen, Gestaltungfreiheit, Beurteilungsspielraum oder Einschätzungsbefugnis einräumt. Sie gewinnen eine zusätzliche Qualität, je mehr Recht ausdrücklich nur als Rahmenprogramm zweckgerichteter Alternativenwahl eingesetzt wird und dementsprechend erst die administrative Normkonkretisierung die entscheidungserhebliche Rechtsnorm im Hinblick auf ihren Normgehalt, auf den Bezug der Normelemente zur sozialen Realität sowie unter Berücksichtigung der angestrebten Wirkungen näher bestimmt.[12]

Der Konflikt über die „richtige" Konkretisierung wird dadurch unausweichlich. An dem Postulat einzigartiger Richtigkeit von Entscheidungen läßt sich nicht festhalten.[13] Neben der „Darstellung" der Entscheidung gewinnt ihre „Herstellung", also die Art und Weise, in der Normbildung und Normanwendung verknüpft werden, erheblich an Bedeutung: *Wie* in der Herstellungsarbeit am Konkretisierungsergbenis die einschlägige Rechtsnorm jeweils gehandhabt wird, prägt die Rechtsanwendung.[14]

Die Bindung an das „Recht", wie sie das Grundgesetz unveränderlich aufgibt, wird dadurch nicht aufgelöst. Auch die Wirkkraft der die Herstellungsarbeit bestimmenden Einzelfaktoren muß sich an der Verfassungsordnung legitimieren. Sie sind deshalb allesamt im „Recht" geborgen. Wandeln muß sich allerdings das Verständnis von der Konsistenz seiner Anwendung. Dem Postulat der Rechtsbindung liegt unter den gegebenen Umständen kein statisches Subsumtionsmodell mehr zu-

---

[9] Vgl. *H.-J. Koch/H. Rüßmann,* Juristische Begründungslehre, S. 126ff.; 163ff.; 172ff.; 271ff., 306f., 307ff., 348ff. mit w. Nachw.

[10] Zur Trennung der Ebenen von „Herstellung" (Findung) und „Darstellung" (Rechtfertigung) einer Entscheidung siehe auch *Luhmann,* Recht und Automation in der öffentlichen Verwaltung, 1966, S. 51ff.; *Hoffmann-Riem,* Sozialwissenschaftlich orientierte Rechtsanwendung, S. 8f., 10, 11f., 14; *Schlink,* Der Staat 19 (1980), S. 73ff., 87 m. Anm. 55; kritisch *H.-J. Koch/H. Rüßmann,* a.a.O. (Fn. 9), S. 116f.

[11] Vgl. etwa *H.-J. Koch,* Unbestimmte Rechtsbegriffe, S. 14ff., 33ff., 44ff.; siehe ferner *Kindhäuser,* Jura 1984, 465ff.

[12] Siehe dazu schon oben, 1. Kap., A.I.2.; B.II.2. c) m.w.Nachw.

[13] Vgl. auch die Nachw. im 2. Kap., Fn. 237, 249, 256 und öfter; 3. Kap., Fn. 120ff.

[14] So auch *Hoffmann-Riem,* Sozialwissenschaftlich orientierte Rechtsanwendung, S. 9 m. Anm. 17ff.

grunde. Rechtsnormen können nicht in Unabhängigkeit von Zeit, Raum, Interpretations- und Vollzugsbeteiligten, Ziel- und Zwecksetzungen des Gesetzgebers sowie von politischen und anderen Rahmenbedingungen ihre Anwendung derart steuern, daß nur eine einzige Entscheidung als richtige möglich ist. Zu erreichen ist lediglich die „Vertretbarkeit" des Konkretisierungsergebnisses.[15]

Der praktische Umgang mit dem Recht unterliegt dabei keinerlei Zufallsentscheidungen. Konkretisierung ist ein *bewußt* gesteuerter Prozeß. Jegliche Rechtsanwendung durch die Verwaltung ist auf *Wirkungen* ausgerichtet. Sie steht im Richtsteig von Ziel und Ergebnis.[16] Der Wille, die rechtlich vorgegebenen Werte, Ziele und Zwecke zu erreichen, lenkt das behördliche Entscheidungsverhalten. Normkonkretisierung bedeutet deshalb *Steuerung* der Rechtsanwendung durch die Verwaltung. Sie erstreckt sich sowohl auf die Verknüpfung von Normbildung und Normanwendung im konkreten Fall als auch auf die bereits erörterte Wechselbezüglichkeit von Sachverhalt und Norm unter Einbezug aller Verfahrensaktivitäten.[17] Die behördlichen Steuerungsintentionen sind in dieses Ensemble der Aktivitäten eingebettet, mit denen der Rechtsanwender die Zielvorgaben bzw. -vorstellungen, Rahmensetzungen und Entscheidungsprämissen für die herzustellende Beziehung zwischen Norm und Entscheidung erarbeitet. Dazu gehört die Analyse der Prämissen und Folgeannahmen des normativen Programms. Ansatzpunkte der Prozeßsteuerung sind insoweit Normzweck und Interessenkoordination; es geht um die Frage, welches das sachgerechte Verhältnis zwischen dem der Verwaltung überantworteten Gemeinschutz und dem individuellen Handlungsspielraum jetzt und verallgemeinert auf alle gleichgelagerten Interessenkonstellationen für die Zukunft sein soll. Die Prozeßsteuerung zielt damit auf *normgerechte Interessenkoordination.*[18] Sie muß dabei klären, welche die erwünschten Wirkungen sind und wie sie die Norm zu erzielen sucht. Zu prüfen ist überdies, ob und inwieweit die Normanwendung einerseits durch den Blick auf die Folgen im zu bearbeitenden „Einzelfall", andererseits durch die Folgen des allgemeinen Treffens solcher Einzelfallentscheidungen gesteuert werden darf.[19]

Die analytische Auseinandersetzung des Rechtsanwenders mit der konkretisierungserheblichen Norm bietet ihm die Möglichkeit, die in ihr verankerten Grundannahmen über die soziale, politische, ökonomische oder kulturelle Realität zu

---

[15] Näher zu den Gründen hierfür vgl. zuletzt oben, 10. Kap., A.II.1.; A. IV. 2. mit Fn. 102ff.; 11. Kap., A.V. 1. m. Nachw.

[16] Vgl. speziell für die öffentliche Verwaltung *K.-H. Mattern,* Verwaltungshandeln, S. 11ff.; siehe allgemein in bezug auf die damit erforderliche Suche nach *guten Gründen* für die Konkretisierung bes. *H.-J. Koch/H. Rüßmann,* Juristische Begründungslehre, S. 58ff., 112ff., 163ff.

[17] Zu diesen siehe oben, 7. Kap., A.II.2.c); C.I.2.c) mit dd) und (3); C.II.1.c), V.2. und 3. („Führung").

[18] Vgl. *Kindhäuser,* Jura 1984, 477f.

[19] *Hoffmann-Riem,* Sozialwissenschaftlich orientierte Rechtsanwendung, S. 33f.; berufen wird damit die „Folgenverantwortung" der Verwaltung, siehe zu dieser schon oben, 6. Kap., C.III.2.c); 7. Kap., E.II.3. und V.4.

ergänzen bzw. zu korrigieren. Das sprachlich vermittelte normative Regelungsprogramm ist auf ein bestimmtes Regelungsfeld der sozialen Wirklichkeit bezogen, dessen Gestaltungsfaktoren bei der Erfassung des Normgehalts mitberücksichtigt werden müssen.[20] Die (kritische) Normbereichsanalyse und die sich darauf stützende Anpassung der Normprämissen dürfen allerdings die schon in einer Rechtsnorm selbst angelegte *Steuerung* ihrer Anwendung nicht außer Kurs setzen. Maßgeblich bleiben vor allem die den Gesetzesvollzug im weitesten Sinne[21] dirigierenden Zielvorgaben der Gesetze und die Steuerungswirkung der Verfassung.[22] Die anwendungsorientierte administrative Steuerung des Konkretisierungsprozesses unterliegt diesbezüglich einer mehrstufigen Zielstruktur. Sie enthält auf Verfassungsebene zukunftsweisende Leitbilder in Form programmatischer (und rechtlich verbindlicher) Staatszielbestimmungen, grundrechtlicher Direktiven sowie subverfassungsrechtlicher Maßstabskomplexe, die auf der Gesetzesebene in den Sachstrukturen des jeweiligen Regelungsbereichs in normative Ziele bzw. entscheidungsleitende Wertorientierungen ausgeformt sind, und die auf der untergesetzlichen Ebene weitere Konkretisierungen insbesondere zur Art und Weise der Zielerfüllung aufweisen.[23]

Der steuernden Normkonkretisierung durch die Verwaltung sind damit einerseits funktionell-rechtliche Grenzen gezogen. Andererseits bildet der skizzierte breite *Set von Zielsetzungen* rechtlicher, fachlich-inhaltlicher und fachlich-methodischer Art für die Interessenkoordination im Einzelfall einen weitgespannten Rahmen, innerhalb dessen sich die Steuerungsintentionen der Verwaltung vor allem über den Verwertungszusammenhang mit dem ermittelten Normgehalt bis hin zu einer „kompensatorischen" Rechtsanwendung entfalten können.[24] Dies geschieht allerdings jeweils in Abhängigkeit von den spezifisch situativen, organisatorischen, verfahrensmäßigen und personellen Rahmenbedingungen, die den Konkretisierungsprozeß neben der rechtlichen Programmierung und diese überlagernd als weitere Steuerungsfaktoren bestimmen.[25] Unter ihnen nimmt das Verfahren und seine rechtliche Ordnung nicht von ungefähr eine herausgehobene Stellung ein; in ihm erst werden die verschiedenen Strukturelemente öffentlichen Verwaltens zur wirkungsvollen Integration geführt.[26] Und nicht zufällig wird in diesem Zusammenhang das Verfassungsrecht verstärkt auf Verfahrensaussagen hin befragt, die mithel-

---

[20] Siehe nur *F. Müller*, Juristische Methodik, S. 117, 120ff., 270f.

[21] Vgl. dazu oben, 2. Kap., A.I.1. und 2., B.II.

[22] Dazu siehe im 9. Kap., B.II. und IV.

[23] Siehe für das Verwaltungshandeln und Verwaltungsverfahren bes. *Bohne*, Der informale Rechtsstaat, S. 120, 200ff., 268; *Hill*, Das fehlerhafte Verfahren, S. 253ff.; *v. Mutius*, FS C.-F. Menger, S. 587ff.

[24] Zu deren Voraussetzungen siehe bes. *Hoffmann-Riem*, Chancengleichheit durch kompensatorische Rechtsanwendung, in: ders. (Hrsg.), Bürgernahe Verwaltung?, 1980, S. 70ff.; vgl. ferner oben, 10. Kap., B.II.2.a) mit cc) und Fn. 211.

[25] Vgl. *W. Schmidt*, Probleme des Verwaltungsrechts, S. 72ff., 79ff., 86ff., 95ff.

[26] Siehe dazu die Grundlegung oben, 5. Kap., D.IV.; 7. Kap., E.III. und IV., 9. Kap., B.IV.1.; 10. Kap., B.II.2.c) mit dd).

fen sollen, *Steuerungsdefizite* des materiellen Rechts auszugleichen.[27] Denn das Konkretisierungsverfahren bzw. das Verfahrensrecht verfügen über eine *genuine Steuerungskraft.*

II. Das Verfahren als Steuerungsmedium

Die empirisch[28] wie normativ[29] begründete Vorstellung einer verfahrensmäßig funktionierenden Normkonkretisierung bildet das Fundament dieser eigenständigen Steuerungswirkung: *Ob* überhaupt eine Verwaltungsentscheidung ergeht, kann davon abhängen, aus welchem Anlaß und von wem in welcher Form ein auf die Entscheidung zielendes Verfahren in Gang zu setzen ist. Der *Entscheidungsinhalt* wiederum kann von den Einwirkungsmöglichkeiten der Entscheidungsbetroffenen auf die Verfahrensaktivitäten der Verwaltung abhängen. Die *Entscheidungswirkung* schließlich bemißt sich danach, inwieweit alle rechtlichen, fachlichen und politischen Aspekte des Entscheidungsgegenstandes (bestandssicher) geregelt worden sind.[30]

Das Verwaltungsverfahren erweist sich somit als ein *Medium* zur administrativen Steuerung der Rechtsanwendung. Korrespondierend mit dem subjektiv-öffentlichen Recht auf der Seite des Betroffenen wirkt die Verwaltung „durch" Verfahren, d.h. über die Wahl der Verfahrensart, die Öffnung des Verfahrenszuganges sowie im Wege der Durchführung und Gestaltung des Verfahrens aktiv auf den Inhalt der in ihm entstehenden Konkretisierungsergebnisse ein.

Zwei generelle Merkmale kennzeichnen die *steuernde* Einflußnahme vor allen anderen, nämlich die (verfahrens-)rechtliche Formalisierung dieses Vorganges und die Pluralität der daran beteiligten Akteure. So wird zum einen der den Verfahrensablauf vorantreibende Prozeß ständig konkretisierender Entschließungen[31] (auch) durch *formalisierte Verfahrensregeln* gesteuert. Sie strukturieren die informationellen und kommunikativen Beziehungen zwischen Verwaltung und Publikum, eröffnen den Verfahrenszugang für bestimmte Betroffene, Interessenten und Informan-

---

[27] Vgl. oben 9. Kap., A.I.-V., C.I.-VI.; 10. Kap., passim, insbes. A.II.6.; 11. Kap., B.I. und II.

[28] Vgl. etwa Bundesminister des Inneren (Hrsg.), Sachverständigenanhörung zu Ursachen einer Bürokratisierung in der öffentlichen Verwaltung sowie zu ausgewählten Vorhaben zur Verbesserung des Verhältnisses von Bürgern und Verwaltung, Teil A, Bonn 1980, S. 23ff., 31ff., 133ff., 199ff., bes. 217ff.; *Hoffmann-Riem*, VVDStRL 40 (1981), S. 191ff., 211f., 214ff., 220ff., 229ff.

[29] Siehe z.B. § 1 Abs. 6 BauGB: „Bei der Aufstellung der Bauleitpläne sind die öffentlichen und privaten Belange gegeneinander und untereinander gerecht abzuwägen" (= Darin einbezogen ist der Abwägungsvorgang). Vgl. auch 10. Kap., B.II.3.b) mit aa).

[30] *H.H. Rupp*, FS O. Bachof, S. 164ff.; *W. Schmidt*, Probleme des Verwaltungsrechts, S. 86f.

[31] Näher zu diesem „Aktivitätenpotential" siehe oben, 7. Kap., A.II.2.c), C.I.2.c) mit dd) und (3), C.II.1.c).

ten,[32] dirigieren den Ablauf des Konkretisierungsprozesses nach Inhalten, Zielstruktur und beteiligten Behördenstellen, so daß möglichst viele Informationen erfaßt, Alternativen abgewogen, Rechte gewahrt und doch die fälligen Entscheidungen möglichst rasch getroffen bzw. die begehrten sachlichen oder persönlichen Dienstleistungen zügig erbracht werden können.[33] Die (verfassungs-)rechtliche Verfahrensordnung teilt insofern der Verwaltung *originäre* Steuerungsmacht qua „Verfahrensherrschaft" zu.[34]

Dieser im ständigen Sprachgebrauch stehende Begriff ist freilich schlecht gewählt, weil er eine Verfahrensautonomie der Verwaltung suggeriert, die in Wahrheit nicht besteht. Nur vordergründig, weil auf das Zusammenwirken mit den anderen Verfahrensbeteiligten verwiesen, hat die Behörde Gegenstand, Beginn, Gang und Abschluß des Verfahrens „in der Hand". Ihr (und dem Verfahrensrecht) ist jedoch die Bürde der internen Prozeßsteuerung nicht allein aufgeladen. Am Gesetzesvollzug ist eine *Vielzahl von Akteuren* beteiligt, von denen die Auslegung und Anwendung der gesetzlichen Bestimmungen beeinflußt, häufig sogar mitgetragen wird. Zu ihnen zählen die Verfahrensbeteiligten, sonstige Behörden, deren Aufgabenbereiche durch die Konkretisierung betroffen werden, Bürger und Bürgergruppen, die sich aus persönlichen oder sonstigen Gründen eingeschaltet haben oder auch Verbände.[35]

Verfahrenshandeln darf somit nicht vorschnell als Abfolge von rechtlichen Willensakten einer isoliert agierenden verfahrensverantwortlichen Behörde begriffen werden, sondern auch – und neben „energetischen" Effekten – als *Interaktion* zwischen staatlichen und privaten Verfahrensbeteiligten bzw. Verfahrensinteressenten bei der Auslegung und Anwendung materieller Rechtsvorschriften. Dementsprechend steuern den Konkretisierungsvorgang nicht allein die Willensakte autonom handelnder Verwaltungsinstanzen; zahlreiche Entschließungen, die das Verfahren der Normkonkretisierung zu seinem Ergebnis vorantreiben, sind vielmehr das gemeinsame *Produkt* der zu einem Interaktionsnetz verbundenen staatlichen und privaten Akteure.[36]

---

[32] Vgl. *Schmitt Glaeser,* Position der Bürger, S. 53ff., 59f., 61f., 64f., 77ff.

[33] *Bohne,* Der informale Rechtsstaat, S. 98ff.; *Luhmann,* S. 205f.

[34] Diese wiederum sieht sich spezifiziert nach der Rollenverteilung im Verfahren, vgl. dazu 7. Kap., D.III.4.; 10. Kap., B.II.2.c) mit aa) und Fn. 267. Die Inkonsistenz der rechtlichen Verfahrensordnung ändert an dieser Wirkung nichts prinzipiell; die Prozesse des Aushandelns, die dann an die Stelle formaler Regelungsbindung treten, begründen ebenso Verfahrensbindung und -herrschaft, vgl. nur *Hoffmann-Riem,* a.a.O. (Fn. 28), passim.

[35] *Bohne,* Der informale Rechtsstaat, S. 98ff.; 106ff., 258, 264 („Gesetzesvollzugssystem"); *R. Mayntz,* Politische Steuerung und gesellschaftliche Steuerungsprobleme, S. 103ff.; zu eng aus rein rechtsdogmatischer Sicht *Grupp,* VerwArch. 80 (1989), S. 50ff.

[36] Ähnlich *Häberle,* Verwaltungsrechtsverhältnis, S. 68, 69; *J. Martens,* Praxis, S. 31 (Rdnr. 40), 32f., 41 (Rdnr. 58) u. öfter; hieran knüpft die „Mitverantwortung" des Bürgers für den Ablauf und die Gestaltung des Verwaltungsverfahrens an, siehe dazu auch *Schmitt Glaeser,* Position der Bürger, S. 72, 74ff., 77ff., 93ff., sowie oben, 7. Kap., E.II.4., V.4.; 9. Kap., B.IV.5.; 10. Kap., B.II.2.c) mit bb).

B. Prozedurale Steuerungsverantwortung der Verwaltung

I. Legislative und administrative Verfahrensverantwortung

Die entscheidungssteuernde Funktion des Verfahrens bedeutet, daß seine Gestaltung und Durchführung zugleich über Sachfragen mitentscheidet. Für die Verwirklichung des materiellen Rechts stellt sich deshalb die grundsätzliche Frage, *wer* über die Verfahrensgestaltung entscheidet und *wie* das Verfahren durchzuführen ist. Vor allem „ausfüllungsbedürftige materiell-rechtliche Normen, die in den Grundrechtsschutz eingreifen, erscheinen eher tragbar, wenn durch ein formalisiertes, gerichtlich kontrollierbares Verfahren dafür vorgesorgt wird, daß die wesentlichen Entscheidungsfaktoren geprüft und die mit der Norm angestrebten Ziele wirklich erreicht werden."[37]

Die Grundentscheidungen über die Gestaltung des Konkretisierungsprozesses fallen in den *Verantwortungsbereich des Gesetzgebers.* Ebenso wie im Bereich des materiellen Rechts der Gesetzgeber durch den Grundsatz der Gesetzmäßigkeit der Verwaltung und das Rechtsstaatsprinzip aufgerufen ist, die dem staatlichen Einwirken offenliegende individuelle Rechtssphäre selbst abzugrenzen und inhaltlich zu normieren,[38] muß er mit hinreichender Eindeutigkeit und Bestimmtheit die normativen Voraussetzungen für die Feststellung, Ausgestaltung oder Beschränkung subjektiver Rechte durch konkret-exekutivische Verfahren selbst schaffen.[39]

---

[37] BVerfGE 33, 303 (341).

[38] Vgl. statt aller *Badura,* Staatsrecht, S. 211 ff.; das BVerfG hat dabei im Hinblick auf den *Vorbehalt des Gesetzes* den Ermächtigungsbedarf der Exekutive dort präzisiert, wo deren Befugnisse fühlbare Einschränkungen oder sonstige Beeinträchtigungen von Grundrechten zur Folge haben können oder sonst „wesentlich" für die Ausübung der Grundrechte sind (sog. „Wesentlichkeitstheorie"), vgl. dazu die Nachw. oben, 11. Kap., Fn. 49.

[39] Dazu siehe bereits oben, 10. Kap., A.II.6. mit Fn. 59, A.II.7. mit Fn. 63 f.; vgl. ferner BVerfGE 8, 155 (167 ff., 171 f.); 40, 237 (250 f., 253); 60, 253 (295); 73, 280 (296); 74, 264 (287, 293 f., 296). Gerade die letzteren Entscheidungen zeigen, daß in bezug auf den Regelungsauftrag des Gesetzgebers für das Verwaltungsverfahren nach *Verfahrenstypen* (siehe auch *Kloepfer,* VVDStRL 41, 1983, S. 245 ff., 246 – Diskussionsbeitrag; *v. Mutius,* ebd., S. 285 f. – Diskussionsbeitrag; *ders.,* NJW 1982, 2155, 2156, 2158 m. w. Nachw.; *H.-P. Schneider,* VVDStRL 41, 1983, S. 243 f. – Diskussionsbeitrag) ebenso wie nach Verfahrenswirkungen (*Kloepfer,* a. a. O., S. 246), nach der *Reichweite subjektiver Rechte* (vgl. Erichsen, VVDStRL 41, 1983, S. 278 ff., 280 – Diskussionsbeitrag) sowie nach *Gefährdungslagen* („Intensität" der Einwirkung) zu unterscheiden ist; von einer insofern undifferenzierten Erstreckung der „Wesentlichkeitstheorie" auf das Verwaltungsverfahren ist daher abzuraten; distanziert noch *Pestalozza,* NJW 1982, 1571 ff.; siehe auch *Lerche,* in: Maunz/Dürig, GG, Art. 83 Rdnr. 60, der die Notwendigkeit betont, daß „die traditionelle Lehre vom ‚institutionellen Gesetzesvorbehalt' in eine sinnvolle Verbindung mit der – reichlich isoliert von ihr aufgestiegenen – Wesentlichkeitslehre gebracht und nicht gewissermaßen unbesehen in deren Rachen geworfen wird."

M. a. W. findet die sog. „Wesentlichkeitstheorie" ihre Grenze an der Eigenständigkeit der

Die Reichweite der gesetzgeberischen Regelungszuständigkeit ist dabei mit der *eigenständigen Verfahrensverantwortung der öffentlichen Verwaltung* abzugleichen. Den parlamentarischen Befugnissen sind durch die gewaltenteilende Kompetenzzuordnung definitive Grenzen gesetzt. Ein Gewaltenmonismus „in Form eines allumfasssenden Parlamentsvorbehalts“ darf, so formuliert das BVerfG, „die konkrete Ordnung der Verteilung und des Ausgleichs staatlicher Macht“ nicht unterlau-

---

Verwaltungskompetenz zur Rechts- und Zweckkonkretisierung, vgl. dazu näher noch oben im folgenden Text. *Drei Leitgesichtspunkte,* von denen die nachfolgenden Erörterungen ausgehen, bestimmen dabei die schon von *Häberle,* VVDStRL 30 (1972), S. 87, 88 aufgeworfene Frage nach dem Wandel des Gesetzesvorbehalts zum *Verfahrensvorbehalt: Zum ersten* reicht eine gleichsam linear verlängerte Anwendung der Wesentlichkeitsvorstellung nicht hin, das mehrpolige Beziehungsverhältnis zwischen den „Prozeduralisierungstendenzen“ des modernen Staates mit den damit verbundenen Autonomiebedürfnissen (vgl. z.B. 3. Kap., B.; 11. Kap., B.) einerseits, den Integrationsnotwendigkeiten des einheitlich gedachten Staates (vgl. etwa 5. Kap., D.IV.; 11. Kap., C.) andererseits und schließlich den durch die Verfahren der Verwaltung hervorgerufenen Gefährdungslagen abzugleichen.

Stattdessen und *zweitens* erfordert dieser Abgleich die Auseinandersetzung mit sachbezognen Abwägungsgesichtspunkten, wobei der Verweis auf (überkommene) Eingriffsvorstellungen zwar hilfreich sein mag (vgl. *Kloepfer,* a.a.O.; siehe auch BVerfGE 73, 280, 296; 74, 264, 286f., 293f., 296), aber im Ergebnis die steuerungsstaatliche Entwicklung ebensowenig vollauf zu erfassen vermag, wie die leistungsrechtliche Sicht der veralteten Entscheidung in BVerfGE 8, 155, 167ff., hierzu geeignet ist. Auch Positionen wie die von *K. Vogel,* der das Recht des Gesetzgebers betont, „sämtliche Fragen zu regeln und an sich zu ziehen, die ihm hierfür geeignet erscheinen“ (VVDStRL 24, 1966, S. 125ff., 175), oder die von *Böckenförde* (in: Organisationsgewalt, S. 106f.), demzufolge das gesetzgeberische Zugriffsrecht wie jede verfassungsrechtlich begründete Kompetenz begrenzt sein müsse und sich nicht auf den Kernbereich der Exekutivkompetenzen erstrecken dürfe, bleiben noch viel zu holzschnittartig. Ob es „gesetzesfeste“ Räume der Verwaltung gibt, an denen das Zugriffsrecht des Gesetzgebers auch auf das Verwaltungsverfahren eine verfassungsrechtliche Grenze findet, hängt vielmehr und letztlich von der Antwort auf die Frage nach den *Funktionen* der öffentlichen Verwaltung und ihres Verfahrens ab (vgl. auch *Erichsen,* VerwArch. 70, 1979, 249ff., 254f.).

Die Ausführungen hierzu im ersten, zweiten und elften Kapitel der Untersuchung haben gezeigt, daß Gesetzgebung und Verwaltung von Verfassungs wegen gleichermaßen für den Prozeß der Konkretisierung des von der Verfassung vorgegebenen „Sozialordnungsprogramms“ (*Ossenbühl,* Verwaltungsvorschriften, S. 190) Verantwortung tragen. Die Bezugspunkte für deren Verteilung sind in erster Linie die Verantwortungszuweisungen der Grundrechte (vgl. z.B. BVerfGE 73, 280, 296; BVerwGE 71, 183, 190ff., 196f.), die Rechtsschutzstandards der Verfassung (*Schmidt-Aßmann,* in: Maunz/Dürig, GG, Art. 19 Abs. 4 Rdnrn. 18ff., 21ff., 23) und ihr materiales Verfahrenskonzept mit seinen Verfahrensprinzipien (vgl. 10. Kap., B.); im übrigen tragen auch die Eigenarten und besonderen Strukturen der staatlichen Teil-Verfassungen zu dieser „weichen“ Bestimmbarkeit eines eingriffsfesten Vorbehaltsbereichs der Verwaltung bei (siehe nur BVerfGE 72, 330, 390). Gleiches gilt für die Abwägungserfordernisse des „demokratischen Mehrwertes“ eines Parlamentsgesetzes mit dem „Mehrwert an Effektivität“ eines „dynamischen Grundrechtsschutzes“ (vgl. dazu schon oben, 10. Kap., B.II.2.a) mit bb; vgl. auch *Börger,* Genehmigungs- und Planungsentscheidungen, S. 31, 41f.). Dementsprechend kann die *gesetzgeberische* Verfahrensverantwortung von vornherein stets nur nach Maßgabe dessen bestimmt werden, was im mehrpoligen Beziehungsverhältnis an legislativem Vorbehalt angesichts der Gefährdungslagen für die individuelle Freiheit nach Abwägung erforderlich („wesentlich“) ist.

Das Ergebnis ist eine prinzipiell variable Verfahrenskompetenz des Gesetzgebers, der sich fen.[40] Hieran anschließend betont das Gericht, daß die verfassungsgebende Gewalt in Art. 20 Abs. 2 und 3 GG „auch die Exekutive" als verfassungsunmittelbare Institution und Funktion geschaffen habe, selbst wenn die konkrete Kompetenzverteilung eine Frage darstelle, die sich nur im Blick auf den jeweiligen Sachbereich und die Intensität der geplanten oder getroffenen Regelung ermitteln lasse.[41]

Der Kern dieser konzeptionellen Vorstellung über die staatliche Funktionenverteilung[42] liegt darin, die eigenständige Verantwortung der öffentlichen Verwaltung für die Konkretisierung der Verwaltungszwecke vor allem dort zu berufen, wo es abstrakte materiell-rechtliche Normen allein nicht schaffen, die reale Verwaltungspraxis zu bewältigen und die Konfliktlösung für den Zusammenstoß divergierender verfassungsrechtlicher Positionen bei komplexen entwicklungsbegriffenen Sachverhalten mit gegenwärtig nicht fixierbaren Elementen zu vollziehen. Dies gilt auch und namentlich für die Gestaltung des Verwaltungsverfahrens, das zahlreichen konfligierenden Zielen und Zwecken ausgesetzt ist[43] und diese ebenso flexibel wie situationsgerecht zu erfüllen versuchen muß. Hierfür adäquate Regelungen bereitstellen zu können, ist ein Hauptproblem der Verfahrensgesetzgebung. Sie trifft im modernen Industriestaat mit der ihm eigenen neuen Aufgabenstruktur des Verwaltens auf zunehmend komplexe Aktionsbedingungen, vor denen sie sich immer weniger der beabsichtigten Wirkung ihrer prozeduralen Ordnungsbemühungen sicher sein kann.[44]

Die *Verwaltung* verfügt somit über eine prinzipielle Gestaltungsvollmacht für das

---

eine ebenso gleitende prozedurale Steuerungsverantwortung der Verwaltung entgegenschiebt, beide einander ergänzend, manchmal aber sich auch reibend (siehe dazu auch *R. Scholz/Pitschas,* Informationelle Selbstbestimmung, S. 128f.). Hierbei – und *drittens* – gewinnt der *Grundsatz der Organ- und Funktionsadäquanz* staatlicher Verfahren Bedeutung (vgl. oben, 6. Kap., C.III.2.b; 7. Kap., C.I.1.; 9. Kap., A.IV.; 11. Kap., A.IV.). Jenseits aller in Anspruch genommenen administrativen Vorbehaltsbereiche wie des Gesetzesvollzugs (*Maurer,* VVDStRL 43, 1985, S. 135ff., 156), der Geschäftsleitungskompetenz und Organisationsgewalt sowie des Personalwesens (*Schnapp,* VVDStRL 43, 1985, S. 173ff., 197) oder auch des Erlasses von Verwaltungsvorschriften (*Stettner,* DÖV 1984, 611ff., 621) – dazu sogleich noch im Text – ist somit die Frage zu stellen, ob der Gesetzgeber oder die Verwaltung auch *funktionell* die richtige Instanz sind (siehe ebenso *Ossenbühl,* DÖV 1980, 551). – Bestimmt sich aber damit die Verteilung der prozeduralen Regelungskompetenzen nach funktionsspezifischen Maßstäben, dann muß der Gesetzgeber in manchen Verwaltungssektoren (Sachbereichen) hinsichtlich der Verfahrensregulierung sogar weit zurücktreten. Es hilft also nichts, bei fehlender Sachregelung wie z.B. im Technikrecht sofort den „gesetzlichen" Verfahrensausbau zu fordern (vgl. etwa *Badura,* FS Bachof, S. 177); zuvor ist die Frage zu beantworten, ob dies der Gesetzgeber *muß* bzw. überhaupt *darf* und welche *Maßstäbe* er hierfür zu berufen hat. Dem geht der Text im folgenden nach.

[40] BVerfGE 49, 89 (125); zu eng noch *v. Mutius,* NJW 1982, 2158 r. Sp.

[41] BVerfGE 49, 89 (125, 127).

[42] Vgl. zu ihr auch *Erichsen,* a..aO. (Fn. 39), S. 249ff.; *Fiedler,* JZ 1979, 184ff.; *Ossenbühl,* Vorbehalt des Gesetzes, S. 27; *ders.,* Rechtsverordnungen und Verwaltungsvorschriften, S. 99f.; *Stettner,* JöR 35 (1986), S. 71, 79ff.

[43] Vgl. 1. Kap., B.II.3.e); 2. Kap., B.I. und II.; 7. Kap., C.I.2.e) und II.; 10. Kap., B.II.2.a).

[44] Dazu siehe im 2. Kap., C.I.2.b); 4. Kap., C.V.-VII.; 11. Kap., C.I. und II.

Konkretisierungsverfahren. Den Behörden obliegt es daher nach Maßgabe ihrer zweckpluralen Eigenverantwortung, die an sie gerichteten Funktionsanforderungen im Verfahren mittels dessen Gestaltung und Durchführung auszutarieren. Daraus folgt für sie typischerweise eine gewisse *Freiheit im Verfahren.* Denn wie und mit welchem Aufwand das materielle Recht in konkrete Wirklichkeit umzusetzen ist, läßt sich aus ihm allein nicht exakt ableiten: Die Formulierung materieller Normen und Rechte definiert nicht hinreichend den erforderlichen Konkretisierungsaufwand. Freilich handelt es sich dabei nur um die eine Seite der Medaille. Der Freiheit *im* Verfahren steht die Verantwortung *für* das Verfahren gegenüber. Dies gilt zumal für dessen entscheidungssteuernde Funktion. Aus der tatsächlichen Einwirkungsmöglichkeit auf das Verfahrensgeschehen folgt die Verpflichtung der Verwaltung, von der Möglichkeit zum Einwirken auch Gebrauch zu machen.

II. Prozedurale Steuerungsverantwortung als Bestandteil gegliederter Verfahrensverantwortung

Diese Verpflichtung sieht sich in dem grundsätzlichen Konzept der administrativen Verfahrensverantwortung geborgen.[45] Aus ihr folgt zugleich, in welchem Sinne die Verwaltung auf den Konkretisierungsprozeß einzuwirken hat, nämlich zur Erfüllung der normativ verbindlichen Verfahrenszwecke. Der Einsatz des Verfahrens als Steuerungsmedium steht somit keineswegs in ihrem Belieben. Vielmehr hat die Verwaltung die Rechts- und Zweckkonkretisierung durch Verfahren an allen in der Verfassung vorgegebenen sowie gesetzlich vorgesehenen Zielsetzungen auszurichten.[46]

Die administrative Verfahrenssteuerung aktualisiert auf diesem Wege die staatliche Mitverantwortung für eine das regulative Verfahrensmodell der Verfassung effektuierende Verfahrensgestaltung sowie für eine grundrechtsfreundliche Anwendung vorhandener Verfahrensvorschriften. Ihr ist zugleich die Umsetzung der grundgesetzlichen Kommunikationsverfassung in ein entsprechendes Realmodell des Verfahrens aufgegeben.[47] Die eigenständige Verfahrensverantwortung der öffentlichen Verwaltung für die rechtsförmige Konkretisierung der Verwaltungszwecke formt sich dadurch zu einer genuin *prozeduralen Steuerungsverantwortung* aus. Dies folgt einerseits den allgemeinen Maßgaben der gegliederten Verwaltungsverantwortung[48] und bringt sie andererseits in die verfahrensmäßig gebotene Form.[49]

---

[45] Zu dessen Entfaltung vgl. oben, 1. Kap., B.I.; 2. Kap., A.II.5.; 7. Kap., A.II.; 9. Kap., A.IV., B.IV.; 10. Kap., B.II.2.c); 11. Kap., C.III.

[46] Namentlich ist hierbei auf die Geltung der Verfassung als ein prozedurales Struktur- und materiales Verfahrenskonzept zu verweisen, 10. Kap., A. und B.

[47] Zur Reichweite der grundgesetzlichen „Kommunikationsverfassung" als einer Teil-Verfassung siehe oben, 10. Kap., B.II.2.a) mit dd) und Nachw. in Fn. 213ff., 215.

[48] Vgl. 1. Kap., A.I.1.d) und 2.; 6. Kap., C.I.-III.; 11. Kap., B.II.1.

[49] Siehe dazu die Ausführungen im 2. Kap., A.II.5.; 7. Kap., A.II., C.-E.; 10. Kap., B.II.2.c); 11. Kap., B.II. und III.

Prozedurale Steuerungsverantwortung der Verwaltung kennzeichnet dabei und zum einen den Raum, der für gesetzlich ungebundene Verfahrensmaßnahmen offen steht und innerhalb dessen die Verwaltung dafür einzustehen hat, in welchem Umfang sie dem einzelnen bzw. weiteren Verfahrensbeteiligten gegenüber durch ihre Verfahrensführung die Ziele und Zwecke des Verfahrens verwirklicht. Sie erstreckt sich zum anderen aus gegenständlicher Perspektive auf die Gesamtheit derjenigen Verfahrensaktivitäten, die das *formale* Gestalten des Gesamtprozesses oder einzelner Prozeßschritte vorgeben und kontrollieren. In diesem Sinne läßt sich von der prozeduralen Steuerungsverantwortung auch als Inbegriff und dominierende Instanz aller Vorgänge zur kompetenz- und maßstabsgerechten Konstruktion solcher Regeln für die vom Gesetzgeber der Verwaltung überlassene Programmentwicklung und Programmimplementation sprechen, die als Rechtmäßigkeitskriterien den Prozeß der Zweckkonkretisierung „in Form" bringen sollen.

III. Intensität und Reichweite prozeduraler Steuerungsverantwortung

Die Frage nach der verfahrensbezogenen Steuerungsverantwortung der Verwaltung lenkt freilich den Blick nicht nur auf die damit verbundene Pflichtenstellung, sondern auch auf die *Grenzen* der mit der Zuweisung von Verantwortung zugeteilten prozeduralen Gestaltungsbefugnisse. Die aus der Verfahrensverantwortung erfließenden verfahrensrechtlichen Anforderungen an die Gestaltung und Durchführung des Verwaltungsverfahrens dürfen nicht so weit gespannt werden, daß sie den Charakter der jeweiligen Sachaufgabe grundsätzlich verändern. Mit Recht hebt etwa das BVerfG für den Umgang staatlicher Behörden mit der grundrechtlichen Versammlungsfreiheit (Art. 8 GG) hervor, daß die Verpflichtung, „nach dem Vorbild friedlich verlaufener Großdemonstrationen versammlungsfreundlich zu verfahren und nicht ohne zureichenden Grund hinter bewährten Erfahrungen zurückzubleiben", nicht etwa „die Anwendung flexibler Einsatzstrategien unmöglich machen" dürfte.[50]

1. Steuerungsverantwortung und Verfahrenseffizienz

In Wahrnehmung der prozeduralen Steuerungsverantwortung gestaltet sich somit das Verwaltungsverfahren als ein höchst anspruchsvoller Vorgang der Konfliktlösung zwischen miteinander kollidierenden materiellen und formellen Zielen wie Zwecken des Verfahrens. Er umfaßt ebenso das Bemühen der Verwaltung, die gegebene Verwaltungsaufgabe unter den Zielsetzungen der Einfachheit und Schnelligkeit, Rationalität, Wirtschaftlichkeit und Sparsamkeit des Verfahrens zu bewältigen,[51] wie in ihm die subjektiven Rechte des Bürgers unter dem Grundsatz der

[50] BVerfGE 69, 315 (356).

[51] Vgl. hierzu ausführlicher *v. Mutius,* NJW 82, 2150f.; *Held,* Grundrechtsbezug, S. 55ff.;

Bürgernähe verwaltungsseitig zu entfalten und zu schützen sind. Eine willkürliche Verfahrensgestaltung ist somit ausgeschlossen. Die Verwaltung muß stattdessen die in Betracht zu ziehenden Zwecke und Ziele ermitteln, um sodann im Hinblick auf die Verfahrensdurchführung bzw. allgemeine Verfahrensgestaltung eine Abwägung zu treffen.

Dabei muß es darum gehen, einen möglichst hohen Grad der Aufgabenerfüllung bzw. Zielerreichung anzustreben. Insofern ist das Konkretisierungsverfahren effizienzbezogen.[52] Doch besagt *Verfahrenseffizienz* nicht mehr, als daß bestimmte Zwecke mit geringerem Mitteleinsatz erreicht oder bei konstanten Mitteleinsatz eine maximale Zweckverwirklichung erzielt werden sollen. Maßgeblicher Bezugspunkt dieser Relationen bleiben aber stets die materiellen Verwaltungsziele. In ihnen selbst liegt der Ansatz, entstehenden Zielkonflikten durch Rückgriff auf das Verhältnismäßigkeitsprinzip bzw. allgemeiner im Wege der materialen Abwägung zu steuern.[53]

Der soziale Rechts- und Verwaltungsstaat ist also nicht etwa effizienzblind. Über seine Aufgabe, die Ziele legitimen staatlichen Handelns wie den Einsatz legitimer staatlicher Mittel möglichst effektiv zu gestalten, empfängt er ein prinzipales Maß an rechtsstaatlicher Legitimation, das auch im Verhältnis zum einzelnen grundrechtliche Rückwirkung entfalten kann.[54] Jedem Konkretisierungsverfahren ist von daher im Rahmen der Steuerungsfunktion der Auftrag erteilt, die wirksame Erfüllung von Verwaltungsaufgaben zu ermöglichen. Verfahrenseffizienz wird deshalb zu recht als „Modus der Zweckverfolgung" bezeichnet.[55] Aber auch dieser wird durch den Inhalt des materiellen Rechts verfaßt und begrenzt. Es zieht jeder einseitigen Effizienzbetrachtung, d.h. einer Anwendung unter Ausschluß der subjektiven Rechte Betroffener, strikte Schranken. In jedem Falle wird der *Ausgleich* kollidierender rechtlicher Interessen im Verfahren erforderlich. *Ihn* stellt das formale Prinzip „Verfahrenseffizienz" unter eine Ziel-Mittel-Relation. Das „Verwaltungsverfahren" steht deshalb auch nicht „zwischen Verwaltungseffizienz und Rechtsschutzauftrag",[56] sondern der Effizienzgedanke kennzeichnet in sich den Richtsteig der Kon-

---

Hufen, Verwaltungsverfahren, S. 68ff.; w. Nachw. unter Einbezug bislang nicht diskutierter Gesichtspunkte oben, 2. Kap., B.II.3.e); 4. Kap., C.V.4.

[52] Vgl. statt aller *Wahl* und *Pietzcker,* VVDStRL 41 (1983), S. 162ff. und 196f.; die Grundsätze der Effektivität, Praktikabilität und Sachgerechtigkeit des Verwaltungshandelns (siehe dazu 2. Kap., B.II.3.e)) hängen dabei eng mit der Verwaltungskompetenz zusammen; sie müssen von daher in die Überlegungen zur Verteilung der Verfahrensverantwortung (vgl. Fn. 39) einbezogen werden; siehe auch *Maurer,* VVDStRL 43 (1985), S. 160.

[53] Siehe bes. *Hufen,* Verwaltungsverfahren, S. 68 m. Anm. 32; *v. Mutius,* VVDStRL 41 (1983), S. 285ff., 286 – Diskussionsbeitrag; vgl. darüber hinaus die kontroversen Diskussionsbeiträge von *F. Wagener* (S. 272ff.), *Schenke* (S. 274ff.), *Häberle* (S. 277), *Kisker* (S. 277) und *Püttner,* (S. 282f.) ebd.

[54] *Hufen,* Verwaltungsverfahren, S. 69 m. Anm. 37; *R. Scholz/Pitschas,* Informationelle Selbstbestimmung, S. 120f. m.w. Nachw.

[55] *Pietzcker,* VVDStRL 41 (1983), S. 196.

[56] So aber das Thema auf der Tagung der Vereinigung der Deutschen Staatsrechtslehrer in Konstanz im Jahre 1982.

fliktsteuerung zwischen den normativ verbindlichen Verfahrenszwecken und dem angestrebten Verfahrensergebnis. Er formuliert damit in erster Linie eine verwaltungspolitische Maxime.

Verfahrenseffizienz beschreibt in diesem Verständnis zugleich die *Intensität* der prozeduralen Steuerungsverantwortung öffentlicher Verwaltung. Sie enthält nämlich die Aufforderung an die Verwaltung, *im* Verfahren den sachlichen Gegebenheiten der gestellten Verwaltungsaufgabe unter Einbezug des Spannungsverhältnisses der Verwaltungsziele nachzugehen sowie im Ineinander und Gegeneinander dieser Vorgaben zu der mit den Verfahrensbeteiligten erarbeiteten Lösung zu kommen.[57] Die Verwaltung wird hierbei prinzipiell eigenständig tätig, nimmt aber ihre darauf gerichtete steuernde Konkretisierungsverantwortung auch auf der Grundlage des Geflechtes bereits normativ vorgeordneter Verfahrensrechtsbeziehungen wahr, zu denen im Rahmen der Nichtförmlichkeit des Verfahrens gem. §§ 10 VwVfG, 9 SGB X vor allem die Verfahrensgrundsätze zählen.

2. Steuerungsaktivitäten im Verfahren

Unter dem Grundsatz der Verfahrenseffizienz entfaltet sich die Wirkung des im Verfahrensbegriff gebündelten Aktivitätenpotentials der Konkretisierung. Es umfaßt jene Gruppe bzw. Abfolge von Operationen, mit denen die Verwaltung während des Verfahrensablaufs auf die Erfüllung der ihr aufgegebenen materiellen Ziele hinarbeitet.[58]

Die Tätigkeits-Gruppe „steuern" bezeichnet dabei und aus der Herstellungsperspektive der Konkretisierung das Gestalten des Gesamtprozesses oder einzelner Prozeßschritte.[59] Sie umschließt mithin Aktivitäten sowohl rechtlicher als auch tatsächlicher Art, die sich nicht auf einzelne der von der h. L. ausgeprägten „Verfahrensabschnitte" beschränken, sondern stattdessen die administrative Problemorientierung und Sachaufklärung, die rechtliche Würdigung, Entschließungen und Vollziehung sowie Information und Kommunikation ineinander mit Wechselwirkung verzahnen. Zu den entsprechenden Operationen gehören u.a. die Festlegung auf den Antrag, die Planung, Organisation und die Entschließungen bezüglich aller Einzelschritte des behördlichen Vorgehens, Gespräche zur Prüfung der Rechtslage, die Zuweisung konkreter Handlungsaufträge an Verwaltungsmitarbeiter, eine ständige Klärung von Kompetenzen, das Einholen von Gutachten oder Stellungnahmen von Zeugen und Sachverständigen sowie die Festlegung von Terminen und Fristen.

Im Verfahren erforderlich werden aber auch die Versendung und Anforderung von Akten oder Unterlagen bei anderen Personen oder Stellen, Mitteilungen an andere Ämter, Aufträge an andere Verwaltungsstellen, Verhandlungen und Bespre-

[57] Vgl. *Maurer*, VVDStRL 43 (1985), S. 160; *Schenke*, VBlBW 1982, 315ff.

[58] Näher dazu siehe schon oben, 7. Kap., C.I.2.c) mit dd) und (1).

[59] Vgl. die Stichworte „Management" und „Managementprozeß", in: P. Eichhorn (Hrsg.), Verwaltungslexikon, 1985, S. 591f.

chungen mit den Verfahrensbeteiligten, sonstigen Dritten und anderen Behörden, Auskünfte und Beratungen. Die verfahrensverantwortliche Behörde drängt auf zügige Abwicklung und Beschleunigung des Verfahrens oder verzögert es mit dem Hinweis auf die Notwendigkeit weiterer Operationen – je nach Rechts- und Interessenlage. Sie erläßt und begründet Bescheide, fügt Nebenbestimmungen hinzu, gibt bekannt oder berichtigt. Kosten werden festgesetzt, Aufwendungsersatz geltend gemacht, zu Unrecht erbrachte Leistungen zurückgefordert, persönliche und sachliche Dienste geleistet.

Das mit dieser Aufgliederung keinesfalls vollständig ausgemalte Panorama der Tätigkeits-Gruppe „steuern" ist zwar beeindruckend. Doch verschließt es sich dem Betrachter normalerweise, weil das verwaltungsrechtliche Denken viel zu stark an *Handlungsformen* orientiert ist.[60]

Soweit indes auf solche spezifischen „Handlungsformen" zurückgegriffen wird, bilden diese immer nur eine künstliche Hülse aller Operationen. Es kommt deshalb für die prozedurale Steuerungsverantwortung der Verwaltung weder tatsächlich noch rechtlich auf eine Formenbindung an.

In die Vielfalt zur Steuerung des Verfahrens müssen denn auch andere Möglichkeiten der gezielten Beeinflussung des Verfahrens einbezogen werden, so vor allem die *Verwaltungsführung*. Sie umfaßt den Transmissionsprozeß zwischen Politik und Verwaltung, dessen Funktionen darin bestehen, für normenkonformes Verwaltungsgeschehen zu sorgen.[61] Ein wesentliches Aktivitätenpotential ist dabei die *Personalführung*, also die Gesamtheit der Maßnahmen zur zielorientierten personalen Einwirkung von Vorgesetzten auf Verwaltungsmitarbeiter sowie der für diesen Zweck formulierten Grundsätze.[62] Die von ihr umschlossenen wichtigsten Führungstätigkeiten sind Zielsetzung, Planung, Information, Koordination, Motivation und Kontrolle.[63] Unter ihnen nimmt *Motivieren als Führungsaktivität* einen besonderen Stellenwert ein. Denn der Führungserfolg ist vor allem davon abhängig, inwieweit es durch die unterschiedlichen Führungsmaßnahmen gelingt, den Mitarbeiter zum zielorientierten Handeln zu veranlassen.

Die Gesamtheit aller Steuerungsaktivitäten *im* Konkretisierungsverfahren ist Bestandteil jener prozeduralen Steuerung im weiteren Sinne, mit der das politische System staatliche und private Verantwortung in zahlreichen Politikfeldern einander zuzuordnen sucht. Sie beruht auf dem Gedanken, „Verfahren" als Instrument der

---

[60] Vgl. auch die Kritik von *H. Bauer*, VerwArch. 78 (1987), S. 258f.; *Beyerlin*, NJW 1987, 2713ff.; *Ehlers*, DVBl. 1986, 912ff., 914f.; *Robbers*, DÖV 1987, 272ff.; *Obermayer*, NJW 1987, 2646; *Schmidt-Aßmann*, DVBl. 1989, 538, fordert dazu auf, „die *Handlungsdimension* weiter zu erschließen"; *Zacher*, VVDStRL 41 (1983), S. 289ff., 290f. – Diskussionsbeitrag.

[61] *Remer*, Instrumente und instrumentelles Dilemma der Verwaltungsführung, in: ders. (Hrsg.), Verwaltungsführung, 1982, S. 31ff., 32.

[62] Siehe das Stichwort „Personalführung", in: Verwaltungslexikon, a.a.O. (Fn. 59), S. 706; w. Nachw. bei *Pitschas*, DÖV 1987, 624ff.

[63] *Laux*, Führung und Führungsorganisation in der öffentlichen Verwaltung, 1975, S. 18; *Oebbecke*, Weisungs- und unterrichtsfreie Räume, S. 11ff., 15.

Aufgabenerfüllung im Verwaltungsstaat einzusetzen.[64] Beispiele hierfür finden sich einerseits auf der Ebene der Formulierung von Politikzielen,[65] andererseits auf der Vollzugsebene – hier vor allem in der gesetzlichen Verankerung von regulativen, Verteilungs-, Leistungs- und Planungsverfahren.[66]

Die damit eingerichteten Begegnungsformen und Verhandlungssysteme dienen der Interessenkoordination zwischen den Beteiligten im Rahmen der verfassungs- und einfachrechtlichen Verfahrensdetermination. Prozedurale Steuerung des Gesetzesvollzugs meint allerdings bislang in diesem Kontext stets (nur) die Implementation von regulativen, Anreiz- oder Leistungsprogrammen „durch" Verfahren bzw. Verfahrensregelungen. Sie verharrt insoweit in der Darstellungsperspektive. *Wie* sich aber diese Steuerung als Arbeitsvorgang abspielt und *wie* die Steuerungswirkung erzielt wird, läßt sich dagegen nur im Blick auf die Steuerungstätigkeiten „im" Verfahren ermitteln. Und erst dann, nämlich aus der Herstellungsperspektive, vermag die anschließende Frage beantwortet zu werden, wer im Zusammenhang von Verfahren, Normanwendung und materiellem Rechtsstatus des einzelnen über die Ausfüllung und Anwendung der (unbestimmten) Gesetzesbegriffe in welcher Form entscheidet und wie dieses Entscheidungsverfahren zu gestalten ist. Die Bezugnahme auf die Steuerungsaktivitäten im Verfahren kann hierzu die ausschlaggebenden *materialen* Gesichtspunkte herausarbeiten.[67]

3. *„Externe" und „interne" Verfahrenssteuerung*

Versucht man, zu diesem Zweck das Panorama der Verfahrensaktivitäten noch etwas schärfer auszuleuchten, dann offenbaren sich bedeutsame Verschiedenheiten. Je nachdem, ob die einzelnen Operationen das konkrete Verwaltungshandeln gegenüber dem Publikum betreffen oder ob sie den darauf bezogenen Steuerungsbeziehungen innerhalb des hierarchisch verknüpften Mehrebenensystems der Verwaltung

---

[64] Dazu siehe die Grundlegung im 4. Kap., C.II.; 5. Kap., A.IV.; vgl. ferner die Nachw. zur Steuerungsfunktion und -instrumentalisierung des Verfahrens im 2. Kap., Fn. 238, 246ff., 253. Erst in dieser Deutung vollendet sich das Verständnis der Verwaltung als „Arbeitsvorgang", wie es *Forsthoff* ausgebreitet hat (in: Verwaltungsrecht I, S. 439); vgl. weiterführend dazu auch oben, 11. Kap., A.IV.2. mit Fn. 32.

[65] Vgl. *H. Willke*, Der Staat am Verhandlungstisch, S. 306ff.; *ders.*, KritV 1988, 214ff.; den Verfahrensaspekt unterschätzt weitgehend *Brohm*, Sachverständige Beratung, S. 236ff., 242; siehe demgegenüber schon *Pitschas*, Entbürokratisierung durch Beratung, S. 232ff., 234ff.

[66] Zur Herstellung einer diesem Typus der „prozeduralen Regulierung" (dazu *R. Mayntz*, Soziologie der öffentlichen Verwaltung, S. 211ff., 212, 218ff.) spiegelbildlichen „differenzierten Handlungs-, Informations- und Entscheidungseinheit" *in* den Verfahren der Verwaltung und durch diese siehe bes. *Bryde*, VVDStRL 46 (1988), S. 198ff.

[67] Vgl. schon früher *Forsthoff*, Verwaltungsrecht I, S. 439f.; nunmehr plastisch *R. Mayntz*, Politische Steuerung und gesellschaftliche Steuerungsprobleme, S. 102, 103f.; *R. Mayntz/Nedelmann*, KZfSS Jg. 39 (1987), S. 648ff., 652ff., 656ff., 659f. („eigendynamische soziale Prozesse").

– wie es z.B. eine mehrstufige Landesverwaltung darstellt[68] – unterfallen, läßt sich von einer „externen“ oder „internen“ Verfahrenssteuerung sprechen.

Externe Verfahrenssteuerung bezieht die prozedurale Steuerungsverantwortung auf das unmittelbar außenwirksame Verfahrenshandeln der Verwaltung, auf den Verkehr mit dem Bürger. Ihr Gegenstand sind damit und einerseits alle Formen der *individuellen* Kontaktaufnahme, in deren Verlauf es zu einem Informationsaustausch, zu Auskünften, Vorhaltungen, Absichtserklärungen oder Vorschlägen etc. kommt. Sie verbinden sich mit dem administrativen Steuerungsaktivitäten zu einer Dynamik aufeinander folgender und aufeinander bezogener Prozeßschritte, die zum Verwaltungshandeln als dem nach außen wirkenden *Abschluß* der Rechts- und Zweckkonkretisierung führen.

Externe Verfahrenssteuerung umfaßt andererseits die Formen der *generellen* Rechtsetzung durch Verwaltung in dem Maße, in dem ihr als Konkretisierungsverfahren die (normative) Generalisierung und Typisierung zur Verfügung stehen. Verordnungs- und Satzunggeber sind dann diejenigen, denen die Bürde der externen Prozeßsteuerung aufgelastet ist; sie tragen eine entsprechende prozedurale Steuerungsverantwortung im Sinne des rechtlichen Gebots einer maximalen Rechts- und Zweckkonkretisierung.[69]

Das nach innen weisende Gesichts der außenbezogenen Verfahrensverantwortung blickt auf die *internen Steuerungsvorgänge.* Diese umfassen zum einen und durchaus nicht nur vordergründig die „technische“ Abwicklung des Konkretisierungsverfahrens innerhalb der einzelnen Behörde, also den „Bürobetrieb“, für den herkömmlicherweise der Ausdruck „Geschäftsgang“ dient[70] und der ein Stück Organisation darstellt. Zum anderen ist Gegenstand der „internen“ Verfahrenssteuerung die Verhaltensbestimmung nachgeordneter Behörden im *Instanzenzug* einer Verwaltung.[71] Sie ergänzt die rechtliche Programmierung und wird tendenziell um so bedeutsamer, je geringer der Programmierungsgrad ist. Die vorgesetzte Instanz kann dabei das Verfahrenshandeln auf unterer Ebene steuern, indem sie unmittelbar *verfahrenslenkende Einzelweisungen* erteilt; sie kann aber auch die Vorgehensweise der Vollzugsbehörden durch generelle Verfahrensregelungen in Form von Verwaltungsvorschriften oder in Gestalt ganzer „Aktionsprogramme“ lenken.[72]

---

[68] *R. Mayntz,* Soziologie der öffentlichen Verwaltung, S. 94f., 211ff., 218ff.; *W. Rudolf,* Verwaltungsorganisation, S. 653ff.

[69] Vgl. zu diesem Gebot auch *R. Scholz,* VVDStRL 34 (1976), S. 171; es knüpft an die oben im 6. Kap. dargestellten Leitlinien der Konkretisierungsverantwortung (C.I.-III.) sowie an die im dritten Teil der Untersuchung ausgeführten verfassungsrechtlichen Grundlagen der Verantwortung, Rationalität und Legitimation (9. bis 11. Kap.) an.

[70] Dazu siehe m.w.Nachw. *F. Mayer,* Geschäftsgang, in: F.M. Marx (Hrsg.), Verwaltung, 1965, S. 298ff.; *Osssenbühl,* Verwaltungsvorschriften, S. 279, 345.

[71] Vgl. *Forsthoff,* Verwaltungsrecht I, S. 231f., 478f.; unter Steuerungsaspekten siehe ferner *R. Mayntz,* Soziologie der öffentlichen Verwaltung, S. 94f., 218f.

[72] Zu der damit bezogenen Typologie von Verwaltungsvorschriften vgl. statt aller *Ossenbühl,* Quellen des Verwaltungsrechts, S. 90ff.

So oder so, aber auch im Wege *prozeduraler Eigensteuerung*, kann es zu Verfahrensregelungen verschiedener Art kommen, um die Handlungsfähigkeit der Vollzugsbehörden zu stärken und insbesondere die Durchführbarkeit gesetzlicher bzw. administrativer Programme zu sichern.[73] Zu nennen sind dabei vor allem *Beteiligungsregelungen*, die sich außer auf die Zahl und Art der zu beteiligenden Stellen auch auf die Art ihrer Mitwirkung beziehen sowie auf die Partizipationsmöglichkeiten der betroffenen bzw. interessierten Bürger. Hinzu treten häufig spezielle *Kontrollverfahren*. Zu den verfahrensmäßigen Festlegungen, in denen sich die prozedurale Steuerungsverantwortung der Verwaltung niederschlägt, gehören schließlich auch Regelungen über die *Anpassung der Regelung* selbst an veränderte Umstände und/oder die Überprüfung ihres Vollzugs und ihrer Wirkung. Sie umschließen z.B. Berichtspflichten oder auch die Befristung der Geltungsdauer einer Regelung.[74]

Die genannten Regelungen bzw. die durch sie ausgelösten Steuerungsvorgänge sind funktional scharf von den *Aufsichtsverfahren* zu trennen. Verfahrensführung einschließlich Vollzugssteuerung und Aufsicht sind essentiell verschieden; „die Aufsicht bezieht sich auf fremde Angelegenheiten, die Leitung erfolgt in eigener Sache."[75] Sie verbindet das Handeln einzelner Funktionseinheiten innerhalb einer Behörde sowie vor- und nachgeordneter Behörden zu einem einheitlichen Verwaltungskörper, während die Aufsicht fremde, eigenverantwortliche Tätigkeit durch Korrekturen überwacht.[76] Gleichwohl entfalten auch die Aufsichtsverfahren eine steuernde Wirkung, wie überhaupt in Wirklichkeit die (aufsichtlichen) repressiven Momente von den präventiven kaum klar abgrenzbar sind: Aufsichtsmaßnahmen, einmal erlassen oder angekündigt, wohnen nämlich regelmäßig zugleich Wirkungen für die Zukunft inne, wobei zusätzlich die Grenze zur stetig begleitenden Kontrolle verschwimmt. Dementsprechend fügen sich Aufsichtsverfahren in das Gesamtbild externer Verfahrenssteuerung paßgerecht ein, d.h. auch sie steuern die Verwaltung und kontrollieren sie nicht nur.[77]

Kraft dieser Dimensionalität der externen und internen Verfahrenssteuerung ist weithin der Eindruck entstanden, beide „Führungsstränge" (Oldiges) liefen nebeneinander her, so daß ebenso trennscharf in bezug auf die Einwirkungschancen der subjektiven Rechte des einzelnen Bürgers entschieden werden könnte. Demgemäß

---

[73] Empirische Angaben hierzu und zugl. w. Nachw. auch aus der verwaltungsrechtlichen Diskussion bei *R. Mayntz/C. Lex*, Praktikabilität staatlicher Handlungsprogramme, S. 22f., 95ff., 106ff.

[74] Auch darin vermag sich die hier postulierte Reflexivität des Verwaltungsverfahrensrechts (vgl. dazu 4. Kap., D.I.–III.; 5. Kap., A.IV.3.; 6. Kap., B.IV.2.; 7. Kap., E.II.3.; 8. Kap., B.III., C.II.-VI.; 10. Kap., A.III.3., C.III.2.; 11. Kap., C.I.2. mit c), III.1.) konkret niederzuschlagen.

[75] *Forsthoff*, Verwaltungsrecht I, S. 478f.; siehe auch *Oebbecke*, Weisungs- und unterrichtungsfreie Räume, S. 9f., 35f.; *Ossenbühl*, Verwaltungsvorschriften, S. 369.

[76] *Ossenbühl*, a.a.O. (Fn. 75), S. 369; skeptisch zu dieser Differenzierung aber *Oebbecke*, a.a.O. (Fn. 75), S. 9 m. Anm. 25, 35f.; vgl. auch die eigene Stellungnahme im nachfolgenden Text.

[77] Ebenso *Lerche*, in: Maunz/Dürig, GG, Art. 84 Rdnrn. 86, 127; *Oebbecke*, a.a.O. (Fn. 75), S. 35; *Wolff/Bachof*, Verwaltungsrecht II, S. 103.

unterläge nur das außenwirksame Konkretisierungsverfahren rechtlicher Determination, während die Binnensteuerung davon frei sei.[78] Das ist jedoch nicht der Fall. Die Abgrenzung verschwimmt immer mehr. Die Reichweite subjektiver Rechte und der Rechtskreis potentiell Betroffener haben sich zunehmend in den Binnenbereich hinein erweitert. Zwar gibt es kein Recht auf den gesetzlichen Verwaltungsbeamten,[79] dafür jedoch Ansprüche auf die Einhaltung von Zuständigkeitsregeln – und dies nicht allein in örtlicher und sachlicher Hinsicht (§§ 3 VwVfG, 2 SGB X), sondern auch im Hinblick auf die instanzielle Zuständigkeit, auf die Sach- und Personennähe der Behörde oder auf die Heilung bestimmter Verfahrensmängel bei der Ausgangsbehörde statt bei der sachferneren Widerspruchsbehörde.[80] Ähnliches gilt für die internen Informationsverarbeitungsprozesse der Verwaltung. Die administrative Speicherung und Übermittlung sowie sonstige Verwendung personenbezogener (und anderer) Daten wird durch subjektiv-öffentliche Rechte auf dem grundrechtlichen Fundament der informationellen Selbstbestimmung des einzelnen dirigiert. Selbst die auf die Einheit der Verwaltungsfunktion abzielende und insofern vor allem das interne Zusammenwirken der Behörden garantierende Institution der Amtshilfe (Art. 35 GG) gerät mit der Forderung nach einer „internen Gewaltenteilung" unter den Einfluß subjektiver Rechtsgewährleistungen.

Die Unterscheidung von Binnen- und Außenbereich des Konkretisierungsverfahrens verliert dadurch nicht etwa ihren Sinn; sie bleibt ebenso für die Frage nach der Gesetzgebungskompetenz gem. Art. 84ff. GG bedeutsam[81] wie für das Problem, wer in dem gesetzlich nicht geregelten Raum, in dem sich die Verfahrensaktivitäten entfalten, entscheiden soll. Richtig ist allerdings, daß eine „geometrische Abgrenzung" unmöglich ist.[82] Die prozedurale Steuerungsverantwortung der Verwaltung fügt von daher die Verfahrensdimensionen unter dem Dach der „Konkretisierung" zu einer *gegliederten Einheit* zusammen.

4. Verfahrenssteuerung durch Verwaltungsvorschriften

Die daraus resultierende dogmatische Problematik erweist sich besonders deutlich am Beispiel der verhaltens- bzw. „aktionslenkenden" Verwaltungsvorschriften, die hier als generalisierende Verfahrensanweisungen in das Blickfeld kommen.[83] Verfah-

---

[78] Siehe dazu auch die Diskussionsbemerkungen von *Hufen*, VVDStRL 43 (1985), S. 251f., 252; *Schmidt-Aßmann*, Verfahrensgedanke, S. 20ff. m.w.Nachw.; grundsätzlich zur Trennung der Rechtskreise von Innen- und Außenrecht *H.H. Rupp*, Grundfragen, S. 19ff., 92ff.; *Schnapp*, in: Rechtstheorie, Beih. 5, 1984, S. 381ff., 397ff.

[79] *Mußgnug*, Das Recht auf den gesetzlichen Verwaltungsbeamten?, 1970; zum Problem auch *Schnapp*, AöR 105 (1980), S. 275.

[80] Vgl. *Hufen*, Verwaltungsverfahren, S. 60ff. m.w.Nachw.

[81] Siehe dazu bereits *Ossenbühl*, Verwaltungsvorschriften, S. 297; nunmehr deutlich *Lerche*, in: Maunz/Dürig, GG, Art. 84 Rdnrn. 36, 88, 94ff.

[82] *Hufen*, VVDStRL 43 (1985), S. 252 – Diskussionsbeitrag; vgl. auch *Stettner*, JöR n.F. 35 (1986), S. 81.

[83] Zu dieser Kategorie der Verwaltungsvorschriften siehe insbes. *Ossenbühl*, Verwaltungs-

renssteuerung erstreckt sich nämlich als Aktivitätenpotential im Verfahren nicht nur auf das individuelle Handeln der Verwaltungsmitarbeiter. Die Verwaltung bedient sich auch der Methode, mit Hilfe von Verfahrensvorschriften die Normkonkretisierung im Einzelfall zentral zu steuern.[84]

In Verfolg dieser Zwecksetzung entfalten solche verhaltenslenkenden und insbesondere zur Sachverhaltsermittlung und Norminterpretation eingesetzten Verwaltungsvorschriften[85] eine weitreichende Steuerungswirkung. Sie erzeugen am Übergang des subjektiv mehr oder weniger ungewissen Normgehalts zur individuell verbindlichen Feststellung der Rechtslage kraft der in ihnen einbeschlossenen Anweisung zur Auslegung einzelner Rechtssätze in einem vorgegebenen Sinne ein verfestigtes Normbild, aus dem der Rechtsanwender die anstehende Einzelfallentscheidung unmittelbar unter Einschränkung eigener Wertungen gleichsam „herauszulesen" vermag.[86] Die dadurch behördlicherseits ausgeübte *Definitionsmacht* über Situation und Recht gewinnt noch an Bedeutung, wenn ihr ein Ermessens- bzw. sonstiger Gestaltungsspielraum zur Verfügung steht.

Ihre eigentliche Kraft und den vollen Spielraum der steuernden Verfahrensverantwortung entfalten Verwaltungsvorschriften als Verfahrensvorschriften dort, wo spezielle oder allgemeine *gesetzliche* Verfahrensregelungen fehlen oder diese eine Detaillierung des modus procedendi zulassen. Dabei ist entsprechend der Unterscheidung nach „interner" und „externer" Steuerung zwischen „internen" und „externen" Verfahrensvorschriften zu trennen.[87] Erstere beziehen sich einerseits auf die

---

vorschriften, S. 282ff., 343ff.; *ders.*, Quellen des Verwaltungsrechts, S. 91f.; *ders.*, Rechtsverordnungen und Verwaltungsvorschriften, S. 105ff.

[84] Hierzu siehe BVerwGE 34, 278 (281); 72, 300 (320); BVerwG, NJW 77, 1075ff., 1078, und aus der Literatur statt aller *Achterberg*, Verwaltungsrecht, S. 302f. (§ 16 Rdnrn. 60ff.); *Maurer*, Verwaltungsrecht, S. 505ff., 508; *Ossenbühl*, a.a.O. (Fn. 83), S. 106f.; insofern bedient sich die Verwaltung der Verwaltungsvorschriften als *norminterpretierender* und *normkonkretisierender* Steuerungsinstrumente. Ob allerdings diese auf BVerwGE 72, 300 (320) zurückgehende Differenzierung der zuvor regelmäßig als gesetzesauslegende (= norminterpretierende), ermessenslenkende und gesetzesvertretende Verwaltungsvorschriften (siehe zu dieser Differenzierung auch *Maurer*, a.a.O.; *Erbguth*, DVBl. 1989, 474f.) unterschiedenen Steuerungsmittel bei der Rechtsbildung mehr als tautologischen Charakter hat (vgl. auch die Rüge von *Lübbe-Wolff*, DÖV 1987, 896ff., 898 m. Anm. 16), erscheint zweifelhaft; die hiesigen rechtstheoretischen Darlegungen (vgl. 3. Kap., B I.; 4. Kap., C.I.-III.; 6. Kap., B.IV. oben im Text um und zu Fn. 8ff.) erweisen jedenfalls die Unmöglichkeit, daß es stets nur *eine* Möglichkeit rechtmäßiger Normanwendung geben könnte („Richtigkeitskonkurrenzen"). Voreilig bzw. kaum weiterführend sind daher die Bemerkungen von *Gusy*, DVBl. 1987, 498ff., 500f.: „Konkretisierung" umfaßt auch „Interpretation"! Gleichwohl ist der *gedankliche Ansatz* der gerichtlichen Unterscheidung richtig, soweit er auf die eigenständige Verantwortung der Verwaltung rekurriert und diese mit Blick auf die sog. Kontrolldichte umzusetzen versucht, vgl. BVerwGE 72, 300 (316, 317); *Burmeister*, Verfahrensstrukturierungsgebote, S. 153; *Ossenbühl*, HdbStR III, 1988, S. 425ff., 438 (Rdnr. 26); *Sendler*, FS C.H. Ule, S. 356f., und zul. oben 11. Kap., B.II.

[85] Für den Bezug zur Sachverhaltsermittlung vgl. bes. *J. Martens*, Verwaltungsvorschriften, S. 27ff., 43ff., 52ff., 123ff., 132ff.; *Ossenbühl*, a.a.O. (Fn. 84), S. 436.

[86] *J. Martens*, a.a.O. (Fn. 85), S. 34.

[87] Zu dieser Trennung siehe auch *Ossenbühl*, Verwaltungsvorschriften, S. 278f., 345 m. Anm. 281.

Steuerung des bürotechnichen Geschäftsablauf, beschränken sich also auf den „Geschäftsgang" innerhalb einer verwaltungsorganisatorischen Funktionseinheit bzw. auf den Geschäftsverkehr zwischen ihr und anderen Verwaltungsstellen. Sie sind nach herkömmlichem Verständnis den Organisationsvorschriften zuzurechnen und beruhen als solche auf der *exekutiven Organisationsgewalt.*[88] Hier finden vor allem die Geschäftsordnungen der Verwaltung ihren Platz.[89]

Andererseits gibt es *interne* Verfahrensvorschriften, die *nicht ausschließlich* von der Organisations- bzw. Verfahrensgewalt der Verwaltung legitimiert werden können. Das ist der Fall, wenn sie trotz ihrer auf den administrativen Binnenbereich gerichteten Funktion gleichzeitig Außenwirkung entfalten. Ein Beispiel hierfür bieten die Grundsätze zur Neuorganisation der Finanzämter und zur Neuordnung des Besteuerungsverfahrens (GNOFÄ).[90] Die darin niedergelegte organisatorische Gliederung des Veranlagungsbereichs wird durch Anweisungen über die Gestaltung des Verfahrensablaufs ergänzt, die in ihren Wirkungskreis mittelbar den Steuerpflichtigen einbeziehen. Sie greifen damit in die Freiheitssphäre des Bürgers über und sind deshalb mehr als nur innerdienstliche Handlungsanweisungen.[91]

Die zuletzt erwähnte species von Verfahrensvorschriften spielt bereits in die problematische Frage nach der zulässigen Reichweite *externer* Verfahrensgeneralisierungen hinein. Diese betreffen den Verkehr mit dem Bürger unmittelbar. Sie werden daher nicht von der exekutiven Organsiationsgewalt umschlossen.[92] Ob sie dagegen auch durch die *administrative Geschäftsgewalt* gedeckt sein könnten, wie dies *F. Ossenbühl* behauptet,[93] scheint mir jedenfalls dann zweifelhaft, wenn sie sich auf

---

[88] Vgl. BVerfGE 26, 338, (396); *Böckenförde,* Organisationsgewalt, S. 21 ff., 78 ff.; *Lerche,* in: Maunz/Dürig, GG, Art. 84 Rdnr. 93; *Maurer,* Verwaltungsrecht, S. 508 (Rdnr. 8); *Ossenbühl,* a. a. O. (Fn. 87), S. 250 ff., 276, 279 m. Anm. 153; *Schlink,* Amtshilfe, S. 118 ff. – Nach hiesiger Auffassung sollten allerdings „Organisation" und „Verfahren" trotz ihrer Verflechtung (siehe 2. Kap., B.II.3.b) mit bb)) strikt unterschieden werden; die automatische Unterstellung der „internen" Verfahrensvorschriften unter die „Organisationsgewalt" erscheint mir daher zweifelhaft. Vorzuziehen ist ihre Verortung in einer spezifischen „Verfahrensgewalt", die sich in Teilen mit der sog. „Geschäftsleitungsgewalt" deckt (vgl. *Oldiges,* Bundesregierung als Kollegium, S. 219; *Schnapp,* VVDStRL 43, 1985, S. 195), wiewohl diese – wie sogleich noch zu zeigen sein wird – nicht immer und zukünftig immer weniger ohne Verfahrensteilhabe des Bürgers legitimierend wirkt.

[89] *Ossenbühl,* a. a. O. (Fn. 88), S. 250 ff., 281; *ders.,* HdbStR III, 1988, S. 442 (Rdnr. 36); siehe auch *Maurer,* a. a. O. (Fn. 88), S. 508.

[90] Vom 16. 2. 1976 (BStBl. 1976 I, 88).

[91] Vgl. *J. Martens,* Verwaltungsvorschriften, S. 41; a. A. BVerfG, BStBl. 1978 II, 616; zur Außenwirkung von Verfahrensvorschriften im Bereich der Gesundheitsverwaltung – allerdings handelt es sich um weithin „externe" Richtlinien – siehe auch BVerwGE 71, 183 (196 ff.).

[92] Siehe statt aller *Ossenbühl,* Verwaltungsvorschriften, S. 279; *ders.,* Rechtsverordnungen und Verwaltungsvorschriften, S. 107; *Schnapp,* VVDStRL (1985), S. 195 („legislativ besetzt"); ein treffendes Beispiel hierfür bietet BVerwGE 75, 109 (117).

[93] Verwaltungsvorschriften, S. 279 m. Anm. 154, S. 369 ff.; anders aber *ders.,* a. a. O. (Fn. 92), S. 107; „... in den Gesetzesvorbehalt hineinragen, ..." – wann aber ist das der Fall?; siehe auch *Beckmann,* DVBl. 1987, 611 ff., unter Berufung auf den „autonomen Gestaltungsbereich der Verwaltung", den er freilich nicht begründet, sondern als bisher „nicht geklärt" bezeichnet

die Freiheitssphäre des Bürgers auswirken. Das aber ist häufig der Fall. So können Verfahrensvorschriften eine Fülle freiheitsrelevanter Verfahrensfragen namentlich zur Sachaufklärung behandeln, wie z.B. Einzelheiten zur Zeugenvernehmung und Einholung von Sachverständigengutachten, die Vorgehensweise bei unvollständigen Angaben des Antragstellers oder auch Maßgaben zum Bearbeitungsverfahren, zur Bescheiderteilung etc.[94]

Die *Zwecke,* denen solche (externen) Verfahrensvorschriften dienen sollen, sind im übrigen durchaus unterschiedlich. Im Vordergrund steht die Bewältigung der jeweiligen Verwaltungsaufgabe, die nach rascher Entscheidung bzw. Durchführung unter einheitlichen Maßstäben verlangt. Soweit diese nicht der Gesetz- oder Verordnunggeber verlautbaren, werden sie regelmäßig in Verwaltungsvorschriften festgesetzt, die eben auch das Verfahren des Aufgabenvollzugs vereinheitlichen und vereinfachen sowie den zutreffenden Sachverhalt ergründen sollen. Zweckmäßige, einfache, zügige und kostensparende Verfahrensführung auf der einen, Erforschung des Sachverhalts, lückenlose Tatbestandsermittlung, i.w.S. die Verwirklichung der Verfahrensgerechtigkeit auf der anderen Seite bilden Antrieb und Motiv der Verwaltung zum Erlaß von Verwaltungsvorschriften zur Verfahrensregelung. Sie erfüllt damit einen Teil ihrer prozeduralen Steuerungsverantwortung.

Die interne und externe Verfahrenssteuerung durch Verwaltungsvorschriften gewinnt auf diese Weise bei der Anwendung des aus den Normen des objektiven Rechts herauszubildenden „richtigen" Einzelfallrechts[95] sowohl im Ermessensbereich als auch für die Interpretation von Gesetzesbestimmungen, die keinerlei Ermessens- oder Beurteilungsspielraum eröffnen, ein *freiheitsprägendes* Gewicht. Dieser Erkenntnis kontrastiert freilich die Auffassung, gegen allgemeine Verfahrensvorschriften und namentlich gegen solche zur Sachverhaltsermittlung ließen sich verfassungsrechtliche Bedenken nicht erheben, weil das Grundgesetz einen sie umschließenden Gesetzesvorbehalt nicht enthalte. Es sei deshalb auch unbeachtlich, daß die Verfahrensvorschriften in die Sphäre des Bürgers ausstrahlten.[96]

Dem ist für Verfahrensvorschriften mit *Außenwirkung* nicht durchweg zu folgen. Zwar hat auch der BVerfG die Auffassung vertreten, daß in Bereichen, in denen der

---

(S. 617); mit Recht wirft *Beckmann* dabei die Frage nach der Vereinbarkeit mit dem Gesetzesvorbehalt auf (S. 617f.).

[94] Vgl. *Beckmann,* DVBl. 1987, 614f.; *Brohm,* Verwaltungsvorschriften, S. 17f., 20; *Lerche,* in: Maunz/Dürig, GG, Art. 84 Rdnr. 99; *Ossenbühl,* Quellen des Verwaltungsrechts, S. 89; aus der Rechtsprechung siehe z.B. OVG Münster, Urt. v. 31. 1. 1985 – 14 A 1057/84.

[95] „Norminterpretation" und „Normkonkretisierung" bilden hierbei ineinander verschachtelte Verlaufsformen der Rechts- und Zweckkonkretisierung; dies übersieht in seinen Distinktionen wohl auch *Lerche,* in: Maunz/Dürig, GG, Art. 84 Rdnr. 102.

[96] Dies jedenfalls im Hinblick auf Verfahrensvorschriften von „untergeordneter Bedeutung", vgl. BVerfGE 40, 237 (250); BFH, BB 1986, 445; BVerwGE 36, 327 (329); *Bettermann,* VVDStRL 17 (1959), S. 153 m. Anm. 102; *Böckenförde,* Gesetz und gesetzgebende Gewalt, 2. Aufl., 1981, S. 391f.; *v. Bornhaupt,* BB 1986, 447 („Ausfluß der Leitungsfunktion der Verwaltungsspitze"); *Krebs,* VerwArch. 70 (1979), S. 270f.; *Ossenbühl,* Vorbehalt des Gesetzes, S. 31; *ders.,* Festgabe BVerwG, S. 433ff., 437ff., 438; *ders.,* HdbStR III, S. 444f. m. Anm. 69; a.A. aber *Brohm,* Verwaltungsvorschriften, S. 28; *Lerche,* a.a.O. (Fn. 94), Rdnr. 99.

Gesetzgeber nur sehr allgemeine Verfahrensregelungen getroffen hat bzw. aus anderen Gründen erhebliche Lücken in den Verfahrensgesetzen geblieben sind, die Exekutive befugt sei, außenwirksame Verfahrensvorschriften mit Bindungswirkung sogar im Bereich der Eingriffsverwaltung zu erlassen.[97] Doch steht diese Rechtsprechung einerseits unter dem Vorbehalt, es dürfe sich lediglich um Regelungen von untergeordneter Bedeutung mit gesetzlich intendierter Funktion und auf der Grundlage spezifischer Organisationsgewalt handeln.[98] Zum anderen stößt das mit den verfassungsgerichtlichen Bekundungen verbundene Zugeständnis eines verfassungsunmittelbaren originären administrativen Verordnungsrechts als Bestandteil der Exekutivgewalt auf die Schranke des Art. 80 GG[99] und die weitere Frage nach der Vereinbarkeit mit dem allgemeinen *rechtsstaatlichen* Gesetzesvorbehalt.[100]

In Anbetracht dessen ist im folgenden näherhin – und zugleich über die engere Fragestellung der Verwaltungsvorschriften zum Verfahren wieder hinausführend – zu klären, welche Verfahrensregelungen im Aufeinandertreffen von legislativer und administrativer Verfahrensverantwortung das Parlament *selbst* treffen *muß*, welche Verfahrensregelungen es selbst vorgeben *darf* und wo ggf. originäre Exekutivkompetenzen liegen. Infrage stehen somit detaillierte Antworten zur verfahrensbezogenen *Regelungspflicht* und zur Regelungs*befugnis* des Gesetzgebers.[101]

---

[97] A. a. O. (Fn. 96); die Berufung dieser Entscheidung auf BVerfGE 8, 155 (167ff.) irritiert allerdings, ging es dort doch um „Leistungsverwaltung". Im übrigen wird mit *Lerche*, a. a. O. (Fn. 94), Rdnrn. 96ff., im folgenden am Kennzeichen mangelnder unmittelbarer Außenwirkung für Verwaltungsvorschriften festgehalten.

[98] BVerfGE 40, 237 (251); deutlich wird hier der „Wesentlichkeitsbezug" dieser Rechtsprechung, vgl. dazu auch die differenzierenden Bemerkungen oben in Fn. 39 sowie die Orientierung des BVerfG am „besonderen Gewaltverhältnis" (Bezugnahme auf die „Natur der Materie", S. 251).

[99] Vgl. insofern krit. zu der Rechtsprechung des BVerfG *Breuer*, DVBl. 1978, 28ff., 34; *J. Martens*, Verwaltungsvorschriften, S. 39f.; *Papier*, Vorbehalt des Gesetzes, S. 45, 62; *Schenke*, DÖV 1977, 27ff., 29; anders aber wohl *Beckmann*, DVBl. 1987, 617; auch *Krebs*, VerwArch. 70 (1979), S. 270f.; gegen diesen zutr. aber *Brohm*, Verwaltungsvorschriften, S. 26.

[100] Sie stellt sich vor allem, wenn die Zuteilung und Ausprägung von Grundrechtspositionen und Beachtung von Verfahrensminimalstandards in Frage steht, vgl. BVerfGE 60, 253 (295); BVerwGE 75, 109 (117); 71, 183 (196ff.); siehe ferner *Beckmann*, a. a. O. (Fn. 99), 617ff.; *J. Martens*, Verwaltungsvorschriften, S. 38ff.; *Ossenbühl*, Vorbehalt des Gesetzes, S. 31f. (widersprüchlich aber Fn. 54: Formalgesetzliche Grundlage für den unwesentlichen *Eingriff*); *ders.*, Rechtsverordnungen und Verwaltungsvorschriften, S. 107; siehe ferner *Lerche*, in: Maunz/Dürig, GG, Art. 84 Rdnr. 99 m. Anm. 71.

[101] Siehe auch *Ossenbühl*, a. a. O. (Fn. 100), S. 28; *Stettner*, JöR n. F. 36 (1986), S. 81.

C. *Vorbehalt legislativer Verfahrenssteuerung?*

I. „Prozedurale" Wesentlichkeitstheorie

Die nachgefragten Antworten knüpfen an die allgemeinen Ausführungen oben im Rahmen der Untersuchung zur Verfahrensverantwortung der öffentlichen Verwaltung an, in denen bereits die Grundlinien einer *prozeduralen* Entfaltung der sog. Wesentlichkeitstheorie ausgezogen worden sind.[102] Hiernach ist der Gesetzgeber kraft der ihn treffenden Folgenverantwortung für sein Handeln verpflichtet, für die Durchführung eines Gesetzes die notwendigen Verfahrensvoraussetzungen selbst zu schaffen, wenn und soweit der Verfahrensablauf und das Verfahrensergebnis eine „Grundrechtsrelevanz" in dem dargelegten Sinne aufweisen bzw. sonstwie sachwirksam sind.

1. „Grundrechtsgefährdung" im Verwaltungsverfahren

Verfahrenslenkende Einzelweisungen im Rahmen prozeduraler Eigensteuerung oder auch Verwaltungsvorschriften zum Verfahren können bzw. dürfen ihm diese Aufgabe nicht abnehmen. Die *verfahrenswesentlichen* Entscheidungen muß im Bereich der Grundrechtsausübung von Rechtsstaats wegen der Gesetzgeber selbst treffen, ganz unabhängig davon, ob sie in traditioneller Sicht nun als „Eingriff" zu werten sind oder nicht. Denn einzelne Grundrechte weisen neben ihrem individualrechtlichen Abwehrgehalt weitere Schutzdimensionen auf, die in Antwort auf grundrechtsspezifische „Gefährdungslagen" weitergehende Regelungspflichten an den Gesetzgeber adressieren.[103] Freilich ist damit, wie sich gezeigt hat, keine aktionenrechtliche Deutung der Grundrechte bzw. der Staatszielbestimmungen verbunden.[104]

---

[102] Vgl. 7. Kap. m. Fn. 438, 444ff., 450, 489f.; 10. Kap. mit Fn. 65f., 67, 190, 358, 361 und 445; 11. Kap. mit Fn. 99, 127ff.; zu den *drei Leitgesichtspunkten* dieser Entfaltung siehe die Bemerkungen oben im Text um und in Fn. 39.

[103] Richtig daher *Papier,* Vorbehalt des Gesetzes, S. 54ff.; vgl. auch *Lerche,* a.a.O. (Fn. 100), Art. 84 Rdnr. 99; *Ossenbühl,* Quellen des Verwaltungsrechts, S. 95f.; zum „Gefährdungsschutz", der sich als verfassungsgebotenes Korrelat zur Autonomisierung der Verwaltung ausweist, vgl. schon oben, 2. Kap., Fn. 126; 6. Kap., Fn. 90; siehe auch *R. Scholz/Pitschas,* Informationelle Selbstbestimmung, S. 80, 83f.; die „Wesentlichkeit" bzw. „Sachwirksamkeit" der Verfahrensregelungen im Spannungsfeld von Integrations- und Autonomiefunktion ist auf diese Gefährdungslagen einzuregulieren!

[104] Vgl. auch *Held,* Grundrechtsbezug, S. 150f.; *Schmidt-Aßmann,* NVwZ 1983, 4, 5.

2. *Delegation von Verfahrensrechtssetzung auf die Exekutive?*

Dieser die früheren Ausführungen rekapitulierende Hinweis gibt zugleich Gelegenheit, daran zu erinnern, daß die „Grundrechtsrelevanz" einzelner staatlicher Maßnahmen stets nur nach präziser Ermittlung der Gewährleistungsfunktion und des Schutzbereichs des konkret betroffenen Grundrechts bestimmt werden kann.[105] Das ist auch bedeutsam für die Frage, ob ausschließlich das *Parlament* selbst die Regelungspflicht erfüllen muß oder eine Delegation auf die Exekutive in Betracht kommt („Rechtssatzvorbehalt"). In der Antwort hierauf sind die Kompetenzmaßgaben der grundrechtlichen Sondervorbehalte zu berücksichtigen.

Steht z.B. ein Grundrecht – wie etwa die einheitlich zu begreifende Garantie der Ausbildungs- und Berufsfreiheit gem. Art. 12 Abs. 1 GG – unter Rechtssatzvorbehalt, dann ist der förmliche Gesetzgeber nicht unbedingt gehalten, Inhalt und Voraussetzungen der Grundrechtsbeschränkungen selbst zu normieren. Er darf stattdessen und in den Grenzen des Art. 80 Abs. 1 GG diese Befugnisse an den Verordnungs- bzw. an den autonomen Satzungsgeber delegieren. Dies gilt auch für *Verfahrensregelungen.* So darf der Parlamentsgesetzgeber beispielsweise auf die spezifizierende Ausgestaltung von Prüfungsverfahren bei der Ordnung von Ausbildungsgängen grds. verzichten: „Die Festlegung der Verfahrensvorschriften *im einzelnen* gehört nicht zu den dem Gesetzgeber vorbehaltenen Leitentscheidungen."[106] Im übrigen hat sich das Prüfungsverfahren an den das Ziel und den Inhalt der Ausbildung bestimmenden Regelungen der Ausbildungsordnung zwingend zu orientieren, ohne daß dies noch einmal ausdrücklich im Gesetz selbst angesprochen sein müßte. Denn damit sind die dem Verordnungsgeber überlassenen Regelungen nach Tendenz und Inhalt hinreichend vorherbestimmt.[107]

3. *Parlaments- und Rechtssatzvorbehalt*

Diese Bestimmtheitserfordernisse des Art. 80 Abs. 1 GG setzen allerdings die grundsätzliche Gestattung einer Übertragung von Rechtsetzungsmacht voraus. Sie greifen also nur, wenn ein Rechtssatz – und kein Parlamentsvorbehalt gilt. Eine noch so limitierte Regelungsermächtigung vermag eine von der Verfassung durch einen Parlamentsvorbehalt geforderte eigene, nicht-fakultative Verfahrensregelung des Parlaments nicht zu ersetzen.

Für die Frage, wann dies der Fall sein kann, ist des näheren wiederum auf die differenzierten Gewährleistungsfunktionen des regulativen Verfahrensmodells ein-

---

[105] *Papier,* a.a.O. (Fn. 103), S. 43.

[106] BVerwGE 65, 323 (326); voreilige Generalisierungen sollten allerdings vermieden werden, wie sich an BVerfGE 60, 253 (295: „Verfahrensvorbehalt") zeigt; siehe auch die Hinweise oben in Fn. 39.

[107] BVerwGE 65, 323 (325f.); auch der Verordnungsgeber hat dabei die dargelegten Verfahrensstandards (10. Kap., B.II.) zu beachten, vgl. *Eberle,* DÖV 1984, 485ff., 492 m. Anm. 81.

schließlich der Grundrechte zu verweisen. So verlangt nach richtiger Auffassung Art. 12 Abs. 1 GG, das Verfahren der Verteilung von Studienplätzen beim Zugang zu den Universitäten in seinen Grundzügen durch den Parlamentsgesetzgeber zu regeln.[108] Allgemeiner noch zeigen die Ausführungen über den Verfassungsbezug des Konkretisierungsverfahrens,[109] daß vor allem Regelungen über grundrechtsfeststellende bzw. grundrechtseffektuierende Verfahren einem intensitätsvariablen Parlamentsvorbehalt unterliegen.

Der voraufgegangene Hinweis auf die „dienende" Funktion des Verfahrens gegenüber dem Sachrecht, derzufolge der Gesetzgeber auf eigenständige Formulierungen entsprechender *prozeduraler* Grundaussagen verzichten dürfte, trägt deshalb die Notwendigkeit seiner Korrektur stets in sich. Denn Verfahrensregeln, soviel läßt sich bereits jetzt sagen, „dienen" nicht nur. Zwar ist das allgemein und abstrakt gesetztes Recht, wie schon oben herausgearbeitet wurde,[110] zu seiner Verwirklichung auf das Verfahren angewiesen. Insofern hat das materielle Recht einen ihm wesenseigenen Verfahrensbezug. Diese Verfahrensabhängigkeit bedeutet aber keine vollständige Verfahrensdetermination. Verfahrensrecht bleibt im Verhältnis zum materiellen Recht *eigenständig*. So können denn auch Verfahrensregeln das materielle Recht in gewissem Umfang modifizieren; häufig sogar bieten sie vermöge ihrer Beachtung (relative) Gewähr für die „Richtigkeit" des Konkretisierungsergebnisses. Schon von hier aus müssen deshalb gegen die oben erwähnte Auffassung Bedenken angemeldet werden, Verwaltungsvorschriften zum Verfahren könnten jenseits der Vorbehaltsgrenzen schlechthin zum Außenrechtssatz avancieren, der einer gesetzlichen Ermächtigung nicht bedürfe.[111]

II. Rechtsstaatlicher und demokratischer Verfahrensvorbehalt

Die voraufgehend in Erinnerung gerufene und komplementär zum materiellen Recht bestehende Wirkkraft von Verfahren und Verfahrensrecht hat zu der allgemeinen Einsicht beigetragen, daß der überkommene rechtsstaatlich-grundrechtlich

---

[108] BVerfGE 33, 303 (341, 344, 345ff.); siehe ferner *Breuer*, HdbStR VI, 1989, S. 877ff., 938f. (Rdnr. 81); *Hammer*, WissR 18 (1985), S. 41ff.; *Pitschas*, Berufsfreiheit, S. 562ff.

[109] Vgl. oben, 9. Kap., A.V. mit Fn. 47; 10. Kap., B.I. und II. mit den Nachw. dort in Fn. 167, 181, 282, 286, 390; siehe auch oben im Text um und in Fn. 39 mit den Hinweisen auf die Rechtsprechung des BVerfG und auf *Kloepfer*, *Schenke* u.a.; mit welcher *Intensität* das Parlament einzuschalten ist, hängt dabei vor allem von der dem Verfahren erfließenden Sachprägung und seinem Gefährdungspotential für die Bürgerfreiheit ab; gegebene staatliche Schutzpflichten korrelieren hierbei dem verfahrensmäßigen „Wesentlichkeitsschutz", vgl. BVerfGE 65, 1 (58f.).

[110] Siehe 2. Kap., C.I.; 4. Kap., C.I.-III.; 7. Kap., B.I. und II., C.I.2.c) mit cc) und (2); 10. Kap., A.II.2.; 11. Kap., B.III. 2.

[111] Vgl. oben im Text um und zu Fn. 96; in der Tendenz ist deshalb *Lerche*, in: Maunz/Dürig, GG, Art. 84 Rdnrn. 96, 97, 99 zuzustimmen; vgl. auch *Maurer*, VVDStRL 43 (1985), S. 163.

verankerte Vorbehaltsgedanke nur mühsam dazu imstande ist, staatliche Regelungen jenseits des klassischen, final verstandenen „Eingriffs" zu erfassen. Zwar umgreifen die Bedeutungs- und Funktionsgehalte einzelner Grundrechte sehr wohl auch faktische Grundrechtsbeeinträchtigungen, organisatorisch-instiutionelle Maßnahmen und sogar die reine Leistungsverwaltung, wie sich am Beispiel der öffentlichen Subventionierung Privater zeigen läßt.[112] Kennzeichnet man die besondere Eigenart des darauf gerichteten Staatshandelns von seinem für die Betroffenen grundrechtseinwirkenden Ergebnis her mit dem Begriff der „Gefährdungslage", dann können ihretwegen sowohl die sachlichen als auch die maßgeblichen *verfahrensmäßigen* Handlungsschritte einem Parlaments- bzw. Rechtssatzvorbehalt unterliegen; sie dürfen insoweit also nicht – und auch nicht in der Leistungsverwaltung- einer originären Regelungsmacht der Exekutive anheimgegeben werden.[113] Jedoch ist kaum zu bestreiten, daß die Versuche, durch eine Neuinterpretation des Freiheitsbegriffs und die Erweiterung der Eingriffsvorstellung den Gesetzesvorbehalt auszudehnen, nicht so sehr die rechtsstaatliche und gleichheitswahrende Schutzfunktion der Allgemeinheit des materiellen Rechtssatzes ins Auge fassen, sondern vor allem die besondere demokratische Legitimation einer durch Sachvorgaben kaum dirigierten Gestaltung der grundrechtlichen Binnenverfassung bzw. des Grundrechtsträgerschutzes berufen.[114]

Damit erreicht der Gesetzesvorbehalt nicht nur in den bezeichneten Sektoren eine neue Dimension, die durch Modifikation des klassischen rechtsstaatlich-grundrechtlichen Vorbehaltsgedankens nicht mehr erfaßt werden kann. Unter dem heuristischen Begriff der „Wesentlichkeit" entfaltet sich nämlich die Notwendigkeit, neben dem Gewicht und der Reichweite freiheitsgewährleistender Grundrechte auch die Teilhabe des Parlaments an der politischen Staatsleitung sowie weitere funktionsbezogene Rechtmäßigkeits- und Geltungsansprüche einer *gesetzgeberischen* Sachgestaltung und Verfahrenssetzung zum Tragen zu bringen. Diese Berufung auf die funktionsspezifische Regelungskompetenz des verfassungsmäßigen Gesetzgebers wird gemeinhin, wenngleich etwas unpräzise als „demokratische" Komponente des Gesetzesvorbehalts bezeichnet, derzufolge die *politisch bedeutsamen* Entscheidungen ohne Rücksicht auf ihren Regelungsgegenstand vom Parlament getroffen werden müßten.[115] Genauer gesagt bedeutet diese Kurzformel, daß für die Reichweite des Gesetzesvorbehalts auf die funktionsspezifischen Merkmale des *Gesetzes* abzustellen ist. Denn gerade das Gesetz stellt als eine kategorische, d.h. final

---

[112] Speziell zur Subventionsverwaltung vgl. insoweit *Bleckmann,* Ordnungsrahmen für das Recht der Subventionen, Verhdlg. des 55. DJT, Gutachten, Teil D, 1984, S. 71ff.; *Friauf,* ebd., Sitzungsbericht M (Referate), S. 19ff.; *Jarass,* NVwZ 1984, S. 473ff.

[113] Vgl. auch BVerwGE 51, 235 (238, 239); 71, 183 (196ff.); *Ossenbühl,* Quellen des Verwaltungsrechts, S. 95f.; *Papier,* Vorbehalt des Gesetzes, S. 60.

[114] Nachw. hierzu bei *v. Arnim,* DVBl. 1987, 1242f., 1245ff.; *Mößle,* Regierungsfunktionen, S. 139ff.; *Ossenbühl,* Vorbehalt des Gesetzes, S. 20ff.

[115] Vgl. die Nachw. bei *Ossenbühl,* a.a.O. (Fn. 114), S. 20ff.; präziser bereits *v. Arnim,* a.a.O. (Fn. 114), S. 1243f. (obschon in verfehlter Bezugnahme auf „Richtigkeit").

nicht determinierte Regelung von Sachbereichen eine komplexe, ganzheitlich am Zustand des Gemeinwesens ausgerichtete und damit im Wortsinn „politische" Entscheidung dar.

Der (demokratische) Gesetzesvorbehalt wendet sich von daher mit der Forderung an das Parlament, seine Rechtsmacht zur Stiftung von Ordnungen in den erfaßten Sachbereichen nicht zu vernachlässigen.[116] Es soll von seinen nur ihm zustehenden verfassungsrechtlichen Kompetenzen auch tatsächlich Gebrauch machen und sich diesen nicht durch eine „Flucht aus der Verantwortung" entziehen. Der maßstabsetzende Anknüpfungspunkt dieser Verantwortung sind die durch das Grundgesetz positiv zugewiesenen und funktionsspezifisch bestimmten Gesetzgebungskompetenzen, die sich in einer aufgabengerechten Entscheidungsstruktur einschließlich eines adäquaten Verfahrens niederschlagen. Der Gesetzesvorbehalt bringt diese verfassungsmäßige Funktion der Gesetzgebung einerseits zur Geltung, sorgt aber andererseits und zugleich dafür, daß zu ihren Gunsten die Selbstregulierungsansprüche nicht beliebig zurückzutreten haben. Darin offenbart sich eine weitere und verdeckte Funktion des Gesetzesvorbehalts, die darin besteht, den wechselseitigen Einfluß von Gesetzgebung, Verwaltung und Gesellschaft sachgerecht trigonal unter Beachtung administrativer und gesellschaftlicher Autonomien zu strukturieren.

Der demokratische Gesetzesvorbehalt fällt deshalb auch nicht mit dem rechtsstaatlichen Vorbehalt des Gesetzes zusammen. Es gibt zwar dort Bereiche der Überschneidung, wo bloße grundrechtliche „Gefährdungslagen" nach einer Reaktion des Gesetzgebers rufen. Auf sie wird sogleich noch näher einzugehen sein. Und es bleibt vertretbar anzunehmen, der Gesetzesvorbehalt sei durch seine *demokratische* Komponente partiell auf Regelungen erweitert worden, die nicht „Eingriffe" darstellten.[117] Festzuhalten bleibt indes: Eine Restriktion des überkommenen *rechtsstaatlichen* Gesetzesvorbehalts auf „wesentliche Eingriffe" hat dadurch nicht stattgefunden. Sie wird im wechselseitigen Einfluß von Gesetzgebung, Grundrechten und Verfahrensstandards der Verfassung durch seine vorerwähnte Sperrfunktion unterbunden.

1. *Auswirkungen auf Verwaltungsvorschriften zum Verfahren*

Die oben diskutierten Verwaltungsvorschriften zum Verfahren dürfen deshalb eine rechtliche *Außenwirkung* nur in begrenzten Situationen entfalten: Tritt näm-

---

[116] Die folgenden Ausführungen legen damit im Spannungsfeld von Freiheitsgefährdung, Autonomiebedarf der Verwaltung und Integrationsfunktion des Staates den Akzent auf die legitmationsschaffende Rechtsbildungskompetenz des *Gesetzgebers* und dessen Verfahrensverantwortung (vgl. auch 11. Kap., B.II. und III.). Der Grund hierfür liegt letztlich in der ungeheuren Freiheitsbedrohung und der drohenden bürokratischen Auslieferung durch die ungezügelte Verfahrensgewalt einer im polyzentrischen System der Rechtserzeugung autonomisierten Verwaltung, deren Entscheidungsfunktion „prozeduralisiert" ist und die gegenwärtig der Verfahrensteilhabe des Bürgers wenig Raum bietet. Dementsprechend ist der Spielraum für Verfahrensfestlegung durch den Gesetzgeber nach hiesiger Auffassung sehr breit.

[117] So etwa *Ossenbühl*, Vorbehalt des Gesetzes, S. 23f.

lich die demokratietheoretisch fundierte Wesentlichkeitslehre nicht an die Stelle, sondern lediglich *neben* das rechtsstaatliche Eingriffsdenken, dann sind Verfahrensregelungen durch Verwaltungsvorschriften in der traditionellen *Eingriffsverwaltung* prinzipiell unzulässig – unabhängig davon, wie ihre Wertigkeit beschaffen ist. Auch „die relativ untergeordnete Regelung" der Modalitäten eines verwaltungsrechtlichen Vorverfahrens unterliegt insoweit dem allgemeinen rechtsstaatlichen Gesetzesvorbehalt.[118] Seine demokratische Komponente ändert hieran nichts; die Verfahrensvorschrift erfährt keinerlei Aufwertung durch eine Restriktion in diesem Sinne. Namentlich scheitert der Versuch, kraft einer demokratiestaatlich orientierten „Wesentlichkeitstheorie" den Rechtsstaat zu entsetzen und vorbehaltlich des parlamentarischen Zugriffsrechts eine originäre Rechtsetzung der Exekutive zu akzeptieren, also den Verfahrensvorschriften schlechthin eine rechtsverordnungsgleiche Außenwirkung beizulegen.[119]

Was allerdings Bestand haben kann, sind Verwaltungsvorschriften zum Verfahren in eingriffsorientierten *Sonderstatusverhältnissen,* die ihrerseits nach wie vor immanente Beschränkungsermächtigungen aufweisen.[120] Für diese Verhältnisse mag gelten, daß nur „wesentliche" Grundrechtseingriffe einer formalgesetzlichen Grundlage bedürfen.[121] Jenseits davon ist dann die Exekutive befugt, originäres Recht zu setzen, also Verfahrensnormen mit „Außenwirkung" zu erlassen. Hier greift ihre Verfahrensgewalt – allerdings nur insoweit, als es um „interne" Verfahren im vorgenannten Sinne geht. Das Zugriffsrecht des Gesetzgebers bleibt im übrigen unangetastet.[122]

Anders liegen die Dinge für das *allgemeine Gewaltverhältnis.* Hier bedarf auch der unwesentliche Eingriff „durch Verfahren" der gesetzlichen Grundlage, wiewohl nicht stets des förmlichen Gesetzes. Denn „Durchführungsverordnungen" für Regelungen, die das Konkretisierungsverfahren und die Durchsetzung der gesetzlich festgelegten Rechte und Pflichten betreffen, sind zulässig.

---

[118] Anders freilich BVerfGE 40, 237 (251); *Böckenförde,* Gesetz und gesetzgebende Gewalt, 2. Aufl. 1981, S. 391 f., 393 ff.; *Ossenbühl,* Vorbehalt des Gesetzes, S. 31; *ders.,* Rechtsverordnungen und Verwaltungsvorschriften, S. 107; .

[119] Ablehnend auch *Papier,* Vorbehalt des Gesetzes, S. 45.

[120] *Eberle,* DÖV 1984, 485 ff., 491; *Ronellenfitsch,* Das besondere Gewaltverhältnis als verwaltungsrechtliches Institut, in: D. Merten (Hrsg.), Das besondere Gewaltverhältnis, 1985, S. 33 ff., 44 ff.; aber hier hat eben der *Gesetzgeber* schon mit der Institutionalisierung dieser Verhältnisse gesprochen.

[121] Vgl. *Lerche,* Bayerisches Schulrecht und Gesetzesvorbehalt, 1981, S. 60; *Ossenbühl,* Verwaltungsvorschriften, S. 250 ff.; *ders.,* Vorbehalt des Gesetzes, S. 24 m. Anm. 54; *Wolff/Bachof,* Verwaltungsrecht II, § 78 II b 2.

[122] Dies zugleich als Antwort an *Stettner,* JöR n. F. 35 (1986), S. 81; vgl. auch *Brohm,* Verwaltungsvorschriften, S. 27 ff., 28; *Schenke,* Rechtsschutz im besonderen Gewaltverhältnis, in: D. Merten, a. a. O. (Fn. 120), S. 83 ff., 85 ff.

2. *Verfahrensvorschriften und materiales Verfahrenskonzept*

Wiederum zu unterscheiden davon sind Verfahrensregelungen in solchen Bereichen staatlichen Handelns, in denen sich die Eingriffsvorstellung als ungenügend erweist, weil es zu bloß faktischen Grundrechtsbeeinträchtigungen kommt. Hier geht es prinzipiell um eine Haftung des Staates für „Grundrechtsgefährdung".[123] Auf ihrem Hintergrund verlangt vor allem die *Verfahrensabhängigkeit der Grundrechte* bei „gesetzesfreiem" Verwaltungshandeln nach der Verfahrensverantwortung des Gesetzgebers. Dies gilt insbesondere im Hinblick auf grundrechtsfeststellende Verfahren, deren erfolgreicher Abschluß die Voraussetzung für eine tatsächliche Inanspruchnahme des jeweiligen Grundrechts ist. In ihnen wird das Grundrecht erst durchgesetzt. Sie bedürfen deshalb entsprechend situations- und statusgerechter, d.h. grundrechtsfreundlicher Regelungen. Verfahrenssetzung bzw. der Verzicht hierauf, die stattdessen den grundrechtsgeforderten status processualis entwerten bzw. verkürzen, also die Grundrechtsdurchsetzung faktisch einschränken, stehen zudem einem „Eingriff" gleich. Die dadurch eintretende Gefährdungslage muß der Gesetzgeber von Verfassungs wegen entschärfen.[124] Richtig weist überdies *G. Mahrenholz* in seinem Sondervotum zum Urteil des BVerfG zur Neufassung des Kriegsdienstverweigerungsgesetzes[125] darauf hin, daß im Hinblick auf Art. 4 Abs. 3 Satz 1 GG die *Unparteilichkeit* des Anerkennungsverfahrens in Frage gestellt und zugleich die Grundrechtsnorm verletzt sei, wenn die Vorsitzenden der Spruchkörper zu demjenigen Verwaltungsressort gehören, das an dem Ausgang eines jeden einzelnen Verfahrens ein von der Aufgabe des Ressorts (Landesverteidigung) her bestimmtes Interesse haben.[126]

Der Sache nach gleiches gilt für die Verfahren der *Leistungsverwaltung*. Denn im sozialen Rechts- und Verwaltungsstaat, der über Leistungen Freiheit verfügbar macht („verteilt"), Gleichheit reguliert und Knappheit steuert, entstehen ähnliche Gefährdungslagen für die betroffenen Grundrechte und sind es vor allem Verfahren, die eine gerechte und gleiche Leistungsvergabe mit Information, Gehör, Beteiligung und Schutz der Zukurzgekommenen ermöglichen. Es kommt insofern eben nicht nur darauf an, ob der Rechtsschutz durch den Zugang zum Gericht, wie ihn Art. 19 Abs. 4 GG gewährleistet – und wie das BVerfG meint, substanziell erhalten bleibt.[127] Und ebensowenig reicht der Grundsatz aus, daß über prozessuale Rechtsverluste in Gestalt der Einführung von Formen und Fristen eines verwaltungsrecht-

---

[123] Siehe dazu bereits oben um und in Fn. 39, 103, 109, 116.

[124] Vgl. auch die Nachw. in Fn. 39; siehe ferner BVerfGE 63, 131 (143); *Barbey*, Bundesverfassungsgericht und einfaches Gesetz, S. 15; *Eberle*, DÖV 1984, 492 m. Anm. 81.

[125] BVerfGE 69, 57 (87ff.).

[126] BVerfGE 69, 57 (88); in bezug genommen wird damit zu recht das *materiale Verfahrenskonzept* des Grundgesetzes (vgl. 10. Kap., B.II.3. c) mit aa)); zumindest muß durch *Rechtsverordnung* hierbei Abhilfe geschaffen werden, siehe allgemein auch *Eberle*, DÖV 1987, 492.

[127] So aber BVerfGE 40, 237 (251ff.).

lichen Vorverfahrens der Gesetzgeber selbst zu befinden hat.[128] Denn bei alledem gerät die Selbständigkeit des Verfahrens zu wenig in das Blickfeld, die dazu zwingt, den gestaltungskräftigen und freiheitsprägenden Verfahrensmodalitäten zwangsläufig größeres Gewicht beizumessen.[129]

Konstruktiv bedeutet dies den jedenfalls graduellen Rückbezug auf die Kategorien der Schranke, des Eingriffs und der Abwehr. Dabei geht es darum, wie *B. Schlink* so überaus plastisch unter Verwendung spieltheoretischer Überlegungen formuliert hat, „daß eine bestimmte Spielregel abgelehnt und ein einzelner Spielzug zurückgewiesen werden kann und daß der Staat, wenn er das Spiel einrichtet und seinen Verlauf steuert, wenn er eine unfaire Regel setzt, den unerlaubten Zug gelten läßt, den mangelnden Mitspieler schützt oder gar die Karten auf fragwürdige Weise mischt und verteilt, in seine Schranken verwiesen und abgewehrt werden" können muß.[130] Im Hinblick hierauf und wiederum unter dem Aspekt der Verwaltungsvorschriften zum Verfahren erscheint somit jene verwaltungsgerichtliche Rechtsprechung nicht völlig bedenkenfrei, die – wie z.B. der BFH mit Bezug auf die Verbindlichkeit von Werbungskosten-Pauschbeträgen[131] – eine rechtliche Außenwirkung entsprechender administrativer Verfahrensvorschriften (Verwaltungsrichtlinien) postuliert. Entgegen der finanzgerichtlichen Auffassung entsteht daraus wohl doch ein Konflikt mit dem Grundsatz des rechtsstaatlichen Gesetzesvorbehalts. Das von ihr unter Berufung auf die Literatur verwendete Argument, der Vorbehalt gelte nur für „steuerverschärfende" Verwaltungsvorschriften, „nicht jedoch für Verwaltungsvorschriften im Bereich der Sachverhaltsermittlung",[132] überzeugt keineswegs. Zwar wird die Eingriffsorientierung steuerverschärfender Richtlinien zutreffend abgehandelt. Verkannt wird jedoch die der Sachverhaltsermittlung immanente Gefährdungslage subjektiver Rechte in anderen Fällen. Denn die (verwaltungsseitigen) Verfahrensregeln setzen erst die Maßstäbe, nach denen bei unvollständiger Sachaufklärung zu entscheiden ist. Dadurch werden Weichen für die Rechtsanwendung gestellt.[133]

3. Grenzen exekutivischer Organisations- und Geschäftsleitungsgewalt

Bei dieser Rechtswirkung kraft Inhalt und Funktion läßt sich eine gesetzesunabhängige Verfahrenspraxis weder aus der Organisations – noch aus der Geschäftsleitungsgewalt der Exekutive (Leitungsfunktion der Verwaltungsspitze) begründen: Externe Verfahrensvorschriften reichen weit über den Bereich der Verwaltungsor-

---

[128] BVerfGE 40, 237 (252).

[129] Vgl. bereits die Bemerkungen in Fn. 116; siehe auch *Brohm,* Verwaltungsvorschriften, S. 16ff., 20.

[130] Amtshilfe, S. 138.

[131] BB 1986, 445; w. Nachw. bei *J. Martens,* Verwaltungsvorschriften, S. 52ff., 68ff., 106ff., 117ff.

[132] BFH, a.a.O. (Fn. 131), 446, unter Bezugnahme auf *Altehoefer,* DStR 1981, 183ff., 184; zust. die Anmerkung von *v. Bornhaupt,* BB 1986, 447.

[133] Siehe schon oben im Text um und zu Fn. 7ff.

ganisation hinaus und sie modifizieren das materielle Recht. Ihre rechtliche Außenwirkung könnte sich deshalb allenfalls aus speziellen organisationsrechtlichen Vorbehalten wie denen des Art. 86 Satz 2 GG herleiten. In diesem Sinne finden die erwähnten Verwaltungsvorschriften zum Verfahren der steuerlichen Sachverhaltsermittlung („Werbungskosten-Pauschbeträge") ihre Rechtfertigung letztlich durch die Kompetenzzuweisung in Art. 108 Abs. 7 GG. Darauf gründet sich die eigenständige prozedurale Steuerungsverantwortung und originäre Rechtsetzungsgewalt der Finanzverwaltung bei der Schätzung und Bewertung steuerlicher Sachverhalte.[134]

Der Gesetzgeber ist damit nicht per se jeglicher Regelungspflicht entsetzt. Es sind auch im Rahmen der generalisierenden Sachverhaltsermittlung prozedurale Leitentscheidungen denkbar, die von ihm selbst verantwortet werden müssen, weil sie – wie z.B. im Recht der technischen Sicherheit – ggf. in die Verpflichtung hineinragen, den einzelnen vor Eingriffen Dritter in Leben und Gesundheit angemessen zu schützen.[135]

Im Ergebnis halte ich es deshalb auch für falsch anzunehmen, als Kehrseite der Wesentlichkeitsdoktrin ergebe sich eine *allgemeine* Befugnis der Verwaltung, gesetzesabhängige außenwirksame normative Verfahrensvorschriften, die *nicht wesentlich* sind, zu erlassen.[136] Eine solcherart begründete originäre Rechtsetzungskompetenz der Exekutive verträgt sich jedenfalls dort, wo Verfahrensregelungen ohne weiteres als „Eingriff/Gefährdung" qualifiziert werden können, nicht mit dem rechtsstaatlichen „Mehrwert" des Gesetzesvorbehalts – zumal wenn man vom Fortbestand des parlamentarischen Zugriffsrechts ausgeht. Aber auch in grundrechtlichen bzw. in jenen mit dem regulativen Verfahrensmodell der Verfassung kollidierenden rechtlichen oder faktischen Gefährdungslagen ist es für die Entscheidung darüber, ob der Gesetzesvorbehalt Platz greift, mit apodiktischen Entweder/Oder-Erwägungen ebensowenig getan wie mit pauschalen Hinweisen auf einen „autonomen Bereich der Verwaltung" oder auf die „Gewährleistungsfunktionen der Grundrechte."[137] Als entfaltungsbedürftiger Maßstab ist vielmehr die auf das jeweils betroffene Grundrecht bezogene *Intensität* der geplanten bzw. getroffenen Regelung in Betracht zu ziehen.

Im übrigen ist zu diesem Fragenkreis Art. 80 Abs. 1 GG zu beachten, der jedwede ihrem Gehalt nach exekutive Rechtsetzung unter die Voraussetzung und Maßgabe einer begrenzenden Ermächtigung stellt. Originäre Rechtsetzung der Exekutive durch Verwaltungsvorschriften zum Verfahren ist deshalb im Geltungsbereich des

---

[134] Vgl. *v. Bornhaupt*, a.a.O. (Fn. 132), 447 m.w.Nachw.; allgemeiner noch zu verfassungsunmittelbaren Verfahrensvorbehalten der Verwaltung siehe *Schnapp*, VVDStRL 43 (1985), S. 193 f. m.w.Nachw.

[135] Ebenso *Papier*, Vorbehalt des Gesetzes, S. 65 m. Anm. 118.

[136] Wie hier *Brohm*, Verwaltungsvorschriften, S. 28; *Lerche*, in: Maunz/Dürig, GG, Art. 84 RdNr. 99; *Maurer*, VVDStRL 43 (1985), S. 163; *Papier*, a.a.O. (Fn. 135), S. 63.

[137] So aber z.B. *Beckmann*, DVBl. 1987, 616ff.; *v. Bornhaupt*, BB 1986, 447; *Papier*, a.a.O. (Fn. 135), S. 54f.

Art. 80 GG nur als *gesetzesabgeleiteter* Normerlaß statthaft, und zwar unabhängig davon, ob wesentliche oder unwesentliche Entscheidungen zu treffen sind.[138] Richtig ist allerdings, daß die Regelung des Konkretisierungsprozesses nicht bis in alle Einzelheiten dem förmlichen Gesetz vorbehalten bleiben muß.[139]

Doch hat die dann im Delegationswege tätig werdende Verwaltung – von den dargestellten Ausnahmen abgesehen – das Instrument der Rechtsverordnung (Verfahrensverordnung) zu wählen.[140]

4. Variabilität des legislativen Verfahrensvorbehalts

Der Vorbehalt legislativer Verfahrenssteuerung ist deshalb in Überwindung des Eingriffsdenkens nicht absolut zu setzen. Die *gesetzgeberische Vollzugs- bzw. Folgenverantwortung* für das Konkretisierungsverfahren variiert je nach dem *Grad* der dem Verfahrensvorgang anhaftenden Grundrechtsgefährdung und den für die Konkretisierung erforderlichen Funktionsbedingungen der Verwaltung. Sie unterliegt damit einer stufenförmigen Skala, die von der parlamentsgesetzlichen Vollregelung, wie z. B. im Fall des Asylverfahrensgesetzes,[141] über differenziert programmierende Ermächtigungen bis hin zur Globalermächtigung für Verfahrensregelungen und schließlich zur Entbehrlichkeit parlamentarischer Mitwirkung reicht.[141]

Der rechtsstaatliche Gesetzesvorbehalt und seine demokratiestaatliche Komponente bilden hierauf bezogen eine funktionelle Schutz- und Vorbehalts*einheit*: Das Verfahrenskonzept der Verfassung ist ein *integraler Bestandteil* der sozialstaatlichen und demokratischen Herrschaftsordnung des Grundgesetzes. Der materiale Gehalt des Rechtsstaats muß deshalb als Vorgang umfassender Rechtsbildung inhaltlich

---

[138] Siehe nur *Brohm,* Verwaltungsvorschriften, S. 26; *Papier,* a. a. O. (Fn. 135), S. 45.

[139] Vgl. BVerfGE 40, 237 (250); siehe ferner die Nachw. im 10. Kap., Fn. 358ff. – Der Verfahrensvorbehalt *darf* auch nicht zu weit ausgreifen, um nicht die Autonomiefunktion der öffentlichen Verwaltung (vgl. 11. Kap., B. II) und deren Verfahrensverantwortung zu beeinträchtigen.

[140] Ebenso *Eberle,* DÖV 1984, 492 m. Anm. 81; *Papier,* Vorbehalt des Gesetzes, S. 45, 56f., 62; *Schenke,* DÖV 1986, 190ff.

[141] Vgl. BVerfGE 60, 253 (295); siehe auch die Nachw. in Fn. 39 am Anfantg sowie *M. Kilian,* Asylverfahren und Grundrechtsgewährleistung, in: H.-J. Konrad (Hrsg.), Grundrechtsschutz und Verwaltungsverfahren, 1985, S. 71ff., 83, 94ff., 106ff.

[142] Dieser *intensitätsvariable Verfahrensvorbehalt* erteilt nicht nur der Festlegung verfassungsrechtlicher Beurteilung des Gesetzgebungsauftrags für Verfahrensregelungen auf ein durchgehendes „Optimierungsgebot" eine Absage; er läßt auch – und wichtiger noch – erkennen, daß nicht allein die *legislative* Verfahrensveranwortung für seine Reichweite das ausschlaggebende Maß setzt: gleichermaßen bestimmt seinen Ausgriff – sozusagen als ein Widerlager – der „Verwaltungsvorbehalt" als Inbegriff eines verfassungskräftigen, gegen Zugriffe des Parlaments abgesicherten eigenen (autonomen) Gestaltungsbereichs der Exekutive (dazu siehe sogleich unten im Text). Der Begriff des „Verfahrensvorbehalts" erweist sich insofern als doppelgesichtig; in dieser Qualität weist er über die herkömmlichen „Wesentlichkeitsvorstellungen" weit hinaus (vgl. auch oben, in Fn. 39) und beruft er eine *eigene Maßstäblichkeit.* Sie zu entfalten, ist Aufgabe der folgenden Ausführungen im Text.

ausformend gedacht, nicht an diesen nur von außen im Sinne einer Begrenzung herangetragen werden. Dies gilt namentlich bei grundrechtlichen „Gefährdungslagen" und Kollisionen von Verfassungsgütern, die verfahrensmäßig bewältigt werden müssen. Was insofern als „wesentliche" (politisch bedeutsame) Verfahrensentscheidung mit der Folge einer prozeduralen Regelungspflicht durch den Gesetzgeber anzusehen ist, bestimmt sich deshalt weitgehend unter dem Gesichtspunkt materialer Abwägung in der Sache sowie nach der Unterscheidung der verfassungs- bzw. grundrechtsbezogenen Wirkungsweise von Verfahren, wie sie schon früher entfaltet wurde.[143]

Vorsicht ist jedoch gegenüber der darauf gestützten allzu strikten Ausdehnung des legislativen Verfahrensvorbehalts geboten. Eine überdehnte Vollzugsverantwortung des Gesetzgebers droht den verfassungskräftig verankerten Funktionsauftrag der Verwaltung, ihre verfahrensbezogene Eigenverantwortung, verfassungswidrig einzuschränken. Zu fragen ist deshalb nach den *Grenzen,* die der *legislativen* Verfahrenssteuerung gezogen sind. Sie resultieren aus der Organisations- und Verfahrensgewalt der Verwaltung im Wandel der funktionengegliederten staatlichen Entscheidungsverwantwortung. Das Grundgesetz behält jedenfalls die Regelung des administrativen Konkretisierungsverfahrens *nicht* bis in alle Einzelheiten dem Gesetzgeber vor. Ein solcher Vorbehalt entspräche einerseits nicht den Anforderungen der Verwaltungspraxis an Ordnung und Führung des Verfahrens. Er würde dessen reale Funktions- und Reaktionsfähigkeit verfehlen[144] und dadurch mit der vom Grundgesetz intendierten Verteilung der Verfahrensverantwortung in Widerspruch geraten. Hierfür kommt es nämlich nicht allein auf ein Höchstmaß an demokratischer Legitimation für staatliche Entscheidungen an, wiewohl gerade die Organisation der grundgesetzlichen Demokratie darauf beruht, daß diejenigen Handlungen und Entscheidungen, die aus sich oder in ihren Folgen von politisch weittragender bzw. existenzieller Bedeutung sind, dem Parlament zufallen oder dieses daran zumindest beteiligt wird.[145] Aber die Frage, ob der Gesetzgeber die richtige Instanz ist, wenn es um die Festsetzung von Verfahrensstandards und die Ordnung der Verfahrensaktivitäten geht, hängt vor allem mit funktionellen Gesichtspunkten zusammen,

---

[143] Für die dadurch involvierte fließende Stufung des „Verfahrensvorbehalts" bedarf es allerdings entsprechend regulierender Kriterien; zu ihnen siehe bereits die Hinweise oben, Fn. 39; dabei kommt es aber nicht nur auf den Gesichtspunkt der durch das Grundgesetz „positiv zugewiesene(n) und funktionsspezifisch bestimmte(n) Gesetzgebungskompetenz" an (so aber *Barbey,* Bundesverfassungsgericht und einfaches Gesetz, S. 23 und öfter); von großer Bedeutung sind auch Überlegungen zur „funktionsgerechten" Organstruktur, also dazu, welches Staatsorgan für die anstehende Rechts- und Zweckkonkretisierung den Leitlinien der Konkretisierungsverantwortung (6. Kap., C. III.; 7. Kap., C.–E.) nach seiner Organisation, Zusammensetzung, Funktion und Verfahrensweise am ehesten entspricht (siehe dazu auch noch unten, D.I., sowie die nachfolgenden Hinweise in Fn. 146).

[144] Vgl. zu diesen Erfordernissen oben, 1. Kap., B. II. 3.e) und bb) und cc); 5. Kap., C.II.3. und 4.; 6. Kap., C.III.2.a) und b); 7. Kap., C.I.2.c) mit cc) und dd); 10. Kap., A. II. 2.; B. II.2.a).

[145] Siehe bes. *Mößle,* Regierungsfunktionen, S. 135ff., 142ff., 163ff., 173ff., 190.

die ihrerseits als Ausdruck einer spezifischen Verfahrensrationalität ein Grundmaß an Legitimation erzeugen.

Damit und andererseits ist im Verhältnis zwischen den Staatsfunktionen auf den bereits hervorgehobenen Aspekt der sach- und funktionsangemessenen Strukturierung staatlicher Entscheidungsfindung verwiesen. Die Verteilung der Verfahrensverantwortung wird von dem Grundsatz der Funktionsadäquanz dirigiert.[146] Im Verhältnis von Gesetzgebung und Verwaltung variiert deshalb die legislative Vollzugs- und Folgenverantwortung für das Verfahren nicht nur nach dem Grad der dem Verfahrensvorgang anhaftenden Grundrechtsgefährdung, sondern auch im Hinblick auf den für das Konkretisierungsverfahren gegebenen und von den jeweiligen Sachstrukturen durchaus abhängigen „Funktionsvorbehalt" der Verwaltung.

M. a. W. gibt es ein *Zuordnungsverhältnis* zwischen Inhalt, Gewicht und Bedeutung einer Verfahrensregelung einerseits und den spezifischen Funktionsmerkmalen des für zuständig gehaltenen Regelungsorgans andererseits. Die für die Kennzeichnung der letzteren notwendige und etwa von *G. Barbey*[147] angebotene Unterscheidung zwischen der „Gesetzgebung" als „Kompetenz zu kategorischen gemeinverbindlichen Regelungen" und der „Verwaltung" als „final determinierte(r) Entscheidungskompetenz, die sich ... in einer unerschöpflichen Mannigfaltigkeit von Formen und Inhalten konkretisieren (kann), insbesondere auch Kompetenzen zu final determinierten gemeinverbindlichen Regelungen" umfassen soll,[148] bleibt allerdings viel zu abstrakt und erscheint wenig operationalisierbar. Eher schon trifft die von *F. Ossenbühl* eingeführte Differenzierung den Kern der Sache, wonach es für die Vorbehaltsfrage darum gehe, „ob an einer gemeinwichtigen Entscheidung mehrere Instanzen mitwirken sollen, ob in der Öffentlichkeit eine entsprechende Diskussion stattfinden und ob das Entscheidungsorgan nach seiner Zusammensetzung integrierend wirken soll oder ob die betreffende Entscheidung mehr oder weniger bürokratisch getroffen wird."[149]

---

[146] Vgl. vor allem BVerfGE 68, 1 (86); *Bryde*, Verfassungsentwicklung, S. 334; *K. Hesse*, Grundzüge, S. 189 (Rdnr. 489); *Küster*, AöR 75 (1949), S. 407; *Ossenbühl*, DÖV 1980, 549; *Stern*, Staatsrecht II, S. 538; *Zimmer*, Funktion-Kompetenz-Legitimation, S. 178f., 204, 235; eher einschränkend – dabei aber zu Unrecht die Maßgeblichkeit der „organisationssoziologische(n) Überlegungen und Einsichten" als Fundament der Funktions- und Organadäquanz *allein* akzentuierend (richtiger dagegen der spätere Hinweis dann auf *rechtlich* freigesetzte „sozialstaatliche Rationalität") *Mößle*, Regierungsfunktionen, S. 163.

[147] Bundesverfassungsgericht und einfaches Gesetz, S. 29 m. Anm. 50.

[148] Siehe demgegenüber die hiesige Betrachtung der verfassungsrechtlichen Funktionengliederung als differenzierte Verfahrenszuweisung oben, 11. Kap., A.IV.2.

[149] *Ossenbühl*, Vorbehalt des Gesetzes, S. 21.

D. Grenzen legislativer Verfahrenssteuerung: Die Verfahrensverantwortung der Verwaltung als prozeduraler Steuerungsvorbehalt

I. „Wesentlichkeitstheorie" und administrative Verfahrensverantwortung

Im Ergebnis findet damit die sog. Wesentlichkeitstheorie an der funktionalen Eigenständigkeit der Verwaltungskompetenz für die Verfahrensordnung und -führung ihre Grenze. Diese liegt allerdings nicht unverrückbar fest. Die Reichweite des legislativen Verfahrensvorbehalts unterliegt einer „Stufung" nach Maßgabe der betroffenen verfassungskräftigen Verfahrensgehalte und der funktionsbezogenen bzw. -gerechten Verteilung der Verfahrensverantwortung unter den Staatsorganen.

Vor diesem Betrachtungshorizont kehrt sich die Frage nach einem Verfahrensvorbehalt gleichsam um. Sie zielt nunmehr aus der Sicht der Exekutive auf den dieser vorbehaltenen verfassungsgeschützten Verfahrensbereich.[150] Ob sich ein solcher unmittelbar aus dem Grundgesetz ergibt, ist freilich nicht leicht zu beantworten. Doch haben bereits die früheren Ausführungen zur „materiellen Verwaltungsfunktion"[151] gezeigt, daß jedenfalls ein „Kernbereich exekutivischer Eigenverantwortung" besteht. Mag es auch derzeit noch an festen Umrissen hierfür fehlen, so lassen sich immerhin einzelne begrenzte, zugriffsfeste Exekutivbereiche benennen. Hierzu zählen die Bezirke der internen Willensbildung der Regierung,[152] ihre außenpolitischen Kompetenzen,[153] die Personalhoheit, der Initiativbereich der Regierung[154] sowie die Gesetzesvorbereitung.[155]

In *Konnexität* hierzu stehen die gubernativen Verfahrensvorbehalte. Denn die Regierung kann ihre Selbständigkeit nur behaupten, wenn und soweit sie in den genannten Vorbehaltsbezirken die auftretenden Verfahrensfragen selbst regeln darf. Diesem Grundsatz verleiht Art. 65 Satz 4 GG bezüglich der Geschäftsordnung der Bundesregierung beispielhaft Ausdruck.[156] Der modus procedendi der regierungsinternen Gesetzesvorbereitung, Willens- und Entscheidungsbildung ist deshalb gegen Einwirkungen von außen, insbesondere gegen Einwirkungen von seiten des Parlaments abgesichert.

---

[150] Vgl. auch die Bemerkungen oben in Fn. 39, 142.

[151] 1. Kap., A.I. und II.

[152] BVerfGE 67, 100 (139); *Maurer,* VVDStRL 43 (1985), S. 163f.; *R. Scholz,* AöR 105 (1980), S. 598; *Busse,* DÖV 1989, 50ff.

[153] BVerfGE 68, 1 (86ff., 87f.); *Mößle,* Regierungsfunktionen, S. 141, 163ff.

[154] Zur Personalhoheit siehe *Schnapp,* VVDStRL 43 (1985), S. 196f.; vgl. ferner *Schröder,* DVBl. 1984, 814ff., 818 m. Anm. 59.

[155] *Maurer,* VVDStRL 43 (1985), S. 156.

[156] *Böckenförde,* Organisationsgewalt, S. 79, 84, 106; *Maurer,* a.a.O. (Fn. 155), S. 164; *Ossenbühl,* Vorbehalt des Gesetzes, S. 31; vgl. ferner *Busse,* a.a.O. (Fn. 152), 53f.

Anders noch – obschon teilweise auch wieder ähnlich – liegen die Dinge in bezug auf das Verwaltungsverfahren. Es gibt keinen allgemeinen materiellen „Verwaltungsvorbehalt" als Inbegriff eines verfassungskräftig gegen Zugriffe des Parlaments abgeschlossenen, eigenen Gestaltungsspielraum der Administrative. Allerdings können bereichs- und abschnittsweise verfassungsfeste exekutivische Gegenpositionen zum (prozeduralen) Gesetzesvorbehalt verortet werden. Dies gilt vornehmlich in bezug auf die der *Selbstverwaltung* eröffneten Handlungsräume. Soweit die Selbstverwaltungsbereiche verfassungsrechtlich garantiert sind, wie z. B. die kommunale oder die akademische Selbstverwaltung, findet der Gesetzesvorbehalt an ihnen seine inhaltliche Grenze.[157]

Im übrigen verfügt die öffentliche Verwaltung über „Randvorbehalte", wie etwa im Hinblick auf die bereits erwähnte Organisationsgewalt und auf die in Sonderstatusverhältnissen gegebene originäre Normsetzungsgewalt.[158]

Zu erinnern ist indes daran, daß es im Hinblick auf das Verwaltungsverfahren nur bedingt eine Konnexität, einen direkt proportionalen Zusammenhang zwischen dem Maß der exekutivischen Eigenverantwortung in der Sache und der Verfahrensverantwortung der Verwaltung gibt. Denn das Verfahren *dient* – wie herausgefunden – dem materiellen Recht nicht durchweg. Der potentielle Verwaltungsvorbehalt ist sonach weniger auf irgendwelchen bereichsweise abgrenzbaren Sachgebieten, sondern im Funktionellen, in der Art und Weise der Erledigung staatlicher Aufgaben zu suchen. Er begrenzt auch nicht so sehr die Reichweite, sondern mehr die Dichte und die Intensität verfahrensgesetzlicher Regelungsbemühungen. Insofern entfaltet sich der *administrative* Verfahrensvorbehalt vor allem als ein *prozeduraler Funktionsvorbehalt,* der den Verwaltungsbehörden im Verfahrenssektor mit Blick auf die unabdingbare Verfahrensflexibilität größere Bewegungsfreiheit als etwa in Organisationsfragen einräumt.

---

[157] *Maurer,* a. a. O. (Fn. 155), S. 161; *Ossenbühl,* a. a. O. (Fn. 156), S. 30; *ders.,* VVDStRL 43 (1985), S. 205 ff., 206 – Diskussionsbeitrag; *Zacher,* ebd., S. 225 – Diskussionsbeitrag.

[158] Vgl. auch oben im Text um und zu Fn. 87 ff. und 120 f. – Dabei sind mit Blick auf die Länderverfassungen und das Grundgesetz gleichsam zwei „Verteilungsmodelle" der sachlichen Steuerungsmacht festzustellen (vgl. *Schmidt-Aßmann,* FS BVerwG, S. 341 ff.; *Schnapp,* VVDStRL 43, 1985, S. 193): Dem einen „Modell" zufolge weisen die materiell-rechtlich konzipierten Verfassungsbestimmungen der Exekutive einen zugriffsfesten Eigenbereich an Organisationshandlungen zu; aber auch nach dem anderen „Modell" – also dort, wo dem Gesetzgeber vom Regelungswortlaut her ein unbegrenzter „Zugriffsvorbehalt" eingeräumt ist – bleibt dem Parlament eine Sperrgesetzgebung mit dem Effekt eines präventiven Gesetzesvorbehalts versagt; vgl. zu dieser quantitativ zu verstehenden Kernbereichslehre auch *Böckenförde,* Organisationsgewalt, S. 106 f.; *Ossenbühl,* Verwaltungsvorschriften, S. 272; *Kröger,* Ministerverantwortlichkeit, S. 131 f. – Im Ergebnis fehlt allerdings auch aus dieser Perspektive ein substanziell nennenswert absolut geschützter *materieller* Vorbehaltsbereich der Administrative, vgl. auch die Nachw. oben in Fn. 136 ff.; siehe ferner *Brohm,* Verwaltungsvorschriften, S. 28; *Maurer,* VVDStRL 43, 1985, S. 164; *Ossenbühl,* Vorbehalt des Gesetzes, S. 31, 33.

II. Die Verfahrensverantwortung der Verwaltung als prozeduraler Steuerungsvorbehalt

Der empirisch informierte Überblick über die Steuerungsaktivitäten zeigt nicht nur die Vielfalt, mit der die Verwaltung als Arbeitsvorgang versucht, den an sie gerichteten unterschiedlichen Funktionsanforderungen gerecht zu werden. Offenbar wird in ihnen auch die Eigenart des Verfahrens, sich in besonderem Maße den Konturen des Einzelfalls anzupassen, weshalb es in Ausübung der prozeduralen Steuerungsverantwortung vielfach direkt auf ihn zugeschnitten scheint. Die Grundsätze der Verwaltungseffizienz, Praktikabilität und Sachgerechtigkeit gehen insofern als „materienbedingte Verfassungswerte“[159] eine spezifische Verbindung mit dem Verfahrensgedanken ein. Sie sind allerdings nicht geeignet, dem Verfahrensgesetzgeber unmittelbare Schranken zu ziehen, wenn und soweit er (außenwirksame) Konkretisierungsverfahren legislativ besetzt und dadurch die administrative Verfahrenssteuerung determiniert. Eine spezifische Verfahrenskompetenz der Verwaltung i.S. eines totalen Funktionsvorbehalts können sie jedenfalls nicht begründen. Denn Verantwortung vermittelt jedenfalls zunächst keinerlei Kompetenz, sondern folgt ihr nach. Die Einräumung umfassender *exekutiver Verfahrensgewalt* ist deshalb weithin mit der Hypothek des allfälligen gesetzgeberischen Zugriffs belastet, welcher ebenso umfassend ansetzen darf.[160]

Die geltenden Verwaltungsverfahrensgesetze haben allerdings keine Vollregelung der Verwaltung als Arbeitsvorgang bewirkt. Sie weisen teilweise überhaupt nur fragmentarischen Charakter auf. Dies bestätigt einerseits den Grundsatz, daß der Gesetzgeber anordnen kann, daß ein Verfahren vorzusehen ist; er kann darüber hinaus diesem Verfahren bestimmte Strukturen geben. Die prozedurale Steuerungsverantwortung der Verwaltung ist dadurch gebunden; sie entfaltet sich in ihrer Reichweite – ebenso wie die materielle Verantwortung – prinzipiell *im Rahmen* verfahrensgesetzlicher Regelungen.

1. Exekutive Vollzugskompetenz als Intensitätsmaßstab

Der Blick auf ihren gegenwärtigen positiven Bestand läßt andererseits weitere Gesichtspunkte ins Spiel kommen. Die grobmaschige Ausgestaltung des geltenden Verfahrensrechts trägt in dieser Form der rechtsstaatlichen Gewährleistung von generellem Gesetz und individuellem Vollzug Rechnung. Ein Gesetz vermag seine rechtsstaatliche Funktion nur zu erfüllen, wenn es generell-abstrakt ist und deshalb noch des komplettierenden „Vollzugs“ durch die Verwaltung bedarf. Verfahrensge-

---

[159] Ausdruck nach *Lerche*, a.a.O. (Fn. 121), S. 4, 38ff., 41.

[160] Vgl. auch die Ausführungen oben im Text um und zu Fn. 88, 134ff.

setze sind hiervon nicht ausgenommen. Allerdings geht es bei ihnen weniger um die „Distanz" fordernde Rückwirkung der administrativen Vollzugskompetenz auf die Gesetzgebung.[161] Im Vordergrund steht vielmehr die Frage der *Regelungsdichte*. Die potentielle Eigenständigkeit der prozeduralen Steuerungsverantwortung, die auf das gesamte Potential von Handlungs- und Entscheidungsaktivitäten des Verfahrens einwirkt, ist kaum gegenständlich-sektoral abgrenzbar, sondern im Funktionellen, in der Art und Weise der Bindung des Verfahrenshandelns zu suchen. Nicht so sehr die Reichweite ist also das Problem; stattdessen sind es die Dichte und Intensität gesetzlicher Verfahrensvorschriften, die zur Diskussion stehen.[162]

Die Frage nach einer originären prozeduralen Steuerungsverantwortung der Verwaltung liegt aus dieser Perspektive der Entgegensetzung von (Verfahrens-)Rechtsanwendung und (Verfahrens-)Ermessen als den beiden bisher erkannten Handlungsmodi der Verantwortung noch voraus.[163] Denn es geht zunächst um den im Verantwortungsthema beschlossenen Gehalt an materialer Aussage selbst und nicht um die konkrete Wahrnehmung von Verantwortlichkeiten. Dieser Gehalt aber offenbart sich in den unterschiedlichen Graden an Bewegungsfreiheit, die der Exekutive im Verfahrensbereich mit Blick auf die Flexibilität und Situationsgerechtigkeit des Konkretisierungsprozesses eingeräumt werden muß.[164]

Der Ausgangspunkt für die hierauf bezogenen weiteren Überlegungen ist ein doppelter. Anzuknüpfen ist zum einen an die Unterscheidung zwischen der Steuerung außenwirksamer („externer") Konkretisierungsverfahren und ihrer („internen") Binnensteuerung. Während die letztere den bürotechnischen Geschäftsablauf, den „Geschäftsgang"[165] innerhalb einer verwaltungsorganisatorischen Einheit betrifft, erstreckt sich die erstere auf den Verkehr mit dem Bürger. Verschachtelungen sind in der Verwaltungspraxis allerdings die Regel.[166] Zu dieser Unterscheidung tritt andererseits die historisch-dogmatisch überkommene und im VIII. Abschnitt des Grundgesetzes vorausgesetzte Abgrenzung einer gesetzesabhängigen (insbes. gesetzesausführenden) von der gesetzesfreien, gesetzesgebildeten und gesetzesvorbereitenden Verwaltung hinzu.[167] Die zulässige Intensität der verfahrensgesetzlichen Steuerung des Konkretisierungsverfahrens und die dem entsprechende Minderung der administrativen Verantwortung verfahrensbezogener Steuerung beziehen aus dieser doppelten Unterscheidung ihren einheitlichen Maßstab.

---

[161] Immerhin bedeutet die Vollzugskompetenz der Exekutive die „Herrschaft über die Alternative", vgl. *Zimmer*, Funktion-Kompetenz-Legitimation, S. 224 m. Anm. 36; diese aber verlangt für ihren Bestand nach „Distanz" durch das Gesetz, also Rücknahme des legislativen Verfahrensvorbehalts.

[162] Siehe auch *Maurer*, VVDStRL 43 (1985), S. 159, 160, 164 („Verwaltungsflexibilität").

[163] Vgl. dazu bereits oben, 6. Kap., um und zu Fn. 39.

[164] Vgl. dazu die Grundlegung im 4. Kap., C.III.2., VII.2.; 5. Kap., C.II.3. und 4.; 7. Kap., C.I.2. c) mit dd), C.II.; 11. Kap., B. II. und III.

[165] Hierzu die Nachw. oben, Fn. 70.

[166] Siehe auch *Brohm*, Verwaltungsvorschriften, S. 20, 28, 30f.; *Hufen*, Verwaltungsverfahren, S. 60f.; *Schmidt-Aßmann*, Verfahrensgedanke, S. 21f.

[167] Vgl. dazu *Lerche*, in: Maunz/Dürig, GG, Art. 83 Rdnrn. 15f. m.w.Nachw.

2. *Vollzugskompetenz und Verfahrensgewalt*

Soweit es dabei um die *Binnensteuerung* der Exekutive geht, hat zuletzt *F. E. Schnapp* die Existenz einer Grenze der gesetzgeberischen Regelungskompetenz behauptet. Der Exekutivspitze, so argumentiert er, käme „kraft der inneradministrativen Weisungsgewalt die Herrschaft über den Gesetzesvollzug" zu; vermöge dieser Weisungsbefugnis „gegenüber dem Amtswalter an der Front" könne sie „dem förmlichen Gesetz den Rang ablaufen."[168] Dem ist zwar zuzustimmen, doch irrt *Schnapp* hinsichtlich der Kompetenzgrundlage: Daß der Exekutive in bezug auf die Binnensteuerung der Aufgabenerfüllung ein unangreifbares Reservat verbleibt, resultiert nicht aus ihrer „Geschäftsleitungsgewalt", sondern ist Ausfluß der *exekutiven Organisations- und Verfahrensgewalt.* Auf ihrer Grundlage ist die Verwaltung nicht nur befugt, Bestimmungen für den Geschäftsablauf und das Zusammenwirken von Verwaltungseinheiten, die für das ordnungsgemäße Funktionieren der Behörden unumgänglich sind, ohne gesetzliche Ermächtigung zu erlassen;[169] sie darf auch der Bedrohung durch eine entsprechende legislative Option auf diesen Bezirk der verfassungsunmittelbaren Verfahrensgewalt Einhalt gebieten („Vorrangsperre").

Das Ergebnis ist eine eigene Maßstabskompetenz der Verwaltung für das Verwaltungsverfahren. Wie sie das Geschäftsverfahren gestaltet, Eingänge bearbeitet, die Geschäftsvorfälle behandelt, Zeichnung und Mitzeichnung regelt, Sitzungen gestaltet, mit dem Schriftgut umgeht und Vordruck sowie technische Hilfsmittel einsetzt, ist ihre Sache. Im feinen Gewebe des Prozesses der Gesetzesanwendung ist freilich nicht auszuschließen, daß solche „internen" Anweisungen in der Gestalt einer Vorgesetztenweisung oder Geschäftsordnung[170] auf den verfahrensgesetzlicher Regelung prinzipiell offenstehenden Verkehr mit dem Bürger durchschlagen. So können sich Anordnungen darüber, wie die Behörde den Privatpersonen Auskünfte zu erteilen hat, mit den zu diesem Regelungsthema ergangenen gesetzlichen Vorschriften (§§ 25 Satz 2 VwVfG, 15 SGB I) überschneiden. Gleiches gilt etwa für die Gewährung von Akteneinsicht (§§ 29 VwVfG, 25 SGB X). Nicht so frei, wie es scheint,[171] ist die Behörde auch in ihren Vorstellungen, wie z. B. Sitzungen durchzuführen sind. Denn soweit es sich dabei um die Tätigkeit kollegialer Einrichtungen i. S. des § 88 VwVfG handelt, sind bestimmte Mindestanforderungen einzuhalten.

---

[168] VVDStRL 43 (1985), S. 195.

[169] Vgl. auch *Oldiges,* Bundesregierung als Kollegium, S. 219; siehe ferner schon oben um und zu Fn. 93 sowie *Ossenbühl,* Verwaltungsvorschriften, S. 279 m. Anm. 154; 285 m. Anm. 13.

[170] Siehe dazu die Nachw. oben, Fn. 89, sowie bei *Schnapp,* VVDStRL 43 (1985), S. 195 m. Anm. 127.

[171] Nach einer verbreiteten Ansicht darf die Organisations- bzw. Geschäftsleitungs-(Verfahrens-)Gewalt der Exekutive nicht von den anderen staatlichen Funktionsträgern beansprucht werden, vgl. z. B. *Oldiges,* a. a. O. (Fn. 169), S. 219 f.; *Ossenbühl,* Verwaltungsvorschriften, S. 285.

Der Verfahrensgesetzgeber ist m.a.W. nicht daran gehindert, die außenwirksamen Bestandteile des Verwaltungsverfahrens auch in dessen *Binnenbereich* zu besetzen, wie er auch das externe Verfahren unterschiedlich intensiv regeln kann und muß. Gleichwohl heben derartige Folgen außenwirksamer interner Steuerung der Geschäftsabläufe den administrativen Verfahrensvorbehalt nicht gleichsam automatisch auf. Für eine eigenständige prozedurale Steuerungsverantwortung der Verwaltung bleibt Raum genug: Das nicht – außenwirksame Verwaltungsverfahren entzieht sich auf der Grundlage der *exekutivischen Verfahrensgewalt* als Inbegriff prozeduraler Verfahrensordnung und -führung[172] dem legislativen Zugriff weithin – freilich auch hier nicht durchweg.[173]

3. Verfahrensgewalt als prozeduraler Funktionsvorbehalt

Einigkeit herrscht insoweit im Ausgangspunkt, wonach die administrative Verfahrens- bzw. (enger) Geschäftsleitungsgewalt das kompetenzielle Fundament „gesetzloser" Steuerung der Verfahrensabläufe im Binnenbereich der Verwaltung bildet. So ist etwa *F. Ossenbühl*[174] der Auffassung, daß die Geschäftsleitungsgewalt „zweifelsfrei wesensmäßig zur Exekutivtätigkeit gehört und von den übrigen Staatsfunktionen nicht beansprucht werden kann." Eine Vorrangsperre gegenüber dem Gesetzgeber, so ergibt sich aus seinen Ausführungen an anderer Stelle, will er damit aber wohl nicht zum Ausdruck bringen.[175] Deutlicher noch formuliert *P. Lerche*, der „obligatorisch(e)" Räume mit „gewisse(n) Kompetenzen" konstatiert, „die sich ihrer Natur nach parlamentarischer Entscheidung entziehen oder zum unantastbaren ‚Hausgut' der Verwaltung gehören".[176]

Indessen läßt sich die Frage, in welchem Ausmaß die Verfahrensgewalt der Exekutive den Gesetzgeber bindet, ihn also daran hindert, das Netz der normativen Verfahrensregelungen auch im Binnenbereich der Verwaltung zu knüpfen bzw. knüpfen zu müssen, so knapp denn doch nicht beantworten. Zu prüfen ist, ob nicht die administrativen Funktionsausdehnungen im gewaltenteiligen modernen Staat und die unterschiedlichen sachstrukturellen Gegebenheiten der Verwaltung zu dif-

---

[172] Vgl. dazu oben, 7. Kap., C.I. und E.; die *Verfahrensgewalt* der Exekutive unterscheidet sich dadurch insofern von deren Geschäftsleitungsgewalt, als sie einerseits nicht nur auf die Steuerungsfunktion der „Leitung" bezogen ist, sondern auch auf die Steuerungsgruppen des Beratens, Kontrollierens, Motivierens u.a.m., also auf die fachliche und soziale Gestaltung des Gesamtprozesses der Konkretisierung oder einzelner Prozeßschritte bzgl. der Verfahrensaktivitäten; vgl. auch oben im Text um und zu Fn. 59, 63. Sie ist andererseits nicht auf den Bereich des „internen" Verfahrens beschränkt, sondern erfaßt auch – entsprechend der Realität – die damit unlösbar verknüpften „externen" Aktivitäten.

[173] Ebenso *Schnapp*, VVDStRL 43 (1985), S. 195.

[174] Verwaltungsvorschriften, S. 285.

[175] Ossenbühl, a.a.O., S. 345f.; *ders.*, Vorbehalt des Gesetzes, S. 31f.

[176] In: Maunz/Dürig, GG, Art. 83 Rdnr. 60 m. Anm. 229.

ferenzierenden Aussagen über die Dichte und die Intensität gesetzlicher Verfahrensnormen für das „interne" Verwaltungsverfahren führen müssen.

Dies gilt zum einen für die *gesetzesausführende Verwaltung.*[177] Ihr Kennzeichen ist die konkrete Steuerung durch ein gesetzgeberisches „Programm", dessen Vollzug entweder durch spezielle verfahrensrechtliche Vorgaben (bes. gem. Art. 84, 85 GG) oder unter Rückgriff auf die allgemeinen Verwaltungsverfahrensgesetze geordnet wird. Gesetzgeber und Verwaltung sind hierbei in einem arbeitsteiligen Rechtsbildungsprozeß mit ineinandergreifenden Funktionen zur Verwirklichung bestimmter materieller Ziele miteinander verbunden. In der Konsequenz dieser funktionalen Ergänzung setzt die eigenständige Vollzugskompetenz der Verwaltung auch der binnenwirksamen Regelungsabsicht des Verfahrensgesetzgebers Schranken.

Anders liegen die Dinge in den übrigen Fällen der Verwaltungskonstitution, also etwa bei der *gesetzesgebildeten* Verwaltung. Hierbei ergibt sich ein Zugriffsrecht des Gesetzgebers auf das „interne" Verwaltungsverfahren aus der Tatsache der gesetzlichen Institutionalisierung. Gleiches gilt für die *gesetzesfreie* Verwaltung als verwaltende Tätigkeit im bloßen Gesetzesrahmen, aber ohne konkrete materiell-rechtliche Steuerung, mithin auf Grund verwaltungseigener Initiative. Die Verfahrensbindung stellt hier das Äquivalent zu dem Ausfall der sachrechtlichen Bindung nach Maßgabe des Gesetzmäßigkeitsprinzips der öffentlichen Verwaltung dar.[178]

---

[177] Vgl. hierzu auch *Maurer,* VVDStRL 43 (1983), S. 159, 164.

[178] Siehe auch schon oben im Text nach Fn. 123; anders freilich *Oldiges,* Bundesregierung als Kollegium, S. 219; *Ossenbühl,* Verwaltungsvorschriften, S. 357ff.; die von *Zacher* diesbezüglich hervorgehobenen Erfordernisse der Gesetzesfreiheit von Verfahren – Professionalität von Sach- oder Dienstleistungen beispielsweise (in: VVDStRL 43, 1985, S. 224f. – Diskussionsbeitrag) – unterstreichen angesichts der ihnen innewohnenden Gefährdung („Herrschaft der Experten") eher die hiesige Position, wenigstens über Verfahrensregelungen eine Bindung ihrer Macht zu versuchen.

13. Kapitel. Verwaltungsformen als Verantwortungsrahmen

A. *Formenbindung des Verwaltungsverfahrens*

Bezugspunkt der administrativen Verfahrenssteuerung sind der Verwaltungszweck und seine kompetenzielle Gestaltung in den Bindungen des Rechts. Die jeweils normativ gültige und prozeßhaft abzuarbeitende Aufgabenstellung wird von der öffentlichen Verwaltung kraft ihres spezifischen Amtsauftrags und in prozeduraler Verwirklichung ihrer Gemeinwohlverantwortung[1] formuliert. Den Rahmen hierfür setzt die Bindung der verantwortlichen Zweckverfolgung an *Verwaltungsformen.* Sie beruht auf der Verpflichtung der Verwaltung, Gesetz und Recht in „verwaltungsmäßiger" Weise zu vollziehen.[2] Die „äußere"[3] Organisation des Ablaufes der Rechts- und Zweckkonkretisierung ist deshalb keineswegs so offen, wie dies verschiedentlich postuliert wird. Zwar ist der Kanon der verwaltungsrechtlichen Handlungs- und Organisationsmittel nicht geschlossen;[4] die konkrete *Prozeßform* der Verwaltung vermag jedoch den durch die administrative Handlungskompetenz gezogenen Rahmen nicht zu überschreiten.[5] Dementsprechend ist der Zweckmäßigkeitsentscheid der Verwaltung über die Gestaltung ihres Konkretisierungsverfahrens *prädisponiert.*[6]

---

[1] Vgl. oben, 11. Kap., A.IV.2.a)–d), bes. zu Fn. 45ff., 50ff.; zu den Ziel-, Verfahrens- und Organisationsgrundsätzen der *öffentlichen Amtsverfassung* siehe etwa *Isensee,* Öffentlicher Dienst, in: Handbuch des Verfassungsrechts, 1983, S. 1149ff., 1150f., 1152f.; *Lecheler,* HdbStR III, 1988, S. 717ff., 760ff.; *R. Scholz,* Öffentlicher Dienst zwischen öffentlicher Amtsverfassung und privater Arbeitsverfassung?, in: W. Leisner (Hrsg.), Das Berufsbeamtentum im demokratischen Staat, 1975, S. 179ff., 191ff.; im übrigen erscheint mir speziell der Begriff des „Gemeinwohls" dem heute erforderlichen Integrationsdenken näher zu liegen als die diffuse Sammelbezeichnung der „Belange der Allgemeinheit der Bürger", vgl. indes – anders akzentuierend – *Böckenförde,* Demokratie als Verfassungsprinzip, S. 939 (Rdnr. 78 a.E).

[2] *Lerche,* in: Maunz/Dürig, GG, Art. 83 Rdnr. 56.

[3] Siehe hierzu schon die Erläuterungen zu dieser Differenzierung im 11. Kap. mit Nachw. in Fn. 35, 38, 55ff., 72f.

[4] Vgl. auch *Erichsen,* Verwaltungshandeln, S. 137; *Ossenbühl,* JuS 1979, 681ff., 682f., 687; *R. Scholz,* VVDStRL 34 (1976), S. 150 m. Anm. 15 und 16 – allerdings mit verfehlter Bezugnahme auf die „innere" Organisation des Konkretisierungsprozesses.

[5] So mit Recht bereits *R. Scholz,* a.a.O. (Fn. 4), S. 150; vgl. nunmehr auch *Blankenagel,* VerwArch. 76 (1985), S. 276ff., 281 (unter Hinweis auf Art. 19 Abs. 4 GG); *Goerlich,* „Formenmißbrauch" und Kompetenzverständnis, S. 53, 95ff., 106.

[6] Dies stellt z.B. zu wenig in Rechnung *Pietzcker,* VVDStRL 41 (1983), S. 198, 210ff., 215, 218f.; gleiches gilt für *R. Scholz,* a.a.O. (Fn. 4), S. 150, der den „prinzipiellen Zweckmäßigkeitsentscheid der eigenverantwortlichen Verwaltung" beruft, dabei aber die der Frage nach der gesetzlichen Regelung bzw. Nicht-Regelung noch vorausliegende *Kompetenzgrenze* übersieht.

I. Vollzugspflichtigkeit des Verwaltungsverfahrens

Ausdruck dieser dem verfahrensrechtlichen Zugriff des Gesetzgebers noch vorausliegenden prozeduralen Bindung – und damit zugleich konstitutives Merkmal des Verfahrensbegriffs – ist die Verpflichtung der Verwaltung als Teil der „vollziehenden Gewalt“ auf die „Ausführung“ von Gesetzen bzw. auf den damit identischen „Vollzug“ von Gesetz und Recht.[7] Als Maßgabe der verwaltungseigenen Vollzugskompetenz folgt diese verfahrensmäßige Verpflichtung sowohl aus dem Zusammenhang der materiellen Verwaltungsfunktion mit der föderativverfassungsrechtlichen Verwaltungsorganisation in seiner hiesigen verfahrensbezogenen Deutung[8] als auch aus dem verfassungsgrundsätzlichen Akzept einer eigenständigen und selbstverantwortlichen Position der öffentlichen Verwaltung. Dementsprechend ist die *prozedurale Verwaltungsfunktion* auf verwaltungsmäßige Verfahrensweisen festgelegt. Dies engt einerseits das begriffliche und funktionale Verständnis des administrativen Konkretisierungsprozesses ein,[9] schafft aber andererseits Raum für eine erweiterte Verfahrensausdeutung: Die Bezugnahme auf „Ausführung“ bzw. „Vollzug“ umschließt im Einklang mit der strukturellen Erweiterung des materiellen Verwaltungshandelns[10] auch solche Verwaltungsvorgänge, denen kein konkretes gesetzgeberisches Programm zugrundeliegt.[11]

Ganz im Gegenteil wendet sich die Vollzugskompetenz der Verwaltung gegen zu enge gesetzliche Regelungen. Gegenläufige Ansätze lassen den durch Art. 83, 84 GG vermittelten Bezug der föderativen Verwaltungsorganisation auf die verfassungskräftig ausgestaltete Verwaltungsverantwortung außer Acht.[12] Denn sie vor allem steht dafür, daß es sich selbst dort noch um „Vollziehung“ handelt, wo die öffentliche Verwaltung Zwecke verwirklicht, die ihr nicht schon in greifbarer Gestalt durch gesetzgeberische Akte vorgegeben sind. Auch diese Bereiche der Konkretisierung bleiben deshalb der administrativen Prozeßform erschlossen und damit den ihr eigenen Bedingungen unterworfen.

Etwas anderes gilt allerdings für verwaltungsgesetzliche Normen, die eines eigenen verwaltungsmäßigen („behördlichen“) Vollzugsaktes nicht bedürfen, um die Gesetzesadressaten unmittelbar zu erreichen. Ein vollzugsfähiger Rechtssatz ist

---

[7] Vgl. dazu *Lerche*, in: Maunz/Dürig, GG, Art. 83 Rdnr. 57, Art. 84 Rdnr. 31.

[8] Siehe oben, 10. Kap., B.II.2.a) mit ee); 11. Kap., A.V.

[9] Das „Organisationsproblem“ der Verfahrensordnung (vgl. dazu oben, 7. Kap., C.II.) wird dadurch in bezug auf das Verwaltungsverfahren vorstrukturiert; es werden spezifische Regelungselemente seiner funktionalen Bewältigung offenbar.

[10] Vgl. dazu oben, 1. Kap., A.I.1.b) und d), A.II.1. und 2.; 3. Kap., B.I.; 11. Kap., B.II. und III.; die Systematik im 12. Kap., D.II.1. mit Fn. 167, D.II.3 mit Fn. 177f., ist hierauf einzuspielen.

[11] Zu eng demgegenüber – auch unter Berücksichtigung seiner Systematik – *Lerche*, a.a.O. (Fn. 7), Art. 83 Rdnr. 59, mit seiner Deutung des Begriffs „Ausführung“.

[12] Vgl. bes. im 10. Kap., B.II.2a) mit ee); 11. Kap., A.V.; B.III.

m. a. W. nur gegeben und er unterliegt einem Konkretisierungsprozeß nur dann, wenn verwaltungsrechtliche Einzelnormen Verwaltungsaufgaben begründen und nicht lediglich Verhaltensregeln formulieren.[13] Umgekehrt folgt daraus, daß sich der Konkretisierungsprozeß auf den *Gesamtauftrag* der öffentlichen Verwaltung zur tätigen Verwirklichung der staatlichen Aufgaben bezieht.[14] In ihm einbeschlossen ist die verwaltungsmäßige Konkretisierung bloß verfahrensrechtlicher Regelungen.[15]

II. Umdeutung des Vollzugsparadigmas

In dem Maße, in dem die Verwaltungsverantwortung durch stetig wachsende Eigenräume der zweiten Gewalt zur Konfliktbewältigung, Konsensfindung und „Selbstprogrammierung“ gestärkt wird,[16] kommt es freilich zu einer Umdeutung des Vollzugsparadigmas mit entsprechenden prozeduralen Konsequenzen. So bedeutet „Ausführung“ in und durch Verfahren einerseits und zunehmend *verfahrensmäßige Rechtsbildung*. Der „bewußte“, eigenverantwortete und verfahrens-(organisations-, personal-)gesteuerte „Vollzug“ ist die Konsequenz hieraus.

Andererseits zeigt die Betrachtung des Verfahrens der Konkretisierung, wie immer mehr Stadien der behördlichen Vollziehung des Rechts zum relevanten Geschehen im Konkretisierungsprozeß beitragen. Der Ausführungsbegriff, wie er sich auf die Vollzugskompetenz der Verwaltung stützt, bezieht aus dieser Entwicklung eine weitere, neue Dimension: Das Vollzugshandeln in den Verfahren der öffentlichen Verwaltung erstreckt sich nunmehr auch auf die *Steuerungsfähigkeit* der ausführungsleitenden Verwaltungsnormen („Verwaltungsprägung der Gesetze“).

Zur Debatte stehen dabei zahlreiche inner- und außeradministrative Einflußfaktoren. Die Implementationsforschung hat insoweit nicht nur den häufig mangelhaften und dementsprechend unzureichend rechtsförmig konkretisierten Gesetzgebungskonsens in den Vordergrund gerückt.[18] Auch die jeweilige Struktur und die Verfahrensmodalitäten der administrativen Vollzugsträger mitsamt der zwischen ihnen bestehenden Kooperationsbeziehungen spielen eine wesentliche Rolle für die Durchführung der verwaltungsrechtlichen Regelungen; gleiches gilt im Hinblick auf die Sozial- und Organisationsstrukturen, in die hinein das jeweilige Rechtsprogramm zu implementieren ist.[19]

---

[13] Ebenso *Lerche*, a.a.O. (Fn. 7), Art. 83 Rdnr. 57; *Maurer*, VVDStRL 43 (1985), S. 159.

[14] Vgl. *R. Wahl*, VVDStRL 41 (1983), S. 157; zum „Gesamtauftrag“ der Verwaltung siehe ferner oben, 1. Kap., B.II.3.e).

[15] So auch *Lerche*, in: Maunz/Dürig, GG, Art. 83 Rdnr. 58.

[16] Zu dieser Entwicklung und ihren Konsequenzen in bezug auf die Entfaltung der administrativen Verfahrensverantwortung siehe oben, 1. Kap., A.II.; 2. Kap., A.I. und C.II.; 4. Kap., C.III.2.; 11. Kap., B.II. und III.

[17] Vgl. dazu bes. die Ausführungen im 4. Kap., C.III. 2.; 11. Kap., B.II. und III.

[18] Zusammenfassend *R. Mayntz*, Implementation von regulativer Politik, S. 50ff., 71.

[19] Vgl. mit Bezug auf das Verwaltungsrecht bes. deutlich *Knoepfel*, Vollzugsforschung, S. 38ff., 41ff., 47ff., 55ff.

Zum Gegenstand des Konkretisierungsverfahrens zählt mithin auch die *Umsetzbarkeit* rechtsverbindlicher Programme in die soziale Wirklichkeit. Insofern die Wirksamkeit des Rechts[20] zu garantieren, gehört deshalb ebenso zum Ausführungsbezug – der mithin entsprechende Regelungen zu umfassen vermag –, wie eine die Reflexivität sichernde Bereitstellung von Verfahrensschritten. „Ausführung" meint somit nicht nur die Vollzugsleistungen der Behörden. Sie erfaßt ebenso den inneradministrativen und gesellschaftlichen Bedingungsrahmen der Rechts- und Zweckkonkretisierung sowie das Verhalten der Amtswalter und Normadressaten *nach* dem Verfahrensabschluß[21] einschließlich entsprechender Verfahrenskontrollen („Evaluation").[22]

Dem gewandelten Vollzugsparadigma korrespondiert ein gesteigertes Bewußtsein über die *Bedeutung von Verfahrensregeln.* Richtig wird erkannt, daß der Verzicht auf sie häufig mit einer Minderung des Einflusses auf die Rechtsanwendung verbunden ist und damit auch ein Verzicht auf die Durchsetzung von Politik bedeutet.[23] Und nicht von ungefähr zeigt sich das BVerfG bemüht, auch die Prozeßaspekte staatlicher Handlungsprogramme näher an die Verantwortung des *Gesetzgebers* heranzuführen.[24]

III. Verwaltungsbehördliche Organisation des Verfahrens

Das aber unterstreicht die gestiegene situative Bedingtheit der prozeduralen Verwaltungsfunktion und ihrer Handhabung im Rahmen des Gesetzesvollzugs. Die in der Vollzugspflicht des Konkretisierungsprozesses liegende Disziplinierung wird dadurch gemindert. Doch bleibt seine Bindung an die *verwaltungsbehördliche Organisation.* In ihr ist der administrative Konkretisierungsprozeß geborgen; auf sie bleibt er verwiesen.

---

[20] Siehe dazu oben, 3. Kap., B.I.; 4. Kap., C.I. und III.; 5. Kap., A.IV.; 6. Kap., B.IV.

[21] Vgl. dazu *R. Mayntz/C. Lex,* Praktikabilität staatlicher Handlungsprogramme, S. 5.

[22] Zur Evaluation („Wirksamkeitskontrolle") in der öffentlichen Verwaltung siehe m.w.Nachw. *Thieme,* Verwaltungslehre, S. 327ff., 331; zu derjenigen durch das Parlament vgl. *K. König,* Evaluation, S. 96ff.; *H. Schneider,* Gesetzgebung, S. 94ff.; einzelne Entwicklungslinien und Verfahren von Evaluierung und Evaluierungsforschung vermitteln die Beiträge in G.-M. Hellstern/H. Wollmann (Hrsg.), Handbuch zur Evaluierungsforschung, Bd. 1, 1984, speziell S. 221ff. mit Erfahrungsberichten aus Bundesministerien und dem Bundeskanzleramt; siehe schließlich in diesem Zusammenhang noch oben, 8. Kap., A.III., B.III.

[23] Vgl. auch *Lerche,* in: Maunz/Dürig, GG, Art. 84 Rdnr. 67 m. Anm. 22.

[24] Siehe dazu BVerfGE 65, 1 (59f.); näher hierzu m. Nachw. im einzelnen *R. Scholz/Pitschas,* Informationelle Selbstbestimmung, S. 51ff., 115f., 119ff., 129ff.

1. *Behördenbegriff und materielle Verwaltungsfunktion*

Der Begriff der „Behörde" ist freilich vielschichtig. Er wird in zahlreichen Vorschriften aller Rechtsgebiete verwendet;[25] von einer Allgemeingültigkeit kann deshalb keine Rede sein.[26] Infolge seines inneren Zusammenhanges mit der materiellen Verwaltungsfunktion erfaßt der Behördenbegriff die *gesamte* Verwaltungstätigkeit. Für sein Verständnis kommt es also auf den materiellen Gehalt des Tätigwerdens an, nicht aber auf die organisatorische oder funktionelle Zuordnung des jeweils handelnden Organs zu einzelnen Staatsgewalten oder Rechtskreisen.

Liegt eine materielle Verwaltungstätigkeit vor, dann ist das Organhandeln der öffentlichen Verwaltung zuzurechnen. Dabei ist nicht auf einzelne organisationsrechtliche Erfordernisse abzuheben;[27] „handeln" muß lediglich eine selbständige, d.h. im Rahmen ihrer Zuständigkeit eigenverantwortlich tätige organisatorisch-institutionelle Einheit. Dies kann auch eine natürliche oder juristische Person des Privatrechts sein.[28]

„Behörden" sind demnach alle mit der Wahrnehmung von Verwaltungsaufgaben betrauten, organisatorisch verselbständigten Handlungseinheiten des *Staates*[29] sowie jene nicht in die öffentliche Verwaltungsorganisation eingegliederten Stellen, die sich als Private im Rahmen der ihnen zugestandenen Verwaltungsbefugnisse betätigen.[30] Auch letztere können also dem Behördenbegriff unterfallen. Denn die Aufgaben der öffentlichen Verwaltung können sowohl in den Formen des öffentlichen wie des privaten Rechts wahrgenommen werden.[31]

Allerdings wird hierzu die Ansicht vertreten, daß Verwaltungseinrichtungen mit *ausschließlich* fiskalischen Zuständigkeiten, z.B. staatliche oder kommunale Wirtschaftsunternehmen, keine „Behörden" seien.[32] Dieser Auffassung ist jedoch zu

---

[25] Vgl. den Überblick bei *Wolff/Bachof*, Verwaltungsrecht II, S. 81 ff. (§ 76 Ia).

[26] *Meyer/Borgs*, VwVfG, § 1 Rdnr. 21; *Ule/Laubinger*, Verwaltungsverfahrensrecht, S. 53.

[27] *Meyer/Borgs*, a.a.O. (Fn. 26), § 1 Rdnr. 24; *Ule/Laubinger*, a.a.O. (Fn. 26), S. 54; im folgenden geht es somit auch um Behörden im *funktionellen Sinne*.

[28] *Achterberg*, Verwaltungsrecht, S. 388 f. („Beleihung" von Privaten); *Meyer/Borgs*, a.a.O. (Fn. 26), § 1 Rdnr. 21; *Ule/Laubinger*, a.a.O. (Fn. 26), S. 54; a.A. *Wolff/Bachof*, Verwaltungsrecht II, S. 85.

[29] Ein gewisses Grundmaß an organisatorischer Selbständigkeit muß gegeben sein, vgl. BVerfGE 10, 20 (48); *Achterberg*, a.a.O. (Fn. 28), S. 232 m. Anm. 24; *Ule/Laubinger*, a.a.O. (Fn. 26), S. 53 f.

[30] Nicht von ungefähr verwendet deshalb auch das VwVfG in seinem § 1 Abs. 4 einen weit gefaßten Behördenbegriff, um die gesamte materielle Verwaltungstätigkeit den Verfahrensgarantien des VwVfG und der Verfassung zu unterstellen, vgl. *Kopp*, VwVfG, § 1 Rdnr. 20; *Meyer/Borgs*, VwVfG, § 1 Rdnr. 23.

[31] Nachw. hierzu unten in Fn. 116 ff.

[32] *Finkelnburg/Lässig*, VwVfG, § 1 Rdnr. 95; *Kopp*, VwVfG, § 1 Rdnrn. 21, 26; *Maurer*, Allgemeines Verwaltungsrecht, S. 435 (Rdnr. 33); *Meyer/Borgs*, VwVfG, § 1 Rdnr. 21; *Stelkens/Bonk/Leonhardt*, VwVfG, § 1 Rdnr. 47; *Ule/Laubinger*, Verwaltungsverfahrensrecht, S. 55; *Wolff/Bachof*, Verwaltungsrecht II, S. 85 (I d 3).

widersprechen. Da sie indes die Frage nach dem Verfahrensbezug von Handlungsformen der Verwaltung und dessen Auswirkungen auf die verwaltungsbehördliche Organisation des Konkretisierungsprozesses aufwirft, bleiben nähere Erörterungen einer Behandlung im Zusammenhang der Formenproblematik vorbehalten.[33]

In der Folge der Eingrenzung auf verwaltungsbehördliche Organisation umfaßt die administrative Rechts- und Zweckkonkretisierung durch Verfahren dagegen *nicht* diejenigen (politischen) Handlungsprozesse der Exekutive, die keine materielle Verwaltungstätigkeit darstellen, sondern entweder der Staatsleitung (Gubernative) dienen,[34] währungspolitische Maßnahmen der Bundesbank betreffen[35] oder aus militärischen Akten bestehen.[36] Die Dienststellen der Streitkräfte verfahren allerdings dann als „Behörden", wenn und soweit sie neben ihren rein militärischen Aufgaben der Sache nach Verwaltungstätigkeiten ausüben.[37]

Im übrigen darf nach verbreiteter Ansicht von einer verwaltungs*behördlichen* Organisation des Konkretisierungsverfahrens überhaupt nur dann gesprochen werden, wenn die tätig werdenden Verwaltungseinheiten zu konkreten Außen-(Rechts-)-Handlungen befugt wären.[38] Ob der betreffenden Dienststelle derartige *Außenzuständigkeiten* eingeräumt sind, ist jedoch für den administrativen Konkretisierungsprozeß irrelevant. Auch das *Handeln* (bloß) *verwaltungsintern* tätiger Stellen kann ein behördlicher Vorgang sein. Denn die „internen" Verfahren der Verwaltung, also die Gesamtheit der im staatlichen Innenbereich ablaufenden Prozesse, sind nicht nur als umweltbezogene Informationsverarbeitung und Willensbildung mit den externen Entscheidungsverfahren unauflöslich verknüpft; ihre Träger erweisen sich zudem als eigenverantwortlich tätige organisatorisch-institutionelle Einheiten.

2. *Überwindung von Innen- und Außenrecht*

Dabei ist zum einen davon auszugehen, daß jedes Tätigwerden der Verwaltung eine Entscheidung voraussetzt. Selbst wenn die Tätigkeit im Entscheiden (z.B. Erlaß eines Verwaltungsaktes) besteht, muß zuvor reflexiv (und intern) eine Entscheidung über das Verfahren der Entscheidung und zur Entscheidung gefallen sein. Sie wird zu einem großen Teil durch Handlungsformen des sog. „Innenrechts" gene-

---

[33] Vgl. unten im Text um und zu Fn. 146ff.; im Ergebnis jedenfalls liegt auch im fiskalischen Handeln staatliche „vollziehende Gewalt", so daß bei Erfüllung der organisatorischen Voraussetzungen der Behördenbegriff zum Tragen kommen kann. Nur so ist auch „Formenmißbrauch" im Verwaltungsverfahren z.B. im Hinblick auf die Verletzung von Verfahrensgrundsätzen rügbar; gleiches gilt in bezug auf § 1 Abs. 1 SGB X.

[34] *Lerche,* in: Maunz/Dürig, GG, Art. 83 Rdnr. 65.

[35] *Lerche,* a.a.O. (Fn. 34), Rdnr. 65.

[36] Die Bundeswehr*verwaltung* ist selbstverständlich hiervon ausgenommen, siehe nur Art. 87b Abs. 1 GG.

[37] Vgl. ebenso *Meyer/Borgs,* VwVfG, § 1 Rdnr. 21 a.E. mit w. Nachw.

[38] *Finkelnburg/Lässig,* VwVfG, § 1 Rdnr. 96; str., siehe (im hiesigen Sinne) *Meyer/Borgs,* § 1 Rdnr. 30 m.w.Nachw.

ralisierend programmiert, etwa in Gestalt von Verwaltungsvorschriften, Richtlinien, Verfügungen, Anordnungen oder auch Dienstanweisungen.[39] Es ist deshalb nicht richtig, wenn *P. Krause* meint, die internen Konkretisierungsverfahren müßten jeder Abgrenzung nach Handlungsformen entbehren.[40] Im Gegenteil ist es das Kennzeichen der genannten generalisierenden Handlungsformen bzw. -kategorien, außenwirksame (Vor-)Entscheidungen über künftige Entscheidungen zu treffen.[41] Darüber hinaus determiniert die verfahrensmäßig geregelte innere Ordnung der Verwaltung mit der Verteilung der internen Kompetenzen, der Gestaltung des Zusammenwirkens einzelner Verwaltungsorgane bzw. Organteile sowie im Zusammenhang mit den Organisationsformen der Verwaltung sowohl den einzelfallbezogenen Verwaltungsakt als auch andere Verwaltungshandlungen und -entscheidungen.[42]

Die sich insofern innerhalb und zwischen staatlichen Handlungseinheiten vollziehenden Vorgänge sind folglich *keine Interna*. Ihre auf den Entscheid bzw. auf die Ausführungshandlung als jeweils meßbaren Verfahrensabschluß gerichteten Konkretisierungsgehalte stellen sich als organische Teile eines Gesamtverfahrens dar, das als ein einheitlicher Entstehungsprozeß die Entscheidungsbildung und Handlungsvorbereitung in den Behörden umfaßt und (außen-)rechtlichen Konsequenzen unterwirft. Die hierbei auftretenden Beurteilungs- und Kontrollzusammenhänge sind allerdings hochkomplex. So entfalten die formellen Regeln des internen Konkretisierungsverfahrens ihre Wirkung nicht nur in bezug auf den „organschaftlichen Funktionsablauf zwischen Organwalter, Organen und Organismus“ der Verwaltung,[43] sondern auch im Außenrechtsbereich, wie sich etwa an den Antworten auf die Frage zeigt, in welcher Intensität Fehler im Zustandekommen eines Verwaltungsakts zu dessen Rechtswidrigkeit und Aufhebung führen.[44]

Verstöße gegen das einschlägige Verfahrensrecht können z.B. unbeachtlich sein[45]

---

[39] Siehe statt aller *Ossenbühl,* Quellen des Verwaltungsrechts, S. 90, der sie – wie allgemein üblich, aber mit der zunehmenden Verschachtelung von Innen- und Außenrecht und angesichts des dadurch eintretenden Differenzierungsbedarfs immer zweifelhafter – im Sammelbegriff der „Verwaltungsvorschriften“ erfaßt.

[40] *P. Krause,* Rechtsformen, S. 48.

[41] *W. Schmidt,* Probleme des Verwaltungsrechts. S. 81ff.; vgl. auch OVG Münster, NJW 1985, 1042.

[42] Siehe auch *Hufen,* Verwaltungsverfahren, S. 60f.; *Maurer,* Allgemeines Verwaltungsrecht, S. 431 (Rdnr. 27); *R. Scholz,* VVDStRL 34 (1976), S. 153 m. Anm. 26, 159 m. Anm. 62; *W. Schmidt,* a.a.O. (Fn. 41), S. 23f., 27f.

[43] Vgl. hierzu m.w.Nachw. *Schnapp,* Rechtstheorie, Beih. 5 (1984), S. 392.

[44] Dazu siehe umfassend und m.w.Nachw. auch *Hill,* Das fehlerhafte Verfahren, bes. S. 306ff., 311, 332ff., 342, 393ff., 394 m. zahlr. Nachw.

[45] Siehe §§ 45 Abs. 1, 46 VwVfG; 41 Abs. 1, 42 SGB X (mit der Modifikation gegenüber dem allgemeinen Verfahrensrecht in Satz 2); Bedenken bzw. Ansätze zu einer verfassungskonformen Deutung aber zuletzt z.B. bei *Grimm,* NVwZ 1985, 865ff., 871f.; *Hufen,* NJW 1982, 2160ff., 2165ff.; *ders.,* Verwaltungsverfahren, S. 391ff.; *H. Meyer,* NVwZ 1986, 513ff., 522; *H. H. Rupp,* FS O. Bachof, S. 151ff., 165ff.; *Schenke,* DÖV 1986, 305ff., 307ff., 317ff., 321; *Schmidt-Aßmann,* HdbStR III, 1988, S. 646ff. – Ich halte freilich dafür, daß im Hinblick auf das materiale Verfahrenskonzept der Verfassung jeder Verfahrensfehler stets Konsequenzen nach sich ziehen sollte, wenn sich der Betroffene darauf beruft.

oder geheilt werden;[46] ihnen kann aber auch rechtliche Bedeutung mit der Wirkung zukommen, daß Fehler im Entstehungsprozeß eines Verwaltungsaktes, nämlich in der (internen) Entscheidungsbildung der Behörde, einen anerkannten Anfechtungsgrund bilden. Denn § 114 VwGO[47] läßt sowohl den Umstand, daß sich eine Verwaltung in ihrer Entscheidungsbildung von gesetzesfremden oder gar unsachlichen Erwägungen hat leiten lassen, auf die Beurteilung der Rechtmäßigkeit des Verfahrensabschlusses durchschlagen (Ermessensmißbrauch) als auch die Tatsache, daß von einem eingeräumten Ermessen überhaupt kein Gebrauch gemacht wurde. Freilich verdeutlicht ergänzend dazu § 46 VwVfG positiv-rechtlich,[48] daß ein Mangel des speziell auf den Verwaltungsakt ausgerichteten administrativen Konkretisierungsprozesses ohne Sanktion bleibt, „wenn keine andere Entscheidung in der Sache hätte getroffen werden können". Ob allerdings die Anknüpfung an die ggf. bestehende Alternativlosigkeit der in der Form eines Verwaltungsaktes ergehenden materiellen Verwaltungsentscheidung für das Konkretisierungsverfahren schlechthin gilt, erscheint mit Blick auf die gerade dieser Handlungsform und auch nur ihr eigene, in der Trias von Bestandskraft, Anfechtungslast und Vertrauensschutz dokumentierten „Stringenz des Formalen" (Schmidt-Aßmann) nicht unbezweifelbar.[49]

Die gewählten Beispiele lassen erkennen, wie wichtig es ist, bei der Betrachtung des Verfahrens der Rechts- und Zweckkonkretisierung auch solche Verfahrensanteile im Auge zu behalten, die ihren Platz nach herkömmlichem Verständnis im staatlichen *Innenbereich* haben. Gerade komplexe Verwaltungsentscheidungen,[50] die häufig auf Vorentscheidungen anderer Behörden beruhen, in verzweigten inneradministrativen Abstimmungsprozessen erarbeitet werden und ihrerseits auf Entscheidungen anderer Verwaltungsstellen ausstrahlen, verlangen nach einer sorgfältigen Beachtung ihrer gesamtheitlichen, in den Außenrechtskreis übergreifenden Wirkkraft. Der mehrstufige und komplexe Planungsprozeß für den Neubau und Ausbau der Bundesfernstraßen bietet hierfür ein treffendes Beispiel: Planungsentscheidungen des Gesetzgebers, der Regierung und der Verwaltung greifen ineinander, bis letztlich der das Konkretisierungsverfahren beendende Planfeststellungsbeschluß auf der Grundlage des Bundesfernstraßengesetzes eine verbindliche fachplanerische Entscheidung mit Gestaltungswirkung für individuelle Rechte trifft.[51] Die Fernstraßen-

---

[46] §§ 45 Abs. 2 VwVfG; 41 Abs. 2 SGB X.

[47] Siehe auch § 102 FGO, § 54 Abs. 2 Satz 2 SGG, § 28 Abs. 3 EGGVG.

[48] Eingehend und differenzierend hierzu m. zahlr. Nachw. *Meyer/Borgs*, VwVfG, § 46 Rdnrn. 19ff.

[49] Vgl. auch BVerwG, NVwZ 1988, 525 – freilich von einem anderen Ausgangspunkt her („Ermessensreduzierung auf Null"); zu der Verbindung der Fehlerlehre mit den Handlungsformen auch *Hill*, Das fehlerhafte Verfahren, S. 171, 324, 341ff.; *Schmidt-Aßmann*, Ordnungsidee, S. 56; meine These ist, daß die Fehlerfolgen auch in bezug auf Verfahrensfehler *formenbezogen* betrachtet werden müssen.

[50] Zu deren Begriff und Deutungsgehalt vgl. die Nachw. oben, 11. Kap., Fn. 155; siehe ergänzend *Schmidt-Aßmann*, Verfahrensgedanke, S. 22; *Wahl*, DVBl. 1982, 51ff., 52.

[51] Siehe §§ 16ff. Bundesfernstraßengesetz i. d. F. vom 1. Oktober 1974 (BGBl. I S. 2413, ber. S. 2908); zu dem im Text skizzierten Wirkgefüge und Planungsgeflecht vgl. etwa *Badura*,

planung fügt sich ihrerseits in die überwölbende Bundesverkehrswegeplanung ein, die auf eine sachangemessene und ausgewogene Entwicklung des Schienenverkehrs, des Straßenverkehrs, des Flugverkehrs und des Verkehrs auf den Bundeswasserstraßen abzielt.[52]

In welchem Umfang die „Gesamtheit" des Konkretisierungsverfahrens auf diese oder andere Weise die der Verwaltungsrechtswissenschaft geläufige Dichotomie von Innen- und Außenrecht[53] überwindet, zeigt ferner und auf einer anderen Ebene die partielle „Pluralisierung" der öffentlichen Verwaltung: Zahlreiche Entscheidungsträger in Bund und Ländern haben sich in Form von Beiräten, Kollegien, Ausschüssen oder ähnlichen Einrichtungen ein breites Feld der gesellschaftlichen Zuarbeit mit der Folge partizipativer Verfahrensorganisation erschlossen.[54] Eine verwandte Form staatlich-gesellschaftlicher Osmose vollzieht sich auf dem Gebiet der Verwaltung durch verselbständigte Verwaltungsträger.[55] Die faktische Integration gesellschaftlicher Kräfte in die Konkretisierungsvorgänge und das abgestufte Herauswachsen des Staates aus dem Bereich öffentlich-rechtlicher Organsation erhellen, daß einerseits und in Reaktion auf den allmählichen Zerfall der traditionellen Vorstellung einer umfassenden Einheit der Verwaltung[56] insbesondere *Verfahren* die für die Wirkungseinheit „Staat" notwendige Kooperation und Koordination des Ver-

---

Verwaltungsverfahren, S. 452; *K. D. Becker,* Das Verfahren der Bundesfernstraßenplanung bis zur Planfeststellung, Diss. Göttingen, 1977, S. 34ff.; *Broß,* DÖV 1985, 253ff., 255ff.; *Ibler,* Die Schranken planerischer Gestaltungsfreiheit im Planfeststellungsrecht, 1988, S. 66ff.; *Steinberg,* NVwZ 1983, 209ff.; *Vetterl,* Die Planungsakte des Gesetzgebers und der Regierung beim Ausbau der Bundesfernstraßen, Diss. München 1985, S. 155ff., 166ff., 221ff.; zur Rechtsprechung in diesem Kontext vgl. *Broß,* VerwArch. 75 (1984), 425ff.

[52] Aufgeworfen wird damit die Frage nach dem materiellen Gehalt der Gestaltungsfreiheit bei der fernstraßenrechtlichen Planung einerseits – vgl. dazu u.a. BVerwGE 67, 74ff. – sowie die nach der gebotenen Reichweite des (verfahrensrechtlichen) Abwägungsgebots andererseits, vgl. dazu etwa BVerwGE 48, 56 (63) und im Hinblick auf die hiervon nicht zu lösende Problematik der Abschnittsbildung für die fernstraßenrechtliche Planfeststellung *Broß,* DÖV 1985, 253ff., 254, 260ff.; das verfassungsrechtliche Abwägungsgebot (10. Kap., B.II.3.b) mit aa)) widerstreitet dabei einer Beschränkung auf die von der Verwaltung festgelegten Abschnitte der Linienführung, vgl. in dieser Richtung auch *Scheuing,* VVDStRL 40 (1982), S. 175.

[53] Dazu vgl. schon oben, 12. Kap., B.II. m.w.Nachw.; siehe ferner *Hoppe,* Organstreitigkeiten vor den Verwaltungs- und Sozialgerichten, 1970, S. 132ff.; *Schnapp,* Amtsrecht und Beamtenrecht, 1977, S. 160ff.; *Schwabe,* JA 1975, 45ff.

[54] Vgl. dazu *Brohm,* Sachverständige Beratung, S. 212ff., 215f., 221ff.; *Schmidt-Aßmann,* Verfahrensgedanke, S. 21 m. Anm. 62; *Schreyer,* Pluralistische Entscheidungsgremien, S. 16ff., 50ff.

[55] *Schuppert,* Erfüllung öffentlicher Aufgaben, S. 6ff., 28ff., 30ff., 35ff., 64, 65ff., 365ff., 373ff.; *ders.,* AöR 114 (1989), S. 139ff.; *F. Wagener,* Typen der verselbständigten Erfüllung öffentlicher Aufgaben, in: ders. (Hrsg.), Verselbständigung von Verwaltungsträgern, 1976, S. 31ff.; vgl. ferner *Dieckmann,* ebd., S. 19ff., 25ff.

[56] Vgl. dazu mit jeweils zahlr. Nachw. zu Empirie und Dogmatik u.a. *Bryde,* VVDStRL 46 (1988), S. 185f., 193; *Burmeister,* Innenrecht der Verwaltung, S. 52ff., 63ff.; *Haverkate,* VVDStRL 46 (1988), S. 219f., 239ff.; *Oebbecke,* DVBl. 1987, 866ff., 868, 869ff., 871f.; *Oldiges,* NVwZ 1987, 737ff., 740f., 741ff.; *Pitschas,* Wandel des Verwaltungsverfahrens, S. 60f.; *Sachs,* NJW 1987, 2338ff.; *Schuppert,* DÖV 1987, 757ff., als normatives Postulat vgl. S. 759ff.

waltungshandelns bewerkstelligen müssen und andererseits die pluralisierte Verwaltung in eben diesen Verfahren das Gemeinwohl unter je spezifischer Klientelbeteiligung – und nicht durchweg rechtsstaatlich hinreichend gebunden – zu konkretisieren hat.[57]

Die Zweiteilung von Innen- und Außenrecht kann vor diesem Hintergrund keinen „Dualismus der Rechtskreise innerhalb des Staates"[58] bedeuten; es stehen sich nicht zwei voneinander geschiedene Rechtsmassen „gleichsam antithetisch"[59] gegenüber. Dennoch bleiben noch immer Innenrechtssätze etwas *qualitativ* anderes als Außenrechtssätze, auch wenn es ein übergreifendes, gemeinsames Zwischenfeld gibt. Denn verwiesen wird nicht nur auf einen unterschiedlichen Kreis von Rechtsadressaten, sondern auf die Differenz von subjektiver Rechtsverbürgung und organisationsrechtlicher Kompetenzzuschreibung.[60] Sie ist durch eine bloße Zusammenschau interner mit externen Verfahren nicht aufzuheben. Die Vorgänge des Innenbereichs lassen sich deshalb auch nicht einfach dem System des Außenrechts unterstellen, wie dies vielfach versucht worden ist.[61] Allerdings bedarf es dessen – wie gezeigt – für die Einordnung verwaltungsinterner Akte als behördliches Handeln auch nicht, lassen sich doch einerseits hinreichend tragfähige „Verknüpfungen" miteinander herstellen[62] und zum anderen bzw. darüberhinaus die Herausbildung eines spezifischen „Verwaltungsinnenrechts" im Zuge der Pluralisierung der Staatsperson beobachten:[63] Für die Willensbildung und das Zustandekommen der Verwaltungsprodukte bzw. für den Ablauf dieser Prozesse innerhalb des ausdifferenzierten Systems der staatlichen Verwaltungsordnung werden einzelne Verwaltungsträgern im Verhältnis zu anderen bestimmte Pflichten auferlegt und Befugnisse eingeräumt, die zwar nicht den Charakter subjektiver Rechte annehmen,[64] zwischen ihnen aber verbindliche Handlungs- und Erfüllungspflichten mit anspruchsartiger Qualität begründen.[65] Dadurch entstehen den subjektiven Rechtsverbürgungen vergleichbare (binnenadministrative) *subjektive Wahrnehmungszuständigkeiten* der je-

---

[57] *Bryde,* VVDStRL 46 (1988), S. 198ff.; *Pitschas,* Wandel des Verwaltungsverfahrens, S. 59ff., 61f.; *Schuppert,* DÖV 1987, 762f.

[58] *H. H. Rupp,* Grundfragen, S. 60.

[59] *Ossenbühl,* Verwaltungsvorschriften, S. 167.

[60] Vgl. dazu mit jeweils w. Nachw. und kontrovers *Bethge,* DVBl. 1980, 309ff.; *Burmeister,* Innenrecht der Verwaltung, S. 47 m. Anm. 2; *M. Schröder,* NVwZ 1985, 246f.

[61] Siehe dazu die Nachw. bei *Burmeister,* a.a.O. (Fn. 60), S. 47ff.

[62] Vgl. auch *Bryde,* a.a.O. (Fn. 57), S. 198ff.; *Maurer,* Allgemeines Verwaltungsrecht, S. 431ff. (Rdnr. 27ff.); *Schmidt-Aßmann,* Verfahrensgedanke, S. 20f.

[63] Dazu siehe näher bes. *Burmeister,* Innenrecht der Verwaltung, S. 55ff.; auch dieses „Innenrecht" muß sich dann – wie bereits die Herausbildung einer derartigen Schicht „internen" *Rechts* davon vorangetrieben wird – dem *materialen Verfahrenskonzept* der Verfassung unterwerfen: Unter der Geltung des Grundgesetzes gibt es keine „impermeablen" Verfahrensreservate.

[64] A.A. m.w.Nachw. *Bethge,* DVBl. 1980, 312ff.; *M. Schröder,* NVwZ 1985, 246.

[65] Vgl. *Burmeister,* a.a.O. (Fn. 63), S. 55; *Schnapp,* Rechtstheorie, Beih. 5 (1984), S. 398f.; *Wolff/Bachof,* Verwaltungsrecht I, S. 117f. („intrapersonale subjektive Quasi-Rechte"); weitergehend aber OVG Koblenz, NVwZ 1985, 283f. („subjektive Mitgliedschaftsrechte").

weiligen Verwaltungseinheit. Ihre Verletzung kann schon im innerorganisatorischen Bereich Abwehransprüche derjenigen Funktionseinheit auslösen, in deren Kompetenzvorbehalt eingegriffen worden ist. In Betracht kommen ferner und teilweise außengewendet Kassationsansprüche betroffener Bürger, dienstrechtliche Reaktionen und Schadenersatzverpflichtungen aus Amtspflichtwidrigkeit.[66] So entsteht ein eigengeartetes „Innenrecht" der Verwaltung, auf dessen Grundlage auch das verwaltungsinterne Konkretisierungsverfahren in *verwaltungsbehördlicher* Form abläuft.

IV. Ausschluß gerichtsförmiger und legislatorischer Verfahren

Der Prozeß der administrativen Rechts- und Zweckkonkretisierung steht außerhalb der *Gerichtsbarkeit.* Zwar „vollziehen" auch Organe der rechtsprechenden Gewalt Recht und Gesetz; der Richterspruch setzt deren Geltung im Einzelfall durch. Die Rechtsprechung erläßt darüberhinaus – wie z.B. in Gestalt der Registergerichte[67] – Vollzugsakte, die denen der Verwaltungsbehörden gleichen. Dennoch handelt es sich um ein *gerichtsförmiges* procedere.[68] Denn zum gerichtlichen Verfahren rechnet nicht nur dasjenige der „Gerichte im materiellen Sinne (Art. 92 GG)", sondern auch jenes der „in der Form eines Gerichts organisierten *Behörden,* zumal wenn sie dem Herkommen und der Übung nach als Gerichte angesehen und auch als solche bezeichnet werden."[69] Sofern jedoch die Organe der Judikative davon abgeschieden materielle Verwaltungstätigkeiten ausüben, handeln sie als *Verwaltungsbehörden.*

Auch die Verfahren der *parlamentarischen Normsetzung* sind aus dem verwaltungsbehördlichen Prozeß der Rechts- und Zweckkonkretisierung auszugrenzen. Sie gehören dem Bereich der Gesetzgebung zu. Die auf Typenstrenge bedachte rechtswissenschaftliche Kategorialisierung der staatlichen Gemeinschaftsprozesse trennt deshalb das (legislative) Normsetzungsverfahren nach Maßgabe der zur Richtschnur genommenen Entscheidungstypen von Norm und Einzelakt strikt vom verwaltungsbehördlichen Konkretisierungsprozeß.[70] Gleichwohl umgreift dieser

---

[66] *Schnapp,* a.a.O. (Fn. 65), S. 398f.

[67] So etwa im Bereich der freiwilligen Gerichtsbarkeit in Handels- und Güterrechtsregistersachen (§§ 125, 161 FGG) bei der Übertragung auf den Richter (§ 17 Nr. 1 RPflG).

[68] BVerfGE 14, 197 (219); zur Rechtsprechung gehören diese Tätigkeiten aber nur im formellen Sinn – sie sind materielle Verwaltung, vgl. auch *Bettermann,* FS F. Lent, 1957, S. 17ff.

[69] BVerfGE 11, 192 (198f.); das BVerfG hat im übrigen späterhin offen gelassen, ob überhaupt die Angelegenheiten der freiwilligen Gerichtsbarkeit ihrem sachlichen Gehalt nach als Rechtsprechungsangelegenheiten anzusehen wären, BVerfGE 21, 139 (144); zu der damit involvierten Frage des Rechtsschutzes gegen materiell als Verwaltung zu qualifizierende richterliche Akte vgl. *Schenke,* in: Bonner Kommentar, Art. 19 Abs. 4 (Zweitbearb.), Rdnr. 277.

[70] Siehe statt aller *Badura,* Verwaltungsverfahren, S. 386; vgl. demgegenüber aber das Plädoyer für eine Zuordnung von *Schmidt-Aßmann,* Verfahrensgedanke, S. 23.

auch Teilbereiche der Normgebung; das Verwaltungshandeln mündet häufig – und vor allem dann, wenn es um die verfahrensmäßige Ordnung von komplexen Verwaltungsentscheidungen geht – in die Form der *administrativen* Normsetzung ein.

Ihr Gegenstand sind Rechtsverordnungen, Satzungen oder Verwaltungsvorschriften, Anordnungen bzw. Sonderverordnungen.[71] Die an ihrem Gebrauch oft ablesbare Austauschbarkeit von Norm und Einzelakt im öffentlichen Verwalten findet sich namentlich im Planungssektor. Ein Beispiel hierfür bildet wiederum die Fernstraßenplanung mit der ihr eigenen Variabilität der Formenwahl.[72] Aber auch sonst werden Satzungen und Rechtsverordnungen nicht nur zur Regelung abstrakt-genereller Sachverhalte eingesetzt, sondern dienen der Bewältigung von Einzelfällen.[73] Die intendierten Steuerungseffekte bleiben dabei aber stets gleich – sieht man von den an die divergierenden Rechtsformen anknüpfenden unterschiedlichen Teilhabe- und Rechts(schutz)regeln einmal ab.[74]

Über den Einsatz der Formen entscheiden vor allem Zweckmäßigkeitsgesichtspunkte. Im Vordergrund steht regelmäßig das Bestreben der Verwaltung, einzelne Intensitätsstufen für die Rechts- und Zweckkonkretisierung festzulegen. Hierfür stellt das administrative Normsetzungsverfahren ein Instrument der Vorformulierung einheitlicher und nach Beteiligung der Regelungsbetroffenen abgeklärter Konkretisierungsmaßgaben dar. Insbesondere bei Planungs- und Verteilungsentscheidungen kann auf diese Weise ein gestufter Ausgleich hochaggregierter Interessen erreicht werden.[75]

---

[71] Speziell zu den letzteren siehe *Böckenförde/Grawert*, AöR 95 (1970), S. 1 ff.; *Ossenbühl*, Quellen des Verwaltungsrechts, S. 101 ff.

[72] Sie kann durch Planfeststellungsbeschluß, aber auch durch Bebauungsplan (§ 17 Abs. 3 BFStrG) erfolgen; vgl. *Hoppe/Schlarmann*, Rechtsschutz bei der Planung von Straßen und anderen Verkehrsanlagen, 2. Aufl., 1981, S. 32 ff., 135 f.

[73] Vgl. *Ossenbühl*, JuS 1979, 684; *ders.*, HdbStR III, 1988, S. 387 ff., 406 (Rdnr. 41); die Handlungsformen von Norm und Einzelakt sind dennoch nur in Grenzen austauschbar, vgl. auch die Auffassung, Rechtssatz und Einzelakt bildeten einen „kontradiktorischen Gegensatz" (*v. Mutius*, FS H. J. Wolff, 1973, S. 167 ff., 173); die Unterscheidung ist vor allem nicht für verfahrenssteuernde Planungsnormen überholt, wie *Schmidt-Aßmann*, Verfahrensgedanke, S. 24, meint: Der Rückgriff auf die (fraglichen) „gleichen Steuerungseffekte" vermittelt nicht von selbst eine höhere Abstraktionsebene, auf der eine (verfahrensmäßige) Gleichstellung die Inkongruenzen zwischen den Formen bei Handlungs-(Verfahrens-)weise und Verfahrensteilhabe, Rechtsgewißheit und Reflexivität, Steuerungswirkung und Rechtsschutz restlos einebnen könnte; zu dem Aspekt des Widerstreits von Handlungsform und Rechtsschutzmechanismus bzw. Vollzugseignung, also zu prinzipiellen Grenzen einer solchen funktionswirksamen Wahl der Form vgl. auch *Goerlich*, „Formenmißbrauch" und Kompetenzverständnis, S. 18 ff., 24 ff., 32; *Ossenbühl*, a.a.O., S. 406 (Rdnr. 41); *Schnapp*, VVDStRL 43 (1985), S. 194. Ein Beispiel zum hiesigen Ausgangspunkt gibt BVerfGE 70, 35 (55 ff., 57 f.); siehe zu dieser Entscheidung auch *Henseler*, Jura 1986, 249 ff.

[74] Freilich erschweren gerade deren unverzichtbare Berücksichtigung – wie im übrigen die Unterschiede in der Zuständigkeit der Behörde, dem Ausmaß der Verfahrensteilhabe, der Verbindlichkeit des Konkretisierungsaktes und den Rechtsfolgen, also die verfahrensmäßigen Spezifika der gewählten Form – die freie Formenwahl; siehe dazu auch im nachfolgenden Text.

[75] So mit Recht auch *Schmidt-Aßmann*, Verfahrensgedanke, S. 27 f.

Die *normative* Tätigkeit der Verwaltung ist deshalb Rechtsbildung in Verwaltungsformen. So läuft z. B. das Satzungsgebungsverfahren im Bauplanungsrecht materiell als Verwaltungsverfahren ab.[76]

Kollisionen dieser Eingliederung normsetzender Ausschnitte des Verwaltungshandelns in den behördlichen Konkretisierungsprozeß mit dem verfassungsdirigierten Auftrag der „vollziehenden" Gewalt sind dabei nicht zu befürchten. Die „Vollzugsfunktion" der Verwaltung ist – wie bereits oben herausgearbeitet[77] – durchaus in einem typisierenden Sinne zu begreifen. Er beläßt hinreichend Raum für eine sachbedingte Aufgabenerfüllung durch rechtsatzmäßiges Handeln. Der Formenreichtum der administrativen Rechts- und Zweckkonkretisierung ist von der Verfassung im Rahmen verfahrensflexibler Gewaltenteilung[78] und nach Maßgabe des von ihr vorgesehenen prozeduralen Struktur- und materialen Verfahrenskonzepts geradezu gewollt. Nicht in diesen Formenkreis gehören aber, wie eingangs betont, die parlamentarischen Normsetzungsverfahren, obschon sich auch von ihnen aus zahlreiche und fruchtbare prozedurale Verbindungslinien zur administrativen Normgebung ziehen lassen.[79]

V. Administrative Handlungsformen als Verfahrensregime?

Das Erfordernis der verwaltungsbehördlichen Organisation des Konkretisierungsverfahrens und seine normativen Bestandteile verweisen bereits auf den inneren Zusammenhang mit den Handlungsformen der Verwaltung. *Prozedurale Formenbindung* der Rechts- und Zweckkonkretisierung meint insofern auch den Bezug auf die das Verwaltungshandeln rechtlich disziplinierende Wirkung der Handlungsformen und ihre rationalisierende Funktion – hier allerdings auf die *Verfahren* der Verwaltung gewendet: Funktionell erweisen sich Verwaltungshandeln und Handlungsprozeß als untrennbar; jede Verwaltungstätigkeit kann dynamisch als *agere* oder als *actus* betrachtet werden.[80]

Die Handlungsformen der Verwaltung weisen von daher einen deutlichen *Verfahrensbezug* auf. Er entfaltet sich aus ihrer Sinngebung als „Zweckschöpfungen" des Verwaltungsrechts. Sie sollen die materielle Verwaltungsfunktion kanalisieren, indem unter ihrer Zuhilfenahme aus dem Geflecht vielfältiger, unübersehbarer und an sich amorpher Verwaltungstätigkeiten (= Verwaltungshandeln) einzelne Bereiche herausgeschnitten und diese einer besonderen rechtlichen Durchdringung unterworfen werden. Zur Lösung von wiederkehrenden Rechtsproblemen steht damit ein bestimmter Normenfundus zur Verfügung, der die Voraussetzungen und

---

[76] Vgl. *Peine,* DÖV 1983, 909ff., 916ff.; *ders.,* DÖV 1984, 462 f. m. w. Nachw.

[77] Zuletzt im 11. Kap., B.II. und III.

[78] Siehe 11. Kap., A.IV.

[79] Vgl. näherhin *Schmidt-Aßmann,* Verfahrensgedanke, S. 22f.

[80] *P. Krause,* Rechtsformen, S. 47.

Rechtsfolgen des erfaßten Handelns jederzeit greifbar, in Klarheit des Verständigungsgehaltes und mit Blick auf die notwendige Gleichförmigkeit der auferlegten Lasten oder gewährten Leistungen regelt.[81] Neben die dadurch erreichte *Disziplinierung* von Verwaltungsmacht tritt in der Zuordnung einer Verwaltungstätigkeit zu einer bestimmten Handlungsform das Ziel, öffentliches Verwalten zu *instrumentalisieren.* Über den Gebrauch von handlungsspezifischen Rechtsformen soll die Verwaltung die Entwicklung ihrer Umwelt auch und zugleich mikro-administrativ im Wege der Einzelfallentscheidung oder makro-administrativ – wie etwa in den Fällen der Standortentscheidung bei der Unternehmergenehmigung mit planungsrechtlichem Einschlag,[82] ggf. auch unter Einsatz generalisierender Rechtsformen – lenken und leiten können.[83]

In Erfüllung dieser Zielsetzungen bestimmt die Wahl der Rechts- bzw. Handlungsform (die Begriffsbildung ist nicht einheitlich)[84] das jeweilige *Rechtsregime,* dem das konkrete Verwaltungshandeln im Hinblick auf Formgebung, Verbindlichkeitsgrad, Verfahren, Rechtsschutz und Haftung unterliegen soll und nach welchem es rechtlich zu würdigen ist.[85] Vermöge dieser Funktion erscheinen die Handlungsformen gleichsam als „konfektionierte Regelungskomplexe", die von der Verwaltung nach Bedarf und Eignung ausgesucht werden.[86]

Deutlich wird zugleich, daß in dem mit der Formenwahl eingesetzten Rechtsregime bestimmte Verfahrensformationen für den jeweiligen Handlungsbereich enthalten sind. Die Handlungsformen gleichen aus dieser Sicht *prozeduralen Strukturmustern,* die – wie z.B. der Verwaltungsakt oder der öffentlich-rechtliche Vertrag gem. § 9 VwVfG[87] – für den Konkretisierungsprozeß einschlägige Verfahrensdirektiven in sich bergen. Diese binden je eine Vielzahl von Verwaltungstätigkeiten – unabhängig von ihrem konkreten Inhalt – im Interesse der „Vertretbarkeit" und Gerechtigkeit des Handelns und Entscheidens an einen festen Bestand von spezifischen *Verfahrensregeln.* Der Konkretisierungsprozeß wird derart „in Form" gebracht, „um damit vorgreifend nicht nur die Beeinträchtigung schutzwürdiger Interessen zu verhindern, sondern auch die positive Erfüllung der Rechtswerte zu gewährleisten."[88]

---

[81] *Ossenbühl,* JuS 1979, 681f.; *Schmidt-Aßmann,* DVBl. 1989, 534f., 537f.

[82] Dazu grdl. *Badura,* BayVBl. 1976, 515ff., 518ff.; *ders.,* Wirtschaftsverwaltungsrecht, S. 335ff.

[83] Allgemein zu dieser *makro-administrativen* Inanspruchnahme des Verwaltungsrechts im Rahmen politikbezogener Steuerung unter Hervorhebung der Handlungsformen auch *Schmidt-Aßmann,* Ordnungsidee, S. 13f.; anschaulich am Beispiel von Planfeststellung und Anlagengenehmigung *Wahl,* DVBl. 1982, 51ff.; zu den dabei ebenso auftretenden Versäumnissen, den Formenwechsel zu beschleunigen (= Übergang zur prozeduralen Steuerung) siehe z.B. *R. Wolf,* Stand der Technik, S. 153ff., 205ff., 409ff.; *ders.,* Leviathan 1987, 357ff., 384ff.

[84] Vgl. *P. Krause,* Rechtsformen, S. 14ff.; *Wahl,* Rechtsfragen der Landesplanung und Landesentwicklung, 1978, S. 21 m. Anm. 1.

[85] *Ossenbühl,* JuS 1979, 687.

[86] *Ossenbühl,* a.a.O. (Fn. 85), 687.

[87] Siehe in Entsprechung dazu § 8 SGB X; vgl. aber auch § 118 AO.

[88] *P. Krause,* Rechtsformen, S. 15f.; umgekehrt schließt die dann gewählte Form jedwede

Die prozedural verwirklichte Bindung des Konkretisierungsverfahrens an Verwaltungsformen zielt damit ebenso wie das materielle Verwaltungsrecht auf die Gestaltung oder Feststellung von Rechten, Pflichten oder Rechtsfolgen durch ein mehr oder weniger *förmliches* Konkretisierungsergebnis ab,[89] ohne daß allerdings Verfahrens- und materielles Recht scharf getrennt werden könnten. Die Handlungsform als solche fügt beides zusammen. So hat etwa der Verwaltungsakt eine entsprechende Doppelfunktion, indem er als ggf. in Bestandskraft erwachsender Verfahrensakt sowohl eine verfahrensdirigierte wie das Verfahren abschließende Handlungsform darstellt,[90] zugleich aber materiell gestaltend oder feststellend, begünstigend oder belastend die individuelle Rechtsposition des bzw. der Betroffenen bestimmt.[91]

Irrig ist es jedoch, nur unter Bezug auf gerade diese Handlungsform oder – allgemeiner – unter Beschränkung auf durch Verwaltungsakt und öffentlich-rechtlichen Vertrag formengebundenes Handeln das Konkretisierungsverfahren in das Auge zu fassen und von einem „Verfahren im Rechtssinn" zu sprechen.[92] Einerseits gewinnt zwar die Bindung des Konkretisierungsverfahrens an diese rechtlich vertypten Handlungsmuster ersichtlich *prozedurale Substanz.* Doch gilt dies nicht nur für die Handlungskategorien des Verwaltungsakts und des öffentlich-rechtlichen Vertrags, dessen Existenz bekanntermaßen darauf beruht, daß die Verwaltung unter bestimmten Voraussetzungen von einer einseitigen Entscheidung durch Verwaltungsakt absehen und mit dem Bürger stattdessen eine vertragliche Beziehung, z.B. über die Vergabe von Subventionen, aufbauen kann.[93] Jedoch sind damit weder die Möglichkeiten der Verwaltung erschöpft, im Einzelfall durch Willenserklärung tätig zu werden – im Außenverhältnis steht ihr auch sonst die verwaltungsrechtliche Willenserklärung zur Verfügung[94] –, noch ermangelt es weiterer individualisierender Handlungsformen.[95] Zu nennen ist hier vor allem das *Verwaltungshandeln als Real-*

Beliebigkeit in ihrer Aufhebung aus, vgl. etwa das an die Plangenehmigungsbehörde adressierte Verbot, die Nichtigkeit eines von ihr als ungültig erkannten Bebauungsplans *selbst* verbindlich festzustellen, BVerwG, DVBl. 1987, 481ff.

[89] Zu eng wäre hier der Bezug auf „Entscheidung", weil in dieser Kategorie das konsequente Element des öffentlich-rechtlichen Vertrags nicht genügend zum Ausdruck gelangt; Betrachtungen, die dagegen zu allerst entscheidungsbezogen verlaufen – vgl. z.B. *Badura,* Verwaltungsverfahren, S. 388ff., 395ff., 410ff.–, blenden daher notwendigerweise den öffentlichrechtlichen „Vertrag" weitgehend aus; richtig daher die Einbeziehung des Verwaltungsrechtsverhältnisses bei *Schmidt-Aßmann,* DVBl. 1989, 538ff.

[90] *Badura,* a.a.O. (Fn. 89), S. 385.

[91] Vgl. statt vieler *W. Fiedler,* AöR 105 (1980), S. 79ff., 98ff.; *J. Ipsen,* DVerw. 17 (1984), S. 169ff., 178ff., 186ff.

[92] So aber z.B. *Badura,* Verwaltungsverfahren, S. 384, 386.

[93] BGH, NVwZ 1985, 517f.; *Friauf,* Ordnungsrahmen für das Recht der Subventionen, in: Verhdlg. des 55. DJT, Bd. II (Sitzungsberichte), Teil M (Referat), 1984, S. 8ff., 17f.; *Menger,* FS W. Ernst, 1980, S. 301ff.; *ders.,* VerwArch. 69 (1978), 93ff.; *Zuleeg,* DÖV 1984, 733ff., 734.

[94] Vgl. *Erichsen,* Verwaltungshandeln, S. 137.

[95] Siehe *Maurer,* Allgemeines Verwaltungsrecht, S. 286ff., 293ff., 336ff.; präzisierend zu den verwaltungsrechtlichen Schuldverhältnissen *Battis,* Allgemeines Verwaltungsrecht, S. 181ff.

akt („schlichtes Hoheitshandeln").[96] Gerade letzteres bezieht als „rechtlich profillose Auffangkategorie"[97] zahlreiche heterogene Verwaltungshandlungen in das System des Verwaltungsrechts ein und grenzt sie aus Gründen des Rechtsschutzes, der Haftung und der Anwendung öffentlich-rechtlicher Grundsätze gegenüber fiskalischen Tätigkeiten ab.[98]

Einbeschlossen sind so unterschiedliche Tätigkeiten wie behördliche Auskünfte,[99] Duldungen durch staatliche Stellen,[100] Schalterakte,[101] aber auch Verrichtungen in sog. personalen Integrationsverhältnissen.[102]

Ob freilich aus der Einordnung dieser und anderer Verwaltungshandlungen in die auf den Einzelfall bzw. auf den tatsächlichen Erfolg gerichteten Handlungsformen des öffentlichen Rechts oder aus der Nutzung von Satzungen, Rechtsverordnungen bzw. Verwaltungsvorschriften als generalisierenden Kategorien *immer* auch und zugleich eine Bindung an „spezifische" Verfahrensprofile folgt, mag zweifelhaft sein. Die Formenbildung des Konkretiesierungsverfahrens scheint dort prozedurale Konsequenzen vermissen zu lassen, wo die jeweils gewählte Handlungsform keine Antwort auf die Frage nach dem anzuwendenden Verfahrensregime bereithält. Zudem wird die Notwendigkeit entsprechender Verfahrensbindungen oft verneint:[103] So soll, was z.B. „die Erziehung der Kinder (anbelangt) – damit... das Verwaltungsverfahren nichts zu tun" zu haben.[104] Doch gibt es gute Gründe dafür, auch das Erziehungswesen „in Verfahren zu bringen", um dadurch Tendenzen entgegenzuwirken, die Formen, Inhalte und Grenzen der Erziehung nach eigengearteten, diffusen metajuristischen Kriterien bestimmen wollen.[105]

Zum anderen aber – und dies ist viel grundlegender – akzeptiert der durch Verfahren als Strukturprinzip geprägte soziale Rechtsstaat auch jenseits der Handlungsfor-

---

[96] *Battis,* a.a.O. (Fn. 95), S. 188f.; *Faber,* Verwaltungsrecht, S. 250ff.; *Maurer,* a.a.O. (Fn. 96), S. 336ff.; zahlr. w. Nachw. und Differenzierungen bei *Robbers,* DÖV 1987, 272ff., 273f., 274ff.; *Schmidt-Aßmann,* DVBl. 1989, 540f.

[97] *Ossenbühl,* JuS 1979, 685; einige zumindest schärfere *Konturen* vermag ihr aber neuerdings *Robbers,* a.a.O. (Fn. 96), S. 274ff., zu geben.

[98] Zusammenfassend *Erichsen,* Verwaltungshandeln, S. 364f.; *Faber,* a.a.O. (Fn. 96), S. 251f.

[99] *Battis,* Allgemeines Verwaltungsrecht, S. 188 (Rdnr. 287); näher differenzierend als „regelungsvorbereitend" (freilich nicht notwendig, vgl. die zu Verfahrens*recht* geronnene Auskunftsregelung des § 15 SGB-AT: „Sachfragen"!) siehe *Robbers,* DÖV 1987, 274f., vgl. aber auch S. 276f.

[100] *J. Becker,* DÖV 1984, 313ff.; *ders.,* DÖV 1985, 1003ff.; *Randelzhofer/Wilke,* Die Duldung als Form flexiblen Verwaltungshandelns, 1981, S. 34, 57; *Robbers,* a.a.O. (Fn. 99), S. 278f.

[101] *Wallerath,* Allgemeines Verwaltungsrecht, S. 150; gegen die Annahme eines Verwaltungsaktes z.B. BSGE 25, 280 (282); 32, 150 (157f.).

[102] *P. Krause,* in: Verhdlg. des 52. DJT, Bd. I (Gutachten), Teil E (Referat), 1978, S. 85ff., 98ff., 110f.; *ders.,* VVDStRL 45 (1987), S. 212ff., 224ff., 239ff.

[103] Siehe etwa *Mußgnug,* VVDStRL 41 (1983), S. 258ff., 260f. – Diskussionsbeitrag.

[104] *Pietzcker,* VVDStRL 41 (1983), S. 291.

[105] Vgl. im (verfahrensmäßigen) Ansatz auch *Dittmann,* Verwaltungsverfahrensgesetz und Schule, S. 64ff., 71ff., 74ff.

men keine Freistellung des administrativen Konkretisierungsprozesses von letzten Verfahrensbindungen. Diese liegen der Verpflichtung auf die in den je einzelnen Handlungsformen der Verwaltung ausgeprägten speziellen Verfahrensprofile noch voraus: Der für das Verwaltungshandeln strukturtragende Funktionstypus des Konkretisierungsprozesses unterfängt die verfahrensbestimmende Position der *Handlungsform.* Dabei kann dahingestellt bleiben, ob sich angesichts der ganzen Breite des Verwaltungshandelns, das sowohl Planung wie Gesetzgebungsvorbereitung als auch Unternehmensführung, persönliche Dienstleistungen oder soziale Betreuung in ihrem gesamten Ablauf und nicht nur beschränkt auf einzelne Handlungssequenzen umfaßt, der administrativen Entscheidungs- bzw. Produktionsvorgang überhaupt auf bestimmte, typisierte Formen eingrenzen läßt.[106] Zu Zweifeln hieran geben neben der Planung die zahlreichen und vielfältigen formlosen „Arrangements" im Konkretisierungsverfahren genügend Anlaß.[107] Gerade letztere kennzeichnen eine weitgehend verschwiegene Verwaltungspraxis, deren Handlungsarsenal in der Dogmatik des Verwaltungsrechts derzeit kaum vorkommt und wohl nicht einmal von der Schattenexistenz des Realakts hinreichend erfaßt wird.[108]

Jedenfalls kreiert nicht erst die Handlungsform als solche das *allgemeine* Verfahrensregime, unter dessen Herrschaft jegliches Verwaltungshandeln steht. Sie ist vielmehr ein vertyptes Aktionsmuster der Verwaltung, das die Rechtsprinzipien der material-prozeduralen Gerechtigkeitskonzeption des sozialen Rechtsstaates[109] in ihren Wirkungsbezügen auf die zweck- und gesetzesgerechte Erfüllung der Verwaltungsaufgaben nur „ausformt", nicht aber selbst begründet. In den Fällen eines unvollkommenden oder fehlgehenden Handlungsschemas bleibt der Durchgriff auf die dem jeweiligen Prozeßschritt zugrundeliegende prozedurale Strukturmaßgabe aufgegeben.[110] Sie aktualisiert sich, wenn einzelne Handlungsformen von sich aus keine Verfahrensprofile aufweisen.[111]

Aus dieser Sicht bietet das Konkretisierungsverfahren erneut einen eigenen Ansatzpunkt zur funktionellen Erschließung, Disziplinierung und Instrumentalisierung des Tätigwerdens der Verwaltung.[112] Es ist nämlich in seiner *Gesamtheit* nicht vom Recht zu lösen; *jeglicher Konkretisierungsprozeß ist im sozialen Rechtsstaat ein Verfahren im Rechtssinn.* Dementsprechend unterliegt administrative Rechts- und

---

[106] Krit. z.B. auch *Wahl,* DVerw. 13 (1980), S. 273ff., 295f.

[107] Siehe die „Negativliste" bei *Hoffmann-Riem,* VVDStRL 40 (1982), S. 203; zuletzt etwa Zweifel bei *H. Bauer,* VerwArch. 78 (1987), S. 258f.

[108] *Hoffmann-Riem,* a.a.O. (Fn. 107), S. 198; vgl. aber auch den Dogmatisierungsansatz bei *Robbers,* DÖV 1987, 278f.

[109] Dazu die Grundlegung oben, 10.Kap. B. und C.

[110] So in der Tendenz auch *Zacher,* VVDStRL 41 (1983), S. 289ff., 290f. – Diskussionsbeitrag.

[111] In der Frage nach der Reichweite dieser Aktualisierung liegt die Ergänzung jener zwei Problemkreise, die *Ossenbühl,* JuS 1979, 687, als maßgeblich für die weitere Auseinandersetzung mit der Lehre von den Handlungsformen bezeichnet; vgl. dazu sogleich noch näher im Text unten, um und zu Fn. 154f., siehe auch *Schmidt-Aßmann,* DVBl. 1989, z.B. 540f.

[112] Vgl. auch 1. Kap., A.II.3.; B.I.

Zweckkonkretisierung prozeduralen Maßgaben auch dort, wo es um alltägliches Verwaltungshandeln, um Dienstleistungen, schulische Erziehung, soziale Betreuung, gesundheitliche Behandlung oder Verteilung von Lebenschancen schlechthin geht.[113] Und es begegnet rechtsstaatlichen Bedenken, wenn in der Bundesrepublik allein das Landesverwaltungsgesetz für Schleswig-Holstein[114] in seinen einzelnen Titeln über das „Verwaltungshandeln durch Verordnung", „Verwaltungshandeln durch Satzung" und über „Bewilligungsrichtlinien" den Einsatz generalisierender Handlungsformen verfahrensmäßig regelt.[115]

VI. Privatrechtsförmiges Verwaltungshandeln

Im Verfahren der Rechts- und Zweckkonkretisierung wird die öffentliche Verwaltung traditionell auch privatrechtlich tätig. Sie ist nicht auf den Gebrauch des ihr eingeräumten Sonderrechts beschränkt. Verlangt die Rechtsordnung nicht ausdrücklich ein öffentlich-rechtliches Handeln[116] oder erweist sich die in Frage stehende Tätigkeit nicht ausschließlich im Verhältnis der Über- und Unterordnung ausübbar,[117] so wird der Verwaltung das Recht zugebilligt, Privatrechtsverhältnisse einzugehen.[118]

---

[113] Ebenso *Zacher*, a.a.O. (Fn. 110), S. 290f.; daß diese Vorgänge das geltende Allgemeine und Sozialverwaltungsverfahrensrecht nicht in seinen Regelungsgehalt einbezieht, erweist sich als ein weiteres Erscheinungsmerkmal jenes „liebenswürdigen Charme(s) des Gestrigen", den *Lerche* (BayVBl. 1980, 262) ihm attestiert hat; nicht zu halten ist somit auch die Ansicht von *Erichsen*, Verwaltungshandeln, S. 363, interne Verwaltungsmaßnahmen seien aus der rechtlichen Betrachtung der Handlungsformen auszuscheiden; darüber hinaus sind die Vorschriften der §§ 9 VwVfG, 8 SGB X im hiesigen Sinne erweiternd auszulegen, vgl. auch *Pietzcker*, VVDStRL 41 (1983), S. 214f., 230; *v. Mutius*, ebd., S. 287-Diskussionsbeitrag; *Hill*, Zehn Jahre Verwaltungsverfahrensgesetz, S. 28f.

[114] In der Fassung der Änderung vom 14. Mai 1985 (GVOBl. S. 123).

[115] Nach wie vor müßte deshalb überlegt werden, ob nicht die Fortentwicklung des geltenden (Bundes-)Verwaltungsverfahrensrechts stärker am LVwG Schleswig Holstein ausgerichtet sein sollte; zur Bilanz der Bedeutung und Auswirkung dieser Gesetzgebung siehe m.w.Nachw. *Klappstein*, DVBl. 1987, 1203ff.

[116] Vgl. BVerwG, NVwZ 1985, 48f.; BGHZ 9, 145 (147); BGH, NJW 1985, 199f., 200; *Ehlers*, Verwaltung in Privatrechtsform, S. 74ff., 109ff.; *Gröttrup*, Die kommunale Leistungsverwaltung, 1973, S. 103 m.w. Nachw.

[117] Siehe BGHZ 9, 145 (147) für Polizei und Gerichtsbarkeit; *Ehlers*, DVBl. 1983, 422 m. Anm. 3; *Frotscher*, Die Ausgestaltung kommunaler Nutzungsverhältnisse bei Anschluß- und Benutzungszwang, 1974, S. 11; *Reuss*, Staatsbürger und Staatsgewalt II, 1963, S. 255, 280.

[118] BVerwGE 13, 47 (54); BGHZ 91, 84 (86); *Badura*, FS H.-J. Schlochauer, 1981, S. 3ff., 15ff.; *Dittmann*, DVerw. 8 (1975), S. 431ff., 443f.; *Ehlers*, Verwaltung in Privatrechtsform, S. 74ff., 109ff., 172ff.; *Erichsen*, Gemeinde und Private, S. 12ff.; *Erichsen*, Verwaltungshandeln, S. 356f. m. Anm. 2; *Gusy*, Jura 1985, 578ff., 582ff.; *Stern*, Staatsrecht III/1, S. 1400f.; *Stober*, NJW 1984, 449ff., 454; *Wolff/Bachof*, Verwaltungsrecht I, S. 105 (§ 23 I a), 108f. (§ 23 II b).

Gegen diese Freiheit zur Formenwahl werden rechtsstaatliche und andere Bedenken angemeldet.[119] Das Grundgesetz verbietet jedoch den Rückgriff auf das Privatrecht nicht prinzipiell. Auch die in privatrechtlichen Formen ersprießende Verwaltung ist Bestandteil der materiellen Verwaltungsfunktion.[120] Im Hinblick hierauf unterfällt privatrechtsförmiges Verwaltungshandeln öffentlich-rechtlichen Bindungen. Rechtsprechung und Lehre differenzieren jedoch hierin, je nach dem, ob die privatrechtlich handelnde Verwaltung fiskalische oder verwaltungsprivatrechtliche Tätigkeiten ausübt. Nach verbreiteter Ansicht soll formell und materiell allein das allgemeine Privatrecht anzuwenden sein, wenn die Verwaltung am allgemeinen Wirtschaftsverkehr aus *erwerbswirtschaftlichen* Gründen teilnimmt oder *durch Beschaffungs- bzw. Investitionshandlungen* das Finanz- und Verwaltungsvermögen zu erhalten wie zu vermehren sucht.[121] Handelt dagegen ein Träger der Verwaltung privatrechtlich, „um ihm durch öffentlich-rechtliche Aufgabenbestimmung zugewiesene öffentliche Verwaltungs(Leistungs- und Lenkungs-)zwecke zu verfolgen", sei das zwar formell, nicht aber mehr inhaltlich eine fiskalische Tätigkeit. In diesem Fall gelte, so wird postuliert, die rechtsgeschäftliche Privatautonomie nicht. Vielmehr beständen öffentlich-rechtliche Bindungen, insbesondere solche aus den Grundrechten. Die Normen des Privatrechts würden also durch Bestimmungen des öffentlichen Rechts ergänzt, überlagert und modifiziert (sog. Verwaltungsprivatrecht).[122]

Wie hieraus folgt, bestimmt sich die Abgrenzung zwischen dem fiskalischen und dem verwaltungsprivatrechtlichen Handeln nach der *Qualität* der Aufgaben bzw. Zwecke, die von der Verwaltung verfolgt werden, sowie ergänzend dazu – und vornehmlich nach Auffassung des BGH – aus der *Finalität* der Aufgabenwahrnehmung. Es kommt insoweit darauf an, ob die Aufgaben mittelbar oder unmittelbar vollzogen werden.[123] Demgemäß soll der Umstand, daß die Verwaltung in irgendei-

---

[119] *Burmeister,* WiR 1972, 311ff.; *ders.,* Wirtschaftliche Betätigung, S. 3ff., 21ff., 42ff.; *Ehlers,* a.a.O. (Fn. 118), S. 65ff.; *Pestalozza,* Formenmißbrauch, S. 166ff.; *Gassner,* Der freihändige Grunderwerb der öffentlichen Hand, 1983, S. 171ff.; *Grupp,* ZHR 140 (1976), S. 367ff., 380; *Kunert,* Staatliche Bedarfsdeckungsgeschäfte und öffentliches Recht, 1977, S. 45ff., 119ff.; *H. H. Rupp,* Festgabe BVerwG, S. 539ff., 541ff.; *Zuleeg,* VerwArch. 73 (1982), S. 384ff., 395ff.; w. Nachw. bei *Stober,* Wirtschaftsverwaltungsrecht I, S. 271 (Rdnr. 487).

[120] *Dittmann,* a.a.O. (Fn. 118), S. 444; *ders.,* Bundesverwaltung, S. 86; *Lerche,* in: Maunz/Dürig, GG, Art. 83 Rdnr. 12 m. Anm. 39, Rdnr. 42; *Stober,* a.a.O. (Fn. 119), S. 271f.

[121] Vgl. BGHZ 36, 91 (95); *Badura,* Wirtschaftsverwaltungsrecht, S. 344ff. mit. w. Nachw. zu Gegenständen und Rechtsformen in Anm. 258; *Emmerich,* JuS 1970, 332ff.; (differenzierend) *Ossenbühl,* DÖV 1971, 513ff., 521ff.; w. Nachw. bei *Wolff/Bachof,* Verwaltungsrecht I, S. 106ff. (§ 23 II).

[122] Siehe grdl. hierzu und m.w. Nachw. *Wolff/Bachof,* a.a.O. (Fn. 121), S. 108ff. (§ 23 IIb); vgl. ferner *Erichsen,* Verwaltungshandeln, S. 359ff.; *Maurer,* Allgemeines Verwaltungsrecht, S. 27 (Rdnr. 9 a.E.), 140f., 337; *Rüfner,* Formen öffentlicher Verwaltung, S. 377f.; *Wallerath,* Allgemeines Verwaltungsrecht, S. 28ff.

[123] „Unmittelbare" Verwaltungsaufgaben, siehe etwa BGHZ 29, 76 (80); 33, 230 (233); 36, 91 (95); 65, 284 (287); *Ehlers,* DVBl. 1983, 423; *Maurer,* a.a.O. (Fn. 122), S. 337; *Erichsen,*

ner Weise privatrechtlich handelt, noch nicht ausreichen, um das „Verwaltungsprivatrecht" anzuwenden: „Die privatrechtliche Tätigkeit eines Verwaltungsträgers, die nicht der Erfüllung einer definierten öffentlichen Aufgabe, eines Verwaltungszwecks, dient („fiskalisches" Handeln der Verwaltung), ist nach deutschem Staatsrecht nicht Ausübung öffentlicher Verwaltung ... Dies betrifft vor allem das öffentliche Auftragswesen und die unternehmerische (rein erwerbswirtschaftliche) Tätigkeit des Bundes."[124]

Hiervon ausgehend, ist namentlich die daseinsvorsorgende Staatstätigkeit von dem erwerbswirtschaftlichen Handeln zu sondern.[125] Und nur in bezug auf das privatverwaltungsrechtliche Tätigwerden des Staates spielt es nach dieser Ansicht keine Rolle, ob der administrative Konkretisierungsprozeß in hoheitlichen oder privatrechtlichen Formen abläuft. Denn allein dann geht es um die Erfüllung solcher Aufgaben, die ein Verhalten verlangen, das seinem *Inhalt* nach „öffentliche Verwaltung" darstellt und in *behördlichen* Formen vollzogen wird.[126]

Ergänzend dazu bestehen zahlreiche einfach-gesetzliche öffentlich-rechtliche Bindungen, welche die *erwerbswirtschaftliche* Betätigung der öffentlichen Hand auf die Gemeinwohlverantwortung der Verwaltung verpflichten („sozialwirtschaftliches Funktionsmandat" i.w. Sinne).[127] Vergleichbares gilt für den Bereich der *Bedarfs-*

---

a.a.O. (Fn. 122), S. 359; *Kunert*, a.a.O. (Fn. 119), S. 47; *Ossenbühl*, JuS 1979, 685f.; *Wolff/Bachof*, a.a.O. (Fn. 122), S. 109.

[124] *Badura*, EvStL, 2. Aufl., 1975, Art. „Bundesverwaltung", Sp. 292f.; siehe auch *ders.*, Wirtschaftsverwaltungsrecht, S. 346.

[125] BGHZ 52, 325 (327f.); 79, 111 (115); 91, 84 (86); *v. Münch*, Verwaltung und Verwaltungsrecht, S. 14; *Maurer*, Allgemeines Verwaltungsrecht, S. 25, 27; *Ossenbühl*, DÖV 1971, 514ff.; *Wolff-Bachof*, Verwaltungsrecht I, S. 108.

[126] BGH, NJW 1985, 199f., 200; *Badura*, FS H.-J. Schlochauer, S. 19ff.; *Meyer/Borgs*, VwVfG, § 1 Rdnrn. 27ff. – Ich halte indes die von Rechtsprechung und Lehre verfochtene Scheidung für falsch: Die privatrechtsförmig agierende Verwaltung läßt sich nicht ohne Verlust ihrer Eigentlichkeit in einen verwaltungsprivatrechtlichen und einen rein privatrechtlichen Handlungskreis aufspalten, vgl. auch *Ehlers*, DVBl. 1983, 424f. Zum einen verwirklichen auch Beschaffungsgeschäfte bzw. das *erwerbswirtschaftlich* betriebene öffentliche Unternehmen öffentlich-rechtlich gesetzte Aufgaben und Zwecke. Der Charakter und das Selbstverständnis dieser Unternehmen bleiben letztlich doch auf die Erfüllung festgelegter staatlicher Aufgaben – wie immer man diese eingrenzen mag – instrumental bezogen: Öffentliche Wirtschaftsunternehmen z.B. werden nicht aus bloßem Gewinnstreben, sondern wegen der staatlichen *Verantwortung* für soziale und wirtschaftliche Entwicklungen geschaffen. Sie sind *Instrumente* des staatlichen Verwaltungshandelns im weiteren Sinne, die dem Primat der wirtschafts- oder sozialpolitischen Leistungskonzeption gegenüber dem Gewinn- bzw. Finanzierungsziel unterliegen, vgl. auch *J. Becker*, DÖV 1984, 313ff., 317ff.; *Stern*, Staatsrecht III/1, S. 1404f., 1411; *R. Scholz/Pitschas*, Gemeindewirtschaft, S. 11ff., 15ff., 24ff. m.w. Nachw. Zum anderen sind unter der Geltung des Grundgesetzes, das den Staat in eine umfassende Verantwortung für das Wohlergehen seiner Bürger nimmt (vgl. 9. Kap., B.I.–IV.), keine Funktionsformen vorstellbar, die nicht einer Legitimation durch die Verfassung bedürften, siehe ebenso u.a. BVerfGE 38, 326 (339); *Lerche*, in: Maunz/Dürig, GG, Art. 83 Rdnr. 42; *Erichsen*, Verwaltungshandeln, S. 362; *Stern*, a.a.O., S. 1405, 1411ff.; *Stober*, Wirtschaftsverwaltungsrecht I, S. 141.

[127] Zu Begriff, Abgrenzung und Reichweite „sozialwirtschaftlicher" Betätigung der öffentlichen Hand siehe namentlich *Burmeister*, Wirtschaftliche Betätigung, S. 48f.; *Ehlers*, Verwal-

verwaltung. Die Spannweite des Beschaffungs- und Investitionswesens der öffentlichen Hand, das als Mittel zur Steuerung der Wirtschaft bzw. der Konjunktursteuerung und damit zur Erfüllung einer in Art. 109 GG festgelegten staatlichen Aufgabe eingesetzt werden kann,[128] aber auch das Auftragsvolumen und die Nachfragemacht der öffentlichen Verwaltung[129] stehen dagegen, Geschäfte dieser Art formell und materiell allein dem allgemeinen Privatrecht zu unterstellen.[130] Nicht von ungefähr existieren deshalb förmliche Bindungen der Auftragsvergabe, die von den Verdingungsordnungen[131] über Ausschreibungspflichten,[132] Vergaberichtlinien,[133] Bevorzugungsbestimmungen[134] bis hin zu speziellen preisrechtlichen Vorschriften[135] und Genehmigungsvorbehalten für die Veräußerung von Vermögenswerten oder die Bezahlung des Personals[136] reichen. Ob diese Förmlichkeiten in der Vergabepraxis ausreichen bzw. auch wirksam greifen, findet sich gerade in jüngster Zeit angezweifelt.[137]

Bindungen für *alle* privatrechtlichen Handlungsformen ergeben sich zum anderen aus der allgemeinen staatlichen Kompetenzordnung, die nicht mit Hilfe privatrechtlicher Gestaltung außer Kraft gesetzt werden kann.[138] Eine ähnliche verpflichtende Wirkung entfaltet das Haushaltsrecht, dessen Bestimmungen für jede Tätigkeit der öffentlichen Hand gelten.[139] Demgegenüber kann die Begrenzung des Verwaltungs-

---

tung in Privatrechtsform, S. 90f.; *K. Grupp*, ZHR 140 (1979), S. 372ff., *R. Scholz*, FS K. Sieg, 1976, S. 507ff.; *R. Scholz/Pitschas*, a.a.O. (Fn. 126), S. 16, 26; *dies.*, HdbKommWissPrax, Bd. 5, 2. Aufl., 1984, S. 128ff., 138f.

[128] *Pietzcker*, Staatsauftrag, S. 304ff., 339ff.

[129] *Battis/Gusy*, Öffentliches Wirtschaftsrecht, 1983, S. 139, 140; *Pietzcker*, AöR 107 (1982), S. 61ff., 74ff.; *Stober*, Wirtschaftsverwaltungsrecht I, S. 277 (Rdnr. 496).

[130] Siehe auch *Ehlers*, Verwaltung in Privatrechtsform, S. 212ff., 225ff., 242ff.; *Pietzcker*, a.a.O. (Fn. 129), S. 68ff.; *Rüfner*, Formen öffentlicher Verwaltung, S. 348ff., 377ff.; *Stober*, a.a.O. (Fn. 129), S. 276f. (Rdnrn. 494, 496).

[131] Vgl. etwa die Verdingungsordnung für Bauleistungen (VOB), bei der es sich um „Allgemeine Bestimmungen über die Vergabe von Bauleistungen-DIN 1960, Teil A und B" handelt (Fassung Oktober 1979, Bekanntmachung des Bundesministers für Raumordnung, Bauwesen und Städtebau, BAnz. 1979, Nr. 208); vgl. *W. Stern*, WiVerw 1984, S. 69ff., 72ff.; ferner *Unger*, BauR 1984, 465ff.

[132] Siehe z.B. § 55 BHO, § 31 PostverwG, § 50 BBahnG; näher hierzu *Stober*, Wirtschaftsverwaltungsrecht I, S. 277 (Rdnr. 496).

[133] Z.B. aufgrund von §§ 2, 25 VOB/A (a.a.O., Fn. 131), wonach Aufträge nur an Unternehmer vergeben werden dürfen, die ihren Betrieb gewerberechtlich rechtmäßig führen; siehe auch *Geiger*, BayVBl. 1985, 359ff., 360.

[134] Vgl. etwa §§ 54, 56 SchwbG; § 74 BVFG; siehe näher BVerwGE 7, 89 (91f.); 34, 213 (216ff.); *Altenmüller*, DVBl. 1982, 241ff.

[135] Siehe *Stober*, Wirtschaftsverwaltungsrecht I, S. 277 (Rdnr. 496).

[136] Vgl. beispielsweise *R. Scholz/Pitschas*, Gemeindewirtschaft, S. 117ff., 120ff.

[137] Vgl. u.a. den Bericht des Bundesrechnungshofes gem. § 99 BHO, BT-Drucks. 10/3847, S. 8ff., *W. Stern*, a.a.O. (Fn. 131), S. 80ff.

[138] *Ehlers*, DVBl. 1983, 424f.; *Lerche*, in: Maunz/Dürig, GG, Art. 83 Rdnr. 42 m. Anm. 149; *Ossenbühl*, VVDStRL 29 (1970), S. 137ff., 167; *Pietzcker*, AöR 107 (1982), S. 68f.

[139] Vgl. z.B. §§ 16, 29, 30, 31 HGrG; §§ 24, 54, 55, 58 BHO; *Pietzcker*, NVwZ 1983, 121ff., 122.

privatrechts nur auf solche Verwaltungstätigkeiten in privatrechtlichen Formen, die *unmittelbar* der Verfolgung *öffentlich-rechtlich gesetzter Aufgaben* dienen, keinen Bestand haben:[140] Das Merkmal der „Unmittelbarkeit" ist nicht geeignet, eine unterschiedliche Rechtsbindung zu *begründen.*[141] Es stellt zudem einen Wertungsbegriff dar, dessen Verwendung die mit ihm verbundenen interpretatorischen Unsicherheiten bereits im Zusammenhang des enteignenden und enteignungsgleichen Eingriffs offenbart hat.[142]

Ebensowenig vermag schließlich das Kriterium der Erfüllung öffentlicher Aufgaben für die Zuweisung des privatrechtsförmigen Verwaltungshandelns an unterschiedliche Rechtskreise zu streiten. Denn im Bereich nicht-obrigkeitlicher staatlicher Tätigkeit gibt es keine ihrem Inhalt nach *notwendig* öffentlichen bzw. Verwaltungsaufgaben, die eine solche Zergliederung stützen könnten.[143] Nicht einmal die Zuordnung privatrechtlicher Betätigungen zur „Daseinsvorsorge", die der Befriedigung lebenswichtiger Bedürfnisse der Gemeinschaft dienen soll,[144] vermag letztlich die Klassifizierung der Verwaltungstätigkeiten abgrenzungsscharf zu tragen.[145]

Über allem steht freilich die Erkenntnis, daß die privatrechtsförmige Verwaltung aufgrund ihrer *Verfassungsbindung* in keinem Falle lediglich dem allgemeinen Privatrecht unterliegt. Denn auch sie gehört zur „vollziehenden Gewalt" i.S. der Art. 1 Abs. 3, 20 Abs. 2 und 3 GG. Der Gewaltbegriff erstreckt sich nämlich, wie die Entstehungsgeschichte des Art. 1 Abs. 3 GG belegt, einerseits und vor dem Hintergrund des Systems der Gewaltengliederung auf den gesamten *Funktionsbereich der öffentlichen Verwaltung;* er sollte andererseits für die genannten Verfassungsvorschriften eine gleichsinnige Bedeutung entfalten.[146] Die „vollziehende Gewalt", wie sie das Grundgesetz in ihrer Reichweite verstanden wissen will, läßt sich dabei nicht auf die (bloße) Ausübung staatlicher Herrschaftsmacht verengen, d.h. auf Subordinationsverhältnisse beschränken. Im Gegenteil umfaßt die Bezugnahme der Verfassung auf das mehrdeutige Wort „Gewalt"[147] auch die „superioritas", also die der

---

[140] Daran ändert auch nichts die These, wonach das öffentliche Recht nicht genüge, um vor unlauterem Wettbewerbsverhalten der öffentlichen Hand Schutz zu bieten, vgl. *Schmittat,* ZHR 148 (1984), S. 428ff., 445ff.; denn diese These ist selbst unbegründet, wie kürzlich *Erichsen,* Gemeinde und Private, S. 35ff., 40, nachgewiesen hat.

[141] *Erichsen,* Verwaltungshandeln, S. 360; vgl. aber auch *Ehlers,* DVBl. 1983, 424 m. Anm. 11 und w. Nachw.

[142] Zu dieser Problematik siehe nur *Rüfner,* Das Recht der öffentlich-rechtlichen Schadensersatz- und Entschädigungsleistungen, in: H.-U. Erichsen/W. Martens (Hrsg.), Allgemeines Verwaltungsrecht, 8. Aufl., 1988, S. 582f. m.w. Nachw.

[143] *Bull,* Staatsaufgaben, S. 220; *Emmerich,* JuS 1970, 332ff., 335; *W. Lange,* JZ 1981, 698ff., 699; *Rüfner,* Formen öffentlicher Verwaltung, S. 397.

[144] BayVerfGH, DÖV 1958, 216; siehe aber auch *Ossenbühl,* DÖV 1971, 516f.

[145] Krit. auch *Erichsen,* Staatsrecht und Verfassungsgerichtsbarkeit I, 3. Aufl., 1982, S. 111f.; *Ossenbühl,* a.a.O. (Fn. 144), S. 516f.

[146] Vgl. auch *Ehlers,* DVBl. 1983, 424; *Stern,* Staatsrecht III/1, S. 1411.

[147] Siehe zu dem Deutungsgehalt dieses Begriffs u.a. *Matz,* Politik und Gewalt, 1975, S. 42ff., 49f.; *Merten,* Konstruktionsprinzipien, S. 324ff.

inneren Souveränität entfließende Einzigkeit und Einseitigkeit der Staatsgewalt und somit die Gesamtheit der dem Staat eigenen Zuständigkeiten und Befugnisse. Diese im Begriff der „Gewalt" geborgene *Gesamtheit* erst ist in den Schranken der Verfassung der Quell jener Ermächtigung, kraft derer der Staat sich selbst zum Fiskus erklären darf.[148]

Umgekehrt vermag der Staat eben wegen dieser besonderen Handlungslegitimation im Kern nicht wie ein Privater am Wirtschaftsverkehr teilzunehmen, Erwerbsgeschäfte zu betreiben, Wirtschaftsunternehmen zu führen und mit alledem seinen eigenen Bürgern unter Nutzung ihrer Steuerleistungen auch noch Konkurrenz zu machen. Der Staat ist kein Privatmann. Das rechtliche Können des Staates im privatrechtlichen Bereich bleibt vielmehr durch die „Staatsgewalt" gegeben und in ihr verankert. Eine staatliche „Privatautonomie" kann es deshalb auch nicht geben.[149] Und es liegt allein in dieser Maßgabe, daß der Formenwechsel der Verwaltung in das Privatrecht die für dessen Verhältnis zu den Grundrechten tragende Unterscheidung zwischen „Akten des Staates und Akten von Privatpersonen"[150] nicht aufzuheben vermag.[151]

Im Ergebnis läßt sich somit feststellen, daß die in privatrechtlichen Formen auftretende Verwaltung immer Staatsgewalt ausübt. Demzufolge kann es auch für das fiskalische Handeln des Staates keinen grundrechtsfreien Raum geben. Es ist vielmehr und neben seinen zahlreichen einfach-gesetzlichen Bindungen auf die Beachtung der Grundrechte und Strukturprinzipien des Grundgesetzes verpflichtet.[152] Das präzise Ausmaß dieser Verfassungsbindung kann hier dahingestellt bleiben.[153] Doch ist festzuhalten, daß jedenfalls die für den sozialen Rechtsstaat wesentlichen prozeduralen Sicherungen[154] auch dem Konkretisierungsverfahren der privatrechtsförmigen Verwaltung beigegeben sind. Ob das Verwaltungshandeln in hoheitlichen oder privatrechtlichen Formen abläuft, spielt also in keiner Beziehung eine Rolle für seine prozeßbezogene Mitkonstituierung durch die im öffentlichen Recht wurzelnden Verfahrensprinzipien. Insofern sie als Gewährleistungen eines *prozeduralen Minimalschutzes* greifen, verläuft der Konkretisierungsprozeß in „Verwal-

---

[148] *Bull,* Staatsaufgaben, S. 53f.; *Burmeister,* Wirtschaftliche Betätigung, S. 44ff.; *Erichsen,* a.a.O. (Fn. 145), S. 114; *H. Krüger,* VVDStRL 15 (1959), S. 121f.

[149] *Dagtoglou,* EvStL, 2. Aufl., 1975, Art. „Souveränität", Sp. 2321ff., 2325; *Maurer,* Allgemeines Verwaltungsrecht, S. 27 (Rdnr. 9); *Pitschas,* Berufsfreiheit, S. 99ff.

[150] Vgl. statt vieler *Canaris,* AcP 184 (1984), S. 205f., 206f., 217ff.; *ders.,* AcP 185 (1985), S. 9ff.

[151] Insofern bedarf die zuletzt bes. von *Canaris,* a.a.O. (Fn. 150), S. 202ff., diskutierte Frage nach der Einwirkung der Grundrechte auf das Privatrecht in ihrer kategorialen Grundlegung noch der Ergänzung nach Maßgabe des Textes.

[152] *Ehlers,* Verwaltung in Privatrechtsform, S. 212ff.; *ders.,* DVBl. 1983, 425; *K. Hesse,* Grundzüge, S. 137f. (Rdnr. 347, 348); *v. Münch,* GGK, Bd. I, Vorbem. zu Art. 1–19 Rdnr. 36; *Stober,* Wirtschaftsverwaltungsrecht I, S. 140ff. m. Nachw. im einzelnen.

[153] Vgl. dazu die Diskussion bei *Ehlers,* DVBl. 1983, 425ff. m. Anm. 30; *Stober,* a.a.O. (Fn. 152), S. 140ff., 270ff. m.w. Nachw.

[154] Siehe dazu oben, 10. Kap., B. und C.

tungsformen."[155] Er unterliegt dementsprechend staatlicher Verantwortung, die auch die Pflicht des Staates zur Einflußwahrung bei der privatrechtsförmigen Verwaltung durch Setzung von Verfahrensbindungen umfaßt.[156]

B. Formenbindung und Konkretisierungs„prozeß"

In Verwaltungsformen gebunden, führt der Prozeß der Rechts- und Zweckkonkretisierung zu einem Ergebnis, dem „Verwaltungsprodukt". Die Betrachtung der öffentlichen Verwaltung aus der Verfahrensperspektive erhellt allerdings noch nicht, wodurch das als Verfahrensabschluß gefundene Ergebnis im einzelnen *bewirkt* wurde, was also im Verlauf der Konkretisierung vorsichgegangen sein könnte und warum der Konkretisierungsprozeß als solcher zu einer „Entscheidungsprämisse" stilisiert wird.[157]

Die Bindung der Rechts- und Zweckkonkretisierung an Verwaltungs*formen* läßt allerdings erkennen, daß Kommunikation, Informationsverarbeitung und administrative Willensbildung in einen (äußeren) Rahmen fest eingefügt sind und daher nicht voraussetzungslos verlaufen. Doch bleiben die Elemente, die Anordnung und Ablauf eines jeden Konkretisierungsverfahrens bestimmen, d.h. die „innere" Organisation aller operativen und Leitungsprozesse,[158] noch im unklaren.

Auch die prozedurale Wirkkraft der Handlungsformen vermag dem nicht abzuhelfen. Denn die Handlungsform präsentiert regelmäßig nur das „Handlungsprodukt", beispielsweise den Verwaltungsakt oder den öffentlich-rechtlichen Vertrag, ohne über die dadurch festgehaltene „Momentaufnahme" der Situation hinaus jene Gründe bzw. Bedingungen zu erschließen, die das Verwaltungshandeln so und nicht anders in seinem Verlauf gestaltet haben. Demgemäß sagt der Verfahrensbezug einer Handlungsform über das „Verhalten" beim Handeln nichts aus. Sie bleibt auch insoweit ein dem Konkretisierungsprozeß als *Realvorgang* ausschnittsweise aufgesetztes gedankliches, rechtsdogmatisches Formungsprinzip, das allenfalls anhand markierter Fixpunkte in der Reihung von Handlungsschritten den (Zwischen-)-

---

[155] *Lerche,* in: Maunz/Dürig, GG, Art. 83 Rdnrn. 12, 42; es handelt sich um *Verwaltungsverfahren* i.w. Sinne, vgl. auch *Pietzcker,* AöR 107 (1982), S. 68; zumindest müssen die wichtigsten Verfahrensstandards der Verfassung und der Verfahrensgesetze auch in das privatrechtsförmige fiskalische Verwaltungshandeln variabel eingefügt werden, siehe wie hier *Achterberg,* Verwaltungsrecht, S. 222ff. (allerdings mit Ausnahme des Fiskalhandelns, vgl. Fn. 73!); *Ehlers,* Verwaltung in Privatrechtsform, S. 227ff., 232; *ders.,* DVBl. 1983, 425ff.; *Hufen,* Verwaltungsverfahren, S. 283ff., 287ff.; (zu eng) *Pietzcker,* VVDStRL 41 (1983), S. 215; *v. Zezschwitz,* NJW 1983, 1873ff., 1881; zur Geltung des Art. 19 Abs. 4 GG vgl. *Stober,* a.a.O. (Fn. 152), S. 141 (Rdnr. 253 a.E.).

[156] Grdl. zu derartigen „Einwirkungspflichten" siehe *Püttner,* DVBl. 1975, 353ff.

[157] Vgl. *Steinberg,* Abrüstungs- und Rüstungskontrollverwaltung, S. 23ff.; *ders.,* DÖV 1982, 620; *W. Schmidt,* Probleme des Verwaltungsrechts, S. 86f.; *Wahl,* DVerw. 13 (1980), S. 277 m. Anm. 15; *ders.,* VVDStRL 41 (1983), S. 159; zur Kritik daran siehe bereits oben, 1. Kap., um und zu Fn. 258; 2. Kap., um und zu Fn. 337.

Stand von Aktivitäten bzw. Abläufen dokumentiert, die innerhalb der Verwaltungsorganisation und im Verhältnis zum Bürger stattfinden. Welchem inneren „Gesetz“ diese aber folgen, worin also ihr *relationales Grundmuster* besteht, gibt die Handlungsform nicht bekannt.

I. Strukturbindung der Konkretisierung

Zu fragen bleibt deshalb nach dem „Zueinander“ der einzelnen Handlungen im Konkretisierungsverfahren. In den Mittelpunkt des Interesses rückt die gefügte Abhängigkeit zwischen den Handlungselementen, die den Prozeß der Rechts- und Zweckkonkretisierung handlungs- und entscheidungsbezogen real „strukturiert“.[159] Die Konkretisierungsschritte werden jedenfalls nicht beliebig aneinandergefügt. Niemand – weder die Verwaltung noch der Bürger – darf im Verfahren handeln, wie es ihm gerade in den Sinn kommt: Zwischen den einzelnen Aktivitäten bestehen vielmehr Ordnungsbeziehungen, die den Ablauf des Verfahrens und das Zusammen- bzw. Gegeneinander der Verfahrensbeteiligten in den Grundzügen auch dort bestimmen, wo sie nicht durch Recht formalisiert sind.[160]

Das damit in den Blick genommene „Verfahrensmodell“ spiegelt die innere Gestalt des Konkretisierungsprozesses wider. Sie steht den Handlungsformen voran. Die in den Formen des Verwaltungshandelns geborgenen Verfahrensformationen verkörpern deshalb auch nicht seine „Struktur“; sie folgen erst aus ihr. Und ebensowenig, wie das Verfahrenshandeln ausschließlich rechtlichen Maßstäben unterworfen ist, läuft es nach betriebswirtschaftlichen Strukturmodellen ab.[161] Freilich prägen – wie sogleich zu zeigen sein wird – sowohl materiell – als auch verfahrensrechtliche Strukturaspekte den Konkretisierungsprozeß in hohem Maße. Dennoch ist der Ansatz der ganz herrschenden Betrachtungsweise verfehlt, die Ordnung des Verfahrens nur hiervon abhängig gestellt zu sehen bzw. nur darauf zu schauen.

Wie schon an früherer Stelle betont,[162] stellt die Konkretisierung einen sozialen Handlungs- und Interaktionszusammenhang dar, in den die Verfahrensmitwirkenden nicht nur in strikt formalisierte Verfahrensrollen wie in ein Korsett ohne Bewegungsspielraum eingebunden sind. Das Verhalten der am Verfahren Beteiligten ist vielmehr als eine offene *Rolle* angelegt, die sie (sozial) noch auszufüllen haben „und

---

158 Vgl. dazu oben, 11. Kap., A. IV., 2. a)–d).

159 Zu dem insoweit zugrundegelegten Begriff der „Struktur“ vgl. *H. Schlüchter*, Strukturbegriff, S. 135 ff., 140 ff., 148 ff.

160 Vgl. dazu im einzelnen schon oben, 7. Kap., A.II.2. und C.I.2.; siehe ferner *Schmidt-Aßmann*, DVBl. 1989, 537 f.

161 Dies macht viele Aspekte der entscheidungsbezogenen „Verwaltungsbetriebslehre“ so problematisch, vgl. auch die Kritik von *Püttner*, Verwaltungslehre, S. 21 f.

die daher Persönlichkeiten *mit ihren Selbstdarstellungen* und in ihren anderen Rollenbeziehungen in das Verfahren hineinzieht und bindet."[163]

Hinzu kommt, daß auch die den Verfahrensablauf beeinflussenden *Rechtsnormen* nicht durchweg als konstant vorausgesetzt werden dürfen. Selbst Verfahrensvorschriften unterliegen den Bedingungen situativer „Rechtsbildung".[164] Wie Konkretisierungsprämissen *rechtlicher Art* wirken, hängt also auch von der Sozialität und Interaktion bei der Rechtsanwendung sowie von weiteren Strukturelementen des Verfahrens als Realvorgang ab, wie z. B. den technologischen Veränderungen in der Verwaltung.[165] Und erst aus dem komplexen Verbund normativer und technologischer Dimension mit personalen Verhaltensweisen resultiert – wie bereits angedeutet wurde[166] – jene innere Ordnung der Handlungsabläufe, die zwar funktional auf die jeweilige Verwaltungsaufgabe bezogen sein will, dabei aber auf zahlreichen Eigengesetzlichkeiten aufbaut.

Es versteht sich von selbst, daß Existenz und Wirkweise dieser Eigengesetzlichkeiten gewichtige Rationalitätsbedingungen für den Konkretisierungsprozeß formulieren. Dementsprechend muß seine strukturgerechte formelle Ausgestaltung im sozialen Rechtsstaat dazu beitragen, die Rationalität des Verwaltungshandelns und -entscheidens zu sichern, also möglichst alle Verfahrensfunktionen zum Tragen zu bringen. Trotzdem kann jede Verfahrensordnung immer nur dazu führen, mit dem Verfahrenskonstrukt künstliche Netze über eine „niedere" Wirklichkeit zu werfen, um die verfügbaren Informationen einzuholen und sodann durch Handeln wie Entscheiden eine „höhere" Wirklichkeit herzustellen. Die Kenntnis und regelhafte Umsetzung der Prozeßstrukturen vermag daher auch kein „Entscheidungsprinzip" zu garantieren, mit dessen Hilfe eine objektive Wirklichkeit in den Konkretisierungsprozeß eingeführt oder auch durch ihn geschaffen werden könnte.[167] Es erscheint somit ausgeschlossen, ein optimales und für alle Zeiten verbindliches Grundmuster des Konkretisierungsverfahrens anzugeben bzw. zu entwickeln.

Was jedoch möglich bleibt, sind „zweitbeste" Verfahrenskonstruktionen. Sie zu ermitteln, also festzustellen, daß und wie, aber auch wodurch die einzelnen Verwaltungshandlungen in bezug auf den jeweiligen Verwaltungszweck möglichst funktional miteinander verknüpft werden sollten, ist entgegen *P. Badura*[168] vor allem die

---

[162] Vgl. oben, 4. Kap., C.V.3.; 7. Kap., D. III.; 10. Kap., A.II.4. und B.II.2. c).

[163] *Luhmann*, Verfahren, S. 47.

[164] Vgl. oben, 1. Kap., B.II.2. c) mit Fn. 229 f.; 2. Kap., A.II.4. mit Fn. 141; 3. Kap., A.III.4. mit Fn. 37 ff.

[165] Zu dieser „Bedingung" der Verfahrensordnung und -führung siehe näher schon oben, 7. Kap., C.II.3. d); E.IV. 1.–4.

[166] Siehe oben, 7. Kap., E.I.–V.

[167] Vgl. für den administrativen Konkretisierungsprozeß auch *Hufen*, Verwaltungsverfahren, S. 57 ff.

[168] Verwaltungsverfahren, S. 385, und dort mit der durch nichts begründeten Feststellung, „Praxis und Rationalität des sich im Verwaltungsverfahren ausdrückenden administrativen Entscheidungsprozesses gehören zum Arbeitsfeld der *Verwaltungswissenschaft*" – und das heißt doch wohl: nicht nicht in die (Verwaltungs-) Rechtswissenschaft!

Aufgabe verfahrenswissenschaftlicher Analyse. Ihr Ergebnis erschließt die Merkmale einer prozeduralen Sachgerechtigkeit näher[169] und ermöglicht nachzufragen, ob die formalisierte (rechtliche) Ordnung des Konkretisierungsprozesses Bestand haben oder Reformen zugeführt werden sollte.

II. „Interne“ Willensbildungsprozesse und „externe“ Verfahrensoperationen

Die Versuche, von einem solchen handlungs- und entscheidungstheoretischen Ausgangspunkt her den Prozeß der Rechts- und Zweckkonkretisierung aufzuschließen, sind allerdings bislang eher spärlich geblieben.[170] Vor allen anderen hat *P. Krause* auf die Existenz einer „Prozeßstruktur“ des Verwaltungshandelns hingewiesen. Er setzt ebenso wie die hiesige Untersuchung an der Unterscheidung des Verwaltens in Tätigkeit und Erfolg an, um dann gleichfalls nach der „inneren“ Organisation der prozessualen Abläufe zu fragen. Die Antwort enttäuscht indes. Sie erweist sich einer rein phänomenalen Betrachtungsweise verhaftet. So unterscheidet *Krause* zwar einen internen Willenbildungsprozeß von dem externen Entscheidungsverfahren – ganz nach Maßgabe der (problematischen[171]) Zäsur zwischen Innen- und Außenrechtskreis. Doch folgt dem sogleich die Behauptung, daß die „Struktur des internen Entscheidungsvorganges ... regelmäßig ohne rechtswissenschaftliches Interesse“ bleibe, soweit dieser nicht – wie bei Kollegialorganen oder beim Zusammenwirken mehrerer Behörden – selbst rechtlich geordnet werde.[172] Der interne Willensbildungsprozeß wird dann noch einmal in die „isolierte Einzelwillensbildung des Amtsträgers, die sich nur soziologisch, politologisch oder psychologisch greifen lasse“, und in ein „internes Willensbildungsverfahren“ gespalten. Letzteres stehe, so meint *Krause*, vor jeder Abgrenzung nach Handlungsformen, weil es erst noch festlegen müsse, welche Maßnahmen und welches Verfahren (!) ins Auge gefaßt werden sollten.[173]

Das überzeugt freilich nicht vollauf. Denn legislative und administrativ-generalisierende Handlungsformen – Satzungen, Rechtsverordnungen, Verwaltungsvorschriften – beruhen auf weitgehend internen Willenbildungsverfahren, die entweder

---

[169] Beispiele hierzu bei *Kälin*, Asylgewährung als Grundrechtsschutz – Das Asylverfahren in der Schweiz, in: H.-J. Konrad (Hrsg.), Grundrechtsschutz und Verwaltungsverfahren, 1985, S. 161ff., 170f., 175f.; *J. P. Müller*, FS K. Eichenberger, S. 173, 179f., 181.

[170] Im Gegenteil sind die Bemühungen um den Konkretisierungsprozeß überwiegend auf dessen „äußere“ Organisation bezogen, vgl. namentlich *R. Scholz*, VVDStRL 34 (1976), S. 149f., 156f., 161ff., 164ff., 171, 172 m. Anm. 136, 189ff.; *Schmidt-Aßmann*, DVBl. 1989, 503ff., aber auch S. 540f.; anders aber in Ansätzen bereits *Bettermann*, VVDStRL 17 (1959), S. 123, 132, 134, 139.

[171] Vgl. hierzu im Text oben nach Fn. 38.

[172] *P. Krause*, Rechtsformen, S. 48.

[173] A.a.O. (Fn. 172), S. 48.

rechtssatzmäßig oder durch Geschäftsordnungen geregelt sind.[174] Im übrigen räumt *Krause* selbst ein, daß auch die Einzelwillensbildung nicht ohne „rechtliche Struktur" verlaufe. Denn „straf-, dienst- und haftungsrechtlich sanktionierte Pflichten sowie ohne eigene Sanktion bleibende Rechtspflichten" würden steuernde Wirkung entfalten.[175] Doch wird auch diese Sicht handlungs- und entscheidungstheoretischen Erkenntnissen noch nicht gerecht. Ganz abgesehen davon, daß sie weit hinter dem inzwischen erreichten Stand der Reflexion über das Verhältnis des Innen- zum Außenrechtskreis zurückbleibt,[176] übergeht sie vor allem den schon seinerzeit erreichten Einblick der empirischen Verhaltensforschung in Organisationen, wonach die Orientierung des Handelns der Organisations-(verwaltungs-)mitglieder an den (rechtlich) gesetzten Zwecken und der Rückgriff auf die Mittel „in ihren faktischen Vorkommen, ihrer sachlichen Widerspruchsfreiheit und in ihrer sozialen Konsensfähigkeit veränderlich ist" und kraft dieser Dynamik spezifische Strukturwirkungen auf den externen Entscheidungsvorgang äußert.[177] Wenn *P. Krause* demgegenüber den von ihm verwendeten Handlungsbegriff lediglich einseitig, nämlich nur individuell-sinnbezogen statt in seiner Sozialität (als Zusammenhang von Handlungen mit Handlungen anderer) deutet[178] und im übrigen Interaktionsaspekte und deren Außenbezug sämtlich ausblendet, kann auch der an sich zutreffende Hinweis auf die „rechtliche Struktur" aller Willenbildungsprozesse keine Wirkung entfalten.

Aufgegeben bleibt somit, die gemeinsamen Strukturmerkmale dieser Vorgänge zu ergründen, von denen aus ihre einheitliche Zusammenschau möglich wird. Hierzu bedarf es zuallererst eines zureichenden integrativen Bezugspunktes. Ihn lassen freilich auch spätere Überlegungen in der Literatur vermissen, obschon sie öffentliches Verwalten als einen „Informationsverarbeitungs- und Willensbildungsprozeß" ins

---

[174] Die *Handlungsform* bildet gleichsam eine Gehäuse, in dem das „interne" und das „externe" Verwaltungsverfahren eine *Symbiose* eingehen; beide kennen zwar unterschiedliche Beteiligte, Verhaltensnormen, bereichsinterne Fehlerfolgen und sonstige Reaktionen – gleichwohl sind sie einander in untrennbaren Austauschprozessen mit dem Ergebnis externer Steuerungswirkungen verbunden, vgl. oben, 12. Kap., B.III.3. Dabei prägt die von der Verwaltung ins Auge gefaßte Handlungsform in der Praxis den internen Willensbildungsprozeß wie auch die Einzelwillensbildung: Die Mitwirkung bei der Gesetzgebung wird *geschäftsordnungshalber* anders geregelt als der Erlaß von Rechtsverordnungen oder der von Verfügungen (Verwaltungsakten), vgl. z.B. die Gemeinsame Geschäftsordnung für die Berliner Verwaltung – Besonderer Teil (GGO II), 2. Aufl., 1986, §§ 43ff., 68ff.; ebd., Allgemeiner Teil (GGO I), §§ 55ff.; i.S. einer mit diesen Bemerkungen angestrebten *handlungsorientierten* Betrachtung der Verwaltungsformen siehe auch *Schmidt-Aßmann*, DVBl. 1989, 538.

Vermöge dieser symbiotischen Verknüpfung bestätigt sich des weiteren auch das Verfahren *innerhalb* der Organisation als Teil einer *einheitlichen Verfahrensgewalt* (vgl. auch oben, 12. Kap., D.II.2.); es ist eben nicht der Organisationsgewalt zuzuordnen, wie z.B. *Bettermann* meint (VVDStRL 17, 1959, 133, 136).

[175] *P. Krause*, Rechtsformen, S. 48.

[176] Dazu die Nachw. oben im Text um und zu Fn. 39ff.

[177] *Luhmann*, Zweck-Herrschaft-System: Grundbegriffe und Prämissen Max Webers, in: ders. (Hrsg), Politische Planung, 1971, S. 90ff., 94, 95.

[178] Dazu siehe die Grundlegung oben, 7. Kap., D.III. m.w. Nachw.

Auge fassen.[179] Deshalb können die vorhandenen bzw. aufgegebenen Verfahrensgestaltungen nicht so recht in ihrem relationalen Grundmuster erfaßt und die maßgeblichen Strukturprobleme herausgearbeitet werden, an denen sich die Zuweisung von Verfahrensfunktionen orientiert.[180]

Schwer verständlich verzichtet z.B. *R. Wahl* völlig auf eine solche Vertiefung seiner Verfahrensdeutung; er spricht stattdessen plakativ davon, das „Verwaltungsverfahren ist die Verwaltung in Aktion."[181] Allerdings versäumt *Wahl* darzutun, wie denn die „Prozesse" beschaffen sind, „in denen das Verwaltungsrecht erst zur Verwirklichung kommt und real wird."[182] Gleichermaßen diffus bleibt seine Bezugnahme auf den „Gesamtauftrag der Verwaltung" sowie auf „Bürgernähe" und andere dem Konkretisierungsprozeß entgegengestellte „Anforderungen an die Qualität seiner Abläufe und seiner Ergebnisse."[183]

III. „Prozeßstrukturen" des Verwaltungssystems

1. Notwendigkeit der Strukturanalyse und -integration

Klarheit vermag demgegenüber erst eine Strukturanalyse des Konkretisierungshandelns zu schaffen. Sie erweist sich freilich als schwierig, denn das Verfahren der Rechts- und Zweckkonkretisierung folgt einem *komplexen Strukturmuster.* Ihm zufolge steht nicht nur die Aufgabenerfüllung unter der Direktive zahlreicher rechtlicher Handlungsmaßstäbe und Verfahrensgrundsätze im Richtsteig von Ziel und Ergebnis des Verwaltungshandelns. Komplexe Relationen bestimmen auch das Verhalten der Verfahrensbeteiligten in bezug auf die Anliegen der Bürger und im Rahmen einer vorgegebenen Behördenorganisation. Die hierbei an den Tag gelegten Verfahrensweisen verschränken sich, wie im Rahmen der Untersuchung näher dargelegt wurde,[184] zum Zweck der Kompensation staatlicher Herrschaft und der Entfaltung weiterer Wirkungsbezüge. Die „Aktion" (der Verwaltung bzw. des Bürgers) wird im Gegeneinander- und Zusammenwirken zur *Interaktion.* Geordnet durch Formen der Erwartungsstabilisierung und das Verwaltungsverfahrensrecht[185] führt

---

[179] Siehe vor allem *Brohm,* VVDStRL 30 (1972), S. 286f.; *Schmitt Glaeser,* VVDStRL 31 (1973), S. 193ff.; *W. Schmidt,* VVDStRL 33 (1975), S. 200ff.; *ders.,* AöR 96 (1971), S. 321ff., 327ff., 336ff.; *Bartlsperger,* VVDStRL 33 (1975), S. 221ff.; aus der jüngeren Literatur siehe etwa *Krebs,* Kontrolle, S. 27ff.; *Scherer,* Telekommunikationsrecht, S. 129ff., 141ff.

[180] So mit richtiger Kritik *Knoepfel,* Vollzugsforschung, S. 59; ein vermittelnder Versuch wohl bei *Schmidt-Aßmann,* a.a.O. (Fn. 170), S. 541.

[181] VVDStRL 41 (1983), S. 153; deutlicher aber *Wahl,* DVerw. 13 (1980), 288ff., 295f.

[182] VVDStRL 41 (1983), S. 153f.

[183] A.a.O. (Fn. 182), S. 157; krit. auch *v. Mutius,* VVDStRL 41 (1983), S. 285ff., 286 – Diskussionsbeitrag.

[184] Vgl. bes. 7. Kap., D. („Maßgabekriterien der Verfahrensverantwortung").

[185] Zum Verwaltungsverfahren als ein „auf Rollenebene integriertes Interaktionssystem" siehe auch *J. Martens,* Praxis, S. 41 (Rdnr. 58).

sie auf der Grundlage eigener Strukturgesetzlichkeiten zu dem Verwaltungsprodukt hin. Die technologische Dimension des Verfahrenshandelns stellt ein weiteres Strukturmerkmal dar.[186]

Der administrative Konkretisierungsprozeß läßt sich vor diesem Hintergrund nicht so einfach als ein bloßer Ablauf von Handlungen über Zeit unter Qualitätsansprüchen – was immer das heißen mag – begreifen, der dadurch Ziele und Zwecke umsetzt, daß die Verwaltung auf Sachverhalte reagiert, sich mit den Beteiligten auseinandersetzt und zu einer Willensbildung kommt.[187] Damit fangen die Probleme des Konkretisierungsverfahrens erst an.[188] Ebenso unzulässig vereinfacht den Problemstand jene Verfahrenssicht, derzufolge das Verfahren nur ein Instrument darstellt, „um einen Informationsvorgang zu organisieren und die rechtsanwendenden bzw. ermessensanwendenden Behörden möglichst eine gute Chance der vollen Information zu verschaffen."[189] Es geht jedoch nicht nur um diese „Chance"; die Verfahrenskonzeption des sozialen Rechtsstaates für die öffentliche Verwaltung ist umfassender angelegt. Sie beruht darauf, daß auch die *Wirkgrößen* in die Verfahrensrechtsetzung einbezogen werden, die bei alledem auf den „Vollzug" des materiellen Rechts aus ganz unterschiedlicher Perspektive Einfluß nehmen und dabei in ihrer gegenseitigen Zuordnung eine spezifische *Struktur* des Konkretisierungsprozesses versinnbildlichen. Sie prägt seinen Ablauf durch Elemente, die in jedem Verfahren vorhanden sind bzw. nicht fehlen dürfen, um dessen rechtmäßige Handhabung zu gewährleisten. Das Ergebnis ist eine Art *objektives Grundmuster.* An ihm haben sich Verfahrensgestaltung und rechtliche Ordnung des Verfahrens zu orientieren.

2. *Strukturintegration und formengegliederte Verfahrensarten*

Im ganzheitlichen Strukturmuster des Konkretisierungsverfahrens spiegelt sich sein inneres Gefüge wider. Seine Eigengesetzlichkeiten konstituieren jede Rechts- und Zweckkonkretisierung als in sich einheitlichen Prozeß mit je unterschiedlicher Ausprägung der Strukturmerkmale in einzelnen Verfahrenstypen.

Den *Rahmen* hierfür setzen die *Handlungsformen der Verwaltung.* In dem Maße, in dem das Konkretisierungsverfahren in sie eingefügt ist oder auch aus ihnen herausfällt,[190] geben sie Aktionsspielräume vor, entwickeln allerdings auch Bezugspunkte für eine Unterteilung der Verfahren nach den Verwaltungshandlungen, die sie hervorbringen. Darin liegt freilich weniger eine spezifische Verfahrenstypisierung als eine äußere Gliederung von Verfahrensarten, die indessen erstaunliche Einsichten in Verfahrenswirkungen vermittelt.

---

[186] Dazu siehe nochmals oben 7. Kap., C.II.3.d) und E.IV. 1.–4.
[187] So aber z.B. *v. Mutius,* a.a.O. (Fn. 183), S. 286.
[188] Wie hier auch *Zacher,* VVDStRL 41 (1983), S. 289 – Diskussionsbeitrag.
[189] *Thieme,* VVDStRL 41 (1983), S. 237ff., 238f. – Diskussionsbeitrag.
[190] Vgl. oben im Text nach Fn. 102.

So lassen sich, ausgehend von den Handlungsformen der Verwaltung, die *verwaltungsinternen* Verfahren – wie z. B. intra- und interbehördliche Vorgänge – von den *verwaltungsexternen* Verfahren unterscheiden, die sich auf das sog. Außenrechtsverhältnis zwischen Staat und Bürger sowie auf Begegnungen der staatsunmittelbaren Verwaltung mit rechtsfähigen Verwaltungsträgern und auf solche zwischen diesen beziehen.[191] Des näheren gehören dazu einerseits Verfahren zum Erlaß von Einzelmaßnahmen,[192] andererseits Normgebungsverfahren wie z. B. diejenigen zum Erlaß von Rechtsverordnungen oder Satzungen.[193]

Der Erkenntniswert der skizzierten Unterscheidungen ist zwar gering, was zunächst die Unterteilung in verwaltungsinterne und verwaltungsexterne Verfahren angeht. Denn die Prozeßstrukturen des Verwaltungssystems kennen jedenfalls dort, wo das Realgeschehen, das wir „Verfahren" nennen, innerhalb der Verwaltung Daten setzt und Wirkungen erzeugt, die externe Folgen für den Bürger hervorrufen, eine strikte Trennung von „innen und außen" nicht. Im Gegenteil ist ihr Kennzeichen gerade, daß sie quer zu solchen räumlichen Vorstellungen liegen und stattdessen *Handlungszusammenhänge* resp. übergreifende *Beziehungsfelder* erfassen.

Der einheitliche Konkretisierungsprozeß erweist aber gerade dadurch eine latente Intergrationskraft, die von seinem ganzheitlichen Sturkturmuster ausgeht und namentlich auf der durchgehenden Wirkung bürokratischer Verwaltungsorganisation mit ihren Tendenzen zu vereinheitlichender Fachqualifikation des Personals und zentralisierter Steuerung der Umwelt beruht. In dieser Kraft entsteht ein Gegenpol zu den beobachtbaren Erscheinungen der „administrativen Pluralisierung öffentlicher Interessen."[194] Nicht von ungefähr bedarf deshalb ebenso die binnenadministrative „Gewaltenteilung" gesetzlicher Disziplinierung.[195] Auch in den verwaltungsexternen *Verfahren der administrativen Normsetzung* zeigt sich dieses Phänomen, soweit nämlich die öffentliche Verwaltung bei komplexen Verwaltungsentscheidungen und Großverfahren partielle Übergänge bzw. Parallelen zwischen Einzel- und Normgebungsprozessen entwickelt hat. So sind in manchen Bereichen des Verwaltungshandelns die Handlungsformen von Norm und Einzelakt austauschbar geworden.[196]

Die an den Formen des Verwaltens ansetzende *Verfahrensdifferenzierung* darf deshalb weder in der isolierten Reihung der entsprechenden Verfahrensvorgänge verharren noch in deren Ausgestaltung das objektive Grundmuster der Konkretisie-

---

[191] Die Unterteilung nach Verwaltungshandlungen machen z. B. auch *Wolff/Bachof*, Verwaltungsrecht III, S. 321 f. (§ 156), zur Grundlage einer Systematik der Verwaltungsverfahren.

[192] *Wolff/Bachof*, a. a. O. (Fn. 191), S. 322 (vor Rdnr. 4).

[193] Vgl. §§ 53ff., 65ff. SchlHLVwG; *Schmidt-Aßmann*, Jura 1979, 511; *Ossenbühl*, HdbStR III, 1988, S. 387ff., 399ff., 463ff., 486 (Rdnr. 44); Normgebungsverfahren werden aus dem Verwaltungsverfahren i. e. S. freilich ausgegliedert von *Wolff/Bachof*, a. a. O. (Fn. 191), S. 323 (Rdnr. 6).

[194] Siehe dazu bereits im Text um und zu Fn. 52ff., 56 m. w. Nachw.

[195] Vgl. hierzu auch den Text oben, 11. Kap., um und zu Fn. 8, 84ff., 148 m. Einzelnachweisen.

[196] Dazu siehe den Text oben um und zu Fn. 72ff.

rung aus den Augen verlieren. Aufzunehmen ist vielmehr auf seiner Grundlage die institutionalisierte Verkoppelung der Verfahrensarten, jedenfalls aber ihre Angleichung.[197] Dort, wo die prozedurale Bewältigung komplexer Sachverhalte den klassischen Norm-Einzelakt-Dualismus durch Überwechseln in Rechtssatzformen bewußt überspielt[198] bzw. auf die eigentlich angebrachte Normsetzung zu Lasten des Bürgers verzichtet,[199] und dann, wenn Rechtsetzungsverfahren der Verwaltung den einzelnen ebenso unmittelbar berühren wie Einzelakte,[200] sollte konsequenterweise die Beteiligung der Öffentlichkeit (als „Umwelt" des Verwaltungssystems) ebenso sichergestellt werden wie die Öffnung der Verfahren für „die rechtswahrende und rechtsschützende Betroffenenbeteiligung."[201] Beides ließe sich durch die öffentliche Bekanntmachung und Auslegung von Normsetzungsvorhaben erreichen. Zur Abklärung der involvierten Interessen könnten diese Beteiligungsschritte in ein vorgeschaltetes Anhörungs- bzw. Beteiligungsverfahren – bei freilich gestufter Interessenrepräsentanz – eingebettet und dadurch der System-Umweltbezug von Verfahren stärker entfaltet werden.[202]

Im Ergebnis zeigt sich, daß die verwaltungsexternen Konkretisierungsverfahren sowohl untereinander als auch mit den verwaltungsinternen Verfahren in einem strukturellen Kontext stehen und die Analyse dieses Verbundes darauf beruht, sich jeweils der zu erfüllenden und rechtlich in Programmen formulierten *Sachaufgaben*, der dazu in Anspruch genommenen *Personal- und Organisationsstrukturen* sowie der *Situation* zu vergewissern, in der das jeweils betrachtete Verfahren abläuft.[203] Damit entsteht die Notwendigkeit, die aus diesen dimensionalen Prozeßstrukturen folgenden Strukturelemente zu entschlüsseln. In den Vordergrund rücken dabei die in der spezifischen Bedeutung des Konkretisierungsverfahrens für die Rechtsverwirklichung wurzelnden prozeduralen Wirkdimensionen als Maßgabekriterien der Verfahrensverantwortung.[204] Sie sind zugleich als *rechtliche Strukturelemente* des Verwaltungsverfahrens im Rahmen seiner Formenbindung auszuweisen. Denn die Aufgaben der öffentlichen Verwaltung und die inhaltliche Bindung des Verwaltungshandelns werden im sozialen Rechtsstaat des Grundgesetzes durch das Medium des *Rechts* festgelegt.

---

[197] Vgl. *Pietzcker,* VVDStRL 41 (1983), S. 219; zu deren Grenze siehe aber die Ausführungen und Nachweise bei und in Fn. 73f.

[198] Vgl. u.a. Wahl, VVDStRL 41 (1983), S. 180ff.

[199] Z.B. durch Nichterlaß eines Bebauungsplans.

[200] Siehe dazu das Beispiel bei *Pietzcker,* VVDStRL 41 (1983), S. 218.

[201] Ggf. auch durch eine generell auf die Rechtsetzung seitens der Verwaltungsbehörden ausgedehnte Beteiligung, vgl. *Kopp,* BayVBl. 1980, 97ff., 100f.; *Pitschas,* DÖV 1989, 798; *Schmidt-Aßmann,* Verfahrensgedanke, S. 24 m. Nachw. aus der Beteiligungspraxis.

[202] Siehe auch die Überlegungen von *Lerche,* Vorbereitung grundrechtlichen Ausgleichs, S. 109ff.; *Pitschas,* a.a.O. (Fn. 201); *Schmidt-Aßmann,* Verfahrensgedanke, S. 26ff.

[203] Vgl. 7. Kap., C.II. 1.–3.

[204] Siehe 7. Kap., D.

14. Kapitel. Verfahrensverantwortung und Verfahrensteilhabe

Für das Verfahren der Rechts- und Zweckkonkretisierung ist die Subsumtion von Sachverhalten unter Normen sowie die Abwägung von Zwecken und Mitteln charakteristisch. Hierbei enthält vor allem das Gesetz die für das Verwaltungshandeln maßgebliche Programmatik. Als abstrakte, generelle Regel verknüpft es in *konditionaler Form* einen Tatbestand mit bestimmten Folgen. Die Steuerung des Verwaltungshandelns durch gesetzliche Maßgaben kann daneben auf einer *finalen Programmierung* beruhen, d.h. auf der Festlegung von Zielen und Mitteln als Handlungs- und Entscheidungsprämissen der Verwaltung. Verbundformen der Programmsetzung stehen heute im Vordergrund.[1]

A. *Prozedurale Systemfunktion des subjektiv-öffentlichen Rechts*

I. Subjektiv-öffentliches Recht und rechtlicher Verfahrensstatus

An diesen verrechtlichten Kommunikationsformen der Politik hat der Bürger durch die Gewährleistung *subjektiv-öffentlicher Rechte* unverbrüchlichen, weil verfassungsgarantierten Anteil.[2] Dies ist selbst dort der Fall, wo – wie bei der finalen und konzeptualen Programmierung – die Form der politischen Kommunikation nicht unbedingt mehr nur auf einzelne Adressaten hin ausgerichtet ist. Auch und gerade im sozialen Leistungsstaat, der diesen spezifischen Formenwandel trägt,[3] verbürgen die subjektiv-öffentlichen Rechte dem *einzelnen* nach wie vor ein bestimmtes Verwaltungshandeln, wie beispielhaft die §§ 2–10 SGB I verdeutlichen.[4]

Das subjektiv-öffentliche Recht formiert damit die (rechtliche) Kommunikation staatlicher Politik mit dem Bürger in doppelter Hinsicht. Es trägt zum einen und auf dem Boden der grundsätzlichen Distanz zwischen Staat und Gesellschaft die *Abwehr* von Rechtsbeeinträchtigungen. Subjektiv-öffentliche Rechte erbringen für den

---

[1] *Lerche*, in: Maunz/Dürig, GG, Art. 83 Rdnrn. 60f.; *Rubel*, Planungsermessen, S. 6f., 8ff., 15ff., 25ff., 28ff., 31f., 60ff.; *W. Schmidt*, AöR 96 (1971), S. 331ff., 334; speziell zur Programmform des „Konzepts“ vgl. ferner *Pitschas*, DÖV 1989, 796 m. w. Nachw.

[2] Siehe zu diesem Aspekt speziell *K. König*, Verwaltungsreform und Demokratiediskussion, S. 289ff.; dies gilt auch dann, wenn man – wie hier – eine „Krise“ des subjektiven öffentlichen Rechts feststellen muß, vgl. dazu oben, 1. Kap., C.II.2.

[3] *Häberle*, FS G. Küchenhoff, 2. Hbbd., 1972, S. 453ff., 467f., 470ff.; *K. König*, a.a.O. (Fn. 2), S. 290, 291; *Schenke*, DÖV 1989, 368f.

[4] Zur Reichweite und normativen Besonderheit des § 2 und der nachfolgenden §§ 3–10 SGB I vgl. statt vieler *v. Maydell*, in: GK-SGB I, § 2 Rdnrn. 6ff., 9.

Bürger negatorische Leistungen in Gestalt von Abwehransprüchen.[5] Sie beschränken sich jedoch nicht darauf. Das subjektive Recht verschafft dem einzelnen ferner und andererseits eine Stellung, auf die er sich auch positiv als Grundlage eigenverantwortlicher Lebensgestaltung zu stützen vermag. Dementsprechend läßt es sich als „gewollte" Individualbegünstigung bzw. gesetzgeberisch „ausgegrenztes" Privatinteresse begreifen.[6] In bezug hierauf kann der einzelne vom Staat ein bestimmtes Tun, Dulden oder Unterlassen verlangen.[7] Ganz in diesem Sinne stellt § 40 Abs. 1 SGB I fest, daß „Ansprüche" auf Sozialleistungen entstehen, sobald die im Gesetz oder aufgrund eines Gesetzes bestimmten Voraussetzungen vorliegen. Die Möglichkeit, von der Verwaltung etwas zu verlangen, kann jedoch durchaus mit einer Pflichtenstellung verbunden sein. So formuliert § 38 AO, daß „die Ansprüche aus dem Steuerschuldverhältnis entstehen, sobald der Tatbestand verwirklicht ist, an den das Gesetz die Leistungspflicht knüpft."

Diese Art der Anspruchsbegründung durchzieht das materielle Verwaltungsrecht;[8] sie präfixiert die Art und Weise der Rechtsdurchsetzung im Konkretisierungsverfahren. Zugleich bringt der durch das subjektiv-öffentliche Recht vermittelte und letztlich verfassungsgetragene *rechtliche Verfahrensstatus* zum Ausdruck, daß dem einzelnen ein selbständiger materieller, aktiver Anteil an der Rechtsverwirklichung zukommt. Denn seine Rechte (und Pflichten) ergeben sich unmittelbar aus dem Gesetz, beruhen also nicht auf einem Verwaltungshandeln oder sind von einer Verwaltungsentscheidung abhängig.

Die den Bürger betreffenden Entscheidungen ergehen also ihm gegenüber nicht als „Untertan". Auch der Staat soll gleichermaßen der Rechtsordnung unterworfen sein: Er und der Bürger stehen deshalb vor ihr gleichgeordnet. Darin liegt eine prinzipielle, *positionsspezifische Rollenzuweisung:* Die Rechtsordnung erwartet im

---

[5] Dem liegt die historische, von *G. Jellinek* erneuerte Status-Lehre zugrunde (vgl. *ders.*, System der subjektiven öffentlichen Rechte, Nachdruck der 2. Aufl., Tübingen 1905, Darmstadt 1963, S. 51, 79, 127); aus der heutigen Literaturvielfalt siehe u. a. *H. Bauer*, Lehre vom subjektiven öffentlichen Recht, S. 15 ff., 62 ff., 129 ff., 135, 148 ff.; *ders.*, DVBl. 1986, 208 ff., 210 ff.; *Erichsen*, Verwaltungshandeln, S. 155 f.; *Forsthoff*, Verwaltungsrecht I, S. 186; *Henke*, Das subjektive öffentliche Recht, 1968, S. 94 ff., 129 f.; *ders.*, DÖV 1980, 621 ff., 623, 624; *Lorenz*, Rechtsweggarantie, S. 51 ff., 53 f.; *Maurer*, Allgemeines Verwaltungsrecht, S. 121 ff., 122 f., 127 f.; *F. Mayer/F. Kopp*, Verwaltungsrecht, S. 164 ff., 165, 167 f.; *Ress*, Das subjektive öffentliche Recht, in: F. Ermacora u. a. (Hrsg.), Allgemeines Verwaltungsrecht, 1979, S. 105 ff.; *W. Schmidt*, Probleme des Verwaltungsrecht, S. 243 f.; *Schmidt-Aßmann*, in: Maunz/Dürig, GG, Art. 19 Abs. 4 Rdnrn. 116 ff., 117, 121 ff.; *Wallerath*, Allgemeines Verwaltungsrecht, S. 126 ff., 127; *Wolff/Bachof*, Verwaltungsrecht I, S. 327; *Zuleeg*, DVBl. 1976, 509 ff. – jeweils m. w. Nachw.

[6] So die herrschende „Schutznormtheorie", vgl. hierzu die Nachw. über Rechtsprechung und Literatur bei *H. Bauer*, a. a. O. (Fn. 5), S. 140 ff.; *ders.*, AöR 113 (1988), S. 582 ff., 587 ff.; *Maurer*, a. a. O. (Fn. 5), S. 122 f., 124 ff.; *Erichsen*, Verwaltungshandeln, S. 152 f.; *Krebs*, Subjektiver Rechtsschutz, 191 ff., 193 f., 200 ff.; *Schmidt-Aßmann*, a. a. O. (Fn. 5), Rdnr. 158 ff.

[7] Siehe statt aller *Maurer*, a. a. O. (Fn. 5), S. 121 (Rdnr. 2).

[8] Zutr. *J. Martens*, Praxis, S. 12 ff., obschon in etwas zu einseitiger Perspektive und Begründung auf S. 16 m. Anm. 39 ff.

Verhältnis von Verwaltung und Bürger Verhaltensweisen, die der vorgegebenen Gleichsetzung entsprechen.[9]

II. Rechtlicher Verfahrensstatus und Konkretisierungsverfahren

Kraft dieser Wirkungsbezüge steht das subjektiv-öffentliche Recht in einer strukturell-funktionalen Beziehung zum *Verfahren* der Rechts- und Zweckkonkretisierung. Es vermittelt den Zusammenhang der Kommunikationsformen staatlicher Politik mit den *Prozeßstrukturen* administrativer Konkretisierung. Der Idee des liberalen Rechtsstaates zufolge behauptet sich der Bürger gegenüber der Verwaltung auch in der konkreten Verfahrenssituation durch die Berufung auf die Figur des subjektiven Rechts. Denn die Rechtsordnung verwirklicht sich nicht schon dadurch, daß dem Rechtssubjekt bei Vorliegen der gesetzlichen Tatbestandsmerkmale ein Anspruch entsteht, vom Staat zur eigenen Interessenverfolgung ein bestimmtes Verhalten zu verlangen. Der durch die Zuordnung des subjektiv-öffentlichen Rechts an den einzelnen verfolgte Zweck ist vielmehr erst dann erreicht, wenn diesem auch die Möglichkeit gegeben ist, sein Recht gegenüber dem Verpflichteten geltend zu machen und durchzusetzen. Das *materielle* subjektive Recht betrifft jedoch nur den *Inhalt* dessen, was ein Bürger von der Verwaltung verlangen kann. Erforderlich ist auch, daß der Anspruchsberechtigte sein Recht „auf den Weg" zu bringen und durchzusetzen vermag. Im subjektiv-öffentlichen Recht ist deshalb stets und notwendig ein *formelles* Element geborgen; insofern es unter der Grundentscheidung der Verfassung für eine rechtlich verfestigte Stellung des Individuums zum Staat die *personale Position* des einzelnen aufgrund der objektiven Rechtsordnung und in ihr umfassend und wirksamkeitsbezogen verankert, wird es auch zum Bezugspunkt der *verfahrensmäßigen* Abwicklung des Rechts- und Sachauftrags der Verwaltung.[10]

In dieser Reichweite entfaltet das subjektiv-öffentliche Recht die Bedeutung des Gesetzes (und der sonstigen Rechtssätze) als Verhaltensnormen für die Exekutive auch prozedural. Es führt die Subjektivierung des materiellen Rechts in die Richtung seiner verfahrensförmlichen Umsetzung fort – mit der Konsequenz, daß die Verwaltung und der Bürger in ihren Konkretisierungsbeziehungen niemals auf rechtlich irrelevante Weise miteinander zu tun haben. Kraft der Systemfunktion des öffentlichen Rechts ist vielmehr für beide Teile in den Handlungsbereichen, die dem Verwaltungsrecht zugehören, jedenfalls grundsätzlich festgelegt, *wie* sie sich zu

---

[9] Vgl. auch *J. Martens,* KritV 1986, 104ff., 106ff., 111ff., 120ff., 128f.; dezidiert a.A. *Schmidt-Aßmann,* DVBl. 1989, 538f.

[10] Dieser *prozedurale* Aspekt des subjektiven öffentlichen Rechts bleibt häufig außer Betracht, vgl. immerhin aber für das Individualrechtsschutzverfahren – und damit für die „Kontrolle" i.S. des hiesigen 8. Kap. der Untersuchung – *Krebs,* Subjektiver Rechtsschutz, S. 197ff.; allgemeiner noch zu der Subjektivierung von Verfahrenspositionen siehe *Schmidt-Aßmann,* a.a.O. (Fn. 5), Rdnrn. 149ff.

verhalten haben, wenn die im Gesetz bzw. durch den Rechtssatz genannten Voraussetzungen vorliegen.

Dies bedeutet keine distanzlose (Wieder-)Zusammenfügung von materiellem und formellem Recht.[11] Zwischen dem Konkretisierungsprozeß und seinem Gegenstand, dem subjektiv-öffentlichen Recht, offenbart sich indes eine *funktionale Interdependenz:* So wie das Verfahren eine „dienende" Aufgabe übernimmt, bildet die materielle Norm umgekehrt sowohl den Entscheidungsmaßstab für das Konkretisierungshandeln der Verwaltung als auch und zugleich Grundlage und Instrument für die Erfüllung der administrativen Aufgaben und Befugnisse. Damit aber bekommt das materielle Recht auch für die Art des jeweiligen Handelns entscheidende Bedeutung; es leitet die konkrete Gestaltung von Verfahren und Verfahrensrecht.[12]

Ausgangspunkt jeglicher Verfahrensordnung ist mithin das materielle (Verfassungs- und) Verwaltungsrecht. Aus der normativen Formulierung des materiellen Rechts läßt sich freilich das Grundmuster des Verfahrens nicht schon eindeutig herleiten. Die Verfahrensmaßgaben der materiellen Rechtsordnung wirken insoweit dialektisch: Sie strukturieren zwar den Prozeß der Rechts- und Zweckkonkretisierung; das materielle Recht vermag aber keinen *strikten* Maßstab dafür abzugeben, wie das Verfahren detailliert auszusehen hat. Umgekehrt konkretisiert und verwirklicht dieses auch seinerseits die materiellen Rechtssätze.[13]

Darüberhinaus orientiert sich das Konkretisierungsverfahren in seiner Rechtsstruktur nicht nur am isolierten Einzelrechtsschutz. Verantwortlich hierfür ist die Doppelnatur des Rechtsbegriffs, nämlich auch Recht im objektiven Sinne als Normengefüge zu umgreifen. Das objektive Recht bildet insofern die Summe der Rechtssätze; es begründet Rechtspflichten und ihnen ggf. korrespondierende subjektive Rechte (Ansprüche) gegenüber der Verwaltung. Selbst wenn gesetzestechnisch nur ein subjektives Recht formuliert wird, liegt also immer auch eine Rechtspflicht vor; sie wird dann eben zugleich mit dem subjektiven Recht begründet. Gibt es sonach keine subjektiven Rechte ohne vorgegebene Rechtspflichten (die ein anderes Rechtssubjekt treffen), so ist andererseits eine Rechtspflicht ohne korrespondierendes subjektives Recht sehr wohl möglich.[14]

Soweit derartige Rechtspflichten auf die öffentliche Verwaltung zielen, verlangen sie, daß deren Handeln der Erfüllung bestimmter Staatsziele/Zwecke dient. In ihnen

---

[11] Vgl. auch *Henke,* DÖV 1980, 621ff., 625ff.; speziell zum Verwaltungsverfahren siehe diesbezüglich *Fiedler,* AöR 105 (1980), S. 83, 84ff., 97; *Held,* Grundrechtsbezug, S. 150f.

[12] Ebenso in bezug auf das Thema „Verwaltungsverfahren" z.B. *Fiedler,* a.a.O. (Fn. 11), S. 86f., 97; *Lorenz,* FS BSG II, S. 912; siehe näherhin noch die Grundlegung oben, 7. Kap., B.I.2., C.I.2.c) mit cc) und (2) sowie dort m.w. Nachw.

[13] Siehe auch *Pietzcker,* VVDStRL 41 (1983), S. 208 m.w. Nachw.; dies gilt im übrigen nicht nur für die verfahrensverantwortliche Konkretisierung des „einfachen" Rechts, sondern ebenso sehr – wie die Ausführungen zum Grundgesetz als prozeduralem Struktur- und materialem Verfahrenskonzept gezeigt haben (10. Kap., A. und B.) – für die Ebene des Verfassungsrechts.

[14] Vgl. *Erichsen,* Verwaltungshandeln, S. 155; *Maurer,* Allgemeines Verwaltungsrecht, S. 123f. (Rdnrn. 6, 8).

sind weitere Anweisungen für den Konkretisierungsauftrag enthalten. Der Handlungsauftrag der Verwaltung erschöpft sich deshalb auch nicht in der ausschließlichen Geltung der Rechtmäßigkeitsmaxime. Und er geht vor allem weit über die Sicherung und Verwirklichung von subjektiv-öffentlichen Rechten hinaus. Das Individualrecht setzt deshalb nur einzelne, allerdings gewichtige Richtpunkte in der rechtlichen Verknüpfung von Handlungszusammenhängen im Verfahren.[15]

III. Grundmuster des Konkretisierungsverfahrens

Dessen nähere Ausgestaltung ist Aufgabe des formellen Rechts, das die Art und Weise der Bestimmung dessen festlegt, was der einzelne als Tun, Dulden oder Unterlassen von einem anderen Rechtssubjekt fordern darf. Die Behauptung, „Recht" zu haben, bliebe ansonsten ohne rechtlich faßbare Wirkung. Formelle Elemente müssen deshalb hinzutreten; erst dann können unterschiedliche Auffassungen über die maßgebenden Anspruchsnormen ausgeräumt, Unstimmigkeiten über den Sachverhalt aufgeklärt und Meinungsverschiedenheiten der am Verfahren Beteiligten über ihre Rechte und Pflichten ausgetragen werden. Die rechtliche Ordnung des Konkretisierungsverfahren muß somit statuieren, wer an ihm zu beteiligen ist, welche tatsächlichen und rechtlichen Informationen zu sammeln sind und nach welchen Grundsätzen sich die Teilnehmer im Verfahren zu verhalten haben, um sodann auf dieser Grundlage das Konkretisierungsergebnis formulieren zu können.

Dieses formelle *Grundmuster* kennzeichnet die ganz überwiegende Zahl der Konkretisierungsverfahren.[16] Seine Elemente bestimmen den Verfahrensaufbau wie -ablauf und sind durch die Struktur des materiellen Verwaltungsrechtssatzes bedingt. Aus ihr ergibt sich einerseits das Erfordernis, den Sachverhalt zu ermitteln und unter die maßgebliche Anspruchsnorm zu subsumieren. Das materielle subjektive Recht gibt zum anderen vor, wer am Verfahren teilnimmt, und es entfaltet schließlich in Auseinandersetzung mit den materiellen Verwaltungszielen und nach Maßgabe der administrativen Handlungsmaßstäbe[17] ein „Sollen", das die Gestaltung des Verwaltungshandelns in den gesamten Aktivitäten während des Verfahrens dirigiert, die der abschließenden Konkretisierung voraufgehen.[18]

---

[15] So mit Recht *Pietzcker,* a.a.O. (Fn. 13), S. 208f.; vgl. auch *Degenhart,* DVBl. 1982, 872ff., 875f.

[16] Siehe auch *J. Martens,* Praxis, S. 29ff., 32ff.; *Schmidt-Aßmann,* Jura 1979, 514; unter dem Dach dieses Grundmusters ist das Organisationsproblem der Verfahrensordnung (7. Kap., C.II.) „abzuarbeiten", vgl. dazu die folgenden Bemerkungen im Text; den verwaltungsrechtlichen Rahmen gibt für das Außenverhältnis der Verwaltung die Rechtsverhältnislehre, vgl. *H. Bauer,* AöR 113 (1988), S. 610ff.

[17] Zu diesen siehe oben, 1. Kap., B.II.3.e) mit aa).

[18] Die „Verfahrensaktivitäten" als Handlungspotential *im* Verfahren hebt das 7. Kap., in A.II.2.c), C.I.2.c) mit dd) und (3), II.1.c) hervor; zu ihrer äußeren Beschreibung als „Verfah-

In Gestalt dieses objektiven Grundmusters ergänzt das formelle Element einer individualisierenden „Feststellung" des subjektiv-öffentlichen Rechts dessen materielle Seite: Der konkretisierte Anspruch des einzelnen ist das *formell* bestimmte materielle subjektive Recht. An diesem inneren dimensionalen Zusammenhang des Anspruchs und seiner Durchsetzung, wie er sich in der Gesamtheit des subjektiv-öffentlichen Rechts verkörpert, müssen alle Versuche scheitern, zwischen materiellem Recht und Verfahrensrecht klare Trennungslinien zu ziehen.[19] Im Gegenteil zeigt sich die „vorgegebene" Verknüpfung von materiellem Recht mit Verfahrensrecht, die weitgehend von einer funktionellen „Einheit" beider sprechen läßt.[20] Freilich besteht keine nahtlose Übereinstimmung; es gibt formell-rechtliche Normen, die – wie z.B. die verbreitet anzutreffenden Regelungen über die amtliche Beglaubigung von Abschriften, Ablichtungen, Vervielfältigungen und Negativen sowie von Unterschriften[21] – zwar subjektive Verfahrensrechte enthalten, aber nicht unmittelbar der Bestimmung materieller Ansprüche dienen und deshalb lediglich im formellen Bereich der Rechtsordnung bleiben. Andererseits weisen aber auch scheinbar „formale" Verfahrensvorschriften des geltenden Rechts, etwa solche über Beteiligte,[22] ihre Anhörung,[23] über Auskunft und Beratung[24] oder über die Akteneinsicht[25] „materiell-rechtliche" Grundlagen auf, wie sogleich noch zu zeigen sein wird.

B. Rechtsverwirklichung durch Verfahrensteilhabe

I. Verfahrenssachverhalt als Bezugsrahmen

Im Prozeß öffentlichen Verwaltens verbinden sich der rechtlich programmierte Auftrag und die Eigenverantwortung der Verwaltung mit den involvierten Rechtspositionen und sonstigen Interessen der betroffenen Rechtssubjekte in flexibler Offenheit zu einem gegenstand- und zeitbezogenen prozeduralen Zusammenwirken. Der *Bezugsrahmen* hierfür ist die je spezifische Verfahrenssituation der Konkretisierung und der in ihr ruhende Verfahrenssachverhalt. Die für die jeweilige Berech-

---

renshandlungen" und ihrer dogmatischen Klärung sowie Abgrenzung gegenüber „Prozeßhandlungen" siehe *Laubinger,* FS C. H. Ule, S. 161ff., 168ff., 171ff., 172.

[19] Ebenso *Fiedler,* AöR 105 (1980), S. 85; siehe demgegenüber aber *Bettermann,* VVDStRL 17 (1959), S. 120ff.; vgl. auch *Ule/Laubinger,* Verwaltungsverfahrensrecht, S. 9ff.

[20] So zu recht *Fiedler,* a.a.O. (Fn. 19), S. 87; eher diffus dagegen bleibt in seiner Aussage *Badura,* Verwaltungsverfahren, S. 385; aus allgemeiner Perspektive wie hier *Henke,* DÖV 1980, 625f.

[21] Siehe z.B. §§ 33f. VwVfG, 29f. SGB X.

[22] §§ 13 VwVfG, 12 SGB X.

[23] §§ 28 VwVfG, 24 SGB X.

[24] §§ 25 VwVfG, 14 und 15 SGB I.

[25] §§ 29 VwVfG, 25 SGB X.

tigung bzw. Verpflichtung eines Rechtssubjekts maßgebliche materielle Rechtsnorm schneidet ihn aus der Gesamtheit der von ihr betroffenen lebensweltlichen Gegebenheiten durch das im Wortlaut der Norm ausgedrückte „Normprogramm“ heraus.[26]

Der Verfahrenssachverhalt führt Bürger und Verwaltung sowie die betroffenen Bürger untereinander im Hinblick auf ein gemeinsames oder auch nur einseitig gewolltes Vorhaben zusammen. Er bezeichnet das Feld der Interessenverflechtung bzw. der einander widerstrebenden Interessen und strukturiert die in ihm entstehenden Sozial- und Rechtsbeziehungen nach Maßgabe der Intensität, mit der die betroffenen Rechtssubjekte auf die Gestaltung dieser Beziehungen Einfluß zu nehmen suchen.

Der Verfahrenssachverhalt ist somit nichts unumstößlich Vorgegebenes. Auch gibt es keine „richtige“ Sachverhaltsermittlung. Ganz im Gegenteil unterliegt die Sachverhaltsfeststellung als ein kommunikativer Vorgang der grundsätzlichen Zweideutigkeit, die der Wahrnehmung allen Geschehens anhaftet: Sachaufklärung bedeutet nichts anderes, als im Wege wertender Erkenntnis aus vielen Details der Lebenswirklichkeit einige wenige Fakten mit Blick auf die Rechtsanwendung auszusondern und sie unter den Kommunikationsbedingungen der gegebenen Situation zu deuten, soweit wie nötig zu ergänzen und zu beurteilen.[27]

Die Sachverhaltsermittlung stellt daher die Weichen für die Rechtsanwendung im Verfahren; schon im Umgang mit dem Tatsächlichen wird materiell-rechtliches geformt.[28] Für die Art und Qualität des Konkretisierungsergebnisses ist daher von ausschlaggebender Bedeutung, wie die Erlangung und Verarbeitung von Informationen verfahrensmäßig ausgestattet ist. Sachaufklärung *durch Verfahren* bedarf insoweit der Anweisung aus dem materiellen Recht, von *wem* und *wie* die Informationen zu beschaffen und zu verarbeiten sind, aus denen das Verfahrensergebnis gewonnen werden soll. Das aber heißt die Frage zu beantworten, *wer* alles am Konkretisierungsverfahren teilnehmen soll oder darf. Zu beachten ist dabei allerdings, daß die der Konkretisierung dienenden Prozesse der Kommunikation und Informationsverarbeitung zwischen Verwaltung und Bürger kein einheitliches Verwaltungspublikum vorfinden. Verwaltung als ein Gefüge äußerst differenzierter Funktionseinheiten pflegt je nach ihrer Aufgabenstellung mit unterschiedlichen Klientenkreisen Kontakte abgestufter Intensität.[29]

---

[26] Zu der damit in bezug genommenen „Normbereichslehre“ vgl. *F. Müller*, Normbereiche von Einzelgrundrechten in der Rechtsprechung des Bundesverfassungsgerichts, 1968, S. 9ff.; siehe nunmehr *ders.*, Strukturierende Rechtslehre, S. 184ff., 323ff.; auf die Bedeutung der *Verfahrenssituation* verweisen auch die Ausführungen im 7. Kap., C.II.3. und E.III.

[27] Dazu siehe etwa *Larenz*, Methodenlehre, S. 262f., 266ff., 271ff., 291ff.; *Christensen*, Gesetzesbindung, S. 124ff.; im Hinblick auf den Verwaltungsprozeß mit zahlr. Nachw. *W. Berg*, Entscheidung, S. 71ff., 77ff., 96ff.

[28] Vgl. *F. Müller*, Strukturierende Rechtslehre, S. 254ff.; am Beispiel des Strafprozesses *H. H. Kühne*, Strafverfahrensrecht als Kommunikationsproblem, S. 50ff. m.w.Nachw.

[29] Näher hierzu *R. Mayntz*, Soziologie der öffentlichen Verwaltung, S. 202ff.; *Schuppert*, Erfüllung öffentlicher Aufgaben, S. 259ff., 282ff., 293ff., 298ff., 365ff.

II. Erscheinungsformen der Verfahrensteilhabe

Die Verfahrensteilhabe von Bürgern muß dementsprechend nach einzelnen Erscheinungsformen auseinander gehalten werden. In der Verfahrenssteuerung der Gesellschaft[30] ist die Beteiligung Betroffener am Konkretisierungsprozeß zur Wahrung eigener oder drittbetreffender Belange von der Verfahrensteilhabe der Organisationen und Verbände zur Wahrung und Durchsetzung ihrer kollektiven Interessen zu trennen.[31] Weil und soweit letztere in den Zusammenhang der politischen Willensbildungsprozesse gehört, bleibt sie im folgenden grundsätzlich außer Betracht.[32] Die hiesige konzeptionelle Darstellung der Rechtsstruktur öffentlicher Verwaltung „als Prozeß" bezieht sich allein auf den Bürger, der für sich oder im Verbund mit anderen als Betroffene(r) einer Verwaltungsmaßnahme bzw. aufgrund allgemeiner Interessiertheit in der Rolle des Beteiligten am Konkretisierungsverfahren mitwirkt.

Das Bedürfnis nach Verfahrensbeteiligung mag also durchaus verschiedene Gründe haben. Für den einzelnen kann es auf wirtschaftliche, soziale oder ideelle Interessen zurückzuführen sein, aber auch der Betroffenheit in einem subjektiven öffentlichen Recht entspringen und sich vor allem daraus rechtfertigen. Denn jedes Rechtssubjekt soll seine eigenen Angelegenheiten selbst regeln und die dazu erforderlichen (Verfahrens-)Rechtshandlungen gegenüber anderen Rechtssubjekten vornehmen.[33] Die Ausübung einer materiellen Berechtigung zielt deshalb in ihrer Verfahrensdimension auf die *Mitwirkung* am Konkretisierungsprozeß.

---

[30] Siehe dazu die Grundlegung oben, 3. Kap., A. und B.; 10. Kap., A. und B.; 11. Kap., A.IV. und B.I.

[31] Vgl. auch *Pankoke/Nokielski,* Verwaltungssoziologie, S. 82ff., 88ff.; *Schuppert,* Einflußnahme, S. 301ff., 306; siehe ferner oben, 6. Kap., C.III.3.; 10. Kap., B.II.2.b) mit cc).

[32] Siehe stattdessen und in je unterschiedlicher Perspektive *Böckenförde,* Der Staat 15 (1976), S. 457ff.; *ders.,* Demokratie als Verfassungsprinzip, S. 905f., 944f.; *Herzog,* Staatslehre, S. 220ff.; *P. Haungs,* Bürgerinitiativen und Probleme der parlamentarischen Demokratie in der Bundesrepublik Deutschland, in: B. Guggenberger/U. Kempf (Hrsg.), Bürgerinitiativen und repräsentatives System, 2. Aufl., 1984, S. 156ff., 161ff., 169; w. Nachw. oben, 10. Kap., B.II.2.b) mit cc).

[33] Dieser Grundsatz folgt aus Art. 1 Abs. 1 in Verbindung mit Art. 2 Abs. 1 GG; er stellt einen tragenden Pfeiler des prozeduralen Strukturkonzepts der Verfassung dar, vgl. oben, 9. Kap., B.II.3. und IV.4.; 10. Kap., A.I., der auch das Verwaltungsverfahrensrecht beherrscht; siehe z.B. wie hier *Kopp,* Verfassungsrecht und Verwaltungsverfahrensrecht, S. 16ff., 21; *Meyer/Borgs,* VwVfG, § 13 Rdnr. 1. – Problematisch ist deshalb auch die Verbandsklage, vgl. BVerwGE 54, 211 (219f.); *R. Scholz,* VVDStRL 34 (1976), S. 208ff., 209; *Schmidt-Aßmann,* in: Maunz/Dürig, GG, Art. 19 Abs. 4 Rdnr. 269 m. Anm. 132, 133; *Schmel,* Massenverfahren, S. 258ff.

III. Verfahrensteilhabe und Konkretisierung

In diesem wird über das von einem Verfahrensbeteiligten behauptete subjektive Recht auf ein konkretes Tun, Dulden oder Unterlassen entschieden. Zwar werden auch und häufig genug andere individuelle oder allgemeine Betroffenheiten ins Feld geführt.[34] Unter Bezug auf die dadurch mögliche Vielfalt der Beteiligungsbelange unterscheidet deshalb *W. Schmitt Glaeser* zutreffend zwischen Rechtsbetroffenen-, Interessenten- und Popularbeteiligung.[35] Für die Verfahrensteilhabe i. S. ihrer rechtlichen Gebotenheit ist jedoch vor allem die Berührung *rechtlicher* Interessen, also die Betroffenheit im Rechtssinne entscheidend. So haben etwa der Adressat eines Verwaltungsaktes oder bei Verwaltungsakten mit Drittwirkung der Nachbar bzw. der Konkurrent[36] einen materiell verankerten Anspruch auf Beteiligung am Konkretisierungsverfahren.

Dieser Beteiligungsanspruch ist nicht nur und erst Ausfluß einer allgemeinen Verfassungsbindung des Konkretisierungsverfahrens,[37] sondern schon in der spezifisch prozeduralen Systemwirkung des subjektiv-öffentlichen Rechts angelegt. Sie verankert in jedem rechtlich geordneten Verfahren die Befugnis des Rechtsinhabers, sich zum Verfahrensgegenstand zu äußern und am Verfahren mit eigenen Rechten gegenüber der Behörde teilzunehmen. Soweit also der einzelne nicht schon als Antragsteller, Antragsgegner oder Adressat einer von der Behörde beabsichtigten Entscheidung oder Handlung am Verfahren teilnimmt, *muß* ihn die Behörde dazu beiziehen, um ihm Gelegenheit zur Wahrung seiner Rechte zu geben. Kern der Beteiligtenstellung ist daher konsequenterweise der Anspruch auf rechtliches Gehör: „Bevor ein Verwaltungsakt erlassen wird, der in Rechte eines Beteiligten eingreift, ist diesem Gelegenheit zu geben, sich zu den für die Entscheidung erheblichen Tatsachen zu äußern" (§ 28 Abs. 1 VwVfG).[38]

---

[34] Vgl. statt aller *Kopp,* VwVfG, § 13 Rdnrn. 6ff.

[35] Position der Bürger, S. 48ff., 53f.

[36] Im Hinblick auf die Verfahrensstellung des *Nachbarn* im Verwaltungsverfahren siehe etwa BVerwGE 52, 122 (129ff.); 62, 243 (246f.); 66, 307 (308ff.); BVerwG, DVBl. 1987, 476ff.; DVBl. 1987, 1265ff., 1267; *Breuer,* DVBl. 1983, 431ff.; *Goerlich,* DÖV 1982, 631ff., 632f., 637f.; *ders.,* NVwZ 1985, 90ff.; *Berger,* Grundfragen umweltrechtlicher Nachbarklagen, 1983, S. 184ff., 191ff.; *Schlichter,* NVwZ 1983, 641ff., 647ff.; *Steinberg,* NJW 1984, 457ff., 461f.; *Wahl,* JuS 1984, 577ff., 578, 581, 586; zur Verfahrensstellung des *Konkurrenten* vgl. u.a. BVerwGE 30, 191 (197f.); BVerwG, DVBl. 1989, 197; OVG Münster NJW 1980, 2323f.; *H. Heinrich,* WiVerw. 1985, 1ff., 3ff.; *Miebach,* JuS 1987, 956ff., 957; *Pitschas,* GewArch 1981, 216ff., 218f.; *Rittner/Klaus,* GewArch 1985, 177ff., 178; *Scherer,* Jura 1985, 11ff., 12ff., 16ff.; *R. Scholz,* WiR 1972, 35ff.; weitere Problemaspekte bei *Kopp,* DÖV 1980, 504ff.; *Raeschke-Kessler/Eilers,* NVwZ 1988, 37ff.; zur rechtlichen Betroffenheit Dritter im Verwaltungsverfahren der Sozialleistungsträger siehe *Platzer,* ZfSH/SGB 1984, 491ff.

[37] Siehe dazu oben, 10. Kap., B. und C.

[38] In dieser Richtung auch *Blümel,* FS W. Weber, S. 557ff.; *Hufen,* NJW 1982, 2163 („Kern eines verfahrensbezogenen Grundrechtsschutzes"); *Kopp,* VwVfG, § 13 Rdnr. 33 („aus rechts-

Der Kreis der Beteiligten an einem Konkretisierungsverfahren ist demgemäß und prinzipiell in einem materiell-umfassenden Sinn zu bestimmen. Am Verfahren *ist* zu beteiligen, wer durch das Konkretisierungsergebnis – also beispielsweise durch einen Verwaltungsakt, hinsichtlich dessen die Bindungswirkung eintreten soll – unmittelbar betroffen wird, in wessen Rechtssphäre dieser mithin eingreift. Insoweit besteht die Pflicht der Verwaltung zur „formellen" Beteiligung des materiell Beteiligten.[39]

Ob man allerdings die Absicherung der Rechtssphäre des einzelnen in den primären Prozessen der Verwirklichung des Verwaltungsrechts und der Verwaltungszwecke durch seine subjektiv-rechtlich gesicherte Rechtsstellung (sowie kraft einer dahingehenden objektiv-rechtlichen Verpflichtung der Behörde) als „Rechtswahrung" verstehen sollte, wie dies *R. Wahl* vorschlägt,[40] erscheint eher zweifelhaft. Denn den Charakter des Konkretisierungsverfahrens prägt der Umstand, daß zu seinem Beginn die tatsächliche Situation weitgehend offen und gerade durch die Verwaltung gestaltbar ist. Sachverhalt und Rechtslage sind noch „im Werden". Erst *nach* dem Durchlaufen des Verfahrens haben sich Rechte und Interessen konkretisiert. Deshalb gibt es hier weniger zu „wahren" als neues zu gestalten und bestehendes zu schützen, indem in das Verfahren eingebrachte Rechte „gesichert" werden.[41] Nach wie vor gilt daher, daß rechtsstaatlich geordnete Konkretisierungsverfahren der Verwaltung eine notwendige Ergänzung des gerichtlichen Rechtsschutzes darstellen und funktional auf diesen bezogen sind, weil das Gerichtsverfahren allein der umfassenden Zweckbestimmung des Art. 19 Abs. 4 GG nicht gerecht werden könnte. Dieser entfaltet deshalb entsprechende Vorwirkungen bereits auf der Verwaltungsstufe („vorverlagerter" Rechtsschutz).[42] Das Konkretisierungsverfahren darf also nicht so angelegt werden, daß es den gerichtlichen Rechtsschutz vereitelt oder unzumutbar erschweren würde.[43]

Die gemeinsame Aufgabe von Verwaltungsrechtsschutz und Verwaltungsverfahren, das objektive Recht auf den Einzelfall anzuwenden, hat allerdings nicht zur Folge, daß die Tätigkeiten von Behörden und Gerichten gleich zu beurteilen bzw.

---

staatlichen Gründen") m. w. Nachw.; näherhin zum hiesigen Standpunkt siehe oben, 10. Kap., B.II.3.a) mit aa) – Mitgestaltung durch Anhörung! Weitergehend – Verfahrensbeteiligung als Grundrechtssicherung – *Raeschke-Kessler/Eilers,* NVwZ 1988, 37ff., 39, 40.

[39] Str.; wie hier und m. w. Nachw. zur Gegenansicht *Kopp,* VwVfG, § 13 Rdnrn. 6ff.; *Lorenz,* FS BSG II, S. 917; *Meyer/Borgs,* VwVfG, § 13 Rdnr. 2 (siehe aber auch Rdnr. 10); vgl. auch die Anfrage im 1. Kap., C.III.2. mit Fn. 338f.

[40] VVDStRL 41 (1983), S. 160f.; dazu siehe schon oben, 1. Kap., C.III.2. mit Fn. 335f.

[41] Vgl. auch *Schmidt-Aßmann,* Kommunale Rechtsetzung, S. 45f.; eher widersprüchlich *Wahl* selbst, a. a. O. (Fn. 40), mit S. 153f. einerseits und S. 160ff. andererseits.

[42] Siehe hierzu maßgeblich BVerfGE 61, 82 (110); *Hill,* Das fehlerhafte Verfahren, S. 216ff.; *Kopp,* Verfassungsrecht und Verwaltungsverfahrensrecht, S. 149 m. Anm. 420; *v. Mutius,* FS C.-F. Menger, S. 590ff.; *Schmidt-Aßmann,* in: Maunz/Dürig, GG, Art. 19 Abs. 4 Rdnrn. 26, 248ff.; früher schon *Lerche,* ZZP 78 (1965), S. 27ff.; vgl. schließlich auch oben, 11. Kap., A.IV.2.

[43] BVerfGE 22, 49 (81f.); 61, 82 (110); *J. Martens,* Praxis, S. 35ff.

zu gewichten wären. Es bleibt daran zu erinnern, daß Verwaltungsrechtsschutz die nachvollziehende Konkretisierung gesetzlicher Rechtszwecke bedeutet, während verwaltungsmäßige Konkretisierung primär (eigen)verantwortliche Zweckerfüllung heißt. Diese kompetenzielle Differenz der Konkretisierungsprozesse[44] inhibiert es, die rechtlichen Schutz- und sonstigen Aufträge des administrativen Verfahrens ausschließlich auf den gerichtlichen Rechtsschutz zu beziehen und deshalb im Zusammenhang mit ihm *nur* von einem nach „vorne“ verlagerten Rechtsschutz durch Verwaltungsverfahren zu sprechen.[45]

Die anstelle dessen funktional differenzierte Beziehung zwischen Verwaltungsverfahren und Verwaltungsprozeß[46] findet im Begriff der (administrativen) *Konkretisierung* (nicht: Rechtswahrung) den ihr angemessenen Ausdruck. Als ein *eigenständiger* Auftrag des Verfahrens der Verwaltungsbehörden sichert das Konkretisierungshandeln die subjektiv-öffentlichen Rechte, spezialisiert bzw. individualisiert im Hinblick hierauf vorerst noch konturenarme Sachverhalte und läßt die geltend gemachten Rechte im Prozeß der „Rechtsbildung“ zur Verwirklichung kommen und real werden. Es ermöglicht schließlich auch Rechtsschutz, so vor allem in den Fällen der schwach strukturierten Gesetzesregelungen oder auch sonst nach Maßgabe der Schutzbedürfnisse, die in der jeweiligen Handlungssituation bestehen.[47]

IV. Verfahrensteilhabe als Informationschance

Der eigenständige administrative Konkretisierungsauftrag hat, wie bereits erörtert,[48] seine Grundlage in der spezifischen Verwaltungsverantwortung und deren Handlungs- bzw. Verfahrensperspektiven. Diese orientieren sich auch an den Informationsverarbeitungsaktivitäten der öffentlichen Verwaltung: Art und Qualität der administrativen Rechts- und Zweckkonkretisierung hängen davon ab, wie Information und Kommunikation zwischen der Verwaltung und ihrer Umwelt verfahrensmäßig ausgestattet sind. Denn die öffentliche Verwaltung vermag ihren Rechts- und Sachauftrag leistungsfähig und selbständig nur zu erfüllen, wenn sie über die dazu erforderlichen Informationen verfügt. Der Verwaltungsstaat bedingt deshalb die

---

[44] Siehe dazu nochmals und m. Nachw. oben, 11. Kap., A.IV.2.; vgl. auch *v. Mutius*, FS C.-F. Menger, S. 593ff.; *R. Scholz*, VVDStRL 34 (1976), S. 163ff.; *J. Schwarze*, Funktionaler Zusammenhang, S. 50ff., 54ff.; *Sendler*, FS C. H. Ule, S. 347ff., 352ff.; *Wittmann*, BayVBl. 1987, 744ff.; *Zimmer*, Funktion-Kompetenz-Legitimation, S. 217ff., 231ff., 233ff., 288ff.

[45] So z.B. *Kopp*, a.a.O. (Fn. 42); S. 149; in gewisser Weise richtig ist also der Ausgangspunkt bei *Wahl*, a.a.O. (Fn. 40), S. 160f.

[46] Vgl. die Nachw. in Fn. 44.

[47] Also nicht nur bei „schlichtem Verwaltungshandeln“, wie wohl *Wahl*, a.a.O. (Fn. 40), S. 161f., meint.

[48] Siehe oben, 1. Kap., A.I.2.; 7. Kap., A.I. und II.; 11. Kap., B.II. und III.

prinzipale Informationsfunktion der öffentlichen Verwaltung.[49] Sie beruht auf einem breiten Ausmaß verfassungsrechtlicher Legitimation.[50]

Erscheint die Versorgung der *Verwaltung* mit den erforderlichen Informationen als Wirksamkeitsbedingung ihres Arbeitens, bedarf es einer umfassenden Kommunikation über den für das Handeln und Entscheiden erheblichen Sachverhalt. Hierbei ist der Rechts- oder sonstwie Betroffene häufig zugleich der beste Informant bzw. Kommunikationspartner. Verfahrensmäßige Vorkehrungen, die Einflußnahme und Kommunikation ermöglichen sollen, müssen deshalb die möglichst weitreichende Beteiligung von Bürgern am Konkretisierungsprozeß als wichtiges Mittel der Sachaufklärung im öffentlichen Interesse an einer sachgerechten Entscheidungsvorbereitung sicherstellen.

Umgekehrt dient aus der Sicht des *Bürgers* jede Form einer Beteiligung – sei es Rechtsbetroffenen-, Interessenten- oder Popularbeteiligung – auch seiner Information und entsprechenden Kommunikationsmöglichkeiten über das Betroffenheit auslösende Ereignis. Weitere Aspekte wie z.B. die der Ausübung von Kontrolle oder der (politischen) Selbstverwirklichung können hinzutreten.[51]

Den Verfahrensbeteiligten wird dadurch die Chance geboten, in der Kommunikation miteinander ihre jeweils sehr verschiedenen Anliegen und Bedürfnisse zu artikulieren. Ob dabei die Verwaltung die erhaltenen Informationen im Sinne der Beteiligten auf sich Einfluß nehmen läßt, hängt freilich von vielerlei Faktoren ab.[52] Eine wesentliche Rolle spielen hierfür zwar die bestehenden bzw. behaupteten Rechtspositionen in der Gestalt subjektiv-öffentlicher Rechte. Denn da das Ziel des Verfahrens darin besteht, ihr Schicksal zu klären und diese Klärung in entscheidendem Umfang von der Art und Weise der Mitwirkung der rechtlich betroffenen Verfahrensbeteiligten abhängt, ist es wichtig, daß gerade sie am Verfahren als Informationsträger teilhaben. Denn sie sind die im materiellen Verwaltungsrecht als Inhaber spezifischer Berechtigungen und Verpflichtungen ausgewiesenen Rechtssubjekte. Verwaltungs- rsp. Bürgerinformation und frühzeitiger, „vorverlagerter" Rechtsschutz im administrativen Konkretisierungsverfahren sind insoweit nur zwei Seiten derselben Münze. Sie sind aufeinander bezogen und bedingen einander.[53]

Das Verwaltungshandeln kann sich allerdings und gerade im Interesse einer sachgerechten Konkretisierung nicht auf diesen Kreis der Beteiligten beschränken. Die durch das subjektiv-öffentliche Recht vermittelte Befugnis, an dem administrativen Konkretisierungsverfahren beteiligt zu werden bzw. sich durch Einwendungen, Be-

---

[49] Hierzu grdl. *R. Scholz/Pitschas,* Informationelle Selbstbestimmung, S. 103ff.; *Pitschas,* DÖV 1989, III. und IV.; zu den Konsequenzen für das Verwaltungsverfahren und zur Diskussion vgl. oben, 7. Kap., E.IV.; 10. Kap., B.II.2.a) mit dd).

[50] Vgl. statt aller und m. zahlr. Einzelnachw. *Bryde,* VVDStRL 46 (1988), S. 202, 205; *Haverkate,* ebd., S. 246ff.; *R. Scholz/Pitschas,* a.a.O. (Fn. 49), S. 104ff., 112ff.

[51] *Haverkate,* a.a.O. (Fn. 50), S. 246f.; *Schuppert,* Einflußnahme, S. 288ff., 298ff.

[52] Vgl. dazu die Skizze oben, 7. Kap., E.IV.; zur Problematik siehe auch die Bemerkungen im 1. Kap., C.I.3.

[53] Deutlich bes. *Schuppert,* Einflußnahme, S. 283f.

denken oder Anregungen hieran zu beteiligen, kann nur eines der den Behörden verfügbaren Mittel sein, sich möglichst umfassend über den für eine höchstmögliche Konkretisierung beachtlichen Verfahrenssachverhalt zu unterrichten.

V. Ausweitung der Verfahrensteilhabe

Die Teilhabe des Bürgers am Verfahren der Rechts- und Zweckkonkretisierung beruht damit einerseits auf dem Gedanken, subjektive Rechte verteidigen bzw. durchsetzen zu können. Sie dient andererseits Behörden und Bürgern als ein unverzichtbares Instrument der Sachverhaltsaufklärung und Informationsbeschaffung. Vor allem im Hinblick hierauf erscheinen Rechtsbetroffenen-, Interessenten- und Popularbeteiligung gleichermaßen nützlich.[54] Die Unterscheidung zwischen den rechtlich Betroffenen des Verwaltungshandelns und sonstigen Verfahrensbeteiligten bleibt dennoch geboten, mögen sich auch bei der notwendigen Abgrenzung immer wieder Unsicherheiten einstellen.[55] Das insoweit maßgebliche Differenzierungsgebot des subjektiv-öffentlichen Rechts stützt sich unantastbar auf die Freiheitsgrundrechte und das Rechtsstaatsprinzip; seine prozedurale Durchschlagskraft wird durch die Vorwirkung der Rechtsschutzgarantie des Art. 19 Abs. 4 GG auf die Ausgestaltung des dem gerichtlichen Rechtsschutzverfahren vorgelagerten administrativen Konkretisierungsverfahren noch verstärkt.[56]

Derart aus der Struktur des materiellen Rechts und dessen verfassungsrechtlichem Fundament begründete Verfahrensteilhabe knüpft an die Individualisierbarkeit des Verfahrenshandelns an. Sie ist damit auf Individualrechtsschutz angelegt. Schwierigkeiten bereitet deshalb die Betroffenenbeteiligung an den sog. Massenverfahren,[57] z.B. im Planfeststellungsverfahren.[58] Hierbei lassen sich gewisse Typisierungen und Verfahrenserleichterungen zugunsten der Verwaltung bei der gesetzlichen Regelung

---

[54] So mit Recht auch *Schmitt Glaeser,* Position der Bürger, S. 58.

[55] Diese gehen vor allem auf die spezifischen Funktionsschwächen des subjektiven Rechts im sozialen Staat der Planung, Leistung, Verteilung und Lenkung zurück; siehe dazu das eindrucksvoll ausgemalte Bild bei *R. Scholz,* VVDStRL 34 (1976), S. 199ff., 203ff.; vgl. ferner *Schmidt-Aßmann,* Verfahrensgedanke, S. 31ff.

[56] Vgl. BVerfGE 61, 82 (110); *Kopp,* Verfassungsrecht und Verwaltungsverfahrensrecht, S. 30ff., 75ff.; *Laubinger,* VerwArch. 73 (1982), S. 74f.; siehe ferner oben, 10. Kap., B.II.2.a) mit aa), c) mit bb).

[57] Hierzu näher *Bambey,* DVBl. 1984, 374ff.; *Blümel,* FS W. Weber, S. 547ff., 554ff., 557ff.; *ders.,* Grundrechtsschutz, S. 55ff.; *ders.,* VerwArch. 73 (1982), S. 5ff.; *Kopp,* FS L. Fröhler, 1980, S. 231ff., 237f., 240f.; *ders.,* Verhdlg. des 54. DJT, Bd. I (Gutachten), 1982, S. B 1ff., 116ff.; *Henle,* DVBl. 1983, 780ff.; *Schmel,* Massenverfahren, S. 52ff., 60ff., 83ff.; siehe im übrigen die zusammenfassende Darstellung bei *Ule/Laubinger,* Verwaltungsverfahrensrecht, S. 313ff.; zur Rechtslage und Problemstellung in Österreich vgl. *R. Novak,* FS K. Obermayer, S. 133.

[58] BVerwGE 67, 206 (209ff.); *Badura,* Verwaltungsverfahren, S. 450f.; *Blümel,* FS W. Weber, S. 550ff., 559ff., 565.

der Verfahrensteilhabe nicht völlig vermeiden.[59] Gleichwohl bleibt für die Durchführung derartiger Verfahren der voraufgehend dargestellte rechtliche Standard des Einzelverfahrens maßgeblich. Gegenteilige Auffassungen übersehen die fortwirkende prinzipielle Verankerung solcher Funktionsentlastungen im Individualitätsbezug des Rechtsstaates.[60]

Problematischer wird dagegen die (rechtsstaatliche) Verfahrensteilhabe dort, wo sich „Betroffenheit" selbst erst noch diffus zeigt, weil sie – wie z. B. im Zusammenhang der landesplanerischen Verfahren – erst noch im „Werden" begriffen ist und sich die Frage stellt, ob auf einer der vorgezogenen Verfahrensstufen private Interessen schon als individuelle Rechtspositionen geschützt sind.[61] Das subjektive Recht verlangt hier nach seiner Präzisierung in der „Tiefendimension", sollen nicht ganze Bevölkerungskreise einer Region plötzlich als „Betroffene" vorbereitender und in gewisser Weise der Gesetzgebung vergleichbarer[62] Entscheidungen einzustufen sein. Verfahrensteilhabe würde dann freilich unter der Hand einem weiteren Zweck dienen, nämlich der Konsensbildung und Partizipation.[63]

Nun verwirklicht freilich Rechtsbetroffenenbeteiligung auch nur *eine* Perspektive der Verfahrensteilhabe an der Rechts- und Zweckkonkretisierung. Das Grundgesetz schließt die Berücksichtigung anderer Arten der „Betroffenheit" ebensowenig aus, wie der rechtliche Bürgerstatus sie inhibiert.[64]

Speziell die gestaltende, mit Verteilungsaufgaben befaßte, lenkende und planende Verwaltung trifft auf eine Vielzahl von gesellschaftlichen Verhaltenspositionen, von denen aus Teilhabe und aktive Teilnahme am jeweiligen Konkretisierungsverfahren geltend gemacht werden. Der soziale Rechts- und Verwaltungsstaat zeichnet sich zudem durch eine quantitative und qualitative Vielfalt rechtlicher und tatsächlicher Handlungsmöglichkeiten aus, über deren Inanspruchnahme sich soziale Bedürfnisse aus dem Publikum anmelden lassen, die sodann – ohne bereits rechtlich verfestigt zu sein – zu Prämissen des administrativen Handelns werden. Sie unterwerfen das Konkretisierungsverfahren einem Wirksamkeits- und Konsenstest.[65] Damit aber ge-

---

[59] *Badura*, a. a. O. (Fn. 58), S. 451.

[60] Str., vgl. hierzu u. a. BVerfG, NJW 1985, 729; BVerwGE 67, 206 (209f.); *Achterberg*, Verwaltungsrecht, S. 546ff. (Rdnrn. 150ff.); *Hill*, Das fehlerhafte Verfahren, S. 248, 296f., 365, 435; *Kopp*, DVBl. 1980, 320ff., 327ff.; *ders.*, Bürgerbeteiligung, S. 113ff.; *Pietzcker*, VVDStRL 41 (1983), S. 215ff., 217; *Wahl*, ebd., S. 178ff., 179, 184; *Redeker*, NJW 1980, 1593ff., 1596; *Schmel*, Massenverfahren, S. 187ff.; *Schmidt-Aßmann*, Ordnungsidee, S. 47f.

[61] Dazu siehe näher *Schmidt-Aßmann*, DVBl. 1981, 339; *Wahl*, VVDStRL 41 (1983), S. 182f.; *ders.*, Bürgerbeteiligung, S. 116ff., 118ff., 123ff., 130ff., 137f.

[62] Dazu siehe bereits oben, 10. Kap., B.II.2.a) mit aa) und Fn. 190ff.; 11. Kap., B.II.2. mit Fn. 114f.; 13. Kap., A.IV. m. w. Nachw. in Fn. 75ff.

[63] Siehe auch *Schmidt-Aßmann*, Ordnungsidee, S. 49 m. Anm. 88; *Schmitt Glaeser*, Position der Bürger, S. 45ff.

[64] Vgl. auch *Schmitt Glaeser*, a. a. O. (Fn. 63), S. 50 m. w. Nachw. zum Streitstand; siehe ferner *ders.*, VVDStRL 31 (1973), S. 179ff., bes. 243ff.; *Battis*, Partizipation im Städtebaurecht, S. 62ff.; vgl. auch oben, 10. Kap., B.II.2.a) mit bb) und cc), b) mit cc), c) mit bb).

[65] Siehe ebenso *K. König*, Verwaltungsreform und Demokratiediskussion, S. 290f.; *Offe*, Leviathan 2 (1974), S. 340ff., 344.

winnt der rechtsstaatliche „due process" einen sozialstaatlich-demokratischen Stellenwert.[66] Verfahrensteilhabe läßt sich deshalb auch aus dem Gedanken ableiten, das demokratische Element der Konkretisierung zu stärken, indem „in die vorhandenen Legitimationszüge des demokratisch-parlamentarischen Verwaltungssystems und der Selbstverwaltung zusätzliche Einflußmöglichkeiten der Öffentlichkeit eingeflochten werden."[67]

Der Gesetzgeber hat diesen Gedanken aufgenommen und in einigen Regelungsfeldern den Personenkreis sowie die Art der zu berücksichtigenden Belange über den Kreis der Rechtsbetroffenen und deren subjektive Rechte hinaus erweitert. Das geltende Verfahrensrecht sieht Fälle der Interessentenbeteiligung vor, in denen die Betroffenheit in eigenen wirtschaftlichen oder sonstigen „Belangen" für die Verfahrensteilhabe ausreicht.[68] Darüber hinausgehend räumt der Gesetzgeber verschiedentlich eine Beteiligung am Konkretisierungsverfahren „jedermann" in der Form von Einwendungen ein, bindet also die Verfahrensteilhabe nicht einmal an das Vorliegen spezieller Belange.[69]

Ob vor diesem Hintergrund daran festgehalten werden darf, die verfahrensstrukturelle Bestimmung der Beteiligtenposition an den unterschiedlichen Beteiligtenqualitäten auszurichten, wird deshalb ebenso mit Recht gefragt, wie die Beschränkung der Verfahrensteilhabe auf ihre Funktionen als Instrument des Individualrechtsschutzes und als Informationsquelle auf Kritik stößt.[70] Die damit zugleich angemahnte verwaltungsstaatliche Fortentwicklung des Rechts der Verfahrensteilhabe darf freilich niemals die Systemfunktion des subjektiv-öffentlichen Rechts für die Prozeßstrukturen der Konkretisierung aus dem Auge verlieren.[71] Sie beeinflußt über den Weg einer „funktionsgerechten Öffnung" (R. Scholz) des subjektiven Rechts auch die Neustrukturierung moderner, zukunftsorientierter Verwaltungsverfahren – allerdings in notwendiger, bislang unterbliebener Fortführung dieser Öffnung in Richtung auf das *Verwaltungsrechtsverhältnis.*[72]

---

[66] Vgl. oben 10. Kap., B.II.2.a) mit cc); aus der *rechtsstaatlichen* Perspektive siehe *Burmeister,* Verfahrensstrukturierungsgebote, S. 144 m. Anm. 92, 148f.

[67] *Schmidt-Aßmann,* Ordnungsidee, S. 46; am Beispiel der Kontrolle großtechnischer Anlagen entwirft ein Modell hierzu *Roßnagel,* KritV 1986, 343ff.

[68] Siehe dazu die Einzelnachweise bei *Schmitt Glaeser,* Position der Bürger, S. 53f.; *Wahl,* VVDStRL 41 (1983), S. 160 m. Anm. 22.

[69] Beispiele hierfür sind § 10 Abs. 3 Satz 2 BImSchG, 17 Abs. 3 BWaStrG, 7 Abs. 4 AtomG i. Verb. mit § 7 Abs. 1 AtomverfahrensVO, § 3 Abs. 1 BBauG.

[70] Siehe *Burmeister,* a.a.O. (Fn. 66), S. 144 m. Anm. 92; *Schmitt Glaeser,* a.a.O. (Fn. 68), S. 48ff., 53ff., 57; vgl. früher schon *Hendler,* Die bürgerschaftliche Mitwirkung an der städtebaulichen Planung, 1977, S. 21ff.; *Schuppert,* Einflußnahme, S. 280ff., 287.

[71] Das aber ist der Fall bei *Schmitt Glaeser,* a.a.O. (Fn. 68), S. 52.

[72] Vgl. auch *Hill,* VVDStRL 47 (1989), S. 193; *H. Bauer,* AöR 113 (1988), S. 610ff.; *R. Scholz,* VVDStRL 34 (1976), S. 203ff., postuliert diese Öffnung, setzt indes den Akzent auf „Repräsentation", ohne das Verwaltungsrechtsverhältnis zu berücksichtigen; in der Tendenz demgegenüber wie hier – wie mir scheint, in sich leicht widersprüchlich in bezug auf die Vernachlässigung des subjektiven Rechts, das auch beim *Rechts*verhältnis der Tragpfeiler bleibt – *Schmitt Glaeser,* a.a.O. (Fn. 68), S. 84ff. (bloße „Interessengemeinschaften", S. 87,

C. Verfahrensteilhabe und Verfahrensrollen

Auf diesem Weg offenbart sich das Ausmaß, in dem der rechtliche Bürgerstatus die Verfahrensordnung in Verfolg des von ihm intendierten Grundmusters determiniert, nicht allein in der Festlegung, *wer* alles am Verfahren teilnehmen soll. Vorbestimmt ist auch die Art und Weise, *wie* Verwaltung und Bürger im Konkretisierungsvorgang zusammenwirken. Sie läßt sich am klarsten unter Rückgriff auf die rollentheoretische Betrachtung des Verfahrenshandelns beschreiben.[73]

I. Rollenbindung des Verwaltungsverfahrens

Die Begegnung von Verwaltung und Bürger gestaltet sich im Zuge der Verfahrensteilhabe als ein zeitlich gestreckter Ablauf einzelner Handlungen auf gewisse Dauer. Er umfaßt das rechtliche und faktische Zusammenspiel der Verfahrenssubjekte, das Fortgang und Richtung des Verfahrens bestimmt. Es wird primär auf der Ebene von *Rollen* vollzogen. Denn weder die verfahrensbeteiligten Bürger noch die Mitarbeiter, in deren Gestalt die Verwaltung konkret agiert, können als handelnde Personen aus ihrer Lebenswelt herausgelöst werden. Das Verfahrenshandeln ist daher in seinem Ansatz auf Rollenausführung festgelegt. Sie wird zwischen Verwaltung und Bürger auf das Verhalten unter Rollenträgern einreguliert, ohne dadurch in jeder Hinsicht unabhängig von dem Umstand zu werden, welche anderen Rollen die Verfahrensbeteiligten sonst noch wahrnehmen und welchen lebensweltlichen Beweggründen sowie Richtgrößen sozialen Handelns sie unterliegen.[74]

Das administrative Konkretisierungsverfahren ist in diesem Sinne ein prinzipiell auf Rollenebene integriertes, „offenes" soziales Handlungssystem. In ihm orientieren sich Rollenverständnis und Rollenverteilung zwischen Verwaltung und Bürger an den Positionen bzw. Aufgaben, die das Verwaltungsrecht dem jeweiligen Rollenträger zuweist.[75] Die Frage ist also, *wem* im administrativen Konkretisierungsverfahren *welche Rolle* aufgrund welcher Position/Aufgabe übertragen ist.

---

sind zu wenig); zum „Verwaltungsrechtsverhältnis" selbst siehe im übrigen die Nachw. unten in Fn. 137.

[73] Dazu siehe die Grundlegung oben, 7. Kap., C. I. 2., D. III. 4.

[74] Vgl. oben, 7. Kap., D. III. 4.–6.

[75] Siehe auch den gleichsinnigen Ansatz bei *J. Martens,* Praxis, S. 31 (mit berechtigter Kritik an *Wahl* in Anm. 109) und S. 41 ff.

II. Rollenverteilung zwischen Verwaltung und Bürger: Parteien- oder Beteiligtenverfahren?

Für die Antwort hierauf sind die Verhaltenserwartungen maßgeblich, die von Rechts wegen dem Verfahrenshandeln entgegengebracht werden und die speziell für die *Verwaltung* an deren materiellen Auftrag sowie an ihre Stellung im Gewaltengefüge des Staates anknüpfen.[76] Die Bestimmungen des materiellen Rechts, die das Verhalten der am Verfahren Beteiligten prägen, richten sich insoweit an die Behörde nicht grundsätzlich anders als an den Bürger.[77] Insbesondere darf die behördliche Position nicht mit der des Gerichts als eines unbeteiligten, in der Sache neutralen Dritten verglichen werden; die Verwaltung bzw. ihre Organwalter sind keine Richter in eigener Sache, die über einen zwischen „kontrovers Beteiligten" geführten Rechtsstreit entscheiden. Solcher materiell-richterlichen Tätigkeit stände zudem der Vorbehalt des Art. 92 GG entgegen.[78]

Vor allem aber ist der administrative Konkretisierungsprozeß kein kontradiktorisches Verfahren, in dem sich – wie im Zivilprozeß – die Träger der Verfahrensrollen als „Parteien" gegenübertreten, also als Rechtssubjekte, von denen und gegen die nach sachlichem Recht eine staatliche Rechtsschutzhandlung im eigenen Namen begehrt wird.[79]

Ein derartiges Rollenverständnis ist zwar nicht schon durch den Hinweis darauf ausgeschlossen, daß der Parteibegriff von dem Gegensatz zu einem unabhängigen Dritten als dem Entscheidenden lebt.[80] Denn für die (zivilprozessuale) Parteistellung ist die (außerprozessuale) Rechtsstellung oder Interessenbefangenheit ohne Belang.[81] Entscheidend ist vielmehr die Beziehung des Parteibegriffs zum materiellen Recht.[82]

---

[76] Dazu näher bereits oben, 1. Kap., B. II. 3. d) und e), C. und D.; 2. Kap., B. und C.; 4. Kap., C. III. 2. und VII. sowie D.; 7. Kap., A. und B.; 8. Kap., C.; 10. Kap., B. II.; 11. Kap., A. und B.; 12. Kap., B. und D.

[77] Vgl. auch *J. Martens,* JuS 1977, 809.

[78] BVerfGE 3, 377 (381 f.); *Lorenz,* Rechtswegegarantie, S. 202 ff.; *Meyer/Borgs,* VwVfG, § 13 Rdnr. 5; *Wahl,* VVDStRL 41 (1983), S. 157 m. Anm. 10; gefährlich ist deshalb der immer wieder anzutreffende Versuch, bei der Interpretation verwaltungsverfahrensrechtlicher Vorschriften (wie z.B. der §§ 14 VwVfG, 13 SGB X, 78 AO) die Behörde in die Nähe der Gerichtsbarkeit zu rücken.

[79] Zum „Parteibegriff" siehe statt aller *Rosenberg/Schwab,* Zivilprozeßrecht, S. 213 f.

[80] So aber *Wahl,* VVDStRL 41 (1983), S. 157 m. Anm. 10, der wohl auf BVerfGE 3, 377 (381) rekurrieren möchte; dort wird jedoch die Verwaltung aus dem Gerichtsbezug gerade herausgenommen (S. 382).

[81] *Rosenberg/Schwab,* a. a. O. (Fn. 79), S. 213; so kann eben in der Tat auch die Staatsanwaltschaft als Behörde „Partei" sein im Zivilprozeß (Ehe- und Entmündigungssachen, vgl. §§ 632, 646, 666, 675, 679, 686 ZPO).

[82] Insoweit ist auch im Zivilprozeß der formelle Parteibegriff funktionell zu ergänzen, vgl. *Henckel,* Parteilehre und Streitgegenstand im Zivilprozeß, 1961, S. 123 ff., 183 ff.

Einen deutlichen Hinweis darauf, wie sich diese Beziehung im Verwaltungsrecht gestaltet, geben die Prozeßordnungen der *Verwaltungs-(Sozial- und Finanz-)gerichtsbarkeit,* die nicht von „Parteien", sondern von „Beteiligten" reden und den Begriff als gemeinsame Bezeichnung für alle Personen und Behörden verwenden, die am Prozeß mit eigenen Verfahrensrechten beteiligt sind.[83] Freilich soll der Beteiligtenbegriff „funktionell dem der Partei im Zivilprozeßrecht" entsprechen.[84] Dem ist aber nur mit Einschränkungen zu folgen. Der Beteiligtenbegriff ist nicht nur umfassender zu verstehen, insofern er auf die in ihrer Eigenverantwortung liegende Gestaltungsmacht der Verwaltung reagiert, mit der diese auch auf Rechte Dritter einzuwirken vermag. Anders als der Parteibegriff im Zivilprozeß ist damit der Beteiligtenbegriff von einer Rechtsgestaltung und außerprozessualen Rechtsstellung abhängig, die verfahrensrechtlich im Wege der Beiladung (§§ 65 VwGO, 75 SGG, 60 FGO) entfaltet wird.[85]

In erster Linie kommt jedoch dem Beteiligtenbegriff eine andere *Qualität* als dem Parteibegriff zu. Sie offenbart sich in bezug auf das im Rechtsstreit behauptete materielle Recht. Denn entweder muß eine „Partei" behaupten, daß ihr der geltend gemachte Anspruch zustehe, oder sie muß zumindest behaupten, daß sie über den von ihr geltend gemachten fremden Anspruch *Verfügungsmacht* habe. Wer eine solche Beziehung zum Streitgegenstand nicht behauptet, kann auch nicht „Partei" eines Prozesses sein.[86] Im Verwaltungsprozeß hat indes nicht nur der Beigeladene keine Verfügungsmacht über das streitige subjektiv-öffentliche Recht des Klägers, das Gegenstand des Verfahrens ist. Sein Handeln zielt nur auf Mitwirkung am Prozeß, in dem jedoch über ein von einem anderen Prozeßbeteiligten (Kläger) behauptetes subjektives Recht entschieden wird. Die Verfügungsmacht über den geltend gemachten Anspruch entfällt freilich auch und dann auf seiten des Klägers, wenn der Behörde als Beklagte bei ihrer Entscheidung ein Ermessen eingeräumt war. Die Anspruchsgrundlage (für eine Ermessensleistung) wird in diesem Fall erst mit der (materiell-rechtlichen) Willenserklärung der Behörde gebildet oder versagt.[87]

Der Parteibegriff „paßt" mithin schon für den Verwaltungsprozeß nicht, weil es an der diesbezüglichen Verfügungsmacht der Prozeßteilnehmer mangeln kann. Gleiches gilt für das *administrative Konkretisierungsverfahren.* Selbst wenn man hier davon ausgeht, daß die „Anspruchsstrukturen des besonderen Verwaltungsrechts" den subjektiv-öffentlichen Rechten (Ansprüchen) des Bürgers stets solche des Staates entgegensetzen und deshalb Bürger und Verwaltung in Positionen einrücken, „die sich von der Lage des Gläubigers und Schuldners in anderen Bereichen

---

[83] *Kopp,* VwGO, § 63 Rdnrn. 1, 2; *Meyer-Ladewig,* SGG, 3. Aufl., 1987, § 69 Rdnrn. 1, 2.

[84] *Kopp,* a.a.O. (Fn. 83), § 63 Rdnr. 1; siehe ebenso *Meyer-Ladewig,* a.a.O. (Fn. 84), § 69 Rdnr. 2.

[85] *Kopp,* a.a.O. (Fn. 83), § 63 Rdnr. 2; *Meyer-Ladewig,* a.a.O. (Fn. 84), § 69 Rdnr. 5; siehe auch *J. Stettner,* JA 1982, 394ff., 396.

[86] *Rosenberg/Schwab,* Zivilprozeßrecht, S. 213.

[87] *J. Martens,* Praxis, S. 17ff., 21.

(z.B. zivilrechtlichen Beziehungen) nicht unterscheiden",[88] sowie ferner den doch partiellen Rechtsschutzcharakter des administrativen Konkretisierungsverfahrens berücksichtigt, läßt sich weder für den Bürger noch für die Verwaltung eine Parteistellung begründen. Nicht nur fehlt es im Ermessensbereich und in den Fällen der rechtlichen Betroffenheit Dritter an der Verfügungsmacht des Bürgers über den Anspruch. Auch die Verwaltung ist nicht „Partei", so daß dem Bürger ein Gegenüber versagt bleibt, zu dem er sich selbst in eine Parteienstellung begeben könnte.

Anders als im Zivilrecht werden nämlich im Verwaltungsrecht die Interessenlagen beider Seiten von der Rechtsordnung nicht gleich, sondern unterschiedlich bewertet. Die Verwaltung ist in allen ihren Konkretisierungsschritten ebenso dem Grundsatz der Gesetzmäßigkeit wie ihrem Gemeinwohlauftrag verpflichtet.[89] Sie hat nur eine partielle Verfügungsbefugnis über den vom Bürger geltend gemachten „Anspruch". Deshalb dürfen auf Verwaltungsseite auch nur solche Personen Verantwortung für die Konkretisierung tragen, die dem Ausgang des Verfahrens und dem Bürger *unbefangen* gegenüberstehen, also zur Kooperation überhaupt fähig sind. Der administrative Konkretisierungsprozeß genügt von daher nur dann rechtsstaatlichen Anforderungen, wenn sowohl der öffentlichen Verwaltung als auch dem einzelnen garantiert ist, daß ein Amtsträger an keinem Verfahren über eigene Angelegenheiten teilnimmt bzw. am Verfahrensergebnis kein persönliches (privates) Interesse hegt.[90]

Schrifttum und Rechtsprechung haben ferner übereinstimmend anerkannt, daß für befangene Amtswalter ein Handlungsverbot auch dann besteht, wenn es nicht ausdrücklich gesetzlich normiert ist.[91] Ausschluß- und Befangenheitsregelungen müssen dabei selbst den äußeren Schein einer Verquickung privater und öffentlicher Interessen vermeiden: Sogar wenn sich die öffentliche Hand wegen der dabei (vermeintlich) zu erreichenden größeren Beweglichkeit der Privatrechtsform bedient, hat sie diesbezügliche Verhinderungsmaßnahmen zu treffen.

Das administrative Konkretisierungsverfahren kann somit in keiner Weise ein Parteienstreit sein. Es bildet stattdessen einen Handlungszusammenhang, an dem

---

[88] *J. Martens*, a.a.O. (Fn. 87), S. 8 m. Anm. 49, 12ff., 16 unter Bezugnahme auf *Schapp*, Das subjektive Recht im Prozeß der Rechtsgewinnung, 1977, S. 152ff., 155, 176ff.

[89] Zur „Gemeinwohlverantwortung" der Verwaltung siehe bes. *Häberle*, Öffentliches Interesse, S. 71ff., 95ff., 101ff., 193ff., 246ff., 453ff., 475ff., 595ff., 678ff.; *ders.*, Rechtstheorie 14 (1983), S. 257ff.; vgl. auch BVerwG, DVBl. 1985, 850; *v. Arnim*, Gemeinwohl, S. 35ff., 183ff., 210, 280ff.; *W. Schmidt*, VVDStRL 33 (1975), S. 196ff.

[90] Vgl. §§ 20, 21 VwVfG; 16, 17 SGB X; grdl. dazu BVerwGE 75, 214 (227ff.).

[91] Die §§ 20, 21 VwVfG und ähnliche Vorschriften – wie z.B. die §§ 16 und 17 SGB X – sind aus dem Rechtsstaatsprinzip abgeleitet, aus sachlich betroffenen Grundrechten sowie aus dem allgemeinen Gleichheitssatz; als Sicherungen eines unparteiischen Verwaltungsverfahrens liegen sie dessen gesetzlicher Regelung voraus, siehe oben, 10. Kap., B. II. 2. b) mit aa), 3. c) mit aa); vgl. ferner *Kopp*, Verfassungsrecht und Verwaltungsverfahrensrecht, S. 45, 88, 175; *Ule/Becker*, Verwaltungsverfahren im Rechtsstaat, S. 30; w. Nachw. siehe bei *Ule/Laubinger*, Verwaltungsverfahrensrecht, S. 97ff., 98 m. Anm. 2; 99ff., 106f.; falsch daher BVerwG, NVwZ 1988, 66f., 67, wo zu formal argumentiert wird.

verschiedene Handlungsträger auf der Grundlage ihnen jeweils zugeordneter Kompetenzen und Verfahrenspositionen gemeinsam an der Konkretisierung *beteiligt* sind. Abweichend hierzu vertritt allerdings die fast einhellige Meinung in der Literatur für das geltende Verfahrensrecht den Standpunkt, die Behörde sei an dem von ihr durchgeführten Verwaltungsverfahren nicht „beteiligt", weil sie dessen „Trägerin" sei.[92] Das ist in der Tat richtig, soweit sich dieser Hinweis auf die Institutionalisierung des Verfahrens als solchem bezieht. Doch überzeugt das Argument in den aus dieser institutionell-organisatorischen Rahmengebung gezogenen Konsequenzen nicht: Zwischen den Verfahrensrollen besteht ein prinzipieller Gegenseitigkeitsbezug: die Behörde steht ihm zufolge weder außerhalb noch über dem Verfahren, sondern sie ist darin in Gleichordnung mit dem Bürger,[93] allerdings unter Wahrung der Zuständigkeitsordnung und ihrer Position als Sachwalter der Allgemeinheit, ebenso involviert wie diejenigen Verfahrenssubjekte, die eine Tätigkeit der Behörde in Anspruch nehmen oder auf die sich das Verwaltungshandeln sonstwie bezieht.

Der Beteiligtenbegriff verdeutlicht im übrigen, daß die öffentliche Verwaltung trotz ihrer Gemeinwohlbindung keine durchweg „neutrale" Instanz verkörpert. Ihre interessenmäßige Bezogenheit auf das gesellschaftliche Umfeld[94] ist nicht nur Bedingung und Notwendigkeit für die Formulierung sowie Durchsetzbarkeit administrativer Konkretisierungsergebnisse. Sie schafft auch Raum, Gelegenheit und Bedarf für die machtvoll organisierte Einwirkung gesellschaftlicher Sonderinteressen auf ihr Planen und Handeln.[95] Auch deshalb ist die Verwaltung an der Rechts- und Zweckkonkretisierung „beteiligt" – nicht als parteiischer Vertreter eines Klientels, aber auch nicht frei von gesellschaftlichen Einflüssen und organisatorischen Eigeninteressen.[96]

---

[92] Vgl. u. a. in bezug auf das allgemeine Verwaltungsverfahren *Forsthoff*, Verwaltungsrecht I, S. 235; *Kopp*, VwVfG, § 13 Rdnr. 8a; *Lorenz*, FS BSG II, S. 915; *Meyer/Borgs*, VwVfG, § 13 Rdnr. 5; *Stelkens/Bonk/Leonhardt*, VwVfG, § 13 Rdnr. 8; *Obermayer*, VwVfG, § 13 Rdnrn. 2, 3; *Wolff/Bachof*, Verwaltungsrecht III, S. 327 (§ 156 IIIb 1); für das Sozialverwaltungsverfahren siehe etwa *Lorenz*, VSSR 3 (1975), S. 262; *Pickel*, Das Verwaltungsverfahren, Kommentar zum SGB X, 6. Lieferung (1983), § 12 Anm. 2b; *Schroeder-Printzen/v. Wulffen*, SGB X, § 12 Anm. 2.

[93] Vgl. oben 6. Kap., C. III. 3.; 10. Kap., B. II. 2. b) mit cc), c) mit bb).

[94] Dazu näher die Ausführungen im 1. Kap., A. II.; 2. Kap., C. II.; 6. Kap., C. III. 3.; 11. Kap., B. II. und III.

[95] Siehe dazu bes. *v. Arnim*, Gemeinwohl, S. 130ff., 136ff., 183ff.; *Böckenförde*, Der Staat 15 (1976), S. 457ff.; *Böhret*, Verwaltungspolitik, S. 27ff.; *Burmeister*, Verfahrensstrukturierungsgebote, S. 144ff.; *Haverkate*, VVDStRL 46 (1988), S. 219f.

[96] Dies wendet sich gegen die unspezifische Behauptung einer „Neutralität" der öffentlichen Verwaltung; vgl. hierzu auch und mit teilweise entgegenstehender Behauptung BVerfGE 69, 57 (88); BVerwGE 75, 214 (231); BVerwG, DÖV 1987, 870; BVerwG, DVBl. 1987, 1267ff., 1269; *Eberle*, DVerw. 17 (1984), 462; *Held*, Grundrechtsbezug, S. 53, 189; *Goerlich*, Grundrechte als Verfahrensgarantien, S. 351; *Hufen*, Verwaltungsverfahren, S. 159 und öfter; *Meyer/Borgs*, VwVfG, § 13 Rdnr. 5; *Pietzcker*, VVDStRL 41 (1983), S. 213 m. Anm. 71. – Die Behörde ist m. a. W. am Verwaltungsverfahren als Antragsgegnerin „beteiligt"; wie hier auch *J. Martens*, Praxis, S. 52, obschon mit anderem gedanklichen Ansatz.

III. Behörden als Verfahrenssubjekte

Sowohl die Verwaltung als auch der in seinen Rechten und rechtlich geschützten Interessen betroffene Bürger sind mithin „Beteiligte" des administrativen Konkretisierungsverfahrens. Die für die Verfahrensdurchführung zuständige Verwaltungsbehörde übernimmt dabei die Rolle eines *notwendigen* Verfahrenssubjekts.[97] Sie zeichnet für das Verfahren verantwortlich, indem regelmäßig sie es ist, die durch die Erforschung des Sachverhalts unter eventueller Beiziehung von Sachverständigen die tatsächlichen Grundlagen für die Konkretisierung ermittelt, den Betroffenen Gelegenheit gibt, ihre Rechtsstellung zu wahren und sich zu dem Gegenstand und Ablauf des Verfahrens zu äußern. Ihr obliegt die Aufgabe, seinen Gang voranzutreiben und dafür zu sorgen, daß alle Verfahrensschritte ordnungsgemäß stattfinden.

Zu diesem Zweck stehen der Behörde unter Beachtung der Zuständigkeitsordnung[98] und bei Gewährleistung der Unbefangenheit ihrer Mitarbeiter umfangreiche Befugnisse zur *Verfahrensleitung* zu. Das geltende Verfahrensrecht legt hierzu u. a. fest, daß die Behörde im Rahmen der Sachaufklärung Art und Umfang der Ermittlungen bestimmt (§§ 24 I 2 VwVfG, 20 I 2 SGB X, 88 I 2 AO), nach pflichtgemäßem Ermessen entscheidet, ob und wann sie das Konkretisierungsverfahren einleitet (§§ 22 VwVfG, 18 SGB X, 86 AO), welche weiteren Bürger sie in das Verfahren einbezieht (§§ 13 II VwVfG, 12 II SGB X, vgl. ferner § 360 AO) und ob sie zur zweckmäßigen Gruppierung von Beteiligten zur Verbindung oder Trennung von Verfahren greift.[99]

Der Verwaltung werden somit vom Gesetzgeber zahlreiche Leitungsbefugnisse zugeordnet, kraft derer sie den Ablauf des Konkretisierungsprozesses maßgeblich zu steuern vermag. Ihr verbleibt diese Befugnis zur Verfahrenssteuerung („Verfahrensherrschaft") auch dann, wenn weitere Stellen der öffentlichen Verwaltung als Sachwalter unterschiedlicher Allgemeininteressen kraft besonderer Rechtsvorschrift befugt sind, in den Formen der Anhörung, des Benehmens, Einvernehmens oder der Zustimmung am Verfahren *mitzuwirken.*[100]

Dabei ist freilich für die Rechtsposition der mitwirkungsberechtigten Behörden oder Verwaltungsträger im Konkretisierungsverfahren je nach Zweck und Ausge-

---

[97] *Badura,* Verwaltungsverfahren, S. 388f.; *Schmidt-Aßmann,* Jura 1979, 514; zu den Subjekten des Verfahrens siehe im übrigen *Ule/Laubinger,* Verwaltungsverfahrensrecht, S. 51ff., 122ff.

[98] Vgl. BVerwG, DVBl. 1987, 1267ff., 1269ff.; *Badura,* Verwaltungsverfahren, S. 388f.; siehe auch bereits oben, 1. Kap., B. II. 3. b) mit cc).

[99] Für das Verwaltungsverfahrensrecht existieren derzeit keine generellen Vorschriften, doch kommt eine sinngemäße Anwendung der prozessualen Regelungen der §§ 93 VwGO, 113 SGG, 73 FGO in Betracht, vgl. auch *Kopp,* VwVfG, § 9 Rdnrn. 27f., 34; der Bürger ist von deren Anwendung, d. h. von der Verbindung einzelner Verfahren zu unterrichten (Aspekt der „Waffengleichheit").

[100] Siehe Einzelheiten hierzu bei *Badura,* Verwaltungsverfahren, S. 406ff.

staltung der Mitwirkung zu unterscheiden: Soweit derartige Befugnisse eingeräumt sind, um einem eigenen funktionsrechtlichen Interesse der jeweiligen Verwaltungseinheit Rechnung zu tragen, stellt sich die Mitwirkung als gebotene Verfahrensbeteiligung dar; andernfalls dient die Teilnahme am Verfahren nur dem allgemeinen administrativen Koordinationsinteresse. Die Mitwirkungsbehörde ist dann ein sonstiges Verfahrenssubjekt, dessen Verfahrensposition in dem einschlägigen Fachgesetz begründet liegt, das die Teilnahme der durch das Verfahren in ihrer Zuständigkeit berührten Behörde vorschreibt. Allerdings steht auch die (nur) mitwirkungsbefugte Behörde *innerhalb* des administrativen Konkretisierungsverfahrens. Dessen im Verfahrenskonzept der Verfassung verankerte Grundsätze binden auch sie, so z.B. das Verbot der Verfahrenstätigkeit befangener Amtswalter.[101] Über die Verletzung der Verfahrensgebote kann jedoch nur implizit im Rahmen eines Rechtsstreites mit der verfahrensleitenden Behörde befunden werden. Denn Mitwirkungsakte anderer Behörden oder Verwaltungsträger stellen grundsätzlich keine unmittelbar wirkenden Regelungen zu Lasten des betroffenen Bürgers dar.[102]

Diese Rechtslage ist zwar auch dann gegeben, wenn der Verfahrensposition der mitwirkungsberechtigten Verwaltungseinheit ein eigenes rechtlich geschütztes Interesse zugrunde liegt. Gleichwohl gewinnt aber die Verfahrensrolle im Falle der Ausstattung mit rechtlich abgesicherten *Funktionsinteressen,* die entweder in Gestalt der bereits genannten Mitwirkungsformen oder auch jenseits davon zur Geltung zu bringen sind, eine weitaus umfangreichere Bedeutung. Die mehr oder weniger starke Art der Mitwirkung[103] kann zwar Auswirkungen auf den *Umfang* der Sicherung eines *anderweit* vorausgesetzten oder statuierten Rechts haben; sie vermag jedoch dieses Recht nicht selbst zu begründen. Und erst dieses eigene Recht der mitwirkungsbefugten Stelle, wie z.B. das der Gemeinden auf Mitwirkung am Baugenehmigungsverfahren[104] oder auf Einbezug in ein Planfeststellverfahren,[105] bietet die Grundlage der uneingeschränkten Verfahrensteilhabe als „Beteiligter" *neben* der verfahrensleitenden Behörde.[106]

Ob eine Behörde in diesem Sinne konkret an einem Verfahren zu beteiligen ist, hängt u.a. mit der umstrittenen Frage zusammen, ob ein Verwaltungsträger überhaupt klagefähige subjektive Rechte oder sonstige rechtlich geschützte Interessen im internen Bereich der Verwaltungsorganisation für sich in das Feld führen darf.[107] In

---

[101] Vgl. (undeutlich) auch *Kopp,* VwVfG, § 13 Rdnrn. 45, 49, 22; § 21 Rdnr. 59; § 22 Rdnrn. 14f.

[102] Statt vieler siehe *Badura,* a.a.O. (Fn. 100), S. 407 m. Anm. 49.

[103] Vgl. nur die Unterscheidungen bei *Badura,* a.a.O. (Fn. 100), S. 406f.

[104] Vgl. § 36 BauGB; in bezug auf die Bauleitplanung siehe § 2 Abs. 1 BauGB und BVerfGE 56, 298 (310, 317f.).

[105] BVerwGE 31, 263 (265); BVerwG, DVBl. 1966, 177 und 181; DVBl. 1973, 448.

[106] BVerwGE 31, 263 (265); *Badura,* Verwaltungsverfahren, S. 396, 406.

[107] Siehe dazu bereits im Text oben, 13. Kap., um und mit Fn. 60ff.; vgl. ferner u.a. *Bethge,* Grundrechtskollisionen, S. 114ff.; *ders.,* DVBl. 1980, 309ff., 311ff.; *Burmeister,* Innenrecht der Verwaltung, S. 47ff., 51ff., 70ff., 73f.; *ders.,* Verfahrensstrukturierungsgebote, S. 146; *Böckenförde,* FS H.J. Wolff, S. 269ff., 302ff.; *Lerche,* in: Maunz/Dürig, GG, Art. 83 Rdnr. 42

der Antwort hierauf lassen sich in den letzten Jahren zahlreiche intensive Bemühungen verzeichnen, die prinzipielle Andersartigkeit organisatorischer und organschaftlicher Befugnisse gegenüber subjektiv-öffentlichen Rechten des Bürgers begrifflich aufzulösen und die Existenz klagefähiger subjektiver Rechte auch im organisationsinternen Sektor zu bejahen.[108]

Das subjektiv-öffentliche Recht erschließt sich freilich einer solchen Indienstnahme nicht problemlos. Es gründet gedanklich auf dem wesensmäßigen Unterschied zwischen subjektiven Rechtsgewährleistungen für den einzelnen und organisationsrechtlichen Kompetenzzuweisungen, damit also auf einer Differenzierung, die ihrerseits aus dem auf individuelle Freiheitssicherung angelegten Rechtsstaatsprinzip folgt.[109] Es erscheint deshalb ausgeschlossen, einzelnen Verwaltungseinheiten subjektiv-öffentliche Rechte gleichsam im Wege der internalisierenden Verlängerung ihrer Wirkkraft zuzuordnen, auch wenn dies der Entwicklung bzw. Aufrechterhaltung einer „inneradministrativen Gewaltenteilung" förderlich sein könnte.[110]

Einer näheren Auseinandersetzung mit dieser Problematik bedarf es allerdings hier nicht. Denn es gibt konstruktiv andere Wege, um der im Zuge der *Binnenpluralisierung* öffentlicher Verwaltungen festzustellenden Tatsache gerecht werden zu können, daß immer häufiger ein Verwaltungsträger von einem anderen die Vornahme einer konkreten Verwaltungshandlung verlangen kann.[111] Jedenfalls wird daraus ersichtlich, daß innerhalb der Verwaltung eine besondere Schicht von Organisationsnormen besteht, denen die Eigenschaft von Verhaltensregeln zukommt und die spezifische Handlungs- und Erfüllungspflichten zwischen Verwaltungsträgern mit anspruchsartiger Qualität festlegen. Zwar sind diese Befugnisse und Berechtigungen nicht wie das subjektiv-öffentliche Recht auf die Abgrenzung von Willens- und Handlungssphären, d.h. von individuellen Freiheitsbereichen bezogen. Sie sichern aber die Zusammenfügung partiellen Verwaltungshandelns zu einem einheitlichen Wirkungszusammenhang gegenüber der Verwaltungsumwelt und damit die Wahrnehmung des Interesses der organisatorischen Einheit.[112]

---

m. Anm. 152; *M. Schröder,* NVwZ 1985, 246f.; *Stettner,* Kompetenzlehre, S. 64ff.; *Schmidt-Aßmann,* in: Maunz/Dürig, GG, Art. 19 Abs. 4 Rdnr. 148.

[108] Vgl. z.B. VGH Kassel, WissR 18 (1985), S. 96ff.; OVG Koblenz, NVwZ 1985, 283ff.; *Bethge,* DVBl. 1980, 313; *ders.,* HdbKommWissPrax., Bd. II, 2. Aufl., 1982, S. 176ff., 192; *Oldiges,* NVwZ 1987, 743; *Papier,* DÖV 1980, 292ff.; *M. Schröder,* NVwZ 1985, 246; w. Nachw. bei *Burmeister,* a.a.O. (Fn. 107), S. 48 m. Anm. 4.

[109] Vgl. *Burmeister,* a.a.O. (Fn. 107), S. 48ff., unter Hinweis auf *Böckenförde,* FS H. J. Wolff, S. 287ff., 302.

[110] *Schmidt-Aßmann,* a.a.O. (Fn. 107), Art. 19 Abs. 4 Rdnr. 148; *Schenke,* in: Bonner Kommentar, Art. 19 Abs. 4 (Zweitbearb.), Rdnrn. 31ff., 37 m.w.Nachw.

[111] Näher dazu *Bryde,* VVDStRL 46 (1988), S. 192, 198ff.; *Burmeister,* Innenrecht der Verwaltung, S. 55, 60.

[112] Vgl. *Böckenförde,* FS H. J. Wolff, S. 302; zur damit angestrebten „Einheit der Verwaltung" siehe auch die Nachw. oben, 12. Kap., Fn. 8 und 84; vgl. ferner *Bryde,* a.a.O. (Fn. 111), S. 192f., 201, 208ff.; *Burmeister,* a.a.O. (Fn. 111), S. 67ff., 70ff.; *Oebbecke,* DVBl. 1987, 876f.; *Oldiges,* NVwZ 1987, 738f., 739f., 743f.; *R. Scholz/Pitschas,* Informationelle Selbstbestimmung, S. 114 m. Anm. 390.

Derartige „Wahrnehmungszuständigkeiten" von Verwaltungsträgern[113] sind mithin eine Bedingung der Verwaltungsverantwortung und als solche verfassungsrechtlich fundiert. Hierbei ist allerdings nach Maßgabe des Koordinationsbedarfes zwischen allgemeinen Koordinationsinteressen und solchen zu unterscheiden, derentwegen Kompetenzzuschreibungen an einen Verwaltungsträger als „Anspruch" ausgestaltet werden und die diesen auf das verfahrensbefangene subjektiv-öffentliche Recht des beteiligten Bürgers spiegeln. Die Mitwirkung weiterer Verwaltungseinheiten am Verfahren verfolgt im ersteren Fall den (bloßen) Zweck, der verfahrensleitenden Behörde ein umfassendes und ggf. durch Einbezug besonderer Sachkunde verfeinertes Bild der für die Konkretisierung maßgeblichen Gesichtspunkte zu vermitteln. Anders liegen die Dinge jedoch, wenn einzelne Organisationseinheiten die Rolle eines Gegenspielers gegenüber den weiteren Verfahrensbeteiligten übernehmen. Der in dieser Rolle agierende Verwaltungsträger wird insofern als *Repräsentant* eines spezifischen Gemeinwohlinteresses am Verfahren der Konkretisierung beteiligt.[114] Das von ihm gegenüber der verfahrensleitenden Behörde geltend gemachte organisatorische Mitwirkungsinteresse am Verfahren ist deshalb ebenso wie das involvierte subjektiv-öffentliche Recht des Bürgers als eine subjektivierte Funktionsgewähr und damit i.S. eines Beteiligtengebotes zu berücksichtigen, wenn die im Einzelfall einschlägigen objektiven Funktionsnormen ein rollenspezifisch eigenes, nur und gerade der zu beteiligenden Verwaltungseinheit übertragenes und dadurch gleichsam organisations-subjektiviertes Funktionsrecht ausweisen.[115]

IV. Bürger als Verfahrenspartner

Die das Verfahren durchführende Behörde legt den Kreis der Beteiligten unter Beachtung der im subjektiv-öffentlichen Recht fundierten Ansprüche einzelner und der administrativen Wahrnehmungszuständigkeiten sowie unter Berücksichtigung des öffentlichen Interesses an einer sachgerechten Konkretisierung fest. Sie muß dabei auch diejenigen Rechtssubjekte in das Verfahren einbeziehen, die von diesem zwar nicht unmittelbar betroffen werden, die aber der Verfahrensausgang indirekt – wie z.B. beim Verwaltungsakt mit Drittwirkung[116] – in ihrer Rechtssphäre berührt. Auch diese „Dritten" haben einen Anspruch auf Verfahrensteilhabe, der ggf. durch Verpflichtungsklage gem. § 42 VwGO durchzusetzen ist.[117]

---

[113] Zu diesem Begriff und seinem Deutungsgehalt siehe bes. *Wolff/Bachof*, Verwaltungsrecht II, S. 15ff. (§ 72 I c).

[114] Dies in Anlehnung an die Konzeption von *R. Scholz*, VVDStRL 34 (1976), S. 203ff., bezüglich der außenwirksamen funktionalen Erweiterung des subjektiven Rechts.

[115] Siehe in dieser Richtung auch *Schmidt-Aßmann*, Jura 1979, 515f.; zu eng *Bryde*, VVDStRL 46 (1988), S. 193, 208.

[116] Vgl. *Kopp*, VwVfG, § 13 Rdnrn. 11, 13, 30 m.w.Nachw.

[117] Ebenso *Badura*, Verwaltungsverfahren, S. 397.

In Wahrnehmung der auf diese Weise festgelegten Beteiligtenpositionen tritt der Bürger der Verwaltung gegenüber aus der Rolle eines Objekts des Verwaltungshandelns heraus. Der materiell-rechtlich ausgeformte Bürgerstatus sowie die materialen Verfassungsbezüge des Konkretisierungsverfahrens im sozialen Rechtsstaat[118] bewirken, daß der Bürger die selbständige Position eines gleichberechtigten Verfahrensbeteiligten einnimmt. Er wird dadurch zum *Verfahrenssubjekt,* dessen Rolle sich im Verfahren in erster Linie durch den Kontext mit der jeweiligen Handlungsform öffentlichen Verwaltens bestimmt.[119] So kann der Bürger als Adressat eines Verwaltungsaktes, aber auch als Antragsteller oder Antragsgegner, als Vertragspartner der Behörde oder als ein durch einschlägige Rechtsvorschriften zu Einwendungen oder Äußerungen Berechtigter bzw. sonstwie in seinen rechtlich geschützten oder zumindest berücksichtigten Interessen Betroffener im Verfahren auftreten. In jeder dieser Verfahrensrollen sowie darüber hinaus – da sich Verfahrensteilhabe nicht auf den formengebundenen Verfahrensstatus beschränkt[120] – in allen weiteren Rollenvariationen agiert er als *Partner* der Verwaltung.

Rollenpartnerschaft in diesem Sinne bedeutet Gleichgewichtigkeit der Verfahrensrollen, wie sie auch im Verwaltungsrecht angelegt ist. Denn die Vorschriften des besonderen Verwaltungsrechts sprechen Bürger und Verwaltung in gleichgeordneter Weise als Normadressaten an.[121] Daraus folgt, daß die Anwendung des materiellen Rechts im Verfahren nicht ganz und nicht einmal überwiegend nur einem der Verfahrensbeteiligten zugewiesen sein darf. Und eben deshalb muß das Verfahrensrecht Bürger und Verwaltung im Prinzip *gleichgewichtige* Verfahrensrollen übertragen. Nur so läßt sich vermeiden, daß der in materiell-rechtlicher Hinsicht kraft des subjektiv-öffentlichen Rechts aus der Stellung eines Objekts des Verwaltungshandelns herausgetretene Bürger nunmehr im Laufe des Verfahrens in diesen Zustand zurückversetzt wird und erneut einer ihm übergeordneten Exekutive gegenüberstehen muß.

Mit der vom sozialen Rechtsstaat intendierten Gleichgewichtigkeit der Verfahrensrollen scheint allerdings die vom Standpunkt der Über- und Unterordnungstheorie entwickelte Auffassung kaum vereinbar, wonach *allein* die Behörde „Trägerin des Verfahrens" sein soll.[122] Soweit damit mehr als nur die institutionelle Verankerung des Verfahrens gemeint wird, ist dem also zu widersprechen. Denn die Mitwirkung des Bürgers am Verfahren beschränkt sich nicht auf untergeordnete Tätigkeiten, sondern kommt in zahlreichen eigenständigen Rechten bei der Sachverhaltsfeststellung und in weitreichenden Möglichkeiten zur Mitgestaltung des Kon-

---

118 Siehe 10. Kap., B. II. 2. und 3., insbes. 3. c) mit aa).

119 Vgl. oben, 13. Kap., A. V. (Handlungsformen als „Verfahrensregime").

120 Siehe die Bemerkungen im 13. Kap., A. V., nach Fn. 105.

121 Ähnlich *J. Martens,* Praxis, S. 32, der freilich zu Unrecht allein auf die materielle Rechtslage abstellt und die materialen Verfahrensbindungen des Grundgesetzes verkennt (in Anm. 117); anders *Schmidt-Aßmann;* DVBl. 1989, 538 f.

122 Vgl. statt vieler *Meyer/Borgs,* VwVfG, § 13 Rdnr. 5; *Wolff/Bachof,* Verwaltungsrecht III, S. 326, 341 ff.; w. Nachw. bei *J. Martens,* a. a. O. (Fn. 121), S. 32 f., 42 f., 50.

kretisierungsvorganges wie -ergebnisses zum Ausdruck. So sollen z.B. die Beteiligten nicht nur bei der Ermittlung des Sachverhalts mitwirken, wie es die Vorschriften des allgemeinen und Sozialverwaltungsrechts vorsehen.[123] Den Sachaufklärungs-, Verschwiegenheits-, Unbefangenheits- und Begründungspflichten der verfahrensbetreibenden Behörde stehen vielmehr auf breiter Linie zahlreiche Anhörungs-, Auskunfts-, Beratungs- und Einsichtnahmerechte des Bürgers gegenüber.[124] Auch das Ergebnis des Konkretisierungsverfahrens hat nur Bestand, wenn der Bürger die unter seiner Verfahrensteilhabe von der Behörde festgeschriebene Wahl unter den denkbaren Konkretisierungsalternativen akzeptiert.[125]

Eine verbindliche „Entscheidung" in Form eines Verwaltungsaktes bzw. Konkretisierungsergebnisse in anderen Formen sind also ohne seine Beteiligung nicht erreichbar. Der Bürger „trägt" in diesem Sinne das administrative Konkretisierungsverfahren in gleicher Weise wie die Verwaltung. Informationsgewinnung wie Informationsverarbeitung unterliegen deshalb schon von daher einer gemeinsamen Verantwortung.[126]

V. Gleichordnung der Verfahrensrollen und behördliche Verfahrensleitung

Dies schließt nicht aus, der Behörde von Gesetzes wegen Initiativrechte und Leitungsbefugnisse zuzuweisen, die sie in die Lage versetzen, den Ablauf des Konkretisierungsverfahrens maßgeblich zu beeinflussen.[127] Denn auch solche Kompetenzen unterliegen bestimmten Grenzen und „inneren" Voraussetzungen, die das normative Rollenkonzept des rechtsstaatlich-administrativen Konkretisierungsverfahrens vorgibt. So darf wegen der funktionalen Verbindung des administrativen Konkretisierungs- mit dem gerichtlichen Rechtsschutzverfahren[128] das Verhalten der Verwaltungsbehörde nicht darauf abzielen, den Bürger über seine gerichtlichen Rechtsschutzmöglichkeiten irrezuleiten oder spätere Nachprüfungsmöglichkeiten des Gerichts auszuschalten.[129] Vor allem aber muß die Verwaltung im Bereich ihrer Zuständigkeit stets als *Sachwalter der Allgemeinheit* tätig werden. Sie darf also nicht wie der Bürger eigene Belange wahrnehmen; ihr Auftrag besteht vielmehr darin, das

---

123 Siehe §§ 26 Abs. 2 VwVfG; 21 Abs. 2 SGB X; weitergehend § 90 Abs. 1 AO; dazu grdl. *Berg*, Entscheidung, S. 51 ff.

124 Vgl. §§ 25, 28, 29 VwVfG; 24, 25 SGB X, 13–15 SGB I.

125 Richtig auch *J. Martens*, Praxis, S. 145 ff., 147 f.; allgemein zur Notwendigkeit der Akzeptanz *Hill*, JZ 1988, 377 ff.; darauf beruht im übrigen die angestrebte und verfassungsseitig aufgegebene *Legitimationswirkung* des Verwaltungsverfahrens, vgl. oben, 5. Kap., A. IV., B. IV., C. und D.; 10. Kap., B. II. 2. b).

126 Dazu auch die Grundlegung oben, 7. Kap., E. II. 2. und 4.; 10. Kap., B. II. 2. c) mit bb); falsch daher *Schuppert*, Einflußnahme, S. 284.

127 Siehe dazu im Text oben um und zu Fn. 97 ff.; Einzelheiten bei *Wolff/Bachof*, Verwaltungsrecht III, S. 341 ff.

128 Vgl. dazu die Nachw. oben in Fn. 44.

129 BVerfGE 61, 82 (110).

öffentliche Interesse zu wahren. Das Gemeinwohl wirkt für die Verwaltung kompetenzbegründend und dient als Zielformel.[130] Aus diesem Gemeinwohlauftrag erwächst ihr zugleich jene spezifische Verantwortung für das Konkretisierungsverfahren,[131] die in bezug auf die Befugnis zur Verfahrensleitung darin besteht, in den verfahrensleitenden Anordnungen die Sorge für einen zügigen und konfliktlösenden Verfahrensablauf mit dem Bemühen um einen *Ausgleich* zwischen individuell-rechtlich verankerten oder sonstwie begründeten Bürgerinteressen und dem Interesse der Allgemeinheit herzustellen. Die Behörde ist damit in der Verfahrensleitung nicht mehr frei; sie muß die Maßstäbe ihres Verhaltens für die zur Sachaufklärung, Verfahrenseinleitung, Verfahrensdurchführung etc. gebotenen Tätigkeiten jeweils unter abwägender Berücksichtigung der anzuwendenden materiell-rechtlichen Normen und zahlreicher weiterer Erfordernisse der Sach- und Interessenlage bestimmen.

Wird *Abwägung* auch auf diese Weise zum leitenden Maßstab der materiellrechtlich gesollten Verfahrensordnung, dann scheint die verfahrensleitende Position der Verwaltung kaum anders zu bewerten zu sein als die des Gerichts im Prozeß, nämlich nicht als ein den Verfahrensablauf maßgeblich prägendes Moment, sondern als ein eher technisches Instrument der ausgeübten Verfahrensverantwortung.[132] Denn schließlich fließen die verfahrensleitenden Anordnungen wegen der Einheit von Rechtsanwendung und Verfahren in den Gesamtvorgang der „Konkretisierung" ein, an dem *alle* Verfahrensmitwirkenden je eigenen Anteil haben und nicht nur die Behörde beteiligt ist. In der daraus resultierenden *Interaktion* entfaltet sich auch der Verfahrensgang: Sich wechselseitig kontrollierend und in ihrer Macht begrenzend, verschränken sich die Verhaltensweisen der verschiedenen Verfahrenssubjekte mit dem Ziel einer von Verwaltung und Bürger gemeinsam getragenen Gemeinwohlfindung. Die Verfahrensleitung durch die Behörde bedeutet deshalb keineswegs alleinige Verfahrensherrschaft.[133]

Im Hinblick hierauf muß somit ein Fragezeichen hinter die Auffassung gesetzt werden, die verfahrensleitende Position der Behörde bilde „die verfahrensrechtliche Parallele zur materiell-rechtlichen Befugnis der Verwaltung zur einseitig verbindlichen Konkretisierung des Verwaltungsrechts".[134]

Die Leitungskompetenzen und Initiativrechte der Verwaltung begründen jedenfalls ihrer Sollstruktur nach[135] weder einen spezifischen Funktionsvorrang und Do-

---

[130] Siehe oben im Text zu und mit Fn. 89.

[131] Zu dieser vgl. die Grundlegung im 7. Kap., B. I.–III., D. I.–IV.; 11. Kap., A. IV. 2. b), B. II. und III.

[132] Im Ergebnis – mit anderer Argumentation – ebenso *J. Martens,* Praxis, S. 32f., 43 m. Anm. 16; siehe ferner *v. Mutius,* FS C.-F. Menger, S. 588f.

[133] So aber – stellvertretend für die h. M. – *Meyer/Borgs,* VwVfG, § 22 Rdnr. 1; *Ule/Laubinger,* Verwaltungsverfahrensrecht, S. 167f.

[134] So *Wahl,* VVDStRL 41 (1983), S. 157 m. Anm. 10.

[135] Für deren Rückführung auf die „Struktur des materiellen Verwaltungsrechtssatzes" (bei der aber die Eigenständigkeit des Verfahrens vernachlässigt wird) plädiert *J. Martens,* Praxis, S. 32 m. Anm. 16 und S. 12f.

minanzanspruch bei der Konkretisierung bzw. im Verfahren – ganz abgesehen davon, daß sie von Rechtsgebiet zu Rechtsgebiet unterschiedlich ausfallen und sich in ihrer Handhabung insbesondere daran orientieren müssen, ob die materiellen Rechtsbeziehungen zwischen Verwaltung und Bürger nur einvernehmlich mit dem Klientel zu erbringende *Leistungen* zum Gegenstand haben – wie z.B. persönliche Dienstleistungen als typische Kennzeichen des Bildungs- und Sozialrechts[136] – oder ob sie – wie etwa im Bauordnungsrecht, Umweltschutzrecht oder im Wirtschaftsaufsichtsrecht – die *Regulierung* von Lebensverhältnissen betreffen. Auch im übrigen geht die von der Literatur gezeichnete „Parallele" fehl. Denn das Konkretisierungsergebnis erzeugt nicht nur bei Zusagen, sondern stets eine gegenseitige Rechtsbindung.[137] Die Verwaltung ist darüber hinausgehend – und wie bereits oben näher dargelegt – nicht in der Lage, gegen den Willen des Bürgers eine endgültig „verbindliche" Entscheidung oder einen in sonstiger Weise bindenden Verfahrensabschluß herbeizuführen. Diesem bleibt in jedem Falle die Möglichkeit, sein „Recht" in einem sich anschließenden Gerichtsverfahren zu verfolgen.

Nicht die verfahrensleitende Stellung der Behörde kennzeichnet somit und entgegen anderer Ansicht[138] das administrative Konkretisierungsverfahren als einen eigengearteten Verfahrenstyp. Im Gegenteil: Ist der Prozeß der Gemeinwohlfindung nicht allein Sache der Verwaltung, sondern verfügt im Zusammenwirken mit ihr auch der einzelne Bürger über die sachverhaltsbezogene Gemeinwohlkompetenz,[139] so gestaltet sich das Verfahren der Rechts- und Zweckkonkretisierung als ein „Mitwirkungsprozeß"; das am Ende des Konkretisierungsprozesses stehende Ergebnis ist sowohl der Behörde als auch dem Bürger zuzurechnen. Eben diese Verfahrenslage strukturiert die Verhaltenspositionen der Verfahrensbeteiligten i.S. einer Gleichordnung und charakterisiert dadurch den administrativen Konkretisierungsprozeß.[140]

---

[136] Zur Berücksichtigung dieser Eigenart des sozialrechtlichen Verwaltens für das Verfahren siehe ansatzweise auch *P. Kirchhof*, FS BSG II, S. 537ff., 554ff.; im Hinblick auf die bildungsmäßigen Erfordernisse vgl. die Hinweise bei *Dittmann*, Verwaltungsverfahrensgesetz und Schule, S. 64ff.

[137] Denn dort, wo die öffentliche Verwaltung dem Bürger handelnd gegenübertritt, werden *Rechtsverhältnisse* begründet, verändert, festgestellt oder beendet, vgl. zum Verwaltungsrechtsverhältnis z.B. *Achterberg*, Verwaltungsrecht, S. 367ff., 382ff.; *Bachof*, VVDStRL 30 (1972), S. 193ff., 231f.; *Forsthoff*, Verwaltungsrecht I, S. 177ff.; *W. Henke*, VVDStRL 28 (1970), S. 149ff., 158ff.; *Hill*, VVDStRL 47 (1989), S. 173ff., 193; *P. Krause*, VVDStRL 45 (1987), S. 212ff., hier S. 239ff.; *Häberle*, Verwaltungsrechtsverhältnis, S. 60ff.; *Maurer*, Allgemeines Verwaltungsrecht, S. 131ff.; *Erichsen*, Verwaltungshandeln, S. 138ff. – jeweils mit w. Nachw.

[138] Vgl. nur *Wahl*, VVDStRL 41 (1983), S. 157; neuerdings auch *Grupp*, VerwArch. 80 (1989), S. 65f.

[139] So mit Recht bereits *Häberle*, Öffentliches Interesse, S. 487; *ders.*, Rechtstheorie 14 (1983), S. 267.

[140] Vgl. auch BVerwGE 60, 297 (300); BVerwG, BayVBl. 1983, 57; *Schmitt Glaeser*, Position der Bürger, S. 62. Äußerer Ausdruck hierfür ist das bestehende *koordinationsrechtliche Verfahrensverhältnis.*

VI. Das Problem der Beteiligungslasten

Rollenpartnerschaft im Konkretisierungsverfahren schließt diesem Verfahrensbild zufolge auch eine gewisse *Komplementarität von Rechten und Lasten* auf seiten des Bürgers nicht von vornherein aus. Das administrative Konkretisierungsverfahren kann nicht allein durch Beteiligungsrechte strukturiert werden. Es bedarf der Festlegung, welche Konsequenzen im Einzelfall aus der Nichtaufklärung des Sachverhalts oder aus der mangelnden Wahrnehmung von Rechten im Verfahren bzw. ihrer mißbräuchlichen Nutzung zu ziehen sind.

Entsprechende *Beteiligungslasten* des Bürgers folgen in bezug auf die Verfahrensdurchführung aus zahlreichen Sätzen des geschriebenen und ungeschriebenen Rechts.[141] Sie ergänzen in der Form von *Mitwirkungspflichten* vor allem den behördlichen Untersuchungsgrundsatz.[142] Speziell für die Mitwirkung bei der Sachverhaltsermittlung finden sich einschlägige Grundlagen im Sozial- und Abgabenrecht.[143] Das allgemeine Verfahrensrecht läßt es dagegen bei einer Sollensvorschrift bewenden (§ 26 Abs. 2 VwVfG).[144]

Präziser ausgebildet sind demgegenüber die *Lasten zur eigenen Rechtsverfolgung*, unter denen die Anfechtungslast seit jeher den Angelpunkt der Bestandskraftlehre bei der Handlungsform des Verwaltungsaktes bildet.[145] Sie beruht auf dem Grundsatz, daß derjenige einen Rechtsverlust akzeptieren muß, der „von den ihm durch das Grundgesetz eingeräumten Möglichkeiten, sein Recht auf Herstellung des verfassungsmäßigen Zustandes zu wahren, keinen Gebrauch macht".[146] In ähnlicher Weise führt in gestuften Konkretisierungsverfahren die genügend klare Teilentscheidung bzw. abgeschichtete Konkretisierung zum Einwendungsausschluß (Bestandskraftpräklusion).[147] Und selbst vor Erlaß eines Hoheitsaktes ist eine Präklu-

---

[141] Siehe dazu bes. und mit zahlr. Einzelnachw. *W. Berg*, Entscheidung, S. 248ff.; *Grupp*, a.a.O. (Fn. 138), S. 50ff.; zur Ausgestaltung der Mitwirkungspflichten der Beteiligten als „Lasten" vgl. etwa *Badura*, Verwaltungsverfahren, S. 398.

[142] Derartige *Pflichten* kraft besonderer gesetzlicher Regelungen enthalten beispielsweise die §§ 22 GaststättenG, 138 Abs. 1 BauGB, 93ff. AO; zum Untersuchungsgrundsatz vgl. §§ 24 Abs. 1 und 2 VwVfG, 20 Abs. 1 und 2 SGB X (sowie z.B. § 88 Abs. 1 AO); *Pestalozza*, Untersuchungsgrundsatz, passim.

[143] Vgl. §§ 21 Abs. 2 SGB X, 90 Abs. 1 AO.

[144] Den Gegensatz in diesem Punkt zum Steuerrecht – § 90 Abs. 1 AO enthält eine intensitätsvariable Mitwirkungs*pflicht* – hebt vertiefend *J. Martens*, Praxis, S. 83f., hervor; siehe ferner *Grupp*, a.a.O. (Fn. 138), S. 60, 68f.

[145] Leitend ist der Gedanke, das Pflichtenmoment in der *Verantwortung* des Rechtsinhabers für die Wahrnehmung seiner Rechte zu aktualisieren (vgl. 6. Kap., B. II., C. III. 3. g); 7. Kap., E. II. 4.; 10. Kap., B. II. 2. c) mit bb)) und den Verstoß gegen diese Obliegenheit rechtsmindernd zu bewerten, vgl. *Schmidt-Aßmann*, in: Maunz/Dürig, GG, Art. 19 Abs. 4 Rdnrn. 8, 237; *W. Berg*, Entscheidung, S. 281ff.

[146] BVerfGE 58, 300 (324); *Schmidt-Aßmann*, Ordnungsidee, S. 51.

[147] Vgl. dazu die Nachw. im 1. Kap., D. mit Fn. 350ff., sowie die dort ausgeführten Vorbe-

sion zulässig, wenn der Bürger nicht form- und fristgerecht seine Einwendungen vorgebracht hat.[148] Sie ist freilich nur dann gerechtfertigt, soweit „die damit gestellten Anforderungen für den Bürger typischerweise erkennbar und die Ausschlußfolgen für seine möglicherweise betroffenen Rechte überschaubar und entsprechend begrenzt sind".[149] Ist dies aber der Fall, dann ermöglicht in Grenzen die Präklusion, daß die Behörde den Sachverhalt durch rechtzeitige Einwendungen ermitteln und rechtlich würdigen kann. Verstärkt werden zudem die Wirksamkeit des Rechtsschutzes für den möglicherweise in seinen Rechten Betroffenen sowie die Funktionsfähigkeit von Verwaltung und Gerichten infolge der bewirkten Konzentration bzw. Zügigkeit der Prüfung notwendiger Konkretisierungsvoraussetzungen wie der erhobenen Einwendungen.[150]

Beteiligungslasten und Beteiligungsrechte stehen somit in einem sachnotwendigen Verfahrenszusammenhang; sie sind aufeinander bezogen. Auch die Pflichtenstellung des Bürgers[151] ändert deshalb nichts an der prinzipiellen Gleichgewichtigkeit der Verfahrensrollen. Denn ganz abgesehen davon, daß durch verfahrensrechtliche Lasten (Obliegenheiten) wie z.B. die Mitwirkungsgebote bei der Ermittlung des Sachverhalts gem. §§ 26 Abs. 2 VwVfG, 21 Abs. 2 SGB X „ein Beteiligter nicht zur Aufklärung solcher Umstände gezwungen werden sollte, die seine Stellung im Verwaltungsverfahren verschlechtern oder in sonstiger Weise belasten würde",[152] wird der Bürger durch ihre Auferlegung nicht schon zum Objekt staatlicher Eingriffe in und durch Verfahren herabgestuft. Vielmehr liegt es auch und gerade im Sinne seines Schutzes, wenn Inhalt und Grenzen einzelner Verhaltenspflichten in gesetzlich festgelegter Weise abgesteckt sind. Der einzelne weiß dadurch, was von ihm erwartet werden darf und er kann daraufhin sein Verfahrenshandeln unter sachgerechter behördlicher Beratung selbsttätig im Bewußtsein eigener Verantwortung entfalten. Die Mitwirkungspflichten vermitteln aus dieser Perspektive individuelle Gestaltungsmöglichkeiten. Sie begrenzen zugleich die Befugnis zur Amtsermittlung und schützen die Individualsphäre.[153]

---

halte gegenüber weitreichenden Präklusionsregelungen; ergänzend siehe *J. Ipsen*, DVBl. 1980, 146ff.; *ders.*, AöR 107 (1982), S. 259ff., 275ff.; *Ossenbühl*, NJW 1980, 1353ff.; *Papier*, NJW 1980, 313ff.; *A. Weber*, DÖV 1980, 397ff.

[148] Sog. „Verwirkungspräklusion", vgl. *Badura*, Verwaltungsverfahren, S. 426f.

[149] BVerfGE 61, 82 (117); siehe auch *Badura*, JZ 1984, 14ff., 15.

[150] Dazu grundlegend BVerfGE 61, 82 (114ff.); vgl. auch BVerwGE 60, 297 (303f., 305ff.).

[151] Zu ihrer Grundlegung siehe mit w. Nachw. bereits oben, 6. Kap., C.III.3.g); 7. Kap., E.II.4.; 10. Kap., B.II.2.c) mit bb) und (3b); es gibt m. a. W. auch generalisierte Grundpflichten für den Bürger im Verwaltungsverfahren, z.B. die der Rücksichtnahme etc.; siehe in dieser Richtung auch *H. Hofmann*, VVDStRL 41 (1983), S. 42ff., 83; a.A. *Wahl*, ebd., S. 175.

[152] So die Begründung zum Entwurf des VwVfG (§ 22 II EVwVfG 1973), BT-Drucks. 7/910, S. 50; demgegenüber sieht jedoch *W. Berg*, Entscheidung, S. 55, in vielen Verfahren die „Mitwirkung gleichbedeutend mit Selbstbezichtigung" wegen der angeblich „strafprozessuale(n) Atmosphäre"; hiergegen mit Recht *J. Martens*, Praxis, S. 83 m. Anm. 16; vgl. auch *Grupp*, VerwArch. 80 (1989), S. 66ff., 71f.

[153] Insoweit überzeugt die von *W. Berg*, a.a.O. (Fn. 152), S. 55f., gegebene Situationsbeschreibung des Bürgers als „Objekt staatlicher Eingriffe oder gar Übergriffe" eben doch nicht!

Beteiligungslasten erweisen sich somit als ambivalent. Insgesamt geht es bei ihnen um Abwägung und Abgrenzung, nicht einseitig um eine Inpflichtnahme und Verfahrensherrschaft bzw. -trägerschaft. Zutreffend macht deshalb *R. Wahl* darauf aufmerksam, das alles, „was zum Beispiel einem Beteiligten an Mitwirkung abverlangt werden darf, ... wesentlich davon (abhängt), ob er etwa ein Hilfsbedürftiger ist, von dem das materielle Regelungsprogramm annimmt, daß er sich selbst nur schwer zu helfen weiß, oder ob es sich um ein Großunternehmen handelt, das für die erstrebte komplizierte Anlagengenehmigung der einzige Wissensträger in Fragen der technischen Fertigung ist".[154] Bereichsspezifische Regelungen der Mitwirkungspflicht können m. a. W. geeignet sein, die gemeinsame Trägerschaft des Verfahrens durch Verwaltung und Bürger auf der Grundlage prinzipieller Gleichrangigkeit der Mitwirkenden zu stärken.

D. Verfahrensabschnitte und Verfahrensaktivitäten

Die *innere Organisation* des Verfahrens der Rechts- und Zweckkonkretisierung ist damit eben nicht „weitgehend offen", wie z. B. *R. Scholz* meint.[155] Weder steht für ein *konsensuales Verwaltungsrecht* die Grundfrage, wer alles an einem konkreten Verfahren teilnehmen soll, zur freien Entscheidung der Verwaltung, noch kann diese die Verfahrensrollen beliebig zuweisen oder ausgestalten.

Freilich bleiben der verfahrensleitenden Behörde Gestaltungsspielräume.[156] Die Verfahrensteilhabe des Bürgers stellt – wie gezeigt – keine feste Größe dar. Auch die Bindung der Beteiligten an bestimmte Verfahrensrollen läßt Raum für Verfahrensinitiativen. Die dadurch ermöglichte Flexibilität der Integration des Bürgers in den Ablaufprozeß der Konkretisierung findet aber ihre Grenze in seiner materiellen Rechtsstellung, wie sie im Verhältnis zum Konkretisierungsgegenstand gegeben ist.

I. Subjektive Rechtsstellung und Verfahrensablauf

Der *Ablauf* des Konkretisierungsverfahrens bleibt von daher eng mit dem rechtlichen Bürgerstatus verbunden. Dieser begründet das Erfordernis, zwischen dem Konkretisierungsvorgang als solchem auf der einen Seite und dem Verfahrensabschluß auf der anderen Seite zu unterscheiden. In die Beurteilung der Rechtmäßigkeit und Legitimation von Konkretisierungsergebnissen muß der davorliegende „Prozeß" der Rechtsfindung und -bildung einbezogen werden; es kommt auf die

---

[154] *Wahl,* VVDStRL 41 (1983), S. 174f.

[155] VVDStRL 34 (1976), S. 150.

[156] *Hill,* NVwZ 1985, 449ff., 450ff., 453ff.; *J. Martens,* Praxis, S. 43f.; *Pietzcker,* VVDStRL 41 (1983), S. 198 („Freiheit im Verfahren").

Art und Weise seines Ablaufes nach Aktivitäten und Einflußgrößen an, wenn man – wie hier – öffentliche Verwaltung als Verfahren betrachtet und davon ausgeht, daß die Strukturen und Modalitäten dieses Verfahrens sowohl ergebnis- als auch verlaufsprägend sind.

Auf einer ersten Ebene verlangt die unter diesem Blickwinkel betrachtete Anwendung des materiellen Rechts *im* Verfahren, zunächst die Frage der *Beteiligung* zu klären, also herauszufinden, wer nach seinem rechtlichen Status überhaupt beteiligtenfähig ist und ob ein Beteiligter allein oder durch Einschaltung eines Vertreters in der Lage ist, die ihm zugewiesene Rolle im Verfahren sachgemäß wahrzunehmen. Zudem stellt sich die Frage, ob die „richtigen" Beteiligten das Verfahren betreiben oder ob das Verfahrensziel nur unter Hinzuziehung weiterer Rechtssubjekte erreicht werden kann.[157]

Der Entscheidung über den *Verfahrenszugang* schließt sich das Erfordernis an, den rechtlich bedeutsamen *Sachverhalt zu ermitteln* und die hierauf anzuwendende *Rechtsnorm zu finden.* Die Verarbeitung der dazu verwertbaren Informationen führt zum *Verfahrensabschluß* durch Handeln oder Entscheiden der Verwaltung. Nicht zuletzt unter dem Aspekt der Berechenbarkeit[158] fordert hierzu der Rechtsstaatsgedanke, Entscheidungen des Staates, die in Verwirklichung des Rechts ergehen, als das Ergebnis eines wirksamen, geordneten, klaren und übersichtlichen Verfahrens auszuweisen.[159] Zu beachten ist ferner dessen Ergänzungsfunktion für den Fall des nicht hinreichend effektiven Gerichtsschutzes der subjektiven Rechtsstellung. Erforderlich werden mithin und namentlich unter der Maßgabe des Art. 19 Abs. 4 GG für ein „reflexives" Verwaltungsrecht *verwaltungsinterne Kontrollen* im Rahmen des Konkretisierungsverfahrens. Dies gilt zumindest dort, wo die gerichtliche Schutzfähigkeit den gesamten Rechtsschutzbereich schon deshalb nicht voll erfassen kann, weil der zeitlich zuerst tätigen Verwaltung infolge des ihr zugewiesenen eigenständigen Gestaltungsauftrags ein (freilich begrenzter) sachlicher Vorrang vor der nachträglichen Beurteilung durch andere Organe bzw. Funktionsträger des Staates zukommt.[160]

---

[157] Zu diesem Grundmuster vgl. bereits oben im Text um und zu Fn. 16.

[158] Dazu näher *Lorenz*, Rechtsweggarantie, S. 179 m. Anm. 36.

[159] Vgl. zu diesem rechtsstaatlich fundierten *Rationalitätsgebot* die Grundlegung im 10. Kap., B.II.2.a) mit aa) unter Rückbindung an das 7. Kap., D.IV.; siehe auch *Lorenz*, a.a.O. (Fn. 158), S. 179 m. Anm. 37.

[160] Zur Maßgabe des Art. 19 Abs. 4 GG ist zu bemerken: Wiewohl das BVerfG prinzipiell aus Art. 19 Abs. 4 GG Vorwirkungen auf die Ausgestaltung des dem gerichtlichen Rechtsschutzverfahren vorgelagerten Verwaltungsverfahrens bejaht (BVerfGE 61, 82, 110), soll er doch nicht die Einführung eines Vorverfahrens gebieten (BVerfGE 35, 65, 73; 60, 253, 291); ich halte diese Position – wie der Text zeigt – nicht für richtig: Verfahrensverantwortung für Kontrolle (dazu siehe oben, 8. Kap., C.I.–IV.) ist vom Gedanken des Rechtsschutzes nicht zu trennen – jedenfalls nicht im Rahmen öffentlichen Verwaltens; Art. 19 Abs. 4 GG wirkt im materialen Verfahrenskonzept des Grundgesetzes mit seinen anderen Tragpfeilern darin zusammen, ein *rechtsstaatliches* Verwaltungsverfahren zu garantieren (vgl. auch die Kontroverse *Scheuner/Bettermann*, VVDStRL 17, 1959, S. 238 und 245); zum Vorrang der Verwaltung

Auf einer zweiten Ebene entfaltet der rechtliche Bürgerstatus *situationsprägende Elemente* des Verfahrenshandelns. Der Rechtsstaat erfordert nach einem Wort *C. H. Ules*[161] „ein an seinen Grundsätzen ausgerichtetes Verwaltungsverfahren, das dem Betroffenen die Möglichkeit gibt, als Beteiligter mit selbständigen Befugnissen auf die Herbeiführung einer sachlich und rechtlich zutreffenden Entscheidung hinzuwirken." Das aber setzt ein in jeder Situation übersichtliches, leicht zugängliches Verfahren voraus; die *Übersichtlichkeit der Konkretisierung* ist ein ihm unabdingbares Element. Handlungsprägend in diesem Sinne ist auch der Charakter des Konkretisierungsverfahrens als ein „Dialog", über den die verfahrensleitende Behörde zu anderen Stellen der öffentlichen Verwaltung und zu den Betroffenen in Beziehung tritt. *Konkretisierung als Dialog*[162] liegt zum einen im Interesse der verfahrensverantwortlichen Behörde, weil seine Aufnahme und funktionsgerechte Durchführung ihr helfen, den Sachverhalt umfassend zu erschließen und dadurch vollständige Verfahrensgrundlagen zu gewinnen. Sie ist zum anderen und in dieser Form für die Betroffenen bedeutsam. Denn wenn die prinzipielle Rollenverteilung zwischen Verwaltung und Bürger der Administrative im Konkretisierungsverfahren aufgibt, den Bürger als Partner in den Verfahrensablauf einzuschalten und ihn nicht nur mit den Ergebnissen der behördlichen Informationsverarbeitung zu konfrontieren,[163] dann erscheint der „Dialog" als einzig geeignete Kontaktform, die den für die Verfahrenspartnerschaft notwendigen Informationsaustausch und das einheitliche Informationsfundament zu sichern vermag.

Konkretisierung ist als Dialog nicht voraussetzungslos zu führen. Die oft erheblichen Informations- und Verhaltensbarrieren des einzelnen gegenüber der Verwaltung verzögern bzw. unterbinden in der Praxis sowohl das Ingangsetzen als auch die Durchführung des Konkretisierungsprozesses nur allzu häufig.[165] Der rechtliche Bürgerstatus kann deshalb nur gewährleistet werden, wenn die Verwaltung den Bürger befähigt, sich unter Wahrung seiner Eigenverantwortlichkeit der Rechtslage vergewissern zu können und sich an der Entwicklung und Auswahl möglicher Konkretisierungsalternativen zu beteiligen. Hier liegen Erfordernis und Ansatz-

---

siehe im übrigen 1. Kap., A.I.1.; 11. Kap., B.II.3.; ergänzend dazu und im hiesigen Kontext vgl. *Lorenz,* Rechtsweggarantie, S. 179 m. Anm. 46f., 181 m. Anm. 50ff., 182; *Wittmann,* BayVBl. 1987, 744ff., 746.

[161] DVBl. 1957, 597ff., 601; vgl. auch *Badura,* DÖV 1968, 454 („Formalisierung"); *Kopp,* Verfassungsrecht und Verwaltungsverfahrensrecht, S. 55.

[162] Siehe hierzu die Grundlegung oben, 4. Kap., D.II.; 5. Kap., B.IV.2. und 3.; 7. Kap., E.II.2.; 10. Kap., B.II.2. a) mit dd), 3.a) mit cc) – jeweils mit w. Nachw.

[163] Im Mittelpunkt steht dabei das Verwaltungsverfahren als ein Ort sozialer Begegnung mit vielfältig darauf bezogenen Funktionen, vgl. 7. Kap., C.I.2.b), D.III.; siehe auch oben im Text, C.IV.mit Fn. 116ff.

[164] Er ist darüber hinausgehend unabdingbares Erfordernis *prozeduraler Legitimität,* vgl. 5. Kap., C.II.5.

[165] Vgl. dazu u.a. *Hoffmann-Riem,* VVDStRL 40 (1982), S. 208, 209, 210f., 214f. und durchweg; *Kißler,* Rechtssoziologie, S. 113ff.; *Pankoke/Nokielski,* Verwaltungssoziologie, S. 65ff., 68 (fehlende „Gegenkommunikation").

punkt einer *behördlichen Beratung*. Dem einzelnen zu helfen, sich realitätsbezogene Handlungs- und Entscheidungsstrategien zu erarbeiten und dadurch seiner eigenständigen Verfahrensrolle gerecht zu werden, ist ihr Grundverständnis und Auftrag.[166] Sie stützt damit die Konkretisierung als Dialog und prägt insofern das Verfahrenshandeln. Nicht von ungefähr formuliert deshalb der Gesetzgeber Beratung oft genug als einen materiell-rechtlichen Anspruch;[167] wo dies nicht der Fall ist, besteht die allgemeine Beratungs- und Betreuungspflicht der Verwaltung.[168]

Beratung als Begegnung im Gespräch ist auch und zugleich eine entscheidende Voraussetzung für die notwendige *Flexibilität* des Konkretisierungsverfahrens. Sie erst ermöglicht als situationsbezogenes Verfahrenselement eine schnelle und zielgerichtete Reaktion auf die Umweltanforderungen des Verwaltens. Dementsprechend berät man sich, rät zu oder schlägt vor, warnt bzw. rät ab im Hinblick auf Wünsche des Bürgers, Aktivitäten der Öffentlichkeit, Ressourcenknappheit oder technische Neuentwicklungen. Die Vielfalt der problemauslösenden Gegebenheiten in der Gesellschaft kann so zu einer situationsangemessenen Reaktion finden. Auch sie ist eine Funktionsbedingung des rechtlichen Bürgerstatus: Größtmögliche Elastizität der Verwaltung in der Erfüllung ihrer Aufgaben ist nicht nur Ausfluß des Grundsatzes der administrativen Leistungsfähigkeit und Wirksamkeit,[169] sondern liegt zugleich auch im Interesse des Bürgers an einer effektiven Verwirklichung seiner (Grund-)Rechte.[170]

Die Flexibilität des Konkretisierungsverfahrens hängt mit der Verfügbarkeit von Informationen zusammen. Der Werdegang der Konkretisierung wird von einem Informationsstrom begleitet; und die Möglichkeit, diesen Werdegang jederzeit überschauen und beeinflussen zu können, setzt eine bereichsübergreifende Nutzbarkeit von Informationen voraus. Die verfahrensleitende Behörde vermag weder

---

[166] Vgl. etwa BVerwG, BayVBl. 1981, 59f.; BVerwG, NVwZ 1985, 901; OVG Lüneburg, MDR 1983, 784f.; VGH Kassel, NVwZ 1985, 915; OVG Münster, NVwZ 1986, 134, 135; BSGE 46, 175 (178); 50, 88 (93f.); 51, 89 (93); 52, 145 (148); BSG, SGb. 1984, 206ff. m. Anm. *H. Plagemann; Eberle,* DVerw. 17 (1984), S. 446ff.; *Hufen,* Verwaltungsverfahren, S. 157ff., 168ff.; *ders.,* VVDStRL 47 (1989), S. 161; *Krasney,* BKK 1985, 337ff., 380ff.; *Laubinger,* Die Verwaltung als Helfer des Bürgers, S. 450f., 456; *Pankoke/Nokielski,* Verwaltungssoziologie, S. 78ff.; *Pitschas,* Entbürokratisierung durch Beratung?, S. 226, 228ff., 235f.; *J. Plagemann/H. Plagemann,* ZfS 1983, 156ff.; *R. Weimar,* Ansätze zu einer Rechtsberatungslehre, in: R. Voigt (Hrsg.), Neue Zugänge zum Recht, 1986, S. 123ff.; siehe ferner unter dem Aspekt der Prozeßvermeidung *Blankenburg/Verwoerd,* DRiZ 1987, 169ff.

[167] Vgl. etwa die Vorschriften über die Berufsberatung gem. §§ 25ff. AFG oder zur Beratung durch den Sozialhilfeträger, § 8 Abs. 1 und 2 BSHG; zu dieser „Legalitätsstruktur" siehe bereits *Pitschas,* a.a.O. (Fn. 166), S. 232ff.

[168] Vgl. §§ 25 VwVfG, 14 SGB I.

[169] „Verwaltungseffizienz", vgl. dazu die Nachw. oben, 10. Kap., B.II.2. a) mit aa) und Fn. 174; 12. Kap., A.III.1. mit Fn. 51ff.

[170] Die „Nichtförmlichkeit" des Verwaltungsverfahrens ist deshalb – wie im 12. Kap., D.I. und II. dargelegt – ein unantastbares Reservat der Verwaltung; siehe auch die (insofern deklaratorischen) Regelungen der §§ 10 VwVfG, 9 SGB X; vgl. ferner *Kopp,* VwVfG, § 10 Rdnrn. 2, 3 und 9 m.w.Nachw.

funktions- noch reaktionsgerecht zu handeln, wird sie als bloße „Informationsinsel" tätig. Dies gilt vor allem unter Berücksichtigung wachsender Komplexität der Verwaltungsaufgaben, aber auch angesichts zunehmender organisatorischer Ausdifferenzierung der Verwaltung.[171] Nur noch durch das Zusammenwirken verschiedener Verwaltungseinheiten läßt sich sicherstellen, daß bei der Bewältigung der jeweiligen Verwaltungsaufgabe auch unterschiedliche, möglicherweise konfligierende Verwaltungszwecke berücksichtigt werden.

Die damit erforderliche *Koordination* der handlungs- und entscheidungsinterdependenten Verwaltungsträger stellt ein Strukturmerkmal des Verfahrenshandelns dar, das die Komplexität des Konkretisierungsproblems situationsbezogen abbildet und mit dem Ziel handhabt, die „Einheit der Verwaltung" zu sichern.[172] Da ein entsprechender Abstimmungsbedarf im Verlauf des gesamten Konkretisierungsprozesses auftreten kann, umschließt das Teilverfahren der Koordination nicht nur Verhandlungsführung und -abstimmung, sondern auch andere qualitative Verfahren wie z.B. die der Ideen-, Problem- und Zielfindung, der Problemdarstellung und der Informationsgewinnung-, verarbeitung sowie -auswertung. Daneben treten quantitative Koordinationsinstrumente.[173]

Koordination in diesem Sinne ist in erster Linie, wenngleich nicht ausschließlich,[174] Informationshilfe im Prozeß der Konkretisierung. Sie stellt den Verwaltungsmitarbeitern – und via Informationsansprüchen auch dem Bürger[175] – eine breitere Basis an Informationen zur Verfügung, nämlich auch solche, die nicht a limine zum eigentlichen Kernbereich ihrer Tätigkeit gehören. Die Technologie dafür steht bereit: Datenbank – und Datenkommunikationstechniken bieten die Möglichkeit, die jeweils benötigte Information mit geringem Aufwand an den richtigen Arbeitsplatz zu bringen. Freilich wird dadurch das Konkretisierungsverfahren auch und zugleich neuen Gefährdungen ausgesetzt, die verfahrensrechtliche Sicherungen erfordern.[176]

---

[171] Richtig daher der Ansatz bei *Bryde,* VVDStRL 46 (1988), S. 186f., 193, 202ff. (mit zutr. Einschränkung des Untersuchungsgrundsatzes); *Haverkate,* ebd., S. 241ff.; vgl. ferner oben, 7. Kap., E. IV. 1. und 2.

[172] Dazu die Nachw. oben in Fn. 112; siehe ferner die Hinweise im 6. Kap., C. III. 2. d).

[173] Vgl. *Rückwardt,* Koordination, S. 90ff.

[174] Siehe z.B. den Verweis auf „konzeptionelle Koordinationsinstrumente" wie z.B. Arbeits- und Projektgruppen in der öffentlichen Verwaltung u.a.m. bei *Rückwardt,* a.a.O. (Fn. 173), S. 116ff.

[175] Z.B. über das Recht auf Akteneinsicht, vgl. §§ 29 VwVfG, 25 SGB X.

[176] *Bryde,* VVDStRL 46 (1988), S. 202ff.; *Bull,* Datenschutz als Informationsrecht und Gefahrenabwehr, NJW 1979, 1177ff., 1180; *ders.,* Gedächtnisschrift für Sasse, Bd. II, 1981, S. 869ff., 870ff.; *Denninger,* Das Recht auf informationelle Selbstbestimmung und Innere Sicherheit, in: A. v. Schoeler (Hrsg.), Informationsgesellschaft oder Überwachungsstaat?, 1986, S. 107ff.; *Haverkate,* VVDStRL 46 (1988), S. 246ff.; *Pitschas,* DÖV 1989, 785ff.; *Schlink,* Amtshilfe, S. 169ff., 204ff., 261ff., 300ff.; *R. Scholz/Pitschas,* AöR 110 (1985), S. 489ff., 503ff., 506ff., 518ff.; *Simitis,* NJW 1984, 398ff.; *Vieth,* FS H. U. Scupin, 1983, S. 923ff.; *Woertge,* Die Prinzipien des Datenschutzrechts und ihre Realisierung im geltenden Recht, 1984, S. 129ff.

II. Verfahrensgliederung als Realität und Rechtsnotwendigkeit

Über den Verfahrenszugang zu befinden, den Sachverhalt zu ermitteln und die maßgebliche Rechtsnorm zu klären, um durch Dialog, Beratung und verwaltungsinterne Verfahrenskoordination in flexibler Weise zu einem von den Verfahrensbeteiligten allseits akzeptierten und für gerecht empfundenen Ergebnis zu kommen, das zudem mit seinem Vollzug der administrativen Binnenkontrolle unterliegt, resümiert einige der subjektiv-rechtlich bedingten zentralen Aktivitäten im Prozeß der „reflexiven" Rechts- und Zweckkonkretisierung. Fraglich ist aber, ob diese Folge von Aktivitäten im Konkretisierungsverfahren in einen globalen Zusammenhang einzuordnen ist, man also von einer *Einheit* des Verfahrenshandelns ausgehen kann, oder ob das administrative procedere nicht ganz unterschiedliche Aktivitäten bündelt, die verschieden erklärt bzw. verstanden werden müssen.

Die hierzu übliche Unterscheidung einzelner *Verfahrensstadien* wäre zunächst ein Denkmodell, das der rechtlichen Forderung nach Übersichtlichkeit der Konkretisierung entgegenkäme. Die Verwaltungsentscheidung würde dadurch überschaubar; sie gewänne an Transparenz.[177] Dem Konkretisierungsprozeß liegt indes mehr als nur eine gedankliche Verfahrensgliederung zugrunde. Die Verwaltungswirklichkeit offenbart mit den voraufgehend skizzierten Feldern des Verfahrensgeschehens – obschon nicht immer und vor allem nicht bei zeitlich gedrängtem Verfahrens- bzw. Realhandeln sogleich erkennbar – signifikante Aktivitäten des Konkretisierungsprozesses, in denen unterschiedliche Aufgaben enthalten sind, die ihrerseits unterschiedliche Erkenntnisleistungen verlangen und in ihrer gegenseitigen Rückbezüglichkeit entsprechend differenzierter verfahrensrechtlicher Ordnung bedürfen.

Einzelne Regelungsmaßgaben des Verfahrens lassen sich dabei nach dem je mit ihnen verbunden Ziel des sozialen Rechts- und Verwaltungsstaates unterscheiden. So kann man es beispielsweise als Zielsetzung der Sachverhaltsermittlung ansehen, einen Tatbestand herauszuarbeiten, der „wahr" ist in dem Sinne, daß er möglichst deckungsgenau die Wirklichkeit abbildet.[178] Eine Verfahrensordnung der Konkretisierung muß, soweit sich dieses Ziel nicht erreichen läßt, Regeln darüber normieren, von welchem Sachverhalt stattdessen bei der Konkretisierung auszugehen ist und welche Beweismittel eingesetzt werden dürfen.[179] Wie daraufhin die Rechtslage zu würdigen ist, hängt zwar auch mit dem Festlegen des Sachverhalts zusammen;[180] aber die Rechtsnormklärung dient vor allem dem Ziel, plausible Verhaltensormen festzulegen. Denn die für die Berechtigung eines Rechtssubjekts maßgebliche

---

[177] So bereits *Schmidt-Aßmann,* Jura 1979, 506; näher zu diesem Thema und m.w. Nachw. siehe schon oben, 7. Kap., A.II.2.c), C.I.2.c) mit dd) und (2), II.1.c).

[178] Was allerdings überaus problematisch sein kann, vgl. oben im Text zu B.I.; siehe zuvor im 7. Kap., C.I.2.c) mit cc) und (1)–(4).

[179] Siehe auch *J. Martens,* Praxis, S. 101 f. m. Anm. 90 ff.

[180] Vgl. oben im Text zu B.I. und Fn. 26 ff.

Rechtsgrundlage besteht in aller Regel nicht nur aus einer einzigen Vorschrift. Sie folgt vielmehr aus einer mehr oder weniger großen Zahl von Normen des geschriebenen (oder ungeschriebenen) Rechts. Aus diesen muß die „konkrete" Rechtsfolgeentscheidung nach Maßstäben, die sich im Zuge einer tiefreichenden Methodengeschichte der europäischen Rechtslehre entwickelt haben und lange Zeit in einem Subsumtionsideal gipfelten,[181] im Verlauf des Konkretisierungsprozesses erst noch ermittelt werden. Dies geschieht einerseits in unmittelbarer Gesetzesentsprechung, andererseits in einem Kommunikationsverband aller Verfahrensbeteiligten, in dem die oftmals vorhandenen unterschiedlichen Auffassungen über die maßgeblichen Rechtsnormen und ihre Interpretation zur Sprache gebracht oder sogar angeglichen werden, in dem man Unstimmigkeiten über den Sachverhalt aufklärt und wo man Meinungsverschiedenheiten über die jeweiligen Rechte und Pflichten austrägt.

In und durch Verfahren wird auf diese Weise eine Rechtslage hergestellt, die situationsbezogener und individueller als das einschlägige Gesetz (Programm) ist, weil die wechselseitige Kommunikation über „Recht" die Rechtsbeziehungen zwischen den beteiligten Rechtssubjekten auf die Ebene einspielt, auf der das materielle Recht (subjektives und/oder objektives Recht) im Einzelfall angewendet werden soll. Das Rechtsprogramm wird dabei unter Berücksichtigung der identifizierten Probleme und der gegebenen bzw. festgelegten Sachverhalte mittels Auswahl der relevanten Daten sowie durch Rechtsverstehen, Beachtung des Normzwecks und folgenorientierte Rechtsbildung (konkret-)tatbestandlich komplettiert und individualisiert.[182]

Das Verwaltungsrecht interessiert sich für die einzelnen Aspekte dieses gegliederten Vorganges, in dem sich Rechtsanwendung, Rechtsfindung und Rechtfertigung ständig und in nicht-linearer Weise durchdringen, zunächst deshalb, weil die je betroffenen subjektiven Rechtsstellungen der Verfahrensbeteiligten spezifischer Sicherung bedürfen. Der Konkretisierungsprozeß ist in seinem Ablauf durchaus unterschiedlichen, aktivitäten- und phasenspezifischen Gefährdungen ausgesetzt. So kommt es in den Anfangsstadien vor allem darauf an, daß sich Verwaltung und Bürger umfassend informieren, ohne sich sogleich auf bestimmte Konkretisierungsalternativen zu versteifen und damit ein „gerechtes" Ergebnis zu verfehlen. Für das Verfahrensergebnis als spezifischem Endpunkt „abschließender und höchstmöglicher Konkretisierung im Verhältnis zum Einzelnen"[183] ist es dagegen wichtig, daß die verfahrensverantwortliche Verwaltungseinheit ordnungsgemäß handelt und ihrem Handeln oder Entscheiden einen präzisen Ausdruck im Rahmen der jeweils gewählten Handlungsform verleiht.

---

[181] Dazu näher *Larenz*, Methodenlehre, S. 19ff., 82ff., 118, 137, 150ff., 262ff.

[182] Ich folge hier den oben für den Befund dezentraler Rechtsbildung in bezug genommenen Autoren, vgl. 1. Kap., A.I.2. mit Fn. 86; 2. Kap., A.II.4. mit Fn. 153, II.5. mit Fn. 154ff., – unter Einbezug allerdings des Verfahrensgedankens in Rechtstheorie und Methodenlehre, vgl. auch 7. Kap. mit Fn. 72.

[183] Treffend *R. Scholz*, VVDStRL 34 (1976), S. 190.

Bei der Würdigung der dem zugrundeliegenden Zeugen- oder Sachverständigenangaben kommt auf die Verwaltung die schwierige Aufgabe zu, oftmals auf bloße Theorien zurückgreifen zu müssen, die es ihr ermöglichen sollen, Beweismittel zu beurteilen.[184] Und nicht zuletzt stellt sich im Zuge der Auslegung von Gesetzesnormen das Normkonkretisierungsproblem als Frage, welche Kriterien zu entwickeln und anzuwenden sind, die den Übergang von der Norm zum Einzelfall ebenso *konsensfähig* leisten wie sie die *Folgenberücksichtigung* im Rahmen der Konkretisierung zu garantieren vermögen. Dabei darf weder das eine noch das andere in dem an die Abwägung von Zwecken und Mitteln und damit an das Übermaßverbot gebundenen Verfahren öffentlichen Verwaltens vernachlässigt werden.[185] Der Erfolg der administrativen Verfahrensweise hängt rechtlich und tatsächlich in entscheidendem Umfang davon ab, daß der beteiligte Bürger die behördlichen Maßnahmen akzeptiert. Dies aber wird er nur tun, wenn sie sich als konstruktiv und in diesem Sinne als wirksam erweisen.[186]

---

[184] Vgl. *J. Martens*, Praxis, S. 105ff.

[185] Zu dieser Bindung des Verwaltungsverfahrens an das Verhältnismäßigkeitsprinzip vgl. oben, 10. Kap., B.II.3.b) mit cc); zur Forderung nach Konsens siehe im 5. Kap., B.IV. und C.III.; 10. Kap., A. IV. 5a); zur Verantwortungsbindung aus Entscheidungsfolgen vgl. 6. Kap., C.III.2.c); 7. Kap., E.II.3.

[186] Siehe 5. Kap., C.II.4.; 7. Kap., C.I.1.; 10. Kap., C.III.2.

15. Kapitel. Verfahrensverantwortung für Problemorientierung und Sachaufklärung

A. Problemorientierung der Verfahrensaktivitäten

Die Tatsache, daß es bei alledem immer wieder wesentlich auf die zielorientierte Auswahl von Zweck-Mittel-Alternativen ankommt, führt in Ansehung des Handlungs- und Entscheidungspotentials der Konkretisierung auf den Komplex der *Problemorientierung* zurück. Darunter fällt jene Gruppe von Aktivitäten im Verfahren, die sich im Zusammenhang der Entscheidung über das Bestehen materieller Rechte und Pflichten oder über Merkmale, die für solche Rechte und Pflichten maßgebend sind, mit den dabei durch die Verwaltung zu lösenden „Problemen" auseinandersetzen. Sie umfassen unter Beachtung der vorgegebenen Rollenverteilung[1] die Problem- und Situationsdefinition, die Sachverhaltsfeststellung, die Prüfung und den Vergleich der in Betracht kommenden Handlungs- und Entscheidungsalternativen im Hinblick auf die gesetzliche Zielweisung, um sodann nach „Durchspielen" der Lösungsmöglichkeiten und Einbezug der Folgen des angestrebten Finalentschlusses zur Auswahl der „richtigen" Alternative und zu ihrer Durchführung zu kommen.

I. Situations- und Problemdefinition

Im Vordergrund aller dieser Aktivitäten steht die *Situations- und Problemdefinition.* Sie präformiert die folgenden Schritte des Handlungs- und Entscheidungsprozesses, vor allem aber die Informationsnachfrage und Überzeugungsbildung. Der Schlüssel zu einem zwischen Verwaltung und Bürger ausgewogenen und für ein rationales Verfahrensergebnis notwendigen Informations- und in der Folge auch Entscheidungsverhalten liegt damit in der Handhabung bzw. Dimensionierung des jeweiligen Konkretisierungsproblems. Je nachdem, wie die Verfahrensbeteiligten das anstehende Problem definieren, insbesondere für wie kompliziert oder auch interessenbefangen sie es ansehen, werden sie ihre Anstrengungen dosieren. Das Verfahrensniveau wird der als erforderlich erachteten Handlungskomplexität angepaßt.

Ein signifikantes Beispiel für die Bedeutung des Umganges mit der Problemsituation und zugleich für die Rationalitätsdefizite, die bei ungleichgewichtiger Definitionsmacht auftreten, bieten die Verfahren der Zulassung großtechnischer Vorha-

---

[1] Vgl. zu dieser oben, 14. Kap., C.I.–VI.; zum Verfahren als *Aktivitätenpotential* siehe im 7. Kap., A.II.2. c), C.I.2.c) mit dd) und (3), C.II.1.c).

ben. In diesen „Massenverfahren" sehen sich vor allem die zu beteiligenden Dritten einer bereits derart detailliert ausgeformten und technisch wie planerisch zwischen Antragsteller und Genehmigungsbehörde abgestimmten Problemdimensionierung gegenüber,[2] daß die innovative Definitionsteilhabe weiterer Beteiligter nahezu aussichtslos wird. Der Handlungs- und Lösungsrahmen, *innerhalb dessen* nunmehr Informationen ausgetauscht und Alternativen gesucht werden müssen und in welchem allein Spannungen bzw. Konflikte auszutragen bzw. auszuhalten sind, ist damit zugleich (einseitig) festgelegt.[3] Das „Verfahren" erleidet dadurch als Ordnungsidee des sozialen Rechtsstaates empfindliche Einbußen.[4]

II. Konkretisierungsproblem und Sachverhaltsermittlung

Die skizzierte eigenständige Bedeutung der Situations- und Problemdefinition im Rahmen der Problemorientierung geht allerdings regelmäßig in der allgemeinen dogmatischen Auseinandersetzung um die *Rolle der Sachverhaltsermittlung* unter.[5]

Zwar weist diese in der Tat einen engen Bezug mit der Identifikation und Dimensionierung des Konkretisierungsproblems auf, insofern sich die Verwaltung wegen der ihr abgeforderten Rechtsanwendung ein Bild von dem rechtlich belangvollen Tatsachen, ggf. unter Einsatz Sachverständiger oder anderer Beweismittel verschaffen muß.[6] Damit dies geschen kann, kommt es einerseits und wesentlich darauf an, den Verfahrensgegenstand, der durch die angestrebte Handlung bzw. Entscheidung über bestimmte materielle Rechte und Pflichten bestimmt wird[7] präzise einzugrenzen. Damit allein ist es aber noch nicht getan. Hinzu tritt die Notwendigkeit, die damit relevant werdenden Fakten zu verstehen und nicht vorgegebene (potentielle) Realität aufzudecken.

Der Rückgriff auf den einschlägigen materiellen Rechtssatz („Anspruch") erfordert also zugleich und andererseits, daß über die in dem Verfahrensgegenstand geborgene *Sachproblematik* im Wege kommunikativer Interaktion gehandelt wird. Der Sachverhalt ist nicht einfach vorgegeben, so daß sich die Konkretisierung nicht lediglich auf die Subsumtion vorfindlicher Fakten bzw. auf deren Beschaffung gründet. Ebenso wichtig ist das erkennende Verstehen und Ergänzen der „Tatsachen",

---

[2] So mit Recht *H. Hofmann*, UPR 1984, 73ff., 76 m.w. Nachw.

[3] Ähnlich auch *Wahl*, VVDStRL 41 (1983), S. 178; zur hier anklingenden Kritik vgl. dann näherhin und m. w. Nachw. *R. Wolf*, Soziale Welt 1988, S. 164ff.

[4] Zu der Wirkdimension des Verwaltungsverfahrens als „Ordnungsidee" vgl. bereits die Grundlegung oben, 1. Kap., B.II.3.; 7. Kap., D.I.

[5] So z.B. bei *Badura*, Verwaltungsverfahren, S. 399; *Hufen*, Verwaltungsverfahren, S. 102ff.; *J. Martens*, Praxis, S. 60 (Rdnr. 90), 101ff.; *Ule/Laubinger*, Verwaltungsverfahrensrecht, S. 164ff.

[6] *Stelkens/Bonk/Leonhardt*, VwVfG, § 24 Rdnrn. 8, 9, 10; § 26 Rdnrn. 3, 4; siehe auch *Skouris*, AöR 107 (1982), S. 215ff., 218, 226ff.

[7] *J. Martens*, Praxis, S. 60 (Rdnr. 90).

der Umgang mit der Problemsituation, ihre Definition mit den oben angedeuteten Konsequenzen. Auch der Gesetzgeber geht davon aus, wenn er z.B. den Anspruch des gewerblichen Unternehmers auf den Betrieb einer Privatkrankenanstalt nur dann einräumt, falls keine Hindernisse i.S. des § 30 Abs. 1 Ziff. 1–4 GewO vorliegen.[8] Ebenso ist ein Anspruch auf Sozialhilfe gem. § 4 BSHG nur dann gegeben, „soweit dieses Gesetz bestimmt, daß die Hilfe zu gewähren ist".[9]

Die problemorientierte Tatsachenermittlung wird auf diese (Regelungs-)Weise zur ersten Einbruchstelle für Subjektivität bei der Konkretisierung. Jeweils sind Hindernisse bzw. Voraussetzungen des Anspruchs in Kommunikationshandlungen auszuräumen; so oder so ist er wahrnehmungsunterworfen. Die Verfahrensbeteiligten sind nicht nur bemüht, den anhängigen Verfahrensgegenstand auf seine Tatbestandsmäßigkeit hin objektiv aufzunehmen, zu erfassen und zu untersuchen. Neben diese inhaltliche Dimension tritt der *Umgang* mit dem Problem: Es bedarf einer Situationseinschätzung und der Entscheidung, *wie* das Problem mit Blick auf die *Folgen* divergierender Problemlösungen gehandhabt werden soll. Dieser Prozeß der Deutung, der geistigen Rekonstruktion und des (subjektiven) Verstehens in einem Interaktionsverlauf zwischen den Teilnehmern am Konkretisierungsprozeß, der im übrigen von der Struktur des jeweiligen Problems abhängig gestellt ist,[10] steht als Situations- und Problemdefinition mit der schon weiter oben beschriebenen faktischen Verknüpfung von Tatsachenauswahl und Rechtsnormklärung in Verbindung.[11]

Häufig eilt allerdings das zu lösende Problem auch dem Anspruch voraus, muß erst die Situation „definiert" werden, ehe es zu einer Subsumtion der Fakten unter die Tatbestandsmerkmale der für einschlägig befundenen Rechtsnorm(en) kommen kann. Ein prägnantes Beispiel hierfür bietet der Anspruch des Bürgers auf die nachträgliche Anordnung von Maßnahmen zur Durchsetzung der immissionsschutzrechtlichen Vorschriften gem. § 17 BImSchG.[12] Bevor nämlich die von Immissionen Betroffenen auf seiner Grundlage die zuständigen Behörden zum Erlaß nachträglicher Maßnahmen drängen können, müssen sie erst einmal wissen, ob und welche Emissionen von einer Anlage ausgehen, um abschätzen zu können, ob diese schädliche Auswirkungen haben.[13] Erst nach Festlegung dieser konstitutiven Situationsmerkmale und Bewältigung der Informationsprobleme kann der Anordnungsanspruch erhoben werden. Und erst dann ist der maßgebliche Verfahrensgegenstand

---

[8] Gewerbeordnung (GewO) i.d.F. der Bekanntmachung vom 1. Januar 1987 (BGBl. I S. 425).

[9] Bundessozialhilfegesetz (BSHG) i.d.F. der Bekanntmachung vom 20. Januar 1987 (BGBl. I S. 401, ber. S. 494).

[10] Siehe auch *Schneider/Schroth*, Sichtweisen juristischer Normanwendung, S. 447.

[11] Vgl. 14. Kap., B.I.

[12] Gesetz zum Schutz vor schädlichen Umwelteinwirkungen durch Luftverunreinigungen, Geräusche, Erschütterungen und ähnliche Vorgänge (Bundes-Immissionsschutzgesetz – BImSchG) vom 15. März 1974 (BGBl. I S. 721, ber. S. 1193).

[13] Dazu siehe etwa *Jarass*, DVBl. 1985, 193 ff., 196.

umgrenzbar, läßt sich der durch konkrete Anhaltspunkt indizierte Verdacht erhärten und kann die Feststellung der für die begehrte Anordnung relevanten Tatsachen (unter Verwertung der bereits vorliegenden Informationen) einsetzen bzw. voranschreiten (Konkrete Gefahr? Vorsorgeregelung? Wirtschaftliche Vertretbarkeit?).[14]

Die Situations- und Problemdefinition prägt somit nicht nur die ihr folgenden Schritte der Konkretisierung. Sie stellt auch und vor allem die Tatsachenermittlung in einen unauflöslichen Bezug zur Identifikation des Konkretisierungsproblems. Die Sachverhaltsfeststellung kommt ohne Problemanalyse nicht aus; das sich für den Organwalter abzeichnende Bild vom Sachverhalt beruht deshalb weder nur auf seiner eigenen bloßen Wahrnehmung der Wirklichkeit noch allein auf seiner „Urteilsbildung" über die Beschreibung der Wirklichkeit durch andere, wie *J. Martens* meint.[15] Der zur Konkretisierung berufene Organwalter *konstituiert* ebensosehr und voraufgehend den *Rahmen,* innerhalb dessen sich die Feststellung des Sachverhalts und seine Beurteilung sodann bewegt. Darin liegt eine mit der Rechtsanwendung verbundene „Voraus-Verfügung" über den Sachverhalt im Konkretisierungsverfahren.

Der soziale Rechtsstaat verbindet damit allerdings keine ausschließliche Verwaltungskompetenz für die Situations- und Problemdefinition. Zwar besteht ein gewisser Freiraum des Rechtsanwenders, über die Problemdimensionierung zu befinden; er darf jedoch nicht nach eigenem Gutdünken in einer nicht nach rechtlichen Maßstäben kontrollierbaren Weise die Problemsituation einschätzen und das Problem handhaben. Dem setzt der *Tatbestand* der materiellen Norm im Zuge der vorgesehenen Rechtsanwendung auf den Einzelfall ebenso Grenzen (Funktion der Tatbestandsmäßigkeit) wie der Umstand, daß jedes Konkretisierungsverfahren auf die konsensuale Mitwirkung des Bürgers angelegt ist und ihm transparent bleiben muß.[16] Schließlich ist es Sache des *Gesetzgebers* zu normieren, wie das zu lösende Problem zu seiner administrativen Bewältigung erst einmal gefunden, dann abhängig und schließlich beschrieben werden soll und also das Verfahren *einzuleiten* ist.

1. Einleitung des Konkretisierungsverfahrens

Die Anstöße, die den zuständigen Träger der öffentlichen Verwaltung zur Einleitung eines Konkretisierungsverfahrens veranlassen, können dabei einerseits unmittelbar vom Gesetzgeber ausgehen. Er kann die Verwaltung verpflichten, die Initiative zu ergreifen (Legalitätsprinzip). Die Auseinandersetzung mit einem Problem kann aber auch über den Antrag eines Dritten steuerbar sein, und zwar entweder im Sinne einer Impuls- oder einer Sperrfunktion (Antragsprinzip). Für die Einleitung des Verfahrens und damit für die Antwort auf die Frage, wann und wem gegenüber

---

[14] *Jarass,* a.a.O. (Fn. 13), S. 196f.; siehe auch *Ule/Laubinger,* Verhdlg. des 52. DJT, 1978, Bd. I (Gutachten), Teil B, S. 53ff., 84ff.

[15] *Praxis,* S. 101 (Rdnr. 156).

[16] Vgl. oben, 14. Kap., D.I. mit Fn. 159.

die Rechts- und Zweckkonkretisierung beginnt, erweist sich somit wiederum und grundsätzlich das materielle Recht maßgebend. Indem das einschlägige Sachrecht die normativen Voraussetzungen des Konkretisierungshandelns festlegt, beeinflußt es zugleich – und meistens implizit – Aufgreifen und Handhabung des jeweiligen Konkretisierungsproblems.

Nicht immer ist – wie schon hervorgehoben – eine darauf bezogene ausdrückliche Rechtshandlung der Verwaltung (oder des Bürgers) erforderlich. Die Einleitung des Verfahrens kann auch an die bloße Erfüllung eines gesetzlichen Tatbestandes anknüpfen. So entsteht beispielsweise der staatliche Steueranspruch, sobald der Tatbestand verwirklicht ist, an den das Gesetz die Leistungspflicht knüpft.[17] Ebenso wird die Polizeipflicht des Störers unabhängig von dem Erlaß einer Polizeiverfügung begründet.[18] Die zuständige Behörde eröffnet dementsprechend das Verfahren jeweils von Amts wegen; auf den Willen des Betroffenen, den zugrundeliegenden Lebenssachverhalt eigenständig zu gestalten, kommt es grundsätzlich nicht an.[19] Allerdings setzt die Zuordnung von Rechten und Pflichten bei der Bewältigung auftretender Konkretisierungsprobleme voraus, daß dem Zuordnungssubjekt (hier: Störer, Steuerschuldner) überhaupt Rechtsfähigkeit zukommt.[20]

In diesem Sinne *amtswegige Verfahrenseinleitung und Problemorientierung* finden sich regelmäßig dort, wo die Verwaltung Aufgaben der Gefahrenabwehr und -vorsorge sowie der Lenkung verfolgt, Abgaben erhebt oder den Bürger zu Leistungen verpflichtet.[21] Sie müssen dabei nicht unbedingt auf objektiver Rechtsgeltung beruhen oder auf einseitig hoheitliches Handeln der Verwaltung zurückzuführen sein. Ein Verfahren ist von Amts wegen auch durch darauf gerichtetes einseitiges Verhalten des Bürgers einzuleiten, wie sich am Beispiel der tatsächlichen Inanspruchnahme von Einrichtungen des Postwesens erweist.[22]

Der Gesetzgeber kann freilich auch anordnen, daß erst eine verwaltungsrechtliche Willenserklärung des Bürgers das Konkretisierungsverfahren in Gang setzt.[23] Rechtsvorschriften können insbesondere das Verwaltungshandeln von einem *Antrag* des Betroffenen abhängig machen, wie z. B. die Ernennung zum Beamten[24] oder

---

[17] § 38 AO; siehe dazu *Tipke*, Steuerrecht, S. 139, 142 ff.; *ermessensabhängige* Ansprüche entstehen allerdings erst mit der (positiven) Ausübung des Ermessens und der Bekanntgabe des Konkretisierungsergebnisses.

[18] *W. Martens*, in: *Drews/Wacke/Vogel/Martens*, Gefahrenabwehr, 9. Aufl., 1986, S. 293 m. Anm. 23.

[19] *Kopp*, VwVfG, § 22 Rdnr. 2; *Tipke*, a. a. O. (Anm. 17), S. 142.

[20] *Erichsen*, Verwaltungshandeln, S. 144 ff.; für wirksame Antragstellung (dazu vgl. den nachfolgenden Text oben) ist ferner und grds. *Prozeßfähigkeit* erforderlich; auf Ausnahmen verweist jedoch § 36 SGB I.

[21] *Badura*, Verwaltungsverfahren, S. 393 f.; *J. Martens*, Praxis, S. 70 m. Anm. 47.

[22] BVerwG, JZ 1985, 675 m. Anm. *Ehlers; Erichsen*, Verwaltungshandeln, S. 144 m. Anm. 51; krit. z. B. *Hertwig*, JA 1985, 51.

[23] *Badura*, Verwaltungsverfahren, S. 393; zum „Willen" als Wirksamkeitsbedingung des Verwaltungshandelns siehe ferner *Sachs*, VerwArch. 76 (1985), S. 398 ff., 404 ff.

[24] §§ 5 Abs. 2 BRRG, 10 Abs. 3 BBG.

die Gewährung einer Rente.[25] In diesem Zusammenhang ist auch geregelt, ob der Antrag einer besonderen Form bedarf[26] und ob ggf. eine Antragsfrist zu beachten ist.[27] Das Antragserfordernis braucht allerdings nicht ausdrücklich im Gesetz vermerkt zu sein; es reicht u.a. die Einführung einer Genehmigungspflicht.[28]

Der gestellte Antrag veranlaßt als öffentlich-rechtliche Willenserklärung[29] die Behörde zur Problemauseinandersetzung bei gleichzeitiger Einleitung des angestrebten Verfahrens. Er fungiert darüberhinaus als materiell-rechtliche Voraussetzung für den Verfahrensbeginn: Das Verfahren soll ohne den Willen des Antragstellers nicht zustande kommen (Sperrfunktion). Beides hat Konsequenzen. So ist infolge der *Impulsfunktion* die Behörde zur Verfahrenseinleitung verpflichtet, auch wenn sie – anders als der Antragsteller – meint, dieser könne sich nicht auf die Wahrnehmung eigener Rechte berufen oder die formellen Voraussetzungen der Antragstellung (Form, Frist etc.) seien nicht gewahrt.[30] Darüber hinaus muß die Verwaltung auch dann ein Verfahren einleiten, wenn es sich um eine Angelegenheit handelt, in der sie eigentlich von Amts wegen tätig werden müßte, sie aber die Voraussetzungen dafür im konkreten Fall verneint, jedoch von einem Bürger mit einem Antrag auf Tätigwerden konfrontiert wird.[31] Die *Sperrfunktion* des Antrags bindet dagegen die Verwaltung an den Gegenstand und die Problemdimensionierung des Konkretisierungsverfahrens. Sie darf weder mehr als das Beantragte noch etwas anderes bewilligen. Im Konkretisierungsprozeß gilt der Grundsatz des „ne ultra petita“.[32]

Vor diesem Hintergrund sieht die Rechtsordnung *Antragsverfahren* üblicherweise vor, wenn die Rechts- und Zweckkonkretisierung vor allem im Interesse des Antragsberechtigten liegt. Die Verwaltung wartet hier fremde Initiativen zunächst ab. Freilich wird dadurch die Einleitung eines Verfahrens von Amts wegen nicht schlechthin ausgeschlossen.[33]

---

[25] § 1545 Abs. 1 Nr. 2 RVO; allgemein zur Einleitung des sozialrechtlichen Verwaltungsverfahrens siehe *Pickel,* Die Sozialversicherung 1987, 29ff.

[26] Vgl. *Gusy,* BayVBl. 1985, 484ff., 485.

[27] Dabei kann es sich um eine *Ausschlußfrist* handeln, die ggf. zu einem Rechtsverlust führt, oder bloß um eine *Ordnungsvorschrift,* vgl. *Knack/Clausen,* VwVfG, § 22 Rdnr. 4.3.

[28] *Badura,* Verwaltungsverfahren, S. 393; der BFH meint allerdings richtigerweise, daß ohne eine gesetzliche Grundlage eine bestimmte Antragsform nicht verlangt werden könne, vgl. BFH, BB 1987, 530, 531 m.w. Nachw.

[29] *Badura,* a.a.O. (Fn. 28), S. 393; *Gusy,* BayVBl. 1985, 485 (freilich mißverständlich ebd. zum Antrag gem. § 5 BSHG, der durchaus *neben* einer „Anzeige“ zum Zuge kommen kann); *Obermayer,* VwVfG, vor § 9 Rdnr. 134; *Schnell,* Der Antrag im Verwaltungsverfahren, 1986, S. 37ff., 44f., 47ff. Anträge können dabei auch ohne ausführliche „Erklärung“, nämlich stillschweigend konkludent gestellt werden, wie zu recht VGH Kassel, NVwZ 1985, 498f., hervorhebt.

[30] Davon geht auch BVerwGE 50, 282 (285f.) aus; siehe ferner *Badura,* a.a.O. (Fn. 28), S. 394; *Kopp,* VwVfG, § 22 Rdnrn. 24, 25; es liegt deshalb nahe, den „Antrag“ in das sich anbahnende *Verfahrensrechtsverhältnis* eingebettet zu sehen und ihn dem „Auftrag“ seitens des Bürgers in einem Gleichordnungsverhältnis (vgl. 14. Kap., B.II. und V.) gleichzusetzen.

[31] Vgl. *Kopp,* VwVfG, § 22 Rdnr. 6.

[32] *Gusy,* BayVBl. 1985, 490; *Kopp,* a.a.O. (Fn. 31), § 22 Rdnr. 11.

[33] BVerwGE 11, 43 (46); *Badura,* JuS 1964, 103ff.; *Kopp,* a.a.O. (Fn. 31), § 22 Rdnrn. 7, 12;

Vielfach sind nämlich Problemzuständigkeit der Verwaltung und Antragserfordernis in der Bevölkerung nicht bekannt; gelegentlich unterbleibt die Antragstellung versehentlich. Wird dies der Behörde ersichtlich, so folgt für sie aus dem rechtlichen Bürgerstatus bei bestehendem „sozialen Kontakt" mit dem potentiell Antragsberechtigten die Verfahrenspflicht, die Antragstellung anzuregen.[34] Unterbleibt diese Anregung, kann der sog. Herstellungsanspruch greifen; die Behörde vermag sich für versagtes Amtshandeln nicht auf den fehlenden Antrag zu berufen.[35]

Denkbar ist allerdings auch, daß im Hinblick auf gegebene Problemlagen weder das Legalitätsprinzip noch der Antragsgrundsatz gelten. Die Verwaltung entscheidet dann in eigener Verantwortung, ob und wann sie ein Verfahren durchführt. Sie verfügt insoweit über ein *verfahrenseinleitendes Ermessen;* die von Amts wegen zu treffende Entscheidung unterliegt dem Opportunitätsprinzip.[36]

Der damit der Behörde eingeräumte Spielraum zur Einleitung und Durchführung eines Konkretisierungsverfahrens gehört teilweise zum *Verfahrensermessen* der Verwaltung.[37] Dessen Ausübung kann mit erheblichen Belastungen des betroffenen Bürgers verbunden sein, so z. B., wenn gegen ihn aus gesundheitlichen Gründen von Amts wegen ein Verfahren mit dem Ziel der Entziehung der Fahrerlaubnis eingeleitet werden soll.[38] Die ordnungsgemäße Betätigung dieser spezifischen Verfahrensverantwortung der Verwaltung verlangt deshalb eine dem Einzelfall angemessene, sachgerechte und situationsbezogene Abwägung der öffentlichen Belange mit den Interessen des einzelnen in Verfolg der gesetzlichen sowie administrativen Zielvorstellungen.[39] Das aber erfordert die kontinuierliche Auseinandersetzung mit dem der Behörde sektoral zugeordneten Verwaltungsfeld. Sie muß den ihrer Verantwortung unterstellten Sozialbereich schon im Vorfeld konkreter Verfahren stetig beobachten sowie die sich herausbildenden öffentlichen und privaten Interessenlagen[40]

Knack/Clausen, VwVfG, §§ 22 Rdnr. 3.6.; a. A. OVG Koblenz, NVwZ 1986, 576ff., 577f.; *Ule/Laubinger,* Verwaltungsverfahrensrecht, S. 162.

[34] Diese Verfahrenspflicht ergibt sich aus der das Verwaltungsverfahren im *Sozialstaat* kennzeichnenden (auch vorgreiflichen) *Betreuungspflicht* der öffentlichen Verwaltung, für die § 25 VwVfG nur stellvertretend und ausschnittsweise steht; bloßes Verhalten reicht insoweit für die Begründung eines Verfahrensrechtsverhältnis aus, vgl. auch *Erichsen,* Verwaltungshandeln, S. 143; zum Sonderfall des § 5 BSHG siehe ferner *Knack/Clausen,* VwVfG, § 22 Rdnr. 3.3.

[35] Siehe auch OVG Berlin, FEVS Bd. 16, S. 222; VGH Kassel, NVwZ 1985, 915; *Pickel,* Die Sozialversicherung 1987, 31; *Schellhorn,* in: Burdenski u. a., GK-SGB I, § 14 Rdnr. 43; *Schoch,* VerwArch. 79 (1988), S. 1ff., 25ff., 27f. m. w. Nachw. in Anm. 153, 154.

[36] *Obermayer,* VwVfG, § 22 Rdnr. 20 m. Anm. 6.

[37] Zu diesem siehe bes. *Hill,* NVwZ 1985, 449ff. m. zahlr. Nachw.; *ders.,* NVwZ 1989, 409f.

[38] Beispiel nach *J. Martens,* Praxis, S. 69 m. Anm. 46; weitere Beispiele bei *Obermayer,* VwVfG, § 22 Rdnr. 22 (der dortige Hinweis auf § 58 GewO ist allerdings inzwischen obsolet).

[39] Siehe nur *Maurer,* Verwaltungsrecht, S. 100 (Rdnr. 8); vgl. ferner zur Definition des Ermessens § 73 SchlHLVwG sowie speziell zum Gesichtspunkt der „Abwägung" bei der Ermessensausübung *Obermayer,* a. a. O. (Fn. 38), § 40 Rdnrn. 82ff.; *W. Schmidt,* Probleme des Verwaltungsrechts, S. 45f.

[40] Zur Vermengung beider vgl. *Schmitt Glaeser,* Position der Bürger, S. 54f., unter Verweis auf *R. Scholz,* VVDStRL 34 (1976), S. 207; siehe auch *W. Schmidt,* Probleme des Verwaltungsrecht, S. 241ff.

aufnehmen und bewerten. Keinesfalls darf sich die Verwaltung darauf beschränken, eher zufällig auf Gefahrenlagen gestoßen zu werden. Richtigerweise ist deshalb z. B. die Polizei befugt, auch solche Sachverhalte zu beobachten und ggf. unter Einsatz polizeilicher Zwangsmittel aufzuklären, die zwar den Verdacht einer Gefahr begründen, objektiv aber eine konkrete Gefahr nicht enthalten.[41]

Jenseits dieser die Gebote der notwendigen Differenzierung und Verwirklichung von Einzelfallgerechtigkeit berücksichtigenden Handhabung der Verfahrensverantwortung[42] muß sich die Verwaltungsbehörde bei der Entscheidung über die Verfahrenseinleitung aber auch der ihr zur Verfügung stehenden sächlichen und personellen Mittel vergewissern. Sie darf im Hinblick hierauf und auf die eigenen Entscheidungsprogramme bzw. -maßstäbe Prioritäten setzen[43] oder ggf. Arragements über die Durchführung von Verfahren treffen.[44]

Die Verfahrenseinleitung unterliegt insoweit einer generalisierenden Verfahrensverantwortung der Verwaltung, die mit der Kategorie des bloß volitiven, rechtsbezogenen (Verfahrens-)Ermessens nicht mehr hinreichend erfaßbar scheint. Denn es geht häufig auch und dann im eigentlichen um die *Einschätzung* sektoraler zukünftiger Entwicklung, die sich mit einer beabsichtigten Prägung der Sachfragen „durch Verfahren" paart. Die Verfahrenseinleitung kann dadurch zu einem verwaltungspolitischen Faktor werden, der ähnliches wie bei der Prognoseentscheidung eine „Einschätzungsprärogative" der Verwaltung bedingt und administrative Entwicklungsspielräume voraussetzt.[45]

Eine derart kompetenzpotenzierte und dadurch zugleich bindungsärmere Verfahrensverantwortung der Verwaltung für die Einleitung der Konkretisierung steht nun allerdings schon sehr in der Gefahr, einerseits die Freiheit des einzelnen *von* Verfahren sowie andererseits die Verfahrenschancengleichheit und das Kooperationsgebot des Verfahrens durch verwaltungsregulative Problem- und Situationsdefinition qua Entscheidung über den Beginn des Verfahrens zu verfehlen. Um dies zu vermeiden, müssen für die Verfahrenseinleitung im materiellem Recht zumindest

---

[41] Die Frage ist kontrovers, vgl. BayVGH, BayVBl. 1986, 590ff., 592; *Friauf*, Polizei- und Ordnungsrecht, in: v. Münch (Hrsg.), Besonderes Verwaltungsrecht, 8. Aufl., 1988, S. 224; *Götz*, Allgemeines Polizei- und Ordnungsrecht, 9. Aufl., 1988, S. 72f.; *W. Martens*, DÖV 1982, 89ff., 93; *R. Scholz/Pitschas*, Informationelle Selbstbestimmung, S. 172f.

[42] Vgl. zu diesen Geboten die Grundlegung oben, 6. Kap., C.III.2.a); 7. Kap., C.I.2.c) mit dd) und (1); 9. Kap., C.IV. und V.; 10. Kap., B.II.2.a) mit aa), b) mit aa), 3. b) mit aa) und bb); zu den Gleichheitsanforderungen an die Verfahrensordnung und -führung siehe im übrigen auch *Schmidt-Aßmann*, Verfahrensgedanke, S. 30; *Stelkens/Bonk/Leonhardt*, VwVfG, § 40 Rdnr. 25.

[43] *Meyer/Borgs*, VwVfG, § 22 Rdnr. 6; *Schmidt-Aßmann*, Jura 1979, 517; zur Vorsicht hierbei mahnen allerdings die Defizite der bisherigen Verwaltungspraxis im Bereich des Umweltschutzes, vgl. etwa *Bohne*, JbRSoz 9 (1983), S. 202ff., 205ff.

[44] *Eberle*, DVerw. 17 (1984), S. 439ff.

[45] Dies ergänzend zu *Hill*, NVwZ 1985, 450 (II.); zum Begriff des „Entwicklungsspielraumes", der hier in seinem Deutungsgehalt für die Verfahrenseinleitung übernommen wird, vgl. früher schon *R. Scholz*, Wirtschaftsaufsicht und subjektiver Konkurrentenschutz, 1971, S. 106ff., 108f.; siehe im hiesigen Kontext auch *Maurer*, Verwaltungsrecht, S. 107f.

Anhaltspunkte dafür vorliegen, daß die für die spätere Verwaltungsentscheidung nach dem jeweiligen Sachgesetz erforderlichen tatbestandlichen Merkmale erfüllt sein könnten und nicht von vornherein ausgeschlossen sind.[46] Der soziale Rechtsstaat räumt darüberhinaus der öffentlichen Verwaltung keine asymmetrische Definitionsmacht gegenüber dem mit subjektiv-öffentlichen Rechten ausgestatteten Bürger ein.[47] Problemdefinition und -bearbeitung sind nach Maßgabe notwendiger Rollenverteilung im Konkretisierungsverfahren gemeinsame Sache von Behörde und einzelnem.

Erforderlich ist deshalb synchron zur Verfahrenseinleitung die Klärung des Problemfeldes unter Einbeziehung *aller* zu beteiligenden Verfahrenssubjekte sowie die Berücksichtigung ihrer Positionen, Vorstellungen und der zwischen ihnen bestehenden Konflikte im Rahmen einer wertungsoffenen Problemdiskussion.[48] Andernfalls drohen die rechtliche Bindung der Definitionsmacht und das Gebot der Verfahrenspartnerschaft zwischen Verwaltung und Bürger unterlaufen zu werden. Die Art und Weise der Verfahrenseinleitung diszipliniert m. a. W. den Umgang mit der Sachproblematik in rechts- und sozialstaatlicher Manier.

Aus diesen Betätigungsmaßgaben der behördlichen Verfahrensverantwortung[49] folgt der prinzipielle Anspruch des Bürgers auf ermessensfehlerfreie Verwaltungsentscheidung über die Verfahrenseinleitung. Das behördliche Ermessen kann jedoch und weitergehend eingeschränkt sein und in eine *Verpflichtung der Behörde zur Durchführung des Verfahrens* einmünden, wenn im Falle der Untätigkeit grundrechtlich geschützte Rechtsgüter unmittelbar gefährdet sein sollten. So ist etwa in dem schon angeführten Beispiel aus dem Immissionsschutzrecht[50] der auf § 17 BImSchG geschützte Anspruch auf Erlaß nachträglicher Anordnungen gegenüber bestehenden Anlagen jedenfalls in den Fällen, in denen von einer Anlage konkrete Gefahren für die Nachbarn oder andere Betroffene ausgehen („Gefahrenanordnung"), keineswegs auf fehlerfreien Ermessensgebrauch beschränkt. Die Verwaltung ist vielmehr den Betroffenen gegenüber verpflichtet, durch nachträgliche Anordnungen für die Verhütung der Gefahren zu sorgen. Hierauf besteht ein Rechtsanspruch.[51]

Die administrative Verantwortung für die Verfahrenseinleitung kann sich mithin und vor allem im Bereich der Gefahrenabwehr in einer *Handlungspflicht* nieder-

---

[46] *Obermayer*, VwVfG, § 22 Rdnr. 27; *v. Pestalozza*, Untersuchungsgrundsatz, S. 194f.

[47] Vgl. oben im Text um und zu Fn. 15f.; siehe ferner die Ausführungen im 14. Kap., C.IV., zum „Bürger als Verfahrenspartner".

[48] Dies ergibt sich aus dem Verfahrensgrundsatz von „Interessenausgleich und Problembewältigung", vgl. 10. Kap., B.II.3.b) mit bb); aus der Sicht der Verwaltungslehre siehe zustimmend *Thieme*, Verwaltungslehre, S. 288.

[49] Sie sind speziell bezogen auf das Aktivitätenfeld „Problemorientierung und -lösung", vgl. 7. Kap., C.II.1.c) mit Fn. 203; zu weiteren – hier nicht bedeutsamen – Voraussetzungen siehe *Obermayer*, VwVfG, § 22 Rdnr. 25.

[50] Vgl. oben im Text bei Fn. 12ff.

[51] *Jarass*, BImSchG, 1983, § 17 Rdnrn. 34f.

schlagen. Die dem zugrundeliegende Ermessensbeschränkung kann umgekehrt aber auch darin ihren Ausdruck finden, daß die Verwaltung eine Einleitung und Durchführung des Verfahrens zu *unterlassen* hat. Dies wird jenseits der schon oben diskutierten Grenzen[52] etwa der Fall sein, wenn sich eine Behörde durch bindende Zusicherung gem. §§ 38 VwVfG, 34 SGB X oder aber vertraglich dazu verpflichtet hat, nicht tätig zu werden[53] bzw. ihre Befugnisse zur Verfahrenseinleitung verwirkt hat.[54]

Die Einleitung des Verfahrens ist aus rechtsstaatlichen Gründen den Beteiligten bekanntzugeben. *Wer* am Verfahren außer dem jeweiligen Antragsteller zu beteiligen ist, ergibt sich aus der materiell-rechtlichen Position in bezug auf den Verfahrensgegenstand. Auch gegenüber dem Antragsteller bleibt zu prüfen, ob sich dieser auf die Wahrnehmung eigener Rechte berufen kann oder nur als „quivis ex populo" auftritt. In diesem Fall fehlt die „Antragsbefugnis"; das Tätigwerden ist als bloße Anzeige, Anregung oder Petition an die Behörde zu werten. Diese bleibt indes berechtigt, den Antrag wegen fehlenden Antragsinteresses abzulehnen. Sie ist freilich hierzu nicht verpflichtet.[55]

Die verfahrensverantwortliche Behörde muß sich somit bereits bei der Verfahrenseinleitung über die Verfahrensbeteiligten und die involvierten Interessen klar werden. Dazu anzustellende Überlegungen verbinden sich mit der Festlegung des Verfahrensgegenstandes, stehen also in Zusammenhang mit der situativen Identifikation und Definition des Konkretisierungsproblems. Sie sind damit schon Teil des Verfahrens und liegen nicht etwa als Verwaltungsinternum vor seinem Beginn.[56]

Die Feststellung des Kreises der Beteiligten ist unproblematisch, soweit es um die Rechtsanwendung in *zweipoligen* Verwaltungsverhältnissen geht, bei denen sich Behörde und Einzelpersonen gegenüberstehen. Anders liegen die Dinge jedoch, wenn noch weitere Personen versuchen, in Verfolg eigener Rechtspositionen auf die Anwendung des materiellen Rechts Einfluß zu nehmen. So stellen häufig auch Familienmitglieder,[57] Nachbarn oder Konkurrenten[58] Anträge auf Einleitung eines Verfahrens. Dann erhebt sich allerdings die Frage, ob diese Personen allein durch ihre Antragstellung an dem bereits schwebenden Verfahren beteiligt sind. Das ist jedoch nicht der Fall. Wie *J. Martens* überzeugend dargelegt hat, entstehen zunächst

---

[52] Siehe im Text bei Fn. 46.

[53] Dazu vgl. *Obermayer*, VwVfG, § 22 Rdnr. 31.

[54] Vgl. dazu BVerwGE 44, 339 (343f.); zur Verwirkung auf seiten des *Antragstellers* durch unredliche Verzögerung der Antragstellung siehe BVerwG, DÖV 1970, 498; *Meyer/Borgs*, VwVfG, § 22 Rdnr. 8.

[55] BVerwGE 50, 282 (285); *Kopp*, VwVfG, § 22 Rdnrn. 23ff.; für die entsprechende Anwendung des § 42 VwGO bleibt angesichts der Eigenständigkeit des Verwaltungsverfahrens in bezug auf die Rechtsbildung kein Raum!

[56] So allerdings die h. M., vgl. etwa *J. Martens*, Praxis, S. 69ff., 72; *Obermayer*, VwVfG, § 22 Rdnr. 7, die aber zu sehr den Innen- vom Außenrechtskreis trennt, siehe dazu oben 12. Kap., B.III.3.; 13. Kap., A.III.2.

[57] Vgl. *J. Martens*, a. a. O. (Fn. 56), S. 62 m. Anm. 12.

[58] Dazu siehe m. Nachw. oben, 14. Kap., B.II. und III., C.IV. mit Fn. 116f.

je gesonderte Verfahrensbeziehungen, die dann freilich mit einem erweiterten Verfahrensgegenstand zusammenzufassen sind, wenn sich herausstellen sollte, daß der Drittantragsteller tatsächlich eigene Rechte geltend macht und diese in einem Problemkontext zu dem Erstverfahren stehen.[59]

Mit der Einleitung des Konkretisierungsverfahrens verbindet sich sonach zwangsläufig eine erste Gruppierung der Beteiligten. Sie kann jedoch während des Verfahrens im Hinblick auf Erfordernisse der zu klärenden materiellen Rechtslage sowie unter Beachtung anderweitiger rechtlicher oder sonstiger Interessen noch verändert werden. Nicht immer ist z.B. am Beginn eines Verfahrens derjenige beteiligt, der nach Maßgabe des materiellen Rechts am Verfahren mitwirken müßte. Als Maßnahmen einer entsprechenden Umgruppierung kommen der Beteiligtenwechsel, aber auch die Hinzuziehung zum Verfahren, Verfahrensverbindung oder Verfahrenstrennung in Betracht.[60]

2. *Informationsbeschaffung und Beweiserhebung*

Hat die verfahrensverantwortliche Behörde das Konkretisierungsproblem identifiziert, ein Verfahren eingeleitet und den Verfahrensgegenstand bestimmt, so richtet sie ihr Augenmerk darauf, alles das zusammenzutragen, was die Tatbestandsmerkmale der zu konkretisierenden materiellen Norm(en) in Definition und Sachverhaltsfeststellung ausfüllt. Das erfordert die differenzierte Heranziehung der einzelnen Wissensträger sowie derjenigen Unterlagen, aus denen die tatbestandsrelevanten Erkenntnisse gewonnen werden können.[61]

Mit ihrer Hilfe erhebt die Verwaltung den tatsächlichen Zustand (das „Ist"), prüft und bewertet ihn, um unter klärender Vorausschau der Datenentwicklung zur Feststellung des Sachverhalts zu gelangen. Diese wiederum ermöglicht es der Verwaltung, die angestrebte Problemlösung nach Maßgabe des materiellen Rechts zu fixieren und deren Durchführung zu überwachen.

a) *Ermittlungsauftrag der Behörde*

Die Ermittlung des Sachverhalts ist zuallererst Aufgabe der Behörde. Beschaffung und Auswertung der tatsächlichen Informationen sind als Grundlage jeglicher Rechtsanwendung nicht einem „Parteienvortrag" überlassen, sondern entsprechend der im Grundsatz der Gesetzmäßigkeit der Verwaltung beschlossenen Bindung aller behördlichen Tätigkeiten an Gesetz und Recht[62] der Neutralität und Gründlichkeit

---

[59] *J. Martens,* Praxis, S. 61ff., 66ff.

[60] Zusammenfassend und mit zahlr. Nachw. *J. Martens,* a.a.O. (Fn. 59), S. 72ff., 77f., 79f.

[61] Diese Schritte sind ebenso aus verwaltungswissenschaftlicher Sicht unabdingbar, vgl. *Thieme,* Verwaltungslehre, S. 132ff.

[62] Zur Mutation dieser (ursprünglich materiell verstandenen) Bindung in eine *Verfahrensbindung* vgl. oben, 10. Kap., B.II.2.b) mit bb); 11. Kap., B.III.2.; 12. Kap., A.II.; zu den

administrativer Aufklärung anvertraut. Um ein mit dem materiellen Recht in Übereinstimmung stehendes (und den übrigen Beteiligten einsehbares[63]) Konkretisierungsergebnis zu erreichen, ermittelt deshalb die Verwaltung den Sachverhalt individualisiert von Amts wegen und ebenso sorgfältig wie umfassend. Ihr ist es verwehrt, von vornherein oder im Verlauf eines Verfahrens auf einzelne Ermittlungen zu verzichten bzw. Teile davon in spätere Verfahrensinstanzen zu verweisen, so z.B. an die Widerspruchsbehörde. Für die Gesetzmäßigkeit der Verwaltung müssen jede Behörde und jede Instanz einstehen.[64]

Einen objektiv-rechtlichen Maßstab für die Aufklärungstätigkeit der Verwaltung gibt es allerdings nicht. Die Behörde verzichtet auf Ermittlungen, wenn sie den Sachverhalt für hinreichend aufgeklärt hält; sie ermittelt, wenn sie zweifelt, daß der „Fall", der dem Verfahren zugrundeliegt, bereits alle wesentlichen Elemente des Sachverhalts enthält, der unter das Gesetz „subsumiert" werden soll. Am Anfang der behördlichen Ermittlungen steht mithin der Zweifel.[65] Nur solange sie zweifelt, untersucht die Behörde. Gewinnt sie dagegen die *Überzeugung*, daß die einzelnen Merkmale, die den gesetzlichen Tatbestand tragen, auch tatsächlich vorliegen, dann kann sie ihn feststellen.

Wie die Behörde vorgeht, um im Zusammenwirken mit den Beteiligten einen bestimmten Sachverhalt als das Ergebnis ihrer Ermittlungen zu ihrer Überzeugung feststellen zu können, und welcher Beweismittel sie sich dazu bedient, ist prinzipiell ihr überlassen. Die Entscheidung hierüber liegt in ihrer Verfahrensverantworung.[66] Der Verwaltung stehen jedenfalls alle Beweismittel zur Verfügung, die sie zur Sachverhaltsermittlung für erforderlich hält.[67]

Überflüssigen Ermittlungen sind freilich Schranken gezogen. Sie verbieten sich schon aus Gründen der rechtsstaatlich fundierten Leistungsfähigkeit und Wirksamkeit der Verwaltung. Weitere Grenzen ergeben sich aus dem Interesse des Bürgers an einem wirksamen Rechtsschutz durch ein einfaches, kostensparendes und rasches Verfahren. Es liegt freilich nicht in seinem Interesse, daß die Verwaltung eine Nichterhebung weiterer Beweise mit dem Ziel der Arbeitserleichterung begründet; Rechte der Staatsbürger dürfen keinesfalls verkürzt werden.[68] Ihre Berücksichtigung bestimmt daher Art und Umfang der Ermittlung. Das Problem, ob die Unverhältnismäßigkeit des zeitlichen oder finanziellen Aufwandes der Erhebung weiterer

---

Parteipflichten bei der Sachverhaltsaufklärung im Zivilprozeß siehe z.B. *Stürner*, ZZP 98 (1985), S. 237ff.

[63] Siehe zu dieser Notwendigkeit die Grundlegung im 5. Kap., B.IV.; 7. Kap., D.III.; 10. Kap., B.II.2.c); 14. Kap., B.IV. und V.; C.IV. und V.

[64] BVerwG, BayVBl. 1986, 406f.; BVerwG, NVwZ 1987, 404f. und 491; *v. Pestalozza*, Untersuchungsgrundsatz, S. 188ff.

[65] Vgl. *v. Pestalozza*, a.a.O. (Anm. 64), S. 193ff.

[66] §§ 26 Abs. 1 S. 1 VwVfG, 21 Abs. 1 S. 1 SGB X; *Kopp*, VwVfG, § 26 Rdnr. 2; *Ule/Laubinger*, Verwaltungsverfahrensrecht, S. 165 („Ermessen"); näher dazu noch unten im Text mit Fn. 222 und 237.

[67] *Stelkens/Bonk/Leonhardt*, VwVfG, § 26 Rdnr. 3.

[68] BVerfGE 15, 140 (146); vgl. auch BVerwG, BayVBl. 1986, 406f.

Beweise entgegengesetzt werden kann,[69] stellt sich daher nicht: Rechtswahrung ist für die Verwaltung stets verhältnismäßig. Einzelne Mittel hierzu können aber ineffizient sein.

Überflüssige Ermittlungen können darüber hinaus für den Betroffenen eine unwillkommene Last oder gar eine Gefährdung seiner Privatsphäre bedeuten. Ebenso wie bei der Verfahrenseinleitung besteht deshalb auch im Hinblick auf die Sachverhaltsaufklärung eine Handlungsbarriere: Ohne objektiv vertretbare Zweifel darf die Behörde nicht tätig werden; bloße Neugier oder ein „Verdacht" reichen hierfür noch nicht aus. Aber auch begründete Zweifel erlauben nicht die schrankenlose Sammlung von Informationen, die erkennbar zur Konkretisierung nicht erforderlich sind; und ebensowenig legitimieren sie Aufklärungsmaßnahmen, die über den zur Durchführung des Gesetzes im Einzelfall konkret bestimmten bzw. bestimmbaren Zweck tatbestandsmäßig hinausgehen. In alledem läge ein Verstoß gegen das Recht auf informationelle Selbstbestimmung.[70]

Sind dagegen Zweckbezug und Erforderlichkeit der Ermittlungen zu bejahen, so bedingt der Grundsatz der Verhältnismäßigkeit eine sorgfältige Abwägung zwischen dem Ausmaß der behördlichen Beweiserhebung einerseits und dem privaten Anspruch auf Freiheit von administrativer Informationserhebung sowie -verwendung andererseits. Etwaige Diskriminierungseffekte des Verfahrens sind hierbei zu berücksichtigen.[71]

---

[69] Siehe dazu mit w. Nachw. im einzelnen *W. Berg*, DVerw. 9 (1976), S. 165ff., 178ff.; *Hill*, NVwZ 1985, 453; *Stelkens/Bonk/Leonhardt*, VwVfG, § 24 Rdnr. 9, § 26 Rdnr. 3; *Ule/Laubinger*, Verwaltungsverfahrensrecht, S. 165 m. Anm. 2.

[70] Dem Untersuchungsgrundsatz gem. §§ 24 VwVfG, 20 SGB X läßt sich m.a.W. keine Pflicht der Behörde zur „endlosen" Ermittlung und zur unbedingten Einholung von Informationshilfe entnehmen, vgl. auch *Bryde*, VVDStRL 46 (1988), S. 202. Zur generellen Bindung des Verwaltungsverfahrens an das Grundrecht auf informationelle Selbstbestimmung vgl. ferner *R. Scholz/Pitschas*, Informationelle Selbstbestimmung, S. 146f.; enttäuschend dazu der Entwurf eines Gesetzes zur Änderung des Bundesdatenschutzgesetzes, des Verwaltungsverfahrensgesetzes, des Bundesverfassungsschutzgesetzes und des Straßenverkehrsgesetzes, BT-Drucks. 11/4306 (Art. 2: Änderung des Verwaltungsverfahrensgesetzes; der dortige § 3a Abs. 2 Nr. 1 n.F. läßt hiernach die Informationserhebung im Rahmen der Sachverhaltsermittlung von Amts wegen gem. § 24 VwVfG *schrankenlos* zu, was sicherlich wegen des datenschutzrechtlichen Erforderlichkeitsprinzips unzulässig ist; die für § 26 VwVfG vorgesehene ergänzende Regelung in § 3a Abs. 3 des Entwurfs ändert hieran nichts). Die Begründung des Entwurfs (S. 57f.) stellt auch zu Unrecht fest, es bedürfe keiner weiteren materiell-rechtlichen Regelung über die Berichtigung unrichtiger und über den Umgang mit bestrittenen personenbezogenen Informationen. Schlimmer noch: Die Probleme fangen schon sehr viel früher an, nämlich bei der *Erhebung* der Informationen im Rahmen der Amtsermittlung! Ohne rechtliche Regelung greift jedenfalls das (unscharfe) *informationsrechtliche Minimumprinzip* ein, das nunmehr in diffuser Weise zugunsten oder zu Lasten des Bürgers die Ermittlungsbemühungen – in einer gewissen Nähe zu der oben im Text bei Fn. 69 angeschnittenen Problematik – kanalisiert; vgl. hierzu auch *D. Schoch*, ZfS 1987, 65ff., 72, 76f.; Verfügung der OFD Nürnberg vom 1. 6. 1987 (Umfang der Sachverhaltsermittlung nach § 88 AO), DB 1987, 1329ff.; im Hinblick auf das *sozialrechtliche* Verwaltungsverfahren stellen die §§ 67ff., 68, 69 SGB X maßgeblich den Ermittlungsrahmen klar.

[71] Hierzu vgl. schon früher *v. Pestalozza*, Untersuchungsgrundsatz, S. 195.

b) Kooperative Sachaufklärung

In dem auf Gleichgewichtigkeit der Verfahrensrollen angelegten Konkretisierungsprozeß ist die Ermittlung des Sachverhalts nicht allein der Behörde überantwortet. Und nicht nur sie ermittelt in der Verwaltungswirklichkeit. Alle Verfahrensbeteiligten sind in die Sachverhaltsfeststellung eingeschaltet. Diese Mitwirkung umfaßt auf seiten des Bürgers mehr als nur die Befugnis, Anträge stellen und Anregungen von „außen" geben zu dürfen.[72] Die Beteiligung an den Ermittlungen ist deshalb auch nicht etwa ein „Privileg", wie *C. Pestalozza* meint.[73] Weil und soweit Dialog und Kooperation zu den Grund- und Wirksamkeitsbedingungen des Verfahrens zählen und ferner der am Verfahren beteiligte Bürger fast immer der hauptsächliche Wissensträger ist, bestehen vielmehr im rechtlichen Bürgerstatus geborgene Berechtigungen und Verpflichtungen zur Informationsteilhabe und Informationsbeschaffung. Der einzelne hat dementsprechend einen Anspruch „auf das offene Ohr der Verwaltung";[74] diese muß ihm über Akten- und Datenoffenbarung eine Chance zur informationellen Kooperation (und Kontrolle zur Vermeidung einer durch Datensammlung, -speicherung und -verarbeitung allüberwachenden Staatsgewalt) einräumen.[75]

Hieraus folgt einerseits die verfahrensrechtliche Befugnis der Verfahrenssubjekte, Beweisanträge stellen zu können und auf die Ermittlung des Sachverhalts Einfluß zu nehmen. Der Bürger darf sich aber auch und andererseits gegen Ermittlungen wehren, indem er die eigene Mitwirkung versagt. Darin liegt ein ihm zugestandenes Grundmaß autonomer Verfahrensgestaltung. Die Behörde darf deshalb die Enthaltung der Mitwirkung nicht ohne weiteres als Indiz bei der Beweiswürdigung verwerten bzw. hieraus ein Mitverschulden in späteren Amtshaftungs- oder Durchgriffsprozessen konstruieren.[76]

Der gewillkürte Schluß der Kooperation unterliegt mithin einem gewissen Schutz vor anschließenden informationellen Alleingängen der Verwaltung. Deren Ermitt-

[72] So aber die h.M., vgl. statt aller *Grupp*, VerwArch. 80 (1989), S. 50ff., 52, 66; *Ule/Laubinger*, Verwaltungsverfahrensrecht, S. 165f.; noch enger OVG Münster, DVBl. 1980, 966.

[73] Untersuchungsgrundsatz, S. 191.

[74] Siehe insoweit aber treffend *v. Pestalozza*, a.a.O. (Fn. 73), S. 190f.

[75] *Büllesbach*, Informationstechnologie und Datenschutz, 1985, S. 123ff., 124; *R. Scholz/Pitschas*, AöR 110 (1985), 515f.; *Schwan*, Amtsgeheimnis oder Aktenöffentlichkeit? DVR-Beiheft 15, 1984, S. 92f.; vgl. ferner *Bryde*, VVDStRL 46 (1988), S. 206f.

[76] Bedenklich daher BVerwG, DÖV 1979, 517ff., 519, bzgl. der voraussetzungslosen Annahme einer „Mitwirkungslast"; BGH, DVBl. 1964, 146; abw. vom hiesigen Standpunkt aber auch *Badura*, Verwaltungsverfahren, S. 399; *Ule/Laubinger*, Verwaltungsverfahrensrecht, S. 165f.; *Grupp*, a.a.O. (Fn. 72), S. 50f.; im hiesigen Sinne dagegen *v. Pestalozza*, Untersuchungsgrundsatz, S. 194; siehe auch bereits *Ule*, VerwArch. 62 (1971), S. 126. – Zur Mitwirkungspflicht der Beteiligten vgl. im übrigen die Bemerkungen und Hinweise oben, 14. Kap., C.V. und VI.; ebd. auch zur Sonderregelung des § 66 SGB I für das sozialrechtliche Verwaltungsverfahren.

lungspflicht hört allerdings nicht gleichsam automatisch dort auf, wo die Mitwirkung Privater endet. Denn der Sachverhalt wird stets auch im öffentlichen Interesse aufgeklärt. Und die Verwaltung darf nach dem Gesetzmäßigkeitsprinzip nur solche Sachverhalte unter eine Rechtsnorm subsumieren, die real existieren. Sie muß selbst dann noch versuchen, die Tatumstände (mit anderen Mitteln) zu erhellen, wenn die übrigen Verfahrensbeteiligten ihre Mitwirkung versagen. Objektiv erforderliche Aufklärungsarbeit muß auch bei kooperationsunwilligen Beteiligten möglich bleiben.

Freilich kann trotz aller Bemühungen der Punkt erreicht werden, an dem die Verwaltung den Sachverhalt nicht weiter oder nicht vollständig zu erforschen vermag. In diesem Fall wird sie dennoch (und ggf. allein) zu einem Konkretisierungsergebnis finden. Denn einerseits kann die Behörde nicht – wie schon dargelegt – zur fortgesetzten Mitwirkung zwingen.[77] Andererseits ist das Verfahren abschlußreif, wenn die Ermittlungsmöglichkeiten erschöpft sind. Das bedeutet z.B., daß die Behörde im konkreten Einzelfall nicht von einer Entscheidung über die Gewährung von Leistungen absehen darf, obwohl sie sich kein zuverlässiges Bild über die leistungsbegründenden tatsächlichen Voraussetzungen machen konnte.

c) Aufklärungsdefizite und Beweislast

Der teilweise unaufklärbare Sachverhalt stellt die Verwaltung allerdings vor die Frage, ob die normativ vorgesehene Rechtsfolge auch dann festgestellt werden darf, wenn nicht sämtliche *Zweifel* in tatsächlicher Hinsicht ausgeräumt werden konnten, also nicht eindeutig feststeht, ob sich der gesetzliche Tatbestand mit der konkreten Wirklichkeit deckt. Nach überwiegender Ansicht ist diese Frage von der Verwaltung unter Bezugnahme auf den Grad der Ungewißheit zu beantworten, die darüber herrscht, ob eine dem fraglichen Tatbestandsmerkmal zugeordnete Tatsache realiter vorliegt: Erforderlich sei – so wird behauptet – ein so hoher Grad von Wahrscheinlichkeit, daß er nach der Lebenserfahrung praktisch der Gewißheit gleichkäme. Diese (volle) *Überzeugung* habe sich die Behörde nicht nur aus dem Ergebnis der Beweisaufnahme, sondern aus dem Gesamtergebnis des Verfahrens zu bilden.[78]

In den Fällen des nicht zur vollen Überzeugung der Behörde festgestellten Sachverhalts bleibt ein *Sachaufklärungsdefizit.* Die Verwaltung versucht es dadurch zu überwinden, daß sie von einer normativ verankerten objektiven bzw. materiellen *Beweislast* ausgeht, die denjenigen Beteiligten am Verfahren trifft, zu dessen Ungun-

[77] Vgl. oben, 14. Kap., C.VI.; es handelt sich – strenggenommen – nur um verfahrensrechtlich verankerte Obliegenheiten („Lasten"), soweit nicht gesetzlich „Pflichten" ausdrücklich zugewiesen werden; siehe in diesem Zusammenhang auch *Thieme,* SGb. 1980, 45ff., 47f.

[78] Siehe für diese h.M. u.a. BSGE 6, 70 (72); BGHZ 53, 245 (251ff., 255f.); BFH, NJW 1970, 1520; *Knack/Clausen,* VwVfG, § 24 Rdnr. 5; *Kopp,* VwVfG, § 24 Rdnrn. 20ff., 22; *Stelkens/Bonk/Leonhardt,* VwVfG, § 24 Rdnr. 5; *Ule/Laubinger,* Verwaltungsverfahrensrecht, S. 201; für das Sozialverwaltungsverfahren vgl. *Pickel,* Das Verwaltungsverfahren, Kommentar zum SGB X, 6. Lieferung, 1983, § 20 Anm. 2; *Schroeder-Printzen/v. Wulffen,* § 20 Anm. 8 („mit an Gewißheit grenzender Wahrscheinlichkeit").

sten sich die Unklarheit eines Sachverhalts auswirkt. Eine subjektive Beweislast (Beweisführungslast) besteht dagegen im administrativen Konkretisierungsverfahren nicht; die Behörde hat den Sachverhalt von Amts wegen zu ermitteln.[79]

Die Tatfrage wird auf diese Weise mit Rechtsnormen gelöst. Führen nämlich die behördlichen Ermittlungen zu keinem eindeutigen Ergebnis und bleibt der Sachverhalt in einem wesentlichen Punkt ungeklärt (non liquet), so legen die Regeln über die Beweislast fest, welcher Beteiligte die Folgen der Beweislosigkeit zu tragen hat. Freilich stützt die Behörde bei diesem Vorgehen das Konkretisierungsergebnis teilweise auf einen *fingierten Sachverhalt.* Denn in bezug auf das in Frage stehende Tatbestandsmerkmal bleibt es ja immerhin möglich – auch wenn die Behörde dazu nicht in der Lage ist –, daß der unaufgeklärte Sachumstand trotzdem existiert und nur Beweisnot besteht. Damit aber *unterstellt* die Verwaltung lediglich (und möglicherweise fälschlich!), die nicht bewiesene Tatsache sei auch nicht vorhanden.[80]

Die Verteilung der Beweislast hat von daher im Kern nichts anderes als eine *Risikozuweisung* zum Gegenstand: Eigentlich maßgebend erscheint die Überlegung, nach welchen Kriterien das Risiko der Unaufklärbarkeit eines rechtserheblichen Sachverhalts zwischen den Verfahrensbeteiligten placiert werden sollte. Die darauf bezogene Beweislastentscheidung der Verwaltung erweist sich zugleich als ein Akt eigener Rechtsbildung durch Zurechnung und damit als Bestandteil der Rechtskonkretisierung.

Sie ordnet über die partielle Sachverhaltsfiktion entweder die positive oder die negative Rechtsfolge hinsichtlich eines bestimmten aber ungewissen Tatbestandsmerkmals an.

Als ein vom bloßen Rechtsvollzug abgelöster Schritt der Konkretisierung wäre die administrative Beweislastentscheidung grundsätzlich anhand materieller und generell-abstrakter Vorgaben zu treffen. Indes lassen sich im Verwaltungsrecht kaum Beweislastregeln aufspüren, die der *Gesetzgeber* ausdrücklich als solche in seine Normen aufgenommen hat. Ebenso selten findet sich eine legislative Formulierung öffentlich-rechtlicher Bestimmungen, aus der sich – wie etwa im bürgerlichen Recht – die Verteilung der Beweislast indirekt ableiten ließe.[81]

Subjektiv-öffentliche Rechte erschließen sich überdies oftmals nicht aus einer einzelnen Norm, sondern erst aus einer gesetzessystematischen Zusammenschau. Und schließlich können sich hinter gleichsinnigen Normenkonstruktionen häufig diametral entgegengesetzte Beweislastregeln verbergen. Der Rechtsanwender ist

---

[79] Vgl. statt aller *Pfeifer,* Untersuchungsgrundsatz, S. 113; *Ule/Laubinger,* a.a.O. (Fn. 78), S. 201.

[80] So der richtige Gedanke bei *J. Schmidt,* Teilbarkeit und Unteilbarkeit des Geständnisses im Zivilprozeß, 1972, S. 167; vgl. auch *Nell,* Wahrscheinlichkeitsurteile, S. 211; *Thieme,* SGb. 1980, 49.; dies übersieht dagegen *Grupp,* a.a.O. (Fn. 72), S. 51f. – Zum Zuge kommt hier im übrigen die Pflicht zur Fürsorge für den Verfahrensbeteiligten (z.B. gem. § 89 AO), vgl. dazu oben, 10. Kap., B.II.3.c) mit cc).

[81] *Berg,* Entscheidung, S. 219; *Nierhaus,* BayVBl. 1978, 745ff., 752; *Peschau,* Beweislast, S. 35f.

deshalb regelmäßig gezwungen, den Inhalt der Ergänzungsnorm „Beweislastregel" durch verwaltungsseitige Konkretisierung unter Rückgriff auf das öffentliche Interesse, verfassungsrechtliche Gemeinwohl- und Schutzpositionen sowie das Anliegen Privater in Form der bereits erwähnten Verteilungskriterien material zu bestimmen.[82]

In Verfolg dieses Weges hat sich als allgemeines Kriterium das „Normbegünstigungsprinzip" durchgesetzt.[83] Die Beweislast trifft hiernach die *Behörde*, wenn sich das Konkretisierungsverfahren auf belastende Folgen für den Bürger richtet. Umgekehrt soll der *Bürger* die Beweislast tragen, soweit er aus einem Rechtssatz ihm günstige Rechtsfolgen herleitet – es sei denn, das Gesetz sieht eine besondere Regelung vor.[84] Können also Tatumstände, auf die es für den Erlaß einer begünstigenden Regelung (z.B. eines begünstigenden Verwaltungsaktes) ankommt, nicht erwiesen werden, so darf die Behörde die Beweislosigkeit zu Lasten des Bürgers bzw. Antragstellers ins Feld führen.[85]

Dem Normbegünstigungsprinzip sind für die Verwaltungspraxis weitere Beweislastregeln an die Seite gestellt worden, an denen sich die Beweislastverteilung orientiert. Dazu zählt das „Regel-Ausnahme-Prinzip", das als ein wesentliches, eigenständiges Kriterium für die Verteilung der Beweislast angesehen wird.[86] Ihm zufolge soll derjenige, der sich zur Rechtsverfolgung auf eine Ausnahmevorschrift beruft, die Beweislast für das Vorliegen ihrer Voraussetzungen tragen. So wird beispielsweise im Immissionsschutzrecht der Regelvorschrift der Genehmigungsbedürftigkeit von Anlagen gem. § 4 Abs. 1 Satz 1 BImSchG die vom Antragsteller beweispflichtige Ausnahme der eingeschränkten oder entfallenden Genehmigungspflicht für nicht-gewerbliche Anlagen gegenübergestellt.[87]

Ergänzend zum Regel-Ausnahme-Grundsatz wird versucht, die klassische Freiheitsvermutung „in dubio pro liberlate" in eine Beweislastregel auszumünzen. Ungewißheiten bei der Sachverhaltsaufklärung sollen sich ihr zufolge stets zugunsten des Bürgers auswirken.[88] Dem wird allerdings entgegengehalten, daß für die Verwaltungsaktivitäten die Vermutung der Rechtmäßigkeit streite. Zweifel an den Sachverhaltsumständen müßten demgemäß, so heißt es, „in dubio pro auctoritate" bewältigt werden.[89]

---

[82] Vgl. *Berg*, a.a.O. (Fn. 81), S. 221ff.

[83] BVerwGE 14, 181 (186); 18, 168 (171); 47, 330 (339); 64, 42 (45f.); BSGE 6, 70 (72); BVerwG, NVwZ 1987, 404f.; *Peschau*, Beweislast, S. 21f.

[84] BVerwGE 47, 330 (339).

[85] *Ule/Laubinger*, Verwaltungsverfahrensrecht, S. 202; krit. aber *v. Pestalozza*, Untersuchungsgrundsatz, S. 196f.

[86] BVerwGE 3, 267 (273); 3, 308 (309ff.); 40, 353 (356ff.); 56, 220 (223, 226); siehe auch *Dubischar*, JuS 1971, 385ff., 389ff., 390f.

[87] Vgl. § 4 Abs. 1 S. 2 BImSchG und dazu *Jarass*, JuS 1984, 351ff., 352, 355; *Stober*, Wirtschaftsverwaltungsrecht, Bd. II, S. 35f. (Rdnrn. 798ff.).

[88] Dazu siehe näher und m.w. Nachw. *Berg*, Entscheidung, S. 189f., 190; *Peschau*, Beweislast, S. 68ff.

[89] Vgl. näher bereits *Berg*, JuS 1977, 23ff., 25f.; dieser Formel kommt bedenklich nahe auch *R. Scholz*, Technik und Recht, S. 707.

Diese und weitere Kriterien der Beweislastverteilung[90] bilden ein nur schwer überschaubares und kaum überzeugendes Konglomerat vielfältiger Aspekte. Sie zeigen, daß im Verwaltungsrecht kein allgemeingültiges Prinzip existiert, mit dem tatsächliche Ungewißheiten schematisch zu handhaben wären. Darüberhinaus vermag keiner der genannten Gesichtspunkte die Verteilung der Beweislast im Einzelfall hinreichend zu *begründen.* Auch das „Normbegünstigungsprinzip" ist dazu nicht in der Lage. Es ist als Grundregel für die Beweislastverteilung ungeeignet. Denn das öffentliche Recht gibt auf die Frage nach der „Günstigkeit" eines Rechtssatzes keine eindeutige Antwort.[91] Dogmatischen Bedenken begegnen auch die anderen voraufgehend herausgegriffenen Begründungsansätze.[92] Wenn stattdessen versucht wird, Kriterien der Beweislastverteilung aus einer *materialen Abwägung* der auf dem Spiel stehenden (Verfassungs-)Rechtsgüter zu gewinnen,[93] so belegt dies die Schwierigkeiten, im administrativen Konkretisierungsverfahren mit Hilfe von Beweislastregeln aus Ungewißheit eine Quasi-Gewißheit herzustellen.

In welchem Ausmaß hier für die Anwendung von Beweislastregeln überhaupt Raum bzw. Bedarf besteht, ist zweifelhaft. Die aus dem Zivilrecht übernommene Figur der *materiellen Beweislast* „paßt" für das vom öffentlichen Interesse geprägte Verfahren der Verwaltung nicht.[94] Ihre Anwendung vermag nicht zu klären, warum der Bürger auf gesetzlich vorgesehene Leistungen verzichten sollte, wenn ungewiß bleibt, ob eines der Tatbestandsmerkmale gegeben ist. Erweist sich der Sachverhalt als unaufklärbar, kann es ebenso gut möglich sein, daß dem Bürger der Anspruch zusteht, weil er alle Voraussetzungen erfüllt. Nur beweisen kann er sie eben nicht. Ihm das anzulasten, hieße den Gesetzesvollzug mangels Beweisen einzustellen. Das allerdings könnte – weil es doch immerhin möglich ist, daß der Anspruch zu recht geltend gemacht wird – eine objektive Gesetzesverletzung bedeuten. Um dies zu vermeiden, verlangt das öffentliche Interesse am Gesetzesvollzug, daß er weder von den Zufälligkeiten des Beweisvermögens der Verfahrensbeteiligten abhängig gemacht wird, noch die Rechtsanwendung der (vermuteten) Beweisunmöglichkeit ausgeliefert wird. Das Alles-oder Nichts-Prinzip der Beweislastverteilung, das

---

[90] Zu ihnen siehe namentlich *Berg,* Entscheidung, S. 177ff., 197ff., 204ff.

[91] Dies liegt vor allem an dem der öffentlichen Verwaltung von Verfassungs wegen zugewiesenen *konsensualen Rechtsbildungsauftrag,* angesichts dessen das öffentliche Recht als ein „Tummelplatz der vielfältigsten Interessen" von vornherein kaum abschließend einem „Günstigkeitsgedanken" Ausdruck zu geben vermag; es ist deshalb durchweg erforderlich, auf die maßgeblichen, die Sach- und Verfahrensverantwortung berufenen Ordnungs- und Wertungsgesichtspunkte (6. Kap., C.III.) durchzustoßen, vgl. auch *Peschau,* Beweislast, S. 38f.; *v. Pestalozza,* Untersuchungsgrundsatz, S. 198.

[92] Vgl. die eingehende Kritik bei *Berg,* Entscheidung, S. 177ff., auf die hier Bezug genommen wird.

[93] *Berg,* a.a.O. (Fn. 92), S. 218ff.; *Nell,* Wahrscheinlichkeitsurteile, S. 215; *Peschau,* Beweislast, S. 82ff., 85ff., 88ff., 98ff.

[94] Siehe auch die grundsätzliche Kritik von *J. Martens,* Praxis, S. 101ff., 106, 107, 108ff.; *v. Pestalozza,* Untersuchungsgrundsatz, S. 196ff.

allein einer Seite das gesamte Aufklärungsrisiko aufbürdet, erweist sich deshalb im öffentlichen Recht für konsensuales Verwaltungshandeln als grundsätzlich verfehlt.[95]

d) Beweiserhebung als Wahrscheinlichkeitsurteil

Die durch Beweisnot oder sonstwie entstehenden Konkretisierungslücken im Verfahren der öffentlichen Verwaltung sind also anders zu überbrücken. Ausgangspunkt hierfür muß die Einsicht sein, daß der Rechtsanwender nur in den seltensten Fällen über alle für die Konkretisierung relevanten Informationen verfügt. Das Für und Wider der zur Wahl stehenden Konkretisierungsalternativen abzuwägen, setzt ihn deshalb dem Zwang aus, sich mit dem zu begnügen, was ihm „wahr" scheint, und läßt ihn im übrigen die Ungewißheit im Tatsächlichen nach materialen Gesichtspunkten zu bewältigen suchen. In der Verwaltungspraxis bestimmt deshalb die Zuweisung des Aufklärungsrisikos an einen Verfahrensbeteiligten nach Maßgabe einer einzelfallbezogenen Güter- und Interessenabwägung unter Einbezug des Ausmaßes der über den Sachverhalt herrschenden Ungewißheit das Konkretisierungsverfahren.

Wenn auf diese Weise insbesondere die Verfassung den Maßstab für das Verhalten der Verwaltung bei ungeklärten Sachverhalten vorgibt, so freilich nicht nach dem Prinzip, daß der *Staat* das Aufklärungsrisiko für die tatsächlichen Voraussetzungen eines belastenden Verwaltungshandelns trägt, während bei Leistungsansprüchen des Bürgers gegen den Staat eine tatsächliche Ungewißheit grds. zu Lasten des *Antragstellers* geht.[96] Denn ein solcher Beweisdualismus vermag nicht nur keine Antwort auf die Frage zu geben, was geschehen soll, wenn die Beweislastentscheidung über die Versagung von Leistungen die Mindestvoraussetzungen einer menschenwürdigen Existenz gefährden würde.[97] Er verkennt vor allem, daß im konsensualen Verwaltungsrecht die materialen Erwägungen über die Verteilung des Aufklärungsrisikos genauso vielfältig und interaktionsbezogen sein müssen wie die Ziele und Wertungen der jeweils anzuwendenden (Verfassungs-)Rechtssätze.

Regeln darüber, wie Ungewißheit, Risiko, Wahrscheinlichkeit oder bloße Möglichkeit im Rahmen der Konkretisierung berücksichtigt und verarbeitet werden, müssen deshalb entsprechend der Verfahrenssituation flexibel sein und koperativ-

---

[95] In dieser Richtung wohl auch *Berg*, Entscheidung, S. 243f., 280; *J. Martens*, a.a.O. (Fn. 94); S. 105ff., 107 (Rdnr. 163), 113f.; *v. Pestalozza*, a.a.O. (Fn. 94), S. 197f.

[96] So aber *Peschau*, Beweislast, S. 88ff.

[97] Siehe etwa BVerwGE 28, 216 (222); sich selbst in Frage stellend aber auch *Peschau*, a.a.O. (Fn. 96), S. 97f.; ein „Prinzip des sozialen Schutzes" als Grundlage der Beweislastverteilung wollen ferner – ohne, wie hier, auch auf *demokratie-* und *sozialstaatsrechtliche* Rationalitätsdirektiven des Verfahrens zurückzugehen (10. Kap., B.II.2.a) mit cc)) – erkennen: *Pfeifer*, Untersuchungsgrundsatz, S. 118; *Wahrendorf*, Prinzipien der Beweislast, S. 73; krit. zu solchen Absagen an die „normative(n) Basis der Beweislast" indes mit Recht *Leipold*, Beweismaß und Beweislast, S. 19ff., 20f.

differenzierende Wertungen ermöglichen. Die Rechtssicherheit nimmt hieran keinen Schaden, aber die Verfahrensgerechtigkeit zieht daraus Gewinn.[98]

Differenziert-materiale Wertungen des Rechtsanwenders unter Einbezug des Ausmaßes der Sachverhaltsungewißheit erheben dann allerdings nicht die „volle" Überzeugung, sondern die „Wahrscheinlichkeit" zum Prinzip der Sachaufklärung; sie stellen ferner auf vorhandene Beweismöglichkeiten ab. Daß ihr Fehlen unter bestimmten Umständen zu einer Milderung der Beweisanforderungen führen kann, ist anerkannt.[99] Der Rückgriff auf Wahrscheinlichkeitserwägungen begegnet dagegen dem Vorwurf, er vermische Beweiswürdigung und Beweislast.[100]

Derlei Vorhaltungen verfehlen den grundsätzlichen Stellenwert der Wahrscheinlichkeitsüberlegungen im Beweisverfahren. Sie gehen überdies fälschlich davon aus, daß sich Beweismaß und Beweislast strikt trennen ließen.[101] Das Gegenteil ist jedoch der Fall; beide bedingen sich gegenseitig. Denn je höher die für den Beweis einer Tatsache erforderliche Beweisstärke angesetzt wird, um so größer ist der Anwendungsbereich der Beweislast. Verlangt man vom Rechtsanwender die *volle* persönliche Überzeugung, so sind Beweislastregeln stets dann erforderlich, wenn er diese Überzeugung nicht erlangen kann, mag auch noch so vieles für das Vorliegen der betreffenden Tatsache sprechen. Umgekehrt verkleinert man den Raum für die Beweislast, gibt man sich mit einem geringeren Grad von Gewißheit zufrieden.[102]

Der Zusammenhang zwischen Beweislast und Überzeugung von der Wahrheit des Sachverhalts ist m.a.W. prinzipiell variabel. Der ungewisse Tatbestand muß deshalb nicht, wie das die gegenwärtige Meinung vertritt, mit der Grundregel von der Notwendigkeit der vollen Gewißheit unbedingt in Beziehung gesetzt werden.[103] Entscheidend ist vielmehr das Ausmaß des normativ-subjektiven *Wahrscheinlichkeitsurteils,* das viele juristische Begriffe für ihre Anwendung erfordern. Wahrscheinlichkeitsdenken liegt im übrigen auch der Überzeugungsbildung zugrunde. Denn die postulierte (volle) Überzeugung von der Verwirklichung des gesetzlichen Tatbestandes ist nichts anderes als der obere Grenzwert dieses Vorganges; sie ist ein

---

[98] So, wie es das materiale Verfahrenskonzept des Grundgesetzes auch fordert, vgl. oben, 4. Kap., C.V.; 5. Kap., C.II.1.; 7. Kap., C. I.2.c) mit cc) und (4); 9. Kap., B.II.4.; 10. Kap., B.II.2.b) mit aa).

[99] Vgl. dazu die Belege bei *Peschau,* Beweislast, S. 74ff. („Beweisnot").

[100] *Peschau,* a.a.O. (Fn. 99), S. 50; siehe auch *Berg,* Entscheidung, S. 216ff.; *Leipold,* Beweismaß und Beweislast, S. 6ff., 8, 21; vgl. ferner *Gottwald,* Jura 1980, 225ff., 231; *Musielak,* Die Grundlagen der Beweislast im Zivilprozeß, 1975, S. 291.

[101] Kennzeichnend hierfür bzgl. des Verwaltungsverfahrens *Ule/Laubinger,* Verwaltungsverfahrensrecht, S. 201, 202 – im Anschluß an die zivilprozessuale Sichtweise; vgl. dazu *Kuchinke,* Freiheit und Bindung des Zivilrichters in der Sachaufklärung, 1965, S. 15, 26ff., 85ff.; *Rosenberg/Schwab,* Zivilprozeßrecht, S. 683f., 713ff.

[102] Vgl. *Greger,* Beweis und Wahrscheinlichkeit, 1978, S. 13; *Peschau,* Beweislast, S. 15.

[103] Gleichwie, ob man dabei – wie im Zivilprozeßrecht – einer „subjektiven" oder „objektiven" Beweismaßtheorie folgen wollte, vgl. dazu näher *Leipold,* Beweismaß und Beweislast, S. 9ff. m.w. Nachw.

subjektives Wahrscheinlichkeitsurteil über das Vorliegen der tatsächlichen Voraussetzungen mit einem denkbar hohen Wahrscheinlichkeitsgrad.[104]

Das konsensuale Verwaltungsrecht ist auf diesen Grenzwert nicht durchgängig festgelegt. Es verzeichnet unterschiedliche *Grade* der Wahrscheinlichkeit, die für Konkretisierungsentscheidungen vorliegen müssen.[105] Daraus ist zu folgern, daß auch ohne besondere gesetzliche Regelung für einzelne Tatbestandsmerkmale ein geringerer als der volle Beweis genügen kann.[106] Freilich reicht nicht jedes Maß an Wahrscheinlichkeit. Die Verwaltung darf beispielsweise einen belastenden Verwaltungsakt nicht auf das lediglich vage Vorliegen der tatsächlichen Voraussetzungen der Ermächtigungsgrundlage stützen. Sie würde dadurch die rechtsstaatliche Sicherung durch den Vorbehalt des Gesetzes in Frage stellen. Herauszufinden ist deshalb der je erforderliche *Mindestgrad* an Wahrscheinlichkeit; es kommt darauf an, *wie* wahrscheinlich die Tatsachenbehauptung ist und sein muß. Zu klären ist ferner, ob der Wahrscheinlichkeitsgrad die alleinige Grundlage der administrativen (Tatsachen-)Entscheidung sein kann.

e) Gradualisierung der Wahrscheinlichkeit

Die Bewältigung der Ungewißheit über den Sachverhalt ist damit in erster Linie ein Problem der materiell-rechtlichen Begründung des für die Verwaltungsentscheidung maßgeblichen *Wahrscheinlichkeitsgrads.* Dieser wiederum bestimmt das *Beweismaß,* das die Behörde im Zuge ihrer Beweiswürdigung anlegt, um einen bestimmten Sachverhalt als das Ergebnis ihrer Ermittlungen feststellen zu können.

Die Identität von Beweismaßbestimmung und materiell-rechtlicher Begründung des Wahrscheinlichkeitsmaßstabs folgt aus dem Wahrscheinlichkeitsbegriff selbst.[107] Das Beweismaß-(Überzeugungs-)problem geht deshalb in materiell-rechtlichen Abwägungserfordernissen auf, die ihrerseits wiederum mit dem Verfahrensgedanken verflochten sind: Der für die Konkretisierung von Rechtsbegriffen unter Ungewißheit maßgebliche Wahrscheinlichkeitsgrad ist aus der *Abwägung* der materiell involvierten Rechtsgüter zu bestimmen. So begründet z.B. das BVerwG seine Auffas-

---

[104] Vgl. *Nell,* Wahrscheinlichkeitsurteile, S. 93ff., 95f., 210ff.; *Schneider/Schroth,* Sichtweisen juristischer Normanwendung, S. 409; siehe aus dem Zivilprozeßrecht in diesem Sinne *R. Bender,* JZ 1984, 371f.; *Motsch,* Vom rechtsgenügenden Beweis, 1983, S. 36, 86ff., 91, 247f.; das übersehen in ihrer Kritik an der Verwendung des „mehrdeutige(n) Wahrscheinlichkeitsbegriff(s)" z.B. *Rosenberg/Schwab,* Zivilprozeßrecht, S. 683f. m.w. Nachw. zu pro und contra.

[105] Vgl. dazu im einzelnen die Nachw. bei *J. Martens,* Praxis, über „Tendenzen in der Rechtsprechung", S. 108ff.; siehe ergänzend bes. BVerwGE 62, 36 (38f); BSG, SGb. 1986, 299ff. m. Anm. *Pitschas,* SGb. 1986, 303ff., 305.

[106] Ebenso *J. Martens,* a.a.O. (Fn. 105), S. 111, 113; anders dagegen *Berg,* Entscheidung, S. 296ff., der nach „Abfangtechniken" für die Ungewißheitsproblematik im Verwaltungsverfahren sucht.

[107] *Nell,* Wahrscheinlichkeitsurteile, S. 218.

sung, an die von § 10 Abs. 1 BSeuchG[108] geforderte Wahrscheinlichkeit einer Gesundheitsgefährdung seien keine hohen Anforderungen zu stellen, nicht nur mit „dem Ausmaß der drohenden Gesundheitsgefahren und dem Gewicht der auf dem Spiel stehenden Gesundheitsinteressen der Bevölkerung", sondern es stellt zugleich eine Beziehung zu den von Abwehrmaßnahmen betroffenen Privatinteressen her: „Der Schutz der Bevölkerung vor diesen besonderen Gefahren verdient den Vorrang vor den privaten Interessen des Eigentümers, seine seuchenverdächtigen Lebensmittel nach seinem Belieben zu verwenden und zu veräußern."[109]

Die Entscheidung macht zugleich deutlich, daß sie das Maß der Ungewißheit, die Wahrscheinlichkeit, in die Abwägung selbst schon mit einbezieht. („Ausmaß der drohenden Gesundheitsgefahren"). Die Wahrscheinlichkeitsabstufung bei der Unaufklärbarkeit des Sachverhalts wird auf diese Weise bereits im Abwägungshaushalt berücksichtigt und sodann in dem für die Verwaltungsentscheidung unter Ungewißheit zu treffenden Entschluß über den maßgeblichen Wahrscheinlichkeitsgrad verarbeitet.[110] Den Wahrscheinlichkeits*grad* eines Wahrscheinlichkeitsurteils in die Abwägung einzubeziehen bzw. den erforderlichen Wahrscheinlichkeitsgrad aus der Abwägung zu ermitteln, ermöglicht es auch, bloße *Gefährdungen* von Rechtsgütern zu erfassen und in Beweismaßaussagen zu übersetzen.[111]

Der maßgebliche Grad der Überzeugung von der Wahrheit eines Sachverhalts hängt überdies von den Folgeerwartungen des Konkretisierungsergebnisses ab. Die Folgendiskussion bildet zwar keine Alternative zur Bestimmung des maßgeblichen Wahrscheinlichkeitsgrades aus der Rechtsgüterabwägung. Sie geht jedoch in diese ein.[112] Die „wahrscheinlichkeitsgewichtete Abwägung" *(E. L. Nell)* erfaßt die präjudiziellen Folgen der Wahl einer Entscheidungs- bzw. Handlungsalternative. Und erst die Erfassung und Abwägung der jeweils mit einer Alternative verbundenen *Folgen* legt das Beweismaß endgültig fest und orientiert u. a. hieran das zu fordernde Ausmaß der Wahrscheinlichkeit.

Folgenberücksichtigung im Konkretisierungsverfahren beeinflußt auf diese Weise die administrative Konkretisierung unter Ungewißheit. So ist z. B. der Überzeugungsgrad entsprechend der Schwere der Folgen einer fehlerhaften Entscheidung herabzusetzen bzw. daran auszurichten, welcher Verfahrensbeteiligte das poten-

---

[108] Gesetz zur Verhütung und Bekämpfung übertragbarer Krankheiten beim Menschen (Bundes-Seuchengesetz) i. d. Fassung der Bekanntmachung vom 18. Dezember 1979 (BGBl. I S. 2262, ber. BGBl. 1980 I S. 151).

[109] BVerwGE 39, 190 (194); vgl. auch BVerwGE 45, 51 (61); BVerwG, DÖV 1984, 557f., 558.

[110] Siehe auch *Nell,* Wahrscheinlichkeitsurteile, S. 193 m. Anm. 138 und Verweis auf BVerfGE 51, 324 (345ff.), S. 217 m. Anm. 31ff.

[111] BVerfG, a. a. O. (Fn. 110); *Nell,* a. a. O. (Fn. 110), S. 192f.; zum Verfahren schlechthin als *Gefährdungsschutz* vgl. oben, 12. Kap. C.I. und II. mit Nachw. in Fn. 103ff.

[112] Vgl. dazu die Überlegungen im 6. Kap., C.III.2.c); 7. Kap., C.I.2.c) mit dd) und (2), E.II.3.; zu den Grenzen vgl. *Sendler,* FS H. Simon, 1987, S. 113ff., 117ff., 132ff., 140ff. für die *richterliche* Folgenberücksichtigung und -verantwortung.

tielle Unrecht eine möglicherweise fehlerhaften Entscheidung eher tragen könnte.[113]

Die Feststellung, wie wahrscheinlich die Tatsachenbehauptung eines Beteiligten sein *muß*, reicht allerdings für sich noch nicht aus, um die „Ungewißheit im Tatsächlichen in eindeutige Rechtsfolgen zu transformieren".[114] Denn es fragt sich, ob sie auch wahrscheinlich *ist*. Dieser Teil des Wahrscheinlichkeitsurteils, d.h. die Vorstellung des Rechtsanwenders darüber, ob das durch Abwägung ermittelte Maß der erforderlichen Überzeugung von der Wahrheit des Sachverhalts durch die Tatumstände auch erfüllt wird, ist insoweit und in erster Linie *verfahrensgeprägt:* Die Konkretisierung des materiellen Rechts hat sich in der Verfahrenssituation zu bewähren; dies gilt auch für die konkrete Verteilung des Aufklärungsrisikos. Die Gewißheit, daß die tatsächlichen Voraussetzungen eines erhobenen Anspruchs gegeben sind, stellt sich deshalb nur bzw. um so eher ein, desto mehr jeder Verfahrensbeteiligte alles in seiner Macht stehende getan hat, den Sachverhalt aufklären zu helfen.[115]

Das Wahrscheinlichkeitsurteil ist in seiner Verbindlichkeit als Konkretisierungsmaxime m.a.W. an die verfahrensbezogene „Verantwortung" gebunden, die im konkreten Einzelfall entweder den Bürger oder die Verwaltung in bezug auf die Unaufklärbarkeit eines Sachumstandes trifft.

f) Wahrscheinlichkeitsurteil und behördliche Aufklärungsverantwortung

Derart kooperative *Aufklärungsverantwortung* folgt für den Privaten nicht etwa nur aus den ihm zugestandenen Chancen einer Verfahrensmitwirkung.[116] Sie ist vielmehr – und weitaus tiefergreifend – Ausdruck der bereits oben hervorgehobenen Gleichordnung der Verfahrenspositionen im sozialen Rechts- und Verwaltungsstaat, die ihrerseits wiederum im materialen Verfahrenskonzept des Grundgesetzes angelegt ist.[117] Dementsprechend kann die Behörde in den Fällen, in denen der Bürger die ihm zumutbare Mitwirkung an der Sachverhaltsermittlung ohne hinreichenden Grund ablehnt, dem Kooperationsunwilligen die Unaufklärbarkeit des Sachverhalts unter Abstufung des Grades ihrer Überzeugung entsprechend dem Ausmaß der jeweiligen Mitwirkungsverweigerung bis hin zur Anspruchsversagung

---

[113] Siehe auch *Peschau*, Beweislast, S. 50 m. Anm. 169, 76; vgl. ferner den Hinweis auf das „soziale Schutzprinzip" in Fn. 97.

[114] So die bildhafte Formulierung des Problems bei *Berg*, JuS 1977, 25.

[115] Vgl. z.B. BSGE 37, 114 (117); BSG, SGb. 1986, 299ff., 301f.; siehe auch *J. Martens*, Praxis, S. 108f., 111; gegen eine solche Verbindung von objektiver Beweislast und Mitwirkungspflichten aber z.B. *Pfeifer*, Untersuchungsgrundsatz, S. 118f.; demgegenüber siehe jedoch *Kopp*, VwVfG, § 24 Rdnr. 32.

[116] Ganz ablehnend aber *Berg*, Entscheidung, S. 249 m.w. Nachw.; jüngst auch *Grupp*, VerwArch. 80 (1989), S. 52ff.

[117] Vgl. oben, 9. Kap., B.II.3. und IV.5.; 10. Kap., B.II.2.a) mit bb) und cc), b) mit cc); 14. Kap., C.IV. und V.

anlasten.[118] Für den Bürger tritt die dadurch entstehende Last zur eigenen Rechtsverfolgung zu den bereits früher dargestellten Beteiligungslasten hinzu.[119]

Häufig ist freilich ein Antragsteller willens aber nicht in der Lage, einzelne Sachverhaltsmerkmale näher darzulegen – sei es, daß sie sich seinem Einfluß entziehen, sei es, daß sie außerhalb seines Lebensbereiches liegen. Die darauf beruhende Unaufklärbarkeit fällt dann nicht in seinen Verantwortungsbereich; sie ist ihm nicht *zurechenbar.* Umgekehrt verspricht der Rückgriff auf den Gedanken der „Verantwortung" im Beweisrecht (für die Verwaltung) dort Erfolg, wo – wie das BVerwG in seiner bereits angeführten Entscheidung über einen Wohngeldanspruch unter Anwendung derartiger Beweislastüberlegungen ausgeführt hat – nur der Bürger über die Möglichkeit verfügt, die seine Lebenssphäre betreffenden Informationen zu geben und „die erforderlichen Beweisanzeichen zu liefern". Ihm wird „die *Verantwortung* dafür ... überlassen, daß alle für die Entscheidung der Wohngeldbehörde erheblichen Umstände vorgebracht werden, die von der Behörde und notfalls vom Gericht sachgerecht gewürdigt werden können."[120]

Die konkrete Verteilung des Aufklärungsrisikos ist deshalb Gegenstand einer *Risikozurechnung,* die an die mit der Aufklärungsverantwortung verbundene Einstandspflicht für die Sachaufklärung anknüpft. Eine gleichmäßige Verteilung des Risikos am Verfahrensausgang ist durch sie aber nicht gewährleistet. Im situativen Bezug des administrativen Konkretisierungsverfahrens muß die Zuweisung des Aufklärungsrisikos typischerweise ungleich sein, weil sie von einer materialen Rechtsgüterbewertung ausgeht. Diese gewährleistet jedoch im Verfahren der verfassungskonformen Kollisionslösung einen angemessenen Ausgleich der konfligierenden Interessen. Er steht namentlich unter der Verfahrensdirektive des Verhältnismäßigkeitsprinzips.[121]

Trotz prinzipieller Zurechenbarkeit können deshalb aus der *Risikozone* eines am Verfahren Beteiligten besondere Umstände herausfallen, die zu Lasten des objektiv Beweispflichtigen die Sachverhaltsaufklärung erschweren. Denn Risikozurechnung hat als Frage der Verhältnismäßigkeit zu bedenken, auf wessen Seite und mit welchem Gewicht die Risikofaktoren liegen und von wem sie zu verantworten sind.

Ist hiernach dem betroffenen Bürger die Sachverhaltsaufklärung weder aktuell noch durch Beweisvorsorge möglich und zumutbar, kann es sich für die Behörde als geboten erweisen, den Überzeugungsgrad nach Maßgabe der Besonderheiten des Falles zu reduzieren.[122] Das gilt zumal dort, wo schon dem Sachgebiet als solchem eine „Gefährdungskomponente" zu eigen und damit der Verwaltung ein gewisses „Haftungspotential" zugewiesen ist. So hat das BVerwG zutreffend in der Frage der

---

[118] Siehe z.B. BVerwGE 61, 176 (184); 74, 222 (225); *Kopp,* VwVfG, § 24 Rdnrn. 18f., 32; § 26 Rdnrn. 43f. m. zahlr. Nachw.

[119] Vgl. insoweit bereits oben, 14. Kap., C.VI.

[120] BVerwGE 44, 265 (268ff., 271); dazu *Berg,* JuS 1977, 23ff.

[121] Näher hierzu siehe im 10. Kap., B.II.3.b) mit cc); vgl. auch BVerwGE 74, 222 (225, 226).

[122] Vgl. auch *Berg,* Entscheidung, S. 128; *J. Martens,* Praxis, S. 108 m. Anm. 136, 113 m. Anm. 172; *Peschau,* Beweislast, S. 76f.; *v. Pestalozza,* Untersuchungsgrundsatz, S. 198.

Haftung eines im Schalterdienst der Deutschen Bundespost tätigen Beamten für Kassenfehlbestände den Entlastungsbeweis als erbracht angesehen, „wenn *hinreichend wahrscheinlich* ist, daß der Schuldner die Unmöglichkeit der Leistung *nicht zu vertreten* hat und er beweist, daß er alle *ihm obliegende Sorgfalt* beobachtet hat.“[123]

Wie die Entscheidung belegt, bestimmt sich das Beweismaß nicht nur aus dem Gedanken einer Risikozurechnung, nämlich danach, wer die risikoauslösenden Faktoren gesetzt bzw. die für den betroffenen Beteiligten gefahrbringende Situation zu *verantworten* hat.[124] Es verschmilzt darüber hinaus mit Beweislastüberlegungen zu einer Einheit. Nichts anderes bedeutet die Reduzierung des Beweismaßes am Maßstab einer materiell-rechtlich dirigierten Verfahrens-(Aufklärungs-)Verantwortung unter Einbezug individualisierter Risikozonen und konkret gegebener Beweismöglichkeiten. Herausgehobene Bedeutung erlangen hierbei die materiell-rechtlichen Zielsetzungen des jeweiligen Sachgebietes, die erreichbaren Informationsquellen sowie die Mitwirkungspflichten der Beteiligten und das Maß ihrer Erfüllung.[125]

Unter Bezug auf diese Kriterien gehen Verwaltungspraxis und Verwaltungsrechtsprechung allgemein mehr und mehr dazu über, die Anforderungen an die behördliche Überzeugung von der Wahrheit eines Sachverhalts differenziert abzustufen, Beweiserleichterungen entsprechend den Besonderheiten des jeweiligen Rechtsgebietes einzuführen und zwischen der Beweiswürdigung und dem Ausmaß der Mitwirkung von Verfahrensbeteiligten an der Sachverhaltsaufklärung einen Zusammenhang herzustellen.

Ein solcher Zugang zur Sachverhaltsermittlung läßt die Anwendung von Beweislastregeln überflüssig werden.[126] Denn die Frage der Beweislast wird nach erbrachtem Beweis gegenstandslos. Ihn aber ermöglicht die bei sachgemäßer Abwägung auf einem gradualisierten Wahrscheinlichkeitsurteil und auf der differenzierten Berücksichtigung von Verantwortungssphären beruhende Auswertung der tatsächlichen Informationen. Für die Beweislastfrage bleibt hierbei nichts zu beantworten übrig.[127]

---

[123] BVerwGE 52, 255 (262); krit. aber *Nierhaus*, BayVBl. 1978, 745ff., 753.

[124] Vgl. insoweit unter dem Aspekt der „Haftung“ für *pflichtgemäßes* Verhalten – dazu die Grundlegung im 6. Kap., B.II. – auch *Wahrendorf*, Prinzipien der Beweislast, S. 14ff., 71ff. („pflichtbezogene Beweislastverteilung“ unter Rückgriff auf das Wahrscheinlichkeitsprinzip und den Gedanken des Sozialschutzes); siehe ferner *W. Bogs*, SGb. 1981, 197ff., 200f., 201ff., 203f.; für das Steuerverfahrensrecht BFH, BB 1987, 1237f., 1238.

[125] Dazu auch und sowohl zusammenfassend wie mit Einzelnachw. *J. Martens*, Praxis, S. 108 m. Anm. 137ff., 110f., 113 m. Anm. 175; zu den Mitwirkungspflichten S. 90ff., 93f., 109, 110 m. Anm. 150f., 114 m. Anm. 178; anders aber wohl BVerwGE 74, 222 (225, 226).

[126] Anders dagegen *Grupp*, VerwArch. 80 (1989), S. 52; siehe ferner *Leipold*, Beweismaß und Beweislast, S. 19ff., 21, der aus zivilprozessualer Sicht davon spricht, es würde „die normative Fixierung der Beweislast“ aufgegeben; daß dies jedenfalls für das Verwaltungsverfahren nicht zutrifft, haben die voraufgegangenen und normativ eingebundenen Ausführungen oben im Text gezeigt.

[127] Vgl. auch *Nell*, Wahrscheinlichkeitsurteile, S. 217; a.A. *Peschau*, Beweislast, S. 50, 155;

3. „Offene" Rechtsnormen und Prognosespielräume

Zu klären ist jedoch, ob gradualisierte Wahrscheinlichkeitsurteile, Verantwortung und Zurechnung im administrativen Konkretisierungsverfahren die Verteilung des Aufklärungsrisikos auch dort legitimieren, wo das materielle Recht das Verwaltungshandeln nicht an inhaltlich eng verdichtete Tatbestandsbegriffe bindet, sondern an die davon zumindest quantitativ zu unterscheidenden sog. unbestimmten Rechtsbegriffe.[128] Diese werfen im Zusammenhang mit Beweiserhebung und Informationsauswertung einige besondere Fragen auf, die in ihrer tatbestandlichen Offenheit begründet liegen. Unbestimmte Rechtsbegriffe, wie z.B. die der „Besorgnis", „Befürchtung" oder der „Verdacht" verweisen insofern nicht nur in erhöhtem Maße auf Situationen der Ungewißheit und erfordern entsprechende Wahrscheinlichkeitsurteile.[129] Zahlreiche andere Begriffe wie z.B. „Zuverlässigkeit" oder „Eignung" verlangen darüber hinaus im Rahmen der Sachverhaltsermittlung nach einer Vorausschätzung (Prognose) der tatsächlichen Entwicklung.[130] Unsicherheiten entstehen ferner bei der Anwendung solcher Gesetzesbegriffe, die ein metarechtliches *Werturteil,* ein Regelwerk oder einen Erkenntnisstand in die Rechtsordnung einbeziehen sollen, wie es etwa bei den Begriffen „angemessen", „unbillig", „zumutbar", „öffentliche Ordnung", „Stand der Technik", „anerkannte Regeln der Technik" u.a.m. der Fall ist. Auch bei ihnen kann die Feststellung des Sachverhalts, auf den sie angewendet werden sollen, schwierig sein. Denn mit einer *Prognoseentscheidung* der Behörde werden fachliche Wertungen und Erkenntnisse in die Rechtskonkretisierung eingeführt, die nicht ohne weiteres verfügbar sind, sondern erst einmal festgestellt werden müssen.[131]

Der Offenheit und Flexibilität wie dem Prognose- und Wertungsbedarf dieser Begriffe sucht die Verwaltungsrechtslehre mit den Kategorien des sog. Beurteilungsspielraums und des Prognose- bzw. Entwicklungsspielraums gerecht zu werden. Ersterer soll die Eigenständigkeit der Verwaltungsverantwortung dort bewahren, wo es um die *gegenwartsbezogene* Feststellung solcher Sachverhalte geht, hinsichtlich derer die Verwaltung über spezifische Sachkunde und Erfahrung verfügt, die ihre Konkretisierungsleistungen als unvertretbar oder unwiederholbar erscheinen lassen.[132] Soweit es jedoch nötig wird, *künftige Entwicklungen* einzuschätzen, treten

nicht ganz klar *J. Martens,* Praxis, S. 108 (Rdnr. 165: „wenig Raum"), 114 (Rdnr. 173 a.E.: „kein Raum").

[128] Wobei unterstellt wird, daß eine solche Unterscheidung überhaupt trägt; ich zweifle daran, ebenso z.B. *Erichsen,* DVBl. 1985, 22 m. Anm. 11ff.

[129] Siehe die Nachw. bei *Erichsen,* a.a.O. (Fn. 128), 22ff., 25f.

[130] Vgl. im hiesigen Kontext beispielsweise BVerwG, DÖV 1984, 557, zum Begriff der „Befürchtung".

[131] *Breuer,* AöR 101 (1976), S. 46ff., 51f.; *Erichsen,* a.a.O. (Fn. 128), 25; *R. Scholz,* Technik und Recht, S. 710ff.

[132] Vgl. dazu die Einzelnachweise oben, 1. Kap., B.II.2.b) mit Fn. 206ff.; siehe auch – und krit. – zu dieser Funktion *P. Becker,* FS H. Simon, S. 623ff.; *Bertossa,* Der Beurteilungsspiel-

prognostische Elemente hinzu, die über den Augenblicksbezug der Konkretisierung hinausreichen. Sie können deshalb nur mit der Vorstellung eines „Prognosespielraums" bzw. des „Entwicklungsspielraums" erfaßt werden.[133] Hierzu gehören nicht nur Einzelfallprognosen, sondern auch hochdifferenzierte probabilistische Risikoanalysen, wie sie im Recht der technischen Sicherheit und insbesondere im Atomrecht verwendet werden, oder komplexe „Globalprognosen",[134] wie sie in Planungsentscheidungen der Verwaltung eingehen. Im übrigen aber bedeutet für die Verwaltung der Umgang mit unbestimmten Rechtsbegriffen nach überwiegender Ansicht konsequente Rechtsanwendung. Die Behörde muß sich im Einzelfall trotz aller Konkretisierungsschwierigkeiten zu einer bestimmten Entscheidung durchringen.[135]

Anwendungsbereich wie Grenzen der Lehre vom Beurteilungs- und Prognose- bzw. Entwicklungsspielraum werden in Rechtsprechung und Lehre seit langem kontrovers diskutiert.[136] Weniger deutlich sind dagegen die Aussagen über das Verhältnis zur Sachverhaltsermittlung. Für die Informationsbeschaffung und Beweiserhebung muß das Augenmerk vor allem auf die Auswirkungen gerichtet sein, die sich aus den voraufgehend skizzierten Spielräumen bzw. Eigenverantwortlichkeiten der Verwaltung ergeben. Die Problematik des unbestimmten Rechtsbegriffs liegt auch insoweit in der *Erkenntnis:* Seine Anwendung erfordert „Wertungen" und oft auch eine „Prognose" in die Zukunft – also Konkretisierung unter *Unsicherheit* und im Wege der Abgabe von *Wahrscheinlichkeitsurteilen.*

An diesen Schlüsselbegriffen setzt auch die neuere Diskussion zur Verteilung des Aufklärungsrisikos an.[137] Nach der insoweit einhelligen Ansicht soll sich in bezug auf „Wertungen" die Frage nach der Unaufklärbarkeit von Tatumständen und mithin nach Beweismaß und Beweislast gar nicht erst stellen. Dies wird näher am Beispiel von Prüfungsentscheidungen belegt: Selbst bei Zweifeln, ob die gefundene Bewertung der Prüfungsleistungen das von einem Kandidaten Gebotene zutreffend widerspiegelt, scheide ein noch liquet aus. Denn, so heißt es, die zuständige Prüfungsinstanz bewerte eigenständig und abschließend im Rahmen der für einen Beur-

---

raum, 1984; *Franssen,* FS W. Zeidler, S. 429ff.; *H. H. Rupp,* ebd., S. 455ff., 463ff.; *Sendler,* FS C. H. Ule, S. 337ff., 343.

[133] Vgl. *R. Scholz,* Wirtschaftsaufsicht, S. 107ff. („Entwicklungsspielraum"); *ders.,* VVDStRL 34 (1976), S. 165ff.; *ders.,* Technik und Recht, S. 711; *Tettinger,* Wirtschaftsverwaltungsrecht, S. 429ff.; *ders.,* DVBl. 1982, 421ff., 430ff.; siehe ferner *Badura,* FS O. Bachof, S. 178ff.; *Ossenbühl,* FS C.-F. Menger, S. 731ff., 739ff.; *W. Schmidt,* Probleme des Verwaltungsrechts, S. 61f.; *Steinberg,* Der Staat 26 (1987), S. 161ff.

[134] Dazu siehe u.a. *Breuer,* Der Staat 16 (1977), S. 21ff., 32; *Rengeling,* Probabilistische Methoden bei der atomrechtlichen Schadensvorsorge, 1986, S. 20ff., 23ff., 37ff., 45ff., 60, 65ff., 103ff., 130ff., 184ff., 220ff.

[135] *Erichsen,* DVBl. 1985, 22ff., 25f.; *Franssen,* FS W. Zeidler, S. 442ff.; *Peschau,* Beweislast, S. 102ff.; *H. H. Rupp,* FS W. Zeidler, S. 458ff., 461ff., 463ff., 466f.

[136] Dazu siehe näher und mit Nachw. bereits oben, 1. Kap., B.II.2.b) mit Fn. 206ff., sowie die Nachw. im hiesigen Text in Fn. 132f.

[137] Vgl. näherhin und mit Belegen *Peschau,* Beweislast, S. 130ff.

teilungsspielraum bei Prüfungsentscheidungen von der Rechtsprechung gezogenen Grenzen. Die Existenz eines Beurteilungsspielraums schließe aus, daß sachverhaltsbezogene Ungewißheiten in das Prüfungsverfahren hineinwirken könnten.[138] Soweit es dagegen auf die gerichtlich überprüfbaren Faktoren von Prüfungsbewertungen ankäme – Nichteinhaltung des vorgeschriebenen Prüfungsverfahrens, Einfluß sachfremder Erwägungen etc. – erfordere die Verteilung des Aufklärungsrisikos eine *Beweislastentscheidung.*[139]

Auch in bezug auf „Prognosen" wird die Frage aufgeworfen, ob überhaupt und ggf. in welchem Umfang von Beweis und Beweislast gesprochen werden könne.[140] Dies wird jedenfalls insoweit bejaht, als jede Prognose eine Aussage über die künftige Entwicklung enthalte, die sich um ihrer Zuverlässigkeit willen insbesondere auf nachprüfbare Fakten und geeignete Prognoseverfahren stützen müsse. Die Aufklärung diesbezüglich bestehender tatsächlicher Ungewißheiten unterläge mithin den allgemeinen Regeln der Beweislast; von einer der Prognose immanenten Beweislastverteilung zugunsten der Verwaltung könne aber dabei nicht die Rede sein.[141]

Die Beweislastverteilung könne allerdings, so wird argumentiert, von ggf. bestehenden Prognose- bzw. Entwicklungsspielräumen beeinflußt werden. Zutreffend weist *H. H. Peschau* darauf hin, es könne „bei der eigentlichen Zukunftseinschätzung von Beweis und Beweislast im strengen Sinne nicht die Rede sein."[142] Dem liegt erkennbar die (streitige) Auffassung zugrunde, Prognosen stellten als Vorausschau auf künftige Sachverhalte Erkenntnisakte dar, die von Dritten jedenfalls insoweit stets nachvollzogen werden könnten, als nicht additiv wertende Elemente hinzuträten.[143] Allein im Hinblick hierauf seien Unsicherheitsentscheidungen nach Beweislastregeln ausgeschlossen; diese würden jedoch die Verteilung des Aufklärungsrisikos im übrigen bestimmen. Denn ebensowenig, wie der Behörde bei der Feststellung des Vorliegens oder Nichtvorliegens gegenwärtiger Tatsachen ein Spielraum zustehe, sei dies im Rahmen der Feststellung der Wahrscheinlichkeit des zukünftigen Eintritts oder Nichteintritts von Tatsachen der Fall.[144]

Diese und andere Stellungnahmen zur Beweislast bei unbestimmten Rechtsbegriffen verkennen, daß die Reichweite des Konzepts der gradualisierten Überzeugungs-

---

[138] *Peschau,* a.a.O. (Fn. 137), S. 131 m.w.Nachw.; ganz anders dagegen und jüngst *H. H. Rupp,* FS W. Zeidler, S. 466f., der überhaupt die Prüfungsentscheidungen aus der Lehre vom Beurteilungsspielraum herausgenommen wissen will.

[139] So *Peschau,* a.a.O. (Fn. 137), S. 131; vgl. auch BVerwGE 70, 143 (147ff., 149).

[140] BVerwGE 61, 172 (189); BSG, SGb. 1986, 299ff. m. Anm. *Pitschas; Berg,* Entscheidung, S. 73; *Nierhaus,* DVBl. 1977, 19ff., 22; *Peschau,* a.a.O. (Fn. 137), S. 132 m. Anm. 49.

[141] *Berg,* Entscheidung, S. 73 m. Anm. 10; *Nierhaus,* a.a.O. (Fn. 140), 22ff., 25; vgl. auch *Maurer,* Allgemeines Verwaltungsrecht, S. 107, 117.

[142] A.a.O. (Fn. 137), S. 133.

[143] *Ossenbühl,* FS C.-F. Menger, S. 741ff., 745; *Peschau,* Beweislast, S. 133; *Tettinger,* Wirtschaftsverwaltungsrecht, S. 429ff., 455ff.; siehe ferner *Maurer,* a.a.O. (Fn. 141), S. 117 (Rdnr. 33).

[144] Siehe auch *Berg,* Entscheidung, S. 73 m.w.Nachw.; *Ossenbühl,* a.a.O. (Fn. 143), S. 744 m. Anm. 74.

bildung den Rückgriff auf Beweislastentscheidungen auch jenseits von Beurteilungs- bzw. Prognosespielräumen erübrigt. Sie übersehen ebenso, daß im Hinblick auf die begriffliche „Offenheit“ gesetzlicher Tatbestände die Frage nach der Verteilung des Aufklärungsrisikos nicht ohne Auseinandersetzung damit zu beantworten ist. Die Überzeugung von der Richtigkeit einzelner Tatsachenbehauptungen hängt mit der *Struktur* des Tatbestandes der je einschlägigen Rechtsnorm zusammen.

Am unbestimmten Rechtsbegriff wird insofern offenbar, was bislang im Kontext der Betrachtung von Wahrscheinlichkeit und Verantwortung eher undeutlich blieb, daß es nämlich im Zuge der Begriffsanwendung sehr häufig auch und zuvor um das Erfordernis einer *Normergänzung* geht und diese mit dem Maß der Sachaufklärung korreliert: Der die Anwendung einer Norm auf den Einzelfall abschließenden Konkretisierung durch Individualisierung[145] geht die Delegation der Rechtsetzung auf die Verwaltung, d.h. auf den Rechtsanwender voraus.[146] Diese bleibt zwar Teil der Konkretisierung. Doch wirken Zweifel und Unsicherheiten, die bei der Rechtssatzergänzung auftreten können, über den dadurch hervorgerufenen „Mangel im Tatbestand“[147] auf die Anforderungen an die Aufklärung des Sachverhalts in diesem Punkt ein. Das Beweismaß ist zu verringern.

In den Fällen des „offenen“ Tatbestandes wird deshalb nicht eine Regelung der Beweislosigkeit notwendig, sondern des Beweises. Der Rechtsanwender muß sich angesichts der im Tatbestand auftretenden Unsicherheiten und verbleibenden Zweifel bei der Anwendung des unbestimmten Rechtsbegriffs im Wege strukturierender Rechtsfindung für oder gegen eine bestimmte Normergänzung entscheiden. Dies geschieht unter Bindung an die zu konkretisierende Norm, an das Vor-Verständnis des Rechtsanwenders sowie an das jeweils zu lösende konkrete Problem, aber eben auch im Hin- und Herwandern des Blicks zwischen Tatbestand und Sachverhalt.[148] Was etwa unter „Zuverlässigkeit“ zu verstehen ist, läßt sich nicht abstrakt bestimmen. Damit aber wechselt die Rechtsanwendung in jenem Bereich, in dem sich tatbestandliche Unsicherheiten finden, ihren Charakter. Aus einem kognitiven Vorgang wird ein nicht durchgängig rationalisierbarer, subjektiv bedingter und bereits sachverhaltsbewußter Prozeß. In seinem Verlauf können mehrere Rechtsanwender bei der Anwendung desselben Rechtsbegriffs auf denselben (ggf. in Teilen ungeklärten) Sachverhalt innerhalb der mit dem Begriff verknüpften „Bandbreite“[149] zu

---

[145] Vgl. dazu 1. Kap., A.I.2.e) und B.II.2.c) mit Fn. 223; 10. Kap., B.II.3.a) mit cc); 14. Kap., A.II. und III., B.I.

[146] Siehe die Grundlegung im 1. Kap., B.II.2.; 6. Kap., C.II.3.; 7. Kap., B.I. und II.; 11. Kap., B.II. und III.; siehe ferner *Erichsen*, DVBl. 1985, 25; *Grimm*, in: *S. v. Buiren/ E. Ballerstedt/D. Grimm*, Richterliches Handeln und technisches Risiko, 1982, S. 25ff., 46; *Ossenbühl*, DÖV 1982, 833ff., 836; *R. Scholz*, VVDStRL 34 (1976), 168; *ders.*, Konkretisierung unbestimmter Rechtsbegriffe, S. 123ff., 128 („Kompetenzverzicht auf seiten des Gesetzgebers“).

[147] Vgl. dazu *Breuer*, Der Staat 16 (1977), S. 21ff., 53 m. Anm. 179.

[148] Dazu siehe im Hinblick auf unbestimmte Rechtsbegriffe und Generalklauseln bes. *Engisch*, Einführung, S. 108ff., 111ff., 120ff., 124ff., 135f.

[149] Im Anschluß an *Redeker*, DÖV 1971, 757ff., 762.

unterschiedlichen, aber dennoch insgesamt vertretbaren Konkretisierungsergebnissen kommen.[150] Dieser „Beurteilungsspielraum" führt zwar – wie oben dargelegt[151] – noch nicht dazu, daß *alle* Ergebnisse auch rechtmäßig und damit dem Zugriff der Rechtsprechung entzogen sind. Darauf kommt es hier auch nicht so sehr an. Entscheidend ist vielmehr, daß die Verwaltung in jedem Fall eine *sachverhaltsbezogene Verantwortung* für die Übereinstimmung der Vollendung des Normprogramms mit den materiell-rechtlichen Zielsetzungen und Wertungsvorgaben des jeweiligen Sachgebiets sowie der Verfassung trifft und deren Betätigung (struktur- bzw. tatbestandsbedingte) Ungewißheitselemente des aufzuklärenden Einzelsachverhalts im Wege einer wahrscheinlichkeitsgewichteten Abwägung vorwegnimmt bzw. absorbiert.

In dieser Abwägung geht es darum, die Grenzlinie zu bestimmen, jenseits derer die Anwendung des in Frage stehenden unbestimmten Rechtsbegriffs zu verneinen ist. So entwickelt z.B. das BVerwG den für die Annahme der in § 47 Abs. 1 Nr. 2 HSOG a.F.[152] tatbestandlich vorgesehenen unmittelbaren „Gefahr" maßgeblichen Wahrscheinlichkeitsgrad zur Rechtfertigung der polizeilichen Inverwahrungsnahme ausdrücklich aus dem Verhältnis der auf dem Spiel stehenden Rechtsgüter.[153] Welche Güter allerdings gegenüberzustellen bzw. abzuwägen sind, sagt freilich erst der Blick auf den konkreten Sachverhalt. Ähnlich setzt das Gericht bei der Prüfung der tatbestandsbezogenen Frage an, ob bei der Erteilung einer Genehmigung über die Einfuhr von Schweinefleisch die Verbreitung einer Tierseuche i.S. der „Klauentiere-Einfuhrverordnung"[154] zu „befürchten" gewesen wäre. Das maßgebliche Kriterium für das erforderliche Wahrscheinlichkeitsurteil ergab sich, so stellt das BVerwG fest, aus dem Rang des Schutzgutes innerhalb der Wertordnung des Grundgesetzes.[155]

Der Rechtssatzergänzung folgt erst in einem weiteren Schritt die – nunmehr allerdings prädisponierte – Feststellung, ob der zu prüfende Sachverhalt i.S. des konkretisierten Begriffsverständnisses tatsächlich gegeben ist, ob also z.B. ein Antragsteller die Voraussetzungen der „Zuverlässigkeit" in seiner Person erfüllt. Auch dabei wird – wie schon weiter oben ausgeführt – die Überzeugungsbildung abgestuft. Sie wird dem Urteil darüber entnommen, wie groß die derzeitige Wahrscheinlichkeit oder Unwahrscheinlichkeit für die Verwirklichung des vervollständigten Tatbestandes durch das Vorliegen einer behaupteten Tatsache ist.[156]

---

[150] Vgl. z.B. *Christensen*, Gesetzesbindung, S. 96ff.; *Engisch*, a.a.O. (Fn. 148), S. 133f.; *Erichsen*, DVBl. 1985, 26; *Franssen*, FS W. Zeidler, S. 436, 442ff., 451ff.; *H.J. Koch*, Unbestimmte Rechtsbegriffe, S. 76ff.; früher bereits *Bachof*, JZ 1955, 97ff., 99f.; *Ule*, Gedächtnisschrift W. Jellinek, 1955, S. 309ff., 322ff.

[151] Siehe 1. Kap., B.II.2.b) mit Fn. 206ff.

[152] Jetzt § 46 des Hessischen Gesetzes über die öffentliche Sicherheit und Ordnung (HSOG) i.d.F. vom 26. Januar 1972 (GVBl. I S. 24).

[153] BVerwGE 45, 51 (61).

[154] I.d.F. der Bekanntmachung v. 30. 8. 1972.

[155] BVerwG, DÖV 1984, 557ff., 558.

[156] BVerwG, a.a.O. (Fn. 155), S. 558f.; siehe auch schon oben im Text um und mit Fn. 108ff.

Für das Hilfsmittel der (materiellen) Beweislast bleibt bei alledem und entgegen der h.M. kein Raum. Die auftretenden Zweifel und Unsicherheiten werden einerseits durch die Ergänzung des Mangels im gesetzlichen *Tatbestand* aufgefangen. Andererseits erweitert die Unbestimmtheit eines Rechtsbegriffs die Möglichkeit der Verwaltung, über den Weg der verantwortungsorientierten Beweiswürdigung die im Einzelfall bestehende Ungewißheit in konkrete *Rechtsfolgen* zu transformieren. Das Aufklärungsrisiko kann dementsprechend unter Reduzierung des Beweismaßes und Berücksichtigung der Beweismöglichkeiten nach Maßgabe der im Einzelfall gegebenen Aufklärungsverantwortung verteilt werden.

Prognosen machen hiervon keine Ausnahme. Das BVerwG hat denn auch zu erkennen gegeben, daß es verbleibende Zweifel über künftige tatsächliche Entwicklungen ebenfalls gradualisierenden Wahrscheinlichkeitsurteilen unterstellt.[157] Die bei Prognoseentscheidungen der Verwaltung stets mehr oder weniger existierende Ungewißheit über die weitere Entwicklung der derzeitigen tatsächlichen Verhältnisse führt in Verbindung mit dem Zwang zur Tatbestandsergänzung notwendig – und ganz entsprechend der Minderung des Überzeugungsgrades bei der Folgenberücksichtigung[158] – zu einer Reduzierung des Beweismaßes.

Für die Informationsbeschaffung und Beweiserhebung im Rahmen der Konkretisierung unbestimmter Rechtsbegriffe durch die Verwaltung läßt sich somit *zusammenfassend* feststellen, daß zunächst gradualisierte Wahrscheinlichkeitsaussagen die Vervollständigung des Tatbestandes leiten. Sie bestimmen dadurch den *Sachverhaltsmaßstab* bei der Anwendung derjenigen Rechtsnorm, die auf den unbestimmten Rechtsbegriff abstellt. Beweislastprobleme ergeben sich hierbei nicht. Die Konkretisierung bezieht sich auf einen Mangel des Tatbestandes, nicht aber auf einen Mangel der Tatsachenbehauptung. Ebensowenig werfen jene Wahrscheinlichkeitsurteile Beweislastfragen auf, die hieran anschließend den Überzeugungsgrad für die *Anwendung* der Rechtsnorm festlegen und diesen an der Verantwortung für die Sachaufklärung unter Berücksichtigung der vorhandenen Beweismöglichkeiten orientieren.

Soweit schließlich für die Rechtsanwendung im konkreten Einzelfall Beurteilungs- und/oder Prognose- bzw. Entwicklungsspielräume hinzutreten, wird der im „offenen" Rechtsbegriff geborgene *Beurteilungsmaßstab* von der Verwaltung eigenverantwortlich entfaltet, und zwar ebenfalls durch Wahrscheinlichkeitsurteil.[159] Auch hier bleibt für die Anwendung von Beweislastregeln kein Raum. Die Verwaltung bewertet eigenständig und abschließend im Rahmen der erwähnten rechtlichen Grenzen. Beurteilungs-, Prognose- bzw. Entwicklungsräume formulieren dadurch entsprechende Verwaltungsvorbehalte für die Risikoermittlung und -bewertung sowie für die damit verbundene Zuweisung der Aufklärungslast an Verfahrensbeteiligte.[160]

---

[157] BVerwGE 39, 197, LS 2c); 44, 265 (268ff.).

[158] Dazu vgl. oben im Text bei Fn. 112f.

[159] *Nell,* Wahrscheinlichkeitsurteile, S. 222; *Peschau,* Beweislast, S. 133.

[160] Siehe bes. BVerwGE 72, 300 (316f., 320f.); abzulehnen daher die Ansicht von *Peschau,* a.a.O. (Fn. 159), S. 137 m. Anm. 71, es käme zu einer *Beweislastentscheidung!*

4. Inkurs: Konsequenzen für das technische Sicherheitsrecht

Administrative Konkretisierung über Beweiswürdigung unter Verringerung der Beweisanforderungen und nach Maßgabe der Verfahrensverantwortlichkeit anstelle des Rückgriffs auf Beweislastregeln führt besonders im technischen Sicherheitsrecht zu einschneidenden Konsequenzen. Die Verwaltung kann im Umgang mit technischen Anlagen den dargestellten Sachverhalt umfassender Beweiswürdigung unter Minderung des Beweismaßes unterziehen, ohne den Zufälligkeiten einer Beweislastregelung zu unterliegen.

Ordnet eine gesetzliche Bestimmung unter Bezugnahme auf den „Stand der Technik“[161] oder durch Verweisung auf andere technische Standards[162] eine Rechtsfolge an, so geht es zunächst darum, den generalklauselartig unbestimmten Rechtsbegriff tatbestandlich zu konkretisieren. Die zuständige Verwaltungsbehörde muß zu diesem Zweck den maßgeblichen technischen Erkenntnisstand aufklären, um sodann in der Sache selbst zu entscheiden. In diesem Vorgang verbinden sich kognitive Feststellungen einerseits („wie ist derzeit der Stand der Technik beschaffen?“) mit einer Würdigung der technologischen Entwicklung andererseits, d.h. mit einem Werturteil über Auswahl und Einsatz des konkreten technischen Sachverstandes („was ist unter ‚Stand der Technik‘ zu verstehen?“) zu dem die Begriffsanwendung leitenden Sachverhalts- und Beurteilungsmaßstab. Hinzu tritt die Prognose, daß bei Anwendung des ermittelten Standes der Technik die zur Genehmigung anstehende oder sonstwie betroffene Anlage auch und gerade in der Zukunft den vorgeschriebenen Sicherheits- bzw. Qualitätsstandard erreichen wird.[163] Sie umfaßt überdies die Vorausschätzung der Eintrittswahrscheinlichkeit des mit dem Technikeinsatz verbundenen Risikos sowie des etwaigen Schadensausmaßes und damit die Bestimmung der Risikoakzeptanz.[164]

Soweit es vor dem Hintergrund dieser komplexen Verflechtung einzelner Konkretisierungsschritte um die kognitive Hereinnahme einer bestimmten technischen Erkenntnis in den unfertigen Tatbestand sowie um ihre Würdigung geht, gibt es keine Beweislosigkeit.[165] Auch die Anwendung der solcherart vervollkommneten Norm ist keinerlei Beweislastentscheidungen unterworfen, wie sich aus dem oben Ausgeführten ergibt. Für die Behörde entsteht freilich die Last situationsgerechter Tatsachenermittlung. Sie darf indes wegen der prinzipiell gebotenen Minderung der Beweisanforderungen nicht dazu führen, übersteigerte Sicherheitsanforderungen zu stellen und kaum noch erfüllbare Auflagen festzusetzen. Diese Befürchtung entfällt

---

[161] Vgl. §§ 3 Abs. 6, 5 Abs. 1 Nr. 2, 14 S. 2 BImSchG; 5 Abs. 2 Nr. 3 SprengG; 4 BBahnG; 21 Abs. 1, 36 PBefG; 6 Abs. 2 BDSG.

[162] Siehe dazu die Nachw. bei *R. Scholz*, Technik und Recht, S. 699 m. Anm. 23, 25ff.

[163] Vgl. *R. Scholz*, Konkretisierung unbestimmter Rechtsbegriffe, S. 131f.; *Tettinger*, Wirtschaftsverwaltungsrecht, S. 429ff.

[164] *Benda*, in: W. Blümel/H. Wagner (Hrsg.), Technische Risiken und Recht, 1981, S. 10.

[165] Vgl. dazu oben im Text um und mit Fn. 145ff., 149ff.

jedoch, wenn sich die Behörde möglicherweise der *Beweis(würdigungs-)regel* der widerlegbaren Vermutung für die Verbindlichkeit der Aussagen bestimmter technischer Regelwerke bedienen kann und muß.[166] Dies gilt zumindest insoweit, als jenseits bestehender Beurteilungs- und Prognosespielräume tatsächliche Zweifel zu überwinden sind und diese nicht schon über die Qualifikation technischer Normen oder Regelwerke als „antizipierte Sachverständigengutachten"[167] in eindeutige Rechtsfolgen umsetzen lassen. Zu einer Verdichtung der konkreten Beweislage kann schließlich auch die Einordnung des in ihnen geronnenen und sachverständig bewerteten Tatsachenmaterials als „Anscheinsbeweis" führen, der dem Rechtsanwender mehr noch als das generalisierte Sachverständigenurteil ein zur Überzeugungsbildung hinreichendes Maß von Wahrscheinlichkeit vermittelt.[168]

Im übrigen ist jedoch die Berufung technischer Normen kompetenzmäßig der öffentlichen Verwaltung übertragen. Der daraus folgende Verantwortungsspielraum[169] schließt es allerdings aus, daß etwaige Ungewißheiten in das administrative Konkretisierungsverfahren hineinwirken können.

Gleiches gilt für prognostische Äußerungen über die Risikowahrscheinlichkeit einer technischen Anlage in Verbindung mit den an sie gerichteten technischen Sicherheitsanforderungen. Auch die Prognose ist eine gradualisierte Wahrscheinlichkeitsaussage, die ein Urteil darüber enthält, „*wie* wahrscheinlich das ist, was *auch* sein kann."[170] Die Möglichkeit eines anderen Verlaufs der Dinge ist einzukal-

---

[166] Zur Beweiswürdigung im Verhältnis zu *Vermutungen* (und Erfahrungssätzen) siehe allgemein BVerwGE 62, 117 (121); *Dubischar*, JuS 1971, 385ff., 387f.; *Berg*, Entscheidung, S. 77ff., 78ff., 96ff.; in bezug auf das technische Sicherheitsrecht vgl. u.a. *Fürst*, atw 1981, 66ff., 68; *Nicklisch*, Relevanz wissenschaftlich-technischer Regelwerke, S. 67ff., 70f.; *R. Scholz*, Technik und Recht, S. 696; *ders.*, Konkretisierung unbestimmter Rechtsbegriffe, S. 140f.; siehe ferner *Ronellenfitsch*, Das atomrechtliche Genehmigungsverfahren, S. 204f.

[167] Dazu grundlegend *Breuer*, DVBl. 1978, 28ff., 34ff.; *ders.*, AöR 101 (1976), S. 46ff., 82ff.; siehe im Anschluß an diesen BVerwGE 55, 250 (255ff.); OVG Münster, DÖV 1984, 473ff., 474; distanziert aber BVerwGE 72, 300 (320f.); BVerwG, BayVBl. 1987, 622; aus der Literatur vgl. etwa – mit je unterschiedlicher Wertung – *Gusy*, NuR 1987, 156ff.; *ders.*, DVBl. 1987, 497ff.; *Hill*, NVwZ 1989, 401ff.; *Badura*, FS O. Bachof, S. 172ff., 175; *P. Huber*, AöR 114 (1989), S. 252ff., 302f.; *Marburger*, Atomrechtliche Schadensvorsorge, S. 157ff.; *Murswiek*, Risiken der Technik, S. 372ff., 374ff., 376; *Nicklisch*, NJW 1983, 841ff.; *Rittstieg*, Konkretisierung, S. 108ff., 203ff., 206f., 207ff., 210; *Ronellenfitsch*, Das atomrechtliche Genehmigungsverfahren, S. 201ff., 202f., 204, 205; *R. Schmidt*, Einführung in das Umweltrecht, 2. Aufl., 1989, S. 36; *Schmidt-Aßmann*, in: Maunz/Dürig, GG, Art. 19 Abs. 4 Rdnr. 106; *Vieweg*, Atomrecht, S. 172ff., 186ff.; *Wittmann*, BayVBl. 1987, S. 746f.; *R. Wolf*, Stand der Technik, S. 365ff.

[168] Vgl. grds. zum „Anscheinsbeweis" (aus zivilprozessualer Sicht) *E. Schneider*, Beweis und Beweiswürdigung, S. 75ff. m. zahlr. Belegen; im Bezugsrahmen des Technikrechts siehe z.B. *Breuer*, AöR 101 (1976), S. 80ff.; *Börner*, DB 1984, 812ff., 814; *Nicklisch*, Relevanz wissenschaftlich-technischer Regelwerke, S. 71; *Rittstieg*, Konkretisierung, S. 212ff.; *Ronellenfitsch*, a.a.O. (Fn. 167), S. 204f.; *R. Scholz*, Konkretisierung unbestimmter Rechtsbegriffe, S. 137.

[169] BVerfGE 49, 89 (137); 61, 82 (114, 115); BVerwGE 72, 300 (316, 317); *R. Scholz*, Technik und Recht, S. 708ff., 710ff.

[170] *Nell*, Wahrscheinlichkeitsurteile, S. 222.

kulieren; alle denkbaren Verlaufsvariationen sind mit demjenigen Grad an Wahrscheinlichkeit anzusetzen, welcher ihnen im Rahmen der gestuften Abwägung zukommt. Ein non-liquet ist dabei nicht vorstellbar. Dies gilt zumindest für den im Recht der Technik grundsätzlich zu bejahenden Prognose- bzw. Entwicklungsspielraum.[171] Risikovorausschätzung und damit die Bestimmung der Risikoakzeptanz sind insoweit dem Beweis entzogen.

Gleichwohl vermag noch Unsicherheit in das Konkretisierungsverfahren hineinzuwirken. Denn jede Prognose muß sich um ihrer Zuverlässigkeit willen auf nachprüfbare Fakten und geeignete Verfahren stützen.[172] Aber auch hierzu bestehende Aufklärungsdefizite unterliegen keiner Beweislastentscheidung, sondern schlichter Beweiswürdigung und materialer Verteilung des Aufklärungsrisikos unter Reduzierung des Beweismaßes.[173]

B. Rationalisierung der Sachaufklärung

I. Vorläufige und generalisierende Sachaufklärung

Die auf das jeweilige Konkretisierungsproblem bezogene Sachaufklärung durch Verfahren macht es erforderlich, alle rechtlich bedeutsamen Tatsachen zusammenzutragen und auszuwerten, um feststellen zu können, ob der Sachverhalt dem Tatbestand der zur Problemlösung eingesetzten Rechtsnorm entspricht.

Eine solche Verfahrensweise erfordert ausreichend Zeit und Arbeitskapazität zur individualisierenden Ermittlung und Bewertung der von den Verfahrensbeteiligten erhobenen Tatsachenbehauptungen. Über diese Voraussetzungen kann jedoch die Verwaltung keineswegs immer verfügen. Unabdingbare Gefahreneingriffe und dringliche soziale Leistungen beruhen häufig auf einer nur vorläufigen Diagnose; stets herrscht die Vordringlichkeit des Befristeten.[174] Die Folge ist ein oftmals bloß *summarisches* Konkretisierungsverfahren.[175]

Um die knappe Zeit rationell zu nutzen und den durch die Vielzahl von Einzelfällen, deren Bearbeitung der Behörde obliegt, entstehenden Arbeitsaufwand zu verringern, liegt es aus *verwaltungsökonomischer* Sicht nahe, die für eine größere Zahl von Fällen gleichermaßen relevanten tatsächlichen Umstände durch vorweggenommene Ermittlungen zentral aufzuklären und in entsprechend generalisierten Ermittlungsvorgaben zusammenzufassen. Auf diesem Weg lassen sich die behördlichen

---

171 Speziell zu diesem vgl. im hiesigen Zusammenhang *R. Scholz,* a.a.O. (Fn. 169), S. 711f.

172 Vgl. *Ossenbühl,* FS C.-F. Menger, S. 744f. m.w.Nachw.; Prognosen sind in dieser Hinsicht „normale" Abwägungsentscheidungen, vgl. *Nell,* Wahrscheinlichkeitsurteile, S. 222.

173 Siehe am Beispiel des technischen Sicherheitsrechts u.a. *Murswiek,* Risiken der Technik, S. 375ff.; *Rittstieg,* Konkretisierung, S. 212ff.

174 Dies im Anschluß an *Luhmann,* Zweckbegriff und Systemrationalität, S. 303ff., 310.

175 Siehe *v. Pestalozza,* Untersuchungsgrundsatz, S. 202f.

Ermittlungen überdies dem Grad der zu gewinnenden Überzeugung von der Richtigkeit und Vollständigkeit tatsächlicher Angaben von vornherein anpassen. Die generalisierende Sachaufklärung wird insoweit durch das Prinzip der gesetzgeberischen und verfahrensmäßigen *Normeffektivität* legitimiert. Und schließlich verlangen die voraufgehend herausgearbeiteten Freiräume der Verwaltung bei der Sachverhaltsermittlung und Informationsauswertung unter dem rechtsstaatlichen Aspekt der gleichförmigen Vollzugsbindung nach vereinheitlichenden Anleitungen.

Eine derartige Rationalisierung des Aufklärungsverhaltens der Behörde darf allerdings nicht zur durchgängigen Typisierung des Verfahrens im Sinne einer schematisierten und schablonenhaften Sachaufklärung führen. Das Gebot materialer und wahrscheinlichkeitsgewichteter Abwägung, das die Überzeugungsbildung des Rechtsanwenders dirigiert,[176] erlegt der Verwaltung die Pflicht auf, die für den jeweiligen Einzelfall tragenden Sachgesichtspunkte bei der Konkretisierung hinreichend zu berücksichtigen. Insoweit besteht eine wesensmäßige Verwandtschaft zum Gebot der gerechten Abwägung im Planungsrecht, das u. a. zur Einstellung aller nach Lage der Dinge bedeutsamen Belange in den Abwägungsvorgang verpflichtet.[177]

1. Sachverhaltsfeststellende Verwaltungsvorschriften

Die Verwaltung sieht sich dadurch aber nicht gehindert, für tatsächlich gleichgelagerte Sachverhalte entsprechende Verfahrensvereinfachungen vorauszusehen und die Sachverhaltsermittlung sowie die Beweiswürdigung partiell vorwegzunehmen. Die diesen Zwecken dienenden Erscheinungsformen generalisierender Problemorientierung und Sachaufklärung können sich auf die Zuverlässigkeitsgewähr von Verwaltungseffizienz, Verfahrensökonomie und Vollzugsbindung stützen. Maßvolle Verfahrenstypisierungen sind hiernach statthaft.[178] Zutreffend akzeptiert daher die Verwaltungsrechtslehre *sachverhaltsfeststellende Verwaltungsvorschriften,* die unter der Voraussetzung gleichgelagerter Fallgestaltungen die Notwendigkeit einzelfallbezogener Informationsbeschaffung und Beweiserhebung durch Pauschalierung und Typisierung einschränken.[179] Der für ihre Reichweite ausschlaggebende Legitimations- und Kontrollaspekt liegt im Verfahren maßstabsgerechter Ausgestaltung.

Entsprechende Vereinfachungsregelungen mit der Folge vorweggenommener Sachverhaltsermittlungen kennt seit langem das *Steuerrecht.* Namentlich auf dem Feld der Einkommensteuer bieten pauschalierende Regelungen außerhalb des Gesetzes- und Verordnungsrechts eine Fülle von Beispielen, in denen „Verwaltungs-

---

[176] Vgl. oben, 10. Kap., B.II.3.b); siehe ferner im hiesigen Text um und mit Fn. 93, 107ff.

[177] BVerwGE 34, 301 (309); 45, 309 (314); 48, 56 (63f.); BVerwG, DVBl. 1984, 634ff., 635; vgl. auch die Nachw. oben, 10. Kap., B.II.3.b) mit aa).

[178] Dazu siehe näher BVerfGE 61, 82 (116ff.); *Pietzcker,* VVDStRL 41 (1983), S. 215ff., 217f.

[179] *Ossenbühl,* Quellen des Verwaltungsrecht, S. 86; *ders.,* Verwaltungsvorschriften, S. 548ff.; *ders.,* Rechtsverordnungen und Verwaltungsvorschriften, S. 109ff.

vorschriften zur Beschränkung der Sachverhaltsermittlung" eingesetzt werden.[180] Gleicher Qualifikation unterliegen Verwaltungsvorschriften aus dem *Umweltschutzrecht* wie z.B. die aufgrund § 48 BImSchG erlassene „Technische Anleitung zur Reinerhaltung der Luft" (TA Luft).[181] Die in ihr festgelegten Immissionswerte stellen wegen der gesetzlich vorgeschriebenen Art und Weise ihrer Ermittlung für die von der Genehmigungsbehörde gem. § 4 Abs. 1 BImSchG zu beantwortende Frage, ob Immissionen geeignet sind, Gefahren, erhebliche Nachteile oder erhebliche Belästigungen für die Allgemeinheit oder die Nachbarschaft herbeizuführen, eine sachverständige Erkenntnisquelle dar. Sie beruhen auf den Erkenntnissen und Erfahrungen von Fachleuten verschiedener Fachgebiete und können deswegen als ein die Entscheidung der Genehmigungsbehörde im Einzelfall prägendes „antizipiertes Sachverständigengutachten" angesehen werden.[182] In ihm geht es um nichts anderes als um eine vorweggenommene Sachverhaltsermittlung und -bewertung, die gleiche Genehmigungssachverhalte gleichen (technikbezogenen) Ermittlungs- und Beurteilungsmaßstäben unterstellt.

Vergleichbare Erscheinungsformen generalisierter Problemorientierung und Sachaufklärung kennt das *Sozialrecht.* So entlastet z.B. die auf einheitliche Rechtsanwendung zielende Regelsatzverordnung gem. § 22 BSHG[183] die Sozialhilfeverwaltung von der Aufgabe, von Fall zu Fall aufwendige Ermittlungen über den je individuellen Bedarf an Sozialhilfe vornehmen zu müssen. Die auf der Grundlage dieser Verordnung durch Verwaltungsvorschriften der Länder festzusetzenden sog. Regelsätze weisen stattdessen Pauschalbeträge für die Gewährung der Hilfe zum Lebensunterhalt aus, die auf die vom Hilfesuchenden geltend gemachten Lebenshaltungskosten reagieren. Was zu diesen im einzelnen zählt, ist schon vorher zentral durch Zusammenstellung und Aufrechnung eines „Warenkorbes" festgelegt worden.[184] Auch darin liegt freilich nicht mehr als ein „antizipiertes Sachverständigengutachten". Denn so, wie sich bei den technischen Regelwerken aufgrund neuer gesicherter Erkenntnisse ergeben kann, „daß die Grenze zwischen schädlicher und

---

[180] Vgl. dazu vor allem *J. Martens,* Verwaltungsvorschriften, bes. Rdnrn. 106ff. m.w.Nachw.; früher schon *Jaenke,* Verwaltungsvorschriften im Steuerrecht, 1959, S. 117ff.

[181] Erste Allgemeine Verwaltungsvorschrift zum BImSchG in der Fassung vom 27. 2. 1986 (GMBl. S. 95, ber. S. 202); vgl. dazu *Hansmann,* TA Luft, 1987.

[182] Nachw. zum Für und Wider gegenüber dieser Einordnung in Fn. 167. – Selbst wenn man – wie der Verf. – dazu neigt, die in solchen Verwaltungsvorschriften festgelegten Anforderungen als Ergebnis originärer Sachverhalts-(Verwaltungs-)Verantwortung der Exekutive anzusehen (BVerwGE 72, 300, 320f.; OVG Lüneburg, NVwZ 1985, 357), bleibt der Begriff des „antizipierten Sachverständigengutachtens" wegen seiner heuristischen Funktion im Bereich der administrativen Sachaufklärung (weiterhin) brauchbar; er fungiert dann nämlich als Bezeichnung für einen *qualifizierten Erfahrungssatz;* vgl. auch *P. Huber,* AöR 114 (1989), S. 252ff., 303; *Ronellenfitsch,* Das atomrechtliche Genehmigungsverfahren, S. 204, 205; *Skouris,* AöR 107 (1982), S. 233ff.; *Vieweg,* Atomrecht, S. 201ff.; krit. aber *R. Wolf,* Stand der Technik, S. 375f.

[183] Verordnung zur Durchführung des §§ 22 des Bundessozialhilfegesetzes (Regelsatzverordnung) vom 20. Juli 1962 (BGBl. I S. 515).

[184] Dieser stellt ein Bedarfsmengenschema dar, das auf Untersuchungen des Dt. Vereins für

unschädlicher Umwelteinwirkung bei einem anderen Immissionswert liegt",[185] ist nach § 22 Abs. 1 Satz 2 BSHG eine Abweichung vom Regelsatz geboten, wenn und soweit es die Besonderheiten des Einzelfalles verlangen.

Nicht von ungefähr finden sich somit Erscheinungsformen generalisierender Problemorientierung und Sachaufklärung vor allem im Zusammenhang der *technischen und sozialen Realisation.* Denn gerade hier muß der freiheitsschützende soziale Rechtsstaat wegen der diesen Entwicklungsfeldern der Gesellschaft besonders innewohnenden Dynamik zur Entfaltung seiner Politik mehr als sonst unbestimmte Rechtsbegriffe verwenden. Gleichzeitig führt aber die damit verbundene Reduktion der einem jeden Rechtsbegriff immanenten Steuerung seiner Rechtsanwendung zu den beschriebenen Unsicherheiten und Erfordernissen differenzierter Überzeugungsbildung im administrativen Konkretisierungsverfahren.[186] Vereinfachungsregelungen beeinflussen sie dadurch, daß der Rechtsanwender in der Verwaltung die aufgrund sach- wie abwägungsgerecht pauschalierender und typisierender Betrachtung der Wirklichkeit gewonnene und in einer Verwaltungsvorschrift ausgedrückte Überzeugung im Einzelfall ungeprüft übernehmen und damit die eigene Nachprüfung ausschalten soll. Die Anforderungen an die (gestufte) Überzeugung von der Wahrheit des konkreten Sachverhalts werden auf diese Weise weiter gemindert.

2. *Grenzen generalisierender Sachaufklärung*

Die vorweggenommene Sachaufklärung darf indessen nicht Fiktionen anstelle von Fakten verwenden. Der Verwaltung ist aufgegeben, sich an der Wirklichkeit zu orientieren. Nur als Ergebnis von Erfahrungssätzen, Sachverständigengutachten oder sonstwie gearteter Realitätsbildung darf die Verwaltung sachverhaltsfeststellende Verwaltungsvorschriften ihrer Erkenntnissuche zugrundelegen. Denn nur auf dieser Grundlage kann die Rede davon sein, daß eine Behörde den einschlägigen (unbestimmten) Rechtsbegriff *konkretisiert,* ihn aber nicht im Rahmen der Rechtsbildung durch eigenes „Recht" ersetzt. So muß etwa der oben erwähnte „Warenkorb" in der Sozialhilfe mit dem wirklichen Bedarf eines Hilfeempfängers übereinstimmen – oder die sich auf ihn stützenden Verwaltungsvorschriften verlieren ihre regelsatzbegründete Kraft.[187] Und nur unter dieser Voraussetzung kann auch die aus der sachverständig-bewertenden Vor-Ermittlung resultierende Überzeugung von der Richtigkeit des Untersuchten auf das einzelne Verfahren durchschlagen und in

öffentliche und private Fürsorge beruht und dessen Bedeutung darin liegt, daß es quantitativ und qualitativ über die Verbindung mit dem sog. Regelsatz das Sozialhilfeniveau bestimmt, vgl. *Schulte/Trenk-Hinterberger,* Sozialhilfe, 2. Aufl., 1986, S. 150ff., 153ff.

[185] BVerwGE 55, 250 (260).

[186] Vgl. oben im Text bei Fn. 98, 103ff., 128ff.

[187] Überfällig sind daher die Ergebnisse der im Herbst 1982 eingesetzten Interministeriellen Arbeitsgruppe „Warenkorb/Regelsatz – Neues Bedarfsmengenschema"; vgl. hierzu auch *Schulte/Trenk-Hinterberger,* a.a.O. (Fn. 184), S. 155f.

diesem weitere Ermittlungen – so z. B. durch Sachverständigengutachten – überflüssig werden lassen. Die Ablösung von der Wirklichkeit liefe dagegen auf eine mit der Gesetzmäßigkeit der Verwaltung unvereinbare Rechtsbildung *ohne* Orientierung der Verwaltung am Konzept des Gesetzgebers und an der von diesem abgeforderten *Exisztenz* des Sachverhalts hinaus.[188]

Maßgebend für die rechtliche Anerkennung einer generalisierenden Sachaufklärung ist mithin der sachverständige Bezug zu den Erkenntnisquellen der sozialen und technischen Realisation. Freilich reicht diese Einschränkung noch nicht hin, um die das Wahrscheinlichkeitsurteil des Rechtsanwenders prädisponierende Kraft der sachverhaltsfeststellenden Verwaltungsvorschriften zu legitimieren.

Denn diese setzen – worauf *F. Ossenbühl* mit Recht kritisch hinweist[189] – in ihrer spezifischen Funktion, technische Regeln und Standards für die Verwaltungsbehörden als verbindlich zu erklären, bewußt offen gelassene Gesetzeslücken zu schließen oder auf der Grundlage formalgesetzlicher Verweisungen den Regelzusammenhang eines Gesetzes zu ergänzen, „administratives Komplementärrecht". Die dadurch eingetretene Verwaltungsbindung ist deshalb trotz ihrer an sich gleichheitssichernden Funktion im Bereich der verwaltungsmäßigen Problemorientierung und Sachaufklärung nur akzeptabel, wenn dem Rechtsanwender die Möglichkeit zur individualisierenden Nachprüfung der tatsächlichen Umstände erhalten bleibt. Er darf nicht a limine und im Hinblick auf das gesetzgeberische Rechtsbildungskonzept von jeglicher eigenen Überzeugungsbildung hinsichtlich der erhobenen Tatsachenbehauptungen abgeschnitten werden.[190]

Gerade im Hinblick hierauf vermag die Kritik nicht zu überzeugen, die verschiedentlich gegen die in Verbindung mit der TA Luft aufgestellte These von der Rechtsqualität technischer Normen bzw. Regelwerke als „antizipiertes Sachverständigengutachten" vorgebracht worden ist.[191] Begriffswahl und Ableitungszusammenhang dieser Rechtsfigur mögen zwar begründeten Zweifeln ausgesetzt sein.[192] Doch verbindet sich in der verfahrensmäßig wirksamen zentralen Ermittlung, Zusammenfassung und Vorgabe des aktuell wissenschaftlich-technischen Erkenntnisstandes die Erscheinungsform der generalisierenden Sachaufklärung und Beweiser-

---

[188] Ein Ergebnis, das überdies mit dem Gebot des effektiven Rechtsschutzes gem. Art. 19 Abs. 4 GG kollidieren müßte, vgl. *Schmidt-Aßmann,* in: Maunz/Dürig, GG, Art. 19 Abs. 4 Rdnrn. 202ff., 206.

[189] Quellen des Verwaltungsrechts, S. 92.

[190] Hier liegen denn auch Grenzen der Bindungswirkung „normkonkretisierender" Verwaltungsvorschriften; offengelassen in BVerwGE 72, 300 (320f.); wie hier dagegen auch BVerfG, NJW 1989, 666; OVG Lüneburg, NVwZ 1985, 357ff., 358 (keine Bindung bei „atypischen Fallgestaltungen"); *Scheuing,* VVDStRL 40 (1982), S. 160 m. Anm. 29 („Sonderfallvorbehalt"); *Bachof,* ebd., S. 311f., 312 – Diskussionsbeitrag; *Hill,* NVwZ 1989, 405ff.; *P. Huber,* AöR 114 (1989), S. 302..

[191] Vgl. dazu die Nachw. in Fn. 167; siehe auch die differenzierte Stellungsnahme von *Wittmann,* BayVBl. 1987, 746, 747 mit dem Hinweis, das „antizipierte Sachverständigengutachten" mehr „unter dem (Aspekt) des Amtsermittlungsgrundsatzes" zu sehen.

[192] Siehe zuletzt *Gusy,* NuR 1987, 156ff.; *Hill,* a. a. O. (Fn. 190), 401f.; *P. Huber,* a. a. O.

hebung einerseits mit der zumindest bei *Atypizität* des zu beurteilenden Sachverhalts gegebenen Pflichten der Verwaltung zur inhaltlichen Nachprüfung technischer Festlegungen andererseits in einer rechtsstaatlich ebenso notwendigen wie geglückten Einheit: Technische Normen bzw. Regelwerke befreien nicht nur die verfahrensverantwortliche Behörde für jeweils gleichgelegte Sachverhalte von Erfordernis der immer wieder zu erneuernden Tatbestandsergänzung sowie technischen Beurteilung („Sachverhalts- und Beurteilungsmaßstab"), indem sie das gradualisierte Wahrscheinlichkeitsurteil des Rechtsanwenders im Rahmen der Normergänzung bestimmen. Sie dirigieren auch und zugleich die anwendungsbezogene Überzeugungsbildung, das „Anwendungsurteil". Die in einer technischen Norm bzw. in einem technischen Regelwerk enthaltene Sachverhaltserkenntnis, -bewertung und -prognose formulieren insoweit einen Beweis des ersten Anscheins,[193] der das Beweismaß reduziert. Aus dem in ihnen ebenso geborgenen Sachverhalts- und Beurteilungs*maßstab* folgt zugleich die widerlegbare *Vermutung*, daß die darauf gestützte Normergänzung den Tatbestand der betreffenden Rechtsnorm vertretbar konkretisiert. Es handelt sich bei ihr um einen mittelbar über den unbestimmten Rechtsbegriff gewonnenen Erfahrungssatz, der in dem Regelfall wirksam wird, in dem keine tatbestandsausschließenden Umstände („neue gesicherte Erkenntnisse") feststellbar sind.[194]

3. *Sachaufklärung und Ermessen*

Die herausgearbeiteten Schranken einer generalisierenden Problemorientierung und Sachaufklärung verweisen auf *innere Grenzen* des der Verwaltung allgemein zugestandenen Ermessens bei der Informationsbeschaffung. Sie werden selten genug zur Sprache gebracht.[195] Überhaupt läßt sich zweifeln, ob die dem hier diskutierten Potential an Verfahrensaktivitäten innewohnende Konkretisierungsverantwortung mit der Kategorie des „Ermessens" adäquat zum Ausdruck gebracht wird.[196]

(Fn. 190), S. 302f.; *Murswiek,* Risiken der Technik, S. 374ff.; *Pitschas,* DÖV 1989, 788; *R. Wolf,* Stand der Technik, S. 372ff., 377ff., 386f.

[193] Vgl. *Rittstieg,* Konkretisierung, S. 212; *R. Scholz,* Konkretisierung unbestimmter Rechtsbegriffe, S. 317f. – Gerade in der von diesem kritisierten „Schwäche" des Anscheinsbeweises, nur bei *typischen* Kausalitätsverläufen zu greifen (siehe dazu *Schneider,* Beweis und Beweiswürdigung, S. 76ff., insbes. Rdnrn. 236, 237) liegt aber die Lösung des Problems, wie sachverhaltsfeststellende bzw. -ergänzende Verwaltungsvorschriften rechtsdogmatisch einzuordnen sind.

[194] Die rechtsdogmatische Grundlage hierfür liegt in der Konkretisierungs-(Verfahrens-)-Verantwortung der öffentlichen Verwaltung, vgl. BVerwGE 72, 300 (316f., 320f.); OVG Lüneburg, NVwZ 1985, 357ff., 358; *R. Scholz,* a.a.O. (Fn. 193), S. 143f.; *Sendler,* FS C. H. Ule, S. 356; für die Funktionszuweisung an den *Gesetzgeber* tritt demgegenüber *R. Wolf,* Stand der Technik, S. 387, ein; ebenso *Grimmer,* JfR 1988, 158ff.

[195] Vgl. aber *Hill,* NVwZ 1985, 453; *v. Pestalozza,* Untersuchungsgrundsatz, S. 188.

[196] Denn es geht eben nicht nur um *Rechtsfolgen,* sondern auch um *tatbestandsergänzende*

Gleichwohl findet sich regelmäßig und nahezu stereotyp die auf dem Ermittlungsauftrag der Verwaltung gründende Befugnis hervorgehoben, den Umfang der Sachaufklärung nach pflichtgemäßen Ermessen bestimmen zu dürfen.[197]

Wie sich allerdings zeigt, bleibt die Verwaltung bei der in diesem Rahmen ausgeübten Verfahrensverantwortung prinzipiell auf die *individualisierende* Ermittlung und Würdigung eines Sachverhalts verpflichtet. Zwar geht es zuweit, ein „grundsätzlich(es) Verbot der Typisierung und Vorläufigkeit von Verwaltungsentscheidungen" zu fordern.[198] Denn unter den Aspekten von Verfahrensökonomie, Verwaltungseffizienz und Vollzugsbindung sind der Verwaltung vorweggenommene Sachverhaltsermittlungen durch Pauschalierung, Typisierung oder gutachterlich-sachverständige Festlegungen – wie dargelegt – sehr wohl gestattet. Untersagt ist jedoch eine durchgehend schematisierende, schablonenhaft verallgemeinernde Sachaufklärung und Beweiserhebung. Das Verfahrensermessen der Behörde wird durch diese Ausübungsdirektive von innen heraus verantwortungsgerecht begrenzt.[199]

Eine vergleichbare Wirkung entfaltet das an die Verwaltung adressierte Verbot, in Verwaltungsvorschriften zur Beschränkung der Sachverhaltsermittlungen eigene *tatbestandsersetzende Wertungen* mit verbindlicher Kraft an die Stelle wirklichkeitsgerechter, tatbestandskonkretisierender und sachverhaltsaufklärender Vor-Ermittlungen zu rücken und dadurch die Überzeugungsbildung auf seiten des Rechtsanwenders auszuschalten. In diesem Zusammenhang ist ferner daran zu erinnern, daß die Maßstäbe für sein Wahrscheinlichkeitsurteil auch im übrigen nicht beliebig festgesetzt werden dürfen.[200] Wenn und soweit das materielle Recht einen Tatbestand formuliert, der die Existenz eines bestimmten Sachverhalts verlangt, dann muß das Konkretisierungsverfahren auf die Ermittlung gerade dieses Sachverhaltes abgestimmt sein, um dem Abwägungserfordernis gerecht zu werden (Grundsatz der Verfahrensspezialität). Auch die bloße Behauptung eines Beteiligten – ob Verwaltung oder Bürger – über das Vorliegen der erforderlichen Sachumstände kann niemals die hinreichende Überzeugung davon als Grundlage der Rechtsanwendung ersetzen. Andernfalls würde der materielle Tatbestand verändert und damit sowohl die Gesetzmäßigkeit der Verwaltung als auch die Gleichheit vor dem Gesetz in Frage gestellt. Es entstände ein *breiter* Freiraum des Rechtsanwenders, in dem dieser nach eigenem Dafürhalten in einer nicht nach rechtlichen Maßstäben kontrollierbaren Weise über die Tatbestandsmäßigkeit des Gesetzesvollzugs befinden könnte. Diesen Spielraum im Wandel des Vollzugsparadigmas[201] möglichst eng zu halten, ist

---

Rechtsbildung; beides ist nach der hier vertretenden Auffassung im Vorgang der „Konkretisierung" verschmolzen und in der „Verfahrensverantwortung" der Verwaltung geborgen.

[197] *Kopp*, VwVfG, § 24 Rdnr. 6; *Stelkens/Bonk/Leonhardt*, VwVfG, § 24 Rdnr. 9.

[198] So aber *v. Pestalozza*, Untersuchungsgrundsatz, S. 188f.

[199] Insoweit besteht keine durchgehende behördliche „Ermessensfreiheit" hinsichtlich des Umfanges der Ermittlungen; wie hier etwa auch *Knack/Clausen*, VwVfG, § 24 Rdnr. 3.1.; anders dagegen und für die h.M. z.B. *Ule/Laubinger*, Verwaltungsverfahrensrecht, S. 165.

[200] Siehe oben im Text um und nach Fn. 106.

[201] Vgl. dazu zusammenfassen im 11. Kap., A.V. und B.II.; 13. Kap., A.II.

jedoch – wie eingangs gezeigt – eine wesentliche Zielsetzung generalisierender Problemorientierung und Sachaufklärung.

Es mag freilich vorkommen, daß der pauschal anvisierte Sachverhalt durch individualisierende Ermittlungen ergänzt bzw. ersetzt werden müßte, dazu aber die Zeit fehlt. Derartige *Eilentscheidungen* sind – wie schon festgestellt – der Verwaltung nicht unbekannt. Begehrt etwa ein Bürger vor Beginn des Wochenendes im Sozialamt Hilfe zum Lebensunterhalt, so muß die Prüfung des von ihm vorgetragenen Sachverhalts eben doch, obschon nur vorübergehend, vergröbernden Pauschalregeln unterstellt werden: Not verträgt kein Zaudern! Es wird zumindest Sozialhilfe für drei Tage gezahlt, um das Wochenende zu „überbrücken".[202]

Die Eilentscheidung der Verwaltung darf und muß somit auf gründliche Ermittlungen verzichten. Dabei vermag nur wenig Trost zu spenden, daß sie nur ein Zwischenschritt auf der mit ihr noch keineswegs bewältigten Gesamtstrecke der Konkretisierung ist. Aber das Prinzip der Normeffektivität enthält das generelle Gebot, bei der Rechtsverwirklichung zügig zu verfahren; Kompetenzeffektivität sichert die Verwirklichung dieses Grundsatzes.[203] Im dadurch legitimierten (vorläufigen) Verzicht der Behörde auf individualisierende Problemorientierung und Sachaufklärung liegt denn auch die Parallele zur Wirkung sachverhaltsfeststellender Verwaltungsvorschriften. Und wie bei diesen zeigen sich auch hier innere Grenzen der sog. Ermessensfreiheit hinsichtlich des Umfanges der anzustellenden Ermittlungen.[204] Die Gefahr irreparablen Leistungsausschlusses rechtfertigt dabei das Risiko einer Fehlentscheidung bzw. rechtsgrundloser Leistung allemal.

II. Feststellung des Sachverhalts und Rechtsnormklärung

Ist die Verwaltung nach Auswertung der im Einzelfall erlangten tatsächlichen Informationen davon überzeugt, daß diese den gesetzlichen Tatbestand erfüllen, kommt es zur *Feststellung des Sachverhalts.* Sie bedeutet, daß der abstrakte Tatbestand konkrete Wirklichkeit geworden ist und die normativ vorgesehene Rechtsfolge einsetzen kann bzw. muß. Dies gilt auch, soweit dafür eine geringere als die volle Überzeugung ausreicht. Die Rechtsfolge knüpft dadurch nicht etwa an einen ungewissen Sachverhalt an.

Die Ermittlungen müssen freilich nicht nur dann einhalten, wenn sie zum Erfolg geführt haben. Auch wenn die Behörde keine (gradualisierte) Gewißheit über die Richtigkeit der Tatsachenbehauptungen erlangt hat, aber die Ermittlungsmöglich-

---

[202] „Dem Träger der Sozialhilfe bietet sich gleichsam ein neuer Sozialhilfefall zur Regelung an", BVerwGE 25, 307 (309); siehe aber auch die Einschränkung der Hilfegewährung bei unklarem Sachverhalt in BVerwG, FEVS 13, 1ff.

[203] Siehe grds. dazu *Stettner,* Kompetenzlehre, S. 408; vgl. im hiesigen Zusammenhang auch *Kopp,* Verfassungsrecht und Verwaltungsverfahrensrecht, S. 115.

[204] Richtig *v. Pestalozza,* Untersuchungsgrundsatz, S. 203.

keiten erschöpft sind, ist das Verfahren „abschlußreif". Die Behörde stellt dann nach ihrer Überzeugung fest, daß der Tatbestand der anzuwendenden Rechtsnorm nicht gegeben ist. Der Sachverhalt bleibt in einem Rest unaufgeklärt.

1. Sachverhaltsfeststellung als Teil der Konkretisierung

Die Feststellung des Sachverhalts ist keine rechtlich verselbständigte Entscheidung, sondern ein *Bestandteil der Konkretisierung*. Als solcher wird die Sachverhaltsfeststellung allerdings durch eine Reihe von zusammenhängenden Entschließungen der verfahrensverantwortlichen Behörde getragen.[205] Diese erstrecken sich nicht nur auf die Frage der Einbeziehung oder Vernachlässigung diverser Tatsachen im konkreten Fall. Sie umfassen auch deren Prüfung bzw. Beurteilung im Hinblick auf die normativ verbindlichen Verfahrenszwecke und gesetzlichen Zielweisungen sowie nach Maßgabe der je bestehenden Mitwirkungspflichten und Verantwortlichkeiten. Partielle Konkretisierungsentschließungen verlangen ferner der Entwurf bzw. Vergleich von Problemlösungsalternativen und die Berücksichtigung von Entscheidungsalternativen.[206] Die Sachverhaltsfeststellung bildet dadurch im Gesamtpotential der Handlungs- und Entscheidungsaktivitäten administrativer Konkretisierung einen eigenständigen, dynamischen (Teil-)Vorgang, der aber nicht als ein präzise abgrenzbarer Verfahrensabschnitt anzusehen ist. Denn solange die Behörde an den Tatsachenbehauptungen zweifelt, muß sie untersuchen. Das kann auch noch *nach* der die Konkretisierung abschließenden Entscheidung der Fall sein, was ggf. zu ihrer Beseitigung oder Abänderung führen kann. Eine Bindung der Behörde im Rahmen dieser *Reichweite der Feststellung des Sachverhalts* besteht nur begrenzt: Das Rechtsstaatsgebot und das aus ihm folgende Prinzip der Beachtung des Vertrauensschutzes führt nicht in jedem Fall zu dem Ergebnis, daß jegliche einmal erworbene Position ungeachtet der wirklichen Rechtslage Bestand haben muß. Die Behörde ist allerdings nach Wiedereintritt in die Konkretisierung gezwungen, in einem gesonderten, eigenständigen Verfahren zu prüfen, ob jeweils die Belange des Gemeinwohls, wie etwa die Rückkehr zur Gesetzmäßigkeit der Verwaltung, oder die Interessen des einzelnen am Fortbestand einer Rechtslage, auf die er sich eingerichtet hat und auf deren Dauerhaftigkeit er vertraute, den Vorrang verdienen.[207]

---

[205] Vgl. hierzu die Darstellung oben, 7. Kap., A.II.2.c), C.I.2.c) mit dd) und (3), II.1.c); 10. Kap., B.II.2.c) mit aa).

[206] Siehe dazu im 4. Kap., D.I.–III.; 6. Kap., C.III.2.a) mit ee); 7. Kap., C.I.2.c) mit dd) und (1) sowie (2).

[207] Zu dieser von Verfassungs wegen gebotenen *Abwägung* vgl. oben, 10. Kap., B.II.3.b); BVerfGE 59, 128 (166); BFH, BB 1987, 1241; *B. Weber-Dürler*, Vertrauensschutz im öffentlichen Recht, 1983, bes. S. 224ff. – Derartige Überlegungen sind, verwaltungswissenschaftlich gesehen, in das *Prinzip der Reflexivität* eingebunden (siehe dazu im 4. Kap., D.I.–III.; 6. Kap., B.IV.2.; 11. Kap., C.III.1.) und haben weitgehend in den Regelungen der Verwaltungsverfahrensgesetze ihren Niederschlag gefunden, insbesondere in deren §§ 48, 49 VwVfG, 44ff. SGB X, 130f. AO, sowie in den Vorschriften über das Wiederaufgreifen des Verfahrens, § 51

Im übrigen ist der tatsächliche Vorgang der Sachverhaltsfeststellung infolge seiner Verflechtung mit Beurteilungen, Vergleichen und Wertungen durch die Verfahrensbeteiligten in die rechtliche Normklärung *integriert*. Diese prägt Problemorientierung und Sachaufklärung, jene führen zur Tatbestandsmäßigkeit des Gesetzesvollzugs: Alles Recht wird erst in seiner Anwendung wirklich; es ist „Law in action".[208] Eine Trennung der Sachverhaltsfeststellung von der rechtlichen Interpretation der anzuwendenden Norm ist deshalb ausgeschlossen. Dem steht nicht entgegen, daß sich ein Fehler im Bereich der Sachaufklärung durchaus auf die Bestandskraft der die Konkretisierung abschließenden Entscheidung auswirken und zu deren Korrektur führen kann. Ebensowenig ändert etwas daran die dem Revisionsrecht eigene Unterscheidung zwischen tatsächlichen Feststellungen im Urteil und den dort behandelten bzw. entschiedenen Rechtsfragen. Der Kommunikationszusammenhang zwischen Sachverhalt und Rechtsfindung wird dadurch nicht aufgebrochen.[209] Richtig ist allerdings, daß die Sachverhaltsfeststellung dennoch nicht etwas rein Faktisches darstellt. Sie bleibt ein durch das materielle bzw. subjektiv-öffentliche Recht determinierter Vorgang, der – wie bereits eingehend dargelegt – nach rechtlichen Maßstäben abzuwickeln ist.

2. *„Privatisierung" der Sachverhaltsfeststellung?*

In dieser *Gemengelage von Sachverhalt und Rechtsbildung* liegt es nahe, den Verfahrensbeteiligten die Befugnis zuzugestehen, nicht aufklärbare Ungewißheiten durch gemeinsame Schritte interessengerecht zu bewältigen. Eine solche Disposition über die Sachverhaltsfeststellung[210] stößt allerdings auf Grenzen, die das Prinzip der Gesetzmäßigkeit der Verwaltung mit seinen Ausformungen vom Vorrang und Vorbehalt des Gesetzes sowie der Gleichheitsgrundsatz und das Abwägungsgebot ziehen.[211] Denn es besteht die Gefahr, daß die Verwaltung von vornherein Art und Umfang der notwendigen Ermittlungen wegen möglicher oder beabsichtigter Verfügungen über den Sachverhalt verkürzt bzw. unterläßt. Dies wäre jedoch unzulässig. An der gebotenen und problemorientierten Sachaufklärung darf es ebensowenig Abstriche geben wie an der Heranziehung aller Beteiligten zur Ermittlung des Sachverhalts.

VwVfG, bzw. über die Aufhebung eines Verwaltungsaktes mit Dauerwirkung bei Änderung der Verhältnisse gem. § 48 SGB X.

[208] *Esser*, Grundsatz und Norm in der richterlichen Fortbildung des Privatrechts, 2. Aufl., 1964, S. 19ff., 107ff.

[209] Vgl. oben, 7. Kap., A.II.2.c), C.I.2.c) mit dd) und (2) sowie (3), D.III., E.II.2.; anders aber *J. Martens*, Praxis, S. 120 (Rdnr. 184) m.w. Nachw. in Anm. 215ff., 217.

[210] Zu ihr siehe auch *J. Martens*, a.a.O. (Fn. 209), S. 121f.; *v. Pestalozza*, Untersuchungsgrundsatz, S. 199ff.; *Stelkens/Bonk/Leonhardt*, VwVfG, § 24 Rdnr. 8; zur Verständigung im Strafprozeß als einem Parallelphänomen siehe etwa *Schünemann*, NJW 1989, 1895ff.

[211] *Stelkens/Bonk/Leonhardt*, VwVfG, § 24 Rdnr. 6; für das Steuerrecht vgl. *Tipke*, Steuerrecht, S. 27ff., 30f.

In der Praxis der Verwaltung werden dennoch *sachverhaltsbezogene Vereinbarungen* abgeschlossen.[212] Selbst bei Anwendung einer rechtsstaatlich so sensiblen Materie wie dem Steuerrecht kommt es dazu. Finanzämter und Steuerpflichtige lösen angesichts der behördlichen Arbeitsbelastung bestehende Zweifel über den Sachverhalt oftmals statt im Wege der Sachaufklärung durch Vertrag.[213] Die hiergegen vorgebrachten Bedenken[214] enthalten viel Erwägenswertes; sie weisen zutreffend darauf hin, daß die AO den Vergleichsvertrag, wie ihn §§ 55 VwVfG, 54 SGB X vorsehen, nicht kennt.[215] Indes verschieben sie das Problem, weil fälschlich Vereinbarungen über die Höhe der Steuerschuld – und damit über *rechtliche* Streitfragen – in den Mittelpunkt der Kritik gestellt werden, nicht jedoch solche über den steuerrechtlich erheblichen *Sachverhalt*. Demgegenüber beschränkt sich der BFH zu Recht hierauf, wenn er feststellt, daß im Steuerrecht – insbesondere in Schätzungssachen – eine „tatsächliche Verständigung" über schwierig zu ermittelnde tatsächliche Umstände zulässig und bindend ist.[216]

Freilich gilt auch nach dieser Entscheidung für das Steuerrecht wie für das Verwaltungsrecht schlechthin, daß die zuständige Behörde die Sach- und Rechtslage sorgfältig prüfen muß, bevor sie sich mit den anderen Verfahrensbeteiligten über die Behandlung von Sachverhaltsungewißheiten einigt. Auch dürfen entsprechende Vereinbarungen keine rechtlichen Streitfragen enthalten. Die Verständigung darf ferner keine offensichtlich unzutreffenden Ergebnisse anstreben und sie ist nur zulässig, wenn ansonsten eine erschwerte Sachaufklärung erforderlich wäre. Die Möglichkeit, noch bestehende Aufklärungsdefizite durch *gemeinsame* Festlegung auf den bis dahin ermittelten Sachverhalt auszuräumen, befreit folglich keineswegs von der den erforderlichen Grund der Überzeugung anvisierenden Sachverhaltsfeststellung und Rechtsnormklärung.[217]

Sind diese Voraussetzungen aber erfüllt, erscheint es trotz der prinzipiellen Vorbehalte nicht ausgeschlossen, Ungewißheiten über den Sachverhalt *einverständlich* für unbeachtlich zu erklären. Nicht nur geht das geltende Verfahrensrecht hiervon aus;[218] es ist dies auch der richtige Weg, der aus dem Dickicht von Rechtsanwen-

---

[212] Dazu m.w. Nachw. *Bulling*, DÖV 1989, 277ff.; *Eberle*, DVerw. 17 (1984), S. 450ff., 453; vgl. auch *Berg*, Entscheidung, S. 164; *R. Kunze*, Sachgerechtigkeit, in: F. M. Marx (Hrsg.), Verwaltung, 1965, S. 227ff., 240; *v. Pestalozza*, Untersuchungsgrundsatz, S. 200f.

[213] Siehe *Knepper*, BB 1986, 168ff., 169; *Tipke*, Steuerrecht, S. 30f.

[214] *Tipke*, a.a.O. (Fn. 213), S. 31; siehe ferner z.B. *J. Martens*, StuW 1986, 97ff.; für das sonstige Verwaltungsverfahren vgl. m.w. Nachw. *Eberle*, DVerw. 17 (1984), S. 453ff.

[215] Siehe *Tipke*, a.a.O. (Fn. 213), S. 31.

[216] BFH, DB 1985, 1218f., 1219.

[217] Vgl. in dieser Richtung auch *Knepper*, BB 1986, 169; *Offerhaus*, StBp 1985, 170; *Rittler*, DB 1987, 2331ff., 2332; für das allgemeine Verwaltungsverfahrensrecht siehe *Ule/Laubinger*, Verwaltungsverfahrensrecht, S. 522ff., 527 m.w. Nachw.; im Ansatz richtig, aber das Abwägungsgebot wohl etwas vernachlässigend, *Tipke*, Steuerrecht, S. 31.

[218] Jedenfalls das allgemeine und Sozialverwaltungsverfahrensrecht, vgl. §§ 54–62, 55 VwVfG; 53–61, 54 SGB X; diese Vorschriften sind ihrerseits wiederum Ausdruck des allgemeinen Prinzips der *Verfahrenspartnerschaft*, vgl. dazu oben im 6. Kap., C.III. 3.; 7. Kap.,

dung, Rechtsbildung, gradualisierter Überzeugung, Beweiswürdigung und unaufgeklärtem Rest-Sachverhalt hinausführt. Denn die Sachverhaltsfeststellung ist ein wertender Vorgang, der die tatsächlichen Informationen nicht für alle Beteiligten gleichermaßen objektiv zu erfassen vermag. Mit Recht – freilich durchaus im Widerspruch zu seinen vorausgehenden Äußerungen über die Trennung von Sachverhaltsfeststellung und rechtlicher Norminterpretation – hebt *J. Martens* hervor, ein der Konkretisierung zugrunde liegender Sachverhalt wirke „nicht wie eine Photographie der davon erfaßten Fakten, sondern stellt (zumindest ganz überwiegend) eine Beurteilung von Informationen über diese Fakten dar."[219] Von daher gibt es notwendigerweise immer wieder Ungewißheiten, die entweder überhaupt nicht oder nur mit unverhältnismäßig großem Aufwand auszuräumen sind.

Auf derartige Situationen läßt sich nur mit einer Modifikation der Beweisanforderungen reagieren, wie sie bereits aus den Fällen der Beweisunmöglichkeit bzw. der Verschiebung der Aufklärungsverantwortung zu Lasten der Verwaltung bekannt ist.[220] Darin liegt nicht unbedingt eine „Reduzierung" der behördlichen Aufklärungspflicht, wie dies behauptet wird.[221] Vielmehr orientiert der Rechtsanwender seine Überzeugung daran, ob es im Hinblick auf die objektive Bedeutung der Sache und ihre subjektive Bewertung durch die Verfahrensbeteiligten zweckmäßig ist, auf eine weitere Sachaufklärung zu verzichten.[222] Bejahendenfalls kommt es zur Verständigung darüber, den trotz vorausgegangener Ermittlungen verbleibenden Rest an Ungewißheit durch einen gemeinsamen Willensakt auszuräumen. Gesichtspunkte der Normeffektivität, Verwaltungseffizienz und Verfahrensökonomie können die *Disposition* legitimieren.

3. *Reichweite sachverhaltsfeststellender Vereinbarungen*

Entscheidende Bedeutung erlangt somit die Frage nach der *Reichweite sachverhaltsfeststellender Vereinbarungen.* Ausgangspunkt für die Anwort hierauf ist die Feststellung, daß alle Dispositionen an das erforderliche Wahrscheinlichkeitsurteil der Behörde gebunden bleiben. Denn die Sachverhaltsfestellung ist dessen Folge wie Grundlage. Verhandlungen hierüber sind unzulässig. Die Beweiswürdigung kann aus der *Kompetenz* der Verwaltung nicht entlassen werden. Zwar ist deren Wahr-

---

E.II. 4.; 9. Kap., B.IV.5.; 10. Kap., B.II.2.b) mit cc), c) mit bb); 14. Kap., C.IV. und V.; von hier aus wird auch das Steuerverwaltungsrecht i.S. des Textes und entgegen *Tipke*, a.a.O. (Fn. 217), beeinflußt.

[219] *J. Martens,* Praxis, S. 122 m. Anm. 228f.

[220] Vgl. oben im Text nach Fn. 119.

[221] So z.B. von *Stelkens/Bonk/Leonhardt,* VwVfG, § 55 Rdnr. 18.

[222] Siehe in diesem Sinne auch *Bosse,* Der subordinationsrechtliche Verwaltungsvertrag als Handlungsform öffentlicher Verwaltung, 1974, S. 71ff.; *Ule/Laubinger,* Verwaltungsverfahrensrecht, S. 526; die Behörde und ihre Organwalter verfügen m.a.W. über einen in ihrer Verfahrensverantwortung geborgenen, mit Prognoseelementen angereicherten *Untersuchungsspielraum*!

nehmung flexibel und kooperativ angelegt. Daraus folgt ein Verzicht auf Rigidität der Kompetenzwaltung, der die – auch vertragliche – Einbeziehung aller Beteiligten in die *behördliche* Sachverhaltsfeststellung zur Überzeugungsbildung zuläßt.[223] Doch bleibt die Verwaltung trotz der Dynamik der Kompetenzordnung (*R. Stettner*) auf Kompetenzwahrung unter Absage an einen „Handel mit der Gerechtigkeit" verpflichtet. Dies legt sie darauf fest, sich stets ein Grundmaß an Überzeugung von der Deckung des Sachverhalts mit dem gesetzlichen Tatbestand verschaffen zu müssen.

Wenn also sowohl nach § 55 VwVfG als auch nach § 54 SGB X und nunmehr auch im Steuerrecht durch Rechtsfortbildung ein öffentlich-rechtlicher Vertrag geschlossen werden darf, durch den eine bei verständiger Würdigung des Sachverhalts bestehende Ungewißheit durch gegenseitiges Nachgeben beseitigt werden kann, so bedeutet dies keine „Befugnis zu einer Verfügung über die Sachverhaltsfeststellung".[224] Über sie darf nicht im Sinne einer Angebots- und Nachfragementalität gefeilscht oder einseitig bestehender Machtverhältnisse Herrschaft ausgeübt werden. Gemeint ist vielmehr, daß alle im jeweiligen Vergleichsvertrag bezeichneten tatsächlichen Umstände zu dem nach der *Überzeugung* des Rechtsanwenders maßgebenden, in diesem Sinne festgelegten und auf diese Weise vervollständigten Sachverhalt rechnen. Und nur soweit dies unter den genannten Bedingungen[225] erlaubt und der Fall ist, erscheint es zulässig, tatsächliche Ungewißheiten *einverständlich* für unbeachtlich zu erklären.

Den Sachverhalt partiell vertraglich aushandeln zu dürfen, trägt allerdings dazu bei, daß die Grenze zwischen Sachverhaltsermittlung, Rechtsanwendung und Rechtsbildung in mehrfacher Hinsicht immer mehr verfließt. Von einer bloßen Subsumtion vorgegebener Fakten kann jedenfalls nicht mehr die Rede sein. So wird auf der einen Seite bereits im Tatsächlichen (materiell-)Rechtliches geformt.[226] Doch ist nicht nur diese Wirkung der Sachverhaltsfeststellung zu beobachten, die einseitige Funktionszuschreibungen an das Verfahren wie vor allem die des „dienens" im Vollzug des Sachrechts unhaltbar erscheinen läßt.[227] Erkennbar wird auch und andererseits der Einfluß *Privater* auf Problemorientierung und Sachaufklärung – sei es im Wege partieller Substitution administrativ-generalisierender Informationsbeschaffung und Beweiserhebung durch privaten technischen bzw. sozialen Sachverstand, sei es durch vergleichsweises Ausräumen tatsächlicher Ungewißheiten zwischen Verwaltung und Bürger im Rahmen individualisierender Sachverhaltsfeststellung. Damit deutet sich für das Konkretisierungsverfahren eine *Funktionsmischung von öffentlichen und privaten Verfahrensaktivitäten* an. Sie führt dazu, daß im

---

[223] Vgl. in diesem Zusammenhang auch *Stettner,* Kompetenzlehre, S. 291.

[224] So aber *J. Martens,* Praxis, S. 121.

[225] Zu ihnen siehe nochmals oben im Text bei Fn. 216f.

[226] Vgl. bereits die Bemerkungen oben, 14. Kap., B.I.

[227] Dazu auch die Kritik oben, 2. Kap., A.II.1. mit Fn. 36; siehe ferner zum Verhältnis von Verfahrens- und materiellem Recht im 7. Kap., B.I.2.; zur Umdeutung des „Vollzugsparadigmas" auch 13. Kap., A.II.

Bereich der Sachaufklärung vor allem die wissenschaftlich-technischen Sachverständigen die ihnen zugeschriebene Verfahrensrolle des „Entscheidungshelfers" durchbrechen und die entscheidenden Interpretationsspielräume des Sachrechts ausfüllen.[228] Die neuerdings vertretene These, namentlich die technische Realisation einer bloß prozeduralen Kontrolle zuführen zu sollen,[29] begegnet insofern erheblichen Bedenken.[230]

Aufgehoben erscheint schließlich auch die Trennung zwischen der Feststellung des Sachverhalts als Bestandteil der Rechtskonkretisierung und als faktischer Vorgang, der ein metarechtliches Werturteil, ein Regelwerk oder einen Erkenntnisstand durch Normergänzung in die Rechtsordnung inkorporiert. Das Verfahren konkreter Rechtsanwendung bzw. -bildung gibt sich dadurch auch und zugleich als ein Verfahren konkreter Zweckverwirklichung zu erkennen, d.h. der Umsetzung nicht nur rechts –, sondern auch sachbezogener Zwecke in öffentliches Verwalten.[231] Diese Sachzwecke müssen zwar nicht immer Rechtspositionen des Bürgers berühren; sie haben jedoch stets einen unauflöslichen Bezug zur Rechtsordnung.[232]

In dieser Einheit von Rechts- *und* Zweckkonkretisierung in und durch Verfahren greift die Funktionsmischung von öffentlichen und privaten Verfahrensaktivitäten auf den Prozeß konkreter Rechtsbildung über. Es bleibt nicht bei der teilweisen „Privatisierung" der Problemorientierung und Sachaufklärung. Zwar trägt formal nach wie vor die Verwaltung die Verantwortung dafür, wie sie im System des kompetenziell und kooperativ gegliederten Prozesses der Rechtserzeugung[233] ihren Part wahrnimmt. Faktisch aber ergibt sich die partielle Anreicherung des positiven Rechts durch unterstaatliche Normensysteme im Gewand der öffentlichen Verwaltung als Verfahren. Zu recht haben hierauf neuere rechtssoziologische Untersuchungen unter Verwendung der Kategorien des „private goverment" oder „legal pluralism" aufmerksam gemacht.[234] Zweifel sind vor diesem Hintergrund gegenüber solchen Äußerungen geboten, in denen die Einbeziehung technischer Normen in das Verfahren der Rechts- und Zweckkonkretisierung als (bloße) Vorgänge der Rechtsverweisung *eingestuft* werden.[235]

---

[228] Vgl. nur *R. Wolf*, Stand der Technik, S. 13ff.; *ders.*, Soziale Welt 1988, 172ff.; krit. *Pitschas*, DÖV 1989, 788f.

[229] Vgl. etwa *Badura*, FS O. Bachof, S. 177; *Papier*, FS C. H. Ule, S. 248f.; extrem *R. Wolf*, a.a.O. (Fn. 229), S. 426ff. m.w. Nachw. aus Rspr. und Literatur; zu den verfahrensrechtlichen Bindungen jüngst auch BVerwG, BayVBl. 1987, 907.

[230] Siehe auch die kritischen bzw. zurückhaltenden Bemerkungen bei *Grimmer*, JfR 1988, 159f.; *Winter/Schäfer*, NVwZ 1985, 708; *Wittmann*, BayVBl. 1987, 746; aus noch anderer Perspektive auch *Marburger*, Atomrechtliche Schadensvorsorge, S. 169ff., 170f.

[231] Anders aber, nämlich beide Verfahren trennend, *R. Scholz*, VVDStRL 34 (1976), S. 164.

[232] Siehe auch die Beispiele bei *J. Martens*, Praxis, S. 28 m. Anm. 94ff.; vgl. ferner oben, 1. Kap., B.II.3. a) mit Fn. 247ff.; 6. Kap., C.II.

[233] Vgl. dazu im 1. Kap., A.I. und II.; 3. Kap., B.I.; 11. Kap., A.V. und B.I./II.

[234] Siehe *Röhl*, Rechtssoziologie, S. 431, 564f.; *R. Wolf*, Stand der Technik, S. 14.

[235] So z.B. *R. Scholz*, Technik und Recht, S. 704f.; siehe auch *ders.*, Konkretisierung unbestimmter Rechtsbegriffe, S. 142ff.; *Brugger*, VerwArch. 78 (1987), S. 1ff.

C. Sachverhaltsfeststellung zwischen Ermessen und Beurteilungsspielraum

Der prozeßhafte Charakter der integrierten Rechts- und Zweckkonkretisierung macht es – wie schon mehrfach angedeutet – zweifelhaft, wo die begriffliche Grenze für die postulierte Ermessenstätigkeit der Verwaltung bei der Feststellung des Sachverhalts verläuft. Denn Ermessensausübung ist nach herkömmlichem Verständnis eine Erscheinung der Rechtsanwendung, bei der die maßgebliche *Rechtsfolge* innerhalb des behördlichen Ermessensspielraumes bestimmt wird. Soweit jedoch die Verwaltung im Rahmen der Konkretisierung zur eigenen (finalen) Programmbildung bei der Problemorientierung und Sachaufklärung berufen ist, geht es nicht mehr ausschließlich um Rechtsanwendung. Vielmehr liegt darin die Anerkennung einer verwaltungseigenen Maßstabsbildung: Der Behörde ist als Folge offener Rechtsnormen die bedingt – tatsachenbegründete Konkretisierung aufgegeben. Sie verfügt insoweit über eine legitime Maßstabsetzungskompetenz.[236] Im Hinblick auf diese (in sich gebundene) Eigenverantwortung zur konkreten Rechtsbildung spricht vieles dafür, im Bereich der Sachaufklärung einen behördlichen *Beurteilungsspielraum* bei der Entscheidung über die Frage zu bejahen, welche Mittel zur Erforschung des Sachverhalts eingesetzt werden sollen.[237]

Ist dem aber so, dann stellt sich die Frage nach der *gerichtlichen Kontrolldichte der behördlichen Sachaufklärung* neu.[238] Zwar soll nach allgemeiner Auffassung die Einschränkung der gerichtlichen Verwaltungskontrolle bei unbestimmten Rechtsbegriffen mit Beurteilungsspielraum gem. § 114 VwGO nur auf die Subsumtion des Sachverhalts unter die Tatbestandsmerkmale, nicht aber auf die Ermittlung des Sachverhalts zu beziehen sein.[239] Doch hat schon das BVerwG anläßlich eines Rechtsstreites um die tatsächlichen Grundlagen dienstlicher Beurteilungen im Beamtenrecht darauf hingewiesen, daß „die einem Werturteil zugrundeliegenden einzelnen tatsächlichen Vorgänge in der – zusammenfassenden und wertenden – persönlichen Beobachtung des Urteilenden verschmolzen und als solche nicht mehr feststellbar sind."[240] Das Verwaltungsgericht durfte daher nicht die Darlegung und

---

[236] Zu dieser auch *R. Scholz,* VVDStRL 34 (1976), S. 174 m. Anm. 116.

[237] Str.; für ein (Verfahrens-)„Ermessen" plädieren z.B. *Hill,* NVwZ 1985, 453 m. Nachw. in Anm. 53ff.; *Ule/Laubinger,* Verwaltungsverfahrensrecht, S. 165; *Stelkens/Bonk/Leonhardt,* VwVfG, § 24 Rdnr. 9; der o.g. Untersuchungsspielraum (Fn. 222) wäre m.E. dagegen als eine Kategorie des hier diskutierten Beurteilungsspielraumes – besser: der vorgelagerten „Verfahrensverantwortung" – anzusehen.

[238] Das Verwaltungsgericht ist gem. § 86 Abs. 1 VwGO zu einer vollständigen Prüfung in tatsächlicher Hinsicht verpflichtet, siehe dazu zuletzt BVerwG, NVwZ 1987, 404f.; *Kopp,* VwGO, § 86 Rdnr. 1.; dies gilt auch hinsichtlich behördlicher *Ermessungsentscheidungen* über die Ermittlung des Sachverhalts, vgl. *Hill,* NVwZ 1985, 453 m.w. Nachw. in Anm. 57f.

[239] BVerwGE 60, 245 (246); 62, 330 (340); *Badura,* Verwaltungsverfahren, S. 399 m. Anm. 12; *Hill,* a.a.O. (Fn. 238), m. Anm. 57.

[240] BVerwGE 60, 245 (250).

den Nachweis der einzelnen „Tatsachen“ verlangen, die diesen Werturteilen in ihrem Ursprung auch zugrunde lagen, in ihnen aber – entsprechend der dem Dienstherrn insoweit zustehenden Gestaltungsfreiheit – nicht in bestimmbarer, dem Beweis zugänglicher Weise enthalten waren.

Diese Judikatur ruft die Funktionsunterscheidung und -trennung zwischen Verwaltungs- und verwaltungsgerichtlichen Verfahren in Erinnerung.[241] Denn ihr Anknüpfungspunkt ist die Art und Weise, in der Sachverhalte in die bedingt-tatsachenbegründete Konkretisierung einfließen. Sie wird durch die spezifische Eigenverantwortung der Verwaltung für den Ablauf des Konkretisierungsverfahrens bestimmt. Von diesem spezifisch behördlichen Funktionsmandat ausgehend, sollte sich die Einschränkung der verwaltungsgerichtlichen Kontrolle bei unbestimmten Rechtsbegriffen mit Beurteilungsspielraum in allen jenen Fällen auch auf die *Sachverhaltsfeststellung* erstrecken, in denen der Verwaltung besondere Aufklärungsmittel oder eine besondere Sachkunde zur Verfügung standen bzw. das Verfahren mit speziellen Vorkehrungen der Sachaufklärung zum Schutze des Bürgers ausgestattet war oder ein sonstiger Vorbehalt der Verwaltung in bezug auf die Problemorientierung und Sachverhaltsfeststellung bestand.[242]

D. Rechtsfolgeneintritt oder Verfahrenseinstellung

Auf der Grundlage des festgestellten Sachverhalts hat die Behörde die normativ vorgesehene Rechtsfolge auszusprechen, es sei denn, die Bestimmung der Rechtsfolge ist in ihr Ermessen gestellt. In diesem Fall entscheidet die Behörde im Rahmen der ihr gesetzlich erteilten Ermächtigung nach sachlichen Gesichtspunkten unter Abwägung der öffentlichen Belange und der Interessen des einzelnen über die von ihr zu treffenden Maßnahmen.[243] Hierfür ist auf das Material und die Abwägungsergebnisse der Überzeugungsbildung im Rahmen von Problemorientierung und Sachaufklärung zurückzugreifen. Denn die Ermächtigung durch den Gesetzgeber zur eigenverantwortlichen Entscheidung und zur Verwirklichung von Einzelfallgerechtigkeit verpflichtet die Verwaltung dazu, die Rechtsfolge entsprechend der *Handhabungskomplexität* des jeweiligen Falles als *soziales* Geschehen bzw. Problem festzulegen.[244]

Damit schließt sich der Kreis der administrativen Verfahrensaktivitäten, die sich als Problemorientierung und Sachaufklärung bezeichnen lassen. Führen sie jedoch

---

[241] Vgl. dazu oben, 11. Kap., A.IV.2.; *v. Mutius*, FS C.-F. Menger, S. 575ff.

[242] Siehe auch und nicht allein in bezug auf „Verfahrensermessen“ BVerwG, DÖV 1982, 744f.; DVBl. 1983, 33f., 34; *Hill*, NVwZ 1985, 453f.; *Schlink/Wieland*, DÖV 1982, 426ff., 432f.; es handelt sich dabei um Ausnahmen vom Grundsatz der gem. § 86 VwGO herbeizuführenden *Spruchreife*, vgl. dazu die Nachw. bei *Kopp*, VwGO, § 86 Rdnr. 4.

[243] *Hill*, a.a.O. (Fn. 242), 450.

[244] Vgl. oben im Text zu A.I.

zu dem Ergebnis, daß eine Sachentscheidung nicht erforderlich ist, weil sich das konkrete Problem erledigt hat – der Bürger nimmt einen gestellten Antrag zurück;[245] die Behörde führt das von ihr eingeleitete Verfahren deswegen nicht fort, weil die Voraussetzungen für die Rechtsanwendung nicht vorliegen oder entfallen sind –,[246] so wird das Konkretisierungsverfahren durch *Einstellung* beendet. Die entsprechende Willenserklärung der verfahrensverantwortlichen Behörde kann in der Form einer Einstellungsverfügung ergehen oder durch Mitteilung an den oder die weiteren Verfahrensbeteiligten bekanntgemacht werden. Soweit hierfür das Recht des Verwaltungsverfahrens keine Besonderheiten vorsieht,[247] sind auf die Beendigung des Konkretisierungsprozesses durch Antragsrücknahme, Vertrag oder Erledigungserklärung die Grundsätze des Verwaltungsprozeßrechts anzuwenden.

---

[245] *Kopp,* VwVfG, § 22 Rdnr. 33; *Weides,* Verwaltungsverfahren und Widerspruchsverfahren, S. 42.

[246] *J. Martens,* Praxis, S. 80 m. Anm. 117.

[247] Siehe aber *Kopp,* a. a. O. (Fn. 245), Rdnr. 35.

[248] *Kopp,* a. a. O. (Fn. 245), § 9 Rdnr. 46.

16. Kapitel. Zusammenfassung und Ergebnisse der Untersuchung

Erster Teil

1. Das Verwaltungsverfahren steht in der Bundesrepublik Deutschland seit einigen Jahren zunehmend im Zentrum der verwaltungsrechtlichen Diskussion. Diese Entwicklung kommt nicht von ungefähr. Im Wandel des politischen Gemeinwesens zum modernen „Verwaltungsstaat" stoßen dessen verfügbare Ressourcen auf ein verstärktes Interesse. Es wird bewußt, daß sich die öffentliche Verwaltung zur Erledigung der ihr übertragenen und von ihr wahrgenommenen Aufgaben nicht nur spezifischer Handlungsformen und einer gesonderten Organisation bedient, sondern auch des Einsatzes dafür geschulten Personals in funktionsgerecht ausgestalteten *Verfahren.* Für das zeitgemäße Verständnis des „sozialen" Verwaltungsstaates erlangt gerade der letztere Aspekt, also der Einbezug von Verfahren der Aufgabenerfüllung in das Verständnis dessen, was „öffentliche Verwaltung" bedeutet, immer mehr Gewicht.

Dieses Verständnis wird im Kern von einer spezifischen *Verfahrensbindung der öffentlichen Verwaltung* geprägt. Das Verwaltungsverfahren bestimmt in seiner aufgabenorientierten Ausgestaltung, der Art und Weise seiner Handhabung, seiner Zeitstruktur und seiner personalen Ausstattung das Ergebnis des Verwaltungshandelns wesentlich mit. Die Regeln darüber, wie die Verwaltung verfahren muß, um zu diesem Ergebnis zu kommen, sind deshalb für den Bürger ebenso bedeutsam wie die Aussagen (des materiellen Rechts) darüber, was der einzelne fordern kann oder zu erbringen hat. Umgekehrt bestimmen sich gleichermaßen Begriff, Reichweite und Deutungsgehalt des Verwaltungsverfahrens und seiner rechtlichen Ordnung nach dem Verständnis der materiellen Verwaltungsfunktion unter dem Grundgesetz. Obschon weithin umstritten, läßt sich hierzu ein juristisch relevanter und insofern für das Verwaltungsverfahren maßgeblicher Verwaltungsbegriff herausarbeiten, dessen Kennzeichen die eigenständige *Verwaltungsverantwortung* bildet. Auf diese und ihren Aktionsparameter, die „Konkretisierung" von Verwaltungszwecken nach Maßgabe und in den Formen des Rechts, ist das Verwaltungsverfahren bezogen.

Dieser für das handlungs- und entscheidungsorientierte Verständnis der öffentlichen Verwaltung konstitutive gegenseitige Wirkungszusammenhang von Verwaltungsauftrag, verantwortlicher Konkretisierung und Verfahren ist stets mitzudenken, wenn vom „Verwaltungsverfahren" die Rede ist. Er steht neben der Rechtsbindung öffentlicher Verwaltung, diese überlagernd, ergänzend oder auch ersetzend: Rechts- und Zweckkonkretisierung „in" und „durch" Verfahren prägt deshalb jegliches Verwaltungshandeln; das Verwaltungsverfahren ist ihr „Medium".

Begriff, Reichweite und Deutungsgehalt des Verwaltungsverfahrens umschließen somit die *Gesamtheit* aller Verwaltungstätigkeiten. In diesem materiell-funktionalen Bezug wird der Verfahrensbegriff durch die allgemeinen organisationsrechtlichen Bestimmungen der Art. 83 GG vorausgesetzt und aufgenommen. Das Ergebnis dieser verfassungsimprägnierten Verfahrensdeutung ist ein für das allgemeine Verwaltungsrecht verbindlicher *weiter Verfahrensbegriff.* In seinem Zentrum steht die Rechts- und Zweckkonkretisierung als „Strukturgesetz" der Verwaltungsverantwortung. Sie ist wesentlich verfahrensmäßig verfaßt, nämlich als ein spezifischer Konkretisierungs*prozeß* mit sowohl rechtlichem wie außerrechtlichem Zweckbezug. Er entfaltet sich als ein gestreckter, dezisionärer Vorgang der Willensbildung, Interaktion und Informationsverarbeitung, der von zahlreichen Fragen nach seiner Rationalität, Legitimation, Kontrolle und verantwortlichen Beherrschung begleitet wird und der vielfache administrative Handlungs- und Entscheidungsspielräume eröffnet.

Äußerer Ausdruck dieser maßstabsetzenden Kraft des Verfahrens ist seine *rechtliche Ordnung.* Wiewohl dabei die Aussagen darüber, wie ein Verwaltungsverfahren *real* abläuft, nicht identisch mit den Regeln darüber gesetzt werden dürfen, wie es ablaufen *soll,* stieße eine allzu große Diskrepanz von „normativem Modell" und „realem Entscheidungsprozeß" doch auf Grenzen. Denn im sozialen Rechts- und Verwaltungsstaat bleibt auch die formelle Ordnung des Verfahrens der Rechts- und Zweckkonkretisierung durch die öffentliche Verwaltung an verfassungsbezogene Rationalitätsdirektiven gebunden. Diese aber beziehen die sozialen Gesetzmäßigkeiten bzw. sachimmanenten und fachbezogenen Anforderungen der Verwaltungsaktivitäten in die rechtsförmige Strukturgebung des Verfahrens ein. Dergestalt an ihnen orientiert, ist die formelle Ordnung des Verfahrens der öffentlichen Verwaltung stets von neuem zu überdenken. Bezugspunkte hierfür sind neben den Aufgaben und dem Gesamtauftrag der Verwaltung die Verfahrensfunktionen sowie die Grundfragen einer rechtlichen Verfahrensorganisation, nämlich *wer* an einem Verwaltungsverfahren teilnehmen soll, *wie* sein Ablauf geregelt wird und nach welchen *Grundsätzen* sich die Teilnehmer im Verfahren zu verhalten haben.

Hiervon ausgehend, gehört das Verwaltungsverfahren nicht von ungefähr zu den gegenwärtig am meisten diskutierten Themen des öffentlichen Rechts. Denn in der festzustellenden *Struktur- und Funktionskrise des sozialen Verwaltungsstaates,* die durch das partielle Versagen des einseitig hoheitlich verstandenen Verwaltungsrechts noch verschärft wird, erlaubt der „offene" Funktionsbezug des Verwaltungsverfahrens dessen krisensteuernde Indienstnahme: Die veränderten Aufgabenstrukturen und namentlich die prekäre Verteilungsfunktion der öffentlichen Verwaltung einerseits, die „Kompensation" offenbarer Unzulänglichkeiten in der Steuerung der Verwaltung durch Normsetzung und gerichtliche Kontrolle andererseits sowie die dem Verwaltungsstaat eigentümliche prozeßhafte Herstellung konkreter Rechtsentscheidung führen insgesamt zu einem *Bedeutungsgewinn des Verwaltungsverfahrens.* Es wird unter Zuweisung neuer Funktionen zur herausragenden „Produktivkraft" exekutivischer Zweck- und Rechtskonkretisierung.

Der Zusammenhang zwischen der Krise des Verwaltungsstaates und der Aufwertung des Verwaltungsverfahrens ist damit offenbar. Gleichwohl verfehlen derzeitige Überlegungen, die an seinen vermeintlich kompensatorischen Funktionszuwachs anknüpfen, um Reformen des Verfahrensrechts ins Auge zu fassen, grundsätzlich ihr Ziel. Denn sie schreiben die (bisherigen) Entwicklungslinien des Verfahrensgedankens nur stillschweigend fort, ohne die veränderten realen und normativen Rahmenbedingungen der Verfahrensstrukturierung im sozialen Verwaltungsstaat hinreichend zur Kenntnis zu nehmen. Demgegenüber ist ein grundlegender *Wechsel der Entwicklungsperspektive des Verwaltungsverfahrens* unausweichlich. Es gilt, seine rechtliche Ordnung dem strukturellen, funktionalen und situativen Wandel der öffentlichen Verwaltung und ihres Rechts anzupassen.

2. Diese Anpassung ist unabdingbar, wie zunächst der Blick auf die Verfahrensrechtsdogmatik vor den Gegenwartsproblemen der öffentlichen Verwaltung belegt. Die Bestandsaufnahme der Rechtswirklichkeit, die sich auf der Grundlage der geltenden Verwaltungsverfahrensgrenze des Bundes und der Länder sowie des Sozialgesetzbuches/Verwaltungsverfahren in der Praxis der Verwaltung und in der Rechtsprechung herausgebildet hat, verweist auf eine Vielzahl kontroverser Einzelfragen. Bedeutsamer noch ist aber der Umstand, daß sich das Verwaltungsverfahrensrecht im Stukturwandel von Verwaltung, Gesellschaft und Recht eben doch nicht als das „Grundgesetz" der Verwaltung herausgestellt hat, als das man es bei seinem Inkrafttreten feierte.

Ausschlaggebend hierfür ist der Mangel an einer historisch gewachsenen und ausgefeilten Verfahrensrechtsdogmatik einerseits sowie die zögerliche Bereitschaft von Gesetzgebung, Rechtsprechung und Lehre andererseits, die Fortschreibung, Anwendung und Auslegung des Verwaltungsverfahrensrechts in einen Zusammenhang mit der Krise des modernen sozialen Verwaltungsstaates zu stellen und in deren Ursachen eine Aufforderung zum Umbau des Verfahrensgebäudes zu erkennen. Derart *konzeptionelle Defizite* kann weder jene perspektivische Enge der Dogmatik überwinden, in der die Überlegungen zur instrumentellen Funktionstüchtigkeit des Verwaltungsverfahrens weithin verharren, noch nehmen diese auch nur die Veränderungen des rechtsstaatlichen Fundaments ihrer Ableitungen genügend wahr. Andere Mängel in der Verfahrensdiskussion gesellen sich hinzu. So wird vor allem der Verfahrensbedarf des demokratischen Sozialstaates, der sich dem bürokratischen Funktionsmuster der „legalen" Verwaltung entfremdet und aus ihrer eigenen Programmierungsfunktion speist, nicht gestillt. Das erscheint umso befremdlicher, als gerade vor diesem Hintergrund das Verwaltungsverfahrensrecht heute mehr denn je als ein stetiger Entwicklungszusammenhang begriffen werden muß. Er bedarf vor allem der unaufhörlichen Vergewisserung über die Interdependenzen von Formen, Verfahren und Handlungsmaßstäben der Verwaltung sowie ständiger Nachfrage nach der Ziel-, Funktions- und Strukturgerechtigkeit des Verwaltungsverfahrensrechts.

Hierbei ist der Übergang des sozialen Verwaltungsstaates zu einem *prozeduralen* und *konsensualen* Rechtsverständnis besonders zu beachten. Denn die Verfahrensform seines Handelns muß der Rechtsform entsprechen. Weil aber das Recht des modernen Staates im Zusammenspiel einer Vielzahl von Entscheidungszentren geformt wird und hierbei der Verwaltung eine eigene Rechtsetzungskompetenz zuwächst, unterliegt das Verwaltungsverfahren daraus resultierenden Anforderungen an seine formell-legale Ordnung. Sie geben auf, die öffentliche Verwaltung als ein Modell kommunikativer Rechtsbildung und Zweckkonkretisierung auszugestalten und darin neuen Verfahrensformen zukünftig Raum zu geben.

Die administrative Rechts- und Zweckkonkretisierung bedarf vor diesem Hintergrund nicht allein der methodenmäßigen Verwaltungsvielfalt, sondern sie funktioniert vor allem verfahrensmäßig. Verwaltungsverantwortung geht aus dieser Perspektive der „Prozeduralisierung" des Rechts in eine spezifische *Verfahrensverantwortung der öffentlichen Verwaltung* über. In dem Maße, in dem dieser – wie z.B. mit dem Siegeszug der Informations- und Kommunikationstechnologie – neue bzw. erweiterte Sachverantwortung zuwächst – so etwa eine besondere „Informationsverantwortung" –, bilden sich entsprechende funktionale Dimensionen der Verantwortung auf der Ebene des Verwaltungsverfahrens für dessen Ordnung und Führung heraus. Administrative Verfahrensverantwortung erweist sich als der prozedurale Kern verfassungsrechtlich zulässiger und gewollter Eigenständigkeit öffentlichen Verwaltungshandelns. Sie faßt die insoweit erforderlichen Einflüsse auf das Verwaltungsverfahren zusammen, bündelt diese und setzt sie über Kommunikation, Kooperation und Konsenssuche in die Fortentwicklung des formellen Rahmens aller Rechts- und Zweckkonkretisierung um.

Verfahrensverantwortung in diesem Sinne zu entfalten, bedeutet einen *Paradigmawandel des Verwaltungsverfahrens* und seiner rechtlichen Ordnung. In ihm geht es, so lautet die hiesige *Grundthese,* um die Überwindung des herrschenden Denk- und Konstruktionsmusters im Verwaltungsverfahrensrecht mit seiner prinzipiellen Abtrennung des Sozial- vom Rechtsverhältnis, wie sie sich in den Schlüsselbegriffen der materiellen „Richtigkeit" von Verwaltungsentscheidungen und der „dienenden" Funktion des Verfahren niederschlägt. *Vier Ausgangsüberlegungen* bilden hierzu den maßgeblichen Ansatzpunkt: Zunächst und einerseits heißt es Abschied zu nehmen von dem herkömmlichen „Vollzugsmodell" der öffentlichen Verwaltung. An die Stelle dessen rückt ihr eigener und selbstverantworteter Beitrag zur Rechtserzeugung im modernen Staat; die öffentliche Verwaltung übernimmt ihren Part im Zusammenwirken der staatlichen Funktionsträger in einem dezentralisierten „System" der Rechtsbildung. In der Folge dieser Entwicklung und andererseits sind die Inhalte der Rechts- und Zweckkonkretisierung von der Verwaltung vorwiegend verfahrensmäßig zu erarbeiten. Das aber bedeutet mehr oder weniger fall- und situationsbezogene „Abwägung", in deren Verlauf die Verwaltung praktisch überall den Direktiven einer Zweckrationalität zu entsprechen vermag. Den von ihr für maßgeblich gehaltenen „metajuristischen" Gesichtspunkten kommt unmittelbare Konkretisierungsrelevanz zu.

Rechtlichen Bindungen scheint die Verwaltung in dieser Situation vor allem in der Form der Verfahrensregeln zu unterliegen. Doch sind auch diese nicht durchweg konsistent. Zweckrationales Verwaltungshandeln birgt vielmehr die Orientierung an einer entsprechenden *Verfahrensrationalität* jenseits „formaler" Regelbindung in sich. Dies geschieht in der Obhut spezifischer Verwaltungsverantwortung, die sich zur Verfahrensverantwortung wandelt. Ihr Gegenstand sind die Gestaltung und Führung des Verwaltungsverfahrens unter den Bedingungen einer dem sozialen Verwaltungsstaat abverlangten praktischen Vernunft. Diese betrifft die funktionale Wirksamkeit der Verfahrensordnung als Gesamtheit von Verfahrensgestaltung und -führung, aber auch die Kommunikation und den Konsens über die diesen zugrundeliegenden „Spielregeln". In bezug hierauf erweist sich administrative Verfahrensverantwortung als Auftrag, Maßstab und Regulativ einer eigenständigen Verfahrensrechtsentwicklung, die auf die Funktionsbedingungen des sozialen Verwaltungsstaates antwortet und ihnen zu entsprechen sucht.

Freilich begegnet diese Verfahrensverantwortung der Verwaltung den ebenso eigenbegründeten Verfahrensverantwortungen der anderen staatlichen Funktionsträger. Namentlich für das Verwaltungsverfahren besteht eine durch das Grundgesetz an Gesetzgeber und Verwaltung *in Gesamthand* gegebene staatliche Einstandspflicht für seine strukturell-funktionale Gestaltung. Diese gewinnt ihre Substanz aus den Funktionen der Verfassung. Sie prägen ein *regulatives Verfahrensmodell* aus, das den Verantwortungsrahmen bildet, an dem sich die staatliche Verfahrensverantwortung orientieren, aber auch messen lassen muß. Dies gilt namentlich für die Öffnung der Verfahrensordnung in bezug auf die Regelung der Verfahrensteilhabe, die rechtsförmige Entfaltung des Verwaltungsverfahrens nach Aktivitätspotentialen anstelle von Verfahrensabschnitten sowie im Hinblick auf die den Verfahrensgang bestimmenden Verfahrensgrundsätze.

Hierzu ist nicht nur und nicht einmal in erster Linie der Gesetzgeber aufgerufen. Staatliche Verfahrensverantwortung als kategorialer Schlüsselbegriff der Verfassung weist vielmehr im Verhältnis von Legislative und Exekutive je spezifische Verantwortungszonen zu. Dabei darf die letztere – entsprechend ihrer angewachsenen Beteiligung an der gesamtgesellschaftlichen Steuerung durch Recht – einen weitreichenden Vorbehalt für eine eigenverantwortliche Verfahrensordnung nach Maßgabe der Rationalitäts- und Legitimationerfordernisse des modernen Staates für sich reklamieren.

Zweiter Teil

3. Umfang und Qualität dieser Erfordernisse erschließen sich allerdings erst dann, wenn man das Verwaltungsverfahren in den *Wandel des allgemeinen Staatsverständnisses* einbettet. In Verfolg der hierbei feststellbaren und teilweise erheblich divergierenden Diskussionslinien auf den Ebenen von moderner Staatlichkeit, Verfassung und Gesetzgebung, Verwaltung und Rechtsprechung enthüllt sich das breit ausgemalte und vielfach gegliederte Bild einer allgemeinen Verfahrensaufwertung in

den Strukturveränderungen des modernen Rechts. Die Verfahrensidee entfaltet sich als ein *Strukturprinzip* dieses Wandels.

Am Beginn der Erörterungen hierzu stehen Erkundungen zu den Strukturdimensionen und Wirkungsbezügen des Verfahrens. Verfahren und Methoden der staatlichen Entscheidungsfindung haben in der Bundesrepublik auf allen Ebenen der Willensbildung und in einem Ausmaß wie nie zuvor zentrale Bedeutung für die Ausübung politischer Herrschaft, die Bestimmung des Gemeinwohls und die soziale Integration erlangt. Sie scheinen im diffusen Strukturwandel von Staat, Gesellschaft und Recht jene Zauberformel anzubieten, mit deren Hilfe die vielfältigen Begegnungsvorgänge zwischen Staat und einzelnem oder gesellschaftlichen Gruppen ein (rechtlich) strukturiertes Gefüge vorfinden. Es gliedert den sachlichen Gehalt und die zeitliche Dauer dieser Vorgänge, ihre wechselseitige Rückbindung sowie die jeweiligen Formen und Elemente, unterwirft sie festen Regeln in Entstehung, Verlauf und Abschluß, gestaltet sie dadurch aber auch berechenbar, jederzeit beeinflußbar und insgesamt handhabbar.

Verfahren strukturieren auf diese Weise als rechtliche oder sonstwie formalisierte Ordnung der Abfolge des Verhaltens, Entschließens bzw. Handelns von Personen und Organen nicht nur die staatliche Entscheidungsfindung. Sie sind ebenso auf Einsehbarkeit in die Notwendigkeit staatlichen Entscheidens bzw. Nicht-Entscheidens und dessen Grundlagen gerichtet, tragen also zur Vermittlung und Durchsetzung staatlicher Politik bei. Verfahren können deshalb im Zuge der gegenseitigen Durchdringung von Staat und Gesellschaft als eine besonders geeignete *Steuerungsressource* des aktiv handelnden Staates angesehen werden.

Der Sinn geregelter Verfahren erschöpft sich in alledem nicht: Sie haben auch und vor allem die Aufgabe, staatliche Herrschaftsausübung zu formen, also *Macht* zu domestizieren und ihre Wahrnehmung in den Dienst des Gemeinwohls zu stellen. Denn dessen Verwirklichung ist als gemeinsame Verantwortung Staat und Gesellschaft sowie allen Bürgern im demokratischen Verfassungsstaat aufgegeben. Weil aber das Grundgesetz als eine Gemeinwohlordnung davon lebt, daß die Gemeinwohlfrage prinzipiell offen bleibt, kennzeichnet die pluralistische Demokratie des weiteren ein *prozessuales Gemeinwohlverständnis;* Gemeinwohlkonkretisierung zeigt sich daher verfahrensgebunden.

Verfahren wird schließlich, wie ihre nähere Betrachtung ergibt, in ihrer Gesamtheit und zunehmend die Bewältigung des Legitimationsproblems staatlicher Herrschaft auferlegt – eine Last, die bei aller Notwendigkeit alsbald zur überschweren Bürde zu geraten droht. Gleichwohl ist im sozialen Rechtsstaat, wie ihn das Grundgesetz als Staatsform des Gemeinwesens in den Art. 20 und 28 GG ausweist, davon auszugehen, daß rechtliche geordnete Verfahren die Legitimation rechtlich verbindlicher Entscheidungen dadurch fördern können (und müssen), daß sie ein höheres Potential für den strukturellen Wandel von Staat, Gesellschaft und Recht in Aussicht stellen.

In diesen Strukturdimensionen und Wirkungsbezügen finden sich die „staatlichen" Entscheidungsverfahren in ihrer Gestalt als reale Ordnung von Handlungsabläufen und deren rechtliche Strukturierung im „arbeitenden Staat" eingesetzt. Der moderne Staat ist dadurch als *Verfahrensordnung* zu begreifen, die sein nach herkömmlicher Auffassung allein kennzeichnendes Merkmal der Tatsache und Verbindlichkeit des „Entscheidens" über die Koordinationsmuster des menschlichen Zusammenlebens ergänzt. Diese Koordinationsmuster werden durch Verhaltensrichtlinien in Form des „positiven Rechts" zusammengefügt, das aufgrund bestimmter Kompetenzen durch Entscheidung gesetzt wird. Die Eigenart der staatlichen Gemeinschaftsbeziehungen liegt also darin, daß sie sich durch eine spezifische Normenordnung – und in deren Vollzug – konstituieren: Der Staat ist nichts anderes als eine rechtlich organisierte Wirkungseinheit.

Diese Wirkungseinheit ist jedoch auch *prozedural* verfaßt. Die staatlichen Entscheidungen werden allesamt in den dazu bestimmten *Verfahren* hervorgebracht. Koordination in und durch Verfahren ist also ein unerläßlicher Bestandteil des modernen Staates als einer rechtlich organisierten Wirkungseinheit: Das Verhalten der zu einem Staat vereinten Rechtsgenossen wird dergestalt zusammengefügt, daß es sich im Rahmen von Verfahren nach Normen richtet; auch das Verhalten in diesem Verfahren ist durch Normen reguliert, die ihrerseits in Verfahren erzeugt werden und eine sichere Chance haben, wiederum und in organisierten Vollzugsverfahren durchgesetzt zu werden. Das menschliche Zusammenleben im modernen Staat wird deshalb und zugleich normativ *und* prozedural verfaßt.

Die Kennzeichnung des modernen Staates als Verfahrensordnung hat im Zusammenleben der Rechtsgemeinschaft ihren *geschichtlichen Horizont:* Im Werden des modernen Staates wird das überkommene System der Rechtsdurchsetzung kraft Selbsthilfe durch staatliche Verfahren zur gewaltlosen Austragung und Entscheidung von Rechtskonflikten abgelöst. Hierin liegt der ursprüngliche Ansatzpunkt auch für diejenigen alternativen Verfahrenskonzepte der Gegenwart, die in der Austragung von Konflikten ein unabdingbares Element der Interessenzuordnung sehen und eine aktiv-integrative Konfliktbewältigung durch Verfahren empfehlen. In der geschichtlichen Dimension geht damit einher die Ersetzung des Naturrechts durch das „positive Recht", das – wie bereits oben angemerkt – aufgrund staatlicher Kompetenzen in staatlichen Gesetzgebungsverfahren erzeugt wird. Verbindliche Verhaltensorientierungen der Gemeinschaft werden solcherart auf Kompetenzen und Verfahren gegründet.

Im Blick auf das geschichtliche Werden des modernen Staates erschließen sich staatliche Verfahren zuguterletzt als ein „Evolutionsmechanismus" für die Entwicklung von Recht und seinen Bezug zu den Sozialstrukturen. Verfahrenswahl und -gestaltung unterliegen nämlich eben jener Entwicklungslogik, die das systematisch nachkonstruierbare Muster der Entwicklung normativer Strukturen ausweist. Über Verfahren muß man daher in Entwicklungen denken. Diese folgen den Entwicklungsstufen des Rechts. Soweit dabei zukünftig normative Koordination und Integration nur noch auf dem Wege über „reflexives" Recht möglich sein sollten, enthalten vor allem die Prozeduren und organisatorischen Voraussetzungen eines vernünftigen Zusammenwirkens von Staat und Gesellschaft den Schlüssel zur Funktionsfähigkeit und zum Wandel ihres Organisationsprinzips. Denn sie bilden Ort, Raum und Funktionsweise für Reflexionsleistungen innerhalb sozialer Subsysteme und in der Beziehung dieser zu ihrer Umwelt. Für das Verwaltungsverfahren kündigt sich darin eine neue Entwicklungsstufe an, die der Reflexivität administrativer Rechts- und Zweckkonkretisierung durch entsprechende Formenwahl mehr Raum gibt.

In der Folge hiervon verändert sich allerdings der *Deutungsgehalt* staatlichen Entscheidens. Zwar werden Entscheidungskompetenz und -funktion des Staates als solche nicht aufgehoben. Doch zielt die Verfahrensperspektive nunmehr darauf ab, die Entscheidungsorientierung des Staates in ein Zusammenspiel mit lebensweltlichen Strukturen einzubinden. Staatliche Verfahren sind deshalb weitaus mehr als bloß technisches Instrument oder optimierte Methodik der Aufgabenerledigung.

Der sich damit erschließende Eigenwert des Verfahrenshandelns nimmt im Zuge dieser *Deutungsgesamtheit von Entscheidung und Verfahren* in dem Maße zu, in dem materielle Legalität als Medium der Koordination und Integration ihren handlungsleitenden Charakter verliert. Stattdessen bildet das ordnungsgemäß abgewikkelte Verfahren eine konstitutive Voraussetzung dafür, daß die rechtsförmige Entscheidung bzw. Maßnahme (der Verwaltung) „richtig" zustande gekommen ist und dem Ziel des „richtigen" (gerechten) Ergebnisses unterworfen wurde. Die Verfahren des modernen Staates bieten also m.a.W. eine eigene Richtigkeitsgewähr. Sie gilt freilich nicht absolut, sondern nur partiell: Es gibt weder eine restlose Ungebundenheit des Verwaltungsverfahrens noch läßt sich ein „einzig richtiges" Verfahren postulieren. Als Konkretisierungsmodus steht es vielmehr in der Konkurrenz zahlreicher Verfahrensanstöße, anzuwendender materieller Rechtsnormen und zweckhafter Folgenüberlegungen. Neben der relativen Richtigkeitsgewähr durch Verfahren bleibt deshalb stets auch die (variable) Ergebnisverantwortung des modernen Staates berufen.

4. In ihrer Substanz bezieht sich die dadurch gekennzeichnete Deutungsgesamtheit von Entscheidung und Verfahren auf gravierende Veränderungen im *Rationalitätstypus staatlicher Konkretisierungsprozesse.* Der Beitrag der Verfahren zur Richtigkeit staatlicher Entscheidungen wirft nämlich ein prinzipielles Form-Inhalt-Problem auf: Je weniger diese inhaltlich determiniert sind, desto wichtiger wird die Frage nach den Strukturen, in denen die ihnen zugrundeliegenden Konkretisierungsvorgänge ablaufen. Die Verfahrensstrukturen müssen die Garantie dafür bieten, daß ein „vertretbares" Ergebnis erzielt wird. Die „Prozeduralisierung" der staatlichen Entscheidungsfunktion zu erkennen, heißt somit auch und zugleich, sich der Frage nach der *Rationalität* des Verwaltungsverfahrens („Verfahrensadäquanz") bewußt zu werden. Als Antwort hierauf genügt seine derzeit gebräuchliche Beschreibung als Vorgang der Informationsverarbeitung, Willensbildung und -betätigung jedenfalls für die Zukunft in keiner Weise; sie kennzeichnet lediglich den Realvorgang, macht aber nicht seine eigenen Prämissen zum Thema. Gerade aber diese formen das ausschlaggebende Kriterium der größten Wirkungschance einer Verfahrensstrukturierung.

Auch die über normative Verfahrensregeln vermittelte „formal-rationale" Entscheidungsbindung bietet hierfür keine hinreichende Gewähr. Sie ist zwar für eine am materiellen Recht orientierte möglichst sorgfältige Konkretisierung und Entscheidungsfindung ebenso unverzichtbar wie die spezifisch bürokratische Durchdringung des Verwaltungsverfahrens. Weil aber und soweit die Auswahl geeigneter Handlungsprämissen zum Problem der Funktionsträger im modernen Staat wird, erweitert sich auch der Horizont der Rationalitätskriterien. Das Richtmaß der exekutivischen Entscheidungsproduktion ist nicht mehr nur die legale Zweckkonkretisierung, sondern zugleich ihre funktionale Wirksamkeit und der erreichbare Konsens. Dementsprechend müssen die verfahrensmäßigen Regelungen eine gewisse *Qualität* der Konkretisierung verbürgen. An Entscheidungen oder Ergebnissen aus staatlichen Verfahren interessiert nicht nur, daß und auf der Grundlage welcher Prozeduren sie getroffen bzw. gefunden worden sind. Mindestens ebenso sehr steht ihre operative Plausibilität in bezug auf die Lösung der Sachproblematik im Blickfeld des Interesses. Das gilt gleichermaßen für das Verwaltungsverfahren wie für die Gesetzgebung als zweckrationales Entscheidungsverfahren, aber auch für den gerichtlichen Prozeß, dessen Regeln sich zu einem „materialisierten Rechtsgewinnungsrecht" wandeln.

Die Funktionsveränderungen des Rechts tragen dieser Ausweitung der Rationalitätsbedingungen staatlicher Verfahren Rechnung. Seine „Offenheit", verbunden mit zahllosen Spielräumen der Konkretisierung, ist zu gleicher Zeit Voraussetzung wie Folge einer derartigen Akzentuierung der Verfahrensdimensionen. Sie demgegenüber als ein Defizit der Rechtsentwicklung zu beklagen, verfehlt diese differenzierte Sinngebung.

Der somit induzierte Übergang zu zweckrationalen Verfahren ruft allerdings Konflikte mit dem Rationalitätstypus strikter Normdurchsetzung hervor. Ihrer Auflösung dient der mögliche Rekurs auf *materiale Rationalitätskriterien.* Er verspricht jedoch nur begrenzten Erfolg. Zwar macht der Einbezug wertrationalen Denkens in die Gestaltung staatlicher Konkretisierungsprozesse unterschiedliche Auffassungen über das Verhältnis von Norm-Konformität und Zweckmäßigkeit eines Verfahrens erst so recht diskutierbar. Angesichts der Konkurrenz von Präferenzformeln und der Notwendigkeit von Zielbildungsprozessen kommt es aber zugleich zu Wertkonflikten. Hier liegen die Grenzen der Konfliktsteuerung durch multiple Wertorientierung. Dennoch bleibt sie unverzichtbar, wiewohl ihre dimensionale Reichweite selten genug ausgeschöpft wird. Man betrachtet sie zumeist nur im Hinblick auf den Beitrag, den sie aus der instrumentalen Sicht des Verfahrens leistet. In Vergessenheit gerät dadurch, daß derartigen Wertorientierungen immer auch eine soziale Dimension eigen ist: Sie befriedigen auch und zugleich die Bedürfnisse derjenigen, die das Verfahren als einen Arbeitsprozeß betreiben und in Gang halten. Im übrigen nimmt auch die Summe der herrschenden Verfahrensbedingungen, also der *situative Verfahrensbezug,* wesentlichen Einfluß auf das Verfahrensergebnis.

Im Hinblick auf diese Feststellungen läßt sich die derzeit verbreitete Auffassung nicht länger halten, wonach angesichts der (vermeintlichen) Steuerungsdefizite des materiellen Rechts gerade das „Verfahren" einen gleichsam konservierenden Gegenpol logisch-deduktiver Ablaufsordnung der Konkretisierung nach festen Regeln garantieren und somit kompensierend wirken könne. Ganz im Gegenteil führt das Eigenleben von Verfahren dazu, daß seine Regeln nicht durchweg und nicht einmal grundsätzlich als konstant vorausgesetzt werden dürfen. Verfahrensrecht entwickelt sich stattdessen im modernen Staat zu einer Art „soft law".

Das Verfahrenshandeln hat sich in dem dadurch gesetzten „offenen" Rahmen simultan mit seinen Rechtsgrundlagen und mit seinen Funktionen, aber auch mit seiner Wertbindung und den ihm vorgegebenen situativen Bedingungen auseinanderzusetzen. Im Begriff der „Gesamtrationalität" findet dieser Rationalitätstypus des modernen (Verwaltungs-) Verfahrens seinen Ausdruck. Sie determiniert die Strukturbildung im Verfahrenssystem (Grundsatz der Strukturadäquanz). Die notwendige Verfahrens-Neustrukturierung läßt sich somit nicht schon durch den eindimensionalen Rückbezug auf einzelne Arten von Entscheidungssituationen erreichen; ebensowenig ist Verfahrensgestaltung schon deshalb rational, weil sie „Komplexität" reduziert. Es kommt vielmehr auf die *gesamtheitliche Rationalitätsperspektive* an.

Sie zu erreichen, stellt freilich den im wesentlichen nur konstruktiven Grenzfall dar. Verfahrensrationalität läßt sich deshalb zwar am Maßstab einer „Gesamtrationalität" spiegeln, jedoch im Angesicht der Wirklichkeit nur mit einem Konzept der „beschränkten Rationalität" in die Praxis umsetzen. Dafür erforderlich ist auch eine „innere" Beweglichkeit von Verfahren. Sie bedürfen mithin „reflexiver" Strukturen. Diese nehmen – entsprechend zur „reflexiven" Orientierung und Rationalität des modernen Rechts – die regulierbare Fähigkeit von Kommunikation in Anspruch, sich in ihrem Prozessieren in der Zeit-, Sach- und Sozialdimension stets auch auf sich selbst beziehen zu können. Derart *prozedurale Selbstreferenz* verkörpert eine allgemeine Bedingung der Steigerung von Rationalität des Verfahrenshandelns. Ihre Voraussetzung ist ein verfahrensspezifisches intersubjektives Kommunikationsmuster der Abwägung von Aufwand und Ertrag, von Zwecken und Mitteln, aber auch der Auseinandersetzung über Ziele und Wertprämissen staatlicher Konkretisierung sowie der Berücksichtigung situativer Faktoren.

Das Verwaltungsverfahren verfügt mit der Verfahrensform der „Beratung" über ein entsprechendes Kommunikationsmuster (§§ 25 VwVfG, 14 SGB I). Zwar weist diese Handlungsform der Verwaltung derzeit zahlreiche Regelungsdefizite auf. Als Verfahrenskomplex vermag sie gleichwohl die gesamtheitlichen Rationalitätsanforderungen an die Rechts- und Zweckkonkretisierung zu entfalten. Diese sind es auch, die das Verwaltungsverfahren von anderen staatlichen Verfahren zwingend unterscheiden. Ihr komplexes Bild hat die Eigenständigkeit des Verwaltungsverfahrens zur Folge; diese ist jedoch zugleich und umgekehrt auch Voraussetzung seines Wirkens. In ihm gewinnt die „Verfahrensführung" als einzelfallbezogene Konkretisierung von Verfahrensnormen einen gewichtigen Stellenwert. Weil und soweit sie aber dazu gleichzeitig der „reflexiven Rationalität" bedarf, wird die öffentliche Verwaltung in Zukunft nicht umhin können, zwischen Ausgangsverfahren und Widerspruchsverfahren weitere (selbstreferenzielle) „Zwischenverfahren" einzuziehen.

5. Die Rationalität staatlicher Entscheidungsprozesse ist zugleich der Schlüssel zur *Legitimationsproblematik* des modernen Staates. Diese erfließt aus seiner grundsätzlichen Aufgabenstellung, das Zusammenleben der Menschen zu gestalten. Hierin liegt die Ausübung politischer Herrschaft. Die auf ihr beruhenden staatlichen Entscheidungen haben nur dann Aussicht auf Bestand, wenn ihre Adressaten sie als „richtige" bzw. billigenswerte Herrschaftsakte bejahen. So hängt auch der Erfolg des Verwaltungsverfahrens in erheblichem Umfang davon ab, daß der beteiligte oder sonstwie problembetroffene Bürger die behördliche Entscheidung akzeptiert, also z.B. keinen Gebrauch von der Möglichkeit macht, hiergegen mit einem Rechtsbehelf vorzugehen.

Ob und aus welchen Motiven heraus staatliche Herrschaft akzeptiert wird, hängt vor allem von ihrer *Legitimation* ab. Diese hat stets einen normativrechtlichen Sinnbezug, obschon ihr Verständnis ebensowenig des Rückbezuges auf die faktische Zustimmung der Herrschaftsunterworfenen entraten kann. Staatliche Konkretisierungsentscheidungen rechtfertigen sich deshalb aus rechtswissenschaftlicher Perspektive sowohl durch den Verweis auf tatsächlichen Konsens als auch auf diskutable Gründe. Konsensfähigkeit ist deshalb *rational* abzuklären. Der für vernünftig gehaltenen Entscheidung fällt es nicht nur leicht zu folgen und sie für rechtmäßig zu halten; die an den konstituierenden Formen politischer Ordnung der modernen Industriegesellschaft zu orientierende Rationalität ist überhaupt eine notwendige Voraussetzung aller Herrschaft.

Die ihrer Rechtfertigung dienende Bezugnahme auf die *Legalität* gesetzter Ordnungen kann jedoch – wie im vierten Kapitel der Untersuchung gezeigt – für sich allein kaum mehr als bloß „formale" Rationalität erzeugen. Die Legitimation politischer Herrschaft erwächst vielmehr aus einem Verbund je konkreter Zweck-Mittel-Relationen und multipler Wertorientierungen und damit aus einem Zusammenhang diskutabler Gründe und verpflichtender Werte. Allerdings ist damit die Wechselbezüglichkeit von Legitimation und Rationalität keineswegs schon ausgeschöpft. Denn was rechtens ist und „Gewicht" hat, stellt sich erst „in" und „durch" Verfahren heraus. Ohne die rationalisierende Kraft von Verfahren kann deshalb keine Staatsgewalt legitimiert werden. Die formalisierte Verfahrensbindung staatlichen Entscheidens reicht hierfür freilich nicht; die voraussetzungslose Gleichsetzung der Rechtfertigung von Herrschaft mit dem Ergebnis irgendeines formalen Verfahrens ist unhaltbar. Ausschlaggebend sind vielmehr die *Bedingungen,* unter denen der staatliche Konkretisierungsprozeß abläuft.

Verfahren als solche können somit Legitimität nicht sichern. Sie stiften weder Gewißheit darüber, ob die maßgebliche Entscheidung ein materiell gerechtes Ergebnis darstellt, noch vermögen sie zu garantieren, daß die unter Beachtung ihrer Regeln korrekt zustande gekommenen Verfahrensresultate dem *Inhalt* nach für die Betroffenen annehmbar sind oder durch den Verweis auf die Erarbeitung in den dafür vorgesehenen Verfahren auch nur plausibel gemacht werden können. Verfahren der (administrativen) Rechts- und Zweckkonkretisierung müssen vielmehr die inhaltlichen Fragen einer billigenswerten Konfliktregelung in sich aufnehmen: Staatliche Herrschaft hat nur dann Aussicht auf Bestand, wenn sie auch inhaltlich bejaht wird.

Hierüber entscheiden der Sachbezug der Konkretisierung und vor allem diskursive Auseinandersetzungen zwischen den einander begegnenden Interessen und Anschauungen. Der Geltungsanspruch des „Verwaltungsprodukts" muß m.a.W. diskursiv begründet werden; das Recht der öffentlichen Verwaltung muß *konsensuales Verwaltungsrecht* sein. Freilich ist diese Forderung aus dem jeweiligen Verfahrenszusammenhang nicht herauszulösen. Er ist mehr als nur eine prozessuale Bedingung inhaltlich konsensfähiger Entscheidungen, nämlich recht eigentlich das Entdekkungspotential akzeptabler Problemlösungen. Denn vermöge ihrer strukturellen Bedeutung und Eigenrationalität sind Verfahren imstande, solche Handlungs- und Entscheidungsalternativen selbst zu *generieren,* die andernfalls nicht bestünden. Sie sind daher diejenige Diskursform, in der die von der Sache her gebotenen Begründungserfordernisse und -möglichkeiten unter Beachtung situativer Gegebenheiten eingelöst werden können und kraft derer die Chance besteht herauszufinden, welche sachlichen, personellen und zeitlichen Prioritäten zu setzen sind. Mehr kann der einzelne nicht gut erwarten.

Die Berufung auf diese mit der inhaltlichen Gültigkeit des Ergebnisses eigentümlich verknüpfte *legitimierende Kraft von Verfahren* darf allerdings nicht vergessen machen, daß Prozeduren selbst Herrschaftsinstrumente darstellen. Sie bedürfen deshalb der eigenen Legitimation. Zu den hierfür unabdingbaren Voraussetzungen zählen in erster Linie *materiale Verfahrensbindungen* wie die Fairness staatlicher Konkretisierungsprozesse, die gleichberechtigte Mitwirkungskompetenz aller Entscheidungsbetroffenen in ihnen oder auch die Öffentlichkeit staatlicher Verfahren. Das reicht indes nicht für die Verfahrenslegitimität. Auch das „gerechteste" Verfahren garantiert noch längst kein gerechtes Ergebnis oder jedenfalls eine an sich akzeptable Entscheidung. „Verfahrensgerechtigkeit" und „Sachbezug" von Verfahren sind eigene Werte, die nichts daran ändern, daß der prinzipiell und potentiell allzuständige moderne (Leistungs-) Staat ebenso daran gemessen wird, ob die eingesetzten Verfahren funktional tatsächlich wirksam, also auch qualitativ dazu imstande sind, die staatlicherseits wahrgenommenen Aufgaben erfolgreich zu bewältigen.

Staatliche Konkretisierungsverfahren brauchen sonach den eigenen und je spezifischen *Wirksamkeitsausweis* als eine der Voraussetzungen dafür, daß die Rechtsgemeinschaft bzw. der einzelne das Verfahrenshandeln und sein Ergebnis akzeptieren. Von der in diesem Sinne prozeduralen Funktionsgerechtigkeit hängt die Verfahrenslegitimität mit ab. Sie erfordert darüber hinaus ein Mindestmaß an Reaktionsfähigkeit der Verfahrensorganisation in bezug auf die Lösung der Sachproblematik durch Reflexivität und Revisibilität der Verfahrensstrukturen bei gleichzeitiger Sicherung der Diskursform. Und schließlich bedürfen die Verfahrensweisen selbst – ebenso wie die in ihnen transportierten Inhalte – eines *prozeduralen Grundkonsenses.* Eine beliebige Fixierung von Verfahrensregeln stößt dadurch auf Grenzen.

Die Legitimation staatlicher Entscheidungen erweist sich mithin als ein unerhört voraussetzungsvoller Prozeß, der auf einem komplexen Bedingungsgefüge aufbaut. Sie ist nicht ohne Verfahren zu erreichen. Diese nehmen die inhaltlichen Fragen einer billigenswerten Konfliktbewältigung in sich auf und suchen sie als „Entdekkungsverfahren“ in zahlreichen Abwägungs- und Überzeugungsschritten einer Antwort zuzuführen, die auch akzeptiert wird. In diesem Sinne läßt sich von dem *prozeduralen Legitimitätskonzept* des sozialen Rechts- und Verwaltungsstaates sprechen. Auch die Debatte um das „richtige“ (Verwaltungs-) Verfahren muß deshalb davon ausgehen, daß ein jeder Konkretisierungsprozeß daran mitzuwirken hat, Legitimation selbst zu beschaffen. Er muß daher sowohl unter den Aspekten der sachbezogenen Konsensfindung und prozeduralen Wirksamkeit als auch unter Berücksichtigung von Kriterien der Verhältnismäßigkeit, Gerechtigkeit, Fairneß und Unparteilichkeit geführt bzw. gestaltet werden. Die Verfahrensordnung hat dabei den Umstand einzubeziehen, daß die auf den Möglichkeiten der Verfahrensbeteiligten bzw. -betroffenen zur Selbstdarstellung aufbauende Kommunikation den soziale Integration sichernden Gegenpol zur staatlichen Herrschaft bildet, der im Verfahren vor allem durch den Einbau kommunikationssichernder und reflexiver Mechanismen zum Tragen gebracht werden muß. Für das Verwaltungsverfahren führt deshalb kein Weg daran vorbei, eigene Konsensregeln zu statuieren und die Verfahrensteilhabe ebenso zu erweitern wie auf ein Verhältnis der „Partnerschaft“ zur Verwaltung umzustellen, in dem die Selbstdarstellung des Bürgers respektiert wird. Spezifizierte Regelungen über den Verfahrensumgang erfließen hieraus gleichermaßen wie die Notwendigkeit, den „Datenschutz“ und den „Informationsfluß“ als einen normativen Verfahrensbereich sektoral zu regeln.

6. Die Legitimation staatlicher Herrschaft ist ohne *Verantwortung* nicht denkbar. Rational läßt sich Herrschaft, läßt sich auch und gerade der Verwaltungsstaat nur legitimieren, wenn er seine Tätigkeit im Dienst bestimmter Zwecke und Aufgaben verantwortlich wahrnimmt. Der tiefere Grund hierfür liegt in der inneren Bindung der Legitimität staatlicher Herrschaft und Macht an die Idee der Freiheit, wie sie durch Verantwortung vermittelt wird. Diese umfaßt als Fundament der Freiheit sowohl die Garantie als auch den Schutz und die Entfaltung der individuellen und gesellschaftlichen Autonomieentscheide.

Rechtsbegriff und *Deutungsgehalt* staatlicher Verantwortung sind allerdings rechtsdogmatisch bislang nur unvollkommen geklärt worden. Doch verkörpert staatliche Verantwortung, etwa in Form der „Verwaltungsverantwortung“, mehr als nur einen heuristischen Begriff. Ihre rechtlichen Bezugskoordinaten sind Pflichtgemäßheit und Zurechenbarkeit. Welches Maß an Sorgfalt zu beachten ist, schreiben die jeweiligen Verhaltensnormen bzw. – wie in der öffentlichen Verwaltung – besondere Handlungsgrundsätze vor. Diese begründen Verantwortung und gestalten sie aus; sie kann deshalb selbst kein Handlungsgrundsatz sein.

Verantwortung besteht indessen nicht nur für das eigene Verhalten und seine Folgen, sondern auch für Menschen oder Gegenstände, für die man zu sorgen verpflichtet ist. Handlungspflichten dieser Art sind durch einen *Auftrag* bestimmt:

Geboten ist, was zur Erreichung des aufgegebenen Ziels bzw. zur Zweckverwirklichung erforderlich ist. Verwaltungsverantwortung entfaltet aus dieser Perspektive die *Befugnis,* das zu tun, was unter Berücksichtigung des Verwaltungsaspekts die jeweilige Situation im Zeichen „praktischer Vernunft" verlangt. Mit der schon zuvor skizzierten Evolution des Rechts entwickelt sich diese (rechtliche) Befugnis weiter; sie verdichtet sich zu einem „regulativen Prinzip": Schreiben die dem instrumentalisierten Gesetzesrecht erfließenden administrativen Handlungspflichten immer weniger vor, was konkret zu tun ist, und soll dies immer mehr „Verhandlungssache" der Verwaltung im Rahmen des gesetzgeberischen „Konzepts" sein, dann ist die Verwaltungsverantwortung das funktionale Äquivalent für die reduzierte Steuerung des Legalrechts, um die aufgegebenen (oder selbstgesetzten) Regulierungsziele tatsächlich zu erreichen. Verwaltungsverantwortung übernimmt dann die strukturelle Koppelung von Politik, Recht und Lebenswelt als *Entsprechungsprinzip* der „reflexiven" Rationalität.

In materieller Hinsicht folgt dabei Verantwortung dem konkret aufgegebenen Handlungszweck und seiner kompetenziellen Gestaltung im Ablauf der Zeit. Demgemäß aktualisiert sich das Pflichtmoment der Verantwortung nach Maßgabe des Konkretisierungsbedarfs in der jeweiligen Verfahrenssituation. „Konkretisierung" wird von daher zu Recht als das *Strukturgesetz* aller staatlichen Verantwortung benannt. Diese ist zugleich ein *Kompetenzthema.* Verantwortung folgt nicht nur der Kompetenz, sie ergänzt diese auch komplementär.

Rationalität und Legitimation, Verantwortung und Kompetenz stehen damit in einem unauflöslichen inneren Zusammenhang. Er determiniert und strukturiert die Wirkbefugnis eines jeden staatlichen Funktionsträgers. Sein wesensbestimmendes Kernstück ist die „Eigenverantwortung". Sie weist dem Träger der Verantwortung einen Handlungs- bzw. Konkretisierungsbereich zu, innerhalb dessen dieser befugt und verpflichtet ist, seine Aufgaben frei von Weisungen anderer reflexiv zu erfüllen. Zu diesem Zweck ist Verantwortung an *sachliche Leitlinien* gebunden, die sich aus den Rationalitätsanforderungen des modernen Staates herleiten und den materiellen Gehalt des Verantwortungsthemas entfalten.

7. Aus alledem resultiert ein differenzierter *Auftrag zur Verfahrensentwicklung.* Ihm zufolge dürfen staatliche Verfahren nicht etwa beliebig konstruiert werden. Sie folgen vielmehr in Gestaltung und Führung den Verantwortungsdirektiven zweckrichtigen und situativen Handelns und Entscheidens der Staatsorgane unter Führung bzw. Berücksichtigung selbstaktiver Felder der Gesellschaft. Der öffentlichen Verwaltung ist deshalb aufgegeben, die Leitlinien materieller Verantwortung im Richtsteig von Ziel und Ergebnis des Verwaltungshandelns unter Entwicklung einer optimalen Methodik verfahrensmäßig zu verwirklichen. Behördliche Verantwortung konstituiert sich demgemäß prozedural als ein komplexer Verbund struktureller und situativer Verfahrensdimensionen mit personalen Verhaltens- und Verfahrensweisen. Dadurch einer spezifischen *Verfahrensverantwortung* unterstellt, wird der für die Verfahrensordnung berufene Zweckmäßigkeitsentscheid der Verwaltung sowie der aller übrigen, je eigenverantwortlichen Staatsorgane bzw. Funktionsträger

der Idee und den Maßstab des Verfahrens als ein Rationalisierungsmodus staatlicher Entscheidungen und als ein Garant der Legitimität bzw. inhaltlichen Geltung des Konkretisierungsergebnisses sowie seiner Wirklichkeitsfolgen verpflichtet.

Jegliche Verantwortungsbetätigung ist dabei, so zeigt die Untersuchung, immer auch als (verwaltungs-) politische Gestaltung im Rahmen des materiellen und Verfahrensrechts zu verstehen. Verfahrensrecht ist insoweit Verantwortungsmaßgabe und Verantwortungsgegenstand zugleich; Verfahrensregeln sind im Prozeß ihrer Anwendung dynamisch zu konkretisieren. In der Folge hiervon bildet das Verwaltungsverfahren eine partiell ungewisse Prämisse der Rechts- und Zweckkonkretisierung. Staatliche Verfahrensverantwortung mündet aus dieser Perspektive in eine fortgesetzte Rationalisierung der Verfahrensordnung(en) ein. Sie muß ständig bemüht sein, „Konkretisierung" als einen Prozeß der funktionalen Koppelung von Lebenswelt und Recht, also der Annäherung von Subjekt und Objekt, von Sollen und Sein, von Norm und Sachverhalt *offen* zu konzipieren. Der Bezugspunkt dieser funktionalen Betrachtung ist das Verständnis des Verfahrens als ein organisiertes *System* sozialen Handelns. Der darin wiedergegebene offene Handlungszusammenhang legt es nahe, die Sachkomplexität im Verfahren der Rechts- und Zweckkonkretisierung nur begrenzt abzubilden. Demgegenüber verfehlen vor allem die Großverfahren im Bereich der öffentlichen Verwaltung mit der ihnen beigegebenen Hyperkomplexität die Möglichkeiten der verfahrensbeteiligten Bürger, die Sachprobleme und deren Entwicklung bewußt nachzuvollziehen und darauf einzuwirken.

Ziele und *Zwecke* staatlicher Verfahren unterliegen gleichfalls einem zu modifizierenden Verständnis. Die Absolutheit der „offiziellen" (materiellen) Zielvorgaben staatlicher Verfahren erweist sich als Illusion. Ihre „dienende" Funktion wird durch eigenständige prozedurale Zwecksetzungen komplementär ergänzt. Hinzu treten der Legitimationszweck sowie die Steuerungs- und Integrationsfunktionen staatlicher Verfahren. Demgemäß muß auch das Verwaltungsverfahren ebenso Legitimationsaufgaben übernehmen wie es Steuerungs- und Integrationsleistungen zu erbringen hat. Hierzu bedarf es freilich der *funktionalen Spezifikation* seiner Ordnung. Deren dabei und bislang bevorzugte Orientierung an der „Entscheidung" als dem vermeintlich archimedischen Punkt der Verfahrensidee führt allerdings auf Irrwege. Auch Phasenmodelle des „Entscheidens" sind nicht geeignet, die rechtliche Verfahrensordnung funktional einzurichten. Es bedarf vielmehr des Rückgriffs auf das *Aktivitätenpotential* staatlicher Verfahren. Sie sind soziale Systeme, deren spezifische Funktionen sich erst in den faktischen (und normativen) „Wirkungen" ihrer Handlungs- und Entscheidungsaktivitäten erfüllen. Diese – und nicht etwaige „Phasen" der Entscheidung – sind die ausschlaggebenden Bezugspunkte rechtlicher Verfahrensordnung. Sie rücken den Verfahrensgang als solchen in den Vordergrund des rechtlichen Interesses, also auch Rollenkontext und Interaktionsweise. „Entscheidungsverfahren" sind deshalb in keiner Weise von „Kooperationsverfahren" zu trennen.

Verfahrensordnung wird damit zu einem *Organisationsproblem:* Verfahrensregelungen haben zunächst festzulegen, *wer* an einem Verfahren teilnehmen soll. Sie klären sodann, *was* in welchem Umfang zum Thema des Verfahrens rechnet. Die Ordnung der darauf bezogenen Verfahrensaktivitäten gibt zugleich vor, *wie* das Verfahrensthema „in der Zeit" ermittelt und abgearbeitet werden muß. Sie hat schließlich zu regeln, nach welchen *Grundsätzen* sich die Verfahrensbeteiligten zu verhalten haben. Die rechtliche Verfahrensordnung unterliegt bei alledem schrankensetzenden Einflußfaktoren, die der Verfahrenssituation entspringen und die im Rahmen der Verfahrensgestaltung bzw. -führung weder manipuliert noch selbst angestrebt werden können. Für das Verwaltungsverfahren zählt hierzu u.a. die Professionalisierung bestimmter Amtswalter, aber z.B. auch seine „institutionelle Ambiance" und vor allem die eingesetzte Technologie, so insbesondere die moderne Informations- und Kommunikationstechnik.

Die rechtliche Ordnung staatlicher Verfahren unterliegt somit einer vielgliedrigen Gesamtheit von Einflußgrößen. Das Ausmaß ihrer Beachtung gibt darüber Auskunft, wie rational die jeweiligen Prozeßstrukturen im Sinne der postulierten „Gesamtrationalität" sind. Dafür, welche Strukturalternative der Verfahrensorganisation zugrundezulegen ist, bedarf es mithin aussagekräftiger Merkmale, anhand derer der spezifische Beitrag einer bestimmten Verfahrensgestaltung bzw. -führung zu beurteilen ist. Solche Kriterien finden sich in den *Wirkdimensionen staatlicher Verfahren.* Diese bilden in ihrer Gesamtheit das Bezugsfeld für die praxisbezogene Strukturierung und Führung der Konkretisierungsprozesse. Sie prägen dadurch den vielschichtigen Vorgang der Verfahrensordnung.

Im Vordergrund einer derart alternativenreichen Verfahrensordnung steht die geeignete Auswahl funktionaler Regelungsmerkmale. Dieser Aufgabe, der sich die Untersuchung im einzelnen unterzogen hat, entspricht es ferner, die Verfahrensverantwortung von Gesetzgeber und Verwaltung nicht als einen monolithisch geschlossenen Ordnungsauftrag zu begreifen, sondern als „offen" gegliederte Gestaltungspflicht und -befugnis. Sie verkörpert in diesem Verständnis das reflexive Selbststeuerungspotential des Verfahrensgedankens. Zu seiner Entfaltung differenziert sich staatliche Verfahrensverantwortung entsprechend den Aktivitäten des Konkretisierungprozesses in *Teil-Verantwortungen* wie die der Informations- und Kommunikationsverantwortung sowie der Steuerungs-, Problemlösungs-, Entschließungs-, Vollzugs- und Folgenverantwortung aus. Die Reichweite aller „Verantwortung(en)" fordert in diesem Zusammenhang ferner dazu auf, den Bogen „kooperativer" Rückbindung staatlicher Verfahren an gesellschaftliche Anforderungen und Erwartungen mehr als bisher auszuschreiten.

Die Frage nach der „richtigen" Verfahrensordnung ist allerdings nicht durch bloßen Zweck-Mittel-Entscheid zu beantworten. Staatliche Verfahrensgestaltung und -führung unterliegt zugleich dem Auftrag, entsprechende Ordnungsmaßgaben *situativ* zu präzisieren. Denn die rechtlichen Verfahrensgebote stehen in direkter Abhängigkeit zu ihren normativen und faktischen Bedingungen. Zu ihnen gehört heute vor allem die *Automation der Informationsfunktion* staatlichen Handelns und Entscheidens. So verändert die Technikentwicklung durch ihr Einwirken auf die Formgebung des Verwaltungsverfahrens, auf dessen Rationalisierungsperspektive und auf dessen Ablauf als Prozeß sozialer Verständigung den maßgeblichen Ordnungsrahmen; neue Verfahrensregeln werden erforderlich. Gleiches gilt für das Gesetzgebungsverfahren und für den gerichtlichen Prozeß.

Die Untersuchung macht dabei darauf aufmerksam, daß es in erster Linie gilt, der „Verdunstung" von Verantwortung entgegenzuwirken. Das geeignete Mittel hierfür scheint in der *Personalisierung* der Verfahrensverantwortung zu liegen. Diese folgt in Bestand und Maßgabe dem Amtsgedanken sowie der bereits gegebenen Verfahrensformalisierung. Ihr geht es in deren Überlagerung bzw. Ergänzung vor allem um die Handhabung von Verfahren durch die Organwalter. „Verfahrensmanagement" als tätiger Ausdruck der Verfahrensverantwortung erweist sich damit als Komplement rechtlicher Verfahrensordnung. Die *Führungsverantwortung* wird zum Seitenstück der dargestellten rechtlichen Teil-Verantwortungen.

8. Funktional verstandene Verfahrensverantwortung bezieht sich als strukturwirksamer Gestaltungsauftrag und als Verfahrensmanagement auf das Aktivitätenpotential des Konkretisierungsvorganges. In ihm nehmen die *Steuerungstätigkeiten* einen besonderen Rang ein. Die Tätigkeits-Gruppe „Steuern" umfaßt sowohl die Planung der Arbeitsabläufe als auch die Koordination, Führung und *Kontrolle* der operativen Prozesse. Gerade die letztere reicht dabei über die bloße Durchführung eines Soll-Ist-Vergleichs mit abschließender Feststellung des Kontrollergebnisses weit hinaus. Strukturell betrachtet, ist sie vielmehr notwendiger Teil eines jeden Konkretisierungsprozesses, auf diesen bezogen und daher selbst Prozeß. Dementsprechend ist sie nicht als „nachgängig" in einem Viertakt von Planung-Entscheidung-Realisation-Kontrolle einzuordnen, sondern weitergehend als ein dynamischer Vorgang der vorgängigen, begleitenden oder nachträglichen Einwirkung eines staatlichen Funktionsträgers auf andere Funktionsträger oder Institutionen zu verstehen.

In jeder Form zielt Kontrolle ebenso auf die Rechtmäßigkeit staatlicher Maßnahmen wie auf deren (auch) politische Richtung und tatsächliche Wirkung. Diese Mehrgleisigkeit spiegelt die Existenz einer rechtlich und politisch ausdifferenzierten Kontrollverantwortung des Staates wider: *Kontrolle und Verantwortung* sind aufeinander unlösbar bezogen. Es gibt keine Verantwortung ohne Kontrolle; doch kann umgekehrt Verantwortung nur derjenige tragen, der in seinem Handeln gerade nicht in vollem Umfang an das Dafürhalten eines anderen gebunden ist. Es gibt deshalb auch keine Kontrolle *ohne* Verantwortung.

Kontrolle heißt vor diesem Hintergrund ein Verantwortung respektierendes „Zusammenwirken" staatlicher Funktionen, das sich stets auch als Hilfe zur Erzielung „rationaler" Konkretisierungsergebnisse versteht. Diese Rationalisierungsfunktion der Kontrolle bedarf angesichts des Bedeutungsgewinns der Verfahrensrationalität im modernen Staat angemessener Vertiefung in Richtung aus prozedurale Selbstreferenz. Die Sicherung der Verfahrensrationalität verlangt nach der institutionalisierten *Verfahrenskontrolle* und entsprechend ausgestaltete *Kontrollverfahren.*

Dieser Befund setzt Kontrolle in eine direkte Beziehung zur staatlichen Verfahrensverantwortung. Die ihr zur Wahrnehmung zugewiesene und von ihr zu organisierende Rationalisierungsfunktion der Kontrolle erstreckt sich darauf, die prozeduralen Bedingungen zu reflektieren und die institutionellen Engpässe, Hindernisse sowie Strukturmerkmale zu identifizieren, unter denen sich etwa das Verwaltungsverfahren entwickelt bzw. denen es ausgesetzt ist. Die dabei im Verlauf der Untersuchung herausgearbeiteten Einzelfunktionen der Verfahrenskontrolle legen in ihrer spezifischen Wirkung die Organisation einer gewissen „mitlaufenden" Kontrolle im Verwaltungsverfahren jenseits des herkömmlichen Widerspruchsverfahrens nahe.

Dritter Teil

9. In welchem Ausmaß sich die realen Geltungs- bzw. Wirksamkeitsbedingungen des Verwaltungsverfahrens auf seine rechtliche Ordnung niederschlagen müssen, kann der Verweis auf die dem modernen Staat eigentümlichen faktischen Rationalitäts- und Legitimationsanforderungen für sich allein nicht festlegen. Eine entsprechende vernunft*rechtliche* Verpflichtung zur Verfahrensordnung zu begründen, erscheint allerdings ungleich schwieriger. Doch sind die staatlichen Funktionsträger dem Rechtsgedanken eines „rationalen" Staates nicht entzogen. Es besteht eine *Verfassungspflicht zur Rationalität* allen staatlichen Handelns und Entscheidens. Als konkretisiertes Verfassungsrecht hat ihr auch das Verwaltungsverfahren Folge zu leisten. Entscheidend ist somit, auf welche Weise das Verfahrensparadigma des modernen Staates in den Gewährleistungsgehalt der Verfassung aufgenommen wird.

Dieser Frage geht die Untersuchung in ihrem *dritten Teil* nach. Er behandelt die „Verfassung als Prozeßform und Entwicklungsrahmen staatlicher Verfahren". Die Ausführungen hierzu beginnen mit der Verbindung von Verfahrensidee und Verfassung. Es erweist sich, daß die strukturtragende Bedeutung der Verfahrensidee im Grundgesetz als einer Grundordnung vom Typus des demokratischen Verfassungsstaates in funktionsspezifischer Weise verfassungskräftig verankert ist. In seiner realen Verfaßtheit wird der staatliche Lebensprozeß in das allgemeine Grundmuster der Staatsorganisation von Verfassungs wegen eingefügt. Dessen funktionelle Ausdeutung nach den Erfordernissen staatlicher Lagen und gesellschaftlicher Bedürfnisse wird durch die Bezugnahme auf die im *zweiten Teil* der Untersuchung ausgeführten Grundkategorien der Rationalität und Legitimation, Verantwortung und Kontrolle besorgt. Diese erweisen sich als *verfassungsrechtliche Schlüsselbegriffe,* die sowohl in strategischer als auch in operativer Dimension den Zusammenhang von Ziel-, Instrumental- und Situationsvariablen bei der Verfahrensorganisation („Rationalität", „Legitimation") mit allgemeinen Sollformen von Wirkungszusammenhängen („Verantwortung", „Kontrolle") kennzeichnen. Die Rationalität staatlicher Entscheidungen, ihre Legitimation und Kontrolle, aber auch die Verteilung und Ausgestaltung der Verfahrensverantwortung werden damit unmittelbar durch die Verfassung präformiert.

Die daraus ersprießenden Beziehungslinien zur Verfahrensidee werden seit längerem von einer ganzen Reihe von Verfahrenskonzeptionen des modernen Verfassungsstaates aufgegriffen. Es liegt auf der Linie dieser mehr oder weniger nebeneinander herlaufenden Vorstellungen, die Verfassung nicht nur als eine inhaltsbezogene Grundordnung zu betrachten, sondern in ihr zugleich die Prozeßform und Verfahrensordnung des modernen Staates sowie den Entwicklungsrahmen staatlicher Verfahren zu sehen. Dabei wird ein beträchtlicher *Differenzierungsbedarf* des verfassungsgeleiteten Verfahrensdenkens offenbar. Er wird von einer aufgefächerten Projektion der Verfahrensidee auf den Rechtsstatus des Bürgers unterfangen. Diese mündet ihrerseits in die Erkenntnis ein, daß die Verfassung sowohl prozessual zu lesen ist, nämlich als Instrument der Herrschaftsbegründung und Freiheitssicherung, dessen Aufgabe darin besteht, einen funktionierenden politischen Prozeß einzurichten, als auch im Sinne einer materialen Wertordnung – und dies in einem wechselseitigen Rückbezug.

Der prozedurale und der materiale Aspekt bilden insofern ein *duales Modell:* Rationalität ist einerseits ein Problem des Gehalts bzw. der Begründung staatlicher Entscheidungen, andererseits aber auch ein Problem der materiell bestimmten Verfahrens- bzw. Diskursform. Die Verfassung erweist sich aus dieser Perspektive als dasjenige Mittel des positiven Rechts, das in seinen konsentierten Grundwerten den argumentationstheoretisch ansetzenden Zugriff dirigiert und dadurch der (auch ethischen) Verfahrensrationalität gleichermaßen in Politik und Recht Eingang verschafft. Staatliche Verfahren und mithin auch das Verwaltungsverfahren müssen m. a. W. in Struktur und Handhabung den Anforderungen genügen, die an ein „gerechtes“ Verfahren zu stellen sind.

10. Das Grundgesetz gibt diesen Anforderungen vielfältigen und konkreten Ausdruck. Die in ihm geborgene Verfahrensidee hält nicht nur dazu an, staatliches Handeln und Entscheiden in einen prozeduralen Kontext zu setzen und daraus Konsequenzen für die autoritative Verhaltenskoordination zu ziehen. Sie verankert auch und zugleich die Garantie eines „procedural due process“, der die Maßgabe einer genuinen Verfahrensrationalität und prozeduralen Legitimität enthält. Dementsprechend müssen Struktur und Logik eines staatlichen Verfahrens auch vor der Verfassung gewogen werden. Hierfür bedarf es des Rückbezuges auf die materiellen Verfassungsfunktionen und -ziele; die Verfahrensidee ist in sie gleichsam „eingewoben“.

Dem damit der Verfassung zu entnehmenden *prozeduralen Verfahrenskonzept* sind zahlreiche Einzelaussagen zu entlehnen. Ihnen zufolge erweist sich die Verfassung als eine Ordnung der gemeinschaftserheblichen Entscheidungsprozesse, die eine prozedurale Ordnungs- und Steuerungsfunktion freisetzt. Deren Wahrnehmung wird der Verfahrensverantwortung der Staatsorgane überbürdet. Verfahrensentwicklung erweist sich als *Verfassungsauftrag.*

Die maßgeblichen Leitlinien dafür erwachsen einerseits dem prozeduralen Schutzkonzept der Verfassung. Sie ergeben sich andererseits aus jenen materialen Verfahrensbindungen, die ein gemeinsames strukturelles Minimum für alle staatlichen Gemeinschaftsverfahren darstellen. Die materialen Leitgrundsätze, Staatsziel- und Strukturprinzipien des Grundgesetzes gestalten insofern nicht nur die grundlegende Rechts-(subjekt-)stellung des Bürgers zum Staat, sondern sie machen zugleich die Verfassung mit ihrem Programm zur Grundlage und Leitlinie der *verfahrensmäßigen* Begegnung bzw. Koordination. Die insoweit erfließenden Verfahrensdirektiven lassen sich im wesentlichen nach drei verschiedenen *Wirkebenen* des prozedural Verfassungsgemäßen systematisieren. Aussagen über staatliche Verfahren sind zum einen explizit in den Vorschriften der Verfassung über das Verfahrensrecht der obersten Staatsorgane enthalten („Verfassungsverfahrensrecht"). Zum anderen kommt wegen der „Offenheit" und Begrenzung dieser Festlegung in ihrer Reichweite einem zweiten Wirkungskreis des wert- und erkenntnisorientierten Verfahrensgehalts der Verfassung erhebliche Bedeutung zu, nämlich dem von ihr gewährleisteten „procedural due process of law" als einer strukturellen Verfahrensgarantie für alle Konkretisierungsprozesse. Und schließlich zeigt sich die Notwendigkeit, die vielfältigen Aspekte und Akzente von Gestaltung, Abwägung, Ausgleich und Angemessenheit dort auf ein Grundmaß an Verfahrensgerechtigkeit zurückzuführen, wo die Reichweite der konkreten Verfahrenspostulate endet.

Auf die damit gestellte Frage nach einem verfassungskräftigen Mindeststandard gerechter Verfahrensordnung antwortet das Grundgesetz mit der Freisetzung entsprechender *prozeduraler Fundamentalprinzipien.* Zu ihnen zählt einerseits die Idee der Unparteilichkeit als juristische Konsequenz des Gerechtigkeitsfundaments der materialen Verfassungsaussagen. Dazu gehört aber auch und in gleichem Maße – und ebenfalls mit entsprechenden Auswirkungen auf das Verwaltungsverfahren – das Gebot fairer Verfahrensgestaltung. Hinzu tritt schließlich die unter Beachtung der prozeduralen Selbstbestimmung das Verfahren aller Rechts- und Zweckkonkretisierung durchwirkende Fürsorgepflicht staatlicher Funktionsträger.

Gemeinsam mit den anderen Verfahrensfunktionen und -maximen fügen sich diese materiellen Verfahrensbindungen zu einem *gesamtheitlichen Verfahrenskonzept der Verfassung* zusammen. Dieses prägt ein verbindliches Grundmuster aus, dem staatliche Verfahren in bezug auf ihre Strukturen und Handhabung unterliegen. Für die Frage, welche funktionalen Regelungs- und Führungskriterien für die Verfahrensordnung als geeignet auszuwählen sind, trifft damit das Grundgesetz eine prinzipielle Strukturaussage; es schafft ein *regulatives Verfahrensmodell.*

11. Prozedurale Verfassungstaatlichkeit, wie sie sich im voraufgegangenem darstellt, braucht eine entsprechende institutionelle Ordnung. Diese findet sich in der staatlichen *Gewaltenteilung,* die für ein materiales Verfassungsverständnis eine Sonderrolle spielt. Ihm ist der Grundsatz der Gewaltenteilung selbstverständlicher Bestandteil seines unantastbaren „Wesensgehalts".

Im Rahmen der Verbindung von Verfassung und Verfahrensidee beschäftigt sich deshalb die Untersuchung mit den aus dem Grundsatz der Gewaltenteilung als ein Prinzip der Funktionengliederung erfließenden Verfahrensaussagen. Denn die Gewaltenteilung erweist sich als der Grundstein einer staatlichen Aufbau- und Ablauforganisation, die Recht in Verfahren erzeugt. Sie dirigiert den arbeitsteilig verfaßten

Prozeß der Rechtserzeugung. Die Verfahrensrationalität des modernen Staates erfährt hieraus ihre Order: Die im regulativen Verfahrensmodell der Verfassung geborgene Garantie differenzierter Konkretisierungsverfahren verweist auch und zugleich auf die verfassungsstaatliche Funktionengliederung. Der Gewaltenteilungsgrundsatz entfaltet sich dementsprechend als ein *Verfahrensprinzip* und als *differenzierte Verfahrenszuweisung*. Von ihm gehen divergente Funktionsimperative für je verschiedene staatliche Verfahrenssysteme aus.

Spürt man diesen weiter nach, so zeigt sich, daß – entsprechend dem Grundsatz der funktionalen Verfahrensadäquanz – die Verfahren und Methoden der Konkretisierung auf die Aufgaben der jeweiligen Staatsorgane zugeschnitten sein müssen. Zugleich sind die *Funktionsveränderungen der Gewaltenteilung* ins Auge zu fassen, die durch den Wandel des Steuerungsmediums „Recht" eintreten. Die Untersuchung nimmt hierzu Gedanken aus ihrem ersten Teil wieder auf und rückt sie nunmehr in einen breiteren verfassungsrechtlichen Zusammenhang. Ihm zufolge überschreiten die veränderten Leistungsanforderungen an das Zusammenspiel der staatlichen Funktionen und die Rechtserzeugung die Grenzen der herkömmlichen Gewaltenteilungskonzeption.

Auch die Funktionen gegliederter Verfahrenszuweisung unterliegen damit dem Wandel. Es kommt zu einer Kompetenzöffnung. In die daran anknüpfende Frage, was in welchen Verfahren entschieden werden soll, ist die öffentliche Verwaltung in doppelter Weise einbezogen. Auf der einen Seite gilt auch hier, daß staatliche Entscheidungen von denjenigen Organen getroffen werden müssen, die dafür nach ihrer Organisation, Zusammensetzung, Funktion und Verfahrensweise über die besten Voraussetzungen verfügen. Auf der anderen Seite ist auch der Verwaltung selbst aufgegeben, durch entsprechende Strukturgebung ihrer Verfahren die Qualität und Akzeptanz der Aufgabenerfüllung sicher zu stellen. Das bedingt auch und gerade die festzustellende *Automatisierung* des Verwaltungsvollzugs.

Der Wandel der Funktionenordnung im gewaltenteiligen Verfassungsstaat verursacht allerdings hohe *Kosten*. Er wird von einer Krise der gesellschaftlichen Integrationskraft des Rechts und der rechtsetzenden wie – anwendenden Verfahren begleitet. Speziell im Hinblick auf letztere offenbart sich eine Auflösung des Verfahrenskonsenses. Die dafür verantwortlichen Aspekte lassen sich ohne Mühe auf das Verwaltungsverfahren spiegeln. Seine Position zwischen Krise und Reform, wie sie als Problem im zweiten Kapitel der Untersuchung entwickelt worden ist, wird dadurch noch stärker ausgeleuchtet. Deutlicher enthüllt sich allerdings auch der Weg aus der Krise: Zu erinnern ist nämlich daran, daß staatliches Recht – auch wenn es in einem polyzentrischen System erzeugt wird und dadurch an Integrationskraft (vermeintlich) einbüßen sollte – stets das Medium dafür bleiben muß, Autonomie in gesamtgesellschaftlicher Perspektive zu organisieren. Es muß daher in den Stand versetzt werden, Tendenzen systematischer Verselbständigung wie individueller Abschließung in Prozessen funktional ausdifferenzierter Selbststeuerung aufzufangen.

Speziell das Verwaltungsverfahren und seine rechtliche Ordnung haben sich im

Rahmen dieser Aufgabe einerseits verstärkt mit der Frage nach *Verfahrenszugang* und *Teilhabe* auseinanderzusetzen. Dabei spielt auch das Problem der Reichweite administrativer Verfahrensverantwortung und ihrer Bindung an bestimmte (gesetzlich vorgegebene) Formen eine große Rolle. Auf der anderen Seite steht die Steuerungsfunktion bzw. -kraft des Verwaltungsverfahrens zur Diskussion – ohne daß dadurch die Reformaspekte schon erschöpft wären. Doch bilden die *Steuerungsaktivitäten* des Verwaltungsverfahrens einen Hauptanknüpfungspunkt. Denn jeder Verfahrensentwicklung ist aufgegeben, staatliche Integration durch funktionelle Einwirkung auf die Gesellschaft einschließlich entsprechender Kooperation und Koordination in und durch Verfahren zu sichern.

Vierter Teil

12. Vor diesem Hintergrund geht es im vierten Teil der Untersuchung darum, das Verwaltungsverfahren in den dargelegten Wandel der Verfahrensidee im modernen Verfassungsstaat einzubetten. Den Rahmen dafür setzen die Rationalitäts- und Legitimationsbedingungen des Verwaltungshandelns einerseits sowie die prozedurale Verfassungsstaatlichkeit nach Maßgabe des ihr ersprießenden regulativen Verfahrensmodells andererseits. Derart angeleitete Verfahrensentwicklung liegt sowohl in den Händen des Gesetzgebers wie in denen der öffentlichen Verwaltung: es besteht eine *Verfahrensverantwortung in Gesamthand.*

Problematisch ist jedoch, wie die Anteile daran im einzelnen aufzugliedern sind. Der Ausgangspunkt für Überlegungen hierzu liegt in der herausgearbeiteten Bedeutung des Verwaltungsverfahrens als *Steuerungsmedium* regulativer staatlicher Politik. Spürt man von hier aus der Frage der *Verantwortungszuordnung* nach, so ist wiederum an der „Konkretisierung" als Strukturgesetz der Verfahrensverantwortung anzusetzen. Sie offenbart sich als ein bewußt gesteuerter Prozeß. Jegliche Rechtsanwendung durch die Verwaltung ist auf Wirkungen ausgerichtet und steht im Richtsteig von Ziel und Ergebnis. Der Wille, die rechtlich vorgegebenen Werte, Ziele und Zwecke zu erfüllen, lenkt das behördliche Handeln. Die empirisch wie normativ begründete Vorstellung einer „steuernden" Norm- und Zweckkonkretisierung bildet somit das Fundament öffentlichen Verwaltens.

Weil und soweit das Verwaltungsverfahren dabei als Steuerungsmedium fungiert, ist der Verwaltung für den Geschäftsgang (Verfahrensführung) eine originäre Steuerungsmacht qua „Verfahrensherrschaft" zugeteilt. Ihre Bindung an das regulative Verfahrensmodell der Verfassung läßt freilich erkennen, daß hierbei zwar Verfahrensautonomie zugewiesen wird, aber der Verfahrensgang im aufgegebenen Prozeß sozialer Verständigung das gemeinsame „Produkt" der zu einem Interaktionsnetz verbundenen Beteiligten darstellen soll.

Die *Grundentscheidungen* über die strukturelle Gestaltung des Verwaltungsverfahrens fallen dagegen prinzipiell in den Verantwortungsbereich des Gesetzgebers.

Wie und mit welchem Aufwand das materielle Recht in konkrete Wirklichkeit umzusetzen ist, läßt sich allerdings aus diesem allein nicht exakt ableiten. In bezug genommen wird damit notwendigerweise ergänzend die *prozedurale Steuerungsverantwortung* der Verwaltung als Bestandteil ihrer gegliederten Verfahrensverantwortung.

In Wahrnehmung dieser Steuerungsverantwortung ist das Verwaltungsverfahren effizienzbezogen. Einer einseitigen Effizienzbetrachtung sind jedoch immanente Schranken gezogen. Der Effizienzbegriff korrespondiert mit der „Gesamtrationalität" des Verwaltungsverfahrens. Dieses steht daher auch nicht „zwischen" Verwaltungseffizienz und Rechtsschutzauftrag. Vielmehr kennzeichnet der Effizienzgedanke den Richtsteig der Konfliktsteuerung *inmitten* der normativen verbindlichen Verfahrenszwecke und der angestrebten Konkretisierungswirkung.

Unter dem Grundatz der Verfahrenseffizienz entfaltet sich die Wirkung des im Verfahrensbegriff gebündelten Aktivitätenpotentials der Konkretisierung als „Steuerung". Hierauf bezogen, läßt sich vor allem eine „externe" von einer „internen" Verfahrenssteuerung unterscheiden. Eine „geometrische" Abgrenzung beider ist freilich unmöglich.

Die daraus resultierende dogmatische Problematik handelt die Untersuchung am Beispiel jener Verwaltungsvorschriften ab, die *generalisierende* Verfahrensanweisungen enthalten. Sie entfalten nämlich eine weitreichende Steuerungswirkung. Als „interne" Anweisungen sind sie den Organisationsvorschriften i. w. S. zuzurechnen; sie beruhen insoweit auf der exekutivischen Geschäftsleitungsgewalt. Ihr Gegenstand ist der „Geschäftsgang" der Verwaltung. Häufig ist ihnen aber auch und zugleich eine (partielle) Außenwirkung beigelegt. Sie treffen sich dann mit den „externen" Verwaltungsvorschriften. Diese werden ihrerseits nur insofern von der für sie maßgeblichen administrativen Organisationsgewalt gedeckt, als sie sich nicht auf die Freiheitssphäre des Bürgers auswirken. Das ist jedoch häufig der Fall, so daß die Frage entsteht, welche Verfahrensregeln im Aufeinandertreffen von legislativer und verwaltungseigener Verfahrensverantwortung das Parlament selbst zu verabschieden *hat,* welche es delegieren *darf* und wo ggf. *originäre* Regelungskompetenzen der Exekutive liegen.

In der Antwort hierauf geht die Untersuchung von einer prozedural gewendeten „Wesentlichkeitstheorie" aus. Dieser ist in Verbindung mit Art. 80 Abs. 1 GG zu entnehmen, daß eine noch so limitierte Regelungsermächtigung die von der Verfassung durch einen Parlamentsvorbehalt geforderte eigene Verfahrenssetzung des Parlaments nicht zu ersetzen vermag. Derartige Restriktionen der behördlichen Verfahrensverantwortung stehen vor allem im Zeichen des Bedarfs an repräsentativer Legitimation gegenüber einer durch Sachvorgaben kaum hinlänglich dirigierten verwaltungsseitigen Gestaltung der grundrechtlichen Binnenverfassung bzw. des Grundrechtsträgerschutzes. Sie verdeutlichen eine diesbezügliche „demokratische" Komponente des allgemeinen Gesetzesvorbehalts. Diese unterfängt das feine Gewebe sich kreuzender Verantwortungslinien der einander zugeordneten staatlichen Funktionsträger. Darin offenbart sich eine weitere und bislang verdeckte Funktion des

Gesetzesvorbehalts, nämlich die Maßgabe, den wechselseitigen Einfluß von Gesetzgebung, Verwaltung und Grundrechten (bzw. prozeduraler Verfassungsstaatlichkeit) in dynamischer Perspektive *trigonal* zu strukturieren.

Vor allem *Verwaltungsvorschriften zum Verfahren* bedürfen vor diesem Hintergrund einer weitergehenden rechtsatzmäßigen Grundlegung als bisher. Der Vorbehalt legislativer Verfahrenssteuerung darf freilich nicht absolut gesetzt werden. Eine überdehnte Vollzugsverantwortung des Gesetzgebers drohte den verfassungskräftig verankerten Funktionsauftrag der Verwaltung, ihre originäre Verfahrensverantwortung für den eigenen Legitimationsauftrag zu ersticken. Legislative Verfahrenssteuerung stößt deshalb auf Grenzen. Sie verlaufen aber nicht parallel zur Scheidung externer Verfahrenssteuerung von exekutivischer Binnensteuerung, sondern orientieren sich quer dazu am Maßstab einer „Grundrechtsgefährdung", die auch von „internen" Verwaltungsabläufen ausgehen kann.

13. Bezugspunkte der Verfahrenssteuerung durch öffentliche Verwaltung sind der Verwaltungszweck und seine kompetentielle Gestaltung in den Bindungen des Rechts. Den Rahmen hierfür setzt die *Verwaltungsform.* Sie verkörpert die Verpflichtung der Verwaltung, Gesetz und Recht in „verwaltungsmäßiger" Weise zu vollziehen (= Vollzugspflichtigkeit des Verwaltungsverfahrens). In bezug genommen wird dadurch zunächst die behördliche Organisation der administrativen Konkretisierungsprozesse. Dabei erfaßt der Behördenbegriff, so zeigt sich, die gesamte Verwaltungstätigkeit. Für sein Verständnis kommt es auf den materiellen Gehalt des Tätigwerdens an. So handeln kommunale Wirtschaftsunternehmen ebenso als „Behörden", wie das Handeln bloß verwaltungsintern tätiger Stellen einen „behördlichen" Vorgang darstellen kann. Die Zweiteilung von Innen- und Außenrecht kann vor diesem Hintergrund keinen „Dualismus" der Rechtskreise innerhalb des Staates bedeuten. Freilich bleiben Innenrechtssätze noch immer qualitativ etwas anderes als Außenrechtssätze; die Differenzierung liegt in der Existenz hie organisationsrechtlicher Kompetenzzuschreibung und dort subjektiver Rechtsverbürgung.

Jenseits dessen verweist das Erfordernis der behördlichen Organisation des Verwaltungsverfahrens auf den inneren Zusammenhang mit den *Handlungsformen* der Verwaltung. Funktionell sind Verwaltungshandeln und „Handlungsprozeß" untrennbar miteinander verbunden. Die Handlungsformen offenbaren einen deutlichen Verfahrensbezug. Sie gleichen prozeduralen Strukturmustern, die den Prozeß der Rechts- und Zweckkonkretisierung „in Form" bringen und einschlägigen Verfahrensanforderungen unterstellen.

Rechts- und Zweckkonkretisierung durch öffentliche Verwaltung umschließt ferner und traditionell auch *privatrechtliche Tätigkeiten.* Diese in privatrechtlichen Formen ersprießende „Verwaltung" ist ein Bestandteil der materiellen Verwaltungsfunktion. Im Hinblick hierauf unterfällt privatrechtsförmiges Verwaltungshandeln öffentlich-rechtlichen Bindungen. Ob also das Verwaltungshandeln in hoheitlicher oder privatrechtlicher Gestalt abläuft, spielt keine Rolle für seine prozeßbezogene Konstituierung durch die im öffentlichen Recht wurzelnden Verfahrensprinzipien. Soweit diese reichen, ist stets Verwaltungsverfahrensrecht anzuwenden.

Die Bindung der Konkretisierung an die Verwaltungsform läßt somit erkennen, daß Kommunikation, Informationsverarbeitung, Willensbildung und Interaktion in einen (äußeren) Rahmen fest eingefügt sind und nicht voraussetzungslos verlaufen. Doch präsentiert die Handlungsform nur das „Produkt“ des Verhaltens beim Handeln. Welchem inneren „Gesetz“ dieses folgt, worin das relationale Grundmuster der Verfahrensabläufe bzw. -aktivität besteht, gibt die Handlungsform nicht bekannt. Diese *Strukturbindung* der Konkretisierungsprozesse, ihre „Prozeßstruktur“, erschließt sich nur unter Rückgriff auf die im dritten Teil der Untersuchung diskutierten Wirkdimensionen staatlicher Verfahren. Das Ergebnis des Rückgriffs hierauf ist eine Art objektives Grundmuster des Verwaltungsverfahrens, das in Korrespondenz zu dem regulativen Verfahrensmodell prozeduraler Verfassungsstaatlichkeit steht und die Normkonkretisierung des Verwaltungsverfahrensrechts determiniert.

14. Das Grund- bzw. Strukturmuster des Verwaltungsverfahrens wird innerhalb seines rechtlichen Rahmens durch die Figur des *subjektiv-öffentlichen Rechts* geprägt. Dieses formiert die (rechtliche) Kommunikation staatlicher Politik mit dem Bürger einerseits in materiellrechtlicher Beziehung, zugleich aber und andererseits vermittelt es den Zusammenhang der Kommunikationsformen mit den Prozeßstrukturen der Konkretisierung. Im subjektiv-öffentlichen Recht ist deshalb stets und notwendig ein formelles Element enthalten. Es wird dadurch zum Bezugspunkt der verfahrensmäßigen Abwicklung des Rechts- und Sachauftrags öffentlicher Verwaltung: Der konkretisierte Anspruch des einzelnen ist das formell bestimmte materielle subjektive Recht.

Seine nähere Gestaltung ist Aufgabe des *formellen Rechts,* das die Art und Weise der Bestimmung dessen festlegt, was der einzelne als Tun, Dulden oder Unterlassen von einem anderen Rechtssubjekt fordern darf. Ausgangspunkt hierfür ist der *Verfahrenssachverhalt.* Er führt Bürger und Verwaltung sowie die betroffenen Bürger untereinander im Hinblick auf ein bestimmtes Problem auf der Grundlage eines *Verfahrensrechtsverhältnisses* zusammen. Seine Feststellung unterliegt allerdings als ein kommunikativer Vorgang jener grundsätzlichen Zweideutigkeit, die der Wahrnehmung allen Geschehens anhaftet; eine „richtige“ Sachverhaltsermittlung gibt es nicht. Schon im Umgang mit dem Tatsächlichen wird materiell-rechtliches geformt. Um so wichtiger ist, wer alles am Konkretisierungsprozeß teilnehmen soll oder darf.

Im Hinblick hierauf sind verschiedene Erscheinungsformen der *Verfahrensteilhabe* festzustellen. Für den einzelnen zählt dabei die Ausübung seiner materiellen Rechte in ihrer Verfahrensdimension mit Blick auf die Mitwirkung am Verwaltungsverfahren. Dieser Beteiligungsanspruch ist in der spezifisch prozeduralen Systemwirkung des subjektiv-öffentlichen Rechts angelegt; der Kreis der Beteiligten ist demgemäß und prinzipiell in einem materiell-umfassenden Sinn zu bestimmen.

Dabei geht es um „Rechtsbildung“ und um „Rechtsschutz“. Problematisch ist demgegenüber der Begriff der „Rechtswahrung“: Sachverhalt und Rechtslage sind im Verwaltungsverfahren stets noch „im Werden“. Erst nach dem Durchlaufen des Verfahrens haben sich Rechte und Interessen konkretisiert. Deshalb gibt es weniger zu „wahren" als Neues zu gestalten und Bestehendes zu schützen. Beides beruht auf einem durch Interaktionen geprägten Informationsverarbeitungsprozeß: Art und Qualität der administrativen Rechts- und Zweckkonkretisierung hängen davon ab, wie die Informations- und Kommunikationsbeziehungen zwischen der Verwaltung und ihrer Umwelt verfahrensmäßig ausgestattet sind. Der Verwaltungsstaat bedingt hierfür nicht nur die prinzipale Informationsfunktion der öffentlichen Hand, sondern ebenso eine entsprechende Informationsteilhabe des Bürgers zur verantwortlichen Mitgestaltung der Konkretisierung. Sie umfaßt auch eine differenzierte Interessen- und Popularbeteiligung.

Auf diesem Weg vollzieht sich zugleich der Übergang zu einem innengewendeten („sozialen") Aspekt der Rechtsbeziehungen. Die Systemfunktion des subjektiv-öffentlichen Rechts bestimmt auch die Art und Weise, wie sich Verwaltung und Bürger im Konkretisierungsvorgang begegnen. Das Verfahrenshandeln wird in seinem Ansatz ebenso auf Rollenzuweisung wie auf Rollenauflösung festgelegt, also nicht nur auf das Verhalten unter Rollenträgern einreguliert. Hiervon ausgehend, votiert die Untersuchung für eine prinzipielle *Beteiligtenstellung* auch der *öffentlichen Verwaltung* im Verwaltungsverfahren.

Was bei alledem die *Beteiligtenposition des Bürgers* anbelangt, so tritt dieser der Verwaltung gegenüber aus der Rolle eines Objekts des Verwaltungshandelns heraus. Er nimmt die selbständige Position eines gleichberechtigten Verfahrensbeteiligten ein. In allen Rollenvariationen agiert er als Partner der Verwaltung. Die behördliche Verfahrensleitung bedeutet deshalb keineswegs alleinige Verfahrensherrschaft. Im Gegenteil gestaltet sich das Verwaltungsverfahren als ein „Mitwirkungsprozeß"; das am Ende des Konkretisierungsvorganges stehende Ergebnis ist sowohl der Verwaltung als auch dem Bürger zuzurechnen.

Solche Rollenpartnerschaft umschließt eine gewisse *Komplementarität von Rechten und Lasten* auch auf Seiten des Bürgers. Letztere ergänzen einerseits als Mitwirkungspflichten das rechtliche Grundmuster des Verwaltungsverfahrens. Sie prägen andererseits auch Lasten zur eigenen Rechtsverfolgung wie z. B. die Präklusion aus. Beteiligungslasten und Beteiligungsrechte stehen dabei in einem sachnotwendigen Verfahrenszusammenhang; es geht insgesamt um Abwägung und Abgrenzung, nicht aber einseitig um eine Inpflichtnahme und Dominanz der Verfahrensherrschaft.

Die Geltungs- und Führungsspielräume der verfahrensleitenden Behörde finden ihre *Grenze* in der materiellen Rechtsstellung des Bürgers. Der Ablauf des Verwaltungsverfahrens bleibt eng mit dem daraus erfließenden Verfahrensstatus verbunden. Dieser kann nur dann gewährleistet werden, wenn die Verwaltung den Bürger befähigt, sich unter Wahrung seiner Eigenverantwortung der Rechtslage zu vergewissern und sich an der Entwicklung und Auswahl möglicher Konkretisierungsalternativen zu beteiligen. Dies bedingt sowohl den Ausbau eines separaten Beratungsverfahrens im Verwaltungsverfahrensrecht als auch die allgemeine Regelung der Koordinationsvorgänge unter Verwaltungsträgern. Der damit gegebene Verweis auf einzelne „Teil-Verfahren" deutet im übrigen an, in welchem Ausmaß das administrative procedere ganz unterschiedliche Aktivitäten bündelt, die verschieden geklärt und rechtlich geordnet werden müssen. Ein gutes Beispiel hierfür bildet die *Sachverhaltsermittlung*.

15. Abschließend befaßt sich deshalb die Untersuchung mit den Verfahrensaktivitäten zur Sachverhaltsermittlung. Diese beginnt mit der *Problemorientierung* des Verfahrenshandelns. Im Vordergrund steht hierbei die Situations- und Problemdefinition. Jenseits dessen umfaßt die Sachaufklärung die Sachverhaltsfeststellung, die Prüfung und den Vergleich der in Betracht kommenden Handlungs- und Entscheidungsalternativen, die Auswahl der „richtigen" Alternative sowie ihre Durchführung.

Die *Situations- und Problemdefinition* präfixiert vor allem die Informationsnachfrage und Überzeugungsbildung im Verwaltungsverfahren. Je nach dem, wie die Verfahrensbeteiligten das anstehende Problem erfassen, insbesondere für wie kompliziert oder auch interessenbefangen sie es ansehen, dosieren sie ihr Verfahrenshandeln. Die Sachaufklärung gerät dadurch in einen unauflöslichen Bezug zur Identifikation des Konkretisierungsproblems. Der zu seiner Lösung berufene Organwalter konstituiert mit ihr den Rahmen, innerhalb dessen sich die Feststellung und Beurteilung des Sachverhalts bewegen. Darin liegt eine rechtswirksame „Voraus-Verfügung" über diesen im Zusammenhang des Verwaltungsverfahrens.

Für diese „Verfügung" besteht keine ausschließliche Verwaltungskompetenz. Es ist zunächst Sache des *Gesetzgebers* zu normieren, wie das zu lösende Problem gefunden, dann anhängig und schließlich beschrieben werden soll und also das Verwaltungsverfahren einzuleiten ist. In bezug hierauf bleibt allerdings der Verwaltung ein *verfahrenseinleitendes Ermessen* zugestanden. Die Verfahrenseinleitung unterliegt insoweit einer generalisierenden Eigenverantwortung der zuständigen Behörde, die allerdings im Zusammenwirken mit dem Bürger wahrzunehmen ist.

Hat die verfahrensverantwortliche Behörde das Konkretisierungsproblem identifiziert, ein Verfahren eingeleitet und den Verfahrensgegenstand festgelegt, so muß sie ihr Augenmerk darauf richten, alles das zusammenzutragen, was die Tatbestandsmerkmale der anzuwendenden Normen in Definition und Sachverhaltsfeststellung ausfüllt. Die damit erforderliche Informationsbeschaffung und Beweiserhebung beruhen auf einem Ermittlungsauftrag der Behörde, der alle Verfahrensbeteiligten zu einer *kooperativen Sachaufklärung* verbindet. Eine besondere Rolle spielt hierbei das Recht auf informationelle Selbstbestimmung.

Dessen Wahrnehmung oder sonstwie auftretende Aufklärungsdefizite können Fragen der *Beweislast* aufwerfen. Die für die Antwort von Rechtsprechung und Literatur hierzu entwickelten Kriterien bilden nach der in der Untersuchung dargelegten Ansicht ein kaum überzeugendes Konglomerat verschiedenster Aspekte. Die Beweisproblematik ist statt dessen einer wahrscheinlichkeitsgeprägten Beurteilung zuzuführen: Ungewißheit über den Sachverhalt ist in erster Linie ein Problem der materiell-rechtlichen Begründung des für die Verwaltungsentscheidung maßgeblichen Wahrscheinlichkeitsgrads. Dieser wiederum bestimmt das Beweismaß, das die

Behörde im Zuge ihrer Beweiswürdigung anlegt, um einen bestimmten Sachverhalt als das Ergebnis ihrer Ermittlungen feststellen zu können.

Wahrscheinlichkeitsurteil und *Aufklärungsverantwortung* als eine schon im zweiten Teil der Untersuchung herausgearbeitete Form der Verfahrensverantwortung gewähren somit einen Zugang zur Sachverhaltsermittlung, der die Anwendung von Beweislastregeln überflüssig werden läßt. Dies gilt auch bei der Anwendung von unbestimmten Rechtsbegriffen bzw. für Verwaltungshandeln unter Prognose- und Entwicklungsspielräumen. Darüberhinaus führt administrative Konkretisierung über Beweiswürdigung unter Verringerung der Beweisanforderungen und nach Maßgabe der Verfahrensverantwortung an Stelle des Rückgriffs auf Beweislastregeln besonders im *technischen Sicherheitsbereich* zu einschneidenden Konsequenzen. Diese werden in der Untersuchung näher herausgearbeitet.

Die auf das jeweilige Konkretisierungsproblem bezogene Sachaufklärung durch Verfahren macht es erforderlich, alle rechtlich bedeutsamen Tatsachen zusammenzutragen und auszuwerten. Eine solche Verfahrensweise bedingt ausreichend Zeit und Arbeitskapazität. Demgegenüber herrscht regelmäßig die Vordringlichkeit des Befristeten, so daß es immer mehr zu einer generalisierenden Sachaufklärung durch *Verwaltungsvorschriften* kommt. Die Grenzen hierfür liegen vor allem in dem Verbot, Fiktionen an Stelle von Fakten zu setzen. Wie weit deshalb das Typisierungsmandat der Verfahrensvorschriften zulässigerweise reicht, wird in der Untersuchung näher dargelegt.

Gelangt die Verwaltung nach Auswertung der tatsächlichen Informationen zu der Überzeugung, daß der gesetzliche Tatbestand erfüllt wird, kommt es zur (endgültigen) Feststellung des Sachverhalts. Darin liegt zwar eine verfahrensbezogene „Entschließung“, aber keine rechtlich verselbständigte Entscheidung nach gegenwärtigem Verwaltungsverfahrensrecht. Es handelt sich um einen unselbständigen Bestandteil der Konkretisierung. Seine rechtliche Reichweite erweist sich als begrenzt. Gleichwohl stellt die Sachverhaltsfeststellung nicht etwas rein Faktisches dar. Sie ist ein durch das materielle Recht determinierter Vorgang, der nach (formell-) rechtlichen Maßstäben abzuwickeln ist und deshalb eigenständig angreifbar sein sollte.

Dabei liegt es nahe, in der Gemengelage von Sachverhalt und Rechtsbildung den Verfahrensbeteiligten die Befugnis zuzugestehen, nicht aufklärbare Ungewißheiten durch *gemeinsame Disposition* über die Sachverhaltsfeststellung ausräumen zu dürfen. Eine derartige „Privatisierung“ der Sachaufklärung stößt zwar auf Grenzen. Gleichwohl deuten sich für das Verwaltungsverfahren breite Bereiche einer zulässigen Funktionsmischung von öffentlichen und privaten Verfahrensaktivitäten in bezug auf die Sachaufklärung an, wie sie in allgemeiner Form im zweiten Teil der Arbeit diskutiert worden sind.

Der prozeßhafte Charakter der integrierten Problemorientierung macht es schließlich zweifelhaft, wo die begriffliche Grenze für die von der herrschenden Verfahrensrechtsdogmatik postulierte Ermessensbetätigung der Verwaltung bei der Feststellung des Sachverhalts verläuft. Vieles spricht dafür, hierbei einen *Beurteilungsspielraum* darüber zu bejahen, welche Mittel zur Erforschung des Sachverhalts eingesetzt werden sollen. So oder so stellt sich freilich stets die Frage nach der gerichtlichen Kontrolldichte der behördlichen Sachaufklärung, weil für die Sachverhaltsfeststellung ein spezifisches Funktionsmandat der Verwaltung besteht. In dessen Wahrnehmung spricht diese auch den normativ vorgesehenen Rechtsfolgeneintritt aus oder stellt das Verwaltungsverfahren ein.

Literaturverzeichnis

Für die an verschiedenen Stellen der Untersuchung wiederholt genannten Arbeiten wurde beim Zitieren jeweils der kursiv gedruckte Kurztitel verwendet.

Achterberg, Norbert: Probleme der *Funktionenlehre,* München 1970
- Rechtsverhältnisse als Strukturelemente der Rechtsordnung, in: Rechtstheorie Bd. 9 (1978), S. 385ff.
- Einwirkungen des Verfassungsrechts auf das Verwaltungsrecht, in: JA 1980, S. 210ff., 273ff.
- Die Grundsätze des Verwaltungshandelns, in: JA 1982, S. 237ff.
- Gesetzgebung als Wissenschaftsdisziplin, in: DÖV 1982, S. 976ff.
- Die Grundsätze des Verwaltungshandelns im Spiegel der Rechtsprechung, in: Festschrift für
- Gesetzgebung als Wissenschaftsdisziplin, in: DÖV 1982, S. 976ff.
- Die Grundsätze des Verwaltungshandelns im Spiegel der Rechtsprechung, in: Festschrift für K.-H. Mattern zum 65. Geburtstag, Regensburg 1983, S. 170ff.
- Parlamentsrecht, Tübingen 1984
- Allgemeines *Verwaltungsrecht,* 2. Auflage, Heidelberg 1986
- *Rechtsprechung als Staatsfunktion,* Rechtsprechungslehre als Wissenschaftsdisziplin, in: N. Achterberg (Hrsg.), Rechtsprechungslehre, Köln-Berlin-Bonn-München 1986, S. 3ff.

Adamovich, Ludwig/Funk, Bernd-Christian: Allgemeines Verwaltungsrecht, Wien-New York 1980

Alemann, Ulrich von/Schatz, Heribert: Mensch und Technik. Grundlagen und Perspektiven einer sozialverträglichen Technikgestaltung, Opladen 1986

Alexy, Robert: Theorie der juristischen Argumentation, Frankfurt a. M. 1978
- Theorie der *Grundrechte,* Baden-Baden 1985
- Ermessensfehler, in: JZ 1986, S. 701ff.

Allesch, Erwin: Die Anwendbarkeit der Verwaltungsverfahrensgesetze auf das *Widerspruchsverfahren* nach der VwGO, Berlin 1984

Arnim, Hans Herbert von: Gemeinwohl und Gruppeninteressen, Frankfurt a. M. 1977
- *Staatslehre* der Bundesrepublik Deutschland, München 1984
- Zur „Wesentlichkeitstheorie" des Bundesverfassungsgerichts, in: DVBl. 1987, S. 1241ff.
- Ist Staatslehre möglich?, in: JZ 1989, S. 157ff.

Bachof, Otto: Die Dogmatik des Verwaltungsrechts vor den Gegenwartsaufgaben der Verwaltung, in: VVDStRL 30 (1972), S. 193ff.
- Verfahrensrecht, Verfahrenspraxis, in: DÖV 1982, S. 757ff.

Baden, Eberhard: Gesetzgebung und Gesetzesanwendung im Kommunikationsprozeß, Baden-Baden 1977

Badura, Peter: Verwaltungsrecht im liberalen und im sozialen Rechtsstaat, Tübingen 1966
- Auftrag und Grenzen der Verwaltung im sozialen Rechtsstaat, in: DÖV 1968, S. 446ff.
- Verfassung und Verfassungsgesetz, in: Festschrift für U. Scheuner zum 70. Geburtstag, Berlin 1973, S. 19ff.
- Marktwirtschaftliche Freiheit im Verwaltungsstaat, in: Grenzen der Staatstätigkeit in der Marktwirtschaft, 1980, S. 77ff.
- Planung durch Gesetz, in: Festschrift für H. Huber zum 80. Geburtstag, Bern 1981, S. 15ff.
- Die Erfüllung öffentlicher Aufgaben und die Unternehmenszwecke bei der wirtschaftlichen Betätigung der öffentlichen Hand, in: Festschrift für H.-J. Schlochauer, Berlin-New York 1981, S. 3ff.
- Die gegenwärtige Diskussion über das Verwaltungsverfahren in der Bundesrepublik Deutschland, in: JA 1981, S. 33ff.

– Die verfassungsrechtliche Pflicht des gesetzgebenden Parlaments zur „Nachbesserung" von Gesetzen, in: Festschrift für K. Eichenberger zum 60. Geburtstag, Basel-Frankfurt a.M. 1982, S. 481 ff.
– Gestaltungsfreiheit und Beurteilungsspielraum der Verwaltung, bestehend aufgrund und nach Maßgabe des Gesetzes, in: Festschrift für O. Bachof, München 1984, S. 169 ff.
– Grenzen und Alternativen des gerichtlichen Rechtsschutzes in Verwaltungsstreitsachen, in: JA 1984, S. 83 ff.
– Wirtschaftsverwaltungsrecht, in: I. v. Münch (Hrsg.), Besonderes Verwaltungsrecht, 8. Auflage, Berlin-New York 1988, S. 283 ff.
– Staatsrecht, München 1986
– Die *parteienstaatliche Demokratie* und die Gesetzgebung, Berlin-New York 1986
– Das *Verwaltungsverfahren,* in: H.-U. Erichsen/W. Martens (Hrsg.), Allgemeines Verwaltungsrecht, 8. Auflage, Berlin-New York 1988, S. 373 ff.
– Die *parlamentarische Demokratie,* in: J. Isensee/P. Kirchhof (Hrsg.), Handbuch des Staatsrechts, Bd. I: Grundlagen von Staat und Verfassung, Heidelberg 1987, S. 953 ff.
– Art. „Verfassung", in Evangelisches Staatslexikon, Bd. II., 3. Auflage, Stuttgart 1987, Sp. 3737 ff. (zit.: „EvStL II")
Barbey, Günther: Bundesverfassungsgericht und einfaches Gesetz, Berlin-New York 1986
Bargen, Joachim von: Rechtsschutz im verwaltungsgerichtlichen Verfahren, in: D. Posser/R. Wassermann (Hrsg.), Von der bürgerlichen zur sozialen Rechtsordnung, 1981, S. 275 ff.
Bartlsperger, Richard: Organisierte Einwirkungen auf die Verwaltung, in: VVDStRL 33 (1975), S. 221 ff.
– Leitlinien zur Regelung der gemeinschaftsrechtlichen Umweltverträglichkeitsprüfung unter Berücksichtigung der Straßenplanung, in: DVBl. 1987, S. 1 ff.
Battis, Ulrich: Partzipation im Städtebaurecht, Berlin 1976
– Allgemeines Verwaltungsrecht, Heidelberg 1985
Baudenbacher, Carl: Verfahren als Alternative zur Verrechtlichung im Wirtschaftsrecht?, in: ZRP 1986, S. 301 ff.
Bauer, Hartmut: Geschichtliche Grundlagen der *Lehre vom subjektiven öffentlichen Recht,* Berlin 1986
– Informelles Verwaltungshandeln im öffentlichen Wirtschaftsrecht, in: VerwArch. Bd. 78 (1987), S. 241 ff.
Baumgärtel, Gottfried: Beweisrechtliche Studien. Beweiswürdigung – Abgrenzung zur Beweislast – Beweismaß, in: Festschrift der Rechtswissenschaftlichen Fakultät zur 600-Jahr-Feier der Universität zu Köln, Köln-Berlin-Bonn-München 1988, S. 165 ff.
Baur, Fritz: Einige Bemerkungen zur Beweislastverteilung im Verwaltungsprozeß, in: Festschrift für O. Bachof zum 70. Geburtstag, München 1984, S. 285 ff.
Becher, Berthold: Recht und sozialpolitische Selbststeuerung, in: R. Voigt (Hrsg.), Recht als Instrument der Politik, Opladen 1986, S. 279 ff.
Becker, Bernd: Entscheidungen in der öffentlichen Verwaltung, in: K. König/H.-J. von Oertzen/F. Wagener (Hrsg.), Öffentliche Verwaltung in der Bundesrepublik Deutschland, Baden-Baden 1981, S. 279 ff.
Becker, Franz: Das allgemeine *Verwaltungsverfahren* in Theorie und Gesetzgebung, Stuttgart 1960
Becker, Jürgen: Gewaltenteilung im Gruppenstaat, Baden-Baden 1986
– Informales Verwaltungshandeln zur Steuerung wirtschaftlicher Prozesse im Zeichen der Deregulierung, in: DÖV 1985, S. 1003 ff.
Becker, Peter: Skeptisches zum Beurteilungsspielraum, in: Festschrift für H. Simon, Baden-Baden 1987, S. 623 ff.
Beckmann, Martin: Die gerichtliche Überprüfung von Verwaltungsvorschriften im Wege der verwaltungsgerichtlichen Normenkontrolle, in: DVBl. 1987, S. 611 ff.
Behrens, Henning: Politische *Entscheidungsprozesse,* Berlin 1980

Behrens, Peter: Die ökonomischen Grundlagen des Rechts, Tübingen 1986

Benda, Ernst: Privatspäre und „Persönlichkeitsprofil". Ein Beitrag zur Datenschutzdiskussion, in: Festschrift für W. Geiger zum 65. Geburtstag, Tübingen 1974, S. 23ff.

– Grundrechte. Die Menschenwürde, in: ders./W. Maihofer/H.-J. Vogel (Hrsg.), Handbuch des Verfassungsrechts der Bundesrepublik Deutschland, Berlin-New York 1983, S. 107ff. (zit.: „HdbVerfR")

– Der soziale Rechtsstaat, in: ders./W. Maihofer/H.-J. Vogel (Hrsg.), Handbuch des Verfassungsrechts der Bundesrepublik Deutschland, Berlin-New York 1983, S. 477ff. (zit.: „HdbVerfR")

– *Sozialrechtliche Eigentumspositionen* im Arbeitskampf, Baden-Baden 1986

Berg, Wilfried: Zur Untersuchungsmaxime im Verwaltungsverfahren, in: DVerw. Bd. 9 (1976), S. 161ff.

– Die Beweislast im Verwaltungsprozeß am Beispiel des Wohngeldrechts – BVerwGE 44, 265, in: JuS 1977, S. 23ff.

– Die verwaltungsrechtliche *Entscheidung* bei ungewissem Sachverhalt, Berlin 1980

– *Sicherung der Selbstverwaltung* im Verwaltungsverfahren, in: Festschrift für G. v. Unruh zum 70. Geburtstag, Heidelberg 1983, S. 1015ff.

– Grundsätze des verwaltungsgerichtlichen Verfahrens, in: Festschrift für C.-F. Menger zum 70. Geburtstag, Köln-Berlin-Bonn-München 1985, S. 537ff.

– *Politisierung der Verwaltung:* Instrument der Steuerung oder Fehlsteuerung?, in: H. H. v. Arnim/H. Klages (Hrsg.), Probleme der staatlichen Steuerung und Fehlsteuerung in der Bundesrepublik Deutschland, Berlin 1986, S. 141ff.

Bergius, Rudolf: Sozialpsychologie, Hamburg 1976

Bethge, Herbert: Zur Problematik von *Grundrechtskollisionen,* München 1977

– Grundfragen innerorganisationsrechtlichen Rechtsschutzes, in: DVBl. 1980, S. 309ff.

– Grundrechtsverwirklichung und Grundrechtssicherung durch Organisation und Verfahren, in: NJW 1982, S. 1ff.

Bettermann, Karl August: Notwendigkeit, Möglichkeiten und Grenzen einer Angleichung der deutschen Verfahrensordnungen, in: ZZP Bd. 70 (1957), S. 161ff.

– Das Verwaltungsverfahren, in: VVDStRL Bd. 17 (1959), S. 118ff.

– Über die Rechtswidrigkeit von Staatsakten, in: Festschrift für H. Huber zum 80. Geburtstag, Bern 1981, S. 25ff.

– Anfechtbare und nichtanfechtbare Verfahrensmängel, in: Festschrift für C.-F. Menger zum 70. Geburtstag, Köln-Berlin-Bonn-München 1985, S. 709ff.

Beyerlin, Ulrich: Schutzpflicht der Verwaltung gegenüber dem Bürger außerhalb des formellen Verwaltungsverfahrens? Überlegungen zu Problemen der heutigen Umweltschutzpraxis, in: NJW 1987, S. 2713ff.

Bieback, Karl-Jürgen: Sozialstaatsprinzip und Grundrechte, in: EuGRZ 1985, S. 657ff.

Blanke, Thomas: Recht, System und Moral – Vorüberlegungen zu einer ökologischen Verfassungstheorie, in: Festschrift für R. Schmid zum 85. Geburtstag, Baden-Baden 1985, S. 395ff.

– Autonomie und Demokratie. Die Krise der Integrationskraft des Rechts und die Wiederbelebung der Demokratiediskussion, in: KritJ 1986, S. 406ff.

Blankenburg, Erhard: The Poverty of Evolutionism: A Critique of Teubner's Case for „Reflexive Law", in: LSR Jg. 18 (1984), S. 273ff.

Blankenburg, Erhard/Gawron, Thomas/Rogowski, Ralf/Voigt, Rüdiger: Zur Analyse und Theorie der Implementation von Gerichtsentscheidungen, in: DÖV 1986, S. 274ff.

Blankenburg, Erhard/Treiber, Hubert: Interpretationsherrschaft über die Grundrechte als Konkurrenzproblem zwischen Rechts- und (empirisch-orientierten) Sozialwissenschaftlern, in: W. Hassemer/W. Hoffmann-Riem/J. Limbach (Hrsg.), Grundrechte und soziale Wirklichkeit, Baden-Baden 1982, S. 9ff.

Bleckmann, Albert: Staatsrecht II – Die Grundrechte, 3. Auflage, Köln-Berlin-Bonn-München 1989

Blessing, Karlheinz: Die *Zukunft des Sozialstaats,* Opladen 1987

Blümel, Willi: Masseneinwendungen im Verwaltungsverfahren, in: Festschrift für W. Weber zum 70. Geburtstag, Berlin 1974, S. 539ff.

– *Grundrechtsschutz* durch Verfahrensgestaltung, in: ders. (Hrsg.), Frühzeitige Bürgerbeteiligung bei Planungen, Berlin 1982, S. 23ff.

Blümel, Willi (Hrsg.): *Frühzeitige Bürgerbeteiligung* bei Planungen, Berlin 1982

– Die Vereinheitlichung des Verwaltungsverfahrensrechts, Berlin 1984

Bobbio, Norberto: Die Zukunft der Demokratie, Berlin 1988

Böckenförde, Ernst-Wolfgang: Die Organisationsgewalt im Bereich der Regierung, Berlin 1964

– Organ, Organisation, Juristische Person. Kritische Überlegungen zu den Grundbegriffen und der Konstruktionsbasis des staatlichen Organisationsrechts, in: Festschrift für H. J. Wolff zum 75. Geburtstag, München 1973, S. 269ff.

– Die *Entstehung des Staates* als Vorgang der Säkularisation, in: ders., Staat, Gesellschaft, Freiheit, Frankfurt a. M. 1976, S. 65ff.

– Die Eigenart des Staatsrechts und der Staatsrechtswissenschaft, in: Festschrift für H. U. Scupin zum 80. Geburtstag, Berlin 1983, 317ff.

– Die *verfassungsgebende Gewalt des Volkes* – Ein Grenzbegriff des Verfassungsrechts, Frankfurt a. M. 1986

– *Demokratie als Verfassungsprinzip,* in: J. Isensee/P. Kirchhof (Hrsg.), Handbuch des Staatsrechts, Bd. I: Grundlagen von Staat und Verfassung, Heidelberg 1987, S. 887ff.

– *Demokratische Willensbildung* und Repräsentation, in: J. Isensee/P. Kirchhof (Hrsg.), Handbuch des Staatsrechts, Bd. II: Demokratische Willensbildung – Die Staatsorgane des Bundes, Heidelberg 1987, S. 29ff.

Böhr, Christoph: Liberalismus und Minimalismus. Kritische Anmerkungen zur philosophischen und politischen Entfaltung einer zeitgenössischen Minimalstaatskonzeption, Heidelberg 1985

Böhret, Carl: Verwaltungspolitik als Reaktion auf gesellschaftliche Bindungen und politische Freiräume der Verwaltung, in: ders./H. Siedentopf (Hrsg.), Verwaltung und Verwaltungspolitik, Berlin 1983, S. 27ff.

– *Technikfolgen und Verantwortung* der Politik, in: Aus Politik und Zeitgeschichte. Beilage zur Wochenzeitung „Das Parlament", B 19–20/1987, S. 3ff.

– Neuartige Folgen – eine „andere" Verwaltung?, in: VerwArch. Bd. 80 (1989), S. 13ff.

– *Gesetzgebung* – Programmatische Ordnung oder tagespolitische Reaktion?, in: H. Hill (Hrsg.), Zustand und Perspektiven der Gesetzgebung, Berlin 1989, S. 55ff.

Bönsch, Manfred: Zwischenmenschlichkeit und Verwaltung, in: DVP 1984, S. 31ff.

Börger, Michael: Genehmigungs- und Planungsentscheidungen unter dem Gesichtspunkt des Gesetzesvorbehalts, Münster 1987

Börner, Bodo: Die *Beweislast* als Hebel der Rechtspolitik, insbesondere im Immissionsschutzrecht, in: ders. (Hrsg.), Umwelt-Verfassung-Verwaltung, Baden-Baden 1982, S. 117ff.

Bohne, Eberhard: Der informale Rechtsstaat, Berlin 1981

– Informalität, Gleichheit und Bürokratie, in: R. Voigt (Hrsg.), Gegentendenzen zur Verrechtlichung, Jahrbuch für Rechtssoziologie und Rechtstheorie, Bd. 9, Opladen 1983, S. 202ff.

– Informales Verwaltungs- und Regierungshandeln als Instrument des Umweltschutzes, in: VerwArch. Bd. 75 (1984), S. 343ff.

Bonk, Heinz Joachim: Vereinheitlichung und Fortentwicklung des Verwaltungsverfahrensrechts in Bund und Ländern, in: DVBl. 1986, S. 485ff.

Bonner Kommentar: Kommentar zum Bonner Grundgesetz, Hamburg 1950ff. (zit.: „BK")

Bosetzky, Horst/Heinrich, Peter: Mensch und Organisation, 3. Auflage, Köln-Stuttgart-Berlin-Hannover-Kiel-Mainz-München 1985

Braun, Wilfried: Offene Kompetenznormen – ein geeignetes und zulässiges Regulativ im Wirtschaftsverwaltungsrecht?, in: VerwArch. Bd. 76 (1985), S. 24ff., 158ff.

Breitkopf, Karl: Rücknahme und Widerruf von Verwaltungsakten mit Dauerwirkung unter besonderer Berücksichtigung des Wiederaufgreifens des Verwaltungsverfahrens im Recht der Sozialversicherung und der Kriegsopferversorgung, Diss. Bochum 1980

Breuer, Rüdiger: Direkte und indirekte Rezeption technischer Regeln durch die Rechtsordnung, in: AöR Bd. 101 (1976), S. 46ff.

Brohm, Winfried: Die Dogmatik des Verwaltungsrechts vor den Gegenwartsaufgaben der Verwaltung, in: VVDStRL 30 (1972), S. 245ff.

– *Verwaltungsvorschriften* als administrative Rechtsquelle – ein ungelöstes Problem des Innenrechts, in: ders. (Hrsg.), Drittes deutsch-polnisches Verwaltungssymposion, Baden-Baden 1983, S. 11ff.

– Zum Funktionswandel der Verwaltungsgerichtsbarkeit, in: NJW 1984, S. 8ff.

– Gesetzesvollzug als Handelsobjekt?, in: W. Heinz (Hrsg.), Rechtstatsachenforschung heute, Konstanz 1986, S. 103ff.

– Die staatliche Verwaltung als eigenständige Gewalt und die Grenzen der Verwaltunsgerichtsbarkeit, in: DVBl. 1986, S. 321ff.

– *Sachverständige Beratung* des Staates, in: J. Isensee/P. Kirchhof (Hrsg.), Handbuch des Staatsrechts der Bundesrepublik Deutschland, Bd. II: Demokratische Willensbildung – Die Staatsorgane des Bundes, Heidelberg 1987, S. 207ff.

– Polyzentrische Steuerung durch das Recht. Zur Rolle von Verwaltung und Verwaltungsgerichtsbarkeit in der Bundesrepublik Deutschland, in: JfR 1987, S. 31ff.

– Verwaltung und Verwaltungsgerichtsbarkeit als Steuerungsmechanismen in einem polyzentrischen System der Rechtserzeugung, in: DÖV 1987, S. 265ff.

– Situative Gesetzesanpassung durch die Verwaltung, in: NVwZ 1988, S. 794ff.

– Alternative Steuerungsmöglichkeiten als „bessere" Gesetzgebung?, in: H. Hill (Hrsg.), Zustand und Perspektiven der Gesetzgebung, Berlin 1989, S. 217ff.

Bruder, Wolfgang: Umsetzung und Vollzug von Verwaltungsprogrammen, in: DVerw. Bd. 16 (1983), S. 200ff.

Brugger, Winfried: Grundrechte und Verfassungsgerichtsbarkeit in den Vereinigten Staaten von Amerika, Tübingen 1987

– Rechtsprobleme der Verweisung im Hinblick auf Publikation, Demokratie und Rechtsstaat, in: VerwArch. Bd. 78 (1987), S. 1ff.

Brunner, Georg: Kontrolle in Deutschland. Eine Untersuchung zur Verfassungsordnung in beiden Teilen Deutschlands, Köln 1972

Bryde, Brun-Otto: Verfassungsentwicklung. Stabilität und Dynamik im Verfassungsrecht der Bundesrepublik Deutschland, Baden-Baden 1982

– Die Einheit der Verwaltung als Rechtsproblem, in: VVDStRL Bd. 46 (1988), S. 181ff.

Buchwald, Delf: Zum Begriff der rationalen juristischen *Begründung,* in: R. Mellinghoff/H.-H. Trute (Hrsg.), Die Leistungsfähigkeit des Rechts, Heidelberg 1988, S. 61ff.

Bueckling, Adrian: Der Fluch der Generalklauseln, in: ZRP 1983, S. 190ff.

Bühl, Walter L.: Grenzen der Autopoiesis, in: KZfSS 39. Jg. (1987), S. 225ff.

Büllesbach, Alfred: Rechtswissenschaft und Sozialwissenschaft, in: A. Kaufmann/W. Hassemer (Hrsg.), Einführung in Rechtsphilosophie und Rechtstheorie der Gegenwart, 5. Auflage, Heidelberg 1989, S. 392ff.

Bull, Hans Peter: Die *Staatsaufgaben* nach dem Grundgesetz, 2. Auflage (Um einen Anhang erweiterte Studienausgabe; Taschenbuchausgabe der 2. Auflage), Kronberg/Ts. 1977

– Allgemeines *Verwaltungsrecht,* 2. Auflage, Heidelberg 1986

Bulling, Manfred: Kooperatives Verwaltungshandeln (Vorverhandlungen, Arrangements, Agreements und Verträge) in der Verwaltungspraxis, in: DÖV 1989, S. 277ff.

Bullinger, Martin: Verwaltungsermessen im modernen Staat. Landesbericht Bundesrepublik Deutschland, in: ders. (Hrsg.), Verwaltungsermessen im modernen Staat, Baden-Baden 1986, S. 131ff.

Bund, Elmar: Juristische Logik und Argumentation, Freiburg 1983

Burdenski, Wolfhart/Maydell, Bernd von/Schellhorn, Walter: Gemeinschaftskommentar zum Sozialgesetzbuch Allgemeiner Teil, 2. Auflage, Neuwied und Darmstadt 1981 (zit.: „GK-SGBI")

Burmeister, Joachim: Selbstverwaltungsgarantie und wirtschaftliche Betätigung der Kommunen, in: G. Püttner (Hrsg.), Handbuch der kommunalen Wissenschaft und Praxis, Bd. 5: Kommunale Wirtschaft, 2. Auflage, Berlin-Heidelberg-New York-Tokyo 1984, S. 3ff. (zit.: „HdbKWP")

– *Innenrecht der Verwaltung* zur Gewährleistung der Kooperation von Verwaltungsträgern und der Koordination von Verwaltungszwecken, in: W. Brohm (Hrsg.), Drittes deutsch-polnisches Verwaltungssymposion, Baden-Baden 1984, S. 45ff.

– Grundgesetzliche *Verfahrensstrukturierungsgebote* komplexer Verwaltungsentscheidungen, in: Jahrbuch des Umwelt- und Technikrechts 1988, Düsseldorf 1988, S. 121ff.

Busch, Eckart: Parlamentarische Kontrolle. Ausgestaltung und Wirkung, Heidelberg 1983

Busse, Dietrich: Semantische Regeln und Rechtsnormen – ein Grundproblem von Gesetzesbindung und Auslegungsmethodik in linguistischer Sicht, in: R. Mellinghoff/H.-H. Trute (Hrsg.), Die Leistungsfähigkeit des Rechts, Heidelberg 1988, S. 23ff.

Busse, Volker: Der Kernbereich exekutiver Eigenverantwortung im Spannungsfeld der staatlichen Gewalten, in: DÖV 1989, S. 45ff.

Bydlinski, Franz: Juristische *Methodenlehre* und Rechtsbegriff, Wien-New York 1982

Canaris, Claus-Wilhelm: Grundrechte und Privatrecht, in: AcP Bd. 184 (1984), S. 201ff.; Bd. 185 (1985), S. 9ff.

Christensen, Ralph: Gesetzesbindung oder Bindung an das Gesetzbuch der praktischen Vernunft – Eine skeptische Widerrede zur Vorstellung des sprechenden Textes, in: R. Mellinghoff/H.-H. Trute (Hrsg.), Die Leistungsfähigkeit des Rechts, Heidelberg 1988, S. 95ff.

Crott, Helmut: Soziale Interaktion und Gruppenprozesse, Stuttgart-Berlin-Köln-Mainz, 1979

Czybulka, Detlef: Die *Legitimation* der öffentlichen Verwaltung, Heidelberg 1989

Dechsling, Rainer: Das *Verhältnismäßigkeitsgebot,* München 1989

Degenhart, Christoph: Vollendete Tatsachen und faktische Rechtslagen im Verwaltungsrecht, in: AöR Bd. 103 (1978), S. 163ff.

– Gesetzgebung im Rechtsstaat, in: DÖV 1981, S. 477ff.

– Kernenergierecht, 2. Auflage, Köln-Berlin-Bonn-München 1982

– Das Verwaltungsverfahren zwischen Verwaltungseffizienz und Rechtsschutzauftrag, in: DVBl. 1982, S. 872ff.

– Rechtsstaat-Sozialstaat. Anmerkungen zum aktuellen Problemstand, in: Festschrift für H. U. Scupin zum 80. Geburtstag, Berlin 1983, S. 537ff.

– Präklusion im Verwaltungsprozeß, in: Festschrift für C.-F. Menger zum 70. Geburtstag, Köln-Berlin-Bonn-München 1985, S. 621ff.

– Staatsrecht I. Staatszielbestimmungen, Staatsorgane, Staatsfunktionen, 4. Auflage, Heidelberg 1988

Dehe, Hans Günther: Möglichkeiten und Grenzen einer Entbürokratisierung, in: DÖV 1980, S. 76ff.

Denninger, Erhard: Verfassungsrechtliche Schlüsselbegriffe, in: Festschrift für R. Wassermann zum 60. Geburtstag, Darmstadt 1985, S. 279ff.

– Die *Herrschaftsordnung der parlamentarischen Demokratie* – Die rechtsstaatliche Demokratie zwischen Staatsverwaltung, Parteien und Verbänden, in: A. Randelzhofer/W. Süß (Hrsg.), Konsens und Konflikt. 35 Jahre Grundgesetz, Berlin-New York 1986, S. 200ff.

– Auswirkungen der Verfassungsrechtsprechung auf Verwaltung und Verwaltungsverfahren, in: Der Staat Bd. 25 (1986), S. 103ff.

– Verfassung und Gesetz, in: KritV 1986, S. 291ff.

– Neue Rechte im technologischen Zeitalter?, in: KritJ 1989, S. 147ff.

Denninger, Erhard/Ridder, Helmut/Simon, Helmut/Stein, Ekkehart (Red.): Kommentar zum

Grundgesetz für die Bundesrepublik Deutschland, 2 Bde., Neuwied und Darmstadt 1984 (Reihe Alternativkommentare, zit.: „AK-GG")
Derleder, Peter: Vertragspflichten als Sozialpflichten, in: KritJ 1986, S. 263ff.
Derlien, Hans-Ulrich: Implementationsprobleme: Bürokratische Ineffizienz oder politische Programmfehler?, in: VerwArch. Bd. 75 (1984), S. 256ff.
– Die selektive Interpretation der Weberschen Bürokratietheorie in der Organisations- und Verwaltungslehre, in: VerwArch. Bd. 80 (1989), S. 319ff.
Diamond, Stanley/Narr, Wolf-Dieter/Homann, Rolf (Hrsg.): Bürokratie als Schicksal?, Opladen 1985
Dias, R. W. M.: Autopoiesis and the Judicial Process, in: Rechtstheorie Bd. 11 (1980), S. 257ff.
Dieckmann, Johann: Konfliktregulierung durch Dialoge, Freiburg i. Brsg. 1989
Dieterich, Thomas: Freiheit und Bindung des Richters, in: RdA 1986, S. 1ff.
Dittmann, Armin: Verwaltungsverfahrensgesetz und Schule, in: H. J. Birk/A. Dittmann/M. Erhardt (Hrsg.), Kulturverwaltungsrecht im Wandel, Stuttgart-München-Hannover 1981, S. 62ff.
– Die Bundesverwaltung, Tübingen 1983
Dittus, Rolf: Vereinheitlichung des Verwaltungsverfahrensrechts in den Ländern, in: W. Blümel (Hrsg.), Die Vereinheitlichung des Verwaltungsverfahrensrechts, Berlin 1984, S. 79ff.
Dodenhoff, Wilhelm J.: Ist oder wird die Bundesrepublik Deutschland ein Verwaltungsstaat?, in: VerwArch. Bd. 75 (1984), S. 1ff.
Dörr, Dieter: Faires Verfahren. Gewährleistung im Grundgesetz der Bundesrepublik Deutschland, Kehl am Rhein – Straßburg 1984
Dolde, Klaus Peter: Grundrechtsschutz durch einfaches Verfahrensrecht?, in: NVwZ 1982, S. 65ff.
Dolzer, Rudolf: Zum Begründungsgebot im geltenden Verwaltungsrecht, in: DÖV 1985, S. 9ff.
Doppler, Klaus/Voigt, Bert: Gruppendynamik und der institutionelle Faktor, in: C. H. Bachmann (Hrsg.), Kritik der Gruppendynamik. Grenzen und Möglichkeiten sozialen Lernens, Frankfurt a. M. 1981, S. 340ff.
Dreier, Horst: Das Majoritätsprinzip im demokratischen Verfassungsstaat, in: ZParl Bd. 17 (1986), S. 94ff.
Dubischar, Roland: Grundsätze der Beweislastverteilung im Zivil- und Verwaltungsprozeß, in: JuS 1971, S. 385ff.
Dünisch, Friedrich: Die Erbringung und Beschaffung der ambulanten nichtärztlichen Dienst- und Sachleistungen in der Gesetzlichen Krankenversicherung, Diss. jur. München 1983
Dworkin, Ronald: Bürgerrechte ernstgenommen (dt. Übersetzung der Originalausgabe „Taking Rights Seriously", Harvard 1978), Frankfurt a. M. 1984
Eberle, Carl-Eugen: Gesetzesvorbehalt und Parlamentsvorbehalt – Erkenntnisse und Folgerungen aus der jüngeren Verfassungsrechtsprechung, in: DÖV 1984, S. 485ff.
– Arrangements im Verwaltungsverfahren, in: DVerw. Bd. 17 (1984), S. 439ff.
– *Gesetzgebung und ADV*-Beiträge der Rechts- und Verwaltungsinformatik, in: W. Schrekkenberger (Hrsg.), Gesetzgebungslehre, 1986, S. 121ff.
Ebsen, Ingwer: Das *Bundesverfassungsgericht* als Element gesellschaftlicher Selbstregulierung, Berlin 1985
Eder, Klaus: Zur Rationalisierungsproblematik des modernen Rechts, in: Soziale Welt Jg. 29 (1978), S. 247ff.
– Prozedurale Rationalität. Moderne Rechtsentwicklung jenseits von formaler Rationalisierung, in: ZfRSoz Bd. 7 (1986), S. 1ff.
Ehlers, Dirk: Rechtsstaatliche und prozessuale Probleme des Verwaltungsprivatrechts, in: DVBl. 1983, S. 422ff.
– Verwaltung in Privatrechtsform, Berlin 1984

– Rechtsprobleme der Anhörung im sozialrechtlichen Verwaltungsverfahren, in: DVerw. Bd. 17 (1984), S. 295 ff.
Eichenberger, Kurt: Die *politische Verantwortlichkeit* der Regierung im schweizerischen Staatsrecht, in: Festschrift für H. Huber zum 60. Geburtstag, Bern 1961, S. 109 ff.
– Gesetzgebung im Rechtsstaat, in: VVDStRL Bd. 40 (1982), S. 7 ff.
– Zum Stand des Verfassungsrechts im Lichte der Reformbegehren und der Lage der Staatsrechtswissenschaft, in: Der Staat Bd. 25 (1986), S. 1 ff.
Eichenberger, Michael: Die Einschränkung des Rechtsschutzes gegen behördliche Verfahrenshandlungen, Berlin 1986
Eichhorn, Peter (Hrsg.): Verwaltungslexikon, Baden-Baden 1985
Eichhorn, Peter/Friedrich, Peter: Verwaltungsökonomie I. Methodologie und Management der öffentlichen Verwaltung, Baden-Baden 1976
Ellwein, Thomas: Gesetzgebung, Regierung, Verwaltung, in: E. Benda/W. Maihofer/H. J. Vogel (Hrsg.), Handbuch des Verfassungsrechts, Berlin-New York 1983, S. 1093 ff. (zit.: „HdbVerfR")
– Staatliche Steuerung in der parlamentarischen Demokratie, in: DÖV 1984, S. 748 ff.
– Verwaltung und *Verwaltungsvorschriften,* Opladen 1989
Ellwein, Thomas/Hesse, Jens Joachim: Das *Regierungssystem* der Bundesrepublik Deutschland, 6. Auflage, Opladen 1987
Engisch, Karl: Die Idee der *Konkretisierung* in Recht und Rechtswissenschaft unserer Zeit, Heidelberg 1953
– *Einführung* in das juristische Denken, 7. Auflage, Stuttgart-Berlin-Köln-Mainz 1977
– *Wahrheit und Richtigkeit* im juristischen Denken, in: ders., Beiträge zur Rechtstheorie, hrsg. von P. Bockelmann/A. Kaufmann/U. Klug, Frankfurt a. M. 1984, S. 286 ff.
Erbguth, Wilfried: Neue Aspekte zur planerischen Abwägungsfehlerlehre?, in: DVBl. 1986, S. 1230 ff.
– Normkonkretisierende Verwaltungsvorschriften, in: DVBl. 1989, S. 473 ff.
Erdmann, Ulrich/Fiedler, Herbert/Haft, Fritjof/Traunmüller, Roland (Hrsg.), Computergestützte Juristische Expertensysteme, Tübingen 1986
Erichsen, Hans-Uwe: Zum Verhältnis von Gesetzgebung und Verwaltung nach dem Grundgesetz, in: VerwArch. Bd. 70 (1979), S. 249 ff.
– Verwaltungsrecht und Verwaltungsgerichtsbarkeit I, 2. Auflage, München 1984
– Die sog. unbestimmten Rechtsbegriffe als Steuerungs- und Kontrollmaßgaben im Verhältnis von Gesetzgebung, Verwaltung und Rechtsprechung, in: DVBl. 1985, S. 22 ff.
– *Gemeinde und Private* im wirtschaftlichen Wettbewerb, Heidelberg 1987
Erichsen, Hans-Uwe: Das *Verwaltungshandeln,* in: ders./W. Martens (Hrsg.), Allgemeines Verwaltungsrecht, 8. Auflage, Berlin-New York 1988, S. 137 ff.
Ermacora, Felix: Allgemeine Staatslehre. 2 Teilbände, Berlin 1970 (zit.: „Staatslehre I/II")
– Soft Law im Verfassungsrecht?, in: Festschrift für W. Geiger zum 80. Geburtstag, Tübingen 1989, S. 145 ff.
Esser, Josef: Vorverständnis und Methodenwahl in der Rechtsfindung, Frankfurt a. M. 1970
– *Gesetzesrationalität* im Kodifikationszeitalter und heute, in: H.-J. Vogel/J. Esser, 100 Jahre oberste deutsche Justizbehörde. Vom Reichsjustizamt zum Bundesministerium der Justiz, Tübingen 1977, S. 13 ff.
Faber, Heiko: Verwaltungsrecht, 2. Auflage, Tübingen 1989
Faude, Michael: Selbstverantwortung und Solidarverantwortung im Sozialrecht, Bonn 1983
Feick, Jürgen/Mayntz, Renate: Bürger im bürokratischen Staat: Repräsentative Beurteilungen und Handlungseinschätzungen, in: DVerw. Bd. 15 (1982), S. 409 ff.
Feneberg, Hermann: Zum Musterentwurf eines Verfahrensgesetzes, in: DVBl. 1965, S. 177 ff.
Fezer, Karl-Heinz: Teilhabe und Verantwortung. Die personale Funktionsweise des subjektiven Privatrechts, München 1986

Fickert, Hans Carl: Planfeststellungsverfahren (Bundes- und Landesrecht), in: W. Blümel (Hrsg.), Die Vereinheitlichung des Verwaltungsverfahrensrechts, Berlin 1984, S. 145ff.

Fiedler, Herbert: Automatisierung der Rechtspflege im Rechtsstaat, in: Rechtspflegerblatt 1979, S. 47ff.

– *Entwicklung der Informationstechnik* und Entwicklung von Methoden für die öffentliche Verwaltung , in: H. Reinermann/H. Fiedler/K. Grimmer/K. Lenk/R. Traunmüller (Hrsg.), Öffentliche Verwaltung und Informationstechnik, Berlin-Heidelberg-New York-Tokyo 1985, S. 43ff.

– Logische Struktur und *informationstechnische Unterstützung* richterlicher Rechtsprechung, in: N. Achterberg (Hrsg.), Rechtsprechungslehre, Köln-Berlin-Bonn-München 1986, S. 311ff.

Fiedler, Wilfried: Die materiell-rechtlichen Bestimmungen des Verwaltungsverfahrensgesetzes und die Systematik der verwaltungsrechtlichen Handlungsformen, in: AöR Bd. 105 (1980), S. 79ff.

Fikentscher, Wolfgang: Methoden des Rechts in vergleichender Darstellung, Bd. I–V, Tübingen 1975–1977

– Präjudizienbindung, in: Zeitschrift für Rechtsvergleichung 1985, S. 163ff.

Finkelnburg, Klaus/Lässig, Curt Lutz: Kommentar zum Verwaltungsverfahrensgesetz. Bd. 1, 1. Lieferung (§§ 1–10), Düsseldorf 1979 (zit.: „VwVfG")

Fischer, Michael: Rationalisierung der Gesetzgebung?, in: Festschrift für O. Weinberger zum 65. Geburtstag, Berlin 1984, S. 503ff.

Fleiner-Gerster, Thomas: Kriterien für die *Aufgabenverteilung* von Staat und Gesellschaft, in: Gesellschaft für Rechtspolitik (Hrsg.), Bitburger Gespräche. Jahrbuch 1984, München 1984, S. 25ff.

Forsthoff, Ernst: Lehrbuch des Verwaltungsrechts. Band I: Allgemeiner Teil, 10. Auflage, München 1973 (zit.: „Verwaltungsrecht I")

Franssen, Everhardt: (Un)bestimmtes zum unbestimmten Rechtsbegriff, in: Festschrift für W. Zeidler, Bd. 1, Berlin-New York 1987, S. 429ff.

Frenzel, Michael: Herkunft und Entwicklung des rechtsstaatlichen Verfahrensgedankens am Beispiel des Enteignungsrechts, in: Der Staat Bd. 18 (1979), S. 592ff.

Fuchs, Michael: Verwaltung durch Beauftragte, in: DÖV 1986, S. 363ff.

Gäfgen, Gerard: Theorie der wirtschaftlichen *Entscheidung.* Untersuchungen zu Logik und Bedeutung des rationalen Handelns, 3. Auflage, Tübingen 1974

Gaitanides, Michael: Prozeßorganisation. Entwicklung, Ansätze und Programme prozeßorientierter Organisationsgestaltung, München 1983

Gallwas, Hans-Ullrich: Verfassungsrechtliche Grundlagen des Datenschutzes, in: Der Staat 18 (1979), S. 507ff.

Gallwas, Hans-Ullrich/Hassemer, Volker/Seetzen, Jürgen u.a. (Hrsg.): Bildschirmtexterprobung in Berlin, München 1983

Garrn, Heino: Zur *Rationalität* rechtlicher Entscheidungen, Stuttgart 1986

Gassner, Erich: Die Überwindungslast bei der Abwägung öffentlicher Interessen durch die Verwaltung, in: DVBl. 1984, S. 703ff.

Gaul, Hans-Friedhelm: Zur Frage nach dem Zweck des Zivilprozesses, in: AcP Bd. 168 (1968), S. 27ff.

Gerhardt, Walter: Bundesverfassungsgericht, Grundgesetz und Zivilprozeß, speziell: Zwangsvollstreckung, in ZZP Bd. 95 (1982), S. 467ff.

Gerhardt, Michael/Jacob, Peter: Die ungeliebte Öffentlichkeit, in: DÖV 1986, S. 258ff.

Gern, Alfons: Güterabwägung als Auslegungsprinzip des öffentlichen Rechts, in: DÖV 1986, S. 462ff.

Gilles, Peter: Verfahrensfunktionen und Legitimationsprobleme richterlicher Entscheidungen im Zivilprozeß, in: Festschrift für G. Schiedermair, Berlin 1976, S. 183ff.

– Der Beitrag der Sozialwissenschaften zur *Reform des Prozeßrechts,* in: ders. (Hrsg.), Effektivität des Rechtsschutzes und verfassungsmäßige Ordnung: Die deutschen Landesberichte zum VII. Internationalen Kongreß für Prozeßrecht in Würzburg 1983, Köln-Berlin-Bonn-München 1983, S. 105ff.

– Zum Bedeutungszuwachs und Funktionswandel des Prozeßrechts, in: JuS 1981, S. 402ff.

Göldner, Detlef: Grundrechte und Grundwerte – Über Konsens und Dissens im Verfassungsdenken, in: Festschrift für O. Bachof zum 70. Geburtstag, München 1984, S. 21ff.

Goerlich, Helmut: Erfordernisse rationaler Gesetzgebung nach Maßstäben des Bundesverfassungsgerichts, in: JR 1977, S. 89ff.

– Grundrechte als Verfahrensgarantien, Baden-Baden 1981

– Nachbarschutz durch Verfahrensrechte, in: DÖV 1982, S. 631ff.

– *„Formenmißbrauch"* und Kompetenzverständnis, Tübingen 1987

Görlitz, Axel: Auf der Suche nach „Medialem Recht", in: JfR 1987, S. 273ff.

– *Mediales Recht* als politisches Steuerungskonzept, in: ders. (Hrsg.), Politische Steuerung sozialer Systeme, Pfaffenweiler 1989, S. 13ff.

Görlitz, Axel/Voigt, Rüdiger: Rechtspolitologie, Opladen 1985

Grabitz, Eberhard: Europäisches Verwaltungsrecht – Gemeinschaftsrechtliche Grundsätze des Verwaltungsverfahrens, in: NJW 1989, S. 1776ff.

Grawert, Rolf: Technischer Fortschritt in staatlicher Verantwortung, in: Festschrift für J. Broermann, Berlin 1982, S. 457ff.

– Ideengeschichtlicher Rückblick auf Evolutionskonzepte der Rechtsentwicklung, in: Der Staat Bd. 22 (1983), S. 63ff.

– Grenzen und Alternativen des gerichtlichen Rechtsschutzes in Verwaltungsstreitsachen, in: DVBl. 1983, S. 973ff.

Grimm, Dieter: Verfahrensfehler als Grundrechtsverstöße, in: NVwZ 1985, S. 865ff.

Grimmer, Klaus: Demokratie und Grundrechte, Berlin 1980

– *Verwaltungsverfahren* – Pflichten der Verwaltung beim Einsatz der Informationstechnologie, in: H. Reinermann/H. Fiedler/K. Grimmer/K. Lenk/R. Traunmüller (Hrsg.), Öffentliche Verwaltung und Informationstechnik, Berlin-Heidelberg-New York-Tokyo 1985, S. 305ff.

– Einleitung: *Verwaltungsautomation* und Politik, in: ders. (Hrsg.), Informationstechnik in öffentlichen Verwaltungen, Basel-Boston-Stuttgart 1986, S. 9ff.

– Technik und Recht. Ein politisches Steuerungsdilemma, in: JfR 1988, S. 144ff.

Grimmer, Klaus (Hrsg.): *Informationstechnik* in öffentlichen Verwaltungen, Basel-Boston-Stuttgart 1986

Groeben, Klaus von der: Empfiehlt es sich, den Allgemeinen Teil des Verwaltungsrechts zu kodifizieren?, in: Verhdlg. des 43. DJT, Bd. II, Sitzungsberichte, Teil D (München 1960), Tübingen 1962

Gröschner, Rolf: Theorie und Praxis der juristischen Argumentation, in: JZ 1985, S. 170ff.

– Judiz – was ist das und wie läßt es sich erlernen?, in: JZ 1987, S. 903ff.

Großfeld, Bernhard: Computer und Recht, in: JZ 1984, S. 696ff.

Grün, Oskar/Hamel, Winfried/Witte, Eberhard: Felduntersuchungen zur Struktur von Informations- und Entscheidungs-Prozessen, in: E. Witte (Hrsg.), Das Informationsverhalten in Entscheidungsprozessen, Tübingen 1972, S. 110ff.

Grunsky, Wolfgang: Grundlagen des Verfahrensrechts, 2. Auflage, Bielefeld 1974

Grunow, Dieter/Hegner, Friedhart: Sozialpsychologische Konsequenzen der Verrechtlichung: Alltagskontakte mit der Verwaltung, in: R. Voigt (Hrsg.), Verrechtlichung, Königstein/Ts. 1980, S. 261ff.

Grunow, Dieter/Hegner, Friedhart/Kaufmann, Franz-Xaver: Empirische Sozialforschung in der Verwaltung: Zum Verhältnis von Steuerzahler und Finanzamt, in: VerwArch. Bd. 66 (1975), S. 1ff.

Grupp, Klaus: Mitwirkungspflichten im Verwaltungsverfahren, in: VerwArch. Bd. 80 (1989), S. 44ff.

Guggenberger, Bernd: An den Grenzen der Mehrheitsdemokratie, in: ders./C. Offe (Hrsg.), An den Grenzen der Mehrheitsdemokratie, Opladen 1984, S. 184ff.
Guggenberger, Bernd/Kempf, Udo (Hrsg.): Bürgerinitiativen und repräsentatives System, 2. Auflage, Opladen 1984
Gurlit, Elke: Europa auf dem Weg zur gläsernen Verwaltung?, in: ZRP 1989, S. 253ff.
Gusy, Christoph: Der Antrag im Verwaltungsverfahren, in: BayVBl. 1985, S. 484ff.
– Das Grundgesetz als normative Gesetzgebungslehre?, in: ZRP 1985, S. 291ff.
– *Legitimität* im demokratischen Pluralismus, Stuttgart 1987
– Administrativer Vollzugsauftrag und justizielle Kontrolldichte im Recht der Technik, in: DVBl. 1987, S. 497ff.
– „Antizipiertes Sachverständigengutachten" im Verwaltungs- und Verwaltungsgerichtsverfahren, in: NuR 1987, S. 156ff.
Habermas, Jürgen: Zur *Rekonstruktion* des Historischen Materialismus, Frankfurt a.M. 1976
– *Legitimationsprobleme* im modernen Staat, in: Peter Graf Kielmansegg (Hrsg.), Legitimationsprobleme politischer Systeme, PVS-SH, Opladen 1976, S. 39ff.
– Theorie des kommunikativen Handelns, Bd. 1: Handlungsrationalität und gesellschaftliche Rationalisierung; Bd. 2: Zur Kritik der funktionalen Vernunft, Frankfurt a.M. 1981 (zit.: „Theorie des kommunikativen Handelns 1, 2")
– *Vorstudien* und Ergänzungen zur Theorie des kommunikativen Handelns, Frankfurt a.M. 1984
– Der philosophische *Diskurs der Moderne,* Frankfurt a.M. 1985
– Legitimität durch Legalität?, in: KritJ 1987, S. 1ff.
Habermas, Jürgen/Luhmann, Niklas: Theorie der Gesellschaft oder Sozialtechnologie –Was leistet die Systemforschung?, Frankfurt a.M. 1971
Häberle, Peter: „Öffentliches Interesse" als juristisches Problem, Bad Homburg v.d.H. 1970
– Grundrechte im Leistungsstaat, in: VVDStRL Bd. 30 (1972), S. 43ff.
– *Verfassungsprinzipien* „im" Verwaltungsverfahrensgesetz, in: Festschrift zum 50-jährigen Bestehen des Richard Boorberg Verlags, Stuttgart-München-Hannover 1977, S. 47ff.
– Auf dem Weg zum Allgemeinen Verwaltungsrecht, in: BayVBl. 1977, S. 745ff.
– Verfassung als öffentlicher Prozeß, Berlin 1978
– Das *Verwaltungsrechtsverhältnis,* in: Das Sozialrechtsverhältnis, SchrR des Dt. Sozialgerichtsverbandes, Bd. XVIII, o.O. (Kassel) 1980, S. 60ff.
– Die *Wesensgehaltgarantie* des Artikel 19 Abs. 2 Grundgesetz, 3. Auflage, Heidelberg 1983
– Die Gemeinwohlproblematik in rechtswissenschaftlicher Sicht, in: Rechtstheorie Bd. 14 (1983), S. 257ff.
– Verfassungsrechtliche Ewigkeitsklauseln als verfassungsstaatliche Identitätsgarantien, in: Festschrift für H. Haug, Bern und Stuttgart 1986, S. 81ff.
Haferkamp, Hans: Interaktionsaspekte, Handlungszusammenhänge und die Rolle des Wissenstransfers. Eine handlungstheoretische Kritik der Theorie des kommunikativen Handelns, in: KZfSS Jg. 36 (1984), S. 783ff.
Haft, Fritjof: Einführung in das juristische Lernen, 3. Auflage, Bielefeld 1984
Hagen, Johann Josef: Allgemeine *Verfahrenslehre* und verfassungsgerichtliches Verfahren, München-Salzburg 1971
– Elemente einer allgemeinen *Prozeßlehre,* Freiburg 1972
Hammans, Peter: Das politische Denken der neueren *Staatslehre* in der Bundesrepublik, Opladen 1987
Hammer, Stefan: Geltung und diskursive Legitimität. Zur institutionellen Abhängigkeit des Geltungsbegriffs, in: ARSP Beih. Nr. 27, 1986, S. 37ff.
Hammerstein, Christian von: Verbesserung der Gesetzgebung durch neue Instrumente und Methoden, in: H. Hill (Hrsg.), Zustand und Perspektiven der Gesetzgebung, Berlin 1989, S. 141ff.

Hart, H. L. A.: Der *Begriff des Rechts* (dt. Übersetzung der Originalausgabe „The Concept of Law", 1961), Frankfurt a. M. 1973
Hartwich, Hans-Hermann (Hrsg.): Politik und die Macht der Technik, Opladen 1986
Hartwieg, Oskar/Hesse, Hans Albrecht: Die Entscheidung im Zivilprozeß, Kronstein/Ts. 1981
Hase, Friedhelm/Ruete, Matthias: Dekadenz der Rechtsentwicklung?, in: Leviathan 1983, S. 200ff.
Hassemer, Winfried: Juristische Hermeneutik, in: ARSP Bd. 72 (1986), S. 195ff.
Hassold, Gerhard: Strukturen der Gesetzesauslegung, in: Festschrift für K. Larenz zum 80. Geburtstag, München 1983, S. 211ff.
Hauff, Michael von: Neue *Selbsthilfebewegung* und staatliche Sozialpolitik, Wiesbaden 1989
Haverkate, Görg: Gewißheitsverluste im juristischen Denken, Berlin 1977
– Rechtsfragen des Leistungsstaates, Tübingen 1983
– Die Einheit der Verwaltung als Rechtsproblem, in: VVDStRL Bd. 46 (1988), S. 217ff.
Hegner, Friedhart: Sozialarbeit als Verwaltungshandeln, in: Projektgruppe Soziale Berufe (Hrsg.), Sozialarbeit: Problemwandel und Institutionen, München 1981, S. 43ff.
– *Zukunftswege* der Industriegesellschaft: Ausbau der ‚Einbahnstraße' oder Umbau zur ‚Zweibahnstraße', in: R. G. Heinze (Hrsg.), Neue Subsidiarität: Leitidee für eine zukünftige Sozialpolitik?, Opladen 1986, S. 303ff.
Heinrich, Peter: Verwaltungshandeln als soziale Interaktion: Die Ebenen der Interaktion, in: DVP 1978, S. 25ff.
Heinze, Christian: Das planungsrechtliche Abwägungsgebot, in: NVwZ 1986, S. 87ff.
Heinze, Meinhard: Die Bedeutung des Prozeßrechts für das materielle Sozialrecht im Wandel der letzten 100 Jahre, in: SGb. 1984, S. 390ff.
Heinze, Rolf G.: „Neue Subsidiarität" – Zum soziologischen und politischen Gehalt eines aktuellen sozialpolitischen Konzepts, in: ders. (Hrsg.), Neue Subsidiarität: Leitidee für eine zukünftige Sozialpolitik?, Opladen 1986, S. 13ff.
Hejl, Peter M.: Die Theorie autopoietischer Systeme: Perspektiven für die soziologische Systemtheorie, in: Rechtstheorie Bd. 13 (1982), S. 45ff.
Held, Jürgen: Der *Grundrechtsbezug* des Verwaltungsverfahrens, Berlin 1984
Heller, Hermann: Staatslehre (in der Bearbeitung von Gerhart Niemeyer), 6. Auflage, Tübingen 1983
Henckel, Wolfram: Prozeßrecht und materielles Recht, Göttingen 1970
– Richter im demokratischen und sozialen Rechtsstaat, in: JZ 1987, S. 209ff.
Hendler, Reinhard: Selbstverwaltung als Ordnungsprinzip, Köln-Berlin-Bonn-München 1984
Henke, Wilhelm: Das subjektive Recht im System des öffentlichen Rechts, in: DÖV 1980, S. 621ff.
– Der fließende Staat. Zu Peter Häberles Verfassungstheorie, in: Der Staat Bd. 20 (1981), S. 580ff.
– *Recht und Staat.* Grundlagen der Jurisprudenz, Tübingen 1988
Henseler, Paul: Verfassungsrechtliche Aspekte zukunftsbelastender Parlamentsentscheidungen, in: AöR Bd. 108 (1983), S. 489ff.
– Die Grundrechtsbindung des Verordnungsgebers als Prüfstein für das Selbstverständnis der Verfassungs- und Verwaltungsgerichte, in: ZG 1986, S. 76ff.
Herder-Dorneich, Philipp: Der *Sozialstaat* in der Rationalitätenfalle. Grundfragen der sozialen Steuerung, Stuttgart-Berlin-Köln-Mainz 1982
Herzog, Roman: Allgemeine *Staatslehre,* Frankfurt a. M. 1971
– Zur Vorgeschichte des Staates, in: Festschrift für W. Geiger zum 80. Geburtstag, Tübingen 1989, S. 113ff.
Hesse, Hans Albrecht: Die Praxis der juristischen Berufe und die Juristenausbildung, in: JZ 1982, S. 272ff.

Hesse, Joachim Jens: Aufgaben einer Staatslehre heute, in: Jahrbuch zur Staats- und Verwaltungswissenschaft, Bd. 1/1987, Baden-Baden 1987, S. 55ff.

Hesse, Joachim Jens/Zöpel, Christoph (Hrsg.): Zukunft und staatliche Verantwortung, Baden-Baden 1987

Hesse, Konrad: Die verfassungsrechtliche Stellung der Parteien im modernen Staat, in: VVDStRL Bd. 17 (1959), S. 11ff.

– Bestand und Bedeutung der Grundrechte in der Bundesrepublik Deutschland, in: EuGRZ 1978, S. 427ff.

– Funktionelle Grenzen der Verfassungsgerichtsbarkeit, in: Festschrift für H. Huber zum 80. Geburtstag, Bern 1981, S. 261ff.

– Grundrechte. Bestand und Bedeutung, in: E. Benda/W. Maihofer/H.-J. Vogel (Hrsg.), Handbuch des Verfassungsrechts der Bundesrepublik Deutschland, Berlin-New York 1983, S. 79ff. (zit.: „HdbVerfR")

– *Grundzüge* des Verfassungsrechts der Bundesrepublik Deutschland, 16. Auflage, Heidelberg 1988

Heun, Werner: Das *Mehrheitsprinzip* in der Demokratie. Grundlagen – Struktur – Begrenzungen, Berlin 1983

Heyde, Wolfgang: Die Rechtsprechung, in: E. Benda/W. Maihofer/H.-J. Vogel (Hrsg.), Handbuch des Verfassungsrechts der Bundesrepublik Deutschland, Berlin-New York 1983, S. 1199ff. (zit.: „HdbVerfR")

Hilf, Meinhard: Untersuchungsausschüsse vor den Gerichten, in: NVwZ 1987, S. 537ff.

Hill, Hermann: Einführung in die *Gesetzgebungslehre*, Heidelberg 1982

– Verfahrensermessen der Verwaltung, in: NVwZ 1985, S. 449ff.

– *Das fehlerhafte Verfahren* und seine Folgen im Verwaltungsrecht, Heidelberg 1986

– Einführung in die Gesetzgebungslehre, in: Jura 1986, S. 57ff.

– Rechtsdogmatische Probleme der Gesetzgebung, in: Jura 1986, S. 286ff.

– Zehn Jahre Verwaltungsverfahrensgesetz, in: Hochschule für Verwaltungswissenschaften Speyer (Hrsg.), Speyerer Arbeitshefte Nr. 78, Speyer 1987

– Rechtsstaatliche Bestimmtheit oder situationsgerechte Flexibilität des Verwaltungshandelns, in: DÖV 1987, S. 885ff.

– Gesetzesgestaltung und Gesetzesanwendung im Leistungsrecht, in: VVDStRL Bd. 47 (1989), S. 172ff.

– Verfassungsrechtliche Gewährleistungen gegenüber der staatlichen Strafgewalt, in: J. Isensee/P. Kichhof (Hrsg.), Handbuch des Staatsrechts, Bd. VI: Freiheitsrechte, Heidelberg 1989, S. 1305ff.

– Das hoheitliche Moment im Verwaltungsrecht der Gegenwart, in: DVBl. 1989, S. 321ff.

– Normkonkretisierende Verwaltungsvorschriften, in: NVwZ 1989, S. 401ff.

Hill, Hermann (Hrsg.), *Verwaltungshandeln* durch Verträge und Absprachen, Baden-Baden 1989

– Zustand und Perspektiven der *Gesetzgebung*, Berlin 1989

Hill, Wilhelm/Fehlbaum, Raymond/Ulrich, Peter: Organisationslehre 1, 4. Auflage, Bern und Stuttgart 1989 (zit.: „Organisationslehre")

Hirsch, Joachim: Funktionsveränderungen der Staatsverwaltung in spätkapitalistischen Industriegesellschaften, in: Bl. für dt. und internationale Politik Jg. 14 (1969), S. 150ff.

Hofmann, Hasso: Legitimität und Rechtsgeltung, Berlin 1977

– *Rechtsfragen* der atomaren Entsorgung, Stuttgart 1981

– Der Einfluß der Großtechnik auf Verwaltungs- und Prozeßrecht, in: UPR 1984, S. 73ff.

– Das Widerspruchsverfahren als Sachentscheidungsvoraussetzung und als Verwaltungsverfahren, in: Festschrift für C.-F. Menger zum 70. Geburtstag, Köln-Berlin-Bonn-München 1985, S. 605ff.

– Nachweltschutz als Verfassungsfrage, in: ZRP 1986, S. 87ff.

Hofmann, Jochen: Aspekte der juristisch-technischen Diskussion im Umweltrecht, in: H. Dreier/J. Hofmann (Hrsg.), Parlamentarische Souveränität und technische Entwicklung, Berlin 1986, S. 127ff.

Hoffmann, Josef: Ethische Grundlagen der Sozialstaatlichkeit, in: ARSP Bd. 75 (1989), S. 27ff.

Hoffmann-Riem, Wolfgang: Sozialwissenschaftlich orientierte Rechtsanwendung in öffentlich-rechtlichen Übungs- und Prüfungsarbeiten. Vorüberlegungen und praktische Hinweise, in: ders. (Hrsg.), Sozialwissenschaften im öffentlichen Recht, Neuwied und Darmstadt 1981, S. 3ff.

– Selbstbindungen der Verwaltung, in: VVDStRL Bd. 40 (1982), S. 187ff.

Hoppe, Werner: Verwaltungsverantwortung und Verwaltungsgerichtsbarkeit, in: DVBl. 1975, S. 684ff.

– Gerichtliche Kontrolldichte bei komplexen Verwaltungsentscheidungen, in: Festgabe aus Anlaß des 25 jährigen Bestehens des Bundesverwaltungsgerichts, München 1978, S. 295ff. (zit.: „Festgabe BVerwG")

Hopt, Klaus J.: Wettbewerbsbeschränkungen und Verrechtlichung, in: F. Kübler (Hrsg.), Verrechtlichung von Wirtschaft, Arbeit und sozialer Solidarität, Baden-Baden 1984, S. 229ff.

Huber, Peter M.: Der Immissionsschutz im Brennpunkt modernen Verwaltungsrechts, in: AöR Bd. 114 (1989), S. 252ff.

Hucke, Jochen/Bohne, Eberhard: Bürokratische Reaktionsmuster bei regulativer Politik und ihre Folgen, in: H. Wollmann (Hrsg.), Politik im Dickicht der Bürokratie, Opladen 1980, S. 180ff.

Hufen, Friedhelm: Heilung und Unbeachtlichkeit grundrechtsrelevanter Verfahrensfehler?, in: NJW 1982, S. 2160ff.

– Fehler im *Verwaltungsverfahren,* Baden-Baden 1986

– Die Herausforderung der Grundrechtstheorie durch Informationstechnologie und Informationsvorsorge, in: ZUM 1986, S. 194ff.

– Gesetzesgestaltung und Gesetzesanwendung im Leistungsrecht, in: VVDStRL Bd. 47 (1989), S. 142ff.

Igl, Gerhard: Rechtstatsachenforschung im Sozialrecht – ein Novum?, in: NDV 1987, S. 130ff.

Ipsen, Jörn: Die Genehmigung technischer Großanlagen. Rechtliche Regelung und neuere Judikatur, in: AöR Bd. 107 (1982), S. 259ff.

– Verbindlichkeit, Bestandskraft und Bindungswirkung von Verwaltungsakten, in: DVerw. Bd. 17 (1984), S. 169ff.

– Der Rechtsschutz durch Verwaltungsgerichte – Bestand und Reformbemühungen –, in: Jura 1987, S. 123ff.

Isensee, Josef: Verfassungsgarantie ethischer Grundwerte und gesellschaftlicher Konsens, in: NJW 1977, S. 545ff.

– Die Friedenspflicht der Bürger und das Gewaltmonopol des Staates, in: Festschrift für K. Eichenberger zum 60. Geburtstag, Basel-Frankfurt a.M. 1982, S. 23ff.

– Das *Grundrecht auf Sicherheit.* Zu den Schutzpflichten des freiheitlichen Verfassungsstaates, Berlin-New York 1983

– *Demokratie* – verfassungsrechtlich gezähmte Utopie, in: U. Matz (Hrsg.), Aktuelle Herausforderungen der repräsentativen Demokratie, Köln-Berlin-Bonn-München 1985, S. 43ff.

– *Die Verfassung als Vaterland.* Zur Staatsverdrängung der Deutschen, in: A. Mohler (Hrsg.), Wirklichkeit als Tabu, München 1986, S. 11ff.

– Staat und Verfassung, in: ders./P. Kirchhof (Hrsg.), Handbuch des Staatsrechts der Bundesrepublik Deutschland. Bd. I: Grundlagen von Staat und Verfassung, Heidelberg 1987, S. 591ff. (zit.: „HdbStR")

Israel, Joachim: Der Begriff *Entfremdung.* Zur Verdinglichung des Menschen in der bürokratischen Gesellschaft, Reinbek b. Hamburg 1985

Jacoby, Henry: Die *Bürokratisierung* der Welt, 2. Auflage, Frankfurt a.M. 1984

Jäde, Henning: Planungsgebot-Abwägungsgebot-Rücksichtnahmegebot. Zur Einheit des Bauplanungsrechts, in: BayVBl. 1985, S. 577ff.

Jaeger, Michael/Pitschas, Rainer: Funktionale Verwaltungsreform durch *fortbildungsvermittelte Organisationsentwicklung,* in: B. Treude (Hrsg.), Organisationsentwicklung, Hamburg 1981, S. 195ff.

Jann, Werner: Staatliche Programme und *„Verwaltungskultur"*, Opladen 1983

Jarass, Hans D.: Grundrechte als Wertentscheidungen bzw. objektivrechtliche Prinzipien in der Rechtsprechung des Bundesverfassungsgerichts, in: AöR Bd. 110 (1985), S. 363ff.

– Besonderheiten des amerikanischen Verwaltungsrechts im Vergleich, in: DÖV 1985, S. 377ff.

Jauernig, Othmar: Materielles Recht und Prozeßrecht, in: JuS 1971, S. 329ff.

– Zivilprozeßrecht, 22. Auflage, München 1988

Joerges, Christian: Politische Rechtstheorie – Impulse und Suchbewegungen, in: KritJ 1989, S. 184ff.

Jonas, Hans: Das *Prinzip Verantwortung,* Frankfurt a.M. 1979

– Das Prinzip Verantwortung – Zur Grundlegung einer Zukunftsethik, in: Th. Meyer/S. Miller (Hrsg.), Zukunftsethik und Industriegesellschaft, München 1986, S. 11ff.

Kägi, Werner: Die *Verfassung* als rechtliche Grundordnung des Staates, Zürich 1945 (Neudruck 1971)

Karpen, Ulrich: Zum gegenwärtigen Stand der Gesetzgebungslehre in der Bundesrepublik Deutschland, in: ZG 1986, S. 5ff.

– Die Unterscheidung von Staat und Gesellschaft als Bedingung der rechtsstaatlichen Freiheit, in: JA 1986, S. 299ff.

– Grundgesetz, Konsens und Wertewandel, in: JuS 1987, S. 593ff.

Kaufmann, Arthur: Das Problem der Abhängigkeit des Strafrichters vom medizinischen Sachverständigen, in: JZ 1985, S. 1065ff.

Kaufmann, Franz-Xaver: Steuerungsprobleme der Sozialpolitik, in: R. G. Heinze (Hrsg.), Neue Subsidiarität: Leitidee für eine zukünftige Sozialpolitik?, Opladen 1986, S. 39ff.

– Steuerung wohlfahrtsstaatlicher Abläufe durch Recht, in: D. Grimm/W. Maihofer (Hrsg.), Gesetzgebungstheorie und Rechtspolitik, Jahrbuch für Rechtssoziologie und Rechtstheorie, Bd. 13, Opladen 1988, S. 65ff.

Kaulbach, Friedrich: Rechtsrationalität in der Perspektive einer transzendentalen Handlungstheorie, in: Festschrift für H. U. Scupin zum 80. Geburtstag, Berlin 1983, S. 333ff.

Kempen, Bernhard: Die Formenwahlfreiheit der Verwaltung, München 1989

Kevenhörster, Paul: Kontrolle der Aufgabenerfüllung, in: G. Püttner (Hrsg.), Handbuch der kommunalen Wissenschaft und Praxis, Bd. 3: Kommunale Aufgaben und Instrumente der Aufgabenerfüllung, 2. Auflage, Berlin-heidelberg-New York, 1983, S. 441ff. (zit.: „HdbKWP")

Kielmansegg, Peter Graf: „Die Quadratur des Zirkels". *Überlegungen* zum Charakter der repräsentativen Demokratie, in: U. Matz (Hrsg.), Aktuelle Herausforderungen der repräsentativen Demokratie, Köln-Berlin-Bonn-München 1985, S. 9ff.

– Das Experiment der *Freiheit,* Stuttgart 1988

Kindermann, Harald: Gesetzgebungstheorie als Forschungsaufgabe, in: ZRP 1983, S. 204ff.

Kindhäuser, Urs Konrad: Rohe Tatsachen und normative Tatbestandsmerkmale, in: Jura 1984, S. 465ff.

Kirchhof, Paul: Allgemeines Verwaltungsrecht, in: Festschrift zum 25 jährigen Bestehen des Bundessozialgerichts, Bd. II, Köln-Berlin-Bonn-München 1979, S. 537ff. (zit.: „FS BSG II")

– Der Auftrag des Grundgesetzes an die *rechtsprechende Gewalt,* in: Festschrift der Juristischen Fakultät zur 600-Jahr-Feier der Ruprecht-Karls-Universität Heidelberg. Heidelberg 1986, S. 11ff.

– Richterliche Rechtsfindung, gebunden an „Gesetz und Recht", in: NJW 1986, S. 2275ff.

– Die Bestimmtheit und Offenheit der *Rechtssprache*, Berlin-New York 1987
– *Nach vierzig Jahren:* Gegenwartsfragen an das Grundgesetz, in: JZ 1989, 453 ff.
Kirsch, Werner: Einführung in die Theorie der *Entscheidungsprozesse,* Bd. I–III, 2. Auflage, Wiesbaden 1977
Kirschenmann, Dietrich: Zuständigkeiten und Kompetenzen im Bereich der Verwaltung nach dem 8. Abschnitt des Grundgesetzes, in: JuS 1977, S. 565 ff.
Kißler, Leo: Rechtssoziologie für die Rechtspraxis, Neuwied und Darmstadt 1984
Klages, Helmut: Steuerung des Wohlfahrtsstaates als Aufgabe, in: H. H. v. Arnim/H. Klages (Hrsg.), Probleme der staatlichen Steuerung und Fehlsteuerung in der Bundesrepublik Deutschland, Berlin 1986, S. 23 ff.
Kloepfer, Michael: Verfahrensdauer und Verfassungsrecht, in: JZ 1979, S. 209 ff.
– Gesetzgebung im Rechtsstaat, in. VVDStRL Bd. 40 (1982), S. 63 ff.
– *Wesentlichkeitstheorie* als Begründung oder Grenze des Gesetzesvorbehalts?, in: H. Hill (Hrsg.), Zustand und Perspektiven der Gesetzgebung, Berlin 1989, S. 187 ff.
Knack, Hans-Joachim (Hrsg.): Verwaltungsverfahrensgesetz. Kommentar, 2. Auflage, Köln-Berlin-Bonn-München 1982
Knepper, Karl Heinz: Der Vergleich im Steuerrecht, in: BB 1986, S. 168 ff.
Knoepfel, Peter: Öffentliches Recht und *Vollzugsforschung,* Bern 1979
Koch, Hans-Joachim: Zur Rationalität richterlichen Entscheidens, in: Rechtstheorie Bd. 4 (1973), S. 183 ff.
– *Unbestimmte Rechtsbegriffe* und Ermessensermächtigungen im Verwaltungsrecht, Frankfurt a. M. 1979
– Das Abwägungsgebot im Planungsrecht, in: DVBl. 1983, S. 1125 ff.
Koch, Hans-Joachim/Rüßmann, Helmut: Juristische Begründungslehre, München 1982
König, Klaus: Erkenntnisinteressen der Verwaltungswissenschaft, Berlin 1970
– Verwaltungsreform und Demokratiediskussion, in: Demokratie und Verwaltung, 25 Jahre Hochschule für Verwaltungswissenschaften Speyer, Berlin 1972, S. 271 ff.
– Öffentliche Verwaltung als soziales System, in: A. Remer (Hrsg.), Verwaltungsführung, Berlin-New York 1982, S. 3 ff. (vom Autor gekürzte Fassung desselben Beitrags in VerwArch. Bd. 64, 1973, S. 11–25, 30–37)
– Öffentliche Verwaltung und soziale Differenzierung, in: VerwArch. Bd. 64 (1973), S. 11 ff.
– *System und Umwelt* der öffentlichen Verwaltung, in: ders./H.-J. v. Oertzen/F. Wagener (Hrsg.), Öffentliche Verwaltung in der Bundesrepublik Deutschland, Baden-Baden 1981, S. 13 ff.
– *Evaluation* als Kontrolle der Gesetzgebung, in: W. Schreckenberger (Hrsg.), Gesetzgebungslehre, Stuttgart-Berlin-Köln-Mainz 1986, S. 96 ff.
– Gesetzgebungsvorhaben im Verfahren der Ministerialverwaltung, in: Festschrift für C. H. Ule zum 80. Geburtstag, Köln-Berlin-Bonn-München 1987, S. 121 ff.
Kommentar zum Grundgesetz für die Bundesrepublik Deutschland, 2 Bde. (Reihe Alternativkommentare), Neuwied und Darmstadt 1984 (zit.: „GG-AK, Bd. 1/2")
Kopp, Ferdinand O.: Verfassungsrecht und Verwaltungsverfahrensrecht, München 1971
– Der *Beteiligtenbegriff* des Verwaltungsverfahrensrechts, in: Festschrift zum 50 jährigen Bestehen des Richard Boorberg Verlags, Stuttgart-München-Hannover 1977, S. 159 ff. (zit.: „FS Boorberg-Verlag")
– Beteiligung, Rechts- und Rechtsschutzpositionen im Verwaltungsverfahren, in: Festgabe aus Anlaß des 25 jährigen Bestehens des Bundesverwaltungsgerichts, München 1978, S. 387 ff. (zit.: „Festgabe BVerwG")
– Verfahrensregelungen zur Gewährleistung eines angemessenen Umweltschutzes, in: BayVBl. 1980, S. 97 ff.
– Das Rechtliche Gehör in der Rechtsprechung des Bundesverfassungsgerichts, in: AöR Bd. 106 (1981), S. 604 ff.
– Welchen Anforderungen soll eine einheitliche Verwaltungsprozeßordnung genügen, um im

Rahmen einer funktionsfähigen Rechtspflege effektiven Rechtsschutz zu gewährleisten?, in: Verhdlg. des 54. DJT, Bd. I, Gutachten, Teil B, München 1982 (zit.: „Gutachten")
– Handlungsspielräume der Verwaltung und *Kontrolldichte gerichtlichen Rechtsschutzes,* in: V. Götz/H. H. Klein/C. Starck (Hrsg.), Die öffentliche Verwaltung zwischen Gesetzgebung und richterlicher Kontrolle, München 1985, S. 146ff.
– Verwaltungsverfahrensgesetz. Kommentar, 4. Auflage, München 1986
– Verwaltungsgerichtsordnung, Kommentar, 8. Auflage, München 1989
– Zehn Jahre Verwaltungsverfahrensgesetz, in: DVerw. Bd. 20 (1987), S. 1ff.
Kornblum, Udo: Das „Gebot überparteilicher Rechtspflege" und der deutsche schiedsrechtliche ordre public, in: NJW 1987, S. 1105ff.
Krasney, Otto Ernst: Zur Anhörungspflicht im Verwaltungsverfahren, in: NVwZ 1986, S. 337ff.
Krause, Peter: Rechtsformen des Verwaltungshandelns, Berlin 1974
– Das *Sozialrechtsverhältnis,* in: Das Sozialrechtsverhältnis, SchrR des Dt. Sozialgerichtsverbandes, Bd. XVIII, o. O. (Kassel), 1980, S. 12ff.
– Das neue Sozialgesetzbuch: Verwaltungsverfahren, in: NJW 1981, S. 81ff.
– Rechtsverhältnisse in der Leistungsverwaltung, in: VVDStRL Bd. 45 (1987), S. 212ff.
Krawietz, Werner: Juristische Argumentation in rechtstheoretischer, rechtsphilosophischer und rechtssoziologischer Perspektive, in: Festschrift für H. U. Scupin zum 80. Geburtstag, Berlin 1983, S. 347ff.
– Recht als Regelsystem, Wiesbaden 1984
– Identität oder Einheit des Rechtssystems?, in: Rechtstheorie Bd. 16 (1985), S. 233ff.
– Zur *Korrelation* von Rechtsfrage und Tatfrage in der Rechtsanwendung, in: N. Achterberg (Hrsg.), Rechtsprechungslehre, Köln-Berlin-Bonn-München 1986, S. 517ff.
Krebs, Walter: Zur Rechtsetzung der Exekutive durch Verwaltungsvorschriften, in: VerwArch. Bd. 70 (1979), S. 259ff.
– *Kontrolle* in staatlichen Entscheidungsprozessen, Heidelberg 1984
– *Subjektiver Rechtsschutz* und objektive Rechtskontrolle, in: Festschrift für C.-F. Menger zum 70. Geburtstag, Köln-Berlin-Bonn-München 1985, S. 191ff.
Kretschmer, Gerald: Verfahrensweisen und Strukturprobleme der *Gesetzesberatung* im Bundestag, in: W. Schreckenberger (Hrsg.), Gesetzgebungslehre, Stuttgart-Berlin-Köln-Mainz 1986, S. 167ff.
Kriele, Martin: Das demokratische Prinzip im Grundgesetz, in: VVDStRL Bd. 29 (1971), S. 46ff.
– Theorie der *Rechtsgewinnung,* 2. Auflage, Berlin 1976
– *Legitimitätsprobleme* der Bundesrepublik Deutschland, München 1977
– Recht und praktische Vernunft, Göttingen 1979
– Einführung in die *Staatslehre,* 2. Auflage, Opladen 1981
– Gesetzestreue und Gerechtigkeit in der richterlichen Rechtsfindung, in: DRiZ 1984, S. 226ff.
– *Rechtsgefühl* und Legitimität der Rechtsordnung, in: E.-J. Lampe (Hrsg.), Das sogenannte Rechtsgefühl, Jahrbuch für Rechtssoziologie und Rechtstheorie, Bd. X, Opladen 1985, S. 23ff.
Kröger, Klaus: Die *Ministerverantwortlichkeit* in der Verfassungsordnung der Bundesrepublik Deutschland, Frankfurt a. M. 1972
Krückeberg, Fritz/Oltmanns, Horst-Peter/Ronneberger, Franz (Hrsg.): *Bürotätigkeit* in der öffentlichen Verwaltung und technischer Wandel, Regensburg 1983
Krüger, Herbert: Allgemeine *Staatslehre,* 2. Auflage, Stuttgart-Berlin-Köln-Mainz 1966
Kübler, Friedrich (Hrsg.): *Verrechtlichung* von Wirtschaft, Arbeit und sozialer Solidarität, Baden-Baden 1984
Kühne, Hans-Heiner: Strafverfahrensrecht als Kommunikationsproblem, Heidelberg 1978
– Laienrichter im Strafprozeß?, in: ZRP 1985, S. 237ff.

Küster, Otto: Das Gewaltenproblem im modernen Staat, in: AöR Bd. 75 (1949), S. 397ff.
Kuhlen, Rainer (Hrsg.): *Koordination von Informationen.* Die Bedeutung von Informations- und Kommunikationstechnologien in privaten und öffentlichen Verwaltungen, Berlin-Heidelberg-New York-Tokyo 1984
Kunig, Philip: Das Rechtsstaatsprinzip, Tübingen 1986
Kutscheidt, Ernst: Behandlung technischer Sachverhalte in Gerichtsverfahren, in: A. Birkhofer/R. Lukes (Hrsg.), Normalisierung der friedlichen Nutzung der Kernenergie-Konsequenzen für die rechtliche Regelung. Köln-Berlin-Bonn-München 1985, S. 81ff.
Kypke, Ulrich: Technische Normung und Verbraucherinteresse, Köln 1982
Lachmayer, Friedrich: Zur Theorie der Gesetzgebung, in: DÖV 1978, S. 33ff.
Ladeur, Karl-Heinz: Vom Gesetzesvollzug zur strategischen Rechtsfortbildung, in: Leviathan 1979, S. 339ff.
– „Abwägung" – ein neues Rechtsparadigma?, in: ARSP Bd. 60 (1983), S. 463ff.
– Perspektiven einer post-modernen Rechtstheorie, in: Rechtstheorie Bd. 16 (1985), S. 383ff.
– Informationstechnologische Entscheidungshilfesysteme für die Verwaltung und Bürgerpartizipation, in: JfR 1988, S. 252ff.
– Computerkultur und Evolution der Methodendiskussion in der Rechtswissenschaft, in: ARSP Bd. 74 (1988), S. 218ff.
Lampe, Ernst-Joachim (Hrsg.): Das sogenannte Rechtsgefühl, Jahrbuch für Rechtssoziologie und Rechtstheorie, Bd. 10, Opladen 1985
Larenz, Karl: Die Bindung des Richters an das Gesetz als hermeneutisches Problem, in: Festschrift für E.R. Huber, Göttingen 1973, S. 291ff.
– *Richtiges Recht.* Grundzüge einer Rechtsethik, München 1979
– *Methodenlehre* der Rechtswissenschaft, 5. Auflage, Berlin-Heidelberg-New York-Tokyo 1983
Lau, Thomas/Treutner, Erhard/Voß, Günter/Watzlawczik, Gerd-Uwe: Innovative Verwaltungsarbeit, Frankfurt a.M./New York 1986
Laubinger, Hans-Werner: Die Verwaltung als Helfer des Bürgers. Gedanken zur behördlichen Betreuungspflicht, in: Demokratie und Verwaltung. 25 Jahre Hochschule für Verwaltungswissenschaften Speyer, Berlin 1972, S. 439ff.
– Grundrechtsschutz durch Gestaltung des Verwaltungsverfahrens, in: VerwArch. Bd. 73 (1982), S. 60ff.
– Zur Erforderlichkeit der Anhörung des Antragstellers vor Ablehnung seines Antrages durch die Verwaltungsbehörde, in: VerwArch. Bd. 75 (1984), S. 55ff.
– Prozeßfähigkeit und Handlungsfähigkeit, in: Festschrift für C.H. Ule zum 80. Geburtstag, Köln-Berlin-Bonn-München 1987, S. 161ff.
Laux, Eberhard: Aufgaben-Personal-Finanzen, in: DÖV 1984, S. 372ff.
Lehner, Franz: Regierbarkeit – Krise der Politik oder der Politischen Wissenschaft?, in: PVS 21. Jg. (1980), S. 296ff.
– Aufbruch statt Abbruch? Staatsaufgaben und Staatstätigkeit in den modernen Industriegesellschaften, in: KritV 1988, S. 251ff.
Lehner, Franz/Schubert, Klaus/Geile, Birgit: Die strukturelle Rationalität regulativer Wirtschaftspolitik, in: PVS, 24. Jg. (1983), S. 361ff.
Lehner, Moris: Möglichkeiten zur Verbesserung des Verständigungsverfahrens auf der Grundlage des EWG-Vertrages, München 1982
Leipold, Dieter: Beweismaß und Beweislast im Zivilprozeß, Berlin-New York 1985
Leisner, Walter: Die quantitative Gewaltenteilung, in: DÖV 1969, S. 405ff.
– Gewaltenteilung innerhalb der Gewalten, in: Festgabe für Th. Maunz zum 70. Geburtstag, München 1971, S. 267ff.
– Richterrecht in Verfassungsschranken, in: DVBl. 1986, S. 705ff.
Lenk, Klaus: Implikationen der Verwaltungsautomation für das Verhältnis von Verwaltung

und Bürger, in: W. Hoffmann-Riem (Hrsg.), Bürgernahe Verwaltung?, Neuwied und Darmstadt 1979, S. 140ff.
– Steuerung des Handelns von Verwaltern, in: E. Blankenburg/K. Lenk (Hrsg.), Organisation und Recht. Jahrbuch für Rechtssoziologie und Rechtstheorie, Bd. 7, Opladen 1980, S. 254ff.
– Funktionsverlust des Rechts in der öffentlichen Verwaltung?, in: R. Voigt (Hrsg.), Gegentendenzen zur Verrechtlichung. Jahrbuch für Rechtssoziologie und Rechtstheorie, Bd. 9, Opladen 1983, S. 88ff.
– *Informationsmanagement* als Gegenstand der Verwaltungspolitik, in: Th. Ellwein/J. J. Hesse (Hrsg.), Verwaltungsvereinfachung und Verwaltungspolitik, Baden-Baden 1985, S. 231ff.
– Verwaltungspolitik als Aufgabenpolitik, in: DÖV 1985, S. 86ff.
– Eine vernachlässigte Alternative: Das *verwaltungsinterne Widerspruchsverfahren,* in: U. Kempf/H. Uppendahl (Hrsg.), Ein deutscher Ombudsman, Opladen 1986, S. 245ff.
– Bürokommunikation und Verwaltungsverfahren, in: CuR 1986, S. 294ff.
Lenz, Helmut: Grenzsituationen der Demokratie, in: KritV 1987, S. 1ff.
Lerche, Peter: Übermaß und Verfassungsrecht, Köln-Berlin-München-Bonn 1961
– Zum „Anspruch auf rechtliches Gehör", in: ZZP Bd. 78 (1965), S. 1ff.
– Mitbestimmungsgesetz und Rationalität, in: Festschrift für H.P. Ipsen, Tübingen 1977, S. 437ff.
– Die Verwaltungsgerichtsbarkeit im Geflecht der Rechtskontrollen, in: BayVBl. 1980, S. 257ff.
– *Vorbereitung grundrechtlichen Ausgleichs* durch gesetzgeberisches Verfahren, in: ders./ W. Schmitt Glaeser/E. Schmidt-Aßmann, Verfahren als staats- und verwaltungsrechtliche Kategorie, Heidelberg 1984, S. 97ff.
– Koalitionsfreiheit und Richterrecht, in: NJW 1987, S. 2465ff.
Löffler, Klaus: Parlamentsvorbehalt im Kernenergierecht, Baden-Baden 1985
Loewenstein, Karl: Verfassungslehre, Tübingen 1959 (mit einem Nachtrag, 2. Auflage, Tübingen 1969)
Löwer, Wolfgang: Rechtsverhältnisse in der Leistungsverwaltung, in: NVwZ 1986, S. 793ff.
Lohmar, Ulrich/Lichtenberg, Peter (Hrsg.): *Gutenbergs Erben* – Die Bundesrepublik Deutschland auf dem Weg zur Informationsgesellschaft, Bonn 1986
Lorenz, Dieter: Der Rechtsschutz des Bürgers und die *Rechtsweggarantie,* München 1973
– Das Verwaltungsverfahren in der Rechtsprechung des Bundessozialgerichts, in: VSSR Bd. 3 (1975), S. 255ff.
– Grundrechte und Verfahrensordnungen, in: NJW 1977, S. 865ff.
– Das Verwaltungsverfahrensrecht, in: Festschrift zum 25 jährigen Bestehen des Bundessozialgerichts, Bd. II, Köln-Berlin-Bonn-München 1979, S. 911ff., (zit.: „FS BSG II")
– Der grundrechtliche Anspruch auf effektiven Rechtsschutz, in: AöR Bd. 105 (1980), S. 634ff.
Lübbe-Wolff, Gertrude: Stufen des Grundrechtsschutzes gegen Verfahrensverstöße, in: Festschrift für W. v. Simson zum 75. Geburtstag, Baden-Baden 1983, S. 137ff.
– Konstitution und Konkretisierung außenwirksamer Standards durch Verwaltungsvorschriften, in: DÖV 1987, S. 896ff.
– Die Grundrechte als *Eingriffsabwehrrechte,* Baden-Baden 1988
Lücke, Jörg: Begründungszwang und Verfassung, Tübingen 1987
Lüdemann, Christian: Gesetzgebung als Entscheidungsprozeß, Opladen 1986
Lüderssen, Klaus: Juristische Topik und konsensorientierte Rechtsgeltung, in: Festschrift für H. Coing zum 70. Geburtstag, Bd. I, München 1982, S. 549ff.
Luhmann, Niklas: Spontane Ordnungsbildung, in: F. Morstein Marx (Hrsg.), Verwaltung. Eine einführende Darstellung, Berlin 1965, S. 163ff.
– Theorie der Verwaltungswissenschaft, Köln und Berlin 1966
– Rechtssystem und Rechtsdogmatik, Stuttgart-Berlin-Köln-Mainz, 1974
– *Funktionen und Folgen* formaler Organisation, 3. Auflage, Berlin 1976

– Zweckbegriff und Systemrationalität, Tübingen 1968 (Suhrkamp Taschenbuchausgabe, 2. Auflage 1977)
– Legitimation durch *Verfahren,* 3. Auflage, Darmstadt und Neuwied 1978
– Selbstreflexion des Rechtssystems, in: Rechtstheorie Bd. 10 (1979), S. 159ff.
– Politische Theorie im *Wohlfahrtsstaat,* München 1981
– Evolution des Rechts, in: ders., Ausdifferenzierung des Rechts, Frankfurt a.M. 1981, S. 11ff.
– *Organisation und Entscheidung,* in: ders., Soziologische Aufklärung 3. Soziales System, Gesellschaft, Organisation, Opladen 1981, S. 335ff.
– Rechtssoziologie, 2. Auflage, Opladen 1983
– Zweck-Herrschaft-System: Grundbegriffe und Prämissen Max Webers, in: ders. (Hrsg.), Politische Planung, 3. Auflage, Opladen 1983, S. 90ff.
– *Soziale Systeme.* Grundriß einer allgemeinen Theorie, Frankfurt a.M. 1984
– Einige Probleme mit „reflexivem Recht“, in: ZfRSoz Bd. 6 (1985), S. 1ff.
– Die Autopoiesis des Bewußtseins, in: Soziale Welt, 36. Jg. (1985), S. 402ff.
– Grundrechte als Institution, 3. Auflage, Berlin 1986
– Die soziologische *Beobachtung des Rechts,* Frankfurt a.M. 1986
– Die Richtigkeit soziologischer Theorie, in: Merkur, 41. Jg. (1987), S. 36ff.

Lukes, Rudolf: Technik und Recht, in: R. Scholz (Hrsg.), Wandlungen in Technik und Wirtschaft als Herausforderung des Rechts, Köln 1985, S. 40ff.

Lukes, Rudolf/Vollmer, Lothar/Mahlmann, Wilfried: Grundprobleme zum atomrechtlichen Verwaltungsverfahren, Heidelberg 1974

MacCormick, D. Neil: Der Rechtsstaat und die rule of law, in: JZ 1974, S. 65ff.

Magiera, Siegfried: Parlament und Staatsleitung in der Verfassungsordnung des Grundgesetzes, Berlin 1979

Malone, Giandomenico: The uncertain logic of standard-setting, in: ZfU 1982, S. 305ff.

Mandelartz, Herbert: Anhörung, Absehen von der Anhörung, Nachholen der unterbliebenen Anhörung – Zur Relativierung eines Verfahrensrechts, in: DVBl. 1983, S. 112ff.

Mangoldt, Hermann von/Klein, Friedrich/Starck, Christian: Das Bonner Grundgesetz. Kommentar, Bd. 1: Präambel, Artikel 1 bis 5, 3. Auflage, München 1985

Marburger, Peter: Atomrechtliche Schadensvorsorge, 2. Auflage, Köln-Berlin-Bonn-München 1985

Marr, Rainer/Friedel-Howe, Heidrun: Kommunikationstechnik als Gegenstand personalwirtschaftlicher Wirkungsanalyse und Gestaltungsüberlegungen, in: A. Hermanns (Hrsg.), Neue Kommunikationstechniken, München 1986

Martens, Joachim: Einführung in die Praxis des Verwaltungsverfahrens, in: JuS 1977, S. 664ff., 809ff.; JuS 1978, S. 99ff., 247ff., 331ff., 468ff., 607ff., 761ff.; JuS 1979, S. 114ff., 262ff., 416ff.
– *Verwaltungsvorschriften* zur Beschränkung der Sachverhaltsermittlung, Köln 1980
– Rechtsanwendung und Rechtsetzung durch Verwaltungsvorschriften, in: K. Tipke (Hrsg.), *Grenzen der Rechtsfortbildung* durch Rechtsprechung und Verwaltungsvorschriften im Steuerrecht, Köln 1982, S. 165ff.
– Die Rechtsprechung zum Verwaltungsverfahrensrecht, in: NVwZ 1982, S. 13ff., 480ff.; NVwZ 1983, S. 130ff., 717ff.; NVwZ 1984, S. 556ff.; NVwZ 1985, S. 158ff.; NVwZ 1986, S. 533ff.; NVwZ 1987, S. 464ff.; NVwZ 1988, S. 684ff.; NVwZ 1989, S. 112ff.
– Die *Praxis* des Verwaltungsverfahrens, München 1985
– Der Bürger als Verwaltungsuntertan?, in: KritV 1986, S. 104ff.

Maslow, Abraham H.: Motivation und Persönlichkeit, Olten-Freiburg i. Breisgau 1977 (Dt. Übersetzung der Originalausgabe „Motivation and Personality“, New York 1954)

Mattern, Karl-Heinz: Das *Verwaltungshandeln* im Richtsteig von Ziel und Ergebnis, Regensburg 1984

Matz, Ulrich: Zur *Legitimation* staatlicher Gewaltanwendung in der Bundesrepublik Deutschland, in: A. Randelzhofer/W. Süß (Hrsg.), Konsens und Konflikt, Berlin-New York 1986, S. 336ff.

Mauder, Johannes: Der *Anspruch auf rechtliches Gehör,* seine Stellung im System der Grundrechte und seine Auswirkung auf die Abgrenzungsproblematik zwischen Verfassungs- und Fachgerichtsbarkeit, München 1986

Maunz, Theodor/Dürig, Günter: Grundgesetz. Kommentar, 6. Auflage, München 1985 (Stand: 27. Lieferung, November 1988)

Maunz, Theodor/Zippelius, Reinhold: Deutsches Staatsrecht, 27. Auflage, München 1988

Maurer, Hartmut: Allgemeines *Verwaltungsrecht,* 6. Auflage, München 1988

– Der Verwaltungsvorbehalt, in: VVDStRL Bd. 43 (1985), S. 135ff.

– Rechtstatsachenforschung im Bereich des Verwaltungsrechts, in: W. Heinz (Hrsg.), Rechtstatsachenforschung heute, Konstanz 1986, S. 125ff.

– Abgestufte Rechtsfolgen bei Gesetzesverstößen der Verwaltung?, in: H. Hill (Hrsg.), Zustand und Perspektiven der Gesetzgebung, Berlin 1989, S. 233ff.

Maus, Ingeborg: Perspektiven „reflexiven" Rechts im Kontext gegenwärtiger Deregulierungstendenzen, in: KritJ 1986, S. 390ff.

Mayer, Franz: Verfahrensgrundsätze der Verwaltung, in: BayVBl. 1960, S. 332ff.

Mayer, Franz/Kopp, Ferdinand: Allgemeines *Verwaltungsrecht,* 5. Auflage, Stuttgart-München-Hannover 1985

Mayer, Heinz: Die „Demokratisierung" des Verwaltungsverfahrens, in: DVerw Bd. 20 (1987), S. 29ff.

Mayer-Maly, Theo: Über die der Rechtswissenschaft und der richterlichen Rechtsfortbildung gezogenen Grenzen, in: JZ 1986, S. 557ff.

*Mayntz, Renate: Regulative Politik in der Krise?,*in: J. Matthes (Hrsg.), Sozialer Wandel in Westeuropa. Verhandlungen des 109. Dt. Soziologentages in Berlin 1979, Frankfurt a. M. 1979, S. 55ff.

– Die Entwicklung des analytischen Paradigmas der Implementationsforschung, in: dies. (Hrsg.), Implementation politischer Programme I. Empirische Forschungsberichte, Königstein/Ts. 1980, S. 1ff.

– Implementation von regulativer Politik, in: dies. (Hrsg.), Implementation politischer Programme II. Ansätze zur Theoriebildung, Opladen 1983, S. 50ff.

– *Durchsetzung und Wirksamkeit des Rechts* in der Sicht der Soziologie, in: Die Durchsetzung des Rechts, Zürich 1984, S. 9ff.

– Soziologie der öffentlichen Verwaltung, 3. Auflage, Heidelberg 1985

– *Politische Steuerung und gesellschaftliche Steuerungsprobleme* – Anmerkungen zu einem theoretischen Paradigma, in: Jahrbuch zur Staats- und Verwaltungswissenschaft, Bd. 1/1987, Baden-Baden 1987, S. 89ff.

Mayntz, Renate/Lex, Christa: Voraussetzungen und Aspekte administrativer *Praktikabilität staatlicher Handlungsprogramme,* in: SchrR „Verwaltungsorganisation", hrsg. vom Bundesministerium des Innern, Bd. 6, Köln 1982

Mengel, Hans-Joachim: Die Funktion der parlamentarischen Anhörung im Gesetzgebungsprozeß, in: DÖV 1983, S. 226ff.

– Grundvoraussetzungen demokratischer Gesetzgebung, in: ZRP 1984, S. 153ff.

Menzel, Hans-Joachim: Legitimation staatlicher Herrschaft durch Partizipation Privater?, Berlin 1980

Merten, Detlef: Konstruktionsprinzipien staatlicher Gewalt im Verfassungstaat der Bundesrepublik, in: A. Randelzhofer/W. Süß (Hrsg.), Konsens und Konflikt. 35 Jahre Grundgesetz, Berlin-New York 1986, S. 324ff.

– *Optimale Methodik* der Gesetzgebung als Sorgfalts- oder Verfassungspflicht?, in: H. Hill (Hrsg.), Zustand und Perspektiven der Gesetzgebung, Berlin 1989, S. 81ff.

Merten, Detlef (Hrsg.): Das besondere Gewaltverhältnis, Berlin 1985

Mettenheim, Christoph von: Recht und Rationalität, Tübingen 1984

Meyer, Hans: Verwaltungsverfahren und Sozialgesetzbuch, in: ZRP 1979, S. 105ff.
– Die Kodifikation des Verwaltungsverfahren und die Sanktion für Verfahrensfehler, in NVwZ 1986, S. 513ff.
Meyer-Abich, Klaus Michael: Grundrechtsschutz heute – Die rechtspolitische Tragweite der Konfliktträchtigkeit technischer Entwicklungen für Staat und Wissenschaft, in: ZRP 1984, S. 40ff.
– *Technische und soziale Sicherheit:* Lehren aus den Risiken der Atomenergienutzung, in: Aus Politik und Zeitgeschichte. Beilage zur Wochenzeitung „Das Parlament", B 32/1986, S. 19ff.
Meyer-Hesemann, Wolfgang: Methodenwandel in der Verwaltungsrechtswissenschaft, Heidelberg-Karlsruhe 1981
Meyer-Ladewig, Jens: Sozialgerichtsgesetz, 3. Auflage, München 1987
Meyer, Hans/Borgs-Maciejewski, Hermann: Kommentar zum Verwaltungsverfahrensgesetz, 2. Auflage, Frankfurt a. M. 1982
Meyn, Karl-Ulrich: Kontrolle als Verfassungsprinzip, Baden-Baden 1982
Mock, Erhard: Anmerkungen zu einer Theorie der Verantwortung, in: Festgabe für O. Weinberger zum 65. Geburtstag, Berlin 1984, S. 137ff.
– Rechtsgeltung, Legitimation und Legitimität im demokratischen Verfassungsstaat, in: ARSP Beih. Nr. 27, 1986, S. 51ff.
Mögele, Rudolf: Die Einheit der Verwaltung als Rechtsproblem, in: BayVBl. 1987, S. 545ff.
Mößle, Wilhelm: Regierungsfunktionen des Parlaments, München 1986
Mollnau, Karl A. (Hrsg.). Probleme einer Rechtbildungstheorie, Berlin 1982
Moore, Sally F.: Law and the Social Change: The Semi-Autonomous Social Field as an Appropriate Objekt of Study, in: LSR Bd. 7 (1973), S. 719ff.
Morlok, Martin: Die *Folgen von Verfahrensfehlern* am Beispiel von kommunalen Satzungen, Berlin 1988
Morstein Marx, Fritz (Hrsg.): *Verwaltung.* Eine einführende Darstellung, Berlin 1965
Müller, Friedrich: Juristische *Methodik,* 2. Auflage, Berlin 1976
– Strukturierende Rechtslehre, Berlin 1984
– *Richterrecht.* Elemente einer Verfassungstheorie IV, Berlin 1986
Müller, Jörg Paul: Soziale Grundrechte in der Verfassung?, 2. Auflage, Basel und Frankfurt a. M. 1981
– Grundrechtliche Anforderungen an Entscheidungsstrukturen, in: Festschrift für K. Eichenberger zum 60. Geburtstag, Basel-Frankfurt a. M. 1982, S. 169ff.
Müller-Volbehr, Jörg: Der soziale Rechtsstaat im System des Grundgesetzes, in: JZ 1974, S. 6ff.
Münch, Ingo von: Verwaltung und Verwaltungsrecht im demokratischen und sozialen Rechtsstaat, in: H.-U. Erichsen/W. Martens (Hrsg.), Allgemeines Verwaltungsverfahrensrecht, 8. Auflage, Berlin-New York 1988, S. 1ff.
Münch, Ingo von (Hrsg.): Grundgesetz-Kommentar, Bd. 1, 3. Auflage, München 1985; Bd. 2, 2. Auflage, München 1983; Bd. 3, 2. Auflage, München 1983 (zit.: „GGK, Bd. 1/3")
Münch, Richard: Die sprachlose Systemtheorie. Systemdifferenzierung, reflexives Recht, reflexive Selbststeuerung und Integration durch Differenz, in: ZfRSoz Bd. 6 (1985), S. 19ff.
Murswiek, Dietrich: Die staatliche Verantwortung für die *Risiken der Technik,* Berlin 1985
Mussgnug, Reinhard: Das allgemeine Verwaltungsrecht zwischen Richterrecht und Gesetzesrecht, in: Festschrift der Juristischen Fakultät zur 600-Jahr-Feier der Ruprecht-Karls-Universität Heidelberg, Heidelberg 1986, S. 203ff.
– Gesetzesgestaltung und Gesetzesanwendung im Leistungsrecht, in: VVDStRL Bd. 47 (1989), S. 113ff.
Mutius, Albert von: Das *Widerspruchsverfahren* der VwGO als Verwaltungsverfahren und Prozeßvoraussetzung, Berlin 1969
– Die Handlungsformen der öffentlichen Verwaltung, in: Jura 1979, S. 55f., 111f., 167f., 223f.

– Grundrechtsschutz contra Verwaltungseffizienz im Verwaltungsverfahren?, in: NJW 1982, S. 2150ff.
– Gerichtsverfahren und Verwaltungsverfahren, in: Festschrift für C.-F. Menger zum 70. Geburtstag, Köln-Berlin-Bonn-München 1985, S. 575ff.
– Unbestimmter Rechtsbegriff und Ermessen im Verwaltungsrecht, in: Jura 1987, S. 92ff.
Nack, Armin: Richter am Computer, in: U. Erdmann/H. Fiedler/F. Haft/R. Traunmüller (Hrsg.), Computergestützte Expertensysteme, Tübingen 1986, S. 191ff.
Nahamowitz, Peter: „Reflexives Recht": Das unmögliche Ideal eines post-interventionistischen Steuerungskonzepts, in: ZfRSoz Bd. 6 (1985), S. 29ff.
Nell, Ernst Ludwig: Wahrscheinlichkeitsurteile in juristischen Entscheidungen, Berlin 1983
Neumann, Ulfrid: Juristische *Argumentationslehre,* Darmstadt 1986
Nicklisch, Fritz: Zur rechtlichen *Relevanz wissenschaftlich-technischer Regelwerke* bei der Genehmigung technischer Anlagen, in: ders./D. Schottelius/H. Wagner (Hrsg.), Die Rolle des wissenschaftlich-technischen Sachverstandes bei der Genehmigung chemischer und kerntechnischer Anlagen, Heidelberg 1982, S. 67ff.
Niemöller, Martin/Schuppert, Gunnar Folke: Die Rechtsprechung des Bundesverfassungsgerichts zum Strafverfahrensrecht, in: AöR Bd. 107 (1982), S. 387ff.
Nierhaus, Michael: Die Verteilung der Beweislast im Verwaltungsprozeß, in: BayVBl. 1978, S. 745ff.
Nocke, Joachim: Autopoiesis – Rechtssoziologie in seltsamen Schleifen, in: KritJ 1986, S. 363ff.
Noll, Peter: Gesetzgebungslehre, Reinbek bei Hamburg 1973
Novak, Richard: Das Verwaltungsverfahren in Österreich – zwischen Bewährung und Reform, in: Festschrift für K. Obermayer zum 70. Geburtstag, München 1986, S. 125ff.
Obermayer, Klaus: Dogmatische Probleme des Verwaltungsverfahrens, in: Festschrift zum 50-jährigen Bestehen des Richard Boorberg Verlags, Stuttgart-München-Hannover, 1977, S. 111f. (zit.: „FS Boorberg Verlag")
– Kommentar zum Verwaltungsverfahrensgesetz, Neuwied und Darmstadt 1983
– Verwaltungsrecht im Wandel, in: NJW 1987, S. 2642ff.
Oberreuter, Heinrich: Krise des *Parlamentarismus?,* in: U. Matz (Hrsg.), Aktuelle Herausforderungen der repräsentativen Demokratie, Köln-Berlin-Bonn-München 1985, S. 55ff.
– *Konflikt und Konsens* im politischen System der Bundesrepublik, in: A. Randelzhofer/W. Süß (Hrsg.), Konsens und Konflikt. 35 Jahre Grundgesetz, Berlin-New York 1986, S. 214ff.
Oebbecke, Janbernd: Weisungs- und unterrichtungsfreie Räume in der Verwaltung, Köln-Stuttgart-Berlin-Hannover-Kiel-Mainz-München 1986
– Die Einheit der Verwaltung als Rechtsproblem, in: DVBl. 1987, S. 866ff.
Offe, Claus: Berufsbildungsreform, Frankfurt a. M. 1975
– Rationalitätskriterien und Funktionsprobleme politisch-administrativen Handelns, in: Leviathan 1974, S. 333ff.
– *Politische Legitimation* durch Mehrheitsentscheidung?, in: B. Guggenberger/C. Offe (Hrsg.), An den Grenzen der Mehrheitsdemokratie, Opladen 1984, S. 150ff.
Oldiges, Martin: Die *Bundesregierung als Kollegium,* Hamburg 1983
– Einheit der Verwaltung als Rechtsproblem, in: NVwZ 1987, S. 737ff.
Ossenbühl, Fritz: Verwaltungsvorschriften und Grundgesetz, Bad Homburg v. d. H.-Berlin-Zürich 1968
– Daseinsvorsorge und Verwaltungsprivatrecht, in: DÖV 1971, S. 513ff.
– Vom unbestimmten Gesetzesbegriff zur letztverbindlichen Verwaltungsentscheidung, in: DVBl. 1974, S. 309ff.
– Die Kontrolle von Tatsachenfeststellungen und Prognoseentscheidungen durch das Bundesverfassungsgericht, in: Festgabe aus Anlaß des 25jährigen Bestehens des Bundesverfassungsgerichts, Bd. I, Tübingen 1976, S. 458ff. (zit.: „Festgabe BVerfG I")

– Verfassungsgerichtsbarkeit und Fachgerichtsbarkeit – Gedanken zur Wahrung der Verfahrensgrundrechte –, in: Festschrift für H. P. Ipsen zum 70. Geburtstag, Tübingen 1977, S. 129ff.
– Zur Außenwirkung von Verwaltungsvorschriften, in: Festgabe aus Anlaß des 25jährigen Bestehens des Bundesverwaltungsgerichts, München 1978, S. 433ff. (zit.: „Festgabe BVerwG")
– Die Handlungsformen der Verwaltung, in: JuS 1979, S. 681ff.
– Aktuelle Probleme der Gewaltenteilung, in: DÖV 1980, S. 545ff.
– Kernenergie im Spiegel des Verfassungsrechts, in: DÖV 1981, S. 1ff.
– Grundrechtsschutz im und durch Verfahrensrecht, in: Festschrift für K. Eichenberger zum 60. Geburtstag, Basel-Frankfurt a.M. 1982, S. 183ff.
– Die richterliche Kontrolle von Prognoseentscheidungen der Verwaltung, in: Festschrift für C.-F. Menger zum 70. Geburtstag, Köln-Berlin-Bonn-München 1985, S. 731ff.
– Der *Vorbehalt des Gesetzes* und seine Grenzen, in: V. Götz/H. H. Klein/C. Starck (Hrsg.), Die öffentliche Verwaltung zwischen Gesetzgebung und richterlicher Kontrolle, München 1985, S. 9ff.
– Grenzen der *Mitbestimmung* im öffentlichen Dienst, Baden-Baden 1986
– Die *Quellen des Verwaltungsrechts,* in: H.-U. Erichsen/W. Martens (Hrsg.), Allgemeines Verwaltungsrecht, 8. Auflage, Berlin-New York 1988, S. 63ff.
– Vorsorge als Rechtsprinzip im Gesundheits-, Arbeits- und Umweltschutz, in: NVwZ 1986, S. 161ff.
– Die *Weiterentwicklung* der Verwaltungswissenschaft, in: K. G. A. Jeserich/H. Pohl/G.-C. von Unruh (Hrsg.), Deutsche Verwaltungsgeschichte, Bd. 5: Die Bundesrepublik Deutschland, Stuttgart 1987, S. 1144ff.
– *Rechtsverordnungen und Verwaltungsvorschriften* als Neben- oder Ersatzgesetzgebung?, in: H. Hill (Hrsg.), Zustand und Perspektiven der Gesetzgebung, Berlin 1989, S. 99ff.
Ostermann, Jürgen: Auf dem Wege in die kommunale Informationsverwaltung, in: DVerw. Bd. 13 (1980), S. 297ff.
– Technikunterstützte Informationsverarbeitung (Tui) in der Kommunalverwaltung, in: DVerw. Bd. 21 (1988), S. 291ff.
Otto, Peter/Sonntag, Philipp: Wege in die *Informationsgesellschaft.* Steuerungsprobleme in Wirtschaft und Politik, München 1985
Pankoke, Eckart: Steuern und Verantworten. Zu Führungsstil und Organisationskultur sozialer Verwaltung, in: DVerw. Bd. 21 (1988), S. 429ff.
Pankoke, Eckart/Nokielski, Hans: Verwaltungssoziologie, Stuttgart-Berlin-Köln-Mainz 1977
Papier, Hans-Jürgen: Rechtskontrolle technischer Großobjekte, in: Bitburger Gespräche. Jahrbuch 1981, München 1981, S. 81ff.
– Der *Vorbehalt des Gesetzes* und seine Grenzen, in: V. Götz/H.H. Klein/C. Starck (Hrsg.), Die öffentliche Verwaltung zwischen Gesetzgebung und richterlicher Kontrolle, München 1985, S. 36ff.
– Zur verwaltungsgerichtlichen Kontrolldichte, in: DÖV 1986, S. 621ff.
– Verwaltungs- und Verwaltungsverfahrensrecht in Nordrhein-Westfalen, in: DVP 1986, S. 263ff.
– *Verwaltungsverantwortung* und gerichtliche Kontrolle, in: Festschrift für C.H. Ule zum 80. Geburtstag, Köln-Berlin-Bonn-München 1987, S. 235ff.
Passavant, Oliver: Mittlerunterstützte Kooperation in komplexen Verwaltungsprojekten, in: DÖV 1987, S. 516ff.
Peczenik, Aleksander: Die *Rationalität der juristischen Argumentation:* Dialogik, Logik und Wahrheit, in: N. Achterberg (Hrsg.), Rechtsprechungslehre, Köln-Berlin-Bonn-München 1986, S. 293ff.
Pernthaler, Peter: Allgemeine *Staatslehre* und Verfassungslehre, Wien-New York 1986
Peschau, Hans-Hermann: Die *Beweislast* im Verwaltungsrecht, Berlin 1983

Pestalozza, Christian Graf von: „Formenmißbrauch" des Staates, München 1973
– Der *Untersuchungsgrundsatz,* in: Festschrift zum 50-jährigen Bestehen des Richard Boorberg Verlags, Stuttgart-München-Hannover 1977, S. 185ff.
– Der *Popularvorbehalt.* Direkte Demokratie in Deutschland, Berlin-New York 1981
– Startbahn frei für das Verwaltungs(akt)referendum, in: NJW 1982, S. 1571ff.
Peters, Hans: Die Verwaltung als eigenständige Staatsgewalt, Berlin-Göttingen-Heidelberg, 1949
Petev, Valentin: Die *spezifische Rationalität* der richterlichen Entscheidungstätigkeit, in: N. Achterberg (Hrsg.), Rechtsprechungslehre, Köln-Berlin-Bonn-München 1986, S. 565ff.
Pfeifer, Michael: Der *Untersuchungsgrundsatz* und die Offizialmaxime im Verwaltungsverfahren, Basel und Stuttgart 1980
Pfeiffer, Gerd: Grundzüge des Strafverfahrensrechts, München 1987
Pfohl, Hans-Christian/Braun, Günther E.: Entscheidungstheorie. Normative und deskriptive Grundlagen des Entscheidens, Landsberg am Lech 1981
Pickel, Harald: Einleitung des sozialrechtlichen Verwaltungsverfahrens, in: Die Sozialversicherung 1987, S. 29ff.
Picot, Arnold/Reichwald, Ralf: Der informationstechnische Einfluß auf Arbeitsteilung und Zentralisierungsgrad in Büro- und Verwaltungsorganisationen, in: A. Hermanns (Hrsg.), Neue Kommunikationstechniken, München 1986, S. 85ff.
Pieper, Helmut: Eiljustiz statt materieller Richtigkeit? Zu den Grenzen einer Präklusion verspäteten Vorbringens im Zivilprozeß, in: Festschrift für R. Wassermann zum 60. Geburtstag, Darmstadt 1985, S. 773ff.
Pietzcker, Jost: Der *Staatsauftrag* als Instrument des Verwaltungshandelns, Tübingen 1978
– Rechtsbindungen der Vergabe öffentlicher Aufträge, in: AöR Bd. 107 (1982), S. 61ff.
– Verwaltungsverfahren zwischen Verwaltungseffizienz und Rechtsschutzauftrag, in: VVDStRL Bd. 41 (1983), S. 193ff.
– „Grundrechtsbetroffenheit" in der verwaltungsrechtlichen Dogmatik, in: Festschrift für O. Bachof zum 70. Geburtstag, München 1984, S. 131ff.
– Mitverantwortung des Staates, Verantwortung des Bürgers, in: JZ 1985, S. 209ff.
Pirson, Dietrich: Das öffentliche Amt im Lichte einer extensiven Auffassung von Demokratie, in: G. Lanzenstiel (Hrsg.), Amt und Demokratie, München 1971, S. 43ff.
Pitschas, Rainer: Formelles Sozialstaatsprinzip, materielle Grundrechtsverwirklichung und Organisation sozialer Dienstleistungen, in: VSSR Bd. 5 (1977), S. 141ff.
– Neubau der Sozialverwaltung. Die Verbindung des Sozialen mit der Verwaltung als Aufgabe von Rechtswissenschaft, Organisationssoziologie und Verwaltungslehre, in: DVerw. Bd. 12 (1979), S. 409ff.
– *Soziale Sicherung* durch fortschreitende Verrechtlichung? – Staatliche Sozialpolitik im Dilemma von aktiver Sozialgestaltung und normativer Selbstbeschränkung, in: R. Voigt (Hrsg.), Verrechtlichung, Königstein/Ts. 1980, S. 150ff.
– Die Reform der öffentlichen Verwaltung als Organisationsentwicklung durch Fortbildung, in: VerwArch. Bd. 72 (1981), S. 1ff.
– Die Reform der Sozialverwaltung als Problem des geplanten Verwaltungswandels, in: Archiv für Wissenschaft und Praxis der sozialen Arbeit 1981, S. 240ff.
– Armut des Sozialstaats und kommunale Sozialpolitik, in: DVerw. Bd. 15 (1982), S. 473ff.
– *Situative Verwaltungsführung* durch umweltdifferenzierten Organisationswandel, in: A. Remer (Hrsg.), Verwaltungsführung, Berlin-New York 1982, S. 269ff.
– *Berufsfreiheit* und Berufslenkung, Berlin 1983
– Das Verwaltungsverfahren nach dem Sozialgesetzbuch, in: JuS 1983, S. 434ff.
– *Entbürokratisierung durch Beratung?* Beratung als bürokratisch-distanzierte Regulierungsform des Verwaltungsstaates, in: R. Voigt (Hrsg.), Gegentendenzen zur Verrechtlichung, Jahrbuch für Rechtssoziologie und Rechtstheorie, Bd., 9, Opladen 1983, S. 225ff.
– Mittelbare Wehrdienstverweigerung und Arbeitsförderungsrecht, in: NJW 1984, S. 889ff.

– Der Verwaltungsstaat in der Krise: Vom *Wandel des Verwaltungsverfahrens,* in: H.-J. Konrad (Hrsg.), Grundrechtsschutz und Verwaltungsverfahren unter besonderer Berücksichtigung des Asylrechts. Internationaler Menschenrechtsschutz, Berlin 1985, S. 23ff.
– Öffentlicher Gesundheitsdienst und Verwaltungsverfahren, in: NJW 1986, S. 2861ff.
– Das *Bundesverfassungsgericht als Verfahrensgesetzgeber?* – Zur Implementation von Verfahrensrecht durch das BVerfG am Beispiel des atomrechtlichen Genehmigungsverfahrens –, in: E. Blankenburg/R. Voigt (Hrsg.), Implementation von Gerichtsentscheidungen, Jahrbuch für Rechtssoziologie und Rechtstheorie, Bd. 11, Opladen 1987, S. 413ff.
– Personalführung in der Verwaltung zwischen Informationstechnik und Recht, in: DÖV 1987, S. 622ff.
– Die Bewältigung der wissenschaftlichen und technischen Entwicklungen durch das Verwaltungsrecht, in: DÖV 1989, S. 785ff.
– *Staatswissenschaftliche Analyse* von Verfassungsgerichtsentscheidungen, in: T. Raiser/R. Voigt (Hrsg.), Durchsetzung und Wirkung von Rechtsentscheidungen, Baden-Baden 1990
Preuß, Ulrich K.: Politische Verantwortung und Bürgerloyalität, Frankfurt a.M. 1984
– Politik aus dem Geiste des Konsenses. Zur Rechtsprechung des Bundesverfassungsgerichts, in: Merkur 41. Jg. (1987), S. 1ff.
– Entwicklungsperspektiven der Rechtswissenschaft, in: KritJ 1988, S. 361ff.
Prisching, Manfred: Soziale Koordinationsprinzipien und politischer Konsens, in: Festgabe für O. Weinberger zum 65. Geburtstag, Berlin 1984, S. 299ff.
Püttner, Günter: Verwaltungslehre, München 1982
– Allgemeines Verwaltungsrecht, 6. Auflage, Düsseldorf 1983
– Verantwortlichkeit und Kontrollpflicht, in: ders. (Hrsg.), Handbuch der kommunalen Wissenschaft und Praxis, Bd. 3: Kommunale Aufgaben und Instrumente der Aufgabenerfüllung, 2. Auflage, Berlin-Heidelberg-New York 1983, S. 435ff.
– *Handlungsspielräume* der Verwaltung und Kontrolldichte gerichtlichen Rechtsschutzes, in: V. Götz/H.H. Klein/C. Starck (Hrsg.), Die öffentliche Verwaltung zwischen Gesetzgebung und richterlicher Kontrolle, München 1985, S. 131ff.
– Der Rechtsstaat und seine offenen Probleme, in: DÖV 1989, S. 137ff.
Quaritsch, Helmut: Art. „Legalität, Legitimität“, in: EvStL, Bd. I, 3. Auflage, Stuttgart 1987, S. 1990ff.
– Verwaltungsverfahren oder Selbstregulierung?, in: Festschrift für C.H. Ule zum 80. Geburtstag, Köln-Berlin-Bonn-München 1987, S. 257ff.
Raeschke-Kessler, Hilmar/Eilers, Stephan: Die grundrechtliche Dimension des Beteiligungsgebots in § 13 II VwVfG – Zur Verfahrensbeteiligung als Grundrechtssicherung, in: NVwZ 1988, S. 37ff.
Raschauer, Bernhard: Selbstbindungen der Verwaltung, in: VVDStRL Bd. 40 (1982), S. 240ff.
Rausch-Gast, Regine: Selbstbindung des Gesetzgebers, Frankfurt a.M. – Bern 1983
Rauschning, Dietrich: Verantwortlichkeit der Staaten für völkerrechtswidriges Verhalten, in: ders./A. Randelzhofer, Staatenverantwortlichkeit (Responsibility of States), Heidelberg 1984, S. 7ff.
Rawls, John: Eine *Theorie der Gerechtigkeit* (dt. Übersetzung der Originalausgabe „A Theory of Justice“, Harvard 1971), Frankfurt a.M. 1979
Redeker, Konrad: Zur Ausgleichsfunktion von Teilhaberechten zwischen Freiheit und Bindung, in: Festgabe aus Anlaß des 25jährigen Bestehens des Bundesverwaltungsgerichts, München 1978, S. 511ff. (zit.: „Festgabe BVerwG“)
– Grundgesetzliche Rechte auf Verfahrensteilhabe, in: NJW 1980, S. 1593ff.
Reese, Jürgen/Seibel, Wolfgang: Technisierung und Entdifferenzierung von Verwaltungsorganisationen, in: VerwArch. Bd. 78 (1987), S. 381ff.
Rehbinder, Manfred: Fragen an die Nachbarwissenschaften zum sog. Rechtsgefühl, in: JZ 1982, S. 1ff.

– Die Verwaltung als Schaltstelle zwischen Recht und Gesellschaft, in: Festschrift für C.H. Ule zum 80. Geburtstag, Köln-Berlin-Bonn-München 1987, S. 283ff.

Reich, Norbert: Reflexives Recht?, in: Festschrift für R. Wassermann zum 60. Geburtstag, Neuwied und Darmstadt 1985, S. 151ff.

Reichard, Christoph: Betriebswirtschaftslehre der öffentlichen Verwaltung, 2. Auflage, Berlin-New York 1987

Reinermann, Heinrich: Verwaltungsinnovation und *Informationsmanagement,* 2. Auflage, Heidelberg 1987

Reinermann, Heinrich/Fiedler, Herbert/Grimmer, Klaus/Lenk, Klaus/Traunmüller, Roland (Hrsg.): Öffentliche Verwaltung und Informationstechnik, Berlin-Heidelberg-New York-Tokyo 1985

Reiter, Heinrich: Interdependenzen zwischen sozialrechtlicher Judikatur und Verwaltung, in: SGb. 1987, S. 89ff.

Rhinow, René A.: Rechtsetzung und Methodik, Basel und Stuttgart 1979

Rieß, Peter: Prolegomena zu einer Gesamtreform des Strafverfahrensrechts, in: Festschrift für K. Schäfer zum 80. Geburtstag, Berlin-New York 1979, S. 155ff.

Rietdorf, Fritz: Zum Musterentwurf eines Verwaltungsverfahrensgesetzes, in: DVBl. 1964, S. 293ff.

Ritter, Ernst-Hasso: Der kooperative Staat, in: AöR Bd. 104 (1979), S. 389ff.

– Theorie und Praxis parlamentarischer Planungsbeteiligung, in: Der Staat Bd. 19 (1980), S. 413ff.

– *Staatliche Steuerung* bei vermindertem Rationalitätsanspruch?, in: Jahrbuch zur Staats- und Verwaltungswissenschaft, Bd. 1/1987, Baden-Baden 1987, S. 321ff.

Rittler, Thomas: Die Sachverhaltsermittlung im System der Besteuerungsgrundsätze – Stellungnahme zur neuen Verwaltungsanweisung zu § 88 AO, in: DB 1987, S. 2331ff.

Rittstieg, Andreas: Die *Konkretisierung* technischer Standards im Anlagenrecht, Köln-Berlin-Bonn-München 1982

Robbers, Gerhard: Sicherheit als Menschenrecht, Baden-Baden 1987

– Schlichtes Verwaltungshandeln, in: DÖV 1987, S. 272ff.

Röhl, Klaus F.: Rechtssoziologie, Köln-Berlin-Bonn-München 1987

Rödig, Jürgen: Die *Theorie des gerichtlichen Erkenntnisverfahrens,* Berlin-Heidelberg-New York 1973

Rommelfanger, Ulrich Josef: Das konsultative Referendum, Berlin 1989

Ronellenfitsch, Michael: Das atomrechtliche Genehmigungsverfahren, Berlin 1983

– Einführung in das *Planungsrecht,* Darmstadt 1986

Ronge, Volker: Theorie und Empirie des „Dritten Sektors", in: Jahrbuch zur Staats- und Verwaltungswissenschaft, Bd. 2/1988, Baden-Baden 1988, S. 113ff.

Rosenberg, Leo/Schwab, Karl Heinz: Zivilprozeßrecht, 14. Auflage, München 1986

Roser, Thomas: Anhörung von Betroffenen im Gesetzgebungsverfahren: Können wir von ausländischen Erfahrungen lernen?, in: ZParl 1984, s. 534ff.

Roßnagel, Alexander (Hrsg.): *Recht und Technik* im Spannungsfeld der Kernenergiekontroverse, Opladen 1984

– Zum rechtlichen und wirtschaftlichen Bestandsschutz von Atomkraftwerken, in: JZ 1986, S. 716ff.

– Kontrolle großtechnischer Anlagen durch Verwaltungsreferenda?; in: ZParl 1986, S. 587ff.

– Demokratische Kontrolle großtechnischer Anlagen durch Verwaltungsreferendum, in: KritV 1986, S. 343ff.

Rotter, Frank: Norm, Konflikt, Verfahren, in: Rechtstheorie Bd. 10 (1979), S. 291ff.

Roxin, Claus: Strafverfahrensrecht, 20. Auflage, München 1987

Rubel, Rüdiger: Planungsermessen: Norm- und Begründungsstruktur, Frankfurt a.M. 1982

Rudolf, Walter: Verwaltungsorganisation, in: H.-U. Erichsen/W. Martens (Hrsg.), Allgemeines Verwaltungsrecht, 8. Auflage, Berlin-New York 1988, S. 617ff.

Rückwardt, Bernd: Koordination des Verwaltungshandelns, Berlin 1978

Rüfner, Wolfgang: Formen öffentlicher Verwaltung im Bereich der Wirtschaft, Berlin 1967

Rühl, Ulli F.H.: Das *Grundrecht auf Gewissensfreiheit* im politischen Konflikt, Frankfurt a.M.-Bern-New York 1987

Rüping, Hinrich: Verfassungs- und Verfahrensrecht im Grundsatz des rechtlichen Gehörs, in: NVwZ 1985, S. 304ff.

Rupp, Hans Heinrich: Grundfragen der heutigen Verwaltungsrechtslehre, Tübingen 1965

– Vom Wandel der Grundrechte, in AöR Bd. 101 (1976), S. 161ff.

– Formenfreiheit der Verwaltung und Rechtsschutz, in: Festgabe aus Anlaß des 25jährigen Bestehens des Bundesverwaltungsgerichts, München 1978, S. 539ff. (zit.: „Festgabe BVerwG")

– Bemerkungen zum verfahrensfehlerhaften Verwaltungsakt, in: Festschrift für O. Bachof zum 70. Geburtstag, München 1984, S. 151ff.

– *Politische Anforderungen* an eine zeitgemäße Gesetzgebungslehre, in: W. Schreckenberger (Hrsg.), Gesetzgebungslehre, Stuttgart-Berlin-Köln-Mainz 1986, S. 42ff.

– „Ermessen", „unbestimmter Rechtsbegriff" und kein Ende, in: Festschrift für W. Zeidler, Bd. 1, Berlin-New York 1987, S. 455ff.

Ryffel, Hans: Eigenverantwortlichkeit, in: F.M. Marx (Hrsg.), Verwaltung, Berlin 1965, S. 456ff.

– Gewissen und rechtsstaatliche Demokratie, in: Festschrift für C.H. Ule zum 80. Geburtstag, Köln-Berlin-Bonn-München, 1987, S. 321ff.

Sachs, Michael: Die Einheit der Verwaltung als Rechtsproblem, in: NJW 1987, S. 2338ff.

Sahle, Rita: Professionalität oder Technokratie? Zur Mikrologie einer Beratungsbeziehung, in: Neue Praxis 1985, S. 151ff.

Saladin, Peter: Verantwortung als Staatsprinzip, Bern-Stuttgart 1984

– Kernenergie und Verfassungsstaat, in: A. Roßnagel (Hrsg.), Recht und Technik im Spannungsfeld der Kernenergiekontroverse, Opladen 1984, S. 35ff.

Schaefer, Rolf: Vereinheitlichung des Verwaltungsverfahrensrechts des Bundes, in: W. Blümel (Hrsg.), Die Vereinheitlichung des Verwaltungsverfahrensrecht, Berlin 1984, S. 67ff.

Schäffer, Heinz: Rationalisierung der Rechtssetzung, in: ders. (Hrsg.), Theorie der Rechtssetzung, Wien 1988, S. 199ff.

Schaper, Jürgen: Studien zur *Theorie und Soziologie des gerichtlichen Verfahrens,* Berlin 1985

Scharpf, Fritz W.: Die politischen Kosten des Rechtsstaats, Tübingen 1970

– *Demokratietheorie* zwischen Utopie und Anpassung, Kronberg/Ts. 1975 (Taschenbuchausgabe)

– Grenzen der institutionellen Reform, in: Jahrbuch zur Staats- und Verwaltungswissenschaft, Bd. 1/1987, Baden-Baden 1987, S. 111ff.

Scharpf, Fritz W./Reissert, Bernd/Schnabel, Fritz: Politikverflechtung. Theorie und Empirie des kooperativen Föderalismus in der Bundesrepublik, Kronberg/Ts. 1976

Schefold, Christoph: Poppers *Konzeption der offenen Gesellschaft* und ihre verfehlten Alternativen, in: A.F. Utz (Hrsg.), die offene Gesellschaft und ihre Ideologien, Bonn 1986, S. 22ff.

Schellhammer, Kurt: Zivilprozeß. Theorie-Praxis-Fälle, Heidelberg 1987

Schenk, Michael: Soziale Netzwerke und Kommunikation, Tübingen 1984

Schenke, Wolf-Rüdiger: Verfassung und Zeit – von der „entzeiteten" zur zeitgeprägten Verfassung, in: AöR Bd. 103 (1978), S. 566ff.

– Organisatorische Regelungen mit Außenwirkung durch Verwaltungsvorschriften?, DÖV 1986, S. 190ff.

– Der verfahrensfehlerhafte Verwaltungsakt gemäß § 46 VwVfG, in: DÖV 1986, S. 305ff.

Scherer, Joachim: Verwaltung und Öffentlichkeit, Baden-Baden 1978

– *Telekommunikationsrecht* und Telekommunikationspolitik, Baden-Baden 1985

Scheuing, Dieter H.: Selbstbindungen der Verwaltung, in: VVDStRL Bd. 40 (1982), S. 153ff.

– Der Amtskonflikt als Ausschlußgrund im Verwaltungsverfahrensrecht, in: NVwZ 1982, S. 487ff.
Scheuner, Ulrich: Das Gesetz als Auftrag der Verwaltung, in: DÖV 1969, S. 585ff.
– *Verantwortung und Kontrolle* in der demokratischen Verfassungsordnung, in: Festschrift für G. Müller zum 70. Geburtstag, Tübingen 1970, S. 379ff.
– *Konsens* und Pluralismus als verfassungsrechtliches Problem, in: G. Jakobs (Hrsg.), Rechtsgeltung und Konsens, Berlin 1976, S. 33ff.
– Die *Kontrolle der Staatsmacht* im demokratischen Staat. Die Eingrenzung der Macht in der Verfassungsordnung der Bundesrepublik Deutschland, Hannover 1977
Schilling, Theodor: Die Anhörungsregelung des Verwaltungsverfahrensgesetzes im Licht des Grundgesetzes, in: VerwArch. Bd. 78 (1987), S. 45ff.
Schlink, Bernhard: Die Amtshilfe. Ein Beitrag zu einer Lehre von der Gewaltenteilung in der Verwaltung, Berlin 1982
– Freiheit durch Eingriffsabwehr – Rekonstruktion der klassischen Grundrechtsfunktion, in: EuGRZ 1984, S. 457ff.
Schlüchter, Ellen: Das *Strafverfahren,* 2. Auflage, Köln-Berlin-Bonn-München 1983
Schlüchter, Horst: Der *Strukturbegriff* im Verwaltungsrecht, Diss. Würzburg 1974
Schmel, Walter-Christian: Massenverfahren vor den Verwaltungsbehörden und den Verwaltungsgerichten, Berlin 1982
Schmidt, Eike: Die Verhandlungsmaxime als Methodenproblem, in: DuR 1984, S. 24ff.
Schmidt, Jörg: Behandlung technischer Sachverhalte in Gerichtsverfahren, in: A. Birkhofer/ R. Lukes (Hrsg.), Normalisierung der friedlichen Nutzung der Kernenergie-Konsequenzen für die rechtliche Regelung, Köln-Berlin-Bonn-München 1985, S. 67ff.
Schmidt, Johann: Die *Amtshilfe* nach dem Verwaltungsverfahrensgesetz, in: Festschrift zum 50-jährigen Bestehen des Richard Boorberg Verlags, Stuttgart-München-Hannover 1977, S. 135ff.
Schmidt, Reiner: Lebensgefühl und Legitimation, in: JZ 1983, S. 725ff.
Schmidt, Walter: Gesetzesvollziehung durch Rechtsetzung, Bad Homburg v.d.H. 1969
– Die Programmierung von Verwaltungsentscheidungen, in: AöR Bd. 96 (1971), S. 321ff.
– Organisierte Einwirkungen auf die Verwaltung, in: VVDStRL Bd. 33 (1975), S. 183ff.
– Einführung in die *Probleme des Verwaltungsrechts,* München 1982
– Gerichtlicher Rechtsschutz im Verwaltungsverfahren, in: JuS 1982, S. 745ff.
Schmidt-Aßmann, Eberhard: Verwaltungsverantwortung und Verwaltungsgerichtsbarkeit, in: VVDStRL Bd. 34 (1976), S. 221ff.
– Verwaltungsorganisation zwischen parlamentarischer Steuerung und exekutivischer Organisationsgewalt, in: Festschrift für H.P. Ipsen zum 70. Geburtstag, Tübingen 1977, S. 333ff.
– Institute gestufter Verwaltungsverfahren: Vorbescheid und Teilgenehmigung, in: Festgabe aus Anlaß des 25jährigen Bestehens des Bundesverwaltungsgerichts, München 1978, S. 569ff. (zit.: „Festgabe BVerwG")
– Die Grundgedanken des Verwaltungsverfahrens und das neue Verwaltungsverfahrensrecht, in: Jura 1979, S. 505ff.
– Die *kommunale Rechtsetzung* im Gefüge der administrativen Handlungsformen und Rechtsquellen – Aufgaben, Verfahren, Rechtsschutz-, München 1981
– Das allgemeine Verwaltungsrecht als *Ordnungsidee* und System, Heidelberg 1982
– Art. 19 Abs. 4 GG als Teil des Rechtsstaatsprinzips, in: NVwZ 1983, S. 1ff.
– Der *Verfahrensgedanke* in der Dogmatik des öffentlichen Rechts, in: P. Lerche/W. Schmitt Glaeser/E. Schmidt-Aßmann: Verfahren als staats- und verwaltungsrechtliche Kategorie, Heidelberg 1984, S. 1ff.
– Funktionen der Verwaltungsgerichtsbarkeit, in: Festschrift für C.-F. Menger zum 70. Geburtstag, Köln-Berlin-Bonn-München 1985, S. 107ff.
– *Öffentlich-rechtlicher Grundeigentumsschutz* und Richterrecht, in: Festschrift der Juristi-

schen Fakultät zur 600-Jahr-Feier der Ruprecht-Karls-Universität Heidelberg, Heidelberg 1986, S. 107ff.
- Der Rechtsstaat, in: J. Isensee/P. Kirchhof (Hrsg.), Handbuch des Staatsrechts, Bd. I: Grundlagen von Staat und Verfassung, Heidelberg 1987, S. 987ff.
- Verfahrensfehler als Verletzungen des Art. 103 Abs. 1 GG, in: DÖV 1987, S. 1029ff.
- Verfahrensgarantien im Bereich des öffentlichen Rechts, in: EuGRZ 1988, S. 577ff.
- Verwaltungsverfahren, in: J. Isensee/P. Kirchhof (Hrsg.), Handbuch des Staatsrechts, Bd. III: Das Handeln des Staates, Heidelberg 1988, S. 623ff.
- Die Lehre von den Rechtsformen des Verwaltungshandelns, in: DVBl. 1989, S. 533ff.

Schmidt-Eichstaedt, Gerd: Der Konkretisierungsauftrag der Verwaltung beim Vollzug öffentlich-rechtlicher Normen, in: DVBl. 1985, S. 645ff.

Schmidt-Jortzig, Edzard: Kommunalverwaltung und Verwaltungsgerichtsbarkeit, NJW 1983, S. 967ff.

Schmitt, Carl: Verfassungsrechtliche Aufsätze, 2. Auflage, Berlin 1973
- Verfassungslehre, 6. Auflage, Berlin 1983

Schmitt Glaeser, Walter: Partizipation an Verwaltungsentscheidungen, in: VVDStRL Bd. 31 (1973), S. 179ff.
- Anspruch, Hoffnung und Erfüllung. Das Verwaltungsverfahren und sein Gesetz – eine einleitende Bemerkung, in: Festschrift zum 50-jährigen Bestehen des Richard Boorberg Verlags, Stuttgart-München-Hannover 1977, S. 1ff. (zit.: „FS Boorberg Verlag“)
- Die *Position der Bürger* als Beteiligte im Entscheidungsverfahren gestaltender Verwaltung, in: P. Lerche/W. Schmitt Glaeser/E. Schmidt-Aßmann: Verfahren als staats- und verwaltungsrechtliche Kategorie, Heidelberg 1984, S. 35ff.
- Die grundrechtliche Freiheit des Bürgers zur *Mitwirkung an der Willensbildung,* in: J. Isensee/P. Kirchhof (Hrsg.), Handbuch des Staatsrechts, Bd. II: Demokratische Willensbildung – Die Staatsorgane des Bundes, Heidelberg 1987, S. 49ff.

Schnapp, Friedrich E.: Der Verwaltungsvorbehalt, in: VVDStRL Bd. 43 (1985), S. 172ff.
- Zu Dogmatik und Funktion des staatlichen Organisationsrechts, in: Rechtstheorie Bd. 9 (1978), S. 275ff.
- Dogmatische Überlegungen zu einer Theorie des Organisationsrechts, in: AöR Bd. 105 (1980), S. 243ff.
- Verhältnismäßigkeitsgrundsatz und Verwaltungsverfahrensrecht, in: Festschrift für H.U. Scupin zum 80. Geburtstag, Berlin 1983, S. 899ff.
- Rechtsverhältnisse in der Leistungsverwaltung, in: DÖV 1986, S. 811ff.
- Die Grundrechtsbindung der Staatsgewalt, in: JuS 1989, S. 1ff.

Schneider, Egon: Der Einfluß der Rechtsprechung des Bundesverfassungsgerichts auf das Zivilprozeßrecht, in: MDR 1979, S. 617ff.
- Beweis und Beweiswürdigung, 4. Auflage, München 1987

Schneider, Hans: Der Niedergang des Gesetzgebungsverfahrens, in: Festschrift für G. Müller zum 70. Geburtstag, Tübingen 1970, S. 421ff.
- Gesetzgebung, Heidelberg 1982

Schneider, Jochen/Schroth, Ulrich: Sichtweisen jurisitscher Normanwendung: Determination, Argumentation und Entscheidung, in: A. Kaufmann/W. Hassemer (Hrsg.), Einführung in Rechtsphilosophie und Rechtstheorie der Gegenwart, 5. Auflage, Heidelberg 1989, S. 421ff.

Schnell, Martin: Der Antrag im Verwaltungsverfahren, Berlin 1986

Schoch, Dietrich: Der Sozialhilfeantrag und die Ermittlung der rechtserheblichen Tatsachen, in: ZfS 1987, S. 65ff.

Scholz, Rupert: Koalitionsfreiheit als Verfassungsproblem, München 1971
- *Wirtschaftsaufsicht* und subjektiver Konkurrentenschutz, Berlin 1971
- *Öffentlicher Dienst* zwischen öffentlicher Amtsverfassung und privater Arbeitsverfassung? Verwaltungsstrukturelle Grenzen der Dienstrechtsreform, in: W. Leisner (Hrsg.), Das Berufsbeamtentum im demokratischen Staat, Berlin 1975, S. 179ff.

– Verwaltungsverantwortung und Verwaltungsverfahren, in: VVDStRL Bd. 34 (1976), S. 145 ff.
– *Grenzen staatlicher Aktivität* unter der grundgesetzlichen Wirtschaftsverfassung, in: D. Duwendag (Hrsg.), Der Staatssektor in der sozialen Marktwirtschaft, Berlin 1976, S. 113 ff.
– Verfassungsfragen zum *Schutz des Nichtrauchers,* in: DB 1979, Beilage Nr. 10/79 zu Heft 25, v. 22. Juni 1979
– Parlamentarischer Untersuchungsausschuß und Steuergeheimnis, in: AöR Bd. 105 (1980), S. 564 ff.
– *Sozialstaat* zwischen Wachstums- und Rezessionsgesellschaft, Karlsruhe 1981
– *Technisierung der Verwaltung* – Steuerungs- und Kontrollproblem für den demokratischen Rechtsstaat, in: G. R. Baum u. a. (Hrsg.), Technisierte Verwaltung. Entlastung oder Entfremdung des Menschen?, Bonn 1981, S. 55 ff.
– *Konkurrenzprobleme* bei behördlichen Produktkontrollen, Köln-Berlin-Bonn-München 1983
– Rechtsfrieden im Rechtsstaat, in: NJW 1983, S. 705 ff.
– *Technik und Recht,* in: D. Wilke (Hrsg.), Festschrift zum 125jährigen Bestehen der Juristischen Gesellschaft zu Berlin, Berlin-New York 1984, S. 691 ff.
– *Konkretisierung unbestimmter Rechtsbegriffe* im technischen Sicherheitsrecht und Stoffrecht, in: Sicherheitstechnische Rechtsvorschriften, hrsg. vom Bundesminister für Wirtschaft, o. O., o. J. (Bonn 1986), S. 123 ff.

Scholz, Rupert/Pitschas, Rainer: Gemeindewirtschaft zwischen Verwaltungs- und Unternehmensstruktur, Berlin 1982
– *Informationelle Selbstbestimmung* und staatliche Informationsverantwortung, Berlin 1984
– Informationstechnik zwischen Bürokratie und Datenschutz, in: AöR Bd. 110 (1985), S. 489 ff.

Scholz, Christian: Personalmanagement, München 1989

Schreckenberger, Waldemar (Hrsg.): *Gesetzgebungslehre.* Grundlagen-Zugänge-Anwendung, Stuttgart-Berlin-Köln-Mainz 1986

Schreiber, Hans-Ludwig: Ist eine Effektivitätskontrolle von Strafgesetzen möglich?, RuP 1983, S. 36 ff.

Schreyer, Edith: Pluralistische Entscheidungsgremien im Bereich sozialer und kultureller Staatsaufgaben, Berlin 1982

Schröder, Meinhard: Der Verwaltungsstaat, in: DVBl. 1984, S. 814 ff.

Schroeder-Printzen, Günther (Hrsg.): Sozialgesetzbuch, Verwaltungsverfahren-SGB X. Kommentar, München 1981, mit Ergänzungsband, München 1984

Schünemann, Bernd: Grundbedingungen für ein funktionsfähiges normatives Programm der Rechtsprechung, in: N. Achterberg (Hrsg.), Rechtsprechungslehre, Köln-Berlin-Bonn-München 1986, S. 461 ff.
– Die Verständigung im Strafprozeß – Wunderwaffe oder Bankrotterklärung der Verteidigung?, in: NJW 1989, S. 1895 ff.

Schürmann, Martin: Grundlagen und Prinzipien des legislatorischen Einleitungsverfahrens nach dem Grundgesetz, Berlin 1987

Schütze, Fritz: Strategische Interaktion im Verwaltungsgericht – eine soziolinguistische Analyse zum Kommunikationsverlauf im Verfahren zur Anerkennung als Wehrdienstverweigerer, in: W. Hoffmann-Riem/H. Rottleuthner/F. Schütze/A. Zielcke, Interaktion vor Gericht, Baden-Baden 1978, S. 19 ff.

Schulze-Fielitz, Helmuth: Das Bundesverfassungsgericht im Netz seiner Rechtsprechung. Gedanken zur Auslegung von Art. 84 Abs. 1 GG im Urteil des BVerfG vom 10. 12. 1980 – Ausbildungsplatzförderungsgesetz –, in: DVBl. 1982, S. 328 ff.
– Gesetzgebung als materiales Verfassungsverfahren, in: NVwZ 1983, S. 709 ff.
– Der informale Verfassungsstaat, Berlin 1984
– Das Parlament als Organ der Kontrolle im *Gesetzgebungsprozeß,* in: H. Dreier/J. Hof-

mann (Hrsg.), Parlamentarische Souveränität und technische Entwicklung, Berlin 1986, S. 71 ff.
– *Theorie und Praxis* parlamentarischer Gesetzgebung, Berlin 1988
Schumann, Ekkehard: Bundesverfassungsgericht, Grundgesetz und Zivilprozeß, Köln-Berlin-Bonn-München 1983
– Die materiellrechtsfreundliche Auslegung des Prozeßgesetzes, in: Festschrift für K. Larenz zum 80. Geburtstag, München 1983, S. 571 ff.
Schuppert, Gunnar Folke: Einflußnahme auf die Verwaltung durch Bürgerbeteiligung und kollektive Interessenwahrnehmung, in: W. Hoffmann-Riem (Hrsg.), Bürgernahe Verwaltung?, Neuwied und Darmstadt 1979, S. 279 ff.
– Die öffentliche Aufgabe als Schlüsselbegriff der Verwaltungswissenschaft, in: VerwArch. Bd. 71 (1980), S. 309 ff.
– Die *Erfüllung öffentlicher Aufgaben* durch verselbständigte Verwaltungseinheiten, Göttingen 1981
– Grundrechte und Demokratie, in: EuGRZ 1985, S. 525 ff.
– Die Einheit der Verwaltung als Rechtsproblem, in: DÖV 1987, S. 757 ff.
– Self-restraints der Rechtsprechung – Überlegungen zur Kontrolldichte in der Verfassungs- und Verwaltungsgerichtsbarkeit, in: DVBl. 1988, S. 1191 ff.
– Zur Neubelebung der Staatsdiskussion: Entzauberung des Staates oder „BRINGING THE STATE BACK IN?", in: Der Staat Bd. 28 (1989), S. 91 ff.
– Selbstverwaltung, Selbststeuerung, Selbstorganisation – Zur Begrifflichkeit einer Wiederbelebung des Subsidiaritätsgedankens, in: AöR Bd. 114 (1989), S. 127 ff.
Schwarze, Jürgen: Der funktionale Zusammenhang von Verwaltungsverfahrensrecht und verwaltungsgerichtlichem Rechtsschutz, Berlin 1974 (zit.: „Funktionaler Zusammenhang")
– Europäisches Verwaltungsrecht, Bd. I und II, Baden-Baden 1988
Schwerdtfeger, Gunther: Optimale *Methodik der Gesetzgebung* als Verfassungspflicht, in: Festschrift für H.P. Ipsen zum 70. Geburtstag, Tübingen 1977, S. 173 ff.
Seibert, Gerhard: Die Beachtlichkeit von Fehlern im Verwaltungsverfahren gemäß § 46 VwVfG und die Konsequenzen für das verwaltungsgerichtliche Verfahren, in: Festschrift für W. Zeidler, Bd. 1, Berlin-New York 1987, S. 469 ff.
Skouris, Wassilios: Grundfragen des Sachverständigenbeweises im Verwaltungsverfahren und im Verwaltungsprozeß, in AöR Bd. 107 (1982), S. 215 ff.
Seibel, Wolfgang: Regierbarkeit und Verwaltungswissenschaft: ideengeschichtliche Untersuchung zur Stabilität des verwaltenden Rechtsstaates, Frankfurt a. M.-New York 1983
– Die Entwicklung zum „technisierten sozialen Rechtsstaat", in: VerwArch. Bd. 74 (1983), S. 325 ff.
Sellner, Dieter: Immissionsschutzrecht und Industrieanlagen, 2. Auflage, München 1988
Sendler, Horst: Die *Entwicklung des Verwaltungsrechts* in der Bundesrepublik Deutschland, in: J. H. Kaiser (Hrsg.), Verwaltung und Verwaltungswissenschaften in der Bundesrepublik Deutschland, Baden-Baden 1983, S. 27 ff.
– Zum Schlagwort der Konfliktbewältigung im Planungsrecht, in: WiVerw. 1985, S. 211 ff.
– Richter und Sachverständige, in: NJW 1986, S. 2907 ff.
– Skeptisches zum unbestimmten Rechtsbegriff, in: Festschrift für C.H. Ule zum 80. Geburtstag, Köln-Berlin-Bonn-München 1987, S. 337 ff.
– Zur richterlichen Folgenberücksichtigung und -verantwortung, in: Festschrift für H. Simon, Baden-Baden 1987, S. 113 ff.
Sharkansky, Ira: Public administration, 4. Auflage, Chicago 1978
Sieckmann, Jan-Rainard: Das *System richterlicher Bindungen* und Kontrollkompetenzen, in: R. Mellinghoff/H.-H. Trute (Hrsg.), Die Leistungsfähigkeit des Rechts, Heidelberg 1988, S. 39 ff.
Siedentopf, Heinrich: Änderungen der Aufgabenverteilung, der Organisation und der Verfahren der Verwaltung zur Beschleunigung und Verbesserung der *Verwaltungsentscheidungen,*

in: V. Götz/H. H. Klein/C. Starck (Hrsg.), Die öffentliche Verwaltung zwischen Gesetzgebung und richterlicher Kontrolle, München 1985, S. 279ff.

Simitis, Spiros: Die informationelle Selbstbestimmung – Grundbedingung einer verfassungskonformen Informationsordnung, in: NJW 1984, S. 398ff.

– Konsequenzen des Volkszählungsurteils: Ende der Übergangsfrist, in: NJW 1989, S. 21f.

Simon, Herbert A.: Entscheidungsverhalten in Organisationen (Dt. Übersetzung der 3. englischsprachigen Auflage), Landsberg am Lech 1981

Simons, Thomas: Verfahren und verfahrensäquivalente Rechtsformen im Sozialrecht, Baden-Baden 1985

Simson, Werner von: Zur Theorie der Legitimität, in: Festschrift für K. Loewenstein, Tübingen 1971, S. 459ff.

Smend, Rudolf: Verfassung und Verfassungsrecht, in: ders., Staatsrechtliche Abhandlungen und andere Aufsätze, 2. Auflage, Berlin 1968, S. 119ff.

– Art. „Integration", in: Evangelisches Staatslexikon, Bd. I, 3. Auflage 1987, Sp. 1354ff.

Smid, Stefan: Rechtsprechung und gesellschaftliche Steuerung, in: R. Scholz (Hrsg.), Wandlungen in Technik und Wirtschaft als Herausforderung des Rechts, Köln 1985, S. 250ff.

– Soziale Evolution und Rationalität, in: Rechtstheorie Bd. 16 (1985), S. 429ff.

Sodan, Helge: Kollegiale Funktionsträger als Verfassungsproblem, Frankfurt a.M. 1987

Sonnenschein, Wolfgang: Institutionalisierte Zusammenarbeit der Sozialleistungsträger, in: VSSR Bd. 11 (1983), S. 253ff.

Spanner, Hans: Ein Entwurf eines Verwaltungsverfahrensgesetzes, in: DVBl. 1964, S. 845ff.

Spieker, Manfred: Legitimationsprobleme des Sozialstaats, Bern-Stuttgart 1986

Stadler, Peter M.: Die *parlamentarische Kontrolle* der Bundesregierung, Opladen 1984

Staehle, Wolfgang: Management. Eine verhaltenswissenschaftliche Einführung, 4. Auflage, München 1989

Staff, Ilse: Der soziale Rechtsstaat. Zur Aktualität der Staatstheorie Hermann Hellers, in: Chr. Müller/I. Staff (Hrsg.), Gedächtnisschrift für H. Heller, Baden-Baden 1984, S. 25ff.

Starck, Christian: Der Gesetzesbegriff des Grundgesetzes, Baden-Baden 1970

– Vom Grund des Grundgesetzes, Zürich 1979

– Die Grundrechte des Grundgesetzes, in: JuS 1981, S. 237ff.

– *Vorrang der Verfassung* und Verfassungsgerichtsbarkeit, in: ders./A. Weber (Hrsg.), Verfassungsgerichtsbarkeit in Westeuropa, Teilbd. I, Baden-Baden 1986, S. 11ff.

– Grundrechtliche und demokratische *Freiheitsidee,* in: J. Isensee/P. Kirchhof (Hrsg.), Handbuch des Staatsrechts, Bd. II: Demokratische Willensbildung – die Staatsorgane des Bundes, Heidelberg 1987, S. 3ff.

– Zur Notwendigkeit einer *Wertbegründung* des Rechts, in: Festschrift für W. Geiger zum 80. Geburtstag, Tübingen 1989, S. 40ff.

Staupe, Jürgen: Parlamentsvorbehalt und Delegationsbefugnis, Berlin 1986

Steiger, Heinhard: Organisatorische Grundlagen des parlamentarischen Regierungssystems. Eine Untersuchung zur rechtlichen Stellung des Deutschen Bundestages, Berlin 1973

Stein, Ekkehart: Staatsrecht, 11. Auflage, Tübingen 1988

Steinberg, Rudolf: Politik und *Verwaltungsorganisation,* Baden-Baden 1979

– *Abrüstungs- und Rüstungskontrollverwaltung* in der Bundesrepublik Deutschland, Berlin 1982

– Komplexe Verwaltungsverfahren zwischen Verwaltungseffizienz und Rechtsschutzauftrag, in: DÖV 1982, S. 619ff.

– Verfassungsgerichtliche Kontrolle der „Nachbesserungspflicht" des Gesetzgebers, in: Der Staat Bd. 26 (1987), S. 161ff.

Stelkens, Paul: Bereinigung des Verwaltungsverfahrensrechts?, in: NVwZ 1986, S. 541ff.

Stelkens, Paul/Bonk, Heinz Joachim/Leonhardt, Klaus: Verwaltungsverfahrensgesetz. Kommentar, 2. Auflage, München 1983

Stern, Klaus: Das Staatsrecht der Bundesrepublik Deutschland. Bd. I: Grundbegriffe und

Grundlagen des Staatsrechts, Strukturprinzipien der Verfassung, 2. Auflage, München 1984; Bd. II: Staatsorgane, Staatsfunktionen, Finanz- und Haushaltsverfassung, Notstandsverfassung, München 1980; Bd. III/1: Allgemeine Lehren der Grundrechte, München 1988 (zit.: „Staatsrecht I/III“)

– Die Verbindung von Verfassungsidee und Grundrechtsidee zur modernen Verfassung, in: Festschrift für K. Eichenberger zum 60. Geburtstag, Basel-Frankfurt a.M. 1982, S. 197ff.

– Staatsziele und *Staatsaufgaben* in verfassungsrechtlicher Sicht, in: Gesellschaft für Rechtspolitik Trier (Hrsg.), „Bitburger Gespräche“. Jahrbuch 1984, München 1984, S. 5ff.

– Qualität und Bedeutung der Prozeßgrundrechte für die Grundrechtsbindung der Rechtsprechung, in: Festschrift für C.H. Ule zum 80. Geburtstag, Köln-Berlin-Bonn-München 1987, S. 359ff.

Stettner, Rupert: Grundfragen einer *Kompetenzlehre*, Berlin 1983

– Der Verwaltungsvorbehalt, in: DÖV 1984, S. 611ff.

– Not und Chance der grundgesetzlichen Gewaltenteilung, In: JöR n.F. Bd. 35 (1986), S. 57ff.

Stober, Rolf: Wirtschaftsverwaltungsrecht. Bd. I: Allgemeiner Teil und Wirtschaftsverfassungsrecht; Bd. II: Einzelne Zweige des Wirtschaftsverwaltungsrechts, 5. Auflage, Stuttgart-Berlin-Köln-Mainz 1987

Streinz, Rudolf: Materielle Präklusion und Verfahrensbeteiligung im Verwaltungsrecht, in: VerwArch. Bd. 79 (1988), S. 272ff.

Ströker, Elisabeth: Ich und die anderen. Die Frage der *Mitverantwortung*, Frankfurt a.M. 1984

Stüer, Bernhard: Zum autonomen (kontrollfreien) Gestaltungsraum von Gesetzgeber und Verwaltung, in: DVBl. 1974, S. 314ff.

Stürner, Rolf: Verfahrensgrundsätze des Zivilprozesses und Verfassung, in: Festschrift für F. Baur, Tübingen 1981, S. 647ff.

– Die *richterliche Aufklärung* im Zivilprozeß, Tübingen 1982

Suhr, Dieter: Bewußtseinsverfassung und Gesellschaftsverfassung, Berlin 1975

– Zur Rationalität im Verwaltungsverfahrensrecht am Beispiel der Besetzung von Hochschullehrerstellen, in: DÖV 1975, S. 767ff.

– *Entfaltung* der Menschen durch die Menschen, Berlin 1976

– Eine grundrechtsdogmatisch aufschlußreiche Zwangsversteigerung wegen vermögenswerter Rechte, in: NJW 1979, S. 145f.

– Repräsentation in Staatslehre und Sozialpsychologie, in: Der Staat 20 (1981), S. 517ff.

– Freiheit durch Geselligkeit, in: EuGRZ 1984, S. 529ff.

Tettinger, Peter J.: Rechtsanwendung und gerichtliche Kontrolle im *Wirtschaftsverwaltungsrecht*, München 1980

– *Fairneß und Waffengleichheit.* Rechtsstaatliche Direktiven für Prozeß und Verwaltungsverfahren, München 1984

Teubner, Gunther: Reflexives Recht, in: ARSP Bd. 68 (1982), S. 13ff.

– Substantive and Reflexive Elements in Modern Law, in: LSR 17. Jg. (1983), S. 239ff.

– *Verrechtlichung* – Begriffe, Merkmale, Grenzen, Auswege, in: F. Kübler (Hrsg.), Verrechtlichung von Wirtschaft, Arbeit und sozialer Solidarität, Baden-Baden 1984, S. 289ff.

– Autopoiesis in Law and Society: A Rejoinder to Blankenburg, in: LSR 18. Jg. (1984), S. 291ff.

– The Transformation of Law in the Welfare State, in: ders. (Hrsg.), Dilemmas of Law in the Welfare State, Berlin-New York 1986, S. 3ff.

– Gesellschaftsordnung durch Gesetzgebungslärm? Autopoietische Geschlossenheit als Problem für die Rechtsetzung, in: D. Grimm/W. Maihofer (Hrsg.), Gesetzgebungstheorie und Rechtspolitik, Jahrbuch für Rechtssoziologie und Rechtstheorie, Bd. 13, Opladen 1988, S. 45ff.

Teubner, Gunther/Willke, Helmut: Kontext und Autonomie: Gesellschaftliche Selbststeuerung durch reflexives Recht, in: ZfRSoz Bd. 5 (1984), S. 4ff.

Thieme, Werner: Die Wahrheitsfindung im sozialrechtlichen Verwaltungsverfahren, in: SGb. 1980, S. 45ff.
– *Entscheidungen* in der öffentlichen Verwaltung, Köln-Berlin-Bonn-München 1981
– Verwaltungslehre, 4. Auflage, Köln-Berlin-Bonn-München 1984
Thomas, Heinz/Putzo, Hans: Zivilprozeßordnung, Kommentar, 14. Auflage, München 1986
Thöni, Erich: Politökonomische Theorie des Föderalismus, Baden-Baden 1986
Tipke, Klaus, Steuerrecht, 11. Auflage, Köln 1987
Tonner, Klaus: Verbraucherrecht und Selbstregulierungskonzepte, in: KritJ 1985, S. 107ff.
Trappe, Paul: Über die Anonymisierung von Verantwortung, in: Festschrift für H. Schelsky zum 65. Geburtstag, Berlin-München 1978, S. 697ff.
– Sozialstruktur und Rechtsprechung, in: N. Achterberg (Hrsg.), Rechtsprechungslehre, Köln-Berlin-Bonn-München 1986, S. 381ff.
Treiber, Hubert: Regulative Politik in der Krise? Anmerkungen zu einem aktuellen Thema oder Reflexive Rationalität im Schatten des gesetzten Rechts, in: Kriminalsoziologische Biographie 1983, S. 28ff.
– Vollzugskosten des Rechtsstaates, in: RuP 1986, S. 20ff.
– Was leistet der *Implementationsansatz* bei der Analyse des Vollzugs verwaltungsgerichtlicher Entscheidungen?, in: E. Blankenburg/R. Voigt (Hrsg.), Implementation von Gerichtsentscheidungen, Jahrbuch für Rechtssoziologie und Rechtstheorie, Bd. 11, Opladen 1987, S. 322ff.
Treutner, Erhard: Planende Verwaltung zwischen Recht und Bürgern, Frankfurt a. M.-New York 1982
Trute, Hans-Heinrich: Die *Leistungsfähigkeit des Rechts,* in: R. Mellinghoff/ders. (Hrsg.), Die Leistungsfähigkeit des Rechts, Heidelberg 1988, S. 1ff.
Tschira, Oskar/Schmitt Glaeser, Walter: Verwaltungsprozeßrecht, 9. Auflage, Stuttgart-München-Hannover 1988
Tugendhat, Ernst: Zur Entwicklung von moralischen Begründungsstrukturen im modernen Recht, in: ARSP Beih. Nr. 14, Wiesbaden 1980, S. 1ff.
Ule, Carl Hermann: Über das Verhältnis von *Verwaltungsstaat* und Rechtsstaat, in: Hochschule für Verwaltungswissenschaften Speyer (Hrsg.), Staats- und verwaltungswissenschaftliche Beiträge, Stuttgart 1957, S. 127ff.
– Verwaltungsverfahren und Verwaltungsgerichtsbarkeit, in: DVBl. 1957, S. 497ff.
– Verwaltungsverfahren und Verwaltungsprozeß, in: VerwArch. Bd. 62 (1971), S. 114ff.
– Das Verwaltungsverfahren im Sozialgesetzbuch, in: VSSR Bd. 8 (1980), S. 283ff.
– Rechtsstaat und Verwaltung, in: VerwArch. Bd. 76 (1985), S. 1ff., 129ff.
– Verwaltungsprozeßrecht, 9. Auflage, München 1987
– Die *Kodifizierung* des Verwaltungsverfahrensrechts, in: K. G. A. Jeserich/H. Pohl/G.-C. von Unruh (Hrsg.), Deutsche Verwaltungsgeschichte, Bd. 5: Die Bundesrepublik Deutschland, Stuttgart 1987, S. 1162ff.
Ule, Carl Hermann/Becker, Franz: Verwaltungsverfahren im Rechtsstaat, Köln und Berlin 1964
Ule, Carl Hermann/Laubinger, Hans-Werner: Verwaltungsverfahrensrecht, 3. Auflage, Köln-Berlin-Bonn-München 1986
Vieweg, Klaus: Atomrecht und technische Normung, Berlin 1982
Vitzthum, Wolfgang Graf: Verfahrensgerechtigkeit im Völkerrecht, in: Festschrift für H.-J. Schlochauer zum 75. Geburtstag, Berlin-New York 1981, S. 739ff.
Vogel, Klaus: Zur *Verantwortlichkeit* leitender Organwalter – Über einen ungeschriebenen Rechtsgedanken des öffentlichen Rechts, in: Festschrift für E. Schack, Hamburg 1966, S. 183ff.
– *Der gerichtliche Rechtsschutz des Einzelnen* gegenüber der vollziehenden Gewalt in der Bundesrepublik Deutschland, in: H. Mosler (Hrsg.), Gerichtsschutz gegen die Exekutive, Bd. 1 (Länderberichte), Köln-Berlin-Bonn-München 1969, S. 127ff.

– Der *Sozialstaat als Steuerstaat*, in: A. Randelzhofer/W. Süß (Hrsg.), Konsens und Konflikt, 35 Jahre Grundgesetz, Berlin-New York 1986, S. 133ff.

Vogelgesang, Klaus: Grundrecht auf informationelle Selbstbestimmung?, Baden-Baden 1987

Voigt, Rüdiger: Regulatives Recht im Wohlfahrtsstaat, in: ders. (Hrsg.), Abschied vom Recht?, Frankfurt a.M. 1983, S. 19ff.

– *Grenzen rechtlicher Steuerung.* Zur Brauchbarkeit des Rechts als Steuerungsinstrument, in: ders. (Hrsg.), Recht als Instrument der Politik, Opladen 1986, S. 14.ff.

– Steuerung durch Anpassung? Zur Transformation legislatorischer Steuerungsprogramme durch die öffentliche Verwaltung, in: JfR 1987, S. 48ff.

Voigt, Rüdiger (Hrsg.): Abschied vom Recht? Frankfurt a.M. 1983

Vollkommer, Max: Der Anspruch der Parteien auf ein faires Verfahren im Zivilprozeß, in: Gedächtnisschrift für R. Bruns, München 1980, S. 195ff.

– Fortschritte auf dem Weg zur Verfahrensvereinheitlichung, in: Festschrift für K. Obermayer zum 70. Geburtstag, München 1986, S. 143ff.

Vorländer, Hans: Verfassung und Konsens. Der Streit um die Verfassung in der Grundlagen- und Grundgesetz-Diskussion der Bundesrepublik Deutschland, Berlin 1981

Vowe, Gerhard: Information und Kommunikation, Opladen 1984

Wagener, Frido: Vom Neubau zur Pflege – wohin entwickelt sich unser Verwaltungssystem?, in: ders. (Hrsg.), Zukunftsaspekte der Verwaltung, Berlin 1980, S. 21ff.

Wagner, Hellmuth: Grundrechtsschutz und Technologieentwicklung, in: ZRP 1985, S. 192ff.

Wahl, Rainer: Die bürokratischen Kosten des Rechts- und Sozialstaats, in: DVerw Bd. 13 (1980), S. 273ff.

– Der Vorrang der Verfassung, in: Der Staat Bd. 20 (1981), S. 485ff.

– Bürgerbeteiligung bei der Landesplanung, in: W. Blümel (Hrsg.), Frühzeitige Bürgerbeteiligung bei Planungen, Berlin 1982, S. 113ff.

– Genehmigung und Planungsentscheidung, in: DVBl. 1982, S. 51ff.

– Verwaltungsverfahren zwischen Verwaltungseffizienz und Rechtsschutzauftrag, in: VVDStRL Bd. 41 (1983), S. 151ff.

– *Vereinheitlichung* oder bereichsspezifisches Verwaltungsverfahrensrecht?, in: W. Blümel (Hrsg.), die Vereinheitlichung des Verwaltungsverfahrensrechts, Berlin 1984, S. 19ff.

– Der Nachbarschutz im Baurecht, in: JuS 1984, S. 577ff.

– Der Vorrang der Verfassung und die Selbständigkeit des Gesetzesrechts, in: NVwZ 1984, S. 401ff.

– *Zur Lage der Verwaltung* Ende des 20. Jahrhunderts, in: K. Jeserich/H. Pohl/G.-C. v. Unruh (Hrsg.), Deutsche Verwaltungsgeschichte, Bd. 5: Die Bundesrepublik Deutschland, Stuttgart 1987, S. 1197ff.

– Verwaltungsverantwortung und Verwaltungsgerichtsbarkeit, in: VBlBW 1988, S. 387ff.

Wahrendorf, Volker: Die *Prinzipien der Beweislast* im Haftungsrecht, Köln-Berlin-Bonn-München 1976

Wallerath, Maximilian: Allgemeines Verwaltungsrecht, 2. Auflage, Siegburg 1983

– Strukturprobleme kommunaler Selbstverwaltung, in: DÖV 1986, S. 533ff.

– Verfahrensrecht, in: B. v. Maydell/F. Ruland (Hrsg.), Sozialrechtshandbuch, 1988, S. 456ff.

Walter, Robert: Partizipation an Verwaltungsentscheidungen, in: VVDStRL Bd. 31 (1973), S. 147ff.

Wannagat, Georg: Funktionsspezifische Aspekte sozialgerichtlicher Rechtsfortbildung, in: Festschrift für M. L. Hilger/H. Stumpf, München 1983, S. 687ff.

Wassermann, Rudolf: Ist der Rechtsstaat noch zu retten?, Hannover 1985

– Die *richterliche Gewalt*, Heidelberg 1985

– Die *Zuschauerdemokratie*, Düsseldorf-Wien 1986

Watzlawick, Paul/Beavin, Janet H./Jackson, Don D.: Menschliche Kommunikation: Formen; Störungen; Paradoxien, 7. Auflage, Bern-Stuttgart-Wien 1985

Weber, Max: Rechtssoziologie, 2. Auflage, Neuwied 1967
– Wirtschaft und Gesellschaft, 5. Auflage (Studienausgabe), Tübingen 1976
Weber, Werner: Empfiehlt es sich, den Allgemeinen Teil des Verwaltungsrechts zu kodifizieren?, in: Verhdlg. des 43. DJT, Bd. II, Sitzungsberichte, Teil D (München 1960), Tübingen 1962
Wegener, Roland: Staat und Verbände im Sachbereich Wohlfahrtspflege, Berlin 1978
Weides, Peter: Verwaltungsverfahren und Widerspruchsverfahren, 2. Auflage, München 1981
– Die Anhörung der Beteiligten im Verwaltungsverfahren, in: JA 1984, S. 648ff.
Weimar, Robert: Psychologische Strukturen richterlicher Entscheidung, Basel und Stuttgart 1969
Weinberger, Ota: Zur *Theorie der Gesetzgebung,* in: J. Mokre/O. Weinberger (Hrsg.), Rechtsphilosophie und Gesetzgebung, Wien 1976, S. 173ff.
– Rechtspolitische *Institutionenanalyse,* in: D. Grimm/W. Maihofer (Hrsg.), Gesetzgebungstheorie und Rechtspolitik, Jahrbuch für Rechtssoziologie und Rechtstheorie, Bd. 13, Opladen 1988, S. 246ff.
Weinert, Ansfried B.: Lehrbuch der *Organisationspsychologie,* 2. Auflage, München-Weinheim 1987
Wender, Astrid: Entscheidungsspiele in Politik, Verwaltung und Wirtschaft, Opladen 1983
Wersig, Gernot: Die *kommunikative Revolution,* Opladen 1985
Weyhausen, Heiko: Steuerverwaltung und bundesstaatliche Verfassungsordnung, Köln 1982
Weyreuther, Felix: Das bebauungsrechtliche Gebot der Rücksichtnahme und seine Bedeutung für den Nachbarschutz, in: BauR 1975, S. 1ff.
Whitehead, Alfred N.: Prozeß und Realität, 2. Auflage, Frankfurt a.M. 1984
Wiethölter, Rudolf: Entwicklung des Rechtsbegriffs, in: V. Gessner/G. Winter (Hrsg.), Rechtsformen der Verflechtung von Staat und Wirtschaft, Jahrbuch für Rechtssoziologie und Rechtstheorie, Bd. 8 (1982), S. 38ff.
– Materialization and Proceduralization in modern Law, in: G. Teubner (Hrsg.), Dilemmas of Law in the Welfare State, Berlin-New York 1986, S. 221ff.
Wilke, Dieter: Über Verwaltungsverantwortung, in: DÖV 1975, S. 509ff.
Willke, Helmut: Leitungswissenschaft in der DDR, Berlin 1979
– Die Disjunktion von Rechtsformen und Machtformen – am Beispiel der Konzertierten Aktion, in: V. Gessner/G. Winter (Hrsg.), Rechtsformen der Verflechtung von Staat und Wirtschaft, Jahrbuch für Rechtssoziologie und Rechtstheorie, Bd. 8 (1982), S. 200ff.
– *Entzauberung* des Staates, Königstein/Ts. 1983
– *Der Staat am Verhandlungstisch.* Das Beispiel der Konzertierten Aktion, in: R. Voigt (Hrsg.), Abschied vom Recht?, Frankfurt a.M. 1983, S. 298ff.
– Staatliche Intervention als Kontextsteuerung, in: KritV 1988, S. 214ff.
Wilting, Frank: Gestuftes *atomrechtliches Genehmigungsverfahren* und Bürgerbeteiligung, Berlin 1985
Wimmer, Raimund: Die Wahrung des Grundsatzes des rechtlichen Gehörs, in: DVBl. 1985, S. 773ff.
Winkler, Günther: Gesetzgebung und Verwaltungsrecht, in: ders./B. Schilcher (Gesamtred.), Gesetzgebung, Wien-New York 1981, S. 100ff.
Winter, Gerd/Unger, Johann: Interventionistisches und flexibles Verwaltungsrecht. Das Beispiel Zweckentfremdungsverbot für Wohnraum, in: KritJ 1984, S. 394ff.
Winter, Gerd/Schäfer, Rüdiger: Zur richterlichen Rezeption natur- und ingenieurwissenschaftlicher Voraussagen über komplexe technische Systeme am Beispiel von Kernkraftwerken, in: NVwZ 1985, S. 703ff.
Witte, Eberhard: Phasentheorem und Organisation komplexer Entscheidungsverläufe, in: ZfbF 1968, S. 625ff.
Witte, Eberhard (Hrsg.): Das *Informationsverhalten* in Entscheidungsprozessen, Tübingen 1972

Wittmann, Johann: Zu den Grenzen der gerichtlichen Kontrolle im Verwaltungsprozeß, in: BayVBl. 1987, S. 744 ff.

Wolf, Manfred: Gerichtsverfassungsrecht aller Verfahrenszweige, 6. Auflage, München 1987

Wolf, Rainer: Das Bundesverfassungsgericht – Hüter der Umwelt?, in: KritJ 1984, S. 239 ff.

– Der *Stand der Technik,* Opladen 1986

– „Herrschaft kraft Wissen" in der Risikogesellschaft, in: Soziale Welt 1988, S. 164 ff.

Wolff, Hans J./Bachof, Otto: Verwaltungsrecht. Bd. I: 9. Auflage, München 1974; Bd. II: 4. Auflage, München 1976; Bd. III: 4. Auflage, München 1978 (zit.: „Verwaltungsrecht I/II/III/")

Wolff, Hans J./Bachof, Otto/Stober, Rolf: Verwaltungsrecht II. Besonderes Organisations- und Dienstrecht, 5. Auflage, München 1987.

Wollmann, Hellmut (Hrsg.): Politik im Dickicht der Bürokratie. Beiträge zur Implementationsforschung, in: Leviathan Sonderheft 3, Opladen 1980

Würtenberger, Thomas: Die *Legitimität* staatlicher Herrschaft, Berlin 1973

– Staatsrechtliche Probleme politischer Planung, Berlin 1979

– *Legitimität und Gesetz,* in: B. Rüthers/K. Stern (Hrsg.), Freiheit und Verantwortung im Verfassungsstaat. Festgabe zum 10jährigen Jubiläum der Gesellschaft für Rechtspolitik, München 1984, S. 533 ff.

– Legitimationsmuster von Herrschaft im Laufe der Geschichte, in: JuS 1986, S. 344 ff.

Wyduckel, Dieter: Gesetzgebungslehre und Gesetzgebungstechnik: Aktueller Stand und künftige Entwicklungstendenzen, in: DVBl. 1982, S. 1175 ff.

Zacher, Hans F.: Freiheitliche Demokratie, München-Wien 1969

– Was können wir über das Sozialstaatsprinzip wissen?, in: Festschrift für H. P. Ipsen zum 70. Geburtstag, Tübingen 1977, S. 207 ff.

– Der Sozialstaat als Prozeß, in: ZgsStW Bd. 134 (1978), S. 16 ff.

– Sozialpolitik, Verrfassung und Sozialrecht im Nachkriegsdeutschland, in: Festschrift für H. Meinhold zum 65. Geburtstag, Stuttgart-Berlin-Köln-Mainz 1980, S. 123 ff.

– *Chancen und Grenzen des Sozialstaats* – Rolle und Lage des Rechts, in: P. Koslowski/ P. Kreuzer/ R. Löw (Hrsg.), Chancen und Grenzen des Sozialstaats, Tübingen 1983, S. 66 ff.

– Der *Wohlfahrtsstaat auf dem Prüfstand.* Was kann Politik noch leisten?, in: Cappenberger Gespräche der Frh.-v.-Stein-Gesellschaft, Bd. 18, Stuttgart-Berlin-Köln-Mainz 1983, S. 30 ff.

– Verrechtlichung im Bereich des Sozialrechts, in: F. Kübler (Hrsg.), Verrechtlichung von Wirtschaft, Arbeit und sozialer Solidarität, Baden-Baden 1984, S. 11 ff.

– Entstehung, Wandel und Fehlentwicklung des Sozialstaats in der Bundesrepublik Deutschland, in: Betriebliche Altersversorgung 1985, S. 81 ff.

– Elemente der *Rechtsstaatlichkeit,* in: Stimmen der Zeit, Band 203 (1985), S. 413 ff.

– *Sozialgesetzbuch.* Textausgabe mit Hinweisen und Materialien, 3 Bände, Percha 1987 (Stand: 1. Januar 1987)

– Das soziale Staatsziel, in: J. Isensee/P. Kirchhof (Hrsg.), Handbuch des Staatsrechts, Bd. I: Grundlagen von Staat und Verfassung, Heidelberg 1987, S. 1045 ff.

– Sozialrecht und Gerechtigkeit, in: Festschrift für W. Maihofer zum 70. Geburtstag, Frankfurt a. M. 1989, S. 669 ff.

Zeh, Wolfgang: Parlamentarisches Verfahren, in: J. Isensee/P. Kirchhof (Hrsg.), Handbuch des Staatsrechts. Bd. II: Demokratische Willensbildung – Die Staatsorgane des Bundes, Heidelberg 1987, S. 425 ff.

Zezschwitz, Friedrich von: Rechtsstaatliche und prozessuale Probleme des Verwaltungsprivatrechts, in: NJW 1983, S. 1873 ff.

Zielcke, Andreas: Zur Rationalität des modernen Rechts, in: Rechtstheorie Bd. 11 (1980), S. 85 ff.

Zimmer, Gerhard: Funktion-Kompetenz-Legitimation, Berlin 1979

Zippelius, Reinhold: Legitimation durch Verfahren?, in: Festschrift für K. Larenz zum 70. Geburtstag, München 1973, S. 293 ff.
– Zur Funktion des Konsenses in Gerechtigkeitsfragen, in: Festschrift für H.-J. Bruns, Köln-Berlin-Bonn-München 1978, S. 1 ff.
– *Gesellschaft und Recht.* Grundbegriffe der Rechts- und Staatssoziologie, München 1980
– *Legitimation* im demokratischen Verfassungsstaat, in: ARSP Beih. Nr. 15, 1981, S. 84 ff.
– Rechtsphilosophie, München 1982
– Machtkontrolle durch strukturelle Vielfalt und Funktionenteilung, in: Festschrift für K. Eichenberger zum 60. Geburtstag, Basel-Frankfurt a. M. 1982, S. 147 ff.
– Auslegung als Legitimationsproblem, in: Festschrift für K. Larenz zum 80. Geburtstag, München 1983, S. 739 ff.
– Allgemeine *Staatslehre,* 10. Auflage, München 1988
– Juristische *Methodenlehre,* 4. Auflage, München 1985
– *Die Bedeutung kulturspezifischer Leitideen* für die Staats- und Rechtsgestaltung, 1987
Zitscher, Wolfram: Normen und Feldtheorien, Berlin 1983
Zöller, Michael: Das Prokrustes-System. Der organisierte Pluralismus als Gewißheitsillusion, Opladen 1988

Sachverzeichnis

Die Zahlen verweisen auf die Seiten

Abwägung 127, 179, 219, 406, 476, 490, 608, 675, 686, 693, 707, 709, 716, 728
- Gebot gerechter 179, 347, 721, 729, 730
- materiale 587, 608
- als Verantwortungsparadigma 273, 716
- als Verfahrensgebot 5, 625
- als Verfahrensparadigma 507ff.
- wahrscheinlichtsgewichtete 716, 721

Abwägungsergebnis 508
Abwägungsentscheidung 720
- bei der Ermessensausübung 693

Abwägungspflicht 508
Abwägungsvorgang 179, 508, 580, 721
- als intersubjektives Kommunikationsmuster 199

Argumentationsgemeinschaft 219
Aktivierung, gesellschaftliche 276
Akzeptanz 156, 317, 494, 569, 674, 718
- Risikoakzeptanz 718

Amt, öffentliches 241
Amtsausübung, professionalisierte 376f.
Amtsbegriff 241
Amtsgedanke 282
Amtsgeheimnis 504, 700
Amtshilfe 382, 416, 512, 593
Amtspflichtwidrigkeit 627
Amtsrecht 625
Amtsverfassung, öffentliche 617
Ämterkauf 141
Ämterpatronage 141
Arena, politische 143, 156
Argumentation, rationale 440
- und Begründung 506
- Theorie der 436

Argumentationslasten 435, 489
Asylverfahren 231, 607
Atomrecht 231, 249
Aufsicht 592
- s.a. Verwaltungsverfahren

Atomrechtliches Genehmigungsverfahren 233, 338
Auskunft 78, 614
Auskunftsverfahren 451
Auslegung, verfassungskonforme 478
Ausschüsse 248
Autonomie 15, 127, 246
Autopoietische Systeme 196

Baugenehmigungsverfahren 670
Bauleitplanung 493, 509
Bebauungsplan 507
Befangenheit 519, 523
Begründung 476, 505, 506, 507, 523, 559, 578
- s.a. Konkretisierungsbegründung

Begründungslehre 578
Beleihung 621
Beratung 99, 103, 281, 484, 520, 590, 682
Beteiligte 248
- s.a. Verwaltungsverfahren
- an richterlicher Tätigkeit 286

Betreuung (im Verfahren) 525f.
- als „Fürsorge" 525
- als Problemorientierung 525
- als Sachverhaltsaufklärung 525
- und Verfahrensöffentlichkeit 526
- s.a. Öffentlichkeit

Betriebsjustiz 449
Bürger 672ff.
Bürgeramt 380
Bürgerbegehren 493
Bürgerinitiativen 482
Bürgernähe (der Verwaltung) 22, 45, 52, 104, 113, 184, 286, 587, 645
- der Gerichtsverfahren 286, 375
- der Gesetzgebung 286

Bürgerstatus, rechtlicher (s.a. Status) 324, 662, 673, 679, 681, 693, 700
Bürokratie 20, 167, 202, 454
Bürokratische Herrschaft 58, 213
Bürokratisierung 35, 48, 103f., 580
- Entbürokratisierung 225, 484
- funktionelle 103, 104, 341, 569, 572

Bundesstaat 471, 486
- Koordination im 487
- Rationalitätsmaßgaben 486

Bundestreue 486
Bundesverfassungsgericht 178

Chancengleichheit 348, 518

Darlegungslast 179
Datenschutz 52, 383, 566
Datenschutzbeauftragter 400
Datenverarbeitung 52
Demokratie, Idee 418, 480
– gewaltenteilige 453, 562
– als prozedurale Rationalitätsdirektive 479ff.
Dezentralisierung, Dezentralität 276, 278, 455
Dialog 35, 96, 157, 227, 248, 320, 356, 681, 682, 700
Diskurs 46, 317, 470, 481, 490, 491, 531
– scenischer 355
Diskurstheorie 197
„due process" 66, 72, 86, 101, 234, 424, 441, 663
– „procedural due process" 441, 474, 477, 492
– „structural due process" 498, 499

Effizienz 22, 24, 30, 187, 423, 612
– bürokratische Ineffizienz 76
– Leistungseffizienz 384
– soziale 22, 129, 187, 384
– Verfahrenseffizienz 57, 181, 187, 329, 408, 476, 566f., 586, 587
– – „Modus der Zweckverfolgung" 587
– Verwaltungseffizienz 59, 65, 102, 175
– Ziel-Mittel-Relation 587
„Eingriff" 601, 604 (s.a. Eingriffsverwaltung)
Einschätzungsspielraum 297
Einstellungen 311, 336, 338
Entpersönlichung 239
Entscheiden 105
– rationales 481
– Prozeßdimension 158
– Qualität 172
– Rationalitätskonzept 264
Entscheidung 30
– Auswirkungen 242
– autoritative 145
– Darstellung (Rechtfertigung) 181, 577
– Entscheidungsbildung, interne 624
– als Ergebnis einer Wahl 321
– Herstellung (Findung) 105, 181, 402, 577
– komplexe 72, 568, 624
– Koordination 263
– modus 76
– Nicht-Entscheidung 144, 266
– als Notwendigkeit des modernen Staates 154
– Prognoseentscheidung 179, 712
– als Prozeß 321
– – kollektive Entscheidungsprozesse 567
– Rechtmäßigkeit 161
– Revidierbarkeit 567f., 573
– richterliche 218
– richtige 158, 161
– sachlich-genetische Struktur
– und Verfahren als Deutungsgesamtheit 155
– Verfahrensprägung staatlicher 156
– Vor-Entscheidung 508
Entscheidungsalternativen 728
Entscheidungsautonomie 236
Entscheidungsbindung 165
– formal-rationale 165
Entscheidungsfindung 114, 166
– informelle Faktoren 178
– kooperative 74
– Methodik der 182
– als Phasenfolge 290, 322
– repräsentative 231f., 467, 492
Entscheidungsgremien, pluralistische 94
– richterliche 181
Entscheidungsparadigma, staatliches 146
– Wandel im ... 146
Entscheidungsprämissen, rechtliche 37
Entscheidungsprinzip 642
Entscheidungsprozeß 31, 54, 325
– graduelle Eigenständigkeit 194
– funktionale Wirksamkeit 191
– Herrschaftsaspekte 164 (s.a. Herrschaft)
– innere Ablauforganisation 289
– Leistungsaspekt 164
– richterlicher 176
– „Technisierung" 381
Entscheidungssituation 267, 339
Entscheidungsspiele 156
Entscheidungsspielräume 32, 577
Entscheidungsverantwortung 258
– Proportionalität zur Entscheidungswirkung 270
Entscheidungswirkungen 578, 580
Exekutive 6

Fairneß 221, 234, 237, 438, 491, 514
– der Anhörung 522
– durch Begründung (s.a. Verwaltungsverfahren) 523
– Recht auf faires Verfahren 521
– und sozialstaatliche Verfahrensförderung 524
– des Verfahrens 522, 532
– der Verfahrensführung 522
– der Verfahrensgestaltung 521

– als Verfahrensprinzip 521
– und Waffengleichheit 521
Fairneßgebot 361
„fair trial“ 524
Folgen 73, 242, 689, 708 (s.a. Verfahren)
– Handlungsfolgen 73
– Prognostizierbarkeit 267f.
Folgenberücksichtigung 324ff., 515, 686, 708
Folgenbewertung 324
Folgenverantwortung 243, 257, 531, 561, 578, 598, 607
Folgenzurechnung 242
Fort- und Weiterbildung 336
Freiheit 235f., 417f., 425f.
– Berufsfreiheit 236, 479
– demoraktische 418
– Gleichheit und 238
– und Interaktion 427
– material-kommunikatives Freiheitsverständis 484
– „Prinzip Freiheit“ 236, 238, 239, 412
– und Selbstbestimmung 238
– soziale 418
– und Verantwortung 235f., 239, 426, 496
Freiheitsbegriff 235ff., 417
Freiheits- und Statusdenken 236
Freiheitsvor- und -fürsorge 236
Führung 74, 311, 390, 399, 562, 589
– interaktionelle 74
– Personalführung 373, 589
– des Verfahrens 386, 562, 589
Führungsaktivitäten 498, 588f. (s.a. Information, Kontrolle, Koordination, Planung)
– Motivieren 589
Führungsorganisation 589
Führungsstil 498
– bürokratischer 364
Führungsstränge 592
Führungsverantwortung 386ff., 408, 516
Fürsorgepflicht, prozedurale 514, 520f., 525, 526, 702

Gefahrenabwehr 19
Gehör, Recht auf 68, 123, 222, 348, 476, 477, 500
– Defizite 501
– als „Dialoggarantie“ 501
– als Konkretisierungsmitwirkung 502
– und Waffengleichheit 520
Gemeinschaftsverfahren 142
Gemeinwohl 133, 218, 533, 543, 617, 626
Gemeinwohlverfahren 218, 470, 543
Generalklausel 117, 170, 552, 564
Gerechtigkeit 234, 313, 363, 403, 488, 489, 499, 565f. (s.a. Verfahrensgerechtigkeit)
– als Fairneß 221, 521
– „prozedurale“ 403, 485, 498
– Theorie der 438
Gerechtigkeitsvorsorge, prozedurale 488f., 511
Gerichtsverfahren 167, 169, 184, 189, 349, 364, 376, 546ff., 627
– „inneres“ System 547
– als „Interaktion“ 547
– prozessuale Fürsorgepflicht 364
Gesamturteil, vorläufiges positives 159
Gesetz 10, 77
– als „Leistungs- und Planungsentscheidung“ 226, 256
– Steuerungskraft 124
– Verwaltungsprägung 619
Gesetzestypen 14
„Gesetzesvollzugssystem“ 581
Gesetzesvorbehalt 17, 582, 597, 602
– institutioneller 582
– „Prozeßgesetz“ 319
Gesetzestests 174
Gesetzgeber 582, 583
– Verantwortungsbereich 582
– Verfahrenskompetenz 583
– Vollzugsverantwortung 608
Gesetzgebung 40, 375, 627f.
– und ADV 174
– bargaining-Prozesse 141
– als Entscheidungsprozeß 184
– Entscheidungstypen 627
– Evaluation der 174, 394 (s.a. Kontrolle)
– „im Handstreich“ 180
– als „materiales“ Entscheidungsverfahren 184
– Methodik der 174, 288, 456
– als „Nachbesserungsverfahren“ 199
– „Nachbesserungspflicht“ 399
– als zweckrationales Entscheidungsverfahren 174
– und „Zeit“ 267
Gesetzgebungslehre 157, 159
Gesetzgebungsverfahren 130, 147, 155, 157, 159, 166, 183, 184, 218, 226, 267, 285, 319, 340, 346, 349, 439, 450, 475, 489, 530, 541f.
– Betroffenenmitwirkung 375
– Fraktionszwang 542
– Gerechtigkeitspostulat 184
– „inneres“ 174, 255, 479

– „optimales" 292
– Problemorientierung 530
– Rationalisierung 291, 301, 444, 481
– Rationalitätskonflikte 179
– reflexive „Rücknahme" staatlicher Machtentfaltung 456
– und Verhältnismäßigkeitsprinzip 513
– als Vorschaltverfahren 40, 141, 267
Gesetzmäßigkeit (der Verwaltung) 45, 46, 69, 490, 554, 562, 667, 729
– prozedurale Reformulierung 562
– als „Verfahrensbindung" 200, 467, 490, 494, 554, 562
Gewalt 638, 639 (s.a. Staatsgewalt)
Gewaltverhältnis, besonderes 597, 603, 611
Gewaltenmonismus 583
Gewaltenteilung 4, 11, 51, 264, 274, 413, 534ff., 638
– Einheit der Staatsgewalt 550
– funktionengegliederte Verfahrenszuweisung 555ff., 609
– als („innere") Funktionengliederung 536f., 554
– als Funktionenverteilung 11, 416, 516, 534ff., 584
– Funktionsveränderungen 551ff.
– innerhalb der Gewalten 487, 536, 550, 593, 671
– im Gruppenstaat 416
– Kontrollzweck 536, 537
– kooperierende Staatsorgane 535
– Koordinationsschema 535, 550
– Organisationsmodell 538
– organisatorisches Schema 538
– Organstrukturen, Invarianz 556
– Rationalitätsmaßgaben 540
– Rationalitätsniveau 536
– und Rechtserzeugung 556
– Rückbezug auf Verantwortung 537
– und soziale Koordination 537
– im Strukturwandel 550f.
– funktionale Verfahrensadäquanz 540, 629
– als Verfahrensprinzip 540, 548
– als Verfahrensgewalt 561
– – funktionsgerechte Verfahren 557
– in der Verwaltung 274
– Vollziehende Gewalt 4ff., 7, 638
– Wirkgefüge der 264
Grundrechte 69, 92f., 104, 413, 426, 472
– als Gleichheitsrechte 93, 729
– und Grundpflichten 283, 427
– kollisionslösende Grundrechtsverfahren 95, 472, 477, 478, 516, 710
– kommunikative Verwirklichung durch Verfahren 137, 432
– kommunikationsrechtliche Grundrechtsgewährleistungen 96
– Prozeßgrundrechte 474, 514
– Verfahrensabhängigkeit 604
– als Verfahrensgarantien 96, 159, 432
– Verfahrens- und organisationsrechtliche Dimension 86, 92f., 405, 414, 431, 472, 477
– Gefährdungslagen 600, 601, 602, 604, 608
– grundrechtlicher Diskurs 490
Grundrechtliche Schutzpflicht 110, 426, 488, 600
Grundrechtsausübung, mandatarische 455f.
Grundwerte 528f., 543

Handlungsformen 62, 72, 97, 99, 244, 622, 624, 628, 629, 630, 631, 632, 633, 640, 643, 644, 646, 647, 673, 677, 685, 731 (s.a. Verwaltungshandeln)
– Arrangement 50f., 339, 633, 694
– Auftrag 56, 636, 637
– „bargaining" 62, 75, 84, 327
– Beratungshandeln 364
– „fiskalisches" Handeln 635, 636
– Formenwahl 628
– Formenwechsel 630
– Hearing 248, 339, 364, 529
– Helfen, soziales 39, 176
– interne Verwaltungsmaßnahmen 634
– Konzept 649
– Modelle des Aushandelns 364
– Norm und Einzelakt 628, 647
– persönliche Dienstleistung 676
– privatrechtliche 637
– als prozedurale Strukturmuster 630
– Realhandlungen 44, 321, 631f., 633
– als Rechtsformen 630
– als Regelungskomplexe 630
– als relationale Grundmuster 641
– Verfahrensbezug 622, 629, 640
– als Verfahrensprofile 633, 640
– als Verfahrensregime 629
– als Verhaltensabsprachen 99
– Vertrag, verwaltungsrechtlicher 99, 339, 631, 731
– Verwaltungsakt 677 (s.a. dort)
– Vorverhandlung 99
– prozedurale Wirkkraft 640
Haushaltsrecht 637
Herrschaft 201
– Formen und Verfahrensqualität 223, 478
– Formung von 224

– „Leistung" von 224
– politische 236
– Teilhabe des Bürgers an 224
Herstellungsanspruch 693

Illegalität, pragmatische 125
Implementation 22, 73, 77, 86, 156, 175, 327, 590, 619
Implementationsstrategien 339
Implementationsverantwortung 328
Information 41, 351, 646, 655
– Verfügbarkeit 381, 383, 682
Informationelle Selbstbestimmung 67, 86, 504
Informationsasymmetrien 281
Informationsfunktion, Automation der 377
Informationsbeschaffung 661
Informationsgesellschaft 19, 41, 341, 371
Informationsmanagement 342
Informationspflichten 119
Informationssysteme 41, 342, 382
– Parlamentsinformationssysteme 382
– Personalinformationssysteme 342
Informationstechnik 41, 50
– und Recht 378
Informationsungleichgewicht 382
Informationsverantwortung 266, 371, 372, 674
Informationsverarbeitung 655, 674
– Aktivitäten 659
Informationsversorgung 265, 371
Informationswege, Entgrenzung 341
Informations- und Kommunikationsaktivitäten 339
Integration 92, 116f., 133, 186, 238, 320, 573, 579
– dezentralisierte 211
– funktionelle 498f., 527, 573
– durch Interaktion 138
– durch Legitimation 234
– soziale 92, 133, 153, 248, 280, 422
– des Staates 234
– staatliche 116f.
– durch Verfahren 233f., 563f.
Interaktion 30, 36, 41, 91, 119, 121, 313, 327, 352, 470, 510, 547, 581, 642, 645, 675, 688
– vor Gericht 169
– als Konsensherstellung über Relevanzen 216
– „produktive" 190
– Prozeßformen 85
– soziale 83, 89, 96, 128, 189, 320
Interaktionslasten 215
Interaktionsstile 354
Interaktionssystem 41, 119
Interessen 266f.
– Minderheitsinteressen 567
– Nichtorganisation von 266
– Repräsentation von 266
Interessenkonflikte 266
– sozialer Ausgleich 313, 317, 695
Interessenkoordination 267, 590
– normgerechte 578
Interessenzuordnung 266
Interventionsstaat 566

Justizialisierung 81

Kartellverfahrensrecht 78
Kernenergie(recht) 242, 249, 479, 492
Kodifikation 61
Kollegien 416, 614
Kommunikation 35, 41, 74, 96, 121, 197, 234, 276, 285, 286, 317, 372, 470, 484, 649, 655, 660, 729
– Einheit von Inhalts- und Beziehungsaspekt 214, 353, 357
– „Gegenkommunikation" 681
– informationstechnologisch gestützte 343, 683
– und Kooperation 219, 228, 320
– als Prozeßform der Selbstreferenz 196
– des Rechts 200, 685, 729
– Reflexivwerden der 199, 200
– zwischen Sachverhalt und Rechtsfindung 729
– „soziale" 503
– unverzerrte 211, 335, 372, 483
– im Verfahren 207, 227, 483
Kommunikationsbeziehungen 35
Kommunikationschancen 84
Kommunikationsprozeß 40, 83, 91
– fairer 222
Kommunikationstechnik 50, 683
Kommunikationsverantwortung 371
– richterliche 371, 386
Kommunikationsverfassung 96, 485, 585
Kompensation 285, 286, 349
Kompetenz 10, 261, 584, 588, 612, 734
– Dynamik der -ordnung 732
– Geschäftsleitungskompetenz 584
– individuell-fachliche 73
– zur Maßstabsbildung 302, 359, 734
– Mitwirkungskompetenz 222
– Rechtsbildungskompetenz 602
– soziale 46

Kompetenzbegrenzung 486
Kompetenzeffektivität 727
Kompetenzklarheit 489
Kompetenzkonflikte, binnenadministrative 122
Kompetenznormen 7, 552
– „positive“ 95
Komplexität 190 (s. a. Verwaltungsaufgaben, komplexe)
– der Entscheidungsaufgabe 308
– Grenze der 190
– von Lebenswelten 308
– Reduktion von 326
– von Verfahren 308 f.
Konditionalprogramm 85
Konflikte 132, 349
– Produktivität 366
– Regulierung durch Verfahren 149, 162
Konfliktbewältigung 92, 234, 285, 350, 356, 370, 506, 510 f.
– argumentative 506 (s. a. Argumentation)
– Gebot der 510 f.
– durch Interessenausgleich 507 ff.
– als Problembewältigung 511
– als Problemlösung, kooperative 285, 317, 350
Konkretisierung 12, 16, 67, 105, 106, 227, 253 ff., 257, 288, 303, 322, 407, 463, 469, 560, 572, 576, 593, 594, 617, 663, 681, 682, 728
– dialoghafte 227 (s. a. Dialog)
– Elemente 365
– Entscheidungsmoment der 290
– Grundwertbezug 470
– Methodik 300
– objektives Grundmuster 646, 653 f.
– als Abfolge von Operationen 322, 393
– „persönlicher Faktor“ 352
– als personale Definitionskompetenz 358
– als Prozeß 28, 34, 35, 37, 104, 106, 124, 403, 487, 499, 529 f., 593, 618, 631, 633, 640, 646, 653, 659, 662, 666, 682, 685
– – Bindung an Verwaltungsformen 631, 640
– – Binnen- und Außenbereich 593, 623, 624
– – als „Entscheidungsprämisse“ 640
– – Moderation durch Führungspersonal 388
– – „äußere“ Organisation 617, 643
– – „innere“ Organisation 617, 640, 679
– Qualität 464
– als Rechts- und Zweckkonkretisierung 127, 617, 628, 651, 733
– – Formenreichtum 629
– – Intensitätsstufen 628
– – kompetenzielle Differenzierung 659
– – komplexes Strukturmuster 645
– – als Konsensbildungsprozeß 469
– – Mitwirkung des Bürgers 481, 676
– – als „Verfahrensprodukt“ 127, 733
– „reflexive“ 265, 303, 404, 684
– als sozialer Handlungs- und Interaktionszusammenhang 641
– als „Spiel“ 360
– als „Steuerung“ 576 ff.
– Strukturbindung 641 ff.
– als Strukturgesetz aller staatlichen Verantwortung 258
– als Willensbildung und Informationsverarbeitung 30
Konkretisierungsbefugnis 14
Konkretisierungsbegründung 505, 506, 507, 559, 578
Konkretisierungssituation 108
Konkretisierungsspielräume 577
Konkretisierungsteilhabe 108
Konkretisierungsverantwortung 259, 390, 394, 594, 725
Konsens 131, 135, 142, 171, 207, 285, 313, 317, 350, 463, 504, 506, 686
– durch Diskurs 217 ff.
– Grundkonsens 204, 229, 418, 420, 466, 565
– – inhaltlicher 463, 464, 487
– – prozeduraler 466, 467, 564 f.
– kommunikative und kooperative Konsensfindung 219, 444
– über die „Spielregeln“ des Verfahrens 128
– und (staatliche) Verfahren 463 ff., 564 f., 567
– Verfassungskonsens 143
Konsensbildungsprozeß 469, 482, 491, 662
Kontrolldichte, gerichtliche 117
Kontrolle 31, 158, 390 ff., 406, 428, 476, 531, 592, 620, 660, 680
– als „controlling“ 391
– Evaluation 174, 394, 620
– Formen 391, 397
– Fremdkontrolle 393
– Funktionen prozeduraler Kontrolle 398 ff.
– und informale Verwaltungspraktiken 397
– informationelle 700
– der Kontrolleure 400
– als Leitung/Lenkung 391, 399
– parlamentarische 391

– und prozedurale Selbstreferenz 397
– als Prozeß 392, 592
– Rationalisierungsfunktion 395, 396
– der Recht- und Zweckmäßigkeit des Verwaltungsvorganges 159, 160, 198
– reflexive 400
– Schutzfunktion 395
– Selbstkontrolle 393
– Steuerungspotential 390, 397
– Verfahrensparadigma 390ff., 392
– und Verantwortung 394ff.
– als Verfassungsprinzip 391, 531
– (verwaltungs-) gerichtliche 506
– verwaltungsinterne 680
– und Wirtschaftlichkeit 393, 397
Kontrollpflicht 395
Kontrollverfahren 397
Konzertierte Aktion 549f.
Kooperation 75, 116, 227, 248, 275, 285, 286, 317, 347, 349, 350, 390, 482, 483, 509, 513, 538, 571, 574, 619, 625, 667, 694, 700, 701
– horizontale 428, 494, 574
– Leistungskooperation 190
– mittlerunterstützte 116, 285
– parlamentarische 189
– „reflexive" 280
– als lebensweltliches Strukturprinzip 538
– unter Verwaltungsträgern 574, 619, 625
Kooperationsverfahren 325, 625, 694
– Verfahrensverflechtung 448
Koordination 21, 186, 275, 390, 486, 487, 548, 549, 573, 625, 670, 683
– autoritative 144, 202
– Formenvielfalt 548
– informationelle 700
– als Informationshilfe 683
– interne 116, 670, 683
– konzeptionelle Zustimmung 683
– Rationalitätsstandards 470
– soziale 138, 420, 444, 537
– und Verrechtlichung 123
Koordinationsverfahren 139ff., 409, 443f., 625f.
– gesellschaftliche 140, 445
– „Innensicht" 452
– Organinterdependenz 486
– Schlüsselstellung 147
– „Spielregeln" 468
– staatliche 140, 574
– Steuerungsfunktion 450
– als Teilverfahren 683
– Verfahrenstypen 139ff.
– für Verwaltungszwecke 574
Kosten-Nutzen-Perspektive 188
Kultur 348, 368
– politische 348
– Verfahrenskultur 368
– Verwaltungskultur 349

Laienrichter 248
Lebenswelt 188, 197, 201, 221, 239, 246, 276, 280, 308, 378, 411, 459, 539, 566, 664
Legalität 161, 295, 423
– und Legitimität 491
Legalitätssystem 415
Legitimation 31, 71, 77, 113, 115, 201ff., 406, 420, 487, 494, 544, 547, 552, 557, 562, 569f., 587, 609, 636 (s. a. Verfahren)
– und Argumentation 204, 216 (s. a. dort)
– Begriff 202f.
– durch Begründung 214f., 215, 441
– durch Diskurs 219
– Entscheidungslegitimation 114
– formal-rationale 212f.
– durch Konsens 216f., 462ff., 465, 492
– durch Legalität 295
– von Macht 440
– politische 142, 228
– und Rationalität 208
– als Rationalitätsproblem 201
– normativer Sinnbezug 204
– Typen formaler 206
– Umbau 552, 568f.
– und Verantwortung 235ff.
– als Verfahren der Rechtfertigung staatlicher Herrschaft 203
– der Verfahren 208, 229, 319, 441, 487
– durch Verfahren 137, 233, 344, 440, 462, 465, 491, 567, 570
– durch konsensbildende Verfahren 208
– durch Verfahrensverstrickung 213
– und Volkssouveränität 459 (s. a. Souveränität)
– durch Wert- und Gemeinwohlverwirklichung 206
Legitimationsfunktion rechtsförmiger Verfahren 131
„Legitimationskette" 253, 555
Legitimationskonzept der „Legalität" 128
Legitimationsreserve 233, 356
Legitimationsstrukturen 205
Legitimität 202f., 348, 389, 396, 459, 461, 463, 487, 491, 541, 553
– Defizite 568f.
– diskursive 219, 227, 356

– prozedurale 212, 217, 221 ff., 300, 429, 441, 460 ff., 462, 469, 681
– – Strukturbedingungen 469
– rationale 209
– des modernen Staates 206
– staatlicher Entscheidungsverfahren 220, 224, 465, 492, 570, 572
Legitimitätskonzept, prozedurales 233, 291, 458 ff.
Legitimitätszweifel 225
Leitungswissenschaft 400

Macht 201, 379, 382
– und Idee der Gerechtigkeit 213
– als verantwortete Macht 237
Management 588 (s. a. Verfahrensmanagement)
– prozeß 588
Mediation 116, 285
Mehrheitsentscheidungen 228, 457, 459
Mehrheitsprinzip 165, 224, 228, 232, 333, 460, 468
– als Verfahrensregel 460, 462 f., 466, 469, 566
Menschenrechte 412, 426, 430
Menschenwürde 490
Ministerialfreier Raum 15, 416
Modernisierung 153, 363
Moral, „prozeduralisierte" 514

Neo-Korporatismus 74, 85, 168, 275, 448
Neutralität 518
Normbereichsanalyse 579

Öffentliche Aufgaben 18
Öffentlichen, Sphäre des 283
Öffentlichkeit (der Verfahren) 222, 481, 491, 503, 526, 609
– Öffentlichkeitsbeteiligung (Privater) 338, 492, 493, 569 f., 648
Öffentlichkeitsprinzip 333
Öffentlich-rechtlicher Vertrag 97, 99
„Ombudsman" 347
Organisation 260
– Gebot funktionsgerechter 260
– Mensch und 311
– als Verfahrensprämisse 376
Organisationsentwicklung 336
Organisationsgewalt 7, 26, 583, 584, 597, 605 ff., 608, 611, 614 (s. a. Gewalt)
– administrative Geschäftsgewalt 595
– exekutive 583, 584, 595
– Geschäftsleitungsgewalt 595, 605 ff., 614
– als Verfahrensgewalt 595, 608, 612, 614 ff.
Organstruktur, funktionsgerechte 268, 304 f., 584, 608
Organwalter 28
– Selbststeuerungspotentiale 358

Paradigma 155
Parlament 17, 180, 480
– Regierungsfunktionen 480
Parlamentarismus 180
Parlamentsvorbehalt 17
Parteien 180, 283
Parteiendemokratie 482
Partizipation 108, 114, 364, 482, 493 (s. a. Verwaltungsverfahren)
Persönlichkeitsbild 522
Personalentwicklung 359 ff., 385 ff.
Planfeststellung 79, 98, 102, 115, 508, 624 f., 630
Planfeststellungsrecht 98, 508, 625
Planfeststellungsverfahren 79, 468 f., 661, 670
Planung 34, 544 f., 567, 588
– Fernstraßenplanung 624 f., 628
– Planungsentscheidungen 34
– Planungsermessen 34, 553, 625
Planungsrecht 159, 508, 628, 721
– Unternehmergenehmigung mit planungsrechtlichem Einschlag 630
Planungsverfahren 102, 624
Politik 15
– regulative Politik 15, 175
Popularvorbehalt 570
Positivismus 419
Privatisierung 53 (s. a. Staatsaufgaben)
„prozedural due process of law" 368 (s. a. due process")
Professionalisierung 337, 338, 616
Programme 6, 551, 649
– finale Programmierung 649
– konzeptuale Programmierung 649
– Normprogramm 655
Prozeßrecht, „materielles" 176
Prüfung 361, 524, 713
– faire 524
Prüfungsbewertung 714
Prüfungsentscheidung 713, 714
Prüfungsgespräch 524
Prüfungsgewalt 524
Prüfungsverfahren 361, 599, 714
Prüfungswesen 524

Rationalität 11, 30, 31, 38, 41, 42, 143, 291, 389, 393, 396, 406, 424, 428, 436, 481, 492,

508, 529ff., 536, 540, 541, 555, 557, 586, 609, 642, 680, 687
– bürokratische 181, 213
– diskursive 200, 437
– Erfüllungsgrade 457
– „formale" 165, 181, 388, 407, 450, 460, 555
– Gesamtrationalität 187, 191ff., 200, 303, 389, 409, 443
– instrumentelle 342
– kommunikative 228, 231, 342
– kompensatorische 153
– Konzept der „beschränkten Rationalität" 194
– „materiale" 209, 210, 229, 429, 433, 434, 452
– Programmrationalität 77
– prozedurale Rationalität 136, 170, 171, 230ff., 572
– „im" Recht 192
– des modernen Rechts 196
– des Rechtsstaates 71
– und Reduktion von Komplexität 193
– „reflexive" 196, 198, 210, 328, 363
– sozio-emotionale 186, 264, 342, 455, 485
– Systemrationalität 38
– „technologische" 204
– Typen von 187
– und Verantwortung 238
– des Verfahrens 24, 37, 38, 39, 77, 111, 115, 128, 164ff., 172, 291, 300, 388, 397, 439, 452, 475, 486
– durch Verfahren 88, 430
– Wertrationalität 169, 429
– Zweckrationalität 127, 169, 455
Rationalitätskonflikte 177ff., 565
Rationalitätskonkurrenzen 181
Rationalitätskriterien
– „materiale" 182
Rationalitätsmuster 341
Rationalisierung 63, 379
Realisation 65, 132, 239, 379, 384, 446, 723, 733
– soziale 65, 132, 446, 458, 723
– technische 239, 379, 384, 723, 733
Recht 52f., 145, 413
– Abschied vom 278
– „Administratives Komplementärrecht" 724
– als äußere Verfassung von Verfahren 151
– Autonomiefunktion 563, 565, 571 (s.a. Dezentralisierung)
– Begründungsstrukturen im 436
– Bürgerferne 52, 83
– Definitionsmacht über 594, 687, 695
– Dezentralisierung 155, 296, 565
– Dualismus der Rechtskreise 626
– Entrechtlichung 10
– Entsubstanzialisierung 77, 153
– Entwicklungsmodelle 152
– evolutionärer Stellenwert 150
– Finalprogramme 551 (s.a. Programme)
– flexible Instrumentalität 551
– Formenwandel 155, 159
– funktionale Betrachtungsweise 306
– „garantiertes Recht" 145
– Gewißheitsverluste 363
– Grenzen des 158
– Integrationsfunktion 563f., 565, 571
– Integrationskrise 563f., 565, 571
– konditionales 551
– Koppelung mit „Lebenswelt" 246, 248, 278, 328, 339, 571
– „law in action" 729
– Leistungsfähigkeit 158
– „Materialisierung" 160
– mediales (Medium) 170, 423, 564, 648
– und menschliche Verhaltensweisen 188, 353
– und Moral 437ff.
– Ökonomische Analyse 353
– als Organisationsprinzip von Gesellschaften 151ff.
– Integrationskraft 155
– „Pluralisierung" 538, 554
– Prozedurales Rechtsverständnis 29, 80, 81, 106, 158, 160, 293, 441
– Prozeduralisierung 80, 84, 87, 88ff., 114, 124, 153, 196, 246, 284
– Rationalisierungstendenzen 169, 397
– Reflexives 87, 152, 153, 163, 196, 198, 210, 245, 283, 328, 370, 552, 565, 571f., 620, 728
– Regulatives 85, 244, 430
– als „Relationierungsprogramm" 245
– Rematerialisierung 410
– „rule of law" 424, 430
– sozialadäquate Komplexität 148
– Selbstreferenz des modernen 211
– als Steuerungsmedium 87, 170, 245, 408, 553
– Steuerungsdefizite 580
– Technikrecht 584
– der technischen Sicherheit 606, 718ff.
– Technisierung des 70
– und Technik 231
– Verfahren als Medium seiner Entwicklung und Geltung 151

– „Verrechtlichung“ 13, 14, 71, 120, 132, 245, 326, 564
– Wirksamkeit 620
– und Zweck 258
Rechtsanwendung 83
– Beurteilungsmaßstab 717, 718, 725
– individuelle Definitionsmacht 359
– Interaktionsabhängigkeit 642
– „kompensatorische“ 579
– als Prozeß sozialer Verständigung 83, 352 (s. a. Verfahren als)
– Sachverhaltsmaßstab 717, 718, 725
– als „Spiel“ 84
Rechtsbelehrung 520 (s. a. Waffengleichheit)
Rechtsbegriff 32, 33, 159, 652
Rechtsbildung 12, 35, 106, 107, 112, 285, 297, 301, 354, 384, 602, 607f., 629, 659, 679, 685, 702, 704, 724, 729, 732, 733
– als arbeitsteiliger Prozeß 616
– als Kommunikationsprozeß 355, 685, 733
– Kompetenz des Gesetzgebers 602
– konsensualer Rechtsbildungsauftrag 704
– konsensuelle Einigungsprozesse 564
– Konzept des Gesetzgebers 724
– Methode 508
– als polyzentrisches („pluralisiertes“) System 127, 551, 553f., 561, 564, 566, 571f., 602
– und Sachverhalt 729, 732
– situative 642
– durch soziale Interaktion 354
– tatbestandsergänzende 725f.
– verfahrensmäßige 619
– in Verwaltungsformen 629
– durch Zurechnung 702
Rechtsbildungstheorie 384
– Rechtsbildungsverantwortung 497
Rechtsdurchsetzung 650
Rechtsetzung 5, 481, 733
– als „private government“ 168, 733
Rechtsfindung 301
Rechtsformen 61, 484
– verfahrensäquivalente 484
Rechtsformenlehre 61
Rechtsfortbildung 6, 33, 268, 270
– richterliche 270
Rechtsgefühl 186, 187, 353, 361
Rechtsgespräch 69, 501
Rechtsgewinnung 294, 301, 667
Rechtskultur 430
Rechtsnormen, „offene“ 712
Rechtsnormklärung 689
– und Tatsachenauswahl 689
Rechtspflege, überparteiliche 518
Rechtsprechung 5, 546, 627f.
– freiwillige Gerichtsbarkeit 627
– informelles Programm 189
Rechtsschutz 69, 159, 478, 583, 628
– vorverlagerter 658
Rechtsschutzfürsorge 525
Rechtsschutzgleichheit 518
Rechtssicherheit 100
Rechtsstaat 63, 67, 410, 434, 453, 632
– Begründungspflichten im 476
– Berechenbarkeit 680
– informaler 579
– Korrekturen durch Kontrolle 476 (s. a. Kontrolle)
– materialer 417, 458
– Normeffektivität 476, 505, 721, 727
– politische Kosten 158
– prozeduraler 471, 488, 500
– – (prozedurale) Reformulierung 455
– „technisierter“ 494
– als „Verfahren“ 471, 646
– – Rationalitätsanforderungen 475ff.
– Verfahrensstandards 67, 514
– als „Verwaltungsstaat“ 67
Rechtsstaatsprinzip 63, 477, 488
Rechtstheorie, rhetorische 83
– und Gesetzgebung 159
Rechtsverfahrensgleichheit 517
Rechtswahrung 110, 117, 159, 658, 699
– rechtsstaatlich-kompensatorische 455
Rechtswidrigkeitsannahmen 295
Reflexivität 67, 354, 455 (s. a. Recht, reflexives)
– der Entscheidungsverfahren 195ff.
– Institutionalisierung von 198
Reformalisierung 62, 77
Regierung 8
Register, öffentliche 505
Regulierung, prozedurale 75, 590
Repräsentation 232, 279, 422f., 428, 455, 459, 482, 493, 498, 663
– Defizite 570, 572
Repräsentationsergänzung 570
Repräsentativorgane 232
Repräsentativsystem 232, 481
Richtigkeit 66, 213, 355, 402, 436, 475, 543, 577, 600, 601
– Ergebnisrichtigkeit 109, 158, 160
– Sachrichtigkeit 107, 402
– von Verfahrensentscheidungen 213
– Verfahrensrichtigkeit 109, 158, 160
Richtigkeitsgewähr, relative 178
Richtigkeitskonkurrenzen 106, 210, 461, 594

Risiko 250
– Gesamtrisiko 250
Risikobestimmung 272
Risikoentscheidungen 271
Risikogesellschaft 237
Risikovorsorge 249
Rücksichtnahme, als Prinzip 347, 486, 497, 509f., 510
– und Amtshaftung 509
– „institutionelles Rücksichtnahmegebot" 509
– interessenausgleichende Rücksichtnahmepflichten 509
– und Sozialverträglichkeit 510
– als Verfahrenspflicht 509
– als Verfassungsprinzip 509

Sachverstand, professioneller 115, 265, 338
Sachverständige 338, 451, 688 (s.a. Verwaltungsverfahren)
Sachverständigengutachten 719, 722, 724
Satzungsgebung 629
Schiedsgerichtsbarkeit 286
Schlichtung 284, 450, 549
Selbstbeschränkungsabkommen 328
Selbstbestimmung, prozedurale 526
– als Grundwert 528f.
Selbstregulierung, gesellschaftliche 74, 276, 281, 350, 375, 537
– Verfahren 448
Selbstverwaltung 282, 611, 663
– kommunale 292
„Soft law" 85, 178, 299, 461, 490
Souveränität 459, 639
– als Gebot der Rechtsdurchsetzung 459
Sozialgerichtliche Verfahren 314
Sozialhilfe 242, 723, 727
– Regelsatzverordnung 722
– Warenkorb 722, 723
Sozialrecht 71, 314, 722, 723
Sozialstaat 64, 72, 126, 132, 410, 483f., 485
– prozessuale Sozialstaatlichkeit 473, 485, 493, 500
– Rationalitätsdirektiven 483, 520, 609
– Verfahrensbedarf 71, 446, 458, 496
– Verfahrensförderung 524
Sozialsysteme 28
Sozialverantwortung, kooperative 74, 275ff., 339, 375, 448, 483, 494, 537
– der Koalitionen 259
Sozialverwaltungsverfahren 79 (s.a. Verwaltungsverfahren)
Subventionsvergabe 631

Staat
– als Aktions- und Wirkungspotential 136
– demokratische Rechtfertigung 459
– Einheit der Herrschaft 136
– Entscheidungsparadigma 325
– Entstaatlichung 277, 449
– „Entzauberung" 152, 448
– (variable) Ergebnisverantwortung 163
– kooperativer 238, 275
– moderner 135, 154, 160, 183
– als personalisierte Macht- und Wirkungseinheit 252
– Pluralisierung 20, 626
– und „pouvoir constituant"
– und „Privatautonomie" 639
– als Prozeß 147
– prozedurale Deutung 136
– Rationalitätsanforderungen 262, 304
– rationale Legitimitätsgrundlage 209
– als Subjekt von Verantwortung 252
– als geordnetes Verfahren 135ff.
– als Verfahrensparadigma 134, 401ff.
– als Verfahrensstaat 160, 458, 516
– Werte und Traditionen 141, 419
– wertrationale Legitimationsgrundlage 204
– Willensbildung, Prozeßelement 147
– als prozeduralisierte Wirkungseinheit 154, 304, 320
– rechtlich organisierte Wirkungseinheit 137
– Wirtschaftlichkeitspostulat 333
Staatsaufgaben 1, 240, 313, 316, 414, 424, 443, 446, 539
– Privatisierung 142, 449
Staatsethos 413
Staatsfunktionen 1ff.
Staatsgewalt 202, 550, 639 (s.a. Gewaltenteilung)
Staatslehre 135ff., 147, 168, 412
Staatsleitung, Sphäre der 479f., 622
Staatsorganisationsrecht
Staatsverständnis 129
– prozedurales 134, 137, 148
Status 93, 236
status activus prozessualis 93, 332, 431
– collectivus 139
– individualis 139
– negativus processualis 434
– positivus 434f.
– positivus proceduralis 435
Statusschutz 427
Statustheorie 434
Steuerrecht 721, 730
Steuerung 19, 87, 549, 576ff.

– Kompensationsgebot staatlicher 281
– Kontextsteuerung, dezentrale 87, 277
– kulturelle Rahmensteuerung 177, 571
– prozedurale 158, 171
– rechtliche 245
– Selbststeuerung 552, 553, 571
– Verfahrenssteuerung 247 (s. a. Verfahren)
Steuerungsaktivitäten 346, 588 ff.
Steuerungsmodi, prozedurale 172
Steuerungstheorie, sozietale 136
Steuerungsverantwortung, prozedurale 585 f., 586, 593
– Intensität 588
Steuerungsvorbehalt 610 ff.
– prozeduraler 610 ff.
Steuerverwaltungsverfahren 731
Strafprozeß 173, 182, 185, 199, 221, 223, 264, 308, 314, 315, 328, 332, 349, 355, 370, 372, 477, 547, 729
– Aufklärungsrüge im 199
– Verständigung im 729
– Wertkonflikte im 185
Strafprozeßrecht 157
Subjektives (öffentliches) Recht 49, 51, 63, 348, 413, 477, 478, 496, 546, 560, 564, 580, 582, 586, 587, 593, 649 ff., 651, 661, 672, 695, 702
– formelles Element 651, 654
– funktionsgerechte „Öffnung" 665
– Funktionsschwäche 661
– Krise des 51
– Systemfunktion 663
– prozedurale Systemwirkung 657
– Tiefendimension 662
– und Subjektive Wahrnehmungszuständigkeiten 626 f., 672
Subjektivierung von Verfahrenspositionen 651
„Subjektivität" als Prinzip 566
Subsidiarität 276
Systemgerechtigkeit 518

Tarifautonomie 140, 533
Teams 315
Technik 13, 39
– Expertensysteme 381
– gentechnologische Forschungsergebnisse 279
– Informationstechnik 41, 50
– „Neue" Techniken 228
– und Recht 176, 378, 718, 724
– Regeln der 70
– Sozialverträglichkeit der 272
– Stand der 718
Technikentwicklung 383 f.
Technikfolgen
– und Verantwortung 250, 272
Technikfolgenabschätzung 272
Technikrecht 71
Technische Sicherheit 19
– Standards 718
Technischer Fortschritt 168, 239, 272, 279
Technologie 341
– Informations- und Kommunikationstechnologie 341, 380
Technologiefolgenabschätzung 364
Teilgenehmigung 309
Teilhabe 238, 428, 435, 458, 484 (s. a. Verfahren)
– und Verantwortung 238

Übermaßverbot 490, 686
Umweltschutzrecht 722
Umweltverträglichkeitsprüfung 19, 414
Unbestimmter (Gesetzes- und) Rechtsbegriff 158, 163, 298, 552, 560, 564, 712, 714, 715, 734
– Kompetenzverzicht des Gesetzgebers 715
– und Normergänzung 715
Unparteilichkeit 223, 438, 469, 489, 495, 514, 517, 604
– der Verwaltung 474

Verantwortlichkeit 241
– aller Organwalter 389
– persönliche 385
Verantwortung 125, 193, 235 ff., 238, 240 ff., 253 ff., 287 ff., 406, 495, 571, 613, 636, 677
– als „Auftrag" 262 ff.
– Aufgabenverantwortung 125
– als Befugnis
– als Eigenverantwortung 261, 562
– als Entsprechungsprinzip „reflexiven" Rechts 246
– Ergebnis- und Folgenverantwortung 243, 257, 269 f., 531, 561, 598
– Flucht aus der 602
– Führungsverantwortung 386 ff., 408
– funktionsadäquate Verteilung von 260
– Funktionswandel 276
– des Gesetzgebers 244, 255
– und Gewaltenteilung 537
– handlungs- und entscheidungstheoretische Durchdringung 264
– als heuristischer Begriff 240
– als kommunikative Herausforderung 236

– als Kompetenzthema 260, 386
– und Konkretisierung 253ff., 257f.
– kooperative 435
– Koordinationsverantwortung 267
– für rechtliche „Koppelung“ 571 (s.a. Recht)
– Leitlinien der 262, 326, 344, 346, 366, 591
– materiale Ethik der sozialen 193
– und materielle Verwaltungsfunktion 247
– als Mitverantwortung des Bürgers 286, 350, 375, 573, 581
– gesellschaftliche (Mit-)Verantwortung 374, 445, 573
– öffentliche 282
– als Organverantwortung 240
– personales Element der 252, 389
– politische 251, 429
– „Prinzip Verantwortung“ 239, 241, 244, 248, 299f.
– „prozeduralisierte“ 288
– als Prozeßbegriff 256
– als Realisierungsverantwortung 257
– als Relationsbegriff 406
– richterliche 302
– sanktionierbare 269, 270
– situative 268
– Solidarverantwortung 277, 278
– als Struktur und Prozeß 287f.
– System der 242, 312
– als Teil-Verantwortungen 369f.
– – für Entschließungen 373
– – für Problemorientierung 369, 373
– – für Steuerung 369, 373
– unfertige 259, 281
– Verfahrensparadigma der 291
– als Verfassungsprinzip 422f., 424, 425
– Vollzugs- und Folgenverantwortung 373
– Zweck- und aufgabenbezogene 254
Verantwortungdefizite 361
Verantwortungsgemeinschaft 237, 246, 248
Verantwortungskreis 280
Verantwortungskonkurrenzen 517
Verantwortungsrollen 389
Verantwortungsspielraum 243
Verbände 581
Verbandsklage 656
Verfahren 17, 428 (s.a. Verwaltungsverfahren)
– als Aktivitätenpotential 291, 323ff., 335, 339, 346, 357, 393, 403, 495, 506, 530, 576, 580, 653, 659, 679ff., 684, 687, 695, 732
– der abwägenden Kollisionslösung 185
– Autonomie von 299
– Befangenheit im 519, 523
– Begriff 61
– Betreuungspflicht 524, 525f.
– Binnenpartizipation 498
– „dienende“ Aufgabe 161, 164, 191, 230, 234, 316, 402, 600, 732
– als „Diskurs“ 437ff.
– als Diskursform 219, 470
– als diskursiver Willensbildungsprozeß 85
– Doppelstatus 144
– als „Entdeckungsverfahren“ 230, 463
– als Entscheidungsprämisse 147, 194, 292, 299
– als Evolutionsmechanismus 149
– faires 221, 488, 490
– im faktischen Sinn 304
– fehlerhafte 292
– Formalisierung 367, 588
– als Formgebung staatlicher Herrschaft 347, 350
– funktionale Differenzierung 150, 557
– funktionale Spezifikation 197
– funktionaler Wirksamkeitsausweis 231, 530
– funktionaler Wirksamkeitstest 226
– Funktions- und Reaktionsgerechtigkeit 226, 304, 557
– Funktions- und Strukturgerechtigkeit 530
– Funktionsüberlastung 367
– und Gefährdungslagen 582, 601, 602, 603
– und Gefühle 220
– Gerechtigkeitszusammenhang staatlicher 221, 532
– Gleichbehandlung im 469, 490
– Grundrechtsschutz durch 86, 405
– und effektiver Grundrechtsschutz 411
– als Herrschaftsinstrument 220f., 464
– Ineffizienz 566 (s.a. Effizienz)
– Informale 86, 565
– Informations- und Kommunikationsfunktion 317
– Innovationsverfahren 143
– Instanzenzuständigkeit im 340
– „institutionelle Ambiance“ 337, 340
– Institutionalisierung von 220
– als autonome, auf Rollenebene integrierte Interaktionssysteme 151, 197, 325, 645
– interne Strukturen 420, 485
– der Kollisionslösung 363
– als Kommunikationsprozeß 435
– und Kompetenz 146
– Konfliktregulierung durch 132
– Legitimationsbedarf 465 (s.a. Legitimation)

– Legitimationsfunktion rechtsförmiger 131, 384
– als Medium der Konkretisierung 23
– Methodik 24
– Mitverantwortung der Beteiligten 389
– Mitwirkungslast 389
– als modus sozialer Koordination 139, 345
– als Netzwerk der Verständigung 358
– ontologische Struktur 305
– operative Plausibilität von 226, 362
– als Ordnung im Werden 138
– als Ordnungsrahmen sozialer Koordination 137f., 345
– Organ- und Funktionsadäquanz von 268f., 304ff., 407f., 540f., 584
– organisationsinterne 105
– als Organisationsprinzip der Gesellschaft 148
– als Ort sozialer Begegnung 301
– als Partizipation durch 285, 455, 493, 494
– der politischen Wahl 172, 443, 457, 548f.
– prozedurale Funktionsgerechtigkeit 226
– prozedurale Selbstreferenz 457
– als Prozeß sozialer Verständigung 154, 215, 351ff., 365, 370, 379, 384, 485
– Rationalitätsgewähr des 220
– als Rationalisierungsmodus staatlicher Entscheidungen 289
– als „Rechtsgang" 153, 167
– „im Rechtssinn" 631
– Reflexivität 197, 328, 370, 372, 728
– relative Richtigkeitsgewähr 160ff., 162, 163
– Routineverfahren 143
– Schieds- und Schlichtungsverfahren 284, 450, 549 (s.a. Schlichtung)
– Selbstkonditionierung 196
– Selbstprogrammierung 196
– als selbstreferenzielle Systeme 195
– Selbststeuerungspotential, reflexives 370, 374
– situativer Bezug 190
– „social setting" 337
– als soziales System 214, 290f., 307, 309
– Steuerungsaktivitäten 588ff.
– Steuerungs- und Integrationsfunktion 319, 576, 588
– Steuerungsmedium 576, 580f., 588ff.
– Strukturierung von 172
– als Strukturprämissen für Entscheidungen 403
– als Strukturprinzip 17
– Subsysteme im 347
– Tauschverfahren 140
– verfahrensbezogener Gefährdungsschutz 18
– der Verfassungsänderung 143
– Wiederaufnahme 143, 323, 573
– Wirkdimensionen 289, 345ff., 369, 648
– realer Wirksamkeitsausweis 225f.
Verfahrensabschnitte 114
Verfahrensadäquanz 540
Verfahrensakteure 191
Verfahrensarena 191
Verfahrensarten 191
Verfahrensaufwertung, allgemein 131
Verfahrensautonomie 129
Verfahrensbedingungen 335ff., 366, 375, 388
Verfahrensbeschleunigung 333
Verfahrensbindung 200, 554, 632f., 637, 640, 673, 697
– materiale 467
– Reflexivität 200
Verfahrensdenken 136, 157
Verfahrensdifferenzierung 334
Verfahrensentscheidungen 143, 322
– Verbindlichkeitsgrad 143
Verfahrensentwicklung 60, 97, 125, 284ff., 377, 387, 572
– als Verfassungsauftrag 452
Verfahrensfestlegungen, wertrationale 183ff.
Verfahrensführung 386, 387, 408, 489, 499, 513, 533, 575, 586, 589, 596, 615
– kooperative 389, 511
– situative 388
Verfahrensfunktionen 101ff., 315ff., 365f., 367
– des Parlaments 575
Verfahrensgedanke 104, 157, 401, 405
Verfahrensgerechtigkeit 152, 221, 225, 231, 313, 317, 318, 386, 434, 440, 441, 460f., 480, 488, 499, 513, 514, 532, 572, 573, 596, 630, 706
– durch faire Verfahrensordnung 523
– Mindeststandard 514
– Prinzipien fundamentaler 514
– Strukturelle 499
Verfahrensgestaltung, kooperative 215, 499
– Verständnisvorsorge durch 348
Verfahrensgewalt 561 (s.a. Gewaltenteilung)
Verfahrensgrundsätze 123, 330, 332, 347, 695
– der Kooperation 347
– Minderheitenschutz 333, 338
– Mündlichkeit 333
– Prozeßökonomie 333
– Unmittelbarkeit von Beratungen 333

Verfahrenshandeln 120, 320, 364
– als differenziertes Handlungs- und Entscheidungspotential 331
– und Entscheiden 322
– Gefährdung des 129ff., 132
– informelles 120, 229, 367f., 507, 509
– Leistungseffizienz 384 (s.a. Effizienz)
– Operationen 320, 322, 393
– im „Sozialverhältnis" 361, 363, 370
– Verhandlungssysteme 76, 171, 277, 549
Verfahrenshandlungen 123
Verfahrensidee 66, 129, 135, 164ff., 435ff.
– materiale Aspekte 435ff.
Verfahrensinterdependenz 134
Verfahrensklarheit 489
Verfahrenskodifikation 367
Verfahrenskomplexität 308, 309
Verfahrenskontrolle (s.a. Kontrolle) 397
– Anstoßfunktion 399
– Diagnosefunktion 398
– Gestaltungs- und Leitungsfunktion 399f.
– Korrekturfunktion 398f.
Verfahrenskonzentration 330, 333
– in der Rentenversicherung 399
Verfahrenskonzepte, alternative 344
Verfahrenskoordination 334 (s.a. Koordination)
Verfahrenskrisen 228, 563f.
Verfahrenskultur 368
Verfahrenslasten 375
Verfahrenslehre 302
Verfahrenslegitimität 489
Verfahrensmanagement 385ff., 399, 489, 497
Verfahrensmodell 87
Verfahrensökonomie 721
Verfahrensordnung 192, 615, 653
– „faire" Ausgestaltung 516
– informell-kooperative Verfahrensabläufe 229
– legale 461
– Operationalität 128
– Phasenschema 331, 334
– Rationalitätsstandards 475
– Schlüsselbegriffe 404ff.
– Steuerungsfunktion 305
– Strukturadäquate 192
– verfassungsdirigierte 472
Verfahrensorganisation 81, 172, 326, 329, 454, 496, 531, 625
Verfahrensparadigma 134, 401ff.
Verfahrensrationalität 24, 37, 38, 39, 77, 111, 115, 128, 164ff., 172, 291, 300, 388, 397, 433, 439, 441, 452, 479, 520, 539, 555, 557, 572, 609
– Maßstäbe 475
– Zweck- und Wertrationalität 529ff.
Verfahrensrecht 180, 284, 293ff., 313, 314, 410
– Eigenständigkeit 313
– ist „Kommunikationsrecht" 431, 435
– und materielles Recht 293ff., 314, 433
– als „offenes" Komplementärrecht 410
– der obersten Staatsorgane 445, 453
– des Parlaments 453
– Rechtsetzungsdelegation/Exekutive 599
– Schiedsverfahrensrecht 284
– „sekundäres" 293
– und Sozialverhältnis 370
– der Sozialverwaltung 372
– soziale Tiefenstruktur des 188
– „im Werden" 180
Verfahrensrechtsentwicklung 575ff.
Verfahrensregeln 127
Verfahrensrevision 570f.
Verfahrensrichtigkeit 163
Verfahrensrollen 120, 309, 337, 341, 356
– Rolle 120
– Rollenrationalisierung, Prozeß der 357
– Rollenverständnis 120
– professionelle Rollenwahrnehmung 356
Verfahrenssektoralisierung 329
Verfahrenssituation 189, 335, 339, 344, 655
Verfahrenssoziologie 197
Verfahrensminimalstandards 597
Verfahrensstatus 327, 369, 408, 430, 435, 528f., 650
Verfahrenssteuerung 153 (s.a. Steuerung)
– Berichtspflichten 592
– als „Binnensteuerung" 593
– „externe" 591
– „Geschäftsgang" 591, 595
– Grenzen 610ff.
– informale 327
– Instanzenzug 591
– „interne" Steuerungsvorgänge 591
– legislative 608
– durch Verwaltungsvorschriften (s.a. dort) 596
Verfahrensstrukturierungsgebote 94
Verfahrensteilhabe 116, 162, 347, 350, 439, 479, 528f., 559, 573, 602, 649ff., 654ff.
– Optimierungsgebot 494
Verfahrenstheorie 197
Verfahrenstypen 140ff., 329, 445, 541, 582
– „offene" Verfahrenstypik 548

Verfahrensverantwortung 94, 106, 107, 109, 112, 115, 118, 121, 128, 129, 177, 247, 287ff., 325, 328, 336, 346, 360, 365ff., 368, 372, 374, 377, 385ff., 397ff., 404, 407, 410, 452, 495, 496, 514, 516, 532, 556, 562f., 565, 575ff., 585f., 591, 598, 604, 609, 610ff., 648, 675, 680, 687ff., 693, 694, 695, 698, 709, 718, 726, 731, 734 (s.a. Verwaltungsverfahren)
- Auftrag zu sozialer Effizienz 129
- für Einzelfallgerechtigkeit 694
- fachlich-methodischen Rationalisierungsmaßgaben zufolge 301
- und Funktionsadäquanz 609
- gegliederte 374, 585f.
- für „gerechte" Verfahren 532
- in „Gesamthand" 575
- für „gesellschaftliche" Verfahren 533
- des Gesetzgebers 604
- Kontinuum der 299
- für Kontrolle 397ff., 680
- kooperative und koordinierende 497
- als Mitverantwortung, gesellschaftliche 496f.
- als Organisationsmodus der Verwaltungsautonomie 562f.
- organspezifische 407
- personale/persönliche 123, 311, 312, 359ff., 361, 385, 389
- für Problemorientierung 687ff.
- als prozedurales Prinzip 404
- als Prozeßverantwortung 389, 495, 500
- im Rechtssinne 296f.
- „Reflexivität" der 303
- richterliche 497
- und Rollendifferenzierung 496
- für Sachaufklärung 687
- für Verfahrenseinleitung 694, 695
- und Verfahrensführung 365ff.
- als Verfahrnsmanagement 385ff.
- als Verfassungsprinzip 495
- der Verwaltung 610ff., 619 (s.a. Verwaltungsverantwortung)
- für Verwaltungsverfahren 562f., 610ff. (s.a. Verfahren)
- auf Wirkungen bezogen 290

Verfahrensverhältnis 150
- als Rechts- und Sozialverhältnis 150

Verfahrensvorbehalt 94, 279, 532, 561, 583, 599
- administrativer 611
- gubernativer 610
- legislativer 599, 607
- als prozeduraler Funktionsvorbehalt 611

Verfahrensvorschriften, „reflexive" 573 (s.a. Verwaltungsvorschriften)

Verfahrenswahl 195
- Verbindlichkeitsgrad 195

Verfahrenswandel 124

Verfahrenswirkungen 582

Verfahrensziele 312ff.
- Zieldivergenzen 315
- Zielkompromisse 315
- Zielpluralismus 314
- persönliche Zielsetzungen im 314
- Zielwirkungen, situative 335

Verfahrenszwecke 315ff., 330
- institutionelle 316, 329
- Integrationszweck 320
- Legitimations- und Wahrheitszweck 317, 318

Verfassung 95ff., 408ff.
- als „Form der Formen" 442
- prozeduraler Garantiegehalt 95
- als Integrationsschema 421f.
- Kommunikationsverfassung 96, 435
- als prozedurales Legitimitätskonzept 458ff., 487
- materiale 417, 418f.
- „materienbedingte Verfassungswerte" 612
- als „öffentlicher Prozeß" 431
- Ordnungsfunktion 415
- dimensionales Ordnungsmodell 414
- Rationalitätsdirektiven 424, 528, 538, 705
- als Rechtsverfassung 412
- Repräsentativverfassung 493
- Schutzfunktion 416f.
- als prozedurales Schutzkonzept 453ff., 629
- Selbstbestimmungs- und Legitimationsfunktion 417f.
- als „Sozialgestaltungsplan" 450
- Stabilisierungsfunktion 415
- als prozedurales Strukturkonzept 441ff., 585, 652, 656
- Teil-Verfassungssysteme 484, 583
- und Verantwortung 423
- materiale Verfahrensbindungen 673
- Verfahrensgrundsätze 499ff.
- und Verfahrensidee 411
- als materiales Verfahrenskonzept 469ff., 472, 527, 542, 583, 585, 604, 623, 626, 629, 652, 680, 706, 709
- als regulatives Verfahrensmodell 527ff.
- als offenes Verfahrensprogramm 451, 457

– Verfassungskonkretisierung durch Verfahren 451
– prozedurales Verfassungsverständnis 95
– als „Vertrag“ 466
– Vorrang der 413, 535
– als Wertordnung 429, 437, 484
– und Zeit 421
Verfassungsänderung, Verfahren 474
Verfassungsbegriff 412
Verfassungsentwicklung 126, 412, 415, 421, 549
Verfassungsgerichtsbarkeit 419
Verfassungsgrundsätze 403
Verfassungskonforme Kollisionslösung 472, 477, 478, 516, 710
Verfassungsorgantreue 486
Verfassungsrecht 412ff., 419
– Vorrang des 419
Verfassungsstaat 153, 163, 412, 413, 439 551
– demokratischer 414
– informaler 156
– integrales Verfahrenskonzept 442
– Integration in supranationale Gemeinschaften 471
– kooperativer 486
– materialer 418
– Rechtsbindung 430
– sozialer 447
– Verfahrensbedarf 447
– Verfahrenskonzeptionen 429ff.
– Zusammenspiel der Entscheidungszentren 551
Verfassungsverfahren 429
Verfassungsverfahrensrecht 473f.
Verfassungsvollzug 420
Verhältnismäßigkeit 173, 234, 477, 510, 512f., 686, 698, 710
– als allgem. Verfahrensgrundsatz 512, 710
– und Verfahrenslast 513
Verhandlungssysteme 76, 171, 277, 549
Verordnungsrecht, administratives 597
Verpflichtungsklage 672
Versammlungsfreiheit 586
Vertrag, öffentlich-rechtlicher 631 (s.a. Handlungsformen)
Verwaltung 1ff., 49ff.
– als „Arbeitsvorgang“ 590, 612 (s.a. Verwaltungsverfahren)
– Aufgabenstruktur 49, 53
– (Gesamt-)Auftrag 45, 610, 619, 645
– Autonomie 558, 562f., 602, 607
– Begriff 3, 16, 24, 25
– bürokratische 73
– Eingriffsverwaltung 597, 603
– Einheit der 263, 274, 593, 625, 683
– Emanzipation der 553
– Formenvielfalt 635
– Funktionen 4ff., 16, 28, 37, 583
– Funktions- und Strukturwandel 20, 276, 553
– Funktionsvorbehalt 609
– Gemeinwohlbindung 46, 82, 218, 675
– Gemeinwohlfindung 676
– Gemeinwohlverantwortung der 256, 617, 667
– gesetzesakzessorische 13, 616
– gesetzesfreie 14, 616
– gesetzesgebildete 14, 616
– als „Gesetzesvollzug“ 127
– Gewaltenteilung in der 274, 647 (s.a. Gewaltenteilung)
– Handlungsformen (s.a. dort)
– prinzipale Informationsfunktion 660
– kommunikative 98
– Konkretisierungsauftrag 258
– kooperative (s.a. Kooperation)
– Legitimationsbeschaffung durch 482
– Leistungsverwaltung 597, 604
– und Normsetzung 628
– institutionelle Neutralisierung 82
– Neutralität 668
– „Pluralisierung“ 115, 117, 625, 671
– politische 256
– Politisierung der 140
– in Privatrechtsform 634ff., 640
– Programmfunktion 75 (s.a. Programme)
– als „Prozeß“ 88, 503, 609, 656, 663, 680
– Prozeßstrukturen 303
– Rechtsetzungsgewalt 606
– institutionelle Reform 284
– sozialwirtschaftliches Funktionsmandat 636
– Subventionsverwaltung 601
– Technisierung 49f.
– Verfahrensbindungen 71, 637, 640 (s.a. dort)
– Verfahrensgewalt 612, 614ff. (s.a. Organisationsgewalt)
– – Geschäftsleitungsgewalt 614, 615
– – Inbegriff 615
– – als Maßstabskompetenz für Verfahren 614
– – als prozeduraler Funktionsvorbehalt 615f.
– – „Vorrangsperre“ 614

– Verfahrenskompetenz 612 (s.a. Kompetenz)
– als Verfahrenstypus 39
– als gegliederte Verfahrensvielfalt 88
– verteilende 98
– Vollzugsauftrag 27
– Vollzugsbindung 721
– Vollzugsdefizite 375
– Vollzugskompetenz 612ff.
– Vollzugsparadigma 6, 619, 726, 732
– Vollzugsverantwortung 386
– Wettbewerbsverhalten 638
Verwaltungsakt 69, 97, 98, 122, 506, 624, 658, 673, 674, 677
– Aufhebung 198, 729
– Begründung 69
– Bestandskraft 573, 631, 729
– – Bestandskraftpräklusion 677
– Doppelfunktion 631
– Drittwirkung 657, 672
– Rücknahme 573
– Widerruf 573
Verwaltungsaufgaben 190, 268, 635f., 638
– komplexe 190
– „unmittelbare" 635f.
Verwaltungsbehörden 621, 668
– im funktionellen Sinn 621
– als Private 621
Verwaltungsbetriebslehre 641
Verwaltungsbindung 23
Verwaltungseffizienz 612, 682, 721 (s.a. Effizienz)
Verwaltungsentscheidungen 105, 568f.
– inneradministrative Tiefenwirkung 122
– komplexe 118, 568, 624, 647
Verwaltungsflexibilität 613
– Verwaltungsformen 617ff., 644
Verwaltungsführung 187, 386, 589 (s.a. Führung)
Verwaltungsfunktion, materielle 618, 621, 629, 635
Verwaltungsgerichtsbarkeit 167, 548, 666 (s.a. Verwaltungsprozeß)
– Beiladung 666
– Beteiligtenbegriff 666
– Funktionswandel 553
– Spruchreife 735
Verwaltungshandeln 31, 33, 50, 99, 268, 587, 589, 591, 622, 628, 632, 633, 646, 660 (s.a. Handlungsformen)
– Amtsauftrag 617
– Beurteilungsspielraum 32, 33, 297, 712, 716, 717, 734f.
– Daseinsvorsorge 636, 638
– Effektivität 587 (s.a. Effizienz)
– Einschätzungsprärogative 33, 694
– Einwirkungspflichten 640
– Entwicklungsspielräume 694, 712, 713, 717, 720
– Ermessen 32, 624, 669, 725, 726, 734 (s.a. Planungsermessen)
– – Mißbrauch 624
– – Reduzierung „auf Null" 624
– Handlungsbegriff 644
– und Handlungsprozeß 629
– – externes Entscheidungsverfahren 643
– – interner Willensbildungsprozeß 643
– informelles 50, 75, 85, 99
– Öffentliche Unternehmen 636
– Praktikabilität 587, 592, 612
– privatrechtliches 99, 635, 636
– Prognose 713, 714, 717, 719, 720
– – Prognosespielraum 712, 713, 717, 720
– „Prozeßstruktur" 643 (s.a. Verfahren)
– Reformalisierung 53
– Sachgerechtigkeit 271, 587, 612, 643, 730
– Schnelligkeit 586
– Sparsamkeit 21, 586
– Verhandlungsführung und -abstimmung 683
– – Sitzungsführung 614
– Verhandlungssysteme 76, 171, 277, 549, 590
– Verträge und Absprachen 189
– Vertretbarkeit 33, 411, 578, 630
– Willenserklärung 631, 691
– Ziele 45, 46, 587
Verwaltungskultur 177
Verwaltungslehre 28
Verwaltungsorganisation 18, 25, 42, 670
– Organisationsgewalt (s.a. dort)
– Zweckmäßigkeit 46
Verwaltungspolitik 20, 350
Verwaltungsprivatrecht 635, 636
Verwaltungsprozeß 199, 308, 547, 659, 735 (s.a. Verwaltungsgerichtsbarkeit)
– Abgrenzung zum Verwaltungsverfahren 735
– Kontrolldichte 548, 560, 734
– Normenkontrollverfahren 547
Verwaltungsprozeßordnung 188
Verwaltungsprozeßrecht 157
Verwaltungsrecht 50, 107, 129 (s.a. Recht, Verfahren)
– Außenrecht 94, 295, 593, 622
– Entwicklungsstand 50, 471

– Innenrecht 94, 295, 573f., 593, 622, 625, 626, 627, 671
– – Handlungsformen 622f.
– „konsensuales“ 129, 679, 707
– „reflexives“ 680
– als System, „äußeres“ 545
– als System, „inneres“ 545
– als Sozialverwaltungsrecht 674
– und Verwaltungsverfahrensrecht 61 (s.a. dort)
– und Verwertungsverbote 111
Verwaltungsrechtsverhältnis 45, 49, 61, 120, 480, 631, 653, 663, 664, 676
Verwaltungsreferendum 116
Verwaltungsstaat 11, 23ff., 31ff., 48ff., 64, 106, 125, 126f., 590, 659f., 662 (s.a. Staat)
– Rationalitätserfordernisse des 126 (s.a. Rationalität)
Verwaltungsstab 11
Verwaltungsstil 108
Verwaltungstechnisierung 65
Verwaltungsträger, verselbständigte 625
Verwaltungsverantwortung 1, 8f., 15, 20, 27, 29, 31, 43, 76, 88ff., 238, 255, 257, 594, 610ff., 618, 659, 672, 712, 716 (s.a. Konkretisierungsverantwortung)
– Aufwertung 78
– Begriff 9
– als Eigenverantwortung 15, 89, 562, 610 (s.a. Verantwortung)
– Folgenverantwortung 578 (s.a. Folgen)
– Handlungsmodi 613
– Informationsverantwortung 90 (s.a. Information)
– kooperative 133, 239
– als Konkretisierungsprozeß 29, 37 (s.a. Konkretisierung)
– für Rechts- und Zweckkonkretisierung 126
– als Rechts- und Zweckverantwortung 16
– sachverhaltsbezogene 716, 722 (s.a. Sachaufklärung)
– prozedurale Steuerungsverantwortung 613
– Verantwortungsbindung 43
– Verantwortungsspielraum 719
– als Verfahrensverantwortung 89f., 726, 731 (s.a. dort)
– verfassungsgeleitete 153 (s.a. Verfassung)
– Wahrnehmungszuständigkeiten 672 (s.a. subjektive)
– – Verwaltungsträger als Repräsentant 672
Verwaltungsverfahren 5, 16, 18, 22, 23, 31ff., 54, 60, 99, 138, 142, 167, 305, 338, 374, 489, 496, 543ff., 558f., 592 (s.a. Verfahren)
– Abschluß 680
– Akteneinsicht 56, 78, 123, 503, 614, 683
– Aktenführungspflicht 503
– Aktenöffentlichkeit 503, 504
– Aktivitätenpotential 255, 291, 323ff., 335, 495f., 506, 530, 576, 580, 653, 659, 679ff., 684, 687, 695, 732
– Amtsermittlung 678, 724 (s.a. Amt)
– – informationsrechtliches Minimumprinzip 699
– Ablehnung einer Amtsperson 533
– Anfechtungslast 121, 389, 677
– Anhörung 68, 439, 478, 493, 500ff., 523 (s.a. Fairneß)
– – als Mitwirkung 69, 502
– – Mitgestaltung durch 502
– – Rechtsgespräch 69, 501
– Anlagengenehmigung 630
– Arrangements 507
– Aufgabenorientierung 101f.
– Aufsichtsverfahren 592
– Auftrag 44f.
– als Ausführung von Gesetzen 618
– und „zivilrechtliche Ausgleichsmechanismen“ 445
– Bedeutungsgewinn 54ff., 56, 58, 134
– Befangenheit 667, 670
– Begriff 24, 25, 26f., 29, 43ff., 99, 370
– Begründung im 476, 505, 506, 507, 523, 559, 578
– – Funktion 507
– – Begründungspflichten 476
– – Begründungszwang 505f.
– Behörden als Verfahrenssubjekte 669ff.
– – Entschließungen 728
– – Ermittlungsauftrag 697 (s.a. Sachverhaltsermittlung)
– – als Informationsinsel 683
– – als Träger des Verfahrens 673
– – Widerspruchsbehörde 698
– – und Zuständigkeitsordnung 669
– Beteiligte 56, 57, 88, 114, 248, 666, 668, 680, 701
– – Behörden als Beteiligte 668ff.
– Beteiligung 248, 468, 660
– – Beteiligungsbegriff 68, 111 (s.a. Verwaltungsverfahren)
– – Betroffenenbeteiligung 115, 492f., 493, 648, 657
– – „Interessengemeinschaften“ 663f.
– – Interessenrepräsentanz, gestufte 455, 456, 648, 663 (s.a. Repräsentation)

– – Interessenbeteiligung 657, 663
– – Lasten 121, 677 ff.
– – Popularbeteiligung 657
– – Beteiligungsrechte 157, 159, 592
– – und „Repräsentation" 455, 456, 663
– – Verfahren 648
– Betreuungspflicht 525, 526, 682, 693
– Betroffenheit 656
– Beweisanforderungen 56
– Beweisanträge 177, 700
– Beweisbeschaffungspflichten 119
– Beweisdualismus 705
– Beweiserhebung 476, 510, 515, 705, 724 f.
– – Anscheinsbeweis 719, 725
– – generalisierende 724 f.
– – Sachverhaltspauschalierung 721
– – Sachverständigenbeweis 338 (s. a. Sachverständige)
– – Typisierung 721
– – als Wahrscheinlichkeitsurteil 705, 706, 709, 717 (s. a. dort)
– Beweiserleichterungen 711
– Beweislast 525, 701, 706
– – Beweislastentscheidung 714
– – Beweisführungslast 702
– – Normbegünstigungsprinzip 703
– – Beweislastregeln 702, 703, 711
– – bei unbestimmten Rechtsbegriffen 714 f. (s. a. dort)
– – als Risikozuweisung 702
– – Verteilung 702, 704, 711
– Beweismaß 706, 720
– – Folgenberücksichtigung 708 (s. a. dort)
– – Wahrscheinlichkeitsgrad 707, 717
– Beweismittel 523, 684, 686, 688, 698
– Beweisnot 705, 706
– Beweispflichten 119
– Beweiswürdigung 476, 495, 510, 515, 525, 717, 721
– – und Vermutung 719, 725
– Bürgerbeteiligung 57
– Bürgernähe 492 (s. a. Bürgernähe)
– Bürger als Verfahrenspartner 672 ff., 681, 695, 730 (s. a. Bürger)
– – Gemeinwohlkompetenz 676
– – Rollenpartnerschaft 673 (s. a. Verfahrensrollen)
– – als Verfahrenssubjekt 673
– Demokratiedefizite 569 f.
– Determinanten 336
– dialogischer Verfahrensstil 356
– dienende Funktion 66, 108, 402, 600, 732
– Direktive des „Richtigen" 161
– als Diskurs 200, 502
– Durchführung 675
– Eigenwert 66, 161
– Einfachheit 586
– Einleitung 116, 675, 690, 694
– – Antrag 588, 736
– – Antragsbefugnis 696
– – Antragsprinzip 690, 691
– – Antragsteller 697
– – Antragsverfahren 692
– – Anzeige 692
– – „Auftrag" zur 692
– – Legalitätsprinzip 690
– – Sperrfunktion 692
– – verfahrenseinleitendes Ermessen 693
– Einstellung 736
– Einwendungen im 660, 678
– zum Erlaß von Einzelmaßnahmen 647
– Einzelverfahren 102, 647
– (verfahrenslenkende) Einzelweisungen 591 (s. a. Verfahrenssteuerung)
– Entscheidungsfixierung 44 (s. a. Entscheidung)
– als Entscheidungs- und Handlungstypus 545
– Entscheidungsparadigma 105
– als „Entscheidungsprämisse" 123
– als Entscheidungsprozeß 105
– als Entstehungsmodus von Recht 90 (s. a. Recht)
– und Erziehungswesen 632
– und Expertensysteme, technische 381
– externe 617, 643, 647
– faires 523, 524
– Formenbindung, behördliche 617 ff., 627, 631
– förmliches 102
– und Formgebung staatlicher Herrschaft 350
– Freiheit im 679
– Führung 562 (s. a. Verfahren)
– Funktionen 55, 65, 101 ff., 103 ff., 583
– – Abwehrfunktion
– – Teilhabefunktion 478
– Funktions- und Reaktionsbedürftigkeit 72
– Funktionszuwachs 107
– als Gefährdungsschutz 685, 708
– als Gefüge kommunikativer Rechtsbildung und diskursiver Zweckkonkretisierung 219
– Gemeinwohlauftrag 543 f.
– als „Geschäftsgang" 591, 613
– gestuftes 190

– gleichmäßiges 120
– als Großverfahren 308f., 647
– Grundpflichten im 678 (s.a. dort)
– „Grundrechtsgefährdung" im 598
– Handlungsformen 589 (s.a. Verwaltungshandeln)
– informale Verfahrensweisen 143, 227
– informelle Verfahrensschritte 189
– als Interaktionszusammenhang 370, 645
– „internes" 122, 545, 546, 603, 615, 616, 622, 647
– Interessenausgleich im 232
– Klientenautonomie 468
– Kodifizierung 62, 100
– Kompensation 70
– komplexes 190
– Austragung von Konflikten 344
– als Konkretisierungsprozeß 28
– kontradiktorisches 118
– Kontrollverfahren 592, 680 (s.a. Kontrolle)
– Koordinationsinteresse, administratives 670 (s.a. Koordination)
– und Legitimation 306, 366, 384, 544, 568f.
– – Legitimationswirkung 210ff., 216ff., 221ff., 233, 487ff., 674
– Legitimitätsfrage 570, 572
– Massenverfahren 102, 468f., 496f., 544f., 661, 688
– als Medium 57
– und Mehrheitsprinzip 468, 469 (s.a. Mehrheitsprinzip)
– Mehrstufigkeit 57, 64
– Minderheiten im 468
– Mitwirkung von Behörden 669, 670
– Mitwirkung des Bürgers 529, 656, 690, 700 (s.a. Konkretisierung)
– – Einwendungslast 70
– – Mitwirkungslasten 58, 121, 389, 480, 512, 700, 710
– – Mitwirkungspflichten 513, 677, 678, 679
– als Modell kommunikativer Rechtsbildung und Zweckkonkretisierung 82, 97
– als Modus der primären Verwirklichung des Verwaltungsrechts 82
– als Netzwerk 84, 358
– nicht-förmliche 102, 588, 682
– als Normgebungsverfahren 647
– Obliegenheiten 677, 678, 701
– Öffentlichkeitsbeteiligung 115, 468, 492, 493, 504, 569f., 648 (s.a. Öffentlichkeit)
– als „Ordnungsidee" 688 (s.a. Verfahren)
– als Ort sozialer Begegnung 681 (s.a. Verfahren)
– Parteibegriff 665
– Partizipation 662
– – „Minimalpartizipation" 492
– – partizipative Mitverantwortung 375
-und „politische" Verwaltungsentscheidungen 480
– Präklusion 58, 64, 70, 331, 389, 510, 677, 678
– – Präklusionsfristen 510
– – Verwirkungspräklusion 121, 678 (s.a. Bestandskraft)
– als Prozeß der Rechtsbildung 111, 300f.
– – „äußerer" Prozeß 545
– – „innerer" Prozeß 545
– „Prozessualisierung" des 82
– ratifizierende Funktion 328
– Rationalität (s.a. Rationalität)
– rechtliches Gehör 501
– als Rechts- und Sozialverhältnis 90
– Rechtsschutzfunktion 93, 102, 110, 112, 306, 366, 454, 659, 680
– Regeln 35, 36, 54f., 56
– Regulierung von Lebensverhältnissen 676
– Revision 126, 570f.
– Rollenausführung 664
– Rollenbindung 664
– – der Amtswalter 120
– auf Rollenebene integriertes „offenes" Handlungssystem 664
– Rollenverteilung 118, 664, 681, 687
– Rücksichtnahme 678
– (Verfahrens-)Sachverhalt 654f.
– – fingierter 702
– – Überzeugung vom 698, 701, 715, 721
– Sachverhaltsaufklärung 119, 515, 525, 596, 655, 661, 669, 675, 698, 699, 709, 720ff., 727, 732, 734, 735
– – Aufklärungsrisiko 702, 713, 717, 720
– – Aufklärungsverantwortung, kooperative 709, 710
– – Defizit 701
– – Diskriminierungseffekte 699
– – Einfluß Privater 732
– – und Ermessen 725ff., 727 (s.a. dort)
– – generalisierende 721, 723ff.
– – und gerichtliche Kontrolldichte 734
– – kooperative 700, 711
– – Maßstab 698
– – Rationalisierung 720ff.
– – Risikozurechnung bei 710
– – durch Verfahren 655

– – vorläufige 720f.
– – vorweggenommene 723
– – Prinzip „Wahrscheinlichkeit“ 706
– Sachverhaltsermittlung 32, 103, 119, 121, 124, 512, 594, 596, 605, 655, 674, 677, 678, 680, 684, 688, 697, 698, 699, 713, 721, 722, 726
– – von Amts wegen 699
– – Beschränkung 722, 726
– – Eilermittlung 727
– – Mitwirkung der Bürger 700, 701, 711
– – Unverhältnismäßigkeit 698f.
– – Grundsatz der Verfahrensspezialität 726
– Sachverhaltsfeststellung 673, 687, 690, 700, 721, 728, 729ff.
– – Ermessen 734 (s.a. dort)
– – als Teil des Konkretisierung 728f.
– – Privatisierung der 729ff.
– – und Problemanalyse 690
– – Problem und Situationsdefinition 687
– – Problemorientierung 324, 691, 695, 727, 732, 734, 735
– – Sachverhaltsfestellende Verwaltungsvorschriften 721ff., 724 (s.a. dort)
– – Tatsachenermittlung 690, 718
– – Tatsachenfeststellung 576 (s.a. Sachaufklärung)
– – Tatsachenprämissen 188
– – Vereinbarungen zur 730, 731
– Sektoralisierung 101f., 329
– und Selbsthilfe 468
– und Selbstverwaltung 468
– situativer Bezug 46
– als soziales Rechtsgefüge 91, 358, 410f.
– sozialrechtliches 302, 634
– sozialstaatliches 483f.
– Standortentscheidung im 630
– Standortvorsorgeplanung 479
– Steuerungsfunktion 106f., 576ff.
– Strukturierung 73, 104, 562
– Stufung des Verfahrensganges 70, 457, 559, 608
– Teilhabe 654ff., 662 (s.a. Verfahrensteilhabe)
– – Erscheinungsformen 656
– – als Informationschance 659ff.
– Umbau 76
– Untersuchungsgrundsatz 119, 677, 699, 730
– – Untersuchungsspielraum 731, 734
– Veränderungsbedarf im Sozialstaat 447
– Verbindung von 669
– Vereinheitlichung 79, 80, 125, 329, 376
– Verfahrensarten 44f., 648
– Verfahrensautonomie 563
– Verfahrensdifferenzierung 647
– Verfahrensermessen 144, 297, 370, 613, 693, 694, 698, 726, 734, 735
– Verfahrensfehler 109, 158, 307, 623, 624
– – Fehlerlehre 43, 109, 624
– – Fehlerrecht 111
– – und Handlungsformen 624 (s.a. dort)
– Verfahrensfunktionen 366
– Verfahrensgliederung 684
– – Verfahrensaktivitäten 684 (s.a. Aktivitätenpotential)
– – Verfahrensstadien 684
– Verfahrenshandlungen 653f.
– Verfahrensherrschaft 581, 669
– und Verfahrensidee 133f. (s.a. dort)
– Verfahrenskrise 60ff., 563ff. (s.a. Verfahren)
– – Legitimitätsdefizite 568f. (s.a. Legitimität)
– Verfahrensleitung 669, 675
– Verfahrensorganisation, partizipative 625
– Verfahrensrechtsverhältnis 45
– Verfahrensrollen 664ff., 668, 673, 679
– – gleichgewichtige Verfahrensrollen 673, 674, 700
– Verfahrenstrennung 697
– und Verfahrensverantwortung 562f. (s.a. dort)
– Verfahrensverbindung 697
– Verfahrensverhältnis, koordinationsrechtliches 676
– Verhältnismäßigkeitsbindung 686 (s.a. Verhältnismäßigkeit)
– Verstärkerfunktion 231
– Vor-Absprachen im 515
– als Vorgang kommunikativer Rechtsbildung und produktiver Konfliktbewältigung 285
– Vor-Verhandlungen im 509
– als „Verwaltung in Aktion“ 645
– verwaltungsbehördliche Organisation 620
– und Verwaltungsprozeß 44
– Verwaltungsvollzug durch 148
– – Vollzugspflichtigkeit des 618
– und Verwaltungsvorschriften 546 (s.a. dort)
– und verzerrte Kommunikation 221
– und Vorverfahren 680
– Wandel 558f.
– Wertkonflikte im 570f.
– Wesentlichkeitsschutz 600 (s.a. „Wesentlichkeitstheorie“)

– als Widerspruchsverfahren 198, 398
– Wiederaufgreifen 143, 323, 573, 728
– Wirksamkeits- und Konsenstest 662
– Wirtschaftlichkeit 586
– Ziele 45, 46
– Zugang 116, 680
– Zusicherung 696
– Zweckrationalität des 175f.
Verwaltungsverfahrensrecht 36, 56, 64, 143, 645 (s.a. Verfahren)
– Drittschutz 56
– Entwicklungsprozeß, offener 80, 100, 124
– Funktionen 103
– Grundrechtsoptimierung 93
– Implementation 86
– Paradigmawandel 90ff.
– Reflexivität 283, 592
– Revision 97
– Schutznormtheorie 650
– Steuerverfahrensrecht 103
– als Verantwortungsrahmen und -maßgabe 120, 298 (s.a. Verfahrensverantwortung)
– Vereinheitlichung 64, 65, 79, 125, 329, 376
– und Verfahrensrechtsverhältnis 113, 120, 692, 693
– – als Rechts- und Sozialverhältnis 121
– Verfahrensstatus, rechtlicher (s.a. dort)
– als konkretisiertes Verfassungsrecht 92f.
– Zuständigkeitsnormen im 340
Verwaltungsverhältnis, zweipoliges 696
Verwaltungsvollstreckung 25
Verwaltungsvollzug, Autonomisierung 558
Verwaltungsvorbehalt 4, 15, 94, 607, 611, 717, 735
– Randvorbehalte 611
– für Risikoermittlung und -bewertung 717
Verwaltungsvorschriften 21, 503, 576, 584, 593ff., 623, 632, 721, 722, 724
– als administratives Verordnungsrecht 597
– „aktionslenkende“ 593
– „Aktionsprogramme“ 591
– Geschäftsordnungen 595, 614, 644
– innerdienstliche Handlungsanweisungen 595, 623
– zur Norminterpretation 594
– normkonkretisierende 594, 724 (s.a. Konkretisierung)
– Publizität 503
– zur Sachverhaltsermittlung 596, 605, 722
– sachverhaltsfeststellende 721ff., 724
– „steuerverschärfende“ 605
– zum Verfahren 602f., 605
– – mit „Außenwirkung“ 602, 603
– als Verfahrensverordnungen 607
– als „Verfahrensvorschriften“ 585, 594
– – „externe“ 594
– – in der Gesundheitsverwaltung 595
– – „interne“ 594, 595
– – „reflexive“ 198ff., 246ff., 454ff., 573, 585, 594
– Verfügungen 623
– Verwaltungsrichtlinien 605, 623, 637
Verwaltungswissenschaft 28, 305, 642
Verwaltungsziele 587
Verwaltungszwecke 15, 27, 117, 617
– Multidisziplinarität 106
Verwertungsverbote 343
Vorabzustimmungen 399
Vorbescheid (im Atomrecht) 159, 309
Vorsorgeprinzip 19
– Risikovorsorge 19

Waffengleichheit 182, 223, 480, 491, 514, 517 (s.a. Fairneß)
– und Öffentlichkeitsverantwortung 520
– und Beratung 520
Wahrheit 173, 313, 577
– Wahrheitsbegriff, prozessualer 173, 318
– Wahrheitsfeststellung 317
– Wahrheitssuche 318, 438
– – kooperative 438
– – als Prozeß 318
Wahrscheinlichkeit 271, 701
– Wahrscheinlichkeitsurteile 271, 702, 705, 706, 709, 713, 717, 726
Wertkonflikte 568
Wertewandel 421
Wesentlichkeitstheorie (prozedurale) 87, 451, 543, 582, 598ff., 603
Wettbewerb 140
Wettbewerbsrecht 78, 328
Wirtschaftlichkeit 21, 45, 46
Wirtschaftsverfassung 140
Wohlfahrtsstaat 10, 132, 170

Zivilprozeß 173, 177, 318, 330, 449, 546
Zukunftsverantwortung 273
Zukunftsvorsorge 273
Zusammenarbeit 274f.
– aller staatlichen Funktionsträger 274
– Gebot der verantwortungsbewußten 275
Zuständigkeit 42
Zweckprogramm 75, 85
– legislatives 170
Zweckrichtigkeit des Entscheidungshandelns 265